本书出版得到深圳市北大创新发展基金会的资助

储槐植教授与夫人近照

谨以此书祝贺
储槐植教授九秩华诞

刑事一体化：源流、传承与发展
——储槐植先生九秩华诞祝贺文集

梁根林 主编

THE INTEGRATION
OF CRIMINAL LAW SCIENCE:
ORIGINS, CONTINUATION
AND DEVELOPMENT

北京大学出版社
PEKING UNIVERSITY PRESS

图书在版编目(CIP)数据

刑事一体化：源流、传承与发展：储槐植先生九秩华诞祝贺文集 / 梁根林主编. —北京：北京大学出版社，2022.11
ISBN 978-7-301-33394-5

Ⅰ.①刑… Ⅱ.①梁… Ⅲ.①刑事犯罪—中国—文集 Ⅳ.①D924.114-53

中国版本图书馆 CIP 数据核字(2022)第 176853 号

书　　名	刑事一体化：源流、传承与发展——储槐植先生九秩华诞祝贺文集 XINGSHI YITIHUA：YUANLIU、CHUANCHENG YU FAZHAN——CHU HUAIZHI XIANSHENG JIUZHI HUADAN ZHUHE WENJI
著作责任者	梁根林　主编
责 任 编 辑	焦春玲
标 准 书 号	ISBN 978-7-301-33394-5
出 版 发 行	北京大学出版社
地　　址	北京市海淀区成府路 205 号　100871
网　　址	http://www.pup.cn　http://www.yandayuanzhao.com
电 子 信 箱	yandayuanzhao@163.com
新 浪 微 博	@北京大学出版社　@北大出版社燕大元照法律图书
电　　话	邮购部 010-62752015　发行部 010-62750672　编辑部 010-62117788
印 刷 者	涿州市星河印刷有限公司
经 销 者	新华书店
	720 毫米×1020 毫米　16 开本　73.5 印张　1435 千字 2022 年 11 月第 1 版　2022 年 11 月第 1 次印刷
定　　价	198.00 元

未经许可，不得以任何方式复制或抄袭本书之部分或全部内容。
版权所有，侵权必究
举报电话：010-62752024　电子信箱：fd@pup.pku.edu.cn
图书如有印装质量问题，请与出版部联系，电话：010-62756370

刑事科学思想家的魅力

(代　序)

张　文[*]

为庆贺储槐植教授九十华诞,北京大学法学院刑法学科拟出版祝寿文集《刑事一体化:源流、传承与发展》,梁根林教授邀请我撰写序言。从1978年起,我同储槐植教授在北京大学刑法学科共事四十余年,他是我敬佩的老师和知心的朋友,欣逢他九十大寿,我十分喜悦,特写此文,代为祝寿文集序言。

1978年,对储老师与我而言,都是难忘的一年。是年,他回到离开20年的北京大学,我则从学校保卫组回到离开10年的法律学系,"回炉"读在职研究生,我俩在北京大学刑法教研室相识,开启了同事、师生、朋友的美妙关系。储老师1955年(22岁)从北京政法学院毕业后,分配到北京大学法律学系任刑法助教。正当他意气风发,积极教学、写作之时,突遭厄运。1957年"反右"运动后期,把他1957年前聊天时说的话翻弄出来,上纲上线,将他划为"中右"(当时把左派与右派之间的中间派,区分为中左、中中、中右)。1958年1月,他被"下放",离开北京大学到工厂当学徒,后到中专院校、中学教书,长达20年。在"劳其筋骨""磨其心志"期间,他满怀自信,坦然面对,努力工作,学习外语,锻炼身体,铸就了坚韧不拔、宠辱不惊的品格。1978年,在杨春洗、梁西(国际法老师,后调武汉大学)教授的帮助下,回到阔别20年的燕园。我同储老师认识后,开初各忙各事,交往不多,直到1982年年底他从美国访学归来后,交往才多了起来。尤其是,我1983年3月听他"外国刑法"(以美国为主)讲座时,耳目一新,比如"近因说"(因果关系)、"轻率"罪过、"不完整罪""免罪辩护""警察圈套"等说法,前所未闻,耐人寻味。听课后,对他很佩服,刮目相看,认为他是个短期出国能取回真经的高水平老师。1987年读完他的大作《美国刑法》后,我更自觉地把他作为自己老师看待。后来,又陆续看到他在犯罪学、刑法学、刑事政策学、监狱学方面发表的妙论,如"关系犯罪论""关系刑法论""犯罪场""一个半因果关系""定量因素""持有""复合罪过"

---

[*] 北京大学法学院教授。

"严而不厉""刑事一体化"等,它们不断地触动我的学术神经。我对储老师已经不仅仅是佩服、学习,而是以他为榜样,开拓自己的刑事学术研究视野。后来,通过对储老师刑事思想的研究,我认为他不仅提出了一系列符合客观现实的独到见解,而且创造出中国本土化的"刑事一体化"研究范式,把他的刑事学术思想体系化。他的这一重大学术研究成果,得到刑事学者交口称誉,引起刑事立法和司法重视。综观他的学术贡献及其影响,几年前我曾提出一个论断:"储槐植教授是我国当代刑事科学思想家。"这个学术定位,对于他来说,鄙人认为是实至名归!

储槐植教授作为刑事科学思想家,有其独特的魅力,受到广大学子的爱戴、刑事学界的赞扬、刑事实务界的青睐。归纳起来,他的魅力有以下三个方面:

其一,创新之思想。

储槐植教授自20世纪50年代初期起,一直主张,学术研究"要独立思考不要有'框框',要有自己的看法才能有用处"①。他是这么说的,也是这么做的。他的作品是有感而发,针对社会或法律问题,发表自己的独到见解。比如:1983年,他针对学界主流犯罪原因观点,即"阶级斗争一元论",在《青少年犯罪问题》杂志发表《多层次犯罪原因论》一文②,在学界引起不小反响。1988年,他在《法学研究》发表《我国刑法中犯罪概念的定量因素》一文,阐述我国刑法中的犯罪概念不仅有"定性因素",还有"定量因素"。与外国刑法对犯罪"立法定性,司法定量"的制度不同,我国刑法对犯罪既定性又定量,这是中国传统治国经验的结晶。他在文中提出的本土化的"定量因素"概念,逐渐为学界、实务界所接受,对刑法学研究及刑事立法、司法产生较大影响。1989年,他参与修订我国1979年《刑法》,在反思"严打"政策的基础上,在《北京大学学报(哲学社会科学版)》发表《严而不厉:为刑法修订设计刑事政策思想》一文,阐述治理犯罪要法网严密、刑罚宽缓。其后,"严而不厉"一词不胫而走,广为传播,成为储氏学术思想又一个标签。此外,"持有""复合罪过""罪数不典型""犯罪场""刑罚机制""刑罚现代化""法定犯时代"等概念,皆是其独创。尤其是,他2003年退休后,"老骥伏枥,志在千里,烈士暮年,壮心不已",思考不止,笔耕不辍,依然提出了"刑法契约化""刑法生态""罪刑共同体"等新概念,为刑法学研究注入新思想,开拓新境界。

更为重要的是,储槐植教授提出的"刑事一体化"研究范式,是近代以来世界刑事科学范式研究的创新。19世纪中叶后,随着犯罪学、刑事政策学滥觞,如何处理刑事各

---

① 储槐植:《我与中国刑法发展同行》,载邱水平主编:《我和我的祖国:北大老同志庆祝新中国成立70周年回忆文集》,北京大学出版社2019年版,第438页。
② 参见储槐植:《刑事一体化》,法律出版社2004年版,自序,第3—11页。

学科(犯罪学、刑事政策学、刑法学、刑事诉讼法学、刑事侦查学、监狱学等)的关系,是刑事学者研究的重要问题,先后提出了不同的范式。① 下面简介两位德国、两位中国刑法学家提出的范式。德国著名刑法学家冯·李斯特(1851—1919),在19世纪80年代提出"整体刑法学"范式。他认为,应突破古典学派只从法律规范上研究刑法的狭窄模式,将刑法学研究的触角延伸到犯罪学、刑事政策学,建立以刑法学为统领,以犯罪学、刑事政策学为"辅助学科"的整体刑法学科。他为实现其宏大构想,创办了《整体刑法学杂志》,整合犯罪学、刑事政策学、刑法学等关于犯罪、犯罪人,以及刑事法律规范的科学研究。李斯特的"整体刑法学"范式,促进了刑事各学科交流、合作,推动了刑法学研究发展。但是,他的建立大一统的刑法学科构想,不切实际,难以实现,至今刑事各学科的独立王国局面,依然如故。另一德国著名刑法学家海因里希·耶赛克(1915—2009)与李斯特不同,他于20世纪80年代提出"刑事诸学科"范式。② 他认为,刑事诸学科是由不同相关学科组成的不可分割的整体,宏观上可分为刑法学、犯罪学两大领域。刑法学领域包括刑法规范学(实体法、程序法)、刑事政策学、刑法史学、刑法哲学、比较刑法学、与刑法相关的社会科学,后五个学科是前者的"相邻学科";犯罪学领域包括犯罪学(犯罪人类学、犯罪社会学)、刑事侦查学、法医学,后两个学科是前者的"相邻学科"。上述诸学科相互交叉、互为利用,是平等、合作关系,不是隶属、依附关系。"刑法学与犯罪学在同一屋顶下",二者是互补、合作关系。因此,他不赞同李斯特建立大一统的刑法学科的构想。公允地说,耶赛克的"刑事诸学科"范式,相比于"整体刑法学"范式,更符合现实,有利于刑事科学发展。但是,刑事各学科应是一个有机联系的整体,如何维护其"整体性",将各学科"融为一体",在"刑事诸学科"范式中付之阙如。在我国,北京大学甘雨沛教授(1907—1998)在20世纪80年代提出"全体刑法学"范式。他在1984年出版的《外国刑法学》前言中说,该书力图成立一个具有立法论、适用解释论、行刑论、刑事政策论,以及保安处分法的全面规制的"全体刑法学"。他认为,从刑法整体来说,单是实体法规定及其适用本身,不能体现刑法的整体性或全体性,还需有刑事诉讼法、监狱法,以及侦查学、法医学等"助成",这些都属于刑事法范围。"刑事法可称为'全体刑法'。一句话,凡是有关罪、刑的规定者均属之。"③甘先生1998年在法律出版社出版的《刑事法学要论:跨世纪的回顾与前瞻》序言中说,19世纪的刑法学是合,融刑法学、犯罪学、诉讼法学、行刑学为一体;20世纪的刑法学是分,除

---

① 一般认为,范式是理论研究的模式。科学范式对理论提供测试和测量的背景或框架。一个范式可以包含许多理论,可以描述一门科学学科中的一系列概念。
② 参见马克昌主编:《近代西方刑法学说史》,中国人民公安大学出版社2008年版,第531—533页。
③ 甘雨沛、何鹏:《外国刑法学》(上册),北京大学出版社1984年版,第4页。

上述学科相继独立外,还出现了一些边缘学科;"将来必走向统一、联合,成为一个熔刑事立法论、适用解释论、行刑与保安处分论以及刑事政策论等为一炉的全面规制的'全体刑法学'。它不是过去各学科的简单相加,而是在新的观念指导下升华"①。可见,甘先生是从刑事法的整体性、融为一体上,提出"全体刑法学"范式。但是,如何"在新的观念指导下",将刑事各学科"熔为一炉",他老人家还未来得及具体阐释就与世长辞,留下一个悬案,待后人破解。

与上述三位刑法学家的范式不同,储槐植教授独树一帜,提出了"刑事一体化"范式。1989年,他在《中外法学》发表《建立刑事一体化思想》一文,首提"刑事一体化"范式,并以刑法和刑法运行内外协调,即刑法内部结构合理(横向协调)与刑法运行前后制约(纵向协调)为中心,初步加以阐述。之后,在2003年12月"刑事政策与刑事一体化"学术论坛的主旨报告——《再说刑事一体化》和2007年北京大学出版社出版的专著《刑事一体化论要》中,对"刑事一体化"范式的概念、内涵、价值等,予以进一步阐明。他认为,"刑事一体化"是哲学的客观事物"普遍联系"基本规律,在刑事科学领域的演绎。"刑事",指治理犯罪的相关事项,涵盖犯罪、刑法(实体和程序)、刑罚制度与执行等。"刑事一体化",指治理犯罪的相关事项深度融通,形成和谐整体。"刑事一体化"是个开放概念,既是观念,也是方法。作为观念的"刑事一体化",首先要树立刑事诸相关事项"普遍联系""在关系中存在"的哲学观念。虽然出于研究目的不同的需要,相关事项有不同的研究中心,但是仍然在关系中存在:若以犯罪为中心,则为关系犯罪观,犯罪在关系中存在和变动;若以刑法为中心,则为关系刑法观,刑法在关系中存在和发展;若以刑罚执行为中心,则为关系行刑观。总之,各刑事相关事项研究,都相互影响,存在着千丝万缕的联系。其次要树立动态的、实践的观念,克服静态的、纯理论观念。作为方法的"刑事一体化",指刑事各相关事项要深度融通,操作层面要运作机制通畅,思维框架主要是折中范式——平抑偏执、达致适中的方法和过程,折中的社会功效是实现社会稳定与和谐。从上述可见,储槐植教授提出的"刑事一体化"范式,既不同于李斯特教授以刑法学为中心的"整体刑法学"范式,也不同于耶赛克教授倡导的刑事各学科平等、合作的"刑事诸学科"范式,与甘雨沛教授提倡的熔刑事各学科为一炉的"全体刑法学"范式也不相同,"刑事一体化"范式是刑事科学理论的中国本土化的重大创造!这个有强大生命力的极为诱人的思想,吸引着众多刑事法学子更深入地研究与展开。

---

① 《刑事法学要论》编辑组编:《刑事法学要论:跨世纪的回顾与前瞻》,法律出版社1998年版,序,第3页。

其二,严谨之学风。

储槐植教授主张,做学问要多想、多看、多写,一步一步脚踏实地往前走。多想才能发现问题,预设一个深入研究的明确目标(方向),经过不懈努力,才可能形成自己的内涵丰富、表述简明并在某一领域有影响的思想,达到一个境界。他强调做学问要讲究质量,有质量才有价值,只要写的文章中有精彩的东西,能够让人们记住,那么它就是有价值的。他写文章言简意赅,追求字字有意,不滥竽充数,拖沓冗长。即使在很多期刊要求文章不少于1.5万字的情况下,他发表的百余篇文章,绝大多数是8000字以内,只有2篇超过万字,最长一篇也只有1.6万字。他认为,做学问切忌急躁,急躁则心绪不宁,不宁则思路不清,极易消解科学精神和求实态度。纠正急躁的最好办法,是多想超越自我而少想超越他人。"昨天的我,标尺明确,而'他人'则是一个变数不定的情状。要超越自我,则会产生上进的动力,并可清楚察觉前进的印迹,从而心情舒畅。总想超越他人,只能搅乱心绪,自寻烦恼,则必然急躁。"①储槐植教授不愧是刑事科学思想大家,他的严谨、科学治学风格,为学界吹来一股清新之风!

其三,完美之人格。

储槐植教授是以学术为业,以多想为乐的纯正学者。他的风雨人生,展示了他的完美人格。② 自律、自信、低调、温厚,是他的人格特性,包括严于律己、宽以待人两个方面。自律,指严于约束自己。"以一名正直的公民要求自己",是他1985年入党时说的话,也是他一生的践行。他工作勤勉,兢兢业业;学习刻苦,治学有成;淡泊名利,从不主动索取。自信,是储老师的另一个鲜明个性。他说:"在一定意义上说,我是一个比较自信的人。"③这是指,相信自己能为社会做有益的事情,有志向。他早在江苏常州中学读书时就加入共青团,读了一些马克思主义哲学书籍,立志将来当外交官。这个志向,直到北京读大学时他也未放弃。1955年到北京大学任教后,他立志于法学研究,努力钻研、写作。1956年,他在当时我国最有名的人文社会科学杂志《学习》第4期上,发表《我国刑事诉讼中的辩护制度》一文④,初登学术舞台,一炮打响。虽然1957年后,他的学术志向受挫,但他为社会做些事情的自信并未改变,不消极、不混事,顽强地度过20年人生低谷,最终走向学术辉煌。他认为,做人有自信、有志向是非常重要的,包括

---

① 储槐植:《刑事一体化》,法律出版社2004年版,自序,第1页。
② 2012年11月16日,他在接受《北京大学研究生学志》编辑访谈时,把自己的人生感悟归纳为自信、努力、坚持、低调4个词。
③ 储槐植:《我与中国刑法发展同行》,载邱水平主编:《我和我的祖国:北大老同志庆祝新中国成立70周年回忆文集》,北京大学出版社2019年版,第434页。
④ 参见储槐植:《刑事一体化论要》,北京大学出版社2007年版,第312页。

读书、做学问、工作都是如此。低调,也是储老师的一个鲜明个性。主要表现在,取得成绩、受到赞扬时,他淡然处之,不张扬。因为他能够清醒地看待自己,对自己客观地估量,不沾沾自喜。他认为一个人要学会自己同自己比,不与他人比,尤其不与名人、高人比。这样做,可以保持自己内心清净,避免浮躁。他对于同行中比自己有成绩的、比自己高的人,虽然也注意向人家学习,但是既不嫉妒,也不觉得自己一定要同他们看齐或者超过他们。他的这种低调、务实的人生态度,赢得了人们的爱戴。温厚,即待人温和、宽厚。像许多江南才子一样,储老师温文尔雅。他待人处事,态度温和,举止文明;对同事,关心礼让,合作共事;对学生,平等对待,关怀备至。他提倡教学相长,互教互学,学术面前师生平等,即使同他争得面红耳赤,他也不会在意。正是在这种宽松、自由的环境下,他培养出一批出类拔群的弟子。

"学高为师,身正为范。"储槐植教授永远是我的老师,也是我的挚友。我俩是"君子之交淡如水",心心相印永相通。感谢他多年来对我的言传身教,尤其是他的不计名利,合作共事,执着学术,求变出新的品格,永远是我的榜样!他曾帮我修改过关于犯罪客体(法益)的文章;曾建议我去美国访学,提出帮我联系学校,后因语言问题我未去美国,是个憾事。他为《十问死刑》一书题写书名,为《刑法的人道主义情怀》一书作序。尤其是,他很关心我的人格刑法学课题研究,把作者陈士涵送给他的《人格改造论》送给我;为我联系去北京市监狱做人格调查;为《犯罪、刑罚与人格》文集作序;等等。他对我的关爱和帮助,永存于我心中!

北京大学哲学系杨辛教授今年 100 岁(期颐),杨教授曾作诗曰:"人生七十已寻常,八十逢秋叶未黄,九十枫林红如染,期颐迎春雪飘扬。"现将此诗献给储槐植老师,祝愿我师超越期颐,寿诞于茶!

谨识于百旺家苑
2022 年 3 月 30 日

目录

第一编 刑事一体化与刑法方法论

"说什么"与"怎么说"
　　——刑事一体化方法论四要义　　　　　　　　　　白建军　0003
本土化的刑法学方法论:刑事一体化　　　　曾粤兴　贾　凌　0020
我国"刑事一体化"的最早提出及其发展与原理的新阐释　　李晓明　0037
刑事一体化与刑法教义学关系论要　　　　　　　　　　孙国祥　0057
刑事一体化视野中的中国刑法体系建构　　　　　　　　梁根林　0073
法教义学与社会科学
　　——以刑法学为例的展开　　　　　　　　　　　　车　浩　0123
刑事政策与功能主义的刑法体系　　　　　　　　　　　劳东燕　0150
关系刑法学导论　　　　　　　　　　　　　　　　　　刘仁文　0200

第二编 刑事一体化与刑法运作观念

重申刑法谦抑主义　　　　　　　　　　　　　　　　　何荣功　0217
中国积极刑法观的理性修正与功能完善　　　欧阳本祺　秦长森　0237
轻刑化是实现严而不厉的关键　　　　　　　　　　　　张明楷　0256
"严而不厉"思想在解释学领域的具体实践　　　　　　　付立庆　0274
刑事一体与犯罪分层　　　　　　　　　　　　　　　　卢建平　0288
刑事一体化思想的理论与实践效能检讨　　　　　　　　王志远　0304
经济犯罪中刑法一体化规范解释研究
　　——以储槐植教授刑事一体化理论为分析视角　　　蔡道通　0320

网络空间治理刑事一体化中刑法功能定位	高艳东	0337
"刑事一体"之"化":问题、视野与方法		
——以围绕亲生子女买卖问题的研究为例	赵 军	0352
发挥检察职能的刑事一体化思考	贾 宇	0372
刑事检察对刑法学理的若干启示		
——刑事一体化观念指导下的观察	黄京平	0385
论刑事司法理念与办案效果		
——以刑事检察的一体化实践为视角	苗生明	0400

第三编　刑事一体化与刑法解释论

新旧刑事法律规范交替并行的溯及力问题	刘宪权	0423
规范论视角下《刑法》第13条但书条款的展开	李世阳	0439
论瑕疵行政行为的刑法效力	杜 宇 宋一璐	0463
"知假买假"索赔的刑法定性		
——以法域协调为视角	于改之 邹宏建	0477
论"于海明正当防卫案"对推进和完善我国正当防卫制度的意义	王世洲	0491
公民扭送权的规范本质与限度要件		
——刑事实体法与程序法相融通的一个尝试	陈 璇	0509
功能责任论的基础和运用	冯 军	0532
英美刑法中的严格责任及中国刑法的立场	刘士心	0546
中国刑法视域下的客观处罚条件		
——识别标准与归类判断	王华伟	0563
刑事一体化与刑法教义学		
——基于共同犯罪理论的阐释	何庆仁	0589
论过失犯的共犯	陈兴良	0604
必要的共同犯罪探究	刘明祥	0625
刑事一体化方法论下"片面共犯论"法理的新诠释	魏 东	0640
罪数不典型与一事不再理	邓子滨	0662
我国刑法中危害国家安全罪的法理	黎 宏	0679
论刑事一体化视角的危险驾驶罪	周光权	0696
"有毒、有害食品"的语用考察	王政勋	0716
我国反洗钱的刑事法律规制:指南、立法与司法	王 新	0737

刑事一体化视域中专利权刑法保护问题研究	唐风玉	0758
刑事一体化视野下诽谤罪的追诉模式研究	吴镝飞	0775
刑事一体化视角下高空抛物罪研究	罗树中 罗天冶	0789
客观归责理论在帮助信息网络犯罪活动罪中的适用及其限制	李 梦	0800
国家监察体制改革视野下监察对象的规范解释	刘艳红	0826
美国刑法解释之公平寓意规则论析	高维俭 付胥宇	0841

第四编　刑事一体化与控制犯罪控制

中国死刑制度改革的体系化思考——以刑事一体化为视角	赵秉志 袁 彬	0865
我国死刑政策中的人权蕴含及其彰显	阴建峰 周 恺	0880
刑事一体化视野下非法吸收公众存款罪法定刑提升的必要性与有效性审思	劳佳琦	0899
私募基金与非法集资的距离有多远——兼谈金融犯罪刑事政策的科学化和现代化	黄 河	0923
刑事一体化理念在网络金融犯罪综合治理中的运用与展开	李兰英	0933
反恐怖主义法：刑事一体化的样板	赵永琛	0953
走向刑事一体化：对《反有组织犯罪法》的刑事政策分析	姜 涛	0965
打击网络犯罪的国际法框架	江 溯	0988
国际刑事法院的审判机制及被害人权利保障机制研究	黄 芳 黄小珊	1010
宽严相济时代的犯罪控制模式走势与优化	汪明亮	1027
刑事一体化思想与企业合规制度构建	叶良芳	1054
论低龄未成年人犯罪的刑事一体化处遇	徐 岱	1070
刑事一体化视野下涉罪未成年人治理体系构建——以智慧未检发展为视角	季美君 刘生荣	1082
重大突发事件中"仇恨犯罪"的刑事规制——以"刑事一体化"为视角	王文华 陈丹彤	1105
原则与例外：刑事处遇双轨制的观察与省思	冯卫国 张立宇	1130
"限制减刑、扩大假释"的理论根据与立法应对	王 平	1144

编辑后记	梁根林	1159

第一编

刑事一体化与刑法方法论

"说什么"与"怎么说"

——刑事一体化方法论四要义

白建军[*]

治学两件事:"说什么"和"怎么说"。前者是思想、理论、观点、发现、内容、主张,等等。后者是方法、工具、形式、途径,等等。不知道怎么说话,自然想不出合适的话,也就说不出像样的话。内容和方法有时形意互掩,要说的话隐在表达方式中。储老师的"刑事一体化"是形还是意?答案应该是形意兼具。不过,本文打算集中探索其中"怎么说"的部分,即刑事一体化的方法论部分。因为,刑事一体化思想中许多精妙的结论实在是其方法论的必然结果。

归结起来,刑事一体化的方法论核心是关系分析方法。具体说,面对四个关系,采用四种方法,推导出刑事一体化方法论的四个基本要义,形成刑事一体化思想体系的重要部分:①面对各刑事学科之间的关系,采用普遍联系的分析方法,达至刑事相关学科间的和而不同。②面对刑事研究各基本范畴之间的关系,采用基于多维分析的大综合方法,展现犯罪问题研究的大逻辑。③面对刑事研究具体问题之间的关系,采用量化分析的方法,强调犯罪与刑法研究活动的话语可转换性,实现刑事研究车同轨、书同文。④面对刑事法治与外部法秩序各部分的关系,采用整体性研究方法,主张以独立而不孤立的整体性刑事法治实践,理性响应外部因素的各种影响和挑战。

一、刑事相关学科间和而不同

刑事一体化方法论的第一个基本要义是刑事法治内部各个学科之间的和而不同。和而不同还是既不同又不和的问题,源自如何理解刑事相关学科间的关系。其中,各学科间的差异显而易见。"和"本义是指人际的和谐、和睦,这里引申为学科间的和谐、合作、求同存异。主张和而不同,就是主张刑事相关学科间淡化学科界限,强化和谐、合作,以问题导向共同研究。和而不同既是事物之间普遍联系的体现,也是刑事一体

---

[*] 北京大学法学院教授。

化的应有之义。

(一) 方法论:用事物间普遍联系的观点理解刑事一体化

如何理解刑事法治内部各个学科间的关系,是刑事一体化的首要问题。解决这个首要问题的方法论,就是事物间的普遍联系理论。哲学上讲,事物之间相互影响、相互制约,事物之间具有普遍联系。联系本身就是一种客观存在,不以人的主观意志为转移。联系是事物存在和发展的基本条件,没有哪个事物是孤立存在的。刑事法治内部各个学科也不可能各自孤立存在,它们之间的差异是相和的条件,相和是普遍联系的体现。问题是,如何在刑事法治内部的具体联系中把握它们之间的关系。这就需要结合刑事法治研究的具体情况加以说明。

(二) 作业:《论刑法教义学与实证研究》[①]

在这篇作业中,笔者的基本观点是,定性研究与定量分析、规范学与事实学的不同,只是刑法教义学与刑法实证研究之间表面上的不同,其掩盖了二者内在相和的价值。实际上,刑法教义学与刑法实证研究和而不同。二者显而易见的"不同"中隐含着"和"的条件,"和"才是二者关系中一直以来被忽视的价值。刑法教义学实证研究,就是刑法教义学与刑法实证研究之间和而不同的产物,也是储老师刑事一体化思想的一个成果。

在这个立论之下,笔者首先考察了法教义学与法律实证研究相和的难点及其化解路径。笔者认为,真正妨碍法教义学与法律实证研究走到一起的障碍之一是各有各的合理性假定。法教义学假定实定法的合理性,而法律实证研究假定法律实践集体经验的合理性。按照前者,法律不容批判,只能对其作出合理解释;按照后者,法律实践的集体理性必有其道理,是公正检验的标准。这就形成了二者之间的紧张关系:既然法律不容批判,就无须其他检验标准;既然法律实践的集体理性是公正检验的标准,就无须另寻合理性阐释。

其实,实定法合理性假定是一种相对的合理性假定。按此假定,不可批判的是法律规范,而不是具体法条。况且,批判法律和不依法裁判是两回事。同时,法律实践集体经验合理性假定也不是绝对的。比如,法律禁止任何人强奸女性,即使法官对相当一部分所谓"婚内强奸"案的被告人判决无罪,也不应据此将此类行为排除出强奸罪。正如个别法条可能存在种种不足一样,法律实践集体经验的合理性也是相对的。所以,基于法律实践集体经验的研究,除了需要满足统计显著性、高相关度等形式要求,还需要进一步的法教义学分析,看其是否符合法律规范意义上的正当性要求。

既然两个合理性假定都不是绝对的,刑法教义学与刑法实证研究之间就没有对立

[①] 参见白建军:《论刑法教义学与实证研究》,载《法学研究》2021年第3期。

紧张的根本理由。当然，无论是实定法合理性假定，还是法律实践集体经验合理性假定，其相对性都是描述的相对性，与价值相对主义有着本质不同。价值相对主义否认超越多样性、地方性、时代性伦理价值的普遍价值的存在，认为不应该用普遍价值去规范人的行为。总之，只要承认实定法和法律实践集体经验的相对合理性，打破刑法教义学与刑法实证研究之间的隔膜并非不可能。

既然不是水火不相容，就需要进一步论证相和的原理。笔者认为，刑法教义学与刑法实证研究统一于实践理性，相遇在刑法现象大样本中，交集于法的有效性。没有教义学的刑法实证研究，或者没有实证研究的刑法教义学，都无益于中国刑法研究的全面发展。

首先，基于康德哲学的回顾，笔者认为，法律本质上就是一种实践理性。专注于普遍法律实践的实证研究自然也离不开实践理性。问题是，该如何理解法教义学与实践理性的关系。据赫尔贝格的考证，"教义"一词其实最早出现于医学文献。《希波克拉底全书》中提到了医学"实践学派"与"理论学派"之争，"实践学派"否认医学能得出任何一般命题，认为有的只是一个个特定病例，而"理论学派"认为可以从最一般的原则出发演绎推导出一般命题（假定）。但随后，有一部分"实践学者"开始寻求具体病例之间的共性。同时，许多"理论学者"也开始意识到，有必要通过归纳来对病例的具体观察作一般化总结。到了大约公元前400年，出现了走第三条道路的学者，即"教义学者"，他们将这种类型的一般原理或命题命名为"教义"。可见，"教义"原本是经验归纳与理性抽象相结合的产物。而且，法教义学与法律实证研究相和，在我国也已有尝试。所以，刑法教义学应回归其原本意义上来使用"教义"一词。这样，刑法教义学与刑法实证研究至少在语源学的意义上具有亲缘关系。

其次，法律规范隐身于大量实定法文本中。法律规范不是法律条文的任意堆放，而是法律内在结构形成的逻辑关系。发现这种关系，将隐身于法律条文中的刑法规范（教义）提取出来，既是法教义学也是法律实证研究的分内之事。其中，演绎推理和归纳方法都是发现法律规范的必要方法。例如，张明楷教授关于法益保护的论证，就以刑法为对象，通过观察、归纳大量法律条文，说明这些法条背后的共性是法益保护对刑法的指导意义。的确，演绎法擅长发现法律中未言明的规范。例如，刑法只规定盗窃并使用信用卡的，定盗窃罪，而未规定诈骗、抢劫、抢夺信用卡并使用的应如何定罪。实际上，既然盗窃并使用信用卡的定盗窃罪，而诈骗、抢劫、抢夺等行为与盗窃具有相当性，那么也可以认为诈骗、抢劫、抢夺信用卡并使用的，应以信用卡取得行为分别定诈骗罪、抢劫罪、抢夺罪。此即作为无形之法的法教义积极主动找法的过程，也是法教义学演绎逻辑应用的典型范例。

最后，法教义学与法律实证研究交集于法的有效性。法的有效性的应然面是法的效力,其实然面是法的实效。效力是实效的前提,实效是效力的实现,法治是效力不断转化为实效的过程。法教义学研究法的应然有效性,为法律实证研究提供目标与方向。法律实证研究专注法的实然有效性,研究法律有效性的实际程度、范围,是法教义学的必要补充。

法的有效性的核心是法律规范对相关主体的约束力,包括对法律适用者的约束力和对普通公民的约束力。其中,对法律适用者的约束力,是法教义学与法律实证研究之间的交集。因为犯罪控制与其说是针对犯罪的控制,不如说是对犯罪控制的控制,强调对犯罪控制者的行为有所约束。否则,不仅会有更多的行为被定义为犯罪,而且可能引起某些犯罪。所以,刑法适用的真正意义并不只是有利于被告人,更在于最大限度地限制法律适用者刑罚权的行使过程。在这方面,法教义学与法律实证研究的作用都不可替代。一方面,法律规范的实效与规范自身有关。另一方面,法律规范的实效还与司法地方性、经济、文化、政策等法律规范外因素有关。可见,法的有效性研究既离不开法教义学,也不能没有法律实证研究。

综上,法教义学与法律实证研究皆为实践理性范畴的一部分,二者具有良好的合作基础。法律规范隐身于大量实定法文本中,两种方法论的合作有助于法律规范的发现。法的有效性集法律规范效力和实效性于一身,没有教义学的法律实证研究或者没有实证研究的法教义学,都无助于法的有效性的实现和检验。所以,法教义学实证研究很可能代表了中国刑法研究一个值得探索的方向。

基于上述理论探讨,这篇作业还以"刑法第一块骨牌"即死刑适用的研究为例,展示了何谓刑法教义学实证研究。之所以选择这个切入点,是因为最极端的恶是非法剥夺他人生命的犯罪,最极端的社会否定性评价是依法剥夺犯罪人生命的死刑,这两个剥夺是其他一切剥夺的边界。所以,这篇作业以近八万个致死命案死刑适用样本的刑法教义学研究为例说明,刑法教义学实证研究是一种基于刑法现象大样本的描述性批判,其包括刑法理论学说的教义学实证研究、刑法规定的教义学实证研究和刑事司法实践的教义学实证研究。

在这篇作业中,从"杀人偿命"到"接近事实上废除死刑"之间,从某因素对死刑适用毫无影响到回归系数为1之间,有许多可能的相对位置。正是对这些相对位置的客观描述,使"严格限制死刑适用"这一刑罚教义学原则的实效,在不同时间、空间实现了可比性,基本上证否了"杀人偿命"的说法。而且,刑法理论中的某些二元化思维,只是刑法现象的不同侧面在人们头脑中的反映,也是人们在观念上对刑法世界的主观建构。没有这些主观图式,人们就很难将枯燥的刑法规则与日常经验或其他社会科学理论联系起来。上述刑罚教义学实证研究证明,没有哪种二元化理论可以单独概括普遍的刑罚适用实践。对不同罪名的适用而言,量刑情节影响的稳定性,也因变量的不同而不同,无法一概而论。

另外,这篇作业还列出了刑法教义学实证研究的几种类型。按照检验对象的不同,刑法教义学实证研究可以分为三种类型:第一种是刑法理论学说的教义学实证研究,其有助于刑法教义学理论研究提高自身信度以及对大范围法律实践的检验能力。第二种是刑法规定的教义学实证研究,其有助于提高刑法修订以及刑事司法解释等的科学化水平。第三种是刑事司法实践的教义学实证研究,其有助于刑法教义学理论和规范的实效检验。

(三) 议论:目前刑事相关学科之间分化明显,疏于合作

学科分化是人类认识规律使然,不可避免。但是,从更多的视角认识世界,并不意味着认识对象可以被认识者任意拆解。不论你怎么看,世界都不会因为人的认识活动而失去原貌。学科之间合久必分、分久必合。除了刑法教义学与刑法实证研究,和而不同的尝试还有许多。

一个典型例子是关于犯罪学所说的犯罪和刑法学上的犯罪到底是不是一个犯罪的争论。刑法说犯罪就是犯罪,其他学科没有理由在刑法规定的犯罪之外,另外界定犯罪。犯罪学所研究的犯罪,就是刑法规定的犯罪。而犯罪学觉得如果没有独立的研究对象,自己作为独立学科的地位就很难成立。因此认为,犯罪学需要一个和刑法上不同的犯罪。

其实,生硬地分割研究对象,不是一个学科主张其合法身份的最佳出路。犯罪就是犯罪,就像人作为被认识的对象,既允许生物学的研究,又包容心理学的分析,同时还向社会学敞开大门一样,犯罪现象也将其各个方面的属性和侧面展现在刑法学、犯罪学、犯罪心理学等多种学科面前。从这个意义上说,犯罪学没有必要另立犯罪概念。刑事科学中各个相邻学科所研究的,是同一个犯罪。这个判断的原理之一,就可以上溯到刑事一体化思想。按照这一思想,科学认识犯罪规律,合理调整刑法内部结构,协调各种刑事制裁手段的运行,是一个统一的社会过程,不应当将其肢解为各个孤立的片段。[①] 科学面前,只有一个犯罪。

二、刑事研究的大逻辑

刑事一体化方法论的第二个基本要义是犯罪问题研究内在基本范畴层面的大逻辑。刑事一体化不仅是学科级的一体化,还应深化到研究范畴级的一体化。刑法学、犯罪学、犯罪心理学,这叫学科级。犯罪行为、犯罪人、定罪量刑、犯罪原因,这叫范畴

---

① 参见储槐植:《刑事一体化与关系刑法论》,北京大学出版社1997年版,第279、294页。

级。抽离掉学科体系框架,范畴级的刑事研究,尚无公认的体系框架。不过,如果从刑事一体化的立场来看,范畴级刑事研究也可能存在自身的内在逻辑,称之为犯罪问题研究的大逻辑。刑事一体化思想为这种大逻辑的发现提供了指导。基于多维分析的大综合方法,范畴级刑事研究也会引出一些新的见解。

（一）方法论：范畴体系的分析与综合

既然多个学科面对的只有一个犯罪,如何整合多个学科的多种知识主题,就是刑事一体化不得不回答的一个方法论问题。这里特别需要看重的是分析与综合的循环往复。在人的认识过程中,分析是按不同标准将对象分解为不同部分、维度,从不同侧面认识事物的过程。综合是把事物各个部分、维度按其内在逻辑关系整合为一个整体的过程。

以犯罪问题的研究而言,学科分化就是一种意义上的分析——把犯罪问题分解为规范、心理、社会、定性、定量等不同的侧面、属性。而上述学科间合作,虽然是一种意义上的综合,但与"按其内在逻辑关系整合为一个整体的过程"之间仍有一些距离。学科间两两合作更多的是用某个学科的方法研究另一个学科的问题,如犯罪心理学就是用心理学方法研究犯罪行为的科学,犯罪社会学就是用社会学方法研究犯罪问题,等等。这种合作毕竟还不是犯罪问题的整体整合,因而还不是完整意义上的刑事一体化。所以,犯罪问题研究的分析与综合,还需要在各种分析的基础上进行综合,发现犯罪问题内在的客观逻辑。

（二）作业：宫格体犯罪问题研究

在一体化视野下,简单地说某某学科间有何异同,已经没什么意义。重要的是,找出犯罪研究特有的内在逻辑。沿着这个思路,笔者选用的是宫格体方法。

18世纪瑞士人发明了一种数学逻辑游戏,叫作数独。游戏者需要在一个9×9的宫格盘面中根据已知数字推理出空格中的未知数字,且满足每行、每列、每个宫格中都有数字1、2、3、4、5、6、7、8、9的要求。现在,这种游戏已经从九宫格,发展出4×4、6×6、12×12甚至16×16宫格的盘面。沿着一定逻辑规则,根据已知推导出未知,数独游戏的乐趣在于逻辑发现的过程和结果。

储老师的"严而不厉"就可以理解为"是否严密"与"是否苛厉"两个维度交叉形成的一个四宫格中四种逻辑组合的结果,如表1：

表1 "是否严密"与"是否苛厉"交叉的结果

既严又厉	不严不厉
厉而不严	严而不厉

这是犯罪研究中最早的宫格体方法。其中，既严又厉、不严不厉、厉而不严、严而不厉四种结果，在现实中可以有实证也可以没有。即使没有实证，也可以推导出某种结果。正是这种逻辑推导的力量，不仅让人意识到"严而不厉"可能存在，而且应该存在，是四种可能中最佳的一种。此即运用宫格体方法进行逻辑发现的经典，也是由"怎么说"达至"说什么"的典范。

在此基础上，笔者模仿储老师的做法，也尝试着发展宫格体研究方法在犯罪与刑法研究中的应用。笔者发现，在犯罪研究中，至少有刑法学、刑事政策学、犯罪学、刑事诉讼法学、犯罪心理学、犯罪社会学、犯罪统计学、犯罪人类学等学科。这些学科内部并不缺少自身的分析与综合过程。而且，这些学科都各自创造出许多范畴、概念，如犯罪行为、犯罪人、犯罪规律、定罪量刑、被害人，等等。要在刑事一体化视野下进行分析与综合，是否可能打破学科间的界限，将这些范畴、概念重新整合到某个更大的逻辑体系中呢？于是，笔者试图在原有学科体系之外，寻找这些范畴、概念之间的关系。结果发现，如果在一个宫格体中重新排列组合这些范畴、概念，就会隐约看出它们之间实际上存在某种关联性。

首先，笔者认为犯罪与刑法研究中的基本范畴、概念共有12个，如表2所示，它们被安放在一个十二宫格体系中以后，一个横看竖看都能走通的逻辑关系就显现出来了。拙著《罪·恶》一书的体系，就是按照这个宫格体中的逻辑关系安排的。

表2 宫格体犯罪研究

犯罪行为	犯罪性	动刑
犯罪人	犯罪化	除刑
犯罪心理	犯罪规律	量刑
犯罪被害	风险互动	用刑

竖着看，每一列都满足一定逻辑关系。第一列是按照"犯罪行为""犯罪人""犯罪心理""犯罪被害"的顺序对犯罪现象进行经验观察。第二列是犯罪学的四个基本范畴，其中的"犯罪性"与"犯罪化"是一对主客体关系。它们的反复作用，形成了一定的"犯罪规律"。基于犯罪规律的社会反应，刑事"风险互动"强调，不是单纯保护被害或被告中的某一方，而是平衡、调整二者之间的关系。第三列就是刑法及其适用的四道工序"动刑""除刑""量刑""用刑"。

横着看，每一行也自成一体，都有其内在逻辑。第一行讨论犯罪与秩序的关系，"犯罪行为""犯罪性""动刑"的逻辑是犯罪可恶，所以动刑。第二行讨论犯罪与权力的关系，"犯罪人""犯罪化""除刑"的内在逻辑是给任何人贴上犯罪标签，都有滥用刑罚的风险,所以要有除刑机制。第三行讨论犯罪与环境的关系,"犯罪心理""犯罪规律""量刑",意思是罪有因果,所以要因罪施刑。第四行讨论犯罪与被害的关系,"犯罪被害""风险互动""用刑"是说刑事司法最终不仅要合法还要合理摆平加害与被害的关系。

刑法上的"定罪—量刑",是一个完整的工序。为什么要把定罪拆成动刑和除刑两个环节?具体来说,犯罪行为、犯罪性会引发动刑。但仅仅具备了动刑条件,并不一定就构成犯罪,还要看是否有除刑事由。除刑是基于排除一定案件事实与相关刑事规范之间同一性联系的消极证否性事实,对某个可能被追究刑事责任的行为作出罪处理的过程。刑法中,罪刑法定、正当防卫、刑法效力、责任年龄、但书、刑罚消灭,等等,都是除刑机制的具体体现。如果具备除刑条件,即使造成了危害后果,还是不能构成犯罪。因此,除刑是刑事责任认定过程中的一种保护性机制。用刑法的话说,就是该当未必违法,违法未必有责。现实生活中,许多冤假错案其实就是因为没有严格运行除刑机制的恶果。

问题是,为什么要强调除刑机制的独立性?本来,刑法学中并无除刑之说。刑法学也承认刑罚权有被滥用的可能性,所以刑法既是犯罪人之法,又是法官之法。但刑法学无须回答法官为什么会滥刑的问题。然而,在十二宫格体系中观察犯罪化与除刑的关系就会发现,除刑是犯罪定义学的逻辑结果,而犯罪定义学又来自犯罪性与犯罪化之间的主客体关系。用犯罪定义学解释除刑,是宫格体方法的重要逻辑发现。除刑既是动刑与量刑之间的中间环节,又是犯罪定义学创造出来的一个逻辑节点。因为宫格体方法需要一个犯罪化与动刑之间的交叉环节,于是便有了除刑。

那么,犯罪定义学又是怎么解释为什么需要一个除刑机制限制法官滥刑的问题呢?在犯罪定义学看来,没有什么行为天生就固有犯罪的意义和属性。犯罪都是被赋予犯罪的意义和属性的行为,即被犯罪化的结果。而行为的犯罪化过程中,存在两个方向上的运动:主体(被)客体化和客体(被)主体化。主体(被)客体化是指客体的属性、规律在主体头脑中的反映。主体对客体规律的认识、掌握、接近、符合和服从,是客体对主体的限制、约束和规定。反过来,客体(被)主体化是指主体从自身的属性、地位和取向出发,能动地改造客体、影响客体,在客体身上显现、直观、确证自己。在这个方向上,既然重要的不是什么实际上是犯罪而在于什么应该被定义为犯罪,那么,应该不应该的判断标准就可能受各种因素的左右。结果就是,犯罪定义者不可能不积极能动地彰显自身的主体性,甚至脱离定义对象的客观规律去彰显主体性。比如,片面夸大控制对象的负价值,无限扩大犯罪圈,同案异判,量刑过重,冤假错案,等等,就是这种定义者主体性失控的结果。从这个意义上说,滥刑是犯罪化骨子里自带的一种可能性。对这种可能性,必须有制度约束。于是,除刑这一范畴应运而生。

反过来看,通过刑法现象的观察,除刑理论与实践也催生了犯罪定义学。其实,在传统犯罪学的"现象—原因—控制"体系中,并没有犯罪定义学的位置。而除刑又需要理论上给出解释。于是,在犯罪与其规律之间,便有了犯罪化的部分。而犯罪化与除刑的互补互动,恰好证明了宫格体中范畴级犯罪与刑法研究特有逻辑的客观存在。当然,犯罪化及除刑本身还有许多问题值得深入挖掘。比如,无罪率、相对不起诉、附条件不起诉、变更罪名(小但书)、错案追究,等等,都需要深入研究。而这些题目也蕴含着刑事一体化理念的拓展。

用宫格体方法进行逻辑发现的另一个例子是用刑概念的提出。完成了动刑、除刑、量刑的考量以后,一个案件往往还不能最终确定刑事责任,还要考虑用刑问题。所谓用刑,就是指协调刑法与其他社会控制力量共同作用的过程。这意味着,案件处理不仅要看是否合法,以及是否符合犯罪的客观规律,还要受许多关系的制约。只有尽可能平衡各种关系,才能真正实现刑事正义。用刑的基本原则就是刑法的中立性,其理论来源在于犯罪加害、被害之间互动关系的观察与研究。目前,司法实践中的刑事调解、认罪认罚从宽等实践,就是典型的用刑实践。从某种意义上说,用刑就是精致的量刑。例如,死刑适用中,是否适用死缓,就需要考虑许多法定量刑制度以外的因素。至于死刑的执行方式、死刑犯的健康权、死刑犯有无捐献器官的权利等刑事执行问题,更是需要在合理用刑的视野下加以考虑。

在宫格体方法看来,与其强调各个学科之间的区别,不如从其联系中发现学术资源。看重犯罪问题范畴级研究并不是把犯罪学、刑法学等学科虚无化。事实上,不同学科所研究的问题本身并不是按学科体系的规定而分立存在的。哪个学科都不能武断地切割、裁剪、肢解来自生活世界的问题,不能本末倒置。宫格体方法正是这一思想的体现,强调研究对象本身血脉相通的整体不可人为被肢解。这正是刑事一体化思想的内核之一。按照这一思想,要看淡学科间的界限,而看重问题本身的复杂性和综合性。

(三) 议论:重分析,轻综合;重学科界限,轻问题本身

我们常说,这是个××学问题,那是个××学问题。如,这是个刑法学问题,那是个犯罪学问题,这是个规范学问题,那是个事实学问题,等等。其实,当我们这样界定问题时,就已经按照某种主观思维框架重新塑造问题了。作为研究对象,这时的问题就已经是被改造过甚至被扭曲了的问题了。与其说,接下来的研究是在研究问题,不如说是在彰显既有的思维框架。应该承认,带入特定学科的思维框架不仅不可避免而且十分必要。它让问题的分析更加丰富多彩,更具启发性。而凡事皆有两面。把问题先切割为某某学科问题这种分析方法,也使问题本身失去了原有的样子,忽略了在分析基础上加以综合的必要。重分析、轻综合的必然结果就是强化学科界限而忽视真问题本身,与刑事一体化所主张的淡化学科界限、强调问题导向的主张相悖。当然,以上议论只是从定性的角度诠释综合路径。事实上,许多定量的综合方法,如交互分析方法、多元线性回归方法、主成分和因子分析方法,等等,都已经被成功应用到犯罪与刑法研究中,此处不再赘述。

三、刑事研究的话语可转换性

刑事一体化方法论的第三个基本要义是不同刑事学科研究之间的话语可转换性。不论是学科级还是范畴级,刑事一体化的一大障碍是每个学科、范畴、维度都有自己特有的话语模式、专业术语。于是,共同的研究对象被不同的话语模式叙述为不同的样子,无形中再造了问题本身,从而屏蔽了学科间的对话和信息流动。话语系统是个双刃剑,它既能推进学科发展,又会阻碍学科间对话交流。因此,如何实现犯罪与刑法研究相关的不同学科之间的话语转译,找到各刑事学科间车同轨、书同文的途径,是刑事一体化必须解决的一个方法论问题。在这方面,量化研究是解决刑事一体化中话语可转换性问题的方法之一。

(一) 方法论:量化分析方法助力学科间的信息流动

刑事各学科间语言不同、各说各话,是刑事一体化的另一大障碍。例如,关于犯罪的轻重程度,刑法上用法定刑的轻重、量刑情节的不同来说明;犯罪社会学用每十万人口中发生了多少犯罪的犯罪率来表示;被害人学用被害人数、被害过错的有无等来描述加害的轻重;犯罪心理学用有没有幼年丧母经历、俄狄浦斯情结、人格类型来解释;犯罪人类学用遗传、骨相、颅相等概念来叙述。问题是,如何把刑法上的犯罪轻重转化成犯罪社会学或犯罪心理学上的犯罪轻重?

解决这个问题的出路之一是利用转换原理,将性质不同、量纲各异的概念、属性转换成标准化的信息,然后采用量化分析方法对标准化后的信息进行计量,进而实现不同学科之间的对话交流。转换就是打通不同话语系统,就是"定性—定量—新的定性"的过程。储老师也相信,在我国刑法中运用数学方法构建数量刑法学,对我国刑法学的现代化发展具有重要意义。① 这里的一个基本信念是,事物之间的联系是普遍的,因而万物皆可量化。不同量纲的事物之间可以通过转换过程,将某对象的属性对应或映射到另一相关事物上,从而实现对原对象的观察和表述之间的转换。萝卜、白菜性质不同,不能直接相互加减。可是,把它们分别换算为不同大卡的热量,就可以说一斤萝卜的热量加一斤白菜的热量等于多少大卡的热量。

在犯罪与刑法研究中,"一个杀人等于几个盗窃?""贪污1万元和盗窃1万元是否

---

① 参见储槐植、何群:《论我国数量刑法学的构建》,载《中国法学》2019年第3期。

相等?"这些追问本身就是怀疑法律到底可不可以量化。把1个被杀害的被害人、3台被盗的电视机与12万元贪污受贿的赃款直接相加,就像把3米长的事物、4公斤重的事物与36摄氏度的事物直接相加,结果当然荒唐。但是,将量纲不同的事物转换为等价的事物是完全可能的。秤杆将称量对象的重量与对象到秤杆支点之间的距离转换为秤砣的重量与秤砣到支点之间的距离。温度计也利用了转换原理,将被测量物体的温度映射到温度计的某种属性(如体积变化)上去,以实现映射温度的功效。古代,人们根据盐的消耗量推算总人口数。最著名的转换实践当数曹冲称象了。可见,没有什么事物是不可转换以实现量化的。此即古人云:"天有万象,物有万象,万象皆数,得数而忘象。"伽利略也说过:"上帝是用数学语言缔造世界的。"对犯罪与刑法现象进行量化分析的一个主要办法就是把定性的概念从抽象层逐级下降到可感知可测量的经验层。

(二) 作业:《综合犯罪率测算方法与应用》[①]

在刑法学与刑事政策学之间,有一个话语转译的中间节点,这就是犯罪率。一般认为,犯罪率的高低会影响刑事政策的宽严调整,直接体现到刑法适用的轻重,也是犯罪学与其他刑事学科对话的主要话语媒介。但一直以来,犯罪率对决策部门或学界的影响都不明显,在刑事一体化中没有起到应有的作用。不是因为这个指标不重要,而是因为其测算方法的科学性存疑,可信度不高。因此,改造既有的犯罪率概念和测算方法,是刑事一体化的重要课题。

犯罪率通常是指犯罪数与人口数之比,其分母一般为每十万人口数。传统犯罪率不是过于笼统就是比较片面,任何负责任的决策者都不大会盲目相信其测算结果。而可靠的测算结果源自可靠的测算方法,现有犯罪率的片面性及各种不可靠源自其测算方法的简单片面。

现有多数犯罪率测算的数据,一般来自公安、检察、法院的各种人工填报。人工填报数据不仅可能出现笔误,而且可能受到不当利益驱动的影响。并且,犯罪率测算方法也存在一定技术瓶颈,缺乏科学的综合方法,无法将各种量纲不同、维度各异的变量信息整合起来,形成犯罪现象的完整描述。

目前,我国尚无官方发布的全面犯罪率。为满足社会对公开、科学的犯罪率数据的需要,应推出一种综合犯罪率的概念。所谓综合犯罪率,是指以法院刑事案件审理大样本为直接数据来源,对多个维度的刑事案件信息进行统计学降维处理而计算的犯罪率。为摒弃上述犯罪率测算方法内容上的片面性、计量方法上的主观性、数据来源上的人为性等弊端,综合犯罪率测算的科学性主要体现为内容上的综合性、计量方法

---

① 参见白建军:《综合犯罪率测算方法与应用》,载《中国刑事法杂志》2022年第2期。

上的客观性和数据来源上的原始性三个特征。

内容上的综合性体现在,综合犯罪率是多种刑事案件信息的全面反映:既包含罪案信息,也包含罪人信息,还包含罪行信息;既反映加害方面的信息,也反映被害方面的信息;既体现重罪对社会的影响,也体现轻罪的危害;既可以从中观察具体常见个罪的信息,还可以让人了解各种犯罪概括性的数据。并且,综合犯罪率不是分别报告这些犯罪信息,而是对这些数据信息进行综合汇算后,用尽可能少的量化结果显示犯罪的基本状况。之所以可能实现内容上的综合性,是因为综合犯罪率测算选用的是统计学上的降维分析方法。

降维分析方法的引入,使得综合犯罪率对多个变量的综合无须任何人为赋权。按照降维分析的原理,综合犯罪率的测算将采用主成分分析法和因子分析法,对多个原始变量指标进行降维处理,用几个主成分代表原有变量的信息,并形成测算对象犯罪状况的最终量化表达。主成分分析和因子分析是十分成熟的统计学方法,在自然科学、经济学、社会学中已有广泛应用。在犯罪研究中,有人曾用因子分析法研究过四川省的相关数据,尚未见到全国性犯罪研究的应用。因子分析法如果能成功用于犯罪现象的描述,不仅是法学、犯罪学的一次创新,也是统计学方法应用领域的有益拓展。

数据来源的原始性体现在,综合犯罪率的测算将尝试以法院刑事审判大样本为直接数据来源,放弃依靠人工填报获取数据。很明显,这样做的目的就是排除人工填报的人为性、可操作性,从源头上解决测算的主观性问题。同时,也能客观反映刑事法治实践的过程和结果,为刑事法治的科学化服务。难点是如何将自然语言写成的裁判文书转换成格式化可计量的数据变量。不过,对今天的计算机信息技术而言,裁判文书自然语言的数据转换早已不是问题。

应该承认,目前法院已公开的数据并不完整,我们不知道到底有多少司法文书未被公开。因此,如果根据已公开的司法文书的数据计算犯罪率,理论上可能存在一定误差。但是,公开的裁判文书不完整,不等于不存在完整的裁判文书。再说,这篇作业旨在探索一种新测算方法,不必以全样本为实验材料。况且,只要严格按照科学抽样的规则进行样本选取,目前已公开的裁判文书已经能够满足许多具体研究的需要,其结果仍是有意义的。其实,即使在自然科学中,也需要选用样方法、标志重捕法等方法估算种群的数量规模、密度,从而判断样本的可推论性。样方法的原理是,在被调查种群的分布范围内,随机选取若干个样方,通过计数每个样方内的个体数,求得每个样方的种群密度,以所有样方种群密度的平均值作为该种群的种群密度估值。标志重捕法的原理是,在被调查种群的活动范围内,捕获一部分个体,做上标记后再放回原环境,经过一段时间后再进行重捕,根据重捕到的动物中标记个体占总个体数的比例来估计种群密度。

为验证综合犯罪率测算方法的有效性,笔者以 31 个省级行政区 2015—2020 年 6 个年度的 470 多万个"人—罪"数据进行降维分析所得到的综合犯罪率,基本上革除了以往犯罪率测算方法内容上的片面性、计量方法上的主观性、数据来源上的人为性等三大弊端。一方面,综合犯罪率测算方法在技术上的突破可以概括为,以法院刑事审判大样本为直接数据来源——排除犯罪率测算结果人为操纵的可能;以多维度的常见刑事案件数据信息为分析对象——弥补传统犯罪率测算方法的片面性不足;以主成分分析和因子分析等降维统计分析方法为量化工具——摒弃法治评估常用的人为赋权汇总方法;以有期徒刑的量刑方差对综合犯罪率加以补充——丰富综合观察理解犯罪状况的视角。另一方面,综合犯罪率测算方法在理论上对传统犯罪率概念的突破在于,综合犯罪率已经不再将所谓犯罪从犯罪化过程中抽离出来孤立地测算犯罪的数量、密度,而是把犯罪作为犯罪化的结果看待,具有更强的理论意义和刑事法治实践价值。综合犯罪率测算方法属于法学实证发现的工具理性范畴,为犯罪、刑法以及刑事政策研究拓展出一些新的知识推进场景:犯罪状况的评估与预测、刑事大样本数据信息的构造发现、犯罪与相邻社科现象之间关系的实证研究。通过对 470 多万个样本的综合犯罪率测算结果发现,失信相关犯罪是当下我国犯罪问题中的首要问题。

除了刑事法治内部各学科的对话交流,综合犯罪率的测算还打通了犯罪研究与其他社会科学研究或其他部门法研究之间的通道。在这个视野下,那种把犯罪状况的"轻重"与刑事政策的"宽严"简单对应起来的看法,已经显得有些过时了。

(三) 议论:重定性、轻定量,刑事一体化被悬设为一个神话

其实,在我们熟悉的定性分析中,也常常需要量化证据的支持。比如,我们常说"一般而言""多数情形下""通常""许多""很多""极端情况下""个别情形下""与某某现象有关""某某比某某更重或更轻""综合起来",等等。然而,当我们用这些论据论证某个理论观点时,想没想过,所谓多数、许多、很多,到底是多少?是 51% 还是 99%?人和猪有百分之九十几的基因是一样的,但人还是人,猪还是猪。西方社会只要拿到 51% 的选票,就可以统治 100% 的选民。所谓极端、个别与一般、通常之间,到底有多大的距离?残差是多少?方差是多大?所谓与某某因素有关或无关,其相关系数是多少?回归系数如何?拿某某法律现象与另一种相比,所谓更多、更重、更强,做没做均值检验?所谓综合因素的影响,有没有多重共线性问题?各个因素的 P 值分别多高?标准化回归系数多高?做没做 KMO 检验?所有这些,在定性分析看来,似乎可以忽略不计,仍然可以法科学自诩,然后一个人一票,参与刑事政策的决策。

这些还算是好的,最难理解的论证方法是,抛开各种精准或模糊的事实依据,直接把价值拿来作论据。典型逻辑是:因为某某人或事可恶、可恨,所以应该导致更严厉的惩戒。而刑法中可恶、可恨的事有 400 多种,哪个比哪个可恶多少,程度如何?谁去计算过？不经计算而一事一议,何来的系统性？体系性？结构性？科学性？这种论证的可怕之处在于,碰上这种热点问题,你绝对不要企图参与讨论。因为,只要你的意见与其观点不同,那就是与恶人恶事同流合污。吓人！

四、刑事法治的整体性

刑事一体化方法论的第四个基本要义是刑事法治的整体性思维。如果说前三个基本要义都是从内部视角审视刑事研究中各个学科间、范畴间的关系的话,刑事法治的整体性则是从外部视角讨论法秩序中刑事法治实践与其他部分之间的关系。无法否认,刑事法治实践中的某个部分、要素或个别规则、裁判不可避免地与外部各种因素之间相互影响。强调刑事法治的整体性意味着,法秩序中的刑事法治是一个独立而不孤立的完整整体,某个具体规则、个案、学说,都无法单独代表整个刑事法治。刑事法治由大量规则、个案、学说背后的客观逻辑和总体规律构成。因此,对来自社会舆论、极端事件的影响,刑事法治应该作出理性响应,不宜盲目轻率跟风。同时,刑事法治应当科学审视来自外部的系统性影响,正确把握自身在法秩序整体中的定位。

（一）方法论：整体性理论

承认刑事法治是一个复杂的系统性整体,是刑事一体化所以成立的前提。根据系统性原理,整体是其中各要素与要素间关系的总和。没了系统中的要素,或者割断系统中各个要素之间的关系,都没了作为系统的整体。刑事法治也是一个系统性整体,也有自身的组成要素和各要素之间的关系。从这个意义上说,刑事一体化就是刑事法治内部各个学科的整体化、系统化。在这个整体中,除了由不同学科、制度等构成整体的各个要素,尤其不应忽视的是这些要素之间的关系。这里所说的关系,不是整体与部分之间的关系,而是整体中各个部分之间的关系。内部各个要素之间的关系不同,整体的性质就不同。

作为一个整体,刑事法治内部各个学科之间的关系在各个学科的知识体系中都有论及。例如,提到刑法学与犯罪学的异同,人们自然会想到一个是规范学,另一个是事实学,等等。然而,看到差异而忽略联系,是深入理解刑事一体化思想的一个障碍。如果各个学科之间只是"非暴力不合作"式的各自为政,所谓一体化也只是一种松散的存在。

（二）作业：《中国民众刑法偏好研究》[①]

刑法和舆论、民意的关系,是刑法学、犯罪学、社会学之间的交叉。由于刑事法治

---

① 参见白建军：《中国民众刑法偏好研究》,载《中国社会科学》2017年第1期。

在整个法秩序体系中的特殊位置,刑法人常常主动或被动地卷入一些舆论热案的争论中。于是,舆论、民意、社会安全感、文化传统、大众正义直觉、刑事政策导向等元素纠缠在一起,显然需要学科交叉研究的介入。一段时间内,一些舆论热案最终顺从舆论判决或者改判,如邓玉娇案、药家鑫案、许霆案、天价过路费案、李昌奎案等。这种对舆论的顺从不仅体现在司法中,甚至还影响到立法。不过,舆论热案的取向,有时杀声一片,有时又主张刀下留人。那么,舆论等于民意吗?谁敢说不在乎民意?可是,如果民意即舆论,舆论又此一时彼一时,还有罪刑法定的位置吗?退一步说,就算民意不等于舆论,民意有其更深刻、更稳定的内涵,刑事法治就一定要复制民意吗?对此,笔者曾以北京大学中国家庭追踪调查(CFPS)项目3万多份来自全国各地网格化抽样的问卷调查结果为数据来源进行实证研究,结果发现,中国民众的刑法偏好系数低于0到1之间的中间线,为0.36。这意味着,大样本研究的证据并不支持中国民众普遍偏好重法的说法。传统犯罪被害遭遇对刑法偏好并无显著影响,刑法偏好是各种社会因素的扭曲反映。

在此基础上,笔者提出了民众刑法偏好的有限响应理论,认为应当对与刑法有关的个案舆论保持高度审慎和冷静,警惕刑法的过度社会化和刑法资源的"通胀"倾向。刑事立法或司法是否积极响应民众的某种刑法偏好,取决于代表性、溯因性和依法性三方面的考量。个案舆论更需先通过实证研究转换成某种刑法偏好,经过上述三方面的考量后,再决定是否以及如何响应。

强调代表性就是要摒弃小样本思维的危险。民意应该是民众之意,而从整体的观点看,通过媒体发声的人、持对立意见双方中的某一方,甚至全体民众中的简单多数,未必能代表民众中的绝大多数。刑法偏好应该能代表民众中绝大多数关于刑法的基本意见,不符合这个条件的个案意见、舆论,须经过代表性分析再决定是否需要对其作出积极响应。判断哪些意见符合代表性要求,可靠的方法之一就是大样本调查研究。根据这次大样本调查的结果,中国民众的一般刑法偏好大概位于偏好距中线以下略高于1/3的水平。根据这个量化描述,中国民众的刑法偏好基本适度,并不属于偏好重法。这就为在现实生活中观察具体舆论提供了一个可靠的参照物,如果重法重判的呼声过高,可能并不代表大多数民众的意愿。用概括的民意校准具体的舆论,才能理性地对待民众诉求。总之,刑事政策的决策依据显然应该是大概率事件,不应被小概率极端个案所左右。各种极端人或事之间的大多数,才是理解中国民众刑法偏好的客观基础。如果用来直接推论总体的个案恰好是极小概率事件,不仅武断而且危险。

所谓溯因性是指,要看哪些民众为什么偏好重刑或轻法。因为,笼统地说中国民众偏好何种刑法,可能掩盖了这种偏好背后的原因。有时这种背后的原因,才是刑事政策决策时真正需要在乎的因素。

最后,决定是否响应舆论诉求,还要遵循依法性要求,警惕刑法的过度社会化和民意的误读滥用。根据这篇作业的发现,无论是民众偏好还是刑事法治,都可能被无端赋予某种原本没有的意义,结果可能导致二者都不堪重负。因此,在刑事司法中禁止法外对舆论或民众偏好作出响应,既是对民众的爱护,也是对刑事法治的珍重。同时,也应提倡以上述大样本测量调查的方式获取民众刑法偏好的基本数据,据此进行刑事立法以及刑法修订,防止个案舆论对刑事政策决策过程的过度影响。没有刑法偏好校准的刑法修订,和没有法治逻辑指引的个案舆论一样,都将意味着法治的边缘化。甚至,可能误解真正的民意,以民意的名义滥用民意。

(三) 议论:不独立,就孤立

从整体性的角度理解刑事法治还有一个好处:可以帮助我们从刑事法治与外部因素的关系角度,更深入地理解法秩序整体中的某些结构属性。换句话说,如果不把刑事法治视为法秩序中一个完整独立的整体,一些刑事法治现象就可能被视为孤立、偶然的事件,对背后的法治意义视而不见。

2020年,笔者对刑法适用与地方政府透明度之间的关系问题进行了考察。① 结果发现,除了犯罪人自身恶性程度、妨害公务犯罪的严重性程度,还与犯罪人所在地的物质生活水平、政府信息公开程度有关:物质生存条件越差,政府透明程度越低,暴力对抗执法的犯罪就越严重。而且,犯罪本身的恶性程度也非刑罚轻重的唯一解释:约20%偏重或偏轻的刑罚裁量在各个地方的分布并不均衡;因执法不规范而导致的妨害公务犯罪并未像其他许多被害过错案件那样获得轻判;政府透明度越低的地方,妨害公务罪的量刑越重。

政府信息公开的透明度与妨害公务犯罪及其刑罚裁量三者之间的关联并非统计巧合,也非简单的线性关系,而是法秩序整体中代偿过程的结果。在运动医学中,代偿是指当正常运动受到影响时,机体为实现某种运动功能,调用某些健全的肌群来替代不能正常运用的肌群,即由健全的其他器官代替补偿发生病变的器官的过程。在法律世界,某个局部的失能,也会调用整体的其他部分代替其做功发力。这种代替补偿过程就是法秩序中的代偿现象。

在法学领域,德国法社会学家卢曼曾借用系统论描述法秩序与其他社会子系统之间的关系。在法秩序整体性视野下,政府信息公开、妨害公务犯罪和刑罚适用三者看似各自独立,其实可以作整体性理解。政府信息公开程度实际上是政府治理能力的一种体现,信息公开程度越低,说明其治理能力很可能较低。而公民知情权得不到保障甚至被剥夺,又可能引发公民对执行公务过程和结果的不理解以至于以极端手段表

---

① 参见白建军:《法秩序代偿现象及其治理:从妨害公务罪切入》,载《中外法学》2020年第2期。

达不满。结果,为了震慑由此引发的犯罪,司法机关又可能重判重罚,甚至量刑偏重。而量刑失衡又可能反过来刺激人们的不满,不排除社会管理关系变得更加紧张的可能性。其实,代偿现象的本质是社会控制自身疏于结构性调整,因此,犯罪控制不只是针对犯罪的控制,更是犯罪控制的自我控制。控制犯罪控制将促进法秩序整体的底层加固和长期稳定。

本土化的刑法学方法论：刑事一体化

曾粤兴[*] 贾 凌[**]

引 言

储槐植先生提出的刑事一体化思想渊源深厚，立意高远，内容精深，实质上创立了本土化的刑法学方法论。

广义上，法学方法论泛指关于法学学术研究的原则、视角、途径、策略、技术与技巧的理论，包括方法论和方法学两大部分，方法论属于认识论范畴，方法学属于实践论范畴。狭义上，法学方法论仅仅是指关于法学学术研究的基本策略。如果说，哲学认识论向人们提供的认识世界的世界观和方法论具有根本意义和最高价值的话，那么，社会科学包括法学的方法论则具有中观的意义和价值，是人们认识社会科学的基本的世界观和方法论，被称为第二层次的方法论。方法论具有"道"的属性，换言之，属于形而上学的范畴，具有形而上的特点；方法学具有"术"的属性，属于形而下学的范畴，具有形而下的特点。所谓"工欲善其事，必先利其器"之"器"，原本是指工匠手中的工具，关于工具如何使用的说明，就是技术与技巧，也就是方法。指导这些方法运用的原理，就是方法论。技术或曰方法，具有具体性，运用方法的原理则有抽象性。技术的特性与价值，在于教会人们如何使用工具，因此具有可操作性，有具体的操作步骤；方法论的特性与价值，在于教会人们从更高层面认识和掌握技术运用的理念、效果。

有一个故事说：两个建筑工人甲、乙到同一建筑公司工作，被分到同一师傅手下学砌砖。一年过去了，二人都出师了，可以带徒弟砌砖了。有一天，公司领导来工地视察，问甲和乙："你们在干什么？"乙说："我在砌砖。"甲说："我在创造美。"数年后，乙一如既往，仍然在砌砖，甲已经做了工程师。又过了几年，乙成为技术标兵、砌砖大师傅，仍然带着徒弟砌砖，甲已经升任公司领导，盖出的房子越发美观结实。

这个故事耐人寻味。同样学技术并同样掌握了砌砖建墙的方法，但甲能从方法中悟出更深的理念，拥有了建筑的方法论，就能不断向上发展；乙的认知与应用，始终停留在方法层次，因此，仍然在建筑一线干活。笔者没有职业、工种歧视，但大家都懂得

---

[*] 北京理工大学法学院教授。
[**] 中国人民公安大学学报副主编、教授。

价值判断和选择,故不多说。

刑法学方法论众多,大多来自国外,极少来自本国。启蒙学者中关注刑事司法现象者,在其著述中有一些可称为萌芽状态的方法论思考,贝卡里亚犹如蜜蜂采蜜一般,从启蒙学者著述中汲取营养,酿就《犯罪与刑罚》巨著。称其为巨著,与今天某些国人所理解的鸿篇巨制不同,是指这位时年26岁的天才,以刑事法哲学——法理学的语言,高高举起了罪刑法定主义、罪刑相适应主义的大旗,深刻揭示了犯罪的本质在于其社会危害性,为欧洲大陆以及北欧人民识别并抗御罪刑擅断的司法黑暗提供了探照灯,同时极其有先见地为200年后废除死刑奠定了理论基础。因此,尽管其47个篇目的著作事实上大多只是半成品甚至有的篇目只有只言片语,但无损其经典著作的地位和代代相传的价值。不过,与其说其著作对刑法学方法论问题进行了专门思考,毋宁说其有关思考蕴含于某些篇目之中。

一、舶来的刑法学方法论

近三十年来,德日刑法理论不断涌入,从中大致可总结出一些可称为刑法学方法论的原理,当然,能否称为方法论,存在讨论的余地。

(一) 客观主义的方法论①

自贝卡里亚开始,刑事古典学派在犯罪论、刑罚论方面有许多主张,被后人概括出许多"主义",如客观主义、现实主义、行为主义、社会伦理主义、"法益"保护主义等。笔者认为,刑法客观主义是刑事古典学派在犯罪论上采用的方法论,"是指以危害行为及其后果为核心所形成的系统化了的关于犯罪、刑事责任以及刑法的根据、目的等一系列问题上总的观点和根本看法"②。在认识论上,它以客观行为作为认识对象,承认自由意志、理性人、行为实在性。在实践上,它倡导个人自由,主张刑法的机能在于通过保护"法益"而维护社会伦理,认为犯罪的本质是违反社会伦理(社会伦理主义),或者主张刑法的机能就是保护法益本身,认为犯罪的本质是对"法益"的侵害和威胁("法益"保护主义)。犯罪的本质只能从犯人的外部行为或者结果中寻求,这是客观主义的基本观点。由于这一方法论特别看重能够从外部认识的行为,因此,又被称为行为主义方法论。基于犯罪的本质只能从行为人的外部行为或者结果中寻求的基本观点,刑事古典学派把作为外部事实的行为即现实成立的事实当作刑法评价的对象。由于这一观点把行为事实等同于现实成立的事实,故有现实主义之称。客观主义的刑罚论倾向于报应主义和一般预防论,这是因为客观主义以自由意志的理性人(抽象的人)为立

---

① 张明楷教授称之为"立场",笔者称之为方法论。何种称呼妥当,请读者鉴别。
② 曾粤兴:《刑法学方法的一般理论》,人民出版社2005年版,第103—104页。

论前提,强调刑罚是对理性人自由意志选择的行为之结果(即已然之罪)的报应。而这种报应是建立在自古以来人类所形成的道德观念——因果报应律之上的,所以,它主要体现为道德报应,并且报应的量(刑罚量)应当与实害相适应。同时,由于犯罪是一般理性人基于同等的自由意志实施的行为,所以量刑时无须考虑行为人的主观方面,这样,客观主义的刑罚论主张刑罚的目的在于一般预防,而不是看重行为人个人化了的主观方面及其通过主观意思表现出来的人身危险性的特殊预防。

(二) 主观主义的方法论

刑事社会学派和刑事人类学派在犯罪论、刑罚论方面也有许多主张,被后人概括出一些"主义",如主观主义、行为人主义、"征表"主义等。刑法主观主义是19世纪后期,基于资产阶级巩固政权,应对日益复杂而且数量剧增的犯罪现象,由龙勃罗梭、菲利、李斯特等人所创立并以实证主义哲学为基础而逐渐形成的刑法学派(刑事社会学派和刑事人类学派)在犯罪、刑事责任、刑法目的等一系列问题上所奉行的基本观点和根本看法。在认识论上,它以行为人为认识对象,否定自由意志、理性人。在实践论上,它倡导国家主义,主张刑法的机能在于保护社会。它认为犯罪的本质是:犯罪是受环境和素质所决定的人的必然行为,犯罪行为是行为人的社会危险性的征表,具有这种社会危险性的人应当处于接受社会防卫处分的地位。而把具有危险性格的人作为犯罪人处罚,就可以防卫社会。主观主义抱持自由意志的否定论,认为以抽象行为为中心来建构刑法理论没有实际意义;人的意志自由不过是一种幻想,人的行动受遗传因素和社会因素支配。如果说客观主义的视角起点是客观行为的话,那么,主观主义的视角起点就是显现于外部的、已经发生的犯罪行为背后的行为人的性格、人格及其反社会秉性以及再犯罪的危险性,换言之,即行为人的犯罪意思以及人身危险性。

犯罪是犯罪人之危险性格的表露,犯罪的本质只能从犯罪行为所反映的内部的、精神的实施中寻求,这是主观主义的基本观点。由于这一方法论把犯罪人主观方面的意思、性格、动机、人格的危险性作为科刑的基础,认为应当惩罚的是犯罪人而不是犯罪行为本身,因此,主观主义也被称为"征表"主义、行为人主义。主观主义认为,刑事责任的基础是犯罪人的危险性格即反复实施犯罪行为的危险性。也就是说,犯罪的概念的基础、可罚性及其刑罚量的根据是危险性格。在主观主义看来,行为不只是意识的客观化、现实化,而且是人格、性格的外化,行为总是正确地反映着行为人的人格、性格,所以要将行为作为反映人格、性格的事实来把握。刑罚的根据是行为人内心隐藏的实施犯罪行为的可能性。因为具有法律意义的是行为人的人格、性格本身。

(三) 折中主义的方法论

在客观主义与主观主义学说之后,出现了"并合主义"或者说"折中主义"的发展趋势,或者在客观主义基础上吸收主观主义的内容,或者以主观主义理论为基础,吸收客观主义的内容。并合主义或者折中主义的出现,绝非学者的心血来潮,而是具有深刻的时代背景和现实根基的历史选择,换言之,是客观主义和主观主义自身方法论的缺陷使然。客观主义适应了以欧洲大陆为主的资产阶级反对封建统治下罪刑擅断、践踏人权与自由,从而建立以罪刑法定、罪刑均衡为特征的刑事法治的时代需要,由资产阶级启蒙思想家、古典刑事法学家提出。其历史功绩在于由此逐步确立了犯罪评价的规范化模式,即犯罪阶层(犯罪阶梯)或者说犯罪成立标准,确立了罪刑法定原则和罪刑均衡原则。但客观主义过分看重犯罪的客观方面并且将刑法评价的对象抽象化,使犯罪脱离了具体的、生动的人,从而导致其通过报应或惩罚犯罪人实现一般预防的追求被垄断资本主义时期急剧上升的犯罪现实所嘲弄,使主观主义应运而生。我国 1997 年修订《刑法》以及在此基础上建立的刑法理论,也有这种并合主义的迹象。如果说我国犯罪构成及其理论是以犯罪行为为中心的客观主义,刑罚配置上报应刑和威慑色彩浓厚也是体现了客观主义的话,那么,自首、累犯、假释、缓刑制度明显属于目的刑论、教育刑论;刑罚一般预防与特殊预防理论,则明显是并合主义方法论指导的结果。我国刑法及其理论在共犯问题上倾向于客观主义,承认间接正犯,否定片面共犯成立共同犯罪之可能,但在未遂犯问题上则采主观主义,普遍处罚未遂犯(包括不能犯);在刑法的基本原则上,三大基本原则的同时采用,表明了客观主义与主观主义的并合。

西方刑法学方法论有无引入我国刑法学研究的可能性和必要性?答案应当是肯定的。对此,张明楷教授对于我国 1979 年《刑法》和 1997 年修订《刑法》"立场"的剖析,已经作了足够的说明,并且得出了一个基本观点:在向客观主义倾斜的 1997 年《刑法》颁布后,刑法理论与审判实践也应当向客观主义倾斜。[①] 笔者相信,我国刑法学不能没有传统的根基,在刑事法治的塑造过程中,必须准确定位刑法总体的发展思想,根据客观主义与主观主义同法治语境的亲和力作出基本发展方向的选择。

事实上,随着德日刑法理论在中国的再次复苏,内涵于德日刑法理论的各种方法论,自然浸入了中国刑法学研究,新社会防卫论、风险刑法理论、积极预防主义等带有鲜明主观主义色彩的刑法理论,甚至对我国刑事立法产生了积极影响,社区矫正制度、微罪[②]立法、危险犯的立法模式,实质上都是主观主义或者并合主义的产物。社区矫正理论,发端于保安处分理论,尽管与保安处分的"隔离教育"不同,是将有较轻人身危险性的人放在社区进行矫治,但分析问题的理论起点都是主观主义的方法论。微罪被纳入我国刑法,与其说是立法者重视此类不法行为的社会危害性或者"法益"侵害性(威胁性)使然,毋宁说是立法者重视此类行为人的人身危险性使然,或许更准确地说,是

---

① 参见张明楷:《刑法的基本立场》,中国法制出版社 2002 年版,第 60—94 页。
② "微罪"也是储槐植先生对中国刑法学贡献的一个术语,但它不是一个简单的名词,而是犯罪分类上的一个新的标准。

折中主义的方法论使然;危险犯的立法与"微罪"相联系,但又不局限于微罪,立法者既关注到实施危险行为人的人身危险性,也关注到不法行为蕴藏的侵害"法益"的现实危险性,当可判断为折中主义方法论的产物。但是,笔者认为,基于中国传统法律文化,主观主义方法论很容易获得生长的土壤,因此,必须警惕其在犯罪论领域可能出现的弊端。

基于国家权力缺乏必要而足够的限制,公民自由尚且期待更多保护的现实语境,理性的选择是立足于客观主义的并合主义,我国刑事立法、刑法理论、刑事司法应当在这样的并合主义引导下展开。特别需要注意的是,鉴于客观主义与主观主义在一些基本问题如共犯本质、停止形态、不作为等方面难以调和得出共同的结论,因此,用唯物辩证法这一根本的方法论指导、改造并合主义就成为必然的选择。

(四) 客观解释论

人们经常在两种意义上理解客观解释论。一种是在认识论(方法论)上的理解:客观解释论与客观主义如影相随,可谓客观主义的另样表述,兹不赘述。[1] 另一种是在方法学上的理解:客观解释,是把刑法解释对象——具体来说就是刑法文本——当作客观存在物,回避对立法原本意图的探究,发挥解释主体的主观能动性,对文本在当下的含义作出解释,它与法意(义)解释相对应而常常与目的解释相呼应,更多地强调立足于刑法规范的实现目的来解释刑法。储槐植先生精辟指出客观解释论的解释结果多半是入罪,容易造成与罪刑法定原则的冲突。[2]

(五) 主观解释论

与客观解释论相对应,主观解释论也有两个层面的意思。一种是在认识论(方法论)上的理解:主观解释论与主观主义形影不离,可谓主观主义的另样表述,故无须赘述。另一种是在方法学上的理解:尊重立法活动充满执政者主观意志的现实,探寻刑法条文的立法原意以便准确适用刑法,实现罪刑法定原则。需要辨别的是,正如客观主义、客观解释论与客观归罪截然不同,主观主义、主观解释论与主观归罪毫无关系。无论客观解释论抑或主观解释论,都奉扬主客观相结合的基本原则,都反对客观归罪或者主观归罪。

(六) 行为无价值论

行为无价值,也被称为行为不法或行为非价。[3] 行为无价值论与结果无价值论,都是解释行为何以"不法"的原理,是对"不法"行为的认识论,故被一些学者认为都可归

---

[1] 参见许玉秀:《主观与客观之间:主观理论与客观归责》,法律出版社2008年版,第9页。
[2] 参见储槐植:《刑事一体化论要》,北京大学出版社2007年版,第23—24页。
[3] 参见〔德〕乌尔斯·金德霍伊泽尔:《刑法总论教科书》(第6版),蔡桂生译,北京大学出版社2015年版,第49页。

入刑法学方法论范畴。

行为无价值,与主观解释论相一致,认为不法并非引起"法益侵害"的因果事实,而是具有目的性的价值关系,行为人基于反规范的目的拒不接受命令或禁止的表现,即为不法行为①,换言之,是指行为本身因其违反伦理道德或法的规范而对社会没有价值。主要理论基础是:

①道德违反说(韦尔策尔)。与保护具体"法益"相比较,刑法更重要的任务在于维护社会道德和强化公民对法的忠诚信念,换言之,不法的实质在于其违反一般的社会道德观念(即大众伦理)或者说公民对法所应有的忠诚信念。

②行为规范违反说。刑法的直接目的不是保护法益而是维护行为规范的效力,行为受到刑法的否定性评价,是因为它违反了刑法所意图保护的行为规范,质言之,不法的实质在于其对行为规范的违反。

③"法益"侵害危险说。刑法的目的在于保护法益,犯罪行为受到禁止是因为它具有"法益"侵害的现实危险,概言之,不法的实质在于其具有侵害"法益"的现实危险,倘若对"法益"造成实际侵害,更应认定为刑事不法。此说接近"法益"侵害说,因而近似结果无价值论,区别在于"危险"与"结果",蕴含了中国古代当然解释中"举轻以明重"的逻辑推理。

(七) 结果无价值论

结果无价值,也被称为结果不法或结果非价。② 与行为无价值论相对应,结果无价值论与客观解释论相一致,认为行为之所以被评价为不法,在于其实质上具有社会危害性,即侵害了刑法所保护的法益,造成了"法益"被侵害的结果,换言之,是对行为引起"法益损害"或者危险的结果所作的否定性价值判断。③ 其主要理论基础是"法益"侵害说。

将行为无价值、结果无价值视为刑法学方法论,也许高估了其理论价值,因为它们实质上主要是对刑事不法的判断标准。

两种判断标准都有道理,区别在于出发点不同。但是,各国刑法中都有结果犯、行为犯和危险犯,且危险犯不一定是现实的、具体的危险,可能是抽象的但可能被现实化的危险,因此,两种学说都不足以全面解释"不法"的原因。折中的观点可能比较妥当,笔者把它概括为:因行为蕴含造成"法益"被侵害的危险乃至已经造成"法益"被侵害的结果,因此毫无社会价值,应当受到刑法的否定性评价。

---

① 参见王安异:《刑法中的行为无价值与结果无价值研究》,中国人民公安大学出版社2005年版,第3页。
② 参见〔德〕乌尔斯·金德霍伊泽尔:《刑法总论教科书》(第6版),蔡桂生译,北京大学出版社2015年版,第49页。
③ 参见王安异:《刑法中的行为无价值与结果无价值研究》,中国人民公安大学出版社2005年版,第4页。

结果无价值论眼中的"客观性",是指不法判断对象的客观性,即不法性是由行为的客观侧面决定的,行为主观的侧面(主观的违法要素)决定着罪责;行为无价值论眼中的"客观性",是指不法判断基准的客观性,即以一般人为基准来判断不法性,以行为人为基准判断罪责。目前,多数学者认为:"虽然违法评价的基准必须是客观的,但违法评价的对象则包括客观面与主观面。"①如果这个结论能够成立,那么,可以说在不法的判断领域,折中主义的方法论获得了更有力的支持。

(八)目的行为论

以韦尔策尔为代表的学者提出的目的行为论推翻了因果行为论,对德日刑法总论产生了重大影响。此说把行为目的视为客观存在,因而被认为是建立在存在论基础上的刑法学说。但是,存在是认识的基础,如何认识犯罪的目的,实质上属于认识论范畴。这种认识论为人们认识犯罪构成、违法性和责任提供了宏观的理论指引,因此可归入刑法学方法论。

目的行为论在不法的判断上主张行为无价值说,在责任的判断上坚持规范的责任论,但主张一切犯罪皆有目的,只不过故意犯罪的目的与过失犯罪的目的有所不同:故意行为是以构成要件的结果为目的的目的行为,是欲实现构成要件的结果而在目的意识上支配并规制因果关系的目的行为;过失行为是以构成要件的结果以外的结果为目的的目的行为,是欲实现与构成要件的结果无关系的目的的"目的行为"。目的行为论认为,"故意"并非责任的要素,而是行为的要素,同时也属于构成要件的主观违法要素。

此外,一些学者把三阶层犯罪成立理论也视为刑法学方法论②,笔者对此存疑。三阶层也好,四要件也罢,甚至目前已成德国通说的两阶层体系③,都是对犯罪何以成立的标准的认识,与行为无价值、结果无价值理论相似,都体现了人们对犯罪从具象到抽象的认识论,如果可以归入方法论范畴,那么,任何一个国家的犯罪成立理论都拥有同样的价值,也就无所谓方法论之说了。

说到这里,可能疑问就来了:那么,中国刑法学研究的方法论是什么?有中国刑法学的方法论吗?

回答是肯定的。

---

① 李立众:《犯罪成立理论研究:一个域外方向的尝试》,法律出版社2006年版,第225页。
② 参见周光权:《刑法公开课(第1卷)》,北京大学出版社2019年版,第19页;陈兴良主编:《刑法方法论研究》,清华大学出版社2006年,第23页。
③ 即不法—责任体系。该体系与三阶层体系之差异,其实仅仅在于是否将犯罪构成(构成要件符合性)与违法性合二为一。这说明有操作步骤上的区别,归入认定犯罪的具体方法比较合适。参见〔德〕乌尔斯·金德霍伊泽尔:《刑法总论教科书》(第6版),蔡桂生译,北京大学出版社2015年版,第50页。

二、本土化的刑法学方法论

海峡两岸的中国刑法学在源流上都来自大陆法系,曾经的"中国刑法学"理论来自德国,演变为如今我国台湾地区的刑法学;20世纪50年代中期以后,在苏联刑法学理论根基上试图建立起中国化的刑法学理论,作为哲学意义上的世界观和方法论,辩证唯物主义和历史唯物主义自然成为最根本的或者说至高无上的方法论。

新中国成立后建立自己的法学学科和理论体系的时间较短。建立的前几年,尝试引入苏联的法学体系及其理论,包括刑法学理论,随后几年,随着中苏两国交恶,刑法学研究也停滞不前。恢复法制后,宣传、普及刑法知识成为刑法理论研究以及司法实践的重要任务,注释刑法学方兴未艾,之后才逐渐进入刑法哲学与法理学研究视野,刑法学方法论的研究自然处于薄弱环节。高铭暄教授、马克昌教授、储槐植教授是最早关注刑法学方法论的学者。早在20世纪80年代初期,高铭暄教授和马克昌教授就在新中国第一部统编《刑法学》教材中提出应当重视对刑法学方法的研究[1],而储槐植先生在20世纪80年代后期提出的刑事一体化主张,已经蕴含了系统论原理,到90年代中期,先生更是主张将控制论、系统论、信息论纳入刑法学研究[2]。除此之外,还有:

(一) 理论联系实际的方法论

其完整的表述,应当是理论联系实际、实事求是的方法论,在法学研究过程中,常常被简化表述为"理论联系实际的方法论"。理论源于实践又高于实践,正确的理论来自生动的实践,这是辩证唯物主义认识论的观点;实践出真知,实践是检验理论正确与否的唯一标准,反过来,正确的理论又能指导实践,这是认识论和实践论的主张。理论研究的对象和实践的对象,是实际存在的人、物以及人的行为,因此,理论研究必须实事求是、联系实际,这被认为是唯物辩证法旗下具有"法宝"价值的方法论。

如果说一般化的案例分析可能仅仅是以犯罪成立体系为逻辑推理的大前提,以具体案件的事实作为推理中项,以是否构成犯罪作为逻辑推导的结论的话,那么案例研究可谓"理论联系实际"的典范之一。遵循先例的传统,使案例研究在英美法系国家蔚然成风;审判独立前提下,法官对疑难案件的处理成为大陆法系国家理论研究的重要源泉,如果说司法解释属于"司法造法",那么,英美法系法官通过判例归纳出来的判例法,可以视为"司法造法"的结果。制定法与判例法并存,并且制定法非经法官适用而不产生实际的法律效力的法律体系状况,使"司法造法"成为其法律体系的主要渊源。

---

[1] 有关考证,参见曾粤兴:《刑法学方法的一般理论》,人民出版社2005年版,第36—37页。
[2] 参见储槐植:《刑事一体化论要》,北京大学出版社2007年版,"'老而弥新':储槐植教授学术印象",第16页。

在德国、日本,案例研究也成为学者习惯采用的研究方法,只不过在这些国家,没有"理论联系实际、实事求是"的理论归纳而已。遗憾的是,虽然案例分析是我国法学院校都重视的法律训练手段,但重视最高人民法院颁布的指导案例和最高人民检察院颁布的指导性案例以及地方法院审结的疑难案件并将其作为案例研究的对象,尚未成为我国刑法学者普遍的习惯,这或许与我国始终不承认判例法的补充地位以及尚待改进的司法环境有关。

理论联系实际的典范之二,当属数理实证方法与质化研究方法应用的场合。质化研究方法常常被混同为实证研究,可能是因为两种方法都需要客观数据的支撑使然。质化研究方法确实与数理实证方法相似,但二者最大的区别在于严谨的数理实证排斥宏观大词的价值判断,而质化研究则仅仅需要某些缺乏图表说明的数据就可以进行不同程度的价值分析。最高人民法院、最高人民检察院的工作报告就是质化研究的典型。

除此之外,比较分析方法的应用过程,也可以说是理论联系实际的方法论的应用过程。

(二) 刑事一体化的方法论

在陈兴良、梁根林主编的《润物无声》出版之前,储槐植先生没有把"刑事一体化"视为方法论,而是将其视为一种"思想"。

1. 刑事一体化的内涵与意蕴

在《建立刑事一体化思想》[①]一文中,储先生从更新观念、调整结构(含重筑刑法堤坝、协调罪刑关系、调整刑法体系)、完善机制几个方面初步阐释了刑事一体化思想。储先生解释说:"刑事一体化的内涵是刑法和刑法运行内外协调,即刑法内部结构合理(横向协调)与刑法运行前后制约(纵向协调)。"简单概括起来,刑事一体化的基本观点是"刑法和刑法运行处于内外协调状态才能实现最佳社会效益。实现刑法最佳效益是刑事一体化的目的"[②]。在这篇文章的"更新观念"部分,储先生强调,由于促成犯罪发生的原因力强大,不能单纯以犯罪率高低作为判断刑法实施效果的标准,要正视我国刑法规定的刑罚总体上并不宽容但犯罪率却在继续上升的现实困境,更新观念,调整刑法结构,完善刑法机制。我们理解,这一段话,其实已经隐含了储先生后来提出的在刑法之外研究刑法,在刑法之上和刑法之下研究刑法的旨趣和系统论的意蕴[③],因为系统论主张世间万物由各种大大小小的系统组成,世界本身就是一个大系统,宇宙是一个更大的系统。系统论研究组成系统的各要素之间的协调运转,目的是实现系统

---

① 这是储槐植先生 1989 年发表在《中外法学》的论文。
② 储槐植:《刑事一体化与关系刑法论》,北京大学出版社 1997 年版,第 294 页。
③ 参见储槐植:《刑事一体化与关系刑法论》,北京大学出版社 1997 年版,第 295—296 页。

"整体大于部分之和"的整体功能,所以,刑事一体化的主张已经蕴含被理解为刑法学方法论的可能。

2. 理解刑事一体化的钥匙

在笔者看来,储先生所提出的关系刑法论,是理解刑事一体化的钥匙。在《刑法存活关系中——关系刑法论纲》一文中,储先生提出了"关系刑法"的十五对范畴,主张刑法学应当注重对这些范畴的研究,弄清楚它们相互之间的关系。这十五对范畴是:社会经济与刑法、政权结构与刑法、意识形态与刑法、犯罪与刑法、行刑与刑法、其他部门法与刑法、其他学科对刑法学的促进、国家意志与客观规律、刑法结构与刑法功能、犯罪与刑罚、犯罪概念的定性与定量因素、犯罪理论结构与刑法运行、刑罚目的与刑罚机制、刑事立法与适用解释、刑法与犯罪控制模式。① 在《犯罪在关系中存在和变化——关系犯罪观论纲:一种犯罪学哲学》一文中,储先生主张从关系②角度以关系分析方法来研究犯罪。在犯罪的本体层面,社会关系的本质是利益,犯罪的社会危害性来自犯罪行为对这种客观存在的关系的侵害,犯罪本质(利益损害)与犯罪原因(利益冲突)统一在"利益"(或者说"关系")上;犯罪在"关系"中存在和变动。在操作层面,犯罪的内部关系涉及犯罪本质与犯罪现象问题,犯罪现象的核心是犯罪行为问题。"研究犯罪行为,不应仅仅停留在犯罪行为的分类上,还应着重探讨犯罪行为的结构与功能问题"③;犯罪的外部关系较为重要的是:刑罚与犯罪(罪刑关系)、经济与犯罪、权力与犯罪、文化与犯罪、科技与犯罪。储先生再次主张从犯罪现象之下、犯罪现象之上、犯罪现象之中、犯罪现象之后来研究犯罪问题,在犯罪现象之中研究犯罪,又涉及犯罪结构(构成要件)问题,在犯罪现象之后研究犯罪,必然涉及刑罚结构问题,而对这些问题的研究,历来属于刑法学研究的范畴。④ 可见,尽管"刑法学和犯罪学各自有自己的研究对象,但是在犯罪与刑罚的关系上两门学科彼此交叉很难分开"⑤。

综上所述,"关系刑法也是一种方法论,可称关系分析法"⑥。储先生的关系刑法论,从哲学认识论高度,为我们理解刑事一体化提供了一把金钥匙,并且本身充满了哲学方法论的色彩,足以使刑事一体化思想上升为刑法学研究的方法论,当然,也足以使其上升为犯罪学、刑事诉讼法学、刑事被害人学研究的方法论。

---

① 参见储槐植:《刑事一体化与关系刑法论》,北京大学出版社1997年版,第447—466页。
② 储先生认为,在语义上,"关系"即相互联系和相互影响。相互联系是关系的形式,相互影响是关系的内容。相互联系和相互影响,就是相互作用。参见储槐植:《刑事一体化论要》,北京大学出版社2007年版,第196页。
③ 储槐植:《刑事一体化论要》,北京大学出版社2007年版,第197—198页。对犯罪行为的结构分析,属于刑法学上的犯罪构成问题。
④ 参见储槐植:《刑事一体化论要》,北京大学出版社2007年版,第199—203页。
⑤ 储槐植:《刑事一体化论要》,北京大学出版社2007年版,第199页。
⑥ 储槐植:《刑事一体化与关系刑法论》,北京大学出版社1997年版,第448页。

3. 刑事一体化的性质定位

2003年年底,储先生经过近十五年的进一步思考,正式将刑事一体化思想阐述为两个层面:作为观念的刑事一体化和作为方法的刑事一体化;刑事一体化作为刑法学研究方法,重在"化"字,即深度融合。刑法在关系中存在和变化,刑法学当然也在关系中发展,刑法学研究如果只局限在刑法自身,要取得重大进展实在困难。这一性质定位,明确于储先生《再说刑事一体化》一文中,该文被收入陈兴良教授、梁根林教授主编的专题论文集中。[1]

《刑事一体化论要》一书,是储先生对《建立刑事一体化思想》一文的拓展。经过近二十年的思考,储先生从观念与方法、关系刑法论、刑法结构、刑法机制、刑事政策、犯罪本质、犯罪概念的定量因素、复合罪过形式、知识经济的挑战与刑法现代化、刑法改革与刑法现代化、刑罚结构改革与刑罚现代化、关系犯罪观论纲、犯罪解释论、犯罪控制论、监狱与矫治的理想与现实等方面全方位地阐述了刑事一体化的见解。在这本书的"绪说"部分,储先生直接以"刑事一体化:观念和方法"为题,开门见山地阐释了刑事一体化的含义:

"刑事"指治理犯罪的相关事项,外延宽泛,涵盖犯罪、刑法(实体和程序)、刑罚制度与执行等。"一体化"是指(上述[2])相关事项深度融通。

刑事一体化,其概念可以界定为治理犯罪的相关事项深度融通形成和谐整体。刑事一体化是个开放性概念。

刑事一体化,既是观念,也是方法。

储先生没有使用"方法论"一词,这或许是自谦,或许是在通俗意义上使用"方法"一词,我们不必深究。重要的是,储先生自我表述的"方法",不是技术意义上的方法,没有操作上的步骤而充溢刑法观和方法论的指引,无疑应当归入方法论范畴。对此,陈兴良教授在该书导读"老而弥新:储槐植教授学术印象"中予以了充分肯定。[3] 2008年,为了推介储先生的刑事一体化理论,笔者向陈兴良教授约稿,兴良教授奉献了《老而弥新:储槐植教授学术印象》一文。原文洋洋洒洒1.5万字,全面介绍了储先生的学术思想和学术特色,征得兴良教授同意,笔者加了副标题"《刑事一体化论要》读后感",对兴良教授关于储先生其他方面的学术标签的介绍作了删节,并加上了几句话:

我以为,储槐植教授所倡导的刑事一体化研究,从观念上,有助于引导刑

---

[1] 参见陈兴良、梁根林主编:《润物无声》,法律出版社2005年版,第19—20页。
[2] 特别说明:"上述"二字系笔者为求语句通畅并起到强调作用而擅自添加的。
[3] 参见储槐植:《刑事一体化论要》,北京大学出版社2007年版,第13—14页。

法学科向前发展,有助于促进刑事立法的完善;从方法上,可以为刑法学人提供整体化视角和方法论上的有益指导,使刑法学的研究融汇更多的知识从而在广度和深度上获得拓展,彻底改变目前刑法学研究在整体上呈现出来的视角狭窄、方法单一的状况,催生出有更深力度的学术成果。当然,刑事一体化的研究,也对刑法学人提出了知识储备上更高的要求。[1]

这也是笔者对刑事一体化理论的感悟,但愿不是狗尾续貂。值得欣慰的是,后来在储先生寓所,笔者向先生汇报上述经过和自己的感悟时,得到了先生首肯。

4. 刑事一体化方法论的价值

事物的价值是事物存在的意义,因此,评价学术成果的价值,也就是阐释其意义,换言之,价值与意义通常被当作近义词使用。

刑事一体化方法论的价值,大致可以概括为以下三个方面。

(1)创新价值

辩证唯物主义和历史唯物主义为卡尔·马克思所创,被信仰马克思主义的国家奉为根本的也就是最高的世界观和方法论,随着马克思主义在中国的传播和指导思想地位的建立而长期被当作中国哲学社会科学甚至人文科学、自然科学研究的唯一正确的方法论。它在人类思想史、哲学史上有重大创新价值,然而,它不是中国学者的创新成果。

理论联系实际、实事求是,是毛泽东将马克思主义与中国政治实践相结合的理论产物,被确立为中国共产党的"思想路线"和"学风",成为毛泽东思想的精髓,自然取得了指导中国政治、经济、文化、教育和科学研究的至上地位。然而,仅仅将其视为中国刑法学研究的方法论,则降低了其理论价值和实践价值。

刑事一体化方法论则不同,它是中国刑法学者——具体来说就是储槐植先生——所奉献的建立中国刑法理论体系的中国方案,是储先生独树一帜的学术标签,所以,具有鲜明的创新价值。

(2)理论价值

刑事一体化是一个开放的理论体系,开放,即无边界限制,意味着可以不断发展、不断丰富。但开放的体系不等于自身尚未建立理论框架。

作为刑法学方法论的一种,刑事一体化理论已经构建了一个基本的框架,那就是"关系刑法论""关系犯罪论"。与其说"关系刑法论""关系犯罪论"是一种研究方法,毋宁说是刑事一体化方法论的组成部分,它为我们研究中国的刑法学问题提供了一个更为广阔的视角。众所周知,对同一事物的研究,往往可能因视角的不同而得出

---

[1] 陈兴良:《老而弥新:储槐植教授学术印象——〈刑事一体化论要〉读后感》,载《昆明理工大学学报(社会科学版)》2008年第5期。

不同的结论,所谓横看成岭侧成峰,就是这个道理。刑事一体化的理论视角是全方位的,其所主张的在研究对象之上研究问题、在研究对象之外研究问题的视角,可以使我们对刑法现象的观察与分析,达致会当凌绝顶、一览众山小的境界与效果。

(3)应用价值

应用法学的研究,不可能脱离执法实践和司法实践,守法本身也是一种实践,因此,学术研究本身也属于实践的一种表现方式。刑事一体化方法论来自储先生多年的学术实践、立法实践和参与司法实务咨询论证的实践,来自对他人研究成果的观察和分析,是储先生实践经验的总结与升华,因此可以应用于学术实践。储先生所主张的"关系犯罪论""关系刑法学",为我们提供了上、中、下、前和后的五维立体视角,可以形成新的研究范式,促成刑法学研究取得更多的创新性成果。当然,在刑事一体化方法论的应用过程中,也离不开辩证唯物主义、历史唯物主义方法论的指引,离不开理论联系实际方法论的指引。

三、学术研究的展开

在本部分,笔者将结合自己在学习和工作中的体会,谈一谈应用刑事一体化方法论的感悟。

(一)对双层次犯罪成立体系的方法论解读

美国属于海洋法系国家,但也重视成文法的制定或汇编。美国没有制定统一的刑法典而只有包括刑法汇编在内的法律汇编,不过,其52个司法辖区(包括50个州)都有刑法典。① 无论是刑法典抑或是法律汇编,对犯罪成立体系都没有明确的规定,所以,犯罪成立体系在美国属于理论研究的范畴,并且,美国刑法学者喜欢用"刑法结构"这一术语来表示犯罪成立的要件和要素,其通说主张,基于对抗式刑事诉讼庭审结构赋予控、辩、审三方不同的诉讼职能,控方指控犯罪成立,须举证证明行为人基于犯罪心理(可责性要素)实施了犯罪行为(包括客观要素、因果关系、自愿作为和不作为要件要素);辩方欲辩护无罪,须根据事实说明行为人无责任(包括精神疾病、未成年)、正当性理由(例如自卫、执法权)或其他理由(例如胁迫、时效、同意、情节轻微);法官居中裁判②,兼听控辩双方陈词,统合双方合理意见,最终认定是否构成犯罪。这种看似操作程序的要求,恰恰是美国犯罪成立理论的运作结构,其特点是把静态的犯罪构成要件

---

① 参见贾凌:《中美犯罪成立体系比较研究》,人民出版社2014年版,前言,第8页。
② 陪审团虽然在法庭上不是居中就座,但法律要求其居中裁决,在庭审前已经显示其偏向的人不能担任陪审团成员,而且,陪审团成员并不懂法,凭自己在社会生活中的常识、常情、常理等生活经验和个人良知作出判断,但这种判断离不开法官抽象的理论指导(即结合案情进行分析),法官的指导不能带有暗示、诱导的成分。陪审团一致的决定,才能得出被告人是否有罪的结论。

放到动态的刑事诉讼程序中考察①,这种动态的程序通过一定的归责,建立起抗辩式的双层逻辑结构,使得犯罪意图和犯罪行为这两个积极要件实现入罪的功能,而辩护事由这一消极要件则实现"出罪"功能。英国的犯罪成立体系大抵如此,表现出其实用主义的哲学态度。②

在笔者看来,这种实体与程序合二为一的思维模式和办案模式所体现的犯罪成立理论,在方法论上高度体现了刑事一体化思想。

(二) 刑法学研究的应用

刑事一体化方法论,来源于系统论,其全新的视角意味着对刑法现象的研究,可以从"全刑法学"方位展开,这与李斯特主张的"整体刑法学"、中山研一主张的"全刑法学"③或者说广义刑法学、大刑法学形相似而实相远。李斯特的"整体刑法学"、中山研一的"全刑法学"讲的是刑法学的体系,而刑事一体化谈的是刑法学研究的视角。把不同研究主体或者同一研究主体分别从狭义的刑法学视角、刑事诉讼法学视角(或者更小的视角,如程序视角、证据视角)、犯罪学视角、被害人视角研究同一问题的但分别形成各自独立的学术论文汇编成一个集子,那可能是对刑事一体化的误读而导致的"搭积木"结果。在笔者看来,真正的刑事一体化研究,应当是同一研究主体(包括同一研究团队)从不同视角对同一刑法现象展开的多方位甚至全方位的思考。

受苏联学科精细化的误导,我国教育行政主管部门将许多具有集成化、系统化性质的学科硬生生分割成若干小学科,并倡导所谓专业化,导致在医学界,患者因高血压造成眼底出血,可能被安排到眼科就诊;因感冒造成咽喉疼痛,就找耳鼻喉科医生或被一刀切地送去发热门诊;因内火交织造成牙疼,却被安排到牙科检查,不一而足。在刑法学界,研究狭义刑法学叫作专业研究,同时琢磨一些刑事诉讼问题,就被称为跨界研究,如果还有兴趣钻研一点犯罪学、犯罪心理学、刑事侦查学、法医学、行刑法学的东西,同行可能惊呼"一专多能""知识渊博"。假若精力过剩,再思考一些社会学、历史学或者美学的问题,领导则可能嗤之以鼻,轻者视为"杂而不专",重则冠以"不务正业"的帽子。举一反三,最后造成搞刑法研究的,不大明白刑事诉讼的原理;搞刑事诉讼研究的,弄不清刑法原理,反映在教育教学中,倘若刑法教研室所属的研究生选择刑事诉讼方向的题目作为学位论文论题时,导师会以自己或者自己所在的研究所是"搞刑法的"为由,坚决予以拒绝,反过来也一样。大家都知道这种现象不正常,但大多

---

① 参见贾凌:《中美犯罪成立体系比较研究》,人民出版社2014年版,第120—123页。
② 参见〔美〕阿诺德·H.洛伊:《刑法原理》(第4版),法律出版社2004年版,前言,第3页。
③ 参见储槐植:《刑事一体化论要》,北京大学出版社2007年版,"'老而弥新':储槐植教授学术印象",第17页;马克昌:《比较刑法原理:外国刑法学总论》,武汉大学出版社2002年版,第15页。

习以为常。

笔者二人在云南大学工作期间,都兼任《云南大学学报(法学版)》的编辑。2000年间,1997年《刑法》颁布后的第一起婚内强奸案引起了刑法学者关注①,仅仅是我们编辑部就收到了数十篇来稿,多数稿件内容大同小异,作者身份不同而已。经过挑选、讨论,我们放弃了名家之作,选中了当时还是讲师但已经有多篇论文被人大复印资料《刑事法学》全文转载的年轻作者李立众的论文。我们都觉得在数十篇稿件中,他的论证和文笔最为出色,但看一看其他刊物已经捷足先登的同类论文,感觉都没有说清楚几个问题:第一,如果夫妻之间的强制性性交行为构成强奸罪的话,无疑就为强奸罪的认定确认了一种新的犯罪构成(即行为类型),此类新型强奸罪发生在夫妻之间,家庭的特殊性是否需要考虑?此类新型强奸案是列为自诉案件为宜还是公诉案件为宜?妻子或者家人报警后,丈夫被抓捕羁押,妻子又不愿意丈夫坐牢怎么处理?第二,此类案件一般发生在当事人家中,证据的收集和证明标准如何掌握?于是建议作者顺便就这些问题适当增加一些内容。李老师一开始觉得我们建议增加的内容属于刑事诉讼法的东西,写进刑法学论文中似乎显得"不伦不类",同时论文篇幅会增加,后来可能是考虑到尊重编辑部的意见有利于刊发,于是答应修改。拖了较长时间修改稿才返回来。② 此文后来以《婚内强奸应构成强奸罪——王卫明婚内强奸案评析》为题发表于2001年第4期《云南大学学报(法学版)》上。之所以建议作者在刑法学论文中适当加入刑事诉讼法学的内容,是基于我们对储先生刑事一体化思想的初步感悟作出的决定。

(三) 未来展望与编辑偏好

笔者并不反对在刑事法学科进行刑法学、刑事诉讼法学、犯罪学等学科的划分,毕竟长期存在的事物一定有其存在的合理性。基于刑事一体化的方法论,笔者只是主张学科划分不等于边界森严,不等于不能从彼学科角度思考此学科问题。特别是对于刑法学而言,刑法没有自己特定的调整关系而是以刑法之外所有法律的调整对象为刑法的调整对象,所以刑法才能成为其他一切法律实施的后盾法③,以刑法为主要研究对象的刑法学天然可以拥有广阔的研究视角。且不说程序刑法与实体刑法的划分说明在

---

① 被告人王卫明(男)是上海某公司的职工。1996年6月和1997年3月,王卫明以夫妻感情破裂为由两次向法院提出离婚诉讼请求。法院作出准予离婚的一审判决尚未生效时,王卫明来到原住处,见其妻钱某也在家,便欲与其发生性关系。遭拒绝后,王卫明就反扭钱某的双手,强行实施了性行为。1999年年底,上海市青浦区人民法院以强奸罪判处被告人王卫明有期徒刑3年,缓刑3年。这是1997年《刑法》颁布后全国首例婚内强奸案。法院认为虽然离婚判决书尚未生效,但双方对离婚判决均无异议,两人已不具备正常的夫妻关系,王卫明的行为已构成强奸罪。

② 后来笔者才知道,当时立众一边准备博士研究生入学考试,一边修改论文。论文见刊时,立众考上了张明楷教授的博士研究生,刊发此文,也算我们编辑部送给他的贺礼。此为后话。

③ 积极预防主义的刑法观质疑此通说,认为刑法不一定始终充当守门员,偶尔充当前锋也未尝不可。

实体刑法学中关注程序刑法学问题,抑或在程序刑法学中关注实体刑法学问题的必要性,多学科的交叉研究更为刑法学研究所必需。前者如刑事和解、认罪认罚、企业合规制度等,后者如行刑交叉与行刑关系、民刑交叉与民刑关系的研究,环境刑法学、医事刑法学、行政刑法学的研究等。比如关于刑事和解的适用范围,无论是主张"应判处三年以下有期徒刑以下刑罚"还是主张"应判处十年以下有期徒刑"的学者,大多没有说明这是指"宣告刑"还是"法定刑";认罪认罚、企业合规本身是否属于法定从轻情节?理由是什么?如果在刑事诉讼法学研究成果中不予说明,难道能理直气壮地要求读者另行查阅刑法学者的相关研究成果?交叉学科的研究非但需要从多个视角来观察刑法现象、研究"不法"和责任问题,而且必然需要相关学科知识的铺垫与结合,难道能以超越刑法学范畴为由加以否定吗?显然不能。

当然,学术研究离不开期刊、图书编辑环节。主编、副主编、责任编辑乃至"专家审稿人"集产品质量鉴定师、"食物品尝师"、工艺美术设计师、剪裁师等多种职能为一体,其个人的偏好往往决定着某个学术产品的命运。前些年还有编辑是否应当专业化之争,某些高校学报质量和学术影响力上不去,似乎与编辑是"杂家"有关,其实不然,专业期刊早已实现了编辑的专业化,但专业化更容易带来学术偏见和固执己见。不可否认,一段时间以来,刑法学科的编辑偏好外国刑法学理论、偏好实证研究[1]的现象已经非常突出,有鉴于此,笔者举几个境外刑法学研究的例子辅证自己的观点。

德国学者希尔根多夫著有《医疗刑法导论》一书。该书在第一章导论部分就谈到了医学与刑法、医疗刑法史、《希波克拉底誓言》、世界医学协会的《日内瓦宣言》等问题,第二章从医生的医疗干预为逻辑分析起点来论证被害人承诺、医生的告知义务、阻却违法性的紧急避险等问题,第三章从社会达尔文主义(社会学)、优生学、种族卫生学、纳粹主义等角度分析安乐死,第四章至第九章从伦理角度展开胚胎保护和干细胞研究、器官移植、医生保密义务的研究,最后一章展望医疗机器人与人机结合时代医疗刑法的发展。[2]

我国台湾地区学者柯耀程教授研究刑法上的没收制度,除了刑法本体的论述,还有犯罪学角度、证据调查角度的分析。[3]

无独有偶,恽纯良助理教授在研究抽象危险犯的立法模式与环境犯罪的关系时,还从社会学角度描述了生态与法律的关系。[4]

---

[1] 其实许多所谓实证研究,不过是使用一定的数据辅助进行价值分析,在方法学上属于"质化研究",充其量属于半实证研究。
[2] [德]埃里克·希尔根多夫:《医疗刑法导论》,王芳凯译,北京大学出版社2021年版。
[3] 参见柯耀程:《没收制度的实然与应然》,载《东海大学法学研究》2019年第53期。
[4] 参见恽纯良:《抽象危险犯作为对抗环境犯罪的基本制裁手段——以污染水体行为为例》,载《月旦刑事法评论》2018年第8期。

更有代表性的是林东茂先生。这位在慕尼黑大学法学院获得刑法学博士学位的学者,年轻时也喜欢言必称德国。步入壮年后,开始思考用我国台湾地区的刑法学理论解决本土刑法问题。进入中年后,佛学功底深厚,讲授刑法概念、分析刑法问题,善于从万物与人的关系入手,糅入佛教、道家理念。细细品味,这正是立足刑法之外、刑法之上研究刑法,颇有"跳出三界外,不在五行中"的高远与旨趣。

四、结语

或许是囿于对储槐植先生刑事一体化方法论的深入解读,也或许是固有研究习惯难以改变,也不排除期刊编辑尚未习惯上述"非严谨化"的研究范式,刑事一体化理论提出至今已逾三十年,年轻学人大多已经熟悉这个术语,在刑法学著作中,自觉或者下意识地应用这种方法论的成果不少①,但令人遗憾的是,在期刊论文中,刑事一体化尚未成为一种普及化了的刑法学研究范式。特定的研究范式是产生学术流派的必要条件,而学派的产生,是学术成熟的标志。笔者欣喜地看到,也有一些学者在尝试刑事一体化的研究,例如,卢建平教授主张将数字、数据、大数据运用于犯罪治理,可以促进犯罪学与刑事政策学、刑法学、大数据、人工智能等的深度融合,促进犯罪学、刑事政策学、刑法学由"事实学""决策学""规范学"共同向"犯罪治理学"转型。② 有学者在研究环境犯罪的刑事规制问题时,就谈到了环境刑法与行政法的衔接问题、案件移送以及侦查取证问题③;有学者在研究黄河流域生态环境的刑事规制时,除了刑法与行政法的衔接问题,还谈到了环境公益诉讼和生态环境损害赔偿问题④。希望再过十到二十年,刑事一体化的研究能欣欣向荣、枝繁叶茂、硕果累累。

---

① 例如,许发民:《刑法的社会文化分析》,武汉大学出版社 2004 年版;曾粤兴:《刑罚伦理》,北京大学出版社 2015 年版;焦旭鹏:《风险刑法的基本立场》,法律出版社 2014 年版。环境刑法学方面的著作更为突出。
② 参见卢建平:《犯罪统计与犯罪治理的优化》,载《中国社会科学》2021 年第 10 期。
③ 参见石艳芳:《我国环境犯罪刑事规制的检视与完善》,载《中国人民公安大学学报(社会科学版)》2021 年第 4 期。
④ 参见刘德法、蔡阳杰:《黄河流域生态环境问题刑事规制研究》,载《河南警察学院学报》2020 年第 5 期。

我国"刑事一体化"的最早提出及其发展与原理的新阐释[*]

李晓明[**]

"刑事一体化"(Integration of Criminal)是近年来学界使用高频率的词汇。然而,具体指的是什么"一体化"?如"刑法学"一体化?是"成立一个具有立法论、适用解释论、行刑论、刑事政策论以及保安处分法的全面规制的'全体刑法学'"[①]?再如"思想"或"理念"一体化?早在1989年,储槐植教授就在《中外法学》第1期上发表了《建立刑事一体化思想》一文,认为"刑事一体化"作为观念,旨在论述建造一种结构合理和机制顺畅(即刑法和刑法运作内外协调)的实践刑法形态。[②] 还如"刑事法学"一体化?如陈兴良教授明确将"刑事一体化"作为其1997年主编的《刑事法评论》的编辑宗旨,提出应当打破壁垒,倡导在刑事法的名目下,建构一种"以现实社会关心育种及人文关怀为底蕴的、以促进学科建设与学术成长为目标"的刑事法学研究模式。[③] 抑或"刑事学科"一体化?[④] 甚至本文提出的"刑事法律与科学研究"一体化(Integration of Criminal Law and Criminal Sciences)?

显然,无论是甘雨沛教授的"全体刑法学",还是储槐植教授的"刑事一体化",基本上都是以刑法为核心,即"刑法学"一体化,包括犯罪学、刑法学和监狱学等。[⑤] 陈兴良教授的"刑事法学"一体化,包括实体法、程序法、执行法等更多刑事法学学科。张文教

---

[*] 本文系国家社科基金重大项目"网络时代的社会治理与刑法体系的理论创新"(项目编号:20&ZD199)阶段性成果。

[**] 苏州大学王健法学院教授、苏州大学国家监察研究院院长。

① 甘雨沛、何鹏:《外国刑法学》(上册),北京大学出版社1984年版,前言。
② 参见储槐植:《建立刑事一体化思想》,载《中外法学》1989年第1期。
③ 参见陈兴良主编:《刑事法评论》(第1卷),中国政法大学出版社1997年版,"主编絮语"。
④ 参见高维俭:《刑事学科系统论》,载《法学研究》2006年第1期。也有学者提出了"'刑事一体化'应是建立'刑事科学学'这一新的科学"的观点,参见张文、马家福:《我国刑事科学的学科结构研究——兼论刑事一体化》,载《北京大学学报(哲学社会科学版)》2003年第5期。
⑤ 因为在20世纪90年代,我国学界往往把犯罪学、监狱学等视为刑法学的二级学科。参见陈兴良:《刑事一体化视野中的犯罪学研究》,载《中国法学》1999年第6期。

授的"刑事学科"一体化①,更是广泛扩展至所有刑事学科。本文提出的"刑事法律与科学研究"一体化,除上述内容外,还包括侦察学科(犯罪侦查学)和技术学科(法医、痕迹检验、文件鉴定、微量物证分析、公安图像技术等),甚至协调警察、法庭、监狱运作机制和司法效益的新兴学科——刑事司法学以及保安学等,故弄清这些基本概念与范畴十分重要。

第一,就"刑事科学"而言,"刑事"当然对应"民事","指治理犯罪的相关事宜,外延宽泛,涵盖犯罪、刑法(实体法和程序法)、刑罚制度与执行等"②。"'刑事'的概念可以包含刑事对策和刑事事实两个基本部分。"然而,"刑事"一词除犯罪事实和犯罪对策外,还应包括犯罪情势和态势及潜在犯罪与可能犯罪(包括正当防卫、紧急避险)等。"科学"系分门别类的学问,是运用范畴、定理、定律、分类等思维形式反映现实世界各种现象的本质及其规律的综合知识体系。刑事科学(criminal science),当然是由一系列有关犯罪(包括犯罪事实、犯罪对策和犯罪态势等)学科的基础理论和分门别类的综合知识体系。有学者研究了"刑事科学"范畴存在的必要性和可行性:第一,各门刑事学科在总体上研究对象的同一和研究价值的一致,使得作为总称的"刑事科学"有了存在的可能。各门刑事学科(包括刑事法学和刑事科学)尽管研究问题的角度不同,但其始终是以犯罪、刑事责任或刑罚整体或其中一部分为研究对象,而其研究价值最终都服务于控制和预防犯罪这一共同目的。第二,确立刑事科学术语,有利于明确各门刑事学科的研究范围,避免将非本学科的内容纳入研究范围,从而使该学科的理论范畴日趋科学、理论体系日趋严谨;有利于明确只有作为总体的刑事科学才能完成对犯罪的控制和预防任务;有利于树立刑事一体化的观念,充分利用各刑事学科的研究成果对犯罪问题进行系统研究。③但需要说明的是,刑事科学不属于法学。笔者认为,法学尤其是法律往往是群体意志的体现,因有价值因素故不能成为科学。

第二,就"侦察学科"而言,苏联称作"犯罪对策学",1955年我国司法部称其为"司法鉴定学",20世纪60年代改称"刑事侦察学",1981年司法部教材编写审定委员会将其更名为"犯罪侦查学",至今我国公安、警察院校仍称之为"刑事侦察学"。这里的"侦查"与"侦察"的区别:侦察原作为一种专门的军事用语表示在隐蔽状态下主动进行的窥探、察看和全面了解敌情的活动,其自身具有极强的隐蔽性的特点。由于我国历史上军事与公安、政法、司法办案活动的某些联系,特别是我党在对敌作战中使用的

---

① 也有学者称其为"刑事科学系统化",认为:应当将"刑事一体化"放到整个刑事科学的学科体系发展的背景之下来考察,则"刑事一体化"当前的困惑和未来的出路都会豁然开朗。对于这一学科发展进程,笔者将其定义为刑事科学系统化。

② 储槐植:《刑事一体化论要》,北京大学出版社2007年版,第21页。

③ 参见张文、马家福:《我国刑事科学的学科结构研究——兼论刑事一体化》,载《北京大学学报(哲学社会科学版)》2003年第5期。

"侦察"被逐渐引用到公安办案工作中,甚至出现在公安法规中,也就成为公安工作的专门用语。现在讲的侦察,除正宗的军队用于作战中的原意外,通常是指公安机关(包括国家安全机关)在同间谍、特务及其他敌对势力与普通刑事犯罪分子作斗争时,根据宪法和其他法律,依照有关行政命令和法规进行的主动积极和隐蔽状态下的长期工作和案件调查,也是国家赋予公安机关(包括国家安全机关)的一项特殊权力和任务。实际上,侦察工作有自己专门的手段和措施,并在不违背宪法和其他法律的前提下,根据现实斗争的需要,由公安机关灵活掌握和运用。可见,侦察活动实质上是国家行政机关依据宪法和其他法律而实施行政权的活动,属于行政行为,其本质是行政权。而侦查,作为专门的法律用语,在我国是从20世纪80年代开始的。从逻辑上讲,侦查表示的是认识主体对某一认识客体的认识是否同一而展开的查究活动,也即司法程序中为收集审查证据、揭露犯罪、查缉犯罪人,以追究其刑事责任而进行的专门调查工作。尤其是我国《刑事诉讼法》第108条对"侦查"一词作了专门规定,使其正式成为法律用语。

第三,就"技术学科"而言,又称作犯罪侦查技术,在国外也叫法庭科学技术。它是一门运用现代科学技术的理论、方法和成果对人身和物证进行检验,从而解决犯罪事实认定的一门学科。因其为既具有自然科学性质,又具有应用法学(主要是刑事法学)和其他刑事科学理念等社会科学的原理与方法依法开展犯罪调查的专门工作,所以它既是我国公安工作中发现、揭露和证实各类犯罪活动的手段,又是我国司法鉴定或称法庭科学的一门专业,在刑事司法实践中,其在确定案件性质、判明案情、刻画作案人的人身条件、提供案件证据材料等方面发挥着其他学科不可替代的重要作用。狭义的刑事科学技术是指以解决人身或物证同一认定问题为核心任务的一类刑事科学专门技术,包括刑事照(录)相、痕迹检验、文书检验、司法弹道检验(枪弹检验)、指纹登记与鉴定、外貌识别技术等。广义的刑事科学技术还包括不以解决同一认定为核心任务和目的的其他刑事科学技术检验,如法医学检验、司法化学检验、司法物理检验、DNA检验、声纹鉴别、客体气味鉴别等,甚至包括技术侦查(包括跟踪、邮检、窃听、窃照、密搜、密取等)、心理测定(测谎)技术、侦查通信技术和警犬搜捕与鉴别等。当然,刑事科学技术是随着普通科学技术和高尖端科学技术的发展而发展的,在人类科学技术日新月异的今天,多学科知识的综合运用和现代高科技手段在当代刑事科学技术中发挥的作用日益重要,包括生物学技术、昆虫学知识、植物学知识、分析技术等先进科学领域与刑事科学技术的密切结合,以及现代信息技术、自动化技术、纳米技术等高科技手段在刑事科学技术中的普遍运用等,均进一步充分显示了刑事科学技术的巨大威力。

第四,就"刑事司法学"而言,又被称作刑事司法制度,通常是指专门研究刑事司法机关工作机制与效率,以及在打击、预防犯罪和改造罪犯方面的组织体系、管理制度和运行规则的新兴刑事学科。可以说,刑事司法制度是任何一个文明和法治国家不可或缺的重要制度。美国学者赫伯特·派克(Herbert Parker)提出了刑事司法制度的两种运行模式:一种是控制犯罪模式(The Crime Control Model),认为司法机构是治理犯罪的灵丹妙药,强调刑事司法制度的高效率运行,从警察逮捕、检察官起诉到法院审判和定罪等实行一条龙作业或流水线管理,不太主张鼓励当事人充分行使他们的权利。另一种是正当程序模式(The Due Process Model),认为依靠司法机构来抑制犯罪是非常危险的,如果一味强调警察机关在打击犯罪上的效率和作用就会导致其权力过度膨胀,以致侵害公民的自由权,因此强调刑事司法制度在其运行中要最大限度地保护当事人的权利。而且,刑事司法制度在其运行中具有不可靠性,从逮捕、搜查、审问到起诉、审判、定罪和量刑等都可能出现差错,甚至误判,因此一定要对国家司法机构的权力进行某些限制。实际上,无论哪个国家的刑事司法制度都不可能选择任何一种单一模式,必须在两种制度模式间取得适度平衡。但如何平衡?曾经引起学界极大的争论。一种观点认为,刑事司法制度的运行更应强调对犯罪的控制,为保证刑事司法的高效率,各司法机构应以最快速度处理案件和打击犯罪。另一种观点认为,刑事司法制度的运行更应强调对公民和当事人权利的保护,为最大限度地保护当事人的权利,对国家权力应当予以必要制约。20 世纪 60 年代以前,美国最高联邦法院很少就刑事程序问题作出判决,之后不仅积极关注刑事司法的公正问题,甚至作出一系列扩大刑事程序中当事人权利的判决,以此确立了美国刑事司法制度中的一些具体规则和制度,包括米兰达警告、沉默权、排除非法证据原则、免受双重危险原则、预审程序规则、辩诉交易等,在美国学界被称作 20 世纪 60 年代进行的一场"正当程序革命"(Due Process Revolution)。20 世纪 40 年代到 70 年代初期,司法机构在对待罪犯的处理上采用的是重改造、重教育的政策。但 20 世纪 70 年代后,美国司法运行的主导从正当程序模式转为控制犯罪模式,最高联邦法院也在 70 年代作出一系列倾向于扩大警察和检察官权力的判决。[①] 实际上,刑事司法学或刑事司法制度的系统研究,正是在这样一个存在如何选择或极大争论的氛围和环境下起步的。

第五,就"保安学"而言,其实保安本是个古老行当,即"保镖"。在改革开放和市场经济环境下焕发了青春,在我国逐渐形成一种令世人瞩目的新型职业。在西方,包括美国在 19 世纪就出现了平克顿侦探社,之后英国、法国、意大利、西班牙、比利时、联邦德国、加拿大、新加坡、马来西亚、荷兰、巴西、伊朗、印度、瑞士、肯尼亚、日本等国也相继产生和发展了私人保安业。自 1984 年我国第一家保安公司——深圳蛇口保安服务公司的诞生以来,几十年来不仅保安业有了长足发展,且有了明确的立法——国务院

[①] 参见马跃:《美国刑事司法制度》,中国政法大学出版社 2004 年版,第 7—9 页。

《保安服务管理条例》,保安理论研究也逐步展开。作为"刑事法律与科学研究"一体化不可缺少的内容,保安业和保安学科是其中的重要支撑,是预防犯罪和"刑事一体化"离不开的重要话题。

第六,就"一体化"而言,"是指相关事项深度融通"①。所谓"一体",具有整体和同一系统之意。至于"一体化"(integration)或许有多种解释,但通常是指多个原来相互独立的实体通过某种方式逐步形成或结合成为某单一实体的过程。显然,这一范畴涉及更多的是一些国家或政治、军事、经济实体等相互之间的一体化结构或融合过程,当然也包括某一国家或社会的政治、经济、法律、社会、文化,甚至某一学科的全面互动、融合及发展过程。当然,"一体化"的核心实质是将两个或两个以上的互不相同、互不协调的事项,采取适当的方式、方法或措施,将其有机地融合为一个整体,形成协同效力,以实现组织策划目标的一项措施。②"一体化"也称综合化、种群化或群落化等,即指具有相同属性的个体关联。③ 即随着人类认识能力的提高,科学发展最终会走向统一,甚至走向综合。应当说,这正是人类对科学发展规律越加正确认识的客观反映。"刑事一体化"也不例外,它"作为刑法学研究方法,重在'化'字,即深度融合"④。其核心与实质正在于对刑事科学从理念、研究思路与方法上进行深度、一致性的协调、整合与统一,以互补、互促、互励性地及最大化地追求综合治理犯罪的效果。

笔者也正是基于这样一个对刑事法律、刑事科学包括刑事科学技术系统性的研究与思考,尝试性地去理解储槐植等前辈学者"刑事一体化"的思想、思维与理念,并试图通过协调机制、整体性与系统性及其系统工程、理论依据等一系列问题,深入探究其基本原理、方法等合理要素,就教于刑事法学、刑事科学(刑事理论与事实学科)包括刑事科学技术(法庭科学和公安技术应用学科)学界的同仁。

一、"刑事一体化"的最早提出:与西方"综合刑法科学"的契合

历史的经验早就证明:事物大都经历着"从无到有"再"由有而分",甚至最终坠入"分久必合,合久必分"不断反复的演化过程中⑤,包括刑事科学技术在内的刑事法律与科学的产生、变化、发展和研究进程也不例外。

---

① 储槐植:《刑事一体化论要》,北京大学出版社2007年版,第21页。
② 参见《集约型一体化管理体系创建与实践》编委会编著:《集约型一体化管理体系创建与实践》,中国石化出版社2010年版,第2页。
③ 这一概念常为澳大利亚教授克列门茨(F. E. Clements)等生态学家使用。参见楼伯坤、朱文婷:《贪污贿赂案件区域侦查一体化模式的构建》,载《昆明理工大学学报(社会科学版)》2009年第5期。
④ 储槐植:《再说刑事一体化》,载《法学》2004年第3期。
⑤ 现在看来,它不仅是一种社会发展规律,甚至是一种学科产生、发展和演化的规律。

就刑事法律与科学研究的"从无到有"而言,考查我国古代,唐朝及其以前的刑法都是无所不包的大刑法,那时的"刑律"不仅没有分化,而且民刑不分、诸法合体、礼法混杂、讼实合一。如《法经》就是春秋末期李悝制定的我国封建社会的第一部系统的法典,包括《盗法》《贼法》《囚法》《捕法》《杂法》《具法》六篇内容。其中《盗法》是涉及公私财产受到侵犯的刑法内容;《贼法》是有关危及政权稳定和人身安全的刑法内容;《囚法》是有关审判、断狱的诉讼法内容;《捕法》是有关追捕罪犯的诉讼法内容;《杂法》是有关处罚狡诈、越城、赌博、贪污、淫乱等行为的刑法内容;《具法》是关于定罪量刑的通例与原则的刑法内容,相当于现代刑法典的总则。可见,我国最早的刑事法律是"诉实合一""以刑为主"的。对照西方也不难发现,1764 年意大利学者贝卡里亚(Beccaria, 1738—1794)的《论犯罪与刑罚》(On Crimes and Punishments)一书是西方刑事科学的最早渊源,它囊括了当今看来分属于犯罪学、刑法学、刑事诉讼法学、刑事政策学等诸多学科的门类与内容,该书不仅奠定了贝卡里亚刑事古典学派鼻祖的地位,且对俄国、普鲁士、奥地利等欧洲国家乃至世界刑法的改革产生过重大影响。不仅刑法学界一直把该书作为最早的开篇,甚至犯罪学界也如此认为。从更大意义上讲,更准确的做法应当是将《论犯罪与刑罚》一书作为人类历史上迄今为止最早的刑事法律与科学研究的综合性、整体性的奠基之作。

就刑事科学技术的"由有而分"而言,我国唐朝以后,大刑法开始出现分化,以宋朝《洗冤集录》为标志的古代法医学逐渐形成,也是古代刑事技术学科发达的最集中体现,即自宋朝后我国古代的刑事法律与刑事科学技术研究中起码包括刑法学和法医学两门学科。此后的朝代更是加速了其他刑事法律与刑事科学研究学科的分化,尤其是 1902 年清朝皇帝任命沈家本(1804—1913)主持修律,他一贯坚持"会通中西"的修律原则,在大量移植和借鉴西方法律的基础上,初步形成了刑法、民法、诉讼法、法院编制法等部门法体系,且"各法之中,尤以刑法为切要"①,起草了《大清新刑律》和《大清刑事民事诉讼法》等。其中罪刑法定、轻刑省罚、死罪减少、编纂体例、民刑分离、讼实各一等均是该时期我国刑事学科分化的重要内容。当然,修律过程也始终体现了革新派与守旧派间的"礼法"之争,如"罪刑法定""审判公开"和"律师制度"等都是当时争论的焦点。两派势均力敌,虽然以沈家本为代表的法治派占据主流,甚至在华的外籍人也纷纷撰文支持法治派,但其偶尔也会有妥协与退让。《大清新刑律》虽然以过半数赞成票获得通过,但由于政权更迭急速和反对派的阻挠其并未得以真正执行。尽管如此,其产生的法治思想对后世的影响是不可低估的,它标志着中国传统的封建法律体系最终解体和现代法律体系的各部门法开始建立,进一步说它是中国现代刑事司法制度及其刑事学科分化的重要里程碑,甚至对今日中国的刑事司法改革也具有积极意义。而西方的刑

---

① 故宫博物院明清档案部编:《清末筹备立宪档案史料》(下册),中华书局 1979 年版,第 845 页。

事学科分化首先起源于刑法学,英国学者边沁(Jeremy Bentham,1748—1832)[①]和德国刑法学家费尔巴哈(A. Feuerbach,1775—1833)等人为刑法学研究作出了巨大贡献,尤其是费尔巴哈撰写的《刑法教科书》,使得刑法学在刑事法律与科学研究中先于其他学科取得独立地位(当然也与其应用性强和社会秩序迫切需要有关)。然后是犯罪学,显然其产生的标志性著作是意大利学者龙勃罗梭(Cesare Lombroso,1836—1909)[②]的《犯罪人论》(Criminal Men),以及他的学生恩里科·菲利(Enrico Ferri,1856—1929)的《犯罪社会学》和加罗法洛(Raffaele Garofalo,1851—1934)的《犯罪学》(Criminology)等,进一步促进了犯罪学从刑事科学中分离和诞生。犯罪学的建立在客观上又为刑事政策学的发展奠定了基础,应当说德国学者李斯特(Liszt,1851—1919)是刑事政策学的奠基人。

刑事法律与科学(包括刑事科学技术研究)"分久必合,合久必分"的规律与未来发展趋势,不仅被上述学科分化及其整合和统一的现象所证实,且也终将被刑事法律与科学(包括刑事科学技术研究)未来的分分合合、合合分分的规律所检验。我国改革开放以来学科发展十分迅速,包括刑事法律与刑事科学研究迅猛发展,社会分工也越来越细,学科分化日益凸显。在刑法学、刑事诉讼法学的研究恢复之后,刑事侦查学、刑事技术学、犯罪学(犯罪社会学)、犯罪心理学、监狱学(劳改学)、刑事政策学、刑法史学、刑法哲学、刑法比较学、外国刑法学、国际刑法学、刑事司法学等,也雨后春笋般地迅速发展起来。在此基础上,甘雨沛教授和储槐植教授分别提出了"全体刑法学"和"刑事一体化"的思想。当然,早在19世纪,西方学者李斯特就在经验人假设的基础之上引申出其刑事政策的预防犯罪思想,接着又从对付犯罪的功效上提出了"综合刑法科学"[③](Strafrecht wissenschaft)的概念,并于1881年亲自创办了具有世界影响力的《综合刑法科学杂志》。包括美国的犯罪学家杰弗利也在研究犯罪原因与对策的过程

---

① 刑法学构成边沁应用性工作的主要部分,他的法律职业背景无疑有助于他沿着这个方向发展他的思想。边沁"惩罚理论"的核心是"避痛苦求快乐",实际上是最大价值原则的一种变通形式。边沁认为,惩罚的程度应当和犯罪的程度成正比,不过惩罚程度(犯罪而招致的痛苦程度)应当大于犯法活动的既得利益。

② 意大利犯罪学家、精神病学家,刑事人类学派的创始人。

③ 长期以来,国内学者一般都翻译为《整体刑法学杂志》,参见付立庆:《刑事一体化:树立、评价与展望———种学科建设意义上的现场叙事》,载陈兴良、梁根林主编:《润物无声》,法律出版社2005年版,第27页。但笔者经过考证,应当翻译为《综合刑法科学杂志》。根据是:(1)笔者就此问题专门请教了在德国留学多年并取得德国法学博士学位的石平副教授,据她认真研究、翻译和考证,应当翻译为《综合刑法科学杂志》(Zeitschrift fuer die Gesamte Strafrechtswissenschaft),而不应当是《整体刑法学杂志》;(2)为严谨起见,石平副教授还查阅了中国图书进出口总公司报刊部的图书目录,其翻译的该杂志名称也是《综合刑法科学杂志》。该杂志的译名简介中指出:《综合刑法科学杂志》(出版者:Walter de Gruyter GmbH & Co. KG,)主要刊载研究论文、文献报告和书评等,内容包括刑事政策、刑法条款、刑事侦查学、犯罪学等许多方面。另外,兼载各国有关方面的论文、会议消息报道、文献报告等。资料来源和具体网址是:中国报刊(http://periodical.cnpeak.com/Search/Home/Index?recommendjournal=Zeitschrift%20fuer%20die%20Gesamte%20Strafrechtswissenschaft.),访问日期:2022年3月2日。

中,提出了犯罪学的"科际整合理论"(interdisciplinary theory of criminology),主张对于困扰人类的犯罪问题要运用多学科进行有机整合性的研究,以提升防控犯罪的有效性。可以说,这都是"刑事一体化"的最早提出。

综上所述,无论是刑事法律、刑事科学还是刑事技术的最早产生或其后的分化与发展,以及中西方不约而同、不谋而合地提出"综合刑法科学"和"刑事一体化",均有着某种历史的必然性。正如有学者指出的那样:"可以说,这几乎是在没有交流的'背对背'的状态之下,可敬的甘雨沛教授和伟大的李斯特教授的一次'亲密的接触'。"①

二、"刑法一体化"的传统版本:刑法学与刑事执行法学中心论

如上所述,中西方的刑法大师们在讨论"综合刑法科学""全体刑法学""刑事一体化"等理论范畴和概念时,基本上都是以刑法学为中心的。

首先,李斯特教授的"综合刑法科学"综合的是"刑法科学"。在李斯特看来,刑事古典学派法律教条主义的研究方法和刑法报应主义的刑罚机能及其观念局限了刑法学的研究视野,极大地妨碍了人们对犯罪和刑法本质的科学认识。因此,他大力倡导刑法的刑事政策化,主张将刑法学研究从狭窄的法律概念中解放出来,将"克服专业的片面性,实现各部分的有机统一"作为刑法改革的伟大目标。② 李斯特最终提出了建立包括刑事政策学、犯罪学、刑罚学和行刑学在内的"综合刑法科学"的主张。需要说明的是,在德国刑法学有狭义、广义、最广义的区别。狭义的刑法学是指刑法教义学(Strafrechtsdogmatik,即注释刑法学或刑法解释学),其基础和界限源自刑法法规,致力于研究法规范的概念、内容和结构,将法律素材编排成一个体系,并试图寻找概念构成和系统学的新方法。③ 广义的刑法学包括刑法教义学、法哲学(Rehctsphilosophie)、刑法史学(Strafrechtsgeschichte)、刑法比较学(Rechtsvergleichung)和刑事政策学(Kriminalpolitik)。④ 最广义的刑法学在德国称"刑事科学"(Kriminalwissenschaften),除包括广义的刑法学外,还包括刑事诉讼法学(Straverfahrensrecht)和行刑法学(Strafvll-

---

① 付立庆:《刑事一体化:树立、评价与展望——一种学科建设意义上的现场叙事》,载陈兴良、梁根林主编:《润物无声》,法律出版社 2005 年版,第 21—37 页。
② 参见〔德〕汉斯·海因里希·耶赛克、〔德〕托马斯·魏根特:《德国刑法教科书》,徐久生译,中国法制出版社 2001 年版,第 53 页。
③ 参见〔德〕汉斯·海因里希·耶赛克、〔德〕托马斯·魏根特:《德国刑法教科书》,徐久生译,中国法制出版社 2001 年版,第 53 页。
④ 参见〔德〕汉斯·海因里希·耶赛克、〔德〕托马斯·魏根特:《德国刑法教科书》,徐久生译,中国法制出版社 2001 年版,第 53—57 页。

streckungsrecht），尤其包括犯罪学（Kriminologrie）。① 最广义的刑法学，即李斯特所说的"综合刑法科学"。为此，李斯特于1881年创办《综合刑法科学杂志》，以整合所有关于犯罪、犯罪行为、犯罪预防和犯罪控制及刑事政策的系统科学研究。迄今为止，该杂志仍然是德国乃至整个欧洲刑法学和刑事政策学研究的重要阵地。② 由此看出，李斯特所主张的"综合刑法科学"基本上是以最广义刑法学为中心的，尽管在德国"综合刑法科学"与"刑事科学"相等同，但当时德国的"刑事科学"不包括犯罪侦查学（Kriminalistik）和法医学（gerichtliche Medizin）及法医精神病学（forensische Psychiatrie）。③ 李斯特提出的"综合刑法科学"基本框架是：犯罪—刑事政策—刑法，即依据犯罪态势形成一定的刑事政策，刑事政策又引导刑法的制定与实施。在其看来，只有这样的刑法才能有效惩治犯罪。从李斯特一生刑事法的重要成就看，在此"三角关系"中，其更多的是倚重刑事政策，这是由于当时实证主义学派早已发现刑事古典学派"报应刑论"的缺陷后得出的必然结论。在这里，李斯特主张把有关刑法的各个学科与部门综合成为"综合刑法科学"，其意必然是想组建真正意义上的综合刑法科学的全部，其中包括犯罪学、刑法学、刑事政策学、刑罚学、行刑学等。其实，除"综合刑法科学"之外，李斯特还针对刑事古典学派的"报应刑论"提出了"社会防卫论"。在欧洲继李斯特后，法国的刑事政策大师"新社会防卫论"的代表人物安塞尔（Mark Ancel，1902—1990）也是"多学科研究犯罪"的极力主张者。像有学者评论的："社会防卫论始终主张联合所有的人文科学以对犯罪现象的研究进行多学科性的研究。从一开始他就反对单纯强调刑法对犯罪对象、法学家对犯罪对象的研究以及所谓的解决办法的专有权这一传统观念。"④可见，在西方"综合刑法科学"或"刑事一体化"的思想也是多人主张的，且有着广泛的学术市场。

其次，甘雨沛教授的"全体刑法学"也是广义刑法学的综合论。其在1984年出版的《外国刑法学》一书的前言中提出"力图成立一个具有立法论、适用解释论、行刑论、刑事政策论以及保安处分法的全面规制的'全体刑法学'"⑤，可以说这是中国学者在"刑事一体化"语境下同西方学者的最早契合。"全体刑法学"的产生，首先是受改革开放后我国正处在一个社会政治、经济、文化、法律急剧转型的特殊历史时期和阶段的影响，尤其是当时的犯罪率直线上升，而面对来势凶猛的犯罪现象我国已发动了第一次

---

① 参见〔德〕汉斯·海因里希·耶赛克、〔德〕托马斯·魏根特：《德国刑法教科书》，徐久生译，中国法制出版社2001年版，第21—23页和第52页。
② 参见付立庆：《刑事一体化：树立、评价与展望——一种学科建设意义上的现场叙事》，载陈兴良、梁根林主编：《润物无声》，法律出版社2005年版，第27页。
③ 参见〔德〕汉斯·海因里希·耶赛克、〔德〕托马斯·魏根特：《德国刑法教科书》，徐久生译，中国法制出版社2001年版，第61页。
④ 〔法〕马克·安塞尔：《新刑法理论》，卢建平译，香港天地图书有限公司1990年版，第31页。
⑤ 甘雨沛、何鹏：《外国刑法学》（上册），北京大学出版社1984年版，前言。

严打,但实际效果并不十分理想,客观上也暴露出单一的刑法措施已不能适应全面治理犯罪的形势需要。正是在此种情况下,作为刑法学者的甘雨沛教授本能地对这些法律与社会现实问题进行了深入反思,并结合国外的"综合刑法科学"理念,最终提出了"全体刑法学"思路。其初衷是,希望刑法学界以及政府部门客观地看待犯罪问题,把它看成多种因素综合的结果,而不能单纯地靠加重刑罚来遏制犯罪,必须从刑事立法论、刑法适用及其解释论、行刑论、刑事政策论以及保安处分法的全面规制来解决刑事问题。可以说,这也是我国刑法学者提出的"刑事一体化"思想的最早萌芽。当然,客观地讲,这一结论除迫于我国改革开放后对犯罪现象的深入思考外,也得益于对国内外及全人类刑法功能及相关学科综合比较的研究与思考,从一定意义上讲,这的确也是中西方同行们在某种学术思想上不约而同契合与认知的一致。

最后,储槐植教授的"刑事一体化"是以"犯罪—刑罚—行刑"为中心。1989 年储槐植教授在《中外法学》第 1 期上发表的《建立刑事一体化思想》一文明确提出了以健全刑法运行机制为核心目的的"犯罪—刑罚—行刑"一体化[1],基本上是以犯罪学、刑法学和监狱学等为一体化的核心内容。其"基本之点是刑法和刑法运行处于内外协调状态才能发挥最佳刑法功能。实现刑法的最佳社会效益是刑事一体化的目的,刑事一体化的内涵则是刑法和刑法运行内外协调。所谓内部协调主要指刑法结构合理,外部协调实质为刑法运作机制顺畅",而且"刑法学研究应当与有关刑事学科知识相结合,疏通学科隔阂,彼此促进"[2]。可见,这里所说的"刑事一体化"基本上是以刑法或刑法学为本位的,讨论的内容也基本上是在刑法领域或范围之内,包括刑事执行法。当然,也有学者认为,储槐植教授在"刑事一体化"问题上是"多中心说"[3]。但大多数学者认为,"我国学者储槐植教授提出建立刑事一体化思想……当然是以刑法为本位而展开的,但同时涉及刑法与相关学科的协调"[4]。包括 2003 年 12 月 20 日作为北京大学法学院百年院庆的重要组成部分的"刑事政策与刑事一体化"学术论坛上储槐植教授所作《再说刑事一体化》的主旨报告,也再一次明确指出:"刑事一体化思想有两层意思,作为观念的刑事一体化和作为方法的刑事一体化。""刑事一体化作为观念,旨在论述建造一种结构合理和机制顺畅(即刑法和刑法运作内外协调)的实践刑法形态。迄今为止,刑法学科群(注释刑法学、刑法史学、比较刑法学、刑法哲学、国际刑法学、外国刑法学等)基本上是静态的文本刑法和理念刑法理论。动态的实践刑法认知尚未形成系统的学问即理论。可以说是一个缺憾。刑法在运作中存在和发展,刑法本性是动

---

[1] 参见储槐植:《建立刑事一体化思想》,载《中外法学》1989 年第 1 期。
[2] 储槐植:《刑事一体化》,法律出版社 2004 年版,第 491 页。
[3] 参见贾凌:《刑事一体化问题研究述评》,载赵秉志主编:《刑法论丛》(第 20 卷),法律出版社 2009 年版,第 96 页。
[4] 陈兴良:《刑事一体化视野中的犯罪学研究》,载《中国法学》1999 年第 6 期。

态的和实践的。根据刑法的本性打造一门学问,是刑法本身的需要。作为观念的刑事一体化与刑事政策的关系极为密切,一方面它要求良性刑事政策为之相配,同时在内涵上又与刑事政策兼容并蓄,因为刑事政策的基本载体是刑法结构和刑法机制。"①显然,不要说刑法结构和机制,就是在刑法与刑事政策的关系的阐述上,储槐植教授可以说与李斯特的"综合刑法科学"和刑事政策学的思想是不谋而合的。尤其在改造刑法的功能与效果上,包括运用刑事政策的理念统帅刑法的运行上等,都是同出一辙的。可见,从李斯特教授的"综合刑法科学"到甘雨沛教授的"全体刑法学",再到储槐植教授的"刑事一体化",基本上都是紧紧围绕刑法学展开的开放性与拓展性研究,因此说他们是以刑法学为中心是比较贴切或恰当的。储槐植教授继续指出:"刑事一体化作为刑法学研究方法,重在'化'字,即深度融合。刑法在关系中存在和变化,刑法学当然也在关系中发展,刑法学研究如果只局限在刑法自身,要取得重大进展实在困难。此处的'关系'首先指内外关系。内部关系主要指罪刑关系,以及刑法与刑事诉讼的关系。外部关系更加复杂:其一为前后关系,即刑法之前的犯罪状况;刑法之后的刑罚执行情况。其二为上下关系,即刑法之上的社会意识形态、政治体制、法文化、精神文明等;刑法之下主要指经济体制、生产力水平、物质文明等。'关系'的外延也许太过宽泛,作为刑法学方法的一体化至少应当与有关刑事学科(诸如犯罪学、刑事诉讼法学、监狱学、刑罚执行法学、刑事政策学等)知识相结合,疏通学科隔阂,关注边缘(非典型)现象,推动刑法学向纵深开拓。"②从这些表述可以看出,即便是作为刑法学研究方法的"刑事一体化",其也基本上是立足于刑法学,即以刑法学为中心。包括在谈到刑法与刑事诉讼法的关系时,也被储槐植教授描述为与"罪刑关系"相并列的刑法的"内部关系"。

实事求是地讲,笔者第一次听到储槐植教授"刑事一体化"的观点是1993年12月19日至25日在福州召开的"当代犯罪学重大理论咨询报告会"上,那一次也是笔者第一次聆听储教授的演讲。总之,无论从国外李斯特"综合刑法科学"的原始版本看,还是从我国"刑事一体化"的最早版本看,包括甘雨沛教授的"全体刑法学"和储槐植教授的"刑事一体化"等,谈论的核心就是刑法和刑法学,包括刑法的执行与运行机制。因此,可以说"刑事一体化"的传统版本的确是以刑法学和刑事执行法为中心的。

三、"刑事一体化"的发展版本:刑法学与刑事诉讼法学中心论

当然,在以刑法学、刑事执行法学为中心的"刑事一体化"的传统版本推动下,随着对我国"刑事一体化"理论的深入研究,也有学者提出了更加宽泛的研究思路与内涵。

---

① 储槐植:《再说刑事一体化》,载《法学》2004年第3期。
② 储槐植:《再说刑事一体化》,载《法学》2004年第3期。

如有学者认为,"如果将刑事一体化思想固步于刑法学的本位,则难免局限了刑事一体化的更为丰富的概念及思想内涵"①。更有学者明确地将"刑事一体化"作为其办刊宗旨(如陈兴良教授主编的《刑事法评论》),力倡与建构一种"以现实社会关心育种及人文关怀为底蕴的、以促进学科建设与学术成长为目标"的刑事法学研究模式。②"这种'大刑事法'的研究实际上就是将刑事法学作为一个整体来看待,一方面,在其内部实现'一体化';另一方面,将'相关的学科纳入刑事法的研究视野',从而实现其外部的'一体化'。"③故认为,"陈兴良教授的刑事一体化理念是以刑事法学为本位的"④。以刑事法学"为本位"也好,"为中心"也好,究竟与"以刑法学为中心"有什么区别呢?当然有区别。按照传统观点,刑法学科群主要包括注释刑法学、刑法史学、比较刑法学、刑法哲学、国际刑法学、外国刑法学等,且基本上是静态的文本刑法和理念刑法理论。而按照刑事学科,不仅包括刑法学,也包括犯罪学、刑事诉讼法学、监狱学、刑罚执行法学、刑事政策学等。当然,严格讲,"刑事法学"未必能包括犯罪学和刑事政策学等,因为其不属于法学门类。在西方尤其在美国,犯罪学被放在了社会学的门类中,而刑事政策学就更不属于法学的范畴了。毋庸置疑,"刑事法学"一体化的范畴囊括了刑事实体法、刑事程序法、刑事执行法等更多个法学研究领域和学科,应当说,与"综合刑法科学""全体刑法学"抑或"刑法学"一体化的观点相比,有了更宽泛、更明确的拓展,更加符合学科分类的逻辑思维,也更加符合刑事学科的理念与方法。

从学科角度讲,"刑法学"一体化也好,"刑事法学"一体化也好,始终处于法学学科的范围与边界内。故"综合刑法科学"(在德国"综合刑法科学"的别称是"刑事科学")也好,"刑事法学"一体化也好,甚至"刑事学科一体化"⑤也好,统称为"学科中心论"(即以刑事学科为中心)的"刑事一体化"。但目前主流的"刑事一体化"的版本,或许仍存在是"刑事法学"一体化还是"刑事学科"一体化,抑或其他称谓或解释版本。正如有学者指出的,"就刑事一体化概念本身而言,较之'综合刑法科学''全体刑法学''大刑事法'等,其理论的张力更大,其中蕴含着更为广阔的理论空间,而不应仅限于法学的范围之内",显然,"这种意义上的刑事一体化是指整个刑事学科研究的一体化"。⑥

---

① 高维俭:《刑事一体化思想若干问题研究》,载《当代法学》2006年第3期。
② 参见付立庆:《刑事一体化:树立、评价与展望——一种学科建设意义上的现场叙事》,载陈兴良、梁根林主编:《润物无声》,法律出版社2005年版,第27页。
③ 高维俭:《刑事一体化思想若干问题研究》,载《当代法学》2006年第3期。
④ 高维俭:《刑事一体化思想若干问题研究》,载《当代法学》2006年第3期。
⑤ 皮艺军:《知识契合与学科整合——以刑事学科一体化为视角的犯罪学解释》,载《河南公安高等专科学校学报》2008年第6期。
⑥ 高维俭:《刑事一体化思想若干问题研究》,载《当代法学》2006年第3期。

四、"刑事一体化"的现代版本：整个刑事学科综合化的一体论

有学者认为："以刑事法学为本位的刑事一体化研究，也只是整个刑事一体化研究的众多本位及路径中的重要一部分。""如果将刑事一体化局限于以刑事法学为本位，亦难免忽视了刑事一体化的本应该更为丰富的思想内涵。"①理由是，在刑事学科中犯罪学是事实学科，不可能为刑事法学所涵盖。不仅美国，而且欧洲大陆一些国家也是如此认为。如德国学者认为："刑法学及其相邻学科为刑事法学提供了规范成份，而犯罪学是以经验研究来工作的事实科学(Tatsachenwissenschaft)，它借助于众多不同的自然科学和社会科学的研究方法，因此它也可被称为'各学科间的科学领域'。"②因此，也就有了"刑事科学学""刑事学科一体化"③的新提法。

所谓"科学"，当然是指人类分门别类反映事物客观规律的学问，即运用范畴、定理、定律等思维形式，反映现实世界各种现象的本质及其规律的知识体系。简单来说，刑事科学就是有关犯罪客观事实和规律的学问。对此，在人们认真研究和讨论了"刑事法学"一体化和"刑事学科"一体化之后，也有学者提出了"刑事科学一体化"的观点。

针对"综合刑法科学""全体刑法学"和"刑事法学"一体化、"刑事学科"一体化等观点，有些学者认为，将该类学科总体称为"刑法学"④，如果从学科演进历史考虑，即刑事诉讼法学、犯罪学、刑事政策学等都是逐步从刑法学中分离出来的学科，有一定的正确性；但随着这些学科的逐渐独立，仍将其称为刑法学(即便是最广义的)，至少在语言逻辑上会产生混乱。"刑事法学"的称谓无疑是因"法学"学科的局限，如果从学科属性上考虑，将这些学科均纳入"法学"学科未必合适，如犯罪学并非纯粹的法学学科。而"以'刑事科学'一词来概括与犯罪、刑事责任或刑罚密切相关的学科总体，不仅能避免上述称谓的缺陷，而且有其可能性和必要性"⑤。还有学者更加尖锐地指出："刑事学科在创立伊始已经实现了一体化。必须指出的是，这里的一体化不是刑事法学的一体化，而是刑事科学的一体化。"⑥虽然理论上对"一体化"的表述有所不同，但将所有的

---

① 高维俭：《刑事一体化思想若干问题研究》，载《当代法学》2006年第3期。
② 〔德〕汉斯·海因里希·耶赛克、〔德〕托马斯·魏根特：《德国刑法教科书》，徐久生译，中国法制出版社2001年版，第59页。
③ 张文、马家福：《我国刑事科学的学科结构研究——兼论刑事一体化》，载《北京大学学报(哲学社会科学版)》2003年第5期。
④ 笔者认为，这应当是大刑法学的概念，像如今的"国际刑法学协会"就是大刑法学的概念，即其中必然包括刑事诉讼法学、刑事执行法学及国际刑事问题合作等。
⑤ 张文、马家福：《我国刑事科学的学科结构研究——兼论刑事一体化》，载《北京大学学报(哲学社会科学版)》2003年第5期。
⑥ 皮艺军：《怎一个法字了得——刑事一体化的感悟》，载张士宝编：《法学家茶座》(第9辑)，山东人民出版社2005年版，第27页。

刑事学科称为"刑事科学"似乎是一致的。值得关注的是,上述三位学者都不约而同地使用了"刑事科学"的称谓,这就必然涉及"法学"是不是科学的长期争论问题。笔者认为,如果这里能将"刑事科学"改为"刑事学科"或许更为妥切和恰当,这将在下文中进一步讨论。

的确,在我国科学界有"科学一体化"的趋势与认识。而且有学者认为:"科学是内在的整体,它被分解为单独的部门不是取决于事物的本质,而是取决于人类认识能力的局限性。"①其核心问题是:①科学的内在与本质应当是一个整体,也即事物本质的普遍联系属性和事物本身的相互关联属性及其影响力;②事物的划分或学科的分类并不决定于事物本身该不该分或应当怎样分,而是决定于人类在不同社会和历史阶段对这些事物的不同认识或不断深入的逐步理解;③对事物的认识是一种方法,即"分久必合,合久必分"规律之"法"(更大程度上是"事物的规律和法则"之意),而且每一次循环都使得人们的认识达到了更新或更高的一种境界;④最初始的"合"是人类认识最原始的反映,接下来随着人类认识事物的逐步深入必然达到高一级程度的"分",而下一次的"合"又必然是建立在此前"分"的深入认识基础上进行的,当然是比原始基础上更高一个层次的"合",而且有可能如此循环往复,以至无穷,一次比一次达到更高一级的程度。诚然,作为整个科学体系一部分的刑事科学,也不可能逃脱这一人类认识和事物发展规律,如此,"刑事科学"一体化的提出也就不足为奇了。实际上,作为刑事科学或学科类群的一种演变规律,统一的价值理念、整体的研究思路和一致的目标追求,使得整个刑事科学或学科日益趋向一体化,这样也就必然逐步形成以刑事科学为中心或者为主线的刑事科学群或刑事学科群。作为一个学界的共识和"刑事一体化"的现代版本,可以说既反映了刑事科学自身的规律,同时也是人类社会发展到今天人类自身认识能力的最集中体现或展现。

但应当指出的是,就其范畴而言,"刑事法学"与"刑事科学"本不是一回事,因为法律毕竟不是科学,它是一种国家意志、统治阶级意志或国民意志的体现,科学是一种客观规律的反映,固然,这种规律既可以是自然规律也可以是社会规律,但无论如何法律反映的是意志而非规律。那么,还有无可能在此基础上有更新的认识呢?如区分"刑事法学"与"刑事科学"?抑或适当区分"刑事科学"与"刑事学科"?这些都是需要进一步思考的问题。

五、"刑事一体化"的最新版本:刑事法律与科学研究的一体论

诚然,笔者想提出的是"刑事法律与科学研究"一体化的概念与范畴。因为,"刑法

---

① 李光:《关于科学学理论与实践的几个关系问题》,载《科学学与科学技术管理》1997年第5期。

学"一体化显然不能概括"刑事"一体化的全貌,包括"刑事法学"一体化也仅仅是法学领域刑事学科的一体化,显然也排除了不属于刑事法学的其他刑事学科进入其"一体化"的情况。"刑事科学"或"刑事学科"一体化虽然想把所有的刑事学科都包含在自己的"一体化"之中,但一方面如上所述,"刑事科学"无法区分刑事法律与刑事科学,二者的本质不同、性质不一,法律包括刑事法律也不属于科学,它只是人们意志的反映;另一方面"刑事学科"的表述不仅过于松散,而且不够严谨和严密。尤其"刑事学科"一体化缺乏群体事物的内质,无法反映"一体化"的内在规律和一致理念,如此大的一个"刑事"领域,简单用"刑事学科"一体化的称谓,缺乏"刑事"价值理念与功能原理的彰显与统一,也不具有其应有的凝聚力和张力。此外,法律不属于科学,不能为"一体化"而混淆"法律"与"科学"的基本范畴。当然,无论是"刑事法学"还是"刑事科学",其中"刑事"理念是应当统一的,这也是"刑事一体化"的核心"根据"与"源头"所在。故笔者提出"刑事法律与刑事科学研究"一体化的称谓与范畴,正是考虑其区分与辩证的统一。当然,考虑到"刑事法律"与"刑事科学"中"刑事"二字的重复,故简称为"刑事法律与科学研究"一体化。

如是,"法律"与"科学"的不同属性,以及"法律"与"科学"在"刑事"问题上的同一属性,故作出了聚集一体或一身之意。当然,"科学"具有一个学科群的中心或核心作用,且"科学"也最能表达或代表同样作为"法律"与"科学"的"刑事"统一理念或核心价值观念。也就是说,但凡"刑事"问题都应当由统一、固定的核心价值理念与方法原理作指导。至于"刑事科学系统化"的提法,虽然具有一定的合理性,但显然没能很好地解决"法律"与"科学"的区分问题。虽然"刑事科学系统化"用"系统化"来替代"一体化"本身也没有什么错,但还是沿用"一体化"更为正宗,也能准确表达其中的意境。考虑到"法律"与"科学"的本质不同及各自的独立性,使用"刑事法律与科学研究"的简称就更为贴切。当然,所谓"刑事法律与科学研究"一体化,不仅包括刑事法学,也包括刑事科学,甚至包括刑事科学技术。如此,即可结合为一个既相对完美又区分明显的"刑事一体化"的新内涵。

此外,"刑事法律与科学研究"一体化还包括刑事司法这一新的学科或研究领域。该学科最早于20世纪60年代产生于美国,主要针对当时美国监狱人满为患和司法效率低下的情况,学界开始关注对美国的犯罪及刑事司法系统进行集中统一研究,显然也有"一体化"之意。美国学者通常认为,刑事司法体系是指处理犯罪行为和犯罪者的机构和制度,包括警察机关、刑法、法院以及犯罪矫正制度。[1] 如今,美国的刑事司法学专业已有了博士学位可供攻读,大学每年需要200个左右的刑事司法学教职职位。

---

[1] 参见〔美〕弗兰克·莫恩:《当代美国犯罪问题和刑事司法制度探析》,刘艺工、任尔昕译,载《甘肃政法学院学报》1998年第4期。

因此,真正的"刑事一体化"应该是建立在以研究"刑事"问题为基础(即以刑事事实和刑事对策等),以研究刑事"法学"、刑事"科学"和刑事"技术"基础理论为核心或主线(即以法学原理、科学规律及学科群相间的"刑事"理念或价值观念和技术规律及司法机制为主线或整体研究对象)的"刑事法律与科学研究"一体化。显然,这是"刑事一体化"的新范畴,它云集刑事法学、刑事科学和刑事科学技术及刑事司法机制为"一体",并自始至终贯穿了一条基本主线——即"刑事理念与价值"及"刑事科学规律与司法机制"的综合性研究,或以刑事学科群及其技术学科群为核心的"刑事法律与科学研究"一体化研究。

六、"刑事法律与科学研究"一体化的原理:整体观、系统论与综合对策论

所谓原理,是指某一系统或领域带有普遍性的、最基本的、可以作为该系统或领域理论基础和运行规律的知识体系。"刑事法律与科学研究"一体化的原理是指针对犯罪事实和犯罪对策构建起来的刑事法律、刑事科学和刑事科学技术及刑事司法机制整体性和系统性的最普遍的基本理论,具体包括刑事理念上的整体观、刑事思维上的系统论和方法与技术上的综合对策论等。显然,该原理归根结底是由治理犯罪的统一"刑事"理念所决定的,包括运用系统性的思维方式分析犯罪情势和建构系列性学科,并运用一系列学科的综合对策追求最终控制犯罪的有效目标。众所周知,犯罪是自人类社会以降客观存在的社会现象或事物,人类社会的实践证明,犯罪只能控制而不可能消灭,古今中外无论什么样的历史时期和社会形态都有实质性的犯罪产生与存在,甚至包括阶级社会之前的无阶级社会——母系氏族社会。①

(一) 马克思主义的科学整体观原理:"刑事法律与科学研究"一体化的哲学论基础

整体观也即整体观念(concept of wholism),是指看待世界或事物所具有的统一性、完整性和联系性的视界。马克思主义哲学认为,整体是由部分构成的,但它具有各个部分所不具有的新性质、新功能,能够产生大于各个部分简单相加的功能;并且在整体中,各个部分相互依存,通过原有功能渠道发挥新作用。因此从某种意义上讲,马克思主义的科学整体观是"刑事法律与科学研究"一体化的哲学论基础。

实际上,马克思主义的科学整体观是建立在批判黑格尔抽象整体观、传统集合论的整体观和无人的整体观基础之上形成的新的整体观。其历史任务在于回应20世纪

---

① 参见李晓明:《中国犯罪学论纲》,中国审计出版社1996年版,第189页。

遇到的人类生存中出现的自我分化和自我发展等新问题,这种分化和发展显现为格奥尔格·卢卡奇(Georg Lukács,1885—1971)的方法整体观和主体意识历史整体观、让·保罗·萨特(Jean Paul Sartre,1905—1980)的主体意志历史整体观、路易斯·阿尔都塞(Louis Althusser,1918—1990)的结构整体观、后结构主义的异质整体观和当代量子力学形而上学化的原初整体观等。相对而言,前三种整体观是一种更强调整体的强整体观,而后结构主义的异质整体观是一种虚化整体的弱整体观,当代量子力学形而上学化的原初整体观重申了整体的优先性,在某种意义上实现了对后结构主义的异质整体观的纠偏。[①] 这些理论均对进一步完善和发展科学的马克思主义整体观,以及后来形成的系统论的思维与方法具有重要影响。

作为社会特殊现象之一的"犯罪"就是大千世界的一大类事物,围绕这一事物就是一个大的整体。随着人类社会的发展和认识水平的提高,包括社会化分工以及科学门类和学科门类的划分越来越细,原本对付这类事物的方法策略就会通过更加深入的研究,进行科学门类或学科门类的分化,如先是分离出刑法学,接着分离出犯罪学,紧接着分离出刑事政策学和监狱学,同时也有刑事技术学科、侦查学科、刑事司法学科不断地分化出来等。但通过分门别类的研究又会发现,这些学科间有着不可分割的必然联系,甚至它们本来就是一个不能绝然分割的整体,因为其存在的共同价值就是应对犯罪。进行整体性研究也就成为这些学科的时代要求或历史必然,也就在古今中外形成了不约而同的学说与观点,类似于"综合刑法科学""全体刑法学""刑事一体化"等学说观点就在不同国家、不同时期和历史背景下先后产生,也就引出我们今天的研究课题,也就当然成为"刑事法律与科学研究"一体化的原理之一或主要理论基础与依据所在。

(二)反映事物客观规律的系统论原理:"刑事法律与科学研究"一体化的方法论基础

系统论(System)在思维与方法学中也叫系统性,它是系统科学中"老三论"(SCI)之一,是排在控制论和信息论之前的老大。所谓系统,是指由相互作用和相互依赖的若干组成部分结合成的,并具有特定功能的有机整体,而且系统本身又是它所从属的一个更大系统的组成部分,即由诸多要素组合而成的一级系统又成为更大系统的诸多要素之一。在系统科学理论中,还有产生于20世纪70年代的"新三论"(DSC),即耗散结构论、协同论和突变论。故无论"老三论"抑或"新三论",都与系统科学有关,也与我们讨论的系统论有关。

系统思想源远流长,但作为一门科学,其创始人是美籍奥地利理论生物学家路德

---

① 参见赵福生:《论新马克思主义的整体观》,载《学术交流》2008年第1期。

维希·冯·贝塔朗菲(Ludwig Von Bertalanffy)。他于 1937 年首次向公众提出了"一般系统论原理",后在其生物学、心理学研究过程中,不断对一般系统论的问题进行深入探讨,1955 年,他完成专著《一般系统论》,从此奠定了系统科学的理论基础。系统一词最早起源于古希腊语,是由部分构成整体的意思,故系统论的核心思想实际上还是系统的整体观念。因此可以说,就哲学和思维来讲,系统论思想在各学科方法论上实际上是十分相通的。

通常认为,系统论是研究系统的一般模式、结构和规律的学问。它具体研究各种系统的共同特征,用数学方法定量地描述其功能,而且寻求并确立一种适用于一切系统的原理、原则和数学模型。因此,系统论是具有逻辑思维和数学分析性质的一门科学。从机理上来说,"一体化"正是系统论原理的具体应用,是系统论所要求的整体性原则、目的性原则、最优化原则的生动体现。

(三)体现管理艺术的运筹学原理:"刑事法律与科学研究"一体化的综合对策论基础

战国时期出现的流传百世的典故"田忌赛马",由于孙膑运筹和调整了部署,将"上马对上马,中马对中马,下马对下马"调整为"下马对上马,上马对中马,中马对下马"的格局,使得田忌最终胜了齐威王。该故事说明了在条件不变的情况下,经过筹划、安排,选择最佳方案就会取得最好效果。这就是运筹学,这种方法当然也适用于"刑事一体化"研究。

运筹学作为一门学科产生于第二次世界大战期间,最早提出"运筹学"(Operational Research)这个名词的是 1938 年任英国波得塞雷达站负责人的 A. P. 洛维等人,主要解决雷达站合理配置和整个空军作战系统协调配合来有效地防御德机入侵的问题,第二次世界大战期间普遍用于研究武器的配置、兵力的部署和军需品的调运等问题,战后研究的重点转向民用部门也取得了成功。如上,运筹学的思想在我国古代战争中也早有应用,即当敌我双方交战时,要克敌制胜就要在了解双方情况的基础上,找出最优化的对付敌人策略的方法,像我国历史上"运筹帷幄之中,决胜千里之外"的说法就是运筹学在战争中应用的生动体现。

运筹学又称"作业研究",主要是研究如何将生产、管理等事件中出现的运筹问题加以提炼,然后利用数学方法进行解决的学科。通常认为,它是近代应用数学的一个分支,也可以说是应用数学和形式科学的跨领域研究,主要是利用诸如统计学、数学模型和算法等去寻找解决复杂事物的最佳方案。运筹学的具体内容主要包括:规划论(包括线性规划、非线性规划、整数规划和动态规划)、图论、决策论、对策论(博弈论)、排队论、存储论、可靠性理论等。其特点表现在:①被广泛应用于工商企业、军事部门、民政事业等研究组织内的统筹协调问题,故其应用不受行业、部门之限制;②运筹学既对各种经营进行创造性的科学研究,又涉及组织的实际管理问题,它具有很强的实践性,最终应能向决策者提供建设性意见,并应收到实效;③它以整体最优为目标,从系统的观点出发,力图以整个系统最佳的方式来解决该系统各部门之间的利害冲突。因为对所研究的问题求出最优解,寻求最佳的行动方案,所以它也可看成一门优化技术,提供的是解决各类问题的优化方法。① 其中,运筹学最大的特点是解决现实生活中的复杂问题,特别是改善或优化现有系统的效率问题。可以说,犯罪问题就是一个非常复杂的问题,包括其治理对策的方案特别需要优化。因此,运筹学原理是"刑事法律与科学研究"一体化应对犯罪综合对策的最基本理论。

实际上,对策论也研究决策问题。② 一般认为,决策问题是由决策者和决策域构成的,而决策域由决策空间、状态空间和结果函数构成,研究决策理论与方法的科学就是决策科学。当然,决策所要解决的问题是多种多样的,从不同角度有不同的分类方法。按照决策者所面临的自然状态可分为确定型决策、风险型决策和不确定型决策;按照决策所依据的目标可分为单目标决策和多目标决策;按照决策问题的性质可分为战略决策与策略决策等。不同类型的决策问题应采用不同的决策方法。这里简要介绍一下应用运筹学处理问题的一般步骤:

第一,提出和形成问题。提出需要解决的问题,确定目标,包括把整个问题分解成若干子问题,确定其尺度、有效性度量、可控变量和不可控变量,以及用来表示变量界限和变量间关系的常数和参数,并分析问题所处的环境和约束条件。

第二,具体建立模型。③ 把问题中的决策变量、参数与目标函数和约束条件之间的关系用一定的模型表示出,包括定义关系、经验关系和规范关系。

第三,求解模型和优化方案。方案优化是数学模型的追求目标,在确定了与模型有关的各种参数后,通过选择求解方法求出最优方案的解,包括确定求解模型的数学方法、程序设计和调试、仿真运行和方案选优。

第四,对最优方案解的评价。通过灵敏度分析等方法,对所求解进行分析和评价,并据此提出修正方案,包括检验模型的一致性、灵敏度、似然性和工作能力④,并用试验数据来评价模型的解。

第五,方案的实施和不断优化,包括应用所得的解以解决实际问题,并在方案实施

---

① 参见周维、杨鹏飞主编:《运筹学》,科学出版社2008年版,第21页。
② 所谓决策,就是根据客观可能性,借助一定的理论、方法和工具,科学地选择最优方案的过程。
③ 模型是研究者经过研究后用文字、图表、符号、关系式以及实体模样描述所认识到的客观对象,成功的模型对问题的解决有关键作用,建模过程包括收集数据和建模。
④ 一致性是指主要参数变动时(尤其是变到极值时)模型得出的结果是否合理;灵敏度是指输入发生微小变化时输出变化的相对大小是否合适;似然性是指对于真实数据的案例,模型是否适应;工作能力则是指模型是否容易解出,即在规定时间内能否算出所需的结果。

过程中发现新的问题和不断进行优化，最终向决策者提出决策所需的数据、信息和方案，帮助决策者决定处理问题的方案。

其实，运筹学也还在不断发展之中，尤其是一些新的思想、观点和方法正在不断补充和完善运筹学。比如运筹学目前正朝着三个领域发展，即运筹学应用、运筹科学和运筹数学。尤其是现代运筹学，其面临的新的对象集中在经济、技术、社会、生态和政治等因素交叉在一起的复杂系统，包括犯罪问题也更多地受到国家的政治、经济、科学、文化、生态和社会等各个方面和领域的重大影响。因此，我们必须注意与运筹学相关的整个社会大系统，并注意与系统分析技术相结合，甚至与未来学相结合，包括引入一些非数学的方法、理论和观点，采用软科学、软系统、软实力的思考方法来解决现实问题。

另外，运用"刑事法律与科学研究"一体化的理念也可用来具体研究和设计控制犯罪的整个社会系统工程，其原理即用搞工程的方法来搞控制犯罪的机制运作与管理。具体讲，它是以控制犯罪机制为核心和主要设计对象，把具体工作过程中的事物用概率、统计、运筹、模拟等方法，经过分析、判断、推理和综合，建立一整套适应控制犯罪工作需要的数学模型，然后以优化的方法求得该系统的最佳工作效果。如此，经过控制犯罪系统工程的全过程，使整个社会的控制犯罪机制达到技术上先进、经济上合算、时间物资上节省，并能高效率协调运转的最佳社会效果，这正是我们建立控制犯罪社会系统工程的真正目的，也是"刑事法律与科学研究"一体化原理的实质和核心所在。

刑事一体化与刑法教义学关系论要

孙国祥*

一、问题的提出

当下，刑事一体化和刑法教义学正成为刑法理论研究的两个主要方向。刑事一体化由储槐植教授在20世纪80年代末期提出后，响应者甚众，不但针对刑事一体化基础理论的研究多年来方兴未艾，积累了不少研究成果，而且作为一种观念和方法，刑事一体化被学者广泛运用于刑法理论的研究中。① 正如有学者所言，刑事一体化作为刑法学理论发展的一个重要组成部分，近年来正愈发显示出其在刑法学发展中的重要性。②

刑法教义学本是德国刑法理论对世界的重要贡献。在德国，"只要仔细检索德国刑法学的文献，就会注意到，几乎所有作者都力求遵循一定的教义暨论证结构"③。"德国的刑法教义学以其高度的理论精细性、体系周延性、实践导向性等特征而著称，是德国刑法学者引以为傲的学术资产，在世界范围内亦受到高度重视。"④在国内，许多学者对刑法教义学也多有推崇，陈兴良教授明确提出中国刑法学的突破"应当以刑法教义学为目标"⑤。经其大力提倡和推进，刑法教义学研究也已经成为近年来刑法学研究的热门。教义学本来侧重于刑法总论，但现如今，即使是对于具体罪名的研究，也常常冠以"教义学"的视角，研究成果也呈爆发性增长的趋势。⑥

在教义学的范式下，刑法理论开发的概念越来越多，并进行了体系化的整合，刑法学的"专业槽"由此也被越挖越深，研究成果也越来越精细、深奥。一体化宏大叙事式的方法与教义学深耕细作式的研究，形成了鲜明的对比。研究对象的重合导致两个方

---

* 南京大学法学院教授。

① 笔者以"刑事一体化"为关键词在知网检索，截至2022年4月底，共有317篇论文。

② 参见贾凌：《刑事一体化问题研究述评》，载赵秉志主编：《刑法论丛》（第20卷），法律出版社2009年版，第90页。

③ 〔德〕埃里克·希尔根多夫：《德国刑法学：从传统到现代》，江溯、黄笑岩等译，北京大学出版社2015年版，第182页。

④ 参见陈尔彦：《德国刑法总论的当代图景与变迁——以罗克辛〈刑法总论教科书〉第五版修订为线索的展开》，载《苏州大学学报（法学版）》2020年第4期。

⑤ 陈兴良：《刑法学：向死而生》，载《法律科学（西北政法大学学报）》2010年第1期。

⑥ 笔者以"刑法教义学"为关键词在知网检索，截至2022年4月底，共有326篇论文。

向似乎互相掣肘、相悖而行,让人难免产生无所适从之感,甚至成为人为制造的壁垒。最典型的就是在对刑法规范的分析中,如果掺入一体化的内容,很可能被指责为缺乏规范性思维。因此,刑法教义学与刑事一体化如何相向而行,关乎刑法理论的发展方向,是一个现实而重要的刑法理论前沿问题。

二、刑法教义学与刑事一体化的基本内涵和意义

(一) 刑法教义学的特点及其意义

何谓刑法教义学,学界并无统一的概念。在德国,人们说到刑法教义学时,"主要就是指以体系构成为目的,对刑法规定以及其中的构成要件特征所进行的概念性分析"①。"刑法教义学的任务是:通过解释,来指出具体法律条文之间的意义和原理联系,并且追溯这些意义和原理联系的相关法律思想,从而形成一个协调的体系。"②刑法教义学是刑法的共识性知识体系,还是刑法理论的研究方法?在某种视角上,或许二者兼而有之。刑法教义学的基本内涵反映在以下几个方面。

一是法教义学的出发点是已经存在的法律文本。法教义学的逻辑前提可以概括为一句话:法律永远是正确的。由此可以引申出一句近些年在中国刑法学界备受追捧的法律格言:法律不是嘲笑的对象。③ 因此,刑法教义学改变了传统刑法理论以立法完善为重点的研究范式,而是以现行刑法视为信仰的来源。④ 刑法教义学与刑法解释学有共通之处,都是在解释刑法规范,都强调刑法文本的权威性,从忠实于法律文本出发。与解释学略有区别的是,教义学基于体系内的逻辑一致性对法规范进行解释,形成的共识性理论通常就成为刑法上的所谓教义。我国刑法学者也指出,"以刑法释义为主要内容的刑法学就是刑法教义学……如果没有成文的、有效的现行刑法,刑法教义学就是无源之水、无本之木"⑤。

二是刑法教义学强调刑法知识的体系性。德国刑法学大师李斯特早就指出:"刑法学必须自成体系,因为,只有将体系中的知识系统化,才能保证有一个站得住脚的统一的学说,否则,法律的运用只能停留在半瓶醋的水平上。它总是由偶然因素和专断

---

① 〔德〕埃里克·希尔根多夫:《德国刑法学:从传统到现代》,江溯、黄笑岩等译,北京大学出版社2015年版,第165页。
② 〔德〕沃斯·金德豪伊泽尔:《适应与自主之间的德国刑法教义学——用教义学来控制刑事政策的边界?》,蔡桂生译,载《国家检察官学院学报》2010年第5期。
③ 参见陈兴良:《教义刑法学》,中国人民大学出版社2010年版,第7页。
④ 参见冯军:《刑法教义学的立场和方法》,载《中外法学》2014年第1期。
⑤ 陈兴良:《刑法教义学的发展脉络——纪念1997年刑法颁布二十周年》,载《政治与法律》2017年第3期。

所左右。"①刑法教义学关注刑法概念的精细性、系统性和逻辑性,以概念为研究的逻辑起点,概念的体系性是研究的目标。我国学者指出:"教义刑法学是指以刑法规范为根据或逻辑前提,主要运用逻辑推理的方法将法律概念、规范、原则、理论范畴组织起来,形成具有逻辑性最大化的知识体系。"②

三是刑法教义学强调刑法理论研究的精确化与精细化。正如我国学者所强调的,"刑法学是最精确的法学",德国的刑法教义就是"几代德国刑法学工作者对刑法学概念、体系和功能的精确性所进行的孜孜不倦的追求"。③ 正是因为教义学研究的精细化带给了研究者"挖空心思"的想象力,从而吸引了众多刑法学者的注意。近年来,我国刑法学界往往围绕某一刑法概念深耕细作,通过刑法学中独有的概念体系,生产出一批诸如违法性、责任、共犯、罪数等学科外不太容易理解的研究成果。

刑法教义学有何作用?在罗克辛的皇皇巨著《德国刑法学总论》中,具体归纳了教义学体系性思考的四大优点:减少审查案件的难度、体系性作为平等和有区别地适用法律的条件、法律的简化和更好的操作性,以及体系性联系作为深化法学的路标。④ 据此,罗克辛教授认为,刑法教义学"对法律素材的体系性加工,确实具有明显的优点,严格地讲,这是没有任何争议的"⑤。作为刑法教义学的信奉者,在笔者看来,刑法教义学的突出功能至少体现在以下两个方面:

一是维护了刑法的安定性,有利于人权保障的实现。法教义学通过说明法律,最大限度地保证了法的统一适用,维护了法的安定性。即"犯罪论中所概括的犯罪概念的一般特征,使合理的、与事实相适应的和均衡的判决成为可能,而且它对维护法安全是起到很大作用的"⑥。我国学者对此也有基本认同,认为"安定性的实现,很大程度上要依赖于法条以及围绕法条构建起来的各种教义"⑦。同时,"刑法教义学通过其尽可能明确可罚性的法定前提并且以此使得刑事追诉具有预见性和审核性,来保障犯罪人以及犯罪嫌疑人的自由"⑧。无论是刑法规范本身的精确,还是解释规范的刑法理论精确,都为司法裁判得出精确的裁判结果奠定了基础,而精确的裁判结果最大限度地保

---

① 〔德〕弗兰茨·冯·李斯特:《德国刑法教科书》,徐久生译,法律出版社2000年版,第2页。
② 周详:《教义刑法学的概念及其价值》,载《环球法律评论》2011年第6期。
③ 王世洲:《刑法学是最精确的法学》,载〔德〕克劳斯·罗克辛:《德国刑法学总论(第1卷)》,王世洲译,法律出版社2005年版,译者序。
④ 参见〔德〕克劳斯·罗克辛:《德国刑法学总论(第1卷)》,王世洲译,法律出版社2005年版,第127页。
⑤ 〔德〕克劳斯·罗克辛:《刑事政策与刑法体系》(第2版),蔡桂生译,中国人民大学出版社2011年版,第6页。
⑥ 〔德〕汉斯·海因里希·耶赛克、〔德〕托马斯·魏根特:《德国刑法教科书》,徐久生译,中国法制出版社2001年版,第242页。
⑦ 车浩:《社科法学和法教义学:少女与少妇的故事》,载《法律与生活》2015年第20期。
⑧ 〔德〕埃里克·希尔根多夫:《德国刑法学:从传统到现代》,江溯、黄笑岩等译,北京大学出版社2015年版,第168—167页。

障了无罪的人不受刑法追究,有罪的人不会受到额外的刑法追究。

二是增强了刑法规范的可操作性。刑法规范的抽象性和理解上的多义性,给刑法的司法适用带来了困难。刑法教义学研究的核心对象是规范,强调刑法规范的文本分析,在此基础上形成具有逻辑自洽的体系性结论。这些体系性的结论强化了刑法的可操作性。或者说,"在法律教义学的语境中,一旦法律条文相互冲突、出现漏洞或语义模糊,法律决策者就可以直接寻求法律教义的指导,或者接受法律教义的约束"①。"一个卓有成效、具有结构性的刑法理论排除了任意性,并且使得一个受规则引导的刑法适用成为可能。通过这个方式,刑法适用是可预见的,并且也是可审核的。"②我国也有学者指出,"刑法的教义是和刑法条文对应的,是针对具体刑法规定提出的具体的实施方案"③。刑法教义的体系性思考,"为法律适用者掌握现行法律和法律知识提供一份明了简洁且便捷实用的操作指南"④。特别是在对规范的理解存在疑问的情况下,教义学的研究为正确适用法律提供了方向。所以,教义学的研究对刑法的适用具有不可替代的裨益。那些经年累月沉淀的系统化知识,使刑法学的研究有了体系性的支持,在分享和体验前人学术成果的同时,也避免了研究的低水平重复,从而促进刑法学的研究朝向更深层次发展。

(二) 刑事一体化的要义

刑事一体化,从渊源上可以追溯到德国刑法学家李斯特所倡导的整体刑法学。整体刑法学"囊括了大量的研究领域,从实体刑法、刑事诉讼法到青少年刑法、刑事执行法再到犯罪学"⑤,相当于刑事法学,将刑法学、刑事诉讼法学、监狱学、刑事政策学和犯罪学等刑事学科结合在一起,形成整体化的刑法知识。所以,就字面意义而言,刑事一体化之"刑事",是指治理犯罪的相关事项,其外延涵盖犯罪、刑法(包含实体和程序)、刑罚制度及执行等;"一体化"是指相关事项深度融通。⑥ 储槐植教授一直强调,刑事一体化既是一种观念,也是一种方法。作为观念的刑事一体化,"旨在论述建造一种结构合理和机制顺畅(即刑法与刑法运作内外协调)的实践刑法形态"⑦。这种观念源于哲学"普遍联系"的规律,任何事物都是普遍联系的,并且事物的发展都是动态的,刑法的研究只有在相互联系中展开才能得以深入,也只有倚重动态关系中的刑

---

① 桑本谦:《法律教义是怎样产生的——基于后果主义视角的分析》,载《法学家》2019 年第 4 期。
② 〔德〕埃里克·希尔根多夫:《德国刑法学:从传统到现代》,江溯、黄笑岩等译,北京大学出版社 2015 年版,第 177—178 页。
③ 董邦俊:《教义学发展、功能与内涵之刑法学揭示》,载《环球法律评论》2014 年第 4 期。
④ 陈璇:《刑法教义学科学性与实践性的功能分化》,载《法制与社会发展》2022 年第 3 期。
⑤ 〔德〕埃里克·希尔根多夫:《德国刑法学:从传统到现代》,江溯、黄笑岩等译,北京大学出版社 2015 年版,第 165 页。
⑥ 参见储槐植、闫雨:《刑事一体化践行》,载《中国法学》2013 年第 2 期。
⑦ 储槐植:《建立刑事一体化思想》,载《中外法学》1989 年第 1 期。

法实践才具有意义。作为方法的刑事一体化,其功用在于提示一种刑法学研究的方向与方法;强调刑法学研究的开放性与各学科的融合,强调对社会现实的关注。刑法学研究应当与有关刑事学科(诸如犯罪学、刑事诉讼法学、监狱学、刑罚执行法学、刑事政策学等)知识相结合,疏通学科隔阂,彼此促进。①

刑事一体化思想,强调学科的融通以及对现实问题的关注②,具有坚实的实证基础。因为相关刑事学科有着共同的研究对象,所涉及的基本范畴具有共通性;同时,也有着共同的研究目的,即实现对犯罪的抗制和预防。对刑法学而言,刑事一体化意义也是显而易见的:一是丰富了刑法学研究的内容。一体化视野下,刑法在关系中存在和变化,刑法学也在关系中得到发展。强调刑法学的研究,不能局限于刑法之中,还要在刑法之上、刑法之外研究刑法,这就拓宽了刑法的研究视野。的确,学科封闭性导致不同的学科之间壁垒森严,无法相互融合,其成果也无法分享。拒绝融合和分享,必然造成学科间的冲突。提倡在思考刑法问题的同时兼顾刑事诉讼法的理论,相互借鉴,相互补充,相互关照,才能实现刑事法治的最终目标。二是促使刑法学更加关注现实。"刑法的宗旨在于治理犯罪,刑法是静态的法律规范,而犯罪却是动态的社会现象,静态的刑法治理动态的犯罪的适时、有效性有赖于刑事政策功能的发挥。"③换句话说,"关系"本身也是动态的,解决刑法问题的时候,不能局限于静态的法条,而是要结合动态的社会现实研究犯罪的治理对策。正如有学者指出的:"借助于刑法教义,特定类型的裁判在一定时期内得以不失其可预见性。由于体系具有一定的稳定性,作为刑法教义推论的案件处理结果在某些情况下不一定符合刑事政策的最优要求,此时就需要在刑事政策的目的导引下对刑法教义作一定的调整与创新。"④

三、学界对刑法教义学和刑事一体化的思考和疑虑

刑法教义学和刑事一体化虽然各有所长,但无论是教义学还是一体化,各自可能都有局限性,理论界的思考与疑虑从未停止。

(一) 刑法教义学的局限性

刑法教义学通过精细的研究,为刑法的适用提供理论的支撑,将刑法适用的所有内外因素都囊括到体系中。然而,刑法教义学这一梦想面临现实和理论的共同挑战,根源在于教义学本身存在以下三个突出问题。

---

① 参见储槐植:《再说刑事一体化》,载《法学》2004年第3期。
② 参见储槐植:《再说刑事一体化》,载《法学》2004年第3期。
③ 储槐植、闫雨:《刑事一体化践行》,载《中国法学》2013年第2期。
④ 刘仁文:《探寻刑法教义与刑事政策融通路径》,载《检察日报》2020年7月8日,第3版。

一是教义学具有学科的封闭性,缺乏分析的语境主义关照,容易造成理论逻辑与实践逻辑的脱节。刑法教义学将现行刑法奉为圭臬,但刑法受到社会发展、人类认识水平以及立法技术等众多因素的制约,刑法教义学在许多方面都欠缺普适性和恒常性。① 对此,刑法教义学的倡导者实际上也有着清醒的认识。因为如果按照法律理论中的实证主义的主张,"在法律科学本来的意义上,刑法仅仅需要在实在法律规则的前提下进行概念的分析和得出体系上的结论"。然而,"总是存在着这样的疑问,也就是说,我们运用精致的概念精心构建了教义学,而教义学中这种体系化的精工细作是否会导致深奥的学理研究与实际收益之间产生脱节"②。换句话说,"抽象体系的弱点是,它不仅抑制了刑事政策,而且更为普遍的是,它还忽视了个案的特殊性,因此,在许多案件中,为了维持法安定性,却牺牲了正义"③。耶赛克教授也指出,人们在运用教义学成果时,"也不得忽视落入非常抽象的程式化的刑法解释学的危险。该危险存在于法官机械地信赖理论上的概念,从而忽视具体案件的特殊性。重要的总是要解决实际问题"④。希尔根多夫教授更是直陈:"在某些教义学问题上,对细枝末节的过度分析几近荒唐。在解决一定的问题时如果所引入的教义学区分过度精微而导致这种区分在实践中完全不能被验证,那么司法实践对这种文字游戏的疏离也便不足为奇。"⑤这些反思正是基于"由于刑法理论的过度发达,出现了'刑法教义学的过度精致化'现象,这种现象是理性主义刑法理论发展到极致的一个必然结果,它最终导致理论过于抽象化,无法为实际提供有益的指导,无法解决司法实践中的具体问题"⑥。说到底,刑法学不仅是理论体系,也具有实践秉性。但"刑法教义学的思维模式产生的影响导致了刑法学与经验性研究所得出的结论难以融合"⑦。针对我国刑法学近年来的研究现状,我国学者也认识到,"理论构造越来越复杂精巧,对问题的研讨越来越深入,说理越来越透彻;学说越来越多,共识越来越少;实质判断、规范判断越来越多,形式判断、事实判断越来越少。由此引发的问题是:刑法学似乎越来越脱离公众的生活常识,越来越成

---

① 参见陈璇:《刑法教义学科学性与实践性的功能分化》,载《法制与社会发展》2022 年第 3 期。
② 〔德〕克劳斯·罗克辛:《刑事政策与刑法体系》(第 2 版),蔡桂生译,中国人民大学出版社 2011 年版,第 6 页。
③ 〔德〕克劳斯·罗克辛:《刑事政策与刑法体系》(第 2 版),蔡桂生译,中国人民大学出版社 2011 年版,第 51 页。
④ 〔德〕汉斯·海因里希·耶赛克、〔德〕托马斯·魏根特:《德国刑法教科书》,徐久生译,中国法制出版社 2001 年版,第 242 页。
⑤ 〔德〕埃里克·希尔根多夫:《德国刑法学:从传统到现代》,江溯、黄笑岩等译,北京大学出版社 2015 年版,第 179 页。
⑥ 储槐植、江溯:《美国刑法》(第 4 版),北京大学出版社 2012 年版,代前言,第 13 页。
⑦ 〔德〕埃里克·希尔根多夫:《德国刑法学:从传统到现代》,江溯、黄笑岩等译,北京大学出版社 2015 年版,第 171 页。

为公众看不懂的东西"①。在笔者看来,岂止是公众看不懂,即便是许多司法专业人员在所谓教义学原理面前也颇感困扰。换句话说,缺乏实践关联的过度精致化的理论徒具形式,沦为思辨性的猜测,只能在学界的小圈子里自娱自乐,导致实践反对理论的窘境。总之,不要认为法律教义是天生的免检产品。它既不可能来自神祇,也不会从天上掉下来或从某个先验的道德法则推出来,法律教义只可能来自法律实践,只能根据某种实践逻辑而被人为地创造出来。②

二是教义学与其他学科脱离,形成了不同的评价标准,导致学科间关系紧张。随着时间的推移,刑法教义学专注于自己的"一亩三分地",对其他相邻学科较少涉及,削弱了教义学本身的指导意义。例如,传统的教义学与刑事政策不涉。这就产生了两个评价标准,亦即在教义学上是正确的东西,在刑事政策上却是错误的;或者在刑事政策上是正确的东西,在教义学上却是错误的。如此,教义学的意义的重要性就降低了。③ 事实上,一些案件的定性,如果仅仅局限于封闭的教义学逻辑,即使形式上合法,实质上也未必合理。例如,国家出资企业的工作人员使用改制公司、企业的资金担保个人贷款,用于购买改制公司、企业股份的行为,仅仅从规范和教义学原理看,应当构成挪用犯罪(以其主体身份的不同定挪用资金罪或者挪用公款罪)。但最高人民法院、最高人民检察院《关于办理国家出资企业中职务犯罪案件具体应用法律若干问题的意见》明确规定,经有关主管部门批准或者按照有关政策规定,国家出资企业的工作人员为购买改制公司、企业股份实施相关行为的,可以视具体情况不作为犯罪处理。这主要是考虑由于国有企业改制政策性较强,一些地方出台的政策与中央政策存在一定出入,原管理层人员为了加快企业改制进程,有的直接用企业资金入股,有的用企业资金、财产担保贷款入股,此种行为是特定历史条件下的产物,对其中未造成实际财产损失的情形可不作为刑事犯罪处理。④ 又如,在教义学的推动下,刑事立法越来越精密,刑法解释也越来越精细,逻辑性越来越强。许多犯罪将主观目的作为违法性构成要素,以体现刑法的主客观相统一。另外,刑事诉讼法以及刑事诉讼法学的发展,更多地向注重诉讼人权保障的英美法系当事人主义靠拢,对取证以及证明的要求也越来越高。这种反向运动的趋势在某些情况下容易引起刑事诉讼法与刑法关系的紧张。⑤ 精细化的构成要素与严格的证明要求无法互相支持,再精细的立法和原理到了实务中也是无能为力。如贿赂犯罪中的行贿罪,不但要证明行为人送

---

① 周光权:《论常识主义刑法观》,载《法制与社会发展》2011年第1期。
② 参见桑本谦:《法律教义是怎样产生的——基于后果主义视角的分析》,载《法学家》2019年第4期。
③ 参见〔德〕克劳斯·罗克辛:《刑事政策与刑法体系》(第2版),蔡桂生译,中国人民大学出版社2011年版,第14页。
④ 参见刘为波:《〈关于办理国家出资企业中职务犯罪案件具体应用法律若干问题的意见〉的理解和适用》,载中华人民共和国最高人民法院刑事审判第一、二、三、四、五庭主办:《刑事审判参考》(总第77集),法律出版社2011年版,第126页。
⑤ 参见程荣斌、陶杨:《刑法与刑事诉讼法关系的反思与前瞻》,载《人民检察》2007年第20期。

了财物,还要证明行为人主观上有"为谋取不正当利益"的主观目的。对收受贿赂而言,不但要证明行为人收受了财物,还需要证明行为人"为请托人谋取不正当利益"。"立法者的用意是缩小打击面,诚有可取,但查证作为主观因素的目的则徒增公诉机关的证明难度从而导致作恶者逃脱法网概率上升的局面。"①此外,"刑法学研究中呈现出的以部门法之间保护目的之不同为由所造成的刑法与其他部门法之间的阻隔局面仍不时出现,刑法学者与其他部门法学者之间的对话仍未完全展开,政治学、国际关系学、社会学等人文社科领域的视角渗透更是付之阙如"②。这也说明,建立在刑法规范基础上的教义学论证固然是重要的,但一旦脱离规范本身形成的历史基础以及规范实施的现实语境,对解决刑法问题的任务而言,单枪匹马的教义学显然是不可能完成的。

三是教义学的封闭性也阻塞了刑法理论的发展空间。研究对象和方法的局限性也极大地限制了刑法理论的发展空间,研究者只关注自己学科知识的蓄积,视野和思想都会变得狭窄。罗克辛教授在论述教义学的局限性时提到,"虽然这个体系性的方法能够简化和减轻寻找法律的困难,但是,它同时也减少了解决问题的可能性,并且会因此阻断对更好的方案探索"③。我国学者也清醒地认识到,"刑法发展到今天,变得越来越精巧的同时,也变得越来越偏离它本来的意义,使我们越来越感受到并且越来越无法忍受它的封闭与自我循环、妄自尊大"④。或者说,教义学挖掘的"专业槽","极有可能错失可欲的知识创新,助长封闭的学术心态,脱离刑法实践的实际需求"⑤。由于"法教义学是一门有预设的科学。正是在这个带有一定信仰成分的维度,才有法'教义'学的称谓。然而,如果对自身预设毫无反思和质疑,甚至奉之为神祇、偶像,教义就会堕落为'教条',教义学就会劣化为'独断论'"⑥。即使像德国等刑法教义学高度发达的国家,面对现代社会的千差万别和高速发展出现的跨学科性问题,传统教义学理论也是一筹莫展。"如涉及现代医学、互联网或金融风暴领域,尤为明显。"⑦其所反映的复杂性说明并非刑法教义学可以单独解释和解决的。

(二) 刑事一体化的疑虑

人们在肯定刑事一体化方法论意义的同时,也对刑事一体化思想提出了担忧。

一是刑事一体化会不会阻碍其他刑事学科的发展。尽管刑事一体化的倡导者反

---

① 储槐植:《再说刑事一体化》,载《法学》2004 年第 3 期。
② 阎二鹏:《非传统安全犯罪:范畴厘定与刑法教义学转型》,载《法治研究》2017 年第 2 期。
③ 〔德〕克劳斯·罗克辛:《德国刑法学总论(第 1 卷)》,王世洲译,法律出版社 2005 年版,第 127 页。
④ 文海林:《刑法科学主义初论》,法律出版社 2006 年版,第 76 页。
⑤ 马荣春:《"专业槽":刑法学知识转型中的一个原本、扭曲与回归》,载《中国政法大学学报》2014 年第 3 期。
⑥ 李强:《面向刑法教义学的实证研究》,载《政治与法律》2021 年第 12 期。
⑦ 〔德〕埃里克·希尔根多夫:《德国刑法学:从传统到现代》,江溯、黄笑岩等译,北京大学出版社 2015 年版,第 179 页。

复强调,刑事一体化并不是要否认各学科的独立性。但我国有诸法不分、以刑为主的历史传统,刑事一体化会不会形成刑法"本位主义"和"霸权主义",仍不免存在疑虑,由此导致各学科(犯罪学、犯罪心理学、刑事政策学等)纷纷强调本学科在刑事一体化中的极端重要性。最早的一体化思想是以刑法为本位的。"刑事一体化的内涵是刑法和刑法运行内外协调,即刑法内部结构合理(横向协调)与刑法运行前后制约(纵向协调)"①,这无疑体现了刑法本位的思想。有学者不无忧虑地指出,"刑事一体化"将导致以刑法为本位而将犯罪学视为辅助学科,将刑事诉讼法视为"助法"或"从法"。② 当然,目前还很难说一体化已经对刑法研究有多少实质性的影响。在刑法学界,一体化附和者固然不少,但真正基于一体化的研究成果依然鲜见。

二是刑事一体化削弱各学科的相互制约关系。刑事法学科固然有共同的价值追求,但在多元价值追求中,侧重并不完全一样。如刑法与刑事诉讼法都具有社会保护和人权保障的机能,都需要实现人权保障与社会保护的平衡。但具体制度上,刑法与刑事诉讼法侧重有所不同,刑事实体法即刑法的制定和适用首先考虑的应是犯罪控制与社会保护的需要,考虑发挥刑法的社会保护机能,以保护社会中大多数善良人的人权。对刑事程序法来说,刑事被告人面对的是以国家机器为后盾的司法机关,立法应承认犯罪嫌疑人、被告人相对处于弱势的地位,对被告人权利应作适当的倾斜,故现代刑事诉讼中"无罪推定""疑罪从无"原则的运用,赋予被告人"沉默权"、辩护权等,都是为了求得保护与保障的相对平衡。刑事一体化的语境下,刑事实体法的强势地位容易形成以刑事实体法为基础的一体化,其价值取向也就更突出刑法的社会保护机能,而体现社会公正的人权保障机能则将长期受到压抑。最终刑法将沦为统治阶级进行社会控制和社会管理的主要手段。③

三是刑事一体化的宏大叙事冲淡了刑法精确性的追求。刑事一体化固然突出了问题意识和问题导向,但局限于具体问题的描述性而非分析式的研究视角可能忽视理论的逻辑性、头痛医头、脚痛医脚,无法形成具有普遍指导性的解决根本问题的理论分析框架。在一体化的视域里,刑法教义为限制刑法扩张而形成的一些原则出现了许多变通。例如,预备行为的实行化、抽象危险犯、正犯的实质化等,都为扩大刑法的干预范围提供了依据,削弱了传统刑法教义学对刑法的限制作用。

---

① 储槐植:《建立刑事一体化思想》,载《中外法学》1989 年第 1 期。
② 参见蔡琼、周详:《学科规训制度与刑事一体化》,载《科技进步与对策》2001 年第 7 期。
③ 参见汪建成、余净:《对刑法和刑事诉讼法关系的再认识——从刑事一体化角度观察》,载《法学》2000 年第 7 期。

四、刑法教义学与刑事一体化关系的厘清

反思刑法教义学和刑事一体化,当然不是为了否定它们的积极意义。只是为了说明刑法教义学与刑事一体化各有特点和其独立价值,也各有所短。一方的短处往往就是另一方的长处。问题只是归结为,作为研究方法,刑法教义学和刑事一体化不需要褒贬一方,更不应该否定一方。只有相互呼应,相互补充和修正,才能应对针对各自的诘难;只有相向而行,才能共同推动刑法理论的前行。正如我国学者所指出的,"真正能够让法律面孔生动起来的,是法律和法律教义共同遵循的实践逻辑"[1]。

(一)刑法教义学的体系性和独立性仍应坚持和完善

尽管刑事法学有着共同的目标,但也应当承认各学科具有一定的独立性。正如学者所指出的,"每一个学科都有各自的'能'与'不能'的界限,不能用此者混淆、代替他者"[2]。各学科具有自己的价值追求和偏好。尤其是在"知识爆炸"和"知识分工"的时代,每个人有能力掌握的知识毕竟是有限的,学科的共性以及刑事一体化的追求不应抹杀各学科的特殊性。

一方面,刑法教义学的独立性不能动摇。得益于刑事立法的成熟与相对完备,刑法学也形成了精细的理论体系。"刑事一体化思想并不抹杀各学科之间的差异与分工,恰恰力图通过各学科之间的融合构建内部协调的、分工明确的完善的刑事科学体系。"[3]刑事一体化不是要否定前期积累的成熟的刑法教义,更不是要否定已经形成的刑事法学学科的分类,或者试图取代其他学科。相反,一体化是在承认学科分类与独立的基础上,拓展刑法教义的张力。从刑法学内部体系延伸到学科间的体系,以维护国家法秩序的和谐。或者说,先有独立性,才能有一体化。在今天,刑法教义缜密的文本分析,无论是对于文本中的规范转变为司法中的规范,还是实现刑法保护和保障机能的平衡,都是必需的。正如罗克辛教授在谈到刑法与刑事政策关系时指出的,"让刑事政策这样侵入刑法教义学的法学领土,并不导致对体系性思维的放弃,也不会导致体系性思维的相对化,因为体系性思维给我们带来了法明确性和法安定性的实益,而这,是不可放弃的"[4]。特别是"目前我国的刑法教义学现状还处于知识转型与话语建构的阶段,刑法教义学的发展还要进一步推动刑法知识的转型,只有这样才能改变我

---

[1] 桑本谦:《法律教义是怎样产生的——基于后果主义视角的分析》,载《法学家》2019年第4期。
[2] 周详:《教义刑法学的概念及其价值》,载《环球法律评论》2011年第6期。
[3] 贾凌:《刑事一体化问题研究述评》,载赵秉志主编:《刑法论丛》(第20卷),法律出版社2009年版,第105页。
[4] 〔德〕克劳斯·罗克辛:《刑事政策与刑法体系》(第2版),蔡桂生译,中国人民大学出版社2011年版,第49页。

国刑法理论隔离于大陆法系的局面"①。

另一方面,在整体刑法学中,应维护刑法教义学的核心地位。在刑事法学科中,各学科都是不可或缺的。但这并不意味着各学科都是同等重要的。对刑事司法而言,努力实现让人民群众在每一个司法案件中都能感受到公平正义,程序正义固然重要,但最终还是要落实到实体正义上,实体正义才是正义的终极状态。而实体正义需要建立在精确的定罪量刑基础上,刑法教义学为这一目标的实现提供了最重要的理论基础。而在法学教育中,以教义学为主要内容的刑法学一直是法学教育的主课。这在国外也是一样的。在德国,刑法教义学的内容"在大学教育(法学教育——笔者注)以及之后的国家考试中占据着首要地位"②。由此足见刑法教义学在刑事法学科中不可替代的核心地位。

(二) 刑法教义学发展应体现刑事一体化的思想

尽管刑法教义学取得了令人赞叹的成就,但"任何理论框架都是有缺陷的,因为它不能反映出真正塑造了实体法理论框架的复杂动态考量——'程序和证据规则、社会、经济和政治状况'"③。国家的法规范也不是孤立的,它"只有在制度、程序、价值和思想方式的具体关系中才具有意义"④。所以,"要科学地理解刑事司法,仅有实体刑法的知识是绝对不够的……在一个领域中(例如,在实体刑法中)需要从法律上解决的许多问题,也要依赖其他领域的知识(例如程序性情况或者犯罪学上的理解)才能找到适当的办法"⑤。如前所述,刑法教义学抽象的是犯罪与刑罚的一般原理,揭示的是犯罪与刑罚的主要特征,而舍弃了犯罪与刑罚的非主要特征,通过构成要件的模型构建犯罪成立的条件,这些条件只能是典型的、轮廓的,牺牲了个别性和存在脱离实践的倾向。这一不足既是刑法教义学所面临的重大现实挑战,也是刑法教义学发展的契机。刑事一体化提倡关注现实,这为破除学科壁垒创造了条件,因为在共同面临的现实困境中,生成了学科对话的需要,在这一过程中,"刑法学研究应当与有关刑事学科知识相结合,疏通学科隔阂,彼此促进"⑥。实际上,正如学者指出的,"当代德国刑法总论教义学研究,正是沿着'回归基础理论'与'回应时代需求'这两条相互交错的主线而不断推进的。时代的发展、社会的变迁以及相关学科知识的渗透,同时也在不断丰富着刑法

---

① 陈兴良:《刑法教义学的发展脉络——纪念1997年刑法颁布二十周年》,载《政治与法律》2017年第3期。
② 〔德〕埃里克·希尔根多夫:《德国刑法学:从传统到现代》,江溯、黄笑岩等译,北京大学出版社2015年版,第169页。
③ 〔美〕保罗·H.罗宾逊:《归咎的刑事责任》,王志远、陈琦译,知识产权出版社2016年版,第93页。
④ 〔美〕哈罗德·J.伯尔曼:《法律与革命——西方法律传统的形成》,贺卫方等译,中国大百科全书出版社1993年版,第13页。
⑤ 〔德〕克劳斯·罗克辛:《德国刑法学总论(第1卷)》,王世洲译,法律出版社2005年版,第7—8页。
⑥ 储槐植:《再说刑事一体化》,载《法学》2004年第3期。

教义学的内容"①。我国学者也指出,现代的教义学已经不再是唯体系化、单纯依靠逻辑构建起来的封闭的知识体系,而是融入了刑事政策、目的等内容,在体系上接纳了价值判断,在具有形式理性之时兼具个案的价值考虑,这大大提高了刑法教义学妥善解决个案的能力,极大地缓解了法律安定性与灵活性间的紧张关系。②换句话说,刑事一体化关注现实、回应时代需求的思维扩展了刑法教义学的研究范围,从而促进了刑法教义本身的发展。

一是处理好刑法教义与刑事政策的关系。全面研究法律规范,构建教义学的体系,有必要关注社会现实。"只有千变万化的生活现实的广阔内容,才可以使各种规则的具体化成为可能。"③罗克辛发现了教义学脱离刑事政策而无法解决现实问题的弊端,强调教义学中引入刑事政策的重要性,提出了"以刑事政策为导向的刑法体系",让刑事政策的思想进入教义学中,主张"在不危及法治国这一绝对原则的前提下,刑事政策的问题不仅影响到了其本身的具体内容,而且也影响到了犯罪论的一般理论"④。储槐植教授也强调刑事一体化中刑事政策的重要性,认为"作为观念的刑事一体化与刑事政策的关系极为密切,刑法的刑事政策化是当代刑法的潮流,刑事政策有助于顺畅刑法的运作,强化刑法的适时、有效性"⑤。可见,教义学也好,一体化也罢,都发现了刑事政策的重要性并将其纳入自己的视野。再从司法实践看,近年来,一些典型案例的裁判因机械执法而出现困境,其根源不在于形式上的法律依据适用错误,而是缺乏刑事政策考虑所致。如正当防卫制度的适用中,"防卫限度"始终是一个悬而未决的难点。一个具体案件中,是正当防卫还是防卫过当,往往各执一词。教义学的研究提出了各种认定方法,但面对具体案件的认定,司法人员仍难得要领,在备受各界关注的于欢故意伤害案中,尽管人们都认同于欢的行为属于防卫行为,但是否属于防卫过当,虽经激烈争论,远未达成共识。事实上,防卫限度的认定离不开一定时期刑事政策的考量。"正当防卫制度法律适用涵盖的问题较多,既涉及价值判断、政策考量等宏观问题,也涉及不法侵害的判断、防卫限度的把握等具体问题。"⑥适时而生的刑事政策的融入,加强了刑法规范与现实之间的联系,在刑事政策与刑法的不断对话中,赋予刑法规范在司法适用过程中的生命力,打破了刑法体系的过于僵化和封闭性,在一定程度上

---

① 陈尔彦:《德国刑法总论的当代图景与变迁——以罗克辛〈刑法总论教科书〉第五版修订为线索的展开》,载《苏州大学学报(法学版)》2020 年第 4 期。
② 参见张勇:《刑法教义学的源流、体系与功能》,载《四川大学学报(哲学社会科学版)》2021 年第 5 期。
③ 〔德〕克劳斯·罗克辛:《刑事政策与刑法体系》(第 2 版),蔡桂生译,中国人民大学出版社 2011 年版,第 50 页。
④ 〔德〕克劳斯·罗克辛:《刑事政策与刑法体系》(第 2 版),蔡桂生译,中国人民大学出版社 2011 年版,第 12 页。
⑤ 储槐植、闫雨:《刑事一体化践行》,载《中国法学》2013 年第 2 期。
⑥ 沈德咏:《我们应当如何适用正当防卫制度》,载《人民法院报》2017 年 6 月 26 日,第 2 版。

促进了刑法某种程度的开放性,有助于社会保护与人权保障之间实现动态的平衡。①

二是注重刑事实体法与程序法的协调。实体和程序互相借鉴和协调的历史可以追溯到犯罪构成的起源。犯罪构成本来是程序法中的概念,15世纪德国在继受意大利诉讼法的过程中,构成要件也进入德国刑事诉讼法中,后来德国刑法学家费尔巴哈将犯罪构成引入实体法,构成要件成为具体犯罪的抽象化。他指出:"客观的可罚性取决于犯罪构成要件是否存在,而具体法律的适用则取决于拟适用法律已将其作为法律后果的条件加以规定的构成要件的特定事实。"②不过,犯罪构成的理论意义同样体现在刑事诉讼中,"一个调查均必须基于相关的事实基础,以避免过于轻率地展开调查"③。日本学者也强调,刑事诉讼中查明具体案件事实真相,"不仅仅是在探究社会生活的事实,也是在适用刑罚法令的角度上探究事实"④。我国学者也指出,犯罪构成要件是刑法与刑事诉讼法共同的概念,犯罪构成在刑法与刑事诉讼法中具有不同的功能,犯罪构成的功能在刑法中在于认定犯罪性质,在刑事诉讼法中在于查明犯罪事实。⑤ 不限于此,刑法教义学中的一些概念也为刑事诉讼法学所接受,而刑事诉讼法教义学中的概念,也常常成为刑法理论分析的依据。但总体上看,学科越来越细、越来越专,形成了自己的目标和话语体系,专业槽越来越深,学科内部强调内在的自洽。学科繁荣的副产品就是容易阻断与其他学科的交流与分享。德国学者指出,"德国传统上大学或研究机构的刑法教席囊括了刑事实体法与程序法……但在德国近200年的发展已经表明,学界实体法已经从程序法中被严格剥离开来,就如法学教育中的分开授课那样。如何将这两个学科更好地融合在一起,也是我们应该探讨的问题"⑥。

事实上,刑事实体法和程序法中的一些规定本来就是相互渗透、相互支持的。"无论是从历史的角度来看还是从理论的角度来看,作为实体法的刑法与作为程序法的刑事诉讼法未必具有严格区别的性质。例如,亲告罪、反意思不罚罪虽然是一种起诉条件,但却规定在实体刑法中。"⑦又如,从教义学的角度分析,奸淫幼女的案件,行为人主观上需要"明知"侵害的对象是"幼女"。实践中认定行为人主观上的"明知"是一大难题,"应当知道"的事实推定就成为认定"明知"的重要方法。并且,2013年最高人民法院、最高人民检察院、公安部、司法部《关于依法惩治性侵害未成年人犯罪的意见》还特

---

① 参见孙国祥:《论司法中刑事政策与刑法的关系》,载《法学论坛》2013年第6期。
② 蔡桂生:《构成要件论》,中国人民大学出版社2015年版,第83—84页。
③ 〔德〕克劳斯·罗克辛:《德国刑法学总论(第1卷)》,王世洲译,法律出版社2005年版,第794页。
④ 〔日〕小野清一郎:《犯罪构成要件理论》,王泰译,中国人民公安大学出版社2004年版,第206页。
⑤ 参见陈银珠:《论犯罪构成要件的逻辑顺序——以程序法与实体法的功能区分为视角》,载《法律科学(西北政法大学学报)》2012年第3期。
⑥ 〔德〕贝恩德·许乃曼:《中德刑法解释语境下的罪刑法定原则》,王莹译,载梁根林、〔德〕埃里克·希尔根多夫主编:《中德刑法学者的对话——罪刑法定与刑法解释》,北京大学出版社2013年版,第5页。
⑦ 〔韩〕金日秀、〔韩〕徐辅鹤:《韩国刑法总论》(第11版),郑军男译,武汉大学出版社2008年版,第6页。

别规定,"对于不满十二周岁的被害人实施奸淫等性侵害行为的,应该认定行为人'明知'对方为幼女",通过程序法解决了实体法的难题。我国现阶段的司法改革中,如刑事和解、社区矫正、认罪认罚从宽、企业合规改革等制度,尽管理论界的讨论大都偏重程序法,但事实上并不单纯是程序上的制度,很难想象如果没有实体法的支持,这些制度如何落到实处。认罪认罚从宽制度最早从诉讼程序上建构,刑事诉讼法也作了明确的规定,但由于实体法的滞后,实际上不少案件中被告人即使选择了认罪认罚,也无法得到从宽处理的结果。最典型的是职务犯罪案件,被告人贪污或者受贿300万元,在没有其他法定减轻或者免除处罚情节的情况下,被告人仅仅认罪认罚并不会"享受"到实体上的量刑"优惠"而得到从宽处理(最低也要判处10年有期徒刑),这就导致了同样是认罪认罚,贪污受贿2000余万元与贪污受贿300余万元在量刑上缺乏区别度,从而影响了该制度的适用范围以及法律的平等适用。此种矛盾就是因为制度设计中缺乏一体化思维造成的。

也正因为实体和程序的紧密关系,无论是刑法教义学还是刑事诉讼法教义学,在解释相关概念时,都应该相互关照。刑法的解释应关照刑事诉讼法的文本。例如,《刑法》第390条第2款规定,"行贿人在被追诉前主动交待行贿行为的,可以从轻或者减轻处罚"。何为"追诉";应根据刑事诉讼法的规定确定。又如,何为刑法中的"近亲属",刑法没有直接规定,而刑事诉讼法、民法和行政诉讼法都有不同的解释,形成了不同的范围。刑法应参照哪部法律界定"近亲属",理论上有不同的主张。由于刑法本身具有一定的谦抑性,即使同一名称下的概念,其外延也未必与民商事或者行政法律一致。在同属于刑事法律的刑事诉讼法已经有明确规定的情况下,刑法解释应保持其逻辑上的一致性,因此,刑法中的"近亲属"宜与刑事诉讼法规定的范围一致。[①] 当然,刑事诉讼法的实施与改革也需要在实体法上于法有据。如,现阶段检察机关推进的企业合规改革,什么样的涉罪企业能够启动合规整改,合规整改后涉罪企业和涉罪企业成员应如何处理,应符合实体法的相关规定。脱离刑法的规定,企业合规改革的激励就可能背离刑法罪刑法定、人人平等以及罪责刑相适应原则,偏离法治方向。

三是刑法与私法的关系应有所照应。尽管公法与私法的分类颇受质疑,但法规范具有不同的任务分工并没有异议。刑法是典型的公法,刑法教义在注重公法内部协调衔接的同时,尤应处理好刑法与私法的关系。

一方面,刑法规范中的一些概念依赖私法的诠释。如财产犯罪所涉及的对象以特定的权属为要素。例如,何为刑法中的"他人财物""公共财物""遗忘物""代为保管的他人财物"等,这些财物权属需要借助民法的认定。如果权属不清楚,常常会导致案件

---

① 参见孙国祥:《利用影响力受贿罪比较研究》,载《政治与法律》2010年第12期。

的处理不当甚至错误。民法上的判断决定了刑事案件的罪与非罪。又如,一人公司能否作为单位犯罪的主体,理论上有不同的观点,笔者认为,一人公司并没有股东个人和公司混同的"原罪"。但无论何种性质的公司,都应体现公司本身的独立性,即需要有相对独立的单位决策机构以及相对独立的单位利益。在一人公司的情况下,具有独立的单位利益,而且犯罪所取得的利益也归属于单位的,应当认定为单位犯罪。但《公司法》第 63 条规定:"一人有限责任公司的股东不能证明公司财产独立于股东自己的财产的,应当对公司债务承担连带责任。"也就是说,在民事案件中,一人公司的债权人主张公司的股东对公司债务承担连带责任时,公司股东应承担其与公司财产没有混同的举证责任,否则应对公司的债务承担连带责任。在刑事案件中,作为犯罪嫌疑人、被告人的股东不需要自证清白,但控方可以根据"公司人格否认制度",根据公司的财务报表等证据从实质上分析该一人公司是否具有独立性。对于公司财产与个人财产无法独立、公司利益与股东个人利益无法区分的一人公司,应否定其单位犯罪的主体资格,直接认定为股东个人犯罪。

另一方面,应坚持刑法的补充性秉性。在现代社会,刑法介入传统私法保护领域的情况越来越多。其中很重要的原因是,个人、企业的发展要求国家给予强有力的保护,而民事裁判制度又不能有效地发挥作用,民事诉讼保护跟不上财产保护的需要。因此,刑事制裁作为民事救济的替代,发挥着保护经济活动的作用。这在一定程度上放弃了刑法的补充性。① 在我国,民事责任刑法化(如欠薪等传统民法调整的行为入刑)的现象也不鲜见。这就需要重申刑法与私法的分工协作关系。"刑法必须尊重私法规范和私法关系,充分考量私法规范的空间和功能,绝不能取代私法的基础调整功能。唯有如此,才能妥当区分一般违法行为和严重犯罪行为之间的界限。具体而言,刑法不能脱离私法的立场讨论问题,刑法规制必须以私法的评价为基础,私法上有效的行为即使发生纠纷,也不能轻易认定为犯罪,且以刑罚的方式解决,否则,整个社会就会出现一种'泛刑法化'现象。"② 当然,作为刑法教义学的课题,这些问题的解决需要有刑事一体化的思维。

五、结语

建立刑法教义学的努力需要有刑事一体化的思维。教义学的研究形成一个相对封闭的概念体系,有助于法规范意义获得稳定而精确的描述。但生机勃勃的社会实践决定了法规范意义需要回应社会,应具有现实的适应性。过于封闭导致窒息,奉教义

---

① 参见〔日〕平野龙一:《刑法的基础》,黎宏译,中国政法大学出版社 2016 年版,第 98 页。
② 陈录宁:《完善刑法制度 强化非公经济平等保护》,载《检察日报》2017 年 7 月 9 日,第 3 版。

为圭臬,教义就成为教条,刑法危机由此而生。诚如储槐植教授所言,"'刑事一体化'是刑法危机的产物"①。即使是刑法的基本原则,也应当随着时代的发展,随着客观需要的变化注入新的内涵。② 刑法教义学在发展中应借助一体化思维,秉持一定的开放性,从犯罪学、刑事政策学、程序法学等学科中汲取营养,与民众的日常生活经验进行对话和沟通,促使刑法规范的意义对现实的回应性,并在动态中获得稳定,"以保证体系在复杂多变的社会生活面前保持足够的开放性和应变能力"③。

---

① 储槐植:《刑事"三化"述要》,载《中国检察官》2018年第1期。
② 参见储槐植:《刑法基本原则的中国面向与现代化》,载《中国检察官》2019年第13期。
③ 陈璇:《刑法教义学科学性与实践性的功能分化》,载《法制与社会发展》2022年第3期。

刑事一体化视野中的中国刑法体系建构

梁根林[*]

导 论

当代中国刑法学处于刑事一体化与刑法知识转型的双重语境之中：一方面，储槐植教授提出的刑事一体化思想，作为刑法研究方法论，已经成为中国刑法学者的理论共识。[①] 另一方面，在陈兴良教授、张明楷教授的倡导下，中国刑法学正在经历体系化、教义化与精细化的知识转型。[②]

如果说刑事一体化作为贯通刑法诸学科的刑法方法论，强调刑事科学诸学科的科际融通，是合，那么，刑法学的体系化、教义化、精细化，则追求刑法学的体系建构，是分。世事无常，分分合合，合久必分，分久必合。刑法学的体系建构与科际融通之间，亦存在类似的分分合合、合久必分、分久必合的复杂互动。如何在刑法知识转型与刑事一体化的大背景下，在刑法体系建构与科际融通的良性互动中进一步推动中国刑法学的发展，是中国刑法学界必须认真对待的方向性与方法论的重大问题。

一、刑事一体化思想之要义与刑法运作观念、刑法研究方法

作为储师最具个人标签性的学术思想，刑事一体化思想最早见于储师于1989年《中外法学》第1期发表的《建立刑事一体化思想》一文。面对源于中国本土实践的"如何解释犯罪数与刑罚量同步增长这种现象？有无可能以及怎样走出这种怪圈？"的追问，储师主张："要实事求是地回答这些问题，必须建立刑事一体化思想。刑事一体化的基本点是，刑法和刑法运行处于内外协调状态才能实现最佳社会效益。实现刑法最佳效益是刑事一体化的目的，刑事一体化的内涵是刑法和刑法运行内外协调，即刑法内部结构合理（横向协调）与刑法运行前后制约（纵向协调）。"[③]这是刑法运作观念维

---

[*] 北京大学法学院教授。
[①] 参见储槐植：《刑事一体化论要》，北京大学出版社2007年版。
[②] 参见本刊编辑部：《中国刑法学科发展评价（2010—2011）：基于期刊论文的分析》，载《中外法学》2013年第1期。
[③] 储槐植：《建立刑事一体化思想》，载《中外法学》1989年第1期。

度上的刑事一体化。

2003年12月,储师在北京大学法学院主办的"刑事政策与刑事一体化"学术论坛上的主旨报告《再说刑事一体化》中进一步发展了刑事一体化思想。他明确指出:"刑事一体化思想有两层意思,作为刑法运作的刑事一体化和作为研究方法的刑事一体化。"一方面,"一体化刑法运作,观念上旨在论述建造一种结构合理和机制顺畅(即刑法和刑法运作内外协调)的实践刑法形态。……刑法在运作中存在和发展,刑法的本性是动态的和实践的。根据刑法的本性打造一门学问,是刑法本身的需要。作为观念的刑事一体化与刑事政策的关系极为密切,一方面它要求良性刑事政策为之相配,同时在内涵上又与刑事政策兼容并蓄,因为刑事政策的基本载体是刑法结构和刑法机制"。另一方面,"刑事一体化作为刑法学研究方法,重在'化'字,即深度融合。刑法在关系中存在和变化,刑法学当然也在关系中发展,刑法学研究如果只局限在刑法自身,要取得重大进展实在困难。此处的'关系'首先指内外关系。内部关系主要指罪刑关系,以及刑法与刑事诉讼的关系。外部关系更加复杂:其一为前后关系,即刑法之前的犯罪状况;刑法之后的刑罚执行情况。其二为上下关系,即刑法之上的社会意识形态、政治体制、法文化、精神文明等;刑法之下主要指经济体制、生产力水平、物质文明等。……作为刑法学方法的一体化至少应当与有关刑事学科(诸如犯罪学、刑事诉讼法学、监狱学、刑罚执行法学、刑事政策学等)知识相结合,疏通学科隔阂,关注边缘(非典型)现象,推动刑法学向纵深开拓"①。简言之,作为研究方法的刑事一体化,要求疏通学科隔阂,推动学科融通,关注边缘(非典型)现象,对刑法进行全方位的研究,包括在刑法之中研究刑法、在刑法之外研究刑法、在刑法之上研究刑法。较之1989年主要讨论刑法运作观念的一体化,该报告发展了刑事一体化的内涵,侧重从作为研究方法的刑事一体化展开其论述。

2013年,储师通过《刑事一体化践行》一文推进对刑事一体化的思考。"刑事一体化源于哲学'普遍联系'的规律,是该规律在刑事法领域的具体运用和延伸,其功用在于提示一种刑法学研究的方向与方法。刑事一体化是一个开放性的概念……刑事一体化的内涵是刑法内部结构合理(内部协调)与刑法运作前后制约(外部协调)。其实,刑事一体化的要义很简单,即:融通学科联系(或曰淡化学科界限),解决现实问题。刑事一体化是一种观念,也是一种方法(观察方法)。"在该文中,储师着重就作为观念的刑事一体化与刑事政策的紧密关系进行了界定,他指出:"刑事政策引导刑法立法,同时刑事政策又应当在刑法框架内起机制性作用,融入哲学、社会学、犯罪学、经济学等学科知识理念,用以解决刑法问题,体现刑事一体化。……刑法的刑事政策化是当代刑法的潮流。作为成文法的刑法,其优点在于稳定性、确定性,有利于保障人权;缺点在于不能与社会发展同步,存在滞后性。刑法的宗旨在于治理犯罪,刑法是静态

---

① 储槐植:《再说刑事一体化》,载《法学》2004年第3期。

的法律规范,而犯罪却是动态的社会现象,静态的刑法治理动态的犯罪的适时、有效性有赖于刑事政策功能的发挥。刑事政策能及时协调刑法的合法性与合理性,顺畅刑法的运作,强化刑法的适时、有效性。刑事政策渗入刑法的研究,也有助于提升刑法体系的科学性。"①该文之所以重新将侧重点置于刑法的运作如何践行刑事一体化,旨在回应劳东燕教授有关"储槐植教授是较早注意到刑事政策与刑法学之间关系的学者,可惜在后来的研究中没有做进一步的实质性推进"的批评。②

到了2018年,储师在回顾其毕生学术贡献时,将其主要学术思想归纳为"刑事三化",即刑事一体化、刑法现代化和刑法去重刑化。在回顾1989年提出刑事一体化思想的初衷时,储师指出:"上个世纪八十年代在中国广袤的大地上出现了为期将近十年的刑法危机:犯罪长刑加重,犯罪再长刑再加重,循环往复,刑法难以为继。这就是《建立刑事一体化思想》成文的宏大时空背景。'刑事一体化'这个观念试图从罪刑关系和刑法机制(尚未深入到刑法结构)解释这种社会现象。在宏观上,犯罪源于社会矛盾,这是基本的犯罪规律,它既反映犯罪性质,又说明犯罪原因。犯罪原因是一个动态复杂系统,而刑罚作为遏制犯罪的一个因素,同促成犯罪的众多繁杂社会因素不可能在同一水平上相抗衡。因此,不可能单纯的用犯罪率升降来衡量刑罚功效,这是理念。这种理念基本没有被国家权力(反馈为刑事政策)所认同。……可以说,'刑事一体化'是刑法危机的产物。"③这是储师在刑事一体化思想提出30年之后对刑事一体化的源流与要义的高屋建瓴的概括。

通过对储师刑事一体化的思想源流与丰富内容的简要回顾与梳理,不难发现,刑事一体化思想直接萌发于对中国实践问题的回应与中国刑法学科体系建设的思考,是储师基于强烈的中国问题意识、实践关怀与学科建设的思考,而提出的独具学术智慧与个人魅力的经典学术思想。④

但是,刑事一体化思想的精髓其实在现代刑法学中由来已久。储师自己亦坦承:"由于信息闭塞,10年前才听说李斯特于近百年前就提出了'整体刑法学'这一理念,并以此为名创立刊物出版至今。但对整体刑法学的具体内容仍然不甚了解。直到2002年在一次会议期间有位德国教授讲整体刑法理念的框架是'犯罪—刑事政策—刑法'。依据犯罪态势形成的刑事政策,又引导刑法的制定和实施,这样的刑法便可有效

---

① 储槐植、闫雨:《刑事一体化践行》,载《中国法学》2013年第2期。
② 参见劳东燕:《罪刑规范的刑事政策分析——一个规范刑法学意义上的解读》,载《中国法学》2011年第1期。
③ 储槐植:《刑事"三化"述要》,载《中国检察官》2018年第1期。
④ 参见陈兴良:《老而弥新:储槐植教授学术印象——〈刑事一体化要论〉读后感》,载《昆明理工大学学报(社会科学版)》2008年第5期。

惩治犯罪。"①饶有意思的是,经过笔者的查证,德国古典犯罪论体系的代表人物、刑事政策大师冯·李斯特恰恰就是在储师1989年提出刑事一体化思想整整一百年前即1889年,"为了克服专业的片面性,实现各部分的有机统一",提出了"整体刑法学"(gesmte Strafrechwissenschaft)的学术构想,并基于这一学术追求创办了迄今为止仍然具有最高学术影响力的《整体刑法学杂志》。②储师提出刑事一体化思想的灵感虽然并非直接来源于李斯特的"整体刑法学"构想,但是,刑事一体化思想与"整体刑法学"构想无疑具有异曲同工之妙,两位生活在不同时代的刑法思想家与刑事政策大师,超越时空的心灵对话,分别深刻地影响了德国与中国刑法学的发展。

在德国,在李斯特"整体刑法学"构想的影响下,耶赛克教授于1966年创办马克斯-普朗克外国刑法与国际刑法研究所时,意识到"刑法学将由一个纯粹研究规范的学科发展成为一个双轨制的学科,即该学科不仅研究法律,而且研究'生活事实'(Realien des Lebens)……没有犯罪学的刑法学是盲目的,没有刑法学的犯罪学是无边的"③,形象地提出了"把这两门学科置于一个屋檐下,实现真正的合作"的办所方针。罗克辛教授则超越存在论的标准(因果性和目的性),构建了从刑法的任务与刑罚的目的出发的刑事政策导向或者目的理性的刑法体系,实现了刑事政策与刑法体系的统一。④从李斯特到耶赛克、罗克辛,德国几代刑法学大师的学术追求,可以说都是"整体刑法学"构想的自觉努力。

在中国,三十多年来,刑事一体化不仅成为储师最具个人学术影响力的独特学术标签,而且已经成为中国刑法学界的学术共识与学术追求。1997年,陈兴良教授在其主编的《刑事法评论》卷首语中,就将"竭力倡导与建构以一种现实社会关心与终极人文关怀为底蕴的、以促进学科建设与学术成长为目标的、一体化的刑事法学研究模式"奉为编辑宗旨。⑤陈兴良教授认为,刑事一体化思想是储槐植教授提出的最具原创性的刑事法命题之一,是刑法学理论研究40年来取得的一个非常重要的理论成果。张文教授甚至认为,李斯特整体刑法学研究范式与耶赛克刑事诸学科研究范式均没有解决好刑事法科学融为一体的难题,刑事一体化作为研究范式,主张治理犯罪的相关事项应该融通为一个整体,既注重刑事各学科的独立性,又强调刑事法各学科彼此照应、

---

① 储槐植:《再说刑事一体化》,载《法学》2004年第3期。
② 参见〔德〕汉斯·海因里希·耶赛克、〔德〕托马斯·魏根特:《德国刑法教科书》,徐久生译,中国法制出版社2017年版,第59页。
③ 〔德〕乌尔里希·齐白:《纪念汉斯-海因里希·耶赛克教授》,周遵友译,载陈兴良主编:《刑事法评论》(第27卷),北京大学出版社2010年版,第207页。
④ 参见〔德〕克劳斯·罗克辛:《刑事政策与刑法体系》(第2版),蔡桂生译,中国人民大学出版社2011年版,第20页。
⑤ 参见陈兴良主编:《刑事法评论》(第1卷),中国政法大学出版社1997年版,卷首语。

融合的整体性,具有研究范式的比较优势。① 刑事一体化思想的横空出世与渐成共识,开启了我国刑法学研究的方法论自觉。刑事一体化的自觉实践,亦必将推动我国刑法科学的进一步发展与突破。

刑事一体化思想的践行一度面临知易行难、推进不足的困境。陈兴良教授曾经指出:"刑事一体化思想虽然在我国刑法学界得以广泛传播,但对刑法与刑事政策的具体研究却未能发生实质性的影响,存在着'只见开花,不见结果'的令人遗憾的局面。"②迄今为止,这种状况已经大为改观,"既开花又结果"的可喜局面正在形成,刑事一体化思想不仅直接促进了我国刑法理念的转变、刑法研究范式的转换,而且极大影响了我国刑事政策、刑事立法、刑事司法的改革。

正如储师高屋建瓴地指出的那样,"刑事一体化作为刑法学研究方法,重在'化'字,即深度融合"③。践行刑事一体化思想,并非旨在构建一个大一统的全体刑法学,亦非放弃刑法诸学科知识体系的精耕细作,更不是要刻意模糊刑事诸学科知识体系的界限。如此理解的所谓刑事一体化,完全不符合刑事一体化思想的要义。简单化、形式化地理解刑事一体化思想,必然流于庸俗与肤浅。刑事一体化旨在打破刑事诸学科知识体系的内部封闭和外部隔阂,强调在刑事诸学科知识体系精耕细作的过程中,进行对外开放和学科融通,开展学术对话与专业合作,不仅是在刑事诸学科体系内部实现知识的开放和融通,而且是在刑事诸学科体系外部实现向生活事实、社会科学乃至自然科学的开放,善于汲取其他刑事学科体系、社会科学以及自然科学的科学方法和最新成果。因此,我们看到,在"整体刑法学"构想的发源地德国,"由于各专业的任务和方法的不同,在这个领域并没有出现一个统一的学科,但它促进了各个学科的相互了解和专业上的合作"④。在刑事一体化思想的发源地中国,"各个学科的相互了解和专业上的合作"也在持续推进之中,越来越多的学者正在努力打破我国刑事诸学科知识体系的封闭性。例如,以白建军教授为代表的实证派刑法学者,多年来持续致力于将法律实证分析与法律规范分析相结合,将犯罪学与刑法学相贯通⑤;以劳东燕教授为代表的实力派刑法学者,则努力将刑法教义学与刑事政策贯通,根据刑事政策的目的指引、构建刑法教义学体系,运用刑法教义学逻辑制约刑事政策可能的扩张,功能主义的

---

① 参见《以刑事一体化推动刑事法学研究融通发展》,载最高人民检察院(https://www.spp.gov.cn/llyj/201712/t20171221_444492.shtml),访问日期:2022 年 4 月 15 日。
② 陈兴良:《刑法教义学与刑事政策的关系:从李斯特鸿沟到罗克辛贯通 中国语境下的展开》,载《中外法学》2013 年第 5 期。
③ 储槐植:《再说刑事一体化》,载《法学》2004 年第 3 期。
④ 〔德〕汉斯·海因里希·耶赛克、〔德〕托马斯·魏根特:《德国刑法教科书》,徐久生译,中国法制出版社 2017 年版,第 53 页。
⑤ 参见白建军:《法律实证分析与刑法教义学》,载《法学研究》2021 年第 3 期。

刑法体系研究因而已经呈现出方兴未艾之势①。

作为刑法运作的刑事一体化,"旨在论述建造一种结构合理和机制顺畅(即刑法和刑法运作内外协调)的实践刑法形态"②,其内涵是刑法和刑法运行内外协调,即刑法内部结构合理(横向协调)与刑法运行前后制约(纵向协调),其目的是实现刑法最佳效益。三十多年来,在储师刑事一体化思想特别是与刑事一体化思想同年提出并作为刑事一体化思想重要内容的"严而不厉"的刑法改革政策思想影响下③,我国刑事立法正在经历过程虽属曲折但方向总体正确、节奏相对稳健的结构调整,从刑法结构"厉而不严"逐步趋向"严而不厉"④;刑事司法实务亦逐渐体认到刑事一体化的方法论指导价值,重视在刑事司法的各个环节贯彻刑事一体化思想,追求办理案件的个案正义特别是法理、事理、情理与法律效果、政策效果、社会效果的统一。⑤

因此,2017年12月14日,由国家检察官学院、中国犯罪学学会主办的"刑事一体化:理论与实践——纪念1997刑法刑事诉讼法颁布实施二十周年"研讨会上,时任国家检察官学院院长、中国犯罪学学会会长黄河博士指出:"从上世纪80年代储槐植教授提出刑事一体化思想到现在,刑事一体化已经发展成为将刑事法学学科群,包括刑法学、刑事诉讼法学、犯罪学、刑事政策学、刑事执行法学等等,有机联系起来进行研究的理念和方法,并在立法和司法活动中焕发出勃勃生机。"这一评价并非溢美之词,而是完全符合实际的公允之论。

与此同时,我们也必须承认,无论是作为刑法运作的刑事一体化,还是作为研究方法的刑事一体化,在实践和理论上的践行、进展并不令人满意。这当然不能归咎于储师本人,事实上储师本人三十多年来不顾年事已高,一直在努力推进和发展刑事一体化思想。作为嫡传弟子和后辈学人,我们本应自觉传承刑事一体化思想,在刑法体系学科建设中予以践行和发展刑事一体化思想,但是,吾辈的作业显然完成得不好。最近笔者在整理恩师的手稿时,偶然发现了储师2018年10月16日给刑法专业博士研究生讲课的提纲手迹。储师在提纲中谈到,当前我国刑法学似乎有教义刑法一统天下之势,教义刑法固然应当继续发展,但是需要呼吁学界关注社科刑法。他特别提及:"30年前,我发过三篇文章⑥,都

---

① 参见劳东燕:《刑事政策与功能主义的刑法体系》,载《中国法学》2020年第1期;欧阳本祺:《刑事政策视野下的刑法教义学:探索中国刑法教义学与刑事政策的贯通构想》,北京大学出版社2016年版。
② 储槐植:《再说刑事一体化》,载《法学》2004年第3期。
③ 参见储槐植:《严而不厉:为刑法修订设计政策思想》,载《北京大学学报(哲学社会科学版)》1989年第6期。
④ 参见梁根林:《刑法修正:维度、策略、评价与反思》,载《法学研究》2017年第1期。
⑤ 参见《以刑事一体化推动刑事法学研究融通发展》,载最高人民检察院(https://www.spp.gov.cn/llyj/201712/t20171221_444492.shtml),访问日期:2022年4月15日。
⑥ 储师提及的三篇文章分别是:《我国刑法中犯罪概念的定量因素》,载《法学研究》1988年第2期;《建立刑事一体化思想》,载《中外法学》1989年第1期;《严而不厉:为刑法修订设计政策思想》,载《北京大学学报(哲学社会科学版)》1989年第6期。

是社科刑法,令人遗憾的是,至今尚未见到有三篇文章其观念思想的影响力出其右者。"储师虽然极为罕见甚至破天荒地表达了对弟子践行刑事一体化思想的学术努力不够的失望,但同时还是特别强调博士研究生有选择科研方向的自由。

正是因为包括笔者在内的后辈学人的学术努力不够,迄今为止,作为刑法研究方法的刑事一体化在刑法学术研究领域的践行,虽然在法律实证分析与规范分析方法的结合、刑法教义学与刑事政策的融通、功能主义刑法体系建构方面取得重大进展,但是总体状况确实不能令人满意。不仅以犯罪学为起点,经由刑事政策抵达刑法学的研究范式上的刑事一体化研究范式并未真正展开,刑法学研究满足于封闭体系的构建与演绎逻辑的自洽,总体上未能建立在科学的犯罪学研究之上并从中汲取营养,也未能自觉地根据刑事政策的价值判断与目的导向进行体系建构与教义分析,而且作为程序法学的刑事诉讼法学与实体法学的刑法学之间的学科隔阂始终未能彻底打破[1],甚至刑法学与介于规范科学和事实科学之间的刑事执行法学(行刑学)也缺乏有效沟通。我们在许多情况下似乎陷入了渴望学科融通却又甘于学科隔阂的迷思之中。

耶赛克教授早就指出:"刑法学作为一门规范科学(Normwissenschaft),依赖于犯罪学所提供的实证数据,从而不至于迷茫于刑法必需赖以生存与运行的现实世界。……没有犯罪学上的充分准备,一种理性的刑事政策是不可想象的。"[2]刑法学作为规范科学,如果不能善于及时汲取犯罪学作为事实科学的最新研究成果,就无法真切地了解刑法所规制的犯罪的存在本相,也不可能真切地把握犯罪的不法与责任的本质。而实体法对犯罪不法与责任内涵理解的偏颇,又必然导致对相关程序或证据问题理解的明显失当。我国学界对巨额财产来源不明罪不法内涵的错误理解,导致对巨额财产来源不明罪举证责任倒置的普遍误解以及对刑事推定的错误认可,即为适例。对短期自由刑的行刑效果、延长生刑的行刑效果实证研究的忽视,则导致刑法学对刑罚制度改革话语权的丧失。而普遍流行的对刑法学与刑事政策割裂式的研究,不仅使刑法学的学术研究对于国家制定和实施理性的刑事政策缺少话语权和影响力,更使刑事政策的法治化与刑法的刑事政策化在相当程度上流于空谈。

回首既往,除了如前所论吾辈后人学术努力不够,刑事一体化知易行难、推进不足,或首因我国刑法知识体系本来就存在着学科建构不足的先天:刑事一体化是刑法知识体系的合,刑法诸学科的二级建构则是刑法学科建设的分。没有分工明确、功能互补的二级学科的精确、精致与精细化的体系建构,就没有刑事一体化方法论下对各二级学科进行科际融通的基础。陈兴良教授分析刑事一体化"只见开花,不见结果"的

---

[1] 作为刑法学者的邓子滨研究员的个人专著《刑事诉讼原理》(北京大学出版社2019年版)的出版,是中国刑法学者打破刑法与刑事诉讼法之间学科壁垒的一个标志性学术成就。
[2] 〔德〕汉斯-海因里希·耶赛克:《一个屋檐下的刑法学和犯罪学》,周遵友译,载赵秉志主编:《刑法论丛》(2010年第2卷),法律出版社2010年版,第407页。

原因时亦曾认为:"这主要是因为我国尚未建立起严格意义上的刑法教义学,缺乏承接刑事一体化思想的理论载体。"[①]因此,刑法二级学科特别是作为法律规范科学的刑法学、刑事诉讼法学与刑事执行法学的精确、精致与精细化的体系建构,实为中国刑法学科建设的当务之急。其次,可能源于认知与理解上的偏颇:既然刑法诸学科各自的体系建构是刑事一体化与学科融通的基础,那就先目光向内潜心进行学科建构,大功告成之后再将关注的目光由内向外,进行科际融通,我们担心,在缺乏精确、精致与精细化的二级学科知识体系的前提下,贸然进行科际融通,会影响刑法二级学科的学科分工、体系建构与话语逻辑系统的证成。当然,知易行难、推进不足,亦可能源于吾辈知识储备与学术能力的不足。仅就刑法学作为实体刑法规范科学的体系建构而言,刑法教义学范畴内严格的规范分析、缜密的逻辑推理能力只是刑法研究的基本功,保持刑法知识体系的开放性,与其他学科知识体系进行融通,汲取其他学科的研究方法与最新成果,需要研究者更为广阔的学术视野和更为高超的驾驭能力,不仅立足刑法规范之中,而且关注刑法之前、刑法之后、刑法之上与刑法之外。

二、中国刑法知识体系建构与学科融通

在刑事一体化思想提出三十多年、中国刑法学的体系建构已经有了长足进展的今天,要真正推进刑事一体化,就应超越先进行体系建构再进行科际融通的认识窠臼,在继续致力于完善中国刑法学体系建构的同时,即应充分考虑刑法学科科际融通的必要与可能。考虑到中国刑法学本质上具有继受性,相对于德国在李斯特提出"整体刑法学"构想后经历了从"李斯特鸿沟构想"到"罗克辛架桥构想"的漫长学术历程,中国刑法学完全可以跨越这一历程,实现体系建构与科际融通的同步推进,在聚焦于刑法学科内部体系建构的同时,积极与其他学科开展对话,及时汲取其他学科的最新知识成果。

构建科学的刑法体系,是刑法学作为法律规范科学的全部任务,是历代刑法学者不懈追求的学术使命,其内容涉及刑法及其所规定的犯罪成立条件、犯罪形态及其法律后果的方方面面。但是,构建科学的刑法体系的核心任务,无疑在于构建科学的刑法教义学。而其基本要求则是以实定刑法条文为规范根据,构建以犯罪成立条件理论为核心的犯罪论体系,规范定罪思维过程,准确认定犯罪,并发展出适当的刑罚目的理论,用以指引法官妥当地裁量刑罚。

中国刑法学的学科体系建设是几代中国刑法学人孜孜以求的学科建设目标。从20世纪50年代师从苏联引进四要件犯罪构成理论,到20世纪八九十年代结合中国本土实

---

① 陈兴良:《刑法教义学与刑事政策的关系:从李斯特鸿沟到罗克辛贯通 中国语境下的展开》,载《中外法学》2013年第5期。

践进一步发展四要件犯罪构成理论,中国刑法学科的体系建设取得了长足进展,以致在世纪之交曾经有同行感叹中国刑法学的体系建构任务已经基本完成。但是,进入21世纪后,在本土刑法知识、经验不断积累与外来刑法知识不断输入的语境下,在以陈兴良教授、张明楷教授为代表的刑法学者的积极推动下,根据什么样的方法与逻辑重新整序犯罪成立的条件及其相关关系,成为中国刑法学学科体系建设新的热点,人们纷纷努力寻找新的增长点力求实现刑法学理论体系的知识增量,或者干脆回到刑法学研究的原点重新建构刑法体系。大体上,传统刑法理论体系的维持论者基本上选择了在原有体系框架内修改完善体系内部的各个节点、寻找新的增长点、追求知识增量的路径,而刑法理论体系的重构论者则主张回到刑法学的原点重新出发,建构无论是结构、功能还是术语、逻辑与方法,均迥然不同于传统体系的阶层犯罪论体系。各种不同的犯罪论体系、方案与立场之争,不仅促使中国刑法学研究的成果数量迅速呈现出新的井喷式增长,而且极大地推动了中国刑法学学科体系的科学化与规范化,同时也使得中国刑法学与包括德国、日本刑法学在内的各国刑法学的对话成为可能。

  经过一段时间激烈的学术争鸣,当下的中国刑法学同仁已经基本达成了如下共识:犯罪论体系只是指导司法者适用刑法决定是否定罪以及如何定罪的理论思维模型。不同的犯罪论体系虽然在结构与功能上存在差异,但本非你错我对、水火不容的关系。不同的理论体系之间完全可以取长补短,相互借鉴,共生共存,在相互借鉴和批判中不断发展完善。同一部实定刑法,也完全可以在不同的犯罪论体系指引下得到合理而有效的适用。所不同者,只是采纳哪一种犯罪论体系解释与适用刑法相对更为科学、合理与有效率。笔者也一直主张,中国刑法学者完全可以就犯罪论体系的完善或建构,进行平等而充分的学术批评与争鸣,并应当有兄弟上山各自努力的志气与兼容并蓄、海纳百川的胸怀,努力打造各具特色、精彩纷呈的犯罪论体系,使之成为法律职业教育与司法实务市场可以自由选择的优质学术产品。

  尽管如此,鉴于犯罪论体系是以刑法规定为基础,探讨犯罪成立的要素,并根据一定原理将犯罪成立要素组织化的知识体系,犯罪论体系作为定罪思维模型,其理论构造与刑法的机能、刑法的原则直接相关,直接制约对刑法条文规范含义的理解与适用。因此,作为整序法官定罪思维过程中关于犯罪成立条件及其相互关系的刑法知识体系,犯罪论体系方案在确定哪些要素得以成为犯罪成立条件,这些要素以什么样的结构予以组合时,都必须满足体系建构的一些最基本的要求。只要满足了这些基本要求,具体采纳什么样的体系方案,是四要件还是三阶层抑或二阶层,都是可以接受的选择。

  作为阶层犯罪论体系的追随者,笔者以为,我国阶层犯罪论体系建构必须满足法治国家罪刑法定原则对依法入罪、合理出罪的基本要求,必须符合定罪这一特殊的思维活动的认识论规律,必须实现刑法体系与刑事政策的对话,必须契合中国刑法规定,结合中国刑法规定进行本土化建构,必须因应犯罪态势的变迁提出的时代挑战,必须与刑事诉讼的过程特性与运行规律相适应,从而逻辑自洽、体系一致、功能自足地指引法官适用刑法、裁判案件、认定犯罪,并保证其裁判过程的经济性和裁判结论的可检验性。这些源自科学的犯罪论体系必须逻辑自洽、体系一致、功能自足的内生性要求,同时亦构成了刑事一体化对刑法体系建构与学科融通同步推进的方法论要求。

三、满足罪刑法定原则机能期待的中国刑法体系建构

"罪刑法定原则这一作为现代法治的铁则,是除了自圆其说这种逻辑标准以外衡量学说方案取舍的最重要标准。"[1]"从罪刑法定原则中可直接推导出,仅当人的举止符合明确表述了受刑罚禁止或命令的行为的规定时,才可科以处罚。我们将这种对犯罪的描述称为构成要件。"[2]罪刑法定原则在刑法教义学上首先并且主要是通过构成要件加以展开的:一方面,构成要件作为罪刑法定的载体,成为犯罪论体系建构乃至整个刑法教义学逻辑的基石;另一方面,罪刑法定原则的发展变迁直接而深刻地影响了以构成要件理论为基石的刑法体系建构。

在近现代刑法史上,首先以构成要件为载体倡导罪刑法定原则的是"近代刑法学之父"费尔巴哈。一方面,费尔巴哈将"刑法的最高原则"界定为"国家的每一部法律中的刑罚都是为维护外在权利而构成的,对违法给予感官上(内心)的恶的法律后果"[3],并从中直接导出"无法无刑""无法无罪""有罪必罚"三项从属原则[4];另一方面,费尔巴哈又根据罪刑法定原则的要求,将适用刑法的条件分为客观的绝对可罚性根据和主观的绝对可罚性根据。"可罚性的客观根据在于,存在受到刑法规定的刑罚威慑的犯罪事实","特定行为特征的整体,或者包含特定种类的违法行为的法定概念中的事实,叫做犯罪的构成要件(der Tatbestand des Verbrechens, corpus delicti)。因此,客观的可罚性取决于犯罪构成要件是否存在,而具体法律的适用则取决于拟适用法律已将其作为法律后果的条件加以规定的构成要件的特定事实"。[5] 费尔巴哈明确指出:"通常情况下属于构成要件的有:1.行为的特定的违法后果;2.违法行为的特定的主观(存在于犯罪人的内心)根

---

[1] 蔡桂生:《构成要件论:罪刑法定与机能权衡》,载《中外法学》2013年第1期。
[2] Roxin/Arzt/Tiedemann, Einfuhrung in das Strafrecht und Strafprozeprecht, 4. Aufl., 2003, S.17,转引自蔡桂生:《构成要件论:罪刑法定与机能权衡》,载《中外法学》2013年第1期。
[3] 〔德〕安塞尔姆·里特尔·冯·费尔巴哈:《德国刑法教科书》,徐久生译,中国方正出版社2010年版,第31页。
[4] 参见〔德〕安塞尔姆·里特尔·冯·费尔巴哈:《德国刑法教科书》,徐久生译,中国方正出版社2010年版,第31页。
[5] 〔德〕安塞尔姆·里特尔·冯·费尔巴哈:《德国刑法教科书》,徐久生译,中国方正出版社2010年版,第83—84页。

据,要么是 a.特定的意图(目的),要么是 b.特定的意思决定的种类;3.属于犯罪构成要件的特定的外在行为的特征。"①适用每一个刑罚法规的前提条件是存在违法意图(gesetzwidriger Willen),作为犯罪的(智力的、心理的)原因。(客观的)应受处罚的行为的联系,作为对行为人违反刑罚法规的意思决定的影响,作为违法意图的原因,被称为责任(Zurechnung,imputation),如果一个人具备对犯罪行为进行归责的(外在的和内在的)状况,则其具有责任能力(Zurechnungsfrahigkeit,imputabilitat)。可罚性的一般的主观根据是责任(Schuld,Verschulden)。② 由此可见,费尔巴哈所称客观的可罚性根据就是构成要件,而其所称主观的可罚性根据则是责任。根据费尔巴哈的构想,适用刑法的前提条件包括行为符合刑法规定的构成要件事实并且行为人对此负有责任。这一构想已经呈现阶层犯罪论体系构造的雏形。就此而论,后人将80年后的1881年李斯特《德国刑法教科书》第一版视为最早区分刑法体系阶层之作并不完全符合实际。③

但是,费尔巴哈理论中的构成要件确实只是作为刑法适用前提的行为的违法结果、意图(目的)和意志决定、外在行为特征等特定事实,他既没有明确地将构成要件予以定型化,也没有严格区分一般构成要件与特别构成要件。而只有根据被特别构成要件定型化的特定事实判断行为人是否具有适用刑法的前提,才能真正贯彻罪刑法定原则。因此,费尔巴哈的学说有其历史局限性。

克服费尔巴哈的历史局限性,真正赋予构成要件以贯彻罪刑法定原则的机能,是100年后的德国古典犯罪论体系的代表人物恩施特·贝林。"按照通行的看法,是贝林塑造了构成要件的概念。他通过开发法治国潜力,'自罪刑法定原理推导出体系性结论',从而帮助构成要件理论获得了新生。"④在1906年出版的《犯罪论》一书中,贝林首次明确提出犯罪可以被定义为"符合构成要件的、违法、有责的行为"⑤,奠定了现代犯罪论体系的基础。在1930年的《构成要件理论》一文中,为了解释可罚的未遂教唆、未遂帮助,又以构成要件相关性(Tatbestandsbezogenheit)取代构成要件符合性(Tatbestandsmigkeit),进一步强调"犯罪的概念,正确地说应该是:犯罪是类型性违法且有责的行为,且无(事实的)法律的刑罚排除事由"⑥。在贝林的犯罪论体系中,构成要件是"犯罪类型的轮廓"或观念形象(Vorstellungsgebild),具有客观性、记叙性、具体性和法

---

① 〔德〕安塞尔姆·里特尔·冯·费尔巴哈:《德国刑法教科书》,徐久生译,中国方正出版社2010年版,第85页。
② 参见〔德〕安塞尔姆·里特尔·冯·费尔巴哈:《德国刑法教科书》,徐久生译,中国方正出版社2010年版,第86—87页。
③ 参见许玉秀:《当代刑法思潮》,中国民主法制出版社2005年版,第63页。
④ 〔德〕凯·安博斯:《百年来贝林的"犯罪论":因果性犯罪概念在国际层面的复兴?》,张志刚译,载《苏州大学学报(法学报)》2017年第4期。
⑤ 参见〔德〕恩施特·贝林:《构成要件理论》,王安异译,中国人民公安大学出版社2006年版,第25页。
⑥ 〔德〕恩施特·贝林:《构成要件理论》,王安异译,中国人民公安大学出版社2006年版,第28页。

定性。在贝林看来,构成要件只包含客观构成要件要素,只是描述"客观的行为特征的预留性存在",而不包括主观构成要件要素;构成要件是价值中立的,具有单纯的记述特征,只是"描述性地勾勒出刑法中相关的客观事实(Tatbesaende)"①;构成要件具有定型性,每个构成要件的内容都依赖于特定犯罪类型;构成要件具有法定性,构成要件是刑法规定的犯罪类型的轮廓或者指导形象,其要素依存于刑法规定。贝林将构成要件符合性定位为"内在于类型性(内在核心)的一般犯罪要素","构成要件符合性应当是先于违法性和有责性的,这样后续其他概念才能完全定义于刑法意义之上"。② 也就是说,构成要件符合性是在行为之后的犯罪论体系性地整理行为的刑事可罚性条件的逻辑起点。要认定行为是否构成犯罪,首先必须判断该行为是否符合构成要件。如果不符合构成要件,则无论以犯罪的余地。据此,构成要件作为贯彻罪刑法定原则的载体,就能够彰显其禁止司法者法外入罪、法外用刑的人权保障机能。因此,陈兴良教授直言:"在贝林之前,构成要件论的历史都只不过是前史而已,构成要件论的真正历史始于贝林。可以说,正是贝林为构成要件论奠定了基调。"③

在确立构成要件符合性作为犯罪成立首要要素的基础上,贝林具体讨论了犯罪成立的六个要素,并从方法论的角度具体安排了这六个要素在认定犯罪过程中的顺序和结构:"'构成要件符合性'需要置于'行为'之后,然后依次就是'违法性'——'有责性'——'相应的法定刑罚威慑'——'刑罚威慑处罚的条件'。构成要件符合性应当是先于违法性和有责性的,这样后续其他概念才能完全定义于刑法意义之上。"④根据这样的犯罪审查结构,贝林一方面正面界定了具有刑事可罚性因而成立犯罪必须具备的法律技术特征:"在法律技术上,可罚性行为可以定义如下:可罚性行为是(1)行为;(2)符合构成要件的;(3)违法的;(4)有责的;(5)被责任方面的法定刑罚威慑所包含涵盖的;(6)具有足够的法定动用刑罚威慑的条件的东西。"⑤另一方面又从反面具体列举了不成立犯罪的排除犯罪成立的各种事由,具体包括:"(1)不存在'行为'的情况;(2)不符合构成要件的;(3)欠缺违法性,存在不法排除事由的;(4)欠缺责任,存在责任排除事由的;(5)欠缺相应的刑罚威慑的;(6)不具备刑罚处罚条件(即出现狭义的事实上的刑罚排除事由)。"⑥至此,贝林不仅完整地构建了被后人称为古典犯罪论的体系框架,而且通过阶层、动态、递进、过滤式的犯罪审查逻辑,将罪刑法定原则在犯罪审查的每一个节点予以贯彻,凸显了古典犯罪论体系的入罪与出罪功能的平衡。正

---

① 〔德〕恩施特·贝林:《构成要件理论》,王安异译,中国人民公安大学出版社2006年版,第67—68页。
② 〔德〕恩施特·贝林:《构成要件理论》,王安异译,中国人民公安大学出版社2006年版,第63页。
③ 陈兴良:《构成要件论:从贝林到特拉伊宁》,载《比较法研究》2011年第4期。
④ 〔德〕恩施特·贝林:《构成要件理论》,王安异译,中国人民公安大学出版社2006年版,第63页。
⑤ 〔德〕恩施特·贝林:《构成要件理论》,王安异译,中国人民公安大学出版社2006年版,第63页。
⑥ 〔德〕恩施特·贝林:《构成要件理论》,王安异译,中国人民公安大学出版社2006年版,第64页。

是归功于贝林的努力,后人往往将具有这样的体系、逻辑与功能的刑法知识体系与罪刑法定原则通约:坚持罪刑法定原则,就要严格遵守刑法体系逻辑;严格遵守刑法体系逻辑,就能够贯彻罪刑法定原则。

当然,贝林的犯罪论体系特别是其构成要件理论在克服费尔巴哈历史局限性的同时,亦存在着明显的历史局限性。他将构成要件理解为刑法分则条文规定的犯罪的客观、事实、形式、中性的外部轮廓或观念形象,其初衷在于试图据此发挥构成要件的定型化与人权保障机能。只有通过了严格的构成要件该当性的肯定判断后,才能进一步审查行为是否具有违法性和责任,从而最终认定其成立犯罪。但是,完全排斥主观要素、规范要素,将构成要件形式化与抽象化,并不能真正发挥构成要件的定型化机能,其人权保障机能亦必将大打折扣。因此,在贝林之后,经过一代又一代德国刑法学者的精雕细琢和体系化加工,贝林的构成要件理论排斥主观要素、规范要素以及构成要件该当性判断上的存在论思维、实证主义、形式主义与价值无涉的不足,已然被当代德国刑法学完全克服和全面超越。"今天,在德国刑法学理中占据主导地位的见解,不再是以存在事实(比如因果关系或目的性)为导向的体系了,而是以刑法的任务和目标(Aufgaben und Zwecken)作为指导的体系。"①

但是,贝林的构成要件理论所确立的构成要件贯彻罪刑法定原则、实现刑法任务与目的的制度技术机能,以及由此决定的构成要件"作为建立刑法评价基础"与"刑法学家的出发点"的体系定位②,则始终没有改变。在贝林的构成要件理论基础上发展出来的古典犯罪论体系、新古典犯罪论体系、新古典暨目的论的犯罪论体系以及机能主义犯罪论体系,不仅进一步丰富了构成要件的不法内涵与判断位阶,而且进一步厘清了构成要件该当性与违法性、有责性等各种犯罪成立条件内部诸要素及其相互之间错综复杂的内部关系,确立了客观判断先于主观判断、形式判断先于实质判断、事实判断先于价值判断、定型判断先于个别判断、不法判断先于责任判断以及原则之外存在例外等具有普适性的定罪思维定型③,构建了既能够满足有效的法益保护机能期待,又能够充分贯彻辅助性法益保护原则的德国刑法教义学,使德国刑法学在相当程度上成为一门"最精确的法学",而"精确的刑法学理论,就像一把精确的尺子,可以用来厘定国家和社会在使用刑法打击犯罪和保护人民中的各种需求,由此满足保护人权和发展法

---

① 〔德〕克劳斯·罗克辛:《刑事政策与刑法体系》(第2版),蔡桂生译,中国人民大学出版社2011年版,第70页。
② 参见〔德〕李斯特:《德国刑法教科书》,徐久生译,法律出版社2006年版,第204页。
③ 唯一的例外可能是20世纪30年代的基尔学派。以达姆(Dahm)、沙夫斯泰因(Schaff-stein)为代表的基尔学派主张在法的素材中寻求实质的法律概念,因而提倡本质而具体的考察,希望将刑法原理、原则从社会内部秩序中或国家风俗秩序中求取,形成所谓整体考察法。参见蔡桂生:《构成要件论:罪刑法定与机能权衡》,载《中外法学》2013年第1期。

治的种种需要"①。

与此同时,同样源自费尔巴哈犯罪构成理论的苏联犯罪论体系,经由苏联塔甘采夫的引入、特拉伊宁的发展,则将犯罪构成最终定位为"苏维埃法律认为决定具体的、危害社会主义国家的作为(或不作为)为犯罪的一切客观要件和主观要件(因素)的总合"②,并且"犯罪构成是刑事责任的唯一根据"③。尽管苏联犯罪构成理论强调认定犯罪必须符合犯罪构成,而且所有犯罪构成要件都必不可少,其中,因果关系和罪过更是追究刑事责任的主要根据。坚持以行为符合犯罪构成为追究刑事责任的唯一根据,对于贯彻罪刑法定原则、防止刑罚权滥用、保障人权,亦具有重大实践指引功能。但是,苏联犯罪构成理论对于犯罪构成要件要素之间的判断顺序、犯罪构成与排除犯罪事由的位阶关系,未予始终一贯的界定,对于不法和责任没有严格地予以区分,没有在方法论上将存在与价值、事实与评价、形式与实质、原则与例外予以秩序性的安排,静态的构成要件要素耦合式的犯罪论构造没有真切地反映司法过程动态过滤、不断缩减刑事归责范围的客观规律,并且在犯罪构成实质化评价主导下往往存在社会危害性的实质判断优位于犯罪构成符合性的形式判断的内在冲动。因此,陈兴良教授将特拉伊宁的犯罪构成理论存在的主要问题准确地归纳为"构成要件定型化机能的缺失""构成要件与违法性关系的混淆""构成要件与有责性关系的错乱"。④

在苏联犯罪构成理论的影响下,直至1997年《刑法》第3条确认罪刑法定原则,我国通行犯罪论体系仍然是四要件犯罪构成理论。一般认为,四要件犯罪构成理论强调犯罪构成是刑法所规定的决定行为的社会危害性及其程度而为行为构成犯罪不可缺少的主客观事实的有机统一。行为符合犯罪构成,不仅是定罪的必要条件,而且是充要条件,只要行为符合犯罪构成,就必须认定行为人有罪。四要件犯罪构成理论与《刑法》第3条"法律明文规定为犯罪行为的,依照法律定罪处刑;法律没有明文规定为犯罪行为的,不得定罪处刑"的表述具有内在价值的契合性与思维逻辑的一致性。可以认为,正是当时我国刑法学界对四要件犯罪构成理论的坚持,催生了《刑法》第3条罪刑法定原则的文字表述。《刑法》第3条规定的罪刑法定原则,就是四要件犯罪构成理论的法典化表述。⑤

---

① 王世洲:《刑法学是最精确的法学》,载〔德〕克劳斯·罗克辛:《德国刑法学总论(第1卷)》,王世洲译,法律出版社2005年版,译者序。
② 〔苏〕A. H. 特拉伊宁:《犯罪构成的一般学说》,薛秉忠、王作富等译,中国人民大学出版社1958年版,第49页。
③ 〔苏〕A. H. 特拉伊宁:《犯罪构成的一般学说》,薛秉忠、王作富等译,中国人民大学出版社1958年版,第192页。
④ 参见陈兴良:《构成要件论:从贝林到特拉伊宁》,载《比较法研究》2011年第4期。
⑤ 参见梁根林:《罪刑法定原则:挑战、重申与重述——刑事影响力案件引发的思考与检讨》,载《清华法学》2019年第6期。

应当肯定,师从苏联的中国四要件犯罪构成理论,经过中国几代刑法学者结合中国刑法规定的体系化加工,已经在相当程度上实现了概念范畴、逻辑构造与功能诉求的改进。中国四要件犯罪构成理论重视以刑法分则规定的构成要件为判断行为是否成立犯罪的基本出发点,强调被告人的行为完全符合法定构成要件的,才能认定其行为符合犯罪构成,并据此认定其构成犯罪,并且四要件犯罪构成理论的通说也主张按照犯罪客体→犯罪客观方面→犯罪主体→犯罪主观方面的顺位予以判断,体现出定罪思维过程中先客观判断后主观判断的审查秩序,有利于防止法官先入为主、主观归罪。因此,司法者如果能够严格按照我国四要件犯罪构成理论的审查逻辑办理刑事案件,同样能够在相当程度上实现罪刑法定严格依法定罪量刑、禁止法外入罪、法外用刑的人权保障机能。

但是,不可否认,中国四要件犯罪构成理论在不同程度上确实存在着构成要件定型化机能不足、构成要件与违法性关系混淆、构成要件与有责性关系错乱等体系性不足,由此导致客观判断与主观判断、事实判断与价值判断、形式判断与实质判断、定型判断与个别判断、原则与例外关系的思维错乱。其中,最明显的逻辑矛盾与体系混乱莫过于,中国四要件犯罪构成理论一方面认为犯罪构成是认定被告人的行为构成犯罪并追究其刑事责任的唯一根据,另一方面又在犯罪构成体系外论述正当防卫、紧急避险等法定排除犯罪事由,以至于在许多教科书的体系安排中,正当防卫、紧急避险等法定排除犯罪事由成为孤魂野鬼,到处游荡,找不到其合适且固定的体系性地位。尽管四要件犯罪构成理论的维持论者往往会辩解说,只要司法官在实际的定罪过程中不回避法定的排除犯罪事由,就不用担心错误定罪,但法定排除犯罪事由,在作为整序犯罪成立条件的知识体系的犯罪构成理论中,没有合适的体系定位,毕竟在相当程度上说明了四要件犯罪构成理论逻辑上的不自洽与功能上的不自足,需要予以完善或者改造自不待言。

更为重要的是,随着世界范围内罪刑法定原则的自我超越以及《中共中央关于全面推进依法治国若干重大问题的决定》的实施,四要件犯罪构成理论已经难以适应法治中国语境下罪刑法定的机能变迁特别是实现个案正义的要求。

在世界范围内,罪刑法定原则在其产生之初,主要是在通过立法限制司法、司法必须守法这一规则之治的层面展开的,"法无明文规定不为罪,法无明文规定不处罚",表达的只是禁止司法者法外入罪、法外用刑这一消极限制机能,只是满足于国家刑罚权行使的形式合法性。但是,形式合法性只是罪刑法定追求的国家刑罚权行使的合法性的起点,而绝非国家刑罚权行使的合法性的终点。第二次世界大战后罪刑法定不仅强调约束司法权,而且要求规训立法权。其主要努力就是进一步发展出刑罚法规的明确性原则和刑罚法规内容正当性要求,立法者必须制定不仅形式上明确、具体、确定,而且内容上合理正当的刑罚法规,罪刑法定因而超越了纯粹的规则之治,而成为体现良法之治的刑法原则。作为良法之治的罪刑法定,蕴含着"法无明文规定不为罪,法无明文规定不处罚"与"法有明文规定未必有罪,法有明文规定未必处罚"的双重机能与逻辑。也就是说,作为良法之治的罪刑法定,不仅消极地限制法官的定罪量刑权,严格禁止司法者在法无明文规定时根据其个人情感好恶或者社会治理的功利需要,对国民的行为在法外入罪、法外用刑(禁止法外入罪、法外用刑,此为罪刑法定的固有机能),而且积极期待司法者对被告人的行为是否具有刑罚处罚的正当性和必要性进行具体审查和实质判断,在例外情况下对形式上触犯刑罚法规、符合构成要件而实质上不具有值得刑罚处罚的不法和责任的案件,运用其司法裁量权予以出罪处理(允许法内出罪,此为当代罪刑法定派生机能)。在某些确立了合宪审查机制的国家,享有合宪审查权限的司法者如果认为,假如不是特定行为例外地不具有构成要件行为类型性地具有的不法和责任,而是立法者制定的刑罚法规特别是构成要件与法定刑的设置本身,就违反了适当的犯罪化与适当的刑罚处罚要求,则不仅可以拒绝根据该刑罚法规对形式上符合构成要件的行为予以定罪量刑,甚至可以直接宣告该刑罚法规无效,从而践行自然法思想中"恶法非法"原则。

在当代中国,中共十八届四中全会通过的《中共中央关于全面推进依法治国若干重大问题的决定》更对我国社会主义法治提出了全新的要求。根据该决定,法治不仅是规则之治,而且是良法之治;不仅是抽象的良法之治,而且是根据良法进行善治、在个案中具体实现的法治,因而是具有递进和位阶关系的规则之治、良法之治、良法善治的三位一体,是抽象法治与具体法治的有机统一。根据这一依次递进、呈现位阶关系的法治建设规划,我国立法者不仅应当通过正当法律程序,制定和完善以宪法为核心的法律体系,而且应当科学立法,民主立法,"使每一项立法都符合宪法精神、反映人民意志、得到人民拥护",在形式与内容上总体良善。我国司法者则应当根据良法进行善治,实现个案正义,"努力让人民群众在每一个司法案件中感受到公平正义"。根据法治中国建设的这一宏伟蓝图,良法之治是对立法者行使立法权提出的基本要求,根据良法进行善治,实现具体法治和个案正义,则是对司法者行使司法权设定的最高目标。司法者在适用刑法处理个案的过程中,必须根据这一崇高目标,结合个案裁判的具体事实与具体语境,运用科学的理论与缜密的逻辑,妥善地解释与适用在形式上表现为抽象规则、在内容上反映一般正义要求的法律规范,追求个案裁判结论的妥当性与裁判理由法律论证的充分性。①

以罪刑法定原则在世界范围内的当代发展为参照,以上述决定对法治中国建设规划提出的要求为标准,四要件犯罪构成理论作为刑法知识体系的功能不足特别是出罪功能的不足,是显而易见的。虽然不能说四要件犯罪构成理论不能发挥出罪功能,但是相对于

---

① 参见雷磊:《法教义学与法治:法教义学的治理意义》,载《法学研究》2018年第5期。

阶层犯罪论体系,出罪功能不能得到充分发挥应当是不可否认的事实。在四要件犯罪构成要件语境下,如果说法定排除犯罪事由由于刑法条文白纸黑字的明文规定,而使其无论如何尚能在司法实践中得到尊重,那么,超法规的排除犯罪事由在四要件犯罪构成理论中则很难有容身之地。而理性与经验早就晓谕我们,法有限而情无穷,立法者既不可能事先把一切应当入罪的行为一网打尽全部予以定型化,也不可能把一切需要出罪的事由毫无遗漏地予以法定化。对于法无明文规定的危害社会因而具有刑事可罚性的行为,根据罪刑法定原则固有的消极限制机能,当然不得以任何借口予以入罪。但是,对于法无明文规定的出罪事由,包括阻却行为违法性的事由以及阻却行为人责任的事由,司法者同样不得借口法无明文规定为由而拒绝予以出罪。这是当代罪刑法定原则对国家行使刑罚权的实质合法性即刑罚法规内容适正原则的当然要求。而在中国的司法实务中,由于四要件犯罪构成理论没有构建阶层审查、动态过滤的法律论证机制,更没有为超法规的排除犯罪事由安排适当的体系性地位,出罪渠道不畅,对于形式上符合构成要件而实质上不具违法性或有责性的行为,司法官一般均会不假思索地认定其有罪,由此导致业界与舆论广为诟病的法、情、理的冲突。即使在个别案件中,有的司法官行使自由裁量权对此类行为不予追诉或者定罪,其决定往往也是在刑法体系逻辑之外基于道德直觉、良知、正义感而作出的,因而难免流于偶然与专断。

因此,笔者认为,尽管陈兴良教授关于中国四要件犯罪构成理论是"没有构成要件(Tatbestand)的犯罪构成""没有出罪事由的犯罪构成""没有归责的犯罪构成""没有阶层的犯罪构成"的指摘①多少有点言过其实,是否因此足以构成对四要件犯罪构成理论予以彻底摒弃的理由也有可议之处。但是,从贯彻当代罪刑法定原则的法治国机能特别是平衡处理保护法益、依法入罪与保障人权、据理出罪的机能期待的角度考虑,四要件犯罪构成理论的结构性与功能性缺陷亟待消解,当属中国刑法学学术共同体无法回避的现实。

正是基于对当代罪刑法定原则禁止法外入罪与允许法内出罪双重机能的理解,在反思我国四要件犯罪构成理论的体系逻辑缺陷特别是入罪出罪机能失衡的基础上,自2000年以来,我国刑法知识体系开启了全面的知识转型,犯罪构成作为定罪充要条件的神话被打破,阶层犯罪论知识体系与刑法教义学方法登堂入室,并逐渐超越四要件犯罪构成理论,成为主流学术话语系统。一方面,根据阶层犯罪论体系的审查逻辑,符合构成要件的行为可以被类型化地推定为违法(古典犯罪论体系的违法类型说),甚至还可以被类型化地推定为有责(新古典犯罪论体系的违法与责任类型说),因此,通常情况下符合构成要件的行为可以推定其违法且有责,对其定罪量刑不仅因其行为该当构成要件而具有形式合法性,而且因其具有实质违法性和规范评价上的可责难性而具

---

① 参见陈兴良:《犯罪构成论:从四要件到三阶层:一个学术史的考察》,载《中外法学》2010年第1期。

有实质合理性。另一方面,根据阶层犯罪论体系的审查逻辑,符合构成要件的行为并不能当然地认定为有罪,而是尚需结合个案的具体事实以及行为人的特殊情况,进一步进行违法性和有责性的过滤和审查。如若存在实定刑法明文规定的阻却违法事由或者阻却责任事由,或者存在实定刑法没有明文规定而由司法实践与刑法理论提炼的超法规的阻却违法事由或阻却责任事由,则表明类型性地符合构成要件的行为例外地并不具有实质的违法性或者行为人并不具有可责难性,对其定罪量刑虽然满足了形式合法性的要求,但是却不具有实质合理性,因而必须予以出罪处理。通过这样的体系审查和动态过滤,最终能够被定罪量刑的,只能是既类型性地该当构成要件又具有实质违法性和规范评价上的可责难性的真正的犯罪行为,而那些形式上符合构成要件、实质上没有法益侵害或侵害危险甚至有利于社会的行为,或者行为虽然该当构成要件并具有违法性,但行为人不具有规范上的可责难性的情形,则被合乎体系和教义逻辑地排除在定罪范围之外,依法入罪、据理出罪就不再只是一个学术口号或者学术理想,入罪与出罪的平衡得以在体系架构中机制性地保障,禁止法外入罪与允许法内出罪的双重机能期待亦获得了刑法知识体系的全面支撑,国家刑罚权行使才得以真正建立在形式合法性和实质合理性的统一基础之上而获得了正当性意义上的合法性。根据阶层犯罪论体系整序犯罪成立的条件、形成指导司法者定罪的思维模型和知识体系,才有可能达致刑法知识体系成为科学所必需的体系一致、逻辑自洽与功能自足。

  基于以上梳理和分析,笔者认为,坚持以刑事一体化思想指引中国刑法体系建构,就不能埋首并沉醉于刑法知识体系内部自我封闭的概念术语提炼或者形式逻辑演绎,而必须以罪刑法定原则为其灵魂与指针,根据罪刑法定原则的功能期待而展开体系建构与逻辑演绎,跟踪、关注当代罪刑法定原则特别是法治中国建设语境下罪刑法定原则的发展变化,建构起能够平衡实现当代罪刑法定原则保护法益、依法入罪与保障人权、据理出罪的机能的刑法知识体系。①

---

① 储师对罪刑法定原则功能的动态发展予以了持续关注。他承认,罪刑法定原则在产生之初旨在限制国家刑罚权、保障国民人权,但在罪刑法定原则确立后的现代法治国家,其具有相反相成的惩罚犯罪和保障人权功能。罪刑法定原则在限制国家刑罚权随意发动的基础上为国家行使刑罚权确立合法性根据。参见储槐植:《现在的罪刑法定》,载《人民检察》2007年第11期。此后,储师进一步指出,罪刑法定原则的功能定位取决于国家与国民关系的定位。在国家与国民对抗的前法治社会,罪刑法定的主旨在于限制国权以保障人权。在国家与国民统一的现代法治社会,罪刑法定原则是国家与国民在刑事领域的社会契约,罪刑法定原则与其载体刑法运作相同,具有双重功能价值即惩罚犯罪与保障自由。正确贯彻罪刑法定原则应当是,依据刑法契约精神,在不突破底线的前提下,入罪坚守合法,出罪(含从轻发落)注重合理。参见储槐植:《刑法契约化》,载《中外法学》2009年第6期。窃以为,储师所论与本文所期待的罪刑法定原则功能的动态发展并不矛盾,只是关注的侧重点不同。事实上,阶层犯罪论体系正是通过将该当构成要件且违法有责因而真正值得刑罚处罚的犯罪行为依法入罪,将虽然形式上符合构成要件但不具违法性或责任因而不应或者不值得刑罚处罚的行为据理出罪,满足罪刑法定原则对保护法益与保障人权的双重功能期待。

四、实现体系性思考与机能性思考统一的中国刑法体系建构

刑事一体化以刑法的体系建构为基础,刑法的体系建构又以阶层犯罪论体系的建构为核心。一方面,没有以阶层犯罪论体系为核心的刑法体系建构亦即刑法教义学的进一步展开,刑事一体化就会成为无本之木、无源之水。另一方面,根据体系建构与科际融通同步推进的刑事一体化践行方略,刑法体系在致力于自身的概念、术语、逻辑和体系建构的同时,应当积极开展与其他学科的对话,及时汲取其他学科的最新知识成果。其中,首当其冲甚至直接决定刑法体系构造的是刑法体系与刑事政策的融通。一般认为,如果说刑法体系作为法律规范科学是以概念、术语、逻辑、体系为主线的体系性思考,那么,刑事政策则是以具体问题的妥当解决为目标的机能性思考。刑法体系与刑事政策的关系,在相当程度上因而亦可浓缩为体系性思考与机能性思考的关系。正是对体系性思考与机能性思考之间的关系的不同处理,直接决定了德国刑法体系的基本构造,也决定了英美刑法思维的基本面相。

体系性思考是德国刑法体系特别是犯罪论体系的基本范式。在康德关于体系即"各式各样的知识在一个思想下的统一"或"根据各种原则组织起来的知识整体"的定义影响下,近现代以来的德国刑法教义学始终致力于整序实定刑法规定的犯罪成立条件,将刑法规定和刑法学理发展成为统一的知识体系。李斯特指出:"刑法学的任务是:从纯法学技术的角度,依靠刑事立法,给犯罪和刑罚下一个定义,把刑法的具体规定,乃至刑法的每一个基本概念和基本原则发展成完整的体系……作为实用性很强的科学,为了适应刑事司法的需要,并从司法实际中汲取更多的营养,刑法学必须自成体系,因为,只有将体系中的知识系统化,才能保证有一个站得住脚的统一的学说。否则,法律的运用只能停留在半瓶醋的水平上。它总是由偶然因素和专断所左右。"[1]韦尔策尔亦强调:"作为体系性的科学,刑法学需要为平等而正义的法律判决提供理由,因为只有深入观察法律之间的内在联系,法律适用才可以摆脱偶然和专断。"[2]耶赛克进一步指出:"刑法学的核心内容是刑法教义学(Strafrechtsdogmatik)(刑法理论),其基础和界限源自于刑法法规,致力于研究法规范的概念、内容和结构,将法律素材编排成一个体系,并试图寻找概念构成和系统学的新的方法。作为法律和司法实践的桥梁的刑法教义学,在对司法实践进行批判性检验、比较和总结的基础上,对现行法律进行解释,以便于法院适当地、逐渐翻新地适用刑法,从而达到在很大程度上实现法安全和

---

[1] 〔德〕李斯特:《德国刑法教科书》,徐久生译,法律出版社2006年版,第3—4页。
[2] 转引自〔德〕克劳斯·罗克辛:《刑事政策与刑法体系》(第2版),蔡桂生译,中国人民大学出版社2011年版,第5—6页。

法公正。"①罗克辛认为:"刑法信条学(即刑法教义学的另一种译法——笔者注)是研究刑法领域中各种法律规定和各种学术观点的解释、体系化和进一步发展的学科。……刑法信条学并不满足于把各种理论原理简单地合并在一起,并且一个一个地对它们加以讨论,而是努力要把在犯罪行为的理论中产生的全部知识,有条理地放在一个'有组织的整体'之中,通过这种方法,使人们能够清楚地认识各个信条之间的内在联系。"②

体系性思考于刑法理论、教学与实务具有比较优势,罗克辛将其归纳为减少审查案件的难度、为平等和有区别地适用法律提供条件、简化法律和使其具有更好的操作性、使创造性地深化法律成为可能四个方面。③回顾德国犯罪论体系的百年发展史,无论是贝林—李斯特的古典犯罪论体系、迈耶—麦兹格的新古典犯罪论体系,还是韦尔策尔的新古典暨目的论的犯罪论体系,在体系性思考的研究范式主导下,都以概念的准确性、逻辑的严密性以及体系的一致性为其最大特色,德国刑法学因而获得了"最精确的法律科学"的美誉。④

但是,正如罗克辛所指出的,体系性思考也具有忽略具体案件中的正义性、减少解决问题的可能性、不能在刑事政策上确认为合法的体系性引导、对抽象概念的使用会忽视和歪曲法律材料的不同结构等危险。⑤因此,罗克辛指出:"面对这种体系性思考最终也能产生的有缺陷的发展,人们就比较容易理解对一种学术方法的寻找工作。这种学术的办法更多地是从具体的问题出发,并且从中提供了解决这个问题的公正和符合目的的可能性。"⑥这就是与体系性思考对立的问题性思考或者机能性思考。一般认为,问题性思考总是与机能性地根据刑法目的和刑事政策寻求具体问题的妥当解决方案相联系的,因而往往亦被称为机能性思考。

众所周知,英美刑法并不刻意区分不法与责任,甚至怀疑德国刑法教义学严格区分阻却违法事由、阻却罪责事由与阻却刑罚事由是否只是一场"没有成效的概念游戏"。⑦比较而言,英美刑法更为重视从生活经验和具体问题出发,寻找解决问题的公

---

① 〔德〕汉斯·海因里希·耶赛克、〔德〕托马斯·魏根特:《德国刑法教科书》,徐久生译,中国法制出版社2017年版,第59—60页。
② 〔德〕克劳斯·罗克辛:《德国刑法学总论(第1卷)》,王世洲译,法律出版社2005年版,第117—118页。
③ 参见〔德〕克劳斯·罗克辛:《德国刑法学总论(第1卷)》,王世洲译,法律出版社2005年版,第126—131页。
④ 参见王世洲:《刑法学是最精确的法学》,载〔德〕克劳斯·罗克辛:《德国刑法学总论(第1卷)》,王世洲译,法律出版社2005年版,译者序。
⑤ 参见〔德〕克劳斯·罗克辛:《德国刑法学总论(第1卷)》,王世洲译,法律出版社2005年版,第126—131页。
⑥ 〔德〕克劳斯·罗克辛:《德国刑法学总论(第1卷)》,王世洲译,法律出版社2005年版,第131页。
⑦ 参见〔德〕克劳斯·罗克辛:《刑事政策与刑法体系》(第2版),蔡桂生译,中国人民大学出版社2011年版,第64页。

正和合目的的方案,具体问题的妥当性解决总是被置于更为优先的地位,问题性思考成为其刑法知识体系的最大特色。这种问题性思考优位、实用主义与刑事政策导向的机能性思考及其蕴含的偶然与专断的危险,当然不能被强调概念、逻辑与体系至上的德国刑法教义学所接受。但是,随着德国刑法教义学的高度体系化与极其精细化,德国刑法学者也不得不直面"体系化的精工细作是否会导致在深奥的学理研究与实际收益之间产生脱节"①的严重质疑,不得不正视刑法的体系性思考与刑事政策的机能性思考可能产生的悖论,即"在教义学上是正确的东西,在刑事政策上却是错误的;或者在刑事政策上正确的东西,在教义学上却是错误的"②。罗克辛将这种源自李斯特的"刑法是刑事政策不可逾越的藩篱"命题的刑法体系与刑事政策的对立概括为"李斯特鸿沟"(Lisztsche Trennung)。

面对刑法教义学的学理研究与实际收益的脱节以及刑法的体系性思考与刑事政策的机能性思考的悖论,德国学者实际上是在两条不同的主线上予以回应和处理的。

首先,自迈耶—麦兹格倡导的新古典犯罪论体系超越贝林—李斯特的古典犯罪论体系以来,德国刑法学就逐渐实现了刑法教义学的价值化特别是构成要件的实质化。关于刑法教义学的价值化,耶赛克曾经论述道:"在概念和体系的构成方面,刑法教义学不仅需要形式上的法学逻辑,因为形式逻辑只提出了法学的一般规则,而且还需要一个从被保护的法益角度提出论据的实体上的逻辑,并因此而对制定和论证法规范起到推进作用。实体逻辑包含了从价值体系中引导出来的实体裁决的理由,此等裁决从司法公正的角度和刑事政策的目的性方面看,内容是正确的,或者至少是可以证明是正确的。"③

在刑法教义学的价值化的内在逻辑主导下,作为犯罪论体系基石的构成要件论,逐渐超越贝林确立的纯粹客观、事实、价值无涉的初始犯罪观念形象,蜕变为融客观要素与主观要素、事实要素与规范要素于一体的不法行为定型,构成要件不断实质化,以至于西原春夫先生直言:"构成要件论发展的历史实际上也正是构成要件论崩溃的历史。"④其实,构成要件的实质化,既是构成要件的保障机能与动机机能驱动的结果,也是罪刑法定原则超越形式合法性、追求实质合理性的结果,更是刑法的任务在于辅助性地保护法益这一刑事政策目标设定渗入构成要件论的结果。构成要件的实质

---

① 〔德〕克劳斯·罗克辛:《刑事政策与刑法体系》(第2版),蔡桂生译,中国人民大学出版社2011年版,第6页。
② 〔德〕克劳斯·罗克辛:《刑事政策与刑法体系》(第2版),蔡桂生译,中国人民大学出版社2011年版,第14页。
③ 〔德〕汉斯·海因里希·耶赛克、〔德〕托马斯·魏根特:《德国刑法教科书》,徐久生译,中国法制出版社2017年版,第60—61页。
④ 〔日〕西原春夫:《犯罪实行行为论》,戴波、江溯译,北京大学出版社2006年版,第56页。

化,在逻辑上解决了构成要件作为犯罪的观念形象之形与构成要件保护的法益之实的关系,将类型性地符合犯罪的外部轮廓但不具有法益侵害的行为,排除在构成要件该当性之外,就在一定程度上解决了以构成要件论为基础的刑法体系与个案处罚的妥当性的矛盾。构成要件的实质化,并非旨在挣脱罪刑法定原则的约束,超越刑法字面文义范围,对构成要件进行任意裁剪,对行为是否该当构成要件进行恣意判断。恰恰相反,构成要件的实质化意味着,构成要件不仅是立法者为制约司法者而在法条中描述的犯罪的法律定型,而且是立法者根据特定的规范目的与保护法益而予以禁止的不法行为类型。由此决定,并非一切在文义或者形式上符合法条描述的行为,都是该当构成要件的不法行为。在符合法条的字面文义及其描述的行为定型的前提下,必须结合刑法条文的规范目的与构成要件的保护法益,对构成要件的内容、行为是否该当构成要件,进行规范化、价值化和实质化的限缩判断。

构成要件的实质化,在刑法方法论上则伴随着由物本逻辑的存在论向存在与规范二元区分的功能论转型。韦尔策尔一方面认为,"构成要件是刑法规定的禁止质料,在刑法中,立法者特别认真、细致地对受到禁止的举动进行了事实性和对象的描述"[1],另一方面又指出:"构成要件——不管它在法律中得到了详尽的描述,还是需要由法官加以补充——是刑法中禁止规范的内容……将构成要件理解为某种法律禁止性命令的质料,这明显包含了对符合构成要件之举动的实体性说明,即不仅说明了该举动在法律上的重要性(价值差别),甚至还说明了它对违法性的指示(推定依据)。"[2]韦尔策尔"既反对在刑法教义学中采取片面的自然主义和物理主义的观察方式,同时也反对采用规范主义的观察方式",而是"从现实性中去获得刑法评价的对象,在规范论的体系范围内,对其先在于法律而存在的结构以及由此得到的物本逻辑加以关注"[3]。罗克辛则进一步主张,无论是描述性构成要件要素还是规范性构成要件要素,都需要进行价值判断与规范评价。因此,"构成要件完全是一种规范性形象,是一种'不可放弃的价值因素和存在因素的结构性缠结'"[4]。

长期以来,我国刑法学界与司法实务习以为常的思维范式是物本逻辑的存在论,不仅习惯于将描述性要素与规范性要素完全割裂,而且往往将事实认定与规范评价混为一谈,以前者取代后者。随着功能论逐渐超越存在论以及由此决定的构成要件

---

[1] 〔德〕汉斯·韦尔策尔:《目的行为论导论:刑法理论的新图景》(增补第4版),陈璇译,中国人民大学出版社2015年版,第21页。
[2] 〔德〕汉斯·韦尔策尔:《目的行为论导论:刑法理论的新图景》(增补第4版),陈璇译,中国人民大学出版社2015年版,第28页。
[3] 〔德〕汉斯·韦尔策尔:《目的行为论导论:刑法理论的新图景》(增补第4版),陈璇译,中国人民大学出版社2015年版,第105—106页。
[4] 〔德〕克劳斯·罗克辛:《德国刑法学总论(第1卷)》,王世洲译,法律出版社2005年版,第184页。

实质化在我国刑法教义学中的逐步展开,行为是否该当构成要件,不仅是事实认定,而且是规范评价,并且事实认定在先,规范评价在后,规范评价以行为事实为对象,发挥评价和限缩机能,应当成为构成要件该当性判断的基本逻辑。通过刑法方法论上这种存在与规范二元区分的功能论,刑法教义学就可以对存在论上的行为事实根据规范标准二次规范裁剪,而不是径直根据存在论上的行为事实得出刑法教义学的结论,从而为缓和体系性思考与问题性思考可能出现的紧张提供回旋空间。

在构成要件实质化的延长线上,进一步化解刑法教义学的学理研究与实际收益的脱节,克服刑法的体系性思考与刑事政策的机能性思考的悖论的学术努力,则指向体系性思考与问题性思考作为刑法思维范式的取舍与融合。迄今为止,德国学者至少提供了以下几种不同的选择方案:

一是耶赛克的"刑法体系退让方案"。耶赛克注意到了体系性思考与问题性思考的紧张,他一方面肯定"犯罪论中所概括的犯罪概念的一般特征,使合理的、与事实相适应的和均衡的判决成为可能,而且它对维护法安全是起到很大作用的",另一方面又特别提醒人们"不得忽视落入非常抽象的程式化的刑法解释学(Strafrechtsdogmatik,即刑法教义学——笔者注)的危险。该危险存在于法官机械地信赖理论上的概念,从而忽视具体案件的特殊性"[1]。因此,在耶赛克看来,如果体系逻辑的一致性与具体问题的妥当解决发生矛盾,"决定性的首要任务总是解决案件问题(Sachfrage),而对体系的需要则必须退居第二位"[2]。

二是沙夫斯坦因的"刑事政策选择性替代、补充控制方案"。面对刑法的体系性思考与问题性思考的紧张性,沙夫斯坦因提出了"这两种视角谁应当优先"的问题,虽然并未直接给出答案,但是提及:"如果考虑'是否合乎刑事政策上的目的的话',那么首先,以刑事政策的目的为导向的评价问题(Wertungsproblem)并不取决于任何概念的建构,它可以被单独地解决,同时它还可以对'逻辑的、教义学的演绎'起到补充的控制作用。"[3]

三是罗克辛的"刑事政策导向的目的理性的刑法体系方案"。罗克辛认为,无论耶赛克的"刑法体系退让方案",还是沙夫斯坦因的"刑事政策选择性替代、补充控制方

---

[1] 〔德〕汉斯·海因里希·耶赛克、〔德〕托马斯·魏根特:《德国刑法教科书》,徐久生译,中国法制出版社2017年版,第270页。

[2] 〔德〕克劳斯·罗克辛:《刑事政策与刑法体系》(第2版),蔡桂生译,中国人民大学出版社2011年版,第7页。徐久生教授译本对耶赛克原文的翻译为"如果专业问题(Sachfrage)以迄今为止的体系不能适当地加以解决,那么,进一步发展该体系就是十分必要的"。根据蔡桂生译本,在体系性思考与问题性思考冲突时,耶赛克选择的方案是放弃体系性思考,而优先考虑妥当解决案件问题。而根据徐久生译本,耶赛克选择的方案则是发展体系方案。比较而言,蔡桂生译本或更为可信。因此,就耶赛克处理体系性思考与问题性思考的紧张性的方案,本文采蔡桂生译本的译法。

[3] 转引自〔德〕克劳斯·罗克辛:《刑事政策与刑法体系》(第2版),蔡桂生译,中国人民大学出版社2011年版,第7—8页。

案",实际上都意味着"允许通过刑事政策上的评价来打破教义学上的基本原则",其后果可能就是,"要么会导致不平等或者专横地适用法律,要么就找不到既不依赖于任何体系的、可以直接进行评价的,又具有法安全性和可以对法律素材进行控制支配的案件问题的解决答案了"①。在罗克辛看来,这种"放弃这种既一般化又各有分殊的犯罪论,肯定会使我们的(刑法)科学倒退几百年,准确地说,就是倒退到'偶然'和'专断'的那种状态"②。罗克辛的学生许乃曼教授进一步指出,即使法官可以借由采纳某一个刑事政策方案得出处于法律术语意义边缘的案件的正确结论,只要有一个以上的此种决定方案,就必须要有一个控制及批判之工具,以检验这些个别决定逻辑上是否相容,这个工具只能是将个别的判决主旨予以普遍化、以逻辑的方式进行体系建构的刑法体系。法官不可能单单借由采纳某种刑事政策即可推导出某种特定之法律适用结果。因此,一个刑事政策实用主义取向之司法,如果其想要超越神谕式司法(Kadi-Justiz)的水准,便不能摒弃由法学发展出来或应发展出来之体系检验。③

基于以上分析,罗克辛指出,其实需要"批判的对象乃是体系性思维在教义学上有缺陷的那些发展变化,而不是体系性思维本身"④。而体系性思考的教义学缺陷根源于作为"李斯特鸿沟"法哲学基础的法律实证主义。"因为法律理论中的实证主义主张将社会和政治的思维从法领域中排除出去,并以此凸显其特性。这个前提被李斯特奉为理所当然的原则,同时,这个原则从根本上导致了刑法学和刑事政策的对立:在法律科学本来的意义上,刑法仅仅需要在实在法律规则的前提下进行概念的分析和得出体系上的结论。刑事政策则包括刑法的社会内涵及目的,就不属于法律人探讨的事情。"⑤其后果则是,"一方面,阻塞了教义学与刑事政策价值选择之间的联系;另一方面,也阻塞了它与社会现实的联系"⑥。而如果采纳20世纪20年代开始就占据主导地位的与价值相关的新康德主义方法论,"把刑事政策作为指导性的决策,并将这种刑事政策的选择作为标准,应用到所有的教义学选择上面去,本来是可以从规范层面开发出一个'刑法体系新面相'的。但是,在事实上,按照这个原理却根本没有发展出一个

---

① 〔德〕克劳斯·罗克辛:《刑事政策与刑法体系》(第2版),蔡桂生译,中国人民大学出版社2011年版,第8页。
② 〔德〕克劳斯·罗克辛:《刑事政策与刑法体系》(第2版),蔡桂生译,中国人民大学出版社2011年版,第9页。
③ 参见〔德〕许乃曼:《刑法体系与刑事政策》,王效文译,载许玉秀、陈志辉合编:《不疑不惑献身法与正义——许乃曼教授刑事法论文选辑》,新学林出版股份有限公司2006年版,第40页。
④ 〔德〕克劳斯·罗克辛:《刑事政策与刑法体系》(第2版),蔡桂生译,中国人民大学出版社2011年版,第10页。
⑤ 〔德〕克劳斯·罗克辛:《刑事政策与刑法体系》(第2版),蔡桂生译,中国人民大学出版社2011年版,第10页。
⑥ 〔德〕克劳斯·罗克辛:《刑事政策与刑法体系》(第2版),蔡桂生译,中国人民大学出版社2011年版,第15—16页。

与原先犯罪论的、形式逻辑的构造相对立的体系"①。"只有允许刑事政策的价值选择进入到刑法体系中去,才是正确之道,因为只有这样,该价值选择的法律基础、明确性和可预见性、与体系之间的和谐、对细节的影响,才不会倒退到肇始于李斯特的形式—实证主义体系的结论那里。法律上的限制和合乎刑事政策的目的,这二者之间不应该互相冲突,而应该结合到一起。实现刑事政策与刑法之间的体系性统一,在我看来,是犯罪论的任务,也同样是我们具体的法律体系在各个领域所共同面对的任务。"②"从法治国要求的体系性处理方式出发,不能得出任何支持刑法与刑事政策存在对立关系的观点,也不能得出反对根据刑事政策的引导性观点进行体系性的观点。"③事实上,"自费尔巴哈时代以来,通过罪刑法定原则来实现的威吓性预防就是刑事政策的基础原则;构成要件的激励机能和保障机能(die Motivations- und die Garantiefunktion)则是同一刑事政策之目标构想(Zielvorstellung)的两个方面"④。

因此,罗克辛主张超越法律实证自由主义将刑法体系与刑事政策二分对立的"李斯特鸿沟"构想(Grabenkonzept),超越目的行为论基于物本逻辑思维从存在事实推导法律结论的公理式的逻辑演绎方法,根据规范主义、目的主义与功能主义的方法论,实现刑法体系思维的再规范化(Re-Nomartativierung des Strafrechtssystematischen Denkens)⑤,重新建构一个融体系性思考与问题性思考于一体的刑事政策导向的目的理性的有效益的刑法体系,这一体系需要满足三个要求,即:①概念性的秩序及明确性(begriffliche Ordnung und Klarheit);②与现实相联系;③以刑事政策上的目标设定作为指导。⑥ 这就是许乃曼所称的与"李斯特鸿沟"构想相对立的"罗克辛架桥"构想(Bruchenkonzept)。⑦

"罗克辛架桥"构想自提出至今经历了明显的变化。在1970年所作的"刑事政策与刑法体系"报告中,罗克辛主要通过对构成要件、违法性、罪责的刑事政策基础的探寻,打破刑事政策与刑法体系的二元分立。在构成要件阶层,罗克辛根据构成要件的罪刑法定机能特别是刑法明确性的要求,进一步推进了构成要件的实质化,根据构成

---

① 〔德〕克劳斯·罗克辛:《刑事政策与刑法体系》(第2版),蔡桂生译,中国人民大学出版社2011年版,第17页。
② 〔德〕克劳斯·罗克辛:《刑事政策与刑法体系》(第2版),蔡桂生译,中国人民大学出版社2011年版,第15—16页。
③ 〔德〕克劳斯·罗克辛:《德国刑法学总论(第1卷)》,王世洲译,法律出版社2005年版,第137页。
④ 〔德〕克劳斯·罗克辛:《刑事政策与刑法体系》(第2版),蔡桂生译,中国人民大学出版社2011年版,第54页。
⑤ 参见〔德〕许乃曼:《刑法体系与刑事政策》,王效文译,载许玉秀、陈志辉合编:《不疑不惑献身法与正义——许乃曼教授刑事法论文选辑》,新学林出版股份有限公司2006年版,第47页。
⑥ 参见〔德〕克劳斯·罗克辛:《刑事政策与刑法体系》(第2版),蔡桂生译,中国人民大学出版社2011年版,第20页。
⑦ 参见〔德〕许乃曼:《刑法体系与刑事政策》,王效文译,载许玉秀、陈志辉合编:《不疑不惑献身法与正义——许乃曼教授刑事法论文选辑》,新学林出版股份有限公司2006年版,第47页。

要件行为与法益损害之间的关系是支配关系还是义务关系,发展出支配犯与义务犯这一对教义学范畴以及相关的教义学法则。在违法性层面,探讨相对抗的个体利益或社会整体利益与个体需求之间产生冲突时,应该如何进行社会纠纷的处理。在"罪责"阶层,则规范性地讨论在非常的人格或特定的情势状态下,原则上应科以刑罚的举止是否和多大程度上仍然还需予以处罚,而并非去用经验的方式来勉强地确定它行为的能力(Andershandelnkönnen)。这样,罪刑法定原则的前提、利益对立场合时社会进行调节的利益衡量和对于刑法之目的的探求,就是犯罪类型的刑事政策之基础。①

2009 年,罗克辛教授在《构建刑法体系的思考》一文中则根据刑事政策的目标设定重新归纳了目的理性的刑法体系,从而彻底贯通了刑事政策与刑法体系。② 他直言:"刑法上的不法,要从刑法的任务中导引出来,相反,罪责这一体系性范畴,则要从具体的处罚目标中推导出来。"③基于这一不法构想,罗克辛主张,为了实现刑法的辅助性法益保护任务,"法秩序必须禁止人们创造对于受保护的法益而言不被容许的风险,而且,如果行为人在某个侵害法益的结果中实现了这种风险,那么,实现这种风险就要作为一种符合构成要件的行为归属到该行为人身上"④。这就是区分事实与规范、归因与归责,根据规范的评价标准确定是否应将特定的不法结果作为行为人的行为作品归属于行为人的客观归责(属)理论。而在不法之后的"罪责"这一犯罪范畴,罗克辛则以"答责性"范畴(Verantwortlichkeit)取代了传统的罪责概念,强调"答责性"范畴不仅取决于罪责,而且取决于以预防为目的的处罚必要性,前者决定应罚性,后者决定需罚性。这两个要素同等重要,同时具备时,才能肯定行为人对不法的答责。⑤ 这样一来,刑法体系建构就不再是按照存在论的标准(因果关系和目的性),而是按照刑事政策的目标设定(刑法的任务和具体的刑罚科处)这一功能性的标准进行的。⑥

可见,罗克辛的体系方案不仅实现了方法论上的从法律实证主义、物本逻辑向规范主义与机能主义的范式转移,而且彻底跨越了"李斯特鸿沟",实现了刑事政策与刑法体系的贯通、体系性思考与问题性思考的统一:一方面,根据罗克辛的体系方案,刑

---

① 参见〔德〕克劳斯·罗克辛:《刑事政策与刑法体系》(第 2 版),蔡桂生译,中国人民大学出版社 2011 年版,第 22—49 页。
② 罗克辛在此前出版的刑法总论教科书中早就对其刑事政策导向的目的理性的刑法体系方案进行了展开和发展,《构建刑法体系的思考》一文只是在学术报告中对其体系方案的事后归纳。
③ 〔德〕克劳斯·罗克辛:《刑事政策与刑法体系》(第 2 版),蔡桂生译,中国人民大学出版社 2011 年版,第 70 页。
④ 〔德〕克劳斯·罗克辛:《刑事政策与刑法体系》(第 2 版),蔡桂生译,中国人民大学出版社 2011 年版,第 72 页。
⑤ 参见〔德〕克劳斯·罗克辛:《刑事政策与刑法体系》(第 2 版),蔡桂生译,中国人民大学出版社 2011 年版,第 70 页。
⑥ 参见〔德〕克劳斯·罗克辛:《刑事政策与刑法体系》(第 2 版),蔡桂生译,中国人民大学出版社 2011 年版,第 70 页。

事政策的目标设定内化于刑法体系,成为刑法体系建构的根据。因此,"信条主义者(只要他是学者或者法官)就必须像立法者那样继续刑事政策上的辩论。他必须在一定程度上对立法者仅仅能够粗略描绘的现行法的形象,在一切细节上进行设想和加工"①。另一方面,刑事政策的目标设定又必须受到刑法体系逻辑的严格制约,满足罪刑法定原则的要求。"信条学不允许使用自己的目标相像来代替法律的刑事政策性的目标相像,并且在总则中已经规定了对原文进行法治原则的限制之处,也不允许信条学帮助贯彻这个存在于现有法律原文中的法律目的。"②如此构建的刑法体系不再拘泥于纯粹封闭的内部逻辑演绎,而经由刑事政策的目标设定这一桥梁,实现了对外部环境与生活现实的开放,能够不断地根据其变化与要求进行自我调适,从而不仅"广泛地消除了忽略具体案件的正义性、减少解决问题的可能性、体系性引导和价值评价正确性的各行其是等这些威胁体系性思想的危险……也能够避免那些在旧的体系化努力中,由于过分抽象的概念化而产生的困难"③。

四是雅科布斯的"机能主义刑法体系方案"。与罗克辛一样,雅科布斯也是从刑法的任务与目的出发建构机能主义的刑法体系。所不同的是,罗克辛是从刑事政策的目标设定出发建构机能主义刑法体系,雅科布斯则将刑法的任务与目标建立在"对规范同一性的保障、对宪法和社会的保障"的纯粹规范化的体系性理论原理之上。雅科布斯认为,刑法的任务不是保护法益而是维护和确证规范的效力,犯罪也不是侵犯法益而是否定规范的效力,破坏规范对角色的期待,刑罚就是对这种侵犯的消除,并以一种认知上可感受的力量证明法规范的有效性。不仅不存在没有责任的不法,而且责任的确定也不取决于行为人的心理精神状况,而取决于一般预防的社会需要。只有当否定规范效力而导致的冲突可以用刑罚以外的其他方式解决即社会具有自治能力的时候,才可以承认存在责任阻却事由。刑罚因而不是取决于从行为人的能力中导出的答责性,而是取决于一般预防的社会需要。④ 因此,冯军教授认为:"尽管在由罗克辛所建立的更多定位于法益保护的刑法教义学与由雅科布斯所建立的更多定位于法规范维护的刑法教义学之间存在很多不同,但是,他们都克服了'李斯特鸿沟',都把刑法的目的理性作为建构刑法教义学体系的基础,试图使刑法教义学的内容符合刑事政策的要求,力求在刑法教义学的严密体系中实现刑法的社会机能。"⑤

在日本,从平野龙一、前田雅英到井田良,也对过度的体系性思考特别是形式逻辑

---

① 〔德〕克劳斯·罗克辛:《德国刑法学总论(第1卷)》,王世洲译,法律出版社2005年版,第137页。
② 〔德〕克劳斯·罗克辛:《德国刑法学总论(第1卷)》,王世洲译,法律出版社2005年版,第138页。
③ 〔德〕克劳斯·罗克辛:《德国刑法学总论(第1卷)》,王世洲译,法律出版社2005年版,第140页。
④ 参见〔德〕克劳斯·罗克辛:《构建刑法体系的思考》,蔡桂生译,载《中外法学》2010年第1期;〔德〕格吕恩特·雅科布斯:《行为 责任 刑法》,冯军译,中国政法大学出版社1997年版,第101—146页。
⑤ 冯军:《刑法教义学的立场和方法》,载《中外法学》2014年第1期。

与概念演绎的刑法思维方式提出了严厉批评,并提出以问题与个案为导向的机能主义的主张。平野龙一批评了学者们将"自己的"犯罪论体系作为自我满足的东西加以建构,沉溺于体系性思考,无视具体问题的妥当解决,不重视为法官解决具体案件提供适当方案从而对法官的行动进行控制的现象。① 与罗克辛的主张如出一辙,平野龙一主张:"刑法学思想的坚实基础在于刑事政策的思考,特别是在于能够通过实证方法加以查明的、以法益保护为导向的处罚需要,同时也在于对相互冲突的不同利益所进行的权衡。"② 井田良教授进一步主张:"对于以问题和个案为导向的方法来说,判断一个理论对错的标准在于,其在讨论过程中未达成共识所提出的论据是否具有信服力。在此,人们把刑罚的目的和刑罚的根据提升为关键性的论证依据,认为应当把犯罪论和刑罚论作为一个整体来理解的观点,目前在日本获得了普遍认可。体系性的论据,是人们以概念演绎的方式从一个先前已经建立起来的体系当中推导出来的,这种论据的信服力存在很大的不足。……我们不应过高地估计体系所具有的约束力,也不应指望提出一个能够处理和解决一切可能案件的无所不包的学说。我们必须运用以问题为导向的归纳方法,从最底层的实践入手,缓慢渐进、小心翼翼地向上抽象出案件类型的体系(Fallgruppensystematik)。"③ 因此,在平野龙一的机能主义刑法方法的强势影响下,最近日本刑法理论与司法实务出现了前田雅英教授所称的"刑法学向刑事政策的接近",其最为显著的特征就是从刑罚效果的视角建构犯罪论体系。不过,前田雅英与他的老师平野龙一处理体系性思考与问题性思考的关系的立场亦存在微妙差异。平野龙一虽然质疑日本刑法学像德国刑法学那样沉溺于体系性思考,"像讨论分子式一样地讨论犯罪论的倾向",但同时也批评了不进行体系性思考而将犯罪作为整体直观地进行把握的倾向,认为这种倾向没有遵循刑法体系的本来目的。也就是说,平野龙一并未放弃体系性思考,只是反对过度的体系性思考。④ 而前田雅英似乎走得更远,他虽然肯定体系性思考、形式逻辑思维对于保障法的安定性的必要性,却又认为:"'犯罪'必须符合现实生活在日本社会中的国民的规范意识,条文中的概念必须能够在日常用语含义的框架内,而且在现行全体法规中无矛盾地进行说明。但重要的是,该理论体系在各个问题的解决中会导致怎样的结论。结论的合理性、妥当性必须优先于逻辑的整合性。"⑤

---

① 参见〔日〕平野龙一:《刑法的基础》,黎宏译,中国政法大学出版社2016年版,第191—197页。
② 转引自〔日〕井田良:《走向自主与本土化——日本刑法与刑法学的现状》,陈璇译,载陈兴良主编:《刑事法评论》(第40卷),北京大学出版社2017年版,第378页。
③ 〔日〕井田良:《走向自主与本土化——日本刑法与刑法学的现状》,陈璇译,载陈兴良主编:《刑事法评论》(第40卷),北京大学出版社2017年版,第379页。
④ 参见〔日〕平野龙一:《刑法的基础》,黎宏译,中国政法大学出版社2016年版,第193—197页。
⑤ 〔日〕前田雅英:《刑法总论讲义》,曾文科译,北京大学出版社2017年版,第19页。

笔者认为,不受体系性思考约束的机能性思考是恣意的,没有机能性思考导向的体系性思考更是盲目的。上述各种体系方案中,罗克辛的刑法体系方案是否终极性地解决了刑事政策与刑法体系的融贯、体系性思考与机能性思考的统一,或可再议,但是其展示的方法论上的存在与规范二元区分思维、本体论上的刑事政策进入刑法体系并受刑法体系规制的机能主义构想,对于我国刑法体系建构,无疑具有超越时空与语境的参考价值。基于后发优势,中国刑法体系建构不必重复德国刑法学曾经走过的老路(物本逻辑的存在论范式的刑法体系思维)与弯路(忽视刑法体系思维的实际效益的封闭性逻辑演绎),而应在刑法体系建构过程中贯彻机能主义的体系性思考,将刑事政策置于刑法体系之中作为内在参数来处理,推动法教义学符合目的的、理性的发展,同时也防止出现刑事政策任意跨越或突破法教义学规则的现象①,从而实现刑事政策与刑法体系的贯通、体系性思考与机能性思考的统一。事实上,无论是我国刑法理论研究,还是我国刑事司法与刑事立法,其实都对中国刑法体系建构的机能主义与刑事政策导向提出了理论期待。

就刑法理论研究的维度而言,储师曾以与笔者私下讨论过的"H盗窃案"②为例对"既遂之后无中止""既遂之后不出罪"通说提出挑战。储师认为,"H盗窃案"有罪判决逻辑是,H的前后两个行为(盗窃、归还)彼此独立(孤立),各有功用,前行为即盗窃行为影响定罪,后行为即归还行为影响量刑。这是典型的孤立静止、片面的形而上学的思维方式。而在储师看来,H的前后两个行为发自同一主体,指向同一对象(财物法益),后行为与前行为在主体的两个性质相反的决意(恶意—善意)的相互作用下形成了相反相成的新结局(后行为抵消了前行为的实质违法性即祛除了法益侵害),从而阻却主体的罪责。储师据此将H的后行为评价为赎罪:"所谓赎罪是指抵消所犯之罪,实现自我非犯罪化,即对先前罪行自动消弭危害,从而祛除罪孽(消除犯罪)的状态。赎罪的法律机理是消除前行为的实质违法性,从而使之非犯罪化。换言之,阻却实质的违法性(危害性)是赎罪成立与否的关键所在。"③在储师的启发之下,我国学界有同行进一步提出了法益恢复说,并将犯罪分为法益可恢复型犯罪与法益不可恢复型犯罪,前者是指前行为已经构成犯罪既遂,行为人又积极实施后行为对前行为所侵害的法益进行补救,使得法益恢复至完好状态的犯罪;后者则是犯罪既遂后,结果的实质危

---

① 参见劳东燕:《刑事政策与刑法体系关系之考察》,载《比较法研究》2012年第2期。
② 该案基本案情是:H在公共汽车上盗窃L的手提包一个,H回去后发现手提包内有身份证一张,手机一部,还有53件翡翠玉石,后经鉴定价值为91.4万元。大喜之余,又害怕因为数额巨大,罪孽太重,所以决定将手提包送还。H按照L身份证上的地址,乘坐火车、换乘汽车,千里奔波将手提包送还L家中。L全家对H万分感谢,并欲重谢。H谢绝。后来,警方将H抓获。最终,法院以盗窃罪判处H有期徒刑7个月,宣告缓刑1年,并处罚金1000元。
③ 储槐植、闫雨:《"赎罪"——既遂后不出罪存在例外》,载《检察日报》2014年8月12日,第3版。

害与既遂形态的停止同步存在,且被侵害的法益类型不具有可逆转性,使得行为人客观上无法对法益进行修复的犯罪。①

无论是赎罪说,还是法益恢复说,都认为 H 的行为可予以出罪,其具体结论具有妥当性,但是二者在体系、逻辑的证成方面都有可议之处。储师认为 H 的后行为阻却前行为的实质违法性,法益恢复说也认可后行为对前行为的法益侵害的修复。问题在于,后行为并非当然能够阻却前行为的违法性或者修复前行为的法益侵害。无论是基于一元的结果无价值论,还是基于更为通行的二元不法论,都不应当认为 H 的前行为的实质违法性仅仅是对被害人的财产法益的侵犯,H 的后行为虽然恢复了被害人对其财产法益的占有,但无法消灭其违反法规范的期待侵犯被害人的财产法益的不法事实以及该不法事实已然形成的对法秩序的否定和动摇。因此,H 的后行为不可能完全消除前行为的实质违法性或法益侵害。在违法性阶层以阻却实质违法性或法益恢复为由,不能逻辑自洽地证成对 H 的出罪处理。对 H 予以出罪处理的唯一法理根据只能在肯定 H 行为该当盗窃罪构成要件、具有违法性之后,以 H 虽然对其实施的符合盗窃罪构成要件、具有违法性的前行为具有责任(即具有应罚性),但是其以后行为的赎罪意思决定表明 H 重新回到了法规范期待的立场,恢复了与规范的可交谈性,不再具有以刑罚预防其再犯的必要性(亦即不具答责性或需罚性),自不应以盗窃罪论处。可见,罗克辛的机能主义刑法体系可以为对 H 的出罪处理提供具有充分解释力的体系性解决方案。

就刑事司法需求的维度而言,早在 1984 年 4 月 26 日,最高人民法院、最高人民检察院、公安部《关于当前办理强奸案件中具体应用法律的若干问题的解答》(〔1984〕法研字第 7 号,已经被废止)就曾规定:"第一次性行为违背妇女意志,但事后并未告发,后来女方又多次自愿与该男子发生性行为的,一般不宜以强奸罪论处。"对于在急风暴雨式的"严打"斗争高潮中发布的这一旨在限缩强奸罪定罪范围的规定,我国学界以往只是从刑事政策的角度予以肯定,罕见将其纳入刑法体系内予以考察并根据体系逻辑予以理论背书。而根据罗克辛的机能主义刑法体系,行为人实施第一次强奸行为,虽然已经该当强奸罪构成要件并且具有违法性和责任,但因女方事后并未告发并且双方多次自愿发生性关系,表明行为人恢复了与规范的可交谈性,不再具有用刑罚予以特别预防的必要性,亦即不具有答责性或需罚性,一般不宜以强奸罪论处。罗克辛的体系构建因而能够恰当地阐释司法解释的内在逻辑,并且把刑事政策的考量纳入刑法体系之中,使之成为犯罪论体系的一部分,传统上在刑法体系之外承认的刑事政策考量就借由体系化,实现了与罪刑法定原则和刑法理论逻辑的融通。迄今为止的我国刑法体系建构一直未能跟进司法解释这一基于实践理性作出的超前规定,凸显了我

---

① 参见庄绪龙:《"法益可恢复性犯罪"概念之提倡》,载《中外法学》2017 年第 4 期。

国刑法体系与刑事政策的背离以及机能性思考在刑法体系建构中的缺位。

就刑事立法需求的维度而言,我国《刑法》第 201 条第 4 款规定,"有第一款行为(即逃税行为——笔者注),经税务机关依法下达追缴通知后,补缴应纳税款,缴纳滞纳金,已受行政处罚的,不予追究刑事责任"。第 241 条第 6 款在被《刑法修正案(九)》修正之前曾经规定:"收买被拐卖的妇女、儿童,按照被买妇女的意愿,不阻碍其返回原居住地的,对被买儿童没有虐待行为,不阻碍对其进行解救的,可以不追究刑事责任。"这些刑法规定均是在行为人的前行为该当构成要件、具有违法性和责任,本应以犯罪论处的情况下,鉴于行为人后行为表明了其与规范的可交谈性,不再具有用刑罚予以特殊预防的必要性,因而"不追究刑事责任"。就此而论,我国刑事立法亦早就基于刑罚目的的考虑而将需罚性纳入是否定罪的立法考量之中,而我国刑法体系建构却未能将立法的这一刑事政策目标设定纳入其中,再次凸显了相对于刑事立法的滞后性和封闭性。

综上所述,以罗克辛的刑法体系方案为参照,我国刑法体系建构面向刑事政策开放,将刑事政策的目标设定作为刑法体系建构的根据,实现刑事政策与刑法体系的贯通、体系性思考与机能性思考的统一,不仅是刑法理论逻辑发展的必然,而且是我国刑事司法与刑事立法的客观要求。

五、妥适处理刑法知识继受性和自主性、普适性和本土性的中国刑法体系建构

在中国刑法知识转型的语境与中国刑法体系建构的过程中,中国刑法学者以刑法教义学思维为导向、以犯罪论体系的完善与重构为核心,在译介、学习、借鉴德日刑法学以阶层犯罪论体系为核心的刑法教义学方法、知识与原理的基础上,进行了大量体系化、教义化的精耕细作,取得了丰硕的研究成果。但是,迄今为止,中国刑法知识转型与中国刑法体系建构尚未很好地处理刑法知识的继受性和自主性、普适性和本土性,这虽属不可避免的阶段性现象,但仍有必要认真对待。笔者以为,妥适处理刑法知识的继受性和自主性、普适性和本土性的中国刑法体系建构,应当重点解决以下三大突出问题。

(一) 全面、客观和透彻地认知和把握德日刑法学的立场、原理、方法、逻辑、构造、体系及其脉动,避免割裂式理解和选择性借鉴

无论是四要件犯罪构成理论还是阶层犯罪论体系,都是继受自苏联或者德日,中国刑法体系建构具有继受性,对此毋庸讳言,承认这一事实也无关所谓"理论自信"。与其纠结于继受性是不是中国刑法学的先天不足,不如以更加积极的心态关注继受性

的背后潜藏着的可能的后发优势。发挥好这一后发优势,中国刑法学就可以避免重复域外刑法学曾经走过的老路与弯路,充分汲取一切可以为我所用的先进理论研究成果,并通过自身创造性的学术努力,在短期内取得长足进展。但是,能否发挥中国刑法学的这一后发优势,则取决于我们是否真正把握了纷繁复杂的域外刑法知识体系,能否从浩如烟海的域外刑法作品与学说中去伪存真,取其精华,去其糟粕,能否像中国改革开放以来的工业现代化之路已经成功展示的那样,实现对域外刑法知识与技术的引进、消化、吸收乃至改造与升级。在中国刑法学从"师从苏联"转向"学习德日"的知识转型背景下,有必要对此加以回顾与检视。①

阶层犯罪论体系虽然发端于德国,但中国刑法学对阶层犯罪论体系的引进则源自日本。由于近邻的关系,中国学者较早地接触了日本刑法学的阶层犯罪论体系,我们对阶层犯罪论体系的理解与建构因而较多地受到了日本理论的影响。最近十多年来,这一状况有所改变,随着中德刑法学交流的展开,越来越多的德国刑法教科书、专著、论文被翻译成中文,年轻的中国刑法学者纷纷奔赴现代刑法学的故乡,学习博大精深的德国刑法学,将德国刑法理论引介到中国。德国、日本不同立场、不同风格的阶层犯罪论体系,为中国阶层犯罪论体系的建构提供了丰富的可资汲取的理论资源。但是,在建构阶层犯罪论体系的过程中,许多同行显然没有对德日浩如烟海、纷繁复杂的刑法理论进行充分的鉴别、批判、过滤、消化,存在拿来主义或者照抄照搬的倾向,并且拘泥于各自的学习、教育与知识背景还存在着严重的选择性借鉴的现象。我们看到,留日的学者往往倾向于引介或推广日本的犯罪论体系,形成所谓留日派;留德的学者则倾向于引介或推广德国的犯罪论体系,形成所谓留德派;师从于日本或德国某个刑法学者的则倾向于引介或推广该日本或德国刑法学者的学说。就弟子对先生的学说传承而言,留日、留德的中国学者对日本、德国刑法理论的选择性借鉴虽属自然,却非理所当然,处理不好的话,无论是留日派还是留德派,都会沦落为德日刑法知识的搬运工,表面上热热闹闹的所谓学术之争可能不过是德日"学说代理人"之争。②

阶层犯罪论体系强调定罪要素的科学组合、结构功能、体系性秩序,这是其优势所在。在百年的学术推进过程中,德国阶层犯罪论体系自贝林—李斯特的古典犯罪论体系、迈耶—麦兹格的新古典犯罪论体系、韦尔策尔新古典暨目的论的犯罪论体系,到当下罗克辛—雅科布斯—弗里希机能主义的犯罪论体系,经历了历史性、结构性、体系性、功能性和方法论的巨大变迁,不仅实现了刑法思维的体系化、逻辑化与规范化,而且实现了刑法知识的精细化、精致化与精确化。平心而论,中国刑法学虽然相对较早

---

① 参见梁根林:《犯罪论体系与刑法学科建构》,载《法学研究》2013年第1期。
② 参见〔日〕井田良:《走向自主与本土化——日本刑法与刑法学的现状》,陈璇译,载陈兴良主编:《刑事法评论》(第40卷),北京大学出版社2017年版,第372—373页。

并比较系统地引介、学习了日本以刑法客观主义、结果无价值论的不法论为核心的三阶层犯罪论体系,但对更为复杂、精深、晦涩且更具哲学思辨性、文化差异性和历史脉动性的德国刑法理论的学习,其实才刚刚起步,对刑法主观主义色彩相对更浓的德国犯罪论体系内部诸要素及其相互关系、内部结构及其走向以及犯罪论体系建构的历史、文化、哲学与现实制约性的理解尚显肤浅,甚至在相当程度上还处在瞎子摸象的阶段,存在着许多主观想象、任意猜测、妄加判断甚至刻意误读的现象。

日本与德国的犯罪论体系尽管同属阶层犯罪论体系,但是,二者无论在理论构造还是基本立场方面,均存在重大差异。即使在日本或德国阶层犯罪论体系内部,同样存在诸多不同。日本的犯罪论体系内部至少有行为无价值的理论体系与结果无价值的理论体系之分野。德国刑法学在不法论上虽然超越了行为无价值与结果无价值之争,二元的不法论取得统治地位,但是在二元不法论内部仍然存在着以行为无价值为基准的二元不法论与以结果无价值为基准的二元不法论,由此形成不同的犯罪论体系。在构成要件与违法性的关系问题上,有的出于对构成要件的罪刑法定机能的重视,而强调构成要件该当性与违法性的阶层区分;有的基于构成要件作为违法性认识或存在根据的立场,而将构成要件与违法性予以整合,用不法的上位概念统摄构成要件该当性与违法性,因而在犯罪论体系构造上形成不法与责任二阶层说以及构成要件该当、违法与有责的三阶层说等不同学说。如果再考虑到行为作为犯罪基底的独立地位以及客观处罚条件的特殊意义,还有行为、不法与责任的三阶层说,行为、构成要件该当、违法与责任的四阶层说,不法、有责与客观处罚条件的二加一阶层说,构成要件该当、违法、有责与客观处罚条件的三加一阶层说,行为、不法、有责与客观处罚条件的三加一阶层说,行为、构成要件该当、违法、有责与客观处罚条件的四加一阶层说等林林总总不同的体系学说。每种不同的体系性建构中,认定犯罪必须考虑的构成要件要素、违法要素、责任要素以及客观处罚条件等,又具有不同的体系定位与功能,彼此之间的逻辑关系错综复杂,令人目不暇接、眼花缭乱,甚至无所适从。中国阶层犯罪论体系的追随者虽然都认为应当以阶层犯罪论体系替代四要件犯罪构成理论,但面对如此纷繁复杂的阶层犯罪论体系方案,到底以哪一种方案为引进、借鉴的模型,显然没有达成基本共识。这不仅妨害了阶层犯罪论体系在中国刑法学的落地生根,而且亦在相当程度上导致了阶层犯罪论体系的内部交流与沟通的障碍。

(二) 扬弃照抄照搬、简单移植德日刑法学的反教义学现象,区分作为刑法方法论的刑法教义学与作为刑法解释学的教义刑法学

刑法教义学是根据认知规律和司法规律体系性地认知、理解和整序实定刑法特别是其规定的犯罪成立条件而形成的刑法方法论。与其他方法论一样,刑法教义学作为刑法分析工具,具有超越时空的普适性和通用性。因此,在德国,早在1992年,希尔施教授

(Hans Joachim Hirsch)就提出了"没有国界的刑法学"(Gibt es eine national unabhängige Strafrechtswissenschaft)命题;2011年,海因里希(Manfred Heinrich)等在罗克辛教授80岁祝寿论文集中提出了"作为普世科学的刑法学"(Strafrecht als Scientia Universalis)的命题;2021年,希尔根多夫教授专文论证了"超国界的刑法学"在全球范围内的兴起。在希尔根多夫教授看来,"超国界的刑法学"是以共同的方法论和尽量少且中立、开放的超实证主义基础为核心形成的跨国学术研究范式,其研究范畴目前以对刑法总论问题的教义学研究为主,但越来越多的分则问题和技术刑法等新兴领域被纳入其中,还应包括对刑事诉讼法的教义学研究和对犯罪学的研究。① 在日本,井田良教授同样展望了一个"跨越国家的普适性的刑法学"出现的前景,其前提则是,以问题和个案为导向的方法、刑罚论、对规制对象的结构分析以及跨学科的研究,作为合理的刑法学应当具有的四个组成部分,得以正确地实行。届时,多种不同的刑法学是不存在的:既不存在德国的也不存在日本的刑法学,而只存在刑法学。②

在中国,陈兴良教授在倡导中国刑法教义学转向之初的2005年,就明确提出了刑法教义学作为一种刑法方法论的命题,刑法教义学方法论包括刑法解释方法论、犯罪构成方法论、案件事实认定方法论以及刑法论证方法论等。③ 在2021年5月30日举行的《刑法研究》(13卷)新书发布会的主旨演讲中,陈兴良教授进一步强调,刑法教义学不仅是一种方法论,而且也是一种知识论,刑法教义学具有其独特的话语体系,它并不仅是一种解释方法,而且还包含了对待刑法的一种学术态度,以及建立在这种学术态度之上的学术系统或者学科体系。因此,陈兴良教授认为,刑法教义学虽然是从刑法规范的解释中归纳与提炼而形成的知识体系,但它具有独立于刑法规范的理论品格。在这个意义上说,刑法教义学是一种跨越国界的刑法学。尽管一个国家的刑法效力范围只能及于国境之内,但刑法知识却不受国境的限制,而会发生超越国境的学术影响力。我国学者完全可以采用德日刑法教义学解决我国司法实践中的疑难问题,甚至建构我国刑法的理论框架。④ 对于陈兴良教授强调的刑法教义学作为一种刑法方法论具有普适性的观点,笔者完全予以认同。

但是,需要进一步指出的是,刑法学并不只是刑法方法论,而毋宁说更是运用法教义学方法对实定刑法的具体规定进行体系性认知、理解和整序而形成的刑法知识体

---

① Vgl. Eric Hilgendorf/Helmuth Schulze-fielitz(Hrsg), Selbstreflexion de Rechtswissenschaft, 2. Aufl., 2021, SS. 153-184.
② 参见〔日〕井田良:《走向自主与本土化——日本刑法与刑法学的现状》,陈璇译,载陈兴良主编:《刑事法评论》(第40卷),北京大学出版社2017年版,第383页。
③ 参见陈兴良:《刑法教义学方法论》,载《法学研究》2005年第2期。
④ 参见陈兴良:《回顾36年的刑法学术生涯,我有三点感慨》,载"民主与法制周刊"微信公众号2021年7月11日。

系,因而是刑法方法论与刑法解释学的统一。刑法方法论维度的刑法学是刑法教义学,刑法解释学维度的刑法学则是教义刑法学。教义刑法学的研究对象是特定国别的实定刑法的具体规定,其研究方法是以规范性、体系性和逻辑性为基本特征的法教义学方法,其学科使命是体系性地认知、理解与整序特定国别的实定刑法。刻意区分刑法教义学与教义刑法学的主要考量在于,虽然相对统一的法教义学方法的运用,使得具有国别差异的刑法学具有了相互理解与沟通的可能性,运用法教义学方法解释本国刑法时,也可以借鉴其他法域类似刑法规定的教义学解释原理,辅助理解本国实定刑法的规定,弥合不同国别实定刑法之间的差异,甚至进行罪刑法定原则所许可的刑法规范续造,但是,人类文明、社会制度、历史文化、法律传统以及发展阶段的差异性,决定了迄今为止各国刑法还具有相当的国别差异性,并不可避免地决定刑法解释结论的国别差异性。中国刑法体系建构与中国刑法解释论研究,如果无视中国实定刑法规定的独特性及其语境差异性,照抄照搬德日学者运用法教义学方法解释其母国刑法规定形成的教义刑法学观点,直接套用为对中国刑法规定的教义分析结论,就会在根本上背离刑法教义学必须忠实于本国实定法秩序的规训,导致"反教义学的教义学建构"的悖论。[1]

因此,避免这一悖论的一个有效办法或许是,对作为刑法方法论的刑法教义学与作为刑法解释学的教义刑法学进行相对的区隔,前者是根据认知规律和司法规律对实定刑法的共性规定进行提炼和抽象而成的关于如何认知和适用实定刑法的刑法方法论,具有抽象性和普适性;后者是运用前者所提供的教义分析方法解释本国实定刑法的具体规定而形成和展开的刑法知识体系,具有较强的国别制约性和语境差异性。立足于这一概念范畴区分,中国刑法学在进行刑法体系建构时,对于集中了几代德日刑法学人集体智慧的刑法教义学方法论最新研究成果,只要其客观地反映了认知规律与司法规律,就应当秉持开放的心态,积极地拿来,大胆地为我所用,并在运用过程中不断发展与完善,但在解释中国刑法规定时,对德日同行基于其母国实定刑法而形成的教义分析结论,则切忌照抄照搬,而应当予以认真检视、仔细鉴别,视其与我国刑法规定的表述、语境的异同,审慎地决定是否可资借鉴。否则,中国刑法学不仅不可能真正自主地建构科学的刑法体系,而且也不可能真切地认知、理解和整序中国刑法规定。

(三)立足于中国本土法治实践,建构既具有刑法方法论上的普适性,又能够对中国刑法规定具有自主解释力的中国刑法体系

如前所述,阶层犯罪论体系作为反映指导定罪思维过程、避免司法偶然与专断、

---

[1] 曾几何时,日本刑法学在继受德国刑法学的过程中亦曾面临同样的困惑。参见〔日〕平野龙一:《刑法的基础》,黎宏译,中国政法大学出版社2016年版,第191—197页;〔日〕井田良:《走向自主与本土化——日本刑法与刑法学的现状》,陈璇译,载陈兴良主编:《刑事法评论》(第40卷),北京大学出版社2017年版,第373—377页。

满足法益保护与人权保障双重机能、践行罪刑法定原则要求的刑法方法论,既非特定国情或特定刑法的产物,也非只能宿命地适用于特定国情或特定刑法,而是具有不拘泥于具体国别与特定刑法的普适性。但是,阶层犯罪论的具体构造、立场,则不免带有文化差异性、历史脉动性与语境制约性,阶层犯罪论体系下整序实定刑法总则规定的犯罪成立条件与实定刑法分则规定的具体构成要件要素所形成的结论更未必具有普适性。因此,阶层犯罪论体系指引和规训法官定罪思维过程,必须在刑法方法论上保持概念、体系与功能的一致性与逻辑性的前提下,契合中国刑法规定,并结合中国刑法规定进行本土化发展和自主性建构。

首先,阶层犯罪论体系的本土化发展与自主性建构,不能不考虑域外犯罪论体系对中国当下语境的适应性。在21世纪的转型中国这样一个特殊语境中,如果仍然拘泥于100年前的德国刑法学基于古典自由主义立场建构的阶层犯罪论体系,无视100年来德国、日本刑法理论对定罪要素及其相互关系理解的不断深化与超越,无视当代中国传统挑战与新型风险并存的双重威胁,所谓阶层犯罪论体系逻辑上再自洽、体系上再完美、表述上再精致,充其量也只能是一个自我把玩、自我欣赏的益智游戏,无助于中国法治的提升与当下正义的实现。

其次,阶层犯罪论体系的本土化发展与自主性建构,既要重视从认识论与方法论的一般规律以及法治原则的一般要求中寻找其正当性支持,更要善于从中国刑法的既有规定中寻找其合法性根据。如同德日三阶层犯罪论体系往往立足于罪刑法定主义、法益保护主义以及责任主义三大刑法基本原则论证其正当性,建构中国的三阶层犯罪论体系同样必须立足于中国刑法现有的规定寻找其合法性资源。在笔者看来,中国现行《刑法》第1条关于刑法目的、第2条关于刑法任务、第3条关于罪刑法定、第5条关于罪责刑相适应的规定,已经蕴含了定罪必须满足构成要件该当性、违法性与责任的阶层体系要求。只是我等阶层犯罪论体系的追随者,对中国实定刑法的规定与阶层犯罪论体系的相容性特别是阶层犯罪论体系作为我国刑法的内生性要求,还未给予充分的论证,存在脱离中国现行刑法抽象地建构阶层犯罪论体系的拿来主义倾向,这自然会在相当程度上削弱中国阶层犯罪论体系建构的合法性。

最后,阶层犯罪论体系既是刑法方法论,又是关于本国实定刑法的知识体系。因此,它既是世界的,也是民族的。阶层犯罪论体系的具体建构不能脱离本国刑法的具体规定,更不能本末倒置,因为本国刑法规定不符合舶来的阶层犯罪论逻辑就否定本国刑法的规定。例如,我国《刑法》总则第13条规定了作为犯罪定义必要组成部分的"但书",《刑法》分则构成要件中存在许多诸如"数额较大""后果严重""情节恶劣"等决定犯罪成立的罪量要素,这是中国刑法区别于德国、日本刑法的最大中国特色。中国学者建构中国的阶层犯罪论体系时,必须正视这一中国特色,正确认识其出罪功能,适当安排其体系性位置,而不能借口"但书"与罪量不适合阶层犯罪论体系就轻言予以废止,或者简单地将其归入与不法和责任无关的客观处罚条件。鉴于"但书"作为总则规定对分则构成要件的理解具有涵摄和照应功能,分则规定中存在大量明示罪量要素与暗示罪量要素,如何正确认识罪量要素的功能,适当安排其体系位置,是阶层犯罪论体系本土化发展、自主性建构必须回答和解决的重大问题。

六、紧跟社会文明进步步伐,面向法定犯时代、轻微罪时代的中国刑法体系建构

当代中国处于前所未有的现代化、全球化、信息化、第四次工业革命带来的全面结构转型与巨大社会变迁之中,犯罪结构与犯罪态势亦相应地发生了革命性的变化。随着社会的文明进步与人的价值的全面觉醒,以侵犯人的法益为中心的传统自然犯的形态与内涵发生了微妙而深刻的改变,以妨害国家对社会事务的良善治理为核心内容的法定犯超越传统自然犯,成为主导性的犯罪形态;风险社会无处不在的风险以及对风险的与日俱增的恐惧,推动立法越来越热衷于以危险犯特别是抽象危险犯构成要件作为刑法回应公众的安全诉求、规制法所不容许的风险创设和实现的常态化刑法规制模式;随着法定犯与危险犯的增多,以及刑法介入社会治理的早期化与常态化,以人身犯、财产犯为主体的重罪发案数量及其在犯罪结构中所占比重不断下降,以法定刑为内容的轻罪、微罪日渐成为犯罪结构的主体,并且在犯罪数量上呈现出井喷式的增长,进而推动犯罪总量的大幅上升。犯罪形态与犯罪结构的这些趋势性变迁,不仅标志着我国法定犯时代已经到来①,而且推动我国进入了轻微罪时代。②

需要特别注意的是,无论是德日刑法体系还是我国刑法理论,在传统上均以传统自然犯与重罪为主要研究对象而予以体系性建构。随着犯罪的样态和结构的转型,特别是随着法定犯、轻罪、微罪时代的到来,一方面,中国刑法理论研究应当在既有的刑法理论体系与教义学法则框架内,结合新的犯罪样态进行与时俱进的认知、理解和整序;另一方面,鉴于法定犯、轻罪、微罪毕竟具有迥异于自然犯和重罪的不法内涵与罪责构造,中国刑法理论不能因循守旧、简单套用既有的刑法理论体系和教义学法则,对新的犯罪现实进行封闭性的概念、逻辑的自我演绎,甚至进行削足适履、强词夺理式的所谓教义学解读,而是需要结合犯罪样态与结构的变迁,根据法定犯、轻罪与微罪的不

---

① 参见储槐植:《要正视法定犯时代的到来》,载《检察日报》2007年6月1日。
② 参见卢建平:《为什么说我国已经进入轻罪时代》,载《中国应用法学》2022年第3期。

法内涵与罪责构造,重新认知、理解与整序法定犯、轻罪、微罪的成立条件,完善现有的刑法体系方案和教义学法则,甚至可以建构一套全新的刑法体系方案或者教义学法则,从而为司法实务认定犯罪提供逻辑自洽、体系一致与功能自足的刑法理论思维模型。为回应这一时代要求,笔者认为,中国刑法体系建构需要特别重视以下几个主要方面。

(一) 人格权、人性尊严的刑法需保护性上升与自然犯教义学体系的与时俱进

经过"人是目的,不是手段"的康德哲学的洗礼,现代文明社会尊重人的理性主体地位,捍卫人性尊严与意志自由,禁止任意驱使、奴役、买卖人,反对把人作为达到任何其他目的的手段。许多国家在宪法中将人性尊严规定为公民的基本权利,并将捍卫人性尊严列为国家的首要任务。罗克辛甚至直接将法益定义为"在以个人及其自由发展为目标进行建设的社会整体制度范围之内,有益于个人及其自由发展的,或者有益于这个制度本身功能的一种现实或者目标设定"①。基于个人及其自由发展在刑法教义学法益论中的核心价值地位,现代刑法对人格权和人性尊严的刑法需保护性给予了全面确认,不仅始终把保护包括生命、健康、自由与性自决权在内的传统人格权作为刑法的首要任务,而且不断扩大和加强对精神层面的人格权和人性尊严的保护。刑法对人的保护因而出现了三个值得关注的发展趋势:

其一,当代刑法较之过去更加重视对人的生命、健康和自由等人身法益进行刑法保护。人的生命、健康与自由是人的主体性存在的实在性基础,既是宪法和民法保护的基本人格权,也是刑法上的个人法益乃至刻意还原为个人法益的集体法益的基础。各国刑法通常在传统上就十分重视对人的生命、健康和自由的刑法保护,但在尊重人的主体性存在、标榜以人为本的现代文明社会,许多国家刑法较之过往展现了对生命、健康和自由予以更为周延甚至更为严厉的刑法保护的发展趋势。例如,将对他人身体实施暴力打击而未造成伤害结果的行为规定为暴行罪,并作为侵犯身体健康犯罪的基本犯,与作为结果加重犯的伤害罪、伤害致死罪构成刑法保护身体健康的罪刑规范体系②,或者进一步将以暴力、胁迫等方式,使他人行无义务之事或妨害他人行使权利的行为规定为强制罪,作为妨害身体自由的基本犯,其他妨害身体自由犯罪则作为强制罪的结果加重犯。③ 有的甚至逆当代刑罚总体趋缓的潮流而加重对侵犯生命、健康和自由的犯罪的刑罚。例如,日本 2001 年修法将醉酒后驾驶机动车致人死亡的法定刑提升至 20 年惩役,2010 年修法取消了致人死亡并且刑法可以判处死刑的犯罪的追诉时

---

① 〔德〕克劳斯·罗克辛:《德国刑法学总论(第 1 卷)》,王世洲译,法律出版社 2005 年版,第 15 页。
② 参见李立众:《暴行入罪论》,载《政法论丛》2020 年第 6 期。
③ 参见余振华主编:《日本刑法典翻译与解析》,五南图书出版公司 2018 年版,第 203 页。

效限制。①

而在我国,迄今为止,既无作为侵犯身体健康犯罪的基本犯的暴行罪的规定,也无作为妨害身体自由的基本犯的强制罪的规定,严重滞后于社会治安控制的现实需要与公众保护身体安全与自由的合理诉求。对此,一方面需要从立法论的角度予以回应,另一方面则应当从刑法体系建构与刑法教义学的维度进行审视。对于在公共场所寻衅滋事随意殴打他人、情节恶劣的,固然应当解释为寻衅滋事罪,对于发生在私人场域,非法对他人身体进行打击但未造成伤害结果的行为,也不应当然认为不构成故意伤害罪。如果查明行为人在实施暴行时有明确的伤害故意,只是因被害人的躲避、第三人的制止以及行为人自身以外的原因等未造成伤害结果的,如果不属于《刑法》第13条但书规定的情形,则应当解释为故意伤害罪的犯罪未遂。

其二,当代刑法对人身法益的保护越来越精神化、抽象化,保护范围从生命、健康和自由等基本人格权,不断扩展至包括姓名权、名称权、肖像权、名誉权、荣誉权、隐私权等人格权以及基于人身自由、人格尊严产生的其他人格权益。即使是对基本人格权的刑法保护,也在不断地改变其传统法益内涵而精神化、抽象化。例如,强奸罪在传统上被认为是对被害妇女的人身健康的伤害,构成强奸罪需要有对被害妇女身体的打击、强制与排除被害妇女的反抗而强制进行的性交。而现在,强奸罪则被认为是对被害人的性自主决定权的侵犯,凡是未得被害人同意而与之进行的性交,不论是否对被害人使用了打击、强制或者欺骗,也不论被害人是否进行了反抗,均得成立强奸罪。对于将强奸罪的保护法益重新界定为被害人的性自主决定权,中国刑法理论已经基本形成共识,但是如何将这一法益论共识贯彻到强奸罪构成要件的解释,特别是在现行《刑法》第236条规定之下,如何既软化法条对强奸罪的手段行为的暴力性、胁迫性和强制性的要求,又不至于违反罪刑法定原则,还有待进一步斟酌。而对于买卖人口犯罪的保护法益则尚未形成基本共识,多数学者还是将其法益界定为所谓被害人的人身安全或者人身自由,仅有少数学者将其界定为被害人对自己身体的自我决定权,由此形成的教义学解释结论则是如果买卖行为不存在对被害人人身安全、自由或者自我决定权的侵犯,则没有法益侵害,因而就不能以买卖人口犯罪论处。即使少数学者将买卖人口犯罪的保护法益界定为人身不受买卖的权利,亦无法回答反对者基于尊重被害人的自我决定权同意他人买卖自己为何还要以犯罪论处的质疑。

因此,笔者认为,基于刑法的任务在于辅助性地保护法益、法益具有构成要件解释的指引机能的刑法体系原理,如何因应当代刑法对人身法益的保护日益精神化、抽象化的趋势,既在刑法体系建构特别是刑法分则教义学原理中具体反映这一时代精

---

① 参见〔日〕井田良:《走向自主与本土化——日本刑法与刑法学的现状》,陈璇译,载陈兴良主编:《刑事法评论》(第40卷),北京大学出版社2017年版,第381—382页。

神,又有效地避免刑法法益过度精神化、抽象化潜藏的风险,考验着中国学人的智慧。

其三,在以人的主体性存在、自我决定权为核心的人格尊严的刑法需保护性大大提升的同时,现代文明社会又不断限制人格权主体恣意地行使自我决定权,从而形成了自主决定权的刑法保护与刑法限制的悖论。例如,现代刑法基于对人的主体性的尊重,抽象地承认人对自己的生命和身体享有自我决定权,但是,一旦人具体行使自我决定权同意他人杀死、伤害或者买卖自己的时候,往往又不承认同意的效力,使得所谓被害人同意的行为不仅在判例中被以各种名目予以入罪,而且可能被立法设置为诸如自杀参与罪或同意杀人罪,学理上往往亦以所谓"生命这一法益的无可替代的重要性"与"有生命危险的重大伤害说"为其奠定刑法处罚的基础。① 虽然对买卖人口犯罪中的被害人同意在国内外的刑法判例与学说中不乏肯定其效力的见解,但是这一见解已经被有关禁止买卖人口的国际公约明确否定。② 如何理解并厘清其中的内在逻辑,建构符合现代文明社会对人格尊严的刑法需保护性要求的被害人同意教义学法则,实现对被害人自我决定权的充分保护与合理限制,成为以人身犯为核心的自然犯教义学体系建构特别是自然犯教义学体系与时俱进必须面对的时代新课题。③

(二) 风险刑法的刑法风险的刑法教义学控制体系建构

当今世界许多国家的刑法在更加重视保护主要是个人法益的人格法益的同时,普遍对可以还原为个人法益的集体法益的保护出现了刑事立法活性化与刑法干预早期化的趋势。在德国,希尔根多夫教授通过对 1975 年刑法改革至 2005 年间德国刑法发展的脉络与特征的考察,发现德国刑法发展总体上呈现灵活化、扩张化、欧洲化、世界观多元化的趋势。④ 在日本,井田良教授明确地将日本刑法变迁趋势概括为"犯罪化""处罚前置化""刑罚严厉化""法益的精神化或抽象化"以及"刑法的细分化"五个显著特征。⑤ 在美国,2008 年道格拉斯·胡萨克认为,美国联邦和州刑事司法制度的最显著特征就是"实体刑法的巨大扩张和刑罚使用的急剧增长"⑥。我国刑事立法不仅展现了同样的刑事立法活性化、刑法干预早期化的趋向,不断地通过增设新罪名设置危险

---

① 参见〔日〕山口厚:《刑法总论》(第2版),付立庆译,中国人民大学出版社2011年版,第161—164页。
② 参见《联合国打击跨国有组织犯罪公约关于预防、禁止和惩治贩运人口特别是妇女和儿童行为的补充议定书》第3条,载联合国(https://www.un.org/zh/documents/treaty/A-RES-55-25-2),访问日期:2022年4月15日。
③ 进一步的展开和分析,参见梁根林:《买卖人口犯罪的教义分析:以保护法益与同意效力为视角》,载《国家检察官学院学报》2022年第4期。
④ 参见〔德〕埃里克·希尔根多夫:《德国刑法学:从传统到现代》,江溯、黄笑岩等译,北京大学出版社2015年版,第23—45页。
⑤ 参见〔日〕井田良:《走向自主与本土化——日本刑法与刑法学的现状》,陈璇译,载陈兴良主编:《刑事法评论》(第40卷),北京大学出版社2017年版,第381页。
⑥ 〔美〕道格拉斯·胡萨克:《过罪化及刑法的限制》,姜敏译,中国法制出版社2015年版,第1页。

犯构成要件、调整与扩大现有罪名的适用范围、严密刑事法网、严格刑事责任,而且呈现了刑事立法能动化的趋势,立法者刻意运用多种立法策略,降低犯罪证明要求,减少控方指控犯罪难度,方便司法灵活高效地适用刑法。

无论刑法理论是否承认风险刑法概念或风险刑法理论[①],全球风险社会已经到来,风险无处不在是不争的事实。虽然兼具实在性与建构性的风险本身并不确定并且价值中立,但风险一旦失控可能会导致弥散性、不可逆与灾难性的后果,对风险失控的恐惧、焦虑即"我怕"成为主导型的社会心理,控制风险、保障安全因而成为压倒性的公众诉求。风险本身是不确定和价值中立的,风险可以被行政规制,但不能被刑法直接评价。就此而论,风险概念在刑法规范评价的视野中并无容身之地,风险刑法概念也不具有刑法体系的建构基础。

但是,必须承认的是,一方面,对风险社会无处不在的风险的普遍无知、莫名恐惧以及由此引发的民生保护与安全防范诉求,客观上必然会推动立法者较之过去更加积极、主动地关注重大民生福祉的保护与集体安全的防范[②];另一方面,原本不确定和价值中立的风险,如果被以法规范所不允许的方式对待,完全可能进一步创设并放大法所不容许的危险。这种法所不容许的危险一旦实现,往往可能造成无法控制、灾难性、不可修复和系统性的法益侵害。为了防患于未然,当今世界许多国家不仅借助于技术防范与行政规制,加强风险管控,而且对严重违反风险技术防范与行政规制、创设法所不容许的危险的行为,动用刑法进行主动干预、早期干预和一般预防。其突出标志就是,危险犯立法特别是抽象危险犯构成要件设置取代实害犯立法成为标准立法模式。[③] 因此,德国学者乌尔里希·齐白指出,在全球风险社会,由于刑法的镇压性功能向预防性功能的转变,一个整体性安全法体系正在建构之中,刑法、警察法、情报法、移民法、战争法以及其他法律领域之间的界限出现了模糊化。[④] 而安全导向的刑法以及刑法与其他法律界限的模糊化,又进一步导致德国学者埃里克·希尔根多夫所指出的"刑法对于德国立法者(其实也对于欧洲立法者)而言,再也不是由温弗里德·哈塞默所完美表达的'最后手段',而总是作为优先适用的手段,有时甚至作为唯一手段。与此同时,刑法总是被继续前置化。不仅通过设置大量的未遂可罚性,而且通过大力扩大具体危险犯、抽象危险犯以及过失危险犯范围来实现法益保护,通过设立新的超个

[①] 相关讨论,参见劳东燕:《公共政策与风险社会的刑法》,载《中国社会科学》2007年第3期;劳东燕:《风险社会与变动中的刑法理论》,载《中外法学》2014年第1期;陈兴良:《风险刑法理论的法教义学批判》,载《中外法学》2014年第1期。

[②] 参见劳东燕:《风险社会与变动中的刑法理论》,载《中外法学》2014年第1期。

[③] 参见〔德〕约克·艾斯勒:《抽象危险犯的基础和边界》,蔡桂生译,载赵秉志主编:《刑法论丛》(第14卷),法律出版社2008年版,第333页。

[④] 参见〔德〕乌尔里希·齐白:《全球风险社会与信息社会中的刑法:二十一世纪刑法模式的转换》,周遵友、黄笑岩等译,北京大学出版社2012年版,第4页。

人法益来保障以及加速实现刑法的扩大化与灵活化。'风险刑法'这个概念正是对这整个发展趋势的概括"①。基于实践理性,我国刑事立法展现的刑法干预早期化、能动化趋势,客观上遵循着同样的逻辑。

面对刑事立法的活性化以及积极预防性转向,中国刑法理论应当采取何种态度,是简单否定还是全盘肯定,还是在同情理解的基础上建立有效的教义学控制机制,不仅考验中国刑法学术智慧,而且影响中国刑法体系建构。我国刑法学界持消极刑法立法观的同行基于古典自由主义的刑法原理特别是刑法的谦抑性与最后手段性原理,反对刑法修正案对犯罪圈的扩张以及刑法干预的早期化、社会治理过度刑法化、刑事立法的情绪化、新刑法工具主义倾向、刑罚民粹主义、象征性立法等趋向。② 与消极的刑法立法观相对应,持积极刑法立法观的学者则主张,在刑法观念逐步转向功能主义、刑法与政策考虑紧密关联的今天,应当超越古典自由主义的"消极刑法立法观",确立"积极刑法立法观",当今时代,需要刑法保护的法益日益增加,通过增设新罪来满足保护法益的合理要求。积极刑法立法观符合时代精神,是社会治理的"刚性"需求。③

面对消极刑法立法观与积极刑法立法观之争,中国学者还有一种不能忽视的声音,即在立法论范畴内承认刑法适度扩张犯罪圈、前置刑法干预起点,具有现实需要,符合实践理性,但对是否需要倡导一种积极刑法立法观持审慎态度,并主张超越所谓消极刑法立法观与积极刑法立法观立场之争,构建立法适度扩张与司法合理限缩的互动机制,区分立法论与解释论的不同范畴,在立法论上进行客观分析、深刻理解与中肯批评,在解释论上努力发挥刑法教义学的限制功能。④

笔者持第三种见解。面对刑事立法活性化事实特别是由此可能带来的刑法风险,与其在简单否定或者全盘肯定之间作选择,不如把重心置于通过刑法体系建构与刑法教义学的努力,将积极立法过于扩张地限制国民自由的危险特别是所谓风险刑法的刑法风险控制在最小范围之内。劳东燕教授已经展开的研究为中国刑法体系建构

---

① 〔德〕埃里克·希尔根多夫:《德国刑法学:从传统到现代》,江溯、黄笑岩等译,北京大学出版社2015年版,第173—174页。

② 参见刘艳红:《我国应该停止犯罪化的刑事立法》,载《法学》2011年第11期;刘艳红:《网络时代社会治理的消极刑法观之提倡》,载《清华法学》2022年第2期;何荣功:《社会治理"过度刑法化"的法哲学批判》,载《中外法学》2015年第2期;刘宪权:《刑事立法应力戒情绪——以〈刑法修正案(九)〉为视角》,载《法学评论》2016年第1期;程红:《象征性刑法及其规避》,载《法商研究》2017年第6期;魏昌东:《新刑法工具主义批判与矫正》,载《法学》2016年第2期;邵博文:《晚近我国刑事立法趋向评析——由〈刑法修正案(九)〉展开》,载《法制与社会发展》2016年第5期。

③ 参见周光权:《积极刑法立法观在中国的确立》,载《法学研究》2016年第4期;张明楷:《增设新罪的观念——对积极刑法观的支持》,载《现代法学》2020年第5期;付立庆:《论积极主义刑法观》,载《政法论坛》2019年第1期。

④ 参见劳东燕:《风险社会与变动中的刑法理论》,载《中外法学》2014年第1期;梁根林:《刑法修正:维度、策略、评价与反思》,载《法学研究》2017年第1期;田宏杰:《立法扩张与司法限缩:刑法谦抑性的展开》,载《中国法学》2020年第1期;黎宏:《预防刑法观的问题及其克服》,载《南大法学》2020年第4期。

与中国刑法教义学的努力方向提供了很好的示范。她一方面通过对现代风险社会理论与现实的研究,承认"风险社会理论表明,刑法体系向安全刑法的转移有其现实的社会基础,预防的走向代表着刑法对社会需求所作出的一种自我调整"[①]。另一方面,又对通过早期化、能动化的刑法干预保护抽象化、精神化的重大法益,确实蕴藏着削弱法益概念的批判与限制功能、侵蚀法治国自由刑法的潜在危险,保持着高度的警惕,因而主张刑法教义学必须发展一套对这种刑法风险进行适当控制的体系,包括刑法体系内部的控制机制与宪法对刑法的合宪性控制。也就是说,如果能够从刑法逻辑的体系性与一致性、刑法内容的法益关联性与合目的性、刑事归责基本原则体系的限制等维度,对刑法立法与适用进行刑法体系内部的控制,同时应当通过宪法教义学的努力以及刑法教义学与宪法教义学的对话,对刑法的解释与适用进行合宪性控制[②],使干预早期化、能动化的刑法既满足法治国自由保障机制的基本要求,又能有效地回应风险挑战、维护集体安全的机能期待[③]。中国刑法体系建构应当在此延长线上进一步展开这一刑法内部控制机制与合宪控制机制,以真正实现对风险刑法的刑法风险的控制。

(三)法定犯的不法与罪责的刑法教义学规则重塑

储师曾经指出,随着法定犯时代的到来,不仅要求刑事立法模式从单轨制转向双轨制、刑事立法基础由传统自然犯的结果本位变为行为本位,而且必然会带来犯罪构成要件的重大变动,如犯罪主体由自然人犯罪转向自然人和法人(单位)犯罪,行为由作为和不作为转向包括第三行为方式即持有,罪过形式由故意与过失相互排斥转向故意、过失界限的模糊甚至混合。[④] 这些变化说明,法定犯具有不同于自然犯的不法属性和归责逻辑,刑法理论要正视法定犯时代的到来,特别是正视法定犯的不法属性和归责逻辑的特殊性,重新建构适合法定犯不法属性和归责逻辑的教义学法则。

正如储师所言,法定犯的大量出现,是刑法的功能转向风险控制与预防威慑的产物。伴随着刑法的这一功能转向,一方面,刑法对法定犯不法评价的重点转向规范违反与风险创设,前置刑法干预起点、增设危险犯构成要件成为通行立法选择;另一方面,刑法对法定犯的归责逻辑也发生了结构性的变化,较之刑法对自然犯更多地关注主观归责,刑法对法定犯的归责则更多地强调行为不法与结果不法对刑法归责的意义,故意和过失因而不再是刑法归责关注的重点,故意和过失的区分对刑法归责也不再具有特别意义。这一归责

---

① 劳东燕:《风险社会与变动中的刑法理论》,载《中外法学》2014年第1期。
② 参见劳东燕:《风险社会中的刑法:社会转型与刑法理论的变迁》,北京大学出版社2015年版,第70—71页。
③ 张翔教授主张,应该构建具有宪法关联性、以基本权利为核心的法益概念,使其兼具解释和批判立法的功能,刑罚制度的政策性调整也应当接受比例原则的审查。参见张翔:《刑法体系的合宪性调控——以"李斯特鸿沟"为视角》,载《法学研究》2016年第4期。
④ 参见储槐植:《要正视法定犯时代的到来》,载《检察日报》2007年6月1日。

逻辑的变化,可能直接导致两大教义学法则的改变:其一为储师所称的复合罪过形式的出现;其二为故意和过失的关系由互斥到位阶的变化。

"所谓复合罪过形式,是指同一罪名的犯罪心态既有故意(限间接故意)也有过失的罪过形式。"①在储师看来,复合罪过形式的出现冲击了传统罪过形式理论,突破了"同一罪名只能有一种罪过形式"的思维定势,给刑法理论研究提出了许多新课题。② 储师提出复合罪过形式概念是有感于1997年《刑法》第397条用同一个条文规定了滥用职权、玩忽职守两种渎职行为,前者一般认为是故意犯,后者一般认为是过失犯,但立法者却要求对这两种渎职行为适用同一法定刑,这一规定显然不符合传统刑法理论逻辑。传统刑法理论认为,故意犯的主观恶性程度大于过失犯,在犯罪构成其他要素相同的情况下,故意犯的不法和罪责重于过失犯,根据罪责刑相适应原则,无论是立法配置的法定刑还是司法适用的宣告刑,故意犯都应当重于过失犯。因此,《刑法》第397条的规定构成了对我国传统罪过理论的重大挑战,刑法教义学理论必须因应这一挑战而予以恰当的理论诠释。

储师提出复合罪过形式概念迄今已经二十载有余,此后《刑法修正案(八)》增设了食品监管渎职罪,《刑法修正案(十一)》进一步将其修改为食品、药品监管渎职罪,司法解释在储师立场影响下亦不再沿用原司法解释对第397条分设滥用职权罪、玩忽职守罪的做法,而将负有食品药品安全监督管理职责的国家机关工作人员,滥用职权或者玩忽职守,造成严重后果或者有其他严重情节的,统一界定为食品、药品监管渎职罪。这一界定表明,司法解释已经体认到立法者在规定此类渎职犯罪构成要件时,关注的焦点在于渎职行为、危害结果、因果关系等客观不法要件,至于行为人实施渎职行为时,主观上是出于过失还是出于故意,抑或过失之中有故意、故意之中有过失,并非立法者的关注所在,只要行为人主观上具有可得归责的罪过,即得以渎职犯罪论处。

但是,多年来,我国刑法理论与司法实务通说,无论是采纳四要件犯罪构成理论还是采纳阶层犯罪论体系,却始终未能真正把握立法者的立法宗旨或者刑法条文的客观意思,仍然囿于自然犯的归责逻辑,机械地将渎职犯罪区分为作为过失犯的玩忽职守罪与作为故意犯的滥用职权罪。这不仅不符合渎职犯罪作为法定犯的不法属性与罪责内涵,而且必将大大增加控方指控犯罪的难度,甚至可能致使控方无法有效指控犯罪,既不经济,也不合理。因此,随着法定犯时代的到来,必须突破传统罪过理论,引入复合罪过形式或者其他形式的罪过理论(如要素分析法等),对法定犯的罪过进行新

---

① 储槐植、杨书文:《复合罪过形式探析——刑法理论对现行刑法内含的新法律现象之解读》,载《法学研究》1999年第1期。
② 参见储槐植、杨书文:《复合罪过形式探析——刑法理论对现行刑法内含的新法律现象之解读》,载《法学研究》1999年第1期。

的理论诠释,构建符合法定犯不法和罪责属性的罪责理论。①

随着法定犯时代的到来,特别是随着刑法方法论由存在论到存在与规范二元区分的功能论的转型,故意和过失不仅可能出现在同一犯罪之中,使具体罪名的罪过形式呈现复合罪过形式,而且故意与过失可能由存在论的互斥关系蜕变为规范性的位阶关系。

我国学界与实务在传统上一向认为,故意与过失是相互排斥的对立关系,犯罪不是出于故意,就是出于过失,两者并居其一。德国学者在传统上亦主张故意与过失排斥说,认为"过失并非故意的减轻形式,而是与故意不同的概念。与故意犯罪相比,过失犯罪行为的不法内容与责任内容较轻,因为在后一种情况下,行为人不是有意识地违反法秩序的要求,而是由于不注意才违反。因此,在涉及同一事情时,故意和过失是相互排斥的"②。但是,故意过失互斥说正在受到挑战或者已经得到改变。

在德国,以罗克辛为代表的刑法同行,一方面强调,故意与过失之间不存在一种"符合概念逻辑性的等级关系",因而必须"承认故意与过失在概念上是相互排斥的:一个容忍结果出现的人(间接故意),就不能同时信赖这个结果的不发生(有意识过失);一个以构成行为的情节的实现为目的的人(犯罪目的),对这样一种结果的可能性就不能是不知道的(无意识过失)"。另一方面又明确指出,"但是,这完全不能改变在故意和过失之间认定一种'规范性等级关系'的权限,也就是说,在同样的法益损害中,归责于故意的不法和罪责应当比归责于过失的更多。这里的问题就像在符合逻辑的等级关系的情况那样,与分类的概念无关,也与这些概念之间的关系无关,而与一种进行比较的价值有关,人们可以从这种比较价值中得出这个结论:社会对一种举止行为的不赞同,是随着那种在内心参与这种结果的程度而增加。这种内心的参与,在故意的举止行为中是大于在过失的举止行为中的。因此,在怀疑中作出的判断就能够成为比较软弱的归责形式的基础"③。在这种功能性的分析逻辑影响下,在当今德国,不仅"全部主流观点都认为,故意与过失处于一种'等级'关系之中,因此,在模糊的证据状况下,根据'存疑有利被告'的原理,就能够由于过失而被判决"④,并且"联邦最高法院也认为,过失对故意是处于'软弱对强硬'的关系之中,并且,即使在这种'规范的和道德的等级关系'之中,'罪疑有利被告'的原理仍然能够得到适用"⑤。

---

① 参见陈银珠:《法定犯时代传统罪过理论的突破》,载《中外法学》2017年第4期。
② 〔德〕汉斯·海因里希·耶赛克、〔德〕托马斯·魏根特:《德国刑法教科书》,徐久生译,中国法制出版社2001年版,第676页。
③ 〔德〕克劳斯·罗克辛:《德国刑法学总论(第1卷)》,王世洲译,法律出版社2005年版,第730页。
④ 〔德〕克劳斯·罗克辛:《德国刑法学总论(第1卷)》,王世洲译,法律出版社2005年版,第730页。
⑤ 〔德〕克劳斯·罗克辛:《德国刑法学总论(第1卷)》,王世洲译,法律出版社2005年版,第730—731页。

在中国,张明楷教授注意到了罗克辛教授关于故意与过失位阶关系的论断,并且根据我国《刑法》第14条与第15条关于故意犯罪与过失犯罪的法条规定的诠释,明确了我国刑法中犯罪故意与过失位阶关系的法律依据,因而明确主张:"故意与过失之间的关系,是回避可能性的高低度关系,是责任的高低度关系,也是刑罚意义的高低度关系,因而是一种位阶关系……当案件事实表明行为人至少有过失,但又不能证明行为人具有故意时,当然只能以过失犯论处。这并不是意味着,一个犯罪的责任形式既可以是故意,也可以是过失,只是意味着故意与过失不是对立关系,而是位阶关系,可以将故意评价为过失。"①尽管如此,我国多数学者既未在刑法总论教义学原理上接受故意过失位阶关系说,也未在刑法分则教义学中具体贯彻故意过失位阶关系说。

在笔者看来,故意过失位阶关系说对于界定诸如醉驾型危险驾驶罪、污染环境罪等罪过形式存在决疑困难的法定犯,具有充分的解释力。自《刑法修正案(八)》增设危险驾驶罪以来,我国学界与实务通说认为,醉驾型危险驾驶罪为故意犯罪,"醉酒驾驶属于故意犯罪,行为人必须认识到自己是在醉酒状态下驾驶机动车,但是对于醉酒状态的认识不需要十分具体(不需要认识到血液中的酒精具体含量),只要有大体上的认识即可"②。少数说认为醉驾型危险驾驶罪是过失犯罪,"醉驾型危险驾驶罪是过失犯罪,其成立要件是,行为人故意在道路上醉酒驾驶了机动车,但对其醉酒驾驶行为所引起的公共安全的抽象危险仅仅存在过失"③。而在笔者看来,无论是上述故意说还是过失说,可能都忽视了醉驾型危险驾驶罪心理状态的特殊性和复杂性,不仅可能存在将事实上的过失醉驾行为不当升格评价为故意犯的危险,而且客观上混淆了事实认定与规范评价的界限。在醉驾型危险驾驶罪中,酒精对人体机能的影响支配着行为人实施醉驾行为及对公共交通安全制造抽象危险的心理事实,具有不同于刑法规定的其他任何犯罪的特殊性。在判断醉驾型危险驾驶罪主观构成要件时,必须从醉驾心理事实的特殊性出发,在存在论的认定与规范论的评价二元区分的语境下,坚持规范论的评价以存在论的认定为基础,但规范论的评价又不必拘泥于存在论的认定。而故意过失位阶关系说则可以为将存在论范畴内的所有"醉驾"行为,无论是出于故意还是过失的心理事实,均规范性地统一限缩评价而非客观认定为过失提供教义学非法论的支持。这一评价结论既符合醉驾入刑的规范目的,更可以大大减轻控方对醉驾犯意的证明困难,避免了将醉驾一律认定为故意犯罪可能存在的不当升格评价的危险,同时还可缓和将醉驾认定为故意犯后伴随的过于严厉的犯罪附随效果。④

因此,随着我国刑法规定的法定犯的增多,有必要认真对待故意过失位阶关系

---

① 张明楷:《刑法学》(第6版),法律出版社2021年版,第368页。
② 张明楷:《刑法学》(第4版),法律出版社2011年版,第638页。
③ 冯军:《论〈刑法〉第133条之1的规范目的及其适用》,载《中国法学》2011年第5期。
④ 更为详细的分析,参见梁根林:《"醉驾"入刑后的定罪困扰与省思》,载《法学》2013年第3期。

说,在此基础上发展完善法定犯的归责理论体系。

(四) 轻微罪刑罚扩张事由的刑法教义学控制

刑法分则以行为人单独实施刑法分则规定的构成要件行为并达到既遂状态为刑法处罚基准。教唆、帮助行为人实行犯罪的,或者行为人的实行行为未达既遂状态的,则构成刑罚扩张事由。为限制刑罚处罚范围,域外刑法对于自然犯和重罪的共犯与未完成罪的可罚性一般均有特别明文规定和严格限制。法定犯相对于自然犯、轻微罪相对于重罪,已经属于刑法处罚范围的扩张,是否有必要在此基础上再借由刑罚扩张事由进一步扩张,应当秉持更为审慎的立场。因此,即便我国刑法一般性地规定了教唆犯、帮助犯、预备犯、未遂犯、中止犯的可罚性,但是其可罚性的范围不能与正犯、既遂犯等量齐观,而必须根据刑罚扩张事由的不同情况,结合刑事政策的目标设定与刑法基本立场,予以具体确定。

鉴于重罪、轻罪、微罪类型区分与界定标准在刑法理论上尚未达成共识,笔者无法在此就轻罪、微罪的刑罚扩张事由的刑法教义学控制形成具体立场。一个总的原则应当是,如果以3年有期徒刑为界区分重罪与轻罪,以1年有期徒刑为界区分轻罪和微罪,对轻罪的共犯与未完成罪,或不能完全否定其可罚性,但是应当采取比重罪更为审慎的立场。就微罪而言,更不能无视其与传统的自然犯和重罪甚至轻罪在不法与责任上的重大差异,而将主要基于传统自然犯和重罪而建构的现有共犯教义学原理,简单套用到微罪的共犯的认定上。① 原则上,应当排除微罪的教唆、帮助行为的刑事可罚性,确立微罪无共犯的共犯教义学立场,除非教唆、帮助他人实施微罪如醉驾达到了对他人进行支配、操纵的程度,因而得以微罪的间接正犯(如果承认间接正犯)论处,对一般教唆、帮助他人实施微罪的行为,例如在醉驾案件中,如果明知他人可能醉酒驾驶机动车而提供酒精饮料、劝诱他人喝酒、提供车辆驾驶的,或者在他人醉酒驾驶机动车不予劝阻反而同乘的,原则上均不得以危险驾驶罪的共犯论处。确实需要处罚的,完全可以根据道路交通安全法予以行政处罚。否则,可能会导致危险驾驶罪的处罚范围借由共犯这一刑罚扩张事由而得以无限扩张,这既不具有妥当性,也不具有必要性。

在微罪的未完成罪作为刑罚扩张事由的维度上,基于与微罪共犯不可罚的相似考虑,也应当否定微罪的预备犯、未遂犯与中止犯的可罚性,而不得借口我国刑法一般性地确认了预备犯、未遂犯与中止犯的可罚性,因而任意处罚微罪的预备犯、未遂犯和中止犯。

七、契合刑事诉讼构造与功能诉求的中国刑法体系建构

刑法知识体系构建与刑事诉讼实践具有历史渊源与内在联系。历史上,构成要件

---

① 参见龚帆:《醉驾中共同犯罪的认定》,载《人民司法》2020年第23期。

(Tatbestand)一词本来就源于中世纪意大利纠问式诉讼中的一般纠问所要确证的外部犯罪事实(corpus delicti)。18世纪末期德国学者克莱因将"corpus delicti"翻译成"Tatbestand"时,也首先是在诉讼法上使用这一概念,直至斯鸠别尔与费尔巴哈之后,构成要件"Tatbestand"才逐渐蜕变为实体法上的核心概念,并由贝林将其确立为以构成要件该当性、违法和责任构成的阶层体系建构的基础。

刑事诉讼是控方代表国家行使刑罚权、追究被告人刑事责任,辩方反驳指控、充分抗辩,法官在斟酌考量控辩双方诉求、主张和事实、法律根据的基础上居中独立裁判的过程。当今世界范围的刑事诉讼构造,无论是大陆法系的职权主义诉讼模式,还是英美法系的对抗主义诉讼模式,都普遍呈现出控辩平等对抗的发展趋势。诉讼构造的这一结构性转型,要求刑事实体法及其知识体系特别是犯罪论体系,为控辩双方充分行使控辩职能提供相应的活动空间。也就是说,一方面,刑法知识体系应当为控方指控犯罪、法官认定犯罪提供合法性根据与体系性支持,这种合法性根据主要和直接来源于刑法分则规定的构成要件,体系性支持就是犯罪论体系范畴内的构成要件论。根据"谁主张谁举证"的证明责任原则,控方承担对被告人符合被指控的犯罪的构成要件的举证和证明责任。如果控方不能证明被告人的行为该当构成要件的,法官就不得认定被告人有罪。另一方面,刑法知识体系亦应当为辩方反驳指控、充分抗辩提供合法性根据与体系性支持。否则,辩方的抗辩职能就无法展开。事实上,现代犯罪论体系尽管具体构造有所差异,但基本上都是按照刑事诉讼的这一功能性诉求展开的。

在前古典犯罪论体系时代,构成要件被认为是认定犯罪的静态的法定规格,具有贯彻罪刑法定原则的基础机能。自贝林—李斯特的古典犯罪论体系问世以来,构成要件理论逻辑与社会机能展开后,构成要件逐渐超越前古典犯罪论体系时代作为犯罪成立要素的静态集合的形象,而成为具有内在逻辑与功能诉求的连接规范和事实的行为类型,构成要件该当性的判断本身就应当体现出动态性与位阶性,即组成构成要件的各个要素在判断顺位上必须遵循客观判断先于主观判断、形式判断先于实质判断、事实判断先于价值判断、定型判断先于个别判断的判断秩序,只有在前者肯定判断结论的基础上才能进行后者的判断,后者的否定判断结论则进一步否定构成要件该当性。一般认为,前者的证明责任主要在于控方,后者的举证责任则主要由辩方承担。不仅如此,随着构成要件理论的进一步发展,现代刑法教义学进一步认识到,构成要件只是立法者"从经验上的具体事件集合中提取出法秩序中重要的要素,从而形成抽象的类型,进而凭借其普遍适用的特性保障判决的平等性和正义性"[①]。作为连接规范与事实的行为定型,构成要件具有违法推定机能,因而被称为不法行为类型,甚至不仅具有违

[①] Schwinge/Zimmerl (Fn.41), S.78 f., 转引自蔡桂生:《构成要件论:罪刑法定与机能权衡》,载《中外法学》2013年第1期。

法推定机能,而且具有责任推定机能,因而被认为是不法且有责的行为类型。但是,该当构成要件的行为虽然原则上可以推定其违法,或者进一步推定其违法且有责,但并非当然构成不法或者当然构成不法与有责,客观上存在着不容忽视的虽然符合类型化的构成要件、形式上触犯刑罚法规但实质上不具有违法性的例外情况,或者虽然符合类型化的构成要件、实质上具有违法性但行为人不具有责任的例外情况。这些例外情况的存在及其证明,显然是辩方在刑事诉讼中行使辩护职能时的真正关注所在。为了充分保障辩方行使辩护职能,在控方证明被告人的行为该当构成要件的前提下,例外地否定行为具有违法性,或者否定行为人的罪责,犯罪论体系在构造上就必须兼顾控方对被告人行为该当构成要件的指控以及辩方对违法阻却事由与责任阻却事由的辩护,并且在构成要件该当性、违法性与罪责在体系内的位置与结构安排上体现出顺序性、位阶性与过滤性。

比较而言,无论是德日阶层犯罪论体系还是由储师归纳的以犯罪本体要件与责任充足要件构成的英美双层次犯罪构成模式,均相对平衡地兼顾了控辩双方诉讼职能的发挥,而四要件犯罪构成理论在传统上未能在犯罪构成体系内解决好正当防卫、紧急避险等法定排除犯罪事由的体系定位,更谈不上超法规的排除犯罪事由在犯罪构成体系内的承认与定位,因此,不仅显现出逻辑不自洽,而且可能导致辩方抗辩职能不能充分发挥、犯罪论体系出罪渠道不畅通、入罪与出罪机能不平衡等功能性缺陷。如果四要件犯罪构成理论通过对自身体系与结构的改良或完善,能够在维持体系框架的前提下,合乎逻辑地解决好该当构成要件与排除犯罪事由在违法性的证成与阻却上的原则——例外关系问题以及随后的不法与责任的区分,反映定罪思维过程的动态性、位阶性与过滤性,满足刑事诉讼中控辩双方发挥各自诉讼职能的要求,使法官在综合抗辩双方意见的基础上客观中立地作出理性的裁判,继续维持四要件犯罪构成理论当然也是可以接受的刑法体系建构方案。

总之,中国刑法体系建构,无论是选择阶层犯罪论体系,还是借鉴双层次犯罪构成模式,抑或继续坚持四要件犯罪构成理论,都必须反映刑事诉讼的客观规律,预设控辩审三方理性对话与良性互动的空间,合理分配证明责任,控制法官的定罪思维过程,疏通入罪与出罪渠道,契合刑事司法逐渐过滤、不断收缩追诉范围的动态过程与客观规律。

尾 论

以上,笔者根据刑事一体化思想对学科融通的要求,就中国刑法体系建构如何实现与罪刑法定机能期待、刑事政策、域外知识与本土实践、犯罪态势变迁与时代要求、刑事诉讼构造与功能诉求的融通,进行了回顾、梳理与展望。由于篇幅的限制,本文未能展开刑法体系建构如何接受行刑效果的反馈以及引入其他社会科学知识领域(诸如社会学、社会政策、社会经济、社会心理学、社会哲学)的方法和成果的讨论。这绝不意味着,刑法体系建构向这些领域开放,汲取这些学科的知识的重要性就不如本文展开讨论的知识领域。

事实上,正如耶赛克教授指出的,刑事科学(Kriminalwissenschaften)部分是规范性的科学,部分是经验性科学,既具有社会科学的特点,又具有自然科学的特征。刑事科学与其他学科的合作,是一个具有重要意义的科学政治要求。[①] "现在社会科学向刑法及其发展前景主要提出了批评性的问题,这些问题涉及社会控制的诸多其他可能性,因违法而科处的刑罚的合法化问题,它根据在犯罪情景中能不为犯罪行为的不可证明性对罪责原则提出了异议,它要求将刑罚目的从报应转向一般预防和特殊预防,强调社会对犯罪应负有的共同责任。只要不追求对现行法律制度和社会制度进行彻底变革,且不追求导致进入乌托邦帝国的'废除刑法',而是就事论事(非意识形态)地进行讨论,对刑法教义学家和刑事政策学家而言,与社会科学的对话是必不可少的,而且也是大有裨益的。"[②]因此,笔者希望与学界同仁一起,秉承储师刑事一体化思想,不断地向其他学科知识和领域学习,汲取这些学科和知识领域的新知识与新方法,为建构既具有普适性、科学性和有效性,又具有本土性、自主性和时代性的中国刑法体系尽可能多贡献一点绵薄之力。

---

① 参见〔德〕汉斯·海因里希·耶赛克、〔德〕托马斯·魏根特:《德国刑法教科书》,徐久生译,中国法制出版社2017年版,第58—59页。
② 〔德〕汉斯·海因里希·耶赛克、〔德〕托马斯·魏根特:《德国刑法教科书》,徐久生译,中国法制出版社2017年版,第65页。

法教义学与社会科学

——以刑法学为例的展开

车 浩*

近年来在国内法学界的讨论中经常使用的"社科法学",是一个需要被严格限定才有价值的概念。相对于"法教义学",要想显示出"社科法学"这一表述的存在意义和区分功能,则它的范围应当限定在:不仅在研究方法上是社会科学的,研究对象是作为社会事实的法律而非规范意义上的法律,而且,研究的落脚点是增进对制度运作或者个案事实的理解,而非指引法律规范的一般性适用。"社科法学"本质上是一种社会科学的专门形式,但是其研究成果具有两栖性,既可以归属于相应的经济学、社会学、人类学等社科门类,同时,在与法教义学的对象、功能和目标迥然不同的前提下,也能被视为法学的一种特殊的知识形态。在此意义上的"社科法学",可以被认为是在法教义学之外,与法史学、法哲学等并存的基础法学的一种研究范式。

与之相反,尽管使用了社会科学的研究方法,或者与社会科学之间形成紧密的功能关联,但只要没有破坏现行法的框架和教义体系,研究目标是形成可以指引司法适用的一般性规则也就是"教义",那么在笔者看来,这种研究的性质仍然属于法教义学而非社会科学。此类研究成果,不可能被归入社会科学的门类中,更不适合被称为"社科法学"。由此可见,"社科法学"这一说法,仅仅代表了一种不同于传统法学(法教义学)的知识形态,但是代表不了法学与社会科学的关系。① 本文的主题也不是比较"法教义学"与"社科法学",而是探讨法教义学与社会科学的关系。

法律科学(法学)包括多种形式,其中狭义的法学就是法教义学,或者说,法教义学已经成为法学的代名词。法教义学的研究对象是实定法秩序,是一门关于现行法和实在法的而非"正确法"和应然法的科学。由此区别于那些以应然法为研究对象的其他的法律科学,包括有关法之目的的法哲学以及有关这种目的之手段的法政策学。这里

---

* 北京大学法学院教授。

① 已有学者提出,社科法学属于基础研究,而与以部门法学为主体的法教义学并不居于一个层面上,所以将社科法学与法教义学作为对称概念并不十分妥帖。参见雷磊:《法教义学:关于十组问题的思考》,载《社会科学研究》2021年第2期。

的法秩序指的是规范意义上的法秩序,而不是法的生活事实,由此区别于针对事实展开研究的社会科学,包括犯罪学。尽管存在关于法教义学的诸多定义,但就其核心内容是以现行有效的法秩序为前提和不可突破的框架,围绕实定法展开解释、建构和体系化的工作这一点,今天已不存在太大争议。此处不再赘述。①

关于法教义学与其他学科特别是社会科学的关系,国外学界的讨论从未停歇。以德国为例,在几百年的法学发展史上发生过若干次关于教义学与方法论的激辩。晚近几十年中,关于法教义学与社会科学的关系也引起了新的讨论。② 一种观点是,法学界所理解的跨学科,并不是要求法学使用其他学科的方法,而更多的是利用其他学科的知识。③ 另一种观点是,法学界并不那么重视法教义学与其他学科的接轨问题,因为除了法教义学,还有法制史、法社会学、法心理学等使用其他学科研究方法的基础研究。只要这些基础研究和社会科学接轨,法教义学通过吸收这些基础研究的知识,也就间接地和社会科学对接。悲观者认为,由于法律的专业化日益提升,部门法体系化的难度大大增加,能够跨越不同部门法进行教义学研究都非常困难,更不用说引入其他学科的方法和借鉴其他学科的研究成果了。④

与德国法学界自我反思过度发达的教义学是否需要纠偏的语境不同,中国法学界讨论法教义学与社会科学的关系,主要由上述所说从事"社科法学"的研究者引发。⑤ 社科法学者总是想在法教义学与社科法学之间,制造一种对立、竞争和冲突的局势。这里面"寻衅滋事"的动机能够被同情地理解,从最初的寂寥到冲向舞台中央时,独角戏式的呐喊可能无人关注,首要和最优的策略是找到可以"碰瓷"的妥当对象,而研究者人数和受众人数最广又最老实的法教义学自然首当其冲。特别是在某些

---

① 这方面的文献较为丰富,此处仅参见拉德布鲁赫的经典论述。参见〔德〕古斯塔夫·拉德布鲁赫:《法教义学的逻辑》,白斌译,载《清华法学》2016年第4期;〔德〕古斯塔夫·拉德布鲁赫:《法哲学入门》,雷磊译,商务印书馆2019年版,第8—9页。
② 综述性的介绍可参见卜元石:《德国法学与当代中国》,北京大学出版社2021年版,第32—57页。
③ 参见 Jestaedt, Perspektiven der Rechtswissenschaftstheorie, in: Jestaedt/Lepsius (Hrsg.), Rechtswissenschaftstheorie, 2008, S.204, 转引自卜元石:《德国法学与当代中国》,北京大学出版社2021年版,第53页。
④ Vgl. Wuertenberger, Grundlagenforschung und Dogmatik aus deutscher Sicht, in: Stuerner (hrsg.), Die Bedeutung der Rechtsdogmatik fuer die Rechtsentwicklung, 2009, SS.10—11.
⑤ 关于社科法学与法教义学分立的形成过程,参见谢海定:《法学研究进路的分化与合作——基于社科法学与法教义学的考察》,载《法商研究》2014年第5期;参见苏力:《中国法学研究格局的流变》,载《法商研究》2014年第5期;陈柏峰:《社科法学及其功用》,载《法商研究》2014年第5期;侯猛:《社科法学的传统与挑战》,载《法商研究》2014年第5期。更晚近的一些批评,参见桑本谦:《从要件识别到变量评估:刑事司法如何破解"定性难题"》,载《交大法学》2020年第1期;戴昕:《"教义学启发式"思维的偏误与纠正——以法学中的"自杀研究"为例》,载《法商研究》2018年第5期。一些法教义学者也作出了认真的回应。参见邹兵建:《法教义学释疑——以刑法教义学为重点》,载江溯主编:《刑事法评论》(第42卷),北京大学出版社2020年版;邹兵建:《社科法学的误会及其风险——以戴昕教授对刑法学中自杀研究的批评为样本的分析》,载《法商研究》2019年第4期。也有学者认为,社科法学与法教义学有着异中之同,相对于法哲学而言都属于非智性阐释。参见王博:《法教义学与社科法学的异中之同——一种法哲学省察》,载《中州学刊》2019年第9期。

领域中,例如针对一些影响性案件的个案分析,由于这些年来以苏力教授、桑本谦教授为代表的部分学者的持续关注和强势进入,至少是在表面形式上似乎产生了某种竞争。不过从内心来讲,笔者并不太认同这种竞争的"姿态"有多大的效果,因为可能在社科法学者群体之外,大多数法教义学者和实务工作者并不太关心社科法学的个案分析,原因也很简单,主要是没用而并非不精彩。不过考虑到个案分析毕竟是体现"社科法学与法教义学之争"的主要形式,本文还是会以其为主题阐述两者的关系。

苏力教授曾经谈论过对法教义学的整体评价,"……其实我从来都尊重法教义学,尊重法教义学者的那份骄傲、矜持和自豪。因为只有热爱学术的学人才会有这份骄傲。但更重要的是我对法教义学的社会功能主义和实用主义理解:在传统的刑法和民法等长期稳定的领域内,法教义学可以稳定有效地应对大批量常规案件,若稍加拓展还可以延及应对许多稍有异常的案件。这足以确保法教义学分析在法学教育中一定甚至永远会占据一个重要的位置"①。其实,笔者也是向来都非常尊重和崇敬将社会科学的方法和理论引入法学的学者,特别是苏力教授,也不仅仅是他们身上都有的"骄傲、矜持和自豪",更主要的也是一种功能主义和实用主义的考虑:若想应对层出不穷的疑难案件并将其驯服为常规案件,法教义学就必须不断地改进自己的概念工具,改造旧的规则和教义,创设新的规则和教义。而要实现这一目标,就要放弃陈旧、僵化、自满的心态,走出过度依赖传统的逻辑—体系的教义学方法而蜗居其中的舒适区,从学科孤立主义的沉溺中挣脱出来②,以开放的心态去容纳和吸收包括社会科学在内的各种学科的方法和理论为己所用。

因此,如果暂且把"社科法学"搁置一边,严肃讨论法教义学与社会科学的关系,笔者认为主要有两种形式。通过教义驯服案件,借助社会科学形成教义,这就是笔者提倡的法教义学与社会科学之间应形成一种良好的"内部合作"的关系。之所以叫"内部"合作,是因为研究者要将社会科学的方法和理论引入法教义学体系,成为法教义学发展和革新的内部力量。社会科学的进入,不是反对而是有助于更好地以一种规则和教义的方式去理解法律和解决案件。社会科学的方法和理论是以一种幕后的姿态,为法律概念和规则的创设提供基础理据的支撑,而不是冲到规则和教义之前去直接搏杀案件。二者的关系就像台前的歌手与幕后的和声。法教义学引入社会科学的投资是

---

① 苏力:《中国法学研究格局的流变》,载《法商研究》2014年第5期。
② 在德国法学界,已经出现了对法学学科孤立主义的反思。在德国法学家中,公开和充分的跨学科性并不被视为科学的精密性和严谨性的特别标志,而会或多或少持续地带来一个疑问,即要想获得执教资格的人是否能够掌握"技艺规律",也即能够根据公认的法学方法来进行工作。其他临近学科会产生这样的印象,法学家们在进行着一个有意造成的自我指涉的、严密的、在某种程度上孤僻的自我对话。参见〔德〕马提亚斯·耶施德特:《法律中的科学——科学比较中的法教义学》,张小丹译,载李昊、明辉主编:《北航法律评论》(2015年第1辑),法律出版社2016年版,第45—68页。

为了改善原有的股权结构,最终呈现出来的公司形态仍然是法教义学。就这一点而言,显然与以往的"社科法学"的一些主张是不同的。当然,"说得再多不如下场遛遛",这里不再多费笔墨阐述内部合作的意义,下文将从经济分析和社会学考察两个侧面,通过几项研究简要例示这种合作的可能性和效果。

除了内部合作关系,法教义学与社会科学之间还可能建立起一种"外部合作"关系。笔者在这里界定的外部合作,是指一方不是被引入另一方的内部发挥作用,而是双方在外部形成一种功能性的协同关系。如果说,法教义学与社会科学的内部合作类似于刑法上的正犯与共犯(正犯是核心角色,共犯发挥教唆和帮助的作用;共犯对正犯有从属性,无正犯则无共犯),那么所谓外部合作,则类似于刑法上的共同正犯(双方都是核心角色,彼此之间相对独立但又功能互补)。"社科法学"作为一种社会科学的专门形式,除了以对法律现象的观察分析作为主要研究任务,不妨也更多地投入与法教义学的这种外部合作中。

本文也将以新冠肺炎疫情期间的刑事法治为例,探索并展示法教义学、刑事政策与犯罪学之间的外部合作关系应当如何构建。按照储槐植教授的说法,"刑事一体化"是指治理犯罪的相关事项深度融通。刑事一体化的要义,即融通学科联系(或曰淡化学科界限),运用哲学、政治学、社会学、经济学、犯罪学等学科的知识理念,解决现实问题。在刑事法领域,这可以被视作对储先生提出的"刑事一体化"理念的回应和践行。

一、法教义学与"社科法学"的竞争:个案分析

将社会科学的理论和方法直接运用于(作为法律现象之一的)个案分析,可以被视作一种典型的"社科法学"的研究模式。近年来,以苏力教授和桑本谦教授为代表的学者撰写了多篇精彩细致的个案分析文章,并以此为武器向法教义学吹响约战的号角。在此之前,一般认为法教义学与社科法学之间是井水不犯河水,二者之间没有真正意义上的冲突。法教义学是"戴着枷锁跳舞",以法条为研究的落脚点和约束条件。相反,社科法学并不受法条的羁绊。法教义学除了追求理论体系自身的自洽性,更追求为司法实践提供一般性规则。而这一点通常并不是社科法学的研究目的和兴趣所在。社科法学更关心与法律有关的各种社会现象,运用社会学、经济学等学科知识进行描述与分析,但既不落到具体案件的裁判论证中,也不为司法适用提供方案。就此而言,法教义学与社科法学是处在实定法苍穹内外的两种不同的知识形态,或者说是观察法律的内部与外部的两种不同的视角。不同的学者基于不同的理论兴趣和知识背景进入不同的领域,站在不同的视角,运用不同的方法研究不同的问题,本无所谓法教义学与社科法学之争。[①]

---

① 参见车浩:《理解当代中国刑法教义学》,载《中外法学》2017年第6期。

不过,随着部分社科法学者的研究兴趣投向个案分析,两类研究的对象出现了一些重叠。例如,在苏力教授眼中,社科法学的研究兴趣和对象覆盖了法教义学,其中就包括个案分析。"社科法学必须进入其实也已经进入了刑法和民法这些传统法教义学固守的核心阵地……更必须准备好在部门法的每一个街角、每一座高楼同法教义学展开厮杀,准备自己倒下,但也要等着看最后是谁倒下。"①桑本谦教授也认为:"热点案例或涉法事件作为疑案法律问题恰好为检验不同学术进路或不同法律理论的功能提供了天然的竞技场。"②如果说,今日的国内法学界在法教义学与社科法学之间确实存在某种形式上(实质上可能没有)的竞争的话,那也就只能是体现在苏力教授和桑本谦教授不断叫阵、持续发力的个案分析的场域了。这两位教授都是笔者特别尊敬的学者,而学者之间最大的尊重是回应,最令人沮丧的是不理会。接下来,笔者就搁置对这一竞争形式有何实益的内心怀疑,从几个维度回应社科法学的批评,探讨法教义学与社科法学在个案分析这一学术场域的竞争关系。

(一) 个案分析的学术功能:形成规则还是追求智识

个案分析的写作者,是站在谁的角度上为谁而写作,写作的目的为何?对这一问题的回答,不仅关涉此类个案写作的学术意义,也凸显法教义学与社科法学的一个重要区别。在法教义学者眼中,无论是概念分析还是个案分析,写作目的都是为司法者提供一般性规则。个案是形成规则的素材,发挥的作用是检验、证立、提炼或创设法律规则,如果偏离或脱离了这一目标,再精彩的个案分析也是无用的。但是在社科法学者看来,个案分析可以包含但不限于法律规则的分析,更重要的是"追问个案中的各种智识可能,及其对于法治和法学的意义"③。这也决定了在对待司法实务的态度上,社科法学的个案分析也不同于法教义学。"当然应当有助于个案的实务应对,但其目标却从不只为了应对个案,法理分析其实几乎只为了更好地、更现实地理解法律和司法,理解天理、国法与人情及其互动。"④

这种"既要……又要……"的修辞策略,并不能掩饰社科法学在个案分析上的写作目的主要还是智识上的展示和追求,希望增进人们对包括但不限于法律规则的整体社会的理解,期待给包括实务工作者在内的所有法律人以启发。尽管目标不唯一,但毕竟包括了"有助于实务的应对",在这个跑道范围内,社科法学也宣称要与法教义学进行竞争。不过这确实很难。在分工细化的当代社会,四面出击的、启发式的写作未必会有效覆盖更多的读者,因为它过于发散地辐射以至于难以"精准地"满足特定需求并

---

① 侯猛、苏力:《关于问题意识的对话》,载侯猛编:《法学研究的格局流变》,法律出版社 2017 年版,第 27 页。
② 桑本谦:《理论法学的迷雾:以轰动案例为素材》,法律出版社 2008 年版,第 2 页。
③ 苏力:《是非与曲直——个案中的法理》,北京大学出版社 2019 年版,第 364 页。
④ 苏力:《是非与曲直——个案中的法理》,北京大学出版社 2019 年版,第 364 页。

因此让市场流失。仅就面向司法实践这一点而言,法教义学是专注地在跑道上冲刺,而社科法学则是一只脚踏在跑道上,另一只脚还在游泳池里划水,甚至手上还想着再扔个铅球;志向高远,但表演性大于实效性。因此,仅就通过个案分析能否助力司法实践这一点而言,社科法学无法跑赢法教义学。

一方面,个案分析只有形成规则才能为司法实践所用。法教义学与社科法学均不是审判实践,而是一种面向实践的理论研究。研究者始终要问自己:个案分析的受众是谁？展示给受众的目的是什么？他们如何从个案分析中受益？显然,个案分析的写作者是学者而实务工作者只是个案写作的受众。因此,面对一个已经发生的案件,如果一个社科法学的个案研究者把自己想象成法官,在文章中仅仅展示自己是如何分析具体事实细节去解决特定纠纷,但却没有从个案中提炼出一般性规则,那么,这种研究的实践意义是相当有限的:它既不可能有助于那个已决案件,也难以为其他案件的审理提供帮助。因为按照它的主张,每个案件的事实细节都是不同的,重要的不是规则或教义的适用而是具体问题具体分析,当然也就不能在后面的办案中照搬这些文章里的分析,除非办案者学会了这样的分析能力。

困难在于,如苏力教授、桑本谦教授这样杰出的社科法学者展示的那种细致缜密的个案分析,实际上只能由学者本人完成,对基层法院的法官以及一般的法律实务工作者来说是很困难的。如果大多数实务工作者都有能力这样分析,这种研究本身也就没有学术发表价值了。苏力教授阐述过自己做个案分析的追求方向,"我不急于用案例分析来印证或支持某一个法理命题或法学教义,也不总是基于得出一个仅解决此案纠纷的确定方案,我更希望发现和展示在我看来有法律制度、理论意义的重要争点,由此开放一个或一些更有智识意味的分析"[①]。但是,这种不提供教义、规则和方案而只是展示分析过程的个案研究,并不能为实务工作者提供有效帮助,与它表面上声称非常重视的司法实践也欠缺直接关联,更难以实现它所期待的那种指导功能,而只能萎缩成在学界内部展示分析能力的一种孔雀开屏,结晶为一种智识成果的论文形式。[②] 它当然也可能会对包括实务工作者在内的读者有所启发,但这种启发都是零星的、偶然的、依赖个体感悟的、缺乏可预期性和实操性的。要言之,很多社科法学的学者做个案分析的动机,其实是智识展示而不是指引实践。

相反,法教义学追求的是智识的结晶而非智识展示本身。法教义学的个案分析不是为了表现研究者自身的智识能力,也不是为了激励实务工作者以此为范本,在以后

[①] 苏力:《是非与曲直——个案中的法理》,北京大学出版社2019年版,第5页。
[②] "……原来我觉得是我想象这个学界会有很多人有很强的知识兴趣……后来我发现,我是比较天真的。作为法律人来说,很多人并不一定是追求知识的……那么社科法学就会受到一点阻力,就会相对来说,就不是像我想象的那种纯粹追求知识的偏好。"参见陈柏峰等:《对话苏力:什么是你的贡献》,载《法律和社会科学》2014年第1期。

的个案中也追求同等程度的分析;法教义学个案分析的目的,是在展示论证的合理性基础上,推导出让实务工作者信服的一般性规则,以便于在后续其他案件中可以重复适用。因此,"法教义学在中等抽象程度内求诸智力、问题意识、责任感和工作经验都很平均和正常的法律人"①。法官、检察官、律师群体中的"理性平均人",是法教义学通过个案分析形成规则、提供教义学产品的服务对象,这一消费者群体决定了法教义学的个案分析必然比社科法学的个案分析在实践中更有市场。理由无他,唯好用尔。

另一方面,个案分析只有形成规则才能为司法实践减负。对于从事司法实务工作的法律人而言,法教义学的主要功能在于储存和减负。法教义学从令人信服的问题解决办法中提取出可反复使用且易于掌握的概念、制度和规则,并且尽可能地经由稳定的解释惯例以避免无尽的究根问底。② 对日常司法实践而言,这意味着相当大程度上的减轻负担。

形成教义的过程,就是把一个得到普遍认可的论证结构和结论存储到某个概念或者规则中,稳定和固定地称为一个符号化的、公式化的语句表述。只要以后涉及类似问题,直接适用这个概念和规则就可以了,就像做题时把各种题目内容直接套用到公式上,而不需要再对公式本身的正确性进行论证,这就极大地减轻了解题的负担。简言之,存储论证过程,以备类推适用。③ 日常的司法实践会遇到各种类型的案件,可能且可接受的解决方案往往相当多。若没有法教义学,则必须在每个争议案件中重新讨论所有可想见的解决方案。法教义学为已知的法律问题准备了经受考验且被承认的解决方案的模板。司法实践面对个案时可以追溯到法教义学,并因此无须在每个裁判中对所有可能的解决路径的评价问题进行重新讨论。④ 这也是包括法教义学在内的所有教义性学科固有的优点。

因此,一个法教义学的研究者对待个案分析的态度,首要的任务是提炼个案的事实精华或裁判要旨,参考其他各种法律材料,通过建构和体系化的操作,推演和形成一般性规则即教义;其次才是利用教义去解决个案。与之相对,第二步的任务正是司法实践的主要工作。"法院在体系思维指导下处理个案,就是从体系到个案;教义学沿

---

① 参见〔德〕安德烈亚斯·福斯库勒:《法教义学贡献了什么?——介绍与展望之十二个论点》,李浩然译,载李昊、明辉主编:《北航法律评论》(2015年第1辑),法律出版社2016年版,第17—20页。此外,在几乎所有的法律领域还存在更深的法教义学层次,但是一般来说只有少数专家才关心这些问题。

② Vgl. Thomas Vesting, Rechtstheorie, 2007, Rn. 21 f.

③ Vgl. Sahm, Element der Dogmatik, 2019, 113.

④ 参见〔德〕伯恩德·吕特斯:《法官法影响下的法教义学和法政策学》,季红明译,载李昊、明辉主编:《北航法律评论》(2015年第1辑),法律出版社2016年版,第137—161页。这里涉及概念工具和规则的一种"概览能力",司法实务工作者通过运用规则,才能够把握住不断翻新的法律材料和层出不穷的各种案件。参见〔德〕克里斯蒂安·布克:《法教义学——关于德国法学的发展及其思维与操作方式的思考》,吕玉赞译,载陈金钊、谢晖:《法律方法》(第24卷),中国法制出版社2018年版,第7页。

着个案去进行体系化工作,就是从个案到体系。"①不同的是,社科法学的研究者并不把通过个案分析形成规则作为目标,而只是关注在个案中尽可能丰富的事实细节,作为展示分析能力的素材。然而,吊诡之处恰恰在于,一个案件中被挖掘出来的事实细节越丰富,研究者在分析过程中按自己的理解赋予影响裁判结论的约束性因素越多,该个案就越缺乏一般性意义;针对个案的分析越精细,也就越缺乏普遍适用的能力。如果说,法教义学的个案分析是将复杂的案情简化,以提炼规则和教义来减负,那么,社科法学的个案分析就正好相反,是通过让简单的案情复杂化,以表现这里没有规则和教义可循。

"一花一世界""花花各不同",这固然可以扩展读者的观察视角以及增进审美体验,但对司法实务工作者实际处理案件而言,不是减少而是增加了"每一次发现都是新感觉"的负担。在这个意义上,社科法学的分析是亲审美而远实践的。

(二) 个案分析的首要价值:法的安定性还是合目的性

多年前,苏力教授在《送法下乡——中国基层司法制度研究》中提出:"法院的基本职能究竟是落实和形成规则(普遍性地解决问题),还是解决纠纷(具体地解决问题)?或者在两者不可偏废的情况下以何为重,并将向哪个方向发展?"②多年前的这一提问仍未过时,同样适用于今日的主题讨论。个案分析的价值,究竟是着眼于法的安定性,强调规则之治,还是看重具体后果,关心个案的妥当解决?这个看似方法论和视角的差异,实际上涉及一个法哲学层面的经典问题。③

如上文所述,同样是个案分析,法教义学与社科法学对研究任务的理解是不同的。对法教义学来说,个案研究的核心任务是在法律框架内阐明或创设一般性规则。这些规则不是在个案中任意考量和适用的政策性表达,而是既需要在法理上明确其内涵,也需要在司法实践中保持规则适用的统一性。作为能够涵摄各种案件事实的上位规则,在某一个案件中适用时所赋予的内涵,必须要能够保持逻辑一致地、普遍化地适用于其他个案。由此,才能在一个以刑法为前提的司法语境中,维护法律的统一性和安定性。与之相对,社科法学的个案研究往往不看重提炼一般性规则,而是强调——运用经济分析的单一工具或者实用主义地综合运用各种工具——具体问题具体分析。而在进行具体分析时,社科法学者追求的目标显然不受一般性教义的约束,而往往更看重个案权衡影响到的利益变化,或者说,一种在具体个案中关注利益和后果导向的考量。

拉德布鲁赫曾经指出:"公共利益、正义和法的安定性共同宰制着法——这种共同

---

① Sahm, Element der Dogmatik, 2019, 118.
② 苏力:《送法下乡——中国基层司法制度研究》,中国政法大学出版社2000年版,第176页。
③ 参见车浩:《理解当代中国刑法教义学》,载《中外法学》2017年第6期。

宰制不是处在紧张消除的和谐状态,恰恰相反,它们处在生动的紧张关系之中。这种紧张关系只能通过妥协,通过相互的牺牲而间或也能够得到缓解。"①如果把这里的公共利益进一步作松弛化理解,视作整体利益的后果主义考量,那么,社科法学的利益或后果导向的个案分析,与法教义学的规则导向的个案分析的差异,在法的价值层面上,就表现为合目的性与法的安定性(以及平等适用的正义性)之间的紧张关系。

在法的安定性、合目的性与正义这一价值序列中,拉德布鲁赫把法的安定性放在首要的位置。"法律规则的存在比它的正义性与合目的性更重要;正义性和合目的性是法律的第二大任务,而第一大任务是所有人都认可的法的安定性。"②"法的安定性是任何实在法由于其实在性而拥有的特性,它在合目的性与正义之间占有颇受注目的居中地位:它一方面是为公共利益所要求的,但另一方面也为正义所要求。或者说,法应是安定的,它不应此时此地这样,彼时彼地又那样被解释和应用,这同时也是一项正义的要求。"③这里的安定性,在拉德布鲁赫看来,就是指必须平等地适用实在法,"明天如同今天一样适用,对一方当事人如同对另一方当事人一样适用,恰恰吻合那种决定着正义之本质的平等"④。

施蒂尔纳认为,法的安定性恰恰就是与法教义学紧密关联,"平等就是要求相同之事作相同之处理,不同之事作不同之处理,相似之事则作相应改变之处理。而教义学的主要功能,就在于透彻显示相同、不同与相似之处。此功能对任何法秩序来说都不可或缺"⑤。具体而言,通过教义学保障法的安定性,体现在以下几点:首先,教义学促进并且固定了法秩序的统一性。法教义学就是尝试把各个现行法无矛盾地且以具有理性说服力的方式阐明为一个统一的评价体系,通过归类整理法律材料并加以体系化,促成法的统一性。其次,教义学规则为各种特定裁判难题提供了解决方案的模板,让针对同类案件作出相同的裁判在较长的时间内成为可能。一个精心作出的教义学规则,增强了司法裁判的可预见性。最后,教义学规则一经确定成为司法、学说和文献所承认的"教义",司法实践就不能再简单随意地予以否定。任何人欲偏离教义学作出裁断,他就对此负有说明理据的义务。⑥ 由此一来,通过加重偏离者的证明负担,来保证偏离风险降到最低,保证了既定的法律轨道的安定性。

由此可见,正是由于将法的安定性价值置于中心地位,因此法教义学才坚持以

---

① 〔德〕古斯塔夫·拉德布鲁赫:《法律智慧警句集》,舒国滢译,中国法制出版社2001年版,第18页。
② 〔德〕古斯塔夫·拉德布鲁赫:《法哲学》,王朴译,法律出版社2005年版,第74页。
③ 〔德〕古斯塔夫·拉德布鲁赫:《法律智慧警句集》,舒国滢译,中国法制出版社2001年版,第170页。
④ 〔德〕古斯塔夫·拉德布鲁赫:《法哲学入门》,雷磊译,商务印书馆2019年版,第38页。
⑤ 〔德〕罗尔夫·施蒂尔纳:《现代民法与法教义学的意义》,陈大创译,载李昊、明辉主编:《北航法律评论》(2015年第1辑),法律出版社2016年版,第106—136页。
⑥ 〔德〕伯恩德·吕特斯:《法官法影响下的法教义学和法政策学》,季红明译,载李昊、明辉主编:《北航法律评论》(2015年第1辑),法律出版社2016年版,第137—161页。

一般性规则和教义展开个案分析。而社科法学者的个案分析,则是将合目的性价值放在了核心地位。这就涉及如何分析两种价值的关系的问题。

在法的安定性、正义与合目的性的价值序列上,拉德布鲁赫将合目的性放在最后,"我们把为公共利益的法的合目的性放在最后的位置上。绝对不是所有'对人民有利的东西'都是法,而是说凡属法的东西,凡是产生法的安定性和追求正义的东西,最终都是对人民有利的"①。之所以不能将合目的性放在价值序列首位,是因为拉德布鲁赫对于什么是合乎目的的公共利益,始终抱有一种警惕的心态。在他看来,如果认为对人民有利益的就是法,"这意味着:任性、背约、违法,只要对人民有利,就是法。这实际上是说:掌握国家权力者自认为对社会有益的事,独裁者每一次的突发奇想和喜怒无常的脾性,没有法律和判决的惩罚,对病弱者的非法谋杀,如此等等都是法。还可能意味着:统治者的自私自利被当作为公共利益看待。故此,将法与臆造的或杜撰的人民利益相提并论,就把法治国家变成了一个不法国家"②。

综上可见,法教义学和社科法学的个案分析,分别把法的安定性和合目的性作为自己的价值路标。一旦涉及法哲学上的价值和理念问题,有些分歧注定没有终极答案,必然是见仁见智,因此这里能做的也只是揭示问题,点到即止。不过这里可以留一点供社科法学者思考后果主义的空间:在当下的中国法治环境下,谁能在法律之外成为判断后果好坏的主体?在以社会效果或利益最大化之名来给个案定调时,又如何控制其中潜伏的恣意化风险?

(三) 个案分析的事实性质:案件中的事实还是事件中的事实

社科法学的论者在个案分析时往往特别强调事实的重要性。"……希望尽可能从案件中的事实出发,不仅是法律人通常关注的狭义的案情,还有那些会被法律人有意遗忘、主动省略或懒得以实证经验核实的各类事实,甚至会包括案件或事件发生的历史和社会的语境。"③这可能会让一些社科法学者认为,相对于法教义学研究者总盯着法条而言,社科法学者的研究强项就在于案件的事实认定方面④,并往往以此为由批评法教义学者的个案分析往往只关注简单僵硬的教义却忽略了丰富的事实。但这个批评存在误解。

一方面,面对变动不居的生活事实,能否洞察到其他人注意不到的细节及其与整个社会脉络的关联性,只是说明一个学者个人的学术敏感性和想象力的强弱而已,与采用什么方法,是从事法教义学还是社科法学并无直接关系。另一方面,更重要的

---

① 〔德〕古斯塔夫·拉德布鲁赫:《法律智慧警句集》,舒国滢译,中国法制出版社2001年版,第170页。
② 〔德〕古斯塔夫·拉德布鲁赫:《法律智慧警句集》,舒国滢译,中国法制出版社2001年版,第159页。
③ 苏力:《是非与曲直——个案中的法理》,北京大学出版社2019年版,第5页。
④ 例如,侯猛认为司法过程中面临的首要问题是事实问题而非法律问题,事实认定需要社会科学的支持。参见侯猛:《司法中的社会科学判断》,载《中国法学》2015年第6期。

是,每个人都是带着自觉或不自觉的前见去观察生活,关注的重点自然不一样。根据自认为的重点去截取出来的细节和片段,以及最终塑造出来的"事实"也都不一样。

一个法教义学者眼中的事实,是可能会出现某种特定的法律责任,因而也必然与相关法律条文关联的"案件事实"。对法教义学者来说,不存在"裸"的事实,因为他从一开始就是戴着法律规范的眼镜去看待生活,事实的轮廓和重点都是在规范的牵引下慢慢呈现的。所谓"目光在规范与事实之间往返流转",就是对事实的理解一定是同时朝着规范的方向去靠近。

因此,法教义学者在个案分析中的事实认定,是在现行的实定法秩序之下展开的,以立法者在法条中描述的构成要件典型事实作为模板,以各个构成要件中的行为、结果、主体等特征作为抓手,去观察、理解、抓取和表述"案件中的事实"。法教义学者就像拿着一张用法律规范和教义之线编织而成的渔网,在生活的流水中打捞,捞上来的都是与法律相关的事实。至于和法律归责无关的其他细节,自动地就从网眼中过滤掉,因为研究者只关心案件中的行为人在法律上的责任。当然,那些细节对当事人以及公众来说完全有可能同样甚至更加重要,但那并不会因此影响到首要的法律效果的判断,至多是接下来在社会效果层面上或许需要考虑的问题。

相反,社科法学者的个案分析,关注的不是案件事实而是"事件细节"。一个没有受过法教义学训练或者对部门法中的法律规定、司法解释、判例传统以及理论争议等各种约束性"教义"仅是大概了解甚至不太了解的社科法学者,他对生活的观察不会受到法律方面的约束和限制,关注的重点和方向也不受法律的引导,而是用个人可以调动的全部知识和想象来四面八方地展开。

因此,社科法学者眼中看到的事实,其实是一个"社会事件中的全部事实",而不是一个受法律指引的案件事实。在不受法律引导和影响的情况下,只要分析者足够敏感,则事件中的所有细节和因素都可以涌入分析中,无论它们是否与法律相关。与法教义学者相比,社科法学者手中拿的不是一张将与法律无关的事实过滤出去的渔网,而是一个没有网眼的渔盆,连鱼带水以及各种微生物都捞上来。以这些事实基础展开的个案分析,最后呈现出来的自然是一出远比以经过筛选的案件事实为材料的法教义学的案件分析更加精彩、生动和饱满的事件分析。如同一篇布满细节和文学性充沛的深度新闻调查,给一般读者带来的阅读感受是愉悦的。只是在忙于审理具体案件的法官那里,可能收获一记"与本案无关"的惊堂木,因为它可能迷失在繁冗的叙事和修辞中而让庭审失焦了。

(四) 个案分析中的法律地位:不可逾越还是不必恪守

同样是在个案分析中涉及法律(狭义上的法条文字规定),在法教义学者和社科法学者眼中的地位是截然不同的。这也是法教义学与社科法学另一个重大差异,即在个案分析时对待实定法的态度。

按照苏力教授的说法,社科法学的个案研究,是运用"本领域的相关知识、相关制度机构的权限、历届和本届政府的政策导向,可能的当下和长期效果、社会福利,影响本领域的最新技术或最新科研发现,眼下的突发事件等,甚至法律、规范和教义在这里是作为事实之一在法律实践中必须给予足够的关注,却从来不是必须不计代价予以恪守的天条或教义"。这样的个案分析,在苏力教授看来,就与法教义学的个案分析存在冲突。"由于法教义学和社科法学各自将对方的核心考量仅仅作为自己的考量因素之一,就此而言,两者看待法律和世界的方式一定是尖锐对立的。"①

法律和教义的确是法教义学的核心考量。法教义学在解释法律和创设规则的过程中,既会受到道德、哲学、历史以及价值观的影响,也同样会考虑政策、效果、福利等因素。但这些都是编织教义学绳索时选用的各种材料,都服务于有说服力地铺设通往实定法之路。所谓"法律作为核心考量"表现在,分析方法可以是逻辑或经验,思路也可以是统计数据或后果主义,但是最终的结论都不能越过法律及其教义的边界。从司法实践的层面来说,无论法官在最终作出决定之前,脑海中经过了哪些政治的、经济的、文化的、法律的因素的考量,但是最终形成裁判结论的根据和论证,都只能是法律的。这就是法的发现与证立的区分。②

相反,法律和教义在社科法学那里"仅仅是考量因素之一"。这就意味着,社科法学者在分析个案时,不会像一个司法者而是像一个立法者那样思考,适用可能与实定法完全冲突的"脑海中的法则"。这种个案分析是一种以想象中的哲学观念、价值方法(如实用主义哲学、成本收益方法等)以及被这些观念和方法所笼罩和认可的事实为理据的个案分析,与现行法的关系可能有时冲突有时融合,但都是偶然性的,因为研究者从一开始就并没有把现行的法秩序作为不可突破的思考框架。

(五) 个案分析中的自我迷失:社科法学还是法教义学

苏力教授的多篇个案分析,有些是社科法学式的,有些在笔者看来却是法教义学式的。这并不能以作者宣称的自我定位为准,而只能看作品的客观性质。例如,在肖志军拒签手术事件的个案分析③中,文章的核心内容就是证立"非签字不手术"这一制度的合理性。他从签字同意制度的成本收益、后果预测、比较法、案例等多个角度,论证了"非签字不手术"这一规则的合理性。挤掉文中各种修辞、叙事技巧,压缩散漫发挥的水分,还原论证结构,该文完全可以改编成一篇典型的从个案来证立手术签字同

---

① 侯猛、苏力:《关于问题意识的对话》,载侯猛编:《法学研究的格局流变》,法律出版社2017年版,第27页。
② 关于法的发现与证立的详细论述,可参见焦宝乾:《法的发现与证立》,载《法学研究》2005年第5期;雷磊:《法教义学的基本立场》,载《中外法学》2015年第1期。
③ 参见苏力:《是非与曲直——个案中的法理》,北京大学出版社2019年版,第31—53页。

意制度的教义学八股文。从案例出发,最终的落脚点回到了一般性规则上面。同样性质的文章,还有苏力教授关于药家鑫杀人案的分析①,文章的核心追求是提出和证立"独生子女免死"的量刑规则。这已经不是针对药家鑫个案的分析结论,而是由此个案出发,希望创设普遍适用于其他同类案件的一般性规则。无论作者怎么安排自己的文章结构、修辞手段、分析工具和话语资源,万变不离其宗,核心追求指向一般性规则的,就是法教义学性质的个案分析。这些都是法教义学的文章,尽管作者把它们集合成了投向法教义学的手榴弹。这个地方不必管作者自己怎么以为,"作品问世,作者就没了"。

相反,像苏力教授关于陕西黄碟案的分析②,就纯粹属于针对个案事实的具体分析。文章运用了自由主义的、社群主义的、女性主义的、教条主义的观点和思想作为分析工具,从各个角度展示了对于黄碟案的理解,以及一些被忽略的事实细节。文章的分析是精彩的,但通篇既没有围绕也没有回到某个法律规范上来,没有证立、反驳或者创设一般性规则,因此这篇文章就不是法教义学式的,而是一篇较为典型的社科法学的个案分析。它的努力目标在于掀开被遮蔽的观点和事实,开放智识启发思考,但是不涉及规则和教义。

除了苏力教授,桑本谦教授也对许霆案作出过细致分析。他在文章里指出:"许霆的作案方式有两个重要特点:一是利用 ATM 故障,二是使用自己的储蓄卡。前者意味着类似案件的作案成功率接近于零,因而对犯罪受害人造成的预期损失以及预防犯罪的社会成本都不大;后者意味着类似案件的破案率趋近于百分之百,因而侦查成本以及其他犯罪控制的成本都很低,并且在破案率极高的条件下,即使较轻的惩罚也能够产生很强的威慑效果。"③

笔者认为这些分析都很精彩,不过,也并不存在那种被杜撰出来的与法教义学之间的冲突,而是都可以被吸收纳入由许霆案衍生出来的一般性规则。倘若允许以尚未经仔细打磨的粗糙形式出现,这一规则就可以提炼出来,"在与机器的交易中因为机器故障而不当得利进而构成犯罪的,可以作为从宽处罚的酌定情节"。这个关于此类财产犯罪从宽处理的情节考量,再经过一些争鸣和讨论的打磨,经过一些判例的检验,它就可以发展出一个量刑方面的"教义"。它脱胎于许霆案,但是作为基础理由的"故障的偶然性""交易的留痕性"的情形具有一般性,因而该规则也可以适用于其他机器交易的场合。再出现类似情况时,直接适用该规则即可,不必再来一次成本收益的经济分析和刑罚预防效果的阐述。

---

① 参见苏力:《是非与曲直——个案中的法理》,北京大学出版社 2019 年版,第 97—134 页。
② 参见苏力:《是非与曲直——个案中的法理》,北京大学出版社 2019 年版,第 66—94 页。
③ 桑本谦:《理论法学的迷雾:以轰动案例为素材》,法律出版社 2008 年版,第 172 页。

这样一来,就实现了法教义学对司法者的减负功能,缩短了司法工序,"无须在解决每一个案时,都对具有最终决定作用的那些观点重新进行权衡"①。另外,之所以不让社会科学的具体分析走上前台,而是让其成为教义背后的证立逻辑,也是因为用规则或者教义的简明文字表达出来,才便于公众认识和了解,其行为可以有稳定的预期,不会因为难以预测专业人士烦琐和机智的论证而萎缩自由行动的空间。总之,法律规范、规则、教义,既是司法者的裁判规范,也是公众的行为规范。当把包括社会科学在内的各种纷繁复杂的理论观点和论证过程存储进一个公式里面时,裁判规范对司法者的减负功能和行为规范对公众的指引功能才能够有效地实现。

二、法教义学与社会科学的内部合作Ⅰ:经济分析

在各个社会科学门类中,法学与经济学的关系向来紧密。如前所述,法教义学本身就内含了效率这一经济学的核心价值,即从纷繁复杂的材料中提炼出概念和规则,让处理同类问题的工作在操作流程上简明和便利。引入经济学的分析方法,在作为成文法典化国家典范的德国法学界也并不鲜见。"在过去20年中,私法中最有成效的改革运动帮助法教义学的操作方式获得了学科上的开放和补充,这主要体现在法律的经济分析方面。这种从经济学中发展出来的方法,使私法制度的功能性研究以及在目的理性的视角上对之进行评价成为可能。"②杰拉德·瓦格纳(Gerald Wagner)认为经济分析不仅适用于经济法也适用于传统民法领域,在他看来,法教义学的任务是把现行法整合发展为一个内部无矛盾的体系,但由于德国民法体系已经分崩离析,因而无须再特别关注规范而应更多地关注法律原则。效率就是一种法律原则,这一原则构成了经济学知识输入法学的入口。③

但是,上述看法并不完全适用于刑法。与民法相比,各国刑法都是相对封闭的体系。无论采取传统的教义学方法还是经济学方法,在为司法实践提供一般性规则时,都不能脱离具体法条而仅仅在法律原则的层面上展开。这恰恰是由于罪刑法定原则的要求,即定罪量刑的根据只能是具体的刑法规定而不能是抽象的刑法原则。实际上一些得到公认的刑法原则和基本范畴都已经内含了经济学思维。以罪刑法定原则为例,如果在法无明文规定的情况下启动刑罚,则"刑不可知威不可测"的恐吓会导致

---

① 〔德〕罗尔夫·施蒂尔纳:《现代民法与法教义学的意义》,陈大创译,载李昊、明辉主编:《北航法律评论》(2015年第1辑),法律出版社2016年版,第106—136页。
② 〔德〕克里斯蒂安·布克:《法教义学——关于德国法学的发展及其思维与操作方式的思考》,吕玉赞译,载陈金钊、谢晖:《法律方法》(第24卷),中国法制出版社2018年版,第10页。
③ 根据卜元石教授的介绍,很多德国私法教授资格论文都会运用经济分析的方法,欧盟立法也有采取经济分析的取向。参见卜元石:《德国法学与当代中国》,北京大学出版社2021年版,第88页。

在司法者面前人人自危,个人自由必然剧烈萎缩,社会交往、技术创新、企业改革等将陷入一种全面停滞甚至倒退的局面。因而从经济学的角度来看,放弃罪刑法定的做法就是不明智的,因为交由司法者凭借正义情感或者效率原则去定罪的社会损失远超过收益,是一种不效益的结果。至于成为当代刑法目的论主流观点的一般预防理论,以趋利避害的理性人可以被威慑或规训为核心思想,则是更典型的事前激励的经济学思维。

除了这些已经被证立的基本原则和范畴,在构建指引司法实践的概念工具和一般性规则的教义学工作中,也可以引入经济分析来助力完成教义学的任务。这个方向上的工作还没有引起国内外刑法学界的重视,目前可资借鉴和参照的文献不多。接下来就以占有的成立与归属、被害人同意错误以及诽谤罪的自诉机制等几项研究为例,展示经济分析在刑法总论和分论教义学中的运用。

(一) 占有成立/归属规则的经济分析

如何判断占有的成立和归属,往往涉及是认定盗窃罪还是侵占罪的分歧。问题的关键,是如何分配事实要素和规范要素的比例和作用。从法教义学的惯常思考模式出发,基于规范论和存在论的不同立场,会形成针锋相对的两种观点。

一种立场是坚持纯粹的规范论,认为权利、观念等规范性因素是判断占有成立和归属的关键所在(A 观点)。相反的立场,则是坚持彻底的存在论或物本逻辑,以事实层面的控制力大小来决定占有的归属(B 观点)。在以下场合,两种观点会对带走财物的行为人得出不同的定罪结论:拾到死者之物的路人、提着上司皮包的下属、穿着酒店浴袍的客人、在超市里取看商品或者试穿衣服的顾客、将乘客行李扛在肩上的工人。按照 A 观点,财物的占有人应当是权利人,行为人打破占有的行为构成盗窃罪。根据 B 观点,行为人对财物的事实控制力更强大因而占有财物,构成侵占罪。

但是,如果引入经济学的效率视角,考虑对潜在行为人和被害人的事前激励,就会发现这两种法教义学的极端立场都存在疑问。如果一个权利人疏于对财物的管理,在本能够付出轻微成本防止财物丢失的情况下,任由财物脱离控制,而按照 A 观点,国家又必须启动盗窃罪的公诉程序为其支付巨大的追索成本,显然是增加了整个社会的浪费,鼓励和放任了怠于履行注意义务的做法,不符合将责任分配给最小成本防范者的效率思想。但是,采用 B 观点也存在疑问。认定侵占罪的结论会因追诉率低、定罪充满不确定性而加大对潜在行为人犯罪的激励。权利人也会增加多余的谨慎,把对财物的事实控制力牢牢掌控在自己手中。这会遏制社会分工与人际交往的活力和流畅性,促使整个社会朝着高成本、无效率方向运作。

从以上两方面的经济分析可见,坚持纯粹的规范论或者存在论的立场,都会形成负面的激励,导向不效率的结果。相比之下,C 观点就更能经受住经济学视角的检验:

占有的成立以事实控制力为必要条件,而判断多人占有的归属时,则以规范上认同度的高低作为标准。①

一方面,在权利人对财物疏于管理、已经完全丧失事实控制力的场合,按照 C 观点,应当否定权利人的占有,对取走财物的行为人认定为侵占罪。如果权利人看重财物,这就促使他在比较事前的看管成本与事后的自诉成本之后,对财物采取合理有效的管理。相反,如果权利人对财物的轻视已经到了既不愿意付出管理成本也不愿意付出诉讼成本的程度,此时认定原占有已经消失而新占有归于行为人,对整个社会而言,物尽其用是更有效率的分配。以侵占罪论处正好可以避免诉讼浪费,权利人不会提起自诉,检察机关也不必公诉。另一方面,在搬运工与乘客、商场与顾客等这样的协作关系中,在双方都对财物有事实控制力的情况下,按照 C 观点,不是将占有归属给控制力更强的搬运工和顾客,而是归属给规范上认同度更高的乘客和商场。这至少能够部分消除 B 观点的负面激励,减少人们在管控财物方面的浪费,促进社会成员之间的相互协作,降低交易成本,帮助人们更顺畅地、效率更高地实现目标。

上述 C 观点的证立,面临与 A 观点和 B 观点的竞争。如果仅仅是从体系或者逻辑的传统教义学角度展开,各能自圆其说,难以区分优劣。在这种情况下,引入经济学的效率标准和事前思维,比较不同理论的实践后果,从判决影响对潜在的行为人和被害人的激励效果来评判,则 C 观点的比较优势得以凸显。

(二) 被害人同意瑕疵理论的经济分析

关于被害人受骗的同意效力,刑法理论中主要存在"法益错误说"与"全面无效说"的对立。全面无效说主张,只要同意存在错误即为无效,应追究行为人的刑事责任。② 法益错误说则认为,只有那些与法益本身的性质、内容和影响相关的错误,才能导致同意无效。③ 基于不同的法理根据,两种观点在教义学的逻辑体系中皆能自圆其说。以器官买卖为例,按照"法益错误说",器官出售者在报酬上受骗不影响同意效力,不应当惩罚行为人;相反,根据"全面无效说",则会认为器官出售者陷入了重大的动机错误导致同意无效,应当惩罚行为人。

从经济学事前激励的视角来看,"全面无效说"会助长形成一种保障人身交易自由的市场秩序,而黑市一旦得到刑法保障成为"半白市",就会推进人身法益的商品化。一方面,这只是意味着价格欺诈者的获利空间降低,并不会重大影响交易的积极性。至于其他购买者,只要"诚信"地购买,就不会有任何的抑制作用。另一方面,追究价格欺诈者的责任,对于器官出售者无疑是一个利好消息。因为这意味着器官的市场价值

---

① 参见车浩:《占有概念的二重性:事实与规范》,载《中外法学》2014 年第 5 期。
② Vgl. Krey/Esser, Deutsches Strafrecht AT, 2016, Rn. 620.
③ Vgl. Wessels/Beulke/Satzger, Strafrecht AT, 2018, Rn. 376.

得到承认,器官买卖的交易自由得到了保障。于是,对于外部激励具有敏感性的理性人来说,"全面无效说"的后果就是,为潜在的器官交易的各方确立了一个诚信交易的圈子和秩序,促进了人身交易市场的发展。这显然是人们不希望看到的后果。

相反,按照"法益错误说",在人身交易的场合(不仅是器官买卖,还有卖血、卖淫等),刑法应当撤回对交易信任度的支持,不保护动机错误。通过这种拒绝保护的方式,刑法设置了一种被害人自担风险的压力,从而能够在一定程度上阻止个人将重要的人身法益(如身体、自由和名誉等)同其他利益进行交易。

不过,也存在一些为包括器官买卖在内的人身交易辩护的声音。按照波斯纳的观点,器官买卖的危害性,似乎仅仅是令局外人有一种无从得知的危害性的虚幻感觉而已,但这种危害性实际上并不真实存在。[①] 这一看法忽略了以下事实:一旦有了市场,就会产生供需关系,利益驱动必然会激励诈骗罪之外的其他犯罪类型的犯罪分子去寻找器官来源,进而又会引发大量其强制交易甚至其他更严重的暴力犯罪的发生。这正如很多毒品贩子或者销赃者可能恪守买卖诚信,不会进行对价欺骗,但是他们在获取赃物来源的过程中,却毫不在意中沾满鲜血。经济学家贝克尔认为,担心"有人会为了得到别人的器官而实施绑架,还有就是极端主义的政府会卖掉囚犯的器官"是没有必要的,因为"(虽然)这是可能发生的,但不可能是大范围的,因为在大多数情况下,用于器官销售的来源不用大费周折就能找到"[②]。但是,这一辩解是完全脱离生活实际和犯罪现实的。任何盗窃犯、抢劫犯、诈骗犯的犯罪所得,其实本来也是"不用大费周折"就可以得到的,他只要肯努力工作或者出钱去买就行了。但是,恰恰就是为了不付出对价,才会有很多人"大费周折地"实施犯罪。

(三) 诽谤罪自诉机制的经济分析

依据《刑法》第246条的规定,侮辱罪、诽谤罪作为侵犯个人名誉法益的犯罪,属于"告诉的才处理"的自诉型犯罪。自"杭州女子取快递被造谣出轨案"引发社会各界关注以来,出现了对自诉犯罪积极提起公诉、加强公民人格权保护的动向。但是,从经济分析的视角来看,诽谤罪"原则自诉而例外公诉"的制度安排,是一种比较好地解决宪法上的表达自由与人格权冲突实现权利最优化配置的刑事立法方案。

在诽谤案的场合,公诉机制的确权成本过高。证明行为人表达是否属实(为真)是诽谤罪诉讼中的关键问题。但这一点也是整个诉讼中最耗费成本的环节。一种可能出现的情形是,行为人所说"坏话"的内容属实,即使丑闻被曝光后客观上有损当事人

---

① 参见〔美〕加里·S.贝克尔、〔美〕理查德·A.波斯纳:《反常识经济学》,李凤译,中信出版社2011年版,第72页。
② 参见〔美〕加里·S.贝克尔、〔美〕理查德·A.波斯纳:《反常识经济学》,李凤译,中信出版社2011年版,第69页。

的名声,也没必要支持当事人主张权利。真相恰恰说明当事人本来也并不配得到那部分名誉。更重要的是,"丑闻"曝光未必对社会就是坏事。当它为真时,反而增加了社会沟通中的有效信息,让其他人有更全面的知情,提高了其他人的沟通交往能力。只有当"丑闻"为假时,才需要通过法律进行遏制。因此,确权的关键不在于有坏话导致某个人的外部名声受损,而在于让他名声受损的"丑闻"是否属实。但是,如果把追查这一事实的任务交给司法机关主动介入,启动公诉,则不仅要消耗大量成本,而且很有可能因为查明丑闻属实而变得无意义。

因此,最明智的做法就是通过自诉机制,把防止这种可能无意义的资源损失的任务交给当事人。因为他处在那个能够防止这种无谓损失的最佳位置。对于诽谤事实的真实性,被诽谤的当事人是最清楚事实真相从而也最容易避免调查成本无意义消耗的人,他会作出最有利于自身利益的权衡。当丑闻为真时,当事人提起自诉的胜算小,而且诉诸法庭闹得众人皆知,反而是进一步广而告之地让丑闻传播,加剧名声受损。因此,最优策略就是不提起告诉,祈望事件尽快平息止损。此时,不仅行为人的"坏话"增加了社会真实信息的总量,而且不会为此启动任何不当的司法程序,不会产生无意义的资源浪费。在避免司法资源损失这一点上,当事人就是一个经济学上所谓"最小成本防范者"①,自诉机制就是一个避免无谓损失的最小成本防范机制②。

三、法教义学与社会科学的内部合作Ⅱ:社会学考察

在诸多社会科学门类中,社会学与法学的紧密关系出现得比法律经济分析更早。这种关系在通常的法律社会学中的主要体现,是从社会学的视角、运用社会学的方法对法律规范和机构的实际运作进行事实性描述和理解。如果说经济分析进入教义学领域至少得到了部分支持,那么对于社会学理论在法教义学中的运用,受到的质疑则相对多一些。例如,贺剑博士认为:"法社会学研究对于法教义学甚少助益,原因有二:其一,法律解释尤其是疑难法律问题的解决多数时候关乎价值判断,法社会学所擅长的事实判断在此难有作为;其二,法社会学研究通常偏于宏大,无法为具体制度的解释提供直接有用的信息。"③这种传统观念需要通过学术实践不断地矫正。的确,与经济分析相比,将社会学理论和方法引入法教义学中,淬炼教义学概念和规则的尝试可能更为少见。接下来就以关于保证人地位、扒窃以及邻里纠纷等几项研究为例,展示社会学考察在刑法总论和分论教义学中的运用。

---

① Guido Calabresi, The Costs of Accidents: A legal and Economic Analysis, Yale University Press, 1970, pp. 150-164.
② 参见车浩:《诽谤罪的法益构造与诉讼机制》,载《中国刑事法杂志》2021年第1期。
③ 贺剑:《法教义学的巅峰 德国法律评注文化及其中国前景考察》,载《中外法学》2017年第2期。

（一）保证人地位的社会学考察

保证人地位是不作为犯领域的核心问题，也是刑法理论中聚讼纷纭、观点林立的一章。目前主流学说认可考夫曼归纳出的两种保证人形式：一种是在法益无助状态能够发挥救助保护功能的保证人；另一种是在危险源辐射出危险的场合，能够发挥监督和抑制危险源功能的保证人。[①] 但是，这种已经成为学界通说的二分法，只是根据判例和理论共识而进行的总结归纳，本身却不能说明保证人地位的来源和根据。[②]

所谓保证人地位的来源和根据，就是要回答如下问题：在一个特定的社会中，为什么有一些人必须承担防止他人遭受损害的防卫义务，而其他人却不必。笔者接下来的回答，是一种以家庭功能为核心概念和辐射源的功能主义的解释模式。它在方法论上主要借鉴了英国人类社会学派的理论特别是费孝通先生关于生育制度的分析。假设在一个思想实验中，社会不断缩减，有哪些保证人是无论如何不能取消，否则会导致社会崩溃的？显然，养老院、幼儿园、福利院、精神病院、普通医院、警察局……随着人口数量的减少，分工的萎缩，人际交往的减弱，上面这些防卫机构所承担的保证人义务会慢慢地退回到家庭和个人身上。在这个思想实验中，人类社会可以缩减的底线，是至少要有繁衍生息，社会才能保持逐渐恢复和重建的希望。简言之，最低人口的维持是社会能够完成新陈代谢的基本条件。

正如费孝通先生指出的，生殖本来是一项损己利人的行为，物种的繁衍只不过是为了难以逃避的性欲满足而不得不付出的代价。[③] 不过，人类有能力通过各种避孕或者禁欲手段，跳出从性爱到生殖、从生殖到抚育之间的生物机能的连环。但是这样一来，就不会再有新的人口填充进来，人口数目的消减导致社会的新陈代谢无法完成。正是在这样的选择和平衡中，家庭这一现象出现了。婚姻家庭之所以存在，是由于它承担了社会更替所必需的生育功能。[④]

由此延伸到家庭中的保证人问题。家庭成员相互救助的保证人义务，是生育功能正常运转的必要条件。在抚育的过程中，父母必须保证子女的法益安全。幼年子女处于比较脆弱的、易受伤害的阶段，父母应当避免其受伤。否则，失去了抚育的对象，生育保证社会维持和更替的效果也必然落空。生育制度也就失灵了。因此，父母保护法

---

① Vgl. Kaufmann, Die Dogmatik der Unterlassungdsdelikte, 1959, S. 283.
② 正如耶赛克的评论："实质的考察方法指明了一条途径，即在不同义务的社会内容基础上来解决保证人问题，但同时不能忘记其产生的根据是什么，因为否则的话就存在保证人义务被无限扩大的危险。"〔德〕汉斯·海因里希·耶赛克、〔德〕托马斯·魏根特：《德国刑法教科书》，徐久生译，中国法制出版社2017年版，第835页。
③ 参见费孝通：《乡土中国　生育制度》，北京大学出版社1998年版，第112页。
④ "在探求一个能够承担这些功能、足以取代核心家庭的替代物方面，没有一个社会取得成功。"〔英〕哈拉兰博斯、〔英〕希德尔：《家庭——功能主义的观点》，费涓洪译，载《现代外国哲学社会科学文摘》1988年第10期。

益无助状态下的幼年子女,是通过生育制度使得社会得以更替和维持的必要条件。父母成为负有国家以刑罚手段威胁其履行救助义务的保证人,已经是关于保证人地位的终极根据,不再需要其他的理由。

进一步延伸,其他所有家庭之外的保证人类型,都是由于随着社会分工,由社会机构和个人分工协同来补强家庭中的保证人功能。在这个过程中,出现了目前在刑法理论和实践中经常讨论的幼儿园、养老院、保姆、警察、医生、同居者、登山队友等各种形式的保证人。因此,在肯定家庭是社会基本单位以及家庭生活向外扩展形成社会生活的理论背景下,可以得出结论:家庭中的保证人是所有社会生活中的保证人的原型,其他类型的保证人都是它的衍生物。这一回答并不能从现有的教义学体系内部——通过因果力、排他性支配、结果原因支配等概念——纯粹依靠逻辑演绎出来,而是借助了社会学的理论资源和分析思路。

(二) 扒窃概念的社会学考察

"扒窃"作为盗窃罪的一种特殊行为类型,自入刑起就面临着这样的疑问:为什么在不计数额的情况下,只要构成扒窃就可以入罪?什么是扒窃独有的不法内涵?

对此的回答是,与普通盗窃相比,扒窃的财物处在被害人的贴身范围之内。而行为人未经允许进入他人的贴身范围去取得财物这一点,不仅打破了普通盗窃罪所共有的财物占有关系,而且触犯了普通盗窃罪所不具备的、一种法理和社会观念上的"贴身禁忌"。从法秩序保护身体隐私和人格尊严的角度来说,每个人的贴身范围都是一个禁忌空间。恰恰是这一点表现出扒窃与其他普通盗窃的区别之处,即扒窃行为在侵犯财产之外,多出了一块违反贴身禁忌的危害性,因此其不法内涵提升,不计数额也可以定罪。①

在教义学上提出"贴身禁忌"的规范性观念来理解扒窃,受到生物社会学和身体社会学的思想启发。从生物社会学的角度来看,避免和禁止陌生人的身体接触是生物进化以及社会关系建立的一个基本准则。触摸是基础的基础,是一切感觉之母。没有任何一种语言文字能胜过亲密的身体接触,身体接触才是人类最基本的交流方式。② 由于身体接触成了亲密行为的一个标志,因此在日常生活交往中,人们逐渐开始控制身体的接触。莫利斯教授敏锐地指出,与陌生人接触的限制,只有在极为拥挤的情况下才能解除,只有对特殊行业的人才会开禁(比如理发师、裁缝和医生),因为他们的职业使他们"有权接触"顾客和病人的身体。③

从身体社会学理论发展来看,社会学的研究对象并非只是不受身体感受和习性影

---

① 参见车浩:《刑法教义的本土形塑》,法律出版社2017年版,第298页以下。
② 参见[英]德斯蒙德·莫利斯:《亲密行为》,何道宽译,复旦大学出版社2010年版,第145页。
③ 参见[英]德斯蒙德·莫利斯:《裸猿》,何道宽译,复旦大学出版社2010年版,第86—87页。

响的心智,而是包括了会思考、有感情的身体。① 身体不仅是自然的产物而且也具有社会性,它受到社会规范和社会经验的影响。或者说,身体不仅是生理态的而且是沟通态的。本质上具有沟通性的身体,是一切社会乃至一切社会科学实践的道德基础。② 贴身禁忌中的"身",正是以这样一种身体观为前提条件的。它不是一具简单的肉身,而是人们履行各种社会约定、承担各式社会任务的工具,也是人们在特定的场合、以特定的方式拒绝他人的工具。

由于社会学视野下身体的这种特殊功能,使得贴近身体肌肤表面的那一层物理空间,生发出规范层面的意义,即"贴身禁忌":未经本人允许,他人不得侵入其贴身空间。而扒窃行为侵入贴身空间盗窃,违反了作为人际交往底线的"贴身禁忌"。只有这一点,才能为扒窃在普通的盗窃之外,奠定升高可罚性的基础。

(三)"邻里纠纷"的社会学考察

在司法实践中,如何限制死刑适用是非常现实的问题。对此,最高人民法院、最高人民检察院连续发布多个司法文件,其中一个关键词就是"邻里纠纷"。例如,1999年《全国法院维护农村稳定刑事审判工作座谈会纪要》明确指出,"对于因婚姻家庭、邻里纠纷等民间矛盾激化引发的故意杀人犯罪,适用死刑一定要十分慎重,应当与发生在社会上的严重危害社会治安的其他故意杀人犯罪案件有所区别"。该纪要最先提出"农村的邻里纠纷引发的杀人伤害案件慎重适用死刑",之后扩大到整个城乡社会以及一般案件中的宽严政策。如何理解和适用"邻里纠纷",仅靠教义学概念的逻辑演绎是很困难的,需要借助社会学的考察。

"农村"不仅是一个地域性和空间性的概念,其中还包含政治、经济、治理传统和文化观念等多方面的要素。费孝通先生运用理想类型的方法将农村界定为"熟人社会",由此与作为"陌生人社会"的城市相区分。③ 在"熟人社会"中,绝大多数人的具体生活世界都很小,人们之间存在一种特殊的熟悉关系。④ 在这种环境中成长生活的个体,一般不会对这个熟人网络滋生出整体性的仇恨;偶然出现的杀人事件,通常也是在特定的个体或家庭之间基于某些特殊原因发生的,不可能威胁到社区网络里其他熟人,不会根本动摇整个社区的治安状况。在这种情形下,人们主要关心的仅仅是法律怎么惩罚这个行为人(特殊预防或报应),但并不太关心这种惩罚是否会对社区里的其

---

① 参见〔英〕克里斯·希林:《文化、技术与社会中的身体》,李康译,北京大学出版社2011年版,第1页。
② 奥尼尔认为,自诞生伊始,我们的身体就将我们交付给成年人伴护,而后者又有义务照看我们的生理健康和物质安康。这种照看不是要从我们身上得到纯粹自私的快乐。人的照看引导我们进入某种照看传统,我们由此学会知恩图报。这是公民社会不可或缺的条件。参见〔加〕约翰·奥尼尔:《身体五态——重塑关系形貌》,李康译,北京大学出版社2010年版,第8页。
③ 参见费孝通:《乡土中国》,香港三联书店1991年版,第8—10页。
④ 参见苏力:《道路通向城市:转型中国的法治》,法律出版社2004年版,第7页。

他人产生规训效果(积极的一般预防)或威慑效应(消极的一般预防)。

只有通过社会学视角进入刑罚目的,才能理解上述纪要将邻里纠纷(熟人社会)引发的杀人案件与其他发生在社会上(陌生人社会)的杀人案件相区分的意义。一方面,跳出地域和物理空间的狭隘角度去理解"邻里",才能将那些虽然在地理位置上属于"邻里"但是纠纷双方实际上属于陌生人关系的纠纷,排除出"邻里纠纷"的范围。例如,在很多大城市的小区中,人们虽然比邻而居但互不认识,从不往来,这种情况下双方偶遇后发生口角,一方将另一方杀害的,不应适用"邻里纠纷"的从宽政策。另一方面,最高司法机关对于"邻里纠纷"的适用范围,逐渐从农村扩展到城市,从婚姻、家庭、邻里进一步扩展到恋人、同事和朋友之间①,正是由于在本质上此类关系都是属于特定范围内的"熟人",发生在这种小范围的熟人社会中的杀人案件,与那些发生在陌生人社会中针对不特定的陌生人实施的杀人行为相比,后者会给一般的社会公众带来更为剧烈的不安全感和恐慌感,严重威胁和损害公共秩序与社会稳定。

总之,在熟人社会中对"邻里纠纷矛盾激化"的杀人者适用刑罚的目的,主要是针对已经实施犯罪者的特殊预防,而非社会公众或者潜在犯罪人的一般预防。当从特殊预防的角度来考虑问题时,死刑立即执行无疑是最不得已的选项,因而对于邻里纠纷引发的案件必须限制死刑的适用。

四、法教义学与社会科学的外部合作:刑法学、刑事政策与犯罪学

法教义学与社会科学的合作关系,除了内部合作,还有一种外部合作的可能。笔者所说的外部合作,是指社会科学不进入法教义学内部,而是处于法教义学体系之外,但两者之间不是松散的平行关系,而是存在紧密的功能性关联和协作。放眼世界范围内的法学研究,在法教义学与社会科学(作为专门社会学的犯罪学和作为政策科学的刑事政策学)的外部合作这一点上,刑法学较早地走在其他学科之前。在当代法学体系的二级学科群中,再难找到像刑法学与犯罪学及刑事政策之间如此独特的关系:研究对象和研究方法迥异、学科性质差异如此明显但合作属性又如此紧密。当然,无论是在理论认识上,还是在法律实践中,三者合作的理想状态也并非自然而然或者一帆风顺,而是经历了并仍在经历不断探索的过程。

首先要明确的是,刑法体系(刑法规定与刑法教义学)与刑事政策的关系。对此存

---

① 例如,在最高人民法院第 474 号指导案例(吴江故意杀人案)和第 511 号指导案例(张俊杰故意杀人案)中,尽管被告人与被害人都是城市居民,但北京市高级人民法院和最高人民法院分别在复核意见中明确指出,由于恋爱矛盾或同事间纠纷引发的杀人案件应慎用死刑。参见中华人民共和国最高人民法院刑事审判第一、二、三、四、五庭主编:《中国刑事审判指导案例3:侵犯公民人身权利、民主权利罪》,法律出版社 2009 年版,第 161—162、175—176 页。

在两种对立的观点:一种观点认为,刑法体系(包括刑法规定及刑法教义学)与刑事政策之间是相互分离的关系,有着严格的界限。按照李斯特的经典论断,即"刑法体系是刑事政策不可逾越的藩篱"。这一看法被称为"李斯特鸿沟"。另一种观点则认为,刑法体系与刑事政策之间的关系,不是相互分离而是可以融贯沟通的。"李斯特鸿沟"的存在会使法的安全性与正义处在一种紧张关系之中。刑事政策上的合理性要求应当被允许进入刑法教义学之中。① 这种观点首先由德国学者罗克辛提出,因此也被称作"罗克辛贯通"。②

在笔者看来,两种观点都存在疑问。刑法体系与刑事政策之间的关系,既非不可跨越的鸿沟,也不是贯通无阻的通途,而是一种多维度的外部合作关系。这种合作既可能发生在立法领域,也可能是在司法领域。适用哪一种合作形式,取决于刑法体系对刑事政策的适应性。具体而言,要视刑法条文的刚性程度和法教义学的发展水平而定。

一种形式是立法领域的合作。如果刑法条文的文字规定内容较为明确单一、不存在解释争议,那么,即使刑事政策的导向不赞成刑法体系的适用结论,当下的司法实践只能也必须依据现行刑法体系展开。一个已经明确体现了立法者意图的封闭的刑法适用,不再需要刑事政策的介入。如果允许刑事政策强行改变司法结论,就存在违反罪刑法定原则的风险,不仅刑法学丧失根基进退失据,法治国的基础也必然发生动摇。此时,司法的依据只能是法律而非政策。尽管双方在司法领域无法合作,但在立法领域,刑事政策可以作为修改现行法律的指南。在通过修法使得刑法体系达致完善的意义上,这也是一种合作。因此,所谓"刑法体系是刑事政策不可逾越的藩篱"或者"李斯特鸿沟"的说法,指的都是这种合作关系不能发生在司法领域而只能发生在立法领域的情形。

另一种合作形式发生在司法领域。这种合作形式可能更为频繁和日常。因为引发它启动的前提条件是较为普遍的,即缺乏明确含义的法律用语需要解释。即使是较为明确的概念,仍然经常包含一些本身欠缺明确界限的要素。③ 而且,在历史的过程中,在主流的道德和政治价值观念与体系的变迁中,词义内涵是可变的。④ 在这种情形下,法律解释是不可或缺的,且并不总是能达到唯一正解,相反可能存在多种见解。对

---

① 参见〔德〕克劳斯·罗克辛:《刑事政策与刑法体系》(第 2 版),蔡桂生译,中国人民大学出版社 2011 年版,第 4 页。
② 参见陈兴良:《刑法教义学与刑事政策的关系:从李斯特鸿沟到罗克辛贯通 中国语境下的展开》,载《中外法学》2013 年第 5 期。
③ 参见〔德〕卡尔·拉伦茨:《法学方法论》,陈爱娥译,商务印书馆 2003 年版,第 194 页。
④ 参见〔德〕伯恩德·吕特斯:《法官法影响下的法教义学和法政策学》,季红明译,载李昊、明辉主编:《北航法律评论》(2015 年第 1 辑),法律出版社 2016 年版,第 137—161 页。

法律的不同理解并不意味着就违反了罪刑法定原则,而很可能是在罪刑法定的框架之内允许备选的多个方案。面对不同的方案,就存在哪一种方案更符合刑事政策导向的辨别。此时,刑法体系呈现一种开放的状态,对外探出感知刑事政策和社会效果的触角,实现与刑事政策的沟通,确定最优的法律解释和适用结论。在笔者看来,所谓"刑法体系与刑事政策的融合"或者"罗克辛贯通"的说法,指的就是这种发生在司法领域的合作关系。

至于刑法学与犯罪学的关系,曾经被耶赛克评价为"处在同一个屋檐下",但这并不意味着二者的合作就更加轻松。刑法学是一门规范科学,而犯罪学是一门事实科学,众所周知,规范与事实之间的沟通通常难以直接实现,而在刑法领域,恰恰存在一座可以连接犯罪学与刑法学的中介桥梁,那就是刑事政策。但是,以往国内刑事政策的制定者以及学界的研究,对于刑事政策如何发挥桥梁纽带作用,存在不同程度的认识混乱,导致刑事政策并没有真正发挥桥梁纽带的作用,这也是当代中国的犯罪学未能与刑法学建立起有效关联,其自身的研究也没有得到充分重视,始终在边缘徘徊的重要原因。

仅仅是跟随国外理论思潮引入刑事政策导向的目的理性体系,只是看到了刑事政策与刑法体系相互沟通的后端,却忽视了刑事政策的前端还必须要与犯罪学相互沟通。这就使刑事政策研究成为一座半悬在空中的桥梁,仅有一端的下桥路却没有另一端的上桥路,使犯罪学与刑法学隔岸相望,无法实现有效连接。从整体上看,一方面,犯罪学与刑法学的外部合作由于缺乏沟通桥梁而处于隔绝状态,另一方面,刑事政策与刑法学虽然在形式上有所勾连,但是由于缺乏政策制定和解释的实质根基,对刑法学的影响要么流于形式,要么陷入恣意。这就是我国目前的刑法学、犯罪学与刑事政策三者关系的实然状态。

与之相对,应然状态是在整体上前后贯通地把握刑法学(法教义学)与犯罪学(社会学)、刑事政策(政策科学)的关系,让三者实现真正有效的外部合作。在笔者看来,这种外部合作的理想关系如下:首先探究犯罪成因(社会学视角),其次确定刑事政策(政策科学视角),最后指引刑法解释和适用(法教义学)。

具体而言,首先借助犯罪学的理论框架和方法,探究不同类型犯罪的原因,从具体犯罪的发生机理入手寻找犯罪学上的理解。以此为根据,开出对相关犯罪应从严打击或者从宽处遇的政策药方,对症下药地分配国家的刑罚资源。由此,能够赋予刑事政策的"宽"与"严"以决策依据和实体内容,避免"惩罚必要性"和"目的性"等概念空洞恣意地滥用。同时,也能避免那种对所有犯罪都泛泛地表述为从严、从宽或者宽严相济的刑事政策,而是针对具体犯罪类型确立精准化的、有差异性的刑事政策。以犯罪学为基础的刑事政策,才能准确阐明区别对待和轻重有别的理由,科学地指引刑法教义学的解释和适用,最终完成合理组织对犯罪的反应的任务。① 在笔者看来,犯罪学、刑事政策与刑法学之间的理想关系,应该是以犯罪学考察为基础和根据,进行宽严分配的刑事政策研究,再以刑事政策为指引展开法教义学研究。这也是法教义学与社会科学实现功能性外部合作的一个典范。

例如,在新冠肺炎疫情防治期间,有些人在未被确诊之前,因为各种隐瞒身份或行踪经历,最终导致其他人被传染或隔离的后果而构成犯罪。目前对这类行为按妨害传染病防治罪论处,但如何把握宽严尺度值得研究。对此,可以先探究犯罪成因,再确定刑事政策,最后展开教义学适用,从而实现刑法学与犯罪学、刑事政策的外部合作。

首先是犯罪学考察。按照标签理论,某个人并不是因为是犯罪人才被贴上标签,而是因为被贴上标签才成为犯罪人。② 标签理论的深层启发是,一个最初的行为,本身可能既不是善也不是恶而是中性的东西③,但是一旦被以某种理由贴上了标签,就成为遭受否定和负面评价的对象。在这种情况下,一个理性人必然会努力避免被贴上标签,逃避那些要给他贴标签的机构、制度和行为。在新冠肺炎疫情防治过程中,人们逐渐认识到比病毒更可怕的是歧视。而这种歧视,正是来自一种标签效应。

疫情初期,医学上对新冠肺炎的了解有限,普通人更是由于对疾病的无知和恐慌,产生过度的防疫观念并采取过度的防疫措施,强制性地为相关群体贴上标签来加以识别,对标签个体的排斥也随之而来。这种标签效应在民间表现为人际关系疏离甚至隔离,被社交圈和生活圈驱逐,简言之,标签效应带来了污名化与歧视。④ 那些可能会被贴上标签的人,基于对一系列歧视性后果的担忧和顾虑,在自信或者侥幸地认为自身健康没有太大问题的情况下,必定千方百计地隐瞒与疫情暴发地有关的身份或经历,最终这种隐匿行为进一步加剧了疫情的扩散。总之,从行为动因来看,很多行为人逃避的不是防疫而是歧视。

其次是刑事政策研究。根据犯罪成因的分析,刑事政策应当全面考虑行为性质,做到群体细分、政策细分,针对不同情况区别对待。一方面,与一般的过失犯相比,隐匿行踪的行为人违反规范的动机的可谴责性是有差异的。整个社会舆论环境和各种防疫管控措施对此类人群的标签化评价和歧视性处遇也起到了重要的作用。特别是在疫情暴发初期,标签效应与歧视氛围尤其严重。这一阶段的隐瞒者违反防疫措

---

① 参见车浩:《刑事政策的精准化:通过犯罪学抵达刑法适用——以疫期犯罪的刑法应对为中心》,载《法学》2020年第3期。

② 参见〔英〕韦恩·莫里森:《理论犯罪学:从现代到后现代》,刘仁文等译,法律出版社2004年版,第298页。

③ 参见〔日〕上田宽:《犯罪学》,戴波、李世阳译,商务印书馆2016年版,第237页。

④ 人们不是仅仅把疾病当成一种疾病,还给疾病附加了不必要的隐喻,似乎染病的人不仅在肉体上有缺陷,而且在精神上也有应当被鄙夷之处。参见〔美〕苏珊·桑塔格:《疾病的隐喻》,程巍译,上海译文出版社2003年版,第52—53页。

施的动机,实有不得已的成分和苦衷,迥然不同于正常社会秩序时期普通的过失犯,对此,在整体处理方向上应当从宽把握。此外,还有一些行为人不是为了逃避标签和歧视而隐瞒,而是无视防疫要求,按照自己惯常的生活习惯自行其是。这种情形,在刑事政策上按照正常过失犯的处理尺度把握即可。

最后是法教义学分析。一方面,通过预防必要性减免责任。在功能性的责任概念中,预防必要性发挥着调节作用。具体到因为逃避歧视而隐匿行踪的行为人,不仅其可谴责性的罪责程度较低,而且从特殊预防来看,对其收监执行的教育改造效果也是有限的。因此可以考虑不科处实刑。另一方面,通过违法性认识错误减免责任。对于瞒报外地旅居史信息的行为,在普通人心里未必能被上升到犯罪这么严重的程度,因此在处理此类案件时,应当重视行为人的违法性认识错误,基于责任主义原理对其从宽处理。

五、结语

本文立足于法教义学的立场,讨论了法教义学与社会科学之间的关系。在个案分析的场合,出现了围绕案件解读或形成教义学规则与直接运用社会科学分析事件两种不同模式。笔者对此作了比较分析,但重心还是放在了后面法教义学与社会科学的合作关系,因为相对于竞争,合作是更有价值也更值得关注的命题。法教义学与社会科学分属不同的学科类别,有着不同的研究范式,对此再作更多阐释实无意义。在此认识的基础上,与其反复比较两者差异或者论证己方优势,不如深入探讨如何吸收借鉴对方研究的能量和精华为己所用,促进各自研究视野的扩展和知识的增量。①

本文提出的法教义学与社会科学的"内部合作",是指将社会科学吸收进法教义学中,成为塑造法教义学的概念和规则的理论材料、问题资源和工具方法。这种合作类似于引入社会科学"投资入股"。社会科学的视角和方法进入法教义学内部,就像引入外部资本和技术进入原有的企业,并不会改变原有企业的基本性质,仍然是以法教义

---

① 对于法教义学与社会科学如何互动,许德风曾经建议从事社会科学研究的学者能充分关心现行法的内容,将研究的落脚点放在如何对现行制度提出建设性的修改建议上,而不仅仅是就事论事,简单地将对既存社会现象的观察分析作为研究的中心。参见许德风:《法教义学的应用》,载《中外法学》2013 年第 5 期。孙海波认为,法教义学与社科法学各有其运作的合理逻辑,二者是一种相互竞争而又相互协助的关系。今日法学教义学与社科法学均已承认法学之开放性与实践性的特质,并尽力对自身作出某些调整以适用急剧变化的法律实践。参见孙海波:《法教义学与社科法学之争的方法论反省——以法学与司法的互动关系为重点》,载《东方法学》2015 年第 4 期。此外,李忠夏提出从法律系统功能入手,对法教义学所起到的功能作用进行观察,进而从方法论角度反思法教义学在封闭性与开放性之间所对应的方法应用。参见李忠夏:《功能取向的法教义学:传统与反思》,载《环球法律评论》2020 年第 5 期。这也是一种将社会理论与法教义学衔接合作的尝试。

学的面目出现,但是经过"融资和技术改造",提升了"生产线的性能",输出的教义学产品更加有品质和活力。

为了说明这种内部合作关系,笔者在自己的研究领域,选取了占有、被害人同意和诽谤罪这三个问题,来例示如何通过经济分析进行解读和形成教义;选取了扒窃、保证人地位和邻里纠纷这三个问题,来例示如何通过社会学考察进行解读和形成教义。在笔者看来,这些都属于法教义学与社会科学的内部合作,是借助社会科学的帮助来研究规则和教义。在此过程中,社会科学的思想也通过法教义学的中介桥梁间接地影响司法实践。它们与所谓"社科法学"的区别是显而易见的。后者对社会科学方法的运用不受任何限制,而笔者使用这些社会科学方法分析之后的结果,最终仍然是回到法条上来,服务于对规范的理解与适用。在笔者看来,是运用传统教义学中逻辑—体系的分析方法,还是运用经济学、社会学等社会科学方法,并不是法教义学与各种非法教义学研究的本质区别。关键的问题是,在现行法的效力框架内,避免体系冲突,落脚于法律适用,为司法实务提供规则,概言之,最终能否再回到法条上来,这才是法教义学的教义性所在。[①]

本文还提出法教义学与社会科学的"外部合作",即法教义学与社会科学之间形成功能性协作的外部关系。如果说内部合作类似于在一个企业内部的合作,那么外部合作就是多个企业之间的合作。合作形式可能是战略性的、供需性的、网络性甚至集团性的。这种合作会让单个企业实现单打独斗无法达到的协同效应。[②] 对于法教义学来说,加强与社会科学的外部合作,首先要摒弃妄自尊大、包打天下的良好感觉,充分认识到自身的特点及其局限性,才能去发掘和探寻与社会理论的合作点。

通过例示妨害传染病防治罪的适用,笔者试图展示如何在刑法教义学、犯罪学与刑事政策之间建立起所谓功能性协作关系。以上这些例示,并不是要自以为是地给人做示范和样本的意思,仅是把个人一些不成熟的探索结果展现出来,成为交流和批判的素材。毕竟,坐而论道不若起身立行。法教义学与社会科学之间到底如何相处,既无定理也无先例,所以俯身尝试去做就是了,相信总会在前行的试错中探出正确的道路。

[①] "社科法学"的研究者自己也承认这一点,即社科法学的研究对象是真实世界中的法律,是法条产生于社会或应用于社会的因果机制,而不是停留于法条本身。参见侯猛:《社科法学的传统与挑战》,载《法商研究》2014 年第 5 期。

[②] "如果将法社会学与法学研究的目标结合起来,通过法律规范的用语表述以及客观公正的规范解释或适用来实现特定的法律规范目标,如此则法社会学生产出的知识至少对立法、法教义学和司法有益处。"〔德〕因格·舒尔茨·舍费尔:《作为法社会学研究客体的法教义学——"带有更多法学元素的"法社会学》,张福广译,载李昊、明辉主编:《北航法律评论》(2015 年第 1 辑),法律出版社 2016 年版,第 170—200 页。

刑事政策与功能主义的刑法体系

劳东燕[*]

导论：问题意识与基本语境的交代

刑事一体化是储槐植教授在20世纪90年代前后提出的思想，在刑法学界产生了重大影响。这种思想意味着，对刑法相关问题的思考与研究，需要超越部门法的视域局限，结合犯罪学、刑事政策学、刑事诉讼法与监狱法等学科的知识，以一种大刑法的视野来进行。当前，随着刑法教义学日益成为主流的研究范式，刑法内部的逻辑自洽被提到首要位置。此种研究范式的引入，对于提升我国刑法理论的学术品格当然具有重要的意义，但由此也带来因视域狭隘而偏重关注技术性论证与局部合理性的问题。就此而言，储槐植教授的刑事一体化思想不仅没有过时，反而在当下更有倡导的必要。刑事一体化可谓储槐植教授诸多具有原创性的刑法思想中的瑰宝，尤为强调刑事政策与刑法理论之间的作用关系。本文尝试将刑事政策的因素融入刑法体系的构建之中，意在为刑事政策与刑法教义学之间的贯通略尽绵薄之力。

刑法解释中的形式论与实质论之争，是近年来刑法学界颇为关注的热门话题。[①] 然而，由于既有研究仅局限于法教义学的内部视角，迄今为止，这场争论未能向纵深拓展，引发人们对整个刑法体系应当如何构建的问题的切实思考。同时，因争论双方拘泥于传统的形式法治与实质法治的理解框架，在形式论与实质论之间各执一端，认为二者之间只能是非此即彼的关系，使得双方难以达成基本的共识。形式论与实质论之争实际上已然触及刑法体系的封闭性与开放性之间的关系，对应于体系的自主性与回应性之争。形式论者将刑法体系的自主性视为需要维护的首要价值，而实质论者则更为看重刑法体系的应变能力。不难发现，若是超越这场争论的具体细节，真

---

[*] 清华大学法学院教授。

[①] 参见邓子滨：《中国实质刑法观批判》，法律出版社2009年版（2017年第2版）；刘艳红：《实质刑法观》，中国人民大学出版社2009年版；陈兴良：《形式解释论的再宣示》，载《中国法学》2010年第4期；张明楷：《实质解释论的再提倡》，载《中国法学》2010年第4期；周详：《刑法形式解释论与实质解释论之争》，载《法学研究》2010年第3期；劳东燕：《刑法解释中的形式论与实质论之争》，载《法学研究》2013年第3期；崔嘉鲲：《实质解释论：一种无法克服的矛盾——对于刑法解释边界的探讨》，载陈兴良主编：《刑事法评论》（第28卷），北京大学出版社2011年版；魏东：《保守的实质刑法观与现代刑事政策立场》，中国民主法制出版社2011年版；陈兴良：《形式解释论与实质解释论：事实与理念之展开》，载《法制与社会发展》2011年第2期。

正支配性的、具有重大现实意义的命题其实是:在风险社会(或后工业社会)的背景下,立足于中国法治的现实语境,我们需要一种怎样的刑法体系?

(一) 作为理想形象的古典刑法理论之反思

在刑法领域,我国学界至今还是习惯于以古典自由主义的刑法理论作为参照,来考虑刑法体系的构建问题。在很大程度上,古典自由主义的刑法理论是作为一种理想的理论形象而受到追捧。但是,古典刑法理论是否既能放之四海而皆准,又能历万世而不变,是大可质疑的。这并非要否认它在今天仍具有的积极意义。只是,它本质上是以消极守夜人的国家角色及相应的社会治理机制作为基础,以禁止所有权受到侵害为中心而构建起来的,惩罚的矛头主要对准容易实施侵犯财产权行为的下层阶级。这意味着,有必要将古典刑法理论理解为是特定时代与特定社会的产物,承认其具有历史性与社会性的一面。

进入20世纪以来,消极守夜人的国家角色形象逐渐为积极介入者的国家角色形象所取代。尤其是,在风险社会的背景下,为有效而合理地管控风险,社会治理机制本身就在发生重大变化。变化之一便是,预防成为一种独立的国家策略,由此导致整个国家行为的预防走向。对此,正如德国学者所言,"预防性国家行为的扩张和全新定位,不应被看作风行一时的潮流。相反,它们是对社会变迁的政治反应,就此而言,尤其是从这些预防行为的核心内容来看,它们乃是结构性的现象,因此,支撑性的底层结构若不发生改变,预防行为也就不会消失"[①]。刑法体系日益由关注事后的惩罚转向关注事前的预防,不过是折射社会治理机制发生变化的一面棱镜。一个以预防为导向的刑法体系,乃是新的社会治理机制的有机组成部分。正是基于对风险控制及相关的安全问题的关注,才促使刑法体系基本目的发生重大调整,从而使其不可避免地走向预防刑法。[②] 可见,只要承认古典刑法理论并不代表普世性的理想形象,而只是19世纪西方特定社会阶段的产物,则我们注定无法抱残守缺,固守过去的理论范式。

回到中国的现实语境。今天的中国社会正在经历加速发展的社会变迁,诸多前现代、现代与后现代的因素交互混杂并存。从刑事法治的角度而言,这样的社会同时面临现代化维度的任务与后现代维度的任务,也即,既要防止法外恣意,限制国家刑罚权,又要管理不安全性,强化对安全的保护。[③] 这对刑法体系的构建提出了两方面的要求:一是必须将社会结构变迁的维度整合进来;二是体系本身必须兼具自主性与回应性(或应变性)。自主性对应的是法治国的形式性保障,回应性则是旨在化解外部环境

[①] 〔德〕迪特尔·卡林:《宪法视野下的预防问题》,刘刚译,载刘刚编译:《风险规制:德国的理论与实践》,法律出版社2012年版,第122页。
[②] 参见劳东燕:《风险社会与变动中的刑法理论》,载《中外法学》2014年第1期。
[③] 参见劳东燕:《刑法解释中的形式论与实质论之争》,载《法学研究》2013年第3期。

的复杂性,并对安全问题作出有效的应对,这种应对并不以个案取向为其特征,而是指向整个体系的调整。前述两个要求实质上是同一问题的两个向度。刑法体系作为一个系统,始终面临如何回应社会变迁和系统环境的变化而进行自我重构的问题,具体领域中教义学理论的发展通常便是这种自我重构的结果。这是一种"激扰—应变"的过程。当然,"环境如何激扰系统并形成教义学结构的变化及其变化的频率,取决于系统自身结构"①。

(二) 刑事政策与刑法体系关系命题之定位

如果说刑法体系的预防走向是直面社会的结构性变迁的产物,随之而来的问题便是,德日式的刑法体系究竟如何确保这种预防走向的实现。从晚近的理论发展来看,其应对举措基本上可归纳为这样一种思路:立足于目的理性的思想,将刑事政策的目的性考虑纳入刑法体系之中,推进刑法体系往功能主义的方向发展。所谓刑事政策与刑法体系的关系,其实就是刑事政策与刑法教义学之间的关系。这意味着,无论是刑法体系的预防走向,还是各种功能主义理论的出现,都有必要理解为刑法教义学为增强自身的应变能力所作的调适之举,涉及刑法体系的自主性与回应性之间的关系的处理。刑事政策与刑法体系的关系命题,其意义之重大性,也只有放在这样的语境中才能真切地把握。正是由于刑事政策与刑法体系之间关系的处理,涉及社会结构变迁的维度,这一关系命题之复杂性才不容低估:它不仅需要处理体系自身与外部环境如何沟通的问题,而且需要处理体系内部各个要素之间如何协调的问题。无论如何,法教义学作为一个系统,有其自身的运作逻辑与符码要求,而政策属于政治系统内的因素,本身无法相容于法教义学的系统。任由政策随意进出的刑法教义学体系,势必摧毁后者的自主性与独立性。这样的一种刑法体系,对于实现刑事法治的现代化维度的任务而言,可谓有百害而无一利。

从当前我国既有的研究来看②,对刑事政策与刑法体系之间的关系命题的探讨,不足之处在于:首先,未将这一关系命题放在前述语境之中来考虑,致使相关研究不仅无法避免只见树木不见森林之狭隘,而且缺乏清晰的方向意识与理论推进上的自觉。其次,一些重要的问题尚未及处理或未引起应有的重视,包括刑法教义学体系如何从方法论上实现对刑事政策的有效整合,一个由规则与政策共同组成的刑法体系是否能够兼顾自主性与回应性,从而满足刑事法治双重任务的需要,以及如何有效规制政策化

---

① 刘涛:《法教义学的危机?——系统理论的解读》,载《法学家》2016 年第 5 期。
② 参见谢望原:《论刑事政策对刑法理论的影响》,载《中国法学》2009 年第 3 期;劳东燕:《罪刑规范的刑事政策分析——一个规范刑法学意义上的解读》,载《中国法学》2011 年第 1 期;劳东燕:《刑事政策与刑法体系关系之考察》,载《比较法研究》2012 年第 2 期;陈兴良:《刑法教义学与刑事政策的关系:从李斯特鸿沟到罗克辛贯通 中国语境下的展开》,载《中外法学》2013 年第 5 期;谢焱:《刑事政策考量下的刑法教义学应何去何从——本体论亦或规范论?》,载《中国刑事法杂志》2012 年第 11 期。

的刑法体系所可能产生的危险等。尽管德国刑法学理论在刑事政策与刑法体系的关系的研究上处于开风气之先的地位,但前述提及的两点不足,多少也存在于其研究之中。因而,即便在德国,刑法体系的功能化构建的问题也没有真正得到解决,其主流理论所支持的体系并没有完全摆脱传统理论的影响。也正是基于此,许乃曼教授才疾呼:"以架桥构想为基础之功能性或目的理性之刑法体系,必须从源自自然主义之传统贝林—李斯特体系的三阶犯罪阶层直到今天仍然存在的阴影中跳脱出来。"①

在我国,刑事政策与刑法体系的关系命题之复杂性,还缘于刑事政策在中国语境中有其特殊的角色与内涵。一直以来,刑事政策犹如一个幽灵,它在刑事领域几乎无所不在,但人们实际上很难真切而全面地把握它的面目与行踪。因而,除描述刑事政策在刑法理论中所呈现的一鳞半爪或者支离破碎的痕迹之外,国内的相关研究大多流于断言式的泛泛而谈,不仅其与犯罪论之间的关系未得到系统的探究,在刑罚论中,也明显缺乏有效的理论框架来指导与规制刑事政策的运作。在法教义学的研究已经取得突破性进展的情况下,就刑事政策与刑法体系的关系的命题而言,我们无疑需要一种更为体系化,也更为精细的研究。也只有这样,才不至于使倡导刑事一体化成为空洞的口号。

在笔者看来,要真正解答"立足于中国法治的现实语境,我们需要一种怎样的刑法体系"的问题,并将相关研究作纵深的推进,必须认真审视两个问题:一是刑法体系如何从方法论上实现对刑事政策的有效整合;二是刑事政策在中国语境中的特殊角色,与刑法体系的构建之间是什么关系。这意味着,需要从基本框架层面来解决刑法体系如何整合刑事政策的问题,尤其是要立足于方法论的角度探讨刑事政策与刑法教义学之间的关系,并对中国式的刑事政策与刑法体系之间的关系的特殊之处予以考虑。本文以卢曼的系统论思想,德沃金关于规则、政策与原则的融贯性构想,耶林以来的目的论思想及利益法学所代表的方法论转型和罗克辛的目的理性导向的体系性思想作为基本的理论资源,综合其中的共识与洞见,对刑法体系如何实现范式性的转型提出基本的构想,以达致自主性与回应性的协调统一。在此种意义上,本文其实是想尝试回答,一个兼具自主性与回应性的刑法体系如何成为可能的问题。本文力求超越单纯的刑法体系的封闭性与开放性(或自主性与回应性)之争,这也是试图超越传统的形式法治与实质法治的二元对立思考方式的一种努力。

有鉴于此,本文第一部分对刑事政策与刑法体系之关系的处理模式进行归纳与评析,认为我国既有的处理方式属于割裂模式,但割裂模式存在重大缺陷,有必要采取融合模式。第二部分从方法论的角度,论述目的作为刑事政策与刑法体系之间的管

---

① 〔德〕许乃曼:《刑事体系与刑法政策》,王效文译,载许玉秀、陈志辉合编:《不移不惑献身法与正义——许乃曼教授刑事法论文选辑》,新学林出版股份有限公司2006年版,第47—48页。

道,刑事政策必须经由目的的管道才能进入刑法体系之中。第三部分揭示功能主义刑法体系在应罚性与需罚性之间的关系处理上,以需罚性补充应罚性,甚至以需罚性取代应罚性,这种对需罚性的偏重深刻地影响了教义学理论的发展。第四部分对功能主义刑法体系采取的方法论所潜含的危险展开反思。第五部分尝试就如何对功能主义刑法体系进行正当性控制提出基本的规制框架。

一、刑事政策与刑法体系之关系的处理模式

为了对刑事政策与刑法体系之间的关系有宏观的把握,有必要首先勾勒与阐述刑法理论既有的两种处理模式。在此基础上,对我国当前的处理方式进行归类与分析,并就我国在刑事政策与刑法体系的关系问题上应当采取何种模式表达基本的看法。

(一)割裂模式与融合模式的利弊分析

从德日刑法理论的发展历史来看,对于刑事政策与刑法体系之间的关系的处理,存在两种基本的处理模式:一是将刑事政策放在刑法体系之外处理的割裂模式,二是将刑事政策融入刑法体系之中考虑的融合模式。可以说,割裂模式与融合模式代表的是不同的价值诉求。它们在体系究竟应该偏重自主性还是回应性的问题上作出了不同的回答:割裂模式将维护刑法体系的自主性放在首要的位置,而融合模式则相对更为看重刑法体系的回应性。

1. 割裂模式

在割裂模式之下,刑事政策与刑法体系之间处于相互隔绝的状态,刑事政策仅作为立法政策或刑罚政策而存在,它游离于刑法教义学理论的构建之外。自近代意义上的刑事政策产生以来,割裂模式长期占据主导性地位。古典犯罪论体系与目的主义犯罪论体系均可归入割裂模式的范畴。

德国刑法理论中所谓"李斯特鸿沟"(Lisztsche Trennung),指的便是古典犯罪论体系对刑事政策与刑法体系作割裂性处理的特点:刑事政策被认为承担着作为体系整体社会意义之目的的、与犯罪作斗争的任务,而确保个体自由免受"利维坦"干涉的机能则被归于刑法。[①]"李斯特鸿沟"是法律实证主义思潮的产物,意在维护形式法治,确保政治与法律的人为分离。它对刑事政策与刑法体系的割裂性处理,对德日的刑法教义学的发展产生了极为深刻的影响。古典体系有关犯罪论的构想仅仅关注惩罚的正当性的问题,合目的性的考量则完全放在刑罚论中来进行。由此,"古典的犯罪论体系呈

---

① 参见〔德〕克劳斯·罗克辛:《刑事政策与刑法体系》(第2版),蔡桂生译,中国人民大学出版社2011年版,第6—7页。

现独特的双面形象:一方面通过刑罚处罚条件上的客观主义与形式主义来最大限度地保障法安全,另一方面又借助行为人导向的制裁体系最大限度地实现合目的性"①。基于此,刑法教义学长期以来满足于单纯的概念分析与逻辑演绎,并作为完整、封闭的体系而存在。法律问题被认为仅仅依靠逻辑的思考操作便可解决,在此种体系界限内,如何为适切评价的问题完全为如何适当涵摄的问题所排斥。②

在新康德主义方法论占据主导地位的 20 世纪 20 年代,假如人们把刑事政策作为指导性的决策,并将这种刑事政策的选择作为标准,应用到所有的教义学选择中,这种方法论,本来是可以从规范层面开发出一个"刑法体系新面相"的;但事实上,按照这个原理并没有发展出一个与原先犯罪论的形式逻辑的构造相对立的体系。③ 因而,新康德主义并未真正撼动犯罪阶层体系的实证主义基石,而只是使体系的构造开始兼具形式与实质的双重视角。韦尔策尔(Welzel)的目的主义(Finalism)理论,虽然在重建刑法教义学与现实之间的关联方面取得一些成果,但却因强调行为目的性构成先于法律规范而存在,并作为刑法体系自然基础的物本逻辑结构,甚至更进一步地将刑事政策排除在刑法体系之外。④

古典犯罪论体系与目的主义犯罪论体系均属于存在论导向的体系,其构建本身完全不考虑规范层面的目的,而注重形式逻辑的自洽性。因而,它们符合割裂模式的基本特点。从方法论的角度而言,因割裂模式乃以概念法学为基础,其据以建构的体系是一种概念思维导向的体系,故而必然分享概念思维所具有的长处与弊端。割裂模式的长处在于,它体现的是形式理性的要求,有助于自治型的刑法体系的形成,且能够在相当程度上防止与节制国家刑罚权的恣意行使,使权力的运作趋于理性化与可预期化。其主要弊端则在于:一是体系与外部环境之间的沟通渠道被堵塞,致使教义学理论的发展趋于盲目,缺乏必要的应变与自我调整能力,容易使体系趋于僵化;二是在合目的性与有效性上有较大的欠缺,从教义学逻辑中推断得出的正确结论,却可能背离刑事政策上的目标设定。概念法学在 20 世纪以后遭遇激烈的批判,根本缘由便在于无视体系与外部环境之间的关联,导致法教义学与现实渐行渐远:"概念法学将法视为纯粹的概念逻辑的产物,导致法学与法律实践距离甚远。当科学的概念体系沉醉于脱离真实的纯粹智慧的法的存在方式时,概念法学用严格而完美的学术将法与社会、法

---

① Jescheck, Weigend, Lehrbuch des Strafrechts AT, 5. Aufl., 1996, S. 203.
② 参见〔德〕卡尔·拉伦茨:《法学方法论》,陈爱娥译,商务印书馆 2003 年版,第 317 页。
③ 参见〔德〕克劳斯·罗克辛:《刑事政策与刑法体系》(第 2 版),蔡桂生译,中国人民大学出版社 2011 年版,第 17 页。
④ 参见〔德〕许乃曼:《刑法体系与刑事政策》,王效文译,载许玉秀、陈志辉合编:《不移不惑献身法与正义——许乃曼教授刑事法论文选辑》,新学林出版股份有限公司 2006 年版,第 45 页。

与现实彻底割裂开来。"①

2. 融合模式

在融合模式之下,刑事政策的目的性考虑被整合入刑法体系之中,直接影响犯罪论与解释论的构建。相应的,有关犯罪论的构想被认为需要同时考量惩罚的正当性与合目的性两方面的因素。目的理性(或功能性)的犯罪阶层体系便属于融合模式的范畴。

融合模式的出现,以罗克辛在1970年出版的《刑事政策与刑法体系》(Kriminalpolitik und Strafrechtssystem)为标志。自此以后,刑事政策与刑法体系之间的关系得以以全新的面目出现。在这本论著中,罗克辛明确提出,实现刑事政策与刑法之间的体系性统一,是犯罪论的任务,也同样是今天的法律体系在各个领域的共同任务。② 基于此,他既批评了不让刑事政策的课题进入教义学方法的做法,又否定了以刑事政策评价修正教义学上概念性方案的处理方式,尤其是从方法论的角度,就如何实现刑事政策与刑法教义学之间的体系性统一的问题作了系统的阐述。罗克辛明确主张以预防的目的作为架构体系的指导原则,并据此而对构成要件、违法性与有责性各阶层作了功能性的审视;他此后的研究,在很大程度上都可视为在该书所奠定的基本理论框架基础上所作的进一步展开。③ 罗克辛的重要贡献之一,便在于将刑事政策上刑罚目的的考量引入犯罪论的构造之中而提出目的理性的犯罪论体系。这一体系核心的创新有两处:一是提出客观归责理论,从合目的性的角度,对客观构成要件层面的归责判断进行了全新的重构;二是以答责性(Verantwortlichkeit)的范畴来取代罪责,认为在罪责之外,施加刑罚的必要条件还应包括预防必要性。④

罗克辛的努力方向在于,将一个形式逻辑主导的、充斥着混乱的"要素体系"改造为受统一目的指引的整体体系。在此之前,"几乎所有的犯罪理论都是要素体系(Elementensysteme),这意味着,他们将犯罪性的举止拆解成为许多个别的要素特征(客观的、主观的、规范性的、描述性的,等等),这些特征被归类到了犯罪构造的不同阶层上,通过这种办法,就像马赛克那样,形成了犯罪的法定图像"。⑤ 建立在自然主义基础上的古典体系,与建立在现象学的存在论基础上的目的主义体系,均属于典型的要素体系。建立在新康德主义二元论基础上的新古典体系,在希望将犯罪论体系改造为

---

① 〔德〕伯恩·魏德士:《法理学》,丁小春、吴越译,法律出版社2003年版,第209页。
② 参见〔德〕克劳斯·罗克辛:《刑事政策与刑法体系》(第2版),蔡桂生译,中国人民大学出版社2011年版,第16页。
③ 在之前的研究中,笔者已对罗克辛在刑事政策与刑法体系的关系问题上的相关主张作过概括与梳理。参见劳东燕:《刑事政策与刑法体系关系之考察》,载《比较法研究》2012年第2期。
④ Vgl. Roxin, Strafrecht Allgemeiner Teil, Band I, 4. Aufl., 2006, §7, Rn. 28 ff.
⑤ 〔德〕克劳斯·罗克辛:《刑事政策与刑法体系》(第2版),蔡桂生译,中国人民大学出版社2011年版,第51页。

一个评价体系的角度来看,表现出偏离于要素体系的特性,但它并未将三个阶层的评价统一起来,体系本身仍缺乏整体性的目的的指引。因而,新古典体系充其量只是对之前的要素体系增添了一些其他的东西,但没有能够将一个由形式逻辑主导的要素体系成功地改造为受统一目的指引的整体体系;同时,由于所增添的东西之于要素体系属于异质性的因素,它反而使古典的要素体系陷于混乱之中。德国当代占据主流地位的新古典暨目的主义综合论体系,其组成部分中既有以形式逻辑为主导的、建立在存在论基础上的因素,又有以合目的性为主导的、建立在规范论基础上的因素,可想而知,混乱程度只会有过之而无不及。如罗克辛所言,"我们今天所看到的、总体上在实践和学说中起着指导模型作用的犯罪论,是由不同个体的作者对其不断进行各式各样的种种修改而形成的,于是犯罪论的大厦迥然成了不同风格、不同阶段思想的古怪混合体"①。

目的理性的体系完成了新古典体系已然着手但一直未能解决的任务,即如何将一个形式逻辑主导的概念性体系改造为目的论导向的功能性体系,由此,它最终实现了刑事政策与刑法教义学之间的体系性融合。尽管没有足够的证据表明目的理性的体系受到利益法学方法论的直接影响,不过,可以确定的是,它与利益法学一样代表的是实质化与规范化的重大转向。从方法论的角度而言,二者均可回溯至耶林的目的论思想;与此相应,融合模式也在相当程度上分享利益法学的优点与缺陷。融合模式的优点在于,能够确保体系与外部环境之间的沟通渠道保持畅通,解决科学与生活、理论与实践之间的疏离问题,使刑法体系的发展合乎目的理性的要求,从而有效地应对风险社会所提出的预防需求;同时,它也有助于锻造刑法体系本身的开放性,促进与加强体系本身的回应与应变能力。因而,相比于割裂模式,融合模式能够更为有效地消解与处理外部环境复杂化所带来的冲击与挑战。融合模式的缺陷在于:一是因偏重强调体系的社会功能与开放性,可能会对法的普遍性与确定性的价值形成冲击,侵蚀法教义学应有的科学性;二是由于过多考虑政策层面的功利性需要,容易弱化对个体自由的保障。

(二) 我国当前之处理方式的双重缺陷

我国传统刑法理论将刑事政策置于特别高的地位,典型的说法是"刑事政策是刑法的灵魂与核心,刑法是刑事政策的条文化与定型化"②。同时,学理上明确将政策视作法律之外的因素而存在,并发挥作用。曲新久教授指出:"政策的意义侧重于以一定之手段实现一定之目的,着眼于未来,着眼于结果,从国家的角度讲,政策意味着'我要

---

① 〔德〕克劳斯·罗克辛:《刑事政策与刑法体系》(第 2 版),蔡桂生译,中国人民大学出版社 2011 年版,第 16 页。
② 陈兴良:《刑事政策视野中的刑罚结构调整》,载《法学研究》1998 年第 6 期。

求怎样'。法律则是既定的一般性抽象规则体系,构成对目的追求和手段使用的既定的先在性限制。对于国家机关来说,法律的意义侧重于'我被(法律)要求怎样'。所以,法律与政策不同,法律具有限制政治的意义,因而也可以构成对政策的限制,从根本上讲,也就构成对权力的限制。"① 从实际情形来看,刑事政策在刑法体系中犹如游魂一般,无所不在却又居无定所;同时,刑事政策完全是在法教义学之外进行运作,甚至时常凌驾于法教义学的逻辑之上。刑事政策的法外运作,是指刑事政策不受法律规则及相应的法教义学原理的制约。人们不是将刑事政策作为一种追求的价值目标内化于法教义学的构建之中,而是将它放在法外来处理,并且将规则与政策的关系理解为原则与例外之间的关系。刑事政策的法外运作经常导致规则被虚置或架空。最终,不是法在起作用,而是法外的刑事政策在起作用,并对案件的裁判结果产生决定性的影响,比如,严打时期的从重从快与从重从严的刑事政策便是如此。

由于刑事政策是游离于刑法体系之外而发挥作用的,我国对刑事政策与刑法体系的处理方式理应归入割裂模式。只不过,在我国的语境中,刑事政策与刑法教义学体系的游离态势呈现不同的面貌。德日式传统刑法教义学的问题在于太过强调体系的内在逻辑而无视刑事政策层面的目的性指引,最终使体系趋于僵化,无法有效回应社会的现实需求。这可谓是法律过于实证化所带来的消极后果。我国同样存在刑法体系无法有效回应现实需求的问题,同时,还存在由于实证化不足而导致法律系统未能与政治系统实现基本分离的问题。后一问题具体表现为,刑法教义学的构建缺乏起码的形式逻辑制约,教义学化的程度很低;刑事政策事实上作为超越乃至凌驾于体系之上的外在参数而存在,它经常对法教义学理论的逻辑进行修正。以刑事政策为名,任意突破或者摆脱来自教义学的逻辑制约的做法,在我国的刑事司法适用中可谓司空见惯。也正是基于此,人们才时常发出究竟是法大还是政策大的感慨。这意味着,在刑事政策与刑法体系的关系问题上,尽管我国当前的处理方式和古典犯罪论体系及目的主义犯罪论体系同属于割裂模式,故而分享割裂模式所具有的弊端,但同时,二者之间尚存在一个重大的差异:前者允许刑事政策凌驾于刑法教义学理论及逻辑之上,后者则认为刑法教义学是刑事政策不可逾越的边界。

由此而言,在刑事政策与刑法体系的关系问题上,我国当前的处理方式有双重缺陷:一方面,刑法教义学理论的构建缺乏刑事政策上的目标指引,使理论发展与现实需求之间出现严重的疏离与脱节;另一方面,刑事政策的运作缺乏有效的制约,经常任意突破刑法教义学的体系性逻辑,比如,刑法理论与实务中将贩卖毒品罪中的"贩卖",理解为包括以贩卖为目的的购买,而购买行为本来充其量只构成"贩卖"的预备行为,难以认为它处于"贩卖"概念的语义可能性的范围之内。毫无疑问,在思考我国应当选择

---

① 曲新久:《刑事政策的权力分析》,中国政法大学出版社2002年版,第229页。

何种模式来处理刑事政策与刑法体系的关系时,必须直面当前处理方式的基本特点,并以能够同时有效解决前述双重缺陷作为必要前提。

(三) 融合模式与我国刑法的应然立场

就刑事政策与刑法体系的关系问题而言,割裂模式与融合模式之间的分歧,其意义无疑不限于刑法领域,实际上,它触及的是法教义学上一个恒久的难题。这个难题——如学者所概括的那样——便是:"当我们试图通过一种以罗马法为真理基础的科学面向的法教义学来解决法律的确定性和普遍性问题而建构一种概念抽象体系的形式主义的法教义学时,我们将普遍性与确定性真理赋予法律,然而却也导致科学与生活、理论与实践的疏离;而当我们试图通过对目的、价值和利益的强调拉近生活与科学、实践与理论的距离时,一种普遍性和确定性的法律和真理又摇摇欲坠。"① 割裂模式对体系自主性的强调,对于守护法律的确定性和普遍性大有助益,但由此导致的科学与生活、理论与实践的疏离问题,无疑构成致命的缺陷。割裂模式所表现出来的守株待兔与刻舟求剑的特点,表明其完全缺乏消解外部环境复杂化所带来的冲击与挑战的能力,因而,在风险社会的背景之下,割裂模式实非理想的选择方案。融合模式则试图通过在方法论上整合体系性思考方式与问题性思考方式二者的长处,以使体系的自主性与回应性变得兼容,从而实现在科学面向与实践面向之间的平衡。由于保留了体系性思考方式的特点,融合模式不至于对法安全的价值构成重大威胁;同时,又因为吸收了问题性思考方式所具有的直面现实需求与开放灵活的优点,融合模式能够根据外部环境的情势变化而作出有效的回应,成就一个既具备必要的自主性,又兼有自我调整与自我更新能力的刑法体系。考虑到我国当前处理方式存在的缺陷,应当认为,在刑事政策与刑法体系的关系问题上,我国宜采取融合模式。

一方面,立足于既有的现实语境,我国需要直面解决刑事政策的法外运作问题,这是基于法治国的必然要求。由于我国不实行判例制度,在约束与遏制刑事政策的法外运作时,不得不在相当程度上依靠体系性思考的方式。必须承认,体系性思考本身存在一些内在的不足,包括忽略个案的正义,减少解决问题的可能性,从体系中推导得出的结论在刑事政策上无法予以正当化,以及因使用抽象概念而忽视法律素材之间的不同构造。② 然而,这并不意味着可以想当然地以问题性思考的方式取而代之。问题性思考的方式会严重危及法安全的价值,冲击法的客观性与统一性。在没有判例制度的国家,从维护法安全价值的角度出发,体系是法治国刑法不可或缺且不可放弃的因素。实际上,刑法的明确性要求,从一开始就使得与体系性相联系的思考方式取得优先的

---

① 陈辉:《德国法教义学的结构与演变》,载《环球法律评论》2017 年第 1 期。
② Vgl. Roxin, Strafrecht Allgemeiner Teil, Band I, 4. Aufl., 2006, §7, Rn. 43 ff.

地位。① 德国式刑法教义学的重要价值便在于,"在法治国罪刑法定原则的基础上以体系化的方式集概念与论证方法之大成,从而使得法律案件得以通过清晰明确的方式得到解决。刑法适用的过程因而是可预见的且可合理审核的,法官的个人评价——不管是道德性的还是政治性的——都会受到显著的遏制"②。可以说,体系性思考正是德国刑法理论受到其他国家青睐的魅力之根源所在。融合模式并没有放弃体系性思考,也没有将体系性思考放在次要的位置,而是努力用一个目的论导向的评价体系来取代一个概念式的要素体系。融合模式乃是以这样一个出发点为前提:一个现代的刑法体系应当有目的地被构造,也即必须建立在评价性目的设定的基础之上。③

另一方面,随着社会的结构性转型,我国同样存在预防方面的刚性需求,故而考虑刑事政策上的预防目的有其必要性,不然刑法教义学理论的发展就会陷于盲目。刑事政策代表国家层面的一种政治诉求,这种诉求基于实际的犯罪状况与控制、预防犯罪的现实社会需要而产生,具有灵活性与变动性。刑法教义学若要保持与现实社会的互动,就必须存在一种能够灵敏感知刑事政策需求并据此作出相应调适的机制,保持认知上的开放,以使体系具备自我更新或者与时俱进的能力。刑事政策正是这一机制的核心组成部分,缺乏刑事政策上的目标性指引,刑法教义学体系的发展就会如同盲人一样,缺乏方向感,并且与现实相隔绝。毕竟,"法律效果的设置和是否进行处罚的选择都属于刑事政策的内容;而刑事政策又是普遍的社会政策中的一个部分,而且,基于整体机制(gesamtes Instrumentarium)的视角,人们必须将刑事政策解释为社会政策的规则机制"④。切断与外部环境的沟通渠道并拒绝对相关需求作出有效回应的刑法教义学,终将走入死胡同而没有任何前景可言。

因而,采取融合模式并不意味着放弃体系性思考的方式,而只是意味着运用新的方法论来展开对刑法体系的构建。相比于概念思维导向的体系,目的论导向的体系能够在系统与外部环境之间建立起顺畅的沟通渠道,因而,它在维持体系性思考的长处的同时,也能实现向生活世界的开放,使体系兼具灵活性与应变能力。这与刑事政策作为政策的特性有关。从有效性出发,现代刑事政策有着鲜明的开放性,它不断根据犯罪态势、犯罪规律和政策导向、调控结果的变化而进行自身的调整;相应的,刑法刑事政策化的重要表现就是对目的性的强调,它要求刑法应回应社会,并基于这种回应

---

① Vgl. Roxin, Strafrecht Allgemeiner Teil, Band I, 4. Aufl., 2006, §7, Rn. 50.
② 〔德〕埃里克·希尔根多夫:《德国刑法学:从传统到现代》,江溯等译,北京大学出版社2015年版,第179页。
③ Vgl. Roxin, Strafrecht Allgemeiner Teil, Band I, 4. Aufl., 2006, §7, Rn. 58.
④ 〔德〕克劳斯·罗克辛:《刑事政策与刑法体系》(第2版),蔡桂生译,中国人民大学出版社2011年版,第55页。

性确定刑法的目的,以制定出有着鲜明目的导向、长于应变的刑法。① 总而言之,将刑事政策的目的性设定与刑法体系的构建相融合,正是为了使刑法体系具备适当的开放性,以便对社会关系变化所引发的规范性需求作出有效的回应;同时,这样的融合也有助于避免一头倒向问题性思考的方式,从而牺牲体系性思考的方式所带来的好处,危及法的安定性价值。

综上,在刑事政策与刑法体系的关系问题上,我国所面临的重大命题不仅在于刑法体系要不要刑事政策化(要合乎目的,要有效)的问题,而且在于如何使刑法的刑事政策化与刑事政策的法治化之间保持动态平衡的问题。刑事政策的法治化与刑法的刑事政策化,对应的正是当前我国刑事法制所面临的双重任务:"既要解决古典自由主义的命题,即防止法外恣意,限制国家刑罚权的任意发动;又要解决风险社会背景下管理不安全性的需求,加强对社会的保护。"②我国刑事法制所面临任务的双重性,决定了刑事政策的法治化进程与刑法的刑事政策化进程必须二者并举,而不能有所偏废。与此相应,我国刑法理论的发展在基本立场上应当确立如下两个观念:其一,鉴于我国当前一样面临西方国家在后工业社会或风险社会阶段出现的安全问题,单纯回归古典刑法理论既不现实也不可行。其二,刑事政策不能放在刑法体系之外来处理,也不应将法教义学与刑事政策简单理解为规则与例外的关系,而是有必要将刑事政策的考虑融入法教义学之中,以使法教义学的建构在接受合目的性指导的同时,又使刑事政策的适用受到来自法教义学的体系性制约。

二、目的作为刑事政策与刑法体系之间的管道

在此前的研究中,笔者曾明确提出,有必要将刑事政策放在刑法教义学体系中进行处理,游离于刑法教义学体系的刑事政策研究既没有前途也没有意义,并且还相当危险。③ 问题在于,刑事政策应当以何种方式进入刑法教义学之中?

这显然是一个方法论上的问题。尽管人们公认,刑事政策是犯罪学与刑法学之间的桥梁,但相对于以法解释为核心的教义学,刑事政策无疑是一个异质性的概念。"任何外部视角对法律的观察,如果它们能在法律实践中起到作用,必须被转译为法教义学的语言。而这也正是法教义学绝对不可替代之处。"④这意味着,需要为刑事政策寻找一个合适的管道,来促使其完成从体系之外向体系之内的"惊心动魄的跳跃"。只有

---

① 参见周折:《刑事政策视野中的刑法目的解释》,载《中外法学》2007年第4期。
② 劳东燕:《刑法解释中的形式论与实质论之争》,载《法学研究》2013年第3期。
③ 参见劳东燕:《刑事政策与刑法体系关系之考察》,载《比较法研究》2012年第2期。
④ 纪海龙:《法教义学:力量与弱点》,载《交大法学》2015年第2期。

找到这样的管道,刑事政策才可能在规范导向的教义学体系中找到自己的容身之所;而有关刑事政策的思考与探讨,也才可能以一种合乎法教义学要求的方式展开,避免相关的研究流于空泛而缺乏起码的规范逻辑品质。此外,也只有承认必须通过相应的管道才允许刑事政策进入刑法教义学,对刑事政策的恣意适用才可能因体系性制约的存在而得到有效的遏制。在此种意义上,这样的管道又起着过滤器的功能,将无法进入也不应进入的政策诉求排除在外。那么,通过何种管道将刑事政策的诉求源源不断地传达给刑法教义学呢?笔者认为,刑事政策可以且只能通过目的来完成由体系之外向体系之内的跳跃。

(一) 刑事政策如何实现体系性的跳跃

目的之于法教义学的重要性,时至今日已无人否认。在目的论思考的主导之下,法学作为一种目的性运作的学问而存在。"目的性思考是由目标出发的思考;它同时也是一种由较高位阶的总体出发所作的思考。因此,对于法条所作的目的论解释乃是'鉴于被思量出来的,有机的(指:功能上相互关联的)整体,将部分的意义及目的推衍出来'。"①不难发现,此处所谓"目的性",是客观的目的论(Teleologie),并非韦尔策尔意义上的目的主义(Finalism)。②此"目的"非彼"目的",前者是指规范层面的法秩序目的,与规范保护目的中的目的同义,"目的性"完全存在于法秩序的目的当中;后者则属于行为论的范畴,指的是存在论意义上的行为的目的结构,即与因果流程的支配相关联的联结主体与结果的主观因素,行为被认为是受主体的目的支配的一种活动。韦尔策尔认为,目的性的举动是一种受目的指引的有意识的外部效果,对行为的目的性操控在两个层面上进行:第一个层面完全在意念领域完成,包括预设意欲实现的目的,选择达成目的所需要的行为手段,以及考虑在达成目的之外与所设定的原因因素相关联的附随结果;第二个层面根据意念上对目的的预设、手段的选择与附随结果的算计相应,行为人在真实世界中实现其行为。③

德国学者许乃曼提出,刑事政策与刑法体系之间的关联可由法发现理论(Theorie der Rechtsgewinnung)导出。④ 这一命题的成立无疑是以目的论思考的兴起与由此引发的法学方法论的转变为前提。在一个目的导向的法律体系中,法发现必定以规范的目的作为基本依据而展开。随着体系从由逻辑为中心转变为以目的为中心,目的因素成为刑法教义学体系与外部环境互动的桥梁。经由这一桥梁,来自体系之外的刑事政策诉求方面的信息得以反馈至体系的内部,为体系所知悉。目的因素与逻辑因素不

---

① 〔德〕卡尔·拉伦茨:《法学方法论》,陈爱娥译,商务印书馆2003年版,第12页。
② 参见许玉秀:《当代刑法思潮》,中国民主法制出版社2005年版,第142页。
③ Vgl. Welzel, Das Deutsche Strafrecht, 11. Aufl., Walter de Gruyter & Co., 1969, SS. 33-34.
④ 参见〔德〕许乃曼:《刑法体系与刑事政策》,王效文译,载许玉秀、陈志辉合编:《不移不惑献身法与正义——许乃曼教授刑事法论文选辑》,新学林出版股份有限公司2006年版,第38页。

同,目的本身是作为可以接纳不同价值的容器而存在,它具有极强的可塑性,有不断重新解读的可能。因而,借助目的这一与评价主体的价值偏好紧密相关的因素,外部世界的需求得以通过目的的调整而完成沟通的过程。在目的的内容完成调适之后,外部的刑事政策诉求便被传递到体系中。在统摄体系的目的因素完成调适之后,相关的信息进而通过体系的既有脉络传达给相关的组成部分,由此促成刑法教义学理论的局部变化。倘若刑事政策上的重大调整直接影响刑法整体目的的变化,则必将引发如多米诺骨牌那样的连锁反应,驱使整个刑法教义学体系发生意义深刻的演变。

正是借助目的所架设的管道,刑事政策得以成功地完成由体系之外向体系之内的跳跃。一则,刑事政策上基本目标的设定,本身充当着刑法教义学体系的最高目的。它不仅从根本上制约立法层面的立、改、废,也构成法律适用的最终归依点。如李斯特所言,"刑事政策给予我们评价现行法律的标准,它向我们阐明应当适用的法律,它也教导我们从它的目的出发来理解现行法律,并按照它的目的来具体适用法律"[1]。二则,刑事政策所关注与追求的预防效果,与法的安定性一样,本质上也可视为一种实用性的利益,属于刑法所必须顾及的利益范围。三则,只要承认刑法的目的是保护法益,则预防本身必然内在于法益保护的结构之中。所谓法益指涉的显然是生活利益,对这些生活利益的保护只有借助预防的媒介才可能实现。尽管未完成型犯罪(包括危险犯)在各国刑法教义学中正变得司空见惯,但对行为人的惩罚通常是在侵害结果发生之后。从刑法目的的角度而言,惩罚行为人对已然的侵害而言并无意义,侵害既已造成,即便惩罚行为人,已经受损的利益也不可能得到恢复。可见,作为刑法目的指涉对象的法益,只能是潜在的、未来可能遭受侵害的各种利益。相应的,刑法对法益的保护也必定是未来面向的,而要在当下的惩罚与对未来利益的保护之间扯上关联,势必需要借助于预防。在此种意义上,预防可谓内在于法益保护的目的性结构之中。

综上,目的构成刑法教义学体系与刑事政策之间的管道,刑事政策正是通过目的——也只能通过目的——这一管道进入刑法教义学体系。刑事政策以目的的确定为杠杆,根据犯罪态势的变化调整刑法规制的范围和程度,以求政策效果。[2] 李斯特有关目的论的思想,局限之处在于只将刑事政策引入刑事立法层面与刑罚执行层面。之所以未能在犯罪论的构建与刑法解释论中真正将刑事政策整合进来,不只是因为他赋予刑事政策与刑法以不同的任务,更在于彼时的刑法教义学体系尚未从根本上摆脱概念法学思维的支配,刑事政策无法借助目的的管道进入刑法教义学体系,"李斯特鸿沟"由此而形成。

---

[1] 〔德〕李斯特:《德国刑法教科书》,徐久生译,法律出版社2006年版,第2页。
[2] 参见周折:《刑事政策视野中的刑法目的解释》,载《中外法学》2007年第4期。

（二）重新理解体系的开放性与封闭性

承认目的构成刑事政策与刑法体系之间的通道，意味着刑事政策与刑法体系之间并非单纯的输入与输出的关系或者反映与被反映的关系。将二者理解为输入与输出或者反映与被反映的关系，不可能真正解决二者之间的割裂。

受传统理论范式的影响，人们往往将刑法体系的自主性与回应性，或者说封闭性与开放性，放在同一维度上来理解，将二者视为对立关系或者此消彼长的关系。这样一种二元对立的思考方式未免陷于老套，且有走入死胡同之嫌，无法为解决刑法体系的自主性与回应性之间的紧张关系提供真正的出路。按卢曼系统论的思想，法律系统与外部环境并不是单纯的投入—产出关系，为确保在与环境相区隔时能够实现自我维系，法律系统需要按自己的符码进行运作，因而，其运作上必须是封闭的；同时，系统在认知上需要保持开放，以解决法律系统的运作过程与系统所处环境相协调的问题。① 因而，封闭性与开放性之间并非对立关系，相反，"开放立足于封闭，只有经由系统内部结构的'转译'，环境的变动才能激扰系统，使之理解并作出回应"②。以此观之，将刑事政策的目的性考虑融合在内的刑法教义学体系在运作上封闭而在认知上开放，可以实现自主性与回应性的二元统一："一方面，它必须从环境中吸收养分与素材，具有认知的开放性。这不仅表现为对拟规整对象的规律与内在秩序加以描述和概括，而且表现为对'如何组织起对犯罪合理而有效的反应'进行策略性的思考……另一方面，对如此多的外部素材，又必须根据教义学系统的内在逻辑而被识别、筛选和结构化。只有通过系统的自我组织和转化，这些外在的价值、素材、视角与信息才会内化为教义学系统的一部分，并被系统所接受和采用。"③

刑事政策本质上属于政治系统，而刑法教义学属于法律系统，二者的运作逻辑并不相同。刑法教义学体系要发挥其必要的功能，包括确保法适用的一致性，简化与优化法的可操作性，以及作为法构建（Rechtsfortbildung）的指南等④，就必须保持运作上的闭合性，即按自身的符码与逻辑进行运作，任意让外来因素进入体系干扰，只会造成体

---

① 卢曼提出，法律系统是一个规范上封闭但认知上开放的系统。法律系统的自创生在规范上是封闭的，因为只有法律系统才能赋予其要素以法律上的规范性，并因此将它们建构为要素。法律系统通过其要素而实现对要素的再生产，并因此赋予新的要素以规范上的有效性。在这个方面，系统对于环境而言是闭合的。同时，与这种封闭性相关，法律系统又是认知上开放的系统。通过纲要化，系统使得自身取决于事实，并且，当事实的压力作出相应指示时，系统也能变更它的纲要。在卢曼看来，系统在运作上的封闭与认知上的开放并不矛盾；规范的性质服务于系统的自创生，也就是与环境相区隔时的自我维系；认知的性质则服务于运作过程与系统环境之间的协调。See Niklas Luhmann, The Unity of Legal System, in Autopoietic law—A new Approach to Law and Society, edited by Gunther Teubner, Walter de Gruyter, 1987, p. 20.
② 陆宇峰：《"自创生"系统论法学：一种理解现代法律的新思路》，载《政法论坛》2014 年第 4 期。
③ 杜宇：《刑事政策与刑法的目的解释》，载《法学论丛》2013 年第 6 期。
④ Vgl. Roxin, Strafrecht Allgemeiner Teil, Band I, 4. Aufl., 2006, §7, Rn. 39 ff.

系的功能失调,甚至使体系陷于崩塌。刑事政策不能决定刑法教义学按怎样的方式进行运作;相反,刑事政策上的诉求作为外来因素,要想为刑法教义学体系所接纳,只能按照刑法教义学的固有方式产生刺激。用系统论的话语来说,便是系统只能对其网络结构所能识别的"扰动"加以回应,它只能识别通过自身符码所能看到的事物,就好像只有频率相同的声音才会产生共振,系统正是依据自己的频率有选择地作出回应。[1] 倘若刑事政策试图决定刑法教义学体系的运作方式,便会从根本上摧毁刑法教义学体系。大体说来,刑事政策是作为指引体系导向的基准而存在,而基准的调整通过目的的调整来完成。在目的完成调整之后,相关的信息随之会通过刑法教义学体系的网络结构而传递到体系之内,由此而使得体系对外在环境保持认知上的开放关系,促进刑法教义学体系的运作与外在环境的协调。可见,刑法教义学体系运作上的封闭与对外部环境的开放之间并不矛盾;相反,运作上的封闭是为了更好地实现认知上的开放,以维系体系的正常功能。

我国实务中刑事政策适用上的乱象,正是由于将刑事政策与刑法教义学简单理解为输入与输出或反映与被反映的关系所致,导致刑法教义学体系难以确保运作上的封闭性而时常为刑事政策所干扰与控制。这样的处理方式,不仅使刑事政策总是陷于任意飞行的状态,也在很大程度上影响体系基本功能的正常发挥。我国刑法理论长期以来未能实现教义学化,与之可谓有莫大的关联;不尊重教义学的运作逻辑,自然也就难以谋求教义学的真正发展。至于德国刑法中形成的"李斯特鸿沟",缘由是刑法教义学体系只关注运作上的封闭,却未能保持认知上的开放,致使体系无法与环境形成良性互动而造成体系发展的脱节。

需要指出的是,笔者只是主张,通过目的的管道,将刑事政策上作为目的的预防性考虑整合入刑法教义学,而并未主张刑法体系要吸纳所有刑事政策上的诉求。换言之,只有从合目的性的角度,与作为刑罚目的的预防在观念上相一致的刑事政策类型,才能归入本文所谓刑事政策。据此,我国各类具体的刑事政策就会分成两大类,一类是与预防目的相关的刑事政策,另一类是与预防目的无关的刑事政策。只有前一类可能通过目的的管道进入刑法体系,后一类自始便不是刑法体系应当接纳的对象。笔者之所以主张通过目的的管道来整合刑事政策,便是希望以目的作为过滤器,将无法通过目的管道进入刑法体系的后一类刑事政策排除在外,不让这些因素对体系的构建产生影响。也即,"应避免那些可能造成体系性震荡或结构性矛盾的政策进入刑法体系"[2]。事实上,它们根本就不是刑法教义学理论发展中应当考虑的因素。强行将二者放在一起,只会导致两种后果:要么刑法教义学理论被不当扭曲而致体系

---

[1] 参见周婧:《封闭与开放的法律系统如何可能?》,载《社会学研究》2009 年第 5 期。
[2] 杜宇:《刑事政策与刑法的目的解释》,载《法学论丛》2013 年第 6 期。

崩塌,要么刑事政策凌驾于刑法教义学之上而使体系的存在丧失意义。

这意味着,对中国式刑事政策的适用边界的控制,有必要首先考虑借助目的管道的过滤器功能,仅允许刑事政策通过目的这一管道进入刑法体系,舍此以外,不允许其激扰刑法体系,影响对犯罪理论的构建与构成要件的解释。这样做至少会有两个好处:一则,固定管道的存在,更容易实现刑事政策与刑法教义学之间的有效沟通。刑法体系固然需要刑事政策的指引,但这种指引必须是按刑法教义学所能接受与识别的方式进行。毕竟,刑事政策属于政治系统,而刑法教义学体系属于法律系统,两个系统各有自己运行的符码。任由刑事政策与刑法教义学体系杂乱无章地进行沟通,将使二者都无法合理地发挥自身的功能。二则,固定管道的存在,更有利于对中国式刑事政策进行甄别式的适用。只允许刑事政策通过目的这一管道进入刑法体系的命题,意味着刑事政策在接受体系性制约的前提之下运行。换言之,如果不能将刑事政策上的诉求转译为刑法中的目的,在教义学理论的构建中便不允许考虑这样的刑事政策因素。这样的定位相信能够对动辄将刑事政策凌驾于体系之上的现象有所遏制,同时也有助于将某些随意性很强也缺乏相对稳定性的刑事政策排除在体系之外。

在刑事政策与刑法体系之间只开设一个固定的通道,要比当前通行的条条大路通罗马式的做法更为明智。这是因为,杜绝或关闭所有通往刑法体系的通道,并不意味着刑事政策会自觉退出刑法的舞台。恰恰相反,按此种方式处理刑事政策与刑法体系的关系,只会使刑事政策的适用更加恣意,更加肆无忌惮,更加无孔不入,也更加杂乱无章。最终的结局必然是,刑法教义学的体系性构建因刑事政策漫无边际的适用而从根本上丧失存在的意义。可见,在刑事政策与刑法体系之间维持固定的通道,有助于维持与确保体系的自主性,防止体系为刑事政策所侵蚀与颠覆。

在刑法教义学的研究取得实质性进展的今天,任由刑事政策突破法教义学逻辑的做法,日益变得难以被容忍。它不仅会使体系存在的意义荡然无存,也严重威胁体系性构建所维护的基本价值,即法适用的明确性与统一性。用系统论的术语来说,这是以法/不法为基本符码的法律系统未能将自己的界限划出而形成运作上的封闭,因而,法律系统无法排除以有权/无权为基本符码的政治系统对其的直接干扰;政治符码的渗入在破坏法律系统运作上的封闭性的同时,也破坏了法律稳定整个社会规范性期待的基本功能。[①] 以政治性的方式解决法律案件,表明系统的界限被跨越了,由政治性的特别处理取代法律性的一般处理,在影响法律系统的功能的同时,也必然干扰政治系统的正常运作与其功能的实现。

现代社会对法治理想的认同与实践,本身便意味着政治与法律之间具有一种交互寄生的关系:唯有当政治上的和平能够获得确保,即当自由行使强制力的现象能被阻

---

① 参见鲁楠、陆宇峰:《卢曼社会系统论视野中的法律自治》,载《清华法学》2008年第2期。

绝时,法律才能得到发展;也唯有当政治系统让法律作为法律,并且谨守不违法使用强制力之原则,法律才能在此范围内被用来作为使政治获得印证的领域。① 现代国家政治权力行使的正当性来源于法律(尤其是宪法)的赋予,如果法律系统的自主性无法确保,政治系统势必也无法成功实现形成与贯彻有集体拘束力的决定的功能,二者之间功能互助,是一荣俱荣、一损俱损的关系。

三、功能主义刑法体系的基本特性与相关影响

采取贯通模式的刑法体系注重的是体系的社会功能,强调对日益复杂化的外部环境的积极应对,这样的体系可称为功能主义的刑法体系。功能主义的刑法体系不承认有固定不变的结构或本体,而认为结构取决于其所要承担的功能。强调刑法的社会功能,首先会引发犯罪论体系内在构造的重大变化。

(一) 社会治理与功能主义的刑法体系

将刑事政策的目的性设定与法教义学的构建相融合的刑法体系,注重的是体系的社会功能的一面。如罗克辛所言,由于刑法是一种社会治理(soziale Steuerung)和社会控制的机制,它也就只能谋求社会的目标,即防止将来的犯罪。② 因而,这样的体系可称为功能主义的刑法体系。将法律概念与目的捆绑在一起,并由此驱使包括刑法体系在内的法律体系往功能化的方向发展,至少部分地受到 20 世纪以来社会法学思潮的影响。社会法学的基本设定就是法律必须满足社会的内在需要,将法律的合理发展当作实现社会目标的手段。它的口号是"社会",这个口号通常涉及的意象包括:有机体、目的、功能、再生产、福利以及工具主义(即认为法律是服务于目的的一个手段)。③

相比于传统的刑法体系,功能主义刑法体系的内部构造要复杂得多,这是其为应对与化解日益复杂化的外部环境而使然。正如学者所指出的,"从历时性的角度来看,法律系统是为适应社会复杂性的持续增长,运用法律沟通自我运作,变化其形式与结构,以(在实质意义上)增长其内部复杂性的方式克服社会复杂性的历史演化过程"④。功能主义的刑法体系不承认有固定不变的结构或本体,而认为结构取决于其所要承担的功能。本质上,功能主义刑法体系涉及对政治与法律之间的关系的重新处理,其处理方式区别于传统法律实证主义的立场。

---

① 参见〔德〕鲁曼:《社会中的法》,李君韬译,五南图书出版股份有限公司 2009 年版,第 468 页。
② 参见〔德〕克劳斯·罗克辛:《刑事政策与刑法体系》(第 2 版),蔡桂生译,中国人民大学出版社 2011 年版,第 76 页。
③ 参见〔美〕邓肯·肯尼迪:《法律与法律思想的三次全球化:1850—2000》,高鸿钧译,载高鸿钧:《全球视野的比较法与法律文化》,清华大学出版社 2015 年版,第 338—341 页。
④ 鲁楠、陆宇峰:《卢曼社会系统论视野中的法律自治》,载《清华法学》2008 年第 2 期。

法律实证主义将法律系统从政治系统中分离出来,它代表的是一种分化的倾向与趋势。一般认为,哈特的规则体系理论代表的是实证主义法学的巅峰。不过,他的理论其实只是对过往时代实证主义法学的总结性陈词,并没有切中新时代法学的核心命题。正是基于此,与其说哈特的规则体系理论是现代法理学的明珠,不如说是它的时代的遗嘱。① 不同系统之间实现分化是为了化解外部环境的复杂性,但过度分化反过来会严重影响系统化解外部环境复杂性的能力。对于实证主义法学体系而言,当它将法律与政治完全隔绝,实际上就对社会作了抽象化的处理,甚至将社会系统本身纳入法律系统之中,这就完全堵塞了法律系统与外部环境之间的沟通渠道,严重影响其作为社会治理机制之组成部分的调控机能。可以说,也正是基于实证主义法学在功能上的这种缺陷,才会产生融合性的强大需要。为使法律有效发挥其作为谋求社会进步之工具的基本功能,法学因此必须重新考虑法律与政治之间的关系的处理。20 世纪中期以后,整个法理学的发展都将法律与政治之间的交融性影响当作重要的研究课题,其根源便在于此。在很大程度上,功能主义的刑法体系正是对法律与政治之间的关系进行重新处理的产物,法律系统与政治系统之间不再绝对地保持分离,而是产生耦合性的勾连。

(二) 应罚性与需罚性之间的关系演变

在犯罪论层面,所谓刑事政策与刑法教义学的关系,处理的其实就是需罚性与应罚性之间的关系问题。德国犯罪论体系的构建,长久以来便是以应罚性(Strafwürdigkeit)统摄一切,需罚性(Strafbedürftigkeit)几乎没有立足之地;自 20 世纪中后期开始,则逐渐出现以需罚性补充应罚性,甚至以需罚性取代应罚性的发展趋势。这种趋势深刻地影响了刑法教义学理论的发展。

应罚性的概念独立于一般预防或特殊预防的视角,而包含社会伦理上的无价值;行为只有在社会伦理上是应予反对的,才具有应罚性,因为它显著威胁或侵害了法社会中的社会关系。需罚性则意味着,刑罚是保护社会免受值得刑罚处罚的法益威胁或侵害,并保卫法秩序的绝对必要的手段。应罚性实质上通过行为的社会危害性的评价来确定,而需罚性则首先涉及国家刑罚的目的因素。② 在应罚性与需罚性二元分流的传统模式之下,德国式的犯罪阶层体系关注的仅仅是(或主要是)应罚性的问题,行为是否应当被处罚的判断,从来都不取决于需罚性,而取决于概念逻辑或者存在论意义上的事物本质。如论者所言,随着对评价领域(应罚性判断)与目的领域(需罚性判断)的基本划分,犯罪构造中需罚性判断的功能被标示出来:需罚性不是作为单独的犯

---

① 参见〔英〕韦恩·莫里森:《法理学:从古希腊到后现代》,李桂林等译,武汉大学出版社 2003 年版,第 370—404 页。

② Vgl. Otto, Strafwürdigkeit und Strafbedürftigkeit als Eigenständige Deliktskategorien? Überlegungen zum Deliktsaufbau, Schröder-GS, 1978, S. 54, 56.

罪成立要素而具有独立的意义,在解释论与立法论中,它只是在排除不必要的刑罚适用的场合发挥作用。①

正是基于此,德国的犯罪阶层体系一直被认为具有超实证的特性,即犯罪论体系不被认为是源于实证法,相反,它先于实证法且超越实证法之上。作为精妙的法律人职业主义的标志,犯罪阶层体系被赋予确保制定法适用中的秩序、确定性与不偏不倚的任务,其结构既代表着在政治与道德哲学领域内冗长的审慎思考的结果,又是作为真实世界的政治中经历无数试验的结果。它不只是一个帮助人们更好地组织与说明制定法语言的形式性的模式,而是包含确保惩罚公正必须维持的最低条件;要求实证法只能在该结构允许的框架内实施,就等于是在要求确保惩罚公正的最低条件。② 简言之,根据这种立场,应罚性是架构犯罪论体系的指导原则,需罚性的考虑则归于刑罚论。也即,应罚性是犯罪成立与否的判断依据,需罚性则是处罚与否的判断根据;应罚性是法教义学上的探讨对象,需罚性则是刑事政策上应思考的课题。③ 这种对应罚性与需罚性作二元分流式的处理,无一例外地支配了古典体系、新古典体系与新古典暨目的主义的综合体系。

罗克辛关于目的理性的阶层体系的构想,可谓应罚性与需罚性关系处理上的一大转折。他将应罚性和需罚性皆当作犯罪阶层体系的架构准则,认为应罚性考虑的是行为的主客观可归责性,需罚性考虑的是预防必要性,在每个阶层都要同时被考虑进去;因为依规范的保护目的决定应罚性,而依预防的必要性决定处罚的理性界限,所以合乎目的理性,因为以目的为取向,所以是目的论的体系,加上刑事政策的考虑,所以是目的论兼刑事政策的体系。④ 罗克辛从未声称以需罚性来取代应罚性,他只是要求在体系的构建中同时考虑二者。那么,在他的体系中,需罚性与应罚性之间的位阶关系如何呢?

罗克辛认为,刑法中的不法与罪责的构建有不同的考虑:不法是从刑法的任务——辅助性的保护法益——中导引出来,故从不法的构想中将产生客观归责理论;罪责范畴则是从对个人施加处罚的目标之中推导出来,需要建立在个人能力而非社会需要的基础上,同时这个范畴中还要再加入预防理论,因为处罚不仅取决于罪责,也取决于预防的需要。⑤ 罪责加上预防需要的考虑,构成罗克辛的所谓答责性阶层,从罗克辛对答责性阶层的构建来看,他无疑是将应罚性置于需罚性之前的。因为他将预防必

---

① Vgl. Otto, Strafwürdigkeit und Strafbedürftigkeit als Eigenständige Deliktskategorien? Überlegungen zum Deliktsaufbau, Schröder-GS, 1978, S. 68.

② See Wolfgang Naucke, An Insider's Perspective on the Significance of the German Criminal Theory's General System for Analyzing Criminal Acts, Brigham Young University Law Review, 1984, pp. 317-320.

③ 参见许玉秀:《当代刑法思潮》,中国民主法制出版社2005年版,第89页。

④ 参见许玉秀:《当代刑法思潮》,中国民主法制出版社2005年版,第90页。

⑤ 参见〔德〕克劳斯·罗克辛:《刑事政策与刑法体系》(第2版),蔡桂生译,中国人民大学出版社2011年版,第70—76页。

要性视为消极的阻却答责成立的要素,即可谴责性(即罪责)本身对于答责而言只是必要条件而非充分条件,满足答责的要求,还应当进一步审查惩罚是否没有预防必要性;若是无法满足刑事政策上的预防目的,则行为人的答责性将被否定。然而,当罗克辛以客观归责为中心来重新架构不法阶层时,他的应罚性优位于需罚性的立场便不可能贯彻到底。因为他据以判断是否归责的主要准则,包括规范保护目的、被容许的风险、构成要件的效力范围等,本身都是实质的标准,是从法秩序的目的出发,对法秩序要求的具体化。这些准则的结构内部,本就交织着需罚性的考量。无论是对规范保护目的的解读、风险是否容许的评价,以及构成要件效力范围界限的界定,都无一不受需罚性判断的影响。归根结底,行为是否作为行为人之作品的归责决断,不可能摆脱预防必要性方面的权衡。

这意味着,只要以客观归责为中心来构建不法阶层,需罚性势必会凌驾于应罚性之上,获得相对于后者的统摄性地位。如此一来,罗克辛作为基本前提来运用的应罚性优于需罚性的设定,其实很难在他的体系中一以贯之。因而,在重构应罚性与需罚性之间的关系的同时,尽管罗克辛仍然希望以应罚性来制约需罚性,但他的希望恐怕很难不落空。古典体系中,二者的界限是划在罪责之后,即罪责属于决定应罚性的因素。而罗克辛由于在罪责阶层加入刑罚目的的考量,使得罪责阶层论断罪责高低或有无罪责,其实和处罚与否具有相同的意义,换言之,在他的目的理性体系中,不法和罪责其实具有犯罪成立和应否处罚的意思,罪责阶层有名存实亡的现象。[1] 许玉秀教授显然也支持这种观点,在她看来,是否予以责难和是否动用刑罚根本是一回事。因此她才会提出,划分犯罪论和刑罚论的界限不见得就是要划在罪责下面,不仅如此,根本就不应该划在罪责下面,而应该划在不法的下面、罪责的上面。换句话说,罪责不是属于犯罪论而是属于刑罚论,不属于决定应罚性的决定要素,而是需罚性的决定要素。也即,应罚性的要素为不法,包含构成要件和违法性阶层;需罚性的要素是罪责,罪责就是刑事责任,就是刑罚的意思。[2]

如果说在罗克辛的目的理性体系中,应罚性的判断还只是受到需罚性判断的一些侵蚀;那么,就雅科布斯(Jakobs)的体系构想而言,需罚性则全然取代了应罚性,二者根本就是等同关系。与罗克辛在主张对刑法体系进行功能性理解的同时仍承认需以本体论的理解为补充不同,雅科布斯完全拒绝本体论的因素,他的不法论与罪责论都严格根据规范"归责"的主导原则来安置,其正当性根据完全由刑法的"产出物"——刑法法律后果的功能——中推导而出。[3] 从雅科布斯所主张的功能性

---

[1] 参见许玉秀:《当代刑法思潮》,中国民主法制出版社2005年版,第109页。
[2] 参见许玉秀:《当代刑法思潮》,中国民主法制出版社2005年版,第114、117页。
[3] Vgl. Ernst-Joachim Lampe, Zur funktionalen Begründung des Verbrechenssystems, in Roxin-FS, 2001, S. 58 ff.

的罪责概念(Funktionaler Schuldbegriff)上,可清楚地看到这一点。他明确主张罪责非难的前提不是非难可能性,而是现实的或可能的预防需要。在他看来,目的赋予罪责概念以内容,罪责的确定在于为确证秩序与法信赖之间的联系而惩罚公民的需要提供根据;罪责由一般预防所构建,并根据一般预防来衡量。① 在雅科布斯那里,犯罪被认为是对规范效力的违抗,也即对社会构造(configuration of the society)的违抗,对规范存在的确认则属于制裁的概念,制裁是对质疑规范存在之行为的否认。② 由于不法阶层与罪责阶层的判断内容在他的体系中完全重合,违反规范既是判断行为不法的标准,也是判断罪责的标准;相应的,如果罪责由一般预防所构建并根据一般预防来衡量,则不法的内容与衡量标准自然也是以一般预防作为依归。如此一来,应罚性与需罚性便成了二元归一的关系:应罚性就是需罚性,需罚性也是应罚性。可以说,通过认定不法与罪责只允许以合目的的方式进行理解。③ 雅科布斯完全解构了应罚性的概念,使应罚性在其体系中丧失独立存在的意义,而需罚性成为架构体系的唯一支柱。也正是因为雅科布斯掏空了应罚性概念的内涵,许乃曼才作出这样的评论:"Jakobs的纯粹规范论抛弃任何一个在释义学概念中被他鄙视为自然主义的描述性成分,而在对于概念解释时,其方法论参照的仅是现行实定法所使用的体系而产生的体系功能性……他将他的罪责概念明确地与真实存在的他行为能力区分开来,并且最后将它当作刑法归责的结论,所以借由这种方法系用罪责来解释归责,而用归责来解释罪责,并且只形成一个循环推论。"④

(三) 刑法体系的功能化发展方向评析

罗克辛的阶层体系与雅科布斯的阶层体系显然都不是存在论意义上的体系,而应归入规范论的范畴;并且,在其体系中,客观层面的归责判断都获得了作为体系之中心的地位。尽管罗克辛坚决要求与雅科布斯划清立场,并对后者的观点提出诸多批评;但二人所主张的体系实际上处在相同的发展方向上,都属于目的理性——功能主义——的犯罪论体系,只是雅科布斯在功能主义的方向上走得更远。作为功能论者,他们都认为,刑法的体系性构建不允许以本体性的既定存在(行为、因果性、物本结构等)作为出发点,而必须完全受刑法目的的指引;分歧只在于,哪些刑法目的应当发

---

① Vgl. Jakobs, Schuld und Prävention, 1976, SS. 8-9.
② See Jakobs, Imputation in Criminal Law and the Conditions for Norm Validity, Buffalo Criminal Law Review, Vol. 7, 2004, p. 495.
③ 对雅科布斯的此种观点,Lampe 这样评论道:雅科布斯恰当地质疑了传统的观点,即不法与罪责是否实际上能够以"无目的的"方式进行理解;然而,他却从中得出了错误的推论,即不法与罪责只允许以合目的的方式进行理解。Vgl. Ernst-Joachim Lampe, Zur funktionalen Begründung des Verbrechenssystems, in Roxin-FS, 2001, S. 60.
④ 〔德〕许乃曼:《刑法体系与刑事政策》,王效文译,载许玉秀、陈志辉合编:《不移不惑献身法与正义——许乃曼教授刑事法论文选辑》,新学林出版股份有限公司 2006 年版,第 81 页。

挥作用,它们与传统的构造要素(即构成要件、违法性与罪责)又该如何相结合。① 只不过,罗克辛是按照刑事政策的目标来建立其体系,雅科布斯则放弃刑事政策的构想,而将刑法的目标建立在纯粹规范化的体系性理论原理之上。② 因而,从功能主义的视角来看,二者充其量是五十步与一百步的关系。过于夸大二者之间的差别,而无视其属性上的共同之处,势必产生认识上的扭曲,导致对应罚性与需罚性的关系演变问题作出错误的判断。

这一点,也可以从罗克辛与雅科布斯各自对罪责概念的界定中得到证明。表面看来,罗克辛并没有试图以预防的需要来取代罪责概念本身的内容。但实际上,在他看来,罪责已不再被视为刑罚构成要素,而只是构成量刑的上限,在该界限以内根据一般预防和特殊预防的观点来量刑。③ 换言之,罪责不再是决定定罪的因素,而是影响量刑的因素。这种观点与雅科布斯的立场在实质上并无不同:罪责不再是决定应否处罚的因素,而成为判断是否需要处罚的因素。如此一来,罪责要求之于行为人而言,便不再是一项权利,它无关乎惩罚的公正性。相反,它变得仅仅涉及社会利益的考量,涉及的是基于一般预防的考虑,是否需要对已经实施不法侵害的行为人进行处罚的问题。由此可见,罗克辛与雅科布斯的体系思想完全处在相同的方向上,罗克辛不过是在一般预防的要求之外坚持罪责原则作为量刑的上限,而雅科布斯则根本不承认罪责原则在量刑上的此种限制功能。

应当看到,犯罪论体系在当代的发展中出现以需罚性补充应罚性,甚或以需罚性取代应罚性的趋势,有其现实的社会基础,不能归结为只是理论自身的内在演绎。风险时代的来临,社会的日益复杂化,使得包括刑法在内的法律系统不得不全面承担起稳定规范性期待的功能,这是现代社会功能分化的必然结果。刑法体系的构建,也不得不直面以下两个问题:一是在风险日益普遍化的时代,如何才能更好地保护社会;二是在一个日益复杂化的社会里,法律系统如何才能有效化解复杂化所带来的治理难题。

毫无疑问,当代的刑法理论必须对前述问题作出积极的回应,不然,就会遭遇正当性上的危机。应罚性与需罚性之间关系的重新定位,正是为了与更好地保护社会的需求相呼应;而体系上向目的理性方向的发展,或是要求考虑刑事政策上的目标设定等,则是为了使体系具备应对复杂社会的调适能力。只有立足于此,才能理解犯罪论体系向目的理性方向发展所具有的意义,并对刑事政策的功能有一个全新的定位,不

---

① Vgl. Ernst-Joachim Lampe, Zur funktionalen Begründung des Verbrechenssystems, in Roxin-FS, 2001, S. 47.

② 参见〔德〕克劳斯·罗克辛:《刑事政策与刑法体系》(第2版),蔡桂生译,中国人民大学出版社2011年版,第83页。

③ Vgl. Roxin, Strafrecht Allgemeiner Teil, Band I, 4. Aufl., 2006, § 3, Rn. 51 ff.

至于产生中国式的误解,即囿于政策学的视角看待刑事政策。这样的误解,根本上是由于在中国语境之下,人们习惯于从具象化、实体性的维度来解读刑事政策的内涵,刑事政策与刑法教义学的关系由此被想当然地理解为政策学与法学的关系,从而导致对所谓目的理性的犯罪论体系认识上的重大偏差。

对于刑法体系向功能主义方向的发展,我国学者表达了支持的态度。冯军教授正确地指出,尽管在由罗克辛所建立的更多定位于法益保护的刑法教义学与由雅科布斯所建立的更多定位于法规范维护的刑法教义学之间存在诸多不同,但是,他们都克服了"李斯特鸿沟",认为必须"仅仅从刑法的各种目标设定中推导出"刑法体系的构造,试图使刑法教义学的内容符合刑事政策的要求,力求在刑法教义学的严密体系中实现刑法的社会机能。他们之间的分歧仅在于,怎样的"刑法目标设定"应该发挥作用,刑法的目标设定必须如何与构成要件、违法性和责任这些传统的构造要素相联系。[1] 陈兴良教授也认为,罗克辛贯通对于我国刑法学界具有现实意义,他甚至还进一步断言,"我们无须回到李斯特,也没有必要重新跨越李斯特鸿沟,我们可以直接享受罗克辛贯通的成果"[2]。

不过,陈兴良教授虽然敏锐地意识到罗克辛的刑事政策概念不是实体性的,而是观念性的,是一种方法论上的刑事政策,但并未对此种方法论作进一步的检视,并且似乎没有意识到方法论的变化与实质化以及功能主义之间存在的内在勾连,因而,未从目的论思考入手去反思方法论上的演变对教义学体系所产生的重大影响。这可能与其认为方法论具有中立性的观念有关。由此,他低估了刑事政策之于刑法教义学的构建所具有的意义。他仅将刑事政策的功能定位于价值填补,并且认为通过目的性的限缩,它只发挥出罪的功能。他提出,在刑法教义学框架之内,刑事政策的价值判断不会导致主观武断与专横,而是具有其边界。因此,只要通过刑罚教义学原理正确地加以限制,刑事政策只能发挥其出罪的功能而不可能发挥其入罪的功能。[3] 此种观点明显低估了刑事政策对于刑法体系构建的意义。同时,支持功能主义的刑法体系,势必无法与其所主张的形式论及回归古典刑法理论的立场相一致。

总体而言,刑法体系逐渐告别本体论而向功能主义方向迈进,可谓呼应社会变迁所引发的规范上的需要的产物。从根本上,这是为了解决刑法体系的回应性问题。之所以称为回应的而不是开放的,是要表明一种负责任的因而是有区别、有选择的适应

---

[1] 参见冯军:《刑法教义学的立场和方法》,载《中外法学》2014年第1期。
[2] 陈兴良:《刑法教义学与刑事政策的关系:从李斯特鸿沟到罗克辛贯通 中国语境下的展开》,载《中外法学》2013年第5期。
[3] 参见陈兴良:《刑法教义学与刑事政策的关系:从李斯特鸿沟到罗克辛贯通 中国语境下的展开》,载《中外法学》2013年第5期。

的能力,回应型的法把社会压力理解为认识的来源和自我矫正的机会。① 从法理学的角度而言,试图将刑事政策整合入刑法体系之中的努力,实际上是在对法律作为一种规则体系的传统实证主义命题提出挑战,意在构建一种由规则与政策共同组成的刑法体系。可以说,刑法体系从概念式体系向功能主义体系的发展,代表的是体系构建上的范式性转型。

值得注意的是,在应罚性主导的进路之下,刑法理论的构建以自然主义或存在论为基础,强调合逻辑性,相关理论的生成都是依逻辑进行演绎的产物。比如,以正犯意志的有无来区分正犯与参与犯;故意的成立要求必须同时具备知的因素与意的因素;因果关系的判断应考虑客观的概然性,或按经验性法则进行;被害人同意中应当严格区分动机的认识错误与法益关系的认识错误,而只有后者才能影响被害人同意的成立;等等。随着功能主义体系的兴起而日益凸显的需罚性主导的思考进路,则深刻地影响了刑法理论的存在生态,并且,这样的影响实际上遍及体系的各个角落。需罚性关注的不再是相关的概念是否具有自然主义或物本逻辑的基础,而主要着眼于未来的预防效果,考虑是否值得运用刑法加以保护,以及如何归责才符合预防需要的问题。需罚性主导的思考进路支配了刑法理论的发展方向与轨迹,使其逐渐偏离自然主义或物本逻辑的轨道,而呈现出浓重的规范论(或价值论)色彩。以故意论为例。从意欲论到认识论的发展,或者客观故意论的提出,明显是预防目的支配下的产物,更多地考虑需罚性的因素。如黄荣坚教授所言,在故意的观念里加上"意"的要素反而侵害了被害人,也侵害了一般社会大众的基本人权,因为这种严格的定义降低了"故意"这个观念对于一般人生命、身体、自由和财产等法益的保障功能。②

四、功能主义刑法体系的方法论危险

对于刑法体系往功能主义方向发展的趋势,理论上其实一直存在批评的声音。只不过,这种批评更多地指向实体性理论,尤其是通过批评消解罪责要求的做法而表现出来。比如,耶赛克与魏根特明确提出,"通过一般预防来替换罪责必须绝对加以拒绝,因为如果这样的话,就得放弃刑法要求行为人对其行为负责的原则,而有损于个体的公正性。取消罪责原则将导致没有区别的威慑策略,如同英美刑法所表明的严格责任,或法国刑法中所表明的'实质的纯粹犯'一样。罪责和一般预防属于不同的范畴,罪责涉及行为是否和在多大程度上由行为人负责,而一般预防则涉及因行为人的有责的行为,是否需要对行为

---

① 参见〔美〕诺内特、〔美〕塞尔兹尼克:《转变中的法律与社会》,张志铭译,中国政法大学出版社1994年版,第85页。
② 黄荣坚:《刑法问题与利益思考》,中国人民大学出版社2009年版,第27页。

人科处刑罚和科处何种刑罚,以便维持公众对法的遵守,仅通过'适度的'刑罚即可实现公众对法的遵守目的。"① 许玉秀教授也曾对功能化的刑法体系弱化罪责阶层的做法表达过批评。在她看来,"当不法阶层包括评价的客观和客体的评价,而且所评价的对象包括行为的内在面与外在面时,罪责评价的对象就被掏空了,罪责评价的对象如果和不法相同,罪责不可能成为另一个犯罪成立要件,当罪责没有评价的对象时,罪责没有存在的必要,这说明罪责这个阶层独立存在的尴尬处境"②。

可以肯定,这样的批评有其积极的意义,有助于使人们意识到刑法体系的功能化发展所导致的问题。不过,此类实体性的批评多少存在让人知其然而不知其所以然的缺陷,它只触及了问题的表象,却没能对问题产生的根源有进一步的反思。实际上,在一个功能化的刑法体系中,罪责要求的弱化乃至消解,绝非孤立的现象,体系中的其他部分同样经历了类似的改造。只是,其他部分所经历的改造可能更为隐蔽与不着痕迹,或者被改造的程度不如罪责概念那么激烈,以至于没有引起足够的关注。不难发现,包括罪责概念在内的教义学理论所经历的种种变化,与功能主义的刑法体系所采取的方法论之间存在内在的关联;欠缺方法论层面的反思,对该体系所蕴含的内在危险就不可能有全面而真切的把握。基于此,本部分从方法论的角度,对功能主义刑法体系可能蕴含的危险展开审视与反思。

在构建犯罪论体系时,消解应罚性而以需罚性取代应罚性的做法,将使该体系无法再作为确保惩罚公正所需维持的最低条件的结构而存在。这在方法论上,是由目的论的思维方式所致。功能主义刑法体系承接自耶林的目的论思想,与赫克所倡导的利益法学的方法论存在内在的关联。耶林离开概念法学而转向目的论法律观察方式,则明显缘于边沁功利主义思想的影响,他的名作《法律的目的》,是边沁思想影响下的产物。③ 目的型法意味着新的方法论的引入,而方法论的改变并不是中立的。正如魏德士指出的:"任何法律方法论——不管它愿不愿意知道和察觉这一点——都服务于特定的(以哲学为基础的)价值观及其在政治上的贯彻。法学方法有利于通过规范实现价值。"④ 同时,由于耶林是社会法学无可争议的奠基者,就此而言,功能主义刑法体系也受到社会法学思潮的深刻影响。社会法学关键的转化形态是政策分析,这种分析的基础是对"冲突考量的权衡"。⑤ 目的论思想与相应的政策分析在提升刑法体系的回

---

① 〔德〕汉斯·海因里希·耶赛克、〔德〕托马斯·魏根特:《德国刑法教科书》,徐久生译,中国法制出版社 2001 年版,第 266—267 页。
② 许玉秀:《当代刑法思潮》,中国民主法制出版社 2005 年版,第 114 页。
③ 参见吴从周:《概念法学、利益法学与价值法学:探索一部民法方法论的演变史》,中国法制出版社 2011 年版,第 199—200、204 页。
④ 〔德〕伯恩·魏德士:《法理学》,丁小春、吴越译,法律出版社 2003 年版,第 244 页。
⑤ 〔美〕邓肯·肯尼迪:《法律与法律思想的三次全球化:1850—2000》,高鸿钧译,载高鸿钧:《全球视野的比较法与法律文化》,清华大学出版社 2015 年版,第 371 页。

应性能力的同时,也带来一些消极的后果,尤其是易于对法的客观性与统一性形成冲击,并对个体自由的保障构成威胁。

(一) 目的论方法造成的直接危险

第一,目的型法在方法论上所经历的变革,在赋予传统的方法论以活力的同时,也严重削弱了传统法学方法论控制法律判断内容及结论的可能性。涵摄以三段论为基础的传统法学方法论,乃是作为"找法"的手段而存在,能够很好地保障法的确定性,确保答案的唯一正确性。与此相异,目的论方法所具有的灵活性与可操控性,一方面为传统的法学方法论注入新的血液,从而推动法律实现与时俱进的发展,另一方面,也从整体上弱化了传统方法论对于司法适用过程及相关判断内容的控制效果。尤其是,目的论导向的法律适用特别易于软化体系逻辑本身的制约力,"因为司法实务始终所援引的是对于个别结果所采取的个别立场,而却不是采纳从该个别立场得出的整个推导过程,并且最后产生一个毫无体系性推理得出的结论,那就如同没有真正法学基础的伊斯兰式的神谕审判一般"①。

第二,目的型法具有扩张司法自由裁量权的效果,这不可避免地带来主体恣意性的问题,由此而可能威胁规则本身的权威。目的论方法将以法官为代表的司法者从立法者的附庸地位中解放出来,促成一种以司法者为中心的法理学。按照这种法理学,相比于立法者,司法者被认为更适宜承担法律续造的任务。这样的任务往往借助于目的论方法、实质性的利益考量以及政策权衡与分析等途径来实现。然而,对于规则而言,目的性思考将造成令人不安的效果。因为"如果法律强调原则和目的,那么就有了一种丰富的资源可用于批判具体规则的权威……虽然一项规则可能带有官方权威的烙印——通过了法律效力的'血统检验'——但它却被认为是可以按照它对那些得宜攸关的价值的影响重新评估的"②。这意味着,目的论方法会侵蚀乃至削弱规则本身的权威,扩大自由裁量权在法律判断中的范围。由于法律本身没有目的,所谓目的不过是司法者所认为的目的,故而,目的论方法的广泛适用,意味着有关犯罪化的问题日益受犯罪定义主体主观意志的影响。

犯罪化的问题,也即将何种行为纳入犯罪范围的问题,实际上就是犯罪定义问题。在目的型法中,何种行为可被视为犯罪,越来越不取决于行为本身的固有属性,而取决于定义主体的主观认识与价值选择。某种行为是否真的具有社会危害性不是问题的关键。问题的关键在于,基于某种利害关系和认识局限的定义主体是否认为该种行为有害。犯

---

① 〔德〕许乃曼:《批判德国刑法学思潮》,钟豪锋、彭文茂译,载许玉秀、陈志辉合编:《不移不惑献身法与正义——许乃曼教授刑事法论文选辑》,新学林出版股份有限公司2006年版,第85—86页。
② 〔美〕诺内特、〔美〕塞尔兹尼克:《转变中的法律与社会》,张志铭译,中国政法大学出版社1994年版,第91页。

罪定义因此很容易沦为拥有犯罪定义权的主体用以贯彻自身意志的工具,由此可能产生犯罪定义权被滥用的问题。在此种意义上,刑法的刑事政策化,实质上是犯罪定义制定者的主体性不断突显与扩张的过程。因而,当务之急需要警惕的是犯罪定义过程中主体性被恣意放大带来的危险。正如学者所言,"在犯罪化过程中,任性且片面的主体性往往使得本来旨在保障社会安全的、针对犯罪的社会控制变得比犯罪本身还要危险。因为,犯罪定义是使定义主体的暴力合法化的工具,是定义主体获得强制力和他人哪怕是最不情愿服从的前提,是定义主体巧妙地用来对抗其他合法性的制高点"①。

第三,目的型法注重后果考察,关注的主要是裁决或解释结论对于未来制度安排的影响,存在易于忽视个案正义的问题。目的性思考采用的是前瞻性的分析法,即强调裁判或解释结论长远的社会效果,这使得其不可避免地会将关注的重心放在整体的制度安排上,而将个案正义置于次要的地位。如论者所言:"如果法律秩序要赋予目的以肯定的权威,那么法律分析的焦点就必须是那些阻碍法律目的实现的社会模式和制度安排,而非被侵害的个体本身。在回应型法的情况下,权利要求被理解为暴露无序或障碍的机遇,因而可以作为管理资源来评价……目的型法助长了一种更为充分的认识,即,从长远看而不只是从手头的案件看,个别正义有赖于各种制度条件的支持。法律的能量应该贡献于重新设计那些制度上的安排。"②

(二) 目的论方法引发的间接危险

第一,目的型法往往将维护共同体的利益放在优先地位,过多考虑对社会的保护(社会功利主义),由此可能导致权利的相对化与工具化,存在侵蚀个体自由的危险。"整体而言,法律目的的观察始终强调集体利益的优先性。即使19世纪还被认为是倾向个人主义,它也无意识地为其福利而限制个人自由作了准备。"③目的论方法立足于刑法的目的及相关规范的保护目的来考量个案,强调从社会需要、功能或目的出发而获得法律规则。这不仅掩盖了人们在基本需要上存在冲突的事实,而且导致个体自由优先的推定的效果趋于弱化。弱化的表现之一便是,权利的概念丧失其本体性与自洽性,而日益变得相对化与工具化。在一个强调预防的功能化的刑法体系中,公共福利或其他结果价值上的收益往往被认为足以抵消对权利的限制。据此,权利的成立与否在根本上取决于对功利性结果因素的权衡,取决于权利体系之外的社会与政治目标的设定。④ 也即,个人是否享有某项权利,依赖于赋予该权利是否会带来社会性的好处;

---

① 白建军:《关系犯罪学》(第2版),中国人民大学出版社2009年版,第261页。
② 〔美〕诺内特、〔美〕塞尔兹尼克:《转变中的法律与社会》,张志铭译,中国政法大学出版社1994年版,第120页。
③ 〔德〕弗朗茨·维亚克尔:《近代私法史——以德意志的发展为观察重点》(下),陈爱娥、黄建辉译,上海三联书店2006年版,第556页。
④ 参见劳东燕:《危害性原则的当代命运》,载《中外法学》2008年第3期。

如果答案是否定的,则个体就会被认为不拥有这样的权利。对于目的性思考所导致的权利相对化的现象,弗莱彻教授在其早期的著作中就已经注意到,并提出过相应的批评:"这种对目的的强调已经分散了我们的注意力,使我们不再关注对被指控者的正义问题。制裁是否有利于社会,这个问题已经淹没了那个更基本的追问:给予被指控者的刑罚是否具有道德上的正当性。"①

第二,目的型法容易导致刑法的过度工具化,并使政治与法律之间的界限变得松动,从而对刑法体系的自主性构成威胁。刑法的工具化是指,"刑法被作为威胁的姿态,作为单纯的附属物运用于任意的调整与规范内容之中"②。目的型法将刑法单纯当作实现政治与社会目标的工具,重视刑法的社会功能的发挥。这带来两个后果:一是刑法不再被视为保护法益的最后手段与辅助手段,而经常是作为优先手段而存在,由此带来处罚范围不受节制地扩张。二是导致象征性刑法的出现,即为积极排除社会日益增加的不安全感,而将刑法发展为一种纯粹象征性的规范宣示。③ 刑法的工具化意味着政治与法律之间的界限变得松动,正如论者所言,伴随目的型法而存在的是人为理性的衰减,法律分析与政策分析的聚合,以及法律判断和道德判断、法律参与和政治参与的重新统一。④

在任何时代,刑法都不可能切断与政治之间的联系,事实上,刑法也无法抗拒或者摆脱当时当地的政治诉求。借助刑事政策的渠道,政治对刑法的影响变得隐秘而无所不在。刑法的刑事政策化,表达的是刑法日益政治化的现实。刑法体系的发展呼应政治的需要,这本身无可厚非,也是刑法固有的工具性使然。但是,政治力量在刑法中的长驱直入,也带来相应的危险,刑法教义学因而完全可能成为政治的附庸而丧失独立的品格。如此一来,尤其是对于我国刑法学而言,便极可能形成前院驱"虎"后院进"狼"的局面:刚刚才处理完刑法知识的去苏俄化问题,又不得不直面刑法的刑事政策化所带来的危险。无论是苏俄化的刑法知识,还是政策化的刑法理论,都会涉及因过度政治化而致使国家刑罚权无法受到有效约束的问题。

第三,作为目的的刑事政策内容本身的非理性发展,也会带来相应的危险。整体上,当代社会刑事政策基调正在发生重大转变:从防止国家权力的滥用转变为强调对国家保护的依赖。对犯罪日益无法容忍,导致刑事政策不断趋于严苛,由此使得重刑主义的威慑变得普遍。刑事政策自身固有某种类似本能的东西,放任这种本能的驱动,刑事政策就可能表现出恶性循环的危险倾向——如果不加控制,苛厉会复制新的

---

① 〔美〕乔治·弗莱彻:《反思刑法》,邓子滨译,华夏出版社2008年版,前言,第1页。
② 〔德〕魏根特:《论刑法与时代精神》,樊文译,载陈兴良主编:《刑事法评论》(第19卷),北京大学出版社2007年版,第303页。
③ 参见古承宗:《刑法的象征化与规制理性》,元照出版公司2017年版,第47页。
④ 参见〔美〕诺内特、〔美〕塞尔兹尼克:《转变中的法律与社会》,张志铭译,中国政法大学出版社1994年版,第124页。

苛厉,更多的苛厉会从苛厉中分裂出来。白建军教授将这种现象称为刑事政策的恶性循环规律。在他看来,发现、承认这一规律的意义在于,刑事政策的重要问题之一是社会该如何调整对犯罪的容忍度,否则,便会出现越无法容忍犯罪,刑事政策就越苛厉,刑事政策越苛厉,社会就越无法容忍犯罪的恶性循环,甚至因此而制造出更多的敌意及犯罪。① 刑事政策内容上的日趋严厉,势必对刑法教义学的发展与构建产生消极的影响。在很大程度上,当前刑法理论中导致处罚范围持续扩张和入罪界点不断提前的实质化思潮,正是这样一种刑事政策的产物。如果承认刑法教义学的实质化是为了呼应日趋严厉的刑事政策的需要,那么,其不断扩大处罚范围,恐怕只是在制造更多的犯罪。原本用于犯罪控制的工具,最终可能反过来成为制造出意图或本该遏制的犯罪行为的来源。这便是所谓犯罪控制的异己性现象。正是基于此,罗克辛才大声疾呼:"国家的干预权和公民的自由必须达到平衡,这种平衡提供个人尽可能必要的国家保护,同时又给予尽可能多的个人自由。我们启蒙——自由主义的这个传统目标绝没有过时,而必须总是日久弥新地、不断地抵御各个领域中限制自由的趋势。"②

五、功能主义刑法体系的正当性控制

为了能够应对日益复杂的外部环境,刑法需要保持必要的开放性,构建一种功能主义的刑法体系可谓势在必行。时至今日,人们恐怕已经无法放弃建立在社会机能基础之上的目的刑法,而选择重新回归建立在形而上基础之上的报应刑法。然而,必须看到,功能主义刑法体系所采取的方法论也内在地蕴含重大危险。这样的危险集中在两个方面:一是冲击法的客观性与统一性,二是侵蚀与削弱个体的自由保障。由于开放性很容易退化为机会主义,即无控制地适应各种事变和压力,一种过于开放的法律秩序会丧失在社会中节制权力作用的能力,从而倒退到压制。③ 这意味着,在推动刑法体系向功能化方向发展的同时,我们迫切需要正视与处理如何对之进行正当性控制的问题。无论如何,"加以刑罚之恶害不但须依照法益保护之基本原则证明自己本身在预防上为必要(目的理性上系有益的),其尚需在价值理性上可被正当化方可"④。对于一个日益功能化的刑法体系而言,强调惩罚本身在价值理性上的正当性尤为紧要。

---

① 参见白建军:《关系犯罪学》(第2版),中国人民大学出版社2009年版,第406页。
② 〔德〕克劳斯·罗克辛:《刑法的任务难道不是保护法益吗?》,樊文译,载陈兴良主编:《刑事法评论》(第19卷),北京大学出版社2007年版,第150页。
③ 参见〔美〕诺内特、〔美〕塞尔兹尼克:《转变中的法律与社会》,张志铭译,中国政法大学出版社1994年版,第84页。
④ 〔德〕许乃曼:《刑法体系与刑事政策》,王效文译,载许玉秀、陈志辉合编:《不移不惑献身法与正义——许乃曼教授刑事法论文选辑》,新学林出版股份有限公司2006年版,第55页。

(一) 二元性规制框架的构想：双重控制的路径

功能主义刑法体系的正当性控制问题，其实也就是如何制约刑法的刑事政策化的危险，或者说如何实现刑事政策的法治化的问题。"在刑事政策这样一个双重价值目标体系中，合目的地与有效地组织反犯罪斗争的策略与手段是刑事政策的内在冲动和目的追求，而公正性与合理性则构成对刑事政策的目的性与有效性的正当限制和价值判断，通过政策目标的公正性、合理性对政策实践合目的性、有效性的约束，一方面使现代刑事政策同过往实际存在的绝对追求有效性的所谓刑事政策决裂，另一方面也使刑事政策与法治国家的原则挂钩，解决了法治国家原则所固有的确定性、安全性与刑事政策所内在的灵活性、功利性的兼容性问题，因而才能使刑事政策在法治国家环境下获得生命力，使法治国家的刑法刑事政策化成为可能。"① 刑事政策的法治化，探讨的便是如何"对其作用的范围和程度进行一定的规范和制约，从而使其符合法治原则、人权原则，防止法安全和人权保障沦为社会保护的牺牲品"②。毫无疑问，功能主义刑法体系的合理构建，要求对刑事政策的适用划定明确的边界，以实现有效性与正当性的协调统一。问题在于，如何对功能主义的刑法体系展开正当性控制呢？

如前所述，目的本身对于刑事政策进入刑法体系能够起到过滤器的作用。考虑到我国语境中刑事政策的特殊角色，这种过滤作用的意义尤其不容忽视，它对刑事政策的适用本身构成重要的反向制约。与此同时，对于经由目的管道进入刑法体系中的刑事政策因素，无疑需要借助其他方法与途径来实现对其的合理制约。

对此，本文的基本构想是：借鉴德沃金的思想，认为刑法体系乃是由规则、政策与原则三种要素共同构成。这三种要素之间的关系是：规则维护刑法体系的确定性，政策具有使体系具备开放与回应的功能，而原则及其背后的权利，则对政策化或预防导向的刑法体系进行规制。换言之，刑事政策赋予体系以弹性与活力，而对原则的坚守则用以确保基本的公正，使得对功利目的的追求不至于压制个体的基本权利。按德沃金的思路，原则之法涉及的是道德问题，而政策之法涉及的经济发展和集体福利等功利问题。政策之法如与原则之法相冲突，前者必须服从后者。如此，功利主义和实用主义的目标，就被置于道德的控制之下。同时，现代社会的基本道德，应以宪法原则为基础和核心。具体的做法是，将基本道德原则或社会的核心价值予以宪法化，即基本的道德原则上升为宪法原则。这样一来，只要确保法律符合宪法的精神和原则，就能确保法律以道德为基础。实际上，违宪审查和宪法监督程序和机制，就旨在确保法律

---

① 梁根林：《持有型犯罪的刑事政策分析》，载《现代法学》2004年第1期。
② 周折：《刑法的刑事政策化与刑事政策法治化的双重解读》，载陈兴良主编：《刑事法评论》（第16卷），中国政法大学出版社2005年版，第461页。

的合宪性,由此保障法律的道德性和正当性。①

结合德国式法教义学强调体系融贯性的特点,同时将德沃金的前述思想引入刑法体系,可考虑构建一种二元性的规制框架,即通过刑法教义学的内部控制与合宪性的外部控制,来实现对功能主义刑法体系的正当性控制。在很大程度上,这样的一种二元性规制框架体现的正是融贯性的要求。所谓融贯性,包括三个层次的内容:一是逻辑的连贯性,要求体系内部不能存在过多有明显冲突的规范;二是体系的融贯,要求部门法内部、部门法与宪法之间在实质评价上建立起积极的关联;三是理念的融贯,要求与一套以"高级法"姿态扮演着体系之背景墙的政治与道德理念保持内在价值的一致,它体现的是外部融贯性的要求。② 总结而言,这样的融贯性,要求实现三个方面的统一:一是形式逻辑与实质价值的统一,二是实然性与应然性的统一,三是体系内与体系外的统一。

将融贯性的要求贯彻到二元性的规制框架中,将使这种规制框架对功能主义刑法体系形成多方位的制约。首先,为维护体系基本的自洽性,功能主义的刑法体系应受形式逻辑的制约。其次,由于统一的法秩序背后是一个实质的价值秩序,故功能主义的刑法体系在受整体的刑法价值秩序制约的同时,还应当受到由宪法所代表的基本价值秩序的制约。最后,无论是从德沃金所主张的法律是一个解释性的概念③的前提出发,还是基于德国式法学方法论对法的概念中包含法伦理原则的基本共识④,都要求超越单纯的法律实证主义的立场。据此,"对于法律是什么这一问题的回答,不仅取决于法律实际是什么,还取决于法律应该是什么"⑤。相应的,功能主义的刑法体系在实质价值层面上,应进一步受不依附于立法者意志的法伦理原则或通行的正义观的制约。从当代的法律意识来看,人权观念构成这样的法伦理原则或通行正义观的核心组成部分。可以说,"作为自然权利和实在权利,人权以特别类似于古典法律思想模式下私法中'权利'、'意志'和'过错'的运作方式,作为普遍的价值发挥影响力";"人权在当代法律意识方面所扮演的角色,相当于'私人权利'在古典法律思想模式和'社会权利'在社会法学模式中所扮演的角色"。⑥

---

① 参见高鸿钧:《德沃金法律理论评析》,载《清华法学》2015年第2期。
② 参见雷磊:《融贯性与法律体系的建构——兼论当代中国法律体系的融贯化》,载《法学家》2012年第2期。
③ 参见〔美〕罗纳德·德沃金:《法律帝国》,许杨勇译,上海三联书店2016年版,第40—42页。
④ 当代德国在关于方法的论辩中,对于法的概念中应包含先在的法伦理原则的问题,应该说并不存在争议。存在意见分歧的只是,此类法伦理原则究竟是处于实证体系内部,还是超越于实证法之外而存在。参见〔德〕卡尔·拉伦茨:《法学方法论》,陈爱娥译,商务印书馆2003年版,第6—12页。
⑤ 高鸿钧:《德沃金法律理论评析》,载《清华法学》2015年第2期。
⑥ 〔美〕邓肯·肯尼迪:《法律与法律思想的三次全球化:1850—2000》,高鸿钧译,载高鸿钧:《全球视野的比较法与法律文化》,清华大学出版社2015年版,第374页。

值得指出的是,这样一种二元性的规制框架,在适用上需要遵循先刑法教义学后宪法教义学、先具体规范后抽象规范、先法内后法外的逻辑顺序。具体而言,一是要先考虑刑法教义学内部的控制路径,再考虑合宪性的外部控制路径。二是要先考虑具体的规则维度,再考虑抽象的原则维度。在存在适用具体规范的可能的情况下,便不应直接诉诸抽象的法律原则。确保具体规范在适用上的优先性,不仅能够防止法律权威的降低,也有助于避免法官价值判断过程的暧昧不明,便于对司法过程进行控制。同时,这也是基于"禁止向一般条款逃逸"的方法论的内在要求。"禁止向一般条款逃逸"是法学方法论上的一个重要方法,意指关于某一案型,法律本有具体规定,而适用该具体规定与法律原则均能获得同一结论时,应适用该具体规定而不适用相对抽象的法律原则。[①] 三是要先考虑实证法体系之内的因素,再考虑实证法体系之外的一般法伦理或自然正义等因素。

需要指出的是,程序性机制对于控制功能主义刑法体系的危险也具有积极的意义,包括判决书公开制度与说理制度、上诉制度、对抗主义诉讼制度以及法律共同体的基本传统等,都在相当程度上有助于约束司法的自由裁量权,解决裁判的主观性问题。正如美国学者所言,"作为一个总体的法律传统——法律语言、法律规则、概念、原则和理念的汇编、法律程序和实践、阶层式法律组织、律师执业技能——都具有稳定法律意义和对主观观念的影响加以限制的作用。法律是一种社会产物和各方共同参与的行动,参与者并无随心所欲的自由。如果某些不可接受的行为和解释与法律传统中关于法律规则的通说不相一致,它们就根本不会'被写入法律之中'。任意曲解法律的法官会面对被陪审团成员排斥或上诉审法院责难的风险。这些就是保证法律解释一致性的社会和制度机制"[②]。考虑到这种程序性的约束为通常的法律运作机制所固有,故本文对此不展开论述。

(二) 刑法教义学的内部控制:规则维度的思考

刑法体系的功能化发展赋予法官以解释的自由,司法在相当程度上承担起法律续造的重任。这在提升与增强体系之回应性能力的同时,必然带来如何制约司法权的问题。恰恰在这个问题上,德国式的法教义学能够实现一项重要的社会功能,即控制除此之外不受牵制的司法权。德国刑法教义学独一无二之系统一贯性与网络结构(即教义学的演绎可以延伸至个别的、具体的案例群)的特点,能够非常细腻地审查司法判决[③],从而使得对司法权实施有效的控制变得可能。不只刑法领域如此,这实际上是德

---

① 参见王书成:《合宪性推定的正当性》,载《法学研究》2010年第2期。
② [美]布赖恩·Z.塔玛纳哈:《法律工具主义:对法治的危害》,陈虎、杨洁译,北京大学出版社2016年版,第337页。
③ 参见[德]许乃曼:《千禧年后的德国刑法学》,葛祥林译,载许玉秀、陈志辉合编:《不移不惑献身法与正义——许乃曼教授刑事法论文选辑》,新学林出版股份有限公司2006年版,第167页。

国式的法教义学的共同优点。如德国民法学者施蒂尔纳所言："德国的精密法学理论体系和细密交织的法律条文能让法律思维变得精确明晰并保证其逻辑结构的严密,从而可以让人们快速理清案情事实,认清其法律上关键核心问题的所在。最关键的一点是,它可以确保法官依法行事和其在适用法律时的稳定性。"①德国式法教义学所具有的这种特点,体现的正是其科学性的一面。人们虽然无法借此检测某个学说是否正确,却足以为该学说的胜出或否决提供证成或者反驳的理由。因而,如果某种教义学理论在一定程度上陷入了价值矛盾、显然违背了词义、忽视了体系性联系,或者得出了公然不顾规范之目的的结论,就可以较容易地判定,这种教义学理论是站不住脚的;反之,如果某个理论最大限度地符合解释规则和人们的基本范式,那么,这个理论就拥有了最强的解释力。②

大体说来,刑法教义学内部的控制可分为三种途径:一是借助于解释方法的控制。承认解释者对解释方法享有自由选择权,并不意味着其选择不受任何限制;解释方法适用上的任意,势必使解释结论的得出过程变得完全不可控。因而,借助解释方法使得解释结论的得出过程趋于理性化并具有一定的可控性,是刑法教义学的内部控制的必要组成部分。二是借助于对目的本身的控制。刑法适用并非单纯的方法论问题,相关结论无法完全通过严格控制解释方法的适用而得出,而必须同时考虑解释方法之外的其他因素。这些因素包括实体性的利益权衡、基础价值的维护、现实的可操作性以及解释结论对未来可能产生的政治与社会影响等。在对具体规范的目的进行解读与界定时,应当将前述因素引入,由此而对目的本身进行必要的控制。只有经过严格考察与检验的目的,才值得作为法规范的目的而受到认真对待。三是借助对事物本质或存在结构的控制。尽管刑法体系向功能化方向发展有其必要性与现实基础,但这不意味着倒向纯粹的规范论或功能论。无论如何,法律涉及对社会现实的法律评价,即对存在结构的法律评价。③ 为实现有效的规整效果,刑法必须尊重既有的存在结构。对存在结构的尊重,反过来构成对司法权的有力制约。

1. 借助于解释方法的控制

以逻辑为中心转向以目的为中心的法律适用,对刑法解释产生的影响便是规范目的被置于至高无上的地位。文义、体系与历史都只是法律解释时需要考虑的因素,而不构成解释方法本身,它们都是在目的统领之下发挥各自的功能。由于过于强调目的

---

① 〔德〕罗尔夫·施蒂尔纳:《德国民法学及方法论——对中国法学的一剂良药?》,黎立译,载方小敏主编:《中德法学论坛》(第12辑),法律出版社2015年版,第37页。
② 参见〔德〕沃斯·金德豪伊泽尔:《适应与自主之间的德国刑法教义学——用教义学来控制刑事政策的边界?》,蔡桂生译,载《国家检察官学院学报》2010年第5期。
③ 参见〔德〕许乃曼:《刑法上故意与罪责之客观化》,郑昆山、许玉秀译,载许玉秀、陈志辉合编:《不移不惑献身法与正义——许乃曼教授刑事法论文选辑》,新学林出版股份有限公司2006年版,第495—496页。

对文义、体系与历史等因素的支配地位,这几种因素对目的论思考的反向制约作用一直未得到应有的重视。实际上,从对目的论思考的规制的角度,有必要提倡与强化文义解释、体系解释与历史解释作为解释方法对前者的反向制约。

立法者借助法律规定的条文,创设了一个由法官加以具体填补的规则性框架。这个规则性框架的范围,是由制定法文本可能的口语化含义加以标定的,同时,在这个范围之内,法官在考虑了最相近的文字意思、立法者当时的想法和制定法的体系性联系的情况下,根据立法目的进行解释(目的解释)。① 可见,法官只允许在刑法条文可能的文字意思的范围之内适用刑法,是基于规则之治的要求。这意味着,文义解释应当具有相对的优位性,它的基本功能是标示与划定法律解释活动所允许的范围。就文义可能性与目的论思考之间的关系而言,合理的做法是,类比量刑根据问题上报应与功利之间的关系来进行处理,即报应(或责任主义)因素决定惩罚的上限,在该上限之下考虑功利性的预防需要问题;文义可能性构成刑法解释的外在的形式边界,目的论思考则在法条文义限定的范围内发挥作用。

文义因素的相对优位性,具有充分的根据与理由。一则,这是制定法的传统使然。"只要我们还是采用制定法,而非判例法或法官法,那么依据文义所为的解释便需要有某种优越性。因为所有的解释都是对于一个制定法的文本所为,所以解释必须要从字面上的解释(所谓文理解释)开始。只有从法条的文义出发,才能够描述解释问题,才能够确定法律体系位置或目的。"②无论如何,既然法规范的目的是通过制定法的书面表述来体现,则对目的的寻找与确定理应受立法文本的文义制约。目的论思考本身并没有消除法官遵守立法文本的义务,法官仍然要以立法文本为出发点,最后还必须回到立法文本上来。③ 二则,这不仅是遵循权力分立原理的结果,也是罪刑法定的必然要求。违背法条文义去贯彻所谓规范目的,即使得出的结论合乎一般人的正义感,也违背了权力分立的原理。罪刑法定本身意味着犯罪定义权只能由代议制机构(即国会或议会)享有,通过解释去突破法条文义的边界,等于是在代替立法者行使犯罪定义权,这本质上属于对立法权的僭越。法条文字表述上的不当之处,或是由于法条表述不当引起的处罚漏洞,还是应当让立法者去弥补。因为"对于立法者的错误描述,只有立法者自己才有权校正"④;过于热心地代替立法者掩饰或修正其中的不当之处,反而使得立法者难以产生尽快修正其法条文字的动机,最终影响人们获得更好的实定法。

除文义因素之外,体系因素与历史因素也可用于对目的论思考的制约。体系因素强调,对某一刑法条文的概念进行解释时,不仅要求在特定的刑法法条内部实现协

---

① Vgl. Roxin, Strafrecht Allgemeiner Teil, Band I, 4. Aufl., 2006, §5, Rn. 28.
② 〔德〕英格博格·普珀:《法律思维小学堂》,蔡圣伟译,北京大学出版社 2011 年版,第 80 页。
③ 参见蒋惠岭:《目的解释法的理论及适用(下)》,载《法律适用》2002 年第 8 期。
④ 〔德〕英格博格·普珀:《法律思维小学堂》,蔡圣伟译,北京大学出版社 2011 年版,第 82 页。

调,而且要求考虑该法条与刑法中的其他法条、该法条与其他部门法法条之间的关系。这种多层次的协调性要求,构成对目的论思考的逻辑上的制约。历史因素则要求司法者原则上应当对立法原意表示尊重,并将立法原意尽量忠实地贯彻到解释的过程与结论中,不能随意改变立法所设定与安排的利益格局。对历史因素的考虑,有助于防止司法者随意理解与界定法条的保护目的,尤其是以自己的目标想象来代替法律的刑事政策性的目标想象。

在借助解释方法而对功能主义刑法体系进行教义学控制时,需要对某些方法保持必要的警惕。"对法律工作者而言,对方法的忠诚起着自我监督的作用。当'法律适用的精神和目标'毫无约束地专行时,方法就发挥着报警器的作用,反之,如果赋予法律适用自身以单独的'精神',那么已经意味着踏上了非理性的道路。"①之所以如此,是因为这些"方法思维模式已被证明是用来使法迎合当时权力者的任何改革愿意的、唯命是从的工具"。属于此类模式的,"大约有'客观'解释;'具体秩序思想';'具体——一般'概念;从'法律思想'、事物的'自然'、机构组织与法律规定的'本质'、甚至法律秩序的'客观精神'诸如此类中推导出法律后果的'典型的'法律发现。其共同之处在于试图将解释者的主观价值观转换为科学确定的客观的法律内容"②。

值得探讨的是,能否考虑运用解释方法或解释规则的位阶性,来实现对功能主义刑法体系的教义学控制?本文倾向于持否定的观点。一则,文义解释、体系解释、历史解释、目的解释等各种解释方法或规则之间究竟存在什么样的位序,人们无法达成基本的共识。二则,这些解释方法或规则之间也根本不存在衡量的可能。"因为,只有当相互冲突的标准能够(至少在模糊的意义下)被统一起来,并且能够被量化时,才有衡量可言。但是,在选择解释方法时,情形并非如此。我们应该如何在法条的文义和一个法律适用者假定为理性的法律目的之间进行衡量?我们应当如何把某种解释在体系上的一致性,拿来和那些在立法数据中或多或少清楚表达的立法者意思衡量?"③三则,从司法实务来看,法官在选择与运用解释方法或规则时,其实拥有完全的自由裁量权。解释方法或规则当然是有意义的,但它们总是被当作服务于结果导向的解释结论的手段,作为通往合理结论的路径而存在。一旦发现某一解释方法与合理的解释结论之间出现此路不通的情况,解释者会自然而然地选择另一种解释方法。就此而言,解释方法或规则并不具有独立的意义。因而,从解释方法或规则的角度进行限制并不现实,也不具有可操作性。④

---

① 〔德〕伯恩·魏德士:《法理学》,丁小春、吴越译,法律出版社 2003 年版,第 294 页。
② 〔德〕伯恩·魏德士:《法理学》,丁小春、吴越译,法律出版社 2003 年版,第 164、291—292 页。
③ 〔德〕英格博格·普珀:《法律思维小学堂》,蔡圣伟译,北京大学出版社 2011 年版,第 79 页。
④ 参见刘飞:《宪法解释的规则综合模式与结果取向——以德国联邦宪法法院为中心的宪法解释方法考察》,载《中国法学》2011 年第 2 期。

2. 借助于对目的本身的控制

对目的论思考的规制,除通过解释方法的控制之外,还应当对目的本身进行控制。对目的的控制可分两个层面:一是从形式层面而言,对具体罪刑法条目的的解读与界定应当与刑法整体的目的相协调。也即,在解读罪刑规范的目的时,不能孤立地考虑某一具体的规范,更不能仅仅基于该规范而作出界定。既然刑法体系本身构成一个合目的意义上的统一体,既然单个规范的目的与其他规范的目的一道服务于刑法的整体目的,对单一规范的目的的界定,理应同时顾及其他相关条文的目的与作为整体的刑法所追求的目的。二是从实质层面而言,作为罪刑规范的目的必须通过三重检验(即外部批判、内部批判与后果考察)予以客观地确定。具体而言,首先,必须确认所要追求的目的本身是正义的、理性的,以及有益的;其次,对于完整实现这个目的而言,规范必须是一个适当的手段;最后,实现这个规范目的不得引起超乎规范目的的价值的不利附属后果。①

对目的的实质控制,不能以国家实证法的内容为限,而必须允许考虑法外的事实既存秩序与伦理因素;否则,目的极易沦为国家滥用规范优势的遮羞布。要求目的的正义、理性与有益,本身就意味着引入一种法外的判断标准,而实证法自身显然无法完全提供这样的正当根据。正是基于此,拉伦茨倡导一种不以主体意志(包括立法者与解释者)为转移的、适宜于所规整事物的特质与结构的客观目的论,它在文义解释、体系解释、历史解释无法获致无疑义的解答时予以适用。在拉伦茨看来,客观目的论包含两类标准:其一涉及被规整事物领域的结构,也即立法者为实现合理立法必须考虑,同时又无法改变的实际既存状态;其二是隐含于规整之中的一些法伦理原则,只有借助这些原则才能掌握并表达出规整与法理念间的关联。② 无独有偶,阿列克西也持基本类似的观点,他认为,目的解释所探求的目的"不是依据过去和现在实际存在着的任何个人的目的,而是依据'符合理性的'或'在现行有效的法秩序框架内客观上所要求的'目的"③。强调目的的这种独立于主体意志的客观性,是方法论转变之后才出现的现象。根据当代的解释方法学说,适用法律不单纯是运用三段论的涵摄与推理的过程,司法者在忠于法律的同时,也负有作出公正决定的义务。

除对目的进行外部批判之外,对目的的控制还表现在展开内部批判与后果考察上,即必须考虑规范作为实现目的之手段的适当性,同时审慎地考察这样的目的设定是否会以损害更重要的利益或价值的保护为代价,给未来的政治与社会生活带来重大的不利后果。

---

① 参见〔德〕英格博格·普珀:《法律思维小学堂》,蔡圣伟译,北京大学出版社2011年版,第69—70页。
② 参见〔德〕卡尔·拉伦茨:《法学方法论》,陈爱娥译,商务印书馆2003年版,第211—212页。
③ 转引自刘飞:《宪法解释的规则综合模式与结果导向——以德国联邦宪法法院为中心的宪法解释方法考察》,载《中国法学》2011年第2期。

3. 借助于事物本质或存在结构的控制

刑法教义学不应完全放弃本体论的基础,而一味地转向功能主义。所谓本体论基础,主要表现为对事物本质或存在结构的遵循要求。"事物的本质作为法的渊源在实践中适用时主要表现为法伦理原则、生活关系的本质、客观逻辑的解释标准或者变革时期常常引用的意义不断更新的法律思想。"①来自事物本质或存在结构的要求,对于控制犯罪定义主体的主观任意性能够发挥重要的功能,它构成对国家刑罚权的行使进行限定的一种路径,有助于为法解释的容许范围划定相对明确的边界。因为"事物本质要求司法者根据事物本身的内在规定性去解释法律,从而赋予法律一种不以人的意志为转移的客观精神。从这个意义上来说,事物的本质属于客观的自然法"②。无论在刑事政策的制定上,还是在规范目的的设定上,这种事物的内在秩序都如同数学计算上的"辅助线",为刑法的规范性思考提供"思维拐杖"。③ 自然,"这并不意味着,将本体论结构作为出路,对刑法里的刑事政策目的的实现进行阻碍;相反,它是致力于用理性的方式达到刑事政策目标的各种机制中的一种"④。问题仅在于,本体论基础与规范论或功能论的考量之间是什么关系?

许乃曼认为,"规范主义式考量与本体论式考量就正确地处理刑法释义学而言,彼此之间并不是立于排斥的关系,毋宁是一种补充的关系,就像齿轮一样彼此互相探求,因为确定无疑的规范性起点固然对何种事实结构是法律上重要的有所决定,但是在规范性原则进一步的开展与具体化时,也必须回顾在规范上属于重要、已经厘清的事实层面的'精密的结构'"⑤。这意味着,规范论或功能论的考量受到事物存在结构的反向制约,规范性判断始终联系着事实情状。极端的自然主义固然并不可取,而完全脱离本体论基础的功能论不仅影响刑法的调控实效,也面临正当性上的质疑,因而,有必要在二者之间保持动态的平衡。就此而言,对犯罪定义权的行使,无疑需要受到来自主体与客体的双重属性的制约。"犯罪定义实际上是主客体之间的一个中介物,只有在主客体之间的共同影响下不断调整自己,既服从来自主体方面的能动要求,又接受来自客体方面的规定和制约,犯罪定义才能比较客观地反映犯罪问题的事实,尽可能避免主体性的恣意放大。通过作为中介物的犯罪定义,一方面,定义者可以积极、能动地塑造犯罪行为,以表达自己的价值导向和确证自身的控制能力;另一方

---

① 〔德〕魏德士:《法理学》,丁晓春、吴越译,法律出版社2005年版,第391页。
② 王彬:《法律适用的诠释学模式及其反思》,载《中南大学学报(社会科学版)》2011年第6期。
③ 参见杜宇:《刑事政策与刑法的目的论解释》,载《法学论丛》2013年第6期。
④ 谢焱:《刑事政策考量下的刑法教义学应何去何从——本体论亦或规范论?》,载《中国刑事法杂志》2012年第11期。
⑤ 〔德〕许乃曼:《作为学术的刑法释义学》,吕理翔译,载许玉秀、陈志辉合编:《不移不惑献身法与正义——许乃曼教授刑事法论文选辑》,新学林出版股份有限公司2006年版,第148—149页。

面,被定义的行为也在约束定义者的主体性,在犯罪定义中体现自己。"①

不难发现,刑法中坚持作为与不作为的区分以及各自不同的教义学的构造,本身便是考虑二者在存在论上的差异的结果。此外,结果归责理论无论怎么发展,都仍然要求以行为与结果之间存在事实上的因果性关联为前提,这也体现了实然存在对规范理论的构建所具有的制约效果。再以过失概念为例,乍一看,过失概念的结构似乎是纯粹规范主义考虑的产物,但实际上,在具体个案中认定存在过失时,其中本体论式的探查与规范性的评价是合作并行的,并在论证的过程中相互交织在一起。比如,预见可能性是一种基于经验事实的判断,过失犯的归责要求以行为人具有预见可能性为前提,也是受实然存在制约的结果。总结而言,在教义学理论的发展与建构中是否要求考虑本体论基础,将深刻影响相关理论的内在构造。最明显的例子是,单单从刑法发展的规范化或功能化的角度,会对不法与罪责提出合一化的要求;反之,如果坚持本体论基础的必要性,则应当继续坚持不法与罪责之间的区分。在刑法概念日益规范化与刑法体系日趋功能化的今天,人们无疑必须正视刑法理论的本体论基础问题。就此而言,"任务可能不在于或多或少地朝预防的要求调整,而是找出为这种走向提供正当根据并对之进行限定的先在的事物结构"②。

(三) 合宪性审查的外部控制:原则维度的思考

就功能主义刑法体系的正当性控制而言,刑法教义学的内部路径无疑具有重要意义。同时,也应当意识到,不能过高估计内部路径的控制功用与成效。一则,具有严密体系性的法教义学之网,固然能够无遗漏地覆盖存在法规范关联性的社会生活,但其过度精致化的发展趋势,也使得学术对于司法活动的控制出现松动甚至变得相当无力。对此,正如许乃曼教授所言:"当任何一种立场最后都可以随便在学术领域内找到可以代表它的地方,而且因为如此,释义学就从监督者变成一间杂货店,司法者就任何一个问题永远都能在店里无穷尽的货架上找到足以支持每一项期待的结论的依据;就此而言很明显的是,刑法领域里的司法裁判方法始终只能去接受为了与结果相符的论证扭曲,而不是裁判所创设出来的系统性整体构想。"③如此一来,司法裁判实际上就不受逻辑性推论的约束,与学术上的体系性设想变得背道而驰。二则,刑法教义学理论本身便是刑事政策作用的对象,其构建与发展均受到刑事政策的影响,试图以这样的教义学理论反过来控制刑事政策的边界,期望值显然不宜定得太高。三则,来自存在结构或事物本质的制约,也缺乏坚硬的牙齿。充其量,它只是使得对不当的刑事立法

---

① 白建军:《关系犯罪学》(第2版),中国人民大学出版社2009年版,第259页。
② Schönke/Schröder, Strafgesetzbuch, Kommentar, 28. Aufl., 2010, vor §§13, Rn.22.
③ 〔德〕许乃曼:《作为学术的刑法释义学》,吕理翔译,载许玉秀、陈志辉合编:《不移不惑献身法与正义——许乃曼教授刑事法论文选辑》,新学林出版股份有限公司2006年版,第123页。

与司法活动进行批判性的分析成为可能,但其意义可能也仅限于此。如批评者指出的,事物的本质本身不具有可测度性,它在本体论上难以界定,即使通过将之改造为事物的内在规定性,得出法律必须适应社会内在固定结构的结论,其在控制评价主体的主观任意性方面,意义也较为有限。① 基于此,除刑法教义学的内部控制之外,还应当考虑引入实体性的宪法审查作为外在的制约机制。

刑事政策的核心任务是有效地展开对犯罪的控制与预防。然而,犯罪的控制与预防本身并非刑法的终极目的或最高目的。"刑法的任务在于,通过维护国际认可的所有人权,来保障公民们和平、自由地生活。"②就此而言,可以说刑事政策乃是以控制与预防犯罪为直接目的,以自由、正义、秩序的实现为终极目的;自由、正义、秩序既是刑事政策的根本目的,也是刑事政策决策的最高价值,同时还是我国刑事法律的最高价值追求。③ 基于此,刑事政策上对犯罪控制与预防的目的性追求,应当受制于更高的或者至少同样重要的其他价值目标。与有效地跟犯罪作斗争的目标相比,罪刑法定所代表的价值诉求至少一样重要或者甚至更为重要,因为后者不仅是一般预防的一个因素,还涉及刑罚权的界限,是法治国机制的重要组成部分。由此可见,追求与实现刑事政策的目标存在一定的边界,并非所有看起来符合目的的东西都是合理的,它要受罪责原则、法治国原则及罪刑法定原则与人道主义原则的制约。④ 由于罪责原则、法治国原则及罪刑法定原则与人道主义原则所维护的价值通常被认为具有宪法性的地位,这意味着,对特定阶段所推行的刑事政策的内容必须进行实体性的合宪性审查,使之受制于宪法层面的更高目的。在很大程度上,罪刑法定的实质侧面的出现,即基于法正义的刑罚法规则实体内容正当要求的提出,乃是合宪性控制在当代最新发展的产物。正是刑法体系的功能化,促成罪刑法定原则必须发展出实质侧面来对付其间存在的危险。

可以肯定的是,随着刑法体系的日益功能化,从来还没有哪个时代像今天一样,如此迫在眉睫地需要引入实体层面的合宪性审查。按德沃金所构想的框架,这实际上体现的是原则对政策与规则的规制。在法律体系中,与政策、规则这两种要素相比,原则才具有终局性的约束力:原则对政策具有制约作用,同时原则控制着规则的解释与适用。这主要是由于,原则"反映和表达了法律制度的潜在价值和传统:在某种意

---

① 参见王彬:《再论法学对哲学诠释学的继受》,载《法学论坛》2012年第5期;王彬:《法律适用的诠释学模式及其反思》,载《中南大学学报(社会科学版)》2011年第6期。
② 〔德〕克劳斯·罗克辛:《刑事政策与刑法体系》(第2版),蔡桂生译,中国人民大学出版社2011年版,第70页。
③ 参见曲新久:《刑事政策的权力分析》,中国政法大学出版社2002年版,第274页。
④ 参见〔德〕汉斯·海因里希·耶赛克、〔德〕托马斯·魏根特:《德国刑法教科书》,徐久生译,中国法制出版社2001年版,第29—36页。

上,也就是它潜在的政治哲学。宪法原则和支撑私法基本结构的各项原则,都表现出这种特征"①。

因此,在思考刑法体系的范式转型问题时,应当重视原则要素的制约作用,尤其是要自觉地将相关的思考置于宪法的笼罩之下,防止对刑法的功能化追求溢出宪法的边界。由于原则的背后潜藏的是权利,重视原则要素的制约作用,其实也就是重视基本人权的制约作用。教义学与两种制度性权力互相联系在一起:一是制定法以及代议制机构决定的刑事政策,二者预先确定了教义学工作的研究对象,即确定了教义学的输入端(Input);二是司法判决,其将教义学中发展出来的成果和方法付诸实践,这样便对教义学的输出端(Output)产生了决定性的影响。② 相应的,合宪性控制要求在对作为输入端的制定法及刑事政策进行审查的同时,还要求在司法适用中,确保作为输出端的裁判或解释结论处于宪法所宣示的基本价值决定的范围之内。考虑到我国现有的违宪审查机制对于教义学之输入端难以进行有效的制约,对作为输出端的司法裁决的制约就显得尤为重要。后者涉及的主要是法解释(包括法律续造)的合宪性控制问题。宪法所宣示的基本价值决定,除作为内在体系的一部分参与法律解释之内容的决定外,还具有控制法律解释之结果的重要功能:①如果个别法律之解释结果不合宪法的规定,那么该解释便因违宪而无效;②如果在一个法律可能的文义范围内,无论如何都无法达成合宪的解释,那么该法律便属于违宪。③

承认宪法的基本价值决定对刑法解释具有控制功能,并不意味着允许作为解释者的法官对刑法文本是否合宪的问题进行实体性的审查。确切地说,它是指法官在对能被作出解释的、拥有解释空间的规范进行解释和适用的时候,要注意宪法中的基础性决定,注意所谓基本权利的"辐射作用"与"主导(法院)解释的顾及";德国学者施莱希等称之为"基于宪法的解释",与传统的合宪性解释不同,它不是以宪法为审查标准对规范或其可能的解释进行审查,或在一定情况下决定规范不予适用。④ "基于宪法的解释"意义上的合宪性解释,具有不同于违宪审查意义上的传统合宪性解释的特点。作为一种法律解释方法,它毋宁是不涉及宪法内容而对宪法的一种"借援"。这种"借援"的效用在于:一方面,由于法院在适用法律解决个案的过程中负有说理论证的义务,单纯解释规则对于宪法的这种"借援"可起到一种辅助性的论证效用,进而帮助解决个案

---

① 〔英〕罗杰·科特瑞尔:《法理学的政治分析:法律哲学批判导论》,张笑宇译,北京大学出版社2013年版,第173页。
② 参见〔德〕沃斯·金德豪伊泽尔:《适应与自主之间的德国刑法教义学——用教义学来控制刑事政策的边界?》,蔡桂生译,载《国家检察官学院学报》2010年第5期。
③ 参见黄茂荣:《法学方法与现代民法》,中国政法大学出版社2001年版,第286—287页。
④ 参见〔德〕克劳斯·施莱希、〔德〕斯特凡·科里奥特:《德国联邦宪法法院:地位、程序与裁判》,刘飞译,法律出版社2007年版,第454—455页。

纠纷;另一方面,这种"借援"在方法论的支撑下也在形式上体现了法院对于宪法意旨的贯彻。①

由此可见,有必要区分制度层面的宪法适用权与方法论层面的宪法适用权。② 在我国现有的制度框架下,前一权力由全国人大常委会专享,后一权力则普通法官也可享有。严格来说,"基于宪法的解释"也应当是司法者的宪法义务,在适用部门法时,以法官为代表的司法者负有使其解释合宪的责任,因为"作为公权力主体的法官,不论其有没有违宪审查权,他都有义务将宪法的基本决定和价值安排通过法律解释的技术贯彻于部门法的规范体系"③。基于此,作为解释者的法官有义务在多种解释结论中优先选择合乎宪法的解释结论,或者说其负有避免解释结论引发相关法条违宪嫌疑的义务。德国联邦宪法法院在其判例中曾明确指出,"如果可以对某一规范作出多种解释,并且部分解释所形成的结果是该规范是违宪的,部分解释所形成的结果是该规范合宪;那么该规范就是合宪的,必须对之作出合宪解释"④。这也是合宪性推定的合乎逻辑的产物。"民主立法者的意志与行为享有合宪性推定,对于调整生活关系的法律而言,他是第一位的承载者。"⑤所谓合宪性推定,意指司法机关在对立法进行审查与适用时,首先推定相关规定合乎宪法。这种对立法的维护与保全倾向,体现了司法权对立法权的尊重。在任何倡导民主政治的法律体系中,这样的尊重都是必要的,不允许司法部门对立法者的这种优先地位有所争议或者质疑。可以说,合宪性推定内在地向司法者/解释者提出了合宪解释的要求。而合宪解释不仅对需要审查的法律内容提出了问题,而且对审查法律的宪法内容也提出了问题;因此,它不仅提出了法律解释的要求,而且也提出了宪法解释的要求。⑥ 宪法教义学由此而与刑法教义学建立起内在的勾连,这种勾连不仅表明宪法与作为部门法的刑法之间存在紧密的关联性,而且体现了法秩序的整体性的观念。

对于刑法解释而言,实体意义上的合宪性控制不仅涉及宪法文本内容(尤其是有关基本权利的规定)本身所施加的制约,也包含作为立宪基础的人民主权、权力分立、法治国等基本原则与精神所施加的制约。由于公民权利与国家权力构成宪法的两大基本范畴,相应的,宪政大厦的两大支柱,除基本权利的保障之外,另一支柱便是对国家权力的限制。因而,从实体层面来看,对功能主义刑法体系的合宪性控制可以区分

---

① 参见王书成:《论合宪性解释方法》,载《法学研究》2012年第5期。
② 参见王书成:《论合宪性解释方法》,载《法学研究》2012年第5期。
③ 张翔:《两种宪法案件:从合宪性解释看宪法对司法的可能影响》,载《中国法学》2008年第3期。
④ 〔德〕克劳斯·施莱希、〔德〕斯特凡·科里奥特:《德国联邦宪法法院:地位、程序与裁判》,刘飞译,法律出版社2007年版,第449页。
⑤ 〔德〕康拉德·黑塞:《联邦德国宪法纲要》,李辉译,商务印书馆2007年版,第57页。
⑥ 参见〔德〕康拉德·黑塞:《联邦德国宪法纲要》,李辉译,商务印书馆2007年版,第59页。

为两个维度:一是通过强化基本权利的制约,二是通过依靠比例原则的制约。

1. 通过强化基本权利的制约

20 世纪中后期以来,立足于基本权利而对刑法进行实体上的合宪性审查,已然成为法治国家通行的做法。加拿大于 1982 年将《加拿大权利与自由宪章》补充到其宪法之中,自此之后,该宪章已经作为对刑法的重要制约而出现。加拿大法院不仅利用该宪章宣布那些导致监禁但不要求证明过错的刑法规定违宪,宣布不要求被告人对被害人的死亡具有主观明知的有关谋杀犯罪的规定违宪;该宪章还被解释为使这样的立法无效,即允许对道德上不自愿的行为施加惩罚的限制性法定抗辩事由。[1] 英国刑法中,在什么行为可以入罪的标准上,自 1998 年之后附加了一个新的条件,即不违反《欧洲人权公约》。据此,其国内刑法法规的有效性,必须经受《欧洲人权公约》中相关条款的实体性审查。在德国,除罪刑法定原则明文规定于基本法中之外,责任主义原则也被德国联邦宪法法院认为具有宪法性的地位,可从基本法的人性尊严条款与法治国条款中予以推出。[2] 与此同时,自然正义被认为与基本法紧密联系在一起,甚至作为指导宪法解释的上位准则:它被视为倾向于实证主义路径的法律体系中的安全阀,发挥着与英国法律史上的衡平法相类似的矫正功能;不仅如此,自然正义以不同的面貌与形式适用于法律体系的任何层面,并作为一项解释的指导性原则渗透于德国法中,它代表着德国法律等级中的最高层级。[3]

立足于我国现有的制度语境,就司法层面而言,宪法对于刑法的制约主要通过司法者/解释者的解释过程来实现。司法者虽然没有进行违宪审查的权力,但有使自己的解释结论合乎宪法价值秩序的法定义务。这就要求其在解释刑法条文时,必须作实体内容合宪与否的考量,尤其是要考虑宪法基本权利的制约作用。基本权利不仅是作为主观权利、个人性的权利而存在,同时也是共同体客观秩序的基本要素。[4] 基本权利的这种双重属性,决定了其构成刑法解释的实质外在边界。但凡产生削减甚至否定基本权利的效果的解释结论,存在重新解释的必要性。比如,我国司法实务中往往将私密场所进行的多人共同自愿性交的行为,也认定构成聚众淫乱罪。这样的处理并不妥当。私密场所成年人之间的自愿性交行为,至少牵涉宪法上的住宅权与隐私权(或者还有个人的自治权),将私密场所发生的此类行为入罪化,势必危及对基本权利的保障。因而,立足于基本权利的角度,有必要严格限制聚众淫乱罪的处罚范围,举措之

---

[1] See Kelvin John Heller, Markus D. Dubber, The Handbook of Comparative Criminal Law, Stanford University Press, 2011, p.98.
[2] See Markus D. Dubber, Tatjana Hörnle, Criminal Law: A Comparative Approach, Oxford University Press, 2014, p.108.
[3] See Michael Bohlander, Principles of German Criminal Law, Hart Publishing, 2009, p.13.
[4] 参见〔德〕康拉德·黑塞:《联邦德国宪法纲要》,李辉译,商务印书馆 2007 年版,第 226 页。

一是在其构成要件中添加公开性这一不成文的构成要件要素。再如,从我国《刑法》第306条与第307条的字面规定来看,对于类似的妨害作证与帮助毁灭、伪造证据的行为,相较于司法工作人员,辩护人、诉讼代理人在入罪与处罚上受到更为严厉的对待。为避免出现因违反平等权而导致违宪的解释结论,对第306条与第307条的入罪与处罚标准应当作同质化的处理。具体而言,对第306条中的"威胁、引诱证人违背事实改变证言或者作伪证"进行解释时,有必要对"引诱""证人"等概念作严格的限定;对于"帮助当事人毁灭、伪造证据"的解释,也应遵循类似的原则。①

值得注意的是,基本权利的范围不应限于我国《宪法》第二章明文列举的具体权利,国际条约或通行的正义观所认可的其他重要权利,属于未列举的基本权利,可通过《宪法》第33条第3款的人权条款(该款规定"国家尊重和保障人权"),而引入我国的宪法框架之中。此外,一些以原则面目出现的规定或要求,也蕴含着基本权利的内容。比如,我国《宪法》第5条第1款规定了法治国原则(该款规定"中华人民共和国实行依法治国,建设社会主义法治国家"),由于罪刑法定原则与罪责原则和法治国原则存在内在的关联,是后者的体现与折射,故而这两个刑法原则也具有宪法性的地位。罪刑法定原则与罪责原则的要求对于国家而言是义务,对于公民而言则代表着两项重要的基本权利,即公民享有法无明文规定不为罪、法无明文规定不处罚的权利,以及没有罪责就不应被定罪与处罚的权利。在刑法体系日益功能化的今天,强调罪责原则的制约作用尤为必要。罪责的严重程度是由行为人人身的内在因素与所造成损害的程度所决定,故罪责要求能够有效地抵制由社会利益决定的预防性需要;同时,通过将刑罚与罪责原则相关联,也可以消除这样的伦理性顾虑,即由于追求预防性的目标,个人被当作"实现目的的手段"而使其人性尊严受到损害。② 在相当程度上,罪责原则俨然成为捍卫人性尊严的守护神。正如许乃曼教授所言,"在后现代社会的预防性刑法中,只有被毫不妥协地实现的罪责原则才能当作人民的大宪章来确保,没有人会在其行为不值得处罚时,也就是说当他不能预见或避免时遭受刑法的制裁"③。

2. 通过依靠比例原则的制约

除基本权利的维度之外,立足于国家权力的维度,对刑法体系进行实体上的合宪性控制,具有同样重要的意义。那么,在国家权力的维度上,究竟借助什么样的制度性工具来对刑法体系进行合宪性控制呢?

在刑法理论中,通过将法益概念宪法化,而主张利用法益论来对国家的刑罚权进行实体性控制的观点,一直具有颇大的影响力。它经常表现为对法益概念的批判功能

---

① 对该条具体解释的展开,参见劳东燕:《刑法中目的解释的方法论反思》,载《政法论坛》2014年第3期。
② Vgl. Roxin, Strafrecht Allgemeiner Teil, Band I, 4. Aufl., 2006, §3, Rn. 53, 57.
③ 〔德〕许乃曼:《作为学术的刑法释义学》,吕理翔译,载许玉秀、陈志辉合编:《不移不惑献身法与正义——许乃曼教授刑事法论文选辑》,新学林出版股份有限公司2006年版,第129页。

的强调。我国宪法学界也有论者表示支持,认为应该构建具有宪法关联性、以基本权利为核心的法益概念,使其兼具解释和批判立法的功能。① 笔者认为这种方案并不可行,难以起到预期的控制效果。一则,法益原则或与之相对应的危害性原则,即便在德国与英美等国家,其宪法地位也未获得普遍的承认。② 在 2008 年著名的乱伦案(incest case)中,德国联邦宪法法院在判决理由中明确指出,法益并未提供宪法之内的标准,侵害法益才能入罪不是基本法的要求。③ 二则,从历史的发展来看,自 19 世纪末期以后,法益论一直承担的是扩张而不是限缩刑罚权的功能。④ 在当代,基于法益高度抽象化的结果,法益更是结合危险预防与规范效率等纯粹政策性的观点,转而成为证立国家刑罚权扩张的积极论据。⑤

尽管理论上人们一直期望法益概念能够同时具备方法论上的解释机能与实体上的可罚性限缩机能,但这种期望实际上从来没有真正实现过。"利益之所以成为法益,正是通过立法者的决定实现的。因此,在逻辑上用法益概念来对刑事立法者进行限制是不可能的。"⑥法益概念在方法论上的解释机能的确得到了充分的发展,但它在实体上的可罚性限缩机能,始终只是人们一厢情愿的想象。作为一个外在坚实而内在空虚的概念,法益论一直施行的是"表面限缩/实质扩张"的操作技术。"只要透过立法或解释操作,将某些生活利益归属为法益,就取得利用刑罚保护的正当性,可以正当、合理地处罚侵害该利益的行为人,搭配法益保护的大纛,刑法强化行为控制与一般预防的机能。在这个视角下,法益担负的真正任务,其实不是限缩刑罚;相反,法益毋宁是刑罚'柔软而正当'扩张过程中的关键因子。"⑦法益概念无法承担可罚性限缩的机能,不仅源于其实证性,也源于其不确定性和灵活性,源于其历史发展无法提供一个坚实的核心,而缺少这样的核心,就不能期待法益在刑法中起到批判性或者哪怕只是一种建设性的作用;一个漫无边际的法益概念是不可能对刑法进行限制的。⑧

不可否认,法益作为刑法体系中的一个重要概念,在刑法基础理论中起着积极的

---

① 参见张翔:《刑法体系的合宪性调控——以"李斯特鸿沟"为视角》,载《法学研究》2016 年第 4 期。
② See Markus D. Dubber, Tatjana Hörnle, Criminal Law: A Comparative Approach, Oxford University Press, 2014, pp.138-139.
③ Quoted in Markus D. Dubber, Tatjana Hörnle, Criminal Law: A Comparative Approach, Oxford University Press, 2014, p.125.
④ 参见[美]马库斯·德克·达博:《积极的一般预防与法益理论——一个美国人眼里的德国刑法学的两个重要成就》,杨萌译,载陈兴良主编:《刑事法评论》(第 21 卷),北京大学出版社 2007 年版,第 457 页。
⑤ 参见古承宗:《风险社会与现代刑法的象征性》,载《科技法学评论》2013 年第 1 期。
⑥ [德]埃里克·希尔根多夫:《德国刑法学:从传统到现代》,江溯、黄笑岩等译,北京大学出版社 2015 年版,第 174—175 页。
⑦ 许恒达:《法益保护与行为刑法》,元照出版公司 2016 年版,第 9—10 页。
⑧ 参见[美]马库斯·德克·达博:《积极的一般预防与法益理论——一个美国人眼里的德国刑法学的两个重要成就》,杨萌译,载陈兴良主编:《刑事法评论》(第 21 卷),北京大学出版社 2007 年版,第 457—458 页。

建设性作用，尤其是在体系化方面厥功至伟，因而，法益概念绝对是刑法教义学无法放弃也不应放弃的。与此同时，它的灵活性，它在方法论上的解释机能，使之更适合作为刑法体系与外部环境进行沟通的枢纽而存在，外部环境的信息通过该枢纽源源不断地传递入刑法体系之内。可以说，刑法体系正是借助于法益概念而对外部环境的信息作出有效的回应，并对之进行符码上的转译，从而实现体系的自我调整与不断更新。这意味着，法益概念在功能上其实服务于刑法体系的开放性；无论是否赋予其宪法性的内涵或地位，它都不适于作为合宪性控制的工具。退一步说，即使承认法益论的规范性批判功能并非全然出于虚构，则充其量它只是"在形式上使这种批判成为可能——或者至少使之更加容易。法益论象征着这么一种信念，如果刑法希望被认为是合法的，希望得到服从，而且希望是合乎目的的，那么刑法就要受到限制，只能在限定范围内发挥作用"①。但法益论的意义也仅限于此。任何试图让其承担实体上的规范性批判功能的努力，对于法益概念而言，都将是一种不可承受之重。

　　立足于国家权力的维度，更适合作为对刑法体系进行合宪性控制的制度性工具的，非比例原则莫属。比例原则是指在审查对基本权利进行限制的立法规定时，必须在立法所追求的目的与限制的手段之间进行衡量。传统上一般认为，比例原则包含三个内在的要求（或子原则），即适当性要求、必要性要求与狭义的比例原则要求。晚近以来国内外的宪法理论尤其是司法实务则倾向于认为，比例原则在规范结构上也应包含目的正当性的要求。② 如此一来，比例原则的审查就包括四个步骤：①目的正当性审查，也就是要求限制基本权利的法律必须是为追求正当的目的。②适当性原则审查，也就是法律所采用的限制基本权利的手段，必须能够促成其所追求目的的实现。③必要性原则审查，这要求限制的手段必须选择最温和的手段，也就是对被限制对象的干预最小、带来负担最少的手段。④狭义比例原则审查，这是指，要将被立法者设为目标的利益与基本权利主体所受损害进行衡量，如果后者大于前者，则不应采取此限制措施。③ 尽管比例原则最初发源于德国，晚近以来它已为越来越多的法治国家所接受④，用于对国家的立法权进行实体性的限制。德国联邦宪法法院便倾向于适用比例原则来制约立法机关的入罪化的权力，而并未接受法益论的路径。⑤ 2008年的乱伦案中，德国联邦宪法法院在判决理由中强调，立法机关有义务遵循比例原则，并认为《德

---

① 〔美〕马库斯·德克·达博：《积极的一般预防与法益理论——一个美国人眼里的德国刑法学的两个重要成就》，杨萌译，载陈兴良主编：《刑事法评论》（第21卷），北京大学出版社2007年版，第464页。
② 参见刘权：《目的正当性与比例原则的重构》，载《中国法学》2014年第4期。
③ 参见谢立斌：《药房判决》，载张翔主编：《德国宪法案例选释》（第1辑）：基本权利总论》，法律出版社2012年版，第66页。
④ 参见刘权：《目的正当性与比例原则的重构》，载《中国法学》2014年第4期。
⑤ See Markus D. Dubber, Tatjana Hörnle, Criminal Law: A Comparative Approach, Oxford University Press, 2014, p.139.

国刑法典》第 173 条第 2 款第 2 句关于兄弟姐妹之间血亲相奸的规定,立法所追求的目的并不为宪法所反对,同时也合乎宪法上的适当性、必要性与合比例原则的要求。①

运用比例原则对功能主义的刑法体系进行控制,其中心要求在于,预防目的的内容本身必须合理,同时应当将对预防目的的追求限制在适当、必要且不过度的手段的范围之内。在风险社会中,就预防目的的内容而言,因零风险的目标不切实际,故原则上应将预防目的限定为那些无法接受的风险;同时,根据预防原则所采取的举措,不仅要求手段与目的相当,还进一步涉及手段选择与利益衡量的问题。由于预防代表的是一种秩序性的利益,因而,依据比例原则对刑法体系的功能化或预防因素进行控制,本质上涉及的是功利主义(或工具主义)刑法观的限度问题。那么,究竟如何将比例原则的相关要求运用于刑法领域呢?对此,本文的初步构想是:

首先,比例原则中的目的正当性要求,应考虑与刑法中的目的解释相结合,用于限制对刑法规范的保护目的的解读。在界定具体罪刑法条所保护的法益时,需着眼于追求宪法所认可的正当目标而展开。

其次,比例原则中的适当性要求,可用于对缺乏实效的入罪化现象进行批判。刑法中的象征性立法便属于此类现象,如我国刑法中的拒不支付劳动报酬罪,相关立法的出台基本上无助于解决欠薪的社会问题,立法者明显只是为安抚公众的不安或怒气而将相关的行为入罪化。此外,运用刑法手段来打击组织卖淫、协助组织卖淫、容留卖淫等行为,能否促成立法所追求目的的实现,也存在相当的疑问。就此而言,适当性要求可作为立法论上建议对此类行为作非罪化处理的有力依据。

再次,将刑法中代表谦抑性要求的最后手段性原则与补充性原则,和比例原则中的必要性要求相整合,可为不当扩张处罚范围的做法提供批判性的宪法武器。比如,我国刑法对风化类行为的大量入罪化,便有违反必要性要求的嫌疑。相应的,无论是在立法论上还是解释论上,都面临如何限缩此类行为的处罚范围的问题。必要性要求可作为指导原则发挥相应的作用,为立法修改或解释论上的限缩提供论证的理由与依据。

最后,将刑法中罪刑相适应原则的基本内容与狭义比例原则的要求相关联,以实现对罪刑关系配置的宪法性规制,同时为以刑制罪的解释论原理找到宪法上的依据。由于狭义比例原则内在地包含罪刑相适应的要求,这使其能够在两个方面发挥重要的作用。一方面,它能够对罪刑关系配置进行必要的规制。我国现有的刑事立法,对某些类型的犯罪,如风化类犯罪与盗窃罪等传统的财产犯罪,配置了过于严厉的法定

---

① 详见该案[German Federal Constitutional Court, BverfGE 120, 224 (February 26, 2008) Incest Case]的判决理由,引用自 Markus D. Dubber, Tatjana Hörnle, Criminal Law: A Comparative Approach, Oxford: Oxford University Press, 2014, pp. 123–128.

刑,由此导致刑罚结构的内在失衡。这种重刑化的配置又直接造成司法中的重刑主义,比如盗窃罪与贪污罪在定罪量刑标准上的悬殊,便是由刑罚结构的内在失衡所导致。对此,狭义比例原则可作为批判立法上罪刑关系失衡现象的有力武器,同时,它也间接地要求在刑法适用的过程中,司法者应尽量设法去消除或至少是减缓罪刑关系失衡所带来的冲击。对于风化类犯罪与传统财产犯罪中存在的罪刑关系失衡的问题,在立法作出相应修改之前,作为权宜性的弥补措施,或可考虑通过扩大坦白的成立范围,借助于对从轻处罚或减轻处罚规定的适用,以在司法层面实现罪刑关系的均衡。另一方面,狭义比例原则可作为以刑制罪的解释论原理的宪法性根据。所谓以刑制罪,指的是相关法条所规定的法定刑的严厉程度,反过来会制约与影响对犯罪成立要件的解释;这一原理可由罪刑相适应原则推断得出,后者不只是一项量刑原则,也是解释论上应当遵守的原则,具有指导构成要件解释的功能。① 考虑到狭义比例原则与罪刑相适应原则在内容上有重合,它完全可作为以刑制罪原理的宪法性根据而存在,从而对罪刑规范的解释进行必要的制约。

综上,立足于合宪性控制的前述两个维度,来检视我国历史上与现阶段的各类刑事政策,可得出如下几个结论。

其一,某些刑事政策因无法通过合宪性审查而应予否弃。比如,区分敌我矛盾与人民内部矛盾的刑事政策,按其原意,敌我矛盾要求运用专政手段来解决,而人民内部矛盾则主要采用教育说服的方式。然而,从合宪性的角度而言,只要是运用刑罚手段进行处罚,就必须严格遵照刑法的规定定罪量刑。即便是通常被归入敌我矛盾范畴的危害国家安全犯罪,也不允许法外定罪,不允许在违背罪责原则、罪刑法定原则或人道主义原则的情况下进行处罚。再如,严打时期施行的从重从快与从重从严的刑事政策,往往在实体层面对相关被告人处以较平时更为严厉的刑罚,同时,在程序层面其诉讼性权利也受到相当程度的削弱或剥夺,这种政策严重背离法治国原则的要求。也正是基于此,严打政策的执行,被认为会自然而然地导致国家刑罚权与法治的紧张关系。②

其二,对某些刑事政策的内容必须重新理解与界定。比如,坦白从宽、抗拒从严的刑事政策,按传统的理解,"从宽"包括从轻、减轻处罚或者免除处罚,也包括宣告缓刑,所谓"从严",除法律另有规定外,一般是从重处罚。③ 传统上对于"从宽"与"从严"的理解,显然是相对于基准刑的从宽与从严。然而,如今若是再采取这样的理解,不仅违背刑法中的相关规定,也有违法治国的基本立场。我国现行《刑法》第 67 条第 1 款

---

① 参见劳东燕:《刑事政策与刑法解释中的价值判断——兼论解释论上的"以刑制罪"现象》,载《政法论坛》2012 年第 4 期。
② 参见曲新久:《刑事政策的权力分析》,中国政法大学出版社 2002 年版,第 268—269 页。
③ 参见肖扬主编:《中国刑事政策和策略问题》,法律出版社 1996 年版,第 244 页。

与第3款规定,自首与坦白视情形可以从轻处罚或减轻处罚。这意味着,被告人到案后自首或坦白,刑法明文规定其可享受量刑上的优惠。但反过来不能说,如果被告人拒不交待,便应当从重处罚。一则,刑法上并无相应的规定,对拒不交待的被告人从重处罚缺乏法律上的根据;二则,根据无罪推定原则,被告人并无自证其罪的义务,证明被告人有罪的义务应由控方来承担。可见,如果想要继续保留坦白从宽、抗拒从严的刑事政策,则对其中的"从严"需要重新理解,即"从严"不是相对于基准刑的从重处罚,而只是意味着不从宽。再以宽严相济的刑事政策为例,从合乎宪法的基本价值秩序的角度而言,其中的"严"既不能按严打中的"从严"的内容来理解,也不能照搬传统上对"抗拒从严"中"从严"的解释。应当认为,所谓宽严相济,是根据犯罪的严重性程度与犯罪人的人身危险性程度的不同,对不同类型的犯罪与犯罪人进行区别对待,该宽则宽,该严则严;同时,这种区别对待存在相应的法律依据,不允许法外从严或从宽。换言之,对于严重犯罪或者人身危险性大的行为人,依法严厉予以惩处;对于犯罪情节轻微或具有从轻、减轻、免除处罚情节的,则应依法从宽处罚。

其三,在推行某些刑事政策时必须持节制或有所保留的立场。比如,重刑主义的刑事政策,表面看来并不与宪法中的规定或宪法性原则相抵触,但立足于宪法的基本价值秩序,应认为一味地坚持重刑主义,会影响刑法根本任务的实现。从宪法的视角来看,刑法的终极任务,并不是惩罚与打击犯罪,而是通过维护基本人权,保障国民和平、自由地生活。重刑主义的刑事政策,因施加过度的刑罚而带来不必要的恶,容易对国民的福祉产生消极的影响。同时,它也不利于犯罪人认罪伏法,不利于缓解与恢复因犯罪而带来的人际冲突与社会冲突,反而可能制造更多的犯罪,从而侵扰国民正常的生活安宁。基于此,对重刑主义之类的刑事政策应保持必要的节制,防止对其的追求与宪法的基本价值秩序相冲突。

六、结语

刑事政策代表的是对外部环境所作激扰的回应,这种回应必须按刑法体系自身的运作逻辑来进行吸纳与消化,不然,势必会冲击体系的自主性,最终侵蚀形式法治的根基。这意味着,本文倡导的功能主义的刑法体系,不仅旨在提升体系的回应能力,也强调体系本身对外部激扰的反思性控制,它既不同于实质刑法观的立场,也区别于受日本刑法理论影响的所谓机能主义的理论。后二者由于过于注重外部环境对刑法体系的单向作用的影响,往往偏好问题型的思考,在使体系具有强大的回应能力的同时,也易于冲击体系的自主性。一个仅具备自主性而缺乏对外部环境的回应能力的刑法体系,固然无法适应大型复杂社会的治理需求;而一个只注重回应性的实质化的刑法体系,也必然走向规则之治的反面,从而使法律丧失基本的功能。因此,本文所称的功能主义,乃是一种反思性的功能主义。

围绕"立足于中国法治的现实语境,我们需要一种怎样的刑法体系"的问题,本文的回答是:我们需要一种由规则、政策与原则共同组成,兼具自主性与回应性,能够在回应外部环境的需求的同时,又能对体系自身进行反思性控制的刑法体系。就此而言,一方面,将刑事政策的考虑按体系本身的运作逻辑引入其中,有助于推进刑法体系向功能化发展,提升刑法体系的回应性能力;另一方面,必须为功能主义的刑法体系提供锚定的根基,功能化的走向应当受到规则维度与原则维度的双重控制,尤其是要重视与强化原则维度的合宪性控制。

在刑法教义学理论的发展中,需要特别警惕以合乎刑事政策的目标为名,通过推行实质思考方式而全方位突破自由保障的制约的做法。就此而言,"应当受到批判的是扩张的——实质化的教义学,它预先设定'改变'因袭的刑法概念和代之以高度不确定、高度规范化和同一化的概念。教义学不应该建立在如社会、忠诚、背叛、义务或者行为无价值等高度伦理化、意识形态化的概念基础之上"[①]。刑法的功能化往往表现为刑法的刑事政策化。而刑法的刑事政策化,在表明对刑法作为社会控制工具的使用日趋理性化的同时,也暗示着有关犯罪化的问题越来越受犯罪定义主体主观意志的影响。作为刑法与政治之间的桥梁,刑事政策发挥着将政治层面的要求与呼声传递给刑法教义学体系的功能。所以,一方面,刑法教义学若想保持生命力,就必然需要对来自刑事政策的信息保持开放,无法对来自社会的呼求置之不理;另一方面,它应当也只能按照自己的逻辑来解读与消化这些信息。在刑事政策与刑法教义学的关系问题上,让人担忧的不仅在于刑事政策公然地凌驾于刑法之上,也在于刑法教义学因无节制地迎合刑事政策的需要而逐渐丧失独立的品格。后者往往因为披着合法的外衣而让人难以注意其间存在的危险,容易对刑事法治的根基构成重大威胁。实质解释论在刑法中的大行其道便是这样的例子。当法教义学成为任人揉捏的面团,它将不仅无法遏制刑事政策与政治需要过于亲密的迎合,也无力约束大众性的报复主义对犯罪的政治化所创造的压力。最终,刑事政策与刑法教义学倒是真可能融为一体,只不过,它是以后者丧失基本的自治而彻底成为政治的附庸为代价。在刑法体系不可避免地走向功能主义的今天,如何发展出一种合理而有效的控制机制,为刑事政策构筑一道"不可逾越的藩篱",以防止功能化体系所固有的内在危险,或者说防止法教义学在刑事政策中崩溃,注定成为这个时代刑法学者无从回避的使命。

[①] 〔德〕约阿希姆·福格尔:《纳粹主义对刑法的影响》,喻海松译,载陈兴良主编:《刑事法评论》(第26卷),北京大学出版社2010年版,第310页。

关系刑法学导论*

刘仁文**

受储槐植先生刑事一体化思想的影响,笔者在20年前提出了立体刑法学的命题,如今也可以说是笔者的一个学术标签。储先生曾经对此给予鼓励,他说,很高兴看到"立体刑法学"在突出刑法主体性的基础上拓展了"刑事一体化"。[①] 几年前,笔者在立体刑法学的基础上又提出关系刑法学的命题,并就此成功申报了国家社科基金重点课题。在准备申报材料时,笔者才惊喜又惭愧地发现,储先生早在20世纪90年代就围绕关系刑法发表过论文[②],他在1997年3月题赠给笔者的文集书名就叫《刑事一体化与关系刑法论》[③],不由得感叹这些年来的阅读与学术轮回。

储先生在《刑法存活关系中——关系刑法论纲》一文中,曾提出希望经过努力和逐步完善,使关系刑法论在理论刑法学领域占据一席之地。本文提出把关系刑法论上升为关系刑法学,并就此作些展开,向储先生和各位师友作一汇报,希望得到先生和大家的批评指正。

一、倡导关系刑法学的价值

一门学科具有重大价值是其获得生命力的先决条件。因此,倡导关系刑法学的研究,首先要探究的是关系刑法学具有哪些价值。关系刑法学是指研究刑法与其相关领域关系的科学,其价值至少体现在关系刑法学的研究对象以及关系对刑法的意义上。

(一) 关系刑法学的研究对象

特定的研究对象是学科获得独立地位的必要条件,它不仅决定着学科的性质、研究内容与范围,而且决定着学科体系的理论构建,因为"理论总是关于某种对象的理

---

* 本文系国家社科基金重点项目"刑法的立体分析与关系刑法学研究"(19AFX007)的阶段性成果。
** 中国社会科学院法学研究所研究员、刑法研究室主任。
① 参见储槐植:《走在刑法脉动的前沿》,载《人民法院报》2010年9月10日,第7版。
② 参见储槐植:《刑法存活关系中——关系刑法论纲》,载《法制与社会发展》1996年第2期。该文后被收入先生的《刑事一体化与关系刑法论》文集。
③ 参见储槐植:《刑事一体化与关系刑法论》,北京大学出版社1997年版。

论,不存在无对象的理论,对象是理论的主体和核心,全部的理论分析都是围绕着这个核心而展开的,所有的逻辑论证都是为了说明对象而进行的。只有明确了研究对象才能开始科学研究,只有科学地界说了研究对象,也才能建立起严格的科学理论及其体系"①。基于此,每个学科都试图通过独特的研究对象论证它与其他学科之间的差异,"尤其是要说明它与那些在社会现实研究方面内容最相近的学科之间究竟有何区别"②。关系刑法学也不例外。笔者以为,关系刑法学的研究对象就是刑法与其相关领域的关系。

一般认为刑法学的研究对象是刑法及其规定的犯罪、刑事责任和刑罚,而不包括刑法与其相关领域的关系。犯罪学的研究对象是犯罪现象及其产生的原因和预防对策。行刑学的研究对象是刑罚执行、改造犯罪人以及预防重新犯罪的刑事司法制度及其实践。可见,上述学科均没有将刑法与其相关领域的关系作为专门的研究对象。因此,刑法与其相关领域的关系就成为关系刑法学的独特研究对象。而所谓"关系",是指"事物之间相互作用、相互影响的状态"③。由于影响包括促进和制约两方面,因此,刑法与其相关领域的关系就是指刑法与其相关领域的相互作用、相互促进与相互制约的状态。

"相关领域"到底是哪些领域,这个问题带有一定的开放性,由此也就决定了关系刑法学的研究对象在不同语境下有不同的范围。储先生的论纲提到以下十五组关系,视野相当宏阔:①社会经济与刑法;②政权结构与刑法;③意识形态与刑法;④犯罪与刑法;⑤行刑与刑法;⑥其他部门法与刑法;⑦其他学科对刑法的促进;⑧国家意志与客观规律;⑨刑法结构与刑法功能;⑩犯罪与刑罚;⑪犯罪概念的定性与定量;⑫犯罪理论结构与刑法运行;⑬刑罚目的与刑罚机制;⑭刑事立法与适用解释;⑮刑法与犯罪控制模式。④ 此外,张明楷教授曾先后提出刑法学研究中的十大关系和五个关系,前者是:解释刑法与批判刑法、刑法理论与司法实践、学理解释与有权解释、基本理念与具体结论、形式解释与实质解释、字面含义与真实含义、归纳方法与演绎方法、规范解释与事实认定、传统问题与热点问题、本土理论与外国理论⑤;后者是:强势理论与弱势理论、真问题与假问题、前见与偏见、价值判断与逻辑结论、学术批评与自我反省。⑥ 不过,张明楷教授的这些关系论基本还是在刑法教义学的视域内,尽管关系刑法学也包

---

① 胡德海:《教育学原理》(第 2 版),甘肃教育出版社 2006 年版,第 1 页。
② 〔美〕华勒斯坦等:《开放社会科学:重建社会科学报告书》,刘锋译,生活·读书·新知三联书店 1997 年版,第 32 页。
③ 中国社会科学院语言研究所词典编辑室:《现代汉语词典》,商务印书馆 2000 版,第 462 页。
④ 参见储槐植:《刑法存活关系中——关系刑法论纲》,载《法制与社会发展》1996 年第 2 期。
⑤ 参见张明楷:《刑法学研究中的十关系论》,载《政法论坛》2006 年第 2 期。
⑥ 参见张明楷:《刑法学研究的五个关系》,载《法学家》2014 年第 6 期。

括刑法之内的各种关系,但其更关注的似乎还应当是刑法之外的关系。

笔者在《立体刑法学》中,曾从"前瞻后望""左看右盼""上下兼顾""内外结合"的角度确立过以下几组关系:刑法学与犯罪学的关系、刑法学与行刑学的关系、刑法与宪法的关系、刑法与刑事诉讼法的关系、刑法与行政法的关系、刑法与民法的关系、刑法与经济法的关系、刑法与商法的关系、刑法与知识产权法的关系、刑法与环境法的关系、刑法与国际公约的关系、刑法与治安管理处罚法的关系、刑法的内部解释和外部环境的关系。① 后来又在相关讲座与会议中扩充了几组关系,如刑法教义学与社科刑法学的关系、刑法与刑事政策的关系、涉外刑法与国内刑法的关系、网络世界刑法与物理世界刑法的关系等。

虽然"关系"的范围有宽窄之分,但这仍不能否认关系刑法学有其特定的研究对象,那就是以刑法为主体,研究它与相关领域相互作用、相互促进与相互制约的状态,其目的是强化彼此促进、衔接与耦合,获得刑法运行与治理的最佳效果与效益。

(二) 关系之于刑法的意义

储先生提出:"刑法存活于关系中,关系是刑法的本体,关系是刑法的生命。"② 此后,白建军教授、刘建宏教授相继从关系的视角展开犯罪学方面的研究。白建军教授提出了关系犯罪学和关系公正论的命题,认为"在关系中研究犯罪,是犯罪学实证分析的重要方面"③,其通过考察刑事案件当事人之间的关系、刑事立法与刑事司法的关系,以及刑法与社会的关系,结果证实,公正不是抽象、绝对的口号或者某种孤立的价值,公正只有在这些关系中才能得到具体把握。④ 刘建宏教授基于关系主义是亚洲社会普遍具有的基本范式,构建了"关系主义刑事司法理论",该理论对推动亚洲犯罪学的发展具有重要意义。⑤ 上述研究成果为深刻认识关系对刑法的意义提供了有益的参考。基于关系刑法学的视角观察,关系影响刑法解释,关系的变动促进刑法的立改废,关系影响犯罪论体系的取舍。因此,对刑法与其相关领域的关系开展研究,有助于推动刑事法治走向良法善治。

首先,关系影响刑法解释。刑法解释是刑法适用过程中最核心、最关键的活动。如果将刑法解释视为一个子系统,刑法解释子系统与其存在的外部环境就形成一定的关系。刑法解释的外部环境包括对法益的理解、刑事政策、社会生活事实、犯罪现象等要素。这些外部环境要素与刑法解释子系统形成了相互作用、相互影响的状态。二者互动的过程就会影响刑法解释。比如,法益的内容会制约、影响刑法的解释。如果某

---

① 参见刘仁文等:《立体刑法学》,中国社会科学出版社2018年版。
② 储槐植:《刑事一体化与关系刑法论》,北京大学出版社1997年版,第447页。
③ 白建军:《关系犯罪学》(第3版),中国人民大学出版社2014年版,第17页。
④ 参见白建军:《关系犯罪学》(第3版),中国人民大学出版社2014年版,第337—378页。
⑤ 参见刘建宏、杨学锋:《亚洲犯罪学的新范式:关系主义理论》,载《中国刑警学院学报》2019年第5期。

一犯罪的法益内容发生变化，必然会影响到对该罪构成要件的解释。再如，刑事政策指导刑法的解释，如果对某类犯罪的刑事政策向从严的方向转变，那么该罪构成要件规范的内容往往会作扩大其适用的解释。反之，如果对某类犯罪的刑事政策向从宽的方向转变，则该罪构成要件规范的内容往往会作限缩其适用的解释。

其次，关系的变动推动刑法的立改废。正如"犯罪在关系中存在和变化"①，刑法也在关系中存在和变化。这是因为，刑法与其存在的外部环境要素形成互相影响、互相制约的互动关系。刑法外部环境的变化导致先前的平衡关系被打破，这一状态促使刑法通过立改废的变化使其获得一种新的平衡关系。比如，随着人民生活水平的提高，汽车保有量逐年提高，伴随的是因危险驾驶导致的交通事故频发，特别是醉酒驾驶和飙车行为具有高度危险性，引起社会的广泛关注，人大代表、法律专家和社会各界亦纷纷建议将醉酒驾驶和飙车行为入罪。② 上述外部环境的变化使危害公共安全刑事立法先前存在的平衡关系被打破，进而促使《刑法修正案（八）》以增设危险驾驶罪的方式实现新的平衡关系。再如，随着市场经济的发展以及人民对平等保护非公有制经济观念的增强，部分人大代表、专家学者提出了职务侵占罪应当和贪污罪实行同罪同罚，十八届四中全会通过的《中共中央关于全面推进依法治国若干重大问题的决定》也提出"健全以公平为核心原则的产权保护制度，加强对各种所有制经济组织和自然人财产权的保护，清理有违公平的法律法规条款"，这些外部环境的变化与职务侵占罪刑事立法之间形成了一种刺激与被刺激的关系，最终推动了《刑法修正案（九）》对职务侵占罪进行修订，虽然还没有完全实现和贪污罪同罪同罚，但提高了职务侵占罪的法定刑，并增设了并处罚金的规定。

最后，关系影响犯罪论体系的取舍。新中国成立之初，根据当时的政治形势，废除了国民党统治时期的旧法统，引入中国不久的三阶层犯罪论体系也一并被废止，国内刑法学者开始学习苏联的社会主义刑法。当时这些环境因素决定了新中国刑法学只能选择苏联的四要件犯罪论体系，"这种学习具有历史必然性，是特定历史条件下必然的唯一选择"③。改革开放之后，随着德日三阶层犯罪论体系的再度引入，刑法学界赞成三阶层犯罪论体系的学者日益增多。这一状况使中国刑法学所处的外部环境发生了变化，正是这种变化导致四要件犯罪论体系遭受了质疑和挑战，使得目前三阶层和四要件两种犯罪论体系处于共存的状态。从关系刑法学的角度来看，中国刑法学犯罪论体系未来的抉择主要受两方面环境因素影响，即废除四要件的呼声能否得到实务界

---

① 储槐植：《刑事一体化论要》，北京大学出版社2007年版，第192页。
② 参见全国人大常委会法制工作委员会刑法室编：《中华人民共和国刑法修正案（八）条文说明、立法理由及相关规定》，北京大学出版社2011年版，第73页。
③ 高铭暄：《论四要件犯罪构成理论的合理性暨对中国刑法学体系的坚持》，载《中国法学》2009年第2期。

和学界绝大多数的支持。如果得出肯定性的答案,说明四要件理论所处的外部环境发生了质的变化,那就意味着原来的平衡关系被打破,需要通过调整四要件的方式重新获得新的平衡关系。当然,也完全可能在二者表面的截然对立关系中,经由中国刑法学者的智慧,实现二者的融会贯通,创立出有中国特色的犯罪论体系。

二、关系刑法学的关键词

刑法只是调控社会秩序系统的一个要素,欲发挥最优的调控效果,需要和其他系统要素沟通合作,因此,刑法学研究不能脱离系统观。20 世纪 70 年代,钱学森先生创立了"三层次一桥梁"的系统科学体系,"即以系统学、系统科学技术、系统工程为三层次,以系统论为联系这些系统科学理论与马克思主义哲学的桥梁"①。魏宏森、曾国屏教授继承、发展了钱先生创建的系统科学体系,综合现代系统科学的研究成果,提出并归纳了系统论的原理和规律,创建了系统论的体系。系统论的思想方法是把研究的对象当作一个系统,分析系统的结构和功能,研究系统、要素、环境三者的相互关系和变动规律,主张从"系统观看世界",用辩证、系统的角度认识宇宙、生命、生态、社会等现象,从优化系统的立场上分析问题。② 在社会科学领域,卢曼的社会系统理论借鉴了自然科学的系统理论,产生了较大影响,国内近年也有学者把这种社会系统理论引入刑法学研究。③ 可以说,系统论的原理和规律为关系刑法学提供了丰富的思想资源和深厚的哲学基础。本部分以系统论为指导,对关系刑法学中的几个关键词加以阐述。

(一) 整体

整体性原理是系统论的一个重要组成部分,即"系统是由若干要素组成的具有一定新功能的有机整体,各个作为系统子单元的要素一旦组成系统整体,就具有独立要素所不具有的性质和功能,形成了新的系统的质的规定性,从而表现出整体的性质和功能不等于各个要素的性质和功能的简单加和"④。根据整体性原理可以得出:①系统的整体性是某一系统区别于其他系统的质的规定性。②系统是由要素与要素有机联系的整体。③系统的整体性是由要素之间互相作用联系起来的,或者说是由于要素之间的互相影响、互相作用才使得系统具有整体性。④正是系统中各要素之间的互相影响和互相作用,才使得整体的功能大于各要素的简单叠加。⑤系统中的每个要素都影响着整体,整体制约着要素。据此,整体性思维为关系刑法学提供了启示。

---

① 范冬萍、陈林昊:《系统论是系统科学与马克思主义哲学之桥梁——评〈系统论——系统科学哲学〉》,载《系统科学学报》2022 年第 1 期。
② 参见魏宏森、曾国屏:《系统论——系统科学哲学》,世界图书出版公司 2009 年版,第 5—363 页。
③ 参见周维明:《系统论刑法学的基本命题》,载《政法论坛》2021 年第 3 期。
④ 魏宏森、曾国屏:《系统论——系统科学哲学》,世界图书出版公司 2009 年版,第 217 页。

以刑法的运作为例。刑法运作包括刑法适用的过程①、各司法机关内部和司法机关之间的结构、对定罪量刑有实质影响的司法外技术人员或者与案件密切相关的其他人员、刑法运作的外部环境、国家权力对刑法运作的影响等因素。② 根据整体性原理，系统中的每个要素都影响着整体，并且系统中要素之间的互相影响、互相作用才使得系统具有整体性，因此，为了保障刑法运作结果的公正性，就需要对刑法系统包含的所有要素予以规范，而不能仅仅关注其中的某一两个要素。我们平时较多关注侦查、起诉、审判、刑罚执行环节是否依法合规以及是否存在妨碍司法公正的因素，而较少关注影响刑法运作效果公正的其他因素。比如，在有些案件中，鉴定机构和鉴定人员对定罪量刑可能有实质影响，如果不能很好地规范这些鉴定机构和鉴定人员的行为，将对案件的公正处理带来损害。又如，由于系统中各要素互相影响、互相作用的重要形式是互动，正是系统中各要素之间的互动才使得系统具有整体性。为此，要激活刑事诉讼和法庭庭审中被告人的主体地位，而不要将其纯粹当作客体来对待；还要通过保护证人的人身安全以及给证人出庭作证支付必要的误工费用来激励证人出庭作证，这对于正确定罪量刑、防止冤假错案绝对有积极意义。

（二）层次

层次性原理是系统论的另一重要组成部分，其具体含义是指："由于组成系统的诸要素的种种差异包括结合方式上的差异，从而使系统组织在地位与作用，结构与功能上表现出等级秩序性，形成了具有质的差异的系统等级，层次概念就反映这种有质的差异的不同的系统等级或系统中的高级差异性。"③层次性原理说明：由要素组成的系统同时也是上一级系统的子系统，下级系统又是上一级系统的要素，而上一级系统又成为更高级系统的要素。由于客观世界是无限的，系统层次也是无限的。④ 这对关系刑法学的启发是，不能孤立地研究刑法问题，应当以多维的视角去观察、分析、解决刑法问题。刑法的运作及其结果是多种因素影响的结果，如果只孤立地研究刑法规范，满足于做一个狭义上的刑法法条专家，可能对实现良法善治是不够的。

比如，按照刑法谦抑性原则的要求，在法定犯中，应当作为行政法、经济法的基础规范先行，这才符合刑法的保障法特点，但现在的立法出现了一种违反这一层次性要求的现象，即先规定违反国家有关规定的某种行为为犯罪，然后再来倒逼"国家有关规定"的出台。笔者对此是持批评态度的，因为它违反了社会治理应当遵循的行业自治——行政规制——刑罚制裁的一般位阶和逻辑，更何况有时"倒逼"还不一定能马上

---

① 刑法适用的过程包括案件立案、侦查、起诉、审判到刑罚执行乃至申诉、审判监督程序等阶段。
② 参见刘仁文：《关注刑法运作》，载《人民检察》2007年第17期。
③ 魏宏森、曾国屏：《系统论——系统科学哲学》，世界图书出版公司2009年版，第217页。
④ 参见魏宏森、曾国屏：《系统论——系统科学哲学》，世界图书出版公司2009年版，第220—222页。

到位。① 如2009年的《刑法修正案(七)》增设了"非法获取公民个人信息罪"[2015年的《刑法修正案(九)》又把本罪的主体由特殊主体修改为一般主体,罪名改为"侵犯公民个人信息罪",并提高了法定最高刑],但作为前置法的《个人信息保护法》一直空缺,直到2021年该法才出台。

(三) 沟通

开放性原理是系统论的又一重要组成部分,即指"系统具有不断地与外界环境进行物质、能量、信息交换的性质和功能,系统向环境开放是系统得以向上发展的前提,也是系统得以稳定存在的条件"②。根据系统的开放性原理,刑法运作需要与外界达成良好的沟通。

例如,刑法适用过程中的一项重要活动是刑法解释,而刑法解释只有不断与外界沟通,才能使刑法文本获得持久的生命力。"任何一种解释如果试图用最终的、权威性的解释取代基本文本的开放性,都会过早地吞噬文本的生命"③,刑法解释也不例外。为了使刑法文本获得持久的生命力,需要解释者不断将解释结论与变化发展的情势相沟通,通过不断赋予刑法新的内涵的方式使刑法文本能够适应变动不居的外界环境。如1997年《刑法》规定受贿罪时,受贿罪的实践形态表现为送货币或贵重物品,解释者根据与外界沟通交流的上述信息,将受贿罪的"财物"解释为货币或具有价值的物品大体是妥当的。但是随着社会的发展,行贿的财物出现了股票、有价值的服务等非传统的形态,此时,刑法解释者就需要反复与发展变化的外界环境沟通,挖掘新型财物形态的本质,最终提出一种新的解释,赋予财物以新的含义,使其能适用新型的受贿形态。

根据系统的开放性原理,无论是刑法系统内部各要素的互动,还是刑法与其他子系统和环境的互动,都需要借助沟通这个工具,而且这种沟通是双向的。刑法的运作不是封闭的,它受到外部环境的"刺激",并作出反应。近年来一系列引起社会广泛关注后得以改判的案件,如天津的"大妈摆气枪摊案"、内蒙古的"王力军收购玉米案"以及山东的"于欢刺死辱母者案"等,这些案件在一审后,通过媒体报道出来,引起众声喧哗,这一"刺激"通过一定的作用机理,使得司法机关重新作出反应,将这些案件改判无罪或者从轻处理。总的来看,由于改判结果综合考量了国法、天理与人情,因而获得了较好的法律效果和社会效果。这里,我们看到了刑法教义学和社科法学的融合,正是外部环境的刺激,引发司法机关对刑法条文的重新解释,吸收情理与社会认知,对法律的形式性和严峻性进行调和,再把这些用法律的语言和程序表现出来,填充不完善的法条。

---

① 参见刘仁文:《立体刑法学:回顾与展望》,载《北京工业大学学报(社会科学版)》2017年第5期。
② 魏宏森、曾国屏:《系统论——系统科学哲学》,世界图书出版公司2009年版,第228页。
③ 〔英〕韦恩·莫里森:《法理学》,李桂林等译,武汉大学出版社2003年版,第555页。

(四) 耦合

耦合在物理学上是"指两个或两个以上的体系或两种运动形式间通过互相作用而彼此影响以至联合起来的现象"①。以耦合的思维为指导，就要坚持刑法必须受到宪法的指导与制约，坚守刑法既不能越位也不能缺位，秉持刑法系统和宪法、民法、行政法、经济法等其他系统互相配合、相辅相成的理念，以实现最大限度保护法益的协同效果。

首先，应实现刑法与宪法的对接。我国刑法的现代化从根本上来讲，就是要深度实现其立法、执法与司法的合宪性耦合。德国学者库伦曾经指出："原则上讲，所有刑法问题都可以从宪法角度来解释。"②可喜的是，我国也有越来越多的学者深入刑法具体问题中来讨论宪法问题，如入户抢劫与侵犯住宅自由、对刑法相关制度的比例性原则审查、"扰乱国家机关工作秩序罪"如何从宪法上进行限缩解释等。需要指出的是，我国 1979 年的《刑法》颁行于现行《宪法》（1982 年）前，1997 年的《刑法》又颁行于"依法治国"写入《宪法》（1999 年）前，因此，刑法秩序的合宪性调整是一个需要深入讨论的课题。

其次，刑法参与社会治理时既不能越位，也不能缺位。就不能越位而言，在立法方面，对于法定犯而言，凡是没有被其他部门法评价为违法的行为，刑法都不应当评价为犯罪，即使是其他部门法评价为违法的行为，在非刑事制裁手段可以有效惩处的情况下，也不得规定为犯罪；在司法方面，凡是属于其他部门法调控的范围，刑法应当恪守谦抑原则，"有所不为"，尽量先用足其他部门法来解决社会现实中的矛盾和纠纷。就不能缺位而言，立法上，当用足非刑事制裁手段仍不能有效抑制某种严重危害社会的行为时，刑事立法就应当适时将该行为增设为犯罪；司法上，面对严重侵犯法益的行为，在不违背罪刑法定原则的基础上，司法机关应当积极发挥刑法的威慑功能，为保障其他部门法的实施提供强有力的后盾。总之既不能乱作为，也不能不作为。

最后，坚持刑法子系统与民法、行政法等其他子系统的协同。这方面有许多复杂而又现实的疑难问题。例如，刑法中的术语含义究竟可以有别于其他法还是应当与其他法保持一致？从现实情况看，无论立法还是法律解释和学说，都是可以不一致的，如我国刑法对"信用卡"的定义就不仅包括了民法、经济法上的"信用卡"，还包括了民法、经济法上的"借记卡"。又如，一个法律婚姻和一个事实婚姻或者两个事实婚姻能否评价为重婚罪，这一问题涉及对重婚的理解，是应当坚持民法中的概念，还是刑法可以有自己独立的判断？如果单纯从刑法是保障部门法实施的角度分析，重婚的认定应当坚持民法上的概念，但因为民法已不再承认事实婚姻，如果坚持民法的观点，上述情形就不能认定为重婚罪。事实是，刑法上的重婚罪还是承认事实婚姻的，并且获得不少刑法学者的支持，支持的理由是："一方面，事实婚姻是公开以夫妻名义长期生活在一

---

① 中国社会科学院语言研究所词典编辑室编：《现代汉语词典》，商务印书馆 2000 版，第 942 页。
② 〔德〕洛塔尔·库伦：《论刑法与宪法的关系》，蔡桂生译，载《交大法学》2015 年第 2 期。

起,而且周围民众也认为二人存在夫妻关系。事实重婚关系的存在,侵犯了一夫一妻制的婚姻关系,有必要认定为重婚罪。另一方面,事实婚姻是否有效与事实婚姻是否构成重婚罪并非同一议题;任何重婚罪中至少有一个婚姻关系无效,不受法律保护;要求两个以上的婚姻关系均有效才构成重婚罪,有自相矛盾之嫌。"① 虽然法秩序相统一原则并不排斥刑法在必要时可以有自己独立的判断,但笔者仍然主张刑法与其他法在同一术语、同一概念的内涵上要尽量保持一致。②

三、关系刑法学中的关系举要

如前所述,关系刑法学是一个开放的系统,可谓"关系万千重",但基本可以从宏观上分为两个层次的关系,即刑法内部系统各要素之间的关系和刑法内部系统与其外部环境系统之间的关系。基于开放系统观,不仅刑法内部系统各要素之间应当彼此在互动中达成沟通与耦合,而且刑法内部系统与其外部环境系统之间也应当在互动中达成沟通与耦合。限于时间和篇幅,下面仅选三组关系略加展开。

(一) 刑法教义学与社科刑法学的关系

"在法学的众多研究方法中,能够体现法律人知识和思维独特性的,当属法教义学;而更具有社会亲和力、更能回应社会和公共政策需求的,当属社科法学。"③ 或许是基于此,法学界对这两种方法论关注较多,大体上大陆法系国家偏好法教义学多一点,英美法系偏好社科法学多一点。刑法教义学和社科法学两大阵营经历长期的争鸣与交流,二者互相争鸣、互相影响,笔者认为,两种研究范式在刑法学研究中并行不悖甚至走向融合是完全可能的。

在我国,刑法教义学与社科刑法学之间的争鸣已经持续十多年。早期,二者之间的争鸣主要围绕宏观的问题展开,难免有一种隔靴搔痒之感。最近,社科刑法学深入刑法教义学的内部,针对刑法的具体问题与刑法教义学展开交锋。比如,有学者以刑法学中的"自杀研究"为例,对刑法教义学的思维方法提出了批判。④ 另有学者则对此予以回应,指出社科刑法学在刑事处罚必要性问题的讨论中虽有一定的优势,但也存在明显的缺点,甚至存在一定风险。⑤ 在国外,刑法教义学和社科刑法学的交流与碰撞

---

① 张明楷:《刑法学》(第6版),法律出版社2021年版,第1208页。
② 无论如何,民法不保护的东西刑法反而去保护,这是法律体系内在逻辑的分裂。至于民法概不保护事实婚姻是否妥当,另当别论。参见刘仁文:《刑法的结构与视野》,北京大学出版社2010年版,第8页。
③ 陈柏峰:《社科法学及其功用》,载《法商研究》2014年第5期。
④ 参见戴昕:《"教义学启发式"思维的偏误与纠正——以法学中的"自杀研究"为例》,载《法商研究》2018年第5期。
⑤ 参见邹兵建:《社科法学的误会及其风险——以戴昕教授对刑法学中自杀研究的批评为样本的分析》,载《法商研究》2019年第4期。

也一直存在,如德国在其几百年的法学发展史上,刑法教义学和社科刑法学曾发生过激辩,20世纪60年代末期,社科刑法学阵营中甚至有学者宣告刑法教义学已经死亡,但20世纪90年代以来,刑法教义学再次兴起,并与社科刑法学展开了激烈的碰撞与对话。①

互相影响是刑法教义学与社科刑法学之间长期争鸣的结果。刑法教义学与社科法学经历数百年的碰撞、交流与争鸣,各自为了加固己方的"堡垒",不断弥补自身存在的不足,可以说,正是二者之间长期的争鸣才促进了各自不断发展与完善。例如,社科刑法学的研究成果为刑法教义学的研究提供了丰富的知识营养,使得刑法教义学围绕实定法展开解释、建构和体系化工作的过程中能保有必要的法哲学气息。正如德国刑法学家帕夫利克所言:"刑法学应当是教义学,而哲学在这里并无一席之地,这是一种肤浅的见解。在德国,从哲学汲取养分的刑法学具有悠久且辉煌的历史,但这条路还没有走到尽头。"②又如,社科刑法学初期是超越法律文本的形而上的研究,其致力于寻求实在法的存在根据,实现对实在法的超越,但后来社科刑法学也开始关注具体问题的研究,如有学者以许霆案为例与刑法教义学展开对话③,还有学者围绕刑事司法如何破解定性难题与刑法教义学展开辩论④。

笔者认为,两种研究范式并行不悖乃至走向融合应当成为刑法学研究的常态。其实,很少有学者主张只能以法教义学的范式开展刑法学研究,更没有学者主张应当抛弃刑法教义学而采用单一的社科刑法学研究范式。刑法教义学与社科刑法学两种研究范式各有价值,二者不是"取代"关系,而是并行不悖的关系。即使同一个学者,也完全可以用刑法教义学和社科刑法学两种范式开展刑法学研究。陈兴良教授虽然现在极力为刑法教义学鼓与呼,但他在20世纪90年代陆续出版的奠定他学术影响力的《刑法哲学》《刑法的人性基础》《刑法的价值构造》恰恰是典型的社科刑法学的研究范式。

(二) 刑法的内部解释和外部环境的关系

刑法解释在规范刑法学中处于最基础、最重要的地位,可谓刑法适用的引擎,"没有刑法解释,刑法规范便会失去生命的养分"⑤。关系刑法学主张要重视将刑法解释的视野扩展至可能影响定罪量刑的外部环境,如刑事政策、犯罪现象和社会情势的变化。

---

① 参见卜元石:《德国法学与当代中国》,北京大学出版社2021年版,第32—57页。
② 转引自陈兴良:《法学知识的演进与分化——以社科法学与法教义学为视角》,载《中国法律评论》2021年第4期。
③ 参见苏力:《法条主义、民意与难办案件》,载《中外法学》2009年第1期。
④ 参见桑本谦:《从要件识别到变量评估:刑事司法如何破解"定性难题"》,载《交大法学》2020年第1期。
⑤ 刘仁文等:《立体刑法学》,中国社会科学出版社2018年版,第496页。

以环境犯罪为例,由于我国近年来环境犯罪的刑事政策趋严①,2013年、2016年、2019年最高司法机关陆续出台司法解释,逐步采取扩大解释,降低污染环境罪的定罪量刑标准,解决污染环境犯罪取证难、鉴定难、认定难的问题,如2013年最高人民法院、最高人民检察院《关于办理环境污染刑事案件适用法律若干问题的解释》将在特定地点排放、倾倒、处置有毒有害物质等14种情形均扩大解释为污染环境罪的"严重污染环境",其中包括将具有污染环境的危险行为解释为"严重污染环境"。2016年最高人民法院、最高人民检察院《关于办理环境污染刑事案件适用法律若干问题的解释》又进一步将"重点排污单位篡改、伪造自动监测数据或者干扰自动监测设施,排放化学需氧量、氨氮、二氧化硫、氮氧化物等污染物""违法减少防治污染设施运行支出一百万元以上的"等情形扩大解释为"严重污染环境"。根据上述解释,只要出现列举的特定情形,就可以认定为"严重污染环境",虽然很大程度上解决了污染环境犯罪取证难、鉴定难、认定难的问题,但也明显存在扩大解释的现象,对此只能从国家强化对这方面犯罪的打击力度来解释和观察。

又如,随着交通的发展,交通肇事罪逐年增多,实践中出现了单位主管人员、机动车辆承包人或者乘车人等人在交通肇事后指使肇事人逃逸的现象,为了指导此类案件的处理,最高人民法院《关于审理交通肇事刑事案件具体应用法律若干问题的解释》明确规定"交通肇事后,单位主管人员、机动车辆所有人、承包人或者乘车人指使肇事人逃逸,致使被害人因得不到救助而死亡的,以交通肇事罪的共犯论处"。对此,学界的争议是此司法解释是否确立了过失犯以共犯论处的特例。肯定说认为"共同过失犯罪是一个客观存在的社会现象,不承认它是不切合实际的",上述解释"勇敢地向现实迈出了一大步",虽有超越解释权之嫌,但其率先肯定了共同过失犯罪是值得肯定的,"这对我国刑事司法和刑法理论的发展无疑有着十分重要的推动作用和重大的现实意义,其重要性和理论价值是不可低估的"②。否定说认为,根据我国刑法的规定,"共同犯罪只能存在于故意犯的形态,而过失犯中不可能具有共同犯罪形态"③。不过,即使坚持否定说的学者也大多认可上述解释以交通肇事罪处罚指使者,并寻求从不同角度

---

① 最高司法机关的有关文件明确将环境犯罪列入宽严相济刑事政策适用中"严"的对象。例如,最高人民法院《关于贯彻宽严相济刑事政策的若干意见》(法发〔2010〕9号)明确提出:"当前和今后一段时期,对于……重大环境污染、非法采矿、盗伐林木等各种严重破坏环境资源的犯罪等,要依法从严惩处……"最高人民法院《关于充分发挥审判职能作用为推进生态文明建设与绿色发展提供司法服务和保障的意见》(法发〔2016〕12号)明确指出:"发挥环境资源刑事审判惩治和教育功能。坚持罪刑法定原则,注重惩治和预防相结合,全面贯彻宽严相济的刑事政策。依法从严惩处破坏环境资源造成严重后果以及主观恶性大的犯罪行为,有效威慑潜在的污染行为人,教育广大人民群众自觉保护生态环境,防范和减少环境污染、生态破坏犯罪的发生。"
② 侯国云:《交通肇事罪司法解释缺陷分析》,载《法学》2002年第7期。
③ 高铭暄、马克昌主编:《中国刑法解释》(上卷),中国社会科学出版社2005年版,第1055页。

论证其处罚的合理性与妥当性,如有学者指出:"交通肇事的行为人使被害人身受重伤时,实际上因先前行为产生了救助义务。因逃逸致人死亡,实际上是因不履行救助义务而致人死亡。此时,肇事者是负有作为义务的人,教唆肇事者逃逸,就是教唆肇事者实施故意的不作为犯(基本犯,相当于遗弃罪)。在肇事者的不作为造成了被害人死亡的加重结果时,只要教唆者对加重结果具有预见可能性,教唆者也要对加重结果承担责任。"①上述司法解释以及学界围绕其解释展开的争鸣说明,犯罪现象的变化能够推动刑法解释的创新,而这种刑法解释的创新又引发中国刑法研究中的真问题。

再如,2011年《刑法修正案(八)》增设危险驾驶罪之初,当时的社情民意是强烈要求从严惩处醉驾型危险驾驶行为,受此影响,公安部当年发布的《关于公安机关办理醉酒驾驶机动车犯罪案件的指导意见》明确指出,要从严掌握立案标准,对经检验驾驶人血液酒精含量达到醉酒驾驶机动车标准的,一律以涉嫌危险驾驶罪立案侦查。于是,司法实践中对醉驾是否构成犯罪均采取"酒精含量大于或者等于80mg/100ml"的严格标准②,酒精含量超过上述标准的,一般不认为属于"情节显著轻微",并且往往将其排除适用不起诉、免予刑事处罚或缓刑。但近年来社会情势发生了两方面的变化:一是危险驾驶罪逐渐超越盗窃罪,成为刑事案件发案率高的第一大罪,占用了大量的司法、社会资源;二是主张醉驾行为有条件出罪的呼声逐渐增高。③ 上述社会情势促使对醉驾型危险驾驶罪的理解与认定出现新的变化。如2019年10月,浙江省高级人民法院、浙江省人民检察院、浙江省公安厅联合印发的《关于办理"醉驾"案件若干问题的会议纪要》规定:"醉酒驾驶汽车,无上述8种从重情节,且认罪悔罪,符合缓刑适用条件的,可以依法适用缓刑。酒精含量在170mg/100ml以下,认罪悔罪,且无上述8种从重情节,犯罪情节轻微的,可以不起诉或者免予刑事处罚。酒精含量在100mg/100ml以下,且无上述8种从重情节,危害不大的,可以认为是情节显著轻微。"

(三) 刑法与刑事政策的关系

虽然中外学者对刑法与刑事政策的关系有不同的见解,但一个不容否认的事实是,无论是刑事立法、刑事司法还是刑法解释,都会受到刑事政策的影响。这里,仅讨论一下刑法的刑事政策化和刑事政策的刑法化这两个命题,因为二者大体可以视为当今刑法与刑事政策互动关系的一个缩影。

在讨论刑法的刑事政策化和刑事政策的刑法化之前,有必要先厘清二者的概念及其关系。对此,学界大体上有相同论和不同论两种观点。相同论认为,二者只是表述

---

① 张明楷:《不作为犯中的先前行为》,载《法学研究》2011年第6期。
② 参见石聚航:《刑法谦抑性是如何被搁浅的?——基于定罪实践的反思性观察》,载《法制与社会发展》2014年第1期。
③ 参见周磊、秦波:《醉驾案件定罪问题与出罪路径研究》,载《法律适用》2018年第11期;王志祥、融昊:《醉驾行为出罪路径的刑法教义学阐释》,载《北方法学》2022年第1期。

不同,实质上是指同一个问题,如有学者认为:"刑法的刑事政策化,也称为刑事政策的刑法化。刑法的刑事政策化与刑事政策的刑法化,其实是一个问题、两种表述,只是视角稍有不同而已。"①不同论虽然认可二者有密切的关系,但认为二者指向的内容并不相同,如有学者认为:"刑事政策的刑法化与刑法的刑事政策化是两个相互对应的范畴。"②笔者赞成不同论,认为刑法的刑事政策化和刑事政策的刑法化这两种表述存在重大区别:一是二者的概念不同。刑法的刑事政策化是指刑事立法受刑事政策的驱动,在立法中体现出刑事政策的色彩;而刑事政策的刑法化是指借助立法程序将刑事政策的内容或精神固化到刑法条文中,即将刑事政策的内容或精神条文化、规范化,使之成为刑法的内容。二是二者的侧重点不同。刑法的刑事政策化旨在强调刑事政策对刑事立法的指导功能,即刑法的立改废应当贯彻刑事政策的价值诉求,而刑事政策的刑法化旨在强调刑法对刑事政策的制约或"过滤"功能,即把刑事政策关进刑法的笼子,让刑事政策只能在刑法的藩篱内活动。

从根本上讲,刑法和刑事政策在目标上具有一致性,即预防犯罪,维护社会秩序,保护法益。但二者又有不同的特征,即刑法具有稳定性,刑事政策具有灵活性。稳定性虽然利于保障人权和自由,却难以有效应对变动不居的犯罪态势,而刑事政策的灵活性使其能够及时调整策略,增强刑法的适应性。为了实现优势互补,学界提出了刑法的刑事政策化这一命题。在刑法的刑事政策化视域内,刑事政策对刑法的影响处处可见。例如,刑事政策直接导致刑法的立改废。中外刑事法律演变的历史已经证明,有什么样的刑事政策就会有什么样的刑法,而不是有什么样的刑法才有什么样的刑事政策。如在"保留死刑,严格控制和慎用死刑"等死刑政策影响下,《刑法修正案(八)》取消了13个非暴力犯罪的死刑罪名,《刑法修正案(九)》又再次取消了9个死刑罪名。又如,扫黑除恶常态化的刑事政策催生了《反有组织犯罪法》,严惩电信诈骗犯罪的刑事政策催生了《反电信网络诈骗法》。

刑事政策具有意向性、灵活性、动态性、开放性,"它追求的是如何更合理、更有效地、最大化地、最优化地对犯罪作出反应"③。刑事政策的上述特征使得其天生具有突破罪刑法定原则的冲动,如果不对其加以必要的限制,将很可能以效率、功利、合理、有效的名义处罚刑法上没有规定但具有严重危害性的行为。为了减少这种风险,需要对刑事政策进行有效的制约,使其在法治的范围内运作。正是在这种语境下,刑事政策的刑法化应运而生。在刑事政策的刑法化视域内,刑法可以在多方面形成对刑事政策的制约,如只有被刑法条文体现、确认或者包容的刑事政策,才能进入刑法的运作过

---

① 陈兴良:《刑法的刑事政策化及其限度》,载《华东政法大学学报》2013年第4期。
② 劳东燕:《刑事政策刑法化的宪法意涵》,载《中国法律评论》2019年第1期。
③ 梁根林:《现代法治语境中的刑事政策》,载《国家检察官学院学报》2008年第4期。

程;与法益保护目的和预防目的无关或相悖的刑事政策以及与刑法价值相冲突的刑事政策不能进入刑法规范,如区分敌我矛盾的刑事政策违背了刑法面前人人平等原则,连坐的刑事政策违反了罪责自负原则,故不能将此类刑事政策刑法化。

四、结语

虽然"关系万千重",但关系刑法学始终以刑法为主体而展开,刑法仍然是这万千关系网格中的中心和重心。

法治是一个系统工程。关系刑法学契合这一理念,它借助系统论这一理论模型,又有扎根中国本土的优势,如果能持续深入地研究下去,应有助于刑法学者在法治系统工程中发出自己的声音,为推动构建有中国特色的刑法学科体系、学术体系和话语体系作出自己的贡献。

第二编

刑事一体化与刑法运作观念

重申刑法谦抑主义

何荣功*

近代以来,谦抑主义逐步成为刑法的核心价值理念,并在刑法中得到了充分坚持。近年来,随着风险社会的来临以及积极刑法观的兴起,世界范围内刑事法治呈现出活性化特征,轻罪立法不断增多、犯罪门槛不断降低、犯罪圈逐渐扩张,刑法谦抑主义在理论和实践中都面临重大挑战,我国也不例外。但是,能否据此来否定刑法谦抑主义在现代刑法中的地位与作用,对其进行反思乃至排斥,仍然需要理性看待。事实上,部分观点对于刑法谦抑主义的理解仍然存在误区,现代刑法依旧有必要坚守谦抑主义。例如,不能简单地认为高犯罪门槛就是遵循了刑法谦抑主义,而低犯罪门槛就自然而然地违背了刑法谦抑主义,不能简单地以犯罪门槛的高低来衡量一国刑法是否谦抑。立足于此,本文将以整体主义的视角,对我国当前形势下刑法谦抑主义的应有之义展开体系性思考。

一、刑法谦抑主义的两条路径

刑法作为一种悖论性制度,理应保持谦抑品格,近代以来,民主社会的价值基础也即契约理论决定了刑法谦抑原则是现代刑法的根本原则或固有属性。[①] 但如何贯彻刑法谦抑主义,由于各个国家之间法律文化和价值理念的差异,方法不一。总体而言,刑法谦抑主义的贯彻主要有两种路径:一是立法上的谦抑,二是司法上的谦抑。

国外采取的多是司法谦抑路径。如果我们仅从立法的维度观察国外的刑事法治,可能难以寻觅刑法谦抑主义的踪影。一方面,西方国家刑事立法所划定的犯罪圈往往极为广泛,其在立法上建构起一套"严而不厉"的刑事法网[②],犯罪成立并无违法数量或程度的限制,行为具有法益侵害或者社会危害性即被规定为犯罪。比如,《日本刑法典》规定:"窃取他人财物的,是盗窃罪,处十年以下惩役。"可见,不同于我国的规

---

* 武汉大学法学院教授。
[①] 参见马克昌:《危险社会与刑法谦抑原则》,载《人民检察》2010年第3期。
[②] 参见储槐植:《走向刑法的现代化》,载《井冈山大学学报(社会科学版)》2014年第4期。

定,日本刑法对盗窃罪仅从性质上认定,并无犯罪门槛限制,即便盗窃一张纸也构成盗窃罪。此外,日本刑法中对于赌博罪的规定不限于常习赌博,只要进行赌博活动即构成犯罪,并不要求以牟利为目的或以赌博为业。还有污染净水罪的设置,将供人饮用的净水污染导致不能饮用的即属犯罪,最高可处6个月惩役。又如,在英国1968年的《窃盗法》中,不仅对窃盗数额未作限制,而且对窃盗罪的预备行为单独规定刑罚罚则,"备有窃盗工具而行走"最高可处3年监禁。另一方面,近年来相关国家刑事立法更新活跃,罪名数量快速扩充。比如,英国仅在1997年至2006年工党执政的10年中,立法就新创约3000个罪名,目前英国罪名总数已超过1万个。① 美国的情况或许更为糟糕,其被认为是当今刑法过度化最严重的国家之一。而在日本,立法者也一改以往的稳定化立法态度,转向活跃化的刑事立法,频繁地修改刑法典、单行刑法以及行政刑法。总体上,日本近年来的刑事立法主要表现为犯罪化,强调对被害人的保护,导致刑法保护的早期化。② 不过,此种"大犯罪圈"以及刑事立法活跃化的模式,并非意味着刑法谦抑主义的湮灭。这是因为,尽管立法十分严密,但刑事司法为行为人提供了相对自由与缓和的出罪机制,使得在整个司法活动中谦抑主义精神最终得到贯彻。在日本,通过判例确立的可罚违法性理论即是刑法上限定处罚范围的理论框架,当行为产生了法益侵害结果,但不具有处罚价值时,则认定其不具有达到值得处罚程度的违法性而不可罚。③ 在英美国家,司法出罪制度则更为发达,类型也更加多样,包括警方撤销案件制度、警察告诫制度、罚款通知程序、缓予宣告制度等。④ 可见,即便在国外行为被立法视为犯罪,其离最终的刑事处罚之间还存在一段比较遥远的路途。在这一过程中,刑事司法扮演着节制刑罚适用的角色,司法过程承载着过滤犯罪的功能,刑事司法运作过程犹如漏斗,所以,这种刑事司法体制也常常被形象地称作"漏斗式"刑事司法体制。通过"漏斗式"刑事司法体制,可以有效筛选出不值得动用刑罚处罚的社会危害行为,实现刑法的谦抑适用。

而从我国传统刑法理论来看,我国的刑法谦抑主义主要表现在立法进程中。我国历来具有重刑主义的历史传统,国民重刑观念依然相当牢固,在刑法的社会保护与人权保障功能的博弈中,国家和社会更青睐前者,这直接体现在我国刑事司法体制的构造上。与上文提到的西方国家"漏斗式"刑事司法体制不同的是,我国的刑事司法体制主要采用的是一种"直筒式"的构造。这意味着,行为一旦进入刑事司法程序,往往面临较高的定罪可能性。因而,贯彻刑法谦抑主义的使命落在刑事立法的肩上。如前指出,我国采取的是违法与犯罪相区分的二元体系,严格区分行政违法与犯罪。在1979

---

① See David Ormerod, Smith and Hogan's Criminal Law, 13th ed. Oxford University Press, 2011, p. 3.
② 参见《日本刑法典》(第2版),张明楷译,法律出版社2006年版,第5—6页。
③ 参见〔日〕西田典之:《日本刑法总论》,刘明祥、王昭武译,中国人民大学出版社2007年版,第155页。
④ 参见谢川豫:《危害社会行为的制裁体系研究》,法律出版社2013年版,第317页。

年《刑法》中,我国采取的就是一种"小犯罪圈"的立法模式,刑法规制的罪名仅有129个左右。在1997年《刑法》全面修改时,依然沿用了相同的立法体例。截至目前,经过十一次修正之后,我国《刑法》现有的罪名约为483个。单纯从罪名数量上看,我国罪名的数量与西方国家不能同日而语。而且,我国刑法规定的犯罪有数量和情节的限制,只将具有严重社会危害性的行为规定为犯罪。比如在我国,盗窃行为构成犯罪,须达到数额较大的标准,这与上述日本刑法的规定形成了鲜明对比。从《刑法修正案（八）》之前的刑事立法来看,我国立法机关保持了较为克制的态度,彰显了谦抑主义精神。可见,虽然都尊重刑法谦抑主义的基本要求,但由于国情和社会实际情况的差异,我国与西方的刑事法治模式是不同的两种思路,刑法谦抑主义的实现路径也大相径庭,也即西方国家采取司法路径,我国则更青睐立法途径。

但问题在于,近年来我国刑法立法也表现出活性化特征,积极刑法观受到广泛推崇。以此为背景,轻罪立法和现象立法对传统意义上的刑法谦抑主义在理论和实践上都提出了一定挑战。从《刑法修正案（八）》和《刑法修正案（九）》中新增的"危险驾驶罪""帮助信息网络犯罪活动罪""非法利用信息网络罪""拒不履行信息网络安全管理义务罪""代替考试罪"到《刑法修正案（十一）》中新增的"高空抛物罪""妨害安全驾驶罪"等,反映出我国刑法打击范围的扩大化和早期化趋势,一些以往不是犯罪或由行政法和民法规制的行为被犯罪化,轻罪立法流行。这也难免让人质疑,刑法谦抑主义已经随着刑事立法活跃化而被动摇、趋于式微。对此,笔者认为,刑法谦抑主义并不当然随着刑事立法的活跃和轻罪立法的推行而消减。有必要重申的是,谦抑主义作为刑法的一种运行机制,对其理解必须放在刑事法治的全局中整体性看待。

首先,当前我国仍然坚持的是违法与犯罪区分的二元立法模式,犯罪门槛的降低以及轻罪立法的推动尚不能从本质上改变这一基础事实,刑法谦抑主义在我国得以贯彻的制度基础将持续维系。其次,在立法趋于活跃、犯罪门槛逐渐降低、轻罪数量增多的同时,应当注意到我们国家的刑事司法程序也相应地作出了一系列的改革探索,比如,认罪认罚从宽制度的改革与施行方兴未艾,企业合规制度的探索已经走向深化,少捕慎诉慎押已成为我国新时代重要的刑事司法政策。如果仅部分地看我国刑事实体法的扩张,而忽视了整体看待刑事程序法的制度或政策变化,就容易产生对刑法谦抑主义的误解。实际上,无论是认罪认罚从宽制度、企业合规制度,还是少捕慎诉慎押的刑事司法政策,都不失为对刑法谦抑主义的良好补充。除此之外,我国的基本刑事政策也始终强调对严厉打击犯罪和刑法谦抑主义的平衡。1979年《刑法》第1条中明确了刑法中的"惩办与宽大相结合的政策",此后相当长的时间内,我国刑事法治都奉行惩办与宽大相结合的刑事政策；2010年最高人民法院发布《关于贯彻宽严相济刑事政策的若干意见》,确定了在新时期贯穿于刑事立法、司法和刑罚执行的全过程的宽严相济刑事政策,要求既要注意克服重刑主义思想影响,防止片面从严,也要避免受轻刑化思想影响,一味从宽。应当说,我国的刑法谦抑主义是一种动态平衡下的谦抑主义,如果仅看待某一环节、某一政策,则会错误地认为刑法谦抑主义在我国已经不重要或者被弃置。本文对于刑法谦抑主义的重申正是在这一理论基础上展开的。

二、当前刑法谦抑主义面临的挑战

(一)反恐与刑法谦抑

恐怖主义是当前世界各国面临的最为严重的社会问题之一。恐怖主义违法犯罪行为针对无辜社会民众,采取无差别的伤害屠杀,极为野蛮和反人性。世界各国对恐怖主义都采取了从严打击的政策立场,理论上有学者将各国应对恐怖主义犯罪的做法归纳为两种模式:"极端的预防模式"与"温和的预防模式",或称"战争模式"与"刑事司法模式"。① 美国在"9·11"事件以后将恐怖分子视为敌人,适用准军事化手段包括特殊引渡措施、军事当局的拘留、军事机构的审判等。② 而与美国不同,世界上大部分国家(或地区)虽然在应对恐怖主义威胁上或多或少表现出军事化打击的倾向,但在是否使用战争应对恐怖主义的问题上,却保持了相对克制的态度,大多仍以增设犯罪类型、扩张刑法处罚范围以及强化侦查措施等为主要应对手段,本质上属于"扩展了的刑事司法模式"。

在我国,《反恐怖主义法》第 5 条规定:"反恐怖主义工作坚持专门工作与群众路线相结合,防范为主、惩防结合和先发制敌、保持主动的原则。"第 8 条第 1、2 款规定:"公安机关、国家安全机关和人民检察院、人民法院、司法行政机关以及其他有关国家机关,应当根据分工,实行工作责任制,依法做好反恐怖主义工作。中国人民解放军、中国人民武装警察部队和民兵组织依照本法和其他有关法律、行政法规、军事法规以及国务院、中央军事委员会的命令,并根据反恐怖主义工作领导机构的部署,防范和处置恐怖活动。"可见,我国《反恐怖主义法》明确肯定了军事手段在打击恐怖主义中的正当性与合法地位,"先发制敌、保持主动"这种明显具有区分敌我和军事化色彩的表述以及明确赋予军事机关打击恐怖主义的执法权,都清晰表明国家在打击恐怖主义犯罪的问题上采取了与欧美国家立场基本一致的"半军事半司法化"的处置战略。刑事立法上,为配合反恐国家战略的推进,《刑法修正案(九)》大量增设恐怖主义犯罪,不仅将恐怖活动中的预备行为实行行为化(《刑法》第 120 条之二准备实施恐怖活动罪、第 120

---

① 参见〔美〕奥德丽·库尔思·克罗宁、〔美〕詹姆斯·M.卢德斯:《反恐大战略:美国如何打击恐怖主义》,胡潍等译,新华出版社 2015 年版,第 117 页。
② See Andrew Ashworth, Lucia H. Zedner, Preventive Justice, Oxford University Press, 2014, p.175.

条之三宣扬恐怖主义、极端主义、煽动实施恐怖活动罪），还增加公民在国家反恐上的积极合作义务（《刑法》第311条拒绝提供间谍犯罪、恐怖主义犯罪、极端主义犯罪证据罪）。综合来看，在恐怖主义犯罪问题上，我国刑法积极回应"先发制敌、保持主动"的反恐国家战略，这一领域刑法先行预防打击恐怖主义犯罪的转变成为传统刑法谦抑主义面临的挑战之一。

（二）信息网络犯罪与刑法谦抑

1956年，美国历史上第一次出现了从事技术、管理和事务工作的白领工人数量超过蓝领工人，随后在1957年苏联发射了第一颗人造地球卫星，开启了全球卫星通信的新时代，标志着人类进入了信息社会。① 不同于传统的农业社会与工业社会，信息网络社会整体上呈现出去中心化、链条化和扁平化的特征，犯罪也借助信息网络产生了结构性变化。网络犯罪"非接触性、一对多"的特点不仅使犯罪的法益侵害更加严重，而且给犯罪的侦查取证带来了较大困难。例如诈骗犯罪的行为人借助信息网络，不仅可以同时针对不特定的多数人实施，而且被害人数往往众多，虽然单一被害人遭受的财产损失较小，但犯罪累计的危害后果可能具有严重的社会危害性，达到值得动用刑罚惩罚的程度；又如，在全球互联网高速公路贯通的今天，电信网络犯罪行为人可能分散在全球各地，涉案资金数额巨大但呈现出分散和难以查证的特点，导致办案机关难以完全查明犯罪事实。面对网络犯罪的新特点，刑事立法在《网络安全法》颁布之前，即于《刑法修正案（九）》先行增设拒不履行信息网络安全管理义务罪、非法利用信息网络罪和帮助信息网络犯罪活动罪三类新型网络犯罪，体现了刑法在规制信息网络犯罪功能上的预防转向。

首先，拒不履行信息网络安全管理义务罪扩张了网络服务提供者的刑事作为义务，改变了传统刑法例外处罚不作为犯的立场。实践中借助信息网络实施犯罪的行为人较为分散，多数在境外实施犯罪行为，侦查取证较为困难，而网络服务提供者是网络空间信息流动的"守门人"（gatekeeper）②，处于对信息流动进行前端干预的有利位置，且其服务器位置具有相对稳定性，能够在源头上及时发现并有效遏制网络犯罪的产生。基于政策上的考虑，赋予其刑事作为义务，虽能促使网络服务提供者积极参与维护网络信息安全，但也将刑事责任转嫁给了网络服务提供者，以管控网络安全风险。③

其次，帮助信息网络犯罪活动罪扩张了一般企业与公民的积极合作义务，改变了

---

① 参见〔美〕约翰·奈斯比特：《大趋势——改变我们生活的十个新方向》，姚琮译，科学普及出版社1990年版，第3页。
② 参见〔以色列〕艾利·里德曼、〔以色列〕罗恩·夏皮罗编著：《法律 信息 信息技术》（影印本），中信出版社2003年版，第233页。
③ 参见何荣功：《预防刑法的扩张及其限度》，载《法学研究》2017年第4期。

传统刑法限制处罚"中立帮助行为"的立场。提供互联网接入、服务器托管、网络存储、通讯传输等技术支持的行为，客观上虽可能为网络违法犯罪提供便利，起到帮助作用，但以上行为本身也属于一般企业与公民的商业行为，将此类行为犯罪化，事实上赋予了网络服务提供商实质审查他人所传输信息内容真实性、合法性的义务，以预防他人利用信息网络实施违法犯罪活动。

最后，非法利用信息网络罪对网络犯罪的预备行为进行处罚，提前了刑法在网络犯罪领域的处罚防线。本罪规定的三种行为类型均是网络犯罪的预备行为，刑法将网络犯罪的预备行为类型化并单独规定为犯罪，且采用行为犯的立法技术，不仅简化了犯罪事实证明标准和证明程序，也使得刑法对相应违法犯罪行为的介入时点得以提前。

综上可见，在信息网络犯罪领域，随着新型网络犯罪的增设，刑法由事后保障法向预防控制危险发生的社会管理法转变，超越了对刑法的属性及其体系地位的传统定位，刑法谦抑主义愈发面临挑战。

（三）轻罪立法与刑法谦抑

自《刑法修正案（八）》以来，我国刑法立法开始迈向轻罪构建之路，犯罪门槛下降和轻罪数量增加成为该时期刑法立法的重要特色。归纳起来，近年我国轻罪立法主要有以下情形：

第一，扩大既有犯罪范围，将原本由行政法调整的行为犯罪化。如《刑法修正案（八）》将"入户盗窃""携带凶器盗窃"和"扒窃"新增为盗窃罪的行为类型，将"多次敲诈勒索"纳入敲诈勒索罪的构成要件。《刑法修正案（九）》将"多次抢夺"纳入抢夺罪的调整范围也属于该种情形。

第二，增设新罪，将原本由《治安管理处罚法》调整的行为升格为犯罪。如《刑法修正案（八）》新增的第205条之一虚开发票罪，第210条之一持有伪造的发票罪以及《刑法修正案（八）》新增、《刑法修正案（九）》进一步完善的第133条之一危险驾驶罪。《刑法修正案（九）》新增的第120条之三至第120条之六规定的恐怖主义犯罪，第280条之一使用虚假身份证件、盗用身份证件罪，第284条之一组织考试作弊罪，非法出售、提供试题、答案罪，代替考试罪以及第290条第3款、第4款分别规定的扰乱国家机关工作秩序罪，组织、资助非法聚集罪。《刑法修正案（十一）》新增的第291条之二高空抛物罪，第133条之二妨害安全驾驶罪，第280条之二冒名顶替罪也属于此情形。

第三，新增罪名，将原本可以依法按照犯罪预备、帮助犯处理的行为正犯化。如《刑法修正案（九）》增设的第120条之二准备实施恐怖活动罪，第287条之二帮助信息网络犯罪活动罪等。

第四，新增罪名，将以往由职业道德规范调整或处罚不明确的行为犯罪化。如《刑法修正案(九)》新增的第 308 条之一泄露不应公开的案件信息罪,披露、报道不应公开的案件信息罪以及第 260 条之一虐待被监护、看护人罪。《刑法修正案(十一)》新增的第 299 条之一侵害英雄烈士名誉、荣誉罪,第 355 条之一妨害兴奋剂管理罪也属于此种情形。

第五,新增罪名,将性质上主要属于民事纠纷的行为犯罪化。如《刑法修正案(六)》增设的第 175 条之一骗取贷款、票据承兑、金融票证罪,《刑法修正案(八)》增加的第 276 条之一拒不支付劳动报酬罪等。①

第六,面对新型社会问题,刑法新增轻犯罪类型。如《刑法修正案(九)》新增的第 286 条之一拒不履行信息网络安全管理义务罪和第 287 条之一非法利用信息网络罪。《刑法修正案(十一)》新增的第 334 条之一非法采集人类遗传资源、走私人类遗传资源材料罪,第 336 条之一非法植入基因编辑、克隆胚胎罪等。

刑法谦抑性强调刑法应具有最后手段性,即刑法并非将所有侵害重要法益的行为都作为刑罚处罚的对象,刑罚是为了控制人的违反规范的行为所采取的"最后的手段"。② 在我国违法与犯罪区分的二元体系之下,并非对所有违法行为都进行刑罚处罚,只有具有严重社会危害性的行为才成为刑法处罚的对象,换言之,刑法只处罚违法行为中的高端部分。因而,《刑法》第 13 条确立的犯罪概念事实上已经将刑法的处罚范围限定在一定范围之内,使危害性不太严重的行为都由其他法律处理,这也是我国刑法谦抑性的表现之一。③ 近年来的犯罪门槛下降和轻罪立法将以往由行政法律、道德规范、民事法律调整的行为犯罪化,刑法的功能由消极被动的事后惩罚转变为积极主动地介入社会治理,因此不少学者批评犯罪门槛下降和轻罪立法背离了刑法谦抑主义。如对于《刑法修正案(十一)》增设高空抛物罪,有学者指出:"将该类行为上升到刑法规制的高度,模糊了作为最后一道防线的保障法刑法与其他部门法的界限,违反了刑法的谦抑性原则。"④可以预见,在劳动教养制度废除后,我国立法机关在未来的一段时间内还是会积极增设轻罪,如何处理轻罪立法与刑法谦抑的关系是一个需要认真对待的问题。

(四) 司法体制与刑法谦抑

与西方国家"漏斗式"出罪刑事司法体制不同,我国刑事司法体制整体性呈现出"直筒式"的构造,具有较为浓厚的追诉犯罪色彩,犯罪嫌疑人一旦进入刑事司法程

---

① 参见何荣功:《社会治理"过度刑法化"的法哲学批判》,载《中外法学》2015 年第 2 期。
② 参见〔日〕西田典之:《日本刑法总论》(第 2 版),王昭武、刘明祥译,法律出版社 2013 年版,第 25—26 页。
③ 参见张明楷:《论刑法的谦抑性》,载《法商研究(中南政法学院学报)》1995 年第 4 期。
④ 刘宪权、陆一敏:《〈刑法修正案(十一)〉的解读与反思》,载《苏州大学学报(哲学社会科学版)》2021 年第 1 期。

序,通常就意味着他将被定罪和被追究刑事责任,行为人从刑事司法程序中解脱出来的概率很低。① 虽然近几年我国一直在持续推进司法体制改革,包括以审判为中心的诉讼制度改革、认罪认罚从宽制度改革、企业合规制度改革,确立"少捕慎诉慎押"的刑事司法政策,但难以否认的是,我国尚没有建立起具有充分出罪机能的刑事司法体制。实践中该体制呈现出不起诉率相对于起诉率仍较低、法院判决无罪和定罪免刑率也较低的特点。若以谦抑程度比较国内外的刑事立法与司法程序,西方国家采用了立法"不谦抑"而司法"谦抑"的做法,我国则是立法"谦抑"但司法"不谦抑",刑法谦抑原则在司法上存在一定的问题。

三、维护刑法谦抑主义之"理"

(一) 刑法的本质:一种不得已的"恶"

尽管进入风险社会以来刑法谦抑主义受到了诸多挑战,但不可否认的是,刑法谦抑性是近代以来世界各国刑法所遵循的基本原则,以"刑法最小化"为基本理念的刑法谦抑主义思潮在现代国家都到了较为充分的认可,并在英美法系国家和大陆法系国家具体演化为"犯罪最小化原则"与"刑法谦抑性原则"两种路径。尽管刑法学界已就刑法的谦抑性原则基本达成了共识,希望通过有节制地发动刑罚权,实现社会的稳定。② 但如前所述,面对风险社会这一新的社会样态,刑法的谦抑性是否仍有必要、如有必要则如何坚持是近年来刑法学界所重点关注的问题。笔者认为,刑法谦抑主义的根本理论基础即在于现代刑法制度本身的悖论性,也即现代社会既要求人权保障、意思自治,同时也需要刑法作为基本手段参与社会治理以保卫社会安全。此种矛盾性的规范现象将伴随着国家和社会的存在和发展而长期延续,历史上的经验教训也指明有必要选择以强调国家刑权力的内敛为价值偏向的这一刑事法治道路③,刑法谦抑主义在当代社会仍应予以坚持的基本立论基础也正在于此。维护刑法谦抑主义的基本理论在于对刑法作为当代社会一种不得已的"恶"的这一本性认识,刑法谦抑主义理论的贯彻也有必要围绕这一理论内核展开。

从近代国家和社会的发展历程来看,法律是建立在公平基础上的和平秩序,它强

---

① 参见谢川豫:《危害社会行为的制裁体系研究》,法律出版社2013年版,第325页。
② 参见储槐植、何群:《刑法谦抑性实践理性辨析》,载《苏州大学学报(哲学社会科学版)》2016年第3期。
③ 参见石聚航:《刑法谦抑性是如何被搁浅的?——基于定罪实践的反思性观察》,载《法制与社会发展》2014年第1期。

迫人们戒除暴力①,引导国民在规则下追求和平、道德、善良的生活秩序,而刑罚以剥夺和限制公民权利和自由为主要内容,其适用尽管披着"合法""道义""惩恶扬善"等道德正当性的外衣,但终究无法摆脱惩罚、权利剥夺以及对人性的贬抑属性,其基本路径建构也主要是通过威慑和惩罚得以实现。正如泷川幸辰教授指出的一样,"刑罚的本质是报应,而刑罚的内容是痛苦,刑罚的目的是对社会秩序的维持"②。正是刑法本质所具有的对公民权利限制与剥夺的"恶"这一属性,使得在社会治理中对于刑法的适用应当保持必要的谨慎态度。例如近年来,对于刑罚机能,学者们越来越倾向于超越传统刑法理论关于报应和威慑的争论,倡导积极一般预防,即刑罚并不是要威慑公众,而是要积极地强化法忠诚或者对法秩序的信任。③ 但无论怎样,就算善意理解刑法的积极一般预防机能,该机能的实现也无法回避刑罚是和平时期国家对公民使用的最极端的谴责和权利剥夺这一事实,离开惩罚和威慑后刑法积极的一般预防效果往往也无法实现。只要刑罚不能彻底断绝与惩罚、权力压制以及权利剥夺的关联,就无法改变刑罚的幽暗本性。

同时,在现代法治国家,作为一种根据宪法比例原则要求,经过社会生活核心利益的选取和调整所形成的第一保护性法益④的规范,刑法的设置反映了国家权力和公民权利之间的动态关系:包括刑事制裁手段在内的诸多社会制裁手段的最终目的在于实现社会秩序的某种稳定状态,此种稳定状态必须对人的需要进行某种限制,因为一个社会要实现这一状态下的有序发展,就需要对人们满足需要的手段方式作出限制,即以刑法手段来约束人们实现自我过程中的极度不合理满足方式,那么公民权利在社会契约的指引下就对国家权力作出了部分让步。但在这一过程中,倘若过于注重刑法手段的应用,则容易导致国家权力的不当扩张,进而对公民权利造成压迫乃至损害。诚如耶林所言:"刑罚如两刃之剑,用之不得其当,则国家与个人两受其害。"因此,根据现代法治的要求,国家在适用刑法的过程中也毫无疑问应"竭力把刑罚强制限制在最小的范围之内并且不断寻求减少使用它的机会,而不是增加强制的机会并且把它当作挽救一切道德败坏的药方"⑤。

(二) 刑法运行的社会成本高昂

国家和社会民众之所以偏爱以威慑和惩罚维持社会秩序,主要出于两方面的考

---

① 参见〔美〕E.博登海默:《法理学:法律哲学与法律方法》,邓正来译,中国政法大学出版社1999年版,第4页。
② 参见徐卫东等:《刑法谦抑在中国——四校刑法学高层论坛》,载《当代法学》2007年第1期。
③ 参见〔德〕乌尔斯·金德霍伊泽尔:《刑法总论教科书》(第6版),蔡桂生译,北京大学出版社2015年版,第26页。
④ 参见田宏杰:《立法扩张与司法限缩:刑法谦抑性的展开》,载《中国法学》2020年第1期。
⑤ 〔英〕威廉·葛德文:《政治正义论》(第2、3卷),何慕李译,商务印书馆1980年版,第141页。

量:一方面,尽管近代以来自由意志论饱受争议,但理论界对于人天生具有趋利避害的本性却基本能够达成共识,进而认为奖励和制裁是促使人们实施一定行为的基本方法;另一方面,通过刑法解决社会问题似乎往往可以起到立竿见影的效果。不难发现,刑法手段之所以更被社会管理体制青睐,与法经济学及功利主义思想有着一定的联系。但应当认识到的是,"刑罚的经济性决定着刑罚功能的有效发挥,无论是刑罚的配置、宣告还是实际执行都要考虑运行成本"①,除对刑法运行的效果进行考量外,作为社会政策领域中刑事政策下的一种重要手段,"刑罚作为对犯罪的惩治手段,需要一定的物质支撑:刑事体制(包括立法与司法)的运行需要投入大量人力与物力,而刑事设施的维持更离不开一定的物质条件"②。在以刑法手段解决社会问题时,有必要对刑法运行所需要的社会成本与其最后能够取得的治理成果进行比较,这不仅是刑法本身追求最大社会利益实现的价值要求,更是上位法宪法合比例性原则的内涵体现。而在刑法运行过程中,较之最终取得的社会治理效果,其在以下方面的治理成本尤为突出:

刑法运行对高昂司法经济成本的需求。刑法运行中的司法经济成本往往可以直接为社会公众和国家所感知,其基本内容为国家为了保障刑事制裁手段的正常运行,在人、财、物各方面的投入和耗费,包括在刑事侦查、刑事审判、刑事执行各个环节所耗费的费用,这在我国非监禁刑适用范围较小、以监禁刑为主要刑事制裁手段为特点的体制下尤为突出。从我国刑事侦查角度来看,我国侦查机关的办公经费主要来源于政府的预算拨款,包括侦查机关经费在内的公共安全支出在 2010 年为 5517.7 亿元,2014 年则为 8357.23 亿元③;从刑事执行角度来看,在以监禁刑为主要刑事制裁手段的我国,2002 年全国监狱系统的运转成本即达到了 210 亿元,监狱行刑所取得的经济收益仅接近经费支出的四分之一④;更毋论刑事审判与执行过程中难以计算的高额成本。而在投入如此巨额的司法成本的背景下,我国近年来犯罪数量并未如想象中一样出现断崖式的下降,而是随着社会的不断发展波动,并进而对我国刑法运行成本投入提出更高要求,在不禁让人产生抱薪救火的担忧的同时也对刑法运行成本是否经济产生疑问。

此外,除不断增加的资金投入这一经济成本外,较之其他社会纠纷解决手段,刑法运行所需要的社会成本高昂,并且刑法运转需要投入以司法资源为核心的重要社会资源。而在当前社会,司法资源无法满足社会需求的问题日益突出,此时倘若仅为追求

---

① 蔡荣:《法经济学视野下刑罚体系的效益化改造》,载《学术探索》2018 年第 5 期。
② 陈兴良:《刑法谦抑的价值蕴含》,载《现代法学》1996 年第 3 期。
③ 由于公安机关的侦查经费具有保密性,因而无法查阅到侦查机关的办案经费支出的具体数额,但公安机关的侦查经费是我国公共安全支出的重要组成部分。参见刘恋一:《我国刑事侦查成本及其控制》,载《犯罪研究》2016 年第 4 期。
④ 参见安徽省蚌埠监狱课题组:《监狱行刑的成本与效益》,载《犯罪与改造研究》2007 年第 11 期。

某个社会问题的治理效果而过度运用刑罚手段,必将导致刑法资源的挤兑和效果的下降。最为典型的事例莫过于《刑法修正案(八)》新增的危险驾驶罪。立法者新设该罪是因为"将醉酒驾车、飙车增加规定为犯罪,符合对危险控制的需要"①。应当说,立法者的这一愿景与该罪自施行以来取得的一系列法治效果是契合的:从短期来看,根据公安部2012年统计,自2011年5月1日至2012年4月20日,全国公安机关共查处酒后驾驶35.4万起,同比下降41.7%,其中,醉酒驾驶5.4万起,同比下降44.1%②;而从长期来看,据公安部统计,自2011年"醉驾入刑"至2020年10年间,全国机动车增加1.81亿辆,驾驶人增加2.59亿人,年均增长1800万辆、2600万人,但全国交通安全形势总体稳定,10年减少了2万余起酒驾醉驾肇事导致的伤亡事故,使上万个家庭免于破碎、致贫。③但与此同时,该罪的施行也带来了不能忽视的社会问题。其中,最为直接的就是醉驾入刑导致案件大量增加,进而使得有限司法资源过度消耗的问题。2021年,全国检察机关共以危险驾驶罪起诉35.1万人,危险驾驶罪已成为我国起诉人数最多的罪名④;各地情况也与全国情况基本类似,以广东省为例,该省醉驾案件已占刑事案件总量的六分之一以上,多数地市醉驾案件涉案人数都呈每年同比上升20%至50%的趋势。⑤在醉驾类刑事案件数量不断上升的背后,是各地司法机关不得不面临的司法审判压力增大、司法资源遭遇挤兑的尴尬境地,这一现象是否合理已越来越引起理论界与实务界的反思。"刑法的效益原理即刑法的经济原则必然推导出刑法的谦抑性"⑥,以上实例有力说明了刑法谦抑性是现代法治国家合比例性原则与社会治理效益的必然指向。

(三) 刑法运行所附随的消极效果突出

刑法作为一种不得已的"恶",在其运行过程中除直接剥夺与损害公民的权利外,往往还伴随着一系列消极效果。在采取刑法手段对社会问题进行治理时,有必要对刑法运行的此类消极效果予以充分考量,从而实现现代社会发展过程中公民最大福利的实现这一刑法乃至法律体系的根本目的。

从犯罪人层面来看,遭受刑事制裁的行为人除要面临自由被剥夺、负担特定刑事义务等后果外,还常常不得不面临刑事制裁所带来的长期影响,其中前科制度使得标签效应在犯罪中极为明显与突出。我国虽然并没有在《刑法》中对前科进行定义,但我

---

① 黄太云:《〈刑法修正案(八)〉解读(二)》,载《人民检察》2011年第7期。
② 参见新华社:《"醉驾入刑"这一年》,载《检察日报》2012年5月9日,第5版。
③ 参见刘宇鹏:《"醉驾入刑"十年成效显著 治理酒驾醉驾任重道远》,载《汽车与安全》2021年第6期。
④ 参见《2021年全国检察机关主要办案数据》,载最高人民检察院(https://www.spp.gov.cn/xwfbh/wsfbt/202203/t20220308_547904.shtml#1),访问日期:2022年5月7日。
⑤ 参见徐旺明:《醉酒驾驶入刑的反思》,载《中国检察官》2020年第9期。
⑥ 张德友:《刑法的效益原理——经济学视角的法哲学分析》,载《社会科学战线》2003年第2期。

国《刑法》第 100 条第 1 款规定:"依法受过刑事处罚的人,在入伍、就业的时候,应当如实向有关单位报告自己曾受过刑事处罚,不得隐瞒。"这事实上确立了我国的前科制度。前科的存在会给有前科的公民带来包括法律后果和非法律后果在内的不利影响。就法律后果而言,如《公务员法》第 26 条即明确规定:"下列人员不得录用为公务员:(一)因犯罪受过刑事处罚的……"就非法律后果而言,有前科的公民除可能丧失正常公民一般具有的重要权利或资格外,受限于人们对于犯罪的排斥,还可能会受到人们和社会的普遍歧视,造成学习、工作和生活诸方面的困难或者不便。① 尽管对于社会反应措施的采取方式与过程是犯罪学研究的重要课题,但不得不承认的是,刑法手段对犯罪行为会采取必要的社会反应措施,因此采取刑法手段过程中贴标签活动是无法避免的。② 从标签效应理论来看,刑法手段的采取在国家与犯罪人之间的互动关系上是否能够真正实现犯罪人反社会性的去除,仍然是一个值得反思的重要课题。

从社会层面来看,尽管近年来在现代刑法思想和刑事政策的影响下,非刑罚化运动已经成为席卷世界多数国家的刑法改革运动的专题③,我国也在积极推动非刑罚化制裁手段与刑罚的衔接、非监禁刑刑事制裁方式适用范围的扩张,但总体而言,刑法制裁仍然与监禁刑有着紧密的联系,并在社会公众的一般观念上趋于等同。而监禁刑的适用将导致部分社会公民在一段时间内被隔离于正常社会之外,传统的监狱内或设施内矫正模式使犯罪人隔离于正常的社会,犯罪人在释放后要适应社会、顺利回归社会事实上在一开始即存在法理上的障碍④,毋论此种刑罚执行方式可能导致的交叉感染等问题。此外,刑法过度参与社会治理的直接后果即是大批公民将被贴上"犯罪"的标签,对社会发展存在诸多不利影响。以危险驾驶罪为例,据统计,危险驾驶罪入刑以来,醉驾者的年龄在 25 岁至 45 岁之间的占总人数的八成左右,而此年龄段群体正是社会的主要劳动力及其家庭的主要收入来源,而以刑法手段对其加以制裁,将不可避免地导致社会发展动力的减弱与社会负面群体的增加,不仅使得其难以全力参与经济社会建设,反而成为需要社会安置、帮教、管控的"前科人员",从而增加了社会经济负担。⑤

从国家层面来看,刑法手段的大量适用容易导致国家在社会治理手段上产生既定思维导致的路径依赖。倘若出于治理效果等功利性考虑,在对社会问题的解决上推动

---

① 参见王彬、赵绘宇:《前科制度与就业歧视——对我国〈公务员法〉第 24 条第 1 项的学理反思》,载《政治与法律》2009 年第 8 期。
② 参见李明琪、杨磬:《犯罪学标签理论的应然走向》,载《中国人民公安大学学报(社会科学版)》2012 年第 3 期。
③ 参见卢建平主编:《刑事政策学》,中国人民大学出版社 2013 年版,第 196 页。
④ 参见王宏玉:《非监禁刑问题研究》,中国人民公安大学出版社 2008 年版,第 37—38 页。
⑤ 参见徐旺明:《醉酒驾驶入刑的反思》,载《中国检察官》2020 年第 9 期。

刑法呈现出积极活性的态度,将导致社会管理者采取其他社会治理措施意愿的下降,长此以往将形成社会治理对刑法的依赖,其他社会措施参与社会治理的应然空间将被排挤;同时,从社会资源的使用看,通过刑法解决问题,必然意味着增加国家在该领域的资源投入,但在特定时期国家资源总量是一定的,增加刑法资源投入难免意味着非刑法资源参与社会治理的减少。但与此同时,"历史、统计资料和对犯罪现象的直接观察都表明,刑法对犯罪的预防效果最小,而经济、政治和行政管理法规的效力最大"①。在社会治理过程中过度重视刑法手段,将不可避免地导致"先刑"思维下倚重刑法治理手段的路径依赖,对其他可能产生更优效果的社会措施参与社会治理产生阻碍。

(四) 刑法运行的实际作用有限

如前所述,刑法手段作为刑事政策运行的重要下位手段之一②,之所以被社会管理体制所青睐和重视,直接原因在于这一手段在解决社会治理问题上立竿见影的功能性效果。主张对刑法谦抑主义理论进行一定修正的积极主义刑法观往往从法益保护的角度出发,认为"人的利己主义考虑决定了,缺乏制裁的力量就难于实现法益保护"③。笔者无意否认刑法作为法益保护的重要手段的地位,但值得思考的一个问题是,刑法是否能够透过法益保护的规范现象,以自身的贯彻即有效实现法益保护背后的纠纷解决?在刑罚本身即在大力追求实现一般预防效果的今天,仅仅依靠刑法本身的威慑和惩罚功能是否真的能够达到有效预防犯罪的深层次效果?通过对刑法的运行机制的观察,恐怕很难得出这一结论。

首先,从刑法运行效果来看,正如有学者所指出的一样,倘若仅仅依赖刑法运行解决社会问题,"我们无法找到导致犯罪行为或违规行为发生的根源,不能从根本上解决问题"④。从犯罪的发生原理来看,犯罪的发生具有深层次的原因,现代犯罪学已经充分揭示了人们进行犯罪活动的主要原因并非仅仅是其有意挑战国家权威和进行反社会活动,犯罪原因系"引起犯罪发生的各种因素相互作用而形成的一个系统"⑤,犯罪是错综复杂的社会因素共同作用的结果。而在现代社会,在宪法精神的指引下,国家权力行使的恣意性理应受到限制,刑法本身作为国家的裁判规范,以法的安定性为指导原理,在规范属性上属于司法法⑥,其根本属性决定了国家刑罚权的发动必须是被动

---

① 〔意〕恩里科·菲利:《犯罪社会学》,郭建安译,中国人民公安大学出版社2004年版,第209页。
② 理论界对刑事政策有广义、狭义和最狭义的不同理解;但无论对刑事政策采何种理解,刑罚均系刑事政策下的具体内容之一。参见〔日〕大谷实:《刑事政策学》,黎宏译,法律出版社2000年版,第3—4页。
③ 孙国祥:《反思刑法谦抑主义》,载《法商研究》2022年第1期。
④ 王强军:《刑法功能多元化的批判及其限制路径》,载《政法论坛》2019年第1期。
⑤ 莫洪宪主编:《犯罪学概论》(修订本),中国检察出版社2003年版,第140页。
⑥ 参见〔日〕大塚仁:《刑法概说(总论)》(第3版),冯军译,中国人民大学出版社2003年版,第20页。

的,只有在行为引起了法益侵害结果或危险时,刑法的介入才具有正当性。这一原理决定了刑法只能做到在犯罪发生后或者最多在危险形成后予以介入,且只能对犯罪现象进行直接打击而难以对犯罪的发生因素进行全面解决,其自身的事后法特性导致其难以深层次解决犯罪发生的根源问题,这就导致刑法对实现犯罪预防这一刑罚本身追求的目标事实上的效果是极其有限的。

其次,从刑法运行进程来看,"通过刑法解决问题,容易掩盖违规行为或社会治理存在的缺陷,也就是我们的制度设计方面存在缺陷或缺位"①。犯罪的信息在一定程度上传递着某些社会问题存在的信息,犯罪形势的严峻在一定程度上也反映出此类社会问题的严重性,而由于刑法的存在,社会公众常常首先会呼请运用刑法手段解决问题,在推动此类问题缓和的同时淡化人们对社会问题的关注及与此类问题相关的社会政策的地位与作用。② 而在社会管理者顺应社会公众呼请、采取刑法手段解决社会问题的过程中,刑法手段的采取也将导致国民直觉地认为刑事法层面既然已针对社会问题作出了回应,说明国家和社会已经高度重视,相关问题应当很快即会解决;如果问题没有得到良好解决,责任也不在国家和社会,其原因应当在于犯罪行为人自身的"顽固"。但是,前者往往是普通民众在观念上容易产生的错觉和误解;后者则会极大地转移和松懈国家在社会治理和预防公民违法犯罪方面的责任。"从刑法运行角度来看,强调以刑法积极参与社会治理,是一种表面和简单化的解决问题方式。"③

最后,从刑法运行机制来看,作为国家强制力的一部分,刑法并非一种能够对一切法益进行全面周延保护的机制,其"仅仅保护法益的一个部分",同时,刑法对这个部分的保护也并不总是一般性的,而经常(如在财产上)仅仅是对个人的攻击行为才提供保护,因此其本身即具有"零碎性质"(die fragmentarische Natur des Strafrechts)。④ 这一原理事实上关涉法律以及刑法对社会治理的意义问题。法律作为国家解决纠纷的常态化机制,其本质属性是人类有目的的创造物,作为一种手段而非目的,体现的是对人的需要的制度性满足。⑤ 但在现代国家,在充分尊重个人意思自治的基本要求下,即便在法治发达国家,法律也只与人类生活的一部分(主要是物质利益冲突)有关,对人类生活中更多、更大的领域,法律也只是勉强涉及。⑥ 同时,刑法本身属于"第二次法的干预",处理的是"道德规范体系以及第一次法规范体系无法有效予以调整"的情形⑦,其

---

① 王强军:《刑法功能多元化的批判及其限制路径》,载《政法论坛》2019 年第 1 期。
② 参见许发民:《刑法负价值管窥》,载《政治与法律》1993 年第 5 期。
③ 何荣功:《刑法与现代社会治理》,法律出版社 2020 年版,第 90 页。
④ 参见〔德〕克劳斯·罗克辛:《德国刑法学总论(第 1 卷)》,王世洲译,法律出版社 2005 年版,第 23 页。
⑤ 参见周少华:《刑法之适应性:刑事法治的实践逻辑》,法律出版社 2012 年版,第 194 页。
⑥ 参见〔英〕彼得·斯坦、〔英〕约翰·香德:《西方社会的法律价值》,王献平译,中国法制出版社 2004 年版,第 130 页。
⑦ 参见梁根林:《刑事法网:扩张与限缩》,法律出版社 2005 年版,第 34 页。

作为法律体系的一部分,与民法、行政法等其他法规范在纠纷解决的类型、范围等内容上的差异决定了其纠纷解决的领域与后者有着一定差异,寄希望于以刑法手段解决所有社会问题实有缘木求鱼之虞。此外,从刑法运行机制来看,刑法规范同样依赖于其他法规范基础提供的法理正当性,对于某类问题的解决除要在刑法规范上加强法网构建外,还需要建立一个"道德谴责·民事制裁·行政处罚"三位一体,以民事制裁和行政处罚为主的刑法堤坝基础,才能真正实现刑法的效应与作用。①

四、维护刑法谦抑主义之"路"

(一)轻罪立法的配套制度建设

近年来的刑法立法呈现一种活跃态势,积极刑法立法观已经确立。② 随着刑法修正案的不断出台,轻罪立法逐渐成为一种常态。中国的犯罪现象正在经历从自然犯到法定犯、从重罪到轻罪的历史转换。重罪重刑的小刑法,逐步走向犯罪圈不断扩大而刑事制裁日渐轻缓与多样的大刑法。③ 轻罪立法使得刑法中的轻罪越来越多,渐渐模糊了犯罪与违法的界限,导致刑法谦抑主义面临严峻的挑战。轻罪立法具有法治正当性,也不必然违背刑法的谦抑主义,但如果没有相应的配套制度建设,难免会导致惩罚过度化。④ 轻罪立法必须坚持体系性推进,配置相应的制度措施,以消减犯罪门槛下降和犯罪数量上升带来的刑罚及其附随后果。

第一,增设轻微刑罚制度。重罪重罚、轻罪轻罚既是罪责刑相适应原则的体现,也是刑法谦抑主义的要求。在刑法修正案确立轻罪的同时,也相应尝试配备轻刑罚制度。以危险驾驶罪为例,其法定刑为"处拘役,并处罚金",最高刑罚也不过是拘役,表现出了较轻的刑罚配置。再如,使用虚假身份证件、盗用身份证件罪以及代替考试罪,立法配置的最高刑也只是拘役。但这些刑罚措施并没有突破原有的局限,仍旧是在已有的主刑与附加刑之中选择,并没有增加新的轻微刑罚制度。我国现行的管制、拘役等刑罚制度不仅在适用标准、适用流程条件等内容上存在含糊不清的问题,同时还沾染了一定重刑主义色彩,在轻罪立法时代到来的当下,如果不对此进行相应的改革,恐怕难以适应轻罪所对应的轻罚制度,有违罪责刑相适应原则,也不利于刑法谦抑主义的维护。因此,有必要建立轻微刑罚制度。除对自由刑刑期进行进一步下调、推动易科制度的设置外,还应当将职业禁止、禁止驾驶、禁止进入、公益劳动、社区服务等

---

① 参见卢建平主编:《刑事政策学》,中国人民大学出版社 2013 年版,第 151 页。
② 参见周光权:《论通过增设轻罪实现妥当的处罚——积极刑法立法观的再阐释》,载《比较法研究》2020 年第 6 期。
③ 参见卢建平:《轻罪时代的犯罪治理方略》,载《政治与法律》2022 年第 1 期。
④ 参见何荣功:《我国轻罪立法的体系思考》,载《中外法学》2018 年第 5 期。

方式纳入轻微刑罚制度,使其成为区别于当下主刑、附加刑的另外一种更加轻缓的刑罚制度。但需要明确的是,未来我国需要建立哪些轻微刑罚制度,根本上还取决于未来国家在整体上如何协调行政处罚与刑罚的关系。也就是说,未来国家立法越倾向于限制行政权,节制行政处罚和行政强制措施的使用,那么,立法就会越倾向于将现有的行政处罚或行政强制措施纳入刑法调整并升格为刑罚制度,刑罚种类也就会多元化;而未来立法对犯罪门槛的设置越低,干预社会的范围越大,也就越需要对应地增设轻微刑罚。所以,未来我国刑法中轻微刑罚制度的种类根本上还取决于违法行为处罚措施的法治化或司法化之改造力度。[1]

第二,构建前科消灭制度。轻罪化的立法现象具有时代合理性,但由于现存的前科制度,使得"轻罪不轻"现象客观存在,导致出现犯罪的直接后果与间接后果轻重"倒挂"的不正常现象。[2] 虽然相应的轻罪配置了相应的轻罚,但是由于刑罚附随效应的存在,使得重罚与轻罚所导致的间接后果并无不同,这往往成为行为人融入社会的障碍。世界各国为了应对这种现象基本上都规定了相应的前科消灭制度。比如《德国刑法典》第45b条规定了资格和权利的恢复[3],可以称之为复权制度,这在一定程度上意味着当经过一定的期限和观察,犯罪人被剥夺的资格和权利便可以恢复,而不再受制于曾经犯过罪的事实。《德国少年法庭法》第二编第四章则直接规定了针对少年的前科记录的消除制度,在证明该少年已具备正派品行时,在满足时间及其他条件情况下,少年法官可依职权或经有关人员申请消除其前科记录,这种判决消除或者申请消除的效果即被视为无前科。[4]《日本刑法典》在第六章刑罚的时效和刑罚的消灭中对此作出了规定,针对判处不同的刑罚的犯罪人规定了不同的时间条件,经过一定的期限,刑罚宣告便丧失效力。[5]《英国前科消灭法》规定,对曾被处以终身监禁和超过30个月监禁的人,其前科不得消灭。前科消灭只适用于被判处轻刑的人,对判处重刑的人并不适用。《匈牙利刑法典》第70条第2款规定:"凡因违反管理秩序的犯罪(国事罪),以及军职犯罪和侵犯劳动人民利益的犯罪而被判刑的人,法院不得消灭其前科。"即犯有国事罪和严重的刑事犯罪的人永远保留其前科。[6] 由此可见,各国虽然对前科消灭的范围规定并不相同,但总体来讲都对此有所回应。如前所述,除犯罪的时候不满18周岁被判处5年有期徒刑以下刑罚的人外,我国《刑法》第100条规定的前科报告制度赋予犯罪人在就业时报告的义务,其产生的标签效应严重阻碍了犯罪人再社会化的进

---

[1] 参见何荣功:《我国轻罪立法的体系思考》,载《中外法学》2018年第5期。
[2] 参见崔志伟:《积极刑法立法背景下前科消灭制度之构建》,载《现代法学》2021年第6期。
[3] 参见《德国刑法典》,徐久生译,北京大学出版社2019年版,第19页。
[4] 参见《德国刑法典》,徐久生译,北京大学出版社2019年版,第295—296页。
[5] 参见《日本刑法典》(第2版),张明楷译,法律出版社2006年版,第19页。
[6] 参见马克昌主编:《刑罚通论》(第2版),武汉大学出版社1999年版,第712—713页。

程,违背了保障人权的理念,也不符合教育改造的宗旨。虽然这一制度在未成年人的犯罪上予以缓和,但适用范围极其有限,效果也并不明显。现今犯罪结构发生明显变化,轻罪占比明显上升,对于轻罪构建前科消灭制度明显符合法治理念,也是对刑法谦抑主义的维护,因此未来有必要建立前科消灭制度,实现实质的轻罪轻罚。

(二) 抽象危险犯(行为犯)的立法限制

将犯罪分为实害犯和危险犯是一种常见的划分方式。一般而言,对具有严重法益侵害性的犯罪通常以危险犯的形式加以规定,对法益侵害性并不那么严重的犯罪往往以实害犯的形式加以规定,这在恰当保护法益的同时,也符合刑法谦抑主义的理念。但随着风险社会的来临,刑事立法出现了一种新的态势——危险犯逐渐增多,这导致刑罚处罚的提前化、早期化,也使得刑法谦抑主义面临挑战,对此,有必要调整认识思路,在危险犯的设置上谨慎处理。

第一,区别风险与危险。风险社会对传统刑法产生了极大的影响,风险刑法观由此产生。有学者认为,风险社会对传统刑法产生了重大影响,比如刑法观念趋向管控风险,刑法体系与刑法原则趋向于满足风险社会的特点,传统刑法体系有所变革等。① 风险社会中,刑法变成管理不安全性的风险控制工具。② 但从风险的本质来看,它具有双重性,风险既是危险的衍生源,也是利益的来源处。风险蕴含着价值与利益,同时富含着不确定性的危险。因此风险并不同于危险,刑法对风险要理性看待,不能一概而论。刑法所规制的风险也并不是全部的风险,而是部分具有向危险演化可能性的风险。在区分了风险与危险的不同之后,对于风险社会所带来的危险,刑法确实有必要予以提前规制,由于这种危险具有弥散性、不可逆性,因此刑法也有必要提前介入,但如何介入是需要谨慎对待的问题。

第二,立法谨慎设置危险犯,尤其是抽象危险犯的设置。实害犯以实害的出现为刑法介入的时点,在未出现实害结果时,刑法并不轻易介入,这反映了刑法的谦抑性,也使得行为人不至于在行动时缩手缩脚,局促不自由中。危险犯尤其是抽象危险犯在行为具有危险时刑法便介入,使得行为人随时可能面临刑罚处罚,因而担惊受怕不敢行动,这实际上是刑法规制的例外,也是不得已。比如在国家法益、社会法益的问题上,刑事立法多采用危险犯的立法技术,在某些方面确实起到了维护安全的作用,但同时也以牺牲公民的一定自由为代价,在公共利益超越个人自由时,刑法通过设置危险犯达到对法益的提前保护,具有合理性,但在其他一些场合,立法设置危险犯并不一定合适,有必要慎重考虑。如在经济犯罪领域,由于主流观点认为经济刑法以市场经济秩序为保护法益,因此在着重于秩序保护的立场下,刑法在经济领域的条文不

---

① 参见陈晓明:《风险社会之刑法应对》,载《法学研究》2009年第6期。
② 参见劳东燕:《公共政策与风险社会的刑法》,载《中国社会科学》2007年第3期。

断增多,立法上增设罪名、司法上扩大解释使得经济刑法的处罚范围一直呈现扩大化趋势,基本上该领域的犯罪也很少规定为实害犯,只要行为违反了市场经济秩序,即有入罪的可能。例如《刑法》第三章第三节妨害对公司、企业的管理秩序罪,犯罪构成要件基本上都没有要求以造成严重后果为必要,而是将它们规定为"半行为犯半结果犯",即只要行为违反特定秩序,行为数额巨大、后果严重或者具有其他严重情节的,都构成犯罪。又如《刑法》第三章第四节规定的破坏金融管理秩序罪,同样立法一旦对金融秩序的内涵把握不严,金融犯罪的处罚范围便一样出现宽泛的问题。[①] 事实上,在我国从计划经济向市场经济转型的过程中,经济刑法保护的法益也面临转向。在现代自由经济体系下,尽管经济秩序是经济刑法保护目的之一,但经济刑法的根本目的还是在于保护市场经济主体的经济自由,经济犯罪本质上是平等市场主体滥用经济自由而导致的对其他平等主体或社会公共利益造成伤害的行为。[②] 因此在经济刑法领域,刑法更多地应偏向于保障经济自由,而非仅仅是经济秩序。在设置相应的犯罪时,也应更多地以造成实害结果的实害犯为立法宗旨,而非仅仅以侵害经济秩序为由进而规定大量的行为犯、危险犯等。事实上近年来经济犯罪也在不断地修改调整,慢慢回归到不再单纯保护秩序的轨道上来,比如《刑法修正案(十一)》对骗取贷款罪的修改,成立骗取贷款罪以给银行或者其他金融机构造成重大损失为前提,使得该罪的成立以出现重大损失的结果为前提,而不再仅仅强调对金融秩序的保护。

(三)"漏斗式"刑事司法体制的构建

任何制度都是体系性的存在,仅仅是部分的改变很可能造成整体的不适应,因而需要整体擘画。如前所述,相对于西方国家的大犯罪圈而言,我国刑法实行的小犯罪圈,严格遵循违法—犯罪的界限,只有具有严重社会危害性的行为才纳入刑法调整的范围。虽然西方国家遵循的是大犯罪圈的刑法立法观念,但并不意味着其打破了刑法谦抑性的理念,因为西方国家在大犯罪圈刑法体系下,刑事司法程序扮演着节制刑罚适用的角色,司法过程承载着过滤犯罪和出罪的功能,刑事司法运作过程犹如漏斗,所以,这种刑事司法体制也常常被形象地称作"漏斗式"刑事司法体制。但采取"漏斗式"刑事司法体制继之而来的问题则是,如果依赖刑事司法节制刑罚范围,司法机关将不可避免地会拥有强大的自由裁量权,这又会遭受各种质疑与批评。[③] 西方国家虽然在立法上呈现出扩张的趋势,设置大量的罪名,但通过司法机制的充分过滤,使得大量的轻犯罪在最终进入法院裁判之前已经被排除在外,一部分轻犯罪也在法院审理中通过相应的出罪机制予以排除。而且西方国家多建立有前科消灭制度,即使一部分轻罪最

---

① 参见何荣功:《刑法与现代社会治理》,法律出版社 2020 年版,第 114—115 页。
② 参见何荣功:《刑法与现代社会治理》,法律出版社 2020 年版,第 298 页。
③ 参见何荣功:《我国轻罪立法的体系思考》,载《中外法学》2018 年第 5 期。

终被判决,也会以前科消灭的方式使犯罪人权利最终回归,实现更好的社会化,这实际上向我们展示了刑法谦抑的司法路径。反之,我国秉承刑法谦抑性的方法则是在立法中实现,通过谨慎的立法,严格区分违法—犯罪的界限,将不具有严重社会危害性的行为排除在犯罪圈之外,与西方国家的路径不同。但随着轻罪立法时代的到来,似乎我国刑法体系也逐渐走向大犯罪圈,大量的轻罪被增设,使得违法—犯罪界限并不那么明朗,这也导致了诸多问题,大量的轻犯罪人在服刑完毕无法融入社会,导致社会与个人的两败俱伤。近几年推进的认罪认罚从宽制度改革、企业合规不起诉制度改革和确立"少捕慎诉慎押"刑事司法政策都是为应对轻罪立法导致的问题而展开的。相关的效果也正在慢慢凸显,但很明显,根本性的局面并没有逆转,现实中仍然存在大量的轻犯罪人入罪容易出罪难的现象。

如果未来我国刑法继续进行积极的犯罪化实践,尤其是轻罪立法的犯罪化实践,必须对我国"直筒式"的司法体系进行改造,对此可以借鉴西方国家的经验,构建"漏斗式"刑事司法体制。但这并不意味着我国照搬照抄西方的司法体制。在西方"漏斗式"刑事司法体制下,司法权呈现极大扩张的趋势,尤其是警察、检察官拥有很大的自由裁量权。在我国如果实行这样的"漏斗式"刑事司法体制,将面临如何控制肆意的司法权扩张的问题,并在警察权的控制上得以充分体现。近年来,我国积极推进以审判为中心的刑事诉讼制度改革,如何避免侦查中心主义、实现对警察权的控制是我国刑事改革的重要努力方向。另外,在建立"漏斗式"刑事司法体制时,如何有效制约和监督司法权的滥用也是一大问题,尤其是当司法突破了立法,很有可能架空罪刑法定这一刑法最根本的原则,从而可能侵害公民的权利和自由。总体来讲,未来我国如果继续实行犯罪化的立法实践,必须在司法上完善出罪机制,在立法上突破刑法谦抑的弊病必须通过司法的出罪机制予以平衡,从而坚守好刑法谦抑主义,实现人权的法治保障。

五、结语

刑法谦抑主义作为一种运行机制,并非取决于犯罪门槛的高低,而是在运行过程中通过不同的机制予以遵循。西方国家通过司法途径限缩刑事处罚的范围,我国则以立法的形式秉承刑法谦抑主义。但随着近年来轻罪立法的活跃,刑法预防功能凸显,刑罚介入早期化,犯罪圈向外不断扩张,这使得我国在立法上秉承的刑法谦抑主义受到挑战,据此,司法运转中也通过种种措施予以缓和调整,但总体上仍然难以消除刑法介入早期化所带来的副作用。应当认识到的是,刑法谦抑主义在当今社会依旧蕴含着合理的精神内核,其依旧是现代刑法应当坚持的底色。国家与社会治理的现代化,应当意味着国家和社会逐渐摆脱对刑法的倚重,而不是刑法卷入其中越来越深。刑法的现代化,应该是刑法谦抑精神的弘扬,而不是强调惩罚以及刑法领地的不断扩张。[①] 刑法积极参与社会治理并非一种科学的社会治理方式,相反,社会治理的现代化应当是推动社会综合治理体系的建构与完善。因此,在当下刑法呈现出积极刑法观样态的同时,重申刑法谦抑主义显得尤为必要。

---

① 参见何荣功:《刑法适用方法论》,北京大学出版社2021年版,第5页。

中国积极刑法观的理性修正与功能完善

欧阳本祺* 秦长森**

风险社会的到来给刑法学的研究提出了时代性命题：当代刑法是否应当回应以及应当如何回应社会现代化所面临的安全困境？对此，世界各国似乎选择了同样的应对措施，即通过增设刑事立法的方式扩张犯罪圈并以此来保障社会安全。在德国，从1969年刑法大改革至今，立法机关不但对《德国刑法典》总则犯罪论部分的规定进行了彻底的修订，而且针对犯罪的法律后果、刑法分则以及附属刑法中的诸多罪名进行了持续的改革，大大扩大了刑罚的处罚范围。① 在日本，其立法机关自2004年以后多次修改《日本刑法典》，并制定和修改了多部单行刑法与附属刑法，由此走向了活性化立法的时代。② 当我们将视野转换至我国刑事立法的变迁轨迹时亦不难发现，随着近年来刑法修正案的频频颁布，刑法的规制范围也越来越广。对此，学界不乏多种批判之声，如"《刑法修正案（九）》的立法是一种情绪化立法，主要来源于非理性结果的舆论，并不科学"③。"过度刑法化是我国当前社会治理中的一种病态现象，反映在立法、司法等多个方面。"④"刑事立法通过增设新罪名、扩张罪状或者构成范围、扩充罪状并修改罪名的方式不断呈现犯罪化的趋势，有过度犯罪化之嫌疑。"⑤ 与之相对应的是，一些学者对刑事立法的增设表示了肯定，如"中国当下刑事法网划定的总体趋势仍是犯罪化，与此相适应，刑法介入社会生活也应该更加积极一些"⑥。"社会的发展变化，导致需要刑法保护的法益日益增加，使得法益受侵害的程度日加严重，原本缺乏类型性的现行刑法，存在许多处罚漏洞，应当通过增设新罪来满足保护法益的合理要求。"⑦ 上述立场之间的争鸣形成了晚近以来我国刑事立法中积极刑法观与消极刑法观

---

* 东南大学法学院教授。
** 东南大学法学院博士研究生。
① 参见王钢：《德国近五十年刑事立法述评》，载《政治与法律》2020年第3期。
② 参见张明楷：《日本刑法的修改及其重要问题》，载《国外社会科学》2019年第4期。
③ 刘宪权：《刑事立法应力戒情绪——以〈刑法修正案（九）〉为视角》，载《法学评论》2016年第1期。
④ 何荣功：《社会治理"过度刑法化"的法哲学批判》，载《中外法学》2015年第2期。
⑤ 齐文远：《修订刑法应避免过度犯罪化倾向》，载《法商研究》2016年第3期。
⑥ 付立庆：《论积极主义刑法观》，载《政法论坛》2019年第1期。
⑦ 张明楷：《增设新罪的观念——对积极刑法观的支持》，载《现代法学》2020年第5期。

之争。在笔者看来,两者在"我国刑事立法是否应当继续犯罪化"上存在争议,但由于观点之间的交锋错位,导致相关的争议并不具有针对性。例如,持消极刑法观的学者常常习惯于批判社会中的过度刑法化现象。① 持积极刑法观的学者则常以"法益保护""严而不厉刑事政策"等理论为依据来佐证自己的观点。② 值得一提的是,消极刑法观的立场古典、浪漫亦美好,其主要立场虽与现实的刑事立法状况不相匹配,但否定过度刑法化的立场却具有一定的积极意义。积极刑法观的立场尽管与立法活性化时代相适应,更加契合当下刑法参与社会治理的要求,但也应当注意,如欲调和积极刑法观与消极刑法观之间的对立,就必须对前者的理论进行重新诠释。本文基本赞同积极刑法观的立场,但同时认为应当对积极刑法观的主要论点进行相应的校准,以完善其预设的功能与价值。带着这样的思考,下文将分别从以下四个方面展开论述:第一,积极刑法观的主要论据是什么?存在什么问题?第二,通过何种方法对原有的立场与观点进行修正?第三,如何确立积极刑法观的理论功能,并使之与消极刑法观的观点相互调和?第四,如何正确运用积极刑法观的功能来指导刑事立法与司法实践?

一、积极刑法观的主要论据与问题

在法学研究中,只有对事物之本质首先予以确定,使得论题的基本出发点明确,才能在竞赛规则上求得具体、客观之标准。③ 申言之,我们只有在全面掌握积极刑法观主要论据的基础上,才能有效地梳理其中可能存在的理论症结。

(一) 积极刑法观的主要立场

1. 正当性依据:严而不厉的刑法思想

"严而不厉"的刑法思想由我国刑法学者储槐植先生首创,其核心内涵在于通过设置更加轻缓的刑罚以及严密法网来调整我国刑事立法的结构,并进一步在机制上实现犯罪控制与人权保障之间的平衡。④ 根据严而不厉刑法思想的要求,在刑事立法技术上需要做到如下几点:①对同一种犯罪规定一串近似的犯罪构成以及与之相适应的刑罚;②犯罪先在行为犯罪化;③堵截构成要件;④推定犯罪构成。⑤ 积极刑法观便是以"严而不厉"的刑法思想内核为依据,从"严"与"不厉"两个方面提出增设新罪的要求。

---

① 参见王强军:《社会治理过度刑法化的隐忧》,载《当代法学》2019 年第 2 期;何荣功:《社会治理"过度刑法化"的法哲学批判》,载《中外法学》2015 年第 2 期。
② 参见付立庆:《积极主义刑法观及其展开》,中国人民大学出版社 2020 年版,第 921 页;张明楷:《增设新罪的观念——对积极刑法观的支持》,载《现代法学》2020 年第 5 期。
③ 参见陈志龙:《辩证与法学》,翰芦图书出版有限公司 2008 年版,第 15 页。
④ 参见储槐植:《再说刑事一体化》,载《法学》2004 年第 3 期。
⑤ 参见储槐植等:《刑法机制》,法律出版社 2004 年版,第 12 页。

在"严"的方面,支持积极刑法观的学者从社会的发展变化角度入手,主张"人们的利益越来越多、原本不被认为是利益或者原本不会被侵害的利益,现在却是重要的利益并受到了严重侵害"①,继而,刑法为了周全地保护法益便不得不继续增设新型犯罪;在"不厉"的方面,积极刑法观反对盲目地增设新罪,主张通过设置轻罪来实现妥当的处罚②。由此,积极刑法观提倡要进一步扩大犯罪圈,以完善当下的刑罚结构体系。

2. 理论依据:行为的实质违法性

从实质的犯罪概念来看,行为只有在具备实质违法性之后才可能构成犯罪,而实质违法性往往将法益侵害性程度作为衡量的基准。在人类文明从农业社会步入工业社会,而后再到后工业社会、网络社会,安全便成为社会关注的中心,安全问题也由此成为风险社会理论与刑法体系之间的连接点,使预防成为刑法的首要目的。③ 这种预防的刑事立法往往通过两个方面体现。一方面,对于通过前置法来规避的部分行为而言,由于前置法规制的力度不能满足保护法益的要求,立法者不得不祭出刑法的"大纛"以求得对法益的周全保护,高空抛物罪的刑事立法便是一个典型的示例。在《刑法修正案(十一)》出台之前,我们往往通过《侵权责任法》的责任条款来规制高空抛物行为,但立法机关考虑到高空抛物行为具有一定的社会危害性,损害人民群众的人身、财产安全,为保障人民群众安居乐业,促进社会和谐稳定,确有必要将情节严重的高空抛物行为规定为犯罪。④ 另一方面,刑法的违法性判断越来越独立。虽然根据法秩序统一性原则的要求,行为在前置法上被认定为合法后,便不会被认为构成犯罪,但越来越多的观点开始认同应当对构成要件进行单独、实质地判断,即刑法的违法性是刑法固有的违法性。⑤ 不仅如此,对于没有前置法规制的行为,也可通过刑法直接进行规制,侵犯公民个人信息罪便是典型的"刑前民滞"型立法。

3. 实践方式:主张增设轻罪

积极刑法观所主张的立法不是盲目的刑事立法,而是主张增设轻罪。进一步来说,未来的刑事立法应当在宽严相济刑事政策的指导下,进行以宽为主,以严为辅,严以济宽的犯罪化改造。⑥ 对于增设轻罪的法治效果,周光权教授进行了如下提炼:第一,增设某些新罪能够避免被告人"吃亏";第二,不增设轻罪,罪刑法定原则很可能被

---

① 张明楷:《增设新罪的观念——对积极刑法观的支持》,载《现代法学》2020年第5期。
② 参见周光权:《论通过增设轻罪实现妥当的处罚——积极刑法立法观的再阐释》,载《比较法研究》2020年第6期。
③ 参见劳东燕:《风险社会中的刑法——社会转型与刑法理论的变迁》,北京大学出版社2015年版,第30页。
④ 参见许永安主编:《中华人民共和国刑法修正案(十一)解读》,中国法制出版社2021年版,第306页。
⑤ 参见周光权:《论刑法所固有的违法性》,载《政法论坛》2021年第5期;马春晓:《法秩序统一性原理与行政犯的不法判断》,载《华东政法大学学报》2022年第2期。
⑥ 参见郑丽萍:《轻罪刑事政策的独立品格与基本释义》,载《法学评论》2013年第2期。

动摇;第三,"备而不用"的新罪立法并非无用。① 在这种理解之下,轻罪的增设不仅具有合理性还具有正当性。合理性的基础在于轻罪处罚更加符合现代刑事法治的要求,防止刑罚的过度严厉导致犯罪分子与国家之间产生对立;正当性的基础在于通过优化刑罚结构,不断加大轻刑的比例,使我国的刑罚结构更加科学。

(二) 积极刑法观需要直面的问题

积极刑法观描绘出了一幅良法善治的美好愿景,但须知刑罚作为一种最严厉的恶害,最终目的是给犯罪人带来痛苦,如不能以最合理的方式进行使用,将会对国民的利益造成侵害。② 因此,积极刑法观的论点也遭遇到学界的一些质疑,亟须得到澄清。详言之,积极刑法观需要面对如下两个问题:①轻罪的增设是否会模糊刑法与其他部门法的边界?②如何确定新设轻罪立法的合理性?只有在直面上述问题的基础上,对积极刑法观进行重构与形塑,才能更加有效地消除疑虑,回应并指导未来的刑事立法实践。

1. 轻罪的增设是否会模糊刑法与其他部门法的边界?

传统刑法学理论将犯罪认定为"具有一定的社会危害性、具有刑事违法性和应受刑罚处罚性"的行为。③ 在这种理解下,刑法与其他部门法之间泾渭分明。然而,随着风险社会的到来,法定犯开始逐渐成为刑事立法的趋势,甚至有学者直言"法定犯时代随之到来"④。这一范式转换导致刑法的法益保护逐渐前置化以及刑法处罚的不断前置化。前者表现为立法者习惯于创设具有模糊性的集体法益,后者则表现在新设的刑事立法对预备行为、抽象危险行为、持有行为等进行实行化处理。⑤ 在刑事法领域,刑法论理之功能,乃在于为其确保法律适用之透明性,有预测之可能性及可控制性之手段,用于维护法律适用的一致性。⑥ 刑事法的不断前置导致刑法与非刑事法在规制范围上出现重叠,打破刑法与其他部门法之间的原有边界。⑦ 进一步体现在刑法与行政法的衔接不畅、刑法与民事法的衔接不畅两个方面。在刑行衔接方面,以非法经营罪为例,作为一个典型的行政犯罪,该罪的兜底条款设置使其成为市场经济领域中的"口

---

① 参见周光权:《论通过增设轻罪实现妥当的处罚——积极刑法立法观的再阐释》,载《比较法研究》2020年第6期。
② 参见〔日〕前田雅英:《刑法总论讲义》(第6版),曾文科译,北京大学出版社2017年版,第5页;黄荣坚:《基础刑法学(上)》(第3版),中国人民大学出版社2009年版,第49页。
③ 参见高铭暄、马克昌主编:《刑法学》(第8版),北京大学出版社、高等教育出版社2017年版,第48页。
④ 储槐植:《要正视法定犯时代的到来》,载《检察日报》2007年6月1日。
⑤ 参见李晓龙:《刑法保护前置化研究:现象观察与教义分析》,厦门大学出版社2018年版,第45—51页。
⑥ 参见高金桂:《利益衡量与刑法之犯罪判断》,元照出版公司2003年版,第11页。
⑦ 参见霍俊阁:《刑法前置化风险与控制研究》,法律出版社2021年版,第54页。

袋罪",一些违反行政许可的一般违法行为常有上升至犯罪的危险。① 在刑民衔接上,典型示例如前文所示的高空抛物罪的立法增设,由于该罪是典型的抽象危险犯,实务中常常在行为人甫一抛出物品后,便不再过问行为是否对公民的人身、财产造成威胁以及何种威胁,旋即直接认定为高空抛物罪。事实上,在该罪增设以前,大部分高空抛物行为都是按照民事侵权来处理的,只有少部分具有严重法益侵害性的案件是按照诸如以危险方法危害公共安全罪等重罪来处理的。

通过上述分析不难发现,积极刑法观所倡导的增设新罪的论点俾使刑法的规制时间不断前置,刑法与其他部门法之间的界限愈加模糊。更为糟糕的是,由于不同立法的规范目的不同,刑法的前置化导致其与古典刑法所倡导的严重社会危害性要素相疏离,在立法的正当性与科学化上均存在疑义。虽然积极刑法观的理念在预防社会风险上具有一定的正当性基础,但积极刑法观理论本身并非完美无瑕,至少还需在如何确立刑法的独立品质、如何确立刑法的规制范围上进一步证成。

2. 如何确定刑事立法的合理性?

在风险社会中,刑法正当性的实质在于将一个危险行为作入罪处理之合理性的问题。② 这一问题随着立法增设的愈加频繁而显得尤为重要。在积极刑法观的理念下,刑事立法不断前置,立法的合理性也常常遭受质疑。一方面,刑法的过度前置化会导致立法者与普通民众之间发生割裂。由于人的选择行为是理性与非理性的同构,现代社会风险所引起的民众恐慌导致一些非理性的立法要求被提出,一旦在刑法前置化的过程中包含非理性的要素,便会存在使社会现实发生割裂的风险。③ 如果立法者对民众的非理性要求不予回应,民众的诉求便得不到满足,就会加剧民众与立法者之间的冲突。反之,倘若立法者对民众的非理性要求过度回应,刑法的介入范围又会过于宽泛。另一方面,刑法的过度前置化也会导致立法者更加重视公众安全而忽略对国民权益的保护。众所周知,刑法的预防目的与报应目的之间存在二律背反的关系,刑法如果只是一味地要满足积极预防的诉求,就会弱化对报应的要求。如果刑事立法只是一味地追求对秩序的维护,那么如何协调秩序与自由之间的关系,便又成为一个难解的问题。

笔者基本赞同积极刑法观的立场,积极刑法观并不是积极地通过刑罚来干预公民的自由,积极刑法观在现代社会中具有不可替代的重要意义。然而,在推进理论发展的同时也需要意识到,积极刑法观的内部尚缺乏一个具有可操作性、类型化的理论基

---

① 参见陈兴良:《非法经营罪范围的扩张及其限制——以行政许可为视角的考察》,载《法学家》2021年第2期。
② 参见高铭暄:《风险社会中刑事立法正当性理论研究》,载《法学论坛》2011年第4期。
③ 参见陈伟:《刑法立法方法研究》,上海三联书店2020年版,第156页。

础,在"刑法与其他部门法的关系""刑事立法的合理性"等关键问题上还需要再完善,如此才能进一步指导未来的刑事立法与司法实践。

二、积极刑法观的修正思路——立法完善与司法限制兼顾

如富勒所言:"在追求立法合法性完美之乌托邦里,所有的规则都是绝对清晰明了的,它们彼此协调,为每一个公民所知,并且从不溯及既往。在这个乌托邦中,规则在时间之流中保持恒定,只要求可能的事情,并且为法院、警察以及其他每一位执法者所遵守。"①乌托邦的幻想固然美好,现实的世界中却并非如此。尽管自1979年《刑法》颁布至今,刑法学的发展逐渐去政治化,刑法学逐渐摆脱政治话语和意识形态而获得独立发展,但立法毕竟是一个系统工程,很难排除非理性因素的影响。② 积极刑法观的论点需要进一步完善以获得立法论上的合理性。此外,在解释论上,由于现有刑法理论的出罪事由分布无序、不成体系,导致我国司法机关在实体法的解释和适用上存在诸多难以自圆其说的"模糊地带",刑法上的很多出罪机制难以发挥其预设的功能。③ 因此,积极刑法观的相关观点同时也需要在司法论上进行修正,防止在司法上造成刑法与其他部门法之间的适用错乱。

(一)积极刑法观在立法论上的优化方法

积极刑法观所主张的增设新罪的观点需要在立法论上进一步完善,以形成具有合理性的立法方法。对此,可在立法观念与立法技术上进行优化。在立法观念上,积极刑法观要以民权刑法观为圭臬,强调立法对国民权益的保障;在立法技术上,积极刑法观要不断夯实实证基础,确保刑事立法增设的必要性与合理性。

1. 观念上修正:从国权刑法到民权刑法

受长期重刑轻民思想的影响,我国的刑事政策趋于严厉,以维护社会秩序为基础的国权刑法思维长期存在。特别是在民法典出台以前,刑法为了有效维护社会秩序,常常绕过前置法的规定,由最后保障法变为优先保障法,通过适用刑法来架空前置法。④ 以经济市场秩序为例,其本质上是一种利益和谐、竞争适度、收益共享的资源配置状态,仅仅依靠刑法规制并不能完全使资源配置达到平衡,而刑法的过度适用反倒会使利益关系存在遭到破坏的风险。⑤ 事实上,市场秩序具有一定的自我恢复能力,过度依赖刑法进行治理无疑会造成刑法的肥大化。刑事立法应当借助民法典出台的东

---

① 〔美〕富勒:《法律的道德性》,商务印书馆2005年版,第50页。
② 参见欧阳本祺:《中国刑法学的去政治化》,载《法学研究》2013年第1期。
③ 参见刘艳红:《实质出罪论》,中国人民大学出版社2020年版,第3页。
④ 参见刘艳红:《民刑共治:国家治理体系与治理能力现代化路径》,载《法学论坛》2021年第5期。
⑤ 参见纪宝成:《论市场秩序的本质与作用》,载《中国人民大学学报》2004年第1期。

风,在观念上实现由国权刑法向民权刑法的过渡,这同时也是现代法治人民性的题中之义,是民主立法的必然旨趣。① 根据民权刑法的要求,刑事立法必须强调以权利保障为核心,去除盲目依赖刑法实现社会治理的主观信念,在理性看待刑法功能的前提下正确进行立法技术的调整。此外,立法者必须保证刑事立法规范具有一定的明确性,以防止通过保护个人法益的名义不当设定前置性的集体法益立法。② 由国权刑法到民权刑法的变迁,使积极刑法观的主张不再只是一味地要求设立新罪,对于一些不符合时代发展的罪名也应及时予以废除。因此,可以说,通过对积极刑法观的立法观念进行修正,使积极刑法观改变过去盲目增设新罪的观点,转化为追求立法的科学化。增设符合时代要求的新罪与废除不符合时代发展的旧罪,使犯罪圈保持流动性的适度扩张,才是未来刑事立法的应然方向。

2. 技术上完善:夯实刑事立法的事实基础

在刑事立法中,激情式立法与案例型立法长期存在。激情式立法认为各种社会问题均可以通过刑法来加以解决,案例型立法常常习惯于将不重要的风险通过非理性的集体意识表达上升为犯罪。如果积极刑法观受激情式立法与案例型立法的影响,则极有可能导致刑事立法丧失一定的科学性。其中,立法的科学性也叫科学立法,核心在于遵循和体现立法规律,通过自觉遵循经济规律、自然规律、社会发展规律以及立法活动规律,使制定出来的法律能够反映和体现规律的要求,符合客观实际。④ 因此,积极刑法观在提出增设新罪的观点时注重对刑事立法事实的关注。立法事实不是具体的裁判事实,而是普遍的、抽象的事实,夯实刑事立法的事实基础就必须要求立法者立足于客观现实、客观规律与客观需求,不仅要在立法目的上有所依据,还需要在立法手段上有所依据。⑤ 在立法目的上,立法者必须在一定的实证基础上论证增设新罪的必要性和合理性,如说明司法实践确实面临刑法漏洞或者司法实践确实面临适用矛盾;在立法手段上,立法者应当根据行为的法益侵害程度配置适量的刑罚,凡不具有法益保护的真实性、必要性、价值性的情况,都不具有成为刑事立法的事实根据,不应将其予以犯罪化。

(二) 积极刑法观在司法论上的修正方案

积极刑法观主要在立法论上主张增设轻罪,存在刑罚扩张适用的风险。对此,相关观点必须要在司法上对刑罚的适用进行限制,否则会遭遇更多质疑。如反对者所言:"积极刑法观在司法上要求司法机关积极、能动地解释法律,表明刑法积极参与社

---

① 参见周佑勇:《推进国家治理现代化的法治逻辑》,载《法商研究》2020年第4期。
② 参见孙国祥:《集体法益的刑法保护及其边界》,载《法学研究》2018年第6期。
③ 参见姜涛:《立法事实论:为刑事立法科学化探索未来》,载《法制与社会发展》2018年第1期。
④ 参见任才峰:《科学立法、民主立法、依法立法的理论与实践》,载《人大研究》2019年第1期。
⑤ 参见王怡:《论立法过程中的事实论证》,载《政治与法律》2018年第7期。

会治理的姿态。"①事实上,立法与司法均是法律运行过程中的一部分,虽然积极刑法观的主要论点大多聚焦于立法论上,但是对于新设刑事立法如何适用的问题还需要进一步讨论,否则便无法有效地回应上述论者的质疑。对于这一问题,一些支持积极刑法观的学者已有所察觉,相继提出了一些修正说的方案。例如,有学者认为:"刑法的发展应当兼顾各种价值的平衡,在肯定刑法积极发展趋势的同时,保持一定的谨慎。"②另有论者指出:"在刑法参与社会治理的过程中,积极刑法观具有现实意义,但对于立法的过度扩张需要保持警惕。"③上述积极刑法观修正论者的先发之声对积极刑法观在司法论上的完善具有一定的积极意义,而真正要使积极刑法观的论点有效地指导司法实践,还需要在方法论上继续完善。对此,可尝试从如下两个层面展开。

1. 重塑罪刑法定原则对司法实践的指导

积极刑法观主张增设轻罪的观点虽然会使司法实践在裁判时所依据的法律更多,但同时也会带来罪与非罪、此罪与彼罪判断困难的问题。特别是轻罪往往又会采取"预备行为实行化、帮助行为正犯化"等立法手段,保护的法益也常常属于模糊的集体法益,给罪刑法定原则的司法适用带来挑战。有论者直言:"在连司法解释与指导性案例都大量采取类推解释的情况下,我们又可以对具体的司法判决坚持罪刑法定原则给予多少期望呢?"④积极刑法观必须要对罪刑法定原则进行重塑,才能使之继续指导司法实践。

笔者认为,积极增设轻罪是为了完善我国当前的刑事法网,防止由于立法的粗疏而致处罚的混乱与异化。例如,在《刑法修正案(十一)》出台之前,根据有关司法解释的规定,对妨害安全驾驶的行为只能按照以危险方法危害公共安全罪论处。在立法增设妨害安全驾驶罪之后,相同的行为按照新罪的规定会被判处更轻的刑罚。但是,积极刑法观应当继续明确的是,积极增设立法并非意味着积极适用刑法,对于增设的新罪而言,也应当恪守罪刑法定主义的要求,不能一味地为了刑事政策而突破语义的最大范畴。对此,可以结合法秩序统一性原理,重塑罪刑法定原则对司法实践的指导。

罪刑法定原则重塑的关键在于法定犯时代下罪刑法定主义的人权保障意义,即通过罪刑法定原则对司法权进行限制。因此,笔者并不赞同"积极罪刑法定原则"的观点,也即罪刑法定原则应当是一个出罪原则而绝非入罪原则。一方面,根据法秩序统一性原理,当行为在前置法上的评价是合法时,便不能认定为犯罪行为;当行为在前置法上的评价是非法时,只能说明行为满足了构成要件符合性的要求。对于行为是否构

---

① 王俊:《积极刑法观的反思与批判》,载《法学》2022年第2期。
② 孙国祥:《积极谨慎刑法发展观的再倡导——以〈刑法修正案(十一)〉为视角》,载《西南民族大学学报(人文社会科学版)》2021年第9期。
③ 付玉明:《立法控制与司法平衡:积极刑法观下的刑法修正》,载《当代法学》2021年第5期。
④ 王俊:《积极刑法观的反思与批判》,载《法学》2022年第2期。

成犯罪还需要在违法与责任上进行实质判断,这便是实质的罪刑法定原则的要求。另一方面,司法裁判在对轻罪的解释上也要秉持克制谨慎的立场。司法应当严格以刑法条文的文义为基础进行解释、以刑法自身的独立性为指针进行解释、以法益保护为核心观念进行解释。①

2. 重视需罚性的司法考量

1997年《刑法》通过至今,已通过十一个刑法修正案进行调整,但我国的刑罚结构仍然存在倒挂的体系混乱与重刑化倾向。② 积极刑法观的理性修正就是强调扩张立法而非加强处罚,增设轻罪的主要目的是通过完善刑罚结构与刑法规制的范围以实现良法善治。但如何通过保障司法实践中的轻罪适用来实现良法善治,还需要在需罚性上进行考量。

所谓需罚性,是指在应罚性的基础上,进一步追问"行为人的行为是否需要作为犯罪处理",即从预防的必要性或者比例原则出发,判断行为人的行为在司法上有没有作为犯罪处理的必要。③ 这可以在一定程度上消解刑事立法不断增设危险犯带来的处罚困境。特别是对于抽象危险犯而言,其往往是被刑法与行政法同时禁止的,由于在刑法上缺乏结果类的构成要件要素,导致行政法与刑法的边界不清,通过在犯罪论体系中注入对需罚性的考量,能够缓解形式判断的机械与僵化。对于需罚性的司法考量,可以从比例原则与行为预防的必要性角度进行论证。从比例原则的角度来看,如果一个行为通过行政法处罚已经足矣,便不需要通过刑事法进行处罚,这一点在经济犯罪中尤为重要。由于经济犯罪大多属于行政犯,伦理性基础不强,一味地通过刑罚来管制经济,既不符合市场经济的本质,也不利于经济社会的长期发展。遗憾的是,学者们只关注经济领域中刑法肥大化的问题④,忽视了大多数处罚不当的案件往往是由于司法实践形式化地考虑应罚性而忽略了需罚性的问题,同时也忽略了刑法介入经济社会生活的正当化面向。从行为预防的必要性来看,在现代的高风险社会中,导致危害结果出现的原因与作用机理往往较为复杂,行为与结果之间的因果关联变得日益难以确定与证明。⑤ 当结果发生的原因具有多样性时,一味地让行为人承担责任无疑有违罪责自负原则的要求。此外,对于一些法益可恢复的犯罪而言,当行为人采取措施及时恢复法益时,对行为人特殊预防的必要性也需要减小。

总之,积极刑法观并不是一味地追求入罪、一味地主张通过刑法来解决社会问

---

① 参见江溯:《罪刑法定原则的现代挑战及其应对》,载《政法论丛》2021年第3期。
② 参见李翔:《论刑法修正与刑罚结构调整》,载《华东政法大学学报》2016年第4期。
③ 参见姜涛:《需罚性在犯罪论体系中的功能与定位》,载《政治与法律》2021年第5期。
④ 参见何荣功:《经济自由与刑法理性:经济刑法的范围界定》,载《法律科学(西北政法大学学报)》2014年第3期;魏昌东:《中国经济刑法法益追问与立法选择》,载《政法论坛》2016年第6期。
⑤ 参见劳东燕:《风险社会中的刑法:社会转型与刑法理论的变迁》,北京大学出版社2015年版,第55页。

题,也不是积极地适用刑法,而是积极地调整刑法的罪刑结构。对积极刑法观的理性修正需要在立法论上解决立法科学化与立法协调化问题,在司法论上解决刑法适用的正当性与合理性问题。只有如此才能保证积极刑法观不至于堕落成激进刑法观,在维护刑法谦抑性的同时,还能够有效地规避社会中的重大风险。

三、积极刑法观的功能完善

积极刑法观的发展不能仅仅局限于本体论上的逻辑自洽,还需要在价值论上追问积极刑法观的具体功能。从本体论上来看,积极刑法观在立法论与司法论上均可进行合理的修正。同样,对于积极刑法观的功能完善也可以从立法论与司法论两个维度展开。

(一) 积极刑法观在立法论上的功能完善方法

积极刑法观的核心主张是在现有制裁体系之下进一步增设新罪,以完善当前的刑法结构体系。在立法论上,除上文指出的在观念上转向民权刑法以及在立法实践上关注立法的事实基础外,积极刑法观还需要在方法论上寻找、检视与完善当前制裁体系的依据,如此才能在功能上不断优化。具言之,积极刑法观在立法论上的功能完善方法可从以下三个方面展开。

1. 坚持实质的法益概念

犯罪是对法益的加害行为,行为只有对法益造成侵害或者产生现实的危险时,才可认为构成犯罪。由于轻罪与一般违法之间的边界并不清晰,在一定程度上造成了法益的识别困难,法益的功能也受到学界一些学者的批判。其中最受质疑的是法益概念的模糊化、法益内容的精神化和法益机能的相对化而导致的立法批判机能丧失的问题。① 虽然全体法秩序共同保护法益,但由于刑法所保护的往往是人类生活中最重要的利益,因此刑法法益应当与其他部门法的法益有所区别。笔者不认同法益丧失立法批判的机能观点,反之,法益对立法的批判应当从实质的法益概念入手,积极刑法观只有主张实质的法益概念,才能为检视刑事立法的正当性提供依据。

实质的法益概念是指前实证的法益概念,其并不是由立法者创造,而是在刑事立法之前便已经存在,立法者只不过是将该种法益予以实证化。② 实质的法益概念不仅具有社会根据还具有宪法根据。③ 一方面,社会根据以一个社会中的核心价值为基

---

① 参见冀洋:《法益保护原则:立法批判功能的证伪》,载《政治与法律》2019 年第 10 期;黄宗旻:《法益论的局限与困境:无法发挥立法论机能的历史因素解明》,载《台大法学论丛》2019 年第 1 期。
② 参见陈志龙:《法益与刑事立法》,台湾大学丛书编辑委员会 1992 年版,第 103 页。
③ 参见张明楷:《论实质的法益概念——对法益概念的立法批判机能的肯定》,载《法学家》2021 年第 1 期。

础,而社会中的核心价值往往又具有一定的流变性,这便意味着刑事立法不能逸脱社会的核心价值。实质的法益概念与社会的核心价值息息相关,可以为刑事立法筛除不具有刑法保护意义的价值。另一方面,实质法益概念的宪法基础在于自由主义的理念倡导。无论是法益一元论的观点还是法益二元论的观点,均赞同法益概念在价值论上需要以个人利益为核心。① 实质的法益概念不仅具有自由主义面向,同时主张以保护个人权利为核心,既具有社会根据,还具有宪法根据。对于积极刑法观所主张的增设新罪而言,应当借助实质的法益概念,检视相关犯罪罪名的设置是否合理,防止由于刑事立法冲动而招致处罚的泛滥。特别是对于一些保护集体法益的刑事立法而言,要根据实质法益的立场确立保护的集体法益具有必要性与重要性。对于这一问题,学界存在"将集体法益还原为个人法益的一元论"的立场②与"诉诸宪法找寻集体法益实质内涵的二元论"的立场③。虽然两者的立场不同,但是均赞同法益概念的自由主义属性与立法批判机能,而积极刑法观的立法增设恰需要根据这种实质的法益概念来检视立法的正当性基础。

2. 提倡立法的类型思维法

立法的类型思维就是要将一定类型的行为予以定型,进而保证构成要件的定型化机能。由于构成要件是不法行为的类型化,立法者必须经过缜密的思考与讨论,才能将某些行为类型予以犯罪化,在法条上以抽象的命题描述之。④ 类型位于抽象和具体之间,是抽象中的具体者,具体中的抽象者;类型是开放的、变动的、可比较的、反复出现的事物。在法律领域,类型思维是将法律概念的类型与具体的生活事实相对照,以保障相同情况相同处理的办法。在刑事立法中提倡类型思维法具有如下裨益:一方面,通过积极刑法观理念所增设的犯罪,可以按照类型思维法的要求保证构成要件的定型性。立法者需要对经验事实进行提炼,进一步将生活经验上升为法律经验,如危险驾驶罪便是在积极刑法观理念的指导下所增设的新罪,但是该罪的立法似乎并没有按照类型思维法的要求进行。如学者所言:"该罪的行为类型欠缺多样性,醉驾行为没有情节限制,双重既遂标准同时存在,导致该罪的预期功能与现实效果之间发生扭曲。"⑤未来的刑事立法完善需要在增设新罪的过程中进行定型化检验,并且要根据类型思维法来反思既有立法中所存在的问题。另一方面,引入类型思维法可以有效地维

---

① 参见贾健:《为批判立法的法益概念辩护》,载《法制与社会发展》2021年第5期。
② 参见孙国祥:《集体法益的刑法保护及其边界》,载《法学研究》2018年第6期;付玉明:《立法控制与司法平衡:积极刑法观下的刑法修正》,载《当代法学》2021年第5期。
③ 参见马春晓:《现代刑法的法益观:法益二元论的提倡》,载《环球法律评论》2019年第6期;李冠煜:《论集合法益的限制认定》,载《当代法学》2022年第2期。
④ 参见林东茂:《刑法综览》(修订5版),中国人民大学出版社2009年版,第54页。
⑤ 李冠煜:《再论危险驾驶罪的客观方面——超前立法观、实质解释论、类型思维法之运用》,载《北方法学》2014年第6期。

护不同章、节刑事立法规范的合理性。在我国刑法中,每一个章、节代表着一类犯罪,只有具有相同特征的犯罪才能规定在同一章、节中,罪名归位的合理不仅能够为司法工作人员"找法"提供便利,还能有效地防止罪名适用出现混乱。在积极刑法观的指引下,未来我国刑事立法的增设应当在类型思维法的指引下,根据保护法益的不同将罪名进行恰当的安置。

3. 引入宪法教义学

我国传统的定罪思维是道德实用主义:适用法律为推行道德服务,定罪的最终目标是罪刑相适应。① 由于积极刑法观主张进一步增设轻罪,而轻罪的刑罚往往又过轻,事实上会存在道德法律化、道德刑法化的风险。此外,积极刑法观所主张的立法增设离不开刑事政策的思考,如何调和刑事政策与刑法教义学之间的关系也同时成为积极刑法观亟须面对的问题。对此,不妨通过在刑事立法中引入宪法教义学来调和刑法教义学与刑事政策之间的鸿沟,消弭道德刑法化的影响。由于宪法规定了公民最基本的权利,而这些基本权利通过法定化的形式表达,可对刑事政策中的模糊内涵进行补充,防止不具有权利保障性的政治口号成为规避公民基本权利的工具。② 又因为基本权利保护的重要性,使得其与道德之间存在一定的距离,因此将宪法教义学的理念融入刑事立法,可以有效发挥边界控制与内容形成的功能。③

(二) 积极刑法观在司法论上的功能完善方法——实质解释论之倡导

在当前我国的刑法学术之争中,存在形式解释论与实质解释论之争论。形式解释论倡导形式理性,主张通过形式要件,将实质上值得科处刑罚但缺乏刑法规定的行为排斥在犯罪范围之外。④ 与形式解释论相对应,实质解释论主张对构成要件的解释必须要以法益保护为指导,必须将字面上符合构成要件、实质上不具有可罚性的行为排除于构成要件之外。⑤ 对于形式解释论而言,构成要件往往是一种形式化的判断,既不包含违法内容,也不包含责任内容,这种形式理性的思考方式在古典刑法时代具有较大的合理性,而以风险社会为背景的积极刑法观,使得刑事立法更加全面与抽象,对于罪刑规范的理解便不能仅仅局限于字面上的解读,而是需要进行实质性的考量。申言之,积极刑法观在司法论上的功能完善需要以轻罪的解释论视角为根基,在实质正义上进行考量,实质解释论可以为积极刑法观的功能完善提供依据。

一方面,实质解释论符合刑法的目的,有利于限制刑事处罚的范围。刑法的目的

---

① 参见欧阳本祺:《论我国定罪思维的传统及其演化》,载《法律科学(西北政法大学学报)》2010年第3期。
② 参见张翔:《刑法体系的合宪性调控——以"李斯特鸿沟"为视角》,载《法学研究》2016年第4期。
③ 参见张翔:《立法中的宪法教义学——兼论与社科法学的沟通》,载《中国法律评论》2021年第4期。
④ 参见陈兴良:《形式解释论的再宣示》,载《中国法学》2010年第4期。
⑤ 参见张明楷:《实质解释论的再提倡》,载《中国法学》2010年第4期。

是惩罚犯罪与保障人权,在解释刑法时必须要以刑法的目的为依托。实质解释论以法益保护为根基,既关照了对犯罪分子的惩罚,同时也注意到对基本人权的保障。对于行政犯的解释而言,根据形式解释论的观点,只要行为满足形式的构成要件符合性要求,便认为行为满足构成要件符合性;而根据实质解释论的要求,可在构成要件阶段进行实质性的考量,在构成要件该当性阶层就应把不值得处罚的行政违法行为排除掉。① 以非法持有枪支罪为例,由于该罪立法中空白罪状的设置,导致司法实践常常形式化地以《枪支管理法》《公安机关涉案枪支弹药性能鉴定工作规定》等为依据对行为人是否真正持有枪支进行判断。但行政法与刑事法的规范目的并不相同,加之我国刑法体系中的出罪路径过于逼仄,一旦行为人的行为满足了构成要件符合性的要求,便很有可能被认为构成犯罪。如若采取实质解释论的方法,考量刑法独有的目的价值便不难发现,刑法规定非法持有枪支罪是为了保护公众的人身和财产安全,而不是保护公众抽象的安全。因此,对于非制式枪支,即使比动能大于1.8焦耳/平方厘米——属于行政法意义上的枪支,但只要该枪支的比动能在一般情况下不足以对公众的人身和财产造成实实在在的危险,就不能解释为刑法意义上的枪支。② 特别是对于轻罪而言,采取实质解释论的立场更有利于限制刑事处罚的范围,防止积极刑法观在立法增设之后所带来的负面后果。

另一方面,实质解释论契合刑法谦抑性原则的要求,有利于实现处罚的妥当性。积极刑法观着重预防理念的形成,而立法越是强调积极的一般预防,则越需要通过刑法谦抑主义的思想在刑法解释、刑事司法实践等方面发挥限制入罪或者保障出罪的作用。③ 虽然积极刑法观不赞同重刑主义,提倡增设新罪。但刑罚毕竟是一种最严厉的处罚,除刑罚自身可能会限制的公民基本权利之外,还会带来一些附随的恶性效果。④ 实质解释论重视对行为的法益侵害程度与刑罚规制的必要性进行考量,与刑法谦抑性思维不谋而合。通过对行为是否侵害法益进行实质性判断,可以排除一些在形式上符合入罪门槛,但并不具有法益侵害或法益侵害不足的犯罪。例如,根据我国《刑法》第133条之一的有关规定,行为人在道路上醉酒驾驶机动车的,便构成危险驾驶罪。事实上,根据实质解释论的要求,对于一些并没有法益侵害或者法益侵害危险的行为,即使行为人醉酒驾驶机动车,也未必构成危险驾驶罪。比如当行为人在小区道路上醉酒驾驶机动车、在公共停车场内醉酒驾驶机动车、在人烟稀少的郊区醉酒驾驶机动车时,便可以通过实质解释论来进行出罪。

---

① 参见欧阳本祺:《论行政犯违法判断的独立性》,载《行政法学研究》2019年第4期。
② 参见欧阳本祺:《论行政犯违法判断的独立性》,载《行政法学研究》2019年第4期。
③ 参见刘艳红:《实质出罪论》,中国人民大学出版社2020年版,第97页。
④ 参见崔志伟:《积极刑法立法背景下前科消灭制度之构建》,载《现代法学》2021年第6期。

四、积极刑法观修正后的应用——以高空抛物罪的检视为例

根据前文对积极刑法观的修正,可以大致描述出积极刑法观的主张与功能。首先,积极刑法观并非主张盲目地增设立法,而是倡导在一定立法事实的前提下,以保障公民基本权利为基础,缓和地增设轻罪。其次,积极刑法观不能突破罪刑法定原则的要求,对于增设新罪的司法适用,要在需罚性上进行出罪考量,从而做到犯罪圈扩大与司法适用限缩之间的平衡。最后,积极刑法观可通过主张实质的法益概念、类型思维法、宪法教义学与实质解释论等方法论实现上述目标。当然,理论的构建必须对司法实务有所指导才具有实际意义。基于此,下文将以重塑后的积极刑法观对《刑法修正案(十一)》中增设的高空抛物罪进行检视,以求进一步证成积极刑法观在功能上的作用。

(一) 高空抛物罪的立法增设值得肯定

改革开放之后,我国经济不断发展,高楼大厦日益增多,高空抛物、坠物的现象也屡见不鲜,严重影响了往来行人、居民住户的生命财产安全,极易造成人身伤亡和财产损失。① 因此,对高空抛物行为的规制成为近年来立法的重点方向。2019年10月,最高人民法院发布了《关于依法妥善审理高空抛物、坠物案件的意见》,根据意见的有关规定,对于故意从高空抛掷物品,根据结果的不同可分别按照以危险方法危害公共安全罪、故意伤害罪、故意杀人罪等罪论处。② 随后,在全国人大常委会审议的《刑法修正案(十一)(草案)》中,高空抛物行为被规定为犯罪并置于危害公共安全罪之中。最后,高空抛物罪的立法在从草案到制定出台的过程中,被立法者置于《刑法》分则第六章"妨害社会管理秩序罪"之中。作为一种新型的轻罪立法,可以认为高空抛物罪属于积极刑法观所主张的结果,但这一罪名在从制定到通过的过程中遭遇了诸多质疑。例如,有观点认为该罪的立法没有必要,属于重复立法③;还有观点认为该罪的立法是一种顺应民意、安抚民众情绪的表现,并不是理性的刑事立法④。但是按照本文的观

---

① 参见许永安主编:《中华人民共和国刑法修正案(十一)解读》,中国法制出版社2021年版,第301页。
② 最高人民法院《关于依法妥善审理高空抛物、坠物案件的意见》中规定:"故意从高空抛弃物品,尚未造成严重后果,但足以危害公共安全的,依照刑法第一百一十四条规定的以危险方法危害公共安全罪定罪处罚;致人重伤、死亡或者使公私财产遭受重大损失的,依照刑法第一百一十五条第一款的规定处罚。为伤害、杀害特定人员实施上述行为的,依照故意伤害罪、故意杀人罪定罪处罚。"
③ 参见魏东、赵天琦:《刑法修正案的规范目的与技术选择——以〈刑法修正案(十一)(草案)〉为参照》,载《法治研究》2020年第5期;徐岱:《〈刑法修正案(十一)(草案)〉的修订进路》,载《法治研究》2020年第5期。
④ 参见刘艳红:《积极预防性刑法观的中国实践发展——以〈刑法修正案(十一)〉为视角的分析》,载《比较法研究》2021年第1期。

点,该罪的立法是理性的产物,不但具有合理性,还具有一定程度的正当性。

1. 合理性维度:弥补既往立法对高空抛物行为处罚的两极分化

近年来,高空抛物行为时常发生,观察高空抛物罪立法之前的司法实践不难发现,对高空抛物行为的处罚呈现出两极分化的态势,有违法律公平正义之要求。

一方面,在高空抛物罪设立之前,一些法益侵害程度不高的行为被以危险方法危害公共安全罪论处。例如,在"黄某犯以危险方法危害公共安全罪"一案中,被告人黄某酒后为发泄情绪,从居住处北侧阳台的窗户扔出两个空酒瓶,其中一个啤酒瓶砸到小区道路上,另一个啤酒瓶砸在顾某汽车的后挡风玻璃上。后被法院根据以危险方法危害公共安全罪判处有期徒刑3年,缓刑3年。① 又如,在"陈某犯以危险方法危害公共安全罪"一案中,被告人陈某相继实施了将空牛奶盒、空酒瓶由24楼扔至楼下隔壁小区行人通道上的行为,后被法院以以危险方法危害公共安全罪判处有期徒刑3年,缓刑4年。② 再如,在"杨某犯以危险方法危害公共安全罪"一案中,被告人杨某为发泄情绪,在其居住处的天台上,多次朝各方向向楼外扔玻璃酒瓶、瓷花盆、砖头、金属锁等物品,砸坏汽车两辆。③ 以上案件均属于高空抛物案件,在《刑法修正案(十一)》出台之前均被定性为以危险方法危害公共安全罪,但这一入罪逻辑存在一些问题。一是以危险方法危害公共安全罪所侵害的法益程度需要与放火罪、决水罪等犯罪的法益侵害程度相当,但是在上述案件中,行为所造成的法益侵害往往只是对财物的破坏,并未达到严重法益侵害的程度。二是将上述案件认定为以危险方法危害公共安全罪也不符合该罪"公共安全"的特征,从法规范的保护目的来看,该罪的公共安全是指"不特定且多数人的生命、身体的安全",进一步来说该罪是对不特定多数人生命、身体安全的威胁。④ 在上述案件中,行为人所抛出的物品虽然对多数人生命、身体安全造成风险,但是风险来源是特定的,因此难以认为上述行为侵犯了公共安全。可见,在高空抛物罪被制定之前,由于立法的缺失,一些本应该由秩序类犯罪规制的行为被置于公共安全罪中,造成刑罚适用的扩大化。

另一方面,仅仅依靠民事救济与行政处罚并不能实现对高空抛物行为的有效规制。根据现行的实定法体系,对于高空抛物行为也可根据侵权责任与行政责任来进行规制,但两者的规制力度均存在不足,无法形成有效的惩罚机制。从民事立法的轨迹来看,传统的《侵权责任法》确立了以"加害人"负担为原则的补偿机制,由于对原告(受害人)举证责任的要求过低,缺乏将损害交由"加害人"负担的正当化事由,实质是"有罪推定"理念的体现,严重不符合现代国家的法治理念,有违现代法治

---

① 参见天津市河西区人民法院(2020)津0103刑初420号刑事判决书。
② 参见湖北省武汉市武昌区人民法院(2020)鄂0106刑初628号刑事判决书。
③ 参见广西壮族自治区柳州市柳南区人民法院(2020)桂0204刑初79号刑事判决书。
④ 参见张明楷:《高空抛物案的刑法学分析》,载《法学评论》2020年第3期。

的责任自负原则。① 此外,《民法典》虽然对高空抛物侵权的民事责任进行了修正,但鉴于被害人本人或受影响的周边群众缺乏一定的调查取证能力,使得调查取证常常变得倍加困难,民事或者行政手段救济的不及时导致在规制抽象危险性高空抛物行为的问题上存在明显的局限性。② 纵然并非所有的高空抛物行为均会对公民的人身、财产造成伤害,但是在现代高楼林立的城市里,如果高空抛物行为时常发生,不仅对社会安全秩序产生一定的影响,还会使民众产生恐慌心理。试想,如果高空抛物行为的违法成本不高,那么不仅不利于抑制相关不法行为的发生,反倒会滋生更多的高空抛物行为。

2. 正当性维度:法益二元论中秩序法益的侧防价值

按照修正之后的积极刑法观的立场,高空抛物罪的立法不仅具有合理性,还具有正当性,其正当性主要来源于法益二元论中秩序法益的侧防价值。申言之,笔者认为,高空抛物罪的保护法益属于集体法益中的秩序法益,这种秩序法益的正当性价值在于可以有效地保障个人法益,进而保障个人自由的有序发展。

首先,高空抛物罪的保护法益属于社会公共秩序。博登海默教授曾指出:"如同在自然界一样,秩序在人类生活中也起着极为重要的作用,对人类事务中秩序的寻求,已被普遍承认为个人努力或者社会努力的一个有价值的目标。"③ 虽然根据该罪的罪状并不能直接判断出该罪的保护法益,但是通过法规范目的识别以及该罪在刑法中的位置可知,该罪的保护法益属于"社会公共秩序"法益。所谓社会公共秩序,是指在社会公共空间中长期形成的稳定、平和与安全的状态,对社会公共秩序的侵害会导致公共空间发生混乱。例如,在"黄某犯高空抛物罪"一案中,黄某酒后相继实施了将一个花盆、一把铁锄头、一个玻璃酒瓶从阳台扔至楼下的行为,后被法院以高空抛物罪判处有期徒刑6个月。④ 虽然在该案中,并未造成他人伤亡的后果,黄某在主观上也没有杀人与伤害的故意,但是黄某的行为在一定程度上对他人的生命与安全产生了威胁。更为重要的是,由于类似行为的存在,居民固有的生活安全得不到保障,生活安宁的秩序遭到极大破坏。因而,该罪的保护法益并非"公共安全",而是公法法益中的集体法益,保护的是社会公共秩序。

其次,社会公共秩序本身具有成为刑法法益的正当性。风险社会命题的提出引发了学界关于如何实现刑法现代化面向的思考。持法益一元论观点的法兰克福学派学者努克认为:"刑法典的核心应当针对的是暴力犯罪或者侵害个人的暴力犯罪,如果运

---

① 参见曹险峰:《侵权法之法理与高空抛物规则》,载《法制与社会发展》2020年第1期。
② 参见周杰:《"高空抛物罪"立法评析与适用难题研究》,载《北方法学》2021年第6期。
③ 〔美〕E.博登海默:《法理学:法律哲学与法律方法》,邓正来译,中国政法大学出版社2017年版,第239、240页。
④ 参见广东省深圳市罗湖区人民法院(2022)粤0303刑初132号刑事判决书。

用刑法保护具有弥散性的或者集体性的法益的话,是不应当被允许的。"① 我国也有诸多学者赞同这一论断,并结合社会实际提出了缓和的法益一元论观点。如有观点认为:"一元人本的系统批判的现实的法益观符合法益论的自由主义思想内涵,在后现代工业社会里不仅能够适应社会的发展,更应发挥对现代刑法的批判功能。"② 亦有观点认为:"超个人法益应当是能够还原为个人法益的法益。"③ 但笔者却认为,集体法益的正当性基础并不在于是否可以还原为个人法益,而在于本身对社会的价值功用。就高空抛物罪所保护的社会公共秩序而言,由于秩序并非关照个人,而是由不同个人相互依赖而形成的,因此集体法益的图像并非"我",而是社会中的"我们"。当然,并非所有的秩序都能上升为刑法法益,与刑法所不同的是,行政法才真正算得上是对秩序的保护。与行政法益所不同的是,刑法中的秩序法益是对制度的信赖,不真正的秩序法益是对制度效力的信赖。对高空抛物的禁止并不是依赖制度约束力而形成的秩序,而是作为现代公民本身应当遵守的制度秩序,是一种自身自发的秩序。这种秩序对人类的重要性、独特性以及对个人法益提前保护的有效性,决定了刑法对其单独进行保护的必要性。

最后,社会公共秩序法益属于个人法益的阻挡法益。必须承认的是,以高空抛物罪为代表的轻罪立法,一般保护的是具有模糊性的集体法益。与个人法益不同的是,集体法益的概念相对模糊,法益内容也具有一定程度的精神化倾向,集体法益只有在与个人法益之间产生勾连时才具有正当性基础。④ 在高空抛物罪中,社会公共秩序是其真正的法益,公共场所的居民生命、财产安全是其背后法益,立法者设立公共秩序法益的目的是防止个人法益受到侵害。因此,可以说社会公共秩序法益属于个人法益的阻挡法益。刑事立法通过设立公共法益的形式,在高空抛物行为使社会公共秩序受到侵扰时,旋即对行为以轻罪论处,能够有效地阻挡对个人生命、财产造成伤害的结果发生。

(二)高空抛物罪司法适用的限缩方案

修正的积极刑法观主张积极增设轻罪立法,积极地对轻罪立法的司法适用进行限制。因此,如何限制高空抛物罪的司法适用成为积极刑法观在司法论上所需面对的问题。对于高空抛物行为而言,现行立法体系已有民事与行政手段可以救济,问题的关键在于如何确立高空抛物的刑事规制边界,进而在罪刑法定原则的指导下保持刑法的

---

① 梁根林主编:《当代刑法思潮论坛(第三卷):刑事政策与刑法变迁》,北京大学出版社2016年版,第295页。
② 杨萌:《德国刑法学中法益概念的内涵及其评价》,载《暨南学报(哲学社会科学版)》2012年第6期。
③ 时方:《我国经济犯罪超个人法益属性辨析、类型划分及评述》,载《当代法学》2018年第2期。
④ 参见王拓:《法益理论的危机与出路》,载《西南科技大学学报(哲学社会科学版)》2011年第4期。

谦抑性。按照上文的观点,笔者建议,对于高空抛物罪的司法适用限缩应当根据法益侵害性原理,对高空抛物罪进行实质解释,在此基础上确立高空抛物行为的入罪范围。其中,对高空抛物罪进行实质解释就是要根据该罪的保护法益综合确定情节严重的判断标准。由于该罪的罪状设置较为简单,在相关司法解释尚未出台的前提下,对于高空抛物罪的理解便需要以其保护法益为判断核心,通过识别保护法益综合确定该罪情节严重的判断标准,这正是实质解释论的应然要求。上文讲到,该罪的保护法益属于制度依存型法益,内容指向的是社会公共秩序,只有在高空抛物行为侵犯社会公共秩序时,才可认为行为具有可罚的刑事违法性。那么如何把握这里的"社会公共秩序"呢?笔者建议,可以将正向上的主客观层面判断与反向上的合理排除进行结合。

首先,如果行为并非发生在"社会公共"空间,便不能认为行为侵犯了该罪的保护法益。例如,当行为人在周围空旷的建筑物中抛掷物品时,由于这一空间并不具有"社会公共"的属性,根本无法侵犯社会公共秩序,故而不会构成高空抛物罪。

其次,如果行为发生在"社会公共"空间,但是从一般人的角度来看并不会产生恐惧,也不宜认定为高空抛物罪。例如,行为人在高楼上抛撒碎纸屑的情形,由于碎纸屑并不会对个体的生命、财产造成损害,一般人见到碎纸屑后内心也不会产生恐惧感,进一步可以认为该种行为并没有侵犯刑法中的社会公共秩序,只是对普通行政秩序的侵犯。

最后,只有行为在严重影响社会公共秩序时,才可以认为满足了"情节严重"的构成要件要素。对于社会公共秩序的认定需要根据抛掷的时间、抛掷的环境与危险发生的可能性大小进行综合认定。如在"邱某犯高空抛物罪"一案中,被告人邱某罔顾他人人身安全、财产安全,将灭火器箱从四楼抛向楼下。① 在本案中,虽然邱某的行为并没有造成他人财产法益与人身法益的伤害,但结合当时的环境与时间可知,行为人的行为具有使他人财产法益与人身法益受到伤害的极大危险,对社会公众的内心造成极大的恐慌,实质地侵犯了社会公共的安全秩序。又如,在"王某犯高空抛物罪"一案中,王某相继将电饭锅、高压锅以及大勺、菜刀等物品从六楼厨房窗户扔到楼下,并将郭某的轿车砸坏。② 与上一个案例不同的是,本案中王某的行为造成了他人财产损害的结果,但王某的行为所造成的危险是特定的,此外王某并没有破坏他人财物的犯罪故意,且被害人的财物损失完全可以通过民事途径获得救济,因而王某的行为是对集体法益中的公共安全秩序的侵犯,应当认定为高空抛物罪,而非故意毁坏财物罪。

综上,依据高空抛物罪保护法益的内涵,通过实质解释论,对高空抛物行为是否构成高空抛物罪进行正向筛选与反向排除,能够有效地圈定该罪的适用范围。

---

① 参见广东省深圳市龙岗区人民法院(2022)粤 0307 刑初 520 号刑事判决书。
② 参见辽宁省新民市人民法院(2022)辽 0181 刑初 37 号刑事判决书。

五、结论

近年来的刑事立法变迁已然表明,单纯地从价值论上解读积极刑法观与消极刑法观之争,并无一定的实际意义。受风险社会的影响,刑事立法的不断增设已然成为一种趋势。积极刑法观应当在这种趋势之下不断修正自身的观点,不断完善理论功能,从而消弭消极刑法观对它的质疑。对积极刑法观的理性修正就是要改变刑事立法只立不废的观念,从如何完善刑事立法、如何控制刑法适用的范围入手。不仅如此,对积极刑法观的功能修正也应当从立法论与司法论两个维度入手,不断发掘、检视刑事立法、限制刑法适用的方法,以增加积极刑法观的理论深度。在积极刑法观的指导下,刑法的现代化应当兼顾预防风险与人权保障,任何偏离这一功能预设的观点均不可取。

轻刑化是实现严而不厉的关键

张明楷*

一、轻刑化的理由

尊敬的储槐植先生早在1989年就一针见血地指出:"现行刑法(广义)在法条中体现出来的政策思想的主要倾向在于'厉而不严'。""严指刑事法网严密,刑事责任严格;厉主要指刑罚苛厉,刑罚过重。"①"从'罪与刑'相对应'严与厉'的关系上,罪刑配置不外有四种组合,即四种刑法结构:不严不厉,又严又厉,严而不厉,厉而不严。又严又厉的刑法结构在当今世界并不存在,典型的不严不厉似乎也没有。"②"'严而不厉'的刑法结构是符合人类发展的一种必然趋势,它应该是符合现代社会的一个发展的标准,是刑法结构发展的一个范式。"③所以,储槐植先生旗帜鲜明地提倡"严而不厉"。"'严而不厉'的政策思想,才能真正体现……'无论是新法律的制定,还是现行法律的修改,都要既考虑当前,又考虑长远,保持法律的尊严和相对稳定。力求避免时紧时松,此抑彼起的现象发生'的立法精神。"④

三十多年过去了,"不严"的问题虽未完全解决,但立法机关已经意识到这一点,1997年的《刑法》修订以及此后的刑法修正案增设大量新罪,都是在解决"不严"的问题。另外,刑事立法只是对极少数新罪规定了较轻法定刑,并同时提高了许多犯罪的法定刑;"厉"的问题不仅没有解决,甚至没有任何好转。"我国现行刑法仍然是重刑化的刑法"⑤,大体上形成了"又严又厉"的局面。

从法定刑来看,除极少数犯罪以外,我国绝大多数犯罪的法定刑都明显偏重。例如,1997年《刑法》的死刑罪名较多,经过《刑法修正案(八)》与《刑法修正案(九)》的削减后,仍有46种罪名保留死刑。众所周知,许多国家废除了死刑,保留死刑的国家

---

* 清华大学法学院教授。
① 储槐植:《严而不厉:为刑法修订设计政策思想》,载《北京大学学报(哲学社会科学版)》1989年第6期。
② 储槐植:《再说刑事一体化》,载《法学》2004年第3期。
③ 储槐植:《走向刑法的现代化》,载《井冈山大学学报(社会科学版)》2014年第4期。
④ 储槐植:《严而不厉:为刑法修订设计政策思想》,载《北京大学学报(哲学社会科学版)》1989年第6期。
⑤ 储槐植:《刑事"三化"述要》,载《中国检察官》2018年第1期。

一般只有几个罪名的最高刑为死刑。例如,《日本刑法典》只有10个条文规定了死刑;《印度刑法典》仅对国事罪(第121条)、帮助军人实施叛变罪(第132条)、通过伪证使无辜之人获死罪的犯罪(第194条)和谋杀罪(第302条、第303条、第305条、第396条)规定了死刑。又如,我国盗窃罪与诈骗罪的最高刑为无期徒刑,而日本法与德国法上的最高刑为10年有期徒刑,印度法上的最高刑为7年有期徒刑。再如,我国故意伤害致死的最高法定刑为死刑,德国法与日本法上的最高刑均为有期徒刑,其中德国为15年有期徒刑,日本为20年有期徒刑。

从量刑现状来说,司法解释规定的量刑规则与法官的实际量刑都偏重。在通常情况下,法官基本上不选择最低刑,而是选择中间刑乃至中间刑以上的刑罚。但在德国,"绝大多数的宣告刑落在法定刑范围内较低的那三分之一区间"①。日本法官在量刑时基本上选择最低刑。② 例如,在第二次世界大战前,日本法官对86.23%的故意杀人犯(杀婴的除外)判处5年以下自由刑;第二次世界大战后至20世纪70年代,日本法官对40%以上的故意杀人犯(杀婴的除外)判处3年以下自由刑;即使在20世纪80年代以后,日本法官也对30%左右的故意杀人犯(杀婴的除外)判处3年以下自由刑。③ 美国虽然可谓重刑国家,但"如果把成文法最高刑和法官判处的实际刑罚相对比,就会发现法官还是相当宽大的。虽然法庭有权判处高达1年的监禁,但它很少送人去坐牢,虽然罚金可以超过1000美元,但它们很少超过25美元"④。在作为美国学者研究样本的1648个被告人中,"有843个,或者说刚比一半多一点点,最后被定罪。量刑从很大程度是象征性的无条件免刑到超过1年的监禁刑不等。这些刑罚大多数落在量刑范围中偏向宽大的那一端……实际上是只定罪不惩罚,以及附条件免刑,通常与缓刑和警告一起判处,是最理想的刑罚;在所在刑罚中有14.7%属于这一种。一个暂停执行的刑罚和缓刑考验一起是法庭判处的另一种刑罚,在所有刑罚中有13.3%涉及这种刑罚……超过45%都是罚金,其中绝大多数不超过500美元。监禁刑在所有刑罚中所占的比例不超过5%。刑期从5天到超过1年不等,但大多数(75%)不超过90天。在40个被判处监禁刑的人中,只有4个受到的监禁刑超过1年"⑤。

从在押服刑人员的数量来看,我国的关押率明显高于周边国家。根据国家统计局

---

① 〔德〕许乃曼:《从德国观点看事实上的量刑、法定刑及正义与预防期待》,林钰雄译,载许玉秀、陈志辉合编:《不移不惑献身法与正义——许乃曼教授刑事法论文选辑》,新学林出版股份有限公司2006年版,第684页。
② 正因为如此,日本刑法在提高法定刑时不是提高法定最高刑,只是提高法定最低刑。
③ 参见〔日〕原田国男:《量刑判断的实际》(增补版),立花书房2004年版,第135—136页。
④ 〔美〕马尔科姆·M.菲利:《程序即是惩罚——基层刑事法院的案件处理》,魏晓娜译,中国政法大学出版社2014年版,第131页。
⑤ 〔美〕马尔科姆·M.菲利:《程序即是惩罚——基层刑事法院的案件审理》,魏晓娜译,中国政法大学出版社2014年版,第129—131页。

的统计,我国年末在押服刑人数,2006年为1566839人,2007年为1589222人,2008年为1623394人,2009年为1646593人。① 有学者根据"世界监狱简况"数据库和《世界监狱人口清单》(第12版)等统计资料发现,我国2018年监狱关押人数为1710000人(位居世界第二),关押率(每10万人口中被监禁关押人员的数量)为121;2000年至2018年,我国监狱关押人数从142.7万人上升至171万人,增幅19.8%;监禁率从111人上升至121人,增幅9%。印度2019年年底监狱关押人数为478600人,关押率为35;印度尼西亚2021年年初监狱关押人数为251546人,关押率为92;日本2019年年底监狱关押人数为48429人,关押率为38;从对少年犯的关押情况来看,我国少年犯占比为0.8%,而俄罗斯占比为0.2%、印度占比为0.1%、日本仅占0.04%。②

诚然,不能因为他国刑罚轻我国刑罚就跟着轻,但也不能想当然地认为,重刑具有预防犯罪的效果因而是合适的。应当承认,刑罚具有诸多负功能③,"去重刑化是我国刑法现代化的必由之路,是基础性实质问题"④。储槐植先生曾从三个方面论证了实行"严而不厉"的理由:一是出于刑罚目的考虑,二是出于功利得失考虑,三是出于时代趋势考虑。⑤ 笔者完全赞成,以下仍从上述三个方面作一些简要说明。

第一,侧重一般预防的量刑是导致重刑的重要原因,重视特殊预防的量刑有利于尊重和保障人权。

"支撑着对人权的现代理解的基本观念是这样一种认识:有必要提醒其遵守人权的义务的正是政府。人权标明了国家权力的边界,对立法机关的权力设置了一种限制,要求政府尊重人的尊严,即使这样做使政府不高兴。"⑥宪法有关"国家尊重和保障人权"的规定,根源于"人的尊严"⑦。"对人类的普遍'尊重'在某种意义上是'找不到根据的'——它是一种终极的态度,而这一点本身是不能用更终极的术语来加以说明的。"⑧任何人,不管其个性如何,无论其身心有无缺陷,也不管他是否为犯罪人,都拥有尊严。"尊严是每个人应当享有的权利,而且优先于国家法律所规定的所有权利。……尊重和维护人的尊严对任何国家行为、立法、司法、执行机构均是一种有约束

---

① 参见《在押服刑人员基本情况》,载国家统计局(http://www.stats.gov.cn/ztjc/ztsj/hstjnj/sh2009/201209/t20120905_73019.html),访问日期:2022年3月23日。未能从该官网上查到近几年的在押服刑人数。
② 参见周勇:《世界押犯人数最多的50个国家最新监狱统计数据》,载《犯罪与改造研究》2021年第7期。
③ 参见储槐植、杨书文:《刑罚功能的概念与特征——兼论刑罚的负功能》,载《犯罪与改造研究》1999年第6期。
④ 储槐植:《刑事"三化"述要》,载《中国检察官》2018年第1期。
⑤ 参见储槐植:《严而不厉:为刑法修订设计政策思想》,载《北京大学学报(哲学社会科学版)》1989年第6期。
⑥ 〔瑞士〕托马斯·弗莱纳:《人权是什么?》,谢鹏程译,中国社会科学出版社2000年版,第3—4页。
⑦ 参见〔日〕团藤重光:《法学的基础》,有斐阁1996年版,第129页。
⑧ 〔美〕J.范伯格:《自由、权利和社会正义》,王守昌、戴栩译,贵州人民出版社1998年版,第135页。

力的法律原则。"①尊重和维护人的尊严,意味着将人当作自在的目的,而不是实现某种目的的手段。可是,如果量刑时重视一般预防的效果,必然使被告人成为实现一般预防目的的工具。例如,被告人实施了一种具有蔓延危险(他人可能效仿)的犯罪,但犯罪的不法与责任程度都比较轻微,本应判处较轻的刑罚,如果着眼于一般预防的需要,就会对被告人判处过于严厉的刑罚,使其成为一般预防的牺牲品;反之,如果重视特殊预防,则不至于使刑罚过于严厉。再如,被告人并无明显的特殊预防必要性,本可判处缓刑,但由于其犯罪行为被社会舆论关注而判处较重的实刑,使其成为安抚社会情绪的工具。显然,量刑时重视特殊预防,既是尊重和保障人权的要求,也是实现严而不厉的重要路径。

第二,最好的社会治理就是最好的犯罪治理,重刑并不是实现刑事政策的灵丹妙药。

迄今为止,国内外没有任何证据表明,重刑是预防犯罪的有效手段。正如我国台湾地区学者所言:"过分强调刑罚的威吓功能,而把'重典'当作刑事政策的万灵丹,误信杀一而可儆百,并期杀一奸之罪而得止境内之邪,造成严刑峻法之局。这在表面上似乎颇具刑事政策的目的性,可是事实上却无抗制犯罪之功能,这是古今中外均有过的现象。"②

储槐植先生明确指出:犯罪原因是一个动态复杂系统,同社会结构的每一层次(生产力、生产关系、政治上层建筑和社会意识形态)的现状与变动有着内在联系。刑罚作为遏制犯罪的一个因素同促成犯罪的众多社会因素不可能在同一水平上相抗衡。③ 显然,一个动态复杂系统,不可能仅用刑罚一个措施来解决。所以,不能不承认,"最好的社会政策就是最好的刑事政策"(李斯特语)。也不能不承认,"最好的社会治理就是最好的犯罪治理"④。例如,在税收领域,金穗工程不仅使税收更加便利,而且使骗取增值税款的案件明显减少。再如,新兴的手机支付方式,不仅给人们带来了便捷,而且减少了扒窃犯罪。又如,高铁的迅速发展,不仅给人们的出行带来了方便,而且使铁路上的扒窃犯罪明显减少。同样,光缆提高了传输功率,也使盗窃、毁坏电信设施的案件明显减少。概言之,"经济、政治、文化、教育、法律等需要共同发挥作用,才能将犯罪控制在最小范围"⑤。

不仅如此,"即使在刑事司法内部,也不是只有刑罚在孤立地发挥机能。逮捕、拘留、强制前往公开宣判的法庭、宣告判决等,虽然在理论上只不过是为了科处刑罚所采

---

① 〔德〕乔治·恩德勒等主编:《经济伦理学大辞典》,李兆雄、陈泽环译,上海人民出版社2001年版,第324—325页。
② 林山田:《刑罚学》(第2版),台北商务印书馆1983年版,第70页。
③ 参见储槐植:《严而不厉:为刑法修订设计政策思想》,载《北京大学学报(哲学社会科学版)》1989年第6期。
④ 张明楷:《市场经济下的经济犯罪与对策》,中国检察出版社1995年版,第430页以下。
⑤ 储槐植、李梦:《刑事一体化视域下的微罪研究》,载江溯主编:《刑事法评论》(第43卷),北京大学出版社2020年版,第176页。

取的程序上的措施,但这些措施现实地发挥着隔离社会、表明社会的非难等刑罚机能。特别是在媒体发达的当下,逮捕、有罪判决等报道,向人们传达了社会对这种行为的否定评价,这对抑止犯罪具有很大的效果。虽然现实执行刑罚本身的抑止效果是不可否认的,但有时也并不是非执行不可"①。从特殊预防的角度来说,刑罚不过是给犯罪人一个教训,而刑事司法内部的刑罚之外的各种措施,同样也会给犯罪人一个深刻教训。即使是相对不起诉,也会使行为人感受到自己是犯罪人,进而会吸取教训、避免再犯。

第三,在我国全面进入小康社会之后,刑罚不能再持续严厉。

使犯罪人承受一定剥夺性或者限制性痛苦,是刑罚的惩罚性质与内在属性。没有痛苦内容的措施,无从体现国家对犯罪人及其行为的谴责与否定评价,在任何时代都不可能成为刑罚。但人们在衡量什么是剥夺性或者限制性痛苦以及痛苦程度如何时,又是以一定社会条件下的平均价值观念为标准的。某些措施,在落后时代不会被认为痛苦强烈,甚至不被认为是一种痛苦,但在社会发展后就会被认为是剥夺性或限制性痛苦乃至痛苦强烈。人们习惯于说古代刑罚残酷,但这是站在当下得出的结论。在国民只有生命与身体而没有自由与财产的时代,只能盛行生命刑与身体刑,而不可能以自由刑与财产刑为中心。在没有私家车的年代,不可能将禁止驾驶作为刑罚;但在私家车普及的时代,完全可能将禁止驾驶作为刑罚。② 如果一国公民普遍习惯于在酒店就餐,则可以将禁止进入酒店作为刑罚。③ 笔者于 2021 年 12 月在本科生的"刑法总论"课堂上说:"在全民离不开手机的时代,可以将禁止使用手机作为刑罚。"坐在前排的一位学生立即大声说:"那太难受了!"

"一个人拥有的越少,可失去的也就越少"④,可以用于惩罚的措施也就越少。社会越向前发展,人们的权利与利益就越多,可能成为刑罚的措施就越多。正如洪堡所言:"在公民享有巨大自由的地方……公民也将生活在一种更高的富裕水平之中;他的心灵将会更为轻松愉快,他的幻想将会更为动人,而刑罚将能够在严厉方面有所松弛,又不丧失其效果。"⑤刑罚处罚程度由重到轻,是历史发展的进步表现与必然结果。轻缓的刑罚只是相对于过去的时代而言,但不意味着不具备剥夺性或限制性痛苦这一刑罚的本质属性。

1949 年以后,我国长时期处于社会主义初级阶段。但经过几十年的改革开放,"实现了人民生活从温饱不足到总体小康、奔向全面小康的历史性跨越,为实现中华民族

---

① 〔日〕平野龙一:《刑法総論Ⅰ》,有斐阁 1972 年版,第 24 页。
② 例如,《德国刑法典》第 44 条将禁止驾驶规定为附加刑。
③ 例如,《瑞士刑法典》第 56 条将禁止进入酒店规定为附加刑。
④ 〔美〕道格拉斯·佩雷斯、〔美〕艾伦·摩尔:《警察伦理学:关于品格的问题》(原书第 2 版),何峻卉译,知识产权出版社 2021 年版,第 53 页。
⑤ 〔德〕威廉·冯·洪堡:《论国家的作用》,荣林远、冯兴元译,中国社会科学出版社 1998 年版,第 144 页。

伟大复兴提供了充满新的活力的体制保证和快速发展的物质条件"①。既然从社会主义初级阶段到总体小康是一个历史性的跨越,刑罚的轻缓化也必须有一个历史性的跨越。因为一个人拥有的越多,可失去的也就越多,可以用于刑罚惩罚的措施也就越多,因而没有必要维持先前的严酷、强烈的剥夺性与限制性。例如,从立法论上来看,在私家车基本普及的当下,完全可以将禁止驾驶作为刑罚方法而不是行政处罚措施。再如,从刑事司法上来说,在物质条件明显提高的小康社会,单处罚金刑不仅具有明显的惩罚性,而且容易执行。况且,我国的社会治安形势良好。例如,2016年"每10万人命案发案数仅0.7起,单就该指数而言,我国已经成为世界上最安全的国家之一"②。在进入中国特色社会主义新时代的当下,应当用轻典。"让我们的刑法不要那么多的狰狞的面目,而更应当体现社会的文明。"③

总之,在全面小康的时代,虽然"不严"的问题正在解决或者已经得到部分解决,但"厉"刑依旧,"不厉"并未实现。由于"厉"表现为重刑,所以,要实现储槐植先生提倡的"严而不厉",关键是实现刑罚的轻缓化。而且,由于过重的刑罚并不适合轻罪,所以,轻刑化可以反过来促进刑事法网严密。

二、轻刑化的要求

如上所述,在当下,轻刑化是实现严而不厉的关键。没有疑问的是,实现轻刑化首先需要减少死刑与无期徒刑。储槐植先生曾明确提出,死刑的消减需要由刑事立法和刑事司法两路并进。④ 同样,无期徒刑的减少,也需要由刑事立法与刑事司法两路并进。例如,在刑事立法上,不要因为特例而设置过高的法定刑⑤,可以取消非暴力财产犯罪、经济犯罪的无期徒刑;在现行刑法之下,刑事司法应当对非暴力财产犯罪、经济犯罪严格限制乃至不适用无期徒刑。由于篇幅所限,本文对此不展开讨论,下面仅从其他方面对轻刑化的要求作些说明。

(一) 降低徒刑的刑期

在我国,不管是立法上还是司法上,有期徒刑在刑罚体系中都处于中心地位。从立法上看,刑法分则只有三个条款没有规定有期徒刑。⑥ 从刑事司法上看,2020年我国

---

① 习近平:《在庆祝中国共产党成立100周年大会上的讲话》,人民出版社2021年版,第6页。
② 储槐植:《刑事"三化"述要》,载《中国检察官》2018年第1期。
③ 储槐植:《走向刑法的现代化》,载《井冈山大学学报(社会科学版)》2014年第4期。
④ 参见储槐植:《死刑改革:立法和司法两路并进》,载《中外法学》2015年第3期。
⑤ 参见储槐植:《刑罚现代化:刑法修改的价值定向》,载《法学研究》1997年第1期。
⑥ 《刑法》第133条之一(危险驾驶罪)、第280条之一(使用虚假身份证件、盗用身份证件罪)以及第284条之一第4款(代替考试罪)。

法院判处死刑、无期徒刑、有期徒刑与拘役案件的数量占全部案件的70%左右。其中,判处5年以上有期徒刑(含无期徒刑与死刑)的案件占全部案件的10.2%。[1] 与其他国家相比,我国有期徒刑(实刑)的适用率与适用期限都明显过高。然而,"犯罪学的研究表明,监狱经历会使个人产生怨恨情绪,也会消除个人在被逮捕时所吸取的教训,犯罪标签很容易使人产生消极认同,进而出现仇视心理,再次犯罪报复社会"[2]。既然如此,长期徒刑就更不利于预防犯罪。

第一,我国《宪法》第28条规定:"国家维护社会秩序,镇压叛国和其他危害国家安全的犯罪活动,制裁危害社会治安、破坏社会主义经济和其他犯罪的活动,惩办和改造犯罪分子。"其中的"惩办和改造犯罪分子",实际上就是特殊预防。储槐植先生也明确指出,如果强调一般预防,逻辑结论则近乎刑罚越苛厉越能威慑犯罪。如果以大多数人(包括有些罪该处死的犯人)的行为是可以矫正的认识为基础,强调特殊预防,必然重视通过适用刑罚改造犯人,但改造以认罪服法为前提,服法又以罪刑相当为条件,所以刑罚要适度。[3]

一方面,长期徒刑使犯罪人对出狱的期待减少,因而不利于犯罪人悔过自新和重返社会。德国学者利普曼(Liepmann)早在1912年就对2000多名被判处终身监禁刑的犯人作过实证研究,结论是,经过20年的关押后,犯人的人格通常遭到破坏,既无气力,也无感情,成为机器和废人。[4] 再如,阿尔布莱希特(Albrecht)在20世纪70年代所作的实证研究表明,持续关押15年以上,在任何方面对服刑人在释放后的人格展开都具有损伤作用;长期关押没有意义,只会毁坏服刑人的社会生活能力。[5]

另一方面,如果法官完全不采纳辩护人、被告人提出的从宽处罚理由,被告人不仅不可能认罪服法、积极改造,而且会心生怨恨,再次犯罪。反之,如果法官积极为被告人寻找从宽处罚理由,尤其是找到辩护人、被告人都没有想到的从宽处罚理由,被告人定会心存感激,因而会认罪服法、积极改造,从而实现特殊预防的目的。

第二,从事实上看,重刑也不利于一般预防。国际社会的统计数据表明,社会治安好的国家(如北欧各国、日本等),监禁率一般在60以下;而监禁率高的国家(如美国

---

[1] 参见《2020年全国法院司法统计公报》,由于统计公报中的"5年以上"包括无期徒刑与死刑,故难以准确统计徒刑的比例。

[2] 储槐植、闫雨:《社会管理创新视野下我国轻罪刑事政策完善》,载《湖北社会科学》2012年第7期。

[3] 参见储槐植:《严而不厉:为刑法修订设计政策思想》,载《北京大学学报(哲学社会科学版)》1989年第6期。

[4] Vgl. M. Liepmann, Die Todesstrafe, J. Guttentag 1912, S. 177 ff.

[5] Vgl. Albrecht, Zur sozialen Situation entlassener Lebenalänglicher, Schwarz 1977, S. 287. 此外,Goeman、Wulf在同期的研究,也得出了相同结论,参见〔德〕Güther Kaiser:《犯罪学》,〔日〕山中敬一译,成文堂1987年版,第165页。

等),社会治安都不好。① 美国学者针对美国的严打措施指出:"近几十年对于犯罪的'从严'措施对犯罪率的降低仅起了一点点作用,却花费了数千亿美元。除了花费巨大和收效甚微之外,'从严'措施的核心内容即大规模的监禁措施也带了很多问题。"② 这是因为,对于具有一定规范意识的人而言,轻微的刑罚就足以使其对犯罪产生反对动机;即使缺乏规范意识的犯罪人,轻微的刑罚也完全可能使他们产生重新做人的动机;对于冲动犯或者基于侥幸心理犯罪的人而言,再重的刑罚也难以起到抑止作用。即使对故意杀人罪的预防,也不依赖于死刑与其他重刑。正如阿图尔·考夫曼所言:"谋杀诚然是最严重的犯罪,但不能由此得出谋杀者具有特别危险的结论。事态恰好相反。被释放的谋杀者再犯罪的现象,极为罕见,而且这也是容易说明的。因为大多数的谋杀者,绝对不是倾向犯,也不是职业犯罪者,完全是在特殊的、几乎不能反复的状况下杀人的冲动犯。"③

我国的刑事司法应当降低徒刑的刑期,尤其是要严格控制5年以上有期徒刑的适用(逐步降低至2%左右乃至更低)。在现行刑法之下,应当从司法解释与具体量刑两个方面降低徒刑的刑期。一方面,最高人民法院、最高人民检察院应尽快修改司法解释,大幅度提高适用加重法定刑的条件,使绝大多数犯罪仅适用基本法定刑。例如,就盗窃罪而言,虽然仍可将1000元至3000元以上作为数额较大的起点④,但"数额巨大"的起点则可以提高到30万元至50万元,"数额特别巨大"的起点可以提高到300万元至500万元。同样,司法解释应大幅度提高作为法定刑升格条件的"情节严重"与"情节特别严重"的要求。另一方面,各级法院的法官在量刑时,应当严格控制中间刑以上的徒刑的适用,尽可能只适用中间刑以下乃至最轻的徒刑。只有做到上述两点,才可能实现徒刑的轻缓化。

(二)提高缓刑适用率

如前所述,实现特殊预防是我国宪法明文规定的刑罚目的。缓刑可以减少不必要的刑罚,能够避免短期自由刑的弊害;由于保留执行自由刑的可能性,因而能够促使犯罪人改过自新。既然如此,就必须尽可能对犯罪人适用缓刑。

美国学者通过对青少年和成人缓刑的研究,得出了如下结论:一是目前监禁的犯人中有很大一部分人可以执行缓刑,而重犯率不会因此而上升。二是适用缓刑的初犯的再犯率比假释犯要低得多。但是,如果缓刑犯有过一次或者两次前科,两者间则没

---

① 参见〔南非〕德克·凡·齐尔·斯米特、〔德〕弗里德·邓克尔编著:《监禁的现状和未来》(第2版),张青译,法律出版社2010年版,第598页以下。
② 〔美〕斯蒂芬·E.巴坎:《犯罪学:社会学的理解》(第4版),秦晨等译,上海人民出版社2011年版,第624页。
③ 〔德〕Arthur Kaufmann:《转换期の刑法哲学》,〔日〕上田健二监译,成文堂1993年版,第265页。
④ 笔者不赞成降低基本犯的成立条件。

有什么差别。缓刑"也是减少累犯的最有效手段之一"①。由此可见,缓刑能够发挥特殊预防的效果,正因为如此,在国外,缓刑的适用率相当高。

在德国,对于1年以下的自由刑,通常可以宣告缓刑;如果有特殊情况,对于1年以上2年以下的自由刑,也可以宣告缓刑。"现在,根据成年人刑法,在被判处自由刑的全部案件中,有2/3宣告附有保护观察的缓刑,约占全部刑罚的14%。缓刑仅次于罚金刑,占第2位。"②德国在2013年审理的案件中,"约1%的被告人只被判处警告,82%被判处罚金,17%判处监禁刑。但是,70%的监禁刑以缓刑方式进行,所以只有5%的被告人进了监狱"。尽管如此,在德国,"刑事立案数持续走低"。③

日本2019年生效判决的总人数为245537人(被判无罪的有96人)。被判处有期惩役的有46086人,其中全部缓刑的有28044人,全部缓刑率为60.9%;此外,部分缓刑的有1452人。被判处有期监禁的有3076人,其中全部缓刑的有3021人,全部缓刑率为98.2%。2020年生效判决的总人数为221057人(被判无罪的有76人)。被判处有期惩役的有44232人,其中全部缓刑的有27163人,全部缓刑率为61.4%;此外部分缓刑的有1298人。被判处有期监禁的有2738人,其中全部缓刑的有2691人,全部缓刑率占98.3%。④ 从立法上看,即使再严重的犯罪,日本刑法也尽量考虑适用缓刑的可能性。例如,2004年日本将强盗致伤罪的法定刑由"无期或者7年以上惩役"改为"无期或者6年以上惩役",就是为了使缓刑适用成为可能。⑤ 即使提高了一些犯罪的法定刑(如故意杀人罪、伤害致死罪、强奸致死伤罪等),但法定最低刑都在6年以下(含6年),也是考虑到适用缓刑的可能性。

我国的缓刑适用率一直较低,一方面,是受重刑主义观念的影响;另一方面,以往对宣告缓刑的犯罪人,基本上没有任何观察、监督措施,导致缓刑的适用没有取得良好的效果。但是,在《刑法修正案(八)》完善缓刑制度以后,应当大幅度提高缓刑的适用率。首先,《刑法》第75条与第77条明文规定了缓刑的考察内容与要求。如果严重违反要求,则可能被撤销缓刑,执行原判刑罚。这样的规定,显然有利于促使犯罪人悔过自新。其次,修改后的《刑法》第76条规定:"对宣告缓刑的犯罪分子,在缓刑考验期限

---

① 参见〔美〕克莱门斯·巴特勒斯:《矫正导论》,孙晓雳等译,中国人民公安大学出版社1991年版,第128页。
② 〔德〕Hans-Jürgen Kerner:《ドイツにおける刑事追诉と制裁》,〔日〕小口浩译,信山社2008年版,第16—17页。
③ 参见〔德〕托马斯·魏根特:《德国刑事程序法原理》,江溯等译,中国法制出版社2021年版,第319、332页。
④ 参见https://hakusyo1.moj.go.jp/jp/67/nfm/images/full/h2-3-2-1.jpg,访问日期:2022年1月22日。
⑤ 参见〔日〕佐藤弘规:《刑法等の一部を改正する法律》,载《ジュリスト》第1285号(2005年),第34页以下。根据《日本刑法典》第25条的规定,对于被宣告3年以下惩役、禁锢或者50万元以下罚金的人,才可能宣告缓刑。当法定最低刑为7年有期惩役、禁锢时,即使酌量减轻处罚,最低也必须判处3年6个月惩役、禁锢,因而不能宣告缓刑。降低为6年后,法官可以酌量减轻至3年惩役或者监禁,进而宣告缓刑。

内,依法实行社区矫正……"将犯罪人置于社区,在相关社会团体和民间组织以及社会志愿者的协助下,由专门的国家机关对犯罪人的行为与心理进行矫正,就使缓刑成为预防犯罪人重新犯罪的有效措施。再次,修改后的《刑法》第72条第2款规定:"宣告缓刑,可以根据犯罪情况,同时禁止犯罪分子在缓刑考验期限内从事特定活动,进入特定区域、场所,接触特定的人。"据此,即使认为宣告缓刑不能确保犯罪人不重新犯罪,也可以通过禁止令防止其重新犯罪。最后,不管是社区矫正还是禁止令,都可以采用"电子脚环"。"电子脚环"是看不见的"电子围墙",使缓刑的监管与监狱内执行没有明显差别,而且因为脚环的存在使犯罪人时刻提醒自己不能违法,因而有利于预防犯罪。①

缓刑是特殊预防目的的产物,基本上属于预防刑的裁量问题,适用缓刑的主要根据是被告人没有再犯罪的危险。

其一,即使罪行比较严重,但如果行为人只是基于特别原因或可宽恕性的动机而犯罪,不具有再犯罪的危险性时,也应当适用缓刑。由于缓刑仅适用于被判处3年以下有期徒刑或者拘役的犯罪分子,所以,法官应尽可能判处3年以下有期徒刑或者拘役。换言之,缓刑的这一适用条件告诉法官,当被告人没有再犯罪的危险时,只要有可能判处3年以下有期徒刑或者拘役,就不要判处更重的刑罚。否则,就会不当限制缓刑的适用。

例如,被告人韩群凤与丈夫黄某婚后生下一对孪生儿子。1999年年底,经医院确诊,两个儿子均为脑瘫,日常生活不能自理。此后,韩群凤夫妇带着两个儿子四处求医。在尽力照顾、治疗13年后,因为看不到好转的希望,为了让家人和孩子都得到解脱,绝望的韩群凤于2010年11月20日22时溺死自己的一对亲生儿子,后服毒自杀未遂。辩护人建议法院对韩群凤适用缓刑,但法院以故意杀人罪判处韩群凤有期徒刑5年。② 可是,将这样的被告人送进监狱,让她反省什么呢?让她改造什么呢?其实,韩群凤根本没有再杀人的危险性,也没有实施其他犯罪的危险性,对其完全可以适用缓刑。如果法官意识到这一点,就可以判处3年有期徒刑进而宣告缓刑。

再如,被告人吴某、熊某长期遭受被害人熊某某(吴某丈夫、熊某父亲)的虐待、殴打。吴某曾多次向被害人所在单位、街道等求助,但熊某某不仅没有任何悔改,而且变本加厉。吴某虽想离婚,但因二人系军婚而不能如愿。案发前两个月,吴某在家中发现了剧毒物氯化钾。2005年3月19日晚,被害人因熊某学业又辱骂二被告人。12时许,熊某某突然进入二被告人睡觉的房间,惊醒二被告人后又回到自己房间睡觉。吴

---

① "不少发达国家已经全面推行'电子脚环',缓刑者监控在美国越来越广泛地运用。美国加州的一名假释官负责300名缓刑者的管理,相当大程度是借助于科技手段和社会力量。"蔡顺国:《"电子围墙"破解社区矫正难题》,载《检察风云》2014年第15期。
② 参见邓新建、廖蔚:《法官详解 悲情母亲为何获从轻处罚》,载《法制日报》2011年6月29日,第8版。

某据此及近几个月来被害人的种种异常表现,预感自己和儿子处于生死险境之中。次日凌晨2时许,吴某、熊某趁被害人熟睡之机用毛巾勒其颈部,致其机械性窒息死亡。法院以故意杀人罪判处被告人吴某死刑,缓期二年执行,以故意杀人罪判处熊某有期徒刑5年。① 可是,对于受虐妇女反杀案,国外理论与判决都在寻找出罪路径。② 在我国,法官即使不能出罪,也完全可以判处3年以下有期徒刑并宣告缓刑,因为被告人没有再犯罪的危险性。

上述两例都说明,如果法官不考虑刑罚目的,就会导致其机械地宣告刑罚,而不可能有利于刑罚目的的实现。换言之,如果法官以实现刑罚目的为己任,对于没有再犯罪危险性的犯罪人以宣告缓刑为目标,就会合理地选择法定刑和确定符合宣告缓刑的前提条件的刑罚,进而宣告缓刑。所以,法官应当首先判断犯罪人是否具备缓刑的实质条件,如得出肯定结论,就应当判处3年以下有期徒刑或者拘役,进而宣告缓刑。

其二,当今社会,犯罪人大多是青少年,如果对他们适用实刑③,将会导致他们在封闭的监狱内度过一段时间,不能接受正常的学校教育、社会教育与家庭教育,导致人格异常,就业机会丧失,从而对他们的未来生活产生极为不利的影响,成为再次犯罪的重大隐患。反之,如果对青少年犯罪人大多不起诉,对应当起诉的犯罪尽量适用缓刑与管制,他们接受正常教育的机会以及就业机会便会增加,这无论对于他们本人还是对社会,都是十分有利的。

对青少年犯罪原则上不起诉或者宣告缓刑,具有充分的实证依据。例如,在世界范围内产生了重大影响的漂流理论认为,犯罪少年有时遵从合法的价值体系,有时反抗合法的价值体系,但并不完全否定合法的价值体系,只是在合法价值体系与非法价值体系之间来回漂流。实证研究证明,即使有的青少年在某个时期实施犯罪,但连续实施犯罪或者维持犯罪生涯的现象极为罕见;绝大多数都是一时性的冲动型犯罪,即使不科处刑罚,他们在成年后,也会从非法的价值体系社会转移到合法的价值体系社会,过着遵纪守法的生活。④ 这一点也得到了科学的证明,亦即,"在20来岁以前,人类前额叶皮层还没有完全发育,这实际上是青少年冲动行动的潜在原因"⑤。在20世纪后半叶,美国的青少年犯罪增加。普林斯顿大学教授约翰·迪鲁里奥创造出"超级恶

---

① 参见辽宁省大连市中级人民法院(2005)大刑初字第203号刑事判决书。
② 参见张明楷:《受虐妇女反杀案的出罪事由》,载《法学评论》2022年第2期。
③ "据统计,我国最低的省份也有50%以上的未成年犯罪人被判处监禁刑。"(储槐植、闫雨:《社会管理创新视域下未成年人犯罪刑事政策研究》,载《河北法学》2012年第10期)美国是监禁率最高的国家(监禁率为639),其少年犯占全部关押人数的0.2%(2014年),而我国的少年犯却占0.8%(2013年)(参见周勇:《世界押犯人数最多的50个国家最新监狱统计数据》,载《犯罪与改造研究》2021年第7期)。
④ 参见[日]濑川晃:《犯罪学》,成文堂1998年版,第103—105页。
⑤ D. Eagleman, The brain on Trail, The Atlantic, July/August 2011, p. 122, 转引自[英]蒂姆·欧文等编著:《网络犯罪新视角》,程乐等译,中国民主法制出版社2021年版,第20页。

煞"(superpredator)这一术语来形容青少年犯罪。超级恶煞理论导致美国几乎每个州都在20世纪90年代末大幅度修改法律,允许或者要求成人刑事法庭审理青少年犯罪案件,并使得犯罪的青少年可能被判处终身监禁乃至死刑。然而,随着调查研究的深入展开,超级恶煞理论衰退,社会上对该理论的反对之声随之而来,各州开始拒绝将青少年视为成人,许多州相继立法,提高少年法庭管辖案件的最高刑事责任年龄。迪鲁里奥于2001年也承认,其超级恶煞理论不足为信。随后,美国联邦最高法院相继有三个判决宣布,对青少年判决死刑与终身监禁违反宪法。每一个判决的说理都包括对青少年犯罪的心理学研究结论,即青少年对其行为会产生的结果往往缺乏成熟的、充分的认识。现在,美国对青少年犯罪已经由惩罚与报应转向矫正,迪鲁里奥也在努力帮助失足的青少年。①

根据上述实证研究,在我国,即使对青少年的聚众斗殴、寻衅滋事、轻伤害等行为不科处刑罚,他们成年后一般也不会再实施这类行为。反之,如果对青少年的上述行为科处刑罚,反而容易导致他们重新犯罪。既然如此,科处刑罚就违背了刑罚预防犯罪的目的,公检法机关不能为了增加定罪量刑的数量而轻易对实施寻衅滋事、轻伤害等行为的青少年科处刑罚。

总之,在《刑法修正案(八)》完善缓刑制度后,扩大缓刑的适用范围、提高缓刑的适用率,不仅具有可行性,而且更有利于实现特殊预防的目的,避免自由刑造成的诸多不利后果。今后,对于被判处3年以下有期徒刑或者拘役的犯罪人,原则上均应宣告缓刑,使缓刑的适用率在被判处有期徒刑与拘役的判决中达到60%以上。

(三) 增加单处罚金刑

罚金刑具有悠久的历史,也具有明显的优点:①由于罚金刑不剥夺犯罪人的人身自由,犯罪人不被关押,从而避免了与狱中受刑者的交叉感染,进而降低再犯率。②罚金刑使犯罪人仍然过着正常的社会生活,避免因入狱而与社会隔离所导致的对社会不适应,也不影响犯罪人的家庭生活,既有利于犯罪人的改造,也不会使其家庭成员产生敌对情绪。③罚金刑的执行不仅不需要费用,而且可以增加国库收入,是最具有经济性的刑种。④罚金刑能适应犯罪的危害程度以及犯罪人的收入、性格、家庭状况等,具有特殊预防作用。⑤罚金刑既给基于营利目的的犯罪以迎头痛击,还剥夺了犯罪人继续实施经济犯罪的资本,从客观上防止他们重新犯罪。⑥在所有刑种中,罚金刑是具有最容易、最全面的恢复可能性的刑种。亦即死刑、徒刑、拘役、管制等刑罚,一经执行就不可能有效地恢复,但罚金刑执行后则可完全恢复(归还本息)。⑦罚金刑还可以适用于单位犯罪。② 美国的实证研究表明,"无论是初犯还是累犯,受到罚金处罚后的再

---

① 参见〔美〕迈克尔·H.罗弗:《法学之书》,李章仙译,重庆大学出版社2021年版,第248页。
② 参见〔日〕菊田幸一:《犯罪学》(第9版),成文堂2021年版,第322—323页。

犯率低于受到缓刑处理的再犯率"①。

正因为罚金刑存在诸多优点,储槐植先生在三十多年前就提出:"完善罚金刑,以利于司法实践扩大运用范围。具体是:(1)在刑法总则里,规定两种罚金制,一种是对获利性犯罪采比例罚金制,即罚金数为非法所得数的百分数或者倍数,另一种是对非获利性犯罪采幅度罚金制,即规定罚金数的下限与上限。(2)在刑法分则部分,增加适用(单处或者并处)罚金刑的条款。"②

事实上,20世纪中期以后,非监禁刑作为刑事司法改革的成果之一,开始成为许多国家刑罚理论与实践的热点问题。经过几十年的发展,非监禁刑作为较人道与文明的刑事制裁方法,已经在西方主要国家得到普遍适用。③ 如前所述,在德国检察机关起诉到法院的案件中,有82%以上被单处罚金。④ 日本1980年单处罚金与科料的人数占全部有罪人数的96.46%,2000年单处罚金与科料的人数占全部有罪人数的92.27%,2019年与2020年,单处罚金与科料的人数分别占全部有罪人数的79.84%和78.6%。⑤

诚然,罚金刑具有一个公认的缺陷,那就是其对于穷人是深重的灾难,对于富人却难以体现惩罚的属性,因而作用较小。但在现代社会,完全可以克服这一缺陷。一方面,罚金刑当然要考虑犯罪人的经济能力,对穷人不必判处高额罚金。另一方面,对于富人也不是必须判处高额罚金,完全可以通过缴纳方式,使其感受罚金刑的痛苦,进而不断提醒其悔过自新。例如,对于富人应当实行分期缴纳,而且指定缴纳的期限应相对长一些,不能过短(不超过3年可能较合适);即使犯罪人具有一次缴纳的能力,也宜令其分期亲自缴纳。这一措施可以增加罚金刑的效果,克服罚金刑对富人效果差、作用小的缺陷。

我国1997年《刑法》对不少获利性犯罪采取比例罚金刑,并处罚金刑的条款也明显增加,但遗憾的是,单处罚金刑的条款过少,有的刑法修正案甚至将单处罚金刑修改为并处罚金刑。⑥ 此外,刑法修正案增设的部分轻罪(如危险驾驶罪、危险作业罪)也没有规定单处罚金刑。现行刑法共对80个犯罪规定了单处罚金刑,占全部具体犯罪的20%左右,但2020年全国法院仅对8345人单处罚金⑦,占所有有罪人数的0.546%。这

---

① 〔美〕克莱门斯·巴特勒斯:《矫正导论》,孙晓雳等译,中国人民公安大学出版社1991年版,第128页。
② 储槐植:《严而不厉:为刑法修订设计政策思想》,载《北京大学学报(哲学社会科学版)》1989年第6期。
③ 参见张旭、宋伟卫:《非监禁刑:文明社会的刑罚选择》,载《北方法学》2007年第3期。
④ 〔德〕托马斯·魏根特:《德国刑事程序法原理》,江溯等译,中国法制出版社2021年版,第332页。
⑤ 参见 https://hakusyo1.moj.go.jp/jp/67/nfm/images/full/h2-3-2-1.jpg,访问日期:2022年1月22日。
⑥ 例如,《刑法修正案(八)》第24条取消了《刑法》第143条中对基本犯"单处罚金"的规定,第25条取消了《刑法》第144条对基本犯的拘役刑以及单处罚金的规定。
⑦ 参见《2020年全国法院司法统计公报》。

充分说明,法官对单处罚金并不持积极态度。

在笔者看来,我国需要大幅度提高单处罚金刑的适用率,逐步使单处罚金的判决占全部判决的80%左右。在当下,需要从两个方面促使单处罚金刑增加。一方面,刑法应当增设单处罚金刑的规定。单处罚金的规定,不应限定为财产犯罪、经济犯罪等营利性犯罪,而是对任何较轻的犯罪以及绝大多数基本犯都可以规定单处罚金刑。例如,对于过失致人死亡、过失致人重伤、非法侵入住宅、非法拘禁等犯罪,都可以规定单处罚金。此外,刑法总则应规定,在分则条文没有规定罚金刑时,法官可以通过判处罚金取代短期自由刑。另一方面,司法机关应当积极适用单处罚金的规定。对于刑法分则规定了单处罚金的犯罪,应当尽可能宣告单处罚金。对于刑法分则没有规定单处罚金的犯罪,在行为人具有减轻处罚的情节时,也可以单处罚金。

(四)增加免予刑罚处罚与相对不起诉的适用

国民可能接受"有罪不罚"的情形。[①] 但由于我国没有正式规定微罪处理制度,导致公安机关对构成犯罪的案件都积极移送至检察机关,这并不是一种理想的状况。在现行法律制度之下,检察机关对于构成犯罪的案件,应当优先考虑能否相对不起诉,切实做到可起诉可不起诉的不起诉。检察机关要逐步使不起诉率达到50%左右。对于检察机关起诉到法院的案件,如果大体符合免予刑罚处罚条件的,法官应当作出免予刑罚处罚的判决。

司法人员应当改变观念,不要以为只有刑罚才是对犯罪人的处罚。根据我国刑法与刑事诉讼法的规定,免予刑罚处罚与相对不起诉就是认定行为人的行为构成犯罪,"认定有罪本身就是一种重要的惩罚"[②]。不仅如此,如前所述,即使最终宣告无罪,但此前的讯问、开庭审理等过程其实也是对行为人的一种"惩罚"。例如,一些民营企业家因为被逮捕,而导致企业倒闭、职工失业的现象并不罕见。即使后来被宣告无罪,也不能弥补逮捕造成的损失。或许正因为如此,刑法理论与相关机关提倡对企业家网开一面。其实,这样的观点只会形成不公平的局面,只有对所有犯罪人,不轻易采取拘留、逮捕的强制措施,优先选择相对不起诉与免予刑罚处罚,次优选择单处罚金刑,才可能避免不公平的局面,也有利于预防犯罪。

三、轻刑化的路径

不可否认的是,实现轻刑化首先需要立法机关修改法定刑。一方面,要从整体上

---

① 参见储槐植:《刑法契约化》,载《中外法学》2009年第6期。
② 〔美〕马尔科姆·M.菲利:《程序即是惩罚——基层刑事法院的案件处理》,魏晓娜译,中国政法大学出版社2014年版,第119页。

降低法定刑,既要降低最高刑,也要降低最低刑(使任何犯罪都有判处缓刑的可能性)。另一方面,使基本犯的法定刑与加重犯的法定刑保持一定的交叉或重叠①,从而避免加重犯的量刑畸重。此外,还需要赋予法官酌定减轻处罚的权力,刑事诉讼法应当扩大不起诉的适用范围。就立法而言,储槐植先生在三十多年前提出的不少建议②,至今仍然具有重要指导意义。最高人民法院、最高人民检察院应当及时修改量刑规范,以及关于从宽情节与从重情节的规定。以下仅就法官如何在办案过程中实现轻刑化发表浅见。不言而喻,法官首先必须摒弃重刑主义观念,本文对此不可能展开说明。下述内容的侧重点是,在现行刑法之下,法官实现轻刑化的主要路径是什么?

(一) 正确评价案件的罪行程度

至为明显的是,如果法官总是认为自己所办理的案件的罪行是最严重的,必然会科处最重的刑罚。例如,倘若认为基于报复的动机杀害一人的行为,在故意杀人罪中是最严重的罪行,法官必然会对被告人判处死刑立即执行。反过来说,只有正确评价罪行程度,才可能实现轻刑化。

第一,司法人员要认识到最严重的犯罪尚未发生,或者说,自己所办理的案件不可能是最严重的犯罪。例如,盗窃罪的最高档法定刑为"十年以上有期徒刑或者无期徒刑"。当一位法官面对被告人盗窃了500万元现金的案件时,不要以为此案罪行最严重,因而不要判处无期徒刑,因为以后可能发生盗窃1000万元现金的案件。下一次果真遇到了盗窃1000万元现金的案件时,也不要以为它是罪行最严重的案件,因为可能发生盗窃5000万元现金的案件。只要法官铭记罪行最严重的案件并未发生,就会将最严重的刑罚留在以后,于是对眼前的案件一般不会判处最重的刑罚。

第二,在评价犯罪的罪行程度时,不能将犯罪的常态视为后果严重或者动机卑鄙,进而认为罪行严重。例如,在故意杀人罪中,杀害一人只是犯罪的常态,不能认定为后果严重。杀害二人以上,才可能认定为后果严重。有的法官指出,下列情形都属于严重的故意杀人罪:负有法定义务的人,为逃避履行义务,而杀死权利人的;为泄愤、报复、嫉妒、消除竞争对手而杀人的;图财害命的;为毁灭罪证而杀人的;为嫁祸于人而杀人的;出于奸情而杀人的。③ 其实,这些只不过是故意杀人罪的常态。甚至可以认为,基于报复动机是比常态更轻微的动机。

第三,不能认为,只要罪行不轻微就是罪行严重,必须从重处罚。这是因为,一个案件没有表明罪行轻微的情节,并不直接表明罪行严重,充其量表明罪行程度一般,不

---

① 参见李洁:《遏制重刑:从立法技术开始》,载《吉林大学社会科学学报》2009年第3期。
② 参见储槐植:《严而不厉:为刑法修订设计政策思想》,载《北京大学学报(哲学社会科学版)》1989年第6期。
③ 参见张忠斌:《关于几种罪名死刑适用的探讨》,载《人民法院报》2009年11月25日,第6版。

可从重处罚。应特别注意的是,不能使与侵害法益没有关系的情节影响对不法程度的评价。这是因为,犯罪的本质是侵害法益,如果某项事实与侵害法益没有关系,就不可能影响犯罪的不法程度。

(二) 正确把握法定刑的分配

正确评价罪行程度后,需要重视法定刑的分配。刑法分则所规定的法定刑均有较大幅度,其中可能含有由轻到重的不同刑种。显然,法官正确地选择了法定刑之后,并非可以随意科处其中的任一刑罚,而是要考虑法定刑的分配。亦即,法定刑由轻到重,其罪状与标明的类型或情节也是由轻到重,必须让轻刑与轻类型相对应、重刑与重类型相对应。法官不可以认为,只要在法定刑内量刑就不违法,相反应当认为,在法定刑内量刑也可能违法。

例如,根据《刑法》第263条的规定,抢劫致人重伤、死亡的,"处十年以上有期徒刑、无期徒刑或者死刑"。撇开其他情节不论,抢劫致人重伤、死亡至少可以分为四种情形:①抢劫过失致人重伤;②抢劫故意致人重伤;③抢劫过失致人死亡;④抢劫故意致人死亡。将法定刑进行合理分配,就可以得出如下结论:对第①种和第②种两种情形,只能适用有期徒刑;对第③种情形通常也只能适用有期徒刑,或者充其量在特殊情况下可能适用无期徒刑;只有第④种情形,才有可能(而不是必须)适用死刑。再如,根据《刑法》第236条的规定,"强奸妇女、奸淫幼女多人的",处"十年以上有期徒刑、无期徒刑或者死刑"。达到3人才能称为多人,显然,如果没有其他从重处罚情节,对于强奸3人的,只能判处10～11年有期徒刑,而不能判处更重的刑罚。因为强奸3人刚刚达到适用上述法定刑的起点,对刚达到起刑点的犯罪,只能适用最低刑。如果判处更重的刑罚,就违反了罪刑相适应原则,同样违反了刑法。

不仅如此,法官还应当意识到,即使某个法条所规定的升格法定刑在形式上适用于其所规定的几项罪状,但绝对不意味着对每项罪状都可以适用升格法定刑中的最重刑。例如,《刑法》第263条规定的"入户抢劫",无论如何都不应当适用无期徒刑与死刑。

(三) 不得想象更重法定刑

根据笔者的观察,一些法官在量刑时,实际上自觉或者不自觉地想象了一种重于法定最高刑的刑罚,这是导致重刑主义观念得以贯彻的又一原因。

例如,甲参与集资诈骗活动,应对共同骗取的500亿元负责,但甲主动从国外回国投案,如实交待自己的罪行,且积极退赃。尽管如此,法官也对甲判处无期徒刑。在笔者看来,在甲具有法定从宽处罚情节的情况下仍然顶格判处无期徒刑,一个重要原因是,法官对集资诈骗罪想定了更重的法定刑:"根据本地以往的量刑实践,集资诈骗5亿元就应当判处无期徒刑,而甲集资诈骗500亿元,原本应当判处更重的刑罚,但由于甲投案自首,所以,仅判处无期徒刑。"或者想定了更多的无期徒刑:"根据本地以往的量刑实践,集资诈骗 5 亿元就应当判处无期徒刑,而甲集资诈骗 500 亿元,原本应当判处 10 个无期徒刑,但由于甲投案自首,所以,仅判处 1 个无期徒刑。"可是,《刑法》第 192 条并没有对集资诈骗罪规定死刑,也没有规定数个无期徒刑。原本就不应当存在一个"原本应当判处更重的刑罚"与"原本应当判处 10 个无期徒刑"的想定。既然甲的责任刑是无期徒刑,那么,在具备法定的从轻、减轻处罚情节时,就应选择低于无期徒刑的刑罚,亦即只能判处有期徒刑。

再如,张某故意杀害 3 人,但责任有所减轻。有学者认为不应当从轻处罚,理由是:假设罪大恶极、应该判处死刑立即执行的故意杀人罪的不法程度为 100、责任为 100,那也就意味着客观罪量和主观罪量之和达到 200 时就可以适用死刑立即执行。正常情况下杀死一人就足以判处死刑,杀一人的不法程度就已经达到 100,张某杀死 3 人,其客观之罪的不法程度是 300;张某的责任有所减轻,未达到 100 的主观罪量,但也仅仅是有所减轻,假设其责任程度为 90,那么,其客观罪量和主观罪量之和为 390。在综合罪量为 200 的情况下就应当适用死刑立即执行,对张某应当适用死刑立即执行。① 这或许表达了许多法官的想法。但这种观点不无疑问。①如果 100 就意味着罪行极其严重(满分),倘若杀害一人是罪行极其严重(达到了 100),杀害 3 人也同样是罪行极其严重(也只是 100,而不是 300)。②在张某杀害 3 人的情形下,如果有一个表明其悔改的情节,就表明其不会再杀人,因而"不是必须立即执行",而不是表明其以后还会杀 2 人。换言之,一个表明悔改的情节不是只适用于杀害一人,而是表明对全部罪行有悔改。③将不法与责任相加的做法,明显不符合不法与责任关系的基本原理。按照这种观点,如果行为人导致 4 人死亡,其不法就达到了 400,即使没有责任,也只能减少 100,于是,因为罪量达到了 300,仍然可以判处死刑立即执行。这恐怕不合适。④上述观点实际上想定了更重法定刑,亦即杀害 1 人可以判处死刑,杀害 3 人就可以判处 3 个死刑。责任减轻充其量减去 1 个死刑,故还可以判处 2 个死刑。难以认为这一观念具有妥当性。换言之,对任何故意杀人案件的责任刑最高只能决定一个死刑,如果行为人的预防刑有所减少,就必须从轻乃至减轻处罚。

(四)尽量适用从宽处罚规定

在现行刑法与司法解释之下,尽量认可从宽情节(尤其是法定的从宽情节)和适用从宽处罚规定,是实现轻刑化的重要路径。

第一,对于自首、立功、从犯等法定从宽情节,应当放宽认定条件。例如,对于自首中的自动投案与如实交待自己的罪行,都不能提出过于严格的要求。既不能因为被告人辩解就否认被告人如实供述,也不能因为被告人交待的不完整就否认如实供述。又

---

① 参见王政勋:《张扣扣案的法理与人情》,载"衡宁律师"微信公众号 2019 年 7 月 18 日。

如,不能将立功限定为"到案后",只能限定为"犯罪后"。再如,不能动辄认定共同犯罪的所有参与人都是主犯。主从犯原本就是相比较而言的,在绝大多数共同犯罪案件中,不可能所有参与人都起主要作用。此外,主从犯的认定不能仅在已经到案的参与人之间进行比较,而是必须在所有参与人之间进行判断。不能因为主犯在逃或分案处理,就认定在案的参与人是主犯。

第二,对于可以型的从宽情节,原则上都要从宽处罚。不能因为刑法使用了"可以"一词,就任意决定不从宽处罚。"可以"是刑事立法的基本态度,当刑法规定可以减轻处罚时,减轻处罚不需要再说明具体理由。例如,"对有自首、立功情节的犯罪分子从宽处罚本身就是对罪责刑相适应原则的贯彻和具体落实。从更深层次分析,对人身危险性降低的犯罪分子予以从宽处罚也符合刑罚特殊预防目的的要求"①。反之,如果不减轻处罚则必须特别说明具体理由。所以,应当杜绝没有具体理由却不从宽处罚的现象。

第三,在刑法规定应当或者可以"从轻、减轻、免除处罚"(如从犯)时,通常至少要选择减轻处罚,而不能只是从轻处罚。这是因为,当刑法作出这样的规定时,减轻处罚作为中间情形,应当是最多的情形。退一步说,根据《刑法》第 27 条的规定,对于从犯至少有 1/3 应当减轻处罚,1/3 免除处罚。如果对从犯仅从轻处罚,必然难以实现刑罚的轻缓化。

第四,合理适用《刑法》第 63 条第 1 款。该款规定:"犯罪分子具有本法规定的减轻处罚情节的,应当在法定刑以下判处刑罚;本法规定有数个量刑幅度的,应当在法定量刑幅度的下一个量刑幅度内判处刑罚。"该款后段规定只是就应当适用较重量刑幅度的情形而言的,而非在任何场合都在下一个量刑幅度内判处刑罚。①当行为人具有可以(或应当)"减轻或者免除处罚"的法定情节,而又不宜免除处罚时,减轻处罚时可以下降两个量刑幅度。②当行为人具有"可以免除处罚"的法定情节,但根据案件情况不应免除处罚时,根据当然解释的原理,应当下降两个量刑幅度减轻处罚。③当行为人具备两个以上减轻处罚情节时,应当下降两个量刑幅度。②

第五,积极适用《刑法》第 63 条第 2 款规定。该款规定:"犯罪分子虽然不具有本法规定的减轻处罚情节,但是根据案件的特殊情况,经最高人民法院核准,也可以在法定刑以下判处刑罚。"据此,酌定减轻处罚成为程序相当复杂的事情,因而适用范围小。尽管如此,法官也应当具有"只要符合条件就减轻处罚"的意识。①法定刑过重时,应当有减轻处罚的意识。例如,入户抢劫的法定刑过重,必要时应当减轻处罚。②罪行明显轻于法定最低刑对应的程度时,应当有减轻处罚的意识。

---

① 储槐植、闫雨:《刑事一体化践行》,载《中国法学》2013 年第 2 期。
② 参见张明楷:《刑法学》(第 6 版),法律出版社 2021 年版,第 755 页以下。

"严而不厉"思想在解释学领域的具体实践

付立庆[*]

储槐植先生创造性提出的"严而不厉"思想[①]内涵丰富、言约旨远,其目的是刑法结构的优化,目标是刑法机制的协调。这一思想体现了提出者敏锐的洞察力和良好的平衡感,闪烁着智慧的光芒。储槐植先生也凭借这一思想以及"刑事一体化"的思维范式和理论框架,成为当代中国最重要的法学思想家之一。

笔者自2000年到北京大学攻读硕士学位,尤其是2002年开始攻读博士学位以来,接触到这一思想之后深以为然,逐渐成为其忠实信奉者和坚定支持者,不但在2004年有幸与储老师等一起合作了《刑法机制》[②]一书,而且多年来始终以这一思想指引自己的学术研究和课堂教学。笔者坚信,"严而不厉"不仅能够为中国当代刑事立法的活跃化提供思想资源,也能对中国的刑法适用解释提供有效的指引,尤其是后者,在立法大环境之下具有更为直接的现实意义。本文选取解释方法、刑罚论和财产犯罪解释三个维度,具体探讨"严而不厉"思想的实践展开,并在此基础上,简要述及这一思想与梁根林教授倡导的"以刑制罪"观念以及本人所主张的积极主义刑法观之间的逻辑关系,以示传承。

一、"严而不厉"思想的基本解读

(一)严而不厉之"严":严密法网

贝卡里亚说过:"惩罚犯罪的刑罚越是迅速和及时,就越是公正和有益。"[③]犯罪心理学的研究结论同样证明,绝大多数犯罪人都存有侥幸逃避制裁的心理,无论刑罚多么严厉,犯罪人认为自己有逃脱刑罚制裁的可能时,再严厉的刑罚也毫无阻止犯罪发生的作用。所以,对于犯罪规制来说,"严密法网"从而增加刑罚的确定性是最为重要的。

---

[*] 中国人民大学刑事法律科学研究中心教授。
[①] 参见储槐植:《刑事一体化论要》,北京大学出版社2007年版,第54—67页。
[②] 参见储槐植等:《刑法机制》,法律出版社2004年版。
[③] 〔意〕切萨雷·贝卡里亚:《论犯罪与刑罚》(增编本),黄风译,北京大学出版社2014年版,第57页。

所谓"严密法网",既包括立法层面上的刑事法网规制范围的严密,也包括司法适用上的确定、及时,重视刑罚的不可避免性。要而言之,鉴于中国当下整体法网和个罪法网都不够严密的现实,刑法需要相对积极主动地介入社会生活,除在立法论层面上主张通过"适度犯罪化"严密整体法网之外,在解释论上,主张在罪刑法定主义所能够允许的范围内,通过刑法适用解释的方法尽可能扩充刑法规范的供给,以严密个罪法网。总体说来,以上两种渠道,立法上的努力增加刑法规范的既有供给,司法上的运作增加刑法规范的可能供给,两者共同保证我国的刑事法网从"不严"到"严"。

(二) 严而不厉之"不厉":去重刑化

严密刑事法网,同时顺应潮流实现刑罚轻缓化,在犯罪圈大小与刑罚量配置上同时改变我国刑法机制的运作现状而作反向变革,即在严密法网的同时轻缓刑罚,进行由"厉而不严"到"严而不厉"的结构性优化,应该是我们在面对刑法机制运作不畅("刑法危机")时所面临的选择。这里,严密刑事法网同样能起到刑法的威慑作用,以此作为因刑之趋轻导致刑罚乏力的功能代偿。"严而不厉这种刑法结构能较好地同时发挥刑法打击犯罪保护社会与保障犯罪人合法权益两种功能,容易协调司法实践中可能出现的情与法的冲突","'严而不厉'是人类迄今为止探索寻觅到的利于刑法运作(刑法机制)顺畅的刑法结构"①。

要实现"不厉",就要去重刑化,"去重刑化是刑法现代化的基础性问题"②。去重刑化与我国总体上犯罪态势的演变相适应。据统计,2000年到2010年,普通刑事犯罪的发案量稳中有降,其中放火、爆炸、杀人、伤害、抢劫、绑架、劫持、强奸这八类严重暴力犯罪,发案量持续下降,破案率明显上升。而且这八类严重暴力犯罪在普通犯罪总数中的占比亦逐年下降,特别是命案发案量,2010年比2000年下降了近50%,同期命案破案率大幅上升,至2016年已高达98.3%,每10万人命案发案数仅0.7,单就该指标而言,我国已成为世界上最安全的国家之一。③ 就此而言,我们不太可能再发生刑法危机,去重刑化已具备客观条件。④ 同时,真正建立立法双轨制,也有助于从根本上杜绝法定犯攀比自然犯法定刑的现象,对于实现刑罚轻缓化、趋向"不厉",也是重要的制度化举措。

(三) "严"与"不厉"之间的合理关系

我国学者白建军教授认为,储槐植先生倡导的"严而不厉"思想应该成为未来刑法

---

① 储槐植、宗建文等:《刑法机制》,法律出版社2004年版,第26页。
② 储槐植:《1997年刑法二十年的前思后想》,载《中国法律评论》2017年第6期。
③ 参见杨书文:《试议经济犯罪的风险性与经济刑法的扩张化——兼及晚近刑事立法中的经济犯罪》,载《江西警察学院学报》2017年第5期。
④ 参见储槐植:《刑事"三化"述要》,载《中国检察官》2018年第1期。

修正的基本指导原则之一。"严而不厉"思想的精髓,既非不加区分的罪名多多益善,又非简单的轻刑缓罚,而是"严密"与"不厉"之间的合理关系。白建军教授认为,在这一语境下,未来中国刑法修正似应参照以下三个具体原则展开。

①结构还原,即任何一个已入刑或拟入刑的行为,都应该具有暴力、偷窃、欺骗的可还原性,至少可归结为定制之罪。刑法修正沿着这一还原路径增设罪名或者调整入刑条件、范围,是实现法网严密性的基本路径。

②比例控制,即刑法修正要尽量保持典型犯罪的比例明显大于不典型犯罪,原则上不出现犯罪圈外环罪名。目前我国刑法犯罪圈三环结构中,典型犯罪、定制之罪和外环犯罪的比例为 70.5%、20.7%、8.8%,约为 7∶2∶1。除非另有系统性说明,刑法修正不应轻易逆向打破这个比例关系。

③罪刑有序,即刑法修正应该按照犯罪圈结构中犯罪类型之间入刑理由的强弱安排各类罪名的刑罚轻重。结构还原与比例控制都是严而不厉原则中"严密"的具体化,同时也为"不厉"的实现打下了基础。而罪刑有序则是"严密"与"不厉"之间关系的一种量化表达。"不厉"不是指所有犯罪不分轻重地普遍轻罚,而是"严密"基础上的"不厉",是以罪与罪之间结构合理性为条件的轻刑缓罚。①

以上论述为如何严密法网、如何通过设定各种犯罪的刑罚轻重以保证罪刑均衡提供了实证基础和较为具体化的标准,值得重视。

二、"严而不厉"思想在解释方法上的实践

在罪刑法定原则得以确认后,禁止类推问题也就自然而然地得到重视。只是罪刑法定主义所禁止的类推是不利于被告人的类推,而非有利于被告人的类推,尽管对于这一立场一直以来也有反对的声音,但却在德日等大陆法系国家和我国学界获得了多数学说的认可。由此,问题就成了扩大解释与类推适用的界限何在。

(一) 扩大解释和类推适用的界限划分:迄今的努力与存在的问题

1. "可能含义说"及其缺陷

对于应该允许的扩大解释和必须禁止的类推适用的区分界限,通说采用了是否超出了"法律用语的可能含义"的标准,认为这应该是法官解释中可以允许的最外延边界。但这不可能终结对问题的讨论,因为"法律用语的可能含义"理论是存在缺陷的。

不管是在何种意义上,法律概念都包含暧昧的(开放的、有孔的)"含义的边缘"。这样,在对并不属于法律概念的这一"含义的边缘"的"否定案件"适用刑法规范(法律

---

① 参见白建军:《犯罪圈与刑法修正的结构控制》,载《中国法学》2017 年第 5 期。

效果）的场合，也就是在作为欠缺刑法规范之补充手段的"类推"的场合，在论理上来说就属于无视了"可能含义"的界限。这样的话，单纯以语言含义的暧昧性为理由质疑"可能含义"理论，可以说理由并不充分。但是，关于"含义的边缘领域"（中性案件）与"核心领域"（肯定案件）或者是与"超出了边缘的领域"（否定案件）之间的界限，恐怕会产生"新的暧昧性的"问题以及"界限的流动性"问题。① 这恐怕是试图通过"法律用语的可能含义"来划定扩大解释与禁止的类推适用之界限的观点所无法回避的难题。

2. "一般人的预测可能性说"及其问题

为了判断是否超出了"用语的可能含义"和语义射程，学者们提出了"一般人的预测可能性"标准，用是否超出了一般人的预测可能性，即是否超出了一般公民的预测能力和预测范围，来检验是否超出了"用语的可能含义"和语义射程，认为凡是超出了一般人的预测可能性的结论就是类推适用，尚未超出的则是扩大解释。通过一般人的理解可能性、预测可能性的概念将刑法用语的"可能含义"概念加以明确化，是朝着正确的方向迈进了一步。但是，预测可能性仍是不确定的概念，甚至如曲新久教授所言，较之用语的"可能含义"等概念"更大、更高、更抽象"②。即便同样主张应该将是否侵害了预测可能性作为区分是否类推的标准，学者间就应该如何考察预测可能性也存在分歧。由于对预测可能性的判断见仁见智，甚至对其与法律用语的可能含义之间究竟谁是谁的判断资料等都有不同认识，因此能否借助这一概念顺利区分扩大解释与类推适用，仍然有疑问。

（二）"严而不厉"思想指导下的刑法适用解释："明显突兀感说"的提出

对扩大解释和类推适用之区分的讨论所陷入的困境，和未能充分结合刑法介入社会生活的应有态度有关。需要强调，刑法介入（也就是刑罚介入）是积极一些还是消极一些，是采取刑罚积极主义还是采刑罚消极主义，直接关系到对扩大解释与类推适用之区分标准的具体把握。若是采取刑罚积极主义，则在扩大解释与类推适用的区分标准上可能就掌握得宽松一些；若是在刑罚的介入问题上采取消极主义的立场，就会对扩大解释与类推适用的区分标准把握得更严格一些。

认同"严而不厉"思想的笔者采用刑罚积极主义的立场，主张积极主义刑法观。由此，本文将扩大解释与类推适用的区分标准归纳为"明显突兀感说"，这和日本学者福田平教授所说的"不能允许侵害国民之预测可能性的解释，换言之，不能允许给予国民以突然袭击之感的解释"③，或者是荻原滋教授所说的"和某种词语的通常理解相去甚

---

① 参见〔日〕增田丰：《语用论的含义理论与法解释方法论》，劲草书房 2008 年版，第 140 页。
② 参见曲新久：《区分扩张解释与类推适用的路径新探》，载《法学家》2012 年第 1 期。
③ 〔日〕福田平：《刑法解释学的基本问题》，有斐阁 1975 年版，第 13 页。

远的(对被告人不利的)解释就属于不能允许的类推"①,可谓异曲同工。具体而言,明显使社会一般人感觉突兀的结论,属于国家对于国民的"突然袭击",也可谓和某种词语的通常理解"相去甚远",其超出了一般人的预测可能性从而超出了刑法用语的"可能含义",这样的结论就是类推适用;而不会给社会一般人明显突兀感的结论,就是扩大解释。这样,虽然不是"尽力地把一切类推性适用都往扩张解释里塞"②,但笔者所理解的扩大解释的范围确实可能相对"扩大",而这也正是为了适应严密法网的要求。

由此,在有些解释结论不会使一般人感到突兀(如将"电子邮件"解释为"信件"、将"卖淫"解释为"为获取物质报酬而以交换的方式与不固定的对象发生的性行为"、将"虚拟财产""财产性利益"等解释为财物)时,不会在是否违反罪刑法定原则的问题上产生疑问。而有些解释结论虽然会使一般人感到突兀,但是不至于感觉明显突兀时,仍为罪刑法定原则所允许。①将"大炮""土炮"解释为"枪支";②将"用于载人的拖拉机"或"作为交通运输工具使用的大型拖拉机"解释为"汽车";③将"飞机票"解释为"车票";④将"枪支被抢""枪支被盗"解释为"丢失枪支";⑤将"隐匿"解释为"毁坏";⑥将"获得同意进入他人住宅但经要求退出而不退出"解释为"侵入";⑦将"长期共同生活的家庭雇员"解释为"家庭成员"。这些虽然并不符合一般人关于相应词语的基本印象和第一感觉,但在问题提出后,一般人往往会产生"也是""这么说也可以"的感觉,而不至于感觉明显突兀。可以说,这样的解释虽不同于一般人的普遍理解,但是尚未超出一般人的预测可能性。所以,对于非法制造土炮的行为,对于破坏载人的拖拉机足以使其发生倾覆、毁坏危险的行为,对于倒卖飞机票情节严重的行为,对于依法配备公务用枪的人员被他人抢劫枪支、盗窃枪支之后没有及时报告而造成严重后果的行为,对于非法隐匿他人财物数额较大或者有其他严重情节的行为,对于获得同意进入他人住宅但经要求退出而不退出的行为,对于虐待长期共同生活的家庭雇员情节恶劣或者长期共同生活的家庭雇员虐待雇主或雇主子女情节恶劣的,就都不能说是"法无明文规定不为罪",而应该分别定性为非法制造枪支罪、破坏交通工具罪、倒卖车票罪、丢失枪支不报罪、故意毁坏财物罪、非法侵入住宅罪、虐待罪进行处罚。

三、"严而不厉"思想在刑罚适用解释上的实践——以累犯的认定为例

"严而不厉"思想能直接指导刑罚论的具体适用。限于篇幅,本文仅以一般累犯的

---

① 〔日〕荻原滋:《罪刑法定主义与刑法解释》,成文堂1998年版,第158页。
② 〔意〕杜里奥·帕多瓦尼:《意大利刑法学原理》(注评版),陈忠林译评,中国人民大学出版社2004年版,第31页。

适用为例,结合具体案件予以展开。

（一）问题的提出:对累犯判处拘役是"法律适用错误"吗?

党某某曾因招摇撞骗于 2008 年 12 月被判处有期徒刑 1 年 3 个月,2009 年 4 月刑满释放(存在先行羁押的折抵问题)。2013 年 3 月,党某某因琐事将张某面部打成轻伤,自己被张某打致轻微伤。一审法院判决党某某犯故意伤害罪,系累犯,应当从重处罚;系自首,且已赔偿损失并取得谅解,依法可从轻处罚,最终判决党某某犯故意伤害罪,处拘役 3 个月。① 同区人民检察院认为,最终 3 个月拘役的刑罚本身虽可接受,但既然认定为累犯,就只能判处有期徒刑以上刑罚,因此该判决存在法律适用错误,并据此提起抗诉。② 北京市第二中级人民法院驳回了检察机关的抗诉,维持了原判。③ 该案引出的问题是,党某某是否构成累犯?若成立累犯,是否还能判处低于有期徒刑的刑罚,比如拘役?

（二）对《刑法》第 65 条"应当判处有期徒刑以上刑罚"的通常理解及其疑义

1. 通常理解:"应当判处有期徒刑以上刑罚"应根据前科之外的所有事实判断

对于如何判断是否"应当判处有期徒刑以上刑罚",通常的理解是,要考虑除曾犯前罪之外的所有量刑情节,而在实际量刑时,则不再考虑其他情节。这种思路的必然逻辑结论是,"一旦认定为累犯,由于不再有其他的量刑情节需要考虑,就必然会实际上判处有期徒刑以上刑罚",换言之,"累犯不可能判处拘役"。比如,有学者认为,"所谓'后罪应当判处有期徒刑以上刑罚',是指根据后罪社会危害性的大小,实际上应当宣告有期徒刑以上刑罚"④。事实上,在前述案件中,检察院正是基于这种逻辑,认为认定为累犯又同时仅宣告拘役属于"法律适用错误"。

2. 对通常理解的质疑

按照前述通常理解的逻辑,会导致先考虑从轻情节再考虑累犯这一从重情节,先考虑从轻的实质是为被告人划定了一个刑罚的下限,在确定成立累犯之后,既然所有的从轻情节都已经评价过了,就只剩下累犯"从重处罚"这个情节了,这样,"从重"的结果就是欠缺对"从重"的足够约束和控制,这实际上是对被告人不利的,可能导致刑罚适用得过度。除此之外,还可能出现其他情形的不当量刑结论。在犯罪人后罪所犯事实缺乏基本的案前、案中、案后的从宽情节,相反却具备种种从严情节的场合(比如故意伤害致人轻伤,属于轻伤上限,同时拒不认罪、拒不赔偿),仅凭这些从严情节对基准

---

① 参见北京市通州区人民法院(2013)通刑初字第 538 号刑事判决书。
② 参见北京市通州区人民检察院(2013)检抗字 0002 号刑事抗诉书。
③ 参见北京市第二中级人民法院(2013)二中刑抗终字第 1514 号刑事裁定书。
④ 周光权:《刑法总论》(第 3 版),中国人民大学出版社 2016 年版,第 432 页。另可参见高铭暄、马克昌主编:《刑法学》(第 8 版),北京大学出版社、高等教育出版社 2017 年版,第 261 页;马克昌主编:《刑罚通论》,武汉大学出版社 1999 年版,第 413 页。

刑的调节即足以判处法定最高刑（上述场合是3年有期徒刑），最后就完全没有再适用累犯从重处罚的空间了。在存在升格的法定刑的场合虽可部分解决这一问题，但由于升格的法定刑有其适用条件，从而不可能彻底解决这一问题（比如前例中无论如何不能适用故意伤害致人重伤的法定刑）。此种情形之下，可充分体现出"累犯情节后置"时的弊端。

按照通常理解的逻辑，在考虑是否"应当判处有期徒刑以上刑罚"时将除曾犯前罪之外的所有量刑情节综合评价，即"打包""估堆儿"评价，还会使得其他情节被矮化。这时，自首等其他情节会变成判断是否成立累犯的一个素材，原本完全独立的两个情节却变成一个依附于另一个，这在逻辑上不得不认为是有问题的。在此，不能因为累犯被规定在刑法具体量刑制度的最前面，就认为累犯是"量刑制度之首""量刑情节之首"，而当然应该认为，累犯情节和其他法定量刑情节（比如自首）具有同样的法定地位，区别无非是从严还是从宽这种方向上和"应当"还是"可以"这种强制力上的差别而已。

根据除曾犯前罪之外的所有量刑情节判断后罪是否"应当判处有期徒刑以上刑罚"，还会出现这样的问题：行为人是否因为犯后罪而构成累犯，并不是在后罪完成之后即能判定，而是始终处在不确定之中，由于行为人存在诸如自首、立功、赔偿等法定、酌定从宽情节或者各种酌定从重情节，所以只有到法庭审理乃至宣判之时，是否成立累犯才能"揭开面纱"，使累犯情节完全变成法官裁判时的一种规范判断。但是，累犯的成立与否虽然离不开规范判断，但其首先是一个事实范畴，在行为人再次犯罪之后，依据后罪的犯罪事实即已能确定是否构成累犯。致使一个量刑情节存在与否在刑罚量定之前始终处于不确定状态，无论如何是不合理的。

前文所列举的几个问题，都不同程度地存在，对单独某一个问题或许不必过于夸大，但当这些问题交织在一起时，就会使相应的问题变得突出，这是需要认识到的。

（三）"应当判处有期徒刑以上刑罚"应该根据案中事实判断

笔者认为，在判断后罪是否"应当判处有期徒刑以上刑罚"时，需要尽可能排除法官的恣意判断，这就应该只考虑与案件本身有关的情节，而不考虑其他。换言之，除不考虑行为人曾犯前罪这一事实之外，其他的案前情节（比如行为人的一贯表现）、案后情节（比如赔偿、自首等）也都一概不予考虑，而只考虑案中的情节。根据这种思路，由于是根据与案件本身直接相关的"裸的事实"考虑是否"应当判处有期徒刑以上刑罚"，之后在具体量刑时再考虑其他情节，就会得出这样的结论：根据案中事实认为"应当判处有期徒刑以上刑罚"进而成立累犯之后，再考虑包括累犯从重处罚之内的其他情节，由于自首等情节发挥作用，就会使得累犯可能判处低于有期徒刑的刑罚。事实上，前述案件中，法院判决就是遵照了这样的逻辑。

从实质上来说,案中情节一般是与行为的法益侵害性直接相关,案外情节则通常无关于行为本身的法益侵害而仅与行为人的非难可能性或曰可谴责性相关。所以,本文所理解的案中事实主要包括:行为方式(行为本身的实现方式)、行为样态(行为的完成程度)、行为对象、行为性质(防卫过当、避险过当,或者主犯、从犯等)、行为后果、行为动机。案中情节虽然也有一定的伸缩性,但其范围相对而言仍然是较为明确的。

(四)"严而不厉"思想对累犯认定的具体指导作用

1. 严:放宽累犯的成立条件以体现强烈谴责

在宽严相济刑事政策的背景之下,需要体现对初犯、偶犯的从宽和对于再犯、累犯的从严。按照本文的逻辑,由于通常会导致"应当判处有期徒刑以上刑罚"的犯罪范围较宽,进而通常会导致累犯的成立范围相对较宽,这恰恰是值得追求的。在笔者看来,对被告人来说,就像其往往并不关心具体的定罪(罪名)而更关心量刑一样,其常常也并不关心自己是否被评价为累犯而仍是更为关心最终的量刑结论。但对国家来说则不然,国家将其行为评价为累犯并且从重处罚,从而表现出对于相应行为的"低度容忍",可以更好地实现通过刑罚预防犯罪的目的。在此,不是说后罪"应当判处有期徒刑以上刑罚"这一累犯成立要求完全不起作用,而是尽量通过刑法解释方法,弱化这一要件在限制累犯成立中的作用(其只要能够将轻微的犯罪——比如盗窃了刚够数额标准的财物——过滤掉就够了),以此来体现国家在预防犯罪过程中的基本努力。

2. 不厉:对累犯仍可能判处拘役乃至管制才足以体现罪刑相适应

将某一犯罪人认定为累犯,已然体现了国家的一种更为严厉的否定评价,仅此即可吻合累犯制度设置的宗旨。在认定为累犯之后,再通过各种情节调整最终的宣告刑,会在体现刑事政策和追求实质正义之间取得较好的平衡,这正是秉持"严而不厉"思想的本文所期望的。

这样,本文已经破除了累犯必然要判处有期徒刑以上刑罚的命题,这是否会令累犯从重处罚的效果"钝化"或缩减?首先,对于累犯仍需比照不是累犯的同类情况而从重处罚;其次,在客观结果上,只有在认定为累犯的同时存在在抵消了"裸的事实"之外的从严情节之后仍有必要评价的从宽情节时,才会发生虽属累犯但最终并未体现为"从严"的情况;最后,真的出现前述情况时,就是本文所说的"不厉"的问题,即便其确实存在"钝化"、萎缩"累犯从重处罚"这一命题的效果,但是却既有利于被告人(最终结果上),也有利于社会(认定为累犯从而在刑罚目的实现上)。

四、"严而不厉"思想在财产犯罪解释上的实践

财产犯罪的认定离不开对财产概念的解释,对此,理应在"严而不厉"思想的指导

之下展开。

（一）学说状况

尽管《刑法》分则第五章侵犯财产罪将行为对象主要规定为"财物"，但学界更多的观点认为此处的"财物"也包括财产性利益在内。在虚拟财产也被一般性地理解为"财产"的情况下，可以说，中国刑法语境下的"财物"与"财产"应属同义语。对于"财产"的概念，德国学说上除也有所谓人的财产说、机能财产说的见解之外，主要存在法律财产说、经济财产说以及法律经济财产说的基本对立，这种学说对立也直接影响了中国刑法学对此的理解。人的财产说存在将"财产"与"人"之区别予以模糊化的根本疑问，因此仅止于少数学者主张；而机能财产说兴起较晚，目前还处在完善阶段，其影响也还比较有限。

1. 法律财产说及其问题点

法律财产说强调"纯法律的财产概念"，为宾丁所创用，其主张，财产是财产权利与财产义务的总和，与经济上的价值无关。财产损害，是财产权利的丧失以及财产义务的负担。[①] 据此，行贿款物等不法原因给付物、妓女受骗提供性服务之后形成的无效债权、违法犯罪所得等不受民事法律保护的权利，不能成为财产罪的保护法益；相反，即便无经济价值的民事权利也属于"财产"。在德国，这种见解较为古老，见于帝国法院的早期判决。[②] 中国传统刑法理论一般认为，诈骗罪侵犯的是"公私财产的所有权"[③]或者"公私财物所有权"[④]，这种所有权说，被认为"实际上是一种法律的财产说"[⑤]。

"纯法律的财产概念"将权利等同于财产，而不考虑该权利有无经济价值，可能涵盖太广，因为并不是所有的主体权利都具有财产权的特征；同时，因为占有、劳动力等一些"事实地位"本身具有经济价值，却并没有以财产权利的形式存在，不会被认为是财产，又可能涵盖太窄。[⑥] 而且，实践中大量的诈骗罪都是针对不法原因给付物，不法原因给付物可以成为诈骗罪的保护对象近乎通说[⑦]，而法律财产说却无法对此予以说明。同时，在中国，成立财产犯罪通常有"数额"要求，如一种物品并无经济价值就无法计算其涉案"数额"，主张法律财产说在此尤其存在障碍。由于具有上述缺陷，"法律的

---

① 参见林东茂：《刑法综览》（修订5版），中国人民大学出版社2009年版，第331页。
② 参见王钢：《德国判例刑法（分则）》，北京大学出版社2016年版，第212页。
③ 参见高铭暄、马克昌主编：《刑法学》（第7版），北京大学出版社、高等教育出版社2016年版，第503页。
④ 参见王作富主编：《刑法》（第6版），中国人民大学出版社2016年版，第418页。
⑤ 蔡桂生：《论诈骗罪中财产损失的认定及排除——以捐助、补助诈骗案件为中心》，载《政治与法律》2014年第9期。
⑥ 参见林东茂：《一个知识论上的刑法学思考》（增订3版），中国人民大学出版社2009年版，第148页；江溯：《财产犯罪的保护法益：法律—经济财产说之提倡》，载《法学评论》2016年第6期。
⑦ 参见游涛：《普通诈骗罪研究》，中国人民公安大学出版社2012年版，第66页。

财产说在理论与实践上的缺陷相当明显,已完全崩溃"①,"今天已经基本无人主张"②。

2. 法律经济财产说

法律经济财产说又被称为折中说,该说认为,除违法利益外,由法秩序保护的整体上有经济价值的利益是财产。这一学说在我国获得了多数学者的支持。关于不法原因给付与诈骗罪成立与否的问题,这一学说与法律财产说在本质上相同;关于成立诈骗罪与是否需要经济损害的问题,这一学说与经济财产说相同。③ 折中说试图调和法律财产说和经济财产说的弊端,但其否定了民法上违法的利益也能成为刑法上财产罪保护法益的可能,从而导致财产罪的保护法益较之法律财产说更为狭窄。是否有必要将处罚范围划定如此之窄,存在疑问,特别是这会导致对非法的价值一概不予保护,值得商榷。

(二) 经济财产说及其理论支撑

经济财产说认为,作为整体的具有经济价值的利益,即一个人所应得的财货总和就是财产,这和财产权是否被法律承认、是否有正当来源并无关系。据此,即便是民法上的无效债权、违法犯罪所得、不法原因给付物等,都能成为财产罪保护的财产,因此,这种学说又被称为纯粹的经济财产说。经济财产说首先为德国的帝国法院所承认,第二次世界大战后也为德国的联邦最高法院所采纳。经济财产说的主要价值,在于其能够有效地在财产犯罪领域杜绝法外空间的出现,从刑事政策上来看具有显著的优越性。④ 进一步来说,刑法保护不正当来源的财产,可以相当程度地避免私力救济。⑤ 在我国,由于诉讼成本高、效率低,法院判决得不到执行是常态;人们不信任法律,不通过法院,而是通过黑恶势力等讨债的,在民间不是个别现象。"在这种情况下,如果我们还纵容所谓的权利行使行为,只会使本已混乱不堪的包括财产秩序在内的社会秩序更加恶化。"⑥经济财产说总体上是可取的,其更为符合"严而不厉"思想中"严密法网"的要求,且也可以进一步获得理论说明。

从理论上说,法秩序统一性这一价值目标固然应该坚守,但这不等于否认不同部门法的违法判断具有相对性。⑦ 再者,不但从我国法制史上看,相当长的时间之内是"诸法合体,民刑不分",后来民法才从刑法中分离出来,"从这个角度讲,不是刑法从属

---

① 张明楷:《刑法学》(第5版),法律出版社2016年版,第930页。
② 参见王钢:《德国判例刑法(分则)》,北京大学出版社2016年版,第212页。
③ 参见张明楷:《刑法学》(第5版),法律出版社2016年版,第930页。
④ 参见王钢:《德国判例刑法(分则)》,北京大学出版社2016年版,第212页。
⑤ 参见林东茂:《刑法综览》(修订5版),中国人民大学出版社2009年版,第331页;林东茂:《一个知识论上的刑法学思考》(增订3版),中国人民大学出版社2009年版,第149页。
⑥ 陈洪兵:《经济的财产说之主张》,载《华东政法大学学报》2008年第1期。
⑦ 对此,请参见王昭武:《法秩序统一性视野下违法判断的相对性》,载《中外法学》2015年第1期。

于民法,而是民法从属于刑法"①,而且我国晚近以来的刑事立法也有意淡化刑法的从属性,刑法与民法和行政法的界限越来越模糊,在有些领域,刑法立法者反而将在治安管理处罚法上没有相关明确处罚规定的行为直接规定为犯罪(比如在法律规定的国家考试中的"替考"行为),有意彰显刑法意义的独特性和优先性。② 在这样的理论认识和立法背景之下,经济财产说以刑法的独立性思想为理论基础,有其合理性。③

(三) 经济财产说的障碍破除

主张经济财产说面临的真正障碍来自立法本身。《刑法》第91条规定了"本法所称公共财产"的范围,第92条则规定了"本法所称公民私人所有的财产"的范围。有论者认为,第92条强调"合法"或"依法",第91条虽未如此强调,但因为我国是社会主义公有制国家,因此公共财产具有当然的合法性。④ 另有论者认为,我国《刑法》第92条明文宣示了刑法上的财产不包括违法的财产,这可看作法律经济财产说在刑法条文上的明确依据。⑤

但是,上述刑法立法规定不足以成为经济财产说的法律障碍。虽然《刑法》第92条强调"公民私人所有的财产"的"合法"或"依法",但这是对"所有权"的描述或者界定,并不妨碍公民由于违法甚至犯罪行为而"非法占有"的财产属于"依法归(所有权人)个人所有的其他财产",因而仍然属于所有权人"私人所有的财产"。总体上,此时经济财产说与法律经济财产说的差别也就没有那么大了。既然如此,与其竭力主张"法律经济财产"概念而遭受对实务处理说明不力的诘问,不如直截了当地主张经济财产说,以严密法网,周延保护法益。

五、"严而不厉"思想与以刑制罪之间的关系

(一) 以刑制罪观念的展开

如果像传统观点那样,只把刑罚看作犯罪的消极后果和附属物,在判断是否成立犯罪、成立此罪还是彼罪时完全不考虑刑罚后果,可能会得出不当结论。以刑制罪(刑罚反制犯罪)的观念强调,在符合何种构成要件不甚清晰的疑难案件中,在应当认定为犯罪的前提下,要从量刑的妥当性基点出发,反过来考虑与裁量相对妥当的刑罚相适

---

① 陈洪兵:《经济的财产说之主张》,载《华东政法大学学报》2008年第1期。
② 参见周光权:《转型时期刑法立法的思路与方法》,载《中国社会科学》2016年第3期。
③ 关于刑法独立性主张的理由以及对刑法从属于民法主张的反驳,参见张明楷:《论诈骗罪中的财产损失》,载《中国法学》2005年第5期。
④ 参见江溯:《财产犯罪的保护法益:法律—经济财产说之提倡》,载《法学评论》2016年第6期。
⑤ 参见蔡桂生:《刑法中侵犯财产罪保护客体的务实选择》,载《政治与法律》2016年第12期。

应的构成要件是哪个,从而考虑该定什么罪。这有助于克服法律形式主义、教条主义的束缚,更好地发挥刑事政策对刑法适用的指导作用,实现司法个案处理的公正。① 这种观点既可以从罪罚均衡(罪刑相适应)原则中找到理论养分,也可以从"严而不厉"思想中获得理论支持。前者容易理解,后者则需要后文稍加说明。

1. 严:对轻罪的构成要件可以适度宽缓解释

以刑制罪观念的另一项重要内容是,当行为面临的刑罚后果并不严厉反而较为轻缓(主要体现为轻罪的场合)时,则可对其成立条件作相对宽缓的理解,以适应法益保护的需要。

比如,《刑法》第252条侵犯通信自由罪中的"非法开拆他人邮件"中的"邮件",是否应该包括"电子邮件"? 由于该罪的刑罚后果为"一年以下有期徒刑或者拘役",相当轻缓,从保护公民通信自由权利的角度讲,将"电子邮件"纳入"邮件"的范围就较为适宜。从而,将非法开拆他人电子邮件的行为纳入侵犯通信自由罪的法网范围,就可以达到周延法益保护的效果,体现"严而不厉"中严密法网的追求。

再如,理论上和实务中没有争议地认为,有配偶而与他人建立事实婚姻,或者明知他人有配偶而与之建立事实婚姻的,都属于"有配偶而重婚"或者"明知他人有配偶而与之结婚",即将并不受民法保护的事实婚姻在刑法上理解为"重婚"或"结婚"。之所以允许刑法上对婚姻的理解与民法上出现不一致,除有"违法判断的相对性"这一理论根据之外,也因为重婚罪的法定刑为"二年以下有期徒刑或者拘役",十分轻缓,故而即便入罪也不至于量刑过重、罪刑失衡。在此,以刑制罪观念对具体问题处理妥当性的阐释力显而易见,而如此解释时对一夫一妻制度(以及合法配偶的婚姻权利)的法益保护效果也同样可体现"严密法网"的追求。

2. 不厉:对传统重罪以及加重构成的限制解释以慎用重刑

以刑制罪的观念主张,对重罪的构成要件要严格解释。比如绑架罪,由于立法者为该罪配置了超高的法定刑——即使《刑法修正案(七)》新增了"情节较轻"的犯罪构成之后,该罪法定最低刑仍为5年有期徒刑,问题仍然存在。这就要求对于其成立条件严格限定,从而成立该罪在客观法益侵害和主观目的上均有特殊要求:客观上要求严重危及被害人身体健康乃至生命安全,主观上要求为了实现不法目的。这样,落入绑架罪法网的行为就能做到罪刑相适应,不会罪刑失衡,进而也有助于遏制重刑主义的刑罚适用倾向,渐次达到"不厉"的效果。

不仅对重罪的构成要件需限制解释,以刑制罪观念强调对加重犯罪构成也该同样如此。比如对《刑法》第263条抢劫罪所规定的八种加重构成的解释,就应采取此种立

---

① 参见梁根林:《现代法治语境中的刑事政策》,载《国家检察官学院学报》2008年第4期;另可参见梁根林:《许霆案的规范与法理分析》,载《中外法学》2009年第1期。

场。对于出租车,司法解释将"在公共交通工具上抢劫"解释为在大中型出租车上抢劫而将小型出租车排除在外,原因即在于此;"冒充军警人员抢劫"应该理解为客观上具有冒充的效果同时主观上具有冒充的故意,也是因为如此;主张"持枪抢劫"中的"枪"应限于能发射子弹的真枪[1]甚至"装有子弹的真枪",也有罪刑均衡上的重大考虑。甚至,在明确"入户抢劫"需要"入户"本身之非法性的前提下,采用比如谎称收电费、谎称找水喝等欺骗方式进入他人家中而后实施抢劫的,也未必就直接构成"入户抢劫"[2]。在对加重构成要件的限制解释的意义上,同样能在适用场合和频率的意义上遏制重刑适用,求得刑罚投入总量上的"不厉"。

总体上,不论针对重罪构成要件还是犯罪的加重构成,对其限制解释都是为了使得真正落入其中的行为能够满足相应的定性与定量要求。可以说,其中体现的对重刑适用的慎重态度属于"严而不厉"思想中"去重刑化"的重要组成部分——慎用重刑的核心就是去重刑化。

(二)以刑制罪观念受罪刑法定原则的刚性制约

以刑制罪观念及其背后所依循的对罪刑均衡原则抑或刑罚妥当性结论的追求,需要受到罪刑法定原则的基本限定,以刑制罪观念必须在罪刑法定原则的框架之内展开。作为罪刑法定原则的下位概念和组成内容,罪刑均衡受到罪刑法定原则的限定与制约是理所当然的。而构成要件符合性的判断,正是罪刑法定原则的基本要求。构成要件符合性的判断并非纯粹对号入座式的形式判断,必须包含进一步的实质判断,而以刑制罪观念以及罪刑均衡追求都是进行实质判断时的重要考量因素。一旦通过了具体犯罪构成要件符合性的判断,就不允许再以"成立该罪会导致罪刑失衡"为由否定相关犯罪的成立。这里充分体现出罪刑法定原则的指导意义和制约作用。在这个意义上确实可以说,"那种认为定罪要完全服从于量刑需要的'量刑反制定罪'论,是片面强调罪刑相适应原则,而脱离了罪刑法定原则最基本的束缚"[3]。

六、代结语:"严而不厉"思想与积极主义刑法观

在当下中国的刑法话语体系中,刑法谦抑原则仍是强势话语,"违反刑法的最后手段性"等类似表述常有耳闻。与此相对,近年来,在劳动教养制度之废除会对我国刑法结构产生哪些影响这一问题意识之下,笔者提出了积极主义刑法观的主张[4],获得了

---

[1] 参见张明楷:《刑法学》(第5版),法律出版社2016年版,第994页。
[2] 参见付立庆:《被害人因受骗而同意的法律效果》,载《法学研究》2016年第2期。
[3] 赵希:《"量刑反制定罪论"不违反罪刑法定》,载《南京师大学报(社会科学版)》2015年第1期。
[4] 参见付立庆:《积极主义刑法观及其展开》,中国人民大学出版社2020年版。

一些关注,而这一想法深受"严而不厉"思想之启发。

实定法中,无论是刑法总则中普遍处罚犯罪未遂、犯罪预备的规定,还是刑法分则中大量持有型犯罪等实质预备犯的规定,都足以看出立法者倾向于通过早期干预以遏制重大犯罪的意图,这为积极主义刑法观提供了法律根据。同时,"适度犯罪化的总体趋势"决定了刑法积极介入社会生活符合中国当下犯罪圈变化的基本走向,是积极主义刑法观的实践基础。积极主义刑法观不但体现在立法上的活跃化与适度犯罪化,在司法上,出于法益保护的需要而严密法网、"当为则为",包括对轻罪构成要件的适当宽缓的解释等,都可谓"严而不厉"中"严"的体现。同时,为了避免国家权力的滥用和约束刑法触须的不恰当延伸,刑法介入要符合正当性和合理性要求,这就需要积极主义刑法观的必要节制。对犯罪要进行实质化理解,强调在罪刑均衡原则的约束下,对重罪或者犯罪加重构成的限制解释,这都体现了"严而不厉"中"不厉"的方面,构成了对积极主义刑法观的补强。由此可见,积极主义刑法观并非横空出世,也不是"猛打猛冲",其有"严而不厉"思想作为有力的理论支撑,相信也会获得越来越多的理解与支持。

刑事一体与犯罪分层

卢建平*

> 而你是一张无边无际的网
> 轻易就把我困在网中央
> 我越陷越深越迷惘
> 路越走越远越漫长
> 如何我才能捉住你眼光
>
> ——张学友《情网》

情网如此,法网也如是。不同的是,法网不能无边无际。作为刑法学人,我们的身体也许并未陷入刑网,但我们的思想必定是陷入其中了。时变法也变,而在诸法之中,刑法的历史最为悠久,其变动也是最为繁复的。刑法的法网有无形有形之分,起初无形秘而不宣,后来因要彰显刑法的威慑作用和强调罪刑法定,刑网便公开了;刑网也会变大变小,刑网的长与宽,与所含法条与罪名的多与少成正比;刑网的干预范围有张有缩,有进有退,有时会蚕食其他法律领域,有时又会退出某些领域;刑网的网眼(或称规格)有紧有松,有疏有密,由此决定了犯罪门槛的高低;刑网的边界有开有合,大多是封闭的,但也会开口(如允许类推);刑网的网线(比如刑罚)会硬也会软,有死(例如死刑)也有活(比如自由刑、财产刑、资格刑),刑罚或制裁有一元体系(如刑罚体系)和二元体系(如刑罚体系与保安处分体系)之分,也有内外之分(如机构内监禁与社区矫正)。在刑法的立法体例上,会有平面(如横向分类)和立体(如犯罪分层);有单一刑法典和复杂刑法体系;会独立,也会与其他法律交织;会很地方性(local)或者国别性(national),也会超国家(supra-national)或者国际或全球(international or global)。就价值取向而言,刑法有自然和人为之分,也会有野蛮和文明之分;就功效而言,刑法有昂贵与低廉、高效与低能之分,有事先预防、事后惩罚教育改造之分⋯⋯总之,刑法有善与恶、好与坏之分,用之于国家治理、社会治理,也会呈现有刑法之治或无刑法之治,有刑法依赖的重刑之治,也有刑法谦抑的轻刑之治。延伸到刑法谦抑的体现上,也有立

---

* 北京师范大学法学院教授。

法谦抑与司法谦抑之分,有刑法谦抑与刑罚谦抑之分……凡此种种刑法或刑网的变动,均关涉权力分配(立法权、司法权与行政权特别是警察权的分工)、刑罚或制裁措施配置、程序设置和权利救济,均事关人权保障和犯罪治理的法治化、科学化程度,因而均属于国家治理、社会治理的重大事项。

伴随着改革开放和经济社会发展的步伐,我国的刑法一直处在扩张进程中,从1979年《刑法》颁行到1997年全面修订《刑法》,再到《刑法修正案(十一)》出台,刑法的扩张是全方位的,立法上既有犯罪论的扩张,也有制裁论的扩张。具体而言,首先是刑法条文数量的增多和罪名的增加,进而导致刑法规范体系或法源体系的膨胀。不仅有刑法的扩容,还有单行刑法和刑法修正案的修改,有立法解释、司法解释①,以及越来越多的案例(如指导案例、参考案例)等。其次是刑法调整范围的扩大。随着法定犯、行政犯的数量不断增加以及劳动教养、收容教育制度的废止,刑法正逐渐蚕食行政法的调整领域,甚至会直接介入传统的民事或道德领域(如刑法修正过程中增加的拒不支付劳动报酬罪、恶意透支型信用卡诈骗罪、高空抛物罪)。进入信息网络社会后,刑法的干预范围由线下扩展到线上。全球化时代的到来使得刑法由封闭(国内法)变得开放(涉外法、国外法,域外效力或长臂管辖)。最后是刑法干预手段的增加,从相对传统单一的刑罚体系发展到如今的刑罚加刑事制裁体系,立法新增了职业禁止、禁止令、社区矫正等制度,未来还可能形成包括教育措施、预防措施、治疗措施、隔离措施、戒除措施或约束措施的体系。这一景象不禁让人联想起20世纪初两次世界大战之间席卷很多国家的刑事政策法典化运动(又称保安处分法典化运动)。② 与此对应的还有刑事程序制度的变革,如简易程序扩大化、速裁机制、认罪认罚从宽制度等。刑法立法的扩张也得到了刑事司法的积极响应。总体而言,虽然近十年来公安机关统计的刑事案件立案数量先升后降(2015年达到顶点之后迅速回落),但司法统计(检察院统计和法院统计)的刑事犯罪案件数量不断上升,刑法修正所增加的新罪数量如危险驾驶罪、帮助信息网络犯罪活动罪、袭警罪等也在迅速攀升,在押犯人的数量、社区矫正人员的数量也在持续增长……

应该如何看待抽象意义上的刑网(立法)和现实意义上的刑网(司法)扩张?这是否意味着我国的犯罪治理形势日趋严峻,或者犯罪治理(尤其是刑法治理)陷入了严重危机?答案显然是否定的,那么这是否意味着我国的刑法或犯罪治理体系发生了重大变化,也即随着刑法体系的扩张,刑法功能发生了变化,由报应、制裁、处罚、打击转向教育、预防、治理,或者刑法机能由过去的保护社会转向保护社会与保障人权并重?又

---

① 司法解释也在扩张,一是行为类型的扩张,二是对象范围的扩张,三是评价强度的加重。参见魏昌东:《谨防司法解释逾越罪刑法定原则的樊篱》,载《中国检察官》2019年第13期。

② See Marc Ancel, La Défense sociale nouvelle, Editions Cujas, 1971, pp.104-108.

或者刑法性质发生了变化,由传统硬法转变为软硬兼具的法,由被动、消极、谦抑的"最后法"(Ultima ratio)转变为能动、积极、扩张的"干预法"? 我们又该如何评判刑法的外部扩张与内在变化呢? 这是否意味着刑法活性的增强,是刑法高度精细化的反映,是刑法有效性提升的表现,是宽严相济刑事政策推行的效果,顺应全面依法治国,提升犯罪治理的法治化(刑法化)? 是否意味着刑法从惩罚法、最后法,变成治理法、预防法、教育法,刑法终于从"不行的法"(失败的法)变身成"行的法"(成功的法)?

一、从刑事一体到犯罪分层

对于刑法扩张的事实,不同学者依据不同的理论会得出不同的结论,有人赞同,有人否定,有人陷入迷思。若依照恩格斯法律体系"内外和谐一致性"的论断,我们的认识会更加清晰。在1890年10月27日写给康·施米特的信中,恩格斯指出:"在现代国家中,法不仅必须适应于总的经济状况,不仅必须是它的表现,而且还必须是不因内在矛盾而自己推翻自己的内部和谐一致的表现。"①刑法体系的扩张首先是为了适应并表现"总的经济状况"的要求,以体现刑法体系的外部和谐一致性,不仅是刑法与政治经济社会状况的和谐一致,而且必然包括刑法与宪法及其他部门法律之间的和谐一致。刑法体系的扩张也必然带来刑法体系内部和谐一致性的问题,如刑法保护功能与保障功能的关系、罪与刑的关系、刑罚目的与刑罚机制的关系等。这种认识路径和方法就是储槐植老师的关系刑法论,即从刑法之下、刑法之上、刑法之中、刑法之前后、刑法之左右去研究刑法,而刑法内部结构合理(内部协调)与刑法运作前后制约(外部协调)就是刑事一体化的内涵。所谓刑事一体化,其概念可以界定为治理犯罪的相关事项深度融通形成和谐整体。②

刑事一体化既是观念也是方法。但在笔者的理解中主要是观念,"观念是基础,是精神武器,观念更新并辅以方法改进,则可期许效益最大化"③。目前刑事一体化的观念更多地体现在宏观战略层面,如以犯罪学的成果作为制定完善刑事政策的事实依据,再以刑事政策指导刑事立法、司法,最后以刑法实施或犯罪治理的效果来检验刑事政策和刑法。当然,以笔者对刑法实践的粗浅了解,这种观念和方法也体现在微观层面,也即办案过程中,司法面对的犯罪案件均是活生生的社会现实,案件办理不分实体与程序,需要同时考虑法律效果、社会效果,兼顾刑事政策甚至公共政策,这是"犯罪—刑事政策—刑法"双向运动的最佳展现。而在中观层面也即刑法内部,刑事一体化的

---

① 《马克思恩格斯全集》(第37卷),人民出版社1971年版,第488页。
② 参见储槐植:《刑事一体化论要》,北京大学出版社2007年版,第21页。
③ 储槐植:《刑事一体化论要》,北京大学出版社2007年版,第21页。

观念、方法贯彻得还很不够。窃以为,刑事一体化须有犯罪分层的辅助,才能贯通刑法决策与实施的宏观、中观、微观。刑事一体化更多的是处理刑法外部关系上的一种理念(观念)、整体战略或思维,而犯罪分层是在犯罪圈内对犯罪进一步按其严重程度进行分类的一种制度安排。笔者个人甚至主张,刑事一体化应先扩张犯罪圈,也即扩大刑法调整的范围,之后通过犯罪分层、犯罪分类等进行科学治理。从刑事一体到犯罪分层,是从刑法外部和谐一致性向内在和谐一致性的必然过渡。

　　从刑事一体到犯罪分层的过渡或延伸,也是合与分辩证关系的体现,刑事一体是合,犯罪分层是分。《三国演义》的开篇"话说天下大势,分久必合,合久必分"是从历时性的角度对分与合历史交替的描述。而法国社会学家涂尔干(又译迪尔凯姆)从社会分工的角度对分与合辩证关系的阐述更为精辟:"社会容量和社会密度是分工变化的直接原因,在社会发展过程中,分工之所以能够不断进步,是因为社会密度的恒定增加与社会容量的普遍扩大。"①因为有分,所以才合;因为要合,所以才分;分中有合,合中有分;分工是为了合作,合作以促进分工。社会分工的强度、广度与社会分工的深度、细密程度是成正比的:"一方面,劳动越加分化,个人就越贴近社会;另一方面,个人的活动越加专门化,他就越会成为个人……实际上,当每个器官都获得了自己的特性和自由度的时候,有机体也会具有更大程度的一致性,同时它的各个部分的个性也会得到印证。"②

　　犯罪分层源自社会学的社会分层,意思是要对犯罪进行纵向、立体的揭示,将犯罪现象在法律上划分成几层,然后对应地配置不同的刑罚或制裁和不同的处理程序机制,由此改变我国刑法学甚至犯罪学对犯罪的横向、平面分类一统天下的局面。这种尝试在方法论上的意义重大,其思想渊源也非常深远。罪有轻重之分,绝非平面概念,而惩罚也有宽严之分。犯罪分层与处罚分层必须是对应的,这符合古典刑法学家的犯罪阶梯与刑罚阶梯思想,也符合马克思"分别治罪的方法",不考虑任何差别的严厉手段,会使处罚毫无效果。③

　　孟德斯鸠是法国大革命前伟大的刑法思想家,他不仅提出了"公民的自由主要依靠良好的刑法"④、"治理人类不要用极端的方法"⑤等至理名言,而且深刻地探讨了犯罪的性质与应当科处的刑罚之间的关系,提出了罪与刑应该在性质上尽可能地类似或等同,并进而将犯罪分为四类,论述了与之相适应的刑罚:第一类是危害宗教的犯罪,对此的刑罚应为剥夺宗教所给予的一切利益,如驱逐出庙宇、暂时或永久禁止与信徒来往等;第二类是危害风俗的犯罪,对此的刑罚可以是罚金、剥夺公权、驱逐出城等;

---

① 〔法〕埃米尔·涂尔干:《社会分工论》,渠东译,生活·读书·新知三联书店2000年版,第219页。
② 〔法〕埃米尔·涂尔干:《社会分工论》,渠东译,生活·读书·新知三联书店2000年版,第91页。
③ 参见《马克思恩格斯全集(第1卷)》(第2版),人民出版社1995年版,第245页。
④ 〔法〕孟德斯鸠:《论法的精神》(上册),张雁深译,商务印书馆1961年版,第188页。
⑤ 〔法〕孟德斯鸠:《论法的精神》(上册),张雁深译,商务印书馆1961年版,第85页。

第三类是危害公民安宁的犯罪,即单纯的违警罪,对于这类犯罪的刑罚应依事务的性质规定,并应采取有利于公民安宁的形式,例如监禁、放逐、矫正惩戒及其他刑罚,使那些不安分子回头,重新回到既定的秩序里来;第四类是危害公民安全的犯罪,这是一种最为严厉的犯罪,因而应该受到严厉惩罚。①

孟德斯鸠的这些思想其实就是犯罪分类,也即按照犯罪侵害法益的不同进行横向分类,这对于年轻的意大利后生贝卡里亚产生了极大的影响。贝卡里亚不仅注重对于犯罪进行分类,而且在借鉴吸收数学、物理学等自然科学以及经济学等知识的基础上更加强调罪刑阶梯。② 在《论犯罪与刑罚》一书中,贝卡里亚继承了孟德斯鸠的思想,但又根据"犯罪对社会的危害"这一"衡量犯罪的真正标尺"将犯罪分为三类:第一类是直接毁伤社会或社会的代表的犯罪,即危害国家法益的犯罪,如叛逆罪。第二类是侵犯私人安全的犯罪,即危害个人法益的犯罪。第三类犯罪属于同公共利益要求每个公民应做和不应做的事情相违背的行为,即危害社会法益的犯罪,具体地说,就是那些扰乱公共秩序和公民安宁的犯罪行为。③ 贝卡里亚显然不满足于平面式横向分类,而希望作进一步的纵向分层,为此他主张寻找所谓的犯罪阶梯与刑罚阶梯之间的对称(proporzione fra i delitti e le pene)④:

> 公众所关心的不仅是不要发生犯罪,而且还关心犯罪对社会造成的危害应尽量少些。因而,犯罪对公共利益的危害越大,促使人们犯罪的力量越强,制止人们犯罪的手段就应该越强有力。这就需要刑罚与犯罪相对称。
>
> 既然存在着人们联合起来的必要性,既然存在着作为私人利益相互斗争的必然产物的契约,人们就能找到一个由一系列越轨行为构成的阶梯,它的最高一级就是那些直接毁灭社会的行为,最低一级就是对于作为社会成员的个人所可能犯下的、最轻微的非正义行为。在这两极之间,包括了所有侵害公共利益的、我们称之为犯罪的行为,这些行为都沿着这无形的阶梯,从高到低顺序排列。
>
> 如果说,对于无穷无尽、暗淡模糊的人类行为组合可以应用几何学的话,那么也很需要有一个相应的、由最强到最弱的刑罚阶梯。有了这种精确的、普遍的犯罪与刑罚的阶梯,我们就有了一把衡量自由和暴政程度的潜在的共同标尺,它显示着各个国家的人道程度和败坏程度。⑤

---

① 参见〔法〕孟德斯鸠:《论法的精神》(上册),张雁深译,商务印书馆1961年版,第190—191页。
② 参见 Marc Ancel, La Défense sociale nouvelle, Editions Cujas, 2ème édition, 1971, p.58;另请参见〔意〕切萨雷·贝卡里亚:《论犯罪与刑罚》,黄风译,北京大学出版社2008年版,第159—167页。
③ 转引自陈兴良:《刑法的启蒙》,法律出版社1998年版,第63页。
④ 参见〔意〕切萨雷·贝卡里亚:《论犯罪与刑罚》,黄风译,北京大学出版社2008年版,第163页。
⑤ 〔意〕切萨雷·贝卡里亚:《论犯罪与刑罚》,黄风译,北京大学出版社2008年版,第17—18页。

犯罪分层的立法,最早见于法国刑法,但其实,世界各国包括各个历史时期的刑法,都有不同形式和程度的犯罪分层。犯罪分层是犯罪治理的惯常做法,古今皆然,我国也不例外。沈家本《历代刑法考》即转述《尚书大传》:"唐虞之象刑,上刑赭衣不纯,中刑杂屦,下刑墨幪。"①早在上古时代(国家诞生之前)盛行"象刑"(象征性刑罚),即有上罪、中罪与下罪之分,此后也有十恶重罪之说。大清末年学习法国,制定刑律时,也曾制定有《违警律》。民国时期也曾长期施行违警罚法。中华人民共和国成立以后,随着刑事犯罪与治安违法二元治理体制(实际上这也属于广义的犯罪分层)的确立,学界对犯罪分层的涉略不多。二十多年前,笔者曾将犯罪分层作为命题下给了自己的博士生叶希善,因为他的学术背景是犯罪学而非纯规范法学,加之小叶自己也非常喜欢这个题目,比较圆满地完成了任务,2006年顺利毕业,后来还将博士论文②出版了。此后,应《法学研究》杂志之约,笔者参与了一次笔谈,写了《犯罪分层及其意义》③一文,主要聚焦刑事政策、刑事立法意义。其后一直没有放弃这个领域的选题,笔者的很多学生被本人"逼迫"写了这方面的博士论文,不仅写轻罪微罪,也写重罪死罪。笔者的基本主张是,犯罪既非抽象的法律概念,也不是平板一块,大饼一张,而是一个结构繁杂、层次多元的复杂现象,外部不仅受制于政治经济社会条件,与道德、纪律和其他非刑事法律(如民法、行政法甚至宪法等)牵连着,内部也是从微罪到轻罪再到重罪的宝塔形结构。若要有效治理,首先必须认清这个复杂结构和现象,继而实行实体分层、程序分流的科学治理。

进入新世纪之后,国家大力推行宽严相济刑事政策,立法层面进行的大量轻微犯罪的立法,诉讼法领域的简易程序、速裁机制、认罪认罚从宽制度改革,乃至国家领导人层面提出的"三分"(繁简分流、轻重分离、快慢分道)思想④,不仅体现了科学治理的立场,也取得了举世瞩目的成就! 当发展向更高质量的发展迈进,人民群众对于美好生活的向往与发展的不平衡、不充分之间的矛盾成为社会的主要矛盾,法治也就有了更高和更好的目标,即从有法可依到法治,再到良法善治,立法、司法也从粗疏转向精细。那么,刑事领域是否也要有良法善治? 换言之,在犯罪治理这个针对社会负面、阴暗面的领域之中,是否也要有良法善治? 如果要有,犯罪治理的良法善治又是什么? 这个问题非常复杂,答案自然不会简单,但至少,在笔者眼中,刑法立体化与犯罪分层化应该是目标之一,也是方法之一。

在给叶希善的专著序言中,笔者写道,在迄今为止的刑事法学领域里,犯罪分层这

---

① 沈家本:《历代刑法考》,张全民点校,中国检察出版社2003年版,第3—4页。
② 叶希善:《犯罪分层研究——以刑事政策和刑事立法意义为视角》,中国人民公安大学出版社2008年版。
③ 卢建平:《犯罪分层及其意义》,载《法学研究》2008年第3期。
④ 参见《习近平出席中央政法工作会议并发表重要讲话》,载《旗帜》2019年第2期。

个题目有些另类,因为它试图把我们平常看习惯的平面的犯罪"立起来"。如同要把原先的连环画变成三维的立体动漫需要很多技术支持一样,研究犯罪分层也需要很多的知识支持,如犯罪学知识、社会学知识、统计学知识、政策学知识,当然还有刑法学知识。① 刘仁文教授的"立体刑法学"②主张与笔者不谋而合,可谓英雄所见略同。刑法立体化必须立足于犯罪的分层化,同时又要超越犯罪的分层化。个人见解是,在全球化的时代,刑法立体化又可以分成两个层面:一是国内法层面,从宪法到刑法、行政法、民法,依循法益或价值阶梯而定;二是国际法或全球法层面,则有全球法或人类共同法、国际法、国内法之分。但光有立体化,仅是外立面,而未涉及内部结构,因此还须分层化。

二、犯罪分层方法的运用与发现

暂且不论犯罪分层的模式、标准等实体内容,仅就方法论的意义而言,犯罪分层能够给我们认识犯罪、思考犯罪治理策略以很多的启示。最能受益的是,在看待犯罪现象的演化时,不仅要看总量的升降,更要看其内部层次结构的变化。例如,改革开放以来,犯罪总量一度持续上升,导致"严打"盛行,但"严打"的功效到底如何? 因为欠缺相关的统计数据,一时也难以评判。等到后来数据公布了,基本能知晓犯罪总量的变化。但仅有总体数据、知晓总量变化是不够的,还须由表及里、由浅入深。近年来公开的犯罪统计数据更多了,不仅有总量的,也有分类的,有整体的,也有局部的。仔细分析之后发现,犯罪统计呈现出来的总量升降固然重要,但更值得关注的是犯罪现象内部层次结构的变化。影响犯罪数量(包括犯罪总量、各类罪名、治安案件和刑事案件等不同层次)变化的因素很多,既有客观的(取决于社会经济的发展和犯罪形势的变化),也有主观的(取决于法律的变化、政策的调整等主观方面的因素),单凭"严打"是不能奏效的。③

统计数据显示,改革开放以来,我国公安机关的刑事案件立案数和犯罪率总体上先升后跌。2011 年刑事案件总数首次突破 600 万起,达 600.5 万起,同比上升 0.6%,犯罪率为 44.7 起/万人,同比上升 0.2%;2012 年刑事案件在 2011 年的基础上继续增长,达到 655.1 万起,同比上升 9.1%,犯罪率为 48.4 起/万人,同比上升 8.3%;2015 年刑事案件总数达到顶点,为 717.4 万起,同比上升 9.7%,犯罪率为 52.2 起/万

---

① 参见叶希善:《犯罪分层研究——以刑事政策和刑事立法意义为视角》,中国人民公安大学出版社 2008 年版,序一,第 2 页。
② 参见刘仁文等:《立体刑法学》,中国社会科学出版社 2018 年版。
③ 参见卢建平、刘传稿:《法治语境下盗窃罪治理模式探究——基于犯罪统计的分析》,载《现代法学》2017 年第 3 期。

人,同比上升9.2%。2015年以后刑事案件总数开始回落,到2019年跌到500万起以内。① 而司法统计表明,近十年的刑事案件总量(以法院一审受理的刑事案件数量为例)和判决罪犯人数总体是上升的(个别年份下降,参见表1②)。

表1 2012—2021年犯罪总体态势

年份	人口总数(亿)	公安刑事案件立案数(起)	公安刑事案件立案率(万分率)	公安治安案件立案数(起)	治安案件立案率(万分率)	公安治安案件查处数(起)	治安案件加刑事案件立案率(万分率)	法院一审刑案数(起)	法院一审结数(起)	刑事罪犯数(人)	刑事罪犯比率(万分率)
2012	13.6	6551440	48.2	13889480	102.3	13310741	150.3	996611	986392	1173406	8.62
2013	13.7	6598247	48.2	13307501	97.3	12746493	145.3	971567	953976	1157784	8.45
2014	13.8	6539692	47.4	11878456	86.3	11202216	133.5	1040457	1023017	1183784	8.58
2015	13.8	7174037	52.0	11795124	85.7	10971620	137.5	1126748	1099205	1231656	8.92
2016	13.9	6427533	46.2	11517195	83.4	10652132	129.1	1101191	1115873	1219569	8.77
2017	14	5482570	39.2	10436059	75.1	9609333	113.7	1294377	1296650	1268985	9.06
2018	14.1	5069242	36.0	9721130	69.7	8845576	104.9	1203055	1198383	1428772	10.1
2019	14.1008	4862443	34.5	9624881	68.2	8718816	102.8	1293911	1297191	1659550	11.8
2020	14.1212	4780624	33.9	8628053	61.1	7723930	95.1	1107610	1115890	1526811	10.8
2021	14.126	—	—	—	—	—	—	1256000	1715000		12.1

粗略地看,犯罪总量上升,与人口总量对应的犯罪率也在上升,释放的是不太好的信号。然而,借助犯罪分层(将犯罪分成重罪、轻罪的不同层次)或犯罪分类(根据犯罪主体、客体等不同标准划分)理论,结合公安统计和司法统计,深入分析后发现,我国的犯罪现象在内部层次结构上正呈现一个"双降""双升"的趋势。

所谓"双降",是指两类指标在下降:一是八类严重暴力犯罪(爆炸、放火、劫持、杀人、绑架、强奸、伤害、抢劫八类严重暴力犯罪)的犯罪率逐年下降,其在全部犯罪总量中的占比也在下降。2016年,全国严重暴力犯罪案件比2012年下降43%。全国公安机关侦破命案4.8万起,命案现案破案率连续5年超过95%。2016年,我国每10万人中发生杀人案件0.62起,是世界上杀人案件发案率最低的国家之一。③ 2019年和

---

① 数据来源:国家统计局发布的中国统计年鉴。
② 数据来源:国家统计局发布的中国统计年鉴。
③ 参见张璁:《坚定不移走中国特色社会主义法治道路——访中央政法委秘书长汪永清》,载《人民日报》2017年9月13日,第8版。

2020 年全国公安机关立案的杀人案件分别为 7379 件和 7157 件,占当年全部刑事案件的 0.15%。① 二是重刑率在下降。区别犯罪轻重有很多标准和方法,其中最简便易行的方法是根据宣告刑的轻重进行统计。传统上,我国的司法统计长期以 5 年有期徒刑作为轻刑重刑的分界线,即在所有被判决有罪的罪犯中,被判处 5 年以上有期徒刑、无期徒刑乃至死刑的罪犯称为重刑犯,重刑犯在所有罪犯中所占的比例为重刑率;判处 5 年以下有期徒刑、拘役、管制、定罪免刑的罪犯,称为轻刑犯,其在法院判决有罪案件中的比例为轻刑率。② 统计显示,我国的重刑率呈现逐渐下降的趋势,在第一次"严打"时期比例最高,曾高达 47% 以上,1995 年的重刑率是 45%,1996 年是 44%,到了 2002 年、2003 年下降到 22% 左右,2014 年首次跌入 10% 以内,2015 年是 9.37%,到了 2016 年则下降到 8.01%。③ 类似于钓鱼的调浮漂,5 年有期徒刑的标准已经落后,过于迟钝,信号功能太弱,而且相比于其他国家,这一标准明显过高,因此必须调整,近年开始以 3 年有期徒刑标准替代,结果也很乐观。自 2013 年始,3 年有期徒刑以上刑罚的判决数量占比均在 20% 以下(仅 2017 年为例外,参见表 2)。由此可以断言,我国早已进入轻罪时代。④

表 2　以 3 年有期徒刑为界的重刑、轻微刑及无罪比例

年份	重刑率(%)	轻微刑率(%)	无罪率(%)
2011	23.25	76.66	0.08
2012	21.66	78.27	0.06
2013	17.65	82.28	0.07
2014	15.57	84.37	0.07
2015	15.36	84.56	0.08
2016	13.74	86.17	0.09
2017	23.17	76.71	0.13
2018	15.63	84.56	0.09
2019	16.08	83.20	0.10

① 数据来源:国家统计局发布的 2021 年中国统计年鉴。
② 这一工作由最高人民法院负责。重刑起点为 5 年有期徒刑,这在理论上颇有争议,也与立法规定的缓刑适用条件和轻微刑事案件速裁程序、认罪认罚从宽制度改革的实践趋势不符。依据我国刑法的规定,以 3 年有期徒刑为界应该更为合理。2020 年 10 月 15 日,最高人民检察院检察长张军在向全国人大常委会报告人民检察院适用认罪认罚从宽制度的情况时,即使用了 3 年以下有期徒刑作为确定轻罪案件的标准。
③ 数据来源:最高人民法院发布的历年全国法院司法统计公报。
④ 参见卢建平:《轻罪时代的犯罪治理方略》,载《政治与法律》2022 年第 1 期。

与此同时,各种犯罪在犯罪总量中所占的比重及其排位情况(俗称"犯罪排行榜")也在变化。以2014年全国法院新收一审刑事案件数为例,按其在全部刑事案件中所占比例的高低,排名靠前的依次是盗窃罪、故意伤害罪、危险驾驶罪、交通肇事罪等,其中盗窃罪21.6万件,故意伤害罪12.6万件,危险驾驶罪11.1万件,交通肇事罪8.3万件。危险驾驶罪和交通肇事罪合计是19.4万件,已经接近占比最高的盗窃罪的数量。比较严重的暴力犯罪如故意伤害罪(其中重伤是少数,多数是轻伤害案件)排在第二位,通常意义上的严重暴力犯罪如抢劫、强奸、故意杀人等犯罪则排在非常靠后的位置。① 到2019年,这个犯罪排行榜即发生了明显的变化(见图1)。

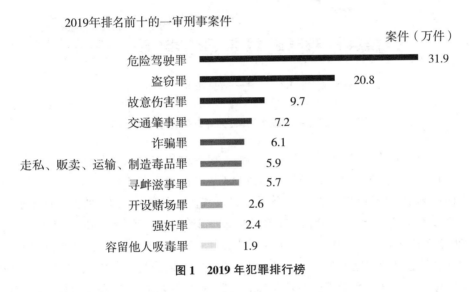

图1　2019年犯罪排行榜

在国人的传统观念中,故意杀人、故意伤害、强奸三类犯罪是对人身安全构成重大威胁的重罪。统计表明,这三类犯罪,无论是案件数量还是在公安机关立案的刑事案件中的占比,自1996年以来一直在下降。② 2016年以后此类暴力犯罪数量仍在不断下降③(见图2)。

---

① 参见袁春湘:《依法惩治刑事犯罪 守护国家法治生态——2014年全国法院审理刑事案件情况分析》,载《人民法院报》2015年5月7日,第5版。
② 数据来源:1981—2016年中国法律年鉴。由于中国法律年鉴没有公布1983年的相关数据,故图中没有显示1983年故意杀人、故意伤害、强奸犯罪的具体情形。
③ 数据来源:国家统计局网站发布的"公安机关立案的刑事犯罪案件"。

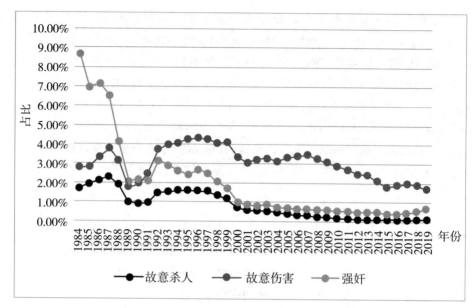

图 2 故意杀人、故意伤害、强奸三类犯罪比例(％)

与"双降"趋势相对应的是"双升"趋势：一是轻微犯罪大幅度上升，二是轻刑率在稳步提升。轻微犯罪上升的典型例证是危险驾驶罪。2011 年 5 月 1 日生效的《刑法修正案(八)》增设了危险驾驶罪，此后该罪数量及其在所有刑事案件中的占比逐年上升。2011 年 5 月 1 日到 2011 年年底，危险驾驶罪累计立案 5 万多件，2012 年达 8 万多件，2013 年达 9.1 万件，2014 年达 11.1 万件，占比已经超过 10％。① 最新数据显示，危险驾驶罪的总量和占比仍在上升。2019 年达到 32 万件，超过盗窃罪，成为犯罪排行榜的第一位。2021 年因危险驾驶罪被起诉的人数为 350852，占全部刑事案件的比重超过 20％。② 危险驾驶罪是《刑法修正案(八)》新设的典型微罪，即最高法定刑仅为拘役、管制的犯罪，或可判处拘役或以下刑罚的犯罪。③《刑法修正案(九)》继续增设了两个微罪，即代替考试罪、使用虚假身份证件罪。微罪出现以后，犯罪结构发生了明显变化，轻微犯罪成为犯罪的主体部分。近年来我国的轻刑率(按传统的 5 年有期徒刑标

---

① 数据来源：最高人民法院研究室内部数据；同时参见 2017 年 10 月 13 日最高人民法院司法大数据研究院、司法案例研究院发布的《司法大数据专题报告之危险驾驶罪》，该报告显示 2015 年的危险驾驶罪总量超过 13.5 万件。就各地危险驾驶罪在刑事案件总量中的占比来看，浙江省衢州市柯城区人民法院 2016 年 1 月 18 发布的《2015 年度司法统计分析》显示，全年新收刑事案件 721 件，其中危险驾驶案件 148 件，占比为 20.5％。

② 数据来源：2022 年 3 月 8 日张军向第十三届全国人民代表大会第五次会议所作《最高人民检察院工作报告》。

③ 参见储槐植、李梦：《论说"微罪"》，载赵秉志主编：《当代中国刑法立法新探索——97 刑法典颁行 20 周年纪念文集》，法律出版社 2017 年版，第 24 页。

准)不断上升,从 2003 年的 78%上升到 2013 年的 90.4%,再到 2016 年的 92%。① 若以 3 年有期徒刑的新标准,该比例也从 1999 年的 54.49%上升为 2019 年的 83.2%。②

借助犯罪分层,分析犯罪现象的内部结构、轻重层次的变化可知,坊间流行的"犯罪数量增加就意味着犯罪现象越来越严重,或者社会治安状况越来越差"的说法并不成立。在犯罪总量上升的过程中,轻罪微罪是主要的,而重罪或严重暴力犯罪的比重在下降,犯罪整体对于社会的危害并没有相应增大,单个犯罪的平均刑罚未加重,表明其平均社会危害程度没有加重。因此,改革开放之后几度盛行的"严打"政策被调整为宽严相济、综合施治。宽严相济刑事政策推行十多年来的实践证明,这一政策是正确的、富有积极成效的,重其重、轻其轻、宽严有别、以宽为先的政策势头应该继续贯彻下去,并不断深化细化。犯罪分层的方法对于确立和调整犯罪治理的宏观政策、立法意义重大。

三、立足犯罪分层,展望犯罪治理的前景

站在事后的立场来看静态的犯罪统计数据,可以认为中国的犯罪治理业绩斐然,经济持续健康发展、社会持续安全稳定被国际舆论认为是中国创造的"两大奇迹"。③ 改革发展使我国的犯罪治理体系日臻完善,犯罪治理能力不断增强,犯罪治理的自信也逐步确立起来。这种自信首先表现在立法上,刑事立法通过降低犯罪门槛、增加犯罪行为类型或新罪、轻罪微罪等方式,不断扩大刑法干预范围,呈现出持续犯罪化的势头,同时刑罚体系结构也得到了一定程度的改善,死刑罪名减少,死刑适用量大大降低,增设了非监禁刑如社区矫正、非刑罚制裁措施如职业禁止(《刑法》第 37 条之一)等。这表明我们的犯罪治理体系不断扩容,犯罪治理能力不断增强,犯罪治理无论是规模还是精度都有很大的提高。

当然,也有人在批评、质疑这种立法,认为这是过度犯罪化,是给社会增加了过重的刑法负担。对于类似的批评,用犯罪分层的理论和方法来加以回应是比较适宜的,也即将此理论运用于犯罪及与其毗邻的行为类型,从罪与非罪的层次上来看待犯罪化,或者从合法行为到越轨行为、违法行为再到犯罪行为的行为阶梯上来看待犯罪化,答案就会很明显。首先,来看被"犯罪化""化"掉的是什么?是直接将违反道德的行为上升为犯罪,还是将民事侵权或违约行为升格为犯罪(如恶意透支、拒不支付劳动

---

① 数据来源:最高人民法院发布的历年全国法院司法统计公报。
② 参见 2020 年 10 月 15 日张军向第十三届全国人民代表大会常务委员会第二十二次会议所作《最高人民检察院关于人民检察院适用认罪认罚从宽制度情况的报告》。
③ 参见人民日报评论员:《更好维护政治安全社会安定人民安宁——论学习贯彻习近平总书记中央政法工作会议重要讲话》,载《人民日报》2019 年 1 月 17 日,第 1 版。

报酬),或是将原先由行政处罚(主要是警察处罚)的违法行为作为犯罪处置(因而都有行政处罚垫底或作为基数,例如危险驾驶中的醉驾行为)?借助统计数据,可以对犯罪化现象进行量化研究。例如,醉驾入刑以来的司法统计数据表明,危险驾驶罪已经跃居犯罪排行榜的第一位,且占据了犯罪总量的"小半壁江山"。醉驾以及网络信息方面的新罪基本都是从违法行为升格而来的,即其原本也不是自由行为,因而都面临行政处罚。其次,借由犯罪分层(实质是处罚的分层,因为多数国家的分层依据均是法定刑),进一步比较一下刑事处罚与行政处罚特别是行政拘留的优劣。2015年全国治安拘留的数量是260万人,而针对行政拘留的行政诉讼又有多少,我们无从知晓;被行政拘留的人其权利救济如何实现,是否有律师给予帮助,也是未知数。因此粗略地说,针对这部分由违法案件升格而来的犯罪案件,犯罪化就类似于某种"转移支付",虽然增加了司法成本,但此种增加并未成为司法机关"不堪承受之重",而且也相应减少了行政执法成本,提升了犯罪治理的法治化程度,增强了人权保障。① 换言之,犯罪化虽然可能增加犯罪治理的总成本,但也可能相应提升犯罪治理的效能,显著改善国家治理、社会治理的形象。在利弊既已明了或公开的情形下,选择就要容易得多。

接下来的问题便是如何"化"?其实笔者所期望的刑事一体化就是进一步适度扩大刑法的调控范围,扩大犯罪圈之后再进行分层分类治理。借助犯罪分层的理念和方法来看既往的立法实践也会发现,现今刑法立法新增的多为轻罪微罪,进入司法统计的增量部分也基本是轻罪微罪。由此说明两点:一是刑法法网的中心或主体没有问题,堪当大任,需织补的是刑网的边缘,即与民法、行政法甚至纪律、道德接壤的地方。二是犯罪化不等于重罪化,而主要是轻罪化、微罪化。刑法立法或犯罪化的轻缓化势头决定了刑罚或处罚也须轻缓化,也即犯罪分层与处罚分层必须是对应的。犯罪圈扩大会产生某种稀释效应,由此可能降低整个刑法(刑罚)体系的严厉程度。犯罪圈扩大以后的治理制度设计或权力资源配置也可以有两个思路:一是沿袭老路,仍在行政权的框架内解决,但程序司法化(如治安法庭,国外多有先例,民国时期亦如此);二是在司法权的框架内解决[如法国的治安法庭或违警罪法庭(Tribunal de police)]。两个思路各有利弊,并非你死我活的"二选一"。其实都可以试,哪个结果好就用哪个。按照"路径依赖"原理,不妨先试第一个,即强化公安的法制部门,将其改造为治安法庭或警察法庭,通过司法授权或派驻的方式,之后再过渡到正式而完全的司法化。犯罪圈扩大后,不仅要从权力资源配置方面进行司法化与行政化的比较(成本低、效率高),还应该进行治理手段或措施、程序的比较,关键是治理绩效的比较。所谓罪刑均衡,不仅是立法顺应罪刑阶梯,体现整体均衡,司法也要考虑犯罪事实、性质、情节和对社会的危

---

① 刑事案件中律师辩护的比例原先较低,近年明显上升,最新数据为66%。参见2021年9月24日熊选国在国务院新闻办公室举行的"司法行政服务保障全面建成小康社会"新闻发布会上披露的数据。

害,体现个案的罪刑均衡。面对以轻微犯罪为主的犯罪态势,我国的刑法体系虽然作出了调适的努力,但整体罪刑不均衡、实体和程序不匹配、过程与结果不相符等缺陷依然存在,现行刑法小而重的特点,刑罚体系的传统、单一,刑事程序的严苛(审前羁押率高,即逮捕刑拘的多,变更强制措施难),刑罚执行严格(实刑多而缓刑少,长刑执行的机械、减刑假释的严格掌控),刑罚的附随后果严重,社会对于犯罪或罪犯的排斥心理强烈等,依然与轻罪时代犯罪治理的要求相去甚远。轻罪时代的刑事政策、立法、司法、刑罚执行和社会预防方略的调整应该也是一体化、全方位的。①

与从治疗医学(手术,治大病重病)向预防医学(干预,治未病)过渡的趋势一样,刑法或犯罪治理要从治重罪大罪向治轻罪微罪过渡,这充分说明时代的进步、法治的进步,演绎着刑法向良法善治迈进的步伐!从相对动荡、治理资源不足因而倚重暴力、严刑重刑的严打社会(惩罚社会),迈向稳定有序安全因而崇尚治理、刑罚轻缓平和的"盛世治世",这是真正的社会进步!因此,犯罪分层的思维,不仅仅是帮助我们看现在,更重要的是帮助我们看未来。

作为当代刑法学人,有其幸,也有其不幸。其幸在于,逃离无刑之苦,又逐步告别严刑峻法的过去,进入刑法宽缓的时代;其不幸在于,法网不再简约,法网繁密且更迭频繁。古训云"刑为盛世所不能废,而亦盛世所不尚"。生活在社会剧变的时代,必须适应刑法的活性。处在发展变革关键时期的中国,如船行三峡之中,急湍甚箭,猛浪若奔。此时的法治具有应急、多变的特性。只有冲过激流险滩,进入平缓江面,或如飞机爬升至安全高度,进入平流层,才能从容考虑法治,刑法变动才会平缓。从政治运动过渡到依法治国,从"严打"过渡到宽严相济,从乱世到治世,再到盛世,刑法自当与时俱进。在加速推进全面依法治国的进程中,因为犯罪治理是国家治理的首要任务(所谓王者之政莫急于盗贼),涉及稳定与发展大局,关涉人权和基本自由,提高其法治化或司法化程度自是首要任务。立足于国家治理现代化、全面依法治国的时代背景和犯罪治理良好业绩的前提,在刑事一体化的视野中,刑法的扩容并不等于单纯扩大刑法的干预面,也必然包含刑罚的稀释效应,包含扩大入罪与扩大出刑的动态平衡调节;不仅是实体法要改,程序法和组织法也要变。当前正在推行的少捕慎诉慎押司法政策侧重于"程序从宽",即通过降低审前羁押率、起诉率等减缓对犯罪嫌疑人或犯罪人人身自由的强制,未来应该延伸到对涉案财产(包括个人财产和单位财产)的强制;不仅要贯彻到审前程序和审判程序(定罪量刑阶段),更要体现在刑罚的执行(包括机构矫正和社区矫正)和对犯罪人的社会安置帮教上。新时代的刑法扩张不再是无差别式的打击,也非大水漫灌式的延伸,而是精准打击,区分轻重层次。而从犯罪分层或犯罪多层次结构特点出发,未来犯罪治理的重点或在传统刑网的边缘,或在犯罪之塔的塔基,在

---

① 参见卢建平:《轻罪时代的犯罪治理方略》,载《政治与法律》2022年第1期。

与行政法、民法甚至道德规范交叉过渡的地带,或在新兴权利或新型权利孕育的领域,或在人类进行社会交往的新兴空间(如网络空间),犯罪治理应该更加能动积极,突出实体法治和程序法治,强调公平正义,注重治理绩效特别是轻微犯罪人回归社会后的社会安置、社会和谐问题。① 未来犯罪治理的形势和任务必将对刑事政策和刑法体系带来新的机遇和挑战。

四、余论

法国著名刑法学家安塞尔有句名言,犯罪不是抽象的法律概念,而是人类和社会的现实(a social and humain reality)。犯罪是人类社会最为复杂的现象,犯罪现象是一个国家在一定历史时期内所发生的全部犯罪行为的总称,是由犯罪事实、犯罪人及社会这三个要素构成的。社会的本质存在于人与人、个人与整体的关系之中,因为犯罪现象是社会的产物,所以犯罪现象的本质也应该从人与人、个人与整体的关系中去寻找。按照马克思主义的一般观点,对犯罪现象及本质的研究应当从社会的整体角度进行综合考察,首先从犯罪现象的状况、特点和规律等方面着手,这是国家治理体系中犯罪治理的前提,也是作为决策科学的刑事政策学所赖以建基的事实学的主干。在方法论层面,统计学无疑是整体研究或宏观研究的好方法。最初的统计着眼于抓整体,强调数据汇总,描绘总体现象,譬如森林。此类方法对于了解一个国家的整体实力,摸清家底,无疑是基础性的。

在科学认识的活动中,不仅要把握认识对象整体,也要把握认识对象的组成要素,把握诸要素间的结构和结合方式,以及由关系结构所产生的单个要素所没有的特性。揭示事物的各要素是深入了解整体的基础,而有了整体性的知识又可以进一步认识其部分。在认识世界时,不能只见部分不见整体。认识事物在整体上所具有的属性和规律是重要的。现代科学在不断分化的基础上日益表现出相互渗透、相互交叉的趋势。由于现代社会生活和物质生产的规模更加扩大和复杂化,自然科学、社会科学都注重综合性的研究,探讨各领域中整体和部分之间的相互关系,并且出现了着重研究整体结构、整体功能的系统科学和系统工程学。但只有整体也不行,还得有局部,只见森林不见树木,远未达到认识事物表象和本质的目的。科学的认识方法要求人们既要研究部分,又要考察整体,并把二者有机地结合起来。因此从认识论上看,有统必有分。统和分、整体和部分均具有重要的意义。

---

① 鉴于目前对于分层行刑或服刑(监狱服刑、看守所服刑和社区矫正服刑)效果的信息披露非常有限,只能借用国内外理论通说,对短期自由刑的立法扩张和司法扩张提出批评,因为就重新犯罪率而言,看守所服刑罪犯的重新犯罪率应是最高的。

刑事一体化是总体思维或战略，而犯罪分层的方法仅是认识犯罪这一复杂现象的一种方法，而非全部。面对莽莽苍苍如同森林一般的犯罪现象整体而无从进入的时候，犯罪分层可以帮助我们区分出灌木丛、阔叶林、针叶林等不同层次，进而寻求应对和处置的不同方略，因而说犯罪分层是刑事政策和刑事立法的重要根据和方法。但即便如此，也须清醒地认识到，犯罪分层仅是初步的方法，此方法有其长也必有其短，局限于中观层面，难以深入个案，在个案的司法实践中作用相对间接。因此还需要借助大数据、系统论、犯罪分类（或法定分类如刑法分则的分类，或理论分类）、司法个别化等其他方法的辅佐，去进一步认识分析构成犯罪现象的各个要素及其相互关系。这就犹如识别构成森林的每一棵树、每一株草，再借助功能解剖学和进化解剖学等方法，运用因果关系、相互作用、进化发展等原理，去进一步揭示树木与森林，个别与整体，主体与环境，过去、现在与未来之间的复杂关系和作用机理，通过拼图的方式，在整体与个案的两个维度，逐步接近真相，接近绝对真理的彼岸，并在宏观政策立法与个别化的个案处理之间搭建桥梁。

李斯特在创立整体刑法学（gesamte Strafrechtswissenschaft）时赋予其三项任务：一是教育任务，主要通过刑法教义学和刑事诉讼法学训练和培养实务人才；二是科学任务，通过科学的方法来研究犯罪原因（犯罪学）和刑罚效果（刑罚学）；三是政治任务，通过刑事政策学以不断完善立法，实现犯罪抗制任务。[1] 任务的多样决定了其方法的多元，须兼具事实性、规范性、功能性和价值性。在刑事一体化语境中，刑事法学或更广意义上刑事科学的方法论也是多元、一体的：既要有整体，也要有局部；既要有森林，也要有树木；既要有一般，也要有具体；既要平面，也要立体；既要静态，也要动态；既要有源，也要有流；既要有过程，也要有结果；既要有个别，也要有相互；其追求的价值取向是精细立法、司法、执法，是有效配置资源，目标是科学治理犯罪，是实现良法善治……由此观之，刑事一体化也就意味着一场刑事科学方法论的革命。

---

[1] Vgl. Franz von Liszt, „Die Aufgaben und die Methode der Strafrechtswissenschaft", in Strafrechtliche Aufsätze und Vorträge, 2 vols. (Berlin: Gutentag, 1905), SS. 284-298.

刑事一体化思想的理论与实践效能检讨

王志远[*]

自1989年储槐植教授《建立刑事一体化思想》一文发表至今三十余年来,"刑事一体化"不仅成为储槐植教授刑事法思想的一个学术标签[①],也代表了中国刑事法学发展的一个重要方向。"刑事一体化思想"为刑事法学的研究提供了全新的思维方式与研究视角,越来越多的学者将其运用在刑法、刑事诉讼法、监狱学、犯罪学、刑事政策学等学科研究中,促进了这些学科的进一步繁荣与发展。及至当下,将犯罪治理纳入国家治理、社会治理的大视野,强调抓前端、治未病、化矛盾,提倡践行少捕慎诉慎押刑事司法政策、认罪认罚从宽制度等,均可以视为"刑事一体化思想"的成果。然而我们也能深切感受到,在刑事科学中,学科壁垒仍然很严重,比如现在的刑事程序法跟实体法是两张皮,很难统一起来。[②] 甚至还有学者质疑"刑事一体化思想"可能会阻碍其他刑事学科的发展、削弱各学科相互间的制约关系、冲淡了对刑法精确性的追求。[③] 刑事法学科的社会贡献度并没有实质性地得到提高。

有鉴于此,本文将在系统梳理储槐植教授"刑事一体化思想"的脉络、源流、意义等方面内容的基础上,对其理论和实践路径进行检讨,以服务于"刑事一体化思想"的社会效能最大化。

一、刑事一体化思想的基本理论框架

(一) 刑事一体化思想的提出

储槐植教授提出刑事一体化思想,并非理论逻辑的演绎结果,而是源自其对刑事治理效果的观察和反思。1979年《刑法》生效10年后,在市场经济日益发展的社会环境下,犯罪数量与刑罚量同步增长。如何解释这种现象?有无可能以及怎样走出这种

---

[*] 中国政法大学刑事司法学院教授。
[①] 参见陈兴良:《老而弥新:储槐植教授学术印象——〈刑事一体化论要〉读后感》,载《昆明理工大学学报(社会科学版)》2008年第5期。
[②] 参见张文:《坚持"刑事一体化" 协力推进刑事科学研究》,载《中国检察官》2018年第3期。
[③] 参见孙国祥:《刑法教义学与刑事一体化关系论要》,载《法治现代化研究》2017年第4期。

怪圈？储教授针对刑法生效以来所反映出来的诸多现实问题进行思考以后，认为要实事求是地回答这些问题，必须建立一种一体化的思想，于是便提出了刑事一体化的构想。① 此后储教授以刑事一体化思想为核心，对包括刑法学、犯罪学、监狱学等学科在内的刑事法学的相关重大理论问题进行了全方位关注。从1997年1月北京大学出版社出版的《刑事一体化与关系刑法论》，到2004年4月法律出版社出版的《刑事一体化》，再到2007年10月，其系列论文由单篇文章形式汇集成一体化的系统性著作《刑事一体化论要》由北京大学出版社出版发行，至此，储教授完成了对刑事一体化思想条理化、体系化的全过程。

单从名称上看，"刑事一体化"与"整体刑法学""刑事诸学科""全体刑法学"等研究范式似有相似之处。"整体刑法学"是德国著名刑法学家李斯特提倡的概念，他还以一句著名的刑事政策格言来为"整体刑法学"作注脚，即"好的社会政策就是最好的刑事政策"，并于1881年亲自创办了《整体刑法学杂志》，以整合所有关于犯罪现象、犯罪行为、犯罪控制、刑事政策和犯罪预防的科学研究。② 当代德国学者耶赛克教授承继了李斯特的理性刑事政策思想，提出了人道、自由、罪责的理性刑事政策基本原则，即"刑事诸学科"研究范式；他认为，刑事诸学科是平等、合作的关系，不是隶属、依附的关系，它们彼此应该合作、互补。"全体刑法学"研究范式在20世纪八九十年代为北京大学甘雨沛教授所提倡，他主张，应建立一个融刑事立法论、适用解释论、行刑与保安处分论与刑事政策论为一炉的"全体刑法学"。这些研究范式可以统称为"现代化的理性刑事政策思想"。

储教授的刑事一体化思想与现代化的理性刑事政策思想有共通之处，和国内外的前辈刑法学家的法治国家刑法思想也有很大程度上的吻合，甚至可以说储教授与李斯特是"英雄所见略同"③，但这丝毫不会减弱"刑事一体化"范式的创造性。首先，刑事一体化思想是对中国现实犯罪治理问题和效能进行观察和反思的产物，具有鲜明的本土化和务实性特征；其次，刑事一体化思想旨在对犯罪现象及犯罪人进行动态治理，避免了对犯罪现象作全方位静态研究传统范式的明显不足；最后，刑事一体化思想更加关注刑事治理本身的实际效果，而非刑法学知识自身的健全。

更具基底意义的一点是，刑事一体化思想具有深刻的哲学根基。刑事一体化思想源于哲学"普遍联系"的规律，即刑事领域中的任何事物都不可能孤立存在；作为该规律在刑事法领域的具体运用和延伸，其理论精髓或者要义在于：融通学科联系（或曰淡化学科界限），解决现实问题。④ 作为观念的刑事一体化应遵循普遍联系的规律，作为

---

① 参见储槐植、闫雨：《刑事一体化践行》，载《中国法学》2013年第2期。
② 参见梁根林：《刑事政策：立场与范畴》，法律出版社2005年版，第171页。
③ 参见张文：《坚持"刑事一体化" 协力推进刑事科学研究》，载《中国检察官》2018年第3期。
④ 参见储槐植、闫雨：《刑事一体化践行》，载《中国法学》2013年第2期。

方法的刑事一体化应当遵循矛盾规律。这是一个平抑偏执达致适中的方法和过程。该思想强调刑事法学研究的普遍联系性和系统性。①

(二) 刑事一体化的思想内核

作为刑事一体化思想的创始人和践行者,储槐植教授在近20年的时间中围绕此中心思考探索,以期"疏通学科隔阂、关注边缘(非典型)现象,推动刑法学向纵深开拓"。储教授关于刑事一体化的思想始终是学界探讨该问题的基本着力点,并随着其对刑事一体化问题研究的深化而发展。概括而言,可以从"知识内涵""方法论内涵""实践内涵"三个方面体系阐述储教授刑事一体化的思想内核。

1. 刑事一体化思想的知识内涵

刑事一体化是个开放性概念,其中"刑事"指治理犯罪的相关事项,外延宽泛,涵盖犯罪、刑法(实体和程序)、刑罚制度和执行等;"一体化"是指相关事项的深度融通。总体而言,可以将刑事一体化界定为治理犯罪的相关事项深度融通,刑事法律活动的各个阶段及其效果相互作用、有机协调,从而形成一个动态平衡的系统。② 作为刑事一体化重心的"深度融通",具体是指刑法和刑法运行内外协调;所谓内部协调主要指刑法结构合理,横向协调,包括犯罪圈大小的划定合理、刑罚量轻重的配置适当;外部协调实质为刑法运作机制顺畅,前后制约,属于纵向协调。③

从"刑法运行内外协调"去分析刑事一体化的实践机制,可以将其划分为刑事立法、刑事司法和刑事执法三个阶段。其中,刑事司法上承刑事立法之规范,下启刑事执法之效果,故而刑事司法在刑事一体化进程中处于关键环节。要实现刑罚最佳效益,首先必须提高刑事司法的运作水准,要搞好刑法运行的纵向协调,最重要的也是要处理好刑法和刑事诉讼法的关系。

从刑事一体化的视野来看,刑法与刑事诉讼法同属于刑事法的范畴,刑法侧重功利兼顾公正,刑事诉讼法侧重公正兼顾功利,二者有机结合,共同编织了刑事法治的价值体系之网,是刑事一体化深度融通的核心关键;而从社会治理这一更为深层的视角来看,只有犯罪学、刑法学、刑事诉讼法学、政策学携手并肩,整个刑事法的繁荣发展才有可能,刑事一体化的深度融通才会有实实在在的推进。④

2. 刑事一体化思想的方法论内涵

刑事一体化作为刑法学研究方法,重在"化"字,即深度融合。作为研究方法的刑

---

① 参见贾凌:《刑事一体化问题研究述评》,载赵秉志主编:《刑法论丛》(第20卷),法律出版社2009年版。
② 参见储槐植:《建立刑事一体化思想》,载《中外法学》1989年第1期。
③ 参见储槐植:《刑事一体化与关系刑法论》,北京大学出版社1997年版,第294页。
④ 参见周光权:《犯罪学对于刑法学发展的意义——学习储槐植教授刑事一体化思想有感》,载《中国检察官》2018年第1期。

事一体化,是指在对犯罪问题的研究上,应疏通学科藩篱,实现科际整合,尤其要加强诸刑事学科(如刑法学、犯罪学、监狱学、刑事诉讼法学、刑事政策学等)之间的互动与融合,对犯罪治理和罪犯处遇问题进行全方位研究,以便为国家制定有效的刑事政策提供理论支持。

刑法学本身的发展需要以刑事一体化为研究范式的推进。刑法在关系中存在和变化,刑法学当然也在关系中发展,刑法学研究如果只局限在刑法自身,要取得重大进展实在困难。此处的"关系"首先指内外关系。内部关系主要指罪刑关系,以及刑法与刑事诉讼法的关系。外部关系更加复杂:其一为前后关系,即刑法之前的犯罪状况,刑法之后的刑罚执行情况。其二为上下关系,即刑法之上的社会意识形态、政治体制、法文化、精神文明等;刑法之下主要指经济体制、生产力水平、物质文明等。作为刑法学方法的一体化至少应当与有关刑事学科(诸如犯罪学、刑事诉讼法学、监狱学、刑罚执行法学、刑事政策学等)知识相结合,疏通学科隔阂,关注边缘(非典型)现象,推动刑法学向纵深开拓。①

陈兴良教授为1997年出版的《刑事法评论》撰写的编辑宗旨就将刑事一体化确立为一种研究模式:竭力倡导与建构以一种现实社会关心与终极人文关怀为底蕴的、以促进学科建设与学术成长为目标的、一体化的刑事法学研究模式。《刑事法评论》被我国学者称为"刑事一体化的自觉实践"。从总体上看,刑事一体化从最初作为一种刑事政策思想被提出,到后来逐渐成为一种刑事法学研究方法并获得广泛认同。

3. 刑事一体化思想的实践内涵

刑事治理的实效化机制的建构与完善需要刑事一体化协同推进。在储教授看来,刑事一体化强调刑法和刑法运行的内外协调,目的在于实现最佳社会效益。② 可见,刑事一体化作为观念,重在推动建造一种结构合理和机制顺畅(刑法和刑法运作内外协调)并且强调实际治理效果的实践刑法形态。然而迄今为止,刑法学科群——包括注释刑法学、刑法史学、比较刑法学、刑法哲学、国际刑法学、外国刑法学等——基本上是静态的文本刑法和理念刑法理论;在刑法之中研究刑法仍然是很多人固守的思维方式。这两者均不利于最佳刑事治理效益的取得。对此,储教授强调,刑法在运作中存在和发展,刑法本性是动态的和实践的。动态的实践刑法认知尚未形成系统的学问即理论,可以说是一个缺憾。根据刑法的本性打造一门学问,是刑法本身的需要。③ 而作为一门动态实践,刑法之外的事物推动着刑法的发展,这是刑法的发展规律。正因为犯罪决定刑法,刑法决定刑罚执行,行刑效果又反过来影响犯罪率升降。刑法要接

---

① 参见储槐植:《刑事一体化》,法律出版社2004年版,第491—504页。
② 参见储槐植:《刑事一体化与关系刑法论》,北京大学出版社1997年版,第294页。
③ 参见陈兴良、梁根林主编:《润物无声》,法律出版社2005年版,第19—20页。

受前后两头信息,不问两头(只问一头)的刑事立法不可能是最优刑法。因此,需要刑事政策引导刑法立法,同时刑事政策又应当在刑法框架内起机制性作用,融入哲学、社会学、犯罪学、经济学等学科知识理念,用以解决犯罪问题,才能真正体现刑事一体化①,并实现刑事治理的效益最优化。

二、刑事一体化理论实现路径评析

刑事一体化既是一种立场、观念,又是一种方法,对刑法理论的研究、刑事人才的培养以及刑事司法实践都具有重要的意义。② 然而,刑事一体化思想预期的作用必须借助理论上的系统建构,更新刑事学科的整体观、整体与部分观,重新整合观和各学科的独立观,明确回答"刑事一体化如何实现"这一问题,才能真正发挥出来。这就是"刑事一体化的理论实现"问题。总体而言,对于这一问题的研究有"刑法本位路径""刑事政策本位路径""多中心路径""刑事法学科群路径"等多种不同理论思路。

(一) 刑法本位路径

所谓刑法本位,就是以刑法学为中心来思考刑事一体化所追求的刑法学、犯罪学、监狱学、刑事诉讼法学、刑事政策学等深度融合。

在这个路向上的刑事一体化思考,给刑法学研究带来的理论观念和刑事实体法律实践层面的合理性变化是非常令人兴奋的。首先,刑法学研究的实践性观念得以强化。刑法的宗旨在于治理犯罪,刑法是静态的法律规范,而犯罪却是动态的社会现象,静态的刑法治理动态的犯罪的适时性、有效性有赖于刑事政策功能的发挥。换句话说,"关系"本身也是动态的,解决刑法问题的时候,不能局限于静态的法条,而是要结合动态的社会现实研究犯罪的治理对策。③ 从一定意义上讲,当下我国刑法学研究越来越重视本土问题意识,实现了对传来智识依赖的摆脱,与刑事一体化思想的影响有直接的关系。其次,刑法学研究的视野得到了有效的丰富和拓展。一体化视野下,刑法在关系中存在和变化,刑法学也在关系中得到发展。强调刑法学的研究不能局限于刑法之中,还要在刑法之上、刑法之外研究刑法,这就拓宽了刑法的研究视野。最后,储槐植教授之所以能够有底气提倡"严而不厉"的刑法结构④,正是因为近代以来犯罪学的研究共识认为犯罪原因深入社会的方方面面,刑罚对遏制犯罪所起作用是有限的;也正是在一体化视野下,包括刑事实体法和程序法以及行政执法在内的刑事

---

① 参见储槐植、闫雨:《刑事一体化践行》,载《中国法学》2013年第2期。
② 参见张文:《坚持"刑事一体化" 协力推进刑事科学研究》,载《中国检察官》2018年第3期。
③ 参见孙国祥:《刑法教义学与刑事一体化关系论要》,载《法治现代化研究》2017年第4期。
④ 参见储槐植:《再说刑事一体化》,载《法学》2004年第3期。

法网概念才能够被接受,在"行政·道德"基础上重筑刑法堤坝才成为可能。①

但是刑法本位路径下的刑事一体化思考,在对刑法理论和实践的合理化发挥积极推动作用的同时,并不必然带来犯罪治理效果的全面提升。就刑法教义学而言,通过目标设定层面的刑事政策明确化,可以对刑法任务和刑罚目的的理解更为适当;通过贯彻一体化治理的思路,可以使刑法教义学的精力回归"犯罪与刑罚"这些刑法原初概念的空间范围,致力于深入理解犯罪、刑罚等刑法教义学基础概念的形成,说明刑罚的意义,为刑法解释中的价值判断提供规范性的基础;同时发展出合理的科学的犯罪实质概念,指引犯罪论体系的建构,最终形成符合目的性和正义性的犯罪论体系。② 但就内部而言,刑事一体化思想并不能直接带来刑法理论实践正当性基础方面的智识与贡献。如有学者指出,储槐植教授如果能够超越雅科布斯的功能行为论,贡献出两面看的体系性方法论和具有辩证思维的新思想,并且在出入人罪的合法和合理的关系上,进行更加深入透彻的法理学方向上的一体化理论建构,那么中国刑法学理论体系就会有更大的新的提升。③ 就外部而言,刑法基于刑事一体化思考对自身提出合理性要求之后,如果没有其他相关机制的充分运行配合,只能在客观上降低刑事治理的效果。比如从刑事一体化的要求出发,刑法应当在严密法网的同时有效降低刑罚的严厉程度,其中,提高罚金刑的适用比例,逐步取代监禁刑的主导地位④,成为非常有力的理论主张和刑事改革关键点。然而包括行政法规、社会性的预防犯罪机制如果不能充分被调动以弥补刑罚轻缓化改革带来的供给空间,那么刑罚轻缓化就可能带来社会治安的向坏局面。而这正是刑法本位的刑事一体化推进路径力所不能及的。

(二) 刑事政策本位路径

在当前以刑事政策为重心推进刑事一体化的理论思路下,"刑事一体化研究"涉及的是刑事政策与刑事法律规范及其具体运作(立法、司法和行刑)的互动关系,主要探讨"刑事政策与刑事法律规范及其运用的宏观互动"与"刑事政策对刑事法律规范及其运用的具体影响"两个问题。

就刑事政策观念本身而言,一体化思想的确带来了有助于刑事治理效益最大化的显著变化。在当前刑法界尤其刑事决策过程中,人们已经摆脱了"刑罚量同犯罪数成

---

① 以行政制裁为首要刑法堤坝。具体措施包括建立责任制、规定行政处分、制定行政法规等,通过行政手段控制犯罪。不要等违法行为"长大到"犯罪级别才动用刑法;应当在违法行为"萌芽时"就给予行政制裁。"刑罚前从严"比"刑罚从重"更利于控制犯罪。参见储槐植:《建立刑事一体化思想》,载《中外法学》1989年第1期。
② 参见马永强:《刑事政策与刑法体系的关系——兼论刑事一体化的教义学进路与限度》,载《苏州大学学报(法学版)》2020年第2期。
③ 参见樊文:《多维度下的刑事一体化思想探略》,载《中国检察官》2018年第1期。
④ 参见储槐植:《建立刑事一体化思想》,载《中外法学》1989年第1期。

反比"的罪刑关系简单化的看法,承认犯罪是多种因素综合作用的结果,比以往的认识大大前进了一步。犯罪与社会同在、社会矛盾的深度与广度同犯罪数量成正比、犯罪率变动不是刑罚效用的唯一标志、刑法在控制犯罪中只能起所能起的一定作用等观念得到了确立。这样的刑事政策观念的确有助于我们在更为广泛的视野内,抓住犯罪治理的问题节点,而不是试图通过单纯调节刑罚的心理强制来解决问题。比如说对于当前电信网络诈骗犯罪控制,不管多么精巧的教义学方案、多么严谨的罪名设定立法建议,可能都不如通过对专门用于电信网络诈骗之 GOIP 设备、"卡池""猫池"等技术物质资料生产和销售活动的管控来得更为有效;无独有偶,在刑事一体化刑事政策导向下,我们不难发现,醉驾入刑所造成的社会问题之解决,关键点其实并不在于提高醉驾入刑的血液酒精含量标准,也不在于是否应当将醉驾从危险驾驶罪当中废除,而在于如何减少醉驾定罪带来的犯罪附随后果。

就目前的理论发展情况来看,刑事政策本位的刑事一体化思想路径存在的缺陷还是比较明显的。首先,刑事政策理念本身的更化并不能直接带来刑法、刑事诉讼法、犯罪学、刑事执行法学等刑事法分支学科各自的理念变化和制度变革。以刑法学科为例,即使在刑事一体化理念深入人心的今天,我们仍然不断地见证刑事治理层面上过度依赖新罪名设定、提高法定刑的路径单一化问题。比如对乘客抢控行驶中公共交通工具的驾驶装置、攻击司机的行为,如果造成严重的公共安全威胁,可以按照以危险方法危害公共安全罪处置;如果尚未造成公共安全威胁,则完全可以通过加装驾驶座护栏、增设安保员、强化宣传教育等方式予以预防;但是"妨害安全驾驶罪"仍然成为《刑法修正案(十一)》的新增罪名之一。其次,刑事政策理念不能直接作用于强化刑事法各学科之间的相互融通。当一个需要社会治理手段介入的问题出现,我们不仅需要通过社会调查了解问题的现实情况,选择适当的治理机制,也需要不同机制之间的协调,形成最佳的治理网络组合。然而,这些都不是刑事政策理念本身所能够提供的,毋宁说需要做专门的研究与努力。

(三) 多中心路径

储槐植教授在其《刑事一体化论要》一书的"绪说"部分对于刑事一体化的多中心路径作了尝试性的论述:事物在关系中存在。刑事,出于不同的研习需要,相关事项中有不同的中心。若以犯罪为中心,即为关系犯罪观,犯罪在关系中存在和变动。若以刑法为中心,即为关系刑法观,刑法在关系中存在和发展。若以刑罚执行为中心,即为关系行刑观。[①] 按照刑事一体化的多中心理论路径,对于特定的治理事项,刑法学、犯罪学、刑事诉讼法学、侦查学、刑事执行法学各自从自身的理论前提出发,以刑事一体

---

① 参见储槐植:《再说刑事一体化》,载《法学》2004 年第 3 期。

化多学科融通的理念为指导,提出问题的解决路径,作出各自的思想贡献。

然而正如福柯的权力思想所表明的,学科本身就是权力,任何一个思想体系都有将问题全部纳入自身范畴的潜在动力。在刑法学内部,我们发现"风险刑法思想""客观归责理论"都具有气吞山河之势,似乎可将一切困难都求解于己身;而从犯罪学的角度,人们似乎更愿意提供非刑法化的社会治理路径、心理学治理路径,而为犯罪治理提供来自刑法之外的辅助,这似乎并非当下犯罪学思考的重心所在。

试图通过各学科各自贯彻刑事一体化理念,形成各刑事法分支学科之间的深度融合,就实际效果来讲并不理想。比如刑事合规改革,出于"挽救企业,激励合规"的社会综合治理目的,刑事诉讼法积极推进刑事合规不起诉,而且基于"单位犯罪双罚制"这一传统认知,使合规不起诉的效力不仅及于单位组织体,也及于组织体成员。这样的努力与强化综合治理、不过度依赖刑事制裁的刑事一体化理念无疑是契合的,但是这与刑事实体法学界所推进的组织体责任与组织体成员责任分离的走向,以及刑事实体法所坚持的罪刑均衡原则要求等方面的分歧是明显的。而这样的分歧显然不是通过刑事诉讼法一方的努力所能够弥合的。

(四) 刑事法学科群路径

有学者认为,刑事一体化的理论实现路径之一是建立刑事科学学。"刑事一体化"如果作为一种研究方法,即从多学科角度研究某一课题,是很可取的;如果作为一门科学来对待,那么刑事一体化既不是几门刑事学科简单的"拼盘",也不是一门学科"吃掉"其他学科。实际上,刑法学、犯罪学、刑事诉讼法学、监狱学、刑事政策学等各自独立但又密切联系,刑事基础学科和刑事技术学科各自使命不同但又共同服务于抗制和预防犯罪的目的。因而,"刑事一体化"应是建立"刑事科学学"这一新的科学。那种将各刑事学科统一于刑法学中的想法是不现实的,因为各学科研究对象不同,将其他学科统一于刑法学中,既没有必要也很难实现。刑事科学学的创立是一个庞大的课题,应当认识到的是,首先,刑事科学学只能建立在各刑事学科独立地位确立以及深入把握各学科相互之间结构关系的基础上;其次,刑事科学学的实现有赖于各刑事学科的自身建设,而各学科的自身建设应以一体化作为观念指导;再次,刑事科学学的建立既不否定各门刑事学科在具体研究对象上的特殊性,也不否认它们从各自的研究对象出发提出的抗制和预防犯罪模式,而是基于刑事科学内在的统一性;最后,刑事科学学应作为一门课程在高等法学院校开设。[①] 高维俭博士进一步提出,依刑事学科群的内部纵向结构,将其划分为刑事事实学、刑事对策学和刑事哲学,刑事法学则应被归类于

---

① 参见张文、马家福:《我国刑事科学的学科结构研究——兼论刑事一体化》,载《北京大学学报(哲学社会科学版)》2003年第5期。

刑事对策学之中。①

然而正如刘仁文教授指出的,"刑事一体化"仅限于刑事学科群,并不能包含刑法与宪法、刑法与民法等学科之间的关系。② 所以就犯罪的一体化治理而言,刑事法学科群的视野仍然不够宽泛、全面,而且刑事法学科群很大程度上仍仅仅停留在概念构建层面,各学科之间的真正融合并没有因此得以有效推进。

三、刑事一体化践行路径评析

尽管关于刑事一体化的理论实现路径尚未形成一致,且学科融通效果和实际社会治理效果并未充分显现,但是其理念和原则还是不断被运用在具体实践问题的解决或者解决方案的优化过程中。

(一) 刑事一体化的刑事司法实现

关于刑事一体化思想对刑事司法的重要指导作用,许多实务精英都不遗余力强调。如有观点认为,刑事一体化思想指导司法官在审查、审理、处理、决定案件的时候,将"刑事案件涉及的各方面融合于一体"的观念作为基本指引,追求刑事诉讼或者司法办案的理想境界和最佳效果,最终实现法律效果与社会效果的有机统一,以及储教授所说的"天理、国法、人情"的有机统一。③ 还有观点指出,刑事一体化思想的目标是发挥刑法适用的最大效用,在顺畅刑法机制的同时实现刑罚预防犯罪的目的。如果审判环节的运作者没有刑事一体化观念,那么刑事一体化思想就很难在刑事司法活动中得到践行。④

至于如何在司法实践中贯彻刑事一体化的治理理念,现有的具体措施大致包括:①从一体化的角度,综合分析把握案件,不仅要审查有关定罪的事实还要审查具体量刑情节的事实,不仅要关注犯罪自身的一些问题,还要关注犯罪的原因、发生的背景,以及犯罪后的种种表现等。②在审查案件时,确立了从客观证据到主观证据、从客观要件到主观要件的审查思路,通过证据与构成要件事实的有机连接,确保案件裁判的质量,以防止冤假错案的发生。③解决审查逮捕的实体与程序、证据与事实、逮捕三要件的深度融通和关系协调。⑤

2021年4月,中央全面依法治国委员会将"坚持少捕慎诉慎押刑事司法政策,依法

---

① 参见高维俭:《刑事三元结构论:刑事哲学方法论初探》,北京大学出版社2006年版,第70页。
② 参见刘仁文:《构建我国立体刑法学的思考》,载《东方法学》2009年第5期。
③ 参见苗生明:《刑事一体化思想的检察实践》,载《中国检察官》2018年第3期。
④ 参见苗有水:《让刑事一体化思想在审判环节得到践行》,载《中国检察官》2018年第3期。
⑤ 参见黄河:《刑事一体化思想的生动实践》,载《中国检察官》2018年第1期。

推进非羁押强制措施适用"作为2021年度研究推进的重大问题和改革措施,将"少捕慎诉慎押"司法理念上升为党和国家的刑事司法政策。少捕慎诉慎押刑事司法改革落实刑事一体化理念指导,在转变刑事司法理念、加强人权保障、优化社会治理、降低司法成本等方面具有重要功能,认真落实这一刑事司法政策,持续深入推进司法改革,是司法机关践行以人民为中心、全面依法治国、回应经济社会发展需要的重大举措,是司法履职助推国家治理现代化的具体体现,也是对长期以来刑事诉讼过程中过度依赖逮捕羁押、强制措施功能异化、过度依赖刑事制裁手段的及时纠偏。

(二) 刑事一体化的刑事立法实现

有学者总结指出,刑事一体化对解决我国20世纪80年代的重刑主义的功绩是巨大的,可以将其视为刑事一体化思想在刑事立法方面已经作出的最大贡献。① 而就目前的进展来看,我国刑法中的微罪体系正在刑事一体化理念作用之下逐渐建构形成。

微罪是与轻罪和重罪对应的新的犯罪类型,实质上是出于具体法益保护的需要,对危害行为或者危险的犯罪化处置。在犯罪化的设定上,刑法设置微罪不仅要符合正义观念,还要具有内在合理性根据;应当与整个刑事法理论体系相协调,不能脱离刑法理论的指导;同时其也与社会治理和前置部门法密切联系,需要整体顺畅的一体化协调融合。微罪立法代表了一种高水平的精细化刑事立法技能。高超的立法技术可以完成保障公民权利与维护社会安全的双重任务,从而构建一种稳定的社会秩序。因此微罪立法既要应对社会治理中存在的违法现象,还应当与其他相关部门法协调。关于微罪和轻罪的区分,目前一般认为以拘役为界限,包括法定拘役和权衡拘役两种表现形式。在法治社会语境下,适用微罪审理案件既可以维护社会秩序,又可以捍卫公民权利。现代社会赋予刑法的重要特征就是预防犯罪。微罪立法可以帮助人们建立规范意识,而微罪司法则可以防止侵害社会行为的发生。在微罪案件中,人们摒弃了传统意义上对犯罪的仇恨情绪,对刑法的社会治理作用认识也趋于理性。社会对微罪犯罪人的理性接纳,是现代化法治建设的需要。因此微罪作为刑法发展的一种成果,其存在具有合理性,是刑事一体化思想在刑事立法中得以实现的路径之一。②

将视野扩大到刑事实体法之外,采用刑事一体化的视角对刑事和解、认罪认罚从宽等刑事制度的构建也大有裨益。在方法论的意义上使用刑事一体化的概念,并将一体化的范围限定在作为刑事实体法的刑法与作为刑事程序法的刑事诉讼法的一体化,可谓是刑事一体化在具体制度中得以贯彻的一条实践路径。③ 随着我国修订的《刑

---

① 参见曲新久:《公共政策视域中的刑事一体化思想》,载《中国检察官》2018年第1期。
② 参见储槐植、李梦:《刑事一体化视域下的微罪研究》,载江溯主编:《刑事法评论》(第43卷),北京大学出版社2020年版,第161—179页。
③ 参见张云鹏、路军:《论刑事和解制度在中国的构建——刑事一体化的分析进路》,载《云南大学学报(法学版)》2009年第1期。

事诉讼法》对认罪认罚制度的认可和吸纳,我国已经基本建立了认罪案件的协商式刑事纠纷处理机制。这是刑事一体化在刑法规范中得以落实的表现。从刑事一体化的视角为该制度的进一步完善提供如下实体法层面的理论支撑和指引:(1)强化从刑事政策的角度对认罪认罚从宽制度进行实体法解读。认罪认罚从宽制度有利于及时有效惩罚犯罪,提高司法效率;有利于落实宽严相济刑事政策,实现繁简分流;有利于加强人权保障,减少不必要的羁押。(2)从被告人视角出发,落实程序即惩罚的观念。对嫌疑人和被告人而言,刑事司法的过程是自己不断面对质疑、讯问、查处以及惩罚的过程。只要是一个还具有向善意愿的人,在程序从简和量刑减让的制度鼓励下,很容易作出自愿认罪的决定。从国家视角出发,认罪认罚意味着人身危险性降低。认罪认罚从宽制度是从制度层面对主动认罪的犯罪人如何合适有效裁量进行的回应。从司法视角出发,根据我国的刑事司法实践,利用认罪认罚从宽制度高效、快速地实现正义,仍然需要从实体和程序两个方面努力。适用认罪认罚从宽制度即意味着,对认罪的被告人既要给予实体上量刑的减让,又给予程序上的特别优待。(3)具体制度设定上,要确保口供的自愿性、确定犯罪人再犯可能性的降低、进一步规范从宽的幅度。①

(三) 刑事定罪的一体化思考

理论源于实践,亦应指导实践,遵循刑事实体法与程序法相结合的研究思路,从刑事一体化的视野出发揭示定罪的本质及活动原则,必将有助于深化定罪的理论研究并为司法实践提供切实有效的指导。

定罪是指国家专门机关依法定程序与证据,根据刑法,确定犯罪嫌疑人、被告人的行为是否符合刑法规定的犯罪构成的活动。定罪的主要特征为:其一,定罪的主体是国家专门机关;其二,定罪的对象是犯罪嫌疑人、被告人的行为;其三,定罪的根据包括事实根据及法律根据;其四,定罪的内容与目标是确定犯罪嫌疑人、被告人的行为是否符合刑法规定的犯罪构成,即其是否构成犯罪、构成何种犯罪。定罪的原则包括程序法原则与实体法原则两个组成部分。定罪的程序法原则为程序法定原则、证据裁判原则、无罪推定原则;定罪的实体法原则包括罪刑法定原则、主客观相统一原则、必要性原则。②

在一体化的观念之下,定罪过程绝不是单纯的法律规定和案件事实之间的符合性判断,而是一项动态的刑事司法活动,既包含司法人员的主观认识过程,又充满了法律价值的权衡与选择。在这个过程中,需要细致周密地总结经验,为案件事实的认定提供类型化的指标提示,比如当前司法解释中存在的大量关于"非法占有目的"的认定解

---

① 参见何群、储槐植:《认罪认罚从宽制度的实体法解读:从刑事一体化的视角》,载《中南民族大学学报(人文社会科学版)》2018年第6期。
② 参见闵春雷:《定罪概念及原则的刑事一体化思考》,载《当代法学》2004年第4期。

释,其本质就是这种认定指标的实践总结;而这是一个需要犯罪学智识贡献的工作。同时,还需要借助法律条文逻辑之外的政策考量、利益衡量、规范目的选择、后果考量、治理效果评估等方面的支撑,才能够保证行为评价所作出之选择,达到最佳的社会治理效果。

(四) 刑事制裁矫正措施的一体化完善问题

在刑事一体化的视野中,刑法、刑事诉讼法与刑事执行法同属于刑事法的范畴。在刑事法的框架内,刑法是规定有关国家刑罚权、非刑罚权等内容的实体法;刑事诉讼法是规定有关现实地宣告实体刑法所预告的刑事处罚的程序法;而刑事执行法在内容建构上应是上述实体法和程序法的自然延续,它既调整实体性的内容又涉及若干程序性的规范,即融实体法和程序法为一体。因此,在现行的刑法和刑事诉讼法不作结构性调整的情况下,可由刑事执行法对我国的非刑罚方法作补充立法,这既适应了司法实践的需要,从刑事一体化的角度看也是可行的。基于此,应对劳动教养、收容教养、强制医疗、没收罪物等非刑罚方法在内的非刑罚处遇措施体系进行系统性完善。①

回到刑罚措施完善方面,社区矫正是刑事一体化思想的实体展开,是优化刑法运作机制的内在要求。社区矫正的发展不仅是刑罚执行方式的改进,还涉及刑法观念的更新、刑事政策的调整、刑事立法的完善、刑事司法权力的重构等深层内容。因此,应以刑事一体化为导向设计社区矫正的发展路径。从刑事一体化角度为社区矫正进行定位,可以得到这样一些启示:其一,社区矫正是人类刑罚文明演变的历史必然;其二,社区矫正是二元社会中犯罪控制模式的理性选择;其三,社区矫正是罪刑问题研究趋于理性的产物;其四,社区矫正是优化刑法运作机制的内在要求;其五,社区矫正是与监狱矫正相辅相成的矫正模式。以刑事一体化为指导,社区矫正的发展路径主要有以下几种:第一,确立"有选择监禁"思路,处理好"严打"与社区矫正的关系;第二,完善社区矫正立法,构造"三位一体"的刑事立法格局;第三,改革量刑制度,建立刑事裁判与刑事执行的互动机制;第四,健全行刑体制,促成狱内行刑与狱外行刑的协同运作;第五,扶植社区发展,鼓励民间力量对罪犯矫正事业的参与;第六,整合学科资源,倡导对犯罪与罪犯问题的多视角研究。总之,打破学科壁垒,整合学科资源,利用包括法学、社会学、教育学、心理学等在内的所有人文社会科学的有益成果,对罪犯处遇问题进行多视角研究,以学术创新推动制度创新,使社区矫正这一新兴罪犯矫正制度在科学理论的导引之下健康发展。这是刑事一体化思想得以实现的应然路径。②

---

① 参见杨殿升、余诤:《论刑事执行法中非刑罚方法的执行——从刑事一体化角度观察》,载《犯罪与改造研究》2000年第10期。
② 参见冯卫国、储槐植:《刑事一体化视野中的社区矫正》,载《吉林大学社会科学学报》2005年第2期。

(五) 特定违法犯罪行为的体系化治理问题

以危险驾驶罪的体系化治理问题为例。近年来,危险驾驶罪逐步成为我国刑法体系中发案数位列第一的罪名。但是,每年将 30 万左右的人贴上罪犯标签并使之承担过重的犯罪附随后果,甚至沦为社会的对立面,无论对于国家、社会还是危险驾驶者个人来说,都是巨大损失,属于司法和个人的"两败俱伤"。因此,有学者提出,基于刑事一体化的理念,有必要对危险驾驶罪进行体系化治理。运用刑事一体化对危险驾驶罪进行体系化治理的主要表现有:为限定本罪的适用范围,在司法上,需要准确理解危险驾驶罪的客观构成要件要素,尤其要对抽象危险进行必要的司法"印证式"判断,以确定立法者所预设的法益危险是否存在,妥当认定违法阻却事由,准确认定危险驾驶罪的自首,提高缓刑适用率,将认罪认罚之后的从宽处罚落到实处;在立法政策上,有必要根据犯罪发生的实证数据进行调整,适度提高入罪门槛,将"醉驾型"危险驾驶罪限定为"不能安全驾驶"的情形,同时配套修改《公职人员政务处分法》,建立轻微犯罪的前科消灭制度,以有效降低犯罪的附随效果;在犯罪的情境预防方面,强制汽车制造商安装车载酒精监测装置是减少犯罪的关键手段。①

(六) 小结

纵观以上五个方面的刑事一体化实践,在深切感受到刑事一体化思考走向司法实务,遍地开花的同时,仍不难感觉到实践层面刑事一体化理念贯彻上的破碎化、不透彻、协调不足等问题。所谓"破碎化",是指对于如何在司法实践问题上贯彻刑事一体化、注重不同治理机制之间的深入融合、追求刑事治理的实效化等现代化理念,缺乏统一的原则化设计。"破碎化"的刑事一体化实践,极容易导致个别问题解决方案之间形成相互冲突,也不利于真正透彻地将各种刑事治理机制的作用发挥到最佳状态。

即使以已经成为新时期刑事司法政策的"少捕慎诉慎押"为例,亦足以发现缺乏系统原则化设计的刑事一体化推进所存在的不彻底性和不顺畅性。少捕慎诉慎押的政策提出的目的在于,改变以往对国家刑事治理力量的依赖,倡导多元协同共治。诚然,将刑事治理完全委之于国家,将遮蔽对犯罪原因及致罪机制的必要发掘,难以为治理犯罪寻得对症之方,同时也将导致国家过分挤压治理构造中社会的存在空间,制约其他社会机制防治犯罪功能的正常发挥,最终落入刑法万能主义、重刑主义,妨害公民的正常交往。依此观察,当前国内外对少捕慎诉慎押刑事司法改革的研究主要呈现出以下三个突出特征:第一,研究视角单一。研究队伍主要由刑事诉讼法学者和检察实务工作者构成,如樊崇义、卞建林、孙长永、苗生明等,所涉学科领域主要是刑事诉讼法。第二,研究成果数量较少,重政策解读,轻理论探究。研究成果多集中发表在机关

---

① 参见周光权:《论刑事一体化视角的危险驾驶罪》,载《政治与法律》2022 年第 1 期。

报纸或期刊,如《检察日报》《法治日报》《民主与法制》等,主要是对少捕慎诉慎押刑事司法政策的提出背景、内涵功能、实践障碍、对策举措等问题的探讨。第三,所提出的贯彻落实举措主要包括:转变全社会的理念,改革目前的绩效考核机制,减少办案人员对口供的依赖,充分发挥羁押必要性审查制度在降低羁押率方面的作用,充分发挥不起诉的审前分流功能。① 目前的研究显然缺乏系统性和具体性。

缺乏系统的原则化设计,特定问题解决方案之间的冲突恐难以避免,进而刑事一体化的治理效能可能因为相互冲突的问题解决方案而面临被削弱的危险。仍以刑事合规不起诉改革为例。"放过企业也放过企业主"的问题解决方案本身,与刑法上所坚持的罪责刑相适应原则之间固然属于功利与公正的价值选择之争,而且这种问题解决方案对于企业组织体的合规建设激励并非没有推进作用;但基于深层社会治理的考虑,纯粹个人犯罪中的自然人与单位犯罪中的自然人就因为其职业和动机被区别成两类主体,法律向全体公民发出的不得实施违法犯罪行为的规范要求相应地也就具有了遵守与可不遵守之别。如此一来,企业合规了,却可能造成法律规范吁求上的差别化对待。而将人区别对待,将直接造成法律规范要求受尊重和遵从程度上的削弱,进而可能造成整体法律治理效果的削弱效应,必然殃及对单位犯罪的治理。

四、刑事治理效能最优化的一体化建议

正如储槐植教授早已指出的,刑事一体化之要在于犯罪治理机制之间的深度融合;而无论当前的刑事一体化理论路径研究还是实务践行路径开展,在深度融合和治理效果实效化方面均存在非常大的提升空间。以下笔者将结合个人的经验和体会,就刑事一体化的理论和实践效能最大化提出一些看法。

(一) 以"犯罪治理一体化"为核心扩大视野

刑事一体化思想,从产生的第一天开始,就以追求犯罪治理效益最佳化为其功利目标。强调刑事法诸学科之间的深度融合,也正是为了通过对犯罪治理真正着力点的获取,在诸多犯罪治理机制中选取最佳的问题解决方案,同时通过多元机制的相互协调,保证最佳的犯罪治理效果。但就现在的经验来看,犯罪治理可能并不仅是刑事法诸学科的任务,民商法、行政法、国际法实际上都可以发挥相当重要的作用。

比如针对当下实践中大量存在的借名欺诈贷款现象,刑事司法实务中往往将实际用款人作为贷款诈骗罪或者骗取贷款罪的行为人予以定罪处罚,从而放过了大量的借名贷款人,解除了他们与银行之间的借贷合同关系,有利于避免群体性事件发生的风

---

① 参见韩旭:《"少捕慎诉慎押"彰显人权保障精神》,载《检察日报》2021年7月21日,第3版。

险。但是从社会治理的角度思考如何防止此类事件的发生,上述处理方案显然顾此失彼了:借名贷款人不会因为其违法行为承担刑事责任,也无须承担民事上的还本付息义务,那么他们往往还会基于亲情关系或者侥幸获利的思想进行同类行为。实际上就民法角度而言,这样的处理显然是有问题的,因为实际用款人与银行之间并不存在任何的法律关联,凭空确认两者之间存在合同关系显然是不合适的,而解除借名贷款人的还款义务也无法从民法上找到任何的合理依据。由此可见,民事上妥当处理方案的确立与借助,对于犯罪治理而言同样均有重要意义。

进而,类似社会信用体系建立、民间矛盾调解机制的完善、网络行为的实名制管控等非法律措施,都在相当程度上显著地表明其对犯罪治理的重要作用。因此,刑事一体化所要实现的深度融合的犯罪治理机制,应当从刑事法诸学科的视野扩大到全部的法律领域,进而扩大到所有与犯罪相关的措施、机制之上。

(二) 明确各类型机制的效用重心

从一定意义上讲,刑事一体化所倡导的深度融合和犯罪治理社会效益最大化,所依赖的是不同犯罪治理机制之间的协力。但是这种协力绝不是简单地一拥而上,而是需要遵循一定的原则,进行分工合作。

对此,有学者曾经提出,"刑事一体化的根据在于犯罪人",也就是刑事各学科研究的出发点和落脚点最后都要落实到犯罪人。相应的解决办法是,建立一种犯罪人学,把犯罪学、刑事政策学、刑法学、刑事诉讼法学和监狱学等统一起来,因为各个学科分门别类从不同的角度都是在研究犯罪人。① 这种理论思路试图以犯罪人为中心,形成刑事法诸学科之间的相互协力,少有地直接回应了"刑事一体化是何种基础上的一体化"这一问题,值得深思。但是其缺陷也是明显的:第一,有如笼统地讲,"我们需要刑法学、刑事诉讼法学、犯罪学、刑事执行法学、刑事政策学之间的统一协调努力,实现社会效益最大的犯罪治理",以犯罪人为根据的刑事一体化协作实际上并未告诉我们不同犯罪治理机制之间的分工协作应当如何进行。第二,除非把处于犯罪未然状态的社会一般人纳入广义的"犯罪人"范畴,否则上述理论路径不能顾及针对社会一般人的犯罪预防机制。

在笔者看来,刑事一体化理念所需要的真正协作机制,应当是以充分发挥不同犯罪治理机制的作用为基础的相互协力。简单形象而言,就是发挥各自特长。因此,刑事一体化理念下的深度融合,需要首先确定不同犯罪治理机制的效能机理及其可能的作用重心。篇幅所限,笔者仅在此探讨一下刑法的犯罪治理效能重心问题。众所周知,传统意义上的犯罪法律后果是以利益剥夺为内容的刑罚,其作用机制在于通过外

---

① 参见张文:《坚持"刑事一体化" 协力推进刑事科学研究》,载《中国检察官》2018 年第 3 期。

在的剥夺,引起犯罪人和社会一般人的自我反省,从而避免他们产生犯罪的动机和意图,从而预防再犯罪和未然犯罪。这一机理被费尔巴哈概括为"心理强制";就内容而言,心理强制机制所强化的不是人的道德,而是人们的规范意识。因此可以说,刑法的犯罪治理效能重心,是以刑罚为保障的规范意识强化。尽管当代刑法中非刑罚处罚方法、教育矫正措施、保安处分措施在逐渐丰富,但是这并没有从根本上改变刑法这种犯罪治理措施的心理强制性质。从这一性质出发,刑法措施的实践运用,应当保证行为性质评价和制裁适用的合理性,否则心理强制的效果就会被削弱。同时,如果超过这一效能重心让刑法发挥所谓的犯罪吓阻、预防、治理效果,都可能面临失败的风险。

总而言之,我们主张,作为刑事一体化要害所在的"深度融合",应当是以不同犯罪治理机制效能重心为基础的分工协作。

(三) 构建问题导向的多领域合作机制

在技术层面上,刑事一体化思想的动态践行不应当停留在目前来自不同学科方向的各自努力状态,也不能任由其在不同的问题上碎片化地发挥作用,而是应当通过在具有一定普遍性的犯罪治理问题上,构建包括不同犯罪治理机制相关领域专业人员在内的"多领域合作机制"。通过这一机制的运行,力争达到以下三个目标:(1)对不同的犯罪治理问题解决提出一体化的社会效益最大化解决方案;(2)提炼不同犯罪治理问题上的关键点所在和核心治理机制选择的确定原则;(3)总结不同犯罪治理机制之间分工协作的一般原理。

经济犯罪中刑法一体化规范解释研究

——以储槐植教授刑事一体化理论为分析视角[*]

蔡道通[**]

当代中国著名刑法思想家与刑法学家储槐植教授倡导并践行的刑事一体化思想,在当今中国的刑事法学界与实务界都产生了极大的影响。它不仅推动了刑法理念的变化、刑法研究范式的转换与刑事法治人才的培养,而且极大地影响着刑事司法观念的转变与司法裁判思维与方式的进步。[①] 刑事一体化包含着众多的内容,其中之一,就是要处理好刑法的外部关系与内部关系,即作为外部关系的"刑法之下——经济与刑法;刑法之上——政权结构、意识形态与刑法;刑法之前——犯罪与刑法;刑法之后——行刑与刑法;刑法左右——其他部门法(附属刑法)与刑法,其他学科与刑法学。刑法的内部关系:国家意志与客观规律的关系;刑法保护功能与保障功能的关系;罪与刑的关系;刑罚目的与刑罚机制的关系;刑事立法与适用解释的关系"[②]。如果说,刑法中的自然犯规定与相应的刑事责任配置是否合理,应当如何解释与适用,能够反映并体现立法与司法中内部关系的合理性、科学性与正当性程度的话,那么经济犯罪的罪名设定、罪状构成与刑罚设置,以及相应的司法裁判结果,就更能折射与反映刑法内部关系一体化的现状与成熟程度。因此,研究经济犯罪的刑法一体化课题,不仅是刑事一体化思想具体落实的一种努力,而且对推进刑事一体化理论的进一步发展具有意义。

---

[*] 本文为国家社科基金项目"经济犯罪类型化与刑事违法判断相对性研究"(21BFX175)的阶段性成果。
[**] 南京师范大学法学院教授。
[①] 截至2022年5月7日,就期刊文章而言,如果以"刑事一体化"为"篇名",在"中国知网"搜索,共有153篇文章;以"刑事一体化"为"关键词"进行搜索,共有314篇文章;以"刑事一体化"为"主题"进行搜索,共有512篇文章;以"刑事一体化"为"摘要"进行搜索,共有467篇文章;以"刑事一体化"为"篇关摘"进行搜索,共有1603篇文章;以"刑事一体化"为"全文"进行搜索,共有6629篇文章。以"刑事一体化"为关键词的硕博士论文,共有37篇;以"刑事一体化"为"主题"进行搜索,共有106篇硕博士论文,涉及犯罪学、刑事政策学、刑法学、刑事诉讼法学与监狱学等学科领域。就刑事一体化理论对司法实务的影响,最新的例证是,2022年全国法院学术讨论组织委员会公布的《关于征集全国法院第三十四届学术讨论会论文的通知》[法学(研)〔2022〕1号]38号选题建议就是"刑事一体化视角下的认罪认罚从宽制度研究"。
[②] 储槐植:《刑法存活关系中——关系刑法论纲》,载《法制与社会发展》1996年第2期。

一、刑事一体化的范式转换以及对经济犯罪刑法一体化的意义

就研究方法而言，陈兴良教授指出，刑事一体化思想在一定程度上超越了社科法学和法教义学这两种方法之争，站在理论的高度，为刑事法理论提供某种思想。因此，无论是从事社科法学研究还是从事法教义学研究，在刑法领域来说都离不开刑事一体化思想的引导。① 作为一种理念，也作为一种方法，刑事一体化理论的提出，一方面是"刑法危机的产物"②的反映，另一方面也是刑法理论及其研究方法需要变革的证明。为此，对于理论研究而言，必然呼唤研究范式的转变，"一个范式就是一个公认的模型或模式"③。库恩指出，所谓范式，意欲提示出某些实际科学实践的公认范例——它们包括定律、理论、应用和仪器在一起——为特定的连贯的科学研究的传统提供模型。④ 取得了一个范式，取得了范式所容许的那类更深奥的研究，是任何一个科学领域在发展中达到成熟的标志。⑤ 在这个方面，作为刑法思想家与刑法学家的储槐植教授一直倡导并践行的刑事一体化思想，就是这种刑法理论研究范式转变的倡导者、引领者与实践者。刑事一体化理念与方法为我们思考上述理论问题及其在实践中出现的司法难题，寻求理论完善的突破口以及找到解决问题的钥匙带来了深刻的启迪。

对于理念而言，刑事一体化提醒研究者必须注意"法律是在文本的别处，人们必须去寻找文本的解释"⑥。作为一种方法，需要解释者应当寻求新的分析工具。正如谚语所言："低劣的木匠才会责怪他的工具。"⑦ 如果说，"科学革命就是科学家据以观察世界的概念网络的变更"⑧，"中国的学术需要解决中国问题"⑨才是硬道理的话，那么对于中国的刑法学者，就应当通过研究范式的转变，寻找理论创新，以便解决当下的中国刑法理论与司法实践的现实问题，并能够得到理论的正当性证成与实践的更为科学合

---

① 参见陈兴良：《刑事一体化：刑事政策与研究方法视角的思考》，载《中国检察官》2018年第1期。
② 储槐植：《刑事"三化"述要》，载《中国检察官》2018年第1期。
③ 〔美〕托马斯·库恩：《科学革命的结构》（第4版），金吾伦、胡新和译，北京大学出版社2012年版，第19页。
④ 参见〔美〕托马斯·库恩：《科学革命的结构》（第4版），金吾伦、胡新和译，北京大学出版社2012年版，第8页。
⑤ 参见〔美〕托马斯·库恩：《科学革命的结构》（第4版），金吾伦、胡新和译，北京大学出版社2012年版，第9页。
⑥ 〔英〕杰弗里·塞缪尔：《比较法理论与方法概论》，苏彦新译，法律出版社2020年版，第150页。
⑦ 〔美〕托马斯·库恩：《科学革命的结构》（第4版），金吾伦、胡新和译，北京大学出版社2012年版，第69页。
⑧ 〔美〕托马斯·库恩：《科学革命的结构》（第4版），金吾伦、胡新和译，北京大学出版社2012年版，第88页。
⑨ 毛延生、何刚：《中国语用学研究范式的自觉、批评与优化——来自解放语用学的启示》，载《浙江大学学报（人文社会科学版）》2022年第1期。

理的效果检验。对于司法者而言,这种理念与范式的变化,一方面警醒我们,"在疑罪情况下,在对法律规范的解释方面,法院不是选择对被告人最为有利的解释,而是选择正确的解释"①。另一方面也提示司法者,"何谓'正确的'解释?答案并不总在刑法里,其根据往往是在刑法之外"②。总之,刑事一体化理论的提出,意味着无论是理论研究还是司法实践,"以共同范式为基础进行研究的人,都承诺同样的规则和标准从事科学实践。科学实践所产生的这种承诺和明显的一致是常规科学的先决条件,亦即一个特定研究传统的发生与延续的先决条件"③。

从刑法的角度看,所谓经济犯罪,一般是指为了谋取不法利益,利用法律交往和经济交易所允许的经济活动方式,直接或间接地违反规范经济活动的法规,而足以危害正常的经济活动与妨碍经济秩序的受刑罚处罚的行为。④ 刑事一体化理论对于经济犯罪的规范解释与适用,意义更非寻常。

一方面,从世界范围来看,"犯罪数量急剧增长的绝大部分原因就是因为法定犯数量的增长"⑤。当代国际社会中,法定犯的数量远远超过自然犯。⑥ 即便在国内,"法定犯时代已经到来"⑦的认识早已变成现实。这种发生在市场领域的经济犯罪,由于其行为涉及大量的行政法以及其他法律的第一次规制,因此又被称为行政犯或者法定犯。因为刑法的二次规范的性质与属性,比自然犯体现得更加鲜明,所以经济刑法又被称为典型的"二次法"并应当贯彻最后手段原则。

另一方面,与发生在生活领域的自然犯相比,经济犯罪极其丰富也极为复杂,不仅有经济规律与市场规则的制约与影响,也与我们对市场规律的认识与把握的局限相关联,以及国家在多大范围与多大程度上进行经济管控有关涉,更与我们对刑法功能的定位与作用的理念和认识密切相关。同时,为了保持刑法的合理张力以及回应市场经济犯罪的刑法需求,在中国当下急遽历史转型的大背景下,经济犯罪的刑法规范往往表现出不断修正的特征,同时伴随着大量的概括性条款的规定,这给刑法的社会保护功能与人权保障功能的合理平衡,以及罪刑法定原则所要求的刑事法律的明确性与可预期性进而保证市场主体的基本刑法安全也带来了极大的挑战。也就是说,如何在尊重市场规律、保持市场活力,捍卫市场主体权利与确保市场底线安全之间实现合理衡

---

① 〔德〕汉斯·海因里希·耶赛克、〔德〕托马斯·魏根特:《德国刑法教科书》(上),徐久生译,中国法制出版社2017年版,第213页。
② 储槐植:《再说刑事一体化》,载《法学》2004年第3期。
③ 〔美〕托马斯·库恩:《科学革命的结构》(第4版),金吾伦、胡新和译,北京大学出版社2012年版,第9页。
④ 参见顾肖荣:《中日经济犯罪概念和范围的演进》,载《东方法学》2008年第1期。
⑤ 〔美〕道格拉斯·胡萨克:《刑法哲学》,姜敏译,中国法制出版社2015年版,第628页。
⑥ 参见储槐植:《刑事"三化"述要》,载《中国检察官》2018年第1期。
⑦ 参见储槐植:《要正视法定犯时代的到来》,载《检察日报》2007年6月1日。

平,成为经济犯罪科学划界研究的必然课题。

为此,对于经济犯罪的研究与适用,宪法规定的原则与制度规范具有统领性的作用。宪法作为国家的根本法,对包括刑法在内的所有法律部门与具体规范起着统摄与统领的作用,刑事法律的规范适用必须受宪法基本原则的制约,"国家尊重和保障人权"、法律保留原则以及比例原则必须得到遵守。同时必须考量的是,社会公共政策、刑法以及刑法以外的其他法律具有不同的规范目的定位,如何保持法秩序统一并有效确立刑法规制的合理边界,也必然成为经济犯罪规范解释的当然内容。对于经济犯罪的认定,如下的认识是具有警醒意义的:"一种有缺陷的形式上的犯罪化理论,可能会使国家禁止某些行为,导致实施这种行为的人遭受刑罚,但是这种刑罚确实很难或者根本不可能被证明具有正当性。"①

同时,经济犯罪的规范研究与适用,必须正视中国刑法立法的模式。源于自然犯与法定犯混合规定的立法例,如何实现立法的统一性解释要求并兼顾法定犯的独特性需求,在刑法之内保持解释的科学性与合理性,就成为经济犯罪规范解释的当然任务。"无论刑法总则的内容到底是什么,其内容主要是从刑法分则中提炼出来的。很明显,我们关于刑法总则的看法已经定型了,而且也被我们概括的那类犯罪所影响。从自然犯中衍生出来的原则,和那些从更广类型的犯罪中衍生出来的原则,在根本上是不一致的。"②这些特征与特点,客观上增加了经济犯罪规范解释达致合理性与科学性的难度。

丰富而复杂的司法活动,已经客观上提出了许多亟待解决的规范解释问题,这些问题比单纯的自然犯的认定与处理更为棘手。比如,如何对待经济犯罪大量存在的"兜底条款"(甚至包括立法规定与司法解释同时规定的"双兜底条款")并防止"兜底条款"的无限度兜底适用,进而将与列明行为没有任何等价性、相当性与同质性的行为作为刑罚处罚对象的现象,就特别值得关切③;对刑法分则没有明文规定为单位犯罪但属于单位实施的危害社会的行为,是否只需要按照刑法总则关于共同犯罪的规定与原理,就可以确定承担刑事责任的范围,进而追究"组织、策划和实施"行为以外的帮助行为的行为人的刑事责任,值得关注④;对于网络诈骗等传统犯罪的新类型行为,尽管不

---

① 〔美〕道格拉斯·胡萨克:《刑法哲学》,姜敏译,中国法制出版社2015年版,第627页。
② 〔美〕道格拉斯·胡萨克:《刑法哲学》,姜敏译,中国法制出版社2015年版,第626页。
③ 有关合同诈骗罪的"兜底条款"司法判决的扩张性适用,参见徐州铁路运输法院(2015)徐铁刑初字第24号刑事判决书。
④ 比如,在很多有组织犯罪甚至团伙犯罪中,不少为犯罪活动提供极其边缘支持的行为(例如,仅领取合理报酬、参加工作时间很短的公司底层业务员为诈骗行为提供打印、复印业务的)也被作为共犯处理,导致一个案件抓捕几十人甚至上百人的情形并不少见,最终很多人被勉强定罪。参见周光权:《凡刑辩艰难处皆为刑法学痛点》,载《中国法律评论》2020年第1期。较为典型的案件可参见"方友漳等生产、销售伪劣产品案"〔浙江省高级人民法院(2016)浙刑终180号刑事裁定书〕,尽管该案属于单位行为但没有被作为单位犯罪处理,但法院将"帮助干杂活、供应伙食等"的陈美贞作为共犯定罪处罚,就值得研究。

是严格意义上的经济犯罪,对于犯罪中止的认定,是否必须坚持传统的认定与判断标准,将仍然处于继续犯罪过程中但自动有效防止更为严重后果发生的行为排除在犯罪中止之外,也值得研究①;对于从犯的减轻处罚,是否只要按照《刑法》第 63 条的规定,而不顾《刑法》第 27 条第 2 款的内容,只能在法定刑之下减轻一格处罚,同样值得研讨②;对于前置法与刑法具有相同规范内容的解读,刑法能否采取直接套用前置法的原则与方法,比如就修正前的《药品管理法》与《刑法》关于假药的规定而言,修正前的刑法关于假药的规定完全采用行政法的标准,在修正前的刑法存续期间发生并审理的销售拟制的假药案件,是否毫无疑义地一定构成销售假药罪,值得理论反思③。所有这些棘手的个案所折射出的司法立场、解释规则、裁判标准与判决结果往往差异极大。凡司法艰难处,皆为刑法学痛点,也极有可能是法治的痛点。④ 就刑法本身的研究与司法实践而言,无论是作为理念还是作为方法,刑事一体化首先必须落实在刑法一体化的解释与适用上。没有刑法一体化,就不可能有刑事一体化理论发展与实践的落地生根。

需要指出的是,刑法一体化理论与刑法的体系性解释有一定关联,但两者并不完全一致。有学者认为,刑法体系解释之"体系"作为一个逻辑严密的系统整体,应当划分为条文体系、章节体系、刑法典体系、法秩序统一体体系、社会共同体价值体系五个层次。⑤ 应当说,体系性解释立足于规范整体性的体系把握,原则上局限于规范体系本身而展开;而刑事一体化理论,立足于规范体系,又在一定程度上超越规范体系,而把刑事规范放在整个国家与社会背景下思考,既是对刑法规范的解读,也要在刑法之外展开思考,还需在刑法之上进行审视。对于经济犯罪的规范解释,刑事一体化思想起码在如下几方面具有理念与方法论的意义:刑法内部的一体化解读;刑法与前置法的一体化阐释;宪法统领下的刑事一体化解释。限于篇幅,本文仅讨论经济犯罪中的刑法一体化内容。

二、经济犯罪规范解释的刑法一体化要求

按照储槐植教授的主张,刑事一体化理念,首先,是指刑法存活在关系中,指刑法

---

① 参见江苏省南京市中级人民法院(2021)苏 01 刑终 470 号刑事判决书。
② 参见江苏省如东县人民法院(2019)苏 0623 刑初 325 号刑事判决书。
③ 陆勇案就提供了极佳的分析样本,即如何在宪法框架下,有效地落实宪法原则并实现法秩序统一与刑法法益保护的目的,就是一个十分重要的规范解释研究课题。参见王倩:《"药神案"办案检察官:一纸不起诉决定书为绝命人开生门》,载最高人民检察院(https://www.spp.gov.cn/spp/zdgz/201809/t20180929_394180.shtml),访问日期:2022 年 5 月 6 日。
④ 参见周光权:《凡刑辩艰难处皆为刑法学痛点》,载《中国法律评论》2020 年第 1 期。
⑤ 参见高维俭、王东海:《刑法体系解释层次论——兼以"赵春华案"为实践检验样本》,载《现代法学》2019 年第 3 期;高维俭、王东海:《刑法体系解释层次论的实践展开》,载广州市法学会编:《法治论坛》(总第 52 辑),中国法制出版社 2019 年版,第 248 页。

在关系之中存在并运作,这是关系刑法论的核心思想。此处所谓刑法,并不特指某一国家的刑法。关系刑法论的研究对象是"关系刑法",指刑法的外部关系和内部关系对刑法的存在样态和运作方式的影响,即在关系中存活的刑法。① 其次,(刑事一体化)基本之点是刑法和刑法运行处于内外协调状态才能发挥最佳刑法功能。实现刑法的最佳社会效益是刑事一体化的目的,刑事一体化的内涵则是刑法和刑法运行内外协调。② 最后,刑事一体化强调对犯罪问题的理性认识与刑罚功能的合理把握。不能对犯罪原因作简单化理解,同时犯罪率变动不是刑罚效用的唯一标志,刑法在控制犯罪中只能起到一定的作用,控制刑法圈,以行政制裁为首要刑法堤坝。③ 从中我们不难得出这样的基本结论,即刑事一体化的基础,首先是要形成刑法内部一体化的思维与认识,这是实现刑法内外协调并最终发挥刑法功能与作用的前提。道理很简单,如果刑法内部都不能形成逻辑自洽的规范体系,刑事一体化就失去了基本的前提与基础。但这一看似简单的问题,其实极为复杂,刑法内部的一体化要求,对于经济犯罪规范解释与适用来说,起码包含刑法条文的一体化认知、经济犯罪章节的一体化解释、刑法总则与分则的一体化思考。

其一,刑法条文内的一体化认知。就刑法分则的个罪而言,作为基本的刑法单元,具体的罪状规定了相应的法定刑。"法定刑是刑法分则条文对类型化、模式化的法定罪种所规定的刑罚规格与标准,反映犯罪与刑罚之间质的因果性联系和量的对应性关系。"④但许多分则条文所规定的罪状是由不同款项构成的,这样由罪状而体现的不同行为类型(款项)产生的是相同的刑罚后果。按照大致相同的情形才能产生相同的结果,相同的结果应当对应大致相当罪行的基本法理,刑法分则具体条文规定的犯罪,其所涉及的款项之间,应当作一体性理解,或者作体系性解释,才能是合理的、正当的、科学的。刑法一体性理解或者体系性解释"最基本的要求就是对同一法条内不同款项的解释应当保持协调一致,将存在多个款项的刑法条文本身视为一个体系,按照体系解释的方法原则对具体的文字规定进行体系性的解读,完成案件事实和法律规定之间的涵射"⑤。

同时,这一要求在经济犯罪的"兜底条款"所涉及的解释规则中,尤其具有价值与意义。即便是"兜底条款"也必须保持一定的明确性与可预期性,这样才是正当的。

---

① 参见储槐植:《刑法存活关系中——关系刑法论纲》,载《法制与社会发展》1996年第2期。
② 参见储槐植:《再说刑事一体化》,载《法学》2004年第3期。
③ 参见储槐植:《建立刑事一体化思想》,载《中外法学》1989年第1期。
④ 储槐植、梁根林:《论法定刑结构的优化——兼评97'刑法典的法定刑结构》,载《中外法学》1999年第6期。
⑤ 高维俭、王东海:《刑法体系解释层次论的实践展开》,载广州市法学会编:《法治论坛》(总第52辑),中国法制出版社2019年版,第251页。

"在法定罪状或保障类型可确定性方面——由一连串元素组成的罪状需要正确的适用合法原则——禁止规定的描述所有具体处罚所需的要件,均要求达到一定的程度,以致被禁止行为和处罚规定达到客观上可被确定……因此,可以肯定赋予或加重责任的刑法,必须是一项肯定和确切的法律;这是现时这里要正确注意的方面,这才是合法原则的中心关键部分,比对能危及无法不为罪的禁止类推和追溯效力方面更要紧。"①"兜底条款"作为具有一定开放性规定的条文,绝对不意味着其解释与适用具有"兜底性质",其不仅受制于一体性的解释规则限制,更受罪刑法定原则的制约。"刑法解释必须受到罪刑法定原则的制约,解释结论不能包含刑法法条所没有的涵义。"②因为"罪刑法定原则的功能定向是单一的,即框定犯罪范围,缩小刑法打击面,保障人权"③。

其二,刑法分则章节内的一体化解读。刑法只允许保护"法益"。④"由于犯罪的本质是侵害法益,因此对违法构成要件进行实质的解释意味着发挥法益作为违法构成要件解释目标的机能。"⑤由此,法益本身具有规范解释的制约功能,对于狭义的经济犯罪而言,由于其破坏社会主义市场经济秩序的性质决定了该章所规定的犯罪,具有一个基本的特征与特点,这就是每一个具体的犯罪,都是侵害了社会主义市场经济秩序的相同法益。"刑法保护的各法益应被视为明示或必然是涉及的基本权利义务和社会、政治与经济秩序的宪法价值的实践。透过这途径——只有这样才肯定地——各法益能'转化'为应受到刑法保护的各法益或具刑法尊严,抑或简言之转化为刑事法益。"⑥但同时,由于经济犯罪的复杂性,在其内部还有更进一步的分类,在中国刑事立法中,体现为还有不同的"节"所对应的相对具体的法益。刑法分则具体犯罪规定在哪一个章节,其所对应的章节所共同保护的法益,对具体行为能否构成犯罪就具有实质性的制约作用。因此,关注并关切"该条款的(官方)标题是什么?从中您可以得出,依据立法者的意见,该项规范涉及什么?该条款处于哪一章节?该项法律是怎样架构的,它分为哪些部分?"⑦就具有解释论的价值与意义。

储槐植教授指出,经济活动的合法与非法、罪与非罪的界限的确定具有很强的政策性,如果界限过严,可能造成在遏制经济犯罪的同时也遏制了市场经济参与者从事

---

① 〔葡〕乔治·德·菲格雷多·迪亚士:《刑法总论》(第1卷),关冠雄译,社会科学文献出版社2021年版,第122页。
② 储槐植、梁根林:《贪污罪论要——兼论〈刑法〉第394条之适用》,载《中国法学》1998年第4期。
③ 储槐植、张永红:《善待社会危害性观念——从我国刑法第13条但书说起》,载《法学研究》2002年第3期。
④ 参见〔德〕克劳斯·罗克辛:《德国刑法学总论(第1卷)》,王世洲译,法律出版社2005年版,第12页。
⑤ 张明楷:《刑法分则的解释原理(上)》(第2版),中国人民大学出版社2011年版,第352—353页。
⑥ 〔葡〕乔治·德·菲格雷多·迪亚士:《刑法总论》(第1卷),关冠雄译,社会科学文献出版社2021年版,第79页。
⑦ 〔德〕罗尔夫·旺克:《法律解释》(第6版),蒋毅、季红明译,北京大学出版社2020年版,第96页。

经济活动的积极性。如果界限过宽,则在刺激市场经济主体积极性的同时也将刺激违法犯罪活动从而损害国计民生。为了防止不当地用刑法手段规制市场领域的相关行为,相应章节所反映的立法者法益保护目的,要求解释者必须将法益保护目的在具体犯罪认定中予以落实,因为"它涉及通过将有待解释的特定法条与法律理由相协调来查明其意义,即涉及对整个目的论体系的归入……在此,人们相信可以提炼出相关法条的一般意义,它可以超越具体法律材料被宽泛地运用"[1]。

其三,刑法总则与分则的一体化解读。法定犯与自然犯的立法形态,国际主流社会普遍采取双轨制,自然犯规定在刑法中,法定犯通常规定在刑法以外的各种非刑事法律中。在中国,就经济犯罪的立法特点以及可能产生的问题,储槐植教授指出,一方面,刑法立法体制由自然犯时代的单轨制(所有犯罪都规定在刑事法律中)转变为法定犯时代的双轨制(自然犯规定在刑事法律中,法定犯规定在刑事法律以外的其他行政性法律和经济运行类法律中)。[2] 但与境外立法不同的是,我国采一元制,统统都规定在刑法中。虽为一元制形态,但在实质上仍然可见这种区分的影子,一个旁证是在我国刑法以外的种种非刑事法律中通常规定有"法律责任"一节,其中有"构成犯罪的,依法追究刑事责任"这样的法律表述,此所谓附属刑法规范,亦称行政犯或法定犯。[3] 另一方面,就经济犯罪的刑罚规定而言,储槐植教授指出,我国刑罚重,也与这一立法模式有关,即"有一个不为人知的隐性原因,就是刑法立法一元化体制,自然犯和法定犯(法定犯在我国主要是刑法分则中的第三章破坏社会主义市场经济秩序罪和第六章妨碍社会管理秩序罪)全部纳入刑法典,数量各占一半。也就是说,我国刑法里边的法定犯跟自然犯,在我们的刑法里各占一半。因此,出现了两个问题:一个问题就是刑法典稳定性差,频频进行的刑法修正主要出于法定犯的需要。第二个问题,刑罚加重,自然犯与法定犯同居一个法典以内,外形已经有相似,刑量难免不被感染"[4]。

因此,就刑法规范的解释与适用而言,正视其立法模式及其罪刑结构带来的问题,就是刑法教义学研究必须重视的课题。一方面,经济犯罪往往会表现出有害的一面,也会展示其对社会经济活动与经济发展有利的一面。"经济犯罪本身的严重危害与经济犯罪过程的利弊交织所形成的'两难局面'是经济犯罪独有的基本特点,传统的财产犯罪(偷、抢、骗)并不具有。"[5]因此,经济犯罪的入罪判断必须保持基本的审慎立场以及与普通刑事犯罪不同的刑事政策。另一方面,市场经济是经营者独立自主的经济,主体意识普遍增强,伴随而来的是人的价值的增长,"生命可贵"得到全社会的认

---

[1] 〔德〕乌尔里希·克卢格:《法律逻辑》,雷磊译,法律出版社 2016 年版,第 207 页。
[2] 参见储槐植:《刑法目的断想》,载《环球法律评论》2008 年第 1 期。
[3] 参见储槐植:《刑法契约化》,载《中外法学》2009 年第 6 期。
[4] 储槐植:《刑事"三化"述要》,载《中国检察官》2018 年第 1 期。
[5] 储槐植:《市场经济与刑法》,载《中外法学》1993 年第 3 期。

同。市场经济是等价交换的经济,生命不能以金钱取代,财产犯罪、经济犯罪和所有非严重的犯罪就没有理由适用死刑。市场经济必然导致死刑的大大缩减以致最终废除。死刑的有无以及多少仍然是衡量当今各种刑罚结构类型的基本标尺。死刑的减少必然导致财产刑和资格刑适用概率的增长。① 为此,储槐植教授指出:"对经济犯罪控制措施和处罚政策都应考虑到这个基本特点。从西方经济发达国家处罚经济犯罪轻于财产犯罪的普遍经验看,其主要原因(不论是否意识到)盖源于经济犯罪的这种特点。"②

正是源于我国自然犯与法定犯混合立法的模式,且作为法定犯的刑法禁止主要是通过立法逐步添加的方式进行的实际状况,因此,我们必须清醒认识到,对刑法规范,无论是总则还是分则,无论是刑法还是单行刑法与附属刑法,必须作一体化的理解与解释。因为"法以一个构思完整且着眼于统一性的概念与原则的体系为前提"③。"从法秩序的统一的思想出发,我们必须预设,现今的立法者一次性地颁布了所有当前有效的法律。由此可知,较旧的规范应当以现今规范的评价为取向。"④即必须有系统思维与体系思维,并最终贯彻与落实法秩序统一原理。按照有序与混乱的二分法,作为一种"方法"的诸系统论最为重要的是,是系统论允许整体(系统)与其组成部分(个体要素)之间的来来往往。结构或系统同时接纳了整体的有序。⑤ 没有一个法律规范是独立存在的,它们必须作为整个法律秩序的部分要素来理解。⑥ 为此,刑法分则之间,刑法总则之间,刑法分则与总则之间必须作一体化思考,刑法、单行刑法与附属刑法必须作体系性考量。"不仅法官,一切法律适用者都要受到法律的约束。"⑦因为"法律条文只有当它处于与它有关的所有条文的整体之中才显出其真实的含义,或它所出现的项目会明确该条文的真正含义。有时,把它与其他的条文——同一法令或同一法典的其他条款——比较,其含义也就明确了"⑧。

同时,我们应当注意的是,经济犯罪往往涉及大量的前置法,大多表现为对行政法的违反,必须穷尽前置法的适用,并真正落实刑法的最后手段原则。"一般情况下,司法机关应当优先选择适用行政处罚的制裁手段,而不能优先适用刑事制裁手段。在法定犯领域,行政法是法秩序的建立者。因此在秩序被违反的情况下,应当优先适用行

---

① 参见储槐植:《市场经济与刑法》,载《中外法学》1993年第3期。
② 储槐植:《市场经济与刑法》,载《中外法学》1993年第3期。
③ 〔德〕魏德士:《法理学》,丁晓春、吴越译,法律出版社2005年版,第276页。
④ 〔德〕罗尔夫·旺克:《法律解释》(第6版),蒋毅、季红明译,北京大学出版社2020年版,第95页。
⑤ 参见〔英〕杰弗里·塞缪尔:《比较法理论与方法概论》,苏彦新译,法律出版社2020年版,第201页。
⑥ 参见〔德〕魏德士:《法理学》,丁晓春、吴越译,法律出版社2005年版,第320页。
⑦ 〔德〕魏德士:《法理学》,丁晓春、吴越译,法律出版社2005年版,第307页。
⑧ 〔法〕亨利·莱维·布律尔:《法律社会学》,许钧译,上海人民出版社1987年版,第70—71页。

政法进行法律制裁。"① 对于经济犯罪而言,"法益保护并不会仅仅通过刑法得到实现,而必须通过全部法律制度的手段才能发挥作用。在全部手段中,刑法甚至只是应当最后予以考虑的保护手段,也就是说,只有在其他解决社会问题的手段——例如民事起诉、警察或者工商管理规定,非刑事惩罚,等等——不起作用的情况下,它才能允许被使用。人们因此称刑罚是'社会政策的最后手段',并且将其任务定义为辅助性的法益保护"②。换言之,如果国家使用其他社会政策措施就能够或者甚至更有效地保护一种确定的法益,但是却抓住了锋利的刑法之剑,那么,这种做法就违反了禁止超过必要限度的原则。③ 从这个意义上说,"只有在对其他社会控制方法进行了充分的考虑之后,才能考虑适用刑法"④的认识是合理的。

三、刑法一体化理念下的经济犯罪规范适用

储槐植教授指出,作为对法定犯定罪量刑的认识,生活常识表明,法律结果容易被测量,法律行为则不然,具有概约性。管理具有动态性,违反管理秩序罪中的法律规范也具有动态性。动态性在逻辑上隐含着随客观环境发生变化的可能性,因而法律规范本身具有一定的涵摄性(包容性)。这意味着法律规范效用的发挥不能与客观现实相脱离。这表明,法官适用这类法律时依据其客观意思和现实需要解释法律(客观解释论)是立法预设的,是合法的,是合理的。⑤ 如果立足于当下中国刑事司法中的经济犯罪认定规则与适用现状,我们会发现,作为刑法一体化基本要求的解释原则、阐释规范并没有得到很好的落实与体现,一些案件的司法裁判结果之所以得不到社会的认同,甚至形成所谓的"舆情"案件,就是这种情况的反映。

第一,对经济犯罪规定的款项之间以及"兜底条款"的刑法一体化解释与适用。就款项之间的一体化解释而言,比如对于销售符合安全标准的"注水"猪肉的行为,是否只要查明有"注水"行为,本着对食品安全的"零容忍"政策,哪怕符合肉类食品标准,也可以按照生产、销售伪劣产品罪追究刑事责任?按照条文内一体化解释规则,答案应当是否定的。按照《刑法》第140条的规定以及相关司法解释的内容,掺杂、掺假,以假充真,以次充好,与不合格之关系,构成掺假、掺杂程度的刑法解释限制,尤其是在有产品质量要求的国家标准、行业标准的情况下。否则,只要有掺杂、掺假的行为,不考虑

---

① 储槐植、李梦:《刑事一体化视域下的微罪研究》,载江溯主编:《刑事法评论》(第43卷),北京大学出版社2020年版,第169页。
② 〔德〕克劳斯·罗克辛:《德国刑法学总论(第1卷)》,王世洲译,法律出版社2005年版,第23页。
③ 参见〔德〕克劳斯·罗克辛:《德国刑法学总论(第1卷)》,王世洲译,法律出版社2005年版,第23页。
④ 〔美〕道格拉斯·胡萨克:《刑法哲学》,姜敏译,中国法制出版社2015年版,第628页。
⑤ 参见储槐植:《刑法契约化》,载《中外法学》2009年第6期。

掺杂、掺假的程度或比例,涉及的又是大宗产品的买卖,那么生产、销售此种商品的自然人、单位,达到伪劣产品"销售金额五万元以上"的必然进入刑法的规制范围,既不符合常理,也与经济常识相违背,更不符合规范解释的基本逻辑。因此,是否背离国家标准或者行业标准就成为生产、销售掺杂、掺假商品的行为是否可以进入刑法评价领域的规范认定依据,"不合格"规定构成了"掺杂、掺假,以假充真,以次充好"的解释限制。相应的,国家标准或行业标准就成为刑法规制的当然解释制约。① 同样,就"兜底条款"的解释原则而言,"兜底条款"所包含的内容,必须受刑法分则具体条文列明行为最大公约数的制约。刑法分则规定的具体犯罪的列明行为是构成要件的有机组成部分,成为构成要件的当然内容,因此只有将项前规定与列明行为一并解释,才能形成构成要件的具体规范。② 列明行为规定得越多,提取最大公约数的可能性越大,其精确性也就越高,对"兜底条款"所包含内容的确定就可能越具体。由此,与刑法列明行为所体现的最大公约数距离越远的行为,越不可能被"兜底条款"涵摄,这是司法适用"兜底条款"必须坚守的底线,是王力军收购玉米案之所以不能构成非法经营罪的最为深刻的道理所在,也是具有交易效益或者效率、合乎交易目的的合同欺诈行为,不能适用合同诈骗罪"兜底条款"的正当性所在。③ 在刑法适用中,我们要深知,"惩罚无辜者比不惩罚犯罪者更令人反感"④。为此,储槐植教授指出,刑法理论工作者的任务不仅是解释刑法规范,而且要以开放性思维来研究刑法现象,不局限于法律规范,探讨刑法规律,促进刑法发展。⑤ 针对"兜底条款"的不适当适用,最高人民法院表达了明确的立场,并通过程序控制进行限制:"各级人民法院在刑事审判工作中,对有关案件所涉及的'违反国家规定'的认定,要依照相关法律、行政法规及司法解释的规定准确把握。对于规定不明确的,要按照本通知的要求审慎认定。对于违反地方性法规、部门规章的行为,不得认定为'违反国家规定'。对被告人的行为是否'违反国家规定'存在争议的,应当作为法律适用问题,逐级向最高人民法院请示。"⑥ 同样的逻辑,从刑法教义学

---

① 参见江苏省南京市中级人民法院(2019)苏01刑终951号刑事裁定书。法院裁定认为,"注水牛肉中水分增多,水分含量即使未超过国家强制标准,亦属于掺杂、掺假行为,且程修峰销售金额达五十万元以上,应当以生产、销售伪劣产品罪定罪处罚"。另外参见湖南省邵阳市中级人民法院(2019)湘05刑终593号刑事裁定书。法院裁定认为,"民以食为天,食以安为先",本案被告人向活体牛灌入自来水或不符合国家生活饮用水卫生标准的河水后宰杀,再向社会不特定的公众销售,注水牛肉不仅使牛肉纤维组织变性,口感差,营养价值降低,而且容易造成病原微生物的感染,危害广大人民群众的身体健康。
② 参见蔡道通:《合同诈骗罪中"兜底条款"的限制解释研究——以骗逃部分铁路运费案为中心的分析》,载《政治与法律》2022年第3期。
③ 参见蔡道通:《有效益的交易:合同诈骗罪规范目的证成——以骗逃部分铁路运费案为分析重点》,载《环球法律评论》2022年第1期。
④ 〔美〕道格拉斯·胡萨克:《过罪化及刑法的限制》,姜敏译,中国法制出版社2015年版,第173页。
⑤ 参见储槐植:《刑法例外规律及其他》,载《中外法学》1990年第1期。
⑥ 最高人民法院《关于准确理解和适用刑法中"国家规定"的有关问题的通知》(法发〔2011〕155号)。

的基本立场出发,如果立法修正将原来的司法解释包含的"兜底条款"上升为立法内容,按照立法的基本原理与司法解释功能与权限的基本定位和规定,就可以合理地推定司法解释关于"兜底条款"的解释有越界的类推嫌疑。①

第二,章节所揭示的法益侵害内容构成对具体条文所涉构成要件的解释制约。学者就《刑法》第205条规定的虚开增值税专用发票罪的分析给我们思考类似问题提供了很好的研究进路。虚开增值税专用发票罪,"以罪状表述与罪名表征来看,本罪是以虚开行为为核心要素而展开的,然而,如果将本罪的规范目的仅仅拘泥于虚开,并不能彰显本罪所具有经济诈骗的性质。在这种情况下,只有将本罪第一罪刑单位解释为实质预备犯,即预备行为的正犯化,以骗取国家税款作为其非法的构成要件要素,才能正确界定其性质"②。之所以可以这样解释,最为重要也最为根本的原因在于,本罪规定在《刑法》分则第三章第六节"危害税收征管罪"之中,因此,单纯的虚开但没有国家税收流失可能性或者现实危害的行为,由于其没有实质的骗取国家税收的目的与结果,因此,无论是通过不成文的构成要件要素的添加,还是欠缺法益侵害的主观与客观结果而通过目的性限缩来进行出罪化,都是有正当、合理的解释依据的。"人们将特定事实构成从一项一般性的基本规定中排除出去,这一做法具有超越个案的意义。"③这种解释的结果,"可能导向限缩性或严格的意义查明。在此情形下运用的是所谓严格法律理由论证,即提炼出法条的特殊性质,它只在有限的范围内运用。从类逻辑的角度而言,出现的是与扩张解释相反的情形"④。在陆勇销售假药案中,即便陆勇有销售拟制的进口"假药"的行为,但客观上不可能具有假药所产生的对用药人生命、健康的现实危险,反而有利于病人的康复与健康的维系,因而,即便《刑法》与《药品管理法》不作修改,这一法益保护与法益侵害的基本认识与定位,也是陆勇案不能成立销售假药罪最为深刻的法理与天理所在。其实,在单纯地虚开增值税专用发票但没有任何国家税款流失可能性或者实害危险的情况下,起码在刑法增设"虚开普通发票罪"之前,由前置法进行调整就足够了。"刑法调控范围的适度化。对于其他社会规范或其他部门法能够有效调整的领域,刑法就尽可能不要介入。"⑤同时,我们应当意识到,"法律对其

---

① 具体可参见2019年6月27日最高人民法院、最高人民检察院发布的《关于办理操纵证券、期货市场刑事案件适用法律若干问题的解释》(法释〔2019〕9号)和《刑法修正案(十一)》第13条。其中一个明显的特征与特点就是,刑法修正增加的内容,基本上是先前的司法解释所涉及的规范规定,即司法解释中的兜底条款内容上升到立法规定的层面。
② 陈兴良:《虚开增值税专用发票罪:罪名沿革与规范构造》,载《清华法学》2021年第1期。
③ 〔德〕齐佩利乌斯:《法学方法论》,金振豹译,法律出版社2009年版,第100页。
④ 〔德〕乌尔里希·克卢格:《法律逻辑》,雷磊译,法律出版社2016年版,第207—208页。
⑤ 储槐植、冯卫国:《知识经济与现代化刑法观》,载《法制与社会发展》2000年第4期。

没有明白加以谴责的东西并不一定就表示赞同"①。为此,储槐植教授指出,对于经济犯罪的基本刑事政策应当是,"'严打'不如'严管'。以严打弥补缺乏严管造成的问题,绝非长久之计"②。刑法作为制裁法,只有在其他法规定的权利受到侵害时才能适用。同时目的的正当性并不能证明手段的正当性。在制裁法中尚有民事、行政、经济等各种制裁手段,并不必然选择刑罚。这是因为刑法对犯罪人的定罪量刑意味着国家对公民的政治否定和道德贬损,其严厉性程度是最强的。③

第三,对于刑法分则没有明文规定的单位犯罪,但单位实施了侵害社会的行为,只能追究"组织、策划、实施"的自然人责任,而不能套用刑法总则关于共同犯罪的规定,追究其他帮助犯的刑事责任。因此,必须重视法定犯的处罚原则赖以确定的基础以及它与自然犯刑事责任的不同归责原则,进而尽可能形成经济犯罪的归责原则与解释规则。④ 因此,原则上不能简单地将刑法总则的原理套用在经济犯罪中,尤其是单位犯罪。按照2014年全国人大常委会《关于〈中华人民共和国刑法〉第三十条的解释》的规定,公司、企业、事业单位、机关、团体等单位实施刑法规定的危害社会的行为,刑法分则和其他法律未规定追究单位的刑事责任的,对组织、策划、实施该危害社会行为的人依法追究刑事责任。对这一解释的正当性,尤其在刑法教义学意义上的合理性,有学者提出了明确的批评意见。⑤ 司法实践中,有些司法机关走得更远,对单位实施的诈骗行为(不以犯罪为目的而成立的公司或者以犯罪行为为主要形式的公司),动用刑法总则关于共同犯罪的规定,追究了作为帮助犯的行为人的刑事责任。作为刑法一体化的解释规则,单位犯罪的规定,以及刑法没有明文规定为单位犯罪但可以追究自然人的刑事责任的立法解释,已经明确限定了刑事责任的承担范围,那么相对于共同犯罪

---

① 〔美〕罗·庞德:《通过法律的社会控制 法律的任务》,沈宗灵、董世忠译,商务印书馆1984年版,第119页。
② 储槐植:《刑法修订与刑事政策》,载《中外法学》1997年第1期。
③ 参见储槐植、薛美琴:《刑法谦抑——由一则建议稿引发的思考》,载《云南大学学报(法学版)》2005年第3期。
④ 当然,有学者指出,这种努力是不可能实现的。因为"对于'刑民交叉'案件的处理,其实并不太容易发展出非常精致和体系化的理论。一方面,在认定犯罪时,必须考虑各个犯罪的构成要件。另一方面,由于社会生活高度复杂,每一个涉及犯罪和民事违法相区分的案件都不可能相同,因此,要提出'一路通吃'的裁判规则原本就不太现实;即便勉强提出了,其指导意义也是相对的、有限的"。周光权:《刑民交叉案件的判断逻辑》,载《中国刑事法杂志》2020年第3期。
⑤ 反对这一立法解释的学者认为,如何处理法无明文规定的单位犯罪,一直以来是我国刑事立法与司法关注的重点,该问题经历了无罪论到有罪论的发展变化与理论争议。然而,有罪论既是对刑法规范的消解,也是对刑法教义学奉现行刑法规范为圭臬之主旨的违背,它破坏了形式法治的安定性,迁就了功利主义却抛弃了规则主义,满足了实用主义但违背了法实证主义。根据中国刑法所采取的大陆法系国家"法人实在论",既然"法律规定为单位犯罪的应当负刑事责任"的立法模式确立了追究单位刑事责任的刑法规范依据,那么"法律没有规定单位犯罪则不应当负刑事责任"成为必然的结论。在中国法治建设过程中,必须确保形式法治至上,并确立法教义学的基本视角。参见刘艳红:《"规范隐退论"与"反教义学化"——以法无明文规定的单位犯罪有罪论为例的批判》,载《法制与社会发展》2018年第6期。

的规定,这就属于司法必须尊重的刑法总则规定的特别条款,司法必须予以基本的解释敬畏。就如刑法分则明文规定为犯罪的,只能按《刑法》第31条的规定,对"直接负责的主管人员和其他直接责任人员判处刑罚"一样。我们应当牢记:"国家本身是有组织的整体,是强者,国民是众多个体的总称,国民就个体而言相对于国家则是弱者。在当代,强者体恤弱者是政治文明、精神文明的应有之义。因此,可以得知'不伤及无辜,不重罚轻(罚)者'是罪刑法定原则的底线。司法官的活动不能跨越这条底线,这就是束缚。"①

第四,对于包括经济犯罪在内的从犯减轻处罚,不应当受《刑法》第63条规定的"在法定量刑幅度的下一个量刑幅度内判处刑罚"的限制。对于从犯的处罚规则,1979年《刑法》第24条第2款规定:"对于从犯,应当比照主犯从轻、减轻处罚或者免除处罚。"1997年《刑法》第27条第2款规定:"对于从犯,应当从轻、减轻处罚或者免除处罚。"相对于原来的立法规定,1997年《刑法》去除了应当"比照主犯"的内容,但无论是刑法理论还是司法实践的主流观点,还是认为从犯的处罚应比照主犯来进行。另外,为了进一步规范减刑的司法乱象,以及贯彻罪责刑相适应原则,对于《刑法》第63条第1款的内容,2011年通过的《刑法修正案(八)》进行了修正,增加了"本法规定有数个量刑幅度的,应当在法定量刑幅度的下一个量刑幅度内判处刑罚"的规定。正是《刑法修正案(八)》对减轻处罚规定的幅度限制,使得司法实践中的一些个案出现了这样一种现象,即司法机关在处理从犯减轻处罚的时候,完全无视《刑法》第27条第2款的规定,机械地、形式化地适用法条,只要属于从犯,符合减轻处罚的,只在相对于主犯的法定刑幅度以下一格适用刑罚。② 即便从刑事政策的角度看,对于从犯只能降低一格进行处罚,也是不恰当的,也不符合普通人关于罪刑均衡的基本法情感。"刑事政策做出的结论与刑法教义学的结论不一样。在这种情况下,我们还是要遵循刑事政策的精神,对教义学规则起补充作用,甚至是否定的作用,从而实现一种更大程度上的实质合理性。"③其实,按照刑法一体化解释的基本原则与解释原理,完全可以得出,《刑法》第63条第1款的减轻处罚的限制,只应当适用于作为实行犯的主犯或者起主要作用的教唆犯、组织犯,一定不包含作为帮助犯的从犯。道理非常简单,对于从犯都可能免除处罚,为了保持免除处罚与减轻处罚在刑罚适用上的有效衔接与罪责刑相适应原则的落实,进而使得刑罚体系之间无缝对接,对于从犯的减轻处罚,可以在"法定刑幅度"之下与"免除处罚"之上的刑种与幅度进行选择,就完全符合刑法关于减轻处罚的规定,也才能客观、公正地区分不同的从犯在共同犯罪中的地位与作用,并进行恰当、

---

① 储槐植:《现在的罪刑法定》,载《人民检察》2007年第11期。
② 参见江苏省如东县人民法院(2019)苏0623刑初325号刑事判决书。
③ 储槐植:《刑事"三化"述要》,载《中国检察官》2018年第1期。

符合其罪责程度的刑罚处罚。"法律解释就是探求规范的法律意义。解释过程是规范向着事实、事实向着规范不断接近对应和融合的过程。"①因此,对于从犯,尤其是起帮助作用的从犯,只能在法定幅度之下降低一格适用刑罚,是完全不具备正当性的。从这个意义上说,"由于对从犯可能免除处罚,故也可能降低两档法定刑减轻处罚"②的观点,可能仍然存有疑问。

第五,对于经济犯罪的犯罪中止的认定与解释,应当充分兼顾经济犯罪的特点,并对"自动放弃犯罪或者自动有效地防止犯罪结果发生的"解释持相对宽松的立场。按照《刑法》第24条第1款的规定,在犯罪过程中,自动放弃犯罪或者自动有效地防止犯罪结果发生的,是犯罪中止。但是对"犯罪过程",以及"自动有效地防止犯罪结果的发生"的理解,需要顾及经济犯罪的特点才能真正解释好、适用好刑法。比如,在日益猖獗且为持续性实施的网络电信诈骗犯罪中,作为具体实施电信诈骗的行为人在组织犯的指挥下,以投资的高额回报为诱饵,骗得部分款项后,被害人准备再进行大额投资,源于对法律处罚的畏惧以及对诈骗活动的组织犯不满,主动告知被害人其被诈骗并让被害人报警,同时申请平台退款的行为,到底能不能构成诈骗罪的犯罪中止,司法采取的是否定的立场。③ 基本的理由是,行为人已经骗得相关款物且已达到立案标准,按照诈骗既遂后无中止的基本认识,当然不能成立犯罪中止。按照刑法理论的通说与实务界的通常立场,当然不能说这种司法裁判一定是错误的。但是,在面临具体个案的时候,我们会发现用构成要件符合说的既遂"结果"来对犯罪中止中"自动有效地防止犯罪结果发生"加以理解,可能既不合情也不合理,并有可能也不合法,解释可能就是错误的。只有用实践丰富理论,而不是现有的理论去裁剪实践,司法与解释才是合理的、正当的,最终才是合法的。否则,会不当地将本来应当解释为犯罪中止的行为排除在犯罪中止之外,会不当地限制犯罪中止的成立范围,也没有依据地扩大了犯罪既遂的范围。对于网络诈骗犯罪,既然犯罪仍然在"过程中",对犯罪过程的理解就不能采取完全静态的立场;行为人主观上自动有效地意图防止更大程度的犯罪结果的发生,客观上有效地防止犯罪(危险或者实害)更大危害结果的发生,成立犯罪中止,既符合刑法教义学的解释规则,也符合犯罪中止刑法规定的初心与初衷。对此类问题,储槐植教授分别以受贿罪与破坏交通工具罪为例指出机械理解与适用犯罪中止与既遂认定可能存在的问题。对于受贿罪,"既遂之后不出罪"似乎成为铁则。但是"2007年7月8日最高人民法院、最高人民检察院《关于办理受贿刑事案件适用法律若干问题的意见》第9条规定:'国家工作人员收受请托人财物后及时退还或者上交

---

① 储槐植:《刑法契约化》,载《中外法学》2009年第6期。
② 张明楷:《刑法学》(第6版),法律出版社2021年版,第611页。
③ 参见江苏省南京市中级人民法院(2021)苏01刑终470号刑事判决书。

的,不是受贿。'该司法解释显然是关于既遂后出罪的规定"①。笔者认为,上述司法规范性文件的精神所体现的解释规则,起码不能排除收受财物时,具有受贿的故意与行为但及时上交或者退还的情形,因此,储槐植教授的这一认识与主张是有道理的。对于破坏交通工具罪,储槐植教授认为,行为人意图使火车发生倾覆,将一长条巨石放置在铁轨上之后离去,很快又想到后果太严重,心有悔悟,于是在火车到来之前返回铁路将巨石搬走,避免了严重后果的发生。《刑法》第116条"破坏……足以……发生倾覆、毁坏危险,尚未造成严重后果的,处三年以上十年以下有期徒刑"的规定可适用于该例,依法至少判处3年有期徒刑。但从实际情形看,其客观上未造成社会危害,主观悔悟从而消解可谴责性,普通民众也会认为3年有期徒刑太重。案情简单,但给通行刑法理论出了个难题。该案例在生活情理上本该按犯罪中止处理(对于中止犯,没有造成损害的,应当免除处罚),但通行刑法理论认为,《刑法》第116条规定的是危险犯(具体危险犯),行为完毕即构成既遂,既遂之后不可能再成立犯罪中止。理论的功能是使人聪慧,处事合理。但也应防止将理论变成僵硬教条从而作茧自缚以致出现"活人被尿憋死"的难堪局面。这种现象在学界恐怕并非仅是少而又少的个案。在司法实务中,处理本案时根本无须求助危险犯理论,只要援引《刑法》第116条的规定客观地描述事件发生过程,"在犯罪过程中"分析主观和客观要件要素,在此基础上径直引用《刑法》第24条关于犯罪中止的规定,合情合理,完全不抵触罪刑法定原则。注重合理,有利于使复杂问题简单化。在实践理性上,切忌简单问题复杂化。② 从这一意义上说,解释刑法与适用刑法,就不能是形式的、机械的、片面性的。对此,储槐植教授指出,适用解释的基本(最主要的)原则是平衡原则:价值基础(功利与公正)的平衡,兼顾不枉无辜与不纵罪犯;理与法的平衡。协调理法冲突(合法不合理、合理不合法)是一大难题。③

四、结语

应当说,对于经济犯罪的司法适用,就刑法一体化的基本要求而言,重视解释的语境,特别是刑法具体条文所处的"上下文",就显得尤为重要。因为法条处于法律中。有学者指出,单个规定在整个法律、法律部门,甚至在整个法秩序中的体系地位,对确定规范意旨至关重要。"没有文本不需要语境",这主要是指,单个规范之间不是无组织、混乱地联系在一起的,而是在理想情况下,法秩序被思考成一个整体、一个价值判

---

① 储槐植、闫雨:《"赎罪"——既遂后不出罪存在例外》,载《检察日报》2014年8月12日,第3版。
② 参见储槐植:《刑法契约化》,载《中外法学》2009年第6期。
③ 参见储槐植:《刑法存活关系中——关系刑法论纲》,载《法制与社会发展》1996年第2期。

断尽可能一致的体系和"意义构造",法律适用者在解释其单个组成部分时,不能孤立、无视其规范性的语境。只有采用这种方式,才能至少在原则上避免那些有评价矛盾和在目的性方面不一致的解释,进而避免有损整个法秩序说服力和接受度的解释。确实,正如施塔姆勒所述,适用单个法条,最终是适用整个法律制度。"相同血液流淌在整个机体中。"①在法秩序统一原则下,对于经济犯罪的规范解释,就刑法一体化的立场,我们必须清楚的是:由于"经济活动的合法与非法、罪与非罪界限之确定具有很强的政策性"②,且法定犯发生在常态社会活动中,其存在领域非常广泛,因而行为涉及的关系比较复杂,危害重在秩序违反,行为人的主观恶性相对较小,但追究法律责任难度较大③。这就要求我们在解释与适用经济犯罪的具体规范时,应当注重"最不严厉的选择原则"在解释与司法中的运用,"最不严厉的选择原则:如果行为的非刑事控制方法的净收益等于或大于刑事控制方法的净收益,那么应采用非刑事方法"④。如果存在多个决定方案,且每一个决定方案带来的利都大于其所带来的弊,则应选择对利益的损害不超过必要限度的决定方案("过度禁止原则")。如果还存在这样的可能,即无须损害任何利益即可实现所追求的目的,则应优先选择这一解决方案("让路原则")。在这样一个衡量过程中,同时必须对那些困难的正义问题,即那些相互冲突的自由和利益的优先次序及值得保护性的问题作出决定。⑤ 因此,对于刑法一体化的解释及其结果,有一个基本的认识是必须确立的,那就是入罪讲法,出罪靠理。从刑事一体化的意义看,储槐植教授的如下理念与认识结论值得刑法理论工作者与司法实务人员铭记:"入罪应当坚持合法,这是法定,是不能动摇的。但是出罪应当注重合理。罪刑法定原则,同疑罪从无原则同等重要,反过来说,疑罪从无原则同罪刑法定原则同等重要。"⑥

---

① 〔奥〕恩斯特·A.克莱默:《法律方法论》,周万里译,法律出版社2019年版,第55—56页。
② 储槐植、汪永乐:《再论我国刑法中犯罪概念的定量因素》,载《法学研究》2000年第2期。
③ 参见储槐植:《刑法目的断想》,载《环球法律评论》2008年第1期。
④ 〔美〕迈克尔·D.贝勒斯:《法律的原则——一个规范的分析》,张文显等译,中国大百科全书出版社1996年版,第352页。
⑤ 参见〔德〕齐佩利乌斯:《法学方法论》,金振豹译,法律出版社2009年版,第87页。
⑥ 储槐植:《刑事"三化"述要》,载《中国检察官》2018年第1期。

网络空间治理刑事一体化中刑法功能定位

高艳东*

2021年6月,《中共中央关于加强新时代司法机关法律监督工作的意见》提出,"依法惩治和有效预防网络犯罪,推动健全网络综合治理体系,营造清朗的网络空间"。这一规定的实质是要求司法机关构建"惩治、预防、治理"的治网新思路,其核心是"一体化",即推动建立民事、行政、刑事一体化的治理体系,提升新时代的国家治理能力。在我国学界,"一体化"思想的提出者是储槐植教授,其倡导刑事一体化,认为刑法运行处于内外协调状态才能发挥最佳刑法功能,推动实现刑法的最佳社会效益。① 网络空间治理是个系统工程,更需要一体化思维,这首先需要重新审视刑法的功能与地位。

一、问题提出:网络空间需要积极主义刑法观还是消极主义刑法观

对网络犯罪,我国有积极主义刑法观与消极主义刑法观两大立场。积极主义刑法观是一种实用主义哲学,注重用刑法解决社会问题,建议积极设置轻罪罪名以有效应对风险社会,实现刑法的预防功能,同样,刑法也应当积极进军网络空间,实行"打早打小"的刑事政策。② 相反,消极主义刑法观认为,积极主义刑法观容易导致刑法滥用,侵犯公民的基本权利,从而强调教义学理念,注重刑法的理论自洽,强调刑法应当恪守后盾法、最后法、保障法的定位,在民法、行政法尚未完善之前,刑法应当保持克制和谦抑。③ 笔者认为,积极主义刑法观和消极主义刑法观都是机械、单一和静态的教条理论,将之应用于网络空间都存在致命的缺陷。网络空间等新兴领域需要弹性主义刑法,刑法应当是法秩序的调度者,与其他法律保持动态互补。

---

* 浙江大学检察基础理论研究中心研究员。
① 参见储槐植:《再说刑事一体化》,载《法学》2004年第3期。
② 参见付立庆:《论积极主义刑法观》,载《政法论坛》2019年第1期;劳东燕:《风险社会与功能主义的刑法立法观》,载《法学评论》2017年第6期。
③ 参见刘艳红:《网络时代社会治理的消极刑法观之提倡》,载《清华法学》2022年第2期。

(一) 积极主义刑法观的缺陷

总体而言,近年来,我国网络空间的立法与司法均体现了积极主义刑法观。在政策导向上,《中共中央关于制定国民经济和社会发展第十四个五年规划和二〇三五年远景目标的建议》提出,"全面加强网络安全保障体系和能力建设"与"坚决防范和打击……新型网络犯罪",确立了从严打击网络犯罪的基调。在立法上,《刑法》不断增设大量新罪名,具体而言:一是在前置法(民法、行政法)欠缺的情况下,刑法先行保护新型法益,增设了侵犯公民个人信息罪,非法获取计算机信息系统数据、非法控制计算机信息系统罪等罪名;二是不断把预备、帮助行为正犯化,增设了提供侵入、非法控制计算机信息系统程序、工具罪,非法利用信息网络罪,帮助信息网络犯罪活动罪等罪名;三是单独规定了纯正不作为犯罪,增设了拒不履行信息网络安全管理义务罪。

在司法中,积极主义刑法观也得到贯彻,稍举几例:一是 2011 年最高人民法院、最高人民检察院《关于办理诈骗刑事案件具体应用法律若干问题的解释》(以下简称《诈骗解释》)全面扩张诈骗罪的适用范围,将电信网络诈骗的定罪标准降低到 3000 元,数额巨大的标准降到了 3 万元。《诈骗解释》还降低了证明标准,允许在特定情形下推定认定犯罪数量;对于诈骗数额难以查证的电信网络诈骗犯罪,可以根据发送诈骗信息、拨打诈骗电话的数量,以诈骗罪(未遂)论处。二是 2016 年最高人民法院、最高人民检察院、公安部《关于办理电信网络诈骗等刑事案件适用法律若干问题的意见》(以下简称《电诈意见》)规定,可以结合已收集的言词证据与经查证的相关证据综合认定犯罪事实,并将事前通谋的销售终端机具、散存资金、提供账户和异常套现等帮助行为按照共同犯罪处理,扩张了刑法打击范围。

积极主义刑法观直接导致网络犯罪案件数量急剧上升。以电信网络诈骗为例,2021 年,公安部开展了净网专项行动,全年共侦办案件 6.2 万余起,抓获犯罪嫌疑人 10.3 万余名,同比增长 28.7%。[①] 面对立法与司法的积极主义,很多学者都提出了批评意见,对此不再赘述。笔者要指出的是,学界尚未发现积极主义刑法观的致命缺陷:打击网络空间的不法,不是刑法的核心任务。

第一,刑法的主要目的是遏制暴力犯罪,而不是打击网络犯罪。刑法是最古老的法律,远古人类发明死刑、肉刑等各种刑罚,是源于"以血还血、以牙还牙"的报复正义。换言之,刑法的初衷是对付血腥、暴力犯罪,以及有可能诱发暴力的侵财型犯罪,"在中国刑法史中,最古老的罪名当属奸淫、盗窃和杀人"[②]。法国学者也认为:"在刑法典中,有些

---

① 参见《公安部:"净网 2021"专项行动侦办案件 6.2 万余起》,载百家号(https://baijiahao.baidu.com/s?id=1721915986861089340&wfr=spider&for=pc),访问日期:2022 年 6 月 1 日。
② 宁汉林、魏克家:《中国刑法简史》,中国检察出版社 1999 年版,第 9 页。

条文每天都在适用,因为这些条文适用于大量的普通犯罪,如盗窃、暴力等等。"①需要解释的是,在早期的人类社会,财产犯罪也是一种暴力犯罪,远古时代人类资源缺乏,盗窃、诈骗他人财物就意味着剥夺他人的生存机会,此时图财与害命并无不同,即所谓"人为财死,鸟为食亡"。相反,打击工业时代的经济犯罪、数字时代的网络犯罪,都是刑法的次要任务。显然,刑法不是为打击网络犯罪而生的。

当然,刑法对不同类型的网络犯罪有不同使命。一方面,网络化的传统犯罪,如电信网络诈骗只是特殊的诈骗罪,仍然是刑法打击的传统对象,对其进行打击属于刑法的长期任务,但是,电信网络诈骗罪对刑罚的需求也在降低。另一方面,技术型网络犯罪,如破坏、侵入、控制计算机系统,非法获取数据等,原本就不属于刑法干预的对象,只是因为行政法失灵,需要暂时地采用刑法手段。

第二,网络犯罪数量增长的背后是我国社会安全度的提高、社会对刑罚的整体需求在下降。在互联网时代,大量犯罪开始网络化,尤其财产犯罪都在借助网络手段完成。人类每进入一个新生活模式,社会安全其实就会提高一个档次,"欧洲凶杀率连续几个世纪下降,到底意味着什么?城市生活中来自五湖四海的移民,素不相识,却要拥挤地生活在一起,文化背景和阶级背景各不相同,这难道不是暴力的温床吗?"②然而事实是,"随着欧洲进入城市化、商业化、工业化和世俗化,它日趋一日越来越安全了"③。同样,虽然网络犯罪数量激增困扰着当代人类,但毫无疑问,互联网带给了我们一个更安全的社会。

如果社会安全度的首要指标是人身安全,那可以说,互联网显著提高了我国的社会安全度。当前,传统犯罪如盗窃罪、诈骗罪大量转移到网络空间,事实上减少了现实空间的犯罪率。在传统物理空间,入户盗窃、扒窃对被害人的人身威胁很大,即便诈骗罪也容易引发暴力冲突。正因为财产犯罪经常会转化为暴力犯罪,我国《刑法》才规定"犯盗窃、诈骗、抢夺罪,为窝藏赃物、抗拒抓捕或者毁灭罪证而当场使用暴力或者以暴力相威胁"就要转化为抢劫罪。电信网络诈骗数量激增侵犯了公众的财产安全,但网络犯罪都是非接触性犯罪,基本消除了财产犯罪对人身安全的威胁,换言之,网络犯罪数量增加是犯罪模式的升级,也是社会安全度的提升。如果认为刑法的核心使命是打击暴力犯罪,则可以断定,网络空间对刑法的需求大大降低了。

第三,认定网络犯罪危害性更大、更需要刑法介入的观点,主要从经济学思维出

---

① 《法国新刑法典》,罗结珍译,中国法制出版社 2003 年版,"序——为《刑法典》在中国出版而作",第 10 页。
② 〔美〕斯蒂芬·平克:《人性中的善良天使——暴力为什么会减少》,安雯译,中信出版社 2015 年版,第 83 页。
③ 〔美〕斯蒂芬·平克:《人性中的善良天使——暴力为什么会减少》,安雯译,中信出版社 2015 年版,第 83 页。

发,违反了罪责主义和刑法的任务。例如,以色列最高法院认为,各种网络技术手段的使用,不仅大大降低了违法者的犯罪成本和风险,而且大大增加了执法者监管的难度和追诉成本,有必要通过严惩罪犯之手段以达到威慑之目的。① 这也是积极主义刑法观对网络犯罪的基本态度,但犯罪成本、追诉难度等,都与罪责无关,不应当影响刑罚的轻重。相反,同样的犯罪,采用网络手段实施,由于其非接触性,对人身安全的威胁接近于零,而如果采用传统线下犯罪模式,对人身安全的威胁更大。例如,线上"黄赌"等活动很少会引发暴力事件,而线下"黄赌"等活动经常伴随着暴力,想想赌场里的打手、色情场所里的老鸨,就不难理解这一点。

总之,积极主义刑法观把"治理网络犯罪"简单地等同于"治理暴力犯罪",没有从犯罪危害、刑罚本质等角度思考网络时代刑法的任务,其实质就是把原来对付暴力犯罪的手段简单地应用到网络犯罪,存在手段与对象明显错位的问题。

(二) 消极主义刑法观的缺陷

消极主义刑法观的主要问题在于:无视问题,既无法解释刑法的独立任务,也与客观现实不符。

第一,消极主义刑法观无视刑法有法益保护之外的独立任务。消极主义刑法观把刑法的任务理解为保护法益,尤其是保护个人权利性法益,如有学者认为:"如果集体法益不能还原为个人利益,那么就不具备适用刑法干预前置化的基本前提……与个人法益关联过远的集体法益不能成为刑法上的保护对象。"②按照"刑法任务是保护(个人)法益"的理念,把民法、行政法理解为刑法的前置法,那么,只有在民法上确定的权利,才能进入刑法保护范畴。但是,在网络空间,这一理念与事实不符。在新兴领域,由民法确定权利属性需要一个过程,而由刑法保护秩序的要求更为紧迫。例如,在我国行政法、民法中,比特币尚不存在值得保护的法益,数据是何种权利存在争议,数字藏品有无权利属性还需要研究。但是,比特币、数据、数字藏品早已经形成了交易市场,民法不保护其权利但刑法需要维护其秩序。

第二,消极主义刑法观与"刑法先于其他法律而产生"的历史规律不符。在历史上,刑法从来都不是保障法,刑法有保障民法和行政法效力的功能、可以成为其他法律的后盾法,不等于说刑法在性质上就是民法和行政法的保障法、后盾法。在多数社会共同体中,刑法都先于其他法律而产生,"历史研究告诉我们,刑罚史的起始点与人类社会共同生活的起始点是一致的……我们将刑法视为法律发展的最初和最原始的层

---

① 参见刘俊:《"威慑导向"刑事政策在以色列恐怖主义网络犯罪领域的适用》,载《河南工程学院学报(社会科学版)》2017年第1期。
② 王永茜:《论集体法益的刑法保护》,载《环球法律评论》2013年第4期。

次,将不法视为法及风俗的杠杆,无疑是正确的"①。因为任何社会的发展,首先要由刑法确立社会秩序,才能谈及交易、物权、合同等私法问题,"不论是以宗教的形式,还是以纯粹世俗的形式,刑法在各民族的立法历程中都是首先出现的。它们在完善国民生活方面的作用在于防止,首先是在于宣布要对个人自由的过度行为进行惩罚"②。显然,只有刑法先禁止了杀人行为,才能逐渐产生生命权的法益观念。

刑法维护秩序的独立任务早于民法的权利体系,也超脱于法益保护理念。在民法上,法益内容、权利观念都会随着时代变迁而变化,例如,生命属于上帝、国家还是个人,都会影响法益内容的变化,但禁止杀人的刑法规定却基本保持稳定。同样,妇女的性权利属于上帝、家族、父亲、丈夫还是个人,在不同时代、地区或宗教中都有不同理解,但刑法打击强奸罪的规定是共通的,与妇女性权利的法益性质并无太大关系。

第三,对于民法和行政法不保护的法益,刑法要基于维护秩序的需要进行干预。刑法要弥补法秩序的漏洞,即便没有前置法的权利基础,刑法也要保护交易秩序。民法、行政法不保护的法益,刑法基于秩序和伦理的要求也要保护。例如,在故意杀人罪或伤害罪的构成要件范围内,民法只保护"人"的利益,而刑法还要保护"胎儿"的利益。在德国,"民法认为自然人只有在'完成出生时'才存在(《德国民法典》第1条)。刑法却相反……一个'自然人'在出生开始时就已经存在了,因为刑法对于在分娩过程中的伤害或者杀害行为也能够评价为伤害或者杀害行为"③。我国刑法采用"独立呼吸说"判断故意杀人罪的对象,其实就是机械地把民法作为刑法的前置法,而没有考虑刑法的独立任务。

以虚拟货币为例。我国禁止比特币、狗狗币等虚拟货币的交易,民法、行政法也不承认比特币的货币属性。2017年9月4日,中国人民银行、中央网信办、工业和信息化部、工商总局、银监会、证监会、保监会共同发布的《关于防范代币发行融资风险的公告》(以下简称《代币公告》)明确指出,"代币发行融资是指融资主体通过代币的违规发售、流通,向投资者筹集比特币、以太币等所谓'虚拟货币',本质上是一种未经批准非法公开融资的行为……代币发行融资中使用的代币或'虚拟货币'不由货币当局发行,不具有法偿性与强制性等货币属性,不具有与货币等同的法律地位,不能也不应作为货币在市场上流通使用……本公告发布之日起,各类代币发行融资活动应当立即停止"。

在行政法不承认比特币等虚拟货币的合法性之后,民法也可能不承认比特币的权利属性。在《代币公告》之后,我国一些法院不再受理关于比特币的民事纠纷。例如,在徐捷、林庆星民间借贷纠纷案中,常州市中级人民法院认为:"相关部门已禁止金

---

① 〔德〕弗兰茨·冯·李斯特:《德国刑法教科书》,徐久生译,法律出版社2000年版,第29页。
② 〔法〕基佐:《法国文明史》(第1卷),沅芷、伊信译,商务印书馆2017年版,第230页。
③ 〔德〕克劳斯·罗克辛:《德国刑法学总论(第1卷)》,王世洲译,法律出版社2005年版,第184页。

融机构、支付机构以及任何代币融资交易平台为比特币提供定价服务,即比特币作为一种虚拟财产缺乏合法经济评价标准。因此,案涉主张返还比特币的纠纷,不属于人民法院受理民事诉讼的范围。"①

但是,比特币在很多国家都有价值属性。截至2019年,全球有99个国家对比特币持肯定性态度,如美国、德国、日本、澳大利亚等都承认比特币的财产属性。在全球网络空间,比特币已经形成了稳定、有序的交易制度,用比特币还可以购买特斯拉汽车等商品。显然,无论我国是否承认比特币的合法性,比特币纠纷都会大量存在。一些民事法官"少管、不管闲事"的态度,无助于纠纷解决,反而可能激化侵权或违法乱象。一旦黑客知道比特币不受中国法律(民法、行政法)保护,就可能把服务器设在中国,盗窃他人的比特币。如果刑法不介入,在虚拟货币领域,就会出现"侵犯他人比特币中国法律不管"的情况,这有损我国网络强国与大国的形象。

因此,无论民法、行政法是否承认比特币的合法地位或权利属性,刑法都应当基于"秩序维护"(而不是"法益保护")的需要,对盗窃、勒索、骗取比特币的行为定罪,在无法按照财产犯罪处理时,可以按照计算机犯罪(如非法获取计算机信息系统数据罪等)处理,以维护网络空间的基本秩序与我国保护产权制度的负责任大国形象。

(三) 网络空间的刑法地位:法秩序的调度者

积极主义刑法观希望刑法是前锋,而消极主义刑法观要求刑法是后卫。但是,刑法既不是前锋,也不是后卫,而是中场调度者。传统刑法学认为,刑法的机能包括规制机能(行为规范与裁判规范)、法益保护机能、人权保障机能。这只总结了刑法的部分机能,至少在网络空间,刑法的机能还包括调度行政机关参与网络空间治理,调度民法和行政法积极立法。调度主义刑法观认为,刑法不只是裁判规范,还是调度指令,刑法应当实现积极主义与消极主义的辩证统一。刑法应当奉行积极主义,积极调度民法、行政法参与网络空间治理;同时,刑法也应当奉行消极主义,不能总是自己积极上场、带球射门,冲在一线治理网络空间乱象,而应主要调度其他法律治理网络空间。但是,作为调度者,刑法又不能消极等待其他前置法律完善,在其他法律阙如时,刑法又要先行,推动其他法律积极跟进;在其他法律完善、有效发挥作用后,刑法又应退居二线。

二、立法上的调度者责任:在新领域刑法先行,引领其他法律跟进

(一) 新领域刑法可以先行:秩序早于权利

第一,人类社会的新领域,经常会出现"刑法先行—其他部门法跟进—刑法弱化"

---

① 江苏省常州市中级人民法院(2021)苏04民终4306号裁定书。

的现象。消极主义刑法观没有看到刑法先行的合理性,如有学者认为:"在私法尚未规定个人信息概念之前,刑法率先增设个人信息犯罪存在逻辑问题,换言之,个人信息保护立法从刑法到民法再到专门立法,违背了立法的一般逻辑。"①但是,刑法保护个人信息的立场与民法有本质区别,新领域首先需要维护秩序的刑法规范,而不是确认权利的私法规范。在网络空间,秩序优于权利,我们首先要解决的不是个人信息在私法上是何种权利,而是打击买卖个人信息的黑灰产,维护秩序的需要高于权利保护的需要。人类历史经常出现"秩序规范早于权利规范"的现象,例如,商业社会的私法制度,不是产生在刑法之前,而是在刑法确立了基本秩序之后慢慢形成的。有学者研究发现,12世纪西欧地中海沿岸兴起的商法,最初是商人的杰作,而非由国家或政府制定,但我们不能说它是在没有秩序的社会中产生的。社会首先要有一定的秩序,然后才谈得上正常的私权之间的契约关系。②

第二,高科技领域可以实行刑法先行的模式。网络空间是人类的新领域,可以实行"刑法先、民行跟、刑法退"的此消彼长模式。我国网络空间刑法先行的趋势非常明显。在数据保护、个人信息保护等领域,我国刑法都先于其他部门法作出立法回应,在虚拟财产、信息系统(如智能手机)等问题上,我国刑法都先于其他部门法作出了司法回应。随着元宇宙的发展,一些新型权益必然大量涌现,消极主义刑法观认为:"在整体法秩序的设定中,民法等非刑法规范是保护法益的首要手段,而刑法是保护法益的次位补充手段。作为保护法益的次位补充手段,只有在民法等前置法不能有效保护相应法益之时,刑法才能介入对相应权益的保护。"③这对于传统领域,如治理高空抛物行为是适用的。但问题在于,面对新型权利或法益,民法向来是迟钝的。元宇宙内的新型权益,必然会引发大量争论,短期内民法等很难认定其权利属性,行政法也很难对其进行有效监管(因为元宇宙的开发者或技术支持者未必在我国)。但是,对元宇宙内的违法犯罪,同样需要刑法先行干预,维护基本秩序,再引导民法等对其权利义务体系加以规定。需要指出的是,"刑法可以先行"不等于"刑法一定要先行"。

(二) 新领域首先需要的是秩序维护而非法益保护

近年来,互联网、大数据、人工智能、区块链、数字货币、元宇宙等领域,已经或即将产生大量新型权利,这些新型权利的属性很难用工业时代的法律加以界定,学界存在大量争议。例如,数据到底是何种权利,民法学者已经争论了很多年也无定论。但问题在于,罪犯不关心权利属性,违法犯罪总是先于私法定性而发生。按照消极主义刑法观的法益保护理论,"对于法益的保护,第一位的并不是刑法,而应当是行政法、民法

---

① 夏伟:《网络时代刑法理念转型:从积极预防走向消极预防》,载《比较法研究》2022年第2期。
② 参见杜文忠:《法律与习俗——对法的民俗学解释》,人民出版社2013年版,第145页。
③ 王强军:《刑法干预前置化的理性反思》,载《中国法学》2021年第3期。

等非刑法规范。只有当非刑法规范对侵害法益的行为不能实现有效的规制和惩罚时，才允许刑法介入干预"①。这是一种理想主义法律观，即民法先完成对权利属性的判断，界定出数据、虚拟财产属于何种权利并进行立法规定，然后刑法再跟进保护民法确定的法益。然而，事实恰恰相反，在私法定性、民法规定之前，总是先有侵害事实发生，如果刑法坐等民法完成定性研究与立法完善，相关领域早已混乱不堪。

以"百度员工利用公司算力挖矿案"为例。安某有操作百度搜索服务器的权限，他把挖矿脚本上传到服务器，利用155台服务器的算力为其挖矿，法院判决安某构成非法控制计算机信息系统罪。② 安某的行为实际是"盗窃算力"，利用百度的算力为自己挖矿，算力是互联网时代的新能源，与工业时代的电力一样，都是生产要素，但把算力解释为"财物"尚有困难，因而法院选择了"非法控制计算机信息系统罪"打击此类行为。

同样的案件在日本则被宣告无罪。2017年10月，一名32岁的网页设计师在自己的网站上安装了Coinhive矿机，该矿机利用访客的设备挖掘加密货币来为自己牟利，此行为进行了1个月——这种手段被称为"劫持加密货币"。法院最终宣判被告人无罪，因为在起诉他之前并没有法律来警示他。③ 类似"盗窃算力"的行为，在民法上尚无讨论，短期内也不可能有民事立法，但违法犯罪总早于民事立法。刑法当然可以选择视而不见，以刑法系保障法、最后法为由，认为在其他法律尚无定性之前，盗窃算力不能作为犯罪处理，这也是日本法院的做法。但是，这种形式主义的罪刑法定理念，显然不利于维护新领域的秩序，如果黑客知道类似行为无罪，就会通过各种方式利用他人的电脑设备进行挖矿，进而形成鼓励违法犯罪的价值导向。因此，在民法等法律规定算力的法律性质之前，刑法应当基于保护新领域秩序的任务，提前打击类似违法犯罪行为。

同样，在数字藏品领域，违法犯罪也总是先于私法定性而发生。以"周杰伦NFT藏品被盗案"为例，2022年4月，歌手周杰伦在社交媒体上发文称，他的无聊猿BAYC#3738 NFT被钓鱼网站攻击而失窃，此外，还有一个突变猿NFT以及两个Doodles NFT均被盗走，按照当时的交易价格，周杰伦被盗的NFT价值折合人民币超320万元。在周杰伦案之外，还有黑客趁着NFT交易平台OpenSea合约升级之时，给所有用户的邮箱发送了钓鱼邮件。不少用户错把其当作官方邮件而进行了授权，导致钱包被盗，至少导致3个BAYC、37个Azuki、25个NFT Worlds等NFT被盗，按照地板价计算，黑客收入

---

① 王强军：《刑法干预前置化的理性反思》，载《中国法学》2021年第3期。
② 参见北京市海淀区人民法院（2019）京0108刑初80号刑事判决书。
③ 参见《日本定罪Cryptojacker，其在门罗币挖矿中误导受害者》，载链圈子（https://www.wwsww.cn/xmr/3468.html），访问日期：2022年6月2日。

高达416万美元。①数字藏品是近年来随着区块链技术发展而发展起来的一种数字资产,其是否属于财产、价值如何计算,在民法上既无定论也无立法规定,但在民法规定之前,围绕数字藏品的犯罪会经常发生。刑法基于维护网络空间秩序的任务,需要在民法定性之前打击类似黑客行为,即便无法按照财产犯罪处理,也可以按照计算机犯罪来处理,如认定开发钓鱼软件的黑客触犯了"提供侵入、非法控制计算机信息系统程序、工具罪"等罪名。

(三) 刑法先行的目的不是全面接管,而是调度其他法律参与

刑法是其他法律的唤醒者。当其他法律醒来,刑法就应该休息;当其他法律沉睡,刑法就应该警醒。

第一,在立法顺序上,刑法先行的目的是推动其他法律出台。刑法先行进而推动配套法出台,是我国常见的立法模式。例如,2015年施行的《刑法修正案(九)》增设了"强制穿戴宣扬恐怖主义、极端主义服饰、标志罪""非法持有宣扬恐怖主义、极端主义物品罪"等,就是通过《刑法》推动《反恐怖主义法》的出台。2016年1月施行的《反恐怖主义法》第80条第(一)项、第(三)项明确规定上述两种行为"情节轻微,尚不构成犯罪的,由公安机关处十日以上十五日以下拘留,并可以处一万元以下罚款",在反恐领域,行政处罚的规定晚于刑法规定。

在网络空间,刑法对其他法律的推动作用显而易见。例如,2009年《刑法修正案(七)》首次设立了出售、非法提供公民个人信息和非法获取公民个人信息犯罪。刑法先设置了侵犯公民个人信息罪,唤起了全社会对个人信息保护的重视,其他部门法积极跟进。2021年《个人信息保护法》通过,初步形成了个人信息保护的配套制度。同样,在数据保护上,我国也是刑法先行,在数据权利属性尚在争论之时,2009年《刑法修正案(七)》就率先规定了"非法获取计算机信息系统数据罪",刑法对数据秩序的保护,也推动了其他部门法的积极跟进。2017年施行的《网络安全法》第10条规定了"维护网络数据的完整性、保密性和可用性";2021年施行的《民法典》第127条规定了"法律对数据、网络虚拟财产的保护有规定的,依照其规定";2021年我国又通过了《数据安全法》,初步形成了数据保护的体系化制度。

第二,在立法模式上,我国刑法对网络犯罪多设立了"违反国家规定"的前置法规定,直接对其他部门法提出立法要求。我国刑法立法者在刑法先行之时,都是通过空白罪状推动其他法律的出台,例如,非法侵入计算机信息系统罪、非法获取计算机信息系统数据、非法控制计算机信息系统罪、破坏计算机信息系统罪,都把"违反国家规定"

---

① 参见胡玥姣:《周杰伦丢只"猴子"没了320万 数字藏品为何如此火爆?》,载大众网(http://tour.dzwww.com/lvnews/202204/t20220413_10091554.htm),访问日期:2022年6月2日。

作为犯罪成立条件。"拒不履行信息网络安全管理义务罪"的条文中虽然没有规定"违反国家规定",但也在积极唤醒其他部门法发挥作用——"网络服务提供者不履行法律、行政法规规定的信息网络安全管理义务"。

需要指出的是,在刑法规定这些罪名之时,有时并不存在相关的"国家规定"。例如,2009年《刑法修正案(七)》规定"出售或者非法提供"公民个人信息和"非法获取"公民个人信息的成立前提是"违反国家规定",而事实上,2009年前后我国并不存在符合《刑法》第96条的个人信息保护"国家规定"。因之,2015年《刑法修正案(九)》在侵犯公民个人信息罪的法条中规定了较为模糊的"违反国家有关规定",而2017年最高人民法院、最高人民检察院《关于办理侵犯公民个人信息刑事案件适用法律若干问题的解释》第2条将其解释为"违反法律、行政法规、部门规章有关公民个人信息保护的规定的",即把"部门规章"也扩大解释为"国家规定"。虽然很多学者批评最高人民法院、最高人民检察院《关于办理侵犯公民个人信息刑事案件适用法律若干问题的解释》违反了罪刑法定原则,但可以肯定的是,正是两个刑法修正案中对"国家规定"前置法要求,唤醒了民法与行政法在个人信息保护制度上的完善——2021年施行的《民法典》第四编第六章"隐私权和个人信息保护"和2021年发布的《个人信息保护法》。

在网络空间,刑法先行的任务是维护秩序、确立禁令、推动配套法的制定与实施。在其他法律阙如时,刑法需要先行,一方面,刑法作为裁判规范,惩罚侵入计算机信息系统、非法获取数据等行为,通过刑罚确立网络空间的基本秩序,为民法、行政法等的制度完善打下基础。另一方面,刑法作为调度规范,通过新设罪名等方式向其他法律的立法者发出行动指令,推动出台《个人信息保护法》《数据安全法》等配套制度。

三、司法中的调度者责任:刑法调度行政机关参与网络空间治理

刑事判决书是社会治理的发令枪。与自然犯不同,在网络空间,刑事判决书是司法机关向行政机关发出的治理指引。犯罪的产生往往有多个原因,其中行政机关监管不力是常见原因。例如,在性侵未成年人犯罪中,如果性侵地点为宾馆,就说明宾馆的登记管理制度出了问题;如果性侵工具是在网上购买的迷药,就说明平台的监管出了问题。如果不强化宾馆登记制度、平台监管责任,类似悲剧就会一再发生。按照国家治理体系现代化的要求,司法机关在打击网络犯罪的同时,应引导行政机关参与网络空间的诉源治理。

第一,刑法调度行政机关积极参与网络空间治理有法律依据。调度行政机关参与犯罪治理,本是我国刑法固有的机能。我国《刑法》第37条规定:"对于犯罪情节轻微

不需要判处刑罚的,可以免予刑事处罚,但是可以根据案件的不同情况,予以训诫或者责令具结悔过、赔礼道歉、赔偿损失,或者由主管部门予以行政处罚或者行政处分。"该条肯定了刑法调度行政机关的正当性。

同样,立法者也在网络犯罪中设立了调度行政监管的规定,2015年《刑法修正案(九)》设立了"拒不履行信息网络安全管理义务罪",该罪的成立条件是"经监管部门责令采取改正措施而拒不改正",就是调度行政机关积极参与网络空间治理,把行政机关的监管作为定罪的前置条件。此外,很多网络犯罪的成立条件是"违反国家规定",即违反"国务院制定的行政法规、规定的行政措施、发布的决定和命令",这也是刑法调度行政机关参与网络空间治理的依据。

第二,司法机关在打击网络犯罪的同时,应推动行政机关成为网络空间治理的中坚力量。司法机关不仅要打击网络犯罪,更要着力构建整体的网络生态系统。如果不强化行政机关的前端治理,打击网络犯罪就会形成割韭菜效应,并引发刑法肥大症。例如,2021年,检察机关共起诉利用网络实施诈骗、赌博、传播淫秽物品等犯罪28.2万人,同比上升98.5%。① 以刑法手段集中打击网络犯罪是遏制网络犯罪高发的必要举措,但打击庞大网络黑灰产链条的任务,不能由刑法一肩挑。

在打击网络犯罪的同时,司法机关应敦促行政机关强化监管。在打击网络犯罪取得阶段性胜利之后,司法机关应当着眼于综合治理,敦促行政机关履行监管职责,如加强对银行卡、手机卡、改号软件、猫池等的管理。在手段上,检察机关可以向行政机关发送检察建议,人民法院可以向行政机关发送司法建议。例如,2021年4月,浙江省人民检察院向中国人民银行杭州中心支行、浙江省教育厅、浙江省市场监督管理局、浙江省通信管理局等制发四份检察建议,要求上述机关敦促银行、运营商做好银行卡、电话卡的实名登记工作,加大对销售变声器、任意显号软件等风险物品的监管力度,要求企业落实违法信息筛查机制。从源头减少网络犯罪发生的条件,才是清朗网络空间的应有样子。司法机关在打击网络犯罪的同时,应当推动民事、行政、刑事协同治理,促使其他部门法从替补变成主力。

第三,在司法上,某个罪名适用过多是呼吁其他法律共治的信号。刑法的任务不仅是打击、预防犯罪,还要调度其他法律参与犯罪治理。以"帮助信息网络犯罪活动罪"(以下简称"帮信罪")为例,自2021年6月公安部"断卡"行动一年来,全国共破获电信网络诈骗案件39.4万起,抓获犯罪嫌疑人63.4万名,打掉"两卡"违法犯罪团伙4.2万个,查处犯罪嫌疑人44万名,惩戒失信人员20万名,惩处营业网点、机构4.1万个。② 这也直接

---

① 参见徐日丹:《2021年检察机关起诉网络诈骗、赌博等犯罪28.2万人》,载最高人民检察院(https://www.spp.gov.cn/spp/lhyrmwzx/202203/t20220308_548273.shtml),访问日期:2022年6月5日。

② 参见边万莉:《2021年正在打款的150万名群众免于被骗,你知道这些部委反电诈有多拼吗?》,载搜狐网(https://www.sohu.com/a/538116800_121255906),访问日期:2022年6月2日。

导致帮信罪发案量激增,持续依靠刑法打击帮信罪的正当性存在疑问。不难发现,电信网络诈骗罪高发的重要原因是行政监管不力。在公安部"净网2021"专项行动中,公安机关共侦办"黑卡、黑号、黑线路、黑设备"类案件1.3万余起,抓获犯罪嫌疑人3.1万余名,清理手机黑卡300万余张,关停网络黑号1000万余个,捣毁接码平台63个,缴获"猫池"等黑产设备1万余台。① "四黑"是网络犯罪的物质条件,本应由各个行政机关严格监管,但监管失控后市场上大量流通着黑卡、黑号等,导致电信网络诈骗的犯罪成本极低。大量境外团伙不断利用这些号码和设备从事网络诈骗,上演了"今天打一拨儿、明天来一拨儿"的猫捉老鼠游戏。

因此,对帮信罪高发的正确解读是,这不是积极主义刑法观的胜利,而是呼吁其他法律积极参与网络空间治理的讯号。事实上,我国也正在按照这个思路在行动,在立法层面,我国正在积极谋划"反电信网络诈骗法"等行政法,对"两卡"的监管规定也正在完善。在执法层面,我国要积极推动行政执法力量的介入,例如,针对空壳公司沦为电信网络诈骗的犯罪工具等问题,2022年3月,浙江省司法机关开展"净化空壳公司"专项行动,构建检行共治模式,推动对电信网络诈骗、洗钱等犯罪的诉源治理。因此,刑事判决不是解决冲突的终点,而是社会治理的起点。如果形成"一判了事"的模式,就会出现定罪量与犯罪率螺旋上升的死局。

四、调度主义刑法的机动性:与其他法律强弱互补

(一) 调度其他法律后,刑法防线应当后撤

在刑法唤醒其他法律介入网络空间之后,伴随民法、行政法的崛起,刑法就应处于消极守夜人地位,无须保持对网络空间的积极干预主义。在行政法、民法逐渐完备后,对之前同样的犯罪行为,刑法的定罪思路也应当秉持收缩主义。

以侵犯公民个人信息罪为例。在《个人信息保护法》等法律尚未颁布之前,我国实行"刑法先行"的思路,率先规定了侵犯公民个人信息罪,并设定了严厉的惩罚措施。根据最高人民法院、最高人民检察院《关于办理侵犯公民个人信息刑事案件适用法律若干问题的解释》的规定,成立侵犯公民个人信息罪的"情节严重"标准是:①财产信息等50条;②交易信息等500条;③其他信息5000条。而且,即使"为合法经营活动而非法购买、收受"个人信息,只要达到"获利五万元以上"等情节,也属于犯罪。如果机械按照"50条或5000条构罪"的条数标准,很多企业都涉嫌犯罪,如房地产公司经常将业

---

① 参见《公安部通报部署全国公安机关开展"净网2021"专项行动的工作举措和取得的成效等情况》,载中华人民共和国国务院新闻办公室(http://www.scio.gov.cn/xwfbh/gbwxwfbh/xwfbh/gab/Document/1718981/1718981.htm),访问日期:2022年6月2日。

主电话卖给装修公司,很多互联网公司也经常互相分享用户交易信息以便精准营销,类似违法行为涉及的数据量很大,50条至5000条的定罪门槛根本无法发挥合理划定犯罪圈的作用。

但是,由刑法承担保护公民个人信息的主要任务显然与"刑法的核心任务是打击暴力犯罪"的原则相悖。在2017年最高人民法院、最高人民检察院《关于办理侵犯公民个人信息刑事案件适用法律若干问题的解释》制定之时,《个人信息保护法》尚未通过,保护公民个人信息的任务只能依靠2015年《刑法修正案(九)》规定的"侵犯公民个人信息罪"。在公民个人信息泄露现象严重的背景下,刑法先行打击侵犯公民个人信息的行为,有时代必要性。然而,2021年生效的《个人信息保护法》对侵犯公民个人信息行为设置了"五千万元以下或者上一年度营业额百分之五以下罚款"、吊销营业执照等严厉的行政处罚,还规定了人民检察院提起公益诉讼等制度。充分运用行政处罚、公益诉讼等措施已经可以有效保护公民个人信息,动用刑法的必要性就大大降低。换言之,在刑法有效调度了《个人信息保护法》中的行政处罚之后,我国保护公民个人信息的模式应当由"刑事责任为主"转向"行政处罚先行",从刑法主导到民、行、刑并行。

具体而言:

第一,对个人信息违法应当行政处罚先行。司法机关应逐步限缩2017年最高人民法院、最高人民检察院《关于办理侵犯公民个人信息刑事案件适用法律若干问题的解释》的适用范围,不能机械地按照50条或者5000条的入罪标准定罪,而要查明主观目的和实质危害。只有行为人将个人信息用于违法犯罪时,才可能构成侵犯公民个人信息罪;将个人信息用于合法经营活动的,司法机关可以指导公安机关将案件移送行政机关,给予违法者5000万元以下或者营业额5%以下罚款等行政处罚,并将罚款用于补偿信息被泄露的用户和开展个人信息保护工作。

第二,检察机关可以日常化地代表受害人提起公益诉讼。在企业泄露用户信息时,由于诉讼成本过高,受害人很少单独提起诉讼。此时,检察院可以代表不特定受害人提起公益诉讼,让企业赔偿用户损失并强化安全管理。

第三,检察机关向行政机关制发检察建议,强化行政监管。个人信息泄露的直接原因是企业、平台未履行安全管理责任,深层原因是行政机关怠于履行日常监管职责。司法机关应当及时向行政机关制发检察建议,敦促其履行安全监管职责。只有司法机关充分调动行政力量,才能破解刑法滥用的困境,建立健全个人信息综合保护体系。

(二)调度其他法律后,刑法可以灵活适用

作为裁判规范,刑法应当统一刚性适用;但是,作为调度指令,刑法可以随着其他法律的强化而调整适用范围和力度。例如,在《个人信息保护法》出台后,向他人提供相同数量和性质的个人信息,提供者是企业或黑客,就可以作出不同处理。在《个人信息保护法》出台之前,企业提供、泄露个人信息现象泛滥,且没有其他制裁措施予以制止。因而,我国《刑法》第253条之一第2款规定:"违反国家有关规定,将在履行职责或者提供服务过程中获得的公民个人信息,出售或者提供给他人的,依照前款的规定从重处罚。"即企业、平台向他人提供信息,应当从重处罚。这一刑法规定与当时的立法情景相适应。因为公民个人信息泄露的源头,主要就是企业、平台等掌握大量个人信息的市场主体。

然而,在2021年《个人信息保护法》出台后,"企业违规从重处罚"的必要性就大大减弱了。具体而言:一是随着2020年中央加大对互联网的监管力度,互联网企业泄露个人信息的情况得到了根本改变,至少互联网企业保护个人信息的意识已经明显增强,泄露个人信息的主要源头开始转向黑客、暗网、爬虫等黑灰产。二是《个人信息保护法》对企业设立了严厉的罚则,如"五千万元以下或者上一年度营业额百分之五以下罚款"、吊销营业执照等严厉的行政处罚,采用这些行政处罚,已经足以预防企业泄露公民个人信息的行为。

在《个人信息保护法》对企业设立了严厉的行政处罚之后,《刑法》中"企业违规从重处罚"的正当性就大大减弱。相反,我国又在推行"合规不诉"等促进经济发展的法律制度,对企业泄露个人信息的情形,在采用高额罚款之后,再按照合规不诉制度,不追究刑事责任,足以完成个人信息保护的任务。在《个人信息保护法》出台后,侵犯公民个人信息罪的主要打击对象,不应该是企业,而应该是无法适用行政处罚的黑客、境外团伙等。换言之,黑客和企业实施同样的提供个人信息行为,在刑法评价上会截然不同。一些黑客在暗网上倒卖个人信息,或者不法分子藏身缅甸等地售卖个人信息,其行为场景就已经说明了脱离行政管理的必然性,证明了行政法对其的无效性,只能动用刑法。相反,企业接受行政机关的监管,在泄露信息后主动接受调查,其经营情况说明了接受行政法的规范呼吁以及行政处罚的制度有效性,就无须动用刑法。适用刑法应当考虑情景需要,行政规制有效与否是适用刑法的前提,这是调度主义刑法观考虑行刑一体化后的自然结论。

五、结语

传统刑法学始终从行为规范(对公众)、裁判规范(对法官)的角度来理解刑法功能,始终跳不出"刑法是规定适用刑罚的标准"的思维定式。在这一思路下理解刑法与其他法律的关系,主要就是把民法、行政法理解为刑法的前置法,这矮化了刑法的功能。刑者,国之大事。刑法的重要性,不仅体现在作为裁判规范,它可以剥夺个人的生命、自由,更体现为在法秩序体系内,其独有的调度者地位。在网络空间,刑法通过新设罪名,向立法者发出强烈的配套法立法建议,司法机关通过定罪量刑,向行政机关传递着强烈的行政监管要求。调度其他法律是刑法特有的功能,民法、行政法规定的很多内容,未必需要刑法进行回应。但是,刑法的新设规定,一定要调度其他法律参与其中。作为调度者,刑法不是绝对刚性的,反而充满弹性,允许一定的灵活适用性。在新兴领域,我们需要用不同于治理自然犯的视角审视刑法的新任务,唯有此,才能充分发挥刑法的现代价值。

"刑事一体"之"化":问题、视野与方法

——以围绕亲生子女买卖问题的研究为例*

赵 军**

引 言

储槐植教授于 1989 年提出刑事一体化思想,该思想在之后的三十多年间对我国刑事法学研究、刑事立法司法乃至更广泛意义上的犯罪治理实践产生了极为深远的影响。从积极意义上讲,晚近展开的刑法改革通过"罪名的适度扩张"以及"刑罚总量的下降",在相当程度上实现了"由厉而不严向相对严而不厉"的转型,从而使刑事一体化思想"在我国立法的基本方向、基本思路与指导思想方面已经真正固化于制了"①。然而,1997 年修订刑法之后密集的刑法修正,其演进趋势主要体现为犯罪圈的扩张,刑罚轻缓化的特征并不明显。一些极少实际适用的死刑设置被取消,这一努力对刑罚体系的结构性轻缓效果被某些常见犯罪入罪门槛的降低及法定刑的提高所冲淡。在舆论及学术空间,"重刑重罚"的呼声随着网络媒介对特定犯罪的强力聚焦此起彼伏,刑事政策转向"又严又厉"的危险已露端倪。"相信刑罚加重犯罪就减少"的"刑罚理想化"倾向(对"刑法在控制犯罪中只能起一定作用"缺乏认识),"犯罪原因理解的简单化"倾向(对"犯罪与社会同在""同犯罪作斗争的长期性和艰巨性"缺乏认识),这些在刑事一体化思想提出之初为"厉而不严"或"严打"刑事政策提供支撑的观念②,在相当程度上仍旧是当下过度犯罪化、重刑化主张不便言说的底层逻辑。

值得注意的是,这些与刑事一体化思想价值追求相悖的主张,往往可以借助宽严

---

* 本文在《法治建构与社会治理的"刑法依赖症"——以拐卖儿童犯罪的法律演进为中心》一文基础上改写,原文以"刑法依赖症"为核心内容,发表于《法学评论》2016 年第 6 期,转载于《社会科学文摘》2017 年第 1 期。

** 北京师范大学刑事法律科学研究院教授。

① 梁根林:《刑事一体化与罪刑法定、刑事政策与刑法体系的深度融通》,载《中国检察官》2018 年第 1 期。

② 参见储槐植:《建立刑事一体化思想》,载《中外法学》1989 年第 1 期。

相济、"刑法适度"①、"重重轻轻"或"两极化"②等体现刑事一体化思想的话语工具得到看似充分的论证。这表明,仅从刑事一体化的表层话语逻辑出发,未必能达成其所追求的实质目标——这里还有一个实现路径或实现手段的问题,也就是许多学者曾谈及的刑事一体化应如何"化"的问题。③ 就笔者的研究体验来说,(紧紧围绕现实犯罪治理、社会反应的)问题导向、(打破学科/法律门类/治理应对手段壁垒及研究者自身视角局限的)多维视野与(根据问题性质与研究需要而进行的)方法拓展,是有效展开"刑事一体"之"化"的三个关键要点。

作为刑事一体化思想的忠实信徒和积极践行者,笔者在近年展开的多项研究中均遵循了这样的路数。本文呈现的有关亲生子女买卖问题的研究,是笔者对"刑事一体"之"化"感悟颇深的一项研究。

一、问题由来及方法选取

1997年《刑法》规定,"收买被拐卖的……儿童……对被买儿童没有虐待行为,不阻碍对其进行解救的,可以不追究刑事责任",《刑法修正案(九)》将之修改为"可以从轻处罚",排除了减轻、免除处罚及不追究刑事责任的可能。此前,出卖亲生子女的犯罪化、重罪化已通过一系列司法文件,从最初的"情节恶劣"按遗弃罪处理,经由"以营利为目的""情节恶劣"入罪拐卖儿童,最终形成"具有非法获利目的"即可依拐卖儿童罪处刑的严罚态势。④ 然而,严罚亲生子女买卖是否有利于抑止采拐骗、偷盗、抢劫、绑架等妨害意志自由手段实施的"真正拐卖"?是否符合涉案儿童的"最大利益"?会否产生伤害儿童的"反效应"?进而,这种将社会问题依法治理"链接"为依刑法治理的倾向,是否蕴含损害法治及社会治理实效的危险?均不无疑问。

围绕出卖亲生子女及收买亲生父母所卖儿童自养问题(以下简称"买卖亲生子女"),清晰可辨的声音主要源自四类主体。一是执法、司法、主管机构。这类主体从执

---

① "适度刑法观"反对刑法干预的"过"与"不及",倡导中道权衡的刑法理念。参见高铭暄:《刑法肆言》,法律出版社2004年版,第57页。

② 被储槐植教授归纳为"重重轻轻"的"两极化"刑事政策,是指"对于重大犯罪及危险犯罪,采取严格对策之严格刑事政策;对于轻微犯罪及某种程度有改善可能性者,采取宽松对策之宽松刑事政策"。参见许福生:《刑事政策学》,中国民主法制出版社2006年版,第31页。

③ 参见劳东燕:《刑事一体化思想下的学术研究所感》,载《中国检察官》2018年第2期。

④ 参见《全国法院维护农村稳定刑事审判工作座谈会纪要》(法〔1999〕217号);最高人民法院、最高人民检察院、公安部、民政部、司法部、全国妇联《关于打击拐卖妇女儿童犯罪有关问题的通知》(公通字〔2000〕26号);最高人民法院、最高人民检察院、公安部、司法部《关于依法惩治拐卖妇女儿童犯罪的意见》(法发〔2010〕7号)。

(司)法的威慑效果、案件处理的便利性、工作业绩评价以及保护儿童的政治姿态出发，通常主张对相关行为从严规制。① 二是被害人权利组织。它们出于对"人贩子"的极端痛恨，往往倾向于严打所有类型的儿童"买卖"。② 三是媒体记者。除尽力与相关部门及被害人组织保持一致以确保"立场正确"外，他们还需突出呈现相关行为的罪恶及危害，以增强报道的吸引力。四是理论研究者。他们大多通过前三类主体的发声或资料了解情况，其结论具有与前三类主体高度契合的天然倾向。③ 显然，这种高度协同的发声机制并不利于问题的全面展开及深入探讨。

一方面，当事人的声音被整体湮没，"出卖"子女者各不相同的人生际遇、"收买"家庭相去甚远的生活故事，被简单书写为"丧失人伦""贪图钱财""重男轻女"等极具道德非难性的刻板剧情，法律的规制对象在这场话语建构中沦为"哑言他者"④，彻底丧失向公众呈现多维真相的机会。另一方面，有能力发声的精英群体与这些"哑言他者"身处截然不同的生活世界，很难理解、想象后者基于特定生活情境及实践需求所发展而来的生存策略，这种与对象疏离乃至隔绝的"研究"，本质上只能是基于研究者自身价值立场的主观判断与阐释，很难触及问题的症结。于是，在实务界、理论界及舆论空间建立起严罚相关行为的"共识"几乎是必然的。即便出现一些要求对亲生子女买卖区别对待的异质观点，也因未深入研究对象的生活世界、未具体呈现相关行为的多维面向，而难以对主流的严罚主张构成话语生态上的制衡。⑤

显然，只有避开"拐卖儿童罪""收买被拐卖的儿童罪"这种"先验的"法律标签，悬置研究主体对研究对象已经或可能持有的价值评判，摆脱司法框架因追诉犯罪等职能目标所带来的观念束缚，以朋友、普通人、倾听者的身份接近、进入研究对象的生活世界，让这些"哑言他者"的声音被听见，让他们的世界被看见，从前那些被主流立场遮蔽的多维面向才可能得以呈现，问题的症结及药方也才可能被发现。

基于此，本研究采用以进入研究对象人际关系圈及生活情境圈为核心的"入圈考

---

① 参见郑良、邹伟：《"打拐"，要进一步压缩拐卖犯罪的源头需求——对明知儿童是被拐卖的"仍然收买"的买主，公安部官员建议立法追究其刑责》，载《新华每日电讯》2011年12月9日，第4版。
② 参见《打击拐卖不能"割韭菜"》《"买拐同罪"早该提上修法议程》等文，载寻亲帮助网站"宝贝回家"（http://www.baobeihuijia.com/），访问日期：2015年6月5日。
③ 参见刘国福：《中国反贩运人口法律的理性回顾和发展思考：以国际法为视角》，载《甘肃政法学院学报》2010年第5期。
④ 美国后殖民女性主义学者斯皮瓦克提出了"底层群体不能说话"的论断，这些作为非主流文化与政治群体而存在的"属下"（subaltern）因其弱势地位而沦为哑言的"他者"（the other）。参见〔美〕加亚特里·查克拉沃尔蒂·斯皮瓦克：《属下能说话吗？》，载罗钢、刘象愚主编：《后殖民主义文化理论》，中国社会科学出版社1999年版，第125页。
⑤ 譬如有学者基于监护权是拐卖儿童罪保护法益的立场，否定未侵害监护权之出卖亲生子女行为构成拐卖儿童罪的合理性（参见王良顺：《关于出卖亲生子女的行为性质的理性思考》，载《政法论丛》2014年第4期）。不过，这一论证很容易被反驳者轻易化解，详见后文。

察法"①。一方面,通过"关键人""中间人"接近目标人群,以符合研究对象社交文化的方式融入研究对象的"人际关系圈"(而非正襟危坐、中规中矩,以"学者身份"展开访谈、观察),在研究者与研究对象之间建立类似朋友的信任关系。一旦"入圈"成功、"关系到位",针对敏感人群、异常行为的调查就能顺利展开。②另一方面,深入研究对象的"生活情境圈",让研究对象在属于自己的生活情境中自由、自然、主体地呈现相对真实的自我(而非在具有明显权力关系的、被刻意安排的"访谈情境"中被动回答问题),研究者则在研究对象的生活情境中理解、体验乃至感悟研究对象的心理及行为(而非单纯记录研究对象的口述并从自己的知识背景、生活经验、价值立场出发"解读"访谈材料),从而达成"研究者基于对被访者生活与逻辑世界的了解与理解而实现的'双方共同构建出来的真实'"③。

以此为方法(论)指引,笔者在警察朋友的帮助下,对"买卖"亲生子女的系列案件展开了为期三个多月的实地考察。本次考察遵循了以下几个原则:一是不看卷宗,以直接从调查对象那里获取的一手材料为研究依据,这能有效避免司法卷宗因其特定目的(追诉犯罪)所导致的信息偏移(司法卷宗所包含的,主要是与定罪量刑有关甚或只是"利于"定罪量刑的信息);二是不搞"办公室访谈"或"宾馆访谈",以上门入户为原则,这是了解研究对象实际生存状态最直接、最直观的方法;三是不搞"问答式访谈",只作互动式聊天,多倾听、多观察、少表达,尽量减少研究者主观立场对研究对象的诱导;四是"不上酒桌不谈工作",让警察朋友"酒后吐真言",尽量屏蔽他们在工作情境下因角色扮演而不得不说的"套话"。本次调查共计访谈警察14人、买卖亲生子女的当事人18人、福利院工作人员5人、其他人员16人,共涉及两个买入地及两个卖出地(以县为单位)的个案12件,出卖个案与收买个案之间未建立对应关系。

二、调查发现:亲生子女买卖的他面

归纳本次入圈考察所获资料,这些现实中发生的亲生子女买卖案件,显现出比"丧失人伦""贪图钱财""重男轻女"等刻板剧情更复杂、更多维、更立体的他面。

(一)(农村)社会中特殊家庭收养子女的刚性需求

本研究所考察的收买家庭均面临某些难以克服的实际困难,收买(健康的或特定

---

① 关于"入圈考察",参见赵军:《惩罚的边界:卖淫刑事政策实证研究》,中国法制出版社2007年版,第37页;赵军:《边缘的权利:女性性工作者被害问题经验研究》,中国法制出版社2011年版,第23页。
② 参见赵军:《嫖宿幼女、援助交际的他面呈现——基于纵向维度"入圈考察"的个案研究》,载《法学评论》2014年第2期。
③ 这被认为是定性调查的最高境界。参见黄盈盈、潘绥铭:《论方法:定性调查中"共述"、"共景"、"共情"的递进》,载《江淮论坛》2011年第1期。

性别的)孩子是他们摆脱各自困境的重要途径。朱家大儿子结婚多年不能生育,这在农村特定人文环境中是一件使人感到蒙羞甚至倍感屈辱的事情,来自家庭、家族及熟人圈子的无形压力,最终促使这家人收买了一名女婴;阿莉的丈夫有家族遗传病史,前后两个孩子均患有脑瘫,为了"不受村里人欺负""老了有人照料",他们收买了一名健康的女婴;老徐夫妇的收买意愿源于儿子18岁时遇车祸离世,这对已过育龄的农村夫妻将面对孤独终老、老无所养的窘境;钟家儿媳生女儿难产丧失了生育能力,如不抱养一个男孩,以后家里就没人干活儿,还会遭人欺负;于大嫂生完儿子后因病无法再生,可儿子没女儿贴心,当地没女儿照顾的老人,生活都不幸福;王老六家两代人只生男不生女,因担心超生①还是男孩,就想到了花钱买女婴这条路。可见,不孕不育、家族遗传疾病、重大变故、生育指标限制、错过育龄等因素均可导致某些家庭没有子女、没有健康子女或子女性别失衡,这些问题在我国农村特定生活方式及人文环境下,会为当事家庭带来一系列难以克服的生活困难与生存压力,收养(健康的或特定性别的)孩子能够帮助他们摆脱这些困境。显然,这是一种真切的生活刚需,事关这些家庭实实在在的生活利益,并不全然是公共舆论通常批判的"重男轻女""延续香火"之类的"封建观念"。

(二) 合法收养渠道受阻后的无奈选择

一方面,无法满足现行法的收养条件,通过福利院等合法渠道难以收养到健康的孩子,是这些家庭被迫选择非法途径收买孩子的关键。阿莉已育有两名脑瘫儿,老徐夫妇的儿子在车祸中丧生但尚有一女,钟大娘的小儿子已育有一女,于大嫂已育有一子,王老六则有两个儿子,他们都不符合收养人必须无子女的法定条件。另一方面,福利院的孩子多有残疾,收养人即便符合条件,也很难收养到健康孩子。朱老伯曾托"内部人"打听合法收养的可能性,最终知难而退。朱老伯的说法得到了当地福利院工作人员的证实:该院2014年共受理112例收养申请,成功收养的只有两三例,福利院健康儿童的数量太少。此外,那些收养成功的家庭,还要向福利院缴纳高额的"赞助费"。按福利院工作人员对笔者的说法,"赞助费"的数额由收养家庭"自愿确定";按"内部人"对朱老伯的说法,公开"赞助"与暗中"疏通"的费用相加,肯定比在"社会上"买孩子贵,关键还得"有渠道""运气好"。正因为这些障碍,通过非法渠道收买孩子成了这些家庭的现实选项。

(三) 贫困、超生、未婚生育、吸毒等棘手问题的衍生后果

出卖亲生子女的父母各有所难,绝非"丧失人伦底线"就能轻易概括。尔外给女儿

---

① 因超生、生育指标导致的相关问题具有较强的时代特色,随着计划生育制度的转向这些问题已发生一定变化。

置办嫁妆,欠下数万元债务;已育有三女的阿呷想生儿子,却再次生了一个女儿,实在难以负担;小沈想生女儿却还是生了儿子,为留下"生育指标"就把儿子卖了;史娓打工期间怀孕,可男友却"跑"了,17岁的她没有能力抚养孩子;阿牛的老公吸毒,经济状况极差,12岁的大女儿不得不去外地当童工,小女儿也没上学,把刚出生的女儿卖到条件好一些的人家,在阿牛看来是最好的选择;阿星夫妻都吸毒,家徒四壁,儿子、女儿均未读书,夫妻二人无力抚养新出生的孩子。贫困大体可视为出卖子女最基本或最通常的原因,但具体说来,偿还债务、规避超生的不利后果、未能生出特定性别的子女、无力抚养新出生的孩子、希望孩子能过上更好的生活、未婚先孕却无法结婚、获取吸毒开销、改善或维持最基本的生活条件,所有这些都可能成为出卖亲生子女的具体动因。而且,这些动因在个案中呈现出复杂的交叉叠加关系。

(四) 亲生子女买卖在当事人观念中的伦理性质

收买者知道从"人贩子"手里收买被拐的孩子"伤天害理",也知道从亲生父母手里买孩子违法。但在他们看来,只要亲生父母同意,那就不是"真正的拐卖",收买这样的孩子不是"真正的坏事",甚至可能是"做善事",因为这可以让孩子生活得更好。朱老伯、阿莉、钟大娘、于大嫂、王老六等人,都是在向中间人(或产妇)确认孩子确系亲生父母自愿出卖而非"拐卖"之后,才决定收买的。出卖方对出卖亲生子女的违法性也有明确认识。为避免中间人在转运途中被警察查获,即将生产的孕妇会在中间人的安排下到收买地生孩子,有的甚至不敢去医院,冒险躲到农民家生孩子。不过,这些母亲并不认为自己出卖孩子的行为有多"坏"。在她们看来,孩子毕竟是自己生的,而且孩子被卖到条件更好的地方和家庭,对孩子以后的生活及成长更为有利。

(五) 亲生子女买卖总体流向背后的经济落差

在本项调查中,出卖家庭均处于极其贫困的状态:尔外家每年种洋芋、玉米、荞子的收入不超过5000元;阿呷家种的粮食只能勉强维持口粮,家里唯一的电器是一台19英寸电视机;阿牛的老公因吸毒致贫,家里连电视机都没有;阿星老公曾因贩毒被判刑,没有任何收入,屋顶漏了也无力维修。相对而言,收买家庭的经济状况要好许多:朱家大儿子在无锡打工,两口子年收入在6万元上下;阿莉两口子在家种地,农闲时就近打工,每年有2万元左右的纯收入;钟大娘的老伴和儿子在省城工地打工,儿媳在一家电子厂打工,家庭年收入约4万元。尽管收买家庭未必富裕,但收买家庭与出卖家庭经济状况的结构性落差显而易见,儿童由贫困家庭流向相对富裕或非贫困家庭的整体方向清晰可见,经济因素对儿童买卖问题的影响较为明显。

(六) 对涉案儿童更为有利的现实选择

从出卖的角度看,让这些孩子留在原生家庭并非田园牧歌式的美好。对于为平衡子女性别而超生的贫困家庭来说,多养一个同性别子女是一项极为沉重的经济负担,孩子在这种家庭很难获得良好的照料与教育;对于收入微薄、未婚先育的打工妹,独自抚养一名"没有父亲"的孩子,困难可想而知,孩子在这样的"单亲家庭"成长未必是上策;被阿牛卖掉的女儿如果返回这个吸毒家庭,她今后的际遇要么像她的小姐姐那样在家干农活,要么和她的大姐姐一样成为一名童工;阿星11岁的儿子辍学离家,9岁的女儿在家干农活,这个贫困的吸毒家庭不可能为那名卖掉的孩子提供好过洋芋的食物以及好过哥哥姐姐的受教育条件。

从收买的角度看,这些被买来自养的孩子大多得到了较为周到的照料。收买孩子自养的父母往往有这样一种心态:抱来的孩子迟早会知道自己的身世,如果不对他们付出比亲生子女更多的爱,他们就不会认同这个家,收养的目的就无法实现。正因如此,在许多案件中,"养父母"对孩子的体贴甚至超出了"视若己出"的程度。于大嫂收养的女儿从小就得到了比亲生儿子更悉心的照料,母女关系十分融洽,孩子学习成绩也很优秀。钟大娘家收买的是个脑瘫儿,发现孩子有病后,这个并不富裕的家庭带着孩子四处求医问药,欠下几万元外债。

从"解救"的角度看,强行"解救"反倒会对孩子造成实质伤害。与"真正拐卖"不同,这些被亲生父母有偿送养的孩子在被警方"解救"后,基本不可能迎来"回家""与父母团聚"之类的温馨结局。由于当初是由亲生父母自愿出卖的,没人报案,亲生父母的DNA未录入警方相关数据库,这类孩子被"解救"后,只要中间流转环节有一个中断,就无法找到亲生父母。即使找到,那些原本就因各种原因无力或不愿抚养孩子的父母,通常还是无法为孩子提供良好的成长环境。前些年"打拐",在找到孩子的亲生父母以前,一般允许收买家庭继续抚养孩子(于大嫂的养女就是这种情况),后来为了强化对"买方市场"的打击,这种变通做法遭到禁止。① 将这些已与收买家庭建立起亲情联系的孩子强制送到福利院,逐渐成为常态化的处理方式。这种"强拆式"的"解救",对年龄较大的孩子伤害尤深——无论是在福利院还是到新的收养家庭,他们都会因与原收买家庭的情感联系而难以融入。这些被"解救"的孩子,只要身体健康,一般都会被新家庭收养,但在此之前,他们不得不在福利院度过一到两年时间。② 如果孩子有残疾,或者查到了亲生父母但亲生父母没有能力(完全没有收入、服刑等)或不适合(吸毒等)抚养,孩子就只能在福利院长期生活下去。

对这些被亲生父母有偿送养的孩子来说,相对于返回原生家庭或者被送至福利院,继续留在收买家庭生活有可能是对他们更为有利的选择。

---

① 例如,2013年出台的安徽省人民政府办公厅《关于加强反对拐卖人口工作的实施意见》即明确规定,对查找不到亲生父母的被拐卖儿童,由公安机关提供相关材料,交由民政部门妥善安置,不得由收买家庭继续抚养。

② 根据民政部、公安部《关于开展查找不到生父母的打拐解救儿童收养工作的通知》所规定的程序,被拐儿童被解救后查不到生父母的,最快可在1年3个月后被收养。

三、法教义学：与传统拐卖儿童犯罪法益侵害性的差异

传统上，拐卖儿童犯罪的保护法益被定位于父母的监护权。直到现在，我国台湾地区主流学者仍将和诱及略诱未成年人罪的法益解释为家长或其他监督权人对未成年人的监督权。① 日本通说同样将拐取未成年人罪的法益理解为被拐取者的自由、（亲权者的）保护及监护权。② 这种法益定位较为忠实地体现了"拐卖""拐骗""拐取""和诱""略诱"等语词的原始含义，较符合此类犯罪设立之初的"犯罪学原型"。取得父母同意的监护权有偿转让无"拐"可言，父母的监护利益未遭损害，通常难以成立拐卖儿童罪。③ 不过，该理解很容易被贴上"家长主义"的标签而显得"政治不正确"，不宜作为现代社会判断亲生子女买卖之法益侵害性的依据。因为，包括儿童在内的所有个体都具有与生俱来、不可剥夺的自由权利，将监护权视为拐卖儿童罪的保护法益有否定儿童主体性之嫌，甚至会被批判为视儿童为父母私产这一前现代观念的当代再现。

1997年《刑法》将妨害婚姻、家庭罪并入"侵犯公民人身权利、民主权利罪"，与此呼应，我国主流理论将拐卖儿童犯罪的法益理解为"人身不受买卖"④或"人格尊严"⑤等儿童自身的权利及利益。儿童是具有主体性的人而非商品，将儿童作为商品进行交易，必然侵害他们"不受买卖的权利"，损害他们作为人的尊严。故此，买卖儿童即为犯罪，亲生父母亦概莫能外。这类论述体现了尊重儿童主体性、保护儿童权利的进步旨趣，为所有以儿童为标的的"交易"提供了逻辑周延的入罪理由，通常被认为更有利于对儿童的保护。

然而，这种抽象的、形式化的法益定位除逻辑上有同义反复的嫌疑外，还存在一系列难以回避的实质缺陷：一是"买卖""交易"等语词只是某种建构性的概念或标签，并非本质性的存在。与将合法婚姻和"批发式卖淫"⑥强制区隔相类似，将有偿送养、收养定义为非法的儿童"买卖"，也只是人为的、基于某种价值立场的制度安排，其背后的正当性并非不证自明；二是抽象的"人格尊严"缺乏明确的判断标准，仅将送养、收养是否有偿作为是否损害儿童"人格尊严"的认定指标，理由并不充分，它大体相当于将所有

---

① 参见林山田：《刑法各罪论》（下册），北京大学出版社2012年版，第330页。
② 参见〔日〕西田典之：《日本刑法各论》（第3版），刘明祥、王昭武译，中国人民大学出版社2007年版，第65页。
③ 参见王良顺：《关于出卖亲生子女的行为性质的理性思考》，载《政法论丛》2014年第4期。
④ 参见马克昌主编：《刑法》（第2版），高等教育出版社2010年版，第438页。
⑤ 参见齐文远主编：《刑法学》（第2版），北京大学出版社第2011版，第443页。
⑥ 在马克思主义经典作家的视野中，婚姻在本质上是一种长期的、固定的某人对某人的卖淫。参见中共中央马克思恩格斯列宁斯大林著作编译局编：《马克思恩格斯选集（第4卷）》（第2版），人民出版社1995年版，第69页。

支付对价的交易视为对交易标的"尊严"的损害,更有将中上阶层的价值观、尊严观强加于弱势底层的意味;三是强制性地将相关行为定义为"拐卖儿童"并予以犯罪化,未必符合儿童的最大利益。

在传统拐卖儿童犯罪中,儿童监护权的转移是强制性的,这种强制本身即意味着骨肉分离之痛,意味着对涉案儿童在原生家庭生活权利的剥夺,其对涉案儿童实际生活利益及原生家庭的伤害显而易见。但在亲生子女买卖案例中,涉案儿童及原生家庭的实际利益未必会受到损害。从所考察的个案看,收买家庭在包括经济水平、家庭结构、教育条件在内的生活条件,整体优于那些出于各种实际生活困难而出卖亲生子女的原生家庭。在这种有别于"真正拐卖"的、主动发生的监护权转移中,至少已部分包含了监护权出让方对子女生活条件改善的考量与诉求。更为重要的是,"养父母"为了实质达成其收养子女的目的,对收买自养的儿童往往会倾注较多的生活照料和情感投入。与"真正拐卖"不同,亲生子女买卖至少存在实质增益涉案儿童实际生活利益的"(高度)盖然性"。从严规制儿童买卖的制度设计,对于拐卖儿童犯罪的治理当然具有积极意义,但抽象地以保护"人身不受买卖"或"人格尊严"权利为由,不加区分地将亲生子女买卖同在法益侵害上与之存在天壤之别的"真正拐卖"同等对待,不留余地地将涉及亲生子女抚养监护权转移的"买卖"统统纳入刑罚规制的范畴,明显违背了罪刑均衡、罚当其罪的刑法原则。对此类涉案儿童展开强制"解救",反倒会对这些法律的保护对象造成实质伤害。

四、刑事政策:对"真正拐卖"犯罪治理的无效性

除了对法益的抽象论证,支撑严罚亲生子女买卖动议的还有以下两个与实际情况相去甚远的刑事政策理由。

(一)"打击买方市场论""源头治理论"

该理由借用"没有买卖就没有伤害"这一原本用来倡导野生动物保护的公益口号,将严打买方市场的"源头治理"作为解决儿童拐卖问题的关键。① 由此出发,"解救"被亲生父母有偿送养的儿童并处罚为他们提供较好生活条件的收买家庭,即便不符合涉案儿童的实际利益,但因能够消弭买方市场,让更多的孩子免遭拐卖,从而"在根本上"符合"儿童最大利益"。这种看似符合"市场规律"的论述,隐含着一系列缺陷。

第一,公益口号"没有买卖就没有伤害"所针对的,是人为建构的、非生活必需的奢

---

① 参见赵俊甫、孟庆甜:《关于修改〈刑法〉收买被拐卖妇女儿童犯罪相关条款的思考》,载《公安研究》2014年第2期。

侈品消费需求(象牙、鱼翅等),此类基于观念而生的需求具有被新观念解构的可能。我国(农村)社会的收养需求与此不同,它与特定物质生活条件相关,是特定家庭应对、化解现实生活困境的产物,是一种具有相当必然性的刚需,难以通过强制的观念引导予以消解。

第二,收买儿童自养问题的"源头"是我国(农村)社会所面临的一系列现实问题,"源头治理"的重点应是那些特殊家庭所面临的生活困境,而不是因这些困境而起的有偿收养。

第三,将收买亲生父母有偿送养的子女的行为"混入"收买被拐卖的儿童罪处罚,在刑罚效果上相当于变相鼓励收买"真正拐卖"的儿童。事实上,本研究所考察的涉案人员均认同"真正拐卖"伤天害理的观念,正如此,他们才刻意收买亲生父母所卖子女,这本身就是对"真正拐卖"的抑制,理当在刑事政策上予以区别对待而非重罚。

第四,法律无权为打击"买方市场",降低其他儿童的被拐风险,损害具体涉案儿童的实际生活利益,更何况禁止亲生子女抚养监护权的有偿转让,并不能萎缩"真正拐卖"的买方市场。

(二)"萎缩卖方市场论"

允许获利就会刺激儿童的有偿转让,甚至会鼓励人们"生孩子卖",儿童买卖就会变得更加严重。从这个角度看,将送养亲生子女获利行为作为拐卖儿童罪严厉打击,似乎也符合"儿童最大利益"原则。然而如考察所发现的,"出卖"亲生子女的父母各有所难,尽管他们的确希望从子女送养中获利,但这种数额的"利润"并不足以刺激普通家庭加入出卖子女的行列。① 更为重要的是,有偿送养亲生子女为那些存在收养刚需的家庭提供了一个实现收养愿望的灰色管道。如果通过这个对儿童实际生活相对有利、无损亲生父母监护利益的灰色管道,能够合法满足中国社会客观存在的收养刚需,收养家庭就会自觉回避收买那些被采哄骗、偷盗、强抢、绑架等犯罪手段"真正拐卖"而来的儿童。这在规避收买者自身刑事责任的同时,也必然在相当程度上萎缩真正需要萎缩的、基于"真正拐卖"的"卖方市场"。在我国(农村)社会一系列问题尚未得到解决、收养刚需依然旺盛的情况下,动用刑罚手段堵塞这一具有客观疏解功能的灰色管道,反倒会让"真正拐卖"更加难以治理②,这在刑事政策上并不可取。

---

① 在某些极端案件中,可能存在专为出卖获利而以生孩子卖"为业"的情况。遗憾的是,本次调查并未接触到类似个案,难以对这种极端情形对涉案儿童的影响作出准确评估。对于这种极为特殊的情况,有必要另行展开专门研究。

② 正如最高司法机关披露信息所显示,严打传统拐卖犯罪与传统拐卖案件下降、出卖亲生子女现象增多之间存在密切的内在关联。参见周斌:《部分地区拐卖犯罪转向出卖亲生子女》,载《法制日报》2012年5月31日,第5版。

五、话语建构：与犯罪治理内生需求的错位

在有违罪刑均衡、罚当其罪的刑法原则，欠缺刑事政策正当性的情况下，亲生子女买卖的犯罪化、重罪化能顺利达成，与公共话语的建构机理有关。

（一）作为"议题化"首要考量因素的"公众吸引力"

据马尔科姆·麦肯姆斯和唐纳德·肖等人当年的研究，大众传媒具有极强的议程设置功能，能通过关注或忽略某些问题影响公众舆论。[①] 但在互联网时代，网络传播的互动性为网络受众带来了前所未有的信息选择及发布自由，从前那种由传媒单方决定的"头版头条式"的议程设置日渐式微。[②] 在网络环境下设置议程，所选议题必须具有强烈的吸引力，否则，公众情绪难以被调动，舆论压力无法形成，相应的社会治理就无从谈起，这甚至比问题本身的治理急迫性更为重要。譬如，在犯罪统计中占比最大、与民众日常生活高度相关的普通财产犯罪，就可能因"话题性"不足而难以在舆论空间被持续聚焦。而另一些与普通人生活相距较远、对社会整体影响较弱的议题，却有可能通过某些夺人眼球、激发情绪的元素聚合成社会运动的合适主题。尽管亲生子女买卖在我国绝大部分地区已较为罕见，尽管这种"案件"无人报案、无人求助甚至无人利益因之受损，但作为舆论高度关注的"打拐"议题中的"特殊部分"或"新情况"，其吸引力可谓"与生俱来"。更为重要的是，身处经济高速增长的当代中国，绝大多数民众对"只有旧社会才有的""卖儿鬻女"已很难理解。正如某记者在相关报道中所评论的："看着这些小孩都特别可爱，很不理解他们的父母为了几万块钱就把自己的亲生孩子卖掉。"[③]连亲生儿女都卖，这还是人吗？基于这样的立场，"出卖"亲生子女的父母似乎比"人贩子"更加不可思议、更具伦理非难性。公众的好奇心及愤怒情绪于是得以调动，支持严罚此类行为的社会力量通过媒体、自媒体迅速集结，该问题因其对公众的吸引力被顺利"议题化"。至于该问题是否真的具有治理的急迫性，则非"议题化"的首要考量。

（二）治理动议的去脉络化、简单化、个人化及道德化

实地研究表明，亲生子女买卖是超生、毒品、养老、经济发展、资源分配失衡、教育不公平、性别不平等等一系列复杂棘手社会问题的衍生后果。进一步分析发现，这

---

① 参见〔美〕丹尼斯·麦奎尔、〔瑞典〕斯文·温德尔：《大众传播模式论》，祝建华、武伟译，上海译文出版社1997年版，第85页。

② See Shaw D. L. & McCombs M. et al., Individuals, Groups and Agenda a Melding: A Theory of Social Dissonance, International Journal of Public Opinion Research, Vol. 11, 1999, pp. 2-24.

③ 东方卫视2015年4月24日报道《河南原阳：成功解救四名被拐卖儿童》，载凤凰网（http://v.ifeng.com/news/society/201504/018418cf-2601-4f3a-bcc6-dd5bd9320e7d.shtml），访问日期：2015年4月24日。

一历史悠久的社会现象,并非天然违背人伦、法律及儿童利益。① 在本文语境中,监护及抚养权的有偿转让甚而有可能成为改善涉案儿童生活条件的重大契机。

不过,对于推动亲生子女买卖"议题化"的社会力量而言,在认知上理清该问题如此复杂的多维面向已勉为其难,要进一步触及该问题背后一系列关乎社会结构的难题,更是超出了一项具体治理动议所能容纳的范畴,甚至也超出了国家中短期干预的能力所及。于是,避开难题,采取去脉络化、简单化、个人化、道德化的策略,便成为此类治理运动的现实选项。② 在公共舆论空间,越是简单明了的口号式宣传越可能获得良好的传播效果,越是具体人格形象凸显的谴责目标越容易激发公众的义愤,从而也就越能制造出引发强烈道德共鸣、一呼百应的"公共诉求"。只要能将"出卖"亲生子女与儿童拐卖相绑定,只要将公众注意力转向"出卖"亲生子女者的个人"恶行"(吸毒、赌博、游手好闲、贪财),只要论证清楚"出卖"亲生子女如何"突破人伦底线",只要将解决问题的方案限定在严惩个人"恶行"这种易于操作、国家及社会均能承受的范围,相关动议就可能获得公众及国家的支持。至于这样的动议能否解决问题,是否真正有利于当事人,有无负面效应,都不是动议推动力量所关注的重点。

(三)"意见气候"的形成

严罚亲生子女买卖的"意见气候"(opinion climate)在舆论空间最终成型,是以下机制共同作用的结果。

1. 道德高地的抢占与"无名他者"的失声

在公开、透明、自由的舆论氛围中,通过各种观念的多元表达、各种资讯的充分传播,"公共话语"通常具有自我调适、自我修正、自我平衡的能力。不过,如果被营造起来的"公共话语"占据了道德高地,它就会对异己声音形成压制,从而牢牢把持其在公共空间的优势地位。③ 亲生子女的有偿送养问题即如此。这种在历史文化脉络中曾被长期接受的行为,一旦被贴上"突破人伦底线"的污名标签,相关当事人在公共舆论空间就不得不集体收声,从而沦为波伏娃笔下那种自在的、非本真的、丧失自我的"他

---

① 参见李博:《新疆出土佉卢文书中所见收养人给付送养人"奶费"现象管窥》,载《中南大学学报(社会科学版)》2012年第6期。

② 类似社会运动策略在全球范围内被广泛使用。譬如在反性人口贩运运动中,原住地的贫困、不合理的移民及劳工政策、经济全球化的负面效应等一系列涉及社会结构的复杂因素被刻意回避,相对简单化、个人化、道德化的因素——"人贩子"的凶残、贪婪,男人的邪恶性欲,则被刻意放大,相关行为的犯罪化由此成为此类社会运动最为重要的诉求与成果。参见 Carole S. Vance:《纯真与世故:人口贩运之煽情叙事及其对法律政策之影响》,戚利瑄译,何春蕤校订,载《2015性/别二十年国际学术研讨会》,台湾地区"中央大学"性/别研究室,2015年5月。

③ 参见赵军:《舆论空间、生活实体与法律演进——以嫖宿幼女罪可罚性观念为例》,载《法学》2015年第8期。

者",他们作为次要者、"次等族类"①的声音旋即被整体湮没。当他们恰好在政治、经济、知识上居于社会底层时,这种失声效应将更为明显,"出卖"亲生子女者正好具备这样的特质。

2. 国际主流话语的挪用与"沉默螺旋"的形成

随着20世纪90年代西方国家跨国移民、外国劳工及人权议题的凸显,自20世纪20年代起因反卖淫之社会净化运动式微而极少适用的反人口贩运法再度成为热点。② 与此同时,许多被严重夸大的数据借由各类权威机构发布,人口贩运在舆论空间被建构为一个全球性的极为严重的社会问题③,严厉规制人口贩运、保护人不受买卖的权利,成为国际共识。尽管在本土语境中,亲生子女的有偿送养、收养与国际社会定义的以剥削为目的的"人口贩运"存在天壤之别④,但国际主流反人口贩运话语在我国舆论空间的挪用,却让无关剥削的亲生子女有偿送养、收养难以自辩。正如"沉默螺旋"(the spiral of silence)理论所描述的,如果人们觉得自己的观点是公众中的少数派,他们就会因害怕遭到孤立而选择沉默。⑤ 在时时事事以西方"先进文明"为圭臬、以"接轨国际"为荣耀的社会氛围下,很少有人敢于公开挑战国际主流话语,敢于否定"接轨国际"的改革动议(与我国体制不兼容者除外)。于是,在国际反人口贩运主流话语的"庇护"下,严罚亲生子女买卖的动议变得不容置疑。

3. "部门立法"的强势与社会治理内需的错位

部门推动型的立法机制近年频遭诟病,其最大风险在于:法律有可能将行政、司法机关的工作/部门利益置于优先于社会利益的地位。⑥ 随着"打拐"的深入,"真正拐

---

① 参见戴雪红:《他者与主体:女性主义的视角》,载《南京社会科学》2007年第6期。
② 参见Carole S. Vance:《思考人口贩运,思考性》,曾浚赫译,何春蕤校订,载《2015性/别二十年国际学术研讨会》,台湾地区"中央大学"性/别研究室,2015年5月。
③ 联合国毒品和犯罪问题办公室《2014年全球人口贩运问题报告》(Global Report on Trafficking in Persons 2014)宣称在124个国家发现了来自152个国家的被贩卖人口;而国际劳工组织则估计全球每年有600万人到800万人被贩卖,其中120万人为儿童。然而,这些数据并没有切实可靠的数据来源。为了推进相关立法和社会运动,美国国会及相关倡议团体曾大力宣传每年有多达5万名的妇女、儿童被贩卖至美国遭受性剥削,在遭到审计署质疑后,这一数字被"调整"至14500~17500人,其中包括大量被贩运至其他劳动产业中的人口。参见Carole S. Vance:《矛盾状态:十二种伪装为反人口贩运尽心力的做法》,戚育瑄译,何春蕤校订,载《2015性/别二十年国际学术研讨会》,台湾地区"中央大学"性/别研究室,2015年5月。
④ 《预防、禁止及惩治贩运人口(特别是妇女及儿童)议定书》第3条a项,要求各国立法打击的"人口贩运"仅限于以剥削为目的的招募、运送、转移、窝藏或接收人员,而所谓"剥削"则是指利用他人卖淫及其他形式的性剥削、强迫劳动或服务、奴役或类似奴役的做法、劳役以及切除器官。
⑤ See E. Noelle-Neumann, The Spiral of Silence: A Theory of Public Opinion, Journal of Communication, Vol. 24, 1974, pp. 43-51.
⑥ 参见宋方青、周刚志:《论立法公平之程序构建》,载《厦门大学学报(哲学社会科学版)》2007年第1期。

卖"的数量呈下降趋势,亲生子女买卖浮出水面。① 这原本是前期打拐行动积极成果的体现,却让舆论关注下的打拐工作遭遇了"业绩瓶颈"。如果不将占比日渐上升的亲生子女买卖纳入拐卖儿童犯罪的范畴,"打拐战果"便难以维持,相关案件也难以"处理"。于是,最高司法机关在严厉打拐话语的支撑下,先是通过一系列司法文件将"出卖"亲生子女纳入拐卖儿童罪的范畴,后又推动立法收紧收买被拐卖的儿童罪的刑事法网。该动作既可提升"打拐业绩",又可树立公安、司法机关关注民生、回应民众关切的良好形象。在"部门立法"背景下,若部门利益恰好与舆论空间中的"意见气候"相契合,相应的法律演进几乎无可避免。只是,这样的演进未必全然源自儿童拐卖治理的内在需求,与"打拐"的最初动因拉开了相当的距离。

六、建议与反思:摆脱刑法依赖的一体化治理

表面上看,亲生子女买卖的犯罪化、重罪化是"打拐"的"自然延伸",但其实它是我国法治建构与社会治理过程中刑法依赖倾向的征表。摆脱刑法依赖的一体化治理,才是亲生子女买卖问题的合理应对方案。

(一) 三个层面的治理方案/制度设想

要从根本上解决儿童拐卖问题,除技术防范与刑事制裁外,更应通过系统的社会改良,消除、缓和隐藏于问题背后的一系列促成因素。仅就本文所考,这些改进至少应当包括:①调整计划生育政策,适当关照根植于中国(农村)生活实践的子女性别平衡需求②;②完善(农村)养老体系,弱化"养儿防老"的路径依赖;③加快落后地区的经济发展,缩小地区差距;④公平分配社会资源,弥合阶层鸿沟;⑤改善贫困地区教育条件,拓展当地年轻人的发展空间;⑥全面推进性别平等,弱化子女性别对家庭利益的实际影响;⑦为毒品等关联问题找到合适的解决之道。然而,这些深藏于儿童拐卖背后的问题往往因成本投入大、治理周期长、利益调整棘手等原因而不容易甚至更难于解决。

相对而言,调整现行收养制度,通过疏通合法收养渠道萎缩儿童拐卖市场,是一个更具操作性的治理方案。这一层面的方案包括:①取消收养人必须无子女且只能收养一名儿童的规定,让需要平衡子女性别或已育有残疾子女的家庭能够合法收养相应性

---

① 有数据显示,已有超过半数的"拐卖儿童案件"为被拐卖儿童的亲生父母或亲戚所为。尽管这一基于内容分析的数据尚待确认,但大致可折射出近年"出卖"亲生子女对"真正拐卖"的部分替代。参见李春雷、任韧、张晓旭:《我国被拐卖儿童救助保护现状及完善对策研究——基于对近年 133 个公开报道案例的分析》,载《中国人民公安大学学报(社会科学版)》2013 年第 6 期。

② 目前,该领域政策调整已进入"合理通道"。

别的子女或健康子女;②放宽亲生父母须"确有特殊困难而无力抚养子女"才可合法送养的规定①,让未婚先育、家境贫困的父母能够合法送养子女;③不再将是否"获利""有偿",而将是否利于增益涉案儿童的实际生活利益作为送养、收养合法性的判定标准。不过,放宽限制必须克服一系列障碍。

一方面,已被社会接受的"主流观念"极难改变。譬如,有亲生子女的养父母对养子女的照顾不会太好;无论生活条件如何,在原生家庭成长才是(一定是)最佳选择;有偿送养是把儿童当物件买卖,一定会对儿童不利……尽管这些认知与实际情况并不相符,但要改变这些支撑现行收养制度的观念并非朝夕之功。

另一方面,为确保送养、收养利于儿童成长,防止放宽限制后的送养、收养成为儿童拐卖"合法化"的灰色管道,必须建立相应的配套制度。这一层面的配套制度至少包括:①由法院(或民政部门)对收养申请进行实质审查,包括但不限于被收养儿童的年龄、性别、意愿(如果具有意思能力)、特殊需要,送养人的资格、意愿、实际困难,收养人的意愿、抚养能力、经济条件、个人品行,环境变化对被收养儿童的影响②;②增设试收养期制度,以利收养、被收养双方磨合适应,同时也给审查机构评估收养效果提供可能③;③赋予一定年龄的被收养人在遭遇不利时解除收养关系的请求权;④强化国家对收养关系成立后的监管,确保被收养儿童的生活利益。④ 显然,如果把这些围绕被收养儿童实际利益的制度落实到位,伴随放宽收养限制而来的风险就能得到有效控制。

当然,这同样是一个复杂的、需要大量成本投入的系统工程。与之相比,将矛头对准丧尽天良的"人贩子"、丧失人伦"出卖"亲生子女的父母以及作为"问题源头"的收买家庭,将应对措施定位于抓人判刑,复杂棘手的儿童拐卖问题就会大为"简化",应对成本也会大为"降低"。只是在这种"简化版"的治理模式中,那些更应通过长期艰苦的社会治理逐步化解或缓和的根本问题反而会被忽略,那些更符合政策理性的系统化治理方案反而会被冷落。

(二)"依法治理"与"依刑法治理"

在儿童买卖问题上,我国存在两种来源不尽相同但却彼此相通的观念。一是卖儿鬻女是"旧社会"劳动人民贫苦生活的写照,是社会保障机制缺位的结果,当然不能为

---

① 《民政部关于规范生父母有特殊困难无力抚养的子女和社会散居孤儿收养工作的意见》规定,所谓"特殊困难"是指生父母有重大疾病、重度残疾,或被人民法院判处有期徒刑或无期徒刑、死刑或其他客观原因而无力抚养子女的。
② 国外相关做法,参见纪欣:《美国家事法》,五南图书出版股份有限公司2009年版,第195页。
③ 参见蒋新苗、余国华:《国际收养法走势的回顾与展望》,载《中国法学》2001年第1期。
④ 参见侯东玲:《浅议中国的跨国收养法律问题》,载《中南财经政法大学研究生学报》2007年第3期。

当代中国所容①；二是源于自由、平等、尊严等西方现代人权观念的"儿童人身不受买卖的权利"，送养、收养一旦有偿，就会将儿童贬低为父母的私产，从而损害儿童的权利。在这两种观念的支配下，任何有偿的送养、收养都绝对不可接受，否则就与现代化、文明化、法治化、进步化的诉求相抵牾。但问题是，历史上长期合法存在的监护权、抚养权有偿转让②，不仅在当代中国仍有社会基础，且因（曾经的）计划生育、（仍将长期存在的）性观念开放后未婚生育等因素的介入而更显复杂。亦即在"理想化"的社会治理目标与现实生活实践之间，出现了难以弥合的鸿沟。如此，要实现与"西方文明标准"一致③、彰显我国社会治理成果的"理想化"目标，就必须依靠国家的强力。

在依法治国背景下，社会治理的法治化毋庸置疑，国家干预亦须落于法治的轨道。法治，即"法的统治"（rule of law），而法的本体是权利，它强调社会中单个的、所有人的自由、独立与平等，着力于法对国家权力的约束与规范。④ 相应的，刑事法治的核心在于限制刑罚权、保障人权的罪刑法定主义及正当法律程序原则。⑤ 刑事法治不仅在于"有法可依"意义上的形式侧面的罪刑法定，更在于"禁止处罚不当罚行为"、体现刑法谦抑、尽可能少地威胁公民自由的"良法之治"。

然而，我国传统社会对于"法治"有着自己独特的理解。所谓"命有司，修法制，缮囹圄"⑥，是要设范立制使人们有所遵循，并以刑罚的强力确保施行。非但如此，"法制不议，则民不相私；刑杀毋赦，则民不偷于为善"⑦，亦即法令一旦出台就不容置疑，刑罚的施行必须严格、严厉，否则民众就会营私作恶或怠于为善。基于这样的法文化传统，普通民众对社会治理"法治化"的理解更多侧重于用法律手段尤其是刑法手段规制社会生活、维护社会秩序。在此氛围下，面对儿童拐卖这一长期未得根治的难题，面对禁绝任何有偿送养、收养的"理想化"治理目标，严密、严厉刑事法网很容易在舆论空间成为"共识性诉求"。社会治理的"法治化"、社会问题的"依法治理"，由此异化为"法制化"与"依刑法治理"。

（三）刑法"靠前规制"的法治风险与治理风险

"通过犯罪（化）管理社会"的"惩罚主义"社会治理模式，其实质是避开复杂的社

---

① 参见廖保平：《卖儿鬻女岂止是开历史倒车》，载《南方都市报》2014年9月26日。
② 类似本文研究的亲生子女有偿送养、收养在中国历史上一直都合法存在，以剥削为目的的买卖、占有奴婢则在宣统年间被非法化。参见《大清现行刑律》（卷5），载《户役》，1911年普政社印行本。
③ 所谓"西方文明标准"也是人为建构的产物。事实上，相关国际公约规制的"人口贩运"以"极端劳动剥削"为目的，并不包括以自养为目的的有偿送养及收养。
④ 参见〔日〕畑中和夫：《"法的统治"与"法治国家"》，林青译，载《外国法译评》1997年第4期。
⑤ 参见刘艳红：《刑事法治：模式形成与理性构建》，载《浙江社会科学》2009年第11期。
⑥ 《礼记·月令》。
⑦ 《管子·法禁》。

会结构性问题,将作为社会"麻烦"和"问题"的特定类别的群体关进监狱以维持社会秩序。① 这种"排斥性"的、具有严重"刑罚民粹主义"倾向的做法,极易侵犯人权并制造出更深刻的社会裂痕。它不仅无助罪犯的改造和社会问题的解决,最终还会因监狱拥挤不堪而难以为继。美国刑事司法体系目前所面临的困境大体如此。② 在我国,各级监狱在押犯人数(不含看守所等其他监管场所)至2013年年底已增至180.76万人,仅次于美国,高居世界第二位。③ 当然,我国人口基数较大,仅此还很难说我国社会治理对刑法的依赖已达到损害法治及社会治理的程度。但从亲生子女买卖的犯罪化、重罪化演进来看,社会治理"刑法依赖症"的负面效应至少在该领域已然初显。

一方面,亲生子女监护权、抚养权的有偿转让,既不涉及对儿童的"极端劳动剥削",也不损害监护人的利益,通常情况下还可能改善涉案儿童的生存状况。将这种行为贸然纳入刑罚规制甚至重刑规制,极可能导致国家对公民自由的过度介入,这本身就对实质法治构成了重大威胁。另一方面,如前所述,严厉规制亲生子女买卖非但不利于"真正拐卖"的化解,反倒会堵塞儿童收养的疏解渠道,让问题变得更为复杂和棘手。过度用刑对社会治理本身的损害,在此表现得尤为直观与突出。

七、小结:"刑事一体"之"化"的要点

对亲生子女买卖与"真正拐卖"本质差异的忽略,使得原本为保护儿童、作为儿童拐卖犯罪治理延伸步骤的法律演进,非但没有增益涉案儿童的实际生活利益,反倒堵塞了疏解"真正拐卖"的潜在管道。值得注意的是,推动这一法律演进的核心叙事是在"儿童最大利益原则"、保护儿童"人身不受买卖"或"人格尊严"等进步价值的话语框架下展开的,相关推动者也几乎都(声称)是"刑法适度""轻轻重重""严而不厉"等刑事一体化思想的拥戴者。在刑事一体化思想被理论、实务界广泛接受的当下,"刑事一体"之"化"对实现这一重要刑事思想核心诉求的重要性可见一斑。就本文呈现的研究案例看,"刑事一体"之"化"有以下三个要点。

(一) 问题导向

所谓"问题导向",就是储教授一直以来所强调的"关注现实问题",这应该是践行刑事一体化思想的出发点与归宿点。以笔者的体验与理解,这里的"问题"不是指纯理

---

① 参见〔英〕尼古拉·蕾西:《囚徒困境:当代民主国家的政治经济与刑事处罚》,黄晓亮译,中国政法大学出版社2014年版,第16—17页。

② See James Q. Whitman, Harsh Justice: Criminal Punishment and the Widening Divide Between America and Europe, Oxford University Press, 2003, p.3, Chapter 2.

③ 参见高铭暄、赵秉志:《我国新时期特赦的政治与法治意义》,载《法制日报》2015年8月31日,第4版。

论性的问题,而是指与现实犯罪治理、社会反应相关的问题。任何犯罪的现实应对,都会涉及立法、司法、执法的方方面面,都会涉及实体法与程序法的协调衔接,都会涉及事后打击(矫正)与事前预防的实效。因此,只要围绕现实问题展开,学术研究、制度设计、策略选择必然具有刑事一体化的"天然倾向"。就本文研究的问题而言,是围绕生活中亲生子女买卖的复杂成因、相关行为对涉案儿童生活利益的实质影响、不同策略的实际效应等具象化的现实问题展开,还是仅围绕抽象化的"儿童最大利益原则""人格尊严",或概念化的"人身不受买卖的权利"展开,研究结果往往大相径庭。仅从抽象化的"儿童最大利益"或"人格尊严"出发,大概率会得出亲生子女买卖犯罪化、重刑化的结论;仅从概念化的"人身不受买卖的权利"出发,亲生子女抚养权有偿转让与"真正拐卖"的法益侵害性就必然是同质的。可一旦围绕现实发生的、具体的亲生子女买卖问题展开研究,研究者对涉案儿童实际利益的理解就会更加丰富、深刻,由此得出的结论也就更有可能贴近儿童利益保护的实际需要,更可能满足犯罪圈划定及相关社会治理正当性与有效性的要求。

(二) 多维视野

所谓"多维视野",就是储教授的"刑事一体化要义"所倡导的"贯通学科联系","运用哲学、政治学、社会学、经济学、犯罪学等学科的知识理念解决刑法问题"。[①] 如果本文研究仅限于传统、"正宗"的刑法教义学视角,当"亲权者的保护及监护权"因"否定儿童主体性""落后于时代"而不再适合作为拐卖儿童罪的(主要)保护法益时,将抽象的、概念化的"人格尊严"或"人身不受买卖的权利"作为保护法益,将亲生子女抚养权的有偿转让等同于"真正拐卖"进行刑事规制就很难避免。现实生活中亲生子女买卖复杂多样的"他面",涉案儿童实际的生活利益,也就很可能在有关"儿童最大利益原则"的一般性论述中遭到忽略。在这里,作为对储教授所言"贯通学科联系"的进一步理解,刑事一体化所要求的"多维视野"至少应从以下三个维度来把握:

一是多学科交叉研究意义上的多维视野,这是目前运用最广泛、效果最明显的维度。在本研究中,刑事政策视角的加入为检视"源头治理论"等支撑亲生子女买卖犯罪化、重刑化的流行观念提供了可能,基于话语建构视角的观察更是为深入了解社会进步运动的潜在风险这一极易忽略的面向提供了参照。

二是多重手段协调介入社会反应意义上的多维视野,这涉及对刑事一体化命题本体的理解。在笔者看来,刑事一体化的真正含义应是包括广义的犯罪治理、社会反应的一体化,而不仅限于刑事法律手段的一体化,这也是李斯特"最好的社会政策就是最好的刑事政策"理念的当然结论。正因如此,本文所提建议不仅涉及刑法对相关犯罪

---

① 参见本社记者、刘瑜:《〈走近资深法学家〉系列报道之二储槐植:"刑事一体"奠基人》,载《民主与法制周刊》2019年第26期。

圈的合理划定,还涉及行政法关于政府对收养行为过程性监管的规定、民法对收养条件的调整,甚至还基于彼时的实际情况触及了计划生育改革问题。由这项研究不难看出,这些远超刑事法或刑事法学科范畴的建议,对合理对待亲生子女买卖问题、对拐卖儿童犯罪的整体社会治理均具有重要价值,都应在刑事一体化的框架下得到妥当关照。

三是通过包括研究对象,尤其是刑事当事人(犯罪人、被害人)在内的多元视角展开观察的多维视野,这是目前最易忽视的理解维度,也是克服法学家、社会运动推动者等主流精英阶层视角盲区、实现弱势边缘权利、合理化犯罪社会反应的关键。从研究的角度看,只有"把传统的概念、理论、偏见以及习惯的思维方式悬置起来","重返被研究者的生活世界"[1],才可能发掘出那些被主流话语遮蔽的多维面向,才可能让那些"哑言他者"的诉求与权利同样得到关照。如此,理论研究才不至于人云亦云甚至刻意迎合"意见气候",并最终沦为社会治理过度刑法化的"加速踏板"。

(三) 方法拓展

这里所说的"方法拓展"是指为实现刑事一体化价值目标所需技术手段的合理运用,是根据研究主题的性质与研究需要在理论方法与经验方法之间、定量方法与质性方法之间作出恰当的选择、切换,是在研究中因地制宜地发展出适合研究主题、适应研究环境的具体做法、技巧。在一般意义上,刑事一体化本身就是"方法"。但该种意义上的"方法"更多是从综合运用各学科理论分析工具、由多元视角展开研究的层面上说的[2],而此处强调的方法,特指包括理论方法与经验方法、定量方法与质性方法在内的狭义的"社会科学研究方法"。对于系统接受传统法教义学理论方法训练的研究者来说,经验方法的拓展对于刑事一体化的落地尤为重要。以本研究为例,如果不对收买方、出卖方、办案警察、福利院工作人员、邻居等掌握内情的人员展开"入圈考察",就不可能在"被研究者的生活世界"了解亲生子女买卖问题的"他面",就不能设身处地地从研究对象的角度理解他们基于特定生存条件发展而来的生存策略,自然也就难以准确判断怎样的制度安排和治理方案真正有利于涉案儿童的成长、切实有助于对"真正拐卖"的抑制。

鉴于我国刑事法学经验研究大量采用定量方法的"偏科"倾向,有必要对质性方法对践行刑事一体化思想的重要价值予以特别提示。坦率地讲,除研究主题本身对方法的要求外,笔者在晚近研究中偏于定量方法确有迎合当下集体学术审美的动因。本文特意选取质性成果呈现研究实践中的"刑事一体"之"化",在一定意义上是为了对定量

---

[1] 〔美〕赫伯特·施皮格伯格:《现象学运动》,王炳文、张金言译,商务印书馆1995年版,第921—922页。

[2] 参见陈兴良:《刑事一体化:刑事政策与研究方法视角的思考》,载《中国检察官》2018年第1期。

方法的局限性展开反思，或者说是为了对刑事领域经验方法向质性方向的拓展展开探索。从技术手段上讲，问卷调查是定量研究最主流的方式，但"问卷调查不适合用来调查人们的隐私行为或异常行为"①，而刑事领域的诸多问题大量涉及隐私、异常行为，问卷调查在该领域所受限制远超其他领域。② 另外，近年大量依托公开裁判文书所作的定量研究，则因裁判文书所载内容以定罪量刑相关情节为核心，很难深入犯罪原因、犯罪机制、法律对相关当事人实质影响等层面，而这些层面的探究恰恰是判定刑事政策是否合理、犯罪圈划定是否适当、"严而不厉"是否妥当的关键。

更为重要的是，以实证主义为哲学基础的定量方法，将研究对象视为类似于自然物、独立于研究主体、不受研究主体价值评价影响（价值无涉）、可采用标准化的工具（问卷、量表）进行客观测量的客体性存在。在这种"主客二分"的"科学范式"中，研究对象的主体性被轻易忽略，研究对象的声音遭到自觉、不自觉的屏蔽。如此，与研究对象处于不同社会阶层、不同生活世界的研究者自然难以"理解他们的父母为了几万块钱就把自己的亲生孩子卖掉"，更难以理解那些被亲生父母"卖掉"的孩子的"最大利益"究竟是什么。要达成这样的理解，就需要方法的拓展。在以人文主义为哲学基础、体现"主体间性"的"自然范式"中，"入圈考察"将研究对象还原成与研究者一样、具有主体性的人，研究者进入研究对象的生活世界，在与研究对象的交往互动中，通过双方的"视域融合"、平等对话共建法律的正义。在这一过程中，在以往研究中难以发声，客体化的规制对象、保护对象获得了发声机会，从前由中产阶级法学家、社会运动家垄断法律话语建构的局面被打破，"又严又厉""刑法依赖症"之类的风险倾向得以制衡，刑事一体化思想所追求的核心价值目标也因为这样的方法拓展而获得了更大的实现可能性。

---

① 唐盛明：《社会科学研究方法新解》，上海社会科学院出版社2003年版，第58页。
② 笔者的相关研究表明，围绕违法犯罪问题展开问卷调查并非完全不可行，但难度相对其他问题要大得多，有些犯罪问题几乎无法用此类方法展开研究。

发挥检察职能的刑事一体化思考

贾 宇[*]

1989 年,储槐植教授在《中外法学》第 1 期发表《建立刑事一体化思想》这篇开创性的文章,首次提出"刑事一体化"思想,其基本点是"刑法和刑法运行处于内外协调状态才能实现最佳社会效益。实现刑法最佳效益是刑事一体化的目的,刑事一体化的内涵是刑法和刑法运行内外协调,即刑法内部结构合理(横向协调)与刑法运行前后制约(纵向协调)"[①]。此后,储槐植教授在 2004 年发表《再说刑事一体化》、2013 年发表《刑事一体化践行》等论文,进一步从观念和方法上丰富了刑事一体化思想的内涵,并在死刑适用标准、自首和立功情节处罚原则、复合罪过、认罪认罚从宽制度等问题的研究中予以贯彻。刑事一体化作为刑法学研究方法,重在"化"字,即深度融合[②],有力地推进了犯罪学、刑法学、刑事政策学、刑事执行学等刑事法学学科的知识融合,对整体刑法机制的完善意义重大。刑事一体化思想的系统、结构思维对于检察制度的改革和检察职能的发挥同样具有现实的指导意义。

一、刑事一体化思想的核心要义及其对检察工作的启示

(一) 刑事一体化思想的核心要义

1. 刑事一体化思想的系统论

系统论是社会科学研究的基础理论,它强调任何系统都是一个有机的整体,不是各个部分的机械组合和简单相加,系统的整体功能是各要素在孤立的状态下所没有的性质。刑法作为中国特色社会主义法治理论体系下刑事法的子系统,其功能的发挥取决并依赖于特定的社会基层和整体法律体系的运行状况。储槐植教授指出,犯罪源于社会矛盾是基本犯罪规律。犯罪与社会同在,社会矛盾的深度与广度同犯罪数量成正比(从而把刑事政策纳入社会发展战略),犯罪率变动不是刑罚效用的唯一标志,刑法

---

[*] 浙江省人民检察院党组书记、检察长,中国刑法学研究会会长,法学博士,博士生导师。
[①] 储槐植:《建立刑事一体化思想》,载《中外法学》1989 年第 1 期。
[②] 参见储槐植:《再说刑事一体化》,载《法学》2004 年第 3 期。

在控制犯罪中只能起到一定的作用(国家的刑罚目的和刑罚权以此为限)。而且健全的刑事机制应是双向制约,刑法运行不仅受犯罪情况的制约,而且受刑罚执行情况的制约。因此,更新观念,探究犯罪原因,改变对刑罚控制犯罪的作用寄予过高的不切实际的期望,调整刑法结构和完善刑法机制是必要的。① 储槐植教授认为在刑法之中研究刑法的刑法规范解释学是刑法学研究的基础,也是中国刑法学研究的传统优势。而在刑法之外和刑法之上研究刑法则是中国刑法学的薄弱环节。因此,其倡导在刑法之外和刑法之上研究刑法,以提升中国刑法学的学术品格和思想意蕴。② 刑法在关系中存在和变化,刑法学当然也在关系中发展。此处的"关系"首先指内外关系。内部关系主要指罪刑关系,以及刑法与刑事诉讼的关系。外部关系更加复杂:其一为前后关系,即刑法之前的犯罪状况,刑法之后的刑罚执行情况。其二为上下关系,即刑法之上的社会意识形态、政治体制、法文化、精神文明等,刑法之下的经济体制、生产力水平、物质文明等。③

2. 刑事一体化思想的结构论

系统结构是实现系统功能的组织基础,合理的刑法结构是发挥最优刑法功能的前提。为了防止出现"犯罪增长刑罚加重,犯罪再增长刑罚再加重"这种使国家和社会的包袱越背越重的恶性循环,需要重筑刑法堤坝,不要等违法行为"长大到"犯罪级别才动用刑法,应当在违法行为"萌芽时"就给予行政制裁。"刑罚前从严"比"刑罚从重"更利于控制犯罪。④ 多数经济发达国家和法治水平较高国家的刑法大体上可归属于严而不厉的结构类型。一方面刑罚轻缓,死刑的削减并没有导致监禁刑的加长;对罚金刑适用的增强,则在相当程度上取代了监禁刑的地位。另一方面法网严密,法网严密的主要价值在于使罪犯难逃法网,更利于控制犯罪。更为重要的是法网有两层,整体法网和刑事法网,前者为后者的基础。整体法网泛指国家对社会事务的管理法规。刑事法网包括刑事实体法和刑事程序法以及行政执法。要借助行政措施严密刑事法网。通过实体法,通过刑事程序,通过行政措施,是严密刑事法网的三个方面。⑤

3. 刑事一体化思想的运行论

刑事一体化倚重动态关系中的刑法实践。储槐植教授强调刑法机制的重要作用,他指出刑法机制是刑法运作的方式和过程,亦即刑法的结构产生功能的方式和过程。实践中可能出现的法与情的冲突,主要涉及刑法机制。刑法结构是刑法机制的组织基础,刑法结构的合理性实现在相当程度上有赖于刑法机制的顺畅。纸上的良法只

---

① 参见储槐植:《建立刑事一体化思想》,载《中外法学》1989年第1期。
② 参见储槐植:《刑法研究的思路》,载《中外法学》1991年第1期。
③ 参见储槐植:《再说刑事一体化》,载《法学》2004年第3期。
④ 参见储槐植:《建立刑事一体化思想》,载《中外法学》1989年第1期。
⑤ 参见储槐植:《再说刑事一体化》,载《法学》2004年第3期。

有通过有序运作才可成为生活中的良法,否则也会变成非良法。非良法则不可能通过运作变成良法。储槐植教授进一步指出,刑法运作的基本价值目标是公正高效,而刑事司法环境对刑法运作效果至关重要。刑事司法环境有两层含义,即外部环境和内部环境。外部环境(或可称为法律环境)主要包括公共权力体制、权力与法律的关系、文化(包括法文化)传统、社会信用状况以及犯罪态势等。内部环境主要指诉讼诸阶段的实际情景和相互关系。他特别强调外部环境对刑法运作起着深层制约作用,外部环境本质上可归属于政治范畴。①

(二) 刑事一体化思想对检察工作的启示

1. 系统思维:推动"四大检察"全面协调充分发展

检察机关履行法律监督职能需要系统思维。中国检察机关是国家的法律监督机关,承担着惩治和预防犯罪,对诉讼活动进行监督等职责。检察机关法律监督是法治监督体系的重要组成部分。要推动检察机关法律监督与其他各类监督有机贯通,相互协调,凝聚法治监督合力。系统思维要求推进"四大检察"全面协调充分发展,要做优刑事检察,充分发挥基层公安机关检察官办公室作用,加强诉前主导、审前过滤,推进对监狱的巡回检察,深化财产刑执行、维护在押人员合法权益等专项监督;做强民事检察,加大对民商事审判、执行和虚假诉讼的监督力度;做实行政检察,着力补齐监督短板,加强行政诉讼监督,力争办一案、牵一串、治一片;做好公益诉讼检察,积极审慎探索新领域公益诉讼,坚持诉前程序和提起诉讼并重,更加有力维护国家和社会公共利益。要深入践行双赢多赢共赢的监督理念,坚持换位思考,改进办案方式,强调监督与配合并重,与执法、司法机关共同推进法律统一正确实施。②

检察机关开展惩治和预防犯罪工作需要系统思维。"四大检察"全面协调充分发展,直接或间接对惩治和预防犯罪发挥积极作用,合力推进良好的刑法运行机制的形成。刑事检察"在监督中办案,在办案中监督",加强对行政执法部门移送涉嫌犯罪案件的监督和立案监督,以及对于刑罚执行的监督,一方面防止漏罪漏犯,维护公平正义,另一方面也有利于防止权力的滥用或不作为,减少渎职犯罪的发生。同时,民事检察和行政检察、公益诉讼检察有利于社会深层次矛盾的化解和对违法犯罪苗头问题的预警预防,与刑事检察协同配合,形成犯罪防控的合力。例如在环境污染案件办理过程中,在严厉打击污染环境犯罪,又加强对行政机关移送涉嫌犯罪案件和公安机关立案活动的监督,还依法提起民事公益诉讼,既坚持宽严相济、依法打击、维护社会和谐稳定,又向相关政府部门提出检察建议,督促依法行政,积极参与环保综合治理,实现生态环境资源类案件捕、诉、监、防一体化办理。同时,引导犯罪嫌疑人开展生态修复

---

① 参见储槐植:《再说刑事一体化》,载《法学》2004 年第 3 期。
② 参见贾宇:《全力做好深化法律监督大文章》,载《人民检察》2019 年第 4 期。

补偿等工作,提升检察机关保护国家利益和社会公共利益的工作成效。

此外,加强检察机关内部案件流程和实体质量管控。捕诉一体,特别是认罪认罚从宽制度的实施,使检察机关的诉前主导、审前过滤作用更加突显,检察官也拥有更大的裁量权和主导权,进一步加强监督制约势在必行,以保障检察权的合法行使。

2. 结构思维:严密法网与恪守刑法谦抑性

为了实现严而不厉的刑法结构,应强化法律监督以严密法网。检察官办案突出强调融合运用审查、调查、侦查"三查"手段,把"检"与"察"的要素落实到检察工作全领域、全过程。检察机关的法律监督要向着推动被监督单位自我检查、自我发现、自我防范的方向发展,这对于严密法网至关重要。

为了严密法网,需要刑事、民事、行政综合施治,实现行刑、民刑衔接和诉调对接。比如在知识产权刑事司法保护中,"一揽子"解决刑事处罚和民事索赔问题,并建立行刑双向信息流转通道,对涉嫌犯罪的行政线索开展立案监督,将不起诉刑事案件移送行政处理,实现知识产权案件无缝对接,全面打击知识产权违法行为。再如民事检察深入探索民事执行监督有效方式,重视挖掘执行难的深层次问题,深查重大资产拍卖价格异常背后原因,摸透相关当事人之间的股权关系和人物关系,打击逃废债及相关犯罪,查办司法腐败。

要实现严而不厉的刑法结构,更应恪守刑法谦抑性。要充分发挥刑法作为民法典"后盾法"和"保障法"的作用,秉持客观公正原则,坚决惩治侵害人身权、财产权、人格权的犯罪行为,坚决防止以刑事案件名义插手民事纠纷、经济纠纷。充分履行好公益诉讼检察职能,贯彻民法典关于生态环境保护,隐私权、个人信息和英烈保护等规定,在维护国家利益和社会公共利益上展现更大作为。①

面对网络时代、大数据时代涉及违法犯罪的新情况、新问题,刑法的谦抑性依然应当坚守。应重视并妥善处理网络空间规范供给不足的结构性失衡、知识结构的代际落差、司法功利主义有所"现身"等现实治理问题。② 网络法治建设的重中之重已不是简单地制定规则或执行规则,而是要重视并积极培育法治的"灰度",通过原则、价值和制度的共同引领,表明积极、宽容、共存、自由的治理态度,预留充足的新事物发展"不确定"空间,为技术创新提供更加有利的生长点、增长点。③ 积极推动由扼杀型、被动型治理思维向防控型、前瞻型治理思维转变。充分运用"留白手法"与底线思维的网络法治新方式,既要防止"过宽",又要防止"过严",动态地看待立法原意,立足于网络犯罪的技术特征,具体判断和把握司法治理限度。在法律允许的空间范围内,对入罪化、扩张

---

① 参见贾宇:《检察机关要做保障民法典正确实施的表率》,载《中国人大》2020 年第 19 期。
② 参见高铭暄、孙道萃:《网络时代刑法解释的理论置评与体系进阶》,载《法治研究》2021 年第 1 期。
③ 参见周汉华:《网络法治的强度、灰度与维度》,载《法制与社会发展》2019 年第 6 期。

化、功利性的网络犯罪打击面向作出必要的司法调适,进一步为网络空间健康发展"供氧蓄能",树立可触、可感、可信的法治标尺。① 因此,刑事规制需要审慎谦抑地对待网络空间新事物发展,理性选择、分配风险矛盾,减少不必要的刑事干预。有学者指出,在刑事立法层面以刑法修正的形式对犯罪圈进行动态理性扩张和刑罚强度的结构性减弱,在刑事司法层面通过恢复性司法改革进行动态适度限缩,这既可最大化发挥"备而不用"的刑法谦抑之功效,又能实现刑法作为保障法之立法使命。② 检察机关在法律规定与业态发展趋势、社会承受力之间寻求最优治理平衡点,依法宽容对待网络空间新发展业态:一方面,加强法律监督制衡控权,约束公安、司法机关的不当侦查活动、审判活动等。另一方面,加强案件事实证据的审查与排除,利用认罪认罚从宽制度、发挥不起诉职能等实现涉网刑事案件的分流、过滤。

3. 能动检察:立足检察办案参与社会治理

惩罚犯罪是刑事司法的主要任务,但不是唯一的任务,案件办理要体现司法温度,取得兼顾打击犯罪、保护企业发展和解决社会矛盾的良好效果。积极践行"谦抑、审慎、善意"的司法理念,最大限度降低办案的"负产出"。因此,检察机关在惩治犯罪的同时,立足办案参与社会治理是十分必要的。

通过强化"源头治理"促进问题的"源头预防"。充分发挥检察建议和白皮书的作用,对在案件办理过程中发现的领域、行业共性问题,特别是扫黑除恶、P2P 金融、食品药品安全、环保等社会关注度高的热点问题,及时进行分析研判,提出治理的对策,为党委政府和有关部门提供决策参考,促进集中整治,消除治理隐患。例如浙江省检察院对全省检察机关近年来办理的金融犯罪案件进行调研,分析犯罪特点及原因,并有针对性地提出治理对策和建议,形成《浙江省金融犯罪案件情况调查分析》,送党委政府参考,获得省委书记的批示肯定。杭州市检察院以杭州市民营企业家犯罪案件为样本,形成《近五年来杭州地区民营企业家犯罪分析与风险防控对策》,系统分析了案件特点及作案原因,提出防范风险的对策建议,为有效预防民营企业家犯罪提供参考。③

应保持审慎的态度,发挥检察职能,参与网络空间治理。一方面,分层次依法处理针对网络信息系统犯罪、转战网络空间的传统犯罪及破坏网络秩序的新类型犯罪。另一方面,重视网络空间社会问题治理大都存在各类治理方式复合杂糅的现实境况,检察机关在适用法律方面尤要慎之又慎,严格遵循不放纵犯罪、不伤及无辜、罪责刑相适应的"三位一体"司法办案要求,深入践行谦抑审慎的追诉理念,将罪刑法定、法不溯及既往、疑罪从无、从旧兼从轻等刑法原则精神贯彻监督办案始终。

---

① 参见贾宇:《检察机关参与网络空间治理现代化的实践面向》,载《国家检察官学院学报》2021年第3期。
② 参见田宏杰:《立法扩张与司法限缩:刑法谦抑性的展开》,载《中国法学》2020年第1期。
③ 参见贾宇:《坚持少捕慎诉 促进社会治理》,载《人民检察》2019年第19期。

二、刑事一体化之外部上下关系与检察机关服务国家安全和经济社会发展大局

刑事一体化之外部上下关系,是指刑法之上的社会意识形态、政治体制、法文化、精神文明等,以及刑法之下的经济体制、生产力水平、物质文明等。上下关系说明了刑法立法和司法适用是由本国特定的上层建筑和经济基础决定的,在检察机关对犯罪的惩治和预防中,国体、政体和基本的经济制度决定了检察职能的属性和功能的发挥。

(一)检察机关全力维护国家安全大局

1. 坚持党对检察工作的绝对领导

贯彻中国特色的检察制度要坚持党对检察工作的绝对领导。实践证明,坚持自己的政治、法治、检察制度发展道路是正确的,符合历史、国情和经济社会发展规律。人民检察的历史充满红色基因,它是党绝对领导下的检察事业的历史,也是中国特色社会主义司法制度的缩影。

2. 检察机关负有维护国家安全的职责

在中国共产党的坚强领导下,中国人民实现中华民族伟大复兴的中国梦就在眼前,但是前路上仍然布满荆棘和陷阱,颠覆性的风险可能来自外部,也可能来自内部。无论哪个方面处置不当,都有可能造成不可挽回的损害和后果,以致打断中华民族伟大复兴的进程。检察机关要立足检察职能,找准社会治理风险点,把源头防范抓早抓实。要强化斗争精神,提高斗争本领,紧扣大事要事,把维护国家安全和社会大局稳定工作摆在首要位置。要坚持底线思维,紧盯政治安全、公共安全、网络安全以及安全生产等重要领域,加强与有关单位协同配合,全力做好除风险、保安全工作。

(二)检察机关服务经济社会高质量发展

检察机关聚焦法律监督主责主业,始终坚持以人民为中心,进一步增强服务意识,强化法治思维,服务保障经济社会高质量发展。当下,对于民营企业的平等保护、对经济犯罪的慎捕慎诉具有特别的时代意义。

1. 对民营企业的平等保护

检察机关服务保障经济社会高质量发展要落实好对各类企业的平等保护。平等保护非公有制经济体现了治理体系和治理能力现代化的要求,体现了对法治原则和法治精神的全面理解。回顾改革开放波澜壮阔的伟大历史进程,如果没有非公有制经济的快速发展,就没有中国特色社会主义建设的今天。保障非公有制经济的健康发展,不仅是办案中的涉法问题,同时也是政治问题。检察机关在履行职责过程中不能形式主义地履行职责,简单按照法条,甚至只按照刑法分则的法条去办案,要对全案全

面把握,综合准确运用好刑法总则原理和精神,指导刑法分则具体条款的适用,以党和国家的司法政策为指导,做到该严则严,当宽则宽,宽严相济。

检察机关要秉持民营经济平等保护的刑事理念。一直以来,民营企业腐败问题往往被视为企业内部的"家事",有的还基于刑法谦抑性、民事主体意思自治等刑民原则理念,主张公权力干预空间的限缩与退让。这种认识显然过分关注、强调了市场主体的经济成分差异,进而否定了民营企业的平等法律地位,且违背经济权利的平等保护原则,未能充分认识民营企业腐败犯罪本身的社会危害性,是开展民营企业腐败治理的首要障碍。系统审视中国特色社会主义法律制度就会发现,刑法、民法典相关法律层面已经确立巩固了经济权利平等保护的原则。同时,党的十八届三中全会审议通过的《中共中央关于全面深化改革若干重大问题的决定》提出公有制经济和非公有制经济平等一体保护的基本原则,党的十九届四中全会审议通过的《中共中央关于坚持和完善中国特色社会主义制度 推进国家治理体系和治理能力现代化若干重大问题的决定》进一步指出要"营造各种所有制主体依法平等使用资源要素、公开公平公正参与竞争、同等受到法律保护的市场环境",以及国务院《优化营商环境条例》明确的"权利平等、机会平等、规则平等",等等。① 在这样的背景下,《刑法修正案(十一)》及时有效地回应了社会关切,转变立法观念,民营企业内部腐败犯罪治理也迎来了良好契机。

对民营企业的平等保护还体现在为民营企业生产经营"刑事松绑"。② 立法上,考虑到民营企业经营的实际困难和现实问题,对入罪标准进行调整是合理的。比如考虑到民营企业"融资难""融资门槛高"等现实困境,《刑法修正案(十一)》提高了骗取贷款、票据承兑、金融票证罪的入罪门槛,将原先内容中的"给银行或者其他金融机构造成重大损失或者有其他严重情节的",删去"或者有其他严重情节",修改为"给银行或者其他金融机构造成重大损失的",进一步明确了民营企业因生产经营需要,在融资过程中虽有一些违规行为,但并没有诈骗目的,最后造成银行重大损失的,一般不作为犯罪处理。这一修改变化较好地贯彻了服务保障民营经济健康发展、"六稳""六保"等工作精神,针对性较强,从立法层面倒逼司法机关审慎处理民营企业融资案件,严格区分违约与违法、违法与犯罪。司法上,应以客观的、历史的、发展的眼光看待民营企业内部违规违法行为,准确划分民营企业适法行为、违法行为和犯罪行为的界限,依法处置民刑交叉案件,精准划定涉民营企业案件自然人犯罪、单位犯罪和自然人与自然人、自然人与法人、法人与法人的共同犯罪的界限等,以避免过早、过度等不当的刑事干预,减少民营企业不必要的刑事负担。③

---

① 参见翟国强:《经济权利保障的宪法逻辑》,载《中国社会科学》2019 年第 12 期。
② 参见贾宇:《民营企业内部腐败犯罪治理的体系性建构——以〈刑法修正案(十一)〉的相关修改为契机》,载《法学》2021 年第 5 期。
③ 参见刘宪权:《涉民营企业犯罪案件的刑法适用》,载《法学杂志》2020 年第 3 期。

对民营企业平等保护还要坚持刑事追责、动态化解、源头防范三结合。发挥检察司法社会修复功能,在案件办理中认真研究解决企业发展存在的实际问题,及时对涉罪企业开展预防犯罪工作,以"检察建议书"的形式引导企业去自主解决矛盾、自觉防范社会风险,实现检察机关与市场主体有效的法律联动。

2. 对涉罪民营企业负责人少捕慎诉

检察机关在办理民营企业犯罪案件时,要深入贯彻落实习近平总书记关于平等保护民营经济的重要指示,在刑事诉讼环节不断深化落实"少捕慎诉"的司法理念,积极贯彻"可捕可不捕的不捕,可诉可不诉的不诉,可判处缓刑的建议法院判处缓刑"这一刑事司法政策要求,对民营企业负责人涉经营类犯罪依法能不捕的不捕,能不诉的不诉,不能因案件办理而导致企业破产,以保障企业员工的劳动权益。要充分考虑员工失业有可能带来的社会矛盾,不激化矛盾,不上交问题,在坚持公正高效司法的同时维护社会稳定,实现法律效果与社会效果的双赢。

三、刑事一体化之外部前后关系与检察机关职能的发挥

刑事一体化之外部关系还包括前后关系,即刑法之前的犯罪状况和刑法之后的刑罚执行情况。从刑事法学科的角度看,贯通犯罪学、刑法学和刑事执行学的研究是必要的。对犯罪成因和犯罪环境的分析,有利于源头治理,以降低犯罪率;同时,处理好刑罚执行与刑法适用的关系,有利于刑罚目的的实现。检察机关在履行职能过程中,同样需要深化源头治理,关注刑罚执行效果。

(一) 向前延伸:深化检察环节源头治理

1. 围绕"四大检察"工作推进源头治理

源头治理是指通过多种治理措施、方式和方法,实质性地预防和化解各类矛盾纠纷,有效调和纠纷当事人之间的利益和冲突,着力降低诉讼案件基数,最大限度消减社会对立,增进社会和谐。检察工作既要抓末端治已病,更要抓前段治未病。以检察履职助推源头治理,要在"四大检察""十大业务"的做实、做深、做细上下功夫。刑事检察方面,检察机关立足立案监督、侦查监督职能,在总结个案的基础上,会同有关部门一起去解决深层次的、共性的、长时间反复发生的问题。民事、行政检察方面,强调精准监督,目的不仅仅是解决个案问题,更重要的是通过办理一案促进解决具有普遍性的问题,引领法治意识的培养,促进从源头上解决问题。公益诉讼检察方面,检察机关坚持双赢多赢共赢理念,通过个案诉前磋商,促进行政机关加强管理,维护国家和社会公共利益。此外,"四大检察""十大业务"中的许多重点工作也都是坚持"溯源思维",以检察履职助推源头治理。比如关于未成年人保护的入职查询和强制报告制

度,就是为了从源头上防治性侵未成年人、暴力侵害未成年人等犯罪。

2. 加强对违法犯罪规律和成因的研判

检察机关在"四大检察"履职过程中,应坚持三查合一,高度关注犯罪规律和犯罪成因的分析,为源头治理奠定基础。如民事检察在开展民事执行专项监督和虚假诉讼领域深层次违法行为监督活动中,应重视虚假诉讼犯罪和司法人员职务犯罪的类案分析。行政检察在履行法律监督职责中总结行政机关及其公务人员违法行使职权或者不行使职权的一般性规律和问题;在办理环境污染、未成年人保护等公益诉讼案件过程中,深入探究成因和规律,为完善相关制度,推进源头治理做好决策支撑。

(二) 向后延伸:加强刑罚执行的监督和促进利益的恢复

1. 加强对刑事执行的监督

刑事执行对于树立司法权威,维护公平正义,实现刑罚目的意义重大。刑事执行和监督执法,直接影响刑罚目的能否实现,也间接影响刑罚制度和量刑制度的变革。《中共中央关于加强新时代检察机关法律监督工作的意见》专门规定,要完善刑事执行和监管执法监督。健全对监狱、看守所等监管场所派驻检察与巡回检察相结合的工作机制,加强对社区矫正和财产刑执行的监督,促进严格依法监管,增强罪犯改造成效。加强对刑罚交付执行、强制医疗执行的监督,维护司法权威。完善对刑罚变更执行的同步监督机制,有效防止和纠正违法减刑、假释、暂予监外执行,等等。

2. 贯彻恢复性司法的理念

检察机关通过职能的履行,可以促进对被害人的物质赔偿,以避免案件虽然办结,但是被害人及其家属的利益得不到弥补的情况。尤其是办理环境民事公益诉讼案件时,要督促行为人积极修复被破坏的自然环境。《民法典》规定,对环境产生污染或对生态造成破坏首选的救济方案应是生态修复,即通过一定人工手段在合理时间内把损害修复至基线水平。要明确环境修复责任性质和类型,创设专门的生态环境损害责任承担方式。环境公益诉讼案件中的生态修复应根据各个案件中损害的特殊性设定修复目标、选择修复措施并制订修复方案,使生态环境最大限度恢复受损前的生态功能。

四、刑事一体化之内部关系与检察制度改革创新

刑事一体化之内部关系,包括罪刑关系以及刑法与刑事诉讼法的关系。罪刑均衡、罪量与刑量对称,是刑法立法和刑法适用合理性的必然要求。罪刑关系不仅是立法所体现的静态关系,而且也体现为刑事司法中的动态关系。在刑事司法活动中,刑法与刑事诉讼法相互依存,不可割裂。"如果不通过刑事诉讼程序揭露犯罪、证实犯

罪、查获犯罪人,刑法规定的定罪量刑内容就无从实现。反之,如果没有刑法对定罪量刑的规定作为根据,刑事诉讼法就会失去存在的目标,成为无内容的空洞形式。"①检察机关近年来推进的诸多司法制度,充分体现了刑法与刑事诉讼法的一体化,并且体现了刑事诉讼程序和证明价值的考量对定罪量刑的影响。

(一) 深入落实"少捕慎诉慎押"

降低审前羁押率和轻罪起诉率是检察机关履行刑事诉讼主导责任担当和能力的重要体现。随着捕诉一体改革的深化和认罪认罚从宽制度的施行,刑事检察的主导作用和审前过滤功能进一步强化。近年来,检察机关自觉深入践行新时代"枫桥经验"精神,在司法办案中大力持续推进"少捕慎诉、保障权益"专项工作,"少捕慎诉"司法理念得到认同,坚持依法可捕可不捕的不捕、可诉可不诉的不诉,积极促进刑事和解,努力化解社会矛盾,不断提升办案效果,各地的不捕率和不起诉率均有显著提升,为有效推动社会治理体系建设和平安建设作出了积极贡献。

1. 加大对轻微刑事案件的不捕不诉力度

加大对危险驾驶、轻伤害、盗窃、诈骗等多发易发轻微刑事案件的不捕不诉力度。对于因民间纠纷、邻里矛盾等引起的轻伤害案件,一般由当事人双方先行和解,达成和解的一般作不起诉处理;对于没有前科劣迹只是初犯、偶犯的轻微盗窃、诈骗犯罪等尽可能作不起诉处理。针对浙江省醉驾案件数量居高不下的问题,2017年浙江省人民检察院与省公安厅、省高级人民法院联合制定了会议纪要,在严格依法办案的同时,针对全省司法实际,适当放宽了对醉驾案件不起诉或免予刑事处罚、适用缓刑的条件,并规范了执法标准,缓解了醉驾案件处罚面过宽、打击过严的现状,得到省委的充分肯定。2015年、2016年浙江省醉驾案件受理数量均居全国首位,2017年会议纪要出台后,当年全省醉驾案件起诉数量同比下降39.2%,2017年、2018年全省醉驾案件受理数量分别退居全国第三位、第四位。

2. 强化平等对待外来人员

针对外来人员犯罪审前羁押率高这一难点,检察机关积极探索建立从严从紧适用逮捕强制措施的新方式,全面推进外来人员与本地人员平等化的同城待遇政策及措施,努力降低外来人员审前羁押率。

3. 加强对涉罪未成年人的特殊司法保护

对于主观恶性较小的初犯、偶犯、过失犯,无社会危害性、犯罪情节轻微的未成年人,应尽可能对其不捕不诉或附条件不起诉,以全面加强对未成年人的特殊司法保护。

---

① 高铭暄:《刑法和刑事诉讼法的概念以及二者的相互关系——全国人大常委会法制讲座讲稿摘登》,载《中国人大》1999年第14期。

(二) 深化认罪认罚从宽制度适用

1. 认罪认罚从宽制度是优化刑事诉讼结构,构建良好诉讼生态的重要举措[①]

我国的认罪认罚从宽制度一定程度上吸收借鉴了域外如美国"辩诉交易制度"、英国"有罪答辩制度"等诉讼制度的有益经验,但并不是单纯的"拿来主义",而是在此基础之上,内化融入我国刑事诉讼体系,符合我国国情的一项特殊制度创新。最高人民检察院张军检察长强调,"要从推进国家治理体系和治理能力现代化的高度,充分认识认罪认罚从宽制度是节约司法资源、化解社会矛盾、减少社会戾气、促进社会和谐的重要落实方式和环节"[②]。认罪认罚从宽制度是贯彻宽严相济刑事政策,促进国家治理体系和治理能力现代化的重要路径。全面适用认罪认罚从宽制度,进一步释放了谦抑、审慎、善意的刑事司法理念,对适用认罪认罚从宽制度的刑事案件,特别是对其中轻罪案件的从宽、从快、从简处理,一方面可以鼓励和促使更多被追诉人认罪服法,降低审前羁押率,使案件及时得到司法处置,避免诉讼迟延;另一方面也有利于促成双方当事人达成和解,使被害人及时得到赔偿,被破坏的社会关系尽早得以修复,维护社会和谐稳定。同时,在量刑协商的过程中,既对被追诉人惩罚警示和教育矫治,也对被害人释法说理、安抚救助,司法活动的参与充分性、处置精准度将显著提升,司法机关对案件风险的控制化解能力也得到进一步增强。

2. 认罪认罚从宽制度实际上就是把案件的审前主导权给了检察官

检察官能否对认罪认罚案件的处理产生实质性影响,主要取决于量刑建议的质量,即精准程度。量刑建议的精准化主要体现在以下三个方面:全案事实精准到点;认罪时间体现到段;共同犯罪定制到人。实际上,量刑建议不仅仅作用于并影响被追诉人,也是对审判活动的有力监督制约,使检察机关的监督焦点从单一的"定罪"发展为全面的既"定罪"又"定量"。检察机关的量刑建议权将会有一个不断发展完善的过程,适用案件从局部到全部,精准程度从幅度到确定。伴随司法经验的累积、量刑指导意见的出台,量刑建议将会从幅度量刑逐渐演变为精确量刑,并逐步向附加刑、适用缓刑、增强说理性等方面发展。检察机关应加强与审判机关、辩护律师(值班律师)的沟通协调,并全面完善落实量刑建议说理性分析工作。[③]

(三) 涉罪企业合规制度的构建

1. "刑事合规机制"成为当下十分热门的研究课题

不少学者开始从刑法、刑诉法完善的角度探讨刑事合规的中国化问题。学者多寄

[①] 参见贾宇:《认罪认罚从宽制度与检察官在刑事诉讼中的主导地位》,载《法学评论》2020年第3期。

[②] 张伯晋等:《共同凝聚中国社会治理的"法治智慧"——检察机关承担主导责任、推动认罪认罚从宽制度全面深入落实纪实(上)》,载《检察日报》2019年7月12日,第2版。

[③] 参见贾宇:《认罪认罚从宽制度与检察官在刑事诉讼中的主导地位》,载《法学评论》2020年第3期。

希望于"刑事合规制度"的"出罪"或"减轻刑罚"功能,来赋予民营企业更多的回旋余地和完善机会。域外的企业合规刑事激励模式大体可分为"以合规为根据作出不起诉""以合规作为无罪抗辩事由""以合规作为从轻量刑情节""以合规换取和解协议并进而换取撤销起诉结果"和"对违法行为披露换取宽大刑事处理结果"五类。[①] 而"不合规行为"则是指民营企业管理的不规范行为、民营企业的行政违法行为及民事违法行为。[②] 刑事合规制度作为一种西方的"舶来品",既需要我国刑事法律体系乃至民事、行政法律体系的总体借鉴、调适与融合,也需要移植中国国情土壤后的长期观测。

2. 企业合规制度实质上也有平等保护的重要内涵

既要对涉罪民营企业依法能不捕的不捕,能不诉的不诉,也要加强监管。推进企业合规改革试点,首先要严格按照法律的规定执行,不能突破法律开展工作。检察机关目前主要依法采取不起诉、不予逮捕、建议减轻处罚等措施,在法定职责内幅度可以大一些,可以有进一步从宽的考虑,但是不能逾越、不能突破法律规定,只有这样才能让试点健康发展,当然还要根据工作实际积极研究如何采取更深化的具体举措。

3. 规范涉罪企业合规是紧迫且必要的

开展涉罪企业合规立法,通过依法运用不捕不诉或其他从宽处理措施推进涉罪企业合规建设,从案发后的办案惩处转变为积极的事前预防,将普法教育植入合规理念与要求,可有效推进企业犯罪的根源治理。这是落实党中央关于加强民营经济保护政策、服务保障"六稳""六保"的重要举措,对于推动形成党中央提出的"国内大循环为主体、国内国际双循环相互促进的新发展格局"具有积极意义。规范涉罪企业合规的条件已经基本具备。相关机制的建立为规范涉罪企业合规奠定了制度基础。其中包括2018年国资委出台的《中央企业合规管理指引(试行)》;2021年6月最高人民检察院联合司法部、财政部等单位制定下发的《关于建立涉案企业合规第三方监督评估机制的指导意见(试行)》。同时,规范涉罪企业合规也有实践基础。2020年3月,最高人民检察院在上海、江苏、山东、广东的六家基层检察院试点涉罪企业合规工作,为相关立法工作的开展提供了扎实的实践根基。规范涉罪企业合规不仅有利于弥补法律空白,还将对诉源治理、强化行业监管起到积极作用。通过构建涉罪企业合规制度,完善行业标准程序,明确企业义务及第三方监管职责等,把合规纳入常态化企业管理,有利于解决企业违法犯罪问题,消除监管盲区,保护企业健康发展,促进经济社会高质量发展。

根据涉罪企业合规的试点情况,启动修法程序,适时修改《公司法》和《刑事诉讼法》相关规定,以法律形式巩固试点成果。建议在《公司法》第十章后增加"合规"章节,规定企业应当建立刑事合规管理制度。建议在《刑事诉讼法》第五编特别程序中增

---

① 参见陈瑞华:《企业合规基本理论》,法律出版社2020年版,第17—28页。
② 参见袁彬、张馨文:《民营企业产权刑法保护的司法困境与出路》,载《人民检察》2019年第17期。

加一章"涉罪企业合规程序",规定:

①人民检察院在办理企业犯罪案件过程中,对符合企业合规改革适用条件的案件,交由第三方监督评估机制管理委员会选任组成的第三方监督评估组织,对涉罪企业的合规承诺进行调查、评估、监督和考察。考察结果作为检察机关依法处理案件的重要参考。

②人民检察院在办理企业犯罪案件过程中,应当将第三方合规考察书面报告、涉罪企业合规计划、定期书面报告等合规材料,作为是否变更强制措施以及依法作出起诉或者不起诉等决定,提出量刑建议或者检察建议、检察意见的重要参考。

③对涉罪企业刑事程序终结后,需予以行政处罚的案件,人民检察院应当将合规考察报告副本移送相应行政机关,并视情况以检察建议或其他适当方式,建议行政机关对涉罪企业减轻或免除处罚,行政机关对企业合规情况和检察机关建议进行评估后,原则上应当对涉罪企业减轻或者免除处罚。

五、结语:数字检察助力刑事一体化

以检察数字化改革撬动法律监督,助推"四大检察",有利于检察机关全面贯彻刑事一体化思想。数字检察的实践说明,通过司法大数据摸排犯罪规律,查明犯罪成因,严密刑事法网,助力检察机关立足办案参与社会治理具有积极作用和现实意义。未来要进一步深化大数据检察监督模式改革,通过类案监督,着力解决人民群众反映强烈的痛点难点问题,提升"办一案、牵一串、治一片"的效应。① 加强数据赋能监督,打造"检察大脑",结合司法活动内在规律,建立业务运行指数和跟踪研判机制,做到横向可比较、纵向可贯通、实时可监控、超限可预警,形成检察工作全景数据化、在线化、智能化,打造数字检察"驾驶舱"。推动"数据赋能法律监督"从个案监督向场景式类案监督转化,总结数字办案指引案例,打造专题监督模型,助力开展场景式类案监督。建设"法治指数地图",围绕经济健康、安全生产、食药环安全、未成年人犯罪、扫黑除恶专项斗争、交通安全等场景,构建算法,输出指数,发挥"以数辅政"作用,服务平安建设、法治建设。通过数据碰撞、比对、分析发现监督线索,探索出一条"解析个案、梳理要素、构建模型、类案治理、融合监督"的大数据检察监督路径,有力撬动法律监督模式变革,实现从个案办理到类案治理、从个别解决到普遍整改,提升人民群众的获得感。

---

① 参见贾宇:《"数字检察"助力治理现代化》,载《人民日报》2021年9月10日,第7版。

刑事检察对刑法学理的若干启示

——刑事一体化观念指导下的观察

黄京平[*]

人民检察院是国家的法律监督机关,是保障国家法律统一正确实施的司法机关,是保护国家利益和社会公共利益的重要力量,是国家监督体系的重要组成部分,在推进全面依法治国、建设社会主义法治国家中发挥着重要作用。[①] 刑事检察,是检察机关最重要的检察职能。近些年,在人民检察院的刑事检察工作与刑法学理的互相推动、融合发展中,刑事检察对刑法学理发展的积极影响、促进作用,是值得关注的现象。对这一现象进行观察分析,揭示其中的规律,无疑可做多视角的观察、多层面的分析,而以刑事一体化观念[②]为指导的观察分析,或许是更为妥当、相对系统的,或许是对刑事政策实施、刑事立法行动、刑事司法活动与刑法学理发展的协调、融合更有助益的。

一、以刑事司法创新促进实定法秩序健康发展

20 世纪 80 年代,以严厉打击犯罪、严惩犯罪分子为基调的刑事政策、刑事立法和专项执法司法活动,并没有有效遏制犯罪(包括严重犯罪)持续增长的趋势。"如何解释犯罪数与刑罚量同步增长这种现象?有无可能以及怎样走出这种怪圈?"[③]正是为了

---

[*] 中国人民大学法学院教授。
[①] 参见《中共中央关于加强新时代检察机关法律监督工作的意见》(2021 年 6 月 15 日)。
[②] 储槐植先生认为,刑事一体化思想,是由作为观念的刑事一体化与作为方法的刑事一体化构成的。前者,旨在建构一种结构合理和机制顺畅的实践刑法形态,刑法的刑事政策化是其核心要义;后者,着重强调刑法学研究应该以深度融合为努力方向,具体包括疏通学科隔阂,关注边缘现象,推动刑事法学向纵深开拓。参见储槐植:《再说刑事一体化》,载《法学》2004 年第 3 期;储槐植、闫雨:《刑事一体化践行》,载《中国法学》2013 年第 2 期。本文以为,储槐植先生强调"刑事一体化观念倚重动态关系中的刑法实践"同时,又认为"动态的实践刑法认知尚未形成系统的学问即理论"是一个遗憾。这在相当程度上表明,作为观念的刑事一体化与作为方法的刑事一体化,侧重方向不同,但具有共同的立场、技术,基本内涵相通,可以统一概括为"刑事一体化观念",即广义的刑事一体化观念。在这个意义上,它与刑事一体化思想的含义等同。
[③] 储槐植:《建立刑事一体化思想》,载《中外法学》1989 年第 1 期。

回应、阐释、解决中华人民共和国刑法问世之后不到十年所面临的尖锐问题,20世纪80年代末,储槐植先生划时代地提出"必须建立刑事一体化思想"的学术主张。对现实的中国问题的关照,注定了这一学术倡议以犯罪治理为根本目的、以广义刑法学理为基本视野的鲜明品格。时至今日,尽管我国的犯罪态势已经出现重大变化,但是,刑事一体化观念,依旧对广义刑法学理的健康发展、对犯罪治理体系的科学建构和有效运行,具有不容忽视的现实指导意义。

值得特别注意的是,作为"我国学者提出的最具原创性的刑事法命题"①,刑事一体化,被原创者储槐植先生明确定位为"刑法危机的产物"②。这恰好说明,刑法的危机,就是刑法学理危机的折射,或者说,刑法的危机与刑法学理的危机是互为因果的现象。因为,刑事政策倾向、刑事立法抉择、刑事司法运行方式及其效果,这些影响刑法实际质量的因素,无不与广义刑法学理有着千丝万缕的联系。当下,这样的危机并没有消失,仍然以固有的形式或者变化了的形式存在。

对刑法学理内部结构的失衡现象及其不良后果,有学者切中要害地指出,"属于广义刑法学的各个具体学科各自为政,研究成果相互独立,刑法解释学基本上只是从规范到规范以及从案件到规范、从规范到案件的循环,既不能为预防犯罪、减少犯罪提供指导方针,也难以为刑事立法提供实证依据"③。广义的刑法学理,包括刑法释义学或刑法教义学,但绝不限于为刑法适用提供司法裁判规则的理论,还应该包括为违法犯罪治理提供行动支持的理论。只有将刑法适用理论与犯罪治理理论妥当融合,实现不同学科方向的良性互动,才能使广义刑法学理获得健康发展,为包括准确适用刑法在内的违法犯罪治理实践,提供目标一致、效果统一、逻辑兼容、政策协调的系统理论支撑。这样的理论供给,并不是纯粹的学术研究可以单独完成的,它同时受适用刑法和治理犯罪所依赖的制度环境影响。所以,不能简单地认为,刑法适用理论只是或只能采用法教义学的立场、方法等,犯罪治理理论仅是或只能采用社科法学的立场、方法。④ 虽然,法教义学与社科法学的分立是法学知识分化的结果,对法学研究的进步具有重要意义。但是,"社科法学与法教义学具有互相支持的关系:社科法学的发展能够

---

① 陈兴良:《刑事一体化:刑事政策与研究方法视角的思考》,载《中国检察官》2018年第1期。
② 储槐植:《刑事"三化"述要》,载《中国检察官》2018年第1期。
③ 张明楷:《中国刑法学的发展方向》,载中国社会科学网(http://www.cssn.cn/index/dkzgxp/zgshkxpj/2022nd2q_129972/202207/t20220726_5419595.shtml),访问日期:2022年4月5日。
④ 严格意义上,刑法适用理论与犯罪治理理论的关系,仅在法教义学与社科法学的关系框架下,难以得到完全合理的解释。其中,最关键的是,犯罪治理理论,虽然与社科法学有关,但并非完全建立在社科法学的立场、技术之上。只是基于当前广义刑法学理的习惯语境或预设语境,本文也做类似的叙述。同时需要注意的是,有学者质疑"法教义学与(和)社科法学"的提法和关系,倡导"内部视角的法学与(和)外部视角的法学"的提法和关系。这样的观点,对解释刑法适用理论与犯罪治理理论的关系,促进刑法适用理论及实践与犯罪治理理论及实践之间的良性互动、有机融合,或许更有助益。参见谢晖:《论法学研究的两种视角——兼评"法教义学和社科法学"逻辑之非》,载《法学评论》2022年第1期。

促进法教义学的进步,社科法学可以通过法教义学间接地为法律的司法适用提供理论资源,而法教义学需要从社科法学汲取知识营养"①。其实,在广义刑法学理的内部,刑法教义学与基本性质属于社科法学的犯罪学、刑事政策学等之间,是以实定法秩序为纽带而连接在一起的。这是刑法学科中的法教义学与社科法学理应相互融通的根本原因。在这个意义上,实定法秩序"不仅包括一部法典的全部规范,也不仅是一个国家全部的立法规范,而且是一个国家所有立法规定和司法裁判中包含的法规范的总和"。"信奉和尊重由一国立法条文和司法案例中包含的全部具有约束力或支配力的法规范组成的实定法秩序"②,不仅是刑法适用理论的基本立场,而且也是犯罪治理理论应当坚持的一般立场。

"没有犯罪学的刑法是盲目的,没有刑法的犯罪学也是漫无边际的。"③与这种认识不同,我国犯罪学界有观点认为,"研究犯罪学的可以不懂刑法,但研究刑法的却不能不懂犯罪学"。这样的学术立场和态度,严重轻视实定法秩序对犯罪治理的实践和理论具有的实质影响,会使犯罪治理理论脱离特定的制度环境,成为没有具体制度支撑的空泛学说,失去应有的实践价值。同样,刑法适用理论的研究,也存在轻视实定法秩序对刑法教义学影响的情形。例如,对认罪认罚从宽制度的实体意义,尤其是对这一制度司法运行形成的实体效应和实际功能,没有足够的重视,没有纳入体系性解释的视野,对刑事一体化的制度规定,欠缺刑法教义学的回应。这些情形,浅层次上是忽视实定法秩序的表现,或者是忽视实定法秩序对刑法学理影响的结果,更深层的原因,是模糊了实定法规范与实定法秩序的界限,以实定法规定替代实定法秩序,或者仅关注实定法规范的约束性,根本忽略实定法秩序的实质影响。

检视刑事一体化思想的实践活动和理论研究,可以认为,过去 30 年,立法、司法、执法等实务领域,对刑事一体化接受的程度、践行的成果④,相对于学术研究领域取得的实质进展,更令人瞩目。形成这种差异,既有客观方面的原因,也有主观方面的原因;与实定法秩序的实质联系,受实定法秩序影响的实际程度,是客观原因;对实定法秩序的认知程度,参与实定法秩序构建的自觉意识等,是主观原因。所以,未来进

---

① 陈兴良:《法学知识的演进与分化——以社科法学与法教义学为视角》,载《中国法律评论》2021 年第 4 期。
② 凌斌:《什么是法教义学:一个法哲学追问》,载《中外法学》2015 年第 1 期。
③ 汉斯·海因里希·耶赛克语,转引自樊文:《多维度下的刑事一体化思想探略》,载《中国检察官》2018 年第 1 期。
④ 参见孙茂利:《一体化下的立法、执法与司法三结合——基于侦查实践的思考》,载《中国检察官》2018 年第 3 期;苗生明:《刑事一体化思想的检察实践》,载《中国检察官》2018 年第 3 期;黄河:《刑事一体化思想的生动实践》,载《中国检察官》2018 年第 1 期;苗有水:《让刑事一体化思想在审判环节得到践行》,载《中国检察官》2018 年第 3 期;梁根林:《刑事一体化与罪刑法定、刑事政策与刑法体系的深度融通》,载《中国检察官》2018 年第 1 期。

一步发展、深化刑事一体化思想,就需要在刑事一体化观念之外,着力借助实定法秩序的客观作用或实际影响。换言之,刑事一体化不纯粹是观念形态的,也存在与这种观念相对应的客观实体。作为刑事一体化观念的客观外化、依存形式,实定法秩序是体现、承载、发展刑事一体化观念的基本载体。忽视实定法秩序作为刑事一体化观念的基本载体的地位或属性,就难以在刑法学理发展中真正落实刑事一体化观念,也会影响法律制度、司法规范、政策指引在制度、机制层面的一体化整合。

具体到刑事一体化所涉不同刑事学科或分支,实定法秩序的侧重点会有所差异。在我国,与刑法学理有关的刑法实定法秩序,主要有以下特征:①构成实定法秩序的基本法律规范,不只是刑法的规定,还应包括治安管理处罚法等法律的规定。这样的实定法秩序,是在"治安处罚—刑罚"二元制裁体系下,以规制广义犯罪为特征的,绝不仅限于刑法规定的狭义犯罪。例如,《反有组织犯罪法》第69条对涉有组织犯罪的治安违法行为的规定①,就是惩治有组织犯罪实定法秩序的基本组成部分。②实定法秩序不只以实体法的相应规定为基础,通常还会以相关程序法的规定、有关刑事司法制度的规定等作为规范基础。实定法秩序跨部门法的特性,是其区别于实定法规范最主要的属性之一。例如,与认罪认罚从宽制度有关的实定法秩序,就具有这样的特性。③实定法秩序并非基于法律规定便可直接形成,实定法秩序区别于实定法规范的关键特征之一,就是刑事司法会相对独立地为实定法秩序注入新的成分,包括正在实践、已经固定的规则、机制或制度等。一定意义上,实定法秩序中基于司法活动而产生的新成分,是立法的原则性规定所默许、认可的司法探索、司法定型的结果,或者是遵循立法原则的法律续造的结果。例如,合一制和分离制都符合司法亲历性,以合一制为主、以分离制为辅的混合制办案模式②,就是立法的原则性规定与司法的规律性运行共同作用的结果。④实定法秩序不是凝固不变的,它以必要的适时调整为常态,尤其以基于司法实践的适时调整为渊源。变动的实定法秩序,是为了与犯罪治理需求和刑事政策目标保持基本协调,也由此实现刑法适用与犯罪治理的功能协调。⑤不是所有现行有效的实定法规范,都可以成为实定法秩序的规范内容;只有立法规定和司法规则中具有约束力或支配力的规范,才是形成实定法秩序的规范基础及核心内容。所以,分

---

① 《反有组织犯罪法》第69条规定:"有下列情形之一,尚不构成犯罪的,由公安机关处五日以上十日以下拘留,可以并处一万元以下罚款;情节较重的,处十日以上十五日以下拘留,并处一万元以上三万元以下罚款;有违法所得的,除依法应当返还被害人的以外,应当予以没收:(一)参加境外的黑社会组织的;(二)积极参加恶势力组织的;(三)教唆、诱骗他人参加有组织犯罪组织,或者阻止他人退出有组织犯罪组织的;(四)为有组织犯罪活动提供资金、场所等支持、协助、便利的;(五)阻止他人检举揭发有组织犯罪、提供有组织犯罪证据,或者明知他人有有组织犯罪行为,在司法机关向其调查有关情况、收集有关证据时拒绝提供的。教唆、诱骗未成年人参加有组织犯罪组织或者阻止未成年人退出有组织犯罪组织,尚不构成犯罪的,依照前款规定从重处罚。"

② 参见高景峰:《检察机关办案模式变革及理论基础》,载《国家检察官学院学报》2021年第5期。

辨、明确具体法律规范的约束力或支配力,是妥当、合理界分实定法规范与实定法秩序的关键。对具有约束力或支配力的规范,应做广义的理解,并且不能仅从形式上理解,应理解为实质的约束力或支配力。例如,防治有组织犯罪的整体法秩序,包括工作机制和法律制度两类规范。其中,由国家社会治理政策、刑事司法政策直接支配的工作机制,是支撑实定法秩序合理构建、确保实定法秩序正常运行不可缺少的基本要素;遵循国家社会治理政策、刑事司法政策的基本精神,从重要的工作机制延伸生成具体的法律规定,并使具体的法律规定体系化,才是防治有组织犯罪的实定法秩序正式形成的标志。在防治有组织犯罪的整体法秩序构建并运行之后,惩治有组织犯罪的刑法规范,实际已被纳入由这些工作机制、法律制度构成的整体法秩序,防治规范体系对惩治规范的适用,具有了实际的约束力或支配力。由此决定,惩治规范与防治规范的功能协调,集中体现于惩治规范应以严格限制入罪、精准裁处刑罚为适用准则,防治规范努力追求最佳的有组织犯罪治理效果;具体表现为惩治规范以狭义有组织犯罪为适用对象,防治规范以广义有组织犯罪为适用范围。①

以上特性决定了司法机关尤其是刑事检察机关,是刑事实定法秩序形成的重要力量。主导刑事追诉程序的检察机关,对案件的实体分流和程序分流行使法定职权,对案件的实体定性和适用程序具有决定性的影响。因而,刑事检察工作适用的规则、机制或制度,就是构成实定法秩序的重要规范内容,对刑法学理的发展具有实质影响。例如,迄今为止,对认罪认罚从宽制度,狭义刑法学理明显关注不足、研究薄弱。这在一定程度上表明,刑法适用理论忽视实定法秩序的作用,刑法适用理论自我孤立,与犯罪治理理论彼此隔离,难以为犯罪治理实践提供科学支撑、政策指引。其实,从基本制度层面看,《刑事诉讼法》第 15 条规定的认罪认罚从宽处理原则,不只是刑事诉讼法原则,而应当定位为刑事法原则。由此决定,刑法意义上的认罪认罚从宽原则,与《刑法》第 61 条关于量刑根据的规定效力位阶相同,是对既有量刑根据的重要补充,对刑罚适用具有根本性制约作用。《刑事诉讼法》第 15 条的规定,为完善量刑根据的规定提供了新的制度资源。其基本价值是,在影响责任刑的法定因素不变的框架下,为预防刑的影响因素注入新的元素。可以肯定地认为,《刑事诉讼法》第 15 条规定的原则,实质上修改了《刑法》第 61 条关于量刑根据的基本规定。从司法运行的效果看,认罪认罚从宽制度,已经具有了超出立法预期的功能,或者在法定制度司法细化、司法定型的过程中形成了符合刑事政策需求的新功能。检察机关办案统计数据显示,2021 年 1 月至 9 月,全国检察机关已办理的审查起诉案件中,适用认罪认罚从宽制度审结人数占同期审结人数的 85% 以上;在适用认罪认罚从宽制度案件中,检察机关共提出量刑建议

---

① 参见黄京平:《扫黑除恶历史转型的实体法标志——〈反有组织犯罪法〉中刑法规范的定位》,载《江西社会科学》2022 年第 2 期。

955766人,其中确定刑量刑建议863791人,占提出总数的90.4%,同比增加21.6个百分点;对检察机关提出的量刑建议,法院采纳人数占同期提出量刑建议数的95%以上。① 2021年全年,全国检察机关已办理的审查起诉案件中,适用认罪认罚从宽制度审结人数占同期审结人数的85%以上;检察机关提出确定刑量刑建议占量刑建议提出数的90%以上;对检察机关提出的量刑建议,法院采纳人数占同期提出量刑建议数的97%以上;适用认罪认罚不起诉28.4万人,占不起诉人数的81.8%,同比增加2.6个百分点。② 如果以刑法规定的狭义犯罪为准,进行横向比较,我国认罪认罚案件的适用比率明显超出常态,对此,采用传统理由难以作出圆满的解释。但是,如果调整立场,尝试从新的实定法秩序的角度进行解释,可以发现,认罪认罚从宽制度的司法运行效果,实际已经超出立法的预期或设定目标:给绝大多数刑事案件嫌疑人或被告人增设了法定从宽处理情节,超出既往规模或超出既有常态的酌定不起诉率③,使形式定罪率(起诉定罪率)明显降低,以酌定不起诉做非罪化处理的案件数量明显增多④,额外的量刑减让使轻罪率大幅度提高,实现了传统实体性制度无法达到的刑事处罚宽缓化;对触犯刑律者的教育转化制度性前置,实质覆盖刑事诉讼全过程,能够获得更加良好的特殊预防效果;改变刑事追诉的单一法律属性,将违法犯罪治理的功能,以及与违法犯罪治理有关的其他社会问题治理的功能,嵌入公安司法机关的法定诉讼职能,尤其是确定了检察机关参与社会治理(如企业刑事合规)的职责,增强了刑事检察服务国家治理的功能。对这些我国特有的制度功能、刑事实定法秩序,刑法学理的系统研究有

---

① 参见《2021年1至9月全国检察机关主要办案数据》,载《检察日报》2021年10月19日,第2版。
② 参见《2021年全国检察机关主要办案数据》,载最高人民检察院(https://www.spp.gov.cn/spp/xwfbh/wsfbt/202203/t20220308_547904.shtml#1),访问日期:2022年4月5日;《最高检案管办负责人就2021年全国检察机关主要办案数据答记者问》,载最高人民检察院(https://www.spp.gov.cn/spp/xwfbh/wsfbt/202203/t20220308_547904.shtml#2),访问日期:2022年4月5日。
③ 根据历年最高人民检察院工作报告、全国检察机关主要办案数据中的基本统计数据并经计算可知,2018年至2021年,全国检察机关决定不起诉人数持续增长,每年同比上升最低22.3%,最高39.4%,相应的,不起诉率由7.49%逐步提高到16.60%,4年时间增长1倍以上;其中,酌定不起诉率持续增长,由2018年的5.61%升高到2021年的13.54%,酌定不起诉人数在全部不起诉人数的占比高达80%以上。
④ 最新司法统计数据足以充分证实这一点。2021年4月,中央全面依法治国委员会把"适应我国刑事犯罪结构性变化,坚持'少捕慎诉慎押'刑事司法政策,进一步发挥认罪认罚从宽制度作用,依法推进非羁押强制措施适用"写入有关文件,"少捕慎诉慎押"由司法理念上升为党和国家的刑事司法政策。少捕慎诉慎押刑事司法政策的确立,极大促进了认罪认罚从宽制度的实施。检察机关积极贯彻少捕慎诉慎押刑事司法政策,加大起诉必要性的审查力度,不诉率持续增加。2022年1月至3月,全国检察机关受理审查起诉49.8万人,同比下降1.8%;共决定起诉32.9万人,同比下降9%;决定不起诉8.3万人,同比上升42.9%,不起诉率为20.1%,同比增加6.3个百分点。其中,普通刑事犯罪起诉241393人,同比下降13.4%;起诉案件中,撤回起诉和无罪判决率同比大幅下降,分别下降达44.4%和34.3%,起诉案件质量平稳上升。另外,值得特别注意的是,在不诉率持续上升的同时,酌定不起诉占比增加,酌定不起诉占不起诉人数的89.3%,占不起诉案件近九成,同比增加2.2个百分点。参见蒋安杰:《少捕慎诉慎押刑事司法政策落实一年间》,载《法治日报》2022年4月27日,第9版;《2022年1至3月全国检察机关主要办案数据》,载最高人民检察院(https://www.spp.gov.cn/spp/xwfbh/wsfbt/202204/t20220419_554526.shtml#2),访问日期:2022年4月5日。

待加强、深入、细化。

二、以刑事司法能动践行法治原则

储槐植先生最初对刑事一体化作系统论述时认为,"刑事一体化的基本点是,刑法和刑法运行处于内外协调状态才能实现最佳社会效益。实现刑法最佳效益是刑事一体化的目的,刑事一体化的内涵是刑法和刑法运行内外协调,即刑法内部结构合理(横向协调)与刑法运行前后制约(纵向协调)"①。十多年后,对这一经典论断,储槐植先生又作了更加系统的论证:刑事一体化的"基本之点是刑法和刑法运行处于内外协调状态才能发挥最佳刑法功能。实现刑法的最佳社会效益是刑事一体化的目的,刑事一体化的内涵则是刑法和刑法运行内外协调。所谓内部协调主要指刑法结构合理,外部协调实质为刑法运作机制顺畅。刑法现代化的全部内容便是顺应世界潮流优化刑法结构和刑法机制。刑事一体化观念倚重动态关系中的刑法实践。……刑法结构是刑法机制的组织基础。刑法结构合理性实现在相当程度上有赖于刑法机制的顺畅。纸上的良法只有通过有序运作才可成为生活中的良法,否则也会变成非良法。非良法则不可能通过运作变成良法。这就是刑法结构与刑法机制的相互关系。刑法机制这一概念的涵义是刑法运作的方式和过程,亦即刑法的结构产生功能的方式和过程。刑法运作的基本价值目标是公正高效。刑事司法环境对刑法运作效果至关重要。刑事司法环境有两层含义,即外部环境和内部环境……"②对此,后续关于刑事一体化的学术研究,有多种分析或不同见解。本文以为,"刑事一体化观念倚重动态关系中的刑法实践",是这一著名论断的核心要义。未来发展刑事一体化的理论、优化刑事一体化的实践,以刑事司法能动,尤其是我国特有的有限授权的刑事司法能动③,作为理论支点、实践根据,或许是较为妥当的方案,或者是可供选择的方案之一。

对刑事司法能动,刑法学理有不同层面或角度的认识。有观点认为,"只有在相互呼应而非相互排斥的关系范畴内理解司法克制与司法能动,才能从司法哲学与司法政策上引导刑事司法裁判正确处理形式与实质的关系,实现个案裁判的形式合法性与实质合理性的统一"④。这种以个案裁判为视角的观点,将司法能动视为与司法克制既对立又兼容的司法判断立场及其相应的司法判断活动。另有观点认为,应从立法与司法

---

① 储槐植:《建立刑事一体化思想》,载《中外法学》1989 年第 1 期。
② 储槐植:《再说刑事一体化》,载《法学》2004 年第 3 期。
③ 参见黄京平:《刑法休眠条款与有限授权的刑事司法能动——以重构法条竞合的特别关系为视点》,载《北京联合大学学报(人文社会科学版)》2020 年第 2 期。
④ 梁根林:《罪刑法定原则:挑战、重申与重述——刑事影响力案件引发的思考与检讨》,载《清华法学》2019 年第 6 期。

分层限制入罪标准、协同控制入罪规模的角度，理解刑事司法能动的积极价值。在这种观点看来，以罪刑法定为铁律的犯罪调控模式，本质就是立法与司法分层控制入罪标准。在立法规定的基础上，检察机关适度调高入罪规格、严格控制入罪标准，进而缩小实际入罪的规模，是刑事司法能动的实体要义。我国的刑事司法能动与外国不同，宪法性法律的规定，实际授权最高司法机关以司法规范适时、适度调整犯罪与违法的界限，即在"治安处罚—刑罚"二元制裁体系中严格限制入罪规模、适度扩大治安管理处罚法或相关行政法调控的范围，在广义犯罪的构成标准稳定不变的情况下，尽可能减少狭义犯罪实际入罪的规模。① 在后一种观点的语境下，司法能动与司法克制的实质意义完全相同，司法能动的唯一目的，就是保持适度的司法克制。"能动的克制"，是罪刑法定原则统摄下的司法能动的唯一正解、唯一选项，也是刑事司法能动与非刑事司法能动相区别的本质属性。由宪法性法律授权最高司法机关以司法规范实现"能动的克制"，是我国刑事司法能动独有的、鲜明的特征。

与2003年非典型肺炎（SARS）期间制定、实施的司法规范②相比，2020年新型冠状病毒肺炎（COVID-19）期间制定的司法规范③及所采取的司法措施，就是"能动的克制"的司法实践，就是法律效果和社会效果良好的系统司法活动，其最重要的内容之一，就是对拒绝执行疫情防控措施的行为，严格限制以危险方法危害公共安全罪定性处罚，引导案件办理适用《刑法》第330条④以妨害传染病防治罪、适用《刑法》第332条以妨害国境卫生检疫罪等定性，并注意划分妨害传染病防治犯罪与违法的界限。当时，理论上和实务中，对这类行为，都有按照以危险方法危害公共安全罪、过失以危险方法危害公共安全罪定性处罚的主张。⑤ 在制发最高人民法院、最高人民检察院、公安部、司法部《关于依法惩治妨害新型冠状病毒感染肺炎疫情防控违法犯罪的意见》，以及最高人民法院、最高人民检察院、公安部、司法部、海关总署《关于进一步加强国境卫生检疫工作　依法惩治妨害国境卫生检疫违法犯罪的意见》的基础上，最高人民检察

---

① 参见黄京平：《刑事司法能动的特性与作用》，载《检察日报》2021年10月27日，第3版。
② 参见最高人民法院、最高人民检察院《关于办理妨害预防、控制突发传染病疫情等灾害的刑事案件具体应用法律若干问题的解释》（法释〔2003〕8号）。
③ 参见最高人民法院、最高人民检察院、公安部、司法部《关于依法惩治妨害新型冠状病毒感染肺炎疫情防控违法犯罪的意见》（法发〔2020〕7号）；最高人民法院、最高人民检察院、公安部、司法部、海关总署《关于进一步加强国境卫生检疫工作　依法惩治妨害国境卫生检疫违法犯罪的意见》（署法发〔2020〕50号）。
④ 自2021年3月1日起施行的《刑法修正案（十一）》对《刑法》第330条作了修改。其中，重要的修改，一是，将"引起甲类传染病传播或者有传播严重危险的"，修改为"引起甲类传染病以及依法确定采取甲类传染病预防、控制措施的传染病传播或者有传播严重危险的"。二是，将"拒绝执行卫生防疫机构依照传染病防治法提出的预防、控制措施的"，修改为"拒绝执行县级以上人民政府、疾病预防控制机构依照传染病防治法提出的预防、控制措施的"。三是，增加规定"出售、运输疫区中被传染病病原体污染或者可能被传染病病原体污染的物品，未进行消毒处理的"行为类型。
⑤ 参见《全国检察机关办理涉疫情防控刑事案件情况（截至2月25日）》，载最高人民检察院（https://www.spp.gov.cn/spp/xwfbh/wsfbh/202002/t20200226_455292.shtml），访问日期：2022年4月5日。

院联合最高人民法院罕见地采用答记者问的方式,对规范文件适用中的政策法律界限进行详尽解释,引导司法机关准确认定案件性质,严格区分重罪与轻罪,严格区分犯罪与违法。在重申适用以危险方法危害公共安全罪应当依法从严把握的基础上,最高司法机关明确强调,妨害传染病防治罪危害公共卫生,实际也是一种危害公共安全的行为,该罪与过失以危险方法危害公共安全罪是法条竞合关系,应当适用特别法条优于一般法条的原则,优先适用妨害传染病防治罪。也就是说,在上述意见出台后,对拒绝执行疫情防控措施,造成新型冠状病毒肺炎传播的行为,应当以妨害传染病防治罪定罪处刑。① 针对妨害国境卫生检疫违法犯罪的司法认定,最高司法机关专门强调,入境人员妨害新型冠状病毒肺炎防控措施构成犯罪的,可能在不同时间段分别涉及妨害传染病防治罪、妨害国境卫生检疫罪。入境时实施的行为,构成妨害国境卫生检疫罪;入境后实施的行为,构成妨害传染病防治罪。同时构成妨害传染病防治罪和妨害国境卫生检疫罪的,一般应当依照处罚较重的规定定罪处罚。对不符合妨害传染病防治罪、妨害国境卫生检疫罪入罪要件的,应由行政机关给予行政处罚。② 随后,最高人民检察院又以多批次的典型案例,对多种妨害传染病防治的行为类型,明确具体的裁判规则,详尽区分以危险方法危害公共安全罪与妨害传染病防治罪。所有这些常态的和特殊的司法规范形式,都将以危险方法危害公共安全罪、过失以危险方法危害公共安全罪的适用,限制在极端狭窄的范围内,确定了以适用妨害传染病防治罪、妨害国境卫生检疫罪为基础的实定法秩序。

以上的系统司法活动,对丰富、发展刑法学理的最大启示是,裁判规则的确定,应当充分考虑法律规范适用的社会治理效果,即相对静止的立法规定被重大突发疫情激活时,司法规范的内容必须兼顾法律适用逻辑与社会治理需求的统一。具体而言,一个平常处于休眠状态的刑法条文,因为突发公共卫生事件被司法规范实际激活,抗拒或拒绝执行疫情防控措施的行为,成为全社会高度关注的新型违法犯罪。彼时,具体的司法裁判规则最终极的目的,是明确公众的行为规范。由司法规范激活妨害传染病防治罪的刑法规定,预防功能理应优先于惩治功能,一般预防功能理应优先于特殊预防功能。换言之,适用妨害传染病防治罪的司法活动,重心不在于惩处多少人,而在于遏制可能的违法犯罪行为,教育多数人,规制社会成员的行为,使公众的行为符合疫情防控的规范。以尽可能少的惩处数量,以相对较轻的刑罚处罚力度,获取最大的威

---

① 参见《依法惩治妨害疫情防控违法犯罪 切实保障人民群众生命健康安全——最高人民法院研究室主任姜启波 最高人民检察院法律政策研究室主任高景峰联合答记者问》,载最高人民检察院(https://www.spp.gov.cn/xwfbh/wsfbt/202002/t20200227_455391.shtml),访问日期:2022年4月5日。

② 参见《依法惩治妨害疫情防控违法犯罪 切实保障人民群众生命健康安全——最高人民法院研究室主任姜启波 最高人民检察院法律政策研究室主任高景峰联合答记者问(二)》,载最高人民检察院(https://www.spp.gov.cn/xwfbh/wsfbt/202003/t20200324_457171.shtml),访问日期:2022年4月5日。

惕、预防、规范效果,应该是司法裁判规则的妥当目标。以纯粹教义学的立场解释妨害传染病防治罪的核心要件和适用范围①,至少不自觉地忽视了社会治理需求对司法规范制定和实施应有的影响。这也从侧面说明,为了增强刑法学理"对国家治理的服务功能"②,应当在刑法适用理论与犯罪治理理论融合、统一的基础上,制定并实施具有"能动的克制"属性的司法规范。

三、以妥当措施精准实施刑事司法政策

与"刑事一体化观念倚重动态关系中的刑法实践"的论点相联系,储槐植先生对刑事政策与刑法结构和刑法机制的关系,也有精辟的论述:"刑法在运作中存在和发展,刑法的本性是动态的和实践的。根据刑法的本性打造一门学问,是刑法本身的需要。作为观念的刑事一体化与刑事政策的关系极为密切,一方面它要求良性刑事政策为之相配,同时在内涵上又与刑事政策兼容并蓄,因为刑事政策的基本载体是刑法结构和刑法机制。"③在后续的研究中,对刑事政策与刑法运行的基本关系,储槐植先生秉持一贯的立场明确认为,"刑法的刑事政策化是当代刑法的潮流。作为成文法的刑法,其优点在于稳定性、确定性,有利于保障人权;缺点在于不能与社会发展同步,存在滞后性。刑法的宗旨在于治理犯罪,刑法是静态的法律规范,而犯罪却是动态的社会现象,静态的刑法治理动态的犯罪的适时、有效性有赖于刑事政策功能的发挥。刑事政策能及时协调刑法的合法性与合理性,顺畅刑法的运作,强化刑法的适时、有效性。刑事政策渗入刑法的研究,也有助于提升刑法体系的科学性"④。简而论之,这实际就是刑事政策如何合理且合法地参与刑法适用过程、确保刑法适用实现最佳犯罪治理效果的问题。坦率讲,比较纯粹的学理推导给出的解决方案与丰富的司法实践采用的技术措施,本文以为,后者为丰富、发展刑事一体化思想,能够提供更多值得刑法学理进行深入探究的可利用资源。

在刑事诉讼的全过程中,刑事检察工作最集中体现国家基本刑事政策的实际影响和实施效果。刑事检察工作的重要内容之一,就是将国家基本刑事政策细化分型、分类实施,使刑事政策成为实定法秩序的有效内容,确保刑事司法活动能够将刑法适用

---

① 参见李翔:《危害公共卫生犯罪的刑法规制——以〈刑法修正案(十一)〉为视角》,载《东南大学学报(哲学社会科学版)》2021年第3期;赵冠男、李思尘:《妨害传染病防治罪之主观罪过——"过失说"之提倡》,载《湖北警官学院学报》2021年第2期。
② 张明楷:《中国刑法学的发展方向》,载中国社会科学网(http://www.cssn.cn/index/dkzgxp/zgshkxpj/2022nd2q_129972/202207/t20220726_5419595.shtml),访问日期:2022年4月5日。
③ 储槐植:《再说刑事一体化》,载《法学》2004年第3期。
④ 储槐植、闫雨:《刑事一体化践行》,载《中国法学》2013年第2期。

逻辑与政策导向功能融为一体,为国家犯罪治理提供最优保障。整个追诉犯罪的活动,对国家基本刑事政策的贯彻能力、落实水平,实际是由检察机关主导的。例如,我国重罪案件占比已从1999年的19.6%下降至2019年的2.7%,八类严重暴力犯罪自2009年以来呈现"十连降"。与此相比较,判处3年有期徒刑以下刑罚的人数占比从1999年的54.6%上升至78.7%,特别是最高刑只有拘役的醉驾案件,占比达到近20%。① 犯罪结构的重大变化,必然引起国家刑事政策的调整,特别是新的具体司法政策出台。在"少捕慎诉慎押"由刑事司法理念正式上升为国家刑事司法政策之后,检察机关落实这一政策的具体举措,必然会对刑事司法带来变革性的影响。

近年来,检察机关适用刑事政策的实践,为刑事政策的学理分类,以及对刑事政策进行教义学分析,提供了发展理论研究的丰富资源。尽管相关的司法实践并不系统,但依然值得刑法学理高度关注。其中,最有启发意义的是,刑事政策参与刑事司法过程的作用方式、作用程度,不能一概而论;应当分门别类地使不同的刑事政策以妥当的方式发挥作用,达到刑法适用逻辑与政策导向功能合理兼容,让刑事司法能够收获最佳的法律效果与社会效果。限于篇幅,以下只讨论两种刑事政策的分类及其适用问题。

首先,刑事司法政策,可以分为秩序化刑事政策与个别化刑事政策。刑事司法政策的实施主体不同,以及刑事政策是否已经被纳入实定法秩序,成为具有约束力或支配力的司法规范内容,是这种分类的主要标准。秩序化刑事政策,以司法规范的规定为基本载体,以最高司法机关为实施主体。其特点是,司法规范的制定实际已受具体刑事政策影响,司法规范的相应条款已经充分体现刑事政策的精神,并对刑事司法判断具有约束力或支配力。最高司法机关有权制定司法规范,最高人民检察院有权明确全国检察机关必须遵行的具体政策指引,是层级最高的刑事司法政策实施主体。一旦国家的基本刑事政策影响了具体司法规范的制定,或者具体的刑事司法政策已经成为司法规范的有机组成部分,刑事司法政策就不再是影响刑法规范适用的独立要素,也不再是影响刑事司法判断的独立要素。在这种情形下,适用具有约束力或支配力的司法规范,就是具体刑事司法政策发挥作用的过程。具体而言,受具体刑事司法政策影响制定的司法规范,又可细分为体现从严政策的司法规范和体现从宽政策的司法规范。适用受从严政策或从宽政策影响制定的司法规范,办案司法官几乎没有再进行政策调控的空间,除非案件有极端例外的情形,或者案件存在具体司法规范不能覆盖的特殊情形。所以,"准确理解把握'依法从严',避免'一刀切'机械化……决不能为了体现从严从快的打击要求,人为降低犯罪标准、模糊一般违法与刑事犯罪的界限……

---

① 参见蒋安杰:《贯彻落实少捕慎诉慎押刑事司法政策 最高检在重庆研讨会上释放强烈信号》,载《法治日报》2021年10月18日,第3版。

准确理解把握'从重从快',避免不加区别、无视政策。要严格在法治轨道上、在法律规定的范围内理解'从重从快'……准确理解把握'依法治理',避免刑事打击'简单化'"①。所强调的就是,遵守包含刑事司法政策的实定法秩序,就是将刑法适用逻辑与政策导向作用一并融入司法判断的过程;相反,如果额外再受刑事政策的影响,会使刑事司法判断偏离法治轨道。

与秩序化刑事政策相对应,个别化刑事政策,以具体办案的司法官为实施主体,以适用受平义政策影响的司法规范为基础。与从严政策和从宽政策不同,平义政策就是没有明显从严或从宽倾向、立场缓和的政策,延伸到司法领域的这类政策,对司法规范具体条款的制定没有实质性影响。平义政策常态或基本的存在形式,就是政策内容属于司法官共同遵循、能够普遍影响个案司法判断的通识型理念,或者属于具有普遍约束力的司法共识,例如,对轻微犯罪的初犯、偶犯,可以依法从宽处理。换言之,平义的刑事司法政策,虽然宏观上是实定法秩序整体的组成要素,但并没有内化为具体的实定法秩序,也没有必要内化为具体实定法秩序的规范内容,而是存在于具体司法规范之外的,有可能影响刑法规范适用、刑事司法判断的独立要素。适用受平义政策影响的司法规范,办案司法官具有从严调节适用或从宽调节适用的政策空间,依法享有政策适用的自由裁量权,只要与刑法规定的目的、原则和原意相符,与国家基本刑事政策精神相符即可。例如,适用平义政策影响的司法规范,可以将新冠肺炎疫情防控时期的特殊危害性,作为依法从严惩治的理由。疫情防控时期的暴力伤医、制假售假、哄抬物价、借机诈骗等犯罪行为,具有明显的特殊危害性,对这些犯罪依法从严惩处,刑事司法政策上理由充分,不容置疑。当具体的政策指引已经明确适时调节的倾向时,具体的刑事司法政策实际就是司法规范的实际内容,办案司法官应当遵从政策指引进行司法判断。例如,最高人民法院刑事审判第三庭、最高人民检察院第四检察厅、公安部刑事侦查局《关于"断卡"行动中有关法律适用问题的会议纪要》(2022年3月22日)明确规定,"应当注重宽以济严,对于初犯、偶犯、未成年人、在校学生,特别是其中被胁迫或蒙骗出售本人名下'两卡',违法所得、涉案数额较少且认罪认罚的,以教育、挽救为主,落实'少捕慎诉慎押'的刑事司法政策,可以依法从宽处理,确保社会效果良好",就属于办案司法官应当遵从的具体政策指引。需要特别强调的是,无论适用秩序化刑事政策,还是适用个别化刑事政策,都不能任意降低司法规范确定的入罪标准、升档量刑标准,只能在实际构成犯罪、达到相应量刑幅度的基础上酌情从重处罚。例如,在新冠肺炎疫情防控期间,依法从严惩治涉疫情防控犯罪的总体政策精神,要求任何受政策衡量因素影响的定罪量刑活动,均应以司法规范规定的入罪标准、升档量刑

---

① 王俊:《最高检检察长:决不能为体现从严从快人为降低犯罪标准》,载新京报(http://www.bjnews.com.cn/news/2020/03/06/700243.html),访问日期:2022年4月5日。

标准为边界。

其次,刑事司法政策,可以分为全局性刑事政策与区域性刑事政策。通常意义的刑事司法政策,是就全局性刑事政策而言的,秩序化刑事政策或个别化刑事政策,都可以是它的存在形式、作用方式。以往的刑法学理,基本关注的是全局性刑事政策,对区域性刑事政策欠缺应有的关注。这种状况,与如何理解刑事司法规则体系有关。《立法法》第 104 条关于最高司法机关可以对具体应用法律的问题进行解释的规定,《人民法院组织法》第 18 条、《人民检察院组织法》第 23 条关于最高司法机关可以发布指导性案例的规定,以及《刑法》第 13 条和《治安管理处罚法》第 2 条的规定,是授权最高司法机关制定刑事司法规范的法律依据。《立法法》对"具体应用法律的解释"的形式未作严格限制,采取最高司法机关可灵活掌握的态度。目前,最高司法机关相对固定的司法规范形式,主要有两类:司法解释和指导性案例,以及司法指导性文件和典型案例。这些规范适用的形式效力不同,但实质效力并没有本质区别。① 这两类司法规范属于统一司法规范,全国所有司法机关办理刑事案件均须严格遵行。在现实的刑事司法规范体系中,除统一司法规范外,还存在地方司法规范。地方司法规范的主要载体,通常为"办案指导文件"和"参考性案例"。地方司法规范的存在价值,由多种理由支撑②,其中,区域性刑事政策的存在和作用发挥,是地方司法规范存在的最根本的原因之一。换言之,如果只承认统一司法规范是合理存在的,否认地方司法规范的存在价值,实质上就不会认可区域性刑事政策的实体意义,或者根本否定区域性刑事政策具有合理存在的价值;如果在统一司法规范之外,同时认可地方司法规范属于合法、合理的刑事司法规则,就意味着承认区域性刑事政策的存在合理性。

简而言之,决定或影响区域性刑事政策存在并发挥作用的原因,主要有:①受犯罪的固有特性决定,除极端严重的犯罪之外,刑法具体规定的犯罪(主要是某些轻微犯罪)的实际入罪门槛,会因犯罪实施的区域而存在可以依法调控的差异。②在立法与司法分层严控入罪标准、限制入罪规模的制度中,基于违法犯罪治理的区域性需求,有权制定地方司法规范的省级司法机关,会根据区域性刑事政策制定提高入罪规格的司法规范,将入罪标准升至高于统一司法规范所要求的标准,将入罪规模降至低于统一司法规范所规制的水平。③前述宪法性法律的规定,实际授权最高司法机关根据社会治理需求和刑事政策目标,适度调控治安违法与犯罪的区分界限,尽可能多地适用治安处罚,尽可能少地动用刑罚制裁手段,以收获相同且良好的社会治理效果。根据这一授权,最高司法机关制定的司法规范,实际认可不同地区特定犯罪的入罪标准具有区域性差异,例如,许多侵犯财产犯罪的入罪门槛就允许在规定幅度内由省级司法

---

① 参见黄京平:《刑事司法能动的特性与作用》,载《检察日报》2021 年 10 月 27 日,第 3 版。
② 参见黄京平:《办理黑恶势力犯罪案件地方司法规范的学理检视》,载《人民司法》2021 年第 1 期。

机关自行确定。这些就是承认刑事政策区域性特质的立法根据和司法基础。所以,我国宪法性法律、刑事法律和司法制度,实际将区域性刑事政策视为影响实定法秩序的基本要素。由此决定,地方司法规范的重要功能或基本价值,就是将区域性刑事司法政策融入实定法秩序,以具有约束力或支配力的司法规则保障区域内刑法适用的统一性、确定性。

近些年的刑事检察工作,在这方面有值得肯定的实例。仅以醉驾刑事案件的司法认定为例。除刑法的原则规定之外,统一司法规范的具体规定,如最高人民法院、最高人民检察院、公安部《关于办理醉酒驾驶机动车刑事案件适用法律若干问题的意见》(法发〔2013〕15号),最高人民法院、最高人民检察院《关于常见犯罪的量刑指导意见(试行)》(法发〔2021〕21号)关于危险驾驶罪量刑的相关规定等,规定内容过于原则化,欠缺实际操作标准,难以适应复杂、多样的案件实际情况。更不能适应司法办案需求的是,最高人民法院、最高人民检察院《关于常见犯罪的量刑指导意见(试行)》,将最高人民法院《关于常见犯罪的量刑指导意见(二)(试行)》(法发〔2017〕74号)明确规定的"对于醉酒驾驶机动车的被告人,应当综合考虑被告人的醉酒程度、机动车类型、车辆行驶道路、行车速度、是否造成实际损害以及认罪悔罪等情况,准确定罪量刑。对于情节显著轻微危害不大的,不予定罪处罚;犯罪情节轻微不需要判处刑罚的,可以免予刑事处罚"予以删除,仅规定了"构成危险驾驶罪的,综合考虑危险驾驶行为、危害后果等犯罪事实、量刑情节,以及被告人主观恶性、人身危险性、认罪悔罪表现等因素,决定缓刑的适用"。这种状况下,各地司法机关制定地方司法规范也就有了充分的现实理由。醉驾入刑以来,浙江省曾有过两个体现宽严相济刑事政策的地方司法规范①,尤其是在2017年明确规定宽缓化处理规则的作用下,持续增长的醉驾案件数量出现下降拐点,但在2017年、2018年的短期回落之后,2019年又出现大幅度反弹,以至于有评论认为,一定意义上,醉驾犯罪案件的发案频率仍然没有达到此类案件发案频率的波动顶点,刑事法律规范和刑事政策调控对醉驾犯罪的预防、遏制、惩治的整体作用正在递减,刑事打击的边际效应已现端倪。② 在这种情形下,出台新的充分体现区域性刑事政策的地方司法规范,就成为治理醉驾犯罪的必要举措。2019年10月8日实施的浙江省高级人民法院、浙江省人民检察院、浙江省公安厅《关于办理"醉驾"案件若干问题的会议纪要》(浙高法〔2019〕151号),在严格遵守法定立案标准且普遍采取刑事拘留措施的基础上,明确规定了更加宽缓的刑事判断规则。例如,可以不起诉或者免予刑事

---

① 即浙江省高级人民法院、浙江省人民检察院、浙江省公安厅《关于办理"醉驾"犯罪案件若干问题的会议纪要》(浙高法〔2012〕257号)和《关于办理"醉驾"案件的会议纪要》(浙高法〔2017〕12号)。

② 参见王敏远:《"醉驾"型危险驾驶罪综合治理的实证研究——以浙江省司法实践为研究样本》,载《法学》2020年第3期;王美鹏、李俊:《"醉驾"入刑十年的反思与治理优化——以浙江省T市和W市检察机关办理案件为分析样本》,载《人民检察》2021年第18期。

处罚的具体裁量标准是:醉酒驾驶汽车,酒精含量在 170mg/100ml 以下,认罪悔罪,且无规定的 8 种从重情节,犯罪情节轻微的;醉酒驾驶摩托车,没有造成他人轻伤及以上后果,认罪悔罪,酒精含量在 200mg/100ml 以下,犯罪情节轻微的。可以认为是情节显著轻微,不移送审查起诉的认定标准是:醉酒驾驶汽车,酒精含量在 100mg/100ml 以下,且无规定的 8 种从重情节,危害不大的;醉酒驾驶摩托车,酒精含量在 180mg/100ml 以下,危害不大的。同时,除明确规定不得适用缓刑的 8 种从重情节外,凡认罪悔罪,符合缓刑适用条件的,均可以依法适用缓刑。适用这一最新的地方司法规范,醉驾案件的酌定不起诉率增至 25%,不移送审查起诉率也明显提高,更加轻缓的刑事认定规则,非但没有引起醉驾案件发案数量的反弹,实际发案数量反而下降了约 10%。[1] 有理论观点认为,这一地方司法规范关于醉驾出罪的规定,有违反立法规定和统一司法规范之嫌。[2] 这种观点,对《刑法》第 13 条的实际属性和规范位阶作了过于狭窄、偏低的定位,也没有从实质精神上关注区域性刑事政策对地方司法规范的应有作用。这样的见解,实际不符合《刑法》第 13 条有限授权刑事司法能动的基本精神,也没有充分认识到,以宪法性法律和实定法属性的刑事政策为依据,是我国有限授权的刑事司法能动的鲜明特质。[3] 可见,区域性刑事政策的存在价值,其可能对实定法秩序的影响,以及能否内化为实定法秩序的约束性内容,是刑法学理需要继续关注的课题。

---

[1] 参见王美鹏、李俊:《"醉驾"入刑十年的反思与治理优化——以浙江省 T 市和 W 市检察机关办理案件为分析样本》,载《人民检察》2021 年第 18 期。

[2] 参见王志祥:《醉驾犯罪司法争议问题新论——浙江最新醉驾司法文件六大变化述评》,载《河北法学》2020 年第 3 期。

[3] 参见黄京平:《刑法休眠条款与有限授权的刑事司法能动——以重构法条竞合的特别关系为视点》,载《北京联合大学学报(人文社会科学版)》2020 年第 2 期。

论刑事司法理念与办案效果

——以刑事检察的一体化实践为视角

苗生明[*]

储槐植先生提出并积极倡导、不断深化的刑事一体化理论,强调刑法内部结构合理(横向协调)与刑法运行前后制约(纵向协调),促进刑法运行内外关系协调,从而实现刑法目的。二十多年的检察司法实践让笔者越来越深刻地体会到,储先生关于刑事一体化的阐述,既是理论指导、观念引领,又是科学司法的方法论,笔者受益良多。这是因为,司法办案从来都是融事实证据与法律裁量、理念政策与法律制度、实体认定与程序推演、前瞻犯罪起因与后顾惩罚矫治等为一体的综合活动,所以从根本上讲,刑事一体化理论完全契合司法办案必须遵循的客观规律,反映了司法办案的本质要求。因此,它必然要求司法官在审查、审理、裁处案件的时候,应当以"将案件涉及的各方面融合于一体"的观念作为基本指引,追求刑事诉讼或者说司法办案的理想境界和最佳效果,避免陷入简单机械、教条主义司法的泥潭。

以刑事一体化理论为指导,以检察办案实践为平台,笔者长期关注司法理念对于办案效果的影响,试图从综合的、一体化的视角推动和落实那些被历史和实践经验证明了的科学的司法理念以及顺应新时代发展阶段要求的司法理念,期待在每一起具体案件中发挥引领性、决定性的作用,进而搭建起司法理念与办案效果之间积极的、良性的互动关系。本文即以此为主题,通过对刑事检察一体化实践的解读,浅谈笔者的感悟与思考,以求教于方家。

一、关于司法理念与办案效果的基本认识

通过司法办案彰显法治、维护公正、促进治理,最大限度地追求具有积极意义的办案效果,是国家对司法机关最终的也是最根本的期许。所有的司法活动,我们办理的每一起案件,其根本目的在于促"治",而非添"乱"。从这个意义上说,司法办案是国家

---

[*] 最高人民检察院检察委员会委员、第一检察厅厅长。

治理体系的重要方面,体现了司法活动最根本的意义。但是,刑事司法实践的情况并非尽能如此,有些案件的办理看似都合法有据,但效果很差,并非促"治",而是添"乱"。这就足以让我们深思,频频出现此类不尽如人意、饱受诟病的办案效果,问题究竟出在哪里?在刑事检察实践中,影响办案效果的因素有很多,但司法理念及其影响下的司法办案的方式方法、层次境界与办案效果至关重要。进入新时代,人民群众对美好生活的需求越来越高,而我们的司法供给又常常不尽如人意,因此也就越来越强调理念更新与办案质效问题。近年来,最高人民检察院以习近平新时代中国特色社会主义思想为指导,全面贯彻习近平法治思想,顺应时代变化与检察司法规律,提出"秉持客观公正立场""少捕慎诉慎押""法不能向不法让步"等一系列新理念、新政策。"理念一新天地宽",所有这些都为检察司法活动提供了理论指导、方法指引、目标导向,推动刑事检察履职与办案效果发生积极深刻变化。

(一) 司法理念

司法理念,就是对具体司法活动具有引领和带动作用的思想认识和价值判断。思想认识、价值判断决定行动方向,影响行为方式,进而决定行动的效果,从这个意义上说,司法理念是整个司法活动的灵魂,对于具体的司法裁断和检察活动而言,具有至关重要的影响和意义,综合观之又会影响到社会的和谐稳定与国家的长治久安。实践充分表明,对于同一个案件,具有不同理念的司法者往往会作出不同的判断与裁处,入罪与出罪、从重与从宽、从快与从缓往往取决于一念之间,所以司法理念决定着案件的发展方向和一个人的前途命运。2020年疫情暴发之初,一南一北大致同时发生了两起老年人盗窃案,但处理结果迥异。北方某地一退休老人家境贫困,因为精神病儿子砸坏手机不能购物,到超市盗窃食品、药店盗窃药品5次,价值五六百元,老人被起诉到法院并被判刑;南方某地82岁老人因儿女不孝又想"买烟抽、买点心吃",多次盗窃工地废料,价值385元、销赃200元,办案检察官走访调查老人盗窃原因,到村子里召开公开听证会,会同村委会和乡贤等对不孝儿女予以训诫,然后对老人作出不起诉决定。这两起案件的不同走向、两位老人的不同命运,取决于司法人员不同的理念与情怀,体现了情理法的背离与融通,北京检察官刘哲谈办案体会时说的"你办的不是案子,而是别人的人生",绝非虚言。因此,检察官办案一定要重视科学司法理念的引领,带着对案件、对人民群众负责的情怀,对于自己经手的每一起案件都要仔细思量:正确理念的要求是什么?办案的方向在哪里?怎么处理效果才更好?当然,并非只要理念正确就必然能够得出正确的结论,因为司法的本质在于经验,如果没有必要的办案经验和社会阅历,同样会出现简单化、片面化、表面化的问题。例如,有的轻伤害犯罪案件尽管存在当事人和解赔偿等从宽情节,不起诉看似符合宽严相济刑事政策,但如果对犯罪嫌疑人的前科劣迹、恶势力背景、恶劣的犯罪情节等进行全面考察,会发现这样的案件总体上判断应当从重追诉,并不适合从宽不诉。

(二) 办案效果

办案效果,就是司法机关通过办案活动及其对案件的处理所产生的影响、所带来的辐射效应。办案效果有积极效果与消极效果之分。通过依法办案,惩戒和教育犯罪人,警示教育社会公众,得到社会公众的普遍认可,有效恢复被犯罪侵害的社会关系,这就是办理案件应当收到的积极效果;相反,有的案件办结后,甚至在办理过程当中,因事实不清、证据不足导致错诉错判,或者违背法律认定和裁断,或者简单机械不问情由作出违背常情常理、不公正的裁处等,必然导致当事人不接受,因犯罪引发的矛盾进一步激化,案件经不起社会公众的品评,饱受社会诟病,凡此种种皆属办案的消极效果。

办案效果一般可以从法律效果、政治效果和社会效果三个方面考察其优劣。法律效果是指司法机关以准确适用法律、严格执行法律,并通过司法裁处(包括逮捕、起诉、判决等)所发挥出来的作用和效果,它以法律作为衡量标准,具有唯法性、可预测性、平等性和程序性等特点,强调的是司法活动之"法"的属性。[1] 政治效果、社会效果,就是办案效果在政治层面、社会领域的影响和反应,也就是从政治上看是否坚持了以人民为中心,案件的处理是否得到人民群众的认同、理解和支持,政治效果与社会效果本质上是一致的,没有好的社会效果,就不可能有好的政治效果。而要达到这样的效果,关键在于通过司法活动实现、促进并彰显公正、秩序、安全等基本价值的实际作用和影响,彰显司法活动之"治"的属性。综合观之,法律效果倾向于法律的证明,侧重于法律条文的准确适用,是办案诸效果的前提与保障;政治效果、社会效果倾向于法律价值的实现,侧重于司法目的的实现。如果司法人员眼中只有所谓的"法律效果"而不及其余,那么其司法活动的落脚点必然背离法的精神,因为只有实现三个效果的有机统一方能实现"法治"的根本宗旨,不可偏废。

(三) 理念、效果与经验、层次

综上可见,司法理念对于办案效果具有引领性、决定性的影响,同时办案效果又反过来检验司法理念是否科学、是否符合实际,并在二者之间的互动中对理念的表述及其内涵作出校验和修正。值得关注的是,在探讨司法理念与办案效果的关系时,司法的经验和层次是连接二者的关键所在。经验相较于法律、政策、理念等,对于办好案件具有更为重要的意义,并非只要胸有科学理念就必然能够得出正确的结论,如果没有必要的办案经验和社会阅历,同样会出现简单化、片面化、表面化的问题。例如,有一起轻伤害案件尽管存在当事人和解赔偿、被害人不要求追究等从宽情节,不起诉看

---

[1] 参见苗生明:《关于执法层次、办案效果与刑事政策的思考》,载《国家检察官学院学报》2010年第5期。

似符合宽严相济刑事政策,但如果对犯罪嫌疑人的前科劣迹、恶势力背景、恶劣的犯罪情节等进行全面考察,有经验的检察官自然会综合判断得出应当从重追诉的意见,但承办案件的年轻检察官却只注意到了从宽的一面,对案件作出不起诉处理,十年后被不起诉人因组织黑社会性质组织等犯罪受到追诉。我们很难避免初出茅庐的司法人员简单机械、莽撞行事,但资深检察官感慨"案子办得越多胆子越小",则道出了司法的本质在于经验。因为经验多了,考虑问题的角度自然就多了,得出的结论自然更全面更客观。这里的经验既包括办案中积累的经验和教训,对于司法规律特点的认知与感悟,也包括社会阅历、政治历练、经济活动、文化观念乃至于人情世故等方面的综合积淀,所有这些对于司法人员认识和判断案件都会有深刻影响。

关于司法的层次,简单说就是办案的境界和水平问题,境界水平有高低,层次自然也就有大师与工匠的境界之分、资深检察官与年轻检察官的高下之别。那么,如何衡量司法层次呢?这与司法理念、经验及其作用下的司法标准和目标追求密切相关。长期以来,检察机关格外强调办案质量,常说案件质量是检察工作的生命线,这句话确实没有错,因为把人或事搞错的冤错案件无论是对于当事人还是检察官而言都关系重大,关乎"自然生命""社会生命"和"政治生命",因此需要始终把保障案件质量放在首位,守住事实证据和法律适用的基本盘。但是,司法办案仅仅满足于此还远远不够,实践中有些案件虽然"捕得了、诉得了、判得了",检察机关指控的事实和罪名无可挑剔,法院也作出了判决,然而被告人却不服气、被害人不满意,甚至社会公众对此也有非议,让人感到这些案件的层次不高、效果不好。究其原因,关键还在于这些案件的办理缺少了"灵魂",虽然有"法律效果",但"社会效果"不尽如人意,更不要说"政治效果"了,归结起来就是简单机械地司法办案。检察官必须在正确理解适用法律的基础上,更加注重科学理念的引领,讲究刑事司法的智慧、艺术与方法,不断提升司法标准和层次,尽力追求最优的办案效果。

二、坚持法治理念,守住司法办案的基本遵循

坚持法治理念,最根本的还是在于用法治思维和法治方式从事司法办案活动,始终把依法办案、依法监督作为检察官的基本遵循,这是履行好刑事检察职能、确保办案质效的基本要求。

第一,要坚持严格依法办案。检察官的司法办案活动必须严格依法进行,其核心在于必须严守法律底线,严禁突破法律规定,不能"开口子""破底线",做到既"不放过",也"不凑数",这是应当始终遵循的"铁律"。以往实践中存在为迁就上访、申诉或者出于短期维稳、专项斗争的"需要"而降低逮捕、起诉标准的情况,为讲求配合、协调

而勉强逮捕、起诉的情况必须终结,更不能将侦查工作不到位、案件危害大、影响大、必须追诉作为降低证明标准的理由。

当然,大量实践也表明,要真正做到严格依法办案并非易事,必然遇到种种困难、问题、压力以及一些十分复杂的局面,特别是在遇到缠访闹访的案件、舆情炒作的重大影响案件时,检察官常常会面临捕与不捕、诉与不诉的艰难选择。但从大量案件的回顾与反思来看,唯一的也是最有效的破解方法就是严格依法办案,因为只有坚持依法办案才能立得住,才能经得起历史的考验,才能经得起讨论、品评,才不会有后续的大麻烦,出了问题才能在责任上说得清楚。习近平总书记指出,要坚守职业良知、执法为民;要信仰法治、坚守法治,做知法、懂法、守法、护法的执法者,站稳脚跟,挺直脊梁,只服从事实,只服从法律,一是一,二是二,不偏不倚,不枉不纵,铁面无私,秉公执法。① 因此,从政治要求上说,严守法治底线也是立场问题。

要守好法治底线还涉及政治智慧、法治智慧和检察智慧、方法策略问题。检察机关位居刑事诉讼的中间环节,既有"前推后顶"的压力与尴尬,也有"承前启后"的灵活与回旋。要善于把握确保案件依法处理上的主动性,切实避免因为片面讲配合降低标准而陷于被动,在协调处理疑难复杂案件时力争做到"开局想到结局""开场想到收场",其关键与核心还是在于依法准确把握好捕与不捕、诉与不诉的问题。如果因为自身难以把握的客观因素导致案件已经处于被动局面,更要充分运用审查逮捕、审查起诉职能强化引导取证和不捕不诉的程序制约等各种方法,力求变被动为主动。

需要强调,坚持严格依法并不是要求有罪必诉。罪刑法定原则从诞生之日起,就旨在约束公权力的滥用,而非禁止国家对公民合乎情理的宽恕。我国《刑法》第 13 条规定了只有具有严重社会危害性、应受刑罚惩罚性、刑事违法性的行为才能构成犯罪,"情节显著轻微危害不大的,不认为是犯罪";第 37 条规定了免予刑事处罚的条件,即"犯罪情节轻微不需要判处刑罚";《刑事诉讼法》第 177 条规定了相对不起诉的适用条件,即"犯罪情节轻微,依照刑法规定不需要判处刑罚或者免除刑罚",都体现了国家立法对轻微犯罪的宽容。对于犯罪的"三性"应当深刻理解,充分认识其对于认定犯罪、对于刑法分则具体罪名的约束力,特别是要从危害性判断上解决好罪与非罪的问题,从刑事可罚性评价上解决好罚与不罚、诉与不诉的问题。且不可眼里只有分则罪状没有总则统摄性约束。实践中发生的捕获一只麻雀、捕捞一公斤普通鱼类入罪的案件等,无不反映出司法人员对于法条及其解释的僵化理解与简单机械运用。相反,江苏买卖四十余只人工繁育鹦鹉案,司法人员从根本上把握其没有社会危害性,从一个可能被判处 10 年以上刑罚的案件,最终作出法定不起诉的处理,取得非常好的社会效果。

---

① 习近平总书记在中央政法工作会议上的讲话(2014 年 1 月 7 日)。

第二,坚持依法独立办案。我国宪法规定,人民法院、人民检察院依照法律规定独立行使审判权、检察权,不受行政机关、社会团体和个人的干涉。司法体制改革涉及的一个重要方面就是确保司法机关依法独立行使司法职权。结合具体实践,强调三点:

首先,检察机关依法独立办案必须坚持党的绝对领导,这是要牢牢坚持的基本原则。长期以来,检察机关在面临重大案件考验时,始终紧紧依靠党委的领导、支持和协调,确保顺利完成了一个又一个重大、艰巨的任务。比如,办案中涉及群体性事件、缠访闹访、维稳、舆情应对问题,单靠检察机关是乏力的,就需要依靠党委、依靠政府协调、支持解决。同时,要正确处理好坚持党的领导与确保检察机关独立公正行使职权的关系。习近平总书记指出,保证司法机关依法独立公正行使职权是我们党的明确主张。因此,在具体工作中特别是面对压力时,既要有依法独立办案的坚定意志和坚持合法意见的勇气,又要善于和积极争取党委政法委的理解和支持,发挥党委对检察机关依法独立办案的保障作用。要知道,无论案件多特殊,出现错捕错诉乃至错判,都会侵害当事人的合法权益,损害检察机关形象和司法公信力,最终损害党的执政根基。

其次,在与侦查、审判活动的配合制约中,既要遵循一般的、共性的法治原则与标准,又要坚持符合检察机关特殊属性要求的司法主体的独立人格与独立的价值判断。处理与侦查机关的关系,既要立足于完善和强化侦捕诉协同配合机制建设以加大侦查和指控犯罪的力度,又要理清批捕起诉与侦查职能的监督制约关系,特别是要严格执行批准逮捕、提起公诉的法定条件和标准,凡不符合条件的案件坚决不批捕、不起诉,坚决杜绝"以捕代侦""以捕代罚"和"以捕代控"的做法,严格独立把好批捕关、起诉关。处理与法院的关系,既要尊重法院判决的既判力和刑事裁判终结者的诉讼地位,注重研究法院在证据采信、证明标准、法律适用、刑罚裁量等方面的意见和主张,并积极主动地作出相应调整,切不可非理性对抗,甚至不顾案件的具体情况"死抗",又要遵循自身诉讼职能的阶段性特征和规律,科学把握批捕、起诉、审判监督的法定条件、司法尺度和标准,不能简单地用同级法院的标准作为起诉甚至逮捕的标准,尤其是涉及法治原则的问题决不能妥协,需要通过强化出庭公诉充分阐明控方主张、依法提起抗诉等方式寻求检方的正确意见得到法院的认同。

最后,妥善处理来自媒体、社会舆论的压力,坚持独立判断依法处理,避免受到"舆论审判"的影响。既要抵制和排除各种不当干扰,不能因舆论炒作而作出违反法律规定的决定,否则后患无穷;又要高度重视、认真分析网络舆情、社会评判中反映的问题,特别是要正确对待舆情反映的办案中确实存在的问题,要及时、理性研判并根据问题之"轻重缓急"确定是否需要作出调整与回应。对于可能引发或者已经引起舆情的案件,要善于把握当前时代背景下涉检涉案舆情的特点规律,提高敏感性和鉴别力。案件处理前,要在评估预警上花心思、下功夫,最大限度防"炒"于未然;案件发生舆情后反应要敏锐,"风起于青蘋之末",要迅速了解情况,研究应对之策,切不可麻木迟钝、贻误战机,以至于无法收场。在务求依法办案的同时,积极提升新媒体时代社会沟通的能力,善待媒体、善用媒体,积极配合宣传部门主动开展一些关于刑事检察工作的正面宣传,提高案件办理的透明度、社会认可度和执法公信力。办理重大敏感热点案件的同时要制定舆论引导方案,运用事实、证据和群众易于理解的语言,有针对性地消除舆论的误读误判。

第三,既要准确适用法律,还要法理情融通。作为法律人,特别是办案一线的法官、检察官,应当对法律怀有无比的崇敬之心,应当凭借对法律的精准解读保证其正确适用,更应当以强烈的使命感维护好法律使其免受恣意践踏和随意突破。对于检察官而言,对法律学深学透,领会其精神和实质,对于将来用好法律、维护好法律十分重要,因为只有准确适用法律,包括准确适用罪名、准确区分轻重,才能为确保案件实现公平正义奠定基础。但是现实生活纷繁多样,案件中的"人"各不相同,因此司法办案仅遵守法条还远远不够,还应融天理、国法、人情一体考虑,方能办好案件,求得好的效果。张军检察长在第七届全国十佳公诉人决赛总结讲话时特别强调,办案须重法理情,这里说的法理情,就是天理、国法、人情融为一体,就是政治效果、社会效果和法律效果统一的办案的最高境界、最佳效果。① 天理、人情就是情同此心,政治效果、社会效果就是以人民为中心、让人民群众满意,如果司法机关办理的案件老百姓不满意,对于体现人民意志的法律,能说我们理解深、领会透、分析得正确吗?答案显然是否定的。这里的"天理"指的就是自然之常理、经济社会之规律,检察官办案要顺常理、合规律,不能犯主观主义的错误,以至于简单化、表面化、片面化,要通过办案服务经济发展和科技创新、维护社会稳定、增进人民福祉。这里的"人情"是指人之常情、人性使然,是人民群众普遍保有的情感,而不是私情私利,比如人因贫困饥饿而窃食果腹,从人道考虑不能治罪,就是"法不外乎人情"的实现,这要求案件处理结果要最大限度地体现人性、反映民情、表达民意。

近年来,"于欢故意伤害案""赵春华非法持有枪支案"等案件之所以引发社会争议,主要是因为未能在法律和情理之间形成妥当的平衡,从而使得裁判可能于法无违,但却对维系社会整体秩序的情理造成了冲击。② 我国法律使用了大量概括概念,如果案件中的某些行为处于法律概念的边缘地带,司法者便应该认真思考该行为能否为相关的法律概念所"涵摄",处理结果是否会冲击人民群众的正义观以及是否会造成负面社会影响。例如,"于欢故意伤害案"涉及不法侵害对象——"本人或者他人的人身"

---

① 参见邱春艳:《办案须重法理情 公诉不止在法庭 强素质永远在路上》,载《检察日报》2020年9月28日,第1版。
② 参见张杰:《中国传统情理法的法理重识与现代转化——以〈驳案新编〉为切入点》,载《北方法学》2020年第4期。

的解释问题,最高人民法院发布指导性案例指出,对正在进行的非法限制他人人身自由的行为,应当认定为《刑法》第 20 条第 1 款规定的"不法侵害",可以进行正当防卫。同时指出,"如系因被害人实施严重贬损他人人格尊严或者亵渎人伦的不法侵害引发的,量刑时对此应予充分考虑,以确保司法裁判既经得起法律检验,也符合社会公平正义观念"。检察官在办案过程中,不能满足于只要有法律依据或不违法的确信,而要追求更高的标准、最佳的效果,综合考虑天理、国法、人情、政治、社会、法律,从内心到效果融为一体。

三、秉持客观公正立场,维护公平正义

习近平总书记指出:"促进社会公平正义是政法工作的核心价值追求。从一定意义上说,公平正义是政法工作的生命线,司法机关是维护社会公平正义的最后一道防线。"①总书记多次强调,要努力让人民群众在每一起司法案件中感受到公平正义。其核心意义要求司法办案不仅要努力做到公平正义,而且还要努力让人民群众感受公平正义,要得到人民群众的认同。我们应当深刻领会、努力践行于生动的检察司法实践。2019 年修订的《检察官法》第 5 条规定,检察官履行职责,应当秉持客观公正立场。张军检察长指出,检察官既是犯罪的追诉者,也是无辜的保护者,更要努力成为中国特色社会主义法律意识和法治进步的引领者,这是对客观公正立场的最权威解读,也是定位检察官角色,特别是刑事检察官角色的根本遵循。

从实践情况看,一个根本的问题就是如何真正做到维护公平正义?这些年,人民群众对司法机关的意见比较集中于司法不公与司法腐败两个方面。某种意义上讲,合不合法是专业判断,人民群众真正关心的是案件是否得到公正处理。对于一些涉法上访的案件,案子本身都没有发现明显违法的问题,但当事人一方甚至双方都不满意,其根本问题就在于他们认为案件处理不公,没有感受到公平正义。所以,检察机关履职办案最根本的也是人民群众最关注的还是公正问题。比如说,在入罪的门槛上把握不统一,同样情况有的认为有罪,有的认为无罪,有的批捕起诉,有的不捕不诉;在共同犯罪的问题上,主犯不捕不诉,从犯批捕起诉,或者主犯判处缓刑,从犯却判处实刑;成年共犯和未成年共犯作用差不多,因为分部门审查,结果成年共犯不捕不诉,未成年共犯批捕起诉;对于外地犯罪嫌疑人尽量批捕起诉,本地犯罪嫌疑人尽量不捕不诉;还有的团伙犯罪案件,主犯重犯报送上级检察院办理,从犯轻犯由基层检察院办理,结果从犯轻犯被起诉定罪,主犯重犯最后存疑不诉等,这些做法和处理都难以让人民群众、让当

---

① 习近平:《促进社会公平正义,保障人民安居乐业》,载《习近平谈治国理政》(第 1 卷),外文出版社 2014 年版,第 148 页。

事人感受到公正。

检察官应当有公正心和正义感,要秉持客观公正立场,在办理案件的千锤百炼中品味公正的内涵与要求,提高追求公正的品质与能力,做到"实体公正、程序公正、社会公正、监督公正"。

第一,实体处理上要做到公正,标准要统一,认定要准确,处理要适当。在事实认定方面,检察官负有查明事实真相的法定义务,既要收集审查有利于犯罪嫌疑人的证据,也要收集审查不利于犯罪嫌疑人的证据,不偏不倚地作出判断。在法律适用方面,要统一适用标准,做到同样的案件受到相同的处理,不同的情况作出不同的处理和对待,禁止因犯罪嫌疑人、被告人的家庭出身、社会地位、职业性质、财产状况等进行差别对待,杜绝差异性、选择性司法。例如,最高人民检察院于2019年发布了首批涉民营企业司法保护典型案例,涉及职务侵占罪、拒不支付劳动报酬罪、虚开增值税专用发票罪等案件类型,就是对检察官司法办案作出明确指引,从不同角度彰显对所有经济主体一视同仁、平等保护的司法理念。

第二,程序适用上要保障实现公正。在捕与不捕、诉与不诉等方面落实"同城待遇"、人人平等政策,严格按照法律和事实作出决定;在认罪认罚从宽制度的适用过程中,既要听取犯罪嫌疑人及其辩护人的意见,又要听取被害人的意见,在此基础上进行全面考量。同时,检察官应追求"有效率的司法公正",所谓"迟来的正义非正义",对于一起案情简单的认罪案件,即使处理结果是公正的,但如果诉讼程序长途漫漫,犯罪嫌疑人长期处于羁押候审状态,很难说符合司法公正的要求。为此,应当在确保实体正确的前提下提高诉讼效率,力争以最快的时间、最低的耗费取得最大的效益,最大限度地实现司法公正的价值。

第三,要让案件当事人和关心案件的人感受到公正,从内心认同公正。当事人及其近亲属是司法案件的直接利害相关者,如果检察机关作出不批捕、不起诉等决定后,当事人及其近亲属不理解,进而不断申诉、信访,甚至采取聚众闹事、对抗司法等行为,很难说该案件的社会效果是理想的。有的检察官习惯于"封闭办案",认为案件实体正确、程序合法即可,无须向社会公众进行过多解释说明,这种传统办案方式已经不能满足新形势的需要。新媒体时代,要通过公开听证、法庭教育、文书说理、新闻发布等方式回应社会关切,将检察机关维护公平正义的过程展现于外部,让当事人以及社会公众更能理解和认可检察机关的案件处理结论,发挥司法的定分止争和价值引领作用。

第四,对人民群众反映强烈的司法不公问题,履行好监督职责,促进侦查公正和审判公正。检察机关具备法律监督机关和司法机关的双重属性,不仅要依法公正办理批捕、起诉案件,还要着力纠正冤错案件,对侦查、审判中的违法情形进行监督。党的十八大以来,最高人民检察院先后指导下级院监督纠正了浙江张氏叔侄强奸案等一批有影响的冤错案件,依法保障当事人申诉权的有效行使,使社会公众看到司法机关干预、面对历史遗留疑难复杂案件的勇气和有错必纠的决心,有力维护了司法公正。在以审判为中心刑事诉讼制度改革的背景下,检察官要将目光向诉讼"前端"延伸,对公安机关的立案、侦查措施加强监督,如果人民群众反映存在"有案不立""利用刑事手段干预经济纠纷""违法查封、扣押、冻结财物"等情形,应当及时调查核实并进行监督纠正,确保国家法律在刑事诉讼中得到统一正确实施。

四、坚持惩治犯罪与保障人权的平衡,确保实现刑事诉讼的基本功能

《刑事诉讼法》第 2 条规定,刑事诉讼的任务是"惩罚犯罪分子,保障无罪的人不受刑事追究"。因此,兼顾惩治犯罪与保障人权的统一,努力实现惩治犯罪与保障人权的平衡,应该是刑事诉讼的基本功能,是检察机关应当遵循的一个基本理念。但自 2012 年以来因命案发生的冤假错案频繁暴露出来,借助互联网新媒体引发社会各界的广泛讨论,保障人权的呼声越来越高、人权保障理念越来越深入人心。在此背景下,我们注意到,以往饱受批评的"重打击、轻保护"理念在检察机关日常办案中已在悄悄改变,在一定程度上同时出现了"防风险、轻打击"的现象,甚至带有一定的普遍性,呈现出"两个偏颇"并存的状况。

客观地讲,冤假错案频繁曝光、谴责之声不绝于耳,司法机关承受的压力非常之巨大,对办案工作产生了积极而又深刻的影响,但这一现象也反映出了很多问题,令人深思。命案往往死无对证且破案压力大,所以易于导致冤错案件发生,同时因为人命关天且无法挽回,又易于引发广泛关注以及对司法机关的批评。无论多么强烈的诘问和批评,司法机关都理应承受并进行深刻的反思。

从检察机关国家公诉的主体职能而言,依法办案、保障人权固然应当坚守,但是指控犯罪、惩治犯罪以保护人民、保护社会毕竟是其主责,因此应当从有别于审判与辩护的检察职责出发,秉持惩治犯罪与保障人权并重的司法理念,努力追求保障人权与惩治犯罪的平衡。防范错案是司法机关义不容辞的责任,必须最大限度地避免错案尤其是冤案、假案的发生,但与此同时,如何兼顾保障人权与惩治犯罪的平衡,或者说怎么处理好这两者之间的关系,最大限度地维护公共利益、维护被害人的合法权益,同样是一个需要认真、严肃讨论的话题。最近几年,由于冤错案件频繁暴露曝光,加之最高人民法院对于死刑案件证据标准的特殊要求以及司法责任制的不断强化,法院定案的标准明显提高,有的时候甚至表现得有些"苛刻""机械""简单化",而且从严定案的理念

已经从最高人民法院传导至基层法院，以往可以定罪判决的案件现在判不了了。检察机关受此影响，因担心法院判决无罪而怠于提起公诉，"诉讼风险"成为时下业内的流行语。这种现象应当引起检察机关的警觉，因为无论是在具体的个案还是从国家的宏观层面，这种现象都会引发指控和惩治犯罪力度削弱的问题，尤其是惩治严重犯罪的力度削弱的问题，以及被害人权益保障、被害人抚慰和社会秩序、公共利益的有效保护问题。

严防冤案之错是司法机关的责任，最大限度地减少轻纵犯罪同样也是司法机关的责任。在日常工作和调研中发现，有的公诉检察官职责使命感不强，过度强调所谓的"诉讼风险"，对于疑难复杂、证据"不是十分确实充分"或者法律评价存在认识分歧的案件，缺少勇于担当和认真负责的精神，往往因为担心被法院判决无罪而徘徊不前，对于案件的分析评判强调不定少定的理由多，积极指控的主张和分析梳理少，有的言论甚至听起来更像是辩护人的而非公诉人的；有的公诉检察官国家公诉人的主体意识不强，对于某些因证据问题、认识问题等与法院产生分歧的案件，在与法院的交流、交锋中，不能据理力争，坚持自己的正确意见，一旦主审法官提出案件难以认定，缺少坚持自己的主张的信心和勇气，撤回起诉了事；有的公诉检察官探求真相、指控犯罪所应具备的专注与执着的意志品质不强，办案中一旦遇到困难、麻烦和挑战，不是迎难而上，用专注与执着克服办案中的重重困难，揭开重重迷雾，将有罪之人绳之以法，而是望而却步，甚至对一些后果极其严重的命案，数额特别巨大，社会公众高度关注的重大案件也轻言放弃；有的单位和公诉检察官不能妥善处理正确履职与考核考评的关系，往往因为担心"诉讼风险"、被法院判决无罪影响到考评的成绩而退缩、不敢坚持；特别是，捕诉一体办案机制实施以来，有的公诉检察官以起诉标准代替逮捕标准，人为拔高逮捕标准，既不利于打击犯罪，又有悖于宽严相济刑事政策的本质要求；等等。所有这些现象和问题的存在都必然严重影响到检察机关依法指控犯罪、惩治犯罪的力度，影响指控犯罪职能作用的充分发挥，同样应当引起我们的高度重视和深入思考。

第一，正确把握人权保障的范围。刑事诉讼过程中要保障诉讼参与人，特别是被追究刑事责任的犯罪嫌疑人、被告人的合法权益，防止无罪的人受到刑事追究，这是人权保障的应有之义。与此同时，我国刑事诉讼一向注重保护多元利益，崇尚对社会秩序和公序良俗的维系，刑事诉讼从一定意义上说就是追究犯罪、惩治犯罪，通过国家刑罚权来维护社会公益和被害人权利的活动。在刑法的脸中，包含着受害者父母、兄弟的悲伤和愤怒，也包含着对犯人的怜悯，更饱含着对犯人将来的祈望。① 检察官要避免用单一视角看待人权保障问题，在充分考虑保障犯罪嫌疑人、被告人权益的同时，对国

---

① 参见〔日〕西原春夫：《刑法的根基与哲学》（增补版），顾肖荣等译，中国法制出版社2017年版，第195页。

家利益和社会公共利益、被害人的权益和诉求也应给予兼顾。如此,才是对检察官客观公正立场的完整表述。

第二,准确解读"存疑有利于被告人"原则。"存疑有利于被告人"是指对于案件事实有疑问的,作出有利于被告人的处理,这是现代司法文明进步的成果,对于克服"有罪推定"、保障被告人的合法权利具有重要意义。但"存疑"要有一个前提条件,就是案件已经缺乏任何取证空间,需要作出终局性判断,而不是一旦出现证据矛盾或证据缺失,就直接得出"有利于被告人"的结论。案件办理过程中发现疑点是正常的,刑事诉讼法之所以设置退回补充侦查、自行补充侦查等制度,就是为了收集完善证据来解决疑点、查明事实真相。有的案件中,犯罪嫌疑人供述与证人证言、被害人陈述并不一致,检察官不能直接以证据存在矛盾为由作"存疑"处理,而应充分收集与待证事实相关的其他证据,结合经验法则和逻辑判断何者更为可信。有的案件因为被告人在庭审阶段翻供,法院便不加分析地把被告人口供一律排除在外,导致案件指控证据链散落,被告人被判无罪,对此检察官不能简单"服判"了事,而应组织严密的证据体系,依法提出抗诉。

第三,正确看待无罪判决等诉讼现象。至于所谓"诉讼风险",我们要用科学的态度、严谨的作风予以正确地对待,尤其是对于法院的无罪判决更要有一个科学的认识和评判,绝不能因噎废食。无罪判决不能简单等同于司法责任,对故意违反法律和有关规定,或者工作严重不负责任,导致案件质量出现问题而法院作出无罪判决的,该追究责任的要追究责任。同时,无罪判决是司法活动中客观存在的现象,反映了司法证明的局限性,对认识分歧案件,要通过检法互碰尺度得出司法公正的具体标准。要尊重检察官主体地位,既要坚决杜绝因受到不正当干预而错误起诉,也不能人为设定无罪案件比例,以无罪判决率作为考核公诉案件质量的依据,防止简单地将无罪案件等同于错案,把有认识分歧案件的无罪责任不加区分地归于检察官,关键是要看有无公诉责任。此外,关于如何正确认识对捕后不诉的评价问题,要遵循司法规律的客观要求,捕得对不对关键看审查逮捕时案件是否符合法定条件,是否尽到了审查的责任,而不应以事后的诉与不诉甚至是否判决有罪作为评判的标准。这一点,在"捕诉一体"办案机制改革后尤为重要。

五、坚持辩证思维,依法灵活运用宽严相济刑事政策

刑事政策是指党和国家理性而有效地对付犯罪的战略、方针与策略方法的总和,是司法理念的政策化,更是指导刑事司法的灵魂。没有刑事政策指导的司法,是本本主义、教条主义的司法,是机械的、低层次的司法,如果检察官眼里只有卷宗,手中只

有法条,司法的法律效果往往会背离法的精神,司法的社会效果必将大打折扣。① 可以说,正确处理法律与政策的关系,在依法办案的前提下灵活而准确地运用宽严相济的刑事政策是实现办案两个效果统一、提升司法层次的关键环节。但从实践情况看,检察人员还存在对政策理解不深、把握不准、不会用、不善用的问题,政策具体运用上还存在诸多的困惑,经常会面临捕与不捕、诉与不诉以及从宽与从严的艰难选择,直接影响了政策运用的广度和深度。结合当前实践,重点强调两个方面的问题:

①坚持辩证思维,避免"一刀切"司法和"一刀切"运用政策。一是正确处理宽与严的关系,确立刑事司法宽严相济,行政处罚从严从重的执法司法责任体系;二是正确处理重与轻的关系,对于重罪案件原则上从重,但要兼顾少数情况下的从轻,对于轻罪案件原则上从轻,但要对情节恶劣的在法定幅度内从重(认罪认罚中的惯犯处遇);三是正确处理快与缓的关系,办理案件要取得良好效果,并非一律快才会好,即便是轻罪案件,有些情况下也需要慢一点才能有好效果。

②把握好三个"必要性"是贯彻宽严相济的关键。一是逮捕必要性;二是起诉必要性;三是羁押必要性。

长期以来,检察机关对于轻罪案件的处理具有较为明显的单一倾向性,即"构罪即捕""构罪即诉"的倾向,绝大多数案件均起诉到了法院,因罪行轻微、情节轻微依法作出不起诉的案件,1999 年至 2009 年十年间,不起诉率保持在 2%左右;2009 年至 2012 年,刑事案件不起诉率缓慢增长,保持在 3.3%左右;2019 年以来,受到认罪认罚从宽制度大力度适用的积极推动,相对不起诉的比例有了大幅度的上升,2019 年为 9.5%,2020 年达到 13.7%,同比上升 31%。但从总体上看,检察机关对于轻罪案件的处理在思想上还不够解放,比如将大量的情节轻微的醉驾案件起诉到了法院,效果并不好。同时存在因为刑事和解、矛盾化解工作不到位,对于大量的轻伤害案件难以适用不起诉,影响了办案效果。可以预见,随着认罪认罚从宽制度的全面实施,不起诉的比例还会大幅度上升,可以断言,基层检察院在宽严相济政策特别是轻缓政策的运用上"空间大、效果好",但亟待深入。

第一,重视刑事政策对司法办案的指导作用。政策体现为党和国家发布的决定、决议、纲领、宣言、通知、纪要等,具有灵活多变的特点,能够应对社会发展的新情况、新问题;法律体现为有权机关制定的规范性文件以及发布的指导性案例、典型案例等,具有强制性、稳定性等特点。二者在制定主体、程序、效力等方面存在差异。实践中,有的检察官认为法律是实实在在的,政策是缥缈不定的,司法办案只要符合法律规定即可,是否体现政策要求并不重要,这种观念是极为偏颇的。法律具有天然的局限性、滞后性,既无法调整司法办案的各种细节,也难以应对复杂多变的社会情况,很多情况下

---

① 中央司法改革方案确定要以构建和谐社会为主线,正确执行宽严相济刑事政策。

需要政策先行,待实践检验成熟后再行上升为法律。"刑罚世轻世重",宽严的标准和轻重的尺度都是相对于一定社会条件和犯罪态势而言的,并非一成不变、僵化教条的。例如,疫情防控期间,检察官在办理涉及对企业复工复产有所影响的案件时,就要充分把握依法办案和支持企业复工复产之间的关系,甚至可以实地走访评估企业生产经营状况和复工复产情况,依法妥善把握好捕与不捕、诉与不诉的问题。对于妨害公务、制假售假、哄抬物价、借机诈骗等危害疫情防控工作、严重扰乱社会秩序的犯罪行为,当然要依法从重从严把握。对于犯罪社会危害不大,又能积极投身疫情防控工作的企业和个人,可以依法作出不批捕、不起诉决定,或者向法院提出从宽处罚的量刑建议。要认识到,刑事政策与法律一样都是司法办案应当重点把握的问题,运用刑事政策并不是突破法律规定,而是根据不同时期、不同地区经济社会的发展状况和治安形势的变化,考虑人民群众的安全感以及惩治犯罪的实际需要,在法律框架内适时调整从严和从宽的对象、范围和力度,使案件办理获得最佳效果。

第二,以公共利益为标准,全面衡量案件的从宽从严情节。办案中要准确评价案件的社会危害程度、犯罪嫌疑人(被告人)的主观恶性程度、人身危险性程度,做到宽严有度,处置得当。如果案件只存在单一的从宽或从严情节,较为容易处理判断,如果既包括从宽情节又包括从严情节,由于法律没有明文规定,如何处理就成为司法实践中的难点问题。在这里,需要将公共利益作为确定从严还是从宽的标准,正确认识和处理好"宽""严"之间的辩证关系。公共利益包括国家利益和社会公共利益,最突出的特点是权益保护的整体性和权益归属主体的不特定性。犯罪是对刑法所保护的社会关系的侵犯,它不仅侵犯了被害人个人的利益,同时也侵犯了国家所维护的公共秩序和社会利益。为了避免私人起诉的缺陷,更好地维护公共秩序和社会利益,国家设置了检察机关并赋予其权力以代表国家对犯罪进行追诉。据此,对于轻罪案件原则上应当体现从宽的政策,对于重罪案件原则上应当体现从严的政策,这在刑法规范上也有充分的体现。对于一些轻微犯罪以及初犯、偶犯、未成年犯、老年犯等,在兼顾从严情节的同时,应着重体现从宽情节的作用,如老年犯罪嫌疑人因生活所迫实施盗窃犯罪,犯罪数额不大,即使其多次实施盗窃,也可考虑到公众悲悯之情作不捕、不诉处理。对于一些重大经济犯罪或严重危害社会治安和影响人民群众安全感的刑事犯罪,在兼顾从宽情节的同时,应着重体现从严情节的作用,如涉众型经济犯罪案件的犯罪嫌疑人具备自首等法定从宽情节,但其给社会公众造成重大损失且未退赔,也可以不予从宽。同时,又不能将"轻罪从宽、重罪从严"绝对化,认为轻罪一律从轻,重罪一律从严。轻罪案件具有恶劣情节,自然应当从重处罚;重罪案件具有从宽情节,自然应当从宽处罚,情节轻微的甚至可以不处罚。在严格依法的前提下,注意用公共利益的眼光审视和确定案件的处理意见,避免一律从轻或者一律从重的片面主义、教条主义倾向。

第三,灵活准确运用刑事政策。要充分认识到执法作风、方法对社会效果的影响,灵活而又准确地运用宽严相济的刑事政策,克服就案办案、闭门办案、机械司法,只看法律效果忽视社会效果的低层次执法现象。我国的传统刑事司法体制类似于"直筒式"构造,犯罪嫌疑人一旦进入刑事追诉程序,通常就意味着将被定罪量刑,从刑事司法程序中解脱出来的概率很小。随着轻罪立法的扩张和轻罪案件的大量增多,应当配套建立"漏斗式"出罪刑事司法机制,解决实践中的过度处罚问题。① 实践中,刑事和解是"漏斗式"出罪刑事司法体制的重要组成部分,也是落实宽严相济之从宽政策的体现,对于达成和解协议的轻微犯罪案件,人民检察院可以作出不起诉的决定。然而,有的检察官在办理轻伤害犯罪案件时,尽管犯罪嫌疑人认罪认罚,但未能做好和解工作,既不建议当事人进行和解,也不告知其相应的权利义务或提供法律咨询,而是将犯罪嫌疑人一概起诉到法院,法院大多判处缓刑,而双方当事人矛盾还在,导致办案效果受到影响。客观地说,促进当事人和解将会耗费检察官大量的时间和精力,但检察官应当确立更高的司法标准,在轻罪案件的各个阶段实行有利于犯罪嫌疑人、被告人改造和回归社会的处遇措施,助力社会矛盾化解和社会关系修复。

六、以宽严相济为遵循,贯彻少捕慎诉慎押政策理念

基于刑法谦抑理念、宽严相济刑事政策、认罪认罚从宽制度落地实施,特别是20年来刑事犯罪结构、态势变化以及国家治理现代化的时代背景,少捕慎诉慎押已经成为司法办案的共识。

2021年4月,中央全面依法治国委员会把"坚持少捕慎诉慎押刑事司法政策,依法推进非羁押强制措施适用"列入2021年工作要点,作为该年度需研究推进的重大问题和改革举措。中央首次将"少捕慎诉慎押"由司法理念上升为党和国家的刑事司法政策,并就推进非羁押强制措施适用问题进行专项部署,这是立足当前、着眼长远的重要决策,对我国刑事司法将产生重大而深远的影响。作为党和国家确立的刑事司法政策,少捕慎诉慎押是宽严相济刑事政策在刑事诉讼程序中的具体要求,是继认罪认罚从宽制度之后确立的一项重大的刑事司法政策。

少捕慎诉慎押是指对绝大多数的轻罪案件体现当宽则宽,慎重逮捕、追诉、羁押。所谓少捕是在整个刑事诉讼过程中尽量少逮捕犯罪嫌疑人,在审查逮捕犯罪嫌疑人时加强对社会危险性的审查,依法能不捕的不捕,尽可能减少犯罪嫌疑人羁押候审。慎诉,指严格把握刑事案件进入审判的实体条件和证据标准,对符合法定条件的案件充分适用相对不起诉,对于证据不充分的要严格把好起诉关。慎押,则是要求通过羁押

---

① 参见何荣功:《我国轻罪立法的体系思考》,载《中外法学》2018年第5期。

必要性审查制度在少捕的基础上进一步减少不必要的羁押,已经逮捕的,对没有羁押必要性的犯罪嫌疑人及时变更逮捕措施,尽可能缩短羁押期限。当然,少捕慎诉慎押不等于不捕不诉不押,对危害国家安全、严重暴力、涉黑涉恶等重罪案件以及虽犯罪情节较轻,但情节恶劣、拒不认罪的案件应当体现当严则严,该捕即捕,依法追诉,从重打击。总的来说,贯彻少捕慎诉慎押刑事司法政策,要求我们执法司法机关对于轻罪案件,要尽可能地采取非羁押措施,尽可能发挥审查起诉的调节、把关、分流功能,将矛盾化解在诉讼前端,尽量以更为经济、更为快捷的诉讼方式、办案模式实现刑事司法的功能。

确立少捕慎诉慎押刑事司法政策有着深刻的时代背景、实践基础。改革开放以来特别是近二十年来,我国社会保持长期稳定,刑事犯罪结构发生重大变化,严重暴力犯罪比例大幅下降。据统计,检察机关起诉的杀人、抢劫等严重暴力犯罪案件从 1999 年的 16.2 万人下降到 2019 年的 6 万人,占比从 19.6%下降至 2.7%。与之相对应,轻罪案件大幅攀升,判处 3 年有期徒刑以下刑罚的人数占比从 1999 年的 54.6%上升至 78.7%,特别是最高只有拘役的醉驾案件,占比达到近 20%。此外,信息犯罪、环境犯罪等行政犯涉及罪名越来越广、涉罪人数越来越多,已占刑法罪名的 77%,涉案人数占比达 62.5%。在重罪比例下降、轻罪迅速增加、社会危险性较小的行政犯占多数的形势下,逮捕羁押作为最严厉的强制措施受到更加严格的限制是势所必然。同时,认罪认罚从宽制度的适用,也在推动刑事诉讼结构进行转变。据统计,2021 年全国刑事案件适用认罪认罚从宽制度办结的案件比例已达 85%以上,且上诉率不到 4%,适用认罪认罚从宽制度已经成为刑事案件的主要诉讼模式。认罪认罚的犯罪嫌疑人或被告人的社会危险性明显降低,也为推广非羁押强制措施提供了有利条件。另外,随着科技的发展,手机定位、大数据、人脸识别等技术日渐成熟,公安机关对未被羁押的犯罪嫌疑人、被告人的监管能力也大幅度提升,以往只有关起来才管得住的犯罪嫌疑人、被告人如今采取非羁押措施也可以保证诉讼的顺利进行。如山东东营检察院依托"电子手表(环)"智能监管系统,对具有一定社会危险性,但依法不宜羁押的犯罪嫌疑人、被告人,进行较为严格的电子智能监管。浙江杭州检察机关依托"非羁码"扩大非羁押措施适用范围,实现对取保候审等非羁押人员进行有效监管,节约了司法资源,有效降低了羁押率。不仅如此,随着国家发展进入新时代,社会主要矛盾变化,人民群众在民主、法治、公平、正义等方面有了更高要求,对人权保障有了更高期待,对刑事案件质量评判也有了新的标准。以往只关注被羁押人员有罪还是无罪,"构罪即捕"被视为理所应当。现在法治理念与权利意识明显增强,公众普遍希望刑事案件以更文明、更有利于人权保障的方式办理,羁押是否合理、必要,愈加受到关注。回应人民群众新需求,近年来我国司法机关逐步重视强制措施适用的规范化,提出了少捕慎捕等司法理念。通过严格控制逮捕、推动羁押必要性审查等方式减少不必要羁押,审前羁押率从2000年的96.8%下降到2019年的63.3%。客观地看,审前羁押率虽有大幅下降,但总体仍占比较高,已不能适应新的社会形势与法治建设目标。在这一背景下,确立少捕慎诉慎押刑事司法政策正当其时,是司法机关践行以人民为中心、全面依法治国、回应经济社会发展需要的重大举措,是司法履职助推国家治理能力现代化的具体体现,也是对长期以来刑事诉讼过度依赖逮捕羁押、强制措施功能异化的适时纠偏。

落实少捕慎诉慎押刑事司法政策的意义体现在:一是有利于强化人权司法保障。尽可能减少审前对人身自由的剥夺,避免羁押强制措施的滥用、误用,是强制措施适用中保障人权原则的具体体现。二是有利于促进社会和谐。逮捕羁押的泛化,容易激化对抗情绪,影响对犯罪嫌疑人、被告人的教育、改造,而减少逮捕羁押,体现司法宽和谦抑,释放司法善意,有助于修复被犯罪破坏的社会关系,帮助犯罪嫌疑人、被告人复归社会。三是有利于节约司法资源。羁押需要场地、人员、设备等各方面大量资源投入,被羁押人员不能正常生产生活、创造价值也是羁押隐形的成本,与羁押相关的"以捕代侦""久押不决"更是对司法资源的浪费。因此,减少逮捕羁押就是节约司法资源、减少社会负担。四是有利于降低涉罪人员回归社会的成本。犯罪嫌疑人、被告人被羁押在羁押监管场所易"交叉感染",不利于顺利回归社会。而且留下犯罪记录后,还影响子女升学参军就业。减少逮捕羁押可有效避免这些"副作用",也能很好地教育挽救一部分偶然失足的人员,让他们既能够深刻反省,又能够尽早回归社会。

少捕慎诉慎押绝不是不捕不诉不押,不能搞"一刀切"。落实这项政策重要的一点就是做到区分情况、区别对待,体现宽严相济的要求,对严重犯罪依法逮捕、从严打击,对符合条件的轻罪案件则当宽则宽,少捕慎押,既保证犯罪打击的力度、效率,又最大限度地保障人权、减少社会对立面。在审查逮捕案件时要把是否具备社会危险性作为审查的核心。要树立起羁押性强制措施的适用并不是刑事诉讼过程必经程序的意识。在实践中,以下几类案件应成为适用少捕慎诉慎押刑事司法政策的重点。一是轻微犯罪案件。在犯罪嫌疑人、被告人可能判处3年有期徒刑以下刑罚的案件中,除有证据证明犯罪嫌疑人、被告人人身危险性较大的外,原则上不适用逮捕。二是罪行较轻的案件,如可能判处3年有期徒刑以上刑罚但系过失犯罪,初犯、偶犯,共同犯罪中的从犯、胁从犯等,应当慎重逮捕。三是犯罪嫌疑人、被告人认罪认罚的案件,应当将认罪认罚情节作为社会危险性审查判断的重要考量因素,慎重把握逮捕的必要性。四是对于未成年人、老年人、在校学生等犯罪嫌疑人,不予羁押不致产生社会危险且更符合社会公共利益的案件能不捕的尽量不捕。轻微犯罪案件,轻微刑事案件,犯罪嫌疑人、被告人可能判处3年以下有期徒刑的案件,认罪认罚的案件,达成和解的案件原则上可不适用逮捕。对于未成年人、老年人、在校学生等犯罪嫌疑人且社会危险性较低的,要做到能不捕的不捕。当然,政策导向不能取代个案裁量。对上述案件中的犯罪嫌疑人、被告人是否逮捕羁押不能一概而论,还是要综合审查是否具有社会危险性而作出决定。比如,上述人员犯罪,罪行较轻、没有社会危险性的,可不予逮捕,但如果犯罪后为逃避惩罚隐匿罪证、串通他人影响司法、妨害诉讼的,该捕的还是要捕。需要强调,落实少捕慎诉慎押刑事司法政策要坚持宽严相济、当严则严。对于恐怖活动、涉黑涉恶等严重危害国家安全、公共安全的犯罪,故意杀人、强奸、绑架等严重暴力犯罪等,应依法从严追诉、从重打击,一般不适用少捕慎诉慎押刑事司法政策。在审查起诉阶段要严格把关证据,审查起诉的案件必须坚持犯罪事实清楚、证据确实充分的证据标准。要在坚持证据标准的前提下依法运用相对不起诉、附条件不起诉等制度,减少不必要的起诉。2020年,全国检察机关起诉后判拘役、管制、单处附加刑、免予刑事处罚、无罪案件三万余人,仍有下降空间。附条件不起诉占不起诉比仅为8.75%,仍未充分适用。再次,要充分做好羁押必要性审查。对羁押案件进行适时羁押必要性审查,坚持做到只有当被逮捕人在整个刑事诉讼环节中均符合审查逮捕的必要条件且不能用其他强制措施替代时,才能对其继续保持羁押状态。

七、树立能动司法理念,强化诉源治理效果

(一) 能动司法与主导责任的提出

进入21世纪特别是近十年来,刑事犯罪至少呈现出四个方面的明显变化:一是犯罪的科技化、专业化、网络化程度迅速升高;二是大规模、超大规模的刑事案件频发;三是案件总量大幅度增加,办案压力增大、难度加大;四是案件当事人的权利意识大大增强,涉及的矛盾关系日益多元复杂。如何有效应对这些世纪难题,司法、立法机关始终没有停止探索的脚步。从2000年北京海淀区检法机关联手尝试普通程序简化审,到"两高"推广继而作出司法解释,再到刑事诉讼法给予立法确认;2014年以来,作为司法改革的重头戏,在全国18个试点地区先后开展两年的速裁程序试点、两年的认罪认罚从宽制度试点基础上,在吸收了域外协商式、恢复性司法和辩诉交易等理念和制度的有益因子后,2018年《刑事诉讼法》修订确立了认罪认罚从宽这一重要的、具有划时代意义的诉讼制度。随着认罪认罚从宽制度的全面实施,被告人认罪服法成为常态,惩治犯罪更加及时有效,促进社会和谐稳定更加有力,当事人权益保护更加全面。全国人大常委会高度重视认罪认罚从宽制度的实施情况,2020年10月专门听取了最高人民检察院关于人民检察院适用认罪认罚从宽制度情况的报告,对检察机关落实认罪认罚从宽制度情况给予了充分肯定。

认罪认罚从宽制度的立法确立和深化实施,具有以下重大意义:一是认罪认罚从

宽制度的目的不仅在于提升诉讼效率、节约司法资源,更在于化解社会矛盾、消弭社会戾气、促进社会和谐,是国家社会治理体系和治理能力现代化的重要体现。二是认罪认罚从宽制度要求检察机关在刑事诉讼中要承担起主导责任,切实发挥好主导作用。鉴于制度实施初期检察机关适用的积极性、主动性不高,适用率总体偏低(不足30%),导致认罪认罚从宽制度的内在价值难以体现的状况,在2019年7月召开的大检察官培训班上,最高人民检察院党组提出到年底前单月适用比例要达到70%的近期目标,并在随后召开的全国检察机关刑事检察工作会议上提出了工作要求。经过检察机关上下一体努力和诉讼相关方共同推进,当年12月认罪认罚从宽制度即达到83%以上的适用率,到2020年适用率超过85%,之后已经稳定保持在85%以上。三是认罪认罚从宽制度不仅对检察机关产生积极影响(事实上检察机关需要付出更多精力、承担更大责任),更有利于审判机关繁简分流,集中精力审理疑难复杂案件和重大影响案件,真正发挥庭审实质化的作用、体现以审判为中心的核心要求,把好最后一关,严防冤假错案。再者,认罪认罚从宽制度同样受到了公安、安全等侦查机关的欢迎,因为这一制度有利于促进犯罪嫌疑人早日认罪,如实供述,配合侦查,从而大大降低侦查难度,提高侦查效率,改善侦查效果。因此,检察机关应当提高政治站位,从长远和战略层面充分认识这一制度在推进国家治理体系和治理能力现代化特别是在刑事诉讼现代化方面的重大意义,在制度落地实施的初期阶段、模式转换的关键时期,至关重要的是要主动担当、积极作为,增强自觉性、主动性和积极性,这有赖于各级检察机关的共同努力。从2021年开始,检察机关一方面继续推动认罪认罚从宽制度依法能用尽用,另一方面,也是更重要的目标,将致力于在深化实施、提升质效上下功夫,树立正确的工作目标和业绩导向,在稳定保持较高适用率的基础上,更加注重提升认罪认罚案件质效。

认罪认罚从宽制度实施以来,从起步实施、全面推开到稳定适用,以及案件质效不断提升的实践看,检察机关作为诉讼中间环节和制度适用的"主战场",自觉担负起法律要求的主导责任,较好发挥了主导作用。2020年10月,最高人民检察院向全国人大常委会专题报告工作后,栗战书委员长在闭幕讲话中明确要求检察机关要发挥好主导作用,人大常委会审议意见要求检察机关更好履行在指控证明犯罪中的主导责任,国家立法机关的要求进一步明确了检察机关在刑事诉讼特别是认罪认罚从宽制度适用中的主导责任,检察机关应当勇于担当起这个责任。

司法机关、司法官只有在被请求时才能行使职权,因此传统观点认为司法权具有被动性。长期以来,检察机关也正是大致秉持着受理侦查移送、审查逮捕、审查起诉、提起公诉、出庭公诉的"流水线式"的诉讼模式,主要体现为被动审查的履职模式。认罪认罚从宽制度的建立和完善,推动我国刑事诉讼程序、模式发生重大变化,从其内在要求上赋予了检察机关贯彻落实的更重责任,亦即制度适用中的主导责任。这一主导责任是法律对检察机关履职的更高要求,是实实在在的责任,旨在优质高效地通过适用认罪认罚从宽制度办好案件、维护公正、促进治理。从制度实施的实践充分表明,检察机关只有承担刑事诉讼中的主导责任,发挥主导作用,这个制度才能真正全面推开、广泛适用,否则这个制度无以有效实施,它要求检察机关的履职活动必须更多地体现出自觉性、积极性和主动性,变被动司法为能动司法。

说到能动司法,除在认罪认罚从宽制度适用方面体现能动司法的要求外,检察机关作为法律监督机关必须积极主动履职、自觉能动司法,才能担负起宪法赋予的法律监督职责,因为道理很简单,没有哪一个被监督对象会主动上门接受监督,也没有哪一个监督事项会自动冒出来。再有,从检察机关的职能属性上讲,它既有司法机关中立审查的司法属性,又有上下一体、主动作为的行政属性,由此决定了检察机关可以且应当积极主动履职,展现能动司法所积极追求的办案和监督效果。

(二) 自觉担负主导责任

检察机关要按照认罪认罚从宽制度的要求,积极主动履行职责,承担好主导责任。在认罪认罚案件办理中,主导责任主要体现在以下五个方面:一是查明事实、夯实证据体系的责任。事实和证据是检察机关办理案件的基石。检察机关密切诉侦协作,在提前介入侦查、审查逮捕、审查起诉等环节,引导侦查机关或者自行收集完善证据,查明案件事实,夯实证据体系,为适用认罪认罚从宽制度奠定事实和证据基础。二是主动开展教育转化工作的责任。隐瞒事实、逃避处罚、避重就轻是很多犯罪嫌疑人的本能选择。在审查逮捕,尤其是审查起诉环节,检察机关需要耐心细致地做好权利告知、释法说理、教育转化工作,促使犯罪嫌疑人在确凿的事实和证据面前,减少对抗情绪,自愿认罪认罚。三是积极做好被害方工作的责任。检察机关负有听取被害人意见的义务,应当积极推动双方达成和解谅解,并将刑事和解、赔偿情况作为从宽处罚的重要考虑因素。对符合司法救助条件的,积极协调申请司法救助。四是积极开展案件沟通和量刑协商,提出确定量刑建议的责任。提出量刑建议是适用认罪认罚从宽制度的重要环节。控辩协商越充分,量刑建议越明确、具体,越有利于犯罪嫌疑人、被告人更好认罪认罚,减少不必要的反悔和上诉。为实现这一目标,检察机关需要熟知法律、深谙实践,充分听取犯罪嫌疑人及其辩护人或者值班律师的意见,有的案件经过反复、多轮的沟通磋商,才能形成一致的、控辩审可接受的量刑建议。五是视情形对案件进行程序分流的责任。检察机关通过行使起诉裁量权,对符合条件的认罪认罚案件可以作出不起诉处理,推动实现实体从宽和审前分流。同时,检察机关依法充分尊重犯罪嫌疑人、被告人的程序选择权,就案件适用的速裁、简易、普通程序与犯罪嫌疑人达成一致,符合速裁、简易程序的,向法庭提出适用建议,从而推动实现审判程序的繁简分流。

（三）以诉源治理为目标，以能动司法为驱动，正在日益发挥重要影响的新理念

一是协商司法理念。以往实践中，司法过程一般都被当作司法机关的单方职权行为，但随着刑事和解、认罪认罚从宽制度的确立和律师参与程度的不断提升，司法过程更加注重围绕矛盾切实化解进行的协商与沟通。这与诉源治理所倡导的当事人之间以协商方式解决矛盾纠纷，坚持案结事了，推动诉讼纠纷的实质性化解等有着相通的内涵和指向，也契合传统中国基层治理的"和合"思想。二是恢复性司法理念。司法如果只是惩罚和报应，就会导致缺少关怀与温度。而以多方利益共赢为特征的恢复性司法更加注重个人利益的保障和社会关系的修复。诉源治理强调矛盾的有效化解，使涉案当事人能够回归到之前正常的生活，既有利于修复被破坏的社会关系，也有利于最大限度地减少司法对抗和社会对立。如浙江省桐庐县、开化县等地检察机关通过生态修复评估机制的建立，在打击犯罪的同时使受到损害的生态环境得到及时、有效修复，实现经济、社会、环境、司法效益的共赢。三是坚持治罪与治理并重理念。积极发挥认罪认罚从宽制度在化解矛盾、消弭对抗、促进和谐、修复损害等方面的内在价值，坚持治罪与治理并重，积极参与国家治理现代化。打击是治罪的基本方式，实践中存在的"重打击、轻治理"现象，不仅造成治理越来越困难，同时还带来了不少打击的"副产品"。尤其对于社会危险低、主观恶性小的轻微刑事案件，过于强调打击只会带来更多的衍生案件及矛盾。诉源治理强调打击与治理并重，要求司法办案人员要承担起社会治理的主体责任，要注重从治理理念来调整角色定位，通过办案引领社会价值取向，纠正社会治理问题，从深层次预防和减少犯罪。如浙江省杭州市、金华市多地检察机关规范建立轻伤害案件不起诉制度，细化执行规范，引导邻里矛盾化解，促进和谐。

第三编

刑事一体化与刑法解释论

新旧刑事法律规范交替并行的溯及力问题

刘宪权[*]

储槐植先生在美国刑法、青少年犯罪、刑事一体化思想等研究领域均成果卓越。先生提出在罪与刑相应严与厉的关系上,有四种刑法结构,而刑法现代化的本质和基本内涵集中体现为刑法结构的现代化调整过程。我国的刑法应当由"厉而不严"走向"严而不厉",即在严密刑事法网的同时强调刑罚的轻缓,可采取犯罪先行行为犯罪化、削减死刑、广泛适用罚金刑等修法措施。事实上,正如先生所言,我国刑法历经多次修正,总体上正是呈现出去重刑化伴随适度犯罪化的趋向。如《刑法修正案(八)》与《刑法修正案(九)》共计取消22项个罪的死刑规定;《刑法修正案(九)》对个罪增设罚金刑规定以扩大罚金刑的适用范围;《刑法修正案(十一)》则通过新设罪名与前置化刑法干预起点等修法手段严密刑事法网等。

应当看到,在我国"严而不厉"刑法现代化路径的进程中,由于刑法条文的频繁修正,不免涉及修正内容与配套颁行的新司法解释条文与原刑法条文、经修正后刑法条文以及原司法解释条文等的选择适用(司法解释的溯及力)问题。本文仅就在新旧刑法、新旧司法解释交替并行的情况下,如何选择适用条文规范的溯及力问题展开讨论。

众所周知,刑法的溯及力(亦称刑法溯及既往的效力)归属于刑法的时间效力范畴。它是指刑法生效实施以后对其生效之前发生的未经审判或者判决未生效的行为能否加以适用的问题。如果能够适用,刑法就具有溯及力;反之,则无溯及力。分析这一概念,我们不难发现,刑法溯及力本质上解决的是新旧刑法条文选择适用的问题。即对新的刑法条文生效以前发生的行为,我们应该用行为时的刑法条文还是用裁判时的刑法条文?《刑法》第12条明确了我国刑法溯及力采用的是"从旧兼从轻"的基本原则,"从旧"是指认为某行为是否构成犯罪和是否处以刑罚、处以何种刑罚,原则上依照行为时的旧刑法加以裁判,"从轻"则是指如果裁判时的新刑法对这个行为不认为是犯罪或虽认为是犯罪但处罚较轻的,则应适用裁判时的新刑法。笔者认为,"从旧兼从轻"是罪刑法定原则的基本内容与根本精神的高度统一。"从旧"是前提,其体现的是罪刑法定原则"法无明文规定不定罪不处罚"的基本内容。也即刑法原则上不能溯及

---

[*] 华东政法大学刑法学教授。

既往,以行为人实施行为当时的刑法规定评判行为的性质是最为合理的。"从轻"是例外,其体现的则是罪刑法定原则"有利于被告人"的根本精神。

1980 年正式施行的我国刑法经过一段时间的司法实践,因存在刑法条文本身的设计过于笼统、抽象,特别是内容上还保留类推制度等问题,需要进行相关的修正。特别是自 1981 年以来,全国人大常委会先后通过了 23 个对刑法条文修改的补充规定和决定,从而导致累积了大量的修正条文。由此,理论上和实践中提出对刑法进行全面修订的要求。于是,在 1997 年全国人大通过颁行了经全面修订后的刑法。应该看到,经修订后的新刑法颁行至今已有二十余年,其间,我们又用修正案的形式对刑法条文进行了多达 11 次的修正(不包括 1998 年的骗购外汇决定),基本上达到平均每 2~3 年修正 1 次的频率。从总体上看,刑法修正案基本上呈现出增改多、删减少的特点。[①] 特别是自《刑法修正案(八)》出台以来,对刑法修正的内容及范围更有不断扩大的趋势。许多修正内容既涉及刑法总则也涉及刑法分则,当然其中仍然主要是对刑法具体个罪条文的修正。据统计,截至《刑法修正案(十一)》,相关修正案条文共有 219 条,其中涉及对刑法总则条文的修正共计 24 条,对刑法具体个罪条文的修正共计 186 条。应该看到,每次刑法修正案颁布后,都会涉及经修正后的刑法条文与原有刑法条文的选择适用(刑法的溯及力)问题。同时,每次刑法修正案颁布后,还会涉及与刑法修正案配套颁行的新司法解释条文与原刑法条文、经修正后刑法条文以及原司法解释条文(如果存在的话)等的选择适用(司法解释的溯及力)问题。特别是当行为时与裁判时存在不同的司法解释,而且司法解释所解释的刑法条文同步变更,那么经修正后的刑法条文生效之前的行为在该条文生效后以及新司法解释颁行后进行裁判的,如何判断刑法条文与司法解释的溯及力?均很值得刑法理论界和实务界深入加以研究。本文仅就经修正后的刑法条文、原刑法条文与新司法解释交叉情况下选择适用的溯及力问题展开讨论。

一、刑法溯及力原则在司法解释中的展开

如前所述,刑法的溯及力归属于刑法的时间效力范畴,而刑法司法解释的溯及力同样也要在刑法司法解释的时间效力中加以讨论。我国刑法理论上对于刑法司法解释是否应具有独立的时间效力问题一直存在争议。较早时学界大多数人认为,刑法司法解释是对刑法条文内涵和外延的解读和阐释,本身不能作为独立的刑法规范而存在。刑法司法解释的目的在于解决刑法条文的具体适用问题,以维护法律适用的统一性,而不是创制新的刑法规范。刑法司法解释不应该有独立的时间效力,刑法溯及

---

① 参见储陈城:《刑法修正的趋势与约束机制的演变》,载《青少年犯罪问题》2021 年第 2 期。

力问题与刑法司法解释是无关联的范畴。①换言之，相对于刑法条文而言，刑法司法解释具有完全的"从属性"或"依附性"，其生效、终止和溯及力等时间效力内容理应与刑法条文的时间效力内容相同或保持一致。也有部分学者主张并非所有刑法司法解释都不具有独立的时间效力，而是应当对刑法司法解释进行区别对待。对于大多数司法解释，只要案件尚未办理完成，应当适用新的刑法司法解释，因为刑法司法解释是对刑法条文内容已有或应有之义的阐释；但对于具有扩张性质的刑法司法解释，从有利于被告人的角度而言，应当遵循从旧兼从轻的原则。②对此，有学者进一步指出，如何判断解释是当然解释还是扩大解释是一个无法解决的难题，在考虑刑法司法解释的溯及力时，既要认识到刑法司法解释的附属性特征，又不能忽视在发现刑法真意过程中，基于事实和认识的变化可能会形成不同的解释。因此，当某一刑法司法解释是在刑法施行后针对某一刑法规定所作的第一个解释，这是对该刑法规定内涵的首次发现，是将蕴藏在刑法条文中的规范真意首次明确发掘出来，该解释与刑法规定是一致的，其与解释对象应当同步适用。然而，在首次解释颁布之后，随着现实的发展，针对同一刑法规定可能先后形成两个或两个以上的解释，此时应当遵循从旧兼从轻的溯及力原则。③

但是，笔者一贯主张，相对于刑法条文的时间效力，我国刑法司法解释具有独立的时间效力，理由有三：

其一，我国刑法司法解释具有"法律性"特征。不可否认，我国刑法司法解释已不再是对刑法条文所作的一般性阐释，而是在司法机关办案的全过程中起着极强的规范、指导作用，在某种程度上甚至已经成为司法机关首选的重要依据。应该看到，最高人民法院《关于司法解释工作的规定》第5条明确规定，最高人民法院发布的司法解释，具有法律效力；最高人民检察院《司法解释工作规定》第5条也明确规定，最高人民检察院制定并发布的司法解释具有法律效力。可见，我国刑法司法解释具有独立的法律效力。尽管有学者认为，这两个规定本身属于司法解释，由司法解释自己认定自己具有法律效力是否妥当值得商榷。④但是，笔者认为，虽然目前并未有法律规定明确司法解释的效力，但承认刑法司法解释具有法律效力更加符合我国司法实践的真实状况，并且只有赋予刑法司法解释法律效力，才能确立司法解释属"有权解释"的地位，也才能确保最高司法机关通过制定司法解释以实现刑法条文适用的统一性。当然，由于

---

① 参见游伟、鲁义珍：《刑法司法解释效力探讨》，载《法学研究》1994年第6期；刘艳红：《论刑法司法解释的时间效力》，载《中国刑事法杂志》2007年第2期；肖中华：《刑法修正常态下从旧兼从轻原则的具体运用》，载《法治研究》2017年第2期。

② 参见张军：《试论刑事司法解释的时间效力》，载《中国法学》1992年第2期。

③ 参见杨丹：《论刑法规范的变更及其溯及力》，载赵秉志主编：《刑法论丛》（第17卷），法律出版社2009年版，第105页。

④ 参见王成：《最高法院司法解释效力研究》，载《中外法学》2016年第1期。

刑法司法解释毕竟是对刑法条文的解释,具有的"法律效力"也确实不能完全等同于刑法条文的效力,但是,毋庸置疑,在我国刑法解释体系中,刑法司法解释属于有权解释。这里的有权解释中的"有权"在很大程度上要求,我国司法工作人员对于司法解释所规定的内容必须遵照执行。事实上,在办理刑事案件的过程中,司法人员不仅必须严格遵循刑法司法解释规定的内容,而且往往是将刑法司法解释作为定罪量刑中的首选依据。从某种角度看,近年来,司法人员对刑法司法解释的依赖程度不减反增,甚至出现了"无司法解释无法办案"的局面。[①] 例如,许多刑法条文只对具体犯罪作"数额较大""情节严重"等抽象性规定,至于"数额较大""情节严重"的具体内容则完全交由刑法司法解释加以明确。但是,由于具体犯罪的数额标准以及情节标准的设立又直接决定司法实践中对行为人的定罪与量刑,所以司法人员无法不依赖刑法司法解释的规定。由此,我们当然不能无视刑法司法解释具有的极强法律约束力及其在司法实践中对行为人定罪量刑的决定作用,而一味强调刑法司法解释对所解释刑法条文的"依附性",并将这种"依附性"作为否定刑法司法解释具有极强"法律性"特征的理由。

其二,我国刑法司法解释具有明显的"扩张性"特征。《立法法》第 104 条明确了司法解释的主体仅限于最高人民法院和最高人民检察院,解释的内容仅限于法律条文在审判、检察工作中的具体应用,解释的要求是要符合立法的目的、原则和原意。按照罪刑法定原则的要求,犯罪与刑罚必须由刑法条文明文规定,刑法司法解释是对刑法条文的解释,内容只能是对审判、检察工作中具体应用刑法的解释。换言之,刑法司法解释只能是围绕着刑法条文的立法原意进一步展开明确、具体的释义而不能创制刑法。但是,受刑事立法当时的立法背景、立法者认识能力和立法智慧的有限性、语言表达等立法技术的局限性等因素影响,我国刑法条文存在抽象性和模糊性的现象很难避免。这在很大程度上会给予有权对刑法条文作解释的司法机关较大范围的解释空间,有时甚至会突破刑法条文最大语义范围开展解释,从而导致司法解释(包括司法文件)常常有"扩张性"膨胀的情况出现。部分学者主张,在积极刑法观的倡导下,司法解释等规范性文件应当实现适度而有效的犯罪化。[②] 需要说明的是,近年来刑法司法解释的"扩张性",较多体现对被告人不利的内容,而鲜见对被告人有利的内容,并且造成了刑法

---

① 2011 年《刑法修正案(八)》修正了重大环境污染事故罪的罪状,降低了该罪的入罪门槛,增加了该类案件的可操作性。然而,在《刑法修正案(八)》生效后至 2013 年最高人民法院、最高人民检察院《关于办理环境污染刑事案件适用法律若干问题的解释》实施前的两年多时间内,有关污染环境的刑事案件同《刑法修正案(八)》生效之前一样寥寥可数。但司法解释出台后,相关案件的数量迅速增长。可见,即便刑法存在明文规定,若是没有配套的司法解释,实践中一般无法办案。《刑法修正案(九)》将贪污贿赂犯罪规定中的具体定罪量刑数额标准修改为弹性定罪量刑数额标准,在此情况下,贪污贿赂犯罪的司法认定标准则完全需要依赖甚至被迫等待相关刑法司法解释加以明确。

② 参见赵姗姗:《积极主义刑法观下公共卫生事件中的刑法适用——围绕司法解释性文件的展开》,载《青少年犯罪问题》2021 年第 2 期。

司法解释与刑法规定之间的冲突①。例如,《刑法》第 96 条明确了"违反国家规定"的含义,即违反全国人民代表大会及其常务委员会制定的法律和决定,国务院制定的行政法规、规定的行政措施、发布的决定和命令。据此可知,"国家规定"显然不包括由全国人民代表大会及其常委会、国务院以外主体制定的部门规章、地方性法规等规范性文件。对于刑法分则中所使用的"违反国家规定"这一空白罪状,毫无疑问都应当严格遵照《刑法》第 96 条的规定。然而,《刑法》第 253 条之一规定的侵犯公民个人信息罪中使用了"违反国家有关规定"的表述,2017 年最高人民法院、最高人民检察院《关于办理侵犯公民个人信息刑事案件适用法律若干问题的解释》明确其相关含义,即违反法律、行政法规、部门规章中有关个人信息保护的规定。司法解释的这一规定将部门规章也纳入"国家有关规定",导致侵犯公民个人信息罪中"国家有关规定"的范围超出《刑法》第 96 条所规定"国家规定"的范围,从而扩大了该罪的规制范围。② 又如利用未公开信息交易罪,《刑法》第 180 条第 4 款明确规定,实施利用未公开信息交易行为,情节严重的,依照内幕交易、泄露内幕信息罪的规定处罚。但是,与内幕交易、泄露内幕信息罪不同,利用未公开信息交易罪只提及"情节严重"依照内幕交易、泄露内幕信息罪的规定处罚,而内幕交易、泄露内幕信息罪却实际规定了"情节严重"和"情节特别严重"两档法定刑。那么利用未公开信息交易罪是否同样存在"情节特别严重"的法定刑档次?从刑法规定的字面含义理解,利用未公开信息交易罪应当只有"情节严重"一档法定刑,但 2019 年最高人民法院、最高人民检察院《关于办理利用未公开信息交易刑事案件适用法律若干问题的解释》第 7 条却规定了利用未公开信息交易罪包括两档法定刑。虽然有学者从体系性解释的角度以及严惩证券期货犯罪的目的出发,主张利用未公开信息交易罪包括两档法定刑是刑法规定的应有之义。③ 但是,笔者认为,就该罪的立法原意而言,利用未公开信息交易罪的社会危害性明显不同于内幕交易、泄露内幕信息罪,二者在法定刑的设置上应当有所区别,立法者正是通过明确规定利用未公开信息交易只有"情节严重"的方式以排除"情节特别严重"的适用。上述司法解释的规定相较于刑法的明文规定显然属于"扩张性"的内容,对被告人而言是不利的。

---

① 刑法司法解释与刑法之间的冲突包括:刑法司法解释与刑法总则规定、刑法分则规定以及与刑法基本原理的冲突。参见刘宪权:《刑法司法解释与刑法的冲突适用》,载《法学论坛》2020 年第 6 期。

② 不可否认,对"国家有关规定"作广义解释有助于打击侵犯公民个人信息犯罪,对于增强个人信息的刑法保护确实是有积极作用的。但是,刑法司法解释显然不能根据需要任意扩大犯罪圈的大小。《刑法》第 253 条之一之所以采用"违反国家有关规定"而非"违反国家规定"的表述,是因为当时我国尚未制定与侵犯公民个人信息罪直接相关的前置法——《个人信息保护法》,因而只能根据其他有关规范判断侵犯公民个人信息罪成立的前置性条件。然而,这并不意味着法定犯成立违反的前置范围可以扩大至《刑法》第 96 条规定的"国家规定"以外的规范。据此而言,笔者认为,"国家有关规定"和"国家规定"的区别仅仅在于是否存在与该法定犯成立直接相关的前置法,但是在范围上,两者应当作相同理解。

③ 参见谢杰:《利用未公开信息交易罪量刑情节的刑法解释与实践适用——"老鼠仓"抗诉案引发的资本市场犯罪司法解释反思》,载《政治与法律》2015 年第 7 期。

刑法司法解释的这种任意"扩张性"现象有时甚至还会造成解释与解释之间的前后矛盾,或者解释与解释内容上的不平衡。例如,2018年以及2019年最高人民法院、最高人民检察院、公安部、司法部相继出台的《关于办理黑恶势力犯罪案件若干问题的指导意见》和《关于办理实施"软暴力"的刑事案件若干问题的意见》明确规定,采用"软暴力"①等手段强索法律不予保护的债务,构成寻衅滋事罪。由于这一规定显然没有刑法条文加以支撑,因而无论在理论上抑或实践中均引发了诸多的矛盾和争议,问题主要有:首先,2013年最高人民法院、最高人民检察院《关于办理寻衅滋事刑事案件适用法律若干问题的解释》规定,行为人因婚恋、家庭、邻里、债务等纠纷,实施殴打、辱骂、恐吓他人或者毁损、占用他人财物等行为的,一般不认定为"寻衅滋事"。根据"两高"的这一解释规定,我们可以清楚地看到,基于债权、债务纠纷(包括法律不予保护的债权、债务纠纷)实施"寻衅滋事"行为,不属于无事生非,行为不构成寻衅滋事罪。而上述"两高两部"相关司法文件中将"软暴力"催收非法债务的行为认定为寻衅滋事罪的规定,与上述效力位阶更高的司法解释规定内容完全相左并存在明显矛盾。其次,我国《刑法》第238条第3款以及2000年最高人民法院《关于对为索取法律不予保护的债务非法拘禁他人行为如何定罪问题的解释》规定,行为人为索取非法债务,非法拘禁、扣押他人的,以非法拘禁罪认定。由此产生了法律适用上的冲突和罪刑上的失衡。一般而言,滋扰、跟踪、贴靠等"软暴力"手段至多限制他人人身自由,其社会危害性明显小于扣押、拘禁等剥夺他人人身自由的行为。但是,同样是基于索取非法债务的目的,采用危害性较大的扣押、拘禁方式索债构成法定最高刑相对较低的"三年以下有期徒刑"的非法拘禁罪,而采用危害性较小的滋扰、纠缠、哄闹等"软暴力"方式索债却构成法定最高刑相对较高的"五年以下有期徒刑"的寻衅滋事罪,这显然会在定罪量刑上产生很大的不平衡,也与罪责刑相适应刑法基本原则的要求相悖。由此可见,笔者认为,尽管理论上认为刑法司法解释是对刑法条文的解释,不能也不应该创制刑法规定,但是,我国刑法司法解释的"扩张性"特征在很大程度上表明其具有准立法的性质,有时甚至可以为了司法实践的需要,不顾已有刑法解释的规定,直接改变刑法中的犯罪与刑罚适用。可见,我国刑法司法解释具有明显的刑法规范属性。

其三,我国刑法司法解释具有不可避免的"滞后性"(或称"迟后性")特征。正如前述,刑法司法解释只能是对审判、检察工作中具体应用刑法条文所作的解释。但是,由于司法实践中刑法条文具体适用的相关问题又往往是在刑事法律施行一段时间后才会出现,这种情况决定了对刑法条文所作的司法解释,往往会在刑事法律生效施

---

① 2019年4月9日最高人民法院、最高人民检察院、公安部、司法部《关于办理实施"软暴力"的刑事案件若干问题的意见》规定,"软暴力"是指行为人为谋取不法利益或形成非法影响,对他人或者在有关场所进行滋扰、纠缠、哄闹、聚众造势等,足以使他人产生恐惧、恐慌进而形成心理强制,或者足以影响、限制人身自由、危及人身财产安全,影响正常生活、工作、生产、经营的违法犯罪手段。

行较长甚至很长一段时间以后才出台。另外,刑法司法解释颁行应该有严格的制定程序,需要经过较长时间的酝酿、听取意见和审批的过程,有些司法解释甚至几经修改后才会正式出台。就此而言,刑法司法解释相较刑事法律颁布生效时间上不可能做到所谓的"同步性",而两者生效时间上有一段时间的间隔即存在所谓"滞后性"显然是不可避免的,并且随着刑法颁布施行时间的延长以及司法实践中不断出现的复杂情况,刑法司法解释针对同一问题还可能出现内容完全不同的新旧变化,其"滞后性"的特征将表现得更为突出。

综合上述对我国刑法司法解释"法律性""扩张性"和"滞后性"三个特征的分析,笔者认为,虽然刑法司法解释对于所解释的刑事法律具有天然的"依附性",但是,刑法司法解释所具有的在司法实践中起重要指导、规范作用的"法律效力"即"法律性"特征,我们绝对不应忽视;刑法司法解释本身具有的在内容上往往对被告人不利的"扩张性"特征,以及时间上难以避免的"滞后性"特征,共同决定了刑法司法解释应当具有独立于所解释的刑事法律的时间效力。特别需指出的是,溯及力属于时间效力的内容之一,刑法司法解释时间效力的独立性则同样体现在刑法司法解释溯及力方面。换言之,司法实践中我们对刑法司法解释生效之前发生、未经审判或判决尚未确定的行为,在具体适用刑法司法解释规定时,应当遵循"从旧兼从轻"的溯及力原则。

二、刑法司法解释有关时间效力规定的正确解读

2001年最高人民法院、最高人民检察院《关于适用刑事司法解释时间效力问题的规定》(以下简称《规定》)是专门针对刑法司法解释时间效力所作的唯一规定,其进一步认可并支持了笔者的上述观点。需要指出的是,对这一规定的正确解读应当以刑法司法解释具有独立时间效力为前提。《规定》第1条指出:"司法解释……自发布或者规定之日起施行,效力适用于法律的施行期间。"这一规定实际上是明确了刑法司法解释法律效力中时间效力的"起点"和"终点",即刑法司法解释是从发布之日或规定之日起开始施行,由此点开始直至其所解释的刑事法律失效时一直具有效力且应该加以适用。不可否认,《规定》此处使用的"法律的施行期间"这一提法,较容易产生理解上的歧义。理论上和司法实务中往往会对这一提法作错误的解读,即认为这里的"法律的施行期间"理应包括刑法司法解释施行前后的全部法律施行期间。由此,得出刑法司法解释对其生效之前的刑法施行期间的行为理所当然可以加以适用的结论。笔者早在《规定》发布后不久即撰写论文指出,上述这一理解显然是对《规定》第1条规定内容的严重误读,理由是:一方面,根据最高人民法院《关于司法解释工作的规定》第25条和最高人民检察院《司法解释工作规定》第23条的明确规定,司法解释自发布公告

之日起实施,但另有规定的除外。也即,如果刑法司法解释中明确规定施行日期,则应以规定的时间作为刑法司法解释的生效时间;如果刑法司法解释中未明确规定施行日期,则应以公布的时间作为刑法司法解释的生效时间。而且从已颁布的刑法司法解释来看,大部分刑法司法解释会在文末单独规定施行的日期。就此而言,刑法司法解释的生效时间当然不同于刑法的生效时间,否则对其生效时间没有单独规定的必要。另一方面,我们要强调的是,对容易产生歧义的规定,一定要结合上下文对照加以理解。分析"司法解释……自发布或者规定之日起施行,效力适用于法律的施行期间"这一规定内容,前后半句用逗号加以分开,说明解释者强调后半句是以前半句为前提且是对前半句内容的延续。前半句是指刑法司法解释生效的"起点",而后半句则当然是指从"起点"开始后的"终点"。换言之,《规定》第1条其实只是明确司法解释时间效力中的生效点和终止点的问题,而并没有涉及刑法司法解释时间效力中的"溯及力"问题。此处的"法律的施行期间"仅指刑法司法解释生效之后刑法条文施行的时间段,并非指包括生效之前刑法条文施行的全部期间,即不能理解为刑法司法解释对其生效之前的犯罪行为一概可以溯及既往。

应该看到,事实上《规定》第3条对刑法司法解释的溯及力作了明确规定。即对于新的刑法司法解释生效之前发生的行为,如果行为时已有相关刑法司法解释,依照行为时的刑法司法解释办理,但是,适用新的刑法司法解释对被告人更为有利的,适用新的刑法司法解释。分析该条文,我们最起码可以得出以下几点结论:首先,新颁布的刑法司法解释对其生效之前行为的适用是需要考虑溯及力问题的。也即对生效之前发生的行为,新的刑法司法解释既不是完全排斥适用,也不是一概均能当然适用。其次,新颁布的刑法司法解释的溯及力原则应当与刑法"从旧兼从轻"的溯及力原则保持一致;新颁布的刑法司法解释能否适用于其生效之前的犯罪行为,我们仍应始终坚持刑法"从旧兼从轻"的溯及力原则。具体而言,发生在新颁布刑法司法解释之前的犯罪行为原则上应依照行为当时的刑法司法解释办理。即新颁布的刑法司法解释一般不能溯及既往,除非其在定罪量刑上更有利于被告人。再次,判断新颁布的刑法司法解释是否有利于被告人,应该以行为当时的刑法司法解释作为比较判断的依据。最后,这一解释条文的规定,进一步证明了笔者上述对《规定》第1条的理解是完全正确的,即"法律的施行期间"仅指刑法司法解释生效之后刑法条文施行的时间段。

令人遗憾的是,《规定》第2条却作了与第1条和第3条在内容上基本相悖的规定。按照该条的精神,对于刑法司法解释生效前发生的行为,如果行为当时没有相关刑法司法解释,刑法司法解释生效后尚未处理或者正在处理的案件,依照刑法司法解释的规定办理。分析该条文,我们可以清楚地看到,该条文内容在溯及力问题上实际上主张"从新"原则。首先,依该条文内容,新颁布的刑法司法解释是可以溯及既往的,只要行为当时没有刑法司法解释。这显然与我们上述有关"效力适用于法律的施行期间"仅指刑法司法解释生效之后刑法条文施行的时间段,而并非指包括生效之前刑法条文施行的全部期间的规定和观点严重背离。可见,该条文内容实际上是对刑法司法解释应遵循的从旧兼从轻溯及力原则中"从旧"原则要求的根本推翻。其次,依该条文内容,新颁布的刑法司法解释能否溯及既往?关键看行为当时有无刑法司法解释,而不是以相关解释内容是否有利于被告人为标准。这显然与《规定》第3条有关新颁布的刑法司法解释能否适用的标准是是否有利于被告人的精神严重相悖,可见,该条文内容实际上还是对刑法司法解释应遵循的从旧兼从轻溯及力原则中"从轻"例外要求的完全否定。最后,从字面上理解,该条文内容似乎直接认为,只要行为当时没有相关刑法司法解释,新颁布的刑法司法解释就具有溯及既往的效力,这在很大程度上等于将新颁布刑法司法解释的生效时间予以提前。而这不仅与《规定》第1条有关新颁布刑法司法解释自发布或者规定之日起施行的解释内容明显存在矛盾,而且更是对"法不溯及既往"这一罪刑法定基本要求的根本否定。如前分析,我国刑法司法解释时间效力的独立性在溯及力方面具体表现是,其在具有与刑法条文不同的生效时间的前提下,同样应该遵循"从旧兼从轻"原则。但是,该条文内容则提出了"从新"的溯及力适用原则,这显然是没有道理且缺乏理论支撑的。

笔者认为,基于刑法司法解释的"滞后性"特征,实践中完全可能出现行为时没有相关刑法司法解释的情况。对此,该条文内容实际上认为,由于行为时没有相关司法解释的存在,从而导致无法进行类似新旧司法解释之间的"轻重"比较,而且按照行为时法律处理的结果并不必然与按照刑法司法解释处理的结果不同,因此对于行为时没有相关刑法司法解释的情况,裁判时的刑法司法解释应当适用"从新"原则,即对刑法司法解释生效前发生的行为具有溯及既往的效力。笔者对该条文所持观点不能苟同,理由是:针对行为时没有相关刑法司法解释的情况,虽然从形式上看我们似乎无法在新旧司法解释之间进行所谓的"轻重"比较,也即此种情形不存在新旧刑法司法解释的比较问题,但这并非意味着我们就无法对裁判时新出台的刑法司法解释是否有利于行为人进行判断,只是需要我们对有利还是不利的判断标准进一步明确。其实是否有利于行为人的判断依据并非只有新旧刑法司法解释规定的比较,我们还可以进一步拓展到对诸如裁判时的刑法司法解释与司法实践中的一般做法(包括指导性案例)等的比较。对此,笔者主张可以将行为时适用法律的一般做法(实践中定罪量刑的标准及指导性案例等)和通行观点,与裁判时的刑法司法解释规定的内容进行比较。如果裁判时的刑法司法解释不利于行为人则不能溯及既往,反之,裁判时的刑法司法解释则可溯及既往。应当说,这一标准的确立具有明显的合理性。这标准不仅能保证"从旧兼从轻"的溯及力原则在刑法司法解释中得到一以贯之的贯彻,以解决上述《规定》条文之间所存在的矛盾和冲突，又能真正落实罪刑法定原则中所蕴含的有利于被告人的根本精神。同时，这一标准具有确实可行性。虽然行为时适用法律的一般做法和通行观点有时会较难确定，但是，我们完全可以根据已生效的判决或相关指导性案例予以确定。需要特别指出的是，判断裁判时的刑法司法解释是否有利于行为人，我们还不能仅仅比较新旧刑法司法解释处罚的轻与重，以及新刑法司法解释与行为时适用法律一般做法和通行观点的处罚轻与重，事实上我们还应该比较它们之间可能存在的罪与非罪。因为"从旧兼从轻"的溯及力原则内容中不仅有"轻与重"的比较，而且还首先应有"有与无"的比较。

综上所述，我国刑法司法解释既然具有独立的包括生效、终止和溯及力在内的时间效力，对于刑法司法解释生效之前发生的行为，行为时已有相关刑法司法解释的，裁判时的刑法司法解释一般不能适用，除非其解释内容对被告人有利；而行为时没有相关刑法司法解释的，我们也应该坚持贯彻遵循"从旧兼从轻"的溯及力原则，即将裁判时的刑法司法解释与行为时适用法律的一般做法和通行观点的比较结果作为判断是否有利于行为人的标准。这些都应该是刑法司法解释遵循"从旧兼从轻"溯及力原则的应有之义。

三、刑法条文与司法解释交替并行的溯及力判断

在明确刑法司法解释的适用需要考虑溯及力问题且应坚持"从旧兼从轻"的原则之后，我们还需要进一步讨论，当行为时与裁判时存在不同的刑法司法解释，而且刑法司法解释所解释的刑法条文同步变更的情况下如何适用的问题。具体而言，对于发生在经修正后刑法条文生效之前的行为，但在经修正后刑法条文生效后且新刑法司法解释颁行后进行裁判，如何选择适用刑法条文和刑法司法解释规定？这个问题似乎很值得研究。由于此时存在旧刑法、旧司法解释、新刑法、新司法解释交替并行的情况，如何判断刑法规范与刑法司法解释的溯及力问题？如何正确选择刑法条文与司法解释规定的适用？其中既涉及刑法修正前后的比较，也涉及新旧刑法司法解释之间的比较，这应该是"从旧兼从轻"溯及力原则适用过程中较为复杂的问题，具体判断规则需要我们从理论和实践的角度进一步厘清与完善。

为更好地分析以上问题，笔者以行贿罪的相关修正为例加以阐释。《刑法修正案（九）》对《刑法》第390条行贿罪的处罚进行修正，增设了"并处罚金"的附加刑，并对行贿人减轻处罚或者免除处罚条款作了从严规定。因此，从刑法条文修正的角度看，修正后的刑法条文重于原刑法条文。此外，2016年最高人民法院、最高人民检察院《关于办理贪污贿赂刑事案件适用法律若干问题的解释》（以下简称"新解释"），相较

于之前2012年最高人民法院、最高人民检察院《关于办理行贿刑事案件具体应用法律若干问题的解释》（以下简称"旧解释"），提高了行贿罪的入罪标准和量刑基准，这意味着在行贿数额不变的情况下，依据新解释可能不构成犯罪或是适用的主刑将有所减轻。可见，新解释条文的规定相较于旧解释条文的规定对行为人更为有利。由此引发以下问题：当某一行贿行为发生于旧解释颁行之后、修正后的刑法条文生效之前，并在修正后的刑法条文生效之后以及新解释颁行之后被裁判的，在修正后的刑法条文和原刑法条文、新旧司法解释有轻有重的情况下，如何确定援引的"准据法"？理论上和实践中存在以下几种观点：

第一种观点认为，上述情形应当援引"新法+新解释"。根据刑法司法解释对被解释刑法条文的依附性，新解释只能配套适用于修正后的刑法条文，而不能与原刑法条文配套适用。因此在新旧刑法与新旧司法解释交替并行的情况下，所援引的"准据法"只能是"旧法+旧解释"或者"新法+新解释"两种模式，而不可能是"旧法+新解释"或者"新法+旧解释"。针对行贿罪的新解释本身就是对入刑起点即罪状的解释，而罪状所对应的法定刑问题又正好是修正后的刑法条文对行贿罪所修正的内容，从法条规范内容的逻辑上看，新解释与修正后的刑法条文实质上是罪状与法定刑的关系，二者不可分割。此外，从量刑的体系性角度考虑，入刑数额、情节标准的设置均是与特定的法定刑幅度、刑种相配套，包括主刑和附加刑，以实现整体的内部均衡配置。因此不可能将新解释针对入刑数额、情节标准有机配置的主刑和附加刑予以分割，再将其嫁接到原刑法条文上。① 按此观点，适用"新法+新解释"可能判处的刑罚整体上要比适用"旧法+旧解释"可能判处的刑罚更轻，因此应当援引"新法+新解释"。

第二种观点认为，上述情形应当将主刑和附加刑分别适用不同的刑事规范，即主刑适用"新法+新解释"，附加刑适用"旧法+旧解释"。该种观点是以最有利于被告人作为判断规则的核心，局部援引修正后的刑法条文、原刑法条文与新、旧刑法司法解释中对被告人最为有利的部分，采用的是分项独立评价的方法。其实质在于，不是整体选择适用原刑法条文或修正后的刑法条文，而是原刑法条文与修正后的刑法条文分别适用。② 按此观点，主刑适用"新法+新解释"，附加刑适用"旧法+旧解释"，只有这样才能够最大限度地体现有利于被告人的精神。

第三种观点认为，上述情形应当援引"旧法+新解释"。根据"处刑轻重"的比较以法定刑为标准的明确要求，修正后的刑法条文与原刑法条文相比增设了罚金刑，因此在法定刑设置上整体重于原刑法条文，本着有利于被告人的原则应当适用原刑法条文。同时，刑

---

① 参见刘婵秀、冯兴亮：《行贿犯罪从旧兼从轻的"准据法"确定——兼论〈贪贿解释〉施行后量刑的二审抗诉问题》，载《中国检察官》2016年第14期。
② 参见黄京平：《修正后刑法及相关司法解释的溯及力判断规则》，载《中国检察官》2016年第14期。

法司法解释是对刑法条文的阐释而非续造,新解释代表着当下对刑法适用的最新理解,对于未决案件,新解释享有优先适用权,但这与溯及力问题其实无关联。① 因此,在新旧刑法、新旧司法解释交替并行的情况下,新解释同样可以与原刑法条文交叉适用。

分析上述各种观点,我们不难发现,持以上观点的论者均是坚持了"从旧兼从轻"的溯及力原则,但却运用了完全不同的判断规则得出三种截然不同的结论。究其原因还在于对"从旧兼从轻"原则存在不同的理解,具体包括:"处刑轻重"的比较是单纯以"法定刑"为标准,还是需要兼顾考虑司法解释以"处断刑"为标准?修正后的刑法条文与旧刑法司法解释、原刑法条文与新刑法司法解释能否交叉适用?同一刑法条文中的主刑和附加刑能否分别适用修正后的刑法条文与原刑法条文?

应该看到,有关"处刑轻重"的比较,理论通说和司法实践均是以"法定刑"作为比较标准。但有论者认为"所谓新旧法律何者为轻,在这一过程中,相关司法解释的参照也是必需的"②。对此,笔者持不同观点。笔者认为,如果在"处刑轻重"的判断过程中兼顾考虑刑法司法解释的比较,将会导致修正后刑法条文与原刑法条文的轻重比较变得复杂。尤其是当新旧刑法条文与新旧刑法司法解释的规定在轻重的变化方向上不一致时,通常很难明确判断处刑上孰轻孰重,从而更容易引发条文适用的争议。修正后的刑法条文规定一方面在不改变罪状及主刑的情况下对行贿罪增设罚金刑,就法定刑的轻重而言,显然修正后的刑法条文规定重于原刑法条文规定,另一方面新刑法司法解释却提高了行贿罪的入罪标准和量刑基准,导致可能判处的刑罚更轻。就这种情况进行分析,究竟何者属于更轻的刑法规定确实很难判断。笔者认为,刑法溯及力实际上解决的是对修正后的刑法条文生效前发生的行为在生效后裁判的情况如何选择适用刑法条文的问题,而选择时判断的标准应当是明确的、客观的。毫无疑问,将条文中规定的法定刑作为处刑轻重的唯一比较标准,应该能够符合选择标准的明确性和客观性要求。如果比较处刑的轻重是以具体处断刑为标准,同一法定刑势必因为具体案件事实情节的差异或者审判人员自由裁量权的差异等因素,产生不同的认定结果,完全可能导致相同案件因不同的认定结果而适用不同的刑法条文,这样的结论显然是不合理的。因此,处刑轻重以法定刑为判断标准,不仅明确、客观,且修正后的刑法条文与原刑法条文之间孰轻孰重一目了然,便于新旧刑法条文的选择适用。根据上述判断标准,既然修正后的刑法条文只对行贿罪的法定刑在原来的基础上增设了"并处罚金"的附加刑,那么在主刑未发生变化的情况下,增设罚金刑的修正后的刑法条文规定显然重于原刑法条文规定。

虽然笔者也赞成同一条文中的罪状和法定刑不能分别适用不同的新旧刑法条

---

① 参见赵斌峰、陈鑫:《刑法修正与新旧司法解释的适用判断》,载《中国检察官》2019年第14期。
② 林维、王明达:《论从旧兼从轻原则的适用——以晚近司法解释为中心》,载《法商研究》2001年第1期。

文,但这并不意味着在罪状和法定刑发生轻重不同变化(罪状和法定刑朝着有利于被告人或不利于被告人的相反方向修正)的情况下,对新旧刑法的处刑轻重判断只能通过比较"处断刑"的轻重进行。也即部分学者所主张的"处断刑说",先将修正后的刑法条文和原刑法条文同时适用于具体的刑事个案,综合考虑所有影响个案处理结果的定罪量刑标准进行量刑预判,在此基础上进行处断刑的轻重比较。① 事实上,当罪状和法定刑发生反向修正时,二者分别适用不同法律的局面并不会出现。根据"从旧兼从轻"原则的具体内容,当行为时法或裁判时法有一个认为不构成犯罪,选择适用的应是认为不构成犯罪的刑法规定;只有当行为时法和裁判时法均认为构成犯罪的,才需要进行法定刑轻重的比较。基本罪状是对犯罪成立条件的描述,决定了行为构罪与否的问题;而加重或减轻罪状是对法定刑升格或降格条件的描述,决定了量刑档次的问题,具有指引法定刑的功能。因此,当修正后的刑法条文对原刑法条文的修正既包括罪状方面也包括法定刑方面的内容,无论修正的方向是同向还是反向,比较行为时法与裁判时法,都应当先比较基本罪状的内容。如果按照修正后的刑法条文或原刑法条文的基本罪状认为行为不构成犯罪的,则适用刑法条文即可确定,而无须再考虑法定刑的轻重问题。但是,如果按照修正后的刑法条文或原刑法条文的基本罪状均认为行为构成犯罪的,则无须考虑哪个罪状更有利,只需要比较法定刑的轻重。即使加重或减轻罪状发生了变化,判断是否有利于行为人同样需要回归到法定刑轻重的比较,从而适用法定刑较轻的刑法条文即可。总而言之,基本罪状的比较是解决行为构罪与否的问题,并不涉及法定刑的内容,而加重或减轻罪状的比较本质在于法定刑轻重的比较。修正后的刑法条文对某项个罪的罪状和法定刑反向修正实际上并不会影响刑法条文的整体适用,修正后的刑法条文与原刑法条文的轻重判断也不存在疑问,无法成为否定处刑轻重的比较应以法定刑为标准的理由。

需要指出的是,立法者通过修正案的方式对一些刑法个罪法条修正后,与此相关的刑法司法解释相继出台,此时新解释是否只能配套适用于新法而不能适用于旧法?上述第一种观点和第二种观点实际上均认为,在新旧刑法与新旧司法解释交替并行的情况下,旧解释只能与旧法对应适用,而新解释只能与新法对应适用。笔者认为,新解释是否当然只能与修正后的刑法条文对应适用,应当取决于刑法司法解释的内容是否是针对被修正的条文内容。如果刑法司法解释的部分内容是针对被修正的条文内容,此时新刑法司法解释只能与经修正后的刑法对应适用。例如,修正后的刑法条文针对行贿罪的法定刑增加罚金刑,而新刑法司法解释针对罚金刑的司法适用标准("应当在十万元以上犯罪数额二倍以下判处罚金")只能与修正后的刑法对应适用,因为原刑法条文不存在罚金刑的规定,新刑法司法解释关于罚金刑的司法适用标准当然无法

---

① 参见何龙、王琦:《"从旧兼从轻"原则适用中的几个问题》,载《人民检察》2017 年第 9 期。

与原刑法条文对应适用。而如果新刑法司法解释的部分内容针对的是未被修正的刑法条文内容,此时新刑法司法解释完全可能与原刑法条文对应适用。正如前述,针对行为时没有相关刑法司法解释的情况,在刑法原条文未被修正时,如果新出台的刑法司法解释对行为人更为有利,则该刑法司法解释可以溯及既往,与刑法原条文对应适用。可见,新刑法司法解释与原刑法条文并不必然相互排斥。例如,修正后的刑法条文对于行贿罪定罪量刑的立法标准并未进行任何的修改,而新刑法司法解释关于行贿罪定罪量刑标准的规定,实际上是在定罪量刑立法标准不变的情况下,对旧刑法司法解释中原有定罪量刑司法标准的修改。新刑法司法解释将行贿罪的入罪数额由原先的1万元提高到3万元,"情节严重""情节特别严重"的相关数额标准也提升为原来的5倍。在此情况下,新刑法司法解释关于定罪量刑司法标准的规定是对原刑法条文规定中原有立法标准的最新细化规定,本质上是以新的刑法司法解释替代旧的刑法司法解释。而新旧刑法司法解释的选择适用问题则应同样遵循"从旧兼从轻"原则,即有关定罪量刑的司法标准新刑法司法解释轻于旧刑法司法解释,此时在认定原刑法条文规定中行贿罪定罪量刑的立法标准时应当按照新刑法司法解释的规定执行。因此,新刑法司法解释同样可以与原刑法规定对应适用。反之,旧刑法司法解释与新刑法规定也可对应适用。以骗取贷款、票据承兑、金融票证罪为例,《刑法修正案(十一)》删除了《刑法》第175条之一第1款"或者有其他严重情节"的规定,据此该罪的成立要求必须给银行或者其他金融机构造成重大损失。换言之,未造成重大损失的骗取贷款等行为,即使存在其他严重情节也不再成立骗取贷款、票据承兑、金融票证罪。如此修正缩小了该罪的规制范围,对行为人而言显然是有利的。因此,对于发生在《刑法修正案(十一)》生效前的骗取贷款等行为在修正案生效后裁判的,应当适用修正后的刑法条文规定。但对于"造成重大损失"的认定标准仍应当适用修正后刑法条文生效之前的2009年最高人民法院刑事审判第二庭《关于针对骗取贷款、票据承兑、金融票证罪和违法发放贷款罪立案追诉标准的意见》、2009年最高人民检察院公诉厅《关于对骗取贷款罪等犯罪立案追诉标准有关问题的回复意见》的相关规定。总之,笔者认为,在新旧刑法与新旧司法解释交替并行的情况下,我们并非只能机械采用"旧法+旧解释"或者"新法+新解释"的传统适用模式。

需要讨论的还有,同一罪名的主刑和附加刑能否分别适用不同的新旧刑法条文?这涉及的本质问题其实是,在选择准据法时究竟是修正后的刑法条文与原刑法条文的择一适用,还是修正后的刑法条文与原刑法条文的交叉适用?对此,无论理论界还是实务界均存在两种截然相反的立场:一种观点主张"整体适用论",即在对新旧刑法的选择适用中,如果已确定适用哪个刑法条文,应当将其整体适用于某个案件,而不能既适用修正后的刑法条文又适用原刑法条文,只能二者选一、整体适用。① 对此,意大利刑法学者也有类似的观点:"在决定哪一部法律对于被告人最为有利时,不能将新法和旧法的规定加以分解,然后将其中有利于犯罪人的因素组合拼凑为一个既不同于新法、也不同于旧法的综合性规范,否则就成了由法官来制定适用的法律规范。"② 另一种观点则主张"交叉适用论",即"新旧刑法之间可以交替引用,针对不同的对象,新旧刑法的规定不一定一律更重或者更轻,为真正贯彻从旧兼从轻原则的立法精神,针对不同对象在适用时可以分别选择"③,从而最大限度地有利于被告人。

笔者认为,主刑和附加刑作为法定刑的组成部分,从其整体的完整性及内在的逻辑性考虑,我们不能将二者拆解并引用不同的新旧刑法条文规定。理由在于:其一,在"从旧兼从轻"原则的适用过程中,判断"处刑较轻"的落脚点在于"法定刑"的轻重。而法定刑是由主刑和附加刑有机组合的统一体,在比较法定刑轻重时应当整体比较而不能分别比较,否则必然破坏法定刑的整体性和统一性。其二,刑法个罪中的法定刑往往是根据个罪的行为特征、危害程度进行设置,包括量刑档次、量刑幅度、主刑和附加刑的种类等,具有内在的逻辑性和紧密性,目的在于最大限度地发挥刑罚的功效。倘若无视主刑和附加刑内在的联系性,而将其拆解并分别适用最有利于行为人的法条内容,不仅会导致刑法条文的内容支离破碎,而且还会使刑罚的功效荡然无存。例如,《刑法修正案(九)》对贪污罪提高入罪标准和量刑基准,使得该罪的主刑整体较轻,但同时增加"并处罚金"的规定,主要考虑到该类犯罪不仅是一种职务犯罪而且具有贪利性质。增设罚金刑,一方面能够更全面地评价该罪的贪利性特征,另一方面也能更好地实现惩治的效果。因此在适用修正后的刑法条文较轻主刑的同时必然适用增设的罚金刑,由此才能充分体现立法者的修法意图并符合立法原意。既然当主刑和附加刑发生反向修正时,我们不能拆解二者对被告人分别适用最为有利的法律,那么新旧刑法之间的轻重如何判断? 对此,笔者认为,针对此种情形应当遵循主刑优先原则,如果通过比较主刑能够判断轻重,则无须再比较附加刑。主刑作为我国主要的刑罚措施,其轻重直接体现了国家对犯罪行为否定性评价的程度,因此将比较主刑的轻重作为判断新旧刑法条文轻重的标准应当说是比较合理的。

分析上述三种观点,我们不难发现,第一种观点实际上是在新旧刑法的轻重比较过程中结合相关的刑法司法解释进行整体上的刑罚考量,违反了"处刑轻重"以刑法规定的法定刑为标准的明确性要求;第二种观点则是破坏了主刑与附加刑的有机组合,将二者割裂分别适用不同的法律规范,违反了法定刑适用的整体性要求;第三种观

---

① 参见石魏、余亚宇:《对行贿罪中从旧兼从轻原则适用的思考》,载《中国检察官》2016 年第 24 期。
② 〔意〕杜里奥·帕多瓦尼:《意大利刑法学原理》,陈忠林译,法律出版社 1998 年版,第 37 页。
③ 黄伯青、胡健涛:《主刑和附加刑可以分别适用新旧刑法》,载《人民法院报》2010 年 11 月 18 日,第 7 版。

点所主张的结论,即适用"旧法+新解释",笔者对此表示赞同,但对其中具体的判断规则却持不同看法。

针对新旧刑法、新旧司法解释交替并行的情况,笔者认为应当采用"分层式"判断规则,即先在新旧刑法规定之间进行轻重的比较,以法定刑为标准选择处刑较轻的法律;再在新旧刑法司法解释内容之间进行比较,选择有利于被告人的刑法司法解释;根据前述两个步骤所确定适用的刑法规范和刑法司法解释,对于二者之间不冲突的部分可以同时作为援引的法律依据;对于二者之间冲突的部分,由于刑法规范的效力高于司法解释,此时只能以刑法的规定为准。再以对行贿罪的相关修正为例,我们首先比较修正前后刑法条文的规定,由于修正后的刑法条文规定在原有法定刑的基础上增加了"并处罚金"的规定,修正后的刑法条文规定重于原刑法条文规定,此时应当适用原刑法条文规定。然后,我们比较新旧刑法司法解释的规定,由于新刑法司法解释提高了入刑标准和量刑基准,对行为人更为有利,此时应当适用新刑法司法解释。另外,我们还需要检视原刑法条文与新刑法司法解释之间的规定,由于原刑法条文并未有罚金刑的规定,因此新刑法司法解释中关于罚金刑的内容无法与原刑法规定对应适用。此种"分层式"的判断规则,层次分明、清晰明了,既保证了刑法规范层面与刑法司法解释层面相互独立的时间效力,又兼顾到刑法司法解释依附于刑法规范的特征,为新旧刑法与新旧司法解释交替并行下的法律选择适用提供较为切实可行的解决方案。

规范论视角下《刑法》第 13 条但书条款的展开

李世阳[*]

一、问题的提出

我国《刑法》第 13 条规定了犯罪的概念,其表述可以简化为:一切依照法律应当受刑罚处罚的危害社会的行为都是犯罪,但是情节显著轻微危害不大的,不认为是犯罪。这一规定采用了从原则到例外的立法模式。法谚有云:"不存在无例外的原则。"例外往往紧跟在原则之后,作为原则的补充与确证,当例外的情形足够多,导致原则的内核无法维持稳定的形态时,原则就会被例外所击穿或取代,此时原则就不得不进行修正或重构从而以新的形态出现,而新的原则又会面临新的例外的挑战,以此往复,推动法学理论向前发展。

由于《刑法》第 13 条是关于犯罪的原则与例外的规定,牵动着整栋刑法理论大厦甚至整个刑事法律体系,因此《刑法》第 13 条的规定必然成为一座富矿。最先关注到这座富矿并持续深入挖掘的首推储槐植先生,早在 1988 年,储先生就在《法学研究》第 2 期发表了《我国刑法中犯罪概念的定量因素》。该文主张,通行的犯罪学术定义本身不能确切反映我国刑法的立法精神,《刑法》第 13 条但书是对刑法分则诸多具体犯罪构成的数量要件的概括,其正面意思是社会危害大到一定程度的才是犯罪,犯罪概念的定量因素是我国刑法的创新。储先生甚至在该文中提出了构建一门新的刑法分支学科即"数量刑法学"的设想。[①] 该文促使我国刑法学界就《刑法》第 13 条但书规定的理解达成以下基本共识:①我国刑法关于犯罪概念的规定采用了"定性+定量"的模式;②"不认为是犯罪"是指不成立犯罪,而不是指虽成立犯罪但不受刑事处罚;③但书具有照应刑法分则各罪条款中诸多的罪量要素规定的功能;④但书在四要件犯罪论体系之下发挥重要的出罪功能。[②]

---

[*] 浙江大学光华法学院副教授。
[①] 参见储槐植:《我国刑法中犯罪概念的定量因素》,载《法学研究》1988 年第 2 期。
[②] 参见储槐植、汪永乐:《再论我国刑法中犯罪概念的定量因素》,载《法学研究》2000 年第 2 期;储槐植、张永红:《刑法第 13 条但书与刑法结构——以系统论为视角》,载《法学家》2002 年第 6 期;梁根林:《但书、罪量与扒窃入罪》,载《法学研究》2013 年第 2 期。

然而,刑法学界围绕罪量要素的体系位置、"危害不大"的具体内涵等问题,展开持续争论。尤其是近年来以三阶层犯罪论体系为支撑的德日刑法教义学知识的大量引进,对传统的以社会危害性为核心的四要件犯罪论体系形成巨大冲击,在刑法知识转型的背景下,对但书的理解也呈现出多样化趋势。① 坚守四要件犯罪论体系的论者为避开对因这一体系的封闭性而不可避免地陷入循环论证式的入罪化倾向的批判,主张我国《刑法》第 13 条关于犯罪的立法定义既未采用纯粹的社会危害性标准,也未采用完全的刑事违法性标准,而是一种刑事违法性和社会危害性相结合、规范标准和非规范标准互为补充的复合标准。行为罪与非罪的判定,不仅要受刑事违法性的形式制约,而且要受社会危害性的实质限定。但书的规定成为衡量社会危害性程度的标准,发挥着重要的出罪功能。② 也就是说,该观点试图维持实质的犯罪概念。与此相对,倡导三阶层犯罪论体系的论者认为以往我国刑法理论笼统地将社会危害性作为犯罪的本质特征,带来了理论上的混乱,犯罪概念的但书规定不具有存在的必要性,不仅从立法上来说犯罪概念的但书规定存在重大弊端,而且在司法上使用率低,并会造成标准失衡。不管是在立法上还是司法上,犯罪概念的但书规定都存在重大缺陷,这种缺陷恰恰缘于其所依赖的社会危害性判断根据的不合理性。③ 在此基础上,相关论者主张形式的犯罪概念,彻底否定包含在但书规定中的社会危害性理论。

这两种观点可谓针锋相对,在学说发展过程中,走向折中成为必然④,因此更多的论者试图改善这两种观点对立的局面。例如,有论者指出,作为犯罪司法概念的《刑法》第 13 条,应该是形式和实质相结合的犯罪概念,前段是体现形式理性的刑事违法性的积极、类型化判断,而但书则是体现实质理性的社会危害性的消极、个别化判断。因此,但书不仅仅是轻微违法的阻却事由,而且应当包含相当于三阶层犯罪论体系中阻却构成要件符合性、阻却违法和阻却责任的全部内容。⑤ 由此可见,该观点试图将但书的规定融入三阶层犯罪论体系。另有观点指出,但书条款中的"情节"不能作广义的理解,其必须是犯罪构成内的要素,既包含法定情节也包含涵摄情节。而"显著轻微"意味着但书条款的基本判断刻度为法益侵害,其属于一种程度判断而非性质判断。"危害不大"作为犯罪行为可罚性整体上的评价要素,与"情节显著轻微"构成了一种宏

---

① 参见王华伟:《刑法知识转型与"但书"的理论重构》,载《法学评论》2016 年第 1 期。
② 参见储槐植、张永红:《善待社会危害性观念——从我国刑法第 13 条但书说起》,载《法学研究》2002 年第 3 期。
③ 参见陈兴良:《社会危害性理论——一个反思性检讨》,载《法学研究》2000 年第 1 期;陈兴良:《社会危害性理论——进一步的批判性清理》,载《中国法学》2006 年第 4 期。
④ 参见梁根林主编:《刑法方法论》,北京大学出版社 2006 年版,第 65 页。
⑤ 参见王强:《我国〈刑法〉第 13 条但书规定新解——兼论但书在犯罪构成理论中的展开》,载《法律科学(西北政法大学学报)》2011 年第 5 期。

观视角与微观视角的呼应。① 该观点试图用"法益侵害"这一概念去置换"社会危害性",从而使社会危害性程度的判断进一步精确化。

由此可见,当前刑法学界关于《刑法》第13条但书的研究,已经外化为应采形式的犯罪概念还是实质的犯罪概念,犯罪论体系的构建应采德日的三阶层还是固守传统的四要件,社会危害性理论应当坚守、放弃还是改造等。对这些问题的研究当然丰富了但书规定的内涵,提供了对但书规定的不同理解路径。然而,现有的研究基本上是先确立一个基本立场,尤其是事先认为应对犯罪概念作形式理解,或者作实质理解,或者形式理解与实质理解相结合,在此基础上再推导出对但书规定的理解。然而,这本身就表明犯罪概念应作形式理解还是实质理解这个大前提是不确定的,既然如此,目前的研究就带有结论先行、循环论证的嫌疑。据此,关于但书规定的理解,有必要跳出形式的犯罪概念与实质的犯罪概念这一图示性对立局面,将讨论的基础建立在一个更加客观中立的前提上。

带着这一问题意识,本文尝试跳出形式的犯罪概念与实质的犯罪概念的对立局面,也无意加入三阶层犯罪论体系与四要件犯罪论体系的纷争,而是从刑法的行为规范与制裁规范的对置这一基本构造出发,探讨但书规定可能形成的教义学结论,以及这种教义学结论对刑事政策功能的影响。

二、刑法的规范构造与功能

(一) 犯罪概念互动性的双层含义

最广义的刑法学(刑事法学)是研究有关犯罪及其法律后果(主要是刑罚)的一切问题的学科。② 从这一定义来看,很容易让人产生有犯罪就有刑罚,或者说刑罚就是用来惩罚犯罪的联想。然而,这样的联想归根结底是一种静态的视角,忽视了犯罪的互动性和刑罚的客观中立性。在这一点上,白建军教授指出,犯罪互动是对犯罪形态的另一种理解,从狭义上讲,犯罪互动就是犯罪过程中加害与被害之间的相互作用、相互影响,如果将犯罪形态设定为犯罪互动,那么,对犯罪的社会反应也就是刑罚便不应定位于惩罚犯罪行为或者教育改造犯罪人,而应当是调整"加害—被害"关系,犯罪中的"加害—被害"关系才是犯罪学理论的分析单位、刑事法律的评价对象以及犯罪性即罪

---

① 参见王华伟:《中国刑法第13条但书实证研究——基于120份判决书的理论反思》,载《法学家》2015年第6期。
② 参见张明楷:《刑法学》(第6版),法律出版社2021年版,第1页。

恶的载体。① 整个刑事法学应当有一个统一的犯罪概念和刑罚立场，否则不用说会造成刑法与其他部门法在法秩序上的不统一，在刑事法内部都会造成法秩序不统一。互动的犯罪概念可以适应犯罪本身的伸缩性与延展性，包容从不同的主体、时点和视角出发进行判断所可能形成的结论差异，与此同时又为刑罚措施的制定设定基础性框架，根据犯罪形态的不同，合理制定应对犯罪的反应措施。这样的话，互动的犯罪概念的互动性就至少体现在两个层面：第一层是加害与被害之间的互动关系；第二层是犯罪与刑罚之间的互动关系，其中第一层面的互动关系为第二层面的互动关系提供基础，第二层面的互动关系奠定了刑法理论大厦的基石。

（二）刑法规范的互动式构造

法律由国家强制力保障实施，意味着国家对于违反法律的行为人将施加某种制裁，在这个意义上，法律整体上是一种面向法官的制裁规范。但如果仅仅把法律理解为制裁规范，由于是否发动制裁规范是法官立足于裁判当时的事后判断，因此在法律适用过程中容易脱离民众的一般性认识，也就是说法律人的精英判断容易脱离社会民众的经验判断，久而久之，这种制裁规范的发动很容易迷失方向，最后沦为纯粹为了制裁而制裁，对于构成要件背后所隐藏的行为规范的确立与维护并无助益。一个完整的法律规定，一般由两部分组成，即行为情状的描述和相应的法律后果，从语用学的角度来看，既然法律后果本身是一种恶，在价值取向上，法律就不可能倡导符合相应行为情状的现象，而是对其持否定态度。这样的话，在行为情状描述的背后就一般性隐藏着禁止实施该当行为的规范，即行为规范，一旦某个国民实施了该当行为就是对该行为规范的违反，据此就有可能发动与之相应的法律后果，即制裁规范。在所有的法律部门中，刑法条文将罪状的描述与刑罚的施加结合得最为紧密，在每一个具体犯罪行为的描述之后都紧跟着刑罚规定。也就是说，刑法具有最为完整的行为规范与制裁规范。

然而，行为规范与制裁规范存在巨大差异。首先，这两种规范被发动的时间并不相同，在行为人实施构成要件该当行为的当时，构成要件背后的行为规范就被违反了；而只有该行为最终被认定为犯罪并科处相应的刑罚，制裁规范才得以发动。其次，这两种规范所面向的适用对象并不同，行为规范面向全体国民，要求全体国民遵守，因此是否违反行为规范的判断权在于全体国民；而制裁规范则面向法官，确定某行为人所实施的行为构成某犯罪并科加相应刑罚的主体只能是代表国家行使裁判权的法官。再次，行为规范的功能在于面向将来的法益保护，对于已经受损的法益而言，其受损显

---

① 参见白建军：《从犯罪互动看刑罚立场》，载《北大法律评论》编辑委员会编：《北大法律评论》（第5卷第2辑），法律出版社2004年版，第383页以下。

然已经是既定的事实,行为规范的确立在于维护尚未受损的其他国民的同类法益,但行为规范的法益保护功能的实现在很大程度上依靠制裁规范的发动,通过法官所发动的制裁规范,将刑罚施加到行为人身上,是为了反过来确认被违反的行为规范继续有效,重新在国民心中树立起该行为规范的效力与权威,培养国民继续自觉维护该行为规范的信心与决心。最后,是否违反行为规范的判断素材与是否发动制裁规范的判断素材并不尽相同,行为规范的违反由作为全体国民中的一员的行为人所实施的该当构成要件行为来完成,因此判断的素材是平行的社会一般人所认知到的因素和行为人自身所特别认知到的因素;而制裁规范由法官经过裁判而发动,因此从行为时点到裁判时点这一过程中所产生的因素都将成为是否发动制裁规范的判断素材。概而言之,行为规范属于事前判断的范畴,应从平行的社会一般人的视角出发,立足于行为当时,结合平行的社会一般人所认知到的因素以及行为人特别认知到的因素,判断行为规范是否被违反及其违反的程度。与此相对,制裁规范属于事后判断的范畴,应从法官的视角出发,立足于裁判当时,结合行为发生之后到裁判当时的整个过程所产生的相关因素,确定是否以及在多大程度上发动制裁规范。

　　行为规范与制裁规范并非毫无关联的独立存在,而是具有互动关系的有机整体。具体而言,只有对行为规范的违反达到某种严重的程度,才能发动制裁规范。制裁规范即刑罚本身是对行为人的生命、身体、自由、财产等基本权利的剥夺或限制,当然意味着恶害,因此不可避免具有报应的意味,但作为抽象法人格体的国家,应将这种报应控制在必要的限度内,否则会沦为吞噬国民基本权利的暴力机器。这种控制既表现在刑罚方式上的克制,也就是尽量避免残虐的刑罚,刑罚的发动应与犯罪的恶性程度即对行为规范的侵害程度相适应;也表现在刑罚目的对预防犯罪的导向上,也就是说制裁规范的发动所追求的并不是单纯地惩罚行为人,也不是据此震慑其他没有实施犯罪行为的国民[①],而是反过来向全体国民宣布被违反的行为规范仍然有效,增强国民对该行为规范的信心,培养国民自觉忠诚于该行为规范,也就是积极的一般预防。概而言之,制裁规范的发动以行为规范的违反为必要条件,但并不是只要存在行为规范的违反就必然发动制裁规范,只有当某行为对行为规范的违反达到某种严重程度的时候才能发动制裁规范。

　　当某行为虽然违反了行为规范,但违反的程度尚不足以发动制裁规范时,就无法形成完整的刑法规范构造,该行为就不能被认定为犯罪从而接受相应的制裁。据此,如果将《刑法》第13条但书的规定放置于刑法中的行为规范与制裁规范的对置这一框架之下,就可以赋予但书新的含义:"情节显著轻微危害不大"是指该行为虽然违反了行为规范,但违反的程度并不严重;"不认为是犯罪"是指不足以发动制裁规范。

---

① 因为消极的一般预防效果是从刑罚的报应效果派生而来的。

这样的解释必然遭遇批判,首当其冲的就是这种解释的合理性与可能性。这直接关系到这种解释的正当性根据,如果导出这一解释结论的理论根基不够稳固,这种解释必然成为空中楼阁。关于这一点,本文已经通过上述刑法的规范论构造的分析说明了刑法中行为规范与制裁规范相对置这一基本构造存在的客观性,行为规范与制裁规范判断视角与各自的价值诉求并不相同,但仍然能够形成内在的良性互动结构,这种互动在犯罪的认定与刑罚的发动这两者之间搭建了沟通的桥梁。据此,将我国《刑法》第13条关于犯罪概念的规定建立在规范论的基础上,能够脱离将犯罪概念作形式认定或实质认定的循环论证怪圈,从更加客观中立、理论基础更为稳固的前提出发讨论《刑法》第13条但书的含义及其功能。即便如此,将但书置入行为规范与制裁规范的对置结构之后,在怎样的情形下,对行为规范的违反程度不足以发动制裁规范,也就是但书可以适用的领域边界在哪里,成为必须解决的问题,否则这种解释将走向精致而无用。

以下,笔者尝试讨论对行为规范的违反达到怎样的程度才能发动制裁规范这一核心问题,低于这一程度的,就属于但书的适用领域。

三、共同体主义视角下行为规范的差序构造与法的和平的恢复

每个人都能够自由生活的社会是理想型的社会,可一旦说到"每个人"时就已经涉及"自己与他人"的关系问题,他人,既是压抑自己自由的存在,同时也是促进自己自由的存在。① 行为规范的存在正是为了最大限度地维持共同体所确立并共同遵守的价值或目标,因此,不同的共同体模型所预设的行为规范内容及其违反程度必然不同。

(一) 自由至上主义模型下的行为规范违反的构造

如果将自由社会模型贯彻到底就会导向自由至上主义,该立场最大限度地尊重个人自由与选择喜好,基于自己所有权、私有财产权、自由市场的私人之间的交换范式被视为自由秩序的制度框架;与此同时,强力警戒政府与国家的强制权力,提倡完全废除这种强制权力,或者将其极力缩小,达到最小化的程度。在这个意义上,只有每个实实在在的、有血有肉的个体才是一种实体的存在与目的,每个人都是自己的国王。该立场的主张者诺奇克甚至构建起了自我所有权的概念,具体是指存在于每个人身上的对于自己的身体与精神的绝对不可侵犯的根本性权利,这是其他所有个人权利的基础。因此,只要不侵害他人的个人权利与自我所有权,每个人都有对于自己的身体与精神及其产物的绝对不可侵犯的所有权。政府与国家的作用仅限于司法、治安与国防,为

---

① 参见〔日〕高桥则夫:《刑法总论》,李世阳译,中国政法大学出版社2020年版,第3页以下。

维持这一功能而收取的资金其性质上也不是强制征收的租税,而是利用料金或者说是自发支付的税金。据此,诺奇克导出"最低限度国家"的思想,或者说将政府与国家视为是一种"看不见的手"的解释,将其作用完全交付于自由市场,从而形成无政府主义。①

从该立场出发,个人的自由与权利得以无限放大,国家与共同体只是一种消极存在,每个人都是自己的国王,于是国家原则上不能介入人与人之间的冲突。彻底贯彻该立场的话,杀人也是一种自由与权利,报仇也是一种自由与权利,自力救济得以无限扩张,公力救济几乎萎缩殆尽。在这种共同体模型之下,行为规范的构建主体是个人而非全体国民,因此是否违反行为规范的判断视角也是个人的而非平行的社会一般人。于是,行为规范的内容处于不确定状态,行为规范的违反程度更失去了可靠的参照系。

(二) 共同体主义模型下的行为规范违反的构造

霍布斯认为,如果要建立这样一种能抵御外来侵略和制止相互侵害的共同权力,以便保障大家能通过自己的辛劳和土地的丰产为生并生活得很满意,那就只有一条道路——把大家所有的权力和力量托付给某一个人或一个能通过多数的意见把大家的意志化为一个意志的多人组成的集体,像这样统一在一个人格之中的一群人就称为国家,这就是伟大的利维坦的诞生。用一个定义来说,这就是一大群人相互订立信约,每人都对它的行为授权,以便使它能按其认为有利于大家的和平与共同防卫的方式运用全体的力量和手段的一个人格。② 但如果将这种共同体主义贯彻到底的话,有可能导致不存在个人的整体主义国家。日本刑法学者高桥则夫教授指出,应该被构想的是向"自由共同体"迈进的道路,也就是说,有必要在分别充分考虑了个人与共同体立场的基础上来构建社会或国家。③

共同体主义认为,尽管自由主义与自由至上主义在对于自由及其限度、个人与国家之间的关系等问题的理解上存在诸多不同点,但至少在以下两个方面具有共性:第一,剥离了人类的历史与传统的语境,以原子式的个人作为讨论问题的前提;第二,以"对权利的追逐优先于虚无的善"为名,放弃了在规范论上考察善与德的问题以及个人与共同体之间的关系性。④ 这样的话,必然导致家族与地域共同体等作为具有共同体性质的人类关系的载体走向崩溃,进而导致无政府化、人与人之间的关系冷漠化等社会弊病。与此同

---

① 参见〔美〕罗伯特·诺奇克:《无政府、国家和乌托邦》,姚大志译,中国社会科学出版社 2008 年版,第 32、62、142、355 页以下。
② 参见〔英〕霍布斯:《利维坦》,黎思复、黎廷弼译,商务印书馆 2017 年版,第 131 页以下。
③ 参见〔日〕高桥则夫:《刑法总论》,李世阳译,中国政法大学出版社 2020 年版,第 4 页。
④ 参见〔美〕迈克尔·J.桑德尔:《自由主义与正义的局限》,万俊人等译,译林出版社 2011 年版,第 56—69 页。

时,在对近现代国家行政机构的不断膨胀与个人的弱势化进行反省的基础上,共同体主义的基本主张是将问题解决之策求诸共同体,而非通过市场经济进行调节。具体而言,重视先行于个人的共同体,只有在历史性地形成起来的共同体的传统与惯性中,个人才能完成作为道德性的存在者与政治性的行为主体相结合的使命。换言之,现实中的个人总是在与他人的对话中将自己的存在方式用语言的形式来表达,据此经常对自己的经验进行再定义,因此个人就是一种自我解释(self-interpreting)的存在,离开了个人所处的共同体环境,个人就无法获得为道德性判断提供方向的身份。① 这样的话,在自己的存在意义、人生的目的、自由的意义等问题都处于模糊状态的近代社会中,个人为了在消除自己"不安"(malaise)的同时获得自己的身份,就必须在自己与他人及社会接触的过程中,承认自己相对于他人的差异,自由主义者一直以来都对这种差异性视而不见,因此自由主义虽然广泛承认个人的权利与私人领域归属于集团、共同体的自由,但在对于国家的归属上,就要求是极端整齐划一的"国民"。共同体主义主张,在多元文化的社会中,个人对于国家的归属应借助于个人对于多样文化的共同体的归属这一媒介,即国民归属于多样文化的共同体,通过保持多元的身份而承认相互之间的独特性与差异性,从而建构起能够保持深层多样性的社会。②

在这种共同体主义的视角下,刑事法获得了作为公法的表达方式。具体而言:在任何一种犯罪事态中,首先当然存在加害人与被害人,但这并不仅仅关涉到双方当事人,同时也关涉到从当事人(微观社区)出发到地域社会(宏观社区)等公共层面,进而,甚至扩展到了社会、国家这一层面。犯罪就是这样从私人性质到公共性质而派生出来的,这也是刑法之所以被称为公法之所在。也就是说,恢复刑法上构成要件背后所确立的行为规范无非就是指恢复被犯罪所侵害的法的和平。所谓"法的和平"是指加害人、被害人、社区这三者之间的规范性交流,而恢复该交流的最终手段就是刑罚。③

四、将但书理解为"行为规范的违反程度不足以发动制裁规范"

如前所述,刑法中存在完整的行为规范与制裁规范的对置,行为规范是由国民普遍认可并确立的用以最低限度地维持国民的基本权利、公共安全与秩序,因此行为人所实施的行为是否违反行为规范及其违反的程度,应从平行的社会一般人视角加以判断;当行为规范被违反到值得科处刑罚的程度时,由代表国家行使裁判权的法官发动制裁规范,对行为人科处相应的刑罚。由此可见,犯罪与刑罚之间的关系表现出个人

---

① 参见〔日〕藤原保信:《自由主义的再检讨》,岩波书店1993年版,第172页以下。
② See Taylor. C, "Politics of Difference", in Amy Gutmann ed., Multiculturalism: Examining the Politics of Recognition, Princeton University Press, 1994, pp. 40-110.
③ 参见〔日〕高桥则夫:《恢复性司法的探求》,成文堂2003年版,第33页以下。

与国家之间的对决,但从共同体主义的立场来看,这种对决是被放置在一个差序格局的构造之中的。具体而言,当犯罪行为发生时,应以该犯罪行为为中心,考察该行为对被害人、平行社会一般人、国家的波及效应,逐层考察该行为在不同层面上造成的侵害或危险的内容及其程度,以最终确定是否发动制裁规范。当某行为对行为规范的违反程度不足以发动制裁规范时,就不是刑法意义上的犯罪,当然也就不值得科处刑罚。

将《刑法》第13条的规定纳入规范论的框架之下考察,可以发现:"一切……危害社会的行为,依照法律应当受刑罚处罚的,都是犯罪"这一规定,其实已经清晰表达了犯罪概念中行为规范与制裁规范的对置,也就是说"一切……危害社会的行为"是指该行为侵犯了被国民所普遍认可并遵守的行为规范,"依照法律应当受刑罚处罚的"是指对行为规范的违反程度已经足以发动制裁规范,"都是犯罪"是法官对发动制裁规范的确认。于是《刑法》第13条但书所规定的"但是情节显著轻微危害不大的,不认为是犯罪"就可以作相反的理解。也就是说,如果某行为虽然违反了行为规范,但违反的程度尚不足以发动制裁规范,则法官不能认定其构成犯罪并发动制裁规范。

于是,问题转移到对行为规范的违反应达到怎样的程度才能发动制裁规范,从前述的行为规范与制裁规范的对置关系来看,这主要受制于以下两个因素:第一个是行为规范被违反的程度;第二个是发动制裁规范对维护受损的行为规范的有效性。而在第一个因素的判断上又取决于两个因子,也就是违反行为规范的行为样态以及行为规范在整体法秩序中的重要性。而在第二个因素的判断上,当受损的行为规范已经通过行为人的努力得以及时修复,或者制裁规范的发动反而不利于行为规范的维护时,刑罚就不能被发动,否则就是一种刑罚过剩。

从上述的共同体主义视角来考察犯罪时,犯罪犹如往平静的湖面丢入一块石子,荡起的涟漪将逐层往外扩散,形成以石子为核心的同心圆结构,最终也将从里向外逐层减弱以至于恢复平静。共同体主义的构造为观察行为规范是否被违反到足以发动制裁规范的程度提供了绝佳视角。具体而言:①侵害行为的实施是加害与被害之间互动的结果,当这种互动关系仅限定在特定的加害人与被害人之间,不具有波及平行的社会一般人的危险时,对行为规范的违反就被禁锢在私的领域,由私法加以调整即为足够,不具有发动制裁规范的必要性。②当侵害行为虽然波及平行的社会一般人,进入公的领域,但在整体法秩序上如果侵害行为维护的价值反而大于被违反的行为规范价值时,该侵害行为在整体法秩序上就是被允许的,从而不值得发动制裁规范。③既然制裁规范的发动指向于恢复性司法,也就是由里向外逐层修复受损法益,当实施侵害行为的行为人已经及时通过自身行为修复了受损法益时,行为规范的效力已经得以维护,制裁规范所指向的一般预防与特殊预防目的已经实现,再发动制裁规范就只剩下了报应,作为理性的、抽象的法人格体的国家,应当对纯粹的报应保持足够的克制。以下详细说明。

(一) 行为规范的侵害效果被束缚于私领域

1. 亲告罪的法理根据

从加害与被害的互动关系来看，被害仅发生在特定的加害人与被害人之间，也就是说这种"加害—被害"关系被束缚在加害人与被害人之间，并不具有扩散到平行社会一般人的危险，即使国家公权力不介入调整，也不足以引起社会一般人加以效仿的危险性。例如，平等主体之间在自由意思的基础之上所产生的人身关系与财产关系以及由此引发的纠纷，一般由民事法调整，刑事法不得再度干预。即使在特殊的情况下需要由刑事法介入调整，也应充分尊重当事人双方的处分自由。这尤其体现在亲告罪中。例如《刑法》第270条规定了侵占罪，其中第3款规定"本条罪，告诉的才处理"，这是国家追诉主义的例外，这种例外的根据在很大程度上来源于侵占行为尤其是保管物侵占发生于委托人与保管人之间，双方之间基于自愿和信任成立保管关系。如果保管人将保管的财物据为己有，也首先应穷尽民事救济手段，同时把刑事追诉权例外性地交给被害人，如果被害人不追诉，也是纠纷解决的一种方式，并且不会据此引发其他保管人将保管的财物据为己有的模仿效应，因此不存在任何发动刑罚的必要性。

又例如侮辱罪或诽谤罪，根据《刑法》第246条第2款的规定，原则上也是"告诉的才处理"，表明国家尽最大的限度尊重被害人的自决权，也就是被害人的名誉是否以及在多大程度上受损，应首先尊重被害人自身的判断，当被害人决定不向法院告诉时，不论被害人基于怎样的考虑，被害人已经以最有利于自己的方式解决纠纷，如果这种对名誉的侵犯不具有扩散到不特定的社会一般人的危险性，纠纷已经获得终局性解决，国家刑罚权就丧失了发动的必要性。反之，如果这种对名誉的侵害像危害公共安全那样只是恰好落到一个具体的人身上，对于其他国民而言之所以没有遭受此侵害完全是因为运气好没有被选中而已，就表明这种侵害已经超越了加害与被害的互动关系，而扩散到与被害人处于同等地位的平行社会一般人身上，此时只能通过发动刑事制裁彻底解决该纠纷，修复不同层面受损的法益。① 正因为如此，《刑法》第246条第2款后半段才规定"但是严重危害社会秩序和国家利益的除外"。

2. 刑事和解制度的根据与界限

我国现行《刑事诉讼法》第288条至第290条专门规定了当事人和解的公诉案件诉讼程序。根据《刑事诉讼法》第288条的规定，在以下两种类型的案件中，如果犯罪嫌疑人、被告人真诚悔罪，通过向被害人赔偿损失、赔礼道歉等方式获得被害人谅解，被害人自愿和解的，双方当事人可以和解：①因民间纠纷引起，涉嫌《刑法》分则第

---

① 参见车浩：《诽谤罪的法益构造与诉讼机制》，载《中国刑事法杂志》2021年第1期。

四章、第五章规定的犯罪案件,可能判处3年有期徒刑以下刑罚的;②除渎职犯罪以外的可能判处7年有期徒刑以下刑罚的过失犯罪案件。从该规定出发,可刑事和解的案件主要被限定于侵犯个人法益的犯罪,在这些犯罪中,被害人对于行为规范所指向的法益具有自由处分的权限,刑事法应从尊重与保护个人法益这两个维度出发,一方面赋予个人自决权,另一方面从家长主义的立场出发对个人法益严重受损的被害人提供足够的保护。因此,对于轻微侵犯个人法益的行为,如果加害人与被害人之间已经达成和解,基于行为规范被违反的程度较低,受损法益得以及时恢复这两个理由,制裁规范的发动应保持克制和谨慎态度。但如果个人法益严重受损,即使被害人及其家属与加害人之间通过赔偿、道歉等达成和解,在公共的社区领域以及国家层面上,也不能承认这种和解的效力,否则必然导致刑事法的软化,无助于行为规范效力的维护。[①]

(二) 因存在容许规范从而在整体法秩序上符合行为规范的要求

法规范体系当然不可能仅仅由被违反的一条行为规范构成,因此对符合某一构成要件的行为所违反的行为规范还应放置于整体法规范体系中作进一步的价值判断,当构成要件行为例外地维护了整体法秩序时,这种行为就应当在社会及国家所容许的限度范围内。据此,可以说包括正当防卫、紧急避险在内的所有法定或超法规的违法阻却事由在规范论体系内都可以放置于容许规范的位置上。《刑法》第13条但书的"危害不大",显然是在权衡比较之后得出的结论,也就是在整体法秩序中应容许这种情形的出现。然而,容许规范相比于其他形式的规范而言具有怎样的独特构造,值得深入考察,这将反过来指导包括正当防卫在内的所有违法阻却事由的解释。

1. 容许规范的基本构造

分析法学派的缔造者奥斯丁提出了"法律是主权者的命令"这一命题,而一个命令就是一个意愿(desire)的表达,但这种意愿带有强制性,即如果一方不服从另外一方提出的意愿,那么,前者可能会遭受后者所施加的不利后果。在这个意义上,命令的接受者负有被动服从的义务。[②] 这种观点对于具有义务性质的法律现象有强大塑造力,但并非所有法律都是被制定出来的,也并不全然像这个一般命令的模型一样是一种强制意愿的表达,惯例(custom)就不是如此,而且即使是刻意制定出来的法律,也未必只是下达给他人的命令,也有可能是约束立法者自身的规范或对于接受者的授权性规范。[③] 在批判奥斯丁上述核心观点的基础上,哈特构建了自己的规范论体系,即"如果我们要周延地处理法体系的复杂性,就需要去区分两种相关但不同种类的规则。在其

[①] 关于这一点,参见梁根林:《死刑案件被刑事和解的十大证伪》,载《法学》2010年第4期。
[②] 参见〔英〕约翰·奥斯丁:《法理学的范围》(中译本第2版),刘星译,北京大学出版社2013年版,第20—24页。
[③] 参见〔英〕H. L. A. 哈特:《法律的概念》(第2版),许家馨、李冠宜译,法律出版社2011年版,第25页以下。

中一种类型之规则的规范下(这个类型的规则就可以被认为是基本的或初级的类型),不论他们愿意不愿意,人们都被要求去做或不做某些行为。另一种类型的规则在某个意义上则是寄生在第一种类型的规则之上,或者说,对第一种类型的规则而言是次级的(secondary);因为它们规定了,人们可以通过做或者说某些事,而引入新的、取消或修改旧的初级类型规则,或者以各式各样的方式确定它们的作用范围,或控制它们的运作。第一种类型的规则科以义务;第二种类型的规则授予权力,包括公共的或私人的。第一种类型的规则规范的对象是人们具体的行为或变动;第二种类型的规则的运作方式不只是导致了具体行为或变动的规则,也产生了责任或义务的创设或改变的规定"[1]。由此可见,哈特建构了阶层式的规范递进体系,具体而言,由于初级规则具有不确定性、静态性、无效率性等三个缺陷,因此必须引入次级规则对初级规则进行修正,这样才可能使初级规则的体制转变为法律体系。次级规则由承认规则、变更规则、裁判规则组成,分别用来弥补初级规则的上述三个缺陷。哈特的规范论体系准确诠释了构成要件该当性与违法阻却事由之间的关系,即符合构成要件的行为违反了初级规则,但违法阻却事由的存在则发动了次级规则,并反过来对静态的初级规则进行塑造,最后从终极意义上确定初级规则是否被违反。因此,违法阻却事由属于次级规则项下的变更规则。

如果说哈特在奥斯丁的基础上提出了法律在规范论上的分析框架,拉兹则在哈特的基础上借助行动理由这一概念进一步建构了规范背后的实质内容。具体而言,拉兹认为:构成要件背后所确立的禁止性规范或命令性规范背后的实质内容是行为主体实施或不实施某个行为的排他性理由。行动理由之间往往存在强弱之分,并由此产生冲突。关于冲突的解决模式,拉兹的基本构想是区分一阶理由与二阶理由,一阶理由之间的冲突由相互冲突的理由的相对强弱得到解决,据此为人的行动提供方向;与此相对,二阶理由是因为某个理由而行动或者因为某个理由而不行动的任何理由。排他性理由就是因为某个理由而不行动的二阶理由。当一阶理由与二阶的排他性理由发生冲突时,这种冲突不能通过相互冲突的理由的强弱来解决,而是通过实践推理的一个普遍原则来解决,即排他性理由总是优先。概言之,二阶理由本身不是行动理由,它是对一阶理由的自我指涉(self-reference),从而改变一阶理由的规范性状态。[2] 由此可见,二阶理由的引入使得理由冲突解决模式呈现出阶层式的立体结构,为行为人不按照一阶的排他性理由而行动提供了一个位阶更高的理由。例如在命令性规范之外还存在许可性规范。许可性规范和命令性规范的结构相同,许可性规范的陈述说的是,当适用条件成立时,特定的规范主体即具有一个实施该规范性行为的排他性许可。

---

[1] 〔英〕H. L. A.哈特:《法律的概念》(第2版),许家馨、李冠宜译,法律出版社2011年版,第74页。
[2] 参见金韬:《约瑟夫·拉兹的理由分类学:以规范性为中心》,载《哲学分析》2018年第4期。

它们与命令性规范的差别只在道义论的算子上,即排他性许可的算子取代了与出现于命令性规范的陈述之中的一阶"应当"相连的排他性"应当"的算子。① 然而,在许可性规范的内部也有强弱之分。有来自一个规范的许可,为强许可;如果许可不是来自任何既存的规范,而只是一个从不存在禁止该行为实施的规范而来的推论,那么它就是一个弱许可。② 排他性许可就是一种典型的强许可,具体而言,排他性许可并不仅仅是缺乏相反理由的结果,由于它们允许忽略不做某一行动的决定性理由,因而就不能视为理所当然,它们总是要求一种正当性证明;然而,它们是许可,而不是义务,它们并不强制人们行动,自身也不能决定我们应当怎样做,但由于排他性许可具有抵消理由的力量,因此确实影响到了实践推论的结果。③

由此可见,拉兹将理由作为规范论的基本分析单元,任何一个在刑法上具有意义的行为都必须具备体素、心素以及规范违反性这三大要素,即在行为意思的支配下实施的对法律上重要的利益至少具有抽象程度威胁的客观外在行为。④ 而行为意思的作出是理性人慎思的结果,在得出这一结果之前,可能会存在支持与反对实施该行为的理由之间的冲突。这样的话就可以从肯定与否定两个层面区分行动理由,肯定性的一阶理由和善或价值有着必然联系,或者说有价值的事物才能成为行动理由。⑤ 这种价值是一种存续和依赖于特定社群之历史与传承的客观价值,并不因行为人个人的判断或选择而变化。⑥当否定性的一阶理由战胜肯定性的一阶理由从而导致行为人行恶,法律应树立一种权威性的价值评判标准,从而为国民将来的行动继续提供可靠的、与价值相联系的行动理由。然而,价值的判断并不依系于个人,而应放置于个人所依附的社群的具体环境下进行考察。当例外性地存在可以忽视肯定的排他性理由的二阶理由,其在价值体系上并不构成对于排他性的一阶理由的根本挑战,甚至是从另一个侧面维护该一阶理由时,当然是在社群的价值体系所容许的范围之内。正当防卫就是这种二阶理由的典型代表,以下作专门考察。

2. 作为强许可的正当防卫与作为弱许可的紧急避险

如前所述,正当防卫不属于作为行动理由的一阶理由,而属于改变或修正一阶理由之规范性状态的二阶理由,从语用学的角度而言,既然刑法赋予正当防卫"不负刑事

---

① 参见〔英〕约瑟夫·拉兹:《实践理性与规范》,朱学平译,中国法制出版社 2011 年版,第 103 页。
② 参见〔英〕约瑟夫·拉兹:《实践理性与规范》,朱学平译,中国法制出版社 2011 年版,第 92 页。
③ 参见〔英〕约瑟夫·拉兹:《实践理性与规范》,朱学平译,中国法制出版社 2011 年版,第 97 页。
④ 参见李世阳:《刑法中行为论的新展开》,载《中国法学》2018 年第 2 期。
⑤ See Joseph Raz, The Practice of Value, Oxford: Clarendon Press, 2005, p. 19.
⑥ 例如,即使自杀、自残或同意他人杀害、伤害自己,并且被害人自认为是实现自己生命价值的方式,也无法否定生命、身体受保护的客观价值。在这个意义上,被害人同意一般不能作为阻却构成要件的事由。关于生命价值的论述,参见〔英〕约瑟夫·拉兹:《价值、尊重和依系》,蔡秦译,商务印书馆 2016 年版,第 72 页以下。相反的观点参见王钢:《被害人承诺的体系定位》,载《比较法研究》2019 年第 4 期。

责任"的法律后果,意味着正当防卫是一种在法规范体系中被许可的行为,在规范论上属于一种许可性规范。关于许可性规范的特征,我国有学者作出了以下精辟总结:第一,许可法涉及的是中性行为,它并不是自然法系统中原本必然的部分,而是以某种方式从第一位阶的自然法中推导出来的次级规则;第二,许可法总是对应着某一条禁令,它回答了许可为什么是法的一种效力,因为虽然许可法作为法确实能够产生义务,但并不是直接把义务施加给行动者,而是把义务施加给行动的相关人。① 第一个特征强调了许可性规范与命令性或禁止性规范的本质区别,即从许可性规范本身并不能推导出义务,并不能以强制的方式确保许可性规范的实践。第二个特征说明了许可性规范也具有规范性的力量,即这种规范的陈述是影响到其结论的那些实践推论的前提。② 将正当防卫对照上述许可性规范的两个特征进行考察的话可以推知,是否实施防卫行为取决于防卫人的自由选择,并不是一项强制性义务;此外,在正当防卫的限度内,侵害人具有容忍的义务。然而,如前所述,由于所有的违法阻却事由都可以归入容许规范的框架下进行探讨,上述结论同样适用于正当防卫之外的其他违法阻却事由。因此,需要在许可性规范的内部进一步挖掘能够为正当防卫制度的解释提供根据的要素。

如前所述,根据许可的规范性力量大小可以区分为强许可与弱许可,本文认为,正当防卫是一种被排他性许可的事由,属于强许可的范畴,与此相对,紧急避险则属于一种弱许可的事由。具体而言,强许可与弱许可之间的区别在于:排他性的强许可能够抵消理由,从而与实践推论的结果相关;而弱许可意味着并不是不存在反对该许可的决定性理由,而是不存在反对它的决定性的道德理由或法律理由,因此弱许可对实践推论毫无贡献。③ 那么,支撑强许可获得完全可以忽视一般性地为行为人的行动提供排他性理由这种规范性力量的依据是什么,就成为必须回答的问题。也就是说,某一许可并不是理所当然地成为强许可,必须在客观上存在足以令全体社群成员认可的正当理由,才能获得排他性许可的规范性力量。据此,正当防卫的正当化根据成为必须回答的首要问题。此外,这种正当理由一方面不能脱离许可性规范本身的内容;另一方面强许可所维护的价值比起禁令所保护的价值在价值体系中至少高出一个位阶,因此,归根结底,强许可的发动与其对应的禁令背后所要保护的价值不相冲突。换句话说,具体禁令背后所保护的价值仅具有人法意义上的一般性价值(因此可能存在例外情形),但容许规范所维护的是自然法意义上的普适性价值(因此不存在例外情形)。④

---

① 参见王晨:《康德〈道德形而上学〉中的许可法》,载《北大法律评论》编辑委员会编:《北大法律评论》(第16卷第1辑),北京大学出版社2015年版,第78页以下。
② 参见[英]约瑟夫·拉兹:《实践理性与规范》,朱学平译,中国法制出版社2011年版,第115页。
③ 参见[英]约瑟夫·拉兹:《实践理性与规范》,朱学平译,中国法制出版社2011年版,第97页。
④ 关于自然法的基本主张及其演变,参见[美]博登海默:《博登海默法理学》,潘汉典译,法律出版社2015年版,第87页以下。

据此,在正当防卫制度本身的规范表达方式上,必须为这种许可提供对于规范的塑造力产生质的飞跃的事由。很显然,这一任务只能通过作为防卫前提条件的"正在进行的不法侵害"来完成。其中,"不法侵害"这一要素奠定了正当防卫呈现出"正对不正"这一构造的基础,从而为正当防卫被作为强许可提供基本支撑,但这种许可尚不足以达到排他性程度,"不法侵害"的程度必须获得进一步提升,因此应当把修饰不法侵害的"正在进行"解释为程度性概念,而不仅仅是对侵害时间的一种客观性描述。也就是说,不法侵害的存在是发动防卫权的必要非充分条件,二者要互为充要条件的话,必须补强不法侵害的程度。由于刑法的基本功能在于保护从行为规范引导出的面向将来的法益,因此只有与法益保护相关的侵害才能被认定为不法侵害,而对于不法侵害程度的解释当然也应当与法益保护本身相关联。据此可以得出以下推论:法益侵害的急迫性是发动作为强许可的正当防卫的充要条件。与此相对,作为弱许可的紧急避险仅仅需要证明相反的理由不存在即可成立,因此只需要符合法益衡量原则与辅助性原则,就可以从功利主义的立场出发允许以牺牲较小的利益保全较大的法益。① 作为具有排他性强度许可的正当防卫,不允许对防卫行为再实施对抗行为,但允许避险行为指向的被害人对避险行为人反过来实施避险行为,当法益需保护性的强弱无法通过功利主义直观衡量时,甚至允许其反过来实施防卫行为。由此可见,强许可与弱许可的区分为正当防卫与紧急避险在构造上的差异提供了解释论基础。

据此,笔者认为,作为法定违法阻却事由的正当防卫与紧急避险因容许规范的发动而例外性地肯定被构成要件行为所侵害的行为规范的效力,从而最终不能视为对行为规范的违反,可以评价为《刑法》第13条的"情节显著轻微危害不大",从而最终得出"不认为是犯罪"的事后判断。

3. 刑法中的"非法"的解读

我国刑法分则条文多次使用了"非法"这一词语,很多罪名也据此被冠上了"非法"的表述,例如非法拘禁罪、非法吸收公众存款罪、非法侵入住宅罪、非法经营罪、非法采矿罪、非法持有毒品罪等,不胜枚举。抽离这些不同构成要件的差异,提取出"非法"这一公因式,并对其含义进行体系化研究,对在刑法上清晰界定"非法"的含义具有重要意义。储先生主张《刑法》第13条但书的规定具有照应刑法分则中罪量的功能,笔者认为,但书的照应功能不仅仅体现在罪量上,其与分则中的"非法"这一概念也形成了对应。具体而言,刑法分则中出现"非法"这一表述的罪名,大都以违反作为前置的行政法规或民事法规为前提,因此这里的"非法"不能简单等同于"违规"。例如,车浩教授认为,非法集资类犯罪的"非法",应当是指在集资的主体、资质、合同等最重要的方面,缺乏法

---

① 参见李世阳:《正当防卫中法益侵害急迫性的存立根据与司法认定》,载《中外法学》2021年第1期。

律根据或者完全虚假的集资行为。如果集资行为在上述几方面具有法律根据,仅仅是违反相关领域的监管规定,不宜认定为"非法集资",而只能是"违规集资"。①

笔者认为,可以将刑法分则中出现的"非法……"这样的构成要件纳入消极的构成要件要素理论框架中进行分析,因为在这些犯罪中,已经丧失了严格区分构成要件该当性与违法性的必要性,行为本身是否"非法"成为构成要件的一部分。在这一体系思考之下,重点考察合法地实施该构成要件行为的具体条件,将行为人实施的行为与该合法条件进行比对,确定行为人的行为对行为规范的违反程度。例如《刑法》第 225 条规定了非法经营罪,通过对该条第(四)项的扩张乃至类推适用,该罪已经成为公认的口袋罪。归根结底其原因就在于忽视了该罪的设定是对经营行为的一种极其例外的规定,原则上所有的经营行为都不是犯罪,只有达到刑法意义上的"非法"经营的行为,才能被认定为犯罪。关于这一点,陈兴良教授指出,在《行政许可法》实施以后,违反行政许可的经营行为被认定为非法经营行为,并按照非法经营罪定罪处罚,由此而使得非法经营罪的范围大为扩张,非法经营罪沦为《行政许可法》的刑事罚则。行政许可中存在普通许可和特许之分,违反普通许可只是一般的行政违法行为,只有违反特许才符合非法经营罪的违反国家规定要件。因此,违反普通许可行为不能构成非法经营罪,违反特许并且符合《刑法》第 225 条第(四)项的实体要件的情况下,才能构成非法经营罪。②

(三) 通过事后恢复行为修复受损法益

前述的两种情形,都侧重于对行为规范的违反程度本身不足以发动制裁规范,从而评价为"情节显著轻微危害不大的,不认为是犯罪",在行为规范与制裁规范的对置结构下,这两种情形都侧重于行为规范对于制裁规范的发动功能,但如前所述,制裁规范的发动具有反过来维护行为规范效力的功能,因此当行为规范被违反之后,已经由行为人第一时间加以维护违反的,发动制裁规范的必要性就大幅度降低。概而言之,行为人在实施侵害行为之后,又实施了相应的法益恢复行为,从而使行为规范的效力第一时间得以恢复,被违反程度不足以发动制裁规范,因为此时制裁规范丧失了维护被违反的行为规范的前提与必要性。因此也可以被评价为但书的"情节显著轻微危害不大的,不认为是犯罪"的情形。也就是行为人通过事后恢复行为的实施为自己争取到了自身专属的刑罚阻却或减免事由,这就是恢复性司法的题中之义,在刑法中,对这种情形作类型性规定的就是中止犯,除此之外,认罪认罚从宽制度以及企业刑事合规不起诉制度等,都可归入此情形。

---

① 参见车浩:《从安邦吴小晖案谈集资诈骗罪》,载"中国法律评论"微信公众号 2018 年 5 月 10 日。
② 参见陈兴良:《非法经营罪范围的扩张及其限制——以行政许可为视角的考察》,载《法学家》2021 年第 2 期。

1. 中止犯的规范论构造

关于中止犯，我国《刑法》第 24 条第 2 款规定："对于中止犯，没有造成损害的，应当免除处罚；造成损害的，应当减轻处罚。"国内外刑法学界围绕对中止犯减轻处罚的根据，展开了深入探讨，产生了一系列带有标签意义的学说，例如法律说（违法减少说、责任减少说、违法与责任减少说）、黄金桥理论、褒奖说、刑罚目的指向说、责任履行说、相抵说等。① 我国刑法学界关于中止犯的探讨也首先集中于中止犯的减轻处罚根据，受日本刑法学的影响，法律说占据支配地位。其次是关于自动性的判断标准，而在这一点上基本停留在弗兰克公式的判断框架之内，即所谓"能而不欲是中止，欲而不能是未遂"。最后是关于"损害"的解释。其中，中止犯的减轻处罚根据处于核心地位，从不同的根据论出发，在对于中止犯之构成要件的解释上，将产生不同的结论，例如，根据责任减少说，真诚悔悟就会成为中止犯的必要条件；根据违法减少说，则不一定要求真诚悔悟的存在。据此，当前的讨论状况似乎已经为中止犯提供足够多的解释资源，只剩下选择哪一种解释路径这一问题。然而，中止犯减轻处罚的根据论至今为止尚未形成定论，而且更为根本的是，不能将中止犯减轻处罚根据论作为解释中止犯的出发点，否则必然形成"减轻处罚—减轻处罚的根据—中止犯构成要件解释—减轻处罚"这样的循环论证。

循环论证的原因在于结论先行，如前所述，刑法中的行为规范与制裁规范的对置结构提供了更为客观中立的分析工具，具体而言，每个概念都可以归入行为规范或制裁规范的范畴，进而在行为规范与制裁规范的对置框架内展开分析。于是，中止犯属于行为规范的范畴还是制裁规范的范畴就成为首要问题。然而，这一问题的答案未必是显然易见的，上述围绕中止犯减轻处罚的根据而形成的各种观点，其背后就隐藏着对中止犯的规范属性的不同理解，例如，可以说违法减少说、责任减少说、违法与责任减少说等学说都是将中止犯归入行为规范的结果；与此相对，黄金桥理论、刑罚目的指向说等则是将中止犯理解为制裁规范的结果。

本文认为中止犯并不属于行为规范的范畴，而属于制裁规范的范畴。主要理由在于，行为规范说的观点完全忽视了行为规范的法益保护功能只针对将来而不回溯过去，从而将中止行为视为实行行为的延伸，丧失了独立考察中止行为的契机。具体而言，实行行为是在侵害意思的支配下实施的侵犯法益的行为，一旦实施，其对于法益造成的危险或实害已经成为既定事实，并不会因为行为人停止继续实施犯罪或阻止构成要件结果发生而消失。例如，上诉人赵三赶明知被害人系不满 14 周岁的幼女，而采取抚摸被害人身体隐私部位、用言语挑逗和许诺给予金钱等方式引诱被害人与其发生性关系，已构成强奸罪。其遭被害人拒绝后，在有条件继续实施犯罪的情

---

① 关于这些理论的简要介绍，参见〔日〕吉田敏雄：《未遂犯与中止犯》，成文堂 2014 年版，第 132—153 页。

况下,主动放弃犯罪,系犯罪中止。① 在该案中,即使认定中止犯的成立,行为人对被害人所实施的符合强奸罪之构成要件的行为对于被害人的性自主决定权的侵犯,也并不因此而消失。

也就是说,行为规范仅仅在实行行为实施之前通过其违法评价功能与意思决定功能,引导全体国民的遵守,在这个意义上,野村稔教授关于行为规范第一个层面的功能的论述是正确的。然而,一旦发动了实行行为,那么,禁止实施某个行为的禁止性规范或命令特定行为人实施某行为的命令性规范就被打破了。自此之后,行为人所表现出的举止与态度已经不属于行为规范的范畴。② 除非行为人基于同一个侵害意思在此后又实施侵犯同一法益的行为,此时可以将两个以上的行为视为一体的实行行为。③ 然而,中止行为显然是在中止意思的支配下实施的作为或不作为,因此,实行行为与中止行为即使具有时间与空间上的接近性,也不能将其视为一体的行为,中止行为显然也不是在另一犯意支配下实施的侵犯法益的行为,因此不能将其评价为侵犯另一行为规范的实行行为。

这样的话,中止行为就是在实行行为之后的事后恢复行为,其本身与实行行为并无直接关联,刑法只不过是通过中止行为的实施而对实施者专门地赋予法律效果上的评价而已。④ 由此可见,中止犯与未遂犯一样,在规范论上都属于制裁规范的范畴。具体而言,对法益形成具体危险程度的实行行为发动之后,对行为规范的违反也达到了可罚程度,由此触发未遂犯这一制裁规范;与此相对,通过自动的中止行为的实施,将本来应该发动的未遂犯的制裁规范限制在中止犯这一制裁规范的限度范围内。

如前所述,制裁规范本身的内容就是刑罚,因此其正当化根据取决于刑罚目的,据此,关于中止犯的性质,在德国刑法学界与实务界被有力主张的刑罚目的指向说值得考察。关于该学说的论述,德国联邦普通法院在判决中指出:当行为人自动地停止已经开始的未遂(实行行为)时,从中就显示出犯罪意思并没有达到对于完成犯罪所必要的强度,当初通过未遂而表现出的行为人的危险性,之后也被极度削弱。据此,刑法就不处罚未遂本身,因为无论是从为了防止行为人再犯,为了威吓他人,还是为了恢复被侵害的法秩序的角度出发,都已经丧失了科刑的必要性。⑤ 也就是说,行为人适时放弃的犯罪决意就不能再归属于行为人,只有在通过该未遂行为而完全满足其他可罚行为

---

① 参见四川省成都市中级人民法院(2018)川 01 刑终 57 号刑事判决书。
② 参见〔日〕高桥则夫:《中止行为的规范论基础》,载〔日〕井田良等编:《浅田和茂先生古稀祝贺论文集》,成文堂 2016 年版,第 421 页以下。
③ 参见李世阳:《刑法中行为论的新展开》,载《中国法学》2018 年第 2 期。
④ 参见〔日〕高桥则夫:《中止行为的规范论基础》,载〔日〕井田良等编:《浅田和茂先生古稀祝贺论文集》,成文堂 2016 年版,第 422 页。
⑤ Vgl. BGHSt 48, 52.

的构成要件时才处罚该行为人,在这种情况下,刑法是为了实现特别预防的目的与维持基本的正义思想。①

然而,如果仅仅从特殊预防出发为中止犯减免处罚提供根据的话,很容易找到即使不具有特殊预防的必要,仍然要处罚行为人的例子,尤其是行为人真诚悔悟并尽一切努力阻止犯罪结果发生,但犯罪结果还是不可避免地发生了的情况。因此,罗克辛教授结合一般预防论,对上述观点进行修正,具体而言:从行为刑法的立场出发,仅仅具有施加恶害的倾向显然还不能为刑法的介入提供正当化根据。从犯罪人的具体行为出发,只有当犯罪人具有实行犯罪的意思与能力,犯罪人保持该犯罪决意,通过外在状况表明其并未阻止实行行为的实现时,刑法的介入才具有正当性。因此,特殊预防作用的必要性必须从现实存在的行为中派生出来,而自动的中止犯并不存在这个前提,因为他以实际行动表明了在未遂行为上往合法性方向复归,中止犯可能仅存的微弱的犯罪倾向,与其他具有实施犯罪行为之危险的人一样,都无法据此为处罚提供根据。进而,从一般预防的观点出发也不具有处罚的必要性,这是因为,赋予未遂根本性处罚根据的危险性被中止行为人自身排除了,同样的,可能为并不危险的未遂的可罚性提供基础的动摇法秩序的印象,也因中止的自动性而消除。适时地、自发地中止犯罪的行为人并没有为一般人提供不良示范,他的行为在某种程度上表明他接纳了法律。当行为人在终了未遂的情况下未能成功阻止结果发生时,由于存在法益侵犯,从一般预防的视角出发,刑罚是必要的。行为人仅仅具有弃恶从善的善良意思并不足以消灭处罚的必要性。与此相对,当没有达到既遂状态与中止者的行为无关时,行为人没有效果的努力也能通往不处罚的道路。在该情形中,由于结果最终没有发生,带有一般预防性质的处罚必要性在本质上就降低了,因此,对于特别预防具有重要意义的"弃恶从善"也可以通过不处罚获得回报。②

据此,罗克辛教授试图通过结合特殊预防与一般预防理论对中止犯的减免处罚根据进行说明,从功能的责任论出发将中止犯作为处罚阻却事由。这样的话,刑罚目的就完全取决于预防必要性,然而,预防必要性的判断未免过于抽象,很难在经验上获得充分证明,最终其有无及其程度的判断只能取决于司法人员的个人立场。此外,这一观点有可能面临分别针对特殊预防与一般预防的批判。例如,如果只专注于刑罚的特殊预防效果,可能会忽视刑罚本身就是一种报应与惩罚这一点;与此相对,如果专注

---

① Vgl. M. Walter, Der Ruecktritt vom Versuch als Ausdruck des Bewaehrungsgedankens im zurechnenden Strafrecht, 1980. 我国学者张明楷教授继受了该观点,认为中止犯免除处罚的根据在于其违法性与有责性比既遂犯减少以及行为人的自动中止表明其不具有特殊预防的必要性,对造成损害的中止犯减轻处罚是因为其先前行为形成了轻罪的既遂犯,行为人必须对轻罪的既遂犯承担责任,因而不可能免除处罚。参见张明楷:《中止犯减免处罚的根据》,载《中外法学》2015 年第 5 期。

② Vgl. Roxin, Strafrecht, A.T., Band Ⅱ, 2003, S. 480.

于刑罚的一般预防效果,尤其是消极的一般预防效果,则可能忽视了制裁规范仅具有事后规制功能,而不具有事前引导功能。

如前所述,制裁规范的功能在于实现积极的一般预防,即通过制裁规范的发动恢复被违反的行为规范之效力,由于行为人的行为对于行为规范的违反并不局限于一个层面,而是从加害与被害的互动关系出发,扩散到对社区的影响,进而扩大对整个社会的影响,最终上升到对国家的影响。在这个意义上,行为规范要得到完全恢复,意味着上述由里及外的逐层关系都得以恢复。首先,在中止犯与被害人的关系上,中止实行行为的继续进行或有效防止损害结果的发生,使被害控制在构成要件结果的范围之内;其次,在中止犯与社会一般人的关系上,通过中止行为表明约束包括行为人在内的社会一般人的行为规范继续有效;最后,在中止犯与实施了实行行为的行为人自身关系上,通过中止行为表明行为人遵守规范的态度,表明其向过去的反规范的人格态度告别的决心。①

由此可见,中止犯虽然在性质上属于制裁规范的范畴,但任何制裁规范都不可能单独存在或者自动发动,必须有相应的行为规范违反的存在才能发动与之相对应的制裁规范。在这个意义上,严格来说,中止犯是一种制裁媒介规范。具体而言,发动中止犯这一制裁规范的行为规范基础由两部分组成,第一部分是对刑法分则各条文的构成要件背后所隐藏的行为规范的违反,第二部分是自动的中止行为。例如,刘青某在欲强行与被害人张某珍发生性关系时,张某珍称自己患有性病,刘青某放弃强奸逃离现场。② 在该案中,法院将被告人刘青某认定为中止犯,遗憾的是并未说明得出这一结论的理由,如果该案的结论可以成立的话,其前提是自动的中止行为的存在。

综上所述,从规范论的视角出发,中止犯整体上属于制裁规范的范畴,积极的一般预防是中止犯制度的存立根基。然而,任何制裁规范的发动都依赖于相应的行为规范违反程度,由于犯罪实行行为的存在已经将构成要件背后的行为规范的违反程度提升到足以发动未遂犯的制裁规范,因此,能否发动中止犯的从轻、减轻甚至免除处罚的制裁规范,关键在于在实行行为之后是否存在自动的中止行为。在这个意义上,自动的中止行为是一种事后的恢复行为,该行为是行为人在自动的中止意思的支配之下实施具有降低危险功能的中止行为。该行为的实施表明了行为人维护受损的行为规范的决心和实际行动,制裁规范所指向的积极一般预防和特殊预防的必要性大幅度下降,丧失了发动制裁规范的必要性,因此可以适用《刑法》第13条但书的"情节显著轻微危害不大的,不认为是犯罪"。

---

① 参见〔日〕高桥则夫:《中止行为的规范论基础》,载〔日〕井田良等编:《浅田和茂先生古稀祝贺论文集》,成文堂2016年版,第424页以下。
② 参见江西省赣州市人民法院(2015)赣中刑二初字第8号刑事判决书。

2. 企业刑事合规不起诉可类推适用中止犯制度

如前所述,中止犯是一种被类型化的事后恢复行为,其并不属于行为规范的范畴,而属于制裁规范的范畴,其背后体现了恢复性司法的基本观念。近年来,企业刑事合规制度已经成为我国刑法学界与刑事诉讼法学界的一大学术热点,大量的没有被写入刑法与刑事诉讼法的概念充斥学术市场,诸如合规、刑事合规、企业刑事合规、合规不起诉、合规计划等。然而,合规这一概念在刑法与刑事诉讼法中具有怎样的含义,单独将其作为出罪事由或不起诉理由的正当性根据何在。刑法学界及刑事诉讼法学界对于这一最具本源性问题的研究并不充分,尤其是缺乏教义学研究,导致企业刑事合规这一课题的研究明显停留于政策性的立法论层面,几乎所有的论著都在为推动刑事诉讼法增加企业刑事合规不起诉制度摇旗呐喊。然而,在未经教义学层面的检讨就直接进入立法论层面的改革未免过于草率,可以说无教义学的立法论是虚无的,无立法论的教义学是迷茫的。① 良性的法学研究应在地毯式的教义学检讨的基础上进入立法论层面的制度建构,进而又继续通过教义学研究使制度进一步可操作化,以接受司法实务的检验。

在理论建构尚未成熟之际,司法实务已经先行一步。2020 年 3 月,最高人民检察院在 6 个基层检察院率先部署了企业刑事合规不起诉改革的试点工作,随后,全国各地相继开展了相关探索。历经一年发展,企业刑事合规不起诉在制度建设和司法实践方面均取得了一些成果。2021 年 4 月,最高人民检察院发布《关于开展企业合规改革试点工作方案》,启动了第二期企业刑事合规不起诉改革试点,标志着改革步入了新阶段。在这一背景下,对于企业犯罪,试点单位充分贯彻了"少捕、慎诉"原则,并形成了一些具有代表性的案例。2021 年 6 月 3 日,最高人民检察院举办"依法督促涉案企业合规管理,将严管厚爱落到实处"新闻发布会,发布了 4 件企业合规改革试点典型案例。

这四件典型案例涉及虚开增值税专用发票罪、污染环境罪、串通投标罪、对非国家工作人员行贿罪等常见的企业犯罪类型,对于司法实践中对企业犯罪大胆启动刑事合规的激励机制确实有重要指导意义。然而,这四件典型案例都是在相关行为已经确定构成犯罪的情况下,将刑事合规作为不起诉的条件及根据,这样的话,从广义上来说,刑事合规已经成为一种刑罚减免事由。那么,这种刑罚减免事由在刑法中具有怎样的体系地位,其合理性根据是什么,应当对其作怎样的限制才能避免被滥用的危险。这些问题值得作系统性研究。

基于"合规"一词的多义性,企业刑事合规这一概念的界定以及可能实现的法律后果就必然出现分歧。那么,在对企业适用合规之前,有必要先确定企业所实施的相关

---

① 参见孙国祥:《刑事合规的刑法教义学思考》,载《东方法学》2020 年第 5 期。

行为是否已经经过犯罪论体系的检验并确定为犯罪,如果未能确定为犯罪,那么对企业适用的合规并不是一种刑事合规,甚至不能说是一种激励机制,反而是一种惩戒机制。与此相对,如果相关行为被认定为犯罪,此时对企业适用的合规才是一种激励机制。而以上关于犯罪的阶层式判断顺序则为企业合规性质的认定提供了基础。具体而言,首先,在行为这一阶层应解决两个问题:其一是确定某一行为是值得刑法评价的行为还是商业风险范围内的行为;其二是该行为是企业的行为还是纯粹的个人行为。其次,构成要件该当性这一阶层是检讨的重点,应将在上一阶段所选取的行为置于刑法分则规定的具体某一构成要件中进行检验,只有该行为满足这一构成要件的所有要素才能得出具有构成要件该当性的结论,但凡有其中一个要素不符合就排除该构成要件的适用,并继而检讨其他构成要件的适用可能性。再次,在违法性这一阶层所要解决的问题是,将企业所实施的具有构成要件该当性的行为放置于整个风险社会、商业社会背景之下,是否有例外的因创造更大的价值而排除该行为的实质违法性的可能性。复次,在有责性这一阶层所要解决的问题是,实施满足某一犯罪构成要件的、不具有任何正当理由的企业及相关责任人员,从国家的视角出发,判断其是否具有特别值得原谅的地方。最后,即便企业或者相关责任人员实施的行为具有构成要件该当性、违法性、有责性,已经构成刑法上的犯罪,也可能因为专属于企业的刑罚阻却事由而无法发动制裁规范。

在以上五个阶层中,前四个阶层的建构基本上都由刑法教义学来完成,而一旦认定犯罪成立,刑法教义学在很大程度上将功成身退,因此对可罚性阻却的判断事实上基本依赖于刑事政策。从最高人民检察院发布的 4 件企业合规改革试点典型案例来看,大都是在构成相应犯罪之后,从刑事政策的层面作出罪处理。在某种程度上肯定这种处理的合理性的同时,如果无法将这种刑事政策融入刑法教义学的框架,将严重挑战刑法的基本原则,导致刑法的软化。因此,关于企业合规的出罪化根据要同时从以下两个方面进行挖掘:一方面,利用阶层犯罪论体系本身所具有的犯罪过滤机制,在构成要件该当性、违法性和有责性等这三个阶层中寻找企业涉嫌的相关犯罪的出罪理由并据此确定企业合规的性质;另一方面,在企业实施的相关行为已经构成犯罪的情况下,是否可以享受刑事合规这一优惠政策,其标准是什么,界限又在哪里。

如果仅从静态的视角来看,企业的行为一旦构成犯罪,此后即使合规,也无法否定犯罪本身,更不可能作出罪化处理;与此相对,如果从动态的视角来看,企业的刑事合规则可以视为一种广义上的中止行为。中止犯是一种法定的刑罚阻却或减轻事由,应积极开拓中止犯的理论资源,将企业的刑事合规部分纳入中止犯的规制框架,使企业刑事合规作为一种事后恢复行为、作为一种刑罚阻却或减免事由,在刑法中获得清晰的体系地位。在这一定位之下,一方面并没有否定企业之前实施的犯罪行为本身对法益业已形成的危险或产生的实害;另一方面,作为中止犯减免处罚根据的从积极的一般预防论出发的黄金桥理论,为企业刑事合规作为一种奖励及激励机制提供了坚实的理论基础。行为人要获得中止犯的刑罚优惠政策,就必须基于自己真实自愿的意思停止继续实施犯罪,对自己已经实施的犯罪行为所带来的损害应尽最大可能的努力采取恢复措施,阻止损害进一步扩大。这样的话,可以将企业的刑事合规视为一种广义上的中止行为。从行为论的角度出发,中止行为本身由客观外在的中止举动与主观上的中止意思这两个要素组成,因此,这两个要素各自如何发挥事后的恢复功能,需要达到怎样的程度才能阻却或减轻其可罚性,有必要作进一步考察。从结论上而言,笔者认为,中止的外在举动由合规计划的设定来承担,而中止意思的认定则通过认罪认罚来实现。

五、结论

我国《刑法》第13条规定了犯罪概念并附加了但书条款,即"情节显著轻微危害不大的,不认为是犯罪"。在储先生的引领下,中国刑法学界对该但书条款进行了广泛而深入的研究,取得了丰硕的学术成果。从目前既有的研究成果来看,在研究起点上出现了实质的犯罪概念与形式的犯罪概念的对立,在犯罪的本质属性上出现了社会危害性说与法益侵害说的争论,进而在该对立的延长线上派生出了四要件犯罪论体系与三阶层犯罪论体系之争。但这种图示性对立,反而掩盖了犯罪概念的本来面貌。刑事法所覆盖的是犯罪与刑罚之全体,犯罪与刑罚之间本身就存在互动关系,而犯罪概念本身也不是静止的,以"加害—被害"的互动为核心,也呈现出差序状的互动结构。与其他部门法相比,刑法的制裁规范最为清晰完整,因此在刑法规定背后呈现出了完整的行为规范与制裁规范的对置结构,在该结构中,行为规范被违反到某种程度才能发动制裁规范,而制裁规范的发动是为了反过来确立行为规范的效力,行为规范属于事前判断的范畴,而制裁规范属于事后判断的范畴。这一规范论构造为犯罪概念的解析以及考察犯罪与刑罚之间的互动关系,提供了稳定可靠、客观中立的分析工具。在这一对置结构中,可以将《刑法》第13条但书解读为:行为对行为规范的违反程度不足以发动制裁规范。具体包括以下三种情形:

第一,行为规范的侵害效果被束缚于私领域,例如亲告罪以及允许刑事和解的案件。

第二,因存在容许规范从而在整体法秩序上符合行为规范的要求。这尤其是指存在阻却违法或者缺乏可罚的违法性的情形。此外,我国刑法分则条文中出现了大量的"非法"的表述,但书具有与"非法"这一要素相照应的功能。

第三,行为人通过事后恢复行为修复受损法益,从而丧失发动制裁规范的必要性。

在我国司法实践中,通过《刑法》第13条但书而出罪的判决屡见不鲜,但大多缺乏详细的说理与论证,最终停留于模糊的法感情与直觉,本文尝试从规范论的视角出发对但书条款作类型化分析,以期在司法实践中获得更精确的适用。

论瑕疵行政行为的刑法效力*

杜 宇** 宋一璐***

随着现代国家中行政权力的日渐活跃,各类行政行为对社会生活产生了重要影响,而这种影响也扩展到了刑事司法领域。根据德国学者弗里茨的归纳,刑法中的犯罪构成要件对行政权的依赖主要表现为四种形式:①犯罪构成要件要素对行政法概念的依赖;②犯罪构成要件内容对行政法规范的援引;③行为人对行政行为创设的行政法义务的违反作为犯罪成立的要件;④行政许可作为刑法的消极构成要件要素或正当化事由。① 为叙述方便,本文将定罪环节存在上述情形的罪名统称为"行政犯"。②

我国既有研究较为关注静态的行政法规范内容(抽象行政行为)对行政犯不法性判断的影响,即弗里茨归纳的前两种形态,而对后两种主要由具体行政行为影响犯罪成立判断的情形少有系统性的研究。然而,如果忽视对具体行政行为的关注,就无法妥善化解行政行为与刑法逻辑间的可能冲突,亦难以为解决相关行政犯罪案件的疑难问题提供充分指导。基于此,理论界有必要对具体行政行为的刑法效力进行研究,并努力促进刑法系统与行政法体系间的外部协调。具体而言,问题意识可聚焦于:如果与定罪相关的具体行政行为存在合法性方面的瑕疵,刑事司法程序是应当直接承认此类行为的效力,还是应进行独立审查? 立足于法秩序的相对统一性原理,本文往返穿梭于刑法与行政法、实体法与程序法之间,对上述问题进行初步探讨。

在文章结构方面,本文第一部分从产生上述问题的理论根源,即统一法秩序视野下刑事不法认定对行政违法的依附性谈起,并根据保障法益的内容对我国刑法中的行政犯罪予以分类,作为下文探讨的基础;在第二部分中,对学界关于行政行为对刑事审

---

* 本文受到国家社科基金重点项目"犯罪构成的程序向度研究"(项目批准号:WRH3457011)资助,受到上海市浦江人才计划"刑法解释的方法论拓展"(16PJC009)资助,同时受到上海市教委科技创新重大项目(2021-01-07-00-07-E00124)资助。

** 复旦大学法学院教授。

*** 复旦大学法学院硕士研究生。

① 参见王世杰:《论行政行为对刑事审判的拘束》,载《政治与法律》2018 年第 6 期。

② 在理论界,"行政犯"的定义从近代以来就一直争论不休,至今没有达成学术共识。参见姜涛:《行政犯与二元化犯罪模式》,载《中国刑事法杂志》2010 年第 12 期。本文无意于介入此种概念之争,只是为了下文论述的需要而对"行政犯"进行简要界定。

判的约束力问题的既有争论进行综述,尤其是对行政行为的公定力问题予以集中讨论,并在法益保护原则的指导下提出可能的问题化解路径;进而,在第三、第四部分中,根据授益行政行为和负担行政行为的分类,结合中国刑法中的具体罪名,对两类瑕疵行政行为在刑事司法中的效力问题进行类型化分析,并展开讨论。

一、法益保护视角下的行政犯分类

从我国的政治权力架构来看,作出各类行政行为的行政机关与负责刑事司法审判的各级法院之间并无隶属关系,以打击犯罪、保障人权为核心的刑事司法与以追求社会福利与秩序稳定为目标的行政行为之间,理应泾渭分明、并行不悖。但是,这一理论逻辑在现实法治语境中却并不成立。之所以如此,一方面是因为,立法者在刑法中不可避免地设置了诸多需要借鉴行政法规范的"空白罪状",并在部分罪名中将具体行政行为的存否作为犯罪成立或阻却要件;另一方面则是因为,"法秩序统一性"理念具有支配性的影响。由此出发,在进行刑事违法性的判断时,应竭力避免刑事不法与行政违法的冲突,并尊重代表国家意志的行政主体的意思表示。

所谓"法秩序统一性"理念,即指同一法域内部的不同部门法之间,应当尽可能地避免法律解释与司法认定的矛盾和冲突。① 就刑法和行政法的关系而言,为贯彻上述理念,需要回答两个关键问题:①某个行为在行政法领域被认定为合法,是否应否定此行为的刑事违法性?②某个行为在行政法领域被认定为违法,是否应直接肯定此行为的刑事违法性?

针对上述问题,德日刑法学界已进行过较为充分的讨论。在日本学界,主要存在三种立场:①严格的违法一元论,主张刑法应与其他部门法的行为评价保持严格一致,因此对上述两个问题均持肯定态度;②缓和的违法一元论,主张违法性判断应当在整体法秩序内部保持统一性,并将"一般的违法性"作为不同部门法的违法性的上位概念,但考虑到不同法领域的目的差异,刑法与其他部门法的违法性可能存在质和量的差异,因此对上述两个问题分别持肯定与否定的态度;③违法的相对论,主张违法性在不同法领域应当分别判断而非追求统一,所以对上述两个问题均持否定态度。②

德国刑法学界的观点分歧,则主要表现为以下观点的对立:①量的差异说。这一学说认为,刑法与其他部门法上的违法性,在性质上并不存在差异,只是在社会危害程度上存在高低差别。②质的差异说。在这一学说看来,两者存在实质区别,即刑事不法是具有道德的无价值性或造成法益侵害与现实危险的行为,而行政违法仅仅是违

---

① 参见杨仁寿:《法学方法论》,中国政法大学出版社1999年版,第125页。
② 参见王骏:《违法性判断必须一元吗?——以刑民实体关系为视角》,载《法学家》2013年第5期。

反秩序或者不服从行政命令的行为。③质量差异说。这一学说主张区分"核心领域"与"边缘地带":在刑法的核心领域(保护对社会共同体具有重要价值的法益的刑法规范,包括严重的侵害人身法益的罪名),因为重要法益必须由刑法给予强制性保护,所以刑事不法和行政违法的区别是实质性的;但在刑法的边缘地带(即核心领域之外的刑法规范),两者仅存在法益侵害量级的差异。①

经由比较不难发现,一方面,德国学界的共识在于,刑法与其他部门法上的违法性范畴不可能完全一致。由此,德国并不存在类似于日本"严格的违法一元论"的观点。另一方面,德、日学说也殊途同归。其中,"质的差异说"类似于"违法的相对论",强调不同部门法中的违法性具有本质差异,不存在统一可能。而"质量差异说"与"缓和的违法一元论"则有共通之处,均主张不同部门法中的违法性既可能具有质的差异,也可能具有量的差异。其区别仅在于,"质量差异说"区别了刑法的核心领域与边缘地带,因为对质、量差异所存在的具体领域有更为细致的说明。

在笔者看来,仅强调刑事不法与行政违法在程度上的差异,或仅强调两者在性质上的区别,都显得过于片面:

一方面,刑法与行政法的不同立法目的决定了两种不法类型的涵盖范围存在显著差异。根据德国行政刑法理论的创立者戈尔德施密特的观点,行政法的目的是追求福利,而刑法的目的是保障意志载体(公民)的意志自由;因此,行政违法本质上是对旨在创造国家或公共福利的行政行为的反抗,而刑事不法的本质则是对他者法益的侵害。②虽然通说也承认社会管理秩序等超个人法益在刑法领域的正当地位,但即便我们不采取较为激进的"国家法益与社会法益必须能够还原为个人法益才值得保护"的"法益还原论"立场③,也不能否认由于纯粹的行政管理秩序具有极强的渗透性和具象性,现代行政管制行为已日益深入生活的各种细节,以"辅助性的法益保护"为己任的刑法④,不可能将所有违反行政法的行为都纳入规制范围。因此,刑事立法必须对值得刑法保护的超个人法益进行有限的选择。此种选择的依据显然不能局限于难以判断的法益侵害的量化程度,而要诉诸实质性的法益保护类型或对象范围的抉择,即进行某种质的界分。由此可见,"量的差异说"和"严格的违法一元论"忽视了行政违法与刑事不法在价值追求上的可能差异,并不妥当。

另一方面,至少就我国的刑事立法现实而言,行政违法和刑事不法在行为类型上

---

① 参见孙国祥:《行政犯违法性判断的从属性和独立性研究》,载《法学家》2017年第1期。
② 参见王莹:《论行政不法与刑事不法的分野及对我国行政处罚法与刑事立法界限混淆的反思》,载《河北法学》2008年第10期。
③ 参见张明楷:《刑法学》(第6版),法律出版社2021年版,第81页;罗翔:《空白罪状中刑事不法与行政不法的规范关联》,载《国家检察官学院学报》2021年第4期。
④ 参见〔德〕克劳斯·罗克辛:《德国刑法学总论(第1卷)》,王世洲译,法律出版社2005年版,第23页。

存在较多重合。某些符合犯罪构成要件的行为(例如盗窃等)同样是应受治安管理处罚的行为,刑法中的很多"行政犯"也需要以违反某些行政领域的法律法规为入罪要件。这主要是因为:其一,我国刑事立法独特的"定性+定量"模式,导致相当数量的法益侵害行为必须达到特定的严重程度才可能构成刑事不法[1],而对于不满足罪量要件的不法行为,则只能用行政手段予以规制;其二,现代国家行政管理的强化,需要借助刑法手段来维持行政管理秩序。在此范围内,行政法和刑法对诸多侵害法益行为的规制具有共通性,行政违法与刑事不法的差异确实只是法益侵害程度(社会危害性大小)的差异。因此,"质的差异说"和"违法的相对论"片面强调行政违法和刑事不法异质性的观点,并不符合中国的立法现实,也难以有效指导我国的司法实践。

相比之下,承认行政违法与刑事不法之间可能同时存在法益侵害内容与法益侵害程度差异的"质量差异说",既认识到了行政法与刑法在社会任务与规范目的上的差异,又符合我国行政违法与刑事不法在行为类型上高度重合的立法现实,以及现代国家通过刑事手段强化行政秩序保障的立法精神,在理论上最为合理。不过,在实践中贯彻此种立场的难点在于,如何准确判断分则罪名所保护的法益类型,进而确定该罪刑规范是否属于刑法的"核心领域"。

就中国刑法中存在的"行政犯"而言,许多罪名虽然在表面上以违反行政管理法规或行政违法为构成要件,但其保护的法益并非单纯的行政管理秩序。以我国《刑法》第141条规定的生产、销售、提供假药罪为例。该罪位于"破坏社会主义市场经济秩序罪"一章中,罪状中"假药"的定义由《药品管理法》规定,且在《刑法修正案(八)》出台后,该罪的成立已不再需要"足以严重危害人体健康"。对于该罪保护法益的识别,在实践中存在争议。通说认为该罪保护的法益既包括国家的药品管理秩序,又包括民众的身体健康与生命安全[2],并进一步地将该罪的主要法益认定为药品生产、销售管理秩序[3];也有学者基于人本刑法观的立场,主张该罪的主要法益应为健康与生命法益[4]。当然,这种"在双重法益中区分主次法益"的论调,一方面忽视了行政秩序法益的相对独立性,另一方面也无法根本性地消解两种法益之间可能存在的紧张关系,最终可能使得对次要法益的保护淹没在对主要法益的关切之中。在两种法益存在冲突的案件中,如欲实现对两种法益的完善保护,理想的路径是以不同罪名对不同法益进行分而治之的处理。具体而言,应当将我国《刑法》第141条的法益保护范围限定在生命健康

---

[1] 参见储槐植:《我国刑法中犯罪概念的定量因素》,载《法学研究》1988年第2期。
[2] 参见张军主编:《刑法(分则)及配套规定新释新解》(第3版),人民法院出版社2013年版,第261页。
[3] 参见孙国祥、魏昌东:《经济刑法研究》,法律出版社2005年版,第191页。
[4] 参见时方:《生产、销售假药罪法益侵害的规范解释——主次法益价值冲突时的实质判断》,载《政治与法律》2015年第5期。

的个人法益,而将保护药品管理秩序法益的任务交给另设的"妨害药品管理罪"。① 当然,此种思考仍属于立法论范畴。当前中国刑法中存在许多同时保护社会秩序法益和其他个体法益的罪名,难以在短时间内通过刑法修正的形式进行"法益剥离"的改造。但尽管如此,在解释论上必须留意的是:不能在"法益还原论"理念的指导下,将我国刑法中各种行政犯罪的保护法益一概宽泛地解释为行政秩序及其映射下(可被"还原"而成)的特定个体法益。这种泛化解释,将对行政秩序法益的独立价值与有效保护造成巨大损伤。

立基于解释论的立场确定罪名的法益保护内容时,既要考虑该罪所属的类型,又要考虑该罪的构成要件要素(如行为、对象、结果等要素),还要分析条文间的相互关系,以维护刑法的协调性。② 根据上述标准,笔者认为,可以将我国刑法中的"行政犯"按照法益侵害内容区分为两大类:纯粹秩序法益侵害型行政犯与多重法益侵害型行政犯。

前者的典型示例,如《刑法》第322条前段所规定的偷越国(边)境罪的基本犯。该罪以"违反国(边)境管理法规,偷越国(边)境"为构成要件行为,通说将其法益定位为"出入境管理秩序"。③ 同时,根据相关司法解释的规定,构成该罪所需的"情节严重"要件,主要包括多次偷越、结伙偷越、引诱他人偷越、勾结境外人员偷越国(边)境,以及因偷越国(边)境被行政处罚后又偷越等内容④,实质上都反映出偷越行为对出入境管理秩序的破坏程度,可见权威司法机关也将该罪的法益定位为纯粹的秩序法益,而并不包括其他法益内容。

后者的典型示例,除上文所述之生产、销售、提供假药罪外,还包括《刑法》第286条之一规定的拒不履行信息网络安全管理义务罪。对于该罪的法益,传统观点认为仅包括信息网络安全管理秩序⑤;但考虑到该罪的结果要件包括"致使用户信息泄露,造成严重后果",而相关司法解释又将"致使泄露……可能影响人身、财产安全的用户信息五千条以上的""造成他人死亡、重伤、精神失常或者被绑架等严重后果的""造成重大经济损失的"等规定为"造成严重后果"的具体表现⑥,应当认为,该罪的规范目的包

---

① 参见杜宇:《〈刑法修正案(十一)〉中药品犯罪修订之得失》,载《法学》2021年第3期。
② 参见张明楷:《刑法分则的解释原理》(第2版),中国人民大学出版社2011年版,第349页。
③ 参见张明楷:《刑法学》(第6版),法律出版社2021年版,第1458页。
④ 最高人民法院、最高人民检察院《关于办理妨害国(边)境管理刑事案件应用法律若干问题的解释》(法释〔2012〕17号)第5条规定:"偷越国(边)境,具有下列情形之一的,应当认定为刑法第三百二十二条规定的'情节严重':(一)在境外实施损害国家利益行为的;(二)偷越国(边)境三次以上或者三人以上结伙偷越国(边)境的;(三)拉拢、引诱他人一起偷越国(边)境的;(四)勾结境外组织、人员偷越国(边)境的;(五)因偷越国(边)境被行政处罚后一年内又偷越国(边)境的;(六)其他情节严重的情形。"
⑤ 参见高铭暄、马克昌主编:《刑法学》(第9版),北京大学出版社、高等教育出版社2019年版,第533页。
⑥ 参见最高人民法院、最高人民检察院《关于办理非法利用信息网络、帮助信息网络犯罪活动等刑事案件适用法律若干问题的解释》(法释〔2019〕15号)第4条的规定。

含了超出纯粹秩序法益范围的公民人身、财产等核心法益的保护。

根据前述"质量差异说"的立场,纯粹秩序法益侵害型行政犯侵害的法益并不包含位于刑法"核心领域"的法益,因此与对应的行政违法之间仅存在(对特定领域行政秩序的)法益侵害程度的不同;而多重法益侵害型行政犯则侵害了人身、财产等关涉社会共同体重要价值的核心法益,因此与纯粹的行政违法行为之间存在着侵害内容上的性质差异。进而言之,由于纯粹秩序法益侵害型行政犯与行政违法之间仅存在量的差异,因而在刑事不法性的判断方面,可承认其对行政违法性具有依附关系;与之不同,多重法益侵害型行政犯因为包含对行政管理秩序之外的其他法益的保护,而保护这些其他法益并非认定行政违法的主要目的,所以对此类犯罪的不法性判断就不能完全依附于行政违法的评价。本文之后的分析,都将基于此展开。

二、关于瑕疵行政行为之刑法效力的现有观点

相较于稳定存在、经过《立法法》规定的严格程序方能予以变更的行政法律法规,现实中大量存在的具体行政行为若要在司法程序中发挥效力,需要特别考虑其合法性的问题。根据行政法学理论,具体行政行为的成立只需行政主体将自己的意志通过客观形式表示出来并告知相对人;但成立的具体行政行为若要合法有效,还需满足行为主体、行为权限、行为内容与行为程序等四个方面的要件。关于未完全满足合法要件的瑕疵行政行为,其瑕疵程度可以分为明显轻微的瑕疵、一般瑕疵与重大而明显的瑕疵;其中,仅具有明显轻微瑕疵的行政行为可予补正,具有一般瑕疵的可予撤销,而具有重大而明显的瑕疵的则属于无效行政行为。①

如果行政犯罪的认定以特定行政行为的效力识别为条件,则在实践中必须回答的关键问题是:如果这一特定行政行为存在瑕疵(未完全满足合法要件),在未经有权机关对行政行为的合法性作出决断之前,进行刑事审判的法院能否直接否认该行政行为的效力,并不受其约束?

针对上述问题,理论界向来存在肯定说与否定说两大立场。否定说的主要论据是行政行为的公定力(或称"构成要件效力"②)。所谓行政行为的公定力,经典表述是:

---

① 参见姜明安主编:《行政法与行政诉讼法》(第7版),北京大学出版社、高等教育出版社2019年版,第190页。

② 严格来说,行政行为的"公定力"与"构成要件效力"存在差异:前者的拘束对象同时包括国家机关和行政相对人,而后者的拘束对象仅包括国家机关。参见王世杰:《论行政行为的构成要件效力》,载《政治与法律》2019年第9期。但就本文讨论的问题而言,使用上述两个概念没有实质性的差异;加之我国目前的文献基本上都使用"公定力"概念讨论行政行为对民事、刑事司法活动的约束力问题,因此本文也沿用此概念。

"行政行为一经做出,即对任何人都具有被推定为合法、有效而予以尊重的法律效力。"①行政法理论之所以承认行政行为的公定力,主要是基于对不同国家机关职权和秩序形成权的尊重。具体来说,宪法赋予政府、法院等国家机关以不同职权,除非法律赋予法院对行政行为的司法审查权,法院与行政机关应当对彼此的判断与决定相互承认与尊重,避免因不同机关的意见分歧而使得立法者塑造的行政秩序出现紊乱。② 由此可见,公定力的基本价值是维持行政法追求的良善管理秩序与社会整体福利。需要指出的是,对于行政行为公定力的应然界限,学理上仍存在较大争议:我国的传统观点主张"完全公定力说",认为即便行政行为存在重大且明显的瑕疵,也应当承认其具备推定合法有效的公定力③;但目前理论界的有力观点是"有限公定力说",即从平衡行政权与公民自由的立场出发,主张具有公定力的行政行为应当限定在不具有重大且明显的瑕疵的范围内④。行政司法解释与诉讼实践也逐渐采纳了"有限公定力说"。⑤ 除此之外,行政法理论通说认为,不具有设定、变更或消灭行政相对人权利义务效果的确认性行政行为不具有约束司法机关的公定力,因为对法律状态进行终局性确认属于司法权的专断范围。⑥ 我国最高人民法院也在"香港绿谷投资公司诉加拿大绿谷(国际)投资公司等股权纠纷案"中承认了上述立场。⑦ 因此,本文也将可能具有公定力的瑕疵行政行为的范围,限定于仅存在明显轻微或一般瑕疵的形成性行政行为之内。

肯定说从刑法的自在原则与立场出发,拒绝行政行为公定力在刑事领域的适用。其具体理由在于:第一,将作为犯罪构成要件要素的行政行为的内容与效力交给行政机关而非司法机关来判断,可能违反了罪刑法定原则。⑧ 第二,行政行为的公定力理论承认存在瑕疵的行政行为在撤销或补正前的效力,而且很多具体行政行为(如行政命令)并无明确的实施程序规范,若一概承认此类合法性存疑的行政行为的刑事效力,则会严重侵蚀刑法的人权保障机能。⑨ 第三,行政行为公定力的终极目的在于实现公共利益,与刑法保护法益的规范目标存在一定的差异。如果在刑事法领域承认行政行为的先决效力,则会使刑法沦为维护行政秩序的工具,而且也无法实现对刑法专属的重

---

① 叶必丰:《论行政行为的公定力》,载《法学研究》1997年第5期。
② 参见王世杰:《论行政行为的构成要件效力》,载《政治与法律》2019年第9期。
③ 参见叶必丰:《论行政行为的公定力》,载《法学研究》1997年第5期。
④ 参见王天华:《行政行为公定力概念的源流——兼议我国公定力理论的发展进路》,载《当代法学》2010年第3期。
⑤ 参见姜明安主编:《行政法与行政诉讼法》(第7版),北京大学出版社、高等教育出版社2019年版,第194页。
⑥ 参见王世杰:《论行政行为的构成要件效力》,载《政治与法律》2019年第9期。
⑦ 参见最高人民法院(2002)民四终字第14号民事裁定书。
⑧ 参见王世杰:《论行政行为对刑事审判的拘束》,载《政治与法律》2018年第6期。
⑨ 参见熊波:《行政犯的类型与违法性判断的区分》,载《政治与法律》2020年第5期。

大法益的周全保护。①

在笔者看来,肯定说与否定说的立场均具有片面性。

一方面,既然承认行政行为公定力的根本目的在于维持国家的行政管理秩序,就意味着它与刑法追求的法益保护与人权保障价值存在差异,若是机械地在刑事司法中坚持公定力原则,就会对刑法自身的社会任务或规范机能造成侵蚀。因此,我们不能允许行政行为在所有类型的刑事案件审判中均具有先决性的效力——这种立场也已经成为德日等国当前司法实践的通行做法。②

另一方面,要求司法机关在所有刑事案件中都对涉案行政行为的效力进行独立审查的观点,也未必具有合理性和可行性。就合理性而言,如前所述,我国刑法中存在单纯以特定领域的行政秩序为保护法益的罪名(即"纯粹秩序法益侵害型行政犯"),此类罪名的保护法益与相关行政行为的终极目的具有一致性,刑法制裁此类犯罪行为本质上就是为国家行政权的有效行使提供辅助性保护,因此,司法机关在此类案件中应当尊重展现行政意志的行政行为的效力。就可行性而言,如果说刑事法庭在涉及人身安全、财产法益等刑法核心法益的行政犯罪中尚有足够的知识、经验与能力,能够对涉案行政行为的效力作出符合刑法精神的独立评价,那么,在纯粹秩序法益侵害型行政犯中,刑事法庭既没有行政机关那种如何有效维持行政秩序的专业知识;也缺乏行政法庭在判断具体行政行为效力方面的经验积累;更难像某些学者所希望的那样,在缺乏行政行为的具体实施规范的情况下,独立地"依据刑法的基本原则和原理来设计前置行政程序的具体内容"③。因此,在实践中,可能不得不依凭其并不可靠的经验甚或"法感情",来判断具体行政行为在审判中的效力,最终非但难以真正实现对行政秩序法益的保护效果,更可能导致个案的不公正处理。

综上所述,笔者认为,对行政行为能否约束刑事审判问题的回答,应当在区分不同类型的行政犯的基础下完成:对于纯粹秩序法益侵害型行政犯,应当在原则上尊重行政行为的公定力,进而肯定行政行为对刑事审判的约束性,以实现对行政秩序的辅助性保护;而对于多重法益侵害型行政犯,则应当允许刑事法庭在审判过程中独立判断行政行为的效力,以满足刑法的核心法益保护目标。

三、瑕疵授益行政行为的刑法效力分析

在行政法理论上,根据具体行政行为的内容是否对行政相对人有利,可以区分为

---

① 参见熊波:《前置行政程序在经济刑法中的行政依附性及其化解》,载《政治与法律》2022年第3期。
② 参见王世杰:《论行政行为对刑事审判的拘束》,载《政治与法律》2018年第6期。
③ 熊波:《前置行政程序在经济刑法中的行政依附性及其化解》,载《政治与法律》2022年第3期。

授益行政行为与负担行政行为。进一步而言,前者又包括为相对人设定权益的行政行为和为相对人免除义务的行政行为。在刑行交叉案件中,主要涉及的授益行政行为是行政许可。中国刑法中存在从事特定行为的行政许可,这构成了许多行政犯罪的法定出罪事由。例如,《刑法》第174条擅自设立金融机构罪、第322条偷越国(边)境罪等。针对此类罪名,实务中的疑难问题是:行政机关的行政许可行为可能存在瑕疵,行为人根据此种行政许可从事相关活动时,能否认定其具备法定出罪事由?①

对此问题,德国刑法理论界一直存在激烈争论。目前形成的主流观点是:如果行为人是通过欺诈、贿赂等不正当手段取得行政许可,那么,这种许可就属于滥用权利的结果而在刑法上被视为无效;而对于其他仅存在一般瑕疵的行政许可,应当肯定其出罪功能。② 此种观点也得到了《德国刑法典》第330d条第5项的支持。但问题是,在中国行政法的语境下,因被欺诈等作出行政许可并不属于应被宣告无效之"重大而明显违法"的行政行为③,至多属于可被撤销的一般违法的行政行为。因此,我们不能直接套用德国刑法的结论,单纯以行为人在申请行政许可的过程中是否滥用权利为标准来区分行政许可的刑法效力,而要借助某种更具穿透性的实质标准来对其效力加以评判。

有学者主张以是否存在"值得保护的信赖"为标准,来区分瑕疵行政许可行为的效力。具体而言,肯定有瑕疵的行政许可对刑事审判的拘束力,其主要功能在于,保护行政相对人对国家机关行政行为的信赖,进而维护法的安定性。如贯彻这一标准,得出的结论与德国通说将极为类似:在因行政机关的过错而产生行政许可瑕疵时,肯定行政许可的出罪效力;而在因行政相对人的过错(例如存在欺诈等权利滥用行为)而存在行政许可瑕疵时,则否定行政许可的出罪效力。④ 在笔者看来,上述观点存在两大缺陷:第一,行政相对人的信赖利益产生于行政关系(即行政主体与相对人的关系)之中,对此种关系进行规范与维护,主要是行政法的任务。刑法固然需要辅助性地保护

---

① 有学者认为,涉及瑕疵行政许可对行政犯罪出罪影响的情形还包括:①行为人向有权机关申请行政许可,但该机关违法拒绝许可,而行为人在没有许可的情况下从事相关活动;②行为人已经取得的行政许可被行政机关违法撤销,而行为人在没有许可的情况下从事相关活动。参见王世杰:《论行政行为对刑事审判的拘束》,载《政治与法律》2018年第6期。但在这两种情形中,其实并不存在值得在刑事诉讼中评价的行政行为,因为作为特定罪名的消极构成要件(或正当化事由)的只能是"行政许可行为",而非"拒绝给予行政许可"或"撤销行政许可";对于后两者的合法性问题,不属于刑事诉讼应当解决的法律问题,只能由行政诉讼加以解决,所以本文也不作讨论。

② 参见〔德〕冈特·施特拉腾韦特、〔德〕洛塔尔·库伦:《刑法总论I——犯罪论》(2004年第5版),杨萌译,法律出版社2006年版,第190页。

③ 最高人民法院《关于适用〈中华人民共和国行政诉讼法〉的解释》(法释〔2018〕1号)第99条规定:"有下列情形之一的,属于行政诉讼法第七十五条规定的'重大且明显违法':(一)行政行为实施主体不具有行政主体资格;(二)减损权利或者增加义务的行政行为没有法律规范依据;(三)行政行为的内容客观上不可能实施;(四)其他重大且明显违法的情形。"

④ 参见王世杰:《论行政行为对刑事审判的拘束》,载《政治与法律》2018年第6期。

行政秩序法益,但不宜直接对具体的行政关系进行干涉。因此,不宜将信赖利益的存否,作为认定瑕疵行政许可之刑法效力的依据。第二,在行为人无过错地取得瑕疵行政许可的情形中,即便强调刑法应当保障"无过错相对人"的利益,也没有必要一概承认此类情形中行政许可的刑法效力。因为,如果行为人在取得行政许可后,误认为该有瑕疵的许可是合法有效的,完全可以其存在构成要件认识错误而阻却故意,或者以存在不可避免的违法性认识错误而免除责任。① 综上,笔者不赞同以信赖利益的有无作为效力区分的标准。

在笔者看来,瑕疵行政许可之刑法效力的判断,最终还是应以法益保护为核心指导原则。在中国学界,张明楷教授也持类似观点。他根据功能的差异,将行政许可分为"控制性许可"和"特别许可"两类:前者允许的是本身不具有法益侵害性的行为(例如设立金融机构),作用仅在于提高公信力和合理配置资源;后者允许的是存在法益侵害的危险性但有可能实现更优越的社会利益的行为(例如种植可以用于医药生产的毒品原植物),作用是控制危险。② 在阶层犯罪论体系中,控制性许可的存在意味着,行为欠缺任何现实的法益侵害性(因符合行政程序的要求而没有侵害行政秩序法益,因本身的无害性而没有侵害其他法益);而特别许可的存在则意味着,行为虽然该当构成要件但可以阻却违法性(基于利益衡量原则,借由行政许可的存在表明其行为实现了更优越的社会利益)。

转换视角即可发现,张明楷教授笔下的"控制性许可"只能是纯粹秩序法益侵害型行政犯的构成要件阻却事由。因为其定义表明,它的作用仅在于排除行为对秩序法益的侵害;若要以此彻底排除行为的法益侵害性,就只能将其限定在纯粹侵害秩序法益的犯罪之中。而"特别许可"的作用,除了排除行为对特定领域的行政管理秩序的侵害,还表明了一种官方承认的利益权衡结论:得到特别许可的行为,虽然具有对行政管理秩序之外的法益的侵害危险性,但是在整体社会层面创造了更为优越的价值,基于利益衡量原则,可将此种得到许可的行为在整体法秩序中予以正当化。显然,这种蕴含多种法益间利益衡量内容的特别许可,只能作为多重法益侵害型行政犯的出罪事由。上述区分有利于我们基于法益保护的价值需要来判断瑕疵行政许可在刑事审判中的应然效力。

具体而言,对于纯粹秩序法益侵害型行政犯,不具有合法行政许可的行为仅具有侵害特定领域的行政管理秩序的可能性,且此种秩序可通过撤销瑕疵行政许可的行政手段予以维护。一方面,相较于刑事法庭而言,行政机关或行政法庭显然更有能力判

---

① 至于实践中究竟应以何种形式予以出罪,主要取决于对作为出罪事由的行政许可的体系性地位的认识。实际上,行政许可多数情况下可能阻却构成要件该当性,但也可能阻却违法性。参见张明楷:《行政违反加重犯初探》,载《中国法学》2007 年第 6 期。

② 参见张明楷:《行政违反加重犯初探》,载《中国法学》2007 年第 6 期。

断瑕疵行政许可下的行为是否真正有损于行政管理秩序。例如,行为人本有资格获得从事某行业的行政许可,但为了避免行政机关办事效率低下,在提交行政许可申请后对主管领导进行贿赂。以贿赂等不正当手段获取行政许可的行为是否在实质上有损秩序法益,在理论界尚存争议,难以由"外行"的刑事法庭作出准确评判。另一方面,根据刑法的最后手段性原则,在没有证明其他法律手段无法有效保护法益的情况下,也不宜直接动用刑法手段来规制此类行为。所以,即便存在行政许可的瑕疵,刑事法庭也应当尊重此类许可的公定力,并以此为根据排除行政犯罪构成要件的该当性。当然,这不妨碍法院追究行为人其他犯罪的刑事责任。

而对于多重法益侵害型行政犯,作为其违法阻却事由的行政许可(特别许可)如存在效力瑕疵,不仅意味着被瑕疵行政许可所允许的行为具有侵害行政管理秩序法益的可能性,而且意味着由行政许可所承载的利益权衡结论的合理性值得质疑。这种可质疑性表明,行为人实施的侵害刑法核心保护法益的行为,可能无法基于优越利益衡量原则而被正当化。由此出发,笔者认为,应当在审判程序中对此类犯罪中"特别许可"的效力进行实质性的独立审查,着重考察行为人是否以特定行政犯罪规定的类型性行为侵害了刑法保护的核心法益,并基于优越利益原则,实质性地判断瑕疵行政许可是否能够作为将上述行为予以正当化的依据。

四、瑕疵负担行政行为的刑法效力分析

负担行政行为是指行政主体为行政相对人设定义务或者剥夺、限制权益的行政行为,具体包括行政命令、行政处罚等。在中国刑法规定的行政犯罪中,存在很多以行为人接受某种负担行政行为为犯罪成立要素的罪名。例如,《刑法》第286条之一规定的拒不履行信息网络安全管理义务罪,便以"经监管部门责令采取改正措施而拒不改正"作为入罪要素,意味着不履行安全管理义务的网络服务提供者,只有在接到监管部门的行政命令,且不按照行政命令要求的改正措施予以整改的情况下,才有可能被追究刑事责任。除此之外,我国刑法还存在以接受特定的负担行政行为为出罪要素的罪名。例如,《刑法》第201条规定的逃税罪以纳税人"补缴应纳税款,缴纳滞纳金,已受行政处罚"为法定出罪事由。

实践中需要解决的问题是,在行政机关作出的负担行政行为存在合法性瑕疵的情况下,是否应当认定此类行为具有刑法上入罪或出罪的效力?就此而言,我国司法实践并未形成统一的处理方式。在某些案件中,法院采取直接承认瑕疵负担行政行为的刑法效力的立场。例如,在"张某消防责任事故案"中,当地派出所在对被告人管理的公司进行消防监督检查时,发现存在消防安全隐患并对其口头责令改正,但并未送达

书面的责令改正通知书。对于行为人违反上述存在瑕疵的行政命令行为,能否构成我国《刑法》第139条规定的消防责任事故罪?当地法院认为,虽然派出所发出责令改正的行政命令行为存在瑕疵,但并不影响其作为认定刑事不法的前置行政行为①;相映成趣的是,在"王楠、陈兵消防责任事故案"②、"李玲香消防责任事故案"③等类似案件中,审理法院则认为,只有当消防监督机构送达了正式的责令改正通知书时,才可能对违反改正义务的行为人追究消防责任事故罪的刑事责任。

对于上述问题,德国联邦宪法法院的观点也曾有所摇摆。在1989年的"结社禁令案"中,德国联邦宪法法院基于权力分立原则和行政行为公定力的相关法律规定,认为即便行为人违反了可撤销的违法行政命令,也可以作为刑事制裁的前提;但在1992年的"解散集会案"中,德国联邦宪法法院事实上推翻了先前的观点,主张刑事制裁必须以合法的行政行为为前提。其具体的理由是:第一,有效行政行为(即不具有重大且明显的瑕疵的行政行为)的可执行力和刑法效力属于不同性质的效力。前者以行政效率为目的,不可能在行政行为存在瑕疵时,都等到行政法院对其合法性进行终局判断后再执行。因此,必须承认其在合法性存疑情况下的执行力。但对于后者而言,则不应过度考虑行政效率,否则就会不可避免地对被告人的人权造成侵害。第二,将合法性存疑的行政行为作为刑事制裁的前提违反了罪刑法定原则。因为,罪刑法定原则要求刑事可罚性事先确定,以便公民对行为是否被刑法禁止获得预见可能性。对于合法性存在争议的行政行为,因为其具有被撤销的可能性,所以行为人对违反这类行政行为的刑事不法性难以获得确定的预见可能,不应追究其刑事责任。上述观点也已经成为目前德国司法实践的通行立场。④

中国理论界的观点基本与德国联邦宪法法院在"解散集会案"中表达的立场一致。其论证路径主要是从行政行为和刑事审判的目的差异出发,认为重视实质性的人权保障和法益保护的刑事司法,不应直接承认合法性存疑的行政行为的效力。⑤ 还有学者进一步提出基于刑法的基本原则和原理来设计具体行政行为审查标准的设想,例如依照罪责原则设置行政文书的送达程序、按照重大法益保护原则确定紧急情况下的程序变通等。⑥

但在笔者看来,上述论证存在如下问题:

---

① 参见山东省临沂市兰山区人民法院(2019)鲁1302刑初102号刑事判决书。
② 参见河南省郑州市中级人民法院(2019)豫01刑终611号刑事附带民事裁定书。
③ 参见湖南省临湘市人民法院(2017)湘0682刑初272号刑事判决书。
④ 参见王世杰:《论行政行为对刑事审判的拘束》,载《政治与法律》2018年第6期。
⑤ 参见吴亮:《"先行政后司法"中的公权力滥用及其审查规则》,载《政治与法律》2013年第11期;熊波:《行政犯的类型与违法性判断的区分》,载《政治与法律》2020年第5期。
⑥ 参见熊波:《前置行政程序在经济刑法中的行政依附性及其化解》,载《政治与法律》2022年第3期。

第一,过分强调刑法目的和行政行为目的的差异,忽视了部分行政犯罪以单纯行政秩序为保护法益的事实。在纯粹秩序法益侵害型犯罪中,特定领域的行政效率本就是行政秩序得以维持的必要条件。如果在刑事审判过程中要求对瑕疵行政行为的合法性进行独立审查,虽然不会直接影响负担行政行为的可执行力,但可能会影响其稳定性和公信力,对行政效率产生不利影响,最终不利于行政管理秩序法益的维护。而仅强调对行政行为的审查有利于被告人的人权保障而忽视其可能导致行政管理秩序法益保护受损的观点,则显然没有做到对刑法价值的平衡处理。

第二,将合法性存疑的负担行政行为作为刑事制裁的要件,并不违反责任主义原则。因为,在行政犯罪中具有法益侵害性的构成要件行为是违反行政规范的举止(例如逃税罪中的"采取欺骗、隐瞒手段进行虚假纳税申报或者不申报"),行政机关针对上述举止而事后实施的负担行政行为,并不对构成要件行为的违法性产生影响。无论上述负担行政行为是否存在、是否合法,符合构成要件的行为的行为不法和结果不法都不会发生改变,因此,特定的负担行政行为在犯罪论体系中通常被视为一种客观处罚条件。① 关于行为人对客观处罚条件的认识标准,理论界虽然尚有争议,但基本认同行为人不需要对客观处罚条件有明确认识,至多要求存在认识可能性。② 我国最高人民法院在拒不支付劳动报酬罪的司法解释中,也明确行为人不需要对行政机关作出的"责令支付文书"的存在具有事实上的明知。③ 由上可知,既然与犯罪成立相关的负担行政行为被把握为某种客观处罚条件,并不属于行为人的应然认识范围,那么就更不应该要求行为人必须对上述行政行为的合法性有准确的信任。所以,即便行政行为的合法性存在疑问,也不应从责任主义原则的角度否定其作为定罪依据的正当性。

综上所述,一概承认刑事法庭对负担行政行为进行合法性审查的观点并不妥当。在笔者看来,如果承认特定的负担行政行为是一种客观处罚条件,就要回溯至客观处罚条件的设置目的中,去寻找瑕疵行政行为作为客观处罚条件的正当性基准。总的来说,立法者设置客观处罚条件是基于刑事政策的理由(包括一般预防和特殊预防的必

---

① 参见张明楷:《刑法学》(第6版),法律出版社2021年版,第664页;周光权:《刑法总论》(第3版),中国人民大学出版社2016年版,第150页。

② 理论界主要对行为人是否应当对客观处罚条件具有认识可能性有所争议,并形成"过失不要说"和"过失必要说"的观点对立。参见高磊:《论犯罪成立的行政程序性条件》,载《东方法学》2020年第3期。

③ 最高人民法院《关于审理拒不支付劳动报酬刑事案件适用法律若干问题的解释》(法释〔2013〕3号)第4条第2款规定:"行为人逃匿,无法将责令支付文书送交其本人、同住成年家属或者所在单位负责收件的人的,如果有关部门已通过在行为人的住所地、生产经营场所等地张贴责令支付文书等方式责令支付,并采用拍照、录像等方式记录的,应当视为'经政府有关部门责令支付'。"在无法将责令支付文书交付给行为人本人及可能联系到他的人的情况下,行为人对存在责令支付的行政命令的事实并不真正知晓(至多只存在认识可能性),但司法解释仍将此种情况下张贴的文书视为具有刑法效力的行政命令,可见行为人是否事实上明知行政行为的存在并不影响客观处罚条件的成立。

要性)、刑法外的利益衡量或目的考量、限制处罚范围三个方面的原因。① 以我国《刑法》第286条之一规定的拒不履行信息网络安全管理义务罪为例,该罪以"经监管部门责令采取改正措施而拒不改正"作为客观处罚条件,其理由就在于限缩该罪的处罚范围,防止网络运营商因承担过多的管理责任而影响互联网经济产业的发展;只有在网络管理者已经接到有关部门的整改命令而拒不改正的场合中,才能认定行为人具有对互联网管理秩序以及相关公民的人身财产法益的漠视性,进而肯定其处罚必要性。可见,设置客观处罚条件的目的正在于,在利益衡量与预防必要性判断的基础上,对刑罚范围进行合理的限缩。

基于上述论证,笔者主张根据法益保护内容对行政犯罪进行区分:针对纯粹秩序法益侵害型行政犯,行为人对具有公定力的负担行政行为的不服从,本身就意味着对行政管理秩序法益的敌视。若纵容此种行为,也容易动摇社会成员对行政管理的尊重,因此,此类行为具有较强的一般预防和特殊预防的必要性,且此种预防必要性并不因行政行为的瑕疵而存在疑问。由此,作为此类犯罪的客观处罚条件的负担行政行为,即便存在合法性方面的瑕疵,其刑法效力也不应受到任何影响。而对于多重法益侵害型行政犯,在确定其刑事处罚范围时应当考虑行政秩序法益之外的其他法益的价值。行为人对瑕疵行政行为的不服从,尽管从维护行政秩序法益的角度能够说明其预防必要性,但不一定能够说明其具有侵害其他法益的危险性及整体的不法程度。因此,应当允许刑事法庭对此种情形进行独立审查,以确定行为人对瑕疵行政行为的违反,是否在实质上具备刑事处罚的必要性。

五、结语

行政程序与刑事诉讼程序的有效衔接、行政法效力与刑法效力的融贯协调,是实现统一法秩序的重要一环,也与"刑事一体化"思想所强调的构建顺畅的刑法运作机制密切相连。基于此,在透彻理解刑法和行政法价值追求的共性与差异的基础上,理清行政违法和刑事不法的关系,进而发展出相关行政行为在刑事诉讼程序中效力判断的合理标准,乃是刑法教义学亟须完成的重要工作。在行政和刑事违法性"质量差异说"理论的基础上,应当根据法益保护对象与范围的差异,将中国刑法中的行政犯区分为纯粹秩序侵害型与多重法益侵害型两类。并在此种分类基础上,对刑事法庭的审查权限进行必要界分,以实现行政法追求的秩序维护和刑法追求的法益保障的平衡。

---

① 参见张明楷:《刑法学》(第6版),法律出版社2021年版,第662页。

"知假买假"索赔的刑法定性

——以法域协调为视角

于改之[*] 邹宏建[**]

一、问题的提出

近年来,"知假买假"索赔逐渐异化,部分行为已经严重扰乱市场的正常经营秩序,侵犯他人的合法财产权益。基于此,许多规范性文件指出,应当严厉打击与"知假买假"索赔相关的敲诈勒索行为。例如,2018年10月,上海市工商行政管理局等部门印发的《关于有效应对职业索赔职业举报行为维护营商环境的指导意见》就规定:"本市……严厉打击职业索赔、职业举报过程中存在的涉嫌敲诈勒索、诈骗、滥用投诉举报权等行为。"2020年7月20日,最高人民法院和发改委联合发布的《关于为新时代加快完善社会主义市场经济体制提供司法服务和保障的意见》强调:"依法打击涉嫌敲诈勒索等刑事犯罪的违法索赔,保障企业商家正常生产经营。"[①]但是,合法的"知假买假"索赔与敲诈勒索罪之间的界限并非截然分明,如何明确区分的标准、准确定性"知假买假"索赔,便成为无法回避的现实问题。[②]

而对于这一问题,当前学界的首要争点却在于,"知假买假"索赔是否会涉嫌犯罪?因为,只有该行为可能构成犯罪,才有明确评价标准的必要。对此,有观点主张,对"知假买假"索赔不应以犯罪论处(以下简称为"无罪论")。[③] 也有观点认为,部分"知假买假"索赔可能构成犯罪,应当综合索赔手段、数额加以判断。[④]

---

[*] 上海交通大学凯原法学院教授。
[**] 华东政法大学博士研究生。
① 类似的规定,还可参见2020年12月13日天津市人民政府办公厅印发的《天津市深化商事制度改革进一步为企业松绑减负激发企业活力若干措施》。
② 诸如混入假货后索赔等一些典型的犯罪行为显然不难区分,这些行为自不属于"知假买假"索赔的范畴。真正需要严肃对待的是,合法的"知假买假"索赔与构成犯罪的索赔之间的界限。
③ 参见张明楷:《妥善对待维权行为 避免助长违法犯罪》,载《中国刑事法杂志》2020年第5期;周洁:《刑法视野下消费维权行为正当性的实质考察》,载《北方法学》2018年第4期;时延安:《论刑事违法性判断与民事不法判断的关系》,载《法学杂志》2010年第1期。
④ 参见柏浪涛、谷翔:《敲诈勒索与行使权利的界限》,载《法律适用》2010年第10期;蔡桂生:《合理行使权利与敲诈勒索罪的区分》,载《国家检察官学院学报》2018年第2期。

无罪论失之偏颇,而综合索赔手段、数额定性"知假买假"索赔的见解,也并不能为实践提供明确、具有可操作性的判断标准。对此,下文将先反思无罪论,证成确定定性标准的必要性;紧接着,通过澄清胁迫手段与非法占有目的之间的关联,明确判断的关键在于考察行为人所追求利益的违法性;最后以法域关系的协调为核心,探讨相关的判断规则。

二、无罪论之批判

根据无罪论,"知假买假"索赔不构成犯罪的主要原因在于:①从构成要件的角度来看,行为人主观上不具有非法占有目的;②从法益侵害的角度来看,索赔行为未造成财产损失;③从民刑关系的角度来看,民法上合法的行为不能被认为具有刑事违法性。从法教义学的理论逻辑出发,上述原因并不成立。

(一)索赔的正当目的不足以否定非法占有目的

无罪论者着眼于目的的正当性提出,"知假买假"索赔具有维权目的的正当性,蕴含着维护社会公益的正当目的。① 但这与非法占有目的的认定并不相关。

一方面,"知假买假"索赔者并非均具有维护社会公益的正当目的。在"知假买假"索赔者中,存在职业打假人、职业索赔人这类特殊的社会群体。在他们的推动下,职业打假、职业索赔已经形成了一条较为完整的产业链。而之所以会出现这类群体、形成这条产业链,根本原因在于惩罚性赔偿制度所带来的利益、好处。换言之,利益是职业打假、职业索赔团队产生的根源,逐利性是其根本特性。由此便决定了职业打假、职业索赔不可能全然为了维护社会公益。毕竟,维护社会公益的目的与职业打假、职业索赔的逐利性在某种程度上是相矛盾的。

其一,以维护社会公益为目标,在行政机关执法能力逐渐提升的情况下,假冒伪劣产品应当是越打越少。可是,若假冒伪劣产品越打越少,职业打假人又将如何再通过索赔获利?越打越少的假货意味着其打假成本的提升、收益的减少,而这与其打假的初衷即追逐利益相背离,是其不愿意接受的结果。其二,从实际情况来看,也很难认为,打假人均具有维护社会公益的目的。如果是为了社会公益,那么打假的首要对象应当是隐秘程度高、潜在危险大的产品,而非在逐利性的影响下选择胜诉可能大、打假成本低的产品。可是,针对极限词或轻微不实陈述的打假索赔却时常发生。如果是为了维护社会公益,那么就应当频繁曝光、广泛揭露,引起社会公众注意,而非私下处理,接受赔偿后与店家和解。可是,很多打假完全是以私下和解获赔为目标。总之,认

---

① 参见周洁:《刑法视野下消费维权行为正当性的实质考察》,载《北方法学》2018 年第 4 期。

为"知假买假"索赔均具有维护社会公益的正当目的,实则是对于全部打假者赋予了过高的道德期待。

另一方面,维护社会公益并非刑法意义上的目的,只是一种行为动机,是刺激部分"知假买假"者实施打假行为的内心冲动或者内心起因。刑法上的目的指的是犯罪目的,即行为人希望通过采取某种行为而实现某种危害后果的心理态度。① 与"知假买假"索赔相关的犯罪目的是非法占有目的。而维护社会公益这一动机与非法占有目的其实是不同层面的主观要素,它们所针对的对象并不相同。正当的动机针对的是行为人所欲维护、保护的利益,而非法目的指向的是行为人所欲侵害、侵犯的利益。二者当然可以共存,行为人既具有使他人遭受财产损失的目的,又可能具备维护社会公益的正当的动机,这并不矛盾。就如同劫富济贫,我们可以肯定行为人维护社会正义这一正当动机,但也不能否定其对于他人财产的非法占有目的。正如无罪论者所言,"不道德的动机不能够影响行为目的"②。那么,良好的动机也同样不足以影响非法占有目的的认定。其实,对于非法占有目的,正如下文所述,判断的关键在于行为人所欲追求利益的违法性,与行为人实施行为的动机并不相关。

(二) 索赔仍有可能造成财产损失

无罪论者认为,"知假买假"索赔者未造成财产损失的原因在于,生产、销售者具有赔偿义务。换言之,依照法律规定,生产、销售者本就应当赔偿财物,行为人的行为未使其遭受财产损失。③ 但实际情况并非如此。

其一,与"知假买假"索赔相关的实定法规定并不明确,尤其是在普通消费领域,《消费者权益保护法》第 55 条第 1 款中的"欺诈行为""消费者"均存在诸多可解释的空间。换言之,在行为人"知假买假"索赔的情况下,生产、销售者是否应当赔偿财物,本就是极具争议的问题。例如,梁慧星教授就认为,"知假买假"的行为人并非为生活消费需要购买、使用商品或者接受服务的"消费者",不具有权利基础,无权主张惩罚性赔偿。④ 韩世远教授也认为:"《消费者权益保护法》第 55 条第 1 款对于惩罚性赔偿明确要求经营者具有'欺诈行为',在该法律及有关司法解释等没有明确规定此处的'欺诈行为'不以行为人具有故意及相对人因此陷于错误为要件时,对其理解适用应严格遵循最高人民法院有关司法解释的规定,不应随便突破。"⑤郭明瑞教授则主张:"'知假买假'并非诚信行为,对其保护有悖于诚实信用原则;保护'买假'者的理论基础在于出

---

① 参见陈兴良主编:《刑法总论精释(上)》(第 3 版),人民法院出版社 2016 年版,第 358 页。
② 魏再金:《以行使权利相威胁的敲诈勒索行为定性研究——以限缩解释方法展开》,西南政法大学 2017 年刑法学博士论文。
③ 参见张明楷:《妥善对待维权行为 避免助长违法犯罪》,载《中国刑事法杂志》2020 年第 5 期。
④ 参见梁慧星:《知假买假打假者不受〈消法〉保护》,载《南方周末》2002 年 7 月 25 日。
⑤ 韩世远:《消费者合同三题:知假买假、惩罚性赔偿与合同终了》,载《法律适用》2015 年第 10 期。

卖人的瑕疵担保义务,买者购买时明知瑕疵存在仍购买的,出卖人的瑕疵担保责任可免除。"① 胡学军教授也指出,当前形势下,"知假买假"者不宜被继续解释为消费者,不再支持适用惩罚性赔偿来加以保护。②

其二,在司法实践中,也并非所有"知假买假"者要求赔偿的诉讼请求都能得到法院的认可。③ 例如,江苏省高级人民法院《关于审理消费者权益保护纠纷案件若干问题的讨论纪要》就对"知假买假"索赔进行了区分,其否定了普通消费领域"知假买假"者的索赔权及职业索赔者的索赔权。另外,根据统计,在"知假买假"者主张惩罚性赔偿类案件中,存在较为明显的"类案不同判"的现象。以浙江省为例,截至 2020 年 5 月 25 日,有 13 篇裁判文书适用了惩罚性赔偿,另有 57 篇裁判文书并未支持惩罚性赔偿主张。在适用惩罚性赔偿的裁判文书中,有 5 篇明确提出,"知假买假"不妨碍主张惩罚性赔偿;而在未支持惩罚性赔偿主张的裁判文书中,认为购买者并非消费者的有 26 篇。④ 另外,即便能够认可索赔权,实践中也不乏"知假买假"者超过应得赔偿数额索赔,而这同样会造成生产、销售者的财产损失。

因此,可以认为,无罪论其实缺乏对前置部门法中激烈争论的关注,缺少对司法运作中复杂司法状况的洞察。生产、销售者是否具有赔偿义务,行为人是否具有索赔权,"知假买假"索赔是否会造成财产损失,根本不能一概而论。

(三) 索赔并非均具有民事合法性

无论对刑民关系持何种立场,民法上的合法行为均不可能被认定为刑事犯罪。基于此,无罪论者认为,由于"知假买假"索赔并不具有民事违法性,也就不存在刑事不法。⑤ 但是,"知假买假"索赔均具有民事合法性吗?

首先,"知假买假"索赔指的是行为人明知商品、服务存在缺陷、瑕疵或不实陈述,但仍然购买并索要赔偿的行为。究其本质,是对惩罚性赔偿请求权的行使。但是,任何权利行使自有其界限,一旦逾越界限,便有可能构成权利滥用,属于民事违法行为。⑥ "禁止权

---

① 郭明瑞:《"知假买假"受消费者权益保护法保护吗?——兼论消费者权益保护法的适用范围》,载《当代法学》2015 年第 6 期。
② 参见胡学军:《在"生活事实"与"法律要件"之间:证明责任分配对象的误识与回归》,载《中国法学》2019 年第 2 期。
③ 参见广西壮族自治区北海市中级人民法院(2020)桂 05 刑终 222 号刑事裁定书;浙江省杭州市中级人民法院(2020)浙 01 刑终 66 号之二刑事裁定书。
④ 参见北京市第三中级人民法院课题组:《类案裁判的适法标准和规范机制研究》,载《中国应用法学》2021 年第 3 期。
⑤ 参见时延安:《论刑事违法性判断与民事不法判断的关系》,载《法学杂志》2010 年第 1 期。
⑥ 民法上的权利行使与刑法上的权利行使有一定的差异。民法上的权利行使与权利滥用相对立,指的是未逾越权利界限的行使权利的行为;而刑法上的权利行使与犯罪相区别,指的是具有某些犯罪外观,但是不具有构成要件该当性或者能够被正当化的实现权利的行为。

利滥用"源于罗马法,是指导、评价民事主体正当行使权利的重要准则。① 一般认为,在判断行为是否属于权利滥用时,需要进行意思的鉴别、行为的鉴别、利益的鉴别及权利目的的鉴别。② 对于"知假买假"索赔而言,可以确定的是,并非所有此类行为均能通过上述鉴别而被归为正当的权利行使。最为典型的就是,针对轻微的不实陈述而过分频繁地进行投诉举报以索要赔偿的行为。也正是意识到索赔权被滥用的问题,针对消费领域索赔权的界限,已有学者展开了相关的研究。③

其次,可能会有论者主张,那些逾越权利界限的索赔行为,根本不属于"知假买假"索赔,不在讨论的范畴内。④ 但是,这种主张仍然有待商榷。其一,从概念本身来看,"知假买假"索赔是对行为的抽象概括,是对事实情状的现象描述,并不具有价值层面的限定要素,无法承载任何规范上的阻却违法性的功能。也就是说,就"知假买假"索赔的语义而言,其并没有限制索赔的界限。无论是否逾越权利界限,理应均属于"知假买假"索赔。其二,如果将逾越权利界限的索赔排除出"知假买假"索赔的范畴,那么其实是对这一语词进行了限缩理解。可是,这种限缩理解并不合理。一方面,它会使"知假买假"索赔的概括力大打折扣,实践中的很多行为无法被涵盖其中。而寻找新的描述性词汇会徒增交流成本。另一方面,这种限缩其实是基于"知假买假"索赔具有合法性这一立场的考量,但是如此便会有循环论证的嫌疑。也即,先预设这一概念本身只能被用于对合法行为的描述,继而又以其论证这一行为的合法性。

最后,司法实务部门其实也关注到了索赔权的界限问题。例如"黄某某诉某商行网络购物合同纠纷案",作为福州法院2018年度商事审判十大案例,裁判机关在判决书中就特别明确了"职业打假人"网购"三无"食品时的权利保护界限。⑤ 再如,在"徐某某与某市场监督管理局行政复议纠纷上诉案"⑥、"程某某与某有限公司产品责任纠纷案"⑦中,二审法院也都认可了一审裁判对于打假索赔行为属于权利滥用的认定。另外,对于部分逾越权利界限、涉嫌犯罪的索赔行为,已有检察机关采取相应的措施。例如,在"王某某敲诈勒索案"中,检察机关认为:职业打假人王某某知假买假,后以售卖假冒产品为由,以举报投诉相威胁,向店家索要赔偿的行为逾越了权利行使的界限,构成敲

---

① 参见钱玉林:《禁止权利滥用的法理分析》,载《现代法学》2002年第1期。
② 参见彭诚信:《论禁止权利滥用原则的法律适用》,载《中国法学》2018年第3期。
③ 参见于浩:《论消费者索赔权的边界》,载《法商研究》2018年第3期。
④ 事实上,无罪论者在反驳可以定罪的观点时,就采取过此种思路。其指出,将敲诈勒索行为作为职业打假的必要环节或者通常做法,如同将防卫过当与正当防卫混为一谈。参见张明楷:《妥善对待维权行为避免助长违法犯罪》,载《中国刑事法杂志》2020年第5期。
⑤ 参见福建省福州市中级人民法院(2018)闽01民终4450号民事判决书。
⑥ 参见浙江省金华市中级人民法院(2018)浙07行终165号行政裁定书。
⑦ 参见山东省烟台市中级人民法院(2020)鲁06民终5302号民事判决书。

诈勒索罪。只不过,因为犯罪情节轻微,不需要判处刑罚,对其作出了酌定不起诉的决定。①

三、定性关键:所追求利益之违法性

对于"知假买假"索赔的定性,有观点认为,需要考察恐吓行为是否具有相当性、恐吓行为与权利是否具有关联性及行为目的是否具有正当性。② 可是,所谓相当性、关联性及正当性的判断标准过于模糊,在实践中实在欠缺可操作性。也有见解主张,评价的重点在于索赔数额,索赔数额超出法律允许的范围,即构成财产犯罪,如果有威胁、要挟手段,则构成敲诈勒索罪。③ 但是,仅凭数额超限就入罪,可能会违反法秩序统一性原理。因为,在前置部门法看来,"索赔数额不应当成为索赔权界限认定的核心标准,而仅具有参考作用"④。即便超出法定限额索赔,并非就一概属于权利滥用。而既然不属于民法上的权利滥用,不具有民事不法,仅根据数额就肯定其具有刑事不法,显然是不合理的。笔者认为,定性"知假买假"索赔,应当从胁迫行为与主观目的之间的关系着手。

(一)胁迫的认定关键在于主观目的

对于敲诈勒索罪中胁迫行为的本质,当前学界存在两种不同的观点。传统的见解是"被害人恐惧必要说",该说认为被害人的恐惧心理是成立敲诈勒索罪的必备要素,胁迫行为至少需要具有使被害人产生恐惧心理的可能。⑤ 受到德国刑法教义学的影响,新近的主张认为,意思形成自由受到强迫才是成立敲诈勒索罪的必备要素,胁迫行为必须能够影响被害人的财产处分之意志形成自由。⑥ 囿于篇幅,两种观点的争论本文不便展开。但是,无论支持哪种主张,如果对意思形成自由受到强迫或被害人恐惧作形式化的理解,必然会导致胁迫的成立范围被过度扩张。就"知假买假"索赔而言,当打假人与商家协商赔偿款时,若打假人以举报、投诉、曝光相要挟,则完全有可能令他人产生恐惧心理,或是使其财产处分之意志形成自由受到影响。因此,需要对胁迫的认定加以一定的限制。

---

① 参见陕西省汉中市城固县人民检察院城固检刑不诉(2021)11号不起诉决定书。
② 参见柏浪涛、谷翔:《敲诈勒索与行使权利的界限》,载《法律适用》2010年第10期。
③ 参见蔡桂生:《合理行使权利与敲诈勒索罪的区分》,载《国家检察官学院学报》2018年第2期。
④ 于浩:《论消费者索赔权的边界》,载《法商研究》2018年第3期。
⑤ 参见郎胜主编:《中华人民共和国刑法释义》,法律出版社2015年版,第458页。
⑥ 意思形成自由受侵犯说认为,传统观点存在无助于归纳社会生活现象,不符合敲诈勒索罪的保护目的,不符合刑法条文的表述模式等缺陷。参见蔡桂生:《敲诈勒索罪中"被害人恐惧必要说"之证伪及其出路》,载《苏州大学学报(法学版)》2019年第4期。

以往的"恶害说"强调,胁迫的内容只能是恶害,恶害指的是被害人不该承担的后果,若非以恶害相胁迫,即使使他人产生恐惧心理,也不符合敲诈勒索罪的手段要件。① 但是,随之而来的问题便是,究竟什么才是被害人不该承担的后果。对此,有学者指出,这需要充分考察行为时有无权利基础。在被害人存在过错而行为人据此享有权利基础的双方博弈情形中,是不可能存在刑法上的胁迫的。② 这种观点是有一定合理性的,但问题在于,权利基础的判断并非易事。正如上文所述,消费者索赔权的行使自有其界限,当行为人逾越权利行使的正当界限而滥用权利时,自然不能再肯定其具有权利基础。如此,便又回到了如何明确权利界限、如何判断权利滥用这一难题上。

如果变换一下思路,以"意思形成自由受侵犯说"为立足点,在民刑对话的视野下去思考胁迫的限制认定这一问题,则会得到更具可操作性的解决方案。将胁迫的本质理解为"意思形成自由受到强迫",意味着刑法中对于胁迫本质的理解与民法是全然一致的。按照民法学界的通说观点,胁迫侵犯的同样是受胁迫者的意思自由,足以影响到受胁迫者的意思自由,即可构成胁迫。③ 换言之,无论是民法中的胁迫还是刑法中的胁迫,都是为了保护财产处分的意思自由。那么在具体判断中,原则上便不再可能出现民刑冲突,也即对于胁迫判断不一致的情形,可以在判断上贯彻刑法评价的从属性。④

民法中为了防止胁迫的成立范围过于宽泛,通说见解主张,胁迫还必须具有违法性,才属于民法上的胁迫。⑤ 而对于违法性的判断,则需要考察手段是否违法、目的是否违法,以及手段与目的的关联能否为社会通常观念所容忍。⑥ 按照这种思路,"知假买假"索赔的手段行为是否属于胁迫的认定重点便在于,行为人的主观目的是否具有违法性。因为,无论是向行政机关举报揭发、诉诸消协、向法院起诉还是向媒体曝光披露,都是消费者行使监督权的体现,是其所拥有的正当权利。《消费者权益保护法》第6条第2款就规定:"国家鼓励、支持一切组织和个人对损害消费者合法权益的行为进行社会监督。"也就是说,上述行为并不属于手段违法。既然如此,需要考察的便是目的是否违法,以及手段与目的的关联能否为社会通常观念所容忍。但是,就刑事认定而

---

① 参见陈灿平、穆亨:《新型恐吓行为之刑法规制及扩展分析》,载《湖南社会科学》2020年第1期。
② 参见庄绪龙:《道德权利理论与敲诈勒索罪的教义学限缩》,载《中外法学》2022年第2期。
③ 参见朱广新:《合同法总则》(第2版),中国人民大学出版社2012年版,第254页;王利明:《民法总则研究》(第3版),中国人民大学出版社2018年版,第575页。
④ 若民法与刑法规范的保护目的整体一致,则刑法原则上从属于民法。参见于改之:《法域协调视角下规范保护目的理论之重构》,载《中国法学》2021年第2期。
⑤ 参见胡长清:《中国民法总论》,中国政法大学出版社1997年版,第253—254页;刘得宽:《民法总则》(增订4版),中国政法大学出版社2006年版,第238页。
⑥ 参见〔德〕卡尔·拉伦茨:《德国民法通论》(下册),王晓晔等译,法律出版社2003年版,第547—548页;朱广新:《合同法总则》(第2版),中国人民大学出版社2012年版,第256页。

言,目的是否具有违法性的判断才是根本和唯一的。因为,一方面,考察手段与目的的关联的前提是,目的不具有违法性。也即,考察目的的违法性是进行关联考察的前提。另一方面,目的不具有违法性则意味着行为人不具有非法占有目的,因此即便成立胁迫,也不再有通过敲诈勒索罪加以规制的可能,此时再考察手段与目的的关联也不再有刑法评价的意义。简言之,对于胁迫的判断必须落到对于主观目的的考察上,而与敲诈勒索罪相关的主观目的便是非法占有。

(二) 主观目的的判断重心在于"非法"

财产犯罪中的非法占有目的并不具有一个统一的内涵。① 具言之,盗窃罪等针对个别财产的犯罪,以及敲诈勒索罪此类针对整体财产的犯罪,它们非法占有目的的内涵是不同的,必须分别从构造设定出发,以物本逻辑为基础,考察主观要素的内涵所指。

作为针对整体财产的犯罪,敲诈勒索罪等与盗窃罪的最大不同是,刑法评价的重点在于利益的获取而非针对某一个别财物的领得。也就是说,只需要具备使自己利益增加或者不利益减损的意图,就可以认定行为人的"所有"(Bereicherung)意思(占有目的)。② 这一方面是因为,实质的财产损失在针对整体财产的犯罪判断中具有关键作用。另一方面也是因为,勒索、诈骗的行为构造决定了行为对象不限于具体的财物,在针对财产性利益的场合,根本不存在可以评价的物这一客体。另外,即便是针对具体的财物,在评价时,刑法所关注的也并非对物的不法领得,而是对利益的不法取得。例如,由于对行为人个人品性的厌恶,店主拒绝将手机出卖给行为人,行为人为了获取最新款的手机,威胁店员交付手机并支付了手机价款。在这一案例中,行为人对于财物(手机)具有不法领得的意思,但是,这并非评价的关键。重点在于,对于承载于手机上的利益,行为人是否具有不法获取的意思。正是由于支付了同等价款,便难以肯定行为人具有不法获利的意图。这也是为何此种案件只有可能构成强迫交易罪而不可能成立敲诈勒索罪。

在"知假买假"索赔的场合,对于非法占有目的中"所有"的意思(占有目的),在认定时并不会存在任何障碍。毕竟,如上文所述,逐利性是打假人的根本特性,使自己利

---

① 对于财产犯罪中的非法占有目的是否有一个统一的内涵,学界目前存在较大的争议。在统一论内部,还存在不法所有说、意图占有说、排除意思说、利用意思说和综合说等学说争论。参见赵秉志主编:《刑法新教程》(第4版),中国人民大学出版社2012年版,第486页;王忠瑞、张笑忱:《财产犯罪中非法占有目的之争议》,载《国家检察官学院学报》2010年第6期;蒋铃:《论刑法中"非法占有目的"理论的内容和机能》,载《法律科学(西北政法大学学报)》2013年第4期。反对统一论的观点,参见王俊:《非法占有目的的不同意义——基于对盗窃、侵占、诈骗的比较研究》,载《中外法学》2017年第5期;徐凌波:《金融诈骗罪非法占有目的的功能性重构——以最高人民检察院指导案例第40号为中心》,载《政治与法律》2018年第10期。囿于篇幅所限,本文在此不便展开。

② Vgl. Kindhäuser/Neumann/Paeffgen, Strafgesetzbuch Besonderer Teil, 5. Aufl., 2017, §253, Rn.35.

益增加的意图并不难认定。因此，判断的重点其实在"非法"上。

(三)"非法"指的是所追求利益的违法性

那么，"非法"究竟指的是什么呢？当前，除了少数观点强调为社会善良风俗所不容许也属于"非法"的一种类型①，通说见解主张，"非法"指的是，"占有目的在法的评价的视角具有非法性"②。不过，对于征表占有目的之非法的内容，即评价对象是否包括行为手段，学界尚存争议。

肯定说认为，"非法"的判断对象不限于行为人意欲造成的财产状态，还应包括实现财产状态所使用的手段。未遵守法律规定的程序、采用法律不允许的手段非法获取财产利益的，均属"非法"。③ 否定说则主张，占有目的只能体现为行为人意欲造成的财产状态，只要行为人意欲造成的财产状态符合法规范所确立的财产秩序，在规范上就不能将占有目的评价为"非法"。④

肯定说有以下两点不足。其一，认为未遵守法律规定的程序、采用法律不允许的手段非法获取财产利益均属"非法"，会倒向不合理的形式的财产秩序说（Formale Eigentumsordnungslehre）。形式的财产秩序说强调，在交付或者法院作出交付的判决前，应当尊重被害人的财产权。即便存在债权债务等法律关系，所有权人的地位依然是受到法律秩序所保护的。行为人基于到期、无异议的权利而非法取得他人财物时，同样造成了财产损失，可以构成相关的财产犯罪。⑤ 但是，应当注意，不法所有强调的是对实质的财产秩序的破坏。在行使权利的场合，行为人所造成的后果，与被害人履行义务后的状况并无差别，因此，不能将行为人的行为视作是对实质的财产秩序的破坏，不能认定不法所有的成立。此外，财产犯罪规制的是侵犯财产权的行为，而非制裁违反禁止自力行为这一规范的行为。⑥ 即便是行为人将财产取走，其也不具有民法上的返还义务（即使是采取诉讼的手段，被害人的主张也不会被批准），这也就意味着，对于该财产，所有权人已经丧失了受法律保护的地位，因此，也不应受到刑法的保护，不能认定财产损失的存在。

其二，肯定说与实定法相冲突。从实定法规定来看，债权人采取非法手段实现债

---

① 参见王忠瑞、张笑忱：《财产犯罪中非法占有目的刍议》，载《国家检察官学院学报》2010年第6期。

② 于改之：《自力实现债权行为的刑法教义学分析——以我国〈刑法〉第238条第3款的性质为基础》，载《政治与法律》2017年第11期。

③ 参见黄冬生：《行使财产权行为的刑法评价问题》，载《厦门大学法律评论》2005年第2期；武良军：《暴力、胁迫行使债权行为的刑法评价：以司法案例为中心展开分析》，载《政治与法律》2011年第10期。

④ 参见张明楷：《论财产罪的非法占有目的》，载《法商研究》2005年第5期；王钢：《不法原因给付对于认定财产犯罪的影响——立足于财产概念与"非法"占有的考察》，载《法学家》2017年第3期。

⑤ Vgl. Hirsch JZ 1963, 149 ff.; Kohlrausch/Lange §242 Bem. Ⅲ 2d; Sauer System des Strafrechts, BT, 1954, S. 37; Welzel §473; RGSt 25, S. 172.

⑥ Vgl. Thomas Hillenkamp, 40 Problem aus dem Strafrecht Besonderer Teil, 12. Aufl., 2013, S. 112.

权的,不会被认定为财产犯罪。例如,《刑法修正案(十一)》新增的催收非法债务罪之所以没有被置于财产犯罪中,就是考虑到,行为人与被害人之间存在某种债权债务关系。正是基于此种关系,即便行为人的索财手段违反了实定法的规定,也难以认定行为人具有"非法占有目的"。再如,最高人民法院《关于审理抢劫、抢夺刑事案件适用法律若干问题的意见》也体现了这一点,其第7条规定,"抢劫赌资、犯罪所得的赃款赃物的,以抢劫罪定罪,但行为人仅以其所输赌资或所赢赌资为抢劫对象,一般不以抢劫罪定罪处罚"。由此可以发现,只要存在债权债务关系,即便手段非法,也难以认定相关财产犯罪的成立。也就是说,实定法并未认可,在手段具有非法性的情况下能够直接认定目的的"非法"。

否定说将行为手段排除在"非法"的评价范畴外,具有一定的合理性。但是,将行为人意欲造成的财产状态作为"非法"的评价对象,值得商榷。

一方面,一般来说,财产状态与占有紧密相关,这会使得这种观点很难被适用于敲诈勒索罪等行为对象可以为财产性利益的犯罪中。之所以会强调财产状态,是因为在否定论者看来,占有在某些情况下具有要保护性。对此,其指出,意欲造成的财产状态是否符合财产秩序,还须考虑刑事法律和其他法律规范对于财产秩序的规制,"所有权人擅自将国家机关管理下的自己财物窃回的,也同样应肯定其具有'非法'占有目的"①。由此带来的问题便是,如何将此种观点贯彻至针对财产性利益的敲诈勒索罪等财产犯罪中。毕竟,对于财产性利益而言,是很难承认存在一种占有状态的。②

另一方面,且不论在判断盗窃罪等犯罪时,这种观点所得出的结论是否合理③,在判断针对整体财产的诈骗罪、敲诈勒索罪时适用此种观点,财产损失及不法所有的判断必将流于形式。需注意,占有作为一种秩序、状态,其不反映任何财产价值,另外,其本身也必须依附于本权而存在,不能对抗本权。非法获取财物虽然破坏了为秩序所强调的占有状态,但是这种占有状态与所有权相比不值一提。不能认为,对占有的破坏导致了实际的财产损失。也不应认为,对占有的破坏体现了占有目的的"非法"。

其实,对于敲诈勒索罪而言,行为人主观意图所指向的利益就是"非法"的评价对象。其一,如上文所述,"非法"修饰的是"所有"意思(占有目的),而所有意思统摄的对象正是行为人所追求的利益。因此,从语义角度来看,非法就是对所追求利益的性质的评价。其二,此种理解可以在类似的教义学语境下得到印证。在德国,同样是将敲诈勒索罪理解为针对整体财产的犯罪。在此类犯罪中,与"非法占有目的"中"非法"

---

① 王钢:《不法原因给付对于认定财产犯罪的影响——立足于财产概念与"非法"占有的考察》,载《法学家》2017年第3期。
② 参见马寅翔:《限缩与扩张:财产性利益盗窃与诈骗的界分之道》,载《法学》2018年第3期。
③ 反对此种观点的见解,参见车浩:《占有不是财产犯罪的法益》,载《法律科学(西北政法大学学报)》2015年第3期。

相关的既不是财产状态也不是对于某一财物的排除或利用(领得),而是行为人所意欲的财产利益,"非法"指的是"获利的违法性"(Rechtswidrigkeit der Bereicherung)①。而"获利的违法性"在客观上就体现为行为人"所追求利益的违法性"(Rechtswidrigkeit des erstrebten Vorteils)②。其与"所追求利益的违法性"之间,是一体两面的关系。这也就意味着,在判断"非法占有目的"时,应当关注的并非行为人所意欲的财产状态,而是从客观上看,其所追求的利益是否具有违法性。

四、定性规则:以法域协调为核心

所追求的利益是否具有违法性,并不取决于利益本身是不是无争议的或者是否被法院判处强制执行,而在于其是否符合实质的法律状态(Rechtslage)。③ 是否符合实质的法律状态,涉及法域冲突问题,需要根据法秩序统一性原理加以判断。为此,应当坚持"相对从属性说"的立场,以规范保护目的为切入点,判断刑法何时独立、何时从属。④ 因此,就"知假买假"索赔而言,刑法与经济法的规范保护目的及二者之间的关系,是"非法"的判断根据。

(一)规范保护目的关系之分析

一般认为,刑法中的财产犯罪,其规范目的在于保护公私财产权。⑤ 而"知假买假"索赔的经济法基础为惩罚性赔偿制度,该制度目标在于,激励原告起诉、遏制违法经营行为、净化市场环境。⑥ 通过比较,不难发现,就具体的规范保护目的而言,二者是存在差异的:前者注重对个体权益之保障,后者强调对社会秩序之维持;前者关注的是与人之自由发展相关的要素,后者关切的是与人之安全保障相关的要素。由于刑法与经济法的具体规范保护目的并不一致,不能简单地得出刑法从属于经济法的结论并基于惩罚性赔偿制度而否定"非法"的存在。为此,还需要进一步思考,财产犯罪之规定与惩罚性赔偿制度之间是否具有共同的上位法规范目的。如果能够肯定共同的上位法规范目的的存在,且当以惩罚性赔偿制度作为手段,更有助于上位法规范目的的实现

---

① Vgl. Schönke/Schröder, Strafgesetzbuch Besonderer Teil, 30. Aufl., 2019, §253, Rn.19.
② Vgl. BGH: Erpressung – Rechtswidrigkeit der erstrebten Bereicherung (NStZ2011, 519); Schönke/Schröder, Strafgesetzbuch Besonderer Teil, 30. Aufl., 2019, §253, Rn.19.
③ Vgl. Wittig, Die Absicht der rechtswidrigen Bereicherung(JA 2013, 403).
④ 参见于改之:《法域冲突的排除:立场、规则与适用》,载《中国法学》2018年第4期。
⑤ 参见高铭暄、马克昌主编:《中国刑法解释》(下卷),中国社会科学出版社2005年版,第1778—1779页。关于确定规范保护目的的规则,参见于改之:《法域协调视角下规范保护目的理论之重构》,载《中国法学》2021年第2期。
⑥ 参见梁书文、黄赤东主编:《消费者保护法及配套规定新释新解》,中国民主法制出版社1999年版,第978页;河山:《论"缺一赔十"的惩罚性赔偿思想》,载《法律适用》1993年第8期。

时,则应当肯定刑法的从属性。①

就财产犯罪而言,其上位法规范目的在于,"保护个人生存与自由所依赖的物质条件"②。而构建惩罚性赔偿制度虽然是为了净化市场环境、维护市场秩序,但若基于法秩序的基本构造,考虑"目的—手段"关系,将其作为手段来看待,其上一层目的其实也在于防止个人的生存、自由受到不良、劣质产品的影响,保障个人生存与自由所依赖的条件。因此,可以认为,二者具有共同的上位法规范目的。

接下来需要考察的便是,惩罚性赔偿制度作为手段,是否更有助于实现上位法规范目的。也即,各种"知假买假"索赔是否有助于实现共同的上位法规范目的。③ 对此,下文将以打假对象为分类标准,分别阐述伪劣产品型、假冒产品型打假索赔的定性规则。

(二) 伪劣产品型打假索赔的定性规则

针对伪劣产品的打假索赔不应以犯罪论处。在伪劣产品型打假索赔中,相较于普通打假及食品、药品领域的职业打假,普通消费领域的职业打假是否有助于上位法规范目的之实现最有待分析。这主要是因为,较普通打假而言,其可能会占用大量的司法、行政资源,同时,其对于消费者权益的保护也不及食品、药品领域的打假行为一般有力。也因此,只要能够证明普通消费领域的职业打假更有助于上位法规范目的之实现,其他两类行为自然不应被认定为犯罪。

基于以下原因,可以认为,针对普通消费领域的职业打假贯彻惩罚性赔偿制度,将极其有助于个人生存、自由的保障,惩罚性赔偿对于经营者的财产权的损害能够被容忍:①这些产品本身质量有问题,有造成不特定多数人人身、财产损害的高度风险。②此类产品缺陷的隐秘程度较高,非经专门检验很难发现其质量问题,揭露、维权成本高,被揭发的可能性小,频繁出现而流入消费者手中进而造成人身、财产损害的可能性较大。③这些产品的生产、销售成本更低,其有可能挤压正常的、符合标准的产品的潜在市场空间,造成"劣币驱逐良币"的情况,进一步恶化消费环境。④即便基于对规范、条文的滥用,职业打假、索赔可能会占用大量的司法、行政资源,但是,考虑到其对于伪劣产品泛滥的制止效益同样也被相应地放大、扩大,在此范围内的索赔其实都可以通过相当性的检验。因此,在这种情况下,刑法对于所追求利益的违法性的判断应当从

---

① 参见于改之:《法域协调视角下规范保护目的理论之重构》,载《中国法学》2021年第2期。
② 谢立斌:《论宪法财产权的保护范围》,载《中国法学》2014年第4期。
③ 这是因为,一方面,惩罚性赔偿制度作为一项制度设计,是规范层面的产物,在现实中,这一制度是由各种类型的"知假买假"索赔加以贯彻的。因此,考察这一制度较保护财产权而言,是否有进一步促进上位法规范目的之实现的实效,就必须从实际出发,去考察各种类型的"知假买假"索赔是否有助于上位法规范目的之实现。另一方面,实践中存在各种类型的"知假买假"索赔,而每一种行为类型虽然都是惩罚性赔偿制度的具体体现,但其对于上位法规范目的之实现是否有助益,以及益处有多大,是存在差异且有待分析的。

属于经济法。

(三) 假冒产品型打假索赔的定性规则

针对"假冒产品"①索赔,应以其"不实陈述"的程度②为依据加以判断。由于"不实陈述"强调的是,经营者刻意掩盖或者捏造商品、服务信息,使得消费者在决策时可能受到这些信息的实质性影响,进而作出错误判断。也就是说,仅仅是"不实陈述",虽然可能使消费者的知情权等权益遭受损害,但因为产品本身质量不存在问题,并不必然危及不特定多数人的人身、财产安全。此时,不应一概认为,惩罚性赔偿对于经营者财产权的损害能够被接受,而需要视"不实陈述"的情况而定。

如果是严重的"不实陈述",考虑到此类虚假的、具有误导性的信息极大程度地提升了经营者欺诈行为的成功率,使得"不实陈述"的经营者获得了相对于合法经营者的竞争优势,这种优势一方面会影响合法经营者的产品销售,另一方面还易导致"不实陈述"的风气蔓延,而这些都对市场秩序造成了严重的负面影响。最终,将严重妨碍消费者的自由发展。因此,此种情况下,可以认为,惩罚性赔偿制度的收益大于损害,刑法判断从属于经济法。

但如果仅仅是轻微的"不实陈述"③,由于其往往表现为标识或说明的不规范,对消费者自由决策的影响不大,对市场秩序的影响也较轻,适用惩罚性赔偿对防止个人的生存、自由受到不良产品的影响的意义十分有限。因此,其对经营者财产权的损害就难以被接受,刑法对于"所追求的利益的违法性"的判断具有独立性,应当肯定"非法"的成立。

对于"假冒产品",这样一种处理方案与当前的政策倾向也是相吻合的。例如,上海市司法局、上海市市场监督管理局、上海市应急管理局联合发布的《市场轻微违法违规经营行为免罚清单》规定,部分广告领域情节轻微的虚假宣传行为,在一定条件下可以免除行政处罚。在这些场合,虽然经营者有可能被界定为实施了欺诈行为,但是,因为消费者要么很容易就能注意到此类问题,要么不会在意这些不规范的表述,因此,对于此种行为,其实并不具有行政惩罚、制裁的必要。一般认为,惩罚性赔偿制度是对行政规制失灵的回应,是私法主体实现公法目的的制度载体。④ 在缺乏行政规制必要性

---

① 本文在广义上使用"假冒产品"这一概念,不仅指假冒注册商标的产品,只要是涉嫌"不实陈述"的产品,即为假冒产品。

② "不实陈述"的程度属于一种规范评价,与个案中行为人是否真的陷入错误无关,涉及的是经营者偏离规范要求所导致的消费者形成错误认识的可能性。无论个案中消费者是否产生错误认识,只要行为人偏离某一规范的要求,而此种要求对于确保消费者形成正确认识非常重要,或是规范期待一个理性的消费者去关注这点,并以此调整其选择产品的动机,那么就可以认为"不实陈述"的程度高。

③ 参见湖北省武汉市硚口区人民法院(2017)鄂0104民初3228号民事判决书;江苏省南京市中级人民法院(2015)宁民终字第220号民事判决书。

④ 参见赵鹏:《惩罚性赔偿的行政法反思》,载《法学研究》2019年第1期。

的情况下,自然也就失去了贯彻惩罚性赔偿制度的意义,也难言贯彻这一制度更有助于上位法规范目的之实现。

另外,对于针对"假冒产品"的职业打假行为,"假冒产品"陈述"不实"程度的要求要比普通打假高。这主要是考虑到,如果商品、服务中陈述的"不实"程度不够高,一方面由于此时惩罚性赔偿制度防止个人生存、自由受到不良产品的影响的意义较为有限,另一方面其所导致的对经营者的财产权的威胁却较大,对社会资源的浪费也极为严重,收益远低于成本。反之,在食品、药品领域,对于"假冒产品"的陈述"不实"程度的要求则应比普通打假低。除非包装标识的欠缺、陈述的瑕疵使得消费者作出错误决策的可能微乎其微,绝不会导致食品、药品安全问题,否则,就应当肯定刑法判断的从属性。这主要是因为,其一,在食品、药品领域,特别考虑到近年来我国此领域的事故频繁发生,民众对于食品、药品领域市场安全的维护失去信心。为了惩罚黑心企业为牟取暴利,违规生产销售,为了重铸民众对于食品、药品安全的信赖,构建安全和令人安心的食品、药品市场,保障国民生存与自由所依赖的物质条件,非常有必要适用惩罚性赔偿制度。其二,食品、药品与人身安全密切相关,有时即便是较为轻微的"不实陈述",也有可能使消费者因此错误服用、食用,从而危及其人身安全。

五、结语

就"知假买假"索赔的定性而言,胁迫行为的认定关键在于主观目的是否非法,而主观目的的非法则体现为行为人所追求利益的违法性。因此,敲诈勒索罪构成要件该当性的判断重点便在于,在法域协调的视野下,行为人所追求的利益是否具有违法性,而这需要考察刑法与经济法之间的规范保护目的的关系。通过分析财产犯罪与惩罚性赔偿制度之间的关系,可以认为,伪劣产品型打假索赔不构成犯罪,而假冒产品型打假索赔是否该当敲诈勒索罪的构成要件,应以其"不实陈述"的程度加以判断。其中,针对"假冒产品"的职业打假行为,"假冒产品"陈述"不实"程度的要求要比普通打假高;而对于食品、药品领域的打假,"假冒产品"的陈述"不实"程度的要求则应比普通打假低。此外,考察不同法域的规范保护目的,不仅有助于解决"知假买假"索赔的定性问题,也有助于推进天价维权等经济领域的其他异常行为的定性研究。而如何进一步明确此类行为的判断规则,还有待探讨。

论"于海明正当防卫案"对推进和完善我国正当防卫制度的意义

王世洲*

引 言

在现代刑法的发展过程中,正当防卫是一个标志性的制度。从理论上说,把正当防卫融入犯罪构造之中,使之成为犯罪成立之前必须检验的一个步骤,是现代刑法学理论成熟的一个重要标志。从实践上说,在检控方证明犯罪构成之后,还允许行为人和辩护方提出正当防卫的抗辩,从而在抗辩成立时排除已经构成的犯罪,是现代刑法保护人权、完善法治的重要表现。正当防卫因其理论地位和实践效力,成为人类文明与进步的重要标志。然而,古今中外的刑法历史发展都证明,正当防卫在刑法体系中确立自己的地位,是非常不容易的。在古代,正当防卫的概念以及规定尽管已经产生,但是,其理论并不完整、地位并不稳固、实践也并不总是有效的。在现代,正当防卫制度虽然在法律中得到保障,但是,理论的完善与实践的落实,一直依赖法官的睿智、律师的勤勉尽责,尤其是社会公众的认同。这种状况证明,在一个国家的刑法发展进程中,如果正当防卫的理论和实践得到社会各界的普遍关注,就能够说明这个社会在人权与法治的保护水平方面,已经达到了一个相当高的程度。由此看来,2018年8月27日21时30分左右,发生在江苏省昆山市的"于海明正当防卫案"得到全国人民的积极关注,激发全国法学界,尤其是刑法学界的热烈讨论,就绝不是一个偶然的事件。

"于海明正当防卫案"是最高人民检察院在2018年12月19日公布的第十二批指导性案例中的正式名称。然而,在当时的热烈讨论中,该案被普遍称为"昆山砍人案"或者"昆山反杀案"。在这起案件中,于海明在骑自行车正常行驶的路上,突然遭到醉酒驾驶小轿车险些与其发生碰擦的刘海龙手持砍刀的攻击,其颈部和身上连续遭到刀面击打之后,于海明抢到砍刀,并在与刘海龙争夺过程的7秒中捅刺刘海龙的腹部、臀部,砍击其右胸、左肩、左肘,在刘海龙受伤后跑向轿车时,又追砍两刀未中。刘海龙逃到附近绿化带内倒地,经送医抢救无效因失血性休克死亡。经检查,于海明的颈部、胸

---

* 北京大学法学院教授。

部有挫伤。公安机关以"于海明故意伤害案"立案侦查,根据侦查查明的事实,认定于海明的行为属于正当防卫,不负刑事责任,决定依法撤销该案。这个决定得到了昆山市人民检察院的支持。

这起案件发生在我国已经进入数据信息时代之后。记录了事发经过的监控录像使得全国人民不仅可以清楚地看到案件发生的全过程,而且可以看到案件中的所有细节。在镜头下,人们可以清晰地看到打了多少拳、砍刺多少刀,精确地计算整个过程进行了多少秒。这种信息便利使得广大人民群众都有可能参加到对案件的讨论之中,从而使该案赢得了由全国人民当陪审员的荣誉。

在互联网时代,广大人民群众有着非常便利的发表意见的渠道,不仅"今日说法""新闻周刊"等明星媒体栏目专门制作了节目,社会和法学专业的各界人士也都纷纷进行了讨论。① 在该案发生之后,我国最高司法机关公布了一系列的司法解释性文件和指导性案例。② 可以说,"于海明正当防卫案"虽然是一个刚刚立案就被撤销的案件,但是,的确是一个推动我国刑法制度更加重视正当防卫问题的重要案件,是一个对完善我国正当防卫制度发挥了标志性作用的重要案件。在这个案件的讨论中,笔者提出了一些自己的意见和建议。笔者愿意把自己当时对这个案件发表的观点③作一个总结,希望对于我国刑法学界在探索正当防卫的理论规律和实现正当防卫抗辩的实践路径上有所帮助。

一、"于海明正当防卫案"的法律规则与表述

"于海明正当防卫案"确立的法律规则是什么?我国的司法机关现在一般还不会在案件的相关文书中直接点明一个案件确立的法律规则是什么,通常是事后通过"裁判要旨"或者理论概括加以说明。但是,这个问题很重要。通过总结和明确新确立的法律规则,可以理解这起案件为什么会引起全国的关注,可以看到我国正当防卫制度取得的新进展,有助于反思我国刑事法学和刑事司法制度仍然存在的问题。

"于海明正当防卫案"确立的法律规则,笔者认为,是认可了"合法不必屈服于不

---

① 其中,中国人民大学法学院教授冯军先生在"法律与生活杂志"微信公众号中发表的《"于海明正当防卫案"的冷思考,打捞那些被忽略的细节》一文,引起了非常广泛的关注。
② 除了最高人民检察院2018年公布的第十二批指导性案例,至少还有最高人民检察院2020年11月27日发布的6起正当防卫不捕不诉典型案例,最高人民法院2020年9月3日发布的7起涉正当防卫典型案例,以及最高人民法院、最高人民检察院、公安部2020年8月28日发布的《关于依法适用正当防卫制度的指导意见》。
③ 笔者当时发表的意见,主要集中在2018年9月28日"法律与生活杂志"微信公众号上的《从热讨论到冷思考,事关生死的正当防卫制度该怎么走?》等文章中。

法"的防卫行为没有超过必要限度的一项判断规则。① "于海明正当防卫案"的决定以及"合法不必屈服于不法"及其类似说法在社会舆论中广受赞誉,就是因为这项规则干脆利落地落实了我国刑法保护守法公民的承诺,消除了人民群众心中的困惑,支持了我国广大人民群众对美好生活的正面愿景。本来就应当是这样,如果守法还不能保护自己,那刑法就没有完成自己"禁暴惩奸、宏风阐化、安民立政"的任务。

然而,为了推进和完善我国正当防卫制度,还需要对这项法律规则作进一步的明确。

(一) 首先是表述

在这方面有两种被较多使用的类似说法值得商榷。

第一种与"合法不必屈服于不法"相类似的说法是"合法没有必要向不法让步"。这种"不让步说"在最高人民检察院转发"江苏检察在线"微信公众号的《为什么认定于海明的行为属于正当防卫?江苏检察机关作出详解》一文中得到使用。两个说法有很多相似之处,虽然"不屈服说"主要来自德国刑法②,"不让步说"主要来自美国刑法③。但是,两种说法的最大区别在于是否可以"让步"。"不屈服说"承认"合法行为"在社会道德限制前应当让步,但不是屈服;"不让步说"不明确提让步,在美国种族主义问题的背景下,对正当防卫服从社会道德从而在什么条件下必须让步的讨论是非常敏感的。在选择我国正当防卫的立场这个重大问题时必须认真说清楚,说清楚了才好坚持。

第二种与"合法不必屈服于不法"相类似的说法是"以正对不正"。这种"正对不正说"与"合法对不法说"的表述之间其实是存在着很大差异的。"合法对不法说"来自德国刑法和美国刑法;"正对不正说"来自日本刑法。两者在内容上的区别,主要表现在以下一些方面:

①在对"法"的理解方面:德美方向对"法"的理解,不仅包括制定法,而且包括不成文的道德;日本方向对"法"的理解,只包括制定法,不包括不成文法和道德。④

②在法的依据和法学发展的方向上:德美方向的思路必然导向讨论是否需要对"合法"(即依法有权的)行为进行社会道德(即通过成文法规和道德体现的为社会所

---

① 最高人民检察院发布的"于海明正当防卫案"(检例第47号)"指导意义"部分指出:"刑法作出特殊防卫的规定,目的在于进一步体现'法不能向不法让步'的秩序理念,同时肯定防卫人以对等或超过的强度予以反击,即使造成不法侵害人伤亡,也不必顾虑可能成立防卫过当因而构成犯罪的问题。司法实践中,如果面对不法侵害人'行凶'性质的侵害行为,仍对防卫人限制过苛,不仅有违立法本意,也难以取得制止犯罪,保护公民人身权利不受侵害的效果。"

② 德国刑法名言:Das Recht braucht den Unrecht nicht zu weichen。详细的讨论参见〔德〕克劳斯·罗克辛:《德国刑法学总论(第1卷)》,王世洲译,法律出版社2005年版,第438页以下。

③ 美国刑法名言:Standing His Ground。See Wayne R. LaFave, Criminal Law, 4th ed., Thomson/West, 2003, p.547.

④ 这是笔者在北京大学二十多年用外文进行刑法国际教学中最重要的发现之一,并已经得到日本学者的确认。

认可的对错观念)上的限制? 而日本方向的思路必然是以完善的社会成文立法为依据的。更清楚地说,根据日本方向的理论,不允许使用不成文的道德方面的说理和论证作为正当防卫的理由和根据;而根据德美方向的理论,以不成文道德为依据的说理和论证是可以的并且经常被作为正当防卫理由和根据的基础。

③在法律后果方面:这是很现实的。根据日本方向的理论,在正当防卫案件中,对刑事责任的讨论和对民事(以及行政)责任的讨论是可以分开的,不承担刑事责任的决定并不当然免除民事(以及行政)责任,因此,日本的理论也称为"违法性多元论";根据德美方向的理论,虽然各州各地可能存在一些差异,但一般来说,认定防卫"正当"就是认定防卫人在社会道德上是正确的,在不承担刑事责任的同时也不承担其他法律责任,而认定"免责"就是认定防卫人在社会道德上存在错误,因此在不承担(或者说免除)刑事责任的同时还需要承担其他法律责任,因此,德美的理论也称为"违法性一元论"。

另外还需要指出:"正"与"不正"的说法是照搬照抄未经翻译的日文,不是优美的、标准的、准确的中文,其准确含义并不清楚,例如,"正"和中文中的"正确""合法""正义"等相似的说法有什么区别? 使用含糊概念用以对重大问题的说明和论证,明显是不妥当的。

从目前世界刑法学的发展趋势上看,"违法性一元论"是主流。关于我国法学和正当防卫制度的发展方向,应当借鉴哪一种理论? 相信通过对历史、社会、人口、民族、国土面积、立法压力等几个方面的简单观察,就能得出正确而恰当的选择结论,并且使用标准的、优美的、准确的中文对"于海明正当防卫案"确立的法律规则作出正确而恰当的表达。

(二) 其次是法律效力

"于海明正当防卫案"的法律决定是由我国最基层的刑事执法机关"昆山市公安局"和"昆山市人民检察院"作出的。这项决定虽然不是人民法院作出的,但仍然有着当然的法律效力,虽然层级不高,可也是目前与该案有关的最高层级的法律文书了。

然而,由于这项决定的"法律效力"着眼于公安和检察机关执行刑事法律的意义,因此,对于该项决定,该案被侵害人即被害人刘海龙的家属是否还可以提起刑事自诉? 或者,像网上有消息说的那样,他们是否可以提起民事诉讼要求防卫人于海明进行民事赔偿? 特别重要的是,于海明在这些可能对他提起的诉讼中,手里拿的这份昆山市公安局发给他的"撤销案件决定书"能起什么作用? 是否能够通过简单出示这份法律文件就能在刑事自诉中被判无罪或者在民事官司中赢得不赔的结果? 毕竟,一个在刑事调查中被认定不负刑事责任的守法公民,如果还要卷入旷日持久没完没了的官司之中,自己会觉得很倒霉,人民群众对法治也会很泄气,这样的法律制度就明显是有问题的!

　　这些与正当防卫制度完善有关的问题,当然不是刑法学理论一家能够单独搞定的,然而,一切后续法律问题的前提关键都在于:正当防卫司法决定的法律效力是什么?或者,更基础的刑法学理论问题是:正当防卫是什么意思?笔者认为,正当防卫最根本的意思就是正确,即防卫人的行为是国家司法机关(不论是公安、检察还是法院)根据法律所保障的社会道德而被判断为正确,因此是合法的,从而形成正当防卫司法决定具有法律效力的正当性基础。更具体地说,该案中的这份"撤销案件决定书"应当属于最高人民法院《关于适用〈中华人民共和国民事诉讼法〉的解释》第93条规定的当事人无须举证证明的事实之三"根据法律规定推定的事实"或者其他种类,只有在当事人有相反证据足以反驳的情况下,才能在各种诉讼中被否定。这当然还不够严密和准确,毕竟这个法律根据还只适用于民事诉讼,但也正因如此,问题才应当提出来并加以明确吧!刑法这个万法之盾,本来在整个法律制度中处于最后的理论位置,在推进和完善正当防卫制度和全面推进依法治国的进程中,却成了法治建设的尖兵。

　　解决这项决定法律效力的一个可行办法,也许正是由最高人民检察院将该案纳入指导性案例①,毕竟昆山市人民检察院同时对昆山市公安局撤销该案的决定进行了检察监督,是依法、及时、准确、正确适用法律的优秀案例。

　　"于海明正当防卫案"确立的法律规则,在我国正当防卫制度乃至法治发展过程中,具有里程碑的意义。从政治上说,这是我国执法机关直接保护我国社会主义核心价值观的一次重要且成功的实践。从法律上说,这是对我国《刑法》第20条第3款"特别防卫权"所作的一个重要并且受到社会各界普遍赞扬的诠释。从刑法学理论上说,这是对我国刑法规定的正当防卫和防卫过当界限所作的一种重要且符合国际学术发展趋势的补充。明确这个规则是什么,赋予这个规则安全可靠的法律效力,对于推进和完善我国正当防卫制度具有重要的意义。

二、我国正当防卫的"法律"根据

　　"于海明正当防卫案"正确恰当地处理之后,在对该案的反思和总结中,网上有一种意见认为:"这是民意的胜利";学术界也有响亮的声音主张:必须认识正当防卫具有"超法律"的属性,正当防卫的审判和决定必须兼顾"天理""国法""人情";最高人民法院也表示,要适时出台关于正当防卫的司法解释,在司法中体现人文关怀。这就为我国法学界尤其是刑事法学界提出一个基本理论问题:我国正当防卫的"法律"根据是什么?特别重要的是,在正当防卫的刑事判决中,除了刑法规定,是不是还有其他的

---

① 最高人民检察院在2018年12月19日公布的第十二批指导性案例中收录了该案。

"法律"可以作为判决的根据,即法律之外的"天理""人情"是不是正当防卫的判决根据?这是一个重要而复杂的问题。这不仅涉及使用制定法之外的"天理""人情"成为刑事判决的根据是否违背我国刑法"罪刑法定原则"的问题,而且涉及我国正当防卫制度继续发展进步的方向问题。也许可以从形式、实质和适用条件方面进行总结和讨论。

(一) 正当防卫制度的法律形式

正当防卫制度的法律形式是什么,指的是正当防卫的规则表现在哪里?纵观世界刑法的研究和实践,目前各国主要采用三种方式对正当防卫的规则进行规定:

第一种,仅仅使用刑法来规定正当防卫的规则。典型的例子是俄罗斯刑法。在1996年《俄罗斯刑法》第八章"排除行为有罪性质的情节"中,明确规定"正当防卫""在拘捕犯罪人时所造成的损害""紧急避险""正当风险"和"执行命令或指令"五项情节可以作为无罪的理由,除此之外,不承认其他正当化根据。

第二种,允许使用法律和其他规范以书面方式规定正当防卫可以使用的事由。典型的例子是日本刑法。在日本,正当防卫的根据乃至排除违法性的根据,一定只能是书面的法律或者规范明确规定的,不使用不成文的习惯和道德作为正当防卫的根据。

第三种,允许从整个法律体系中得出的整体性判断作为正当防卫的根据。德国刑法学明确允许这种做法,英美刑法学实际使用这种做法。这种主张不仅允许使用制定法中的规定,而且允许使用社会中的习惯性规则,甚至允许各国法律制度中都存在的法律思想作为正当防卫的根据。

我国刑事立法和刑事司法实践体现的正当防卫制度,具有自身的特点:

首先,正当防卫是刑法明文允许的。我国《刑法》第20条第1款明确规定:"为了使国家、公共利益、本人或者他人的人身、财产和其他权利免受正在进行的不法侵害,而采取的制止不法侵害的行为,对不法侵害人造成损害的,属于正当防卫,不负刑事责任。"因此,我国正当防卫的刑事决定,不可能在法治要求面前违反"罪刑法定原则"。

其次,正当防卫的具体认定需要刑法之外的规则、观念加以填补。例如,我国《刑法》第20条第2款规定:"正当防卫明显超过必要限度造成重大损害的,应当负刑事责任,但是应当减轻或者免除处罚。"在这里,怎么才算是"明显超过必要限度",就不仅可能涉及法律规定,而且可能还需要道德考量。在"于欢案"中,非法限制他人人身自由并伴有侮辱、轻微殴打且并不十分紧迫的不法侵害,相对于防卫致人死亡重伤的,可以认为明显超过必要限度造成重大损害,即使被害人实施严重贬损他人人格尊严或者亵渎人伦的不法侵害,也不能成为不负刑事责任的理由。在"于海明正当防卫案"中,在闹市街头无故被人使用一把尖角双面开刃,全长59厘米,其中刀身长43厘米、宽5厘米,系管制刀具的砍刀,连续击打颈部、腰部、腿部时,反夺该刀进行反抗,在7秒内刺砍5刀致侵害人死亡的,构成不负刑事责任的正当防卫,即使侵害人给防卫人造成的伤害仅仅是颈部条形挫伤1处、胸季肋部条形挫伤1处,即使两处加起来根据现行的刑法标准,连轻伤都算不上,因为"合法不必屈服于不法"。

最后,我国的正当防卫法,包括刑事立法和刑事司法解释,都处在发展过程之中。以书面和制定形式确定下来的法律规则,对于总结、指导、规范、统一大国的刑事司法和审判活动是必要的,但是,对于及时满足人民群众对人身安全、财产安全和社会安全的需要,维护社会公平正义观念却明显不够了,因为正当防卫是法律赋予我国公民反抗不法侵害的重要权利,因为我国以人民警察为核心的社会治安执法力量无法为每一位公民的每一次请求都作出及时的反应,更不要说,人民群众对美好生活如此强烈的追求,使得对法律保护,尤其是最高等级的刑法保护的需求,在目前和今后一个时期都处在爆发式增长阶段之中。因此,在正当防卫的具体规则方面,如果在采取允许态度的同时又进行限制,在理论上不合理,在实践中不可行。只有在正当防卫规则的种类和数量方面采纳"开放的有限数量"的方法,才能兼顾"法制统一"和"实践发展"两方面的需要,既及时总结司法机关认可的道德观念成为新的正当防卫规则,又允许司法实践继续依托我国的核心价值和道德要求创设新的规则。

在我国,在正当防卫的"法律"根据中应当明确允许使用不成文的"天理""人情"。"于海明正当防卫案"的决定之所以成功,不仅是因为反映了客观实践的要求,而且是体现了刑事司法规律的必然。这种在制定法和成文法之外允许依托社会道德提出正当抗辩理由并进而形成正当防卫新根据的做法,是不违反"罪刑法定原则"的。一方面,正当防卫本身就是刑法允许的,正当防卫的许多抗辩理由本身就是刑法之外的许多法律和法规允许的。另一方面,正当防卫规则所发挥的作用,从对犯罪成立所发挥的作用上看,与刑法的大部分条文正好相反。罪刑法定规范的是构成犯罪的条件,发挥的是"入罪"的作用,法律形式只能是由国家立法机关制定的法律。正当防卫的辩护和规则却是说明一个行为在符合犯罪构成条件之后不成立犯罪的条件,发挥的是"出罪"的作用,因此,至少与"入罪"时必须全面遵守"严格、书面、事先、确实"的"罪刑法定原则"的要求不一样。可以这样总结:犯罪必须严格遵守罪刑法定原则对具体犯罪条件的全面要求;正当防卫只需要遵守法定的一般性允许,可以依托我国的核心价值和道德要求通过司法实践进一步创设经司法机关认可的新规则。

(二) 正当防卫的实质标准

正当防卫的实质标准,是指正当防卫能够排除犯罪构成的根据。一个行为,符合刑法规定的构成犯罪的条件,由于正当防卫的辩护理由成立,为什么就不负刑事责任?凭什么?这个问题在刑法理论中也被称为违法性的根据是什么。这是现代刑法学一直在探讨的问题。对这个问题可以从两个方面回答:一个是一般的回答,一个是具体的回答。

一般的回答适用于全部的各种各样的正当防卫案件。现代刑法学在这方面得出的结论是所谓"社会正确性"原则。根据社会正确性原则,一个符合法定犯罪构成条件的行为,在正当防卫条件下不负刑事责任的根据就是,这个行为在那种情况下被社会认为是正确的,虽然该行为在形式上已经被刑法所禁止。因此,社会正确性原则就成为规范相互冲突的利益时实现社会正义所遵循的原则。

正当防卫的情况千差万别,在具体案件中的正当防卫虽然被社会认为是正确的,但是在具体情况中,如何证明具体行为的社会正确性,还需要一些具体的规则。由此在刑法理论中就出现并为各国司法机关确认了的正当防卫的各种具体理论和规则。例如,英美刑法理论提出根据社会好处的"公共好处"理论,根据道德利益的"道德理论",根据优势利益判断的"优势利益"理论。德国刑法理论提出的观点更多,影响较大的就有强调保护自己的"保护原则",强调坚持法的社会效力的"法保护原则",强调比例关系的"比例原则",强调自治权的"自治原则"和"利益权衡原则",以及"更高利益理论",等等。然而,现代刑法学承认,所有这些原则都还是不够的,因为社会正确性或者违法性都只能根据具体的社会情况进行确定。

通过简单的观察就可以看出,这些正当防卫具体规则的发展,表现为两个主要方向:一是偏重道德;二是偏重功利。前者以是非对错,后者以利益权衡,作为判断社会正确性的最后标准。从现代刑法学的发展历史看,大致说来,强调功利的规则,在社会初步安定和经济发展的早期阶段比较容易为社会所接受;强调道德的规则,在社会稳固安定和经济发展的发达阶段特别为社会所需要。在社会经济发展的发达阶段,人们已经从重视实际利益发展到认识权利的重要性,因而更依赖是非对错界限分明的社会规则。高度的社会发展需要高度的社会道德,高度的社会道德也需要高水平的法治保障。不这样,社会规则不强硬,在无序状态下是不能指望社会经济文化各方面进一步的发展。

这样看来,"于海明正当防卫案"的里程碑意义就更清楚了。昆山市公安局和昆山市人民检察院,在社会主流舆论的支持下,把防卫人在仅仅受到连轻伤都算不上的不法攻击时刺砍侵害人致死的行为,认定为"正当防卫,不负刑事责任",清晰地表明了我国正当防卫规则已经从比较注重功利权衡的发展思路转向比较注重道德观念的发展思路,该案的决定符合人民群众希望自己的权利切实得到最高等级法律保护的期待,受到普遍赞扬。

(三)正当防卫辩护理由的提出前提

现代刑法学普遍同意,正当防卫是一种辩护理由。辩护理由一旦成立,就成为具体案件的"法律"根据。在该理由直接根据法律提出时是当然的法律根据,在该理由依据社会道德提出后,经过司法机关认可的,也可以成为定案的根据,即成为由案件确立的有司法拘束力的"法律"根据。这样,辩护理由在什么条件下提出,对于正当防卫"法律"根据的种类和内容,将产生重要的影响。

在现代刑法的发展过程中,理论上有"否定的违法性"和"肯定加否定的违法性"两种观点。在把"违法性"正确地理解为"违反正确的"或者"错误的"意义上,根据"否定的违法性"的要求,正当防卫辩护理由的提出前提就是被告人即防卫人的行为已经符合(当然只能是法定的)犯罪构成条件,因此,辩护理由就仅仅需要证明被告人符合犯罪构成的行为是正确的,并以此作为辩护目的。

"肯定加否定的违法性"则不同。根据这种观点,被告人的行为是否符合犯罪构成尚不确定,还需要等待"可罚违法性"的证明,也就是说,对"可罚违法性"的争辩可能既是对犯罪构成是否成立的辩护,又可能是对正当防卫是否成立的辩护。例如,于海明自行车停的位置是非机动车道,指出这一点以清楚地证明其行为一点错误也没有,是按照"否定的违法性"思路提出的主张。在这个要点上提出侵害人刘海龙在红灯时占用非机动车道的行为,"属于一个无危险的无关痛痒的违规行为",明显是在"可罚违法性"即"肯定加否定的违法性"理论支配下提出的观点。

在现代刑法理论的进化发展过程中,"肯定加否定的违法性"理论是在罪刑法定原则尚未坚定确立之时,犯罪构成的条件从"实质违法性"("不正确"表现在危害社会的性质上)向"形式违法性"("不正确"表现在触犯法律的规定上)过渡的过程中形成的。当时,犯罪的构成条件需要根据罪刑法定原则的要求,从实质违法性的概念束缚下摆脱出来转到形式违法性的体系之中,同时,又需要依赖实质违法性的概念论证和发展排除社会危害性即排除犯罪成立的理论。但是,在罪刑法定原则坚定确立之后,"肯定加否定的违法性"理论就明显过时了。这至少表现在两个方面:一是明显模糊了正当防卫作为"辩护理由"的属性。以防卫人于海明自行车停车位置的正确性为例,问题明显不在于侵害人刘海龙有没有理,问题在于防卫人于海明没有错!通过指出侵害人刘海龙可能有理,试图引起"可罚违法性"的讨论,明显模糊了该主张的辩护性质。二是这种理论及由其支配的思路在实践中对刑事程序的正常进行也非常不利。律师不仅很容易把自己搞糊涂,而且也很容易把法官搞糊涂:你究竟是哪一边的?是为海明辩护还是为刘海龙辩护?类似的还有网上那些主张防卫人于海明是"防卫过当"的观点,在思路上一面考虑无罪一面又考虑有罪这种貌似公正的辩护方向,不仅操作性差,而且还明显是不符合刑事司法活动规律的!这种思路造成辩护律师在证明正当防卫过程中,需要证明的对象明显具有数量多、种类杂、标准不一致的问题。律师们看起来很忙,其实做的很多工作都没有用,因为由此难以形成法官对律师所期待的专门性辩护理由及其论证,更不用说这样的辩护意见也难以形成对正当防卫有意义的"法律"

根据。

相比之下,"否定的违法性"的思路更简洁,逻辑更清楚,实践中操作更容易!在该案中,公安局(本来通常应当是律师)不辩解犯罪嫌疑人于海明没有拿刀砍刺侵害人即被害人刘海龙,而只争辩于海明的行为是正确的,即使该行为是由好几个砍刺动作共同组成的,即使该行为最终造成刘海龙的死亡,是典型地运用了"否定的违法性"的思路,最终也得出了无罪结论。

三、我国正当防卫超过必要限度的标准

在"于海明正当防卫案"中,正当防卫"必要限度"的标准在哪里?这是一个全民关注的要点,也是刑法理论和实践中长期探讨的问题。不过,在讨论正当防卫必要限度的问题之前,必须先明确有关行为的"防卫"性质。这一点比较容易证明,只要防卫的起因、时间、对象、主观等条件符合针对不法侵害进行防卫的基本要求就可以,这些在理论和实践中都不会产生太难解决的标准问题,虽然在实践中还需要明确许多具体规则。肯定的是,如果连"防卫"都谈不上,那么,"必要限度"就失去了讨论的基础。

在正当防卫"必要限度"的问题上,现代刑法学曾经提出了"基本相适应说""必要说"等一些标准。"基本相适应说"以功利考量为基础,以防卫行为与侵害行为在手段特别是后果方面基本相适应为标准,没有考虑事件行为的是非对错,不符合现代法治社会的基本要求,在现代刑法学中已经完全被放弃了。应当指出,在今天对正当防卫必要限度的探讨中,虽然"最轻防卫手段""防卫必要性""面对轻微攻击的防卫限制"等问题的解决会涉及攻击与防卫的比较,但这不是功利的考量,而是社会道德对具体问题在是非对错方面的要求。

"必要说"的早期版本,由于单纯强调防卫的需要,没有在"必要限度"方面提出具体可操作的标准,现在已经为其改进版所取代。新的得到普遍采纳和运用的是"社会道德限制下的必要说"("新版必要说")。"新版必要说"有以下特点:

第一,前提。防卫行为是消除侵害行为的危险所必要的。这种必要性要求防卫手段在可选择的方法中是最轻的,但是,这种"最轻手段"的要求不需要防卫人忍受身体伤害或者财产损失,并且以一般人在当时情况下的通常判断为标准。

第二,基础。防卫行为不需要防卫人先进行避让。"合法不必屈服于不法"。

第三,限制。在任何情况下,特别是涉及致命性武器的防卫时,也都必须遵守社会道德的限制。

"社会道德"在"新版必要说"中居于很重要的地位。"社会道德"指的是通过成文法规和道德体现的为社会所认可的对错观念。这个概念自然就包括了法学界主张的

"天理""人情"的内容,尽管成文法中已经有了"天理""人情"的内容,但并没有全部涵盖!"社会道德"的概念在司法实践中具有很强的可操作性。在正当防卫的辩护中,根据"社会道德"的要求,辩护律师只需要围绕"被告人的行为是正确的或者没有错误的"进行论证,在有法律法规可以作为根据时自然好,在没有时也可以使用常识、人伦、经验、道德等公认的行为准则进行论证。只要不违背事实和法律,辩护律师就应当不去死抠法律字面上的有罪含义,但要有力论证为什么已经符合犯罪构成的行为是正确的,努力在维护社会公平正义方面发挥自己的制度性作用。

"社会道德"的标准对于推进和完善我国正当防卫制度非常有利。仔细说来,我国刑法规定的正当防卫制度,是由三种防卫行为组成的:不负刑事责任的正当防卫行为、免除刑罚的防卫行为以及减轻处罚但仍然要承担刑罚的防卫过当行为。其中,第一种是无罪的,第三种是有罪的,第二种究竟有罪还是无罪在法学理论上有争论。没有争论的是:第一种无罪的行为是不承担刑事责任也不承担民事责任的;第三种有罪的行为,虽然也叫防卫行为,在承担较轻刑罚的同时还是可能承担民事责任的;第二种免责的行为,也仍然是防卫行为,在不承担具体刑罚的同时是可以承担民事责任的。我国刑法对正当防卫的完整规定,是我国20世纪90年代完成的刑法改革的产物,在今天虽然仍有进一步改进完善的空间,但已经形成了一个比较完整的制度体系。

从制度上说,"社会道德"标准有利于帮助司法人员尤其是法官对案件的性质作出正确而恰当的判断。律师只需要根据"勤勉尽责"的要求尽全力证明被告人已经符合犯罪构成的行为是正确的,证明标准不必达到我国《刑事诉讼法》第55条规定的"对所认定事实已排除合理怀疑"的基本要求。英美法一般认为,辩护只需要使用"优势证据"最多是"清楚和令人信服的证据"作为证明标准,勉为其难地用数字表示,大概可以说具有超过50%但最多不超过70%的说服力即可,无论如何不必达到证明犯罪成立所需要的"排除合理怀疑"的99%以上的程度。① 聪明的律师已经很容易地看到:有关被告人的行为为什么不是一点错误也没有,错在哪里以及错误程度等所有指控性问题,都将统统由检察机关承担起证明责任并且必须证明到排除合理怀疑的程度。这种辩护便利是刑事司法制度安排的。经过这样的努力,即使法庭不认定无罪,不认定免责,在作出防卫过当有罪决定时,对于案件中的是非对错及其程度也容易做到心中有数,这才有可能在进行减轻处罚时作出符合我国刑法明确要求的罪刑相适应原则的正确判决!

"社会道德限制下的必要说"的理论先进性在于使用"社会道德"作为正当防卫的最后界限。这个界限在核心价值、法律条件和刑事政策方面的优点,应当得到强调:

在核心价值方面,这个界限对于维护一个社会的主流价值观非常重要。"合法不

---

① 参见〔美〕乔治·弗莱彻:《刑法的基本概念》,王世洲等译,中国政法大学出版社2004年版,第19页。

必屈服于不法",其基本含义就是"对的(正确的)不必屈服于不对的(不正确的)"。对不对的标准不依赖于侵害和防卫所造成的损害比较,而只能根据"社会道德"认定。防卫人的行为正确或者没有错误,虽然是社会道德意义层面的,但最终会具有法律意义,因为其经过法官认定后是用以解决法律责任问题的,因此,这里的错误无论如何不能达到民事侵权中所要求的"过错"的标准。试想一下,防卫人于海明如果有停车于机动车右转弯道,先动手打人,或者甚至有第二下捅刺动作等情节之一,他的"砍人"行为可能就不是一点错都没有,他的完全无罪的正当防卫辩护可能就要多费周章甚至不可能了。正当防卫的确是法律赋予人民保护自己合法利益的权利。但是,根据"社会道德的限制",防卫人即使有权有理也不能太任性太过分了。典型的例子是,80岁老奶奶无法制止淘气的孩子偷她树上的苹果时,她也不能用枪把这孩子打下来,虽然她对自己的苹果拥有无可争辩的所有权,虽然她当时没有其他办法可以制止这个孩子,因为用枪打孩子以保护苹果绝对是太过分了。另外,道德具有地区性。那则在网上令很多人叫好的美国残疾人为了保卫自己的特别停车位开枪打死侵害人而被认定无罪的视频,只能在美国特定的社会环境下理解,并且只有在美国的特定州中才会是无罪的。"社会道德"的标准因此也说明,不可以不加分析地借鉴其他国家和地区的价值观和法律经验。

在法律条件方面,这个界限对于明确防卫条件也有重要意义。例如,对致命性攻击,这个标准允许使用致命性防卫手段。但是,在非致命性攻击中,例如,在防卫对财产的侵犯中,是否还可以呢？刑法学理论一般认为不行。但是,问题在于,对非致命性攻击不得使用致命性防卫手段的观点,有无例外并且这种例外在什么情况下可以适用？现代刑法学经过对《欧洲人权公约》这个最严格人权保护标准的研究发现:该公约第2条第1款规定"任何人的生命权应当受到法律的保护,不得故意剥夺任何人的生命……"中的"故意"一词,在公约的官方语言之一德语中,就清楚地表明禁止的仅限于"有目的的"。也就是说,在防卫财产时,例如,在防卫价值连城的物品时,一种间接故意的杀人在万不得已的情况下会被认为是必要的,不必要的只是以直接故意为条件的杀人。

在刑事政策方面,这个界限具有特别重要的意义。这至少表现在两个方面。一方面,违法的侵害人不应当得到法律给予的保护。如果小偷知道,自己在任何情况下都没有生命危险,那么,这无异于是在鼓励最严重的盗窃;同样,如果街头流氓知道,自己可以手持砍刀横行乡里而没有生命危险,那么,这就是在鼓励他们携带管制刀具到处威胁守法的人们。另一方面,防卫人对防卫行为必要性会产生不可避免的认识错误,应当由侵害人自己承担后果。在"于海明正当防卫案"中,侵害人刘海龙用那把"尖角双面开刃,全长59厘米"的管制刀具,连续击打他人颈部、胸部,虽然事后查伤验明造成的伤害仅仅是颈部条形挫伤 1 处、胸季肋部条形挫伤 1 处,也就是说,可以争辩刘海龙当时似乎还没有杀人的故意,但是,已经给防卫人于海明造成"人都疯掉了""要死了"的感觉,使得他由此认为对方要杀害自己,是"根据现场具体情景及社会一般人的认知水平进行判断"得出的不可避免的认识。他由此认为自己有权自卫,采取包括在 7 秒内挥出 5 刀,包括第一刀就刺中对方要害,还包括后来紧接着没有砍上的最后两刀,造成的死亡结果就当然只能由侵害人自己承担。"于海明正当防卫案"的决定之所以广受称赞,明显与其体现的先进的刑事政策观念有关。

四、推进和完善我国正当防卫制度的体制和机制

"于海明正当防卫案"是一起在刑事侦查阶段就被撤销的案件。案件没有经过起诉提交人民法院审判,而是以"撤销案件决定书"送交当事人并以"警方通报"公之于众。在事后的讨论中,如何认识律师和法官在我国正当防卫制度中的地位和作用,如何认识激活我国正当防卫制度等问题,颇为引人注目。对这些问题作出回答并加以总结,对于推进和完善我国正当防卫制度的体制和机制,是有重要意义的。

(一) 关于推进和完善我国正当防卫制度的主要责任人

在"于海明正当防卫案"中,公安局和人民检察院撤销案件并发布"通报"的做法符合我国刑事法律的规定。但是,该案中,应当正确认识到人民法院和辩护律师没有参加处理过程,因为这涉及正确完整地认识推进和完善我国正当防卫制度的主要责任人问题。

首先,公安机关和检察机关是推进和完善我国正当防卫制度的重要力量。根据我国刑事诉讼法,公安机关和检察机关在刑事侦查过程中,发现不应对犯罪嫌疑人追究刑事责任的,应当撤销案件,但是认为犯罪事实清楚,证据确实、充分的案件,应当提交法院审理。这当然包括正当防卫案件。过去在防卫案件中,刑事侦查后,最终提交法院审理是常态,直接撤销案件是例外。但是,"于海明正当防卫案"提供了一个在电子网络视频时代办案的新模式。借助网络视频技术,整个案件不仅可以多角度地展示,而且可以将镜头一帧一帧地回放并反复查验,由此不仅可以使公安机关和检察机关精准地查明案情并认定性质,而且可以邀请全国人民作为"陪审团"进行监督,从而使公安机关和检察机关在刑事侦查阶段就可以对正当防卫作出正确判断,不必将案件提交法院作无谓的起诉。这样,在监控视频技术的帮助下,公安机关和检察机关就开始从处理正当防卫刑事案件的第一责任人,发展成为创立和完善我国正当防卫具体规则的重要力量。可以展望,关于规范公安机关和检察机关因正当防卫撤案的规定,必将成为我国正当防卫制度的重要组成部分。

与此相关的是正确看待网络舆情的问题。对于刑事司法机关来说,网络舆情是可以被动利用的,倾听社会的呼声,感受社会的脉搏,对于判明社会的道德诉求从而依法独立作出裁决不是没有帮助的。对于律师辩护来说,网络舆情是可以主动利用的。只不过,这不是一种制度性的辩护方法,并且不可能经常使用。在一个日益完善的法律制度中,律师的辩护意见完全可以通过正常诉讼程序提交司法机关尤其是法官,没有必要鼓动舆论。同时,在一个日益正规的法律制度中,鼓动舆论也会越来越困难,更不要说,歪曲事实和法律,恶性地利用网络和舆论,也会使刑事辩护律师处于容易触犯法律法规和职业道德的危险境地。对于正当防卫案件中的律师,人们更看重的是专业素养,即对于一个已经符合犯罪构成的行为,律师如何能够证明并说服法官和社会认可该行为是正确的能力。"于海明正当防卫案"的决定绝不是舆论绑架司法的结果,网络和舆论也不是查明案件事实和确定案件性质的恰当场所,虽然在正当防卫问题上,网络和舆论对于反映"社会道德"能够起到一些作用。然而,看到该案中网络在舆论表达方面的作用,就寄希望于今后依赖网络进行辩护的思路,那是要犯守株待兔的错误的。

其次,在我国正当防卫制度中,辩护律师应当是提出正当防卫辩护理由的主要责任人,人民法院是当然的认可正当防卫辩护理由的主要责任人。在提出正当防卫辩护理由并加以认定方面,公安机关和检察机关仅仅承担有限的义务和责任。一般说来,它们只要不是使用违法手段而没有提起正当防卫辩护理由,并不会对正当防卫制度产生重大不利影响。但是,律师应当提起而没有提起正当防卫辩护理由,包括应当充分论证而没有论证,以及人民法院法官没有正确采纳正当防卫辩护理由的,就必然给正当防卫制度造成严重的损害。通俗地说,公检机关只要不是由于违法原因而没有提起正当防卫辩护理由,正当防卫制度就还有效;律师应提起而没有提起和法官应认定而没有认定正当防卫辩护理由,正当防卫制度就难以发挥作用。刑事法律和刑事司法实践经验告诉我们,大多数正当防卫案件还是需要通过在人民法院主持下才能辨明是非曲直的,否则,"以审判为中心"的刑事诉讼制度改革岂不是就把正当防卫案件的审理排除出去了?

与此相关的是正确看待律师的辩护意见。在正当防卫案件面前,法官经常处于严重的法律冲突和社会观念冲突之中,在具体案件审判中经常面临很大的压力。在正当防卫辩护这种生与死和合法与违法之间经常只有一根头发丝那么微小的距离。"于海明正当防卫案"在监控视频的帮助下,可以清楚地看到,防卫人于海明砍侵害人刘海龙的最后那两刀,不就是差一点儿的事吗?法官们在各种利益博弈中,要做到公正准确地判案,非常需要律师们的专业性帮助并且十分仰仗律师工作的专业质量。正当防卫的辩护,自古以来就不可能仅限于在成文法条文的框框中完成。在现代正当防卫制度早期发展阶段曾经使用过的"超法规阻却事由",今天还在正当防卫的发展中继续发挥着作用。正当防卫的刑事辩护经常是需要辩护律师超水平发挥、超法条字面含义解释、超想象能力和超强表达能力的超高强度专业法律工作。对律师工作所作的这些"超"字表述,当然只能在法治的框架下理解,不允许作"违反法律""不遵守道德"的误读。法官在案件审理中应当根据常理常情考量正当防卫制度的司法适用,不仅要设身处地为防卫人考量,而且要适当作有利于防卫人的考量,这些要求都对律师的正当防卫辩护有很高的期待,更准确地说,提出了很高的要求。仅仅是干巴巴地主张自己的当事人无罪或者防卫过当,不能进行令人信服的论证,法官怎么可能采纳?别忘了,对面还坐着检察官,庭外全国人民还看着呢!律师不能勤勉尽责提出对案件当事人最有利的法律意见,法官在判决中因而没有作出本来可以作出的"适当"考量的,不应当承担错案的责任!

对于律师"勤勉尽责"的标准,还需要更多学科的参与才好完整确定。但是,笔者认为有两条是当然的。一是,单纯的"言之成理"是不够的。根据荀子的说法,言之成理足以欺惑愚众。把水搅浑不能说是最好的辩护策略。以此求得收费时心安理得是不利于进行高水平辩护的。二是,在正当防卫辩护中可以考虑"公众说服力"标准,即辩护意见应当针对被告人即防卫人已经符合犯罪构成的行为,在所有能够表明事件是非曲直的要点上,表达并论证该行为正确或者没有错误的意见,达到能够为大多数社会公众所赞同的程度。这样,尽管具体案件中的法官甚至审判委员会或者检察委员会由于各种原因而不采纳该意见,但是,社会公众不仅会受到影响而产生同情,更会感受到不采纳该意见可能会使自己的生命财产受到威胁,从而为整个律师界继续有关辩护和争取社会各界支持该类型辩护积累正能量。这两条虽然必要但明显不够充分,笔者希望能有利于补充律师事业的正当性基础,为我国正当防卫制度的进步增添一支非常专业的有生力量。

(二) 关于激活我国正当防卫制度的问题

"于海明正当防卫案"之后,激活我国正当防卫制度的意见颇为响亮。由此产生的问题是,如何激活?当然,深入的思考还会是:我国正当防卫制度怎么就成为"僵尸"或者进入"休眠"了?

问题应当从对我国正当防卫制度作出正确评价开始。我国正当防卫制度真的是"僵死""休眠"吗?对此笔者颇为怀疑。

首先,批评我国正当防卫制度的一个重要根据是统计数据。有消息说我国正当防卫案件中的无罪判决仅占千分之一。但是,且不说这个数据的准确性如何,这个消息的意义并不大,把正当防卫案件中判无罪的案件数量作为标准,作为推进和完善我国正当防卫制度的目标,明显是非常危险的。

其次,批评我国正当防卫制度是"僵尸"的说法,也不符合事实。仅仅在《最高人民法院公报》和以最高人民法院有关审判庭名义公布的案例中,正当防卫案件就有"孙明亮案"(1985年)、"妥么尔案"(1992年)、"朱晓红案"(1995年)、"叶永朝案"(1997年)、"张建国案"(1998年)、"李小龙案"(2000年)、"赵泉华案"(2000年)、"吴金艳案"(2004年)等一批案件。近年来,人民法院处理的正当防卫案件,具有全国性影响的也有"邓玉娇案"(2009年)、"于欢案"(2017年)等,地方各级人民法院中处理的正当防卫案件数量就更是多得无法统计了。在这些案件中,不仅有一批根据《刑法》第20条第3款判处防卫人无罪的决定,而且还有一些具有很高学术价值的判决。"很高学术价值"的标准,一是有关判决当时在刑法理论著作中比较少见;二是有关案件在世界刑事司法实践中也比较少见。这方面最著名的案例应当算"张建国案",该案认定:在互殴停止后,一方突然袭击的,另一方享有正当防卫的权利。"吴金艳案"确立的法律规则和撰写的判决书,更完全是教科书级的,对于"于海明正当防卫案"防卫人于海明的法律责任来说,具有直接适用的价值:在夜深人静之时和孤立无援之地遭受了殴打和欺辱,身心处于极大的屈辱和恐慌中,要求吴金艳慎重选择其他方式制止或避免当时的不法侵害的意见是不能采纳的,因此认定,吴金艳不仅无罪,而且不承担民事赔偿责任。

以判处无罪的数量作为标准,讥讽我国的正当防卫制度是"僵尸"或者"休眠",明显是太夸张了。虽然希望用这种"矫枉过正"式的猛烈批评,引起国家尤其是最高司法机关对推进和完善正当防卫这个刑法重要制度的关注,是可以理解的,但是,只有对我国正当防卫制度作出正确评价,才有可能找到推进和完善这项制度的正确方法和着力点。

第一,正确评价我国刑事法律对正当防卫的规定。我国是世界上最早承认并规定正当防卫的国家之一,我国的正当防卫制度一直处于不断实践与完善的过程中。我国20世纪90年代完成的刑法改革,通过第20条第3款"特殊防卫权"的立法规定以及我国刑事司法实践对正当防卫规则的不断明确和补充,与世界上最先进的正当防卫刑事立法相比,已经没有多大的差距。但是,社会和公民直接需要的正当防卫的具体规则,只能根据具体案件情况才能确定。在我国公民权利意识迅猛提高的今天,社会对于正当防卫规则的要求也空前细密。因此,推进和完善我国正当防卫制度的工作重点,是建立可靠的体制机制,努力做到能够迅速确立和准确提供明确而具体的正当防卫规则,以满足我国社会和人民对正确、公正、正义的行为规则日益增长的需要。我国可以加快正当防卫刑事司法解释的制定和颁布工作,也可以通过发布指导性案例的方法,快速、细致、准确地完成这个时代任务。

第二,正确认识我国刑事法律对正当防卫的制度设计。正当防卫绝不是"法外开恩"。从法律上说,正当防卫是我国刑法规定的重要法律制度。从制度上说,刑事立法规定的犯罪行为必须具有社会危害性的基本属性,正当防卫是排除社会危害性也就是排除犯罪所应当具有的属性,从而认定防卫行为具有社会正确性,因此,正当防卫行为是我国刑法的保护对象而不是打击对象。从具体案件上说,正当防卫宣布:一个符合犯罪构成的行为,在当时当地的情况下被社会认为是正确的,不能受到刑罚惩罚。因此,在正当防卫案件中是非不分,采用权衡思路各打五十大板认定"防卫过当"的做法,实际是通过惩罚不该惩罚的人来"补偿"本应受到谴责的人。这是另一种真正的"法外开恩",也是为我国刑法和整个法律制度所坚决反对的。

第三,正确认识正当防卫制度的运作机制。在犯罪构造方面,正当防卫作为一种辩护理由,只能在一个行为符合犯罪构成之后才适宜提出;主张一个行为不符合犯罪构成,虽然也是一种辩护,但不是正当防卫辩护。在正当防卫的成立条件方面,正当防卫以具有防卫性质为基本条件,正当防卫辩护的结果,可能是防卫人一点错误都没有从而无罪,也可能是有错误但可以得到社会宽容而免除处罚,还可能是防卫明显超过必要限度即防卫过当而有罪。在正当防卫辩护理由的提起和认定方面,辩护律师是提起正当防卫辩护理由的主要责任人,法官是认定正当防卫辩护理由的主要责任人,也就是说,辩护律师没有提出辩护理由或者没有对该理由进行充分论证,导致法官没有认定该理由的,则不能归咎于法官。

第四,正确认识刑法理论在正当防卫制度中的作用。在改革开放创新精神的指引下,我国刑法理论百花齐放,呈现出一派学术繁荣的景象。从趋势上看,学术自由导致学术繁荣,学术繁荣促进学术进步,从而为推进和完善我国正当防卫制度提供了强大的学术基础。现代刑法学的研究已经证明,万能的正当防卫辩护理由和辩护理论都是不存在的,最多只能承认"社会正确性"这个本质,但在具体案件中仍然要适用具体原则。因此,推进和完善我国正当防卫制度,一方面要研究掌握刑法学理论的进化状态和趋势,另一方面还需要研究在具体案情中提起特定辩护理由的恰当性。例如,在网上就有人一刀一刀地研究防卫人于海明的行为,试图找出其防卫超过必要限度的关节点,是一种典型的按照"自然行为论"思路进行的分析。昆山市公安局在"警情通报"中指出侵害人的不法侵害是一个持续的过程,防卫人的行为出于防卫目的,符合正当防卫的意图,这至少是符合"目的行为论"的思路。还有人把防卫人于海明的行为结合其背景进行考察,指出他平时为人老实、是某餐饮酒店工程部经理、40多岁、上有老下有小、生活压力大、孩子得重病得到酒店帮助捐款等事实,试图说明他根本不是一个愿意惹事想杀人的行为人,这更是"社会行为论""人格行为论"的论证方法了。不同理论思路产生的辩护说服力,在该案中表现得非常清楚。相比之下,"于欢案"中关于于欢是在警察到场之后又到院子里因此误以为"警察不管"的情况下才动刀子的这一点,辩护律师似乎并没有提出那种在理论上已经很成熟的被称为"允许性行为构成认识错误"

的辩护理由,更没有提醒法庭注意正确选择刑事政策的意义,殊为可惜。辩护律师没提,就不好怨法官没判。当然,如果提了,也不一定能争得于欢无罪的结果,因为已决案件不好假设。但是,"于欢案"中如果律师提出这一点,无论法官如何认定,对于其他正当防卫案件的辩护,明显会产生重要的导向性作用。总之,在我国刑法学术界百花盛开的繁荣局面面前,律师的勤勉尽责需要讲究学术功底,法官是非分明睿智断案更需要很高的学术鉴赏力。繁花似锦的刑法理论园地,为推动和完善我国正当防卫制度的进步,持续而稳定地提供着强大的知识力量。

第五,正确认识正当防卫具体规则对我国法律制度的进步意义。正当防卫的规则来自对正当防卫辩护理由的认可,正当防卫辩护理由来自社会道德对具体事件和具体行为是非对错的评价,是非对错的评价最终影响着社会危害性并进而影响着刑事立法和刑事司法。在一个强调规则、发展规则正在"全面推进"的法治社会中,正当防卫的规则不仅直接影响着犯罪成立的标准和条件,而且作为标志反映着法治的发展水平。从历史和比较研究的成果看来,正当防卫的规则种类和数量越多,对犯罪的认定就越准确;正当防卫的规则涉及的范围越广,对法律体系内部和谐一致的要求就越高。由此可以看到,对正当防卫规则的认定,必须实事求是,根据本国国情确定。根据我国社会政治经济文化各方面的发展状况,适时提出正当防卫辩护理由,依法(包括受法律保护的社会道德)恰当地认定并形成正当防卫规则,是推进和完善我国正当防卫制度安全可靠的思路。

"于海明正当防卫案"以及与之有关的学术探讨,事关我国每一个公民的切身利益,如何看待、如何总结需要认真冷静地计算和论证。为了推进和完善我国正当防卫制度,在事关生死、事关对错、事关罪与非罪的重大问题上,观点的剑拔弩张、针锋相对是正常的,但只有以概念清晰、体系完整、功能合理的理性语言表达出来,才有助于建设惠及全民的完善法律制度。所有参加正当防卫制度建设的法律工作者,都应当保持住自己的学术品质。

公民扭送权的规范本质与限度要件

——刑事实体法与程序法相融通的一个尝试

陈 璇[*]

引 言

公民扭送权是我国《刑事诉讼法》第84条所载明的一项正当化事由。近年来,司法实践中频频出现公民在追赶、押送犯罪嫌疑人的过程中导致后者死伤的案件,将扭送行为合法性边界的问题推到了公众和舆论关注的风口浪尖。较为典型者例如:

【案例1 白朝阳非法拘禁案】 被告人白朝阳与被害人刘某某存在经济纠纷。2007年10月13日,刘某某因涉嫌非法买卖爆炸物品罪被沁阳市人民检察院决定批准逮捕,沁阳市公安局于2007年11月7日上网追逃刘某某。白朝阳在通过私人关系确认了刘某某被上网追逃的事实后,积极打探刘某某的行踪。2007年12月29日下午,白朝阳得知刘某某当天下午要从北京返回的消息后,指派其职工王某某、赵某某、吕某某、康某某、李某某、孙某某和张某某分乘两辆轿车,到京珠高速新乡段等候刘某某。当晚23时40分左右,康、孙、李、张等人发现刘某某所乘车辆后,即刻报告白朝阳。白朝阳于23时55分向巩义市公安局报警,该局刑侦大队一中队副队长等人出警,副队长与其进行联系,让康某某等人跟着刘某某的车即可。康某某等人所乘两辆车一前一后尾随刘某某的车辆,一路跟踪至郑州市区。当双方车辆行驶至某处,刘某某下车准备离开时,孙某某和张某某分别对同车人指认刘某某并让其下车抓人。康某某等人下车后,连推带拉强行将刘某某拉进轿车,后康某某等人拉着刘某某向巩义市方向驶去。途中,康、李二人一左一右坐在刘某某两旁并拉住其胳膊,康某某还用右手按着刘某某的肩膀。为防止刘某某在通过高速公路收费站时反抗和叫喊,孙某某指使康、李二人将刘某某的头部按低,时间约20分钟。康某某发现刘某某身体发软时,才和李某某将其扶起坐直。从高速路巩义站下站后,康某某等人于12月30日1时55分将刘某某送到医院抢救,刘某某经抢救无效后宣布死亡。经司法鉴定中心鉴定,刘某某系在被强行带入汽车并被按在座位中间的过程中,引起体位受限对呼吸功能的影响、外伤及情

---

[*] 中国人民大学法学院教授。

绪激动等因素诱发冠状动脉粥样硬化性心脏病急性发作,致心源性猝死。法院以非法拘禁罪分别判处白朝阳、康某某、孙某某、李某某有期徒刑11年、10年6个月、10年6个月、10年。①

【案例2 张庆福、张殿凯诉朱振彪生命权纠纷案】2017年1月9日上午11时许,张永焕由南向北驾驶两轮摩托车与张雨来无证驾驶同方向行驶的无牌照两轮摩托车追尾相撞,张雨来倒地受伤、摩托车受损。张永焕起身驾驶摩托车驶离现场。此事故经交警部门认定:张永焕负主要责任,张雨来负次要责任。事发当时,被告人朱振彪驾车经过肇事现场,发现肇事逃逸行为后即刻驾车追赶。追赶过程中,朱振彪多次向公安部门电话报警。张永焕驾车行至A村内,弃车从南门进入该村一村民家中拿走一把菜刀,从北门走出。朱振彪先拿起一个木凳,后又拿起一根木棍继续追赶。此后,朱振彪喊"你怼死人了往哪跑!警察马上就来了",张永焕称"一会儿我就把自己砍了",朱振彪说"你把刀扔了我就不追你了"。出A村后,张永焕跑上公路,有向过往车辆冲撞的行为。在被一面包车撞倒后,张永焕又站起来在路上行走了一段,后转向铁路方向的开阔地跑去。张永焕走到铁路,翻过护栏,沿路垫行进,朱振彪亦翻过护栏继续跟随。朱振彪边追赶边劝阻张永焕说:"被撞到的那个人没事,你也有家人,知道了会惦记你的,你自首就中了。"当日11时56分,张永焕自行走向两铁轨中间,51618次火车机车上的视频显示,朱振彪挥动上衣,向驶来的列车示警。12时2分,张永焕被由北向南行驶的51618次火车撞倒后死亡。法院判决朱振彪对张永焕的死亡不承担侵权赔偿责任。②

在扭送权领域,与相关案件的疑难程度以及司法实践的急切需要形成鲜明对比的是,法律规范与法学理论能够提供的资源异常贫乏。首先,扭送权规定的残缺。尽管《刑事诉讼法》第84条对扭送权作了规定,但该条仅仅阐明了扭送权的主体和对象,对于扭送行为的合法限度这一关键性问题却未置一词。其次,扭送权理论研究的薄弱。纵观我国的法学文献,扭送权处在"两不管"的尴尬境地,几近置于被遗忘的角落。一方面,虽然扭送权条款位于《刑事诉讼法》之中,可现有的刑事诉讼法教科书却大多对此只附带于强

---

① 参见河南省中牟县人民法院(2009)牟刑初字第57号刑事判决书。该案曾在学界引起较大关注。参见魏晓娜:《"见义勇为"获刑全是"扭送"惹的祸》,载《法制日报》2010年3月23日。2009年12月12日,中国政法大学专门针对该案举行了"社会责任与法律责任——公民'扭送'致意外死亡案理论研讨会"。参见龙平川:《扭送"仇人"闹出人命,法律咋办?》,载《检察日报》2009年12月16日。

② 参见河北省滦南县人民法院(2017)冀0224民初3480号民事判决书。该案被写入最高人民法院院长在第十三届全国人民代表大会第一次会议上所作的《最高人民法院工作报告》中。

制措施章节以寥寥数语一笔带过①,有关扭送权的专题论文也屈指可数②。另一方面,从传统上来说,刑法学无疑是对正当化事由研究最为深入和全面的部门法学科,然而,扭送权却鲜能进入实体刑法学者研究的视野。遍寻各类教科书以及有关正当化事由的专著,至多只能在某些边缘地带觅得扭送权模糊的身影。③ 在法律依据和学理资源双重短缺的情况下,司法机关在处理相关案件时无所适从,对扭送权的认识误区重重,也就不足为奇了。

储槐植先生早在1989年就提出了"刑事一体化"的思想。④ 推动刑法和刑事诉讼法的交融互通,自然属于刑事一体化的应有之义。但长期以来,刑事实体法和程序法的研究视域相互隔绝的现象依然较为严重。近年来,随着正当化事由研究的深入,已经有学者围绕正当防卫的证明问题对实体法和程序法的互动进行了颇具深度的探讨。⑤ 如果说在正当防卫领域,实体要件问题和证明责任问题之间还有相对明晰的界线,那么对于公民扭送权而言,无论是权利根基还是权利行使要件的内容,其本身都内在地融贯了两大部门法的基本原理。有鉴于此,本文试图跨越刑法和刑事诉讼法的视野,从根本上确定扭送权的正当化根据,并在此基础上进一步厘清扭送权限度要件的内容。

一、扭送权之目的性限缩与罪刑法定原则

由于《刑事诉讼法》第84条并未对扭送权的限度作出明文规定,故对该条进行单纯语义解释的结论就是,只要是能够实现扭送的目的,不论扭送手段的暴力程度有多

---

① 例如陈光中主编:《刑事诉讼法》(第6版),北京大学出版社、高等教育出版社2016年版,第226页。
② 较有代表性的论文参见王铁夫:《试论我国刑事诉讼中的公民扭送人犯》,载《法学研究》1985年第4期;欧卫安:《论扭送》,载《中国刑事法杂志》1998年第6期;张鸿巍:《扭送当议》,载《河北法学》2011年第1期;左袖阳:《比较法视野下我国公民扭送权之完善》,载《中国人民公安大学学报(社会科学版)》2011年第4期;谢波:《我国刑事诉讼扭送制度之检讨——兼评新修〈刑事诉讼法〉第82条》,载《武汉科技大学学报(社会科学版)》2013年第1期;刘国庆:《论私人逮捕制度——兼论我国的公民扭送制度》,载《云南大学学报(法学版)》2014年第6期;吴宏耀:《现行犯视角下的拘留扭送制度》,载《中国刑事法杂志》2016年第1期。
③ 附随于正当防卫、法令行为等事由,对扭送权略有提及的,参见王政勋:《正当行为论》,法律出版社2000年版,第294页以下;黎宏:《刑法学总论》(第2版),法律出版社2016年版,第150页;陈兴良:《正当防卫论》(第3版),中国人民大学出版社2017年版,第30页;张明楷:《刑法学》(第6版),法律出版社2021年版,第307页。
④ 参见储槐植:《建立刑事一体化思想》,载《中外法学》1989年第1期。
⑤ 参见兰荣杰:《正当防卫证明问题的法律经济学分析》,载《法制与社会发展》2018年第1期;王天民:《刑事案件中的积极辩护事由及其司法证明——"于欢案"的证据法视角》,载《现代法学》2018年第2期;马光远、王志远:《正当防卫证明的困境与出路——"谁主张谁举证"的刑事法纠偏》,载《法治社会》2019年第6期;谢澍:《正当防卫的证明难题及其破解——激活正当防卫制度适用的程序向度》,载《政治与法律》2020年第2期;周慧琳:《正当防卫证明责任分配的反思与重塑》,载《湖北警官学院学报》2020年第4期;何家弘、梁颖:《论正当防卫案的证明责任》,载《中国高校社会科学》2021年第2期;卢建平、孙平:《比较法视野下认定正当防卫之程序法问题研究》,载《法治研究》2021年第3期。

高、给被扭送者造成的损害有多严重,均可以得到正当化。在这种情况下,如果为扭送权增设限度要件,就意味着解释者在法律条文之外对扭送权的成立范围进行了限制。这便涉及目的性限缩的方法。

本来,我们在对刑法分则具体犯罪的构成要件进行解释时,往往也会根据犯罪的本质、刑法条文之间的关系等因素,添加某些"不成文的构成要件要素"。① 这种在法条之外增加要素的解释之所以被容许,关键是因为不成文构成要件要素的引入限缩了某一犯罪成立的范围,对被告人产生了相对有利的影响,故不会与罪刑法定原则发生冲突。可是,对于法定正当化事由的解释却与此不同。因为,正当化事由的成立范围与犯罪的成立范围恰好呈现出此消彼长的关系,前者的限缩同时也就意味着后者的扩张。所以,一旦在法律条文之外对正当化事由增加限制性条件,似乎就是间接地实行了法外入罪。② 那么,这种通过引入不成文的要素来对扭送权进行目的性限缩的做法,是否违反罪刑法定原则?对此,张明楷教授认为:"只有同时在违法阻却事由、责任阻却事由、客观处罚条件等领域贯彻罪刑法定主义,才能保障人权",故"应当禁止对法定的犯罪阻却事由进行目的性限缩"。③ (这种肯定罪刑法定原则应适用于正当化事由的观点,以下简称"肯定论")笔者持不同看法,主张正当化事由并不处在罪刑法定原则的效力范围之内。理由如下:

(一) 正当化事由并非专属于刑法

尽管《刑法》第20条和第21条为正当防卫、紧急避险规定的法律后果仅仅是"不负刑事责任",但在我国《刑法》的创制和修订过程中,立法者始终认为,正当防卫、紧急避险同属于"公民的一项合法权利"。④ 既然正当化事由不仅能使行为人获得无罪判决,而且还能令其享有侵犯他人法益的权限,那么,在直接关乎公民之间权利边界这样的根本性问题上,就不能止于刑法领域中罪与非罪的判断,而必须在以宪法为统领的全体法秩序的视野下展开通盘考量。事实上,违法性在阶层式犯罪论体系中的主要功能并不在于直接实现特定的刑事政策目标⑤,而在于在刑法的判断中铺设一条与周边法领域连接沟通的管道,从而保证刑法对于某一行为的评价能与整体法秩序关于合法

---

① 参见张明楷:《刑法分则的解释原理》(第2版),中国人民大学出版社2011年版,第427页。
② Vgl. Hirsch, Rechtfertigungsgründe und Analogieverbot, GS-Tjong, 1985, S. 53.
③ 张明楷:《罪刑法定与刑法解释》,北京大学出版社2009年版,第173页。在德国刑法学界,也有不少学者持类似的看法。Vgl. Hirsch, in: LK-StGB, 11. Aufl., 1994, vor § 32, Rn. 37; Sternberg-Lieben, in: Schönke/Schröder, StGB, 30. Aufl., 2019, vor § 32, Rn. 25.
④ 参见高铭暄:《中华人民共和国刑法的孕育诞生和发展完善》,北京大学出版社2012年版,第25页;高铭暄、赵秉志编:《新中国刑法立法文献资料总览》(第2版),中国人民公安大学出版社2015年版,第593页。
⑤ Vgl. Amelung, Zur Kritik des kriminalpolitischen Strafrechtssystems von Roxin, in: Schünemann (Hrsg.), Grundfragen des modernen Strafrechtssystems, 1984, S. 93; Roxin, Strafrecht AT, Bd. I, 4. Aufl., 2006, § 14, Rn. 3.

与违法的界分标准协调一致。因此,正当化事由不是刑法独家评价的结果,而是经过各个部门法一致认可后的产物,其合法化的效果也为诸法所共享。由此可见,法定正当化事由虽然"定居"于某一部门法,其势力范围却能遍及全体法领域。① 既然罪刑法定原则为刑法所专有,那么它就无法对来源于全体法秩序的正当化事由产生制约作用。

(二) 规范评价不应出现矛盾

既然法定正当化事由具有通用于全体法领域的普遍性,那么对法定正当化事由的解释就应当在各个部门法中采取统一的宽严尺度。否则,如果认为正当化事由的适用在刑法领域内需要受到罪刑法定原则的制约,则势必出现同一个正当化事由在刑法中的成立范围宽于其他部门法的现象。于是,法规范对同一行为的评价就会出现明显的自相矛盾。② 一些持肯定论的学者辩解道:如果从法秩序的规范目的来看,确有必要对某一法定正当化事由添加不成文的限制性要件,那么一切不符合该要件的行为都应当被认定为违法,这一结论不会因为所涉法领域的不同而有任何差异;刑法因为奉行罪刑法定原则而依然认定正当化事由成立,这绝不意味着否定该行为的违法性,而只是取消了该行为的刑事可罚性而已。③ 有学者进一步提出,允许各部门法对同一正当化事由的法律规定作出不同的解释,这"不过是阐明了为整体法秩序奠定了基石的一个思想,即刑法具有不完整性,它无须将一切被刑法以外的法律认定为违法的举动都视作可罚的行为"④。然而,这一见解的信服力是令人怀疑的。

刑法的不完整性是与刑法保护法益的补充性直接相关的。即被刑法划入犯罪圈的不可能是一切侵害法益的行为,而只能是其中达到了一定严重程度、有必要使用刑罚来预防者;与此相应,由刑法所实现的法益保护就无法事无巨细、面面俱到,而必然呈现出有所为、有所不为的片断性。⑤ 可是,在肯定论那里,因受制于罪刑法定原则而被认定为正当化事由的行为,其出罪的根据根本不在于该行为的法益侵害程度轻微,或者其他部门法的保护措施已足够有效,而仅仅是在于法律的明文规定不足以完整地囊括正当化事由的全部限制性要件,同时刑法的判断又无从填补这一漏洞。所以,这种无罪化与刑法保护法益的最后手段性以及不完整性没有任何关系。

---

① Vgl. Krey, Studien zum Gesetzesvorbehalt im Strafrecht, 1977, S. 233 ff.
② Vgl. Günther, Warum Art. 103 Abs. 2 GG für Erlaubnissätze nicht gelten kann, FS-Grünwald, 1999, S. 217.
③ Vgl. Jung, Das Züchtigungsrecht des Lehrers, 1977, S. 65; Erb, Die Schutzfunktion von Art. 103 Abs. 2 GG bei Rechtfertigungsgründen, ZStW 108, 1996, S. 272.
④ Wessels/Beulke/Satzger, Strafrecht AT, 47. Aufl., 2017, Rn. 398.
⑤ 参见陈兴良:《罪刑法定主义》,中国法制出版社 2010 年版,第 148 页;Jescheck/Weigend, Lehrbuch des Strafrechts AT, 5. Aufl., 1996, S. 52 f.。

(三) 罪刑法定在正当化事由中无贯彻之可能

①从法律的表现形式来看,正当化事由可以区分为法定正当化事由与超法规正当化事由,前者又可以进一步划分为刑法规定的正当化事由(如正当防卫、紧急避险)和刑法以外之法律规定的正当化事由(如公民扭送权)。如果认为对正当化事由的适用需要坚守罪刑法定原则,那么由于一切正当化事由在法律效力上是相同的,故按理说罪刑法定主义所包含的明确性、禁止不利于被告人的类推等原则都应当没有差别地适用于所有正当化事由。但事实并非如此。首先可以确定的是,"由于习惯法并不是由立法者所保障之刑法秩序的组成部分"①,故毫无成文法载体的超法规正当化事由无从适用罪刑法定原则。

除此之外,罪刑法定原则也难以在刑法以外之法律规定的正当化事由中发挥作用。因为,一旦与案件中涉嫌犯罪的行为相关的某一正当化事由被规定在非刑法的法律之中,那么刑法判断在进入违法性阶层的时候,就不得不跳出刑法的疆域与该法律规范相对接。这样一来,刑法关于相关行为违法性的检验路径,就十分类似于空白罪状或者规范构成要件要素的确定方式。② 在空白罪状和规范构成要件要素中,尽管刑法并未丧失自身判断的独立性,但毕竟犯罪构成要件中部分内容的确定权还是被立法者明确转移给了其他部门法,所以刑法就必须尊重所涉法领域内的法律规范及其解释原则。既然在其他部门法中并不禁止类推,那么对于填充规范的解释也就无须遵守罪刑法定原则。③ 同理,在只有借助其他法律关于正当化事由的规定才能确定行为是否违法的场合,相当于在违法性阶层出现了一个有待其他法律补充的空白。因此,用于填补该空白的法定正当化事由就如同空白罪状或者规范构成要件要素中的填充规范一样,其解释不应受到罪刑法定原则的束缚。正是因为意识到了这一点,所以许多持肯定论的学者又不得不将罪刑法定原则的适用范围限制在刑法规定的正当化事由之中。④ 可是,既然如前所述,正当化事由具有"身处某一部门法、效力遍及全体法领域"的特点,那么究竟是选择将正当化事由规定在刑法、民法、行政法还是诉讼法中,这与该事由合法化的程度高低和范围宽窄无关,纯粹取决于法典的表述方式和编纂技术。因此,单纯根据立法者偶然选择的规定形式来决定罪刑法定原则的适用与否,似乎并不合理。

②正当化事由条款天然具有的概括性,使之几乎不可能满足罪刑法定主义的明确

---

① Rönnau, in: LK-StGB, 12. Aufl., 2006, vor §32, Rn. 65.
② Vgl. Hirsch, Rechtfertigungsgründe und Analogieverbot, GS-Tjong, 1985, S. 64 f.
③ Vgl. Hecker, in: Schönke/Schröder, StGB, 30. Aufl., 2019, §1, Rn. 33; Roxin/Greco, Strafrecht AT, Bd. Ⅰ, 5. Aufl., 2020, §5, Rn. 40.
④ Vgl. Maurach/Zipf, Strafrecht AT 1, 8. Aufl., 1992, §10, Rn. 21; Rudolphi, in: SK-StGB, 6. Aufl., 1997, §1, Rn. 25a.

性要求。

首先,正当化事由条款是对无数违法行为例外得到合法化的情形进行高度提炼概括的结果。随之而来的就必然是正当化事由条款的高度抽象性。虽然刑法总则中诸如故意、过失、未遂、共犯之类关于犯罪成立一般要件的规定也相对概括,但由于刑法分则已经具体描绘了个别犯罪类型的特殊要件,故只要将总则中的一般要件与分则中的特殊要件相结合,基本上就能获得较为清晰的犯罪形象。然而,关于正当防卫、紧急避险的条款不仅可能适用于一切故意、过失犯罪,而且在分则当中并不存在任何与个别犯罪类型相对应的个别正当化事由的规定。于是,当法官欲将正当化事由条款适用于故意杀人、盗窃、故意毁坏财物等犯罪时,就不得不在缺少分则法律规定的情况下,以法秩序的价值观念为指导独立地实现法律条款的具象化。所以,正当化事由条款中巨大的规范留白和解释空间是犯罪成立的一般要件所无可比拟的。

其次,强行将明确性原则适用于正当化事由,反而会产生违背罪刑法定原则初衷的结果。根据"因不明确而无效"理论,为了限制国家权力、保障国民自由,当某一罪刑规范不具有明确性时,应当认为它违宪故而无效。如果坚持罪刑法定原则应适用于正当化事由,那么在《刑事诉讼法》第 84 条未对扭送权限度条件作出任何规定的情况下,完全可以该条缺乏明确性为由宣告其无效。但问题是,一旦扭送权条款归于无效,一个可供出罪的成文法依据也就随之消失,继而引发的后果就是处罚范围的扩张。① 这恰恰与罪刑法定原则的价值目标南辕北辙。

二、紧急权体系下扭送权的正当化根据

目的性限缩是基于对不同事物应作不同处理的要求,根据法律所体现的原则(即"事物本质"),将原本在语义上处在某一法律规范涵摄范围内的事物剔除出其适用领域,以图填补法律隐藏的漏洞。② 因此,在对扭送权限度要件进行规范续造之前,我们首先需要以紧急权体系为分析框架厘清其正当化根据。

包括扭送权在内的一切紧急权,均应受到宪法上比例原则的制约。③ 发端于行政法领域的比例原则主要由以下三项内容构成:①适当性(Geeignetheit)原则,即当法律

---

① Vgl. Erb, Die Schutzfunktion von Art. 103 Abs. 2 GG bei Rechtfertigungsgründen, ZStW 108, 1996, S. 292.

② 参见〔德〕卡尔·拉伦茨:《法学方法论》,陈爱娥译,商务印书馆 2003 年版,第 258、268 页。

③ 参见姜昕:《比例原则研究——一个宪政的视角》,法律出版社 2008 年版,第 174 页;姜涛:《追寻理性的罪刑模式:把比例原则植入刑法理论》,载《法律科学(西北政法大学学报)》2013 年第 1 期;郑晓剑:《比例原则在民法上的适用及展开》,载《中国法学》2016 年第 2 期;陈璇:《正当防卫与比例原则——刑法条文合宪性解释的尝试》,载《环球法律评论》2016 年第 6 期。

或者行政权的行使给公民权利造成侵害时,它必须能够达到某种法定目的。②必要性(Erforderlichkeit)原则,即在适于达到法定目的的所有措施中,应当选择对公民权利损害最小的那一种。③狭义比例(Verhältnismäßigkeit im engeren Sinne)原则,即国家权力的行使措施与其所欲达到的目的之间必须相称和均衡。即便某一措施乃为达到法定目的所必要,但如果它给公民基本权利带来的侵害过于严重,明显超过了法定目的所能实现的价值,则该措施仍不被允许。① 其中,适当性原则和必要性原则应当统一适用于一切紧急权,对此不存在争议。不过,"尽管比例原则……是一个普遍适用于所有干预权(Eingriffsrecht)的法原则,但我们需要根据个别的情况使其具体化,所以也有必要为它增添一些判断标准,而这些标准的获得只能求助于各个干预权自身所具有的特性"②。紧急权有两种基本的类型:①反击型紧急权,即直接针对危险来源实施反击的权利,正当防卫和防御性紧急避险为其典型。②转嫁型紧急权,即通过损害无辜第三人法益的方式使某一法益免受危险的权利,例如攻击性紧急避险。由于在紧急权体系中,不同的权利分别以宪法上的不同原则为其正当化基础,故狭义比例原则(也即法益均衡原则)对各个紧急权限度的控制就呈现出不同的宽严程度。首先,《宪法》第33条和第51条共同确立了自由平等原则,即任何人未经他人同意,均无权损害其法益;与此相应,任何人对于他人未经本人许可损害自己法益的行为,也没有忍受的义务。于是,一旦某人侵入他人的自由空间,受侵犯者均有权在为有效制止侵害所必要的限度内,对侵犯者实施反击。因此,从最初的意义上来说,反击型紧急权完全建立在个人自由的基础之上,它在行使过程中并不受狭义比例原则的掣肘。其次,在自由平等原则之下,为保护自身法益而损害另一个与危险的发生毫无关联之人的法益,这种行为本来是不能得到容许的。但是,鉴于公民间的相互扶助和彼此忍让毕竟是社会共同体得以存在的必备条件,故现代法治国家在保障个人自由的同时,均在一定范围内承认了社会团结原则。于是,当某一公民的法益遭遇险境时,其他公民有义务作出一定的牺牲以协助他转危为安,转嫁型紧急权由此应运而生。正是由于社会团结只是在坚持自由平等原则的前提下出现的例外,故为防止其无限扩张,以该思想为基础的转嫁型紧急权就需要受到极为严格的限制。最后,受到社会团结原则的影响,人们根据归责原理对反击型紧急权作了进一步的区分:当侵犯者虽然对他人的自由空间造成了威胁,却存在缺少预见和避免能力等值得体谅的事由时,危险的可归责性就会明显减弱。这便使他在一定范围内保留了要求对方给予容忍和关照的权利。与这种弱归责性相对应的防御性紧急避险,在强度上就比正当防卫更为克制。由此可见,正是反击型紧急权和转嫁型紧急权在正当化基础上存在的差异,导致从前者到后者,狭义比例原则

---

① 参见陈新民:《德国公法学基础理论》(上卷),法律出版社2010年版,第415页以下。
② Perron/Eisele, in: Schönke/Schröder, StGB, 30. Aufl., 2019, § 32, Rn. 46.

的制约作用呈现出由弱到强的渐变趋势。①

这样看来,狭义比例原则在多大范围内能够适用于扭送权,关键在于扭送权在紧急权体系中的定位。笔者认为,扭送权在本质上属于转嫁型紧急权,其限度应严格受到狭义比例原则的调控。理由如下:

1. 扭送权不具有通过即时制止侵害的方式保护法益的功能

扭送权与正当防卫都是直接针对违法犯罪人所实施的紧急权,故乍一看二者似乎颇为相近,但实际上二者有着本质的差别。作为反击型紧急权的典型,正当防卫能够通过对不法侵害者造成损害的方式当即消除危险源,从而直接保护某一具体法益免遭侵害的威胁。然而,单纯将犯罪嫌疑人、通缉在案者、越狱逃亡者扭送至司法机关的行为,却并不能及时救受侵犯之法益于危难之间,它所起的作用只是为事后追究犯罪人的刑事责任创造有利条件。② 正是由于追究刑事责任的活动本身无助于受害者法益的恢复,所以服务于刑事追诉的扭送权也不可能具有反击型紧急权的特性。

2. 扭送权的成立并不以被扭送者现实成立犯罪为前提

反击型紧急权正当化的核心在于答责原则(Verantwortungsprinzip)。即由于侵害者是法益冲突状态的制造者,是他引起了使自己可能遭遇他人反击的险境,故与遭受侵害者相比,侵害者的值得保护性会出现明显下降,为消除相关法益冲突所需付出的代价,也应当更多地由侵害者本人去承受。③ 因此,要将扭送权归入反击型紧急权,前提是被扭送者必须以法律上可归责的方式制造了扭送权据以产生的利益冲突。换言之,只有经事后的司法程序被确定为实施了犯罪的人,才能成为扭送权的对象。④ 这便引出了一个值得探讨的问题:扭送权的成立究竟是否应当以被扭送者事实上实施了犯罪为前提?笔者认为,只要某人在行为当时具有可排除合理怀疑的犯罪嫌疑,那么即便事后证明他是无辜之人,对其所实施的扭送依然合法(简称"犯罪嫌疑说")。理由如下:

第一,不要求扭送权的对象必须是现实犯了罪的人,这是体系解释的应有结论。首先,扭送权位于《刑事诉讼法》"强制措施"一章中,紧接有关逮捕、拘留的规定之后。由此可见,扭送是国家在情势紧急、公权力机关难以及时采取法定强制措施之际,为确保刑事追诉不受延误而交由公民施行的一种补充性措施。《刑事诉讼法》第81条和第

---

① 关于紧急权体系的建构,详见陈璇:《紧急权:体系建构、竞合适用与层级划分》,载《中外法学》2021年第1期。
② Vgl. Kargl, Inhalt und Begründung der Festnahmebefugnis nach §127 I StPO, NStZ 2000, S. 12.
③ Vgl. Rudolphi, Rechtfertigungsgründe im Strafrecht, GS-Armin Kaufmann, 1989, S. 394 f.; Kühl, Notwehr und Nothilfe, JuS 1993, S. 183; Kindhäuser, Strafrecht AT, 8. Aufl., 2017, §15, Rn. 4.
④ Vgl. OLG Hamm NJW 1972, S. 1826; Jakobs, Strafrecht AT, 2. Aufl., 1993, 11/9, 16/16; Meyer-Goßner/Schmitt, StPO, 58. Aufl., 2015, §127, Rn. 4.

82条明确规定,逮捕和拘留的对象均是"犯罪嫌疑人"或者"重大嫌疑分子"。"嫌疑"是站在事态尚不明朗的事前时点进行预测后得出的判断结论。立法者对该用语的选择说明,刑事强制措施仅以强制对象于当时存在成立犯罪的可能为前提。既然公权力机关在某人仅有犯罪嫌疑的情况下就有权对其采取强制措施,那就不能对作为公权力辅助者的一般公民提出更为严苛的要求,主张其扭送权的成立必须建立在对方确实成立犯罪的基础之上。① 其次,刑事诉讼的全过程本来就围绕着一个目的展开,即:使刑事案件摆脱原本真伪莫辨、疑云重重的状态,逐渐达至水落石出、真相大白。扭送权恰恰就处于案件真相调查的过程之中。如果要求扭送权成立的前提是被扭送者被证实为犯罪人,那就无异于是把扭送制度从调查进程的中间转移到了调查进程的终端,无异于从根本上否定了扭送权之于刑事诉讼程序所具有的意义。另外,《刑事诉讼法》第12条规定:"未经人民法院依法判决,对任何人都不得确定有罪。"既然这一规定要求,任何人在刑事诉讼过程中都必须被假定为无罪,那就说明,对无罪之人展开调查,这非但不与刑事诉讼的宗旨相冲突,而且正是刑事诉讼的应有之义。②

第二,在确定扭送权前提要件的内容及判断标准时,须平衡扭送者与被扭送者双方的利益。有学者担忧,如果认为只要存在犯罪嫌疑就足以满足扭送权的前提要件,那就意味着,"被错误扭送的人对于自己所遭受的拘禁,只能加以忍受,而无权实施正当防卫"③,这将使无辜的被扭送者陷于过分不利的境地。④ 但这一看法还存在疑问。

首先,按照二元的不法理论,一个违法行为的成立需要同时兼具行为无价值和结果无价值。可是,既然扭送者是基于合理怀疑采取了扭送措施,那就说明他对于误判的产生并无过失。因此,即便站在与本文见解相对立的"现实犯罪说"的立场之上,也应当认为尽到了必要注意义务的错误扭送行为因为欠缺行为无价值而不成立不法侵害,故他人无权对之实施正当防卫。当然,在这种情况下,由于无辜的被扭送者对于错误的扭送毕竟不负有忍受的义务,故可以考虑承认他享有防御性紧急避险的权利。⑤ 但是,根据《刑法》第21条第1款的规定,公民只有在"不得已",也就是只有在缺少其他能有效避免危险的方法时,才能行使防御性紧急避险权。由于在现实中,被错误扭送的公民往往可以通过即时辩解、澄清等方式摆脱拘禁,故允许他直接对扭送者实施防御性紧急避险的余地也极其有限。

---

① Vgl. Fincke, Das Risiko des privaten Festnehmers-OLG Hamm, NJW 1972, 1826, JuS 1973, S. 90.
② Vgl. Fincke, Darf sich eine Privatperson bei der Festnahme nach §127 StPO irren?, GA 1971, S. 43.
③ Jescheck/Weigend, Lehrbuch des Strafrechts AT, 5. Aufl., 1996, S. 398.
④ Vgl. Hirsch, Rechtfertigungsfragen und Judikatur des Bundesgerichtshofs, FG-BGH, Bd. Ⅳ, 2000, S. 225; Fischer, StGB, 64. Aufl., 2017, vor §32, Rn. 7a.
⑤ Vgl. Roxin/Greco, Strafrecht AT, Bd. Ⅰ, 5. Aufl., 2020, §17, Rn. 25.

其次，退一步说，即便如我国传统刑法理论或者结果无价值论所主张的那样，认为不法侵害的成立仅需行为在客观上具备法益侵害的危险即可①，被扭送者能够真正行使正当防卫权的空间实际上也微乎其微。因为，主张从纯客观的角度去理解正当防卫中不法侵害概念的学者，大多也承认，在侵害人主观上毫无过错的情况下，对他所进行的防卫应当受到更多的限制，或者说防卫人在一定程度上负有对侵害人予以忍让的义务。② 事实上，在多数情况下，被错误扭送者接受扭送所可能遭受的损害恰好就处在这种忍让义务的合理限度之内，因为他只需忍受短暂的拘禁，一旦到达公安司法机关就能立即被还以清白、重获自由。③ 这样一来，也就排除了允许其行使正当防卫权的可能。

第三，为了保障刑事诉讼秩序的安定性，只要公安司法机关是按照法定要件对某一犯罪嫌疑人采取强制措施，那么即便嫌疑人事实上并未犯罪，他在行为当时也负有配合和忍受的义务。④ 既然如前所述，扭送权实际上是从刑事强制措施中派生出来的一种辅助性紧急权，那就应当要求被错误扭送的公民也在一定范围内承担忍受的义务，否则设立扭送制度的目的势必落空。持现实犯罪说的学者提出，公民扭送权与刑事强制措施之间存在两点区别，由此决定了被错误强制之人与被错误扭送之人的防卫权不可相提并论。其一，从主体的能力来看，普通公民不像公安司法人员那样经受过专业的训练，故前者在甄别对方是否具有足够的犯罪嫌疑时就比后者更易出错。因此，如果要求无辜的公民像忍受刑事强制措施那样同等程度地忍受错误的扭送行为，则必将大幅度提升公民基本权利遭受侵犯的风险。其二，从权责均衡的角度来看，对犯罪嫌疑人及时采取刑事强制措施，此乃国家不可推卸的一项法定义务，既然公安司法机关肩负的追诉责任重大，那么适当赋予其"犯错的特权"就在情理之中。与此相对，由于扭送不过是供公民自由选择的一项权利，而非其义务，故要求行为人只有在对方确实犯了罪的情况下才能行使扭送权，就算不上给他增加了过重的负担。⑤ 不可否认，扭送主体在技能、经验上的缺失以及扭送所具有的单纯权利属性，的确要求扭送权的成立应当受到比刑事强制措施更为严格的控制。但是，我国立法者正是考虑到了这一点，才将扭送权的行使对象限定在了具有高度犯罪嫌疑的现行犯之上。对比《刑事诉讼法》第82条和第84条的规定，不难发现拘留和扭送在前提条件上存在两个重

---

① 参见马克昌主编：《犯罪通论》（第3版修订本），武汉大学出版社1999年版，第720页；黎宏：《刑法学总论》（第2版），法律出版社2016年版，第129页。

② 参见张明楷：《刑法学》（第6版），法律出版社2021年版，第261页；Spendel, in: LK-StGB, 11. Aufl., 1992, §32, Rn. 235 f. 。

③ Vgl. Borchert, Die vorläufige Festnahme nach §127 StPO, JA 1982, S. 341.

④ 参见杨雄：《刑事强制措施的正当性基础》，中国人民公安大学出版社2009年版，第56页。

⑤ Vgl. Krey, Strafverfahrensrecht, Bd. 1, 2006, Rn. 534; Satzger, Das Jedermann-Festnahmerecht nach §127 I 1 StPO als Rechtfertigungsgrund, Jura 2009, S. 110; Kindhäuser, Strafprozessrecht, 4. Aufl., 2016, §8, Rn. 29; Kühl, Strafrecht AT, 8. Aufl., 2017, §9, Rn. 85.

大的差别：一是，犯罪预备之人只能由国家进行拘留，不允许公民加以扭送。二是，被害人或者目击者指认可以成为适用拘留的事由，但扭送权却只能针对"即时被发觉"的犯罪。正是为了避免错误扭送对公民的基本权利造成过大的干扰，立法者并未将扭送对象的范围放开至一切有犯罪嫌疑的人，而是将其严格收缩在了"人赃俱获"的场合。① 关于扭送权的设立宗旨，不论是将其理解成鼓励公民参与刑事司法，还是将其界定为贯彻专门机关与群众路线相结合的原则②，都说明，扭送权并不是一种追求实现个人利益的自卫权，而是公民积极投身公益服务的利他权。③ 因此，在立法者对其行使前提已经作了分外严格限定的情况下，如果还允许他人对已经尽到合理审查义务的扭送者实施正当防卫，那便意味着公民在为协助国家履行追诉职责付出了相当时间和精力成本的同时，还要负担比公权力机关更高的法律风险。④ 这样的解释结论恐怕既不符合公平观念，也与扭送制度所追求的政策导向背道而驰。

综上所述，扭送是一种为了保障公共利益（即刑事诉讼程序的顺利开展）的实现而要求公民作出一定牺牲（即忍受自己的某些法益受到侵犯）的转嫁型紧急权；只有借助社会团结原则才能说明其正当化根据。因此，与攻击性紧急避险相仿，狭义比例原则就必然成为确定扭送权行使限度的一个核心要素。不过，考虑到在现行犯的场合，被扭送者毕竟是有较为明显犯罪嫌疑的人，与完全无辜的第三人有所不同，故在适用狭义比例原则时，不宜照搬攻击性紧急避险"所保护之利益须显著高于所损害之利益"的公式。扭送权的法益均衡标准应略宽于攻击性紧急避险，即只要扭送所实现的利益大体上高于被扭送者受损的利益，即可认为该行为符合狭义比例原则。

3. 扭送权是从国家刑事追诉权中派生而来的一项辅助性紧急权

尽管在我国《唐律·捕亡律》中已经可以看到扭送制度的雏形⑤，但将公民针对现行犯的扭送权明确规定在刑事诉讼法中，却是清末开启现代法制建设以来借鉴欧陆刑事法律的成果。⑥ 对于这样一个舶来品，我们有必要对其发展史略作回顾和梳理。①在公共刑罚权尚未建立的古日耳曼法时代，犯罪被视作行为人与被害人之间的私人冲突，故扭送权承载了私人复仇的功能，也带有浓厚的私权色彩。根据古日耳曼法，对

---

① 参见吴宏耀：《现行犯视角下的拘留扭送制度》，载《中国刑事法杂志》2016年第1期。
② 参见陈光中主编：《刑事诉讼法》（第6版），北京大学出版社、高等教育出版社2016年版，第101页。
③ Vgl. Arzt, Zum privaten Festnahmerecht, FS-Kleinknecht, 1985, S. 7.
④ Vgl. Schultheis, in: KK-StPO, 7. Aufl., 2013, §127, Rn. 9; Paeffgen, in: SK-StPO, 5. Aufl., 2016, §127, Rn. 2, 8 ff.
⑤ 《唐律·捕亡律》第2条规定，官人追捕有罪之人，若罪人手持兵械拒捕，或者徒手持械逃亡，则官人有权将其杀死。紧接着，该律第3条第1项又规定："诸被人殴击折伤以上，若盗及强奸，虽傍人皆得捕系以送官司。捕捕法，准上条。"（唐）长孙无忌等：《唐律疏议》，中国政法大学出版社2013年版，第371页。
⑥ 参见简士淳：《私人之现行犯逮捕——其历史溯源、法律基础与比较法分析》，台湾政治大学法律学研究所2012年硕士论文。

于现行犯,被害人及其亲属有权实行逮捕,甚至有权不经程序即当场将其杀害,但逮捕者随后必须将被杀害的现行犯带至法庭并提出控告。本来,即使是对于严重的罪行,日耳曼法也允许犯罪人通过向受害者支付钱财、物品的方式赎罪,但考虑到人的神圣不可侵犯性,原则上禁止私人享有流血性司法权(Blutgerichtsbarkeit),唯有在现行犯的场合才允许个人行使该权利。这就说明,当时的扭送权是个人享有的对现行犯展开刑事追诉并实现复仇和赎罪的私权利。① ②12 世纪以降,随着公共刑罚体制的建立,刑事司法权逐渐从被害人及其亲属处集中转移到了各领地的诸侯手中,私人诉讼以及复仇也渐渐为公诉程序所取代。在这一背景下,尽管私人扭送权并未因此而遁迹,但其属性却发生了变化。对此,有德国学者总结道:公民扭送权"最初是个人在遇到现行犯时所固有的一项特别权利。一方面,该权利有助于个人更为便利地实现追诉诉求,另一方面则为被害人及其亲属例外地对犯罪人展开流血性司法提供了依据。因此,现行犯程序起先是私人诉讼司法体制中的一种自助权(Selbsthilferecht);随着公诉程序的兴起,这种权利在性质上出现了变化,它变成了受害者参与国家刑事追诉活动的权利"②。

从上述历史变迁中我们不难看出:随着国家实现了对刑罚权的独占,刑事追诉的主体由被害人及其亲属转变成了国家机关;与此相应,扭送权也从个人与生俱来的天然权利,变成了唯有经国家例外授予方可行使的、旨在辅助国家刑事追诉的派生权利。法谚有谓:"任何人在向他人转让权利时都不能超出自己原有的权利范围"(nemo plus iuris ad alium transferre potest quam ipse habet)。国家作为权利转让者,也只能将自己本来所拥有的那部分权利转让给个人。③ 既然在法治国当中,国家机关针对犯罪嫌疑人所采取的强制措施必须严格处在狭义比例原则的约束之下④,那么国家授予公民个人享有的扭送权,就不可能摆脱该原则的控制,不可能拥有超出国家强制措施的权利范围。

4. 狭义比例原则对扭送权所施加的约束并不会导致不可容忍的消极后果

在扭送权限度判断中引入狭义比例原则,将使得法益均衡要素拥有一票否决扭送行为合法性的权重。这势必导致在某些情形下,只要扭送所追求实现的利益并不优越于它所损害的利益,那么即便扭送行为是为当时有效控制和移送犯罪嫌疑人所必不可少的措施,也不允许行为人实施。这往往意味着,公民只能放弃扭送,任由犯罪嫌疑人逃之夭夭。但该结论并无不当。在正当防卫中,之所以原则上不应适用狭义比例原

---

① Vgl. E. Schmidt, Einführung in die Geschichte der deutschen Strafrechtspflege, 3. Aufl., 1965, § 66 ff.
② Bülte, § 127 Abs. 1 Satz 1 StPO als Eingriffsbefugnis für den Bürger und als Rechtfertigungsgrund, ZStW 121, 2009, S. 381.
③ Vgl. Albrecht, Das Festnahmerecht Jedermanns nach § 127 Abs. 1 StPO, 1970, S. 81.
④ 参见杨雄:《刑事强制措施的正当性基础》,中国人民公安大学出版社 2009 年版,第 115 页。

则,是因为一旦以所涉法益有失均衡为由勒令防卫人放弃反抗、唾面自干,便无异于是以国家的名义打破了该公民与不法侵害者之间的平等法律关系,迫使前者的人格地位屈居于后者之下,这是宪法上的平等自由原则所无法容忍的。然而,扭送权是来源并且从属于国家刑事追诉权的一项紧急权,其目的在于助力公权力诉讼程序的开展,而与公民间平等地位的维护无涉。所以,在欠缺法益均衡的情况下禁止公民继续实施扭送,仅仅是使诉讼进程有所延缓,不过是将国家赋予个人享有的强制权再度交还公权力机关而已。既然立法者当初只是将扭送设定为公民可以自行选择行使与否的一种权利,而非必须履行的一项义务,那就说明,因公安司法机关力有未逮而导致犯罪嫌疑人一时逃脱,这本来就是现代法治国家不得不加以容忍的一种状态。毕竟,"在刑事诉讼法中,人们已经一致认可,我们既没有必要也不允许以不惜一切代价的方式去查明案件的真相"①。

三、扭送权限度要件续造的具体展开

(一) 适当性与必要性原则

合法的扭送行为首先必须是当时条件下,为及时、有效控制犯罪嫌疑人并将其移交公安司法机关所必不可少的措施。

1. 就行为方式来说

扭送行为只能是适于实现扭送目的的措施。公民在发现犯罪嫌疑人之后,可能采取的扭送措施包括:①追赶拦截,即徒步或者驾驶车辆紧随犯罪嫌疑人。②暴力强制,即采取按压、绑缚等方式控制犯罪嫌疑人。③扣押拘禁,即剥夺或者限制犯罪嫌疑人的人身自由。事实上,在适当性阶段,就可以将致命性的暴力手段排除于扭送权的许可范围。因为,扭送的目的在于将犯罪嫌疑人移交司法机关,从而为刑事追诉程序的顺利进行创造有利条件;同时,刑事诉讼的展开又是以犯罪嫌疑人存活为前提的②,故杀害犯罪嫌疑人的行为不可能与扭送权的目的相吻合。③ 另外,根据《人民警察使用警械和武器条例》第 8 条和第 9 条的规定,警察在遇有犯罪嫌疑人可能脱逃的情况,原则上只能使用手铐、脚镣、警绳等约束性警械,只有在判明有暴力犯罪行为的紧急情况下方能使用足以致命的武器。尽管《人民警察使用警械和武器条例》第 9 条规定,在押人犯、罪犯聚众脱逃以及犯罪嫌疑人在实施严重暴力犯罪行为后逃跑的,警

---

① BGHSt. 14, 358 (365).
② 根据《刑事诉讼法》第 16 条的规定,一旦出现"犯罪嫌疑人、被告人死亡的"情形,"不追究刑事责任,已经追究的,应当撤销案件,或者不起诉,或者终止审理"。
③ Vgl. Wagner, Das allgemeine Festnahmerecht gem. § 127 Abs. 1 S. 1 StPO als Rechtfertigungsgrund, ZJS 2011, S. 473.

察也可以使用武器,但这主要是基于制止严重不法侵害的考虑。因为,在这两种情形下,与普通的在逃犯不同,犯罪嫌疑人往往携带了刀具、枪弹等凶器,做好了负隅顽抗的准备,所以他们大多并非单纯地逃亡,很可能为摆脱监控和追捕而进一步对警察实施暴力袭击。正是基于正当防卫的需要,《人民警察使用警械和武器条例》才赋予了警察使用武器的权限。既然公安司法机关在亲自实施追捕时尚不可动用足以造成对方死亡的致命性手段,那么公民在行使扭送权这一派生性权利时自然就不能超出原权利的许可范围。因此,公民在追赶犯罪嫌疑人的过程中,既不被允许开枪射击,也不被允许高速驾驶机动车辆撞击、碾压对方。

2. 就行为强度来说

如果存在多种能够同样有效地控制犯罪嫌疑人、保障扭送者安全的扭送方式,那么行为人应当选择其中对犯罪嫌疑人造成损害最小的那一种。① 扭送行为是否必要,取决于行为当时成功实现扭送的难度。在判断时需要综合考虑以下因素:①扭送双方的力量对比。犯罪嫌疑人在体型、力量、人数和装备等方面越是占据优势,扭送者就越是需要动用较高程度的暴力手段。②抓捕的时间和地点。如果抓捕发生在夜间或者地理环境复杂的陌生地带,那么阻碍扭送顺利进行的不利因素就会明显增多。为了排除障碍、争取时间,行为人往往不得不采取较为激烈的抓捕措施。③移交公安司法机关的难易。扭送者在控制犯罪嫌疑人后,应当第一时间将其移送公安司法机关,故行为人限制犯罪嫌疑人人身自由的时间,只能限定在为即刻将其送至国家机关所必要的范围之内。事发现场距离公安司法机关越遥远,或者公民与国家机关取得联系越困难,那么法律允许行为人剥夺犯罪嫌疑人人身自由的时间就越长。

(二) 狭义比例原则

"对于扭送权来说,并非任何一种为实现扭送目的所必要的手段都能得到允许,即便除此手段之外别无其他能够实行或者维持扭送的方法。行为人所使用的手段与扭送目的之间必须存在适当的比例关系。"② 如前所述,扭送行为所欲实现的保障刑事诉讼安定性的利益,应当大体高于它所损害的犯罪嫌疑人的利益。对此,大致可以先行确定以下三个基本的认识:第一,刑事诉讼的顺利进行属于一项公共利益,但其价值并非一成不变,它会随着涉嫌犯罪的严重程度而发生一定幅度的起伏涨落。案件所涉及的罪行越严重,国家尽快将犯罪人绳之以法、查明真相的需要就越迫切,及时扭送犯罪嫌疑人所能实现的利益也就越高;相应的,法律允许扭送者采取的暴力强度也就越高。第二,限制犯罪嫌疑人的人身自由是任何扭送行为都不可避免会引起的损害结果,而

---

① Vgl. Schultheis, in: KK-StPO, 7. Aufl., 2013, § 127, Rn. 27.
② Bülte, § 127 Abs. 1 Satz 1 StPO als Eingriffsbefugnis für den Bürger und als Rechtfertigungsgrund, ZStW 121 2009, S. 407.

且《刑事诉讼法》在对扭送对象详加罗列的同时,并未对扭送所针对的犯罪种类加以限定。这就说明,立法者在制定扭送权条款时已经作出了一个基本的利益衡量决定,认为对于一切刑事案件,公民以限制犯罪嫌疑人人身自由的方式所实施的扭送,均可以被视为实现了更高的利益。第三,立法者为故意造成他人轻伤害犯罪所设置的法定刑与为非法拘禁罪基本犯所设置的法定刑完全一致,均为 3 年以下有期徒刑、拘役或者管制。可见,扭送者在必要的范围内造成犯罪嫌疑人轻伤害,大体也是得到容许的。接下来,需要着重探讨以下两个问题:

1. 重伤害行为可否成为扭送权的行使手段

笔者认为,具有导致重伤害之现实、急迫危险的行为,不能成为合法的扭送手段。理由如下:

首先,从刑法为保护两类利益所设置的刑罚来看。扭送是通过移送犯罪嫌疑人的方式维护刑事司法秩序,而《刑法》第 310 条规定的窝藏、包庇罪则是以隐匿犯罪嫌疑人的方式破坏刑事司法秩序。因此,该罪的法定刑在一定程度上反映了法秩序对于扭送权追求实现之利益的基本估价。窝藏、包庇罪基本犯的法定刑为 3 年以下有期徒刑、拘役或者管制,只有在情节严重的情况下才可判处犯罪人 3 年以上 10 年以下有期徒刑。但是,根据《刑法》第 234 条第 2 款的规定,故意致他人重伤犯罪的法定刑自始便为 3 年以上 10 年以下有期徒刑。可见,在立法者所确立的法益位阶序列中,公民重大身体健康的地位高于刑事司法秩序。①

其次,从两类法益受损后的补救可能性来看。法律上的利益衡量并不是对于法益抽象价值的机械比较,它还需要考虑双方法益可能受到侵害的广度与深度。② 在犯罪嫌疑人未被及时扭送归案的情况下,刑事司法的进程固然会受到一定的阻滞,但这至多只是使国家开展刑事追诉活动所需付出的时间和人力成本有所增加,并没有达到令侦查、审判等活动永久不能的地步。尤其是,随着国家侦查能力的提高以及缉拿手段的增多,公安司法机关只需充分调动技术资源、利用内部协作配合机制,就有较高的把握实现对在逃犯罪嫌疑人的定位和控制。然而,一旦扭送行为造成被扭送者肢体残废、器官机能丧失等重伤害的结果,那么犯罪嫌疑人的身体健康往往会遭受长期性甚至不可逆的严重损伤。可见,放弃扭送所造成的利益损害,远比强行以重伤害手段实施扭送所造成的利益损害拥有更多的补救途径和更高的修复可能。这就必然导致利

---

① Vgl. Schröder, Das Festnahmerecht Privater und die Teilrechtfertigung unerlaubter Festnahmehandlungen (§127 Abs. 1 S. 1 StPO), Jura 1999, S. 13. 德国联邦最高法院于 2000 年在一则判例中确立了一项原则:"原则上来说,由《刑事诉讼法》第 127 条(即暂时逮捕条款——引者注)所保障的国家刑罚权,应当让位于犯罪人的身体健康。"BGH, NJW 2000, S. 1349.

② Vgl. Günther, in: SK-StGB, 7. Aufl., 2000, §34, Rn. 42; Zieschang, in: LK-StGB, 12. Aufl., 2006, §34, Rn. 63; Perron, in: Schönke/Schröder, StGB, 30. Aufl., 2019, §34, Rn. 26.

益衡量的天平向犯罪嫌疑人的重大身体健康一方倾斜。①

再次，从重伤结果对刑事诉讼的消极影响来看。的确，在扭送行为造成犯罪嫌疑人重伤害的场合，与犯罪嫌疑人死亡的情形不同，刑事追诉程序仍可继续进行。可是，犯罪嫌疑人的供述和辩解毕竟是一项重要的证据。若犯罪嫌疑人身受重伤，则其正常的辨识和表达能力往往会受到严重削弱甚至归于丧失，这恰恰不利于公安司法机关查清案件事实。打个比方，当某种药物不仅有较大的副作用，而且疗效还不尽如人意时，患者大抵不会选择使用它。同理，当一种扭送手段不仅会对犯罪嫌疑人的重大法益造成损害，而且还可能对扭送目的的实现本身产生不良效果时，该手段就难免会被鉴定为"得不偿失"，从而在利益衡量的判断中出局。

最后，从重伤害行为与杀害行为的区分难度来看。众所周知，正是因为重伤害往往包含着致人死亡的高度危险，所以一方面，故意伤害罪与故意杀人罪之间的界限一直是困扰法官的一个实践难题，另一方面，学界普遍认为重伤害行为与杀害行为一样无法因被害人同意而得以正当化。② 因此，假若我们在禁止扭送者实施杀害行为的同时，又允许其采取重伤害的手段，那么要让既没有接受过专业擒拿搏击训练，也未曾经过系统法律教育的人在扭送过程中精准地把握杀害与重伤害之间的界限，不啻天方夜谭。

2. 使用轻度暴力引起重伤或者死亡结果的扭送能否正当化

在司法实践中，不时会出现推一把致人跌倒后头部碰地死亡、打一拳引起对方心血管疾病发作死亡的案件。这就说明，纵然行为人采取的仅仅是轻度暴力手段，它本身并不包含急迫的重伤、死亡危险，但该行为也可能在介入了其他因素后引起严重损害结果的发生。在正当防卫中，由于防卫限度原则上并不受狭义比例原则的制约，故只要防卫手段本身满足了必要性要件，正当化的效果即可自动延伸覆盖该行为所引起的损害，不论该损害如何严重。③ 但是，既然扭送权需要严格遵守狭义比例原则，而狭义比例原则的功能本身就在于从法益损害结果的严重程度出发对紧急权加以限制，那么即便死伤结果是由一个必要的、低强度的拘禁或者伤害行为所致，该结果也难以自然而然地与行为一道得以正当化。在这种情况下，行为人是否需要为此负刑事责

---

① 从这一点也可以看出，公权力机关有效缉捕犯罪嫌疑人的实际能力是影响扭送权限度的一个重要因素。包括我国《唐律》在内的法律之所以普遍允许私人采取重伤甚至杀害的严重暴力手段去实施扭送，其原因不一而足。但有一个因素恐怕是不容忽视的，即：彼时公权力机关侦查、破案的能力的确相当有限，刑事追诉的顺利开展在很大程度上不得不依赖于私人的协助。于是，一旦即时扭送不能成功，由于后续的补救措施寥寥无几，故刑事司法势必面临长久停滞的严重危险。在这种情况下，立法者在利益衡量时给予刑事司法秩序的利益以更多的偏爱，似乎也就在情理之中了。

② 参见黎宏：《刑法总论问题思考》，中国人民大学出版社2007年版，第398页；张明楷：《刑法学》（第6版），法律出版社2021年版，第1109页。

③ Vgl. Bockelmann, Notrechtsbefugnisse bei Polizei, FS-Dreher, 1977, S. 248; Geilen, Notwehr und Notwehrexzeß, Jura 1981, S. 315; Rönnau/Hohn, in: LK-StGB, 12. Aufl., 2006, § 32, Rn. 193.

任,就取决于该结果能否归责于他。归责判断应在客观和主观两个层面进行:

(1)结果在客观上是否可归责于扭送行为?

一旦确定行为引起了损害结果,那么原则上就可以认定结果在客观上可归责于行为;但是,被害人自我答责可以例外地切断行为与结果之间的归责关系。尽管刑法学界对于被害人自我答责的成立范围尚有争论,但目前人们一致认为,被害人支配型的自设危险(Selbstgefährdung)足以阻却结果的客观归责。① 也就是说,若被害人基于自由决定直接实施了对自身法益安全造成危险的举动,则根据自由与责任对等的原则,即使行为人的行为对被害人自设危险产生了促进作用,最终因该危险实现而成的损害结果也只能由被害人独自承担。② 被害人支配型的自设危险有三个基本的成立要件:①被害人对危险事实有着正确的认识;②被害人具有自我决定的意志自由;③被害人通过自己的行为支配了危险的创设。结合扭送权来看,在行为人追赶犯罪嫌疑人的过程中,如果后者实施了危险的躲避或者逃跑方式,从而引起了事故,那么在符合上述诸要件的情况下,就应当将由此产生的犯罪嫌疑人死伤的结果归责于犯罪嫌疑人本人,而非扭送者。既然重伤、死亡结果与扭送行为之间缺少规范上的归责关联,那么扭送就完全处在权利许可的范围之内。

以案例2为例。首先可以明确以下两点:第一,法院判决在论证朱振彪的行为不具有违法性时所援用的论据是:"被告朱振彪作为普通公民,挺身而出,制止正在发生的违法犯罪行为,属于见义勇为,应予以支持和鼓励。"③该判词就其展现的价值理念来说无可非议,但从法律论证的角度来看却存在重大缺陷。首先,朱振彪是在张永焕的违规肇事行为已经结束后对其实施追捕,不属于"制止正在发生的违法犯罪行为"。其次,"见义勇为"是一个意义宽泛的日常用语,而非内涵外延相对确定的法律概念。一方面,"见义勇为"可以涵盖一切为保护他人法益或者抓捕犯罪人而实施的义举,既包括扭送也包括正当防卫。所以,我们在说明朱振彪的行为具有合法性时,必须将论证落实到某个具体的正当化事由之上,而不能大而化之地直接以见义勇为作为行为合法化的根据。另一方面,"见义勇为"一词更多强调的是行为人"路见不平拔刀相助"的道德动机,但在法律看来,即便是义举也有可能突破权利允许的边界,进而转化为违法行为。所以,只有借助正当化事由的规定和原理,才能真正廓清行为合法与违法的界限。第二,在该案中,扭送权的前提要件已经具备。由于张雨来在交通事故发生后最终得以幸存,故根据2000年11月10日通过的最高人民法院《关于审理交通肇事刑事案件具体应用法律若干问题的解释》第2条的规定,事后应认定张永焕的行为不成立

---

① 参见冯军:《刑法中的自我答责》,载《中国法学》2006年第3期;张明楷:《刑法学中危险接受的法理》,载《法学研究》2012年第5期。
② Vgl. BGHSt 32, 262ff; Frister, Strafrecht AT, 8. Aufl., 2018, 10/17.
③ 河北省滦南县人民法院(2017)冀0224民初3480号民事判决书。

交通肇事罪。但是,在朱振彪经过事故现场时,张雨来已负伤倒地,不能排除有死亡的可能,故张永焕也就具有成立交通肇事罪的重大嫌疑。因此,朱振彪扭送的对象属于"犯罪后即时被发觉的"人。

接下来需要考察的问题是:张永焕死亡结果的出现,是否意味着朱振彪的行为超过了扭送权限度呢?笔者的回答是否定的。理由如下:①行为人所采取的手段不仅必要,而且并不具有严重的暴力性。一方面,追赶是对在逃犯罪嫌疑人加以控制的基本前提,故属于为实现扭送目的所必不可少的措施。另一方面,尽管朱振彪在追赶的过程中曾经手持木凳和木棍,但这完全是因为张永焕此前从他人家中拿了一把菜刀,故朱振彪为自身安全计握有防身的工具以备万一。即便如此,朱振彪自始至终也并未使用这些器械袭击或者驾驶机动车撞击对方,而只是消极地尾随其后,与张永焕保持一定的距离。此外,行为人还有意识地采取了一系列防止张永焕生命受到威胁的措施,例如劝阻其继续逃跑、警告路上车辆小心慢行以及挥动上衣向驶来的列车示警等。②被害人应当对其被火车撞死的结果自我答责。因为:第一,张永焕作为一名精神正常的成年人,对于翻越护栏进入铁轨区域后有可能被驶经之火车撞死的风险,有着充分的认知。第二,张永焕亦具有意志自由。不可否认,朱振彪的追赶是迫使张永焕持续逃窜的一个重要动因。假如追赶行为导致后者陷入别无选择的绝境之中,即一旦放弃逃跑,则势必使自身遭受本不应出现的重大不利后果,那就可以认为被害人的意志自由受到了严重的限制。但该案的情况却并非如此。一方面,在张永焕违反交通法规造成交通事故后,依照《道路交通安全法》第70条的规定,他本来就有义务留在现场救助伤者、接受调查。所以,当他选择停止逃跑时,其后果不过是需要履行其应尽的义务而已,并不会给自己的人身安全等法益造成任何不当的风险。另一方面,由于朱振彪只是单纯地追赶,并未实施威逼、恐吓等暴力行为,故选择逃跑路径、逃跑方式的决定权依然掌握在被害人自己手中。第三,张永焕在逃跑过程中不仅声称"一会儿我就把自己砍了",而且有主动向公路上过往车辆冲撞的行为。同时,事故发生地所属车站与被害人家属达成的《铁路交通事故处理协议》也证实:"死者张永焕负事故全部责任。"由此可以推论,即便不能认定张永焕实施了自杀,也完全可以认为他是通过积极的举动一手将自身推到了死亡的险境之中。综上所述,该案完全符合被害人支配型自设危险的成立要件,张永焕死亡的结果应由其自行承担,而无法归责于扭送行为。

由该案的分析结论进一步类推,在扭送者单纯追逐的过程中,如果犯罪嫌疑人爬上高楼层的窗户后失足坠亡、跳入水中后溺毙①或者因采取危险的高速驾驶方式而发生侧翻,同样可以根据被害人自我答责的原理认定扭送者无罪。

---

① 相关案件参见冯伟祥:《"小偷"跳湖溺水身亡 公园被诉民事赔偿》,载《民主与法制时报》2004年10月5日。

(2)结果在主观上是否可归责于扭送行为?

若确定重伤、死亡结果在客观上可归责于扭送行为,则需进一步判断行为人对该结果是否存在故意或者过失。据此,笔者拟对案例1详加分析。

①首先需要澄清该案判决的两个误区。主审法官之所以从根本上否定了被告人的行为成立扭送权的可能,主要基于两个理由:其一,刘某某只是在公安机关内部网上公开的在逃人员,网上追逃的信息并不对社会公布,故抓捕网上在逃人员的权利专属于公安机关,白朝阳等人仅为普通公民,他们是通过个人关系渠道获得这一信息,故并不享有对刘某某实施抓捕的权利。其二,被告人在案发前与被害人有很深的矛盾,并发生过多次冲突,这一事实可以成为推论白朝阳主观上具有非法拘禁刘某某之故意的证据之一。① 但是,这两个理由恐怕都难以成立。首先,公民获得追逃信息的方式不合法,并不意味着其利用该信息所实施的扭送行为亦属非法。的确,网上追逃作为公安机关的内部协作方式,相关逃犯的信息只能在公安网上发布,仅供公安机关各部门、各警种在发现可疑人员时进行快速查询、比对之用。网上追逃之所以需要向公众保密,完全是出于保障追捕活动顺利、有效进行的考虑,即为了防止因公安机关内部的工作信息发生泄漏而给抓捕带来干扰。可是,公民扭送权的目的本来就在于协助公安司法机关提高刑事追诉的效率,这与网上追逃信息的保密制度并无冲突,故该制度绝非意在剥夺公民对在逃犯罪嫌疑人加以扭送的权利。正如公民用非法持有的枪支去反击暴力不法侵害,尽管其持枪行为本身违法,故应论以非法持有枪支罪,但这并不妨碍他所实施的防卫行为能够获得法秩序的容许。同理,尽管公民私自获取网上追逃信息的行为涉嫌违法,但这丝毫不影响他有权针对在逃犯罪嫌疑人实施扭送。更何况,网上追逃目前已覆盖了大量犯罪嫌疑人,其中相当一部分涉及严重暴力犯罪等重大罪行。② 如果认为凡是网上追逃的犯罪嫌疑人,一概禁止普通公民予以扭送,则势必导致扭送制度的实际意义荡然无存,使得扭送权的立法目的归于落空。其次,报复动机与扭送意识并非水火不容。在行为无价值与结果无价值的二元不法论经历了去道德化浪潮的冲击后,人们已普遍承认,虽然违法阻却事由的成立仍以行为人具备主观正当化要素为前提,但只要求行为人对正当化事由的客观事实有所认识即可,并不要求他必须以保护法益为其唯一的目标。③ 因此,即便行为人心怀公报私仇等不良杂念,但只要他认识到自己的行为能够产生法益保护的客观效果,就不能以其动机不纯为由否定正当化事由的成立。在该案中,既然白朝阳等人知道自己控制并移送刘某某的行为属于扭送在逃的犯罪嫌疑人,那么扭送权的主观要件就已经具备,至于其深层次动机究

---

① 参见河南省中牟县人民法院(2009)牟刑初字第57号刑事判决书。
② 参见汤涛:《如何理解扭送制度》,载《检察日报》2008年11月14日。
③ 参见陈璇:《德国刑法学中结果无价值与行为无价值的流变、现状与趋势》,载《中外法学》2011年第2期。

②被告人采取的扭送手段满足适当性和必要性的要求。就案例1来说:首先,尽管从双方的人数和力量对比上来看,扭送者一方明显占据优势,但在扭送过程中,刘某某毕竟有过极力反抗的举动,他高声呼喊的行为也存在招致其同伙或者不明真相者出面阻止扭送的危险。所以,无论是拽拉、捂口还是按压,都属于为有效实现和保持对刘某某的控制、防止其反抗所不可缺少的暴力措施。其次,法院认为,被告人控制刘某某后没有及时将之扭送当地公安机关,其行为不符合《刑事诉讼法》第84条关于"立即扭送"司法机关的规定。① 但是,《刑事诉讼法》所规定的"立即扭送"并不等于必须"本地扭送"。考虑到与被告人就抓捕进行联络沟通的一直是巩义市公安局,所以康某某等人在白朝阳的指令下未加耽搁驱车将刘某某移送至巩义市公安局,也是合理之举,不能认为违反了扭送的必要性要求。

③由于扭送行为引起了被扭送者死亡这一无法得到正当化的损害结果,故接下来就需要对结果归责问题展开分析。首先,在客观归责阶段。关于某一行为是否创造了法益侵害危险的判断,应当以行为当时存在的全部客观事实为基础,站在一般理性人的立场上来进行。据此,就该案而言,应将刘某某患有冠状动脉粥样硬化性心脏病的事实纳入危险判断的资料。以此为基础,拥有正常知识水平的一般人都能预测到:对一名原本就患有心脏疾病的人实施持续的暴力压制手段,必然对其身体和情绪造成巨大的刺激,这足以诱使其病发身亡。因此,可以认定扭送行为制造并实现了导致被害人死亡的危险,死亡结果在客观上可归责于被告人。其次,在主观归责阶段。一方面,冠状动脉粥样硬化性心脏病仅从外观难以为一般人所识别。另一方面,根据鉴定,刘某某的心脏冠状动脉尚未达到完全堵塞的程度,一般情况下不会出现心肌缺血症状,只有在一定诱发因素共同作用下才会引起急性心肌缺血。可见,只有当行为人不仅知晓刘某某患有心脏疾病,并且对其心脏疾病的严重程度有所认知时,才能认为他真正认识到了致死的危险因素。可是,并没有证据证明白朝阳、康某某等人对于被害人的健康状况有特别的了解,这就说明,他们对于被害人患心脏病可能致死的事实既缺乏明知,也不具有认识的可能性。因此,被害人的死亡对于行为人来说均纯属意外事件。

(三) 扭送限度与防卫限度

在审判实践中,大量存在本应适用防卫限度却适用了扭送限度的情况。在此,有必要就以下两种情形专门加以说明。

1. 为挽回财产损失而追赶的行为属于防卫而非扭送

如前所述,追赶犯罪嫌疑人是扭送权的一种常见行使方式。但是,由于扭送权的

---

① 参见河南省中牟县人民法院(2009)牟刑初字第57号刑事判决书。

目的纯粹在于助力国家的刑事追诉活动,它并不具有当场保护具体法益免遭侵害的功能,所以,一旦追赶行为具有即时避免不法行为对法益造成损害的作用,那就不应再将之归入扭送权,而应当在正当防卫的框架下去分析其行为限度。这样一来,由于追赶行为原则上不再受狭义比例原则的严格限制,故法律容许追赶人采取的暴力程度也将大为提高。当不法侵害是抢劫、抢夺、盗窃等财产性违法犯罪行为时,纵使侵害人已经取得了对财物的占有,即财产性不法侵害已经实现了既遂,但若公民能够当场追回财物,则仍应认定不法侵害尚未结束,存在实施正当防卫的空间。①

2. 在"扭送转防卫"的情形中应适用防卫限度的标准

在公民实施扭送的过程中,不少犯罪嫌疑人不甘束手就擒,往往会对扭送者采取暴力袭击的手段对抗扭送。只要扭送者先前针对犯罪嫌疑人所实施的追赶、强制和拘禁未超出适当的限度,那么该扭送行为就属于合法之举,故犯罪嫌疑人对扭送者所展开的暴力反击便成立不法侵害,扭送者自然有权对之实施正当防卫。② 例如:

【**案例3 王会洲案**】2003 年,被告人王会洲与家人在其父王希福家中过春节。正月初九(2 月 9 日)21 时许,王会洲从屋内出来上厕所时,发现有三个陌生人在父亲家院内,并见他们顺房子东侧向后跑去。王会洲怀疑他们正在院内从事不法行为,便从屋里取出三棱手杖剑追赶这三人,其父也拿着木拐杖随后追出。在王会洲追至离家背面数 10 米处一水渠北坝时,三人中的一人说:"来一个人追,整死他。"三人便返回身对王会洲进行围攻,王会洲见对方人多且有凶器,就用手杖剑抢刺,刺中其中一人(薛某)的胸部。另二人见状乘来时停靠在王家院墙外的汽车逃走。薛某因伤重死亡。一审以故意伤害罪判处王会洲无期徒刑;二审维持一审判决的定罪部分,但将原判刑罚改为 15 年有期徒刑。③

---

① 参见刘家琛主编:《新刑法条文释义》(上),人民法院出版社 2001 年版,第 88 页;高铭暄主编:《刑法专论》(第 2 版),高等教育出版社 2006 年版,第 422 页;陈兴良:《刑法适用总论(上卷)》(第 3 版),中国人民大学出版社 2017 年版,第 301 页。目前司法实践在这个问题上却仍然存在误区。能够集中体现这一点的判例有:"黄中权故意伤害案"(参见陈兴良、张军、胡云腾主编:《人民法院刑事指导案例裁判要旨通纂》,北京大学出版社 2013 年版,第 422—423 页)。该案的主审法院认为:当姜某与同伙抢劫完毕逃离现场时,针对黄中权的不法侵害就已经结束,故黄中权驾车追赶的行为不符合正当防卫的时间条件;黄中权有权实施抓捕、扭送犯罪嫌疑人的自救行为,但他所采取的以机动车高速撞人的严重暴力伤害手段,显然超出了自救行为的范畴。可是,既然黄中权当时仍有可能通过追赶当场夺回被抢的财物,那就没有理由将不法侵害的持续时间截断于抢劫行为既遂的一刻。很明显,判决是将本应根据正当防卫原理来加以分析的行为,张冠李戴认成了扭送权,从而为被告人的行为限度设置了过高的门槛。类似的判例有"张德军故意伤害案"[四川省成都市中级人民法院(2006)成刑终字第 89 号刑事附带民事裁定书]、"温演森故意伤害、盗窃案"[广东省惠州市中级人民法院(2015)惠中法刑一终字第 151 号刑事裁定书]。

② 参见王政勋:《正当行为论》,法律出版社 2000 年版,第 296 页;谢波:《我国刑事诉讼扭送制度之检讨——兼评新修〈刑事诉讼法〉第 82 条》,载《武汉科技大学学报(社会科学版)》2013 年第 1 期;Kargl, Festnahmerecht gem. §127 I 1 StPO, NStZ 2000, S. 603。

③ 参见吕吉海:《谈刑事领域的公民参与——透析王会洲案件始末》,载《新疆警官高等专科学校学报》2008 年第 4 期。

法院认定被告人的行为成立犯罪的主要理由在于：被害人薛某等人潜入王希福家中被发现后立即逃跑，并未实施不法侵害行为；被告人持械追出后与被害人等人发生厮打，属于互相斗殴，双方的行为皆为不法侵害，故王会洲在斗殴中刺死薛某的行为不能成立正当防卫。可是，根据上述分析，该案属于典型的"扭送转防卫"的情形。薛某等三人在夜晚时分未经许可携带凶器潜入王家，尽管尚未着手实行盗窃、抢夺等犯罪，但至少可以认定为已经实施了非法侵入住宅的行为。因此，王会洲在发现后即刻紧追不舍的举动，就属于对"正在实行犯罪的"人所实施的扭送。直到薛某等三人返回围攻王会洲之前，王会洲仅采取了消极追赶的方式，并未动用任何暴力，遑论制造了致对方死伤的危险，故其行为完全符合扭送权的限度要件。既然王会洲先前所实施的是正当的扭送行为，那就不存在对其进行正当防卫的空间，故薛某等人持凶器攻击王会洲的行为就属于不法侵害，王会洲自当有权实施防卫。可见，正是由于主审法院抹杀了王会洲追赶行为所具有的扭送权属性，所以才导致其错误地将一个典型的防卫行为误认成了"互相斗殴"。根据防卫限度的判断原理，在面对三人手持凶器发动围攻的情况下，要想弥补己方在人数方面所处的劣势，要想迅速有效地压制住对方的暴力袭击，动用杀伤力较高的器械进行回击是当时条件下必不可少的防卫手段。[①] 这一必要防卫措施所具有的导致侵害人死伤的风险，应当由不法侵害人自己，而非防卫人来承担。因此，即使不能直接适用《刑法》第20条第3款所规定的特殊防卫权，依据防卫限度判断的一般标准，也完全应当得出被告人无罪的结论。

四、结语

扭送权是法治国家中公民参与刑事司法的一项重要制度。要在鼓励公民勇于协助国家刑事追诉与保障犯罪嫌疑人基本权利免遭过度干预这两者之间求得平衡，有赖于刑法和刑事诉讼法学者打破学科专业的藩篱，共同开启对扭送权教义学的系统建构和深耕细作。本文重点围绕扭送权限度所展开的探索性研究，初步得出以下几点基本结论：首先，通过添加不成文的限度要件的方式对扭送权条款进行目的性限缩，并不违背罪刑法定原则。其次，扭送权是从国家刑事追诉权中派生而来的辅助性权利，以紧急权体系为分析框架，它属于以社会团结原则为正当化根基的转嫁型紧急权。最后，扭送权的行使限度需要严格受制于狭义比例原则。

[①] 参见陈璇：《侵害人视角下的正当防卫论》，载《法学研究》2015年第3期。

功能责任论的基础和运用

冯 军[*]

引 言

责任是刑法学的核心问题,以刑罚目的为基点建立我国刑法学的责任理论,应该成为我国刑法学未来的发展方向。本文从犯罪与刑罚的内在联系出发,阐述违法与责任作为犯罪成立要件所应具有的内容,在此基础上,论述刑法学中责任的具体含义及其构成要素,并指明功能责任论对我国刑事立法和刑事司法的重要意义。

一、犯罪与刑罚的相互关联

刑罚,是仅仅与犯罪的法律后果相关?还是也与犯罪的法律属性相关?对这一刑法学的根本问题,需要结合刑罚的目的重新展开深入研讨。

(一)法律后果论

目前,在我国刑法学界,关于犯罪与刑罚的关系的有力见解认为,刑罚是犯罪的主要法律后果,即认为"通过给予刑罚处罚使行为人承担犯罪的法律后果。刑罚处罚是法律后果的最基本、最主要的表现形式"[①]。

这种采取"犯罪→刑罚"模式的法律后果论,是人们容易接受的。

从刑事诉讼程序来看,法院是在认定行为人的行为成立犯罪之后才对行为人科处刑罚,在诉讼程序的时间顺序上,是先确定犯罪后确定刑罚,也可以说是采取了"犯罪→刑罚"模式。

从以法益侵害为中心的报应刑理论来看,犯罪是对法益的侵害,刑罚是对犯罪的报应,犯罪在先,刑罚在后,只要认为犯罪仅仅是对法益的侵害,就不可能先考虑刑罚后考虑犯罪,因此,似应采取法律后果论所主张的"犯罪→刑罚"模式。

但是,认为刑罚仅仅是犯罪的法律后果,并不完全妥当,如后所述,法律后果论忽视了一些对正确解决犯罪与刑罚的关系而言极其重要的东西。

---

[*] 中国人民大学法学院教授。
[①] 张明楷:《刑法学》(第6版),法律出版社2021年版,第665页。

（二）法律属性论

在传统上,我国刑法学者认为,刑罚不仅是犯罪的主要法律后果,而且,刑罚首先关系到犯罪的基本法律属性,即认为"犯罪是应当受刑罚处罚的行为,即具有应受惩罚性……某种危害社会的行为,只有当立法者认为应当动用刑罚加以处罚的时候,才会在刑事法律上作禁止性的规定……行为应受刑罚处罚的这一特性,也是犯罪不可缺少的基本属性之一"①。

这种采取"刑罚→犯罪"模式的法律属性论,在今天的我国刑法学界,很少被人们所重视,更遑论被发扬,似乎已经成为我国刑法学历史上的遗物。

但是,把由可罚性(可以予以刑罚处罚的特性)和需罚性(需要予以刑罚处罚的特性)所组成的应罚性(应当予以刑罚处罚的特性)视为犯罪的基本属性,先考虑刑罚,即首先判断是否可以用刑罚加以处罚(可罚性)以及是否需要用刑罚加以处罚(需罚性),也就是先判断是否应该用刑罚加以处罚(应罚性),后考虑犯罪,即在判断行为是否具有应罚性之后再判断犯罪是否成立,无论是就刑事立法而言,还是就刑事司法而言,都具有充分的合理根据。

从当今我国公民的犯罪观念和我国的法律规定来看,应该先考虑刑罚,后考虑犯罪。在当今我国公民的观念中,犯罪是一件严重的事情,它不是一般的过错,而是一种严重的恶行,是应该用刑罚加以惩处的恶劣行径。因此,是否应该用刑罚加以惩处,就成为区分一般违法行为与犯罪的标准。《中华人民共和国治安管理处罚法》(以下简称《治安管理处罚法》)规定了一般违法行为,《中华人民共和国刑法》(以下简称《刑法》)规定了犯罪。但是,《治安管理处罚法》规定的很多一般违法行为,例如,斗殴、非法拘禁、破坏财物等行为,也可能成为《刑法》规定的犯罪,究竟是《治安管理处罚法》规定的一般违法行为,还是《刑法》规定的犯罪,区分的标准就是《治安管理处罚法》第2条规定的"尚不够刑事处罚"。② 所以,只有先确定是否应该用刑罚加以处罚之后,才能确定是否构成犯罪。

从世界范围内刑事立法的历史和现状来看,都存在先考虑刑罚后考虑犯罪的立法模式。在历史上影响深远的《唐律》,采用的就是"刑罚→犯罪"模式,它在第一卷《名例律》中先规定了笞、杖、徒、流、死等五刑,然后才规定了"十恶"等各种犯罪。③ 现行的《日本刑法典》与《唐律》相似,采用的也是"刑罚→犯罪"模式。④《日本刑法典》分为两编,第一编"总则",共十三章,其中,除第一章"通则"(关于刑法的适用范围之规

---

① 高铭暄主编:《刑法学》,法律出版社1982年版,第68页。
② 参见高铭暄主编:《刑法学》,法律出版社1982年版,第68页。
③ 参见钱大群译注:《唐律译注》,江苏古籍出版社1988年版,第1页,脚注①。
④ 参见高铭暄:《中日两国刑法典总则比较研究》,载〔日〕高桥则夫、冯军主编:《中日刑法比较研究》,中国法制出版社2017年版,第17页。

定)、第七章"犯罪的不成立及刑的减免"、第八章"未遂罪"和第十一章"共犯"之外,其他各章都是关于刑的种类及其具体运用的规定,而且,关于"刑罚"种类(第二章)和刑罚执行方式(第四章"缓刑"、第五章"假释")等的规定,处于关于犯罪的成立条件(第七章)和犯罪形态(第八章"未遂罪"、第十一章"共犯")等的规定之前,属于"刑罚→犯罪"模式。①

从当今经典刑法教科书的体系结构来看,都存在先考虑刑罚后考虑犯罪的解说方式。例如,德国刑法学者雅科布斯(Jakobs)教授撰写的《刑法总论——基础和归属理论》第一章阐述的就是国家刑罚的内容和任务②;我国刑法学者王世洲教授撰写的《现代刑法学(总论)》在第二章阐述了"刑罚的正当性"之后,才从第六章开始阐述"犯罪概念"等犯罪问题③。

从当今德国刑法学和日本刑法学的发展动向来看,也显示出以刑罚目的来塑造犯罪的倾向。在由日本刑法学者宫本英修教授提出、由前田雅英教授深化并得到如今很多日本刑法学者赞同的可罚的违法性论中,已经包含着这种倾向。④ 前田雅英教授指出:"刑法上的违法性(可罚的违法性)必须达到值得处罚的程度。既然犯罪论是用以甄别应科处刑罚的行为的,而违法性也是犯罪论的要件之一,那么必须在将刑事政策的要求包含在内,充分意识到刑罚这一效果的基础上来构建违法性。"⑤德国刑法学者弗里施(Frisch)教授更加明确地指出:"科学的犯罪论有一个不可抛弃的基本要求,即这一犯罪论应当与——能够得到合法化的——刑罚论保持协调。刑罚论与犯罪概念形成了一个整体:我们所界定的犯罪概念及其概念性要件,必须能够说明为何判处刑罚是具有合法性的。原则上来说,只有当两者相互协调一致,也即只有当判处刑罚的指导原则同样也是犯罪成立要件的确定基础时,才能实现这一点。与此相反,如果我们据以推导犯罪成立要件的根据不同于刑罚判处所遵循的原则,那这就是不合理的。"⑥一种以维护法规范效力为目的的刑罚理论,必然要求建立一种精神性(交流性)的犯罪理论,尽管精神性(交流性)的犯罪理论也会得出不少与物质性(法益保护性)的犯罪理论相同的具体结论,但是,两者之间存在不容忽视的差异。⑦

---

① 参见冯军:《中日刑法典分则不同点的分析》,载〔日〕高桥则夫、冯军主编:《中日刑法比较研究》,中国法制出版社2017年版,第55页。
② Vgl. Günther Jakobs, Strafrecht Allgemeiner Teil, Die Grundlagen und die Zurechnungslehre, 2. Aufl., S. 1 ff.
③ 参见王世洲:《现代刑法学(总论)》,北京大学出版社2011年版,第18页以下。
④ 参见〔日〕高桥则夫:《刑法总论》(第2版),成文堂2013年版,第245页以下。
⑤ 〔日〕前田雅英:《刑法总论讲义》(第6版),曾文科译,北京大学出版社2017版,第24页。
⑥ 〔德〕沃尔夫冈·弗里施:《变迁中的刑罚、犯罪与犯罪论体系》,陈璇译,载《法学评论》2016年第4期。
⑦ 参见〔德〕沃尔夫冈·弗里施:《变迁中的刑罚、犯罪与犯罪论体系》,陈璇译,载《法学评论》2016年第4期。

从以法规范违反为中心的目的刑理论来看,以刑罚目的是否已经实现来确定犯罪是否成立,也是理论逻辑上的必然结论。犯罪是对法规范的违反,犯罪人用其犯罪行为否定法规范的效力,刑罚是对法规范效力的维护,刑罚通过惩罚犯罪行为而确证法规范效力的不容否定。因此,在判定犯罪是否成立之前,应该先判定是否运用刑罚来维护法规范的效力。只要不再存在运用刑罚来维护法规范效力的必要性(因为法规范已经得到稳固,或者运用可供采取的非刑罚措施已经足以稳固法规范),即使存在符合构成要件的违法行为,也不应将该行为认定为犯罪。所以,需要在判定犯罪成立与否之前,先判定应罚性的存在与否。

关于犯罪与刑罚的相互关联,虽然也可以说刑罚是犯罪的主要法律后果,但是,应受刑罚惩罚还是犯罪的主要法律属性。应罚性是决定犯罪成立条件的指导观念。"应罚性"这一标准,界定了犯罪的成立条件。犯罪的所有成立条件都是确定应罚性的要素。采取"刑罚→犯罪"模式的法律属性论,是具有充分根据的合理主张,应该得到坚持。刑法理论,更应该重视应受刑罚惩罚作为犯罪法律属性的意义。如下文第三部分、第四部分和第五部分所述,法律属性论能够更好地解释和引领刑事立法和刑事司法,并能够给个人和社会带来更加有益的结果。

二、作为责任前提的不法

行为人实施了符合构成要件的违法行为,就具有了可罚性。实施了符合构成要件的违法行为,就是实施了不法(Unrecht)。换言之,不法是确定可罚性的要件。所谓可罚性,是指可以予以刑罚处罚的特性。行为人的行为具有可罚性,是对行为人施加刑罚所必不可少的要件。只有存在可罚性要件,才可以动用刑罚。在当今社会,排除了纯粹的结果责任,因此,施加刑罚所必不可少的前提条件,就是在可谴责的主观意思支配下实施了符合刑法规定的构成要件的行为。

什么是刑法上的违法行为?对此,存在客观违法论与主观违法论的激烈论争。[①] 客观违法论把犯罪的本质视为法益侵害,只要客观上存在法益侵害,就存在不法;主观违法论把犯罪的本质视为法规范违反,只有行为人基于其主观的意思支配实施了违反法规范的行为,才存在不法。

虽然客观违法论是目前德国、日本和我国的主流刑法学说[②],但是,主观违法论也

[①] 关于客观违法论与主观违法论激烈论争的过程和主要争点,可以参阅的中外文献很多,作为相关的中文文献,可主要参阅余振华:《刑法违法性理论》,瑞兴图书股份有限公司2010年版;作为相关的日文文献,可主要参阅〔日〕竹田直平:《法规范及其违反》,有斐阁1961年版。

[②] 参见〔日〕山口厚:《刑法总论》(第2版),付立庆译,中国人民大学出版社2011年版,第99页;〔日〕前田雅英:《刑法总论讲义》(第6版),曾文科译,北京大学出版社2017版,第21页以下。

是有力学说①。日本刑法学者竹田直平教授在《法规范及其违反》中指出:"法规范并非无限制地、盲目地禁止对立法者肯定评价的利益或者秩序的侵害威胁,只禁止由人的意思恣意地进行的侵害威胁或者不实现保全,不指向禁止由自然现象和不可抗力所造成的侵害或者不实现保全……是在人有能力的范围内,对能够实现、保全的东西,通过设定'法的义务者',来反而承认'约定进行法保护的利益'即法益或者权利的观念。"②也就是说,法的支配不是物理性支配,而是意思性支配,因此,"由不服从法命令的意思发动来实现构成要件的行为,才是违法"③。我国刑法学者马克昌教授在《比较刑法原理——外国刑法学总论》中也指出:"客观的违法性论虽然是德、日的通说,但还是值得研究的。因为按照此说,自然现象与动物造成的危害也有违法性,所以新客观的违法性论不得不指出,'因为毕竟这些不能成为法规范的对象,违法性不过只是人的行为的问题'。如果说过去'违法是客观的'、'责任是主观的'这种观念居于支配地位时,还能认可客观的违法性论的成立,那么,现在在承认构成要件也包括主观的要素的情况下,客观的违法性论就不宜予以肯定。比较起来,似不如主观的违法性论为可取。"④德国刑法学者辛恩(Sinn)教授明确指出:"从教义学发展史上看,很难证明将犯罪划分为客观的(行为)不法和主观的(行为人)罪责是必要的……刑事不法并非只是实践中对实然的社会状况的实际改变,而是彻头彻尾的交流(Kommunikation)。刑事不法是对形式上的理性之人的意义表达。若犯罪、罪行应为违反规范的、以刑罚惩处的人类举动,则其必为刑事不法。"⑤

笔者认为,法系统是完全不同于环境的规范系统,它一开始就排除那些不属于它的自然的东西。环境是依靠自然法则来维系的(一个人不可能不依靠外力而仅仅用自己的双眼来看清自己阴暗的后背),法系统却不可能自己维护自己的效力(总是可以从违法中获益)。但是,法系统可以作用于人的意志来维护自己的效力。法系统只有在人能够主观地活动的领域,才有存在的余地。

在符合刑法规定的构成要件的举动中,只有行为人表现出对法规范的敌视、蔑视或者至少是轻视的态度时,才存在刑法上的违法行为。不法一定要具有主观的要素,故意、过失、责任能力、违法性认识、期待可能性,都是表明存在不法的要素。故意和过失是说明行为人主观上的可避免性的要素,如果行为人没有实施某行为的故意和

---

① "客观的违法性论是通说,主观违法性论的支持者很罕见"[张明楷:《外国刑法纲要》(第3版),法律出版社2020年版,第108页],这种断言既不符合德日刑法学的历史发展脉络,也可能为时过早,至少,在德国刑法学中,今天已经显示出主观违法论强烈复兴的倾向。
② 〔日〕竹田直平:《法规范及其违反》,有斐阁1961年版,第303页。
③ 〔日〕竹田直平:《法规范及其违反》,有斐阁1961年版,第304页。
④ 马克昌:《比较刑法原理——外国刑法学总论》,武汉大学出版社2002年版,第312页。
⑤ 〔德〕阿恩特·辛恩:《论区分不法与罪责的意义》,徐凌波、赵冠男译,载陈兴良主编:《刑事法评论》(第37卷),北京大学出版社2016年版,第287页以下。

过失,就表明行为人主观上不可避免该行为的实施。行为人主观上不可避免的行为,不是法所能够要求的行为人不实施的行为。认为无责任能力的精神病患者的行为是"不法的",对法规范的效力而言,没有任何意义,因为没有一个合格的社会成员会把精神病患者的行为作为可以仿效的行为来选择。行为人不可能认识到某行为的违法性,就表明行为根本没有违反法规范的意思,也就是说,在这种情形中,根本不需要使用刑罚来维护法规范的效力。缺乏期待可能性,无非表明行为人处于不能实施合法行为的特殊状况之中,而"应该"以"能够"为前提,"不可能做到的东西"不是"应该做到的东西",法不能期待人实施他做不到的行为,换言之,一个人实施了一般人也不得不实施的行为时,就没有实施不法。

　　法规范是客观的,违法判断也是客观的,但是,违法本身是具有客观性的主观表现。虽然刑法上判断违法性的标准是客观的,行为人实施的行为是否具有刑事违法性,应该根据刑法所确立的客观标准来判定,但是这种客观性并不能否定刑事违法性在内容上包含主观的要素。一种与行为人的主观毫无关联的法益损害行为,完全不是违法行为。精神病人即使杀害了他人,也不是值得刑法来评价的违法行为,因为从精神病人的杀人举动中完全看不出他要"违"法的意义。不仅如此,在一个精神正常者的杀人举动中也可能完全看不出他要"违"法的意义,如果他不可避免地错误认为他的杀人举动属于我国《刑法》第 20 条第 3 款规定的特殊防卫,或者他为了挽救自己或自己亲人的生命而不得不杀害他人。

　　有学者认为,"主观的违法性论没有区分违法性与责任,从而影响了通说的犯罪论体系,所以被多数学者反对。因此,可以肯定,客观的违法性论的形式意义,就在于使违法性与责任相区别"①。在笔者看来,主观违法论虽然将可谴责性意义上的责任纳入违法性的内容之中,但是,仍然承认从刑罚目的出发所确定的责任,因此,即使赞成主观违法论,也可以维持由构成要件符合性、违法性和责任所组成的三阶层犯罪论体系。换言之,并不必然存在"使违法性与责任相区别"这种客观违法论的形式意义。

三、功能责任论的基本思想

　　在将传统的责任(即可谴责性意义上的责任)纳入不法之后,就需要一种新的责任理论,这种理论把责任视为说明需罚性的诸要素的总和。笔者把这种新的责任理论称为功能责任论。所谓功能责任论,是一种从刑法的目的和刑罚的功能出发,以展望未

---

① 张明楷:《外国刑法纲要》(第 3 版),法律出版社 2020 年版,第 109 页。

来的眼光,动态地确定责任和认定犯罪的刑法理论。① 这种功能责任论与考虑刑罚目的特别是从预防的视角来判断值得科处刑罚的责任的"可罚的责任论"②,具有基本相同的旨意。

功能责任论的基本主张是,刑法的目的是维护社会的规范性构造,作为犯罪的成立要件之一,责任不能脱离刑法的目的和刑罚的功能而独立存在。刑法中的责任,首先是行为人对法规范的忠诚问题,其次是社会系统的自治能力问题。③ 刑法中的责任,本质上是行为人在其行为中表现出的不忠诚于法规范的意志定向。当实施了刑事违法行为的人已经用他的行为确实地证明他的意志已经坚定地转向忠诚于法规范时,就不再存在刑法上的责任,并因此不存在犯罪;即使实施了刑事违法行为的人没有用他的行为证明他已经确立了对法规范的忠诚,也缺乏刑法上的责任,并因此不存在犯罪,如果针对他的刑事违法行为追究他刑法上的责任就会损害社会的规范性构造的话,或者如果即使不针对他的刑事违法行为追究他刑法上的责任也足以稳定社会的规范性构造的话。

刑法中的责任不是作为实体的责任,而是一种社会性虚构。④ 从维护社会的规范性构造出发,功能责任论在责任的确定上主要考虑以下两点:

(一) 法规范的忠诚

刑法中的责任,核心内容是行为人在其行为中表现出的否定法规范的意志定向,是行为人的意志倾向于对法规范的不忠诚。刑罚服务于确立和维护法规范的忠诚。即使行为人以不忠诚于法规范的态度实施了刑事违法行为,一旦他通过事后的悔改行为有证明力地恢复了他对法规范的忠诚,也因为不需要确定其刑法上的责任而不需要将其已经实施的刑事违法行为认定为犯罪。

【光头老男人案】一个穷困潦倒的光头老男人在夜晚回家途中看见晕倒在路边的年轻妇女手里拿着一个昂贵的手提包,于是他偷走了她的手提包,回家之后,他打开手提包,发现了巨额现金和一封信,信是她写给她的父亲的,内容是她对她父亲在她童年时期陪她游玩香山的美好回忆和对如今穷困潦倒的她父亲的未来生活的极度忧虑,他还从信中得知,她是特意带病回国探望住院的老父亲,真挚的文字深深地打动了他,他悔恨之余坚定地返回年轻妇女晕倒的地方,并将她送到医院医治,还帮她找到她的父亲,将那笔巨额现金交给了她父亲。在这个例子中,如果还以"盗窃他人巨额财产的行

---

① 在基本倾向上,笔者完全赞同伊东研祐教授在其《刑法讲义总论》"规范责任论中实质责任论的展开"部分所作的阐述,即"要从犯罪的预防目的这种实质的观点来把握可罚的责任的内容"([日]伊东研祐:《刑法讲义总论》,日本评论社 2010 年版,第 250 页)。
② 参见[日]高桥则夫:《刑法总论》(第 2 版),成文堂 2013 年版,第 337 页。
③ 更详细的论述,参见冯军:《刑事责任论》(修订版),社会科学文献出版社 2017 年版,第 352 页以下。
④ 参见[日]高桥则夫:《刑法总论》(第 2 版),成文堂 2013 年版,第 334 页。

为已经既遂"为由而追究他盗窃罪的刑事责任,就会是符合法律形式但是毫无社会价值的刑事追责活动。

【逃亡年轻人案】一个 23 岁的年轻人受朋友邀约而参与了其朋友因恋爱纠纷所组织的报复伤人活动,他逃亡之后,公安机关立即立案侦查,但是一直没有抓获这个逃亡的年轻人。23 年后,已经 46 岁的他到公安机关自首,他如实供述了他 23 年前参与实施的伤害致人死亡犯罪,公安机关还得知,他在逃亡后的 23 年里不仅没再实施任何违法犯罪活动,而且创办了一家大型企业,他自己还每年都匿名向被害人的家属捐款,共计 230 万元,因为内心的悔恨不安,他最终到公安机关自首了。如果人们仍然以我国《刑法》第 88 条"公安机关……立案侦查……以后,逃避侦查……的,不受追诉期限的限制"之规定为根据,坚决主张追究他的刑事责任,那么,就显示了对(他 23 岁时的)人性脆弱一面的洞察无力和对(他 46 岁时的)人性坚韧一面的无动于衷。

【H 盗窃案】在一篇被北京市检察院向全市检察机关推荐并要求全体公诉人员阅读学习的文章中,储槐植教授举的例子是:H 在公共汽车上盗窃 L 的手提包一个,H 回去后发现手提包内有身份证一张、手机一部,还有 53 件翡翠玉石,后经鉴定价值 91.4 万元。H 大喜之余,又害怕因为数额巨大,罪孽太重,所以决定将手提包送还。H 按照 L 身份证上的地址,乘坐火车、换乘汽车,千里奔波将手提包送还到 L 家中。L 全家对 H 万分感谢,并欲重谢。H 谢绝。后来,警方将 H 抓获。最终,法院以盗窃罪判处 H 有期徒刑 7 个月,宣告缓刑 1 年,并处罚金 1000 元。① 对于该判决,储槐植教授解释道:"在此案中,法官显然颇感为难:一方面,根据刑法通说(原则):犯罪既遂之后无中止,当然更无出罪的余地。H 的行为构成盗窃罪的既遂,且数额特别巨大,根据刑法关于盗窃数额特别巨大的规定,H 的行为要处 10 年以上有期徒刑。另一方面,H 又是出于自愿不远千里将盗窃所得的财物全部送还给被害人。可以说,被告人后来的善意抵消了其先前的恶意。刑法通说不可违背,但是简单地依法判决显然太过严苛,于是判决书中说 H 的行为是'对事实的认识错误,从而阻却刑事责任',但又唯恐违反通说,于是,法院充分考虑'被告人实施盗窃时的主客观条件以及犯罪既遂后的归还行为',最终作出以上判决,算是从轻发落。法官的矛盾心情,作出了实质上矛盾的判决!"② 因此,储槐植教授认为,"上述案件以及与之相类似案件的逻辑关系应当是:对后行为(赎罪)的法律评价首先是在犯罪论方面——抵消所犯的前罪。前后行为的作用机制是:后行为矫正前行为,修复被损害的法益,从而使前行为出罪化"③。尽管笔者不完全同意储槐植教授的理由,在"H 盗窃案"中,H 的后行为既没有修复被损害的法益(H 的送

---

① 参见储槐植、闫雨:《"赎罪"——既遂后不出罪存在例外》,载《检察日报》2014 年 8 月 12 日,第 3 版。
② 储槐植、闫雨:《"赎罪"——既遂后不出罪存在例外》,载《检察日报》2014 年 8 月 12 日,第 3 版。
③ 储槐植、闫雨:《"赎罪"——既遂后不出罪存在例外》,载《检察日报》2014 年 8 月 12 日,第 3 版。

还行为改变不了其盗窃行为已经侵害了巨额财产权的事实),也不存在既遂后不出罪的例外,但是,笔者完全同意储槐植教授关于H的行为不成立犯罪的结论,因为H已经用其奔波千里的"良知上的复萌"①证明了他已经自主地回归到忠诚于法规范的立场之上(因此,由于缺乏责任,根本就不成立犯罪,而不是犯罪既遂后例外地出罪)。

无论如何,在社会价值上,刑罚不可能媲美行为人为忠诚于法规范而真诚展开的自我重塑行动。

(二) 社会的自治能力

刑法是法系统的组成部分,法系统又是社会系统的组成部分。就像法是社会的法一样,刑法也是社会的刑法,它应该维护社会,而不是损害社会。是否需要动用刑罚,也取决于社会的自治能力,即取决于社会的承受力和应对力。

1. 社会的承受力

确定责任和认定犯罪,都需要考虑刑法存在于其中的那个特定社会的承受能力。对违法者的刑罚制裁,不能成为该社会所不能承受的重负。例如,在今后一个不短的时期内,我国都会允许对贪污者的入罪门槛低于盗窃者,如果把每个利用职务之便盗窃、侵吞、骗取2000元公共财物的国家工作人员都按贪污罪处罚的话,就会妨害整个国家机器的正常运转,因为在今后一个不短的时期内我国仍然会存在大量盗窃、侵吞、骗取2000元公共财物的国家工作人员,如果他们都受到刑事追究,虽然也能够体现"根本不应存在任何犯罪"这种法治洁癖,但是,可能会使我国社会变成人满为患的法治囚笼。当然,完全有理由相信,我国一定会在某个时期进入对贪污、受贿零容忍的法治纯洁状态。

2. 社会的应对力

确定责任和认定犯罪,还需要考虑某一特定社会的应对能力。如果该社会有更加合适的应对措施,就不应该动用刑罚。例如,如果某一社会具有一种该社会允许使用的特效药,打一针这种特效药就能够完全消除某人的性欲,那么,就不需要将该人已经实施的强奸行为认定为犯罪,将其作为病人加以治疗就是适当的,而不需要对其动用刑罚。

(1)特殊的人际关系

在存在特殊的人际关系时,将已经发生的刑事违法行为认定为犯罪,往往是不必要的,因为这种特殊的人际关系已经比刑罚更合适、更有效地解决了所面临的问题。例如,针对发生在家庭内部的盗窃行为,只要物主不主张追究行为人的刑事责任,就完全不应以"盗窃罪是公诉罪"为由而确定行为人的责任并动用刑罚加以惩处。

---

① 储槐植、闫雨:《"赎罪"——既遂后不出罪存在例外》,载《检察日报》2014年8月12日,第3版。

（2）事后的修补行为

在行为人的事后修补行为已经生成了得到法规范承认的稳定社会关系时，将已经发生的刑事违法行为认定为犯罪，也往往是不必要的。例如，如果一名已满15周岁未满16周岁的高中女学生与一名高中男老师自愿且持续地发生了性行为，5年之后，该女生与该男老师结婚，并幸福地共同生活在一起，那么，就完全不应以"尚未经过追诉时效"为由而追究该男老师"负有照护职责人员性侵罪"的刑事责任。在大量的过失行为之后，特别是交通肇事行为之后，如果行为人积极的赔偿行为已经使其过失行为获得了受害方的充分谅解，那么，就没有必要再去确定什么刑法上的责任。

针对雅科布斯教授主张的功能责任论，有种种批判。例如，有人批判功能责任论使责任丧失了限定刑罚的功能；功能责任论违反了人的尊严，使人成为维护规范信赖的工具；为了维护法规范的效力，需要何种程度的刑罚，缺乏可精确化的标准；等等。① 但是，如果正确地理解功能责任论的话，特别是如果正确地理解了以主观违法论为前提的功能责任论的话，就能够认识到，这些批判并非中的之论。功能责任论并没有否定可谴责性对犯罪成立所具有的意义，只是将可谴责性视为违法性的内容，并对犯罪的成立要件进行了需罚性的限制，从而进一步限定了犯罪的成立范围。这种意义上的功能责任论，不仅增强了责任对刑罚的限定功能，而且更加重视了人的自我完善，应该说更好地维护了人的尊严。

针对笔者改装的功能责任论，也有人批判道："功能责任论还导致责任与不法缺乏关联性，亦即脱离不法事实决定责任轻重。"②但是，不法只是责任的前提，也就是说，所有的不法要素本来就是责任要素，不法一开始就限定了责任的范围，就像构成要件一开始就限定了不法和责任的范围一样，然而，责任也是犯罪成立的独立要素，无疑具有不同于不法的内容，某些决定责任有无或者轻重的要素当然可能与不法事实相脱离。

如果应该动用刑罚，就需要在可罚性之外加上需罚性，也就是说，应罚性是由可罚性和需罚性组成的，一个可以用刑罚加以处罚并且需要用刑罚加以处罚的行为，就是一个应该用刑罚加以处罚的行为。不法说明了行为的可罚性，责任说明了行为的需罚性。具有不法和责任的行为，就是一个应该用刑罚加以处罚的犯罪。不过，这只是一种规范逻辑上的结论，如果进一步追问应罚性的实质根据，那就必然涉及刑法的最基础性问题，即刑法是仅仅保护（有时也与公民自由无关的）法益，还是仅仅保护以公民自由为核心的社会规范性构造。关于这个问题，笔者的回答是：刑法仅仅保护以公民自由为核心的社会规范性构造。但是，说明这一答案的理由，并非本文的目的，需要

---

① 参见〔日〕吉田敏雄：《责任概念和责任要素》，成文堂2016年版，第60页以下。
② 张明楷：《责任论的基本问题》，载《比较法研究》2018年第3期。

另外撰文论述。

四、刑事立法的相关规定

我国现行刑事立法的一些规定很好地体现了功能责任论的主张,应该受到重视。

(一)《刑法》第 201 条第 4 款的规定

我国《刑法》第 201 条第 4 款规定:"有第一款行为,经税务机关依法下达追缴通知后,补缴应纳税款,缴纳滞纳金,已受行政处罚的,不予追究刑事责任;但是,五年内因逃避缴纳税款受过刑事处罚或者被税务机关给予二次以上行政处罚的除外。"这一规定表明,只要行为人在初次实施了违法的逃税行为之后,显示出履行纳税义务的意愿,并自愿补缴应纳税款,缴纳滞纳金,保证了国家的税收收入,接受了相关的行政处罚,就不需要对其已经违法实施的符合逃税罪构成要件的行为予以刑罚处罚。

此外,从我国的刑事和解制度、认罪认罚制度和最近热烈展开的刑事合规制度中,也完全可以觉察到功能责任论的正当性。一个合法企业,因为忙于从事生产经营而没能严格执行安全措施,以致发生了安全事故,只要该企业组织力量保障今后严格执行安全措施,就没有必要追究该企业重大责任事故罪的刑事责任,尽管应该责令该企业赔偿被害一方的损失,以及处以相应的罚款。①

(二)《刑法》第 449 条的规定

我国《刑法》第 449 条规定:"在战时,对被判处三年以下有期徒刑没有现实危险宣告缓刑的犯罪军人,允许其戴罪立功,确有立功表现时,可以撤销原判刑罚,不以犯罪论处。"这一规定表明,一个已经实施了轻罪的行为人,只要他用"立功"等行为确实地证明他重新回归到尊重法规范、为社会做贡献的立场上,就无须继续将其已经违法实施的符合构成要件的行为认定为犯罪,就像一个犯罪军人因为在战场上立功而"不再被认为曾经犯罪"②一样。

(三)《刑事诉讼法》第 182 条第 1 款的规定

一个更具有普遍意义的立法,是我国《刑事诉讼法》第 182 条第 1 款的规定。根据该规定,犯罪嫌疑人自愿如实供述涉嫌犯罪的事实,有重大立功或者案件涉及国家重大利益的,经最高人民检察院核准,公安机关可以撤销案件,人民检察院可以作出不起

---

① 关于中国的刑事合规制度,参见陈卫东:《从实体到程序:刑事合规与企业"非罪化"处理》,载《中国刑事法杂志》2021 年第 2 期。

② 王爱立主编:《中华人民共和国刑法条文说明、立法理由及相关规定》,北京大学出版社 2021 年版,第 450 页。

诉决定,也可以对涉嫌数罪中的一项或者多项不起诉。这一规定表明,如果最高人民检察院认为不将某行为作为犯罪来追究更符合国家利益,那么,就可以不作为犯罪来追究。

今后,我国刑事立法应该从功能责任论的立场出发,更多地规定以法规范忠诚的恢复和社会规范构造的稳定为根据的缺乏需罚性的情形。

五、刑事司法的相关做法

在我国的刑事司法实践中,过去和现在都存在体现功能责任论的做法,但是,并未得到我国刑法学者的充分重视。

(一) 关于强奸罪的司法解答

1984年4月26日,最高人民法院、最高人民检察院、公安部《关于当前办理强奸案件中具体应用法律的若干问题的解答》中规定:"第一次性行为违背妇女的意志,但事后并未告发,后来女方又多次自愿与该男子发生性行为的,一般不宜以强奸罪论处。"这一规定表明,即使行为人先违背某妇女的意志对该妇女进行了强奸,也可以不追究其强奸罪的刑事责任,如果行为人在其后多次与该妇女的自愿性行为中表明他没有继续不忠诚于法规范,而是已经回归到尊重该妇女的性自主权的法立场之上。

【吐露真情案】江任天教授举的例子是:男青工陈某,平日听说同车间女工李某的丈夫上晚班。一天深夜,陈某偷偷溜进李家,利用李某昏睡之机,冒充她的丈夫,同她发生了性关系。当李某察觉正要呼喊时,得知对方是陈某,便不但不再声张,反而向陈某吐露真情,说她早就有意于他,于是继续与陈某奸宿,并把一只镀金戒指赠予陈某留念。不料李某的丈夫因工伤事故提前下班回家,发现了此事,当场将陈某扭送保卫部门。在审查过程中,陈某如实交代了上述经过,并交出了戒指。对于该案,江任天教授认为,虽然陈某的主观状态和客观行为具有违背妇女意志的性质,但是,实际上并不违背李某的意志,因此,不成立强奸罪。[①] 尽管利用妇女昏睡之机与昏睡妇女发生性关系就已经"实际上违背了妇女意志",但是,笔者仍然完全赞同江任天教授的结论,不能认为陈某的行为成立强奸罪,因为该案正是上述司法解答所针对的情形。

(二) 关于盗窃罪的司法解释

2013年4月2日,最高人民法院、最高人民检察院《关于办理盗窃刑事案件适用法律若干问题的解释》第8条规定:"偷拿家庭成员或者近亲属的财物,获得谅解的,一般可以不认为是犯罪;追究刑事责任的,应当酌情从宽。"这一规定表明,如果

---

① 参见江任天:《对强奸罪中"违背妇女意志"问题的再认识》,载《法学研究》1984年第5期。

存在更好的处理方式(例如,家庭成员或者近亲属的"谅解"),就完全不需要认定为犯罪。

(三) 关于受贿罪的司法意见

2007年7月8日,最高人民法院、最高人民检察院《关于办理受贿刑事案件适用法律若干问题的意见》第9条第1款规定:"国家工作人员收受请托人财物后及时退还或者上交的,不是受贿。"这一规定表明,即使某国家工作人员收受了请托人的财物,也不能将其行为认定为受贿罪,如果该国家工作人员在收受财物后及时退还或者上交其收受的财物的话。一名国家工作人员在收受请托人的财物后,又及时退还或者上交其收受的财物,就表明该国家工作人员主动回归到符合法规范的状态之中,就完全不需要将其收受请托人财物的行为作为受贿罪处理。但是,如果一名国家工作人员在收受请托人的财物后,虽然及时退还或者上交其收受的财物,却没有表明其已经主动回归到符合法规范的状态之中,例如,其及时退还或者上交所收受的财物的行为是为了掩饰其犯罪,那么,就仍然要追究其受贿罪的刑事责任。

也有学者认为,国家工作人员在客观上利用职务上的便利收受他人财物,且符合"为他人谋取利益"要件的行为,只要主观上具有受贿故意,就一定成立受贿罪的既遂。既然是受贿罪的既遂,就不可能以特别理由说该行为"不是受贿",只有不存在受贿故意的"及时退还或者上交",才不成立受贿罪。① 但是,这种看法并不符合上述规定。从上述规定的前后文脉来理解,即使具有受贿故意,只要收受请托人财物后及时退还或者上交,而不是为掩饰犯罪才退还或者上交的,就不是受贿。并且,即使形式上已经是受贿罪的既遂,也完全可能实质地以刑事政策上的特别理由(例如,行为人通过自己及时退还或者上交所收受财物的行为,已经变得忠诚于"不得受贿"的法规范)说该行为"不是受贿"。应当将刑事政策融入刑法教义学之中,而不是拒刑事政策于刑法教义学之外。

上述我国刑事司法的做法完全契合功能责任论的基本构想,值得中外刑法学者充分重视。

六、结语

本文的主要结论是:犯罪与刑罚具有内在联系,刑罚目的也制约着犯罪成立要件的确立;应罚性是犯罪的基本属性,体现可罚性的不法和体现需罚性的责任,共同确定着应罚性;对体现可罚性的不法而言,行为人主观的可谴责性是不可缺少的;确定体现

---

① 参见张明楷:《刑法学》(第6版),法律出版社2021年版,第1603页。

需罚性的责任时,既要考虑行为人是否回归到忠诚法规范的立场之上,也要考虑特定社会的自治能力;我国的刑事立法和刑事司法中都存在体现功能责任论的情形;法的支配本质上是意志支配;重视法规范的刑法理论,本质上是维护人的自由的刑法理论,应该以人对法规范的态度作为确定责任的基础。

英美刑法中的严格责任及中国刑法的立场*

刘士心**

严格责任（strict liability）是英美刑法中一种与传统罪过责任相对立的责任形式，它突破了普通法关于行为人必须对每个犯罪客观要素都具有相应主观过错的定罪原则，具有降低控方证明负担、提高执法效率的政策功能。20世纪90年代初期严格责任的概念被引入我国刑法理论，很快引起了我国学者关于严格责任利弊得失及我国刑法是否应当采取严格责任的热烈讨论。然而，由于受当时所掌握域外资料和我国刑法发展状况的限制，以往的研究总体来看不够深入，对严格责任的概念、域外适用状况、发展趋势等甚至存在一定的误解。近些年，随着我国刑法中行政犯的大量增加和环境等公害犯罪的日趋严重，又不断有学者提出应当对这些特殊犯罪适用严格责任以提高执法力度。要对这些问题作出正确回应，需要对英美等国刑法中严格责任的适用情况进行更加全面、准确的了解。显然，严格责任问题仍然有进一步研究的必要。

一、严格责任的产生及其含义

19世纪中期以前，英美普通法与德日刑法强调主观可责性一样，在刑事责任中采取罪过责任原则（mens rea doctrine），要求行为人对犯罪的每一个客观要素都应当具有故意、轻率或者疏忽。除非在极个别例外情况下①，如果控方不能证明被告人主观上存在这些罪过要素，就不能认定犯罪成立。但是，19世纪中期以后随着产业革命的发生和社会的发展，社会生活日趋复杂化，违反社会管理的行政犯罪大量发生，这些犯罪案

---

* 本文系天津市社会科学规划项目"中国与英美刑法阻却犯罪事由比较研究"（TJFX18-001）的阶段性研究成果。

** 南开大学法学院教授。

① 英美学者一般认为，普通法中只有三个罪名属于罪过责任的例外，即妨害公众罪（public nuisance）、诽谤罪（criminal libel）和藐视法庭罪（contempt of court）。在妨害公众罪中，雇主即便对雇员的违法行为毫不知情，也要对其承担责任。在诽谤罪里，报业业主对雇员未经其授权、同意而刊发的诽谤言论仍然要承担责任。在藐视法庭罪中，发布关于案件证据的不实报道可能影响法庭裁决，行为人即便合理确信其报道是准确的也要构成犯罪。其实，从现代刑法的观点看，妨害公众罪和诽谤罪都是无罪过的代理责任犯罪，而不是一般意义的严格责任犯罪，只有藐视法庭罪体现了严格责任特征。另外，妨害公众罪指危害公共健康、违反公共道德、阻碍公众使用公共财产等妨碍公众权利的行为，如阻断道路、污染环境、销售变质食品等。

件数量多,查处难度大,执法者很难证明行为人的主观罪过。在这种背景下,为了减轻控方的证明负担、提高办案效率,英美等国开始在制定法中适用"严格责任",允许在行为人对某些犯罪客观要素缺乏罪过的情况下追究其刑事责任。这些犯罪大多发生在食品安全、环境保护、交通管理、药品管制等领域,事关公共福祉,被称为"公共福利犯罪"(public welfare offense)。① 这类犯罪多属违反社会管理规范的"行政犯罪",无关伦理谴责而且法定刑很轻(通常只有罚金、没收),性质上有别于谋杀、强奸、盗窃等传统意义的"真正犯罪"。

英国历史上第一起严格责任案件是发生在 1846 年的 Regina v. Woodrow 案。该案中被告人是一个烟草商人,他因为储存掺假烟草被判有罪,但是他的烟草是按合格品购进的,他并不知道也不可能怀疑烟草是被掺假的。② 美国的第一起严格责任案件是 1849 年发生在康涅狄格州的 Barnes v. State 案。该案中,被告人在不知道顾客酗酒的情况下将酒卖给了该顾客而被判决有罪。③ 经过百余年的发展,现在严格责任已经深深植根于英美等国刑法,成为英美刑法中一种重要的刑事责任形态。美国联邦最高法院承认在刑法中规定严格责任犯罪不违反宪法,立法者可以在广泛范围内实施严格责任。④ 英国目前法律中规定的全部犯罪约 1 万个罪名,其中有一半以上是严格责任犯罪。⑤ 值得注意的是,现代刑法中严格责任的适用一定程度上已经突破了传统"公共福利犯罪"的限制,表现出一定的扩张。这主要表现在两个方面:①一些包含监禁刑的严重行政犯罪中适用了严格责任,如非法持有武器(3 年以下监禁)、危险驾驶致人死亡(5 年以下监禁)、非法持有毒品(10 年以下监禁)等。②个别严重的非公共福利犯罪中适用了严格责任,如赌博导致破产(2 年以下监禁)、与未满 13 岁幼女性交(终身监禁)等。这些扩张加剧了严格责任与罪过责任原则的冲突,使得英美刑法理论关于严格责任正当性的争论更加激烈。

虽然理论上学者们对严格责任的含义有不同理解⑥,但是主流观点认为,严格责任

---

① 英美刑法理论认为,"公共福利犯罪"具有如下特征:①非来源于普通法;②单个行为就可以造成对多人侵害;③法律规定的行为标准具有合理性;④法定刑较轻,有时只有罚金;⑤定罪极少对违法者造成名誉损害。
② See David Ormerod, Smith and Hogan Criminal Law, 12th ed., Oxford University Press, 2008, p.151.
③ See Francis Bowes Sayer, Public Welfare Offenses, Columbia Law Review, Vol. 33, No. 1, 1933, pp. 55-88.
④ See Wayne R. Lafave, Criminal law, 4th ed., West Group, 2004, p.278.
⑤ See Andrew Ashworth, Principles of Criminal Law, 6th ed., Oxford University Press, 2009, p.166.
⑥ 美国学者格林(Green)教授曾经把"严格责任"的含义归纳为:①包含至少一项无对应主观罪过的实质要素的犯罪;②禁止一项或多项排除主观罪过辩护的立法规定;③要求从其他事实中推定出被告人主观故意的程序性规定;④要求具有比刑法的传统要求更低的罪过形式的犯罪;⑤要求具有比刑法的传统要求更低的危害性的犯罪;⑥要求具有比刑法的传统要求更低的违法性(wrongfulness)的犯罪。See Stuart P. Green, Six Sense of Strict Liability: A Plea for Formalism, in A.P. Simester(ed), Appraising Strict Liability, Oxford University Press, 2005.

是指"对一项或更多客观要素不要求故意、轻率甚至疏忽"。① 根据我国《刑法》第14条的规定,我国刑法是根据行为人对"危害社会的结果"这一单一要素的心理态度确定犯罪的罪过要求的。英美刑法则与此不同,其罪过原则采取了分要素确定罪过要求的方式,即按照犯罪客观方面的不同要素分别确定罪过内容,刑法要求行为人对犯罪的每一个客观要素都要具备一定的罪过。如美国《模范刑法典》规定,行为人只有在"按照法律要求,对犯罪的每一个实质要素都具有目的、明知、轻率或者疏忽"的情况下才构成犯罪,并且在法律没有其他特别规定的情况下,对每个实质要素至少应当具有目的、明知或者轻率。② 按照罪过责任原则,如果行为人对犯罪的某个客观要素没有主观罪过,犯罪就不能成立。严格责任则突破了这一原则的要求,在行为人对某个或几个客观要素不具有目的、明知、轻率甚至疏忽的情况下,仍然可以肯定犯罪的成立,使行为人承担刑事责任。比如,法定强奸罪(与幼女性交)的客观要件包括"发生性行为"和"被害人低于法定年龄"两个基本要素,法律要求行为人对"发生性行为"有故意,但不要求对"被害人低于法定年龄"具有明知、轻率或疏忽。行为人即便基于合理的认识错误认为被害人达到了法定年龄,主观上完全没有过错,也仍然要构成犯罪。另外,英美刑法将犯罪客观方面内容划分为行为、伴随情节和危害结果三种基本要素,严格责任所针对的客观要素既可以是行为、伴随情节也可以是危害结果。③

目前,不论是英美刑法教科书中对严格责任的讨论,还是刑法理论关于严格责任的相关争论,基本上都是以上述定义为基础的。在这个意义上,严格责任是罪过责任原则的例外。准确把握严格责任的含义,需要注意以下几点:

第一,严格责任并非"绝对责任"。

"绝对责任"(absolute liability),是指犯罪中完全不包含主观要素,行为人也不得提出任何辩护理由。④ 在英美刑法中,真正的"绝对责任"或许只是一个理论上的概念,现实刑法中并不存在。严格责任与"绝对责任"的区别主要表现在两个方面:①在严格责任犯罪中,法律只是排除了行为人对部分客观要素的罪过要求,并不是排除对所有客观要素的罪过要求,行为人对非严格责任要素仍然需要具有罪过,倘若不具备这些罪

---

① See David Ormerod, Smith and Hogan Criminal Law, 12th ed., Oxford University Press, 2008, p.150; Herring, Criminal Law, 7th ed., Palgrave Macmillan, 2011, p.85; Joshua Dressler, Understanding Criminal Law, 5th ed., Matthew Bender & Company, Inc. 2009, p.145; Sanford H. Kadish, Stephen J. Schulhofer and Rachel E. Barkow, Criminal Law and Its Process: Cases and Materials, 9th ed., Wolters Kluwer Law & Business, 2012, p.282.

② See Model Penal Code § 2.02.(1), (3).

③ 针对"行为"的严格责任,如超过限速驾驶机动车罪中,行为人对驾驶行为超过速度限制无须有罪过;针对"伴随情节"的严格责任,如法定强奸罪中行为人对被害人低于法定年龄无须罪过;针对"危害结果"的严格责任,如重罪谋杀罪中行为人只需有实施基础重罪的故意,对引起死亡结果则无须主观罪过。

④ See Jonathan Herring, Criminal Law, 7th ed., Palgrave Macmillan, 2011, p.85.

过要素,则犯罪仍然不能成立,因此"严格地说,严格责任并非无过错责任"。① 而绝对责任犯罪则是排除了行为人对所有客观要素的相应罪过要求,行为人对客观事实的发生完全承担无罪过责任。②在严格责任犯罪中,法律只是排除了行为人对严格责任要素提出"无罪过"辩护的权利,并没有剥夺行为人对其他要素提出"无罪过"辩护的权利,以及其所享有的一般性辩护权利。后者如,行为人仍然可以像在其他犯罪中一样提出精神病、紧急避险、被胁迫等缺乏主观可责性辩护理由。② 相反,绝对责任则排除了行为人的一切辩护权利,只要客观事实发生,行为人就要无条件承担责任。

第二,严格责任有别于程序法意义的罪过推定责任。

罪过推定责任是指,在诉讼证明中法律不要求控方积极地证明某些罪过要素的存在,只要能够证明发生了一定的客观事实即可直接推定行为人具有主观罪过,进而认定犯罪成立。在罪过推定责任中,法律允许被告人提出自己尽到了"应有注意"(due diligence)的无过错辩护,倘若辩护成功,即可推翻有罪过的推定,从而排除犯罪的成立。罪过推定责任将"控方证明主观要素存在"的责任转变为"被告人证明主观要素不存在",本质上是一种程序法上的证明责任的转移或倒置,并没有改变实体刑法对主观要素的要求,否则便没有推定的必要了。严格责任则是一种实体法概念,即实体刑法在犯罪定义中排除了对罪过要素的要求。在严格责任犯罪中,被"排除掉"的主观罪过要素不再是犯罪的成立要素,不仅控方无须证明其存在,被告人也不能通过证明其不存在而否认自己构成了犯罪。如后文所述,在英美刑法理论中,罪过推定责任是学者们为了克服严格责任过于严苛的缺陷而提出的一种替代性解决方案③,并不是严格责任本身。

在我国刑法理论中,不少学者把"严格责任"划分为"相对的严格责任"和"绝对的严格责任"两种,认为前者是不要求起诉方证明被告人的主观过错,但被告人可以"无罪过"等理由进行辩护,后者则指被告人有法定的行为或者造成了法定的结果,法院就可以定罪处罚,不允许被告人提出辩护理由。④ 这无疑是把罪过推定责任当成了"严格责任"的一种。不论在逻辑上如何处理"严格责任"与"罪过推定责任"的横向关系,实体法意义的严格责任与程序法意义的罪过推定责任都具有不同的法律内涵,两者不可混淆。

第三,严格责任不同于代理责任。

代理责任(vicarious liability)是英美刑法中一种特有的对他人行为的责任模式,指

---

① See William Wilson, Criminal Law, 5th ed., Pearson Education Limited, 2014, p.166.
② See David Ormerod, Smith and Hogan Criminal Law, 12th ed., Oxford University Press, 2008, p.171.
③ See Wayne R. Lafave, Criminal law, 4th ed., West Group, 2004, p.281.
④ 参见刘仁文:《刑法中的严格责任研究》,载《比较法研究》2001年第1期。类似观点还可参见李卫红、单天水:《论严格责任的严格程度》,载《法学评论》2005年第5期等。

被告人在既无客观行为也无主观罪过的情况下,因为他人的行为而承担刑事责任。代理责任来源于民法,包括两种具体责任形式:一是委托原则(delegation principle),即被许可实施某种经营活动的执照持有人将其业务委托给他人经营,执照持有人要对被委托人实施的违背业务要求的犯罪承担刑事责任。比如,咖啡馆老板 A 将咖啡馆承包给 B 经营,自己不参与经营活动,A 仍然要为 B 容留妓女在咖啡馆聚集的行为承担刑事责任。二是行为归属原则(attributed act principle),即如果 B 的行为在民法上被视为 A 的行为,A 就要对 B 的违法行为承担刑事责任。比如,店主要对其雇员销售伪劣商品的行为承担责任。在代理责任中,法律不要求被告人对被委托人(雇员)犯罪行为的发生具有主观罪过,因此与严格责任一样都属于无罪过责任,不过两者仍然有本质的区别。在严格责任中,被告人实施了犯罪的客观行为,是为自己的行为承担刑事责任,而代理责任中的被告人并没有实施犯罪行为,完全是"代人受过",为被委托人(雇员)的行为承担责任。如果说严格责任违反了罪过责任原则,那么代理责任则违反了罪责自负原则。在代理责任中,被委托人(雇员)实施的犯罪既可能是普通犯罪也可能是严格责任犯罪。在被告人为被委托人的严格责任犯罪承担代理责任时,属于严格责任与代理责任的交叉,被称为"代理的严格责任"。

二、严格责任犯罪的确定及其标准

严格责任犯罪几乎都是制定法犯罪,仅存在于制定法当中。立法者在制定法文本中,有时明确规定了犯罪的主观要素,有时则仅仅指出行为人实施了某种行为或者引起了某种结果,而没有说明对行为人主观心态的要求。严格责任犯罪存在于后一种情形中。其确定过程表现为,在立法者对犯罪主观要素"保持沉默"的情况下,由法官通过法律解释来确定该犯罪是否适用严格责任以及对何种客观要素适用严格责任。形式上看,这是一个法官对立法者"立法意图"的解释与把握的问题。

英美普通法为了最大限度地贯彻罪过责任原则,防止法官在解释法律时过度适用严格责任,确立了"罪过要素推定原则"(presumption of mens rea)。① 该原则的基本含义是,在立法没有对犯罪的主观要素作出明确规定的情况下,法官在适用法律时应当推定立法者对犯罪的客观要件是有主观要求的,只有在能够排除这一推定的情况下才可以适用严格责任。对此,1895 年英国赖特(Wright)法官在 Sherras v. De Rutzen 案②中曾经作出过一个经典表述:"有一项推定,即主观罪过(mens rea)……是每种犯

---

① 笔者暂将 presumption of mens rea 译作"罪过要素推定原则",以区别于作为严格责任替代性措施的"罪过推定原则"。
② 该案的基本案情是,被告人向一名正在执勤的警员出售酒饮,被控违反《许可法》。但是,当时警员并没有佩戴本应当佩戴的执勤标志,被告人据此认为警员没有在执勤。

罪的必备要素。不过,这一推定可能被规定该罪的法律的用语或其立法意图所排除,两者都须考虑。"①1970年英国上议院在 Sweet v. Parsley 案②中重申了这一原则,指出"几个世纪以来一直有一项推定,即议会无意将那些实施了完全不可责行为的人变成罪犯。这意味着,在法律条文对主观罪过沉默时应当推定,为了贯彻议会的意图需要补充适当的词语以要求罪过"③。美国联邦最高法院1978年在一个案件中也曾明确告诫,对于联邦立法中不包含罪过要素的犯罪,特别是源于普通法的犯罪,在解释时应当推定其是有罪过要求的。现在美国各州法院总体上也都采取了罪过要素推定原则。④

英美刑法的罪过形式由重到轻包括故意(包括目的、明知,下同)、轻率、疏忽三种类型,普通法罪过原则的"默认立场"是要求行为人对每个客观要素均应具有故意或轻率,疏忽只有在法律明确规定时才能够例外地适用,这类似于我国刑法中的"过失犯罪,法律有规定的才负刑事责任"。由于罪过要素推定原则是在法律没有规定的情况下使用的,因此其"推定"出的罪过要求也只能是故意或轻率,并不包括可责性更轻的疏忽。这就造成了法院在确定严格责任犯罪时,"是将严格责任作为故意、轻率的唯一替代措施的"⑤,即要么是故意或轻率,要么是严格责任,而并不考虑介于两者之间的"疏忽"。这虽然有悖主观可责程度的阶梯性,但却是英美法院适用严格责任的实际情况。

至于法院在何种情况下可以排除对罪过要素的推定而使用严格责任,英美法系各国并没有统一、明确的标准,法院在不同时期实行严格责任的门槛也可能发生变化。英国法院对严格责任的确认就发生过摇摆。⑥ 20世纪70年代之前英国法院对严格责任的适用较为宽松,1921年法院甚至认为重婚罪(bigamy)都是严格责任犯罪。⑦ 70年代以后,英国上议院在 Parsley 等案件中不断重申和强调罪过要素推定原则,情况又有所改变。现在英美法院在确定严格责任时,除遵循先例、分析法条语义之外,所考虑的实质因素主要包括以下几方面:

---

① A. P. Simester, J. R. Spencer, G. R. Sullivan and G. J. Virgo, Simester and Sullivan's Criminal Law: Theory and Doctrine, 5th ed., Hart Publishing Ltd, 2014, p. 176.

② 该案的基本案情是,一名教师将其所有的一处农舍租给了几个学生,学生在其不知情的情况下在房屋内吸食大麻,教师被控犯有参与经营吸食大麻场所罪。

③ A. P. Simester, J. R. Spencer, G. R. Sullivan and G. J. Virgo, Simester and Sullivan's Criminal Law: Theory and Doctrine, 5th ed., Hart Publishing Ltd, 2014, p. 177.

④ See Joshua Dressler, Understanding Criminal Law, 5th ed., Matthew Bender & Company, Inc. 2009, p. 146.

⑤ A. P. Simester, J. R. Spencer, G. R. Sullivan and G. J. Virgo, Simester and Sullivan's Criminal Law: Theory and Doctrine, 5th ed., Hart Publishing Ltd, 2014, p. 188.

⑥ See Mike Molan, Duncan Bloy and Denis Lanser, Modern Criminal Law, 5th ed., Cavendish Publishing Ltd., 2003, p. 97.

⑦ See David Ormerod, Smith and Hogan Criminal Law, 12th ed., Oxford University Press, 2008, p. 157.

第一,犯罪的性质。所谓犯罪的性质是指犯罪是"准犯罪"(quasi-crime)还是"真正犯罪"(real crime)。英国上议院克莱德(Clyde)法官指出,"严格责任在为了公共利益而规制某些特殊活动中的行为的制定法犯罪中是可以接受的……这类案件应被视为不属于真正的刑事犯罪"①。这种"不真正犯罪"也被称为"准犯罪"。② 严格责任主要适用于这种"准犯罪"或"不真正犯罪"之中,适用于"真正犯罪"的只是极个别例外情况。一种犯罪是否属于"准犯罪"或"不真正犯罪"是适用严格责任中最重要的考虑因素。不过,"真正犯罪"与"准犯罪"之间并无法定的区别标准。一般地说,"真正犯罪"主要是指具有普通法来源的"自然犯罪",这些犯罪以违反社会伦理为基础,发生在一般公民的日常生活中,人人皆可犯之,具有普遍的社会禁止意义,如杀人、强奸、盗窃等。"准犯罪"则是指非来源于普通法的"行政犯罪"(regulatory offence),这些犯罪以违反国家行政管理法规为内容,发生在一定专业活动领域内,本身无关社会伦理,具有主体的限定性,如各种违反环境保护、食品安全、药品管理、道路交通法规的犯罪。英美法院认为,处罚"准犯罪"不具有处罚"真正犯罪"所承载的伦理谴责意义,对其适用严格责任不会违反刑法的伦理公正性。

第二,刑罚的轻重。刑罚的轻重是决定严格责任时的另一个重要考虑因素。为了防止适用严格责任对主观"无辜者"造成过度伤害,严格责任只能适用于处罚较轻的犯罪。英美刑法理论认为,对犯罪"规定严重法定刑意味着国会无意适用严格责任"③,因此,"在其他情况相同的条件下,(犯罪)可能受到的刑罚越重越要求某种罪过,相反,可能受到的刑罚越轻立法者意图适用无罪过责任的可能性越大"④。关于对多重刑罚的犯罪可以适用严格责任,英美刑法并没有明确的标准,一般认为对非监禁刑犯罪可以适用严格责任,对监禁刑犯罪则不应适用严格责任。如,美国《模范刑法典》§2.05(1)规定,严格责任只能适用于"违章行为"(violation)或者法典之外制定法明确规定可以适用严格责任的犯罪。⑤ 按照《模范刑法典》的规定,"违章行为"的法定刑仅限于罚金或没收,不包括监禁。加拿大最高法院的裁决认为,对不会被处以监禁刑的犯罪使用绝对责任不违反《加拿大权利与自由宪章》(Canadian Charter of Rights and Freedoms)关于保障公民生命、自由、安全的规定⑥,其有关裁决也维持了地方法院对无

---

① David Ormerod, Smith and Hogan Criminal Law, 12th ed., Oxford University Press, 2008, p.165.
② 在英国,"行政犯罪"案件主要是由政府行政部门办理,而不是由警方或皇家检察署(Crown Prosecution Service)提起指控。
③ David Ormerod, Smith and Hogan Criminal Law, 12th ed., Oxford University Press, 2008, p.169.
④ Wayne R. Lafave, Criminal law, 4th ed., West Group, 2004, p.275.
⑤ See Model Penal Code, §2.05(1).
⑥ 加拿大刑法将英国、美国刑法中的"严格责任"称为"绝对责任"(absolute liability),而将可以提出"应有注意"(due diligence)辩护的疏忽责任称为"严格责任"(strict liability)。

证驾驶等非监禁刑犯罪适用严格责任的判决。① 不过如前文所述,在具体司法实践中,法院已经超越了非监禁刑的限制,对若干监禁刑犯罪适用了严格责任。

第三,犯罪对公共利益的危害程度。严格责任的根本目的在于保护公共利益,因此"犯罪的社会危害程度越高,被解释为严格责任的可能性越大"②。所谓犯罪对公共利益的危害程度并不是一般所指的犯罪行为直接造成的具体危害结果的轻重,而是指法律处罚被禁止行为所要解决的社会问题的严重程度与紧迫程度。比如,毒品泛滥、道路事故频繁、枪支管理混乱、环境污染等都是严重危及公众安全的紧迫问题,因此针对这些问题的犯罪往往就被解释为严格责任犯罪。比如,1977 年英国上诉法院曾经在一起非法持有枪支案(Howell)的裁决中认为《1968 年枪支法》(Firearms Act 1968)中关于"没有持枪证而持有、购买、获取枪支"的规定是一种严格责任犯罪,其根据就是"持有致命性武器对社会造成的危险显著而严重……国会一定是意图绝对禁止这种无权持有行为的"③。

第四,犯罪主观罪过的证明难度。严格责任的主要功能是减轻控方证明主观罪过的负担,从而提高执法效率。因此在法院看来,被告人主观罪过的"证明难度越大,立法者越可能意图减轻控方的证明责任以提高执法效率"④。比如,美国法院认为携带武器乘飞机是严格责任犯罪,就是因为这种犯罪很难判断行为人的主观心态。英国上议院将违反《1951 年污染防治法》的污染河流罪解释为严格责任犯罪,也是因为这类案件中控方很难查清被告人主观上是否具有故意或疏忽,如果要求只有控方证明了主观心态才能够定罪,就会导致大量被告人得不到处罚。⑤ 不过,对这一因素不能滥用,因为所有犯罪中证明主观罪过都会有一定的难度。

第五,适用严格责任有利于促进守法,达成立法目的。1985 年英国上议院在 Cammon v. Attorney-General for Hong Kong 案中指出,只有在创设严格责任能够有效提升防止违法行为发生的警觉性以促进实现立法目的的情况下,才能够排除罪过要素推定原则的适用。⑥ 这意味着,在决定某一犯罪是否适用严格责任时,要考虑适用严格责任是不是能够产生比适用罪过责任更强的促进守法的效果。这其实是适用严格责任的刑罚效果考量因素。如果适用严格责任并不能产生比适用罪过责任更大的激励守法效果,适用严格责任就丧失了意义。不过,也有学者认为,发挥促进守法功能,适用疏忽

---

① See Kent Roach, Criminal Law, 4th ed., Irwin Law Inc., 2009, p.200.
② David Ormerod, Smith and Hogan Criminal Law, 12th ed., Oxford University Press, 2008, p.165.
③ [1977]Q.B.614. Howell 案的基本案情是,被告人持有一支老式枪,他认为这支枪只是一件古董,不需要持枪证,而实际上这是一件现代仿制品,需要持枪证。
④ Wayne R. Lafave, Criminal law, 4th ed., West Group, 2004, p.276.
⑤ See Alphacell Ltd v. Woodward, [1972]AC 824.
⑥ See William Wilson, Criminal Law, 5th ed., Pearson Education Limited, 2014, p.165.

责任就够了,没有必要适用严格责任。因为,适用疏忽责任就能够要求行为人尽到合理注意,采取合理措施避免违法行为的发生。①

上述考虑因素之间没有决定性因素与从属性因素之分,相互之间没有形成协调一致的体系,每个因素内部也没有明确的标准。比如,"真正犯罪"与"准犯罪"的区分没有清晰界限,"证明难度"缺乏明确的程度要求,刑罚轻重与犯罪危害程度考量之间甚至还存在一定冲突等。② 这些为法院在解释严格责任时加入自己的伦理正义坚守、司法效率追求和社会政策考量提供了空间,从而使得对严格责任的确定与适用呈现出一定的"可裁量性"和"不确定性"。

三、严格责任的正当根据之争与替代性措施

虽然严格责任作为一种现实法律制度在英美等国刑法中已经根深蒂固,成为英美刑法的一大传统特色,但是由于严格责任打破了传统刑法以罪过原则为基础的基本理念与价值追求,英美刑法理论对其正当根据与利弊得失一直存在激烈争论。了解这些争论,对于我们全面、客观评价严格责任的法律作用具有重要意义。在英美刑法理论中,赞同严格责任的根据主要有以下几个方面:

第一,便利犯罪追诉。公共福利犯罪中行为人的主观心态往往很难查清,特别是专业性领域和大型公司的犯罪尤其如此③,而且实际中公共福利犯罪案件数量巨大。在这种情况下,如果仍然要求控方必须证明被告人对每一个客观要素都具有故意、轻率或疏忽才能够定罪,控方将不堪重负,这会导致众多被告人因难以被定罪而逃脱处罚,最终损害法律的执行效率。严格责任免除了控方对被告人主观方面的证明责任,大大提高了司法效率。

第二,促进公共利益保护。绝大多数严格责任犯罪都发生在食品药品生产和销售、道路交通、环境污染防治、生产安全等风险活动领域,一旦发生违法行为就会对公众生活造成广泛性危害。对从事这些风险活动的个人和企业适用严格责任,可发挥威慑功能,促使其在生产经营活动中提高风险防范意识,尽其所能防止可能发生的大意或疏漏,从而维护社会公共利益。此外,适用严格责任在社会政策上还能够将威慑功

---

① See Jonathan Herring, Criminal Law, 7th ed., Palgrave Macmillan, 2011, p. 90.
② 刑罚越重越不能适用严格责任,但是刑罚重又往往意味着犯罪的社会危害性大,这又为适用严格责任提供了根据。实际中,确有一些法定刑严重的犯罪,因为法院对其他因素的考虑而被解释成了严格责任犯罪。
③ 比如,①在专业性很强领域中的犯罪,由于司法人员缺乏相应的专业知识,很难确定行为人主观上有无罪过;②一些大型公司,由于其自身结构复杂,也很难确定公司本身对其中自然人实施的违法行为有无罪过。

能"提前",使不具有相关从业能力的人不敢贸然进入没有安全把握的领域,将其阻挡在风险活动之外,从而进一步增强风险防范效果。

第三,对刑法的公正性损害不大。严格责任犯罪属于违反行政管理法规的"行政犯罪"或"准犯罪",不是"真正犯罪",定罪后处罚轻微,处罚目的仅在于促进守法而不具有伦理谴责功能,因此不值得司法机关付出高昂成本去查明行为人的主观罪过。即便处罚了事实上"无辜"的人,对被告人个人权益与刑法公正性的损害也不大。

不过,上述理由均受到了反对者的质疑,反对者的意见也可以概括为三个方面:

第一,便利证明不能成为严格责任的正当化理由。刑事起诉原本就应当比民事起诉承担更重的举证责任,调查与起诉便利不是决定某种行为是否应当被作为犯罪处罚的主要考虑因素,严格责任为了程序便利而降低实体法要求,将原本不应当处罚的行为升格为犯罪,使无辜者遭受刑事处罚,有悖刑法的公正性和保障个人自由原则。

第二,严格责任难以发挥刑罚的威慑功能。首先,刑罚的威慑力是以行为人能够合理避免违法为前提的,严格责任将已经按规范要求采取合理措施避免违法的行为认定为犯罪,试图要求行为人采取超出合理范围的"一切措施"避免违法,不具有实践可行性,不能产生防止违法发生的效果,是"无效之刑"。其次,认为严格责任可以阻止不具备从业能力者进入风险领域从而防止违法的观点也是不能成立的。刑罚威慑的"目标"是防止行为人实施违法行为,而不是阻止人们从事某种社会需要的活动。这种观点下的"严格责任"转移了"威慑目标",会产生阻碍社会发展的负面作用。

第三,严格责任严重违反了刑法的公正性和人权保障功能。首先,严格责任犯罪并非都处罚轻微。实际中的严格责任犯罪并非都是仅有财产刑的轻微犯罪,不少可能被处以监禁刑的重罪也采取了严格责任。另外,即便是在非监禁的轻微犯罪中,行为人被定罪后除直接受到刑罚处罚之外还会承担因为"犯罪"而引起的资格丧失等伴随性不利后果,从而对其自由和权益造成严重损害。其次,实际中难以使用"行政犯罪"的标准有效限制严格责任犯罪的范围,严格责任会被扩张适用。这是因为,"行政犯罪"与"真正犯罪"并没有"先行"的区别标准,实际中法院往往为了追究某种犯罪的严格责任而先将其解释为"行政犯罪",再以此为适用严格责任提供"根据",而不是直接依据犯罪"性质"决定是否能够追究行为人严格责任。这些都决定了严格责任会对"无辜者"的权益造成严重侵害,损害刑法的公正性和人权保障价值。

上述争论既反映了传统罪过原则在应对"公共福利犯罪"中的机械与低效,也表现出严格责任在维护刑法公正和人权保障方面的先天缺陷。目前,虽然严格责任犯罪在英美国家的司法实务中依然大量存在,但是在刑法理论中严格责任整体上已经趋于衰落,"绝大多数学术文章对严格责任表达了反对意见"①。英国权威教科书认为,严格责任既无必要也不公平,其所追求的"保护公共利益"的目的,通过采取疏忽责任就可以得到实现。② 美国著名法学家贝勒斯指出,"严格责任对于有可能在许多不同活动中发生的行为来说是不合理的,它不符合刑法的谴责目的。它使人们不敢从事有价值的社会活动,而且其它较不严厉的措施在提供严格责任所能带来的安全上也是行之有效的"③。为了克服严格责任效率与公正、社会与个人难以兼顾的"两难处境",不少学者提出了严格责任的替代性措施,试图在罪过责任与严格责任之间寻找折中与平衡,既获得严格责任的积极作用又使罪过责任原则得到维护。这些措施主要包括:

第一,采取疏忽责任。如前文所述,英美刑法中的罪过包括故意、轻率和疏忽三种形式,法院在确定严格责任时是直接在故意、轻率与严格责任之间作出选择,"跨过"了居于中间的"疏忽责任"。这种观点认为严格责任实质上是要求行为人做其不可能做到的"谨慎",不能产生威慑效果,疏忽责任要求行为人履行合理的注意,既能够实现严格责任所追求的促进守法效果又能避免处罚无辜,因此应当以疏忽责任替代严格责任。如英国史密斯(Smith)和霍根(Hogan)教授就认为,"大多数严格责任支持者所提出的论据,事实上通过采取疏忽责任就可以满足"④。

第二,采取罪过推定责任,允许被告人提出无罪过辩护。这种措施即实体上仍然要求行为人具有主观罪过,但是控方不需要积极证明罪过的存在,而是在证明有客观事实发生的情况下推定被告人具有罪过,此时赋予被告人提出"应有注意"辩护的权利,只要被告人能够证明其已尽到合理注意,就可以推翻有罪过的推定,排除犯罪成立。如英国学者威尔逊(Wilson)教授指出,各种支持严格责任的理由看似合理实则并非完全如此,在包含严格责任的公共福利犯罪中都赋予被告人提出"应有注意"辩护的权利,既能保障执法效率又能维护法律的基本公平。⑤ 这种责任形式本质上还是要求行为人具有疏忽,其与第一种措施的区别是在程序上倒置了证明责任⑥,把"控方证明有疏忽"转变为"被告人证明无疏忽"。

第三,采取轻率责任,同时提高犯罪的法定刑。这种措施是坚持罪过责任的一般

---

① Sanford H. Kadish, Stephen J. Schulhofer and Rachel E. Barkow, Criminal Law and Its Process: Cases and Materials, 9th ed., Wolters Kluwer Law & Business, 2012, p. 300.

② See David Ormerod, Smith and Hogan Criminal Law, 12th ed., Oxford University Press, 2008, pp. 172-74.

③ 〔美〕迈克尔·D. 贝勒斯:《法律的原则——一个规范的分析》,张文显等译,中国大百科全书出版社1996年版,第353页。

④ David Ormerod, Smith and Hogan Criminal Law, 12th ed., Oxford University Press, 2008, p. 174.

⑤ See William Wilson, Criminal Law, 5th ed., Pearson Education Limited, 2014, p. 162.

⑥ See A. P. Simester, J. R. Spencer, G. R. Sullivan and G. J. Virgo, Simester and Sullivan's Criminal Law: Theory and Doctrine, 5th ed., Hart Publishing Ltd., 2014, p. 194. 行为人没有尽到应有的注意,意味着行为偏离正常行为规范,没有预见到应当预见的不合理风险,这就是英美刑法中的"疏忽"。

原则,仍然要求行为人对客观要素至少具有轻率心态,同时大幅度提高犯罪的刑罚程度。其目的是,用提高刑罚来补偿因为提高罪过要求导致处罚率降低而对刑罚威慑力造成的减损,从而维持适用严格责任形成的威慑力。

第四,继续实行严格责任,但在执法中增加预先警告程序。预先警告执法,即执法机关在首次发现违法行为时先给予警告,此后再次发现同一主体实施同类违法行为时才追究刑事责任。预先警告之后追究刑事责任时,便不再问是否具有主观过错。该措施的目的是,通过"预先警告"将那些"真正的无辜者"排除在严格责任犯罪的处罚范围之外。

上述替代措施中,第一种措施以行为人具有疏忽作为定罪的条件,虽然可以防止刑法对"无辜者"造成侵害,但是它要求控方积极证明疏忽的存在,难以有效降低控方的证明负担。第三种措施通过提高刑罚来维持刑法的威慑力,虽然较好地维护了罪过原则,但是降低了对违法行为的处罚率,实际中会造成少数人为多数人的违法行为"埋单"的不公正效果。第四种措施虽然能够有效地减少严格责任对"无辜者"的处罚,但是它等于给予了每个人一次不受处罚的犯罪机会,政策上不利于遏制犯罪发生。相比之下,第二种措施采取罪过推定方式,既在实体上坚持了罪过原则,又在程序上减轻了控方的证明负担,被认为是介于疏忽责任与严格责任之间的"中途站",较为合理地处理了公共福利犯罪中罪过责任原则与司法效率之间的平衡。目前这一方案得到了多数学者的赞同和一些立法的支持。英国《1990 年食品安全法》(Food Safety Act 1990)对于食品加工、销售中的犯罪采取了这种罪过推定责任,规定如果被告人可以证明其尽到了合理的谨慎和注意,便可以排除犯罪的成立。[①] 加拿大刑法则在"严格责任犯罪"中普遍采取了这种责任形式,并将其直接称为"严格责任"。1978 年加拿大最高法院还裁定,在立法中没有明示犯罪有无罪过要求的情况下,所有的行政犯罪都应当被推定为这种严格责任犯罪。[②]

四、我国刑法对严格责任应采取的立场

20 世纪 90 年代,严格责任的概念被引入我国刑法理论,引发了刑法学界关于我国刑法是否应当采取严格责任的热烈讨论。近些年严格责任问题虽然不再是学者们关注的热点,但是我国刑法理论关于严格责任的观点分歧仍然存在,我国刑法是否应当引入严格责任的问题依然没有得到解决。显然,这一问题仍然具有进一步研究的

[①] See David Ormerod, Smith and Hogan Criminal Law, 12th ed., Oxford University Press, 2008, p. 175.
[②] See Kent Roach, Criminal Law, 4th ed., Irwin Law Inc., 2009, p. 203. 加拿大刑法将这种责任模式称为"严格责任",而将完全不要求罪过的严格责任称为"绝对责任"(absolute liability)。

价值。

我国学者关于我国刑法是否应当引入严格责任,主要有三种观点:①肯定说,主张严格责任是罪过责任的例外和补充,我国应当引入严格责任制度解决对某些特殊犯罪的处罚问题。如有学者指出,我国刑法在坚持主客观相一致时,对于那些难以查清甚至无法查清主观罪过的犯罪,可以而且有必要适用无过失责任。① 还有的学者主张,我国刑法在立法和司法实践中已经不同程度地体现出严格责任的适用,理论上应当引进严格责任,根据不同犯罪适用不同程度的严格责任。② ②否定说,认为严格责任与我国的罪过责任原则相冲突,我国刑法不应采取严格责任。如有学者认为,"在当前我国刑事立法与司法实践中不存在严格责任,而且将来也不应当采用严格责任,罪过责任始终是我国刑事责任的原则,无过失责任与我国刑法的性质是背道而驰的,应予否定"③。还有学者指出,严格责任在行为人不可能认识行为危害结果的情况下追究其刑事责任,不可能达到教育改造的目的,严格责任为了效率而损害公正是本末倒置。④ ③折中说反对不允许被告人提出无罪过辩护的严格责任,但是主张采取允许被告人提出无罪过辩护的"严格责任"。如有学者将严格责任划分为绝对的严格责任和相对的严格责任两种,前者指不允许被告人提出无罪过辩护的严格责任,后者则指被告人可以提出无罪过辩护的严格责任,并由此提出绝对的严格责任在我国没有存在余地,但是相对的严格责任不仅能为我国刑法所包容,也能为我国刑事诉讼法所允许。⑤ 还有学者提出类似观点,主张从证据法的角度改造严格责任,认为在诉讼中允许被告方提出事实错误、善意相信等辩护,以解决因严格责任导致的定罪不公平,是我国刑法确立严格责任犯罪的另一种路径。⑥

形式上看,上述三种观点中,肯定说赞同严格责任,否定说反对严格责任,折中说允许在给予被告人无罪过辩护权利的条件下适用严格责任,介于肯定说与否定说之间。但是,从实质上看,由于严格责任是指在实体法上不要求行为人对某些犯罪客观要素具有罪过,而不是在程序法上推定其有罪过,因此折中说所说的"严格责任"并不是原本意义的严格责任,其内容其实相当于前述英美刑法学者提出的作为严格责任替代措施的"罪过推定责任",该观点对原本意义的严格责任显然也是持反对态度的。笔者原则上赞同否定说的见解,认为在我国刑法中不应当排除对犯罪客

---

① 参见陈正云:《论英美刑法中的无过失责任》,载《中南政法学院学报》1993 年第 3 期。作者所称的无过失责任包括严格责任和代理责任两种。
② 参见李卫红、单天水:《论严格责任的严格程度》,载《法学评论》2005 年第 5 期。
③ 陈兴良:《刑法适用总论》(上卷),法律出版社 1999 年版,第 200 页。
④ 参见邓文莉:《我国环境刑法中不宜适用严格责任原则》,载《法商研究》2003 年第 2 期。
⑤ 参见刘仁文:《刑法中的严格责任研究》,载《比较法研究》2001 年第 1 期。
⑥ 参见赖早兴:《美国刑法中的严格责任犯罪:争议、解决方案及其启示》,载《环球法律评论》2018 年第 3 期。

观要素的罪过要求,但同时认为在某些特殊情况下基于减轻证明负担的考虑可以采取"罪过推定责任"作为例外。笔者认为,前述英美刑法学者关于严格责任有悖刑法公正、侵犯公民自由和难以发挥威慑效果的反对性意见,揭示了严格责任的先天性缺陷,也同样适用于中国刑法。除此之外,本文反对在中国刑法中适用严格责任,还有以下两点补充理由:

第一,英美刑法中作为严格责任适用对象的"公共福利犯罪",在中国法律体系中并非刑法的处罚范围。

严格责任兴起的条件之一,是"现代生活的复杂性要求运用刑法机器在新的活动领域实施社会管理"①。如前文所述,现代意义的严格责任起源于19世纪中期英国、美国对"公共福利犯罪"的治理,直到现在严格责任的适用原则上仍然被限制在"公共福利犯罪"的范围之内。在英美法系国家的法律制度和司法体系中,"公共福利犯罪"虽然被规定在刑法之中,并通过刑事司法程序处罚,但是其违法属性和处罚目的与传统的"真正犯罪"仍然有着本质的不同。正如加拿大最高法院迪克森(Dickson)法官所说,公共福利犯罪"虽然通过刑事执法机关按照刑法来执行,但是这些犯罪本质上是民事性质的,完全可以被视为行政法的一个分支,传统刑法原则只能有限地适用"②。我国刑法划分犯罪的标准与英美刑法不同。在我国刑法中,只有"严重危害社会"的行为才能构成犯罪,类似英美刑法"公共福利犯罪"的轻微违法行为在我国的法律体系中并不属于犯罪,只构成《行政处罚法》中的"行政违法行为",受到行政执法机关的行政处罚。从这个意义上说,我国刑法中并不存在严格责任的"适用对象",没有引入严格责任的政策必要性。更何况,即便在行政法学领域,我国也少有学者主张在《行政处罚法》中适用严格责任。③

第二,目前即便是在英美刑法中,主流观点也反对在可能判处监禁刑的犯罪中适用严格责任,而中国刑法中规定的犯罪都是含有监禁刑的犯罪。

孤立地看,严格责任使行为人对不由其意志决定的行为承担刑事责任,对行为人提出超越其能力范围的义务要求,违背刑法的伦理正义,损害行为人的权利与自由。其存在的正当性仅在于,以对个人的"轻微不公正"换取行政立法的有效实施,从而保障社会公

---

① Francis Bowes Sayer, Public Welfare Offenses, Columbia Law Review, Vol. 33, No. 1, 1933, pp. 55-88.
② Markus D Dubber and Tatjana Hörnle, Criminal Law: A Comparative Approach, Oxford University Press, 2014, p. 253.
③ 我国《行政处罚法》没有对行政违法行为的主观要件作出规定,行政法理论上对此存在"主观过错归责原则""客观行为归责原则""主观归责为原则,客观归责为例外"等观点的争论,其中"主观过错归责原则"已经成为学说主流。参见李孝猛:《主观过错与行政处罚归责原则:学说与实践》,载《华东政法大学学报》2007年第6期。

共利益。① 这种功利主义的价值平衡决定了严格责任不能适用于处罚严重的犯罪,否则就会对个人自由和刑法公正造成过度的侵害,得不偿失。现在英美等国的刑法实务中,虽然存在个别处罚严重的严格责任犯罪,但是主流观点认为,严格责任的适用应当以行为人不会受到监禁刑处罚为限,对监禁刑犯罪适用严格责任是不公正的。早在20世纪30年代,美国学者塞耶(Sayer)教授就曾经指出,"如果犯罪会受到监禁刑处罚,被告人的个人利益就十分重要,不允许在不证明主观罪过的情况下对其定罪。使完全不具有伦理可责性的被告人面临被处以监禁刑的风险,违反了社会的正义直觉,违反这种基本直觉的法律不可能长久"②。英国学者阿什沃思(Ashworth)教授也指出,"不证明被告人有过错而对其实施监禁是极不公平的"③。美国《模范刑法典》原则上将严格责任限制在"违章行为"之中,而"违章行为"的法定刑仅限于罚金或没收,不包含监禁。加拿大最高法院认为对含有监禁刑的犯罪,如果不允许"应有注意"辩护而适用严格责任是违反《加拿大权利与自由宪章》的。④ 英美刑法的这一"非监禁刑标准"虽然不能成为我国决定是否采取严格责任的直接根据,但是无疑具有"横向比较"的参考价值。我国刑法中的所有犯罪都是可能判处拘役、有期徒刑等监禁刑的"重罪",这决定了我国刑法中并没有英美刑法那样在罪过原则与严格责任之间进行功利性平衡与选择的政策空间。

总之,在我国的犯罪治理体系与政策中,既无采取严格责任的必要,也没有适用严格责任的空间。不过,也应当承认,我国刑法实务中也确实面临某些犯罪的主观方面难以查实和证明的问题。比如,环境犯罪涉及专业知识,而且危害结果与污染行为之间往往存在较长时间间隔,主观罪过就常常难以认定。⑤ 对此,我们可以借鉴英美刑法的"罪过推定责任",即在实体法上仍然要求行为人具有罪过,但是在诉讼程序中"倒置"对罪过的证明责任,控方只需证明行为人实施了危害行为或引起了危害结果,法律上即可推定其具有主观罪过。此时,行为人拥有提出无罪过辩护的权利,如果行为人能够证明其主观上没有过错,就可以排除罪过推定而不负刑事责任。这样既能够维护"主客观相统一"的定罪原则,最大限度地防止处罚无辜者,又可以减轻控方的证明负担,提高办案效率,是一种较为务实的选择。

其实,我国司法实务已经在某些犯罪主观"明知"的认定中采取了类似方式。如2008年最高人民法院《全国部分法院审理毒品犯罪案件工作座谈会纪要》中规定,在十种情形中,被告人不能作出合理解释的,可以认定其"明知"是毒品,但有证据证明确

---

① See Joshua Dressler, Understanding Criminal Law, 5th ed., Matthew Bender & Company, Inc. 2009, p. 148.
② Francis Bowes Sayer, Public Welfare Offenses, Columbia Law Review, Vol. 33, No. 1, 1933, pp. 55-88.
③ Andrew Ashworth, Positive Obligations in Criminal Law, Hart Publishing Ltd., 2013, p. 129.
④ See Andrew Ashworth, Principles of Criminal Law, 6th ed., Oxford University Press, 2009, p. 164.
⑤ 参见曾粤兴、周兆进:《环境犯罪严格责任研究》,载《宁夏社会科学》2015年第1期。

属被蒙骗的除外。① 2009年最高人民法院《关于审理洗钱等刑事案件具体应用法律若干问题的解释》也规定，具有七种情形之一，可以认定被告人"明知"系犯罪所得及其收益，但有证据证明确实不知道的除外。② 不过，这两个文件并不是单纯根据行为事实直接"推定"出"明知"，而是在行为事实之外又附加了其他证据条件，如"采用高度隐蔽的方式携带、运输物品""没有正当理由，以明显低于市场的价格收购财物"等。这些"附加证据条件"提高了"推定"的准确性，进一步降低了无辜者被定罪的可能性，更符合我国刑事诉讼法关于检察机关承担证明责任的实际。

此外，关于推定罪过还有两个问题需要特别说明：

第一，2013年最高人民法院、最高人民检察院、公安部、司法部《关于依法惩治性侵害未成年人犯罪的意见》第19条规定，在奸淫幼女犯罪中，"对于不满十二周岁的被害人实施奸淫等性侵害行为的，应当认定行为人'明知'对方是幼女"。按照这一规定，在奸淫幼女、引诱幼女卖淫等犯罪中，即使被害人身体发育、言谈举止等呈现早熟特征，行为人也辩称其误认被害人已满14周岁，法院也不能采信其辩解。③ 形式上看，这一规定没有给予被告人无罪过辩护的权利，这是否意味着对于性侵害不满12周岁幼女的案件采取了严格责任，而非罪过推定责任？

回答是否定的。因为，首先上述意见第19条先规定了"知道或者应当知道对方是不满十四周岁的幼女，而实施奸淫等性侵害行为的，应当认定行为人'明知'对方是幼女"。这表明"知道或者应当知道"被害人是不满14周岁的幼女，既是相关犯罪的主观要件，也是认定"明知"的总原则。其次，上述规定的根据是，"经过对大量审结案例进行统计分析，并广泛征求各方意见，12周岁以下幼女基本都处在接受小学教育阶段，社

---

① 这十种情形包括：(1)执法人员在口岸、机场、车站、港口和其他检查站点检查时，要求行为人申报为他人携带的物品和其他疑似毒品物，并告知其法律责任，而行为人未如实申报，在其携带的物品中查获毒品的；(2)以伪报、藏匿、伪装等蒙蔽手段，逃避海关、边防等检查，在其携带、运输、邮寄的物品中查获毒品的；(3)执法人员检查时，有逃跑、丢弃携带物品或者逃避、抗拒检查等行为，在其携带或者丢弃的物品中查获毒品的；(4)体内或者贴身隐秘处藏匿毒品的；(5)为获取不同寻常的高额、不等值报酬为他人携带、运输物品，从中查获毒品的；(6)采用高度隐蔽的方式携带、运输物品，从中查获毒品的；(7)采用高度隐蔽的方式交接物品，明显违背合法物品惯常交接方式，从中查获毒品的；(8)行程路线故意绕开检查站点，在其携带、运输的物品中查获毒品的；(9)以虚假身份或者地址办理托运手续，在其托运的物品中查获毒品的；(10)有其他证据足以认定行为人应当知道的。

② 这七种情形包括：(1)知道他人从事犯罪活动，协助转换或者转移财物的；(2)没有正当理由，通过非法途径协助转换或者转移财物的；(3)没有正当理由，以明显低于市场的价格收购财物的；(4)没有正当理由，协助转换或者转移财物，收取明显高于市场的"手续费"的；(5)没有正当理由，协助他人将巨额现金散存于多个银行账户或者在不同银行账户之间频繁划转的；(6)协助近亲属或者其他关系密切的人转换或者转移与其职业或者财产状况明显不符的财物的；(7)其他可以认定行为人明知的情形。

③ 参见周峰、薛淑兰、赵俊甫、肖凤：《〈关于依法惩治性侵害未成年人犯罪的意见〉的理解与适用》，载中华人民共和国最高人民法院刑事审判第一、二、三、四、五庭主办：《中国刑事审判指导案例2：危害国家安全罪·危害公共安全罪·侵犯公民人身权利、民主权利罪》（增订第3版），法律出版社2017年版，第803—812页。

会关系简单,外在幼女特征相对较为明显。即使个别幼女身体发育早于同龄人,但一般人从其言谈举止、生活作息规律等其他方面通常也足以观察其可能是幼女,而且从对幼女进行特殊保护的立场考虑,也不应存在争议"①。可见这一规定的基础在于,司法实践中只要被害人小于12周岁,综合案情便达到了认定被告人"明知"的证据要求。因此,这一规定本质上仍然是认定"明知"的证据标准,而不是排除了对"明知"的实体法要求。如果案情特殊,虽然被害人实际年龄小于12周岁,但被告人仍然基于无法避免的认识错误而误认为被害人超过了14周岁,他仍然不构成相关犯罪。

第二,在英美刑法的推定罪过中,犯罪是以疏忽为基础的②,即实体法上犯罪定义所要求的主观要素是"疏忽",司法"推定"的内容也是行为人主观上具有"疏忽",行为人提出"应有注意"辩护要排除的罪过也是"疏忽"。这样,辩护反驳的罪过与推定确定的罪过在程度上是一致的。英美刑法中的"疏忽"是指行为人没有认识到其行为制造的不合理危险,其内容属于我国刑法中的"过失"。但是,上述我国刑法推定罪过中推定的内容是"明知",而"明知"属于故意的范围。故意的罪过程度高于过失。按照对"明知"的推定,行为人只需要证明其主观上没有"明知"便可以排除犯罪的成立,而无须达到证明无罪过(无过失)的程度,即便行为人主观上存在"过失",也仍然要排除犯罪的成立。由此产生的问题是,在推定"明知"的犯罪中,要求行为人证明"无罪过"才能免责,是否加重了行为人的反证负担?

笔者认为,这种"加重反证"是必要的。倘若只要求行为人证明自己无故意,则意味着即便行为人承认其存在过失也可以免责。这虽然在形式上符合定罪的逻辑,但是并不具有政策上的妥当性。假如法律认可即便行为人对毒品、赃物性质、被害人年龄等存在过失也可以免责,就意味着行为人在对这些要素发生"不合理"认识错误的情况下也不能定罪。如果真是这样,行为人只要随便找个理由声称自己当时因为一时疏忽没有认识到这些要素的存在,便可以达到逃脱罪责的目的。这显然会造成免责条件过于宽泛和放纵犯罪的政策漏洞。

---

① 周峰、薛淑兰、赵俊甫、肖凤:《〈关于依法惩治性侵害未成年人犯罪的意见〉的理解与适用》,载中华人民共和国最高人民法院刑事审判第一、二、三、四、五庭主办:《中国刑事审判指导案例2:危害国家安全罪·危害公共安全罪·侵犯公民人身权利、民主权利罪》(增订第3版),法律出版社2017年版,第803—812页。

② See A. P. Simester, J. R. Spencer, G. R. Sullivan and G. J. Virgo, Simester and Sullivan's Criminal Law: Theory and Doctrine, 5th ed., Hart Publishing Ltd., 2014, p. 194.

中国刑法视域下的客观处罚条件

——识别标准与归类判断*

王华伟**

长期以来,在刑法知识引进与转型的时代背景下,如何寻找到我国刑法的本土特色与独立品格,始终是一代代刑法学人难以回避的问题。对此,储槐植教授无疑作出了有目共睹的卓越贡献。在储槐植教授开创先河所阐述的诸多原创学术思想中,我国刑法中犯罪概念的定量因素无疑占有一席之地。早在1988年,储槐植教授对我国刑法总则和分则中的犯罪定量因素就进行了独到观察和评述。[①] 其后,储槐植教授对我国刑法中犯罪概念的定量因素进行了全面的利弊分析[②],尤其是对《刑法》第13条但书的内容、渊源、功能、价值蕴含及其与刑法结构的关系,进行了深刻而系统的阐述。[③] 近年来,储槐植教授更是笔耕不辍,沿着前述思想进一步论述了我国数量刑法学的构建。[④] 储槐植教授的上述著述,引导和启发了无数刑法学者对罪量及其相关问题的研究。而正是在这一宏观的学术发展脉络上,进一步牵引出了诸如客观处罚条件与罪量之间具有何种关系这样的下位命题。本文在储槐植教授学术思想的指引下,围绕客观处罚条件的识别标准与归类判断展开讨论与研究。

一、争议缘起与研究现状

客观处罚条件(die objektiven Bedingungen der Strafbarkeit)的概念来源于德国刑法

---

* 本文是教育部人文社会科学研究青年基金项目"刑法罪量要素的理论建构与实务应用研究"(20YJC820045)的阶段性成果。
** 北京大学法学院助理教授。
① 参见储槐植:《我国刑法中犯罪概念的定量因素》,载《法学研究》1988年第2期。
② 参见储槐植、汪永乐:《再论我国刑法中犯罪概念的定量因素》,载《法学研究》2000年第2期。
③ 参见储槐植、张永红:《善待社会危害性观念——从我国刑法第13条但书说起》,载《法学研究》2002年第3期;储槐植、张永红:《刑法第13条但书的价值蕴涵》,载《江苏警官学院学报》2003年第2期;储槐植、张永红:《刑法第13条但书与刑法结构——以系统论为视角》,载《法学家》2002年第6期。
④ 参见储槐植、何群:《论我国数量刑法学的构建》,载《中国法学》2019年第3期。

学,是指那些与行为直接相关,但既不属于不法构成要件也不属于责任构成要件的情形。① 自该理论被介绍到中国以后,学界对其所持的态度和立场差异很大。过去我国刑法学界长期坚持"犯罪构成是认定犯罪唯一根据"的观点,客观处罚条件被认为不仅违背了这一立场,而且也破坏了犯罪和刑罚之间的对应关系。② 然而,由于客观处罚条件对于我国刑法中许多体系定位困难的要素具有较强的解释力,因此,相当一部分学者主张引进这一理论。有学者指出,虽然在我国刑法中并没有与德国完全对应的客观处罚条件,不过仍然存在一些类型的要素,发挥着类似的功效。③ 还有学者则直接指出,应当在我国刑法理论中借鉴客观处罚条件,并将其从犯罪客观方面独立出来,以维护其应然的理论内涵。④ 随着德、日阶层犯罪论体系的知识话语在学界被广泛采纳,客观处罚条件也附带性地被越来越多的学者所接受。然而,关于客观处罚条件的性质和范围,仍然存在着激烈的争论。总结来说,大体存在三类要素与客观处罚条件具有较强关联。

其一,罪量要素。陈兴良教授早期提出了"罪体—罪责—罪量"的犯罪论体系,认为应当将犯罪的数量要素看作一个独立于罪体和罪责的犯罪构成要件。⑤ 此后,陈兴良教授更是明确地指出,罪量在性质上类似于客观处罚条件,如果采用三阶层的犯罪论体系,将情节和数额等罪量要素作为客观处罚条件来看待是妥当的。⑥ 相似地,熊琦副教授也主张引入客观处罚条件来解释我国刑法中的罪量要素。他认为,德国刑法中也存在罪量要素,如《德国刑法典》第248a条中的"较低价值物"。只不过,德国往往将这类要素看作"客观处罚条件"。⑦ 除此之外,部分与典型罪量(如盗窃数额)略有差异但又密切相关的要素,也被部分学者认为属于客观处罚条件。例如,王彦强教授认

---

① Vgl. Jescheck/Weigend, Lehrbuch des Strafrechts, Allgemeiner Teil, 5. Aufl., 1996, S.555.
② 参见王充:《定罪情节若干问题研究》,载《法学评论》2000年第6期;刘守芬、方文军:《情节犯及相关问题研究》,载《法学杂志》2003年第5期;黎宏:《论"客观处罚条件"的若干问题》,载《河南省政法管理干部学院学报》2010年第1期。传统理论认为,犯罪成立与接受处罚是捆绑式概念,因此在我国犯罪构成体系中无法容纳客观处罚条件。参见柏浪涛:《构成要件符合性与客观处罚条件的判断》,载《法学研究》2012年第6期。
③ 参见陆诗忠:《刍议"客观的处罚条件"之借鉴》,载《郑州大学学报(哲学社会科学版)》2004年第5期。
④ 参见刘士心:《犯罪客观处罚条件刍议》,载《南开学报(哲学社会科学版)》2004年第1期。
⑤ 参见陈兴良:《作为犯罪构成要件的罪量要素——立足于中国刑法的探讨》,载《环球法律评论》2003年第3期。
⑥ 参见陈兴良:《刑法的明确性问题:以〈刑法〉第225条第4项规定为例的分析》,载《中国法学》2011年第4期;陈兴良:《本体刑法学》(第2版),中国人民大学出版社2011年版,第343页。
⑦ 参见熊琦:《德国刑法问题研究》,元照出版公司2009年版,第84—85页。类似地,赵秉志和肖中华教授也曾认为我国刑法中的"数额较大"是犯罪客观处罚条件,其本身不是犯罪的构成要件,只是刑罚发动事由。参见赵秉志、肖中华:《数额较大在盗窃罪认定中的作用》,载《人民法院报》2003年5月19日。此外,张忆然博士也持相似观点。参见张忆然:《盗窃数额在三阶层犯罪论体系中的定位》,载陈兴良主编:《刑事法评论》(第38卷),北京大学出版社2017版,第362页。

为,应将违法所得数额视为真正的客观处罚条件。① 柏浪涛教授则指出,"情节严重"中的"严重","多次盗窃"中的"多次",侵犯著作权罪中的"违法所得数额较大"等均是客观处罚条件。②

同时,值得关注的是,司法解释中部分影响入罪门槛的因素也被认为属于客观处罚条件。例如,按照2013年最高人民法院、最高人民检察院《关于办理盗窃刑事案件适用法律若干问题的解释》(以下简称《盗窃案件解释》)第2条的规定,如果行为人曾因盗窃罪受过刑事处罚的,盗窃罪"数额较大"的标准可以按照一般标准的50%确定。有学者认为,该规定中的"曾因盗窃受过刑事处罚"属于客观处罚条件。又如,2013年最高人民法院、最高人民检察院《关于办理利用信息网络实施诽谤等刑事案件适用法律若干问题的解释》(以下简称《网络诽谤解释》)第2条规定,同一诽谤信息被转发次数达到500次以上的,应当认定为诽谤罪中的"情节严重"。杨柳副教授将此处"诽谤信息转发500次"的行为理解为客观处罚条件。③ 再如,按照2017年最高人民法院、最高人民检察院《关于办理侵犯公民个人信息刑事案件适用法律若干问题的解释》(以下简称《个人信息解释》)第5条的规定,出售或者提供行踪轨迹信息,被他人用于犯罪,属于侵犯公民个人信息罪中的"情节严重"。李翔教授认为,该规定中的"被他人用于犯罪"条款属于客观处罚条件。④

其二,间接后果性要素。在我国《刑法》的一些罪名中,存在部分与实行行为之间具有一定时空间隔的后果性要素,其也被部分学者理解为客观处罚条件。例如,非法出租、出借枪支罪中的"严重后果",丢失枪支不报罪中的"严重后果",滥用职权罪中的"重大损失",陆诗忠教授认为是一种不同于危害结果的客观处罚条件。⑤ 甚至,王俊副教授将交通肇事罪中的"发生重大事故""致人重伤、死亡或者使公私财产遭受重大损失"也解释为客观处罚条件。⑥ 类似地,中国台湾地区的林钰雄教授也曾认为交通肇事罪中的"致人死伤"为客观处罚条件。⑦ 虚报注册资本罪中的"取得公司登记",侵犯

---

① 参见王强:《罪量因素:构成要素抑或处罚条件?》,载《法学家》2012年第5期。
② 参见柏浪涛:《构成要件符合性与客观处罚条件的判断》,载《法学研究》2012年第6期。
③ 参见杨柳:《"诽谤信息转发500次入刑"的法教义学分析——对"网络诽谤"司法解释质疑者的回应》,载《法学》2016年第7期。
④ 参见李翔:《侵犯公民个人信息罪司法适用疑难问题探究》,载《法律适用》2018年第7期。
⑤ 参见陆诗忠:《刍议"客观的处罚条件"之借鉴》,载《郑州大学学报(哲学社会科学版)》2004年第5期。此外,对于这类要素,张明楷教授在一定程度上借鉴了客观处罚条件的思路,将其称为客观超过要素,认为不需要行为人对之具有认识与放任或希望态度,只需认识的可能性。参见张明楷:《"客观的超过要素"概念之提倡》,载《法学研究》1999年第3期。
⑥ 参见王俊:《客观处罚条件视域中的交通肇事罪研究》,载《北大法律评论》编辑委员会编:《北大法律评论》(第13卷第1辑),北京大学出版社2012年版,第241页以下。
⑦ 参见林钰雄:《新刑法总则》,中国人民大学出版社2009年版,第251页。中国台湾地区"刑法"第185-4条经过了多次修改,最新规定:"驾驶动力交通工具发生交通事故,致人伤害而逃逸者,处六月以上五年以下有期徒刑;致人于死或重伤而逃逸者,处一年以上七年以下有期徒刑。"

商业秘密罪中的"重大损失",也被刘士心教授理解为客观处罚条件。① 此外,张明楷教授还将骗取贷款罪中的"重大损失"和"严重情节"都认定为客观处罚条件。②

其三,程序性附加条件。我国《刑法》部分罪名中的程序性附加条件也在一定程度上引起了学界关注,并存在被归入客观处罚条件的趋势。例如,《刑法》第201条第4款规定,犯逃税罪,经税务机关依法下达追缴通知后,补缴应纳税款,缴纳滞纳金,已受行政处罚的,不予追究刑事责任。再如,《刑法》第351条第3款规定,非法种植罂粟或者其他毒品原植物,在收获前自动铲除的,可以免除处罚。张明楷教授认为,《刑法》第201条第4款和第351条第3款都属于处罚阻却事由,实际上就是消极的客观处罚条件。③《刑法》第196条第2款规定,恶意透支是指持卡人以非法占有为目的,超过规定限额或者规定期限透支,并且经发卡银行催收后仍不归还的行为。张明楷教授认为这里的"经发卡银行催收仍不归还"也属于客观处罚条件。④ 此外,刘士心教授认为,《刑法》第270条的"拒不退还"和"拒不交出"也是类似客观处罚条件的规定。⑤

由此可见,在我国刑法学界,客观处罚条件的认定出现了明显的扩张性趋势。这种做法带来的优势在于,能够在一定程度上解决部分非典型要素的体系性定位问题,同时顺带地处理了这类要素的主观罪过认定难题。但是,客观处罚条件的确立与发展,形成了对责任主义原则的挑战⑥,对其识别与认定应当持非常审慎的态度。因此,在这里有必要首先对客观处罚条件的性质进行本体考察,然后再进一步探讨识别这一性质的理论标准,最后针对不同类型的要素,根据前述标准合理地划定客观处罚条件在我国《刑法》中的范围边界,贯彻好责任主义原则这一基础命题。

二、客观处罚条件性质的本体考察

关于客观处罚条件的性质,存在诸多学说争论,包括独立犯罪成立条件说、违法性要素说、区分说和刑罚论组成部分说等。⑦ 纵观各种学说,其核心命题实际都围绕客观处罚条件与违法性的关系展开。因此,笔者赞同将客观处罚条件性质之争分为不法中立说、完

---

① 参见刘士心:《犯罪客观处罚条件刍议》,载《南开学报(哲学社会科学版)》2004年第1期。
② 参见张明楷:《骗取贷款罪的构造》,载《清华法学》2019年第5期。更早的观点,可参见郝川、欧阳文星:《骗取贷款罪:反思与限定》,载《西南大学学报(社会科学版)》2018年第3期。
③ 参见张明楷:《逃税罪的处罚阻却事由》,载《法律适用》2011年第8期。
④ 参见张明楷:《恶意透支型信用卡诈骗罪的客观处罚条件——〈刑法〉第196条第2款的理解与适用》,载《现代法学》2019年第2期。
⑤ 参见刘士心:《犯罪客观处罚条件刍议》,载《南开学报(哲学社会科学版)》2004年第1期。
⑥ 参见梁根林:《责任主义原则及其例外——立足于客观处罚条件的考察》,载《清华法学》2009年第2期。
⑦ 参见周光权:《论内在的客观处罚条件》,载《法学研究》2010年第6期。

全否认说和部分不法相关说的观点①,以此展开关于客观处罚条件性质的探讨。

(一) 不法中立说

1. 基本内容

不法中立说是德国刑法学界的主流学说,许多具有代表性的学者都采取了这一观点,其认为客观处罚条件是独立于不法和罪责的限制处罚条件。② 换言之,客观处罚条件是指那些与不法没有关联,但是又直接决定能否发动刑事处罚的事由。例如,李斯特和施密特对客观处罚条件作出了以下几点推论:①作为故意或过失的责任,不包含这种行为之外的客观处罚条件;②只要不存在这种法律规定的处罚条件,那么也不存在一种具有可罚性的行为(及其未遂);③只要不存在这种处罚条件,国家刑罚权的请求也不能形成,行为也没有法律意义上的可罚性。③ 总结起来,不法中立说的立场具有以下特点:

其一,不法中立说建立在一种理想的责任主义基础之上。盖斯勒(Geisler)指出,这种按照不法相关性来区分客观处罚条件的主流观点以这样一种立场为前提,即责任主义原则要求罪责与不法之间的关系完全一致,行为人的罪责必须与不法构成要件的所有要素有联系。④ 换言之,不法中立说在理念上采纳了一种应然的严格贯彻责任主义的立场,以避免行为人为不可归责于自身的后果而承担刑罚。

其二,按照这一立场,客观处罚条件属于刑罚限缩事由。按照不法中立说的逻辑,这里在方法论上存在一种假设性的判断,即如果客观处罚条件缺失,那么一个与责任关联的不法构成要件是否会继续存在(Abzugsthese)。如果行为人在违反了这种没有客观处罚条件的规定时便就已经能够被允许处罚,那么相关的要素就可以被归入客观处罚条件。⑤ 而按照这一推论的逻辑,客观处罚条件实际上就是在原本构成要件划定的犯罪范围中分流出部分行为进行出罪处理。因此,从这个角度来看,对于行为人来说客观处罚条件是有利的而非不利的。⑥ 这意味着行为本身就"应该受到刑罚处

---

① Vgl. Geisler, Zur Vereinbarkeit objektiver Bedingungen der Strafbarkeit mit dem Schuldprinzip, Zugleich ein Beitrag zum Freiheitsbegriff des modernen Schuld Strafrechts, 1998, S. 130. ff.

② Vgl. Eisele, in Schönke/Schröder, Strafgesetzbuch Kommentar, 30. Aufl., 2019, Vorbemerkungen zu den §§ 13, Rn. 124; Heger, in Lackner/Kühl, Strafgesetzbuch Kommentar, 29. Aufl., 2018, Vorbemerkung zu den §§ 13, Rn. 30.

③ Vgl. Liszt/Schmidt, Lehrbuch des Deutschen Strafrechts, erster Band, Einleitung und Allgemeiner Teil, 26. Aufl., 1932, SS. 294-295.

④ Vgl. Geisler, Zur Vereinbarkeit objektiver Bedingungen der Strafbarkeit mit dem Schuldprinzip, Zugleich ein Beitrag zum Freiheitsbegriff des modernen Schuldstrafrechts, 1998, S. 132.

⑤ Vgl. Geisler, Zur Vereinbarkeit objektiver Bedingungen der Strafbarkeit mit dem Schuldprinzip, Zugleich ein Beitrag zum Freiheitsbegriff des modernen Schuldstrafrechts, 1998, SS. 131-132; Geisler, Objektive Strafbarkeitsbedingungen und „Abzugsthese", Methodologische Vorüberlegungen zur Vereinbarkeit objektiver Strafbarkeitsbedingungen mit dem Schuldprinzip, GA 2000, S. 179.

⑥ Vgl. Geisler, Zur Vereinbarkeit objektiver Bedingungen der Strafbarkeit mit dem Schuldprinzip, Zugleich ein Beitrag zum Freiheitsbegriff des modernen Schuldstrafrechts, 1998, SS. 132-133.

罚",只是出于适当性的考虑,法律才将某种特定结果作为行为"必须受到处罚"的条件,这可以使行为人实施了犯罪而不受惩罚。① 因此,客观处罚条件就被解读为一种刑罚限制事由②,是刑罚经济性的要求在刑事立法上的体现。③

2. 基本评价

从应然性的概念界定来看,将客观处罚条件认定为具有不法中立性是值得充分肯定的。采取这样一种立场,能够较好地与责任主义原则相契合。而且,这种立场正确地理解了责任主义原则在限制处罚和扩张处罚两个不同层面所具有的特性。盖斯勒认为,可以形象地将责任主义原则比作一种"半透膜":如果其涉及的是对无责任者的要求,那么它就是不可穿透的;而如果其涉及一个有责任者的刑罚宽恕事由,那么它在一定程度上是可穿透的。④ 换言之,在进行行为不法判断时,责任主义原则应当严格贯彻,而在不法判断之后限缩刑事处罚范围时,责任主义原则可以变通。

然而,虽然这种主流学说的应然概念定位合理,但是其对客观处罚条件的实然认定范围看起来却仍然较为宽泛,这可能对责任主义原则构成威胁。例如,德国刑法学界的主流观点一般都认为⑤,《德国刑法典》第 104a 条⑥中的"保持了外交关系"等条件,第 186 条⑦恶言中伤行为中的"主张的真实性",第 231 条⑧参与斗殴罪中的"引起了死亡或者严重身体伤害";第 283 条⑨破产犯罪中的"停止支付和开始破产程序";第 323a 条⑩完全昏醉罪中的"实施了犯罪行为",都常常被认定为客观处罚条件。然而,在这些规定中,如果仔细加以分析便会发现,事实上存在部分要素是与不法或者罪

---

① 参见〔意〕杜里奥·帕多瓦尼:《意大利刑法学原理》,陈忠林译,法律出版社 1998 年版,第 386—387 页。
② 参见林山田:《刑法通论》(上册),北京大学出版社 2012 年版,第 265 页;林钰雄:《新刑法总则》,元照出版公司 2018 年版,第 325 页。
③ 参见熊琦:《论我国刑法的一个体系性困境——以中德刑法比较为视角》,载《武汉大学学报(哲学社会科学版)》2008 年第 4 期。
④ Vgl. Geisler, Zur Vereinbarkeit objektiver Bedingungen der Strafbarkeit mit dem Schuldprinzip, Zugleich ein Beitrag zum Freiheitsbegriff des modernen Schuldstrafrechts, 1998, S. 231.
⑤ Vgl. Roxin, Strafrecht Allgemeiner Teil, Band I, Grundlagen der Aufbau der Verbrechenslehre, 4. Aufl., 2006, § 23 B, Rn. 2.
⑥ 《德国刑法典》第 104a 条规定:"犯本章之罪的行为,只有德国与其他国家保持了外交关系,并且行为时和现在都具有互惠关系,同时外国政府提出了刑罚要求,联邦政府进行了刑事追诉的授权时,才可以追诉。"
⑦ 《德国刑法典》第 186 条规定:"行为人主张或者散布一种使他人被蔑视或被公众观念贬低的事实,当这种事实不能被证明是真实的时,处 1 年以下自由刑或者罚金刑。"
⑧ 《德国刑法典》第 231 条第 1 款规定:"参与斗殴或者多人实施的攻击行为,当由于这种斗殴或者攻击行为引起了死亡或者严重身体伤害时,这种参与行为被处以 3 年以下自由刑或者罚金刑。"
⑨ 《德国刑法典》第 283 条第 6 款规定:"只有当行为人停止支付,或者对其财产宣告破产程序,或者破产启动申请因缺乏破产人财产而被驳回时,才可以处罚。"
⑩ 《德国刑法典》第 323a 条第 1 款规定:"行为人故意或者过失地服用酒类或者其他令人昏醉的物品使自己处于昏醉状态中,当他在这种状态中实施了犯罪行为,并且由于这种状态没有责任能力或者不能排除这种责任无能力而不能受处罚,处 5 年以下自由刑或者罚金刑。"

责相关的。① 例如,关于参与斗殴罪中的"引起了死亡或者严重身体伤害",即使按照盖斯勒的"假设性判断"规则审查之后,也仍然被认为属于客观处罚条件。② 如德国学者所尖锐指出的那样,主流观点将这种严重后果理解为客观处罚条件,一方面会导致与责任主义原则冲突,因为这种严重后果并非不法中立的;另一方面,还会导致违反《德国基本法》第 3 条第 1 款的法律平等适用原则,因为这导致参与发生严重后果斗殴的行为人和参与没有发生严重后果斗殴的行为人在刑法处置上没有区别了。③

在中国刑法学界,也存在同样的问题。例如,如前所述,我国《刑法》中相当广泛存在的情节和数额等罪量要素,被整体定位为客观处罚条件。此外,为数不少的后果性要件,也被归入这一范畴。有观点甚至主张,应当突破现有客观处罚条件的分类,将其确立为统一性的刑罚阻却条件,通过大力拓展其适用来应对刑法理论上的相关难题。④ 在我国台湾地区的"刑法"中,也有相当宽泛的要素被纳入客观处罚条件的考量范围之中,其包括:第 171 条第 1 项诬告陷害罪中的"致开始刑事诉讼程序者",第 185-3 条危险驾驶罪中的"不能安全驾驶",第 185-4 条交通肇事罪中的"致人死伤而逃逸",第 238 条诈术结婚罪中"致婚姻无效之裁判或撤销婚姻之裁判确定",第 283 条聚众斗殴罪中的"致人于死或重伤者"等。⑤

总体而言,将客观处罚条件整体理解为不法中立要素,在应然概念定位上当然合理。但是遗憾的是,多数主流学说并没有提出有效的标准来判定这种不法的中立性,导致实际上客观处罚条件的范围过于宽泛,其严格维护责任主义原则的实际效果并不理想。

(二) 完全否认说

1. 基本内容

在刑法学界,也有部分学者采取了一种完全否定客观处罚条件的立场。在德国刑法文献中,具有代表性的观点来自贝曼(Bemmann)和哈斯(Hass)。贝曼的学说可以被认为是最极端的,因为他彻底否定了客观处罚条件这一概念。他明确提出,通常被认定为客观处罚条件的要素,事实上要么属于构成要件要素,要么属于诉讼条件。因此,他在《客观处罚条件问题》中以这样大胆的一句论断作为结语:客观处罚条件是不

---

① Vgl. Roxin, Strafrecht Allgemeiner Teil, Band I, Grundlagen der Aufbau der Verbrechenslehre, 4. Aufl., 2006, § 23 B, Rn. 7 ff.
② Vgl. Geisler, Objektive Strafbarkeitsbedingungen und „Abzugsthese", Methodologische Vorüberlegungen zur Vereinbarkeit objektiver Strafbarkeitsbedingungen mit dem Schuldprinzip, GA 2000, S. 179.
③ Vgl. Rönnau/Bröckers, die objektive Strafbarkeitsbedingung im Rahmen des § 227 StGB, GA 1995, S. 549 ff.
④ 参见王俊:《客观处罚条件的一个理论回归——兼论刑事政策学与刑法教义学的关系》,载《北京大学研究生学志》2012 年第 1 期。
⑤ 请详见吴情树:《两岸刑法中客观处罚条件规定的评析》,载《海峡法学》2012 年第 4 期。

存在的。① 但是，贝曼的这种极端观点，即使是在那些同样一般性地否认客观处罚条件的学者那里也没有得到支持。贝曼的观点被批判，因为他由于法律形象的规范不足问题，直接草率地得出这一概念事实上就不存在的结论。② 而哈斯则指出，客观处罚条件是一种出于刑事政策理由和责任主义原则需要的学术发明。客观处罚条件服务于尽可能多的处罚，它事实上涉及的是刑罚扩张事由和刑罚证立事由。基于责任主义原则，没有理由不像对待类似的结果加重犯一样对待客观处罚条件。③ 此外，日本的曾根威彦教授也有类似观点，一方面他认为客观处罚条件与一般构成要件要素是存在区别的，另一方面他又认为客观处罚条件也是构成行为违法性的基础要素。因此，出于责任主义原则的考虑，这些事实要素也应当被主观认知所覆盖。④ 而我国台湾地区的许玉秀教授也直接否定了客观处罚条件这一概念。她认为要求承认客观处罚条件，就等于承认推定罪责，只有赞成危险责任才能使客观处罚条件合理化。⑤ 王充教授同样指出，客观处罚条件的存在根据与罪刑法定原则存在抵牾之处，只能被还原为构成要件要素。⑥

2. 基本评价

客观处罚条件完全否定论的立场，主要来自对客观处罚条件的不法相关性的怀疑，以及对责任主义原则实现不力的担忧，具有相当的合理性。整体而言，完全否定说的特点也可以总结为以下两个方面：

其一，完全否定说注重从客观处罚条件的概念历史发展来宏观地看待该问题，而学者们在历史考察中得到的结论总是非常消极的。⑦ 例如，贝曼梳理了从弗兰克、宾丁、贝林等多位早期重要学者的各种关于客观处罚条件的学说，指出这些观点中没有一个能确定客观处罚条件的概念。他们只是宣称客观处罚条件处于构成要件、违法性

---

① Vgl. Bemmann, Zur Frage der objektiven Bedingungen der Strafbarkeit, 1957, SS. 52-56.

② Vgl. Geisler, Zur Vereinbarkeit objektiver Bedingungen der Strafbarkeit mit dem Schuldprinzip, Zugleich ein Beitrag zum Freiheitsbegriff des modernen Schuldstrafrechts, 1998, S. 136.

③ Vgl. Hass, Die Entstehungsgeschichte der objektiven Strafbarkeitsbedingung, eine literärgeschichtliche Darstellung, 1969, S. 78.

④ 参见〔日〕曾根威彦：《刑法学基础》，黎宏译，法律出版社 2005 年版，第 112 页。此外，日本的松原芳博教授也认为，作为发生可罚性程度之危险的介入情况，客观处罚条件理应还原至作为可罚的违法类型的构成要件要素。参见〔日〕松原芳博：《客观的处罚条件》，王昭武译，载《河南省政法管理干部学院学报》2010 年第 1 期。

⑤ 参见许玉秀：《当代刑法思潮》，中国民主法制出版社 2005 年版，第 106 页。

⑥ 参见王充：《定罪情节若干问题研究》，载《法学评论》2000 年第 6 期，第 133 页。

⑦ 从更为久远的历史来看，意大利的帕多瓦尼教授指出，可罚性的客观条件源于古代法官或主权者的刑事裁量权。只不过在启蒙运动之后，由于罪刑法定原则、法律面前人人平等以及刑事诉讼强制性原则的确立，已不允许这种情况存在。参见〔意〕杜里奥·帕多瓦尼：《意大利刑法学原理》，陈忠林译，法律出版社 1998 年版，第 385—386 页。

和罪责之外,并且也不属于诉讼条件。① 哈斯则对客观处罚条件的学术史作了更为细致的梳理。他大体按照时间先后详细归纳了总结了吕登、弗兰克、宾丁、李斯特、阿尔贝斯、贝内克、科勒、芬格、布卢默、贝林、瓦赫、冯·巴尔、鲍姆加腾、迈耶、黑格勒、绍尔的学说,最后认为,客观处罚条件这一概念从一开始就是为了排除《德国刑法典》第59条的适用②,也即限缩责任主义原则。通过对客观处罚条件历史发展的梳理,哈斯得出了一个完全颠覆人们固有观念的逻辑。哈斯的研究表明,在客观处罚条件形成之前,人们本来就没有认真对待责任主义原则。人们往往借助于刑事政策的考量排除第59条(责任主义原则)的适用,而这种刑事政策的考虑很少通过脆弱的教义学论证来支持。通过客观处罚条件这一新概念的发明,人们便可以主张责任主义原则不会被这种刑事政策的决定所破坏,因为前述第59条并不适用于这里涉及的客观处罚条件。③ 因此,按照哈斯的推理,客观处罚条件这一概念恰恰只是很好地契合了之前对责任主义原则进行限制的做法,这种"披着理论化外衣"的概念,甚至会对责任主义原则的限制更加"明目张胆"。

其二,完全否定说也常常立足于现实性的批判来否定客观处罚条件。例如,《德国刑法典》第113条第1款曾规定:执行法律、行政机关命令和规定及法院判决或决定的公务员,在合法实施职权时,行为人通过暴力或者带有暴力的威胁对其进行阻碍,或者对其进行攻击,处14天以上2年以下的监禁刑。④ 这一条款中的"合法实施职权"曾被认为是一种客观处罚条件,哈斯指出这实际上意味着一种责任主义原则的限缩,即一种刑法扩张事由。⑤ 事实上,其后的立法也明确地将这一要素排除出客观处罚条件的范围,并将其从刑法规定中删除。关于这一立法修订,德国议会的刑法改革特别委员会主席就曾明确地指出,刑法建立在责任主义原则之上,因此当一个公民没有过错地相信他被允许与违法的职权行为作斗争时,那么此时不能处罚这个公民。出于这一理由,第113条被修改,职务行为的合法性不再是不需要故意认识的客观处罚条件。⑥ 此外,日本的佐伯千仞教授也曾指出,日本刑法中被称为"客观处罚条件"的各种

---

① Vgl. Bemmann, Zur Frage der objektiven Bedingungen der Strafbarkeit, 1957, SS. 3-11.
② Vgl. Hass, Die Entstehungsgeschichte der objektiven Strafbarkeitsbedingung, eine literärgeschichtliche Darstellung, 1969, S. 29 ff., S. 71.《德国刑法典》第59条曾作了如下规定:"当行为人实施一个刑事可罚行为时,没有认识到属于法律构成要件或者提高刑事可罚性的行为情况,那么这种情况不能归责于行为人。"
③ Vgl. Hass, Die Entstehungsgeschichte der objektiven Strafbarkeitsbedingung, eine literärgeschichtliche Darstellung, 1969, SS. 72-73; Hass, Abschied von der objektiven Strafbarkeitsbedingung, ZRP 1970, SS. 196-197.
④ Vgl. Fuchs (Hrsg.), Strafgesetzbuch für das Deutsche Reich vom 15. Mai 1871, Historisch-synoptische Edition, 1871—2009, lexetius.com, Mannheim, 2010, S. 607.
⑤ Vgl. Hass, Die Entstehungsgeschichte der objektiven Strafbarkeitsbedingung, eine literärgeschichtliche Darstellung, 1969, SS. 77-78.
⑥ Vgl. Emmert, die Reform der Vorschriften über den Gemeinschaftsfrieden, ZRP, 1970, S. 3.

情形实际都涉及违法性因素,并且大都可以被行为人所预见。① 我国黎宏教授在评价"客观超过要素"时也认为,我国《刑法》根本不存在属于客观处罚条件的"客观超过要素",因为这些要素实际上就是与行为相联系的结果,体现着社会危害性,因此也必须被主观认知所涵盖。②

可见,完全否定说体现出了一种对主流学说的不信任,以及对客观处罚条件具有刑罚限缩效果这一主张的怀疑③,因此主张将客观处罚条件还原为不法要素或者诉讼条件。这种观点颇具现实主义法学派的风采,其尖锐的批判立场无疑对于促进责任主义原则的坚守具有积极意义。然而,这种观点却也有偏颇之处。原因在于,刑法中确实还是存在与不法并无直接联系但却纯粹属于刑罚发动条件的情况。例如,《德国刑法典》第 102 条规定了对外国机关及其代表攻击罪,其所要保护的法益是外国元首或外国公务人员的身体和生命安全。当行为人对上述对象进行攻击时便已经符合了该罪所预设的全部不法,此时德国与外国之间的外交关系和互惠关系对犯罪行为的不法没有影响,很难还原为不法要素。因此,完全否认说的立场忽视了个别真正意义上的客观处罚条件与一般的犯罪构成要件要素的差别。

(三) 部分不法相关说

部分不法相关说则认为,客观处罚条件中有一部分是与不法相关的,而非绝对地具有不法中立性质。这种不法相关说也分流出两种不同的立场,一种学说虽然认为客观处罚条件中有一部分与不法相关,但是仍然例外性地维持其超然于罪责之外的地位;而另一种观点则主张将这一部分不法相关要件还原为构成要件要素,以维护责任主义原则的落实。

1. 责任例外说

(1) 基本内容

耶赛克和魏根特是主张责任例外说中较为具有代表性的学者。他们认为,应当将客观处罚条件分为纯正的客观处罚条件和不纯正的客观处罚条件,前者是纯粹的刑罚限制事由,责任主义原则对它们也无可挑剔;后者本质上属于不法构成要件,只是基于刑事政策的理由对责任主义原则作出限制。④ 耶赛克和魏根特虽然对不纯正的客观处罚条件持一种批判性的立场,但是又认为如果行为人对此没有预见,法官只能在刑罚

---

① 参见〔日〕佐伯千仞:《三订刑法讲义总论》,有斐阁 1978 年版,第 190 页,转引自黎宏:《刑法总论问题思考》,中国人民大学出版社 2007 年版,第 190 页。
② 参见黎宏:《论"客观处罚条件"的若干问题》,载《河南省政法管理干部学院学报》2010 年第 1 期。
③ Vgl. Geisler, Zur Vereinbarkeit objektiver Bedingungen der Strafbarkeit mit dem Schuldprinzip, Zugleich ein Beitrag zum Freiheitsbegriff des modernen Schuldstrafrechts, 1998, S. 136.
④ Vgl. Jescheck/Weigend, Lehrbuch des Strafrechts, Allgemeiner Teil, 5. Aufl., 1996, SS. 556-557.

幅度的最下限量刑,以这种方式责任主义原则得以维持。① 然而,客观处罚条件属于是否入罪所考虑的要素,定罪与量刑是两个完全不同的问题,以上观点实际对客观处罚条件的不法相关性采取了一种"绥靖政策"。

部分责任例外说的观点侧重从风险思想的角度来论证,何以这类具有一定不法相关性的客观处罚条件可以不需要主观认知。耶赛克和魏根特指出,由于行为人实施了对任何人而言都很清楚的危险,因此这种客观处罚条件的发生是显而易见的,出于这种考虑,不纯正客观处罚条件与责任主义原则也不会发生冲突。② 类似地,鲍曼(Baumann)和韦伯(Weber)曾认为,这类要素在大多数的情形中存在着风险特征(Risikomerkmale),其实际上属于对刑事可罚行为的描述,因此也属于不法构成要件,但是出于刑事政策的衡量,不能适用第16条认识错误的规则。③ 在我国,梁根林教授也持类似的立场,即主要从风险社会与刑事政策的角度来进行论证。他指出,客观处罚条件的存在根据在于公共政策上的风险控制,其属于责任主义原则的例外。④ 客观处罚条件实际上将行为人潜存的可罚性予以现实化,因而其属于刑罚扩张事由。⑤

(2)基本评价

一方面,责任例外说的观点承认了客观处罚条件中部分要素事实上是与不法相关的,因而得出了客观处罚条件是刑罚扩张事由的结论;另一方面,这种立场又从"合理性例外"的角度肯定了客观处罚条件现存地位,在整体上仍然维护一种原则性的责任主义。这一立场的优点在于,正视了现有客观处罚条件的现实状况,从刑事政策和风险思想的例外性为客观处罚条件的存在合理性提供了说理根据。而且,这种观点按照客观处罚条件的差异性,引入了类型化的思想,有助于进一步深入地研究客观处罚条件。

然而,既然部分客观处罚条件具有不法相关性,对此完全不需要行为的主观认知仍然存在值得商榷之处。其一,风险思想是否能够限缩责任主义原则的适用本来即值得怀疑。正如有学者所言,风险刑法理论混淆了风险社会的风险与传统社会的风险,其对于传统刑法理论的颠覆是没有根据的。⑥ 而且,风险刑法理论将风险予以泛

---

① Vgl. Jescheck/Weigend, Lehrbuch des Strafrechts, Allgemeiner Teil, 5. Aufl., 1996, S.557.
② Vgl. Jescheck/Weigend, Lehrbuch des Strafrechts, Allgemeiner Teil, 5. Aufl., 1996, S.558.
③ Vgl. Baumann/Weber, Strafrecht Allgemeiner Teil, 9. Aufl., 1985, S.464. 但是,在其后的修订版本中,该书又回到了通说所主张的客观处罚条件不法中性的观点。Vgl. Baumann/Weber/Mitsch, Strafrecht Allgemeiner Teil, 11. Aufl., 2003, SS.583-584.
④ 参见梁根林:《责任主义原则及其例外——立足于客观处罚条件的考察》,载《清华法学》2009年第2期。
⑤ 参见梁根林:《责任主义原则及其例外——立足于客观处罚条件的考察》,载《清华法学》2009年第2期。
⑥ 参见南连伟:《风险刑法理论的批判与反思》,载《法学研究》2012年第4期。

化,因此风险刑法理论与风险社会理论之间并不相互协调,这使得风险刑法理论的基础并不牢固。① 例如,如果仔细加以分析便会发现,许多具有不法相关性的客观处罚要件其实与风险刑法也并没有直接关系。《德国刑法典》第227条第1款互殴行为中的"出现严重结果"和《德国刑法典》第323a条中醉酒状态下的"实施犯罪行为",以及我国《刑法》中大量出现的罪量要素,这些内容与风险刑法和风险社会几乎没有太强关联。其二,这种观点也可能会使客观处罚条件的应然概念设定瓦解。因为,这种观点明确地承认了部分具有不法相关性的要素也属于客观处罚条件,而且接受了其作为责任主义原则的例外而存在。虽然在哲学层面来说"有原则就有例外",但是纵观犯罪论体系的各种要素,客观处罚条件在数量上本身就已是相当罕见的现象。在客观处罚条件与责任主义原则的紧张关系中开出一道口子以后,是否还能继续维持客观处罚条件的规范目标和制度初衷,不无疑问。

2. 责任还原说

(1)基本内容

与此相对的另一种不法相关说的立场,则主张从现有的较为宽泛的客观处罚条件中先识别出那些不法相关要素,然后使其回归到原来的体系位置中去。例如,罗克辛明确指出,很多所谓客观处罚条件完全不是超然于三阶层的犯罪论构造之外,而是能够被归入构成要件符合性、违法性或责任之中,它们被错误地归入了客观处罚条件之中,应当还原到相关的要素中去。② 在中国刑法学界,也有类似的观点。周光权教授指出,按照客观处罚条件与违法性和危害结果的关联程度,可以进一步区分"内在的客观处罚条件"和"外在客观处罚条件"两种类型。③ 周光权教授认为,内在的客观处罚条件要求行为人对于犯罪结果有高度模糊性的认识、预见,不过其仍然只是一种"未必"的预见。④ 可见,这一类观点虽然没有将与不法相关的客观处罚条件与一般的构成要件要素同等对待,但是仍然赋予了它们较低程度的主观认知限制。有学者甚至直接指出,不纯正的客观处罚条件(也即上文所提及的内在的客观处罚条件)本质上就是构成要件要素,只是出于概念表述的需要才将其称呼为客观处罚条件。⑤

(2)基本评价

笔者认为,主张还原具有不法相关性质的部分客观处罚条件的观点较为妥当。这

---

① 参见陈兴良:《风险刑法理论的法教义学批判》,载《中外法学》2014年第1期。
② Vgl. Roxin, Strafrecht Allgemeiner Teil, Band I, Grundlagen der Aufbau der Verbrechenslehre, 4. Aufl., 2006, §23 B, Rn. 6 ff.
③ 参见周光权:《论内在的客观处罚条件》,载《法学研究》2010年第6期。
④ 参见周光权:《论内在的客观处罚条件》,载《法学研究》2010年第6期。
⑤ 张振山:《狭义客观处罚条件论》,载陈兴良主编:《刑事法评论》(第29卷),北京大学出版社2011年版,第81页。

是因为，这一观点批判性地分析了现有的客观处罚条件范围，正视了其中部分客观处罚条件具有不法相关性这一现实，并且在类型化分析的前提下将部分具有不法相关性的客观处罚条件重新纳入罪责原则涵盖的范围中来。一方面，这种理解有利于防止客观处罚条件的不当扩大，维护责任主义原则的实现。在我国《刑法》中，存在相当多的特殊性要素，具有非典型性特征，其体系定位争议极大，给主观罪过形式的认定和刑事司法裁判的证明都带来了挑战。为了简单明快地捋顺体系逻辑，降低主观罪过证明难度，客观处罚条件看似一种立竿见影的理论良方。然而，责任主义原则及其背后的权利保障思想，恰恰非常容易在这种"实用性"面前被忽视。另一方面，具有限缩适用倾向的责任还原说，实际才能真正使客观处罚条件这一概念的存在得以正当化。草率地承认乃至扩张客观处罚条件，将引发巨大的理论争议，最终可能"反噬"这一概念的合理存在空间。只有找到客观处罚条件最本原的立足点，据此合理限定其范围，客观处罚条件才能在阶层犯罪论体系中真正占据一角。但是，这种看似周延的立场也仍然面临着一个重大的操作性难题。作为分流、还原宽泛客观处罚条件的前提，理论上识别不法关联性的标准仍然非常模糊，这有待在本文进一步探讨。

三、不法相关性的识别标准

刑法学界的许多观点已经在客观处罚条件概念内部进行了进一步的类型化区分，如上文所提及的纯正的与不纯正的客观处罚条件、内在的与外在的客观处罚条件，乃至积极的与消极的客观处罚条件。[①] 这样一些分类，大体上都是以不法相关性（或不法中立性）作为基本范畴，其概念性的功能在于为实现客观处罚条件内部的分流处理提供可能。笔者基本认同这种类型化的努力，并且在此进一步探讨几种识别客观处罚条件不法相关性的可能标准和影响因素。

（一）行为无价值与结果无价值

在日本刑法学界，行为无价值与结果无价值的理论立场分野，成为了许多刑法问题的基础性分析视角。同样，对于客观处罚条件也存在这样一种二分的学术进路。例如，结果无价值论者松原芳博教授对客观处罚条件肯定说背后的行为无价值立场进行了批判。他明确指出，主流观点受到了规范违反说（行为无价值说）的影响，认为客观处罚条件与规范违反之间并无关联，因而推论出客观处罚条件不属于不法要件。[②] 同样，在我国，黎宏教授也认为，从结果无价值的视角看待客观处罚条件已经成为主流趋

[①] 参见柏浪涛：《构成要件符合性与客观处罚条件的判断》，载《法学研究》2012年第6期。
[②] 参见〔日〕松原芳博：《客观的处罚条件》，王昭武译，载《河南省政法管理干部学院学报》2010年第1期。

势,如果从这一立场出发,客观处罚条件实际上都是涉及法益侵害或法益威胁的要素,其属于决定犯罪行为当罚程度的违法要素。① 梁根林教授也从行为无价值与结果无价值的视角对此作了一定的剖析。他指出,从结果无价值论出发的立场倾向于否定客观处罚条件,认为客观处罚条件完全可以被还原为违法性要素;而从行为无价值论出发的立场则倾向于肯定客观处罚条件。②

然而,在笔者看来,行为无价值与结果无价值的二分视角并非识别客观处罚条件及其不法相关性的妥当标准。一方面,结果无价值论者未必否定客观处罚条件的存在。例如,站在结果无价值论阵营的西田典之教授认为,由于行为已经具备了可罚性,所以客观处罚条件只是为了限定处罚范围而设置的,因而其无须故意的认识。③ 之所以出现这种现象,并非学者的个性化理论立场所致,而是因为常常以"后果"形式出现的客观处罚条件与结果无价值中的"结果"存在重大差别。结果无价值意义上的"结果"通常是指构成要件内的要素,对于不法具有基础的构成性意义。而客观处罚条件意义上的"后果",仅仅与构成要件意义上的"结果"具有概念和形象上的相似性,但是在本质上却是与不法相疏离的。这种要素虽然以客观事实性"后果"等形式出现,但是与行为人并没有规范上的关联。正是因为客观处罚条件与构成要件意义上的结果存在本质区别,所以即使是一元的结果无价值论者也完全可能承认客观处罚条件。

其次,将行为无价值与结果无价值过度对立的观点已经不再契合刑法学的当代发展。越来越多的研究表明,绝对的行为无价值与绝对的结果无价值都是难以独立割裂存在的。诚如罗克辛所言,按照现在的观点,犯罪构成的满足毫无例外地应当以行为的无价值和结果的无价值为条件,不法总是存在于两者的联系之中。④ 在德国当代刑法学中,主张兼顾结果无价值和行为无价值的二元论享有通说地位,结果无价值和行为无价值对于不法的判断缺一不可。⑤ 结果无价值与行为无价值之间对立的消弭,以及更具理论包容性的二元论立场,在我国学界得到了越发广泛的认同。因此,通过行为无价值与结果无价值这一对本身就不可分割的范畴来识别客观处罚条件的不法关联性,可能也是不恰当的。

---

① 参见黎宏:《刑法总论问题思考》,中国人民大学出版社2007年版,第188—189页。
② 参见梁根林:《责任主义原则及其例外——立足于客观处罚条件的考察》,载《清华法学》2009年第2期。
③ 参见〔日〕西田典之:《日本刑法总论》(第2版),王昭武、刘明祥译,法律出版社2013年版,第186—187页。
④ Vgl. Roxin, Strafrecht Allgemeiner Teil, Band I, Grundlagen der Aufbau der Verbrechenslehre, 4. Aufl., 2006, §10 G, Rn. 88.
⑤ 参见陈璇:《德国刑法学中的结果无价值与行为无价值二元论及其启示》,载《法学评论》2011年第5期。

(二) 客观归责理论

我国也有学者提出了通过客观归责理论来识别客观处罚条件的观点。例如,柏浪涛教授指出,从构成要件类型性的要求出发,不可将实害结果和构成要件结果等同,实害结果需要通过客观归责的审查才能成为构成要件结果。① 言下之意,这种观点认为可以通过客观归责理论在构成要件结果与其他客观的后果型要素之间划清界限,前者应当是构成要件要素,而后者仅仅属于客观处罚条件。这种观点指出,一个要素是否属于不法构成要件要素,需要满足两个方面的要求:其一,能够为违法性提供实质性的根据。其二,具备构成要件所要求的类型性。② 我国《刑法》第14条规定的结果要素,是指那些实现了构成要件行为类型性危险,并且能够归属于该行为的结果。否则,其无须被主观故意所涵盖。③

这一观点颇具创新性,但是仔细思索便发现其经不起深究。一方面,该观点主要是通过适用客观归责理论来区分作为实害结果的客观处罚条件和构成要件行为结果。但是,许多客观处罚条件却未必以"后果"的形式出现。例如,对外国机关及其代表攻击罪中"外交关系和互惠关系"的存在,以及破产犯罪中的"启动破产程序"等。另一方面,这一观点最大的问题在于,其论证中存在严重的语境错位。客观归责理论考察的是在何种情形下可以将现实案例中发生的结果归属于行为人之行为的问题。因此,客观归责理论实际上是一种法教义学上的法律适用理论,从思维逻辑的阶段来看,属于将抽象法律规范与案例事实进行涵摄过程中的理论活动。然而,认定刑法条文中的某些要素是否属于客观处罚条件这一活动,是一种对法律要素本身的定性分析,这一判断尚未进入对法律规范与案件事实进行涵摄这一具体法律适用环节。换言之,刑法条文中某一要素到底是属于不法构成要件要素还是属于客观处罚条件这一判断,是必须在适用客观归责理论之前就完成的工作。从司法三段论的思维构造来看,刑法条文中哪些要素属于客观处罚条件的这种法律性质判断,位于第一个阶段确定法律规范的大前提内部的判断,而客观归责理论发生在第三个阶段,即将大前提法律规范与小前提案件事实进行涵摄的过程中。

(三) 应罚性与需罚性

在客观处罚条件的学理探讨中,用应罚性(Strafwürdigkeit)和需罚性(Strafbedürftigkeit)来理解客观处罚条件的存在根据是一种较为常见的做法。许多观点认为,在没有客观处罚条件时,行为虽然不具有需罚性,但是已经具有了应罚性。④ 换言之,客观处

---

① 参见柏浪涛:《构成要件符合性与客观处罚条件的判断》,载《法学研究》2012年第6期。
② 参见柏浪涛:《构成要件符合性与客观处罚条件的判断》,载《法学研究》2012年第6期。
③ 参见柏浪涛:《构成要件符合性与客观处罚条件的判断》,载《法学研究》2012年第6期。
④ Vgl. Geisler, Zur Vereinbarkeit objektiver Bedingungen der Strafbarkeit mit dem Schuldprinzip, Zugleich ein Beitrag zum Freiheitsbegriff des modernen Schuldstrafrechts, 1998, S. 132. 类似观点也可参见柏浪涛:《构成要件符合性与客观处罚条件的判断》,载《法学研究》2012年第6期。

罚条件主要是表明需罚性的要素。例如,施特拉腾韦特(Stratenwerth)就曾指出,应罚性取决于行为人有责的行为,而需罚性取决于客观处罚条件。① 但是,用应罚性和需罚性这对范畴来区分客观处罚条件与不法要素的可能性和合理性同样存在疑问。

其一,应罚性和需罚性的概念并不清楚。从各种学说观点来看,对应罚性和需罚性的具体表述各不相同,二者经常性地发生混用现象。因此,盖斯勒指出,应罚性和需罚性"杂耍般的"概念,会导致严重的不确定性。应罚性和需罚性这两个概念在刑法文献中常常被变动的,甚至部分矛盾的内容所填充。② 一方面,应罚性的概念有时也会被作为需罚性的概念来使用。③ 例如,一般认为客观处罚条件仅仅决定需罚性,而施米德霍伊泽(Schmidhäuser)却相反地认为,从一种完整的犯罪行为出发,客观处罚条件在立法者的眼中意味着一种应罚性的完全建立。④ 山口厚教授也类似地指出,只要是认为不存在这类客观处罚条件的场合,该行为尚不具有当罚性,要受到处罚就必须存在该条件,那么这样的条件就也属于与违法性有关的构成要件要素。⑤ 在这样的论述中,客观处罚条件似乎被纳入了应罚性的范畴。而另一方面,需罚性的概念有时也会被作为应罚性的概念来使用。例如,奥斯腾多夫(Ostendorf)在分析轻微性原则时指出,这种目的性解释应当在结果不法的边缘检验需罚性。⑥ 可见,在刑法学界,这一概念的实际适用状况是相当不确定的。

按照目前被学界广泛接受的观点,应罚性(当罚性)和需罚性(要罚性)各有侧重。在应罚性中,评价要素是重要的;而在需罚性中,目的要素是被强调的。⑦ 但是,事实上应罚性和需罚性的内涵边界并不是那么清楚,这两个概念往往互相影响,难分彼此。例如,雅科布斯直接批判性地指出,那种必须不能被处罚的行为,也是没有应罚性的。⑧ 松原芳博教授也认为,事实上难以在内容上准确区分当罚性和要罚性,因为处罚限缩与奠定处罚基础二者只是从不同角度来看待问题而已。⑨ 而我国黎宏教授也有质

---

① Vgl. Stratenwerth, Objektive Strafbarkeitsbedingungen im Entwurf eines Strafgesetzbuchs, ZStW 71, 1959, SS. 567-568.
② Vgl. Geisler, Zur Vereinbarkeit objektiver Bedingungen der Strafbarkeit mit dem Schuldprinzip, Zugleich ein Beitrag zum Freiheitsbegriff des modernen Schuldstrafrechts, 1998, SS. 212-213.
③ Vgl. Bloy, Die dogmatische Bedeutung der Strafausschließungs- und Strafaufhebungsgründe, 1976, S. 243.
④ Vgl. Schmidhäuser, Strafrecht Allgemeiner Teil, 2. Aufl., 1984, S. 259.
⑤ 〔日〕山口厚:《刑法总论》(第2版),付立庆译,中国人民大学出版社2011年版,第189—190页。
⑥ Vgl. Ostendorf, Das Geringfügigkeitsprinzip als strafrechtliche Auslegungsregel, GA, 1982, S. 333.
⑦ Vgl. Bloy, Die dogmatische Bedeutung der Strafausschließungs- und Strafaufhebungsgründe, 1976, S. 243; Geisler, Zur Vereinbarkeit objektiver Bedingungen der Strafbarkeit mit dem Schuldprinzip, Zugleich ein Beitrag zum Freiheitsbegriff des modernen Schuldstrafrechts, 1998, SS. 212-213.
⑧ Vgl. Jakobs, Strafrecht Allgemeiner Teil, die Grundlagen und die Zurechnungslehre, 2. Aufl., 1993, 10. Abschn., Rn. 5.
⑨ 参见〔日〕松原芳博:《客观的处罚条件》,王昭武译,载《河南省政法管理干部学院学报》2010年第1期。

疑,认为违法要素和客观处罚条件的实质区别在于当罚性和要罚性的观点,并没有说清楚当罚性和要罚性的区分根据和区分标准何在。如在《德国刑法典》第 323a 条中,行为人在酩酊状态之下实施犯罪行为被看作客观处罚条件。但是,行为人即便酩酊大醉,只要在该状态之下没有实施犯罪行为,就不能说行为人已经具备了当罚性。① 因此,总体而言,由于学者们对应罚性与需罚性这对范畴的内涵及其相互关系的差异性理解,用其来区分客观处罚条件与不法要素的难度较大。

其二,一般所认同的需罚性概念与客观处罚条件在功能定位上仍然存在重大区别。例如,布卢瓦(Bloy)认为,一个行为是否具有需罚性,取决于用国家刑罚手段来进行干预与纠正的必要性,这种手段—目的关系体现了需罚性的标准。② 许玉秀教授也指出,有一定社会危害性的行为便具有应罚性而成立犯罪,但是此外还需从刑事政策的角度考虑制裁该行为能否达到刑罚目的。③ 可见,需罚性所指称的"合目的性",实际上主要是指符合刑罚的目的。但是,客观处罚条件的立法设置理由,与需罚性所体现的刑罚目的追求(如一般预防和特殊预防)还是有所不同。对此,罗克辛敏锐地指出,刑事可罚性条件和刑罚排除理由考虑刑法之外的目标设定,此时行为的应罚性和需罚性都已经被符合了。④ 例如,就《德国刑法典》第 102 条对外国机关及其代表攻击罪而言,该罪应起到的一般预防功能在于告诫国民不要侵害外国公务人员的身体和生命安全,但是,这种一般预防的作用与两国之间是否具有互相承认的外交关系和互惠关系并无关联。如果将(对应《德国刑法典》第 102 条)第 104 条中的客观处罚条件(即两国之间的外交关系与互惠关系)定位为实现刑罚预防功能,那么人们可能会认为,《德国刑法典》第 102 条仅仅是告诫国民不能攻击与德国建立外交关系的国家的公务人员,而对其他国家的公务人员则无所谓,这种结论显然是荒唐的。

(四)刑法之外的目标设定

罗克辛认为,真正意义上的不属于不法与罪责并作为第四个犯罪范畴的客观处罚条件,其基础在于刑法之外的目标设定。按照罗克辛的观点,《德国刑法典》第 104 条中的外交关系和互惠关系之所以属于客观处罚条件,其原因在于一种外交政策;第 283 条第 6 款破产犯罪中的客观处罚条件,其设置源于证据法和经济政策上的考虑。⑤ 此外,布卢瓦也持类似观点,认为刑法外的利益衡量是刑罚排除和刑罚取消事由的标示要素。在刑事政

---

① 参见黎宏:《刑法总论问题思考》,中国人民大学出版社 2007 年版,第 188—189 页。
② Vgl. Bloy, Die dogmatische Bedeutung der Strafausschließungs-und Strafaufhebungsgründe, 1976, S. 243.
③ 参见许玉秀:《当代刑法思潮》,中国民主法制出版社 2005 年版,第 89—90 页。
④ Vgl. Roxin, Strafrecht Allgemeiner Teil, Band I, Grundlagen der Aufbau der Verbrechenslehre, 4. Aufl., 2006, § 23 D, Rn. 39.
⑤ Vgl. Roxin, Strafrecht Allgemeiner Teil, Band I, Grundlagen der Aufbau der Verbrechenslehre, 4. Aufl., 2006, § 23 C, Rn. 21-23.

策的利益与其他法律政策的利益产生冲突时,优先考虑后者因而使刑罚被免除了。实现这种刑法外利益的功能在于,刑法与整体社会的需求的交织变得越来越明显。①

笔者认同这一观点,即从刑法外的目标设定或者刑法外的政策考量来识别客观处罚条件。一方面,这种观点是建立在客观处罚条件乃刑罚限缩事由这一基础之上的。刑法外的目标设定与行为人的不法和罪责是无关的,因此,将其作为客观处罚条件的存在根据显然不会破坏责任主义原则。按照这种观点,刑法中现有的客观处罚条件的范围将会大大限缩,原来所认定的客观处罚条件但凡与不法存在或强或弱的联系,通通都应回归到犯罪不法的构成要件中去。另一方面,这种观点将刑法和客观处罚条件放在一个更为宽广的视野中来加以考察,不但在刑法体系内部问题(如责任主义原则的坚守)上做到了逻辑连贯,而且使得刑法与其他法律,乃至整个法秩序和社会整体利益协调起来。客观处罚条件本质上是一种处理刑法体系外部关系的调节性要素,它致力于将体系外的目标设定与政策考量,以尽量不影响体系稳定性、自洽性的方式引入定罪机制之中,实现刑法有节制的功能性目标追求。

四、中国刑法语境下客观处罚条件的归类判断

通过以上对客观处罚条件性质的本体考察,以及对不法相关性判断标准的深入探讨,再来思考中国刑法语境下客观处罚条件的归类判断,便有了更为清晰的思路。

(一) 罪量要素与客观处罚条件

立足于维护责任主义原则的基本立场,不论是从不法相关性的识别判断还是从客观处罚条件的目标设定来看,都不宜将罪量要素理解为一种客观处罚条件。

其一,我国《刑法》中罪量要素的分布非常广泛,从最直观的法感觉出发,也难以认同将规模如此庞大的要素通通归为客观处罚条件。因为,这意味着我国《刑法》中将有大量的要素不需要被主观罪过所覆盖,这可能面临着责任主义原则在中国刑法中大面积塌陷的风险。② 从更实质的角度来分析,盗窃大小不同数额的财物,行为的违法性程度是明显不同的,这一点实际上也为德国学者所认可。③ 因此,数额型罪量明显地提升了不法程度,与不法具有直接的相关性,应当要求行为人的主观认知,否则便有损害责任主义原则的风险。在司法实践中,如果否定盗窃数额的主观认识必要性,往往会引发较大争议,裁判结论难以得到包括被告人在内一般民众的认可。在一系列具有影响

---

① Vgl. Bloy, Die dogmatische Bedeutung der Strafausschließungs - und Strafaufhebungsgründe, 1976, SS. 224-225.

② 参见梁根林:《但书、罪量与扒窃入罪》,载《法学研究》2013年第2期。

③ Vgl. Kern, Grade der Rechtswidrigkeit, ZStW 64 (1952), S. 277; Roxin, Strafrecht Allgemeiner Teil, Band I, Grundlagen der Aufbau der Verbrechenslehre, 4. Aufl., 2006, § 14 B, Rn. 7.

力的"天价盗窃"案件中,实际上法院基本已经认可了盗窃数额属于构成要件要素的观点。在早期的"天价葡萄案"中,司法机关回避了关键的理论争议,通过重新鉴定财物价值的方式,间接地将当事人出罪。在之后的"天价手机案"中,法院通过重审推翻了此前"盗窃数额巨大,判处有期徒刑10年、罚金2万元"的判决,认定盗窃数额较大,改判有期徒刑2年、罚金3000元。① 在"天价手表案"中,法院判决最终基于认识错误的基本理由,对被告人免予刑事处罚,而《刑事审判参考》意见对此案则更是明确指出,行为人对所盗物品价值有重大认识错误,属于对象认识错误。② 在"天价玉石案"中,法院判决也完全维持了这一立场。③ 此外,与犯罪数额要素有所差异,情节型罪量要素一方面具有不法程度提升的作用,另一方面在某些场合也具有一定的主观属性,这与客观处罚条件也是不同的。④

其二,"违法所得数额较大"虽然与"数额较大"这样的典型罪量要素略有差异,但同样不应当纳入客观处罚条件。学者之所以主张如《刑法》第217条、第218条中的"违法所得数额较大"是真正的客观处罚条件,理由在于违法所得数额与社会危害性并没有比例关系,违法所得较少也可能造成很大的社会危害性。⑤ 对此,笔者并不赞同。诚然,完全可能存在那种行为人违法所得很少但是法益侵害极大的案件。但是,这仍然不能否定,在多数情况下违法所得多少与法益侵害性的大小基本呈正相关的关系。换言之,一般而言,违法所得的大小,实际上是立法者通过行为人犯罪收益这一指标来具体标示犯罪行为不法侵害程度大小的法律要素。按照笔者的理解,之所以我国《刑法》第217条侵犯著作权罪和第218条销售侵权复制品罪中的罪量表述是"违法所得数额较大""违法所得数额巨大"而不是"数额较大""数额巨大",其原因在于著作权法益的特殊性。有形财物的法益侵害可以直接通过财物数额减损来衡量。例如,一台电脑被盗窃或者毁坏,法益侵害程度可以直接通过该电脑的价值数额清楚地体现出来。此时立法者用"数额较大"这样的罪量形式来规定无疑简单明了。但是,著作权是一种无形财产,当它被侵害时难以直观地通过其价值载体来计算法益侵害程度。再加之侵犯著作权的行为方式多种多样,侵害对象也形态各异(如文字作品、音乐、电影、电视等),此时用违法所得的标准能够较为清楚地整体衡量不法侵害的程度。因此,"违法

---

① 参见王楷:《郑州保姆偷窃天价手机案重审宣判 原审10年改判2年》,载央视网(http://news.cntv.cn/2012/12/30/ARTI1356845838486281.shtml),访问日期:2022年4月15日。
② 参见"沈某某盗窃案",载中华人民共和国最高人民法院刑事审判第一、二、三、四、五庭主办:《中国刑事审判指导案例4:侵犯财产罪》(增订第3版),法律出版社2017年版,第242页。
③ 参见广东省佛山市顺德区人民法院(2013)佛顺法刑初字第778号刑事判决书;郑丁足:《基于价值认识错误盗窃的刑事责任承担》,载《人民司法》2013年第22期。
④ 参见王强:《罪量因素:构成要素抑或处罚条件?》,载《法学家》2012年第5期。
⑤ 参见王强:《罪量因素:构成要素抑或处罚条件?》,载《法学家》2012年第5期。类似观点请参见张明楷:《法定刑升格条件的认识》,载《政法论坛》2009年第5期。

所得数额较大"和"违法所得数额巨大"这样的罪量要素,与普通的"数额较大"型罪量要素并没有根本性的差别,也不应当纳入客观处罚条件中。

其三,司法解释对罪量要素的部分特殊性规定,也仍然不属于客观处罚条件。一方面,《盗窃案件解释》中所规定的"曾因盗窃受过刑事处罚",虽然并非对盗窃行为客观不法的描述,但是却体现了行为人相对更高的人身危险性。将人身危险性纳入罪量要素的认定,近些年来非常频繁地被司法解释制定者所采用。① 甚至可以认为,这是行为人刑法对我国刑法的隐秘性"入侵",不得不让人担忧。② 然而,即使如此,这也不构成将其理解为客观处罚条件的充分理由。因为,体现人身危险性的要素,本质上仍然在于解释不法的内涵,只不过其主要凸显了行为无价值和主观恶性的侧面。从主观罪责的角度来看,行为人通常对"曾因盗窃受过刑事处罚"这一事实具备一定认识。而且一般来说,责任主义原则主要是通过要求行为人对客观不法要素具有认识来实现的。严格要求行为人对主观不法要素具有主观认识,这在逻辑上本身就并不合理,这并非责任主义原则所处理的问题。

另一方面,《网络诽谤解释》所规定的"诽谤信息转发 500 次",以及《个人信息解释》所规定的"被他人用于犯罪",都强调了他人行为的重要影响,且与犯罪实行行为产生了一定间隔。但这样的外部性影响和间接性特征,仍然不代表这些要素不具有不法相关性。例如,当行为人选择在非封闭的信息网络空间发布诽谤信息时,客观上已经创造了一种该信息被他人广泛转发的可能性。当诽谤信息被大量转发时,贬损他人人格的不法程度也在迅速升高。而诽谤信息被他人转发,仍然处在行为人可能预见的行为延长线上。再如,当行为人非法出售或提供他人行踪轨迹这一敏感信息时,客观上也对他人的人身、财产安全创设了一种可能的风险。他人利用行踪轨迹信息实施犯罪,实际是这种可能风险的现实化过程。他人实施犯罪所进一步引发的法益侵害,显著提升了信息提供行为的整体不法程度,因而无须对信息数量再设置更多的要求。而这种提供敏感行踪轨迹信息的可能风险,也完全处在行为人主观可预见范围之内。因此,这类具有外部影响的间接性要素,仍然不应被定位为客观处罚条件。

(二) 间接后果性要素与客观处罚条件

我国《刑法》中的间接后果性要素,基本都存在不同程度的不法相关性,因此也不应纳入客观处罚条件之中。与普通结果犯中的"结果"相比,尽管这些间接后果性要素与行

---

① 例如,《个人信息解释》第 5 条规定,曾因侵犯公民个人信息受过刑事处罚或者二年内受过行政处罚,又非法获取、出售或者提供公民个人信息的,应认定为"情节严重";再如 2013 年最高人民法院、最高人民检察院《关于办理抢夺刑事案件适用法律若干问题的解释》第 2 条规定,曾因抢劫、抢夺或者聚众哄抢受过刑事处罚的,或一年内曾因抢夺或者哄抢受过行政处罚的,抢夺罪"数额较大"的标准按照一般标准的 50%确定。

② 对人身危险性渗入罪量要素认定的批判考察,请参见李永升、胡冬阳:《人身危险性导入罪量要素之检讨》,载《国家检察官学院学报》2017 年第 2 期。

为的紧密程度相对较低,但是仍然处在不法行为所创设的危险倾向之中。例如,丢失枪支不报罪中的"造成严重后果",虽然其发生具有一定偶然性,与实行行为的关系可能非常间接,甚至相隔很长时间①,但是不能否认这种严重后果的发生明显提升了行为整体的不法的程度。一个仅仅违反枪支管理规定的行为,和一个不仅违背枪支管理规定而且也造成严重后果的行为,在违法性上存在明显的差别。因此,提升行为不法程度的严重后果应当被责任主义原则所覆盖。虽然在该罪中,严重后果的发生往往有赖于他人的介入,但是这种经过他人介入才发生的严重后果,仍然与行为人实行行为的危险倾向有关。对这种与行为危险倾向联系在一起的严重后果,仍然应当要求行为人具有一定的认识或认识可能性(即主观过失罪过)。例如,配备公务用枪的人员在执法过程中,配枪不慎落入不法分子手中,如果此时不进行报告,后续造成严重后果的,应当构成丢失枪支不报罪。但是,如果配备公务用枪的人员在人迹罕至的森林中不慎丢失了枪支并没有报告的,在这种情形中不仅行为事实上导致严重后果的危险倾向极低②,而且行为人一般也难以认识到这种丢枪不报行为与后续严重后果之间的关联,因此即使此后他人偶然利用丢失的枪支造成了严重后果,行为人也不宜构成丢失枪支不报罪。

此外,不论是在中国大陆刑法还是中国台湾地区"刑法"的语境下,交通肇事罪中的"致人死伤"要件都不应理解为客观处罚条件。由于"致人死伤"要素显然直接提升先前肇事行为的不法程度,轻微的机动车肇事行为和致人死伤的严重肇事行为二者之间在刑法评价上存在重大的差别。而且,这种先前肇事不法程度的提升也附带性地造成了之后逃逸行为不法程度的升高。违反交通运输管理法规引发"剐蹭""碰撞"的行为,还不是作为"第二次法"的刑法所希望规制的行为,只有该行为已经造成严重的伤亡后果,乃至肇事后仍然驾车逃逸的,刑法才具有介入的正当性和必要性。因此,这里的"致人死伤"应当被囊括在行为的主观罪过涵盖范围之内。试想,假如行为人违章驾驶机动车仅仅只是轻碰了一下被害人,被害人外表并无异常。事后却证明,被害人由于特殊的脆弱体质被机动车轻微碰撞后不久便死亡。在这样的情形中,也认定行为人构成交通肇事罪,显然违背了该罪立法设置的初衷。

同理,诸如《刑法》第397条滥用职权罪中的"致使公共财产、国家和人民利益遭受重大损失",第339条第2款擅自进口固体废弃物罪中的"致使公私财产遭受重大损失或者严重危害人体健康",第186条违法发放贷款罪中的"造成重大损失",乃至第175条之一骗取贷款罪中的"重大损失"③,都应当还原为客观不法要素,纳入责任主义原

---

① 参见周光权:《论内在的客观处罚条件》,载《法学研究》2010年第6期。
② 参见柏浪涛:《构成要件符合性与客观处罚条件的判断》,载《法学研究》2012年第6期。
③ 主张骗取贷款罪中"重大损失"不属于客观处罚条件,而系构成要件要素或犯罪情节的观点,参见周铭川:《论骗取贷款罪的行为构造——兼与张明楷教授、孙国祥教授商榷》,载《中国刑事法杂志》2020年第1期;赵运锋、张文秋:《骗取贷款罪行为构造研究》,载《政法学刊》2020年第6期。

则的覆盖范围中。

(三) 程序性附加条件与客观处罚条件

由于客观处罚条件应当限定理解为基于刑法之外的目标设定和政策考量而设置的刑罚限缩事由，其在我国《刑法》中仅仅具有非常有限的存在范围。从这一识别立场出发，我国《刑法》中部分的程序性附加条件可以归为客观处罚条件，因为其大体可以理解为与不法无涉的政策性限制处罚事由。有学者认为，我国《刑法》中的程序性附加条件仍然属于犯罪构成条件，而非客观处罚条件。其核心理由在于：①程序性附加条件与行为人的行为仍有一定关联性；②程序性附加条件缺乏所带来的后果是不予定罪，而非已经构成犯罪但由于存在处罚阻却事由而最终不予处罚；③把程序性附加条件理解为客观处罚条件导致追诉时效起算提前。① 然而，上述理解存在一定误读。首先，与行为是否具有一定关联性，并非界分犯罪构成要件与客观处罚条件的妥当标准。如前文所述，主流观点所采纳的判断标准在于，相关要素是否具有规范层面的不法相关性。虽然某些要素与行为人的行为具有一定事实关联，但是只要这些要素并非刑事不法的组成部分，则仍然可能成为客观处罚条件。其次，按照主流学说的理解，当客观处罚条件欠缺时，相应的刑事法律后果本身就是不予定罪且不予处罚，而非已经构成犯罪但不予处罚。最后，将程序性附加条件理解为客观处罚条件，对刑事追诉时效的计算也没有实质影响。上述观点实际上误以为追诉时效不以客观处罚条件的发生为前提。但通说几乎没有争议地认为，刑事追诉时效应当在客观处罚条件被满足以后才能开始计算。②

应当说明的是，在外在形式上，德国法中的客观处罚条件往往表现为发动刑罚需要具备的要素，而此处程序性附加条件则常常表现为满足该条件则不再发动刑罚。但是，二者同样基于刑法之外的目标设定和政策考虑而限缩处罚范围，实际并没有本质区别。实际上，按照上述形式上的差异，在德国刑法理论体系的不法和罪责之外，进一步区分了客观处罚条件和刑罚排除事由（Strafausschließungsgründe）这两种排除犯罪的要素，而后者又可以进一步分为个人的刑罚排除事由和客观的刑罚排除事由。但是，诚如罗克辛所言，客观处罚条件与客观的刑罚排除事由之间的区别是纯粹形式性的。③ 此外，这里的程序性附加条件不同于德国刑法中所讨论的诉讼条件。在德国刑法语境下，缺少客观处罚条件将作出无罪判决，而欠缺诉讼条件（如管辖权、告诉乃论的告诉、诉讼时效等）的后果只是中止程序。④ 而在中国刑法的语境下，本文所称程序

---

① 参见卢勤忠：《程序性附加条件与客观处罚条件之比较》，载《法学评论》2021年第1期。
② Vgl. Bosch, in Schönke/Schröder, Strafgesetzbuch Kommentar, 30. Aufl., 2019, §78 a, Rn. 13/14.
③ Vgl. Roxin, Strafrecht Allgemeiner Teil, Band I, Grundlagen der Aufbau der Verbrechenslehre, 4. Aufl., 2006, §23 B, Rn 5.
④ 参见王钰：《客观处罚条件和诉讼条件的区分——兼论实体法和程序法的区别》，载《政治与法律》2016年第7期。

性附加条件的缺乏将在实体法的层面阻却刑事处罚,行为根本就不应也无法进入刑事诉讼程序。以下笔者结合一些程序性附加条件加以具体探讨。

其一,《刑法》第 270 条侵占罪中的"拒不退还"和"拒不交出"。当行为人将代为保管的他人财物非法占为己有,或者将他人的遗忘物或者埋藏物非法占为己有,且数额较大时,行为人就已经完全满足了侵占罪的应罚性。此时,行为人的犯罪行为全部结束,被害人的财产法益已经完全被侵犯了。但是,周光权教授对此提出了不同的看法。他指出,侵占罪中的"拒不退还、拒不交出"既不是内在的也不是外在的客观处罚条件,其属于典型的违法要素。"拒不退还、拒不交出"和非法占有之间有相互说明的关系,"拒不退还、拒不交出"的含义可以通过非法占有来进行阐述,其缺乏独立的内容。① 但是,如果这样理解"拒不退还、拒不交出"的含义,那么立法者大可不必再画蛇添足地作出这样累赘的规定,因为非法占有已经完全包含了其所表达的意思。对比而言,德国和日本的刑法典也没有对侵占罪作出这样的规定。也就是说,即便是在其他国家的刑法典中,在没有这种"拒不退还、拒不交出"要件时行为的应罚性也已完全成立。事实上,按照笔者的理解,鉴于侵占罪与普通民事侵权行为具有很强关联性,二者的界限常常不易把握,因此我国的立法者希望通过"拒不退还、拒不交出"的规定,给予行为人一次特殊的出罪机会。换言之,在行为人以非法占有为目的实施了侵占行为之后,虽然已经完全满足了该罪通常所理解的应罚性,但是如果行为人在被害人或者有关机关的要求下及时退还了财物,那么行为人也不应受到刑事处罚。因此,"拒不退还、拒不交出"在性质上应定义为刑法之外政策性的刑罚限缩事由。

其二,《刑法》第 201 条逃税罪第 4 款规定的"经税务机关依法下达追缴通知后,补缴应纳税款,缴纳滞纳金,已受行政处罚的,不予追究刑事责任"。对此,周光权教授认为,单纯的逃税行为所具有的违法性仍不充足,当行为人事后不愿补缴税款或接受行政处罚时,才达到了客观可罚的违法程度。② 但是,逃税罪保护的法益是国家的期待税收收入和税收征管秩序,在行为人已经采取欺骗、隐瞒手段进行虚假纳税申报或者不申报,逃避缴纳税款数额较大且占应纳税额 10% 以上时,上述保护法益已经被侵害,此时行为的应罚性已经满足。而且,在司法实践中,逃税行为和税务机关追缴行为之间往往可能存在相当长的时间间隔。税务机关是否以及何时开启追缴程序,可能受到侦查能力、税务政策等多重因素的影响,其具有相当大的不确定性,将其理解为不法内涵的一部分也不太妥当。从立法修订背景来看,《刑法》第 201 条逃税罪第 4 款的规定完全符合客观处罚条件的制度初衷。该条款于 2009 年通过《刑法修正案(七)》增设,其

---

① 参见周光权:《论内在的客观处罚条件》,载《法学研究》2010 年第 6 期;周光权:《侵占罪疑难问题研究》,载《法学研究》2002 年第 3 期。张明楷教授也持类似的观点,参见张明楷:《刑法学》(第 5 版),法律出版社 2016 年版,第 968 页。

② 参见周光权:《论内在的客观处罚条件》,载《法学研究》2010 年第 6 期。

立法考量在于,对于偷税罪初犯者,经税务机关指出后积极补缴税款和滞纳金,履行了纳税义务,接受行政处罚的,不再作为犯罪追究刑事责任,可以较好体现宽严相济刑事政策,事实上更有利于巩固税源和扩大税基。① 申言之,对这类行为主体如果直接处以刑罚,很可能使其失去继续为国家创造税收来源的机会和能力,反而不利于国家税收制度的长远发展。由此可见,该条主要是国家基于鼓励积极补缴税款、同时维护税收来源这一刑事政策的考虑,给予行为人特殊的出罪机会,符合客观处罚条件出于刑法之外的目标设定而限缩处罚的基本定位。

其三,《刑法》第351条第3款非法种植毒品原植物罪规定,非法种植罂粟或者其他毒品原植物,在收获前自动铲除的,可以免除处罚。这里的"免除处罚",从字面含义来理解是指宣告有罪但免除刑罚。但是,按照最高人民检察院、公安部《关于公安机关管辖的刑事案件立案追诉标准的规定(三)》第7条的规定,非法种植罂粟或者其他毒品原植物,在收获前自动铲除的,可以不予立案追诉。不予立案追诉实际意味着不构成犯罪,可见司法解释对"免除处罚"实际上进行了更为有利于行为人的扩张解释,因此"收获前自动铲除"的最终效果接近于客观处罚条件。同时,立法者之所以设置这一条款,主要是考虑到行为还没有造成实质的社会危害,鼓励行为人迷途知返,及时中止违法犯罪行为。② 事实上,非法种植毒品原植物罪的犯罪构成并不以收获毒品原植物作为前提条件。可见,该条款的立法初衷主要是一种鼓励犯罪中止的政策性刑罚限缩事由,基本性质上也相当于客观处罚条件。然而,对于司法者来说,客观处罚条件并没有选择适用或不适用的空间,它是发动刑事处罚的必备条件,抑或必然导致刑事处罚的排除。而这里司法解释规定的表述是"可以不予立案追诉",其意味着在实践中也存在"可以立案追诉"的可能,这与一般的客观处罚条件存在一定差异。因此,这里"收获前自动铲除"的行为只是一种类似于客观处罚条件的要素。当然,如果能够证明,对于这类案件司法实践中几乎没有例外地"不予立案追诉",则实际上可以将其理解为客观处罚条件。

其四,《刑法》第196条信用卡诈骗罪第2款恶意透支规定中的"经发卡银行催收后仍不归还"。从该罪中恶意透支属于特殊类型诈骗行为的应然定位来看,如果行为人以非法占有为目的,自始至终根本就没有还款能力与还款意愿,只是通过办理信用卡进行透支来骗取财物,则在其恶意透支时就已经具备了充分的刑事可罚性。③ 在此意义上,其后"经发卡银行催收后仍不归还"要件实际上起到了限缩处罚范围的效

---

① 参见王爱立主编:《中华人民共和国刑法条文说明、立法理由及相关规定》,北京大学出版社2021年版,第746页。
② 参见王爱立主编:《中华人民共和国刑法条文说明、立法理由及相关规定》,北京大学出版社2021年版,第1393—1394页。
③ 参见王华伟:《恶意透支的法理考察与司法适用》,载《法学》2015年第8期。

果,可以被理解为客观处罚条件。但是,在司法实践中很难证明这种透支行为之前就已经具有的非法占有目的。行为人在正常透支之后,由于种种原因不再还款的行为,司法实务中实际上仍然可能会将其纳入刑法规制的范围,这种理解已经在很大程度上偏离了诈骗罪的基本法理。信用卡透支行为本身属于十分常见的民事行为,即使没有及时还款也仍只属于一种"欠债不还"的行为,尚未达到值得刑法介入的程度。此时,按照司法机关的逻辑,"经发卡银行催收后仍不归还"似乎进一步深化了行为人"恶意"的程度,构成了对行为人发动刑事处罚的证成性条件。在这个意义上,该要素实际上更接近于一种提升不法程度的构成要件,而非单纯限制处罚范围的客观处罚条件。因此,"经发卡银行催收后仍不归还"的性质相当复杂,它是否属于客观处罚条件,还取决于我们如何认定恶意透支型信用卡诈骗罪的基本性质定位和具体构成标准。此外,最高人民检察院、公安部《关于公安机关管辖的刑事案件立案追诉标准的规定(二)》第49条规定,恶意透支,数额在5万元以上不满50万元的,在提起公诉前全部归还或者有其他情节轻微情形的,可以不起诉。这里"提起公诉前全部归还"的法律效果,接近于非法种植毒品原植物罪中的"收获前自动铲除",也可以作类似的理解。

其五,《刑法》第286条之一拒不履行网络安全管理义务罪所规定的"经监管部门责令采取改正措施而拒不改正"。该表述在形式上属于一种程序性附加条件,但实际性质却有一定特殊性。主要原因在于,该罪中信息网络安全管理义务的边界过于宽泛,类型性程度很低。因此,只是初步形式性地符合义务违反特征,刑法还没有必要直接介入予以规制。以网络服务提供者的违法内容管理义务为例,不论是美国的《数字千年版权法》,还是欧盟的《电子商务指令》和德国的《电信媒体法》,都否定了一般情况下网络服务提供者对其传输、缓存和存储内容的一般性监督和调查义务。由于技术控制可能性的限制、对信息和媒体自由的重视以及打击网络犯罪刑事政策的考量等因素,网络服务提供者的刑事义务一般只能产生于其明确知晓或者被有关机关告知存在违法内容之后。[①] 因此,出于对我国《刑法》第286条之一适当限缩解释的考虑,这里的"经监管部门责令采取改正措施而拒不改正"是网络服务提供者最终刑事义务确立的前提,而并非与行为人不法和罪责没有关联的客观处罚条件。

综上所述,程序性附加条件在基本性质和规范目标上与客观处罚条件具有一定交集。但是,仍然不能简单根据程序性附加条件的形式特征,一概地将这些要件通通认定为客观处罚条件。总的来说,为了坚守责任主义原则,在中国刑法语境下,客观处罚条件的存在范围应当被严格限缩。

---

① 参见王华伟:《网络服务提供者的刑法责任比较研究》,载《环球法律评论》2016年第4期。

五、结语

随着德日刑法知识体系的深度引入,客观处罚条件的概念在我国刑法学界已经不再陌生。但是,由于其基本性质与识别标准的模糊性,我国《刑法》中越来越多的要素被冠以客观处罚条件之名,在一定程度上冲击着责任主义原则的落实。关于客观处罚条件的基本性质,不法中立说在应然与实然之间存在较大反差,而完全否认说则过于绝对地排斥了客观处罚条件的实存状况。较为妥当的方案是立足于客观处罚条件不法中立性的基本立场,反思性地限缩现有客观处罚条件的范围,将其中相当一部分还原为构成要件要素。而就不法相关性的认定标准而言,行为无价值与结果无价值、客观归责理论,以及应罚性与需罚性的理论范畴,都不能提供妥当的指引。相对而言,刑法之外的目标设定和政策考量,是识别不法相关性以及客观处罚条件的合理标准。沿着上述思路,应当将罪量要素和相关司法解释的规定,以及间接后果性要件,还原为构成要件要素。而我国《刑法》中存在的一些特殊程序性附加条件,则可以有条件地将其中一部分理解为客观处罚条件。客观处罚条件在德国刑法学界本身即存在较大争议,作为理论舶来品引入我国时不能简单移植对接,而应回到制度设计初衷,充分考虑我国《刑法》存在的诸多特殊之处,因地制宜地进行本土化理论改造与调试。

刑事一体化与刑法教义学

——基于共同犯罪理论的阐释

何庆仁[*]

一、超前的刑事一体化与滞后的刑法教义学

"刑事一体化是最能代表储槐植教授的学术思想的一个标签性用语"[①],早在1989年年初,储槐植教授就极具前瞻性地在《建立刑事一体化思想》中首次指出:"刑事一体化的基本点是,刑法和刑法运行处于内外协调状态才能实现最佳社会效益。实现刑法最佳效益是刑事一体化的目的,刑事一体化的内涵是刑法和刑法运行内外协调,即刑法内部结构合理(横向协调)与刑法运行前后制约(纵向协调)。"[②]两年后,储槐植教授又在《刑法研究的思路》一文中进一步指出:刑法研究的基本思路是多方位立体思维。具体说来,从刑法之外研究刑法,这涉及研究的广度;在刑法之上研究刑法,这涉及研究的深度;在刑法之中研究刑法,这是研究的起点和归宿。[③]

20世纪80年代末、90年代初的中国刑法学尚笼罩在政法法学的氛围之下,具体研究则以刑法立法学为主,前者侵蚀着刑法学的专业性基础,后者则限制着刑法学的研究视野,在这样的时代背景之下,储槐植教授提出刑事一体化的理念与方法,宛如平地一声惊雷,对每一个从事和关注刑法学研究的人而言,都有振聋发聩之效。加之"刑事一体化"一词言简意赅、形象生动,具有极强的学术感染力与号召力,因而迅速成为刑法学领域的流行话语之一。[④] 之后,储槐植教授身体力行地推进"刑事一体化"研究不断深入[⑤],并

---

[*] 中国社会科学院大学法学院教授。
[①] 陈兴良:《老而弥新:储槐植教授学术印象》,载陈兴良主编:《刑事法评论》(第21卷),北京大学出版社2007年版,第438页。
[②] 储槐植:《建立刑事一体化思想》,载《中外法学》1989年第1期。
[③] 参见储槐植:《刑法研究的思路》,载《中外法学》1991年第1期。
[④] 笔者于2022年4月24日下午以标题中含有"刑事一体化"为条件在中国期刊网上进行检索,检索结果为157篇论文;以"刑事一体化"为关键词进行检索,检索到论文308篇;以全文中含有"刑事一体化"为条件检索,则共有论文6666篇。"刑事一体化"的影响力由此可窥一斑。
[⑤] 研究成果代表参见储槐植:《再说刑事一体化》,载《法学》2004年第3期;储槐植、闫雨:《刑事一体化践行》,载《中国法学》2013年第2期。

与伴随德日刑法学而来的"整体刑法学"理念①和刘仁文教授另辟蹊径提倡的"立体刑法学"②相结合,汇成一股学术洪流,席卷整个刑事法学研究,无论是在观念上还是在方法上,都对刑法学研究形成了挑战和冲击。③

遗憾的是,作为被挑战和冲击的对象,刑法学本身的发展并未表现出与"刑事一体化"相匹配的进度与活力,仍然在刑法立法学的泥潭里挣扎前行,直至1997年《刑法》公布,在张明楷教授提出"法律不是嘲笑的对象"④,不应该认为"批判刑法比解释刑法时髦"⑤之后,刑法立法学才逐渐转变为刑法解释学。至于刑法教义学,则是迟至最近十余年才开始兴盛。2005年陈兴良教授在《刑法教义学方法论》一文中明确指出:"刑法学如欲成为一门科学,必须推进刑法教义学方法论的研究。"⑥在具体知识方面,陈兴良教授也提倡刑法知识的教义学化,"在各种刑法知识中,刑法教义学是基础,其他刑法知识应当以刑法教义学为中心而展开"⑦。冯军教授也区分了刑法立法学、刑法解释学和刑法教义学,认为刑法科学作为实践科学,它的核心部分一直是刑法教义学。⑧ 在此基础之上,我国刑法教义学的研究才如雨后春笋般发展起来。⑨

因此,就我国刑法学研究的历程而言,刑事一体化是远远超前于刑法教义学的。当中国刑法学还沉迷在刑法立法学中时,储槐植教授凭借一己之力,提出了刑事一体化的理念;当中国刑法学从刑法立法学向刑法解释学转向时,储槐植教授已经透过对关系刑法、犯罪规律等的研究,将刑事一体化持续推进至新的阶段⑩;当中国刑法学终于迈向刑法教义学的阶段时,刑事一体化则开始和立体刑法学、整体刑法学等合流,无论是在观念上还是方法上都保持着对刑法教义学的领先优势。这并非一种合理的现象,正常情况下,应该是刑法教义学发展在先,刑事一体化推进在后,正如陈兴良教授所言:"我国刑法学首先应当大力发展刑法教义学,在此基础上,再开展刑法学其他学

---

① 参见〔德〕汉斯-海因里希·耶赛克:《一个屋檐下的刑法学和犯罪学》,周遵友译,载赵秉志主编:《刑法论丛》(2010年第2卷),法律出版社2010年版,第403页以下。
② 参见刘仁文:《提倡"立体刑法学"》,载《法商研究》2003年第3期;刘仁文:《构建我国立体刑法学的思考》,载《东方法学》2009年第5期。
③ "刑事一体化"甚至影响了法学教育学位点的设置。我所供职的中国社会科学院大学法学院有鉴于刑事法学研究支离破碎的弊端,以"刑事一体化"为指引,专门设置了目录外二级学科刑事法学博士点和硕士点,并已于2019年开始招生。
④ 张明楷:《刑法格言的展开》,法律出版社1999年版,第1页以下。
⑤ 张明楷:《刑法的基本立场》,中国法制出版社2002年版,第53—54页。
⑥ 陈兴良:《刑法教义学方法论》,载《法学研究》2005年第2期。
⑦ 陈兴良:《刑法知识的教义学化》,载《法学研究》2011年第6期。
⑧ 参见冯军:《刑法教义学的先行思考》,载《法学研究》2013年第6期。
⑨ 关于1997年《刑法》生效后我国刑法学的这段知识转型的历程与思考,请参见张明楷、陈兴良、车浩:《立法、司法与学术——中国刑法二十年回顾与展望》,载《中国法律评论》2017年第5期。
⑩ 参见储槐植:《刑事一体化与关系刑法论》,北京大学出版社1997年版,第137页以下。

科的研究,逐渐形成我国的整体刑法学。"①如此前后倒置的错位,一方面产生自特定的时代背景,我们不能苛求中国刑法学在经历了诸多浩劫后能立即建立起自己的刑法教义学;另一方面则应归因于储槐植教授个人的学术顿悟,以至于在一片并不肥沃的园地里培育出一朵如此艳丽的鲜花。

刑事一体化与刑法教义学关系中的上述前后错置对二者其实都有不良影响。对刑事一体化而言,最大的问题是"皮之不存,毛将焉附"。作为刑法科学之基础与核心的刑法教义学迟迟不现身,刑事一体化就只能停留于理念宣导,主要从结构、机制等宏观层面展开论述,或者只能以具体问题为导向,而无法影响刑法教义学的底层逻辑与基本体系。事实也是如此,储槐植教授研究刑事一体化三十余年,在其力作《刑事一体化践行》中,虽然强调刑事一体化理论的精髓在于融通学科之间的联系,解决现实问题,但文中所举的三个具体实践问题(死刑适用标准、自首立功的处罚原则以及复合罪过)都是在讨论刑罚论和分则中的问题,都不属于刑法教义学的核心内容。② 研究立体刑法学的刘仁文教授对这一点也有同样的感触,他坚信立体刑法学的生命力,却也坦承研究立体刑法学十余年,立体刑法学最初提出的那些问题仍然存在,新的问题又在不断产生。③ 对刑法教义学而言,已经"抢跑"的刑事一体化看似可以为滞后的刑法教义学之发展提前准备好相应的知识储备,会有利于刑法教义学的建构,但是,刑法教义学本来就徘徊于封闭与开放之间,主要以立法、司法解释和判例为依据,在其建立之初,一种已经高度发达的刑事一体化理念可能反而会有副作用,尤其是在刑法教义学的规范性方面,因为该规范性极易受其他刑事法学科的侵蚀。④

刑事一体化的超前与刑法教义学的滞后造成二者之间的关系紧张,更不用说刑事一体化与刑法教义学的关系本就处于高度紧张之中,也就是说,规范性的刑法教义学如何与刑事政策学、犯罪学等其他刑事法学科共存于同一个屋檐之下。这是一个相当宏大的议题,本文无意亦无力对此展开全面探讨,下文将仅以刑法教义学中"最混乱与最黑暗的部分"——共同犯罪理论——为例,描述和说明在上述双重紧张关系之下,刑法教义学应当如何自处,为阐释刑事一体化与刑法教义学的关系提供一个直接的注脚。

---

① 陈兴良:《刑法知识的教义学化》,载《法学研究》2011年第6期。
② 参见储槐植、闫雨:《刑事一体化践行》,载《中国法学》2013年第2期。
③ 参见刘仁文等:《立体刑法学》,中国社会科学出版社2018年版,第20页。
④ 参见陈兴良:《犯罪:规范与事实的双重视角及其分野》,载北大法律评论编委会编:《北大法律评论》(第3卷第2辑),法律出版社2000年版,第204页以下;冯军:《刑法的规范化诠释》,载《法商研究》2005年第6期。

二、刑事一体化视野下刑法教义学的独立性:共同犯罪的三种理论形态

刑事一体化并非要模糊各刑事法学科的界限,刑法教义学作为其中的核心组成部分,其独立性究竟何在呢?对此,透过考察我国共同犯罪理论的形态变迁,可以有较为清晰的认知。"共同犯罪所要研究的主要问题是:(1)根据什么条件(主观方面的和客观方面的)确定刑事责任范围;(2)按照什么方式(从属地或者是独立地)使没有直接实施刑法分则条款规定的犯罪行为的人对这个犯罪负刑事责任。"①为了解决这两个问题,我国刑法学中的共同犯罪理论以不同的理论养分为基础,大致经历了从形式共犯论到因果共犯论再到规范共犯论的范式变迁,以下分而述之。

(一) 形式共犯论

形式共犯论是从中华人民共和国成立后一直沿用下来的理论体系,可以说是从苏联刑法理论继承而来并且得以发展的传统的共同犯罪理论。在很长一段时间内,该理论的框架都是相当固定的:首先介绍共同犯罪的法定概念及其成立条件(二人以上、共同故意和共同行为),然后分析共同犯罪的四类八种形式(任意的与必要的共同犯罪、事前通谋的与事中通谋的共同犯罪、简单的与复杂的共同犯罪、一般的与有组织的共同犯罪),之后再对共同犯罪人的分类与刑事责任展开探讨。该框架在1979年《刑法》时期即已成形,例如高铭暄教授主编的《中国刑法学》②和赵秉志教授与吴振兴教授联袂主编的《刑法学通论》③中,共同犯罪一章的内容大抵如是。1997年《刑法》生效之初,由于共同犯罪一节的立法变更不大,该框架仍得以继续沿用,例如高铭暄教授与马克昌教授共同主编的《刑法学》④与赵秉志教授主编的《新刑法教程》⑤等,对共同犯罪的介绍至少在体例上与之前完全相同。即使到了今天,共同犯罪的传统理论框架仍然得到许多学者的支持。⑥

之所以将该理论形态称为形式共犯论,是因为它主要将共同犯罪作为一种社会现象来看待,从形式上解析其成立要件。形式共犯论的形成与发展自然不是偶然的,其

---

① 储槐植:《美国刑法》(第2版),北京大学出版社1996年版,第154页。
② 参见高铭暄主编:《中国刑法学》,中国人民大学出版社1989年版,第182页以下。
③ 参见赵秉志、吴振兴主编:《刑法学通论》,高等教育出版社1993年版,第212页以下。
④ 参见高铭暄、马克昌主编:《刑法学》,中国法制出版社1999年版,第288页以下。
⑤ 参见赵秉志主编:《新刑法教程》,中国人民大学出版社1997年版,第204页以下。
⑥ 参见高铭暄、马克昌主编:《刑法学》(第5版),北京大学出版社、高等教育出版社2011年版,第162页以下;王作富主编:《刑法》(第5版),中国人民大学出版社2011年版;高铭暄主编:《刑法学原理》,中国人民大学出版社1993年版,第396页以下;马克昌主编:《犯罪通论》,武汉大学出版社1991年版,第502页以下。

背后蕴含着显而易见的合理成分。首先,该理论框架具有坚实的立法基础。无论是共同犯罪的概念与成立条件,还是共同犯罪人的分类与处罚,都是直接从法条中演绎而来的。我国共同犯罪的传统理论与共同犯罪的立法是如此紧密地联系在一起,以至于完全可以说,传统的共同犯罪理论几乎是为立法而"生"的。在罪刑法定主义深入人心的时代,必须承认这是一项值得珍视的优点。其次,该理论框架与中华人民共和国成立之后的刑法理论一脉相承。众所周知,1949年以后受苏联的影响,我国刑法理论走上了一条富有中国特色的道路,其核心内容之一是认为符合犯罪构成是成立犯罪的唯一标准。就共同犯罪而言,重要的因此也是论证共同犯罪是如何符合犯罪构成的,鉴于强调共同犯罪的三大成立条件、四类八种形式以及共同犯罪人的分类之后,犯罪构成的四个要件似乎即均已涉及,以其为共同犯罪论的核心理论范畴故而是理所当然的。最后,该理论框架简明易懂,与实务联系较为紧密。只要知道了什么是共同犯罪以及什么情况下成立共同犯罪,了解了共同犯罪人有哪些类型以及各自的处罚原则,关于共同犯罪论的基本问题就有了大致的了解。从刑事司法实务的角度而言,实务工作者关注的亦无非是否成立共同犯罪以及如何处罚的问题。传统共同犯罪理论的框架恰好能够非常简单而直接地满足实务上的此一需求。

问题在于,形式共犯论这一直观的和朴素的理解范式对简单的案件可以进行很好的处理,但一旦遇到比较复杂、疑难的案件时,仅仅用这种朴素、直观的感知来进行处理,就不太容易得出合理结论,在说理的时候也很难找到合适的途径。对此,周光权教授曾批评指出:"四要件说在讨论共犯成立条件时,名义上是在分析共同故意、共同行为,但实质上沿用了讨论单独犯的故意、行为的简单套路,对许多复杂问题采用'绕开走'的办法,导致对许多问题的讨论只能是浅尝辄止。把适用于单独犯的犯罪构成理论简单借用到共犯论上,会带来思维判断简单化、共犯成立范围广的危险。"[①]更深层次的问题是,形式共犯论主要从现象上理解和掌握共同犯罪,但对共同犯罪的实质和规范性没有过多关注,导致形式共犯论理解下的共同犯罪概念主要是一个事实概念,与刑事一体化中的犯罪学意义上的共同犯罪概念区隔不够明显,与刑事政策学意义上的反社会行为也有混淆之处。无论如何,刑法学中的共同犯罪理论显然不能满足于从现象上描述共同犯罪事实,仅从形式上理解共同犯罪也无法完全满足刑法学对共同犯罪定罪量刑的要求。

(二) 因果共犯论

狭义的因果共犯论是指共犯处罚根据论中的惹起说,以区别于责任共犯论与不法共犯论。因果共犯论对以下共同犯罪理论中的核心问题之解决具有重要意义:①必要

[①] 周光权:《犯罪论体系的改造》,中国法制出版社2009年版,第74页。

共犯中,作为正犯不可罚的一方是否可以论以对方罪行的共犯?②未遂的教唆(即明知正犯将止于未遂的教唆犯)是否可罚?③自杀参与者是否可罚?④被害者的参与行为是否可罚?⑤纯正身份犯的共犯是否可罚?对此,我国学者主要存在修正惹起说与混合惹起说的分歧。采取修正惹起说的黎宏教授非常清楚地指出,共犯的违法性最终只能透过正犯行为的法益侵害性完全体现出来,难以想象其具有和正犯不同的独自的违法性,教唆犯之类的共犯之所以受到处罚,是因为其间接地侵害或者威胁到了法益,本质上和正犯没有任何差别,只是由于其是通过正犯间接地侵害到了法益,所以,和正犯之间只有量上的差别,而没有质上的不同。① 同样采取修正惹起说的杨金彪博士也认为:"在处罚根据上,正犯与共犯没有质的不同,都是因为引起法益侵害或者危险的结果而受到处罚。只不过正犯是直接引起侵害法益的结果,共犯是间接引起侵害法益的结果。因此,在共犯的构造上,共犯只有通过正犯的实行行为才能够实现侵害法益的结果。"②而支持混合惹起说的周光权教授则认为:"坚持构成要件基准,结合法益侵害性来理解共犯处罚根据的混合引起说是妥当的。"③陈洪兵教授也认为:"由于混合惹起说是纯粹惹起说与修正惹起说的折中,既克服了纯粹惹起说的缺陷,否认没有正犯的共犯,又克服了修正惹起说的缺陷,肯定没有共犯的正犯,故混合惹起说不仅能对未遂的教唆、必要的共犯的不可罚性以及非身份者作为真正身份犯共犯的可罚性进行合理的说明,而且因为否认没有正犯的共犯,坚持了法益侵害说的立场,维护了犯罪构成要件的界限功能,固守了罪刑法定原则,因此,混合惹起说具有相当的合理性。"④

对因果共犯论进行阐述以及分析修正惹起说和混合惹起说孰优孰劣并非本文的意图,值得关注的是,因果共犯论吸收和借鉴德日刑法学中的相关理论,摆脱了对共同犯罪的形式理解,从法益侵害的实质角度解读共犯,极大地深化和推动了对共同犯罪理论的研究。也就是说,因果共犯论并不否认形式共犯论从现象上对共同犯罪的理解,但是它认为只看到共同犯罪形式上的成立要件是不够的,还需要进一步去明确共同犯罪的实质是什么。违法性的实质是法益侵害,不仅对单独犯罪是这样,对共同犯罪也应当是这样。所以,虽然两人以上有共同的犯罪故意,有共同的犯罪行为,但是如果其中的某个或几个参加者并没有侵害法益的话,就不能说他们成立共同犯罪。例如,甲请求乙杀死自己,乙构成故意杀人罪是没有问题的,问题是甲是否构成故意杀人罪的教唆犯。按照形式共犯论,两人以上、共同故意和共同行为的三个形式要件也是

---

① 参见黎宏:《刑法总论问题思考》,中国人民大学出版社2007年版,第515页。
② 杨金彪:《共犯的处罚根据》,中国人民公安大学出版社2008年版,第240页。
③ 周光权:《刑法总论》(第4版),中国人民大学出版社2021年版,第359页。
④ 陈洪兵:《共犯处罚根据论》,载陈兴良主编:《刑事法评论》(第23卷),北京大学出版社2008年版,第443页。

符合的,就会得出张三也构成教唆犯的结论。但按照因果共犯论,甲请求乙把自己杀死时剥夺的就是甲自己的生命法益。对于甲来说,侵害的是他自身的法益而没有侵害别人的法益,站在法益侵害的立场上就可以得出结论认为,张三的行为是不可罚的,不会成立教唆犯。由此,因果共犯论就从共同犯罪的现象背后深入法益侵害的因果流程的实质中,进而为很多共同犯罪理论问题的解决提供了更好的框架和更充分的说理途径。

狭义的因果共犯论仅针对表现为教唆犯和帮助犯的共犯而言,但这并不意味着对正犯而言与法益侵害的因果关联不重要。恰恰相反,正是因为作为直接侵害法益的正犯与法益侵害的因果关联如此明显,以至于根本没有必要强调。所以,完全可以将因果共犯论扩张理解为针对全体共同犯罪理论的一种新形态。该形态不满足于对共同犯罪的形式理解,而是在形式共犯论的基础上作了更加实质化的考虑,更加强调法益侵害这一实质根据的指导意义,对于共同犯罪理论的深化是有重要意义的。而且,因果共犯论甚至超越了违法性论领域行为无价值论与结果无价值论的分歧。关于二者的关系,一般认为,责任共犯论必然倾向行为无价值论的主张,不法共犯说与一元的行为无价值论暗合,纯粹惹起说与混合惹起说偏向一元或二元的行为无价值论,只有修正惹起说真正将结果无价值论严格予以贯彻。① 那么,无论是二元论的行为无价值论还是结果无价值论,其所分别支持的混合惹起说和修正惹起说,就都只是因果共犯论内部的分歧。因果共犯论与不法论的这种联系并非偶然,而是中国刑法教义学整体话语体系转向的不同表现和必然要求,伴随着我国刑法理论从苏俄刑法学向德日刑法学的知识转型,共同犯罪理论也逐渐从形式共犯论过渡至因果共犯论。

(三) 规范共犯论

第三种形态规范共犯论是部分学者最近为发展共同犯罪理论而作出的新尝试,共有两种路径。第一种路径参考宾丁规范理论中举止规范与制裁规范的分类,认为应当从规范论的立场理解共同犯罪。支持制裁规范的观点认为:"从规范论的角度而言,由于构成要件背后的行为规范对于所有的犯罪参与人都同样适用,但刑法条文所预设的制裁规范仅适用于单独犯,因此必须与总则的共犯规定相结合,才能形成规制共同犯罪的完整的制裁规范。在这个意义上,共同犯罪的规定是一种制裁(媒介)规范,但在这一制裁(媒介)规范的内部,同样必须具备能够发动该制裁规范的行为规范。"②强调举止规范的学者则指出:"我国《刑法》第 25 条以下的共同犯罪规定既是制裁规范,又

---

① 参见阎二鹏:《共犯论中的行为无价值与结果无价值》,载陈兴良主编:《刑事法评论》(第 21 卷),北京大学出版社 2007 年版,第 100 页;杨金彪:《共犯的处罚根据》,中国人民公安大学出版社 2008 年版,第 84 页。

② 李世阳:《规范论视角下共犯理论的新建构》,载《法学》2017 年第 11 期。

是举止规范层面的规定。共犯不仅在制裁规范的层面区别于正犯,还在举止规范的层面区别于正犯。"①应该说此类尝试对于厘清共同犯罪的规范内涵而言是非常有益的探索,但是宾丁规范理论本身的形式主义色彩决定了该路径没法充分揭示共同犯罪理论的规范性,举止规范和制裁规范本身只是一种以适用对象为根据的分类,其内涵与机能均需要进一步说明。

笔者支持的是将归责理论引入共同犯罪理论领域的第二种路径。归责理论不是关于规范类型的理解,而是对不法内涵本身的规范理解,其在法益侵害的(主观以及客观)存在论维度之外,另行设置了一个规范性的维度,即透过与人的自由相关联,规范性判断一个既存的法益侵害是否为法所允许。在归责理论的视野下,共同犯罪是不法的一种特殊归责形态,既不是单独归责,也不是从属性归责和相互性归责,而是共同归责。判断共同归责时,人类自由同样具有超越因果关系的决定性意义。据此,共同归责的根据是,共同犯罪人行使自己的行为自由,在规范上表达了与他人共同塑造构成要件之实现的意义,构成要件之实现因此是全体共同犯罪人的共同作品,应由全体共同犯罪人共同答责。在共同犯罪中,每个人自己的那部分行为都不具有独立的不法意义,无所谓"自己的"与"他人的"犯罪之分,只要整体犯罪行为进入了实行阶段,共同犯罪就是所有共同犯罪人"自己的"犯罪。例外的是,如果有参加者的行为没有表达出构成要件实现的意义,则应当溯责禁止。②

规范共犯论主要是针对因果共犯论的缺点提出来的。因果共犯论最主要的不足是过于关注法益侵害的因果流程这样的存在论维度,而欠缺充分的规范色彩。在教义学不断发展的今天,归因和归责的区分基本上已经成为一种共识,归因解决的是事实层面的问题,归责则解决规范层面的问题。③ 在单独犯罪的场合,这一点已经广受认可,但在共同犯罪领域却没有受到充分的重视。形式共犯论从现象上理解共同犯罪自不待言,即使是因果共犯论,也囿于"因果"而对规范性的归责判断重视不足。实际上,归责理论不仅影响单独犯罪,对共同犯罪同样具有决定意义,共同犯罪不只是一种社会现象和因果事实,更是一种规范性归责的形态。也就是说,是否成立共同犯罪,除了要进行事实层面的判断,还要进行规范层面的判断,只有经过规范层面的判断仍然可以得到肯定结论时,才能够说共同犯罪是成立的。当共同犯罪理论发展至此时,一种摆脱了存在论要素纠缠的规范性的共同犯罪理论才得以真正形成,规范理解才终于确立了自己在共同犯罪理论中的核心地位。

---

① 唐志威:《共犯的举止规范》,载《法学》2021年第4期。
② 参见何庆仁:《共同犯罪的归责基础与界限》,中国社会科学出版社2020年版,第146页以下。
③ 参见陈兴良:《从归因到归责——客观归责理论研究》,载《法学研究》2006年第2期;周光权:《客观归责理论的方法论意义》,载《中外法学》2012年第2期;车浩:《假定因果关系、结果避免可能性与客观归责》,载《法学研究》2009年第5期;等等。

要强调的是,形式共犯论、因果共犯论、归责共犯论之间并不是完全对立的关系,提倡规范共犯论也不是对形式共犯论和因果共犯论的简单否定。毋宁说规范共犯论是共同犯罪理论不断实质化和规范化演进历程的必然结果,是在形式共犯论和因果共犯论的基础上附加和突出了规范判断的决定性地位。如果要问刑法教义学中的共同犯罪理论最重要的属性是什么,那么答案正应该是其不可放弃的规范性。与共同犯罪理论相同,刑法学知识迈向刑法教义学的过程,也是且应该是一个刑法学知识不断规范化的过程。在此意义上,刑法教义学在刑事一体化的刑事法学科群中的独立性,如同共同犯罪理论的上述演进历程清晰揭示的那样,不在于对社会现象的描述,不在于对客观因果与主观意图的强调,而在于自己的规范品格。

三、刑事一体化视野下刑法教义学的开放性:共同犯罪的处罚范围与形式

刑法教义学的独立性不意味着其封闭性,尽管的确存在从独立走向封闭的理论诱因,学术史上德国刑法教义学也确实曾有过一段封闭的幽暗时光[1],但今天所理解的刑法教义学中,开放性早已是其题中应有之义。对此,车浩教授指出:"在研究视野上,不能排他性地陷入一种'法教义学拜物教',要让法教义学的发展不至于盲目地飞行,这就需要在注重理论的精细化、体系化和自洽性的同时,保持与社会生活的沟通,重视刑法的社会任务的实现。"[2]车浩教授这里所强调的是刑法教义学知识体系透过与刑法的社会任务相联系,实现刑法教义学的功能化,从而实现刑法教义学体系与外部世界的沟通。在共同犯罪理论领域,笔者所提倡的归责共犯论与车浩教授的主张是完全一致的,归责理论正是目的理性与功能主义的产物,因此归责共犯论本身不会有封闭性之虞。除此之外,刑事一体化视野下刑法教义学的开放性问题还在于,其他刑事法学科是否以及如何影响刑法教义学。下文将从前实在法与实在法两个层面加以探讨。

(一) 前实在法层面:刑事一体化中的刑法教义学

刑法教义学"是以现行刑法为逻辑起点而展开的知识体系,在刑法教义学研究中,主要是运用解释方法,揭示刑法条文的内容,从而为司法适用提供理论指引,尤其是为司法实践中解决疑难案件提供解决方案"[3]。刑事一体化对刑法教义学的最主要的制约和影响即在于,透过影响立法预设刑法教义学的框架。以共同犯罪为例,究竟

---

[1] 参见冯军:《刑法教义学的立场和方法》,载《中外法学》2014年第1期。
[2] 车浩:《理解当代中国刑法教义学》,载《中外法学》2017年第6期。
[3] 陈兴良:《刑法教义学的发展脉络——纪念1997年刑法颁布二十周年》,载《政治与法律》2017年第3期。

如何设定共同犯罪的处罚范围与形式,立法者基于刑事一体化会有诸多考虑,这些考虑最后都得以在刑法教义学中体现。

例如,对于具有一定稳定性的多人共同犯罪应该如何处理,刑法存在从犯罪团伙到犯罪集团再到有组织犯罪的规制变迁。1979年《刑法》对类似现象并未明文规定,1983年全国人民代表大会常务委员会《关于严惩严重危害社会治安的犯罪分子的决定》中增加规定了几种犯罪集团,实务上则通常使用犯罪团伙的概念。最高人民法院、最高人民检察院、公安部在1984年联合发布的《关于当前办理集团犯罪案件中具体应用法律的若干问题的解答》中规定:"办理团伙犯罪的重大案件,应当在党的方针政策指导下,依照刑法和《全国人民代表大会常务委员会关于严惩严重危害社会治安的犯罪分子的决定》的有关规定执行。鉴于在刑法和全国人大常委会的有关决定中,只有共同犯罪和犯罪集团的规定,在法律文书中,应当统一使用法律规定的提法。即:办理团伙犯罪案件,凡其中符合刑事犯罪集团基本特征的,应按犯罪集团处理;不符合犯罪集团基本特征的,就按一般共同犯罪处理,并根据其共同犯罪的事实和情节,该重判的重判,该轻判的轻判。对犯罪团伙既要坚决打击,又必须打准。不要把三人以上共同犯罪,但罪行较轻、危害较小的案件当作犯罪团伙,进而当作'犯罪集团'来严厉打击。"

由上可见,犯罪团伙主要是从事实层面对多人犯罪的一种概括,首先是一种社会现象,在犯罪学的视野下,有必要分析其成因、危害表现等,进而在刑事政策层面形成对策,最后才反映在司法实务中,影响刑法教义学的知识。在刑法规范的视野下,犯罪团伙概念其实没有什么意义;相反,它只能接受规范的检视,按照规范的规格把自己分解成若干个部分,化整为零地去分别对应那些规范视野中有意义的概念。当犯罪学和刑事政策学对犯罪团伙有了更成熟的认识,需要从中区分出更严重的犯罪集团时,1997年《刑法》就在第26条中增设了新的条款:"三人以上为共同实施犯罪而组成的较为固定的犯罪组织,是犯罪集团。对组织、领导犯罪集团的首要分子,按照集团所犯的全部罪行处罚。"并在分则中规定了若干必要的集团犯罪。此一变化,尤其是关于首要分子处罚原则的规定,理所当然地会对共同犯罪理论产生剧烈影响。该影响表面上看是基于立法变动,实质上是出于刑事一体化的要求。

当社会变迁出现新的情况,以犯罪集团来规制相关罪行也呈现出滞后性时,就有必要进一步基于刑事一体化理念,提出新的对策。2021年年底出台的《反有组织犯罪法》就是对现有共同犯罪理论教义学的颠覆式发展。该法第2条规定:"本法所称有组织犯罪,是指《中华人民共和国刑法》第二百九十四条规定的组织、领导、参加黑社会性质组织犯罪,以及黑社会性质组织、恶势力组织实施的犯罪。本法所称恶势力组织,是指经常纠集在一起,以暴力、威胁或者其他手段,在一定区域或者行业领域内多次实施违法犯罪活动,为非作恶,欺压群众,扰乱社会秩序、经济秩序,造成较为恶劣的社会影响,但尚未形成黑社会性质组织的犯罪组织。境外的黑社会组织到中华人民共和国境内发展组织成员、实施犯罪,以及在境外对中华人民共和国国家或者公民犯罪的,适用本法。"《反有组织犯罪法》的内容是典型的刑事一体化处置方式,该法不再采取传统的诸法分离的立法例,而是把分散在刑法、刑事诉讼法等法律中的相关内容组合在一起,以更有效地预防和惩治有组织犯罪,可以说在立法层面充分体现了刑事一体化的要求。可以想见,关于有组织犯罪的教义学知识,今后将不得不吸纳该共同犯罪形态在犯罪学上的特殊性,充分考虑立法者从严打击有组织犯罪的政策目的,并结合程序与处置上的各种特殊规定,以对新的立法作出应有的回应。

从犯罪团伙到犯罪集团再到有组织犯罪,立法与司法应对特殊共同犯罪方式的变化正是刑事一体化理念推动下的产物,该变化无疑也将相应塑造新的教义学知识,此之谓刑事一体化中的刑法教义学。

(二) 实在法层面:刑法教义学中的刑事一体化

刑法教义学中的刑事一体化则是指即使立法、司法预设的框架已经确定,在建构相应教义学知识时仍有贯彻刑事一体化理念的余地。换言之,即使以同样的立法和司法为前提,仍然可能建构出不同的教义学知识体系,而不是说从同样的立法和司法状况出发就只能发展出一样的教义学知识。多种教义学知识可以在相同的立法和司法前提下相互竞争,这也是刑法教义学的活力之所在。其中,刑事一体化理念可以发挥至关重要的作用。

例如,我国《刑法》第25条至第29条关于共同犯罪的规定,究竟采取的是区分制还是单一制的立场,学界就存在完全相反的看法。区分制与单一制是现今共犯理论与立法中两种不同的体系,前者在体系论与价值论上均区分正犯与共犯,后者则相反,将全体参加者都视为行为人,在量刑阶段始考虑各行为人作用之大小。二者的差异并非事物的本质使然,而是刑事政策以及论理上考虑之结果;也不能绝对地说何种体系天然就具有合理性,而是各有千秋,亦各有不足。① 究竟以采何者为宜,除了从整体上考虑一国的学理、政策与国情之外,最重要的根据自然是立法的规定本身。我国刑法根据"以作用分类法为主、以分工分类法为辅"的原则将共同犯罪人分为主犯、从犯、胁从犯与教唆犯四种类型,看似并未在区分制还是单一制上明确表态。司法实务上,司法解释与指导案例也忽而区分制,忽而单一制,缺乏一致立场。②

在此前提之下,多数观点一直坚持的都是区分制的立场,认为正犯、帮助犯虽未明

---

① 参见柯耀程:《参与与竞合》,元照出版公司2009年版,第33页以下。
② 关于立法与司法在区分制与单一制之间的暧昧态度及其原因分析,参见何庆仁:《区分制与单一制:中国刑法的立场与抉择》,载《中国社会科学院研究生院学报》2020年第4期。

文规定,但被涵括在主犯、从犯与胁从犯的规定之中,与《刑法》第29条规定的教唆犯一起构建起区分制的基础。① 为了缓和区分制与"以作用分类法为主、以分工分类法为辅"的立法原则之间的潜在冲突,学者们还发展出一种新的理论模式,主张用分工分类法(组织犯、实行犯、教唆犯与帮助犯)解决共同犯罪的定罪问题,作用分类法(主犯、从犯与胁从犯)则仅仅用来解决共同犯罪的量刑问题②,从而至少在定罪层面赋予区分制以决定性意义。不过,近年来不少学者开始提出反对观点,认为我国刑法关于共同犯罪的立法规定实质上是与单一制吻合的。③ 理由在于,一方面我国刑法并未规定正犯与帮助犯;教唆犯在我国则是独立可罚的;从犯也不是指从属性共犯,而是指处理共同犯罪案件的量刑情节。④ 另一方面,单一制在量刑层面根据各参加者自己的不法与罪责,确定其在共同犯罪中的当罚性;这与我国刑法重视共同犯罪人的作用,并分别量刑的做法可谓不谋而合。⑤

区分制与单一制孰是孰非,限于篇幅与主旨,于此不再赘述。笔者感兴趣的是,在同样的立法和司法状况下,区分制论者与单一制论者是如何建构起截然相反的两种教义学知识体系的。首先看区分制。无论是在我国,还是在日本和德国,区分制论者执着地想要区分正犯与共犯,主要的原动力来自对罪刑法定原则的坚持。陈兴良教授指出:"共犯是相对于正犯而言的。那么,什么是正犯呢?正犯是指实施了刑法分则规定的构成要件行为,即实行行为的人,也称为实行犯。在此,存在一个逻辑前提,即刑法分则规定的犯罪都是正犯,而共犯是没有实施构成要件行为的人。因此,对于正犯与共犯必须从构成要件理论上加以理解。"⑥周光权教授在其刑法总论教科书中也认为:"正犯,是指实行自己的犯罪,实现分则罪状规定的人……教唆犯、帮助犯都并不直接实行分则所规定的犯罪,对他人的实行没有支配性,而仅仅进行诱导或者提供帮助。"⑦在日本,小野清一郎教授很早就看到在因果关系之外结合构成要件区分正犯与

---

① 参见高铭暄:《中华人民共和国刑法的孕育诞生和发展完善》,北京大学出版社2012年版,第32页;马克昌主编:《犯罪通论》,武汉大学出版社1991年版,第540页。

② 参见陈兴良:《历史的误读与逻辑的误导——评关于共同犯罪的修订》,载陈兴良主编:《刑事法评论》(第2卷),中国政法大学出版社1998年版,第304页。这一观点随后得到陈家林(参见冯军、肖中华主编:《刑法总论》,中国人民大学出版社2008年版,第420页)、郝守才(参见郝守才:《共同犯罪人分类模式的比较与优化》,载《现代法学》2007年第5期)以及钱叶六(参见钱叶六:《双层区分制下正犯与共犯的区分》,载《法学研究》2012年第1期)等学者的赞同,而有成为新的主流观点之趋势。

③ 参见阎二鹏:《扩张正犯概念体系的建构——兼评对限制正犯概念的反思性检讨》,载《中国法学》2009年第3期。

④ 参见刘明祥:《论中国特色的犯罪参与体系》,载《中国法学》2013年第6期;阮齐林:《刑法学》(第3版),中国政法大学出版社2011年版,第168页。

⑤ 参见江溯:《犯罪参与体系研究——以单一正犯体系为视角》,中国人民公安大学出版社2010年版,第242—250页。

⑥ 陈兴良:《教义刑法学》,中国人民大学出版社2010年版,第630页。

⑦ 周光权:《刑法总论》(第4版),中国人民大学出版社2021年版,第328页。

共犯的必要性,他强调说:"共同正犯、教唆犯、帮助犯这三种形式,不是单纯的因果关系问题,也是行为的伦理与法律评价的问题。共同正犯是'正犯',亦即构成要件行为的行为人和实行人,相反,教唆、帮助犯不是实行人。"① 同样重视构成要件定型性的大塚仁教授也认为:"正犯需要是亲自直接地实现其犯罪或者在法上与此同样看待的形式中通过把他人作为工具加以利用而实施了其犯罪,相对于此,共犯是通过教唆或者帮助这种正犯而参与了其犯罪的实现。"② 德国学者的看法也大致如此。根据耶赛克教授和魏根特教授的解释,"如果说正犯是自己实施构成要件该当的行为或通过他人实施构成要件该当的行为或作为共同犯罪参与此等构成要件该当行为的,教唆犯和帮助犯则处于构成要件之外"③。韦塞尔斯教授也说:"《刑法典》分则中制定的刑罚规定所设定的构成正犯的前提条件,是正犯当然是直接从构成要件的实现中产生……正犯是对自己的犯罪行为的直接、间接或者共同的实施;参与是《刑法典》第 26—27 条中描述的对他人行为的参加。"④

如上所述,区分制将正犯与分则构成要件行为相联系,共犯则只有在从属于一个既存的构成要件行为时始得处罚。由于罪刑法定原则直接体现在分则构成要件行为中,区分正犯与共犯就维护了构成要件行为在刑法教义学中的决定性地位,也使得确定共同犯罪的处罚范围时有章可循。与区分制重视教义学的规范性相反,单一制论者则看到了区分正犯与共犯时的重重困难及由此导致的教义学乱象,认为我国共犯理论不当地受到了区分制的强势影响,不仅造成学界在共犯基本理论问题上的纷争,而且给司法实践带来困扰。而这种分歧本来是可以避免的,因为我国的共犯制度虽然在定罪上一体把握,但在量刑上区别对待的灵活特点足以应对共同犯罪中所出现的问题,而不必借用国外的一些共犯理论,否则反而可能造成理解和适用上的混乱,且有舍近求远之嫌。⑤ 面对现代社会复杂的犯罪参与现象,最为彻底和简便的处理方式是单一的正犯体系,也就是说,将凡是对于不法构成要件在事实上有贡献者,在参与形态上均应当视为正犯,这样不但统一了参与形态,也避免了区分参与类型的困难。⑥ 单一制较之区分制更为经济、便利,有利于贯彻个人责任原则,有利于解决间接正犯、片面共

---

① 〔日〕小野清一郎:《犯罪构成要件理论》,王泰译,中国人民大学出版社 2004 年版,第 152 页。
② 〔日〕大塚仁:《刑法概说(总论)》(第 3 版),冯军译,中国人民大学出版社 2003 年版,第 265 页。
③ 〔德〕汉斯·海因里希·耶赛克、〔德〕托马斯·魏根特:《德国刑法教科书》,徐久生译,中国法制出版社 2001 年版,第 776 页。
④ 〔德〕约翰内斯·韦塞尔斯:《德国刑法总论》,李昌珂译,法律出版社 2008 年版,第 282、284 页。
⑤ 参见刘刚:《强奸共同犯罪中定罪量刑的分歧及其消除——兼谈"一元共犯制"与"二元共犯制"的实质差异》,载《政治与法律》2009 年第 2 期。
⑥ 参见江溯:《犯罪参与体系研究——以单一正犯体系为视角》,中国人民公安大学出版社 2010 年版,第 336—337 页。

犯等问题。①

如果说区分制的原动力是(奠基于分则构成要件行为的)规范性,单一制的原动力则是实用性。单一制论者为了追求灵活性、简便性和经济性,不惜一定程度上放松教义学知识对规范性的要求,具有强烈的实用主义色彩。该实用主义色彩并非无源之水,背后其实有刑事一体化理念的支撑:事实层面的多因一果构造与犯罪学的研究成果相符;更有效地同共同犯罪作斗争符合一贯的刑事政策;正犯与共犯的区分困难也有证据法方面的依据。当刑事一体化的支撑如此强烈时,就可能改变教义学的走向,促进新的教义学知识成形。我国学者提出的单一制理论就是如此,在既有的立法、司法状况之下,尽管多数观点一直主张区分制,单一制仍然在刑事一体化理念或明或暗的推动下,找到了建立新的教义学知识的空间。当囿于立法和司法框架,实在没有新教义学知识的容身之所时,刑事一体化理念甚至可能推动刑法教义学突破立法与司法的框架,这就是所谓的刑法教义学的批判功能。"在刑法条文的表述存在缺陷的情况下,通过解释弥补其缺陷,是刑法教义学的重要内容或任务之一。事实上,将批判寓于解释之中,是刑法教义学的常态。"②刑事一体化理念因此在刑法教义学的解释与批判功能中均有用武之地。

四、超越刑事一体化的刑法教义学:代结语

刑事一体化追求刑事法学科之间的融通,对刑法教义学而言,作为刑法学方法的一体化至少应当与有关刑事学科(诸如犯罪学、刑事诉讼法学、监狱学、刑罚执行法学、刑事政策学等)知识相结合,疏通学科之间的隔阂,关注边缘(非典型)现象,推动刑法学向纵深开拓。③ 显然,刑事一体化并非要取消或弱化刑法教义学的独立性,其所殷殷期盼的是在尊重刑法教义学独立性的前提下,刑法教义学可以吸收其他学科的成果,构建起更为合理的知识体系。对此,刑法教义学不该有任何抵触情绪,既要将自己置身于刑事一体化的大背景下,实现刑事一体化中的刑法教义学,也要注重自己的知识体系对刑事一体化理念的贯彻,体现刑法教义学中的刑事一体化。

换言之,真正的刑法教义学原本就应处于独立性与开放性之间,坚守自己的规范品格,同时致力于追求刑事一体化中的刑法教义学与刑法教义学中的刑事一体化。回顾我国刑法学自1979年《刑法》颁布以来四十余年的发展进程,刑法立法学时代的刑法学研究较多地体现了刑事政策的需求,由于立法时会更多地从刑事一体化角度综合

---

① 参见任海涛:《共同犯罪立法模式比较研究》,吉林大学出版社2011年版,第73页以下。
② 张明楷:《也论刑法教义学的立场》,载《中外法学》2014年第2期。
③ 参见储槐植:《再说刑事一体化》,载《法学》2004年第3期。

考虑,刑法学知识就或多或少地被遮蔽在刑事一体化当中。刑法解释学时代的刑法学研究虽然开始追求刑法学知识的独立性,但在规范品格方面有所欠缺。在这两个时期刑事一体化与刑法教义学的关系都是有所失衡的。进入刑法教义学时代以后,尤其是经过了最近十余年的发展,刑事一体化已经成为刑法教义学研究者的共识,是刑法教义学题中应有之义,根本不需要再反复强调。在储槐植教授提出刑事一体化的命题三十余年后的今天,也许刑法教义学已经到了超越刑事一体化的时刻。刑法教义学已经没有必要再刻意地把自己融入刑事一体化当中,而更应该秉持刑事一体化的开放精神,不仅吸收其他刑事法学科的成果,而且要向所有的法学学科,甚至是所有的其他学科敞开怀抱。

此种意义上的超越刑事一体化的刑法教义学,不是对刑事一体化的否定,而是在新的时代背景之下的一种扬弃。时空变幻中刑事一体化与刑法教义学的这种辩证关系,正如《红楼梦》中的两副对联:《红楼梦》第一回,在太虚幻境,有一副对联:"假作真时真亦假,无为有处有还无。"第五回贾宝玉梦游太虚幻境时曾见过此联。书末第一百一十六回贾宝玉渡尽劫难重游幻境时,又见一副对联:"假去真来真胜假,无原有是有非无。"刑事一体化与刑法教义学的关系大抵也如是。

论过失犯的共犯

陈兴良[*]

研究共同犯罪,不能回避这样一个问题:过失犯罪能否构成共同犯罪?对于这个问题的回答关系到对共同犯罪的内涵与外延的理解。应该指出,对过失犯罪能否构成共同犯罪问题的回答,各国刑法并不一致,刑法理论亦聚讼不已。我国刑法对此予以断然的否定回答,其第25条第2款指出:"二人以上共同过失犯罪,不以共同犯罪论处;应当负刑事责任的,按照他们所犯的罪分别处罚。"但是,共同过失犯罪为什么不以共同犯罪论处?对共同过失犯罪应该如何定罪与量刑?对于这些问题,我国刑法学界的研究是很不够的。尤其是对于共同过失犯罪的定罪与处罚问题的研究,可以说是一个空白。本文试图在回答共同过失犯罪为什么不以共同犯罪论处问题的基础上,对共同过失犯罪的定罪与处罚问题进行初步探讨。

一、共犯过失犯罪概述

共同过失犯罪是共同犯罪还是单独犯罪,这是一个共同过失犯罪的定性问题。应当指出,在共犯教义学中,除共同过失犯罪是否构成共同犯罪以外,一方过失犯罪与一方故意犯罪是否构成共同犯罪,也往往成为问题。一般来说,肯定一方过失犯罪与一方故意犯罪可以构成共同犯罪的观点,必然肯定共同过失犯罪可以构成共同犯罪;而肯定共同过失犯罪可以构成共同犯罪的观点,则不一定肯定一方过失犯罪与一方故意犯罪可以构成共同犯罪;反之,否认共同过失犯罪可以构成共同犯罪的观点,必然否认一方过失犯罪与一方故意犯罪可以构成共同犯罪的观点。限于篇幅,本节只讨论共同过失犯罪是否构成共同犯罪的问题。

关于过失犯能否成立共犯,在共犯教义学中存在争议[①]:否定说以犯罪共同说为根据,认为共犯之成立须行为人间有共同犯罪之认识,以犯罪之认识为其要件,即共犯以故意犯为限,过失犯既无犯罪之认识,亦无发生意思联络之可能,故过失共犯无存在之

---

[*] 北京大学博雅讲席教授。
[①] 参见廖正豪:《过失犯论》,三民书局1993年版,第156页。

余地。肯定说以行为共同说为根据,认为共犯仅以共同行为之认识为要件,不必皆有共同犯罪之认识,故数人之共同行为有过失者,无论其为共同过失,或仅一方有过失,均可成立共犯之关系,故除可成立过失共同正犯外,教唆犯及从犯(指帮助犯——引者注)均有成立共犯之可能。在上述两种互相对立的观点中,各自的出发点不同,因而就会得出过失犯能否成立共犯的不同结论。

在共犯教义学中对过失犯的共犯持何种立场,还与过失犯的共犯立法存在一定的联系。从各国刑法规定来看,对过失犯能否成立共犯有三种不同的立法例:

第一种是肯定过失犯的共犯的立法例。例如《意大利刑法典》第113条(过失犯罪中的合作)规定:"(第1款)在过失犯罪中,当危害结果是由数人的合作造成时,对每人均处以为该犯罪规定的处罚。(第2款)对于指使他人在犯罪中合作的人,当具备第111条第1款3)项和4)项和第3款规定的条件时,也可以减轻处罚。"①对于这一规定,意大利学者指出,1930年《意大利刑法典》承认了过失共同犯罪的形式,但赋予它一个名称:过失重罪中的合作,以表示其与故意的共同犯罪有所区别。②虽然在意大利刑法中,过失犯的共犯在性质上与故意犯的共犯,即通常意义上的共犯之间存在一定的差异。但《意大利刑法典》规定了过失犯的共犯,这是没有争议的。我国近代刑法中,亦曾经规定过失共同犯罪。例如,1912年《暂行新刑律》第35条规定:"于过失罪有共同过失者,以共犯论。"对此,立法理由指出:"过失罪之有无共犯,各国学说与判决例,亦多不同。本案取积极之论,例如二人共弄火器,致人于死或肇火灾,应照过失杀伤或失火之共犯处分也。过失共犯,在各国刑律,对于实施正犯、造意犯、从犯,有均采积极说者;有均采消极说者;有对于实施正犯采积极说,其他采消极说者;又有对于实施正犯采消极说,其他采积极说者。本条之规定,对于三者之犯罪,均采积极说。"③此外,《暂行新刑律》第36条还规定:"值人关于犯罪之际,引过失而助成结果者,准过失共同正犯论。但以其罪应论过失者为限。"由此可见,《暂行新刑律》不仅规定了过失犯的共犯,而且规定了一方故意犯,另一方过失犯,亦可成立共犯,但限于帮助犯。立法理由指出:"前条虽有过失之共犯,然故意之犯罪与过失罪两者,是否得为共犯,未甚明确,故本条特设积极之规定。例如甲故意放火,乙因过失注之以油,致火势张盛。又如甲谋杀人,乙医师以过失传毒于所谋之人,致其毙命。此在各本条亦应任失火及过失杀之责,但其性质究非共犯,故以本条有应科过失罚为限,准前条予以过失共犯之处分也。"④此后,1928年《中华民国刑法》承继了《暂行新刑律》关于过失共同犯罪的立法,于其第47条规定:

---

① 参见《最新意大利刑法典》,黄风译注,法律出版社2007年版,第43—44页。
② 参见〔意〕杜里奥·帕多瓦尼:《意大利刑法学原理》(注评版),陈忠林译评,中国人民大学出版社2004年版,第340页。
③ 黄源盛纂辑:《晚清民国刑法史料辑注》(上),元照出版公司2010年版,第394页。
④ 黄源盛纂辑:《晚清民国刑法史料辑注》(上),元照出版公司2010年版,第394页。

"二人以上于过失罪有共同过失者,皆为正犯。"及至1935年《中华民国刑法》删除了过失共同犯罪的规定,因而过失共同犯罪是否成立,引起刑法学界的争论。①

第二种是对过失犯的共犯未予规定的立法例,此种情形占据大多数。例如《德国刑法典》第25条、第26条和第27条分别规定了正犯、教唆犯、帮助犯,并没有规定过失犯的共犯。德国学者指出,如果数人由于无意识的过失而共同实施犯罪行为的,不可能区分正犯与共犯,因为所有参与者均以同样的方式缺乏对构成要件该当行为的预见,因此他们中的每一个人都对犯罪进行了有效的控制。② 此外,《日本刑法典》亦未对过失犯的共犯作出规定,因而在共犯教义学中的通说都否定过失犯的共犯。

第三种是明确否定过失犯的共犯的立法例。我国就是典型的例子,我国《刑法》第25条第1款规定了共同犯罪的概念,第2款规定:"二人以上共同过失犯罪,不以共同犯罪论处;应当负刑事责任的,按照他们所犯的罪分别处罚。"据此,我国刑法中的共同犯罪只是共同故意犯罪,不包括共同过失犯罪。

从以上各国刑法关于过失犯的共犯的立法例来看,只有个别国家的刑法规定过失犯的共犯,大多数国家的刑法并没有对过失犯的共犯进行规定。但在现实生活中,确实存在过失犯的共同犯罪现象。为讨论问题方便,我们先列举三个案例:

案例一:甲、乙共同砍一棵树,在快砍断的时候,共同将树扳倒,但树在倒下时将架设在附近的通信线路挂断,导致某军事机关中断通信24小时。

案例二:甲是机关首长,一天乘坐司机乙驾驶的汽车进城,甲主张提高速度,乙解释说市内交通规则不容许提高速度。甲坚持,乙让步,提高了行车的速度,结果发生了事故,将丙轧成重伤。

案例三:甲、乙在值班室练枪法,甲装子弹,乙开枪射击,结果子弹穿过窗户打死了在人行道上行走的丙。

在以上三个案例中,案例一中的甲、乙主观上具有共同过失,客观上具有刑法分则规定的过失行为,是过失的共同正犯。案例二中的乙具有刑法分则规定的过失行为,甲则具有过失的教唆行为,是过失的教唆犯。案例三中的乙具有刑法分则规定的过失行为,甲则具有过失的帮助行为,是过失的帮助犯。上述过失的共同实行犯、过失的教唆犯与过失的帮助犯,是共同过失犯罪的三种形式,现分别就在这三种情况下是否构成共同犯罪的问题进行探讨。

(一) 过失的共同正犯

过失的共同正犯是指二人以上的过失行为共同构成刑法分则所规定的过失犯罪。

---

① 参见李世阳:《共同过失犯罪研究》,浙江大学出版社2018年版,第31页以下。
② 参见〔德〕汉斯·海因里希·耶赛克、〔德〕托马斯·魏根特:《德国刑法教科书》(下),徐久生译,中国法制出版社2017年版,第886页。

在这种情况下,二人以上的过失行为都符合刑法分则的规定,无论是否以共同犯罪论处,都构成过失犯罪。

我国《刑法》第 25 条第 2 款明确否定了过失犯构成共同犯罪的可能性,因而过失犯的共同正犯是不能成立的。然而,《日本刑法典》无此规定,而是将共同正犯规定为共同实行犯罪的情形。因此,在日本刑法学界对于过失犯的共同正犯存在较大的解释空间。关于过失的共同正犯能否成立,在日本刑法学界存在积极说与消极说之争。积极说主要为行为共同说所主张,认为共同犯罪是共同表现其恶性,共同实行犯具有共同行为,主观上只要有自然行为之共同意思就足以构成,不必皆有共同犯罪之认识。因此,凡是二人以上之共同行为,即使出于过失也无碍共同正犯之成立。消极说主要为犯罪共同说所主张,认为共同犯罪是犯罪之共同,共同犯罪之成立,须有共同犯罪之认识。构成共同正犯,主观上必须具有共同实行特定犯罪之意思,因此须有构成要件结果之认识以及对于这种结果的希望或者放任等故意之共同要素。既然以共同犯罪之认识为要件,共同犯罪只能在故意的范围内成立。过失犯虽然对共同实行的自然行为有意思之联络,但却不可能具有共同犯罪之意思联络,因而否定过失的共同正犯。① 笔者认为,过失的共同正犯能否成立的积极说与消极说的对立,实质上是共同过失是否存在共同犯罪的意思联络之争。

在我国共犯教义学中,共同正犯的成立不以客观上具有共同实行行为为已足,而且主观上还必须具有共同正犯的意思联络,即对于共同实行犯罪具有互相的认识。而过失的共同正犯的肯定说,恰恰在这一点上有悖于法律规定共同犯罪的旨趣。法律之所以规定共同犯罪,是因为各共同犯罪人在共同犯罪故意的范围内互相利用各人的行为而共同实行犯罪。但在共同过失犯罪的情况下,虽然各过失犯罪人对于同一的事实具有共同认识,例如甲、乙二人在屋顶上共同把一块石头推下去,因疏忽大意的过失而将丙砸死。在这种情况下,甲、乙对于共同推石头这一事实具有共同认识,但对于犯罪后果既然是因疏忽大意而没有预见,当然也就谈不上共同犯罪的意思联络。因此,如果我们是从犯罪构成的意义上,而不是从一般的社会观念上来评价共同过失犯罪人的心理状态,就不能认为过失犯罪人之间具有共同犯罪的意思联络。正如德国学者指出:"基于共同犯罪决意的正犯的形式决定了共同犯罪的界限。因此,在过失犯罪情况下缺少共同的犯罪决意。如果熟人以过失的方式共同实施了犯罪行为,只要每个行为人具备了过失犯应受处罚性的所有先决条件,则每个行为人均是同时犯;这里也就不存在彼此归责的问题。"② 在此,德国学者将过失犯的共同正犯类比为同时犯,否定其具

---

① 参见郭君勋:《案例刑法总论》(第 2 版),三民书局 1983 年版,第 463—465 页。
② 〔德〕汉斯·海因里希·耶赛克、〔德〕托马斯·魏根特:《德国刑法教科书》(下),徐久生译,中国法制出版社 2017 年版,第 917 页。

有共同犯罪的属性。同时犯与共同犯罪相比,就在于归责原则上的差别:同时犯是各自对自己的行为负责,对他人的行为则不承担责任。而共同犯罪则不仅对自己的行为负责,而且要对他人的行为负责,这就是共同犯罪尤其是共同正犯中的所谓部分行为之全体责任原则。例如,甲、乙二人出于各自的杀人故意分别向丙开枪射击。其中,甲一枪击中丙,致其死亡;乙则未击中。在这种情况下,如果是同时犯,甲构成故意杀人罪既遂,乙构成故意杀人罪未遂。如果是共同正犯,甲乙均构成故意杀人罪的既遂。在我国刑法并不承认过失犯的共同犯罪的情况下,对共同过失犯罪按照所犯的罪分别处罚,采取了同时犯的各自处罚原则。

应当指出,虽然《日本刑法典》没有明确规定过失犯的共同正犯,但目前日本共犯教义学的通说对过失犯的共同正犯采取肯定说,主要是从共同义务的违反上论证过失共同正犯的存在根据。例如日本学者指出:"从试图限定地肯定过失犯的共同正犯的见地出发,要求'共同义务的共同违反'之成立要件的观点作为最近的肯定说得以有力主张。即,两人以上在实施包含有易于产生犯罪结果之高度危险性的共同行为之际,在能够肯定各个共同者被科处了共同的注意义务的场合,由于个人违反该注意义务而发生了犯罪结果时,就能够认定共同的过失。"①在这个意义上,日本学者肯定了过失犯的共同正犯。应该说,过失犯的共同正犯是否成立还与犯罪共同说与行为共同说之争存在较大的关联性。日本学者认为:"过失共同正犯之成立与否的问题,一直都被认为是犯罪共同说与行为共同说之对立问题。具体而言,根据前者,共同实现共同正犯之特定犯罪之意思就是必要的,因此故意的共同成为不可或缺的要件。与此相对,根据后者,则认为共同正犯只要共同实施构成要件行为并对此具有意思疏通即为足够,因此过失共同正犯也被肯定。"②由于在日本刑法学界行为共同说是通说,因而过失共同正犯的肯定说具有较大的影响。

值得注意的是,受到日本学者观点的影响,我国亦有少数学者对于过失犯的共同正犯支持肯定说。在我国刑法明确否定共同过失犯罪的情况下,试图以过失共同犯罪的概念肯定过失犯的共同正犯。例如我国学者指出,过失共同犯罪与共同过失犯罪是两个不同的概念:前者是指二人以上负有防止结果发生的共同注意义务,由于全体行为人共同的不注意,以致发生结果的一种共同犯罪形态;后者是指二人以上的过失行为共同造成了一个结果,但是在行为人之间不存在共同注意义务和违反共同注意义务的共同心情。对过失共同犯罪应以共同犯罪论处,但应将过失共同犯罪限定于过失共同正犯,只有在直接参与实施造成结果的过失行为的行为人之间,才能成立共同犯罪。③ 在此,我国学者将是

---

① 〔日〕山口厚:《刑法总论》(第3版),付立庆译,中国人民大学出版社2018年版,第381页。
② 〔日〕高桥则夫:《刑法总论》,李世阳译,中国政法大学出版社2020年版,第420页。
③ 参见冯军:《论过失共同犯罪》,载高铭暄等:《西原春夫先生古稀祝贺论文集》,法律出版社、成文堂1997年版,第167页以下。

否共同违反注意义务作为区分过失共同犯罪与共同过失犯罪,并将过失犯的共犯限定为过失共同犯罪。从我国《刑法》第25条第2款的规定来看,立法机关否定共同过失犯罪是共同犯罪,似乎给过失共同犯罪是共同犯罪留下了想象空间。然而,我国《刑法》第25条第1款又明确地将共同犯罪定义为共同故意犯罪。因而,此共同犯罪并不等同于彼共同犯罪。换言之,此种过失共同犯罪在我国刑法的语境中完全不能认定为共同犯罪,否则直接与《刑法》第25条第1款关于共同犯罪的规定相抵牾。上述将过失共同犯罪界定为共同犯罪的观点来自日本学者大塚仁。例如,大塚仁指出,在过失犯的性质上,对由二人以上者的共同行为产生的结果,当然不能承认共同正犯,因为原则上应该分别就各行为人来论及注意义务的违反。但是,在法律上对共同行为人科以共同的注意义务时,如果存在可以认为共同行为人共同违反了其注意义务这种客观的事态,就可以说在此存在过失犯的共同正犯的构成要件符合性,进而,在也承认各个共同行为人存在责任过失时,不是就可以认为存在过失犯的共同正犯吗？例如,数名工作人员从大楼屋顶上的工作现场共同向地面扔下粗木材时,他们都被科以应该顾及不伤害地上行人等的共同注意义务,这种义务不仅是只要共同者单独对自己的行为加以注意就够了,而且也对其他同伴的行为加以注意,应该尽到互相确认安全后扔下木材的义务,如果木材砸伤了下面的行人,一般可以认为全体共同者违反了注意义务。在此,可以看出共同实行的内容和共同者的相互利用、相互补充的关系,其共同实施这种不注意行为的心情可以说是过失犯的共同实行的意思。① 然而,这种共同违反注意义务的情形在客观上确实可以界定为共同过失,但它与分别违反注意义务的情形在性质上并没有区别。过失犯之所以不能成立共同犯罪,包括共同正犯,主要在于过失犯的构成要件行为不同于故意犯。故意犯的构成要件行为具有较为严格的定型性,因而需要区分正犯与共犯。根据限制正犯概念,刑法分则规定的构成要件行为并不包括共犯,因而需要在刑法总则规定共犯,从而为共犯定罪提供法律根据。然而,过失犯的构成要件行为并不具有严格的定型性,只要对构成要件结果的发生具有因果关系,并且主观上具有疏忽大意的过失或过于自信的过失的,即可成立过失犯。因此,完全无须借助共犯的概念就可以解决过失犯的定罪问题。例如在共同违反注意义务的情况下,尽管在各行为人之间存在相互补充的关系,然而各行为人都充足过失犯的构成要件,没有必要借助共同正犯的概念就可以根据各自的行为定罪。在归责上亦是如此。故意犯的共同正犯的归责原则为部分行为之全体责任,各行为人不仅对自己的行为负责而且还要对他人的行为负责。但在过失犯的情况下,各行为人只对自己的行为负责而不对他人的行为负责,因此没有必要承认过失犯的共同正犯。

---

① 参见〔日〕大塚仁:《刑法概说（总论）》（第3版),冯军译,中国人民大学出版社2003年版,第292—293页。

在否定过失犯的共同正犯的前提下，笔者认为过失竞合是一个值得提倡的概念。日本学者大塚仁曾经论及过失竞合的概念，指出："关于某结果的发生，不少情况下是复数行为人的过失竞合在一起造成的。例如，行为人甲错误地驾驶汽车把行人乙轧伤时，乙也有无视信号灯跑到车道上的不注意，这时行为人甲的过失就和被害人乙的过失相竞合。再如，行为人甲开车时不注意把行人乙撞倒，紧随其后开车的丙也错误驾驶把被撞倒的乙轧死时，就是行为人甲的过失与第三者丙的过失相竞合。对这种过失竞合情况下的过失犯，就应该考虑行为人、被害人、第三者各自的注意义务，判定其是否违反各自的注意义务。"①由此可见，广义上的过失竞合包括被告人的过失与被害人的过失的竞合，而狭义上的过失竞合则限定于两个以上过失犯的竞合。在此，笔者在狭义上使用过失竞合的概念。值得注意的，大塚仁将过失竞合限于过失行为人之间存在监督与被监督这种上下关系的场合，也就是所谓监督过失。因为大塚仁认为，如果是平行关系的共同过失，行为人共同违反注意义务，因而成立过失共同正犯。与此不同的是，高桥则夫否定过失犯的共同正犯，因而将过失竞合的形态分为以下两种类型：第一种是对向型的过失竞合，第二种是并行型的过失竞合。所谓对向型的过失竞合是指行为人与被害人的对向型的竞合类型。所谓并行型的过失竞合又可以进一步分为并列型的过失竞合和直列型的过失竞合。其中，并列型的过失竞合是指对等的行为人的过失的背后同时性或者并列性竞合的类型；直列型的过失竞合是指在直接过失行为人过失的背后进而存在其他过失行为人的过失，从而并列地竞合的类型。高桥则夫指出："过失竞合中，当复数人的过失行为复杂地竞合时，各个行为人的预见可能性、肯定因果关系的存在等就成为困难的问题。在这些情形中，通过肯定过失共同正犯而将所有参与人都按《刑法》(指《日本刑法典》——引者注)第 60 条处理是困难的。由于本书否定过失共同正犯(以及过失的教唆、过失的帮助)，认为对于过失犯适用单一的正犯是妥当的，因此应该慎重地认定各自的过失。尤其是在从竞合这一现象形态向过失竞合'论'转化，作为同时正犯难以肯定过失成立的情形中，通过竞合论而肯定过失成立是创设了《刑法》第 207 条(同时伤害的特别规则)的过失类型因此不被允许。毋宁说，我认为，过失竞合论是作为适应于协同作业中的角色分担之信赖原则的适用情形，必须是限定过失犯成立的法理。"②此说甚是。

(二) 过失的教唆犯

过失的教唆犯是指过失地使他人实施犯罪的情形。由此可见，过失的教唆犯实际上可以分为以下两种情况：一是过失地使他人实施故意犯罪。例如，甲在闲谈中无意中透露某仓库无人看守值班的情况，乙听后产生盗窃某仓库的犯意并实施了盗窃犯

---

① 〔日〕大塚仁：《刑法概说(总论)》(第 3 版)，冯军译，中国人民大学出版社 2003 年版，第 242 页。
② 〔日〕高桥则夫：《刑法总论》，李世阳译，中国政法大学出版社 2020 年版，第 216—217 页。

罪。二是过失地使他人实施过失犯罪。例如,上述案例二就是适例。因为本节主要讨论共同过失犯罪,因此,笔者将着重对第二种情况下的过失的教唆犯进行研究。

关于过失的教唆犯能否成立,在日本早期共犯教义学中存在积极说与消极说之分。积极说认为过失的教唆犯是存在的,例如日本刑法学家大场茂马指出:"所应研究者,即过失犯有共犯与否?是也。共同正犯、教唆犯、从犯,以过失而成立者,固罕,然不能谓其绝无,过失犯之共犯,在于共同行为者,有为行为之意思,当行为之际,并认识该项行为,而于行为之客体、手段、时、地等性质,可以认识,因不注意致未能知之而构成。强盗黑夜来侵,值家人共同请求防卫方法之际,误以来援之邻人为盗,家人合力将邻人击毙者,是为过失致死罪之共同正犯,以此而类推之,过失犯之教唆,过失犯之从犯,亦不难想象。"①在日本刑法学界中,赞同此说的还有牧野英一、宫本英脩、木村龟二等人。消极说认为过失的教唆犯是难以成立的,例如日本刑法学家泉二新熊指出:"教唆者,须认识因自己之行为使被教唆者发生犯特定犯罪之意思而至于实行,是为教唆犯之故意。无此故意,教唆犯即不成立,是则因自己之过失行为,偶然惹起他人之犯意或过失(即自己之过失行为,为惹起他人犯意或过失之原因)者,不得即目之为教唆。"②在日本刑法学界,赞同此说的还有泷川幸辰、小野清一郎、团藤重光等人。在日本目前的刑法理论中,笔者认为,教唆一词,从语义学的意义上说,是在故意的心理状态支配下的一种行为,指有意识地使他人去实施犯罪。从教唆者一方来说,是明知本人的行为会引起他人的犯罪而希望或者放任这种结果发生,因而教唆只能由故意构成。从被教唆者一方来说,只有在他人的唆使下故意地去实施犯罪,才谈得上被教唆。如果因他人的指使而实施过失犯罪,那么,指使者就是利用他人的过失行为的间接实行犯,而谈不上被教唆。所以,所谓过失的教唆犯是不能成立的。

既然不存在过失的教唆犯,那么,对于某些法益侵害性已经达到了犯罪程度的所谓过失的教唆犯应如何追究刑事责任呢?主张过失的教唆犯可以成立的刑法学家认为,否认过失的教唆犯就失去了追究这些人的刑事责任的根据。例如,苏联著名刑法学家 A. H. 特拉伊宁指出:"否认过失罪的共同犯罪的可能性,就等于在社会主义法的体系中否认共同参加实施这些有时具有极大社会危害性的犯罪行为的刑事责任的可能性。"③特拉伊宁的这个论点是从故意的教唆犯中推导出来的:教唆行为不是刑法分则规定的犯罪行为,因为刑法总则对此作了规定,而产生了教唆行为的定罪根据。过失的教唆犯也是如此,如果没有刑法总则关于过失的共同犯罪的规定,就会失去对过失的教唆犯追究刑事责任的根据。笔者认为,这种论点似乎有理,实际上却是不能成

---

① 〔日〕大场茂马:《刑法总论》,日文版,第 1013 页。
② 〔日〕泉二新熊:《日本刑法论》(第 40 版),日文版,第 653 页。
③ 〔苏联〕特拉伊宁:《共同犯罪学说的几个问题》,载《政法译丛》1957 年第 4 期。

立的。在这一点上,特拉伊宁主要是忽视了故意犯罪行为与过失犯罪行为的区别。我国《刑法》第 15 条第 2 款规定:"过失犯罪,法律有规定的才负刑事责任。"我国刑法之所以如此规定,是因为出于故意的法益侵害行为比出于过失的法益侵害行为要严重得多。因此我国刑法以处罚故意为原则、处罚过失为例外,对于过失的法益侵害行为有选择地规定为犯罪。在这种情况下,如果在刑法总则中规定过失的教唆犯,就会扩大刑事责任的范围。

那么,对那些法益侵害程度已经达到应受刑罚处罚的过失的教唆犯应如何追究刑事责任呢?笔者认为,这个问题完全可以通过刑法分则的规定来解决。例如前述案例二中,司机乙在首长甲的一再坚持下违章驾驶造成丙重伤,构成交通肇事罪。对于甲的行为应如何处理呢?2000 年 11 月 15 日发布的最高人民法院《关于审理交通肇事刑事案件具体应用法律若干问题的解释》(以下简称《解释》)第 7 条规定:"单位主管人员、机动车辆所有人或者机动车辆承包人指使、强令他人违章驾驶造成重大交通事故,具有本解释第二条规定情形之一的,以交通肇事罪定罪处罚。"这一司法解释直接将这种指使、强令行为解释为交通肇事行为,而不适用共犯之关系。当然,由于《刑法》第 133 条关于交通肇事罪的规定中,还对逃逸致人死亡的情形作了规定,前引《解释》第 5 条第 2 款规定:"交通肇事后,单位主管人员、机动车辆所有人、承包人或者乘车人指使肇事人逃逸,致使被害人因得不到救助而死亡的,以交通肇事罪的共犯论处。"由于交通肇事罪是过失犯罪,如此规定又使过失犯罪存在共犯问题,因而引发了一定的争议。这一争议的核心是:能否就此肯定我国刑法中存在过失犯的共犯?不得不说,从司法解释文本来看,确实是对过失犯的共犯的规定。因为交通肇事罪是过失犯,以交通肇事罪的共犯论处,当然可以理解为以过失犯的共犯论处。对此,我国学者将这种共犯称为非纯粹过失犯的共犯。我国学者认为,过失犯的共犯可以分为纯粹过失犯的共犯与非纯粹过失犯的共犯两种情形:纯粹过失犯的共犯,按照我国《刑法》第 25 条第 2 款的规定不能适用共同犯罪的处罚原则。非纯粹过失犯的共犯使我国刑法总则有关共同犯罪的一般规定,与分则中有关共犯规定以及某些司法解释的相应规定,获得了刑法教义学立场上的法条体系性的贯通。例如,针对交通肇事罪中的指使逃逸致被害人死亡,前引《解释》第 5 条第 2 款规定"以交通肇事罪的共犯论处",这是肯定了过失犯中的共犯成立。论者认为,立于加重犯之共犯的视角,"指使逃逸致死的"可以成立交通肇事罪的共犯。① 非纯粹过失犯的共犯这个概念,具有一定的独创性。这种过失犯的指使行为,在意大利刑法中也往往被认定为过失犯的共犯。例如我国学者在评论意大利刑法中的过失犯的共犯时指出:"意大利刑法学界的通说认为,尽管意大利刑法典第 113 条的标题为'过失重罪中的合作',但其内容就是有关共同过失

---

① 参见张小虎:《论我国〈刑法〉中非纯粹过失犯的共犯成立》,载《政治与法律》2016 年第 10 期。

犯罪也应按共同犯罪处罚的规定。因此，只要构成过失犯罪的行为，是多个主体有意识地共同实施，或者说是多个主体相互合作的意识和意志的结果，就不能排除过失行为共同犯罪形态的存在。按此理解，一些单独并不构成犯罪的过失行为，就可能作为共同过失犯罪行为的有机组成部分而受到处罚。例如，怂恿他人超速行驶，一般来说并不是构成犯罪的行为，但若开车司机听从其怂恿并造成严重的交通事故，怂恿者就会构成交通肇事罪的共犯，并承担相应的刑事责任。"①通过过失犯的共犯这一解释路径，将过失犯的指使行为定性为共犯，从而获得刑事追究。

然而，仔细分析教唆的内容，是致使肇事人逃逸，而逃逸是故意行为。在我国刑法中，肇事后逃逸致使被害人因得不到救助而死亡的，是交通肇事罪的加重处罚事由，该行为是故意行为，至于致使被害人死亡则可能具有过失心理。在这种情况下，它不同于指使、强令他人违章驾驶造成重大交通事故，这是对交通肇事行为的教唆，因而司法解释规定直接以交通肇事罪论处，而不需要使用共犯的概念。但在交通肇事后教唆肇事人逃逸的，则是对逃逸行为的教唆，因而司法解释不能直接规定以交通肇事罪论处，而不得已规定以交通肇事罪的共犯论处。该司法解释的起草者在解释这一规定的理由时指出：第一，车辆驾驶人员肇事引发交通事故虽是过失的，但在交通肇事后的逃逸行为却是故意的。尽管前后在主观方面发生变化，有所不同，但刑法并未因此对故意逃逸的行为单独定罪，而是将"交通肇事后逃逸"以及"因逃逸致人死亡的行为"规定为交通肇事罪的加重处罚情节，以一罪论处。第二，指使者虽未帮助或教唆实施肇事行为，但在明知肇事已发生的情况下，仍指使、教唆肇事人实施逃逸行为。最终，肇事行为与共同逃逸行为造成了被害人死亡的后果，指使者和肇事者对肇事后的逃逸具有共同的故意，故指使者应与肇事者共同对这一后果承担刑事责任，并且只能以交通肇事罪的共犯论处。② 由此可见，司法解释是在肇事后逃逸的故意和行为的范围内承认交通肇事的实施者与指使人之间的共犯关系，因此，这一规定并不能视为对过失犯的共犯的规定。对此，正如我国学者所评论的那样：交通肇事罪的该司法解释在用语上给共同过失犯罪提供了可能，但其理由说明不仅对此进行了否认，而且错误地理解了逃逸致人死亡的含义。该司法解释因此只是共同过失犯罪肯定说与否定说之争的假想战场，双方的立场都没有因为论争而有实质性的推进。③ 其实，肇事后逃逸是一种独立于交通肇事罪的事后行为，鉴于该种行为具有逃避法律追究、交通肇事被害人不能得到及时救助而死亡等严重后果，因此笔者认为，这种交通肇事后逃逸行为，在刑法中

---

① 陈忠林：《意大利刑法纲要》，中国人民大学出版社1999年版，第230页。
② 参见孙军工：《〈关于审理交通肇事刑事案件具体应用法律若干问题的解释〉的理解与适用》，载中华人民共和国最高人民法院刑事审判第一、第二庭编：《刑事审判参考》（第12辑），法律出版社2001年版，第78页。
③ 参见何庆仁：《共同犯罪的归责基础与界限》，中国社会科学出版社2020年版，第280—281页。

另设罪名为好。在单独设罪的情况下,对故意的交通肇事后的逃逸行为进行教唆的,以共犯论处就是合理的立法规定。

(三) 过失的帮助犯

过失的帮助犯是指过失地助成他人犯罪的情形。过失的帮助犯也可以分为以下两种情况:一是过失地帮助他人实施故意犯罪。例如,甲是法警,佩带手枪到乙家去玩,因疏忽大意而将手枪遗忘在乙家,乙正在为杀仇人丙没有凶器而发愁,遂拿枪去将丙杀死。二是过失地帮助他人实施过失犯罪。例如,上述案例三就是适例。因为本节主要讨论共同过失犯罪,因此,笔者将着重对第二种情况下的过失的帮助犯进行研究。

在共犯教义学中,对于能否构成过失的帮助犯,犯罪共同说和行为共同说的回答迥然有别。犯罪共同说认为,帮助犯的帮助行为是为实行犯的实行行为而存在的,因此,帮助行为必须以故意为基点。过失的帮助犯的观点是缺乏依据的,根本不能成立。行为共同说认为,帮助行为是帮助犯的主观恶性的表征,帮助行为本身就足以说明帮助犯的构成,无须再论故意和过失的区别。笔者认为,帮助犯与教唆犯的基本区别之一,是教唆犯引起他人犯意,帮助犯则是在他人产生犯意以后对其实施犯罪予以帮助。但在过失犯罪的情况下,行为人不存在产生犯意的问题,也就不存在帮助过失犯罪的问题。同时,帮助本身也只能是一种故意行为,不存在过失帮助。而且,帮助行为本身的法益侵害性就较小,所谓过失帮助行为,在一般情况下,法益侵害性都还没有达到应受刑罚惩罚的程度。例如,上述案例三中,甲为乙装子弹的行为虽然为乙过失致丙死亡在客观上创造了条件,但并非故意帮助他人犯罪,因而其行为还构不成犯罪。至于个别过失助成他人犯罪的情形,则可以作为单独的过失犯罪论处。

二、共同过失犯罪的定罪

(一) 共同过失犯罪的定罪原则

共同过失犯罪不以共同犯罪论处,因此,在定罪原则上也根本不同于共同犯罪。在共同犯罪的情况下,各共同犯罪人在共同犯罪故意的支配下,使各犯罪主体之间的主观意志融为一体,并将各主体的行为引向共同目标,合力通谋,相互作用,共同造成法益侵害结果的发生,因而在法律上发生连带的刑事责任,应对犯罪参与者共同定罪。而在共同过失犯罪的情况下,各主体之间没有犯意联络,虽然参与者共同造成了某一法益侵害结果的发生,仍应对行为人分别定罪,这就是共同过失犯罪的分别定罪原则。根据共同过失犯罪的分别定罪原则,参与者只对本人的过失行为承担刑事责任,对他人的过失行为不承担刑事责任。在共同犯罪的情况下,各个共犯对共同故意范围内无论是本人还是他人的行为造成的法益侵害结果都要承担共同犯罪的刑事责任。例如,在共犯教义学中,对共同正犯采用部分行为之全体责任的原则,在共同故意的支配下,参与者分别实施了构成要件的部分行为,仍应对共同造成的法益侵害结果共同承担刑事责任。但对于共同过失犯罪来说,每个人的犯罪都具有单独犯罪的性质,因此,各人应对本人的过失行为承担刑事责任。刑事责任的独立性,是共同过失犯罪的分别定罪原则的要旨。

(二) 共同过失犯罪的定罪根据

我国刑法之所以对共同过失犯罪实行分别定罪的原则,是由共同过失犯罪之作为单独犯罪的法益侵害性程度远逊于共同犯罪这一特点所决定的。在所有犯罪形态中,共同犯罪是最危险的犯罪形态之一,由于它是二人以上共同实施法益侵害的行为,具有能量大、后果严重等特点。因此,我国刑法对共同犯罪规定了特殊的定罪与量刑原则,体现了对共同犯罪从重打击的立法精神。而共同过失犯罪,是二人以上的过失行为的并发,各参与者主观上没有犯意联络。因此,其法益侵害性无异于单独过失犯罪。我国刑法之所以涉及共同过失犯罪,主要是为了明示共同过失犯罪不是共同犯罪,因而使共同犯罪的内涵与外延更加明确。所以,在对共同过失犯罪定罪的时候,应当坚持分别定罪的原则。

在对共同过失犯罪定罪的时候,必须坚持主观与客观相统一的刑事责任原则。因此,共同过失犯罪的定罪根据也可以从客观与主观两个方面得以阐述:

1. 共同过失犯罪定罪的客观根据

共同过失行为以及其与法益侵害结果之间的因果关系是共同过失犯罪定罪的客观根据,如果没有共同过失行为以及其与法益侵害结果之间的因果关系,就不能以共同过失犯罪论处。

共同过失行为的分类,有助于我们对共同过失行为的认识,因而在共犯教义学中受到重视。我国学者对共同过失行为的分类进行了较为充分的研究,认为各种共同过失行为,根据不同的标准,可以将它们分成下述不同的类型:①根据数个行为人实施过失行为的时间,可将共同过失分为同时共同过失和先后共同过失。同时共同过失是指数个行为人同时实施了(一个或数个)过失行为,引起了某项危害结果的发生。先后共同过失是指数人在不同时间实施了数个过失行为而导致了某一危害结果的发生。②根据数人的过失行为对危害结果作用的层次特征,共同过失可分为直接共同过失与间接共同过失。直接共同过失是指数个行为人同一层次的过失行为直接导致了危害结果的发生。间接共同过失是指数人不同层次的过失行为共同导致了某一危害结果的发生。③根据数人的过失行为是否最终危害结果发生的直接原因可将共同过失分为同步共同过失与异步共同过失。同步共同过失是指某个危害结果的发生是数人的过失行为直接共同造成的情况。异步共同过失是指两个或更多过失行为与危害结果的因果关系的交叉。④根据危害结果是否完全由被告人一方的过失行为造成的可将共同过失分为同向共同过失与对向共同过失。同向共同过失是指危害结果由数个被告人的过失行为共同造成。对向共同过失是指危害结果是由被告人和被害人双方的共同过失造成的。① 笔者认为,上述共同过失行为分类是具有一定意义的。根据共同过失行为的特征,共同过失行为可分为以下三种形式:

(1) 过失的共同作为

在这种情况下,各行为人都过失地实施了刑法分则所规定的积极活动。例如,某医生甲为病人乙诊病,在写药方时,疏忽大意错点了小数点,使药量增大十倍。负有检查药方责任的药剂师丙,对药方未加审查,就马虎地照原药方的分量发给病人乙药品,乙因服了过量的药而死亡。在本案中,甲与丙在主观上具有共同过失,在客观上具有共同过失的作为,应当承担过失杀人罪的刑事责任。

(2) 过失的共同不作为

在这种情况下,各行为人都有义务实行并且能够实行某种积极的行为,但因共同过失而没有实行,以致造成法益侵害结果。例如,甲、乙是某医院护士,共同看护某危重病人丙。一天,甲、乙一起到其他病房串门聊天,以致丙病情发作时未能被及时抢救而死亡。在本案中,甲、乙都有看护丙的义务,但由于过失而未能履行其义务,造成丙的死亡,具有过失的共同不作为。在认定过失的共同不作为的时候,必须查明行为人对于某种作为是否具有义务,如果一方具有义务,另一方不具有义务,就不构成过失的共同不作为。例如,某信用社有甲、乙二人,甲是会计,乙是出纳,信用社的现金由乙保管。一天下班后,乙忘了锁保险柜,甲也没有注意到保险柜未上锁,结果现金被盗,造成国家财产的重大损失。在本案中,乙是出纳,具有保管现金的义务,而甲则没有这种义务,应由乙单独对现金失盗承担玩忽职守的刑事责任。

(3) 一方过失的作为与一方过失的不作为

在这种情况下,一方过失地实施了刑法分则规定的积极行为,另一方具有实行某种行为的义务并且能够履行而未加履行,以致造成法益侵害结果。例如,甲是某油库工作人员,乙是过路的司机,乙在汽车加油的过程中抽烟,甲对此不加制止,导致发生火灾。在该案中,乙有犯罪过失的作为,甲则有犯罪过失的不作为,构成共同过失犯罪。

过失犯罪是结果犯,以发生一定的犯罪结果为构成犯罪的必备要件。共同过失犯罪是过失犯罪的一种特殊形态,它也是结果犯,而且在一般情况下,表现为多因一果的关系。因此,在认定共同过失犯罪的时候,首先要确定过失行为与危害结果之间的因果关系。

---

① 参见李海东:《共同过失行为的分类及刑事责任》,载《现代法学》1987年第4期。

在二人以上共同过失的情况下,如果各人的行为互相作用共同造成某一危害结果,那么,这些过失行为与危害结果之间都存在因果关系。例如,北京市某建筑工程公司某工地在坑槽挖到2.2米深时,发现有渣土坑,技术主任某甲和设计院联系后改变设计。但某甲当时为了省工省料,取消了原图纸关于1米深处留一个脚踏坡的规定。命令工长某乙一直向下挖,直到挖到好土为止。当全槽挖到4.7米深的时候,还只有一个坡度。某乙看到这样高的槽帮,又有渣土坑,还有一层砂土,觉得非常危险,便叫工人快点挖完上来,他自己在旁看视,以便发现裂纹地,马上叫工人逃跑。可是,后来因为计划员有事来找他,他就离开了工地。在他离开后不到10分钟,土方忽然下塌,把工人某丙压死。在该案中,技术主任某甲违反了市建筑工程局技术规范关于"加因式放坡"的规定,不按照原设计组织施工,下命令一直挖到好土为止这一行为,以及在进行危险操作的时候,工长某乙不履行自己在旁看视的责任离开现场的行为与工人某丙的死亡结果之间存在因果关系,而且甲、乙主观上都有过失,应对丙的死亡承担刑事责任。

在认定共同过失行为与危害结果之间的因果关系的时候,还必须注意因果关系中断的问题。因果关系的中断,是指先导行为已经造成了一个危害结果,在这一因果运动过程中,介入其他行为,导致原因果链条的中断。例如,甲的过失行为造成乙的重伤,在乙被送到医院抢救之际,因司机丙的过失将乙轧死。在该案中,甲的过失伤害是先导行为,丙的交通肇事是介入行为。因丙的行为的介入而中断了甲与乙的死亡之间的因果关系。因此,甲只承担过失致人重伤的刑事责任,丙则应对乙的死亡承担交通肇事的刑事责任。

2. 共同过失犯罪定罪的主观根据

在二人以上共同过失造成法益侵害结果的情况下,行为人具有共同过失的心理状态,这是共同过失犯罪定罪的主观根据。共同过失可以分为以下三种形态:

(1) 共同的疏忽大意的过失

在这种情况下,各行为人都是应当预见自己的行为可能发生法益侵害结果,因为疏忽大意而没有预见,以致发生这种结果。例如,甲、乙在屋顶共同将一块木板投下去,正巧丙路过此处,结果将丙砸死。在该案中,甲、乙对于木板可能将人砸死都是应当预见的,因为疏忽大意而没有预见,具有共同的疏忽大意的过失,应分别对丙的死亡承担过失杀人罪的刑事责任。

(2) 共同的过于自信的过失

在这种情况下,各参与者都是已经预见自己的行为可能发生法益侵害结果,因为轻信能够避免,以致发生这种结果。例如,甲、乙在山上烧荒,正要点火,见刮起了风。甲、乙商量要不要点火,甲说已经打了隔火带,问题不大。乙说风短时间内停不了,还是点吧。结果点火烧荒，没想到风力猛增，引起森林大火，烧毁森林数百亩，给国家和集体财产造成重大损失。在该案中，甲、乙已经预见到在刮风的情况下放火烧荒可能引起森林火灾，但轻信能够避免，以致造成危害结果。甲、乙主观上具有共同的过于自信的过失，应分别承担失火罪的刑事责任。

(3) 甲方疏忽大意与乙方过于自信的共同过失

在这种情况下，甲、乙双方具有共同过失，但过失的内容有所不同：甲方是应当预见自己的行为可能发生法益侵害结果，因为疏忽大意而没有预见，以致发生这种结果。乙方是已经预见到自己的行为可能发生法益侵害结果，因为轻信能够避免，以致发生这种结果。例如，某化工厂禁止明火，甲是该厂的安全员，乙是外厂人员。一次乙来该厂联系工作，递给甲一支香烟，甲就接过来了，乙为甲点燃香烟后，将仍燃烧着的火柴梗扔在地上，引起大火，造成国家财产的重大损失。在该案中，甲对于失火具有过于自信的过失，他已经预见到自己的行为(不作为)可能发生法益侵害结果，因为轻信能够避免，以致引起大火。乙对于失火则具有疏忽大意的过失，他应当预见到自己的行为(作为)可能发生法益侵害结果，因为疏忽大意而没有预见，以致引起大火。因此，甲、乙应分别承担失火罪的刑事责任。

在认定共同过失的时候，还必须注意由共同过失向共同故意的转化，例如，甲、乙在禁止明火的木工车间内吸烟，将烟蒂扔在木屑中，引起木屑燃烧。这时，甲、乙完全可以把火扑灭，但他们却置之不理，扬长而去，以致大火烧毁了工厂，造成国家财产的重大损失。在该案中，甲、乙开始将烟蒂扔在木屑中引起燃烧是出于共同过失。但由于这一先行的过失行为而产生了灭火的义务，并且甲、乙完全能够将火扑灭，而他们不予扑灭，对于大火可能造成的后果持一种放任的心理态度。在这种情况下，共同过失就转化为共同故意，对甲、乙应以共同犯罪论处。

以上阐述了共同过失犯罪定罪的主观根据与客观根据。如果行为人缺少上述任何一个要件，就不能以共同过失犯罪论处。

三、共同过失犯罪的处罚

(一) 共同过失犯罪的处罚原则

共同过失犯罪具有个别犯罪的性质，它不是共同犯罪，而是单独犯罪的一种特殊形态。但这并不妨碍对共同过失的犯罪人同案审理，在这种情况下，就出现了如何对共同过失犯罪进行量刑的问题。根据我国《刑法》第 25 条第 2 款的规定，对共同过失犯罪应分别处罚，这就是共同过失犯罪分别处罚的原则。根据共同过失犯罪的分别处罚原则，行为人分别对自己的过失行为承担刑事责任，刑罚的轻重完全以自己的过失行为为转移。

共同犯罪,由于是二人以上共同故意犯罪,因而具有较大的法益侵害性,是刑法惩治的重点。所以,我国刑法对共同犯罪予以从重处罚。刑法虽然对共同犯罪人区分主犯与从犯、胁从犯,规定从犯与胁从犯比照主犯从宽处罚,但因为刑法规定主犯从重处罚,所以,从犯与胁从犯的从宽是相对于主犯而言的,从总体上讲,其所承担的刑事责任重于单独犯罪。而共同过失犯罪,行为人主观上不存在犯意联络,其法益侵害性要小于共同犯罪。因此,对共同过失犯罪进行分别处罚。在这种情况下,行为所受到的刑罚处罚也要轻于共同犯罪。正是在这一点上,体现了我国刑法中的罪刑均衡的基本原则。

根据我国刑法规定,虽然共同过失犯罪应当分别处罚,然而,这并不意味着共同过失犯罪的过失行为之间没有联系。恰恰相反,这种联系是十分紧密的,对此,在处理共同过失犯罪的时候,应当予以高度重视。从客观上看,共同过失犯罪表现为对注意义务的违反。当然,这里的义务违反可以分为各自义务的违反和共同义务的违反两种情形。

1. 各自义务的违反

所谓各自义务的违反,是指行为人分别违反不同的义务,由此而造成共同过失结果。在共同过失的情况下,各个行为人对于法益侵害结果的发生都具有避免义务,正是由于各个行为人没有正确履行结果避免义务而导致法益侵害结果的发生,因而共同对法益侵害结果承担过失责任。例如蒋勇、李刚过失致人死亡案[①]:无锡市惠山区人民法院经公开审理查明:被告人蒋勇、李刚受人雇佣驾驶农用车于2005年8月13日上午9时许在江苏省无锡市惠山区钱桥镇华新村戴巷桥村道上行驶时,与当地的徐维勤驾驶的农用车对向相遇,双方为了让道问题发生争执并扭打。尔后,徐维勤持手机打电话,蒋勇、李刚以为徐维勤纠集人员,即上车调转车头欲驾车离开现场。徐维勤见状,即冲上前拦在农用车前方并抓住右侧反光镜,意图阻止蒋勇、李刚离开。蒋勇、李刚将徐维勤拉至车后,由李刚拉住徐维勤,蒋勇上车驾驶该车以约20公里的时速缓慢行驶。后李刚放开徐维勤跳上该车的后车厢。徐维勤见状迅速追赶,双手抓住该车的右侧护栏欲爬上该车。蒋勇在驾车过程中,从驾驶室的后视窗看到徐维勤的一只手抓在右侧护栏上,但未停车。李刚为了阻止徐维勤爬进车厢,将徐维勤的双手沿护栏扳开。徐维勤因双手被扳开而右倾跌地且面朝下,被该车的右后轮当场碾压致死。该车开出十余米时,李刚拍打驾驶室车顶,将此事告知了蒋勇,并下车先行离开。蒋勇见状

---

① 参见徐振华、朱杰焰:《蒋勇、李刚过失致人死亡案[第450号]——如何区分共同间接故意杀人与过失致人死亡》,载中华人民共和国最高人民法院刑事审判第一、二、三、四、五庭主办:《刑事审判参考》(第57集),法律出版社2007年版,第27—32页。

将农用车开到厂里后逃离无锡,后被公安机关抓获。同年8月18日,李刚向公安机关投案并如实供述了上述犯罪事实。

无锡市惠山区人民法院认为,被告人蒋勇、李刚因让道问题与被害人徐维勤发生争执并扭打后,为了摆脱徐维勤的纠缠而驾车离开。蒋勇在低速行驶过程中看到徐维勤的手抓住护栏,其应当预见驾车继续行驶可能发生危害结果,因急于摆脱徐维勤的纠缠,疏忽大意而没有预见。李刚在车厢内扳徐维勤抓住护栏的双手时,已经预见到这一行为可能发生危害结果,但基于被告人蒋勇驾车行驶的速度缓慢,轻信低速行驶过程中扳开徐维勤双手的行为能够避免危害结果的发生。综观被告人蒋勇、李刚各自的主客观因素,可以认定蒋勇、李刚共同的主观目的是摆脱徐维勤的纠缠,但二人之间并无意思上的沟通。在危害结果可能发生的情况下,蒋勇、李刚分别违反了应有的预见义务和应尽的避免义务,从而导致徐维勤死亡结果的发生。蒋勇、李刚并无共同的致害故意,只是由于对预见义务和避免义务的违反而造成致害的结果,其行为均符合过失致人死亡罪的基本特征。李刚自动投案,并如实供述犯罪事实,系自首,可以从轻处罚。公诉机关指控蒋勇、李刚的行为构成故意杀人罪的定性不准,应予纠正。据此,依照《刑法》第233条、第67条第1款的规定,于2006年3月7日以过失致人死亡罪,分别判处被告人蒋勇有期徒刑4年6个月,被告人李刚有期徒刑3年6个月。一审宣判后,被告人蒋勇、李刚未提起上诉,公诉机关也未提出抗诉,判决已经发生法律效力。

该案的裁判理由指出,首先,被告人蒋勇与李刚之间存在相互信赖的关系,其行为与被害人徐维勤死亡之间有承继性的因果关系。蒋勇虽然发现徐维勤的手抓住护栏,但在低速缓慢行驶的过程中,信赖李刚能够稳妥处理徐维勤的纠缠,故而在有条件加速情况下没有采取过激的行为,仍然保持缓慢的速度行驶,一方面有意识地保护李刚的人身安全,另一方面也不希望徐维勤受到严重的损伤。李刚在扳开徐维勤双手时信赖被告人蒋勇保持低速缓慢行驶的状况能避免危害结果的发生,意识到可能产生的危险性,故也没有采取更为激烈的行为使徐维勤的双手摆脱护栏。但是,蒋勇的驾车行为和李刚扳开徐维勤双手的行为,与徐维勤的跌地被碾压致死之间存在承继性的因果关系。也就是说,如果仅有蒋勇的驾车行为或者李刚的扳手行为,一般情况下不可能直接出现被害人徐维勤被碾压致死的结果。正是由于蒋勇、李刚之间存在互助、互动的关系,从而使他们与徐维勤双手被扳开后身体平衡失去控制造成跌地被碾压致死之间形成共同的承继性的因果关系,进而导致致人死亡的结果。

其次,蒋勇、李刚虽然各自的行为方式不同,但是他们的罪过形态是相同的。蒋勇看到徐维勤的手抓住护栏而继续驾车行驶,且在有意识的状态下保持低速缓慢行驶,可以判定其已经预见到可能会造成徐维勤人身伤害,但在低速行驶下轻信李刚能够避免危害结果的发生。李刚在车厢内采取扳开徐维勤抓住护栏的双手的行为以摆脱纠缠时,应当说也已经预见到这一行为可能会造成徐维勤身体伤害,但基于蒋勇驾车行驶的速度缓慢,轻信低速行驶过程中扳开徐维勤双手的行为一般也能够避免危害结果的发生。他们在主观上并不希望危害结果的发生,客观上均过于轻信自己和另一方一定的节制性行为,终因没有采取有效的避免措施而发生了致人死亡的结果,均属于过于自信的过失。

最后,我国《刑法》第25条第2款规定:"二人以上共同过失犯罪,不以共同犯罪论处;应当负刑事责任的,按照他们所犯的罪分别处罚。"该条规定实际上承认了共同过失犯罪的合理存在,只不过不以共同犯罪处理而已。共同过失问题在我国司法实践中并不是一个陌生的概念,如《解释》中就有交通肇事罪的共犯问题的规定,存在监督与被监督关系的重大责任事故类犯罪也普遍存在共同过失。本案实际上是一起比较典型的共同过失犯罪案件,按我国现行刑法规定,不能以共同犯罪论处,只能对他们分别定罪处罚。

该案是较为典型的共同过失案件。交通肇事罪属于交通过失犯罪,在通常情况下,都是由一人构成的。但在某些案件中,从事交通运输活动的是二人以上,因而存在共同过失的交通肇事罪。在该案中,蒋勇在驾车过程中,从驾驶室的后视窗看到徐维勤的一只手抓在右侧护栏上,但未停车。李刚为了阻止徐维勤爬进车厢,将徐维勤的双手沿护栏扳开。徐维勤因双手被扳开而右倾跌地且面朝下,被该车的右后轮当场碾压致死。由此可见,蒋勇作为司机,在未保障他人安全的情况下驾驶车辆,主观上具有过失。而徐维勤作为驾驶辅助人员,在车辆行驶过程中,采用危险方法制止他人攀爬车厢。因此,二被告人各自违反安全保障义务,造成他人死亡,对此应当承担共同过失致人死亡罪的责任。

2. 共同义务的违反

所谓共同义务的违反,是指行为人共同违反一定的义务,由此而造成共同过失结果。二人以上违反共同义务而构成的共同过失犯罪的情形,在现实生活中较为常见。对于这种共同过失犯罪虽然不以共同犯罪论处,但因其违反的义务具有共同性,因此需要一并进行考察。例如被告人梁应金等人交通肇事案①:被告人梁应金以榕山建筑公司名义经批准建造短途客船榕建号。该船于1996年7月经合江县港航监督所船舶所有权登记,合江县榕山建筑公司为船舶所有人,法定代表人为梁应金。1997年7月11日,经船舶检验,核定该船乘客散席101人,每年5月1日至9月30日洪水期准载

---

① 参见陈立生:《梁应金、周守金等交通肇事案[第84号]——肇事交通工具的单位主管人员能否构成交通肇事罪》,载中华人民共和国最高人民法院刑事审判第一庭、第二庭编:《刑事审判参考》(总第13辑),法律出版社2001年版,第1—6页。

70人;除大客舱允许载客外,其余部位严禁载客;应配备船员6人。梁应金聘请只有四等二副资格的周守金驾驶,安排其子梁如兵、儿媳石萍及周某任船员。榕建号在1996年7月16日试航时,就因未办航运证和严重超载等违章行为被港监部门责令停止试航,但梁应金不听制止,仍坚持试航,事后受到港监部门通报处理。在榕建号营运期间,梁应金为多载客,决定将驾驶室升高80厘米,顶棚甲板上重新焊接栏杆。该船改装后没有向船舶检验机构申请附加检验。梁应金长期不重视营运安全,对该船超载问题过问很少,使该船长期超载运输,埋下了事故隐患。

2000年6月22日晨5时40分左右,被告人周守金、梁如兵驾驶榕建号客船从合江县榕山镇境内的长江河段徐家沱码头出发,上行驶往榕山镇,由本应负责轮机工作的石萍负责售票。该船在下浩口码头接乘客后,船舱、顶棚甲板及驾驶室周围都站了人,堆满了菜篮等物,载客218名,已属严重超载。客船行至流水岩处时河面起大雾,能见度不良,周守金仍冒雾继续航行。船至银窝子时,河雾越来越大,已经不能看到长江河岸。周守金迷失了方向,急忙叫被告人梁如兵到驾驶室操舵,自己则离开驾驶室到船头观察水势。因指挥操作不当,被告人梁如兵错开"鸳鸯"车(双螺旋桨左进右退),致使客船随即倾翻于江中,船上人员全部落水,造成130人溺水死亡。公私财物遭受重大损失。

四川省合江县人民法院认为:被告人梁应金身为榕建号客船所有人,即榕山建筑公司的法定代表人,对客船有管理职责。但梁应金不吸取违章试航被处罚的教训,又决定对该船驾驶室等进行改造,未经船舶检验机构检验就投入营运,违反了《船舶检验规则》,并为该船顶棚甲板非法载客创造了条件;被告人梁应金不为客船配足船员,所聘驾驶员只具有四等二副资格(应具备四等大副资格),使之长期违章作业;被告人梁应金不履行安全管理职责,使该船长期超载运输,均违反了《内河交通安全管理条例》第10条和第16条的规定。被告人梁应金违反交通运输管理法规的行为与造成榕建号客船翻沉的严重后果有直接的因果关系。被告人周守金不具备四等大副资格而受聘驾驶榕建号客船,在6·22翻船事故中,冒雾超载航行,迷失方向后指挥操作失误,是造成翻船的主要原因。被告人梁如兵盲目追求经济利益,使该船严重超载,操舵时错误使用左进右退"鸳鸯"车,造成客船急速右旋翻沉。被告人石萍不履行轮机职责而售票,未限制上船人数,造成严重超载。上述被告人的行为均违反了《内河交通安全管理条例》等交通运输管理法规。被告人梁应金、周守金、梁如兵、石萍违反交通运输管理法规,造成水上交通事故,致130人死亡,后果严重,情节特别恶劣,已构成交通肇事罪,应予依法从重处罚。遂依照《刑法》第133条之规定,于2000年10月7日判决如下:(1)被告人梁应金犯交通肇事罪,判处有期徒刑7年;(2)被告人周守金犯交通肇事罪,判处有期徒刑7年;(3)被告人梁如兵犯交通肇事罪,判处有期徒刑7年;(4)被告人石萍犯交通肇事罪,判处有期徒刑5年。一审宣判后,各被告人均未上诉,检察机关亦未抗诉,判决已发生法律效力。

梁应金交通肇事案(以下简称"梁应金案")中关于被告人是否构成交通肇事罪,也是从主体角度提出问题的,即肇事船舶的单位主管人员能否构成交通肇事罪?对此,裁判理由指出:

四川合江沉船造成130人死亡的严重后果,依法严惩肇事者,是社会各界、被害人及其家属的强烈呼声。其中,被告人周守金、梁如兵、石萍作为直接从事内河客运的人员,应当知道违章驾驶的严重后果,但仍违反交通运输管理法规,超载运输、冒雾航行,致使榕建号终因操舵时错误使用左进右退"鸳鸯"车造成客船急速右旋而发生船翻人亡的重大事故,根据《刑法》第133条的规定,构成交通肇事罪是没有疑问的。该案的焦点在于被告人梁应金作为榕建号船舶所有人的法定代表人,并没有直接从事榕建号的运输工作,能否以交通肇事罪追究刑事责任。

首先,根据《刑法》第133条的规定,违反交通运输管理法规,因而发生重大事故,致人重伤、死亡或者使公私财产遭受重大损失的行为,构成交通肇事罪。交通肇事罪的犯罪主体是一般主体,司法实践中,虽然交通肇事罪主要由从事交通运输的人员构成,但从1997年《刑法》取消了1979年《刑法》第113条从事交通运输的人员和非交通运输人员之分的立法本意来看,立法肯定了交通肇事罪既可以由从事交通运输的人员构成,也可以由非交通运输人员构成。这里所说的从事交通运输的人员,既包括交通运输业的直接经营人员,也包括交通运输业的管理人员。非交通运输人员是指与交通运输的经营、管理无关的人员。

其次,非交通运输人员违反交通运输管理法规,也可以引起重大交通事故。如根据《道路交通管理条例》第7条的规定,行人必须走人行道,借道通行时,应当让在其本道内行驶的车辆或行人优先通行。《道路交通事故处理办法》第17条规定,当事人有违章行为,其违章行为与交通事故有因果关系的,应当负交通事故责任。《解释》第1条规定:"从事交通运输人员或者非交通运输人员,违反交通运输管理法规发生重大交通事故,在分清事故责任的基础上,对于构成犯罪的,依照刑法第一百三十三条的规定定罪处罚。"因此,非交通运输人员,如行人在借道通行时未避让在本道内行驶的车辆,致使在本道内行驶的车辆发生碰撞,造成人员伤亡或者重大公私财产损失的,应以交通肇事罪追究行人的刑事责任。

最后,船舶所有人属于对船舶的营运安全负有管理职责的人员。根据《内河交通安全管理条例》(1986年)第10条的规定,船舶的"所有人或者经营人必须对其所有的或者所经营的船舶、排筏、设施的安全负责,并且应当做到下列各项:一、加强对船舶、排筏、设施的安全技术管理,使之处于适航状态或者保持良好技术状况;二、配备的船员、排工或者人员必须符合国家有关规定,不得任用无合格职务证书或者合格证件的人员担任船长、轮机长、驾驶员、轮机员、报务员、话务员、驾长、渡工和排头工;三、加强对船员、排工和其他人员的技术培训和安全教育,不得强令所属人员违章操作;四、根据船舶的技术性能、船员条件、限定航区和水文气象条件,合理调度船舶;五、接受主管机关的监督检查和管理。"无论船舶的所有人是否亲自、直接经营交通运输业,都应当对船舶的营运安全负责。船舶的所有人不履行或者不正确履行自己的职责,指使或者强令船舶的经营人违章驾驶,造成重大交通事故的,应当以交通肇事罪处罚。

本案中,被告人梁应金作为榕建号客船所有人的法定代表人,对榕建号客船的营运安全具有管理职责,在榕建号船舶未达到适航状态之前,不应将榕建号船舶投入运营,但其违反《内河交通安全管理条例》,聘用不具备资格的驾驶员周守金,安排无合格职务证书的梁如兵、石萍和周某全任船员,并且未按规定配足船员,在擅自改造船舶,决定升高驾驶舱后,未经检验即投入营运。也就是说,被告人梁应金将不具备适航条件的榕建号投入运营,实质上是指使周守金等人违章驾驶。在榕建号投入营运后,被告人梁应金对船舶长期超载运输不予管理,听任周守金等长期违章驾驶,最终导致榕建号因违章驾驶而倾覆,造成 130 人死亡的特大交通事故。参照《解释》第 7 条"单位主管人员、机动车辆所有人或者机动车辆承包人指使、强令他人违章驾驶造成重大交通事故",以交通肇事罪定罪处罚的规定,被告人梁应金的行为,完全符合交通肇事罪的构成要件,应当以交通肇事罪追究其刑事责任。

(二) 共同过失犯罪的刑罚裁量

共同过失犯罪不以共同犯罪论处,共同过失犯罪人之间不存在主犯、从犯与胁从犯之分,但这并不意味着各共同过失的犯罪人承担相同的刑事责任。在这里,仍然有一个罪责大小的比较问题。因此,对共同过失犯罪进行分别处罚的时候,还是要把握全案的情况,在此基础上区分各共同过失犯罪人的罪责大小。那么,如何确定共同过失犯罪人的罪责大小呢?笔者认为,共同过失犯罪人的罪责大小决定于下述因素:

1. 过失程度

共同过失的犯罪人的罪责大小,首先决定于过失程度。凡是过失程度大的,罪责也大;过失程度小的,罪责也小。

2. 原因力大小

共同过失的犯罪人的罪责大小,还决定于过失行为对于危害结果的原因力的大小。在主观上的过失程度相同的情况下,过失行为对于危害结果的原因力大的,罪责也大;原因力小的,罪责也小。

在对共同过失的犯罪人处罚的时候,除考虑上述两个因素以外,还应考虑悔罪表现等其他一些影响量刑的因素,以此确定各共同过失的犯罪人的刑罚。

必要的共同犯罪探究

刘明祥[*]

一、必要的共同犯罪的概念

一般来说,刑法分则规定的犯罪大多既可以由一人单独实施,也可以由数人(二人以上)共同实施;但也有少数犯罪必须由二人以上共同实施(一人不可能实施),如重婚罪、聚众扰乱社会秩序罪等,这类"实现构成要件须以两个或两个以上的人为必要"的犯罪[①],被称为"必要的共同犯罪"(或"必要的共犯""必要的参与犯")。显然,这是从广义上而言的,即以二人以上参与犯罪为成立条件,至于其中的某一方是否构成犯罪,则不影响"必要的共同犯罪"的成立。例如,无配偶的人因被有配偶的对方欺骗而与之结婚的,这种相婚者不构成重婚罪,只有有配偶的一方单独构成重婚罪;又如,淫秽物品买卖中的卖方构成贩卖淫秽物品牟利罪,买方通常不构成犯罪,如此等等。"必要的共同犯罪",虽然是以二人以上共同参与实施相关行为为成立的条件,但却不以所有参与者或双方均构成犯罪为必要,相反,完全可能仅有一人或一方单独构成犯罪,这种所谓"必要的共同犯罪",明显不是我国刑法规定的"狭义的共同犯罪"。[②] 并且,由于我国刑法采取单一正犯体系,对数人共同参与的犯罪均与单个人犯罪采取基本相同的定罪规则,其他参与者是否定罪乃至定何种罪,对行为人的定罪并无直接影响,加上原则上处罚所有故意犯罪的预备犯,因此,我国刑法规定的所有必须由二人以上共同参与才能完成的所谓必要的共同犯罪,在司法实践中,仅仅只是单个人成立犯罪(其他参与者不成立犯罪)的现象有可能发生,也就是没有哪一种犯罪只在构成"狭义的共同犯罪"的条件下才可能成立,从此种含义而言,我国刑法并未规定必要的"狭义的共同犯罪"。[③] 尽管如此,在我国研究必要的共同犯罪同样具有重要意义。因为对"必要的共同犯罪"刑法分则大多已经规定实施行为的数人应如何处理,这就意味着"这一概念

---

[*] 中国人民大学法学院教授。
[①] 参见〔德〕乌尔斯·金德霍伊泽尔:《刑法总论教科书》(第6版),蔡桂生译,北京大学出版社2015年版,第392页。
[②] 参见熊亚文:《必要共同犯罪概念及其功能问题研究——一个域外概念的中国化思考》,载《河南财经政法大学学报》2016年第3期。
[③] 参见刘明祥:《我国刑法没有规定必要共犯》,载《现代法学》1989年第4期。

在一定的场合具有作为排除总则共犯的适用、导出犯罪参与行为的不可罚性之概念范畴的重要性"①。至于在何种场合排除总则共犯(或共同犯罪)规定的适用、何种场合仍可适用,何种场合能推导出相对的犯罪参与行为不可罚、何种场合不能作这种推导,就成为必须进一步研究的问题。

二、必要的共同犯罪的类型

一般认为,必要的共同犯罪可以分为聚合犯和对向犯两种类型。

(一) 聚合犯

所谓聚合犯,又被称为聚众犯、集合犯、多众犯,是指只有多人均朝同一目标共同实施危害行为,才可能完成的犯罪。对我国刑法规定的聚合犯,又可进一步分为集团犯和聚众犯两种。② 前者如组织、领导、参加恐怖组织罪,后者如聚众扰乱公共场所秩序、交通秩序罪。两者的主要差异在于,集团犯的场合,只要犯罪集团一旦形成,通常要处罚参与者中的多人;而聚众犯的场合,即便是多人聚集起来实施了犯罪行为,由于刑法规定对某些聚众犯只处罚首要分子,在首要分子仅有一人时,就成为单个人受处罚的单独犯罪(并非共同犯罪)。

对聚合犯,在区分正犯与共犯的法律体系下,按区分制的解释论,因其本质上属于共同正犯,本来应当将所有参与者均作为共同正犯给予同等处罚才符合共同正犯的基本原理,但由于在聚众犯罪的场合,参与人数较多,各人参与犯罪的程度或对犯罪的贡献大小不同,如首要分子与其他参与者、积极参与者与在场助势者,参与犯罪的程度(或发挥作用的大小)就有较大差异,如果完全不予考虑,仅根据参与犯罪的形式(即是正犯还是教唆犯或帮助犯)来处理,将聚合犯均按共同正犯给予轻重相同的处罚,显然不具有合理性,这正是区分制的一大缺陷。为了弥补这一缺陷,采用区分制的德、日等国大多在刑法分则中对一些聚合犯采取特别的处罚规则,即将其分为首要分子、积极参与者和在场助势者,规定轻重不同的法定刑,以体现处罚的公平合理性。对有这种特别处罚规定的聚合犯,原则上只能适用刑法分则具体条文的规定,给予轻重不同的处罚,而不能适用刑法总则有关共同正犯和共犯的处罚规定。③ 在笔者看来,这实际上是借鉴单一正犯处罚规则来弥补区分制缺陷的一种立法举措。

我国刑法采取单一正犯体系,刑法分则根据参与者参与犯罪的程度,将聚合犯大多分为首要分子、积极参加者与其他参加者,给予轻重不同的处罚。这是单一正犯处

---

① 〔日〕西田典之:《共犯理论的展开》,江溯、李世阳译,中国法制出版社2017年版,第271页。
② 参见陈兴良主编:《刑法总论精释(下)》(第3版),人民法院出版社2016年版,第473页。
③ 参见陈子平:《刑法总论》(第4版),元照出版公司2017年版,第482页。

罚原则在刑法分则相关规定中的具体体现,其科学合理性毋庸置疑。只不过由于我国刑法总则对共同犯罪的处罚作了原则性规定,即根据各人在共同犯罪中所起作用的大小分为主犯与从犯(含胁从犯),给予轻重不同的处罚。那么,对这种有特别处罚规定(即对首要分子与积极参加者等分设法定刑)的聚合犯,还能否适用刑法总则有关共同犯罪人的处罚规定,分为主犯与从犯给予轻重不同的处罚,就成为一个必须回答的特殊问题。一般来说,刑法总则的规定应当适用于刑法分则相关具体犯罪的认定和处罚之中,刑法总则有关共同犯罪的规定,当然也应适用于刑法分则规定的各种具体犯罪之共同犯罪的认定和处罚。聚合犯大多属于共同犯罪,刑法总则有关对共同犯罪人应根据其在犯罪中所起作用大小分为主从犯、给予轻重不同处罚的精神,无疑也应贯彻到对聚合犯的处罚中去。立法者正是基于此种考虑,对一些聚合犯的参与者分别规定了轻重不同的法定刑。如对组织、领导、参加恐怖组织罪,《刑法》第120条第1款明文规定:"组织、领导恐怖活动组织的,处十年以上有期徒刑或者无期徒刑,并处没收财产;积极参加的,处三年以上十年以下有期徒刑,并处罚金;其他参加的,处三年以下有期徒刑、拘役、管制或者剥夺政治权利,可以并处罚金。"该规定实际上是对该种犯罪的主犯(即组织、领导者)、从犯(即参加者)的处罚标准予以明确化,既然如此,在处理这种共同犯罪案件时,只要准确认定行为人是"组织、领导"者,还是"积极参加"者或"其他参加"者,然后"对号入座"适用相应的法定刑,就等于是将所有共同犯罪人根据其所起作用的大小区分为主犯与从犯,分别给予了轻重不同的处罚,因而不必再适用刑法总则关于共同犯罪的主从犯的处罚规定,否则,就存在对同一事实作重复评价的问题。

但是,有论者提出,刑法如果对某种聚合犯(如组织、领导、参加黑社会性质组织罪)规定有轻重不同的几个罪刑单位,若有二人以上在同一罪刑单位(或同一法定刑幅度内)的,就要适用总则有关共同犯罪的规定,分为主从犯给予轻重有别的处罚;但如果是跨不同罪刑单位,则不必区分主从犯予以处罚。例如,A、B、C三人是同一犯罪(组织、领导、参加黑社会性质组织罪)的参与者,A和B是组织、领导者,在同一罪刑单位要适用相同的法定刑,C是积极参加者,在另一罪刑单位要适用相对较轻的另一幅度的法定刑。对A与B就要适用总则的规定分为主从犯予以轻重不同的处罚,但A(或B)与C就不必适用总则的规定区分主从犯,只要分别适用不同的法定刑处罚即可。① 笔者认为,该论者考虑到了同一犯罪案件的参与者在共同犯罪中所起的作用大小总会有差异,处罚轻重也应有差别,这无疑是应当充分肯定的。但对同一犯罪案件的三个犯罪人,有两个要适用总则的规定区分主从犯,而另一个则既不适用也不区分,给人的印象是没有采用统一的处罚规则,并且会带来新的不协调的问题。因为A与B中如果有一人被认定为从犯,按《刑法》第27条第2款的规定,就"应当从轻、减轻

---

① 参见张小虎:《论必要共犯适用总则共犯处罚原则的规则》,载《当代法学》2012年第5期。

处罚或者免除处罚",若是减轻处罚,其适用的法定刑实际上与"积极参加"者相同。给人的印象是一方面认定其为"组织、领导"者,另一方面适用的却是"积极参加"者的法定刑,存在不依法行事的嫌疑。与其这样,倒不如直接将其认定为"积极参加"者(不认定为"组织、领导"者),既可避免出现这样的问题,又能做到罪刑相应。同时,还应当看到,在数人共同犯罪的案件中,几个行为人被认定为主犯或从犯是很常见的事,并且几个主犯或从犯中,每个人所起作用的大小,事实上也会有差别,虽然都适用相同的法定刑,但由于刑法规定的法定刑有一定的幅度,在同一幅度内选择轻重有别的处罚,是司法实践中通常的做法,也不会出现罪刑轻重不适当的问题。因此,将同一黑社会性质组织犯罪案件中的几个核心成员,适用刑法对该罪的"组织、领导"者所规定的法定刑来分别予以处罚,与对同一共同犯罪案件中的几个主犯按其所实行之罪的同一法定刑处罚,具有相同的特性,完全符合我国刑法的规定。

不过,应当注意的是,我国刑法对有些聚合犯的首要分子和其他参加者并未区分规定轻重不同的法定刑,而是并列规定相同的法定刑。如对聚众斗殴罪,《刑法》第292条规定,"聚众斗殴的,对首要分子和其他积极参加的,处三年以下有期徒刑、拘役或者管制";具备该条规定的严重情形之一的,"处三年以上十年以下有期徒刑"。由于对这种类型的聚合犯,刑法分则未区分不同类型分别规定轻重不同的处罚,这就意味着刑法总则有关共同犯罪的处罚原则未在其处罚规定中得到体现,因此,对这类聚合犯罪的案件,应分别认定参与者是否构成犯罪,在有两个以上参与者构成犯罪(即成立共同犯罪)的场合,应适用刑法总则的规定认定其是主犯还是从犯(含胁从犯),给予轻重适当的处罚。

(二) 对向犯

所谓对向犯,又被称为对合犯,是指必须由二人以上实施相对应的行为(即有人扮演相对角色),才可能完成的犯罪。对向犯可分为三种类型:一是同等处罚参与双方之行为的情形,如男女重婚的场合,双方都构成重婚罪;二是分别处罚参与双方之行为的情形,如行贿与受贿的场合,双方分别成立行贿罪或受贿罪;三是仅处罚参与双方中一方之行为的情形,如买卖淫秽物品的场合,仅按贩卖淫秽物品牟利罪处罚出卖者。这三种类型的对向犯,均有值得研究的特殊问题。

第一种类型的对向犯,若实施行为的双方均构成犯罪,在区分制法律体系下,由于触犯的是同一罪名,且均为正犯[①],处罚上没有差异,解释论上又排除适用刑法总则关于共同正犯的规定,因而并无多大的研究价值。但在单一正犯体系下,按我国刑法的规定,这种类型的对向犯同样有必要确定是否成立共同犯罪,关键在于双方是否有共

---

① 在双方有意思联络的情况下,为共同正犯;在无意思联络即无共同故意的情况下,则为单独正犯。

同故意。如果无共同故意,如有配偶的一方欺骗无配偶的另一方与之结婚,或者双方均有配偶但都误以为对方无配偶而与之结婚,就不能构成共同犯罪,只能分别作为单独犯罪来认定和处罚①;但如果有共同故意,就应当认定为共同犯罪,依照刑法总则的规定,以各行为人在共同犯罪中所起的作用大小为依据认定为主犯或从犯,给予轻重有别的处罚。若被认定为从犯(含胁从犯),就可以享受从轻、减轻处罚或者免除处罚的待遇。② 例如,甲、乙双方均明知对方有配偶,但甲胁迫乙与之结婚,双方均构成重婚罪。在区分制的法律体系下,甲、乙双方本来应被认定为重婚罪的共同正犯,只是由于刑法对这种对向犯有特别规定,才不适用总则有关共同正犯的规定③,事实上,无论适不适用总则的规定,由于对构成犯罪的重婚者都是按正犯处罚,轻重不会有多大差异。但按我国刑法的规定,甲、乙双方为重婚罪的共同犯罪人,甲是主犯,乙是胁从犯,对乙至少应当减轻处罚,甚至可以免除处罚。可见,重婚的双方是分别成立重婚罪的单独犯,还是构成重婚罪的共犯(即共同犯罪),按我国刑法的规定,处罚轻重可能会有较大差异。并且,这样处理案件,能够使对参与者的处罚轻重与其参与犯罪的程度或对犯罪的贡献大小直接挂钩,显然更具有公平合理性。

第二种类型的对向犯,本来也是属于双方合作共同完成犯罪的情形,刑法却将双方的行为既不作为同一种罪,也不作为共同犯罪来处理,而是分别规定为不同的罪,这除因双方的行为各有其特殊性与独立性之外,或许还因立法者有刑事政策方面的考虑。例如,行贿与受贿,尽管侵害的法益相同,并且很难说哪一种行为的危害性更大,正因为如此,有些国家(如意大利)的刑法规定二者的法定刑相同,但按我国刑法和有关的司法解释的规定,对受贿罪的处罚比行贿罪重得多。将打击的重点放在受贿方,以体现国家对公职人员从严要求的政策精神,自然也无可非议。但是,这会带来与相关的共同犯罪的处罚不协调的问题。因为主动向国家机关工作人员行贿,本身含有教唆对方受贿的成分,会产生教唆对方受贿的效果,特别是在对方原本无受贿的意思,一再拒绝并退还价值很高之贿赂物的情况下,行为人为了让其枉法为自己办事,采

---

① 我国也有论者认为,这属于"片面的共同犯罪",但笔者认为,"片面的共同犯罪"是区分制的产物,从我国《刑法》第 25 条的规定不难看出,不可能成立"片面的共同犯罪"。参见刘明祥:《单一正犯视角下的片面共犯问题》,载《清华法学》2020 年第 5 期。

② 我国刑法学界对此有不同认识。有的认为,双方构成共同犯罪,应适用刑法总则有关共同犯罪的处罚规定;也有的认为,双方不成立共同犯罪,不能适用刑法总则有关共同犯罪的处罚规定。后一种"否定说"的主要理由是,"既然刑法分则已将两面对向犯作为必要的共同正犯进行规定……那么,就应当排除对其适用刑法总则关于共犯处罚的规定,而只需要依照刑法分则的相关条文定罪量刑即可"。参见钱叶六:《对向犯若干问题研究》,载《法商研究》2011 年第 6 期。笔者认为,这是用区分制的观念来解释我国刑法的规定,不具有合理性。在我国,对必要的共同犯罪,只要刑法分则对参与者的处罚轻重没有作特别规定(即没有规定部分参与者处罚重,部分参与者处罚轻),就都应当适用刑法总则将共同犯罪人分为主从犯的规定,分别认定每个参与者是主犯还是从犯,依法给予轻重有别的处罚。

③ 参见〔日〕浅田和茂:《刑法总论》(第 2 版),成文堂 2019 年版,第 414 页。

用胁迫手段迫使对方受贿。在这种场合,按对向犯的处理原则,对行贿者还是只能按行贿罪定罪处罚,对受贿者则要以受贿罪论,结果是行贿者比受贿者的处罚可能要轻得多。但假设是被情人胁迫、原本不愿受贿并一再退还价值很高之贿赂物的官员受贿,这种教唆者自然应与官员构成受贿罪的共同犯罪,作为教唆犯的情人被认定为主犯,官员被认定为从犯或胁从犯,对情人的处罚重于官员成为合理的结论。两相比较,行贿者直接提供价值很高的贿赂物,并采用了胁迫手段,还为自己谋取了非法利益,这很难说比采取同样胁迫手段教唆官员受贿的纯粹教唆犯在同样的贿赂犯罪中发挥的作用更小、情节更轻,但最终的处罚结果却要轻得多,其合理性令人怀疑。这在一定程度上表明,对这类对向犯,一概分别按处罚轻重不同的单独犯定罪处罚,而不以共同犯罪论处,可能并不具有合理性,似乎应该作一些限制。至于如何限制,即在何种情况下不分别单独定罪处罚,而以其中一罪的共同犯罪论处,是一个有待进一步研究的问题。笔者初步考虑,只有在一方的行为明显超出了该行为所成立之罪的构成要件范围,实质上对相对方的行为起支配作用的场合,才能按相对方所成立之罪的共同犯罪来定罪处罚。例如,对拐卖儿童和收买被拐卖的儿童之行为,按我国刑法的规定,分别构成拐卖儿童罪、收买被拐卖的儿童罪,前者的最高法定刑是死刑,后者仅为 3 年有期徒刑。从法定刑的设置来看,只能将收买被拐卖的儿童罪中的"收买"限定在被动收买的范围内,通常是对方将儿童送上门来卖给收买者,而不包含教唆对方拐骗儿童卖给自己收养的情形。例如,行为人想要买个孩子自己收养,就唆使一位在医院门前等活儿干的农民工,到医院产房偷盗一个婴儿卖给自己。先开价 1 万元,对方不愿干,涨到 3 万元才成交。对此例中的收买者,就应当与偷盗婴儿的出卖者按拐卖儿童罪的共同犯罪论处,而不能以收买被拐卖的儿童罪定罪处罚。因为是收买者唆使原本无犯意的人产生犯意,并偷盗婴儿卖给了自己,他对这一犯罪的发生实际上起支配作用,因而不属于被动收买,而应当认定为拐卖儿童罪的共同犯罪中的主犯。

第三种类型的对向犯,同样要靠双方合作来共同完成犯罪,但刑法却规定仅处罚一方的行为,另一方的行为不处罚。如买卖淫秽物品的场合,只规定有贩卖淫秽物品牟利罪(处罚出卖方),而没有规定购买淫秽物品罪(不处罚购买方)。这种只处罚对向者之一方的情形,"严密地看,不能说是对向'犯'"①。正是基于这一特点,学者们称之为"片面的对向犯"②、"不纯正的必要共犯"③,以与实施行为的双方均成立犯罪的对向犯或其他类型的典型的必要共犯相区别。这种片面的对向犯中,法律没有明文规定予以处罚的一方(如淫秽物品的购买方)能否成为处罚的对象,即能否按对方(如淫秽物

---

① 〔日〕大塚仁:《刑法概说(总论)》(第 3 版),冯军译,中国人民大学出版社 2003 年版,第 235 页。
② 〔日〕铃木义男:《刑法判例研究Ⅱ》,大学书房 1986 年版,第 151 页。
③ 〔意〕杜里奥·帕多瓦尼:《意大利刑法学原理》(注评版),陈忠林译,中国人民大学出版社 2004 年版,第 350 页。

品的出卖方)所成立之罪的共犯予以处罚,就成为对向犯乃至必要共犯论争论的核心。① 对此,中外刑法学界均存在不同的理论主张。德、日两国判例的倾向也有差异,德国的判例广泛肯定可罚性,但日本的判例基本持否定态度(即否定可罚性)。②

我国有学者持否定主张,认为对法律没有明文规定处罚一方的参与行为,均不能按共犯来处罚。以买卖淫秽物品的犯罪案件为例,"即便购买一方的要求行为是反常的、过分的,也不应当适用刑法总则有关任意共犯的规定,以教唆犯或者帮助犯追究其刑事责任。因为,既然刑法上连'购买'这种实行行为都不处罚,比'购买'这种实行行为危害性更低的'教唆''帮助'行为不更是没有处罚的必要吗?"③在笔者看来,持此种主张的论者忽视了行为人(即购买方)并非教唆、帮助自己购买,事实上,教唆、帮助行为也只能对他人实施,如果行为人仅仅只是教唆、帮助他人购买淫秽物品,由于实行购买者尚且不作为犯罪来处罚,教唆、帮助行为的危害性通常要小于实行行为,自然也就没必要当犯罪处罚。问题在于,购买淫秽物品的行为本身就有帮助对方出卖淫秽物品的性质,甚至还含有教唆对方出卖的成分,不能作为共犯处罚的理由或根据何在? 目前,我国学者大多认为,对这种片面对向犯的一方参与行为,虽然原则上不可罚,但并非一概不可罚,若出现特殊例外的情形,即超出了其参与行为的定型性、通常性,则有可能要按共犯来处罚。④ 据笔者所知,德、日等国刑法学界现在的通说也是持此种主张,即对这种参与行为原则上不可罚,例外才可罚。至于不可罚的理论根据或理由,以及何种情形才属于例外应予处罚,乃至如何掌握认定,笔者已另行撰文作过论述⑤,此处不再赘述。

三、第三者参与能否构成必要的共同犯罪

(一) 第三者能否成为聚合犯的共犯

如前所述,由于刑法对集团犯的参与者分为多种类型并规定了轻重不同的法定刑,对集团内部的人员按刑法分则的具体规定予以定罪处罚,而不适用总则关于共同犯罪(或共犯)的规定,这在中外刑法理论界并无多大争议。但是,对集团外部的人员能否适用刑法总则的共犯规定予以定罪处罚,学说上存在肯定说⑥与否定说⑦之争。

---

① 参见〔日〕丰田兼彦:《论狭义之共犯的成立条件》,载《立命馆法学》2006 年第 6 号(总第 310 号)。
② 参见何庆仁:《论必要共犯的可罚性》,载《法学家》2017 年第 4 期。
③ 黎宏:《刑法学总论》(第 2 版),法律出版社 2016 年版,第 276 页。
④ 参见张明楷:《刑法学》(第 6 版),法律出版社 2021 年版,第 579 页。
⑤ 参见刘明祥:《论片面对向犯》,载《法商研究》2020 年第 5 期。
⑥ 参见黎宏:《刑法学总论》(第 2 版),法律出版社 2016 年版,第 277 页。
⑦ 参见熊亚文:《必要共同犯罪概念及其功能问题研究——一个域外概念的中国化思考》,载《河南财经政法大学学报》2016 年第 3 期。

在日本,肯定说是通说,但否定说也很有影响力。① 否定说认为,立法的主旨是,集团外部的人不可罚,对其不能适用共犯的规定。② 这是由于刑法根据参与者在犯罪中所起的作用,将其分为首谋者、指挥者、带头助势者、附和随行者等,并设置有不同的处罚,因此,"在事实上已经包含了对多众犯(即集团犯——笔者注)的实行所进行的教唆性行为、帮助性行为,特别是从将这种集团性犯行作为独立的犯罪类型加以规定来看,不再处罚其教唆犯、从犯(即帮助犯——笔者注)应该说是刑法的趣旨"③。但是,肯定说认为,"对于来自集团外部的参与行为,由于并非成立集团犯所必需的行为,不能说在对集团犯进行立法之际就已将此类行为排除在处罚对象之外,而且,也并不存在违法性或者责任的欠缺这种应认定该行为不可罚的实质性理由,因此,应根据共犯的总则规定,成为处罚之对象"④。

应当肯定,对来自集团外部的参与行为一概不予以处罚不具有合理性。因为尽管自己不加入其中去直接实行集团性(或多众性)的犯罪,而只是教唆、帮助他人去从事这类犯罪活动,其行为也明显具有违法性或社会危害性,特别是教唆、帮助他人去从事危害性很大的集团性犯罪,如果不定罪处罚显然不合适。但是,在区分制的法律体系下,对这种来自集团外部的参与者(即纯粹的教唆者、帮助者),定罪处罚确实会遇到解释论上的难题。众所周知,按照区分正犯与共犯的区分制的解释论,对正犯处罚重、共犯(即教唆犯和帮助犯)处罚轻,二人以上共同实行犯罪的,均按正犯(即共同正犯)同等处罚,在集团性(或多众性)犯罪的场合,参与人数较多,且大多属于共同正犯,但各人在犯罪中所起的作用(即贡献)大小可能会有较大差异,处罚轻重也应有差别,为此,立法者对这种集团犯(或多众犯)在刑法分则中采取不同的处罚原则,即根据参与者在犯罪中所起作用(或贡献)的大小分成不同类型,给予轻重不同的处罚。以《日本刑法典》第 106 条的骚乱罪为例,该条规定"多众聚集实施暴行或者胁迫的",构成骚乱罪,并对"首谋者""指挥他人或者带头助势的""附和随行的"分别设置了轻重不同的法定刑。从该条规定来看,并非根据实施的是实行行为还是教唆行为或帮助行为来对参与者规定轻重不同的处罚,如"首谋者"就可能仅仅只是幕后操纵者,并不一定要到前台去"实施暴行或者胁迫",也就是说处罚最重的"首谋者"并不一定是典型的正犯(即实行犯),从其行为形式来看可能只是教唆犯,但由于"首谋者"在这种集团性的犯罪中所起的作用最大,所以处罚最重;"附和随行的"尽管可能是到现场去直接"实施暴行或者胁迫的"(即实行犯),是典型的正犯,但由于其在犯罪中所起的作用最小,因而

---

① 参见〔日〕川端博:《刑法总论讲义》,成文堂 1995 年版,第 490 页。
② 参见〔日〕团藤重光:《刑法纲要总论》(第 3 版),创文社 1990 年版,第 434 页。
③ 〔日〕大塚仁:《犯罪论的基本问题》,冯军译,中国政法大学出版社 1993 年版,第 61 页。
④ 〔日〕松原芳博:《刑法总论重要问题》,王昭武译,中国政法大学出版社 2014 年版,第 355 页。

处罚最轻。另外,无论是"首谋者""指挥他人或者带头助势的""附和随行的",都是实施骚乱犯罪之集团内部的人员,集团外部的人员既不到现场去"实施暴行或者胁迫",也不属于幕后的操纵者,只是教唆他人去参与或者为参与者提供帮助的,对这种骚乱犯罪案件中纯粹的教唆者、帮助者,即便是适用刑法总则的共犯规定对其定了骚乱罪,如何处罚仍是一大难题。因为日本刑法既没有对骚乱罪的正犯或所有参与者规定统一适用的法定刑,也没有对骚乱罪的共犯或集团外部的参与人员单独规定法定刑,而刑法总则只是规定对教唆犯"判处正犯的刑罚"、对帮助犯"按照正犯的刑罚予以减轻"。或许还可以按其教唆、帮助的特定对象最终被认定为"首谋者""指挥他人或者带头助势的",还是"附和随行的"来随之适用法定刑,但如果其只是教唆、帮助一些人去实施骚乱犯罪,但具体对象并不特定,或者是教唆多人或帮助多人去参与同一骚乱犯罪,其中有的成为"首谋者""指挥者",也有的成为"附和随行者",那么,究竟适用哪一法定刑、选择适用某一法定刑的根据何在?似乎都是无法合理说明的问题。

但是,按照我国刑法的规定和单一正犯的解释论,对集团性犯罪案件中的集团外部的参与人员(即第三者),认定其与集团内部人员构成共同犯罪(即成立必要的共同犯罪),按刑法分则的具体规定定罪处罚,无任何障碍和问题。以我国《刑法》第294条的组织、领导、参加黑社会性质组织罪为例,该条将构成此罪的参与者分为"组织、领导的""积极参加的"和"其他参加的"三种类型,规定了轻重不同的法定刑。黑社会性质组织的内部人员无疑构成此罪的共同犯罪,但该组织的外部(即集团外部)人员,如并不加入该组织,也不直接参与该组织的犯罪活动,仅仅只是教唆、帮助有关人员加入该组织或者帮助该组织及其人员从事犯罪活动的,能否成为该罪的共犯(即共同犯罪人)?笔者的回答是肯定的。因为按单一正犯的解释论,组织、领导、参加黑社会性质组织罪的构成要件行为,不限于自己实行组织、领导、参加的行为,还包括教唆、帮助他人组织、领导、参加的行为。如果明知是黑社会性质的组织又教唆或帮助他人去参加,主观上又有犯罪的故意,那就具备了此罪的主客观要件;加上被其教唆或帮助的行为人,也具备此罪的主客观要件,并且双方有此罪的共同故意和共同行为,因而构成此罪的共同犯罪。至于如何处罚,由于我国刑法对这种必要的共同犯罪,按总则区分主从犯给予轻重有别之处罚的立法精神,分别为上述三种类型规定了轻重不同的法定刑,正如前文所述,对参与者按其所属的类型分别"对号入座",就等于是区分主从犯给予轻重有别的处罚。因此,对教唆或帮助他人犯组织、领导、参加黑社会性质组织罪的,应根据其在共同犯罪中所起的作用大小,分别认定为"积极参加的"或"其他参加的"等类型,适用相应的法定刑予以处罚。一般来说,这种黑社会性质组织的外部参与人员,不可能成为该组织的核心成员即"组织、领导"者,充其量只可能成为"积极参加"者(如教唆多人加入该组织、给该组织及其从事的犯罪活动以重大帮助的),大多只能作为"其他参加"者(即非积极参加者),给予较轻的处罚。并且,将该组织外部的参与人员(即纯粹的教唆者或帮助者),作为黑社会性质组织罪的"参加"者(含"积极参加"者和"其他参加"者)也可谓名副其实,因为教唆或帮助他人犯黑社会性质组织罪,也可以说是在实质上"参加"此种犯罪。

(二) 第三者能否成为对向犯的共犯

如前所述,对向犯虽以二人以上实施相对应的行为(即有人扮演相对角色)为必要,但刑法并非对双方的行为均予以处罚。仅处罚一方之参与行为的,理论上称之为"片面对向犯";对双方之参与行为均处罚的,则称之为"两面对向犯"。① 对向犯之外的第三者,虽不是对向犯成立所必要的参与者,但也可能参与其中。例如,买卖型对向犯中,买方和卖方是这种对向犯所必要的参与者,中介方或其中某一方的加功者(即教唆或帮助者)是第三方参与者,这种参与者能否成为对向犯的共犯(即共同犯罪人),成为刑法理论上必须研讨解决的问题。

1. 第三者参与两面对向犯的情形

我国刑法规定的两面对向犯有两种类型,一种是将双方的行为规定为同一罪名(如重婚罪),另一种是分设不同罪名(如行贿罪与受贿罪)。第三者参与同一罪名的对向犯,如教唆、帮助双方或其中的一方重婚,可能与这种对向犯的双方或其中一方构成共同犯罪,这在理论上并无争议,实践中也不难掌握认定。第三者参与不同罪名的对向犯,如教唆、帮助或介绍买卖儿童,有可能与某一方构成共同犯罪,这在学术界也无异议。至于是与哪一方构成共犯,特别是在双方分别成立之不同罪的法定刑有差异的场合,则成为理论和实践中的一个难题。日本学者丰田兼彦认为,对于参与法定刑有差异的两面对向犯的第三者,只能以法定刑较轻方的共犯论处。否则,对第三者的处罚同法定刑较轻的正犯自己参与的情形之间就不能实现均衡。另外,也没有合理的理由对第三者处以比法定刑较轻的正犯更重的刑罚。② 我国的钱叶六教授主张,"如果第三人仅协力其中一方的行为,那么就以被协力一方的共犯论处;如果第三人同时对双方的行为加功,如第三人为行贿人和非国家工作人员的受贿人撮合、牵线搭桥的,那么其行为属于一行为触犯数罪名,构成想象竞合犯,应择一重罪处罚,即应按非国家工作人员受贿罪的教唆犯定罪处罚"③。

在笔者看来,对参与处罚轻重有差异的两面对向犯的第三者,一概以轻罪的共犯论处,不具有合理性。因为作为第三人的参与者,完全有可能是站在对向犯某一方的立场为这一方的利益而参与其中的,只有将其认定为与这一方构成共同犯罪,才符合

---

① 参见〔日〕丰田兼彦:《共犯之处罚根据与客观的归属》,成文堂 2009 年版,第 132 页。
② 参见〔日〕丰田兼彦:《共犯之处罚根据与客观的归属》,成文堂 2009 年版,第 145 页。
③ 钱叶六:《对向犯若干问题研究》,载《法商研究》2011 年第 6 期。

案件的事实情况,也才能揭示其与之有犯罪的共同行为和共同故意。例如,甲与朋友闲谈得知,邻村的乙想要买一婴儿抚养,就主动打电话告诉自己的表妹丙,使丙将捡拾的婴儿卖给了乙。甲与乙并不相识,也未见过面。在此案中,甲显然是站在丙的立场为了丙的利益而参与进去的。若以处罚轻的收买被拐卖的儿童罪定罪,就得认定其与乙有此罪的共同行为和共同故意,但这样认定显然与案件的事实情况不符。正因为如此,对这种两面对向犯之参与者中的第三人,在能够证明其是站在某一方的立场为这一方的利益而实施参与行为时,就应认定其与该方构成共同犯罪,而不论该方所成立之罪是两面对向犯中的重罪还是轻罪。我国有关司法解释大致也是持此种观点。例如,2010年最高人民法院、最高人民检察院、公安部、司法部《关于依法惩治拐卖妇女儿童犯罪的意见》指出:"明知他人拐卖妇女、儿童,仍然向其提供被拐卖妇女、儿童的健康证明、出生证明或者其他帮助的,以拐卖妇女、儿童罪的共犯论处。明知他人收买被拐卖的妇女、儿童,仍然向其提供被收买妇女、儿童的户籍证明、出生证明或者其他帮助的,以收买被拐卖的妇女、儿童罪的共犯论处,但是,收买人未被追究刑事责任的除外。"

"如果第三人同时对双方的行为进行加功",按钱叶六教授的主张,这"属于一行为触犯数罪名,构成想象竞合犯,应择一重罪处罚"。在笔者看来,对这种两面对向犯中的第三者,一概以重罪论处也不合适。因为我国刑法中还存在对这类犯罪行为单独设处罚规定的情形,如我国刑法在行贿罪和受贿罪之外,单独规定有介绍贿赂罪。所谓介绍贿赂,是指在行贿人与受贿人之间进行引见、沟通、撮合,使行贿与受贿得以实现。一般认为,这是一种为行贿与受贿双方提供帮助的特殊行为。因其法定刑明显低于行贿罪和受贿罪,而被视为有关贿赂罪的一种特别减轻犯。[①] 对这种两面对向犯中的第三者(即介绍贿赂者),当然不能以其中的重罪(即受贿罪)论处,而只能适用《刑法》第392条的规定,以介绍贿赂罪定罪处罚。另外,将第三者同时对两面对向犯双方的行为进行加功,视为一行为触犯数罪名的想象竞合犯,也值得商榷。因为如果仅从行为的表现形式来看,第三者既然是对两面对向犯双方的行为均进行了加功(即均给予了帮助或教唆),通常是先分别向双方说明情况,再进行引见、沟通、撮合,而作为对向犯双方的行为又分别构成不同的罪,那就意味着第三者分别实施了两种不同犯罪的帮助或教唆行为,并非仅实施一个行为而触犯了两个罪名,当然不属于想象数罪(或想象竞合犯)。但是,如果从实质上来作评价,应认为第三者是参与一个必要共同犯罪,并非犯实质上的数罪,因而不能实行数罪并罚。因为两面对向犯属于必要共犯,以有相对方的参与行为为犯罪完成(或实现)的必要条件。以买卖儿童为例,若没有卖方出卖儿童的行为,收买被拐卖的儿童罪就不可能完成(或实现);反过来,如果没有买方的行

---

① 参见刘明祥:《从单一正犯视角看贿赂罪中的共同犯罪疑难问题》,载《法学家》2017年第2期。

为,拐卖儿童罪同样不可能完成(或实现)。因此,作为介绍买卖某一儿童的第三者,虽然既有帮助买方收买的行为,也有帮助卖方出卖的行为,但却不能说在这一次买卖同一儿童的犯罪活动中,他既构成拐卖儿童罪,又构成收买被拐卖的儿童罪,否则,就难免使人产生这样的疑问:在同一次买卖同一儿童的案件中,同一行为人难道既是拐卖者又是收买者? 正因为如此,在分析这种两面对向犯中的第三者的参与行为是触犯一罪还是数罪时,不能仅从表面形式上去看问题,而忽视对向犯是必要共犯这一特殊性。如果把这种买卖型的对向犯作为一个必要共犯的整体来看待,买卖双方乃至中介方(第三者)均是共同合作完成一个必要共同犯罪,因而是共同犯一罪,而不是数罪。只不过刑法对有的买卖型对向犯,分别将买方与卖方的行为规定为不同的罪名,并设置了轻重不同的法定刑,其实质是要对不同参与者给予轻重不同的处罚。并且,刑法对有些买卖型对向犯的双方均规定为犯同一罪适用相同的法定刑,如刑法将买卖枪支弹药的行为纳入一罪之中,对出卖方、购买方乃至中介方(第三者),均适用相同的法定刑处罚。既然如此,那就有理由将两面对向犯中的第三者分别对双方实施的加功行为视为对一个整体犯罪(如买卖型犯罪)的两个具体行为环节(如买或卖)的加功,并按重行为(如出卖行为)吸收轻行为(如收买行为)的原则,以重行为(如出卖行为)所成立之罪来对其定罪处罚。

对两面对向犯的双方均实施了加功行为的第三者,如果按其中的重罪来定罪处罚,是否会出现前述日本学者丰田兼彦所担忧的问题,即对第三者的处罚同法定刑较轻的正犯所受的处罚不均衡,也就是出现对第三者的处罚比正犯还重的不合理现象呢? 在笔者看来,按区分正犯与共犯的区分制的观念,正犯是犯罪的核心角色,共犯(教唆犯和帮助犯)是犯罪的边缘角色或从属者,因而对正犯处罚重、对共犯处罚轻。两面对向犯中的第三者只能实施教唆或帮助行为(即加功行为),因而是共犯,对其处罚自然应当比实施实行行为的正犯要轻。但如果对其按两面对向犯中的重罪来定罪,即便是以共犯来处罚,由于共犯中的教唆犯与正犯的刑罚相同,结果是第三者作为共犯,比对向犯中法定刑较轻的正犯所受的处罚还重,这表面上看与区分制的基本观念相悖。笔者也不否认,在两面的对向犯中,以买卖型对向犯为例,实行购买行为的危害性在通常情况下确实大于教唆或帮助购买的行为,作为仅实施了教唆特别是帮助购买行为的第三者,其所受的处罚无疑不应当重于实行购买者。但问题在于第三者还对另一方实施了教唆或帮助出卖的行为,而刑法对出卖行为的处罚重于购买行为,其作为重罪的共犯所受的处罚,重于法定刑较轻的轻罪的正犯所受的处罚,就并非不具有合理性。只不过在有些案件中,从具体情况来看,法定刑较轻这一方的正犯,相对于法定刑较重另一方的教唆犯,其在对向犯这一必要共犯的整体之中发挥的作用还更大一些,处罚也应当更重一些,但将第三者以重罪的共犯论处的结果却相反,这种不合理现象确实有可能发生。可是,如果将第三者一概以轻罪的共犯论处,面对那种教唆重罪方实施重罪的行为并对双方"交易"的实现起到了关键作用的第三者,处罚就会过轻,同样会出现与对向犯中轻罪的正犯乃至重罪的正犯的处罚相比不均衡的问题。可见,在区分制的立法体系下,对两面对向犯中的第三方参与者(即第三者),无论是一概以法定刑较轻一方(即轻罪)的共犯,还是一概以法定刑较重一方(即重罪)的共犯论处,均有可能出现处罚不均衡的现象。这也是区分制体系在处理对向犯问题上显露出来的一个缺陷。

但是,按照我国刑法的规定和单一正犯的解释论,这一缺陷能有效避免。如前所述,按笔者的主张,对两面对向犯中的第三方以帮助或教唆双方"交易"的形式参与其中的,若对向犯双方分别构成之罪的法定刑有轻重差异,在刑法未对第三方的参与行为设处罚规定的条件下,应按其中的重罪来对第三者定罪处罚。但由于第三者与重罪一方的参与者构成共同犯罪,而我国刑法是按参与者在共同犯罪中所起作用的大小,分为主犯与从犯(含胁从犯)给予轻重不同处罚的,并且对从犯的处罚从宽的幅度较大,既可以从轻处罚,也可减轻处罚,甚至还可以免除处罚。这样,便于法官根据案件的具体情况,来对参与者选择轻重适当的处罚,也很容易做到对同一案件的不同参与者的处罚轻重均衡协调。例如,C 在 A 与 B 买卖一儿童的犯罪案件中,居间做沟通、撮合工作,推动双方做成交易,但并未从中获取报酬。对 C 按拐卖儿童罪定罪,由于此罪的法定刑比收买被拐卖的儿童罪的法定刑重得多,确实存在比收买方处罚重得多的可能性。如果 C 作为买卖儿童"交易"双方之外的第三者,对"交易"的完成发挥了重要作用,确实有必要给予与出卖方相当的处罚,那就可以将其认定为拐卖儿童罪的主犯予以处罚;反过来,如果 C 在犯罪过程中仅起次要的或辅助性的作用,则将其认定为拐卖儿童罪的从犯,处罚的轻重就有很大的选择余地。假如 C 在买卖儿童交易中发挥的作用同收买者相当,有必要给予与之相当的处罚,就可以适用刑法总则对从犯"减轻处罚"的规定,对其处罚的轻重就可能与收买被拐卖的儿童罪的收买者相当;假如 C 在买卖儿童交易中发挥的作用很小,有必要给予比收买者还轻的处罚,即便是对 C 按拐卖儿童罪的重罪定罪,只要认定其为从犯,也还可以适用刑法总则对从犯"免除处罚"的规定,使之受到比收买者更轻的处罚。

2. 第三者参与片面对向犯的情形

片面对向犯不同于双面对向犯的特殊性在于,参与的双方中只有一方的行为可罚,另一方的行为尽管也是对方完成(或实现)犯罪所必不可少的,但刑法并未明确规定予以处罚(即不可罚)。正如前文所述,作为对向犯双方之外的第三方,虽然不是对向犯的必要参与者,即便没有其参与,对向犯也同样可能完成(或实现)犯罪,但这种第三者可能参与其中一方或双方的犯罪活动,则是不言而喻的。如果第三者参与可罚一方的行为,如教唆或帮助他人贩卖淫秽物品①,自然可能构成贩卖淫秽物品牟利罪的共犯②;如果第三者参与不可罚一方的行为,只要没有超出通常的教唆或帮助对方实行的范围,由于实行这种不可罚的行为(如购买淫秽物品)尚且不可罚,实施危害性小于实行行为的教唆或帮助行为(如教唆或帮助购买淫秽物品),当然更不可罚。

问题在于,有时仅从第三者实施之行为的外观或表现形式,难以判断其是参与可罚的一方还是不可罚的另一方的行为,特别是在第三者实施的一种行为既可视为参与可罚一方,也可看成参与不可罚一方的场合,更容易产生认识分歧。例如,第三者与买卖淫秽物品的双方均为朋友关系,买方得知第三者要到另一个城市去见卖方后,告知其自己向卖方购买了一些淫秽物品,托其帮忙带回;卖方见到第三者后,未等其开口就主动提出托其帮忙将淫秽物品顺便带给买方。这样,第三者受买卖双方之托,将淫秽物品从卖方手中拿到后带回去交给了买方。对第三者实施的此种行为,既可看成是可罚的帮助贩卖淫秽物品牟利的行为,也可视为不可罚的帮助购买淫秽物品的行为。究竟是按犯罪处罚,还是不予处罚?理论上有不同主张。③ 关键在于对这种第三者的参与行为,认定为对对向犯中哪一方的教唆或帮助行为的实质基准乃至理论根据何在。在笔者看来,第三者实施的一个参与行为,表面上却可以视为对对向犯双方均给予了帮助或教唆的情形,与一行为触犯数罪名的想象竞合相似,可以采取从一重处断的原则,按可罚的参与行为来处理。就上述案件而言,对第三者可按贩卖淫秽物品牟利罪的共犯论处。如果将其与仅实施了不可罚的帮助购买淫秽物品行为的参与者同等对待,就意味着若第三者仅受卖方之托将淫秽物品带回去交给买方,由于足以肯定其实施了帮助贩卖淫秽物品的行为,当然具有可罚性;反过来,实施了同样的行为还含有帮助购买的成分,即违法性或社会危害性程度更严重的,反而不能作为贩卖淫秽物品牟利罪的共犯论处,这显然不具有合理性。

一般来说,如果第三者仅仅只是为不可罚一方而实施周边的参与行为,如某人告诉想要得到淫秽物品的朋友去找淫秽物品的贩卖者购买,这种第三者当然不可罚。但是,如果第三者并非为不可罚的一方,而是为可罚的一方实施参与行为的,例如,劝说不特定的多数人购入淫秽物品,从而产生使淫秽物品的卖方获得更多顾客之作用的,这种第三者的参与行为虽然表面上是对不可罚的一方实施的行为(即教唆购买的

---

① 第三者是对向犯双方之外的第三方参与人,这就决定了其只能实施实行行为之外的教唆行为、帮助行为等加功行为。如果是参与实施某一方的实行行为,如与对方一起贩卖淫秽物品,就成为对向犯中的直接实行犯,而不属于这里所指的第三者(即第三方参与者)。

② 在区分制体系下,第三者构成贩卖淫秽物品牟利罪的共犯(即教唆犯或帮助犯);在单一正犯体系下,第三者与实行者构成贩卖淫秽物品牟利罪的共同犯罪(简称为共犯)。

③ 参见 Roxin, aaO(Anm. 2) Rn. 42; Gropp, aaO(Anm. 2) S. 203 f., 237, 转引自〔日〕丰田兼彦:《共犯之处罚根据与客观的归属》,成文堂 2009 年版,第 134 页。

行为),但实质上是为可罚的一方实施的参与行为(即帮助贩卖的行为),因而具有可罚性。另外,如果第三者是受不可罚的一方的委托而实施不可罚的周边参与行为的,也应认定其行为不可罚。例如,受想要得到淫秽物品的朋友的委托,将其介绍给淫秽物品的贩卖方的行为,就不具有可罚性。①

---

① 参见〔日〕丰田兼彦:《共犯之处罚根据与客观的归属》,成文堂2009年版,第140页。

刑事一体化方法论下
"片面共犯论"法理的新诠释

魏 东[*]

引言:判例与方法的法理抽象

从法理上看,广西壮族自治区南宁市连环教唆杀人案属于较为典型的教唆未遂(教唆失败、无效的教唆、非共犯的教唆犯、独立教唆犯),尽管经过层层连锁的教唆(多层级连锁的教唆、教唆的教唆、多层级教唆),并且最终被教唆的人没有着手实施被教唆的行为(故意杀人行为),但是最终所有教唆者均被定罪处罚(即以教唆者所教唆的故意杀人罪定罪处罚),其中涉及的独立教唆犯条款与共犯论的深刻法理值得检讨。

【案例】广西壮族自治区南宁市连锁教唆杀人案[①]

2013年10月,被告人覃某某因商业纠纷而欲雇凶杀害被害人魏某,遂指使被告人奚某某雇佣杀手,并约定支付给杀手酬金200万元(先支付100万元,并约定事成之后再支付100万元)。奚某某再找到被告人莫某某雇佣杀手,约定并向莫某某支付雇凶酬金100万元。2014年4月,莫某某以77万元酬金雇佣被告人杨康某去办理杀害魏某一事(当场支付27万元,并约定事成之后再支付50万元)。杨康某又以50万元酬金雇佣被告人杨广某去办理杀害魏某一事(当场支付20万元,并约定事成之后再支付30万元)。之后,杨广某又以10万元酬金雇佣被告人凌某某去实施杀害魏某的行为,并许诺事成之后支付。凌某某开始答应去杀害魏某,后反悔并决定放弃杀害魏某,于2014年4月28日告诉魏某真相,并让魏某配合照了一张手被反绑的照片,用于向上家交差。本案经被害人魏某报警后案发,被告人覃某某、奚某某、莫某某、杨康某、杨广某、凌某某相继落网,中间经过原一审法院于2016年一审、2018年重审,两次宣判六名被告人无罪;再次被检方抗诉,南宁市中级人民法院经开庭审理后于2019年10月17日作出终审宣判,判决六名原审被告人犯故意杀人罪,判处覃某某有期徒刑5年、奚某某有期徒刑3年6个月、杨康某和杨广某有期徒刑3年3个月、莫某某有期徒刑3年、

---

[*] 四川大学法学院教授。

[①] 参见《200万雇凶杀人,遭层层抽水转包!结局来了!》,载南方周末新版客户端(http://www.infzm.com/contents/161336),访问日期:2022年4月18日。

凌某某有期徒刑 2 年 7 个月。

对于本案，人民法院生效判决依据《刑法》第 29 条第 2 款"如果被教唆的人没有犯被教唆的罪，对于教唆犯，可以从轻或者减轻处罚"的规定，对各个层级的教唆犯予以定罪判刑。这是符合功能主义刑法解释学的法官决策有效论、判例拥护理论和后果考察论的解释论原理的，因为故意杀人的教唆行为具有预备犯的可罚性，可适用《刑法》第 29 条第 2 款的规定，在故意杀人罪预备犯的基础上适用"可以从轻或者减轻处罚"的规定。当然，笔者也注意到，本案对凌某某（最末端的被教唆人）的定罪可能还有值得商榷之处，因为凌某某是本案中唯一没有实施"教唆"他人杀人行为的人，他在接受教唆后能够自我反省并及时醒悟切断故意杀人行为，并且他客观上没有实施教唆（他人犯罪的）行为，依法不应将他认定为"教唆犯"并予以定罪处罚；但是，本案对凌某某的定性处罚疑问并不影响本案依法判决其他五名被告人（教唆失败中的"教唆犯"）定罪处罚的正当性。

根据本案的司法审判，我国刑法规定的独立教唆犯条款以及共同犯罪法条的相关法理值得在刑法解释学和刑法教义学层面展开深入研讨。独立教唆犯（教唆未遂、教唆失败、无效的教唆、非共犯的教唆犯）的法律解释适用问题，涉及刑法教义学方法、法律诠释学方法、司法公正价值判断方法等法学方法论的一体化运用。尤其是刑法解释适用领域的司法公正价值观必须在法官决策有效论中获得应有尊重和适当宣扬，防止理论上的刑法教义学方法的教条主义倾向。可以说，教唆未遂（教唆失败、无效的教唆、非共犯的教唆犯、独立教唆犯）的法律解释适用，所运用的法律方法论正是储槐植先生所倡导的刑事一体化方法。[①] 值得注意的是，储槐植先生所倡导的刑事一体化方法中包含了刑法"解释结论既符合法律规范立法精神，又符合社会实践经验"[②]的刑法解释适用规则，之所以强调这一点，是因为储槐植先生所倡导的刑事一体化方法不但强调法律教义学方法、法律事实学方法（如犯罪学等）、法律价值学（如刑法哲学等）的运用，还强调"各级司法机关在办理具体刑案过程中遇有疑难时所表明的理解"，后者作为"活的法""问题性思考"的功能主义刑法解释立场[③]将在本文论述中被充分运用。

一、独立教唆犯条款的规范有效性

针对我国《刑法》第 29 条第 2 款的理解适用问题，我国刑法学主要有以下几种看法：一是特殊预备犯说（预备犯说、预备说），认为教唆犯对被教唆人实施教唆行为同为

---

① 参见储槐植：《刑法研究的思路》，载《中外法学》1991 年第 1 期。
② 储槐植：《刑事一体化论要》，北京大学出版社 2007 年版，第 76 页。
③ 参见魏东：《功能主义刑法解释论"问题性思考"命题检讨》，载《法学评论》2022 年第 2 期。

了犯罪而寻找共同犯罪人没有本质的区别,而寻找共同犯罪人正是犯罪预备的一种表现形式①,《刑法》第29条第2款是对教唆未遂这种特殊预备犯的处罚规定,教唆未遂"在犯罪形态上"属于犯罪预备②;二是特殊教唆犯说(独立教唆犯说、非共犯的独立教唆犯说、非共犯的教唆犯说)认为,在这种情况下,教唆犯不构成共同犯罪,是一种特殊教唆犯,应根据其本身的犯罪事实、犯罪性质、情节和社会危害程度,从轻或者减轻处罚③;三是未遂说认为,在被教唆的人没有犯被教唆的罪的情况下,教唆犯由于其意志以外的原因而未得逞,应视为未遂,称为教唆犯的未遂,这种情形下的教唆未遂可以称为教唆未成未遂。④ 其中,在主张未遂说的观点中,周光权教授认为,根据刑法客观主义限定教唆未遂的成立范围,按照共犯从属性说,《刑法》第29条第2款的解释结论应该是:当且仅当被教唆者着手实行犯罪并使法益遭受紧迫、现实的危险时,才能处罚教唆犯;相应的,教唆失败(被教唆者拒绝教唆)和无效的教唆(被教唆者尚未着手实行犯罪)不具有可罚性。⑤ 这种观点可以称为教唆未遂的正犯着手说,张明楷⑥、江溯⑦等学者也持大体相同的看法。

笔者认为,对于我国《刑法》第29条第2款的处罚范围问题,从功能主义刑法解释论立场看是可以确认特殊预备说(可罚的预备说或者预备犯说)、特殊教唆犯说(可罚的特殊教唆犯说)的正当性的,可以认为《刑法》第29条第2款规定了"独立教唆犯处罚原则"(又称为"特殊教唆犯处罚原则""非共犯教唆犯处罚原则""片面的教唆犯处罚原则""教唆未遂处罚原则"等)这一处罚原则,针对具体犯罪的教唆行为本身具有犯罪预备行为的性质(即符合《刑法》第22条的规定),因此,教唆行为若具有预备犯的可

---

① 参见赵秉志:《犯罪未遂的理论与实践》,中国人民大学出版社1987年版,第218页。
② 参见刘明祥:《再释"被教唆的人没有犯被教唆的罪"——与周光权教授商榷》,载《法学》2014年第12期。
③ 马克昌主编:《犯罪通论》,武汉大学出版社1991年版,第570—571页。
④ 参见赵秉志:《犯罪未遂的理论与实践》,中国人民大学出版社1987年版,第215—216页。
⑤ 参见周光权:《刑法客观主义与方法论》(第2版),法律出版社2020年版,第91—92页;周光权:《"被教唆的人没有犯被教唆的罪"之理解——兼与刘明祥教授商榷》,载《法学研究》2013年第4期。
⑥ 参见张明楷:《刑法学》(第5版),法律出版社2016年版,第454页。需要说明的是:关于我国《刑法》第29条第2款规定的处罚范围,张明楷的看法经历了较大变化:他过去主张"这种情况在刑法理论上称为教唆未遂",具体包括"被教唆的人拒绝教唆犯的教唆;被教唆的人虽然接受教唆,但并没有实施犯罪行为;被教唆的人虽然接受了教唆,但所犯之罪并非被教唆的罪;被教唆的人实施犯罪并不是教唆犯的教唆行为所致"的情况,因此"在上述情况下,教唆行为并没有造成危害结果,故对教唆犯'可以从轻或者减轻处罚'"(参见张明楷:《刑法学》,法律出版社1997年版,第308页);中间又曾经持限定肯定说的立场,认为如果所教唆的犯罪并不处罚未遂时(即未遂时不作为犯罪处理,如甲教唆乙在公共交通工具上扒窃),而被教唆的人又没有犯被教唆的罪(教唆未遂),对于教唆者不应定罪处罚,只有在所教唆的犯罪处罚未遂时(如甲教唆乙盗窃金融机构),教唆未遂的才应适用《刑法》第29条第2款的规定[参见张明楷:《刑法学》(第2版),法律出版社2003年版,第351页];他最新的见解是教唆犯的正犯着手说。
⑦ 参见江溯:《超越共犯独立性与共犯从属性之争——刑法第29条第2款的再解释》,载《苏州大学学报(法学版)》2014年第2期。

罚性(根据教唆行为的具体内容确定,例如针对杀人和抢劫等重罪的教唆行为就具有预备犯的可罚性),即可适用《刑法》第 29 条第 2 款的规定,并且在预备犯的基础上"可以从轻或者减轻处罚"。这种观点在基本立场上确立了独立教唆犯的规范有效性。现在已有部分学者明确主张"我国《刑法》第 29 条第 2 款是关于预备犯的处罚规定"(预备说)的观点①,并且指出,"世界各国无一例外地处罚被教唆者未实施所教唆之罪情况下具有重大法益侵害危险性的教唆行为,也从实定法的维度否定了教唆行为是必须依附于正犯的实行行为才具有可罚性的共犯行为。基于对教唆行为本身的构造分析,可以得出教唆行为是所教唆之罪的犯罪预备行为的结论"②。当然,对于特殊预备犯说,学界仍然有较多学者持反对立场,有的认为预备说"在我国法律上缺乏现实依据"③或者"没有法律依据"④,因此这个问题在"刑法教义学"层面上还有进一步研究的空间。但是,在功能主义刑法解释论层面,基于以下理由可以确证"独立教唆犯说"(即综合特殊预备犯说与特殊教唆犯说所确立的"独立教唆犯说")的正当性。

第一,法官决策有效论视域下的问题性思考和后果考察论。为有效解决作为重罪预备行为的独立教唆犯的处罚和预防等司法实践问题(问题性思考),在刑法解释论上可以处罚煽动实施恐怖活动罪(第 120 条之三)、教唆他人吸毒罪(第 353 条)、引诱卖淫罪和引诱幼女卖淫罪(第 359 条)等教唆型犯罪的情况下,法官在司法裁判活动中可以功能性地确认性质相当甚至更恶劣的教唆杀人等重罪的独立教唆行为(正犯尚未着手时)的可罚性,也符合刑法解释论同质解释和同类解释规则的要求,具有法官决策有效论、问题性思考和后果考察论上的正当性。

第二,法官决策有效论视域下的目的导向性论。刑法总则在规范指引刑法分则规定的解释适用时,通过《刑法》总则第 29 条第 2 款的明确规定而确认预备说的"独立教唆犯处罚原则",符合规范目的的实质内涵和目的导向,具有目的导向性论上的正当性。根据我国《刑法》第 29 条的规定,刑法解释论上教唆犯可以分为以下两种具体情形并对其进行定罪处罚:一是共犯教唆犯的处罚根据,即《刑法》第 29 条第 1 款规定"教唆他人犯罪的,应当按照他在共同犯罪中所起的作用处罚。教唆不满十八周岁的人犯罪的,应当从重处罚",根据这一刑法规定,作为共犯的教唆犯通常应当依法予以定罪处罚,毫无疑问具有刑法解释论上的充分根据。二是非共犯教唆犯的处罚根据,即《刑法》第 29 条第 2 款规定了非共犯教唆犯依法"可以"予以定罪处罚("独立教唆犯处罚原则"),例如"教唆杀人"的行为,即使"被教唆的人没有犯被教唆的罪"也可以对独立教唆犯定罪处罚,这种解释结论也具有刑法解释论上的充分根据,并且也有

---

① 参见朱道华:《教唆犯研究》,法律出版社 2014 年版,第 235 页。
② 朱道华:《论教唆行为的法律本质》,载《中国刑事法杂志》2011 年第 2 期。
③ 赵秉志:《犯罪未遂的理论与实践》,中国人民大学出版社 1987 年版,第 218—219 页。
④ 陈兴良:《共同犯罪论》(第 2 版),中国人民大学出版社 2006 年版,第 367 页。

相应的生效判决(判例拥护理论)。

第三,法官决策有效论视域下的判例拥护理论与刑法教义学创新发展。发生在广西壮族自治区南宁市的连锁教唆杀人案,是一起典型的教唆未遂案,该案的有效解决必须特别强调法官决策有效论和刑法理论创新发展,尤其是法官决策有效论视域下的刑法理论发展论值得特别重视,不能固守既有理论而不敢改变既有理论。功能主义刑法解释论的初衷就是要充分反思检讨那种"刑法理论一意孤行,只倾心于理论的精密和体系的整合"从而忽略了"刑法本身的机能,也就是刑法作为社会控制手段发挥了何种作用"这个现实问题,从体系性思考转向问题性思考,根据问题性思考的结果,再回过头来重新审视理论和体系,旧的体系性思考是以如何建构精致的犯罪论体系为目的的,而对具体问题的妥当性则被置于脑后,作为对此的反省,应采取将重点放在问题的解决上而不是体系完美性的解决方法,刑法理论的作用不是"约束"法官而是"说服"法官,能够约束法官的是立法和判例而不是刑法理论。[①] 因此,基于功能主义刑法解释论立场法官决策有效论视域下的刑法理论发展论,需要反思检讨既有理论(教唆犯的正犯着手说)本身的发展完善,而不是反过来画地为牢、刻舟求剑和自我设限。

二、独立教唆犯条款的法理抽象

综上,独立教唆犯的概念与处罚原则,是基于针对我国《刑法》第 29 条第 2 款的明确规定(即独立教唆犯的法定概念与处罚原则的法律规定)进行功能主义的刑法解释所得出的结论,需要从刑法教义学和刑法解释学的学术立场深刻阐释其法理,其中还包括需要进行进一步的"法理启迪"意义上的创新思考。这些法理阐释和"法理启迪"的核心内容可以简要概括如下:

(一) 独立教唆犯的概念法定化与行为定型论

独立教唆犯,根据《刑法》第 29 条第 2 款的规定,是指被教唆的人没有犯被教唆的罪的情形下的教唆犯。这种情形下的教唆犯由于教唆失败而只能独立成罪,不能同被教唆的人一起成立共同犯罪,因此,独立教唆犯又称为教唆未遂、教唆失败、无效的教唆、非共犯的教唆犯。

基于立法规范的刑法解释论,应当主张《刑法》第 29 条第 2 款的功能主义刑法解释立场,确认行为定型论的新法理(即确认刑法总则与分则相结合的功能性行为定型论),因为,独立教唆犯的概念法定化与行为定型论是至关重要的法理基础,只有在法理上解决了独立教唆犯的行为定型才能在规范功能的法理上解决独立教唆犯的不法

---

① 参见赖正直:《机能主义刑法理论研究》,中国政法大学出版社 2017 年版,第 21—23、37 页。

论与责任论。由此可以认为:独立教唆犯的行为定型,是指由《刑法》第29条第2款和刑法分则所规定的构成行为所共同型构的修正的构成行为。

可以认为,这种"修正的构成行为理论"是独立教唆犯的行为定型论的主要法理。在此意义上可以认为,特殊预备说也是独立教唆犯的行为定型论的重要法理,亦即将(无效的)教唆行为作为被教唆的罪的预备行为来诠释,独立教唆犯对被教唆人所实施的(无效的)教唆行为,实质上就是独立教唆犯为了犯罪而寻找共同犯罪人的行为,正是犯罪预备的一种表现形式。[1] 当然,作为"修正的构成行为理论"所限定的独立教唆行为、犯罪预备行为的具体范围,应当仅限于值得科处刑罚的重罪行为,例如针对故意杀人、放火、决水、爆炸、投放危险物质、抢劫、强奸等犯罪的独立教唆行为;在采用刑法分则具体列明处罚预备犯范围的立法模式下,应当在刑法分则具体列明处罚预备犯范围内确定独立教唆犯的成立范围。

(二) 独立教唆犯的价值判断

独立教唆犯的价值判断法理包括不法论、责任论以及定罪处罚论。

独立教唆犯不法论的具体法理包括:①犯罪事实支配理论,作为非共犯的教唆犯符合犯罪事实支配理论的法理,足以解决"分则行为定型论"这一障碍;②预备行为正犯化的不法论,抽象危险犯的不法论,功能性不法论(法益侵害功能论,涵括犯罪事实支配理论、预备行为违法性论、抽象危险论等);③可罚性、应罚性和需罚性的法理创新。

独立教唆犯责任论的具体法理包括:①可谴责性的社会伦理责任论、社会责任论、规范责任论;②报应论与功利论;③比例原则的法理创新。

独立教唆犯的定罪处罚论的具体法理包括:①定罪论,按照所教唆的罪的预备犯定罪;②处罚原则论,按照独立教唆犯在预备犯的处罚原则基础上"可以从轻或者减轻处罚"原则进行处罚。

(三) "共同犯罪"的法理创新与完善方案

基于独立教唆犯法理阐释的立场,可以进一步进行"共同犯罪"的法理创新并提出相关的完善方案,这方面的具体法理包括:提出并证成法定的片面共犯论、片面共犯的类型论、片面共犯立法漏洞的填补论。

一是独立教唆犯属于法定的片面共犯。刑法分则特别规定的特定教唆犯(特定罪名)与刑法总则特别限定的独立教唆犯,二者同属于(广义的)独立教唆犯的范畴。其中,刑法总则特别限定的独立教唆犯属于狭义的独立教唆犯(即不包括刑法分则特别规定的特定教唆犯)。同理,刑法分则特别规定的特定帮助犯(特定罪名)与刑法总则

---

[1] 参见赵秉志:《犯罪未遂的理论与实践》,中国人民大学出版社1987版,第218页。

(本应)特别限定的独立帮助犯,二者同属于(广义的)独立帮助犯的范畴,其中刑法总则(本应)特别限定的独立帮助犯属于狭义的独立帮助犯、片面帮助犯(即不包括刑法分则特别规定的特定帮助犯)。在我国刑法仅明确规定独立教唆犯的语境下,如果说独立教唆犯是法定的概念,那么可以说,独立帮助犯、片面帮助犯就是"非法定的"概念;如果借鉴使用我国传统理论中的"片面共犯"概念(包括片面教唆犯和片面帮助犯),那么可以说,我国的"片面共犯"可以区分为法定的片面共犯(如独立教唆犯)与非法定的片面共犯(如片面帮助犯)。

二是片面共犯的类型论。片面共犯的类型论,具体包括独立教唆犯的类型化与片面帮助犯的类型化两个方面的类型论。独立教唆犯作为非共犯的教唆犯,可以区分为单一的独立教唆犯与共同的独立教唆犯。独立教唆犯作为非共犯的教唆犯,其本身除了可以成立单一的独立教唆犯之外,还可以成立独立教唆犯的任意共犯,如二人以上共同成立作为独立教唆犯的共同犯罪的情形(即共同的独立教唆犯)。同理,片面帮助犯的类型,除了可以成立单一的片面帮助犯之外,还可以成立片面帮助犯的任意共犯;此外,片面帮助犯还可以区分为事前的片面帮助犯(部分犯罪化)、事中的片面帮助犯(部分犯罪化,如帮助信息网络犯罪活动罪等)与事后的片面帮助犯(对事后的帮助犯独立罪名化,如包庇罪等)。

三是片面共犯立法漏洞的填补方案。如果说独立教唆犯的概念法定化已经实现,那么可以说片面帮助犯尚未获得立法确认。由此可以认为,片面帮助犯因为没有明确的法律规定而存在立法漏洞,需要通过立法完善填补立法漏洞,对此,应当借鉴独立教唆犯的概念法定化的立法方案来创设片面帮助犯(独立帮助犯)的法定概念及其处罚原则。

三、片面共犯

片面共犯,是指在客观上参与同一犯罪的数人中,一方认识到自己是故意在和他人共同犯罪,而另一方则没有认识到有他人和自己共同犯罪的情形。[1] 需要说明的是,这种"片面共犯"的概念显然是广义的片面共犯概念,包含了片面教唆犯(独立教唆犯)、片面帮助犯、片面正犯(有的称为片面的共同正犯)等多种情形,而不是仅限于片面教唆犯(独立教唆犯)与片面帮助犯。对此,我国传统刑法学认为,理论上即可解释为单方面、片面地存在"共同犯罪"。到底承不承认片面共犯的共犯性与可罚性?中外理论界存在各种不同观点,分歧很大,这些具体观点大致可以区分为否认片面共犯(否

---

[1] 这部分内容直接引用了赵秉志教授的部分研究成果。参见高铭暄主编:《刑法专论》(上编),高等教育出版社2002年版,第363—365页。

定说)与承认片面共犯(肯定说)两种基本立场。例如：

【案例】强奸案中片面的共同正犯(教学案例)

甲欲强奸某女被害人，乙在甲不知情的情况下，以共同完成强奸犯罪的意思将女被害人手脚捆绑起来，使甲顺利地强奸了女被害人。

本案中，甲主观上并不知道乙在故意地同自己一起实施强奸，从而甲不能与乙构成共同犯罪，但是乙故意地实施了作为强奸罪实行行为内容的捆绑行为，那么乙的行为是否成立片面的共同正犯？

【案例】杀人案中片面的帮助犯(教学案例)

甲手持凶器追杀被害人，被乙碰见，乙也与该被害人有仇，于是乙在该被害人逃跑的路上设置障碍，致被害人被甲追上杀死。

本案中，甲并不知道乙在帮助他杀死被害人，因此甲与乙没有共同犯罪故意，从而甲不能与乙构成共同犯罪，但是乙故意帮助甲杀死被害人，那么乙的行为是否成立片面帮助犯？

否定说认为，片面共犯不符合共同犯罪的实质特征，因为共同犯罪故意应该是双向的、全面的，而不是单向的、片面的，而且共同犯罪的严重危害性来源于其整体性，来自各共同犯罪人的行为相互配合、相互协调、相互补充，取决于各共同犯罪人主观上的相互沟通和彼此联络。

肯定说认为，总体上考察片面共犯，其与共同犯罪的概念并不矛盾，因为所谓共同故意，并非必须是相互疏通的，只要行为人认识到自己是同他人一起共同实施同一犯罪，那么就应当认为该行为人具有共同故意。[①] 肯定说内部在具体见解上还存在差异。

笔者认为，笼统地主张片面共犯的肯定说与否定说并不妥当。对"片面共犯"的定性处理应该分为两个问题来讨论：一个可罚性问题，应当承认片面共犯的有限可罚性(而非一刀切的可罚性)；另一个是共犯性问题，应当否定片面共犯的共同犯罪性质(非共犯性)。即"片面共犯"的可罚性在基本立场上应当坚持肯定说(有限可罚性说)，但是"片面共犯"的共犯性质在基本立场上应当坚持否定说(非共犯性说，仅在间接正犯表现为利用有故意者行为的介入时才例外地成立共同犯罪)。申言之，片面共犯的法理阐释中应当坚持有限可罚性和非共犯性，前者强调应当承认片面共犯的有限可罚性，后者强调不能按照"共同犯罪"来处理而只能依独立的违法性、责任性和有限可罚性来定罪处理。

(一) 片面共犯的有限可罚性

片面共犯的有限可罚性，是指应当适当限定片面共犯的处罚范围，片面共犯(行

---

① 参见李光灿、马克昌、罗平：《论共同犯罪》，中国政法大学出版社1987年版，第38页。

为)并非一律处罚,而是只针对那些具有处罚必要性的片面共犯(行为)才进行处罚。因为,就单方面具有共同犯罪故意的人而言,片面共犯在主观上具有共同参与犯罪的故意,只不过这一故意是片面的而已,客观上实施了相应的实行行为(正犯行为)或者帮助行为,因此,片面共犯——包括片面帮助犯、独立教唆犯和片面的共同正犯——就具备了(修正的)行为定型性、违法性和有责性,具有有限可罚性。其中,片面的共同正犯本身就实施了刑法分则的(部分)构成行为,以(修正的)行为定型性、违法性和有责性等法理来阐释片面的共同正犯的可罚性是符合理论逻辑的。例如,强奸案中片面的共同正犯,乙基于主观上对甲实施强奸具有明确认识和利用的意思,客观上对女被害人实施了强奸行为内容(捆绑),因此应当承认乙对甲强奸女被害人这一犯罪事实具有可罚性的支配性参与行为,从而确认乙作为片面共犯(片面的共同正犯)的可罚性;同时,将乙针对强奸犯罪事实所实施的具有可罚性的支配性参与行为,直接"解释"为强奸罪,并不违背刑法分则行为定型原理和刑法总则修正分则行为定型原理,也不违背责任刑法原理。

我国传统刑法学理论上通常不承认片面教唆犯(独立教唆犯)。但是笔者认为,如前所述,片面教唆犯(独立教唆犯)具有一定的特殊性,根据《刑法》第29条第2款的规定,可以依法确认片面教唆犯的有限可罚性(即"可以从轻或者减轻处罚");同时,片面教唆(行为)也可以认为是一种犯罪预备行为,《刑法》第22条明确规定"为了犯罪,准备工具、制造条件的,是犯罪预备""对于预备犯,可以比照既遂犯从轻、减轻处罚或者免除处罚",也可以确认作为预备犯的片面教唆犯的有限可罚性。因此可以说,片面教唆犯(独立教唆犯)在规范层面上的可罚性依据是《刑法》第29条第2款和第22条。

那么,杀人案中片面的帮助犯应该如何进行刑法解释论分析?笔者认为,首先,乙基于主观上对甲实施故意杀人行为具有明确认识和利用的意思,客观上对被害人实施了阻拦其逃避追杀的设置障碍行为,因此应当承认乙对甲杀死被害人这一犯罪事实具有可罚性的利用性参与行为,从而确认乙作为片面共犯(片面帮助犯)的可罚性;其次,将乙针对故意杀人犯罪事实所实施的具有可罚性的利用性参与行为,直接"解释"为故意杀人罪,并不违背刑法分则行为定型原理和刑法总则修正分则行为定型原理,也不违背责任刑法原理;最后,从客观归责立场分析,乙在特定语境下实施的行为制造了法不允许的风险,最终风险实现,危害结果包含于故意杀人罪的构成要件效力范围内,也应进行客观归责。

需要说明的是,在具体确认片面共犯的有限可罚性时,应当注意某些提供某种便利性的片面帮助行为并不具有可罚性。例如,在甲实施故意杀人和强奸案中,乙主观上希望甲顺利完成犯罪行为,但是乙仅具有让开道路而不阻挡甲的行为,尽管这种行为也具有某种帮助性质,但是由于乙并不具有作为义务,因此乙让开道路而不阻挡甲的行为就难说具有可罚性。

(二) 片面共犯的非共犯性

片面共犯的非共犯性(非共犯性说),是指片面共犯针对他人犯罪事实基于明知和利用的意思所实施的具有可罚性的支配性参与行为,仅具有片面性、单面性,而不具有相互之间的犯意沟通,因此不构成共同犯罪,不具有共同犯罪的性质,依法不能按照共同犯罪论处。

值得注意的是,"我国通说观点认为,为了避免出现处罚漏洞,应当将片面帮助犯纳入到共犯的范畴之中"①。我国传统刑法理论有观点认为,追究片面共犯的刑事责任是按照共同犯原理来实现的,主张片面共犯完全符合共同犯罪成立的要件要求。例如,我国有学者指出,相互认识固然存在主观联系,单方认识也存在主观联系,即可以根据行为人主观联系的不同将共同犯罪故意区分为以下两种情形:一种是行为人之间具有相互认识的全面的共同故意;另一种是行为人之间具有单方认识的片面的共同故意。而全面的共同故意与片面的共同故意之间并不是主观联系有无的问题,而只是主观联系方式的区别问题。② 因此,这种传统理论主张认为,承认片面共犯并不违背共同犯罪必须具有共同故意的实质特征,因为,如果绝对否定片面共犯可以成立共同犯罪,就可能无法有效追究一些犯罪行为的刑事责任;同时,片面共犯也与间接正犯有所不同,因为间接正犯是将他人作为工具予以利用以实现犯罪意图的情形,其中被利用者由于不具备刑事责任能力或者毫无罪过而不构成犯罪,从而间接正犯实质上是单独犯罪,其主观上仅仅存在利用他人作为工具实施犯罪的故意,并不存在单方面的共同犯罪故意,因此,将片面共犯作为间接正犯来追究刑事责任的观点有所不妥。

但是,笔者认为,传统刑法学的这些见解并不合适。尤其是,传统刑法学认为只有确认片面共犯的共同犯罪性质才能有效地(依据共同犯罪原理和共同犯罪立法规范)对片面共犯追责,否则,一旦主张片面共犯既不符合共同犯罪性质又不符合间接正犯条件,就无法对片面共犯追责,这种理论主张是以将片面共犯"强制解释"③为共同犯罪作为解决片面共犯的刑事责任问题的前提的,但是这一"前提"恰恰是根本不能成立的(本来就不是共同犯罪),也是不合法的(本来就缺乏法律规定并超出了刑法解释限度),完全是"生拉活扯""强制解释",缺乏说服力。从而,需要另辟蹊径寻找其法理"真谛"。

那么,不承认片面共犯的共同犯罪性质,为什么仍然可以对片面共犯追责?笔者

---

① 邹兵建:《网络中立帮助行为的可罚性证成——一个法律经济学视角的尝试》,载《中国法律评论》2020年第1期。
② 参见陈兴良:《共同犯罪论》,中国社会科学出版社1992年版,第115—116页。
③ 魏东:《刑法解释限度的理论构建:从价值优化论回归合法限度论》,载《西南政法大学学报》2022年第1期。

认为,答案在于片面共犯符合刑法分则行为定型性(修正的刑法分则行为定型论)、违法性、有责性和有限可罚性。对这些法理问题的阐释,可以借鉴前述关于独立教唆犯的法理诠释。

这里需要重述并具体阐述一下片面共犯行为的刑法分则行为定型性问题(而关于片面共犯的违法性、有责性和可罚性比较好理解)。片面共犯的刑法分则行为定型性,可以运用修正的刑法分则行为定型论来阐释,基于罪刑法定原则,只能对符合刑法分则行为定型性的行为予以定罪处罚,不符合刑法分则行为定型性的行为依法不能定罪处罚,因此,刑法学犯罪论(犯罪构成论)必须在维持刑法分则行为定型的统一性的基础上展开。但是,现代刑法学犯罪论在维持刑法分则行为定型的有效统一性上还提出了修正的刑法分则行为定型论,即刑法总则通过犯罪预备规范(犯罪预备论)和共同犯罪规范(共犯论)对刑法分则行为定型进行修正,确认了"修正的刑法分则行为定型"的合法性和有效性,有效维持了刑法分则行为定型的统一性。具体而言,预备行为尽管不是刑法分则行为定型,但是通过刑法总则规范(即关于预备犯的刑法总则规定),预备行为依法获得了修正的刑法分则行为定型性;共犯行为——具体包括教唆行为、帮助行为、组织行为等——尽管也不是刑法分则行为定型,但是通过刑法总则规范(即关于共同犯罪的刑法总则规定),共犯行为同样也依法获得了修正的刑法分则行为定型性。因此,可以说,预备行为、教唆行为、帮助行为、组织行为四类行为,均通过刑法总则规范依法获得了修正的刑法分则行为定型性,可以依法定罪处罚。

四、中立的帮助行为

中立的帮助行为是一种较为特殊的片面共犯(片面帮助犯),有的学者称其为"不真正的片面帮助犯"。因为,在普通的片面帮助犯场合,正犯完全不知道帮助行为的存在;而在中立的帮助行为场合,正犯知道帮助行为的存在,只不过不知道帮助者的帮助故意。在刑法理论上,前一种情形被称为"真正的片面帮助犯",后一种情形被称为"不真正的片面帮助犯"。如果说相对于正犯而言,共犯属于刑罚扩张事由的话;那么相对于有犯意联络的普通帮助犯而言,片面的帮助犯显然属于进一步的刑罚扩张事由。因此可以说,"与真正的片面帮助犯相比,中立的帮助行为的可罚性更低"[①]。

可见,中立帮助行为有专门研究的必要。但是必须注意的是:首先,需要特别强调指出,中立帮助行为必须是具有"片面共犯的非共犯性",而不能具有"共犯性",因为一旦具有"共犯性",就不能成立中立帮助行为,而是典型的有犯意联络的普通帮助

[①] 邹兵建:《网络中立帮助行为的可罚性证成——一个法律经济学视角的尝试》,载《中国法律评论》2020年第1期。

犯;其次,应该认识到中立帮助行为不同于通常的片面共犯,因为通常的片面共犯中正犯并不知道有人在暗中帮助(独立教唆犯除外,独立教唆犯虽然在实质意义上同片面帮助犯一样属于"片面共犯",但是在独立教唆犯的场合,客观上根本就不存在正犯),而在中立帮助行为的场合,正犯对于帮助行为是有认识的,并且中立帮助行为人也对正犯的犯罪有认识,只是二者之间尚未形成共同犯罪的"意思联络"(共同故意),因此中立帮助行为在本质上仍然是较为特殊的片面共犯(非共犯性、"不真正的片面帮助犯")。

(一) 中立的帮助行为的概念

所谓中立的帮助行为,是指在知道或应当知道他人可能将实施犯罪行为而又与其欠缺犯意联络的情况下,通过实施日常生活行为或业务行为的形式为他人实施犯罪行为提供帮助的行为。

关于中立的帮助行为的概念,我国有学者以教学案例"水果刀案""出租车案""银行转账案""螺丝刀案"为例,进行了具体分析。

一般而言,中立的帮助行为是指在具体的案件中客观上给他人的犯罪行为提供了帮助的日常生活行为或业务行为。中立的帮助行为对帮助者的主观状态有特定的要求。如果帮助者对他人的犯罪行为毫不知情,其帮助行为无论如何也不可能构成犯罪。因此,在理论上值得认真讨论的中立帮助行为,仅限于行为人已经知道(包括明确知道和猜想到)他人将实施犯罪而仍然为其提供帮助的情形。中立的帮助行为的"中立性"不仅要求帮助行为的内容具有日常性,而且还要求帮助者在加害人和被害人的对立关系中处于一种相对中立的状态。一旦帮助者与正犯之间存在犯意联络,帮助者便归属于加害人一方的阵营,无法处于中立的状态,其行为当然也就无法成为中立的帮助行为;在正犯已经明确地将自己的犯罪计划告知帮助者的场合,帮助者依然向其提供帮助,实际上便以默示的形式与正犯达成了犯意联络,因而这种情形也不属于中立的帮助行为。同时,在大多数情况下,中立的帮助行为的实施者只有一个正当目的(完成日常生活行为或业务行为),而没有非法目的;但是,从经验事实来看,一个人在实施一个行为时可以同时存在多重目的,因而完全有可能出现帮助者既有正当目的又有非法目的(促进他人犯罪的目的)的情形。①

【案例】水果刀案(教学案例)

某甲发现某乙在小卖部旁边将被害人打倒在地后气势汹汹地过来购买水果刀,某甲仍然将水果刀卖给某乙,结果某乙利用水果刀杀害了被害人。

---

① 参见邹兵建:《网络中立帮助行为的可罚性证成——一个法律经济学视角的尝试》,载《中国法律评论》2020年第1期。

【案例】出租车案（教学案例）

出租车司机无意中听到后排就座的乘客（歹徒）打算抢银行而仍然将其送到目的地，结果歹徒果真抢劫了银行。

【案例】银行转账案（教学案例）

银行职员从顾客现场对话中了解到顾客（不法商人）办理资金转账的目的可能是偷逃税款而仍然为其办理转账业务，结果不法商人果真逃税成功。

【案例】螺丝刀案（教学案例）

五金店老板猜想小偷模样的顾客可能将螺丝刀用于入室盗窃而仍然向其出售螺丝刀，结果小偷果真利用螺丝刀撬锁入户进行了盗窃。

上列四个教学案例中，水果刀案、出租车案、银行转账案中的帮助行为可以认为符合中立的帮助行为的概念。但是，螺丝刀案中，五金店老板仅仅是在笼统地"猜想到"他人将实施犯罪行为时而仍然向其出售螺丝刀，这种情形实际上是"不宜"纳入中立的帮助行为进行讨论的，否则，将使中立的帮助行为过于泛化。螺丝刀案，只有在特定语境下（即在知道或应当知道他人将实施犯罪行为而又与其欠缺犯意联络的情况下），例如，五金店老板甲发现陌生人乙正在试图打开对面房屋的门锁进行盗窃，然后，乙走过来购买螺丝刀，甲将螺丝刀卖给乙，这时才能将甲作为中立的帮助行为人（中立的帮助性的业务行为）进行讨论；反之，通常情况下客户购买螺丝刀时，不宜讨论甲的行为是否成立中立的帮助行为，因为根本就没有法律和法理的依据将通常情况下的业务行为评价为犯罪帮助行为的前提条件。

（二）中立的帮助行为的可罚性限定"三因素综合权衡说"

在中立的帮助行为是否可罚的问题上，理论上存在全面处罚说和限制处罚说两种对立的立场，在限制处罚说内部又有主观说、客观说和折中说之争。对此，我国有学者指出：与真正的片面帮助犯相比，中立的帮助行为（可谓"不真正的片面帮助犯"）的可罚性更低，因为在中立的帮助行为的场合，帮助者所实施的帮助行为属于通常没有危险的日常行为，从这个角度来看，全面处罚中立的帮助行为的立场明显存在过分扩张刑事处罚范围的问题，限制处罚说的立场更为妥当；基于法律经济学原理，"日常性的中立帮助行为应当被规定为犯罪；而业务性的中立帮助行为原则上不应被规定为犯罪，但是如果该业务性的中立帮助行为具有不可替代性，则应当被规定为犯罪"，可以说是在业务性的中立的帮助行为上采用了不可替代的原因说。[①]

笔者认为，相对来说（与主观说和客观说相比），折中说（综合说）所划定的可罚的

[①] 参见邹兵建：《网络中立帮助行为的可罚性证成——一个法律经济学视角的尝试》，载《中国法律评论》2020年第1期。

中立的帮助行为的范围通常更具合理性,可以进一步改进为"利益衡量+重要作用+因果关系"三因素的综合权衡立场,这种立场可以简称为"三因素综合权衡说"。

申言之,"三因素综合权衡说"主张,对中立的帮助行为是否追责应考虑以下因素(主观明知是前提):一是"利益衡量",犯罪所侵犯的利益(主要是法益)与中立的帮助行为所保护的利益之间的衡量,越重大的犯罪就越应该偏重肯定中立的帮助行为的可罚性,越具有业务(职务)性的中立的帮助行为就越应该偏重否定其可罚性;二是"重要作用"衡量,对犯罪实现的作用越大,就越应该偏重肯定中立的帮助行为的可罚性,反之就越应该否定其可罚性;三是"因果关系",对犯罪实现的因果性、不可选择性越强,就越应该偏重肯定中立的帮助行为的可罚性,反之就越应该否定其可罚性。

例如,水果刀案(故意伤害案)。根据"利益衡量+重要作用+因果关系说"进行分析,如果是重伤甚至致人死亡结果的、是用水果刀直接刺杀成功、是周边没有其他卖刀店铺并且没有其他凶器可用,应该考虑倾向于对小卖部卖刀者定罪;反之,应该考虑倾向于对卖刀者不定罪。

再如,出租车案(抢劫银行案)。根据"利益衡量+重要作用+因果关系说"进行分析,如果是抢劫成功或者造成其他严重后果、是因为乘坐出租车及时赶到才抢劫银行成功、是只能乘坐出租车才能到达(而没有其他交通工具可用),应该考虑倾向于对出租车驾驶者定罪;反之,应该考虑倾向于对出租车驾驶者不定罪。

再如,银行转账案(诈骗案)。根据"利益衡量+重要作用+因果关系说"进行分析,如果是逃税成功或者造成其他严重后果、是因为银行转账对偷逃税款成功起到重大作用、是只能通过银行转账才能偷逃税款成功,应该考虑倾向于对银行职员定罪;反之,应该考虑倾向于对银行职员不定罪。

五、间接正犯

间接正犯与片面共犯(以及中立的帮助行为),可以说在较多情况下是共犯论中最重要的"反对形象",既要借助传统共犯论的理论智识,又要超越传统共犯论的既有逻辑,在较多场合需要否定"共同犯罪"理论来诠释间接正犯。例如,间接正犯在表现为利用他人非行为的介入、利用无故意者行为的介入、利用被害人行为的介入、利用他人适法行为的介入、利用无责任能力者行为的介入、利用受强制者行为的介入、利用他人缺乏违法性认识的可能性的行为介入等情形下,间接正犯通常是否定共犯论或者不能适用共犯论的(非共犯性说,仅在间接正犯表现为利用有故意者行为的介入时才例外地成立共同犯罪)。

需要注意的是,间接正犯在表现为利用有故意者行为的介入时,则可能成立共同犯罪。对此,罗克辛指出:"幕后者成立间接正犯和实施者成立直接正犯,二者之间并不是绝对相互排斥的关系。相反,在强制性支配的情形下,幕后者的意思支配以实施者的行为为支配前提。"①我国有学者指出:间接正犯的成立并不意味着共同犯罪的否定,例如,公务员利用妻子收受贿赂时,公务员是间接正犯,妻子是帮助犯,二人成立共同犯罪;又如,应当保守患者秘密的医生,通过其他人泄露患者秘密的,(在德国)医生为间接正犯,直接泄露者构成共犯。②

理论上认为,间接正犯(概念)主要是二次性的、补充的、犯罪事实(强)支配规范性的(非共犯性)正犯方案。

(一) 间接正犯的概念与理论方案

间接正犯的立法规定,最早始于德国1913年《刑法草案》第33条,但是至今多数国家没有相应的立法规定。现行《德国刑法典》第25条第1款也明确规定了间接正犯:"自己或者通过他人实施犯罪行为的,作为正犯处罚。"相应的,间接正犯的理论研讨最先主要由德国学者主导提出,现在已经发展成为全球讨论的重要理论。

间接正犯是与直接正犯相对应的概念。直接正犯,是指实行行为是由行为人直接通过自身的身体动作、直接利用动物和其他工具实施的情形。间接正犯,是指实行行为是由行为人间接地通过利用他人的实行行为来实施,将他人作为犯罪工具加以利用的情形。因此,间接正犯的实行行为性(正犯性),是因为间接正犯与直接正犯一样,支配了犯罪事实和构成要件的实现,"在德国占通说地位的是犯罪事实支配说。这一学说也得到了日本等国学者的支持"③。

1. 二次性的、补充的间接正犯方案与犯罪事实支配说的(非共犯性)间接正犯方案

间接正犯是一种特殊的立法方案和理论方案。作为理论方案的间接正犯(方案),主要有二次性的、补充的正犯方案说以及犯罪事实支配说。

其一,二次性的、补充的正犯方案说。

该说认为,间接正犯的产生原因,是"基于限制的正犯概念和共犯的极端从属性的观点,只有直接正犯者的行为具备构成要件符合性、违法性与有责性,教唆犯、帮助犯才成立共犯;但将无责任能力的他人作为工具实现犯罪时,既不符合直接正犯的条件,又不符合教唆犯、帮助犯的条件;为了避免处罚上的空隙,作为一种二次性的、补充的方案,将这种情况作为间接正犯处罚"④。简言之,按照德国刑法所采用的区分制共

---

① C. Roxin, Strafrecht Allgemeiner Teil, Band Ⅱ, C. H. Beck, 2003, S. 23, 转引自张明楷:《外国刑法纲要》(第3版),法律出版社2020年版,第275页。
② 参见张明楷:《外国刑法纲要》(第3版),法律出版社2020年版,第275页。
③ 张明楷:《外国刑法纲要》(第3版),法律出版社2020年版,第271页。
④ 张明楷:《外国刑法纲要》(第3版),法律出版社2020年版,第270页。

犯参与体系、限制的正犯概念和共犯的极端从属性的观点,间接正犯根本上就不是"共犯"现象——其既不成立直接正犯,也不成立教唆犯、帮助犯——而是一种"非共犯性"现象,但是间接正犯又具有处罚必要性,因此"为了避免处罚上的空隙"才有必要提出(非共犯性的)间接正犯概念(理论),即"作为一种二次性的、补充的方案,将这种情况作为间接正犯处罚"。

在这个意义上可以说,间接正犯在表现为利用有故意者行为的介入时,是一种非常特殊的情况,因为除此以外的其他情形,间接正犯通常不成立共同犯罪(正因为无法适用共同犯罪才出现了"处罚上的空隙")。

其二,犯罪事实支配说。

该说(罗克辛)认为,实行行为在实质上是具有犯罪事实支配性的行为,凡是对犯罪实施过程具有决定性影响的关键人物或者核心角色即可成立正犯。犯罪事实支配分为行为支配、意思支配、功能性支配等三个类型:行为支配,即行为人通过自己直接实施犯罪行为从而支配犯罪事实,并使自己的行为成为犯罪事实中心,这是直接正犯;意思支配,即行为人不必出现在犯罪现场,也不必参与共同实施,而是通过强制或者欺骗手段支配直接实施者,从而支配构成要件的实现,这就是间接正犯;功能性支配,即行为人与其他人共同负担犯罪完成的重要功能,从而支配构成要件的实现,此即共同正犯。

可见,意思支配——作为犯罪事实支配说中的一种基本类型——所形成的犯罪事实支配的情形,即成立间接正犯。

值得注意的是,义务犯和亲手犯是否适用意思支配并成立间接正犯的问题,理论上存在以下争议[①]:第一,罗克辛在讨论间接正犯时区分了支配犯与义务犯。义务犯是指这样一种犯罪类型:刑法条文针对构成要件的结果或者不阻止侵害结果的行为规定了法定刑,没有明文规定实行行为的外在形式;只要行为人违反了其所负有的义务,背离了其所担当的社会角色,就构成该罪。对于支配犯,根据幕后者是否支配了犯罪事实(是否核心角色)区分间接正犯与共犯。但对于义务犯而言,则不可能采取上述标准。但是,很多学者不同意罗克辛的观点,仍然主张以统一的标准(事实支配)区分间接正犯与教唆犯、帮助犯。第二,通说认为,亲手犯(或自手犯)不可能存在间接正犯。亲手犯是指必须由正犯者自己直接实行的犯罪。但是,关于亲手犯的含义与范围,在刑法理论上并不统一。文本说认为,如果描述某种犯罪的构成要件的文字含义中没有包含亲手实施之外的行为方式,那么,该犯罪就是亲手犯。身体行为说认为,如果只要有相应的行为就可以实现构成要件,而不必发生结果,那么,该犯罪就是亲手犯。据此,行为犯就是亲手犯。例如非法侵入他人住宅,是亲手犯,不可能有间接正犯。但是,持反对观点的人指出,在行为人利用无责任能力者闯入他人住宅,侵犯了他人的居

---

① 参见张明楷:《外国刑法纲要》(第3版),法律出版社2020年版,第275—276页。

住权时，没有理由不认定为间接正犯。根据罗克辛的观点，亲手犯分为三种类型：第一类是行为关联性犯罪，是指犯罪的不法并非取决于侵害结果，而是取决于行为本身的可谴责性的犯罪。最典型的是乱伦罪。第二类是生活方式性犯罪，即诸如流浪罪或游荡罪等以特定的生活方式作为可罚性基础的犯罪。第三类是陈述性犯罪，"依法宣誓作证的人"的伪证罪等属于这一类。

2. 间接正犯的基本类型

如前所述，意思支配所形成的犯罪事实支配的情形即成立间接正犯。罗克辛指出，作为意思支配犯的间接正犯，具体存在以下三种情形（基本类型）："第一，幕后者能够通过迫使直接实施者实施符合构成要件的行为，从而达成自身对于犯罪事实的支配性（通过强制达成的意思支配）。第二，幕后者可以隐瞒犯罪事实，从而欺骗直接实施者并且诱使对真相缺乏认知的实施者实现幕后者的犯罪计划（通过错误达成的意思支配）。第三，幕后者可以通过有组织的权力机构将实施者作为可以随时替换的机器部件而操纵，并且据此不再将实施者视为个别的正犯而命令，进而达成对犯罪事实的关键支配（通过权力组织的支配）。除了上述三种基本支配情形之外，不可想象其他情形。利用无责任能力者、减轻责任能力者和未成年人的情形，在构造上只是强制性支配与错误性支配的结合而已。"①

对于罗克辛所论述的间接正犯的三种基本类型，我国有学者将其概括为通过强制的意思支配、通过错误的意思支配、通过权力组织的意思支配。②

（二）间接正犯的成立范围

间接正犯的三种类型可以具体表现为以下情形：一是利用他人非行为的介入；二是利用无故意者行为的介入；三是利用有故意者行为的介入；四是利用被害人行为的介入；五是利用他人适法行为的介入；六是利用无责任能力者行为的介入；七是利用受强制者行为的介入；八是利用他人缺乏违法性认识的可能性的行为介入。③

其一，利用他人非行为的介入，即利用他人不属于行为的身体活动，例如利用他人的反射举动或者睡梦中的动作实现犯罪的，属于间接正犯。

其二，利用无故意者行为的介入，即利用他人缺乏故意的行为，成立利用不知情者的间接正犯。例如，医生指使不知情的护士给患者注射药，构成杀人罪的间接正犯。当被利用者没有过失时，利用者成立间接正犯是没有多大疑问的。但是，当被利用者具有过失时，利用者是否成立间接正犯，则存在争议（例如有人主张肯定过失的共同犯

---

① C. Roxin, Strafrecht Allgemeiner Teil, Band Ⅱ, C. H. Beck, 2003, S. 23. 转引自张明楷：《外国刑法纲要》（第3版），法律出版社2020年版，第271页。
② 参见张明楷：《外国刑法纲要》（第3版），法律出版社2020年版，第271—272页。
③ 参见张明楷：《外国刑法纲要》（第3版），法律出版社2020年版，第272—275页。

罪);同时,被利用者虽然具有其他犯罪的故意但缺乏利用者所具有的故意时,利用者也可能成立间接正犯,例如,甲明知丙坐在丙家的屏风后,但乙不知情,甲唆使乙开枪毁坏丙的屏风,乙开枪致丙死亡,则乙虽然具有毁损器物罪的故意,但没有杀人罪的故意,杀人罪的结果只能归责于甲,甲成立间接正犯。

其三,利用有故意者行为的介入,即有故意的工具,是指被利用者虽然有责任能力并且有故意,但缺乏目的犯中的目的,或者不具有身份犯中的身份,那么,利用不符合构成要件的行为——例如利用被利用者所实施的缺乏目的犯中的目的行为,或者利用被利用者所实施的缺乏身份犯中的身份的行为——的情形,利用者就成立目的犯或者身份犯的间接正犯。

利用有故意者行为的介入情形下的间接正犯在理论上存在较多争议,在被利用者对利用者所欲实施的目的犯和身份犯有认识的情况下,被利用者和利用者还可能成立目的犯和身份犯的共同犯罪。

其四,利用被害人行为的介入,即利用被害人的行为,当利用者使被害人丧失自由意志,或者使被害人对结果缺乏认识或产生其他法益关系的错误,导致被害人实施了损害自己法益的行为时,利用者成立间接正犯。例如,甲谎称乙饲养的狗为疯狗,使乙杀害该狗的,是故意毁坏财物罪的间接正犯。再如,行为人强迫被害人自杀的,成立故意杀人罪的间接正犯。

其五,利用他人适法行为的介入,即利用他人的适法行为,如利用他人的正当防卫、紧急避难行为实现犯罪,一般认为成立间接正犯。但是,对一些具体案件也存在争议。例如,甲想利用乙的正当防卫杀害X,于是诱导X对乙进行不法侵害,乙正当防卫杀害了X。此例中,乙的行为是正当防卫,甲是否成立杀人罪的间接正犯?对此,有间接正犯肯定说、间接正犯否定说、教唆犯说之争。

其六,利用无责任能力者行为的介入,即利用无责任能力者的身体活动所实施的犯罪,只能归责于其背后的利用者并成立间接正犯。例如,利用幼儿、严重精神病患者的身体活动实现犯罪的就是间接正犯。但是,利用减轻责任能力者实施犯罪的,理论上存在利用者成立间接正犯、教唆犯或者帮助犯的争议。

其七,利用受强制者行为的介入,即对被利用者进行强制使之实施犯罪活动,利用者对他人进行强制(包括物理的强制与心理的强制),压制他人意志,使他人丧失自由意志时,不能将结果归责于受强制者,只能归责于强制者,从而强制者成立间接正犯。

其八,利用他人缺乏违法性认识的可能性的行为介入,如果利用了他人不可避免的违法性认识错误,没有争议地成立间接正犯;至于利用他人可以避免的违法性认识错误的情形是否成立间接正犯,则存在争议。例如,甲欺骗乙说:"丙的不法侵害虽然已经结束了,但你现在攻击他仍然是正当防卫。"乙信以为真,在丙的不法侵害结束后,伤害了丙。一种观点认为,如果乙的认识错误是可以避免的,则甲不成立间接正犯,仅成立教唆犯。另一种观点则认为,无论乙的认识错误是否可以避免,都不会改变乙没有认识到违法性的事实,而且乙的认识错误是由甲所引起的,故应认定甲为间接正犯。

(三) 与间接正犯相关联的其他正犯类型

德日刑法学共犯论在讨论间接正犯的同时,还讨论了部分的共同正犯、附加的共同正犯与择一的共同正犯等特殊的正犯类型,在学术史上还有肯定连累犯作为共同正犯的学说(现在均持否定说),其学术见解对我国共同犯罪理论研究具有重要启发意义,这里一并讨论。

1. 部分的共同正犯与结果加重犯的共同正犯

二人以上共同故意实施较轻的犯罪行为,但是有人单方面地趁机加以利用并实施较重的犯罪行为,则其中的部分行为人仅就较轻的犯罪成立共同正犯,即属于部分的共同正犯。概言之,只要两个犯罪之间存在加重减轻关系或者整体与部分的关系,其中的部分行为人仅就较轻的犯罪或者部分犯罪成立共同正犯(部分的共同正犯)。例如,甲与乙共同针对某被害人实施故意伤害行为,但是甲单方面地趁机加以利用并实施了故意杀人或者抢劫财物的行为(乙并未参与杀人或者抢劫财物),甲成立故意杀人罪或者抢劫罪的正犯,乙只成立故意伤害罪的共同正犯(即部分的共同正犯),这些都没有争议。

但是,部分的共同正犯中存在的争议问题是,作为故意伤害罪的部分的共同正犯,乙是否需要对甲杀人行为致他人死亡的后果承担"故意伤害致人死亡"这一加重结果承担责任(并适用加重法定刑情节)?换言之,乙是否成立加重结果犯的共同正犯?这一争议问题表明,部分的共同正犯与结果加重犯的共同正犯之间存在紧密关联性。

对此,笔者认为,乙应当成立结果加重犯的共同正犯,因此应当对乙适用加重法定刑情节,理由在于,作为故意伤害罪的部分的共同正犯乙,明知实施故意伤害行为本身就存在伤害致人死亡结果发生这一不被容许的危险,但是乙仍然实施共同故意伤害行为,由此造成致人死亡结果发生,则乙应对此加重结果承担责任。虽然这一加重结果是由于甲实行过限(故意杀人)直接引起的,从而乙不成立作为实行过限的故意杀人罪的责任,但是并不能由此否定乙对致人死亡结果承担结果加重犯的责任。因此,需要注意结果加重犯的共同正犯问题。结果加重犯的共同正犯是一个与部分的共同正犯反向关联的正犯概念。

结果加重犯的共同正犯,是指以下情形:二人以上共同实行结果加重犯的基本犯罪行为,其中一部分行为人的行为造成了加重结果,这种情形下,其他人不仅构成基本犯罪的共同正犯,而且成立结果加重犯的共同正犯。通说肯定结果加重犯的共同正犯,理由是:①从结果加重犯的成立条件看,不但基于基本犯罪行为与加重结果之间具有条件关系或者相当因果关系即可成立结果加重犯的立场可以确认结果加重犯的共同正犯,而且基于行为人对加重结果有过失(责任要素)才能成立结果加重犯的立场也可以确认加重结果犯的共同正犯。②从共同正犯的成立条件看,不但基于行为共同说(以及赞成过时的共同正犯)的立场可以确认结果加重犯的共同正犯,而且基于犯罪共同说的立场——即在实施基本犯罪行为时便具有发生加重结果的高度危险性,这就要求共同实行基本犯罪行为的人都采取谨慎态度,相互防止加重结果的发生,从而应考虑结果加重犯的特殊性——也可以肯定结果加重犯的共同正犯。

但是,理论上还有否定说的观点。否定说认为,在结果加重犯的场合,只能成立基本犯罪的共同正犯,不能成立结果加重犯的共同正犯。否定说提出的理由是:从责任主义的要求来看,成立结果加重犯以行为人对加重结果具有过失为要件,而过失犯的本质是无意识,不可能就过失犯形成共同意识,因而否认过失的共同正犯,也否认结果加重犯的共同正犯。笔者认为,否定说不可取。

应当注意的是,部分的共同正犯对加重结果犯承担责任这一原理,同教唆杀人案出现实行过限(实行犯实行过限)从而教唆犯对加重结果犯承担责任的归责原理相当:教唆犯不承担由于实行犯实行过限而导致的故意杀人罪的责任,但是教唆犯仍然应对实行犯所致加重结果(致人死亡结果)承担责任,从而教唆犯构成故意伤害致人死亡这一结果加重犯的责任。例如,下列案例:

【案例】眉山扁某雇凶伤人案①

被告人扁某因与被害人高某某在生意上产生矛盾,为泄愤产生伤害被害人的念头,于是找到被告人毛某某要求帮助找人教训被害人,并出资为毛某某购买小汽车跟踪被害人。在第一次毛某某帮助扁某联系了"凶手"王某某而王某某以不好下手为由携款潜逃、伤害被害人未果的情况下,扁某又多次不断催促毛某某再帮助找人伤害被害人。毛某某最终找到被告人李某并明确告诉李某以砍断一只手脚的形式教训受害人即可。李某等人接受委托后,为避免事情败露而自行决定"杀人灭口",将受害人直接杀死。人民法院判决扁某和毛某某犯故意伤害罪并致人死亡,判处无期徒刑;判决李某犯故意杀人罪,判处死刑、剥夺政治权利终身。

该案中扁某和毛某某雇凶伤人具有一定特殊性:扁某和毛某某在主观上具有故意伤害他人的故意,客观上实施了雇凶伤害他人的行为,因此人民法院判决认定扁某和毛某某犯故意伤害罪是正确的;李某自行决定故意杀人,属于实行过限,应由李某承担故意杀人罪的责任。但是问题在于:扁某和毛某某是否应当对故意伤害致人死亡这

---

① 案例来源:四川省眉山市中级人民法院(2008)眉刑初字第24号刑事附带民事判决书。

一严重后果承担责任?对此,一种观点认为,扁某和毛某某构成故意伤害罪,但是不对"致人死亡"这一严重后果承担责任,因为其雇凶伤害时明确要求是"以砍断一只手脚的形式教训被害人即可",并没有"致人死亡"的故意,因此扁某和毛某某应当只对"致人重伤"这一结果承担刑事责任,即应当适用《刑法》第234条第2款"犯前款罪,致人重伤的,处三年以上十年以下有期徒刑"进行量刑;另一种观点认为,扁某和毛某某应当对"致人死亡"这一严重后果承担责任,因为砍断手脚等故意伤害行为本身就有致人死亡后果发生的极大风险,并且对于"致人死亡"后果本来就不要求行为人主观上具有故意——因为故意致人死亡的行为本来就应当评价为故意杀人罪——而只能是过失,那么,在凶手直接故意杀死被害人时,扁某和毛某某对于被害人死亡这一后果至少具有过失责任,因此扁某和毛某某就应当承担故意伤害致人死亡承担责任。

笔者倾向于认为,对于雇凶伤人案件中的雇凶者,因凶手实行过限致人死亡的,应当对雇凶者以故意伤害致人死亡情节论处。因为故意伤害他人的行为客观上包含致人死亡的极大风险,扁某和毛某某仍然雇凶伤害被害人,结果导致李某故意杀死了被害人这一后果,扁某和毛某某应当承担故意伤害致人死亡的刑事责任,应当适用《刑法》第234条第2款"致人死亡或者以特别残忍手段致人重伤造成严重残疾的,处十年以上有期徒刑、无期徒刑或者死刑"进行量刑。因此,人民法院判决雇凶者扁某和毛某某无期徒刑是合理的。

2. 附加的共同正犯

附加的共同正犯,是指二人以上针对同一犯罪对象故意共同实施犯罪行为,共同造成犯罪结果,但是无法具体查明其中是谁的行为直接造成的危害结果,这种场合即使个别人没有直接对犯罪对象造成危害结果,并不存在犯罪事实的功能性支配[赫兹伯格(Herzberg)观点],但仍然应认定所有共同实施犯罪行为的人都是共同正犯,即属于附加的共同正犯。例如,为确保谋杀成功,20个杀手同时向一名被害人开枪射击,被害人身中数弹,但不能查明是哪些杀手射中了被害人,仍然应认定所有的杀手都是故意杀人罪的共同正犯(附加的共同正犯),因为每个杀手的行为都使得犯罪的成功更为确定并确保了结果发生,每个杀手的行为都对犯罪行为的实施具有重要作用(罗克辛观点),因而每个杀手都是共同正犯。

3. 择一的共同正犯

择一的共同正犯是指如下情形:多个杀手基于共同计划分别在不同马路上伏击被害人,最终由其中一个杀手杀害被害人,此时只有杀害被害人的杀手是谋杀罪的正犯,另外潜伏在其他马路上的杀手不是共同正犯[鲁道非(Rudolphi)观点]。对此,罗克辛提出了更具体的区别对待观点,认为:如果杀手们堵住了被害人房屋的所有出口或者封堵了被害人的所有逃跑线路,即使最终仅有一个杀手杀害了被害人,也应认为所有杀手都是共同正犯;反之,如果在多个城市分散地埋伏一些杀手,被害人出现在哪个城市就由哪个城市的杀手杀害,则只有杀害者是正犯,其他杀手不成立共同正犯。①

4. 连累犯

需要说明的是,连累犯(事后罪)不属于共同正犯的范畴,因此,连累犯不能适用前述间接正犯、部分的共同正犯、附加的共同正犯、择一的共同正犯的相关原理。

所谓连累犯,又称为派生犯、事后罪,是指事前与他人没有通谋,在他人犯罪以后,明知他人的犯罪情况,而故意地以各种形式予以帮助,依法应受处罚的行为。② 例如,《刑法》第 191 条洗钱罪,第 294 条包庇、纵容黑社会性质组织罪,第 310 条窝藏、包庇罪,第 311 条拒绝提供间谍犯罪证据罪,第 312 条掩饰、隐瞒犯罪所得、犯罪所得收益罪,第 349 条窝藏、转移、隐瞒毒品、毒赃罪,第 349 条包庇毒品犯罪分子罪,第 362 条窝藏、包庇罪,第 402 条徇私舞弊不移交刑事案件罪,第 411 条放纵走私罪,第 414 条放纵制售伪劣商品犯罪行为罪,第 417 条帮助犯罪分子逃避处罚罪,就是连累犯(事后罪)。③ 与连累犯相对应的犯罪通常称为原罪或者本犯。

一般认为,连累犯只能定位于和共犯相对的单独犯罪④,"这些犯罪行为曾经纳入共同犯罪的范畴,而现在各国刑法与刑法理论一般都认为它是单独犯罪"⑤。但是,也有学者指出:"事后罪在现今有些国家依然被认为是共同犯罪(事后从犯),如美国、英国、尼日利亚的刑法就是把事后罪作为事后从犯。""事后罪从属说对司法实践具有指导意义,这主要体现在定罪和量刑两方面,定罪上,无本罪无事后罪;量刑上,事后罪的刑罚不得超过本罪的刑罚。"⑥

---

① 参见张明楷:《外国刑法纲要》(第 3 版),法律出版社 2020 年版,第 286 页。
② 王凤恺:《连累犯研究》,吉林大学 2005 年硕士学位论文,第 1 页。
③ 参见李舸禛:《连累犯的刑法解构》,华东政法大学 2009 年硕士学位论文,第 1 页。
④ 参见石晓慧:《连累犯问题研究》,郑州大学 2007 年硕士学位论文,第 1 页。
⑤ 陈兴良:《论我国刑法中的连累犯》,载《法律科学(西北政法学院学报)》1989 年第 1 期。
⑥ 张朝义:《事后罪从属说》,西南财经大学 2011 年硕士学位论文,第 1 页。

罪数不典型与一事不再理

邓子滨[*]

储槐植先生之"刑事一体化的基本点是,刑法和刑法运行处于内外协调状态才能实现最佳社会效益。实现刑法最佳效益是刑事一体化的目的,刑事一体化的内涵是刑法和刑法运行内外协调,即刑法内部结构合理(横向协调)与刑法运行前后制约(纵向协调)"[①]。可见,在储先生的学术视野中,刑事诉讼法学是"作为刑法学方法的一体化"的关系范畴而"推动刑法学向纵深开拓"的。[②] 这一见地极为深刻,由此也启发笔者从关系范畴的角度出发,不断探究刑法学与刑事诉讼法学的契合点。而罪数论中的"一罪"与禁止重复处罚的"一事",无疑是储先生所谓"以关系分析方法拓荒理论刑法一方天地"的理论尝试。

一、罪数不典型的立论背景与方法论价值

(一)罪数不典型的立论背景

储先生《论罪数不典型》一文发表在《法学研究》1995 年第 1 期,此前,刑法学界对一罪与数罪已有相当多的研究成果,主要涉及罪数概念的理论基础、领域归属和制度适用三个方面。其一,刑法客观主义理论基于古罗马法的刑罚应与犯罪之数相称的传统思想,坚持报应刑,主张一罪一罚,数罪并罚;刑法主观主义则认为,先要根据行为人的意思或性格确定犯罪的恶性程度,再以相当的刑罚改善其主体个性,主张一人一刑,从而落实目的刑。其二,我国刑法学关于罪数论的研究经历了由刑罚论向犯罪论领域的跨越。其三,制度适用则较为复杂,既涉及数罪并罚、累次从重,也涉及与刑法效力、赦免相关的连续犯、继续犯、惯犯和牵连犯,尤其注意到与公诉、管辖有重大关系的隔时犯、隔地犯。至于区分一罪与数罪的标准,计有行为说、法益说、因果关系说、犯意说、法规说、构成要件说和广义法律要件说等七种,基于各种不同理论或出发点,在

---

[*] 中国社会科学院法学研究所研究员。
[①] 储槐植:《刑事一体化与关系刑法论》,北京大学出版社 1997 年版,第 294 页。
[②] 参见储槐植:《刑事一体化论要》,北京大学出版社 2007 年版,第 27 页。

罪数分类问题上呈现复杂的情况,刑法学者因立论标准不同而标准不一。① 通过对既有罪数理论的考察,储先生亦指出:"罪数问题的研究重心是罪之并合,实是或形似的数罪作为一罪处罚,通常的思路是在'一罪'形态上作文章,例如提出了单纯的一罪,包括一罪(理论上一罪),处断上一罪;实质竞合,想象竞合等种种说法,使得罪数这块领域成了迷茫丛林。"②总之,"罪之并合"的情形,在理论界与实务界都有歧义和误用,难以与刑法的具体规定一一对应。

二十多年以来,虽有德日英美刑法理论的不懈引入,相关争执仍然激烈,研究态势之复杂一如当年。关于犯罪的个数,已然不是单数或复数二选一的问题,而是在"完全的一罪"与"完全的数罪"中间存在许多阶段。按照一罪性的明确程度,存在:①单纯的一罪(认识上的一罪);②评价上的一罪[法条竞合(当然的一罪)+包括的一罪];③科刑上的一罪;④并合罪。①与②被作为一罪来对待,③与④则被认为是数罪;但②的界限,特别是包括的一罪的范围很微妙,需要基于判例具体地予以理解。此外需要注意的是,在《刑事诉讼法》上,直至③为止都被作为"一罪"来对待,与④相比,在处断上有相当大的不同。③ 对比可知,日本学者今天所坚持的,大致上仍然是我国学者 20 世纪 80 年代既已了解的四分法。④ 于是,27 年前,储先生有了"转换思路,绕开迷茫丛林"的理论构想,即建立一个"罪数不典型"概念,试图找到一条简化条理的出路。罪数不典型是指犯罪要素组合数不标准形态,内涵上既非典型一罪,也非典型数罪,而只是被当作一罪处罚;外延上包括两大类:①一行为因其延展性而先后产生或同时产生两个以上结果、触犯两个以上罪名的想象竞合犯,或者是一行为在发展过程中因性质更变而形成的转化犯。②因整合了数行为而表现为行为的惯性、连续性或行为之结合、吸收关系,原先各构成要件失去独立性,成为整体的组成部分,不宜再作并罚处置。这类罪数不典型主要有惯犯、结合犯、连续犯和吸收犯。⑤

(二)罪数不典型的方法论意义

储先生为了绕开卢埃林所谓"布满荆棘的丛林"⑥,采用"否定式灌输",引导我们"转换思路",建立罪数不典型概念,"以否定式的比较替代肯定式的论证。具体说,无须正面论证某个不典型犯罪构成形态究竟属于一罪还是数罪,而只需否定它属于一罪或是数罪。在关系复杂的条件下,否定一事物要比肯定一事物方便,而且进行现象的

---

① 参见马克昌主编:《犯罪通论》,武汉大学出版社 1991 年版,第 582—591 页。
② 储槐植:《刑事一体化与关系刑法论》,北京大学出版社 1997 年版,第 436 页。
③ 参见[日]前田雅英:《刑法总论讲义》(第 6 版),曾文科译,北京大学出版社 2017 年版,第 346 页。
④ 参见顾肖荣:《刑法中的一罪与数罪问题》,学林出版社 1986 年版,第 11 页。
⑤ 参见储槐植:《刑事一体化与关系刑法论》,北京大学出版社 1997 年版,第 436—437 页。
⑥ 参见[美]卡尔·卢埃林:《荆棘丛:我们的法律和法学》,王绍喜译,中国民主法制出版社 2020 年版,第 5 页。

比较要比进行理论的论证省力"①。正面论证并不容易,因为法系、国别及学术偏好不同,不太可能达成共识版本。正如人们不太容易说清什么是幸福,但人们却基本认同什么是不幸。储先生提出的罪数不典型,是一种负面清单方法论。想当初,上海筹划自由贸易试验区,为了尽量扩大自由贸易范围,提出了一个"不得从事行业"的负面清单,罗列相当多的"禁止"。有人不解,这么多的禁止还能叫自由贸易吗?其实,只要和《刑法》第225条非法经营罪比一下就会明白。该罪所禁止的"下列非法经营行为之一",除三项列举之外有第(四)项"其他严重扰乱市场秩序的非法经营行为",使得该罪的"其他"禁止成为无所不包的口袋。只有反向列举"除了……一切皆可",才是真正的赋权。从这个角度看,罪刑法定主义以"没有法律就没有犯罪,没有法律就没有刑罚"标识出犯罪的负面清单,负面清单之外皆属自由领地。"未经正当法律程序,不得剥夺任何人的生命、自由或财产",自然也是某种负面清单式的否定性表述。虽说负面清单之外的事项一定比其之内的列举更广泛,但也必须指出所列举者皆所关至重。比如美国联邦宪法第一修正案:"国会不得制定关于下列事项的法律:确立国教或禁止信教自由;剥夺言论自由或出版自由;或剥夺人民和平集会和向政府请愿申冤的权利。"

  对于某些概念或命题,坚持从正面论证,与难题硬扛到底,是大陆法系的学术传统与裁判自信,而英美法系则善于迂回,从反面寻找概念或命题的突破口。比如,正当程序和罪刑法定有一个共同的逻辑推论:无论是作为公民的行为指引,还是作为法官的裁判指南,法律条文都必须是明确的。阐释法律明确性的意义,并不困难。由于刑罚法律明确性之要求,系源自法治国思想,且来自宪法法律保留理念。故当刑罚法律规定欠缺明确性时,在法律存在的正当性基础上,即发生本质上之背离,一方面,不明确的刑罚规定将悖于法治思想所揭示以法律为准据的基础思想,且有抵触宪法法律保留的基本理念,盖刑罚法律之不明确,将使得刑罚权认定的界限变得模糊不清,从而刑罚权极易被扩张式地创设,甚至被恣意认定;另一方面,刑罚法律的不明确无法真正揭示罪与罚的界限与范围,犯罪在何种条件下成立?刑罚制裁的程度与种类如何?都将陷于游移不定、模棱两可的泥沼之中,刑罚法律的保障功能,亦将随之崩解。如此,不但使人无所适从,也无法预期其行为是否成为刑罚法律规范的制裁对象。故而在法定原则的指导下,明确性原则乃成为刑法法规最根本的要求。② 如果构成要件的意思不清楚,那么根本没有办法判断一个人的行为到底是不是属于构成要件所要网罗的范围。结果是,法官可以轻易地入人于罪,而行为人也根本无法清楚地认识或抗辩说,自己的行为并不属于构成要件所规范的范围。③ 法律必须明确,其意义固然重大,可什么才算

---

① 储槐植:《刑事一体化与关系刑法论》,北京大学出版社1997年版,第437页。
② 参见柯耀程:《刑法总论释义——修正法篇》(上),元照出版公司2006年版,第59页。
③ 参见黄荣坚:《基础刑法学》(上),元照出版公司2012年版,第128页。

是明确,不仅理论上难以证明,而且实践中也难以表述。

"试想一下,刑罚法规若规定'侵害议会制民主主义的,处1年以下惩役',或者规定'对老人实施不友善行为的,处10万日元以下罚金',那又会如何呢?这的确在形式上维持了罪刑法定主义。但是,究竟禁止哪种行为,对此,国民是难以判断的,这种刑罚法规依然剥夺了国民对自己行动的预测可能性,会萎缩(限制)国民的行动。为此,立足于罪刑法定主义的立场,就要求刑罚法规必须保持明确。这称为'明确性原则'。该原则的由来在于,美国联邦最高法院根据《宪法修正案》第14条所规定的'适正程序的法理'而发展起来的'由于不明确性而无效的理论'。"①可见,在面对法律明确性原则的难题,学者采用英美法的思考模式,从"法律不明确即无效"或者"法律含义不得过分宽泛"的角度界说"不明确的法律"。一条法律,如果具备普通智力的人要猜测其含义,对其运用场合众说纷纭,那么这条法律就应该是无效的;如果各审法院理解不一,认识各异,本身即是该法条模糊不清的证据。这种思考角度非常奇特,甚至有些独断,因为它无异于说"只要有争议,就意味着模糊不清"。不过,作为一种方法论,这种思考方式是有意义的。它最大限度地防止了专断与歧视性执法的法律,也就是,让普通公众比较容易地提出抗辩,克制警察、法庭毫无约束地决定谁将被追诉、定罪的权力,而赋予警察、法庭如此权力的法律应该是无效的。② 美国联邦最高法院认定加利福尼亚州一条法律属于模糊条款,该条法律规定,当治安警察提出要求时,在大街上闲逛或者徘徊的人必须表明可信、可靠的身份,解释并证明自己闲逛或徘徊的原因。③

二、一事不再理的价值诉求与实践论难题

(一) 一事不再理的价值诉求

"公元前355年希腊法即规定'禁止就同一争议对同一人审判两次'。反对对一项指控进行两次审判,以及公开法官所处理事件的情感在雅典有据可查,并确实体现在法律规定中。"④所谓一事不再理效力,系指若形式上确定实质判决,则不容许对同一事件再行起诉。其根据是从被告人的法律地位安定性推导而来。从大陆法系观点看,之所以强调裁判的确定力,乃因其具有既判力及一事不再理之效力,经裁判所确定之事实,纵其认定错误,亦视为真实,不得再予审理裁判;而英美法系则以诉讼程序达到

---

① 〔日〕西田典之:《日本刑法总论》(第2版),王昭武、刘明祥译,法律出版社2013年版,第44—45页。
② United States v. Brewer, 139 U. S. 278 (1891).
③ Kolender v. Lawson, 461 U. S. 352 (1983).
④ 〔爱〕J. M. 凯利:《西方法律思想简史》,王笑红译,法律出版社2002年版,第30页。

一定阶段后形成程序负担为据,强调"是否误判,难有一定之基准,且后判决是否较前判决更具确实性,亦非无疑,况因时间经过,有罪认定可能性随而减弱,收集有利证据亦增困难,程序重复时证据伪造危险性较高,使被告陷入双重危险中"①。"接受法安定性的要求,而揭示实质确定力之界限",可以确保"被告以公诉中所指摘的事实关系为理由,不再交付审判。即使在判决后发现在前程序中并未发现的重大事实,仍不容许进行新的诉讼程序。在该范围内,国家为了法的安定性,对可罚行为的追诉权设定一定的界限,在此一界限内放弃保障法律适用平等的起诉法定主义"②。

如果没有这种体现为既判力的法安定性,那么对被告人而言,即便得到无罪判决,仍然无法规划日后生活,无法与他人达成约定。大法官雨果·布莱克作过经典总结:禁止双重危险的基本理念根植于盎格鲁-撒克逊的司法制度中,它不允许掌握全部资源和权力的国家不断试图给被告人定罪,使被告人无休止地处于窘迫困顿与惶恐不安的煎熬中,结局多半是以无辜者被宣布有罪才善罢甘休。③"经过程序认定的事实关系和法律关系,都被一一贴上封条,成为无可动摇的真正的过去。而起初的预期不确定性也逐渐被吸收消化。一切程序参加者都受自己的陈述与判断的约束。事后的抗辩和反悔一般都无济于事。申诉与上诉的程序可以创造新的不确定状态,但选择的余地已经大大缩减了。"④更为有力的禁止理由应该是提醒国家注意限制本身的权力。小而言之,要求警方"必须慎重且彻底地进行余罪之侦查"⑤。大而言之,行使强制权应符合有限政府及人民自由原则,人民了解自己受到此类保护,才会对政府产生信心与尊重。当国家在人民身上行使权力或增加负担时,必须受到审慎的监察并有义务给出完善的理由;而人民则需要被保护并增加权利,得到机会参与决策程序,并以人的身份表达尊严。⑥ 以要言之,一事不再理的价值诉求在于:其一,避免政府方面利用充沛资源,就同一案件持续重复起诉,直至获得有罪判决为止。其二,防止审判给被告人及其亲友甚至被害人带来痛苦焦虑、羞辱难堪。其三,防止检察官因政治、宗教等目的而将一事件拆分起诉,以耗损被告人财力和精力,达到骚扰被告人的目的,同时也迫使证人厌倦反复出庭。如检察官认为一审判刑较轻,可能心生不满而提起抗诉或二次起诉。其四,确保判决的终局性,维护人民对司法程序的信心,其初始目的还在于保障人民对

---

① 陈朴生:《刑事诉讼法实务》(增订版),海天印刷厂有限公司1981年版,第551—552页。
② 〔日〕只木诚:《罪数论之研究》(增补版),余振华、蔡孟兼译,新学林出版股份有限公司2019年版,第232页。
③ Green v. United States, 355 U.S. 199, 204 (1957).
④ 季卫东:《法治秩序的建构》(增补版),商务印书馆2014年版,第18页。
⑤ 〔日〕只木诚:《罪数论之研究》(增补版),余振华、蔡孟兼译,新学林出版股份有限公司2019年版,第223页。
⑥ 参见〔英〕安东尼·达夫等编:《审判的试炼Ⅲ:刑事审判的新规范理论》,李姿仪译,新学林出版股份有限公司2015年版,第76、118—123页。

抗政府的权利。其五,禁止重复处罚,尤其是行政与刑罚先后施罚。①

"任何人不因同一犯罪再度受罚"的法律格言,反映了一罪一罚的古朴正义观念。对同一犯罪反复处罚,意味着超出了一报还一报的观念,实际上等于无差别地处罚任何犯罪。因此,无论是成文法还是习惯法,也无论是旧派的报应刑论还是新派的目的刑论,历来都不承认对同一罪行反复处罚。一事不再罚,虽与罪刑法定没有必然联系,但在现代社会,仍然可以将两者联系起来。罪刑法定决定了刑事立法与司法上必须对一种犯罪规定一定的刑罚,法院必须在刑法所规定的刑罚中选择某一刑种与刑度。如果某一犯罪行为已经根据刑法的规定受到处罚,那么再次对该犯罪事实进行处罚,意味着后一处罚没有根据。同一犯罪,是指一个而且是完全相同的一个犯罪事实,而不是指同一罪名的犯罪。在定罪量刑时,对于同一事实或情节,应当禁止作不利于被告人的重复评价,这包括三个基本要求:一是行为或结果等已被评价为某一犯罪事实根据后,不能再将其作为另一犯罪事实的根据;二是某种严重或恶劣情节已作为构成要件要素予以评价时,不能再将该情节作为从重量刑的根据;三是某种严重情节已作为法定刑升格条件者,不能在升格法定刑中再予从重。② 遗憾的是,不得不承认这些基本要求在我国现时刑事程序中并未得到满足,因一事不再理尚未写入刑事诉讼法,司法实践中违反一事不再理的情形还所在多有。③

(二) 一事不再理的实践论难题

了解并认同一事不再理的宏大意义并不难,难就难在何谓同一犯罪,也就是何谓案件同一性? 其实这个话题在中国也由来已久。早在1939年,"沪上字第43号"判例即有案件同一性之陈述:"自诉人之夫某甲,前以上诉人封锁伊所住房门,将伊拘禁在内,提起自诉,业经地方法院认为犯罪不能证明,谕知无罪之判决确定在案。兹自诉人复以当时上诉人之封锁房门,氏夫虽未被拘禁,氏实被锁闭房中等情提起自诉,按自诉人所指上诉人之犯罪事实,系一个锁闭房门以拘禁人之行为,其行为既属一个,虽两案

---

① 参见王兆鹏:《刑事诉讼法》(上册),元照出版公司 2015 年版,第 323—324 页。当然,也有学者认为,行为可以因同一犯罪而受到两次不同性质的处罚,如既受到刑事处罚,又受到行政处罚。参见张明楷:《刑法格言的展开》(第 3 版),北京大学出版社 2013 年版,第 519—520 页。

② 参见张明楷:《刑法格言的展开》(第 3 版),北京大学出版社 2013 年版,第 506—507、526—527 页。

③ 比如,对于证据不足的案件,法院作出了无罪判决,判决生效后检察机关又收集了新的证据,或者提出了新的事实,使原裁判依据的事实不清、证据不足的问题得到补救,就此法院依法只能以审判监督程序加以改判。但是,最高人民法院《关于适用〈中华人民共和国刑事诉讼法〉的解释》第 219 条第(五)项规定的却是检察机关重新起诉、法院予以受理,这一规定,违反了刑事诉讼法关于审判监督程序的规定。尽管原判决在当时证据情况下作出无罪判决并非错误,但是新的事实、证据表明该案的无罪判决在与案件事实真相背离这一实质问题上"确有错误"。以此观之,这种裁判错误符合再审条件。如果不依据审判监督程序加以改判而允许重新起诉,势必出现同一案件同时存在两个都具有法律效力的判决的"一案两判"现象,有违一事不再理原则和既判力原理,也会损害法院生效裁判的权威性。张建伟:《重新起诉与一事不再理原则之违反——最高人民法院刑事诉讼法解释第 219 条第 5 项之商榷》,载《政法论坛》2022 年第 3 期。

自诉人所主张被拘禁之人不同,亦不过被害法益前后互异,并不因此一端而失其案件之同一性。"先是丈夫控告某甲将其妻子锁闭房中,后有妻子控告某甲将其丈夫锁闭房中,到底谁被锁闭都闹不清,难怪前审地方法院认为"犯罪不能证明"。也就是,必须确定本案先诉的审判范围,才有可能在后诉过程中判断是否为同一案件,后诉会因同一案件重复起诉或曾经判决确定而不合法。坚守一事不再理显然是制度建构的结果,或者换一种观察方式,会看到它是人类最早发现的正当程序的要素之一。但它所隐含的风险也是容易预料和识别的,那就是容易造成错案不得纠正,尤其是当英美法将不利被告人的再审视为双重危险而加以禁止后,放纵事实上的罪犯让许多人无法容忍。想要说服这些反对者是徒劳的,但必须清楚,一旦失去一事不再理制度的呵护,又将会发生什么情况。①

禁止双重危险就是英美版的一事不再理,这样说本没有错,不过由于对实体法构成要件的理解不同,以及针对一审庭审尤其是陪审团的裁决能否自动上诉等制度差异,导致两大法系在一事不再理问题上还存在许多歧异。就美国而言,联邦宪法第五修正案规定:"就同一犯罪不得置任何人的生命或肢体于双重危险中。"其中,用"Same Offense"表述"同一犯罪",须诉诸成立犯罪的要件,也就是说,包含相同要件的犯罪即为同一犯罪,这种理解最合乎宪法文义,最具有历史正当性。再者,彼时犯罪多源自普通法,极少由立法机关规定,而普通法犯罪的种类、项目极为有限,起诉犯罪时,该犯罪所涵盖的事实范围相当广泛,比如被告人以枪敲打被害人头部而取其钱财,依普通法只能被起诉强盗罪,不能起诉被告人持有武器和盗窃罪,起诉强盗罪所涵盖的事实即包括用枪打被害人头部而取其钱财,这并不会导致检察官切割同一基础社会事实而分别起诉。但在过去一个世纪,立法频仍、规定细腻、解释繁复,犯罪要件不同已为常态,比如普通法时代盗窃罪只有一种"Larceny",如今偷车、偷马、偷信用卡等多至数十种,都可理解为不同要件的盗窃罪。以持枪抢劫银行为例,普通法只构成强盗罪,起诉后即包括持枪抢劫银行的全部事实要素,不可能重复起诉,而如今分别该当抢、持枪抢、抢银行三个构成要件,无法保障禁止双重危险的宪法利益。② 从诉讼证明角度看,以相同要件界定同一犯罪,其检验标准是看对两个犯罪行为的证明是否采用同一证据,这是英美法特别擅长的思考模式。也就是,如果同一证据可以证明两个犯罪行为,那么就属于要件相同的同一犯罪;而如果一个行为需要此证据,另一个行为需

---

① 笔者几年前亲历的一个案件,因店面租赁纠纷致双方出动多人争吵、推搡,引起路人围观,有人趁机起哄,警方出动几十名警力,但没有对任何一方作出行政处罚。时隔多年,却以寻衅滋事罪追究当时更为有理的一方。办案机关让当时出警的二十多名警察作为证人,作成询问笔录,但都未出庭。参见吉林省通化县人民法院(2019)吉 0521 刑初 64 号刑事判决书;吉林省通化市中级人民法院(2019)吉 05 刑终 221 号刑事判决书。

② 参见王兆鹏:《一事不再理》,元照出版公司 2008 年版,第 54—55 页。

要彼证据,就不是同一犯罪。①

联邦最高法院借助民法中的"禁反言原则"来说明什么是"同一证据的检验标准"。比如两名证人在上次庭审时完全不能指认请求人,这次却说他的特征、身材和举止与抢劫者中的一个非常吻合。联邦最高法院曾经改采相同事件说,该案为一起交通事故,最初起诉被告人醉酒驾车和超双黄线,被告人认罪。嗣后被害人死亡,检察官才又起诉过失致死罪。从犯罪要件上说,先诉与后诉的确是有区别的,并非重复起诉,不违背禁止双重危险原则。但当案件上诉至联邦最高法院后,九位大法官以5:4判决否定了下级法院的结论。理由在于,证明被告人过失致死罪的基础行为,必然是醉酒驾车与超双黄线行为,而这一行为已经在前诉之中使用,不应再于庭审中二次质证。而四位持反对意见的大法官则指出,这违背了宪法文义,因为行为与犯罪实难相符。② 短短三年之后,联邦最高法院又回归了相同要件的立场,以便接近宪法本义的用语解释,不过许多州一直采用相同事件理论,既要判断先后两诉的犯罪时间、目的、意图、地点、行为及其连续性是否有交集重叠,也要判断支持后诉的证据是否已经作为充要条件支持过前诉,还要判断某一犯罪是否处于一个更大犯罪计划的核心。由于有三个层次的判断递进,相同事件的判断标准显然比相同要件逻辑清晰得多,因而有推广的趋势。相同要件说与相同事件说各有其优缺点,一说之优点,常为另一说之缺点。以甲涉嫌强盗而故意杀害被害人为例,相同要件说容许检察官分割事实,分别起诉强盗罪和杀人罪,但相同事件说则不容许,就此观察似乎相同事件说较优。

总之,实务中应遵循阶层审查的顺序:先以相同要件判断,如先后二诉的起诉法条符合相同要件法则,除有少数例外情形,后诉不得再为起诉;再以相同事件判断,如先后二诉的起诉法条不符合相同要件法则,但二诉之犯罪系源自同一事件,除有少数例外情形,后诉不得再为起诉。③ 1992年的罗德尼·金案对禁止双重危险提出了新的挑战。四名洛杉矶警察在高速路上拦截并殴打了违法驾驶的黑人罗德尼·金,而且被全程录影。在舆论的一片哗然之中,加利福尼亚州法院由白人组成的陪审团宣布四名警察无罪,引起洛城骚乱。虽然州法院对指控宣告无罪,但联邦政府却发起了新的指控。联邦的地区法院驳回了被告方援引双重危险原则的辩护,于1993年4月由陪审团判决其中两名警察有罪。在上诉审中,第九巡回法院认定"没有证据显示联邦的指控是在为加州的指控遮羞"④。1995年美国俄克拉何马城发生史无前例的爆炸案,死160多人,伤680多人。联邦法院判决被告人麦克维死刑并以注射方式执行死刑,判处另一被

---

① See Daniel E. Hall, Criminal Law and Procedure, Delmar Cengage Learning, 2011, p.279.
② See Grady v. Corbin, 495 U.S. 508 (1990).
③ 参见王兆鹏:《一事不再理》,元照出版公司2008年版,第56、61页。
④ United States v. Koon, 34 F.3d 1416 (9th Cir., 1994).

告人尼科尔斯不得假释的终身监禁。随后,俄克拉何马州法院认定尼科尔斯161项谋杀罪成立,判处161次终身监禁。如果某一犯罪在不同州实施,被告人也可能在不同州接受不止一次的审判。2002年穆罕默德与马尔沃两名狙击手分别在马里兰州、华盛顿特区和弗吉尼亚州实施恐怖袭击,枪击19人,造成10人死亡。犯罪实行地的州法院都对两名被告人进行了审判。①

  英国不同于美国的双轨制。2003年以前,英国法律只允许被告方针对有罪判决向上诉法院提出上诉,而指控方只有对治安法院因法律错误而形成的无罪判决向高等法院上诉的权利,批评者认为这是不协调、不恰当的。负责修法的专门委员会努力确认的议题是,扩展指控方的上诉权是否有碍主要原则和目标的实现？实体目标是保障结果的准确性,有罪者定罪,无罪者开释；程序性目标是独立的,也就是确保对个人基本权利和自由的尊重。委员会认为,实体目标有利于控辩双方,程序目标只有利于被告人。而扩展指控方上诉权固然会有利于实体结果之准确,但却无疑会贬损程序目标之实现,需要认真权衡。立法的选择是,允许控方就关键证据被排除而单独上诉；允许控方针对被告人未答辩而直接由法官作出无罪裁决上诉,因为这种裁决不是陪审团作出的,公众无法确定法官是否因反感上级审查而作出无罪裁决。英国2003年《刑事司法法案》颁行后,允许在引入新的令人信服的证据基础上对已获无罪判决的最高刑为终身监禁的重罪进行二次审判。至此,禁止双重危险依旧是原则还是已成例外,似乎已经是个不小的疑问。除新的令人信服的证据外,启动二次审判还需要考虑正义是否会在新的审判中实现,具体包括公众的厌恶情绪、与第一次审判的间隔、警官和检察官是否已经恪尽职守等。真正的重点还在于何谓新证据。原本说来,不应允许警方在无罪判决后重新启动侦查,重新搜集不利被告人的证据,新证据应当解释为是原审时已经有的,只是由于某种原因没有出现在原审庭审中。然而,既然已经可以启动二次审判,新证据的重新调查核实就在所难免,因为重新搜集与调查核实没有绝对的界限。因此,法律特别规定,警方重新调查证据必须经检察长批准。②

三、一事不再理对罪数不典型的逐项检索

（一）否定式思维方法的规范突破与实证检验

  储先生对于否定式思维方法的运用,不是偶然而个别的,而是自觉而开放的。他

---

① See Rolando v. Del. Carmen, Criminal Procedure Law and Practice, Wadsworth, Cengage Learning, 2010, p.12.
② See Peter Hungerford-Welch, Criminal Litigation and Sentencing, Cavendish Publishing Limited, 2004, pp. 462-463, 524-525, 527.

不仅提出了罪数不典型的概念,试图规避、简化并最终化解一罪与数罪的繁复争议,而且提出"持有"是"第三犯罪行为形式"。储先生指出:"论证持有是第三犯罪行为形式这一论点的关键首先要说明:刑法上'作为'与'不作为'的关系不等于形式逻辑中'白'与'非白'的关系。非白在逻辑上是对白的全称否定判断,二者之间不可能有第三种情形,这是形式逻辑上的排中律。排中律的前提是同一律,按前例,'非白'与'白'这两个判断中有一个共同的因素即'白'这个概念的内涵是同一的,否则前者不可能构成对后者的全称否定。然而刑法上的'不作为'与'作为'的关系并非如是……作为与不作为,在文字上虽有共同一词即作为,但这共同一词在两处的涵义完全不同。可见,刑法上的不作为并非刑法上的作为的全称否定,所以二者不存在形式逻辑中的排中关系,因为两处的'作为'不符合同一律……刑法上的'不作为'被认为是作为的全称否定,这与中文词语表述形式(俄语也相似)引起的误解有关。英文不易出现这种误解,其刑法术语 omission(中文译成"不作为"是按照中国刑法学的习惯,其实际含义是疏忽、忽略、懈怠),但并不写为 action(中文译为"作为"是名实相符的)的否定词 non-action……研究第三犯罪行为形式具有立法和司法价值。在一些多发性和危害大的犯罪现象中,有些案件难以用传统罪名(犯罪构成)治罪,持有型罪名便成为唯一的选择,例如非法持有毒品罪的设立。在司法中,减轻公诉机关的证明责任。"[①]这是因为,现状比来源或去向更好证明。

回顾储先生所提出的将持有与作为、不作为并列,成为第三犯罪行为形式,至今仍然留给我们思考的空间。首先,仅就刑法而论,如果作为、不作为和持有是并列关系,统合它们的应该是"行为",那么,作为、不作为和持有穷尽了所有的行为形式了吗?或者换个问法,根据形式逻辑要求,与"行为"构成排中律关系的应当是"非行为",持有是否属于某种"非行为"呢?对"非行为"的关注,也是运用否定式思考方法解决"行为"形式分类问题的途径之一。为此,德国学者提出了"行为品质的过滤判断"的命题。"行为理论对行为属性观点的争议,时至今日,已无太大意义与功用……重点该摆在行为概念的消极功能。亦即,将不具有行为品质的举止排除在犯罪审查之外。行为是出于意思所支配的或所能支配而对外彰显的社会重要举止(作为或不作为),即以意思控制为前提。据此,下述情形都不是刑法概念上的行为:(1)非人类的举止,如动物或自然力;(2)尚未对外彰显的内在意图与想法,欠缺社会重要性;于不作为情形,当为的作为不具有'外在效应'时,亦非行为;(3)无意识参与作用的反射动作,如因触电产生的抽搐或痉挛;(4)受到他人施以身体无法抗拒的直接强暴,导致意思决定与意思活动完全被排除或被支配的机械动作,例如遭他人猛力一推,重心失控,跌倒而撞坏东西;(5)睡眠中或无意识状态下的身体动作。此处,单纯对物品的持有,仅系一个结果状

---

① 储槐植:《刑事一体化与关系刑法论》,北京大学出版社1997年版,第411、414页。

态,而非意思控制下的对外举止,因此部分构成要件描述的'持有'概念在解释上必须与对该状态的取得、维持(作为)或不排除(不作为)相结合,始能说明其行为内容。"①

令我们钦佩的是,储先生在没有机会参阅德国刑法学著述的时代,竟然通过推理得出了"持有具有动静结合的特征"②。这一特征与罗克辛的描述精准吻合,当然,从知识考古的角度想,吻合的原因可能是他们都受了英美的启发。罗克辛承认持有问题在德国少有研究,持有本质上是一种单纯的状态或者事实;在制定法谈及持有的场合,它并不是通过限定行为,而是在某种程度上,不完全确切地通过指出基于该行为的结果来确定该犯罪的类型。换言之,持有是一种结果;属于构成要件的,必须是为持有奠定基础的行为或者没有消除持有的不作为。持有犯的犯罪行为是引起或维持某种状态(作为)或者不去消除这一状态(不作为)。③ 也就是英美学者所说的,自20世纪伊始,刑法结构上的显著变化,体现在持有型犯罪的出现,这种"持有"是先前的犯罪行为导致的,"是第三种类型——以风险为根据的"。之所以是第三种类型,根据美国《模范刑法典》的定义,是因为持有是介于持有者明知其获得或受到持有物(作为)与意识到其持有某物有足够充分的一段时间而未能终止这种持有状态。原本说来,基于无罪推定原则,控方对犯罪负有排除合理怀疑的证明责任,如果查不清某种违禁品的来龙去脉,意味着事实不清,事实有疑唯利被告人,应该宣布无罪,但是,英美法开始扩张其刑法,强调持有者对持有状态负有刑事责任。④ 在今天看来,储先生近三十年前提出的刑法理论,无论是持有的行为独立性,还是罪数不典型,都是从规范性向事实性的突破。

不过,这种突破是一种"只做不说"的实际行动,具体表现在储先生只承认持有型犯罪减轻了公诉机关的证明责任,但却坚决认为"这并不存在转移证明责任的问题"。甚至对于1988年全国人民代表大会常务委员会《关于惩治贪污罪贿赂罪的补充规定》中明确规定的"本人不能说明其来源是合法的,差额部分以非法所得论",也拒绝承认是倒置了举证责任。储先生认为,该法条只是"工作程序,决非实体上的犯罪构成要件。而且从本质上看,这是多余的。承办这类案件时都必然会这样做。如果被告人'能说明其来源是合法的',当然不成立犯罪。其实其他案件也如此,例如受贿罪案,如果被告人能说明其接受的财物是合法的,也不成立犯罪。这多余的写法还给人以主体负有说明义务的错觉"⑤。以今天的众意来看,储先生对法条的解读不是规范性的,而

---

① 许泽天:《刑法总则》(2版),新学林出版股份有限公司2021年版,第70—71页。
② 储槐植:《刑事一体化与关系刑法论》,北京大学出版社1997年版,第412页。
③ Vgl. Roxin/Greco, Strafrecht Allgemeiner Teil Band I, 5. Aufl., C. H. Beck, 2020, S. 367 f.
④ 参见〔英〕安德鲁·阿什沃斯:《刑法的积极义务》,姜敏译,中国法制出版社2018年版,第214、218—219页。
⑤ 储槐植:《刑事一体化与关系刑法论》,北京大学出版社1997年版,第415页。

是事实性的,它以"创设解决问题的新思路但又不触动公认基本理论"为诉求。在此,储先生所说的"错觉"并不存在,因为如果被告方拒绝尽其证明责任,将承担不利后果,相当于没有推翻有罪推定,就要被定罪,这恰恰是刑事诉讼举证责任倒置的标志。"其他案件,比如杀人案,犯罪嫌疑人、被告人说案发时不在现场,并提供了线索,办案机关也得去查证,但如果最终不能排除他确实不在现场的可能,就不能定罪。而巨额财产来源不明犯罪案件,因为法律规定了被告人说明自己财产合法来源的责任,被告人就得说明,如果被告人说不明白,或者被告人说明白了,但检察机关对被告人所说查不明白,仍然视为被告人没有说明,在理论上仍然要定罪。因为,如果允许被告人自己说清楚,控方查不清楚就不能定罪的话,这个罪名就必须取消了。"①

(二)"一罪"与"一事"的识别与回采

公诉事实同一性系依存于罪数判断。数罪并罚时,一部分事实之既判效力不及于其他部分,应容许再诉;一罪一罚时,只成立一个诉讼对象,一部分事实之既判效力及于全部事实。换言之,站在通说的角度,基本认可单纯一罪、实质一罪(接续犯、继续犯、加重结果犯、结合犯)及裁判一罪(想象竞合犯、牵连犯、连续犯)都具有不可分性。因在实体法上作为一罪,刑罚权便仅有一个,属同一犯罪事实。而犯罪事实是否同一,还应从诉讼目的及侵害行为内容加以判断,比如盗窃罪与抢夺罪,因基本社会事实同为意图为自己或第三人不法之所有,而以趁他人不觉或不及防备取得他人财物,侵害他人财产法益,两罪罪质具有同一性。据此,抢夺与强制猥亵、侵占与行贿、走私与盗窃等,皆非同一犯罪事实,不容重复起诉、裁判。判决确定前,一般称为禁止重复起诉,若先诉合法,后诉应谕知不受理;判决确定后,一般称为一罪不两罚或禁止双重危险,后诉应谕知免诉判决。②"但是因为诉讼具流动之性质,可以料想关于伤害之诉因在审理中发生被害人因受伤而导致死亡之结果,或关于盗窃之诉因在证据调查时发现并非窃盗而是侵占寄托物之事实……要由检察官分别撤回伤害、窃盗之主张,再重新以伤害致死、侵占事实起诉,程序上未免过于严格,一般而言对被告反而亦增加其负担。但是,像这样的案件,法院亦不得任意改变诉因之范围而审判……必须允许为诉因之追加、撤回或变更。"③

一事不再理当然本属程序法领域的问题,但直至目前,大体是将程序法上的一事不再理效力与实体法上的一罪与数罪联结起来讨论。因此,实体法中的"一罪"若能与程序法上的"一事"相契合,固然有益于法的安定性,但实体法与程序法毕竟各具其固

---

① 张军、姜伟、田文昌:《新控辩审三人谈》(增补本),北京大学出版社 2020 年版,第 112—113 页。
② 参见林钰雄:《刑事诉讼法》(上册),元照出版公司 2015 年版,第 291 页。
③ 〔日〕三井诚、〔日〕酒卷匡:《日本刑事程序法入门》,陈运财、许家源译,元照出版公司 2021 年版,第 199—200 页。

有的意义与机能,故"一罪"与"一事"未必具有一致性,不可强求对应以至于发生扭曲的、不合理的法解释案例。这是因为,程序法经常处理的都是尚未厘清的整体犯罪现象,由于证据收集有一定的偶然性,导致遗漏或者久后发现,使同一案件未能同时追诉、审判。换言之,一体的事实尽可能一次性处理,固然是程序法所追求的理想状态,但犯罪事实尚未全部厘清的情形屡见不鲜。再者,生活中总有一些案件让人觉得一事不再理原则并不符合正义感。例如某人在森林里开枪捕杀野兽未中,因成立盗猎罪而被判罚金,但实际击中了情人的配偶,致其死亡。盗猎判决如果阻断谋杀追诉,显然难以服人。依德国多数见解,不应就涉嫌谋杀重新启动一轮刑事追诉,因为法律规定"因新事实或新证据而开启的再审程序,基本上不得不利被告人"。但不能否认,再行追诉谋杀罪,更能迎合大众的法律正义感,可以提起补充起诉。[1] 可是,对真相的追寻,经过一段合理、审慎的努力之后,应当让位于法的安定性。被控杀人者被法庭无罪开释几天后,却声称人是他杀的,如果这种情况不受制裁,显然会引起公众反感,但是,促使立法机构决定一事不再理的理由却值得尊重,因为无限制地改变判决,更令人难以接受。[2]

可以认为,储先生在罪数不典型问题上的解决思路,也是某种由规范向事实的突破,理论动机仍然是尽量简化问题,在不推翻既有罪数理论的前提下,提出一种经得起实践检验的负面清单式的方法论。其实,这种方法论不仅是对罪数理论的"突破",而且在很大程度上消除了"一罪与数罪"的理论争议对"一事不再理"的实践干扰。"罪数不典型,依刑法分则性条文有无规定为准,可分为法律规定和处理认定的两类。前一类有惯犯、结合犯、转化犯;后一类有想象竞合犯、连续犯、吸收犯。"[3]在储先生所分别讨论的罪数不典型的种类中,转化犯是指行为人出于一个犯罪故意,行为实施过程中发生性质转化而改变罪名的犯罪形态。例如我国《刑法》第269条规定的转化型抢劫罪,即犯盗窃、诈骗、抢夺罪,为窝藏赃物、抗拒抓捕或者毁灭罪证而当场使用暴力或者以暴力相威胁的情形,由于有"当场"这一构成要件要素的限定,不可能对转化前与转化后犯罪事实分别判断,所以可以认为不涉及一事不再理问题。同理,结合犯无论是"甲罪+乙罪=甲乙罪",还是"甲罪+乙罪=丙罪",都是一次起诉、审判中进行一次罪刑判断,不存在先后问题,也就不涉及一事不再理问题。回到立法论的角度思考,像犯强盗罪而故意杀被害人的情况,确定一个还是两个刑罚是立法自由裁量问题,立法者可将强抢和杀人规定为结合犯,形成一个刑罚权,也可径行规定故意杀人与强盗二罪并罚,比如我国刑法规定的抢劫罪中,暴力行为方法可以解释为包含以杀人为暴力抢

---

[1] 参见〔德〕克劳斯·罗克辛:《德国刑事诉讼法》,吴丽琪译,三民书局1998年版,第546—547页。
[2] 参见〔法〕勒内·弗洛里奥:《错案》,赵淑美、张洪竹译,法律出版社2013年版,第4页。
[3] 储槐植:《刑事一体化与关系刑法论》,北京大学出版社1997年版,第438页。

劫手段之一(除非抢劫已经完成,只是为了灭口等原因而杀人的),可以只定抢劫罪,不另定故意杀人罪而实施并罚。① 不过,假设抢劫与杀人是分别侦查的,开始并未认识到两罪的因果关联,自应分别起诉、审判,作为纯正数罪处置。

惯犯原属犯罪学概念,将其运用于刑法学可能为我国所独有,三十余年来,我国刑法的相关规定也有许多变化。根据司法解释,《刑法》第 264 条规定的"多次盗窃"(第 267 条还有"多次抢夺"的规定)是指两年内盗窃 3 次以上,显然有别于 1979 年《刑法》第 152 条中"惯窃"类的常习惯犯,因为即使两年 3 次盗窃也看不出有无盗窃习性。现如今,常业惯犯似仅保留在《刑法》第 303 条第 1 款"以赌博为业"构成的赌博罪中,不过该款还规定"以营利为目的,聚众赌博"亦成立赌博罪,需要讨论的问题是,一个罪名之下有两个构成要件,相互间是否受一事不再理的限制?设若前次审判基于聚众赌博行为而判决确定赌博罪,后又发现其以赌博为业,或者相反,先判决以赌博为业,后发现聚众赌博,那么,后发现的罪理应受一事不再理的限制,不再起诉、审判。即使属于"判决宣告后刑罚执行完毕前发现漏罪"的情况,也不宜再依《刑法》第 70 条实行所谓"先加后减"式数罪并罚。例外的情形是,被假释的赌博犯罪分子,在假释考验期限内又犯任一构成要件的赌博罪,应当依照《刑法》第 86 条的规定撤销假释,再依《刑法》第 71 条的规定实行"先减后加"式数罪并罚。需要特别注意的是,在 1997 年《刑法》至 2006 年《刑法修正案(六)》期间,"开设赌场"也是一种赌博罪的构成要件,应当比照上述论证逻辑,与聚众赌博、以赌博为业同受一事不再理原则的限制。因此,1997 年至 2006 年之间的因开设赌场而构成赌博罪的,只要未经起诉、审判,不必再视为已经判决确定的聚众赌博或以赌博为业的漏罪,不必再行起诉、审判,当然更谈不上数罪并罚。

赌博罪看似简单,司法认定中却乱象频仍。不论开设赌场是否独立成为一个罪名,都会遇到证人身份、证明效力以及证明程度等难题。比如,以赌博为业型要求判断行为人的生活来源,也就是离开赌博收入行为人还能否维持像样的生活,而聚众型则更需强调以营利为目的,且有抽头渔利、赌资数额或参赌人数的要求,换言之,参赌人的实际职业收入可以支持"赌博只是娱乐,不为营利"的辩护理由。而开设赌场罪的指控,意味着参赌人不再是嫌疑人,而只是证人,那么,在非现行、非现场的情况下,证人所忆起的抽头数额就不再顾忌自己达到聚众赌博的立案追诉标准。2019 年至 2020 年笔者曾亲历这一情况。② 起诉书最初指控被告人开设赌场罪,后又作出《变更起诉决定书》,改控聚众赌博罪。这一指控转换意味着,开设赌场罪中的"证人",在聚众赌博罪中都是共同犯罪人。如果从一开始就将他们列为共犯而提取口供,抽头数额肯定不是

---

① 参见陈兴良编:《人民法院刑事指导案例裁判要旨集成》,北京大学出版社 2013 年版,第 214 页。
② 参见吉林省通化县人民法院(2019)吉 0521 刑初 64 号刑事判决书;吉林省通化市中级人民法院(2019)吉 05 刑终 221 号刑事判决书。

现在这样。① 变更后的起诉书指控：2017 年夏天至 2018 年 3 月期间，被告人在其经营的洗浴中心办公室内及实验家园小区的车库内，多次组织张、常、刘、李四人以打麻将、填大坑的方式进行赌博，抽头渔利数额累计人民币 3 万余元。被告人在 2017 年以前就经营着几个效益不错的企业，年收入上千万元，不可能以赌博为业，玩麻将的一点儿输赢也根本不可能佐证"以营利为目的"。根据庭审调查，公安机关从未在现场抓过赌博"现行"，没有当场扣押的赌资等证据，甚至没有现场勘验笔录及照片，所谓"犯罪现场"全凭被组织的四人以"证人证言"重新"建构"。

想象竞合犯被储先生认为是司法实践所认可的罪数不典型形态。"竞合论的目的，或者说其要达成的任务，一言以蔽之，就是对行为人的所有犯行，作出充分而不过度、不重复的评价。这是指导竞合论的'帝王条款'，与竞合论长相左右，但也正是竞合论的根本难题所在。所称'充分而不过度'的评价，其实也是罪刑相当、禁止过度评价及禁止不足评价等原则映射在竞合论的倒影，与宪法的比例原则有关。所称'(充分但)不重复'的评价，是为了合乎一行为(或一罪)不两罚原则，一事不再理原则的法治国基本要求，同时具有实体法与程序法的双重面向。然而，这一任务却是知易行难，目的固然清楚，但实践颇为棘手。关键原因之一在于，无论是刑法上的行为、犯罪(构成要件)及其个数的计算，都是人类(刑法学者)想象、创制出来的作品，是欠缺数学精确性的规范评价结果。在此，我们最多仅能要求一个审查步骤相对清楚，审查结果大致合理的竞合论。完美的、精确的竞合论，犹如人类建构'巴别塔'的野心一样，几乎是不可能的任务！既然任务困难，为什么我们不'化繁为简'？最简单的想法，莫过于'直接相加(累积)法'，亦即不分一行为或数行为，就直接把行为人所犯数罪各自宣告其刑，然后再加总成一个'总刑罚'即可。为何不如此？简言之，不适当，或不可能。"② 比如死刑和无期徒刑就无从相加。

想象竞合犯因其"一行为"比较明确，基本不存在一事不再理意义上的争议。而"作出充分而不过度、不重复的评价"的指导竞合论的"帝王条款"，所蕴含和贯彻的理念虽然可以平移适用于连续犯和吸收犯，但在一事不再理意义上却有所不同。毕竟，连续犯与吸收犯存在多个、多次行为起诉、审判不同步的可能，需要具体甄别。"事实上早在中世纪，意大利刑法学界就已提出了连续犯的概念，德国 19 世纪时的特别刑法也已作出规定，但 1871 年的帝国刑法典却没有采纳。尽管如此，司法界和理论界一百多年前基本上就已承认了这个概念。它指的是，同一行为人实施了数个行为，虽

---

① 回想前文所述英美司法实践的做法，以相同要件界定同一犯罪，其检验标准是看对两个犯罪行为的证明是否采用同一证据。如果同一证据可以证明两个犯罪行为，那么就属于要件相同的同一犯罪；而如果一个行为需要此证据，另一个行为需要彼证据，就不是同一犯罪。参见王兆鹏：《一事不再理》，元照出版公司 2008 年版，第 54—55 页。

② 林钰雄：《新刑法总则》(第 6 版)，元照出版公司 2018 年版，第 572—573 页。

然每一个都实现了同一种性质的不法,但因为这些行为之间紧密的内部与外在联系而被视为一个犯罪行为。其目的首先是想避免判处对单个行为分别处理时的不合理的重刑。最近,连续的相互关系这个概念遭到越来越多的批评,它被认为在法治国思想上值得怀疑,从刑事政策上看也存在问题。它似乎是一个为了规避法律、规避适用实质竞合的规则而提出的假定,正是因为缺乏法律的规定,这种假定产生很多疑难问题,其结果是可能赋予特别危险的行为人以特权。尽管如此,如果还想继续维护这个概念,其原因无非是因为它对于刑事追诉机关而言具有减轻负担的效果,这样,在严重的系列犯罪中,就不用像对这些行为进行独立评价那样必须查清同一行为人实施的每一个具体行为。"①而一般学说是将吸收关系分为实害行为吸收危险行为、高度行为吸收低度行为,或又分为后行为吸收前行为、重行为吸收轻行为等。②

认定一罪的规则的首要机能是明示机能:犯罪行为的全部不法必须明确规定出来。因此,在起诉书和判决主文中要说明成立一罪时所违反的所有法规。同时,通过适用吸收原则,可以让行为人处于更好的地位。因为,吸收原则的思想是:一行为符合数个构成要件,在不法和罪责内容上,要轻于数个独立行为实现这些构成要件。③"构成要件经常被理解为触犯一罪的时候不可能触犯其他罪名。这或许是立法者的愿望……吸收关系指的是,触犯了一个(更严重的)罪名时,虽然没有逻辑上的必要性,但通常情况下却包括了另一个(较轻的)罪名。可以肯定的是,加重处罚的刑度已考虑了这种典型情况。一个行为触犯了两个法条时,另外一个法条基本上就被排除适用……大多观点认为,这里涉及主行为在价值上吸收了伴随行为。"④关于这里相互牵绊的行为关系,有"夹结""扒钉""搭扣"等多种称谓,但其基本原理是相通的:行为人独立地数次违反法规,其中的任意一次违反法规,都意味着同时部分地实现了另一个构成要件,这时基本上可以成立一罪。甲在乙的商店里打倒乙,然后顺利拆开收银台,拿走里面的现金。在此,身体侵害和损坏财物便是这样的相互独立的两个犯罪,但却被抢劫夹结起来,其不法内容之程度要轻于被夹结起来的各犯罪。⑤

在诉讼法上,属于一罪范围之犯罪事实,在起诉状内仅记载其一部者,依"公诉不可分原则"之规定,其全部犯罪事实即视为均已起诉。如检察官就未起诉部分在同

---

① 〔德〕冈特·施特拉腾韦特、〔德〕洛塔尔·库伦:《刑法总论Ⅰ——犯罪论》(2004年第5版),杨萌译,法律出版社2006年版,第432—433页。
② 参见韩忠谟:《刑法原理》,1982年自版,第374页。
③ 参见〔德〕乌尔斯·金德霍伊泽尔:《刑法总论教科书》(第6版),蔡桂生译,北京大学出版社2015年版,第485页。
④ 〔德〕冈特·施特拉腾韦特、〔德〕洛塔尔·库伦:《刑法总论Ⅰ——犯罪论》(2004年第5版),杨萌译,法律出版社2006年版,第436页。
⑤ 参见〔德〕乌尔斯·金德霍伊泽尔:《刑法总论教科书》(第6版),蔡桂生译,北京大学出版社2015年版,第488—489页。

一法院重行起诉者,依规定应谕知不受理判决。盖一个犯罪事实,仅发生一个刑罚权,自不许其分割而数次予以起诉及裁判。再者,设构成一罪犯罪事实之一部业经判决,并经确定而生既判力,则与其立于一罪关系之其他犯罪事实,亦为既判力效力之所及。如就其余犯罪事实再行起诉者,依规定自应谕知免诉之判决。职是之故,犯罪为一个或数个之问题,亦即罪数论,不仅涉及刑法上数罪并罚规定适用之有无,即在刑事诉讼领域,有关公诉不可分原则及判决既判力之范围,亦具有深远之影响。① 有时事实不见得非常明确,或者未能得到同步澄清。甲涉嫌强盗杀人,强盗部分可能先得证明,但杀人要件则可能不易证明。不仅因为人的死亡可能滞后发生,而且甲可能抗辩说自己是过失,或只有伤害故意,没有杀人故意。如果检察官起诉全部犯罪,必须就甲是否有杀人故意仔细调查搜证,反而造成事证明确的强盗罪无法先行起诉。反之,如果采取相同要件说,检察官得就明确的强盗罪立即起诉,再仔细调查被告人主观意图,以决定以何罪名起诉致人于死的部分,人们较能接受检察官的行为,而且因为快速审判、快速执行,能较好地达到刑法的吓阻效果。② 我国学者受实事求是观念影响,多认为法院不必拘束于起诉范围,一定程度上可以校正"一罪"与"一事"的范围。"对于包含数个行为的裁判上或实质上一罪,如果公诉机关仅就其中一部分起诉,人民法院对未起诉部分可以依据法律的规定或一定的理论原则确定审判范围。"③我国法院可以变更起诉罪名而为判决的情形,正是这种观念的反映,而这种观念至今仍被视为理所当然。④

---

① 参见甘添贵:《罪数理论之研究》,中国人民大学出版社 2008 年版,第 5 页。
② 参见王兆鹏:《一事不再理》,元照出版公司 2008 年版,第 25 页。
③ 马克昌主编:《犯罪通论》,武汉大学出版社 1991 年版,第 585 页。
④ 在我国,择重变更的占 21.14%,如由寻衅滋事罪变更为以危险方法危害公共安全罪;择轻变更的占 69.14%,如由贪污罪变更为职务侵占罪;等量变更的占 9.71%,如由组织卖淫罪变更为强迫卖淫罪;另有 8.3%属未指控而增罪名的情况,其中不乏死罪,如走私、运输毒品罪,强奸罪等。对指控多个罪名的,全部变更的占 89.6%,部分变更的只占 10.4%。参见白建军:《公正底线——刑事司法公正性实证研究》,北京大学出版社 2008 年版,第 199 页。

我国刑法中危害国家安全罪的法理

黎 宏*

从刑法的立场来看,所有的犯罪当中,最为严重的莫过于危害国家政权的独立统一、领土完整、国体和政体安全的危害国家安全罪了。因为,刑法作为国家法,以国家的存在和安全为前提和基础,危害国家安全罪,就是要釜底抽薪,推翻或者破坏作为刑法存在前提和基础的国家。因此,古今中外,各国基于自我防卫的本能,均将危害国家安全的行为视为最严重的犯罪,予以最严厉的刑罚制裁。我国也不例外。我国《刑法》分则第一章就是有关危害国家安全罪的规定,共有12个罪名,即背叛国家罪(第102条)、分裂国家罪、煽动分裂国家罪(第103条)、武装叛乱、暴乱罪(第104条)、颠覆国家政权罪、煽动颠覆国家政权罪(第105条)、资助危害国家安全犯罪活动罪(第107条)、投敌叛变罪(第108条)、叛逃罪(第109条)、间谍罪(第110条)、为境外窃取、刺探、收买、非法提供国家秘密、情报罪(第111条)、资敌罪(第112条)。按照我国《刑法》第106条、第113条的规定,上述犯罪之中,除煽动分裂国家罪、煽动颠覆国家政权罪、资助危害国家安全活动罪、叛逃罪之外,其他犯罪,对国家和人民危害特别严重、情节特别恶劣的,可以判处死刑,同时,对犯危害国家安全罪的,可以并处没收财产。

按照我国刑法理论的通说,我国现行的国家政权的独立统一、领土完整、国体和政体,是我国各族人民在中国共产党的领导下,经过长期艰苦卓绝的奋斗取得的胜利成果,是各族人民的根本利益所在,也是建设社会主义现代化强国、实现中华民族伟大复兴的根本保障,危害国家安全的行为,是一切犯罪中最为严重的犯罪,我国现行刑法之所以将其置于刑法分则各章之首,原因就在于此。[①]

以下,在简要叙述我国刑法中危害国家安全罪的历史演变之后,结合2018年3月通过的《宪法修正案》以及2020年6月30日第十三届全国人民代表大会常务委员会第二十次会议通过的《香港特别行政区维护国家安全法》的相关内容,就危害国家安全罪的存在价值、主要内容以及司法适用,谈谈自己的看法。

---

* 清华大学法学院教授。

[①] 参见谢望原、赫兴旺:《刑法分论》(第2版),中国人民大学出版社2011年版,第3页;高铭暄、马克昌主编:《刑法学》(第9版),北京大学出版社、高等教育出版社2019年版,第142页。

一、危害国家安全罪的历史变迁

我国刑法中的危害国家安全罪是从"反革命罪"发展演变而来的。"反革命"一语,通常在原义和转义两种含义上使用。"革命"的原意,如中国古代"汤武革命",其是指暴力夺取政权;"反革命罪"中的"革命"则是取其转义,指政权稳定、国家安全。① 因此,"反革命"就是指与革命政权对立,进行破坏活动,企图推翻革命政权。

(一) 从"反革命行为"到"反革命罪"

根据有关历史资料,将反革命行为规定为犯罪,并非中国共产党政权的首创,而是源自国民党政权的民国时期。1927 年 3 月 30 日,武汉国民政府颁布的《反革命罪条例》是我国刑法史上最早由革命政权公布的专门规定反革命罪的单行刑事法规,其将意图颠覆国民政府,或推翻国民革命之权力,而为各种敌对行为者,以及利用外力,或勾结军队,或使用金钱,而破坏国民革命之政策者,均认定为反革命行为。这种做法之后被中国共产党领导的革命根据地政权采用。如 1934 年颁布的《中华苏维埃共和国惩治反革命条例》就是其例。其中规定,凡一切图谋推翻或者破坏苏维埃政府及工农民主革命所得到的权利,意图保持或者恢复豪绅地主资产阶级的统治者,不论用何种方法,都是反革命行为。

中华人民共和国成立后最具代表性的惩治反革命犯罪的立法是 1951 年 2 月 21 日中央人民政府公布的《惩治反革命条例》,这个条例一直适用到 1980 年我国第一部《刑法》实施时为止,为中华人民共和国成立初期镇压反革命运动提供了法律武器和量刑标准。其中第 2 条规定了反革命罪的概念,即"凡以推翻人民民主政权,破坏人民民主事业为目的之各种反革命罪犯,皆依本条例治罪"。其第 3 条至第 13 条具体规定了反革命的罪名:背叛祖国罪(第 3 条),煽动叛变罪(第 4 条),叛变罪(第 4 条),持械聚众叛乱罪(第 5 条),间谍罪(第 6 条),资敌罪(第 6 条),参加反革命特务或者间谍组织罪(第 7 条),利用封建会道门进行反革命活动罪(第 8 条),反革命破坏罪(第 9 条),反革命杀人、伤人罪(第 9 条),反革命挑拨与蛊惑罪(第 10 条),反革命偷越国境罪(第 11 条),聚众劫狱罪、暴动越狱罪(第 12 条),窝藏、包庇反革命罪犯罪(第 13 条)。

1979 年颁布的中华人民共和国成立之后的第一部《刑法》在分则第一章中规定了"反革命罪",该法第 90 条明确规定:"以推翻无产阶级专政的政权和社会主义制度为目的的、危害中华人民共和国的行为,都是反革命罪。"在具体罪名上,1979 年《刑法》虽然有所增删和修改,但基本上还是延续了《惩治反革命条例》的基本内容。其中,考

---

① 参见贾济东、张娟:《从"反革命"到"危害国家安全"——"反革命罪"流变考》,载《湖北社会科学》2013 年第 3 期。

虑到中华人民共和国已经成立三十多年了,历史反革命已经肃清殆尽,在反革命的定义("各种反革命罪犯")中再包括历史反革命已经没有现实意义,因此,把这一部分内容予以删除;同时,总结"文化大革命"的历史教训,避免对敌斗争扩大化,因此,对反革命罪的犯罪构成严格限定,在《刑法》第 90 条中规定了反革命罪的定义,按照该定义,构成反革命罪,必须同时具备两个要件:一是客观上要有反革命行为,即危害中华人民共和国的行为;二是主观上要有反革命目的,即以推翻无产阶级专政的政权和社会主义制度为目的。二者缺一不可。①

(二) 从"反革命罪"到"危害国家安全罪"

1988 年年底,由部分刑法专家、学者参与讨论起草的刑法修改稿,将《刑法》分则第一章的类罪名"反革命罪"修改为"危害国家安全罪",并删除了有关"反革命目的"的规定。此一修改,犹如一石激起千层浪,在学界引起了巨大反响。有教授立即发文,称其是"一个危险的抉择",认为其会给"人民民主专政带来危害""将把我国的刑事立法引入歧途""取消反革命目的会混淆罪与非罪的界限"。② 相反,同意该种修改的学者则以"反革命罪不是严格的法律概念""反革命罪名与'一国两制'相矛盾""沿用反革命罪名不利于维护国家主权和尊严"等为由,认为上述修改是"一个科学的抉择"③,由此而展开了"反革命罪"存废的讨论。

实际上,反对说和赞成说之间,多半还是概念之争,并没有太大的实质性区别。④ 主张修改反革命罪的赞成说,并不是要取消反革命罪章中的罪刑,而仅仅是修改其名称,对其内容进行修改和调整,使现行刑法中的反革命罪的规定更加合理,做到名副其实而已,与反对说之间并没有本质上的冲突。也正因如此,在 1997 年将 1979 年《刑法》中的"反革命罪"改为"危害国家安全罪"时,并没有遇到太大的阻碍。时任全国人大常委会副委员长王汉斌在 1997 年 3 月 6 日第八届全国人大第五次会议上所作的《关于〈中华人民共和国刑法(修订草案)〉的说明》中指出,将现行刑法中的"反革命罪"修改为"危害国家安全罪"更有利于打击危害国家安全的犯罪活动。

1997 年《刑法》对 1979 年《刑法》中的反革命罪的主要修改之处如下:

①将《刑法》分则第一章的类罪名从"反革命罪"变更为"危害国家安全罪"。

②删除原《刑法》第 90 条"以推翻无产阶级专政的政权和社会主义制度为目的的、

---

① 参见高铭暄:《中华人民共和国刑法的孕育诞生和发展完善》,北京大学出版社 2012 年版,第 85 页。
② 参见何秉松:《一个危险的抉择——对刑法上取消反革命罪之我见》,载《政法论坛》1990 年第 2 期。相同见解,参见陆翼德:《对反革命罪名存废的再认识》,载杨敦先等主编:《刑法发展与司法完善》(续编),吉林大学出版社 1990 年版,第 431 页;刘天功、王焕章、程志金:《谈谈反革命罪认定中的几个问题》,载杨敦先等主编:《刑法发展与司法完善》(续编),吉林大学出版社 1990 年版,第 441 页。
③ 参见侯国云:《一个科学的抉择——与何秉松教授商榷》,载《政法论坛》1991 年第 3 期。
④ 参见赵秉志主编:《刑法争议问题研究》(下卷),河南人民出版社 1996 年版,第 62 页。

危害中华人民共和国的行为,都是反革命罪"的规定;将原《刑法》第92条"阴谋颠覆政府、分裂国家的"规定拆分为两条,即"组织、策划、实施分裂国家、破坏国家统一的"(《刑法》第103条)、"组织、策划、实施颠覆国家政权、推翻社会主义制度的"(《刑法》第105条);将原《刑法》第93条"策动、勾引、收买国家工作人员、武装部队、人民警察、民兵投敌叛变或者叛乱的"修改为"组织、策划、实施武装叛乱或者武装暴乱的""策动、胁迫、勾引、收买国家机关工作人员、武装部队人员、人民警察、民兵进行武装叛乱或者武装暴乱的"(《刑法》第104条)。另外,针对现实中出现的一些与境外组织和个人相勾结,进行危害国家安全活动的现象,特别增加"与境外机构、组织、个人相勾结",实施危害国家主权、领土完整和安全,分裂国家,武装叛乱,颠覆国家政权和推翻社会主义制度的规定,以便应对这类犯罪行为时于法有据。

③将原《刑法》第102条"以反革命标语、传单或者其他方法宣传煽动推翻无产阶级专政的政权和社会主义制度的"修改为"煽动分裂国家"和"以造谣、诽谤或者其他方式煽动颠覆国家政权、推翻社会主义制度的",不再使用反革命宣传煽动罪的罪名。

④将原反革命罪规定中实际上属于普通刑事犯罪的行为,如"聚众劫狱或者组织越狱的""制造、抢夺、盗窃枪支、弹药的"等,归入刑法其他章节之中,按普通刑事犯罪处理。

1979年《刑法》中反革命罪原有15条,修改为危害国家安全罪之后,减少为12条。原刑法中没有列入危害国家安全罪的反革命条款,被分别编入危害公共安全罪和妨害社会管理秩序罪之中。这次修改刑法中反革命罪的时代背景,按照当时刑法修改的主导者王汉斌的说法,是考虑到我国已经从革命时期进入集中力量进行社会主义现代化建设的历史新时期,宪法确定了中国共产党对国家事务的领导作用,从国家体制和保卫国家整体利益考虑,从法律角度来看,对危害中华人民共和国的犯罪行为,规定适用危害国家安全罪比适用反革命罪更为合适。①

2020年6月30日通过的《香港特别行政区维护国家安全法》第三章对内地刑法中所规定的危害国家安全罪的相关内容进一步具体化。② 虽说《香港特别行政区维护国家安全法》中的相关内容只能适用于香港特区,但其中有关危害国家安全的相关规定比内地刑法中的相关规定更为具体,对于我们理解内地刑法中危害国家安全罪的内容具有启发意义。

---

① 参见王汉斌在1997年3月6日第八届全国人大第五次会议上所作的《关于〈中华人民共和国刑法(修订草案)〉的说明》。

② 《香港特别行政区维护国家安全法》中危害国家安全罪的内容,比《刑法》分则第一章危害国家安全罪的内容要广。除包含《刑法》中危害国家安全的内容之外,还包含《刑法》分则第二章危害公共安全罪中有关恐怖活动犯罪。将出于特定政治目的而实施"胁迫中央人民政府、香港特别行政区政府或者国际组织或者威吓公众以图实现政治主张"的恐怖活动罪作为危害国家安全的犯罪加以规定,在我国的刑法文件中应当是首创,对于内地将来的刑法修改事业具有启发意义。

二、危害国家安全罪的存在价值

(一) 危害国家安全罪中的"国家安全"

危害国家安全罪,顾名思义,就是侵害国家安全的犯罪。但"国家安全"是一个非常抽象的概念,学界通说认为,所谓国家安全,是一个国家处于没有危险的客观状态,也就是一个国家没有遭受外部威胁和侵害即外患,也没有内部的混乱和疾患即内乱的客观状态,包括十个方面的基本内容:国民安全、领土安全、主权安全、政治安全、军事安全、经济安全、文化安全、科技安全、生态安全、信息安全。其中最基本、最核心的是国民安全。[①] 2014年4月15日,习近平主持召开的中央国家安全委员会第一次会议在上述十种国家安全之外,增加了"核安全"。但上述意义上的"国家安全",属于政治意义上的即广义上的国家安全,其在2015年通过的《国家安全法》中得以体现。该法第2条规定:"国家安全是指国家政权、主权、统一和领土完整、人民福祉、经济社会可持续发展和国家其他重大利益相对处于没有危险和不受内外威胁的状态,以及保障持续安全状态的能力。"按照这种理解,所谓国家安全,不仅包括一个国家处于没有内忧外患的客观状态,还包括保障这种客观状态持续的能力。

但是,就刑法中"危害国家安全罪"中的"国家安全"而言,显然不能这么理解。因为,按照上述"国家安全"的定义理解刑法中的"危害国家安全罪",则其几乎要涵盖刑法分则所规定的全部内容,换言之,按照上述理解,刑法中所规定的全部犯罪行为,均可上升为危害国家安全的行为;刑法中规定的所有犯罪,均可理解为危害国家安全的犯罪。如污染环境罪(《刑法》第338条)是破坏生态、资源安全的行为;非法利用信息网络罪(《刑法》第287条之一)是破坏网络安全的行为;故意杀人罪(《刑法》第232条)、盗窃罪(《刑法》第264条)是破坏国民安全的行为。按照这种宽泛的理解,将《刑法》更名为《国家安全法》也毫不过分。但这显然是不合适的。

我国刑法学说一般均从我国《刑法》分则第一章所规定的罪名当中归纳总结"危害国家安全罪"中的"国家安全"的内涵,认为我国刑法中的"危害国家安全罪"中的"国家安全",特指我国的主权、领土完整与安全,以及人民民主专政的政权和社会主义制度的安全。[②] 具体而言,包括以下几个基本内容:一是国家主权、领土完整和安全;二是人民民主专政的政权和社会主义制度。[③] 本文同意这种见解。以下从三个方面对我国

---

① 参见刘跃进主编:《国家安全学》,中国政法大学出版社2004年版,第51—52页。
② 参见高铭暄、马克昌主编:《刑法学》(第9版),北京大学出版社、高等教育出版社2019年版,第318页。
③ 参见高铭暄、马克昌主编:《刑法学》(第9版),北京大学出版社、高等教育出版社2019年版,第318页;阮齐林:《中国刑法各罪论》,中国政法大学出版社2016年版,第12页;陈兴良主编:《刑法学》(第3版),复旦大学出版社2016年版,第564页。

刑法中的危害国家安全罪进行叙述。

首先，从危害国家主权、领土完整和安全方面来危害国家安全。其中，国家主权，是指一个国家作为国际人格者，在其领域内所拥有的最高权力，这种权力，本质上和国家独立密切相关，即国家可以按照自己的意志独立处理本国事务而不受其他国家或者外来势力的干涉。这一点，在1974年联合国大会通过的三个文件即《建立新的国际经济秩序宣言》《建立新的国际经济秩序行动纲领》《各国经济权利和义务宪章》中都有体现。如《各国经济权利和义务宪章》第1条规定："每个国家有依照其人民意志选择经济制度以及政治、社会和文化制度的不可剥夺的主权权利，不容任何形式的外来干涉、强迫或者威胁。"这种国家主权的独立性，体现在以下两个方面：一是对内统治权，即国家在其领土范围内，颁布其认可的适当的宪法和法律，行使其认为适当的行政管理权，建立其武装力量，确立其国家形式、政治和经济体制，在其领土和主权管辖范围内能够排他地行使权力，并对其国民具有优先管辖的权力。①二是对外独立权，即在国际关系中，国家可以独立自主地处理其国际事务，如接受和派遣外交使节，参加国际会议，签订或加入国际公约，与他国缔结条约或者协定。② 与国家主权紧密相关的，是作为国家行使主权的对象和范围的领土，其是国家的重要构成因素之一。领土从属于国家主权及其管辖权，对于主权国家的生存和发展具有重要意义。没有领土，"国家"以及国家主权便无从谈起，因此，破坏国家领土的完整和统一的行为是危害国家安全罪的重要行为之一。从此意义上讲，将我国任何部分从我国领土中分离出去，明目张胆地建立独立国家的行为，姑且不论，这是最为典型的分裂国家行为；不明目张胆地建立独立国家，而是非法地改变我国任一地区在我国的法律地位，以及将我国的任一地区转归外国统治，建立傀儡政权的行为，都是典型的分裂国家行为。③ 与上述行为相关，中国公民投入国内敌对势力或者国际上与我国为敌的国家，为其效劳，或者在被俘、被捕之后投降敌人实施危害国家安全的投敌叛变行为、参加间谍组织或者接受间谍组织及其代理人的任务，或者为敌人指示轰击目标，实施危害国家安全的间谍行为；为境外的机构、组织、人员窃取、刺探、收买、非法提供国家秘密或者情报的行为；战时供给敌人武器装备、军用物资资敌的行为，都是分裂国家和破坏国家统一的危害国家安全的行为。④

---

① 参见王铁崖主编：《国际法》，法律出版社1995年版，第77页。
② 参见王铁崖主编：《国际法》，法律出版社1995年版，第77页。
③ 参见《香港特别行政区维护国家安全法》第20条。
④ 上述内容，在《香港特别行政区维护国家安全法》第29条中也有体现。《香港特别行政区维护国家安全法》第29条第1款规定："为外国或者境外机构、组织、人员窃取、刺探、收买、非法提供涉及国家安全的国家秘密或者情报的；请求外国或者境外机构、组织、人员实施，与外国或者境外机构、组织、人员串谋实施，或者直接或者间接接受外国或者境外机构、组织、人员的指使、控制、资助或者其他形式的支援实施以下行为之一的，均属犯罪：（一）对中华人民共和国发动战争，或者以武力或者武力相威胁，对中华人民共和国（转下页）

其次，从危害人民民主专政的国家政权和社会主义制度方面来危害国家安全。如《刑法》第 105 条规定的颠覆国家政权罪、煽动颠覆国家政权罪，就以"颠覆国家政权、推翻社会主义制度"作为其行为要件。其中，国家政权是指一个国家的政体的统治体制，或者一个特定的行政管理当局，具有多种含义：在政府、政治和外交领域是指一个国家的政体的统治体制；在国际上指一个国家的特定的行政管理当局；在社会学范畴是指一个社会的制度，或者一个社会的秩序。但就法学来讲，其是指掌握国家主权的政治组织及其所掌握的政治权力，就是宪法学上所谓的"国体"，按照中华人民共和国的缔造者毛泽东的理解，就是"社会各阶级在国家中的地位"，其决定着一个国家的国家性质。我国的"国体"，就是《宪法》第 1 条所规定的"中华人民共和国是工人阶级领导的、以工农联盟为基础的人民民主专政的社会主义国家"，因此，提及颠覆国家政权，"工人阶级领导的、以工农联盟为基础的人民民主专政"政权首当其冲。国家政权有层级之分，包括中央政权和地方政权；国家政权还有职能之分，包括立法机关、司法机关、行政机关以及领导一切的中国共产党的机关。但刑法上并没有将颠覆国家政权的行为限定为中央政权，也没有限定为立法机关。从此意义上讲，组织、策划、实施武装叛乱或者暴乱，围攻作为国家政权组织的各级权力机关、行政机关、司法机关、军事机关以及中国共产党的各级组织机关，或者以造谣、诽谤或者其他方式煽动、颠覆国家政权、推翻中国共产党领导的行为，都是颠覆国家政权的危害国家安全的行为。

问题是如何理解"推翻社会主义制度"。所谓社会主义制度，就我国的现实而言，是一个开放的、历史的、不断发展的概念，是中国共产党自中华人民共和国成立以来不断探索的问题。按照马克思主义的经典理论，社会主义制度，首先，是一种社会形态，是优于且高于资本主义的一种社会制度；其次，是指一种基本制度，作为一个制度体系，其包含多个层次。① 就当今所称的社会主义制度，经典表述体现在中国共产党第十八次全国代表大会报告中，其中明确指出，"中国特色社会主义制度，就是人民代表大会制度的根本政治制度，中国共产党领导的多党合作和政治协商制度、民族区域自治制度以及基层群众自治制度等基本政治制度，中国特色社会主义法律体系，公有制为主体、多种所有制经济共同发展的基本经济制度，以及建立在这些制度基础上的经济体制、政治体制、文化体制、社会体制等各项具体制度"。鉴于中国共产党领导对于我国社会主义制度建设的重大意义和关键作用，中国共产党第十九次全国代表大会报告中明确指出"中国特色社会主义最本质的特征是中国共产党领导"，并且在 2018 年 3

（接上页）主权、统一和领土完整造成严重危害；（二）对香港特别行政区政府或者中央人民政府制定和执行法律、政策进行严重阻挠并可能造成严重后果；（三）对香港特别行政区选举进行操控、破坏并可能造成严重后果；（四）对香港特别行政区或者中华人民共和国进行制裁、封锁或者采取其他敌对行动；（五）通过各种非法方式引发香港特别行政区居民对中央人民政府或者香港特别行政区政府的憎恨并可能造成严重后果。"

① 参见秦宣：《中国特色社会主义制度的多层次解读》，载《教学与研究》2013 年第 1 期。

月通过的《宪法修正案》中,将其写入《宪法》第 1 条第 2 款,成为宪法条款。由此看来,"社会主义制度"是一个含义极为广泛的概念,除包括社会形态这一层次之外,还包括基本经济制度、基本政治制度、基本文化制度、基本社会建设制度和社会主义法律体系。其中的基本政治制度,包括人民民主专政(国体)、人民代表大会制度(政体)、中国共产党领导的多党合作和政治协商制度(政党制度)、民族区域自治制度(民族制度)和基层群众自治制度等具体制度。如此说来,作为我国《刑法》第 105 条所规定的颠覆国家政权类犯罪所指向的对象,即"国家政权"和"社会主义制度",二者之间实际上有部分重合,即"社会主义制度"中包含作为国家基本政治制度的"人民民主专政政权"。但是,从刑法解释的角度来看,既然在"颠覆国家政权"之后接着规定"推翻社会主义制度",则这里的"社会主义制度"应当具有和"国家政权"不同的内涵,从文义上看,二者所表达的是不同的意思。

从本文的角度来看,我国《刑法》第 105 条规定中的"社会主义制度",可以归结为一句话,就是"中国共产党的领导"。这一点从我国宪法、法律以及中国共产党的代表大会报告中有关社会主义本质内涵的变迁中能够总结出来。如前所述,社会主义制度的内涵丰富,除政治、文化意义之外,也包括经济制度、法律制度等,而这些制度,在中华人民共和国成立之后特别是 1978 年改革开放政策实施之后,一直处于不断变化之中。这一点在经济制度领域尤为显著,从最初的完全的计划经济,到后来的计划经济为主、市场经济为辅,再到现在的中国特色社会主义市场经济,中间在不断地进行调整变化。这种调整变化,从某种意义上讲,就是对前一阶段的制度进行"颠覆"或者说"推翻",但我国司法机关从未将这种社会主义计划经济体制改革视为"推翻社会主义制度"。同样,在文化体制、社会体制甚至某些政治体制领域也能看到这种情况。由此看来,"推翻社会主义制度",应当具有更加实际的内涵。从中华人民共和国建立以降特别是改革开放以后的历史发展过程来看,无论是经济体制、文化管理体制还是法律体制,一直处于不断改革变化之中,政治体制改革也没有间断,但这些改革均是在中国共产党的领导之下进行的。换言之,社会主义制度中的政治、经济、文化、社会制度在不断地变化即被"推翻",唯一不变的是,上述制度的变化都是在中国共产党的领导之下进行的。由此看来,刑法中的"推翻社会主义制度",应当不是指推翻社会主义的经济制度,也不是指推翻社会主义的文化制度或者社会管理制度,更不是指推翻社会主义的法律制度,而是指与前述不同的推翻"中国共产党的领导"。

"中国共产党的领导",意味着通过中国共产党这个政治组织,将生活在中国国土范围之内的人和各种组织协调起来,使之作为一个整体。一方面,中国共产党的领导是不可否认的近代历史事实。国家统合是一个非常艰辛的事业,也是一个非常重大的课题,有时需要经过残酷的过程才能实现。中华民族在整合国家的历史过程中也是如此,甚至经历了"伏尸百万、流血漂橹"的过程。① 就近代历史来看,我国先后进行了立宪君主制和国民国家的尝试,但均以失败而告终,历史最终选择中国共产党领导下的多党合作这样一个国家统合方式。自中华人民共和国成立之后的七十多年来,内无内战、外御外侮,国家从一个积贫积弱的农业国快速向现代工业国发展,一跃成为世界第二大经济体,应当说,中国共产党一元领导的国家统合方式,从我国近现代史的发展来看,总体上是成功的,适合中国国情。另一方面,中国共产党的领导也为新中国成立以来历部宪法所认可,具有法律上的依据。在中华人民共和国的五部根本法中,《中国人民政治协商会议共同纲领》中"工人阶级领导"的规定间接地表明了中国共产党的领导;"五四宪法"则在序言中规定了中国共产党领导;"七五宪法"首次将党的领导写入条文;"七八宪法"延续了这一做法;"八二宪法"同样在序言中对党的领导作出明确规定;2018年3月修正宪法,"中国共产党领导"再次被写入宪法。与"七五宪法"和"七八宪法"不同的是,现行宪法中"中国共产党领导"存在于作为总纲的国家根本制度条款中,且以"中国特色社会主义最本质的特征"的形式呈现,从而使得其比社会主义的其他诸多特征更加具有独特性和稳定性②,也表明该特征是中国特色社会主义的诸多特征中最为重要的。从此意义上讲,推翻社会主义制度,意味着就是要改变社会主义的最本质特征,即中国共产党的领导。因此,组织、策划、实施颠覆或者以造谣、诽谤或者其他方式煽动推翻"中国共产党领导"的,就构成颠覆国家政权类的犯罪。

基于上述见解,"颠覆国家政权、推翻社会主义制度",具体表现为以下四种方式:一是颠覆国家根本制度,即以武力、威胁使用武力或者其他非法手段推翻、破坏中华人民共和国宪法所确立的中华人民共和国根本制度;二是推翻国家政权机关,即以武力、威胁使用武力或者其他非法手段推翻中华人民共和国中央政权机关或者地方政权机关;三是干扰国家政权机关履职,即以武力、威胁使用武力或者其他非法手段严重干扰、阻挠、破坏中华人民共和国中央政权机关或者地方政权机关依法履行职能;四是破坏国家政权机关履职场所,即以武力、威胁使用武力或者其他非法手段攻击、破坏中华人民共和国中央政权机关或者地方政权机关履职场所及其设施,致使其无法正常履行职能。③

最后,国家工作人员通过叛逃的方式危害国家安全。《刑法》第108条所规定的投敌叛变罪、《刑法》第109条规定的国家机关工作人员在履行公务期间,擅离岗位,叛逃境外或者在境外叛逃的行为(叛逃罪)就是其例。就投敌叛变行为而言,是指中国公民,主动投靠与我国处于敌对关系的势力,或者在被捕、俘虏之后投降变节的行为。成立投敌叛变罪,不要求行为人具有"为敌人效劳"或者"实施危害国家安全行为"。因

---

① 参见林来梵:《宪法学讲义》(第3版),清华大学出版社2018年版,第188页。
② 参见刘怡达:《中国共产党的领导与中国特色社会主义的宪法关联》,载《武汉大学学报(哲学社会科学版)》2021年第3期。
③ 参见《香港特别行政区维护国家安全法》第22条。

为,投敌叛变,本身就具有增强敌方力量、削弱我国力量和提高敌方声威、动摇我方军心的效果,因此,实施投敌叛变行为本身就具有威胁我国国家安全的效果。叛逃罪的场合也是如此。只要公职人员在履职期间擅离岗位,叛逃境外或者在境外叛逃即可成立,不管其动机、目的如何,也不问行为人叛逃之后是否投靠了境外的机构或者组织,甚至也不要求叛逃者从事了危害国家安全的具体活动。换言之,叛逃罪是抽象危险犯。这主要是因为,作为叛逃罪主体的国家机关工作人员或者掌握国家秘密的国家工作人员,与一般老百姓不同,本来就有忠诚于国家、忠诚于其工作岗位的职责①,其在履行公务期间,擅离岗位,逃往境外或者在境外脱逃,本身就是违背其作为公职人员应当对国家尽忠的表现;加之国家机关工作人员熟悉我国政治、经济、文化等各个领域的情况,甚至掌握着一些不为人知的国家秘密或者内部情况。这类人一旦叛逃,不仅会影响国家公职人员的整体形象,还会因为其所掌握的国家秘密泄露,为境外的一些对我国不友好的国家、组织或者个人所利用,从而给我国国家安全带来直接威胁。因此,这种一般公民的投敌行为,或者公职人员的叛逃行为,尽管其主体身份通常并不显赫,而且危害程度也不及背叛国家罪、分裂国家罪或者煽动分裂国家罪、武装叛乱、暴乱罪以及颠覆国家政权罪或者煽动颠覆国家政权罪严重,但公职人员的身份以及影响,仍会对国家安全造成不能忽视的危害。

(二)"国家安全"在刑法上的地位

危害国家安全的犯罪,在当今世界各国刑法中,都是作为最为严重的犯罪加以规定的,这一点,从国外主要国家的刑法中就能看出。如《日本刑法典》第二编(犯罪)中,首先就规定了破坏国家统治机构,或者在其领土之内排除国家主权,行使权力,或出于瓦解其他宪法所规定的基本统治秩序的目的而实施暴力的内乱罪(第77条),以及与外国通谋,致使其对日本行使武力的外患罪(第78条),并规定对其可以判处死刑;《德国刑法典》对有关国家安全的犯罪的规定更加完备,其将分则第一章(背叛和平、内乱和危害民主法治国家)中的背叛和平、内乱、危害民主法治国家,第二章(背叛国家和危害外部安全)中的背叛国家、公开泄露国家秘密、背叛国家的特务活动等,第四章(针对宪法机构及在选举和表决时的犯罪行为)中的针对宪法机构的恐吓、对联邦总统和宪法机构成员的恐吓、破坏选举,第五章(针对国家防卫的犯罪行为)中的针对联邦防卫等进行扰乱性宣传、危害安全的情报活动、危害安全的摄像、为外国的防卫活动进行招募等,均规定为犯罪,并规定最高可以判处终身自由刑。②《法国刑法典》第四卷第一编第一章(叛国罪与间谍罪)中,规定了外国交付全部或者部分国家领土、武装力量或者物资罪、与外国通谋罪、向外国提供情报罪、破坏罪、提供假情报罪,在第

---

① 参见〔日〕大塚仁:《刑法各论》(下卷),青林书院新社1968年版,第548页。
② 参见《德国刑法典》,冯军译,中国政法大学出版社2000年版,第63—85页。

二章(其他危害共和国制度或者国家领土完整罪)中,列举了谋反罪与策划谋反罪、暴动罪、篡夺指挥权、招募武装力量和煽动非法武装罪,在第三章(其他危害国防罪)中,列举了危害军事力量安全罪及危害涉及国防之保护区域罪、危害国防机密罪、危害情报部门罪等,并规定最高可以判处终身自由刑。①

我国也不例外。刑法对危害国家安全的犯罪予以最为严厉的处罚,从以下几方面就能看出:

一是有法定行为即构成犯罪。从比较法的角度来看,我国刑法分则在有关犯罪的规定上的一个重要特点是,在罪状的规定上,除实行行为之外,通常还有"情节严重""造成严重后果""数额较大"之类的情节或者后果要求,其主要是基于处罚效率和成本的考虑,将一些有危害但不是特别严重的违法行为交由《治安管理处罚法》等行政法规处理,客观上也具有对犯罪的成立范围进行限定的效果。但是,在危害国家安全罪的场合,则没有这种限定,有行为即构成犯罪,并不要求发生具体后果或者伴随某种情节。如背叛国家罪(《刑法》第102条),只要有"勾结外国,危害中华人民共和国主权、领土完整和安全的"行为,即构成本罪;同样,分裂国家罪(《刑法》第103条第1款),也是只要有"组织、策划、实施分裂国家,破坏国家统一的"行为,即可构成。其他犯罪,如在武装叛乱、暴乱罪(《刑法》第104条)、颠覆国家政权罪(《刑法》第105条第1款)、资助危害国家安全犯罪活动罪(《刑法》第107条)、投敌叛变罪(《刑法》第108条)的场合,也均是如此。这种规定方式,在我国刑法分则其他章节中很难见到。

二是处罚阶段提前,将部分危害国家安全行为的未完成形态规定为独立犯罪。由于我国刑法总则中对犯罪预备、犯罪未遂、犯罪中止等故意犯罪的未完成形态有单独规定,看似刑法分则中所规定的一切犯罪均处罚其未遂、中止、预备形态,但实际上,从相关刑法学说②以及司法解释来看,我国刑事司法实践总体上还是呈现"以处罚既遂犯为原则、以处罚未遂犯为例外、以处罚预备犯为例外的例外"的现状。如刑法分则所规定的普通犯罪中,除杀人、抢劫、强奸、放火等一旦既遂便会造成不可挽回的严重后果,必须严加防范的特别严重的犯罪类型之外,对于绝大多数犯罪,是不处罚其预备形态的,甚至连未遂形态都较少处罚。但是,这一点对于绝大多数危害国家安全罪来说并不适用。就分裂国家罪、武装叛乱、暴乱罪、颠覆国家政权罪而言,其一旦既遂,后果便不堪设想。特别是在国家政权被颠覆之后,谁审判谁,情况还不好说。因此,这种犯罪,在预备阶段有组织、策划行为就构成犯罪,更不用说在着手之后因为行为人意志以

---

① 参见《最新法国刑法典》,朱琳译,法律出版社2016年版,第184—191页。

② 我国刑法学的通常见解认为,间接故意犯和过失犯没有犯罪的预备、未遂、中止等未完成形态,直接故意犯罪虽然可以存在上述未完成形态,但并不意味着一切直接故意犯罪的罪种和具体案件都可以存在这些犯罪的停止形态。参见高铭暄、马克昌主编:《刑法学》(第9版),北京大学出版社、高等教育出版社2019年版,第142页。

外的原因而未得逞的未遂状态了。

三是处罚范围从宽,煽动、教唆、帮助等共犯行为亦为正犯。刑法立法的惯例是,以处罚正犯即行为人亲自着手实施犯罪的实行犯为原则,以处罚并不亲自动手实施犯罪,而是通过正犯而引起侵害法益结果的帮助、教唆等共同犯罪为例外。如我国刑法中规定有故意杀人罪,而没有将教唆或者帮助他人故意杀人的行为单独规定为罪;规定有盗窃罪,而没有将教唆或者帮助他人盗窃的行为单独规定为罪。对于上述教唆或者帮助他人犯罪的共犯,通常视情节依照刑法总则的相关规定处理。但是,在危害国家安全罪的场合,将共犯作为正犯单独规定,即共犯正犯化的情形则非常常见。如分裂国家罪、颠覆国家政权罪,亲自实施分裂国家、颠覆国家政权的行为固然构成犯罪,但以造谣、诽谤或者其他方式煽动分裂国家、破坏国家统一、煽动颠覆国家政权,推翻社会主义制度的教唆行为(广义的教唆)也独立构成犯罪。同样,背叛国家、分裂国家、武装叛乱暴乱、颠覆国家政权危害国家安全的行为固然构成犯罪,但以提供经济支持的形式为上述犯罪提供帮助的,也单独构成犯罪(《刑法》第 107 条);同样,战时以供给敌人武器装备、军用物资方式帮助敌人的,单独成罪(《刑法》第 112 条)。

四是处罚严厉。由于国家安全是宪法和法律规定的最为重要的法益,因此,世界各国刑法对于危害国家安全的犯罪,均以最为严厉的刑罚手段加以应对,我国也是如此。按照我国《刑法》第 113 条的规定,背叛国家罪,分裂国家罪,武装叛乱、暴乱罪,投敌叛变罪,间谍罪,为境外窃取、刺探、收买、非法提供国家秘密、情报罪,资敌罪,对国家和人民危害特别严重、情节特别恶劣的,可以判处死刑。换言之,我国刑法分则中的危害国家安全罪总共 12 个罪名,其中有 8 个死刑罪名,约占我国刑法中死刑罪名的六分之一,为其他犯罪类型所不见。另外,犯危害国家安全罪的,可以并处没收财产,即没收犯罪分子个人所有财产的一部或者全部。没收这种刑罚方法的背后,具有否定犯罪人权利能力的一面,从个人尊严的角度来看,令人难以接受,作为一种刑罚方法而存在,在现代社会中争议较大。① 适用这种刑罚的,除贪利型犯罪之外,通常都是判处死刑的犯罪,意味着对犯罪分子从生命到财产全部予以剥夺和否定。对危害国家安全罪规定可以适用没收财产,也意味着对这类犯罪进行最为严厉的否定评价。②

三、危害国家安全罪的认定——以煽动颠覆国家政权罪为例

在我国当今政治、经济以及社会局势整体上处于稳定状态的和平建设时期,相较

---

① 参见马克昌主编:《刑罚通论》,武汉大学出版社 1995 年版,第 231 页;〔日〕大谷实:《刑事政策学》(新版),黎宏译,中国人民大学出版社 2009 年版,第 152 页。

② 参见陈兴良主编:《刑种通论》(第 2 版),中国人民大学出版社 2007 年版,第 312 页。

于其他罪名,刑法中的危害国家安全罪较少适用。另外,危害国家安全罪的保护法益比较抽象,入罪门槛比较低,一旦被广泛适用,不可避免地会引发人们政治上的忧虑,因此,我国司法机关对于危害国家安全罪的适用向来持审慎态度。近年来,从相关的新闻报道来看,有关危害国家安全罪,适用较多的罪名是《刑法》第105条第2款所规定的煽动颠覆国家政权罪,即以造谣、诽谤或者其他方式煽动颠覆国家政权、推翻社会主义制度的行为,其法定刑为5年以下有期徒刑、拘役、管制或者剥夺政治权利;首要分子或者罪行重大的,其法定刑为5年以上有期徒刑。

从比较法的角度来看,煽动颠覆国家政权行为入罪,并非我国所独有。如《法国刑法典》第412-8条规定有煽动武装反抗国家政权或者对抗部分人民群众的煽动非法武装罪[1];《德国刑法典》第86条也将散发(包括以数据存储方式公之于众)被联邦宪法法院宣布为违宪政党或者被确认为这一政党的替代性政党或者社团的宣传品、违反宪法秩序或者违反国民共同理想,被确认应当禁止的社团之替代性组织宣传品的行为规定为犯罪[2]。另外,《西班牙刑法典》第477条和第488条[3]、《瑞典刑法典》第18章第1条[4]也有类似的规定。

但是,煽动行为入罪涉及侵犯公民言论自由的敏感话题,因此在将其入罪时,必须慎重。就各国通例来看,煽动行为入罪的标准,大致上可以分为两种:一是煽动使用暴力的才构成犯罪,如《意大利刑法典》第272条规定,在意大利领域内宣传和煽动以暴力建立某一社会阶级对其他阶级的专政、以暴力方式压迫某一社会阶级,或者以暴力方式推翻国家现行的社会制度或者经济制度,或者宣传摧毁社会的任何政治和法律制度的,处1年至5年有期徒刑。[5] 二是煽动以暴力以外的方式对抗政府的,也可以构成犯罪。如《泰国刑法典》第116条规定,除煽动民众使用武力或者暴力,变更国家法律或者政府外,煽动民间骚乱与仇恨,足以导致国家动乱,或者使民众违反国家法律的,构成犯罪。[6] 我国刑法采取了后一种方式,即成立本罪,不要求以煽动实施暴力颠覆政府的方式,以造谣、诽谤或者其他方式煽动人们采取"和平"、渐进手段颠覆国家政权、推翻社会主义制度的亦可。[7]

煽动颠覆国家政权罪在客观上表现为以造谣、诽谤或者其他方式煽动颠覆国家政权、推翻社会主义制度的行为。其中,所谓造谣,是指无中生有,制造、散布敌视我国国

---

[1] 参见《最新法国刑法典》,朱琳译,法律出版社2016年版,第188页。
[2] 参见《德国刑法典》,徐久生、庄敬华译,中国法制出版社2000年版,第99页。
[3] 参见《西班牙刑法典》(截至2015年),潘灯译,中国检察出版社2015年版,第224—227页。
[4] 参见《瑞典刑法典》,陈琴译,北京大学出版社2005年版,第34页。
[5] 参见《意大利刑法典》,黄风译,中国政法大学出版社1998年版,第87页。
[6] 参见《泰国刑法典》,吴光侠译,中国人民公安大学出版社2004年版,第28页。
[7] 参见于志刚主编:《危害国家安全罪》,中国人民公安大学出版社1999年版,第190、193页。

家政权和社会主义制度的言论,从而混淆公众视听。所谓诽谤,是指捏造并散布虚假事实,诋毁我国国家政权和社会主义制度。其他方式,是指造谣、诽谤以外的能够引起人们仇视我国国家政权和社会主义制度的方式,如肆意夸大、渲染我国社会中存在的问题,许诺将来的政权和制度比现在的好,以引起人们对现实政权和社会主义制度的不满等。煽动的内容是"颠覆国家政权、推翻社会主义制度",即采取暴力等不法手段使国家政权、社会主义制度覆灭。① 由于煽动颠覆国家政权罪属于煽动犯罪,因此,要求以造谣、诽谤或者其他方式实施的煽动行为必须是公然实施的,否则就只能构成颠覆国家政权罪的教唆犯。

从相关判例来看,成立本罪,首先必须具有以造谣、诽谤或者其他方式煽动不特定多数人"用某种手段发动政变或武装叛乱,推翻现政权"的行为。行为人仅仅发表不同意见,其中不包含号召人们颠覆国家政权、推翻社会主义制度的内容的话,便属于宪法所保护的言论自由,不足以构成犯罪,由此而将个人的思想言论和犯罪严格区分开来。② 如在"李保成、李某甲、杨某甲、杨某乙、杜某某煽动颠覆国家政权案"中,被告人李保成为某教会地区负责人。2014 年 10 月 14 日,其召集杨某甲、杨某乙、杜某某在其住处开会,称受耶和华指点,为挽救国家免遭帝国主义的侵略,欲成立"金花爱民党"领导国家,后其草拟《"爱民党"会议精神》让杨某甲复印,向信众发放。之后,李保成三次在教会骨干成员以及分会点负责人会议上讲述《"爱民党"会议精神》,宣布成立"金花爱民党""金花人民永和国";宣布北京改名为"仙督",改国名为"金国",国家性质为"富产阶级"。之后,2015 年 4 月 15 日,李保成、杨某甲、杨某乙、杜某某组织带领 200 多名信众,列队沿当地世纪大道、人民路、光明路、黄洋路等路段示威游行,并沿街呼喊"炮打司令部、砸烂公检法""金花爱民党万岁、金花人民永和国万岁"等宣传口号。后被公安机关拦截、疏散。法院认为,被告人李保成利用宗教信仰,并假借耶和华旨意成立"金花爱民党""金花人民永和国"为由,伙同被告人杨某甲、李某甲、杨某乙、杜某某,以教会会议和游行示威等形式向群众宣传"砸烂公检法""金花爱民党""金花人民永和国"等煽动颠覆国家政权、推翻社会主义制度的言论,其行为构成煽动颠覆国家政权罪。③ 本案中,被告人李保成等若仅仅是草拟《"爱民党"会议精神》而未散发的话,就只能认定为一种言论表达,难以认定为煽动颠覆国家政权罪。但其后面的一系列行为,即多次在教会骨干成员以及分会点负责人会议上讲述上述会议精神;擅自宣布成立"金花爱民党""金花人民永和国";擅自宣布北京改名为"仙督",改国名为"金国",国家性质为"富产阶级";组织 200 多人在当地中心区域进行非法游行,喊出"砸烂

---

① 参见张明楷:《刑法学》(第 6 版),法律出版社 2021 年版,第 872 页;陈忠林主编:《刑法(分论)》(第 4 版),中国人民大学出版社 2016 年版,第 16—17 页。
② 参见谢望原、赫兴旺:《刑法分论》(第 2 版),中国人民大学出版社 2011 年版,第 17—18 页。
③ 参见河南省南阳市中级人民法院(2015)南刑三初字第 00006 号刑事判决书。

公检法"的口号,这些明显违反宪法以及相关法律规定的行为,已经超出了"言论自由"的范畴,达到了实施"颠覆国家政权、推翻社会主义制度"的行为的程度,因而被认定为犯罪。同样,在"江天勇煽动颠覆国家政权案"中,被告人多次赴境外参加以推翻国家政权为内容的培训,向境外反华势力申请炒作热点案件、事件的资金支持。2013年,江天勇与一些律师发起成立了"中国保障人权律师服务团",通过该平台以"维权"为幌子,插手、炒作国内热点案件、事件。2015年以来,江天勇针对周某某颠覆国家政权案等案件,通过歪曲事实、煽动他人在公共场所非法聚集滋事、利用舆论挑起不明真相的人员仇视政府等方式,攻击和诽谤国家现行政治制度,煽动他人颠覆国家政权、推翻社会主义制度,严重危害国家安全和社会稳定。2016年10月,江天勇指使谢某(因涉嫌犯煽动颠覆国家政权罪被依法采取强制措施)的妻子编造了"谢某在羁押期间遭受酷刑"的系列文章,在互联网上炒作。江天勇还将前述文章及境外网站歪曲事实的报道大量转发,并鼓动他人转发,煽动民众对现行体制和司法机关的不满。法院经审理认为,被告人江天勇以颠覆国家政权、推翻社会主义制度为目的,通过在互联网上发布文章、接受境外媒体采访、炒作热点案件、事件等方式抹黑国家政权机关,攻击宪法所确立的制度,煽动颠覆国家政权、推翻社会主义制度,其行为已构成煽动颠覆国家政权罪。①

但是,仅有煽动行为,甚至使用非常尖锐激烈或反动措辞的场合,也不一定被认定为煽动颠覆国家政权罪,还要看行为人实施煽动行为的动机以及相关效果。如在"刘美廷、韩丽芳煽动颠覆国家政权案"中,法院查明,2015年7月至2017年4月,被告人刘美廷、韩丽芳为发泄对相关单位和部门依法作出的处理结果的不满情绪,多次在若干微信群中转发微信收藏夹中所收藏的"2017年中共灭亡的日子到了,起义造反吧,只有中共灭亡,我们才能生存,中共不亡,我们必亡,起来,中华民族到了最危险的时候,大刀向共匪的头上砍去""统治当局的暴政,才是社会动荡的根源……总有一天,统治当局必然会被国民的奋起反抗彻底推翻。这一天,已经进入倒计时"等毁损党的领导和政府形象,攻击我国人民民主专政和社会主义制度的内容,并向美国驻华使馆官员发出所谓"求救信",妄称有关部门打压访民。对于上述事实,被告人刘美廷及其辩护人提出,被告人刘美廷在微信中转发上述内容是为了泄愤,是由于自己上访问题一直没有得到解决,没有攻击和推翻国家政权和社会主义制度的目的,也没有对国家的安全造成影响,该行为不构成煽动颠覆国家政权罪,应宣告被告人刘美廷无罪。

被告人一方的这一辩护意见为法院所部分采纳。法院认为,被告人刘美廷的行为只是对其父母被害一案和其弟故意伤害一案的处理结果不满,出于泄愤动机而实施

---

① 参见曾妍:《江天勇煽动颠覆国家政权罪一审获刑二年当庭表示不上诉》,载《人民法院报》2017年11月21日,第3版。

的,没有颠覆国家政权、推翻社会主义制度的目的,故被告人刘美廷的行为不构成煽动颠覆国家政权罪。但同时认为,被告人刘美廷、韩丽芳为了泄愤而在微信群中捏造事实攻击党和国家领导人,诋毁国家形象,多次在多个多人的微信群发布多条含有煽动颠覆国家政权、推翻社会主义制度等内容的信息,并向美国驻华使馆官员发出所谓"求救信",妄称有关部门打压访民,扰乱社会公共秩序,情节严重,构成寻衅滋事罪,最终认定被告人刘美廷、韩丽芳构成寻衅滋事罪,而不是煽动颠覆国家政权罪。①

我国刑法学的传统见解认为,在煽动类危害国家安全犯罪的认定上,一定要划清本罪与群众中的落后言论、不满言论、政治错误的界限。区分二者的关键在于,看行为人主观上是否具有把群众煽动起来颠覆国家政权和推翻社会主义制度的目的。② 上述"刘美廷、韩丽芳煽动颠覆国家政权案"的审判结果,从某种意义上讲,便是这种审判思路的体现。但实际上,煽动颠覆国家政权罪,尽管从行为性质上看,属于没有结果或者情节要求的行为犯,但因为其所侵害的法益是国家安全,因而只有在实施该行为必然会对国家安全产生抽象危险的场合才能成立。对于实施煽动行为是否具有"颠覆国家政权、推翻社会主义制度"的抽象危险,必须结合实施煽动行为的人的身份背景、主观动机、行为的时空环境,煽动行为的内容、针对的对象、付诸实施的可能性等诸种要素加以综合判断。③ 就上述"刘美廷、韩丽芳煽动颠覆国家政权案"中所查明的事实而言,首先,发布上述煽动信息者,都是极为寻常的百姓,传播内容的影响力有限;其次,传播空间仅限于其所加入的数个微信群,传播对象基本上是数人,不是不特定的多数人;最后,传播内容尽管言辞极为尖锐甚至称得上反动,但细看之下,会发现其完全就是一种空洞无物的谩骂,并没有让人能够信服的内容,特别是可以实际操作的内容(成立刑法中的"教唆",必须是该教唆行为使对方产生了行为所针对的具体对象和行为方式等内容的认识,而被告人所转发的内容并没有达到这种程度)。总之,上述案件中被告人的行为仅仅是一种"骂大街式"的对党和人民政府不满情绪的宣泄,因此,法院认定上述被告人的行为不构成危害国家安全的犯罪是合理的。

四、结语

国家将危及其存在的侵害行为作为最严重的犯罪,予以最严厉的制裁,这是其自我防卫本能的体现,故古今中外的刑法对于危害国家安全的犯罪,处罚阶段最早、处罚

---

① 参见山西省运城市中级人民法院(2018)晋08刑初8号刑事判决书。
② 参见周道鸾:《中国刑法分则适用新论》,人民法院出版社1997年版,第35页;于志刚主编:《危害国家安全罪》,中国人民公安大学出版社1999年版,第214页;王作富主编:《刑法分则实务研究(上)》(第4版),中国方正出版社2010年版,第10页。
③ 参见黎宏:《刑法学总论》(第2版),法律出版社2016年版,第74页。

范围最宽、所处刑罚最重。我国也不例外。但是,物极必反乃是一般的道理。虽说"国家安全"要从严保护,但"国家安全"是一个极为抽象的概念,其具体所指和财产、人身等相比,内容非常模糊,而且,因为只要实施法定行为即构成犯罪,不要求造成具体的危害后果,因此,在其适用上,难免会产生侵害公民个人权利特别是言论自由的危险。在此意义上讲,针对人类社会进入21世纪之后国际社会发生的巨大变化以及我国当今所面临的新形势,结合我国宪法以及刑法的相关规定,总结我国多年来对有关危害国家安全犯罪的审判实践经验,参考国际社会的相关做法,对我国刑法中危害国家安全罪的法理进行深入探讨,并在此基础上探索划定我国危害国家安全罪的处罚范围,是一项具有重要意义的课题。

论刑事一体化视角的危险驾驶罪

周光权*

一、现状与问题

学者指出,学科分化是不可遏制的趋势,比如,犯罪学已经成为与刑法学比肩而立的独立科学,其本身又分化为几个专业,这导致学科的进一步专业化,由此必然产生将目光死盯在"专业"上的危险,其结果是联系、整体和基础在视野中消失。①而要克服学科发展带来的过度"专业化"的弊端,就必须重视刑事一体化的思考方法。在提醒人们重视刑事一体化的独特价值,并对其相关理论进行系统阐释方面,储槐植教授作出了杰出贡献。储槐植教授正确地指出,我国的刑法适用陷入困境之中,导致刑罚功能的发挥不如人愿,要走出困境就必须正视现实,确立妥当的刑事政策,按照刑事一体化的理念重筑刑法堤坝,强化刑法基础,以"防止出现'犯罪增长刑罚加重,犯罪再增长刑罚再加重'这种使国家和社会的包袱越背越重的恶性循环"②。在当代社会转型期,学者对刑法学的研究越来越精细化,在此背景下,如何一方面完善刑法学的体系性思考,另一方面关注其他刑事法学科的动向,促成刑事法学科之间的良性互动,是学者无法绕开的问题。单纯就个罪的刑法适用问题进行教义学解释,对于刑事法的社会治理功能的实现的帮助是有限的,为此,刑事一体化的思考方法就是不可或缺的。本文试图按照储槐植教授所指引的刑事一体化进路对危险驾驶罪的立法及司法进行检视,并对犯罪预防提出政策建议,以"重筑刑法堤坝"。

危险驾驶罪的设立有效遏制了"醉驾""飙车"等恶劣交通行为,在一定程度上减少了交通事故导致的死伤结果发生。但是,危险驾驶犯罪发生率仍居高不下。根据最高人民法院公布的有关数据,自 2011 年"醉驾入刑"以来,全国法院审结的危险驾驶罪案件数量已经由 2013 年的 9 万多件、居当年刑事犯罪案件数量的第三位、占当年法院审结的刑事案件总数的 9.5%,发展为 2015 年的近 14 万件、居当年刑事犯罪案件数量的第二位、占当年审结的刑事案件总数的 12.61%,进而发展到 2019 年的 31.9 万件、超过盗窃罪居刑事

---

* 清华大学法学院教授。

① 参见〔德〕阿图尔·考夫曼、〔德〕温弗里德·哈斯默尔主编:《当代法哲学和法律理论导论》,郑永流译,法律出版社 2002 年版,第 5 页。

② 储槐植:《刑事一体化与关系刑法论》,北京大学出版社 1997 年版,第 299 页。

犯罪案件数量之首、占刑事案件总数的24.6%。到2020年，全国法院审结"醉驾"等危险驾驶犯罪案件总数为28.9万件，占刑事案件总数的比例高达25.9%，危险驾驶罪成为名副其实的第一大罪，比盗窃罪高出1.71倍。需要说明的是，在上述危险驾驶案件中，发案率最高的危险驾驶犯罪类型是"醉驾"，因此，本文后续的分析也以"醉驾型"危险驾驶罪作为重点。

必须承认，每年将30余万人打上"罪犯"的烙印，势必使数十万家庭陷入窘境。长此以往，无论是对于国家、社会还是危险驾驶者个人来说，都是特别巨大的损失，属于司法和个人的"两败俱伤"。

对于行为人来说，醉酒驾驶的法律后果非常严重。"醉驾"经历将纳入个人信用记录，贷款、消费等受到限制；发生重大交通事故的，行为人不仅不能得到保险公司的理赔，还要被吊销驾驶证，不得重新取得驾驶证。最为严重的后果是，行为人在承担刑事责任的同时，还需要对一系列附随后果负责，我国《监察官法》《法官法》《检察官法》《公务员法》《律师法》《教师法》《公证法》《医师法》等数十部法律明确规定受过刑事处罚的人不能从事某些相关职业或担任特定职务，因此，因危险驾驶罪被判刑的人，会被用人单位解除劳动合同，公职人员将被开除党籍、开除公职等，特定从业者如律师、医师等的执业资格会被吊销。醉驾者等于被贴上了标签，"越轨者是被成功贴上越轨标签的人；越轨行为也即是被人们贴上了标签的行为而已"①。《刑法》第100条第1款明确规定："依法受过刑事处罚的人，在入伍、就业的时候，应当如实向有关单位报告自己曾受过刑事处罚，不得隐瞒。""醉驾"者由此不能报考国家公务员，入伍或报考军校无法通过政治审查。可以说，"醉驾"犯罪能够让行为人在极短时间内失业、坐牢、倾家荡产。受过刑事处罚的人不仅本人的一生受到影响，有关附随后果还不可避免地会"株连"子女。根据现行相关规定，凡是受过刑事处罚的人，其子女在报考公务员、警校、军校或在安排关键、重要工作岗位时，难以通过有关的材料审核，罪犯及其子女由此失去了国家信任，同时意味着每年有上百万人因"醉驾"而被"敌对化"、标签化，事实上丧失了国民待遇。② 标签理论只关注犯罪的个人、单个的执法过程，对作为整体的社会构造及其运作机理、社会管理制度的完善等关注不够。③ 对此，有学者进一步指出，"醉驾刑"所衍生出的某些规则、规定或有影无形的"软制裁"，给"醉驾"人带来的软、硬制裁之重、之狠，有时达到了直接危害宪法上的基本权利的地步，如对"醉驾者"公平就业权、子女平等受教育权的限制或剥夺等，与刑罚本身相比有过之而无不及，甚

---

① 〔美〕斯蒂芬·E.巴坎：《犯罪学：社会学的理解》，秦晨等译，上海人民出版社2011年版，第266页。
② 参见桑本谦：《如何完善刑事立法：从要件识别到变量评估（续）》，载《政法论丛》2021年第2期。
③ 参见〔日〕川出敏裕、〔日〕金光旭：《刑事政策》，钱叶六等译，中国政法大学出版社2016年版，第47页。

至彻底颠覆了法律伦理、法律秩序和道德的统治地位。①

从国家和社会的角度看,每年因为"醉驾"等危险驾驶产生 30 多万名罪犯,也并不是一件好事。因醉酒驾车构成危险驾驶罪的罪犯多数被判处拘役刑,但是,在对其执行短期自由刑过程中,罪犯"交叉感染"的概率很大,增加了再犯罪风险;同时,罪犯越多,社会对立面越多,社会治理难度越大,整个社会为此付出的代价也就越大。

按照《刑法》第 133 条之一的规定,危险驾驶罪的最高刑是 6 个月拘役,属于名副其实的轻罪。但是,在目前的司法实务中,对这个罪名适用缓刑的比例并不高,定罪免刑的情形更少,罪犯大多被判处实刑,在处理上较为严苛、有失均衡。

众所周知,刑事立法需要具有实证基础,缺乏数据支撑的立法难言科学、合理。② 在有关危险驾驶犯罪的实证数据不断增加,相关立法的不足得以充分体现的大背景下,有必要思考如何在司法上限定危险驾驶罪的适用范围,在立法上作出适度调整,以进一步完善罪刑规范,从社会政策的角度对减少此类犯罪提供技术支撑等问题,从刑事一体化的理念出发实现对危险驾驶罪的体系化治理。

二、危险驾驶罪的司法限定

(一) 实体法的处罚限定思路

1. 现有的做法

近年来,有关司法机关对于"醉驾入刑"带来的机械执法问题已有所认识,并开始在司法实践中进行某种程度的"纠偏"。比如,最高人民法院已经出台有关指导意见,明确要求"对于醉酒驾驶机动车的被告人,应当综合考虑被告人的醉酒程度、机动车类型、车辆行驶道路、行车速度、是否造成实际损害以及认罪悔罪等情况,准确定罪量刑。对于情节显著轻微危害不大的,不予定罪处罚;犯罪情节轻微不需要判处刑罚的,可以免予刑事处罚"③。此外,全国有 10 余个省级法院、检察院和公安机关联合或者单独发文,要求在办理危险驾驶案件时,不应只考虑血液中酒精含量这一个标准,还应当综合把握行为人的醉酒程度,醉酒后驾驶机动车的原因、目的,机动车类型,行驶道路、行驶时间、行驶速度、行驶距离,是否造成实际损害、损害程度及事故责任划分情况,行为人是否有危险驾驶前科,是否存在自首、立功等法定从宽情节,行为人是否认罪、悔罪,是否积极赔偿,以及取得被害人谅解等其他影响定罪量刑的情节,切实贯彻

---

① 参见解志勇、雷雨薇:《基于"醉驾刑"的"行政罚"之正当性反思与重构》,载《比较法研究》2020 年第 6 期。
② 参见周光权:《转型时期刑法立法的思路与方法》,载《中国社会科学》2016 年第 3 期。
③ 最高人民法院《关于常见犯罪的量刑指导意见(二)(试行)》(自 2017 年 5 月 1 日起试行)。

宽严相济刑事政策,作出区别化的正确处理。此外,有的地方还明确规定,对因急救病人、见义勇为,仅为短距离挪车或出入车库,隔夜醒酒后开车等其他特殊情形的醉酒驾驶机动车行为,可以作为犯罪情节轻微或者显著轻微危害不大不起诉、不予定罪处罚、判处免予刑事处罚或者判处缓刑。① 个别省份还不同程度地提高了入罪门槛,将原来每 100 毫升血液中酒精含量达到 80 毫克以上的"醉驾"入罪标准提高到 100 毫克(如浙江省、湖北省、天津市等)。

司法机关的这些措施,能够在一定程度上调整、缓解"醉驾入刑"所引发的明显司法偏差,但是,仅仅提高血液中酒精含量标准的长期效果是有限的,实证研究表明,部分地区将血液中酒精含量标准提高之后所办理的醉驾案件量不降反升,"单纯以提高醉驾案件不起诉酒精含量标准的方式将刑罚的'枪口'不断上抬,并不能达到有效降低醉驾案件数量的预期目标"②。

除此之外的其他解决方案,也大多"只见树木不见森林",试图见招拆招,缺乏体系性思考,说理性、妥当性都存在疑问。这一点,在直接引用《刑法》第 13 条"但书"部分规定("情节显著轻微危害不大的,不认为是犯罪")作为裁判依据的案件中表现得最为充分。应当认为,这种直接根据"但书"规定作出判决的司法立场曲解了"但书"的功能,因为一方面认为行为已经符合犯罪成立条件,另一方面又按照"但书"规定宣告无罪,在逻辑上是自相矛盾的。刑法分则关于各罪的犯罪构成要件规定是实质化的,在具体犯罪的构成要件(犯罪化规定)中,不可能把"情节显著轻微危害不大的,不认为是犯罪"的情形规定为危害行为,如果行为已经符合刑法分则规定的犯罪构成要件,该行为就已经属于犯罪。对于一个犯罪行为,不能再依据抽象的"情节显著轻微危害不大"予以出罪,不能再将"但书"规定视为犯罪构成体系的消极的要素,其无法成为认定具体犯罪时的出罪依据。

按照这种逻辑,就危险驾驶罪而言,如果从违法性的角度看,该危险驾驶行为未达到值得处罚的程度,客观上不符合不法构成要件,因而情节显著轻微的,可以适用"但书"的规定;如果行为虽符合构成要件且具有违法性,但行为人的谴责可能性极低,或特定情形下行为人不得已而实施的危险驾驶行为,他人不可能模仿的,也可以根据"但书"的规定宣告被告人无罪。这样说来,当下司法实务中直接根据"但书"规定宣告被

---

① 对此,参见湖南省人民检察院《关于危险驾驶(醉驾)犯罪案件不起诉的参考标准(试行)》(2019年);重庆市《关于办理危险驾驶犯罪案件法律适用及证据规范问题的座谈会综述》(2018 年);浙江省高级人民法院、浙江省人民检察院、浙江省公安厅《关于办理"醉驾"案件若干问题的会议纪要》(2019 年);《上海危险驾驶(醉驾)审判观点汇编》(2016 年);江苏省《关于办理醉酒驾驶案件的座谈会纪要》(2013 年);湖北省高级人民法院《关于扩大量刑规范化罪名和刑种的量刑指导意见(试行)》(2016 年);天津市高级人民法院《关于扩大量刑规范化罪名和刑种的量刑指导意见(试行)》(2016 年)等。

② 王美鹏、李俊:《"醉驾"入刑十年的反思与治理优化——以浙江省 T 市和 W 市检察机关办理案件为分析样本》,载《人民检察》2021 年第 18 期。

告人无罪的做法存在一定疑问。①

由于危险驾驶罪是醉酒后在道路上以危险的方式驾驶机动车的行为,因此,要从司法上限定本罪的适用,除像许多实务部门和有的学者所提倡的那样适度提高"醉驾"者血液中的酒精含量这一入罪标准之外②,对构成要件要素的准确认识、对抽象危险的司法认定、对违法阻却事由的认可等,都是绕不开的问题。

2. 有效的实体法对策之一:关于抽象危险的司法认定

要准确认定本罪的客观不法要件,必须在构成要件要素的理解上没有偏差。就本罪的客观方面而言,特别值得关注的是关于抽象危险的司法认定问题。

刑法中的危险包括具体的危险和抽象的危险。具体危险犯与抽象危险犯都是以对法益造成侵害的危险作为处罚根据的犯罪,但各自的含义以及判断标准不相同。一般认为,具体危险犯中的具体危险使法益侵害的可能具体地达到现实化的程度,这种危险属于构成要件的内容。作为构成要件,具体危险是否存在需要司法官员加以证明与确认,而不能进行某种程度的假定或者抽象,所以,具体危险是司法认定的危险。例如,放火罪是具体危险犯,只有根据行为当时的具体情况(火力大小、与可燃物距离的远近等),客观地认定使对象物燃烧的行为具有公共危险时,才能成立放火罪。抽象危险犯,是指行为本身包含了侵害法益的可能性而被禁止的情形。抽象危险与具体危险不同,具体危险是一种结果,但抽象危险不是结果,其不属于构成要件要素,只是认定行为可罚的实质违法根据。抽象危险犯保护的安全条件和安全状态,系立法上考虑一般生活经验之后所作的推定,注重考察行为自身的危险性而非直接避免结果的发生。抽象危险犯的立法将没有造成结果或并无具体危险的行为规定为犯罪,属于立法上构成要件的"缩水"。

对于抽象危险是否需要法官进行判断,在理论上一直是一个有争议的问题。理论上的多数说对此持否定态度,认为抽象危险犯所要求的危险是立法推定的危险,行为自身包含了侵犯法益的可能性。追逐竞驶和醉酒驾车行为本身内含侵害道路公共安全这一法益的可能性,属于抽象危险犯。对此,林东茂教授主张,对该类犯罪的成立,不能再附加其他条件,因为抽象危险犯,是指立法上假定特定的行为方式出现,危险状态即伴随而生;具体个案纵然不生危险,亦不许反证推翻。例如,血液中或呼气中的酒精含量超过一定程度而开车,立法上推测为危险状态已经出现,不再就个案判断;纵然驾驶人酒量过人,亦无改于犯罪的成立。③ 张明楷教授认为,醉驾型危险驾驶罪属于故意的抽象危险犯,并指出"本罪是抽象的危险犯,不需要司法人员具体判断醉酒行为是否具有公共危险,醉酒驾驶属于故意犯罪,行为人必须认识到自己是在醉酒状态下驾驶机动车。总的来

---

① 参见曲新久:《醉驾不一律入罪无需依赖于"但书"的适用》,载《法学》2011年第7期。
② 参见桑本谦:《如何完善刑事立法:从要件识别到变量评估(续)》,载《政法论丛》2021年第2期。
③ 参见林东茂:《刑法综览》(修订5版),中国人民大学出版社2009年版,第51页。

说,只要行为人知道自己喝了一定的酒,事实上又达到了醉酒状态,并驾驶机动车的,就可以认定其具有醉酒驾驶的故意"①。笔者在教科书《刑法各论》(第3版)中也认为:"醉酒驾驶机动车是否构成犯罪,应当以行为人是否在达到醉酒状态时仍然驾驶机动车为准。只要车辆驾驶人员100毫升血液中的酒精含量大于或者等于80毫克时的驾驶行为,就是醉酒驾驶。对犯罪的成立,不能再附加其他条件。"②

但是,近年来,笔者越来越意识到,只要是抽象的危险犯,就不需要司法人员具体判断醉酒行为是否具有公共危险的说法,有值得商榷之处。抽象危险的有无及其程度固然是立法者的推定,通常而言,法官在具体案件中只要判断构成要件所描述的行为是否出现即可,无须特别地去认定有无危险出现。换言之,法官只要能够肯定构成要件行为存在,相应的,危险不是想象或臆断的,就可以认为在个案中立法上所假定的危险是存在的,该构成要件行为具备可罚的、实质的违法性。例如,盗窃枪支、弹药、爆炸物、危险物质罪是抽象的危险犯,根据一般社会生活经验,可以认定,窃取枪支、弹药、爆炸物、危险物质的行为一旦实施,就具有公共危险,就应当成立盗窃枪支、弹药、爆炸物、危险物质罪。但是,在某些案件中,立法者所预设的抽象危险一看就不存在,以及被告方质疑抽象危险乃至反证的,认定抽象危险是否存在时,法官基本的判断仍然是必要的,由此才能确定立法上预设的危险在个案中是否确实存在。也就是说,对抽象危险的判断,说到底还是应该以行为本身的一般情况或者一般的社会生活经验为根据,认定行为具有发生侵害结果的抽象可能性或不是特别紧迫的危险性。此时,法官对抽象危险判断的实质是需要根据一般的"危险感觉",对立法上预设的行为危险作最低限度的危险预测,以"印证"立法上的推测是否存在。

对此,山口厚教授认为,不管是具体危险犯还是抽象危险犯,都要求发生实质的危险,"差别不过是前者的危险是高度的,后者也包括比较缓和的场合而已……即便是在抽象的危险犯的场合,虽说通过相应犯罪得到解释而能将危险理解为该犯罪之要件,但因为具体的特殊事情而没有发生这一危险,在这样的场合,也应该否定该罪的成立"③。这是对抽象危险犯的"结果的危险"进行实质理解的立场。桥爪隆教授也主张,对于抽象危险犯,需要确定行为是否对于法益有实质性的危险。既然处罚抽象危险犯的根据在于引起法益侵害的危险,那么,在缺乏对某一犯罪所保护法益的危险的场合,该抽象危险犯就不能成立。所以,在对抽象危险犯的实行行为进行解释时,就应该考虑在当时的具体情况下,该行为针对法益的实质性危险是否存在。如果不能确定存在这样的危险,行为人的行为就不属于该抽象危险犯的实行行为。④ 肯定抽象危

---

① 张明楷:《危险驾驶罪及其与相关犯罪的关系》,载《人民法院报》2011年5月11日,第6版。
② 周光权:《刑法各论》(第3版),中国人民大学出版社2016年版,第194页。
③ 〔日〕山口厚:《刑法总论》(第3版),有斐阁2016年版,第47页。
④ 参见〔日〕桥爪隆:《论遗弃罪相关问题》,王昭武译,载《法治现代化研究》2021年第4期。

险实质的危险,并且要求根据这种危险来认定实行行为,这等于认可了抽象危险是对(广义的)结果的危险,该危险是否存在需要司法判断。也就是说,虽然学界在过去通常认为,抽象危险犯中的危险是拟制的,实行行为本身就内含该危险,但是,近年来,也有很多学者主张抽象危险不是拟制的,而是推定的,立法上对于危险的推定在个案中是有可能被推翻的,从而否定抽象危险犯的成立。[1]

最近,我国也有学者明确指出,无论是抽象危险还是具体危险,既然被称为"危险犯",就必须客观上存在成为处罚根据的法益侵害的危险,而对这种危险也需要在现实的案件中作具体的判断,从而在确实不存在这种危险时否定犯罪的成立。只不过,两种危险犯的危险内容、危险程度有所不同,从而决定了两种危险犯在是否存在危险的具体判断上存在差异:在具体危险犯的场合,由于对法益侵害危险的程度要求比较高,同时作为构成要件的行为本身未必具有那么高的危险,因此就需要公诉机关积极证明危险的具体存在;而在抽象危险犯的场合,由于对法益侵害危险的程度要求较低,同时作为构成要件的行为本身一般类型性地具有这种程度的危险,因此只要行为人实施了立法预定的相应行为就推定客观上存在相应的危险,不需要公诉机关再去积极证明危险的存在,其结论就是:由于抽象危险犯中的危险是推定的危险而非拟制的危险,因此应当允许反证危险不存在而出罪,"醉驾型"危险驾驶罪就属于这样的情形。[2] 笔者基本赞成上述主张,并认为,由于抽象危险犯的立法本身存在处罚早期化的问题,实务上需要适度缓解使用推定方法直接入罪的弊端。不可否认,抽象危险是立法上的预测或推测,司法上不能以立法推测不合理为由否定犯罪,也不需要在所有案件中对抽象危险是否存在进行检验。但是,法官必须在案件发生的时空环境特殊、被告人提出反证的场合,例外地判断或"印证"立法上推测、预设的危险是否存在。由于危险驾驶罪是危害公共安全罪,如果某一危险驾驶行为发生在特殊地点,就连立法上所预设的抽象危险都不存在,或者司法上难以印证抽象危险存在的,难以成立本罪。例如,在醉酒后,深夜在完全没有车辆来往的沙漠中的公路上驾车的,抽象危险应该被否定。又如,醉酒后发动机动车,车辆向前行驶1米就停下不动,事后查明该车辆因汽油耗尽寸步难行,且周围并无他人通行的,可以认为该驾驶行为就连立法上所预设的抽象危险都未产生,难以成立危险驾驶罪。再如,醉酒后经过某红绿灯路口时,但因为时间太晚,确实没有其他车辆,也没有立法上预设的其他危险的,可以认定被告人无罪。[3] 还比如,醉酒后将"代驾"没有规范地停入路边停车位的车辆略作挪动、调整的,以及醉酒后在单位内部停车场驾驶车辆的,都不能认为行为造成了立法上所预设

---

[1] 参见〔日〕松宫孝明:《刑法各论讲义》(第4版),王昭武、张小宁译,中国人民大学出版社2018年版,第287页。
[2] 参见付立庆:《应否允许抽象危险犯反证问题研究》,载《法商研究》2013年第6期。
[3] 〔日〕西田典之:《日本刑法总论》(第3版),弘文堂2019年版,第88页。

的针对公共安全的抽象危险,不宜认定为危险驾驶罪。确实,醉酒后在公共停车场短时间、短距离之内挪车的,不应该作为危险驾驶罪处罚。① 但是,其理由不是《刑法》第13条"但书"的规定,也不是泛泛而言的社会危害性小,而是行为并未产生立法者所预设的抽象危险性。学者认为,有些醉驾行为可能并不具有实质的危险性或者危险性很小,如果对之进行刑罚处罚,难以获得社会观念的接受和认同。② 这种观点实质上也是赞同对于危险驾驶罪的抽象危险需要司法上进行裁判的逻辑。

因此,为限制处罚范围,降低抽象危险犯立法的弊端,对抽象危险也需要进行司法上的判断,即司法人员需要审查待处理案件中立法者所拟制的或预设的危险是否存在。对此,有学者指出,现在的有力观点从法益保护主义出发,要求审查抽象危险犯中的行为是否存在某种危险。③

3. 有效的实体法对策之二:违法阻却事由与犯罪的限缩

对于犯罪成立与否的判断,必须例外地考虑被告人有无违法阻却事由。某一行为虽然违反行政管理法规,但是,如果存在违法阻却事由,不具有刑事违法性。由此可见,从行为的行政违法性中如果要进一步推导出刑事犯罪的结论,必须根据罪刑法定原则的要求,结合法益侵害性的有无进行实质的、刑法上所固有的违法性判断,不能认为刑事违法性必须从属于其他部门法的违法性,不宜在整个法领域中将违法性仅作一元的理解。④ 对此,山口厚教授指出:"作为犯罪成立要件的违法性,要具备足以为相应犯罪的处罚奠定基础的'质'与'量',从这样的立场出发,可以肯定在其他法领域被评价为违法的行为仍可能阻却刑法上的违法。"⑤

(1) 紧急避险与违法阻却

按照《刑法》第21条的规定,紧急避险是违法阻却事由之一。在危险驾驶案件中,被告人能够以紧急避险作为违法阻却事由加以辩护的情形比较少见,但是,也不排除基于紧急情况能够排除其违法性的案件存在。在实践中,司法机关经常对这样的违法阻却事由不予认可,仍然认定被告人构成犯罪,至多在量刑时对避险情节予以适度考虑。然而实务中的这种做法是值得商榷的。

例如,甲在高某家里喝酒时,因突发心脏病急需回家吃"速效救心丸"。高某将甲送出家门在马路边等候出租车未果。于是,高某驾驶轿车想将甲送回家,途中被交警查获(被告人高某100毫升血液中酒精含量为122毫克)。另查明,案发当晚甲到医院就诊,经诊断:甲患有冠状动脉粥样硬化、心脏病。法院认为高某不成立紧急避险,以

---

① 参见沈彬:《酒后挪车不入刑是一种精细治理》,载《光明日报》2019年10月14日,第11版。
② 参见沈海平:《反思"醉驾入刑":从理念、规范到实践》,载《人民检察》2019年第15期。
③ 参见〔日〕松原芳博:《刑法总论重要问题》,王昭武译,中国政法大学出版社2014年版,第44页。
④ 参见周光权:《论刑法所固有的违法性》,载《政法论坛》2021年第5期。
⑤ 〔日〕山口厚:《刑法总论》(第3版),付立庆译,中国人民大学出版社2018年版,第186页。

危险驾驶罪对其免予刑事处罚。① 虽然在司法实务人员看来,这样处理案件,似乎已经大幅度"优惠"了被告人,很好地贯彻了宽严相济的刑事政策。但是,该判决结论是否符合紧急避险的法理,还值得探究。

紧急避险采取的是损害另一较小合法权益的行为,避险行为超过必要限度造成不应有的损害的,应当负刑事责任。此时,就需要进行利益衡量。在衡量紧急避险是否超过必要限度时应当考虑:在一般情况下,凡是紧急避险行为所造成的损害小于或者等于所避免的损害的,就是没有超过必要限度。在进行紧急避险的利益衡量时,必须考虑法益的危险程度,即法益是否陷入具体危险,因为这与法益的价值取向、法益的损害程度、避险者的自律原则等相关联。② 原则上,为避免陷入具体危险的特定法益(比如生命、身体)发生危险,可以使仅有抽象危险的行为正当化,即为了保护具体生命,威胁抽象的生命、身体或公共安全的,都可以阻却违法。前述案例中,甲突发心脏病,其所面临的是对生命的紧迫危险;而醉酒驾车带来的危险是抽象的危险。高某血液中酒精含量虽达到了定罪起点,但属于较低的情形,应当肯定其当时还具有驾驶能力。高某的驾驶行为固然会带来抽象危险,但是,行为人所保全的是针对生命的具体危险,属于优越利益保护,第三人基于社会团结义务也应该忍受法益所承受的抽象侵害。由此应当认为,前述案例中高某能够成立紧急避险,应认定其行为无罪。

在实务中,行为人危险驾驶但能够成立紧急避险从而排除犯罪的情形除类似于前述案例的送他人就医之外,还有受追杀、威逼后醉酒驾车逃生,以及为给生病的亲人购药、为处理紧急公务或事务(甚至包括参加重要紧急会议)而醉酒驾车等,对此,需要结合《刑法》第21条的规定具体判断。值得肯定的是,近年来,在极个别案件中,司法机关也能够结合紧急避险的法理作出无罪处理。例如,被告人陈某勇为庆祝妻子生日,邀请亲友到住处吃晚饭,被告人喝了一杯多红酒,当日23时许,其妻子突然倒地昏迷不醒,陈某勇随即让女儿拨打"120"求救电话,120回复附近没有急救车辆,需要从他处调车,陈某勇得知后立马驾驶小轿车将妻子送至医院,后被当场查获,其100毫升血液中酒精含量为223毫克。③ 审理本案的江苏省江阴市人民法院向无锡市中级人民法院请示,后者经审查认为,案发时陈某勇意识到他的妻子正面临生命危险,出于不得已而醉酒驾驶损害了另一法益,在必要限度内实施避险行为,符合紧急避险的条件,遂作出批复,认为被告人陈某勇的行为构成紧急避险,不负刑事责任。应该说,这一结论是妥当的,因为被告人为挽救突发晕厥的妻子的生命,其所保护的生命法益(法益的具体

---

① 参见甘肃省白银市白银区人民法院(2018)甘0402刑初58号刑事判决书。
② 参见〔德〕克劳斯·罗克辛:《德国刑法学总论(第1卷)》,王世洲译,法律出版社2005年版,第475页以下。
③ 参见韩锋、王星光、杨柳:《为送亲属就医醉驾构成紧急避险》,载《人民司法》2020年第23期。

危险)高于所侵害的公共法益(法益的抽象危险),符合紧急避险"不得已"的补充性要件,避险行为没有超出必要限度,也并未造成不应有的损害,理应成立紧急避险。

(2)依法令的行为与违法阻却

实践中,出现了个别醉酒后按照警察的指令或要求短时间、短距离实施驾驶活动的案件。这种情形,可以说仍然符合危险驾驶罪的构成要件,但是,可以根据"依法令的行为"阻却违法性。

所谓依法令的行为,是指行为人依据法律的明确规定或执行具体指令、命令从事特定活动时,即便该行为符合构成要件,行为的违法性也不存在。依法令的行为如果要构成正当化事由,必须具备如下要件:行为人有从事特定活动的资格、地位;行为人客观上是在按照法令、命令的要求从事特定活动,且并未滥用自己的行为损害重大法益;行为人主观上有执行法令的意思。超越法律权限或故意违反法定程序的行为,不得被认为是依法令的行为。关于依法令的行为,我们熟知的是公务人员执行法律或命令所实施的行为,例如,依法令逮捕犯罪嫌疑人的,不构成非法拘禁罪;依法执行死刑判决的,不是故意杀人等。不过,由于依法令的行为属于超法规的违法阻却事由,对其适用范围没有必要作过多限制,只要是具体情形下依法令的行为这一法理有适用余地的,被告人就可以将其作为抗辩事由。例如,被告人甲酒后主动联系"代驾"乙,由乙驾车将甲送至某商业广场去会见朋友。在乙将车驶入该商业广场时,其因距离最近的一号停车场封停使用,便将车辆停靠在广场内部道路的路边。甲下车步行至该商业广场的下沉购物中心时,因担心车辆未停入划定车位发生剐蹭,遂返回挪车,试图将车停进正规车位。由于旁边的停车场封闭,甲便沿内部道路向前挪动车辆试图到该商业广场的二号停车场寻找车位。在此过程中,甲将车开到了该商业广场内部道路出口,但该出口与所在市四环路某段辅路出口相连通(甲必须从该一号停车场出口处出去,才能进入二号停车场)。执勤的民警丙发现并拦截了甲的车辆,指挥甲在一号停车场出口处与城市四环路辅路的交叉路口处掉头,并让甲将车停在四环路辅路边接受检查,经检测,甲100毫升血液中的酒精含量为150毫克,甲由此案发。前已述及,对于醉酒后在广场、公共停车场等公众通行的场所挪车的,一般不认定为在道路上醉酒驾驶机动车,甲在将车辆开出一号停车位出口之前的行为,不符合危险驾驶罪的构成要件。但是,由于一号停车场的出口处与城市主要道路的辅路相连接,该路段属于公共交通道路,甲醉酒后在该处掉头的,应当属于在道路上醉酒驾驶机动车,由于其血液中酒精含量严重超过了立案标准,其行为符合危险驾驶罪的构成要件。但是,甲在城市道路的辅路交叉路口处掉头的行为,是基于一、二号停车场设计路线的特殊性,为挪动车位而短暂驶上城市道路,即便认为该行为以及掉头后在四环路辅路边上短距离驾驶以及停车的行为具有抽象危险,也应该认为其是民警引导、指挥后所实施的行为。对于这一醉酒后在道路上驾驶机动车的行为,应当评价为依法令的行为,可以阻却违法性,因为根据《道路交通安全法》第 38 条"遇有交通警察现场指挥时,应当按照交通警察的指挥通行"的规定,甲必须按照警察的指挥驾驶车辆,这既是其法定义务,也是其个人主张驾驶行为不具有违法性的抗辩理由。事实上,正是因为甲依照警察丙的指令行事,其醉酒驾驶行为对法益的危险性才得以彻底消除,因此,从利益衡量的角度看,甲醉酒后在城市道路上驾驶(包括掉头及短距离行驶后停车等)的行为明显不应当具有违法性,对于甲应当作无罪处理。

(二) 程序法的处罚限定思路:认罪认罚从宽

对危险驾驶罪的处罚从程序法的角度进行限制,其实是落实宽严相济刑事政策的具体举措。为此,必须坚持"慎诉慎押"司法理念,依法适用认罪认罚从宽制度,既从严惩治情节严重的醉酒驾驶机动车行为,又充分运用非刑罚处罚方式处理情节轻微的醉酒驾驶机动车行为,减少社会对抗,促进社会和谐。例如,对醉酒驾驶机动车的犯罪嫌疑人,如其不影响诉讼顺利进行的,一般不采取羁押性强制措施。但是,被取保候审、监视居住的犯罪嫌疑人违反取保候审、监视居住规定,情节严重的,可以予以逮捕。当然,目前最为突出的问题不是对于行为人的审前羁押,而是其在按照刑事诉讼法的要求认罪认罚之后没有获得从宽处罚。

1. 对危险驾驶罪不适用认罪认罚从宽的疑问

"具体的犯罪类型需要具体的刑事政策。不应止步于对所有犯罪都泛泛地表述为从严、从宽或者宽严相济,而是应当针对具体犯罪类型确立细化、有差异性的刑事政策。"[①]由于危险驾驶罪是法定最高刑极低的典型轻罪,对其处罚应当相对轻缓才符合罪刑相适应原则的要求。但是,在实践中,对本罪行为人适用缓刑率相对较低,更极少免予刑事处罚,处罚总体偏向严刑峻法,这些做法与轻罪的本质以及认罪认罚从宽制度不相协调。事实上,本罪被告人大多属于平时遵纪守法、没有前科劣迹的普通民众,不少被告人正值壮年,是家庭的经济支柱,如果不考虑犯罪情节全部判处实刑,其刑满释放后可能变成社会不稳定、不和谐的因素,甚至走向社会的对立面,也给其家庭及其子女等带来诸多影响,引发大量社会问题,为实现法律效果和社会效果的有机统一,对本罪被告人予以轻缓处理显然更为符合现代刑罚理念。

从刑事诉讼法关于认罪认罚从宽制度的规定看,无论是对于重罪还是轻罪,在被告人认罪认罚的情形下,都可以对其从宽处罚。如果说认罪认罚从宽适用于重罪时,对罪犯可以从轻或减轻处罚,那么,将其适用于轻罪,更应该体现这一制度的效果,即对罪犯进行大幅度地从宽处罚。但是,在实践中,对醉酒驾车的行为人认罪认罚

---

① 车浩:《刑事政策的精准化:通过犯罪学抵达刑法适用——以疫期犯罪的刑法应对为中心》,载《法学》2020 年第 3 期。

后还大量判处实刑,认罪认罚之后进行宽缓化处罚的效果就完全没有体现出来。

从危险驾驶罪与其他类似犯罪的比较上看,交通肇事罪是结果犯,其第一档法定刑最高为3年有期徒刑;危险驾驶罪是抽象危险犯,其法定最高刑是6个月拘役,因此,危险驾驶罪是比交通肇事罪更轻的犯罪。但是,在实务中,对为数不少的交通肇事罪犯都宣告缓刑,免予刑事处罚的案件也有不少,而比交通肇事罪更轻的危险驾驶罪的行为人却基本被判处实刑,量刑失衡现象极为严重。如果考虑到当前的醉驾型危险驾驶案件中醉酒驾驶摩托车的案件占比很大,有的地方甚至接近案件总数的70%,就更应该扩大缓刑适用比例,因为醉酒驾驶摩托车的危险性小于醉酒驾驶机动车,对醉驾摩托车的罪犯判处实刑会造成刑罚畸重,且这些醉驾摩托车的罪犯均为社会底层人员,对其判处实刑也不利于维护社会稳定。①

从国外对醉酒驾车的处罚看,在美国,醉酒驾车是犯罪,但是,对初次"醉驾"就判处实刑的情形为数很少,大量适用的都是缓刑。例如,1997年美国判处51万名醉酒驾车的罪犯,其中45万人是缓刑,真正被判实刑的只有5万人左右。近年来,美国危险驾驶罪的发案率有所波动,但是,对90%的罪犯(初次"醉驾")并不判处实刑这一点基本没有变化。在规定危险驾驶罪的其他国家,判处缓刑或单处罚金的情形也占绝对多数。② 因此,在刑事诉讼法规定认罪认罚从宽制度的背景下,需要认真思考对危险驾驶罪的轻判问题。

2. 具体建议

大量醉驾情节明显较轻的案件,检察机关没有依法作出不起诉决定。这种情况在全国范围内普遍存在。近年来,各地检察机关均在探索危险驾驶案件中不起诉制度的适用,有的地方已初见成效。例如,2020年甘肃省检察机关醉驾案件起诉人数与2018年相比减少40%,不起诉人数首次超过起诉人数。③ 为贯彻认罪认罚从宽制度,确保对轻罪认罪认罚后都能够"兑现"从宽的效果,防止罪犯认罪认罚后产生"吃亏"的感觉,贯彻刑法所规定的罪刑相适应原则,实务上应当仔细研究有关裁判规则,对认罪认罚且犯罪情节较轻的罪犯适用不起诉、缓刑或免予刑事处罚。在运用认罪认罚从宽制度处理"醉驾"案件时要考虑以下内容:

第一,认罪认罚从宽制度必须贯穿于刑事诉讼全过程,适用于侦查、起诉、审判各个阶段。对于醉酒驾车认罪认罚的被告人可以不羁押、不起诉,可以判处缓刑或免予刑事处罚。

---

① 参见施立栋、余凌云:《醉驾案件办理的疑难问题与解决方案——兼评三机关〈醉驾司法解释〉》,载《北方法学》2015年第1期。
② 参见周光权:《刑法学习定律》,北京大学出版社2019年版,第29页。
③ 参见南茂林、许亚斌:《酒驾者成义务交通协管员 甘肃:探索多元矫治推动醉驾案件综合治理》,载《检察日报》2021年7月23日,第1版。

第二，醉酒后，在道路上因挪车、停车入位、交接车辆等短距离驾驶机动车，没有造成危害后果的，以及饮酒后间隔8个小时以上驾驶机动车，没有造成危害后果的，检察机关应当作出法定不起诉的决定。

第三，依法认定本罪的自首。量刑情节的认定直接影响醉驾行为是否入罪，以及实刑或者缓刑的适用。对于本罪的自首，实践中很少认定，这与认罪认罚从宽的精神不相一致。最高人民法院《关于处理自首和立功若干具体问题的意见》中规定，"明知他人报案而在现场等待，抓捕时无拒捕行为，供认犯罪事实的"情形认定为自动投案。因此，因醉酒驾驶机动车而发生交通事故后，他人拨打电话报警，犯罪嫌疑人在现场等候民警前来处理的，应当认定为自动投案；犯罪嫌疑人在血液酒精浓度的鉴定结果作出后，经公安机关工作人员传唤到公安机关接受处理的，也应当认定为自首。这一规定除适用于交通肇事等犯罪外，当然可以适用于危险驾驶罪。《刑法》第67条规定，对于自首的犯罪人，可以从轻、减轻处罚，其中，犯罪较轻的，可以免除处罚。由于本罪是典型的轻罪，因此，对于犯本罪又自首的，应当优先考虑免除处罚。

第四，醉酒驾驶机动车造成轻微交通事故，但没有造成他人人身损伤，100毫升血液中酒精含量不满160毫克，犯罪嫌疑人赔偿损失，自愿认罪认罚的，一般应当作出酌定不起诉决定。

第五，在车辆、人员相对稀少的道路上醉酒驾驶摩托车，100毫升血液中酒精含量不满200毫克的，一般应当作出酌定不起诉决定。

第六，实证研究表明，认罪认罚从宽制度改革的精神在本罪处理中并未得到落实，从而导致醉驾案件的刑罚适用趋于严厉。"从2018年X省醉驾案件的判决情况看，实刑率达到53.75%，且同比上升了1个百分点，缓刑率同比下降1.7个百分点，如N法院的缓刑率从2017年的43.65%下降到2018年的42.45%，免刑率虽有上升，但数量极少，D法院近两年来对醉驾案件被告人全部判处实刑，无一起缓刑和免刑。因此，总体上X省法院对醉驾案件的刑罚适用较为严厉。"①因此，应当进一步更新刑罚观念、建构量刑规则，准确理解缓刑适用的实质条件，提高危险驾驶罪的缓刑适用率，解决缓刑适用个案之间、地区之间不平衡的问题，更好地贯彻刑法面前人人平等原则。② 对100毫升血液中酒

---

① 石艳芳：《醉驾入刑的司法适用评估与刑罚建构——基于X省法院醉驾案件刑罚适用的实证研究》，载《中国人民公安大学学报（社会科学版）》2020年第5期。
② 有研究者梳理了中国裁判文书网公布的醉驾型危险驾驶罪一审裁判文书后指出，醉驾型危险驾驶罪的缓刑适用比例地区差异很大，比如，2017年，湖北省醉驾型危险驾驶罪缓刑案件比例为86.9%，北京市为25%，辽宁省为18%；2018年，湖北省醉驾型危险驾驶罪缓刑案件比例为75.3%，北京市为5.1%，辽宁省为28.3%。对于血液中酒精含量以及其他情节大致相同的案件，在不同省份甚至同一中级人民法院辖区内适用缓刑的结果都不相同，从而导致同案不同判。例如，厦门岛内各区法院缓刑适用率远高于岛外各区法院，这与岛内多为繁华地段，醉酒驾驶汽车社会危险性更大的实际情况明显不符。参见孙硕：《缓刑视角下的醉驾刑事案件》，载《人民司法》2019年第10期。

精含量不满 200 毫克,没有发生事故或者仅造成轻微剐蹭,具有自首、坦白、认罪认罚、赔偿损失等从宽处罚情节,符合缓刑适用条件的,人民法院可以宣告缓刑。

第七,对于不起诉或宣告缓刑的案件,可以根据案件具体情况,将接受安全驾驶教育、从事交通志愿服务、社区公益服务等作为考察犯罪嫌疑人、被告人是否认罪认罚的考量因素,可以对犯罪嫌疑人予以训诫,或者责令赔礼道歉、赔偿损失。

三、危险驾驶罪的立法完善

(一) 立法效果的评估

在《刑法修正案(八)》增设本罪过程中,就有学者质疑"醉驾"入刑的必要性、合理性,认为应加大行政处罚力度,除行政拘留外,还可吊销驾照 2 年至 3 年,罚款 3 万元至 5 万元。这些行政处罚远比入罪最重 6 个月拘役的刑罚让"醉驾"者印象深刻,也足以让大多数"醉驾"的人从中吸取教训,还可大大减少罪犯的数量,其社会效果比增设新罪要好一些。① 但这一意见未被采纳。近几年,每年都有一些全国人大代表呼吁将"醉驾"行为从危险驾驶罪中删除。②

但是,根据公安部公布的数据,在增设危险驾驶罪之后,我国每年因为醉酒驾车导致死亡的人数减少 200 人以上,"醉驾入刑"的效果是显著的。如果考虑到近年来全国机动车保有量大量增加,但醉酒驾车致人死亡的情形仍在减少的事实,就更应该肯定立法在保护个人生命方面的实际价值。③ 立法防止生灵涂炭,功莫大焉。因此,维持本罪的存在是必要的,更何况刑法作为一种重要的社会制度,在风险预防和社会管理方面具有特殊功能。④ 犯罪圈不断扩大的立法事实表明,我国刑法的犯罪化立场,已经由过去的相对消极、谦抑,悄然转向相对积极、扩张,并且仍将成为今后一个时期的立法趋向⑤,这是中国刑事立法现代化的标志。⑥ 因此,今后的立法着力点不是废除本罪,而是考虑近十年来犯罪发生的实际情况在刑事立法政策上作出适度调整,对其进一步完善。

(二) 定罪门槛的适度提高:"不能安全驾驶"要素的增设

从减少犯罪发生率,推进社会治理创新的角度看,一味对醉酒驾车行为按照"低标

---

① 参见冯亚东:《增设"危险驾驶罪"不可行》,载陈泽宪主编:《刑事法前沿》(第 6 卷),中国人民公安大学出版社 2012 年版,第 372 页。
② 参见《朱列玉代表:建议刑法取消"醉驾"罪》,载搜狐网(https://www.sohu.com/a/454944109_372884),访问日期:2021 年 8 月 28 日。
③ 参见叶良芳:《危险驾驶罪的立法证成和规范构造》,载《法学》2011 年第 2 期。
④ 参见何荣功:《我国轻罪立法的体系思考》,载《中外法学》2018 年第 5 期。
⑤ 参见梁根林:《刑法修正:维度、策略、评价与反思》,载《法学研究》2017 年第 1 期。
⑥ 参见储槐植:《走向刑法的现代化》,载《井冈山大学学报(社会科学版)》2014 年第 4 期。

准"进行事后查处,大规模定罪处罚,并不是解决问题的最好办法,从立法上提高定罪门槛,可能是值得考虑的一种思路。

笔者的具体建议是:将《刑法》第133条之一所规定的醉酒后在道路上驾驶机动车,即构成危险驾驶罪的规定作出进一步限定,修改为"醉酒后,在道路上不能安全驾驶机动车的,处1年以下有期徒刑或者拘役,并处罚金"。不能安全驾驶,是指行为人因为醉酒而难以通过迅速、妥当和有目的的意识行为进行操控,难以满足安全驾驶的需要。这一修改,并不以造成死伤或财物实害作为定罪条件,本罪仍然是抽象危险犯,但定罪的前提不再仅为醉酒后驾车,而是醉酒状况达到一定程度之后,行为人"不能安全驾驶机动车",从而为犯罪成立设定了客观构成要件要素,有助于提高定罪门槛,减少犯罪发生率。

类似有限处罚醉酒驾车的规定,在汽车工业比较发达的国家或地区早就存在。例如,《德国刑法典》第315a条规定,因服用酒类饮料或其他麻醉药剂,或因精神上或生理上的缺陷,不能安全驾驶仍驾驶车辆的,处5年以下有期徒刑或者罚金。我国台湾地区"刑法"第185条第3款规定:"服用毒品、麻醉药品、酒类或者其他类似之物,不能安全驾驶动力交通工具而驾驶者,处2年以下有期徒刑。"这些立法都是关于不能安全驾驶罪的规定。不能安全驾驶罪中的抽象危险是"具体危险的危险",而非拟制的危险,其性质是客观构成要件要素的行为状况而不是客观的处罚条件。对不能安全驾驶的认定,应采用个别具体认定标准而不是一般标准,犯罪故意是行为人对于不能安全驾驶状态或基础事实有所认识始可。① 关于不能安全驾驶的理解,在德国有绝对不能安全驾驶和相对不能安全驾驶的区分,二者只是证明方式不同,而非不能安全驾驶的程度有实质差别。绝对不能安全驾驶,是指当身体血液中的酒精浓度达到一定数值(如超过1.1‰时),这一酒精浓度值就是拘束法官效力的一般经验法则,即便法官对于被告人能否安全驾驶有所怀疑或无法确定,也应当将这一科学认知作为认定事实的根据,不能再援用其他反证认定可以安全驾驶。相对不能安全驾驶,是指行为人血液中的酒精浓度未达到特定数值,但结合其他事实可以认定被告人驾驶操控能力下降的情形,此时,酒精浓度的数值仍然是重要的,如果接近于该数值上限,又有其他明显不当的驾驶行为的,极容易被认定为不能安全驾驶。不过,在判断相对不能安全驾驶时,需要特别注意酒精浓度的下限,德国的研究表明,人体血液中的酒精含量如果低于0.3‰时,被告人仍然能够安全驾驶,不可能构成本罪。总之,不能安全驾驶的状态需要法官在个案中就被告人提出反证的情形例外地予以查明,抽象危险就是需要司法上进行判断的危险。②

如果未来的立法将本罪朝着不能安全驾驶才构成犯罪的方向修改,在具体执法

---

① 参见陈子平:《论酒醉驾车罪(不能安全驾驶罪)的争议问题》,载《中外法学》2012年第4期。
② 参见许泽天:《刑法分则(下)》(人格与公共法益篇),新学林出版股份有限公司2019年版,第346页。

时,有很多方法可以检验被告人是否因为醉酒导致其无法安全驾驶,例如,现场查处"醉驾"的交通警察让醉酒者在规定时间、规定距离走直线,让醉酒者辨认有一定图案的图画,让醉酒者阅读一段文字等。而且,随着科学技术的发展,查验被告人醉酒后能否安全驾驶的方法还会进一步增多,刑事侦查难度会进一步降低。当然,如果醉酒后行为人血液中的酒精含量达到一定程度,同时行为人还有撞击其他车辆或道路设施、闯红灯、冲撞铁路道口的栅栏、"飙车"等行为,可以直接认定为不能安全驾驶。[1]

(三) 考虑降低危险驾驶罪的附随效果

在我国,许多犯罪都会承担刑罚之外的附随后果。例如,《刑法修正案(九)》第1条规定,因利用职业便利实施犯罪,或者实施违背职业要求的特定义务的犯罪被判处刑罚的,人民法院可以根据犯罪情况和预防再犯罪的需要,禁止其自刑罚执行完毕之日或者假释之日起从事相关职业,期限为3年至5年。这是刑法关于职业禁止的规定。除《刑法修正案(九)》之外,还有不少法律、行政法规对犯罪人从事相关职业有禁止或者限制性规定。又如,《食品安全法》(2021年修正)第135条第2款规定:"因食品安全犯罪被判处有期徒刑以上刑罚的,终身不得从事食品生产经营管理工作,也不得担任食品生产经营企业食品安全管理人员。"其立场比刑法规定更为严厉。再如,《广告法》(2021年修正)第69条规定:"因发布虚假广告,或者有其他本法规定的违法行为,被吊销营业执照的公司、企业的法定代表人,对违法行为负有个人责任的,自该公司、企业被吊销营业执照之日起3年内不得担任公司、企业的董事、监事、高级管理人员。"此外,有关行政和经济法律中还规定,对于利用证券从业者、教师、会计等职业便利实施操纵证券市场、强制猥亵儿童、职务侵占等犯罪,或者实施违背职业要求的特定义务的背信运用受托财产、挪用资金等犯罪的,可以根据犯罪情况,尤其是特别预防的需要,禁止行为人自刑罚执行完毕之日起,在一定期限内从事相关职业。

更值得关注的是,《公职人员政务处分法》第14条第1、2款规定:"公职人员犯罪,有下列情形之一的,予以开除:(一)因故意犯罪被判处管制、拘役或者有期徒刑以上刑罚(含宣告缓刑)的;(二)因过失犯罪被判处有期徒刑,刑期超过三年的;(三)因犯罪被单处或者并处剥夺政治权利的。因过失犯罪被判处管制、拘役或者三年以下有期徒刑的,一般应当予以开除;案件情况特殊,予以撤职更为适当的,可以不予开除,但是应当报请上一级机关批准。"对因犯罪受到刑罚处罚的公务员应当开除公职,这使一些人(例如,因"醉驾"被判处拘役的罪犯)即便触犯与其职责权力并无关联的轻罪,也会受到极其严厉的、比刑罚处罚后果还严重的处罚,这种负担过重的刑罚之外的犯罪附随效果的存在,明显和比例原则相悖。因此,要确保立法上的犯罪化思路得到

---

[1] 参见林山田:《刑法各罪论》(下册),北京大学出版社2012年版,第188页。

贯彻,必须将刑罚附随惩罚性措施的严厉性减弱,让公众能够逐步形成这样的理念:大量犯罪并不是严重危害社会的行为;大量罪犯并非十恶不赦的人,而只是错误犯得稍微严重一些且应该迅速回归社会正常生活的人。①

为此,可以考虑修改《公职人员政务处分法》第14条第1款第(一)项的规定,对因故意犯罪被判处管制、拘役的人,以及被宣告缓刑的公职人员犯罪仅予以撤职,而不予开除,开除措施仅适用于被判处有期徒刑以上刑罚且被实际执行的公职人员。这样一来,就能有效减弱轻罪的附随效果,满足比例原则的要求。同时明确规定,公职人员的犯罪记录不能成为影响其子女入学、入伍、就业的限制性条件,以有效避免歧视,绝对防止"株连"。

(四)建立轻罪前科消灭制度

前已述及,本罪属于轻微犯罪范畴,对这类犯罪的行为人并无过多地限制其权利的必要,但当下行为人所承担的刑罚附随效果却与其他普通犯罪无异,这与罪刑相适应原则相抵触。为此,近年来,有的学者明确提出,构建轻罪体系之后,每年由违法行为转化而来的轻微犯罪的罪犯可能承担过多的负面后果,因此,有必要及时建立包括轻罪的犯罪记录封存在内的(广义)前科消灭制度,即对轻罪罪犯的犯罪记录不向社会公开,在其受到刑事处罚或刑满释放的一定期限后,如果其没有再犯罪危险性的,取消其择业限制或消灭其前科,使其更好地融入社会。笔者认为,这一建议不仅有利于对犯罪人的改造,能够最大限度地减少犯罪标签化对罪犯回归社会的负面影响,还有利于社会和谐、稳定,是值得认真研究的,可以考虑对醉酒驾驶汽车的初犯,自被不起诉、缓刑考验期结束或刑罚执行完毕后3年内没有再犯新罪的,消灭其犯罪记录,最大限度地减轻醉驾犯罪的附随效果,以帮助犯罪分子积极回归社会。

四、危险驾驶罪的情境预防策略

可以认为,对醉驾型危险驾驶的刑事治理并没有取得较好的成效,大量公民因此被打上犯罪分子的标签,社会公众可能对他们产生敌意和歧视,从而激起他们与社会对抗的情绪,这既不契合当前的刑事司法理念,也达不到社会治理现代化的要求。要有效减少这类犯罪,通过修改刑法适度提高定罪门槛是选项之一,另外一个值得考虑的方案是通过技术手段实现犯罪预防。

(一)控制"醉驾"犯罪与情境预防

任何犯罪的出现都有其复杂原因,事后惩罚有的时候无效,有的时候因为代价过

---

① 参见周光权:《积极刑法立法观在中国的确立》,载《法学研究》2016年第4期。

高而无益①,因此,要有效预防、控制犯罪,就需要剖析动因、找准"病根",精准施策。犯罪控制是一个系统工程,刑法只是其中的一种手段,而且是代价最高的手段。在技术手段不断改进的基础上,有效减少危险驾驶罪的发案率,使刑法仅成为"最后手段",是需要认真考虑的。

确实,最好的社会政策是最好的刑事政策。"我们必须更多地关注预防犯罪而不是犯罪后的控制,应该在犯罪的结构和根源上多做工作。"②从减少犯罪发生率,推进社会治理创新的角度看,一味地对醉酒驾驶进行事后查处、定罪处罚,并不是解决问题的最好办法。从技术手段角度思考犯罪预防、控制策略,可能更有助于破解难题。

要有效减少危险驾驶罪,笔者认为,强制安装车载酒精检测装置应是一个治本之策,是对本罪进行体系化治理的重要一环和关键手段。这种措施的采用,是对犯罪学上情境预防理论的运用,即通过改变犯罪被实施的场所以及相关状况,增加犯罪的难度或者被发现的可能性,减少犯罪的机会,进而预防犯罪。例如,普通家庭从之前的使用有毒煤气转向使用天然气,使得通过吸入一氧化碳气体中毒的自杀事件、教唆帮助自杀案件等大量减少;商铺里监控装置的增加、将住宅的门锁升级换代使得入室盗窃减少等,都是情境预防的适例。③ 情境犯罪预防的任务,涉及减少犯罪机会的多种措施:①针对十分具体的犯罪形式;②以尽可能系统而持久的方式,管理、设计和操纵直接环境;③使很多犯罪人感到犯罪更加困难和危险,或者犯罪得到回报更少、犯罪更不能被原谅。④ 犯罪的情境性预防,多数时候体现为增加对于犯罪的环境影响,增加犯罪的物理性障碍。在机动车上强制安装车载酒精检测装置,能够实现犯罪的情境预防效果。我们必须清醒地认识到控制犯罪不能完全寄希望于刑法,不能过于依赖法院对被告人的定罪量刑。在推进国家治理体系和治理能力现代化进程中,有必要追求刑事、经济和社会一体化的犯罪预防理念。我国有必要通过相关立法,强制汽车制造商在车辆中安装防车载酒精检测装置。

(二) 关于强制安装车载酒精检测装置的具体建议

对于强制安装车载酒精检测装置,需要研究以下问题:

其一,组织力量研发车载(汽车专用)酒精检测装置。该装置安装在汽车方向盘位置,在主驾驶座位上的驾驶员落座后启动车辆时,如果驾驶员体内酒精含量达到一定程度,与酒精检测装置配套的车内报警器就会自动发出警告,车辆亦不能启动。因

---

① 参见〔英〕边沁:《道德与立法原理导论》,时殷弘译,商务印书馆2011年版,第218页。
② 〔美〕斯蒂芬·E.巴坎:《犯罪学:社会学的理解》,秦晨等译,上海人民出版社2011年版,第627页。
③ 参见〔日〕川出敏裕、〔日〕金光旭:《刑事政策》,钱叶六等译,中国政法大学出版社2016年版,第226页。
④ 参见〔美〕亚历克斯·皮盖蒽主编:《犯罪学理论手册》,吴宗宪主译,法律出版社2019年版,第223页。

此,这种装置的功能是在驾驶员发动汽车之前,强制要求其接受酒精检测,唯有在检测通过之后才能启动,通过技术手段来预防危险驾驶犯罪。

其二,对于这种装置,比较理想的状态是对于新车全部强制安装。该设备的安装费用可由生产商、销售商、顾客分担,还可以由保险公司承担一部分费用。政府在技术运用初期可以给予对汽车制造商适当补贴。

其三,如果对全部车辆强制安装酒精检测装置有困难,建议对因酒后驾车被行政处罚的人,其私家车必须强制安装酒精检测设备,以确保有酒后驾车经历的人在发动汽车之前必须先接受酒精检测,通过技术手段预防其从违法人员转变为醉酒驾车的犯罪人。

其四,研发和运用车载酒精检测装置是汽车制造商、销售商履行社会责任的具体表现。对相关企业,建议由主管汽车工业的工业和信息化部给予资金支持、政策激励;对相关科研项目由科学技术部优先予以立项。

其五,研发这一技术要克服畏惧心理,不宜过分担忧技术研发及运用的难度。目前,家庭用(手持)空气检测仪在检测雾霾的同时,也能够近距离检测酒精含量。因此,应当相信在卫星能够上天、现代科学技术日新月异的今天,只要有关主管机关重视、司法机关积极推动,及时研发、安装、利用车载酒精检测装置完全是有可能的。

其六,在技术研发阶段,鼓励汽车生产商在产品中安装酒精检测装置。待时机成熟后,修改相关汽车产品的技术标准,要求汽车强制安装该装置,并规定一定的过渡期。对于国外进口汽车,之后也需要遵守中国政府规定的汽车制造标准。

总之,积极推进车载酒精检测装置的研发、应用,对于通过科技革命预防犯罪具有重大意义。事实上,汽车制造商对于预防"醉驾"的技术一直在进行探索。2007 年,日产汽车发布了一款防止酒后驾驶概念车,该概念车通过酒精气味传感器、面部监控和车辆操作行为来检测驾驶员是否酒驾。同年,丰田汽车也宣布将很快推出类似系统。2019 年,沃尔沃公司宣布将在汽车中安装摄像头和传感器,以监控驾驶员是否有醉酒或走神的迹象,然后发出信号进行干预。不过,由于此前一直没有立法强制要求对酒后驾驶进行预防和检测,因此,尽管汽车制造商虽陆续研发过相关技术,但出于降低汽车制造成本的考虑,以及客户并无主动安装的动机等原因,并没有真正推进实施。

值得注意的是,据《南方都市报》报道,美国参议院于 2021 年开始审议一项长达 2702 页的《基础设施投资和就业法案》,计划投入 1 万亿美元用于基础设施建设。该法案包含一项"减少所有人的驾驶伤害"条款,要求美国交通部在 3 年内制定一项醉酒检测的技术安全标准,以减少醉酒驾车。为此,汽车制造商可以运用摄像头来监测司机是否醉酒,在醉酒状态下,司机看周围环境的表现和眼睛对刺激的反应都会有明显变化,而随着自动驾驶技术的发展,用摄像头监控司机的方案已经非常成熟。除安装摄像头进行人脸图像识别这一方案之外,其他检测设备也可能被安装于方向盘等位置,当司机触摸时,该设备自动启用红外皮肤检测,确定驾驶员血液中的酒精含量,制造商还可以在车上安装传感器来监测驾驶员的呼吸情况。如果传感器检测出司机很可能醉酒,那么司机就必须使用安装在车上的呼气测试装置进行最终检测,通过后才能启动汽车。美国目前的法案没有具体说明将采用哪项技术来防止醉酒驾驶,但表示必须"监控机动车辆驾驶员的表现,以准确识别该驾驶员是否可能引起损害"[①]。如果该项技术能够实质性推进,对于防止"醉驾"引发交通参与人死伤一定具有重要意义。对这一技术运用的效果和动向,我们有必要给予密切关注。当然,未来如果有可能推进这一技术的运用,需要协调好其与个人信息保护之间的关系,尤其是确保获取个人行踪轨迹、人脸识别信息的汽车公司等个人信息处理者履行好相关法律义务。

无论如何应当承认,在我国,如果每年能够通过技术手段减少30万人以上的罪犯,这无论对于国家、社会和个人都是一件有意义的大事,既事关不特定多数人的公共安全,也可以被看成涉及千家万户的民生工程,值得汽车制造业、相关行政主管部门、司法机关认真研究,积极推进。

五、结语

理想的刑法教义学,一方面必须立足于精巧的解释,并逐步形成无矛盾的自在体系;另一方面必须积极回应时代的要求,使得刑法判断具有合目的性。前者与学者自身的解释能力、思考能力有关,后者则与学者对社会发展状况的了解以及对刑事一体化思想的把握有关。

我国刑法学研究在很大程度上已经意识到了储槐植教授所极力倡导的刑事一体化思想的重要性,并对该理论进行了一定程度的调整,同时大幅度拓宽了研究视野,使我们在追求刑法教义学的精致化过程中始终保持警醒,能够更加关注现实,确保刑法理论能够"从实践中来,到实践中去",关注其他刑事法学科的发展动向,在独特的实务经验和理论基础上构筑具有中国特色的刑法理论,避免刑法教义学"为体系而体系"。刑法学如果不对我国实务难题给予足够关注和迅速回应,教义学理论无论自洽到何种程度,其存在价值都是有限的,都与刑事一体化的理念相抵触。在这个意义上,可以认为,储槐植教授所提倡的刑事一体化理论给我国刑法学的发展带来了巨大冲击。

---

① 李娅宁编译:《美国或将强制车企安装传感器检测酒驾,醉酒时不能启动车辆》,载载搜狐网(https://www.sohu.com/a/482799073_161795),访问日期:2021年8月30日。

"有毒、有害食品"的语用考察

王政勋[*]

生产、销售有毒、有害食品罪的行为对象是"掺入有毒、有害的非食品原料的食品",其中的核心词汇是"食品""有毒、有害的非食品原料",本文拟通过语用学的考察探究其在刑法适用中的规范意义。

一、"食品"的本义和引申义

食品的基本语义十分清楚,但随着社会的发展,食品的语义也在发生变化,出现了若干引申义;在食品安全犯罪中,其引申义的范围如何确定,已经成为司法实践中的难点。基于法益保护的需要,《食品安全法》第150条规定,食品是指各种供人食用或者饮用的成品和原料以及按照传统既是食品又是中药材的物品,但是不包括以治疗为目的的物品。根据该规定,食品包括:

①供人食用、饮用的成品。这是食品的本义,是典型意义上的食品,如饭菜、瓜果、饮用水、饮料、酒精类饮品、奶粉、各种零食等。

②食品的原料,包括制作各种食品成品的原料。中国餐饮业发达、菜品丰富、菜系繁多,饮食文化源远流长,食品原料的范围极广,既包括未经过加工的食品原料,如粮食、蔬菜、瓜果、活猪、活羊、各种水产,也包括经过加工的食品原料,如鲜肉、鲜奶、面条、豆腐等粮食制品,火腿、香肠等肉制品等;既包括食用农产品,也包括可成为食品原料的工业产品,如味精、白糖;既包括制作食品的主材料,如粮食、蔬菜、肉类,也包括各种天然的或人工的调味品,如香料、食盐、酱油、醋、食用油等;既包括人工种植、养殖的食用农产品,也包括野生的、可用于制作食品成品的动植物,如野生兔子、野生鳝鱼、远洋捕捞的水产品、野生竹笋等野菜等。动物活体包括养殖的和野生的,如果用作制作食品成品的原料,属于"食品"的范畴。通常所说的"食品"中自然不包括这些原料,但基于法益保护的目的,在食品安全犯罪中应当将这些食品原料包括在内。所以,农作物的植物活体如果是可以直接用来作为食品原料的,属于"食品",如白菜、萝卜等蔬

---

[*] 西北政法大学教授、博士生导师。

菜;如果不能直接用来作为食品原料,其中可以作为食物原料的部分属于"食品",如小麦、水稻的秸秆不是食品,麦粒、谷粒则属于食品。

③按照传统既是食品又是中药材的物品,但是不包括以治疗为目的的物品。中国传统医学发达,在中国传统医学中,很多物品都既可以作为食品食用,又具有一定的疾病治疗效果,可以作为中药材使用,如丁香、八角茴香、藿香、小茴香、生姜、花椒、百合、肉豆蔻、赤小豆、桑葚、莲子、大枣、枸杞子、桃仁、胖大海、杏仁、紫苏、黑芝麻、黑胡椒、蜂蜜、蒲公英、菊花、槐花、黄独①等。作为食品时,这些物品中有的可作为调味品,如八角茴香、生姜、花椒,有的可作为食品的配料,如百合、枸杞子、杏仁、大枣;有的可制作饮品,如蜂蜜、菊花、胖大海;有的可以作为零食,如桑葚、莲子、桃仁,有的甚至可以作为菜肴的主料,如鱼腥草、马齿苋、木瓜,或者作为主食,如黄独、山药等。这些物品药食同源,如果放在中医药方当中和其他中药材配合使用,可起到治疗疾病的作用,如果作为食品或者食品原料,也能起到补充营养、调味、保健甚至充饥的作用。当这些物品作为食品或食品原材料使用时,如果在其中掺入有毒、有害的非食品原料的,构成生产、销售有毒、有害食品罪;如果在其作为药品使用时掺入有毒、有害的非食品原料的,则根据具体情况分别成立生产、销售假药罪或者生产、销售劣药罪。

以下两种情况值得注意:第一,"食品"范围会随着生活条件的不同而有变化,刑法适用的言外语境对"食品"范围的确定有较大影响。例如,在老百姓饥肠辘辘、面有菜色的普遍贫困时代或者困难时期,人对食品的要求比较低,只要能够充饥就可以入腹,如旧社会普通百姓吃糠咽菜,红军长征时煮皮带充饥,三年困难时期时很多人吃榆树皮,等等。在这种情况下,很多现在看来不可能成为食品的物品都被人食用。在贫困地区,人们对食品的要求也比较低,一些在富裕地区的人看来不能食用的物品也被作为食品。但无论如何,这些物品中不能含有有毒、有害物质,更不能在其中添加有毒、有害的非食品原料。第二,以非食品(不适用于人类食用的物品)冒充食品的,仍然可以成立生产、销售有毒、有害食品罪,如将工业酒精勾兑成散装白酒出售给他人的,将工业用猪油冒充食用油出售给他人的,也成立销售有毒食品罪。②

2022年1月1日起施行的最高人民法院、最高人民检察院《关于办理危害食品安全刑事案件适用法律若干问题的解释》(以下简称《食品犯罪司法解释》)第11条第3款规定:"在保健食品或者其他食品中非法添加国家禁用药物等有毒、有害的非食品原料的,适用第一款的规定定罪处罚。"据此,保健食品也属于食品。保健食品中含有一定的药物成分,虽然也具有一定的治疗功效,但总体上看不属于药品而属于食品。

---

① 杜甫《乾元中寓居同谷县作歌七首》中有"黄独无苗山雪盛,短衣数挽不掩胫。此时与子空归来,男呻女吟四壁静"的诗句。当时杜甫饥寒交加之下自己上山采挖黄独以充饥,无奈因雪大无苗、难以寻找而"空归来"。黄独既可入药,亦可食用。

② 参见张明楷:《刑法学》(第6版),法律出版社2021年版,第954页。

药品需要经过医生的诊断后才能开出,药品的服用需要遵守医嘱,而保健食品既无须经过医生的诊断就可以得到,服用时也无医嘱可以遵守。药物一般具有一定的毒副作用,药物的发明需要经过严格的药理分析和临床试验,其生产具有严格的准入条件和生产标准,在保健食品中添加特定药物的,缺乏这种风险评估和安全控制机制,从而使服用者的身体健康处于巨大的风险之中。原卫生部在2002年2月28日发布的《关于进一步规范保健食品原料管理的通知》中规定,申报保健食品涉及食品添加剂、真菌、益生菌等物品、动植物物品(或原料)等物质的,必须遵守有关规定;该通知还在附录中列示了"保健食品禁用物品名单"。所以,在减肥保健食品中添加副作用巨大的"西布曲明"等药物成分的,在男性保健食品中添加"伟哥"等禁用物品的,成立生产、销售有毒、有害食品罪。

二、"有毒、有害的非食品原料"的语用意义

非食品原料是习惯上或者根据其性能、成分而不能食用、饮用,也不能作为食品配料、辅料的物品。非食品原料不具有营养价值和安全性能,不可能满足人体的生理需求和其他需求,甚至会对人体健康和生命安全造成危害。

广义上的非食品原料范围很广,用俗话说,那些不能吃、不能喝、不能入口、不能也不该进入人的消化道的物品都属于非食品原料,如泥土、金属、木材等。但具体到本罪中,行为人在食品中掺入非食品原料时总有其目的——牟取非法利润,如通过"瘦肉精"使猪肉中的瘦肉产出率提高,通过添加有毒化学成分给食品增色整形、使食品原料的外观看上去更新鲜,以工业酒精兑水后冒充白酒以降低成本,等等,如果不能达到该目的,想来也不会有人将其掺入食品,所以,本罪中的非食品原料多是那些有助于行为人牟取非法利润的非食品原料。

根据刑法规定,本罪中的非食品原料应该是"有毒、有害的非食品原料"。所谓"有毒",是指物品因含有某种特定化学物质,在被人食用后该化学物质能够与人的肌体发生某种生物化学或生物物理反应,干扰、破坏肌体的正常生理功能,引起暂时性或持久性的病理状态甚至危及生命的性状。"有毒性物质"不限于各种毒药,在本罪中主要也不是指各种毒药,而是指能够使食品或食品原料增色、提味、提高其观感或口感的那些毒害性物质。所谓"有害",是指食用后会危害人的身体健康甚至威胁人的生命的情形。虽然有学者指出,"'有毒'是从物质本身的特性来理解的,而'有害'是从物质所造成的结果来理解的,它们二者表达意义的角度和侧重点并不相同"[①],但事实上,两者的意义在本罪中是基本相同、相通的,有毒的必然是有害的,有害从有毒而来。质言

---

① 骆群:《对生产、销售有毒、有害食品罪中几个概念的辨析》,载《湖北社会科学》2013年第6期。

之,"有毒、有害的非食品原料"是指掺入食品被人食用后会对人体健康产生危害的物质。

2013年《食品犯罪司法解释》第20条规定的有毒、有害的非食品原料包括四种:①法律、法规禁止在食品生产经营活动中添加、使用的物质;②国务院有关部门公布的《食品中可能违法添加的非食用物质名单》《保健食品中可能非法添加的物质名单》上的物质;③国务院有关部门公告禁止使用的农药、兽药以及其他有毒、有害物质;④其他危害人体健康的物质。2022年《食品犯罪司法解释》修改了原司法解释的内容,在第9条重新界定了"有毒、有害的非食品原料"的范围,具体包括:①因危害人体健康,被法律、法规禁止在食品生产经营活动中添加、使用的物质;②因危害人体健康,被国务院有关部门列入《食品中可能违法添加的非食用物质名单》《保健食品中可能非法添加的物质名单》和国务院有关部门公告的禁用农药、《食品动物中禁止使用的药品及其他化合物清单》等名单上的物质;③其他有毒、有害的物质。

新旧司法解释的根本区别,在于新解释在旧解释的前三项内容中增加了"因危害人体健康"的表述。该表述具有非常重要的意义。

这里涉及行政违法性和刑事违法性的关系。根据缓和的一元的违法论,行政违法和刑事违法两者本不相同,违反行政法的行为在刑法上未必违法,刑法上的违法则必然违反了行政法或其他相关部门法的规定。但是,行政违法和刑事违法到底是仅有量上的区别,还是量、质两个方面均有差异,理论界和实务中均存在不同观点、不同做法。

在笔者看来,这两者不仅有量上的不同——行政违法较为轻微,刑事违法更为严重;更有质上的差别。其原因在于:第一,刑法和作为前置法的行政法在规范保护目的上有所不同。行政法的价值是实现行政管理的目的,更强调对行政秩序的维护;刑法的目的则是保护法益,是要惩处以违反规范的方式实施的侵害法益的行为。第二,刑罚的根基是报应,是对犯罪人所实施的危害社会的行为的一种回报,立足于"向后看",是一种回顾性的惩罚措施,是对犯罪人的一种谴责和否定,具有浓厚的道义上的谴责性;行政处罚的目的在于维护社会秩序,立足于预防,更多的是一种展望性的保安措施,其中不含有明显的谴责性评价。第三,刑法作为一种司法法,其终极价值是公正,更强调自由保障的功能;行政法的最高价值则是效率,更强调以最小的投入、最低的成本达到维护社会秩序的功能。由于两者规范目的迥然有别,刑事违法性和行政违法性在质上的区别不容忽视。

无行为则无犯罪,在刑法分则中,这里的行为是指实行行为,而实行行为应当具有实行行为性,即实行行为不仅在形式上该当于刑法分则明文规定的构成要件,而且实质上具有导致结果发生的危险性,没有这种危险性的行为不是实行行为。无论是立足于结果无价值的立场还是立足于以结果无价值为基础、兼顾行为无价值的立场,法益侵害的结果、危险对于犯罪的成立都具有重要意义,只有发生了危害结果的(结果犯),或者具有发生危害结果的高度危险的(危险犯),才能认定为犯罪行为。通常所说的"行为犯"虽然不要求有法定结果、法定危险,但这只是在法条上未作明确规定,事实上,刑法规定为行为犯的那些犯罪,在其实行行为中均包含法益侵害的高度危险性,只是由于这种危险性已经成为一种类型化的、只要实施了行为就必然具有的危险,无须对其进行具体判断,因而也就没有必要在法条上作出明确规定。所以,不具有发生危害结果的危险性的行为不具有实行行为性,这样的行为也就不构成犯罪。

从刑法解释的角度看,对实行行为(构成要件行为)的解释是形式解释和实质解释的结合,形式解释是看当下案件中的行为在语义上是否符合刑法分则的明文规定,不符合刑法分则要求的行为不是实行行为;实质解释是看当下案件中的具体行为是否具有发生危害结果的现实危险性,如果不具有这种危险性,仍然不应将其认定为犯罪的实行行为。

所以,在考察法定犯的刑事违法性时,需要分三步进行:第一,行为是否违反了相关行政法的规定。未违反行政法规定的行为不可能具有刑事违法性,在行政法上合法的行为不可能成立犯罪。行政违法性划定了法定犯的最大范围。第二,违反行政法的行为未达到相关司法解释所规定的罪量要求的,仅具有行政违法性,不构成刑法上的犯罪。第三,对于具有行政违法性、达到了相关司法解释所规定的罪量要求的行为,应当进一步从实质上考察该行为是否侵害了特定犯罪的保护法益。由于行政法和刑法具有不同的规范目的,对于仅妨害了行政法的规范目的、未侵害刑法所保护的特定法益的行为,不认定为犯罪;只有那些以违反规范的方式侵害了刑法的保护法益的行为,才具有实行行为性,才能最终被认定为犯罪。

如果对行政违法和刑事违法两者之间质的区别不予考虑,必然陷入机械执法、教条执法的泥潭,如"毒豆芽"系列案件。

【"毒豆芽"系列案】[①]

从20世纪80年代开始,我国菜农在豆芽制发过程中使用"无根剂""速长王"等植物生长调节剂,其主要成分是6-苄基腺嘌呤和4-氯苯氧乙酸钠以及赤霉素,用于提高发芽率、调节豆芽根茎生长,这种做法曾被广泛认可并推广,但这种情况在2011年相关食品安全标准修订后发生了变化。卫生部发布的食品安全国家标准《食品添加剂使用标准》(GB 2760-2011)中不包含已被作为植物生长调节剂的6-苄基腺嘌呤和4-氯苯氧乙酸钠;之后,质检总局发布了《关于食品添加剂对羟基苯甲酸丙酯等33种产品监管的公告》(2011年第156号公告),禁止食品添加剂企业生产6-苄基腺嘌呤和4-氯苯

---

① 参见杜小丽:《抽象危险犯形态法定犯的出罪机制》,载《政治与法律》2016年第12期。

氧乙酸钠,同时禁止食品企业加以使用。此后,各地执法机关开始按照公告要求进行清理,多名菜农被认定构成生产、销售有毒、有害食品罪。

这一情况很快引起了广泛关注。中国食品工业协会豆制品专业委员会秘书长吴月芳为此上书国务院和最高人民法院,希望引起中央领导关注,请求法院慎重处理。国内食品科学专家也从食品科学角度对豆芽生长机理进行分析,认为使用6-苄基腺嘌呤和4-氯苯氧乙酸钠不会造成食品安全问题,强调不能因为食品安全标准的变化就对已经采用了近三十年的食品工艺予以全面否定。

在舆论媒体的关注下,最高人民法院于2014年表态,正在调研,收集汇总情况后提出初步处理建议。此后,各地法院对此类案件大都从轻处理。

在"雷某某、谭某某生产、销售有毒、有害食品案"中,被告人为了提高豆芽销售量,在生产豆芽的过程中往豆子里添加无根素(主要成分为6-苄基腺嘌呤,此类豆芽俗称"毒豆芽")。辩护人认为,6-苄基腺嘌呤不是有毒、有害物质,不属于禁用的农药或生长调节剂。但法院认为,国家质量监督检验检疫总局《关于食品添加剂对羟基苯甲酸丙酯等33种产品监管工作的公告》中规定,食品生产企业禁止使用6-苄基腺嘌呤。依照《食品犯罪司法解释》(2013年)第20条第(一)、(三)项之规定应当认定为被禁止使用的有毒、有害物质,故判决被告人雷某某、谭某某成立生产、销售有毒、有害食品罪。

但在"郭晓某、鲁某生产、销售有毒、有害食品案"中,法院却作出了无罪判决。法院认为,被告人虽在生产绿豆芽的过程中使用了非食品原料,但没有证据证明二被告人在豆芽上喷洒"速长王"后所检测出的6-苄基腺嘌呤、赤霉素等三种物质对人体能造成何种危害,故二被告人的行为应属情节显著轻微危害不大,不认为是犯罪。①

2015年2月6日,中国人民大学刑事法律科学研究中心举办了"无根豆芽案件法律问题学术研讨会",司法部门、食品安全管理部门的有关人员参加了会议。研讨会上达成以下共识:第一,无根剂(主要成分为6-苄基腺嘌呤、4-氯苯氧乙酸钠和赤霉素)不属于有毒、有害的非食品原料。第二,生产、销售使用无根剂豆芽的行为,不构成生产、销售有毒、有害食品罪,也不构成生产、销售不符合安全标准的食品罪。第三,建议人民法院对生产、销售使用了无根剂豆芽的行为不追究刑事责任。对正在刑事追诉中的上述行为,应当依法撤销案件,或不起诉,或终止审理,或宣告无罪,原刑罚已执行的,受害人(原审被告人)可依《国家赔偿法》的规定享有取得赔偿的权利。第四,建议媒体报道时对生产、销售使用了无根剂的豆芽不再使用"毒豆芽"一词,以免给人们造

---

① 参见赵秉志、张伟珂:《食品安全犯罪司法认定问题研究》,载《中南民族大学学报(人文社会科学版)》2017年第2期。

成这种豆芽就是有毒豆芽的感觉,造成人们的过度恐慌。①

在2015年全国"两会"上,全国人大代表、重庆市人民检察院检察长余敏提交了一份建议,称毒豆芽案件有争议,亟须明确其法律适用。2015年5月9日,最高人民法院刑二庭负责人谈到自己对"无根豆芽"案的观点时称,此类案件不适用《刑法》第144条生产、销售有毒、有害食品罪,各地法院不宜直接将6-苄基腺嘌呤等物质认定为有毒、有害的非食品原料,不能在"有关部门公告禁止使用的物质"和"有毒、有害物质"之间简单地画等号。此后,各地频繁出现对毒豆芽案件当事人的保释或撤诉。2015年6月16日,辽宁省葫芦岛市连山区人民法院作出全国首例毒豆芽案无罪判决。在毒豆芽案争议的数年间,已经有数千名从事豆芽生产的菜农被定罪判刑。

所谓"毒豆芽"案件涉及刑法学中的许多重大问题,这些问题包括:第一,其他法律、法规中的规定是否可以直接作为刑法解释和刑法适用的依据?第二,犯罪的本质到底是规范违反还是法益侵害?具体到本罪,生产、销售有毒、有害食品罪是具体危险犯还是抽象危险犯?第三,"毒豆芽"系列案件中是否涉及违法性认识?第四,民意对刑法适用是否有影响?如果有,应该是何种意义上的民意?

①其他法律、法规中的规定是否可以直接作为刑法解释和刑法适用的依据?

在所谓的"毒豆芽"案件中,虽然卫生部、国家质检总局的规定禁止食品添加剂企业生产、禁止食品企业使用6-苄基腺嘌呤和4-氯苯氧乙酸钠,如果有生产、使用的行为则成立行政法上的不法,但是否进一步成立刑事不法,并不能因其行政违法而得出肯定结论。根据刑法解释的一般原则,当行政法或其他部门法上的概念、范畴进入刑法文本后,由于文本"系统压力"的作用,其基本意义虽然不变,但其边缘意义却需要受刑法文本中上下文的制约,在文本之中进行字、词、句、段、篇之间的解释论循环以确定其具体意义;还需要受刑法文本整体意义的制约,在理解和解释这些概念、范畴时,需要根据刑法的目的和任务、刑法的基本精神和刑事政策,根据罪刑法定原则、法益侵害原则、责任原则,对其进行刑法意义上的解读,挖掘出其核心意义之外的边缘意义、典型意义之外的非典型意义。刑法和行政法的规范目的、价值追求均有不同,刑法的目的在于惩治犯罪、保护法益,行政法的目的在于进行有效的社会管理;刑法的核心价值是公正,行政法的核心价值是效率,为了实现对社会的有效管理,以效率为价值目标的行政法规范与刑法规范之间未必完全合拍;行政法规范涉及范围极广,不同的禁止性规范有不同的规范目的,有的可能是直接保护具体的社会利益,也有的则是提高行政效率——其根本目的虽然是在更大范围内、从长远上保护社会利益,却未必和当下的具体法益有直接联系。可见,行政法等其他法律、法规中的规定并不能直接作为刑法

---

① 参见欧锦雄:《"问题豆芽"案的刑事法治报告》,载《北方法学》2016年第1期。

解释和刑法适用的依据,虽然这些规定的基本意义不会因为进入刑法而发生变化——否则就违反了一元的违法论的立场,但其具体意义则会因为刑法文本的"系统压力"的作用而出现微调。

为什么要将6-苄基腺嘌呤和4-氯苯氧乙酸钠从食品安全国家标准《食品添加剂使用标准》(GB 2760-2011)中调整出去,在卫生部办公厅《关于〈食品添加剂使用标准〉(GB 2760-2011)有关问题的复函》(卫办监督函〔2011〕919号)中明确指出:"1-丙醇、4-氯苯氧乙酸钠、6-苄基腺嘌呤……23种物质,缺乏食品添加剂工艺必要性,不得作为食品用加工助剂生产经营和使用。"①事实上,卫生行政管理部门一直认为豆芽生产属于农业生产的范围,不属于食品生产,其归口管理部门应当是国务院农业主管部门。2004年,卫生部在给北京市卫生局的《关于制发豆芽不属于食品生产经营活动的批复》(卫监督发〔2004〕212号)中认为,"豆芽的制发属于种植生产过程,不属于《中华人民共和国食品卫生法》调整的食品生产经营活动"。此后卫计委多次认为应当将豆芽作为"农产品"进行管理,对于6-苄基腺嘌呤等植物生长调节剂,应当作为农药由农业部重新登记。但农业部并不认可这种说法,在中国食品工业协会豆制品专业委员会向农业部请示豆芽制发是否属于种植活动时,农业部称"豆芽属于豆制品,其制发过程不同于一般农作物的种植活动,生产经营应符合食品安全法的有关规定","目前尚无农药产品在豆芽上登记使用,我部不受理植物生长调节剂在豆芽制发中登记"。基于此,6-苄基腺嘌呤、4-氯苯氧乙酸钠并未被农业部接受为植物生长调节剂。② 由此可知,卫生部门之所以称"缺乏食品添加剂工艺必要性",是因为其认为豆芽制发属于农业部该管事项,促进豆芽生长的6-苄基腺嘌呤、4-氯苯氧乙酸钠是植物生长调节剂而不是食品添加剂,所以才将其从《食品添加剂使用标准》(GB 2760-2011)中删除。这和食品安全并无关系。卫生部门对该规范性文件的调整是为了行政管理的需要,而不是出于保证食品安全的规范目的。基于行政管理的需要而作出的调整,和刑法打击犯罪、保护法益的规范目的显然不一致。

卫生部门认为豆芽是农产品、农业部门认为豆芽是食品,该争论对于刑法的适用和解释并无意义。它们的争论是基于行政管理的需要,从刑法上看,豆芽毫无疑问属于食品——如前所述,食品包括"各种供人食用或者饮用的成品和原料",连活猪、活羊、活的水产品作为食品原料都属于刑法上"食品"的范畴,豆芽作为一种食品原料,当然也属于生产、销售有毒、有害食品罪中的"食品"。既然是食品,那么在其中掺入有毒、有害的非食品原料的行为就成立本罪,而如果掺入的并非有毒、有害的物质,就不

---

① 赵秉志、张伟珂:《食品安全犯罪司法认定问题研究》,载《中南民族大学学报(人文社会科学版)》2017年第2期。

② 参见刘伊曼:《豆芽,到底归哪个部门管?》,载《环境经济》2014年第6期。

能成立本罪。对于有毒、有害的非食品原料,应当从实质上加以判定,而不能直接根据相关法律、法规的规定仅作形式判断,即"不能在'有关部门公告禁止使用的物质'和'有毒、有害物质'之间简单地画等号"。

②生产、销售有毒、有害食品罪是具体危险犯还是抽象危险犯?

本罪到底是具体危险犯还是抽象危险犯,关涉是否可以把"有关部门公告禁止使用的物质"直接认定为本罪中的"有毒、有害物质"。刑法学界有人认为本罪是抽象危险犯,他们认为:第一,生产、销售有毒、有害食品罪是法定犯,刑法是二次法和保障法,司法认定应依托行政法的规定;第二,生产、销售有毒、有害食品罪是抽象危险犯,不需要司法独立判断是否造成实际的法益侵害或法益侵害危险,只要有生产、销售有毒、有害食品的行为即侵害了相关领域的经济秩序即可;第三,如果一味要求判断生产、销售有毒、有害食品行为及其危害结果之间的因果关系,诉讼程序中的刑事证明将非常困难,不利于打击犯罪;第四,现阶段我国食品领域犯罪多发,应遵循宽严相济的刑事政策,宜从严打击。① 更有人站在行为无价值的立场上进一步认为,只要在生产加工食品过程中违反行政法规范(如《食品安全法》《农药管理条例》《农产品质量安全法》等)加入有毒、有害物质,就可构成生产、销售有毒、有害食品罪,即使最终鉴定整个或整批食品的量化指标未达到有毒、有害程度。例如,白酒厂商在白酒装瓶前,在酒缸里加入少量剧毒杀虫剂敌敌畏,即便最终检测不出敌敌畏物质的量,也应以生产、销售有毒、有害食品罪定罪处罚。②

这种观点难以成立。论者所持的理由中,关于第一点,虽然对法定犯的司法认定应当依托行政法的规定,但是,由于规范保护目的的不同,行政违法只是为刑事违法提供了指引,而不是直接取代了刑法的司法判断。正如学者所说的:"在存在犯罪认定需要参照前置法的情况下,具备前置法违法性,极有可能产生类似于刑事程序上'初查'的效果。行为人违反前置法的事实可能会提示司法人员:行为人有构成犯罪的一定程度上的嫌疑……在认定罪与非罪时,对每一个具体犯罪的构成要件要素(尤其是客观构成要件要素),必须根据刑法设置该罪的特定化、具体化目的进行解释,既不能形式地将行政违法判断套用到犯罪认定上,也不能不加甄别地直接援用行政机关的决定或鉴定作为判断依据。"③第三点、第四点理由的错误之处非常明显。刑法并未把本罪的基本犯规定为结果犯,根据《刑法》第144条的规定,成立本罪的基本犯只要有生产、销售有毒、有害食品的行为即可,无须证明因果关系的存在。只有在需要适用更高法定刑时,"对人体健康造成严重危害""致人死亡"才成为结果要件,才需要证明生产、销售行为和该结果之

---

① 参见杜小丽:《抽象危险犯形态法定犯的出罪机制》,载《政治与法律》2016年第12期。
② 参见欧锦雄:《"问题豆芽"案的刑事法治报告》,载《北方法学》2016年第1期。
③ 周光权:《论刑法所固有的违法性》,载《政法论坛》2021年第5期。

间的因果关系。本罪不同于环境犯罪,由于污染环境和危害公众健康、致人死亡之间的因果进程历时久远、地域广阔、进程复杂,其因果关系的证明较为困难,但即使在这种情况下人们还是可以通过推定的方式来认定是否存在因果关系。本罪的因果进程较为简单,很多有毒、有害物质是否会危害人体健康、致人死亡,已经有可靠的科学结论作为支撑,而致病致死物质是否进入人体,其证明也并不困难。退一步说,即使因果关系的证明非常困难,也不能率尔作出不需要因果关系的存在这一不符合刑法规定的结论,而应当想办法证明因果关系的存在,否则不是公然的违法吗?食品领域犯罪多发,确实需要在一定程度上加大打击力度,但这是在贯彻宽严相济刑事政策的前提下的从严打击,而不是一味从严,更不是违反法律的明文规定而从严。

认为本罪是抽象危险犯的学者在犯罪本质问题上多采规范违反说,即犯罪的本质是对规范的违反,在违法性的本质问题上则采行为无价值论。但是这种观点由于带有浓厚的国家主义色彩、过分重视主观要件,早已被理论界抛弃,目前的通说是"法益侵害说"或者"法益侵害+规范违反说",以及结果无价值论或者以结果无价值为基础兼顾行为无价值的立场,后者仍然认为法益侵害是基础,规范违反只起补充作用。如果重视法益的作用,那么掺入有毒、有害的非食品原料后,如果被掺入的食品并未因此而有毒、有害,就不可能危害人体健康,更不可能造成生命危险,也就没有法益侵害,在这种情况下,行为当然不能成立犯罪——只有行为造成了法益侵害的结果或者危险时,才有追究犯罪的余地。

表面看来,"掺入有毒、有害的非食品原料"是指所掺入的非食品原料是"有毒、有害的",而不是指掺入有毒、有害的非食品原料后导致该批被掺入的食品成为有毒、有害的,但本罪的保护法益首先是人民群众的身体健康、生命安全,其次才是国家对食品安全的监督管理制度。公众的身体健康、生命安全的价值远大于国家监督管理制度的价值,法律不可能首先保护价值较小的利益而把更重要的价值置于辅弼之位。如果本罪的保护法益首先是国家对食品安全的监督管理制度,那也就没有必要另行设立本罪——完全可以把本罪行为纳入生产、销售不符合安全标准的食品罪之中,刑法之所以另设本罪,就是为了更好地保护公众的身体健康、生命安全;而如果掺入有毒、有害物质后的食品并非有毒、有害的,就不可能危害公众的身体健康、生命安全。所以,本罪的成立不仅要求所掺入的非食品原料是有毒、有害的,更要求掺入有毒、有害的非食品原料后导致该批食品也成为有毒、有害的,而整批食品是否有毒、有害,是否足以危害人体健康和生命安全,当然需要进行具体的判断。所以,本罪是具体危险犯。

所谓的"毒豆芽"案件要成立本罪,既需要证明6-苄基腺嘌呤和4-氯苯氧乙酸钠等物质属于有毒、有害物质,更需要证明以此制发的豆芽会危害公众的身体健康、生命安全,否则就不能成立本罪。原卫生部2013年8月12日在《政府信息公开告知书》中作了明确说明:作为食品生产加工助剂的 6-苄基腺嘌呤被列在《食品添加剂使用卫生标准》(GB 2760-2007)附录 C 中,按照既定标准使用是完全符合食品安全要求的。① 几十年来的实践也表明所谓的"毒豆芽"其实并不"毒"。在这种情况下,所谓的"毒豆芽"案当然不能成立生产、销售有毒、有害食品罪。

③"毒豆芽"系列案件中是否涉及违法性认识?

可能会涉及。自 20 世纪 80 年代以来,广大菜农制发豆芽时就一直使用 6-苄基腺嘌呤、4-氯苯氧乙酸钠等以提高发芽率、调节豆芽根茎生长,这种做法曾一度被广泛认可并推广,也从来没有因此而发生过食品安全事故。2011 年的《食品添加剂使用标准》(GB 2760-2011)对食品添加剂予以调整,国家质检总局 2011 年第 156 号公告禁止食品企业制发豆芽时使用,这一做法和以前通行的惯例并不一致,在这种情况下,广大菜农因不知道该禁止性规定而仍然一如既往地采用以前的惯常性做法,难以认为其具有违法性认识可能性,更难以认为其具有违法性认识。根据责任主义,在不具有违法性认识可能性的情况下,即使行为具有不法性,也不能认定犯罪的成立,更何况绝大多数菜农应该是根本不具有违法性认识的。

④民意对刑法适用是否有影响?如果有,应该是何种意义上的民意?

所谓的"毒豆芽"事件经媒体曝光之后引起了公众惶恐,社会上出现了要求对该种行为予以严惩的声音,当初笔者在第一次听到"毒豆芽"这个词时也是心头一震,在未了解案件真相的情况下对该种行为也深恶痛绝。将"毒豆芽"案件以生产、销售有毒、有害食品罪定罪处罚,似乎是顺应民心之举。但是,这种所谓的"顺应民心"其实可能是错误理解了民意的概念,错误理解了民意在刑法适用中的作用机制。

民意,简单地说就是人民的意志、公众的意图。我们的政权是人民政权,我们的法院是人民法院,刑法的适用和解释当然要考虑民意。然而什么才能代表民意呢?网络上的言论并不能代表民意,经常上网发表意见的是同质性极强的同一类人,农民工、留守老人、留守儿童、机关干部、军人、高知、高管,是不会或者不会经常上网发表言论的。时常盘桓在网络上的"吃瓜群众"看热闹不嫌事情大,他们往往不了解真相也没有兴趣了解真相,往往就凭着一个名词、一个标题就发表言论,这种言论是在现代传媒控制之下产生的,与其说其代表了民意,毋宁说代表了媒体的意图、代表了发文者个人的意图;在网络时代,媒体特别是自媒体的言论其实也未必反映其真实意图,也许只是为了吸引眼球、增加点击量、产生轰动效应才故意耸人听闻、语不惊人死不休,受这种言论操控的"吃瓜者"的言论怎么能代表民意呢?网上那些跟帖评论式的言论不可能是深思熟虑的结果,而往往是"键盘侠"的情绪发泄,由于不用像在真实世界那样对自己的言论负责任,在虚拟世界的这种发泄往往是一种暂时的、一过性的。即使部分言论是

---

① 参见李梦茹:《"毒豆芽"案件的证据学分析》,载《安徽警官职业学院学报》2017 年第 3 期。

思考的结果,这些言论也未必能代表其长远利益、根本利益、整体利益。那些试图把网络言论当作民意的做法,实为缘木求鱼。

被害人、被告人或者其亲属提交的"请愿书"即使有数百人、数千人的签名,也不能代表民意,而只是代表了和其立场一致的人的意见。签名的动机多种多样,有的是碍于情面,有的是迫于压力,有的甚至是收受了好处。这些请愿书多数情况下只代表一方当事人的立场。

真正的民意很难通过形式性资料来取得,对某一具体个案应如何处理的民意尤其如此。民众没有渠道因而不可能充分了解案情,没有精力、没有动机也没有能力发表深思熟虑的意见,司法机关不可能通过正规的、科学的民意调查在判决之前就获得准确的民意信息。司法者只能通过揆情度理,将心比心,来逆推民意到底如何。说穿了,民意是指判决结论的可接受性,而不是民众事先对案件应该如何处理的意见。民意也只能是司法者所认为的民意。这就需要司法者除站在法律专家的立场、站在司法者的立场思考问题外,还应当站在普通大众的立场上思考问题:这个案子如果按照我现在的想法来处理,是否会违背大众的意愿?是否会被老百姓接纳?是否能够做到使老百姓感觉到在"意料之中""本该如此",或者使其感觉到在"意料之外、情理之中"?如果经过反复的解释论循环后能够得出肯定判断,那么该判决结论就是符合民意的。

在"毒豆芽"案件中,仅"毒豆芽"三个字就足以吸引眼球、导致惶恐、引起公愤,至于其是否真的有毒,绝大多数人其实无法也不愿意知晓真相。以此种所谓的"民意"来影响司法判决,不是很荒谬吗?

通过对"毒豆芽"案的分析可以看出,本罪的对象形式上是掺入或者掺有有毒、有害的非食品原料的食品,实质上还要求该食品会对人体健康、生命安全造成损害。如果没有该实质性危险,不能成立本罪。所谓的"毒豆芽"案件不能成立生产、销售有毒、有害食品罪。

2013年的《食品犯罪司法解释》对于形式判断和实质判断、行政违法和刑事违法的关系语焉不详,这才导致"毒豆芽"系列案件的发生。2022年《食品犯罪司法解释》合理地解决了这个问题,实现了形式判断和实质判断的结合,有助于纠正、防止机械执法、教条执法的倾向,无论是在理论上还是在实践中,都具有非常重要的意义。

根据2022年的《食品犯罪司法解释》,对于该司法解释第9条规定的前两项内容,既应当进行形式判断:考察是否在食品中添加了法律、法规禁止添加、使用的或者被国务院有关部门列入禁止添加的物质名单中的物质;还应当进行实质判断:法律、法规、有关名单之所以将某种物质规定为禁止在食品中添加、使用的物质,是因为该种物质可能危害人体健康,换言之,如果食品中添加了这些物质,将产生危害人体健康的高度危险性。

对于 2022 年《食品犯罪司法解释》第 9 条第（三）项规定的"其他有毒、有害的物质"，更应当进行实质判断，即具体考察该物质是否会对人体健康、生命安全造成危害，以及危害程度的高低。最高人民法院第 70 号指导案例确立了以下裁判要点：

行为人在食品生产经营中添加的虽然不是国务院有关部门公布的《食品中可能违法添加的非食用物质名单》和《保健食品中可能非法添加的物质名单》中的物质，但如果该物质与上述名单中所列物质具有同等属性，并且根据检验报告和专家意见等相关材料能够确定该物质对人体具有同等危害的，应当认定为《刑法》第 144 条规定的"有毒、有害的非食品原料"。

该案的裁判理由认为：

本案中，盐酸丁二胍系在我国未获得药品监督管理部门批准生产或进口，不得作为药品在我国生产、销售和使用的化学物质，其亦非食品添加剂。盐酸丁二胍也不属于《食品犯罪司法解释》第 20 条第（二）项、第（三）项规定的物质。根据扬州大学医学院葛晓群教授出具的专家意见和南京医科大学司法鉴定所的鉴定意见证明，盐酸丁二胍与《食品犯罪司法解释》第 20 条第（二）项《保健食品中可能非法添加的物质名单》中的其他降糖类西药（盐酸二甲双胍、盐酸苯乙双胍）具有同等属性和同等危害。长期服用添加有盐酸丁二胍的"阳光一佰牌山芪参胶囊"有对人体产生毒副作用的风险，影响人体健康，甚至危害生命。因此，对盐酸丁二胍应当依照《食品犯罪司法解释》第 20 条第（四）项、第 21 条的规定，认定为《刑法》第 144 条规定的"有毒、有害的非食品原料"。

该案的裁判要旨具有法律效力。该指导性案例的作出虽然在 2022 年《食品犯罪司法解释》之前，但和该司法解释的立场一脉相承，因而继续有效，仍然是认定 2022 年《食品犯罪司法解释》第 9 条第（三）项"其他有毒、有害的物质"的法律依据。

由此立场出发，以前在司法实践中对一些"地沟油"犯罪案件的处理就值得反思。

所谓"地沟油"犯罪，根据 2012 年 1 月 9 日最高人民法院、最高人民检察院、公安部《关于依法严惩"地沟油"犯罪活动的通知》的规定，是指用餐厨垃圾、废弃油脂、各类肉及肉制品加工废弃物等非食品原料，生产、加工"食用油"，以及明知是利用"地沟油"生产、加工的油脂而作为食用油销售的行为。地沟油只能作为工业用油。通常所说的"地沟油"可分为三类：第一，下水道中的油腻漂浮物或者酒楼、宾馆的剩饭、剩菜（通称泔水）收集后的上层浮油，经过简单加工、提炼出的油，即通常所说的泔水油（潲水油）或狭义的"地沟油"；第二，劣质猪肉、猪内脏、猪皮加工提炼后产出的油；第三，高温下反复用于油炸食品的油使用次数超过规定要求后，在被重复使用或往其中掺入一些新油后重新使用的油。[①] 不同的"地沟油"一般都经过脱色、脱酸和脱臭精炼处理后冒充食用油。

---

① 参见孙通等：《地沟油鉴别的研究现状与展望》，载《食品工业科技》2012 年第 24 期。

在这三种"地沟油"中,第一种是典型的"地沟油",也是群众最为痛恨的"地沟油"。这种"地沟油"本来就来源肮脏、令人作呕;因下水道废弃油脂、泔水中会伴有餐具洗涤水,所以提炼后的油脂中会含有洗涤液主要成分十二烷基苯磺酸钠,这是一种中等毒性物质,有致癌作用。下水道中汇聚了各种废水,往往造成地沟油中可能会含有大量农药成分。地沟油在炼制时其盛装容器一般使用非食用型塑料,其有毒的低聚物、单体、增塑剂、高分子化合物和铅、镉、砷等危害人体消化系统、神经系统的重金属会溶在油脂中。生产、销售这种"地沟油",毫无疑问成立生产、销售有毒、有害食品罪。

第三种煎炸老油,在煎炸食物过程中,油温过高且时间过长会产生反式脂肪酸,增加苯并芘、杂环胺等有毒物质在油脂中的溶解度,原料植物油脂的顺式脂肪酸也会发生变化产生反式脂肪酸。有研究表明,过多摄入反式脂肪酸,可增加患心血管疾病的概率,其概率是饱和脂肪酸的 3~5 倍。食物在煎炸过程中水分会大量散失,造成煎炸油脂中水分含有量升高,其在高温条件下,易发生水解,生成游离脂肪酸,产生酸败,导致油品酸价变高,其水解产物游离脂肪酸也具有很强的细胞毒性。当游离脂肪酸在血液中的浓度超过正常范围时,就会引起低度的炎症反应,并损害人体的组织细胞,造成动脉粥样硬化、糖尿病、脂肪肝等病症。此外,油脂中的不饱和脂肪酸在高温情况下也容易氧化,少量的不饱和脂肪酸氧化物就能极大加剧破坏内表皮屏障作用。① 但反复煎炸的"老油"的具体情况各不相同,反复煎炸的次数越多,其中的有毒有害成分也就越多。所以,对于以煎炸老油炼制的"地沟油",应当进行鉴定以确定其中是否存在有毒、有害成分及其危害程度,只有可能较为严重地危害人体健康的,才能构成本罪;其他情形应视其具体情况分别构成生产、销售不符合安全标准的食品罪或者生产、销售伪劣产品罪。

第二种所谓的"地沟油",即用各类肉及肉制品加工废弃物炼制的油脂,情况比较复杂。其中有的是用含有淋巴结等不能炼油的废弃肉炼制的;有的是利用死猪肉、病猪肉炼制的;有的是利用虽然经过动物卫生监督机构检验、检疫合格但却出现腐败、变质的肉炼制的;也有的是利用经检验、检疫合格,也没有腐败变质,但因其品相不好、部位不好,在生活水平提高之后无人购买的肥肉块、碎肉等炼制而成的。前几种油脂中往往含有各种有毒、有害物质或者不符合食品安全的要求,最后一种油脂作为食用油则未必会对人体健康造成危害。最高人民法院、最高人民检察院、公安部《关于依法严惩"地沟油"犯罪活动的通知》规定,"经鉴定,检出有毒、有害成分的,依照刑法第 144 条销售有毒、有害食品罪的规定追究刑事责任;属于不符合安全标准的食品的,依照刑法第 143 条销售不符合安全标准的食品罪追究刑事责任;属于以假充真、以次充好、以不合格产品冒充合格产品或者假冒注册商标,构成犯罪的,依照刑法第 140 条销售伪

---

① 参见吴才武、夏建新:《地沟油的危害及其应对方法》,载《食品工业》2014 年第 3 期。

劣产品罪或者第 213 条假冒注册商标罪、第 214 条销售假冒注册商标的商品罪追究刑事责任"。该规定是合理的，其中"经鉴定，检出有毒、有害成分的"成立本罪的规定，也肯定了本罪是具体危险犯。以此规定，并非所有生产、销售"地沟油"的行为都成立本罪，只有在其中检出有毒、有害成分的，才能以本罪定罪处罚。这一立场也符合 2022 年《食品犯罪司法解释》的规定。

根据以上分析，《刑事审判参考》中的以下案例的合理性就值得探讨。

【张联新、郑荷芹生产、销售有毒、有害食品案】①

被告人张联新、郑荷芹系一对夫妻，检察院以其犯生产、销售有毒、有害食品罪向法院提起公诉。

张联新的辩护人提出，经检验检疫合格的花油、膘肉碎、"肚下塌"（猪肚下垂部位赘肉）不属于肉制品加工废弃物，张联新使用该原料炼制的猪油不应认定为"地沟油"；检测报告显示张联新炼制的猪油合格，并非有毒、有害食品，其行为不构成犯罪。

法院经审理查明：1999 年 6 月，张联新、郑荷芹开始生产食用猪油。2006 年 11 月 28 日，国家质检总局、国家标准化管理委员会联合发布的国家标准《食用猪油》（GB/T 8937—2006）明确规定炼制食用猪油的脂肪组织不包含淋巴结，该标准于 2007 年 3 月 1 日正式实施。张联新、郑荷芹明知食用猪油不能含有淋巴，仍先后从相关食品公司购入含有淋巴的花油、含有伤肉的膘肉碎及"肚下塌"等猪肉加工废弃物并用于炼制食用猪油。2007 年 3 月至 2012 年 3 月，张联新、郑荷芹利用上述原料炼制"食用油"1386 余桶，销售金额约 60 万元。张联新将其生产的"食用油"销售给数家餐馆，餐馆利用该"食用油"烹制食品，销售给顾客食用。

法院认为，被告人张联新、郑荷芹使用猪肉加工废弃物等非食品原料生产食用油，已构成生产、销售有毒、有害食品罪。据此，法院判处张联新有期徒刑 10 年，并处罚金 120 万元；判处郑荷芹有期徒刑 2 年 3 个月，并处罚金 60 万元。

一审宣判后，张联新、郑荷芹提出上诉，后又撤回上诉。

法院试图在本案中确定以下裁判规则：

利用含有淋巴的花油、含有伤肉的膘肉碎、"肚下塌"等肉制品加工废弃物生产、加工的"食用油"，应当视为"新型地沟油"；对"地沟油"的检测报告不应是司法机关认定"有毒、有害食品"的唯一依据。

关于本案的裁判理由，法院论述道：

张联新生产、加工"食用油"的原料并非普通民众认知的传统"地沟油"原料，如餐

---

① 参见中华人民共和国最高人民法院刑事审判第一、二、三、四、五庭主办：《刑事审判参考》（总第 99 集），法律出版社 2015 年版，第 9—19 页，第 1004 号案例。本案还涉及向张联新出售炼油原料的被告人，此处从略。

厨垃圾、废弃油脂,且检测报告也显示张联新生产、加工的"食用油"有关理化指标合格,并未检出有毒、有害成分,对张联新的行为能否认定为"地沟油"犯罪?

①有观点认为,现有法律规范,无论是刑事法、行政法还是行业文件,均没有对"肉制品加工废弃物"进行定义,将本案中的炼油原料认定为猪肉加工废弃物,从而作为"地沟油"犯罪处理无法律依据,有违罪刑法定原则。

"废弃物"即失去原有使用价值而抛弃不用的东西,"废弃物"不是法律概念,不需要法律的明确界定,凭日常生活常识分辨即可;"废弃物"又是一个相对的概念。如废纸相对于居民家庭来说属于废弃物,而相对于废品收购站而言则可变废为宝。从逆向思维考虑,张联新所使用的炼油原料在市场上销售无人购买,即已不具备应有的食用价值,属肉制品加工废弃物无疑,不能因张联新可用其来炼制劣质猪油而否认其肉制品加工废弃物的性质。张联新利用这些猪肉加工废弃物作为原料生产、加工"食用油",根据《关于依法严惩"地沟油"犯罪活动的通知》的规定,应当作为"地沟油"犯罪追究其刑事责任。

②对"地沟油"的检测报告不应是司法机关认定"有毒、有害食品"的唯一依据。

有观点认为,张联新炼制"食用油"的原料虽然有问题,但检测报告显示"食用油"的各项理化指标均合格,没有检出有毒、有害成分,达到了食用标准,不宜认定为有毒、有害食品。

法院认为,《刑法》第144条规定的"掺入"行为不仅限于指向产品本身,还可能针对产品的原料、半成品等,甚至还可以指向食品添加剂本身,即在食品添加剂内掺入有毒、有害物质。而所谓"有毒、有害的非食品原料",是指对人体具有生理毒性,食用后会引起不良反应,损害机体健康的不能食用的原料。

淋巴结是猪屠宰后检疫的一个重要指标,相关资料表明,它是机体外周的免疫器官和防御结构,具有吞噬异物和各种微生物的功能,并产生免疫应答。当机体某组织或者器官受到病原微生物侵害时,很快被局部淋巴结阻截,并发生相应的变化,使淋巴结体积增大或缩小,色泽呈现出红、黑、青等。故淋巴结含有大量的病原微生物,如一些细菌、病毒等,甚至会有3,4-苯并芘等致癌物质,且本身没有什么营养。因此,完全摘除淋巴结的花油虽可食用,但其中含有的淋巴应当属于有毒、有害的非食品原料。张联新利用含有淋巴的花油等猪肉加工废弃物生产、加工食用油,应当认定为掺入有毒、有害非食品原料。

《食用动物油脂卫生标准》(GB 10146-2005)明确要求:"本标准适用于以经兽医卫生检验认可的生猪、牛、羊的板油、肉膘、网膜或附着于内脏器官的纯脂肪组织,单一或多种混合炼制成的食用猪油、羊油、牛油。"国家标准《食用猪油》明确要求:"健康猪经屠宰后,取其新鲜、洁净和完好的脂肪组织炼制而成的油脂。所用的脂肪组织不包含骨、碎皮、头皮、耳朵、尾巴、脏器、甲状腺、肾上腺、淋巴结、气管、粗血管、沉渣、压榨料及其他类似物,应尽可能不含肌肉组织和血管。"张联新利用含有明令禁止使用的有毒、有害非食品原料的猪肉加工废弃物生产、加工食用油,对涉案食用油无须由鉴定机构出具鉴定意见,即便检测报告有关理化指标合格,也可以生产、销售有毒、有害食品罪追究刑事责任。

针对"地沟油"案件,直到当前也没有形成一种公认的、行之有效的鉴定方法,因此,惩治危害食品安全的犯罪,尚不能完全依赖鉴定机构的鉴定,对"地沟油"的鉴定意见不应是司法机关认定"有毒、有害食品"的唯一依据。实践中,应当结合技术标准和法学标准对"有毒、有害食品"进行判定。对此,浙江省高级人民法院、浙江省人民检察院、浙江省公安厅联合发布的《关于办理危害食品、药品安全犯罪案件适用法律若干问题的会议纪要》中明确了专门的认定原则,即"对于有确实、充分的证据证实行为人在食品中掺入国家行业主管机关明令禁止使用的非食用物质的,对涉案食品不需由鉴定机构出具鉴定意见"。

笔者认为,该裁判规则和裁判理由的合法性、合理性均值得探讨。

经检验、检疫合格的花油、含有伤肉的膘肉碎及"肚下塌"等在市场上销售时无人购买,是因为市民到市场上买肉一般是为了炒菜,而这些原料不能作为炒菜原料;现在公众的生活水平特别是城市地区的生活水平越来越高,人们不愿意购买品相不佳、色泽不好的肉类,即使其质量没有问题;肉食市场的竞争很激烈,市民有足够的挑选余地,也没有必要去购买品相、部位不好的肉类。在生活水平不高、物质短缺的年代,这些肉类完全可以食用。该案裁判理由所引《食用猪油》(GB/T 8937-2006)中"取其新鲜、洁净和完好的脂肪组织""不包含骨、碎皮、头皮……"的规定确定了标准的、合格的动物油脂标准,未达到该要求的,属于伪劣产品,但伪劣产品并不必然就是有毒、有害的非食品原料,不能以未达到该标准就直接认定为掺入了有毒、有害的非食品原料。前述最高人民法院、最高人民检察院、公安部《关于依法严惩"地沟油"犯罪活动的通知》中的"废弃物"指彻底失去使用价值、不能作为食品原料的废弃物,而不是指那些因为品相不好、部位不佳而无人购买但并不含有有毒、有害物质的肉类。淋巴结中含有病原微生物如细菌、病毒等,但已经摘除淋巴结后炼制的花油却是可以食用的,检测报告也显示涉案"食用油"的"各项理化指标均合格,没有检出有毒、有害成分,达到了食用标准",法院机械地、教条地也是错误地理解了上述通知中的"废弃物"的意义,以"其中含有的淋巴'应当'属于有毒、有害的非食品原料"的推测性语言推翻有科学依据和确定结论的检测报告,难称妥当。《刑法》第144条规定的犯罪是生产、销售"有毒、有害食品"罪,该案的判决甚至违背了刑法条文的字面意思、基本意义。在这里,法院先是把市场上无人购买的肉类当成彻底失去使用价值、不能作为食品原料的废弃物,再把"淋巴"和"淋巴结"置于同等地位,并且把缺乏依据的推测当成确定可靠的结论,这才作出错误的判决。

在证据适用上,该案的裁判理由认为,由于目前没有公认的、行之有效的鉴定方法,因此应当结合技术标准和法学标准对"有毒、有害食品"进行判定,该说法固然不错,但所谓法学标准,其实就是添加了有毒、有害物质后导致食品具有危害人体健康的高度危险性。本案中没有证据证明已经产生了该种危险。浙江省司法机关文件所称特定情况下对涉案食品不需由鉴定机构出具鉴定意见,乃是指所添加的非食品原料的有毒、有害性质昭然若揭,在此种情况下当然无须鉴定机构出具意见,但该案显然不属于这种情况,最高人民法院、最高人民检察院、公安部《关于依法严惩"地沟油"犯罪活动的通知》明确要求根据鉴定结论来处理此类案件。在有确切的鉴定结论证明本案涉案食品不属于有毒、有害食品,符合食品安全要求的情况下贸然拒绝适用鉴定结论并对被告人科以生产、销售有毒、有害食品罪,在证据适用上是完全错误的。

根据最高人民法院、最高人民检察院、公安部《关于依法严惩"地沟油"犯罪活动的通知》的规定,对于此类案件,在不能证明所炼制油脂中含有有毒、有害成分的,不应以生产、销售有毒、有害食品罪论处;如果该油脂不符合安全标准,成立生产、销售不符合安全标准的食品罪;如果并非不符合安全标准但属于伪劣产品的,以《刑法》第140条生产、销售伪劣产品罪论处;如果也不属于伪劣产品,应认定行为无罪。

张联新案已经被《刑事审判参考》刊载。但是,《刑事审判参考》中刊载的案例虽然对司法实践具有重要的指导意义,却并不像最高人民法院的指导性案例那样具有法律效力,即这些案例只有"说服力"而不具有"约束力"。该案例的裁判理由在学理上是错误的,也不符合2022年《食品犯罪司法解释》的规定。因此,该案的判决结论是错误的,裁判要旨、裁判理由是不能成立的,司法实务中应当拒绝参考该案例。

需要指出的是,对是否属于"有毒、有害物质"、是否具有"危害人体健康"的危险性进行实质判断,是司法判断而不是行政判断,司法机关应当独立作出该种判断。《食品犯罪司法解释》第24条规定,"'有毒、有害的非食品原料'等专门性问题难以确定的,司法机关可以依据鉴定意见、检验报告、地市级以上相关行政主管部门组织出具的书面意见,结合其他证据作出认定。必要时,专门性问题由省级以上相关行政主管部门组织出具书面意见"。

三、食品添加剂和过期变质原料的语用分析

1. 食品添加剂是否属于食品或非食品原料?

根据《食品安全法》的规定,食品添加剂是指为改善食品品质和色、香、味以及为防

腐、保鲜和加工工艺的需要而加入食品中的人工合成或者天然物质,包括营养强化剂。前述食品安全国家标准《食品添加剂使用标准》(GB 2760-2011)于2011年4月20日发布,6月20日实施;2014年12月24日制定了新版食品安全国家标准《食品添加剂使用标准》(GB 2760-2014),共包括37项标准,新版标准于2015年5月24日正式实施。食品添加剂包括酸度调节剂、抗结剂、消泡剂、抗氧化剂、漂白剂、膨松剂、着色剂、护色剂、酶制剂、增味剂、营养强化剂、防腐剂、甜味剂、增稠剂、香料等。由于食品添加剂具有防止变质、改善观感、保持营养、方便供应、方便加工等功效,在食品生产中得到了广泛应用。那么,食品添加剂是否属于"食品"或"非食品原料"?

首先,食品添加剂不属于非食品原料。有学者认为食品添加剂本身并不具备食品原料可充饥、有营养的基本功效,而只是出于延长保质期、改善食品的感官性状以及保持或改善营养价值等"技术需要"才添加于食品原料之中,因此属于非食品原料,非食品原料与食品添加剂之间是一种包容与被包容的关系。[①] 但是,根据《食品安全法》的规定,食品添加剂是法律允许在食品中添加的,非食品原料则不允许添加在食品中,两者一为合法、一为非法,具有本质的不同。所以,在食品生产中超范围、超限量添加食用食品添加剂导致食品危害人体健康的,不能成立生产、销售有毒、有害食品罪,根据《食品犯罪司法解释》第5条的规定,该种行为成立生产、销售不符合安全标准的食品罪。

其次,食品添加剂是否属于食品的范畴?换言之,如果有人生产食品添加剂时在其中掺入有毒、有害的非食品原料,能否构成本罪?

《食品犯罪司法解释》第15条第1款规定:"生产、销售不符合食品安全标准的食品添加剂……符合刑法第一百四十条规定的,以生产、销售伪劣产品罪定罪处罚。"该规定似乎表明食品添加剂不属于食品,否则对该种行为应该以《刑法》第143条规定的生产、销售不符合安全标准的食品罪论处。但是,食品添加剂的范围极广,如果按照我国《食品安全法》对食品添加剂的定义,诸如盐、蔗糖、酱油、蜂蜜等都因为具有改善食品品质和色、香、味的功能而可以称之为食品添加剂,但这些物质同时是重要的食品原料或者本来就是食品,如蜂蜜、蔗糖就可以直接服用或冲水冲服。在此,笔者认为,联合国粮农组织和世界卫生组织联合食品法规委员会对食品添加剂的定义更为合理,该定义认为食品添加剂是"有意识地一般以少量添加于食品,以改善食品的外观、风味和组织结构或贮存性质的非营养物质,不包括以增强食品营养成分为目的的食品强化剂"[②]。如果根据该定义,通常所说的食品添加剂仅指那些不具有营养价值的添加剂。基于此,笔者认为,在广义的食品添加剂中,那些具有营养价值的应当纳入"食品"的范

[①] 参见孙建保:《生产、销售有毒、有害食品罪司法认定解析》,载《政治与法律》2012年第2期。

[②] 于杨曜:《非法添加类食品安全犯罪刑事规制体系及完善》,载《政治与法律》2013年第10期。

畴,只有不具有营养价值的才属于《食品犯罪司法解释》中的食品添加剂,而不属于食品。所以,在生产、销售蔗糖、酱油、蜂蜜等具有营养价值的添加剂时掺入有毒、有害的非食品原料的,成立生产、销售有毒、有害食品罪。

狭义的食品添加剂即食品法规委员会所定义的食品添加剂,根据《食品犯罪司法解释》第15条的规定,应当既不属于"食品",也不属于"非食品原料"。但是,食品添加剂最终是要添加到食品之中,如果在生产、销售的食品添加剂中掺入有毒、有害的非食品原料,或者销售明知掺有有毒、有害的非食品原料的食品添加剂,应遵守"孙建亮等人生产、销售有毒、有害食品案"(检例第14号)所确定的裁判规则——"明知盐酸克伦特罗是国家禁止在饲料和动物饮用水中使用的药品,而买卖和代买盐酸克伦特罗片,供他人用以养殖供人食用的动物的,应当认定为生产、销售有毒、有害食品罪的共犯"。在生产、销售的食品中添加明知掺入有毒、有害的非食品原料的食品添加剂,或者明知销售的食品中掺有已经掺入有毒、有害的非食品原料的食品添加剂的,这种情况实质上是在食品中掺入了有毒、有害的非食品原料,因此成立本罪。

2. 涉及过期、变质原料的应如何处理?

司法实践中,对于在食品生产加工中使用过期变质原料的行为如何定性存在分歧,如何界分"变质""过期"与"有毒、有害的非食品原料",一直困扰着实务界。

刘宪权教授认为,如果将食品原料掺入食品中,即使由于某种原因,如被污染、变质,致使这种食品原料对人体产生毒性或者造成损害,充其量也仍旧是有毒、有害的"食品原料",而并不会因为其有毒、有害就变成"非食品原料",即"有毒、有害的食品原料"仍属"食品原料"。如果确实存在大量使用过期变质肉类原料的情况,那么,完全有理由相信这些肉类原料仍属于"食品原料",其行为当然就不能构成生产、销售有毒、有害食品罪。①

这种观点可能有一刀切之嫌。过期、变质的食品或食品原料情况较为复杂,有的是只过期未变质,有的是已经因为被污染等原因而变质但未过期;变质的食品或食品原料从程度上看情况也千差万别,有的可能只是对质量有轻微影响,如只是口感不佳、色泽变差,对人体不会产生不利影响,有的可能已经有轻微腐败,对人体健康有一定影响但影响不大,有的却可能已经高度腐败或者被有毒、有害物质污染,自身也成为有毒、有害物质。将这些不同情形的变质食品、变质食品原料一律认定为食品原料,难以反映出行为的不同危害程度。所谓"有毒、有害的'食品原料'不会因为其有毒、有害就变成了'非食品原料'"的说法在逻辑上也难以成立,如果某种本来无毒、无害的食品原料已经变质而成为有毒、有害物质,恐怕没有人以之作为食品原料,也不可能再称之为食品原料——没有人会认为已经高度腐败的猪肉还是食品原料,也没有人会认为已经

---

① 参见刘宪权、黄楠:《使用过期变质食品原料行为的定罪与处罚》,载《人民检察》2014年第18期。

被毒害性物质污染的大米还是食品,即使这些大米还是食品,但其中含有的污染了大米的有毒性物质肯定不是,这时只能认为其是"非食品原料。"

所以,笔者认为,对于使用过期、变质原料生产食品的,应具体判断原料的变质程度,分别处理:第一,使用过期但未变质的,或者只是轻微变质、对人体不会产生任何不利影响的原料的,只是一般违法行为;第二,对于较为严重变质、已经含有有害成分,但其危害程度尚不足以和《食品犯罪司法解释》第9条规定的"有毒、有害的非食品原料"相提并论的,以之作为生产食品的原料的,以《刑法》第143条规定的生产、销售不符合安全标准的食品罪论处;第三,严重变质或被污染、所含有害成分的危害性已经达到《食品犯罪司法解释》第9条规定的"有毒、有害的非食品原料"程度的,应当认定为"非食品原料",生产食品时掺入这种变质原料或者以其生产食品的,成立生产、销售有毒、有害食品罪。

对于销售以过期、变质原料生产的食品的行为,依据其主观上对前述情形的明知情况,按照主客观相一致的原则分别认定为行政违法行为、《刑法》第143条规定之罪或者本罪。

同理,对于使用过期、变质的食品添加剂的行为,如果食品添加剂只是轻微变质,可不以犯罪论处;食品添加剂较为严重变质的,论之以《刑法》第143条规定之罪;食品添加剂严重变质以致其危害性达到《食品犯罪司法解释》第9条规定的"有毒、有害的非食品原料"危害程度的,应当认定为有毒、有害的非食品原料。

我国反洗钱的刑事法律规制：
指南、立法与司法

王 新[*]

洗钱不是一个多发的犯罪行为，但国际的洗钱活动呈现出异常活跃的趋势，洗钱的规模日益增大，深度也日益增加，威胁到社会政治、经济、法律、公共秩序等多个领域，已被国际社会公认为冷战之后典型的"非传统安全问题"(Non-traditional Security Issues)之一。[①] 有鉴于此，反洗钱已被提升到维护国家经济安全和国际政治稳定的战略高度，是国际合作的重点领域之一，国际社会在法律制度、金融机构和非金融行业的预防措施、国际合作等方面作出快速反应，许多重要的国际多边合作机制均将预防和打击洗钱与恐怖融资作为重要议题。特别是在"9·11"事件之后，国际社会加大反洗钱力度，反洗钱和反恐怖融资的国际合作被提升到前所未有的高度。在我国，对于反洗钱重要性的认识，从早期传统意义上的维护金融机构声誉和铲除腐败滋生的温床，逐渐提升到推进国家治理体系和治理能力现代化、维护经济社会安全稳定的整体战略高度，并且在顶层作出特别的制度设计，明确反洗钱是国家治理体系的重要内容，要求完善我国反洗钱、反恐怖融资、反逃税监管体制机制。另外，我国也积极融入国际反洗钱的合作框架，认为这是我国参与全球治理体系的重要抓手之一，深入参与反洗钱国际标准的研究、制定和监督执行。形象地说，反洗钱恰如一个"八爪鱼"式的连接点，将经济安全、金融安全、社会安全、国际合作、打击恐怖主义等许多非传统性的国家安全问题联系在一起，其中诸多内容恰恰是总体国家安全的有机组成部分，反洗钱由此贯穿实现总体国家安全的多个层面和进程的始终，参与国家治理的许多方面，成为践行和落实总体国家安全观的重要环节和抓手。

本文拟在追溯洗钱的代际演变之基础上，辨析反洗钱与总体国家安全观之间内在关系，将反洗钱的刑事法律规制置于总体国家安全观的视角下审视，梳理我国反洗钱的刑事立法轨迹和罪名体系的形成，分析其在司法适用中的现状与存在的问题，并且立足于现行法律规范，以我国明确承诺执行的国际反洗钱通行标准为参照系，思考在

---

[*] 北京大学法学院教授。
[①] 参见欧阳卫民：《反腐败、反洗钱与金融情报机构建设》，法律出版社2006年版，第18页。

以总体国家安全观作为指南的前提下如何完善我国反洗钱刑事法律规制问题。

一、追溯:洗钱的代际演变

(一)洗钱的1.0版本:毒品、有组织犯罪和腐败犯罪的衍生物

洗钱作为下游犯罪,在产生初期恰如寄生虫般紧密地依附于毒品犯罪、有组织犯罪、腐败犯罪三类上游犯罪,它们之间存在天然的密切血缘关系,这是洗钱的1.0版本。这具体表现在:

首先,洗钱是毒品交易所衍生的"怪胎",并且在毒品犯罪中起着关键的作用。贩毒分子为了使用贩毒所得的赃款和逃脱缉毒部门的追踪打击,不得不通过金融机构或者其他途径将毒赃进行转移或者转换,使其非法的来源和属性得以掩饰或者隐瞒。与此相对应,在遏制和打击毒品犯罪的行动中,国际社会普遍认为,应当"剥夺从事非法贩运者从其犯罪活动中得到的收益,从而消除其从事此类贩运活动的主要刺激因素"①。

其次,有组织犯罪在发展的过程中,必然会面临如何将犯罪收入合法化和在世界经济范围内流通、增殖的问题,他们就需要切割犯罪所得("第一桶黑金")与犯罪活动之间的有机联系,并且以此衍生出新的犯罪收益("N桶黑金")。因此,洗钱是有组织犯罪发展的必经过程和任何获益犯罪活动的基本方面,实施禁止洗钱的法律规定、强化没收非法收益的机制是与有组织犯罪作斗争的主要方法。② 这已经成为国际社会的普遍共识。

最后,洗钱是腐败行为的继续和必然延伸。腐败分子在通过权钱交易获得赃款后,一定会涉及转移和漂白"赃钱"的问题。据此,《联合国反腐败公约》认为预防和打击洗钱可以提高腐败代价、遏制腐败动机、追缴腐败所得、甄别腐败证据、没收腐败资产,强调反洗钱是反腐败工作不可或缺的组成部分。③ 在我国,反洗钱能力是反腐败能力的重要体现,其在建立健全惩治和预防腐败体系工作中具有举足轻重的作用。④ 反洗钱中的客户尽职调查制度可有效识别腐败高风险人的身份,大额和可疑交易报告制度可及时发现腐败分子的犯罪交易,客户身份资料和交易记录保存制度为刑事追究腐败分子提供了依据,从而强化了使人不敢腐的震慑,这无疑是反腐败的重要利器。⑤ 同

---

① 《联合国禁止非法贩运麻醉药品和精神药物公约》(1988年12月19日),引言。
② 参见《第16届国际刑法大会决议》(1999年9月5日至11日),专题二"分则",第9段"洗钱",载赵秉志、卢建平、王志祥主译:《国际刑法大会决议》,中国法制出版社2011年版,第133页。
③ 参见欧阳卫民:《联合国〈反腐败公约〉对反洗钱工作的重要意义》,载《中国金融》2005年第24期。
④ 参见杨丹:《我国反洗钱工作在反腐败中的不足及建议》,载《金融经济》2016年第2期。
⑤ 参见王怡靓:《基于国家治理体系和治理能力现代化的反洗钱机制建设研究》,载《金融发展研究》2018年第9期。

时,在我国反腐倡廉的大背景下,积极开展境外追赃是一项重要工作内容,《中国2008—2012年反洗钱战略》将"全力追偿境外犯罪收益"作为八个具体目标之一。

从上述洗钱的产生和前期发展历程来看,洗钱与上游犯罪存在紧密的相伴而生的关系,是上游犯罪分子掩饰或者隐瞒犯罪所得和犯罪收益的必备途径。在此基础上,洗钱实质上处于上游犯罪分子与国家监管机构的博弈节点,两者由此形成激烈的拉锯战。对于上游犯罪分子来说,他们有掩饰或者隐瞒犯罪所得和产生新的犯罪收益之必然需要,以便支配和享用从上游犯罪中获取的物质利益和逃避打击;国家监管机构则在打击重大上游犯罪的过程中,考虑到洗钱与上游犯罪之间的天然联系,为了遏制上游犯罪,倾向于选择切断其利益链条的打击策略,由此也必须进行反洗钱。例如,面对全球日益严峻的洗钱态势,联合国在认识到洗钱与毒品犯罪、跨国有组织犯罪、腐败犯罪的紧密联系之基础上,将反洗钱的规范"捆绑"在《联合国禁止非法贩运麻醉药品和精神药物公约》(1988年)、《联合国打击跨国有组织犯罪公约》(2000年)和《联合国反腐败公约》(2003年)三个国际公约上,在国际层面提升反洗钱的重要意义。

(二) 洗钱的2.0版本:恐怖融资

恐怖融资是恐怖组织生存、发展和从事恐怖活动的资金基础和关键来源。自"9·11"事件发生后,在国际社会全力打击恐怖主义和恐怖融资的大形势下,洗钱不再仅被看作清洗主要来自非法毒品交易的犯罪收益,而是被公认为恐怖分子隐藏其收入和获取资金的渠道,由此改变了洗钱的原先面目。① 具体而言,关于恐怖组织资金的获取,洗钱是一个重要的渠道,而且恐怖组织在通过各种途径取得资金后,一般都会存储在世界各地的金融机构,并且通过洗钱来转移或者转换。如果他们的洗钱行为得逞,就会为恐怖活动提供资金支持,这是加剧国际恐怖活动的中心点,从而严重地威胁到国家安全。另外,随着时间的推移,恐怖融资的渠道包括运用来源合法的资金,这就背离了传统洗钱的特征。因此,反恐怖融资就需要加入追踪合法资金流向地的新内容,并且发现恐怖组织资金的来源和去向,切断恐怖组织的资金来源。②

正是面对恐怖组织和洗钱活动的复杂变化,国际社会和许多国家的反洗钱理念发生急剧的转变,基于反洗钱与反恐怖主义、反恐怖融资的密切交织的联系,认为反洗钱的重中之重是不让恐怖组织进入国际金融体系,摧毁恐怖分子融资的能力,孤立和暴露恐怖分子的金融网络③,故开始调整传统的反洗钱策略,在原有的反洗钱基础上附加

---

① See Alison S. Bachus, From Drugs to Terrorism: The Focus Shifts in the International Fight against Money Laundering after September 11, 2001, Arizona Journal of International and Comparative Law, Vol. 21, No. 3, 2004, p. 835.
② 参见莫洪宪:《略论我国的金融反恐》,载《法学评论》2005年第5期。
③ See The U. S. Department of the Treasury and the U. S. Department of Justice, 2002 National Money Laundering Strategy, 2002, p. 4.

反恐怖融资内容,并将打击洗钱的重心从毒品犯罪、跨国有组织犯罪和腐败犯罪等上游犯罪转变为恐怖融资。

(三) 洗钱的全新升级版:非传统性安全问题

随着洗钱活动的日益发展,其危害性开始发生"核裂变"式的发展,逐渐从依附于上游犯罪的单一属性中脱离出来,升级为非传统性安全问题中的突出问题,具有自己独立的属性。这正如我国有的学者所述,洗钱是犯罪的放大器:从定罪、量刑和惩治角度来看,洗钱是一个法律问题;若从后果上讲,洗钱影响金融稳定,波及经济安全,动摇政权基础,危害全社会,因而从金融问题上升到经济问题,乃至政治问题和社会问题。① 具体而言,鉴于反洗钱与国家非传统性安全问题之间的密切联系,西方国家不断调整国家反洗钱战略,已经将反洗钱和反恐融资提高到维护国家经济安全和国际政治稳定的战略高度。② 例如,随着洗钱活动在欧洲的不断发展,欧洲委员会将洗钱明确地列为危害其宗旨的犯罪类型,认为其致力于保护人权、民主、法律秩序和加强欧洲国家间合作的宗旨日益受到威胁,于是颁布一系列公约来打击洗钱。③ 欧盟也日益认识到洗钱对成员国构成严重的威胁,为了维护欧洲共同体金融系统的健全、稳定和公众对之的整体信心,故通过若干个指令来预防洗钱。④ 在早期,美国认为洗钱助长了毒品贩运、有组织犯罪、国际恐怖主义和其他犯罪,并且玷污金融机构的声誉,降低公众对国际金融制度的信心。但在"9·11"事件后,美国强调反洗钱和反恐怖融资是维护国家安全战略的重要组成部分,遏制恐怖分子和有组织的罪犯滥用金融体系是美国的短期和长期战略任务。⑤ 同时,对于洗钱的危害后果,联合国概括为对金融业、经济发展、政府和法律制度等方面的破坏,强调洗钱不仅严重侵蚀国家的经济,而且对全球市场的稳定造成现实危险。⑥

在国际社会强化对反洗钱重要性和深化国际合作的大形势下,我国也在总体国家安全观的指引下,认为反洗钱是维护我国整体国家安全的重要内容,特别是反洗钱在维护金融安全、反腐倡廉、反恐怖主义、国际合作等方面的独特作用,成为国家治理体系和治理能力现代化的重要组成部分。

---

① 参见高增安:《国家反洗钱的理论与战略探讨》,载《社会科学》2010 年第 2 期。
② 参见李建文:《基于国家安全的反洗钱研究》,载《中国金融》2014 年第 20 期。
③ See Kathleen A. Lacey & Barbara Crutchfield George, Crackdown on Money Laundering: A Comparative Analysis of the Feasibility and Effectiveness of Domestic and Multilateral Policy Reforms, Northwestern Journal of International Law & Business, Vol. 23, No. 2, 2003, pp. 324-325.
④ 参见欧盟理事会《关于防止利用金融系统洗钱的指令》(91/308/EEC 号),序言。
⑤ 参见美国 1999 年《国家反洗钱战略》和 2003 年《国家反洗钱战略》,前言。
⑥ 参见联合国毒品和犯罪问题办事处《联合国与犯罪收益有关的洗钱、没收和国际合作示范法》(1999 年),引言。

二、指南：总体国家安全观下的必然要求

国家安全是一个国家存在和发展的根本条件。我国在坚决维护国家主权、统一和领土完整、政权安全等传统国家安全的基础上，面对国内外局势变化所带来的多种国家安全风险，又与时俱进地将经济安全、金融安全、社会安全、科技安全等新型安全问题，纳入非传统国家安全的范畴，从而形成了总体国家安全观的丰富内涵。

（一）总体国家安全观的内涵

在20世纪90年代前期，对于国家安全的认识，我国局限于传统的国家安全问题，即领土完整、国家主权和政权不受侵犯和危害。与此相适应，在刑事法律保护上，这主要体现在刑法分则第一章"危害国家安全罪"的传统罪名设置上。后来，随着国际和国内新形势的复杂变化，我国国家安全面临着全新的挑战，诸如经济、金融、科技等非传统领域安全问题日益凸显，成为维护我国国家安全必须重点解决的新问题，这就需要从国家整体战略的高度予以积极应对，以便深化我们对于国家安全的多层次理解。

为了顺应国家安全的新趋势，鉴于当前我国国家安全的内涵和外延更为丰富，内外因素更加复杂，而保证国家安全是头等大事，2014年4月，在国家安全委员会成立的第一次会议上，习近平总书记明确提出和系统论述了"总体国家安全观"的概念，要求必须坚持总体国家安全观，"以人民安全为宗旨，以政治安全为根本，以经济安全为基础，以军事、文化、社会安全为保障，以促进国际安全为依托，走出一条中国特色国家安全道路"[①]。在贯彻落实总体国家安全观时，必须既重视传统安全，又重视非传统安全，构建集政治安全、国土安全、军事安全、经济安全、文化安全、社会安全、科技安全、信息安全、生态安全、资源安全、核安全十一项内容于一体的国家安全体系。

在2015年7月1日，为了将总体国家安全的理念落实到法律层面，我国颁布了新的《国家安全法》，其中第2条将国家安全定义为："国家政权、主权、统一和领土完整、人民福祉、经济社会可持续发展和国家其他重大利益相对处于没有危险和不受内外威胁的状态，以及保障持续安全状态的能力。"同时，在第二章"维护国家安全的任务"中，进一步拓展了国家安全的内涵和外延，将国家安全的组成元素细分为国体政体、国土主权、军事、经济、金融、资源能源、粮食、文化、科技、信息网络、民族、宗教、反恐怖主义和极端主义、社会、生态环境、核技术、外层空间、海外利益等多种类型。这些子系统既包括国内安全与国外安全，也涵盖传统安全与非传统安全，形成一个全方位、多层次

---

① 习近平：《坚持总体国家安全观 走中国特色国家安全道路》，载《人民日报》2014年4月16日，第1版。

的国家安全体系架构。其中,《国家安全法》在第 20 条与第 28 条,特别将金融安全、反恐怖主义问题单独列为国家安全的组成内容,这与先前所列举的十一项国家安全事项相比较,又是一个重大的进步和新发展,回应了新时代下维护国家安全的新挑战。

1. 金融安全与总体国家安全观

"金融很重要,是现代经济的核心。金融搞好了,一着棋活,全盘皆活。"① 金融是优化社会资源配置的核心手段,对国民经济发挥着造血与血液循环机能。通过资金融通的有力支持、金融数据的提前预警和反制手段的主动出击,金融成为新时代下国家安全的实现手段和重要支撑,是践行总体国家安全观的核心路径。同时,金融不仅是国家安全的一个子系统,更是贯穿于实现总体国家安全的各个层面和进程始终。② 正是鉴于金融安全是国家安全的重要组成内容,直接关系到我国的总体国家安全,《国家安全法》将金融安全从原先隶属于经济安全的体系下独立出来,单列为国家安全的一个要素,在第 20 条规定:"国家健全金融宏观审慎管理和金融风险防范、处置机制,加强金融基础设施和基础能力建设,防范和化解系统性、区域性金融风险,防范和抵御外部金融风险的冲击。"

在巩固金融安全和防范化解重大金融风险方面,反洗钱能够发挥独特的功能,成为落实总体国家安全观的重要组成部分。具体而言,反洗钱通过要求义务主体开展有效的客户尽职调查、发现与监测大额交易和可疑交易,可从资金流动中发现异常和可疑资金,增进经济金融交易的规范化和透明度。③ 同时,围绕反洗钱风险的事先预警、事中监测和事后追踪,也有利于及时发现经济犯罪的线索,在防控跨境资金流动风险方面发挥重要的作用。

2. 反恐怖主义与总体国家安全观

由于恐怖主义行为危害无辜人民的生命、尊严和安全,威胁所有国家的社会和经济发展,破坏全球的稳定和繁荣,对国际和平与安全、人类社会的可持续发展构成严重威胁和严峻挑战,联合国由此通过许多项决议,认为任何恐怖主义行为都是不可开脱的犯罪行为,要求国际社会断然谴责一切恐怖主义行为、方法和做法,必须加强与恐怖主义的斗争。④ 自"9·11"事件之后,恐怖融资已经成为恐怖主义的一部分,全球各种恐怖组织维持生存的费用要大于具体实施恐怖袭击的费用,它们在招募和培训恐怖分子、维持恐怖训练营的运转、购买实施恐怖袭击的设备、拉拢或援助庇护自己的政府组织时,都需要强有力的资金支持,洗钱则成为恐怖分子隐藏其收入和获取资金的渠道。据此,国际社会和许多国家都达成共识,认为资金链是恐怖组织运营的"血液",必须切

---

① 《邓小平文选》(第 3 卷),人民出版社 1993 年版,第 366 页。
② 参见张红力:《金融与国家安全》,载《金融论坛》2015 年第 5 期。
③ 参见刘国强:《维护国家金融安全 全面推进反洗钱事业》,载《人民日报》2019 年 7 月 15 日,第 10 版。
④ 分别参见《联合国安理会第 1269 号决议》(1999 年)、《联合国安理会第 1377 号决议》(2001 年)。

断其经济来源,反恐怖融资和反洗钱是反恐斗争中必不可少的组成部分。

我国也是深受恐怖活动侵袭的国家,将反恐怖主义纳入国家安全战略和确立总体国家安全观的导向作用,是反恐怖主义斗争的现实需要和大势所趋。作为维护国家安全任务的重要组成部分,在反恐怖主义的立法规制、执法与司法操作等各个层面,必须坚持总体国家安全观。① 有鉴于此,《国家安全法》第28条规定:"国家反对一切形式的恐怖主义和极端主义,加强防范和处置恐怖主义的能力建设,依法开展情报、调查、防范、处置以及资金监管等工作……"2015年12月27日,我国通过《反恐怖主义法》,在第4条明确将反恐怖主义纳入国家安全战略,要求运用政治、经济、法律、文化、教育、外交、军事等手段,开展反恐怖主义工作。在我国,鉴于恐怖活动的严峻态势,特别是考虑到反恐与反恐怖融资、反洗钱之间的密切联系和交织关系,认为"恐怖融资是恐怖组织和恐怖分子保障其生存、发展、壮大和从事恐怖活动的资金基础和关键来源。反恐要取得成功,必须遏制和消除恐怖融资行为"②。在此认识基础上,我国一贯主张坚决打击一切形式的洗钱和恐怖融资活动,阻截恐怖主义融资的所有来源、技术和渠道③,将其纳入反恐怖主义的总体国家安全战略。

3. 国际合作与总体国家安全观

在实现总体国家安全观的路径中,"以促进国际安全为依托"是重要的支点。同时,在总体国家安全观的子系统中,国外安全也是一个必不可少的组成内容。在当今国际社会,参与国际规则和标准的制定,是各国维护其自身利益的重要环节,也是世界有影响力的大国推行其安全理念的重要手段。④ 面对诸多国际治理和安全问题,谁主导规则的设计和制定,谁就能对规则走向产生重大影响。针对恐怖主义、洗钱等跨国问题,我国积极参与全球安全治理,就相关国际规则的制定与发展提出中国方案,将国家利益体现在国际标准中,从而有效地维护国家安全。

洗钱与恐怖融资、恐怖活动密切交织,对人类社会的可持续发展构成严重威胁。基于对洗钱危害性的认识,反洗钱是当今国际合作的重点领域之一,联合国以及国际货币基金组织、世界银行、巴塞尔银行监管委员会、沃尔夫斯堡金融机构集团等重要国际性金融组织,通过了一系列公约、指令、声明、指南和建议等反洗钱规范文件,国际合作是其中必不可少的核心内容。例如,为了全方位预防和打击洗钱活动,遏制和监测各种形式的洗钱,《联合国打击跨国有组织犯罪公约》和《联合国反腐败公约》均要求缔约方在国家和国际层面开展合作和交换信息,在司法机关、执法机关和金融监管机关

---

① 参见冯卫国:《总体国家安全观与反恐对策思考》,载《理论探索》2017年第5期。
② 原国家主席胡锦涛在上海合作组织2006年塔什干峰会上的讲话。
③ 参见新华网(http://www.xinhuanet.com/world/2016-09/04/c_129268987.htm),访问日期:2020年12月29日。
④ 参见王燕之:《中国反洗钱国际合作进入了一个新的历史发展时期》,载《中国金融》2007年第15期。

之间开展和促进全球、区域、分区域及双边合作。

（二）与时俱进：我国关于反洗钱认识提升的"三级跳"

对于洗钱的危害性，在早期，我国监管部门将其狭隘地与金融机构联系在一起，认为洗钱损害银行的稳定和公众对银行的信任，认为反洗钱与金融机构的安全性、流动性有着直接的联系，进而与金融机构实现利润最大化的经营目标有着直接的联系。[①] 后来，我国拓展了对反洗钱重要性的认识，认为洗钱与产生经济利益的违法犯罪活动相伴共生，不仅破坏市场经济活动的公平公正，妨碍有序竞争，损害金融机构声誉和正常经营，威胁金融体系的安全稳定，而且成为腐败滋生的温床。[②]

在总体国家安全观确立后，我国开始从国家战略高度来认识反洗钱问题，并且在顶层进行制度设计，反洗钱的机制也发生转型升级。2017年4月，中央全面深化改革领导小组第34次会议经过审议，将"完善反洗钱、反恐怖融资、反逃税监管体制机制"列为深化改革的重点任务。在2017年9月，为了推进和落实上述任务，国务院办公厅发布《关于完善反洗钱、反恐怖融资、反逃税监管体制机制的意见》，明确指出："反洗钱、反恐怖融资、反逃税监管体制机制是建设中国特色社会主义法治体系和现代金融监管体系的重要内容，是推进国家治理体系和治理能力现代化、维护经济社会安全稳定的重要保障，是参与全球治理、扩大金融业双向开放的重要手段。"该意见还从健全工作机制、完善法律制度、健全预防措施、严惩违法犯罪活动、深化国际合作等六个方面，提出二十七项具体措施。

综上可见，我国对反洗钱重要性的认识，经过了"三级跳"：从最初关于维护金融机构的稳定和声誉之最狭义的理解，发展到将洗钱与产生经济利益的上游犯罪联系起来而延伸至维护金融安全，最后提升到维护总体国家安全的战略高度，并且将反洗钱纳入国家治理体系和治理能力现代化系统。这必然会对我国反洗钱的刑事法律规制产生影响，我们需要在刑事立法和刑事司法环节呈现出积极的反应。

三、立法论：我国反洗钱罪名体系的形成与完善

基于对洗钱危害性的认识，在反洗钱方面，国际社会通常采取打击与预防相结合的"双剑合璧"机制：一方面将洗钱行为犯罪化，另一方面则对反洗钱义务主体赋予特定的反洗钱责任。其中，将洗钱行为犯罪化是一个最为基本的打击步骤，这也鲜明地体现在我国反洗钱的刑事立法历程中，可以简要概括为经历了"从无到有""单独设罪"和"三次修正"的发展过程，逐步建立起打击洗钱犯罪的罪名体系。在这当中，通过刑法修正案模式

[①] 参见欧阳卫民：《依法履行报告义务，共同打击洗钱犯罪》，载《金融时报》2004年8月1日，第1版。
[②] 参见王新：《反洗钱：概念与规范诠释》，中国法制出版社2012年版，第30页。

对《刑法》第191条洗钱罪进行三次修正的焦点,主要集中在上游犯罪的"扩军"和自洗钱入罪这两大关键问题上,至此形成和发展了我国打击洗钱犯罪的核心罪名。

(一)《关于禁毒的决定》(1990年):从无到有

在我国实行计划经济体制的大形势下,由于缺乏滋生洗钱活动的土壤,1979年《刑法》是不可能脱离所处的时代背景而设置洗钱罪的,只有传统意义上的"窝赃、销赃罪"可以解释为广义的洗钱范畴,但这与现代意义上的洗钱罪相差甚远。

自20世纪80年代开始,毒品犯罪开始在我国出现并呈现上升的趋势。从世界范围来看,洗钱是与毒品犯罪紧密相连的下游犯罪,可谓是毒品犯罪衍生的"怪胎",并且在毒品交易中起着关键性的作用,其便于犯罪分子"漂白"贩毒所得的赃款,得以逃脱缉毒机构的追踪和取得、利用贩毒赃款。[1] 鉴于毒品的"非法生产、需求及贩运的巨大规模和上升趋势,构成了对人类健康和幸福的严重威胁,并对社会的经济、文化及政治基础带来了不利影响"[2],国际社会开始通力合作,并加大对毒品活动的打击力度。1988年12月19日,《联合国禁止非法贩运麻醉药品和精神药物公约》在维也纳通过,并于1990年11月11日生效。基于对毒品犯罪与涉毒收益之间密切联系的认识,该公约将打击毒品与反洗钱有机地结合起来,该公约第3条第1款(b)项和(c)项要求各缔约国应采取必要的措施,将非法贩运毒品的财产予以清洗之故意行为确定为其国内法中的刑事犯罪,以便消除行为人从事贩运毒品活动的利益刺激因素。这是最早正式出现于国际社会并被普遍接受的关于洗钱的规定。我国在该公约通过的第二日签署该公约,全国人大常委会于1989年9月4日予以批准。为了履行我国缔结该公约的国际义务,并且遏制在我国日趋严峻的毒品犯罪,全国人大常委会在1990年12月通过《关于禁毒的决定》,其第4条第1款规定:"……掩饰、隐瞒出售毒品获得财物的非法性质和来源的,处七年以下有期徒刑、拘役或者管制,可以并处罚金。"最高人民法院将此罪名称确定为"掩饰、隐瞒毒赃性质、来源罪"。从刑事立法的渊源上看,这是我国首次对洗钱罪进行刑事规制,标志着洗钱罪出现在我国刑事立法中。尽管这局限于涉毒洗钱方面,但具有开创性的标杆意义。

(二)1997年《刑法》:单独设罪

第八届全国人大第五次会议在修订刑法时,考虑到"很多国家的刑法对洗钱的犯罪行为做了规定,我国《关于禁毒的决定》中也对洗钱作了规定。目前,洗钱犯罪时有发生,并已不限于毒品犯罪。因此,草案对明知是毒品犯罪、黑社会性质的组织犯罪、

---

[1] See Alison S. Bachus, From Drugs to Terrorism: The Focus Shifts in the International Fight against Money Laundering after September 11, 2001, Arizona Journal of International and Comparative Law, Vol. 21, No. 3, 2004, p. 837.

[2] 《联合国禁止非法贩运麻醉药品和精神药物公约》,引言。

走私犯罪的所得及其产生的收益,为掩饰、隐瞒其来源和性质而进行洗钱的行为规定了刑罚"[1]。在上述认识的基础上,1997年《刑法》在第191条专门设立了洗钱罪,奠定了该罪在罪状与法定刑的基本模板。具体表现在以下几方面:

①关于洗钱罪的上游犯罪,该条基于严重的上游犯罪类型出现发展变化的态势,在《关于禁毒的决定》所规定的毒品犯罪之基础上,又列入了黑社会性质的组织犯罪、走私犯罪,由此形成了上游犯罪的"三罪"鼎立格局。这也为后续的刑法修正案扩充上游犯罪的范围留下了"伏笔"。

②在客观方面,采取"列举式+兜底式"的立法技术,规定了下列五种洗钱行为方式:第一,提供资金账户;第二,协助将财产转换为现金、金融票据;第三,通过转账或者其他结算方式协助资金转移;第四,协助将资金汇往境外;第五,以其他方法掩饰、隐瞒犯罪所得及其收益的性质和来源。从行为性质看,列举的前四种方式可以概括为:一个"提供"和三个"协助",这表明洗钱罪属于帮助型犯罪,只能由上游犯罪本犯之外的第三方构成;从时空特征来看,洗钱行为均发生在通过金融机构平台和载体进行金融交易的过程中。从比较视野分析,从20世纪70年代至90年代,鉴于在全球范围内的洗钱活动主要是通过金融机构进行,而且手段比较单一,故国际社会和世界主要国家将反洗钱的重心也放在金融机构上。可以说,《刑法》第191条所规定的上述行为方式是契合我国当时反洗钱的时代背景的。至于第五种"以其他方法"的行为方式,属于概括性的"兜底式"立法条款,意图覆盖将来可能发生的新的洗钱行为方式。

③在主观方面,使用"明知"的术语[2],要求行为人必须出于故意,对源自上游犯罪的违法所得及其产生的收益,掩饰、隐瞒其来源和性质。

④关于法定刑,对于自然人犯洗钱罪的,设置两个档次的法定刑:构成犯罪的,处5年以下有期徒刑或者拘役;情节严重的,则处5年以上10年以下有期徒刑。对于单位犯洗钱罪的,采取"双罚制":对单位判处罚金,并对其直接负责的主管人员和其他直接责任人员,处5年以下有期徒刑或者拘役,但仅有一个量刑档次。在罚金刑上,采取倍比罚金刑的限额模式,规定并处或者单处洗钱数额5%以上20%以下罚金。

(三)《刑法修正案(三)》(2001年):第一次修订

在"9·11"事件发生后仅3个月,针对恐怖活动出现的一些新情况,为了严厉打击恐怖活动犯罪,更好地维护国家安全和社会秩序,保障人民生命、财产安全[3],全国人大常委会在对反恐的刑事立法上进行快速的反应,在2001年12月通过《刑法修正案

---

[1] 王汉斌:《关于〈中华人民共和国刑法(修订草案)〉的说明》(1997年3月6日),"十一、关于完备刑事法律条文问题"。

[2] 据统计,在1997年《刑法》中,有30个条文在33处使用了"明知"的术语。

[3] 参见胡康生:《关于〈中华人民共和国刑法修正案(三)(草案)〉的说明》(2001年12月24日)。

(三)》。其中,第7条对洗钱罪进行第一次修订,具体表现为以下两个方面:

①在洗钱罪的上游犯罪范围中,增加了"恐怖活动犯罪"。这主要是考虑到国际社会在"9·11"事件发生后通力打击恐怖主义的新形势下,洗钱不再仅被看作清洗主要来自非法毒品交易的犯罪收益,而是被国际社会公认为恐怖分子隐藏其收入和获取资金的渠道。① 我国是深受恐怖活动侵袭的国家,反恐要取得成功,就必须遏制恐怖融资行为,削弱恐怖分子的融资能力。

②对于单位犯,鉴于过去的法定刑设置只有一个档次,对单位直接负责的主管人员和其他直接责任人员,只能处5年以下有期徒刑,不利于严厉打击犯罪,故增加"情节严重"的档次,规定可处5年以上10年以下有期徒刑。

另外,《刑法修正案(三)》在第4条还增设"资助恐怖活动罪",作为《刑法》第120条之一。这均契合国际社会将恐怖融资与反洗钱紧密联系的共识。

(四)《刑法修正案(六)》(2006年):第二次修订

经过较长时间的司法实践,有关部门提出,许多贪污贿赂犯罪、金融犯罪的违法所得巨大,为其洗钱将严重破坏金融管理秩序,危害金融安全,应当将为这两类犯罪洗钱的行为,依照洗钱犯罪追究刑事责任。经过研究,立法机关决定在《刑法》第191条规定的洗钱罪的上游犯罪中,增加贪污贿赂犯罪和金融犯罪。② 此外,在国际社会方面,为了加强各项措施,以便更加高效而有力地预防和打击腐败,2003年10月31日,第58届联合国大会审议通过《联合国反腐败公约》。该公约在特别认识到腐败与洗钱的联系之基础上,强调反洗钱是反腐败工作不可或缺的组成部分,在预防、刑事定罪与执法、资产追回等机制中,均对防范和打击洗钱提出了相当周密的规范性要求。根据《联合国反腐败公约》第23条第2款(b)项的规定,各缔约国应当至少将该公约确立的各类腐败犯罪列为上游犯罪。我国在2003年12月10日签署该公约,全国人大常委会于2005年10月27日予以批准。

在上述国内司法实践和国际公约的内外要求下,2006年6月,为了适应打击洗钱犯罪的新形势需要,同时在国内法中履行我国所承担的国际公约义务,全国人大常委会在通过的《刑法修正案(六)》第16条中,对洗钱罪进行第二次修订。从规范层面看,这主要表现为在既有的四类上游犯罪的基础上继续扩张范围,增加了贪污贿赂犯罪、破坏金融管理秩序犯罪、金融诈骗犯罪三种类型的犯罪,至此形成了目前洗钱罪的七类上游犯罪框架。同时,《刑法修正案(六)》针对不法分子利用我国迅速发展的证券

---

① See Alison S. Bachus, From Drugs to Terrorism: The Focus Shifts in the International Fight against Money Laundering after September 11, 2001, Arizona Journal of International and Comparative Law, Vol. 21, No. 3, 2004, p. 835.

② 参见安建:《关于〈中华人民共和国刑法修正案(六)(草案)〉的说明》(2005年12月24日)。

市场进行洗钱的新态势,还细微地调整了洗钱罪的行为方式内容,在《刑法》第191条原先列举的第二种洗钱方式协助"将财产转换"中,在转换的两种对象"现金、金融票据"之后,又增加了"有价证券"。

需要特别指出的是,《刑法修正案(六)》第19条也对《刑法》第312条进行修改,将"窝藏、转移、收购、销售赃物罪"的原罪名,从犯罪对象、行为方式和法定刑三个方面修订为"掩饰、隐瞒犯罪所得、犯罪所得收益罪"。该罪被首次修订的立法背景,为我国正处于积极申请加入全球反洗钱和恐怖融资的最具权威性的政府间国际组织——"金融行动特别工作组"(Financial Action Task Force,以下简称为"FATF")之关键期间,即在2006年11月中旬,FATF的专家评估团要对我国反洗钱工作进行现场评估,并以此确定我国是否达到成员的标准。鉴于FATF在《40+9项建议》的第一项核心标准"洗钱犯罪化"中,明确要求各国应尽可能涵盖最大范围的上游犯罪,同时划定了上游犯罪范围的强制性"门槛"条件,即至少应包括指定犯罪类型中的二十类犯罪,而我国当时洗钱罪所确立的四类上游犯罪远远没有达到此标准。为此,全国人大常委会宪法和法律委员会经同有关部门研究,考虑到《刑法》第191条洗钱罪所规定上游犯罪的局限性,认为有必要将《刑法》第312条传统的赃物犯罪条款改造成洗钱犯罪的一般性条款,以此确保对所有的洗钱行为均可依法追究刑事责任。① 在以上认识的基础上,对于我国洗钱罪中的上游犯罪外延与FATF规范要求所存在的差距,《刑法修正案(六)》采取"两条腿走路"的办法,即在《刑法》第191条洗钱罪中增加三类上游犯罪类型的同时,还对《刑法》第312条进行修订,将其作为我国反洗钱罪名体系中的普通罪名,以覆盖清洗第191条之外其他上游犯罪所得和收益的洗钱行为,从而满足我国加入FATF的基本要求。② 对于我国这种立法完善措施,FATF在评估报告中也予以认可,其将《刑法》第191条洗钱罪称为"Laundering Proceeds of Specific Serious Crimes",适用于特定的严重犯罪;至于该条的上游犯罪与FATF建议的差距,报告认为其被采用所有犯罪为上游犯罪态度(All-Crimes Laundering)的《刑法》第312条罪名弥补③,故没有对此问题进行质疑。在该份评估报告的基础上,我国在2007年6月28日成为FATF的正式成员。这是我国反洗钱工作中的一件重大事件,标志着我国的反洗钱体制已与国际标准基本接轨,有利于进一步完善我国的反洗钱和反恐融资体制,具有重大的里程碑意义。④

---

① 参见刘为波:《〈关于审理洗钱等刑事案件具体应用法律若干问题的解释〉的理解与适用》,载《人民司法》2009年第23期。
② 参见王新:《竞合抑或全异:辨析洗钱罪与掩饰、隐瞒犯罪所得、犯罪所得收益罪之关系》,载《政治与法律》2009年第1期。
③ See FATF, First Mutual Evaluation Report on Anti-Money Laundering and Combating the Financing of Terrorism on the People's Republic of China, 29 June 2007, para. 87.
④ 参见王燕之:《中国反洗钱国际合作进入了一个新的历史发展时期》,载《中国金融》2007年第15期。

(五)《刑法修正案(十一)》(2020年):第三次修订

如上所述,自我国1997年《刑法》设立洗钱罪以来,依托反洗钱与打击上游犯罪和维护金融管理秩序的早期认识,上述两个刑法修正案对洗钱罪的修改焦点,均集中在上游犯罪的"扩军"上。自2014年确立总体国家安全观后,我国对反洗钱重要性的认识有了质的提升,认为反洗钱是维护国家安全体系的重要组成部分,故从国家战略高度重视反洗钱,并且在顶层进行制度设计。其中,国务院办公厅《关于完善反洗钱、反恐怖融资、反逃税监管体制机制的意见》第10条明确规定:"推动研究完善相关刑事立法,修改惩治洗钱犯罪和恐怖融资犯罪相关规定……"为了落实上述关于反洗钱的顶层设计要求和路线图,我们必须在刑事立法上作出积极的反应。

从国际的外部环境看,从2014年至2022年,FATF为了检视反洗钱和反恐怖融资工作的合规性和有效性,依据其在2012年修订发布的《40项建议》,对所有成员展开第四轮互评估。2015年3月,我国正式启动接受FATF评估的准备工作。在2018年,FATF组成国际评估组,对我国开展为期一年的互评估工作。这是在极端严峻的国际形势下,我国反洗钱工作所面临的又一场国际"大考",也是全面的"外部体检"。[①] 在2019年4月,FATF对我国反洗钱和反恐怖融资进行第四轮互评估之后,公布了技术合规性[②]的"成绩单":在40项评估项目中,我国有6项"不合规",12项为"部分合规"。其中,对于第3项核心项目"洗钱犯罪化"(Money Laundering Offence)的评估结果为"部分合规"。[③] 根据FATF相关的程序要求,我国面临艰巨的后续整改任务。同时,从2019年7月起,我国正式担任FATF的轮值主席并且顺利交接,而且先后担任了亚太反洗钱组织(The Asia/Pacific Group on Money Laundering,简称APG)的联合主席、欧亚反洗钱和反恐怖融资组织(Eurasian Group on Combating Money Laundering and Financing of Terrorism,简称EAG)的主席,积极选派代表出任反洗钱国际组织的多个重要岗位职务,深度参与国际反洗钱的治理,并且发挥重要作用。由此可见,对于互评估报告中指出的问题进行整改,并且在FATF后续的再评估报告中将低分项目的评级上调至达标水平[④],不仅是遵守FATF评估程序规则的义务要求,而且直接关系到我国作为负责任国际大国的形象

---

① 参见刘宏华:《全力推动反洗钱工作向纵深发展》,载《中国金融》2020年第11期。
② 在FATF的第四轮评估体系中,包括"技术合规评级"(Technical Compliance Ratings),依据《40项建议》的要求逐一进行,下设40个项目。至于评分,由高到低而分为四个等级:合规、大致合规、部分合规、不合规。
③ See FATF, Anti-Money Laundering and Counter-terrorist Financing Measures—People's Republic of China, Fourth Round Mutual Evaluation Report, April 2019, Effectiveness and Technical Compliance Ratings.
④ 2020年10月1日,FATF公布《中国反洗钱和反恐怖融资第一次后续评估报告》,将在2019年对我国第四轮互评估报告中的三个项目(第15项的"新技术和虚拟资产"、第26项的"金融监管"和第34项的"指引和反馈")的评级予以提升,从"部分合规"上调到达标评级的"大致合规"。这是经过我国各部门共同努力的结果,但对其他没有达标的项目,还需要在整改期间采取有力措施予以改善。

问题。为此,我国必须在刑事立法和司法层面解决"洗钱犯罪化"所存在的问题。

正是在以上国内和国际新形势的背景下,特别是为了在刑事立法中落实顶层设计中关于完善反洗钱法律制度的要求,履行我国对反洗钱国际互评估后的后续整改义务,在中国人民银行等有关部门的强烈建议下,《刑法修正案(十一)》对洗钱罪的相关规定进行修订。2020年6月,第十三届全国人大常委会第二十次会议对《刑法修正案(十一)(草案)》进行第一次审议。由于相关部门的认识不统一,在向社会公众公开征求意见的第一次审议稿中,并没有出现对洗钱罪修改的内容。2020年10月,全国人大常委会第二十二次会议对草案进行第二次审议。在10月21日公开征求社会公众意见的草案二审稿中,才出现对洗钱罪修改的条文,这是相关部门经过多轮商讨研究后的结晶。2020年12月26日,全国人大常委会第二十四次会议正式通过修正案的第三稿,沿袭了二审稿中关于洗钱罪的内容。虽然这是在《刑法》第191条既有的板块上进行修订,在模式上并没有进行根本性的"手术",但在自洗钱、行为方式、"明知"要件和罚金刑等具体内容上予以重大的修订。

值得注意的是,在立法技术上,《刑法修正案(十一)》通过删除第191条关于客观行为方式中三个"协助"以及"明知"等术语,改变了原先洗钱罪的帮助型结构,解除了洗钱罪只能由他犯构成的限制性框架和内容,从而将自洗钱纳入洗钱罪的适用范围。从法律意义上看,正如立法机关所言,自洗钱的单独入罪,可以为有关部门有效预防、惩治洗钱违法犯罪以及境外追逃追赃提供充足的法律保障。① 这是《刑法修正案(十一)》对洗钱罪进行修订的最大"亮点",可谓是在国际外在压力和国内顶层设计要求下的刑事立法反应,实属来之不易。

(六) 坐标定位:反洗钱的罪名体系

经过刑事立法发展,我国形成以下由四个罪名组成的、区别打击洗钱犯罪的罪名体系:①对于涉及毒品犯罪、黑社会性质的组织犯罪、恐怖活动犯罪、走私犯罪、贪污贿赂犯罪、破坏金融管理秩序犯罪、金融诈骗犯罪法定七类严重上游犯罪的洗钱活动,适用《刑法》第191条的洗钱罪,予以较严厉的刑事处罚;②对于涉及上述七类上游犯罪之外的洗钱行为,分别适用《刑法》第312条的掩饰、隐瞒犯罪所得、犯罪所得收益罪或者《刑法》第349条的窝藏、转移、隐瞒毒品、毒赃罪;③依据反洗钱与反恐怖融资紧密相连的国际共识,《刑法》第120条之一的帮助恐怖活动罪也属于我国反洗钱的罪名体系。

对此,FATF在2007年对中国反洗钱和恐怖融资工作的评估报告中,认为我国通过《刑法》第191条、第312条和第349条三个条文将洗钱犯罪化,在贯彻与加强反洗钱

---

① 参见全国人民代表大会宪法和法律委员会《关于〈中华人民共和国刑法修正案(十一)(草案)〉修改情况的汇报》(2020年10月13日)。

的工作中取得重大进步。① 在2019年,FATF继续从洗钱罪名体系的范畴对我国进行第四轮评估,认为《刑法》第191条、第312条和第349条明确对洗钱犯罪的认定,其适用范围各有不同,而且大部分洗钱活动的定罪是以《刑法》第312条为依据的。② 最高人民法院在2009年11月4日公布的《关于审理洗钱等刑事案件具体应用法律若干问题的解释》中,也是以上述四个罪名的整体为对象进行法律适用解释,并没有局限在某一个罪名上。据此,我们在理解中国反洗钱的刑事法律规制时,必须定位于罪名体系的坐标,不能仅微缩在《刑法》第191条。虽然该条的罪名是洗钱罪,但它容易给人带来以偏概全的认识,它只是反洗钱罪名体系的一个组成部分,在性质和功能上属于狭义的洗钱罪。

四、司法论:现状、司法理念与主观认定问题

(一) 追问:反洗钱的司法现状

从司法实践看,自从1997年《刑法》设立洗钱罪以来,依据FATF在2006年对我国第三轮互评估报告,截止到2006年10月,在全国范围内只有3起案件4名被告人被判处洗钱罪。据此,FATF认为我国反洗钱的司法效果存在重大缺陷,强烈建议我国提升打击洗钱犯罪的实际效果。③ 从2008年开始,虽然洗钱罪的判决数量在总体上呈上升趋势,但依然长期维系在个位数至十位数的水准,定罪数量偏少。根据有关部门的分析,这既有法律规定方面的原因,例如洗钱罪的主观方面认定标准严格、自洗钱行为尚未入罪等,也有在执行中一些基层办案机关缺少洗钱犯罪侦查经验等原因。④ 上游犯罪定罪数量庞大,洗钱罪的微小判决数量与之形成巨大的反差,致使国际社会对我国反洗钱工作的整体有效性产生了质疑。⑤ 例如,FATF在对我国进行第四轮互评估时,通过分析2013年至2017年5年间仅有87人被定为洗钱罪,认为我国对洗钱罪的起诉频率并不高,指出这与大量的上游犯罪数量相比较少,故对FATF建议的第7项直接目标"洗钱的调查和起诉"的有效性评估的评级为"中等"。⑥ 对此,我国也必须在后

---

① See FATF, First Mutual Evaluation Report on Anti-Money Laundering and Combating the Financing of Terrorism on the People's Republic of China, 29 June 2007, para. 2, 75.

② See FATF, Anti-Money Laundering and Counter-terrorist Financing Measures—People's Republic of China, Fourth Round Mutual Evaluation Report, April 2019, para. 176, 180.

③ See FATF, First Mutual Evaluation Report on Anti-Money Laundering and Combating the Financing of Terrorism on the People's Republic of China, 29 June 2007, para. 93, 107.

④ 参见刘宏华:《全力推动反洗钱工作向纵深发展》,载《中国金融》2020年第11期。

⑤ 参见中国人民银行反洗钱局课题组编著:《完善反洗钱法律制度研究》,中国金融出版社2020年版,第178—180页。

⑥ See FATF, Anti-Money Laundering and Counter-terrorist Financing Measures—People's Republic of China, Fourth Round Mutual Evaluation Report, April 2019, para. 196.

续整改期内采取措施来改进。需要指出的是,通过我国相关部门各项措施并举,我国打击洗钱犯罪的司法效果得到明显的提升。例如,全国检察机关强化考核评价,加强与外部的协作配合,全面深化推进反洗钱工作,形成惩治洗钱犯罪的工作合力。特别是最高人民检察院在 2020 年 3 月召开反洗钱电视电话会议部署工作后,全国检察机关在 2020 年共批准逮捕洗钱犯罪嫌疑人 221 人,提起公诉 707 人,较 2019 年分别上升 106.5%和 368.2%。① 值得赞许的是,2021 年 3 月,中国人民银行、最高人民检察院联合发布 6 个洗钱罪的典型案例。通过各项措施,2021 年,全国检察机关起诉洗钱罪 1262 人,同比上升 78.5%。② 但是,这依然不能适应我国打击洗钱犯罪的需要,距离完成 FATF 对"洗钱的调查和起诉"之有效性评估后的整改要求尚有较大差距。

通过以上现状的追问和分析,可以看出,面对我国洗钱活动异常活跃的态势,司法实务却给出令人大跌眼镜的答卷。我国目前反洗钱所存在的关键问题是司法适用明显地不能适应我国反洗钱的需要,由此面临着国际反洗钱组织评估的后续整改压力。

(二) 司法理念:强化打击认识与新解传统赃物罪

司法理念是无形的,却是司法实践的灵魂,指引着司法操作。在我国长期的司法实践中,司法人员普遍认为洗钱是下游犯罪,完全依附于上游犯罪,由此产生"重上游犯罪,轻下游犯罪"的落后司法理念。在 2006 年 FATF 对我国第一次评估时,就强烈建议我国通过提升司法人员的意识,改善打击洗钱犯罪落后的情况。FATF 于 2018 年 7 月对我国进行第二次评估现场座谈时,认为我国司法机关追踪资金流向是为了查明上游犯罪,在通常情况下并没有延伸到上游犯罪发生后帮助洗钱的人员,致使对洗钱犯罪的起诉频率不高、数量有限。对此,我国也认可对《刑法》第 191 条洗钱罪的适用数量之所以增长缓慢,其原因在于司法人员相对保守,表示要提高他们对《刑法》第 191 条适用的认识。③ 可以说,反洗钱在司法实务中的落伍局面,与司法人员的早期执法理念存在密切的联系,必须从多方面予以改变。

值得肯定的是,在最高人民检察院近期颁发的文件中,明确提出加大惩治洗钱犯罪的力度,切实转变"重上游犯罪,轻洗钱犯罪"的做法,办理上游犯罪案件时要同步审查是否涉嫌洗钱犯罪。④ 具体而言,在观念上强化司法人员对打击洗钱犯罪重要性的认识,首先,需要司法人员辩证地理解洗钱与上游犯罪之间的关系,在肯定两者之间先前存在紧密联系的同时,更应该动态地看到洗钱在后期的发展中,开始具有自己的独立属性,其危害性已经上升到危害国家安全的高度,这在一定程度上甚至超越了对上

---

① 张军:《最高人民检察院工作报告》(2021 年)。
② 张军:《最高人民检察院工作报告》(2022 年)。
③ See FATF, Anti-Money Laundering and Counter-terrorist Financing Measures—People's Republic of China, Fourth Round Mutual Evaluation Report, April 2019, para.177, 181.
④ 参见最高人民检察院《关于充分发挥检察职能服务保障"六稳""六保"的意见》(2020 年)。

游犯罪的法律否定评价。其次,从实践效果看,加强对洗钱犯罪的查处,有利于消除上游犯罪行为人的利益驱动力,这是从根本上打击上游犯罪的最佳策略,可以起到釜底抽薪的作用。最后,更为重要的是建立起长效的工作机制,要求在办理上游犯罪案件时,必须同步审查是否涉嫌洗钱犯罪,而且将这纳入结案报告审查中的一个必备内容。

从传统赃物罪的理论看,在上游犯罪完成后,对于在与该犯罪相随而继续存在的违法状态中通常所包含的行为,属于被上游犯罪的构成要件所评价完毕的行为,是"不可罚的事后行为"。① 以传统赃物罪的理论为基础,对于洗钱罪,通常认为其是针对上游犯罪的非法资产而设立的罪名,在时空方面是发生在上游犯罪之后,与上游犯罪存在阶段性和依附的关系。上游犯罪本犯所实施的自洗钱行为,是上游犯罪的自然延伸,应属于刑法理论中的"不可罚的事后行为",可以被上游犯罪所吸收。同时,由于上游犯罪的本犯已基于实施上游犯罪而受到刑事处罚,就不能再以处于下游的洗钱罪论处,否则就违反"禁止双重惩罚"的原则。② 正是以传统赃物罪的理论为立法思路,我国1997年《刑法》第191条确定自洗钱不能入罪。由此可见,传统赃物罪的理论是确定自洗钱能否入罪时不可回避的理论"瓶颈",需要结合洗钱罪的发展特征而作出新的解读。

从实质上看,传统赃物罪理论是建立在上游犯罪与其后续延伸行为的关系论之理解上的。对标到自洗钱能否入罪问题上,则涉及如何辩证地理解上游犯罪与洗钱罪之间的关系。不可否认的是,由于洗钱罪是以上游犯罪的所得和收益为行为对象,如果没有上游犯罪所衍生出的"黑钱",何谈洗钱?因此,洗钱罪作为下游犯罪,是以上游犯罪为"母体"而产生的新型犯罪类型。这是洗钱在产生的"幼儿期"所具有的基本属性,其与上游犯罪存在紧密的依附联系。但是,我们在肯定这种关系的同时,也应从动态的视角看到洗钱在中后期的发展中,已经逐步"成人化",开始具有自己的独立属性。具体而言,在新形势下,洗钱已超越早期的附属于上游犯罪的单一属性,威胁到社会政治、经济、法律、公共秩序等多个领域,已被国际社会公认为冷战之后典型的"非传统安全问题"之一。③ 特别是在"9·11"事件之后,从国际层面看,洗钱已经发展出与恐怖融资和危害国家安全的新型关系,其危害性已经上升到有碍国家安全和国际政治稳定的程度。我国在总体国家安全观的指引下,也将反洗钱上升到维护总体国家安全的战略高度,并且在顶层设计中将其纳入国家治理体系和治理能力现代化的范畴。形象地说,洗钱作为上游犯罪滋生的"黑崽子",在肯定其与上游犯罪"母体"存在联系的基础上,也需要在其"成人化"之后,对其进行单独的法律评价,而不是完全置于上游犯罪的

---

① 参见〔日〕大谷实:《刑法总论》,黎宏译,法律出版社2003年版,第359页。
② 参见王新:《反洗钱:概念与规范诠释》,中国法制出版社2012年版,第209页。
③ 参见欧阳卫民:《反腐败、反洗钱与金融情报机构建设》,法律出版社2006年版,第18页。

覆盖下。由此可见,洗钱所蔓延和裂变出的危害性,在一定程度上甚至超越了对上游犯罪的法律否定评价,其所侵害法益的新型特征并不能为上游犯罪所覆盖和评价完毕,而且与对上游犯罪的法律评价内容并不完全相同,因而不存在违反"禁止重复评价"和"禁止双重惩罚"的问题,进而不存在传统赃物罪理论所带来的法理障碍。

同时,传统赃物罪属于对上游财产犯罪的事后消极处分行为,赃物处于"物理反应"的自然状态;与此相反,自洗钱表现为行为人在实施上游犯罪行为之后,又进一步积极地实施"漂白"的二次行为,致使"黑钱"发生了"化学反应",切断了源自上游犯罪的犯罪所得和犯罪收益之来源和性质,已经不再是上游犯罪的自然延伸,这可以说是彻底地突破了传统赃物罪理论的适用条件,因而不应再保守地受到该理论的教条制约。[1] 综上所述,《刑法修正案(十一)》将自洗钱入罪,可谓突破了传统赃物罪的理论思路,这是立法层面的重大进步,也是刑事立法理念的新发展。

(三) 司法适用的"瓶颈":主观认定问题

由于《刑法修正案(十一)》将自洗钱入罪,彻底改变了我国长期刑事规制的"他洗钱"的传统模式,这必然会对过去关于认定洗钱罪的主观认识规定产生极大的冲击。这均有待于我们在刑事立法目的和刑法教义学理论层面进行辨析。

1. 立法与司法的辐射影响:"明知"术语的删除

在我国长期反洗钱司法实践中,有关部门反映,证明行为人对某一具体上游犯罪具备"明知",在司法实践中有难度。从事洗钱犯罪的行为人常抗辩其不深究经手资金的来源,以此否认对某一种具体上游犯罪具备"明知"。[2] 可以说,对"明知"的认定,一直是调查取证中最为棘手的问题和认定难点,严重制约了司法机关对洗钱犯罪的查处,这也是洗钱罪判决数量少的重要原因之一。2019年4月,FATF在对我国第四轮互评估报告中认为,中国的洗钱罪判决数量有限,这主要是由于难以证明洗钱罪成立所必需的"明知"要件,建议我国"降低明知的认定标准"。[3] 有鉴于此,我们需要从立法与司法层面解决"明知"的主观认定问题。

1997年《刑法》第191条对洗钱罪在主观方面的叙述,明确使用"明知"术语,这是当时在立法层面将洗钱罪界定为他洗钱模式的标志之一,在主观方面排除了自洗钱入罪的可能性。在《刑法修正案(十一)》将自洗钱入罪确定为立法目的之后,从立法层面看,删除洗钱罪原先罪状中的"明知"术语,主要是为了消除将自洗钱入罪的文本限制。与此同时,我们也应该看到,正如我国有学者所言,《刑法修正案(十一)》删除洗钱罪的

---

[1] 参见王新:《我国洗钱罪的刑事立法完善问题》,载《金融时报》2020年9月28日,第12版。
[2] 参见许永安主编:《中华人民共和国刑法修正案(十一)解读》,中国法制出版社2021年版,第136页。
[3] See FATF, Anti-Money Laundering and Counter-terrorist Financing Measures—People's Republic of China, Fourth Round Mutual Evaluation Report, April 2019, para. 184, 186.

"明知"要件,并非仅仅意味着自洗钱行为入罪,还涉及是否导致洗钱罪主观构成要件的变化,是否对洗钱罪的认定发生影响等更为深层次的问题。① 因此,《刑法修正案(十一)》删除洗钱罪的"明知"要件,不仅是在立法层面迈出的重要一步,我们还需要在司法适用层面来正确理解"明知"术语被删除后的辐射影响。

2. 界分认定:删除"明知"术语后的司法适用

根据我国《刑法》第191条的规定,洗钱罪是典型的故意犯罪,行为人在主观方面必须是出自故意,对源于法定七类上游犯罪的所得及其收益具有主观认识。由此可见,尽管《刑法修正案(十一)》删除了"明知"术语,也只是降低了对洗钱行为对象事实的证明标准,弱化了事实证明的重要性,但丝毫不影响洗钱罪的主观要件,并未改变洗钱罪的主观方面依然是故意的基础事实。无论是自洗钱,还是他洗钱,都需要证明主观要件的成立。② 具体到司法实践中,在"明知"术语被删除后,我们仍然需要认定洗钱罪的主观要件,否则就会陷入"客观归罪"的泥潭。对此,我们必须在司法适用的理念上予以澄清和坚持。另外,《刑法修正案(十一)》在删除《刑法》第191条第1款原先位于句首的"明知是"术语的同时,又将原规定中的"为掩饰、隐瞒"之表述,调整至现在《刑法》第191条第1款规定之首,这主要是加强适用该条的法律指示效果,提示司法机关在认定洗钱罪时,不能忽视对行为人掩饰、隐瞒犯罪所得及其收益的认识把握。③

从国际宏观视野看,在《联合国禁止非法贩运麻醉药品和精神药物公约》《联合国打击跨国有组织犯罪公约》和《联合国反腐败公约》以及FATF在早期版本的《40项建议》中,均将主观要件列为洗钱罪的构成要素,要求可以根据客观事实情况予以推定,并没有基于打击洗钱的需要而不设定洗钱罪的主观构成要素。如上所述,FATF在对我国第四轮互评估报告中,对于我国关于主观要件的"明知"认定标准过高的情况,也只是建议我国"降低",而不是要求"取消主观要件",这是两个内容和等级均完全不同的国际评估标准。

综上所述,在我国目前将自洗钱入罪的情况下,鉴于"自洗钱"与"他洗钱"的行为模式和犯罪主体有所差异,对于洗钱犯罪行为人的主观认识,我们需要界分为"自洗钱"与"他洗钱"两种类型来认定,在证明标准的设定上也有所不同。具体表现如下:

①在"自洗钱"的情形下,上游犯罪本犯在实施法定七类上游犯罪时,对源于上游犯罪的所得及其收益具有主观认识,是应有之义,必然会认识到洗钱对象的来源和性质,其实施自洗钱行为本身就是建立在对"黑钱"具备主观认识的基础之上的。换言之,在自洗钱的客观行为当中,就蕴含对洗钱对象的来源和性质之认识,自洗钱犯罪的

---

① 参见刘艳红:《洗钱罪删除"明知"要件后的理解与适用》,载《当代法学》2021年第4期。
② 参见刘艳红:《洗钱罪删除"明知"要件后的理解与适用》,载《当代法学》2021年第4期。
③ 参见卫磊:《〈刑法修正案(十一)〉对洗钱犯罪刑法规制的新发展》,载《青少年犯罪问题》2021年第2期。

主客观要件之间存在天然的血脉联系,不可割断。对自洗钱的行为方式进行调查和司法认定,实质上也就是揭示本犯的主观认识的过程。因此,从证明标准看,对于"自洗钱",就不需要对行为人主观认识进行证明。

②在"他洗钱"的情况下,犯罪主体是上游犯罪本犯之外的第三方行为人。由于行为人并没有亲自实施法定的七类上游犯罪,其对自己为他人洗钱的对象来源和性质并不必然成立主观认识,其主观认识存在多种可能性。从主客观相统一的刑法原则出发,对于"他洗钱"的司法认定,依然需要证明行为人主观认识的成立。这不仅是《刑法修正案(十一)》施行前认定洗钱罪的既有模式,也是将来在司法实践中要继续证明的问题,这也急需"两高"总结过去的实践经验,出台司法解释予以明确。需要指出的是,在《刑法修正案(十一)》删除"明知"术语之后,新的司法解释在规定他洗钱行为人的主观认识之认定时,也就相对应地不能再使用"明知"一词,但可以要求司法人员在认定"他洗钱"犯罪时,行为人在主观上须认识或者应当认识到洗钱对象是法定七类上游犯罪的所得及其收益。

从违法性认识理论看,违法性认识在程度上既包括确定性认识,也包含可能性认识。因此,在行为人具有主观认识的基础上,对于主观认识的程度,就可以划分为"必然认识"与"可能认识"两种类型。具体到洗钱罪中,行为人对于洗钱对象的来源和性质之认识,包括认识到"必然是黑钱"与"可能是黑钱"两种情形。以百姓的俗话来解读,就是认识到"东西肯定不是或者可能不是好来的"。据此,司法人员在认定他洗钱行为人的主观认识时,不应仅仅局限在"必然认识"的绝对性标准,也应适用"可能认识"的高度概然性标准,从而拓宽对主观认识的司法认定幅度。

五、结语

作为维护国家安全的行动指南,总体国家安全观对巩固经济安全、防范化解金融风险、打击恐怖主义等方面具有重大的指导意义。反洗钱直接涉及经济安全、金融安全、社会安全等多个领域,与经济、金融、国际政治和合作均紧密地捆绑在一起,已经上升到国家战略层面,成为落实总体国家安全观的重要组成部分。

鉴于洗钱的危害性与日趋严峻的态势,我国一直重视对洗钱犯罪的打击,并且在许多层面付诸努力,例如,在顶层设计方面,将反洗钱提升到国家治理体系和治理能力现代化的战略高度;在打击洗钱犯罪的法律规范层面,已经建立起比较完备的刑事法律体系;在刑事司法层面,日趋强化对洗钱犯罪的刑事打击。但是,我们也应该看到,虽然我国已建立比较完备的反洗钱刑事法律体系,但不能只是停留在静态层面。鉴于司法打击的效果远远不能满足反洗钱实务的需求,严重影响了国际反洗钱组织对我国的评估结果，这就需要我们将反洗钱置于总体国家安全观的视域下，以我国明确承诺执行的国际反洗钱通行标准为参照系，从刑事立法与司法适用的维度进行改进，特别是强化对打击洗钱犯罪的重要性之认识，从动态方面将其在司法实践中落在实处，改变反洗钱刑事立法与司法的失衡局面，以适应我国反洗钱在内外形势压迫下的急切需要。

刑事一体化视域中专利权刑法保护问题研究

唐凤玉*

一、问题的提出

《刑法》共设置了七个与侵犯知识产权犯罪有关的罪名,假冒专利罪是其中之一。与其他侵犯知识产权类型的犯罪相比,侵犯专利权犯罪不仅在实务中处罚较少,在刑法理论上也缺乏关注与研究。知识产权保护关系国家治理体系和治理能力现代化,关系市场经济高质量发展。加强知识产权保护是推动科技创新和文化繁荣发展的重要举措。[①] 有研究报告指出,知识产权犯罪是我国当下经济犯罪最为猖獗的一类,侵犯知识产权案件数量庞大,对市场经济竞争秩序和营商环境带来极为恶劣的影响。[②] 从经济全球化发展背景下看我国法律对知识产权的保护,也能发现其存在明显保护不足的问题。例如,联合国毒品与犯罪办公室曾指出中国每年生产和制造20多亿件假冒伪劣产品,这些产品的经济价值约82亿美元。[③] 中美贸易关系中最具有争议性的问题是美国认为我国对其知识产权保护不力,窃取和损害美国知识产权问题严重。德国学者也指出,对外贸易中超过50%侵犯知识产权的产品来自中国。[④] 国内假冒侵权现象更加泛滥。国家知识产权局官网公开的专利统计年报汇编显示,2018年国内查处假冒专利案件约4万件,国际涉专利侵权纠纷案件约3万件,是美国涉专利纠纷案件的20倍。[⑤] 在经济全球化发展趋势下,这些对外贸易数据揭示了我国对专利权法律保护不足的问题。

(一)专利权刑法保护现状

专利权是经过法律授权的一种合法的财产权,是企业产权的重要组成部分。专利

---

* 北京师范大学博士,西北师范大学讲师。

① 参见朱宁宁:《向世界贡献全球知识产权治理体系变革中国方案——访全国人大代表、中国科学院大学教授马一德》,载《法治日报》2021年4月27日,第7版。

② 参见黄河主编:《中国犯罪治理蓝皮书:犯罪态势与研究报告(2018)》,法律出版社2019年版,第198页。

③ See Daniel C. Fleming, Counterfeiting in China, U. Pa. E. Asia L., Vol. 10, Rev. 14, 2014, pp. 15-16.

④ 赵秉志主编:《国际化背景下知识产权的刑事法保护》,中国人民公安大学出版社2011年版,第123页。

⑤ 参见《2018年专利统计年报》(http://www.cnipa.gov.cn/tjxx/jianbao/year2018/indexy.html),访问日期:2019年8月22日。

制度是对符合条件的发明确认为资产或者产权的制度,该制度旨在保护个体利益和公共利益。① 国家对专利权主体的利益和社会公共利益首先以《专利法》予以调整,《民法典》总则编也规定了专利权主体的民事权利和相关的民事责任。刑法设置假冒专利罪作为对专利权保护的最后屏障。专利权兼具私权属性和公权属性,因而受到三种不同性质的法律保护。民法的目的是实现私人利益之间的平衡,受到侵害的一方享有损害赔偿请求权,它关注的是私人利益。行政法的目的是维护社会得以正常运行的管理秩序;刑法的目的是通过确证规范的效力(法律规范的普遍遵守),以实现对人们生活法益的保护。行政法和刑法关注的都是公共利益,涉及的都是国家和公民之间的法律关系。② 从形式上看,现有法律体系对专利权保护得很周延,但是这三种性质不同的法律存在明显差异。从实质保护效果看,专利侵权假冒问题严重表明刑法并未起到保障法的功能。刑法的目的是保护法益,对侵害法益的行为原则上应当科处刑罚。虽然国内外优先选择民法应对破坏专利权的不法行为,但同时将刑法作为其最后的保障法。③ 值得追问的是,刑法设置假冒专利罪的目的是什么?从刑事立法到假冒专利罪法教义学的理解,再到刑事司法实践,究竟是哪个环节存在问题,导致刑法没有对专利权和市场经济秩序起到保驾护航的作用,使我国生产假冒伪劣商品行为如此猖獗?

(二) 专利权刑法保护存在的问题

专利权刑法保护是指国家通过刑法对专利权进行保护,旨在将部分严重侵害专利权和社会公共利益的不法行为进行规制,通过刑事程序追究侵害者的刑事责任,实现对权利人财产权的保护,维护消费者的合法利益,稳定市场交易秩序,确保专利管理秩序规范受到遵守。假冒专利的行为值得科处刑罚,理由是该行为具有侵害公众利益和破坏市场经济秩序的危害性质。

1. 假冒专利罪采取单轨制刑事立法模式问题

我国从 1979 年《刑法》设置破坏社会主义市场经济秩序罪开始建立了经济犯罪的罪名体系,其中第 127 条规定了假冒商标罪④,没有著作权和专利权犯罪的具体规定。1984 年第一部《专利法》第 63 条规定,假冒他人专利的,依照本法第 60 条的规定处理,情节严重的,对直接责任人员比照《刑法》第 127 条的规定追究刑事责任,是首次以类推制度的形式对假冒专利严重的情形可能予以刑事制裁的规定。现行《专利法》经

---

① 参见赵元果编著:《中国专利法的孕育与诞生》,知识产权出版社 2003 年版,第 83 页。
② 参见〔德〕乌尔斯·金德霍伊泽尔:《刑法总论教科书》,蔡桂生译,北京大学出版社 2019 年版,第 14—15 页。
③ 参见《民法典》第 123 条、《专利法》第 11 条、第 65 条、《刑法》第 216 条;18 U.S.C. §497,35 U.S.C. §292。
④ 1979 年《刑法》第 127 条规定:"违反商标管理法规,工商企业假冒其他企业已经注册的商标的,对直接责任人员,处三年以下有期徒刑、拘役或者罚金。"

过四次修改,但第 68 条仍延续对假冒专利严重行为追究刑事责任的规定。① 1997 年《刑法》废除了类推制度,确定了罪刑法定原则,其中第 216 条明确规定了假冒专利罪。② 检视假冒专利罪的刑事立法特征,存在以下争议问题:

其一,本罪属于象征性刑事立法。部分学者认为我国《刑法》设置假冒专利罪基本上属于象征性立法,即属于"设而不用"条款或"休眠性条款",理由是改革开放初期,构建专利制度、增设本罪是被动性地回应西方国家保护知识产权的要求。有学者指出,象征性刑法是立法者基于特定政治目的,对特定国家或特定群体就特定领域的现象表明国家的态度而设置的罪名,不追求规范的实际效果。我国目前不存在这种性质的立法。③ 就此而言,刑法规范中存在部分法条没有得到司法适用或较少适用,进而得出这类法条是象征性立法的结论,是不合理的观点。正如有学者指出的,假冒他人专利行为不仅侵犯了他人的专利权,应当承担侵犯专利权的民事责任,更重要的是,这种行为表征违法者故意实施法律禁止的规范,虚假标记他人专利号使公众误以为其销售的产品系专利主体合法生产、制造的商品,具有欺骗公众、混淆真假、扰乱市场经济秩序的社会危害性,仅仅责令其承担民事侵权责任还不足以消除其恶劣影响,应当科处刑罚,威慑和预防他人实施假冒专利的行为。④ 有学者指出,假冒专利罪并非象征性刑法的表现,而是传统刑法观下的产物。与恐怖犯罪、网络犯罪等类似,这些领域的罪名司法适用率极低,这是我国以谦抑性为内核的传统刑法立法观的表现,它坚持前置法备而刑事法不用或者少用,刑事立法备而刑事司法不用或少用。⑤ 再者,相比其他侵犯知识产权犯罪的法定刑配置,立法者在刑事立法层面体现了对假冒专利行为处罚的宽缓化的基本立场。

其二,本罪采取附属刑法的立法模式,属于"附而不属"的影子刑法。20 世纪末我国借鉴西方立法模式,在专利法、食品卫生法、药品管理法等性质类似的法律法规中附加规定了罪刑条款规范,学界将这种立法模式称为行政刑法,属于附属刑法内容之一。⑥ 附属刑法的产生是为了维护或保障刑法的稳定性,同时确保刑法能及时回应社会发展产生的侵害法益的新情形,以起到维护社会秩序和保障权利的作用。⑦ 但立法者在附属刑

---

① 2020 年《专利法》第 68 条规定:"假冒专利的,除依法承担民事责任外,由负责专利执法的部门责令改正并予公告,没收违法所得,可以处违法所得五倍以下的罚款;没有违法所得或者违法所得在五万元以下的,可以处二十五万元以下的罚款;构成犯罪的,依法追究刑事责任。"
② 1997 年《刑法》第 216 条规定:"假冒他人专利,情节严重的,处三年以下有期徒刑或者拘役,并处或者单处罚金。"
③ 参见郭玮:《象征性刑法概念辨析》,载《政治与法律》2018 年第 10 期。
④ 参见尹新天:《中国专利法详解》(缩编版),知识产权出版社 2012 年版,第 552 页。
⑤ 参见田宏杰:《立法扩张与司法限缩:刑法谦抑性的展开》,载《中国法学》2020 年第 1 期。
⑥ 参见储槐植:《附属刑法规范集解》,中国检察出版社 1992 年版,第 5 页。
⑦ 参见储槐植:《附属刑法规范集解》,中国检察出版社 1992 年版,第 9 页。

法中不明确规定假冒专利罪具体的罪刑条款,将该罪名构成要件的判断依托于前置法和刑事司法解释,导致其在教义学和刑事司法适用上的复杂化,且这种立法模式与宪法的明确性原则相冲突。① 这是假冒专利罪没有起到预期效果的主要原因。

其三,本罪保护的法益存在争议。刑法的目的是保护法益,每一个刑法规范都有特定的保护目的,假冒专利罪保护的法益是什么?知识产权是一种法定权利,具有财产权等属性,但是立法者并没有将其等同于传统财产权予以保护,而是将侵害知识产权的犯罪置于破坏社会主义市场经济秩序罪一章,表明传统财产权与知识产权法益位阶存在高低之别,对知识产权更侧重保护社会公共利益。通说坚持法益二元论,认为本罪保护的法益是私人财产权和社会公共利益,即保护个人法益和超个人法益。② 例如,有学者指出,本罪保护国家专利管理秩序和他人专利专用权③,或保护专利权人专利号的专有使用权、专利人的身份权和消费者及公众的知情权④。可以看到,不同学者对本罪的法益内容有不同理解。专利权的财产权利益主要是指专利权人通过制造、使用、转让技术或依此技术生产的产品等获得商业利益。⑤ 社会公共利益包括市场交易秩序、市场竞争秩序、市场营商环境、消费者利益、国家专利管理秩序、相关产业的发展速度、就业机会等诸多抽象利益。而法益一元论则认为该罪仅保护专利管理秩序法益,不保护个人法益。⑥ 刑法分则罪名的法益保护体现的是对特定领域价值取向的问题,假冒专利罪过于强调对经济秩序的保护,忽略了专利权主体权利的保护。有学者指出,知识产权刑事法律不以权利为本位构建保护体系,其对知识产权的保护作用只能是有限的、残缺不全的。⑦

其四,行政不法与刑事不法的关系。这实际上涉及的是法定犯如何认定的问题。国内最早研究这一问题的学者指出,关于行政不法与刑事不法的区别存在量的差异理论、质的差异理论及质与量的差异理论三种观点,按照质与量相结合的折中观点,一个行政不法行为是否值得科处刑罚取决于行为本身的社会危害性大小与人身危险性大小。⑧ 随着刑法理论研究的不断深入,当前学界在坚持法秩序统一性是法定犯违法性判断的基本前提下,存在严格的违法性一元论、违法性相对论及缓和的违法性一元论⑨,或者称为违

---

① 参见张明楷:《刑事立法模式的宪法考察》,载《法律科学(西北政法大学学报)》2020年第1期。
② 参见张明楷:《刑法学》(第5版),法律出版社2016年版,第734页。
③ 参见高铭暄、马克昌主编:《刑法学》(第8版),北京大学出版社、高等教育出版社2017年版,第440页。
④ 参见胡安瑞:《犯罪化与非犯罪化:涉专利刑事政策的双极取向》,载《山东审判》2016年第6期。
⑤ 参见邹琳:《论专利权的权利属性》,载《湘潭大学学报(哲学社会科学版)》2011年第5期。
⑥ 参见贺志军:《刑法中的"假冒他人专利"新释》,载《法商研究》2019年第6期。
⑦ 参见田宏杰:《论我国知识产权的刑事法律保护》,载《中国法学》2003年第3期。
⑧ 参见黄河:《行政刑法 比较研究》,中国方正出版社2001年版,第30—33页。
⑨ 参见吴镝飞:《法秩序统一视域下的刑事违法性判断》,载《法学评论》2019年第3期;简爱:《从"分野"到"融合" 刑事违法判断的相对独立性》,载《中外法学》2019年第2期。

法性独立说、违法性从属说和违法性相对说等观点。① 违法性判断涉及法定犯如何认定问题,由于争议较大,尚未达成共识。多数学者认为,对侵犯知识产权犯罪的认定应当以违反前置法为前提,情节严重的情形才有可能构成犯罪。② 这显然是违法性从属说所坚持的观点,刑事不法的判断依赖于行政不法的判断,即法定犯同时满足行政不法和刑事不法。

2. 假冒专利罪的刑法教义学争议

法教义学以尊重现行实定法为前提,致力于解释法律而非批判法律。③ 但这并不意味着法教义学派的学者将法律规范视为"圣经",其也认为立法条文存在缺陷时可以通过解释进行弥补,即将批判寓于解释当中。④ 这说明法教义学具有解释法律规范和批判立法的功能。假冒专利罪属于经济犯罪类型或谋利型犯罪,其构成要件的解释以《专利法》第68条、《专利法实施细则》第84条⑤、《刑法》第216条,2004年最高人民法院、最高人民检察院出台的《关于办理侵犯知识产权刑事案件具体应用法律若干问题的解释》第10条⑥等法律法规、司法解释作为依据。但诸多学者局限于本罪字面含义解释,忽略了前置法对假冒专利行为的具体认定,导致刑法学者对本罪的理解存在重大偏差。

专利权是一种法定权利,权利内容包括:《专利法》第10条规定的专利权人享有专利转让权;《专利法》第11条规定的专利权人有独占权或垄断权,即任何个人或单位未经专利权人许可,不得为生产经营目的制造、使用、许诺销售、销售、进口其专利产品或使用其专利方法。独占权是专利权主体最重要的一项权利。《专利法》第16条规定的专利权人有署名权和标注权,即专利权人和经其同意的被许可人拥有合法的专利标识

---

① 参见刘艳红:《论法定犯的不成文构成要件要素》,载《中外法学》2019年第5期。
② 参见贾阳:《侵犯知识产权犯罪认定仍有难点》,载《检察日报》2014年12月19日,第3版。
③ 参见车浩:《刑法教义的本土形塑》,法律出版社2017年版,第3页。
④ 参见张明楷:《也论刑法教义学的立场 与冯军教授商榷》,载《中外法学》2014年第2期。
⑤ 2010年《专利法实施细则》第84条第1款规定:"下列行为属于专利法第六十三条规定的假冒专利的行为:(一)在未被授予专利权的产品或者其包装上标注专利标识,专利权被宣告无效后或者终止后继续在产品或者其包装上标注专利标识,或者未经许可在产品或者产品包装上标注他人的专利号;(二)销售第(一)项所述产品;(三)在产品说明书等材料中将未被授予专利权的技术或者设计称为专利技术或者专利设计,将专利申请称为专利,或者未经许可使用他人的专利号,使公众将所涉及的技术或者设计误认为是专利技术或者专利设计;(四)伪造或者变造专利证书、专利文件或者专利申请文件;(五)其他使公众混淆,将未被授予专利权的技术或者设计误认为是专利技术或者专利设计的行为。"
⑥ 2004年最高人民法院、最高人民检察院《关于办理侵犯知识产权刑事案件具体应用法律若干问题的解释》第10条规定:"实施下列行为之一的,属于刑法第二百一十六条规定的'假冒他人专利'的行为:(一)未经许可,在其制造或者销售的产品、产品的包装上标注他人专利号的;(二)未经许可,在广告或者其他宣传材料中使用他人的专利号,使人将所涉及的技术误认为是他人专利技术的;(三)未经许可,在合同中使用他人的专利号,使人将合同涉及的技术误认为是他人专利技术的;(四)伪造或者变造他人的专利证书、专利文件或者专利申请文件的。"

标注权,标注对象是专利产品、依照专利方法直接获得的产品和产品的包装。① 此外,专利权人还有质押权和请求保护权等权利。申言之,专利权的权利内容包括独占权、转让权、署名权、标注权和质押权等多项权利。然而,刑法仅保护标注权,理由是虚假的专利标识会误导或欺骗公众,损害其合法权益或侵害国家专利管理秩序。

标注权要求标注条件是在专利权有效期内,标注行为要符合《专利法实施细则》第83条②及《专利标识标注办法》第4条、第5条、第6条、第7条等规定③,标注内容包括三类情形:①采用中文标注专利权的类别,例如中国发明专利或中国外观设计专利;②标识专利号;③其他情形,即标注者可以附加其他文字、图形标记,但是附加的文字、图形标记及其标准方式不得误导公众。合法的专利标识标记应满足以下四个条件:①行为主体是专利权人或者经专利权人同意享有专利标识标注权的被许可人,除此以外的其他个体、法人或其他组织都非适格主体④;②行为形式包括标注中文专利类别和

---

① 根据《专利法》第16条的规定,专利权人有权在其专利产品或者该产品的包装上标明专利标识,有权在专利产品或者产品包装上标明专利标识的,除专利权人之外,还包括经专利权人同意享有专利标识标注权的被许可人。

② 2010年《专利法实施细则》第83条规定:"专利权人依照专利法第十七条的规定,在其专利产品或者该产品的包装上标明专利标识的,应当按照国务院专利行政部门规定的方式予以标明。专利标识不符合前款规定的,由管理专利工作的部门责令改正。"2012年国家知识产权局发布的《专利标识标注办法》第4条规定:"在授予专利权之后的专利权有效期内,专利权人或经专利权人同意享有专利标识标注权的被许可人可以在其专利产品、依照专利方法直接获得的产品、该产品的包装或者该产品的说明书等材料上标注专利标识。"该办法第5条、第6条、第7条进一步对如何标注专利标识作出了明确规定。

③ 《专利标识标注办法》第4条规定,在授予专利权之后的专利权有效期内,专利权人或者经专利权人同意享有专利标识标注权的被许可人可以在其专利产品、依照专利方法直接获得的产品、该产品的包装或者该产品的说明书等材料上标注专利标识。第5条规定,标注专利标识的,应当标明下述内容:①采用中文标明专利权的类别,例如中国发明专利、中国实用新型专利、中国外观设计专利;②国家知识产权局授予专利权的专利号。除上述内容之外,可以附加其他文字、图形标记,但附加的文字、图形标记及其标注方式不得误导公众。第6条规定,在依照专利方法直接获得的产品、该产品的包装或者该产品的说明书等材料上标注专利标识的,应当采用中文标明该产品系依照专利方法所获得的产品。第7条规定,专利权被授予前在产品、该产品的包装或者该产品的说明书等材料上进行标注的,应当采用中文标明中国专利申请的类别、专利申请号,并标明"专利申请,尚未授权"字样。

④ 《行政处罚法》第4条规定,公民、法人或者其他组织违反行政管理秩序的行为,应当给予行政处罚的,依照本法由法律、法规、规章规定,并由行政机关按照本法规定的程序实施。违反本条规定的行政相对人是专利权人或者经其同意的被许可人之外的其他各类主体。这些主体应当具有民事权利能力和民事行为能力。值得注意的是,国家知识产权局2014年发布的《专利侵权判定和假冒专利行为认定指南(试行)》中规定,其他组织是指依法成立的、有一定的组织机构和财产,但又不具备法人资格的组织,包括:①依法登记领取营业执照的私营独资企业、合伙组织;②依法登记领取营业执照的合伙型联营企业;③依法登记领取我国营业执照的中外合作经营企业、外资企业;④经民政部门核准登记领取社会团体登记证的社会团体;⑤法人依法设立并领取营业执照的分支机构;⑥中国人民银行、各专业银行设在各地的分支机构;⑦中国人民保险公司设在各地的分支机构;⑧经核准登记领取营业执照的乡镇、街道、村办企业;⑨符合条件的其他组织。对于个体工商户涉及假冒专利行为的,应以营业执照上登记的业主为行政相对人,有字号的,应在法律文书中注明登记的字号。营业执照上登记的业主与实际经营者不一致的,以业主和实际经营者共同为行政相对人。

专利号,附加的文字、图形标记不会误导公众①;③行为载体是专利产品、依照专利方法直接获得的产品、产品包装、产品说明书等资料,以及专利证书、专利文件或者专利申请文件②;④时间上,在专利授权之后的专利权有效期内。如果专利标识标注行为发生在专利授权之前或者专利权效力终止之后的,均构成假冒专利行为。例如,某市知识产权局到甲药店进行市场检查,发现其销售的一种药品上标注有"本品外观专利:20093011782.3"字样。经与国家知识产权局专利登记簿副本核对,该专利权因未在规定期限内缴纳年费已终止。经查,药品包装上标明的生产时间晚于专利终止时间,且甲药店是乙公司一家连锁分店,在工商部门领取了营业执照。③ 甲药店销售专利权已经终止的产品,符合《专利法实施细则》第84条第1款第(二)项规定的假冒专利行为。违反前述条件之一,可能属于专利标识标注不规范情形,甚至构成假冒专利的行为。

诚然,前置法对专利标记权的保护范围相当广泛,刑法在行为主体、行为方式和行为客体等方面做了大幅度限缩。结合前置法与刑法的规定,假冒专利罪的客观构成要件为:①犯罪主体系自然人或单位,此处的单位应该排除不具备法人资质的组织机构。②犯罪实行行为是未经专利权主体的许可,自然人或单位客观上实施了非法标识标注他人专利号的行为,行为对象是产品、产品包装、广告、宣传资料、涉专利交易合同、专利证书、专利文件和专利申请文件等载体。③危害结果符合刑法规定的情节严重。④ 行为主体非法标识标注专利的行为与危害结果之间存在因果关系。④主观要件是故意,行为主体主观上应当符合前置法规定的以生产经营为目的意图。

---

① 假冒专利的行为形式体现在标注字样和技术方案两个方面:①标注字样方面,标注专利号、标注专利发明创造名称、标注"专利产品仿冒必究""专利技术""专利保护""中国专利""国家专利""国际专利""发明专利""已申请专利"等字样以及其他宣称采用了专利技术或设计的形式。未经许可,使用他人专利公告号、伪造专利公告号构成假冒专利行为,采用虚构的专利权人称号、假冒其他专利权人称号也构成假冒专利行为。②技术方案方面,对于专利权人本人或经其同意标注专利标识的被许可人标注合法有效的专利标识时,需要考虑标注专利标识的产品与该专利标识所代表的专利技术方案(设计)的差异程度。对于产品与专利技术完全不相关或差异较大的情形,应认定为假冒专利行为,如果产品与专利技术(设计)虽有差别,但是两者极其相似,不宜认定为假冒专利行为,可以责令其改正,不作进一步处罚。

② 假冒专利行为的载体通常有:产品、产品包装、产品说明书、产品宣传资料、广告、专利文件、专利申请文件、专利证书、产品买卖合同、技术转让合同、技术许可合同及合同要约、投标文件等。随着互联网产业的快速发展,网络逐渐成为假冒专利行为的新载体,包括但不限于新闻网站、网上商城个人网站、博客及微博等。现行《专利法实施细则》第84条并未穷尽这些载体,但只要能够使公众获知行为人的宣传行为,即属于假冒专利行为。

③ 参见国家知识产权局2014年发布的《专利侵权判定和假冒专利行为认定指南(试行)》,第111页。

④ 根据2004年最高人民法院、最高人民检察院《关于办理侵犯知识产权刑事案件具体应用法律若干问题的解释》第4条的规定,假冒他人专利,涉嫌下列情形之一的,应予以立案追诉:①行为人非法经营数额在20万元以上或者违法所得数额在10万元以上的;②给专利权人直接造成经济损失50万元以上的;③假冒两项以上他人专利,非法经营数额10万元以上或者违法所得数额在5万元以上的;④其他情节严重的情形。

立法者规制非法标注专利号的理由是,假冒专利的行为表征行为主体主观上具有欺骗、欺诈的意思,会导致消费者对以假充真、以次充好的产品按照通常的识别能力辨别不出真假,进而购买到假冒伪劣产品,同时这种行为有不正当竞争的成分存在,可能会侵害市场交易秩序。因此,对假冒专利行为的判断应当考虑消费者的通常识别能力。而伪造或变造专利证书或文件的行为可能会扰乱国家专利管理秩序,削弱公众对国家管理机构的公信力。

3. 假冒专利罪司法适用率极低

假冒专利罪刑事案件极少是不争的事实。早期有学者指出,从 1998 年至 2004 年上半年,全国法院共审结假冒专利罪案件 17 件。① 近年来,从全国整体处理假冒专利罪的案件看,2013 年开始全国法院审结的知识产权刑事案件数量呈逐年增长趋势,其中有关商标权犯罪、著作权犯罪的案件占知识产权犯罪的 80%以上,但假冒专利罪仅有 1 件,且未对被告予以刑事处罚,假冒专利罪近乎名存实亡。② 最高人民法院、国家知识产权局等机构的网上统计数据显示,2010 年至 2017 年,全国法院年均一审审结知识产权刑事案件 4293 件,其中假冒专利罪案件数量分别是:2010 年 2 件、2012 年 63 件、2016 年 5 件,其他 5 年都只有 1 件。③ 北京市朝阳区人民法院对 2001 年 12 月至 2009 年 11 月审结的 40 件知识产权刑事案件进行了检索,发现著作权类犯罪案件居首位,侵犯专利权犯罪案件数量最少,多年间仅显示 1 件。④ 上海市关于知识产权犯罪的统计中,侵害知识产权犯罪案件共有 205 件,而假冒专利罪案件 1 件都没有。⑤

笔者在北大法宝网以"侵犯知识产权罪"为案由检索到 21075 份判决书,以"假冒专利罪"为案由检索到 11 份判决书,其中被法院裁定起诉不成立的案件有 3 起,约 5 起假冒专利案件。⑥ 综合笔者在北大法宝网和无讼网对假冒专利罪判决书的检索结果,共计 6 起假冒专利案件。在无讼网以"假冒专利"为关键词,显示有 239 份判决书,通过利用该网站大数据自动化处理,以案件类型作为划分标准,发现民事案件最多,占所有案件的 71.19%,行政案件占 22.03%,刑事案件占 6.36%,协议赔

---

① 参见李晓:《〈关于办理侵犯知识产权刑事案件具体应用法律若干问题的解释〉的理解与适用》,载《人民司法》2005 年第 1 期。
② 参见陈聪:《侵犯知识产权刑事犯罪入罪门槛问题研究》,载《法律适用》2016 年第 12 期。
③ 参见刘少谷:《刑法规制假冒专利行为的困境与对策》,载《中州学刊》2019 年第 3 期。
④ 参见陈晨、刘砺兵:《关于知识产权刑法保护的现状分析、形势预测及对策——以北京市朝阳区法院近年审结案件为样本》,载《科技与法律》2012 年第 1 期。
⑤ 参见储国樑、叶青主编:《知识产权犯罪立案定罪量刑问题研究》,上海社会科学院出版社 2014 年版,第 3 页。
⑥ 参见北大法宝网(http://www.pkulaw.cn/cluster_form.aspx?Db=pfnl&menu_item=case),访问日期:2019 年 8 月 18 日。

偿类案件占0.42%。而国家知识产权局的报告显示,2018年查处假冒专利行政案件(结案)42679件,专利侵权纠纷案件(立案)33976件。① 而电商领域专利侵权假冒现象更严重,2018年共处理33025件案件,同比增长66.4%。② 专利行政不法与刑事违法执法案件数量对比为何异常悬殊?刑事司法为何始终对假冒专利罪保持"备而不用"?

其一,假冒专利罪司法适用率低的首要原因是行政执法与刑事司法脱节。假冒专利案件数量非常多,行政执法优先介入处理,刑事司法被动地作为最后手段介入,从形式上看没有问题。问题在于,这两者调整的法益之间存在重合或交叉,但执法主体和执法目的不同,刑事司法的介入以行政执法主体移送案件为前提。行政执法的目的在于维持正常的社会秩序,刑事司法的目的在于惩治严重危害他人利益和社会公共利益的行为,预防潜在的行为人再犯罪的可能。由于行政执法具有积极性、主动性、灵活性、便捷性、低成本性、及时性和高效性等特征,其成为处理假冒专利案件的首选,这无疑将刑事司法悬空。其危害是司法失去了公开否定假冒专利行为的机会,假冒专利违法成本低,对其惩治力度不够,会加速破坏市场经济诚实守信和公平竞争的秩序。基于此,国家于2001年出台《行政执法机关移送涉嫌犯罪案件的规定》、2006年出台《关于在行政执法中及时移送涉嫌犯罪案件的意见》、2012年出台《关于做好打击侵犯知识产权和制售假冒伪劣商品工作中行政执法与刑事司法衔接的意见》等,规定行政执法机关必须将符合刑事性质的案件移送至公安机关,以弥合行政执法与刑事司法脱节的现实。实践表明,这些努力没有达到预期效果,专利领域假冒侵权现象屡禁不止。

其二,假冒专利罪与生产、销售伪劣商品罪,非法经营罪等罪名的竞合,司法再次丧失了公开评价假冒专利行为属于法规范禁止的犯罪行为的机会。由于本罪与生产、销售伪劣商品罪都具有以假充真、以次充好以误导和损害消费者合法利益的特征,难以避免司法实践选择以生产、销售伪劣商品罪对假冒专利的行为定罪处罚。2001年最高人民法院、最高人民检察院《关于办理生产、销售伪劣商品刑事案件具体应用法律若干问题的解释》第10条规定,实施生产、销售伪劣商品犯罪,同时构成侵犯知识产权、非法经营等其他犯罪的,依照处罚较重的规定定罪处罚。例如,2007年法院以生产、销售伪劣商品罪,非法经营罪等罪名判处涉及侵犯知识产权案件1508件,生效判决人数为2296人。③

---

① 参见《各地区管理专利工作的部门执法统计表》(https://www.cnipa.gov.cn/tjxx/jianbao/year2018/h/h1.html),访问日期:2019年9月5日。
② 参见《打击电商假冒维权任重道远》,载环球网(https://finance.huanqiu.com/article/3wHBC73nvwY),访问日期:2020年1月16日。
③ 参见《全国法院受理知识产权案大幅增长 知识产权刑事案件呈明显上升趋势》,载《法制日报》2007年10月24日,第12版。

二、刑事一体化视域中检视专利权刑法保护不足的原因

如前文所述,现有研究立足于刑法体系之内的分析揭示了刑法在立法和司法适用方面存在的问题。面对当前经济全球化发展受阻,我国亟须转变经济发展方式,构建创新型国家现实背景下,有必要系统地反思刑法对专利权保护存在困境的根源何在,刑法应当作出何种努力以回应我国专利权保护不力、市场经济失序及改善社会营商环境等问题。刑事一体化思想为分析和反思专利权刑法保护问题提供了有益启示。刑事一体化思想及其理论体系注重中国传统社会治理犯罪问题的经验,深切关注当代中国刑事法治如何科学地预防和控制社会犯罪的问题,指出刑法规范与刑法实践运作应当内外协调,进而实现刑法最佳的法律效应和社会效益。① 因而从刑法之内和刑法之外对专利权刑法保护问题进行反思显得尤为必要。

(一) 刑法体系内部的原因分析

刑法理论研究有刑法之上、刑法之下、刑法之外和刑法之内四个维度。② 刑法之内也即刑法之中的研究维度,刑法之内包括刑事立法、刑法教义学和刑事司法等。当然,这与有的学者界定的刑法之内的研究仅指刑法学研究概念并不矛盾。③ 假冒专利罪的刑法内部运作与外部运作均存在缺陷是导致该罪名没有实现预期的刑法效果和社会效果的原因,但这不仅仅是单个刑法规范失效的问题,其背后代表的是刑事法治在当代社会经济领域面临的困境,即法定犯定罪难的问题。

1. 假冒专利罪的刑事立法模式分析

刑事立法模式是刑事法治保障经济领域健康运作的决定性因素,假冒专利罪附属刑法的立法模式和概约性的罪名罪状规定,导致刑法规范与其依托的相关法律规范、司法解释形成了"毛"与"皮"相分离的状态。单轨制立法模式的出发点原本是突出刑法优位,结果却弱化了刑法的实际功效。④ 有学者总结了我国刑事立法模式存在的四个缺陷:一是其既具有规范基本生活秩序的稳定性一面,也有需要及时回应社会不断出现新情况而频繁修改的一面,往往造成这两个面向顾此失彼。二是前置法相关法律规范作出调整,但刑法保持不变,造成违法行为与犯罪行为认定的错位。三是空白刑法规范增加了刑法适用的复杂性。四是这种立法模式不能及时回应社会发展过程中出现的新犯罪类型。⑤ 现行立法模式存在的这些不足和缺陷充分揭露了单轨制立法

---

① 参见储槐植:《刑事一体化论要》,北京大学出版社 2007 年版,第 25 页。
② 参见劳东燕:《刑事一体化思想下的学术研究所感》,载《中国检察官》2018 年第 3 期。
③ 参见王牧:《犯罪研究:刑法之内与刑法之外》,载《中国法学》2010 年第 6 期。
④ 参见储槐植:《刑事一体化论要》,北京大学出版社 2007 年版,第 72 页。
⑤ 参见张明楷:《刑事立法模式的宪法考察》,载《法律科学(西北政法大学学报)》2020 年第 1 期。

模式弊大于利的问题。同时,前述学者的总结表明刑事立法模式应具备稳定性和回应性两个面向,这与法的社会系统理论非常契合,该理论认为功能分化的现代社会是由政治、经济、法律、教育等诸多子系统构成的,这些子系统兼具自主性(封闭性)和回应性(开放性)两个面向,即在运作上是封闭的自我指涉、自我再制的系统,但它也依赖于环境的激扰。① 以法律系统的运作性封闭与认知性开放为例,运作的封闭性旨在通过合法/非法的符码实现法律系统的自我演化和自我更新,认知性开放则激扰法律系统要及时回应外部社会环境发展变化带来的问题。

反观域外经济领域犯罪,坚持刑法典和行政刑法并行的双轨制立法模式,不但契合刑法体系应有的自主性和开放性特征,而且有利于刑法发挥其在经济秩序保护方面的最佳效果。以德国的专利犯罪为例,刑法并未设置专利犯罪条款,但在《德国专利法》第142条规定了非法实施专利罪,《德国实用新型专利法》第25条规定了非法实施实用新型专利罪,《德国外观设计专利法》第51条规定了非法实施外观专利罪,且对以商业为目的实施的行为加重处罚,不仅处罚实害犯,也包括主观的未遂犯,法定刑最高是5年监禁。② 再如,《美国专利法》第292(a)条规定虚假的标记,即虚假标记罪,类似于我国的假冒专利罪,但是其规制范围更广、更严格,对意图欺骗或者虚假标记专利号欺骗公众的行为进行规制,违反规范的法律后果是处罚500美元以下的罚金。而该法第292(b)条规定了专利伪造证书罪,这类犯罪的法定刑比较高③,且任何人可以针对违法行为提起诉讼。④

从域外专利犯罪立法实践可以看出,呈现出典型的"严而不厉"刑法结构,除对破坏国家管理秩序的行为处罚比较严重外,整体上法网比较严密,刑罚相对轻缓,能够达到治小罪、防大害的社会效果。双轨制立法模式的优点表现在两个方面:一方面,社会不断地快速发展,刑事犯的法律规范变异很小,而行政犯的法规变动性很大,相应地修改也较容易,有利于保持刑法典的稳定性;另一方面,有关经济运行和行政管理的犯罪被置于相关的经济法律和行政法律中,罪状描述得非常详尽和具体,且罪刑相匹配,同时能及时回应经济领域出现的新情况、新问题。在司法操作层面,对具体罪名的认定相对简约,不必在刑法和前置法之间来回参照和比较,节约司法成本。据此,现行单轨制立法模式应向刑法典和附属刑法并行的双轨制模式转变,以适应经济犯罪的发展

---

① 参见〔德〕尼可拉斯·卢曼:《社会中的法》,李君韬译,五南图书出版股份有限公司2015年版,第12页。

② 参见国家知识产权局条法司组织翻译:《外国专利法选译》(下),知识产权出版社2014年版,第926、946,971页。

③ 参见 Timothy G. Ackermann, False Patent Marking: The Forest Group Bull's-Eye, 2 Landslide 34, 2010, p.34;《美国专利法》,易继明译,知识产权出版社2013年版,第73页。

④ 参见国家知识产权局条法司组织翻译:《外国专利法选译》(下),知识产权出版社2014年版,第1662页。

规律。

2. 假冒专利罪立法目的分析

如果我们认为法律的目的是实现社会的正义,合法利益的保护本质上就是正义的体现。既然专利权是发明者智慧劳动的成果,署名权、标记权和独占权等权利皆是法定权利,刑法为何只保护标记权,而不保护更为重要的独占权呢？专利制度是国际上普遍利用法律推动科学技术进步的制度,这项制度本身是国家公共政策的产物。国家为了激励公民进行发明和创造,将发明创造的成果及时公开和投入市场应用,赋予发明创造者专利权确保其享有市场垄断权利,禁止权利主体以外的其他人搭便车,即避免他人通过仿制、假冒或侵权等非法途径损害专利权人的合法利益。这些合法利益则表现在专利权中的标记权、署名权、市场垄断权、转让许可权及质押权等未经权利主体的许可,其他人不得非法使用或侵害。知识产权的权利体现在法律不予保护或救济,知识产权主体就不享有权利。《与贸易有关的知识产权协议》第28条指出专利权是法律授权的一种财产权利,理所应当的是公民合法所有的财产。但我国立法者却没有将其等同于财产权予以同等保护,而是将其放置于破坏社会主义市场经济秩序罪章节,其立法目的显然更倾向于保护社会公共利益。

立法者设置假冒专利罪保护的是专利标注权,忽视了对专利独占权的保护。专利独占权是专利权主体的核心权利,是财产性利益的载体。未经专利权主体的许可,非法实施专利的行为是侵害专利独占权的违法行为。司法实践中处理的假冒专利罪案件,比起禁止非法标记专利权人专利号的行为,通过侵害专利权人的方法专利生产、制造和销售产品的行为社会危害性更大。假冒专利罪刑法规范保护目的是保护社会公共利益和专利权人的财产性利益,而其犯罪构成要件规制非法标记专利号的行为,司法实践处理的案件又是非法标记专利号和非法实施他人专利的行为,司法实务与立法脱节的问题,说明应当从立法层面重新界定侵犯专利权犯罪保护的法益与罪名设置。

3. 法定犯刑事违法性判断的分析

如前文所述,假冒专利犯罪是经济犯罪罪名体系的一部分,是典型的法定犯,其违法性判断面临较大争议。多数学者坚持违法性从属说,即法定犯首先违反了行政法规范,且情节严重或后果严重等,进而也具有刑事违法性特征才被刑法规定为犯罪。诚然,对比自然犯将直接侵害法益的行为视为犯罪行为,法定犯具有明显的违反行政法规范和刑事法规范的特征。但是,这并不表示刑法分则第三章破坏社会主义市场经济秩序罪中所有罪名的不法构造都同时满足行政不法和刑事违法双重违法性特征。以假冒专利罪为例,其构成要件之一禁止行为人在签订合同时非法标注他人已授权专利号的行为,不属于《专利法》五类假冒专利行为禁止的行为。换言之,前置法没有规定行为人实施了这类行为构成行政不法或民事侵权,这表明假冒专利罪的违法性判断不以行为违反前置法为前提。在法律融合的背景下,违法性独立说和违法性从属说都只能解释符合法定犯认定的部分情形,违法性相对论能够调和其他两种学说的不足,"和而不同"地评价法定犯的认定。①

在坚持违法性相对论的基础上,法定犯的不法构造究竟该如何构建?有学者指出,在分则部分具体罪名保护的法益是个人法益和集体法益双重法益时,可以将集体法益视为阻挡层法益,个人法益视为背后层法益,保护集体法益只是手段,保护个人法益才是法规范保护的目的。从法益性质看,阻挡层法益是后设的秩序型法益,背后层法益是先验的利益型法益;保护秩序型法益只是手段,保护利益型法益才是目的。以生产、销售、提供假药罪为例,该罪保护个体的生命、健康法益和药品监管秩序集体法益,单纯违反药品监管秩序的行为不应当成立生产、销售、提供假药罪。② 对此,存在两点质疑:一是如果认为生产、销售、提供假药罪的目的是保护个体的人身、健康法益,为什么立法者不将该罪名置于侵犯公民人身权利、民主权利罪章?二是按其理论,行为人首先应该打破阻挡层法益,同时实质侵害个体法益,成立生产、销售、提供假药罪需要同时满足侵害双重法益?诚然,法定犯保护双重性法益,立法者更侧重于保护集体法益,至少从法益位阶上看,集体法益的位阶高于个体法益的位阶。笔者认为,法定犯以保护个体法益为手段,以保护集体法益为目的,阻挡层法益应该是个人法益,背后层法益应该是集体法益。生产、销售、提供假药罪规制具体的人身或健康法益受害的案件,旨在保护法益位阶更高的集体法益。

4. 假冒专利罪刑事司法适用的分析

第一,行政执法与刑事司法衔接机制不畅,行政执法挤压了刑事司法适用的空间。专利执法以"以罚代刑"是制约我国专利制度刑法保护的现实问题。③ 不仅是专利执法,知识产权案件整体上都以行政执法为主。知识产权保护主体权出多头、职能交叉,行政独大、刑民配套。知识产权行政执法案件数量之大、盘查和处置私人物品与场所的能力之强,全球罕见,极具"中国特色"。诸多案件不论危害结果的大小,几乎都被一刀切地视为行政违法案件处理。④ 概括而言,这是法治理念尚未在我国全方位地贯彻和落实的表现。知识产权是法治的产物,这种法定的权利没有依法得到救济就等于空头支票。法治之所以是最好的营商环境,就在于它能够使人们"持之有据、行之有

---

① 参见简爱:《从"分野"到"融合" 刑事违法判断的相对独立性》,载《中外法学》2019年第2期。
② 参见蓝学友:《规制抽象危险犯的新路径:双层法益与比例原则的融合》,载《法学研究》2019年第6期。
③ 参见姜瀛:《论专利行政执法以罚代刑及其刑法应对》,载《武汉科技大学学报(社会科学版)》2016年第4期。
④ 参见卢建平:《犯罪门槛下降及其对刑法体系的挑战》,载《法学评论》2014年第6期;卢建平:《知识产权犯罪门槛的下降及其意义》,载《政治与法律》2008年第7期。

效、践之有信"。① 知识产权保护应当从"行政保护为主,司法保护为辅"转向"司法保护为主,行政保护为辅"的模式,除了打破现行"行政权强势,司法权弱势"的现实格局。② 同时应该减少和避免司法权主动让位于行政权,而是以司法权约束行政权,通过司法化的形式保证惩罚的程序正义,以实现刑法保障人权的目的。

第二,传统刑法观坚持不用或少用刑事司法的谦抑观,已经明显与现代社会发展不相适应。专利权刑法保护我国知识产权保护和运用方面存在的问题已经成为治理经济犯罪的难题。司法控制是整个犯罪控制的策略重点,司法控制要收到最佳效果,实现犯罪控制整体效益,关键在于贯彻好"宽严相济"的基本刑事政策,通过刑罚宣示法律禁止何种行为,向社会上其他人传递司法裁判的行为指引规范,以起到预防效果。③ 刑事立法本身具有滞后性,司法也具有被动性和保守性特征,这种双重谦抑性下,刑事法网存在漏洞,刑罚处罚漏洞更大,假冒专利案件进入刑事司法环节的数量极少,不能通过司法裁判对此类行为进行否定性评价,罪名形同虚设。

第三,假冒专利罪罪刑配置不均衡。现代刑罚理论认为刑罚的目的在于预防犯罪和矫治犯罪者,而非惩治和报应。④ 假冒专利罪从本质上看是行为人通过欺骗的方式追求可欲的经济利益,这种获利方式与直接窃取、诈骗他人所有的财产或财物存在重大差异:一是从侵害对象看,前者是抽象的、预期的经济利益;后者是确定的财产或财物。二是从行为性质看,如果没有法律将假冒专利的行为规定为不法行为,则前者实施的是中立的、客观的生产经营行为;后者实施的是窃取、诈骗行为,前者行为不法性远不及后者行为不法性程度高。三是从危害结果看,后者损失的财产与被侵害的财产很明确;而前者侵害个体预期的财产利益和抽象的公共利益,危害结果的严重程度很难计算,损失往往包含了研发成本、开拓市场成本、销售额、被假冒或者侵权后经济利益减少的数额等。⑤ 专利权对促进市场经济向创新驱动型发展方式转型发挥着重要作用,保护专利权就是保护创新。反观侵犯知识产权犯罪的刑罚中,侵犯专利权犯罪的刑罚最轻,反映了立法上对侵害专利权犯罪较低的不法评价,进一步揭示了既有的刑法制度对专利权保护不力的问题。

(二) 刑法体系外部的原因分析

知识产权"弱保护"政策促使刑法作为保护知识产权保障法的缺位。有学者指出,"弱保护"政策是指国家对知识产权保护力度不强,对违法行为容忍度较高。国家

---

① 参见高鸿钧等主编:《英美法原论》(上),北京大学出版社 2013 年版,前言。
② 参见罗翔:《刑事不法中的行政不法——对刑法中"非法"一词的追问》,载《行政法学研究》2019 年第 6 期。
③ 参见储槐植:《刑事一体化》,法律出版社 2004 年版,第 48 页。
④ 参见何群、储槐植:《论我国刑罚配置的优化》,载《政法论丛》2018 年第 3 期。
⑤ 参见贾阳:《侵犯知识产权犯罪认定仍有难点》,载《检察日报》2014 年 12 月 19 日,第 3 版。

为了鼓励国内公民积极进行仿造和创新,很长一段时间对域外知识产权采取"弱保护"政策。与此对应的是"强保护",就是国家对知识产权保护的力度较大甚至很大的状况。在这种状况下,保护知识产权的措施较多,综合使用包括刑法方法在内的各种法律方法,刑法方法尤其完善而有效。[①] 从刑事立法对侵犯知识产权犯罪的修订情况看,对专利权保护明显采取的是"弱保护"政策,这种政策取向受政治、经济等因素的影响。有学者指出,经济增长和就业状况是决定地方政府官员能否升迁的主要指标,而制假售假等侵犯知识产权的行为确实可以在一定时期内促进地方经济增长和增加就业,因此政府不愿意以牺牲经济增长为代价过度保护知识产权市场。[②] 还有学者非常尖锐地指出,中国在保护知识产权方面的失败直接归因于政府对经济的所有和控制。政府向社会公众作出了对知识产权"弱保护"的姿态,知识产权假冒、盗版和侵权行为屡禁不止不是执法不力的结果,而是与中国经济结构中预设的激励因素有关。这样的经济结构导致保护知识产权与国家利益无关,只有中小民营企业渴望对知识产权"强保护",但是在中小企业发展成为大企业后,也难保已经持有的知识产权权利。[③] 影响专利权刑事保护困境的因素诸多,刑法体系内部因素是根本,但外部因素也加剧了当前专利权保护不足的现实。

三、完善专利权刑法保护的思考

改革开放四十余年来,我国刑法对社会主义市场经济的发展发挥了重要的保障作用。刑法既要服务于市场经济健康发展,同时市场经济的快速发展也对现有的刑法体系带来重大挑战,促使刑法必须随着其发展变化作出相应的改革和调整,以遏制破坏市场经济秩序的犯罪行为。刑事立法活跃化时代已经来临,刑事法治比以往任何时候都更应该重视对人权的保障。申言之,我国刑法既要加强对市场经济秩序的维护,同时也要加强对市场主体权利的保护。国家经济发展水平决定了法律对专利权保护方式和保护程度的差异。我国专利权保护在朝着构建中国特色保护制度体系的同时,也应当遵守专利权国际化保护的基本准则。专利权刑法保护是整个专利系统性法律保护的重要环节,刑法应当从立法和司法两方面进行调整:

第一,改革现行单轨制刑事立法模式,构建刑法典和行政刑法双轨制立法模式。双轨制立法模式是解决我国现行"行政规范秩序"与"法治秩序"界限模糊不清问题的

---

① 参见吴宗宪:《知识产权刑法保护的基本理念》,载《山东警察学院学报》2010年第1期。
② 参见姬鹏程、孙凤仪、赵栩:《知识产权对经济增长作用的实证研究》,载《宏观经济研究》2018年第12期。
③ 参见何天翔、谢晴川编:《中国知识产权法:中国特色知识产权新探索》,中国大百科全书出版社2018年版,第19页。

有效路径。基于法的社会系统理论,法律体系兼具自主性(封闭性)和应变性(开放性),刑法体系自然也具备这一特征。刑法体系的自主性是指刑法教义学有其自身运作或演化的规律。① 刑法教义学端赖于刑事立法,刑法体系的封闭性应当以刑事立法模式为基石。单轨制立法模式运作上过于封闭,虽然能确保刑法典的稳定性和权威性,但它也存在滞后性缺陷。这一缺陷导致刑法无法应对社会经济发展产生的疑难问题和新情况。相反,双轨制的刑事立法模式兼具封闭性和开放性特征,封闭性表现在其坚持以传统自然犯为核心,确保罪名体系相对的稳定性;开放性表现在以法定犯为特征的经济犯罪规定在刑法以外的部门法中,能够对经济领域具有严重危害性的行为及时规制。因而双轨制立法模式能够使刑法规范具有相对稳定性的同时,又能够适应社会经济发展的需要,刑事法治得以在社会治理中起到最佳运行效果。

严密侵犯专利权犯罪的法网,拓宽假冒专利罪的构成要件,增设专利侵权罪。严密侵犯专利权犯罪的法网是加强专利权保护的根本举措。根据法秩序统一性原理,《专利法》已经将冒充专利行为与假冒专利行为合并称为"假冒专利行为",单独增设冒充专利罪显然与《专利法》相矛盾。刑法应当将冒充专利的行为纳入假冒专利罪构成要件内容,将冒充专利的行为予以犯罪化,推动假冒专利罪与域外虚假标记专利罪趋同化。

增设专利侵权罪或非法实施专利罪,是加强专利权刑法保护的有效举措。专利侵权罪或非法实施专利罪保护的对象是专利独占权,保护专利独占权等同于保护专利权主体的财产性利益。法律需要确保专利权人就发明创新所付出的研发成本得到回报,并为其研究开发其他发明创造提供经济支持,使创新活动得以继续和拓展,实现创新机制的良性循环,保障社会推陈出新。这是世界各国建立专利制度最根本的目的。

专利法规定了三种侵害专利权行为的类型,即非法实施他人专利的行为、专利侵权的行为和假冒他人专利行为,据此,"增设冒充专利罪和侵犯专利权犯罪的建议并没有前置法支撑,即使增设也可能面临形同虚设的困境"的观点并不成立。部分学者提出的民事侵权行为不能上升为犯罪行为的观点也不能成立。我国自古以来就存在刑民不分的传统。有学者指出,民事侵权行为与犯罪行为之间没有严格的区分,刑法中部分犯罪行为就是严重的侵权行为,轻微犯罪行为可能归入侵权行为。② 专利侵权行为是所有专利违法行为中损害专利权人法益最严重的行为。专利侵权行为不仅损害专利权人法益,也对市场经济秩序产生严重危害。增设专利侵权罪有利于同时保护专利权主体的财产性利益和市场经济秩序双重法益。

---

① 参见陈辉:《德国法教义学的结构与演变》,载《环球法律评论》2017年第1期;劳东燕:《风险刑法理论的反思》,载《政治与法律》2019年第11期。
② 参见陈瑞华等:《对话陈瑞华:法学研究的第三条道路》,载《法律和社会科学》2016年第2期。

第二,刑罚配置上,使"自由刑为主,罚金刑为辅"转向"罚金刑为主,资格刑为辅"的刑罚结构,以符合世界刑罚轻刑化的主流趋势。刑法修正案对知识产权犯罪的行为提升部分罪名的法定刑,这表明重罚的倾向比较明显。侵犯知识产权犯罪是经济犯罪类型之一,对其采取严厉的自由刑进行打击或预防,从长远来看,不利于人权保障和市场经济可持续发展。侵犯专利权犯罪的案件缓刑适用率相对较高,适用监禁刑的较少,也有单处罚金刑的案件。以杜某某假冒专利案为例,公安机关查到被告人销售假冒他人专利产品的经营额是 285172 元,后被告人主动认罪悔罪并得到原告的谅解,法院最终单处被告人罚金 10000 元。① 以罚金刑为主能够体现经济犯罪的刑罚与违法行为相当的原则。此外,增设资格刑以遏制再犯罪可能性。逐利性是市场经济主体的目标,罚金刑的威慑力有限,难以从根本上遏制市场主体再犯罪的可能性,而采取资格刑能够弥补罚金刑的缺陷。

第三,构建侵犯知识产权犯罪涉案企业合规制度。司法是国家生存之保障,社会秩序之前卫。实际上,国家较早地意识到企业内部构建合规制度符合经济全球化发展趋势,出台过相关合规指南旨在推动国企积极构建合规制度。2022 年北京市发布的首份《侵犯知识产权犯罪涉案企业合规整改指南》表明,企业构建知识产权合规制度是必经之路。国家治理企业的政策调整与风险社会背景下刑法的基本框架由报应性惩罚向预防性控制转型,这种转型旨在回应和解决不利于市场经济发展的因素,并将犯罪末端治理与诉源治理相结合,进而促进刑法更好地为保障经济社会高质量发展服务。

---

① 参见湖南省常德市鼎城区人民法院(2016)湘 0703 刑初 321 号刑事判决书。

刑事一体化视野下诽谤罪的追诉模式研究

吴镝飞[*]

一、问题的提出

"杭州诽谤案"是 2020 年度全国十大法律监督案件之一,也是第一起在被害人提起自诉以后检察机关主动启动公诉程序的案件,涉及检察机关发挥司法能动性、行使立案监督职能,引起了理论界关于"自诉转公诉问题"的广泛讨论。其基本案情[①]如下:

2020 年 7 月,郎某在杭州市某小区快递驿站内,使用手机偷拍等待取快递的谷某。后郎某、何某捏造谷某结识快递员并多次发生不正当性关系的微信聊天记录并发布到网络。随后,二人偷拍的视频以及捏造的微信聊天记录不断扩散,并引发大量低俗、侮辱性评论,严重影响了谷某的正常工作生活。2020 年 8 月,谷某就郎某、何某涉嫌诽谤向杭州市公安局余杭分局报案,余杭分局作出对郎某、何某行政拘留 9 日的决定。之后,谷某向杭州市余杭区人民法院提起刑事自诉,法院立案受理。鉴于该事件在网络上的持续传播与影响,同年 12 月 22 日,杭州市余杭区人民检察院建议公安机关立案侦查。在公安机关立案后,谷某向余杭区人民法院撤回起诉。2021 年 2 月,余杭区人民检察院依法对郎某、何某以涉嫌诽谤罪提起公诉。同年 4 月,余杭区人民法院公开开庭审理此案,并当庭判决二被告人有期徒刑 1 年,缓刑 2 年。

显然,本案在终局结论上构成诽谤罪毫无问题,但本案之意义不仅仅在于其个案顺利解决并取得良好的社会效果,更在于其引发学界关于诽谤罪乃至告诉才处理的犯罪之追诉模式的探讨。有学者研究发现,近年来司法实务中诽谤罪公诉范围不是过小而是过大:2015 年至 2019 年的 188 份诽谤罪公开判决书中,公诉案件占比已经超过 16.6%,其中有罪判决的公诉案件占比已经超过 28.4%,并仍呈现扩大趋势。[②] 诽谤罪作为我国刑法中典型的告诉才处理的犯罪,学者们对本案剖析的刑法学焦点在于本案为何能够从自诉转为公诉?其必要性何在?尤其是在诽谤罪的公诉条件认定过宽时,难免招致公权滥用的批评,在诽谤罪的公诉条件认定过窄时,则无法利用公诉程序

---
[*] 中国政法大学刑事司法学院讲师,法学博士、博士后。
[①] 郎某、何某诽谤案,最高人民检察院第三十四批指导性案例(检例第 137 号)。
[②] 参见金鸿浩:《论互联网时代诽谤罪的公诉范围》,载《政治与法律》2021 年第 3 期。

的优势保护被害人法益。这些讨论所采取的理论前提是告诉才处理的案件等于刑事诉讼中的自诉案件。秉持储槐植教授提倡的"刑事一体化"思想,上述传统理论本身是否值得反思?即告诉才处理案件在诉讼程序上是否只能选择自诉?进而,对于诽谤罪等一系列亲告罪的追诉模式,是否存在教义学上更优的解决路径?对于上述问题的追问,是本文写作的初衷。

二、传统理论视野中对诽谤罪诉讼模式之解读

我国刑法学和刑事诉讼法学传统观点认为,告诉才处理的案件是严格意义上的自诉案件,只能由被害人提起自诉。如果被害人因受强制、威吓无法告诉,人民检察院和被害人的近亲属也可以告诉,相应的告诉对象也仅限于人民法院。① 根据这一理论,我国《刑法》第 246 条规定的诽谤罪则存在两种追诉程序:一般情况下属于自诉案件,例外情况下属于公诉案件,二者的界分则在于对诽谤罪但书条款的判断,所以对但书条款的解读便至关重要。

(一) 传统理论视野中诽谤罪的公诉与自诉之分

我国刑法在分则的 4 个条文、5 项罪名中规定了告诉才处理的犯罪,包括侮辱罪、诽谤罪、暴力干涉婚姻自由罪、虐待罪以及侵占罪,其中前 4 项犯罪在情节严重或后果严重时即转化为非告诉才处理的犯罪,唯有侵占罪不论情节如何都是告诉才处理的犯罪。具体而言,依照告诉才处理等于诉讼程序上自诉之传统观点,在暴力干涉婚姻自由罪"致使被害人死亡的"、虐待罪"致使被害人重伤、死亡的"、侮辱罪和诽谤罪"严重危害社会秩序和国家利益"的情况下,上述罪名便由告诉才处理转变为非告诉才处理,即由自诉转为公诉。也就是说,告诉才处理的犯罪在诉讼程序上是公诉还是自诉,取决于在刑事实体法上对以上罪名例外条款的判断。但相对于暴力干涉婚姻自由罪和虐待罪的例外情节明确且客观而言,侮辱罪和诽谤罪的但书条款则显得抽象。

具体到"杭州诽谤案",对"严重危害社会秩序和国家利益"之解读即成为案件自诉与公诉的区分关键。对于这一条款的解读,直接关涉公权力介入的合理性与必要性。

(二) 对"严重危害社会秩序和国家利益"的教义学分析

我国《刑法》第 246 条第 2 款规定:"前款罪,告诉的才处理,但是严重危害社会秩序和国家利益的除外。"诽谤罪的成立在行为方式上,要求"捏造事实"和"散播"并存。首先,捏造事实即行为人无中生有,凭空制造虚假事实②,但行为人断章取义,将固有事

---

① 参见陈光中主编:《刑事诉讼法实施问题研究》,中国法制出版社 2000 年版,第 18 页。
② 参见高铭暄、马克昌主编:《刑法学》(第 9 版),北京大学出版社、高等教育出版社 2019 年版,第 475 页。

实进行剪裁拼凑扭曲事实真相的,本质上同样属于"捏造事实"。① 其次,借助口头或书面等方式进行传播。只有捏造与传播行为同时具备才能构成本罪。但至此诽谤行为只是告诉乃论,只有当诽谤行为严重危害社会秩序和国家利益时,才是非告诉乃论。

就现行刑事法律规范而言,我国刑法并未对"严重危害社会秩序和国家利益"作进一步的阐释。为统一法律适用,2009 年 4 月,公安部印发了《关于严格依法办理侮辱诽谤案件的通知》,规定了三种侮辱、诽谤行为应被认定为"严重危害社会秩序和国家利益"的情形。② 该通知实际上将"严重危害社会秩序和国家利益"当中的"和"解释为"或",即只要侵害了社会秩序或者国家利益其中之一,就应转为公诉案件,而不需二者同时具备。③ 在这一点上,该通知的规定是完全合理的。2013 年 9 月,最高人民法院、最高人民检察院制定了《关于办理利用信息网络实施诽谤等刑事案件适用法律若干问题的解释》,其在公安部《关于严格依法办理侮辱诽谤案件的通知》的基础上列举了七类"严重危害社会秩序和国家利益"的情形。④ 该解释规定的前六种情形均属于诽谤行为造成了严重危害社会秩序的结果,而"杭州诽谤案"中的诽谤行为并未造成该解释第 3 条罗列的前六种后果,所以问题进一步转换为,该案中的行为能否认定为第七种"其他严重危害社会秩序和国家利益的情形"?

对于这一问题的回答,必须依据现有刑事法规范并结合诽谤罪所保护的具体法益来进行分析。具体而言,诽谤罪所保护的法益是公民的人格权,包括公民名誉、信用、隐私和个人信息等,这也是构成诽谤罪须同时具备捏造和散播所捏造的事实两个行为的原因,因为只有相关事实被散播开来,才足以败坏他人名誉或侵犯公民的隐私。依我国刑法之规定,散播的事实须为捏造,以逻辑推之,则散布的事实如为真,即便足以损害当事人名誉,也不构成诽谤罪。张明楷教授便主张,若行为人散布的是有损他人名誉的真实事实,则不构成诽谤罪。⑤ 名誉,是人格权中的核心内容,名誉虽然无形,也不像财物可评估计量,但其重要性绝不亚于财产法益。名誉是个人在社会生活中之必需,名誉受损则可能影响个人人格的自由发展。刑法将诽谤罪设定为原则上告诉才处

---

① 参见张明楷:《刑法学》(第 6 版),法律出版社 2021 年版,第 1196 页。
② 公安部《关于严格依法办理侮辱诽谤案件的通知》规定:"对于具有下列情形之一的侮辱、诽谤行为,应当认定为'严重危害社会秩序和国家利益',以侮辱罪、诽谤罪立案侦查,作为公诉案件办理:(一)因侮辱、诽谤行为导致群体性事件,严重影响社会秩序的;(二)因侮辱、诽谤外交使节、来访的外国国家元首、政府首脑等人员,造成恶劣国际影响的;(三)因侮辱、诽谤行为给国家利益造成严重危害的其他情形。"
③ 参见曲新久:《惩治网络诽谤的三个刑法问题》,载《人民检察》2013 年第 9 期。
④ 最高人民法院、最高人民检察院《关于办理利用信息网络实施诽谤等刑事案件适用法律若干问题的解释》第 3 条规定:"利用信息网络诽谤他人,具有下列情形之一的,应当认定为刑法第二百四十六条第二款规定的'严重危害社会秩序和国家利益':(一)引发群体性事件的;(二)引发公共秩序混乱的;(三)引发民族、宗教冲突的;(四)诽谤多人,造成恶劣社会影响的;(五)损害国家形象,严重危害国家利益的;(六)造成恶劣国际影响的;(七)其他严重危害社会秩序和国家利益的情形。"
⑤ 参见张明楷:《刑法学》(第 6 版),法律出版社 2021 年版,第 1196 页。

理的原因在于,诽谤过去常常发生于熟人之间,且客观上是否造成了当事人名誉受损具有较强的主观性。该罪在本质上涉及个人在社会上与他人交际之言论自由,倘若公民因他人言论造成交际阻碍,甚至影响个人生活,则公民可就此提起诉讼,诉诸法院使个人恢复其原本的生活状态,得以自由地与他人交流。但是在自媒体如此发达的网络时代,诽谤内容之传播可能无远弗届,进而导致其危害可能不再限于被诽谤的具体个人。笔者认为,诽谤罪的保护法益除去个人名誉这一主要内容之外,还包含言论自由下的公共利益,即诽谤罪在一般情况下保障名誉、隐私等个人法益,特别情况下还保障社会法益。

可以说,刑法对诽谤行为的规制反映了一个社会对人格尊严与言论自由的价值衡量。[1] 一方面,言论自由是基本的自由和人权,我国《宪法》明确将言论自由规定为公民的基本权利,另一方面,其他部门法中又对言论自由划定了具体边界。刑法作为保护法益的最后一道防线,只有当损害他人的名誉权或隐私的行为达到情节严重,方可动用刑罚。申言之,刑法规定的诽谤罪必须在保护公民名誉权益和言论自由之间取得平衡。之所以必须调和二者的紧张关系,是因为对言论自由的合理保障是有益于整个社会的。言论自由是民主社会的基石之一,其具有公民表现自我、沟通意见、追求真理、参与民主社会管理等多重价值。若刑法对言论表达过分钳制则可能引发"寒蝉效应",进而影响公民之间的正常社会交往以及对公共事务的参与和管理。诽谤罪成立的关键在于对所捏造事实和观点的向外输出,其本质是对言论自由的滥用。

既然对言论自由的合理保障是对社会有所裨益的,那么诽谤作为一种越界的言论表达则有可能损害社会公共利益进而当罚,这是我国大陆立法将诽谤罪中"严重危害社会秩序和国家利益"作为非告诉才处理的根本原因。反之,若行为人传播的事实为真且是为公共利益的,则不当罚。对此,刘艳红教授曾指出,言论内容的真假品质对言论型犯罪的构成具有重要意义。[2] 即言论内容的真假和言论内容的品质(是否善意、出于公共利益目的)对言论犯罪的构成具有重要意义。我国大陆刑法是以入罪角度来规定当诽谤行为严重危及社会法益时当罚,而其他大陆法系国家和地区则多以出罪角度规定当诽谤言论出于公共利益目的时则不罚。例如,我国台湾地区"刑法"第310条第3项明文规定:"对于所诽谤之事,能证明其为真实者,不罚。但涉于私德而与公共利益无关者,不在此限。"《日本刑法典》第230条之二规定,损毁他人名誉行为,经认定是与公共利害有关的,且目的是出于谋求公益的,同样不处罚。[3] 我国大陆刑法中虽未明确规定类似违法阻却条款,但由宪法对言论自由之保障和刑法对严重危害社会秩序的非

---

[1] 参见陈珊珊:《诽谤罪之省思》,载《华东政法大学学报》2012年第2期。
[2] 参见刘艳红:《网络时代言论自由的刑法边界》,载《民主与法制》2016年第45期。
[3] 参见《日本刑法典》(第2版),张明楷译,法律出版社2006年版,第86页。

告诉乃论也可推之,当诽谤目的是出于公共利益时,对言论自由这一公益价值的保护重于对名誉权的保护。那么当诽谤行为侵害的法益已超过具体个人的法益范畴,而侵害到社会法益时,公权力理应主动介入对诽谤行为进行追诉。

结合"杭州诽谤案",被害人与行为人朗某、何某素昧平生,遭偷拍后被捏造"荡妇羞辱"言论并在网络传播,对被害人的名誉和个人隐私造成了极大的损失,其提起自诉理所当然。更为重要的是,由于行为人与被害人并不相识,只是偶然交集便遭此诽谤,说明其诽谤行为所针对的对象具有极大随机性,借由发达的自媒体传播后,其产生溢出效应将使得一般民众在人格权方面的安全感下降。[①] 因摄像头与智能手机已近乎无处不有,每个人都可能成为类似行为的潜在受害者。所以,其针对不特定人进行诽谤的行为本身,不仅是对言论自由的滥用,更危害了公共秩序,即其行为本身便具有"严重危害社会秩序"的性质。

所以,在将告诉才处理和自诉绝对画等号的传统观点下,通过对诽谤罪中严重危害社会秩序之解析可证明"杭州诽谤案"及同类型行为公诉的合理与必要。可以说,通过对诽谤罪的教义学分析顺利解决了"杭州诽谤案"所产生的自诉转公诉之疑问,看似讨论可就此而止,但这一路径并非毫无瑕疵。

(三) 传统观点视野下诽谤罪追诉之困境

诚如上文所述,在传统观点下从诽谤罪教义学分析之路径来解决"杭州诽谤案"这一个案并无问题,但就刑事司法实践而言,该路径仍可能导致如下问题:

第一,依照传统理论的论证逻辑,在面对具体的侮辱或诽谤案件时,到底是采取自诉程序还是公诉程序则存在一定的不确定性。因为是否可以走公诉程序,完全取决于公安机关或检察机关对案件是否符合本罪但书条款的判断,这不仅对办案机关的具体工作水平提出了较高的要求,更是在一定程度上使能否公诉依赖于办案机关的追诉意愿。

第二,这种不确定性在司法实践中容易导致出现争议案件甚至错案。侮辱罪和诽谤罪但书条款的"社会秩序"和"国家利益"皆具有较大解释空间和不确定性,尽管最高人民法院、最高人民检察院《关于办理利用信息网络实施诽谤等刑事案件适用法律若干问题的解释》试图将其具象化,但在某些情况下仍难免无功而返。例如,该解释第3条第二类情形中的"公共秩序"与"社会秩序"的含义是否相同?第五类情形中的"损害国家形象"导致"严重危害国家利益"的,是否存在实质上语义重复之嫌?或者说是一种自我解释和自我包含。如此解释对于实务工作者而言并不具有可操作性。这种司法解释中对"社会秩序""国家利益"的语义重复解释不仅在学理上众说纷纭,更为严

---

① 参见车浩:《诽谤罪的法益构造与诉讼机制》,载《中国刑事法杂志》2021年第1期。

重的是,因为其对于司法人员来说可操作性差,往往导致在这一问题上引发类似"杭州诽谤案"一样的争议。回顾过去,由此但书条款而引发分歧并非首次。如陕西省首例网络诽谤案中,对应否公诉,汉中市与陕西省两级警方、樊崇义等刑诉法专家与高铭暄等刑法专家的判断都截然不同。该案由当事人韩兴昌在网络上发帖披露汉中市万邦集团董事长涉黑和拖欠四川灾区农民工工资、殴打农民工而起。之后,汉中市公安机关认为韩兴昌涉嫌诽谤罪对其立案逮捕。陕西省公安厅在接到鑫龙公司控告后经调查认为汉中市公安机关违法,并建议撤销案件,释放韩兴昌。但面对上级机关的建议,汉中市公安机关坚持认为,韩兴昌的诽谤行为在汉中市抗震救灾期间已经严重危害当地经济秩序、交通秩序和社会秩序,应当由公安机关立案侦查并由检察机关提起公诉。然而在本案中,不仅公安机关上下级的认定不一,刑事法学者对其解读也截然相反。西安鑫龙公司提供的北京樊崇义、卞建林等 8 名刑诉法专家对韩兴昌诽谤案的论证认为,从诽谤内容上看此案并不构成诽谤罪,即使构成诽谤罪,也不在《刑法》第 246 条规定之例外情形内,不属于公诉的范畴。高铭暄、赵秉志等 8 位刑法专家认为,这起诽谤案利用互联网捏造事实传播,并打横幅围堵滋扰万邦集团、汉中市政府、陕西省人大,在抗震救灾特殊时期,凭空捏造的事实涉及拖欠灾区农民工工资、打伤返乡救灾的民工,对生产经营秩序、道路交通秩序和国家机关的正常工作秩序造成严重影响。依据刑事诉讼法和公安部的相关规定,韩兴昌应由检察机关依法提起公诉。① 最终,汉中市汉台区人民法院认为韩兴昌构成诽谤罪且应公诉,判处其有期徒刑 1 年。

这种可操作性差的情况,除容易导致出现争议性案件之外,还使得一些实务工作者回避具体案件公诉之理由。如在王怀友诽谤案中,云南省鲁甸县人民检察院指控王怀友等 4 名被告人诽谤鲁甸县委及政府领导,应当以诽谤罪追究刑事责任,本案一审法院和二审法院都认定诽谤罪之成立,但无论哪一方都未提及本案中诽谤罪得以公诉之理由。② 质言之,当地检察院和法院都回避了对本案何以严重危害社会秩序和国家利益的论证。

第三,更重要的是,如果告诉才处理的侮辱和诽谤犯罪,究竟采取何种追诉程序取决于《刑法》第 246 条但书规定的实体法解释,那么,极有可能会导致"因果关系的错乱"。③ 侮辱或者诽谤行为,其是否达到所谓"严重危害社会秩序和国家利益"的严重程度,最终应当是通过刑事司法审判予以裁决的问题。对于案件事实的认定和实体法

---

① 参见梁娟:《网络诽谤罪成争议热点 官方专家解读出相反结论》,载《半月谈》2009 年第 17 期。
② 该案详情参见国家法官学院、中国人民大学法学院编:《中国审判案例要览》(2004 年刑事审判案例卷),人民法院出版社、中国人民大学出版社 2005 年版,第 260 页。
③ 参见吴宏耀:《告诉才处理犯罪的追诉制度:历史回顾与理论反思》,载《中国刑事法杂志》2021 年第 1 期。

判定,却反过来制约了一个案件能否公诉。职是之故,对于非闭合特点的但书条款进行解释进而决定能否公诉的路径,也引发了诸多学者的担忧和批判,尤其是对这一术语的不当扩张解释可能使法律公器沦为掌权者的私用之器。①

第四,将告诉才处理完全作为自诉案件不利于被害人权益之保护。对此,只要我们将目光跳出"杭州诽谤案"便可知晓。如在2012年发生的"浙江温岭城西街道蓝孔雀幼儿园教师虐童案",案件在当时同样引起公愤,作为幼儿教师的颜某某在教室中用双手分别揪着一名男童的左右耳朵,将男童双脚提离地面约10厘米,导致其痛哭不止。此外,该名幼师还曾用胶带封住孩子的嘴巴,甚至将孩子身体倒置于教室的垃圾桶中。本案由当地警方介入立案侦查后,由于颜某某之行为确不符合虐待罪、故意伤害罪和寻衅滋事罪任何一个罪名的构成要件,故而最后依法撤销刑事案件,对其作出行政拘留15日的处罚,羁押期限折抵行政拘留之决定。依笔者看来,本案虽不构成故意伤害罪、虐待罪和寻衅滋事罪,却构成侮辱罪。但因为公安机关坚持侮辱罪是告诉才处理的自诉案件,本案则很难认为存在"严重危害社会秩序和国家利益"之情形,而被害人儿童家长因对法律不了解而未自诉,只能接受无罪之结论而未能利用刑事手段捍卫自己孩子的权益。

由上可见,本部分所论及的困境并非主要是由亲告罪但书条款的抽象性和开放性导致的,更多是由这一路径的理论前提造成的,即将告诉才处理的犯罪完全作为自诉案件。对此,曾有学者提出应通过立法将诽谤、侵占等亲告罪规定为公诉案件,来解决前述问题与缺陷。② 这一立法论上的思考自然有其价值,但无法解决现行法律规定下存在的问题,所以,本文暂不诉诸立法论的讨论,而是试图穷尽解释论的努力。

三、刑事一体化视野下"告诉才处理"的教义学展开

面对上述问题,笔者必须强调,对侮辱罪和诽谤罪中但书条款的教义学分析,不失为解决"杭州诽谤案"及类似案件的良好路径,但它无法消除作为告诉才处理的侮辱罪和诽谤罪的其他追诉困境。对此,秉持储槐植教授提出的刑事一体化思想,能为之提供另一种可能的思路和方案。储槐植教授主张:"刑事一体化思想的基本点,是刑法和刑法运行处于内外协调状态才能发挥最佳刑法功能。实现刑法的最佳社会效果是刑事一体化的目的,刑事一体化的内涵是刑法和刑法运行内外协调。"③储槐植教授进一步指出,刑事一体化作为一种研究方法,重在深度融通。刑法在关系中存在、变化和

---

① 参见周东平:《涉公诽谤罪存废的历史传统与现实考量》,载《学习与探索》2016年第1期。
② 参见陈光中主编:《刑事诉讼法实施问题研究》,中国法制出版社2000年版,第19页;于志刚、鞠佳佳:《审查起诉阶段告诉才处理案件的程序困境及其解决》,载《人民检察》2008年第9期。
③ 储槐植:《刑事一体化论要》,北京大学出版社2007年版,第25页。

发展,此处的关系首先是内外关系,而内部关系则是指罪刑关系以及刑法与刑事诉讼法的关系。①

具体到本文所讨论的诽谤罪追诉模式问题,其解决路径可以不局限于单纯地对但书条款的解读。秉持刑事一体化之思想,将目光顾及实体法与程序法二者,去反思刑法中的"告诉才处理"与刑事诉讼法中的"自诉"二者之关系和功能,以此寻求一种更合理的解决路径。

(一) 对"告诉才处理"的文本解读

欲反思将告诉才处理一律走自诉程序的绝对自诉主义观点,首当从刑法关于告诉才处理的文本入手。告诉才处理的犯罪,也称亲告罪或告诉乃论之罪。我国《刑法》第98条规定:"本法所称告诉才处理,是指被害人告诉才处理。如果被害人因受强制、威吓无法告诉的,人民检察院和被害人的近亲属也可以告诉。"从法条表述来看,我国立法采用的是"告诉"才处理,而非"自诉"才处理。而绝对自诉主义的传统观点,主要依据有二:其一,我国《刑事诉讼法》第210条规定:"自诉案件包括下列案件:(一)告诉才处理的案件;(二)被害人有证据证明的轻微刑事案件;(三)被害人有证据证明对被告人侵犯自己人身、财产权利的行为应当依法追究刑事责任,而公安机关或者人民检察院不予追究被告人刑事责任的案件。"其二,《公安机关办理刑事案件程序规定》第176条第1、2款规定:"经过审查,对告诉才处理的案件,公安机关应当告知当事人向人民法院起诉。对被害人有证据证明的轻微刑事案件,公安机关应当告知被害人可以向人民法院起诉;被害人要求公安机关处理的,公安机关应当依法受理。"

对此,笔者认为,我国《刑事诉讼法》第210条只是规定自诉案件"包括"告诉才处理的案件,即自诉案件范围大于亲告罪的范围,所以本条只能被解读为告诉才处理的案件可以选择自诉程序,因为"包括"无论如何不能被解释为"必须"或"只能"。至于《公安机关办理刑事案件程序规定》第176条的规定,正是绝对自诉主义影响下的产物,因此,它不能反过来成为支撑告诉才处理必然等于自诉的依据。从法律文本的位阶来看,该规定属于规范性文件,其位阶显然低于刑法与刑事诉讼法,当下位的规范性文件与上位法的规定不相符甚至矛盾时,显然不可以文件中的问题条款作为实践和理论准据。具体而言,该规定中的第176条属于公安机关擅自限缩了我国刑法与刑事诉讼法中的相关规定。可见,从法律文本出发,并不能得出告诉才处理只能自诉,且排斥公诉的结论。

(二) 告诉才处理与自诉制度的目的解读

告诉才处理的案件不能与自诉程序之间绝对地画等号,更根本原因在于二者的设

---

① 参见储槐植:《刑事一体化论要》,北京大学出版社2007年版,第25页。

置初衷与功能虽然相通却并不相同。秉承储槐植教授的刑事一体化思想,如果要实现刑法中告诉才处理案件的运行协调,必须厘清实体法中的亲告罪与程序法中的自诉之关系。正如储槐植教授所言,从关系的角度审视刑法解释,对推动刑法的发展,尤其实践刑法形态,意义重大。而关于何谓"正确的"刑法解释,其答案不仅在刑法中,也常在刑法之外。①

刑法中设置告诉才处理的犯罪,主要是基于三个方面的考虑:其一,这类犯罪中部分犯罪较为轻微,且仅侵犯个人法益,有必要尊重被害人自身意思;其二,部分犯罪可能发生于熟人之间,可以不通过刑事审判而以双方和解解决问题;其三,部分案件涉及被害人之私隐,若不经过被害人同意便进入刑事诉讼程序,不利于其隐私资讯的保护。② 可见,其中包含了轻微思想、和解思想(或曰恢复性司法)、保护被害人隐私的思想。具体到我国刑法分则,将侵占罪规定为亲告罪,主要基于和解思想与轻微思想,并尊重个人对财产关系的支配和处分意愿。将侮辱罪、诽谤罪定为亲告罪,则主要基于保护隐私思想,以防止给被害人及其亲属造成重复伤害。将暴力干涉婚姻自由罪、虐待罪纳入亲告罪,则是因为被害人与侵害人之间往往有亲属关系,将是否对侵害人进行刑事追究交由被害人决定,是尊重被害人利益的体现。

考察其他大陆法系国家和地区的刑法,大都基于以上考虑而设定亲告罪。如《德国刑法典》第77条第1款规定:"行为须告诉乃论的,只要法律没有不同的规定,被害人可提起告诉。"③如《德国刑法典》第123条的侵入住居及场所罪、第183条的暴露癖行为(露阴行为)、第185条的侮辱罪和第189条的诋毁死者纪念品罪皆为告诉乃论之罪。再如我国台湾地区"刑法"第277条的普通伤害罪、第309条的侮辱罪、第324条的特定亲属间窃盗罪等都是告诉乃论之罪。不过相比之下,我国台湾地区"刑法"所设定告诉乃论罪名较多,其"附属刑法"中也规定了少量的罪名为告诉乃论的。考察其他国家和地区之相关制度设计可知,刑法中告诉乃论制度的设计,是出于对当事人意愿的尊重和保护。尤其是就我国大陆刑法而言,告诉才处理的犯罪仅5项,范围较窄。在一般情况下此5项罪名皆是侵犯个人法益的犯罪行为。与告诉乃论之罪相对的,是非告诉乃论之罪。将侮辱、诽谤等规定为告诉才处理,并非对这部分个人法益保护的轻视,而是为了更好地保护被害人之利益。可以说,我国大陆刑法中告诉才处理的犯罪对个人法益的保护正是以当事人的意志为依归的。换言之,我国大陆刑法中的告诉乃论制度之初衷,是在尊重被害人意志的基础上,更好地保护其个人法益。

在程序法中,与自诉相对的概念是公诉。一般而言,在近现代的法治国家中,刑事

---

① 参见储槐植:《再说刑事一体化》,载《法学》2004年第3期。
② 参见张明楷:《刑法学》(第6版),法律出版社2021年版,第124页。
③ 参见《德国刑法典》(2002年修订),徐久生、庄敬华译,中国方正出版社2004年版,第45页。

惩罚权由国家垄断,并在国家对犯罪嫌疑人进行刑事诉讼的过程中给予其充分的人权保障,以此禁止私刑。当然,这种国家对刑罚权的垄断并非绝对的,而是存在刑事自诉这一例外。我国刑事诉讼实行以公诉为主、以自诉为辅的犯罪追诉机制,"以公诉为主"系指绝大多数刑事案件由人民检察院代表国家和社会向法院提起诉讼;"以自诉为辅"是指少量社会危害性不大、加害人与被害人之间存在特殊关系的轻微刑事案件,由被害人及其法定代理人、近亲属等,以个人名义直接向法院提起诉讼。① 可见,我国并未采取绝对的刑事追诉上的国家垄断主义,而是采取了自诉为辅之路径。自诉程序主要功能在于:在国家主导刑事追诉时,为被害人保留一定的诉权来解决制度的供给不足问题。② 当公诉程序启动时,其背后是强大的国家暴力机器,以此保证对犯罪事实的侦查和证据搜集等。但国家主导刑事追诉的一个弊端在于,当遇有案件被害人不愿追诉时,若公诉机关仍主动追诉则会对被害人造成二次侵害。如此一来,不但有违法益保护之目的,更无益于法秩序之恢复。同样,考察德国等大陆法系国家的立法例,也多在程序法中允许私诉。例如,《德国刑事诉讼法》第 374 条至第 394 条规定了自诉制度,其中可自诉的案件包含了德国刑法典中规定的告诉乃论之罪。

由上可知,我国设置自诉制度的重要目的之一,便是尊重被害人意志,维护被害人利益。在这一点上,程序上自诉制度与实体法中的告诉乃论目的相通,而关联实体与程序的正是个人法益,其核心则是对个人意志的尊重。所以,我国刑事诉讼法规定自诉案件"包括"刑法中告诉才处理的犯罪是合理的。对此,结合法条和相关制度之目的,告诉才处理与自诉的关系应当解读为:告诉才处理的犯罪可以自诉,也可以公诉。

可见,传统理论和实践将告诉才处理的案件一律对应为自诉程序,是对相关法条设置目的的误读。更为关键的是,依据告诉乃论在诉讼程序上只能自诉的理论,司法实践将彻底偏离这一制度的初衷。首先,依据最高人民法院《关于适用〈中华人民共和国刑事诉讼法〉的解释》的规定,人民法院受理自诉案件不仅需要被害人提出告诉,还需要其向法院提供被告人的详细信息和证明被告人犯罪的证据。③ 这意味着,被害人在向法院提起自诉时不仅需要明确了解加害人是谁,更要提供证明相关犯罪事实的证据。无论是提供被告人的详细信息,还是搜集和整理证据,在相对复杂的犯罪案件中

---

① 参见熊秋红:《论公诉与自诉的关系》,载《中国刑事法杂志》2021 年第 1 期。
② 参见时延安:《"自诉转公诉"的法理分析》,载《中国刑事法杂志》2021 年第 1 期。
③ 最高人民法院《关于适用〈中华人民共和国刑事诉讼法〉的解释》第 316 条规定:"人民法院受理自诉案件必须符合下列条件:(一)符合刑事诉讼法第二百一十条、本解释第一条的规定;(二)属于本院管辖;(三)被害人告诉;(四)有明确的被告人、具体的诉讼请求和证明被告人犯罪事实的证据。"该解释第 319 条还明确要求自诉状内容需包括:"(一)自诉人(代为告诉人)、被告人的姓名、性别、年龄、民族、出生地、文化程度、职业、工作单位、住址、联系方式;(二)被告人实施犯罪的时间、地点、手段、情节和危害后果等;(三)具体的诉讼请求;(四)致送的人民法院和具状时间;(五)证据的名称、来源等;(六)证人的姓名、住址、联系方式等。"

无疑都加重了被害人的诉讼负担,使得告诉才处理的案件即便告诉了,依然难处理。其次,若告诉乃论的犯罪只能走自诉,将不可避免地对社会伦理造成一定的创伤。诚如前文所述,我国刑法的告诉乃论罪名,部分发生于熟人乃至亲属之间,若相关案件只可自诉,则难免出现亲属对峙法庭的局面。这是与我国一贯保护家庭伦理的社会观念和法律规定相悖的。例如,根据我国现行《刑事诉讼法》第193条的规定,人民法院不可强制被告人的配偶、父母、子女出庭作证。

综上所述,依据我国刑事实体法和程序法的规定,以及告诉乃论之目的,告诉才处理的案件当事人,既可以选择自诉程序,也可以选择公诉程序。

(三)"告诉"的本质:追诉条件

对亲告罪案件的追诉,包括了自诉和公诉两种形式,且后者在取证等方面明显更有优势。只是由于过往对此条文的误读,导致司法实践长期排斥对此类案件的公诉处理。所以,在重塑包括诽谤罪在内的亲告罪的追诉模式之前,还必须进一步阐明告诉才处理中"告诉"的本质为何?

前已叙明,亲告罪的创设是基于尊重当事人处分个人法益的自主意愿,以此作为对国家追诉原则的限制。由于我国刑法总则中只是简约地规定了告诉才处理的主体,所以对告诉的本质的阐释还需结合分则中具体的亲告罪条款和刑事诉讼法的规定。在我国刑法分则的5项亲告罪中,告诉绝非构成要件要素之一。仍以诽谤罪为例,其构成要件行为是捏造事实和传播行为,即便被害人提出告诉,犯罪事实在告诉提出前已成定局。所以,对于有学者提出的"告诉"的欠缺是犯罪构成的阻却事由的观点①,笔者不能认同。"告诉"这一条件也不是违法性阶层的要素,行为符合构成要件后原则上便已证立了行为的违法性,在客观上并不因为被害人未提出"告诉"而使得违法性解除。同理,亲告罪中的"告诉"当然也不是责任阶层的事由。

以刑法分则中是否规定告诉乃论,犯罪可分为告诉乃论之罪与非告诉乃论之罪。非告诉乃论之罪中的"告诉",即我国刑事诉讼法中所说的"控告""报案""举报"②,这一告诉仅仅是对犯罪侦查开始的原因之一,报案人仅需向侦查机关告诉一定的犯罪事实即可。对于此类犯罪,即使没有报案人提出告诉,侦查机关仍可依职权侦查起诉。我国《刑事诉讼法》第109条明确规定:"公安机关或者人民检察院发现犯罪事实或者犯罪嫌疑人,应当按照管辖范围,立案侦查。"质言之,非告诉乃论之罪不以告诉为追诉条件,其本质是揭发犯罪的方式。对比可知,告诉乃论之罪中,其告诉不仅是侦查的起因,且为追诉条件。如果没有被害人或其他适格主体的"告诉",国家便不能启动刑事

---

① 参见李立景:《论告诉才处理的法律定位》,载《当代法学》2004年第3期。
② 《刑事诉讼法》第110条第3款规定:"公安机关、人民检察院或者人民法院对于报案、控告、举报,都应当接受……"

诉讼程序。所以,告诉才处理中的"告诉",是犯罪之被害人或其他有告诉权人向国家机关申告犯罪事实,作出请求追诉之意思表示。若无此告诉则国家不可追诉,其本质是追诉条件。张明楷教授便认为,告诉才处理中的告诉,显然是对国家追诉原则的限制,属于诉讼条件。①

事实上,这一观点在其他大陆法系国家和地区已是通说。例如,依《德国刑法典》第77条b第1款、第2款的规定,被害人在知道犯行及行为人身份后的3个月内可以提出申请启动追诉程序。若无被害人的申请,检察院不可进行公诉。可见,被害人的申请是诉讼要件之一。日本坚持国家追诉主义,诉讼上不存在所谓自诉制度,但《日本刑法典》中同样规定了亲告罪。对此,西田典之教授便认为:"在告诉才处理的犯罪中,有告诉是提起公诉的条件,如果没有告诉却提起公诉,法院必须驳回起诉。"②我国台湾地区的林钰雄教授同样指出:"告诉乃论之罪,其告诉不仅是发动侦查之原因,且为诉讼要件,若有欠缺即无法追诉、处罚。"③对此,诉讼条件、诉讼要件和追诉要件只是学者们表述或翻译略有不同,其本质是完全一致的,即令诉讼程序能有效成立并继续的条件。换言之,刑事诉讼条件的功能在于确保诉讼整体的合法性。正如罗克辛教授所言,凡能够影响整个诉讼程序或某些特定诉讼步骤的事项都是诉讼要件。④

(四) 诽谤罪追诉模式的再审视:公诉与自诉并举

告诉才处理的"告诉"在刑事诉讼中作用有二:其一,与告诉乃论中的告诉一样,具有揭发犯罪、帮助侦查之效果;其二,是该类罪行不可或缺的追诉条件。在对我国刑法中的告诉才处理重新解读之后,显而易见,对于刑法中告诉才处理的犯罪,就不是必然选择自诉程序,而是应当充分尊重当事人的诉讼选择权。换言之,对诽谤罪等亲告罪的追诉,应该采取公诉与自诉并举的方式。在被害人愿意告诉的情况下,其拥有诉讼程序选择权。当被害人不愿提起告诉时,若案件涉及亲告罪中但书条款的情形,国家则有权提起公诉。

一旦走出传统理论将告诉才处理只能作自诉的窠臼,诽谤罪等亲告罪面临的诸多困境便迎刃而解了。首先,出现亲告罪案件,当事人可以选择告诉,进而只要明确表达出希望司法机关追诉的意愿,即可启动公诉程序,从而避免了案件后续一旦自诉转公诉面临的合理性的争议。在公诉和自诉并存的追诉模式下,类似"杭州诽谤案"的程序转换争议将不复存在。就"杭州诽谤案"而言,由于被害人谷某先向公安机关报案,在公安机关对行为人仅作出行政拘留决定后,才向法院提起自诉,可以说谷某是希望国

---

① 参见张明楷:《对"告诉才处理"的另类解释》,载樊崇义教授70华诞庆贺文集编辑组编:《刑事诉讼法学前沿问题与司法改革研究》,中国人民公安大学出版社2010年版,第233页。
② 〔日〕西田典之:《日本刑法总论》,刘明祥、王昭武译,中国人民大学出版社2007年版,第6页。
③ 林钰雄:《刑事诉讼法》,元照出版公司2013年版,第33页。
④ 参见〔德〕克劳斯·罗克辛:《德国刑事诉讼法》,吴丽琪译,三民书局1998年版,第212页。

家对此案件进行公诉的,其提起自诉后又撤回并非这一意愿的改变,而是为了在程序上配合检察机关的公诉,且自诉案件并未经生效裁判处理,检察机关随后提起公诉并未违反"一事不再理"原则,所以本案的公诉并无问题。其次,赋予当事人诉权选择可以更好地保护当事人利益。一方面,避免了侦查机关以亲告罪须向法院自诉为由,而拒绝立案侦查。另一方面,如果被害人想通过自诉来维护自身合法权益时,也可以根据《刑事诉讼法》第 210 条的规定,提起自诉。可见,依据刑事一体化方法,疏通刑事实体法与程序法在这一问题上的隔阂①,对诽谤罪采取公诉和自诉并举的追诉模式,能够使得诽谤罪在司法实践中的适用更为顺畅。

当然,提倡公诉与自诉并举也并非毫无疑问,仍有以下细节问题尚需讨论:

第一,告诉的主体和对象。依我国刑法规定,告诉的主体是被害人。在被害人因受强制、威吓无法告诉时,人民检察院和被害人的近亲属都有权代为告诉,只要不与被害人明示的意思相反即可。在现行观点下,告诉的对象自然不必限于人民法院,而是包括公安机关、人民检察院和人民法院。正如张明楷教授所指出的,"告诉才处理是指只有被害人向公安、司法机关告发或者起诉,公安、司法机关才能进入刑事诉讼程序,告诉才处理强调的是不能违反被害人的意愿进行刑事诉讼"②。

第二,告诉的内容。首先,被害人的告诉中必须包含明确的刑事追诉意愿,仅仅向司法机关陈述案件事实不可认定为告诉。其次,告诉时不要求当事人必须明确指出行为人是谁。既然此处的告诉本质是希望发动刑事诉讼,那么自然不能以提出自诉标准要求之。最后,提起告诉时指出的罪名不要求正确或毫无遗漏。例如,当事人将遭受的侮辱侵害告诉为诽谤,并不影响其追诉意志的表达,况且当事人多非法律专业人士。

第三,告诉须有一定的期限。当然,具体的时间期限则需立法来明确。在此仅从比较法角度,略作论述。例如,《日本刑事诉讼法》第 235 条规定:"告诉才处理的犯罪,自知悉犯人之日起经过 6 个月时,不得告诉。"③我国台湾地区"刑事诉讼法"第 237 条规定:"告诉乃论之罪,其告诉应自得为告诉之人知悉犯人之时起,于六个月内为之。"我国澳门特区《刑法典》第 107 条第 1 款规定:"自告诉权人知悉事实及知悉做出事实之正犯之日起计,或自被害人死亡时起计,或自被害人成为无能力之人之日起计,经过六个月期间,告诉权消灭。"可见,对告诉的时限多被限定在知道行为人的 6 个月内。限制当事人可提出告诉的期限,其理由是,是否追诉取决于当事人的意愿,但这种悬置状态不宜太久,否则无论是对案件的侦查还是对被告人本身皆为不利。

第四,应允许当事人撤回告诉。在自诉程序下,当事人撤回告诉终结程序并无障

---

① 参见储槐植:《再说刑事一体化》,载《法学》2004 年第 3 期。
② 张明楷:《网络诽谤的争议问题探究》,载《中国法学》2015 年第 3 期。
③ 《日本刑事诉讼法》,宋英辉译,中国政法大学出版社 2000 年版,第 56 页。

碍。问题在于，如果被害人告诉是启动公诉程序，在公诉程序启动后，其是否能够撤回告诉？笔者认为，基于告诉才处理的设置初衷和恢复性司法的考量，应当允许当事人撤回作为追诉条件的告诉。在启动公诉后，如果被害人能够与行为人达成和解，检察机关若执意追诉实无必要。一旦被害人决定撤回告诉，就应停止追诉，终结诉讼程序。日本及我国澳门特区、台湾地区在立法上也都允许被害人撤回告诉。例如，《日本刑事诉讼法》第237条第1款规定："在公诉提起以前，可以撤回告诉。"①我国台湾地区"刑事诉讼法"第238条第1项规定："告诉乃论之罪，告诉人于第一审辩论终结前，得撤回其告诉。"可见，应当允许当事人撤回告诉，但须对撤回的时间节点作出限定。

第五，公诉和自诉的可能竞合。在二元并举的模式下，两种追诉形式可能出现竞合。在此，对可能的竞合情况予以说明：一是在当事人对亲告罪提出告诉，公诉程序已启动的情况下，在检察院未作出不起诉决定之前，当事人暂时不可再行提起自诉；二是在当事人对亲告罪案件已提出自诉且法院已受理的情况下，出于对当事人诉权选择的尊重，原则上应当依照自诉程序进行审判。检察院只能在具有刑法中亲告罪但书条款的情况下，才能启动公诉。例如"杭州诽谤案"中的"严重危害社会秩序"的情形。但此时，在被害人行使自诉权，国家行使追诉权的情况下，基于公诉优先原则，只应通过一个诉讼即公诉程序解决，因为二者所追求的目标都是追究行为人的刑事责任，而以公诉程序处理可以同时实现自诉人的目标。

---

① 《日本刑事诉讼法》，宋英辉译，中国政法大学出版社2000年版，第56页。

刑事一体化视角下高空抛物罪研究

罗树中* 罗天冶**

引 言

《刑法修正案（十一）》将高空抛物行为纳入刑事立法的范围，体现了刑事立法对民众高度关切的"头顶上的安全"问题的积极回应，是以人民群众为中心完善刑事立法的真实写照。在《刑法修正案（十一）》出台前，对于高空抛物行为，司法实践往往以"以危险方法危害公共安全罪"定罪，这在2012年至2020年的76起高空抛物案件中占到了40起，占比达到52.6%。① 但高空抛物行为与以危险方法危害公共安全罪中的放火、爆炸、决水等行为是否具有相当性，是否属于以危险方法危害公共安全罪中的"其他危险方法"，在司法实践和刑法理论研究中不无争论。最高刑为1年有期徒刑，最低刑为单处罚金的高空抛物罪的确立，表明并不是所有的高空抛物行为都构成犯罪，也不是所有构成犯罪的高空抛物行为都危及了"公共安全"。实践中，将高空抛物行为认定为以危险方法危害公共安全罪的案例也逐渐销声匿迹。

《刑法修正案（十一）》出台以来，全国各级法院以高空抛物罪判决的刑事一审案件共101起，认定自首的案件有28起，其中判处缓刑的15起，占比为53.6%，未认定自首但认罪认罚的有72起，其中判处缓刑的25起，占比为34.7%。② 从整体上看，认定自首的案件适用缓刑比例高于无自首情形但认罪认罚的案件，量刑较为合理。但具体到个案中，无论是在产生了实害结果的案件中还是未产生实害结果的案件中，都存在量刑失衡的问题。比如，魏某某高空抛物案③与耿光耀高空抛物案④。前者将燃气灶、菜刀、电风扇、行李箱、折叠木桌、坐便凳等抛掷楼下，后者将长2米、宽0.9米、厚0.01米的床板抛掷楼下，都对他人造成了轻微伤的后果，前者认罪认罚且获得被害人谅解，后者被法院认定自首。无论是抛掷物类型，还是量刑情节，前者的严重程度都重于后

---

* 湖南省张家界市人民检察院党组书记、检察长。
** 湖南省岳阳市人民检察院检察官助理。
① 参见孙晶晶：《入刑到独立成罪：高空抛物罪的实体认定及程序选择》，载《太原学院学报（社会科学版）》2022年第1期。
② 参见中国裁判文书网（https://wenshu.court.gov.cn），访问日期：2022年4月10日。
③ 参见湖南省衡阳市石鼓区人民法院（2021）湘0407刑初241号刑事判决书。
④ 参见北京市房山区人民法院（2021）京0111刑初652号刑事判决书。

者,但前者被法院判处拘役4个月,缓刑8个月,并处罚金人民币1000元,后者被法院判处有期徒刑8个月,并处罚金人民币3000元。再比如,李家豹高空抛物案①与韦继全高空抛物案②。二者都因楼下嘈杂而向楼下抛掷酒瓶,都未造成实害后果,且都认罪认罚。二者案情相似,但前者被法院判处有期徒刑7个月,并处罚金人民币3000元,后者被法院判处拘役5个月,缓刑6个月,并处罚金1000元。高空抛物罪作为新罪名,在案件总体数量不多,审判经验有限的情况下,量刑失衡在所难免。但当前司法实践中存在的问题,足以提醒司法工作人员对法定刑轻缓的犯罪保持更加谨慎的态度。

微罪立法不仅具有衔接行政违法和刑事犯罪的功能,而且具有严密刑事法网和促进刑罚轻缓化的作用。③但正因为微罪属于最低限度的犯罪,与行政违法密切联系,微罪的适用难免受到行政违法中常见不良因素的影响,使刑事惩罚行政化,比如行政执法者个人因素对微罪立法目的的理解的影响。另外,高空抛物罪和危险驾驶罪一样,属于犯罪原因行为犯罪化的代表,体现了刑事责任范围由结果责任向行为责任的扩展,在减轻司法机关证明责任的同时,存在入罪门槛过低、刑罚打击面过宽的问题,有必要在明确高空抛物罪涵盖范围的同时,从刑法的外部关系中寻找高空抛物行为的应对策略。以上述认识为立脚点,本文首先从高空抛物罪的司法限定展开讨论。

一、高空抛物罪的司法限定

(一) 高空抛物罪中的"抽象危险"

根据"从建筑物或者其他高空抛掷物品"罪状描述来看,高空抛物罪是典型的抽象危险犯。虽有"情节严重的"这样典型的情节犯立法特征,但是情节犯和行为犯、危险犯、结果犯等都是同一维度的概念,只是对特定立法模式的差异化表述而已,相互之间不存在排斥关系,并不影响高空抛物罪属于抽象危险犯的事实。与具体危险犯中的危险是构成要件要素不同,抽象危险犯中的危险具有实行行为的行为属性,在行为判断中不需要考虑行为是如何造成了法所不允许的危险,只需要证明行为人实施了构成要件所规定的实行行为,就可以基于一般社会生活经验,即基础事实与待证事实之间的高度盖然性联系推定行为人的行为造成了法所不允许的危险。另外,抽象危险犯是

---

① 参见浙江省湖州市南浔区人民法院(2022)浙0503刑初33号刑事判决书。
② 参见广东省广州市黄埔区人民法院(2021)粤0112刑初1090号刑事判决书。
③ 参见储槐植、李梦:《刑事一体化视域下的微罪研究》,载江溯主编:《刑事法评论》(第43卷),北京大学出版社2020年版,第161—179页。储槐植教授和李梦博士后认为我国刑法中的微罪应以拘役作为最高法定刑。因此,最高刑为1年有期徒刑的高空抛物罪显然不能纳入储槐植教授和李梦博士后所主张的微罪范畴。但介于高空抛物罪的设立与微罪立法有着基本相同的功能和作用,所以不在本文中对高空抛物罪是微罪还是轻罪予以区分。

"风险刑法"中前置刑法干预起点的典型体现,抽象危险犯的增设严密了刑事法网,有利于"严而不厉"刑法结构的构建,但也存在过度扩大刑法犯罪圈,使违法行为犯罪化的风险。加之,高空抛物罪属于"涉众型"的抽象危险犯,存在于日常生活之中,与大多数公众关系较为密切,是被社会广泛关注的热点,高空抛物罪的适用必然会受到公众对高空抛物行为理解的影响。① 因此,有必要充分考虑不道德的高空抛物行为与构成刑事犯罪的高空抛物行为之间的界限。

对于这一问题可以通过两个方面予以论证。一是抽象危险犯的可反证性。正如梁根林教授所言,"抽象危险是立法者对实行行为根据其通常事态进行类型化的法律推定所形成的危险,应当允许辩方对抽象危险是否形成进行反证"②。换言之,辩方可以通过反证将不具有抽象危险或者只具有较低抽象危险的高空抛物行为排除在高空抛物罪的涵盖范围之外。也正因为抽象危险犯所具有的推定属性,司法工作人员亦能够依据一般社会经验能动地将相当部分的高空抛物行为排除在刑法涵盖范围之外,以避免违法行为犯罪化情形的出现。二是"情节严重"的罪状描述。抽象危险犯中的危险虽然是法律推定的危险,罪状中描绘的行为本身就包含了法所不允许的危险,但是抽象危险犯的认定依然要求发生了实质的危险③,只是相较于具体危险犯中的危险更加缓和一些而已。这也是危险犯与行为犯最本质的不同。而"情节严重"这一罪量要素的存在不仅是对司法工作人员的提醒,避免高空抛物罪成为犯罪附随后果远大于犯罪本身的罪名,也为相当比例的不具有实质危险的高空抛物行为提供了出罪的可能。但要回答什么是具有实质危险并需要由高空抛物罪定罪处罚的高空抛物行为,首先需要回答高空抛物罪到底侵害了法律所保护的何种利益或者说具有怎样的社会危害性。

(二) 高空抛物罪的保护法益

《刑法修正案(十一)》正式出台前,关于高空抛物行为侵犯的是何种法益不无争议,但主流观点认为高空抛物行为侵犯的法益是"公共安全"。这在最高人民法院于2019年10月21日发布的《关于依法妥善审理高空抛物、坠物案件的意见》中有较为明显的体现。该意见开篇就指出"高空抛物、坠物事件不断发生,严重危害公共安全",这相当于给高空抛物行为戴上了"危害公共安全"的帽子。该意见的"故意从高空抛弃物品,尚未造成严重后果,但足以危及公共安全的,依照刑法第一百一十四条规定的以危险方法危害公共安全罪定罪处罚;致人重伤、死亡或者使公私财产遭受重大损失的,依照刑法第一百一十五条第一款的规定处罚"的内容更是将高空抛物行为直接定性为以

---

① 参见姜涛、柏雪淳:《刑法中抽象危险犯的立法限缩路径研究》,载《中国高校社会科学》2021年第2期。
② 梁根林:《刑法总论问题论要》,北京大学出版社2018年版,第29页。
③ 参见[日]山口厚:《刑法总论》(第3版),有斐阁2016年版,第47页。

危险方法危害公共安全罪中的"其他危险方法"。这样的意见必然对司法实践产生重大影响。例如,徐某为发泄情绪,于 2019 年 12 月 2 日 20 时许,从其居住的楼顶将两支灭火器和一个花盆抛掷楼下,其中一支灭火器砸落到小区道路上,另一支灭火器砸落到小区道路旁的绿化带中,花盆则砸落到小区休闲区域,但都未造成人员伤亡。重庆市渝北区人民检察院指控徐某犯以危险方法危害公共安全罪,重庆市渝北区人民法院认可了检察机关的指控,并以该罪名判处徐某有期徒刑 3 年。① 徐某的行为是否"足以危及公共安全"值得商榷,对没有造成任何实害后果的行为判处 3 年有期徒刑同样值得斟酌。值得注意的是,以危险方法危害公共安全罪是典型的具体危险犯,要求行为所产生的危险必须是具有高度发生可能性的危险,且该危险涉及不特定多数人的人身、财产安全,具有随时扩大或者增加的可能,与放火、决水、爆炸、投毒等行为相当。但很显然,大部分高空抛物行为都不具有这样的危险性,徐某高空抛掷灭火器与花盆的行为既不可能侵犯不特定多数人的人身、财产安全,也与以危险方法危害公共安全罪中列举的放火、决水、爆炸、投毒行为不具有相当性,如此定罪极易造成以危险方法危害公共安全罪这一重罪的过度扩张,同时也混淆了具体危险犯与抽象危险犯的界限,对司法实践甚至是立法实践产生不良指引。

受最高人民法院《关于依法妥善审理高空抛物、坠物案件的意见》的影响,《刑法修正案(十一)(草案)》将高空抛物行为增设到《刑法》第 114 条未造成实害结果的以危险方法危害公共安全罪的规定中,作为该条第 2 款和第 3 款。高空抛物行为的入罪具有典型的现象性立法特征,该罪是随着城市化进程加快,高层建筑增加,在人民群众对"头顶上的安全"的呼吁中孕育而生的新的罪名。最高人民法院《关于依法妥善审理高空抛物、坠物案件的意见》和《刑法修正案(十一)(草案)》相继公布后,在学界引起较大争论。有学者指出高空抛物行为根据所抛掷物品的不同可分为不会影响人身、财产安全的高空抛物行为,一般性地危害人身、财产安全的高空抛物行为,通常会严重影响人身、财产安全的高空抛物行为三类,除对第一类高空抛物行为只需要进行道德或者行政法意义上的评价以外,原有刑法规定足以对后两类高空抛物行为进行规制,也就是说高空抛物行为不具有规范类型化的特点,没有必要在我国的刑事立法上增设"高空抛物罪"这一新罪名。② 还有学者指出通常的高空抛物行为不具有以危险方法危害公共安全的特质,不应当认定为以危险方法危害公共安全罪,在故意实施高空抛物行为,具有造成他人人身伤害危险的情形下,该抛物行为可以被认定为寻衅滋事罪中的"殴打""恐吓"行为,以寻衅滋事罪定罪处罚。③ 争论不论是以何种方式予以展开

---

① 参见重庆市渝北区人民法院(2020)渝 0112 刑初 476 号刑事判决书。
② 参见魏东、赵天琦:《刑法修正案的规范目的与技术选择——以〈刑法修正案(十一)(草案)〉为参照》,载《法治研究》2020 年第 5 期。
③ 参见张明楷:《高空抛物案的刑法学分析》,载《法学评论》2020 年第 3 期。

的,围绕的核心依然是高空抛物行为到底侵犯了何种法益,更准确来讲是侵犯了"公共安全"还是"公共秩序"。

《刑法修正案(十一)》的出台起到了定分止争的作用,将高空抛物罪纳入《刑法》第六章第一节扰乱公共秩序罪,也表明高空抛物罪所包含的高空抛物行为侵犯的法益是"公共秩序"而非"公共安全"。但"公共秩序"这一概念过于抽象,不仅不能起到限缩罪名打击范围,保持刑法谦抑性的作用,也不具有法律适用上的可操作性。另外,高空抛物罪的罪状描述中有"情节严重"这一定量要素,且"公共秩序"领域主要由行政法来规制,刑法在"公共秩序"领域的适用应当保持更加审慎的态度。因此有必要将高空抛物罪中的"公共秩序"具体化,避免司法工作者依据飘忽不定的个人好恶来评价高空抛物行为。

在保护群众"头顶上的安全"的呼吁中,高空抛物行为被写入了《刑法修正案(十一)》,明确为《刑法》的独立罪名。但这并不意味着所有的高空抛物行为都需要入刑,有的高空抛物行为侵犯的可能不只是"公共秩序",还侵犯了他人人身财产等更为重要的法益,而有的高空抛物行为没有侵犯任何法益,对此就只能进行道德意义或者行政法意义上的评价。另外,高空抛物罪在刑法体系中的定位决定了在认定高空抛物罪的保护法益时,必须体现"公共秩序",不能因为"头顶上的安全"这一深入人心的呼吁,就无视高空抛物行为对"公共秩序"的影响。笔者认为,高空抛物罪所规制行为的危害主要体现在以下两个方面:一是具有对建筑或其他高空附近公共区域内的人员、财物造成损害的危险。这要求高空抛物罪所规制的高空抛物行为不能造成严重的损害后果,如果造成了严重损害,即致人轻伤以上后果或造成较大数额的财产损失,则该行为不能再被认定为高空抛物罪,应当根据不同的情况依法认定为其他更重的罪名,如高空抛物致人死亡的情形,依据行为人对致人死亡的结果是否具有故意区分为故意杀人罪和过失致人死亡罪,如果行为人只有伤害的故意而不具有致人死亡的故意,只是意外地造成了他人死亡的后果,则可认定为故意伤害罪。另外,如果高空抛物行为没有造成人员伤亡而是造成了财产损失,且该财产损失达到了一定的数额,则可以被认定为故意毁坏财物罪。这在《刑法修正案(十一)(草案)》中"处拘役或者管制,并处或者单处罚金"和《刑法修正案(十一)》中"一年以下有期徒刑、拘役或者管制,并处或者单处罚金"的轻缓量刑中得到了充分体现。二是影响了他人在建筑物及其他高空附近公共区域内的正常活动。这要求该行为必须增加了建筑物及其他高空附近公共区域的不良属性,使他人不敢或不愿在建筑物及其他高空附近的公共区域内活动,甚至不敢或不愿从该区域经过。例如,行为人将一块玻璃抛掷到楼下,玻璃在楼下的道路上碎裂,就算抛掷行为本身并没有造成实际损害,但当人们经过楼下看到玻璃破裂的场景时,必然产生强烈的不安全感,以后经过该区域时必然提心吊胆,更不可能再在该区域内进行其他活动。与之相反,将几张废纸抛掷楼下的行为就不会使人产生这样的感觉,也不会影响到人们在公共区域内的正常活动,更不会造成他人不敢或不愿从该区域经过的情况。综上,高空抛物罪所规制的高空抛物行为是具有对建筑物及其他高空附近公共区域内的他人人身财产造成损害危险或严重影响他人在该区域内正常生活的行为。换言之,高空抛物罪保护的是建筑物及其他高空附近公共区域内的他人人身财产免受高空抛物损害危险及他人在该区域内正常生活的法律利益。

(三) 高空抛物罪的构成要件

高空抛物罪法益的确定有利于对高空抛物罪构成要件的具体内容进行进一步的分析,以明确构成要件各要素的含义及高空抛物罪的涵盖范围。

1. "其他高空"的含义

有学者认为,"其他高空,即除建筑物外的,与物品自该处被抛弃、坠落后最先抵达点位之间存在较大高度的空间位置"①。而有学者认为,"从高空抛掷物品不绝对要求行为人本人所处高处",并举例"利用自身臂力将一块砖头扔至6米高空后下坠,也应成立本罪"。② 笔者原则上同意前者的观点,即行为人抛掷物品所处位置必须与物品坠落后抵达的位置存在较大高度差。因为实施符合高空抛物罪构成的高空抛物行为的行为人不具有对他人人身财产造成损害的故意,只是制造了致使他人人身财产遭受损害的危险。后者所列举的行为不符合这样的特征。一方面,行为人在人群中实施原地高空抛物的行为,足以表明其具有侵犯他人人身财产的故意,如果没有造成人员伤亡,但制造了人员伤亡的危险,则应当认定为故意伤害罪的未遂。另一方面,如果行为人实施的原地高空抛物行为不具有危险性,则不以犯罪论处。另外,高空抛物罪的保护法益决定了物品坠落后抵达的位置必须是有人员活动或有财产摆放的公共区域。这是对高空抛物罪很有必要的限缩。比如,在凌晨向已无人经过也无车辆停放的小区道路抛掷物品的行为和在矿井口向有工人工作的矿井内抛掷物品的行为就都不属于高空抛物罪的涵盖范围。前者虽然是在公共区域抛掷物品,但因时间已到凌晨,小区道路上既无行人经过也无车辆停放,抛掷行为不再具有造成他人人身财产损害的危险,可不以犯罪论处。后者虽然具有造成他人伤亡的危险,但是矿井不属于公共区域,即便构成犯罪也应当根据是否发生严重后果分别认定为重大责任事故罪和危险作业罪。综上所述,"其他高空"指的是建筑物以外的,存在较大高度差且有人员活动或财产摆放的公共区域的高空平台。

2. "物品"的含义

高空抛物罪作为抽象危险犯,加之其轻缓的量刑决定了该罪名所涵盖的犯罪行为不可能具有使危险随时扩张或者增加的可能性,这也直接限定了所抛掷"物品"的范

---

① 肖中华:《依据法益是否受损认定高空抛物罪》,载《检察日报》2021年12月15日,第3版。
② 参见林维:《高空抛物罪的立法反思与教义适用》,载《法学》2021年第3期。

围,即所抛掷的必须是能制造实质的危险但又不能使危险随时扩大或者增加的物品。笔者认为,作为高空抛物罪构成要件要素的"物品"主要可以分为以下两类:一是对他人人身财产具有一般性危害的物品;二是对他人人身财产无一般性危害但严重影响他人在公共区域内正常生活的物品。对他人人身财产具有一般性危害的物品是指具有对单个或少数人的人身财产造成损害但损害结果不存在随时扩大可能的物品。这类物品没有形态上的限制,可以是玻璃制品、菜刀、灭火器、石块等固体物品,也可以是沸水等液体物品。正因为有一般性危害的限制,纸制品、空塑料瓶、烟头、净水等对他人人身财产无一般性危害的物品和爆炸物、带强电物、具有辐射性或腐蚀性的化学物质等对不特定多数人的人身财产具有严重危害且危害可能随时扩大的物品就不能归入高空抛物罪中"物品"的范围。前者可不以犯罪论处,后者在满足危害公共安全的条件下,可以以危险方法危害公共安全罪论处。另外,高空抛掷对他人人身财产无一般性危害的物品原则上不以犯罪论处,但如果严重影响人们在公共区域内正常活动的也可能构成高空抛物罪,这里的"物品"主要包括粪便、尿液、废水、厨余垃圾等污浊物和广告、传单等严重扰乱公共秩序的物品。由于抛掷无一般性危害的物品相较于抛掷具有一般性危害的物品而言,危害性明显更低,所以在对该行为入罪的时候需要充分考虑是否达到了"情节严重"的程度。

3. "情节严重"的理解

将"情节严重"规定为犯罪成立要件,主要是为了限缩犯罪圈。但高空抛物行为多样、原因复杂,一时难以达成统一的理解。通常情况下,对"情节严重"的理解都由司法解释予以细化,但在高空抛物罪初设,司法实践的样本量还未达到一定程度的情况下,有必要从最高人民法院出台的《关于依法妥善审理高空抛物、坠物案件的意见》中寻求帮助。该意见第5条规定:"……对于高空抛物行为,应当根据行为人的动机、抛物场所、抛掷物的情况以及造成的后果等因素,全面考量行为的社会危害程度……"该意见第6条规定:"……具有下列情形之一的,应当从重处罚,一般不得适用缓刑:(1)多次实施的;(2)经劝阻仍继续实施的;(3)受过刑事处罚或者行政处罚后又实施的;(4)在人员密集场所实施的;(5)其他情节严重的情形。"虽然最高人民法院《关于依法妥善审理高空抛物、坠物案件的意见》有关"情节严重"的解释主要是围绕定罪情节,且是以危险方法危害公共安全罪为切入点,不能直接套用到高空抛物罪"情节严重"的犯罪构成中,但是该意见较为完整地归纳了高空抛物行为的处罚要点,具有较强的借鉴价值。综合该意见的内容,笔者认为可以从主客观两方面认定"情节严重"的情形:一是行为人的主观方面。高空抛物罪规制的最典型的行为类型是行为人为宣泄情绪而实施的可能造成他人人身财产损害的高空抛物行为,这在现有的以高空抛物罪定罪的案件中得到了充分的体现。这就需要与正当防卫、紧急避险等相区分。比如,甲在位于三楼的阳台休息时,发现有小偷正在楼下盗窃自己的电动车,甲为阻止小偷的盗窃行为,便将身旁的书本砸向小偷,甲虽然实施了高空抛物行为,但主观上是为了制止小偷正在进行的盗窃行为,属于正当防卫,不以犯罪论处。还比如,甲在位于三楼的阳台休息时,发现有小偷正在楼下对边走路边打电话的乙实施盗窃行为,甲为提醒乙,将身旁的玻璃杯扔到乙身前,玻璃杯在乙身前碎裂,甲虽然实施了高空抛物行为,且制造了对他人造成人身损害的实质危险,但主观上是为了提醒乙小偷正在实施的盗窃行为,属于紧急避险,不以犯罪论处。二是行为的客观方面。这主要体现在抛掷物情况、地点、高度、次数等因素上。各个因素间并不是相互独立的,而是相互影响的,共同对高空抛物行为进行实质评价。如果抛掷的是对他人的人身财产具有一般性危害的物品,那么在地点、高度、次数等因素上就不需要做过分严格的限制,只要是在有人员往来的公共区域内抛掷物品,哪怕是只有一次抛掷行为,也应当认定为高空抛物罪。如果抛掷的是对他人的人身财产不具有一般性危害的物品,那么在地点、高度、次数等因素上就需要进行必要的限制,以防止高空抛物罪的滥用。比如,在人流密集的闹市区多次实施高空抛物行为,严重影响人们在公共区域内的正常生活的,才可以高空抛物罪论处。

二、认罪认罚从宽制度在高空抛物罪中的适用

(一)认罪认罚从宽制度存在的瑕疵

认罪认罚从宽制度的推行,是全面贯彻宽严相济刑事政策的重要举措,有利于惩治犯罪、保障人权、优化资源配置、提高诉讼效率、化解社会矛盾、促进社会和谐稳定。认罪认罚从宽制度从 2016 年 11 月首次提出至今,产生了良好的司法效果,2021 年全年适用率达到了 85%以上,量刑采纳率超过 97%,一审服判率达到 96.5%,服判率超出其他刑事案件 22 个百分点。[①] 但根据最高人民法院、最高人民检察院、公安部、国家安全部、司法部联合出台的《关于适用认罪认罚从宽制度的指导意见》中"对于减轻、免除处罚,应当于法有据;不具备减轻处罚情节的,应当在法定幅度以内提出从轻处罚的量刑建议和量刑"和"认罪认罚的从宽幅度一般应当大于仅有坦白,或者虽认罪但不认罚的从宽幅度"等规定判断,认罪认罚的从宽幅度介于坦白和自首之间,且只能从轻不能减轻。这样一来,对部分案件就难免存在适用上的失衡。如国家工作人员甲受贿 25 万元,由于受贿数额超过了 20 万元,属于"数额巨大",依法应当判处 3 年以上 10 年以下有期徒刑,且由于 25 万元的受贿数额远没有达到 300 万元,所以应当在 3 年以上 10

[①] 参见《最高人民检察院工作报告(摘要)》,载《人民日报》2022 年 3 月 9 日,第 3 版。

年以下的量刑幅度内靠近3年量刑。由于认罪认罚不能减轻处罚,所以认罪认罚对甲并无实际价值,其最好的应对策略反而是拒不交待受贿犯罪事实,或者将交待数额控制在20万元以下。反之,对于受贿250万元的国家工作人员来说,认罪认罚对其就存在较大价值,更能激励其如实交待自己的问题。换言之,认罪认罚从宽制度往往对罪重者价值较大,对罪轻者价值较小,甚至是无价值。高空抛物罪作为量刑轻缓的犯罪,最高刑为1年有期徒刑。因此,认罪认罚在高空抛物案件的适用中,行为人最在乎的往往不再是罪轻罪重的问题,而是实刑缓刑的问题,甚至是罪与非罪的问题。毕竟,只要认定为犯罪就存在附随后果,所犯罪行是轻是重,并不影响犯罪记录的存在以及特定职业、公务员团队及企事业单位对其的区别对待。因此,有必要在高空抛物案件的办理过程中,对于认罪认罚的行为人,予以更大幅度的从宽处理。

(二) 具体应对措施

对于认罪认罚高空抛物案件,相较于其他一般的刑事案件应当给予更多的宽宥,但也不能因为高空抛物罪是量刑轻缓的犯罪就一律不判处实刑或者免予刑事处罚,而是应根据所抛掷物品的不同予以区别对待,以体现刑罚的宽严相济。对于高空抛掷对他人人身财产具有一般性危害的物品的,即便认罪认罚,也不宜作出不起诉决定或者判决免予刑事处罚,但没有造成实际损害后果且存在以下情形的可以不判处实刑或者单处罚金:①初次实施高空抛物行为的;②在人流较为稀少的地点或较少有人出行的时间段实施高空抛物行为的;③实施抛掷行为的位置离地面高度有限,不存在对他人造成轻伤以上后果或者较大数额财产损失危险的。对于高空抛掷对他人人身财产无一般性危害的物品的,只要行为人认罪认罚,一般应当予以最大幅度的从宽,即作出不起诉决定或者判决免予刑事处罚,符合行政处罚条件的,予以行政处罚即可。当然,如果行为人因高空抛物被行政处罚后依然不知悔改,再次实施高空抛物行为,严重影响他人在公共区域内正常生活的,则应当以高空抛物罪论处。另外,考虑到民众对轻微犯罪的反应较为迟缓,存在"处不处罚无所谓"的暧昧态度,有必要对未被判处实刑的高空抛物行为人进行安全教育,并在当地街道或公益组织的组织下进行一定时长的公益服务,进行思想道德教育,提升思想道德素质。

三、高空抛物行为的现实预防及次生风险防范

随着农村人口大量地向城镇流入,城市人口暴涨,我国城市化水平从改革开放时的23.01%上升到2019年的60.6%。① 如此规模的人口流动带动了城市经济的高速发

---

① 参见孔令炜、肖云洁:《中国城市化路径研究》,载《今日财富(中国知识产权)》2021年第2期。

展,也催生出大量且密集的高层建筑和不断壮大的陌生人社区。在城市陌生人社区中,缺乏农村熟人社区所具有的组织治理结构和监督机能,个体负面情绪在无处发泄的情况下,很容易将实施高空抛物行为作为自身宣泄的窗口。如周显林为发泄情绪,饮酒后在台州市椒江区海门街道东升花园小区1号楼1单元二楼的暂住处内,将长60厘米、宽50厘米、高80厘米的电冰箱(净重30千克)从窗户扔下,致冰箱、窗户框架、玻璃破损。① 再如,兰建勇与朋友饮酒后回到家中,因心情郁闷,为发泄情绪,先后将家中装有啤酒的易拉罐啤酒瓶和装有白酒的玻璃酒瓶,从四楼阳台抛掷楼下。② 这样的案件比比皆是。在中国裁判文书网检索的101起高空抛物罪刑事一审判决中,将发泄情绪作为高空抛物行为原因写入判决书的高达45起。加之高空抛物行为证据搜集的困难性,行为人很容易从高空抛物行为中获得犯罪后的心理满足感。在情绪发泄需求和犯罪侥幸心理的双重作用下,高空抛物行为并没有因为入刑而得到普遍制止,《刑法修正案(十一)》正式实施后6个月内,全国检察机关就对222人以高空抛物罪提起公诉。③

为了解决高空抛物行为的证据搜集难题,以准确打击高空抛物行为人,不少地方在高空抛物行为入刑之前就积极开展了相关尝试。例如,2020年6月,湖南郴州乾通时代广场小区完成了70多个超高清朝天摄像头的安装工作。该小区共有35栋高层建筑,有近万人居住,朝天摄像头的安装极大地保障了该小区居民的人身、财产安全。④ 再比如,2020年8月,重庆首个"瞭望者"高空抛物智能预警系统正式投入使用。该系统是2020年重庆公安机关改革创新大赛的优秀成果,并已获得国家计算机软件著作权,该系统集主动抓拍检测、自动现场取证、集中展示和实施预警多功能于一身,使传统的朝天摄像头更加智能化,不仅有利于防止高空抛物行为的发生及行为发生后的及时处理,更有利于减轻执法者个人因素对罪与非罪认定的干预。⑤ 好的社会实践将推动事物的发展,可以预见,在未来会有越来越多的小区安装类似的朝天摄像头或者智能预警系统。值得注意的是,社会治理的现代化、智能化与个人隐私保护似乎从来都是"鱼"与"熊掌"的关系,社会控制力的每一次增强似乎都以个人隐私保护的让步为代价,在已经进入风险社会的当下,公民为了安全保障的需要,似乎又不得不付出这样的代价。为了使代价最小化,对朝天摄像头的安装提出以下几点建议。

---

① 参见浙江省台州市椒江区人民法院(2021)浙1002刑初679号刑事判决书。
② 参见四川省自贡市贡井区人民法院(2021)川0303刑初75号刑事判决书。
③ 参见张璁:《前三季度全国检察机关主要办案数据发布》,载《人民日报》2021年10月20日,第7版。
④ 参见骆一歌:《小区里装了70多个朝天摄像头》,载《潇湘晨报》2020年6月9日,第6版。
⑤ 参见周松:《"瞭望者"能否守住"头顶上的安全"——记者探秘重庆警方"瞭望者"高空抛物智能预警监控系统》,载《重庆日报》2021年5月10日,第6版。

（一）合理设置监控角度

就朝天摄像头而言，角度越高监控范围越大，对单个房间的细节监控就越模糊，鉴于朝天摄像头的监控目的主要是在发生高空抛物行为时对行为人所住房间或实施行为时的所在位置进行准确定位，为后续调查提供必要的协助，而不要求通过人脸识别等技术对实施高空抛物行为的行为人进行精准抓拍。所以，有必要在安装摄像头的时候，限制摄像头的最低角度，以避免个人居住的隐私被大面积置于朝天摄像头的监控下。比如，在安装摄像头的时候将摄像头的监控角度保持在45度以上。

（二）保障社区居民对监控终端的监督权

与监控范围只是一个拐角、一个路口、一个大门等有限视角的普通摄像头不同，朝天摄像头监控范围较广，且监控的是生活在大楼中每一个居民的日常生活。为防止个人隐私的泄露，有必要保障社区居民对监控终端的监督权。比如，允许社区居民随时进入放置监控终端的房间，对摄像头的监控角度、监控画面予以监督，防止摄像头被不法分子利用。

（三）监控内容定期覆盖

在互联网时代，个人隐私被大范围泄露的主要原因是对个人隐私的过度采集和对个人隐私"被遗忘权"的忽视。另外，高空抛物罪所规制的高空抛物行为往往不具有诉讼时效的问题，一般情况下都能够被公共区域内的居民当场发现，对于那些难以察觉的高空抛物行为，完全可以当作不具有刑法上实质危险的违法行为来对待，不存在对数年前发生的高空抛物行为进行追责的可能。如在凌晨，向无人经过也无车辆停放的小区道路抛掷石块的行为。因此，在安装朝天摄像头系统的时候，有必要在系统内设置定期覆盖的程序，保障个人隐私被有限度采集及个人隐私"被遗忘权"的实现。

（四）制定独立的信息化安全标准

朝天摄像头监控内容的敏感性决定了朝天摄像头对个人隐私的侵犯程度比传统摄像头要高得多。加之信息技术的复杂性，有必要对朝天摄像头设置有别于其他传统摄像头的信息化安全标准。《个人信息保护法》第六章第62条第（二）项"针对小型个人信息处理者、处理敏感个人信息以及人脸识别、人工智能等新技术、新应用，制定专门的个人信息保护规则、标准"的规定，为对朝天摄像头行业制定独立的信息化安全标准提供了坚实的基础。这不仅有利于行政执法者对不断兴起的朝天摄像头行业进行规范化管理，也有利于解决因朝天摄像头的不规范生产、安装和使用而带来的个人隐私权维护问题。

客观归责理论在帮助信息网络犯罪活动罪中的适用及其限制

李 梦*

2021年4月9日,习近平针对打击治理电信网络诈骗犯罪工作作出重要指示,提出"坚决遏制电信网络诈骗犯罪多发高发态势"。在我国各地持续对电信网络诈骗犯罪高压严打的态势下,帮信行为成为向电信网络诈骗犯罪"输血送粮"的中间环节。刑法增设帮助信息网络犯罪活动罪(以下简称"帮信罪"),将网络帮助行为拟制为正犯行为,符合严打电信网络诈骗犯罪的刑事目的。根据最高人民检察院的统计数据,2021年全年检察机关起诉帮信罪涉案人员12.9万人,同比上升8.5倍。帮信罪等网络犯罪的起诉率高于刑事犯罪平均起诉率近9个百分点。① 在坚持全链条打击电信网络诈骗犯罪整体布局不动摇的前提下,对帮信行为进行追诉已经成为溯源打击电信网络诈骗犯罪以及斩断网络犯罪黑灰产链条的重要司法路径。

刑法总则将帮助行为认定为修正的构成要件实行行为,刑法分则通过增设帮信罪罪名来承认帮信行为正犯化的立法效果。关于帮信行为人的主观方面是否存在共同故意,学界存在肯定说和否定说两种截然相反的观点。肯定说坚持可罚的帮信行为要求行为人在主观方面具有共同犯罪的故意。通过对比网络帮助行为与传统帮助行为,在传统共犯理论框架下对帮信行为进行理论研究。基于对共同犯罪理论的维护,为了能与线下刑法理论融会贯通,在评价网络帮助行为时就会有选择地忽视或者缩小仅在线上出现的帮助行为情节,放大线上和线下共同的帮助行为情节。其结果导致刑法在网络犯罪的治理中缺少介入规制网络黑灰产犯罪链条的抓手,面对仅在网络空间出现的危害行为只能"干着急"。否定说则认为帮信行为人在主观方面不具有共同故意。帮信罪是将帮助行为拟制为正犯,因此不以成立共同犯罪为犯罪成立的条件。在共同犯罪理论之外另辟网络犯罪责任的全新研究视角,提出应当将传统刑法教义学理论和网络犯罪行为结构以及技术特征进行融合,在此基础上单独构建一种符合

---

* 中国政法大学刑事司法学院博士后研究人员。

① 数据来源:在2022年4月14日国务院新闻办公室举行的"打击治理电信网络诈骗犯罪工作进展情况发布会"上,最高人民检察院第四检察厅负责人程雷公布的数据。

网络犯罪形态的全新的"责任文化"。①

实践中,可罚的帮信行为一部分表现出共犯性质,另一部分表现出正犯性质。存在就是合理的。日益复杂的网络犯罪类型频现,出于解决实践问题的需要,有必要寻求更加复杂的刑法理论作为帮信行为的处罚根据。按照共同犯罪理论,在承认主犯和从犯二分法的前提下,同一个共同犯罪中的犯罪行为不可能既属于主犯又属于从犯。② 当共犯论或者正犯论的单一刑法理论在解释帮信行为的处罚根据上都不能对全体帮信行为进行描述之时,对帮信罪的法教义学解释就应当跳出"二选一"的限制。因此,在对帮信行为类型化的基础上展开体系性研究就成为新的视角。本文采用"三分法"的分类模式将帮信行为分为有共同故意的帮信行为、片面帮信行为和中立帮助行为三种类型。其中,有共同故意的帮信行为和片面帮信行为在性质上属于帮助犯,而中立帮助行为属于正犯。不再在帮信行为内部寻求统一的正犯处罚根据理论或者帮助犯处罚理论,而是针对不同的帮信行为类型适用更有解释效力的法教义学内涵,进而有效应对司法认定标准混乱的问题,并且避免信息网络经营业务在合法与非法的边界徘徊。由此针对两种帮助犯类型采用"三分法"的处罚根据则相对合理。正犯帮信行为和共犯帮信行为作为不同性质的帮信罪客观行为类型,均具有相当的需罚性。本文主要围绕"三分法"的帮信行为类型展开学理探讨。在帮信罪类型化区分的条件下,正犯帮信行为的处罚根据是什么?共犯帮信行为的处罚根据是什么?在已知帮信行为具有可罚性的基础上,帮信行为的处罚范围又应当如何权衡?在界定中立帮信行为的处罚范围时,是对有限的中立帮助行为进行处罚,还是对全部的中立帮助行为进行处罚?不同类型的帮信行为与正犯的社会危害性之间的因果关系凭何认定?在案件审理过程中,所有帮信行为类型的犯罪都应当符合"情节严重"的规定,司法适用的刑法归责理论依据是什么?当司法审判中出现帮信行为的罪数问题,共犯与正犯在裁判书中存在所谓的优先顺序吗?以下逐一讨论这些问题。

一、帮信行为类型化的"三分法"划分

当网络帮助行为超出了法律规范的自由限度对他人法益造成损害时,可以据此判定网络帮助行为具有不法性。虽然刑事归责可以限制构成要件的成立范围,但是并不能对帮助行为是否创设了法所不允许的危险性予以合理解释。所以在讨论刑事归责

---

① 参见王莹:《网络信息犯罪归责模式研究》,载《中外法学》2018年第5期。
② 参见童德华、陆敏:《帮助型正犯的立法实践及其合理性检视》,载《湖南师范大学社会科学学报》2018年第1期。

之前,首先要对行为的不法性进行探讨。① 即便可以根据实行行为的构成要件结果进行客观归责,但帮信行为本身是否具有可罚性以及本身作为不法帮助行为的认定则需要先于客观归责单独予以考察。因此,关于网络帮助行为可罚性的讨论,是先于客观归责的基础性问题。主犯是以共同犯罪的分工作为划分标准设定的,正犯是根据行为在共同犯罪中的作用为依据设定的。由于在共同犯罪中无论是表述为实行行为还是正犯行为,都不会影响对帮信行为的处罚,因此学者对主犯和正犯并未进行刻意区分。

(一) 有共同故意帮助行为的类型化

网络犯罪具有复杂的犯罪生态体系,包含完整的网络黑灰产业链以及闭环发展的网络犯罪生态。出于遏制网络犯罪的考量,刑事治理更加强调网络刑法的体系化治理对策。为了精准打击网络犯罪,刑事治理秉持"分而治之"的模式,通过加强网络黑灰产业链全过程的刑法规范实现独立的中间违法行为犯罪化,使刑法适用呈现"碎片化治理"打击具体网络犯罪,进而补全刑事治理的短板。②

传统的帮助不法行为可以分为两种客观行为类型:一类是不存在共同故意的帮信行为。只要行为人单方面具有帮助的故意,那么认为帮信行为人主观存在故意,成立帮信罪。另一类则是存在共同故意的帮信行为。帮信行为的处罚根据在于帮信行为可以成立帮助犯,与构成要件该当事实(构成要件结果)之间存在因果关系。根据行为人有无共同故意,可罚的帮信行为也可以分为两种类型:一是可以成立共犯的帮信行为;二是不能成立共犯的帮信行为。前者帮信行为的帮助对象为犯罪行为,后者帮信行为的帮助对象为一般违法行为。帮助行为和实行行为具有事实上的手段和目的关联,帮助行为可以弥补实行行为的不足以及排除犯罪实现中存在的障碍。刑法规定该当帮信罪构成要件的帮信行为只能是第一种类型,第二种类型不属于帮信罪的处罚范围。虽然第二种类型的行为不该当帮信罪的构成要件,但是并不意味着不成立其他犯罪。例如,由于吸毒行为不是该当构成要件的行为类型,利用网络引诱、唆使、帮助他人吸毒的行为不是帮信行为,但该行为符合刑法分则规定的引诱、教唆、欺骗他人吸毒罪的构成要件,所以仍然可以认定为引诱、教唆、欺骗他人吸毒罪。

线下传统的共犯理论是基于"一对一"的帮助关系构建的,然而网络帮助犯罪并不受"一对一"帮助关系的限制,网络帮助行为能够为不止一个实行行为提供帮助作用,因此网络帮助行为和正犯行为具有"一对多"的帮助关系。当网络帮助行为与实行行为之间打破"一对一"的关系,变为"一对多"的关系时,就不再认为帮助行为是帮助

---

① 参见〔德〕沃尔夫冈·弗里施:《客观归责理论的成就史及批判——兼论对犯罪论体系进行修正的必要性》,陈璇译,载《国家检察官学院学报》2020 年第 1 期。

② 参见喻海松:《网络犯罪形态的碎片化与刑事治理的体系化》,载《法律科学(西北政法大学学报)》2022 年第 3 期。

犯,而是将帮助行为理解为帮助形式的正犯行为。① 网络帮助行为可以为彼此无关联的实行行为构成要件结果提供帮助,这也被称为"积量构罪"行为样态。"积量构罪"扩大了帮助对象的解释范围,该理论对于网络帮助行为的处罚提出了新的解释路径,即不能仅凭行为对犯罪起到了帮助作用,就将该行为认定为帮助犯。② 如果帮助行为的下游聚集了大量不同正犯的构成要件结果,而各正犯之间互不相关,那么司法机关则根据"积量构罪"的帮助行为结构认定犯罪成立。③

根据犯罪控制理论,在判断帮信行为对正犯行为犯罪结果的支配能力时,应当考虑行为人客观行为的贡献方式及比重。例如拥有网络技术壁垒的帮信行为人具有操控犯罪流程的关键技术,毫无疑问应当对操控犯罪的行为承担责任。鉴于网络帮助行为的帮助关系与线下帮助行为的帮助关系发生了结构性改变,导致网络帮助行为与线下帮助行为的帮助行为结构也出现了完全不同的刑法评价结果。由于帮助行为对数个实行行为提供支持,无论哪一个共犯关系均不能完整地评价帮助行为的危害性。从行为模式的角度看,网络帮助行为对每一个正犯行为的依赖性都大大降低。正是由于网络帮助行为对于每一个实行行为的依赖性降低,网络帮助行为在犯罪结果中的作用获得增强。网络帮助行为能够辅助多项网络实行行为,随着下游用户实施犯罪数量的增多,网络帮助犯罪的因果关系具有范围拓宽与链条延长的特征。帮助行为社会危害性程度不断升高,量变导致质变,最终帮助行为由原来犯罪结果中起次要作用的共犯向在犯罪结果中起主要作用的正犯转型。

综上所述,实行行为具有不法性是具有共同故意帮助行为具有违法性的依据。④ 与不可罚的帮助行为相比,具有共同故意帮助行为在主观上具有促成正犯结果的罪过因素。具有共同故意帮助行为的行为人在心理上具有促成他人行为危害结果的动机。虽然从事业务的帮信行为具有形式上的中立性,但是不能就此认为该行为就是不可罚的,还有可能是帮助犯。如果行为人提供的是业务型帮助行为,并且与他人就共同犯罪进行了共谋,此时帮助行为既具有中立帮助行为的表现形式,又在实质上参与共同犯罪,那么帮信行为失去中立性特征,成为可罚的帮助行为。例如,他人在网络平台售卖实名账号侵犯公民个人信息权益的场合,如果平台运营方不仅没有积极阻止交易,反而采取广告推广网络平台、扩大平台经营范围等手段,就可以据此推定行为人为网络平台提供网络技术支持的行为本身已经失去了技术的中立性。

---

① 参见王肃之:《论为信息网络犯罪活动提供支持行为的正犯性——兼论帮助行为正犯化的边界》,载江溯主编:《刑事法评论》(第43卷),北京大学出版社2020年版,第484页。
② 参见皮勇:《论新型网络犯罪立法及其适用》,载《中国社会科学》2018年第10期。
③ 参见皮勇:《新型网络犯罪独立性的教义学分析及司法实证》,载《政治与法律》2021年第10期。
④ 参见熊亚文:《从共犯论到法益论:帮助行为正犯化再审视》,载《法学》2021年第8期。

(二) 片面帮助行为的类型化

在符合帮信罪刑法规定的情形下，被帮助行为不成立犯罪不会影响片面帮信行为成立犯罪，片面帮信行为可以作为单独犯罪追究刑事责任。我国刑法的共同犯罪理论只是对片面帮助行为成立共同犯罪进行限制，在不构成共同犯罪的场合，片面帮助行为仍然可以构成独立罪名，所以对片面帮助行为单独定罪是能够成立的。事实帮助行为可以成立不同于正犯成立的犯罪罪名，这种观点在教唆和帮助的共同犯罪理论中是得到肯定的。① 在缺少共同故意的场合，由于帮信行为与实行行为之间缺乏共同故意而不成立共同犯罪。在行为的性质层面，缺少共同故意的帮信行为作为片面帮助行为进入刑事归责体系。从正犯行为的角度分析，片面帮信行为在客观事实上已经引起、促进其他正犯行为犯罪结果发生。其他正犯行为属于该当构成要件且具有违法性的犯罪行为，至于是否一定成立犯罪则对片面帮信行为的刑事归责不会产生较大影响。片面帮信行为通过对该当构成要件正犯行为予以促进或者引起构成要件该当事实成立犯罪。只要片面帮信行为的手段和目的单向地与正犯行为的手段和目的产生联结就符合刑法规定的帮助犯罪客观行为构成要件。而正犯行为是否对片面帮信行为具有手段和目的的促进作用并不属于帮信罪刑事归责考量要素。

在司法实践中，一概将网络帮助行为认定为共犯行为无法解释被帮助行为不构成犯罪的场合为什么能够对帮助行为进行刑事归责。事实上网络空间中帮助关系呈现"一对多"的特征，导致帮信行为的社会危害性远远超过线下"一对一"帮助关系中的帮助行为。因此从实质违法性的层面分析，根据传统的共犯行为构建的共犯理论在网络犯罪中发生行为结构上的错位，导致共犯理论解释功能不足。因此片面帮信行为作为单独犯罪接受刑事处罚不能以共同犯罪理论予以解释，片面帮信行为犯罪的刑法解释依据为刑法单独设立了帮信罪罪名，在该刑法规范中明确将片面帮信行为作为正犯进行定罪量刑。刑法创设帮信罪罪名在立法上实现了将帮助行为规定为单独犯罪罪名，而这种立法形式在刑法规范中并非首创。对于向违反社会管理秩序的违法行为提供帮助为职业的人而言，刑事立法将具有的职业特征导致侵害法益在事实上已经超过具体实行犯具备的法益侵害程度的行为单独规定为犯罪，例如引诱、容留、介绍卖淫行为，容留吸毒行为等。

网络帮助行为有别于一般帮助行为，拥有技术壁垒的网络帮助行为人具有操控犯罪流程的关键技术，所以将网络帮助行为认定为共犯不足以有效应对网络犯罪。根据实务经验，在网络犯罪中的帮助行为的危害性一般大于正犯行为，因此在司法解释中出现将特定类型的网络片面帮助行为独立入罪的相关规定。就算不对帮信行为进行

---

① 参见〔日〕山口厚：《刑法总论》（第3版），付立庆译，中国人民大学出版社2018年版，第319—334页。

正犯化立法,也无法改变刑法存在帮助行为正犯化立法的事实。帮助行为正犯化不是帮信行为立法的首创,在我国刑法立法经验中已经出现过帮助行为正犯化的罪名。① 对于将特定的危害性极大的片面网络帮助行为独立入罪的做法,刑法规范中早已有先例。比如刑法规范为危害国家安全犯罪中的资助行为设立单独罪名。出于应对日益加剧的网络犯罪风险的考虑,刑法规范也出现了网络帮助行为正犯化的立法范式,如提供侵入计算机信息系统工具罪。提供工具行为为非法侵入计算机系统犯罪的辅助行为,而刑法通过设置独立罪名单独追究向非法侵入计算机系统罪提供工具的帮助行为的刑事责任,而非将其认定为共同犯罪的帮助犯予以处罚。

对网络帮助行为进行规制能够斩断网络技术的传播途径,从而遏制网络黑灰产业链中帮助行为在不同领域下的法益侵害。传统的刑法理论中,可罚帮助行为需要在正犯着手之后才能成立。如果实行行为尚未着手,那么帮助行为不具有可罚性。但是在网络空间的黑灰产业链中,传播行为往往发生在正犯行为之前,例如在网络犯罪黑灰产业链条中,帮助行为人以向实行行为人提供广告推广传播方式提供帮助行为。网络帮助行为以网络空间传播技术实现广告推广,而传播技术一旦进入网络公共空间就可能被无限复制、存储和传播。这种危险是传统刑法理论下的帮助行为难以遇见和应对的。不仅传播技术可以成为网络空间永远的犯罪工具,甚至还可能诱发更大规模的下游网络犯罪。网络黑灰产技术传播链条中的网络帮助行为可能造成以下危害:其一,制造网络内容黑洞。网络黑洞导致网络空间的危害行为无限复制传播,例如,为他人提供任意改号软件技术的帮助行为。一旦网络诈骗行为人使用该技术实施网络诈骗,不仅受害人容易上当,而且案件侦查难度极大。其二,形成独立制造侵害危险的危险信息流。该抽象危险信息流不以人的意志为转移和消亡,不仅可以让引起犯意的行为人随时可以获得,还可以由行为人对其进行支配,从而催生各类网络犯罪。其三,引导黑灰产业链下游的犯罪形态。黑灰产业链上游帮助行为传播的网络技术以及犯罪工具可以引导下游特定类型的网络犯罪实施。②

在大量的刑事诉讼案件中,当网络帮助行为的情节与正犯构成要件结果具有因果关系之时,根据一般人的认知能力水平,只能推定其中一方故意成立,认定帮信行为人成立帮信罪。而不能就此推定共同故意的成立,并且认定帮信行为与下游正犯行为存在共同犯罪关系。"积量构罪"理论对帮助对象的犯罪范围进行了扩大解释,该理论对于网络帮助行为的处罚提出了新的解释路径。由于帮信罪具有积量构罪的特征,即便单次帮信行为的危害性小,如果关联实行行为数量巨大就会导致实行行为的社会危害

---

① 参见刘艳红:《网络犯罪的法教义学研究》,中国人民大学出版社2021年版,第211页。
② 参见印波、邓莉泓:《网络黑灰技术传播行为的刑事规制:理论塑造与模式建构》,载《法律适用》2021年第3期。

性不断累积,实行行为的数量越多,网络帮助行为的社会危害性也随之增大,从而超过单个实行行为的社会危害性。量变导致质变,网络帮助行为在犯罪链条上的作用大大超过共同犯罪中的"帮助犯"的加强程度,辅助功能的帮助行为事实上已经成为网络犯罪链条的主犯。帮信行为本身是正犯的构成要件行为,由于帮助实现实行行为的构成要件结果,从而侵害了刑法保护的法益。从行为人犯意沟通的角度来看,网络犯罪的帮助行为人与实行行为人之间的意思联络不明显,网络帮助行为具有独立性,帮助行为对个别实行行为的同盟性、依赖性大大减弱。在侦办网络犯罪案件过程中,司法机关对帮信行为人主观具有共同故意进行取证的难度较大。立法者是基于功利主义的思维方式,认为设立帮信罪是打击复杂网络犯罪最"便宜"的选择。① 在刑事诉讼中采用推定的单方面故意作为认定犯罪成立的标准。

网络帮助行为人与下游实行行为人之间往往不会直接接触就可以进行网络匿名交易,如此一来,就会大大提高侦查机关对共同故意取证的难度。在实行行为危害结果出现之后,对涉案人员进行抓捕归案要比对线下空间刑事案件中的涉案人员的抓捕困难得多。正犯行为人确因客观原因无法到案的条件下虽然无法认定帮信行为与正犯行为成立共犯,但是帮信行为仍然有可能单独成立帮信罪。例如帮信行为人帮助他人实施电信网络诈骗犯罪,当电信网络诈骗犯罪涉案数额较大时,即便诈骗行为人并未归案,也可以单独追究帮信行为人的片面帮助行为刑事责任,从而成立帮信罪。帮信行为的刑法规范调整也会以程序认定门槛和实体判断门槛同时降低的形式表现出来。② 司法机关在考察帮信罪的主观罪过时往往结合主客观相统一原则对主观方面进行认定。在帮信行为已经受过监管部门的告诫、处罚的情况下,就可以据此认定行为人主观具有帮助犯罪行为的明知。伴随信息网络犯罪的更新换代,侦查技术手段也会跟着网络犯罪的升级而被动更新。在最高人民检察院发布的打击治理电信诈骗及关联犯罪典型案例中,对行为人非法买卖宽带账号并提供隐藏 IP 地址等服务的帮信行为客观表现予以承认,并且提出行为人主观明知的刑法解释应当结合自身的行为能力、从业经历、对帮信行为技术工具操作的了解程度等行为人本身的因素以及行为对象的因素综合判断。

总之,由于技术性帮助行为在网络犯罪中的重要性日渐凸显,在难度极大的取证工作和高昂的诉讼成本面前,刑事司法需要在公平正义和诉讼经济之间作出取舍。依据共同犯罪理论对网络帮助行为追究共犯责任的诉讼成本巨大,却收效甚微。即使是查证属实,帮助行为的量刑也会受制于共同犯罪的处罚理论而层层减轻。在刑事法规

---

① 参见阎二鹏:《法教义学视角下帮助行为正犯化的省思——以〈中华人民共和国刑法修正案(九)〉为视角》,载《社会科学辑刊》2016 年第 4 期。
② 参见黄京平:《新型网络犯罪认定中的规则判断》,载《中国刑事法杂志》2017 年第 6 期。

范中,对于正犯行为人是否到案的刑事诉讼表述,一般不由刑法规范管辖。刑法规范大多数情况下对实体内容进行规制,很少涉及诉讼程序的内容。但是当程序和实体面临网络犯罪的困顿局面时,国家在特别严重的犯罪面前不会被原有的观念束缚手脚。[1]

(三)中立帮助行为的类型化

从行为之间的关系而言,将中立帮助行为等同于一般帮助行为进行处罚过于严苛。从情感上讲,普通民众对共犯中立帮助行为要比一般帮助行为更加宽容。虽然从行为的外表看,中立帮助行为似乎与一般的帮助行为无异,但是将中立帮助行为等同于一般帮助行为则过于严苛。虽然中立行为外表不会阻却共犯中立行为的刑事违法性,但是在司法适用标准的认定上,可罚的中立帮助行为与一般的帮信行为在定罪量刑方面仍然存在较为明显的区别。对于可罚的中立帮助行为而言,刑法在审查帮助行为人的主观方面应当比一般帮助行为人的主观方面更加严格。一般帮助行为的主观故意要求相对具体的明知,而可罚的中立帮助行为的主观明知应当符合更高的标准。因此刑法对中立帮助行为人主观方面的规定应当比一般帮助行为人主观方面的规定更加严格。一般帮助行为人主观上应当具有相对具体的明知,而中立帮助行为人主观上则应当达到确定的明知标准。

一般情况下,中立的经营行为以及业务行为均不是刑法的规制对象,只有在受帮助者已经表现出明显的犯罪倾向,而中立帮助行为在事实上提高犯罪实现风险的情况下,中立的帮助行为才构成可罚的帮助行为。可罚的中立帮助行为是指中立业务行为同时符合主观方面具有特别认知以及客观方面超过业务的最大自由边界,符合以上条件的中立业务行为丧失了中立性,即成立中立帮助行为。业务行为是能够重复发生的合法行为,例如,网络接入行为就是典型的业务行为。行为人以安装和维护网络宽带为经营业务,在明知他人实施信息网络犯罪,行为人仍然为其提供互联网接入服务的行为就是日常业务行为。在网络技术的掩蔽下,中立性迅速成为网络犯罪链条中帮助行为的显性特征。中立性是网络帮助违法犯罪行为的普遍特征。过于强调网络帮助行为的技术中立性,不仅是对通过技术非法获得巨额财富违法行为的漠视,而且是对网络帮助技术中立行为导致侵害结果的不作为。与现实空间的中立帮助行为不可罚不同,帮信行为不能以行为外部的中立性表象作为阻却违法性的事由。对于转让服务器给他人实施犯罪提供技术支持的行为应当认定为一般帮助行为,而非共犯中立帮助行为。服务器的转让行为不是中立业务行为,一经转让不能重复实施,因此不能将转让行为认定为业务行为。再如,行为人为他人制作钓鱼网站,即便本人不知道他人会用钓鱼网站从事何种活动,但是制作钓鱼网站本身就是违法行为,违法行为不可能是

---

[1] 参见储槐植:《刑事一体化论要》,北京大学出版社2007年版,第65页。

业务行为,因此也不能认为制作钓鱼网站属于正常业务范围。

在构成要件层面,可罚的中立帮助行为与一般的帮助行为没有差别。"帮助行为人有意促进他人实施犯罪"中的"有意促进"具体包括作为和不作为两类行为方式。作为方式指行为人为他人实施犯罪提供了违反禁止性规范的帮助行为。不作为方式是指帮助行为人具有审查被帮助人的行为合法性的义务,帮助行为人没有对被帮助人行为履行审查义务,或者审查后发现实施违法犯罪行为而不阻止。帮助行为是否属于业务范围成为区分一般帮助行为和可罚的中立帮助行为的客观标准。当行为人只是利用网络实施一般的帮助行为,并非业务行为,就不能认为帮助行为具有中立性,而只能认为其是一般的帮助行为。当帮助行为是事实的合法职业行为时,帮助行为就是符合大众合理期待的行为从而不具有违法性。但是由于网络业务行为导致的危害后果,刑法应当采用更为严格的犯罪成立标准。从实质违法性层面分析,当中立帮助行为没有制造法不允许的危险并且行为人对他人犯罪缺乏期待可能性时,则不成立犯罪。①

就中立帮助行为的处罚范围而言,目前存在全面处罚说、限制处罚说和客观归责理论。

①全面处罚说。全面处罚说是指不对一般帮助行为以及中立帮助行为在处罚范围上予以区分。由于全面处罚说扩张了刑法的保护范围,没有对侵害法益作出区分,有的法益受到侵害是不被允许的,有的法益受到侵害是被社会容许的,刑法不加区分地对中立帮助行为进行全面处罚就失去了内在的合理性而不被大众认同。因此需要对中立帮助行为的处罚范围进行合理限缩。全面处罚说认为帮信行为的中立性特征不属于独立的刑法规范评价对象,因此刑法不应当对中立帮助行为单独评价。不能以中立性为理由对中立帮助行为的处罚范围进行限制。所以对网络中立帮助行为可以等同于一般网络帮助行为予以处罚。

②限制处罚说。限制处罚说认为中立帮助行为不具有处罚可能性,因此需要限缩网络帮信行为的处罚范围。具有不法目的的帮助行为具有刑事可罚性的原因在于帮助行为与主行为之间具有连带性(Solidarisierung),导致帮助行为丧失了日常生活的中立性。② 中立帮助行为的中立性是符合社会期待的角色定位,而且是间接导致法益侵害结果的,对中立帮助行为按照正犯全面处罚的归责方式难以得到公众认同。限制处罚说正是在中立帮助行为构成要件符合全面处罚说的可罚范围基础上进行的消极判断。根据限制处罚的构成要件要素不同,又可以划分为主观限制和客观限制两种解释路径。主观限制要求中立帮助行为人主观存在正犯实行犯罪的意志因素;客观限制则通过考察行为性质和结果归责予以实现。也有学者在对限制处罚说中的客观限制和

---

① 参见张明楷:《论帮助信息网络犯罪活动罪》,载《政治与法律》2016 年第 2 期。
② 参见古承宗:《犯罪支配与客观归责》(第 2 版),元照出版公司 2018 年版,第 150 页。

主观限制进行分析之后,认为纯粹的客观限制和纯粹的主观限制无法解释中立帮助行为的处罚适用现实,提出第三种限制处罚路径——"混合限制路径"。① 但也有学者认为混合限制路径也不适于在限制处罚说理论框架下进行分析。

③客观归责理论②。在网络中立业务行为已经通过立法而具有可罚性的前提下,客观归责理论可以作为论证网络帮助行为客观不法性限缩解释的理论根据,进而达到限制网络帮助行为处罚范围的目的。当前我国司法审判中出现越来越多地涉及网络帮助行为犯罪的刑事诉讼案件,客观归责理论可以严格限定网络帮助行为的可罚范围,对于打击网络犯罪的司法实践具有重要意义。客观归责理论可以作为说明中立业务行为不具有可罚性的基本理论根据。③ 客观归责理论在对线下的中立业务行为进行解释时,通过否认中立业务行为的客观不法性进而否认中立业务行为的可罚性。在客观归责理论内部,不同的学者针对中立帮助行为人主观不法的归责体系地位存在理论分歧。有的学者肯定主观归责的基础性地位,认为网络帮助行为的归责根据同时来源于主观归责和客观归责两个维度。在主观归责方面,要求行为人认识到其在制造不被允许的危险;在客观归责方面,要求实现不被允许的危险。④ 也有学者认为应当直接发挥客观构成要件的过滤机制,主观归责存在"避重就轻"的嫌疑。因此行为的客观方面直接定义了中立帮助行为可罚性的"不被允许的危险"。根据法教义学解释,中立帮助行为的可罚性范围的适用规则可以将"不被允许的危险"表述为中立帮助行为升高了正犯实行犯罪的风险,并且正犯实行犯罪的风险超出了法规范允许的范围。⑤

应当承认涉事企业将企业构建的合规制度作为刑事抗辩事由。在帮信罪内部,中立帮助行为的正犯化是由刑事立法实现的。在社会需要刑法发挥治理功能的场合,刑法对线上中立帮助行为进行规制,赋予线上业务行为一定程度的不法内涵,并且处以刑罚。由于大多数网络平台企业需要为自己的中立帮助行为承担举证责任,而网络平台企业构建合规制度可以规避因他人利用业务行为实施犯罪使自身遭受的刑事风险。但是当行为人利用网络实施一般帮助行为,而非中立业务行为时,并不能通过履行合规义务而阻却帮助行为的违法性。在履行合规义务的场合,即便帮信行为与犯罪结果具有直接联系,由于中立帮助行为不是出于正犯行为目的的考量,也就不能将中立帮助行为认定为具有犯罪的故意,只能认为帮助行为制造了日常生活容许的风险。

总而言之,与传统刑法理论认为中立业务行为(包括中立帮助行为)具有不可罚性

---

① 参见曹波:《中立帮助行为刑事可罚性研究》,载《国家检察官学院学报》2016 年第 6 期。
② 参见姚万勤:《中立的帮助行为与客观归责理论》,载《法学家》2017 年第 6 期。
③ 参见周光权:《中性业务活动与帮助犯的限定——以林小青被控诈骗、敲诈勒索案为切入点》,载《比较法研究》2019 年第 5 期。
④ 参见姚万勤:《中立的帮助行为与客观归责理论》,载《法学家》2017 年第 6 期。
⑤ 参见曹波:《中立帮助行为刑事可罚性研究》,载《国家检察官学院学报》2016 年第 6 期。

相比,网络犯罪的中立业务行为与线下的中立业务行为在行为样态和危害后果方面都发生了巨大的变革。在网络犯罪治理模式的探索推进下,刑法规范继续坚守中立业务行为具有不可罚性已经不适于当前的网络犯罪治理形势。在中立帮助行为违反禁止性规范的前提下,由于客观行为创设了不被法允许的危险,导致行为本身丧失了中立性,从而具有可罚性。在网络空间中,相当数量的帮信行为是以中立业务形式存在的。无共同故意的中立帮助行为可以凭借构建的合规制度阻却个人责任。在司法实践中,由于合规制度并未形成统一的阻却责任认定标准,因此只有当合规制度在得到检察机关的承认之后才能发挥刑事抗辩效力。

二、帮信行为客观归责理论的分析进路

既然网络帮助行为是帮助犯,由于帮助犯的归责模式从属于正犯的归责模式,那么是否可以认为对网络帮助行为的归责也从属于对实行行为的归责?论者认为,网络帮助行为是对他人犯罪结果的促进,没有他人的实行行为,网络帮助行为不具有可罚性,因此网络帮助行为具有帮助犯的事实特征。但是由于刑法已经将其增设为新的罪名,刑法分则的犯罪罪名的构成要件行为均为正犯,因此网络帮助行为在规范意义上属于正犯。由于网络帮助行为的危害性大于实行行为的危害性,根据刑法规范可以将帮助行为从共同犯罪中剥离出来单独成立正犯,帮信行为的性质就从共犯转变为正犯。

客观归责理论是限制网络帮助行为处罚范围的理论依据。因果关系可以用以解释共犯行为的侵害事实或者法益侵害风险,所以帮助行为正犯化的法益侵害风险具有客观性。帮助行为和实行行为同时具有法益侵害风险才成立不法。网络帮助行为具有相当程度的独立性,并且网络帮助行为的社会危害性独立于实行行为评价。从犯意沟通的角度看,网络犯罪的帮助者与实行行为人之间的意思联络不明显。界定帮助行为的刑事处罚范围需要处理好以下两对矛盾:一是互联网创新发展和打击网络犯罪之间的矛盾。① 一些互联网业务名不副实、责任不清、边界模糊,还有一些信息网络经营业务不断在合法与非法边界徘徊。由于网络黑灰产业链的共同参与人分工明确,就算网络帮助犯罪行为人与其他行为人不进行沟通,也不会影响网络犯罪利益链条的正常运营。二是帮助行为间接造成的法益侵害与网络技术带来的正当利益之间的矛盾。②

---

① 参见陈洪兵:《帮助信息网络犯罪活动罪的限缩解释适用》,载《辽宁大学学报(哲学社会科学版)》2018年第1期。

② 参见陈洪兵:《帮助信息网络犯罪活动罪的限缩解释适用》,载《辽宁大学学报(哲学社会科学版)》2018年第1期。

（一）帮信罪的客观归责判断

根据主流的犯罪从属性观点，共同犯罪中的正犯是从犯认定的前提，无正犯则无从犯。只有在正犯行为构成犯罪的场合，帮助行为才能被认定为从犯。当正犯行为只是违反法律规范但是达不到犯罪标准时，不能将帮助行为作为共犯处理，帮助行为自然也就不构成犯罪。但是刑法规范在对帮信罪进行共犯归责时显然并不是采用犯罪共同说理论的。在客观归责的法教义学语境下，事实帮信行为应当根据符合经验知识的合法则性条件说设定因果关系的判断标准。①

1. 帮信行为的事实因果关系反思

根据行为共同说的观点，只要下游是实行行为，在不成立犯罪的场合不会阻却对帮助犯的归责。行为共同说认为处罚的依据是共犯者心理上相互促进并且行为上互为补充，同时部分实行行为对于犯罪后果具有因果性。在帮助行为依据正犯罪名定罪量刑的情形，共犯者承担通过帮助行为造成的整体法益侵害结果，其刑事责任的范围则以帮助行为发挥的作用为限。在实行行为存在不法的场合，帮助行为才会连带地存在不法；倘若实行行为不存在不法性，那么帮助行为也不存在不法性。

帮信行为与他人正犯行为构成要件结果之间存在因果关系是刑罚处罚的客观根据。根据严格犯罪共同说，共同正犯者之间的罪名必须完全一致，即数人成立同一犯罪。传统共同犯罪规定各共同犯罪者就共同行为产生的所有犯罪结果负责，即"部分行为全部责任"。以传统犯罪的共犯理论对网络犯罪进行分析，对于网络黑灰产业链中的帮助行为人来说，将会导致网络共同犯罪没有正犯只有共犯的现实困境。然而，帮信行为的社会危害性是独立于实行行为的社会危害性存在的，所以帮信行为的因果关系应当区别于帮助犯的因果关系。应当注意的是，有效的帮助行为才具有因果关系，无效的帮助行为与共同犯罪结果之间不存在因果关系。例如甲向乙作出帮信行为，但是实行行为人乙没有利用甲的帮信行为，而是利用丙的帮信行为导致最终出现实行行为构成要件结果。在帮助信息网络犯罪活动罪的认定上，不能认为甲的帮信行为与乙的犯罪结果之间存在因果关系，应当认定丙的帮信行为与乙的犯罪结果之间具有因果关系。

网络共同犯罪模式省略了传统共同犯罪理论要求的行为人之间达成犯意沟通的步骤。司法机关不需要证明帮助行为人和实行行为人之间的犯意沟通，只要客观行为起到帮助的作用就构成犯罪。客观说认为帮信行为与实行行为产生的犯罪后果具有直接联系为帮信行为构成犯罪的客观标准。网络中的帮助者只要知道被帮助者实施犯罪，不需要就犯罪行为进行沟通就可以提供帮助行为，因此，刑法只需要对帮助犯的

---

① 参见阎二鹏：《帮助犯因果关系：反思性检讨与教义学重塑》，载《政治与法律》2019年第2期。

客观构成要件进行规范。不仅需要判断帮助行为具有促进他人犯罪结果实现的危险，而且还需要对帮信行为是否制造了法所不允许的风险进行实质判断。在客观说的立场上，帮信行为在不法层面上要求帮助者促进他人实行行为违反刑法禁止性规定。若没有正犯行为，帮助行为依然有存在的意义，那么中立帮助行为就不是可罚的帮助。例如正在参与斗殴的人跑到商店买了一把菜刀，店员售卖菜刀的行为不可罚。对于本身负有避免法益侵害风险义务的帮助者，在可以避免法益侵害或者危险的场合，帮助者没有履行降低或者排除风险的义务。帮助者加强了受帮助者实现犯罪的能力，促使受帮助者实施或者放弃特定行为导致法益侵害和危险。

总之，帮助行为与实行行为构成要件结果具有因果关系是帮助行为成立犯罪的客观标准。司法机关对帮助行为客观构成要件进行实质审查，就帮助行为是否制造了法所不允许的风险作出实质判断。由于帮助行为与他人实行行为构成要件结果之间具有因果联系，即使帮助行为与实行行为的罪名不同，帮助行为与实行行为仍然在行为事实上成立共同犯罪。对于帮信行为下游相互独立的实行行为人而言，由于他们之间既不存在主观方面的共谋，也不存在客观行为上的参与，所以理论上实行行为人之间不会产生刑事归责的联系，除非他们实施了处于同一犯罪构成中的犯罪行为。然而向他们提供网络服务的帮助行为人却要为全部实行行为的犯罪危害结果承担责任。

2. 帮信行为的"情节严重"内涵分析

缺乏法规范不容许的风险是中立帮助行为不可罚的理论共识。但是这一共识是否得到确认仍然需要进一步论证。"情节严重"是网络帮助行为构成犯罪的必备条件。在帮信罪案件的审判实践中，事实情节罪量要素具有多样性特征，足以凸显其在不法和有责多元层面中的空间归属。[①] 情节在一定程度上能够体现行为的客观危害性。在帮信罪司法案例中，客观损害事实可以作为认定情节严重的事实依据。例如，实践中行为人已经意识到他人可能实施网络犯罪，仍然提供银行卡并且刷脸，这可以构成帮助信息网络犯罪活动罪。而司法机关认定情节严重主要考虑到卡内涉及的钱款数额。为了避免罪量带来的司法混乱，司法解释将"情节严重"按照以下类型进行细化："多次"帮助犯罪行为、帮助"多人"实施信息网络犯罪、帮助他人犯罪"造成严重后果"、帮助他人犯罪行为获利"数额巨大"或者"销售金额巨大"。

考虑到帮助行为不是只对一类犯罪提供支持，而是可以为刑法分则中的全部罪名进行帮助，帮信罪的对象可以是任何网络犯罪行为。由于不同类型犯罪的量刑标准不同，就会导致对其帮助行为"情节严重"的司法标准存在较大差别。网络帮助行为正犯化的实质特征体现在：网络帮助行为对象具有不明确性、犯罪表现形式具有不易识别

---

① 参见阎二鹏：《网络共犯中的罪量要素适用困境与教义学应对》，载《中国刑事法杂志》2020 年第 1 期。

性、侵害结果具有独特性等不法侵害实质特征。① 由于网络帮助行为的帮助对象数量巨大,提供网络帮助行为的危害性不比正犯行为的危害性小。以网络第三方支付平台为例,虽然网络淫秽色情、赌博、传销等犯罪活动中的获利数额并不大,但是由于用户数量巨大,网络第三方支付平台成了网络犯罪链条中获利最大的环节。网络帮助行为对法益的损害程度要比正犯行为对法益的损害程度更高。例如,为上百个网络主播销售伪劣产品提供支付服务的第三方支付平台,虽然每一个网络主播销售伪劣产品的金额都远远少于5万元,无法追究销售伪劣产品的刑事责任,但是涉案的行为人人数众多,为网络主播销售伪劣产品提供支付服务的平台仍然可以构成犯罪。可以根据提供网络服务类型的不同对网络服务提供者的刑事责任进行区分。如果网络服务内容指向的帮助行为侵害重大法益,例如危害国家安全、涉及恐怖主义或者黑社会性质的犯罪,就需要从严处罚。②

虽然网络犯罪类型的帮助行为能够独立于实行犯定罪量刑,但是如果帮助对象实施的危害行为不是犯罪行为或者危害行为尚未着手仅处于预备阶段,就不符合帮信罪的刑法规定。③ 不能仅凭行为对犯罪起到了帮助作用,就将该行为认定为帮助犯。④ 提供帮助人对他人犯罪行为具有促进作用不足以认定达到情节严重的程度。当被帮助对象的行为达到犯罪的程度,造成严重后果,此时帮助行为的罪量达到情节严重程度。⑤ 违法的网络帮助行为需要同时满足以下三个条件:一是帮助对象的人数众多;二是受客观条件所限无法证实帮助对象的行为达到犯罪程度,但是经查证帮助对象的行为满足不法要件;三是客观帮助行为本身的罪量程度大大超过了司法解释规定的"情节严重"标准,导致帮助行为具有严重的社会危害性,可以对其独立处罚。⑥

根据帮信罪的刑法规定,可罚的帮信行为具有独立的归责规则。成立共同犯罪的帮信行为需要符合以下两点:一是从主观方面的角度,帮助行为人与实行行为人都可以认识到帮助行为对实行行为构成要件结果之间存在事实因果关系;二是从客观方面的角度,帮助行为促进正犯行为的危险性(构成要件的结果)已经现实化。至于正犯行为是否具有可罚性对于帮信行为的定性没有影响。缺乏法规范不容许的风险是中立

---

① 参见刘涛:《网络帮助行为刑法不法归责模式——以功能主义为视角》,载《政治与法律》2020年第3期。
② 参见贾银生:《类型重塑与体系协调:网络服务提供者的刑事归责路径》,载《法律适用》2021年第6期。
③ 参见陈洪兵:《非法利用信息网络罪"活"而不"泛"的解释论思考》,载《青海社会科学》2021年第1期。
④ 参见皮勇:《论新型网络犯罪立法及其适用》,载《中国社会科学》2018年第10期。
⑤ 参见周加海、喻海松:《〈关于办理非法利用信息网络、帮助信息网络犯罪活动等刑事案件适用法律若干问题的解释〉的理解与适用》,载《人民司法》2019年第31期。
⑥ 参见喻海松:《网络犯罪二十讲》,法律出版社2018年版,第105页。

帮助行为不可罚的理论共识。

(二) 帮信罪的主观方面评价

在帮信罪的构成要件中,帮信行为人应当认识到帮信行为与实行行为结果之间存在因果关系。至于是积极地促成该行为结果,还是放任该结果发生都在所不问。换言之,就帮信行为人主观罪过程度而言,至少能够证明行为人主观上具有过失。① 因为只要行为人对因果关系具有认识,按照一般人的智能水平,可以认为行为人对于实行行为结果具有预见可能性以及避免可能性。虽然帮信行为对法益造成了客观上的实质侵害,但是当帮助行为对犯罪提供的支持缺乏期待可能性时,也不能认为具有可罚性。②

1. 行为人对事实因果关系的认知

有些帮信行为与大众的日常生活密不可分,例如,接入网络服务是展开线上生活的前提。当受帮助者既追求犯罪目标,同时也追求合法目标时,只能将帮助者主观上对犯罪可能发生具有"知"和"欲"作为判断标准。③ 在具备帮助犯的客观不法的基础上,主要根据行为的故意得出中立的帮助行为一概入罪的结论。当帮助行为人认识到被帮助人具有一定程度的实行犯罪风险的情况下,如果提供帮助行为人并未有意地促进正犯行为的犯罪结果发生,就不能认为构成犯罪。④

①中立帮助行为人的因果关系主观认知规范要素。主观说认为中立业务的帮信行为人在明知受帮助人实施正犯行为的情况下,由于主观方面对正犯的违法性具有认知而使中立行为丧失中立性。基于主观说对中立的帮助行为进行归责,帮助行为人意思决定的内容可以是从属于实行行为人的主观内容,也可以是帮助行为人的意思内容,为实施主行为产生的犯罪结果具有贡献意义,例如对犯罪计划提出建议。⑤ 主观说的缺陷在于一旦通过帮助故意解释中立帮助行为的可罚性,就意味着将原本属于正犯的不法归责结果直接导入帮助犯的责任内。至少可以承认由于中立帮助行为和一般帮助行为在可罚性上存在较大的差异,前者犯罪成立标准要比后者成立犯罪标准更加严格。针对中立帮助行为正犯化的处罚适用,对中立帮助行为正犯化进行法教义学解释才是刑事立法经受司法实践检验的因应之策。首先,需要将中立帮助行为还原到刑法规定的帮信罪的主观和客观构成要件中。如果符合"明知"的主观归责要素以及与

---

① 参见郭旨龙:《论信息时代犯罪主观罪过的认定——兼论网络共犯的"通谋"与"明知"》,载《西部法学评论》2015年第1期。
② 参见张明楷:《论帮助信息网络犯罪活动罪》,载《政治与法律》2016年第2期。
③ 参见[德]乌尔斯·金德霍伊泽尔:《刑法总论教科书》(第6版),蔡桂生译,北京大学出版社2015年版,第453页。
④ 参见张明楷:《外国刑法纲要》(第3版),法律出版社2020年版,第294页。
⑤ 参见古承宗:《犯罪支配与客观归责》(第2版),元照出版公司2018年版,第152—153页。

犯罪行为存在犯罪意义的关联性(具有因果关系)的客观归责要素均能够在中立帮助行为的事实与规范之间得到回溯,那么将中立的帮助行为提升为正犯行为就是合法的。① 其次,不管是立法层面还是理论层面,中立帮助行为的入罪应当比一般帮助行为的入罪更加谨慎。刑法对于一般帮助行为的入罪就相当审慎。

②一般帮助行为人的因果关系主观认知规范要素。帮助犯的处罚正当化根据通过正犯行为引起法益侵害或者该当构成要件行为事实得到显现。② 在法益侵害风险的内部,又可以进一步细分为法规范可以容忍的法益侵害风险和法规范不能容忍的法益侵害风险。可以容忍的风险在实践中表现为,司法机关不认为网络赌博公司聘用的保安、前台、保洁等人员成立网络赌博犯罪的帮助犯。③ 即使上述人员知道该公司是以网络赌博犯罪为主要业务,但是缺乏共同的犯罪意图,以及自己从事的劳动行为与刑法规定的网络违法行为类型不具有明显的因果关系。不能容忍的风险是指网络技术的垄断性导致网络帮助行为逐渐成为促成犯罪结果的关键因素和犯罪泛滥的主要推手,导致网络帮助行为自身具有较为严重的社会危害性。④ 例如在网络赌博犯罪中,对于负责维护网络赌博平台的技术人员而言,只要造成严重法益危害事实,就说明帮助行为与他人实行行为的犯罪结果之间存在因果关系。网络帮助行为与实行行为从以行为人为中心的共同犯罪关系变更为以行为为中心的犯罪参与关系。帮助行为人不需要跟实行行为人沟通就可以提供帮助行为,促成实行行为构成要件结果实现。至于帮助行为人是否认识实行行为人、帮助行为和实行行为之间关系亲密疏远,都不会影响犯罪的成立。帮信行为具有无限复制、传输迅速的特性,对其不加控制就容易出现犯罪泛滥的后果。由于网络犯罪的虚拟性,行为特性和行为状态都发生了改变。

2. 行为人对正犯危险性的特别认知

在帮信罪中,帮信行为涵摄的主观方面既可以是与帮助对象具有犯意沟通,也可以仅仅是单向明知自己的行为可以为他人实施犯罪提供帮助。前者成立单独正犯,后者成立共同犯罪。刑法增设帮信罪不仅可以规制正犯的帮信行为,而且能够规制帮助犯的帮信行为。网络黑灰产业链帮助行为人没有主观方面提出共同故意内容的要求。根据共犯理论,缺乏主观共同故意内容的帮助行为人不会成为实行行为的共犯。由于网络帮助行为具有独立性,帮助行为对个别实行行为的同盟性、依赖性大大减弱,所以

---

① 参见阎二鹏:《法教义学视角下帮助行为正犯化的省思——以〈中华人民共和国刑法修正案(九)〉为视角》,载《社会科学辑刊》2016年第4期。

② 参见阎二鹏:《法教义学视角下帮助行为正犯化的省思——以〈中华人民共和国刑法修正案(九)〉为视角》,载《社会科学辑刊》2016年第4期。

③ 参见最高人民法院刑事审判第三庭编著:《网络犯罪司法实务研究及相关司法解释理解与适用》,人民法院出版社2014年版,第91页。

④ 参见于志刚:《网络空间中犯罪帮助行为的制裁体系与完善思路》,载《中国法学》2016年第2期。

从行为人之间的犯意沟通来看,网络犯罪的帮助行为人与实行行为人之间的意思联络不明显。在对帮信罪的认定过程中,对行为人主观罪过的考察就显得尤为重要。

在罪过认定过程中,虽然网络犯罪的行为人之间没有进行沟通,但是并不影响共同犯罪犯意联络的认定。由于网络犯罪普遍缺乏犯意沟通,这种不确定的故意内容显然不是传统共同犯罪中的犯意联络。① 这不意味着帮助行为人缺乏主观故意内容对于成立共同犯罪而言不具有犯罪论的意义,只不过犯意联络可以根据行为人其他客观情节推定得出,根据特定客观情节推定主观层面故意的成立。有学者在论述帮信罪成立的归责根据中持相反观点,认为帮信罪成立是由于客观的帮信行为违反了禁止性规范,而不是行为人主观方面具有特别明知。② 该论点违背了犯罪构成的主客观相统一原则。在帮信行为的归责过程中,不仅需要帮助行为促进了正犯危险的现实化,而且网络帮助行为人主观上也要对正犯的法益侵害危险具有特别认识。帮信行为在客观形式上表现为提供特定中性业务行为,网络帮助行为人信赖他人不会利用帮助行为实施不法行为。基于对他人的信赖,网络帮助行为人对于正犯的危害结果不具有主观认识。主观不法在帮信罪的归责体系中具有较高的地位,网络帮助行为人主观上具有的特殊认知要素是实质不法的主观不法要素。③

网络帮助行为人主观上缺乏对帮助对象犯罪行为的主观认识从而不成立故意。帮助行为人意思决定的内容可能从属于实行行为人的主观内容,也可能对主行为产生的犯罪结果具有贡献意义,例如对犯罪计划提出建议。④ 在帮助行为人明知受帮助人实施的是犯罪行为的场合,主观上对帮助对象的违法性具有认知,但是并没有停止网络技术帮助行为,那么就可以据此推断帮助行为人主观具有帮助犯罪的故意。尤其在对中性业务帮助行为可罚性的考察中,需要行为人主观方面具有故意。⑤ 针对网络中立帮助行为的归责问题,应当放弃共犯理论框架下的中立共犯行为不可罚的论断,转而支持一般归责原理进行解读。也即,当中立帮助行为在客观上丧失不法性的前提下,对其进行归责的唯一依据来源于主观方面的不法性,通过行为人主观上对帮助行为导致构成要件结果的事实存在特别认知来缓和由于客观构成要件不法性缺少带来的刑事责任过度扩张的缺陷。⑥

---

① 参见刘宪权:《网络黑产链犯罪中帮助行为的刑法评价》,载《法学》2022年第1期。
② 参见陈洪兵:《帮助信息网络犯罪活动罪的"口袋化"纠偏》,载《湖南大学学报(社会科学版)》2022年第2期。
③ 参见刘涛:《网络帮助行为刑法不法归责模式——以功能主义为视角》,载《政治与法律》2020年第3期。
④ 参见古承宗:《犯罪支配与客观归责》(第2版),元照出版公司2018年版,第152—153页。
⑤ 参见周光权:《中性业务活动与帮助犯的限定——以林小青被控诈骗、敲诈勒索案为切入点》,载《比较法研究》2019年第5期。
⑥ 参见王莹:《网络信息犯罪归责模式研究》,载《中外法学》2018年第5期。

实践中,司法机关可以通过主客观综合审查途径对行为人的主观认知进行判定。有些类型的情节罪量要素可以成为表征主观罪过程度的责任要素,例如行为人可以根据上家的交易时间异常、交易地点异常以及交易价格异常等客观事实推断上家行为可能涉及犯罪等。网络共同犯罪模式省略了传统共同犯罪理论要求的行为人之间达成犯意沟通的步骤。网络帮助行为人只要知道被帮助者实施正犯行为,而不需要二者就正犯行为进行沟通就可以提供帮助行为。从网络帮助行为人的认识或者认识能力出发,在合理的限度内行为人就能够认识到帮助行为可以促进或者引起正犯构成要件结果的事实。那么刑法基于主观加客观的考量完全可以对网络帮助行为的不法作出价值判断,即网络帮助行为是典型的不法举动。例如,在帮信罪司法实践中,行为人多次提供网络技术服务以帮助他人实行正犯行为的情形,多次实施帮助行为虽然不能说明法益侵害程度的高低,但是足以表征行为人的人身危险性较高,对行为人进行主观非难的需求也较高。

三、帮信行为刑事归责之后的竞合问题

在共犯的法教义学语境下,在同一网络犯罪链条上的帮助行为人与实行行为人如果存在共谋,帮助行为一般以共犯罪名定性之。但是在网络帮助行为成立帮助犯的场合,共犯行为本身也是独立罪名的正犯行为,一味认定成立共犯就会架空本罪的立法意义。罪数问题关系着宣告的罪名以及刑罚。帮信行为不仅可以由正犯构成要件和帮信罪构成要件加以评价,而且可以被掩饰、隐瞒犯罪所得罪的构成要件评价,是否成立数罪则需要结合主客观要素具体分析。不同罪名之间存在交叉重合关系,通常按照法条竞合的逻辑关系进行定罪。①

(一)犯罪竞合下的共犯定罪原则分析

犯罪的个数属于广义的量刑范畴,关于决定在"犯罪个数"意义上的罪数标准,通说采用构成要件标准说,即将能够被构成要件评价的行为作为罪数判断的标准。构成要件通过限制、类型化评价事实行为,明确不法行为的界限。一个构成要件评价一次的情形是一罪,数次的评价情形是数罪。② 根据客观归责原则,只要网络帮助行为对于实行行为具有事实上的因果关系,帮信行为人主观上对因果关系存在认识,而且帮信行为违反了禁止性规范(国家规定或者行业规范),那么帮信行为不仅被本罪的构成要件评价,还作为实行行为的共犯受到其他罪的构成要件评价。③

---

① 参见江溯:《帮助信息网络犯罪活动罪的解释方向》,载《中国刑事法杂志》2020年第5期。
② 参见〔日〕井田良:《刑法总论的理论构造》,秦一禾译,中国政法大学出版社2021年版,第375页。
③ 参见陈洪兵:《帮助信息网络犯罪活动罪的"口袋化"纠偏》,载《湖南大学学报(社会科学版)》2022年第2期。

1. 帮信行为的罪数分析

刑事立法对于网络帮助行为的可罚性根据与网络帮助行为的可罚范围决定因素,是不同范畴的理论问题。在刑法没有规定帮信罪的时候,司法审判是将帮助行为按照共同犯罪理论判定帮助行为人承担共犯责任。然而共犯理论无法对网络帮助行为进行有效规制,共犯行为人可以利用管辖争议、正犯在逃、网络技术壁垒等进行辩解,逃脱法律的制裁,司法机关对帮信行为追究共犯责任存在较大难度。司法实践也会出现以下消极后果:相似网络帮助行为的定性不同、相同裁判理由的审判结果不同以及相同刑罚的法律依据不同。①

在网络帮助行为本身为实质帮助犯属性的条件下,网络帮助行为就不能正犯化为独立罪名处罚吗?答案是否定的。网络帮助行为具有可罚性不是刑法理论帮助行为正犯化的结果,而是刑事立法拟制正犯行为的结果。在刑法设立帮助网络犯罪之后,出于提高取证侦查的效率考量,司法机关在办理具体网络犯罪案件过程中多数情况下以单独犯罪作为追诉的事由,限制将帮助行为认定为共同犯罪罪名。在不违背罪刑均衡原则的条件下,帮助行为人主观存在明知,并未参与后续犯罪活动的,原则上认定为帮信罪,而不再以共同犯罪的罪名处罚。②

对于网络共同犯罪而言,帮助犯促成正犯构成要件结果不以帮助犯与正犯同时到场为成立条件。在司法审判中,帮信行为人对他人行为负有避免法益侵害风险义务,这种义务不以正犯行为的发生时间节点为义务前提。互联网的正犯行为的时间节点不会影响帮助行为的需罚性性质。司法实践中,往往将帮信行为介入共同犯罪的时间作为一罪处罚和数罪并罚的分隔点。第一,帮助行为发生于实行行为既遂前。当帮信行为介入是在实行行为既遂前,那么帮信行为以一罪论处(认定为帮信罪或者正犯罪名二者之一)。虽然存在数个帮信犯罪或是数个正犯犯罪,科刑的一罪仅认定为其中最重的犯罪。第二,帮助行为发生于实行行为既遂后。当帮信行为介入是在实行行为既遂后,帮信行为可以按数罪并罚处理(例如将帮信罪或者正犯罪名之一与涉及掩饰、隐瞒犯罪所得罪或者洗钱罪等数罪并罚)。根据最高人民检察院发布的典型案例,当信息网络诈骗实行行为已经着手,行为人提供银行账号以及收款码等支付结算工具用以转移赃款,可以掩饰、隐瞒犯罪所得罪论处。

2. 共犯优先抑或正犯优先?

刑法教义学将同一网络犯罪链条上的不法行为的构成要件进行合理解释是基于网络犯罪体系化治理考量。立法拟制的帮助行为正犯化,具有严密网络犯罪刑事法网

---

① 参见周明:《"热"与"冷":帮助信息网络犯罪活动罪的司法适用图景——基于72份刑事裁判文书的实证分析》,载《法律适用》2019年第15期。

② 参见喻海松:《新型信息网络犯罪司法适用探微》,载《中国应用法学》2019年第6期。

的效用。

①当与网络帮助行为关联的正犯是法定最低刑为3年以上有期徒刑的重罪,由于帮信罪属于法定最高刑为3年以下有期徒刑的轻罪,那么当出现法条竞合时,根据从一重罪处罚的原则,将帮助行为解释为关联正犯的构成要件具有合理性。在关联正犯属于重罪的场合,根据从重处罚原则处理犯罪竞合,网络帮助行为共犯优先就具有合理性。此时应当坚持实质帮助犯的传统刑法理论,即网络帮助行为就是共同犯罪区分制中的共犯行为,网络帮助行为仍然是实质的帮助犯,并没有被正犯化。由于共犯行为的可罚性从属于正犯行为,所以帮助犯成立正犯罪名接受处罚,而且网络帮助行为的处罚范围也由实行行为的处罚范围决定。有观点在对网络帮助行为定性时,提出应当以共犯优先为适用原则。具体而言,当行为人主观明知难以查清的情况下,可以以帮信罪论处;但是当帮助人明知自己向他人的正犯行为提供了帮助的情况下,还是优先以关联正犯罪名论处。①

②当网络帮助行为关联的正犯也是法定最高刑为3年以下有期徒刑的轻罪时,在处理犯罪竞合问题上,共犯优先的解释路径没有法理依据。立法机关在创设帮信罪时的观念就是将其定位为一个堵截性罪名,帮信行为对下游实行行为犯罪能够起到补充作用,这也成为帮信罪与大量的下游犯罪之间形成补充关系的事实基础。因此下游犯罪构成要件的补充类型包摄了帮信罪构成要件的基本类型。在此意义上可以将帮信罪与下游犯罪理解为包摄关系。包摄关系作为法条竞合的基本类型之一,遵循基本法优于补充法的适用原则。为轻罪行为提供网络技术支持等帮助行为,情节严重的,应当认定为帮信罪予以处罚。司法实践也正是这样处理的,在帮信行为成立数罪的场合,由于实行行为本身罪行较轻,帮信行为不适用补充类型的下游犯罪规定,而适用帮信罪规定。至于有的观点认为本罪规制的是所有网络犯罪帮助行为,而其他罪的共犯只是规制某一类的帮助行为,因此本罪是一般法,而其他罪是特别法,故应当优先适用其他罪名处罚。② 但是这种观点有待商榷。首先,帮信行为对其他所有网络犯罪行为可以提供支持是行为本身的事实特征,就像其他罪名的实行行为一样。将帮信行为与一般的共犯进行对比,参照物的选取并不恰当,因此得出的结论也是失之偏颇的。其次,帮信行为的事实特征要成为一般法和特别法的规范区分标准,该行为事实特征对法规范区分应当是具有意义的。帮信行为中只有一部分能够成立共犯,还有一部分是不能成立共犯的正犯。将帮信行为与正犯进行对比,刑法规范将所有向网络犯罪行为提供支持的帮信行为作为该当构成要件的实行行为。因此选取正犯还是共犯作为对

---

① 参见欧阳本祺、刘梦:《帮助信息网络犯罪活动罪的适用方法:从本罪优先到共犯优先》,载《中国应用法学》2022年第1期。

② 参见上海市第一中级人民法院课题组:《网络支付结算型帮助行为的刑法规制——兼论帮助信息网络犯罪活动罪的理解与适用》,载《中国应用法学》2022年第1期。

照标准,得出的结论本身并无意义。

综上所述,共犯优先的理论解释只是将竞合犯从一重处罚片面化解读,并没有对表象背后的理论原因进行分析。其一,网络帮助行为共犯优先的观点虽然在一定程度上存在合理之处,但是这种提法容易在网络帮助行为的定性认识上掩盖真正的刑法理论根据,并且模糊行为不法性质的不良后果。并不能从字面上比较帮助行为与实行行为的危害性,得出帮助行为的法益侵害性比实行行为的法益侵害性小,而是应当结合具体案件情节决定帮助行为是共犯还是正犯。其二,网络帮助行为的共犯优先的表述并不适我国网络犯罪治理的体系化刑事对策。网络帮助行为的共犯优先论调容易对网络犯罪治理的刑事对策进行自我限制。一旦网络帮助行为的共犯优先,就会将共犯与正犯置于对立的地位,也在共同犯罪理论内部瓦解了网络犯罪刑事治理的一体性,不符合我国体系性打击网络犯罪生态的刑事对策。因此针对网络帮助行为应当考虑独立适用相关罪名刑法规范,通过合理解释构成要件处理犯罪竞合问题。①

(二) 行为竞合下的帮助行为正犯化的合理性分析

一般情况下,日常行为和业务行为不会被纳入刑事处罚范围。所以网络帮助行为向正犯行为提供帮助的客观事实不能作为认定帮助行为就是共犯行为或者正犯行为的依据。一方面,互联网技术具有模块化、产业化的特点,在对法益损害事实进行技术包装之后,普通大众对于识别不法行为和日常行为显然是能力不足的。让网络服务商停止全部网络服务来防范犯罪行为的发生是荒谬的,这背离了信息网络时代的发展趋势。实践中,当网络服务商在提供服务过程中出现帮助他人实施犯罪行为的情形,如果不能作出合理解释也不停止服务,那么就可以推定网络服务商主观上存在故意。此时如果网络服务商仍然不停止提供网络帮助行为,就需要承担刑事责任。② 另一方面,由于网络帮助行为具有非接触性,极大降低了实施帮助行为的人自身的悖德感受。如果不对此进行有效干预,容易助长网络犯罪在互联网的蔓延之势,导致法益侵害范围迅速扩大化。在帮助行为不成立共犯或者根据共犯理论处罚太轻的场合,对帮助行为独立定罪处罚就符合网络刑法斩断网络犯罪黑灰产业链的现实需要。③

1. 法律拟制思维是帮信行为正犯化的方法支持

根据罪刑法定原则的要求,帮信行为能够与实行行为分离而成为单独犯罪则是刑法采用法律拟制手段立法的结果。帮信罪就在规范层面通过拟制立法的手段实现了帮助行为正犯化的转变,即帮信罪属于拟制立法的刑法规范。④ 在坚持共同犯罪区分

---

① 参见皮勇:《新型网络犯罪独立性的教义学分析及司法实证》,载《政治与法律》2021 年第 10 期。
② 参见喻海松:《网络犯罪二十讲》,法律出版社 2018 年版,第 102 页。
③ 参见喻海松:《网络犯罪的刑事对策与审判疑难问题解析》,载《人民司法(案例)》2018 年第 23 期。
④ 参见陈兴良:《共犯行为的正犯化:以帮助信息网络犯罪活动罪为视角》,载《比较法研究》2022 年第 2 期。

制的前提下,法律拟制的结果可以将本该为帮助犯的帮信行为转化为正犯行为。将帮助行为拟制为正犯是立法者基于对帮信行为的事实进行创新评价而得到的。法律不是单方面适应社会的,还可以规制社会,所以法律不完全是经验的总结,也是法学家、立法者逻辑思维的使用及创造性拟制的成果。① 正是由于法律的定义是超越历史和现实的,通过拟制的法思维可以尽可能地释放法律的定义,因此法律的拟制性是值得尊重的。

　　帮助行为从原本的共犯行为被拟制为正犯行为,体现了刑事立法中的法律拟制思维,但是不能就此认为帮信罪是刑法规范的法律拟制条款。立法维度的法律拟制思维与解释维度的法律拟制不是同一概念。帮助行为正犯化是将共犯行为拟制为正犯行为,仅存在于刑法立法对帮助行为的重新定性。从规范层面而言,法律拟制的适用基础是存在不符合规定内容的事实和行为。② 帮信罪规定的帮信行为本身正是符合帮信罪基本构成要件的正犯行为,所以帮信罪规范不符合法律拟制的成立条件。

　　关于被帮助行为的客观行为类型对帮信罪的认定是否具有影响,是存在争议的。在帮信罪内部,被帮助行为为该当刑法分则构成要件的实行行为。大多数被帮助实行行为是刑法分则的正犯行为,并不会对帮信罪的成立造成困扰。例如,帮信行为的对象是该当诈骗罪构成要件的诈骗行为,法官对帮信行为的定罪不会出现疑惑。但是刑法分则中还有大量修正的构成要件行为规定条款。因为刑法分则中的注意规定条款也可以将不符合正犯规定的帮助行为按照正犯罪名处罚。例如,刑法规定帮助组织考试作弊行为可以构成组织考试作弊罪。由于帮助组织考试作弊行为是共犯行为,是对刑法总则关于从犯规定的具体化,而没有增加新的构成要件内容,因而此类帮助行为正犯化的立法属于注意规定。③ 当被帮助对象是组织考试作弊行为,帮信行为的刑事责任应当如何认定?根据刑法规定,帮助组织考试作弊行为和组织考试作弊行为都能够被认定为组织考试作弊罪。那么,是否可以根据《刑法》第284条之一第2款成立帮助组织考试作弊罪?再如,如果帮信行为的对象是帮助组织考试作弊行为,那么该帮信行为是成立帮信罪,还是不成立犯罪?帮助组织考试作弊行为是组织考试作弊行为的共犯行为,成立组织考试作弊罪是由于受到注意规定的影响,对帮助行为以正犯行为的罪名处罚。有学者认为帮助行为正犯化只在异种的罪名之间才成立。当帮助行为与实行行为属于同一罪名,即便将帮助行为剥离出来,也不具有另行成立其他罪名的可能。只有在共犯和正犯是异种罪名的场合,刑法规范通过"拟制正犯"的方式实现帮助行为正犯化立法,从而将帮助行为从共同犯罪中剥离出来,才另行成立罪名。④

---

① 参见陈金钊:《返回拟制探寻法思维的逻辑起点》,载《学术月刊》2021年第1期。
② 参见刘宪权、李振林:《刑法中的法律拟制与注意规定区分新论》,载《北京社会科学》2014年第3期。
③ 参见张明楷:《受贿罪的共犯》,载《法学研究》2002年第1期。
④ 参见陈兴良:《共犯行为的正犯化:以帮助信息网络犯罪活动罪为视角》,载《比较法研究》2022年第2期。

总之,帮信罪规范并非注意规定,帮信行为正犯化的立法体现了法律拟制思维,这与注意规定对修正构成要件行为的正犯化所依据的解释理论没有可比性。从立法的法律拟制角度出发,帮信罪的构成要件行为以承认帮助行为的独立性为前提,认为帮助行为的危害性是独立于正犯行为存在的,因此将帮助行为作为构成要件行为类型的定型化而增设单独罪名。如果以刑法规范的注意规定条款对帮信罪进行解释,那么帮助行为作为共犯本身是修正的构成要件行为,帮助行为的从属性是刑法适用前提,因此帮助犯的适用罪名与正犯的适用罪名相同。例如刑法中关于共同犯罪注意规定的条款以及司法解释中关于帮助行为正犯化的规定,都是在实行行为和帮助行为是同种犯罪罪名的条件下,对帮助行为适用正犯罪名,并予以相同处罚。在共犯的法教义学语境下,正犯和共犯区分制为共犯理论的基础,注意规定和司法解释中的帮助行为都从属于实行行为的修正构成要件行为,并不会出现正犯概念和共犯概念混淆的局面。刑法的注意规定和司法解释规定都不属于帮助行为正犯化。既然不属于帮助行为正犯化,对以上涉及的帮助行为的内涵就不存在是共犯还是正犯的争议。

2. "分而治之"是帮信行为正犯化的立法初衷

在刑法打击体系犯罪的立法经验中,帮助行为正犯化被定位为扩张的刑罚事由。帮助行为正犯化立法的出发点是防控网络犯罪的刑事政策需要。立法者有责任对社会重大关切的侵害法益行为的规制作出刑事立法层面的回应。在刑事立法的历史上,最早的帮助行为正犯化罪名是介绍贿赂罪。[①] 刑法规范陆续增设帮助行为正犯化的罪名,通过对帮助行为的危害性予以单独定性,实现保护法益的刑法目的。例如,出于严密打击考试作弊犯罪的刑事法网的考量,刑法对于考试作弊犯罪中提供帮助行为进行立法规制。从利益衡量的角度,有观点认为将正犯行为结果归责于网络帮助行为是衡量法益的结果。利益衡量说理论的预设前提是网络帮助行为造成的法益侵害已经大于正犯造成的法益侵害。在对法益侵害结果进行衡量之后,将未达到法益侵害标准的帮信行为排除在犯罪范围之外。因此采用反向排除方法确定构成犯罪的法益侵害标准,认为法益侵害的衡量标准为帮信行为的客观不法构成要件,将不符合客观不法的网络帮助行为认定为欠缺犯罪性,对其进行出罪处理。[②]

帮助信息网络犯罪活动罪被认为是刑法专门设立针对信息网络犯罪的"堵截性罪名"[③]。堵截性罪名不是我国刑事立法的发明。我国立法机关讨论增设网络帮助犯罪

---

① 参见童德华、陆敏:《帮助型正犯的立法实践及其合理性检视》,载《湖南师范大学社会科学学报》2018年第1期。
② 参见陈洪兵:《中立帮助行为出罪根据只能是客观行为本身——有关共犯司法解释的再解释》,载《四川大学学报(哲学社会科学版)》2021年第4期。
③ 参见喻海松:《新型信息网络犯罪司法适用探微》,载《中国应用法学》2019年第6期。

罪名,确实受到英美法系的犯罪促进罪(Criminal Facilitation)的启发。① 犯罪促进罪是指在缺乏犯意沟通的条件下,行为人主动为他人实施犯罪提供帮助。由于网络具有复杂性,网络帮助行为的可罚性以存在客观危害结果为前提。客观上技术越先进的互联网企业受到刑事处罚的风险就越高,如果不考虑危害结果而限制网络帮助行为,势必导致网络服务技术发展的停滞,不仅给人们的生产生活带来不便,甚至还会重创互联网产业。需要注意的是,"堵截性罪名"与"口袋罪"不同。"口袋罪"又被称为"兜底罪名",其以对法益造成较大程度损害作为刑法适用的前提,最显著的特征就是不对构成要件的行为类型进行描述。将中立帮助行为等同于一般帮助行为进行处罚的做法过于简单化,容易导致刑法的过度扩张,使得帮信罪沦为打击信息网络犯罪的"兜底罪名"。② "堵截性罪名"是刑法规范对帮信犯罪进行动态规制的形象化描述,根据行为的支持作用和辅助功能对帮信行为进行类型化构建。所以"堵截性罪名"侧重于强调刑法对具备特定构成要件的行为类型进行规制。并且刑法规范对于危害行为进行围追堵截的程度是可以适时进行调控的。由于"堵截性罪名"最终都会落脚于法教义学解释的标准上,因此当社会治理需要加强对此类犯罪的打击力度之时,可以通过降低刑法对于帮信行为的解释标准来使刑法"紧一点",使更多的帮信行为受到刑法规制;当社会治理需要降低对此类犯罪的打击力度时,刑法可以适当提高帮信行为的解释标准让刑法"松一点",从而缩小刑法的打击范围。

帮助行为正犯化的犯罪罪名承认帮助行为具有"实行行为"的属性,而不再将其作为修正构成要件的帮助犯对待。这样处理并非刑法理论解释能力失灵,而是在难度极大的取证工作和高昂的诉讼成本面前,在公平正义和诉讼经济之间作出取舍。从以往立法经验来看,国家在特别严重的犯罪面前不会被原有的观念束缚手脚。③ 例如,资助危害国家安全犯罪活动罪和帮助信息网络犯罪活动罪,都是将事实上的帮助行为作为"实行行为"处置。刑事立法与刑法解释在犯罪治理问题上具有共同的目标,刑法增设新的罪名可以增强刑法教义学的应变能力,实现法益保护;刑法解释根据刑法目的对具体犯罪的构成要件构建限制原则,通畅出罪渠道。从犯罪治理的角度分析,为帮信行为拟定独立轻罪罪名可以增强打击电信网络诈骗犯罪的有效性。一方面,基于贯彻打击网络犯罪的刑事政策,刑事立法采用将网络帮助行为拟制为正犯的方式回避传统刑事共犯理论。另一方面,为了应对网络实行行为的"去中心化"特征,刑法规范针对网络帮助行为的正犯化处置促进刑法形成"碎片化"治理网络犯罪的司法模式。综合

---

① 这是笔者在与储槐植教授进行交流过程中所获悉的帮信罪的立法渊源。
② 参见陈洪兵:《帮助信息网络犯罪活动罪的"口袋化"纠偏》,载《湖南大学学报(社会科学版)》2022年第2期。
③ 参见储槐植:《刑事一体化论要》,北京大学出版社2007年版,第65页。

来看,网络帮助行为正犯化是立法者的慎重策略选择。①

对于共同网络犯罪而言,通过比较帮助行为的危害性与实行行为的危害性并不能简单得出帮助行为的法益侵害性比实行行为的法益侵害性小的结论,而是应当综合具体案情来确定帮助行为是从犯还是正犯。因此帮信行为打破了辅助行为只能起次要作用而不能起主要作用的刻板印象,在整个利益链条上,网络帮助行为的社会危害性已经超过网络犯罪活动本身的社会危害性。由于我国刑法规定从犯的处罚必然轻于主犯②,在网络黑灰产业链犯罪中,对网络帮助行为的共犯的刑事归责面临着严峻挑战。当程序和实体面临网络犯罪的困顿局面时,就需要对网络帮助行为的不法类型适时加以调整,最终实现刑罚扩张适用。帮助行为刑法规范的调整也会以同时降低程序认定门槛和实体判断门槛的形式表现出来。③

四、结语

在轻罪化立法背景下,国家制止重罪行为不仅可以在事后对被告人进行抓捕进而定罪量刑,还可以在重罪发生之前对帮助行为正犯化立法,采用打击辅助条件的手段达到提前阻止严重犯罪的目的。由于网络犯罪链条对社会的危害性极大,通过打击网络犯罪链条中的轻微危害的节点行为,既具有可行性,又能达到防治重罪的效果。将帮信行为按照"三分法"的分类方式区分为有共同故意的帮助行为、片面帮助行为和中立帮助行为有利于厘清帮信罪的处罚根据和处罚范围。所以在帮助犯内部,根据行为人主观是否具有共同故意,将帮助犯分为有共同故意的帮助行为和片面帮助行为。不再寻求统一的刑法归责结果,而是按照不同行为类型予以归类,将中立帮助行为和片面帮助行为按照正犯行为进行刑事归责;将有共同故意的帮助行为按照正犯行为予以归责。在明确不法行为类型的基础上,根据客观归责理论划定可罚帮信行为的界限。具体来说,不仅帮信行为与实行行为构成要件结果之间的因果关系应当符合经验法则,而且危害结果也应当符合"情节严重"的规范要求。从责任层面,行为人的主观方面应当具有两个方面的特别认知:一是对事实因果关系的特别认知,二是对正犯危险性的特别认知。由于共犯帮信行为自身符合数个构成要件的规定,例如帮信罪和正犯罪名,此时共犯帮信行为就会涉及罪数问题。司法实践中,法官可以根据法条竞合原理确定宣告罪名。具体而言,通过比较两罪的法定刑,当他罪的法定刑高于帮信罪的法定刑时,则从一重罪处罚,认定他罪,反之,则认定为帮信罪。当他罪的法定刑等于

---

① 参见梁根林:《传统犯罪网络化:归责障碍、刑法应对与教义限缩》,载《法学》2017年第2期。
② 参见陈兴良:《共同犯罪论》(第3版),中国人民大学出版社2017年版,第205页。
③ 参见黄京平:《新型网络犯罪认定中的规则判断》,载《中国刑事法杂志》2017年第6期。

帮信罪的法定刑时,由于帮信罪是特别法,按照特别法优于一般法的原则,认定为帮信罪。在刑事一体化框架内,刑事立法与刑法解释的合作,能够发挥"1+1>2"的打击网络犯罪的效果。现阶段,立法活跃是我国刑事立法现代化的标志。立法活跃的立法政策本身就是符合现实需要的刑事政策。① 科学的刑事立法不仅能够达到防治犯罪的司法效果,而且也能考虑到刑法选择介入治理该类犯罪的节点,进而使国家规制该类犯罪的成本最小化。

---

① 参见周光权:《论立法活跃时代刑法教义学的应变》,载《法治现代化研究》2021年第5期。

国家监察体制改革视野下监察对象的规范解释

刘艳红[*]

近年来,在国家监察体制改革不断深化的历史征程中,相关的监察立法体系不断趋于完善,党的自我革命与国家政治治理取得了明显成效。自2018年3月20日《监察法》实施之后,为了全面贯彻监察全覆盖的目标,进一步完善监察立法体系,2020年6月20日通过《政务处分法》。随着监察体系构建的不断推进,监察对象的合理认定成为有效开展监察工作的基本前提,若不对监察对象予以准确认定,就可能产生具体适用层面上的规范冲突。根据《政务处分法》第2条和第3条的规定,政务处分的对象主要是违法的公职人员,而公职人员是指《监察法》第15条规定的人员,具体包括六类人员。针对这一规定,有学者认为,政务处分对象与监察对象二者之间是完全重合的。[①] 还有观点主张"政务处分对象应以监察对象为限"[②]。那么,在政务处分对象与监察对象的范围存在高度重合的情况下,对监察对象的准确认定就显得尤为重要。故本文拟对监察对象的认定展开规范层面的解释与适用分析。2021年9月20日施行的《监察法实施条例》第37条至第44条对监察对象作出了更加细化的规定,这无疑对于监察对象的认定具有重要意义。对此,为了有效地明确监察对象的认定,应当在《监察法》《政务处分法》与《监察法实施条例》的规范基础上,结合相应的法理内涵与其他规范体系,对监察对象予以解释论层面的分析,遵循从一般的法理根据到具体的规范解释。唯此,才能对监察对象作出合理认定,进而全面保障国家监察工作的体系性与规范性。

一、监察对象认定过程中的主要困境

监察对象与政务处分对象的范围在现有立法体系中是一致的,"监察对象指监察

---

[*] 中国政法大学刑事司法学院教授。

[①] 参见秦前红、周航:《党纪处分与政务处分的衔接协调及运行机制》,载《中国法律评论》2021年第1期。

[②] 参见秦毅:《论〈政务处分法〉立法的基本立场》,载《社会科学家》2020年第4期。

权的监督对象,也即监察活动的相对人"①。而监察活动的相对人的具体内容已经在《监察法》第 15 条中予以规定,并且《政务处分法》也衔接并遵循《监察法》第 15 条的规定。"政务处分对象也称政务处分客体,指享有、行使公权力,依法应当受到政务处分的人员,涵盖各级党政机关、人大、政协、监察机关、司法机关、各类事业单位、人民团体、国有企业、村(居)委会等组织中依法履行公职的人员。"②政务处分对象的具体人员与监察对象的一致性,使得无论是政务处分对象的认定还是监察对象的认定,都可以说是集中于对监察对象的认定,而监察对象的认定困境包括实质要素层面与形式法律规定层面。

(一) 监察对象认定的实质要素定位存在困境

监察对象认定的实质要素是公共性,即成为监察对象应当具备的实质要素是行使公权力的公职人员。根据《监察法》的有关规定,监察对象主要包括六类人员,尽管监察对象的认定是《监察法》全面有效实施的基本前提之一,但监察对象的范围却时常存在认定困难的情形。相较于之前的行政监察,现有的监察范围明显得以扩大,而监察范围的扩大就会加大认定的难度。监察对象的认定需要结合《监察法》第 1 条、第 3 条和第 15 条的规定,主要针对所有行使公权力的公职人员,进而对监察对象的范围予以确定。在监察对象的认定过程中,除"公职人员"的认定存在困难外,还会存在对"公权力"的具体解释问题。公权力的内涵和外延的不明确会导致与法条中相关要素之间的关系难以确定。"尽管立法明确了行使公权力这一标准,但由于条文中存在多种层次不一的认定要素,导致难以构建统一的监察对象认定标准。"③在监察对象的体系文义方面,除存在一般形式上的歧义外,主要还是如何对"公职人员"和"公权力"予以规范意义上的界定。在监察对象的解释认定过程中,除立法表述上的一般文义与体系逻辑外,其还体现为对"依法行使公权力"这一实质要素的合理把握,而对这一实质要素的规范忽视与解释困难均会体现于监察对象的认定过程中。

在公权力这一实质要素方面,还会涉及对权力的监督问题,对于监督与监察的概念进行区分也是必要的。监督与监察之间的语义范围差异也同样会导致监察对象的认定困难。"监察"一词的概念范围相对更为宽泛,这无形中造成了监察对象的认定困难,监察的范围明显小于监督的范围,因为即使没有《监察法》以及其他相关的监察立法,监督的机制也会存在。"监督是外部权力作用于被监督的权力,其要求监督者掌握

---

① 姬亚平、彭夏青:《监察对象的识别研究》,载《治理现代化研究》2020 年第 6 期。
② 张成立、张西勇:《政务处分制度探析》,载《四川大学学报(哲学社会科学版)》2021 年第 6 期。
③ 宗婷婷、王敬波:《国家监察对象的认定标准:核心要素、理论架构与适用场域》,载《中共中央党校(国家行政学院)学报》2019 年第 4 期。

一定的信息,否则就无从监督。"①监督不仅是一个权力规制意义上的概念,也是一个权利保护意义上的概念,甚至还是一个日常的行为概念,这就决定了监督的概念现实化范围是非常广泛的。但在监察立法体系下,其更体现为一种反腐败的现实语境,而正是这样一种现实语境使得监督具有不同的语义范围。例如,作为监察权的一项具体权能,监督又为监察所包含,因为根据《监察法》第 11 条的规定,监察委的监察事项包括依法履行监督、调查和处置的职责。其中,监督主要是针对行使公权力的主体,相较于一般权力运行意义上的监督,法治反腐下的权力监督体现得更为积极,因为反腐语境下的监督侧重于预防功能的发挥,这就导致监督权运行的范围更为广泛,从而导致监察权的运行范围同样更为广泛。而监察对象的范围也会因此发生变化,监察对象在法理层面的依据具有实质性,其主要涉及不同权力以及与权力有关的属性问题,这也导致监察对象的变动性,加之对作用于监察对象的监察权的性质认识不清,对监察对象的认定也会出现困难。

(二) 监察对象认定的形式法律规定解释存在困境

除对监察权、"公职人员"与"行使公权力"等围绕权力的一般法理要素的实质认定存在困境外,具体到《监察法》第 15 条的规定,对于"参公人员""依法受委托从事公务的人员""公办的教育、科研、文化、医疗卫生、体育等单位中从事管理的人员""基层群众性自治组织中从事管理的人员""其他依法履行公职的人员"等对象的认定也不无疑义。例如,对于"公办的教育、科研、文化、医疗卫生、体育等单位中从事管理的人员"的认定也会存在一定的争议。尽管《监察法》作出了较为一般意义上的规定,但在具体的对象认定过程中,还需要对相关规定的每个要素进行解释。"法律只框定了基本范围,在监察对象认定前,还须从规范分析角度理清条文中关键要素的含义,具体涉及'公办''教育单位''从事管理''履行公职'这四个重要规范要素的内涵。"②其中,对于"教育单位"的理解较为容易,但对于其他要素的理解可能就会存在偏差。以什么是"公办"为例,从经验常识与一般观念出发,公办是由政府举办的。但对此有观点指出,《事业单位登记管理暂行条例》尽管规定了事业单位的概念,但公办对象并非仅限于作为公共服务提供者的事业单位,"村集体作为基层群众自治组织也可以设立学校、医院等组织。结合监察全覆盖的立法目的,'公办'具有两个重要特征。首先,举办者为国家、公共组织或集体。其次,资产主要来源为公共资产"③。诚然,在具体规范的解

---

① 谭世贵:《论对国家监察权的制约与监督》,载《政法论丛》2017 年第 5 期。
② 宗婷婷:《论公办教育单位监察对象的认定与范围》,载《华中师范大学学报(人文社会科学版)》2021 年第 6 期。
③ 宗婷婷:《论公办教育单位监察对象的认定与范围》,载《华中师范大学学报(人文社会科学版)》2021 年第 6 期。

释认定过程中,涉及的监察对象认定问题是比较复杂的,绝非仅仅是《监察法》第15条对监察对象予以规定,就可以直接比照规定对监察对象予以认定。《监察法实施条例》的施行无疑对监察对象的认定在规范层面予以具体细化,其有利于在监察过程中准确地对监察对象予以合理把握。以此为契机,在理论层面上,对监察对象的认定从法理到规范予以解释分析无疑具有现实意义。

二、监察对象认定的实质法理根据:公职人员行使公权力

针对监察对象的范围认定,有观点从权力属性的层面对监察对象的范围予以分析,例如,"国家监察全覆盖已经超越对传统'公权力'的理解,其包括公权、公职、公务、公财等实质要件要素,是一种新型权力"[①]。这倾向于通过对"公权力"本身进行扩大解释并对监察对象范围予以扩大化,但其依然是以"公职人员行使公权力"作为核心要素的。对监察对象一般理解为行使公权力的公职人员,行使公权力的公职人员是其实质的法理要件。相对于行使公权力来说,就是其能够找到法律上的授权,即对于是否属于行使公权力的公职人员来说,最终还是要看其有无法律上的直接或者间接授权,故监察对象的认定在法理层面就包括公职与公权两方面的要素。

(一)公职与公权要素是监察对象认定的实质根据

监察对象中的公共要素主要是指公职与公权,这两个要素之间存在相应的逻辑关系,因为《政务处分法》第2条和第3条以及《监察法》第15条均出现了这类公共要素的规定,其不单单是指公权,因为公职也是公权的外在表现之一,公权则是核心要素。公职在这里并不是指公共编制,而是指公共职务,其倾向于行为内容的属性,而公权则倾向于行为主体的能力,但无论是行为内容还是行为主体,由于公共性的特征,其均具有依法行使公权力的本质特征,集中体现了作为监察对象的行为属性。"因为纯粹的身份属性已经难以适应监察全覆盖的反腐败斗争形势,因而对公职人员的识别就需要更加灵活的理论依据,在《监察法》立法中便体现为'行使公权力',自此完成了从身份到行为的理念转变。"[②]作为具有动态化特征的公职要素与公权要素对监察对象的认定具有基础意义。一是公职要素是监察对象的直接体现。根据相关立法规定,监察对象是指一切公职人员和有关人员,其中,公职人员是主要对象,有关人员是比照公职人员而行使公权力的其他人员,该规定体现了贯彻监察全覆盖的目标。二是对立法条文的具体规范分析主要着眼于《监察法》中的公职人员范围以及所列举的六种类型,该法第15条第(二)项的表述就包括"从事公务的人员",而第(六)项的表述则为"其他依法履

[①] 谭宗泽:《论国家监察对象的识别标准》,载《政治与法律》2019年第2期。
[②] 李尚翼:《监察对象的范围认定及识别标准辨析》,载《廉政文化研究》2022年第1期。

行公职的人员",公务是动态的,公职是静态的,但都与公权直接相关,在某种意义上,公务与公职是等同的。无论从事公务还是履行公职,均具有公权与公职的属性。三是无论涉及公职还是公权表述的规范分析,作为本质要素的公权,均属于在分析相应立法条文时所存在的法理依据,因为公权是公共要素中最为核心的实质要素,有公职的人员不一定会行使公权力,但行使公权力的人员只要是依法进行的,就属于公职人员,换言之,公职是对公权的限定,即公权不是非法的而是具有合法来源的。明确公共要素中的公职与公权属于监察对象认定的实质法理要素有利于对监察对象中的公职人员予以解释,并防止以不具有相应职务身份或者公务事项而规避相应的监察措施。

(二) 权力监督与监察权的性质是监察对象认定中的重要内容

一方面,监察对象认定的实质要素是公职人员行使公权力;另一方面,公职人员是对公权力的限制,即应当是依法行使公权力,故监察对象认定中的核心法理要素是公权力。除作为监察对象的公权力外,监察权也属于公权力的范畴,对监察对象的认定离不开对监察权的性质定位。

1. 只要是依法行使公权力就应当受到有效监督

监察对象涉及的公共要素有很多,作为其实质要素的公权力与其他公共要素之间均具有内在关联,"所有种类监察对象的认定均以行使公权力为基准,公权、公职、公财、公务、公益是公权力的外化,也是对其监督的理论基础"①。如前所述,行使公权力的公职人员涉及公权与公职两个要素,其中,公权是核心要素,公职具有对公权的限制作用,强调公权的合法性,故行使公权力的公职人员也可以被表述为依法行使公权力的人员。"公职人员"的规定是强调有关事务的公共属性,行使公权力的公职人员接受监督是"权力受托"的法理所在。② 对于公职人员的判断,并不是看其是否具有某种公共职务,而是看行为人是否属于某项公共事务中合法行使权力的人员。并非所有的公职人员均行使公权力,"只要是公职人员,就具备了行使公权力的资格或者可能性,但具备资格或者可能并不意味着实际行使公权力"③。而对公职人员的监察职责首先体现为对公权力行使过程的监督,包括事前监督和事后监督。只要行使了公权力,无论什么人,都应当受监督。"临时工""非党员"都不是躲避监督的挡箭牌。④ 事前监督主要是预防权力腐败,而事后监督则主要是及时对相关行为予以调查和处置,包括对违

---

① 宗婷婷:《论公办教育单位监察对象的认定与范围》,载《华中师范大学学报(人文社会科学版)》2021年第6期。
② 参见曹俊:《监察权的法理思考》,载《法学杂志》2019年第5期。
③ 夏金莱:《论监察全覆盖下的监察对象》,载《中国政法大学学报》2021年第2期。
④ 参见廖凯:《如何判断一名"履行公职的人员"是否属于监察对象——必须聚焦是否"行使公权力"这个关键》,载《中国纪检监察》2018年第11期。

法公职人员进行政务处分;事后监督主要是塑造监督的权威性,并对已经存在的违法行为及时采取相应的监察措施。

2. 作为权力运行的监察权伴随监察对象的认定

监察对象的认定伴随监察权以及具体的政务处分权的运行,尽管监察权的运行范围大于监察对象的范围,但作为一项具体的处置权力,政务处分权的范围必然小于监察权的运行范围。监察权作为一项相对较新的权力,其也面临权力的监督与制约问题。"监察委员会所行使的监察权,与国家权力机关的监督权、检察院的法律监督权一起构成了国家监督权的新体系。"①监察权在运行不当的时候,同样需要面临相应的规范后果,并以法律责任的形式予以体现。监察法律责任的机制包括"依法给予处理""依法追究刑事责任""依法给予国家赔偿"。② 政务处分权在行使不当的时候也要承担相应的法律责任。作为监察权的一项具体权能,政务处分权在行使不当的时候所产生的法律责任同样适用监察法律责任的机制,但由于政务处分权的运行范围与政务处分对象范围基本一致,故其主要着眼于可能违法或者已经违法的公职人员。

从权力要素的视角予以分析,监察权的内容包括监督、调查和处置,而政务处分只是监察过程中的一项处置措施。"立足于监察权的监督权属性,《监察法》明确了监察机关的三大职责,确立了预防性监督、发现性监督和惩治性监督三种监督形态,形成了腐败监督的中国模式。"③《监察法》将监督作为监察机关的首要职责,强调监督在预防腐败中的重要作用。"在现代反腐败机制的建构中,监督是基础性、日常性的工作,监督效果的好坏是评估腐败治理能力的重要指标。"④而《政务处分法》也强调监督职能,只是这种监督属于一种功能强化意义上的监督,其依附于一般意义上的监察监督,是为了在《监察法》的基础上强化对公职人员的监督,其主要职责是推进政务处分的法治化与规范化,实现党纪与国法的有效衔接,由于二者所担负的主要职责不同,进而导致在各自的权力属性方面也存在差别。监察权的运行主要是发挥预防性的监督功能,其范围一般较监察对象的范围更为广泛。

对此,《政务处分法》与《监察法》之间应当体现"法法衔接"的逻辑,而监察对象应当与监察权的运行保持体系衔接与功能协同。此时,体系衔接与功能协同并不是相同的概念。"衔接强调的是事物之间形成呼应和承接关系,协同强调的是事物之间在目标一致的基础上可以共同发力。"⑤监察权的运行是政务处分权行使的必要前提,其是

---

① 曹俊:《监察权的法理思考》,载《法学杂志》2019年第5期。
② 参见莫于川:《论新监察体系中的法律责任机制》,载《现代法治研究》2019年第1期。
③ 钱小平:《监察委员会监督职能激活及其制度构建——兼评〈监察法〉的中国特色》,载《华东政法大学学报》2018年第3期。
④ 刘艳红:《〈监察法〉与其他规范衔接的基本问题研究》,载《法学论坛》2019年第1期。
⑤ 潘高峰:《党内法规与国家法律衔接协同的几个基本问题》,载《南京社会科学》2018年第8期。

为了强化对公职人员的监督,这里监察权的运行属于反腐权力运行的核心内容。在权力构成的意义上,政务处分权也是监察权的行使内容,监察权由不同类型的具体权能予以体现和保障。"监察委员会作为反腐败监督机关,其权力行使要受到程序的约束。"①《监察法实施条例》第 259 条对监察权运行的监督专门作出规定:"监察机关应当对监察权运行关键环节进行经常性监督检查,适时开展专项督查。案件监督管理、案件审理等部门应当按照各自职责,对问题线索处置、调查措施使用、涉案财物管理等进行监督检查,建立常态化、全覆盖的案件质量评查机制。"由于监察权在法理层面会作用于监察对象,故确保监察权的有效运行有利于对监察对象的正确认定,而对监察对象的正确认定也反过来有利于监察权的有效运行。

3. 明确监察权的性质还有利于在实质上把握监察对象的范围

从权力制约的角度需要对监察权予以有效控制,而监察权对公权的制约也属于权力制约的范畴。监察权作为一项新型的公权力,其具有公权力的共通属性,传统的公权力在不断发生变化,监察权也随之而变,而一般公权力的扩张和异化在具体的监察权层面就体现为监察权作用范围的不断扩大。监察权作用范围的扩大除体现为权力的主体与内容的扩大外,也会体现为权力作用的对象范围不断扩大,这在静态上主要体现为监察对象范围的扩大。监察权的制约与监督核心是作为权力的公权要素。"监察权的法理基础与运行逻辑能够揭示监察对象的实质内涵。在确定监察权的限度时,不具有公职身份并不构成监察权作用的阻却事由。"②而监察权的运行范围对监察对象予以扩大也体现了公权是监察对象的实质法理要素。"我国监察体制改革就是在法治国的基础之上,通过监察权对其他国家权力的监督来保护人民主权,并要求公权力的行使符合法治的目标。"③监察权在法治轨道上的运行就是准确认定监察对象在权力运转层面的体现,监察对象的模糊或者扩大本身也是对监察权的性质认识不清所导致的。

尽管监察对象范围的扩大有利于尽可能地将所有行使公权力的公职人员纳入监察范围,进而实现国家监察的全覆盖,但监察对象范围的扩大也需要存在一定的限制,因为尽管存在公权这一实质要素,但除立法直接建构的情形外,在解释适用的层面上,监察对象的范围依然能够被予以扩大,但如果不对监察对象范围的扩大予以限制,就会有损监察活动的运行机制,如导致监察权行使主体的疲于奔命、监察权对权利

---

① 刘艳红:《程序自然法作为规则自洽的必要条件——〈监察法〉留置权运作的法治化途径》,载《华东政法大学学报》2018 年第 3 期。
② 秦涛、张旭东:《国家监察对象的认定:以监察权为进路的分析》,载《中共中央党校(国家行政学院)学报》2019 年第 5 期。
③ 秦涛、张旭东:《国家监察对象的认定:以监察权为进路的分析》,载《中共中央党校(国家行政学院)学报》2019 年第 5 期。

主体的侵犯情形以及监察权运行功能的减弱等。对监察对象范围扩大的限制包括对监察权的限制，而对监察权的限制也是在明确监察对象的范围，其中，对监察权的限制主要有赖于监察权自身的准确定位以及对监察权的有效监督。"监察委员会承载高效反腐的职责，其权力配置必将侧重集权的模式。"①尽管监察权的作用对象范围要宽于监察对象的范围，但从权力制约的角度出发，监察权的作用对象范围还是应当尽量与监察对象的范围相一致，这也是立足于监察权的权力属性而对监察权作用范围的一种规范限制。"监察权的不同特征体现出对权利保障目标实现的不同影响并决定不同的实现路径。"②如果监察对象的范围窄于监察权运行的范围，那么权力就存在一定的扩张嫌疑，但适度的权力扩张有时又是必要的，否则权力的意志性与有效性就会受到禁锢。但是，"保障民众的财产、人身安全是制定法律的最终目的，也是唯一目的。"③在以监察权制约作为监察对象的公权要素时，也应当对监察权自身作出规范意义上的限制，以防止出现权力侵犯权利的情形，监察权不能作用或者不应当作用的对象则当然不属于监察对象的范围。

三、围绕实质法理要件对监察对象在规范适用层面的解释

在就监察对象的范围从实质根据层面予以明确的基础上，对具体的监察对象条文予以规范分析是监察对象在解释层面的详细展开。《监察法实施条例》对《监察法》第15条所规定的人员范围予以进一步的细化规定无疑减轻了在解释层面的负担，有利于在规范具体分析的意义上对监察对象予以认定，但在具体的解释过程中还是应当贯彻公职人员行使公权力这一实质要素。

（一）《监察法》第15条与《监察法实施条例》对监察对象的相关规定

《监察法》第15条规定了六类人员：一是公务员以及参照公务员管理的人员；二是在法律、法规授权或者受国家机关依法委托管理公共事务的组织中从事公务的人员；三是国有企业管理人员；四是公办的教育、科研、文化、医疗卫生、体育等单位中从事管理的人员；五是基层群众性自治组织中从事管理的人员；六是其他依法履行公职的人员。这些看似非常清楚的立法规定也只是在一般分类的意义上对监察对象作出了大致的范围界定，这也符合立法技术的要求。但对于监察对象的具体认定来说，这六类人员中的每一类可能都会面临不同层面的困惑与争议，因为这六类人员中同样会涉及一些具体概念的界定问题，例如，何为公务员以及参"公"人员？何为国有企业？何为

---

① 周佑勇：《监察委员会权力配置的模式选择与边界》，载《政治与法律》2017年第11期。
② 张震、张义云：《论监察权行使对象之权利保障》，载《学习论坛》2019年第7期。
③ 〔英〕约翰·洛克：《政府论》，丰俊功译，光明日报出版社2009年版，第182页。

公办的单位？何为在基层群众性自治组织中从事管理的人员？其他依法履行公职的人员主要指的是哪些人员？对此，《监察法实施条例》对于《监察法》第15条的规定作出了相应的细化规定。"条例在细化监察对象范围方面，严格把握'行使公权力'这一根本标准，科学总结监察实践成果，坚持既贯彻落实深化国家监察体制改革精神，体现中国特色国家监察制度特点，又与处分相关法律法规相协调，与刑事法律制度相衔接。"①立法层面的积极推进必然会带来解释层面的相应转变。

首先，《监察法实施条例》第37条明确规定："监察机关依法对所有行使公权力的公职人员进行监察，实现国家监察全面覆盖。"对此，立法上一方面对于监察对象的法理根据予以明文规定，即行使公权力的公职人员；另一方面将实现监察全覆盖的目标再次予以立法宣示。"而实现监察全覆盖是监察体制改革的重要内容之一，其目的就在于消除权力监督的盲区。"②因此，在围绕监察对象的解释层面，除依法行使公权力这一实质法理要素对于解释的指导作用外，还应当注意立法上实现监察全覆盖的目的，只要不是与刑事犯罪相关的行为，即使对于某些人员的类别存在一定的模糊性，但只要是依法行使公权力的人员违纪违法，解释适用上也应当敢于将其解释为属于监察对象的范围，这是符合立法者的主观目的解释，由于这种解释不适用于与刑事犯罪有关的监察对象的认定，故而并不会有违刑法的谦抑原则。因此，监察对象的实质法理根据与监察全覆盖的目标得以通过立法的形式再次明确，有利于对监察对象予以实质解释，从而有助于灵活应对各种现实情况。其次，针对《监察法》第15条规定的六类人员，《监察法实施条例》第38条至第43条分别予以了细化规定。在《监察法》第15条与《监察法实施条例》第38条至第43条规定的基础上，这里暂时以争议最大的监察对象类别，即以公务员及参"公"人员、在基层群众性自治组织中从事管理的人员、其他依法履行公职的人员这三类监察对象为例，以公职与公权的实质要素为指引，对之予以解释层面的规范分析。

（二）公务员及参"公"人员的规范解释

首先，公务员的范围应当按照《公务员法》的规定予以认定。理论上对公职人员的具体判断主要体现了一般机关中的公务性与特定组织中的管理性特征，这样一种公务属性与管理属性也决定了其属于《监察法》中的公职人员。在公职人员的范围内，《监察法》第15条已经对公务人员的一般范围作出了明确规定。此外，根据《公务员法》第2条的规定，其核心特征包括三个：一是依法履行公职，即具有一定职务，并且具有相应的法律依据。二是纳入国家行政编制，具有相应的法律效力，人员的录用和转任等均受到编制的约束。三是由国家财政负担工作人员的工资福利。其次，法律、法规授权

---

① 张江波：《细化监察对象范围 有效推进监察全覆盖》，载《中国纪检监察》2021年第19期。
② 夏金莱：《论监察全覆盖下的监察对象》，载《中国政法大学学报》2021年第2期。

或者受国家机关依法委托的参"公"人员应当在立法文义表述的基础上,围绕"公职人员"与"从事公务"的内容予以解释,该类人员主要规定在《监察法》第 15 条第(二)项,"从事公务"是其立法表述的直接体现。"从事公务意味着'国家工作人员'的行为应当代表国家利益进行管理。"[1]至于"公职人员"与"从事公务"的解释,在监察对象中需要对"公职人员"与"从事公务"作扩大解释,同时应当注重解释方法层面的逻辑协调。监察对象出于《监察法》第 15 条中的"有关人员"这一规定以及确定监察对象时体现的监察权运行逻辑,对公职人员的范围倾向于作扩大解释,以更好地实现监察全覆盖。

制定《监察法实施条例》是为了将《监察法》的原则规定予以具体化,将法定对象全部纳入监察范围,使国家监察匹配党纪处分、衔接刑事处罚。一方面,作为监察对象的公职人员必须具有确定性,以保障监察权的依法行使,进而提升监察工作的法治化与规范化水平。如果一律允许对法律、法规授权或者受国家机关依法委托的参"公"人员所涉及的公职与公务要素作扩大解释甚至是类推解释,就会对监察的法定化、程序化与规范化造成不利影响。另一方面,考虑到"纪法衔接"与"法法衔接"的问题,也需要对监察对象的范围予以明确化,监察对象与党纪处分对象应当相衔接。"党纪处分与政务处分实现了党内监督全覆盖与对所有行使公权力的公职人员的监察全覆盖。"[2]监察对象与党纪处分对象都是相对确定的,这是二者在国家法律与党内法规之间保持体系衔接的当然要求。如果说党纪处分的对象是明确的,那监察对象在"纪法衔接"的意义上更应当具有明确性。"相比党内法规,国家法律无论从体系的完整性还是从名称的规范性来说,其都要比党内法规更为清晰明确。"[3]如果对相关类型人员中的公职与公权要素作扩大解释以涵盖一些其他有关人员,这除不利于监察工作的展开外,也不利于在监察对象的层面上实现"纪法衔接",进而会对二元化的反腐立法体系功能产生干扰。"在有些领域和适用主体上,党内法规先于国家法律,这是由执政党全面统筹依法治国实践所决定的。"[4]如果法律、法规授权或者受国家机关依法委托的参"公"人员范围因对公职和公务要素作扩大解释而导致其范围的不确定,则必然不利于国家监察前承党规党纪,后接刑事处罚的立法定位。

在非公机构中从事管理的参"公"人员应当在证成其具有合理性的基础上,围绕公

---

[1] 徐岱、李方超:《"国家工作人员"认定范围的再解释》,载《法学》2019 年第 5 期。
[2] 宋尚华、王多:《党纪处分和政务处分有什么区别——适用对象、依据、程序及权利救济不同》,载《中国纪检监察》2018 年第 22 期。
[3] 谭波:《党内法规与国家法律的衔接和协调类型研究——基于部分党内法规与国家法律的分析》,载《江汉学术》2019 年第 2 期。
[4] 王立峰:《法政治学视域下党内法规和国家法律的衔接与协调》,载《吉林大学社会科学学报》2019 年第 3 期。

权这一实质要素予以解释。该类人员主要规定在《监察法》第15条第(三)项至第(五)项,"从事管理"是其立法表述的直接体现。《监察法实施条例》第38条第2款明确规定:"监察法第十五条第一项所称参照公务员法管理的人员,是指有关单位中经批准参照公务员法进行管理的工作人员。"对此,非公机构中从事管理的参"公"人员具体主要是指在国有企业、公办的教育、科研、文化、医疗卫生、体育等单位以及在基层群众性自治组织中从事管理的人员。按理说,将国有企业与公办事业单位中从事管理的人员定性为公职人员的合理性并不存在什么明显争议,但曾存在争议的是国有企业管理人员。在企业改制过程中,国有企业中从事管理的人员被定性为国家工作人员出现了一些争议。但根据2010年最高人民法院、最高人民检察院《关于办理国家出资企业中职务犯罪案件具体应用法律若干问题的意见》的规定,在国有企业改制过程中以及在国家出资的企业中从事公务的人员也应当认定为国家工作人员。对此,在国有企业中从事管理的人员被尽可能地予以扩大解释,以按照参"公"人员来处理。《监察法实施条例》第40条规定了国有企业管理人员的类型,在立法整体规制层面上,即使不能认定为参"公"人员,仍可以被认定为国有企业管理人员,从而属于监察对象的范围。具体到参"公"人员的认定方面,由于有关单位中经批准参照公务员法进行管理的工作人员这一表述的相对抽象性,仍旧应当需要经过是否属于"依法行使公权力"这一实质法理要素的审查。

(三) 针对基层群众性自治组织中从事管理人员的解释

在非公机构中从事管理的参"公"人员的合理性争议主要围绕将基层群众性自治组织中从事管理的人员作为公职人员而纳入监察对象范围是否合理。从相关的立法表述来看,公职人员的范围包括基层群众性自治组织中从事管理的人员,此处存在的疑问主要是基层群众性自治组织中从事管理的人员究竟是否属于公职人员或者有关人员。根据《宪法》第111条的规定,居民委员会或者村民委员会是基层群众性自治组织。尽管为了深化国家监察体制改革而将所有行使公权力的公职人员纳入监察范围,但也不能没有理由地将一切从事公务的人员或者准从事公务的人员全部纳入监察对象的范围,而且基层群众性自治组织的性质又比较特殊。因此,基层群众性自治组织中从事管理的人员究竟是否属于行使公权力的公职人员是存在争议的,例如,有观点认为,"倘若监察机关有权对村民委员会成员实施撤职的政务处分就会妨碍村民自治的充分实现"[①]。基层群众性自治组织并不是政府或者企事业单位,那么将监察对象扩大至基层群众性自治组织中从事管理的人员是否会对基层组织的自治性造成破坏呢?事实上是不会的,因为对基层自治的保障并不集中体现在从事管理的人员方

[①] 秦前红、刘怡达:《制定〈政务处分法〉应处理好的七对关系》,载《法治现代化研究》2019年第1期。

面,基层群众性自治是由一系列制度予以保障的,其作为我国的一项基本政治制度,受到宪法和法律的保障。

事实上,对基层群众性自治组织中从事管理的人员予以监察,并不会有碍民众的自我管理、自我教育、自我服务和自我监督,从事管理的人员本来也具有尽职尽责的义务。将基层群众性自治组织中从事管理的人员纳入监察对象的范围并不会对基层组织的自治性造成不利影响,其反而具有合法性的基础与事实上的合理性。例如,对于村民委员会等基层组织中协助政府从事行政管理工作的人是否属于从事公务的人员这一问题,根据全国人大常委会关于《刑法》第93条第2款的解释,村民委员会等村基层组织人员协助政府从事行政管理工作,属于《刑法》第93条第2款规定的"其他依照法律从事公务的人员",而从事公务当然也符合依法行使公权力这一实质法理要件,进而对应公职人员的形式要件,基层组织人员中协助政府从事行政管理工作的就属于公职人员。对此,也有观点认为,"考虑到法律解释的一致性,村委会中协助政府开展行政管理工作的人员应被纳入监察范围"[1]。

对基层群众性自治组织中从事管理的人员予以监察,并非对基层自治的干预,因为并不是因为其属于基层群众性自治组织人员才对其予以监察,而是因为其属于依法从事管理的人员,这符合行使公权力的公职人员这一监察对象的实质要件。存在管理的权力必然就会有相应的监督机制,只是在监察体制改革的背景下,这样的监督在制度层面体现为统一的国家监察。此处唯一存在的争议是,从事管理究竟是否单指协助政府从事行政管理?如果没有协助政府从事行政管理,而仅仅是从事日常性的管理,是否属于从事管理的人员呢?尽管对于何谓从事管理的问题,存在相应的法律和立法解释,但对从事管理的范围仍存在一定的解释空间。基层群众性自治组织中从事管理的人员等均属于监察法所指的公职人员,即使不是协助政府从事行政管理,而是其他意义上的日常事务管理,同样可能出于法律拟制的方式而将其认定为监察过程中的公职人员,其当然也属于监察对象的范围。此外,对基层群众性自治组织中从事管理的人员予以监察有利于更好地推动"纪法衔接",因为从事管理的人员通常属于党员,其会受到党规党纪的约束,而在监察过程中发现存在违纪现象的人员,可以及时衔接作出党纪处分。

《监察法实施条例》第42条对基层群众性自治组织中从事管理的人员予以列举,主要包括三类:一是从事集体事务和公益事业管理的人员;二是从事集体资金、资产、资源管理的人员;三是协助人民政府从事行政管理工作的人员,包括从事救灾、防疫、抢险、防汛、优抚、帮扶、移民、救济款物的管理,国有土地的经营和管理,土地征收、

---

[1] 宗婷婷、王敬波:《国家监察对象的认定标准:核心要素、理论架构与适用场域》,载《中共中央党校(国家行政学院)学报》2019年第4期。

征用补偿费用的管理,代征、代缴税款,有关计划生育、户籍、征兵工作,协助人民政府等国家机关在基层群众性自治组织中从事的其他管理工作。对于第一类人员,其属于监察对象的主要原因是其从事集体事务与公益事业管理,从而具有了公共性的特征,属于公权力的依法行使;对于第二类人员,其属于监察对象的原因同样是由于公共性的特征,即从事的是集体的资金、资产、资源管理而不是个人的;对于第三类人员,《监察法实施条例》将协助人民政府从事行政管理的工作人员类型予以列举式的规定,其核心仍旧是行使公权力的公职人员这一实质法理要件,其依法行使公权力的特征主要来源于对政府从事行政管理的协助,由于被协助者是公权力主体,而且是在依法行使公权力,那么协助者当然也是在依法行使公权力。

(四) 对其他依法履行公职的人员这一兜底条款的规范解释

对于"其他依法履行公职的人员"这一兜底条款,有观点认为,《监察法》第3条属于对监察对象的统摄性规定,对"公权力"要素的把握要将《监察法》第15条符合行使公权力要素的"其他人员"视为总则部分的公职人员。① 但"其他依法履行公职的人员"究竟属于公职人员还是有关人员并不只是条文之间的体系问题,因为单就《监察法》第15条的规定来说,"其他依法履行公职的人员"也属于依法行使公权力的公职人员,故这里的认定问题就进一步具体为究竟什么是依法行使公权力的问题,即在其他五种类型的人员之外,哪些人员会依法行使公权力?

首先,对监察对象的认定无论是从权力的视角还是从立法文义的视角来看,监察对象的本质法理要素都是依法行使公权力。依法行使公权力是理解"其他依法履行公职的人员"的核心要素,依法行使公权力的人员必然属于履行公职的人员,理论上也许会对什么是履行公职有不同解释,但行使公权力的核心要素是不会变的。从立法表述上看,监察对象的动态性特征仍旧是比较明显的。"我国的反腐模式和反腐道路也决定了监察对象已呈现并将继续保持动态发展的可能性。"② 考虑到国家监察体制改革继续进行的现实以及立法体系的现状,应当坚持"依法行使公权力"是确定监察对象时的实质要素。对此,《〈中华人民共和国监察法〉释义》中指出,《监察法》第15条的主要目的是用法律的形式把国家监察对所有行使公权力的公职人员的全覆盖固定下来。

其次,监察机关的监察权实施对象主要是公权力主体,这是腐败治理中的权力监督的核心要义。失去了依法行使公权力的实质要素,相关人员这一载体就不是监察权运行的直接对象,监察机关毕竟不是执法机关,其权力运行也不是主要针对权利,而是针对权力,其属于不同意义上的以权力制约权力的方式。"监察机关完全不同于西方

---

① 参见宗婷婷、王敬波:《国家监察对象的认定标准:核心要素、理论架构与适用场域》,载《中共中央党校(国家行政学院)学报》2019年第4期。
② 袁柏顺:《范围、界限与动态发展:也论监察对象"全覆盖"》,载《河南社会科学》2019年第1期。

治理体制中将反腐败机构作为执法机关的性质定位。"①监察权作为一项新型权力,从监察权的监督与制约视角出发,监察对象的实质是依法行使公权力,而依法行使公权力这一判断标准在理解"其他依法履行公职的人员"这一兜底规定中显得更为重要,是否依法行使公权力也是判断公职人员与非公职人员的本质要素。

在国家监察体制改革之前,行政纪律处分的对象主要是公务员,但在国有企业、基层群众性自治组织以及公办事业单位中从事管理的人员也会依法行使公权力,由于法律、法规未规定其纪律责任,就不适用行政纪律处分。"为了防止行使公权力的工作人员违法违纪却不受纪律处分,《监察法》于是将所有行使公权力的公职人员全部纳入监察对象。"②"公职人员"是监察对象的一个实质要素,体现了权力主体的形式合法性。而对于作为监察对象的公职人员在属性上存在不同的理论争议。例如,以监察对象为例,有观点认为,应将所有可能腐败的人员均定为监察对象,而不是局限于公权力和公职人员。③但这种观点是值得商榷的,因为监察法只是反腐立法体系的组成部分,除国家法以外,还存在党内法规体系。我国法治反腐的特征及其优势是二元化的反腐立法体系,二元化的反腐立法体系主要是由党内法规和国家法组成,具体体现为党纪国法的共治。其中,党纪主要发挥预防法的功能,而国法主要发挥惩治法的功能。"形成党内、党外两条主线,党内治理依靠党内法规,党外治理依靠国家法规范。"④不能将所有对象均纳入《监察法》的涵盖范围,因为毕竟立法的功能是有限的。

《监察法实施条例》对"其他依法履行公职的人员"作了具体列举⑤,在面对列举不清或者列举遗漏情形时,对其予以解释应当在遵循体系逻辑的同时,对"依法行使公权力"这一要件予以实质解释。只有根据"依法行使公权力"这一实质要素作出判断才符合基本的立法体系逻辑,也有利于对具体条款予以合理解释,进而全面有效地推动监察工作的实施。一方面,结合《监察法》的立法目的与体系文义,对监察对象的界定在一般的文义层面上应当倾向于严格解释,即使在进行解释适用的时候也应当依据公权与公职要素对"其他依法履行公职的人员"予以认定,按照同类解释的规则,也不能随

---

① 袁柏顺:《范围、界限与动态发展:也论监察对象"全覆盖"》,载《河南社会科学》2019年第1期。
② 朱福惠:《国家监察法对公职人员纪律处分体制的重构》,载《行政法学研究》2018年第4期。
③ 参见任建明:《监察对象:法律规定、存在问题与解决思路》,载《广州大学学报(社会科学版)》2019年第2期。
④ 刘艳红:《中国反腐败立法的战略转型及其体系化构建》,载《中国法学》2016年第4期。
⑤ 《监察法实施条例》第43条规定:"下列人员属于监察法第十五条第六项所称其他依法履行公职的人员:(一)履行人民代表大会职责的各级人民代表大会代表,履行公职的中国人民政治协商会议各级委员会委员、人民陪审员、人民监督员;(二)虽未列入党政机关人员编制,但在党政机关中从事公务的人员;(三)在集体经济组织等单位、组织中,由组织或者国家机关,国有独资、全资公司、企业,国家出资企业中负有管理监督国有和集体资产职责的组织,事业单位提名、推荐、任命、批准等,从事组织、领导、管理、监督等工作的人员;(四)在依法组建的评标、谈判、询价等组织中代表国家机关,国有独资、全资公司、企业,事业单位,人民团体临时履行公共事务组织、领导、管理、监督等职责的人员;(五)其他依法行使公权力的人员。"

意对"公职人员"作出解释,进而不当扩大监察对象的范围。另一方面,在监察对象的文义体系基础上,应当明确监察对象的判断逻辑。作为一项兜底条款,其应当遵循同类解释的规则,但作为同类解释的比照对象,之前的几项立法规定本身就存在一定的扩张内容,例如,将基层群众性自治组织中从事管理的人员纳入公职人员的范畴,但其核心并没有脱离"依法行使公权力"这一实质要素,在国家监察全覆盖的目标下,其又获得了一定的合理性。对此,不能随意扩大"其他依法履行公职的人员"这一规定的适用范围,应先围绕依法履行公职与行使公权这一实质要件予以定位。《〈中华人民共和国监察法〉释义》对此也指出,对于"其他依法履行公职的人员"不能无限制地扩大解释,应主要看其是否行使公权力,是否损害了公权力的廉洁性。

四、结论

党的十九届六中全会指出,在全面从严治党上,党的自我净化、自我完善、自我革新、自我提高能力显著增强,反腐败斗争取得压倒性胜利并全面巩固,党在革命性锻造中更加坚强。为了继续努力巩固反腐斗争的成效与加强全面从严治党,应当在具体的制度实施层面强化规范体系的效能。国家监察制度运行过程中的监察对象的认定是监察权有效运行的基本前提之一。监察对象的实质要素是主体依法行使公权力,公职与公权是解释监察对象的重要内容,其不仅涉及对公职人员的身份判断,也包括权力制约意义上对监察权的控制。权力本身的运行会涉及监察对象之外的要素,对此应当使监察权的运行范围尽量与监察对象的范围保持一致,进而对监察权予以权力层面的有效制约。在《监察法实施条例》对监察对象予以细化的基础上,对监察对象的解释应当遵循从形式层面的立法文义到实质层面的依法行使公权,从而合理认定监察对象,全面实现国家监察体系运行的合法性与合理性。

美国刑法解释之公平寓意规则论析

高维俭*　付胥宇**

公平寓意规则(rule of fair import)是美国《模范刑法典》所确立的基本解释规则,在当今美国刑法解释中处于核心地位。公平寓意规则修正了传统的严格解释规则,主张在刑事制定法出现歧义时,应运用公平正义对之进行解释,从而排除了严格解释规则所主张的"有利于被告人的解释"立场。公平寓意规则的确立,一方面显示出美国刑法解释的实质化转向,另一方面也是将民众的公平正义观纳入刑法解释的考量范围,融合法律职业精英判断和普通公众常识判断的重要举措。从适用效果上来看,公平寓意规则柔化了僵硬的制定法条文,拉近了刑法适用解释与民众社会生活之间的距离,为原本高高在上的刑法注入了普罗民意,使刑法在保持文本规范约束力的同时,更加契合大众的常识判断。回望本土,我国在刑法适用解释的讨论中,更加关注解释立场、方法和位阶等问题,对于解释过程中的公众价值观并未给予充分的重视,公众所认可的公平正义理念注入刑法解释的路径也并不畅通。事实上,在刑法解释过程中排斥民众的一般价值判断,既难以实现,亦非明智之举。合法的刑法解释应当是规范文本含义与社会情理价值的融合。美国刑法的公平寓意规则,为实现我国刑法适用解释的合法性与正当性提供了新的视角。

一、公平寓意规则之含义:概念、目的及地位

刑法解释之公平寓意规则,是指在对刑法制定法进行司法适用解释的过程当中,解释者应当注重探究制定法规范语词中所包含的公平寓意,以令解释结论符合社会共同体关于法治公平正义之共通认知的一种解释规则。

该规则具有显著的实质性,即为一种以社会共通认知观念(common sense)为核心基准的实质解释规则。其中的"公平寓意"可以作两方面的解说:其一,遵循制定法规则意义上的"公平寓意",即刑法适用解释所确认的规范寓意应当在可以合理预期的范

---

* 华东政法大学教授,博士生导师。
** 西安财经大学讲师,硕士生导师。

围内——在合理预期范围内,即可如是解释适用,若不在合理预期范围内,则不能如是解释适用,否则即为"不喻而罚""不教而诛",进而有违罪刑法定原则。其二,符合社会共通价值判断意义上的"公平寓意",刑法适用解释所确认的规范寓意及其适用结论应当符合社会共同体对于公平正义价值的一般认知——若符合,即可如是解释适用,若否,则不能如是解释适用。

"公平寓意"的理据,核心在于公平、正义、良善等基本价值观念,包括普通公众的基本常识、社会习俗、道德情理、社会取向、情势变迁和公共政策等因素。刑法解释讲求"公平寓意规则",一言以蔽之,即刑法解释要"讲理",讲求"常识、常理、常情"或 common sense,讲求社会共同体普遍认同的关于何为"公平"的基本道理,且解释"讲理"的过程、语词及结论必须清晰明了,并合乎社会普遍的认同。

公平寓意规则之目的不外乎两个基本方面:其一,防止刑法解释的过度扩张;其二,防止刑法解释的不当限缩。而防止产生这两方面偏误的基准理念或内在精神,即公平寓意,即以社会共同体关于法治公平正义之共通认知为基准来探究、甄别制定法规范语词中应当包含的公平寓意。

公平寓意规则,是美国刑法在适用解释过程中,针对严格解释规则的理性修正。当严格遵照制定法的字面含义,出现极度荒谬的解释结论时,或者单纯强调"禁止不利于被告人的扩张解释",出现严重不公的解释后果时,公平寓意规则无疑是更加适宜的选择。公平寓意规则旨在以一种实现解释目标和公平正义的方式,为制定法文字增添活力,确保刑法所规定的犯罪行为能够契合普通公众合理注意,使刑法不致突破公众的预测可能性,从而完成对立法意图的诠释。公平寓意规则体现了先喻后行的公平正义理念,防止对犯罪的不教而诛。可以说,在刑法解释中确立公平寓意规则,有助于在司法的动态过程中实现合法性(合乎制定法规范)与合理性(合乎社会情理价值)、形式正义与实质正义、罪刑法定原则(the principle of legality)与法律正当适用原则[①](the principle of due process of law)之间的辩证统一,消除二者之间的对抗性观念。

公平寓意规则不拘泥于制定法文本的字面含义,将普通公众对刑法的一般理解认知以及公平正义理念注入解释过程,从而使解释过程与结论更能体现公众心目中的正义观念,既坚守了对制定法文本的规范阐释,又运用司法者的智慧和解释技巧为刑法的解释过程倾注了公平正义的人性关怀。在普通法系,当制定法和先例缺失或不清晰时,何为正义以及如何实现正义是法官尤为关注的面向。在其视野中,与正义类似的表述还包括衡平、公道、公正等,主要是指符合良知或与社会上通行的关于正当行为的

---

① 针对该原则,本文对其翻译存在不同理解,将在后文第三部分具体阐明。此处暂沿用学界传统表述。

标准以及人们心中普遍的正义情感相一致等。① 博登海默认为:"一个立法机关应当以默许的方式把对法规的字面用语进行某些纠正的权力授予司法机关,只要这种纠正是确保基本公平正义所必要的。"②德沃金在阐述其整体法律解释观时,也将公平、正义和诉讼正当程序视为一个公正政治结构的三大美德,要求立法者和其他官员公平分配资源,保护公民自由,以确保道德上的合理性。③ 这些文字都是对法官运用公平寓意规则解释制定法的绝佳注脚。

目前,公平寓意规则已经逐渐取代严格解释规则的地位,为美国各州刑法制定法解释所广泛适用。《模范刑法典》在序言1.02(3)中即明确表达,当对法典术语有不同的理解以及涉及特别规定的具体目的时,仅接受用公平寓意规则对法典进行解释的立场:"本法典规定应当依照术语的公平寓意进行解释。"④《模范刑法典》的解释立场得到了许多州的支持和推广,公平寓意规则也以各种明示或者默示的方式被确立于诸多州法典中。例如,南达科他州法典即规定:本州法律应尊重它所关联的主题,它的各种条款和所有程序的解释,都应该考虑其对象的影响,并本着促进正义的目标自由地进行。另有很多州也在法典中作出了"公正和合理的结果值得追求"之规定。⑤ 此外,某些立法机关将公平正义等理念注入解释规范,对制定法解释提供指引:为了实现其目标,促进正义……在成文法的制定中,所追求的是公正和合理的结果;某些立法机关规定,普通法必须从属于平等以及关于公正和良心的规定。⑥ 这些立法规定虽然没有明确采用"公平寓意规则"术语之表述,但是均以明示或默示的方式承认了在制定法解释中,应融入普通公众基本公平正义需求之内涵,符合公平寓意规则之意蕴。

公平寓意规则在刑法解释中的运用,使得美国的司法过程不再局限于封闭的场域,不再为法官精英阶层所垄断,而是强调聆听公众的声音,容纳社会常识和基本公平正义观的考量。公平寓意规则为刑法解释提供了以社会共同体公平正义观念为基准的适度张力,是比严格解释规则更优的选择。

---

① 参见王虹霞:《司法裁判中法官利益衡量的展开——普通法系下的实践及其启示》,载《环球法律评论》2016年第3期。
② 〔美〕E.博登海默:《法理学、法哲学与法律方法》,邓正来译,中国政法大学出版社1999年版,第538页。
③ 参见〔美〕德沃金:《法律帝国》,李常青译,中国大百科全书出版社1996年版,第148页。
④ 王祎、刘仁文等学者在《美国模范刑法典及其注评》中,将序言1.02(3)中的fair import译为"通常含义",本文对此持不同见解。"通常含义"在英美法中一般译为plain meaning,将fair import译为"通常含义"有混淆二术语之嫌。fair本为"公平""合理"之意,import本意为"输入""进口""意义""重要性"等。结合《模范刑法典》序言1.02(3)的上下文,将fair import译为"公平寓意",更能体现将"普通公众最基本的公平正义需求注入刑法解释"之意。
⑤ 参见〔美〕雅各布·斯科特:《解释的普通法及其法典化规范(上)》,吕玉赞译,载陈金钊、谢晖主编:《法律方法》(第19卷),山东人民出版社2016年版,第144页。
⑥ 参见〔美〕雅各布·斯科特:《解释的普通法及其法典化规范(中)》,吕玉赞译,载陈金钊、谢晖主编:《法律方法》(第20卷),山东人民出版社2016年版,第160页。

二、公平寓意规则之由来:严格解释规则之修正

(一) 严格解释规则之评析

1. 严格解释规则的基本内涵

严格解释规则是一种通过词语的使用,限制制定法适用的元层面的文本规则。其主张制定法适用须受到法律明文规定之限制,同时这些明文规定需要符合文字的一般用法和基本逻辑。① 具体到刑法解释中,严格解释规则是指法官要严格遵守法律规范文本,禁止对文本作不利于被告人的扩张解释的规则。需要注意的是,严格解释规则并非那种僵死的、违背公众常识和明显的制定法意图的命令,也不是要求对法律作"最狭窄"意义的解释,它仍然强调与制定者意图保持一致。其虽被冠以"严格"之称谓,但并非追求对被告人进行"严厉"的惩处,反而强调当制定法不明确时,应采用宽容理念对不明确的制定法提供指引,以确保将刑法的处罚范围严格限制在制定法规定之内。② 从这个意义上来说,将其称为"严格"解释实为一种误导,"从宽规则"之称谓更为恰当。③ 或者说,其所谓"严格"应当是指解释者解释权力的严格限制。因此,严格解释并不适用于所有的刑法规定,应区分"不利于被告的规定"与"有利于被告的规定"。"法官有义务严格解释'不利于被告的规定',也就是说,有义务严格解释那些确定什么是犯罪与相应刑罚的规定,但是,并没有任何障碍阻止法官对那些'有利于被告的规定'做出宽松与扩张的解释。"④

由此可见,严格解释大体包括两层含义:其一,如果文本不存在歧义,应对刑法规范进行"严格"解释。从这个意义上来说,严格解释规则强调对文本及其逻辑的依赖,相信法律文本是一个逻辑自足的封闭的概念体系,拒绝解释对规范文本的突破和僭越,体现了形式主义的法治观。其二,当文本存在歧义时,应作出有利于被告人的"宽仁"解释。此层含义立足于人权保障,强调的是禁止作出不利于被告人的扩张解释,即被告人的权利在文本歧义面前具有绝对的优先保障性。值得检讨的是,此层含义往往被忽视。那些仅将严格解释理解为文义解释或者严格遵照文本所进行的字面

---

① 参见[美]雅各布·斯科特:《解释的普通法及其法典化规范(上)》,吕玉赞译,载陈金钊、谢晖主编:《法律方法》(第19卷),山东人民出版社2016年版,第141页。

② See Paul H. Robinson, Fair Notice and Fair Adjudication: Two Kinds of Legality, University of Pennsylvania Law Review, Vol. 154, 2005, p. 345.

③ See Paul H. Robinson, Criminal Law, Aspen Publishers, Inc., 1997, p. 93.

④ [法]卡斯东·斯特法尼等:《法国刑法总论精义》,罗结珍译,中国政法大学出版社1998年版,第138页。

解释、平义解释的观点,其实是对该概念的误读。① 严格解释规则提供给司法者的解释空间狭窄,在这一规则指引下,法官的自由裁量权相对有限。

2. 严格解释规则的优势和弊端

严格解释规则的优势在于:其一,可以为法律规则提供毋庸置疑的确定力和拘束力,塑造法的安定性和可预测性,使国民可以合理预期自己的行为边界,不致发生行为萎缩之后果;其二,赋予法律至高无上的权威,从而促进社会共同体对于法律的信心;其三,提供了有利于被告人的"从宽"处罚依据,对保障被告人的人权无疑是一种进步。

然而,随着法治的发展,严格解释规则逐渐显露出其在处理复杂刑事案件时的僵硬与乏力。在制定法出现歧义时,总是无条件地作出对被告人有利的从宽解释也难免招致人们对其公允性的质疑。其弊端逐渐凸显,主要体现在如下几个方面。

其一,严格解释规则导致法官自由裁量权的萎缩,对被告人的一味从宽并不符合个案的正义诉求。斯卡里亚大法官有云:一种文本不应该被严格地解释,也不应该被温和地解释;它应该被合理地解释,以包括它所有的公平意思。②

其二,对严格解释规则选择性适用的情形大量存在。法官对严格解释规则在何种情形下"启用"以及何种情形下"弃用",存在极大的随意性。有些法庭仅在该规则能达致自己所欲实现的结论时,才选择对其进行适用。这直接导致了同一法官对立法意图的不同诠释。③ 法官这种为实现目的而任意取之"为我所用"的心态,逐渐葬送了严格解释规则在传统司法适用中的优势地位。不仅如此,严格解释规则也缺乏立法机关的支持,"没有立法机关对其法典化,却存在大量的州反对严格解释"④。

其三,严格解释规则无法弥补立法本身的固有缺陷。语言的模糊性、立法的滞后性和不完备性,是任何一部制定法都难以避免的缺陷。适用严格解释规则不但无法消解上述问题,反倒会因为墨守条文而出现严重不公甚至荒谬的结论,无法消除个案中的非正义因素。在严格解释规则的指引下,社会发展与刑法规范相对滞后之间的紧张关系,只能通过立法进行消弭,司法的"续法"功能遭遇全面抵制。

Keeler v. Superior Court of California 案即是以严格解释规则进行裁判的例证。面

---

① 如"严格解释是刑法解释的基本规则之一,刑法文本的解释必须采取以文义解释为基本方法的严格解释,应当尽可能根据对该刑法的通常字面含义进行不违背社会情理的解释,除非根据立法原意不得不进行不同的解释"。梁根林:《刑法适用解释规则论》,载《法学》2003 年第 12 期。

② See Antonin Scalia, A Matter of Interpretation: Federal Courts and the Law, Princeton University Press, 1997, p. 11.

③ See Paul H. Robinson, Fair Notice and Fair Adjudication: Two Kinds of Legality, University of Pennsylvania Law Review, Vol. 154, 2005, pp. 340-341.

④ 〔美〕雅各布·斯科特:《解释的普通法及其法典化规范(上)》,吕玉赞译,载陈金钊、谢晖主编:《法律方法》(第 19 卷),山东人民出版社 2016 年版,第 144 页。

对普通公众对判决结论的质疑,法官经过反复斟酌与权衡,仍然坚持在制定法范围内作出了有利于被告人的解释,认为谋杀罪的对象只能是1850年立法所使用的"human being"即"人",而不能指"unborn fetus"即"未出生的胎儿",如果将"viable fetus"即"可独立存活的胎儿"视为"human being"即"人",则属于不利于被告人的扩张解释,突破了文字的可预测范围,因此被告人不成立谋杀罪。随后,加利福尼亚州立法机构在很短时间内即修改立法,明确将"胎儿"(fetus)尽皆纳入"人"(human being)的立法概念内,以契合既有的公众的常识、常理、常情(common sense)。在该案中,严格解释规则的适用结果尽管可以贴上被告人权利保障的价值标签,但其对个案正义的牺牲,对作为法律正义核心价值的既有社会常识、常理、常情的违背,却是不争的事实。其方式稍显笨拙,其结果不乏遗憾。

由于严格解释规则可能违背立法原意,美国部分州废除了该规则。保留严格解释规则的辖区也仅将该规则作为检验制定法模糊性的试金石,只有当制定法在适用各种有效机制后,包括考虑制定法的"用语、体系结构、立法史和政策动机",仍受到合理解释权限影响时的,法院才会考虑适用严格解释规则。[1] 学界也存在废除严格解释规则的观点,认为该规则应当被抛弃,其对保障公平警告(fair warning)和可预测的刑事司法并不必要,而该原则下立法权之分配方式会导致对规则需要呈持续性增长态势,使刑法成本不断上升,效率不断降低。[2]

严格解释规则日渐式微,其在美国立法与司法中处境尴尬。随着美国司法克制主义向司法能动主义的转向,法官急需一种更具灵活性、更具实质性、更具合理性的解释规则提供指引,通过强化个案的公正性来面对社会公众的审视。

(二) 修正背景

1. 制定法的发达

严格解释规则强调法律的权威性与至高无上性,要求法官严格遵循法律规则,按照字面含义解释法律,即使出现了明显违背公平正义的荒谬结果,法官也必须遵循文字所表达的意思。这一尊崇刑事法治的规则,与英国集权性的司法体制和保守性的司法风格相契合,在英国得到了彻底的贯彻。英国哲学家欧克肖特曾言:在英国遵循先例与议会至上的传统下,法院的个案判决不可能被所谓正义的主观意见所左右,"正义"必须显示它自己是一个论证的结论。[3] 正如布莱克·斯通所言:无论议会的法令多么不明智或者不合理,以至于严重违反民主的政治传统,法院也必须实施而不得宣布

---

[1] 参见王秀梅等:《美国刑法规则与实证解析》,中国法制出版社2007年版,第30页。
[2] See Dan M. Kahan, Lenity and Federal Common Law Crime, The Supreme Court Review, 1994, pp.245-428.
[3] 参见〔英〕迈克尔·欧克肖特:《政治中的理性主义》,张汝伦译,上海译文出版社2003年版,第178—179页。

议会的法律无效,制定法对其适用范围内的任何人都具有不可置疑的、绝对的约束力。如果议会发生了错误,其补救措施只局限于政治范畴,即通过议会内部反对或者选举程序来解决。①

然而,由于殖民地的经济关系和社会结构的差异,滥觞于英国普通法的美国法律却并未实现对英国法的全面继受,而是结合本土实际情况创造性地构建了其自身的法律制度和法律体系。联邦体制下错综复杂的司法系统,多元的文化背景和社会结构,使得美国的遵循先例原则从未像英国那样刻板严格。在美国,普遍认为普通法规则缺乏可预见性,无法给公众提供合理的事前告知,尤其是在刑事法领域,会使被告人的生命和自由处于极大风险之中。不仅如此,由于公众对于普通法犯罪并不熟悉,因此其也无法实现刑罚对于公众的一般预防效果。此外,基于权力分立体制的基本结构,以及对统一适用法律的需求和法官自由裁量权的警惕,美国更倾向于以事先公布的制定法规制犯罪,其制定法系统远比英国更加庞大和完备。② 从 19 世纪末期开始,各州和联邦立法机关就开始在联邦宪法规制的范围内广泛制定成文法,进行了大规模的法典编纂活动。大多数州都拥有自己的刑法典,制定法地位不断被强化,制定法犯罪在美国已经处于绝对的优势地位。不仅如此,在刑事司法中,制定法的优先地位得以确认,在制定法与判例法发生冲突时,前者具有优先适用性。

制定法的兴旺发达为案件事实与刑法规范之间构架了更加明晰的逻辑对应关系,为司法适用解释提供了更明确的依据和更充分的指引。庞大的成文法律体系在严格解释规则的指引下,提供给法官裁量的空间日渐狭窄。制定法强势介入司法,并未使司法过程循规蹈矩地沿着立法预设的轨迹,案件事实与刑法规范并未一拍即合,自动生成判决。始料不及的是,原本试图限制司法自由裁量权的制定法却使法官的自主性和创造性得到了反弹。原因在于,美国社会的快速发展和急剧变迁很快就暴露了制定法僵化滞后的弱点,而力求摆脱僵化法律束缚的法官希望通过能动司法,展示其在法律适用解释过程中的理解力和创造力。在这种情况下,严格解释规则对于形式正义的追求已经成为法官运用解释技巧、发挥解释智慧的桎梏。司法需要一种更加灵动、更能体现社会公平正义理念的规则,来削弱严格解释规则指引下的法律拘束力的强度。于是,公平寓意规则应运而生。公平寓意规则将社会公平正义理念、普通民众的常识、社会政策等制定法文本外的因素纳入解释过程的考量,为刑法适用解释注入了鲜活的生命力和人性的关怀,更符合美国社会的发展状况,因此更受法官的青睐。

---

① 参见〔英〕P. S. 阿蒂亚:《法律与现代社会》,范悦等译,辽宁教育出版社、牛津大学出版社1998年版,第98—100页。

② See Paul H. Robinson, Fair Notice and Fair Adjudication: Two Kinds of Legality, University of Pennsylvania Law Review, Vol. 154, 2005, pp. 340-341.

2. 合法性原则的基础夯实

公平寓意规则中的"公平正义"理念,虽弥足珍贵,却过于抽象,具体标准并不易把握。毕竟,"公平正义"是游离于制定法规范文字之外的社会因素,需要法官进行探究和权衡。单纯的公平正义理念存在时刻逾越规范界限的风险,并不足以夯实刑法解释的正当性根基。由此就产生了对该规则的诘问:公平寓意规则是否会有松动制定法规范的潜在危险?值得庆幸的是,合法性原则(the principle of legality)为公平寓意规则的适用夯实了基础。合法性原则作为公平寓意规则的法律保障,为其具体适用确立了规范边界,时刻提醒对公平正义的追求需要以刑事制定法规范为基础,不能任意为之。

美国具有普通法历史渊源,且没有统一的刑法典,合法性原则并没有明确的文字表达。[①] 该原则与大陆法系的罪刑法定原则具有相似的精神内核。在美国,合法性原则的内容并非一成不变,其所内含的罪刑法定精神也并不像大陆法系那样取得如此大的胜利,该原则在第二次世界大战前后以及司法能动主义背景下,发生过数次重大转折。[②] 但大体来说,合法性原则所包含的以下几方面内容是得到一致认可的,具体包括:对普通法主义的抛弃,禁止司法造法,严格解释,禁止事后法,禁止司法适用上的溯及既往,明确性原则等内涵。[③] 合法性原则可以从以下两个方面产生影响:一方面,其确保了对于公众行动的合理警告,使其能够事先预知自身的行动边界,并作出符合自身利益的行动选择,而不致发生行动萎缩之后果,有利于法的安定性和公民的人权保障;另一方面,合法性原则也是分权原则的要求,其能够为司法机关提供裁判规则指引,使法官解释刑法的行为不致逾越司法的边界、渗入立法领域,从而发生解释扩张之后果,同时防止国家公权力不当侵入公民私领域,有利于规范和限制司法权的正当行使。

正因为合法性原则的基石作用,公平寓意规则中的公平正义观才不致漫无边际,不致形成民粹主义以冲破制定法的边界。合法性原则夯实了公平寓意规则的基础,将公众心目中抽象的公平正义置于刑事制定法的框架内,实现了公众朴素正义观与法官职业法律观的融合。

(三) 修正之价值:对过度严格解释弊害的矫正

严格解释规则的要旨在于禁止不利于被告人的扩张解释。该规则的立足点在保障被告人人权,但其合理性经不起深入推敲。一方面,扩张解释与类推解释的关系扑朔迷离,在任何司法体制下,扩张解释的边界问题都面临难以解决的困境;另一方

---

① 参见姜敏:《英美法系罪刑法定原则的维度和启示——兼与大陆法系罪刑法定原则比较》,载《四川大学学报(哲学社会科学版)》2015年第3期。
② 参见车剑锋:《美国刑法中的罪刑法定原则内涵辨正及其启示》,载《武陵学刊》2017年第1期。
③ See Paul H. Robinson, Fair Notice and Fair Adjudication: Two Kinds of Legality, University of Pennsylvania Law Review, Vol. 154, 2005, pp. 335-398.

面,不利于被告人的解释便加以禁止,似乎也无法经受社会公平正义观的检验。不仅如此,过度严格解释的立场,会遮蔽规范的真实含义,使制定法僵硬、滞后的弊端一览无余。

英美两国基于各自的文化传统和司法风格,对严格解释立场作出了不同程度的让步。英国的司法过程相对保守,其通常以严格规则之下的字面解释规则为基础,反对法官的创造性解释,仅承认在解释出现极度荒谬的结论时,用"黄金规则"和"除弊规则"对结论进行调适。但其适用范围极其有限,适用条件也非常严格,总体上来说仍然是在严格解释规则指引下的形式主义立场,对于法律规定中的漏洞更愿意求助于立法的制度性修订。相比较而言,美国法官在确认规范文义开始,就会不遗余力地对立法目的进行考量。许多法官认为,价值、目的和原理本身即包含在所有法律规则之中,原本即为规则的组成部分,因此诉诸目的和原理去解释制定法规则是妥当的。[1] 严格的形式主义立场并不适合美国人自由、开放、富于创造和注重实效的个性。在各种制度的保驾护航下,美国法官无疑是被幸运眷顾的一个群体,他们在实践中将发掘法律内涵的精神发挥到了极致。"可以说,没有哪个国家像美国那样授予了法院如此宽的管辖权,也没有哪个国家的法院像美国法院那样具有如此大的权威性。"[2]对于法官群体来说,积极主动适用刑法解决问题,远比消极被动固守文本接受规则更容易获得广泛支持。

需要注意的是,尽管公平寓意规则在美国得以确立,但是其与严格解释规则之间关系颇为耐人寻味。即使在严格解释规则之下,法官对于成文法"是否具有歧义"以及"如何选择解释规则"方面仍拥有一定的裁量权,大有可为空间。而一旦承认严格解释规则之下法官自由裁量权的存在[3],公平寓意规则与严格解释规则之间的界限则益发模糊。毕竟,两规则之间最根本的区分,即在于对于法官享有自由裁量权的不同态度。[4] 更进一步的问题是,公平寓意规则的适用是否排斥严格解释规则?在美国,既存在仅承认公平寓意规则而排除严格解释规则的立法例,如《模范刑法典》和《加利福尼亚州刑法典》;也有认为"公平寓意规则是严格解释规则的适用前提,当穷尽公平寓意规则之后,仍然存在模棱两可的理解,则适用有利于被告人的严格解释或宽仁解释"[5]的观点。

其实,严格解释规则和公平寓意规则都重视对个人权利的保障。但是,以牺牲基

---

[1] 参见陈林林:《法律方法比较研究:以法律解释为基点的考察》,浙江大学出版社2014年版,第89页。
[2] Jeffrey A. Segal, Harold J. Spaeth, The Supreme Court and Attitudinal Model Revisited, Cambridge University Press, 2002, p.12.
[3] 尽管与公平寓意规则相比,法官适用严格解释规则的自由裁量权相对狭窄。
[4] See Paul H. Robinson, Criminal Law, Aspen Publishers, Inc., 1997, p.96.
[5] Paul H. Robinson, Criminal Law, Aspen Publishers, Inc., 1997, pp.92-93.

本的公平正义为代价,而单纯强调对被告人的人权保障,则有些矫枉过正。如果结合解释立场进行判断,严格解释规则更贴近形式解释立场,强调对文义通常含义的遵守,主张在刑法规范存在歧义时,对被告人人权保障退而求其次的偏重;而公平寓意规则更切合实质解释立场,力图实现人权保护和制裁犯罪最大限度的兼顾。因此,公平寓意规则并非对严格解释规则的全盘否定,而是对严格解释规则的理性扬弃。一方面,从实质价值上来说,公平寓意规则对严格解释规则的内在合理成分给予了充分的尊重,后者对罪刑法定原则的坚守、对人权保障价值的珍视,都与公平寓意规则的主张如出一辙。孕育了公平寓意规则的美国联邦宪法第十四修正案之"法律正当原则"(the principle of due process of law)本身即包含了罪刑法定原则之"公平警告"(fair warning)含义,即不排斥对被告人予以合理的宽仁,但强调兼顾公平地考量秩序保护和法律正义的价值。而另一方面,从形式逻辑上来说,严格解释之"严格"或有利于被告人的宽仁解释的"有利于"及"宽仁"本身的限度非常模糊,缺乏逻辑的基准,因而极易被滥用,这也是美国刑法界对其诟病、警惕和废弃的重要原因。

三、公平寓意规则之理据:观念、政治及法律

(一) 观念理据:自然正义原则

自然正义源于古老的自然法思想,是普通法的一项重要原则,反映了人类最本能的普遍正义理念,其历史可以追溯到1215年英国的《自由大宪章》:"凡自由民,如未经同级贵族之依法裁判,或经国法判决,皆不得被逮捕、监禁、没收财产、剥夺法律保护权、流放或者加以任何其他损害。"该原则随后被殖民地北美大陆所继受,《独立宣言》即体现了明显的自然法色彩,认为法律的目的是保护人们与生俱来的自然权利,这些权利不可让与,国家不能凭借任何理由加以侵犯。随后的《权利法案》也继承了这种思想。此后,自然正义原则逐渐在美国生根发芽,并贯穿于美国法的各个方面。

自然正义原则所蕴含的公平正义观念是人类与生俱来的追求和理想。卡多佐认为:任何法律都涉及一种有关法律起源与目的的哲学,这一哲学尽管非常隐蔽,实际却是最终的裁决者。[①] 他所指的这种哲学,就是自然法思想下的普遍正义观念。这种观念根植于一个国家的历史传统和文化信仰之中,内含了人们赖以生存的最基本的诉求。严格依照刑法文本规定和条文逻辑进行解释,也许经得起法律职业眼光和司法内部逻辑的审视,但未必能够符合普通社会公众的认知。在文本具有歧义时,一味强调有利于被告人的解释,在保障被告人人权的同时,极有可能流失了某种大众认知下的

---

① 参见〔美〕本杰明·N.卡多佐:《法律的成长——法律科学的悖论》,董炯、彭冰译,中国法制出版社2002年版,第17页。

公平正义。

"正义是社会制度的首要价值,正像真理是思想体系的首要价值一样。一种理论,无论它多么精致和简洁,只要它不真实,就必须加以拒绝或修改;同样,某些法律和制度,不管它们如何有效率和有条理,只要它们不正义,就必须加以改造和废除。"①公平寓意规则将普通公众共同接受的公平正义观念注入刑法解释过程中,使解释结论更贴近普通公众的价值观,避免将法官个人及法律职业人的理解凌驾于公众理解之上。法律是人民意志的体现,是社会共同体基本价值观的体现,必然融入了公众对公平正义的一般理解。法官在解释中融入公众的价值判断,本身就是对人民立法权的巩固和延伸,具有权力上的正当性。"公平愈是屈从于规则上的逻辑,官方法律与老百姓的正义感之间的差距也就愈大。从而,在老百姓的眼中,法律就会渐渐地失去自身的可理解性和合法性。"②公平寓意规则适用的过程,就是法官的职业法律观与公众朴素的自然正义观相融合的过程。从这个意义上来说,美国法官将个案中寻求真正的、实体性的正义视为是一个没有终结的过程:不正义必须被根除,不管这个过程会显得多么漫长。③

自然正义原则为民众抵制政府的反自然法行为提供了正当性根据。在这种理念的影响之下,美国法官在解释法律时达成这样一种共识,即仅仅从字面上对制定法进行形式解释的做法应当被摒弃,必须对立法目的和规范目的给予高度承认,结合某些道德、常识、政策等规范外的实质因素来确定制定法的真实含义。这种思路凸显且提升了刑法适用解释的正义含量。法律不仅仅是由文字和逻辑组成的规则集合体,而且应当将其视为一个体系化的整体,动态地进行实质性解释。这也是公平寓意规则的内涵所在。

(二)政治学理据:社会共同体基本常识观

"法律是实现社会良善的工具。"④公平寓意规则认为,一个审慎的刑法解释,需要尊重社会共同体最基本的常识观。诚然,社会生活的复杂性和个体意识的多元性使得公众的思维方式、具体观念存在极大差异,貌似缺乏达成全面共识的基准。但是,人们基于相同或大体相似的文化传统、社会环境和心理模式,在长期的社会交往中,对于善良、公正、平等这些最基本价值的追求具有趋同性,甚至重叠性。而这些具有趋同性和重叠性的精髓,就凝练成一个国家社会共同体最基本的常识观。社会共同体的基本常

---

① 〔美〕约翰·罗尔斯:《正义论》,何怀宏、何包钢、廖申白译,中国社会科学出版社2016年版,第3页。
② 〔美〕昂格尔:《现代社会中的法律》,吴玉章、周汉华译,译林出版社2001年版,第198页。
③ 参见〔美〕P.S.阿蒂亚、〔美〕R.S.萨默斯:《英美法中的形式与实质——法律推理、法律理论和法律制度的比较研究》,金敏、陈林林、王笑红译,中国政法大学出版社2005年版,第219页。
④ Brain Z. Tamanaha, On Philosophy of America Law: On the Instrumental View of Law in America Legal Culture, in Francis J Mootz Ⅲ (ed.), Cambridge University Press, 2009, p.29.

识观的形成不是一蹴而就的,而是一个日积月累、水滴石穿的过程,是历史长期积淀所形成的社会结晶。其符合事物运行的基本法则,是不言自明、理所当然的事理和价值。这些事理和价值会在长期的人际交往和社会生活中渗入法官的意识,形成"前见",并自觉或者不自觉地成为法官解释刑法、形成司法决策的内在文化因素。

英美刑法中存在"一般法律观"的概念,即公众、法官、律师和政治家所形成的对法律的性质及其在社会中的功能的一般看法,这种法律观往往表现为"一套无法言喻甚至可能是不自觉的信念",而法官对于法律的看法"必须充分建立在一般公众对法律所持看法的基础上,并比后者更为精深"。① 这种"一般法律观"即是指社会共同体的法律常识。如果职业法律精英阶层总是对自身的职业技能和专业判断充满自信和优越感,而拒绝心平气和地给予普通公众的判断以足够信任和尊重,那么他们所作出的刑法解释将很难得到社会的认同。事实上,公众对于普通事物的理解,往往反映了同一个社会环境下大多数人最基本、最本能的常识判断,虽然缺乏规范属性,但其中蕴含着很大的合理成分。"以常识作为判断的方法,背后暗含着正义图像对认识和解释的指导功能。"② 公众以各自的生活经验对司法者施加间接影响力,向法庭输入了规范性期望信息,而这些规范性期望信息的集中化趋势必然具有某种社会客观性。承认公众对于司法适用的评价作用,就是承认司法过程的开放性,承认刑法生活对刑法规范的输入性。③ 因此,司法者要想在刑法解释中完全剥离这些最基本的常识观和价值观,往往徒劳无功。

甚至在某些情形下,法官对于社会公众的正义和常识判断,体现出极其明显的解释路径依赖性。陪审团制度之所以占据了美国法中举足轻重的地位,就是因为认识到常人理性对于审判公正的重要价值。合格的法官总是"习惯于扪心自问,什么后果更合乎情理,更有道理,他要牢记决定一个案件的许多公认的考量,其中包括了但不仅仅是制定法的文字、先例以及其他司法决策的常规材料,还包括常识、政策偏好以及其他许多东西"④。在很多情况下,法官并不需要以精致繁复的概念体系和教义学说来证成其解释结论的正当性,他只要诚挚地分享社会的基本常识和道德价值,即可提炼出使自己和公众都信服的结论。毕竟,制定法中本身就蕴含了社会共同体的基本常识观。

不仅司法者如此,立法者也需要在创制法律中尊重公众精神,并经常向民众的常

---

① 参见〔美〕P. S. 阿蒂亚、〔美〕R. S. 萨默斯:《英美法中的形式与实质——法律推理、法律理论和法律制度的比较研究》,金敏、陈林林、王笑红译,中国政法大学出版社2005年版,第344—345页。
② 石聚航:《"去熟悉化"与"去常识化"之间:刑法学知识转型的反思》,载《环球法律评论》2014年第1期。
③ 参见刘远:《论刑法规范的司法逻辑结构——以四维论取代二维论的尝试》,载《中外法学》2016年第3期。
④ 〔美〕理查德·波斯纳:《法官如何思考》,苏力译,北京大学出版社2009年版,第190页。

识正义观让步。在美国刑法体系中，就算是依据功利主义原则制定的《模范刑法典》，也常常遵从于普通民众的正义判断。因为立法者暗中知晓，如果刑法典明确地和社会的共识正义直觉相对立，将不可避免地在其规制的社群中丧失道德信用，这会进一步削减刑法的犯罪控制效力。① 这充分说明，立法者和司法者都意识到，无论是制定刑法，还是解释刑法，在刑法规范中纳入对公众基本常识观的考量，是实现个案正义、维护刑法权威的明智之举。公众的常识观既是司法智慧的源泉，也是司法得以顺畅运行的重要保障。公平寓意规则即为公众常识观融入法律过程提供了指引。

（三）法律理据：法律正当施用原则

法律正当施用原则（the principle of due process of law）②是由美国联邦宪法第五修正案和第十四修正案所奠定的宪政基石。该原则是"表示规范的正规执法的法律概念，正当程序建立在政府不得专横、任意的行事的原则上。它意味着政府只能按照法律确立的方式和法律为保护个人权利对政府施加的限制进行活动"③。该原则既是一项宪法原则，也是一项刑法原则；既具有实体属性，也具有程序属性。其要求国会和各州制定的法律符合公平正义标准，必须具有正当性和明确性，足以使普通公众理解被刑法禁止行为的具体意义；同时，法律的适用也要正当，不能违背社会共同体的公平正义观念，不能以任意的、歧视性的方式适用法律。

在美国法中，合法性原则与法律正当施用原则共同构筑了刑事法领域的人权保障基石。合法性原则从形式方面确定了制定法适用的规范准则，旨在告知公众的行动范围；法律正当施用原则从实质方面赋予制定法公平正义的内核，旨在限制国家的权力扩张，二者共同发挥着刑法的人权保障机能。法律正当施用原则对于刑法适用解释的核心意义在于，确保普通民众对于刑法的可预测性和安定性。法律正当施用原则以宪法的形式确认了普通公众心目中最基本的公平正义理念，旨在限制政府对于公民生命、自由和财产的侵犯，确保政府权力的正当行使。

公平寓意规则是法律正当施用原则在刑法解释领域的具体化。法律正当施用原则要求国会的立法和政府的行为必须符合公平正义的要求，而公平寓意规则要求刑法解释必须考虑普通公众的公平正义观，二者具有一致的价值内核。在刑法解释过程

---

① 参见〔美〕保罗·罗宾逊：《正义的直觉》，谢杰、金翼翔、祖琼译，上海人民出版社2018年版，第73—83页。

② 关于该原则的译文，相关中文文献多将其译为"法律正当程序原则"，但笔者却以为不妥：其一，从文辞上而言，"process"一词不宜译为"程序"，而应译为"处理"或"施用"；其二，从内容上而言，该原则的内容不仅仅指"程序正当"，而是指法律适用必须"程序正当"，且"实体正义"。将"the principle of due process of law"译为"法律正当程序原则"实属偏误，并业已造成对相关理论研究的误导，即学界多将其定位为一种"程序性的原则"，故而，鲜有实体法方面的学者关注和重视该原则的研究。然而，该原则在美国刑法以至整个美国法律体系中具有不同寻常的重大意义，且对我国相关领域的研究也具有重要意义。

③ 〔美〕彼得·G.伦斯特洛姆：《美国法律词典》，贺卫方等译，中国政法大学出版社1998年版，第15页。

中,强调保障被告人权利的同时,也需要实现与公众所追求的公平正义的最大程度兼容,从而实现对公民权利的全面充分保障。法律正当施用原则是对社会共同体公平正义诉求的法律回应。在法律正当施用原则的保障下,将公平正义理念注入司法就有了法律依据,法官能够有理有据地运用公平寓意规则解释刑法,从而实现个案正义。

四、公平寓意规则之精神:形式规范与实质正义的统一

(一) 公平寓意规则之"形":形式规范文本的外部制约

很难想象,一个现代福利国家,在进行社会治理时能够放弃对形式化法律规则的依赖。规则之治是法治的形式逻辑起点,"法律是使人类行为服从于规则之治的事业"①。刑法制定法是美国刑法适用解释的重要形式依据。任何制定法解释都必须依附于形式规范文本,公平寓意规则也不例外。如今,大多数州的刑法典都采用了规范的语词表述和较为统一的文本形式,构筑了具有体系完备性、逻辑自洽性和条文关联性的规则体系。无论是作为普通民众的行为规则,还是司法适用的裁判规则,制定法都提供了比判例法更加明晰的判断依据和标准,对维护社会秩序功不可没。公平寓意规则强调刑法解释需要受到规范文本的制约,这是确保解释合法性与权威性的基础,体现了法律体系内在统一性和稳定性的要求。因为如果一个法律体系无法确保法官承担起忠诚于法律理念的责任,就很难形成真正有效的司法。如果每一位法官在每一起案件中都要发挥其创造力,司法将不复存在。② 需要时刻牢记,文本是刑法解释不能逾越的藩篱,具有最高的权威性。从这个意义上说,文义解释是一切解释方法的起点,也是不言自明的逻辑。

公平寓意规则反对"法律虚无主义"立场。公平寓意规则并非无视文本的界限,脱离文本的边界,信马由缰地追求普通公众心目中的正义。其只是通过为刑法解释注入公平正义的理念,力图柔化僵硬死板的法律规则,避免严格适用刑法而导致的极度不公,从而得出合乎理性、符合现实的解释结论。其在指引法官进行刑法解释时,仍然以形式文本规范对解释的外部制约作用为基础。制定法文本是公平寓意规则得以发挥指引作用的形式依据,也是法官适用法律的基础。法官必须尊重规范,受制于规范。在考虑实质性依据之前,"形式性依据的功能通常就像一道屏障,或明或暗地将尚未整合入规则的实质性依据从决定过程中隔离出去"③。将形式化的刑法文本解释置于实

---

① 〔美〕富勒:《法律的道德性》,郑戈译,商务印书馆 2005 年版,第 125 页。
② 参见〔美〕P.S.阿蒂亚、〔美〕R.S.萨默斯:《英美法中的形式与实质——法律推理、法律理论和法律制度的比较研究》,金敏、陈林林、王笑红译,中国政法大学出版社 2005 年版,第 296—297 页。
③ 〔美〕P.S.阿蒂亚、〔美〕R.S.萨默斯:《英美法中的形式与实质——法律推理、法律理论和法律制度的比较研究》,金敏、陈林林、王笑红译,中国政法大学出版社 2005 年版,第 2 页。

质化的价值判断之前,体现了公平寓意规则遵从刑法文本的形式性、规范性的特质,既是对合法性原则的尊重,也是确保法的确定性和可预测性的必然要求。

单纯依靠形式文本的解释终归是具有局限性的,不可避免地会带来诸多问题。毕竟,"法律的功能本身在很大程度上是一个实施根据某个社会所认同的价值观视为正确的或正当的规则问题……在某些情形中,切实实施书本中的形式法律并不受欢迎"①。将形式化的解释思路贯彻到极致,就是制定法的灾难。形式法治观强调对文本和逻辑的依赖,相信法律文本是一个逻辑自足的封闭的概念体系,根本排斥解释对规范文本意思的推衍(包括基于社会普遍公平正义观念的合理推衍),这种机械化理解文本含义所带来荒谬结论的例子举不胜举。

在 Baker v. State 案中,伊默太太因其租客雷蒙德死亡,无法获得政府支付给雷蒙德的当月支票,以偿付当月的租金和护理费。为弥补其损失,伊默太太伪造雷蒙德的签名获取了支票,并将雷蒙德的尸体摆放在窗前,使过路的行人远远能够看到"雷蒙德"出现在窗前,制造其仍然在世的假象。本案对于伊默太太伪造签名罪并无争议,焦点在于其行为是否构成"滥用尸体罪",即"明知他人会因其行为受到侵犯,而肢解、毁损、损坏或其他滥用尸体或以上述方式侵扰尸体的行为"。如果将伊默太太的行为解释为滥用尸体罪,无疑是形式化地理解了"滥用"行为,也与公众心目中的"滥用尸体"行为存在出入。事实上,滥用尸体罪的罪名设置本身就是为了惩罚那些"撒旦崇拜成员滥用从陈尸所、殡仪馆、墓地获得的尸体或尸体部分的行为"。伊默太太在家中摆放尸体的行为显然不在此列。两种行为属性虽然具有形式上的相似性,但实质目的和意义却大相径庭。

此外,斯卡里亚大法官曾探讨过以下案例。法律规定:若在毒品交易过程中使用枪支,将增加刑期。被告人试图购买大量可卡因,其提供用以交换可卡因的是一支未组装的枪。② 将枪支"交换"给毒品出售者从而非法获得毒品的行为,解释为"使用枪支进行非法毒品交易"的行为,也属于形式化理解语词含义,而未对"交换"与"使用"的本质差别进行实质性解释,得出的结论既偏离了立法者处罚"以武器武装来保障毒品交易顺利进行"的立法原意,也不符合公众的通常理解。

可见,单纯的形式文本并不足以保证刑法解释结论的妥当性,要使公平寓意规则发挥对解释的指引作用,还需要为解释注入实质正义的精神内涵。

(二) 公平寓意规则之"神":实质正义精神的内在价值

在任何一个刑法解释中,合乎规范形式的背后,不可避免地融合着对某种价值的

---

① 〔美〕P. S. 阿蒂亚、〔美〕R. S. 萨默斯:《英美法中的形式与实质——法律推理、法律理论和法律制度的比较研究》,金敏、陈林林、王笑红译,中国政法大学出版社 2005 年版,第 186 页。

② See Antonin Scalia, A Matter of Interpretation: Federal Courts and the Law, Princeton University Press, 1997, p. 11.

判断和遵从。公平寓意规则在刑法解释中融入对公平正义的追求，决定了其必然容纳实质性的价值判断。而当这些实质正义的精神融入形式性的规范文本时，就为文本注入了鲜活的生命力。美国法官的价值观和思维方式受到各种因素影响，其在司法过程中常常并不局限于严格的法律规则，反倒是法律之外的诸多"正"因素[①]更能引起法官的关注。[②] 在能动司法理念的指引下，刑事法官更热衷于去挖掘案件的实质精神，将公众心目中的公平正义理念纳入自由裁量权的考量范围，并结合个案背景和相关社会政策，努力推动法律与发展中的社会现实情况协调一致。公平寓意规则的确立和发展无疑强化了这种倾向，法律对社会关系的调整机能益发强劲，实质正义的内在精神已经成为推动社会发展的内在驱动力。

美国加利福尼亚州高院法官在 Rodriguez v. Bethlehem Steel Corp. 案的判决中写道：司法的职责来自法院在普通法系统中所处的特定角色。在加利福尼亚州，或其他任何普通法领域，普通法从来不是关于人们行为、损害赔偿以及防止伤害再次发生的精确而僵直的成文法典，而是将广泛、全面并且具体的不成文法作为一种处事方法，我们尽量避免使用像"规则"这样的令人感到缺乏灵活性的字眼。普通法的灵感得自法官对于事实的基于先天正义感作出的通常推理，并且经公众的首肯而且被采用为政府的政策。[③]

总体来说，在公平寓意规则指引下的美国制定法解释，所采取的仍然是一种实质主义的解释立场，法官对于纯粹形式主义取向的解释路径并不热衷且心存疑虑，而是倾向于发挥自身的创造性和能动性，去探求某些实质性的解释理由。这种实质主义的解释模式，使法官在解释过程中注入了价值判断，体察法意，调和民情。这不可避免地增加了法律解释过程中的不确定性，因此需要法律推理方法、裁判说理论证等技术层面的制约作为外部保障，防止解释过程和解释结论脱逸制定法文本的约束。从这个角度来说，司法成本的增加也就成为必然，当然，这也是一种必要的、值得期待的投入。美国司法技术高度发达，公平寓意规则的广泛适用是其中的重要因素。

（三）形神兼容：公平寓意规则之内涵

单纯强调规范文本的形式意义而无视个案的内在正义价值，抑或单纯注重对实质正义的追求而放弃制定法规则的制约，都偏离了公平寓意规则的本意。公平寓意规则仍以合法性原则的制约为基础，注重刑事制定法中规范、形式的一面，同时也保持向公

---

① 关于此处的所谓"法律之外的诸多'正义'因素"，笔者的理解是，看似在法律之外，但实为法律中包含的"公平寓意"。

② 参见崔林林：《严格规则与自由裁量之间——英美司法风格差异及其成因的比较研究》，北京大学出版社2005年版，第144页。

③ 参见崔林林：《严格规则与自由裁量之间——英美司法风格差异及其成因的比较研究》，北京大学出版社2005年版，第52页。

众认可的实体价值开放,是形式规范与实质正义的统一。形式规范所体现的秩序价值是社会得以正常运转的基础,而规范内在的实质正义则是使社会得以发展和完善的价值升华。事实上,"正义"精神常常徘徊于刑法的形式规范周边,需要通过刑法实质精神进行探究。即便是新文本主义解释的代言人,大法官斯卡里亚也仍然认为,文本主义不是僵化的、无想象力的或单调的,不是令人生厌的,而是一种合理的解释方法,即在文本解释时需考虑理性、正义、公正等因素。这充分说明,法官作为适用解释的主体,已经在司法实践中意识到,仅着眼于文本的形式理解,已经远远不能满足社会发展的需要和公众心目中对公平正义的追求,对法律文本中内涵的"合理性"的公平正义等价值的考量,既不可避免,也不可或缺。

以 Muscarello v. United State 案为例,刑法规定,使用和携带武器进行非法药品交易的,需处以5年监禁。本案的争点在于,将武器置于自己驾驶的汽车之内,但是并未贴身的行为,是否属于"携带"(carry)武器?如果形式地判断"携带"一词的通常含义,应当仅包含"贴身携带"之意义,则被告人将武器放置于车内且并未贴身的行为,不能认定为"携带武器"。这种解释立场是依据严格解释规则所作出的结论,即对语词进行严格的形式解释,不能随意扩张文字含义,同时这种解释结论缩小了处罚范围,也是有利于被告人的。但是,如果从实质精神上考察"携带"一词的含义,则可以发现:其一,从携带一词的词源上看,其本身就源于"在有人随行的马车、汽车、卡车或其他运输工具上"放置武器之意。① 其二,站在公众常识的角度进行判断,并非所有的武器都具有能够"贴身"携带的特性,例如有些化学类或极大型武器就不具备"贴身"携带的可能性。其三,从刑法规范的保护目的来说,将武器放置在运输工具内但"并未贴身"的行为,与将武器放置在运输工具内但"贴身"的行为,二者均保留了随时使用武器的可能性,并无本质差别,由此可以看出"贴身"与否并不是"携带"武器的本质特征。其四,从刑法规范的语义范围来看,"未贴身的携带"并未突破"携带"一词可能的语义范围,不会突破公民的预测可能性。其五,从处罚必要性角度考虑,虽未贴身但是将武器置于自己正在驾驶的运输工具上进行非法药品交易的行为,与随身携带武器进行非法药品交易的行为一样,具有处罚必要性。综上,将"虽未贴身,但是把武器置于自己驾驶的汽车之内"的行为解释为"携带",完全成立。这一解释结论是在公平寓意规则指引之下完成的:既需要遵守刑法的文字规定,不能超出文字的语义范围,同时要考虑制定法的实质正义精神,不能机械地仅就字面含义理解刑法。

当然,即便是在疑难刑事案件中,对于公众的常识性公平正义观之考虑,也应当是有节制的。可以说,缺失形式规范文本的约束,刑法解释就如无源之水、无本之木,丧

---

① See Joshua Dressler, Cases and Materials on Criminal Law, American Casebook Series, 2009, pp. 120-121.

失了解释的法律依据和解释权的正当性基础;而缺失实质正义精神的倾注,仅仅对文本进行文字"注疏",刑法解释就失去了社会共同体所凝练出的精神内涵,丧失了法律的内在神韵和正义精神。公平寓意规则运用于司法实践的过程,就是寻求"形"之确定性与"神"之灵活性二者平衡的过程,就是使刑事制定法在司法适用中得以形神兼具、骨血融合的过程。

五、公平寓意规则之启示:本土资源及理念借鉴

随着中国法治发展进程的推进,司法对法官适用解释刑法提出了更高的要求。法官对于刑事个案的解释,屡屡面临社会公众的质疑,诸多"合法不合理"的解释结论,也不断冲击着公众心目中朴素的公平正义观。在这种情况下,如果司法者将责任全然归结于"刑法如此规定",或者指责公众"不懂法",以此来正当化其裁决,即便不是推卸责任的"甩锅"之举,起码也是未充分发挥司法智慧的机械解释。司法过程"不仅是科学的,而且是艺术的;不仅是技术的,而且是人文的;不仅是理性的,而且是感性的;不仅是合规律的,而且是合目的的……故为法官者,解释适用法律,必本于正义、出于善意、合于公理"①。刑法适用解释的过程应适当植入普通民众的公平正义观。中美两国虽然在文化传统、制度背景和法律规定方面具有明显的差异,但面临刑事个案价值冲突时,对基本规则的择取并非水火不容。在美国刑法解释中,公平寓意规则所着重强调的对公众基本价值观的考量和对于社会公平正义的追求,作为一种普适性的价值观念,完全契合我国社会主义核心价值观,以及"让人民群众在每一个司法案件中感受到公平正义"的司法基本价值观。

(一)公平寓意规则契合实质解释论立场

在美国,公平寓意规则对严格解释规则的冲击,不仅仅是自由解释立场对严格解释立场的冲击,也说明司法界逐渐承认,对刑事犯罪的"处罚的公正性"比"对被告人一味从宽"具有更优的地位。而"各种解释方法或多或少是形式化的,一种解释倘若只关注语词的字面意思,那么解释就是高度形式化的。倘若解释者寻求或适用潜在于法律文本中的隐性目标与理由,或者依据其他渊源(如立法史)来确定这些目标与理由,那么解释就是实质化的"②。公平寓意规则融入了普通公众的公平正义观价值,显然是一种实质主义立场。这在我国当前语境下,可以还原为形式解释论与实质解释论立场之争问题。

形式解释论主张,对刑法的解释要以刑法文本为前提,不能超过"语义的可能范

---

① 江必新:《法官良知的价值、内涵及其养成》,载《法学研究》2012 年第 6 期。
② 陈林林:《法律方法比较研究:以法律解释为基点的考察》,浙江大学出版社 2014 年版,第 29 页。

围",在规范语义存在模糊歧义时,要根据刑法的谦抑性,作出"有利于被告人的解释"。这与严格解释论的立场如出一辙。而实质解释论主张,对刑法的解释,在遵循规范文义的基础上,以规范的保护法益为导向,考虑"处罚必要性和妥当性"。实质解释论立场与公平寓意规则具有基本一致的价值内涵。形式解释论与实质解释论都承认刑法规范字面含义的形式制约作用,承认罪刑法定原则的基础性地位,都对刑法的实质判断有所肯定。事实上,两种立场尽管具有一定路径差异性,但是在绝大多数案件的解释过程中都可以得出一致的解释结论。以近年来的引起极高关注的几个热点案件为例。天津"赵春华非法持有枪支案"、内蒙古"王立军非法经营玉米案"、江苏"陆勇销售假药案"等,无论是立足于形式解释论立场,恪守刑法的谦抑性,作出"有利于被告人的解释";还是站位于实质解释论立场,权衡具体行为的法益侵害性,追求符合处罚必要性的判决,都可以得出无罪的解释结论,且都不会突破刑法规范的文义范围,也不会违背国民的预测可能性。两种立场下的法官解释结论会产生重合。因为,以不具备处罚必要性为依据将行为出罪,本身就是有利于被告人的解释。由此可见,形式解释论与实质解释论的争点在于,当刑法文本规范出现模糊、歧义时,到底是应当依据刑法的谦抑性而作出"有利于被告人的解释",还是按照公平正义理念以"处罚必要性"为导向作出"有可能不利于被告人的解释"。

对此,在美国刑法中,代表实质解释论立场的公平寓意规则,已经逐渐取代代表形式解释论立场的严格解释规则,从而处于司法适用解释的更优地位。问题在于,美国刑法的发展轨迹能否为我国刑法的发展方向提供指引。在制定法产生歧义时,"有利于被告人的解释"将人权保障价值置于更加优先的地位,而"处罚必要性"则在保障人权的基础上,兼顾了社会公平正义价值的考量。任何一部制定法都会出现不同程度的模糊和歧义,需要法官通过解释以明晰刑法的适用。如果制定法一旦出现模糊和歧义,就即刻搬出"有利于被告人的解释"这一事先设定的标准,未免过于简单和轻率,完全无视司法过程的复杂性和动态性,尤其是在出现明显不公正解释结论的情况下。学界往往视"不利于被告人的解释"为洪水猛兽,似乎一旦提及就立刻处于人权保障的对立面,从而动摇了罪刑法定原则的基石地位。这实在是矫枉过正。"不利于被告人的解释"并非解释路径选择的标准,亦非不问青红皂白而择取的解释思路,而是需要与法益侵害性和处罚必要性、妥当性结合起来进行考量,而事后得出的某种中性的解释结论。而这种解释结论恰好是"不利于被告人"的。因此,"不利于被告人的解释"不仅不是处于人权保障的对立面,反而在很多情况下比"有利于被告人的解释"更符合社会公平正义理念。如果在文义可能的范围内,服务于法益保护的需要,着重考虑处罚的必要性和妥当性,则实现了人权保障和公平正义的双赢。值得注意的是,社会公平正义观念对应的恰恰是相应社会大多数人的人权保障问题。

公平寓意规则以刑法规范文本为外部制约，体现了在刑法解释过程中对罪刑法定原则的坚守和人权保障的追求；以公平正义理念为内在精神，综合考量具体案件刑事处罚的必要性和妥当性，实现了对个案实质正义的追求。因此，公平寓意规则只有在实质解释论的立场下，才能真正焕发生命力，发挥其应有价值。

(二) 公平寓意规则包含当然(合理)解释方法之意蕴

对于当然解释，一般将其理解为"刑法法规虽未明文规定，但根据法规的宗旨，其行为事实比法律规定的更有适用的理由，而直接适用该法律规定的解释方法"①。张明楷教授认为，当然解释既是一种推理形式，又是一种解释方法，同时还是一种解释理由，是基于类比推理而得出的"举轻以明重，举重以明轻"的当然推理形式。② 陈兴良教授则提出，当然解释之当然是"事理上的当然"与"逻辑上的当然"之统一，事理上之当然乃基于合理性的推论，逻辑上的当然是指概念与被解释的事项之间存在某种种属关系或者递进关系。③ 总体来说，学界对于当然解释之含义的理解并不完全一致，尤其是当然解释与罪刑法定原则之间的关系、其是否以刑法的明文规定为前提以及当然解释的适用边界等问题，存在不同理解。但是，学界对下列问题基本达成一致：其一，当然解释是一种推理性的刑法解释方法；其二，当然解释之"当然"基于某种事实或逻辑上的理由；其三，当然解释不能超越文字可能的语义范围。

公平寓意规则的核心在于，注重在刑法解释中纳入对社会公众普遍情理价值的考量。普通公众对于刑法文本和刑法规范并不精通，他们所熟悉的是剥离了专业规范术语包装的、文本规范中所内在蕴含的最基本的"道理"，这些道理中凝结了社会共同体最基本的价值观和最朴素的正义感，是刑法文本的精髓，也是刑法规范的魂魄。公众对于事物的理解，并不需要专业的学术眼光和缜密的逻辑思维，其仅需要凭借对公平正义的内心感知，即可得出"合乎道理、理所当然"的结论。虽然这种结论并不一定完全契合法律规范的规定，也不一定符合事实认定、证明标准等诉讼过程的要求，但不可否认的是，其中往往蕴含了某些合理的、值得解释者认真考量的成分。而"举重以明轻，举轻以明重"之当然解释逻辑正好与公众的情理判断过程具有一致性。

在 United States v. Gray 案中，法官指出，"禁止对法官的家庭成员进行威胁"这一规定"当然包含禁止威胁法官本人"这一意图。国会将对法官本人的保护排除在这一制定法保护规范之外是"不合逻辑的"。④ 这一裁决即体现了当然解释之思维路径：制定法既然出于保护法官人身权利的意图而规定"禁止对法官的家庭成员进行威

---

① 杨仁寿：《法学方法论》，中国政法大学出版社1999年版，第120页。
② 参见张明楷：《刑法学中的当然解释》，载《现代法学》2012年第4期。
③ 参见陈兴良：《本体刑法学》，商务印书馆2001年版，第35页。
④ See Paul H. Robinson, Criminal Law, Aspen Publishers, Inc., 1997, p.89.

胁",那么"禁止对法官本人进行威胁"则是"理所当然"的事实和逻辑。

但是,当然解释只能包容"轻重相举"的事实关系和逻辑关系,在运用普通公众的基本价值观进行罪名判断时,应将法益侵害性的"理所当然"排除在外。毕竟,在对案件事实进行解释时,不仅需要和具体的刑法规范形成对接,同时还要考虑到构成要件的规范保护目的。例如,不能以飞机票往往具有比车票、船票更高的价格为由,"举轻以明重"地将倒卖飞机票的行为解释为倒卖车票、船票罪的规制范围;也不能因醉酒驾驶飞机的行为比醉酒驾驶机动车的行为对公共安全的危害性更大,"举轻以明重"地将其解释为危险驾驶罪。诚然,单个的刑法条文所规定的罪名具有具体构成要件所保护的范围,但刑法具有体系协调性,单个的刑法条文只有置于与其相互关联的整体刑法规范甚至整个法体系内,才能显现其真实含义。针对上述情形,可以考虑的是,将单个刑法规范置于整部刑法典中进行体系性解释,将倒卖飞机票的行为解释为"非法经营罪",而将醉酒驾驶飞机的行为解释为"以危险方法危害公共安全罪"。

(三) 公平寓意规则主要依托目的解释方法来实现

公平寓意规则是一种指引性规则,要使其在刑法解释中发挥作用,仍需要落实到具体的解释方法上。在众多解释方法中,目的解释方法无疑是贯彻公平寓意规则的最佳路径。理由在于,目的解释以探求刑法规范的保护目的为指引,这种后果导向的解释方法使解释过程更具张力,可以容纳多层次、多面向的考量因素,显示出有力的功能主义特性。与之相比,文义解释、逻辑解释、体系解释等方法更加侧重从规范内要素诠释刑法,延展性相对有限。① 公平寓意规则主张将普通公众的公平正义观念等规范外因素纳入解释的考量范围,需要倚重一种具有开放性和包容性的解释方法为其保驾护航,目的解释方法立足于规范目的,在案件事实与规范文本之间探求刑法的合理处罚边界,恰好具备此种特质。

目的解释方法往往被认为是解释方法的桂冠②,同时也是实质解释论特别青睐的方法③。拉伦茨即认为,法律解释的终极目标就是探求法律在当今法秩序中的标准意义。④ 在具体个案中,仅依靠单纯的逻辑涵摄达成解释结论是无法实现的,因为立法往往只勾勒了大致轮廓,具体空白的填补和细节的完成需要司法者加以充实,实质判断和目的衡量不可避免。⑤ 可以说,司法即回溯立法者心意的动态过程。在解释刑法

---

① 但这并不意味着,目的解释是实现刑法规范保护目的的唯一解释方法。文义、逻辑、体系解释等方法的适用同样能够不同程度地促成规范的保护目的。但是相比而言,目的解释对于实现规范保护目的的作用更加直接,更具针对性,影响力也最大。
② 参见〔德〕汉斯·海因里希·耶赛克、〔德〕托马斯·魏根特:《德国刑法教科书》,徐久生译,中国法制出版社 2001 年版,第 193 页。
③ 参见劳东燕:《刑法中目的解释的方法论反思》,载《政法论坛》2014 年第 3 期。
④ 参见〔德〕卡尔·拉伦茨:《法学方法论》,陈爱娥译,商务印书馆 2003 年版,第 199 页。
⑤ 参见劳东燕:《能动司法与功能主义的刑法解释论》,载《法学家》2016 年第 6 期。

时,法官应当假定立法者是讲道理的,刑法规范的目的,就是理性的立法机关通过其所制定的法律所追求的正当化目的。而法官的使命,就是通过法律的适用来实现这些正当化的规范目的,缓解固化的刑法文本与个案价值目标之间的紧张关系,从而达致坚守罪刑法定原则与实现规范目的之间的协调一致。

公平寓意规则之所以能够通过目的解释方法来落实,理由在于,二者具有相对一致的内在诉求。为了实现解释结论的妥当性,它们都认同赋予解释者较大的自由裁量权,都不排斥考量社会公平正义观念的因素,即都不否定社会公平正义观念是法律的根本价值精神所在,都关注司法与社会之间的互动关系,承认一定程度上司法对于变动的社会关系的回应性,重视解释的社会效果。这种一致的诉求在公平寓意规则和目的解释方法之间建立了良好的合作关系:公平寓意规则所珍视的公众公平正义理念和朴素常识观,在目的解释方法的运行过程中,以关注规范保护目的为指向,渗入了解释过程,从而促成了妥当解释结论的形成。

但是,公平寓意规则同样隐藏了目的解释不当拓展刑法用语含义的风险——目的解释指向的不明确性易导致其沦为随意解释,对规则初创时的法治构成重创。[①] 公平寓意规则适用的危险在于:其一,也许会为了实现某个特定法官所主观认为的"公平正义",而堕落为"短视的实用主义",使其不自知地篡改了制定法的原本含义。其二,公众的公平正义标准并不明晰,而且往往伴随着一定程度的发散性和多元化,在考量时未必能够形成足够的确信。毕竟,个案的解释适用不仅仅表现为法官对具体案件的裁决,它同时会影响到其他相关案件的处理思路,甚至会对司法制度产生系统性影响。因此,对公平寓意规则的适用施加某些制约因素,以节制其过度实质化,极为必要。对此,一方面,法官需要极力避免使普通公众的公平正义观与解释结论之间形成单一的逻辑关系,避免过分沉溺于飘忽的观念带来解释的便利,直接得出结果导向性的结论,从而造成合法性原则的松动。另一方面,公众的常识观和公平正义观应作为验证解释结论的考量因素,多面向、多层次反复审视斟酌,使其能够逐渐浸润到事实与规范之间,避免将其直接作为解释理由而凌驾于刑法规范之上。公众意见并非独立的法律渊源,在法治国语境下,作为专业决策主体的法官不会直接把公众意见作为解释依据,只有与个案相关的公众意见提出了具有说服力的正当化理由,方能进入法官的解释过程。[②] 同时,法官素养的提升、相关程序制度、司法制度甚至政治体制的优化,也当是密切相关的重要议题。

---

① 参见石聚航:《谁之目的?何种解释?——反思刑法目的解释》,载《现代法学》2015年第6期。
② 参见陈林林:《公众意见影响法官决策的理论和实验分析》,载《法学研究》2018年第1期。

第四编

刑事一体化与控制犯罪控制

中国死刑制度改革的体系化思考
——以刑事一体化为视角

赵秉志* 袁 彬**

一、问题的提出

加强死刑制度改革是当代中国刑法改革的重要任务。"死刑改革是当代中国刑法改革过程中最受关注且最具现实意义的重大问题。"①自1997年全面修订刑法以来,我国对死刑制度进行了系列改革,包括通过《刑法修正案(八)》《刑法修正案(九)》先后取消了22种罪名的死刑、严格限制死刑适用对象、提高死刑适用标准、增设终身监禁作为死刑替代措施,并通过司法改革将之前下放的死刑立即执行核准权收归最高人民法院行使,统一并严格限制死刑适用的程序标准和证据规则,加强死刑执行监督。②特别是,2013年11月15日,党的十八届三中全会审议通过的《中共中央关于全面深化改革若干重大问题的决定》明确提出"要逐步减少适用死刑罪名"。这也成为推动我国死刑制度改革的巨大动力。虽然2020年12月通过的《刑法修正案(十一)》没有涉及死刑改革问题,但这并不意味着我国死刑改革步伐的中断。事实上,在《刑法修正案(十一)》的立法调研过程中,死刑问题曾被提及并有比较具体的改革设想,后因种种原因没有纳入这次刑法修法,但这并不妨碍我国死刑制度改革的推进。事实上,我们应该认识到,死刑是刑罚体系中最为严厉的刑罚,死刑存在与否、死刑罪名的多少等在很大程度上决定了一个国家刑罚体系是重刑体系还是轻刑体系。总体上看,我国现行刑法不仅在刑罚体系中保留死刑,而且在46种具体犯罪中还规定有死刑,司法实践中死刑适用的数量还有一定的规模,我国刑罚体系总体上仍是重刑体系,需要更进一步的改革。

当前我国刑法理论上对死刑改革问题已经有较为丰富的研究。以"死刑"为篇

---

* 北京师范大学刑事法律科学研究院教授,中国刑法学研究会名誉会长,国际刑法学协会中国分会主席。
** 北京师范大学刑事法律科学研究院教授,中国刑法学研究会理事暨副秘书长。
① 赵秉志:《当代中国死刑改革争议问题论要》,载《法律科学(西北政法大学学报)》2014年第1期。
② 参见赵秉志、袁彬:《改革开放40年中国死刑立法的演进与前瞻》,载《湖南科技大学学报(社会科学版)》2018年第5期;赵秉志、袁彬:《我国死刑司法改革的回顾与前瞻》,载《社会科学》2017年第1期。

名,在中国知网上能检索出 7121 篇,仅学位论文就多达 898 篇。① 这还不包括中国知网难以检索到的大量学术著作。这些关于死刑问题的研究,虽然也有不少宏观研究,但更多的是致力于研究死刑改革的具体问题,视角也往往局限于研究者自身的学科。但死刑不只是一个刑法问题,也不只是一个刑事诉讼法问题,甚至不只是一个社会问题,而是一个多领域、多学科交叉的问题,既在刑法之内又在刑法之外。死刑问题的研究需要系统化、一体化的思维。早在 20 世纪 80 年代末期,我国著名刑法学家储槐植教授就曾提出过刑事一体化思想,指出刑法和刑法运行处于内外协调状态才能实现最佳社会效益,刑事一体化的内涵是刑法和刑法运行内外协调,即刑法内部结构合理(横向协调)与刑法运行前后制约(纵向协调)。② 该观点受到了学界的广泛关注和普遍认同。储槐植教授后来又对该问题作了更进一步的阐述和应用,主张刑事一体化既是一种观念,也是一种方法(观察方法)。③ 对于我国死刑制度改革而言,刑事一体化的观念和方法要求死刑制度改革既要立足于刑法之内,又要放眼于刑法之外,左右联动,上下协调,对死刑制度进行体系化改革。

二、刑事一体化:死刑制度体系化改革的内外逻辑

客观地讲,当前我国死刑制度改革已经取得了令人瞩目的成就,但这些改革的总体逻辑是见招拆招、具体问题具体分析具体解决。与此不同的是,死刑制度的体系化改革,是以刑事一体化为视角,应当是一种系统改革。其基本逻辑,是主张死刑改革应当保持刑法的内在一致性和刑法与其他领域的外在协调性。

(一)死刑改革的内在一致性逻辑

死刑制度是各种关于死刑的要素和结构的结合体。根据死刑制度涉及的方面不同,死刑制度通常被解构为死刑适用条件、死刑适用标准、死刑适用对象、死刑适用范围、死刑核准程序、死刑执行方式等。对这些方面的改革构成了死刑制度改革的重要内容。但从改革结果上看,当前经过改革的死刑制度并不一定能得到改革者想要的理想结果。以死刑执行方式改革为例,经过多次改革,我国刑法上设立了三种不同的死刑缓期二年执行制度:死刑缓期二年执行且终身监禁制度、死刑缓期二年执行且限制减刑制度和普通死刑缓期二年执行制度。这在处于我国刑罚处罚顶端的死刑与无期徒刑之间形成了死刑立即执行、死刑缓期二年执行且终身监禁、死刑缓期二年执行且

---

① 在中国知网收录的 7121 篇"死刑"文献中,学术期刊类 4359 篇,学位论文类 898 篇,会议类 103 篇,报纸 1076 篇。检索日期:2022 年 3 月 28 日。
② 参见储槐植:《建立刑事一体化思想》,载《中外法学》1989 年第 1 期。
③ 参见储槐植、闫雨:《刑事一体化践行》,载《中国法学》2013 年第 2 期。

限制减刑、普通死刑缓期二年执行和无期徒刑五个位阶的重刑措施,位阶增多的结果之一是无期徒刑的使用减少、死刑缓期二年执行的适用增加。而这也许并不是死刑改革者所乐于看到的。

基于内在的一致性,死刑制度的体系化改革需要遵循以下内部逻辑:一是死刑的制度要素要合理,即要合理设计死刑适用条件、死刑适用标准、死刑适用对象、死刑适用范围、死刑核准程序、死刑执行方式等。以死刑适用条件为例,我国刑法关于死刑适用条件规定的是"罪行极其严重"。对于该条件的设定是否合理,刑法理论上有不同的认识,批评者以联合国《公民权利和政治权利国际公约》和联合国经济及社会理事会《关于保护面对死刑的人的权利的保障措施》(以下简称《保障措施》)等文件要求的"最严重的犯罪"为视角,认为由于我国刑法没有对什么是"极其严重的罪行"作进一步的明确解释,从刑事司法实践角度以及我国刑法分则众多可适用死刑的故意犯罪的具体规定来看,显然比《保障措施》第1条对"最严重的犯罪"解释的范围更宽,应当将"罪行极其严重"限定在"最严重的犯罪"之内。① 怎样将死刑制度的具体要素规定得更为科学合理,是死刑制度体系化改革的关键。二是死刑的制度结构要协调。体系化的核心是要素的结构化。死刑制度改革的体系化要求死刑的各个制度要素保持协调,不能相互抵牾、互相冲突。例如,死刑制度改革不能出现死刑的实体改革从严但程序改革从宽的状况,也不能出现相反的情况,否则就是矛盾,就会大大影响死刑制度改革的实际效果。三是死刑的制度目标要统一。目前我国死刑的具体政策表述是"保留死刑,严格限制和慎重适用死刑"。② 这实际上包括了"保留死刑"和"严格限制和慎重适用死刑"两个方面的内容。2009年最高人民法院《关于审理故意杀人、故意伤害案件正确适用死刑问题的指导意见》明确提出:"'保留死刑,严格控制和慎重适用死刑'是我国一贯的刑事政策,必须保证这一重要刑事政策适用的连续性和稳定性;要以最严格的标准和最审慎的态度,确保死刑只适用于极少数罪行极其严重的犯罪分子,保证更有力、更准确地依法惩治严重刑事犯罪。"2010年最高人民法院《关于贯彻宽严相济刑事政策的若干意见》第29条的规定进一步重申和强调了上述死刑政策及其内涵要求。这些重要的司法文件明确了我国死刑政策的重心是"严格限制和慎重适用死刑"。但我国死刑制度改革是否就仅以此为目标? 显然不应该是。死刑制度改革应该有更为长远的目标,而毫无疑问,"减少死刑""最终废止死刑"应该作为我国死刑制度改革目标的正确选项。唯有如此,我国死刑制度的体系化改革才能获得更大的动力支持,促进社会的文明发展。

---

① 参见谢望原:《联合国死刑价值选择与中国死刑政策出路》,载《国家检察官学院学报》2007年第2期。
② 该政策表述存在两个方面的不足:一是该政策表述没有包含"减少"死刑适用的内容(即"少杀"之意);二是该政策表述没有包含"废止死刑"的内容。参见赵秉志、袁彬:《我国死刑司法改革的回顾与前瞻》,载《社会科学》2017年第2期。

(二) 死刑改革的外在协调性逻辑

与其他法律制度一样,死刑制度也处于社会的大系统当中,其立法和司法要受到外界多种因素的影响和制约。作为一个系统,死刑制度要维持其稳定性和有效性,就要保持一定的开放性,能够与系统外的因素进行信息和能量的交换。死刑是一个刑种,属于刑法规定的刑罚体系的组成部分。从内外划分的角度看,死刑的外在因素主要包括两类:一是刑法之外的其他刑事法律规定,如刑事程序法、刑事证据法、刑事执行法等,我国目前关于这些内容的规定主要集中于刑事诉讼法当中;二是刑法之外的非刑事法律因素,如社会治安形势、公众舆论、国家宏观政策(包括死刑政策)等。

基于外在的协调性,死刑制度的体系化改革要遵循以下两个方面的逻辑:一是死刑制度的相对独立性。死刑制度是一项刑事法律制度,要遵循刑事法律的基本理念、基本范畴以及范畴之间的逻辑关系,要照应与刑事法律其他相关制度之间的结构与逻辑关系。例如,刑法结构合理与否的评定标准不是(至少主要不是)犯罪率升降程度,因为影响犯罪率变动的因素极为复杂,而刑法只是其中一个因素,尽管可能是较重要的一个因素,但绝非决定性因素。刑法结构合理与否的标准是刑法两大功能(保护社会和保障人权)实现程度以及是否易于协调实践中可能出现的法与情的冲突。① 从这个角度看,死刑制度改革不应完全照应社会治安形势、社会民众观念等因素,不能社会治安形势恶化,死刑适用就猛增,也不能社会民众要求适用死刑的观念越强烈,就越多地适用死刑,而应该保持死刑制度本身的相对独立性。二是死刑制度的相对开放性。健全的刑事机制应是双向制约:犯罪情况、刑罚和行刑效果。刑法运行不仅受犯罪情况的制约,而且要受刑罚执行情况的制约。② 死刑制度的开放性是死刑制度要向死刑制度之下、之中和之上的领域延伸。其中,向下应当向犯罪学(含犯罪心理学)等事实学科领域延伸,夯实死刑制度改革的事实基础;中间应当向刑事诉讼法、刑事执行法等刑事学科领域延伸,完善死刑制度改革的配套制度;向上应当向刑事政策学等价值学科领域延伸,合理确定死刑制度改革的价值目标。

死刑制度体系化改革的上述逻辑,反映的是刑事一体化逻辑。以此观之,我国死刑制度的体系化改革应当重点把握刑事一体化的内部结构合理(横向协调)与运行前后制约(纵向协调)。

---

① 参见储槐植:《再说刑事一体化》,载《法学》2004年第3期。
② 参见储槐植:《建立刑事一体化思想》,载《中外法学》1989年第1期。

三、刑法之内:死刑制度的内部冲突及其体系化改革

(一) 死刑制度之刑法内部冲突的体系性考察

站在刑法的视角可以发现,我国刑法对死刑问题有大量规定,不仅刑法总则设专节规定了死刑的适用条件、核准程序、适用对象、执行方式(死刑缓期二年执行),而且刑法分则规定了死刑的适用范围和适用标准,绝大部分章都规定了死刑罪名(仅刑法分则第九章的渎职罪没有规定死刑罪名)。不过,从系统论的角度看,我国刑法关于死刑的规定虽然较为丰富,但也存在不少问题和冲突。这主要体现在:

第一,死刑制度的内在要素冲突。要素合理是制度科学的基础。当前我国刑法规定的死刑适用条件、死刑适用标准、死刑适用对象、死刑适用范围、死刑核准程序,本身存在不少合理性问题,要素内部之间也存在着一定的冲突。这包括:

①在死刑的适用条件上,"罪行极其严重"的定位和内涵不明。一般认为,"罪行极其严重"是死刑的适用条件。但在具体定位上,"罪行极其严重"是所有死刑的适用条件,还是死刑立即执行的适用条件(即是不是死刑缓期二年执行的适用条件)? 同时,"罪行极其严重"是同时包括行为的客观危害、行为人的主观恶性与人身危险性,还是只包括行为的客观危害、行为人的主观恶性,抑或只包括行为的客观危害? 这涉及"罪行极其严重"的刑法内涵之把握问题,目前仍存在较大争议。① 在司法实践中,"罪行极其严重"作为死刑适用条件的限制作用被虚置,难以对死刑的适用范围和具体犯罪的死刑适用标准进行限制。

②在死刑的适用标准上,我国刑法分则针对具体犯罪规定的死刑适用标准不统一。我国刑法对46种死刑罪名都规定了具体的适用标准,但各种犯罪的死刑适用标准所反映的方面多有所不同。其中,有的犯罪的死刑适用标准只注重结果(如我国《刑法》第121条关于劫持航空器罪规定"致人重伤、死亡或者使航空器遭受严重破坏的,处死刑"),有的则注重数额和结果(如我国《刑法》第383条针对贪污罪、受贿罪规定"数额特别巨大,并使国家和人民利益遭受特别重大损失的,处无期徒刑或者死刑,并处没收财产"),还有的规定了多种情节且每个具体情节反映的方面都有区别(如我国《刑法》第236条关于强奸罪、第263条关于抢劫罪都规定了多种可以适用死刑的

---

① 最高人民法院从严格限制死刑适用的角度,对"罪行极其严重"作了较此更为严格的把握,不仅要求行为的社会危害性和行为人的主观恶性极其严重,而且要求行为人的人身危险性极其严重。2015年最高人民法院发布的《全国法院毒品犯罪审判工作座谈会纪要》明确规定:"应当全面、准确贯彻宽严相济刑事政策,体现区别对待,做到罚当其罪,量刑时综合考虑毒品数量、犯罪性质、情节、危害后果、被告人的主观恶性、人身危险性及当地的禁毒形势等因素,严格审慎地决定死刑适用,确保死刑只适用于极少数罪行极其严重的犯罪分子。"该规定明确将"人身危险性"等因素纳入死刑适用的条件范围,有利于严格限制死刑的适用。

情节）。

③在死刑的适用范围上，我国刑法规定可以适用死刑的犯罪范围缺乏一致标准。目前我国刑法分则规定的46种死刑罪名中，既有严重的暴力犯罪（如劫持航空器罪、故意杀人罪），也有相对较轻的暴力犯罪（如破坏交通工具罪、破坏交通设施罪、破坏电力设备罪、破坏易燃易爆设备罪），还有一些非暴力犯罪（如贪污罪、受贿罪）；既有侵害生命法益的犯罪（如故意杀人罪），也有侵害健康法益的犯罪（如故意伤害罪，生产、销售有毒有害食品罪），还有侵害财产法益、社会法益的犯罪（如抢劫罪，非法制造、买卖、运输、邮寄、储存枪支、弹药、爆炸物罪，走私、贩卖、运输、制造毒品罪，贪污罪，受贿罪）。这反映出我国刑法在确定死刑的适用范围时，缺乏一致的认识和统一的标准。

④在死刑的适用对象上，我国刑法规定不适用死刑的对象的内在逻辑不统一。我国《刑法》规定对犯罪时不满18周岁、审判时怀孕的妇女不适用死刑，对审判时已满75周岁的人原则上不适用死刑。其确定不适用死刑的标准看似遵循刑法人道主义，但对于同样应予人道对待的新生儿母亲、精神障碍人等，我国刑法却没有规定不适用死刑。可见，我国刑法在确立不适用死刑的对象范围时，也缺乏统一的标准。

⑤在死刑的核准程序上，我国刑法区分死刑立即执行和死刑缓期二年执行规定了不同的核准程序，有失合理。一方面，死刑缓期二年执行只是死刑的一种执行方式，仍然属于死刑的范畴，不应该在核准程序上区别对待；另一方面，死刑缓期二年执行的适用条件与死刑立即执行的适用条件存在一定的重合（如"罪行极其严重"），涉及死刑的适用条件把握问题，应当统一掌握，才能更好地统一死刑适用标准。

第二，死刑制度的内在结构冲突。我国刑法规定的死刑制度要素之间存在较为密切的联系，如刑法总则规定的死刑适用条件与刑法分则规定的死刑适用范围、死刑适用标准之间存在密切联系，前者作为刑法总则的规定对后者具有制约、指导作用。但从我国刑法的规定来看，我国刑法总则关于死刑适用条件的规定与刑法分则关于死刑适用范围和死刑适用标准的规定，存在着一定的冲突。这包括：

①刑法总则规定的死刑适用条件与刑法分则规定的死刑适用范围不相协调。尽管对于刑法总则关于死刑适用条件规定的"罪行极其严重"内涵与外延存在一定争议，但对于"罪行极其严重"包含了"犯罪行为的客观危害"内容是没有争议的。"罪行极其严重"体现在犯罪行为类型上，要求该类犯罪属于"极其严重的犯罪"。而在刑法保护的法益中，最重要的法益无疑是生命法益（包括涉及生命法益的国家安全、军事安全和公共安全），只有侵害生命法益的犯罪才能称得上是"极其严重的犯罪"。我国刑法规定的46种死刑罪名中，危害国家安全罪7种，危害公共安全罪14种，破坏社会主义市场经济秩序罪2种，侵犯公民人身权利、民主权利罪5种，侵犯财产罪1种，妨害社

会管理秩序罪3种,危害国家利益罪2种,贪污贿赂罪2种,军人违反职责罪10种。这些犯罪中,大量犯罪不涉及侵害生命法益的内容,与我国刑法总则关于死刑适用条件("罪行极其严重")的规定明显不对应、不协调。

②刑法总则关于死刑适用条件的规定与刑法分则关于死刑适用标准的规定存在冲突。如前所述,刑法总则规定的死刑适用条件("罪行极其严重")中最重要的一点是"犯罪行为的客观危害极其严重"。这要求刑法分则在具体犯罪的死刑适用标准上必须贯彻"罪行极其严重"的内容要求。但从刑法分则规定的死刑适用标准上看,我国刑法针对具体犯罪规定的死刑适用标准非常不统一,也没有很好地贯彻刑法总则关于死刑适用条件的要求。以我国《刑法》第347条规定的走私、贩卖、运输、制造毒品罪为例,该条第2款规定可以适用死刑的标准包括"走私、贩卖、运输、制造鸦片一千克以上、海洛因或者甲基苯丙胺五十克以上或者其他毒品数量大的""走私、贩卖、运输、制造毒品集团的首要分子""武装掩护走私、贩卖、运输、制造毒品的""以暴力抗拒检查、拘留、逮捕,情节严重的"和"参与有组织的国际贩毒活动的"。① 如果严格按照该款的规定,对走私、贩卖、运输、制造毒品的犯罪分子,可以只考虑其身份("走私、贩卖、运输、制造毒品集团的首要分子")或者只考虑其行为的手段(如"以暴力抗拒检查、拘留、逮捕,情节严重"),而完全不用考虑其行为的客观危害(如"走私、贩卖、运输、制造鸦片一千克以上、海洛因或者甲基苯丙胺五十克以上或者其他毒品数量大"),就可以对走私、贩卖、运输、制造毒品的犯罪分子适用死刑。这与我国刑法总则关于死刑适用标准("罪行极其严重")的规定,存在明显的冲突。

(二) 死刑制度之刑法内部的体系化改革探索

针对刑法总分则关于死刑制度规定存在的内在要素和内在结构冲突,笔者认为,我国应当对刑法规定的死刑制度进行体系化改革,重点应集中于以下两个方面:

第一,完善死刑制度要素的科学设置。针对刑法关于死刑适用条件、死刑适用范围、死刑适用标准、死刑适用对象和死刑核准程序规定存在的不足,我国应当采取必要措施加以改进,以使其更为科学合理。这包括:

①在死刑的适用条件上,应当增加规定"最严重的犯罪"予以限制,并明确死刑缓期二年执行的适用条件。针对死刑适用条件("罪行极其严重")的内涵与外延不明,难以发挥其应有功能的情况,我国应当对死刑的适用条件予以进一步明确和限定。对此,一方

---

① 我国《刑法》第347条第2款规定:"走私、贩卖、运输、制造毒品,有下列情形之一的,处十五年有期徒刑、无期徒刑或者死刑,并处没收财产:(一)走私、贩卖、运输、制造鸦片一千克以上、海洛因或者甲基苯丙胺五十克以上或者其他毒品数量大的;(二)走私、贩卖、运输、制造毒品集团的首要分子;(三)武装掩护走私、贩卖、运输、制造毒品的;(四)以暴力抗拒检查、拘留、逮捕,情节严重的;(五)参与有组织的国际贩毒活动的。"

面,可以借鉴联合国《公民权利和政治权利国际公约》等有关规定的要求①,在现有死刑适用条件的基础上,增加规定"最严重的犯罪",即死刑的适用条件是实施"最严重的犯罪"且"罪行极其严重"的犯罪分子;另一方面,对死刑适用条件进行合理定位,应当将"罪行极其严重"作为死刑适用的一般标准,并在此基础上明确规定死刑缓期二年执行的适用条件。正如储槐植教授所言,理论与实践都证明"罪行极其严重"是死刑两种执行方式所具有的共同前提。司法实践中,对于犯罪人应采取何种死刑执行方式的问题,应当将主要精力放在犯罪人"主观恶性"大小的判断上,对于"罪大"(罪行极其严重)且恶极(主观恶性)的,适用死刑立即执行;对于"罪大"(罪行极其严重)但不恶极的,适用死刑缓期二年执行。② 对此,笔者基本认同,并认为应当在刑法中予以明确规定。

②在死刑的适用标准上,应当严格限定具体犯罪死刑适用的情节标准,将对生命法益的侵害作为死刑适用标准的核心要素。对此,原则上应当以是否造成他人死亡作为具体犯罪死刑适用的标准,特殊情况下才考虑将重伤纳入作为具体犯罪死刑适用的辅助标准。这也是刑罚的"公正"标准的类型化要求:侵犯人身与公共安全的犯罪侧重人身方面的刑罚,即生命刑和自由刑;侵犯财产与经济活动的犯罪侧重财产方面的刑罚,即罚金和没收财产。③ 在没有直接侵害生命法益或者对生命法益造成重大、现实威胁时,不能适用死刑(包括不能适用死刑缓期二年执行)。

③在死刑的适用范围上,进一步削减死刑适用罪名,将死刑适用的罪名严格限定在侵害生命法益的犯罪范围内,逐步减少直至最终完全废止死刑。中国死刑的废止应本着谨慎、务实的态度,遵循先易后难、逐步发展的法治变革之规律,以废止罪责刑严重失衡、长期备而不用或很少适用、社会心理反应不大的死刑条款为起点,分阶段、分步骤地进行。④ 就中国现阶段的综合情况而言,应先行逐步废止非暴力犯罪的死刑,在条件成熟时进一步废止非致命犯罪(非侵犯生命的犯罪)的死刑,最后在社会文明和法治发展到相当发达程度时,全面废止死刑。⑤

④在死刑的适用对象上,应当进一步扩大不适用死刑的对象范围。对此,应当以人道主义为指引,在犯罪时不满18周岁的人、审判时怀孕的妇女和审判时已满75周岁

---

① 联合国《公民权利和政治权利国际公约》第6条第2款规定:"在未废除死刑的国家,死刑只适用于最严重的犯罪。"联合国经济及社会理事会1984年通过的《关于保护面对死刑的人的权利的保障措施》、1989年通过的《对保障措施的补充规定》及1996年通过的《进一步加强保障措施的决议》等文件也作了限制性解读,即在保留死刑的国家作为死刑适用标准的"最严重的犯罪",应被理解为死刑的范围仅限于蓄意害命或蓄意造成其他极端严重后果的罪行。
② 参见储槐植、闫雨:《刑事一体化践行》,载《中国法学》2013年第2期。
③ 参见储槐植:《建立刑事一体化思想》,载《中外法学》1989年第1期。
④ 参见赵秉志:《关于分阶段逐步废止中国死刑的构想》,载《郑州大学学报(哲学社会科学版)》2005年第5期。
⑤ 参见赵秉志:《论中国非暴力犯罪死刑的逐步废止》,载《政法论坛》2005年第1期。

的人不适用死刑的基础上,按照联合国有关文件的要求①,进一步将精神障碍人、新生儿母亲纳入不适用死刑的范围,同时将老年人不适用死刑的范围扩大(如可以将老年人不适用死刑的年龄由审判时已满75周岁降至审判时已满70周岁,同时取消老年人不适用死刑的例外规定)。只有这样,刑罚的人道主义才能在死刑制度上得到进一步彰显,也才能保证死刑适用对象上的逻辑统一。

⑤在死刑的核准程序上,要避免死刑缓期二年执行核准程序的虚化,修改刑法关于死刑立即执行和死刑缓期二年执行的核准权规定,将所有死刑(含死刑缓期二年执行)的核准权都交由最高人民法院行使。这一方面可以减少地方法院扩大适用死刑缓期二年执行的动力,另一方面也可以进一步统一死刑适用条件和死刑适用标准,避免死刑缓期二年的核准程序与二审程序的合二为一,防止死刑缓期二年执行的核准程序被死刑案件的二审程序虚置(通常情况下死刑案件的二审和死刑缓期二年执行的核准权都在高级人民法院)。

第二,完善死刑制度的内在结构。这集中体现在要发挥刑法总则关于死刑适用条件规定的作用,完善死刑适用条件与刑法分则的死刑适用范围、死刑适用标准之间的制约机制和制约关系。这包括:

①在刑法总则关于死刑适用条件的规定与刑法分则关于死刑的适用范围规定上,要建立起刑法总则的死刑适用条件与刑法分则的死刑适用范围之间的制约机制。重点是要以增加规定"最严重的犯罪"之后的死刑适用条件,从犯罪类型上限制刑法分则规定的死刑罪名,逐步取消经济犯罪、非致命性犯罪等不属于"最严重罪行"的犯罪的死刑。事实上,当前我国刑法中保留有死刑的46种罪名,除了严重危害国家安全、公共安全、人身权利、军事利益的犯罪,其他犯罪的死刑都应当分步骤地逐步取消。在死刑罪名的数量上,即便在目前,根据世情与国情,在立法上将死刑罪名减少到10种左右,有利于人权保障,对社会治安(基础当为综合治理)不会有危险。②

②在刑法总则关于死刑适用条件的规定与刑法分则关于具体犯罪死刑适用标准的规定上,要建立起刑法总则的死刑适用条件对具体犯罪死刑适用标准的限制机制。这又包括两个方面:一方面,要以死刑适用一般条件(即"罪行极其严重")对具体犯罪的死刑适用标准进行限制。影响具体犯罪法定刑的情节很多,但唯有与生命法益直接相关的情节,才能作为死刑适用的情节。在此基础上,需要对刑法总则中的"罪行极其严重"作限制解释,并将与生命法益没有直接关联的情节,如行为的次数、财物的数量、

---

① 联合国经济及社会理事会《关于保护面对死刑的人的权利的保障措施》第3条规定:"对孕妇或新生婴儿的母亲不得执行死刑。""对已患精神病者不得执行死刑。"联合国经济及社会理事会1989/64号决议通过的《对保障措施的补充规定》第3条规定:"在量刑或执行阶段停止对弱智人与精神严重不健全者适用死刑。"

② 参见储槐植:《死刑改革:立法和司法两路并进》,载《中外法学》2015年第3期。

毒品的数量、犯罪人的身份等,排除出具体犯罪的死刑适用标准范围。另一方面,要以死刑缓期二年执行的特殊适用条件对死刑立即执行的适用标准进行限制。刑法理论上一般认为,死刑立即执行与死刑缓期二年执行的适用条件差异不在于罪行(二者都必须是实施了最严重的犯罪)上,也不在于行为的客观危害(行为的客观危害都必须极其严重)上,而是更多地体现在非构成要件的情节上,如行为的动机、行为的次数、行为人的身份、行为的方式等,多体现出行为人的主观恶性和人身危险性的不同。对于这些非构成要件的情节所反映的主观恶性和人身危险性,可以进行程度上的高中低限制:行为人的主观恶性和人身危险性较低时,即便行为属于最严重罪行且客观危害极其严重,也不能对行为人适用死刑(包括不能适用死刑立即执行和死刑缓期二年执行);只有行为人的主观恶性和人身危险性达到中等程度时,才可对行为人适用死刑缓期二年执行;行为人的主观恶性和人身危险性达到高等程度时,可以考虑对行为人适用死刑立即执行。这将反过来限制死刑立即执行的适用标准,即必须同时具备最严重的犯罪且行为的客观危害、行为人的主观恶性和行为人的人身危险性都达到极其严重的程度,才可以对行为人适用死刑立即执行。

四、刑法之外:死刑制度的外部冲突及其体系化改革

(一) 死刑制度之刑法外部冲突的体系性考察

死刑的实体规范存在于刑法之内,死刑规范的适用则要在很大程度上依赖于外部因素。这包括两个方面:一是有关死刑的其他刑事法律规范,并集中表现为刑事诉讼法关于死刑的程序、证据和执行规定,是死刑实体规范的运行保障;二是涉及死刑的非刑事法律因素(如死刑效果、社会治安形势、公众舆论),是死刑实体规范的制约因素(既制约有关死刑的立法也制约有关死刑的司法)。当前我国死刑制度的刑法外部冲突也主要体现在这两个方面。

第一,死刑实体规范与死刑程序规范的不协调。这主要体现为死刑的刑事诉讼法规定与死刑的刑法规定在个别方面不完全对应,包括:

①死刑案件的核准程序与普通二审程序容易发生混同,导致死刑案件核准程序被虚置。我国刑法和刑事诉讼法都规定了死刑立即执行与死刑缓期二年执行的核准权,其中死刑立即执行由最高人民法院判决或者核准,死刑缓期二年执行由高级人民法院判决或者核准。但在实践中,死刑核准程序与普通审判程序容易发生混同,甚至可能存在合二为一的情况,即死刑核准程序与死刑案件二审程序因是在同一个办案单位,而可能由两道具有监督性质的不同程序实质地变成了一道程序。死刑核准程序容易走过场,法律设置死刑核准程序的价值难以实现。

②死刑案件核准程序的限制功能没有发挥到最大。事实上,即便死刑案件的核准权已经收归最高人民法院统一行使,最高人民法院对具体犯罪的死刑适用标准也没有完全统一,在个别案件中死刑案件核准权收回对死刑的限制功能没有发挥到最大。以《刑法修正案(九)》出台前保留死刑的集资诈骗罪为例,2012年吴英集资诈骗案中吴英的死刑没有被最高人民法院核准,但2013年曾成杰集资诈骗案中曾成杰的死刑却被最高人民法院核准,实际上二者的集资诈骗罪差别不是很大,且吴英集资诈骗案的社会影响要明显大于曾成杰集资诈骗案。

③刑事诉讼法的规定与刑法关于不适用死刑对象的规定之间不完全对接。如前所述,我国刑法规定了多种不能适用死刑或者原则上不适用死刑的对象(犯罪时不满18周岁的人、审判时怀孕的妇女和审判时已满75周岁的人),其共同的法理根基是人道主义,即有必要从人道主义的立场对这些特殊群体给予法律上的优待。我国《刑事诉讼法》针对一些特殊对象(如审判时不满18周岁的人、审判时怀孕的妇女等)作了特别规定,但对审判时已满75周岁的人并没有特别的规定。对这类人群,特别是部分因年龄增长而发生智力退化(如出现一定程度的老年痴呆但并非生活不能自理)的人,我国《刑事诉讼法》没有从人道主义的角度给予特别的关照,与刑法上对这类人原则上不适用死刑的法律精神不完全协调。

第二,死刑的刑法根据与犯罪学等事实学科根据的冲突。在刑法上,特殊预防(预防行为人再犯罪)和一般预防(预防潜在的人犯罪)是刑罚的目的。近年来,积极的一般预防观念在刑法立法上逐渐盛行,并在预防恐怖主义、极端主义、黑恶性质组织犯罪的刑法立法上得到了体现。死刑的正当性在刑法上主要体现为对潜在犯罪人的威慑(即刑罚的一般预防)。不过,死刑的这一刑法正当性根据并没有充分的事实支撑,且与犯罪学等事实学科的部分研究结论之间存在一定的冲突。这包括:

①死刑的刑法学根据与犯罪学根据不协调。在犯罪学看来,犯罪是多因素综合作用的产物。犯罪与社会长期共存(从而应树立同犯罪作斗争的长期性和艰巨性的思想);社会矛盾的深度与广度同犯罪数量成正比(从而应把刑事政策纳入社会发展战略),犯罪率变动不是刑罚效用的唯一标志,刑法在控制犯罪中只能起一定的作用(国家的刑罚目的和刑罚权以此为限)。[①] 从犯罪学的角度看,死刑作为一种刑罚,既不可能有效遏制犯罪的发生,更不可能铲除犯罪发生的根源,且目前也没有证据证明死刑比长期自由刑(包括终身监禁)具有更好的犯罪预防效果。这与刑法上一些人关于死刑一般预防功能的认识存在较大差异。

②死刑的刑法学根据与犯罪心理学根据的冲突。现代刑法以罪刑法定为指引,强

[①] 参见储槐植:《认识犯罪规律,促进刑法思想现实化》,载《北京大学学报(哲学社会科学版)》1988年第3期。

调刑法规定对潜在犯罪人的心理威慑,死刑因其属于最为严厉的刑罚而被认为对潜在犯罪人具有强大的心理威慑力。这也是死刑支持论的重要理论依据。但犯罪心理学研究表明,犯罪是心理冲突的产物,左右心理冲突的除了犯罪的收益与惩罚,还有两种重要的非理性力量:即侥幸心理和不良情绪。① 事实上,实践中发生的很多故意杀人案件主要都不是利益权衡的结果,而是受侥幸心理和强烈的不良情绪驱动。而死刑对于侥幸心理和强烈不良情绪而言,几乎不起作用(至少没有证据表明其会比终身监禁等长期自由刑更有作用)。从这个角度看,支撑死刑的刑法学根据与主导犯罪发生的心理因素之间并不能形成对应关系,甚至是矛盾的。

第三,死刑的刑法根据与相关政策因素不协调。从内容上看,刑法与刑事政策对同一个问题的关注角度通常并不相同。以死刑为例,刑法既要关注死刑的作用,也要关注死刑与整个刑法体系的融合度;刑事政策则主要关注死刑的社会效果。在政策层面,社会治安形势、公众舆论(人民群众的心理反应)是影响刑事政策的重要因素。这种关注角度差异容易导致死刑制度的不稳定和价值偏离,并主要体现在两个方面:

①社会治安形势的变化性与死刑制度的稳定性不相协调。《尚书·吕刑》云:"轻重诸罚有权,刑罚世轻世重,惟齐非齐,有伦有要。"同时,合理的罪刑比价结构包含罪犯矫正难易程度(刑罚的"供"与矫正的"需")以及社会治安形势(犯罪的"供"与治安的"需")。② 刑罚的适用适当考虑社会治安形势具有一定的合理性,死刑亦然。但死刑对社会治安形势的考虑应当受到严格限制,即社会治安形势只能影响而不能决定死刑的适用数量和范围,否则社会治安形势一发生变化,死刑就要发生改变,死刑制度改革将不具有长期性,也难以为继。

②民众死刑观念的非理性与死刑制度的理性冲突。民众的死刑观念反映了人们对死刑的看法,并会随着案件的出现而形成社会舆论。但民众的死刑观念具有非理性的特点,不仅更多的是一种情绪表达,不考虑死刑与犯罪之间的对称性,而且很容易因某个敏感因素发生反转。事实上,"死刑问题常常被仪式化、符号化,也常常承载了民众的情感寄托以及政治诉求。如此一来,死刑案件中民意的表达已经不是聚焦与案件相关的法律问题,而是反映与案件事实相关的某种社会问题"③。死刑制度作为一项法律制度,需要建立在理性的认识之上,需要排除非理性的情绪表达。唯如此,死刑制度的改革才能长久,进而实现其远期目标。不过,从我国死刑的立法和司法实践来看,有关死刑的社会舆论会在一定程度上影响死刑的立法和司法。2009年最高人民法院《关于审理故意杀人、故意伤害案件正确适用死刑问题的指导意见》甚至明确提出死刑的

---

① 参见罗大华主编:《犯罪心理学》(第5版),中国政法大学出版社2007年版,第112页。
② 参见储槐植:《建立刑事一体化思想》,载《中外法学》1989年第1期。
③ 赵秉志、苗苗:《论国际人权法规范对当代中国死刑改革的促进作用》,载《吉林大学社会科学学报》2013年第4期。

适用要考虑社会治安形势和人民群众的心理感受,称:"对故意杀人、故意伤害犯罪案件是否适用死刑,要严格依照法律规定,坚持罪刑法定、罪刑相适应等刑法基本原则,综合考虑案件的性质,犯罪的起因、动机、目的、手段等情节,犯罪的后果,被告人的主观恶性和人身危险性等因素,全面分析影响量刑的轻、重情节,根据被告人的罪责,并考虑涉案当地的社会治安状况和犯罪行为对人民群众安全感的影响,严格依法适用,确保死刑裁判法律效果和社会效果的有机统一。"

(二) 死刑制度之刑法外部的体系化改革探索

死刑制度的刑法外部冲突要求死刑制度改革必须同时兼顾横向和纵向两个方面的情况。其中,在横向上要加强刑法与刑事诉讼法的协调,在纵向上要瞻前夯实死刑的事实基础、顾后照应死刑的适用效果。借鉴刑事一体化思维,死刑制度的外部体系化改革应当加强以下两个方面:

第一,横向协调:推动死刑制度的刑法与刑事诉讼法的联动改革。刑事一体化的基本面是刑事法内部的一体化,且重点是刑法与刑事诉讼法、刑事执行法(含监狱法、社区矫正法等)的一体化。死刑既有实体规范(刑法),也有程序规范、证据规范和执行规范(刑事诉讼法)。我国死刑制度在过去的改革中也注重推进刑法与刑事诉讼法的改革,并取得了积极成效。但这并不意味着就没有问题。在死刑制度改革上,刑法与刑事诉讼法的联动不仅需要在理念上保持一致,而且需要保持制度上的联动,如刑事诉讼法应当在程序、证据和执行上充分考虑死刑适用对象的特点等方面,进行合理的制度设计。当前我国刑事诉讼法在限制死刑适用的制度设计上还存在不少问题,需要进一步改进。例如,我国刑事诉讼法可以在立法上探索增设死刑赦免程序,赋予符合一定条件的死刑犯申请死刑赦免的权利,进而减少死刑的适用;在司法上进一步发挥死刑核准程序的死刑限制功能,推动死刑核准程序庭审化,同时提高死刑案件的证据适用标准,扩大死刑案件中排除合理怀疑的适用,调整怀疑的合理性标准,甚至可以将合理怀疑扩大为有关犯罪构成要件事实的一切怀疑,即只要不能排除有关犯罪构成要件事实的一切怀疑,就不能适用死刑(可以适用其他刑罚)。

第二,纵向制约:依托多学科完善死刑制度。这包括:一是依托犯罪学等事实学科,明确逐步减少直至最终废止死刑的改革目标。如前所述,犯罪学关于犯罪原因的研究表明,死刑作为一种最为严厉的刑罚,它既无法有效解决社会面临的现实问题,也无法解决最终的犯罪根源问题;犯罪心理学关于犯罪心理的产生机制表明,死刑的威慑作用对故意杀人等严重犯罪基本上是无效的。在此基础上,以理性的视角看,死刑并不值得推崇,死刑存在特别是其大量存在,并没有事实基础,在死刑政策设定上,应当将逐渐减少直至最终废止死刑作为我国死刑改革的长期目标。二是正视外界因素,适当调整死刑改革的策略。从外部因素上看,当前对我国死刑改革具有直接而重大影响的乃是不少民众支持死刑适用的观念。这些观念一旦与事件或者案件相结合,会对死刑的立法和司法改革产生较大压力。但如前所述,民众的死刑观念是以直觉和情感为主导,以报应为中心,主要是非理性的。研究表明,在具体个案中,对民众死刑观念的理性变革具有直接影响的因素有很多,其中就包括死刑错判难纠、替代措施和死刑执行时间,死刑错案导致的错杀会对民众的死刑观念产生直接影响,替代措施(如终身监禁)会在相当大的程度上改变人们对死刑的支持态度,同时随着死刑执行时间的延长,人们对死刑犯的憎恨情绪将逐渐减弱并会增加对死刑犯的怜悯、同情,民众要求对罪犯适用死刑的愿望会明显减弱。[1] 仅以这三个方面考虑,首先,我们应当进一步推进错案纠正制度,对于过去判决生效的死刑错案进行纠正,既还当事方以清白,也能够让民众看到死刑的危害;其次,我们应当进一步探索建构死刑替代措施,可以在死刑缓期二年执行且终身监禁、死刑缓期二年执行且限制减刑制度上,考察其功效,探索以终身监禁(不以判处死刑缓期二年执行为前提)作为死刑替代措施的合理性与可能性;最后,我们应该改革死刑的执行程序,不仅要将死刑核准程序实质化、庭审化、避免走过场,真正发挥其限制死刑适用的作用,而且可以适时增加新的死刑核准程序,如在最高司法机关的司法核准外增加最高权力机关的行政核准,在增加监督环节的同时也可让民众在这个过程中降低要求死刑适用的愿望和期待。

五、结语

死刑制度改革不仅是一项重大的刑法改革,也是一项重大的社会改革和政治改革,这项改革既需要关注刑法之内的死刑制度完善,也需要关注刑法之外的死刑制度协调。我们应当清醒地看到,近年来我国死刑制度改革已经取得了积极进展,但仍然存在不少问题和冲突。从刑事一体化的视角看,我国刑法关于死刑适用条件、死刑适用对象、死刑适用范围、死刑适用标准和死刑核准程序等方面既存在自身规定不合理的问题,也存在不同规定之间的不协调问题,同时刑法关于死刑制度的实体规定与刑事诉讼法关于死刑制度的程序、证据和执行规定之间也存在一定的冲突或者不协调之处,且社会治安形势、社会公众舆论等外部因素对死刑制度改革的影响也很大。

文明、公正、法治等社会主义核心价值观不仅要求死刑改革坚持法治的道路,而且要求死刑改革要促进社会的文明、公正。文明而理性的现代化刑法应当是轻刑化的结构,刑罚应当是一个轻柔而坚定的行为改正力量。以此视之,我国死刑制度改革应当

---

[1] 参见袁彬:《死刑民意引导的体系性解释》,载《中国刑事法杂志》2009年第11期;袁彬:《我国民众死刑替代观念的实证分析——兼论我国死刑替代措施的立法选择》,载赵秉志主编:《刑法论丛》(第20卷),法律出版社2009年版,第152页。

在前期具体制度改革的基础上,进一步树立体系化的立场,将死刑制度改革作为一项系统工程,由刑法之内到刑法之外,既改革死刑的刑法规定,也改革死刑的其他刑事法律和非刑事法律的配套规定,并通过合理的制度建设引导社会民众死刑观念的理性发展。唯有如此,我国死刑制度改革才能顺应社会文明的发展,并发挥其推动社会进步的作用。

我国死刑政策中的人权蕴含及其彰显

阴建峰* 周 恺**

2021年10月8日，中国代表团在联合国人权理事会第48届会议上对"死刑问题"决议草案采取行动前进行了解释性发言，明确指出死刑问题属于一国主权范围内的立法和司法问题，不赞成将司法问题人权化，因此中方将对该决议草案投反对票。同时，该发言中明确指出我国实施"保留死刑，严格适用死刑"的政策。① 事实上，我国对该决议草案投反对票，并非表明我国支持死刑或完全排斥死刑的废止，而是基于尊重国家主权的立场，认为一国实施何种死刑政策，是由该国司法体系、经济社会发展水平、历史文化背景等因素决定的，同一个国家在不同时期也可能实施不同的死刑政策。改革开放以来，我国高度重视人权事业的发展，从2009年起，我国先后制定实施了四期国家人权行动计划，人民的生活水平持续提升，各项权利得到更加切实保障，保护特定群体权益的政策和法律措施更加完善。② 正如习近平总书记所指出的，"中国始终遵循联合国宪章和《世界人权宣言》精神，坚持把人权普遍性同中国实际结合起来，走出了一条符合时代潮流、具有中国特色的人权发展道路"③。2022年2月26日，习近平总书记在中共中央政治局第三十七次集体学习时进一步强调："人权是历史的、具体的、现实的，不能脱离不同国家的社会政治条件和历史文化传统空谈人权。""在推进我国人权事业发展的实践中，我们把马克思主义人权观同中国具体实际相结合、同中华优秀传统文化相结合，总结我们党团结带领人民尊重和保障人权的成功经验，借鉴人类优秀文明成果，走出了一条顺应时代潮流、适合本国国情的人权发展道路。"④具体到法治领域，2004年"国家尊重和保障人权"被载入宪法；2012年我们将"尊重和保障人权"列

---

* 北京师范大学法学院教授。
** 北京师范大学法学院硕士研究生。
① 参见《中国代表团在人权理事会第48届会议对"死刑问题"决议草案（A/HRC/48/L. 17/Rev. 1）采取行动前的解释性发言》，载中华人民共和国常驻联合国日内瓦办事处和瑞士其他国际组织代表团（http://geneva.china-mission.gov.cn/dbdt/202110/t20211010_9592676.htm），访问日期：2021年11月10日。
② 参见人民日报评论员：《促进人权事业全面发展》，载《人民日报》2021年9月10日，第4版。
③ 习近平：《在中华人民共和国恢复联合国合法席位50周年纪念会议上的讲话》，载《人民日报》2021年10月26日，第2版。
④ 习近平：《坚定不移走中国人权发展道路 更好推动我国人权事业发展》，载《人民日报》2022年2月27日，第1版。

为我国刑事诉讼法的任务,人权保障在我国法治领域实现了从"人权入宪"到"人权入法"的转变。

而人权保障也是我国当下的宽严相济刑事政策的基本价值取向。① 死刑政策则是宽严相济刑事政策在死刑领域的具体化,死刑罪名的设立与削减、死刑案件的司法裁判,均应契合宽严相济的政策精神。党的十八届三中全会据此提出了"逐步减少适用死刑罪名"的目标,在前述解释性发言中,中方代表团又重申了我国实施"保留死刑,严格适用死刑"的政策。这一死刑政策注重人权保障与社会秩序维护的价值平衡,同样将人权保障作为重要的价值取向。近年来,我国在限制死刑适用方面付出了巨大努力并取得了显著成效,凸显了人权保障的价值追求,当然也存在诸多值得进一步完善的空间。尽管国际社会在死刑存废问题上尚未达成共识,但我们期待,我国死刑政策能够结合我国实际、借鉴国际经验,在严格适用死刑的基础上继续推进,逐步向分层次、分阶段废止死刑的方向转变。

一、国际人权公约对死刑的立场转换

国际人权公约是对联合国有关国际人权保护的三个公约的总称,包括《经济、社会及文化权利国际公约》《公民权利和政治权利国际公约》以及《公民权利和政治权利国际公约任择议定书》。国际人权公约以《世界人权宣言》为纲领和基础,是《世界人权宣言》的具体化。国际人权公约对死刑的基本态度,经历了从限制死刑适用到废除死刑的演变历程。

(一)国际人权公约对死刑的限制

作为纲领性文件的《世界人权宣言》并未直接涉及死刑问题,仅在第 3 条原则性地提及"人人有权享有生命、自由和人身安全";同时在第 5 条规定"任何人不得加以酷刑,或施以残忍的、不人道的或侮辱性的待遇或刑罚"。前者凸显了作为基本人权的生命权具有至高无上性,后者则旗帜鲜明地表明了对酷刑的反对态度。当然,死刑是否属于"酷刑"以及"不人道的刑罚",目前在学界尚有诸多争议。有学者认为,着眼于未来,死刑也必将面临人道主义的责问而难逃被废止的命运②;另有学者认为,"宪政国家行使死刑权不产生侵犯人权的问题"③。《经济、社会及文化权利国际公约》主要集中

---

① 参见赵秉志:《宽严相济刑事政策视野中的中国刑事司法》,载《南昌大学学报(人文社会科学版)》2007 年第 1 期。
② 参见赵秉志、张伟珂:《传统与现代:死刑改革与公众"人道"观念的转变》,载《当代法学》2016 年第 2 期。
③ 陈永鸿:《一个理论的误区:死刑侵犯人权——从宪法学的角度看待死刑问题》,载《法学评论》2006 年第 6 期。

于公民享有平等参与工作、接受教育的权利等方面,并未触及死刑问题。而1966年通过的《公民权利和政治权利国际公约》第6条是对《世界人权宣言》第3条的具体化,从六个方面专门对死刑问题作了限制性规定,其内容主要包括:①生命权不得被任意剥夺;②死刑只能作为对最严重的罪行的惩罚;③不得克减主权国家在防止及惩治灭绝种族罪方面的义务;④被判处死刑的人有权要求赦免或减刑;⑤对未满18周岁者及孕妇的死刑豁免;⑥本公约不得被援引用作推迟或阻止死刑的废除。可见,该公约并未明确要求缔约国完全废除死刑,但对缔约国在适用死刑方面作出了严格的限制。缔约国在立法上,只能为最严重的犯罪行为配置死刑罪名,并赋予死刑犯要求减刑或赦免的权利;在司法上,死刑的判处应来自合格法庭的最终判决,注重程序的正义性,且不得对未满18周岁的人判处死刑;在执行上,也不得对孕妇执行死刑。此外,该公约还规定了"对一切判处死刑的案件均得给予大赦、特赦或减刑"。笔者认为,这一规定只是倡导性规定,并不具有强制效力,因为如果所有被判处死刑者都至少可以获得实际的减刑,那么该公约的签署意味着所有缔约国在事实上废止了死刑,而这显然并不符合实际状况。与该公约相配套的任择议定书基本上重申了其内容,对死刑问题的规定与该公约大体相同。此后,联合国经济及社会理事会于1984年通过了《关于保护面对死刑的人的权利的保障措施》,虽仍未要求缔约国废除死刑,但将死刑的适用范围进一步限制为"蓄意而结果为害命或其他极端严重的罪行",并对判处死刑的证据要求、程序保障、死刑犯的上诉权和求赦权以及死刑的执行方式等问题作了详尽规定。

(二) 国际人权公约对死刑废除的要求

1989年联合国大会通过的《旨在废除死刑的〈公民权利和政治权利国际公约〉第二项任择议定书》(以下简称《第二项任择议定书》),明确提出了对缔约国废止死刑的要求,即"在本议定书缔约国管辖范围内,任何人不得被处死刑"。当然,缔约国可以声明将对"战时犯下最严重军事性罪行"的人执行死刑作为唯一的保留条款。《第二项任择议定书》是世界范围内首个明确提出废除死刑的国际人权法律文件,其通过标志着国际人权公约对死刑的基本态度从限制死刑转变为废除死刑。事实上,早在1983年,欧洲理事会就通过了为增补《欧洲人权公约》的《关于废除死刑的第六附加议定书》,揭开了在全球范围内废除死刑的序幕。在《第二项任择议定书》通过后,《美洲人权公约》的缔约国于1990年也通过了旨在废除死刑的议定书,掀起了全球废除死刑的热潮。2007年,联合国大会通过了有关暂停适用死刑的第62/149号决议,呼吁保留死刑的国家暂停执行处决,其目标是废除死刑。①

---

① 参见《联合国大会第62届会议第149号决议》[根据第三委员会的报告(A/62/439/Add.2)通过],载联合国(https://undocs.org/zh/A/RES/62/149),访问日期:2021年11月13日。

(三) 国际人权公约对我国死刑政策的影响

我国于 1997 年签署并于 2001 年批准了《经济、社会及文化权利国际公约》并对该公约第 6 条、第 7 条、第 8 条声明保留,于 1998 年签署了《公民权利和政治权利国际公约》并对该公约第 4 条、第 5 条和第 6 条声明保留,且我国目前尚未批准该公约,我国亦未签署并批准《公民权利和政治权利国际公约任择议定书》以及《旨在废除死刑的〈公民权利和政治权利国际公约〉第二项任择议定书》。① 事实上,我国积极履行了《经济、社会及文化权利国际公约》的有关义务,制定了《劳动合同法》《工伤保险条例》等保护劳动者权益的法律法规,修改了《义务教育法》,普及了九年制义务教育,保障了适龄儿童的受教育权。尽管我国尚未批准《公民权利和政治权利国际公约》,但已实际履行了该公约规定的国际义务。特别是就死刑问题而言,该公约本身并未要求缔约国完全废除死刑,只要求将死刑作为对"最严重罪行"的惩罚。对此,我国《刑法》将死刑适用范围严格限制在"罪行极其严重"的犯罪分子,并排除了对未成年人、孕妇的死刑适用,原则上排除了对年满 75 周岁老人的死刑适用,创设了具有中国特色的死刑缓期执行制度,死刑罪名也在不断削减,死刑的程序保障日益完善。我国当下的死刑政策以及为限制死刑、严格适用死刑所作出的种种努力、取得的显著成效,正是在事实上履行《公民权利和政治权利国际公约》之义务的体现。

二、我国死刑政策以人权保障与秩序维护的平衡为价值取向

当前学界有关死刑存废的争论中,"死刑是否侵犯人权"已成为一个重要议题。笔者认为,用西方话语体系下"人权"的概念来衡量我国死刑问题并不合适。一方面,死刑问题属于我国主权范围内的立法和司法问题,是不容干涉的我国内政;另一方面,我国正积极构建具有中国特色的人权话语体系,走具有中国特色的人权发展道路,因而我国死刑政策中的人权保障的内涵和外延,与西方话语体系下对"人权"的界定存在本质区别。申言之,西方话语体系下的"人权"完全立足于个人本位,是少数人的人权,是不平等的人权;而我国死刑政策中的人权保障,始终立足于保障全体社会成员的基本权利,既注重对被告人的权利保障与对被害人权利救济的平衡,又注重在保障个人权利与维护整体社会秩序之间寻求平衡,真正实现了对全体社会成员人权的平等保护。

(一) 死刑与人权关系的基本立场

在死刑存废与人权保障的关系问题上,主张废除死刑的学者以邱兴隆教授为代

---

① 资料来源:联合国(公约与宣言检索系统)(https://www.un.org/zh/documents/treaty/index.shtml),访问日期:2021 年 11 月 10 日。

表。邱兴隆教授从生命至上与对生命的普遍尊重角度出发,认为生命神圣、自然权利与基本人权构成了支撑死刑废止论的三大理念,由生命价值的至高无上性必然得出应该对人的生命予以普遍而绝对尊重的结论,因而只有树立了生命应该得到普遍而绝对的尊重的理念,死刑的废除才有可能提上议事日程。① 冯军教授则基于人道和误判的视角,认为应立即废除针对犯罪人的死刑,那种意图通过限制死刑来实现全面废止死刑的观点,既不能合理说明对享有人类尊严的犯罪人适用死刑的正当性,也不能合理解释为什么在必然会存在对无辜者误判的前提下仍保留死刑的适用,因而不能作为"在未来全面废止死刑"的终极依据。② 可见,邱兴隆教授更多是从死刑对生命权的侵犯角度来阐述死刑与人权问题,而冯军教授更侧重于死刑对人格尊严的侵犯以及误判的存在不可避免,以此来探讨死刑的正当性问题。

与之相对,另有一些学者认为死刑不构成对人权的侵犯。值得注意的是,这些学者虽然主张死刑不构成对人权的侵犯,但并不必然是死刑的支持者,更不是对死刑的极力褒扬,而是仅就死刑与人权的关系问题发表有关见解。例如,李世安教授认为,死刑的设立与人权并不矛盾,有别于自然状态,只有在社会状态中,人民才能够享有较为充分的人权,而在不同的历史发展阶段,人权的内容也不尽相同,人们让渡权利以及死刑适用的范围,随着社会生产力发达程度的变化而变化。③ 杨敦先和陈兴良教授认为,"废除死刑固然是人权运动所追求的一个目标,但死刑的存废决定于一个国家的物质生活条件及其国情",因此"保留死刑并不意味就是侵犯人权,人权保障也不能当然地得出废除死刑的结论"④。可见,上述学者都是从死刑与社会生产力水平、物质生活条件以及国情实际的关系出发来探讨死刑的必要性与合理性,认为只要二者相契合,就不存在死刑是否侵犯人权的问题。此外,陈永鸿教授从宪法学的角度出发,认为评判死刑是否人道的关键在于国家设定死刑是否具有严格性、是否尊重罪犯的人格尊严,以及对特殊犯罪主体是否适用死刑等方面,权利的绝对性并不意味着权利的绝对不可剥夺,且社会契约论是典型的唯心史观,无法用来解释生命权的不可剥夺问题。⑤ 因此,陈永鸿教授更侧重于法治国家意义上死刑的正当性与合理性问题,只要死刑的适用条件、程序、方式等契合法治国家的基本要求,作为绝对权利的生命权亦不是绝对不可剥夺的。

就死刑与人权的关系而言,笔者认为死刑本身并不必然构成对人权的侵犯。进言

---

① 参见邱兴隆:《从信仰到人权——死刑废止论的起源》,载《法学评论》2002年第5期。
② 参见冯军:《死刑、犯罪人与敌人》,载《中外法学》2005年第5期。
③ 参见李世安:《略论死刑与人权》,载《中国人民大学学报》2008年第3期。
④ 杨敦先、陈兴良:《死刑存废与人权保障》,载《中外法学》1991年第6期。
⑤ 参见陈永鸿:《一个理论的误区:死刑侵犯人权——从宪法学的角度看待死刑问题》,载《法学评论》2006年第6期。

之,衡量一个国家死刑政策是否契合人权理念,应站在该国经济社会发展水平以及国情和实际的角度,结合死刑适用的对象与罪名范围、判处和执行死刑的程序、死刑的执行方式,以及有无上诉、申诉、申请赦免等救济途径,并围绕这些因素对死刑在该国特定历史时期存在的必要性及合理性进行评判,在此基础上得出死刑是否构成对人权的侵犯之结论。诚然,人的生命权具有至高无上性,但每一位社会成员的生命权具有平等性,刑法是犯罪人的大宪章,同时也是全体社会成员的大宪章,当剥夺犯罪人的生命作为一国在特定历史时期为维护社会秩序、保障全体社会成员基本权利的必要而又无奈之举,且作为最后手段时,绝对的生命权并不意味着生命的不可剥夺性和生命权的不可让步性。因此,笔者并不提倡脱离具体国情及死刑适用的范围、方式等因素,来谈论死刑与人权的关系,人权在任何时期都是相对的,要与一国特定的历史时期和这一时期的经济社会发展水平相结合,在此基础上才能更加理性客观地评判死刑的必要性与合理性,进而厘清死刑与人权的关系。

(二) 我国死刑政策兼顾人权保障与秩序维护

宽严相济是我国的基本刑事政策,"保留死刑,严格适用死刑"①是对我国死刑政策的最新表述。我国死刑政策既是宽严相济刑事政策的有机组成部分,又是这一基本刑事政策在死刑领域的具体体现,因而有关死刑的立法、司法和执行都要遵循宽严相济的基本理念。我国死刑政策既注重对被告人权利的保障、对被害人权利的救济,又注重对整体社会秩序的维护,并积极在人权保障与社会秩序维护间寻求平衡,以实现对最广大人民群众根本利益的有效保障。

1. 我国死刑政策对人权保障的积极追求

我国积极履行有关国际人权公约的义务,在限制死刑、严格适用死刑方面付出了艰辛的努力,并取得了显著成效,集中体现在以下四个方面:

(1) 逐步限制死刑适用并削减死刑罪名

死刑只适用于罪行极其严重的犯罪分子,因此何谓"罪行极其严重"影响着死刑罪名的范围。对此,学界存在主客观相统一说、客观标准说、社会危害性和人身危险性统一说、法定刑标准说等不同观点。② 不过,通说认为,"罪行极其严重"是犯罪的性质极其严重、犯罪的情节极其严重以及犯罪分子的人身危险性极其严重的统一,三者同时具备才符合适用死刑的条件。③ 围绕这一标准审视我国刑法修正的过程,死刑罪名正

---

① 参见《中国代表团在人权理事会第48届会议对"死刑问题"决议草案(A/HRC/48/L.17/Rev.1)采取行动前的解释性发言》,载中华人民共和国常驻联合国日内瓦办事处和瑞士其他国际组织代表团(http://geneva.china-mission.gov.cn/dbdt/202110/t20211010_9592676.htm),访问日期:2021年11月10日。
② 参见赵秉志主编:《刑法学总论研究述评(1978—2008)》,北京师范大学出版社2009年版,第488—489页。
③ 参见贾宇主编:《刑法学(上册·总论)》,高等教育出版社2019年版,第348页。

在不断削减,对"罪行极其严重"的解释日益严格与限缩。

事实上,新中国成立以来,我国死刑政策经历了曲折波动的过程,这对死刑罪名的数量产生了直接的影响。在1979年《刑法》颁布前,受毛泽东思想的影响,在镇压反革命以及"三反""五反"等斗争中,都贯彻了"少杀、慎杀"的死刑政策。毛泽东同志曾指出,"凡介在可捕可不捕之间的人一定不要捕,如果捕了就是犯错误;凡介在可杀可不杀之间的人一定不要杀,如果杀了就是犯错误"。1979年《刑法》基本上贯彻了"保留死刑,坚持少杀,防止滥杀"的死刑政策。不过,自1981年起陆续颁布了一系列单行刑法,死刑罪名不断增多、死刑适用持续加剧,而且出现了以死刑作为绝对确定法定刑的条款。及至1997年《刑法》才对死刑适用逐步回归慎重的态度,并对先前的死刑立法作了调整。例如:将死刑适用的基本条件从"罪大恶极"修改为"罪行极其严重",限缩了死刑适用对象,拆解了"流氓罪""投机倒把罪"等含糊的死刑罪名,并进一步限制了死缓实际执行死刑的条件。此后的修正案更是进一步削减死刑罪名、严格死刑的适用条件,比较典型的有:《刑法修正案(八)》取消了盗窃罪,走私普通货物、物品罪,走私文物罪,票据诈骗罪,虚开增值税专用发票罪,传授犯罪方法罪等13个罪名的死刑;《刑法修正案(九)》取消了走私武器、弹药罪,走私假币罪,伪造货币罪,集资诈骗罪,组织卖淫罪,强迫卖淫罪等9个罪名的死刑。可见,死刑罪名的逐步削减是我国严格限制死刑适用所取得的显著成效,是人权保障在我国死刑政策中的集中体现。

(2)死刑的程序保障不断完善

根据2006年修改的《人民法院组织法》,自2007年1月1日起,死刑核准权由最高人民法院统一行使。最高人民法院收回并统一行使死刑核准权,一方面,有助于确保全国死刑适用的统一性,体现了刑法的平等适用原则;另一方面,有助于发挥对下级法院的监督作用,最大限度地减少死刑冤错案件,并且能够给予死刑未决犯更高级别的救济途径,凸显了对被告人生命的尊重,契合了人权保障的基本理念。在死刑案件的证据标准上,2010年最高人民法院、最高人民检察院、公安部、国家安全部、司法部联合印发了《关于办理死刑案件审查判断证据若干问题的规定》和《关于办理刑事案件排除非法证据若干问题的规定》,对刑事案件特别是死刑案件的非法证据排除问题予以规范,对死刑案件证据来源的合法性问题作了更为严格的限制。在审级方面,2012年修改的《刑事诉讼法》明确要求有可能判处无期徒刑和死刑的案件,由中级人民法院一审,死刑案件审级的提高有助于提升死刑案件的办案质量,体现了对死刑判决的审慎态度。在死刑复核过程中,在被告人获得法律帮助权及其他合法权益的保障方面,最高人民法院于2015年印发了《关于办理死刑复核案件听取辩护律师意见的办法》,于2019年又出台了《关于死刑复核及执行程序中保障当事人合法权益的若干规定》,赋予了辩护律师在死刑复核程序中的阅卷权以及书面或当面提出意见的权利,赋予了罪犯被执行死刑前可以申请会见其近亲属、其他亲友的权利,同时也赋予了罪犯近亲属在执行死刑前申请会见罪犯的权利,还赋予了罪犯在执行死刑前通过录音录像等方式留下遗言的权利。根据 2022 年起施行的《法律援助法》第 26 条的规定,可能判处死刑的犯罪嫌疑人、被告人,以及申请法律援助的死刑复核案件被告人,如果没有委托辩护人,人民法院、人民检察院、公安机关应当通知法律援助机构指派具有 3 年以上相关执业经历的律师担任辩护人。这一规定充分保障了死刑案件法律援助中犯罪嫌疑人、被告人获得有效辩护的权利。可见,死刑的判处与执行在我国有着严格的程序要求,在每个程序中都为被告人设置了多项权利保障与救济措施,而这些程序本身不仅彰显了程序正义,就其实际作用而言,也发挥着限制死刑适用的功能,契合了人权保障的基本理念。

(3)死缓制度发挥了限制死刑的功能

我国所创设的具有中国特色的死缓制度,无疑亦是限制死刑实际执行、削减实际被执行死刑者的数量、保障被告人生命权的重要体现。简言之,死缓制度是指对于应当判处死刑的犯罪分子,如果不是必须立即执行的,可以在判处死刑的同时宣告缓期二年执行,在二年"考验期"内,如果没有故意犯罪,期满后减为无期徒刑或者更轻的刑罚;如果故意犯罪且情节恶劣的,应报请最高人民法院核准死刑;如果故意犯罪但情节不恶劣的,则重新计算二年的"考验期"。在司法实践中,绝大部分被判处死缓的罪犯,都能够顺利通过"考验期",进而保住生命,可见死缓制度是我国限制死刑实际执行的重大而有效的举措,彰显了对被告人的人道主义关怀。高铭暄教授曾指出,死缓在中国贯彻"少杀、慎杀"死刑政策中发挥着重要的作用,也为国际社会所称道,且死缓也是给人以出路的有效措施。[①] 当前,除对罪行极其严重的腐败犯罪分子可以在适用死缓的同时宣告终身监禁外,其他被判处死缓的被告人都可以通过减刑、假释等制度重新回归社会,可见死缓这一制度设计仍以对罪犯的教育、改造为基本理念,帮助其有朝一日能够重新回归社会,而不是将其作为"敌人"看待而使之与世隔绝。因此,死缓制度是一项能够给予罪犯希望和出路的措施,是具有中国特色的人权保障理念的生动写照。

(4)死刑执行方式日益文明

从人权的角度出发,死刑的执行方式也是衡量死刑是否人道的重要考量因素,文明的死刑执行方式更加契合现代人权理念。我国的死刑执行方式经历了由枪决到枪决与注射相结合的转变历程。1979 年《刑法》第 45 条规定了"死刑用枪决的方法执行",1997 年修订《刑法》时则删除了这一表述,因为在 1996 年修订《刑事诉讼法》时已将死刑的执行方式变更为"采用枪决或者注射等方法"。这意味着,目前我国死刑的执

---

① 参见高铭暄、楼伯坤:《死刑替代位阶上无期徒刑的改良》,载《现代法学》2010 年第 6 期。

行方式既包括传统的枪决,又包括药物注射这一痛苦较轻的方式;而且,"等"字的兜底运用表明我国死刑执行方式采开放之态,并不完全局限于上述两种,尽管实践中尚未开辟出第三种执行死刑的方式,但这一立法颇具前瞻性,为我国进一步探索更为文明、更加人道的死刑执行方式提供了法律依据。事实上,早在 2001 年,最高人民法院在昆明召开了全国法院采用注射方法执行死刑工作会议,要求各地人民法院切实推进注射方法执行死刑工作,把我国的死刑执行工作推向更加文明、科学的新阶段。① 随后,地方法院积极创造条件,抓紧开展相关工作,取得了实效。以云南省为例,全省在 2003 年即已全面推广注射执行死刑,并配发给省内 18 个中级人民法院 18 辆注射执行死刑的专用车。② 截至目前,尽管实践中尚未达到全国普及注射执行死刑的水平,且部分省份的注射执行死刑仍处在推广阶段,但不可否认,我国死刑执行方式已从传统的单一枪决,转变为以注射执行死刑为代表的更为人道的执行方式。笔者提倡当前我国死刑执行方式应以注射执行死刑为原则,以枪决为例外,在有条件的中级人民法院应最大限度地采取注射方式执行死刑,并且应积极探寻更为人道的其他死刑执行方式。

2. 我国死刑政策对人权保障与秩序维护的均衡追求

在对被告人权利保障方面,尽管根据我国经济社会发展水平和国情实际,目前尚不具备全面废止死刑的客观现实条件,但"严格适用死刑"的理念早已深刻影响着我国死刑立法和司法,并在实践中得以落实。具言之,立法上我们将"罪行极其严重"作为适用死刑的标准,且在死刑的适用对象上,不仅将不满 18 周岁的人和怀孕的妇女排除在死刑适用范围之外,还对年满 75 周岁的老人原则上也排除了死刑的适用,彰显了人道主义关怀,契合《公民权利和政治权利国际公约》对死刑适用对象的限制性规定。司法上,我们不断完善死刑判处与核准的程序。根据我国《刑事诉讼法》的有关规定,有可能判处无期徒刑和死刑的案件,一审由中级人民法院审理,且最高人民法院于 2007 年收回了死刑核准权。严密的死刑司法程序,既是对"严格适用死刑"这一原则的贯彻,也是对被告人生命权的积极保障。此外,我们还创设了死缓制度,为被告人预留了排除死刑立即执行的"出口",实际上也为绝大多数死刑犯提供了"活路"。因此,我国死刑政策具体到立法、司法和执行的实践中,既注重对被告人作为基本权利的生命权的保障,严格控制死刑适用的主体范围和罪行范围,又注重对被告人权利的程序性保障与救济,提高了死刑案件的审级并统一由最高司法机关行使死刑核准权,保障了被判处死刑者的上诉权等。

在对被害人的权利救济方面,我国为被害人提供了加害人赔偿与国家司法救助相结合的多重救济途径。为鼓励加害人积极对被害人进行经济赔偿,以弥补被害人及其

---

① 参见官晋东:《我国全面开展注射方法执行死刑》,载《人民法院报》2001 年 9 月 14 日。
② 参见陈昌云:《云南:全面推广注射执行死刑》,载《工人日报》2003 年 3 月 4 日。

亲属因犯罪行为的侵害所造成的经济损失,早在 2010 年就出台了最高人民法院《关于贯彻宽严相济刑事政策的若干意见》,明确规定了"被告人案发后对被害人积极进行赔偿,并认罪、悔罪的,依法可以作为酌定量刑情节予以考虑"。此后在 2012 年修订《刑事诉讼法》时增设了刑事和解制度。至今在司法实践中,犯罪嫌疑人、被告人积极足额赔偿被害人的经济损失,取得被害人谅解,仍是能够实质影响量刑结果的酌定从宽情节。其法理基础在于,被告人犯罪后的积极赔偿之举实乃其主观真诚悔罪态度之外化,是其人身危险性降低的具体表征,自应成为衡量其是否"罪行极其严重"的酌定量刑情节,而非所谓的"花钱买命"。[1] 此外,我国还建立了较为完善的司法救助制度。2016 年出台了最高人民法院《关于加强和规范人民法院国家司法救助工作的意见》,对刑事案件中被害人因受伤、死亡或遭受重大财产损失,致使其本人或近亲属生活困难的,经申请由人民法院的司法救助委员会酌情提供救助金。因此,被告人通过积极赔偿而换取从宽的处遇,一方面是国家为保障被告人生命权提供合理机遇的体现,发挥着限制死刑适用的功能;另一方面被害人也能够从赔偿中获得切实利益,弥补犯罪行为给其本人和亲属造成的损失,体现了对被告人生命权的保障与对被害人权利救济的衡平。

同时,我国死刑政策始终在寻求权利保障与秩序维护的均衡。如上文所述,权利保障既包括对被告人生命权的保障,又包括对被害人权利的救济,当然这建立在有被害人的犯罪基础之上。对于包括无被害人犯罪在内的所有犯罪,还涉及一个更深层次的问题,就是权利保障与社会整体秩序维护之间的平衡。在逻辑关系上,对社会整体秩序的维护是对全体社会成员的人权保障,相较于对被告人、被害人的权利保障而言,这是更广义的人权保障。当然,人权保障绝不能"抓大放小",不能片面为了维护社会整体利益而不顾少数人的利益,因而就需要在对部分人的人权保障与社会整体利益的维护之间寻求平衡,这就是我国死刑政策的核心价值取向。具言之,自 1997 年《刑法》修订至今,又历经了十一次修正,其中多次涉及死刑罪名削减及相关制度改革,尤以《刑法修正案(八)》和《刑法修正案(九)》为典型。死刑罪名的削减集中在非暴力性、非致命性犯罪方面,特别是一些经济犯罪的法定最高刑由死刑被调整为无期徒刑甚至更轻的刑罚。此外,自党的十八大以来,即使对于人民群众深恶痛绝的腐败犯罪行为人,也极少适用死刑立即执行,而是通过"打虎"与"拍蝇"并举,来增强刑罚的必然性,以威慑潜在的腐败犯罪分子。事实上,腐败犯罪虽然给党和国家造成了巨大的损失,但行为人的行为毕竟没有直接造成致人死亡的后果,在考虑是否适用死刑时自应秉持极为审慎的态度。进言之,非暴力性、非致命性犯罪死刑罪名的不断削减,正是对犯罪人生命权的保障与对社会整体秩序维护之间相互平衡的结果,即如果不适用死刑或适用死刑但无须立即执行,也能够维护相关领域的社会秩序,那么正义的天平就应

---

[1] 参见阴建峰:《理性看待所谓"花钱买命"》,载《法制日报》2010 年 3 月 10 日。

该倾向于对被告人这一群体的生命权保障。反之,则应更进一步探究死刑适用的标准与社会秩序维护之间的临界点,使死刑适用以维护社会秩序所需为限。此外,民意也是影响我国死刑政策的重要因素。政策的制定者倾听民意是社会主义民主的体现和要求,是对人民群众基本权利的保障,亦是人权保障的重要组成部分。但是,政策制定者积极倾听民意与民意对司法个案的干预是两个不同维度的问题。一方面,应当积极鼓励民意通过合理合法的程序加以表达,并保障民意通过正当程序上升为法意,实现对立法和政策制定的影响;另一方面,在具体案件的司法裁量过程中,特别是关乎生命的死刑案件,司法人员应恪守以事实为依据、以法律为准绳原则,客观理性看待民意,合理进行案情公开,防止民意对司法个案裁判的不当干涉,确保法律适用的统一性。

三、我国死刑政策中人权保障功能发挥之局限

尽管我国在现阶段保留死刑的前提下,为限制死刑付出了艰辛的努力并取得了显著成效,凸显了国家对人权的尊重和保障,但我国当下的死刑政策仍存在一些突出问题,限制了人权保障功能的进一步发挥。这主要体现在非暴力性、非致命性犯罪的死刑尚未全部废止,毒品犯罪的死刑适用仍居高不下,部分罪名死刑配置的必要性欠缺,特赦制度尚未发挥实际限制死刑之功效,以及死刑的程序控制仍有待加强等方面。

(一) 尚有诸多非暴力性、非致命性犯罪配置死刑

目前我国刑法中,非暴力性、非致命性犯罪的死刑罪名主要包括以下六类:第一,危害国家安全罪中,犯投敌叛变罪,间谍罪,为境外窃取、刺探、收买、非法提供国家秘密、情报罪,资敌罪,对国家和人民危害特别严重、情节特别恶劣的,可以适用死刑。第二,危害公共安全罪中,犯非法制造、买卖、运输、邮寄、储存枪支、弹药、爆炸物罪或者盗窃枪支、弹药、爆炸物、危险物质罪,情节严重的,可以判处死刑。第三,破坏社会主义市场经济秩序罪中,生产、销售、提供假药或者有毒、有害食品致人死亡或者有其他特别严重情节的,可以判处死刑。第四,危害国防利益罪中,犯故意提供不合格武器装备、军事设施罪,情节特别严重的,可以适用死刑。第五,贪污贿赂罪中,贪污、受贿数额特别巨大,并使国家和人民利益遭受特别重大损失的,可以判处死刑。第六,军人违反职责罪中,犯隐瞒、谎报军情罪,战时临阵脱逃罪或者拒传、假传军令罪,致使战斗、战役遭受重大损失的,或者为境外的机构、组织、人员窃取、刺探、收买、非法提供军事秘密,情节严重的,或者非法出卖、转让大量军队武器装备或者有其他特别严重情节的,可以适用死刑。上述情形所涉死刑罪名的共同特点是行为人未采用直接施加暴力的方式实施犯罪行为,也没有直接造成他人死亡的后果,均可归诸非暴力性和非致命性犯罪。从实质上讲,这些罪名并非国际人权公约所谓"最严重罪行",配置死刑的必

要性与合理性存疑,可以成为我国死刑罪名进一步削减的突破口,为我国人权状况的持续改进提供样本、注入活力。

(二) 毒品犯罪的死刑适用居高不下

走私、贩卖、运输、制造毒品罪系毒品犯罪中唯一死刑罪名,亦属于非暴力性、非致命性犯罪,其死刑的适用采取"数量+情节"的标准。在数量层面,走私、贩卖、运输、制造鸦片1000克以上、海洛因或者甲基苯丙胺50克以上或者其他毒品数量大的,可以判处死刑;在情节层面,毒品集团的首要分子,实施武装掩护毒品犯罪的行为,暴力抗拒检查、拘留和逮捕以及参与有组织的国际贩毒活动的,可以作为决定判处死刑的情节依据。司法实践中,走私、贩卖、运输、制造毒品罪已成为适用死刑最多的非暴力性犯罪,其死刑适用在全部死刑案件中占比超过三成,甚至在特定时间和个别地方已超过故意杀人等暴力犯罪。不过,毒品犯罪的本质危害在于对国家毒品管理制度的侵犯,而非对特定被害人人身权利的侵害。与其他非暴力性犯罪一样,毒品犯罪亦不具有明显的外显性、反伦理性、残酷性等暴力犯罪所固有的特征,对其配置死刑有违合理配置死刑的必要性原则与价值衡量原则。① 武装掩护走私、贩卖、运输、制造毒品的,或者暴力抗拒检查、拘留和逮捕,情节严重的,在现阶段作为适用死刑的加重情节尚可接受,毕竟此等行为蕴含着相当的暴力性。但是,走私、贩卖、运输、制造毒品罪在实质上同样并非"最严重罪行"。特别是运输毒品的行为人,有的对行为的性质和违法性认识不足,有的是出于经济困难,还有的是受诱骗和蒙蔽等因素所致,其社会危害性与走私、贩卖、制造毒品等行为明显不具有相当性。基于运输毒品行为人的主观恶性相对较低、可改造性较大,对其裁量刑罚时不应唯数额论,若适用作为最后手段的死刑,其合理性更值得推敲和思考。

(三) 部分罪名死刑配置的必要性欠缺

除了非暴力性、非致命性犯罪的死刑,我国刑法中一些暴力性犯罪死刑配置的合理性也值得进一步商讨。这些配置死刑的暴力性犯罪可分为两类:一是犯罪行为本身就是致命的,会直接造成被害人死亡的后果,在现阶段尚不具备废除死刑的条件,比如故意杀人罪等;二是犯罪行为本身并非致命,但有致人死亡的风险,造成死亡结果的,才适用死刑。对于后者,尽管符合我国现行刑法规范和法律拟制的基本原理,但这一立法技术排除故意杀人罪的适用,增加了不必要的死刑罪名数量,成为不断削减死刑罪名的阻力。例如,《刑法》第263条为抢劫罪配置了死刑,主要基于对抢劫过程中致人死亡之结果的规制,不再另行以故意杀人罪论处,仅以抢劫罪一罪处罚即可。事实上,抢劫罪被规定在侵犯财产罪一章,是同盗窃罪、诈骗罪一样的典型财产犯罪,尽管其带有一定

---

① 参见赵秉志、阴建峰:《论中国毒品犯罪死刑的逐步废止》,载《法学杂志》2013年第5期。

的暴力因素,但行为人的主要目的在于谋财而非害命,为这一财产犯罪配置死刑的妥帖性至少在形式上有待商榷。实际上,我国刑法中存在诸多因可能发生特定致命情形而配置死刑的罪名,此种立法技术导致死刑罪名在形式上颇显庞杂和冗余。

(四) 特赦制度尚未发挥限制死刑的功能

通常认为,特赦是指由国家元首或者最高权力机关以命令的方式,对已受罪刑宣告的特定犯罪人,全部或部分免除其刑罚执行的制度。① 根据我国《宪法》的规定,由全国人大常委会决定特赦,由国家主席发布特赦令。自新中国成立以来,共实施了九次特赦。近年来,我国分别于2015年为纪念中国人民抗日战争暨世界反法西斯战争胜利70周年,以及2019年为庆祝新中国成立70周年,实施了两次特赦。我国特赦制度在新时期的实施,体现了依法治国理念和人道主义精神,是对习近平法治思想的深入贯彻,也是依法治国与以德治国相结合的重要体现。当然,我国目前的特赦主要是在重大历史节点"自上而下"适用于部分服刑罪犯,不仅尚未将死刑犯纳入特赦范围,也没有将"自下而上"的特赦申请权赋予死刑犯,从而使之获得最后生机。但是,我国已签署的《公民权利和政治权利国际公约》中明确规定,"任何被判处死刑的人应有权要求赦免或减刑"。从法律层面讲,死刑犯在被最高人民法院核准死刑后,寻求特赦是其求生的唯一希望。特赦制度并非西方的舶来品,我国自古以来就有特赦的传统。努力促进我国现行特赦制度在限制死刑中发挥实际效用,不仅是履行有关国际公约义务的要求,也是对死刑犯申请特赦权的尊重和保障。就实际效果而言,特赦也是严格控制死刑适用的有效途径之一。通过分析第九次特赦中大量的《特赦裁定书》,我们不难发现,即便此次特赦仍是国家"自上而下"施行的,但符合被特赦条件的罪犯需进行"自下而上"的申请方能获得特赦。这一申请程序为我国探索罪犯特别是死刑犯以个人名义申请特赦提供了良好的实践经验。

(五) 死刑的程序控制仍有待加强

我国的死刑政策体现在实体与程序两个层面,死刑的程序控制是实现"严格适用死刑"的重要途径,涉及死刑审判、死刑复核、死刑案件证明及死刑辩护等方面。近年来,我国在死刑的程序控制方面作了诸多改进,体现了人权保障的精神。但是在司法实践中,特别是在死刑审判阶段,当前仍然存在着"重定罪,轻量刑"的现象,即庭审活动主要围绕定罪来进行,不仅量刑没有成为庭审的实质内容,还使量刑程序在事实上沦为定罪的附属程序,极易造成定罪结果影响法官的量刑尺度,进而导致合议庭量刑功能被虚置、控辩双方参与量刑辩论受限等一系列问题,进而影响律师在死刑案件中的辩护质量。此外,目前死刑裁判的说理论证不够充分,部分裁判文书对控辩双方的量刑意见和理由没有作逐一回

---

① 参见阴建峰:《现代赦免制度论衡》,中国人民公安大学出版社2006年版,第234页。

应并说理,只是概括说明了采纳或不予采纳的结果,对于案件中具有争议性的情节也未作正面回应,更没有及时回应社会的普遍关注,这不仅难以充分发挥裁判文书说理对死刑适用的程序限制功能,还容易造成特定案件的裁判结果引起群众的广泛关注和不满情绪,极大降低了人民群众对裁判结果的认可度和接受度,事实上阻碍了我国死刑政策的发展完善以及人权保障理念的进一步弘扬。

四、我国死刑政策中人权保障理念的进一步弘扬

尽管我国目前尚不具备全面废止死刑的客观现实条件,但肯定死刑具有暂时性和过渡性,并认为为了进一步弘扬人权保障之价值理念,我国应在严格适用死刑的基础上逐步向废止死刑的方向推进,这已逐渐成为当前我国刑法学界的主流声音。例如,高铭暄教授指出,"死刑废除已成为不可逆转的趋势"[1];赵秉志教授认为,"从应对死刑变革全球化挑战的角度,中国死刑制度改革的方向应当是以现有的死刑制度为基础、逐步限制和减少死刑并最终废止死刑"[2];卢建平教授主张,"在政策上,应该明确死刑的暂时性与过渡性,并亮出废止死刑的最终目标"[3]。对于上述观点,笔者深以为然。诚然,我国当前"保留死刑,严格适用死刑"的政策符合现阶段的国情和实际,且在实际执行过程中也非常注重人权保障,并不会产生太多的人权争议。但是,客观现实条件是不断发展变化的,随着我国经济社会的不断发展、文明程度的日益提高以及人权保障理念的持续弘扬,死刑政策不应仅停留在"少杀、慎杀"这一层面,而应把"保留死刑,严格适用死刑"作为一个过渡阶段,明确死刑的暂时性,并不断调整死刑政策、削减死刑罪名,朝着最终废止死刑的方向迈进。在此,笔者主张的是"废止"而非"废除"死刑,二者存在细微差别。"废除"是指我国刑法中不存在任何死刑罪名,更谈不上死刑的适用问题,而"废止"并不完全排斥刑法中保留部分极端暴力性犯罪、恐怖活动犯罪和战时军事犯罪的死刑罪名,只是在司法实践中将死刑作为长期"备而不用"的刑罚手段,在事实上停止死刑的适用。只有在特定时期或发生极其特殊的恶性事件时,才能重启对特定案件中被告人的死刑适用。相较于"废除"死刑而言,我国努力向"废止"死刑的方向迈进,更具有现实可行性。笔者并不提倡过于激进的死刑改革,脱离国情实际以及缺乏民意基础的激进改革反而会引起民意的震荡,激化群众对我国死刑政策的不满情绪,进而对我国死刑政策的总体改革与发展进程造成冲击和阻碍。具体而

---

[1] 阴建峰、黄静野:《积极探求限制死刑适用的政策路径——"限制死刑适用的政策路径"座谈会综述》,载《法制日报》2013 年 3 月 13 日。
[2] 赵秉志:《论全球化时代的中国死刑制度改革——面临的挑战与对策》,载《吉林大学社会科学学报》2010 年第 2 期。
[3] 卢建平:《死刑政策的科学表达》,载《中外法学》2015 年第 3 期。

言,可从以下五个方面进一步严格死刑的适用,以切实推进"废止"死刑之进程,更加充分地彰显人权保障理念。

(一) 非暴力性、非致命性犯罪死刑的逐步废除

就死刑制度改革而言,高铭暄教授认为,应将死刑主要适用于极少数的暴力性犯罪,并在死刑范畴内尽量向死刑缓期执行倾斜,对于属于非暴力性犯罪的死刑罪名,可以考虑分期分批予以废除。① 因而,即便行为人符合"罪行极其严重"这一死刑适用标准,也不是全部要立即执行。时延安教授主张,"除严重的军事犯罪、基于恐怖主义、极端主义实施严重暴力行为并导致死亡结果的犯罪外,对于其他罪行极其严重的犯罪分子,依据《刑法》第 48 条规定一律适用死缓"②。这实际上均未将非暴力性犯罪排除在"罪行极其严重"之外。笔者认为,要实现死刑的逐步废止,首先应立足于对"罪行极其严重"这一死刑适用标准的严格解释。可以借鉴国际人权公约的内容,对"罪行极其严重"之死刑适用标准进行更为严格的限缩解释,将其理解为"蓄意而结果为害命或其他极端严重后果的罪行"③。在此基础上,审视我国刑法中现存的非暴力性、非致命性犯罪死刑罪名存在的合理性,以及相关罪名废除的可行性。

当前,我国的死刑制度改革仍应遵循党的十八届三中全会"逐步减少适用死刑罪名"之精神,以非暴力性、非致命性犯罪为切入口,以立法上削减死刑罪名与司法上严格限制死刑适用为抓手,逐步推进死刑废止的进程。未来的刑法修正案可以考虑继续废除生产、销售、提供假药罪以及生产、销售有毒、有害食品罪等非暴力性、非致命性犯罪的死刑。以这两个典型的逐利型制售伪劣商品犯罪为例,为其配置死刑并不符合"罪行极其严重"之死刑适用标准。具体说来,尽管此类非暴力性犯罪也会造成"极其严重"的客观危害结果,但其犯罪性质很难谓极其严重,犯罪人多为非法牟利而对客观危害结果持放任甚至过失心态,其主观恶性尚未达到极其恶劣之程度。④ 而且,为此类犯罪配置死刑对于遏制犯罪的作用十分有限,因为就其生成机理而言,主要是基于监管漏洞、市场管理混乱、机制不健全、监督失效等制度原因,很大程度上是基于报应理论以及食品安全极端事件所引发的宣示性政策倾向而配置死刑。何况,在制售假药或者有毒、有害食品的行为人希望或者放任他人伤亡结果的情况下,对特定或不特定多数人生命健康的侵害应升格为犯罪所侵害的主要客体。此时,对其行为转以相关侵犯人身权利犯罪或者危害公共安全犯罪来论处也更具合理性。因此即便将此类犯罪的

---

① 参见阴建峰、黄静野:《积极探求限制死刑适用的政策路径——"限制死刑适用的政策路径"座谈会综述》,载《法制日报》2013 年 3 月 13 日。
② 时延安:《死刑立即执行替代措施的实践与反思》,载《法律科学(西北政法大学学报)》2017 年第 2 期。
③ 阴建峰、丁宁:《宪政维度下中国死刑改革之思考》,载赵秉志主编:《刑法论丛》(第 31 卷),法律出版社 2012 年版,第 136 页。
④ 参见阴建峰等:《制售伪劣商品犯罪之死刑究问》,载《法学杂志》2012 年第 11 期。

死刑废除,因行为人系出于致特定或不特定多数人死亡的故意实施危害食品、药品安全的行为,必要时也可以故意杀人罪或以以危险方法危害公共安全罪对其适用死刑。

(二) 毒品犯罪死刑适用的积极限制

毒品犯罪所侵犯的是国家对毒品的管理制度,而非具体被害人的生命权,是典型的非暴力性、非致命性犯罪。基于我国居高不下的毒品犯罪案件死刑适用率,有必要进一步限缩毒品犯罪死刑适用的空间。目前,我国《刑法》第347条将走私、贩卖、运输和制造毒品的行为规定在同一个选择性罪名中,并配置了相同的法定刑。但事实上,这四种毒品犯罪行为在犯罪成因和犯罪人主观恶性等方面是存在明显区别的,对它们的量刑不宜适用同一标准。易言之,制造和运输相同数量的毒品,无论是从组织规模、行为的技术难度,还是行为人对自身行为性质的"明知"程度,都存在着显著区别。特别是就运输毒品罪而言,实践中大量触犯运输毒品罪的行为人,主观上仅仅知晓其自己负责的这一个环节,对其行为的整体社会危害性认识不足,行为人主观认知的局限性制约着其客观行为的选择。换言之,即便从客观上可以评判其行为是毒品犯罪的重要一环,但行为的客观社会危害性并不必然推导出行为人主观恶性极深之结论。整体而言,运输毒品罪的行为人更不符合"罪行极其严重"之死刑适用标准,当前我国毒品犯罪死刑罪名的削减应从运输毒品罪死刑的废除开始。

就毒品犯罪死刑罪名削减的具体措施来说,笔者提倡将《刑法》第347条的选择性罪名拆解为4个单一罪名,按照罪行的轻重,由重到轻排列为制造毒品罪、贩卖毒品罪、走私毒品罪和运输毒品罪,针对这4个罪名分别设置不同层级的法定刑。目前,在立法上可以暂时保留制造毒品罪和走私毒品罪、贩卖毒品罪的死刑,但是应废除运输毒品罪的死刑,将其法定最高刑调整为无期徒刑即可。之所以拆解为4个罪名,是为了在后续的修法过程中,能够进一步斟酌这四类毒品犯罪行为在客观危害性和行为人主观恶性方面的细微差别,实现量刑的精准化。在毒品犯罪死刑尚未完全被废止的情况下,将最严重的毒品犯罪罪名置于最前面,可以充分体现刑法分则罪名排列的一般逻辑,彰显国家对毒品犯罪严厉打击的态度,实现宽严相济、恩威并施之功效。事实上,制造毒品罪是毒品犯罪的首要环节,且制造毒品多为集团犯罪,形成了较为严密的制毒组织,其社会危害性明显高于贩卖、走私和运输毒品的行为。而贩卖毒品的行为人则基于逐利目的,在明知毒品危害性的前提下将其贩卖给他人,致使毒品直接流入社会,充当了毒品从"工厂"到"市场"的媒介。因此,这两种毒品犯罪的行为人对其行为性质及社会危害程度的认知是非常清晰的。比较而言,走私和运输毒品的行为,既未直接促进毒品的生产,也没有致使毒品直接流入"市场",只是处在相对封闭的中间环节,有可能出现行为人对自身行为的性质及危害程度认识不清晰的现象。何况,走私也是一种特殊的运输行为,走私毒品罪和运输毒品罪的行为人在主观认知方面具有相似性。实践中,绝大多数实施走私、运输毒品的行为人,只知晓整个毒品犯罪链条的某一小环节,有的对自己运输毒品的种类甚至数量都不知情,也有的不知道自己运输的是毒品还是一般的违禁药品、管制药品和精神药品等,此类行为人的主观恶性明显轻于制造、贩卖毒品的行为人。为危害程度不同的毒品犯罪行为配置轻重有别的刑罚,这正是罪责刑相适应原则的基本要求。

(三) 转致立法方式在削减死刑罪名中的灵活运用

在我国刑法中,部分罪名以"致人死亡"的加重结果为适用死刑的条件。这些罪名的基本犯罪过形式都是故意,而行为人对于"致人死亡"的罪过形式,包括只能是故意的情形,如绑架罪的杀害被绑架人,也包括既可以是故意也可以是过失的情形,如抢劫罪中的"致人死亡",还包括只能是过失的情形,如故意伤害罪(致人死亡)。根据罪责刑相适应原则,过失致人死亡的刑事责任显然应当轻于故意致人死亡的刑事责任,在立法上应当将二者的法定刑分别加以规定,以体现法律对二者否定评价的差别,适应社会公平、正义的观念。笔者认为,只有故意致人死亡的,在当下配置死刑才更具有合理性,因过失致人死亡的,并无配置死刑的必要性与合理性。进言之,此类罪名中如果行为人对致人死亡的结果持故意心态,用故意杀人罪对其加以评判更为适宜。例如,行为人在实施绑架行为中杀害被绑架人的,其行为已经脱离勒索财物的目的,倘若行为人始终基于谋财的目的,那么被绑架人的生命是其取得钱财的重要"筹码",行为人无论如何也不愿失去这一"筹码",而行为人一旦在绑架过程中实施了杀害被绑架人的行为,可见其犯意发生了转移,从"谋财"已经转变为"害命"了,他人的生命权已升格为主要侵犯法益,将该行为定性为故意杀人罪似更为妥帖。

在此基础上,可以考虑在刑事立法技术层面将故意致人死亡这一加重结果采取转致之立法方式,一概以故意杀人罪论处,从而将该罪的法定最高刑调整为无期徒刑或更轻的刑罚。事实上,转致的立法方式在我国刑法中以转化犯为适例,这在1997年《刑法》中已有较多的体现。例如:根据1997年《刑法》第238条的规定,非法拘禁过程中,使用暴力致人伤残、死亡的,依照该法第234条、第232条的规定定罪处罚。这种立法方式可以为死刑罪名的进一步削减提供助力。通过此种立法技术的灵活运用,不仅可以彻底废止除故意杀人罪以外其他普通暴力性犯罪的死刑条款,也与诸多国家废止、减少死刑之实际路径相吻合,可以促使我国刑法总则中的死刑适用条件更好地接轨国际人权公约最严重罪行之死刑的适用标准。尽管这一做法并不能排除行为人被适用死刑之可能,但可以大量削减我国刑法中的死刑罪名,特别是暴力性、致命性犯罪的死刑罪名,避免产生不必要的人权争议,进一步维护我国良好的国际形象,其立法价值无可估量。①

---

① 参见阴建峰:《论故意杀人罪死刑的立法改革》,载《北京师范大学学报(社会科学版)》2011年第1期。

(四) 中国特色死刑赦免制度的适时构建

赦免作为死刑判决确定后的最后一道屏障,发挥着控制死刑的重要功能。赋予被判处死刑者申请赦免的权利,不仅是国际人权公约的要求,也契合了我国《宪法》中特赦制度的基本精神。笔者认为,应在充分考虑国情实际,在坚持走具有中国特色的人权发展道路的基础上,建立具有我国特色的死刑赦免制度。现阶段我国死刑赦免制度之构建宜围绕现有的特赦制度展开,通过细化、完善特赦制度,为死刑犯行使求赦权提供可操作性的路径。具体而言,在死刑特赦的申请上,应将求赦权赋予全部被判处死刑的罪犯,不因犯罪性质、犯罪的危害后果以及行为人自身主观恶性等因素对其加以限制,这是基于对生命权平等保护的要求。在死刑特赦的适用条件上,可主要考虑以下因素:①虽然客观上罪行极其严重,但是行为人自身的可改造性较大,且确有悔改表现的;②曾经为国家作出过重大贡献的(对贡献的认定可参照最近两次全国性特赦的条件);③是否判处死刑在公检法机关内部,特别是在一审和二审法院之间争议较大的;④被害人本人或其近亲属强烈要求不判处或不执行死刑的;⑤在案件的审理过程中,司法机关受到了舆论的较大影响,进而产生对被告人不利倾向的。在死刑特赦的程序方面,可借鉴新时期两次特赦的实践经验,提倡以个人申请特赦为主,实施"自下而上"的个人申请与"自上而下"的国家决定特赦相结合的方式。需要指出的是,我国宪法将决定特赦的权力赋予全国人大常委会,故可在全国人大常委会内部设立一个专门处理特赦事务的"特赦委员会",负责随时受理被判处死刑者的特赦申请。被判处死刑者可在二审判决作出后,向"特赦委员会"提出特赦申请,"特赦委员会"审查与决定特赦不受期限的限制,也不影响最高人民法院死刑复核程序的进行,但是在"特赦委员会"作出同意或拒绝特赦的决定之前,应暂缓死刑的实际执行。

(五) "定""量"分离、规范说理以强化死刑的程序控制

在死刑适用的程序控制方面,笔者提倡将死刑案件的定罪阶段与量刑阶段相分离,使死刑案件的量刑成为定罪后的独立阶段,组成新的合议庭来审理并决定是否适用死刑以及死刑的执行方式等。其合理性在于,一方面能够克服法官在定罪阶段形成的固有认知影响其量刑的客观性,保障最终裁判结果的公正性;另一方面也有助于控辩双方专门围绕与量刑有关的证据进行质证,有助于合议庭充分听取双方就量刑问题发表的意见及理由,强化量刑在庭审中的地位,促进人民法院量刑的规范化,最大限度地发挥量刑程序限制死刑适用之功能。具体包括:第一,量刑阶段仍需组成合议庭,合议庭规模与定罪阶段相同,但参与定罪阶段的合议庭组成人员,不得再参与同一案件量刑阶段的审理;第二,量刑阶段的审理仍由法庭调查、法庭辩论和被告人最后陈述组成,但合议庭对与定罪有关的事实和证据不再审查,检辩双方只能围绕与量刑有关的证据开展质证,就量刑问题发表意见,被告人也只能围绕量刑问题作最后陈述;第

三,死刑案件的量刑阶段并非独立的刑事案件审理程序,而是该案件所在审理程序的一个组成部分,即死刑案件的一审和二审程序中均包含具有先后顺序的定罪和量刑阶段,除合议庭组成人员和审理范围有所不同外,其他程序性事项均依照《刑事诉讼法》对其所在审理程序的规定处理;第四,在司法责任的分配方面,承办定罪阶段与量刑阶段的合议庭组成人员责任相互分离。当然,这一制度建构必然涉及司法资源分配的公平与效率问题,但基于死刑适用后果的不可逆性,站在尊重生命和保障人权的立场上,理应为死刑案件中的被告人赋予更充分的程序保障和救济。

除将死刑案件的定罪与量刑阶段相分离外,还应当规范死刑案件裁判文书的说理,充分发挥说理对死刑适用的程序控制功能,以及对死刑案件裁判结果的解释功能。具体包含以下方面:第一,死刑案件裁判文书的说理仍应包括对定罪的说理和对量刑的说理,特别是要用独立的文段展示死刑适用的量刑事实、证据和理由;第二,在说理的内容方面,不仅要逐一回应公诉机关的量刑建议,更要对处于弱势地位的被告人及其辩护人的意见和主张进行深入分析,对是否采纳应进行详细且有针对性的说明;第三,当存在冲突性量刑情节时,应逐一分析每一量刑情节所发挥的作用,在综合各种情节对死刑裁量作用的基础上,审视被告人是否达到了"罪行极其严重"这一死刑适用的总体性标准;第四,说理过程中,应将量刑的事实、证据与法律有效结合,保证证据认定与量刑事实的一致性、量刑事实与法律适用的一致性,形成严密的逻辑体系;第五,说理过程中要积极回应社会关切,特别是对民众普遍关注、民意反响强烈的案件,更要注重用民众可接受的语言和方式进行说理,促进民众对我国死刑政策的正确理解和接纳,这也是人权保障理念的应有之义。

五、结语

死刑问题属于一国主权范围内的立法和司法问题,国际社会在死刑存废问题上并未达成共识。我国当前"保留死刑,严格适用死刑"的政策,基本契合了国际人权公约有关限制死刑、严格控制死刑适用的人权理念,深刻彰显了人权保障与对社会整体秩序维护的平衡,是将人权的普遍性同我国实际相结合的产物,符合我国现阶段国情实际与人权状况,是具有中国特色的人权发展道路的重要组成部分。当然,随着经济社会发展水平的不断提高,我国的国情实际与人权状况处在一个不断向好的动态发展过程中,死刑政策也应向逐步削减死刑罪名,分层次、分阶段废止死刑的方向发展,并在未来时机完全成熟时达成全面废止死刑之目标。探讨死刑与人权的关系问题,绝不能脱离我国在特定历史时期的国情实际与人权发展状况,更不能将"人权"作为抨击、贬损我国死刑政策的工具。

刑事一体化视野下非法吸收公众存款罪法定刑提升的必要性与有效性审思

劳佳琦*

一、问题的提出

为了应对近年来非法集资乱象，自 2021 年 3 月 1 日起正式施行的《刑法修正案（十一）》对非法吸收公众存款罪这一打击非法集资犯罪最常用的罪名进行了刑罚结构调整。与之前相比，调整主要体现在以下三个方面：①增设了一档"数额特别巨大或者有其他特别严重情节"的加重法定刑。该罪由原来的两档法定刑变为三档，法定最高刑从有期徒刑 10 年提升至 15 年。②将限额制罚金刑改为无限额制罚金刑，通过取消该罪罚金刑的上下限额，赋予法官更多的自由裁量权，也进一步加大了对非法吸收公众存款罪的打击力度。③将提起公诉前的退赃退赔情节从酌定从宽量刑情节擢升为法定从宽量刑情节。

在上述调整中，前两方面显著提升了非法吸收公众存款罪的法定刑，第三方面法定从宽情节的确立受制于"提起公诉前"这一严格的时间节点，相较之前最高人民法院《关于审理非法集资刑事案件具体应用法律若干问题的解释》第 6 条第 2 款"非法吸收或者变相吸收公众存款，主要用于正常的生产经营活动，能够在提起公诉前清退所吸收资金，可以免予刑事处罚；情节显著轻微危害不大的，不作为犯罪处理"的规定而言，从宽力度又似乎不增反降。总体而言，《刑法修正案（十一）》对非法吸收公众存款罪刑罚结构的调整主要呈现出重刑化的特点，突出了立法者对金融犯罪从严惩治的立场。

主流意见认为，上述调整加大了非法吸收公众存款罪的刑罚力度，是对该罪刑罚结构的优化。非法吸收公众存款罪原法定刑过轻，一方面在司法裁判时无法实现罪刑均衡，另一方面也无法有力打击非法集资犯罪。《刑法修正案（十一）》提升非法吸收公众存款罪的法定刑，一来能化解司法实践中罪太重刑不够用的压力，二来也期望能够

---

* 北京师范大学法学院暨刑事法律科学研究院副教授。

通过严刑峻法有效遏制非法集资行为的发生。① 不过,在上述主流话语的表述之外,也有批评意见指出,《刑法修正案(十一)》贸然提升非法吸收公众存款罪的法定刑,只是一种情绪性立法。② 那么,应该如何看待非法吸收公众存款罪法定刑的调整?

储槐植先生很早就指出:"刑法不会自我推动向前迈进,它总是受犯罪态势和行刑效果两头的制约和影响,即刑法之外事物推动着刑法的发展。这是刑法的发展规律——犯罪决定刑法,刑法决定刑罚执行;行刑效果又返回来影响犯罪升降。刑法要接受前后两头信息,不问两头(只问一头)的刑事立法不可能是最优刑法,不问两头的刑法研究不可能卓有成效。"③因此,想要对非法吸收公众存款罪法定刑的提升作出恰当的评判,我们必须在刑事一体化的研究视野下,对以下两大问题展开进一步探究:其一,提升非法吸收公众存款罪法定刑是否确有必要?具体来说,在《刑法修正案(十一)》出台之前非法集资犯罪究竟呈现怎样的态势?司法实践中非法吸收公众存款案件的刑罚适用情况又是怎样?法官量刑时因为法定刑设置过轻而导致罪刑不均衡的情况是否普遍存在?其二,提升非法吸收公众存款罪法定刑能否达到预期效果?具体来说,非法吸收公众存款罪法定刑的提升是否必然意味着该罪刑罚力度的加强?刑罚力度的加强又能否保证更大威慑效果的实现?

为了回答上述问题,本文第二部分将通过官方数据的呈现和裁判文书的数据统计对《刑法修正案(十一)》提升非法吸收公众存款罪法定刑的必要性进行讨论;第三部分则拟从刑罚力度的三个构成维度入手,探讨非法吸收公众存款罪法定刑的提升对该罪刑罚力度增强的影响,进而分析其在提升刑罚威慑效果方面的实际作用;在完成必要性和有效性两大问题的探讨之后,本文最后部分将对立法者目前存在的认知局限展开探讨,并提倡一种新的立法模式。

二、必要性审视:《刑法修正案(十一)》出台之前的罪与罚

根据主流话语的表述,由于近年来非法集资犯罪态势日趋严重,非法吸收公众存款罪原法定刑设置过轻,在司法实践中越来越难以实现罪刑均衡。鉴于罪太重而刑不够用,提升非法吸收公众存款罪的法定刑实属必要。那么,在《刑法修正案(十一)》出

---

① 参见孙谦:《〈刑法修正案(十一)〉的理解与适用》,载正义网(http://www.jcrb.com/xueshupd/jrtt/202105/t20210524_2282270.html),访问日期:2021年6月10日;周光权:《〈刑法修正案(十一)〉理解与适用》,载搜狐网(https://www.sohu.com/a/444672736_120151774),访问日期:2021年6月10日;卢建平:《完善金融刑法 强化金融安全——〈刑法修正案(十一)〉金融犯罪相关规定评述》,载《中国法律评论》2021年第1期。
② 参见刘宪权:《〈刑法修正案(十一)〉中法定刑的调整与适用》,载《比较法研究》2021年第2期。
③ 储槐植:《刑事一体化论要》,北京大学出版社2007年版,第26页。

台之前,近年来非法集资犯罪态势究竟呈现何种趋势？法官在对非法吸收公众存款案件被告人量刑时原法定刑的设置是否真的不够用？

（一）官方数据的呈现

笔者首先借助官方公布的数据来观察非法集资犯罪态势的变化。根据目前公开可查的数据,自2014年开始,我国非法集资犯罪的严重程度显著提高。2014年非法集资发案数量、涉案金额、参与集资人数等大幅上升,同比增长约200%,均达到历年峰值。其中,跨省案件、大案要案数据显著高于2013年,跨省案件133起,同比上升133.33%；参与集资人数逾千人的案件145起,同比增长314.28%；涉案金额超亿元的案件364起,同比增长271.42%。[①] 2015年,非法集资犯罪态势进一步恶化,全国非法集资新发案数量、涉案金额、参与集资人数同比分别上升71%、57%、120%,达历年最高峰值,跨省、集资人数上千人、集资金额超亿元案件同比分别增长73%、78%、44%。[②] 进入2016年后,非法集资犯罪的情况一度好转。公开数据显示,2016年全国新发非法集资案件5197起、涉案金额2511亿元,同比分别下降14.48%、0.11%。非法集资案件数和涉案金额近年来首次出现"双降"。[③] 2017年全国新发非法集资案件5052起,涉案金额1795.5亿元,同比分别下降2.8%、28.5%。[④] 2018年之后,非法集资犯罪态势又出现恶化。2018年,全国新发非法集资案件5693起、涉案金额3542亿元,同比分别增长12.7%、97.2%,非法集资金额几近翻倍。[⑤] 2019年全国共立案打击涉嫌非法集资刑事案件5888起,涉案金额5434.2亿元,同比分别上升3.4%、53.4%。[⑥] 及至2020年,全年共查处非法集资案件7500余起,三年攻坚办结存量案件1.1万起,涉案金额3800余亿元。[⑦]

---

① 参见处置非法集资部际联席会议办公室：《积极应对当前非法集资严峻形势 全面深入推进防范打击非法集资工作》,载中国网（http://fangtan.china.com.cn/zhuanti/2015-04/28/content_35441121.htm）,访问日期：2021年6月10日。

② 参见处置非法集资部际联席会议办公室：《防范和处置非法集资法律政策宣传座谈会资料》,载百度文库（https://wenku.baidu.com/view/9f9ae9709a89680203d8ce2f0066f5335a8167cb.html）,访问日期：2021年6月10日。

③ 参见处置非法集资部际联席会议办公室：《非法集资案件数和涉案金额首次双降 形势仍严峻》,载新华网（http://www.xinhuanet.com/local/2017-04/26/c_129573384.htm）,访问日期：2021年6月10日。

④ 参见处置非法集资部际联席会议办公室：《防范和处置非法集资法律政策宣传座谈会资料》,载中华人民共和国教育部（http://www.moe.gov.cn/s78/A05/s7655/ztzl_xcjy/xcjy_cycl/201808/t20180820_345619.html）,访问日期：2021年6月10日。

⑤ 参见《银保监会：重拳整治非法集资 力争实现全社会、全行业、全生态链防控打击》,载经济参考报（http://www.jjckb.cn/2019-04/12/c_137971232.htm）,访问日期：2021年6月10日。

⑥ 参见《我国将加快推动防范和处置非法集资条例出台》,载中华人民共和国中央人民政府（http://www.gov.cn/xinwen/2020-04/21/content_5504802.htm）,访问日期：2021年6月10日。

⑦ 参见《2021年处置非法集资部际联席会议指出：高度警惕私募基金房地产等领域涉非风险趋向》,载新华网（http://www.xinhuanet.com/politics/2021-04/23/c_1127364380.htm）,访问日期：2021年6月10日。

尽管历年公布的官方数据统计口径不一,不能直接比较,但是官方话语根据发案数量、涉案金额、参与集资人数、大案要案数量等指标,作出了我国非法集资犯罪态势日趋严重的判断。细看官方数据,可以发现:其一,2014 年是一个重要的时间节点。自 2014 年开始,全国非法集资犯罪的严重程度有了显著提高,发案数量、涉案金额、参与集资人数均增长迅速。其二,2014 年之后,即便只从发案数量和涉案金额这两个指标来看,全国非法集资犯罪态势日益严峻的说法也并不准确,2016—2017 年全国曾经一度出现发案数量与涉案金额的双降,2018—2019 年又有所回升,非法集资犯罪态势存在波动。其三,大案要案的情况没有逐年公布,导致非法集资案件严重性的具体分布情况不明,无法从结构性的角度更细致深入地观察非法集资犯罪的态势变化。

在非法吸收公众存款罪的刑罚适用方面,最高人民法院曾公布过 2014—2017 年非法吸收公众存款罪和集资诈骗罪的监禁率和重刑率适用情况①,整理成表,如表 1 所示:

表 1　2014—2017 年全国非法吸收公众存款罪和集资诈骗罪的重刑率与监禁率适用

		非法吸收公众存款罪	集资诈骗罪
重刑率	2014 年	26.12%	71.07%
	2015 年	23.17%	75.03%
	2016 年	19.42%	77.77%
	2017 年	18.4%	77.22%
监禁率	2014 年	74.14%	89.93%
	2015 年	71.20%	93.44%
	2016 年	72.91%	94.82%
	2017 年	78.36%	93.66%

由表 1 可知,2014—2017 年间,全国法院每年判决生效的非法吸收公众存款罪的监禁率和重刑率②都明显低于集资诈骗罪,其中两罪重刑率的差异尤为显著。在 2014 年以后非法集资犯罪发案数量、涉案金额呈波动式上涨这一大背景之下,2014 年至 2017 年间,集资诈骗罪的重刑率维持在高位且呈现出缓慢上扬的趋势,非法吸收公众存款罪本来就不高的重刑率却在连年走低。之后最高人民法院没有再详细披露这类

---

① 参见最高人民法院:《人民法院审理非法集资刑事案件情况及典型案例》,载网易(https://www.163.com/dy/article/DPNKSGVJ0518L99R.html),访问日期:2021 年 6 月 10 日;最高人民法院:《非法集资组织化、网络化趋势日益明显》,载中国经济网(http://finance.ce.cn/rolling/201804/23/t20180423_28920530.shtml),访问日期:2021 年 6 月 10 日。

② 根据最高人民法院的定义,重刑率即为被告人被判处 5 年以上有期徒刑的比率。

数据,因而我们无法判断2017年之后司法审判中非法吸收公众存款罪的重刑率是否继续呈现下行趋势。不过,2014—2017年非法吸收公众存款罪重刑率的披露足够让我们对目前主流话语的表述产生怀疑。如果《刑法修正案(十一)》出台之前非法吸收公众存款罪因为原法定刑设置过轻导致司法审判中罪太重刑不够用,为什么2014—2017年间全国法院判决生效的非法吸收公众存款罪重刑率一直维持在低位?为何还出现持续下降的趋势?更重要的是,这一下行趋势是否持续到了现在?

(二) 裁判文书的统计

为了进一步探明2014年以来我国司法实践中非法吸收公众存款罪的刑罚适用情况,笔者借助法意科技—法学大数据实证研究平台展开研究。以一审、刑事判决书、具体判决罪名为非法吸收公众存款罪、裁判年份为2014年至2020年作为筛选条件,共筛选出2014—2020年全国法院一审具体判决罪名为非法吸收公众存款罪的刑事判决书28895份。

对上述判决书样本展开简单的数据统计,我们发现非法吸收公众存款案件的司法审判呈现出以下两大特点:

1. 罪名适用疾速扩张

之前官方数据显示,2014年对于我国非法集资犯罪而言是一个关键的时间节点,2014年之后整体犯罪的严重程度在质量二维之上相较于以前都有了显著的提高。在这一犯罪态势下,裁判文书的统计结果显示,自2014年以来,作为司法机关打击非法集资犯罪最主力的罪名,非法吸收公众存款罪的罪名适用正在疾速扩张。

以判决书的裁判年份为观察维度,2014年,样本中非法吸收公众存款罪一审案件数量为1214件,2015年为1982件,2016年为3477件,2017年为4936件,2018年为5508件,2019年为6234件,2020年为5544件。尽管2014年以非法吸收公众存款罪定罪的一审案件数量已经破千,远远超出之前各年份案件数量的总和[①],2014年之后一审以非法吸收公众存款罪定罪的案件数量仍在迅速增长,2019年达到峰值,案件数量约为2014年案件数量的5倍。2020年虽然略有回落,一审以非法吸收公众存款罪定罪的案件数量也依旧维持在高位。

上述数据显示,过去7年以来,在我国打击非法集资犯罪的司法实践中,非法吸收公众存款罪的适用数量上升迅猛。这一方面当然与非法集资犯罪态势不断恶化、新发案件数量不断增长有关,另一方面也与司法机关不断扩大非法吸收公众存款罪的适用范围有关。越来越多的行为被纳入非法吸收公众存款罪这一罪名的犯罪圈之中。

---

① 在2014年以前,以非法吸收公众存款罪定罪的一审案件绝对数量少,增长也比较缓慢。根据法意科技—法学大数据实证研究平台的统计,2009年以非法吸收公众存款罪定罪的一审案件数量仅为8件,2010年为14件,2011年为23件,2012年为64件,2013年为327件。

2. 主刑判罚力度下降

在筛选出来的判决书样本中,从判罚对象这个维度观察,2.9%的判罚对象是单位,在这些单位犯罪中,单位性质为私营企业的占比则高达95%;97.1%是自然人,在这些犯罪人中,2014年到2020年期间共有51405名犯罪人因犯非法吸收公众存款罪被判处有期徒刑,占比高达96.68%。

鉴于判决书中绝大多数的判罚对象是自然人,量刑力度主要体现在主刑判罚之上,非法吸收公众存款罪罪名项下被判处有期徒刑的犯罪人又占了绝大多数,本文选择以2014年因非法吸收公众存款罪被判处有期徒刑的犯罪人的判罚为对象,观察非法吸收公众存款罪近年来在司法审判实践中的量刑趋势。笔者借鉴官方数据的统计方式,选取监禁率和重刑率这两个指标来衡量非法吸收公众存款罪的量刑力度,除此之外再增加一个指标——顶格判率。在本文中,这三个指标的统计口径分别是:监禁率=一审被判有期徒刑实刑犯罪人数/(一审被判有期徒刑缓刑人数+一审被判有期徒刑实刑人数)×100%;重刑率=一审被判有期徒刑5年及以上犯罪人数/(一审被判有期徒刑缓刑人数+一审被判有期徒刑实刑人数)×100%;顶格判率=一审被判有期徒刑10年犯罪人数/(一审被判有期徒刑缓刑人数+一审被判有期徒刑实刑人数)×100%。

以监禁率=一审被判有期徒刑实刑犯罪人数/(一审被判有期徒刑缓刑人数+一审被判有期徒刑实刑人数)×100%为统计口径,逐年计算2014—2020年间每年非法吸收公众存款罪一审案件被判处有期徒刑的犯罪人中判处实刑者的占比,可以发现,2014年至2020年间,全国非法吸收公众存款罪一审案件的监禁率基本呈现出缓慢下行的趋势。具体来说:2014年全国非法吸收公众存款罪一审案件的监禁率为76.18%,2015年降至75.65%,2016年略微反弹至76.36%,2017年这一数值又下降至72.15%,2018年跌至69.75%,2019年继续下降至68.08%,2020年为7年以来最低,具体数值仅为65.94%。

以重刑率=一审被判有期徒刑5年及以上犯罪人数/(一审被判有期徒刑缓刑人数+一审被判有期徒刑实刑人数)×100%为统计口径,逐年计算2014—2020年间每年非法吸收公众存款罪一审案件被判处有期徒刑5年及以上犯罪人所占比例,可以发现,2014年至2020年间,每年全国非法吸收公众存款罪一审案件的重刑率均维持在低位,而且呈现出逐年下行的明显趋势。具体来说,2014年全国非法吸收公众存款罪一审案件的重刑率为22.77%,2015年缓降至21.27%,2016年这一数值跌破20%,为17.89%,2017年继续跌至14.5%,2018年降为12.34%,2019年跌至10.0%,2020年这一数值跌破10%,仅有9.51%,不足2014年重刑率的一半。由此可见,7年来因非法吸收公众存款罪一审被判处法定刑中线以上有期徒刑的案件数量一直是少数,而且随着时间的推移越来越少。绝大部分案件都只在法定刑中线以下量刑。

所谓顶格判,顾名思义就是指被判处法定最高刑期的情况。在《刑法修正案(十一)》正式实施之前,非法吸收公众存款罪的法定最高刑为有期徒刑10年。以顶格判率=一审被判有期徒刑10年犯罪人数/(一审被判有期徒刑缓刑人数+一审被判有期徒刑实刑人数)×100%为统计口径,逐年计算2014—2020年间每年非法吸收公众存款罪一审案件被判处有期徒刑10年犯罪人所占比例,可以发现,2014年至2020年间,每年全国非法吸收公众存款罪一审因为案件性质太严重以至于被判处法定最高刑的概率也基本呈现出明显的下行趋势。具体来说:2014年全国非法吸收公众存款罪一审案件的顶格判率为1.09%,2015年这一数值略升至1.24%,之后顶格判率就一路下滑,2016年跌破1%,为0.96%,2017年和2018年跌至0.52%,2019年继续跌至0.38%,2020年则为7年来最低,仅为0.36%,几乎是2014年的1/3。

将2014年至2020年间非法吸收公众存款罪一审案件监禁率、重刑率和顶格判率这三个指标的数据统计结果汇总起来,如表2所示:

表2　2014—2020年非法吸收公众存款罪一审案件量刑变化趋势

	2014年	2015年	2016年	2017年	2018年	2019年	2020年
监禁率	76.18%	75.65%	76.39%	72.15%	69.75%	68.08%	65.94%
重刑率	22.77%	21.27%	17.89%	14.5%	12.34%	10.0%	9.51%
顶格判率	1.09%	1.24%	0.96%	0.52%	0.52%	0.38%	0.36%

由表2可知,在非法集资犯罪态势波动化剧烈的大背景下,尽管近七年司法实践中非法吸收公众存款罪罪名适用疾速扩张,但是在刑罚裁量环节,法官对犯罪人的量刑力度却越来越小:首先,因为非法吸收公众存款罪被判处有期徒刑实刑的犯罪人比例逐年缓慢下降,定罪后不用入狱服刑的犯罪人占比越来越大。其次,每年因非法吸收公众存款罪而在法定刑中线之上量刑的犯罪人比例一直维持在低位,而且近七年来下行趋势极为明显和迅速。绝大部分案件中的犯罪人量刑结果都在法定刑中线之下。换言之,《刑法修正案(十一)》实施之前,非法吸收公众存款罪原法定刑的设置在司法实践中绝大部分情况下绰绰有余。最后,司法实践中一些极端个案中存在法官用足用满法定刑的情况,这些极端个案的量刑有可能出现罪太重刑不够用的问题。然而,这些极端案件在非法吸收公众存款罪罪名项下占比极少,是案件的异常值,并不具有代表性,而且非法吸收公众存款罪一审案件顶格判率持续下降的明显趋势表明,司法实践中出现因为法定刑过轻导致罪太重刑不够用的概率越来越低。

综上所述,《刑法修正案(十一)》出台之前,非法吸收公众存款罪原法定刑的设置在绝大部分情况下并不妨碍刑罚裁量环节罪刑均衡的实现,极端个案量刑时可能存在罪太重刑不够用的情况,不过这种情况出现的概率越来越低。如果仅仅因为个别大案要案的发生而大幅提高该罪的法定刑,如储槐植先生所说,是一种特例立法。在这种立法思路下,法定刑上限的依据是生活中发生概率极小的案件。特例(个案)可能符合罪刑均衡原则,但由于上限提得很高,整体刑罚量必然增加,会导致多数普通案件的行为人负担超过本应承受的刑罚,这就造成了微观合理而宏观上罪刑不适应的局面,因小失大。与特例立法相反的是典型立法的思路,即法定刑上下限均以典型为准,典型即在同类中最具代表性的意思。尽管在这种思路下可能出现个案不合理(主要是刑罚过轻)的现象,但是有利于收到宏观合理的功效,为追求大效益而付出小代价。权衡得失,典型立法思路优于特例立法思路。① 在非法吸收公众存款罪绝大部分案件都在原法定刑中线之下量刑的事实前提下,《刑法修正案(十一)》仍采用特例立法的思路加重该罪法定刑,其必要性值得质疑。

三、有效性分析:《刑法修正案(十一)》出台之后的罚与罪

为了与官方数据相对照,上文裁判文书的数据统计以监禁率、重刑率和顶格判率为指标测量了非法吸收公众存款罪的量刑力度。严格说来,司法实践中非法吸收公众存款罪的量刑力度应该是主刑与罚金刑判罚情况的总和。《刑法修正案(十一)》既加重了非法吸收公众存款罪的主刑配置,也取消了罚金刑的上下限,为法官提供了更充分的自由裁量空间。那么,《刑法修正案(十一)》对非法吸收公众存款罪法定刑的调整是否必然增强该罪的刑罚力度?刑罚力度的增强又能否如愿放大该罪的威慑效力?

(一) 刑罚力度的三位一体

在刑事法领域,刑罚一词具有多维面向,可以具体化为法定刑、宣告刑和执行刑等种类。简单来说,法定刑是立法者对抽象类罪的总体刑罚评价。根据贝卡里亚罪刑阶梯的理论,不同种类的犯罪在立法者眼中严重性不同,根据罪刑均衡原则,相应的法定刑配置轻重也不同。宣告刑是司法者在审判实践中针对个罪给出的具体刑罚评价,这一评价在法定刑划定的范围内给出,主要依据是具体个罪的社会危害性与犯罪人个人的人身危险性。执行刑是执法者在执行生效刑事判决过程中联合司法者对具体犯罪人给出的终局性刑罚评价,这一评价是对宣告刑的有限调整,主要依据是个体犯罪人人身危险性的变化。笼统而言,法定刑属于 law in book 的范畴,宣告刑与执行刑则属于 law in practice 的范畴。当然这种划分是相对而言的,再进一步细究,宣告刑相对于执行刑来说,也只能算是纸面上的法律,即写在刑事判决书上的法律。刑罚力度的最

---

① 参见储槐植:《刑事一体化论要》,北京大学出版社 2007 年版,第 179 页。

终实现必须要经过立法设计、司法裁量和执法落实这三个层层递进的环节,刑罚的多维面向决定了刑罚力度是法定刑、宣告刑与执行刑三位一体的产物。

在这种三位一体的构造下,法定刑作为刑罚的起始形态框定了刑罚力度的大致范围,但是这一力度向下传导时,需要经过宣告刑这一刑罚的中间形态将刑罚力度具体化,更需要执行刑这一刑罚的终局形态将刑罚力度最终落实下来。如果说法定刑的设置是一堆沙砾,最终究竟会有多少沙砾落到具体犯罪人的头上,除受到这堆沙砾本来数量多少的影响之外,更受到司法和执法这两层筛子筛眼大小的影响。鉴于执行刑的终局性,在决定整体刑罚力度时,执行刑的影响大于宣告刑,宣告刑的影响又大于法定刑。《刑法修正案(十一)》提升了非法吸收公众存款罪的法定刑,只是从一个维度即纸面意义上增强了该罪的刑罚力度,能否很好地向现实层面传导,关键取决于刑罚裁量与刑罚执行环节的实际运作。

1. 量刑环节刑罚力度的可能损耗

在量刑环节,非法吸收公众存款罪主刑法定刑上限的提高与罚金刑上下限的取消为宣告刑力度的增强提供了可能性。然而,这种可能性能否转化为现实值得细究。

从主刑判罚角度来看,上文官方数据和裁判文书的数据统计均表明,《刑法修正案(十一)》出台之前,司法实践中法官群体在对非法吸收公众存款罪犯罪人量刑时,秉持了非常克制的态度,绝大部分犯罪人都在法定刑中线以下被判处主刑,顶格判的极端个案占比很小,而且越来越少。这些都表明,在非法吸收公众存款罪的刑罚裁量环节,法官群体不约而同地主动控制刑罚资源的过量投入。这种群体经验背后蕴藏着司法审判自有的实践理性。《刑法修正案(十一)》提升非法吸收公众存款罪的法定刑,意味着立法者对于该罪整体评价的严厉化,但是立法者立场的转变未必一定会带来司法者行为模式的变化。实证研究结果显示,法定刑上限在实际刑罚裁量中对于宣告刑虽然起到了一定的拉高作用,但是这种拉高并非某种机械式的传动。法官群体对于立法者的重刑情结并不完全认同,而是会主动在司法环节对后者进行软化处理。[①] 而且,在提升非法吸收公众存款罪法定刑的同时,《刑法修正案(十一)》也将公诉前的退赃退赔情节由酌定从宽量刑情节擢升为法定从宽量刑情节,这一改动落实到司法实践中,又为法官控制刑罚资源的过多投入提供了一个有力的抓手。法定刑上限的提升从理论上来说可能会带来刑罚适用量的整体增加,但是如果法官群体仍然延续之前谦抑克制的主刑判罚模式,通过提升法定刑所增强的刑罚力度在宣告刑这一阶段就可能大大减弱。

从罚金判罚角度来看,一方面,如主流话语所表述的那样,立法者取消了罚金刑的上限,法官量刑时,在罪刑均衡原则的指导下,可以根据犯罪情节的轻重决定相匹配的

---

① 参见白建军:《关系犯罪学》(第3版),中国人民大学出版社2014年版,第357—359页。

罚金数额,遇到大案要案时能够判处比50万元更高的罚金数额。这样一来,立法层面增强的刑罚力度能很好地传导至司法层面。然而,另一方面,立法者也取消了罚金刑的下限,现实中也存在这样一种可能性,即法官受制于犯罪人的实际支付能力,为了减少罚金刑空判的概率,不仅不会提升罚金刑的数额,反而会降低甚至突破原来罚金刑的下限进行判罚。由于司法实践中重主刑轻附加刑传统的长期存在,罚金刑在量刑阶段的适用一直比较混乱。司法解释要求法官在决定罚金数额时主要根据犯罪情节的轻重,兼顾犯罪人的经济能力,但是法官在实际判案中往往首先考虑犯罪分子的财产状况,或直接根据犯罪分子实际预缴的数额来判处罚金。而且,实践中"法官往往在对被告人判处较重的主刑时,相应地考虑所判处的罚金刑数额较少;对被告人所判处的主刑较轻时,相应地考虑所判处的罚金刑数额较多"①。因此,即使将限额罚金制改为非限额罚金制,立法维度上罚金刑的变化并不会必然导致司法维度上罚金刑判罚力度的提升,甚至还存在降低的可能性。

2. 行刑环节刑罚力度的可能损耗

由于我国刑罚执行存在的一些固有问题,非法吸收公众存款罪在立法维度增强的刑罚力度在进入执行阶段时还会进一步损耗,这种损耗主要源自罚金刑的判而不执,执而不力。

自《刑法修正案(八)》出台以来,我国减刑假释方面的刑事政策一直不断收紧,其中职务犯罪、破坏金融管理秩序和金融诈骗犯罪、组织(领导、参加、包庇、纵容)黑社会性质组织犯罪这三类罪犯(以下简称"三类罪犯")的减刑假释又是特别从严把控的对象。随着财产性判项与减刑假释联动机制在全国的推行,罪犯要想正常减刑假释,就必须积极履行生效刑事判决书中刑事附带民事赔偿义务、追缴、责令退赔、罚金和没收财产等财产性判项。如果被认定为确有履行能力而不履行的,减刑假释应当从严掌握。2014年1月21日中央政法委出台的《关于严格规范减刑、假释、暂予监外执行,切实防止司法腐败的意见》明确提出对三类罪犯"确有悔改表现"的认定应当考察其是否通过退赃、积极协助追缴境外赃款赃物、主动赔偿损失等方式,积极消除犯罪行为所产生的社会影响。对依法可以减刑的三类罪犯,必须从严把握减刑的起始时间、间隔时间和幅度。在目前的政策环境下,作为破坏金融秩序的犯罪,非法吸收公众存款罪毫无疑问成为减刑假释从严的重点"关照"罪名,判处该罪的犯罪人要想通过减刑假释缩短执行刑难于上青天,故而主刑宣告刑落实到执行层面不会有太大损耗。

相较于主刑而言,非法吸收公众存款罪罚金刑的执行难就成了执行环节削弱该罪刑罚力度的"罪魁祸首"。财产刑执行难一直是困扰我国司法实践的难题。财产刑的执行受制于犯罪人的实际支付能力,而我国刑法上规定的很多财产刑的适用方式都存

---

① 张兵:《罚金刑执行中的问题与解决》,载《人民法院报》2014年4月2日,第8版。

在弊病,法官明知犯罪人没有执行能力也得根据法条判罚,就会导致很多财产刑自始处于执行不能的境地。而且,法院执行工作历来是以民商事案件的执行为重点,刑事判决中财产刑的执行一直居于非常次要的地位。与民商事案件的执行不同,财产刑上缴后归国家,财产刑的执行没有执行申请人,执行法官主动执行的驱动就不足。很多犯罪人及其家属又往往抱着不能"又打又罚"的心态,被判处主刑之后没有主动履行财产刑的动力。在上述诸多因素相互交织下,法院对于罚金刑往往就是一判了之,再不过问。

由于非法吸收公众存款案件的特殊性,其罚金刑的执行更是难上加难。虽然近年来非法吸收公众存款犯罪涉案金额越来越高,但是案发时涉案企业或个人的实际支付能力往往不容乐观。现实中很多案件之所以案发,都是因为涉事企业或个人资金链断裂无钱兑付投资人导致的。案发后,侦查机关对涉案财产查控不力,又致使涉案资产大量流失。由于非法吸收公众存款案件往往案情复杂,涉及刑民交叉问题,涉案财产又呈现出种类多、数量大、地域分布广的特点,查控涉案资产的工作既难且烦,侦查机关缺乏积极性和主动性。资金链断裂后,不少犯罪嫌疑人选择逃匿或者自杀来逃避刑责,又进一步加大了侦查机关查控涉案资产的难度。① 迫于现实情况,侦查阶段一般只对涉案资产进行概括性查封,大量案外人财产受到牵连。审判阶段法院对涉案财产也只进行概括性处置,一般不会就涉案资产的权属、分配等进行专门的讨论,也不听取控辩双方的意见,也不会专门对涉案财物进行举证、质证、法庭辩论。这样一来,财产处置阶段就会有大量案外人提出异议,致使财产处置进度被一再拖延。② 而且,大量涉案财产不在审理法院的辖区之内,导致法院执行不便,再加上当地政府出于地方保护,往往会对异地执行多加阻挠。最关键的是,根据司法解释的精神,也出于维稳的需要,刑事判决中财产性判项的执行存在先民后刑的顺位,即刑事附带民事赔偿、追缴、退赃退赔的执行优先于罚金和没收财产。《刑法修正案(十一)》将提起公诉前的退赃退赔情节从酌定从宽量刑情节擢升为法定从宽量刑情节也是对这种顺位的再次强调。在非法吸收公众存款案件中,往往涉案资产变现之后远不够退赔投资人的损失③,根本没有余钱用来执行罚金刑。虽说从制度设计上罚金刑可以随时追缴,但是实践中法院往往都是一罚了之。因此,无论立法上对罚金刑如何调整,落实到执行环节,往往都以判而

---

① 参见石魏:《非法吸收公众存款案件司法实践问题之反思——以北京市 2013—2019 年审结的 813 件一审案件为样本》,载《人民司法》2020 年第 16 期。

② 参见郝庆进:《涉众型经济犯罪案件执行工作相关情况的统计分析——以辖区内 775 件执行案件为研究样本》,载《人民司法》2020 年第 16 期。

③ 2013—2019 年北京市审结的 813 件非法吸收公众存款罪一审案件中,有一半案件犯罪人退赃退赔金额不足投资金额的 10%,仅有 9.2% 的案件犯罪人退赃退赔金额超过了投资金额的 50%,退赔之难可见一斑。参见石魏:《非法吸收公众存款案件司法实践问题之反思——以北京市 2013—2019 年审结的 813 件一审案件为样本》,载《人民司法》2020 年第 16 期。

不执、执而不力的局面告终。

综上所述,《刑法修正案(十一)》加重非法吸收公众存款罪的法定刑,立法维度增强的刑罚力度到了司法审判环节可能因为司法者判罚主刑的克制谦抑而显著削弱,也可能因为罚金刑判罚受制于犯罪人的实际支付能力而被部分消解,到了刑罚执行环节则会因为罚金刑判而不执、执而不力进一步减弱。鉴于刑罚力度三位一体的构造,非法吸收公众存款罪法定刑的调整并不必然导致该罪整体刑罚力度的实质性增强。

(二) 威慑效果的三个前提

即便法定刑的提升实质性增强了非法吸收公众存款罪的刑罚力度,《刑法修正案(十一)》出台之后这一罪名能否如立法者预期那样发挥更大的威慑效力?

从刑罚理论来看,虽然"人们对刑罚威慑效用的信仰几乎与刑法本身一样古老"①,但是刑罚若要发挥应有的威慑效力,必须同时具备三个前提条件——刑罚的确定性、即时性和严厉性。刑罚的确定性即行为人犯罪之后遭到逮捕和惩罚的肯定性。犯罪人既不会因为执法人员办事不力而逍遥法外,也不会因为特殊原因而被司法系统选择性执法。刑罚的确定性保证了犯罪后追究与惩罚的不可避免,由此破除犯罪人的冒险侥幸心理,并在全社会形成有罪必罚的主观印象,强化社会整体的守法意识。刑罚的即时性即针对特定犯罪,刑罚反应的迅速性,犯罪与其应受刑罚之间时间的间隔应该尽量缩短。如贝卡里亚所言:"犯罪与刑罚之间的时间隔得越短,在人们心中,犯罪与刑罚这两个概念的联系就越突出、越持续,因而,人们就很自然地把犯罪看做起因,把刑罚看做不可缺少的必然结果。——只有使犯罪和刑罚衔接紧凑,才能指望相连的刑罚概念使那些粗俗的头脑从诱惑他们的、有利可图的犯罪图景中猛醒过来。推迟刑罚只会产生使这两个概念越离越远的结果。"②刑罚的即时性强化了犯罪人和其他民众心目中罪与罚的因果关系。刑罚的严厉性即犯罪人所受到的惩罚必须与其所犯之罪相称,保证犯罪的成本大于犯罪的收益,促使人根据趋利避害的本能进行成本—收益的分析,最终作出不再犯罪的理性选择。

在《刑法修正案(十一)》出台之前,非法吸收公众存款罪被认为原法定刑配置过轻而饱受诟病。批评者指出,非法集资犯罪态势严重应该部分归咎于该罪法定刑过轻,导致犯罪收益远远大于犯罪成本。"非法吸收公众存款罪的最高量刑为有期徒刑十年,即使顶格判决,与可以获得数亿元的收入相比较也是值得的。"③"(非法吸收公众存款罪的)罚金数额与犯罪情节——行为人的违法所得或者犯罪数额相比,还不及

---

① Franklin E. Zimring, Gordon J. Hawkins, Deterrence: The Legal Threat in Crime Control, University of Chicago Press, 1973, p. 1.
② 〔意〕切萨雷·贝卡里亚:《论犯罪与刑罚》(增编本),黄风译,北京大学出版社2015年版,第58页。
③ 裴长利:《非法吸收公众存款罪实证研究》,复旦大学出版社2019年版,第19页。

九牛一毛。对于那些巨额非法集资者而言,根本无关痛痒,无异于一个安全帽。"① 为了减少上述情况的发生,《刑法修正案(十一)》提升了非法吸收公众存款罪的法定刑,立法者希望以此增强该罪的刑罚力度,进而获得更好的威慑效果。然而,即便非法吸收公众存款罪的刑罚力度有所增强,罪名适用实践中现存的诸多问题导致了刑罚威慑效力发挥的另外两个前提条件——刑罚的确定性与即时性尚不完备,仅仅依靠法定刑的提升恐怕很难获得更好的威慑效果。

1. 刑罚确定性的缺失

在规范层面,非法吸收公众存款罪的罪状高度概括抽象,导致罪与非罪、此罪与彼罪的法律界限呈现模糊的状态。在实践层面,政策因素与司法的惯性及惰性相互交织,是否定非法吸收公众存款罪,往往不是根据罪刑法定作出判断,而是"按闹分配"或是"按需分配"。非法吸收公众存款罪已经沦为打击非法集资犯罪的"口袋罪"。这种"兜底性"严重损害了该罪刑罚的确定性。

在我国刑法上,非法吸收公众存款罪是典型的简单罪状,其罪状的高度概括很难为什么样的行为构成此罪提供准确指引。为了解决这一问题,一系列司法解释纷纷出台,在明确非法吸收公众存款罪认定标准的同时,也在不断降低非法吸收公众存款罪的入罪门槛。

2010 年出台的最高人民法院《关于审理非法集资刑事案件具体应用法律若干问题的解释》将"违反国家金融管理法律规定"作为非法吸收公众存款罪成立的前提条件,而且明确设定非法性、公开性、利诱性和社会性是构成该罪的"四性"特征。然而,为了加大对非法集资犯罪的打击力度,该司法解释沿袭了 1998 年国务院颁行的《非法金融机构和非法金融业务活动取缔办法》(已失效)和 1999 年中国人民银行下发的《关于取缔非法金融机构和非法金融业务活动中有关问题的通知》的做法,将非法吸收公众存款罪的行为对象从"存款"扩展为"资金",同时将该罪"非法性"的一元认定标准修改为二元标准,即将"未经有关部门依法批准"与"以合法形式掩盖其非法集资的性质"合并为"非法性"认定的选择性要件,只要具备其一即可定性,上述两点导致非法吸收公众存款罪的适用范围被无限扩大。② 随后,2011 年最高人民法院《关于非法集资刑事案件性质认定问题的通知》明确了行政部门对于非法集资的性质认定不是非法集资案件进入刑事程序的必经程序。行政部门未对非法集资作出性质认定的,不影响非法集资刑事案件的审判。这一规定实质上否定了行政前置规范作为行政犯的前提条件,将刑事治理手段前置化。2014 年,最高人民法院、最高人民检察院、公安部《关于办理非法集资刑事案件适用法律若干问题的意见》对非法吸收公众存款罪"四性"特

---

① 胡启忠等:《非法集资刑法应对的理论与实践研究》,法律出版社 2019 年版,第 665 页。
② 参见王新:《非法吸收公众存款罪的规范适用》,载《法学》2019 年第 5 期。

征中的公开性和社会性进一步扩大解释:将公开性中的"向社会公开宣传"的形式扩大到以各种途径向社会公众传播吸收资金的信息,以及明知吸收资金的信息向社会公众扩散而予以放任等情形,实践中"口口相传""以人传人"也被解释为公开宣传;将社会性扩展到"在向亲友或者单位内部人员吸收资金的过程中,明知亲友或者单位内部人员向不特定对象吸收资金而予以放任的",以及"以吸收资金为目的,将社会人员吸收为单位内部人员,并向其吸收资金的"。2019年最高人民法院、最高人民检察院、公安部《关于办理非法集资刑事案件若干问题的意见》对前述2010年解释所规定的"违反国家金融管理法律法规"这一前置性条件又进行了扩张,规定:"对于国家金融管理法律法规仅作原则性规定的,可以根据法律规定的精神并参考中国人民银行、中国银行保险监督管理委员会、中国证券监督管理委员会等行政主管部门依照国家金融管理法律法规制定的部门规章或者国家有关金融管理的规定、办法、实施细则等规范性文件的规定予以认定。"这一规定充满了浓重的类推色彩。非法吸收公众存款罪的适用范围随着上述文件的出台迅速扩张,越来越多的行为进入了该罪的打击射程。

规范层面对非法吸收公众存款罪适用范围的无限扩张使得无法通过金融机构获取贷款、只能转向民间直接融资渠道的合理资金需求方与互联网金融创新大潮中出现的各种新型企业都处于可以被随时问罪的状态。由于现实中司法资源的紧张,非法吸收公众存款罪的适用往往不是罪刑法定的结果,而是选择性执法的产物。在实践层面,维稳是判断罪与非罪的首要标准,办案便利则成为区分此罪与彼罪的主要根据。

一方面,近年来非法吸收公众存款罪的定罪多呈现出一种"按闹分配"的情况。现实中,在被定性为非法吸收公众存款罪的案件中,很多其实都是正常的民间借贷,诸多涉案企业或个人吸收公众存款后并非用于资本投机,而是用于生产经营。[①] 由于市场波动特别是受到近期经济下行以及疫情的影响,涉案主体出现经营困难,资金链断裂导致无法正常兑付投资者的本金和承诺的利息。投资受损的群众为了挽回损失,往往会采取聚众闹事的方式给政府施压,集中上访、信访、闹访,在重大节日、活动期间,在重要地区静坐、示威、拉横幅、喊口号,严重影响社会秩序。鉴于维护稳定是压倒一切的政府工作指标,为了防止群体性事件愈演愈烈,在责令涉事企业或个人自行处理收效甚微之后,地方政府就会强行要求公检法机关介入,以出现投资者损失的结果来全盘否定涉案企业或个人之前吸收资金行为的合法性。公检法机关是否将其定性为非法吸收公众存款罪,主要取决于地方政府维稳的需要,而不是遵循罪刑法定的结果。

另一方面,司法实践中非法吸收公众存款罪的适用也往往是"按需分配"的产物。

---

① 有学者对四川省某市两级监察机关办理的涉嫌非法吸收公众存款案件进行统计,发现集资用途为生产经营的案件占比近70%,远远高于集资用途为高风险投资或货币资本运营的案件占比。参见胡启忠等:《非法集资刑法应对的理论与实践研究》,法律出版社2019年版,第620页。

在司法实践中,非法吸收公众存款罪与集资诈骗罪作为打击非法集资犯罪最常用的两个罪名,前者的适用频率远远高于后者。① 非法吸收公众存款罪之所以得到"偏爱",究其本质是因为这能满足公检法机关降低错案风险和办案难度的现实需要。一是根据刑法规定,非法集资案件要想以集资诈骗罪定性,必须证明行为主体存在"非法占有目的"。非法占有目的作为一种主观心态,具有内在性和不可测性的特点,而且绝大多数行为人归案后,为了减轻自己的罪责,对此都坚决予以否认。审理中对非法占有目的是否存在无法直接证明,只能根据行为人实施集资行为前后的经济状况、经营状况、行为手段、后续表现等情形进行间接推定,推定时过严有客观归罪之嫌,过宽则有放纵犯罪之虞,存在较高的出错风险。相比之下,非法吸收公众存款罪的认定只要证明吸收资金行为的存在即可,出于稳妥的考虑,大部分案件往往会以非法吸收公众存款罪来定性。二是选择适用非法吸收公众存款罪而非集资诈骗罪在实践操作环节也能大大减轻公检法机关的工作量。近年来非法集资案件涉案金额与涉案人数不断跃升,犯罪分子的技术手段也越来越高,多依托私募基金等股权类投资以及新类型的众筹、P2P、互联网平台交易等,涉案财产经过多次转化混同,与最初的形态、性质、权属大相径庭,跨区域性资金流向不明确导致了公检法机关取证难、认定难。如果将案件定性为集资诈骗罪,为了判断是否具有非法占有目的,办案机关必须查清资金使用情况,要将每笔资金的流向和每个人的涉案情况都调查清楚,要想及时在法律规定期限内办结需要投入极大的人力、物力。相比之下,非法吸收公众存款罪是行为犯,办案机关只需考查吸收资金的行为,无须查清资金吸收后的去向,就可省去很多麻烦。与此相关,若将案件定性为集资诈骗,需要公开涉事企业或个人所有资金吸收和支出情况,调查工作的困难决定了信息披露的困难。如果将案件定性为非法吸收公众存款,那么一般来说只需要公布吸收资金的总额和案发后未兑付的资金总额即可。此外,在司法实践中,一些中级人民法院为了减轻自身的工作量和工作难度,也会倾向于将非法集资案件定性为非法吸收公众存款而不是非法集资,因为在《刑法修正案(十一)》出台之前,非法吸收公众存款罪的最高法定刑为有期徒刑10年,应该由基层人民法院负责一审,而集资诈骗罪的最高法定刑为无期徒刑,应该由中级人民法院负责一审。上述情况的存在尽管也有迫不得已之处,但是公检法机关出于趋利避害的考量而非严格遵循罪刑法定,任意适用非法吸收公众存款罪,严重破坏了刑罚的确定性。

2. 刑罚即时性的阙如

一般来说,非法吸收公众存款的行为很难一蹴而就。在案发时,涉案主体吸收公众存款的行为往往已经持续了相当长一段时间。以 2013—2019 年北京市 813 件非法吸收公众存款罪的一审生效案件为样本进行统计,案发前吸收资金行为存续时间在 6

---

① 参见王新:《非法吸收公众存款罪的规范适用》,载《法学》2019 年第 5 期。

个月以下(含6个月)的案件仅占案件总数的14.3%,存续时间在6个月以上1年以下(含1年)的案件占案件总数的20.3%,存续时间在1年以上2年以下(含2年)的案件占案件总数的44.5%,存续时间在2年以上的案件占案件总数的20.9%。这意味着,在案发前,大部分案件涉案主体公开吸收资金的行为已经持续了1年以上。[①] 在这么长的犯罪行为存续期间内,公检法机关为什么没有及时出手打击犯罪呢?笔者以为,至少有三方面的原因导致了刑罚即时性的阙如:

其一,结果导向的执法标准。如前所述,由于非法吸收公众存款罪自身罪状的开放性,再加上司法解释对其适用范围的不断扩张,有太多的行为和行为主体都被纳入该罪的打击范围。受制于案多人少的现实情况,公检法机关无法严格按照罪刑法定的要求,对这些行为和行为主体统统进行刑事打击,只能选择性执法。这种选择性执法不仅损害了刑罚的确定性,也损害了刑罚的即时性,因为在打击少数犯罪的同时必然顾不上其余。大多数没有被"瞄准"的犯罪主体就得以继续进行非法吸收公众存款的犯罪行为。而且,实践中"按闹分配"是非法吸收公众存款罪适用的首要标准。尽管非法吸收公众存款罪是行为犯,主管部门却是按照结果而不是行为过程本身来定性和处置的。只有在吸收公众资金的主体无法正常兑付本金和承诺利息,引发投资者聚众闹事后才可能对其进行刑事打击。从涉案主体吸收公众资金到资金链断裂,经营危机的产生需要经过一段时间的积累和酝酿,在此之前,不管涉案企业吸收公众存款是用于高风险投资还是货币资本运营,或是正常的生产经营,只要能够正常兑付投资者的承诺利息,投资者与涉案主体就处于各得其所、相安无事的状态。不少投资者即使知道风险巨大,在高息的引诱之下,还是抱着侥幸心理继续冒险参与,闷声发财。只要投资者不闹事,即使按照罪刑法定的要求,某些吸收公众存款的行为应该构成犯罪,公检法机关往往也不会主动过问。等到资金链断裂引发群体性事件,公检法机关再介入采取刑事强制措施,则往往为时已晚。

其二,地方政府的默许支持。在很多非法吸收公众存款案件中,地方政府往往扮演了一个耐人寻味的角色。在涉案企业资金链断裂且无力安抚投资人时,地方政府出于维稳的需要,会积极主动甚至强行要求公检法机关介入,尽快平息投资者聚集引发的群体性事件。然而,在初期,这些企业吸收公众存款的行为一定程度上是在当地政府的默许、支持之下发展起来的。为了作出政绩和增加税收,一些地方政府官员还积极为涉案企业站台背书,将涉案企业负责人奉为座上宾,加诸各项官方荣誉,并安排当地权威媒体进行积极正面的报道,加大宣传力度,以增加公众对涉案企业的信任度。不少地方官员在高息的诱惑下,还纷纷成为这些涉案公司的隐形出资人,由此形成深

---

① 参见石魏:《非法吸收公众存款案件司法实践问题之反思——以北京市2013—2019年审结的813件一审案件为样本》,载《人民司法》2020年第16期。

度利益捆绑。即使意识到其中可能存在投资陷阱,这些官员出于对自己身份的自信,认为涉案企业哪怕最终会出事,他们也一定能够先于普通投资者把自己的投资毫无损失地取回来。在即将案发之时,这些官员为了推托监管失职的责任,也为了拿回自己的投资本利,又会竭力拖延对涉案企业行为的定性和处置。正是在一些地方政府和官员的保驾护航之下,很多非法吸收公众存款的行为才能愈演愈烈,涉案金额和涉及人数才会越来越多,最终酿成大祸。鉴于上述情况的存在,普通投资者在涉案企业"崩盘"之后围攻当地政府并非完全出于无赖心理,而是确有一些"情有可原"之处。① 案发后,司法机关倾向于用非法吸收公众存款罪而非集资诈骗罪来对案件定性,除上文提及的诸多因素之外,也出于担心定性为集资诈骗罪后信息披露过于详尽加剧公众对地方政府信任危机的考虑。

其三,互联网金融的外在包装。近年来,互联网金融作为新生的金融业态在我国蓬勃兴起。根据中国人民银行在《中国金融稳定报告(2014)》中给出的定义,互联网金融是互联网和金融业的相互融合所产生的,通过互联网技术以及移动通信等成为包含资金流通、金融中介功能独有的金融模式。② 得益于大数据技术和互联网的规模经济效应,互联网金融降低了融资成本、提高了资源配置效率,将服务延伸到长尾市场,满足了不同层次的市场参与者的需求,很大程度上弥补了传统金融的不足。然而,互联网金融在为社会发展带来积极效应的同时,也放大和制造了诸多的风险。非法集资犯罪打着互联网金融的幌子迈向了新时代。在金融创新的噱头与互联网技术的加持之下,非法集资犯罪逐渐从线下转移到了线上,突破了地域限制,缩短了犯罪周期,犯罪形式不断变化,涉案金额与涉案人数迅猛增长。在互联网金融时代,力图对非法集资犯罪"打早打小"的难度也呈现出指数级增长:首先,互联网金融诞生之初以实现普惠金融为美好愿景,国家对这一新生事物寄予厚望,对其暗藏的风险认识不足,一度给予大力支持的宽松政策环境,为非法集资犯罪搭上互联网金融发展的顺风车提供了可乘之机。其次,在互联网金融的包装之下,非法集资犯罪分子的组织形式也体现出"高大上"的特点,组织结构呈跨国化、智能化、结构化的趋势。涉案企业内部设置有财务部、宣传部、后勤部、业务部等,分工明确,各司其职,还会特别招聘一批具备财务、法学基础的工作人员为公司非法集资业务的开展"保驾护航"。③ 与此同时,披着互联网金融外衣的非法集资犯罪形式就更为隐蔽,也更具欺骗性,多依托私募基金等股权类投资

---

① 参见岳彩申等:《民间借贷与非法集资风险防范的法律机制研究》,经济科学出版社 2018 年版,第 29 页。
② 参见中国人民银行金融稳定分析小组:《中国金融稳定报告(2014)》,中国金融出版社 2014 年版,第 145 页。
③ 参见石魏:《非法吸收公众存款案件司法实践问题之反思——以北京市 2013—2019 年审结的 813 件一审案件为样本》,载《人民司法》2020 年第 16 期。

以及新类型的众筹、P2P、互联网平台交易等来吸收公众资金,而且与投资人签订的合同格式规范、逻辑严谨,不仅让许多投资者难以看穿其真面目,也令监管部门一时无从判断。而且,非法集资的犯罪手段也迅速进化,"利用更加智能的互联网技术,从策划、传播到具体实施,都更加高科技化,这些在网络上进行的非法集资活动,更加虚拟化,与现实世界的联系弱化,也增加了原有的监管体系发挥作用的难度"①。除上述因素外,日新月异的互联网金融确实也带来了很多前所未有的新业态,这些所谓金融创新究竟会产生什么样的后果并不会当下立现,需要一个发展过程,对在传统分业经营、分业监管理念指导下设立的监管体制来说,也需要一个观察和认识的过程。究竟要不要将某些金融新业态犯罪化处理,能不能用非法吸收公众存款罪等罪名去规制,决策者更是需要一段时间去权衡利弊,很多时候只能等到严重危害后果集中显现之后才能去进行犯罪化处理,公检法机关的介入必然会出现迟滞,也就进一步损害了刑罚的即时性。

四、结语:认知局限与可能超越

上文的分析显示,关于《刑法修正案(十一)》提升非法吸收公众存款罪的法定刑,主流话语给出的两大支持性理由都经不起仔细推敲。该罪原法定刑的设置在绝大多数情况下并不妨碍罪刑均衡的实现,罪太重而刑不够用的情况存在,但是并不多,事实上任何一个罪名都可能出现极端个案挑战法定最高刑的情况,没有必要为了特例而专门提高法定刑的上限。与此同时,提升该罪法定刑只是在立法维度上增强了该罪的刑罚力度,最终效果取决于司法和执法维度的落实情况。即使该罪的刑罚力度因此有了实质性增强,在目前刑罚确定性和即时性无法保证的情况下,只是提高刑罚的严厉性也无法保证获得更好的威慑效果。总而言之,《刑法修正案(十一)》调整非法吸收公众存款罪的法定刑,不仅必要性不足,有效性亦堪忧。这一调整也折射出我国立法者在犯罪态势和行刑效果方面存在诸多认知局限。

(一)关于犯罪态势的认知局限

《刑法修正案(十一)》调整非法吸收公众存款罪的法定刑,毫无疑问是为了应对互联网金融时代似乎愈演愈烈的非法集资犯罪态势。然而,在对于犯罪态势信息的把握上,立法者在两处关键问题上认识不够深刻,以至于不能合理应对犯罪。

1. 如何看待大案要案?

第一个关键问题是,大案要案常见报端,是否一定意味着整体犯罪态势的恶化?近年来,泛亚日金宝案、e租宝案等涉案金额动辄上百亿元、涉案人员动辄上百万人的

---

① 罗煜、宋科、邱志刚等:《互联网金融中的非法集资典型案例解析》,中国金融出版社2019年版,第24页。

大案要案不时爆出,经媒体渲染报道之后引发强烈的社会情绪,令广大人民群众深感不安。然而,众所周知,能上新闻的都是小概率事件,从统计学意义上来讲,这些大案要案都是极端的异常值(outlier),并不具有代表性,不能据此就对非法集资犯罪整体的犯罪态势作出判断,而是需要结合案件严重程度的具体分布情况再下结论。比如说,给初中一个班的学生测智商,一周之后转学进来两个智商180的学霸,再测智商时,这两个转学生的超高智商拉高了班级学生智商的平均值,但是我们不能据此认为这个班级学生整体的智商比一周前有了显著提高。

异常值的存在除会影响均值之外,也会影响总数。尽管官方数据每年公布非法集资犯罪的涉案总金额和涉案总人数飞速上涨,由于犯罪领域"帕累托效应"的存在,我们难以据此判断,究竟是个别大案要案的存在以及绝对数量的增长导致了当年非法集资犯罪涉案总金额和总人数的显著上升,还是大部分案件的涉案金额和涉案人数都有所增加,才导致了这一结果的发生。在这两种情况下,虽然涉案总金额与总人数一样,但是犯罪态势却存在显著的结构性差异,所采取的应对模式也应该不同。

根据上文裁判文书的统计结果,可以发现,司法实践中法官对非法吸收公众存款罪一审案件的主刑判罚情况与立法者的想象存在较大的差距,绝大部分犯罪人都只在法定刑中线以下量刑,顶格判的大案要案不多,而且在案件总数中的占比还呈逐年下降的趋势。可能个别案件的刑罚裁量存在司法腐败的因素,但是两万多份刑事判决书不可能都因为这一原因出现了判罚的轻缓化。根据罪刑均衡原则来推论,司法实践中法官群体之所以对大部分非法吸收公众存款罪的犯罪人判罚不重,最有可能的原因就是非法吸收公众存款罪罪名项下的大部分罪行并不严重。有的学者就曾指出,实践中非法集资犯罪案件往往是多种犯罪的复合,最为典型的就是集资诈骗罪、职务侵占罪与非法吸收公众存款罪的复合,而真正造成大量公众投资损失的,也往往是其中的集资诈骗行为和职务侵占行为。单纯的非法吸收公众存款行为所造成的社会危害性其实十分有限。① 因此,仅以大案要案以及因此拉高的涉案金额总数和涉案人员总数为指标,只能反映出犯罪态势的一个侧面,而且大概率存在以偏概全的失真风险,需要结合涉案金额和涉案人员数量的中位数以及方差等指标来进一步准确判断。

2. 如何解读案件数量?

第二个关键问题是,案件数量越来越多,是否一定意味着整体犯罪态势的恶化? 进入2014年之后,官方数据和裁判文书的统计结果均显示,非法集资犯罪案件以及其中被定性为非法吸收公众存款罪的案件数量越来越多。一般认为,这从量的维度上反映出犯罪态势的不断恶化。然而,细究起来,这一种认识也未必靠得住。"犯罪是按照

---

① 参见韩轶:《刑法更新应坚守谦抑性本质——以〈刑法修正案(十一)(草案)〉为视角》,载《法治研究》2020年第5期。

一定主观图式组织建构起来的事实,而不是纯客观自在的对象。组织建构犯罪的主观图式至少包括:法律法规、犯罪理论、刑法学说、司法制度、证据规则、执法体制、风俗习惯、舆论报道、网络民意、政策导向、道德传统、法学教育、犯罪文学、程序规则、律师市场等。这些主观图式通过筛选、分类、排序,使一些行为举止被赋予某种犯罪的意义,从而组织建构了犯罪。"①从犯罪定义学来说,一个行为是否被贴上犯罪的标签,和行为自身的特点有关,更与贴标签者自身的立场、需求和认知有关。

非法集资犯罪这一体系之下的各个罪名都是法定犯,其之所以被犯罪化,根本原因不在于伦理之恶而是在于秩序之害,对非法吸收公众存款罪而言更是如此。因此,哪些行为能被认定为非法集资犯罪,哪些行为可以用非法吸收公众存款罪来定性,很多时候不取决于行为本身的特点,而更仰仗于立法者和司法者对于秩序的理解与界定。之所以非法集资犯罪数量呈显著增长,以非法吸收公众存款罪定性的案件数量呈显著增长,很可能是由犯罪定义的变化所导致的而与犯罪本身无关。如前所述,为了缓解法律稳定性与社会多变性之间的冲突,近年来相关解释接连出台,持续扩张非法吸收公众存款罪的适用范围,导致该罪的入罪门槛一降再降,司法实践中公检法机关又出于自身便利不断增加这一罪名的适用频率,立法者与司法者出于自身的目的和需求,使得越来越多的行为被贴上非法集资犯罪的标签,非法吸收公众存款罪则因此变成一个什么都能往里装的大口袋。简而言之,非法集资犯罪案件以及定性为非法吸收公众存款罪的案件数量不断飙升有可能与犯罪本身态势关系不大,而与刑事政策的变化以及犯罪圈的不断扩大有重大关联。

(二) 关于行刑效果的认知局限

《刑法修正案(十一)》提升非法吸收公众存款罪的法定刑,这一做法事实上延续了我国一贯以来严厉打击非法集资犯罪的刑事政策,更是对治乱世用重典这一重刑情结的继承与发扬。在立法者看来,非法集资犯罪之所以越来越严重,主要是由于之前刑罚不够重,只有加强刑罚力度才能更好地打击犯罪。事实上,"犯罪由一系列社会经济、政治、文化因素相互作用而发生,刑罚制裁对犯罪控制仅起一定的作用,刑罚轻重与犯罪多少两者之间不存在直接对应关系,重刑政策是对两者关系的不正确理解"②。立法者的这种逻辑不仅反映出其对罪刑关系的认知错误,而且显示出其缺乏对先前行刑效果的全面总结和彻底反思。

1. 罪刑关系认知有误

一般认为,罪为因,刑为果。犯罪与刑罚应该是高度相关的线性关系,犯罪态势严峻,国家投入的刑罚资源就应该随之增长,犯罪态势随着犯罪控制的加强有所回落,国

---

① 白建军:《从中国犯罪率数据看罪因、罪行与刑罚的关系》,载《中国社会科学》2010 年第 2 期。
② 储槐植:《刑事一体化论要》,北京大学出版社 2007 年版,第 169 页。

家的刑罚投入又应该随之减少。这种水涨船高、水落石出式的罪刑关系符合大众的逻辑与想象。然而,在现实中,罪刑之间的关系却呈现出非常复杂的面貌。

其一,犯罪态势的恶化未必总能引起犯罪控制的增强。举例来说,20世纪六七十年代,犯罪浪潮席卷西方主要国家,犯罪率急速飙升,然而,除美国刑事政策全面趋严之外,大部分国家的刑事政策反而进一步轻缓化。① 由此可见,尽管犯罪是刑罚重要的影响因素,但绝对不是唯一的因素,甚至不是最主要的因素。其二,犯罪产生的原因多种多样,犯罪控制只是犯罪态势的影响因素之一。刑罚手段的单一性与犯罪原因多样性之间的现实矛盾决定了刑罚效果的有限性。很多时候,一些犯罪的产生主要是由于宏观层面社会结构性原因导致的,特别是伴随经济发展而出现的非正式社会控制减弱和资源分配结构失衡等问题对于个体犯罪确实会产生现实的影响。不改变社会宏观环境只是仅仅运用刑罚手段,很难对这些犯罪进行有效控制。其三,刑罚能打击犯罪,刑罚也能生产犯罪。一方面,要想充分发挥刑罚对于犯罪的打击效果,必须同时具备刑罚的确定性、即时性和严厉性,只是增强刑罚的严厉性并不能够收获很好的威慑效果。即使在三个前提条件都具备的情况下,刑罚威慑效果也不会一直随着刑罚严厉性的增加而增强,因为存在刑罚边际效用递减的问题。② 另一方面,刑罚手段运用不当,会产生适得其反的效果。不当扩大刑罚适用的对象,会使很多不应该被当作犯罪处理的行为贴上犯罪的标签,刑罚过于严厉,反而可能提升犯罪率。如贝卡里亚所言:"严峻的刑罚会造成这样一种局面:罪犯所面临的恶果越大,也就越敢于规避刑罚。为了摆脱对一次罪行的刑罚,人们会犯下更多的罪行。"将犯轻罪之人重判,把不该判处监禁刑的犯罪人送入监狱,也会增大交叉感染的概率,提升其出狱后重新犯罪的可能性。

立法者将非法集资犯罪屡禁不止归咎于原来刑罚力度不够,并寄希望于通过提升非法吸收公众存款罪等罪名的法定刑来实现更好的犯罪控制,显然是对罪刑关系的复杂性缺乏正确的认识。

2. 实践经验反思不足

正是由于罪刑关系的复杂,立法者必须要在全面总结反思之前实践经验的基础之上,再决定刑罚资源投入的多少。从20世纪90年代起,我国对于非法集资犯罪一直采取的是严厉打击的刑事政策,不断扩张犯罪圈,加大刑罚打击力度,打击非法集资犯罪的另一个主力罪名——集资诈骗罪——的法定最高刑还曾一度设置为死刑。尽管如此,非法集资犯罪却还是呈现出"越打越多"的趋势。这种严打的刑事政策并未取得预期的行刑效果。

---

① See Jeremy Travis, Bruce Western, Steve Redburn ed., The Growth of Incarceration in the United States: Exploring Causes and Consequences, The National Academies Press, 2014, p.123.

② 参见黄河:《犯罪现实与刑罚的社会控制》,载《中外法学》2021年第3期。

不仅如此,采用严刑峻法打击非法集资犯罪还出现了法律效果与社会效果二律悖反的情况。其一,随着孙大午非法吸收公众存款案、吴英集资诈骗案、曾成杰集资诈骗案等刑事案件演变成社会公共事件,社会公众对于具体案件处理结果普遍表示不满,显示出其对严打非法集资犯罪的刑事政策认同度不高。① 其二,随着非法吸收公众存款罪在具体适用中的口袋化,其所保护的法益也发生了偏移,不再局限于金融秩序的维护,转而兼顾乃至侧重于对投资者财产权的保护。② 然而,国家投入大量的人力、物力采取刑事强制措施来惩治涉案人员,广大投资者却未必满意,因为刑事打击不仅不能保证反而可能进一步降低他们追回投资款项的希望。在实践中,涉嫌非法吸收公众存款罪的企业中有相当部分只是因为市场波动出现了暂时性的经营困难,是存在好转可能性的,但是当公检法机关介入后,涉案企业被迫停止正常营业,再无产生利润的可能性,更加没有钱返还给投资人。因而,从实际利益的角度看,投资人也并不希望运用严打手段对非法集资犯罪一打了之,现实中投资人聚众给政府施压,要求释放涉案人员以便其继续经营的情况屡见不鲜。其三,运用严刑峻法打击非法集资的做法也产生了很多消极影响。非法集资犯罪存在的根本原因在于民营经济发展需要资金支持,正规金融无法满足民营企业融资的需求,迫使其不得不在体制外寻求渠道。过度运用刑法进行压制,市场需求不会因为堵而消失,只会被迫走向地下,变得更加隐蔽、更难监管。非法集资犯罪治理是一个综合性的系统工程,过度依赖刑法打击,会加剧行政执法的惰性,对非法集资的风险防控进一步转移到刑事执法部门,有违法定犯的内在逻辑和刑法的谦抑性原则。刑法优先的治理模式过于强调秩序而忽视对效率的追求,不仅不利于民营经济的发展,也遏制了金融创新。非法吸收公众存款罪适用的不当扩大化几乎将互联网金融各类创新经营方式都置于打击范围之内,很大程度上会挫伤金融创新的积极性,形成"寒蝉效应"。

基于历来严打非法集资犯罪的效果不彰,学界与实务界对这种处理方法的批评一直不断,早在十年之前学者黄韬就直言不讳地指出,治理非法集资是刑法完不成的任务。③ 具体到非法吸收公众存款罪这一打击非法集资犯罪的口袋罪名时,很多学者纷纷质疑其罪名本身的立法合理性,要求限缩其司法适用,甚至有学者提出直接取消

---

① 凤凰网财经频道曾经就吴英集资诈骗案维持死刑的二审判决结果作过一次民意调查,在参与调查的网民中,近90%的人认为吴英不应该判死刑,超过一半的人认为"吴英"们倒下的原因主要是制度提供空子,受害人因为无知而中套,近40%的人认为主要原因在于民间热钱无处安置,诱人犯罪,仅有不足10%的人将犯罪归咎于个人的贪富敛财。参见岳彩申等:《民间借贷与非法集资风险防范的法律机制研究》,经济科学出版社2018年版,第215—216页。

② 参见赵姗姗:《非法吸收公众存款罪法益新论及对司法适用的影响》,载《中国刑事法杂志》2021年第2期。

③ 参见黄韬:《刑法完不成的任务——治理非法集资刑事司法实践的现实制度困境》,载《中国刑事法杂志》2011年第11期。

这一罪名。① 然而,《刑法修正案(十一)》此次对非法吸收公众存款罪法定刑的调整仍然延续了之前重刑主义的思路,显然立法者既没有总结反思之前的失败经验,又罔顾学界的批评意见,只是凭借着对罪刑关系一厢情愿的简单理解,在错误的道路上越走越远。

(三) 认知局限的可能超越

正如储槐植先生所说:"犯罪决定刑法,刑法决定刑罚执行;行刑效果又返回来影响犯罪升降。刑法要接受前后两头信息,不问两头(只问一头)的刑事立法不可能是最优刑法,不问两头的刑法研究不可能卓有成效。"②《刑法修正案(十一)》对于非法吸收公众存款罪法定刑的调整虽然接收到了犯罪态势与行刑效果两头的信息,但是对于两头信息的解读存在诸多不当之处,以致最终作出的立法修正存在诸多可商榷之处。

这些认知局限的产生与立法者原有的思维误区相关,也与当前回应性立法模式的大行其道脱不开干系。《刑法修正案(十一)》出台的一个重要功能就是回应社会大众关注的热点问题,表明政府的姿态和立场。具体到非法吸收公众存款罪,提高其法定刑就是为了突出国家对严重金融犯罪从严惩治的立场。立法者顺应社会舆论,通过刑事立法回应国民"体感治安"的降低,表明对于社会热点问题的态度或者价值偏好固然无可厚非,但是刑法自身的特点决定了刑事立法的作用不能仅止步于此。回应性立法"仅将或主要将规制既有行为、破解既有矛盾作为基本定位,而未将制定根本性破解某类失序行为与未然行为的策略作为首选目标"③的特点会放大立法者既有的认知局限,进而严重损害刑事立法的有效性与科学性。

如苏力所言:"任何改革都必须依据现有的知识尽可能对未来的后果作出相对细致、精确的预测。必须充分考虑一项改革可能带来的利益格局的变化以及不同利益者对于哪怕是用意良好的改革措施的利用或挪用;必须把各种可能出现的后果做一个利害关系的权衡。"④这种审慎的态度同样应该适用于任何一次刑法的修正。刑事政策作为公共政策的重要组成部分,其作出的任何调整都会产生各种可欲和不可欲的影响,进而对每个人的切身利益产生现实影响。只有收益大于成本时,我们才能认为刑事立法的修正是有效率的,是可取的。目前以社会热点、公众情绪为导向的回应性立法模式显然不符合这一标准,以直觉为依据,缺乏对客观事实正确解读能力的立法者显然也无法胜任这项工作。

---

① 参见刘宪权:《〈刑法修正案(十一)〉中法定刑的调整与适用》,载《比较法研究》2021年第2期;刘新民:《"非法吸收公众存款罪"去罪论》,载《江苏社会科学》2012年第3期。
② 储槐植:《刑事一体化论要》,北京大学出版社2007年版,第26页。
③ 曹叶:《回应性刑事立法反思——以〈刑法修正案(十一)〉为视角》,载《中州大学学报》2021年第2期。
④ 苏力:《道路通向城市:转型中国的法治》,法律出版社2004年版,第195页。

为了超越立法者的认知局限,也为了克服现有立法模式的不足,我们有必要在刑事立法领域提倡一种新的立法模式——循证立法。循证立法是循证决策(evidence-based policy making)在法律领域的延伸,也是对行刑环节循证矫正实践的呼应。近二十年以来,循证决策一直是国际公共政策领域的热点。根据1999年英国政府发布的《21世纪的专业政策制定》给出的定义,循证决策指的是政策制定者的决策(倡议)建立在最佳的可利用的证据的基础上,这些证据来自一系列广泛资源;所有关键利益相关者都能够在政策发展的初始阶段就参与进来并且经历整个政策过程;所有相关的证据,包括那些来自专家的,都会以一种重要的和通俗的格式提交给政策制定者。其中,"证据的原始成分是信息。高质量的政策制定必须依赖高质量的信息,高质量的信息来源广泛——专家知识、国内外现有研究成果、现存数据、利益相关者咨询、对先前政策的评估、新研究成果,也包括网络在内的二手资料等。证据也能包括对咨询结果的分析、政策选项的成本收益分析,以及经济或统计模型分析的结果"①。这一概念的应用实践很快辐射到教育、社会福利等领域。刑法执行环节循证矫正理念的提出就是循证决策在法律领域的变体。循证矫正不再基于矫正官员的个体经验来对犯人进行矫正,而是根据实践已经证明的最佳证据确定犯人矫正的决策与执行。这些证据往往来自对同类问题进行大量研究荟萃(metal-analysis)的分析结果。② 无论是循证决策还是循证矫正,其核心理念在于"循证",即任何决定的作出必须奠基于客观证据之上,而非主观理念或逻辑推演之上,而且这种证据必须经过科学的研究过程来获得。

刑事立法活动本身是价值观的选择与彰显,但是选择彰显何种价值观、选择后会产生什么样的影响、如何进行利弊权衡这些问题无法在现有的立法模式下得到很好的解决,必须引入循证立法模式才能逐一破解。除刑罚执行环节循证矫正多年实践可供借鉴之外,近年来法律实证研究在我国刑事法研究领域的兴起也为循证立法模式提供了坚实的技术后盾。法律实证研究主张运用多学科的知识对真实世界进行发现、检验、预测,倡导多点"我发现"、少点"我认为",其宗旨与循证立法的核心理念不谋而合,法律实证研究提供的诸多数据采集和数据分析的科学方法能够更好地解读来自犯罪态势与行刑效果两头的信息,并将其转化为可供立法者参考的最佳证据。提倡以法律实证研究为基础的循证立法模式,多吸纳具有实证研究背景的专家学者提出的立法建议,有助于超越立法者的认知局限,进一步提高我国刑事立法的科学性与有效性。

---

① 周志忍、李乐:《循证决策:国际实践、理论渊源与学术定位》,载《中国行政管理》2013年第12期。
② 参见王平、安文霞:《西方国家循证矫正的历史发展及其启示》,载《中国政法大学学报》2013年第3期。

私募基金与非法集资的距离有多远

——兼谈金融犯罪刑事政策的科学化和现代化

黄 河[*]

据相关媒体报道,私募基金"华领资产"不仅自己爆雷了,而且还牵连了三家上市公司。[①] 令人触目惊心的是,这个事件并非孤立事件。屡屡爆雷的私募基金,大量涉嫌非法集资的事件警示、催促我们不得不认真思考,私募基金与非法集资的距离究竟有多远?是万里之遥还是一步之遥?这个问题,从私募基金这一方面来说,是一个刑事合规问题,这是当下热度很高的前沿问题;从打击和防范非法集资这一方面来说,则是一个国家治理体系和治理能力科学化和现代化的问题。本文拟结合立法司法新动向,从行政刑法、刑事一体化、"制度+科技"创新三个角度陈述己见,最后引申谈谈金融犯罪刑事政策的科学化和现代化问题。

一、从行政刑法视角看私募基金与非法集资的距离

非法集资犯罪是我国金融市场艰难转型、不断创新背景下伴随网络经济迅猛迭代而在当下颇具中国特色的一类犯罪,对我国社会主义市场经济秩序损害很大,对集资参与人危害很大,对社会稳定的冲击力也很大。从刑法,特别是行政刑法的角度来看,非法集资犯罪既是典型的涉众型经济犯罪,又是典型的行政犯罪。其特点是"双重违法性":一是相关行为所普遍具有的行政违法,二是情节严重所升格的刑事违法。其违法犯罪的法律效果自然就是行政处罚、刑事处罚的"双重处罚"。

从行政刑法视角分析,私募基金与非法集资的距离有多远?根据《私募投资基金监督管理暂行办法》的规定,所谓私募基金,就是指依法以非公开方式向投资者募集资金设立的投资基金。其中有三个关键:一是依法登记备案;二是依法募集资金;三是依法投资运作。从这三个"依法"就可以看出私募基金与非法集资的"距离",重点在于对

---

[*] 曾任最高人民检察院侦查监督厅厅长、国家检察官学院院长、中国犯罪学学会会长。
[①] 参见《骗了3家上市公司的私募华领资产法人被移送起诉 高管等被要求退佣》,载《中国基金报》2020年11月17日。

"非法性"和"非法占有目的"这两个"非法"的规范理解。

按照《刑法》第96条来理解,刑法中所谓"非法"就是违反国家规定,是指违反全国人大及其常委会制定的法律和决定,国务院制定的行政法规、规定的行政措施、发布的决定和命令。通常我们也认为这是成立行政犯罪的基本前提和逻辑起点,对非法集资而言,就是违反国家金融管理法律法规。

但是,晚近的一个司法解释性文件和一个会议纪要对"非法性"作了扩张解释,这是一个实质性突破,因而需要特别加以注意。对私募基金如果把握不好这一点,距离非法集资可能就很近,不再是万里之遥,风马牛不相及,也不是一步之遥,有清晰的不法边界,而是某种意义上的"零距离"。

一个司法解释性文件就是2019年1月最高人民法院、最高人民检察院、公安部《关于办理非法集资刑事案件若干问题的意见》,其直截了当规定,司法机关认定非法集资的"非法性","应当以国家金融管理法律法规作为依据。对于国家金融管理法律法规仅作原则性规定的,可以依据法律法规规定的精神并参考中国人民银行、中国银行保险监督管理委员会、中国证券监督管理委员会等行政主管部门依照国家金融管理法律法规制定的部门规章或者国家有关金融管理的规定、办法、实施细则等规范性文件的规定予以认定"。换句话说,行业行政主管机关的规范性文件可以成为认定"非法性"的参考甚至依据。

一个会议纪要就是2019年11月最高人民法院发布的《全国法院民商事审判工作会议纪要》,这个会议纪要对金融业务的直接影响,概括起来有三点:一是金融犯罪案件审判要积极配合国家防范金融犯罪风险的政策导向,国家防范金融风险的力度加强,则司法解释和审判实践也会相应从严;二是金融监管机构颁布的规定将会被法院援引为审判依据;三是对于复杂金融业务,审判工作的原则和尺度也会变化,将不拘泥于依据法条审判,有些案件将整体去考虑,将法律原则或专业常识作为审判依据,试图钻法律空子的可能性变小,当出现法律漏洞时,可根据价值补充、类推适用等填补漏洞。

这一个司法解释性文件和一个会议纪要,体现了司法机关为应对金融立法滞后于金融创新的现状而采取从严打击的基本立场,要求金融创新需更加重视合法合规审查,特别是刑事合规审查。对金融案件的审理,司法机关可以在没有相应法律规定的情况下,引用金融监管机构的规定作为参考或依据。由此,如果稍有不慎,私募基金募资行为就有可能被认定为非法集资,甚至法院可以从法律原则、行业常识的角度作出自由裁量,金融业务的开展将不可避免地面临更为宽泛的法律风险。

不仅如此,由于非法集资中吸存的"存款"和"资金"的界限模糊,实践中也有将公众资金扩张解释为公众存款的问题。对"非法"的扩张解释和将"资金"视为"存款"的实践操作都是在防范金融风险背景下调整"严打非法集资犯罪"刑事政策的产物,非法资金的犯罪圈事实上确有扩大趋势,这是我们必须正视的新动向。

具体到"非法性"的认定,不仅上述司法解释性文件和会议纪要有扩张之势,实际上在司法实务中还存在着对非法性认定的"审查无限"新动向,就是说,对非法性的司法审查不仅看其形式上是否合法,而且要进行实质性审查——判断内容是否合法。这方面,1999年的"德国牙医"章俊理非法行医案就开了"审查无限"的先河,"德国牙医"章俊理有行医执照,但因其行医执照系通过不正当手段取得,又有虚报医师资料的行为,故被实质审查后认为系非法行医。安邦保险吴小晖非法集资案也是"审查无限"的范例。安邦保险同样持有合法金融牌照,为何还被认定为非法集资? 原因就是在实质审查中发现有两点非法:一是取得金融牌照时虚报资料;二是募集资金时超募。从这个意义上说,私募基金虽然不设行政审批,私募基金管理人没有严格的市场准入限制,只需要登记备案,但并不意味着私募基金的募集不考虑合法性问题。相反,合法的集资行为必须具备以下几个条件:一是集资的主体合法;二是集资的目的合法;三是集资的方式合法;四是集资的行为合法。这几个条件缺一不可,哪怕主体合法、目的合法、方式合法,但超出经营范围进行募集资金,就有可能被认定为非法,安邦保险吴小晖非法集资案就是前车之鉴。换言之,私募基金的募集过程必须是以非公开方式向合格投资者募集,如果募集对象、募集程序不合法,即使募集资金投入真实的项目或者生产经营活动,并按照合同约定还本付息,同样构成非法集资。

具体到"非法占有目的"的认定,不仅最高人民法院《关于审理非法集资刑事案件具体应用法律若干问题的解释》有七种列举情形可以认定"非法占有目的",而且还缀有一个小口袋"其他可以认定非法占有目的的情形"。前七种情形只是给司法认定提供指引和思路,既不能以此列举情形作为认定的全部情形,也不能寄希望通过司法解释的不断扩张对实务认定作出明确规定。因此,必须参酌前七种情形,结合生产经营活动项目虚假性、钱款去向、归还能力等进行综合推定,不应机械地理解适用相关条款。特别是,资金链是否断裂,并非判断是否具有集资诈骗"非法占有目的"的必要条件。例如,e租宝案在案发时资金链并没有断裂,能否认定其"非法占有目的"一直是案件争议焦点,公诉机关组合了一系列证据证明案发时资金链尚未断裂并不影响非法占有目的的认定。一是钰诚集团一直在"拆东墙补西墙",用后续投资者的钱支付前期投资者本息的方式吸收集资款,维持非法集资骗局,这种经营方式不仅使后续投资人的利益处于风险之中,也体现了钰诚集团不具备通过正常生产经营盈利模式归还全部投资人本息的能力。二是钰诚集团所谓对外投资风险极大,不仅未取得任何收益,而且其用以维系资金链的成本高昂,如20亿余元工资绩效、收购用于推广的理财公司20亿余元、4.8亿元高额广告费、12亿元房租等,因此尽管其集资款的吸收规模达762亿余元,但资金链断裂是必然趋势。三是钰诚集团实际控制人丁宁个人赠与情妇和个人支出一年内可以查实的金额就达10亿余元,其肆意挥霍也是认定非法占有目的的直接证据。

二、从刑事一体化视角看私募基金与非法集资的距离

刑事一体化,既是观念,也是方法,作为方法的刑事一体化,指犯罪、刑法、刑事诉讼法、刑罚执行等相关事项的深度融合、利益衔接、机制顺畅、关系协调,使公正与功利、实体与程序、主权与人权、合法与合理、事实与规范、犯罪与刑罚、入罪与出罪、罪刑法定与自由裁量、司法克制与司法被动、立法司法与社会背景等关系和利益——平抑偏执、达致适中,发挥最佳功能的方法和过程。① 运用刑事一体化方法的基本就是游走和往返于证据—犯罪构成要件—事实—定罪之间,具体到非法集资犯罪,就是根据非法集资的犯罪构成,从客观证据到主观证据,从犯罪客观要件到犯罪主观要件,证据的收集、审查、判断都必须围绕非法集资的构成要件来展开、来往返、来印证。由于私募基金投资者多、资金流向多元、股权结构复杂,涉及海量数据,必须透过现象看本质,用"穿透"证据收集、审查方法来进行执法办案,这是刑事一体化方法在非法集资犯罪案件办理中的具体运用。巧合的是,"穿透核查"在《私募基金监督管理暂行办法》中就有规定,要求以合伙企业、契约等非法人形式通过汇集多数投资者的资金直接或者间接投资于私募基金的私募基金管理人或者销售机构应当穿透核查最终投资者是否为合格投资者,并合并计算投资者人数。现在"穿透式"方法主要运用大数据分析和关联数据碰撞,集中"穿透"私募基金的募集对象是否合法、募集主体是否合法、募集目的是否合法,重点穿透"非法性"的认定以及"非法占有目的"的认定。

以合伙企业组织形式的私募基金为例,募集机构为了发行私募基金,与投资人组建合伙企业,一名投资人归集其他数名甚至几十名小额出资人的资金,再以其个人名义申购,登记的合伙人人数为50人以内,但进行穿透式审查后发现所有参与投资的人数超过50人,且存在多名投资人不符合合格投资者要求的情况,即涉嫌非法集资犯罪。这种方法可以刺破表面的形式合法,穿透层层迷雾和复杂投资关系,最终判定是否合法合规。

对通过虚假身份、虚假项目、虚假账户掩护私募基金经营模式、资金真实去向,特别是设立关联公司发布假标、资金假存管真控制、利用"智能投顾"拆分错配期限等方式掩饰股权结构、资金流向、实际控制人等关键信息的,可以通过大数据分析进行穿透,实现"穿透"账户、人员身份、关联公司,真实交易、资金走向等金融交易全过程,有

---

① 参见储槐植:《刑事一体化要论》,北京大学出版社2007年版,第21—26页。

效防范和打击利用私募基金进行的非法集资。

总之,在关系复杂、层级众多、大量资金频繁流转、证据海量的背景下,一定要紧紧把握非法集资的构成要件,这是"穿透的方向";一定要紧紧把握私募基金是否合法的要点,构建人员关系图、资金流转图、关联公司图、股权结构图、项目虚假图,这是"穿透的方法";一定要尽快调取私募基金公司涉及资金流转、关系架构等电子数据,这是能否"穿透的关键"。

穿透式审查思路、方法,应当是一把双刃剑,一方面可以积极引导使私募基金从业人员放弃规避监管的幻想,更加重视刑事合规,让私募基金远离非法集资;另一方面也可以让执法、司法人员掌握科学方法,准确高效地打击试图以身试法者,让刑事不合规的私募基金与非法集资的距离越来越近。

三、从"制度+科技"创新视角看私募基金与非法集资的距离

有智者指出,在大自然、组织和高科技面前,任何人都是非常弱小的。通过"制度+科技"创新,让私募基金远离非法集资,发挥制度效力和科技威力应当是预防和减少非法集资犯罪的必由之路。当下中国犯罪态势的变化对此就有很好的说明。目前在中国,危险驾驶罪的定罪数量已经超过盗窃罪,成为刑事诉讼案件"第一罪"。① 究其原因,是天网工程使得盗窃犯罪无所遁形,科技在预防和减少盗窃犯罪方面的作用是显见的;而危险驾驶罪入罪门槛低和侦查难度低也是一个不争的事实。与此同时,值得检讨的是,作为行政犯罪,危险驾驶罪实际上产生了巨大的社会成本和经济成本,每年将30万左右的人贴上罪犯标签并使之承担过重的犯罪附随后果,甚至沦为社会的对立面,无论对于国家、社会还是危险驾驶者个人来说,都是巨大损失,属于司法和个人的"两败俱伤",想必也并非国家治理和刑事立法的初心。一些国家利用科技手段如在汽车发动机安装酒精测试系统,驾驶员饮酒后就无法启动汽车,从而将危险驾驶罪消除在萌芽之中的科学做法,值得我们借鉴。实际上,中国"制度+科技"反腐、反恐等在预防犯罪和减少犯罪方面是卓有成效的,因此,"制度+科技"在预防和打击非法集资方面也应当有所作为。

最高人民检察院的"三号检察建议"认真分析了金融违法违规问题查不深、查不透的问题,金融监管职责配置不合理的问题和金融违法犯罪黑灰产业链打击不力等问题,提出建立国家金融数据研判中心的建议。这就是一个标准的"制度+科技"预防金融犯罪和打击金融犯罪的方法。通过在国家层面建立统一的金融数据研判中心,实现对各类金融活动实时监测和分析,对金融违法犯罪活动及时预警,可以有效地围绕金

---

① 参见周光权:《论刑事一体化视角的危险驾驶罪》,载《政治与法律》2022年第1期。

融犯罪场的特性,形成积极预防和有效控制的综合策略。

"场"原本是一个物理学术语,是指一个以时空为变量的物理量。它存在于物质之间的空间,只要物质之间存在质量、能量或动量的交换,就存在一个"场"。"场"的概念随后被社会科学领域所引入,其中,20世纪中期,美国社会心理学家科特·勒温最先借用物理学中的"力场"来解释群体行为产生机制,认为群体与其成员间的相互关系及其影响是群体行为的动力,个体的心理活动都是在一种心理场或生活空间(社会场)中发生的。① 而创造性地将"场"的概念引入犯罪学之中,始于我国著名犯罪学家储槐植教授于20世纪80年代末期所提出的"犯罪场"理论。所谓犯罪场,是"存在于潜在犯罪人的主观体验中,促成犯罪原因实现为犯罪行为的特定背景"②。这里的"背景",包括四个方面的因素:时间因素、空间因素、侵犯对象(受害人)因素、社会控制疏漏。犯罪场不是纯客观的实体范畴,而是主体与客体之间的一种关系,即关系范畴。时间、空间、受害人因素等客观条件作为信息载体,潜在犯罪人作为信息受体,载体与受体接触,信息得以传递,便形成犯罪场,同时或者即将实施犯罪行为则是犯罪场效应。控制犯罪的捷径是控制犯罪场,控制犯罪场的任一构成要素便能收到控制犯罪的效果,这比控制犯罪原因简便而且省力。③ 在我国犯罪学研究传统中,犯罪原因和犯罪对策是相对独立的研究领域,而犯罪场的提出,则事实上成为原因论和对策论的纽带和桥梁。因为,一方面,犯罪场是关于犯罪原因核心要素的归纳,具体时空环境、受害人的受害性都是制约犯罪行为产生的重要因素;另一方面,犯罪场又是犯罪对策发挥作用的具体场景,时空条件、受害因素、社会控制等都可以相对类型化、明确化。

具体到金融犯罪场,应当具有针对性地形成"制度+科技"的治理合力:

①在数据的收集方面,打通部门之间的数据壁垒,实现全量数据分析。赋予金融数据研判中心采集、调用监管部门、金融机构等各类必要数据的权限,运用大数据、云计算、人工智能等现代技术对相关数据进行全面采集、综合分析研判。

②在研判的重点方面,抓小抓早作为研判重点,通过实时数据分析,及时发现金融违法犯罪活动线索。

③在部门间的配合方面,根据监管信息和行政执法、刑事司法案例,精准提炼金融违法犯罪关键数据和信息要素,为构建并实时更新各类金融违法犯罪分析模型,提供基础支持。

④在穿透式审查方面,建立线索移送、核查、督办、反馈机制,按照发现线索的风险等级、法律责任分别移送相关金融监管部门、公安机关和检察机关核查,及时果断

---

① 参见章人英主编:《社会学词典》,上海辞书出版社1992年版,第480页。
② 储槐植主编:《犯罪场论》,重庆出版社1996年版,第20页。
③ 参见储槐植:《刑事一体化与关系刑法论》,北京大学出版社1997年版,第100—101页。

处置。

⑤在数据中心的运用权限方面,实行统一建设、信息共享,对相关行政执法、金融监管部门、司法机关开放必要的使用权限。同时,为了加强金融犯罪案件的追赃挽损工作,建立紧急止付止损绿色通道,发现涉嫌犯罪、正在或可能导致投资人重大损失的线索,及时移送公安机关,通知相关金融机构紧急止付、冻结账户,并组织核查。

如果国家金融数据研判中心建成或落地,将有效进行非法集资源头治理、系统治理和综合治理,在"制度+科技"创新面前,遏制私募基金进行非法集资的犯罪场,私募基金距离非法集资就越来越远。

四、关于金融犯罪刑事政策的科学化和现代化问题

在中国金融圈,有一个史诗级的现象,就是从 2007 年开始,P2P 网贷平台在中国落地,其发展态势以金融业从未有过的速度狂飙式增长。① P2P 的规模巨大,无论是平台数量、参与人数,还是成交量和网贷余额,都占据了金融市场重要地位。但是,同样众所周知的是,P2P 网贷平台经历了三次大规模"爆雷潮",P2P 网贷的刑事法律风险不断聚集、扩散和放大。② 有论者认为,整体流动性收紧是导致 P2P 网贷平台"爆雷潮"的大背景,监管的推进以及合规压力是 P2P 网贷平台密集爆雷的导火索,P2P 网贷模式中的内生性缺陷,即平台自身的资产端缺陷和借贷者负债端缺陷,在很长一段时间内未能得到根本解决,则是导致"爆雷潮"的根本原因。③ 回溯 P2P 监管制度及监管实践,我们可以总结出 P2P 网贷监管政策的三个制度变迁:

第一个阶段是 2007 年至 2015 年 7 月的制度真空阶段,以中国人民银行等十部门发布《关于促进互联网金融健康发展的指导意见》为结束标志。这意味着,作为普惠金融和金融创新的明星产品,P2P 平台自诞生起就缺少制度的呵护,野蛮生长了 8 年之久。

第二个阶段是 2015 年 7 月至 2017 年 8 月为期两年的制度建构阶段,这一时期具有标志性的监管措施主要有"一个办法三个指引":2016 年 8 月,原银监会等四部门发布《网络借贷信息中介机构业务活动管理暂行办法》,是首部直接针对网贷行业的专门管理办法,其采取负面清单管理模式,明确 13 项禁止性行为,并首倡事中、事后的全面监管。之后在 2016 年 10 月、2017 年 2 月和 8 月,又分别发布了《网络借贷信息中介机构备案登记管理指引》《网络借贷资金存管业务指引》《网络借贷信息中介机构业务活

---

① 参见叶湘榕:《P2P 借贷的模式风险与监管研究》,载《金融监管研究》2014 年第 3 期。
② 参见彭冰:《P2P 网贷与非法集资》,载《金融监管研究》2014 年第 6 期。
③ 参见叶文辉:《P2P 网络借贷风险与监管对策研究——对近期 P2P 平台集中爆发风险事件的思考》,载《金融与经济》2018 年第 10 期。

动信息披露指引》,对 P2P 平台的市场准入、业务流程和披露义务等都作了进一步的细化规定。

第三个阶段是 2017 年 12 月至今的制度完善阶段,2017 年 12 月,P2P 网贷风险专项整治工作领导小组办公室发布《关于做好 P2P 网络借贷风险专项整治整改验收工作的通知》,2018 年 8 月发布《关于开展 P2P 网络借贷机构合规检查工作的通知》《网络借贷信息中介机构合规检查问题清单》《关于报送 P2P 平台借款人逃废债信息的通知》等制度规范。这一时期强化了全面监管、推进了合规审查、减少了制度漏洞,目的是防止监管失灵,从而形成事前、事中、事后全面有效的网贷监管体系。

这三个阶段证明了,随着时间的推移,P2P 行业自身问题集中暴露,国家金融监管政策不断发展、日趋严格、日趋完善,目前已经较好体现了平衡"谋创新""控风险""促发展"三者关系的监管思路和政策旨趣。当然,对新生事物的不敏锐,相当一段时间的不作为、慢作为,也为导致系统性金融风险的可能聚集了动能,这是必须要反思和检讨的。

从严格意义上讲,P2P 属信息中介性质,平台本身不得提供担保,不得归集资金搞资金池,不得非法吸收公众资金。但事与愿违,恰恰是这三个"不得",导致 P2P 面临的刑事法律风险主要集中在非法吸收公众存款罪、集资诈骗罪、洗钱罪以及非法经营罪等方面。同时,前述制度真空、制度漏洞、制度失灵,加之 P2P 涉及投资人多、借款人多、平台经营人员多,愈发叠加了刑事法律风险。P2P 所涉刑案既是典型涉众型经济犯罪,又是典型行政犯罪,因此,自然也直接受到刑事政策的关照。我们知道,刑事政策具有指导和调整功能,但我们也应清醒地认识到刑事政策落地的走样变形甚至异化的可能,因此也应警惕和防范"凡是制度性的安排,越往下,层层减法,最终常常有名无实;凡是政策性的安排,越往下,层层加码,最后搞成了运动"的倾向,坚定秉持"制度的生命力在于执行"[①]的治理理念。正因如此,有关 P2P 网贷平台所涉刑案的相关刑事政策的重点,就在于划定打击范围和打击重点,并指导和推动相关规范性文件的出台:2010 年 12 月 13 日最高人民法院《关于审理非法集资刑事案件具体应用法律若干问题的解释》;2014 年 3 月 25 日最高人民法院、最高人民检察院、公安部《关于办理非法集资刑事案件适用法律若干问题的意见》;2017 年 6 月 2 日最高人民检察院《关于办理涉互联网金融犯罪案件有关问题座谈会纪要》;2018 年 7 月最高人民检察院发布的第十批指导性案例就包含了两个非法集资类犯罪案例。这样密集出台相关解释和指导性案例也属少见,对非法集资犯罪的认定处理起到了良好效果。

尽管如此,在应对私募基金和 P2P 网贷平台等涉及金融犯罪问题上,包括立法和

---

① 《中共中央关于坚持和完善中国特色社会主义制度 推进国家治理体系和治理能力现代化若干重大问题的决定》。

司法在内的刑事政策亟待捋清金融创新发展和刑事法惩治保障的关系,这就涉及中国金融犯罪刑事政策的科学化和现代化问题,即随着新旧金融体制的转型,中国金融的浅层次改革渐次完成,金融犯罪刑事政策不应局限于金融体系转型引导下的被动调整,要适度积极地、超前地、系统地化解金融领域特别是新兴金融领域的风险,为处在深水区的金融改革提供刑事法保障。[①] 对此,我们应当在刑事政策的基本理念、基本立场和基本路径上作出适当调整。

第一,在刑事政策基本理念层面,应当从金融管理本位向金融交易本位转型。在20世纪90年代计划经济影响尚存的金融转型初期,将金融犯罪理解为对金融管理秩序的侵害,无可厚非。刑事立法对应地设立"破坏金融管理秩序罪"专节,并将"金融诈骗罪"同样理解为对金融管理秩序的侵害。然而,金融经济是信用经济,信用只有在交易过程中才能发挥资金融通的作用。因此,金融活动的核心是金融交易,金融秩序在本质上是以信用为基础的金融交易秩序。换言之,金融管理秩序只是保障金融交易的手段,而保障金融交易秩序才应是金融犯罪刑事政策目的。另外,从现行立法上也可以看出这种转型需求,集资诈骗罪等金融诈骗行为侵害的法益是金融交易,被规定在"破坏金融管理秩序罪"中的非法吸收公众存款罪,操纵证券、期货市场罪,内幕交易、泄露内幕信息罪等,侵害的主要是金融交易而非金融管理秩序,因此,应当将"金融交易安全"作为金融类犯罪的核心法益,并以此指导刑事立法和司法适用。

第二,在刑事政策基本立场层面,应当从事后刑事规制向事前综合治理转型。当前金融犯罪刑事政策更多地侧重于事后的刑事规制,比如,纯粹地以危害结果评价相应的金融交易行为,又如,对非法吸收公众存款罪的"非法性"的扩张解释,误伤了不少直接融资的民间借贷。事实上,民间融资借贷的需求有其制度性原因,一味刑罚压制未必上策,加大P2P入门门槛、加大行政处罚的力度,可能效果更佳。再比如,金融犯罪与网络时代的"共振效应",一方面确有刑法规制的必要性,但另一方面也要重视从金融创新的监管、私募基金和P2P平台的法定义务、国民金融知识和风险的普及等方面提前预防,从而从源头减少司法机关追赃挽损、化解诉访风险的压力。

第三,在刑事政策基本路径层面,应当以刑事一体化作为基本指引,在内部结构中,不断完善罪刑关系,理顺刑法、刑事诉讼法的衔接机制;在外部结构上,注重发挥民商事规则和行政处罚的实效,并提升罚金刑等刑罚效果。实现从立法"头疼医头"、司法"救火式堵漏"向立法整体系统化、司法严格适用化的转型。在刑事立法政策中,一是应当以金融交易本位的理念,从整体上系统性地梳理、评估、调整当前通过两节类罪名及散见于其他章节的罪名规制金融犯罪的现状,以金融交易安全作为金融犯罪所

---

① 关于当前互联网金融治理核心问题的总结归纳,相似的观点参见姚海放:《治标和治本:互联网金融监管法律制度新动向的审思》,载《政治与法律》2018年第12期。

侵犯的法益,形成从金融市场准入、金融产品设计、市场主体义务、金融市场交易等一揽子有层次的罪名罪状体系。二是考虑到金融犯罪立法的刑法与附属刑法相结合的特点,在罪名、罪状、法定刑上,要注意与前置性行政法规的协调。三是充分发挥犯罪故意、非法占有目的的推定机制,通过将相关解释中已经成熟的推定事由类型化、法定化,进一步降低金融犯罪主观要素的证明难度。

第四,在刑事司法政策中,一是要充分研究相关金融制度和改革方向,在民刑交叉领域实现有效的知识整合,通过司法解释细化定罪数额和情节,在入罪门槛上区分不同程度的犯罪行为。如内幕交易罪与利用未公开信息交易罪,信息内容上的差异也决定了二者社会危害性的差异,在具体设定入罪门槛时,后者应当高于前者。二是强化行政处罚与刑事司法的衔接机制,充分发挥检察机关审前主导和法律监督的职能,通过建立处罚信息共享、案件通报协作等机制,减少金融犯罪领域"有案不移""有案不立""以罚代刑"等现象,形成良性的"行政法—刑法"的二次制约机制,实现刑法在金融犯罪领域积极预防的刑罚目的。三是精准科学地确定打击重点,例如,对非法集资活动中的组织、策划、指挥者和主要实施者,应当重点打击,充分发挥司法机关在预防化解金融风险中的能动作用。四是不断总结互联网金融领域中相关电子证据的收集、审查、鉴真、认定等方面的司法经验,为网络大数据时代的金融犯罪侦查、起诉和审判未雨绸缪、奠定基础。

刑事一体化理念在网络金融犯罪综合治理中的运用与展开[*]

李兰英[**]

毋庸置疑,网络金融产业已成为我国经济发展的重要增长点,但网络空间的发展不平衡、规则不健全、秩序不合理,导致风险的不断集聚以及网络金融犯罪的大幅增长也是不争的事实。网络金融犯罪作为传统金融犯罪在互联网领域的延伸与发展,其不确定性和系统性使国家金融安全面临前所未有的压力。面对互联网金融所带来的机遇和风险,国家明确将金融安全提高到了国家安全的战略高度,提出既要完善金融监管、推进金融创新,更要有效防范和化解金融风险隐患。在加强国家金融安全保障、共同惩防网络金融犯罪的背景下,如何有效地治理网络金融犯罪,使治理手段达到标本兼治的目的,成为当今学术界、实务界面临的重要问题。本文拟从刑法学认识论理论发展的视角出发,针对当前我国网络金融犯罪治理及研究存在的不足,提出网络金融犯罪综合治理的基本路径,以期有助于破解当前愈演愈烈的网络金融犯罪治理难题。

一、当前我国网络金融犯罪治理的模式及其述评

长期以来,在我国传统金融犯罪治理语境下,存在单一刑事主义与综合治理主义的对立,而在这背后折射的是金融管理本位主义与金融交易本位主义的价值抉择问题。[①] 网络金融犯罪主要可分为两大类,一类是网络诈骗犯罪,另一类是网络集资类犯罪,后者曾经以 P2P 网贷平台"跑路"为"主要类型"而成为网络金融犯罪的"主旋律",在其初见端倪又喷薄爆发之时,实务界和理论界存在犯罪治理模式"一元化"与"多元化"的不同主张。尽管 P2P 网贷平台已经在 2020 年年底逐渐消亡,但是,回顾总结学者们对待 P2P 网贷治理的态度,仍然会给其他网络金融犯罪的治理带来借鉴和启发。

---

[*] 本文系国家社科基金重大项目"网络金融犯罪的综合治理"(编号 17ZDA148)阶段性成果。
[**] 厦门大学法学院教授。
[①] 参见刘远:《我国治理金融犯罪的政策抉择与模式转换》,载《中国刑事法杂志》2010 年第 7 期。

(一) 网络金融犯罪治理一元化模式及其述评

与传统的单一刑事主义的金融治理立场不同,现有网络金融犯罪治理的一元化模式主要从金融监管和刑法规制两方面展开应对和研究。

1. 网络金融犯罪金融监管方面的思考

我国理论界自 2013 年以来关注的重点主要集中在 P2P 网贷和股权众筹的异化风险及其规制上。① 肖凯教授从众筹视角分析了 P2P 网贷"小额、众人、募资"等特点,认为其主要法律风险在于如何防止非法集资。② 冯果教授等针对 P2P 网贷平台在我国异化为另类金融机构所隐含的道德与法律风险,建议确立以原中国银监会为主导的监管框架,通过实施市场准入监管、业务活动监管、资金监管、利率监管等措施来规范 P2P 网络贷款平台的发展。③ 对于股权众筹,有学者从美国证券监管再平衡视角分析借鉴了 JOBS 法案中的新型注册豁免——汇群集资豁免制度。④ 还有学者认为,P2P 网贷与股权众筹及第三方支付是我国互联网金融的三种代表性业态,以管制型金融立法为基础的我国金融体制,使得互联网金融在我国仅践行着金融脱媒的功能,在改善信息不对称及降低信用风险等方面并无助益。⑤ 此外,还有许多学者从比较法的视角,提出了当前我国股权众筹制度发展可以参考和借鉴的对象。比如,借鉴美国《促进创业企业融资法案》的有关规定修改我国《证券法》⑥,参考美国 JOBS 法案以及日本《金融商品交易法等部分修改法案》中的小额证券发行豁免制度来完善我国相关制度⑦,如对投资者进行分类限制、控制投资风险、合理调整筹资者的信息披露义务等⑧。

近年来,对于肇始于区块链技术同金融业的结合与运用的数字货币来说,尽管区块链技术本身具有数据安全保障、效率价值等诸多技术优势,但在当下,由于法律规制的空白,也滋生了诸多法律风险。因此,研究重心逐渐转移到对数字货币法律风险的规制上。同样是参考借鉴美国与欧盟的相关规定,有学者提出"我国可以在借鉴美国渐进性监管以及欧盟的功能性监管的基础上,构建我国的监管路径"⑨。还有学者细化

---

① 2013 年被称为我国互联网金融的元年。
② 参见肖凯:《论众筹融资的法律属性及其与非法集资的关系》,载《华东政法大学学报》2014 年第 5 期。
③ 参见冯果、蒋莎莎:《论我国 P2P 网络贷款平台的异化及其监管》,载《法商研究》2013 年第 5 期。
④ 参见郭雳:《创寻制度"乔布斯"(JOBS)红利——美国证券监管再平衡探析》,载《证券市场导报》2012 年第 5 期。
⑤ 参见杨东:《互联网金融风险规制路径》,载《中国法学》2015 年第 3 期。
⑥ 参见杨东、刘磊:《论我国股权众筹监管的困局与出路——以〈证券法〉修改为背景》,载《中国政法大学学报》2015 年第 3 期。
⑦ 参见刘宏光:《小额发行注册豁免制度研究——美国后 JOBS 法案时代的经验与启示》,载《政治与法律》2016 年第 11 期。
⑧ 参见毛智琪、杨东:《日本众筹融资立法新动态及借鉴》,载《证券市场导报》2015 年第 4 期。
⑨ 赵炳昊:《应对加密数字货币监管挑战的域外经验与中国方案——以稳定币为切入点》,载《政法论坛》2022 年第 2 期。

构建思路,主张"我国对加密数字货币的监管,可以通过双联模式的技术应用,行政权力行使中的价值强化,构建以对象包容、手段多元、主体和责任排他性设计为逻辑的合作治理路径"①。

上述研究对于加强和完善我国互联网金融监管制度具有一定的现实意义,但却仍然存在诸多重大问题亟待解决。其一,如何依据不同类型的互联网金融模式,正确分析其法律属性,厘清互联网金融的法律地位,把握互联网金融对金融监管的现实挑战,这是从金融监管视角加强和完善网络金融犯罪治理的基础性问题。其二,要想实现网络金融犯罪的标本兼治,还必须从金融监管视角深入分析网络金融犯罪的成因,特别是要深入分析以往以金融管制理念为主导的金融监管执法与网络金融刑事司法之间的内在关联性,以及以往应对互联网金融挑战的不足对网络金融犯罪活动的激励性影响。其三,金融监管行政执法与刑事司法的衔接问题,是当前我国网络金融犯罪治理中的一个重大现实难题。如何在立法上确立金融监管与刑法规制的位置,如何从制度上建立稳定高效的衔接机制,仍是今后我国互联网金融监管所要解决的重要问题。

2. 网络金融犯罪刑法规制的研究

当前,国内关于网络金融犯罪刑法规制的研究著述颇丰,主要集中在刑事政策、罪名适用、刑罚惩罚、追赃挽损、程序证据等方面。第一,在刑事政策层面,学界很早就达成了一定共识,即刑法应保持谦抑以免抑制金融创新。② 刘宪权教授指出,为了在保障互联网金融市场创新和维护金融秩序两大目标之间寻求平衡,刑事政策应定位于信息安全保障与金融风险控制,实现市场调整、行政监管与刑事立法之间的协调联动③;对于互联网金融的法律监管,应以行政监管为主、以刑事规制为辅④。李晓明教授认为,对于网络融资要贯彻轻缓化的刑事政策精神。⑤ 第二,在相关罪名的适用上,学界大体主张对现有罪名进行目的性限缩,包括立法上的限制和司法上的谨慎⑥,重视对众筹的行政监管而非刑事制裁⑦,等等。第三,在刑罚处罚上,有学者主张在刑罚轻缓化的刑事政策统领下,通过深化财产刑改革,扩大资格刑适用范围和比例,建立刑罚执行后附随性经济赔偿制度,以及全面启动非刑罚处罚方法及适用比例等方法,完善具有

---

① 陈姿含:《加密数字货币行政监管的制度逻辑》,载《北京理工大学学报(社会科学版)》2022年第5期。
② 参见刘宪权:《论互联网金融刑法规制的"两面性"》,载《法学家》2014年第5期;姜涛:《互联网金融所涉犯罪的刑事政策分析》,载《华东政法大学学报》2014年第5期;等等。
③ 参见刘宪权:《互联网金融市场的刑法保护》,载《学术月刊》2015年第7期。
④ 参见刘宪权、金华捷:《论互联网金融的行政监管与刑法规制》,载《法学》2014年第6期。
⑤ 参见李晓明:《P2P网络借贷的刑法控制》,载《法学》2015年第6期。
⑥ 参见刘宪权:《论互联网金融刑法规制的"两面性"》,载《法学家》2014年第5期;李晓明、李喆:《P2P网络众筹刑事法律风险与防范》,载《人民检察》2016年第15期。
⑦ 参见陈晨:《股权众筹的金融法规制与刑法审视》,载《东方法学》2016年第6期。

针对性、实用性的网络金融犯罪的刑事处罚措施。① 再如,论证刑事职业禁止制度在网络金融犯罪中运用等观点。② 第四,在刑事程序上,当前理论界并没有对此予以较多关注,仅有个别实务工作者指出,由于互联网金融犯罪隐蔽性强、潜伏期长、智能化程度高、专业性强,犯罪成本低、收益高、危害大,并且具有跨越时空性等特点,这为相关案件的管辖、电子证据的调取以及言词证据的收集带来了诸多疑难问题,并提出了一些相应对策和建议。③

值得说明的是,上述不同主张均未仅限于刑法规制或者行政监管,均或多或少提及了二者的衔接或者结合,但在笔者看来,上述主张,在本质上仍属于一种一元主义的路径。其一,在法定犯时代,犯罪治理的行刑衔接已是法定犯惩治的必然共识。其二,尽管行刑衔接的策略有一定的意义,但仍只限于事后打击侧面。对于网络金融刑事风险来说,其不仅要强调行政监管与刑事惩治,更要重视并实现其风险预警与监控。其三,从现有研究来看,不同学者对于行政监管与刑法惩治的结合,仍有强烈的学科局限性,均是从自己主要研究领域的角度阐述相关主张。换言之,现有的研究要么强调以行政监管为主,要么强调突出刑法的主体性地位,均没有真正契合网络金融风险的特点。

整体而言,相关研究还存在以下需要推进之处:①有关网络金融犯罪的刑事政策研究整体上过于抽象化、宏观化,以至于几乎所有学者得出的结论大同小异,缺乏针对性,无法对不同类型的网络金融犯罪进行差别化的具体指导。②学界仅关注到网络金融犯罪所涉及的"金融犯罪"的属性一面,而忽略其"网络犯罪"的属性一面,对于诸如侵犯公民个人信息罪、非法侵入计算机信息系统罪,以及《刑法修正案(九)》增设的非法利用信息网络罪和帮助信息网络犯罪活动罪等罪名的适用问题,基本没有涉及。除此之外,学界对于网络金融犯罪刑法适用的"口袋化"现象也较少关注。如非法吸收公众存款罪、非法经营罪等罪名成为网络金融领域刑法规制的"口袋罪",刑罚权呈现出扩张化的趋势。④ ③有关网络金融犯罪刑事处罚措施的研究显然过于宏观、抽象,基本上仅从立法论上指出了合理应对网络金融犯罪的改革方向和路径,如仅倡导资格刑、财产刑以及非刑罚处罚措施的适用等,而缺乏如何在金融犯罪立法中具体构建与适用资格刑、财产刑等问题的研究。④对于网络金融犯罪涉及的刑事程序问题关注不够,事实上,司法实践中存在的民刑交叉、电子证据证明力、言词证据收集等问题尤为

---

① 参见李晓明:《P2P 网络借贷的刑法控制》,载《法学》2015 年第 6 期。
② 参见陈雪梅、李兰英:《网络金融犯罪治理的刑罚转向与重构》,载《学习与实践》2021 年第 6 期。
③ 参见樊蓉:《网络金融犯罪案件查办的难点与对策》,载《犯罪研究》2015 年第 3 期;钟勇:《办理互联网金融犯罪案件的程序法律难题及破解》,载《重庆工商大学学报(社会科学版)》2017 年第 3 期。
④ 参见李兰英:《"以刑制罪"在网络经济犯罪认定中的适用》,载《厦门大学学报(哲学社会科学版)》2020 年第 4 期。

关键和突出,亟待解决。

(二) 网络金融犯罪治理多元化模式及其述评

如前所述,在早期针对金融犯罪治理问题时,就有人主张"摈弃单一刑事主义,采取综合治理主义"①。这种观点为多数学者所认同并深化。比如,李娜提出了金融犯罪防控的"三措施说"(法治路径、政府管制、德治资源)②,刘建则提出了金融犯罪的"三预防说"(立法预防、金融机构内部预防、金融机构外部预防)③。与之类似,另有学者指出,金融刑事法体系治理能力现代化应落脚于适度发展与利益平衡,其惩治效果不在于打击有多重,而在于社会效果、经济效果和法律效果的统一。④ 还有论者认为,经济犯罪治理需要形成由刑法作为必要手段,辅之以其他法律法规进行综合治理的场域。⑤

近些年来,针对网络金融犯罪,部分学者提出了综合治理思想或者类似的主张。前者如徐汉明教授等指出,在大数据时代背景下,应当构建注重法律规制与全面监管相兼顾,犯罪打击与犯罪治理相统筹的综合治理策略。⑥ 后者如刘宪权教授指出,市场机制等治理措施与犯罪化控制措施完全可能在互动过程中建设性地进行合作,上述机制在网络金融犯罪综合治理中完全可以做到全面融合、并行运作、联动实施。⑦ 又如,有论者认为,在规制互联网金融犯罪的过程中,需要借助对立法、执法、司法的综合考虑,借助对犯罪成本的分析并通过疏堵结合达到"严堵"与"疏导"之间的科学平衡。⑧ 还有观点认为,执法者应从民法、行政法、刑法的角度,多方位考量网络金融领域出现的新型犯罪,以此来制定网络金融犯罪的治理对策。⑨ 多元化的治理立场对网络金融犯罪的治理来说,不仅具有多层启发意义,而且使综合治理的理念呼之欲出!

然而,综合治理这一概念范畴在当前我国网络金融犯罪领域中的具体运用尚处于起步阶段,相关研究仍然比较薄弱。首先,相关研究的视角比较宏观、抽象,研究深度略显表面化。由于不同学科之间存在深厚的壁垒,许多学者只能从自身专业及实务出

---

① 刘远:《我国治理金融犯罪的政策抉择与模式转换》,载《中国刑事法杂志》2010年第7期。
② 参见李娜:《社会管理创新视野下的金融犯罪防控研究》,浙江大学出版社2016年版。
③ 参见刘建:《金融刑法学》,中国人民公安大学出版社2008年版。
④ 参见顾肖荣、王佩芬:《金融刑事法体系治理能力建设若干问题思考——以国家治理能力现代化为视角》,载《政治与法律》2014年第1期。
⑤ 参见杨继文、梁静:《经济犯罪法际关系治理论》,载《南昌大学学报(人文社会科学版)》2016年第2期。
⑥ 参见徐汉明、张乐:《大数据时代惩治与预防网络金融犯罪的若干思考》,载《经济社会体制比较》2015年第3期。
⑦ 参见刘宪权:《互联网金融市场的刑法保护》,载《学术月刊》2015年第7期。
⑧ 参见黄辛、李振林:《互联网金融犯罪的刑法规制》,载《人民司法》2015年第5期。
⑨ 参见上海市浦东新区人民检察院课题组:《网络金融犯罪治理研究》,载《山东警察学院学报》2016年第1期。

发各抒己见,对网络金融犯罪综合治理涉及的其他学科问题并未吃透,因而所提建议也都过于宏观和抽象,尚未深入网络金融犯罪的根源分析并提出标本兼治的防控手段。其次,研究内容碎片化,缺乏系统性和完整性。当前研究尚未对网络金融犯罪综合治理的概念、要素、体系等关键性问题作出全面阐释,对其顶层设计缺乏体系性思考,对相关制度构建科学性、协调性、可行性的分析更是着墨甚少。最后,研究方法拘谨单一,跨学科和实证研究比较缺乏。当前大多数研究成果主要运用注释方法及规范分析,或者由于局限于论文篇幅和学术产出平台,对相关问题的分析也只能止步于宏观层面的理论推演,难以在微观层面提出具体的方案并加以适用和检验。

综上所述,网络金融犯罪中的一元化模式与传统的金融犯罪治理的一元主义路径相比,虽然已然有了较大改变与发展,但仍然存在研究范式与方法论的局限性。而网络金融犯罪多元化的治理模式,核心主张是提倡网络金融犯罪的综合治理,但囿于前提研究基础的薄弱,以及现有研究思维的紊乱,因此也没有形成应有的理论合力。换言之,在网络金融犯罪的语境下,现有理论研究既无法廓清何为综合治理,也无法说明综合治理的具体知识展开路径。显然,简单移植综合治理模式的路径难以满足金融犯罪治理场域网络化的实践需求。而综合治理原本是一个"政策层面"或者"政治术语",怎样将其发展演变为一个与犯罪治理相关的"法律术语",尤其是从方法论、认识论上论证综合治理具有"标本兼治"的功能和作用,更显关键。

二、刑事一体化理念推动网络金融犯罪综合治理策略之诞生

由上可知,当前我国有关网络金融犯罪治理的既有研究大多局限于金融监管和刑法规制的部门法规范视角,未能综合运用社会政策学、犯罪学、经济学等学科的知识和方法,来揭示网络金融犯罪的深层次原因,从而分别提出相应的对策。即便试图从多元化视角建构网络金融犯罪治理模式的方案也存在研究范式以及方法论的不足。事实上,网络金融犯罪治理场景的"脱域化"、参与主体的多元化以及金融治理方式的现代化,已然启示我们,对于网络金融犯罪这一综合性复杂问题,无疑需要运用综合手段予以解决。并且,现有网络金融犯罪治理的一元化路径实际上也不是仅强调单一的刑事处罚或者行政监管。因此,多元主义的治理路径是解决网络金融犯罪现实问题的必然选择。

以电信网络诈骗犯罪的治理为例进行说明,2022年9月2日,《反电信网络诈骗法》经由第十三届全国人大常委会第六次会议通过,自2022年12月1日起施行。《反电信网络诈骗法》的制定预示着在现代社会中,网络犯罪的治理与社会问题的治理边

界逐渐重合。电信网络诈骗犯罪的精准化、链条化、网络黑灰产业化[①],不仅向刑法应对提出了更高的要求,而且对社会治理层面来说,也是一个必须面临的问题。易言之,信息网络时代犯罪治理模式由一元化走向多元化已是必然趋势。

(一) 刑事一体化理念的基本主张及其启示

从理论沿革的角度来说,我国现代刑法理论体系的形成、发展受到域外发达国家、地区的影响颇多。但晚近以来,我国刑法学界也逐渐开始注意到理论本土化建构的任务。以"体系化的独创性"的学术标杆标准来检视的话[②],我们会发现刑事一体化理念是我国刑法"地方性知识"形成的过程中一个不得不提的重要成果。

刑事一体化的理念最早由储槐植教授在 20 世纪八九十年代提出[③],随后发展壮大,至今仍具有强大的生命力。刑事一体化既是一种观念,也是一种方法,其基本主张是强调刑法内部结构合理(横向协调)和刑法运行的内外协调(纵向协调),并且包括更新观念、调整结构以及完善机制等基本内容。[④] 刑事一体化的哲学基础在于"普遍联系"的规律,作为观念上的刑事一体化,极为注重刑事政策的能动指导作用,即刑事政策不仅起到刑法框架内的机制性作用,也起到将哲学、社会学、经济学等外部学科相融通的串联作用。[⑤] 作为方法上的刑事一体化,强调在犯罪治理问题上,淡化学科界限,实现科际整合。[⑥] 刑事一体化理念的提出立足于对我国刑法学研究中固有的单向、片面、孤立和静态思维模式的反思[⑦],深刻折射出储槐植教授在犯罪治理问题上所主张的多方面、立体性、开放性、融贯性的观点。

在刑事一体化理念的启发及引导下,我国刑法学认识论与方法论得到了长足的进步,刑事法律学科以及刑事治理手段策略的科学性也与日俱增。其中,刘仁文教授在刑事一体化理念启发下提出的"立体刑法学"理念[⑧],更是把刑事一体化理念发扬光大。"立体刑法学"的基本主张一言以蔽之:"刑法学研究要前瞻后望(前瞻犯罪学,后望行刑学),左看右盼(左看刑事诉讼法,右盼民法等部门法),上下兼顾(上对宪法和国际公约,下对治安处罚和其他行政处罚),内外结合(对内加强对刑法的解释,对外重视刑法的运作环境)。"[⑨]究其根源,立体刑法学乃是建立在系统论思想和唯物辩证法的

---

① 参见于冲:《新型电信网络诈骗犯罪的类型化明晰与刑法回应》,载《中国检察官》2021 年第 14 期。
② 参见马荣春、马光远:《中国法学知识生产中的学术标杆——以中国刑法学为语境》,载《山东警察学院学报》2020 年第 5 期。
③ 参见储槐植:《建立刑事一体化思想》,载《中外法学》1989 年第 1 期。
④ 参见储槐植:《再说刑事一体化》,载《法学》2004 年第 3 期。
⑤ 参见储槐植、闫雨:《刑事一体化践行》,载《中国法学》2013 年第 2 期。
⑥ 参见冯卫国、储槐植:《刑事一体化视野中的社区矫正》,载《吉林大学社会科学学报》2005 年第 2 期。
⑦ 参见梁根林、张立宇主编:《刑事一体化的本体展开》,法律出版社 2003 年版,第 2 页。
⑧ 参见刘仁文:《提倡"立体刑法学"》,载《法商研究》2003 年第 3 期。
⑨ 刘仁文:《"立体刑法学"再出发》,载《中国社会科学报》2018 年 6 月 6 日,第 5 版。

普遍联系、相互作用原理的哲学基础之上的一种刑法学研究范式,是马克思主义的世界观、方法论和认识论的具体运用。①

从刑事一体化到立体刑法学的发展是立足于对我国(刑)法学研究"封闭化""碎片化""教条化"现象越来越严重所进行的反思,均是对我国刑法学研究方法和内容的一种革新。无论是李斯特的"整体刑法学"还是"刑事一体化",抑或"立法刑法学",它们有一以贯之的内在逻辑:强调刑事法律科学发展的多元化,而非单一化;强调刑法与其他学科的协调化,而非隔阂化;强调犯罪治理的立体化,而非扁平化。从理论演变过程来看,其中既有继承,也有超越;既有坚持,也有发展。②

笔者认为,刑事一体化理念不仅影响了立体刑法学构想的提出与发展,而且,对于不断涌现新型犯罪模式的网络金融犯罪的治理极具启发意义。正如学者的感悟:针对现代社会中网络犯罪碎片化的发展态势,刑事一体化的理念有利于克服刑法适用碎片化的现状。③ 毋庸置疑,在认识论上,刑事一体化理念要求更新犯罪治理理念,将对关系的思考融入对刑法的研究上。换言之,刑法学研究内容不再局限于对现行刑法条文的"立改废"以及解释、适用上,而是对于影响刑法系统运作的一切外部环境均需要展开研究。具体到网络金融犯罪的治理上,我们既需要考虑刑法的内部关系,也需要考虑刑法之外的上下关系与前后关系,将刑法与刑法之外的法文化、经济体制、物质文明相联系。④ 显然,网络金融的刑法规制仅仅是犯罪治理中的一个部分或者一个环节。相关理论研究还必须关注:该实体刑法规范本身是否合理,其与前置金融监管法规是否能够有效衔接,其在刑事诉讼程序中如何得以有效适用,其能否对行为人产生一般预防与特殊预防效果,其设立和适用的社会效果、经济效益究竟如何,等等。在方法论上,刑事一体化理念要求我们淡化学科之间的藩篱,打通教义刑法学与社科刑法学之间的隔阂,刑法学研究不再单纯奉行教义法学、注释法学和规范法学的传统方法和路径,而是可以充分援引哲学、社会学、经济学、政治学、犯罪学、行刑学、各个部门法学等其他学科的基本理论精髓和多元思维方式。这极大地丰富了刑法学研究的方法和工具,对于网络金融犯罪的治理来说,如获至宝。其重大意义在于:不要仅局限于金融监管法规与刑法的部门法规范研究,而要不拘一格地充分运用经济手段、部门法律、社会政策、道德教育、社会监督、信息技术等诸多具有实用性、系统性、整合性的综合手段,最大限度实现网络金融犯罪的标本兼治。

---

① 参见周维明、赵晓光:《分化、耦合与联结:立体刑法学的运作问题研究》,载《政法论坛》2018年第3期。
② 参见刘仁文:《构建我国立体刑法学的思考》,载《东方法学》2009年第5期。
③ 参见喻海松:《网络犯罪形态的碎片化与刑事治理的体系化》,载《法律科学(西北政法大学学报)》2022年第3期。
④ 参见储槐植:《刑事一体化》,法律出版社2004年版,第491—504页。

综上所述，刑事一体化的理念孕育了立体刑法学的理论构想,推进了综合治理策略在网络金融犯罪治理中的重要运用,在刑法学研究的知识论与方法论上都有发展和突破。具体而言,在以往犯罪治理的主体方面,仅仅局限于国家公权力主体,却忽视了信息网络时代私权利主体的自主能动性。但其实,随着治理手段的多元化,网络金融犯罪综合治理的主体也应随之多元化、协同化。与此同时,网络金融犯罪的治理手段也应当做到多元化,而不是单一论学者所主张的"非此(刑法惩治)即彼(行政监管)"的"怪圈",可以多管齐下,综合运用"实体与程序、政策与规范、法律与伦理,教育与技术"等多方面、多视角的复合手段,实现集事前预警、事中控制以及事后惩治于一体的网络金融犯罪系统性、综合性治理策略。

(二) 网络金融犯罪综合治理框架之构建

基于刑事一体化理念的启发,面对极具复杂性和系统性的网络金融犯罪,只有采取综合治理的策略,才能最大限度地实现标本兼治的治理目标。综合治理作为一种在中国长期以来屡次实践、行之有效的治理方式,以往主要适用领域包括社会治安防范、社会矛盾排查化解、治安重点地区整治等①,已经有成功的示范作用。综合治理强调表里结合、标本兼治、打防结合、预防为主、综合施治、辩证施策;秉持普遍联系、发展眼光、辩证思维方式,具有极强的跨学科思维和复眼观察的方法论特质。② 其坚持问题导向和目标导向,突出如何解决问题,不拘泥于单一手段和方法,主张运用法律、道德、教育、监督、技术等诸多具有实用性、系统性、整合性的综合方案。所以,综合治理为网络金融犯罪惩治预防带来了新的思考和契机。

1. 网络金融犯罪综合治理的基本思路

如上所述,网络金融犯罪治理本就是涉及社会学、犯罪学、经济学与刑法学等学科的一个复杂性、系统性问题,汲取各学科的知识和方法,实施跨学科的科际整合研究,应是合理构建网络金融犯罪防控制度的必然选择。笔者初步勾勒网络金融犯罪治理的基本思路如下:

首先,辩证思考具有"网络犯罪"与"金融犯罪"双重特征的网络金融犯罪的特征以及产生的原因,拓宽既有的单一研究视野,引入综合治理的全新思路,运用法学、经济学、社会学等跨学科知识和实证分析方法,对当下网络金融犯罪综合治理系统的治理目标、治理对象、治理主体、治理范围等治理要素展开全面、细致的研究。

其次,采取"金融监管、刑事治理、社会预防、被害情境预防、效果评估等具体路径进行综合治理",重新界定市场机制、民事救济、行政监管、刑事治理等手段之间的关系,重新审视网络金融犯罪综合治理中刑法边界的划定问题。

---

① 参见袁振龙:《论社会治理创新视野下的综合治理》,载《社会建设》2015年第1期。
② 参见袁振龙:《论社会治理创新视野下的综合治理》,载《社会建设》2015年第1期。

再次,从对犯罪人的防控到对被害情境的预防双面思考网络金融犯罪的综合治理。在提升金融刑事法体系治理能力现代化水平的同时,以网络金融犯罪综合治理的辩证思维、系统思维、跨学科思维制定和实施符合中国国情的刑事政策与社会防控举措。

最后,科学评估网络金融犯罪综合治理的治理效果,确保网络金融犯罪综合治理在法治轨道上稳步推进,注重体制连贯,强调优良传统,总结经验教训,发挥治理优势,及时对可能存在的治理误区与法治风险进行理论纠偏与事先预警。总之,笔者将从战略高度构建多层次手段相互配合的综合治理的方案和整体机制,为控制网络金融犯罪系统性风险提供立法建议与政策献言。

2. 网络金融犯罪综合治理框架的基本要素

网络金融犯罪综合治理框架由总论和分论两个大的部分组成。其中,总论解决"怎么看"的问题,即如何科学认识网络金融犯罪以及为何要引入综合治理理论进行网络金融犯罪防控。具体而言,总论部分的基本要素包括:网络金融犯罪的基本概念、现状特点、犯罪成因、治理困境,网络金融犯罪综合治理的理念、原则,以及网络金融犯罪综合治理系统的治理目标、治理对象、治理主体、治理范围等治理要素。

分论则解决具体"怎么办"的问题,即综合治理理论在网络金融犯罪领域中的具体适用问题。笔者认为,网络金融犯罪的综合治理手段至少应当包括如下五个方面:①互联网金融监管的现代化。针对当前我国金融监管的不足,结合互联网金融的属性、特征及风险,建立和完善适合我国金融国情、代表金融治理水平的现代化互联网金融监管体制、机制。②网络金融犯罪的刑事治理。立足于刑事一体化的思路,从实体与程序两个面向解决网络金融犯罪所涉及的刑事政策、罪名适用、刑事措施、管辖争议、电子证据效力、民刑交叉等问题。③网络金融犯罪的被害情境预防。从被害人的角度提出减少网络金融犯罪被害现象发生的对策和措施,并预防被害人进一步发展为新的犯罪人。④网络金融犯罪的社会防控(包括共制预防和技术预防)。从企业合规治理、行业自律等共制预防模式,以及大数据犯罪预测、人工智能等技术预防措施两个方面防控网络金融犯罪。⑤网络金融犯罪综合治理的效果评估。通过建构科学、有效的效果评估机制,为网络金融犯罪综合治理体系的建立与完善提供参考依据。

3. 网络金融犯罪综合治理要素之间的逻辑关系

分论的五个基本要素分别是网络金融犯罪综合治理的有机组成部分,也是网络金融犯罪综合治理框架的体系性构成要素。其中,互联网金融监管现代化与网络金融犯罪的刑事治理是层层递进和行刑衔接的逻辑关系。加强和完善对网络金融犯罪的综合治理,首先离不开互联网金融监管现代化的事前防控,其次离不开网络金融犯罪刑法规制的事后惩处,刑事治理是网络金融犯罪综合治理的"最后一道防线"。网络金融犯罪的社会防控与被害情境预防则分别从政策层面与事实层面,借助社会学、政策学、犯罪学等研究范式,提出法律系统之外的对策建议。社会防控注重网络金融犯罪的外因分析,关注犯罪的社会根源,体现标本兼治的"本";被害情境预防则侧重网络金融犯罪的内因解剖,关注犯罪的被害人因素,体现了外病内治的"内";二者是一枚硬币的正反两个方面,充满辩证思维。网络金融犯罪综合治理的效果评估则立足于对治理效果的评估与反思,这是对网络金融犯罪治理手段的实践检验和科学回应,体现出网络金融犯罪综合治理的效益性、可控性与科学性。总之,网络金融犯罪综合治理的各个基本要素之间,都是相互支撑、互为关联、依次推进的,其共同归属于综合治理这个总系统。(参见图1)

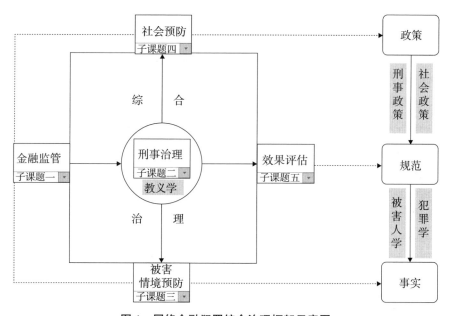

图1 网络金融犯罪综合治理框架示意图

通过对图1的观察和解读,深刻领悟到:网络金融犯罪综合治理策略的提出,得益于刑事一体化、立体刑法学的认识论和方法论,是多元主体协同共治模式在网络金融犯罪治理领域的一次尝试和践行,即在刑事法律手段上重视刑法运行整体的协同性、一体化。与此同时,"眼观六路,耳听八方,瞻前顾后,内外兼治"。力求做到:前瞻被害情境预防、社会防控等犯罪预防,后顾行政、刑事等手段的效果评估;左看刑事程序问题,右盼民刑交叉问题;对上注重刑事政策的合理性,对下注重刑法与金融监管法规的有效衔接;对内注重相关罪名的解释与适用,对外注重刑法立法与司法的社会效果、经济效益。总之,综合治理有助于帮助我们跳出单一刑事治理的局限,从战略高度全面审视网络金融犯罪的方方面面,以全景视角对当下网络金融犯罪现象从头至尾进行全身扫描,从而能够准确定位网络金融犯罪这一顽疾的病灶部位,做到对症下药、标本兼治。

值得一提的是,与刑事一体化理念、立体刑法学构想不同的是,本文所提出的网络金融犯罪综合治理策略将网络金融犯罪的利益相关主体也纳入治理主体的范围,即不仅限于国家机关。从这个角度来说,综合治理的策略与路径既是对刑事一体化、立体刑法学精髓的坚持与继承,也是对二者的进一步发展。

三、网络金融犯罪综合治理的具体路径之展开

以下将依次从互联网金融监管现代化、刑事治理、被害情境预防、社会防控(包括共制预防和技术预防)以及效果评估五个方面,对网络金融犯罪综合治理的具体路径予以展开。

(一)监管防线:互联网金融监管的现代化

导致网络金融犯罪的原因甚多,互联网金融对传统金融监管制度的挑战及其所导致的金融监管制度缺陷,无疑是其中的一个重要原因。因此,加强和完善对网络金融犯罪的综合治理,必须要善于把握互联网金融发展规律,顺应互联网金融发展趋势,应对互联网金融挑战,实现金融监管现代化。这也是维护和保障国家总体金融安全,实现国家金融治理现代化的必然要求。

网络金融犯罪大多属于行政犯,网络金融犯罪行为一般也是金融监管机构查处的违法行为。网络金融犯罪的认定与金融监管执法之间具有密切的联系,"违反国家金融管理规定"是认定网络金融犯罪的构成要件之一。当前我国互联网金融秩序的失范——各种显性或隐性的金融失序现象层出不穷,首先反映出互联网金融监管制度存在诸多不足。因此,鉴于网络金融犯罪的行政犯本质特征,必须要从金融监管视角反思我国互联网金融犯罪治理存在的问题。

笔者认为,至少要从如下四个方面加强和完善我国网络金融犯罪治理的金融监管制度创新:

首先,金融监管理念的创新。互联网金融对于国家金融安全的冲击不仅是技术上带来的金融风险的系数扩张,也有来自互联网金融本身的新的金融风险。[①] 因此,互联网给国家安全的维护带来新的挑战与机遇,互联网金融的勃兴更加凸显了维护国家金融安全的重要性。在互联网金融时代,实现金融监管现代化必须要创新金融监管理

---

① 参见杨东:《互联网金融风险规制路径》,载《中国法学》2015年第3期。

念。2015年《国家安全法》第20条规定:"国家健全金融宏观审慎管理和金融风险防范、处置机制,加强金融基础设施和基础能力建设,防范和化解系统性、区域性金融风险,防范和抵御外部金融风险的冲击。"该条规定的总体国家安全理念是互联网时代我国金融监管制度创新应当秉承的基本理念。

其次,金融监管体制的创新。加强和完善对我国网络金融犯罪的治理,既要借鉴国外相关立法经验,更要立足于我国国情。以区块链技术可能涉及的金融犯罪活动为例,既要借鉴域外国家和地区的监管经验,也要发现我国立法与执法实践中的内在规则,并将其正式化为外在的法律制度。为此,需要构建和完善现有行政监管体系,提高市场准入门槛。

再次,金融监管手段的创新。金融科技已经成为全球范围内备受关注的概念。互联网金融是以互联网为核心的现代科技给金融业带来的重大创新。这一重大金融创新在金融业务的发生场域、运行方式及交易成本等方面对以往金融业产生了重大变革性影响。这些变革也给网络金融犯罪治理带来了重大挑战。为了应对金融科技的挑战,国际社会加强了对金融科技的监管。这些立法或举措为我国创新金融监管手段提供了经验。

最后,金融监管执法与金融刑事司法衔接的机制创新。行政执法与刑事司法的衔接问题是我国存在的一个重大现实难题。由于互联网金融犯罪案件的新颖性、专业性,加强金融监管执法与金融刑事司法的衔接更为必要。为了实现二者之间的有效衔接,必须要从制度上建立稳定、高效的衔接机制。比如,通过建立金融监管行政立法与刑事立法的联动性思考与评估机制,以及金融监管机构与公安检察机关的案件信息共享与联席会议机制,实现互联网金融市场法律监管的协调性、平衡性。①

(二) 刑法防线:网络金融犯罪的刑事治理

1. 网络金融犯罪的刑事政策与刑法立法

网络金融犯罪的刑事政策主要解决刑法介入的立场与限度问题,这也是划定罪与非罪、行政监管与刑事规制的界限之基础和前提。理论上对此似有共识性主张:为了保障金融自由和创新,发挥互联网金融的价值和作用,刑法应保持谦抑以免阻滞甚或扼杀金融创新成果,因此,应以行政监管为主、以刑事规制为辅,并贯彻轻缓化的刑事政策精神。这些主张无疑具有一定的合理性,但问题在于,当前互联网金融的行政监管体系尚未建立完备,比如现有的部分网络金融监管规则多为原则性、宣示性条款,而网络金融发展亟须的金融消费者权益保护、社会征信体系、信息网络安全维护、金融隐私权保护等基础性法律规范尚待制定或完善,在此情形下过于强调刑法介入的后置化

---

① 参见刘宪权:《互联网金融市场的刑法保护》,载《学术月刊》2015年第7期。

是否合适,还有待思考。笔者认为,网络金融犯罪刑法规制的立场和限度不应是一成不变的,而应当视互联网金融在发展过程中存在的新问题、新情况及其严峻形势提出不同的应对策略。

当下,网络金融犯罪的发展越来越呈现出违法成本低、受害范围广、涉案金额大以及国际化、职业化等特点,对此,在强化和改善金融监管的同时,还亟须严密刑事法网,发挥刑法作为法秩序"最后一道防线"的保障作用。如何合理确立网络金融犯罪的处罚范围,才能实现"出行入刑",不留下法律监管的真空地带,是当前金融犯罪刑事立法亟须解决的问题。对此,除需要统筹完善金融监管的前置性行政法律法规外,可以尝试采用"二元化犯罪模式"的刑法立法形式[1],即参考我国《刑法》第 201 条第 4 款关于逃税罪的处罚规定,对于经监管机构通知及时采取改正措施,并已经受到行政处罚的互联网金融违规行为,不予追究刑事责任。此外,还应充分借鉴行政刑法的立法模式,以实现网络金融犯罪的刑事立法与前置性行政监管立法的有效衔接。

总而言之,网络金融犯罪的相关刑事政策与刑事立法需要把握好金融创新与金融风险之间的界限。网络金融风险本质上是一种现代性的风险,是社会发展进步过程中不可避免的现象之一。对此,有学者指出,对网络犯罪的治理应当坚持侵害原则与谦抑主义,在警惕刑法过度参与社会治理的同时,也要及时检验现有罪名的科学性问题。[2] 本文赞同这种主张,网络金融犯罪的刑法治理不应也不能突破刑法理性原则的底线,但同时也要做到真正的分类治理、科学治理,妥当处理与把握金融创新与金融风险的限度问题。

2. 网络金融犯罪的相关罪名适用

互联网金融活动面临众多的刑事风险,其中高发性的罪名主要包括:非法经营罪,非法吸收公众存款罪,集资诈骗罪,擅自设立金融机构罪,擅自发行股票、公司、企业债券罪,洗钱罪等[3],此外还可能触及虚假广告、侵犯版权等与金融犯罪无关的罪名。

与传统金融活动相比,互联网金融因其网络特性而使其风险兼具扩散性和集中性。[4] 因此,在将传统金融犯罪的罪名适用于网络金融犯罪时,便存在诸多需要重新解释的问题。比如,对于非法吸收公众存款罪,如果按照目前司法实践的入罪标准,互联网金融企业的很多经营活动均会因为"未经有关部门批准"而构成该罪,所以如何限定该罪的处罚范围便显得尤为关键。对于其他相关罪名亦是如此,互联网金融犯罪中一些案件涉及的资金额和人数往往都超过了现行司法解释中的相关规定,在此情形下如果严格适用司法解释的规定,必然会导致几乎所有的网络集资活动均符合相关犯罪构成要件,故需要

---

[1] 参见姜涛:《行政犯与二元化犯罪模式》,载《中国刑事法杂志》2010 年第 12 期。
[2] 参见叶良芳:《科技发展、治理挑战与刑法变革》,载《法律科学(西北政法大学学报)》2018 年第 1 期。
[3] 参见刘宪权:《互联网金融面临的刑事风险》,载《解放日报》2014 年 5 月 7 日,第 5 版。
[4] 参见于志刚:《网络"空间化"的时代演变与刑法对策》,载《法学评论》2015 年第 2 期。

从严解释相关犯罪构成要件以提高入罪门槛。

3. 网络金融犯罪的刑事制裁措施

当前,我国刑法中金融犯罪的财产刑尚不完备,资格刑则尚未建立起来,加之刑法总则规定的非刑罚处罚措施一直以来均没有被充分利用,所以整体偏重的有期徒刑和力度不足的限额罚金刑一直是金融犯罪的主要刑事制裁措施。这种刑事制裁体系完全无法适应网络金融犯罪的新情况、新问题,因此,有必要建立比例罚金刑制度和从业禁止资格刑制度,直接在相应犯罪的法定刑中予以规定,或者在某一节犯罪中予以统一规定。

在立法修正之前,可以根据当前我国刑法中的现行规定,在司法适用上尽量实现网络金融犯罪刑事制裁的轻缓化、多元化。一方面可以提高相关犯罪的限额罚金刑的适用额度和比例,并同时尽量对行为人判处较轻的有期徒刑,符合缓刑适用条件的尽量适用缓刑;另一方面则可以充分适用刑法总则关于禁止令、从业禁止与非刑罚处罚措施的规定,发挥此类刑事制裁措施的犯罪预防与法益恢复的功效。

4. 网络金融犯罪的刑事程序问题

储槐植教授的刑事一体化思想启示我们需要注意刑法与相关法律科学之间的相互关系,做到协同运行。囿于篇幅的限制,本文仅从以下几个方面探讨网络金融犯罪的刑事程序问题:第一,有必要根据网络金融犯罪的虚拟性与跨时空特性,探索其管辖权冲突的协调方案,并妥善处理由此带来的国际、区际司法协助与案件侦办协作模式等问题。第二,有必要对网络金融犯罪案件中电子数据的收集、审查、鉴定、排除等问题进行细致的探讨,适时确立网络金融犯罪电子证据具体原则和规则,以规范相关案件的侦办与审理。第三,网络金融犯罪具有"去中心化"的特点,这给刑事诉讼程序带来的挑战在于,网络金融犯罪的犯罪人、被害人不仅人数众多,而且遍布全国甚至世界各地,此时,如何收集言词等证据,便成为一个迫切需要解决的问题。对此,可以考虑从理清犯罪团伙内部关系、健全侦查协作机制、充分利用现代科技手段以及建立网上债权登记制度等方面入手。① 第四,对于网络金融犯罪来说,不仅需要注意定罪量刑问题,还需要注意对其涉案财物进行处理。在当前司法实践中,尤其是一些涉众型经济犯罪案件中,涉案财物的处置效果往往不尽如人意。而涉案财物的处置、追缴往往关系到被害人的权利保障问题,如果处理不当,便会有引起社会矛盾的可能。此时,便需要完善对网络金融案件涉案财物的处置与追缴机制。

(三)被害预防:网络金融犯罪的情境预防策略

网络金融犯罪发生过程的互动性、犯罪被害对象的涉众性、犯罪地域范围的广泛

---

① 参见樊蓉:《网络金融犯罪案件查办的难点与对策》,载《犯罪研究》2015年第3期。

性以及犯罪应用手段的隐蔽性表明被害人在网络金融犯罪的发生机制上扮演着特殊角色。① 换言之,与传统的犯罪不同,在网络金融犯罪中,被害人的地位与作用不容忽视。实证研究表明,在非法集资犯罪中,部分社会群体往往在趋利心理、暮年心理、从众心理以及社会失范等众多因素综合促进下成为犯罪的被害人。② 在网络金融语境下,被害人数量以及覆盖面积也成倍增长。此时,实施网络金融犯罪的被害情境预防不仅能从源头控制网络金融犯罪的发生,而且更能促进网络金融犯罪综合治理取得实质性的效果。

从情境预防的基础原理来说,情境预防是英美犯罪预防体系的三大支柱之一,其主要通过提高犯罪难度、降低回报、减少犯罪刺激、排除犯罪借口等方面实现其功能效用。③ 因此,在网络金融犯罪中实施被害情境预防的可行性便在于:其一,从法经济学的角度上来说,网络金融犯罪是一种贪利性犯罪,而被害情境预防的实施将能有效增加犯罪成本,降低犯罪发生的可能性;其二,从手段要素上来说,情境预防在传统犯罪的治理上已经积累了大量的成功经验,在信息网络时代,依托大数据平台以及现有社会防控机制,可以有效建立"个人—社会—国家"三位一体网络金融犯罪被害预防体系。

对网络金融犯罪被害人的救济不仅局限于传统事后的角度,对其进行被害预防,不仅能有效预防犯罪,还能将其纳入综合治理的环节之中,弥补传统治理视野的缺失,增强犯罪治理的能效。

(四) 多元共治:网络金融犯罪的社会防控

犯罪治理终究是一种预防策略,其不单是以规范投入来治理犯罪的"规范预防",而且也应是以技术措置事前防止规范违反的"技术预防",对网络金融犯罪治理仅仅采取以规范投入为中心的事后惩治模式,不仅大大降低了犯罪预防的意义,而且也不符合现代经济学的要求。这种在犯罪治理上的双重单向性正是网络金融犯罪规制失效、日益猖獗的重要原因。因此,探索社会多元共治在网络金融犯罪治理中的作用发挥,实现由专治预防结构到共治预防结构、从规范预防模式到技术预防模式的范式转换与理论转型,就成为现实防控与有效治理网络金融犯罪的重要课题。

1. 网络金融犯罪的"共制预防"

网络金融犯罪的共制预防意味着网络金融犯罪防控应当采取通过国家激励机制设定自律性规制目标的"公私共规"或者"规制了的自制"模式。这一模式不仅能够防止犯罪者内在的规范意识和价值观被抵消或者麻痹,训育养成网络金融从业者的规范

---

① 参见江耀炜:《网络金融犯罪被害情境预防的机理》,载《厦门大学法律评论》2019年第1期。
② 参见沈颖、王川:《被害人学视域下的河北省非法集资犯罪治理对策》,载《华北理工大学学报(社会科学版)》2016年第5期。
③ 参见庄劲、廖万里:《犯罪预防体系的第三支柱——西方国家犯罪情境预防的策略》,载《犯罪研究》2005年第2期。

守法意识,而且能够发挥企业的自律性、自我净化能力,促进网络金融企业风险管控能力的提高。①

网络金融犯罪的"共制预防"不同于"统合预防",前者是指由国家通过刑罚激励的社会自律性规制,而后者是指国家、社会等规制主体之间的协同预防,两者在预防结构、预防机制、制度意义上均有很大不同。② 网络金融犯罪的"共制预防"不仅能够弥补既存命令—管制式规制理论缺陷,真正使国家社会治安综合治理的刑事政策落到实处;还能够防止犯罪者内在的规范意识和价值观被抵消或者麻痹,有利于训育养成网络金融从业者的规范守法意识;也能够促进企业的自我净化能力,有利于网络金融企业的风险管控能力的提高。

需要指出的是,由于内部规制制度和自律规制制度在企业方面存在必须支付一定费用的负担,在缺乏相应激励机制的情况下难以期待其效果。因此,作为自律性规制的合规管理计划必须与国家规制相结合,通过相应的制度激励来诱导其制度化。笔者认为,网络金融犯罪"共制预防"的制度激励可以从如下几个方面加以构建:首先,在实体刑法上,可将合规义务履行作为阻却主观故意、认定注意义务、履行作为义务、肯定正当行为等可罚阻却事由。其次,在刑罚执行上,可将合规义务履行作为刑罚酌量减轻、刑罚执行犹豫等刑罚宽宥事由。最后,在刑事追诉上,可将合规义务履行作为刑事缓起诉与刑事不起诉制度等追诉缓和事由。

2. 网络金融犯罪的技术预防

由于现代社会结构由规训社会向控制社会的变化,刑事政策的重点转向以精算司法和风险管理为基础的风险预防和安全管理,风险管理与安全维护情景犯罪预防成为犯罪控制的主要策略。因此,通过技术性和组织化的保护措置事前减少规范违反的技术性犯罪预防逐渐成为网络金融犯罪预防的主要策略。

其一,大数据犯罪预测。大数据不仅能够作为威胁国家的潜在危险管理的最尖端科学分析工具发挥机能,而且被评价为防备未来不确定高危险社会的国家政策决定的核心源泉。③ 网络金融犯罪大数据的性质决定了大数据技术对网络金融犯罪预防具有必要性,其能够在网络金融犯罪预防中发挥重要的功能作用。因此,应当充分利用数据挖掘、地理画像、热点分析等大数据犯罪预测技术,按照其在网络金融犯罪预防中的运用成效,逐步构建网络金融犯罪大数据犯罪预测的预测方法和预测机制。④ 当然,由

---

① 参见〔德〕托马斯·罗什:《合规与刑法:问题、内涵与展望——对所谓的"刑事合规"理论的介绍》,李本灿译,载赵秉志主编:《刑法论丛》(第48卷),法律出版社2017年版,第349页。
② 参见李本灿:《企业犯罪预防中国家规制向国家与企业共治转型之提倡》,载《政治与法律》2016年第2期。
③ 参见王芳:《大数据时代互联网金融犯罪的防控对策》,载《时代金融》2016年第1期。
④ 参见门植渊:《运用大数据防控互联网金融犯罪》,载《检察日报》2016年10月21日,第3版。

于涉及信息权利和个人隐私等的保护问题,因而大数据技术的运用也应当有一定的必要限度,大数据运用利益与信息主体个人权利之间应当遵循一定的分配原则,从而用以确立网络金融犯罪预防中大数据技术运用的政策方向和立法方案。

其二,人工智能的运用。2017年出台的《国务院新一代人工智能发展规划》提出了利用人工智能推进社会治理现代化、提升公共安全保障能力的新要求。因此,开展人工智能在犯罪预防领域的深度应用,构建预防网络金融犯罪的智能化监测预警与控制体系,是网络金融犯罪综合治理的发展方向。具体而言,网络金融犯罪治理的人工智能化可从如下几个方面展开:首先,通过对各国有关人工智能技术的伦理原则和规制方案的比较分析,确立在网络金融犯罪预防中运用人工智能技术的基本原则,进而提出规制人工智能技术运用的立法方案和管制体系。其次,通过对人工智能理论与技术体系的考察,探讨人工智能技术在网络金融犯罪的预防教育宣导、大数据分析与判断、金融风险监控与预警等方面的实用性,探索人工智能技术在网络金融犯罪预防中的适用范围和运用方案。如在人工智能时代背景下,监管部门在证券期货市场的刑事风险监控上,可以充分运用人工智能技术,加强对证券交易日常数据的分析,监控交易动态,精准锁定异常账户,实现穿透式、全过程的监控。[1] 最后,通过对网络金融犯罪风险评估标准的考察,构建网络金融犯罪预警监测的理论模型,为网络金融犯罪预防智能预警平台的建立提供理论支持。

(五) 网络金融犯罪综合治理的效果评估

所谓效果评估,是指根据网络金融犯罪综合治理的目标,结合经济社会发展的要求,按照一定的标准和程序,对网络金融犯罪综合治理的过程、结果等进行调查与评价,形成效果评估报告,为改进综合治理提供参考依据,促进网络金融健康发展的活动。[2] 网络金融犯罪综合治理作为一项系统性的法治工程,对其治理效果进行评估是有序发展网络金融、合理规制网络金融犯罪以及有效配置综合治理资源的必然要求。

网络金融犯罪综合治理的效果评估主要包括"评估主体及权力分布""评估内容及指标体系""评估方法及实施程序"以及"评估报告及回应机制"四个环节。而这四个环节之间的相互关系及功能定位主要为:"评估主体及权力分布"是网络金融犯罪综合治理效果评估的前置性要素,根据类型化的思维,将相关主体分为启动主体、实施主体与参与主体三类,进而实现本文所倡导的网络金融犯罪多元主体协同共治路径;"评估内容及指标体系"则是网络金融犯罪综合治理效果评估的特殊性的集中体现;"评估方法及实施程序"是为了保障网络金融犯罪综合治理效果评估的顺利进行;"评估报告及

---

[1] 参见刘宪权:《人工智能时代证券期货市场刑事风险的演变》,载《东方法学》2021年第2期。
[2] 参见孟华:《推进以公共服务为主要内容的政府绩效评估——从机构绩效评估向公共服务绩效评估的转变》,载《中国行政管理》2009年第2期。

回应机制"是网络金融犯罪综合治理效果评估的最终目的,一份客观可靠的评估报告的形成,不仅能及时反馈给相关主体,更能为网络金融犯罪的未来走向提供依据。

以网络金融犯罪被害预防的效果评估为例进行说明,如前所述,网络金融犯罪的被害预防是实现网络金融犯罪源头治理的关键一步,对网络金融犯罪被害预防进行效果评估,不仅能及时有效地发现当前被害预防工作的不足,而且更能为未来网络金融犯罪被害预防的工作完善提供可靠的依据。正如有论者所指出的,"反馈与修正是网络金融犯罪被害预防的完善阶段,使得被害预防策略能够形成可持续运行的闭环,有利于长效保持网络金融犯罪预防的效果"①。

四、结语:对互联网金融犯罪治理的未来展望

2018 年 P2P 网贷平台连续爆雷,哀鸿遍地。随着金融监管力度逐渐加强、刑法规制的有效治理、网络借贷专项治理、社会防控、技术防控以及加大力度宣传教育,占据网络金融犯罪比例最高的网络非法集资犯罪案件(非法吸收公众存款罪、集资诈骗罪)已呈下降趋势,直至 2020 年年底 P2P 网贷平台被彻底清零。2021 年 5 月正式实施的《防范和处置非法集资条例》为审理这类案件的追赃挽损等问题提供了比较清晰的原则和步骤。② 可以说,网络金融犯罪综合治理初见成效。

然而,随着大数据、云计算、区块链、人工智能等技术的快速发展,金融科技(Fin-tech)在全球范围内迅速兴起,金融违法犯罪行为的手段呈现多样化、智能化、科技化的特征,新型网络金融犯罪层出不穷,诸如"假借金融创新实施网络犯罪、搭建网络平台非法经营金融业务以及通过第三方、第四方支付以及运用区块链、资金盘"等新类型网络金融案件,其犯罪形式更趋多样化、复杂化和隐蔽性,逐渐暴露出许多复杂的刑事风险。

2021 年 11 月召开的中共十九届六中全会指出,"防范金融风险"仍然是未来工作中的重点。习近平总书记在《正确认识和把握我国发展重大理论和实践问题》的讲话中深刻阐述到:前一阶段,我们有效处置了影子银行风险、互联网金融风险。同时,也要看到,新的风险仍在发生,"黑天鹅""灰犀牛"事件不断。③ 由此可见,在区块链和资产数字化的全球数字化趋势背景下,网络金融犯罪治理范式与理念的更新不仅是对司

---

① 江耀炜:《网络金融犯罪的被害预防与效果评估》,载《南京大学学报(哲学·人文科学·社会科学)》2021 年第 5 期。
② 参见李兰英、孙亚编著:《新型网络金融犯罪问题研究》,厦门大学出版社 2022 年版,第 1 页。
③ 参见习近平:《正确认识和把握我国发展重大理论和实践问题》,载《求是》2022 年第 10 期。在金融行业,我们常用"黑天鹅"来比喻小概率而影响巨大的事件,用"灰犀牛"比喻大概率而且影响非常大的潜在危机。

法实践需求的回应,也顺应国家治理体系与治理能力现代化的宏观导向。而刑事一体化的理念启示我们,在对网络金融犯罪的治理上,需要避免单一刑事手段的局限性,构建多元化、体系化的犯罪治理路径,力求做到"罪名完备、实体与程序融合、法律与技术融通,以整合性应对网络犯罪的碎片化"①。针对防范金融风险,习近平总书记还特别强调:"要依法合规,加强金融法治建设,探索建立定期修法制度。""要各方广泛配合,金融业建立一体化风险处置机制,充分授权,统筹协调,提高跨市场跨行业统筹应对能力。"②这些思想和见解体现着"普遍""系统""发展"的辩证思维,与刑事一体化的理念何其相似,也与多元主体协同共治的综合治理策略不谋而合。

---

① 喻海松:《网络犯罪形态的碎片化与刑事治理的体系化》,载《法律科学(西北政法大学学报)》2022年第3期。

② 习近平:《正确认识和把握我国发展重大理论和实践问题》,载《求是》2022年第10期。

反恐怖主义法：刑事一体化的样板

赵永琛[*]

前 言

2012年十八大以后，党中央高度重视反恐怖立法工作，责成国家反恐工作领导小组启动反恐怖主义法的起草工作。经过近一年的研究和筹备，起草工作部门在原有基础上抓紧修改、补充、完善反恐怖主义法案，很快就报请国务院审议批准，并提交全国人大常委会审议。2015年12月27日第十二届全国人大常委会第十八次会议审议通过《反恐怖主义法》并颁布施行，2018年4月27日第十三届全国人大常委会第二次会议通过了对《反恐怖主义法》的修正。

《反恐怖主义法》共十章97条，内容包括总则、恐怖活动组织和人员的认定、安全防范、情报信息、调查、应对处置、国际合作、保障措施、法律责任等。该法顺利通过并颁布施行，是刑事实体法和刑事程序法完美融合在一部法律之中的样板。这不仅彻底终结了关于反恐怖主义立法模式和框架的争论，而且对反恐怖主义斗争具有十分重要的意义，尤其对健全和完善反恐怖主义体制机制起到巨大的推进作用，为依法开展防范和打击恐怖主义奠定了坚实的法律基础。

一、反恐怖主义立法由来与争论焦点

2001年"9·11"事件发生后，若干全国人大代表和全国政协委员纷纷提出加强反恐怖主义立法的动议。党中央、国务院高度重视此项动议，原国务院法制办于2002年把反恐怖主义法列入立法规划之中。由于反恐工作刚起步，反恐斗争经验较少，立法准备周期短，在立法初期，有关各方围绕反恐怖主义法框架结构、整体立法模式、思路和法条设计存在诸多争论，从而直接影响立法的进展。

（一）两种主张及其立法取向选择

围绕反恐怖主义法起草工作所发生的诸多争论，归结起来主要有两种：

---

[*] 中国人民公安大学教授，原中国驻格林纳达特命全权大使，曾任国家反恐怖工作协调小组办公室副主任、公安部反恐怖局副局长。

一种意见主张,反恐怖主义法不仅应包括恐怖主义犯罪、刑罚和刑事诉讼规范,还要包括反恐怖主义体制机制、各部门职责和应急处理恐怖袭击事件的程序规则及其保障措施,以及反恐怖国际合作等内容。要将反恐怖主义刑法,刑事诉讼法,恐怖主义防范、打击、惩处措施,反恐怖特殊执法程序和行政保障工作融为一体,以便依法开展反恐怖主义工作,维护国家安全。这种主张实际上就是要制定一部涵盖有关反恐怖主义实体法、程序法、行政法规范的法律,使之成为一部内容全面的反恐怖主义特别刑事法。这种主张可简化为一体化大立法构想。

另一种意见与之决然相反,不赞成该立法构想。他们强烈主张,我国刑法和刑事诉讼法足够反恐怖主义斗争之所需,无须再制定一部有关恐怖主义问题的内容全面的新法律。若非要制定有关反恐怖主义新法,可由全国人大常委会通过一份关于反恐怖主义工作的决定,阐述一些原则性内容,而不能把恐怖主义犯罪与刑罚以及刑事诉讼规则纳入其中,不能突破刑法和刑事诉讼法整体框架,破坏我国刑法和刑事诉讼法的完整性。坚持这种主张的同志对制定反恐怖主义法持完全否定的态度。这种以关于反恐怖主义工作的决定代替反恐怖主义法的主张,可以称为小法立法构想。

这两种立法构想既反映出反恐怖主义立法整体思路的深刻分歧,也反映出反恐怖主义立法模式选择的根本分歧,其影响所及极其明显且关系重大。第一种主张直接指导反恐怖主义法初期起草工作,为预后《反恐怖主义法》的最终起草、通过和颁布奠定了基础。同时,这也为修改完善我国刑法、刑事诉讼法发挥了重要作用。第二种主张直接为2011年10月29日通过颁布的全国人民代表大会常务委员会《关于加强反恐怖工作有关问题的决定》发挥了关键性作用,但其结果却延缓了《反恐怖主义法》的制定和颁行,对反恐怖主义体制机制法定化造成些许延迟。

(二)反恐怖主义斗争现实需要催生刑事一体化共识

2009年新疆维吾尔自治区乌鲁木齐市发生"7·5"事件,"三股势力"在乌鲁木齐市实施大规模恐怖袭击,烧毁公共建筑和民房、商店、公共交通工具、政府大楼,直接造成无辜居民197人死亡、1700人受伤,331间店铺被烧毁,损毁公交车、货车、越野车、警车627辆,人民财产遭受巨大损失。2013年4月23日新疆维吾尔自治区巴楚县色力布亚镇一伙恐怖分子制造恐怖事件,造成15人死亡,2人重伤。2014年3月1日,云南省昆明市火车站发生新疆分裂势力一手策划的严重暴力恐怖事件。8名恐怖分子经过长期准备策划,蓄意实施恐怖袭击,造成31人死亡、141人受伤。2014年4月30日乌鲁木齐市火车站发生大规模暴恐事件,恐怖分子肆意砍杀无辜群众,造成79人受伤。同年5月22日乌鲁木齐市沙伊巴克区公园早市发生爆炸案,造成31人遇害,90多人受伤。新疆维吾尔自治区各地随后还相继发生数百起恐怖袭击事件。我国暴力恐怖案件呈多发频发态势,使得恐怖主义成为我国最危险、最恐怖的社会公害,直接危害我国国家安全,破坏社会稳定,破坏经济社会发展,祸害我国人民生命财产安全,破坏我国民族团结和人民群众生活秩序,引起全国人民的极大愤慨。

在国际上,自2010年以来,"伊斯兰国"在中东地区强势发迹,四处横行,为非作歹,搅乱中东地区和平与安全。基地组织以及塔利班等国际恐怖组织在阿富汗地区、中亚和南亚地区活动猖獗。非洲地区恐怖主义活动进入活跃期。叙利亚内战导致恐怖主义外溢,难民问题严重冲击欧洲地区和地中海地区的社会稳定。恐怖主义成为影响世界和平与发展的重要因素。

在国内外恐怖主义活动猖獗的大背景下,党和政府以及社会各界迅速形成反恐怖主义斗争的新共识,决心采取立法、行政、司法、宗教、教育、文化等各种措施,严格预防和打击恐怖主义。党中央审时度势,回应全国人民的呼声,及时指示有关部门抓紧起草反恐怖主义法,以应反恐怖主义斗争之急需。全国人大及其常委会高度重视反恐怖主义法律制度建设。刑法、刑事诉讼法、反洗钱法、人民武装警察法等法律对恐怖活动犯罪的刑事责任、惩治恐怖活动犯罪的诉讼程序、涉恐资金监控等作了规定。随着反恐怖主义斗争形势的发展,反恐怖主义法律制度建设面临着新的情况和要求:一是党中央从维护国家安全的高度出发,对加强反恐怖主义工作作出了一系列重大决策部署,我国在防范和打击恐怖活动中也取得了一些成功经验,有必要通过制定反恐怖主义法,以法律的形式确定下来;二是现行法律对反恐怖主义有关工作进行了规定,但分散在不同的法律文件中,需要进一步规范完善;三是反恐怖主义工作的体制机制还存在一些迫切需要通过立法解决的问题。据此,根据总体国家安全观的要求,在现有法律规定的基础上,有必要制定一部专门的反恐怖主义法。①

我国立法机关迅速统一立场,将反恐怖主义法制定工作提到重要的议事日程上来。按照中央的有关部署,2014年4月,由国家反恐怖工作领导机构牵头,公安部会同全国人大常委会法制工作委员会、原国务院法制办、国家安全部、工业和信息化部、人民银行、武警总部等部门成立起草小组,组成专班②,再次启动起草反恐怖主义法工作。在起草过程中,多次深入一些地方调查研究,召开各种形式的研究论证会,听取各方面意见,并反复征求中央各有关单位、地方和专家学者的意见,同时还研究借鉴国外的有关立法经验,形成了《中华人民共和国反恐怖主义法(草案)》。

(三) 反恐怖主义法实现刑事实体法与程序规范一体化

由于反恐怖主义立法模式、构想、框架已确定,起草部门的主要任务就是从立"大

---

① 参见朗胜2014年10月27日在第十二届全国人民代表大会常务委员会第十一次会议上关于《中华人民共和国反恐怖主义法(草案)》的说明。

② 此时,笔者已被派驻中国驻俄罗斯大使馆工作,不再参与该草案的起草和修订工作,但始终关注它的发展进程。从起草部门向第十二届全国人大常委会的说明中,大致可了解到该法的立法过程。

法"的角度入手,全面修订2007年版的反恐怖主义法草案,补充完善有关条款,增加一些反恐怖斗争新形势迫切需要的条款,把恐怖主义犯罪、刑罚处罚、刑事诉讼特殊程序规则、行政执法特殊制度安排一并规定在同一部法律草案之中。《反恐怖主义法》颁发的同时,废止了全国人民代表大会常务委员会《关于加强反恐怖工作有关问题的决定》。这就彻底实现了反恐怖主义刑事一体化,从而破解了困扰反恐怖主义立法模式的难题,平息了反恐怖主义立法的争论。

二、反恐怖主义法刑事一体化的重大突破

纵观《反恐怖主义法》的模式、结构、体例、内容和形式以及立法技术等方面,该法有许多突破,主要有如下若干方面:

(一) 恐怖主义犯罪及其惩罚与刑事诉讼特殊规则融为一体

从刑事犯罪及其惩罚的角度来看,《反恐怖主义法》第3条明确定义恐怖主义,指出恐怖主义是指通过暴力、破坏、恐吓等手段,制造社会恐慌、危害公共安全、侵犯人身财产,或者胁迫国家机关、国际组织,以实现其政治、意识形态等目的的主张和行为。这个条款包含几大要素:一是恐怖主义既可以是一种主张,也可以是行为;二是这种主张或行为的方式是通过暴力、破坏、恐吓等手段实施,或以胁迫国家机关、国际组织的方式实施;三是其目的是实现其政治、意识形态等。这就把恐怖主义的要件明确地界定清楚了。任何主张或行为如果不符合这几个要件,就不能随意划定为恐怖主义,自然就构不成刑事犯罪。

《反恐怖主义法》第3条第2款还对恐怖活动进行了明确的界定。其措辞如下:"本法所称恐怖活动,是指恐怖主义性质的下列行为:(一)组织、策划、准备实施、实施造成或者意图造成人员伤亡、重大财产损失、公共设施损坏、社会秩序混乱等严重社会危害的活动的;(二)宣扬恐怖主义,煽动实施恐怖活动,或者非法持有宣扬恐怖主义的物品,强制他人在公共场所穿戴宣扬恐怖主义的服饰、标志的;(三)组织、领导、参加恐怖活动组织的;(四)为恐怖活动组织、恐怖活动人员、实施恐怖活动或者恐怖活动培训提供信息、资金、物资、劳务、技术、场所等支持、协助、便利的;(五)其他恐怖活动。"该款将各种恐怖活动的形式要件都作出具体而明确的界定。这显然是从犯罪构成要件方面对各种类型的恐怖活动进行细致的描述,包含五大类恐怖犯罪形态:①组织、策划、准备实施、实施严重社会危害的活动的犯罪;②宣扬恐怖主义犯罪;③强制他人在公共场所穿戴宣扬恐怖主义的服饰、标志的犯罪;④组织、领导、参加恐怖活动组织的犯罪;⑤为恐怖活动组织、恐怖活动人员、实施恐怖活动或者恐怖活动培训提供信息、资金、物资、劳务、技术、场所等支持、协助、便利的犯罪。

《反恐怖主义法》对恐怖活动组织定义为三人以上为实施恐怖活动而组成的犯罪组织。而对恐怖活动人员定义为实施恐怖活动的人和恐怖活动组织的成员。这就把犯罪主体明确化，即从事恐怖活动的主体是实施恐怖活动的人和恐怖活动组织的成员。前者是实际从事恐怖活动的人，后者则包括参加恐怖组织的成员，即使其不从事恐怖活动也可以成为恐怖活动的主体。

这些条款对恐怖主义、恐怖活动的行为要件和恐怖组织、恐怖活动人员的主体要件作出明确的描述和界定，目的在于将恐怖主义、恐怖活动、恐怖组织、恐怖活动人员区分清楚，以便为反恐怖执法和司法提供明确的法定依据和标准。实际上，这也是从特殊预防的角度出发对意图或潜在从事恐怖主义、实施恐怖活动、参与恐怖组织的人员发出明确警示，意在禁止其越过法律的红线。

《反恐怖主义法》建立了相对完备的恐怖主义罪行体系，并确定了刑事处罚原则、幅度和量刑标准。第79条规定："组织、策划、准备实施、实施恐怖活动，宣扬恐怖主义，煽动实施恐怖活动，非法持有宣扬恐怖主义的物品，强制他人在公共场所穿戴宣扬恐怖主义的服饰、标志，组织、领导、参加恐怖活动组织，为恐怖活动组织、恐怖活动人员、实施恐怖活动或者恐怖活动培训提供帮助的，依法追究刑事责任。"

反恐怖主义法是针对恐怖主义而制定的单行法，属于专门法。在法律地位上，它不是基本法，和刑法、刑事诉讼法不处在一个层级上，但是，由于反恐怖主义法所采取的措施具有特殊性，不采取特殊刑罚和执法手段就难以达到理想的效果，因而它突破了许多刑事诉讼法的制度安排，对刑法作出了补充性规定。这种以专门法来改变基本法的规则安排在其他国内法律中极为罕见。比如，《反恐怖主义法》第五章专门规定了调查特殊规则和规章制度。其中第49条规定："公安机关接到恐怖活动嫌疑的报告或者发现恐怖活动嫌疑，需要调查核实的，应当迅速进行调查。"第50条规定："公安机关调查恐怖活动嫌疑，可以依照有关法律规定对嫌疑人员进行盘问、检查、传唤，可以提取或者采集肖像、指纹、虹膜图像等人体生物识别信息和血液、尿液、脱落细胞等生物样本，并留存其签名。公安机关调查恐怖活动嫌疑，可以通知了解有关情况的人员到公安机关或者其他地点接受询问。"第51条规定："公安机关调查恐怖活动嫌疑，有权向有关单位和个人收集、调取相关信息和材料。有关单位和个人应当如实提供。"第52条规定："公安机关调查恐怖活动嫌疑，经县级以上公安机关负责人批准，可以查询嫌疑人员的存款、汇款、债券、股票、基金份额等财产，可以采取查封、扣押、冻结措施。查封、扣押、冻结的期限不得超过二个月，情况复杂的，可以经上一级公安机关负责人批准延长一个月。"第54条规定："公安机关经调查，发现犯罪事实或者犯罪嫌疑人的，应当依照刑事诉讼法的规定立案侦查。本章规定的有关期限届满，公安机关未立案侦查的，应当解除有关措施。"这些专门规定了公安机关调查恐怖活动的权力和规则，排除了其他机关行使该项调查权,突破了刑事诉讼法关于查封、扣押、冻结措施期限的若干规定,但又有所保留,以此与刑事诉讼法进行适度的衔接。

(二) 反恐怖主义特殊措施与刑事程序特殊规则融为一体

该法作为特别法,设计了许多特殊措施和刑事程序,突破了我国刑事诉讼法有关调查、应对处置的若干制度和规则。

1. 关于调查规则

《反恐怖主义法》第53条规定,公安机关调查恐怖活动嫌疑,经县级以上公安机关负责人批准,可以根据其危险程度,责令恐怖活动嫌疑人员遵守下列一项或者多项约束措施:①未经公安机关批准不得离开所居住的市、县或者指定的处所;②不得参加大型群众性活动或者从事特定的活动;③未经公安机关批准不得乘坐公共交通工具或者进入特定的场所;④不得与特定的人员会见或者通信;⑤定期向公安机关报告活动情况;⑥将护照等出入境证件、身份证件、驾驶证件交公安机关保存。公安机关可以采取电子监控、不定期检查等方式对其遵守约束措施的情况进行监督。

调查是公安机关办案的基本手段,刑事诉讼法中有明确的规定。而刑事诉讼法中的调查规则是普适性规则,适用于各类刑事案件的调查。上述调查规定专门授权公安机关对恐怖活动嫌疑人可以采取约束性措施,这种约束性措施是反恐工作的特殊需要。从法理来讲,这是一种专属权力,非公安机关不得采用。如果拘泥于刑事诉讼法的一般调查规则,这些措施就不能采用。可见,该法的特殊调查措施突破了刑事诉讼法中的调查规则,让公安机关在反恐怖斗争中能发挥特殊职能,采取非常手段打击恐怖活动。

与此同时,为了保障人权,防止公安机关滥用权力,该法明确规定,采取第53条前两款规定的约束措施的期限不得超过3个月;对不需要继续采取约束措施的,应当及时解除。这种与刑事诉讼法限制拘押期限的规范有异曲同工之妙。也就是说,该法把反恐怖主义特殊措施和刑事诉讼法的普通规则有机地结合在一起,从而实现打击恐怖主义与保护人权的高度统一。

2. 关于应对处置

《反恐怖主义法》第61条规定,恐怖事件发生后,负责应对处置的反恐怖主义工作领导机构可以决定由有关部门和单位采取下列一项或者多项应对处置措施:①组织营救和救治受害人员,疏散、撤离并妥善安置受到威胁的人员以及采取其他救助措施;②封锁现场和周边道路,查验现场人员的身份证件,在有关场所附近设置临时警戒线;③在特定区域内实施空域、海(水)域管制,对特定区域内的交通运输工具进行检查;④在特定区域内实施互联网、无线电、通讯管制;⑤在特定区域内或者针对特定人员实施出境入境管制;⑥禁止或者限制使用有关设备、设施,关闭或者限制使用有关场所,中止人员密集的活动或者可能导致危害扩大的生产经营活动;⑦抢修被损坏的交通、电信、互联网、广播电视、供水、排水、供电、供气、供热等公共设施;⑧组织志愿人员参加反恐怖主义救援工作,要求具有特定专长的人员提供服务;⑨其他必要的应对处置措施。① 这些特殊措施实际上和刑事诉讼法规定的犯罪现场勘察、调查的规则是同种性质的规则,和刑事诉讼法的精神并无二致,但其授权范围更加宽泛、更加具体。

《反恐怖主义法》第61条还规定了采取上述特殊措施的决定或批准程序,明确"采取前款第三项至第五项规定的应对处置措施,由省级以上反恐怖主义工作领导机构决定或者批准;采取前款第六项规定的应对处置措施,由设区的市级以上反恐怖主义工作领导机构决定。应对处置措施应当明确适用的时间和空间范围,并向社会公布"。这些规定的目的在于限权,以防止特殊处置措施被滥用而侵犯公共利益。

(三) 恐怖主义预防规则与刑事执法规则融为一体

1. 关于恐怖主义预防

《反恐怖主义法》用一个专章规定安全防范,详细具体地对预防恐怖主义的原则、预防主体责任、安全防范重点地区、重点人员、重点措施和保障措施等作出明确具体的安排,既授予各有关部门防范恐怖活动的权力,又设定了防范恐怖活动的责任和义务。该法采取列举方式,详细地将公安、国家安全、检察机关、法院、军队、武警等国家机器和各政府部门、行业、单位以及公司企业、公民个人的防范责任都一一设定清楚,明确各自法定义务和职责,违者就依法论处。这些预防规则是强制性的,而非自愿的,是必须执行的,而不是可以敷衍了事的。如果责任主体不执行,就有可能构成违法事实,须负行政或法律责任。从法律属性角度看,这些规定不属于刑事法范畴,而属于行政法范畴,但又和刑事执法密切相关,所以,又属于犯罪预防法范畴。

2. 关于情报工作

《反恐怖主义法》用较多篇幅规定反恐怖情报工作。这是国家安全法律体系中最具独创性的内容,以往很少在法律中公开对情报工作作出如此明确的规定。该法第43条第1款规定,国家反恐怖主义工作领导机构建立国家反恐怖主义情报中心,实行跨部门、跨地区情报信息工作机制,统筹反恐怖主义情报信息工作。第3款规定,地方反恐怖主义工作领导机构应当建立跨部门情报信息工作机制,组织开展反恐怖主义情报信息工作,对重要的情报信息,应当及时向上级反恐怖主义工作领导机构报告,对涉及其他地方的紧急情报信息,应当及时通报相关地方。

该法第44条规定,公安机关、国家安全机关和有关部门应当依靠群众,加强基层

---

① 这些措施是将《突发事件应对法》和国家处置大规模恐怖事件基本预案的规章制度和规则套用于应对恐怖事件处置的法定化和规范化。

基础工作,建立基层情报信息工作力量,提高反恐怖主义情报信息工作能力。该条对公安机关、国家安全机关和有关部门提出了宽泛的情报工作要求。

与此同时,《反恐怖主义法》第47条明确规定了情报工作的具体要求,即国家反恐怖主义情报中心、地方反恐怖主义工作领导机构以及公安机关等有关部门应当对有关情报信息进行筛查、研判、核查、监控,认为有发生恐怖事件危险,需要采取相应的安全防范、应对处置措施的,应当及时通报有关部门和单位,并可以根据情况发出预警。有关部门和单位应当根据通报做好安全防范、应对处置工作。

3. 关于刑事执法

这是《反恐怖主义法》着墨较多的部分,涉及的方面比较多。

一是应对恐怖事件时武器的使用。第62条规定了人民警察、人民武装警察以及其他依法配备、携带武器的应对处置人员的权限,明确授权对在现场持枪支、刀具等凶器或者使用其他危险方法,正在或者准备实施暴力行为的人员,经警告无效的,可以使用武器;紧急情况下或者警告后可能导致更为严重危害后果的,可以直接使用武器。这是根据反恐斗争的实际需要而设定的。这条法律授权比较宽泛,有权使用武器的人员不仅限于人民警察、人民武装警察,也包括参与处置恐怖事件的人员如人民解放军。

二是公安机关保护证人和单位的职责。第76条第1款规定,因报告和制止恐怖活动,在恐怖活动犯罪案件中作证,或者从事反恐怖主义工作,本人或者其近亲属的人身安全面临危险的,经本人或者其近亲属提出申请,公安机关、有关部门应当采取下列一项或者多项保护措施:①不公开真实姓名、住址和工作单位等个人信息;②禁止特定的人接触被保护人员;③对人身和住宅采取专门性保护措施;④变更被保护人员的姓名,重新安排住所和工作单位;⑤其他必要的保护措施。第76条第2款规定,公安机关、有关部门应当依照前款规定,采取不公开被保护单位的真实名称、地址,禁止特定的人接近被保护单位,对被保护单位办公、经营场所采取专门性保护措施,以及其他必要的保护措施。这些执法措施本质上与公安机关刑事执法密切相关,属于公安机关的分内事,只不过反恐怖主义法加以明确化、法定化而已。

(四) 恐怖主义刑事处罚与治安处罚融为一体

这是我国反恐怖主义法的又一个重要突破。它把刑事法和治安管理有机结合在一起,扩大了治安管理处罚法的适用范围。《反恐怖主义法》既对恐怖活动犯罪处罚作出原则性规定,又对违反该法而不构成犯罪的行为的治安处罚的情形和条件作出详尽的规定。

该法第80条规定,参与下列活动之一,情节轻微,尚不构成犯罪的,由公安机关处10日以上15日以下拘留,可以并处1万元以下罚款:①宣扬恐怖主义、极端主义或者煽动实施恐怖活动、极端主义活动的;②制作、传播、非法持有宣扬恐怖主义、极端主义的物品的;③强制他人在公共场所穿戴宣扬恐怖主义、极端主义的服饰、标志的;④为宣扬恐怖主义、极端主义或者实施恐怖主义、极端主义活动提供信息、资金、物资、劳务、技术、场所等支持、协助、便利的。

第81条规定,利用极端主义,实施下列行为之一,情节轻微,尚不构成犯罪的,由公安机关处5日以上15日以下拘留,可以并处1万元以下罚款:①强迫他人参加宗教活动,或者强迫他人向宗教活动场所、宗教教职人员提供财物或者劳务的;②以恐吓、骚扰等方式驱赶其他民族或者有其他信仰的人员离开居住地的;③以恐吓、骚扰等方式干涉他人与其他民族或者有其他信仰的人员交往、共同生活的;④以恐吓、骚扰等方式干涉他人生活习俗、方式和生产经营的;⑤阻碍国家机关工作人员依法执行职务的;⑥歪曲、诋毁国家政策、法律、行政法规,煽动、教唆抵制人民政府依法管理的;⑦煽动、胁迫群众损毁或者故意损毁居民身份证、户口簿等国家法定证件以及人民币的;⑧煽动、胁迫他人以宗教仪式取代结婚、离婚登记的;⑨煽动、胁迫未成年人不接受义务教育的;⑩其他利用极端主义破坏国家法律制度实施的。

第82条至第92条分门别类就金融机构和特定非金融机构,电信业务经营者,互联网服务提供者,铁路、公路、水上、航空的货运和邮政、快递等物流运营单位,住宿、长途客运、机动车租赁等业务经营者、服务提供者,防范恐怖袭击重点目标的管理、营运单位,大型活动承办单位、重点目标的管理单位以及新闻媒体等单位违反该法,情节轻微,尚不构成犯罪的情形作出具体而细致的规定,明确授权公安机关根据不同情况对责任人、管理者、单位分别处以不同的治安处罚或罚款。

上述规定设定了许多非常明确而严格的法律义务,具有很强的行政和法律约束力。许多治安处罚则是对治安管理处罚法的特殊补充。被授权承担相应反恐怖主义职责的有关部门和单位必须依法履行各自相应的职责,否则,就有可能因违反规定而受到治安处罚。

(五) 反恐怖主义国内法规则与国际法规则融为一体

诚如上述,我国反恐怖主义法在若干方面有许多突破,但如果放眼当代国际法创制现实,这种立法模式并不鲜见,实际上它和国际刑法发展趋势高度统一。在新近创制的国际法中,以《国际刑事法院规约》《联合国打击跨国有组织犯罪公约》和《联合国反腐败公约》为典型的国际公约基本上都把刑法、刑事诉讼法和刑事执行法融为一体,在立法模式上实现了刑事一体化。比如,《国际刑事法院规约》将法院管辖的国际罪行、法院可适用的刑法原则、刑罚原则、法院诉讼程序规则和证据规则等融合在一部公约之中,完美地实现刑事实体法规则和刑事程序法规则的融合。《联合国打击跨国有组织犯罪公约》和《联合国反腐败公约》等都有专章将打击跨国有组织犯罪和腐败犯罪的刑事实体法和刑事程序法乃至行政执法合作法等合并规范在一起。在区域国际反恐怖主义公约中,《上海合作组织反恐怖主义公约》走得更远。作为一部专门的反恐怖主义区域公约,它把恐怖主义犯罪及其刑罚、追诉恐怖主义犯罪的刑事规则、特殊行政执法措施、国际反恐怖合作等统一规定在一部公约中。我国反恐怖主义法只不过借鉴这种国际法创制的先例,有机地将反恐怖主义国内法和国际法结合在一起而已,并不显得多么唐突。实际上,这也是我国反恐怖主义刑事法一体化的一次生动实践。我国反恐怖主义法与国际反恐怖主义法相统一主要体现在如下几个方面:

第一,在立法宗旨上,我国《反恐怖主义法》开宗明义宣布:"为了防范和惩治恐怖活动,加强反恐怖主义工作,维护国家安全、公共安全和人民生命财产安全,根据宪法,制定本法。""国家反对一切形式的恐怖主义,依法取缔恐怖活动组织,对任何组织、策划、准备实施、实施恐怖活动,宣扬恐怖主义,煽动实施恐怖活动,组织、领导、参加恐怖活动组织,为恐怖活动提供帮助的,依法追究法律责任。"这和大多数反恐怖主义国际公约的内容基本相同。

第二,在反恐怖主义立场选择上,我国反恐怖主义法和国际反恐怖主义法几乎完全一致。我国《反恐怖主义法》第4条规定:"国家将反恐怖主义纳入国家安全战略,综合施策,标本兼治,加强反恐怖主义的能力建设,运用政治、经济、法律、文化、教育、外交、军事等手段,开展反恐怖主义工作。国家反对一切形式的以歪曲宗教教义或者其他方法煽动仇恨、煽动歧视、鼓吹暴力等极端主义,消除恐怖主义的思想基础。"这些反恐怖主义立场表述和联合国反恐怖主义政策高度统一。第5条规定:"反恐怖主义工作坚持专门工作与群众路线相结合,防范为主、惩防结合和先发制敌、保持主动的原则。"第6条规定:"反恐怖主义工作应当依法进行,尊重和保障人权,维护公民和组织的合法权益。在反恐怖主义工作中,应当尊重公民的宗教信仰自由和民族风俗习惯,禁止任何基于地域、民族、宗教等理由的歧视性做法。"这些原则立场的表述不仅和国际人权法的原则高度一致,体现出国家尊重并保护人权,尊重宗教信仰自由,反对将恐怖主义与特定民族、宗教、文明画等号,反对双重标准,反对政治操弄,而且和联合国坚持预防为主的反恐怖主义战略完全一致,也和绝大多数国际反恐怖主义公约倡导的原则相一致。

第三,在立法内容框架上,我国反恐怖主义法包括反恐怖主义原则、预防恐怖主义规章制度、恐怖事件处置特殊规则、反恐怖主义刑法、反恐怖主义特殊刑事诉讼规则、反恐怖主义国际合作、反恐怖主义行政保障等。这和《上海合作组织反恐怖主义公约》的内容高度重合,也和若干单行国际反恐怖主义公约内容高度相似。[①] 我国反恐怖主义法对恐怖主义的定义和恐怖活动的描述几乎和《上海合作组织反恐怖主义公约》的

---

① 参见赵永琛:《论国际反恐怖主义法的若干问题》,载《公安大学学报》2002年第3期。

内容完全重合,可以说,这是我国将国际条约直接引入国内法的最新实践。

第四,在立法体例上,我国反恐怖主义法既包括刑事法条款,也包括治安管理法条款,还包括司法协助和执法合作法条款,更包括行政法条款。这和《联合国反腐败公约》《联合国打击跨国有组织犯罪公约》的体例设计高度相似。后两部国际公约在体例上都包括类似体例的框架。

三、反恐怖主义法刑事一体化的启示

(一) 解放思想、实事求是是新时代反恐怖主义立法变革的思想基础

《反恐怖主义法》的诞生是新时代反恐怖主义斗争的产物,也是我国刑事立法变革的一个重要成果。这是我国立法机关解放思想,贯彻实事求是思想路线的生动实践,更是立法机关深入贯彻习近平法治思想,统筹推进反恐怖工作与国家安全的结果。试想,如果立法机关不解放思想,而是故步自封,墨守成规,固守刑法和刑事诉讼法的整体性不能触碰,固守刑事实体法和程序法分开单列,那就不会顺利制定并通过反恐怖主义法,也就不会实现反恐怖主义法刑事一体化,反而会使得反恐怖主义法条过于空泛化、碎片化,不利于满足反恐怖斗争的实务需要。以此看来,《反恐怖主义法》的成功制定,为今后推进我国刑事法一体化,促进良法善治提供了一个崭新的立法范本。在新时代,我国立法机关可以此为样板,根据执法和司法的实际需要,不从形而上学的角度出发制定立法规划,更不从部门利益出发考虑问题,而是具体问题具体分析,实事求是,突破各种条条框框束缚,尽可能全面而细致地推进刑事一体化的法治建设,以适应防范和惩治各种犯罪的需要。

(二) 国家治理现代化需要是反恐怖主义法实现刑事一体化的关键

《反恐怖主义法》的制定不是为完成突发性的政治任务而立法,更不是为装点门面而做做样子,而是为了满足反恐怖主义斗争之所需。反恐怖主义法实现刑事一体化,不是任何人心血来潮强力推动的结果,而是根据反恐怖形势的迫切性、反恐怖斗争的艰巨性、复杂性、尖锐性,综合运用刑法、刑事诉讼法、行政执法手段开展反恐怖主义斗争而取得的重大立法成果,也是根据国家治理恐怖主义、极端主义、分裂主义的新要求而采取的重大举措,更是应对国际反恐怖主义新威胁、新挑战而作出的重大部署。如果单纯从反恐怖主义的政治宣传需要出发,而不从国家治理现代化的需要出发进行精细化、规范化的立法安排,那就无须如此大费周章地进行反恐怖主义立法;如果在新制定的反恐怖主义法中只从刑法角度补充一些恐怖活动罪名和处罚原则,而不从诉讼法角度出发作出一些特殊制度安排,那就很难适应反恐怖斗争的特殊需要;如果只考虑刑法和刑事诉讼法体系的完整性问题,而不从实际需要出发,那就陷入机械主义和

形而上学,于反恐怖主义大业无补。如今,立法机关深入贯彻党中央指示精神,积极回应政府各部门和社会各界的呼声,作出符合国家治理现代化潮流的立法变革,这是具有重大意义的,势必为今后制定防范和惩治具有特殊性质的犯罪的刑事法律树立新标杆。

今后,立法机关有必要积极吸收反恐怖主义立法的成功经验,将有关预防和惩治腐败犯罪、有组织犯罪、金融犯罪、职务犯罪、侵吞国家财产犯罪、环境保护犯罪、国家安全犯罪等需要特殊刑事制度安排进行刑事一体化予以规范,以便更好地适应依法治国的迫切需要,适应国家治理现代化的需要,适应中国特色社会主义现代化建设的需要。

(三) 适应全球治理需要是未来刑事立法趋同化的发展方向

我国《反恐怖主义法》的制定,初步实现与世界各国反恐怖主义刑事规范的趋同化。一是在恐怖主义定义方面采用了上海合作组织关于恐怖主义的定义,与《上海合作组织反恐怖主义公约》所认定的恐怖活动类型的识别基本同步。这从法律上解决了我国与上合组织及其成员国反恐怖主义立场的一致性问题,为我国与上合组织及其各成员国合作开展反恐怖主义奠定了坚实的区域国际法基础。二是在恐怖主义罪行法定化方面明确接受联合国系列反恐怖主义公约所确定的恐怖活动罪行类型,与联合国反恐怖主义刑事政策主张实现趋同,为我国与世界各国开展反恐怖主义合作奠定了国际法基础。三是在预防和惩治恐怖主义的特殊制度安排方面实现了清晰化、法定化,和全球治理现代化与时俱进,让国际社会清楚了解我国反恐怖主义的法律红线之所在,从而减少国际社会因政治、文化、宗教信仰、民族问题而产生的各种疑虑,为我国赢得国际社会支持打下良好的国际舆论基础。正因为如此,我国《反恐怖主义法》颁布之后就获得世界各国的广泛关注。国际社会对我国将联合国预防恐怖主义战略、国际反恐怖主义公约和《上海合作组织反恐怖主义公约》的精神直接纳入我国国内法之中的做法,尤其倍加称赞。这一成功的刑事立法变革实践,为我国推进中国特色大国外交发挥了正面作用。

今后,我国立法机关应深入贯彻习近平新时代中国特色社会主义思想和习近平外交思想,统筹国内和国际两个大局,统筹发展与安全两个方面,关注世界未有之大变局,密切跟踪国际形势演化规律,把握传统安全和非传统安全动态,采取与国际社会同步的刑事政策,及时制定颁布相应的符合国际法治潮流的刑事一体化法律,为全球治理提出中国方案,贡献中国法治智慧,作出中国新贡献。

走向刑事一体化：
对《反有组织犯罪法》的刑事政策分析

姜 涛*

如何有效地控制有组织犯罪的发展，这是我国刑事政策学的重要课题。从实践观察，反有组织犯罪的基础工程首要内容当属立法先行，立法的重要性在于维系基本的共识与价值，如果法律不能维系基本的共识与价值，那么有效抗制有组织犯罪不仅于法无据，而且难以形成控制的合力。我国《刑法》第294条规定了"组织、领导、参加黑社会性质组织罪""入境发展黑社会组织罪""包庇、纵容黑社会性质组织罪"三罪，过于简略，且没有关于恶势力犯罪组织的规定。自1997年《刑法》颁布至今，有组织犯罪的发展呈现出不少新形态、新问题，需要更为专门、系统的法律予以规范。2018年，党中央、国务院决定开展扫黑除恶专项行动，目前正处于从全面推开向纵深推进的新阶段。与之对应，"两高"联合公安部、司法部等也颁布了一系列司法解释性文件①，明确了司法机关办理有组织犯罪案件的具体标准、程序等。由于上述文件整体上属于政策性文件，法律效力存在疑问，且对已有法律有不少突破，存在明显的司法设罪化现象。为改变司法解释性文件的碎片化现象，2021年12月24日通过的《反有组织犯罪法》实现了从"分散立法"到"统一立法"的转变。《反有组织犯罪法》不仅明确了有组织犯罪的内涵，而且扩大了有组织犯罪的犯罪圈和加重了对其的处罚力度，同时还强化了反有组织犯罪的防卫手段，实现了与国际接轨。② 储槐植教授指出："作为

---

* 南京师范大学法学院教授，南京师范大学中国法治现代化研究院研究员，华东政法大学刑事法学院兼职教授。

① 2019年最高人民法院、最高人民检察院、公安部、司法部发布了《关于办理恶势力刑事案件若干问题的意见》《关于办理"套路贷"刑事案件若干问题的意见》《关于办理黑恶势力刑事案件中财产处置若干问题的意见》《关于办理实施"软暴力"的刑事案件若干问题的意见》《关于办理非法放贷刑事案件若干问题的意见》《关于办理利用信息网络实施黑恶势力犯罪刑事案件若干问题的意见》《关于跨省异地执行刑罚的黑恶势力罪犯坦白检举构成自首立功若干问题的意见》，国家监察委员会、最高人民法院、最高人民检察院、公安部、司法部发布《关于在扫黑除恶专项斗争中分工负责、互相配合、互相制约严惩公职人员涉黑涉恶违法犯罪问题的通知》等司法文件。

② 在境外，制定专门的反有组织犯罪法较为常见，比如，美国国会在1970年制定了《有组织犯罪控制法》(The Federal Organized Crime Control Act of 1970)，日本在1991年制定了《防止暴力团员的不当行为相关法律》，1999年制定了《有关有组织犯罪的处罚及犯罪收益的规制等的法律》《有关为了实施犯罪搜查而采取的通信监听的法律》《部分改正刑事诉讼法的法律》等，我国台湾地区也于1996年制定了"组织犯罪防制条例"，反有组织犯罪法的法网更为严密。

观念的刑事一体化与刑事政策的关系极为密切,刑法的刑事政策化是当代刑法的潮流,刑事政策有助于顺畅刑法的运作,强化刑法的适时、有效性。"①刑事政策学在研究方法上必然是一种一体化的系统研究②,从刑事政策视角分析《反有组织犯罪法》的制度创新与立法不足,有助于丰富与发展刑法学理论,也有助于《反有组织犯罪法》当中治理系统的进一步完善,是认知与反思《反有组织犯罪法》的正确方向。本文认为,《反有组织犯罪法》是对刑事一体化理念与方法的最有力实践,提供了包含预防、执法、司法和情报工具等反有组织犯罪的全面框架,涉及一般预防与专门预防方面的诸多措施。《反有组织犯罪法》的颁布意味着我国实现了反有组织犯罪的法治化,是有效预防和抗制有组织犯罪的重要法律保障。但是,《反有组织犯罪法》并没有真正实现从治罪到治理的根本转变,在系统化犯罪治理模式上亦有待进一步改进。

一、《反有组织犯罪法》的刑事政策定位

刑事政策是反映一国犯罪控制策略的一面镜子,并通常会在一部法律的立法目的中得以集中体现。有组织犯罪行为被视为威胁国家本身,将有组织犯罪与国家安全联系起来,是我国《反有组织犯罪法》的特色。《反有组织犯罪法》第1条规定:"为了预防和惩治有组织犯罪,加强和规范反有组织犯罪工作,维护国家安全、社会秩序、经济秩序,保护公民和组织的合法权益,根据宪法,制定本法。"把反有组织犯罪上升到维护国家安全的高度,强调政治目标、治安目标与法律目标三位一体,是我国《反有组织犯罪法》不同于其他国家和地区反有组织犯罪法的特点,有助于最大化地应对和减少有组织犯罪,因此有给予特别研究的必要。

(一)政治目标:"国家安全"

国家安全是法律上的极端重要法益,是一个国家与国民未处于重大危险的状态以及防范这种重大危险的能力。国家安全可以在多重意义上使用。从法律角度看,国家安全是一种维护国家、国民不被侵害的状态和能力③,这种状态与能力是法律需要保护的极端重要法益。从政治上说,国家安全是一个复合概念,对外包括不受侵略,保证主权、领土完整等,对内包括国民安全、内部安全。作为一种新的法律任务,保障国家安全反映着国家积极推进法治变革及通过这一变革实现国家治理现代化的国家任务,推动以国家安全为导向的经济、社会发展目标。

---

① 储槐植、闫雨:《刑事一体化践行》,载《中国法学》2013年第2期。
② 参见梁根林:《刑事一体化视野中的刑事政策学》,载《法学》2004年第2期。
③ 《国家安全法》第2条规定:"国家安全是指国家政权、主权、统一和领土完整、人民福祉、经济社会可持续发展和国家其他重大利益相对处于没有危险和不受内外威胁的状态,以及保障持续安全状态的能力。"

在国外,有组织犯罪是指威胁国家、个人或人民的行为。比如,欧盟委员会将有组织犯罪视为对联盟内部安全的潜在威胁。美国等国家强调跨国有组织犯罪的演变对政府、民间社会和经济构成战略威胁。① 在国内,《反有组织犯罪法》体现了总体国家安全观。2014年,习近平同志首次提出"坚持总体国家安全观,走出一条中国特色国家安全道路"②。坚持总体国家安全观是习近平新时代中国特色社会主义思想的重要内涵。从政策层面看,抗制有组织犯罪最重要的资产是确保获得政治支持,唯有高层的全力支持,并从自身做起,方能带动政府各相关部门的认真配合,进而使全民参与反有组织犯罪,取得风行草偃之效。从法律层面看,有组织犯罪在政治上被视为不同于"普通犯罪",因为它会损害国家的整体利益实体,而不是简单地涉及个人。《反有组织犯罪法》是总体国家安全观在法律体系上的体现,有组织犯罪是事关国家安全和发展、事关社会大局稳定的重大风险挑战③,它严重危害国民安全,严重破坏经济秩序、社会秩序与侵害公民的合法权益。可见,有组织犯罪与国家安全之间存在政治上的联系,有组织犯罪代表着一种超出正常情况的犯罪危机,其不再仅仅被视为危害个人利益和安全的犯罪,而是被视为危害国家安全、社会秩序和经济秩序的犯罪,应以专门的、系统的特别立法应对的关键性安全挑战,将有组织犯罪作为国家安全威胁加以处理已经成为立法的优先选项。因此将有组织犯罪作为国家安全问题来对待,必然会影响刑事政策选择和法律制定,把预防与抗制有组织犯罪上升到国家安全问题,会使国家为反有组织犯罪分配更多的司法资源与社会资源,改变法律的目的取向,扩大警察机关的权限,允许国家行使特殊权力来处理对特定目标的生存威胁,以及由此促进情报机构更深入的参与。毕竟,一个真正严重的社会问题,往往会变成一个需要采取极端或非常措施的问题,而刑法往往被彻底地去人性化了。

将有组织犯罪定性为国家安全威胁,可能意味着国家对反有组织犯罪会进行更具战略性和预防性的思考,而不仅仅是通过通常的犯罪程序来追究法律责任④,而抗制有组织犯罪的必要性,也促使立法机关制定的法律包含更广泛的权力扩张条款,反而形成对法律的克减。当然,政治上的概念与法律上的概念不同,政治意义上的国家安全概念与法律意义上的国家安全概念不能等同,"国家安全"通常不是指法律问题,而是政治家的判断和政策问题,将有组织犯罪描述为国家安全威胁,从某种意义上会突破

---

① See Liz Campbell, Organized Crime and National Security: A Dubious Connection? New Criminal Law Review: An International and Interdisciplinary Journal, Vol. 17, No. 2, 2014, p. 223.
② 2014年4月15日上午,中共中央总书记、国家主席、中央军委主席、中央国家安全委员会主席习近平在主持召开中央国家安全委员会第一次会议时的讲话。
③ 参见高祖贵:《深刻理解和把握总体国家安全观》,载《人民日报》2020年4月15日,第9版。
④ See Liz Campbell, Organized Crime and National Security: A Dubious Connection? New Criminal Law Review: An International and Interdisciplinary Journal, Vol. 17, No. 2, 2014, p. 242.

普通法律的基本教义,或者成为偏离正当程序的理由。笔者认为,法律意义上的国家安全概念的内涵要窄于政治意义上的国家安全概念,这是因为,一方面,在20世纪后期到21世纪之交,国家安全由一个严格的军事概念扩展而来,之后国家安全的边界逐步扩大,比如,公共卫生越来越被视为国家安全准则,这种扩展可能是积极的,因为它强调某些人类共同利益的重要性,以及对其进行保护的意义。但是严格地说,这样的利益关系到人的安全,而不是国家安全。① 另一方面,政治学家设定的公共事务议题可能是扭曲的,从人权保障到正当程序、从犯罪周期率到刑法的谦抑性,这些对犯罪化立法至关重要的问题,都被政治学家排除在视野之外。由此带来如下三个方面的问题:第一,国家安全的广度和模糊性是有问题的,这种"无定形的、开放式的概念"赋予法官过度的自由裁量空间,会使刑法解释成为一种脱离规范的理解,这种解释更多情况下由特定事件或情况所引起,甚至为民意所决定。第二,就当前而言,有组织犯罪并没有对整个社会产生系统性的影响,而是一个"长期但可以容忍的公共安全问题",即使将其提升为国家安全问题,也不能出现由法治国家到国家法治的偏误。第三,将有组织犯罪定性为国家安全威胁,可能意味着朝着政府更具战略性和预防性思维的方向发展,最终走向强预防性刑法,即意欲成为与社会危险人物作斗争的刑法。正因如此,法学家要善于把政治话语系统的概念转变为法律话语系统的概念,这种转变不是移植,而是要置于法治理念之下,从法律实践中凝练概念和总结经验,如司法实践中"打财断血""打伞破网"的做法,明确与刑法理论上对应的概念是什么,从而既能够有效诠释法律实践,又能够与法教义学保持一致性,以避免突兀的政治学概念对法学体系的瓦解,从而有效防止无辜者被定罪和受到惩罚。

《反有组织犯罪法》以防止有组织犯罪破坏社会秩序、经济秩序、危害人民权益为立法目的,将其提升到维护国家安全的高度,有助于在政治家、司法机关与民众之间达成反有组织犯罪的共识,最大限度地铲除有组织犯罪的保护伞。但是,立法机关也要警惕象征性立法的风险。身处风险社会时代,各种新型犯罪层出不穷,刑事立法者为获得政策上的(象征性)利益,例如为了使法律响应社会问题看起来具有敏捷性和行动能力,或者为了响应当代的重大社会问题,往往在未经深思熟虑的情形之下扩张刑事立法,或过度高估立法于实证经验上的成效,或过度高估成效的结果导致实际上根本不期待立法任务可以获得实现,由此可能导致刑法适用范围更具全面性。② 笔者认为,《反有组织犯罪法》亦是如此,从刑法规范角度来看,如果将有组织犯罪的保护法益理解为国家安全,则涉及相关罪名的体系调整,即需要将其调整到"危害国家安全罪"

---

① See Liz Campbell, Organized Crime and National Security: A Dubious Connection? New Criminal Law Review: An International and Interdisciplinary Journal, Vol. 17, No. 2, 2014, p. 234.
② 参见古承宗:《环境风险与环境刑法之保护法益》,载《兴大法学》2015年第18期。

专章。《刑法》第120条规定的"组织、领导、参加恐怖组织罪""帮助恐怖活动罪""准备实施恐怖活动罪""宣扬恐怖主义、极端主义、煽动实施恐怖活动罪""利用极端主义破坏法律实施罪""强制穿戴宣扬恐怖主义、极端主义服饰、标志罪""非法持有宣扬恐怖主义、极端主义物品罪",属于危害公共安全罪下的子罪名;《刑法》第294条规定的"组织、领导、参加黑社会性质组织罪""入境发展黑社会组织罪""包庇、纵容黑社会性质组织罪",属于妨害社会管理秩序罪下的子罪名。这一问题有待刑法理论从解释论上予以澄清。

(二) 政治策略:刑事政策上的"宽严相济"

在概念上,有组织犯罪可以区分为两类:一是犯罪组织对外的犯罪,即借由黑社会性质组织、恶势力组织实施的故意杀人、绑架、抢劫、贩卖毒品或经营赌场及色情行业等;二是为维持并发展犯罪组织的犯罪,即《刑法》《反有组织犯罪法》规范的行为,如"组织、领导、参加黑社会性质组织""入境发展黑社会组织"等犯罪态样。两类犯罪之间相互交织、互为支撑,只是二者的逻辑起点不同,其中,《刑法》规定的组织、领导、参加黑社会性质组织罪等,是刑法保护早期化、预备行为正犯化的体现,且倚重抽象危险犯的立法技术和强调"防患于未然"的立法政策,共同特点是强化预防性干预,刑法俨然从"事后灭火模式"转变为"事前防火模式"。可见,有组织犯罪是一种复杂的存在,涉及犯罪种类众多,不宜"一刀切"坚持严打模式。

有组织犯罪立法犹如人类社会一样,存在多元性目标设定。立法者最关心的是如何有效预防和惩治有组织犯罪,事前防火模式是立法首先考虑的模式,借以恢复大众的法信赖感。同时,不仅需考虑刑事立法的公正报应,以符合罪责原则并建立国民的法情感,而且需要考虑刑事立法的特别预防目的,促使罪犯的再社会化。尽管当代刑事政策学更加强调"严而不厉"的罪刑体系的意义,但并不意味着"又严又厉"的罪刑体系没有作用的领域。宽严相济刑事政策强调根据不同本质给予不同的处理,包括从严、从宽与相济三个维度,包含着该宽则宽、该严则严、宽而不滥、严而不厉、有宽有严、宽严适度、罚其所当的刑法精神。其中,从严不仅意味着法网严密,而且意味着一定程度的重刑。有组织犯罪以暴力、胁迫等为手段,涉及杀人、绑架、抢劫、贩卖毒品、伪造货币等犯罪,是仅次于危害国家安全罪的犯罪类型,又因为和平时期危害国家安全罪的数量极少,有组织犯罪自然成为刑法重点打击的严重犯罪。《反有组织犯罪法》第22条明确规定,办理有组织犯罪案件应坚持宽严相济刑事政策,即针对不同的主体采取不同的处罚策略,对有组织犯罪的领导者、组织者和骨干成员采取从严政策,严格掌握取保候审、不起诉、缓刑、减刑、假释和暂予监外执行的适用条件,并强调罚金等附加刑的运用,其立法目的在于强调相对的报应,在司法与刑罚执行上体现为严格限制从宽方面的处遇,例如,《反有组织犯罪法》第33条有关对有组织犯罪的组织者、领导者严格适用从宽的规定,第35条有关从严管理规定。就有组织犯罪而言,犯罪头目强迫下属实施犯罪,他们违反了康德式的命令(可能有两种不同的方式,将受害者和追随者都视为满足他们的唯一手段),应受到更严厉的惩罚[1],刑法学说亦主张将领导者的责任问题置于通过手段实施的范围内,使犯罪组织的领导人对其下属犯下的所有罪行负法律责任,即如果领导者通过他所支配的有组织的权力机构来控制他的部下,他可能会被认定为在他的控制下犯下的所有罪行的间接肇事者,并对这些罪行的实施承担全部责任。[2] 同时,对自愿认罪认罚的有组织犯罪的犯罪嫌疑人,因其具有改造的可能性而采取从宽处罚,其立法目的在于强调积极的特别预防,例如,《反有组织犯罪法》第22条关于有组织犯罪的犯罪嫌疑人、被告人认罪认罚从宽处罚的规定,第33条有关从宽处罚情形的规定。

《反有组织犯罪法》遵循法治主义原则和科学主义原则,不仅强调在制定及实施犯罪预防对策时,必须受法律支配,而且建立科学、完善的犯罪预防与治理体系,追求高破案率与低犯罪率。不难看出,《反有组织犯罪法》的内容涉及犯罪预防、犯罪者处遇、犯罪被害人保护等,实现了犯罪预防、侦查、处理等的法定化。同时,《反有组织犯罪法》采取宽严相济刑事政策而不是从严政策,体现了科学主义原则。这是因为,第一,从严政策的"超载"恐吓,会鼓励犯罪人计划周详以免被抓获,亦会促进犯罪人"一不做二不休"赶尽杀绝,导致公安机关破案能力降低而危险性增加,反而因犯罪黑数增加而导致治安恶化。第二,就社会复归的实现而言,最优的选择是刑罚适用的个别化原则,而不是一味地从重处罚。刑罚适用的个别化是刑罚适用之科学化的体现,它会根据不同犯罪者的犯罪原因、动机等进行量刑上的调节,并采取多元化的刑罚处遇措施。第三,对于有组织犯罪来说,在刑事立法上采取宽严相济刑事政策,以均衡调和复归社会与社会防卫之间的二律背反原则,至于在刑事审判与刑罚执行环节,应当采取严厉的处遇措施,以严格处罚有组织犯罪者,如此不仅可以满足民众的报应情感,而且可以对社会大众产生一般预防的效果。[3] 上述刑事政策已经体现在《反有组织犯罪法》当中,完善的治安立法政策与系统的刑事司法体系是预防与控制有组织犯罪的重要保障。

立足于宽严相济刑事政策,《反有组织犯罪法》从立法之初就背负了"不能承受之重"的任务。例如,基于"民众的愤怒"而对抗有组织犯罪,其立法内容多是尽可能地扩大对有组织犯罪的处罚范围和采取更为严厉的财产处置措施。然而,《反有组织犯罪

---

[1] See Shachar Eldar, Punishing Organized Crime Leaders for the Crimes of their Subordinates, Criminal Law and Philosophy, Vol. 4, 2010, p. 185.

[2] See Shachar Eldar, Holding Organized Crime Leaders Accountable for the Crimes of their Subordinates, Criminal Law and Philosophy, Vol. 6, 2012, p. 208.

[3] 参见许福生:《犯罪与刑事政策学》,元照出版公司2012年版,第227页。

法》是否真正能发挥维护宽严相济刑事政策的作用,却是令人质疑的,反而有违背罪责原则的疑虑,这有待司法机关在具体法律实践中予以合理调适。

(三) 政策落实:强化有效的犯罪治理

刑法不是摆在那里供人信仰的上帝,而是诸多法律中强制性最强的工具,从目的理性出发,刑法能够发挥何种功能是决策者建构与适用刑法的前提,也是有效的犯罪治理需要考虑的首要问题。从治理角度出发,警察的作用不在于抓罪犯,而在于预防犯罪。如果警察都忙着抓罪犯,而忽视犯罪预防,则是社会治理能力低下的体现。刑法的作用不在于惩罚犯罪,而在于最大限度地预防犯罪。如何实现这一目标,则需要重视刑法从以法而治(依法而治)到良法善治的深度转变。

一般而言,"治理"的含义有四:一是从治理实体来说,强调治理主体的多元化,以与传统社会的政府是单一的治理主体相区别;二是从治理价值来说,强调治理主体的权利与义务对等原则;三是从治理本质来讲,强调从强制走向协商;四是从治理过程来说,强调公民参与式治理,而不是单纯的政府主导式治理。① "国家治理现代化蕴含着一个基本的内在价值或终极价值,即'什么性质的国家治理'及'追求什么样的现代化治理和发展目标'。"②刑法现代化是国家治理现代化的重要组成部分,国家治理现代化包括治理体系法治化和治理能力法治化两个基本面向。作为国家治国理政的方针与策略的重大变革,是一个各学科共同关注的问题,而国家治理现代化需要国家治理体系的现代化做支撑,没有现代化的治理体系就不会有现代化的治理能力;国家治理体系现代化需要国家治理能力现代化来充分完成。③ 因此,以法治推动国家治理体系和治理能力的现代化,学界进行了诸多探讨。④ 就刑法治理现代化而言,刑法立法上的犯罪化是与社会转型相关的活动,社会转型时期社会矛盾的大量增加,必然需要刑法立法对此予以回应,但是,法律并非万能,法治也非万能,不是所有的社会矛盾都需要通过法律解决,也不是所有的社会冲突都需要通过刑法解决。同时,刑法的宽严与国家治理能力有关,当国家治理能力低下的时候,会导致更多的社会矛盾,部分社会矛盾是导致犯罪的原因,相反,当国家治理能力提高的时候,社会矛盾也会随之下降,导致犯罪的原因自然会减少。因此,反有组织犯罪立法需要最终形成"事前预防+事中干预+事后惩罚"

---

① 参见竹立家:《社会转型与国家治理现代化》,载《科学社会主义》2014 年第 1 期。
② 竹立家:《社会转型与国家治理现代化》,载《科学社会主义》2014 年第 1 期。
③ 参见张贤明:《推进国家治理能力现代化》,载《人民日报》2014 年 1 月 5 日,第 5 版。
④ 参见张文显:《法治与国家治理现代化》,载《中国法学》2014 年第 4 期;李林:《依法治国与推进国家治理现代化》,载《法学研究》2014 年第 5 期;莫纪宏:《国家治理现代化首先是国家治理法治化》,载《学习时报》2014 年 10 月 13 日,第 A5 版;赖早兴:《国家治理体系和治理能力现代化的法治内涵》,载《光明日报》2014 年 5 月 14 日,第 13 版;李龙:《建构法体系是推进国家治理现代化的基础工程》,载《现代法学》2014 年第 3 期;吴汉东:《国家治理现代化的三个维度:共治、善治与法治》,载《法制与社会发展》2014 年第 5 期;曾令良:《国际法治视野下的国家治理现代化》,载《法制与社会发展》2014 年第 5 期。

的协同式有组织犯罪治理体系,这是有效犯罪治理的基本要求。

《反有组织犯罪法》开启了有效犯罪治理的先河。《反有组织犯罪法》第4条规定:"反有组织犯罪工作应当坚持专门工作与群众路线相结合,坚持专项治理与系统治理相结合,坚持与反腐败相结合,坚持与加强基层组织建设相结合,惩防并举、标本兼治。"这是对《反有组织犯罪法》的基本原则的规定,体现了系统治理的理念。有组织犯罪预防不仅仅是刑事立法问题,也是重要的社会问题,是一个系统的国家与社会工程。有组织犯罪是国家和社会内部社会、政治和经济失调的恶果,如果没有旨在净化整个社会的措施,即提供惩罚有组织犯罪的最严厉工具,也不可能有效打击有组织犯罪。有鉴于此,国家为对抗有组织犯罪,会提出种种预防与惩罚措施,这种措施建立在观察犯罪现象、解释犯罪现象的基础上,强调有效预防控制有组织犯罪,必须与有组织犯罪的社会政策、经济政策、教育政策等相配合,强化系统的犯罪治理,以有效消除产生有组织犯罪的根源,并全方位遏制有组织犯罪的发展壮大。

《反有组织犯罪法》从举报监督发现、社会群防网络控制、出入境管理、国际协作、财产基础摧毁、刑后五年管理,对有组织犯罪进行更为专门化预防与治理,构筑了一个牢固的犯罪预防与控制体系。《反有组织犯罪法》的总则是一般条款,涉及反有组织犯罪工作的立法目的、基本概念与工作原则等,这些规定整体上仍较为抽象,体现了《反有组织犯罪法》的基本理念、预防策略等。《反有组织犯罪法》第1条规定了立法目的;第2条定义了有组织犯罪、恶势力组织;第3条规定了反有组织犯罪工作的基本原则、工作机制与预防治理体系;第4条规定了反有组织犯罪工作中的"四个结合",强调"惩防并举、标本兼治";第5条规定了反有组织犯罪工作中的合法原则、人权原则;第6条规定了反有组织犯罪工作中的"分工、互相配合、互相制约"原则;第7—8条规定了反有组织犯罪工作中单位与公民的义务、举报、奖励与保护制度等。《反有组织犯罪法》第9—21条规定了反有组织犯罪预防与治理的主体、宣传教育、在校学生受有组织犯罪侵害或发展学生成为有组织犯罪成员的学校责任、有组织犯罪线索的报告、有组织犯罪情况进行监测分析与监督管理、"有组织犯罪预防和治理工作"专项意见建议、对"宣扬、诱导有组织犯罪内容的信息"的处置措施、罪犯的社会复归等具体举措,第58—65条规定了国家反有组织犯罪工作具体的组织、制度和物质保障措施,不少保障措施(如第61—62条对证人的保护)十分严密、有力。这些立法具有科学性,以对揭发者的保护为例,揭发恶行的成员(例如吹哨者),会受到许多报复,无论是名誉、职位,甚至是生命,需要对其进行特别保护。依据《反有组织犯罪法》第63条的规定,对配合司法机关侦查、起诉或审判的实施有组织犯罪的人员参照证人保护的规定进行保护,体现了科学反有组织犯罪的基本立场,有助于真正调动民众、被害人与一般犯罪人揭发有组织犯罪的积极性。

上述规定充分体现了国家力量与社会动员在预防抗制有组织犯罪中的主体地

位,并期望借助犯罪预防、犯罪者处遇和消除有组织犯罪的物质基础等,以达到维持与确保社会安全、改善犯罪者以使其复归社会等目的。以学校的预防责任为例,《反有组织犯罪法》第11条规定:"学校发现有组织犯罪侵害学生人身、财产安全,妨害校园及周边秩序的,有组织犯罪组织在学生中发展成员的,或者学生参加有组织犯罪活动的,应当及时制止,采取防范措施,并向公安机关和教育行政部门报告。"这一规定强化了学校的管理责任,以避免有组织犯罪发展青少年群体成员。再以有组织犯罪罪犯的刑罚执行为例,《反有组织犯罪法》第35条规定:"对有组织犯罪的罪犯,执行机关应当依法从严管理。黑社会性质组织的组织者、领导者或者恶势力组织的首要分子被判处十年以上有期徒刑、无期徒刑、死刑缓期二年执行的,应当跨省、自治区、直辖市异地执行刑罚。"异地执行在于预防有组织犯罪罪犯以行贿等方式腐蚀监狱等刑罚执行机关的工作人员,导致减刑、假释上的错误适用。由上可见,《反有组织犯罪法》强调犯罪预防真正进入法律体系,并通过社会动员、公民教育、考评体系、制度保障等促进反有组织犯罪工作的深入、持续开展。

刑事政策是党和国家治理犯罪的策略与手段,善用刑事政策对刑法立法的指导作用,有利于确保刑事立法的有效性。党领导立法是通过制定刑事政策指导刑法立法来实现的,并集中体现在法律的理念与蓝图当中。《反有组织犯罪法》作为预防与惩罚有组织犯罪的重要法律,对维护国家安全、社会管理秩序、经济秩序与公民合法权益具有重要意义。

二、《反有组织犯罪法》的法律属性定位

反有组织犯罪不仅是对社会潜在负面影响最为深远的问题,而且仍然是社会最难妥善解决的重大问题之一,应当采用刑法理论对《反有组织犯罪法》的内容体系及其法律属性进行进一步讨论。

(一)《反有组织犯罪法》的内容体系

《反有组织犯罪法》是为深入开展反有组织犯罪工作而制定的特别法律,开启了针对专门犯罪进行特别立法的先河,这一法律与1997年《刑法》颁布后全国人大常委会制定的单行刑法不同,其兼具刑法、刑事诉讼法、治安处罚法等内容,是领域法学的具体实践,贯彻落实了刑事一体化理念与方法。

1. 刑法规定

刑法是有关犯罪、刑罚与量刑设置的基本法律。归纳来看,《反有组织犯罪法》有关刑法的规定有二:一是关于犯罪方面的规定。例如,第2条对"恶势力组织"定义的规定,第23条对网络型有组织犯罪、"有组织犯罪的犯罪手段"的规定,第16条对电信

业务经营者、互联网服务提供者之网络信息安全管理义务的规定。二是关于刑罚与量刑方面的规定。例如,第19条对个人财产及日常活动报告制度的规定;第33条有关协助追缴、没收尚未掌握的赃款赃物等从宽处罚情形的规定;第34条有关罚金及没收财产的规定;第36条有关减刑、假释报经省、自治区、直辖市监狱管理机关复核后,提请人民法院裁定的规定;等等。

上述规定有不少内容是对刑法的突破,以网络型(network style)有组织犯罪为例,《反有组织犯罪法》第23条第1款规定:"利用网络实施的犯罪,符合本法第二条规定的,应当认定为有组织犯罪。"凭借其匿名性、易用性、通信速度,以及跨境共享信息和接触大量受众的可能性,互联网已经成为有组织犯罪发展的关键推动因素。犯罪与刑事司法学界研究发现,网络型有组织犯罪逐渐出现及发展,网络空间已经成为促进各类有组织犯罪的工具,包括虐待儿童、走私毒品、为性剥削而贩卖人口、非法移民、电信诈骗、恶意代码编写、犯罪软件分发、网络租赁以进行自动攻击或洗钱、开发网络钓鱼、欺骗、恶意软件、攻击商业数据库的工具等。所谓网络型组织(network organization),一般是指上下层级较少、内部与外部关系具有高度弹性的水平式组织,与传统帮派模式的层级型组织(hierarchical organization)不同[1]:由关键成员的活动所主宰;成员在网络中的声望,受其地位和拥有的技术而定;个人的忠诚非常重要;人员围绕着犯罪计划而结合;低公众知名度;网络会因关键成员的退出而改变。[2] 同时,有组织犯罪的结构通常由高技能、多方面的虚拟罪犯组成,网络犯罪分子不需要控制地理区域,且需要减少罪犯之间的个人接触和纪律执行[3],多属于跨境组织或成员。由于市场和交易本身一直吸引着寻求从非法活动中获利的有组织犯罪,数字经济的快速发展是网络型有组织犯罪发展的关键推动因素,有组织犯罪正在深入数字经济时代的商业模式,并为在线犯罪活动提供高度复杂的工具。

2. 治安预防规定

《反有组织犯罪法》第二章"预防和治理",共13个条文,规定了诸多有组织犯罪预防与治理的新制度,在基本原则、预防政策、预防主体、宣传教育、校园防范、行业监管、特殊预防措施等规定中体现了犯罪学的预防理念。以特殊预防措施为例,涉及对信息、资金、人员等特殊预防举措。例如,把有组织犯罪治理情况纳入政府考评体系(第9条)、反有组织犯罪宣传教育(第10条、第11条)、行业有组织犯罪预防和治理长效机

---

[1] 传统帮派模式的层级型组织的特征是:单一领导者,清楚明确的阶层体系,强烈的内部纪律,成员通常有浓厚的社会和种族身份,暴力对组织活动是必要的,操控地盘。

[2] 参见孟维德:《组织犯罪的国际分布、蔓延与防制》,载《刑事政策与犯罪研究论文集(22)》,2019年版,第154页。

[3] See Tatiana Tropina, Organized Crime in Cyberspace, in: Transnational Organized Crime, eds by Heinrich-Böll-Stiftung, Regine Schönenberg, Transcript Verlag (2013), p. 53.

制(第13条)、提出有组织犯罪预防和治理意见建议(第14条)、反洗钱机构的调查(第17条)、出狱后的个人财产及日常活动报告(第19条)、企业高级管理人员的"排黑调查"(第20条)等,从而形成了一种"事前预防、事中管理与改造、事后监督"的预防与治理体系。这种刑事立法由传统的事后惩罚构筑的预防系统向事前防治犯罪实行的防治系统转变,从而构筑更为严密的防卫空间,即增加有组织犯罪的阻力、增加有组织犯罪的成本、增加有组织犯罪的风险和减少有组织犯罪的收益。例如,持续强化金融或非金融机构对于预防洗钱所应采取的作为或措施。

3. 刑事诉讼法规定

《反有组织犯罪法》第三章"案件办理"和第四章"涉案财产认定和处置",是关于有组织犯罪案件侦查、起诉、涉案财产处置等方面的规定,大都属于刑事诉讼法的范畴,涉及有组织犯罪的侦查、审查起诉与审判等诸多方面。其中,"案件办理"方面的规定涉及案件办理的刑事政策(第22条)、有组织犯罪线索收集和研判机制(第23条)、有组织犯罪线索移送与核查(第24—26条)、"紧急止付或者临时冻结、临时扣押的紧急措施"(第27条)、有组织犯罪立案侦查(第28条)、有组织犯罪嫌疑人的限制出境与异地羁押(第29—30条)、有组织犯罪特殊侦查(第31条)、有组织犯罪人的从宽处罚(第33条)、有组织犯罪人的从严管理(第35条)。以"涉案财产认定和处置"为例,《反有组织犯罪法》在查封、扣押(第39条),有组织犯罪的组织及其成员的财产状况全面调查(第40条),查封、扣押、冻结、处置涉案财物的范围(第41条),涉案财产的先行出售、变现或者变卖、拍卖(第43条),追缴、没收或者责令退赔的财产范围(第45条),查封、扣押、冻结、处置涉案财物异议制度(第49条)方面,充分体现了"打黑断血"的立法策略。例如,《反有组织犯罪法》第40条规定的"全面调查涉嫌有组织犯罪的组织及其成员的财产状况",这与黑社会性质组织犯罪的属性之间具有高度的契合性,毕竟黑社会性质组织犯罪是以谋取不正当利益为目的的,财产基础是黑社会性质组织犯罪发展壮大的物质基础。

此外,《反有组织犯罪法》还涉及异地服刑制度、从严控制减刑与假释、社区矫正等属于监狱学方面的内容。鉴于篇幅所限,不再赘述。

(二)《反有组织犯罪法》属于特别刑事法

《反有组织犯罪法》属于什么性质的法律?对这一问题的讨论有助于推进刑事立法的科学化。理论界对此研究不多,且分歧较大。有学者认为,《反有组织犯罪法》是刑法—治安规范的综合,而治安规范的增设对完善或健全惩治有组织犯罪的刑事实体制度,价值远大于甚至超过传统意义刑法规范的增设或修改。[①] 还有学者认为,《反有

---

① 参见黄京平:《扫黑除恶历史转型的实体法标志——〈反有组织犯罪法〉中刑法规范的定位》,载《江西社会科学》2022年第2期。

组织犯罪法》并不以程序性规定为主要内容,其立法内容侧重于制度规范。①

笔者认为,将《反有组织犯罪法》定义为单一的刑法规范、治安规范、制度规范或刑事诉讼法规范,虽然可能是朝着正确的方向解释,但是并未真正切中关键点。《反有组织犯罪法》在性质上属于特别刑事法,兼具治安法、刑事诉讼法、刑法等规范。从刑事一体化视角来看,刑事法具有领域法学的属性,是刑法、刑事诉讼法、治安法等的总称。储槐植教授指出,"刑事一体化理论的精髓在于融通学科联系,解决现实问题"②。笔者深以为然,刑事一体化就是治理理念与方法在刑事法中的体现,按照刑事一体化的方法,刑事政策学、犯罪学、刑法学与刑事诉讼法学等要在源流上实现有效衔接,合理规划有组织犯罪的抗制策略,使有组织犯罪者陷入一个越来越广泛、越来越精细、越来越有效的"国家规范网"③,以发挥犯罪预防与惩治的合力。特别刑事法不是针对特类犯罪设置犯罪与刑罚的特别刑法,而是包括预防与治理、"治安处罚—刑罚"二元制裁体系、财产扣押与没收、国际合作与保障措施等内容的一体化建构。通过上文梳理,《反有组织犯罪法》具有领域法学的特点,涉及刑法、治安预防法、刑事诉讼法等内容,是综合性、专门性与特别性的刑事法。当然,除上述刑法、治安处罚法、刑事诉讼法的规定外,还涉及监狱法等,都是切实可行的、能够做到的、具有效果的预防措施。

就特别刑事法而言,我国台湾地区的"检肃流氓条例""防止组织犯罪条例"即为适例。只是,就抗制有组织犯罪的特别刑法而言,并不是一部《反有组织犯罪法》就可以完成的使命,《反有组织犯罪法》是一个综合性的法律体系,是由诸多相关法律组成的有机整体。对此,不妨以日本反有组织犯罪的法律体系为例予以说明。在日本,抗制有组织犯罪的法律包括《日本刑法典》《防止暴力团员的不当行为相关法律》《有关有组织犯罪的处罚及犯罪收益的规制等的法律》《有关为了实施犯罪搜查而采取的通信监听的法律》《部分改正刑事诉讼法的法律》《金融机关客户身份确认法》《关于修正部分有关有组织犯罪的处罚及犯罪收益的规制等的法律》《犯罪收益转移防止法》《警察机关组织令》《警察法》《通讯监听法》等,是一个相互衔接、结构完整的严密法律体系。

特别刑事法是刑事一体化理念与方法的具体实践。反有组织犯罪是一个系统工程,需要发挥社会各方面的合力,需要法律一体化运作,与刑事一体化方法之间具有高度的契合性。理论界主张的刑事一体化方法,恰为《反有组织犯罪法》提供了理论支撑。刑事一体化的理念与方法已经成为学界共识,但是一直以来并未真正进入立法实

---

① 参见莫洪宪、罗建武:《扫黑除恶常态化研究——以〈反有组织犯罪法〉实施为重点》,载《中国人民公安大学学报(社会科学版)》2022年第2期。
② 储槐植、闫雨:《刑事一体化践行》,载《中国法学》2013年第2期。
③ See Markus Dirk, Dubber, Policing Possession: The War on Crime and the End of Criminal Law, The Journal of Criminal Law and Criminology, Vol. 91, No. 4, 2001, p. 833.

践。笔者把刑事一体化的理念与方法在犯罪控制中的体系化,形象地比喻成一条长江,犯罪学如同长江的上游,刑事政策学如同长江的中上游,刑法学如同长江的中游,刑事诉讼法学如同长江的中下游,监狱学如同长江的下游。长江的任何一个环节出现溃坝现象,都会导致水患。同理,在犯罪控制的过程中,犯罪学、刑事政策学、刑法学、刑事诉讼法学与监狱学如果不能协力共担,任何一个环节出现问题,都会导致犯罪控制的失败。比如,对有组织犯罪的犯罪学思考不合理,则会导致刑事政策制定上的偏误,由此导致刑法上的犯罪与量刑标准等出现偏差,比如过度犯罪化,进而破坏正当的司法程序,最后造成监狱人满为患。反过来,若犯罪学、刑事政策学、刑法学、刑事诉讼法学上的规划合理,但是监狱学落后,被告人被判刑后造成大量的交叉感染或改造不力,也会造成前述犯罪学、刑事政策学、刑法学、刑事诉讼法学上的努力付诸东流。还如,如果刑法上罪名过多,司法实践不堪承受,也会对刑事诉讼法学带来挑战,反过来,刑法上定罪与量刑标准合理,但是司法机关缺乏正当程序或司法腐败盛行,刑法正义自然难以实现,刑法目的也会落空。

  这种实践在国际上也有先例。为了遏止日益壮大的"暴力团"对社会的危害以及各个暴力团之间的暴力相向,日本在1991年制定了《防止暴力团员的不当行为相关法律》(以下简称《暴力团对策法》)。为合理应对"暴力团"犯罪的变质、药物及枪支犯罪的严密组织化、在日外国人犯罪之组织化等新的发展趋势,日本于1999年制定了《有关有组织犯罪的处罚及犯罪收益的规制等的法律》(以下简称《有组织犯罪处罚法》)、《有关为了实施犯罪搜查而采取的通信监听的法律》以及《部分改正刑事诉讼法的法律》等,日本学界称为"惩治有组织犯罪三法"。[①] 其中,《暴力团对策法》试图借由管制暴力团之人、财、物来防范暴力团犯罪,一方面,该法不论在形式上抑或实质上均以"暴力团"为调整对象,因此,它是为规范暴力团的行为而制定的特别法律;另一方面,该法将一些尚未达到犯罪程度的不当行为规定为准犯罪行为,先以行政命令中止暴力团及其成员的活动,违反禁止命令者再加以处罚,可见,它以中止并预防暴力团的违法犯罪活动为主要目标,刑事处罚只是次要目的。除了行政性的《暴力团对策法》,日本还制定了针对有组织犯罪的特别刑法。《有组织犯罪处罚法》不仅明确了有组织犯罪的内涵,而且扩大了有组织犯罪的犯罪圈和加重了对其的处罚力度。首先,界定了有组织犯罪的内涵。依据该法第2条的规定,所谓"团体",是指"具有共同目的的多人的持续结合体,为了实现某一犯罪目的或犯罪意图反复地实施该行为的全部或一部分";所谓"组织",是指"所有成员作为一个整体,基于组织命令,按照预先确定的任务分担而行动的结合体";并且规定个人"基于团体的意图决定的行为,其效果或利益归属于该团体"。其次,扩大了有组织犯罪的犯罪圈。该法第7条第1款规定:"对应判处拘役以

[①] 参见〔日〕松井孝二:《有组织犯罪对策三法概要》,载《现代刑事法》1999年第11期。

上之罪而作为团体活动的行为,行为人有组织地为其实施了下列行为之一的,处3年以下监禁或20万日元以下罚金:(1)窝藏隐匿罪犯的;(2)毁灭、伪造与该罪相关的他人刑事案件证据或使用伪造的证据的;(3)搜查或审问与自己或他人所犯的刑事案件有关的人或其亲属;(4)就该案件无正当理由强迫要求见面或谈话的。"这一规定比现行《日本刑法典》第103条所规定的犯罪藏匿罪宽泛。此外,《有组织犯罪处罚法》亦增加了组织绑架、诱拐预备罪,并扩大了洗钱对象的范围,第9—12条及第17条明确规定,对利用犯罪收益、以支配法人的事业经营为目的之变更职员的行为,伪装或隐匿犯罪收益、收到犯罪收益行为作为洗钱罪来处罚。最后,提高了犯罪的法定刑。该法第3条明确规定对有组织的杀人、非法拘禁行为应加重处罚,即提高刑法规定中此类行为之法定刑的上限和下限。此外,《有组织犯罪处罚法》对于伪装犯罪收益的取得或处分、隐匿犯罪收益、知情而收到犯罪收益者予以犯罪化。2003年制定的《金融机关客户身份确认法》对涉嫌恐怖活动犯罪可疑交易报告义务进行了补充。2006年通过了《关于修正部分有关有组织犯罪的处罚及犯罪收益的规制等的法律》,在第13条中增加一款,作为第3款,将被害人难于向罪犯行使损害赔偿请求权的情况进行分类列举,规定只要属于其中的一种情况,国家即可对被害财产进行没收和追征;在第18条中增加一款,作为第2款,规定被没收和追征的被害财产将不被编入当年的国家所得,而是充当被害者的被害恢复之用。2007年4月1日部分实施的《犯罪收益转移防止法》进一步将可疑交易报告义务的对象范围扩大至包括恐怖融资嫌疑的可疑交易;2008年3月1日起全面实施的《犯罪收益转移防止法》进一步完善了洗钱犯罪中义务主体的可疑交易报告制度。

从法律属性上分析,特别刑事法与单行刑法不同,它是一种更为综合的存在,也是刑事一体化理念与方法作用于刑事立法的结果。众所周知,单行刑法是1997年《刑法》颁布前较为常见的刑法立法方式。单行刑法是指立法机关以决定、规定、补充规定、条例等名称颁布的规定某一类或者某一种犯罪及其刑罚或者刑法特殊事项的法律。1981年至1996年期间,全国人大常委会先后颁布实施了24个单行刑法,包括《关于惩治走私罪的补充规定》《关于惩治贪污罪贿赂罪的补充规定》《关于惩治生产、销售伪劣商品犯罪的决定》《关于惩治违反公司法的犯罪的决定》《关于惩治破坏金融秩序犯罪的决定》等。[①] 1997年《刑法》实施之后,全国人大常委会又通过了一些单行刑法,如《关于惩治骗购外汇、逃汇和非法买卖外汇犯罪的决定》。单行刑法整体上仍属于刑法,并不涉及刑事诉讼法、犯罪学等。以1998年12月29日第九届全国人民代表大会常务委员会第六次会议通过的《关于惩治骗购外汇、逃汇和非法买卖外汇犯罪的

---

① 参见高铭暄:《新中国刑法立法的变迁与完善——庆祝中华人民共和国成立七十周年》,载《检察日报》2019年10月8日,第3版。

决定》为例,其内容共有9条,涉及犯罪手段、共犯、量刑标准、财产追缴和没收、刑罚种类与幅度等规定。同时,单行刑法与刑法之间属于特别法与一般法的关系,甚至产生废除原有刑法条文的效力,比如,1979年《刑法》第155条贪污罪条文,在1988年《关于惩治贪污罪贿赂罪的补充规定》颁行后实际上被废除了。[1] 与之比较,《反有组织犯罪法》除涉及有组织犯罪的定义等实体法标准外,还涉及犯罪侦查、财产没收等程序法内容,同时,还涉及犯罪预防等问题,与单行刑法不同,属于典型的刑事特别法。[2] 对此,有学者可能质疑指出,中华法系发展的基本态势是从"诸法合体"走向"诸法分立",《反有组织犯罪法》可能就存在悖逆这一发展态势的疑虑。笔者认为,立足于刑事一体化理念与方法,将犯罪学、刑事政策学、刑法学、刑事诉讼法学、监狱学的理论成果体现在同一部法律当中,这与诸法合体是不同的概念。相反,这是刑事立法科学化的体现,刑事一体化系贯通整个刑事立法的基本理念与方法,《反有组织犯罪法》等均受其所支配,也是实现刑事立法科学化的关键所在。

在追求科学立法、民主立法的新时代,立法机关针对有组织犯罪、腐败犯罪、电信诈骗犯罪、毒品犯罪、恐怖犯罪等的特殊性而专门制定特别刑事法,这一立法模式值得肯定。这类特别刑事法既与刑法之间有交错,又有较大的区别,它需要真正体现刑事一体化、法律一体化的理念与方法,改变"重惩罚、轻预防"的立法取向,实现法律由治罪到治理的根本转变,强化更为系统化的犯罪治理模式。

三、《反有组织犯罪法》的治理理念需要强化

追求良法善治是人类社会的普遍理想。《中共中央关于全面推进依法治国若干重大问题的决定》指出:"建设中国特色社会主义法治体系,必须坚持立法先行,发挥立法的引领和推动作用,抓住提高立法质量这个关键。"《反有组织犯罪法》的颁布实现了反有组织犯罪法的法治化,也贯彻落实了刑事一体化的理念与方法,但是其治理理念需要进一步强化。

(一)实现治罪到治理的根本转变

有组织犯罪是以犯罪组织为主体的犯罪集团。所谓犯罪组织,必是多人集结,绝非独角戏。有组织犯罪成员借由长期或不定期的分工合作,达成共同目标,而非短期或为单一案件的暂时性组合。也因为如此,犯罪组织产生内部管理结构,或可视作类

---

[1] 参见高铭暄:《新中国刑法立法的变迁与完善》,载《人民检察》2019年第19期。
[2] 这一刑事特别法也和1979年《刑法》颁布前制定的《中华人民共和国惩治贪污条例》(1952年4月18日中央人民政府委员会第14次会议批准,共18条)不同,《中华人民共和国惩治贪污条例》尽管不是由全国人大或全国人大常委会颁布,但整体上仍属于刑法,规定内容仅涉及犯罪与刑罚。

似企业的组合体,由管理阶层先行决策,再由被管理阶层执行,具有计略性。有组织犯罪之所以可怖,是因为具有集团、常习及胁迫或暴力等特性的犯罪组织,透过组织内部上命下从的管理关系,使得组织效能获得提升,轻易有效地进行犯罪活动,犯罪的危害也更为严重。① 当我们运用过去的理论资源作为医治现代疾病的处方时,最易被忽略的就是机械的、教条的静态化思维——既忘却了犯罪结构,也忽视了犯罪治理的更高要求。

不难看出,《反有组织犯罪法》实现了由犯罪预防向被害预防的转变,这具有重要意义。例如,《反有组织犯罪法》第11条明确了教育行政部门之"增强学生防范有组织犯罪的意识,教育引导学生自觉抵制有组织犯罪"的职责,以及学校防范"有组织犯罪组织在学生中发展成员"或"学生参加有组织犯罪活动"的职责等。第13条则强化了市场监管等行业主管部门"对有组织犯罪易发的行业领域加强监督管理"的职责。这一转变意义重大,确保国家治理合法性的唯一途径是将其建立在人的概念上,刑法学向来关注对被告人的处罚与改善更生,却忽略了对被害人的支援与保护,也鲜有关注犯罪的预防与治理。其实,刑法学要处理的是国家、被告人与被害人三者之间的关系,刑法学对刑罚目的之预防犯罪的讨论,就是立足于三种关系进行的理性思考,如何才能实现犯罪预防的目的。从事后角度,自然涉及对被告人的处罚和改善更生。从事前角度,则涉及被害人自我保护意识的提高、自觉发现和消除自己存在的容易招致犯罪被害的各种因素等维度。从事前、事后结合角度,涉及被告人、被害人之间的情境预防等。

《反有组织犯罪法》不仅强调防范有组织犯罪,更强调治理有组织犯罪,并从国家、社会层面予以一体推进②,但并没有真正实现从治罪到治理的根本转变。治罪的犯罪抗制策略主要着眼于风险的预防与排除,主张犯罪是一种邪恶的行为,而刑法是正义斗争的战场③,强调社会经济秩序的维护与国家主权安定的确保等面向,具有象征性立法的特点。象征性立法是指对于维护和平共同生活而言没有必要,而追求刑法目的以外的刑法规范,如目的在于平息选民的不悦、宣示国家权力或者提高国家自我形象的刑事立法。④ 立法者优先选择刑法作为抗制有组织犯罪的手段,背后的真正考虑无非各种政治、财政或是维护国家安全策略上的理由,而制裁效果严厉的刑法相较于其他规范系统则是最省力而且容易满足社会期待的方案(亦称为推辞性立法,Alibigesetzge-

---

① 参见王纪轩:《组织犯罪的规范适用与立法检讨》,载《东海大学法学研究》2016年第50期。
② 参见莫洪宪:《构筑防治有组织犯罪的法律长城》,载《检察日报》2021年12月31日,第3版。
③ See Gregory Jones, Over-Criminalization and the Need for a Crime Paradigm, Rutgers Law Review, Vol. 66, No. 4, 2014, p. 935.
④ 参见恽纯良:《抽象危险犯作为对抗环境犯罪的基本制裁手段——以污染水体行为为例》,载《月旦刑事法评论》2018年第8期。

bung)。① 比如,《反有组织犯罪法》中的"有组织犯罪"只剩下一个模棱两可的概念,对有组织犯罪成员财产的没收有浓厚的行政法化色彩,犯罪预防措施也具有典型的行政法化色彩。从某种意义上,国家对有组织犯罪的镇压性"战争"是不可能的,多具有象征性意义,因为它相当于国家对自己的"战争"。任何被定性为象征刑法的刑法规定不见得就是无效率的规范,而是在此一标记的背后或多或少彰显出刑事政策的宽严取向,以及刑法朝向全面之社会性控制的功能转变②,从而发生立法的预防性转向。预防性立法是从一种"针对个人罪责的制裁手段"转向"一种通过惩罚被列为危险的人来预防风险"的预防手段,它把刑法由"自由主义静态观念的外壳",发展成"为了使国家或社会不发生巨大混乱的控制工具"。③ 这一立法取向值得反思,重刑化刑事政策背后的理念无非是呼应民意"治乱世用重典"的安全需求,然而从实施效果看,重刑化刑事政策并不能发挥其预防有组织犯罪之预期效果。《反有组织犯罪法》肩负起安全保障义务的趋势与宪法上的公民的基本权利发生冲突,导致自由与安全之间的禁止关系。即使是一个有利于创造安全的特别刑事法,它仍然是刑法而不是危险防御法或社会管理法。对于《反有组织犯罪法》的限制,必须基于责任原则的有限度功能而专注于行为人个人,必须公正地对待行为人,并且将人权保障视为首要任务,使民众处于预防性立法中仍有寻求捍卫自由的途径。

与治罪的抗制策略不同,治理策略强调最好的社会政策,乃是最好的刑事政策。李斯特所言"最好的社会政策,就是最好刑事政策"的本意,即强调以批判而非犯罪、以社会正义而非司法正义、以处遇而非惩罚、以重视人权保障而非规训或控制。④ 如何建构好的社会政策,这必须结合有组织犯罪本质与特征来制定。有组织犯罪作为一种犯罪形式,其特征是犯罪组织(有组织团体和犯罪协会)实施的稳定活动,具有等级结构、物质和财政基础以及与利用腐败机制的国家结构的联系。犯罪组织的活动可分为几种模式:①旨在完成一项机制复杂的严重犯罪(例如恐怖主义行为)的不同活动。②为了达到一个特定的目的,系统地犯下不同的罪行:获取金钱、在选举中当选公职等。③系统地实施统一类型的犯罪,这是一种持续的活动形式,也是该群体的基本收入来源(专业犯罪活动)。有组织犯罪的特征有:①特定犯罪集团的稳定性,表现为其活动的长期性,以及类似犯罪行为的反复实施;②组织成员之间的角色分布,既沿垂直线(主要组成部分的隔离)又沿水平线(刑事专业化);③层级结构,至少包括一名领导组织活动的人员;④将精力集中在特定形式的犯罪活动上(组织越大,此类活动的范围就

---

① Vgl. Wolfgang Wohlers, Deliktstypen des Präventionsstrafrechts, 2000, S. 125.
② 参见古承宗:《环境风险与环境刑法之保护法益》,载《兴大法学》2015 年第 18 期。
③ Winfried Hassemer, Symbolisches Strafrecht und Rechtsguterschutz, NStZ, 1989, 553 ff.
④ 参见许华孚、刘育伟:《北欧犯罪学趋势及其刑事政策》,一品文化出版社 2018 年版,第 97—98 页。

越广);⑤意图在尽可能短的时间内从犯罪活动中获取尽可能多的收入;⑥通过利用腐败机制等积极抵制执法机构;⑦严格的内部纪律,制定具体的行为准则,并对违反行为准则的人进行惩罚。① 简言之,有组织犯罪最主要的特征为组织结构、经济利益、暴力本质及非法控制。

从当前有组织犯罪的发展态势来看,有组织犯罪整体上已经从"街头犯罪"向"非法'企业'范式"转变,多是以合法外观包装非法行为,企业化、规模化成为有组织犯罪的显著特征。有组织犯罪尽管具有持续性、牟利性、结构性的组织特征,但与一般公司、企业不同的是:其主要目的是利用非法手段获取经济上的不法利益,即蔑视市场规则,凭借非法权力的暴力本质牟取最大的利润。一般企业虽然具有组织结构,其基本目的若不是利用非法手段来获取经济上的不法利益,则不可称之为有组织犯罪。同时,有组织犯罪具有集团性、常习性及胁迫性或暴力性,而与一般任意性的共同犯罪有所不同。加之,有组织犯罪的组织性特质,使其能更有效地达到犯罪目的,其危害结果亦较一般犯罪更大、危害时间更长、危害范围更广,故而成为现行刑事立法预防的重点,也需要强化刑事一体化理念与方法,构筑更为牢固、严密的安全防护网,这在域外立法上已经有参照的典范。例如,为有效抗制有组织犯罪,日本不仅以《暴力团对策法》限制暴力团的行为,通过《有组织犯罪处罚法》等扩大有组织犯罪之犯罪圈和加重对其的惩罚力度,以《警察机关组织令》等强化国家对有组织犯罪的防卫手段,而且通过经济法律等有效排除有组织犯罪及其成员,重视"暴追中心"等社会力量对抑制有组织犯罪的作用,从而建构出一种以法律一体化、官方与民间结合为特点的反有组织犯罪预防和治理体系。日本对于取缔有组织犯罪不遗余力,其所采取的结合社会力量,借以孤立有组织犯罪及其成员的做法,得到民众的一致支持并有效执行,在具体实践中取得了有组织犯罪大幅度减少的效果。在重视犯罪治理之当下,这一经验的确可以成为我国反有组织犯罪立法完善的参照版本。

现代法治社会应该善于治理有组织犯罪,而不是单纯惩罚有组织犯罪,与此对应,法学应提供理性的、法治化的反有组织犯罪国家立法建设模式。从治理理念出发,立法机关需要从刑事一体化拓展至法律一体化②,并以法律一体化理念与方法合理区分刑法与其他法律的边界,从而不仅形成反有组织犯罪的合力,而且借助于其他法律消除有组织犯罪的成因。毕竟,法律是判断和解决社会矛盾纠纷的根本依据,是为了决定人们的相互关系而设定的一系列制约。为此,立法机关需要建立一个能够消除有组织犯罪成因的规范体系,然后根据这些规范体系证明法律对有组织犯罪控制的有

---

① See Nika Chitadze, Global Dimensions of Organized Crime and Ways of Preventing Threats at International Level, Connections, Vol. 15, No. 3, 2016, pp. 20-22.

② 刑事一体化是法律一体化的子系统,系统化治理模式追求法律一体化,自然包括刑事一体化,但对其仍有所拓展,即重视发挥刑事法与非刑事法的合力。

效性。有组织犯罪的目的在于通过犯罪谋取经济利益,其中,"以合法掩饰非法、从非法走向合法""以企业为组织聚敛财产"已经成为有组织犯罪的最新形式。随着有组织犯罪的企业化、经济化以及各种以企业为对象的暴力活动的经常化,有组织犯罪开始渗透到债权管理回收业、建筑业、金融业等工商业领域,有组织犯罪把这些企业称为"正业",但却以威慑、恐吓甚至暴力为红盾,大肆聚敛财富,严重破坏国民经济的正常运行。将有组织犯罪理解为一个社会过程与经济活动,有助于深入了解有组织犯罪的危害,也有助于完善相应的治理对策。为了控制暴力团对经济活动的渗透与控制,立法机关需要在经济法律、行政法律等中增设诸多"排暴条款",将有组织犯罪及其成员从经济实体中排除出去,从而以经济和行政法律有效堵截有组织犯罪对工商业等的介入与渗透,维护经济、社会运行的"宁静天空"。这恰恰是我国当前《反有组织犯罪法》等所缺失的,需要在后续立法修正中予以完善。笔者认为,我国目前在经济法律立法中并没有充分考虑有组织犯罪的预防问题,以至于不少黑社会组织在公司、企业的名义下被"掩盖"了,并且通过这种合法的外衣大量聚敛犯罪资本,壮大组织力量。因此,如何在企业登记、企业年检等过程中发现、排除有组织犯罪,乃是中国未来经济法律立法应该关注的重要命题。各个领域的经济法应结合自身特点增设一些个性化的"排黑条款",不同法律的规定并不会完全相同,比如,在《证券法》中增设"涉黑不得股票上市"的规定;在《建筑法》中增设"不得将工程发包给涉黑公司"的规定;在《商业银行法》中增设"涉黑企业不能申请设立商业银行"的规定;在《招标投标法》中增设"涉黑公司不能作为投标人"的规定;在《合伙企业法》中增设"黑社会成员不得成为企业合伙人"的规定;在《个人独资企业法》中增设"黑社会成员不得申请成立个人独资企业"的规定;在《公司法》中把"涉黑纳入董事、监事、高级管理人员的从业禁止"范畴和增加"公司章程应当有企业不涉黑的保证条款";等等。[①]

(二) 强化更为系统化的犯罪治理模式

毋庸置疑,民众对有组织犯罪恐惧感日趋增加,监狱人满为患,司法超负荷运作,犯罪手段不断翻新,犯罪国际化趋势加剧,这些均是当前我国有组织犯罪治理面临的难题。从刑事政策上分析,透过犯罪预防及被害者救济以实现社会防卫和改善犯罪者的处遇以利于其再社会化的社会复归之间存在"二律背反"现象,系统化的犯罪治理模式必须调和二者之间的冲突,以追寻犯罪预防与人权保障的最佳平衡。

犯罪控制的最好方式不是惩罚罪犯,而是规范和控制犯罪机会,增加犯罪成本,把源头治理与流程治理结合起来,标本兼治。有组织犯罪所处的社会环境,是有组织犯罪产生与发展的重要因素,有组织犯罪通常出现在政府治理能力不足、社会功能失调、

---

① 参见姜涛:《〈反有组织犯罪法〉的预防性取向及其实践路径》,载《中国政法大学学报》2022年第5期。

贪腐严重、执法松散、民间社会预防机制缺乏的区域。从某种意义上说，在国家失灵、有组织犯罪频发的情况下，有组织犯罪反映了一个不完善的社会治理结构。就此而言，有组织犯罪涉及犯罪者、犯罪工具、地点及活动等之间的复杂交互作用。系统化治理模式重视情境犯罪预防，即基于对特定犯罪行为的调查，发现导致或促进有组织犯罪的情境因素，并寻找干预和影响这些情境因素的对策，从而使犯罪不可能发生或使其发生变得更加困难，或影响犯罪者犯罪动机。[1] 系统化治理模式的思维就是要解构该复杂性，并找出组织犯罪者所利用的机会结构，继而建立能够阻碍或瓦解组织犯罪发生和进行的策略[2]，通过社会手段、行政手段、经济手段与刑罚手段等综合预防有组织犯罪，从而真正建立惩罚与预防相结合的双轨制犯罪防控模式。立足于这一犯罪防控模式来审视《反有组织犯罪法》，其在后续实施中仍需重视以下三个方面。

首先，由风险管理转向风险治理。"真的道德恐慌、假的风险治理"是《反有组织犯罪法》需要特别警惕的。从风险治理的角度，《反有组织犯罪法》不是先放纵有组织犯罪发生、发展与壮大，然后再以刑法严厉惩罚有组织犯罪，而是要通过反有组织犯罪国家立法体系建设，通过对轻微有组织犯罪的及时干预，阻断有组织犯罪向严重化发展的链条，把有组织犯罪发生率降低到冰点。风险治理更加重视寻找预防与惩罚犯罪的对策，而不是单一地坚持刑法的正义模式。正义模式强调刑罚的正当性根据在于维护人类共同生活所需法律秩序基本的条件，有组织犯罪妨害公共安全与社会秩序，并且借助实施杀人、抢劫、贩卖毒品、组织卖淫等犯罪维持组织的长期存在，危及民众的生命、财产安全，属于刑法重点打击的对象。刑罚正义模式理论强调刑罚执行的有效性，并不是刑罚再社会化的效果，而是把刑罚作为一种隔离排害和惩罚的手段，以满足一般民众的报应情感和从严管理的政治要求。问题在于，如果有组织犯罪的法律只由刑法承担，那么刑法就会显得"力不从心"，会把行为人工具化，而且没有从其他法律上对有组织犯罪及其成员的排除作出明确规定，更不太重视民间力量在抗制有组织犯罪中的积极作用，所以在实践中遭遇了诸多难题，既增加了扫黑除恶的难度，又降低了扫黑除恶的信用度和效果。就此而言，正义模式固然有利于实现同案同判意义上的量刑公平，但是也会导致在有组织犯罪治理策略上的重刑化，即在消极面会采取"回避危险"策略，在积极面会选择"强力对抗"策略，例如，立法机关选择"又严又厉"的罪刑结构和严格的财产处置措施。相反，风险治理主张从犯罪发生的原因出发，强调影响犯罪人之犯罪动机的因素有多种，并不是唯一的刑罚及其强调，故强调透过犯罪脚本（Crime Scripts）的分析来探索犯罪过程，脚本可以说是随着时间而延伸的一连串事

---

[1] See Lars Korsell, Regulating Organized Crime, The Annals of the American Academy of Political and Social Science, Vol. 679, September 2018, p. 161.

[2] 参见孟维德：《组织犯罪的国际分布、蔓延与防制》，载《刑事政策与犯罪研究论文集（22）》，2019年版，第172页。

件,事件与事件之间有明确的因果关系,先前的事件导致后来的事件发生。如果犯罪脚本分析要发展成为一项有助于防制有组织犯罪的方法,那么事件与事件之间明确的因果关系便是重点。其中,有组织犯罪的脚本包括三个部分:主要犯罪行为、犯罪人的生活状态、犯罪网络的接触或参与。① 以此为根据,刑事政策必须避免将一种"虚相"视为"现实"并以此作为拟定立法选择的依据,并优先考虑通过刑事司法系统减少最具暴力性的有组织犯罪(如偷渡和绑架),同时通过经济和劳工政策更好地监管非暴力性犯罪(如赌博和成人卖淫)。就具体刑事立法政策选择而言,有组织犯罪是以人、财、物为主要构成要素的犯罪,控制有组织犯罪必须以此为主线展开,切断有组织犯罪的资金来源,严密有组织犯罪的法网,强化有组织犯罪的防卫手段,同时在打击有组织犯罪的同时,必须重视社会力量与国际刑事司法协助。

其次,要深挖有组织犯罪的"保护伞"。研究表明,有组织犯罪的增长与公共部门腐败的增长之间存在密切联系。从犯罪学角度,有组织犯罪通常有暴力时期、寄生时期与共生时期三个阶段:暴力时期是有组织犯罪的初级阶段,即以组织性力量实施抢劫、贩卖毒品等犯罪,以发展壮大。寄生时期系有组织犯罪的发展阶段,犯罪集团为降低被逮捕、审判的风险,有组织犯罪组织者、领导者等会利用贿赂等手段、方法,腐化司法人员或政府人员,寻找"保护伞"。共生时期则是有组织犯罪的成熟阶段,即政府为了拆迁、城市建设等反而依托黑社会性质犯罪组织等进行,黑社会性质犯罪组织成为政府机构的"附属机构",有组织犯罪与政治、经济行为等纠缠在一起难以区分,例如,黑社会性质组织因能提供民众保护服务,甚至可以取代或扩展政府功能,包括恐吓政府拆迁中的钉子户等。在不少村支部书记贪污受贿案中,犯罪人所得的赃款部分甚至大部分支付给当地的黑社会性质组织成员,由这些成员恐吓在征地、拆迁中有异议的村民,以确保征地、拆迁等"顺利"进行。其中,暴力时期往往实施低度有组织犯罪,犯罪侦查与审查的难度较小,共生时期则形成高度有组织犯罪,犯罪侦查与审查困难重重。简言之,有组织犯罪是社会、政治和经济发展的有害产物,也是国家和社会内部社会、政治和经济功能失调的有害产物。当国家治理失败时,犯罪提供了不完善的但可能为部分民众接受的治理社会结构②,例如,少数政府机构利用有组织犯罪搞暴力拆迁,部分民众借助黑恶势力讨债。腐败和有组织犯罪不仅仅是一种与刑法相联系的行为现象,也有其存在的社会和政治根源。从情境预防出发,立法者需要借助立法严防黑恶势力渗入基层,防止黑恶势力死灰复燃,防治未成年人遭受侵害,深挖黑恶势力

---

① 参见孟维德:《组织犯罪的国际分布、蔓延与防制》,载《刑事政策与犯罪研究论文集(22)》,2019年版,第169、171页。
② See Edgardo Buscaglia, Judicial and Social Conditions for the Containment of Organized Crime: A Best Practice Account, in: Transnational Organized Crime, eds by Heinrich-Böll-Stiftung, Regine Schönenberg, Transcript Verlag, 2013, p.61.

的"保护伞",并瓦解黑恶势力发展的物质基础。

最后,要重视反有组织犯罪的公众参与。在社会资本理论看来,以国家司法机关为单一力量的刑事政策实施模式,往往造成国家导向与民众需求之间的"大断裂"现象,从而留下"愿望虽然良好、效果却是极差"的遗憾。相反,当某种制度得到更多人的认同和支持时,制度的运行就是高效的,也更具有合理性。有组织犯罪既是一个国家问题,也是一个社会问题。随着犯罪治理理念的提升,"犯罪控制的主体既可以是官方,也可以是民间,还可以是官方和民间的合作"这一模式也在实践中得以运行,并在抗制有组织犯罪中发挥着重要作用。换言之,实现控制有组织犯罪的目标,需要建构一种官方与民间的合作系统。官方力量固然必不可少,但社会力量参与抗制有组织犯罪活动,也有利于促进社会资本形成,而社会资本形成则有助于扩大国家抗制有组织犯罪活动的有效性,从而形成一种国家—社会模式的有组织犯罪治理结构。在当代社会,犯罪治理意味着"组织社会发展的权力由政府向市民社会(civil society)的转移"①。为此,《反有组织犯罪法》的实施要强化一种官方与民间的互动网络,充分发挥民间力量在有组织犯罪控制中的作用,以发挥二者的合力。就具体实施路径而言,国家与社会均应发挥劝善功能,任何人都可以参与制定预防有组织犯罪的措施,不论他们的角色如何。② 法律鼓励成立反有组织犯罪协会、中心等民间机构,以社会动员方式开展反有组织犯罪工作,这种国际上较为普遍的做法,既是法治社会建设的重要方面,也可以发挥反有组织犯罪的合力,形成全社会力量抗制有组织犯罪的社会环境,以孤立的方式灭绝有组织犯罪。比如,日本在1991年《暴力团对策法》制定后,即依照该法第31条、第32条的规定,结合社会力量展开全面性的"暴力团"排除活动,欲以孤立的方式灭绝"暴力团",并将此部分任务交由"暴追中心"负责。依据《暴力团对策法》第31条的规定,公安委员会对符合下列条件之一的团体的申请,有职责在各都道府县指定唯一的"暴追中心":①以防止"暴力团员"的不当行为及给予被害救助为目的,且依《日本民法典》第34条设立的公益法人;②设置具有符合法定人数的驱逐暴力咨询委员会;③为适当进行驱逐暴力团工作所必要,且符合"暴追中心"之相关规则(1991年国家公安委员会规则第7号第6条所规定的基准)。一言以蔽之,"暴追中心"即为从事特定公益事业并受到政府部门认定的团体。长期以来,日本认为支撑抗制暴力团的基础之一是社会各界默认及形成以全社会力量抗制暴力团的社会环境,因此,警察便通过在各个地区、不同行业中设立驱逐暴力团的组织,在议会中促进达成暴力团的决议等,实行全民性的排除暴力团运动的刑事政策。与此相应,为在建筑、公营竞技等可能

---

① 朱全景:《社会资本与全球治理》,载《中央社会主义学院学报》2011年第1期。
② See Joshuad. D. Freilich, Graeme R. Newman, Regulating Crime: The New Criminology of Crime Control, The Annals of the American Academy of Political and Social Science, Vol.679, 2018, p.17.

成为暴力团资金来源的行业中将暴力团驱逐出去,警察还采取了和有关机关、团体等联手合作的方式。① 日本的实践经验表明,反有组织犯罪应该结合多元的参与者,包括政府机关在内的社会各阶层,不单单仅有非政府组织,还包括工会、商会、宗教团体、学生团体及非正式的小区团体等,通过公民社会力量来填补政府所可能产生的权力真空与不足之处,群策群力地从根本上着手解决。当然,社会参与并非单纯地迎合民意,而是需要依赖民众自发的理想,形成一种与治理有组织犯罪体系相对应的自发秩序,包括开发有组织犯罪印象指数建设,这就需要"从群众中来,到群众中去",需要广泛的社会动员,需要民众自发地抵制有组织犯罪。

有组织犯罪系社会发展中的顽疾,必须有更为合理的因应之道。刑事政策的宗旨就是减少犯罪,增加人民的安全感。社会是一直持续发展的,同样,犯罪也一直在变化。法律系统因此更需要与世界一起同步发展,才能跟得上犯罪的变化。有组织犯罪具有暴力化、多样化、隐秘化、智能化和国际化特征,这就不仅需要我们强化抗制有组织犯罪的侦查手段,而且也对建立应对有组织犯罪的法律体系提出了新的要求。按照刑事一体化的方法,刑事政策学、犯罪学、刑法学与刑事诉讼法学等要在源流上实现有效衔接,合理规划有组织犯罪的抗制策略。刑事政策是刑法立法的政治根据,也是判断立法良善、指导刑事立法实施的重要标准。立足于刑事政策分析,《反有组织犯罪法》的立法目的在于预防与惩治有组织犯罪,维护国家安全、社会管理秩序、经济秩序和公民合法权益,有明确的政治目标、法律目标与治安目标。《反有组织犯罪法》兼具实体法、程序法、监狱法等内容,是不同于刑法典的特别刑事法,具有领域法学的属性,是刑事一体化理念与方法在刑事立法中的体现,值得在反电信诈骗法等特别刑事法中予以推广。只有公正、科学、合理的反有组织犯罪立法才符合国家、人民的利益。有组织犯罪首先是一个社会问题,是由于复杂原因导致的复杂现象,刑事一体化的努力对预防和控制有组织犯罪固然有效,但只能治标而不能治本。《反有组织犯罪法》的实施需要实现从治罪到治理的根本转变,预防有组织犯罪还需消除有组织犯罪生存的社会土壤,这就不仅需要强化法律的一体化运作,以行政、经济法律等限制有组织犯罪的发展壮大,有效避免有组织犯罪对经济领域的渗透,而且需要真正努力利用多元主体的力量来共同治理有组织犯罪。同时,从根本上改变传统的运动式的有组织犯罪治理模式,建立常态社会中系统化有组织犯罪协同治理模式,从而有效抗制有组织犯罪"发展壮大"。

---

① 参见〔日〕大谷实:《刑事政策学》,黎宏译,法律出版社2000年版,第363页。

打击网络犯罪的国际法框架

江 溯[*]

随着跨国网络犯罪现象日趋严重,制定和出台一部全球性的网络犯罪公约在网络犯罪治理中的重要性与日俱增。2001年的欧洲委员会《网络犯罪公约》是迄今为止最具影响力的打击网络犯罪的区域性法律文件。自公约生效以来,西方发达国家一直通过设立全球能力建设项目等方式,在全球范围内推广这一公约,并试图将其打造为打击网络犯罪的全球性法律标准,极力反对制定新的全球性打击网络犯罪公约。但这一主张越来越多地遭到了中国、俄罗斯、巴西及其他发展中国家的质疑,这些国家认为,《网络犯罪公约》是以欧美为主导的少数国家制定的区域性公约,代表了西方发达国家的利益诉求,不具有全球性公约的真正开放性和广泛代表性,不能反映各国特别是发展中国家的普遍利益。因此,制定一部具有开放性和代表性的打击网络犯罪新公约成为全球网络犯罪治理的重要议题。近年来,出于构建网络空间国际秩序和规则、维护网络安全的共同需求,在以中俄为代表的发展中国家的推动和国际社会的共同努力下,国际网络空间规则的制定取得了不少进展。虽然当前国际社会各方关于网络空间秩序和规则主导权的博弈仍十分激烈,但以联合国为缔结平台制定统一的联合国网络犯罪公约,对于消除各国法律差异和缩小发展中国家的网络安全数字鸿沟仍不失为一条可行的路径。在这一背景下,本文首先从当前制定联合国网络犯罪公约的必要性出发,然后以欧洲委员会《网络犯罪公约》为视角,分析当前打击网络犯罪国际法机制所面临的困境,继而对以中俄为代表的发展中国家另辟蹊径所构建的新型多元化网络犯罪公约进行分析,最后对打击网络犯罪的国际法机制未来的发展方向进行展望,并就中国参与构建这一机制提出相关的建议。

一、为什么需要联合国网络犯罪公约

网络的开放性、跨国性决定了网络安全的维护是全球性的难题,对网络的任何戕害都可能造成"牵一发而动全身"的连带性危害后果。因此,国际社会共同合作打击网

---

[*] 北京大学法学院副教授。

络犯罪是大势所趋,制定一部具有法律约束力的国际文书势在必行。之所以需要一部全球性网络犯罪公约,其原因在于:第一,是网络犯罪的特性与全球网络安全治理的需求;第二,是弥合各国立法差异、建立政治互信的需要;第三,是国际法本身所具有的诸多优势。

(一) 网络犯罪的特性与全球网络安全治理的需求

近半个世纪以来,全球互通互联程度显著增加,无疑从物理技术层面提供了当代网络犯罪滋生的温床。① 互联网和计算机根本性地改变了传统的商业交易和社会服务提供的模式,使得社会中各层面的主体都暴露在更为严峻的网络安全风险之中。② 因此,就传统犯罪的网络化而言,网络改变了犯罪实施的进程和所造成的危害,网络犯罪已经造成了全球性的影响。③ 互联网最重要和独特之处在于它作为一种天生无国界的传播媒介的功能,因特网不是一个实体存在,而是"网络的网络"(networks of networks),这种网络系统在一国主权范围内和在国际上都是无国界的,互联网呈现出无限延伸和极度分散的特点(the limitless reach and decentralized nature)。④ 一方面,这种特性使得网络犯罪呈现出十分明显的"跨国(境)属性"(transnational nature)或"跨管辖属性"(cross-jurisdictional nature)。⑤ 这种与本土化、区域性、发生于一国司法体系之内的传统犯罪形式差异显著。⑥ 另一方面,这种特性也为各国网络犯罪侦查、证据收集、起诉、引渡等活动的开展造成了巨大的障碍和困难。⑦ 有学者指出,在打击网络犯罪方面进行国际合作的必要性是显而易见的,特别是网络犯罪的跨国属性使个人和团体能够

---

① See UNODC, Comprehensive Draft Study on Cybercrime, February 2013, p. 5, accessed February 10, 2020, http://www.unis.unvienna.org/unis/en/events/2015/crime_congress_cybercrime.html.

② See Summer Walker, The Global Initiative Against Transnational Organized Crime, Cyber-insecurities? A Guide to UN Cybercrime Debate, March 2019, p. 1, accessed February 19, 2020, https://globalinitiative.net/un-cybercrime.

③ 网络技术通过三个途径改变了传统犯罪所能产生的影响:第一,网络技术不仅使得信息交流实现了全球化,而且还通过制造"全球本土化"影响(globalizing effect)来扰乱地方治安服务;第二,网络技术为新型的不对称关系创造了可能性,使得一个罪犯可以同时侵害多个个体;第三,网络技术和社会网络媒体正在创造新的网络形式和非实体的社会关系,增加了犯罪机会的来源。See David S. Wall, Crime, Security and Information Communication Technologies: The Changing Cybersecurity Threat Landscape and Implications for Regulation and Policing, in R. Brownsword, E. Scotford and K. Yeung (eds.), The Oxford Handbook on the Law and Regulation of Technology, Oxford University Press, 2017, p. 4.

④ See Susanna Bagdasarova, Brave New World: Challenges in International Cybersecurity Strategy and the Need for Centralized Governance, Penn State Law Review, Vol. 119, No. 4, 2015, p. 1012.

⑤ See Abraham D. Sofaer & Seymour E. Goodman(eds.), Cyber Crime and Security: The Transnational Dimension, 2000, p. 2; Abraham D. Sofaer et al., A Proposal for an International Convention on Cyber Crime and Terrorism, Stanford University, 2000, p. i.

⑥ See Xingan Li, International Actions against Cybercrime: Networking Legal Systems in the Networked Crime Scene, Webology, Vol. 4, No. 3, 2007, p. 1.

⑦ See Albert I. Aldesco, the Demise of Anonymity: A Constitutional Challenge to the Convention on Cybercrime, Loyola of Los Angeles Entertainment Law Review, Vol. 23, No. 81, 2002, p. 82.

利用"管辖权的漏洞"或者特定国家在技术专长和资源方面存在的差异和漏洞。网络犯罪调查往往涉及两个或两个以上的国家,因此一个协调的法律应对机制是不可或缺的,如果在实体法和程序法之间无法达成某种最低限度的协调,国际合作的努力注定会失败。①

网络的开放性、跨国性决定了网络安全的维护是全球性的难题,维护全球网络安全是国际社会各方共同的利益追求。有学者指出,打击网络犯罪必须采取全球系统整合的方法(systematic approach),即信息社会的每一个主体都参与其中。一方面,"全球"应该被理解为一个包括与网络犯罪相关的政治安全、社会安全、经济和技术安全等要素在内的一个安全系统框架,同时它也意味着各国有必要从协作、合作和共享的角度来考虑网络安全问题。另一方面,系统整合的方法还必须考虑到地方性的文化、道德观念、政治与法律特性,因而它必须在应对特定国家层面的网络安全问题的同时兼顾在国际层面的兼容性与可操作性。②"系统整合模式"通过有效兼顾现实各方的普遍性与特殊性,倡导构建一种多元稳定的网络犯罪打击路径。虽然当前网络犯罪国际法律框架呈现明显的"碎片化"特征,但通过构建新的全球层面的国际法律文件,重新配置传统治理体系中各方的权利与义务,势必会增强私营部门以及其他主体在打击网络犯罪中的参与程度。③

(二) 弥合各国立法差异,建立政治互信的需要

造成主权国家和区域组织网络犯罪立法差异的根本原因是采取的网络犯罪打击治理模式不同。目前,主要存在两种不同的应对日益严峻的网络犯罪问题的路径,它们在一定程度上反映了各国在国际政治立场以及意识形态方面的根本差异。以中国、俄罗斯及上海合作组织成员国为代表的国家采取国家和政府强力主导的网络犯罪与安全治理模式,强调在国际合作开展中必须尊重各国的主权完整与独立,提出"数据主权"的概念(digital sovereignty),主张国家和政府在打击网络犯罪中的主导作用。与之相反,以美国和欧盟国家为代表的西方发达国家采取了"多利益主体共同参与"(multi-stakeholder model)的治理模式,其中,欧盟国家更重视公民隐私权利的保护,而美国更倾向于保护私营电信部门的权利,两者都强调数据和信息的自由流动,重视私营部门在打击网络

---

① See Joachim Vogel, Towards a Global Convention against Cybercrime, First World Conference of Penal Law-Penal Law in the 21st Century, 2007, p. 4.
② See Stein Schjolberg & Solange Ghernaouti-Helie, A Global Treaty on Cybersecurity and Cybercrime, AiTOslo Publishing, 2011, pp. 18-19.
③ See Roderic Broadhurst, Developments in the Global Law Enforcement of Cyber-crime, An International Journal of Police Strategies & Management, Vol. 29, No. 3, 2006, p. 414.

犯罪中的作用以及对其隐私权利的保护。① 两种模式最根本的区别在于由哪方主体拥有数据和信息的相关权利,前者倾向于国家和政府,而后者倾向于私营部门及用户。在这两种截然不同的治理模式之下,各国立法也存在诸多不同之处,从而为某些跨国网络犯罪行为的实施留下了法律漏洞。此外,目前许多国家将司法互助建立在"双重犯罪"的原则之上,这种立法上的分歧可能会损害打击犯罪实践中执行的有效性。也就是说,当一个特定的司法管辖区缺乏全面的网络犯罪立法或执行不力时,它可能会变成网络罪犯的"避风港"(safe heaven)。② 各国立法的差异性、不一致性能够为网络犯罪的实施"提供"法律层面的漏洞。③ 从理论上讲,一个国家完全可以根据全球趋势和最佳实践(best practice)来进行网络犯罪立法,但这种做法将限制这个国家参与全球打击犯罪的能力。在这种情况下,全球一级的调查限于在所有合作国家都被列为犯罪的罪行。如果各国制定不同于国际最佳实践的标准,那么国际合作将困难重重,并最终导致安全避风港的产生。④ 而在多数情况下,网络犯罪实施者往往身处对这一问题的刑事立法尚不完备的国家或地区。因此,通过何种方式、在何种程度上实现各国立法的协调化是当下国际社会面临的一个重要问题。从历史实践来看,签订各国普遍参与的多边国际法律文件的做法更为常见,因为国际法的目标之一就是要实现各国法律的协调化。⑤ 只有遵循协调一致的法律标准和加强司法管辖区之间的合作,才能解决这种分歧。

除立法分歧的协调之外,国际社会需要一部全球性的法律文件来建立政治互信,凝聚在全球范围内打击网络犯罪的共识和决心。随着网络犯罪在全球范围内不断扩散,尽管各国均已认识到根据国际义务和国内法开展刑事事项国际合作是各国努力预防、起诉和惩治犯罪特别是跨国形式犯罪活动的基石⑥,但是基于不同的治理模式以及意识形态的差异,各国之间普遍缺乏打击网络犯罪合作的政治信任,这种政治互信

---

① See Summer Walker, The Global Initiative Against Transnational Organized Crime, Cyber-insecurities? A Guide to UN Cybercrime Debate, March 2019, p. 3, accessed February 19, 2020, https://globalinitiative.net/un-cybercrime.

② See Brian Harley, A Global Convention on Cybercrime?, Columbia Science and Technology Law Review 23, March 2010, accessed February 16, 2020, http://stlr.org/2010/03/23/a-global-convention-on-cybercrime.

③ See UNODC, Comprehensive Draft Study on Cybercrime, February 2013, p. 64; Singh, Mrinalini & S. Singh, Cyber Crime Convention And Trans Border Criminality, Masaryk U. j. l. & Tech, March 2008, p. 55; see also, UNODC, The Education for Justice: Cybercrime, 2017, accessed February 16, 2020, https://www.unodc.org/e4j/en/cybercrime/module-3/key-issues/harmonization-of-laws.html.

④ See Marco Gercke, Hard and Soft Law Options in Response to Cybercrime, How to Weave a more Effective Net of Global Responses, in Stefano Manacorda (eds.), Cybercriminality: Finding a Balance Between Freedom and Security, International Scientific and Professional Advisory Council, 2011, p. 193.

⑤ See UNODC, Comprehensive Draft Study on Cybercrime, February 2013, p. 66.

⑥ See UNGA, Twelfth United Nations Congress on Crime Prevention and Criminal Justice, International Perspectives in Victimology, Vol. 5, No. 1, 2010, p. 7.

的缺失在西方发达国家与发展中国家之间尤为明显。有学者指出,这一现状与各国政府、私营企业和公民之间的信任日益破裂有关。① 一部由国际社会普遍参与的国际法律文件能够在一定程度上消弭各国的立法实践差异,或者至少能够通过一项广泛参与的机制来表达各国在打击网络犯罪问题上的利益诉求,构建对话沟通的渠道,进而推动国际政治互信的建立和巩固。

(三) 国际法机制的诸多优势

相较于国内法而言,国际法所具有的优势表明其更适合解决复杂的跨国犯罪问题,因此,制定一部普遍参与的国际公约的必要性还需要从国际法本身加以理解。如前文所言,联合国毒品与犯罪办公室(UNODC)在报告中指出,国际法的目标之一便是实现各国法律的协调化。一项国际文件可以在促进全球统一网络犯罪立法方面发挥重要作用。由联合国主导这一国际公约的谈判,可以确保该文件反映发达国家和发展中国家的共同需求,并尊重法律传统和法律制度的差异。此外,这种广泛的参与将确保所包括的议题与各国面临的问题都密切相关,并在执行一项协调立法的国际文书时采取一种更全面的全球化办法。② 从具体方面来看,一个全球性的多边文书可以协调立法差异、为引渡事项提供国际法依据、促进网络犯罪侦查及证据搜集活动顺利开展、促进建立协调一致的标准和实践。③

一部全球性的打击网络犯罪国际法律文件最根本的特征在于它的"普遍性"(university),它能够帮助国际社会建立一套一以贯之的"协调统一的进路"(universal approach)。这样一个国际法律文件的作用体现在以下几个方面:建立和深化关于网络的共同理解与认识,建立一个安全且信息流通顺畅的全球快速反应机制,促进与国家网络安全、国际合作等方面的术语定义与流程设定,避免各国重复的工作与努力等;更重要的是,它能够帮助打击网络犯罪的全球能力建设(capacity-building),从而在一个全球网络安全议程的框架内尽可能实现人力与机构组织的能力建设的提升,并加强跨部门和跨领域的知识与专门技能的融合。④ 有学者指出,全球性的网络犯罪公约能够为全球打击网络犯罪活动的行为提供具有约束性的规范指引,并认为这是最根本的治理

---

① See Summer Walker (The Global Initiative Against Transnational Organized Crime), Cyber-insecurities? A Guide to UN Cybercrime Debate, March 2019, p. 1, accessed February 19, 2020, https://globalinitiative.net/un-cybercrime.

② See Marco Gercke, Hard and Soft Law Options in Response to Cybercrime, How to Weave a More Effective Net of Global Responses, in Stefano Manacorda (eds.), Cybercriminality: Finding A Balance Between Freedom And Security, International Scientific and Professional Advisory Council, 2011, p. 197.

③ See Abraham D. Sofaer et al., A Proposal for an International Convention on Cyber Crime and Terrorism, Stanford University, 2000, p. ii.

④ See Stein Schjolberg & Solange Ghernaouti-Helie, A Global Treaty on Cybersecurity and Cybercrime, AiTOslo Publishing, 2011, p. 21 & 25.

手段。① 还有学者指出,一个全球性的网络犯罪法律文件并不必然是国际公约,也可能是一个不具有约束力的"软法"(soft law)文件,并且它不是用来取代现有的国际法机制的一部"更好的法"(a better law)。但是,这一部法律文件将确定各国在信息空间方面的权利和责任,并可能建立更为协调和有效的措施以营造一个更为安全的互联网,特别是在打击网络攻击和恐怖主义活动方面。② 目前各国之间存在一些以区域性为特点的国际司法合作机制,但是这些机制并非全部是专门针对网络犯罪设定的,现有的正式司法互助法律文件的制定程序非常复杂且十分耗时,而且往往不包括针对计算机的调查。③ 这些困难和障碍说明,有效地打击网络犯罪将在很大程度上取决于国际社会在侦查、预防和威慑潜在网络罪犯以及起诉和惩罚网络罪犯方面的合作能力。更具体地说,国际社会必须制定关于引渡、相互法律援助、移交刑事诉讼程序、移交囚犯、扣押和没收资产以及承认外国刑事判决的国际标准。④

二、打击网络犯罪现有国际法机制的问题

目前,国际社会打击网络犯罪的国际法机制可以分为两个大类:一是由两个主权国家签订的以打击网络犯罪为主要议题的双边合作机制,常见的有条约、备忘录、司法互助协议、协定等;二是由两个以上国家签订的多边国际法律文件,常见的有区域性公约以及不具约束力的政治文件,如宣言等。在多边机制中,欧洲委员会《网络犯罪公约》作为世界上第一部打击网络犯罪的国际文件,具有里程碑性的意义。但是,不可否认的是,《网络犯罪公约》也存在诸多严重不足。

(一) 一般性问题

1. 过于分散与碎片化

如上文所言,与网络犯罪相关的国际法规范既有在两个主权国家间签订的条约及双边合作机制,又有以某一个区域为集群的主权国家签订的区域性国际公约,不仅包括官方正式的法律文件,还包括以私营部门或其他国际组织为主导的非正式执法机制,具有强烈的地缘政治属性,维护的是少数集群的共同利益。显然,应对网络犯罪的

---

① 参见于志刚:《缔结和参加网络犯罪国际公约的中国立场》,载《政法论坛》2015年第5期。
② See Murdoch Watney, Cybercrime Regulation at a Cross-road: State and Transnational Laws Versus Global Laws, Information Society (i-Society) - International Conference on IEEE, 2012, p.74.
③ See ITU(Marco Gercke), Understanding Cybercrime: Phenomena, Challenges and Legal Response, September 2012, p.3, accessed April 12, 2020, http://www.itu.int/ITU-D/cyb/cybersecurity/legisation.html.
④ See Jason A. Cody, Derailing the Digitally Depraved: An International Law & (and) Economics Approach to Combating Cybercrime & (and) Cyberterrorism, Michigan State University-Detroit College of Law's Journal of International Law, Vol. 11, No. 2, 2002, p.241.

国际法律文件相当分散和地域化,呈现一种"碎片化"(fragmentation)①的状态。同时,网络犯罪跨国(境)程度极高,这直接提升了电子证据和数据的搜集难度。至少在电子证据的保存、获取问题上,从全球来看,多边和双边法律文件合作条款范围不同、缺乏回应时间义务、缺乏可直接获取域外数据的协议、非正式执法网络众多以及合作保障措施各不相同,对有效实施涉及刑事事项电子证据的国际合作提出了严峻挑战。② 因此,在这样一种高度"碎片化"的状态之下,打击网络犯罪活动困难重重。国际社会缺乏一个协调一致的统筹方法,这本身就是既有的国际法机制中最严峻的问题。

2. 时效性和地域代表的局限性

以《网络犯罪公约》为代表的现有国际法机制在时效性和地域代表方面的局限性被广为诟病,大量的学术界及实务界文章均指出了这一问题。③《网络犯罪公约》的文本草案早在1990年就被提出,然而在过去的三十多年里,云计算、人工智能等早已成为互联网技术的新样态,无论是网络犯罪的数量、种类、蔓延速度和利益链条化的变化,还是各国国内法的制定完善,都已经与公约制定的时代背景大不相同。同时,即便是技术性犯罪也产生了诸多新的犯罪形式,例如,"网络钓鱼""僵尸网络""垃圾邮件""身份窃取"(identity theft)"网络恐怖活动""针对信息基础设施的大规模协同网络攻击"。④ 因此,《网络犯罪公约》是否能够满足当下打击网络犯罪的时代需求备受社会各方质疑。⑤

截至 2021 年 6 月,《网络犯罪公约》已有 66 个缔约国、2 个签字国以及 9 个受邀加入的国家(尚未加入)。据估计,另有超过 70 个国家在制定打击网络犯罪的国内法时受到该公约的影响。⑥ 虽然近年来有一些发展中国家加入了《网络犯罪公约》,但该公约的缔约国绝大多数仍为欧美国家以及其他地区的发达资本主义国家。随着发展中

---

① 参见 David Tait, Cybercrime: Innovative Approaches to an Unprecedented Challenge, Commonwealth Governance Handbook, 2014, p. 99, available at http://www.commonwealthgovernance.org/assets/uploads/2015/04/CGH-15-Tait,(last visited 16 February 2020);胡健生、黄志雄:《打击网络犯罪国际法机制的困境与前景——以欧洲委员会〈网络犯罪公约〉为视角》,载《国际法研究》2016 年第 6 期。

② See UNODC, Comprehensive Draft Study on Cybercrime, February 2013, p. XVI.

③ 参见胡健生、黄志雄:《打击网络犯罪国际法机制的困境与前景》,载《国际法研究》2016 年第 6 期;于志刚:《缔结和参加网络犯罪国际公约的中国立场》,载《政法论坛》2015 年第 5 期;Marco Gercke, Hard and Soft Law Options in Response to Cybercrime, how to Weave a More Effective Net of Global Responses, in Stefano Manacorda (eds.), Cybercriminality: Finding a Balance Between Freedom and Security, International Scientific and Professional Advisory Council, 2011, pp. 198-199; Xingan Li, International Actions against Cybercrime: Networking Legal Systems in the Networked Crime Scene, Webology, Vol. 4, No. 3, 2007, p. 10。

④ See Stein Schjolberg & Solange Ghernaouti-Helie, A Global Treaty on Cybersecurity and Cybercrime, AiTOslo Publishing, 2011, p.41.

⑤ 参见 Russian Federation, Presentation on Cybercrime in the First EGM Meeting, accessed February 19, 2020, https://www.unodc.org/documents/treaties/organized_crime/EGM_cybercrime_2011/Presentations/Russia_1_Cybercrime_EGMJan2011;《中国代表团出席联合国网络犯罪问题专家组首次会议并做发言》,载外交部(https://www.fmprc.gov.cn/wjbxw_673019/201104/t20110402_371137.shtml),访问日期:2019 年 10 月 12 日。

⑥ See The Budapes Convention and its Protocols, www.coe.int, last visit March 11, 2022.

国家的经济崛起,这些国家的互联网用户数量已经超过了发达国家,甚至出现了像中国、印度、巴西这样的新兴网络强国,如果一部国际法律文件没有这些国家的广泛参与,那么打击网络犯罪的国际合作将很难有效开展。[1] 同时,该公约规定新的缔约方加入必须经由欧洲委员会部长会议多数决定并经由所有的缔约国一致同意,过于严苛的条件使得该公约在地域代表性问题上长期难以突破。[2] 简言之,《网络犯罪公约》是以欧洲技术标准为基础的欧洲法律文件。

3. 缺乏统一协调的术语定义

在网络犯罪国际法律文件的术语定义方面,面临的首要问题是国际社会并不存在一个通行的、权威的统一定义来界定什么是"网络犯罪""计算机""通信"等专业术语。[3] 如前文所述,当前应对网络犯罪的国际法机制呈现分散化、碎片化的状态,主要区域公约几乎是基于不同的技术标准来界定相关专业术语的。以《网络犯罪公约》为例,该公约将网络犯罪定义为"利用电子通信网络和信息系统在网上实施的犯罪行为",并将网络犯罪分为三类[4],然而第二类、第三类犯罪中即使不存在"网络"或"计算机"要素也是网络犯罪的类型。不仅如此,"网络犯罪"与"网络安全""网络恐怖""国家及国际安全""信息基础设施安全"之间的概念和内涵界限模糊,在某些程度或方面存在重合和交叉的情形。有学者指出,概念使用的混乱可能造成管辖权方面的问题,可能会影响不同执法机构的职权范围以及刑事司法活动采用的方法和路径。[5] 也有学者指出,术语的界定处于两难的境地,如果采取宽泛的定义方法,那么其规制的具体行为难以确定;如果采取狭窄的定义方法,那么也会因为欠缺灵活性而无法适应新的形势变化。简而言之,目前国际社会并不存在通行的网络犯罪相关术语定义规范,而《网络犯罪公约》采取的宽泛定义并不能为实际执行提供明确的指引。

---

[1] See ITU(Marco Gercke), Understanding Cybercrime: Phenomena, Challenges and Legal Response, September 2012, p. 126; O. E. Kolawole, Upgrading Nigerian Law to Effectively Combat Cybercrime: The Council of Europe Convention on Cybercrime in Perspective, University of Botswana Law Journal Vol. 12, 2011, p. 159.

[2] See Jonathan Clough, A World of Difference: The Budapest Convention of Cybercrime and the Challenges of Harmonisation, Monash University Law Review, Vol. 40, No. 3, 2014, p. 724.

[3] See Summer Walker (The Global Initiative Against Transnational Organized Crime), Cyber-insecurities? A Guide to UN Cybercrime Debate, March 2019, p. 1, accessed February 19, 2020, https://globalinitiative.net/un-cybercrime;俄罗斯代表团在参加第一次政府间专家组会议时明确指出关于网络犯罪的相关定义在国际层面尚未被确定,参见 Russian Federation, Presentation on Cybercrime in the first EGM meeting, accessed February 19, 2020, https://www.unodc.org/documents/treaties/organized_crime/EGM_cybercrime_2011/Presentations/Russia_1_Cybercrime_EGMJan2011。

[4] 一是针对特定互联网元素的犯罪(如信息系统或网站);二是网上诈骗及伪造;三是"非法网络内容,包括儿童性侵材料、煽动种族仇恨、煽动恐怖主义行为、美化暴力、恐怖主义、种族主义和仇外心理"。

[5] See European Parliament, Directorate General for International Policies, Policy Department C: Citizens' Rights and Constitutional Affairs, The Law Enforcement Challenges of Cybercrime: Are We Really Playing Catch-up? 2016, pp. 22-23.

(二) 刑事实体法的问题

1. 网络犯罪的定义不合理

《网络犯罪公约》将其规制的网络犯罪活动划分为四个类型。① 然而,随着网络技术的发展,网络犯罪活动呈现出来的形式远不止于此,诸如"身份盗窃""暗网""僵尸网站""垃圾邮件""儿童性诱骗"(sexual grooming of children)以及"网络恐怖活动"等并未被涉及。② 尽管从文字性表述上来看,公约的规制对象确实不包括前述犯罪活动,但是也有学者提出,《网络犯罪公约》第 23 条无限放大了公约的实际规制范围。③ 该条款使公约实际打击的犯罪活动不再仅仅局限于网络或计算机相关犯罪,而是扩大到所有证据可以通过计算机或数据方式来呈现的犯罪活动。一种"激进"的说法认为,该条款实际上是允许缔约国制定法律授权执法人员搜查和没收计算机和"计算机数据",进行窃听,并获取实时和存储的通信数据,而无论调查的犯罪是否属于网络犯罪。④

2. 犯罪构成要件不明确

《网络犯罪公约》受到广泛质疑的另一个原因在于,其仅仅罗列了需要缔约国进行刑事立法的犯罪活动形式,但对于如何确定这些行为及罪名的犯罪构成要件或元素(elements of crime)并未提供任何指引。如此一来,对于缔约国而言,完全可能出现针对客观行为模式相同的犯罪活动制定不同内容的罪名的情况。⑤ 学者们推测该公约在草案讨论伊始便认为,如果给出具体内容的规定和指引,很有可能导致潜在的缔约国拒绝签署,因此出于高度尊重缔约国国内刑事立法政策的考量,需要给缔约国保留

---

① 第一,针对计算机数据和系统机密性、完整性及可获得性实施的犯罪活动,如"非法进入"(第 2 条,illegal access)、"非法拦截"(第 3 条,illegal interception)、"数据干扰"(第 4 条,data interference)、"系统干扰"(第 5 条,system interference)、"滥用装置"(第 6 条,misuse of device);第二,与计算机相关的犯罪活动,如"计算机系统、数据的伪造"(第 7 条,computer-related forgery)、"诈骗活动"(第 8 条,computer-related fraud);第三,与计算机内容相关的犯罪活动,如"儿童色情相关犯罪"(第 9 条,offences related to child pornography);第四,侵犯版权和相关知识产权的犯罪(第 10 条,offences related to infringement of copyright and related rights)。参见《网络犯罪公约》(Convention on cybercrime),2001 年 11 月 23 日签订,2004 年 7 月 1 日生效。
② See Jonathan Clough, A World of Difference: The Budapest Convention of Cybercrime and the Challenges of Harmonization, Monash University Law Review, Vol. 40, No. 3, 2014, p. 702.
③ 《网络犯罪公约》第 23 条规定,为涉及计算机系统和数据的犯罪调查或相关行动,或为在电子形式的犯罪中收集证据,缔约方应根据本节中的规定,通过与犯罪事务相关的国际文件、有关单边或双边的立法层面达成协议以及国内法,尽最大努力达成合作。
④ See Michael A. Vatis, The Council of Europe Convention on Cybercrime, 2010, p. 208; Adrian Bannon, Cybercrime Investigation and Prosecution-Should Ireland Ratify the Cybercrime Convention, Galway Student Law Review, Vol. 3, 2017, p. 126.
⑤ See Hopkins, Shannon L, Cybercrime Convention: A Positive Beginning to a Long Road Ahead, Journal of High Technology Law, Vol. 2, No. 1, 2003, p. 113; O. E. Kolawole, Upgrading Nigerian Law to Effectively Combat Cybercrime: The Council of Europe Convention on Cybercrime in Perspective, University of Botswana Law Journal, Vol. 12, 2011, p. 159.

一定的自由裁量空间。可以明确的是,将确定犯罪构成要件的权力交给缔约国必然产生公约执行和实施方面的混乱。有学者指出,如果每个缔约国根据自己的意志和刑事立法政策来制定国内法层面的相关法律,将会造成公约执行方面的多样化,从而削弱国际社会对这些网络犯罪活动危害性的共同认识。这种规定所带来的负面影响将会在极大程度上削弱为达成一项协定而进行的长期、昂贵的国际谈判的效力,尽管该规定本身正是谈判和商定的内容之一。①

(三) 程序法及国际合作的问题

1. 证据获取与保存的问题

由于国际社会缺乏足够的政治互信,尤其是在"斯诺登"事件爆发之后,有调查显示,越来越多的国家不愿意进行信息数据共享方面的合作。欧洲刑警组织也明确表示,现在无法直接从其他国家私营电信部门获得电子数据等必要的证据。② 具体而言,《网络犯罪公约》第 32 条(b)款存在侵犯他国主权的可能。③ 首先,这一条款在一些新兴网络强国引起了强烈的关切,以俄罗斯、中国为代表的这些国家不愿意在主权问题上进行妥协和让步,认为该条款无视主权国家在跨境网络犯罪调查活动中的权威,存在主权和管辖权方面的争议。④ 其次,有学者从"云计算"(cloud computing)角度分析并认为该条款人为省略了"同意"(consent)作为法律联结的因素。⑤ 因为在"云计算"应用场景中,一是云数据服务提供商在绝大多数时候可能会认为数据保护和隐私的价值比犯罪刑事调查更为重要,并且运营商本身也不必然拥有合法披露其所掌握数据信息的权限,要以其所处国家的国内法来具体判断。二是云计算场景下数据可能没有储存在任何一个缔约国的领土内,而《网络犯罪公约》第 32 条以及其他条款并没有

---

① See Xingan Li, International Actions against Cybercrime: Networking Legal Systems in the Networked Crime Scene, Webology, Vol. 4, No. 3, 2007, p. 8.

② See European Parliament, Directorate General for International Policies, Policy Department C: Citizens' Rights and Constitutional Affairs, The Law Enforcement Challenges of Cybercrime: Are We Really Playing Catch-up? 2016, p. 45.

③ 《网络犯罪公约》第 32 条规定,缔约方有权在未经其他各方同意的情况下访问、获取:(a)可公开获得公开储存的计算机数据而不论该数据位于何处;(b)若缔约方获得对数据信息拥有合法权利予以披露的主体的合法、自愿同意且该数据信息位于其他缔约方之领土,任意一方均有权通过计算机系统访问或获取该等储存数据。

④ 参见胡健生、黄志雄:《打击网络犯罪国际法机制的困境与前景》,载《国际法研究》2016 年第 6 期。参见《中国代表团出席联合国网络犯罪问题专家组首次会议并做发言》,载外交部(https://www.fmprc.gov.cn/wjbxw_673019/201104/t20110402_371137.shtml),访问日期:2019 年 10 月 12 日;UNODC, Report on the meeting of the Expert Group to Conduct a Comprehensive Study on Cybercrime, April 2017, UNODC/CCPCJ/EG. 4/2017/4, p. 44; Jonathan Clough, A World of Difference: The Budapest Convention of Cybercrime and the Challenges of Harmonisation, Monash University Law Review, Vol. 40, No. 3, 2014, p. 720。

⑤ See Council of Europe, Economic Crime Division Directorate General of Human Rights and Legal Affairs, Cloud Computing and cybercrime investigations: Territoriality vs. the power of disposal? August 2010, p. 7, accessed February 18, 2020, http://www.int/cybercrime.

规定如何确定数据的地理定位,该条款本身就存在程序上的缺陷。

2. 管辖权冲突的问题

《网络犯罪公约》第22条规定了属地管辖(含"船旗国主义"管辖)和属人管辖原则,同时还允许缔约国对属人管辖原则作出保留。① 有学者认为公约起草者蓄意广泛地规定管辖问题,以便各国在发生争端时灵活地决定管辖权限。② 然而,这一条款仍然没有提供解决管辖权冲突的机制,实际的最终效果是只能在个案中依据涉案各方的协调来确定管辖权,并且在实践中可能造成某些国家拥有无限的管辖权。例如,美国采取了客观属地主义原则(objective territorial approach),只要某一犯罪行为对美国产生"影响"(effect),那么美国就拥有对该行为的管辖权。因此,如果该公约本身没有提供明确的管辖权归属指引,那么在执行过程中仍然无法避免管辖权问题的争议。③

3. 隐私权保护力度不足

《网络犯罪公约》48个条款中并没有涉及与"隐私保护"相关的内容,客观上极大地增加了执法机构的调查权力。在欧洲内部,这种缺乏隐私条款的做法也违反了其他国际执法协定,如国际刑警组织、欧洲刑警组织和申根协定。④ 美国公民自由联盟(ACLU)技术与自由项目主任巴里·斯坦哈特(Barry Steinhardt)认为,这是一项远远超出其预期范围的条约。他认为,这将要求参与条约的国家采取各种干预性的监控措施,并通过法律允许政府搜索和获取电子邮件和计算机记录,进行互联网监控,同时要求互联网服务提供商(isp)保存与调查相关的日志。⑤ 尽管其中一些条款对执法机构的调查行为作出了一定的限制,例如,《网络犯罪公约》第16条(加速保存已存储的计算机数据)和第17条(加速保存和部分披露交通数据)对侵犯隐私的执法技术提出了非常具体的要求,但是其他的条款并没有作出相同或类似的规定。模糊地提及比例原则并不足以确保公民自由得到保护,更有声音质疑《网络犯罪公约》是否在最低标准程度上符合《欧洲人权公约》和其他国际人权文书。⑥

---

① 参见胡健生、黄志雄:《打击网络犯罪国际法机制的困境与前景》,载《国际法研究》2015年第6期。
② See Hopkins, Shannon L, Cybercrime Convention: A Positive Beginning to a Long Road Ahead, Journal of High Technology Law, Vol. 2, No. 1, 2003, p. 117.
③ See Ellen S. Podgor, Cybercrime: National, Transnational, or International, Wayne Law Review, Vol. 50, No. 1, 2004, p. 107.
④ See Adrian Bannon, Cybercrime Investigation and Prosecution-Should Ireland Ratify the Cybercrime Convention, Galway Student Law Review, Vol. 3, 2007, p. 126.
⑤ Ibid, p. 124.
⑥ See Taylor Greg, The Council of Europe Cybercrime Convention: A Civil Liberties Perspective, Privacy Law and Policy Reporter 69, 2001, pp. 3-4, accessed February 16, 2020, http://www.crime-research.org/library/CoE_Cybercrime.html.

(四) 公约实施和执行机制的问题

《网络犯罪公约》自2001年签订以来,其执行和实施的实际情况并不乐观。① 一方面,公约允许保留的条款过多,影响了后续的执行。② 公约中存在9个允许保留的条款,不仅包括实体法内容,还包括程序法内容。笔者认为,这些保留可能是公约起草者旨在使尽可能多的国家成为该公约的缔约国,同时允许这些国家保持符合其国内法的某些主张和概念。另一方面,"遵约"评估机制的缺失也加剧了公约执行上的困难。尽管公约规定了缔约国应随时向欧洲犯罪问题委员会(CDPC)通报关于本公约的解释和适用情况,但公约本身没有任何执行机制来确保各缔约国遵守其在公约下的义务。③ 特别是在批准《网络犯罪公约》第一批国家中,它们对该公约的充分执行严重关切。即使在德国和美国这样的大国,公约也不太可能得到充分执行。例如,与《网络犯罪公约》第2条的规定相反,德国没有将非法访问计算机系统定为犯罪,而只将非法访问计算机数据定为犯罪。④

对此,有学者指出,该公约执行不力的重要原因在于缺少一个专门的司法机构来处理网络犯罪,主张在国际层面建立类似于国际刑事法院或法庭的专门机构来应对网络犯罪法律文件执行不力的情况。⑤ 还有学者指出,这与国际法本身的特点也有关系,认为国际法机制在应对不断变化的全球问题时发挥作用相当缓慢。同时,签署了这一公约的一部分国家仍然没有完成国内批准程序,致使公约不能对其产生法律效力,并且目前全球大部分国家没有加入这一公约。⑥

三、联合国网络犯罪公约的进程与展望

目前,对于网络犯罪国际公约的制定有两条推进路径。欧美国家持续推动《网

---

① See Alexander Seger, The Budapest Convention 10 Years on: 167 Lessons learnt, in Stefano Manacorda (eds), Cybercriminality: Finding A Balance Between Freedom And Security, International Scientific and Professional Advisory Council, 2011, p. 173.

② See Miriam F. Miquelon-Weismann, A Convention on Cybercrime: A Harmonized Implementation of International Penal Law: What Prospects for Procedural Due Process? Marshall Journal of Computer & Information Law, Vol. 23, No. 329, 2005, p. 353.

③ See Michael A. Vatis, The Council of Europe Convention on Cybercrime, National Academy of Science, 2010, p. 217, accessed February 16, 2020, http://www.crime-research.org/library/CoE_Cybercrime.html.

④ See ITU(Marco Gercke), Understanding cybercrime: Phenomena, challenges and legal response, September 2012, p. 125, accessed April 12, 2020, http://www.itu.int/ITU-D/cyb/cybersecurity/legisation.html.

⑤ See Stein Schjolberg, Potential New global legal mechanisms 179 on combating cybercrime and global cyber Attacks, in Stefano Manacorda (eds.), cybercriminality: Finding A Balance Between Freedom And Security, International Scientific and Professional Advisory Council, 2011, p. 179.

⑥ See Francesco Calderoni, The European legal framework on cybercrime: striving for an effective implementation, Crime Law Soc Change, Vol. 54, 2010, p. 350.

络犯罪公约》的优化更新与多边化,通过公约委员会(T-CY),试图追踪评估以提升公约的实施效果,推进《第二附加议定书》的谈判以保持条约内容的优化更新,推动新缔约国的加入以实现条约体系的扩张。此外,通过公约项下网络犯罪项目办公室(C-PROC),欧美补贴大量相关国家进行打击网络犯罪能力建设,借由技术合作输出公约的标准和流程。① 而以中俄为代表的新兴市场国家则继续推动联合国网络犯罪政府专家组项下的国际公约的制定。专家组自 2011 年设立以来,共召开五次会议。尽管各国在核心网络犯罪行为定罪、综合应对网络犯罪模式以及加强跨境获取电子证据交流等问题上有一定共识,但在具体问题政策取向、优先目标等方面,各国仍存在不少分歧。②

(一) 联合国网络犯罪公约的起草进程

2011 年,在中国、俄罗斯和巴西等国的倡议下,联合国经济和社会理事会(ECOSOC)下的预防犯罪和刑事司法委员会(CCPCJ)根据第 65 届联合国大会决议设立了联合国网络犯罪政府专家组,该专家组是联合国框架下探讨打击网络犯罪国际规则的唯一平台。③专家组先后于 2011 年、2013 年和 2017 年就《网络犯罪问题综合研究报告(草案)》的起草召开了三次会议。根据专家组第一次会议的要求,2012 年 1 月至 7 月间,UNODC 向各国、政府间组织和私营部门与学术机构的代表分发关于网络犯罪问题的问卷,并于 2013 年年初完成《研究报告(稿)》,草案共分八个章节,对网络犯罪及其特点和发展趋势、对国际社会的危害、各国国内和国际层面的应对措施以及相关国际合作情况等,进行了全面的实证研究。④ 此后,由于相关各方国家对报告的结论和建议等问题均存在较大争议,直至 2017 年第三次会议,草案仍未获得通过。2018 年 4 月,专家组召开第四次会议,一致通过了专家组 2018 年至 2021 年工作计划,并开启讨论网络犯罪实质问题。根据该计划,专家组每年将召开一次会议,每一次会议都有一个特定的主题重点:2018 年讨论立法、框架和刑事定罪;2019 年讨论执法和调查,包括电子证据和刑事司法;2020 年讨论国际合作与预防,并在 2021 年召开最终盘点会议,出台工作建议提交 CCPCJ 审议。在通过工作计划的同时,会议重点就"立法和政策

---

① 参见杨帆:《网络犯罪国际规则编纂的现状、目标及推进路径》,载厦门大学法学院(https://law.xmu.edu.cn/info/1085/24669.htm),访问日期:2020 年 4 月 28 日。
② 参见杨帆:《网络犯罪国际规则编纂的现状、目标及推进路径》,载厦门大学法学院(https://law.xmu.edu.cn/info/1085/24669.htm),访问日期:2020 年 4 月 28 日。
③ 参见宋东:《打击网络犯罪国际合作形势与展望》,载安全内参网(https://www.secrss.com/articles/3538),访问日期:2020 年 4 月 28 日。
④ 参见叶伟:《联合国网络犯罪政府专家组及中国贡献》,载安全内参网(https://www.secrss.com/articles/3674),访问日期:2020 年 4 月 28 日。

框架"和"定罪"两项议题进行了讨论,并汇集各国提出的初步建议供后续会议审议。① 但是,在具体政策选择及目标推进等问题上,各国仍存有很大分歧。

2019年3月,专家组召开第五次会议,与会各国普遍认可就打击网络犯罪开展多边讨论的必要性,围绕"能力建设""公私合作""创新管辖权""电子证据""调取境外电子数据""制定全球性打击网络犯罪公约"六大议题进行了讨论,介绍了本国相关法律和实践,并提出了一些具体的规则建议。② 2019年12月27日,第74届联合国大会通过了中俄等47国共同提出的"打击为犯罪目的使用信息通信技术"决议,正式开启通过谈判制定打击网络犯罪全球性公约的议程。根据决议,联合国将设立一个代表所有区域的不限成员名额的特设政府间专家委员会,拟定打击网络犯罪全球性公约。该专家委员会于2021年5月在纽约召开组织会议,商定下一步工作计划,提交第75届联合国大会审议。2021年5月,联合国大会通过决议,决定特别委员会应至少召开六届会议,每届会期为10天。由于新冠肺炎疫情,原定于2022年1月召开的特别委员会第一次会议推迟到2022年4月举行。按照计划,特别委员会将于第78届联合国大会提交公约草案。这不仅标志着联合国将首次主持网络问题国际条约谈判,从而维护了联合国在全球治理规则制定中的主渠道地位,也彰显了多边主义,反映了国际社会以更有力措施应对网络犯罪的共识和决心。

(二) 联合国网络犯罪公约的起草背景

面对欧美国家《网络犯罪公约》独当一面的强烈攻势,中俄等国家为何要力排众议另行制定一部统一的国际新公约来打击网络犯罪？主要是因为:第一,联合国在应对全球性问题中能发挥作用;第二,中俄两国的网络犯罪治理观念;第三,现有国际法机制问题。

1. 联合国在应对全球性问题上的作用

如前文所言,打击网络犯罪的国际法机制呈现出分散化和"碎片化"的特点,在全球层面,互联网技术规范、网络安全、网络犯罪等领域已经建立了许多平台。在区域一级,这种平台的数目甚至更多,也更复杂。在这样的情况下,联合国作为当今世界最具代表性和权威性的国际组织,应在网络空间规则秩序建设中发挥引领和协调作用。③ 联合国在协调国际立场方面具有独特优势,表现为:第一,也是最重要的,它将具有最广泛的地理范围,向所有会员国开放;第二,它将提供一个机会来处理未列入《网

---

① 参见叶伟:《联合国网络犯罪政府专家组及中国贡献》,载安全内参网(https://www.secrss.com/articles/3674),访问日期:2020年4月28日。

② 参见《各国热议应对"云时代"网络犯罪——联合国网络犯罪政府专家组第五次会议综述》,载搜狐网(https://www.sohu.com/a/307543318_120053911),访问日期:2020年4月28日。

③ See MA Xinmin, What Kind of Internet Order Do We Need? 14 Chinese Journal of International Law, Vol. 14, No. 2, 2015, p. 399.

络犯罪公约》的问题,或改进需要修正的条款;第三,它可能允许修正或删除那些妨碍更广泛接受《网络犯罪公约》的规定①;第四,《联合国宪章》能够为网络犯罪治理的国际法机制提供基本原则层面的指导,《联合国宪章》确立的国家主权平等、不干涉内政、不使用武力、和平解决国际争端等现代国际法基本原则,应成为网络空间国际法制度的指导原则②。还有学者指出,联合国在全球网络安全治理中具有以下规范功能:第一,联合国拥有的丰富资源使其在全球网络安全治理中更具能动性;第二,联合国在协调全球网络安全利益中更具调和性;第三,联合国的公益性使其在推动全球网络安全规范中更具权威性。③

在一些官方场合,中国与俄罗斯都明确表示以联合国为主导制定新的国际法律文件的必要性。俄罗斯在第一次网络犯罪政府专家组会议时即表示,以联合国为主导的公约的目的在于更有效地强化打击网络犯罪的措施,以及促进、提升支持国际合作和技术协助,从而为计算机领域出现的新型挑战提供充足的应对方法。④ 中国在 2013 年参加网络犯罪政府专家组会议时也表示,有了全球性法律合作框架,国际社会合作打击网络犯罪的活动会更加富有成效,制定和实施新的多边法律文件与加强各国能力建设并不矛盾,二者不是相互取代的关系,而是会相互促进。新的国际立法不仅可以直接写入有关技术援助的内容,而且可以通过规范各缔约国在合作打击网络犯罪领域方面的法律权利和义务,为各国加强能力建设或开展有关国际合作提供基础。

2. 网络犯罪治理观念的差异

前文提到目前国际社会存在两种截然不同的网络治理模式,中国与俄罗斯倾向于"政府主导模式",倡导"数据主权""网络主权",坚定维护打击网络犯罪问题上对领土完整与主权独立的保护。⑤ 中俄两国在第 66 届联合国大会上提交的《信息安全国际行为准则》中"重申与互联网有关的公共政策问题的决策权是各国的主权"。习近平主席也于 2014 年首次提出"信息主权"的概念,将主权的外延从物理空间延伸至虚

---

① See Jonathan Clough, A World of Difference: The Budapest Convention of Cybercrime and the Challenges of Harmonisation, Monash University Law Review, Vol. 40, No. 3, 2014, p. 728.

② See MA Xinmin, What Kind of Internet Order Do We Need? 14 Chinese Journal of International Law, Vol. 14, No. 2, 2015, p. 400.

③ 参见盛辰超:《联合国在全球网络安全治理中的规范功能研究》,载《国际论坛》2016 年第 3 期。

④ See Russian Federation, Presentation on Cybercrime in the first EGM meeting, p. 24. accessed February 19, 2020, https://www.unodc.org/documents/treaties/organized_crime/EGM_cybercrime_2011/Presentations/Russia_1_Cybercrime_EGMJan2011.pdf.

⑤ See Summer Walker, The Global Initiative Against Transnational Organized Crime, Cyber-insecurities? A Guide to UN Cybercrime Debate, March 2019, p. 3, accessed February 19, 2020, https://globalinitiative.net/un-cybercrime.

拟空间。①

关于各国对网络空间是否享有主权,中俄等国与其他发达网络强国之间存在根本分歧。在欧美国家,"网络中性原则"长期在网络治理领域占据主导地位,该原则是指网络使用者在互联网上使用内容、服务和应用程序的权利不受网络经营者或政府的干预。同时,网络运营商的权利将合理地免除其传输被第三方视为非法的或不当的内容或程序的责任。基于该原则,主张自我管理模式的专家认为互联网是没有疆界的,其建立起一个独立而完整的全球社区,在该网络社区内,由网民自发地形成一套公民道德体系(civic virtue),而无须通过使用法律规范和国家管辖权的外部方式介入跨国或国际网络空间的管理。而支持"网络主权"观点的人则认为,网络空间传递的信息对现实世界产生重要的影响,其不仅体现在信息的发送、接收和储存须符合既有国内规则,而且国家对网络空间的交易等商业行为要进行安全保障,网络空间的信息流动与国家安全更是休戚相关。因此,网络空间豁免(cyberspace exemption)说并无实现的可能,与海洋、天空等现实空间相同,国家主权也适用于网络空间。② 实际上,各国也在不断强调对其活动进行控制的权利,对自己领土上的网络活动主张管辖权并保护其网络基础设施不受其他国家或个人的跨界干扰的权利。③

对于中国而言,还必须考虑到我国正处于互联网经济的大发展时期的背景对采取和建立何种网络犯罪的治理模式的影响。有学者明确指出,按照欧美执法标准的数据跨境可能危害国家安全和互联网企业安全。网络犯罪的国际司法协助最核心的内容就是电子数据的证据收集、互信、互认和侦查(调查)过程中的人机对应(其他诸如引渡、资产查封既可以遵照传统条约,也可以通过移民局驱逐等方式变通),把被网络犯罪跨国界、链条化运作方式割裂的证据链串起来。由于网络犯罪活动基本都在各大互联网企业(平台),因此国际协助也无法离开通信、金融、互联网企业以及其他私营机构的协助,国际条约是否科学势必关系到各国企业的利益进而影响到国家利益,尤其是在安全方面。但当前,各国国内网络安全立法中"数据本地化"趋势越来越明显,且对"数据跨境安全"尤为敏感。④ 从目前各国国内法制定的趋势来看,限制数据跨境的趋势越来越明显。按照欧美国家等的法律和执法标准进行国际司法协助可能对我国大

---

① 参见于志刚:《缔结和参加网络犯罪国际公约的中国立场》,载《政法论坛》2015年第5期。
② 参见安柯颖:《跨国网络犯罪国际治理的中国参与》,载《云南民族大学学报(哲学社会科学版)》2019年第3期。
③ See Wolff Heintschel & von Heinegg, Territorial Sovereignty and Neutrality in Cyberspace, International Law Study, Vol. 89, No. 123, 2013, p. 126.
④ 比如,按照目前美国Cloud Act法案的规定,一方面实行长臂管辖,基于执法需求,可以要求凡是在美国的企业(包括外国企业分支机构)提供存储在海外的数据甚至该外国企业在本国的数据,另一方面又排斥外国执法机构对美国企业提出的数据要求,以审核所谓"适格国家"为借口作为拒绝配合的理由,而欧盟GDPR又规定了史上最严厉的数据保护法案,违反该法案的最高可能面临全球营收4%的罚款。

数据战略和企业出海造成重大影响。

3. 其他原因

中俄等国之所以选择另辟蹊径,其中一个很重要的原因在于现有的国际法机制存在诸多问题,尤其是《网络犯罪公约》对国家主权维护问题带来的隐患。对于现有国际法机制的主要问题,前文已经作了详尽的阐述,此处不再赘述。以下结合中俄两国在某些官方场合公开发表的评论来说明两国另辟蹊径的其他原因。

UNODC 曾在 2013 年针对各国应对网络犯罪问题的现状进行过调查,中国政府在对调查报告进行官方评论时指出,现有的国际法机制不能在国家主权确保无虞的情况下开展跨境侦查及域外获取证据等活动。不仅如此,云计算、加密等新技术也在不断翻新国际合作执法所面对的法律和技术挑战。中方认为,面对这些复杂挑战及日益增长的网络犯罪,国际社会更加需要加速推进国际立法,弥补国际合作的法律空白或缓解法律冲突,促进各国打击网络犯罪法律和实践的协调一致。在 2019 年联合国大会上,中国代表发表评论,在国际立法方面,中国认为,《联合国打击跨国有组织犯罪公约》不能有效响应打击网络犯罪国际合作的新要求。在打击网络犯罪方面虽然已经有了一些新的区域性公约,如欧洲理事会、上海合作组织、阿拉伯国家联盟、非洲联盟等制定的公约,但由于成员范围和公约内容的不同,当前国际立法支离破碎。因此,中国支持各成员在联合国的主导下,借鉴现有区域公约的经验,通过谈判建立面向所有成员的打击网络犯罪全球公约。①

俄罗斯外交部新威胁和挑战司司长表示,俄罗斯和部分国家拒绝参与《网络犯罪公约》的原因还在于其中的第 32 条(b)款,这是俄罗斯无法接受的条款。这个条款规定各国可以跨界获取他国的数据,而不需要通过数据主管部门的允许。其认为这个条款是违反人权和自由的,侵犯了一国主权,特别是侵犯了用户的隐私权。② 同样,在 2019 年联合国大会上,俄罗斯代表表示,一些国家促进欧洲委员会《网络犯罪公约》作为一种可能的解决办法,然而,这一手段不足以应对当前的威胁。该公约是在 20 世纪 90 年代末制定的,因此它无法规范许多现代罪犯的"发明"。它还存在违反国家主权和不干涉别国内政原则的可能性。③

---

① See UNGA, Report of the Secretary-General on Countering the use of information and communications technologies for criminal purposes, July 2019, A/74/130, para. 69, accessed February 20, 2020, https://digitallibrary.un.org/record/1660536.

② 参见〔俄〕罗加乔夫·伊利亚·伊戈列维奇:《俄罗斯在打击网络犯罪上的主张》,载《信息安全与通信保密》2018 年第 1 期。

③ See UNGA, Report of the Secretary-General on Countering the use of information and communications technologies for criminal purposes, July 2019, A/74/130, para. 296-299, accessed February 20, 2020, https://digitallibrary.un.org/record/1660536.

(三) 联合国网络犯罪公约的前景

CCPCJ 下设的网络犯罪政府专家组在发布的网络犯罪研究报告中,已经提出包括制定打击网络犯罪国际示范条款及综合性的多边法律文件等措施来加强现有的国家以及国际社会应对网络犯罪的法律措施。① 这为未来打击网络犯罪工作的开展指明了方向,即未来打击网络犯罪的关键还是需要制定一部具有综合性的全球法律文件。

当前,国际社会各方对于合作打击网络犯罪已达成共识,但具体到国际法的适用选择上,如前文所言,由于在网络犯罪的模式选择上具有明显的分歧,欧美等公约缔结国和以中俄为代表的新兴国家对新型网络犯罪国家法律文件构建的态度明显对立。当前,在联合国网络犯罪公约前景这一问题上,学术界似乎也呈现出两种不同的看法。

中国学者似乎对于国际法律文件的构建更加乐观。有学者指出,从整个网络空间国际规则博弈和发展形势看,打击网络犯罪问题与网络领域的其他问题,如与国际法适用、互联网治理问题相比,已经具备较好的国际立法基础,各国在该领域也有着较迫切的合作需求与较成熟的司法实践,极有可能成为网络空间全球性国际法规则制定取得进展的首要突破口。② 具体来说,一是在国际组织层面,联合国作为政府间最重要的国际组织,一直致力于推动网络安全国际立法的建构。早在 2000 年,联合国大会就作出了第 56/121 号决议,授权经济和社会理事会下的预防犯罪和刑事司法委员会对网络犯罪进行讨论。该委员会在 2017 年通过了《关于加强国际合作打击网络犯罪的决议》,要求进一步加强网络犯罪的国际合作,以加强现有的反应机制、建议制定新的国家和国际法律或其他应对网络犯罪的措施。③ 二是在国际会议机制层面,2013 年 4 月,"金砖五国"向联合国提出了《加强国际合作,打击网络犯罪》的决议草案,要求进一步加强联合国对网络犯罪问题的研究与应对④,这是金砖国家首次就网络问题联手行动。三是在国际条约机制上,除了《网络犯罪公约》,如前文所言,许多区域组织都出台了关于网络犯罪的打击和预防性立法,如《上海合作组织成员国保障国际信息安全政府间合作协定》《阿拉伯国家联盟打击信息技术犯罪法律框架》等。因此,参照其他领域已有的国际法实践,在借鉴现存法律文件的基础上,以联合国为中心制定全球性的网络犯罪打击文书,对于消除各国法律差异和缩小发展中国家的网络安全数字鸿沟可以说是一条可行的路径。

---

① See UNODC, Comprehensive Draft Study on Cybercrime, February 2013, pp. XII - XV.
② 参见胡健生、黄志雄:《打击网络犯罪国际法机制的困境与前景》,载《国际法研究》2015 年第 6 期。
③ See CCPCJ, Strengthening International Cooperation To Combat Cybercrime, Resolution 26/4, accessed February 20, 2020, https://www.unodc.org/unodc/en/commissions/CCPCJ/Resolutions_Decisions/Resolutions_2010-2019.html.
④ 参见方晓:《金砖国家同意共建网络准则》,载网易网(http://news.163.com/13/0705/10/930TUAFK00014AED.html),访问日期:2020 年 3 月 18 日。

然而,外国学者对这一问题则较为悲观。有学者指出,目前网络犯罪的国际立法呈现出一种张力。一方面,网络犯罪作为一种跨国犯罪活动,打击网络犯罪已经在国际层面被提上日程,越来越多的应对机制开始出现;另一方面,国际社会呈现出一种危险的趋势,分歧使得国际社会在打击网络犯罪这一问题上被分割为不同的"国家集群"(clusters),各国的分歧难以消解。由此可以预见,在不远的将来不会有任何的全球广泛参与的国际法律文件出现。达成这样一份协议的"机会之窗"已经错过,没有任何一部协议在范围和广度上能够涵盖《网络犯罪公约》所代表的利益集群。此外,将各国法律"协调化"(harmonization)视为打击网络犯罪的目标是极不现实的。随着技术的发展和变化,国际社会的反应也需要发展和变化。所有成员国制定全球性的网络犯罪法律文件的理想是一个暂时难以企及的崇高目标。[①] 甚至还有学者认为,只要有《网络犯罪公约》的存在,全球性的联合国网络犯罪公约基本不可能实现。一般而言,新的法律文件通常在实施后立即成为学术注释的对象,而立法机关通常不愿改变现有的法律文件。这两个因素进一步决定了一部更好的法律文件难以出现的不幸命运。"经典"阻碍了更好的"经典","共识"阻碍了更大的"共识",《网络犯罪公约》阻碍了更好的公约。[②]

总体而言,在全球互联网犯罪的严峻形势和执法现实下,国际社会各方对打击网络犯罪的国际性公约和机制很难在短期内达成共识。打击国际网络犯罪作为网络空间国际治理的重要议题,受制于现实的国际政治格局和历史路径,其治理碎片化和难以推进背后的根源是各方对于网络空间治理规则制定主导权的博弈和对于国家主权在网络空间映射的认知差异,形成新的共识和机制需要各方长期的互动和具有政治智慧的建设。

四、联合国网络犯罪公约的中国方案

虽然当前世界各国在网络领域的价值观和意识形态还存在很大分歧,但中国一直都是网络犯罪治理的积极参与者和建设者,并且也将会为制定出一部普遍适用的打击网络犯罪国际法律文件贡献力量和智慧。笔者认为,中国在缔结和参与网络犯罪国际法律文件时,应当特别注意以下几点:第一,在基本立场上,坚持以联合国为网络犯罪国际法律文件的缔结平台;第二,在实体规则层面,清晰界定网络犯罪的概念和明确网络犯罪行为定罪入刑的具体构成要件;第三,在程序法层面,努力推进网络犯罪管辖权

[①] See Jonathan Clough, A World of Difference: The Budapest Convention of Cybercrime and the Challenges of Harmonisation, Monash University Law Review, Vol. 40, No. 3, 2014, p. 734.

[②] See Xingan Li, International Actions against Cybercrime: Networking Legal Systems in the Networked Crime Scene, Webology, Vol. 4, No. 3, 2007, p. 9.

的确定机制和电子证据的获取规则。

(一) 基本立场:坚持以联合国为联合国网络犯罪公约的缔结平台

联合国作为全球最具有代表性和权威性的政府间国际组织,作为构建网络犯罪国际公约的缔结平台具有优越性和可行性。具体表现为:第一,联合国在协调全球网络安全利益中更具有调和性优势。不同国家区域在网络犯罪治理上具有不同的价值追求和利益诉求,导致全球网络犯罪立法进程极为缓慢,而联合国作为超国家的政府间国际组织,能合理地平衡各个利益群体在联合国网络犯罪公约中的诉求;由联合国主导制定网络犯罪公约更易得到各个国家的认可和接受,也能极大地便利公约的执行。第二,联合国自身具有组织联合国网络犯罪公约起草工作的丰富经验和资源。比如,在打击跨国有组织犯罪方面,联合国早在 2001 年第 55 届联合国大会上就通过了《联合国打击跨国有组织犯罪公约》,这就对法律文件中打击跨国网络有组织犯罪奠定了部分基础。又如,联合国毒品与犯罪办公室作为联合国专门机构组织对网络犯罪的研究尤为出色,其于 2015 年建立了专门的网络犯罪资料库,通过整理和收集关于网络犯罪和电子证据的立法、判例法和经验的中央数据库,协助各国打击和预防网络犯罪工作。① 第三,将联合国作为构建网络犯罪国际公约的缔结平台符合中国自始至终的声明主张。中国政府早在 2010 年发布的《中国互联网状况》白皮书中就提出,要建立一个联合国框架下的互联网国际监管机构。② 2013 年,中国政府又明确表示"支持制定关于网络犯罪的综合性多边法律文件"。③ 联合国已经在网络犯罪立法、司法和实践等多个层面取得了重要成就,因此,由联合国主导联合国网络犯罪公约的起草工作是理所当然的。

(二) 实体法层面:明确网络犯罪的范围和构成要件

如前所述,目前打击网络犯罪的国际法律文件不仅在一般性层面存在过于"分散性"和"碎片化"、地域代表范围有限、欠缺时效性等诸多局限性,在实体法层面亦存在网络犯罪定义不合理、构成要件不明确等具体问题。同时,随着网络犯罪技术的迭代更新、犯罪形式的多样化和犯罪规模的扩大化,如何有效预防和打击网络犯罪,成为世界各国公共部门和私营部门的重大难题。我国在参与联合国网络犯罪公约的缔结过程中,应当注意更新网络犯罪的定义并确保构成要件的明确性或确定性。笔者认为,这至少包含以下两方面工作:第一,要考虑到网络对传统犯罪带来的异化,从而进

---

① See UNODC, Sharing Electronic Resources And Laws on Crime, accessed February 22, 2020, https://sherloc.unodc.org/cld/v3/sherloc/legdb/index.html?lng=zh.
② 参见钱文荣:《评述:坚决反对网络霸权,建立国际网络新秩序》,载新华网(http://www.xinhuanet.com/world/2014-05/27/c_1110885470.htm),访问日期:2020 年 3 月 23 日。
③ 参见《中国代表团出席联合国网络犯罪问题专家组首次会议并做发言》,载外交部(https://www.fmprc.gov.cn/ce/cgmb/chn/wjbxw/t812063.htm),访问日期:2020 年 3 月 23 日。

一步整合和完善以往公约。通过网络媒介,一些传统的犯罪早已脱离线下模式,通过网络技术变得更为容易。例如,随着全球各国对毒品犯罪打击力度的强化,越来越多的犯罪分子选择在网上进行毒品交易。早在 2000 年,联合国毒品控制和预防部门负责人就表示:毒品销售商和消费者正在使用互联网来交换毒品信息,甚至在网上公开生产毒品的配方。① 与此类似,近年来常见的网络犯罪还包括利用网络发布谣言和虚假信息、贩卖人口以及开展网络恐怖主义活动等。联合国网络犯罪公约应当整合这些异化的传统犯罪,并努力完善相关罪名的定义。第二,欧洲委员会《网络犯罪公约》的起草国家担心,如果某些犯罪的构成要件规定得过于明确,会降低其他国家加入该公约的积极性,因此仅罗列了需要缔约国予以犯罪化的行为类型,但对于如何确定这些行为以及犯罪的构成要件并未提供任何指引。笔者认为,一方面,由于各国刑法有所不同,因此联合国网络犯罪公约在犯罪的界定和构成要件的设置方面应当保持一定的灵活性,以便实现各国求同存异的目标;另一方面,如果犯罪定义和构成要件完全不明确,则会导致各国各自为政,任意解释公约的相关条款,严重削弱网络犯罪国际公约的作用。因此,在网络犯罪定义和构成要件问题上,联合国网络犯罪公约应当在灵活性与明确性或确定性之间取得一种平衡。

(三) 程序法层面:推进网络犯罪管辖权的确定机制和电子证据的获取规则

网络犯罪程序法层面的规则机制同样需要在国际社会达成基础层面的共识。首先,中国在参与网络犯罪国际文书缔结的进程中要极力推进网络犯罪管辖权的确定机制。这主要是因为,为了惩罚危害本国利益的网络犯罪,世界各国都存在扩张刑事管辖权的冲动②,由此构成了对传统刑事管辖制度在网络犯罪中适用的巨大挑战。总之,这种管辖权的过度扩张可能使得所有国家均对网络犯罪享有管辖权,这不仅会过度侵害行为人的权益,也必然会对传统意义上的国家司法主权造成巨大冲击。③ 对此,近年来出现了一些试图进行限制的观点。比如,在德国司法实践中较为广泛采用的"结果限制说标准",该原则试图限缩解释网络犯罪结果地,认为国外的网络行为者企图发生犯罪结果于某一国,或者行为者在充分认识到完全有可能发生危险结果而仍然实施时,才可能适用空间效力原则。④ 此外,还存在"有限管辖原则"⑤和在此基础上的"修正的实害联系原则"⑥。笔者认为,无论采取何种具体的原则,在确立管辖权时都

---

① 参见习宜豪等:《暗网上的毒品交易》,载南方周末网(http://www.infzm.com/content/105335/),访问日期:2020 年 3 月 23 日。
② 参见于志刚主编:《全球化信息环境中的新型跨国犯罪研究》,中国法制出版社 2016 年版,第 249 页。
③ 参见于志刚:《关于网络空间中刑事管辖权的思考》,载《中国法学》2003 年第 6 期。
④ 参见〔日〕松本博之:《因特网、信息社会与法——日德研讨会论文集》,信山社 2002 年版,第 410 页。
⑤ 参见郑泽善:《网络犯罪与刑法的空间效力原则》,载《法学研究》2006 年第 5 期。
⑥ 参见于志刚:《关于网络空间中刑事管辖权的思考》,载《中国法学》2003 年第 6 期。

应坚持便利化和实际控制、优先受理两项基本性原则。这两者都是基于执法的可操作性必须满足的要求,特别是当发生管辖权的积极冲突时,后者对于避免管辖权争夺和减少摩擦具有极大的意义。其次,中国在参与网络犯罪国际文书缔结的进程中也要推进建立清晰的电子证据获取规则。第一,需要确立电子证据的法律地位。电子证据的高度技术性决定了其不能为任何一种传统证据包含,并且随着网络犯罪的蓬勃发展,客观上电子证据的出现和应用会越来越广泛,因此有必要将其作为一种全新独立的证据类型加以明确。第二,应尽快建立电子证据的审查机制。这主要是为了尽可能避免电子证据在获取和保存的过程中被不必要地污染,从而导致电子证据的证明能力降低。第三,应建立电子证据的相应保全措施。考虑到电子证据的不易取得性和极易变造性,需要采取一些特别的措施来确保电子证据的证明力。比如,可以建立一个专门的网络公证机关(cyber notary authority,CNA),运用计算机网络技术进行证据保全、法律监督等公证行为,并且对互联网上的电子文件、电子身份和部分网络交易行为提供认证和证明。① 这种做法在当前国内部分地区已经有所实践,应该说在打击网络犯罪尤其是跨国性犯罪的场合同样具有极大的作为空间。

总体而言,除了以上关于管辖权的确立和电子证据的获取两方面之外,网络犯罪国际文书缔结的进程中还要特别注意引渡的规范合理性、跨国打击犯罪合作等具体方面的问题,但篇幅有限,在此不再作更深入的分析。

五、结语

网络犯罪具有明显的跨国性特征,打击跨国网络犯罪的复杂性和紧迫性使制定和出台一部统一的打击网络犯罪国际公约成为网络安全治理的当务之急。欧美国家主导的《网络犯罪公约》虽然对于一定区域的网络犯罪治理具有积极意义,但是,这一公约存在诸多难以克服的缺陷,特别是无法应对日新月异的跨国网络犯罪。以中俄为代表的发展中国家另辟蹊径,坚持以联合国为缔结平台推进全球网络犯罪新公约的制定。这种新的尝试融合了"多元化和包容性"的价值理念,不仅能够合理地缓解不同国家区域在打击跨国网络犯罪中的紧张关系,也可以在一定程度上消除各国的法律差异,缩小发展中国家的网络安全数字鸿沟。我国应当基于维护国家安全和网络利益的需求,积极参与网络犯罪国际法律文件的缔结,并努力推动新公约在实体规则和程序规则上的创新。

---

① 参见百度百科词条"网络公证",载百度百科(https://baike.baidu.com/item/网络公证/12751979?fr=aladdin),访问日期:2020年3月23日。

国际刑事法院的审判机制及被害人权利保障机制研究

黄 芳[*] 黄小珊[**]

引 言

《国际刑事法院罗马规约》(Rome Statute of the International Criminal Court,也称《罗马规约》,以下简称《规约》)于 2002 年 7 月 1 日生效。根据《规约》的规定,国际刑事法院正式成立,其集刑事实体法和程序法于一体,集侦查、检控、审判、执行、协助为一体,集政策制度、人权保障于一体,可谓刑事一体化的集大成者。国际刑事法院是人类历史上第一个针对个人实施严重践踏人权罪行的常设永久性法院,对国家刑事管辖权起补充作用,其成立的宗旨是从根本上最大限度地保护世界和平、安全与福祉、保护人权,惩治和防范整个国际社会关注的最严重的四种犯罪,即灭绝种族罪、危害人类罪、战争罪、侵略罪。[①] 到目前为止,共有 123 个国家成为《规约》的缔约国。[②] 非缔约国也可以作出声明临时接受法院的管辖,例如,乌干达、科特迪瓦、巴勒斯坦、埃及和乌克兰都作出了这样的声明。[③] 在完成筹建工作之后,国际刑事法院进入了开展司法工作的阶段,这标志着国际法在人权保护、国际司法制度建设、个人的国际刑事责任、国际刑事司法合作和维持国际和平与安全等方面有了突破性的发展。[④] 中国虽然不是《规约》的缔约国,但中国一贯肯定国际刑事法院在维护世界和平与安全方面的作用,例如,2008 年中方代表就表态支持国际刑事法院发挥建设性作用,赞赏其检察官办公室为解决苏丹达尔富尔"有罪不罚"问题所作的努力。[⑤]

---

[*] 中国社会科学院法学研究所研究员、教授。
[**] 美国伊利诺伊卫斯理大学社会学学士,英国伯明翰大学社会学硕士,英国米德塞克斯大学法学硕士。
[①] 参见《国际刑事法院罗马规约》序言及第 5 条。
[②] 参见国际刑事法院(https://asp.icc-cpi.int/en_menus/asp/states%20parties/Pages/the%20states%20parties%20to%20the%20rome%20statute.aspx),访问日期:2022 年 2 月 8 日。
[③] 参见凌岩:《声明接受国际刑事法院管辖权的问题研究》,载中国国际法学会主办:《中国国际法年刊(2014)》,法律出版社 2015 年版,第 181 页。
[④] 参见黄芳:《国际犯罪国内立法研究》,中国方正出版社 2001 年版,第 56 页。
[⑤] 参见《中国代表腊翊凡在安理会听取国际刑事法院关于苏丹达尔富尔问题公开通报会上的发言》,载中国国际法学会主办:《中国国际法年刊(2008)》,世界知识出版社 2009 年版,第 550 页。

自 2002 年国际刑事法院成立以来,除 13 个调查情势、9 个初步审查事项外,国际刑事法院审结和正在审理的案件共 28 件。① 其中,判定有罪并判处刑罚且已生效的 3 个案件包括:刚果民主共和国某武装团体的前领导人托马斯·卢班加·迪伊洛(Thomas Lubanga Diylo)因犯战争罪被判处有期徒刑 14 年、刚果(金)前军阀热尔曼·加丹加(Germain Katanga)因犯危害人类罪和战争罪被判处有期徒刑 12 年、马里极端"圣战"头目之一艾哈迈德·法基·迈赫迪(Ahmad Al Faqi al Mahdi)因犯战争罪被判处有期徒刑 9 年。另外,刚果(金)前副总统让-皮埃尔·本巴(Jean-Pierre Bemba Gombo) 2016 年 6 月 21 日因犯有战争罪和危害人类罪被判处 18 年有期徒刑,其上诉后被撤销战争罪、危害人类罪罪名并予以释放(本巴等 5 人被判构成妨害司法罪)。由于在审判程序方面,国际刑事法院在很大程度上是对抗式的英美法系和纠问式的大陆法系的混合体,实行的是对抗制的审判方式,但又有纠问式的特点,即法院在程序的干预和控制方面有很大的权力②,因此,在近二十年的审判实践中,国际刑事法院取得了一定成效,同时也暴露出如审判的效率问题、证据的收集问题、数量庞大的受害人参与诉讼的协调问题等。③

认真研究每一起国际犯罪案件的审理,可以发现,每一起案件的审理都是一个庞大复杂的系统工程,都在努力按照刑事一体化观念和方法有效运行,都在努力要求审判各要素和各阶段既要彼此协调又要互相监督,既要分工又要合作,既要惩罚犯罪又要保障人权,既要追究犯罪人的刑事责任又要注重受害人权利的保障,这就是一个生动的刑事一体化实践,也正是本文研究的价值所在。

一、国际刑事法院的审判机制

国际刑事法院的审判机构包括预审庭、审判庭和上诉庭。国际刑事法院在审理案件时适用的法律渊源是以《国际刑事法院罗马规约》及其《犯罪要件》《程序和证据规则》《法院条例》为基础,一系列国际法和国内法规范作为补充,所遵循的原则包括罪刑法定原则、一罪不二审原则和无罪推定原则等。这一系列法律渊源和法律原则是国际刑事法院的审判机制得以顺利运行的保障,是实现成立国际刑事法院宗旨的核心基础,并贯穿于整个诉讼过程的始终。

---

① 参见国际刑事法院(https://www.icc-cpi.int/Pages/Main.aspx),访问日期:2022 年 2 月 6 日。
② 〔加〕威廉·A. 夏巴斯:《国际刑事法院导论》(第 2 版),黄芳译,中国人民公安大学出版社 2006 年版,第 146 页。
③ 在"本巴(Bemba)案"中,审判分庭准予 5229 名受害人参与了诉讼,参见国际刑事法院(https://www.icc-cpi.int/CaseInformationSheets/bembaEng.pdf),访问日期:2022 年 3 月 8 日。

(一) 国际刑事法院的预审运行机制

国际刑事法院设立的预审程序,是对不同法系、不同国家的法律规定和司法实践协调的结果。根据工作的需要,预审庭可以组成多个预审分庭,其对检察官提出调查案件申请的授权、对案件可受理性和质疑法院管辖权的裁定、对检察官在缔约国内调查的授权、对审判前确认指控的听讯和保护国家安全资料等发出的命令或作出的裁定,必须得到过半数预审分庭法官的同意。

1. 预审分庭对检察官的制约机制

国际刑事法院检察官的权力在很多方面都受到预审分庭的监督和约束,特别是自行调查权和起诉权,均受到预审分庭的制约。首先,检察官需要预审分庭的授权才能开始对案件进行调查。① 对于国际刑事法院管辖权内的犯罪,不论是缔约国向检察官提交的情势、安理会向检察官提交的情势,还是检察官自行决定开始调查一项犯罪,如果检察官认为有合理根据进行调查,应附上收集到的辅助材料,请求预审分庭授权进行调查。预审分庭在审查检察官的申请及辅助材料之后,认为有合理根据,应授权检察官开始调查,反之,则拒绝授权调查。其次,检察官需要对证据采取紧急保全措施,应向预审分庭申请授权。② 再次,预审分庭有权监督检察官的不起诉决定,不起诉决定必须得到预审分庭的确认方为有效。③ 最后,预审分庭可以批准或驳回检察官的某些上诉申请。

2. 预审分庭签发逮捕证或出庭传票、监督或决定暂时释放的运行机制

首先,预审分庭负责签发逮捕证或者修改逮捕证。案件开始调查后,根据检察官的申请,预审分庭认为有合理理由相信该人实施了法院管辖权内的犯罪,为了确保该人在审判时到庭、确保该人不妨碍或危害调查工作或法庭诉讼程序、在必要时为防止该人继续实施有关犯罪,有必要逮捕该人,预审分庭应对该人发出逮捕证。当检察官认为需要变更或增加其中所列的犯罪向预审分庭提出修改逮捕证的申请时,如果预审分庭认为有合理理由相信该人实施了经变更或增列的犯罪,则应修改逮捕证。

其次,预审分庭负责发出传票。④ 如果预审分庭认为,有合理理由相信该人实施了被控告的犯罪,而且传票足以确保该人出庭,则应发出传票,传唤该人出庭。

最后,预审分庭监督或决定暂时释放。⑤ 被逮捕的人有权向羁押国主管当局申请在移交前暂时释放,羁押国应将这些申请通知预审分庭并听取其建议。如果该人获得

---

① 参见《国际刑事法院罗马规约》第 15 条第 3—5 款。
② 参见《国际刑事法院罗马规约》第 18 条第 2 款、第 6 款、第 19 条第 6 款、第 56 条。
③ 参见《国际刑事法院罗马规约》第 53 条。
④ 参见《国际刑事法院罗马规约》第 58 条第 1 款、第 6—7 款。
⑤ 参见《国际刑事法院罗马规约》第 59 条第 3 款、第 5—6 款,第 60 条第 2—4 款。

暂时释放,预审分庭可以要求定期报告暂时释放的情况。当被逮捕的人被移交到法院后,可以申请暂时释放,由预审分庭决定继续羁押该人,也可以有条件或无条件地释放该人。预审分庭应确保任何人不因检察官无端拖延,在审判前受到不合理的长期羁押,如果发生这种拖延,法院将有条件或无条件地释放该人。

3. 预审分庭举行审判前确认指控听讯的运行机制

在某人被移交或自动到国际刑事法院出庭后的一段合理时间内,预审分庭应举行听讯,确认检察官准备提请审判的指控。听讯应在检察官和被指控的人及其律师在场的情况下举行。预审分庭也可以根据检察官的请求或自行决定,在被指控的人不在场的情况下举行听讯,对检察官准备提请审判的指控进行确认。这里的"在被指控的人不在场的情况下举行听讯"并不是缺席审判,因为这并不是最终的正式判决,也没有剥夺被告人在法庭上亲自为自己就所控之罪进行辩护的权利。[①]

预审分庭应根据听讯,确定是否有充足证据证明有实质理由相信该人实施了各项被指控的犯罪。预审分庭应根据其确定的情况分别作出如下处理:①确认预审分庭认为证据充足的各项指控,并将该人交付审判分庭,按经确认的指控进行审判;②认为证据不足,拒绝确认各项指控;③暂停听讯并要求检察官考虑就某项指控提出进一步证据或作进一步调查,或修改一项指控,因为所提出的证据显然构成另一项法院管辖权内的犯罪。[②] 如果预审分庭拒绝确认指控,检察官以后可以在有其他证据支持的情况下再次要求确认该项指控。

预审分庭确认指控后,院长会议即应组成审判分庭,负责进行以后的诉讼程序。

(二) 国际刑事法院的庭审运行机制

《规约》的很多程序内容都是不同法系结合的产物,大陆法系的法官往往希望大多数证据在审前程序就应该准备好;而英美法系的法官认为,他们的审判应该是以一张白纸开始的,任何提前对事实的了解都可能会使他们对案件的判断产生偏见。[③] 在国际刑事法院的司法实践中,更明显倾向于普通法系的对抗式庭审模式,不过,国际刑事法院庭审采用的方式最终由法官来决定。

1. 开庭审判的运行机制

①审判公开机制及其例外。审判应公开进行,在确定任何指控时,被告人有权获得符合《规约》规定的公开审讯。但为了保护被害人和证人或被告人,审判分庭也可以不公开任何部分的诉讼程序,或者允许以电子方式或其他特别方式提出证据。裁判或

---

① 参见〔加〕威廉·A. 夏巴斯:《国际刑事法院导论》(第 2 版),黄芳译,中国人民公安大学出版社 2006 年版,第 169 页,注释②。

② 参见《国际刑事法院罗马规约》第 61 条第 5—7 款。

③ 参见〔加〕威廉·A. 夏巴斯:《国际刑事法院导论》(第 2 版),黄芳译,中国人民公安大学出版社 2006 年版,第 173 页。

其摘要应在公开庭上宣布。刑罚应公开并尽可能在被告人在场的情况下宣告。① 上述规定,都体现了国际刑事法院公开审判的原则。但在特殊情况下,为了保护作为证据提供的机密或敏感资料,审判分庭可以确定某些诉讼程序不公开进行。

②禁止缺席审判的保障机制。《规约》要求,审判时被告人应当在场。② 被告人不到庭就使得国际刑事法院的审判无法进行。被告人出庭不仅仅意味着在法庭上的出现,而且应该能够了解诉讼进程,包括根据需要为被告人提供翻译,对于被告因精神错乱而不适合出庭的情况,《程序和证据规则》规定,当审判分庭认为被告人不宜接受审判时,应命令延期审判。③

2. 证据规则

国际刑事法院实质上是采用了大陆法系的证据模式,赋予法官更大的自由裁量权。④ 检察官负有完全的举证责任。法官有权裁定证据相关性或可采性,并排除了传闻证据规则的适用。

①证据的种类。《规约》及《程序和证据规则》均没有明确限定证据的形式和种类,而是采用了较为开放性的方式,认为"能够证明有实质理由相信某人实施了所指控犯罪的"⑤即为证据。从相关规定及国际刑事法院的审判实践可以看出,国际刑事法院的证据的主要形式可以归纳为:物证、书证、证人证言、视听资料、电子数据、笔录、鉴定意见、被告人供述等。其中,被告享有沉默权,证人可以拒绝回答可能证明自己有罪的陈述。如果到法院出庭的证人,是被告人的配偶、子女或父母的,法庭不能令其作出任何可能归罪于被告人的陈述⑥,但证人选择作出陈述的除外。

②排除合理怀疑和非法证据。《规约》要求"判定被告有罪,必须确信被告人有罪,并且已经排除了合理怀疑"。合理怀疑意味着怀疑是合理的,不是任意妄想或捕风捉影的怀疑,也不是会导致严重不确定性的怀疑。⑦ 这要求运用法官的经验和判断力对事实作出判断。

《规约》还要求排除非法获取的证据。在以下两种情况下,违反《规约》或国际公认的人权手段获得的证据应不予采纳:一是违反的情节显示该证据的可靠性极为可疑;

---

① 参见《国际刑事法院罗马规约》第64条第7款、第67条第1款、第68条第2款、第74条第5款、第76条第4款。
② 参见《国际刑事法院罗马规约》第63条第1款。
③ 参见《国际刑事法院罗马规约》第64条第8款第1项、第67条第1款第6项;《程序和证据规则》第134条第4款。
④ 参见刘仁琦:《国际刑事法院的混合式证据规则及对我国的启示》,载《当代法学》2012年第4期。
⑤ 参见《国际刑事法院罗马规约》第58条第2款第4项、第61条第5项。
⑥ 参见《程序和证据规则》第75条。
⑦ See Victor v. Nebraska, 127 L. Ed. 2d 583(1994). Cage v. Louisiana, 498 US 39(1990); Sullivan v. Louisiana, 113 S. Ct. 2078(1993).

二是如果准予采纳该证据将违反和严重损害程序的完整性。① 这有利于从根本上杜绝冤假错案的发生。

3. 定罪裁判机制

审判分庭作出定罪裁判的唯一根据,是在审判中已经提出并经过辩论的证据。案件交付审判后,审判分庭应保障诉讼公平从速进行。审判时,在不违反庭长的任何指示的情况下,当事各方可以依照《规约》的规定提出证据。举证结束,庭长请检察官和辩护方作最后陈述。之后,审判分庭将休庭一段合理时间进行非公开评议,并在此基础上作出有罪或无罪裁判,该裁判应以对证据和整个诉讼程序的评估为基础,裁判不应超出指控或者任何修正所述的事实和情节的范围。定罪裁判应以书面形式作出,并应叙明理由,充分说明审判分庭对证据作出的裁定及其结论,裁判或其摘要应在庭上公开宣布。

4. 量刑机制

《规约》在定罪程序之外还规定了单独的量刑程序。法院在量刑时应充分考虑犯罪的严重程度和被定罪人的个人情况等因素。其中,反映犯罪严重程度的犯罪的性质、犯罪的规模、犯罪的程度、实施犯罪的方式、犯罪的影响、犯罪人的作用或地位和犯罪意图等②对适用何种刑罚以及时间长短(如徒刑)、数量多少(如罚金)等起着重要作用。

①可适用的刑罚种类。国际刑事法院不适用死刑,对犯罪人根据其犯罪性质可以判处主刑有期徒刑或无期徒刑,还可以判处附加刑罚金和没收非法所得。③ 有期徒刑最高刑期不能超过30年,判处无期徒刑是以犯罪极为严重和被定罪人的个人情况证明有此必要的情形为限。判处罚金确定数量时,需要考虑监禁对于犯罪人来说是否为足够的刑罚以及犯罪所造成的损害和损伤,且罚金总额应以被定罪人的已知流动或可变现资产和财产,在扣除适当数额以满足被定罪人及其受抚养人的经济需要后所余价值的75%为限。④ 在不妨害善意第三方权利的情况下,法院可以判处没收直接或间接通过该犯罪行为得到的收益、财产和资产。

②举行判刑听讯。在审判分庭作出有罪裁定之后,案件就进入判刑和量刑程序。一般情况下,由审判分庭在作出有罪判决时考虑在审判期间提出的与判刑相关的证据和意见,议定应判处的适当刑罚。但是,在审判结束前,也可由审判分庭、检察官、被告人、参与诉讼的被害人或其法律代表人任何一方提出请求,在判刑之前,再次举行判刑听讯,听取与判刑或赔偿事项相关的任何进一步证据或意见。⑤

---

① 参见《国际刑事法院罗马规约》第66条第3款、第69条第7款。
② 参见马伟阳:《国际刑事法院司法实践中的"严重性"问题》,载中国国际法协会主办:《中国国际法年刊(2013)》,法律出版社2014年版,第429页。
③ 参见《国际刑事法院罗马规约》第77条第1—2款。
④ 参见《程序和证据规则》第146条。
⑤ 参见《国际刑事法院罗马规约》第76条第1—3款;《程序和证据规则》第143条。

判刑听讯的目的,是为听取与判刑相关的任何进一步证据和意见提供机会。这一规定虽然不是强制的,但现在大家都倾向于在定罪之后举行单独的判刑听讯。① 如果被告人有从轻处罚的情节,如努力减轻被害人痛苦等,在庭审中因沉默权和不自证其罪而没有提出来,法院裁定其构成犯罪之后,如果再申请独立的判刑听讯,就可以提出新的证据和陈述意见,从而获得较轻的处罚。检察官在判刑听讯上也可以充分阐述犯罪人有前科、人格恶劣等加重处罚的证据。

③量刑裁判。作出量刑裁判时,法院应考虑犯罪的严重程度和被定罪人的个人情况等因素。还应考虑造成的损害程度,特别是对被害人及其家庭造成的伤害、非法行为的性质和实施犯罪的手段,被定罪人的参与程度,故意的程度,与犯罪方式、时间和地点有关的情节,被定罪人的年龄、教育、社会和经济状况等。除此之外,法院还需要酌情考虑减轻情节(如严重智力缺陷、胁迫、犯罪后的表现包括赔偿被害人和与法院合作)和加重情节(如有犯罪前科、滥用职权或官方身份、手段残忍、多人被害等,存在一种或多种加重情节,可以判处无期徒刑)。② 一人被判犯数罪时,法院应宣告每一项犯罪的刑期,再宣告合并执行的总刑期,总刑期应在数刑中最高刑期以上,但不能超过30年,或因罪行极其严重而判处无期徒刑。判处有期徒刑时,应扣减先前受到羁押的时间。刑罚应公开并尽可能在被告人在场的情况下宣告。

(三) 国际刑事法院的上诉审理运行机制

国际刑事法院设有上诉分庭,由上诉庭全体法官组成,负责审理上诉案件。除对国际刑事法院审判分庭的定罪和量刑判决可以提出上诉外,有关国家或检察官还可以就预审分庭作出的关于"可受理性的初步裁定"向上诉分庭提出上诉,也可以对"质疑法院的管辖权或案件的可受理性"等事项裁定提出上诉。

1. 提出上诉的程序及上诉理由

上诉申请应提交给国际刑事法院的书记官长,由书记官长将审判记录移送到上诉分庭,并将提出上诉一事通知审判分庭的所有诉讼参与方。

当事人不服审判分庭作出的有罪或无罪裁判、判处的刑罚、发出的赔偿令,可以在接到关于该裁判、判刑或赔偿命令的通知之日起30日内提出上诉。如果有正当理由,也可以适当延长上诉时限。如果没有在上述期限内提出上诉,则审判分庭的裁判、判刑或赔偿命令,是终审的裁判、判刑或命令。③ 上诉期内,对无罪或有罪判决或判刑的上诉,检察官可以上诉的理由包括:①程序错误;②认定事实错误;③适用法律错

---

① 参见〔加〕威廉·A.夏巴斯:《国际刑事法院导论》(第2版),黄芳译,中国人民公安大学出版社2006年版,第190—191页。
② 参见《国际刑事法院罗马规约》第76条第4款、第78条第1款;《程序和证据规则》第145条。
③ 参见《程序和证据规则》第150条。

误。① 被定罪人一方的上诉理由,除上述三种理由中的任何一种理由外,还包括影响诉讼程序或裁判的公正性或可靠性的任何其他理由。

被定罪人一方,可以基于下列理由向上诉分庭申请变更最终定罪判决或判刑:①发现新证据,很可能导致不同的判决。该新证据是审判时无法得到的,而且无法得到该证据的责任不应全部或部分归咎于提出申请的当事方。②在审判期间被采纳并作为定罪根据的决定性证据被发现是不实的、伪造的或虚假的。③参与定罪或确认指控的一名或多名法官在该案中有严重不当行为或严重渎职行为。② 如果上诉分庭认为申请理由不成立,应将申请驳回;如果确定申请是有理由的,可以重组原审判分庭,或组成新的审判分庭,或在听取当事各方的陈述后确定是否应变更判决。

2. 上诉审理的程序及其运行机制

在上诉审理程序方面,预审分庭和审判分庭所适用的诉讼程序和举证规则,均适用于上诉程序,上诉分庭具有审判分庭的全部权力。除上诉分庭决定举行听讯外,上诉程序应采用书面形式,且应尽可能从速审理。通过审查,上诉分庭可以推翻或修改有关的裁判或判刑;或命令由另一审判分庭重新审判。为了上述目的,上诉分庭可以将事实问题发回原审判分庭重新认定,也可以自行提取证据以认定该问题。对于不服判刑的上诉,如果上诉分庭认定罪刑不相称,可以变更判刑,但如果该项裁判或判刑仅由被定罪人一方提出上诉,则不能作出对该人不利的改判。

上诉期间,定罪判决和判刑判决应暂缓执行,但被定有罪之人无权享受无罪推定的权利,应该继续被羁押。如果在上诉期间被羁押的时间超过了所判刑期,就应该释放该人,如果判决是宣告无罪,应立即释放被告人(检察官可以申请继续羁押),任何遭受非法逮捕或羁押的人,都有获得赔偿的权利。

通过审理,上诉分庭可以确认、推翻或修改被上诉的裁判,判决书中应说明所依据的理由。上诉判决应由过半数的法官作出并公开宣告,在不能取得一致意见的情况下,判决书应包括多数意见和少数意见。

二、国际刑事法院的被害人权利保障机制

《规约》序言载明:"注意到在本世纪内,难以想象的暴行残害了无数儿童、妇女和男子的生命,使全人类的良知深受震动。"可见,国际刑事法院将有效惩治犯罪、最大限度地保护被害人作为其成立的重要目标。在此基础上,《规约》及其附件《程序和证据规则》赋予了被害人全面充分的权利,诸如诉讼开始和结束时的陈述权、参与听讯时经

---

① 参见《国际刑事法院罗马规约》第 81 条第 1 款。
② 参见《国际刑事法院罗马规约》第 84 条第 1、2 款。

法庭同意向证人、鉴定人或被告人的提问权、求偿权以及人身权、隐私权特别保护措施等一系列实体性权利和程序性权利,形成了法官、检察官、被告人(及其代理人)、被害人(及其代理人)"三造四方"①的诉讼新格局。为了加强对被害人的权利保障,国际刑事法院设立了"被害人和证人股",并要求该机构应有"专于精神创伤,包括与性暴力犯罪有关的精神创伤方面的专业工作人员"。国际刑事法院还专设"信托基金",以最大限度地落实对被害人的赔偿和援助。被害人在国际刑事司法中被赋予真正的程序性权利,这在历史上还是第一次。② 因对被害人权利给予了全面而充分的保障,所以,国际刑事法院也被誉为"被害人法院"。③

(一) 国际刑事法院保障被害人权利的运行机制

一般情况下,刑事审判都是控辩审三方参与诉讼的构造,很少把被害人作为诉讼的第四方。从诉讼公正的角度观察,公诉案件有形式上的检控方和被害方,形成实质上的两个控方,当然增加了对被告人权利保护的难度,冲击了是否真正实现公平、公正审判的惯性思维。从诉讼效率的角度观察,增加一方参与者,就会增加很多的工作量,自然会对审判的效率产生很大影响,在审理数万名甚至数十万名被害人的国际犯罪案件中尤其如此。但是,国际刑事法院基于解决"向被害人归还正义"的价值目标、"恢复性司法"的政治愿景和向全世界显示"公平的核心价值"的需要,宁愿牺牲一定的效率,也要在实质上保障被害人的权利,不仅让被害人参与到诉讼的某一个环节,而且还让被害人全链条参与诉讼。在刑事司法实践中,国际刑事法院的这一创举具有里程碑式的意义。因此,考察其运行机制和实际效果,就有了特别的价值。迄今为止,国际刑事法院审结和正在审理的案件共28件④,为我们提供了实际判例来分析其运行机制。笔者认为,对动态运行机制的考察,可以从诉讼过程中司法官员、被害人、被害人的法律代理人对实际问题处理的参与程度及所起作用等方面进行检视。

1. 动力机制——赋予被害人保障其权利的主动权

国际刑事法院的情势调查和对案件的预审阶段,相当于我国刑事司法程序中的侦查和审查起诉阶段,都属于"诉讼阶段"。《规约》第15条第3款规定,在案件调查的最初阶段,当检察官请求预审分庭授权进行调查时,被害人就可以向预审分庭作出陈述。这就赋予了被害人实质上保障自己权利的主动权,因为只有自己才最为关心自身权利

---

① "三造"是指控方、辩方和被害方;"四方"是指法院、控方、辩方和被害方。参见宋健强:《国际刑事法院"三造诉讼"实证研究》,法律出版社2009年版,第4页。
② 参见〔荷〕马克·格伦惠森:《与犯罪被害人相关的国际政策的发展》,梁坤、田艳丽译,载赵秉志主编:《刑法论丛》(第53卷),法律出版社2018年版,第543页。
③ See Isha Jain, Theorizing the International Criminal Court's Model of Justice: The Victims' Court?, Journal of Victimology and Victim Justice, Vol. 2, Issue 1, 2019, pp. 1-10.
④ 参见黄芳:《国际刑事法院审判机制研究》,载《法律适用》2020年第21期。

的保障,这是基本的人性,也是自然的逻辑,从而形成了国际刑事法院独特的动力机制。

在诉讼阶段,无论是在案件调查和预审阶段,还是在庭审定罪阶段和量刑阶段,抑或在刑罚执行阶段,被害人都有权随时主动启动参与诉讼或退出诉讼。一般来说,被害人与检察官的立场基本上会保持一致,但有时候也会产生分歧,如当被害人基于各种想法决定不继续进行诉讼程序,检察官还应当考虑"犯罪的严重程度和其他被害人利益"等因素来作出这一决定。被害人可以参与质疑管辖权或可受理性的案件,甚至在缔约国或安理会发动起诉的案件中,被害人也可以质疑。在调查阶段,检察官应当尊重被害人和证人的利益和个人情况,包括年龄、性别、健康状况,并应考虑犯罪的性质,特别是在涉及性暴力、性别暴力或对儿童的暴力的犯罪方面。①

当然,被害人身份需要得到预审庭的确认。例如,在"民主刚果情势"中,申请人称其想参加诉讼,不论是调查、审判或是判决阶段。申请人符合法定条件:是自然人、犯罪属于国际刑事法院管辖和"民主刚果情势"范围、申请人遭受了损失且该损失与所实施的犯罪之间存在因果关系等。2006年1月17日,预审一庭作出裁决批准了被害人的申请。这是国际刑事法院对被害人参加诉讼的早期具有代表性的判例。

关于被害人参与"确认起诉"听讯程序,在国际刑事法院的审判实践中也在不断进步。2006年11月7日,预审法官乔达在托马斯·卢班加·迪伊洛一案中作出的《关于确认听讯的计划和行为的裁决》包括五个部分:第一部分是开场陈词,在审判长宣读指控、控方开场陈词之后,是被害人的法律代理人开场陈词,然后是辩方开场陈词,之后是上述各方就有关管辖权、可受理性或其他程序性问题发表意见;第二部分是控方举证;第三部分是辩方举证;第四部分是控方讨论辩方上述证据;第五部分是总结陈词,其先后顺序是控方总结陈词、被害人法律代理人总结陈词、辩方总结陈词。在该裁决中,被害人只能参与到开场陈词和总结陈词之中。2008年6月4日,预审法官斯蒂讷在对热尔曼·加丹加和马蒂厄·恩乔洛·楚伊(Mathieu Ngudjolo Chui)并案审理时作出的确认起诉听讯计划包括九个方面的内容:第一部分是听讯开始,顺序是审判长开场宣读指控、控方开场陈词、被害人法律代理人开场陈词、加丹加的律师开场陈词、楚伊的律师开场陈词,上述各方讨论有关管辖权、可受理性或其他程序问题;第二部分是控方举证;第三部分是被害人法律代理人讨论控方证据;第四部分到第六部分分别是加丹加的律师举证并讨论控方证据、楚伊的律师举证并讨论控方证据、控方讨论辩方证据;第七部分是被害人法律代理人讨论辩方证据;第八部分是两名辩方律师讨论其他证据;第九部分是总结陈词,其顺序是控方总结陈词、被害人法律代理人总结陈

---

① 参见《国际刑事法院罗马规约》第19条、第53条、第54条。

词、两名辩护律师总结陈词。① 比较两份文件可以看出,在后一个案件的"确认起诉"听讯中,被害人的权利较之前有了很大的提升,被害人参与的主动性、广度和深度都在具体实践中得到法庭和法官的支持。

2. 主导机制——要求司法官员遵循公平、公正审判和利益平衡原则

《规约》第68条第1款规定,法院应采取适当措施保护被害人和证人的安全、身心健康、尊严和隐私,这些措施不应损害或违反被告人的权利和公平、公正审判原则。《程序和证据规则》第二章第四节专门规定了"可能影响法院运作的情况",其中特别对司法官员(包括法官、检察官、副检察官、书记官长或副书记官长)严重不当行为和严重渎职行为作了明确规定。这些规定要求司法官员在对案件发挥积极主导作用时必须遵循公平、公正审判原则和利益平衡原则,即兼顾国际社会公益、被告人权利和被害人权利的原则。

第一,在审判前(包括调查和预审等)或审判期间,法院应积极引导被害人参与诉讼,并在合适的时候提起适当的"意见和关注",该意见和关注不得损害或违反被告人的权利和公平、公正审判原则。根据审判分庭的职能和权力,审判分庭可以根据实际情况指令保护被害人。为了实现公正,特别是为了被害人的利益,审判分庭应该更加全面地查明案情。司法官员为保护被害人和证人的安全、身心健康、尊严和隐私而采取适当措施时,应考虑一切有关因素,包括年龄、性别、健康状况及犯罪性质,特别是在涉及性暴力或性别暴力或对儿童的暴力等犯罪方面。为此,国际刑事法院可以适用公开审判原则的例外,即可以不公开任何部分的诉讼程序,或者允许以电子方式或其他特别方式提出证据,涉及性暴力被害人或儿童作为被害人或证人时尤应执行这些措施。在被害人的个人利益受到影响时,法院允许被害人或其法律代理人在法院认为适当的诉讼阶段提出其"意见和关注"以供审议。②

第二,对证据的合法性和可采性,法官拥有主导权。《规约》和《程序和证据规则》对证据作出了不少规定,遵循了国际刑事法庭的惯例,允许接受所有相关的和必要的证据,法庭在评估陈述或其他证据的可靠性上拥有自由裁量权。③ 为了更好地保护被害人,最大限度地减少不确定性,《程序和证据规则》第70条特别规定了性暴力案件中的证据原则,即"(a)被害人因武力、武力威胁、胁迫或利用胁迫性环境而丧失自愿给予真正同意的能力时,不得根据被害人的言词或行为推断同意;(b)被害人没有能力给予真正同意的,不得根据其言词或行为推断同意;(c)被害人对控告所涉及的性暴力

---

① 参见宋健强:《国际刑事法院"三造诉讼"实证研究》,法律出版社2009年版,第10—13页。
② 参见《国际刑事法院罗马规约》第64条、第65条、第68条;《程序和证据规则》第71条、第72条。
③ 参见[加]威廉·A. 夏巴斯:《国际刑事法院导论》(第2版),黄芳译,中国人民公安大学出版社2006年版,第182—183页。

行为保持沉默或不加抗拒,不得被推断为同意;(d)不得以被害人或证人事前或事后行为具有性行为的性质为依据,推断被害人或证人的可信性、人格或对发生性行为所持的态度"。

第三,公平、公正审判原则和利益平衡原则是法官在主导量刑时必须遵循的基本原则。国际刑事法院审理案件时可以将定罪程序和量刑程序予以分开,在量刑程序中,审判分庭为有关量刑及可能涉及赔偿的事项主导进一步听讯时,在特殊情况下,法官可以依职权,或应检察官、辩护方或参与诉讼的被害人或其法律代理人的请求,推迟听讯;在关于赔偿的听讯方面,法庭也可以应被害人的请求,推迟听讯。在作出量刑裁定时,法官除考虑犯罪的严重程度和被定罪人的个人情况等因素外,还应考虑造成的损害程度,尤其是对被害人及其家庭造成的伤害、非法行为的性质和实施犯罪的手段等情况。"被定罪人在犯罪后的行为表现,包括任何为赔偿被害人而作出的努力和与法院的合作"属于减轻量刑情节;"在被害人特别孤弱无助的情况下实施犯罪""犯罪手段特别残忍,或多人被害"属于加重量刑情节。

第四,法官在主导减刑复查程序时,如果"该人在其他方面自愿提供协助,使本法院得以执行判决和命令,尤其是协助查明与罚金、没收或赔偿命令有关的,可以用于被害人利益的资产的下落",可以减刑。对于已执行刑期2/3的人,或被判处无期徒刑但已服刑25年的人,法院对其判刑进行复查以确定是否应当减刑时,上诉分庭的法官还应该考虑"被判刑人为被害人的利益而采取的重大行动,以及提早释放对被害人及其家庭产生的任何影响"。为此,上诉分庭法官主导的听讯应该邀请检察官、刑罚执行官参加,在可行的情况下,邀请参加诉讼的被害人或其法律代理人参加听讯,或提出书面意见。法官应尽快将裁判及其理由通告复查程序的各参与方。

3. 调节机制——突出被害人法律代理人的专业影响力

《程序和证据规则》第90条规定了被害人选择法律代理人的程序和条件。被害人可以自由选择法律代理人,有多名被害人时,为确保诉讼效率,被害人可以选择一名或多名共同法律代理人。分庭和书记官处应采取一切合理步骤,确保在选择共同法律代理人时,照顾到被害人的特殊利益,并避免任何利益冲突。被害人无力支付法院选择的共同法律代理人的费用时,还可以得到法院适当的财政协助。可见,国际刑事法院为被害人的法律代理人设置了严格的程序。同时,国际刑事法院要求被害人的法律代理人应具有国际法或刑法和诉讼方面的公认能力,以及因曾担任法官、检察官、律师或其他同类职务而具有刑事诉讼方面的必要相关经验,还应精通并能够流畅使用本法院的至少一种工作语言等。国际刑事法院对被害人的法律代理人的专业能力、工作经验和工作语言均作出了明确要求,其目的就是要突出被害人的法律代理人的专业影响力,在保证诉讼的公平、公正和效率上发挥独特的调节作用。特别是《程序和证据规则》第91条、第93条还专门规定了被害人的法律代理人参与诉讼的程序和发表意见的情况。

国际刑事法院第一案卢班加案的审判实践就是被害人法律代理人的专业影响力的调节作用的典型例证。在该案审理过程中,辩方认为,由于检察官无可辩解的行为导致诉讼不合理地拖延等原因,申请中止诉讼并释放卢班加。法官认为,卢班加一案中,被告人未能获得检察官接触的一些证据并因此无法获得公平的审判,审判分庭由此作出了释放卢班加的裁定。对此,被害人的法律代理人瓦伦律师指出:我想是表达被害人意见和关注的时候了。我们正处于十字路口,这是本院及国际刑事司法的十字路口,被害人始终对司法制度失望,他们希望国际司法制度能够给他们带来国内制度没有给予的希望,但是今天他们震惊地看到卢班加先生被释放的结局。冲突还在继续,只有这个案件才能给他们希望,这个裁决太重要了,必须提交上诉分庭决断。另一名被害人的法律代理人巴比塔律师也认为,一旦释放被告人,人们就会在卢班加的社区伺机报复,法律代理人、中介人员和被害人都会陷入危险境地。针对被害人可能发生的危险,法庭又会采取什么保护措施呢?法庭需要践行正义,否则会为此遭受历史的谴责。① 检察官在5天的规定期限内提出上诉,被害人的法律代理人支持控方上诉。按规定,在上诉分庭作出最后决定之前,卢班加应继续处于法庭的羁押之下。2008年7月8日,国际刑事法院上诉分庭决定暂缓实施此前第一审判分庭作出的释放卢班加的裁决。② 可见,正因为被害人的法律代理人和检察官的努力抗争,上诉分庭作出了推翻释放被告人的原判决定,该案得以继续审理。这种检察官和被害人的法律代理人共同努力的情况在世界各国司法运行体系中都属罕见。审判分庭从2007年接受卢班加案到开庭前,一共组织了54次情况会商,商讨包括证据开示的各种事宜。2009年1月,审判分庭第一次开庭,检察官和被告人的律师以及被害人的法律代理人均作了开庭陈述,被害方还提交了13项证据。③ 法官共确定146名被害人参加了该案的诉讼程序。④ 经过审判,卢班加被认定犯有战争罪,被判处有期徒刑14年,罚金1000万美元。从无罪释放到14年有期徒刑,差别是如此之大,没有146名被害人的法律代理人的参与和提交的13项证据,这样的审理结果是很难达到的。

(二)国际刑事法院以"信托基金"为特色的被害人赔偿和援助机制

为了让被害人的权利得到有效保障,切实恢复被害人在身体上、经济上和精神上

---

① 参见宋健强:《国际刑事法院"三造诉讼"实证研究》,法律出版社2009年版,第81—82页。
② 参见《国际刑事法院决定暂缓释放刚果(金)战争罪嫌疑人》,载联合国(https://news.un.org/zh/story/2008/07/97702),访问日期:2022年3月8日。
③ 参见《国际刑事法院第一案》,载百度文库(https://wenku.baidu.com/view/3601dbe665ce0508763213cf.html),访问日期:2022年1月26日。
④ 参见国际刑事法院(https://www.icc-cpi.int/CaseInformationSheets/lubangaEng.pdf),访问日期:2022年1月26日。

所遭受的损失，《规约》多次规定法院要"采取一切必要措施""以一切可行办法""尽可能"保障被害人得到赔偿。为了保证这些要求落到实处，国际刑事法院还设立了以"信托基金"为特色、行之有效的被害人赔偿和援助机制。

《规约》第 79 条规定，法院应根据缔约国大会的决定，设立一个信托基金，根据缔约国大会确定的标准进行管理，用于援助法院管辖权内犯罪的被害人及其家属，或者根据法院的指令将通过罚金或没收取得的财物转入信托基金。信托基金是根据 2002 年 9 月缔约国大会第一次会议决议设立的。该基金由理事会进行管理，理事会由 5 名以个人身份"无偿服务"的志愿者组成。信托基金理事会独立于法院，不属于国际刑事法院的内部机构。理事会必须向缔约国大会提交关于被害人信托基金理事会年度工作报告，并由缔约国大会预算和财务委员会负责逐年审查信托基金预算，并对最佳财务管理方案提出建议。理事会下设秘书处，负责基金的日常管理，包括：将通过法院命令取得的赔偿金发放给被害人；收集自愿捐款、罚金和没收物；利用上述资源援助法院管辖权内犯罪的被害人及其家属；与法院之间开展有效合作等。① 信托基金的资金来源不同，其用途也有所不同。信托基金的资金来源主要包括法院判决和自愿捐赠两大类，前者用于对被害人进行赔偿，后者用于对被害人进行援助。

1. 关于被害人的赔偿机制

从国际刑事司法实践来看，前南斯拉夫国际刑事法庭和卢旺达国际刑事法庭主要是检察官在刑事诉讼的各个阶段代表被害人，但被害人不能在上述两个法庭取得损害赔偿，而只能向国内法院请求赔偿。2000 年 10 月和 11 月，上述两个法庭庭长分别致信联合国秘书长，表示虽然都支持向被害人提供赔偿的原则，但由于工作量已经爆满及法庭任务的特殊性，建议由联合国或其他机构设立特别机构来管理赔偿计划或信托基金，以确保向法庭管辖范围内的罪行的受害者提供赔偿。② 与上述两个法庭相比，国际刑事法院在被害人的赔偿方面有三点进步，这也是国际刑事法院被害人赔偿制度的三个特点：

①国际刑事法院赋予被害人申请损害赔偿权，包括身体损害赔偿、经济损害赔偿和精神损害赔偿等广泛内容。

国际刑事法院的被害人赔偿制度是国际刑事司法制度历史上第一次允许被害人对犯罪的个人提出赔偿要求。③ 赔偿的内容主要包括：尽量恢复被害人在发生大规模侵犯人权或严重违反人道主义法事件前的原状，包括恢复自由、法律权利、身份、家庭

---

① 参见曲涛、王小会：《〈国际刑事法院罗马规约〉被害人信托基金援助功能探析》，载《中国石油大学学报（社会科学版）》2012 年第 6 期。

② 参见李世光、刘大群、凌岩主编：《国际刑事法院罗马规约评释》（下册），北京大学出版社 2006 年版，第 613—614、618、620 页。

③ 参见何双、刘健：《国际刑事法院被害人赔偿制度简论》，载《时代法学》2014 年第 2 期。

生活、国籍、居留、就业和财产等;提供医疗和心理治疗等法律和社会服务;尽可能补偿违法行为所造成的任何经济上可以估测的损失,包括补偿肉体和精神损害如疼痛、痛苦和感情上的压力,对失去就业、教育和社会福利等机会进行补偿,对物质损失、失去收入及收入能力进行补偿,对名誉和尊严的损害进行补偿,为获得补救而用在法律或专家协助上的合理开支和费用,以及用在医药服务、心理和社会服务上的费用等。[1] 精神损害赔偿是许多国内法都没有规定的赔偿类别,国际刑事法院的这一规定是一个重大突破。法院可以直接向被定罪人发布命令,具体列明应向被害人或向被害人方面作出的适当赔偿,包括归还、补偿和恢复原状;也可以酌情命令向信托基金交付判定的赔偿金。法院发出命令前,可以征求并应当考虑被定罪人、被害人、其他利害关系人或利害关系国或上述各方的代表的意见。国际刑事法院可以直接向被定罪人(而非罪犯所在国家)发布一个命令,明确要求该人对被害人予以赔偿。法院作出的这类赔偿裁定"必须切实可行,且十分清楚和明确,以使其能够在缔约国的法院或其他有关的国家机构得到执行"[2]。

②国际刑事法院设立了被害人损害赔偿的补缺机制。

一是《规约》规定被害人或其法律代理人可以直接向法院提出赔偿请求,如果被害人因缺席或疏忽没有提出赔偿要求,国际刑事法院也可以自行决定,在裁判中确定被害人或被害人方面所受的任何损害、损失和伤害的范围和程度。这是被害人申请损害赔偿空缺程序上的一个补缺机制。

二是为了执行国际刑事法院的赔偿令,法院可以请求缔约国给予司法合作,包括查明、追寻和冻结或扣押犯罪收益、财产和资产及犯罪工具,以便最终予以没收。缔约国有义务执行国际刑事法院作出的赔偿裁判,应该根据其国内法程序,执行罚金或没收。[3] 这是落实被害人损害赔偿国内法的一个补缺机制。

③国际刑事法院明确了既务实又灵活的赔偿方式。

首先是考虑到任何损害、损失和损伤的范围和程度,法院可以裁定作出个别赔偿,或在法院认为适当的情况下,裁定作出集体或个别与集体赔偿。法院可以应被害人或其法律代理人的请求或被定罪人的请求,或依职权行事,指定适当的鉴定人,协助法院确定被害人受到的或关系到被害人的任何损害、损失和损伤的范围和程度,并就赔偿的适当类别和形式提出建议。被害人或其法律代理人可以就鉴定人的报告提出

---

[1] 参见李世光、刘大群、凌岩主编:《国际刑事法院罗马规约评释》(下册),北京大学出版社2006年版,第613—614、618、620页。

[2] Christopher Muttukumaru, Reparation to Victims, in Lee, The International Criminal Court: Elements of Crimes and Rules of Procedue and Evidence, Transnational Pub Inc Press, 2001, pp. 262-267, 转引自〔加〕威廉·A. 夏巴斯:《国际刑事法院导论》(第2版),黄芳译,中国人民公安大学出版社2006年版,第210页。

[3] 参见《国际刑事法院罗马规约》第75条、第93条、第109条。

意见,还可以根据《程序和证据规则》对赔偿命令提出上诉。在任何情况下,院长会议在决定被判刑人的财产或资产的处置或分配办法时,应优先执行有关赔偿被害人的措施。

其次是弥补不能查获被判刑人的全部实际财产进行赔偿的漏洞,设立信托基金作为补充。信托基金用于赔偿的资金来源和赔付方式主要包括以下几个方面:一是国际刑事法院判定的罚金和没收直接或间接因犯罪取得的收益、财产和资产。缔约国根据其国内法的程序收取罚金和被没收的财产,并将这些财产转移到国际刑事法院,法院可命令将这些财产转移到信托基金。国际刑事法院在判处罚金和决定罚金数额时,特别应考虑行为人犯罪造成的损害和损伤,以及在犯罪所得利益中所占份额。在任何情况下,罚金总额都应以被定罪人的已知流动或可变现资产和财产在扣除适当数额以满足被定罪人及其受扶养人的经济需要后所余价值的75%为限。二是法院可以酌情命令被定罪人向信托基金交付判定的赔偿金。法院在发出赔偿命令时,如果直接向每一个被害人作出个别赔偿是不可能或不切实际的,也可以命令将被定罪人的赔偿金存放于信托基金,并应尽快交给每一个被害人。三是如果根据被害人人数及赔偿范围、形式和方式,集体赔偿更为恰当时,法院可以命令被定罪人通过信托基金交付赔偿金。① 四是如果被判刑人无力赔偿被害人的损失,则由信托基金予以补充。例如,国际刑事法院在迈赫迪毁坏马里通布图古城宗教与历史建筑一案中,法院判处了270万欧元赔偿金,但因迈赫迪已身无分文,法院决定这笔赔偿金由法院所设立的"信托基金"提供给通布图。② 又如,热尔曼·加丹加于2014年3月7日以谋杀、攻击平民、破坏财产和抢劫罪行被判定犯有一项危害人类罪和四项战争罪。当年5月23日,他被判处12年监禁。2017年3月24日,国际刑事法院颁布了一项命令,对2003年2月底刚果民主共和国反叛武装前领袖加丹加所犯罪行的受害者提供个人和集体赔偿。法官裁定对297名受害者支付每人250美元的象征性赔偿以及一些集体赔偿,集体赔偿将用于支持住房、创收活动、教育援助和心理支持等。由于加丹加无力支付,法官请被害人信托基金考虑利用其资源进行赔偿,并在2017年6月27日之前提交执行计划。为确保相关人员的知情权,特别是申请赔偿和受影响社区人员的知情权,法院在刚果民主共和国的相关村庄举办了外联活动,包括提供场所让人们通过视频观看法庭发布命令。③

2. 关于被害人的援助机制

一是用于被害人援助的信托基金来源的特定性。《规则》第98条规定,在符合有

---

① 参见《程序和证据规则》第98条、第146条。
② 参见黄芳:《国际刑事法院审判机制研究》,载《法律适用》2020年第21期。
③ 参见《国际刑事法院裁定赔偿加丹加案受害者》,载联合国(https://news.un.org/zh/story/2017/03/272972),访问日期:2022年1月20日。

关信托基金规定的情况下,信托基金的其他资源可以用于帮助被害人。这里的"其他资源"主要是指"自愿捐赠"所获得的款项。自愿捐赠包括对信托基金的自愿捐赠资金和对国际刑事法院其他机构包括缔约国大会等的自愿捐赠资金。这些特定的资金主要用于被害人援助,包括法律援助、人道主义援助、特殊情况的临时援助等。

二是信托基金可以自行决定各类援助项目,并直接向缔约国大会报告,这体现了信托基金运行的独立性与援助的广泛性。《被害人信托基金条例》第50条规定了信托基金提供援助的三种类型:①身体康复。这是信托基金计划的重要内容,基金理事会已经批准的乌干达共和国北部地区的18个项目中,有5个涉及被害人医疗康复。自2007年11月至2011年12月,该地区约有1200名遭受酷刑、残害、毁容、截肢、烧伤和其他针对平民的犯罪被害人获得治疗。②心理康复。主要包括向被害人提供心理、社交和其他保健福利等,促使被害人重新融入曾经抛弃他们的社会。2008年,信托基金理事会倡议为性暴力和基于性别的犯罪被害人筹集资金,捐助总额超过170万欧元,已经援助了超过5000名刚果民主共和国、乌干达共和国北部地区的性犯罪被害人。③物质支持。通过教育经济发展和社会基础设施重建以及创造就业机会的方式改善被害人的经济地位。2010年7月1日至2011年6月30日,刚果民主共和国的部分被害人开始获得每人60美元的启动资金学习家庭财务管理。① 这些数据都充分表明了信托基金援助机制的良好效果。上述三种类型的被害人援助方式,都是恢复性司法理念在国际刑事司法领域生根开花的结果。

三、结语

国际刑事法院的审判运行机制和被害人权利保障机制是实体法和程序法的结合体,也是英美法系和大陆法系的结合体,其预审、庭审和上诉审的制度设计和被害人权利保障机制的实际运行,始终围绕严惩国际犯罪、充分保障人权、追求实质公正、实现国际正义这些价值观来展开,始终围绕刑事一体化的理念和方法来展开。虽然其审判效率一直为人们所诟病,但是,对于一个案件有数千名受害人参与到诉讼之中、取证地点范围大且情况复杂、审判地远离犯罪地等情形,法院没有选择速战速决的快速审理方式,也许这正是其追求实质上的公平正义这一价值取向的表现。

---

① 参见曲涛、王小会:《〈国际刑事法院罗马规约〉被害人信托基金援助功能探析》,载《中国石油大学学报(社会科学版)》2012年第6期。

宽严相济时代的犯罪控制模式走势与优化

汪明亮*

一、问题的提出

从现代国家对犯罪作出反应的系列理念和实践的角度,可以把犯罪控制模式分为福利模式与刑罚模式。① 前者建立在人道主义基础之上,后者则建立在惩罚主义基础之上。

福利模式的主要特征是:奉行矫正主义,强调对犯罪人权利的保障,认为刑罚措施必须尽可能是复归式的介入,而非负面、应报的惩罚②;是社会精英主导下的制度构建,具有浓厚的精英主义色彩;表现为一种轻缓的犯罪控制政策,反对严刑峻法。刑罚模式的主要特征是:奉行惩罚主义,强调对被害人权利和公共安全的保护,追求风险控制与隔离除害的社会防卫思想;社会精英作用退让,呈现政治化和民粹化倾向;表现为一种严厉的犯罪控制政策,施行严刑峻法。福利模式与刑罚模式是一种整体上的、趋势上的判断,它们不是截然对立的。在福利模式主导时期,也可能存有一些刑罚模式的要素;反之亦然。③

从犯罪控制刑罚模式与福利模式角度研究国家对犯罪的反应意义重大。一方面,刑罚模式与福利模式反映的是现代国家对犯罪作出反应的一系列理念和实践的综合体,具有强大的包容性,能够全景式地展示犯罪控制的理念、制度等多个层面,把理论与实践、实体法与程序法融为一体。另一方面,为比较研究提供了依据和可能。域外已经有了比较成熟的从犯罪控制刑罚模式与福利模式视角研究国家对犯罪的反应的系列成果,这些成果对当今中国的犯罪控制理论研究和实践具有一定的借鉴意义。

以重刑主义为特征的中国传统社会,施行的是典型的犯罪控制刑罚模式;发端于

---

* 复旦大学法学院教授。

① 犯罪控制福利模式(the welfare modality)与刑罚模式(the penal modality)之划分由美国顶尖犯罪与惩罚社会学者 David Garland 教授在其所著的《控制的文化:当代社会的犯罪与社会秩序》一书中提出。See David Garland, The Culture of Control: Crime and Social Order in Contemporary Society, University of Chicago Press, 2001.

② See David Garland, The Culture of Control: Crime and Social Order in Contemporary Society, University of Chicago Press, 2001.

③ 参见汪明亮:《守底限的刑罚模式》,法律出版社 2020 年版,第 2—3 页。

20 世纪 80 年代的"严打"刑事政策,更是凸显了犯罪控制刑罚模式。不过,伴随着"严打"刑事政策实践的是西方的犯罪控制福利模式理念开始在中国传播并逐渐被刑事法理论界接受。自 20 世纪后期以来,矫正主义、人权保障的声音日趋占据中国刑事法理论界主流,严刑峻法的明确表达越来越少见,批判"严打"刑事政策已成理论界常态。

自党的十六大以来,中国共产党明确提出了构建和谐社会的战略任务,并将其作为加强党的执政能力建设的重要内容。在此背景下,与构建社会主义和谐社会执政理念有着密切联系的宽严相济刑事政策于 2006 年开始取代"严打"刑事政策,中国犯罪控制进入宽严相济时代。

宽严相济刑事政策蕴含了犯罪控制模式的不同面向:之"宽"契合了福利模式的要求,之"严"契合了刑罚模式的要求。从宽严相济时代的刑事政策实践来看,宽严相济刑事政策之"宽"主要体现在刑事司法领域,而之"严"则主要体现在刑事立法领域。犯罪控制领域中的此种重大变革表明:一方面,在宽严相济时代,单一的刑罚模式开始转向刑事立法刑罚模式化、刑事司法福利模式化的混合模式,福利模式在刑事司法领域显现;另一方面,刑事法理论界对福利模式的长期追求在一定程度上开始被实践接受。

宽严相济时代犯罪控制模式走势亟待从理论上进行诠释。唯有此,才能总结出犯罪控制模式巨变过程中的成功经验和失败教训,才能为犯罪控制模式朝更合理、更正当方向发展提供理论支持。鉴于此,本文在归纳宽严相济时代的犯罪控制模式走势及学界态度的基础上,深刻剖析混合模式产生的原因、意义及其可能带来的风险,并从理念、刑事立法与刑事司法多个层面对当前犯罪控制模式进行优化。

二、刑事立法刑罚模式化表现及理论界的态度

所谓刑事立法刑罚模式化,是指在刑事立法过程中,刑罚模式的诸项特征显现,福利模式特征弱化。刑事立法刑罚模式化主要体现在宽严相济时代通过的《刑法修正案(七)》《刑法修正案(八)》《刑法修正案(九)》和《刑法修正案(十)》中。具体表现在侧重宽严相济之"严"面向,强调对社会利益与公共安全保护,复归理念淡化,政治倾向与民意倾向、犯罪化、刑罚趋严等方面。

(一) 反映了宽严相济之"严"的面向

虽然各刑法修正案都是在宽严相济刑事政策指导下制定的,但大多反映了宽严相济之"严"的面向。正如有学者所言,《刑法修正案(十一)》呈现出刑罚模式化特点[①];全面检视《刑法修正案(七)》就不难发现,贯彻宽严相济基本刑事政策之从严的一

---

① 参见汪明亮:《刑事立法刑罚模式化——以〈刑法修正案(十一)〉为视角》,载《苏州大学学报(哲学社会科学版)》2021 年第 5 期。

面,仍是其主调所在①;通观《刑法修正案(九)》七大方面的具体内容,有六个方面均应纳入"严"的范畴②;即便是被称为完美体现宽严相济刑事政策的《刑法修正案(八)》③,其中也有一半的条文是为了更好地打击相关犯罪而设立的。④

(二) 强调对社会利益、公共安全的保护

在各刑法修正案增加的新罪名中,大部分都是出于对社会利益、公共安全的保护。学界把此种立法倾向称之为预防性立法或象征性立法。预防性立法是国家在面对风险社会时向社会安全需求作出的妥协与让步,是国家以社会安全为优先价值考量的结果。⑤ 其在法律规范上主要体现为刑罚处罚的早期介入,大量处罚抽象危险犯和犯罪预备行为。象征性立法不追求刑罚规范的实际效果,更多地是为了表达立法者的某种姿态与情绪、态度与立场。⑥ 象征性刑事立法服务于安全目的而严重削弱了刑法的自由与人权保障功能。⑦

(三) 复归理念淡化

复归理念淡化是刑罚模式凸现的重要表现。复归理念是福利模式的核心支柱。⑧《刑法修正案(九)》对终身监禁的规定意味着复归理念之信仰开始动摇。根据《刑法修正案(九)》修改后的《刑法》第383条的规定,一旦贪污罪或受贿罪的罪犯被判处终身监禁,就不得减刑、假释。这显然断了他们回归社会之后路,背离了复归之理念。此外,《刑法修正案(八)》"对累犯以及因故意杀人、强奸、抢劫、绑架、放火、爆炸、投放危险物质或者有组织的暴力性犯罪被判处十年以上有期徒刑、无期徒刑的犯罪分子,不得假释"的规定,也在一定程度上淡化了复归理念。

(四) 政治倾向与民意倾向

政治倾向与民意倾向,即刑法修正案在一定程度上反映了政治利益和民意。此趋向在各修正案制定过程中表现得非常明显。例如,《刑法修正案(九)》的第一指导思想是:坚持正确的政治方向,贯彻落实党的十八届三中全会、中央司法体制改革任务有关

---

① 参见赵秉志:《〈刑法修正案(七)〉的宏观问题探讨》,载《华东政法大学学报》2009年第3期。
② 参见卢建平:《宽严相济与刑法修正》,载《中国检察官》2017年第11期。
③ 参见高铭暄:《刑法体现宽严相济刑事政策》,载《人民日报》2015年8月28日,第7版。
④ 参见刘艳红:《我国应该停止犯罪化的刑事立法》,载《法学》2011年第11期。
⑤ 参见何荣功:《预防刑法的扩张及其限度》,载《法学研究》2017年第4期。
⑥ 参见刘艳红:《象征性立法对刑法功能的损害——二十年来中国刑事立法总评》,载《政治与法律》2017年第3期。
⑦ 参见刘艳红:《象征性立法对刑法功能的损害——二十年来中国刑事立法总评》,载《政治与法律》2017年第3期。
⑧ 一旦复归理念之信仰崩解,则意味着建立在现代刑罚性(modern penality)基础之上的所有假定、价值与实践都趋向解体。See David Garland, The Culture of Control: Crime and Social Order in Contemporary Society, University of Chicago Press, 2001, p. 8.

要求;《刑法修正案(八)》的修改重点是,落实中央深化司法体制和工作机制改革的要求。

一些罪名的存废和刑事责任的修订反映了民意倾向。例如,《刑法修正案(十一)》对绝对刑事责任年龄的下调、对强奸罪的"奸淫幼女"加重量刑情节的规定、将猥亵儿童罪法定最高刑由5年有期徒刑提高到了15年有期徒刑,增加冒名顶替罪,高空抛物罪,侵害英雄烈士名誉、荣誉罪及负有照护职责人员性侵罪等新罪名,在一定程度上都是民意的体现。此种民意倾向,不仅明确表达公众对"熊孩子"的担忧,对强奸、猥亵儿童行为人,盗用、冒用他人身份顶替入学、就业行为人,高空抛物行为人,侮辱、诽谤英烈名誉、荣誉行为人的愤怒和厌恶,极具表达性,而且意味着在一定程度上忽视专家与精英在刑事立法中的决定作用,立法时的强势声音不再仅仅来自专家抑或实务工作者,而可能来自一般民众,特别是对犯罪深感恐惧和焦虑的民众。

(五) 犯罪化趋势

犯罪化趋势主导着各刑法修正案。① 最明显的表现是增加新罪名:《刑法修正案(七)》新增了9个罪名,《刑法修正案(八)》新增了7个罪名,《刑法修正案(九)》新增了20个罪名,《刑法修正案(十)》新增了1个罪名,《刑法修正案(十一)》新增了17个罪名。除此之外,犯罪化趋势还表现在通过修改构成要件来扩大犯罪圈和通过修改罪名扩大犯罪构成要件两个方面。

(六) 刑罚趋严

刑罚趋严首先表现在提高个罪的法定最高刑、增加新的刑罚种类。例如,《刑法修正案(七)》将巨额财产来源不明罪的法定最高刑由5年有期徒刑提高到10年有期徒刑;《刑法修正案(八)》将寻衅滋事罪的法定最高刑由5年有期徒刑提高到10年有期徒刑;《刑法修正案(九)》对拒不执行判决、裁定罪增设加重刑;《刑法修正案(十一)》将违规披露、不披露重要信息罪的法定最高刑由3年有期徒刑提高到10年有期徒刑。其次是修改相关刑罚制度。主要体现在《刑法修正案(八)》的相关规定中,例如,把死刑缓期二年执行考验期满后减为有期徒刑的年限提高到25年有期徒刑;把数罪并罚的总和刑期的最高限提高到25年;等等。

面对刑事立法刑罚模式化趋势,主流刑事法理论界予以全面批判,其中代表性的观点是:①认为刑法修正案未能很好地体现宽严相济刑事政策之"宽"的要求。有学者认为,《刑法修正案(七)》对宽严相济基本刑事政策从宽一面的体现还有待加强。② 也有学者认为,《刑法修正案(九)》在某种程度上背离了宽严相济刑事政策。③ ②质疑预

---

① 参见刘艳红:《我国应该停止犯罪化的刑事立法》,载《法学》2011年第11期。
② 参见赵秉志:《〈刑法修正案(七)〉的宏观问题探讨》,载《华东政法大学学报》2009年第3期。
③ 参见卢建平:《宽严相济与刑法修正》,载《中国检察官》2017年第11期。

防性立法或象征性立法。有学者认为,预防刑法隐含着扩张和模糊刑法干预界限的风险,限制预防刑法需要从宪法和刑法两方面进行。① 也有学者认为,象征性立法损害了刑法的人权保障功能。刑事立法与司法,都应该防范国家过度追求安全稳定与社会保护,防止国家频频发动刑罚权以限制公民的权利与自由。② 还有学者认为,整部《刑法修正案(十一)》就是积极预防性刑法观的立法实践,该积极预防性刑法观值得反思,刑法应避免成为单纯的社会控制手段,应当重返以自由和人权为核心的刑法,防止积极预防性刑法观演变为激进式刑法观。③ ③质疑终身监禁制度。有学者认为,终身监禁与预防犯罪的目的(尤其是特殊预防目的)是相冲突的。④ ④商榷刑法修正案犯罪化趋势。有学者认为,刑法修正案均是犯罪化的有效成果,这样的做法既不符合中国"大国法治"之要求与特点,也无法获得如同西方的法治实践效果,今后我国刑事立法应该拒绝进一步的犯罪化,并适当实行一些犯罪行为的非犯罪化。⑤ ⑤反思刑法修正案民粹化趋势。有学者认为,"民意"或"舆论"过度介入或影响刑事立法会导致不理性的情绪性刑事立法现象频频发生。情绪性立法必将损害法律的权威,腐蚀社会公平正义的基石。科学的刑事立法必须力戒情绪。⑥ 也有学者认为,以安抚民意、稳定民心、减少转型危机可能带来的政治风险为立法导向的刑事立法,是一种新刑法工具主义。有必要在批判性反思新刑法工具主义取向的同时,促使刑法立法的理性回归。⑦ ⑥商榷重刑化倾向。有学者认为,虽然《刑法修正案(八)》和《刑法修正案(九)》推进了死刑罪名的废除,整体上达到了刑罚轻缓的趋向,但在废除死刑罪名的法定刑调整中加重了部分罪名的法定刑,使得废除死刑的刑罚轻缓化走向实质转为加重加刑的立法走向。在当前刑罚结构调整的进程中应当首先明确刑罚轻刑化的发展趋势。⑧

即便有极少数刑事法学者不完全否定刑事立法刑罚模式化趋势,但都提出了若干限定性条件。例如,有学者认为,"刑法的谦抑性并不反对及时增设一定数量的新罪;刑罚早期化与转型中国社会的发展存在内在联系……但处罚不能轻易由轻改重;对公众的情绪化呼吁保持足够的理性与警惕"⑨。也有学者认为,犯罪化修法具备合理性,而且也将是今后相当长时期我国刑法立法的必然趋势。但我国刑法修正的犯罪化

---

① 参见何荣功:《预防刑法的扩张及其限度》,载《法学研究》2017 年第 4 期。
② 参见刘艳红:《象征性立法对刑法功能的损害——二十年来中国刑事立法总评》,载《政治与法律》2017 年第 3 期。
③ 参见刘艳红:《积极预防性刑法观的中国实践发展——以〈刑法修正案(十一)〉为视角的分析》,载《比较法研究》2021 年第 1 期。
④ 参见张明楷:《终身监禁的性质与适用》,载《现代法学》2017 年第 3 期。
⑤ 参见刘艳红:《我国应该停止犯罪化的刑事立法》,载《法学》2011 年第 11 期。
⑥ 参见刘宪权:《刑事立法应力戒情绪——以〈刑法修正案(九)〉为视角》,载《法学评论》2016 年第 1 期。
⑦ 参见魏昌东:《新刑法工具主义批判与矫正》,载《法学》2016 年第 2 期。
⑧ 参见李翔:《论刑法修正与刑罚结构调整》,载《华东政法大学学报》2016 年第 4 期。
⑨ 周光权:《积极刑法立法观在中国的确立》,载《法学研究》2016 年第 4 期。

仍应适度。① 还有学者从积极主义刑法观角度认同中国当下刑事立法的犯罪化趋势,但其强调犯罪化一定要"适度",并提出了适度犯罪化的判断标准,即"判断立法上的犯罪化是否'适度'需要从刑事政策上宏观把握,而判断司法上的犯罪化'适度'与否,则需要落实到阶层式犯罪成立体系各个阶层的具体解释中"②。

必须指出的是,刑事立法刑罚模式化并不意味着在刑事立法领域没有任何福利模式的表现,正如前文所提及的,福利模式与刑罚模式是一种整体上的、趋势上的判断。相对于刑罚模式,宽严相济时代刑事立法中的福利模式表现得不明显,处于劣势。其主要体现在《刑法修正案(七)》《刑法修正案(八)》《刑法修正案(九)》及《刑法修正案(十一)》的相关规定中。例如,《刑法修正案(七)》降低了绑架罪的法定刑、《刑法修正案(九)》降低了侵入计算机信息系统罪的法定刑;《刑法修正案(八)》废除了13个罪的死刑、《刑法修正案(九)》废除了9个罪的死刑;《刑法修正案(八)》对已满75周岁的老年人犯罪从宽处理、原则上不得判处死刑;《刑法修正案(八)》正式引入社区矫正制度;《刑法修正案(十一)》通过对骗取贷款、票据承兑、金融票证罪的入罪条件的限缩实现了一定的非犯罪化;《刑法修正案(十一)》增设妨害安全驾驶罪和高空抛物罪,把这些年来司法实践中按重罪以危险方法危害公共安全罪处理的抢夺公交车方向盘、高空抛物行为独立定罪;等等。

三、刑事司法福利模式化表现及理论界的态度

与刑事立法刑罚模式化相比,在宽严相济时代的刑事司法方面,却呈现出福利模式化趋势,即在刑事司法过程中,福利模式的诸项特征显现,刑罚模式特征弱化。此种趋势既体现在相关的程序立法、司法解释、检察制度创新中,也体现在具体的刑事案件判决过程中。具体表现在对犯罪人权利保障的价值追求,以及为了实现该价值追求的相关制度设计,如疑罪从无、非法证据排除、认罪认罚从宽、无罪推定、事实上取消死刑、刑事合规、少捕慎诉慎押等方面。

(一) 相关程序立法、司法解释、检察制度创新反映了刑事司法福利模式要求

2012年修改后的《刑事诉讼法》强化了人权保障的相关规定,将"尊重和保障人权"写进第2条,并对证据制度和辩护制度予以完善。

为了落实《刑事诉讼法》对"人权保障"的相关规定和贯彻宽严相济刑事政策,近年来,以最高人民法院、最高人民检察院为主导,颁布了多部司法解释,创新了多项检察

---

① 参见赵秉志:《中国刑法最新修正宏观争议问题研讨》,载《学术界》2017年第1期。
② 付立庆:《论积极主义刑法观》,载《政法论坛》2019年第1期。

制度,强化了犯罪人权利的司法保障。

第一,2016 年最高人民法院、最高人民检察院、公安部、国家安全部、司法部(以下简称"两高三部")联合颁布了《关于在部分地区开展刑事案件认罪认罚从宽制度试点工作的办法》,凸显对犯罪人的从宽处理。该办法第 1 条规定:"犯罪嫌疑人、被告人自愿如实供述自己的罪行,对指控的犯罪事实没有异议,同意量刑建议,签署具结书的,可以依法从宽处理。"2018 年修改后的《刑事诉讼法》把认罪认罚从宽制度写入其中,其第 15 条规定:"犯罪嫌疑人、被告人自愿如实供述自己的罪行,承认指控的犯罪事实,愿意接受处罚的,可以依法从宽处理。"

第二,2017 年最高人民法院制定了《关于全面推进以审判为中心的刑事诉讼制度改革的实施意见》,该意见是实现犯罪人权利的司法保障的重要途径,即"通过有针对性地完善证据制度和审判程序,有助于健全落实证据裁判、非法证据排除、疑罪从无等法律原则的法律制度,完善公检法各机关'分工负责、互相配合、互相制约'的体制机制,夯实防范冤假错案的制度基础,筑牢防范冤假错案的程序防线"①。

第三,2017 年"两高三部"联合颁布了《关于办理刑事案件严格排除非法证据若干问题的规定》,颁布该规定的一个重要缘由就是切实防范冤假错案的需要。正如最高人民法院审判委员会委员戴长林所言,该规定结合司法实践,特别是重大冤假错案反映的突出问题,明确非法证据的认定标准,完善非法证据的排除程序,对侦查、起诉、辩护、审判等工作提出更高的标准、更严的要求,有助于促使办案人员严格依法收集、审查和运用证据,有效防范冤假错案发生。②

第四,2017 年最高人民检察院侦查监督厅发布了《关于在审查逮捕工作中不再适用"附条件逮捕"的通知》,该通知体现了保障犯罪人权利的价值取向。根据 2013 年最高人民检察院侦查监督厅发布的《关于人民检察院审查逮捕工作中适用"附条件逮捕"的意见(试行)》的相关规定,"附条件逮捕"对《刑事诉讼法》规定的逮捕条件有一定的松动,更多的是考虑保护社会秩序和公共安全的需要。

第五,2016 年最高人民法院、最高人民检察院颁布了《关于办理贪污贿赂刑事案件适用法律若干问题的解释》。在一定意义上说,该解释从事实上废除了贪污罪、受贿罪的死刑(立即执行),具有明显的福利模式特征。虽然该解释第 4 条规定对贪污罪、受贿罪可以适用死刑(立即执行),但同时又规定了相对宽松的死缓适用条件,特别是任何一名贪污罪、受贿罪的犯罪人都能做到的"真诚悔罪"情节的规定。

---

① 参见《最高法发布以审判为中心刑诉制度改革实施意见》,载最高人民法院(http://www.court.gov.cn/zixun-xiangqing-36362.html),访问日期:2017 年 8 月 12 日。
② 参见《〈最高人民法院、最高人民检察院、公安部、国家安全部、司法部关于办理刑事案件严格排除非法证据若干问题的规定〉新闻发布会》,载最高人民法院(http://www.court.gov.cn/zixun-xiangqing-49032.html),访问日期:2017 年 8 月 12 日。

第六，最高人民检察院开展企业合规改革。自 2020 年 3 月起，最高人民检察院在上海浦东、金山、江苏张家港、山东郯城、广东深圳南山、宝安等六家基层检察院开展企业合规改革第一期试点工作；2022 年 4 月，涉案企业合规改革将在全国检察机关全面推开。企业合规改革是对企业与企业家犯罪从宽处罚的表现，包括了"合规不批捕""合规不起诉""合规从宽量刑建议"等多重含义。

第七，最高人民检察院积极推进少捕慎诉慎押司法政策。2021 年 4 月，中央全面依法治国委员会把"坚持少捕慎诉慎押刑事司法政策，依法推进非羁押强制措施适用"列入 2021 年工作要点。2022 年 3 月 8 日上午，最高人民检察院检察长张军在第十三届全国人大五次会议上作最高人民检察院工作报告时说，检察机关积极贯彻少捕慎诉慎押刑事司法政策，2021 年不批捕 38.5 万人、不起诉 34.8 万人。①

（二）具体案例的处理体现了福利模式要求

在宽严相济时代，刑事司法福利模式化表现已经不再局限于程序立法和司法解释的条文中，而是大量体现在具体个案的处理过程中。最高人民法院院长周强在第十三届全国人大一次会议上所作的《最高人民法院工作报告》中指出，2013 年至 2017 年，人民法院落实罪刑法定、证据裁判、疑罪从无等原则，对 2943 名公诉案件被告人和 1931 名自诉案件被告人依法宣告无罪；周强院长在第十三届全国人大二次会议上所作的《最高人民法院工作报告》中指出，2018 年，人民法院严格落实非法证据排除、罪刑法定、疑罪从无等原则，依法宣告 517 名公诉案件被告人和 302 名自诉案件被告人无罪。原最高人民检察院检察长曹建明 2017 年 11 月 1 日在第十二届全国人大常委会第三十次会议上所作的《最高人民检察院关于人民检察院全面深化司法改革情况的报告》中指出，2013 年至 2017 年 11 月，因排除非法证据决定不批捕 2624 人、不起诉 870 人。② 最高人民法院院长周强 2017 年 12 月 23 日在第十二届全国人民代表大会常务委员会第三十一次会议上所作的《关于在部分地区开展刑事案件认罪认罚从宽制度试点工作情况的中期报告》中指出，自 2016 年 11 月正式启动《关于在部分地区开展刑事案件认罪认罚从宽制度试点工作的办法》至 2017 年 11 月底，全国 18 个试点地区共确定试点法院、检察院各 281 个，适用认罪认罚从宽制度审结刑事案件 91121 件 103496 人，占试点法院同期审结刑事案件的 45%。认罪认罚案件犯罪嫌疑人、被告人被取保候审、监视居住的占 42.2%，不起诉处理的占 4.5%；免予刑事处罚的占 0.3%，判处 3 年有期徒刑以下刑罚的占 96.2%，其中判处有期徒刑缓刑、拘役缓刑的占 33.6%，判处

---

① 参见《检察机关积极贯彻少捕慎诉慎押刑事司法政策》，载最高人民检察院（https://www.spp.gov.cn/spp/lhyrmwzx/202203/t20220308_548277.shtml），访问日期：2022 年 5 月 2 日。

② 参见《曹建明：近五年来检察机关排除非法证据不捕 2624 人》，载中国网（http://www.china.com.cn/news/txt/2017-11/01/content_41829975.htm），访问日期：2017 年 11 月 2 日。

管制、单处附加刑的占 2.7%,非羁押强制措施和非监禁刑适用比例进一步提高。① 最高人民检察院检察长张军在第十三届全国人大二次会议上所作的《最高人民检察院工作报告》中指出,2018 年,人民检察院在办理认罪认罚从宽案件中充分发挥主导作用,检察机关建议适用该程序审理的占 98.3%,量刑建议采纳率 96%。坚持不懈纠防冤错案件。对不构成犯罪或证据不足的决定不批捕 168458 人、不起诉 34398 人,同比分别上升 15.9% 和 14.1%。最高人民检察院检察长张军 2022 年 3 月 8 日在第十三届全国人大五次会议上所作《最高人民检察院工作报告》中指出,检察机关积极贯彻少捕慎诉慎押刑事司法政策,2021 年不批捕 38.5 万人、不起诉 34.8 万人。②

以 2006 年以来中国裁判文书网公布的判决书为样本,对反映刑事司法福利模式化的四项重要制度(疑罪从无、非法证据排除、认罪认罚从宽及无罪推定)在判决文书中出现的情况予以实证分析的结果,进一步证明了刑事司法福利模式化趋势。③

中国裁判文书网的数据分析表明:第一,随着宽严相济时代的到来,反映刑事司法福利模式化的四项重要制度开始在判决文书中出现,且呈递增趋势,并在 2015 年后出现井喷。第二,司法机关的重视程度与反映刑事司法福利模式化诸项重要制度的现实化程度成正比。当刑事司法福利模式还停留在口号层面时,在判决文书中极少出现反映刑事司法福利模式化诸项重要制度的概念,但自 2015 年以来,随着最高司法机关先后颁行有关认罪认罚从宽制度试点工作、以审判为中心的刑事诉讼制度改革、严格排除非法证据等方面的司法解释,反映刑事司法福利模式化的诸项重要制度开始在判决文书中显现。第三,绝大多数反映刑事司法福利模式化的诸项重要制度的判决文书出现在基层法院。这与刑事审判总体案件在不同级别法院的分布大体持平,意味着反映刑事司法福利模式化的诸项重要制度已不再是高级别法院在其判决文书中的"作秀",已经成为各级法院在审理刑事案件时必须考虑的"常识"。

此外,近些年被媒体广为关注的若干案件的审理过程和判决结果更直观地反映了此种福利模式化趋向,并起到了向社会公众宣传福利思想的作用。这些案例如:①聂树斌强奸杀人案。该案充分彰显了疑罪从无原则的价值蕴含,有力促进了该原则的贯彻落实。④ ②李晨掐死妻子案。该案是广州市中级人民法院审理的首宗一审重大刑事

---

① 参见周强:《关于在部分地区开展刑事案件认罪认罚从宽制度试点工作情况的中期报告——2017 年 12 月 23 日在第十二届全国人民代表大会常务委员会第三十一次会议上》,载《人民法院报》2017 年 12 月 24 日,第 1 版。
② 参见《检察机关积极贯彻少捕慎诉慎押刑事司法政策》,载最高人民检察院(https://www.spp.gov.cn/spp/lhyrmwzx/202203/t20220308_548277.shtml),访问日期:2022 年 5 月 2 日。
③ 参见汪明亮:《守底限的刑罚模式》,法律出版社 2020 年版,第 91—95 页。
④ 参见《最高法负责人谈聂树斌案:宣告无罪彰显"疑罪从无"原则》,载《新京报》2016 年 12 月 3 日,第 A6 版。

案件适用认罪认罚从宽制度的案件,意义重大。①③陈灼昊故意杀人案。②该案的终审改判,体现了以审判为中心的诉讼格局、严格依证据定案的要求,是非法证据排除原则适用的一个经典案例。

与对待刑事立法刑罚模式化的态度截然不同,主流刑事法理论界力挺刑事司法福利模式化趋势,其中代表性的观点是:①高度评价 2012 年《刑事诉讼法》的修改。有学者认为,2012 年《刑事诉讼法》的修改实现了从"人权入宪"到"人权入法"的突破,将使我国刑事司法保障人权的力度提升至一个新的高度。③也有学者认为,2012 年《刑事诉讼法》的修改极大地推进了我国司法的文明化,在中国和世界司法文明发展进程中具有里程碑意义。④②认为 2012 年《刑事诉讼法》对犯罪人权利保障的规定还不彻底。有学者认为,2012 年《刑事诉讼法》只是把"尊重和保障人权"放在第 2 条立法任务中,未将其规定于第 1 条立法宗旨中,略有缺憾。⑤也有学者认为,2012 年《刑事诉讼法》将保障人权与惩罚犯罪两者都作为刑事诉讼的直接目的,属于定位错误,这不仅造成司法者无所适从,也是导致实践中刑讯逼供等侵权事件频发的思想根源。⑥③把宽严相济刑事政策理解为宽缓刑事政策。有学者认为,宽严相济刑事司法政策的提出是对我国贯彻了二十多年的"严打"政策的一个反思、一个检讨、一个修正;在实行了二十多年"严打"的历史背景下,现阶段实行"宽严相济"的刑事司法政策本质上是要努力实现刑罚宽缓的这一面。⑦④全方位适用认罪认罚从宽制度。有学者认为,该制度原则上适用于包括可能判处死刑在内的所有案件,贯穿于侦查、审查起诉、审判阶段。⑧⑤高度评价以审判为中心的诉讼制度改革。有学者认为,以审判为中心的诉讼制度改革符合诉讼规律、司法规律和法治规律,是破解制约刑事司法公正突出问题、加强人权司法保障的必由之路。⑨⑥高度评价非法证据排除制度。有学者认为,我国非法证据排除规则的确立与发展,对切实防范冤假错案,完善刑事证据制度,加强人权司法保障,积极推进以审判为中心的刑事诉讼制度改革,具有重要意义。⑩⑦高度评价刑

---

① 参见《广州首宗适用认罪认罚从宽制度的重大刑事案件开庭审理》,载正义网(http://www.jcrb.com/procuratorate/jcpd/201705/t20170518_1754570.html),访问日期:2017 年 10 月 10 日。
② 参见《"陈灼昊故意杀人案"由死缓改判无罪》,载人民网(http://legal.people.com.cn/n/2015/1031/c188502-27760233.html),访问日期:2017 年 10 月 10 日。
③ 参见陈光中、曾新华、刘林呐:《刑事诉讼法制建设的重大进步》,载《清华法学》2012 年第 3 期。
④ 参见张文显:《司法文明新的里程碑——2012 刑事诉讼法的文明价值》,载《法制与社会发展》2013 年第 2 期。
⑤ 参见陈光中、曾新华、刘林呐:《刑事诉讼法制建设的重大进步》,载《清华法学》2012 年第 3 期。
⑥ 参见侯瑞雪:《新刑诉法人权保障存在的问题及出路》,载《理论月刊》2014 年第 5 期。
⑦ 参见贾宇:《从"严打"到"宽严相济"》,载《国家检察官学院学报》2008 年第 2 期。
⑧ 参见陈光中、马康:《认罪认罚从宽制度若干重要问题探讨》,载《法学》2016 年第 8 期。
⑨ 参见沈德咏:《论以审判为中心的诉讼制度改革》,载《中国法学》2015 年第 3 期。
⑩ 参见戴长林:《非法证据排除制度的新发展及重点问题研究》,载《法律适用》2018 年第 1 期。

事诉讼法治在人权保障方面取得的成就。有学者认为,回顾四十年来刑事诉讼法治的发展,我国在刑事诉讼的制度建设与价值选择上取得了从"有法可依"到"良法善治"、从"打击犯罪"到"人权保障"的重要成就。①

与刑事立法刑罚模式化不必然地排除福利模式的存在一样,宽严相济时代刑事司法福利模式化也是一种趋势上的判断,刑事司法领域亦存在刑罚模式的表现。不过,此种刑罚模式的表现是不明显的、处于劣势的。刑事司法领域中的刑罚模式主要体现在程序规则与证据规则未能很好地得到贯彻方面。例如,非法证据排除请求的提起数量逐年上升,但成功排除非法证据的比例很低②;在扫黑除恶专项斗争中仍然存在着不依法办案、难保办案质量、难以充分保障当事人和其他诉讼参与人各项诉讼权利等现象的隐忧。③

四、犯罪控制单一模式转向混合模式的原因分析

在犯罪控制刑罚模式盛行时期,犯罪控制呈现出一种单一模式,即刑事立法与刑事司法领域都是刑罚模式。然而,在宽严相济时代,单一的刑罚模式开始转向刑事立法刑罚模式化、刑事司法福利模式化的混合模式,福利模式在刑事司法领域显现。究其原因,既有执政党执政理念的影响,又与刑事法理论界对福利模式的孜孜追求密切相关。至于刑事立法刑罚模式化、刑事司法福利模式化之分野,其原因既涉及宽严相济刑事政策的合理定位,又源于冤假错案频现的司法现实。

(一) 执政党构建和谐社会理念使然

宽严相济时代犯罪控制模式呈现出刑事立法刑罚化、刑事司法福利化混合模式趋势的首要原因在于执政党的执政理念的变化。

2004 年十六届四中全会正式提出了构建社会主义和谐社会的概念;在 2006 年十六届六中全会审议通过的《中共中央关于构建社会主义和谐社会若干重大问题的决定》中,全面深刻地阐明了中国特色社会主义和谐社会的性质和定位、指导思想、目标任务、工作原则和重大部署;2007 年 10 月,党的十七大再次强调了构建社会主义和谐社会的重要性,并对改善民生为重点的社会建设作了全面部署。

直接反映福利模式的宽严相济刑事政策的提出与构建社会主义和谐社会的执政理念有着密切联系,是构建社会主义和谐社会的应有之义和必然要求。④ 2005 年 12 月,罗

---

① 参见陈卫东:《刑事诉讼法治四十年:回顾与展望》,载《政法论坛》2019 年第 6 期。
② 参见韦香怡:《非法证据排除规则适用的实证研究——基于 2013—2018 年的 556 个案例》,载《四川警察学院学报》2019 年第 2 期。
③ 参见徐岱、史家家:《论扫黑除恶的法治保障》,载《法治研究》2019 年第 5 期。
④ 参见刘仁文:《宽严相济的刑事政策研究》,载《当代法学》2008 年第 1 期。

干在全国政法工作会议上要求政法机关要更加注重运用多种手段来化解矛盾纠纷,更加注重贯彻宽严相济的刑事政策,促进社会和谐稳定①;在2006年3月召开的第十届全国人大四次会议上,最高人民法院和最高人民检察院的工作报告均强调贯彻宽严相济刑事政策;2006年10月召开的第十六届六中全会通过了《中共中央关于构建社会主义和谐社会若干重大问题的决定》,其中明确要求"实施宽严相济的刑事司法政策"。

可见,刑事立法刑罚模式化、刑事司法福利模式化的混合模式趋势之形成是有特定的历史背景的,即中国共产党提出了构建和谐社会之执政理念,为了实现该理念,在犯罪控制领域,直接反映福利模式的宽严相济刑事政策应运而生。

(二) 刑事法理论界对犯罪控制福利模式的孜孜追求

在执政党提出构建和谐社会理念之前相当长时间内,主流刑事法学界对福利模式的追求就一直没有停止过。具体而言,自20世纪80年代开始,随着西法东渐,以美英为代表的犯罪控制福利模式对我国的犯罪控制理论影响日益显现,20世纪90年代末,特别是21世纪以来,该影响逐渐占据主导地位,已经成为我国主流刑事法学界的学术追求。首先,社会复归思想占据主导地位。主流刑事法学者坚信刑罚的社会复归目的,强调刑罚的矫正功能。这些思想不仅反映在论文论著中,更体现在几乎所有的刑法教科书中。其次,强调刑事法的人权保障机能。绝大多数主流刑事法学者认为,刑法、刑事诉讼法都是人权保障法。但在他们眼中,人权保障主要是对犯罪嫌疑人、被告人及罪犯的人权保障。具体来讲,在刑事实体法研究中,罪刑法定原则日趋受到重视,旨在规范法官权力、保障犯罪人权利的刑法教义学(刑法信条学)日益发达②;在刑事程序法研究中,正当程序、无罪推定等原则日益获青睐,重程序正义而轻实体正义,认为在程序正义与实体正义难以兼得时,应取程序正义而舍实体正义;在刑事政策研究中,倡导轻刑化,反对死刑,批判"严打"刑事政策;犯罪学研究强调犯罪形成的社会因素,认为最好的社会政策就是最好的刑事政策,要"合理组织对犯罪的反应"。③

构建和谐社会之政治理念一出,主流刑事法学者便开始搭此东风,通过宽严相济刑事政策的落实,逐渐把福利模式从理念转向实践。这也是前文提到的,主流刑事法理论界一边倒地批判刑事立法刑罚模式化趋势、力挺刑事司法福利模式化趋势的原因所在。

主流刑事法学者强烈追求福利模式的原因是多方面的。一方面,自20世纪80年代以来,不少刑事法学者留学欧美,直接接受了福利思想教育,同时又有大量的倡导福

---

① 参见《政法工作会议召开 罗干强调进一步加强政法工作》,载中新网(https://www.chinanews.com.cn/news/2005/2005-12-06/8/661634.shtml),访问日期:2022年8月24日。
② 参见[德]克劳斯·罗克辛:《德国刑法学总论(第1卷)》,王世洲译,法律出版社2005年版,第126页。
③ 参见梁根林:《合理地组织对犯罪的反应》,北京大学出版社2008年版。

利模式的经典论著被翻译引进我国。在中国这样一个长期奉行犯罪控制刑罚模式的国度,建立在刑罚人道之上的福利模式对刑事法学者带来的冲击是巨大的,影响是深远的。另一方面,主流刑事法学者之所以追求福利模式,还有其身份方面的原因:其一,对于他们来说,用一种"文明"的态度看待犯罪一直被看作文化上优秀的表现,能够凸显有教养的、有文化的观点,而有别于社会底层那些群体所持的比较鲁莽、冷酷的观点。其二,与社会距离有关。主流刑事法学者与底层阶级不同,一般而言他们居住在和犯罪事件有段距离的地方,他们的日常生活方式不常使他们暴露于犯罪的威胁之下。因此,他们的犯罪恐惧感相对较小。同时,主流刑事法学者一般不直接接触具体刑事案件,难以体会到刑事案件中被害人的悲惨。所以,他们对犯罪的看法主要是来自刻板印象与意识形态。其三,相对来说主流刑事法学者在经济上较为富足、生活安定。身处优越地位的群体能够对犯罪与罪犯采取一种宽容的态度。

虽然,执政党提出的构建和谐社会之执政理念为刑事法理论界对福利模式的追求"落地生根"创造了历史条件,但也不能忽视主流刑事法学者在其中所起的重要作用。因为这些主流刑事法学者不仅是刑事法领域的学术权威,有些还身兼人大代表或政协委员的职务,有些甚至从学者转身为刑事立法及刑事司法部门的高级官员。无论是刑事立法、司法解释的出台,还是具体刑事案例的适用,都有他们的声音。

一方面,主流刑事法学者掌控着理论上的话语权。他们不仅出版、翻译了大量的宣传福利理念的专著和译著,而且他们的观点影响着重要法学期刊发表市场。同时,主流刑事法学者编写的教材、推荐的经典阅读书籍影响着各大政法院校人才培养的价值定向。例如,完美反映福利思想的贝卡里亚的《论犯罪与刑罚》、罗尔斯的《正义论》等著作中的经典语录,已经被法科学生奉为圭臬。可以说,自20世纪晚期以来,在中国主流刑事法理论界,犯罪控制福利模式理念已经占据了主导地位。主流刑事法理论界的学术观点和理论判断已成为引领国家犯罪治理政策出台的重要参照。在此背景下,犯罪控制政策制定者在寻求理论支持时不可避免地会受到福利模式的影响。

另一方面,我国当前的犯罪控制政策制定机制决定了部分主流刑事法学者在其中的决定性作用。犯罪控制政策制定主要包括刑法、刑事诉讼法、刑法修正案的制定和司法解释的出台。主流刑事法学者或是以人大代表、政协委员身份参与刑法和刑法修正案的制定,或是以专家身份参与法律、司法解释的论证[①],他们的观点影响着犯罪控制政策的制定方向。

可见,执政党的执政理念变化加上理论界的孜孜追求,宽严相济时代的犯罪控制模式最终从单一的刑罚模式走向了刑事立法刑罚模式化、刑事司法福利模式化之混合模式。至于存在刑事立法刑罚模式与刑事司法福利模式之分野,则与宽严相济刑事政

---

① 参见汪明亮:《刑事政策制定过程中的公民参与》,载《华东政法大学学报》2009年第6期。

策的定位及实践中基于司法方面的原因导致的冤假错案引发的社会关注有关。

第一,宽严相济刑事政策应定位为刑事司法政策。在宽严相济刑事政策背景下,刑事立法刑罚模式化、刑事司法福利模式化之混合模式趋势说明宽严相济刑事政策对刑事立法的影响小,对刑事司法的影响大。之所以如此,一个重要原因在于宽严相济刑事政策的刑事司法政策定位。既然是一种刑事司法政策,其影响的当然是刑事司法,而非刑事立法。

虽然多数学者认为宽严相济应该是一种基本刑事政策,而非刑事司法政策,其既影响刑事立法,也影响刑事司法;在一些司法机关、立法机关的文件中也提及宽严相济是一种基本刑事政策。① 即便如此,笔者认为宽严相济刑事政策还是应该定位为刑事司法政策。原因有二:一方面,从宽严相济刑事政策出台的源头看,中共中央文件的正式提法,特别是《中共中央关于构建社会主义和谐社会若干重大问题的决定》中只说它是刑事司法政策,而没有说是基本刑事政策。该决定在第六部分明确要求"实施宽严相济的刑事司法政策"。另一方面,立法的特点及基本品质表明,宽严相济刑事政策不可能直接表现为立法政策,认为该政策涵括了立法政策,会导致以下逻辑困境:无法正确处理和惩办与宽大相结合政策之间的关系;可能导致重复评价或政策的虚无化;立法有自身的品质要求,其缘由是复杂的,并非宽严相济所能涵盖;如果旧的法律规范已经被新法修改,势必不存在所谓"相济"问题。② 因此,宽严相济刑事政策应该定位为司法政策。既然是一种司法政策,宽严相济刑事政策对刑事立法的影响必然有限。

第二,冤假错案频现。近些年来,冤假错案频频被媒体曝光,引发社会广泛关注。根据最高人民法院院长周强在第十三届全国人大一次会议上所作《最高人民法院工作报告》中指出,2013 年至 2017 年,最高人民法院依法纠正呼格吉勒图案、聂树斌案等重大冤错案件 39 件 78 人。冤假错案不仅侵害了公民的财产权、自由权、人身权甚至生命权,也会降低刑事司法效率以及浪费刑事司法资源,更会导致社会民众对社会的不满情绪逐渐增加,削弱司法权威,使法律的公信力受损,最终有损执政党和政府的形象。

值得肯定的是,人民法院通过审判监督程序纠正冤假错案,对提振全社会对司法公正的信心具有重要意义。但是,靠事后纠正冤假错案只是下策,要想真正预防冤假错案的发生,还必须构建科学合理的刑事司法制度。在此意义上说,宽严相济时代出现的刑事司法福利模式化趋势,便有回应冤假错案方面的考量,且是一种防患于未然的策略。

---

① 例如,2010 年最高人民法院《关于贯彻宽严相济刑事政策的若干意见》中指出,"宽严相济刑事政策是我国的基本刑事政策,贯穿于刑事立法、刑事司法和刑罚执行的全过程"。
② 参见孙万怀:《宽严相济刑事政策应回归为司法政策》,载《法学研究》2014 年第 4 期。

五、宽严相济时代犯罪控制混合模式之评价

从长期单一的犯罪控制刑罚模式向刑事立法刑罚模式化、刑事司法福利模式化这一混合模式转向,福利模式在刑事司法领域显现。其意义不言自明。

首先,此种转向对于转变"重实体、轻程序"观念和实践具有重大意义。纠问式诉讼模式是我国传统的司法模式,在该模式下,不重视证据规则,刑讯逼供、有罪推定盛行;中华人民共和国成立初期,特别是"文化大革命"期间,法律工具论盛行,程序正义被抛弃;20世纪80年代以后的历次"严打",特别是1983年"严打",刑事程序规则受到严重冲击。直至今天,"重实体、轻程序"观念还比较普遍。很显然,刑事司法福利模式化在一定程度上转变了"重实体、轻程序"的观念和实践。

其次,有利于刑罚人道主义等现代刑法理念和制度的引进与落实。自18世纪80年代开始,在刑罚领域,西方政治民主及经济发达国家经历了一场所谓的刑罚人道革命,即强调给予犯罪人人道的待遇,而不是严厉的惩罚。[①] 刑罚人道主义得益于启蒙运动对人权理念的追求。虽然刑罚人道主义带有一定的理想主义色彩,未必完全符合现实的要求,但是,刑罚人道主义毕竟代表了人类文明的发展方向,具有重要的指引作用。中国没有经历过类似西方社会的启蒙运动,建立在人权理念之上的刑罚人道主义与我们相距甚远,因此,刑事司法福利模式化之转向有其自身的价值。

最后,有利于减少冤假错案,提升司法公信力。司法权滥用是制造冤假错案的主因。具体表现在观念和制度双层面[②]:在观念层面,忽视嫌疑人、被告人的权利;在制度层面,无罪推定和疑罪从无原则一直未能制度化,侦查中心主义明显,没有坚持证据裁判原则,非法证据排除、证人出庭等保障程序正当的制度实际效果不理想,律师辩护制度薄弱。刑事司法福利模式化抑制了司法权滥用,是实现防范冤假错案的重要途径。

虽然宽严相济时代犯罪控制混合模式有其重要的意义,但我们也要警惕此种模式可能带来的风险,特别是要警惕理论界对福利模式的过度追求。一是中国尚不具备全面施行犯罪控制福利模式的历史条件。从美英犯罪控制模式的历史演变来看,犯罪控制福利模式有其形成的历史条件和自身的发展规律,在不完全具备福利模式形成的社会条件时期,过分强调福利模式会带来一系列负面影响。二是犯罪控制福利模式并不天然地优越于刑罚模式。

---

① Jonathan Simon, Sanctioning Government: Explaining America's Severity Revolution, University of Miami Law Review, Vol. 56, No. 1, 2001, p. 217.
② 参见王韶华:《浅析冤假错案的成因及防范》,载《河南法制报》2013年5月27日,第7版。

(一) 他山之石:犯罪控制福利模式受制于特定的历史条件

美国顶尖犯罪与惩罚社会学者大卫·格兰(David Garland)对美英等国的犯罪控制模式进行了深入研究,揭示了犯罪控制模式的演变规律。

20世纪80年代之前近两个世纪,受启蒙运动所倡导的人权观念影响,在刑罚领域,以美英等国为代表的西方发达国家经历了一场所谓的刑罚人道革命(humanity revolution),即强调给予犯罪人人道的待遇,而不是严厉的惩罚。① 这意味着犯罪控制福利模式的到来,此种模式在19世纪90年代至20世纪80年代之间表现得异常明显。② 在福利模式盛行时期,矫正主义、人权保障的声音占据主流,严刑峻法的明确表达越来越少见。在刑事立法方面,强调罪刑法定,罪刑相适应,废除死刑,主张轻刑化、非犯罪化;在刑事司法方面,强调程序正义,坚守证据规则;在行刑方面,坚信刑罚的改造功能,保障罪犯的各种权利。然而,到了20世纪后期,伴随着晚期现代社会的到来③,曾经引领刑罚人道革命,大力推行福利模式的美英等国对犯罪问题所采用的控制政策发生了戏剧性变化,犯罪控制和刑事司法领域朝向理性化与文明的刑罚现代化进程的长期趋势已彻底改变。④ 这些转变令专家感到意外,违反了历史预期。这些变化意味着刑罚人道革命的终结,刑罚严厉革命(severity revolution)⑤的到来;意味着刑罚福利模式的退让,以严厉手段对付犯罪的刑罚模式登场。自21世纪以来,特别是"9·11"事件以后,此种刑罚模式的发展趋势有增无减。

大卫·格兰的研究表明,犯罪控制模式的选择,必须考虑特定历史时期的社会、经济、政治及文化条件,而不能仅凭政策决策者、社会精英(特别是专家和理论研究者)的"一厢情愿"。具体来说,自19世纪90年代开始,美英国家迎来了一个历史上低犯罪率和高福利的年代,在此历史时期,当时进步的政治文化,即启蒙运动之后人道主义思想开始深入人心,犯罪控制福利模式应运而生,并且获得了社会公众的广泛支持。⑥ 然而,到了20世纪后期,随着晚期社会的来临,美英国家开始进入高犯罪社会,福利国家开始衰退,犯罪控制福利模式逐渐失去了其得以存在的历史条件,民众开始质疑福利

---

① See Jonathan Simon, Sanctioning Government: Explaining America's Severity Revolution, University of Miami Law Review, Vol. 56, No. 1, 2001, p. 217.
② See David Garland, The Culture of Control: Crime and Social Order in Contemporary Society, University of Chicago Press, 2001, p. 34.
③ 晚期现代社会特指20世纪下半叶以美国为代表的西方社会所遭遇的大规模的社会变迁的那段时期。
④ See David Garland, The Culture of Control: Crime and Social Order in Contemporary Society, University of Chicago Press, 2001, p. 3.
⑤ See Jonathan Simon, Sanctioning Government: Explaining America's Severity Revolution, University of Miami Law Review, Vol. 56, 2001, pp. 217-254.
⑥ See David Garland, The Culture of Control: Crime and Social Order in Contemporary Society, University of Chicago Press, 2001, pp. 48-51.

模式,即便学术精英界还有人在为该模式鼓与呼,即便现代刑事司法国家机器仍在运转,福利模式所倡导的理念和制度还在一定范围内存在,但总体而言,现代犯罪控制的结构和理念开始崩溃,犯罪控制福利模式开始退让。① 很明显,低犯罪率、高福利和民众的支持是选择犯罪控制福利模式必须考虑的条件。②

大卫·格兰教授的研究结论为我们理解和评估当今中国的犯罪控制模式提供了重要的参照标准和借鉴价值。一方面,相对而言,与中国一样,美国、英国皆为大国,其犯罪控制的实践经验对我国更具参考性。③ 另一方面,美英犯罪控制理念对中国影响深远。前文已经论及,自 20 世纪 80 年代开始,以美英为代表的犯罪控制福利模式对我国的犯罪控制理论影响日益显现,并最终成为我国主流刑事法学界的学术追求。

(二) 警惕理论界福利模式追求过度化倾向

基于比较的视野,自 20 世纪 80 年代以后,我国进入社会转型期,犯罪率一直高攀不下。自宽严相济时代以来,此种趋势一直未变,从近些年的全国公安机关刑事立案数看,犯罪一直呈上升趋势。④ 我国当前犯罪形势严峻,已进入高犯罪社会。⑤ 同时,虽然自党的十八大以来,全国农村贫困人口累计减少 6853 万人,取得了重大成绩,但截至 2017 年年末,全国农村贫困人口还有 3046 万人。⑥ 我国当前经济条件不足,福利化水平受限。高犯罪率缩短了民众与犯罪之间的社会距离,增加了民众的犯罪恐惧感。严惩犯罪是民意的集中体现。

很显然,当前中国尚未具备全面施行犯罪控制福利模式的历史条件。宽严相济时代刑事法理论界对福利模式的追求呈现出过度化倾向。具体表现在前文提到的两个

---

① See David Garland, The Culture of Control: Crime and Social Order in Contemporary Society, University of Chicago Press, 2001, p.72.
② 犯罪控制模式的选择受制于特定历史条件之结论,不仅适合解释美国的犯罪控制模式转向,实际上,除了美国之外,研究表明,其他一些历经晚期现代发展模式的国家也同样出现了犯罪控制模式转向。例如,根据 Thomas Mathiesenn、Nils Christie 与 Loic Wacquant 等学者的研究,欧洲国家越来越倾向模仿美国的犯罪控制模式。(See David Garland, The Culture of Control: Crime and Social Order in Contemporary Society, University of Chicago Press, 2001, Preface.) 又如,日本从 20 世纪 90 年代中期以来,一反战后刑事立法中所坚持的"非犯罪化和轻刑化"的倾向,在刑事立法上开始走向犯罪化、重刑化与早期化。参见黎宏:《日本近年来的刑事实体立法动向及其评价》,载《中国刑事法杂志》2006 年第 6 期;张明楷:《日本刑法的发展及其启示》,载《当代法学》2006 年第 1 期。
③ 现在一些北欧国家在犯罪控制方面施行的是典型的福利模式,但这不适合中国。北欧诸国人口稀少、经济高度发达、犯罪率低、社会矛盾缓和、公民幸福指数高,具备犯罪控制福利模式存在的条件。学界有人主张中国在犯罪控制模式方面"学习北欧好榜样"之观点是值得商榷的。参见何兵:《监狱里走出的掘墓人》,载腾讯大家(http://dajia.qq.com/original/category/hebing2160102.html),访问日期:2017 年 7 月 28 日。
④ 2006 年刑事立案数约 474 万起,2015 年约 717 万起,增速迅猛。数据来源于国家统计局编印的《中国统计年鉴》。
⑤ 参见汪明亮:《死刑废除不能操之过急》,载《社会观察》2014 年第 12 期。
⑥ 参见《2017 年末全国农村贫困人口减至 3046 万人》,载人民网(http://society.people.com.cn/n1/2018/0202/c1008-29802293.html),访问日期:2018 年 7 月 12 日。

方面:对刑事立法刑罚模式化趋势的全面批评和对刑事司法福利模式化趋势的过度追求。

主流刑事法理论界对于福利模式的过度化追求并不完全符合犯罪控制福利模式的发展规律,具有一定的理想主义色彩。因此,应该警惕理论界过于追求福利模式化倾向。

实际上,由于不完全具备福利模式存在的社会条件,主流刑事法理论界在宽严相济时代对福利模式的过分强调,不仅难以降低犯罪率、缓减公众犯罪恐惧感,还带来了其他方面的负面影响。

第一,犯罪被害人的权利被忽视。福利模式影响下的刑事法理论研究和刑事诉讼制度设计都是以犯罪人为中心,犯罪被害人的权利保护和救济得不到重视。例如,2012年《刑事诉讼法》的修改及之后出台的司法解释都是在强化犯罪嫌疑人、被告人的权利。即便是法律明文规定的犯罪被害人依法享有的各项权利,也很少有人去关注,因为人们的精力"都集中到对罪犯有所影响的法律问题上去了"①。在赞许为被告人辩护的"春天"来临的同时②,却没有人担心犯罪被害人的"冬天"的到来。在杭州保姆纵火案审理过程中,诸多律师争先恐后地为被告人主张权利,却很少有律师愿意去为被害人家庭讨说法。在邱兴华特大杀人案审理过程中③,精神病专家、法学教授、公知、律师要么发表公开信,要么上书要枪下留人,全力以赴为凶手邱兴华主张权利。邱妻因名人效应获得资助,而邱兴华案死者家庭却陷入困境。

第二,引发被害人及其家人上访甚至复仇。在刑事案件处理过程中,基于福利方面的考量,司法机关作出不予立案、不予起诉裁定或者无罪判决、从轻判决,是引起被害人及其家人不满,进而长期上访甚至私力复仇的重要缘由。故意杀人案件的福利化处理尤甚。一旦被害人因犯罪行为失去了生命,其家属遭受重创甚至是毁灭性打击,他们难以接受福利化处理结果。正如有学者所言,"在此类案件的处理过程中,被害人家属的信访甚至闹访在某种程度上成为一种常态,只是程度不同而已"④。至于因不满法院福利化刑事判决而实施私力复仇的案件更是常见。

第三,不利于刑罚威慑效果的实现。从理性选择理论角度看,犯罪是一种利益与损害之衡量。对刑事司法福利模式的过度追求,不利于预防犯罪:刑罚宽缓,会使犯罪

---

① 参见〔加〕欧文·沃勒:《被遗忘的犯罪被害人权利——回归公平与正义》,曹菁译,群众出版社2017年版,第2页。
② 参见《田文昌:中国刑事辩护的"春天"已然来临》,载甘肃司法网(http://www.gssf.gov.cn/show-113017.html),访问日期:2018年3月10日。
③ 2006年7月14日晚,邱兴华因与道观管理人员发生矛盾,趁道观内管理人员和香客熟睡之机,持斧头、弯刀,将陕西汉阴县铁瓦殿内熊万成、工作人员和香客等10人杀死,作案后烧殿潜逃。
④ 刘静坤:《死刑案件被害人家属信访问题研究》,载《政法论丛》2009年第1期。

人感觉到有利可图;证据规则过于严格,容易使潜在犯罪人养成侥幸心理。以刑事和解为例,实践中已经出现相关案例,如犯罪嫌疑人尤某因故意伤害罪被执行逮捕,后与被害方进行和解,达成调解协议,案件作撤案处理。一年之后,尤某又纠集人员将他人打成轻伤。在审查批捕阶段的检察人员提审过程中,尤某还满不在乎,提出是否可以进行调解。①

第四,导致警察权威下降,甚至不敢执法。中国警察权威日渐下降已是不争的事实。② 警察被打在今天已经不是什么新鲜事,从跪地执法到被打得头破血流,中国的警察作为国家暴力机器一再退让、妥协。③ 虽然造成此种局面的原因是多方面的,但主流刑事法理论界基于福利视角过度质疑警察执法权也是其重要成因之一。例如,深圳警方开展"治安高危人员百日行动",学界立即质疑其"完全没有法律依据,是一种非常危险的治安管理手段,直接侵害公民权利和人身自由"④。一些地方警方宣传"飞车抢劫拒捕者,当场击毙",则质疑其"有违罪刑法定与无罪推定原则"。⑤

(三) 犯罪控制福利模式并不天然地优越于刑罚模式

犯罪控制刑罚模式可能带来的最大问题是制造社会隔离。控制模式的重点不是全部方面,表现为重排斥多于团结,主张社会控制多于社会支持。⑥ 控制模式还可能降低公众宽容心。如果说刑罚福利主义传达的是 20 世纪现代主义的自豪与理想主义,那么今天的犯罪政策则传递出一个较为灰暗并缺乏宽容的信息。⑦

应该辩证地看待刑罚模式可能带来的这些问题。任何类型的犯罪控制模式都有利有弊,贵在利弊权衡。福利模式虽然表面上实现了社会精英们所标榜的文明、理性、人道理念,有其光鲜的一面,但由于过于强调对犯罪人权利的保障,使社会公众承受了遭到犯罪侵害的代价,这种为了保障少数人(犯罪人)的利益而牺牲多数社会公众利益的犯罪控制模式的弊端也是非常明显的。更值得一提的是,从美英国家的犯罪控制实

---

① 参见池桂宁、符跃红:《推行刑事和解的理论与实践困惑——以路桥区办理轻伤害案件和解实践为视角》,载路桥检察网(http://lqjcy.luqiao.gov.cn/InfoPub/InfoList.aspx?CategoryID=12),访问日期:2007年11月21日。
② 参见谭代雄:《浅谈当前中国警察权威的下降与重建》,载《公安研究》2010年第1期。
③ 参见《警察被打为什么不敢还手?》,载搜狐网(http://www.sohu.com/a/110458029_119911),访问日期:2018年3月10日。
④ 《就深圳大规模排查清理"治安高危人员"的公开信》,载法邦网(http://lawyer.fabao365.com/10334/article_86815/),访问日期:2016年3月23日。
⑤ 参见《"当场击毙"的权利是谁给你的》,载法律教育网(http://www.chinalawedu.com/new/16900a173a2011/2011711taojun114614.shtml),访问日期:2016年3月23日。
⑥ See David Garland, The Culture of Control: Crime and Social Order in Contemporary Society, University of Chicago Press, 2001, p. 193.
⑦ See David Garland, The Culture of Control: Crime and Social Order in Contemporary Society, University of Chicago Press, 2001, p. 199.

践看,福利模式近百年的实践,不仅未能实现其倡导者所追求的矫正罪犯、解决犯罪问题的理想,而且还使公众的犯罪恐惧感与日俱增。① 在此意义上说,福利模式是一种带有浪漫主义色彩的理想的犯罪控制模式。反观刑罚模式,虽然存在制造社会隔离、降低公众宽容心等方面的不足,与人道理念相距甚远,但该模式毕竟在降低公众犯罪恐惧感、安抚被害人及其亲属、给社会公众交代方面有着明显的效果。因而,刑罚模式是一种带有现实主义色彩的犯罪控制模式。所以说,福利模式并不天然地优越于刑罚模式。福利模式与刑罚模式之间的选择,是理想与现实之间的选择。在选择犯罪控制模式的时候,可以有理想,也可以有浪漫,但更需要考虑现实条件。

六、当前犯罪控制混合模式的进一步优化

从应然看,犯罪控制福利模式应该是我们的终极追求。但从实然看,由于当前中国尚不具备全面施行犯罪控制福利模式的历史条件,在选择犯罪控制模式的时候,不能完全受刑事法理论界的影响,而应该考虑当今中国的现实条件。笔者认为,在坚持当前犯罪控制混合模式的同时,还应该对其作进一步优化。优化后的混合模式在理念层面追求的是一种守底限的惩罚主义;在制度构建层面的具体建议是:坚守刑事立法领域的刑罚模式并防止其限缩化,坚守刑事司法领域的福利模式并防止其扩大化。

(一) 坚守守底线的惩罚主义理念

守底线的惩罚主义,意指在坚持惩罚主义前提下,适当考虑人道主义。守底线的惩罚主义理念表明,当前的犯罪控制混合模式应该定位为:刑罚模式优先,兼顾福利模式。

坚守守底线的惩罚主义,就必须强调刑事法的惩罚机能,这是犯罪控制的根本;刑罚人道和福利必须建立在惩罚的基础上,不能超越惩罚,更不能替代惩罚,否则会本末倒置。在不完全具备犯罪控制福利模式之社会条件下,应该警惕那种过度宣扬刑法人道主义之观点。正如德国刑法学家魏根特所言:"无论如何,刑法已经改变了它自身的形象;它不再像严厉的父亲……而更似一位悉心的母亲,一位不断规劝的陪伴者。"②此观点听起来迷人,但就中国而言,此刑法只适合未来,而非当下。在不完全具备福利模

---

① 到了20世纪70年代,反映福利模式的现代刑事司法国家不能解决犯罪问题,面临诸多困境。刑事司法机构开始一个接着一个被认为没有效率甚至有负面效果。无论是缓刑、假释、威慑性量刑、社区矫正,还是监狱行刑,都没有效果。以监禁刑为例,美国犯罪学家马丁森(R. Martinson)在研究了1945年至1967年间的有关矫治计划评估报告之后,在1974年发表的著名的马丁森报告中得出了"矫正完全无效"(Nothing Working)的结论。See Robert Martinson, What Works?—Questions and Answers about Prison Reform, The Public Interest, Spring 1974, p. 25.

② 〔德〕托马斯·魏根特:《德国刑法向何处去?——21世纪的问题与发展趋势》,张志钢译,载赵秉志主编:《刑法论丛》(第49卷),法律出版社2017年版,第374页。

式条件的历史时期,作为最严厉的法律,刑法就必须以惩罚为己任,扮演"严父"之角色,这是其本色。唯有此,才能把刑法与一般法律、规章制度、道德舆论等区分开来;如果刑法承担了"慈母"之角色,必然会打乱既有的规制人们行为的规范体系,难以实现刑法的指引、评价、预测、教育及强制功能。所以,在当今历史条件下,刑法可以讲人道、给福利、赋权利,但不能突破惩罚的底线。必须反思那种泛刑法人道化、福利化、权利化,淡化甚至否定刑法惩罚性之观点。例如,有些学者创新性地提出了"刑法民法化"的观点①,并认为这是当代中国刑法的九个转向之一。② 虽然该观点令人耳目一新,但其混淆了公法与私法的界限,是对刑法谦抑性的误读③,因为刑法与民法有着各自的目的和功能,不能相互取代,否则两者就没有独立存在的意义了。此外,从"刑法民法化"概念本身来看,其不仅使得刑法的惩罚性荡然无存,甚至刑法也无存在的必要了,因为民法化,就意味着用民法来替代刑法,这是刑法虚无主义的表现,必须予以批判。

守底线的惩罚主义与传统的惩罚主义的根本区别在于:传统的惩罚主义过于强调刑法的社会保护功能;在刑事立法领域,不考虑犯罪的性质及犯罪人的个体情况,一味地严刑峻法;在刑事司法领域,不遵守基本的证据规则,容易制造冤假错案;在行刑领域,施行酷刑,剥夺罪犯最基本的权利。而守底线的惩罚主义在坚持惩罚主义前提下,适当考虑人道主义;在刑事立法领域考虑一定的非犯罪化、要求罪刑大体等价;在刑事司法领域遵循罪刑法定原则,依法定罪量刑,遵循一定的程序规则和证据规则,防止冤假错案;在行刑领域,保障罪犯的基本权利。

守底线的惩罚主义与人道主义具有一定的共通性,此种共通性主要体现在刑事司法过程中的程序规则与证据规则遵守方面。只不过,人道主义把遵循程序规则与证据规则视为保证犯罪人权利的重要手段;而守底线的惩罚主义则把遵循程序规则与证据规则视为保障被害人及社会公众权利的限制手段。

(二) 坚守刑事立法领域的刑罚模式并防止其限缩化

坚守刑事立法领域的刑罚模式并防止其限缩化,主要体现在刑事立法应适当考虑犯罪被害人的声音、应适当考虑民意、适当保持犯罪化趋势、扩大终身监禁的适用范围、死刑废除不能操之过急、严惩累犯及单独设立性侵儿童罪等方面。其具体表现及进一步原因分析如下:

第一,刑事立法应适当考虑被害人的声音。刑事立法不应该只是主流刑事法学者的事,必须考虑犯罪被害人的感受。被害人往往处在社会底层,其享有的国家福利较

---

① 参见姚建龙:《论刑法的民法化》,载《华东政法学院学报》2001 年第 4 期。
② 参见刘仁文:《当代中国刑法的九个转向》,载《暨南学报(哲学社会科学版)》2009 年第 4 期。
③ 参见夏勇:《刑法与民法——截然不同的法律类型》,载《法治研究》2013 年第 10 期。

少,生活不安定,由于受到犯罪直接侵害,难以"文明"地对待犯罪。但毕竟他们是犯罪的直接受害者,他们的声音必须被听见、记忆必须受到尊重、愤怒必须得以表达、恐惧必须得以化解,他们对刑事立法应享有发言权。其实,从美英等国刑事立法发展实践看,自20世纪70年代以后,被害人开始在刑事立法过程中占据重要地位。在美国,政治人物在犯罪被害人家属的陪伴下召开记者会宣布强制量刑法律;一些法律因被害人而制定并以被害者的名字命名,如《梅根法》《珍娜法》《布雷迪法》等。在英国,犯罪被害人出席政党大会担任特别演讲者,"被害者宪章"在跨两党广泛的支持下确立。① 美英等国的刑事立法实践值得我们借鉴。

第二,刑事立法应适当考虑民意。考虑民意可以增进刑事立法的公共性。刑事立法的价值追求在于解决安全问题,具有公共性特征。② 刑事立法一旦生效,便会在一定范围内改变社会原有的利益格局,影响民众的社会生活。考虑民意使民众有充分的机会表达自己的利益诉求,从而能够最大限度地分配社会的利益以符合民众的需要和愿望,因为"公民才最终是自己利益的最佳裁判"③。以《刑法修正案(八)》规定醉驾入刑为例,该立法较好地反映了民意④,已在一定程度上实现了确保公共安全的价值取向。⑤

第三,适当保持犯罪化趋势。首先,这是刑法使命的必然要求。随着社会的发展,科学的进步,人类在向前迈进的同时,也面临着人类进化所带来的各种风险和危害。刑法作为社会防卫的最后一道防线,把严重危害社会的行为纳入其规制范围实属必需。其次,我国现行《刑法》采取的是一种定性加定量的犯罪立法模式,通过《刑法》第13条设置了较高的犯罪门槛,将大量的社会危害性较小的行为排除在刑法规制的范围之外,这为犯罪化趋势提供了可能,特别是随着劳动教养制度的废除,对大量本来由劳动教养制裁的违法行为予以刑法规制势在必行。最后,犯罪化还是消解道德恐慌的重要途径。当前中国社会正面临着各方面的道德恐慌。⑥ 道德恐慌一旦形成,就会引发一系列的社会反应,其中最为明显的是加强社会控制手段,包括"制定更多的法律、判处更长的刑罚等"⑦。由此,犯罪化不可避免。

---

① See David Garland, The Culture of Control: Crime and Social Order in Contemporary Society, University of Chicago Press, 2001, p. 11.
② 参见[美]詹姆斯·E. 安德森:《公共决策》,唐亮译,华夏出版社1990年版,第66—67页。
③ [英]戴维·赫尔德:《民主的模式》,燕继荣等译,中央编译出版社2004年版,第104页。
④ 参见《人大代表支持修改酒驾追责法律 将提交全国两会》,载百灵网(http://news. beelink. com. cn/20090716/2684964. shtml),访问日期:2016年7月18日。
⑤ 参见《"酒驾入刑"五周年 247余万起违法行为被查处》,载央广网(http://china. cnr. cn/ygxw/20160501/t20160501_522037059. shtml),访问日期:2017年9月14日。
⑥ 参见汪明亮:《过剩犯罪化的道德恐慌视角分析》,载《法治研究》2014年第9期。
⑦ Goode, Ben-Yehuda, Moral Panics: The Social Construction of Decience, Blackwell, 1994, p. 30.

第四,扩大终身监禁的适用范围。现行《刑法》所规定的终身监禁,只适用于因犯贪污、受贿罪而被判处死缓的犯罪分子。建议在以后的刑法修正过程中,应逐渐把终身监禁适用范围扩大至其他严重暴力犯罪判处死缓的情形。

第五,死刑废除不能操之过急。① 一方面,中国当前犯罪形势严峻,不具备大范围废除死刑的现实条件。面对严峻的犯罪形势,应进一步强化刑法的威慑力,尽可能降低犯罪率,减轻民众犯罪恐惧感,而不是急着去废除死刑。另一方面,死刑废除难以获得被害人和民意的支持。例如,废除强迫卖淫罪的死刑,不可能获得被强迫卖淫少女的母亲"唐慧们"的认同②;大量民调表明,多数民众不支持废除死刑。③

第六,严惩累犯。为了严惩累犯,建议学习美国的《三振出局法案》④,在刑法中明确规定:对被判处有期徒刑以上刑罚的故意犯罪分子,刑罚执行完毕或者赦免以后,第三次及三次以上犯应当判处有期徒刑以上刑罚之故意罪的,判处25年有期徒刑或者无期徒刑。

第七,单独设立性侵儿童罪。为了严惩性侵儿童犯罪分子,建议学习美国的《梅根法》⑤及域外化学阉割⑥的相关规定,在刑法中单独设立性侵儿童罪,除了规定法定刑之外,增加三种特殊处置规定:一是公开性侵儿童的犯罪人员个人信息;二是禁止刑满释放的性罪犯从事特殊的职业;三是对性侵儿童惯犯予以化学阉割。我国近些年的司法实践中已经出现了公开性侵儿童的犯罪人员个人信息和禁业方面的案例,由于缺乏法律上的明确规定,一度引发学界激烈争论。⑦

(三) 坚守刑事司法领域的福利模式并防止其扩大化

如前文所述,坚持刑事司法福利模式,对于转变"重实体、轻程序"观念和实践、引

---

① 参见汪明亮:《死刑废除不能操之过急》,载《社会观察》2014年第12期。
② 唐慧曾因11岁女儿被逼卖淫而愤然上访,后来受打击报复并被送去劳教。唐慧强烈要求将七名强迫其女儿卖淫的被告人全部处死刑,但未能如愿。唐慧在对此案的声明中写道:"今天法院最终的这个判决结果,我不满意(请原谅我,我是我女儿的母亲,我对加害于我女儿的人有强烈的痛恨)。"参见《我不满意但总算结束了》,载新浪网(http://news.sina.com.cn/c/2014-09-06/101930804309.shtml),访问日期:2017年11月22日。
③ 2008年德国马普研究所的调查表明:60%的中国人支持死刑;2009年环球网的调查结果表明:近91%的人反对废除死刑,认为废除死刑不利于震慑不法分子。
④ 即对犯有三次重罪(三振)的罪犯从严判刑,直至判处终身监禁,使之不再有重返社会再次犯罪的可能(出局)。从1993年到1998年,美国有23个州及联邦政府采用了《三振出局法案》。其中,华盛顿州是第一个通过"三振出局"立法的州,加利福尼亚州紧跟其后。Three Strikes´ Laws: Five Years Later,载监狱政策网(https://www.prisonpolicy.org/scans/sp/3strikes.pdf),访问日期:2017年7月11日。
⑤ 参见余响铃:《借鉴"梅根法案"防范性侵害犯罪》,载《检察日报》2015年5月27日,第3版。
⑥ 所谓化学阉割,简单来说,是通过使用某种化学物质降低男性的睾丸激素,进而降低男性的性欲或性能力。参见《化学阉割引入中国法律还有多远?》,载凤凰网(https://i.ifeng.com/c/8Hz5XUG4tHv),访问日期:2022年8月24日。
⑦ 参见赵凯迪:《公开性侵未成年人犯罪人员信息引争议 侵犯隐私?》,载中国网(http://www.china.com.cn/news/2017-12/05/content_41966003.htm),访问日期:2022年8月24日。

进和落实刑罚人道主义等现代刑法理念和制度以及减少冤假错案等都有重要意义。因此,必须坚持刑事司法福利模式,强调刑事司法过程中的人权保障机能。

实际上,美英等国在20世纪后期由福利模式向刑罚模式转向过程中,其主要表现是刑事立法刑罚模式扩大化和刑事司法福利模式限缩化。以美国为例,就前者而言,其主要表现在:为了打击特殊类型的刑事犯罪,突破既有法治规则,制定了诸多特别法案,如《爱国者法》《梅根法》等;刑事立法多考虑公众情感、被害人因素,精英话语权限缩;突出对被害人、无辜者和公共安全的保护;政治化倾向明显。① 就后者而言,其主要表现是,在一定程度上突破了既有程序规则,特别是证据规则,如规定了多种非法证据排除例外情形、强化预防性羁押措施的适用等,对此,后文将进一步介绍。即便如此,也并不意味着程序规则,特别是证据规则在刑罚模式时期已经完全靠边,其更多的是对福利模式时期过于强调证据规则的一种限缩。因此,美英等国在20世纪后期所施行的刑罚模式有别于那种不讲证据规则的严刑峻法,有别于那种为了保护社会利益而不惜牺牲无辜者权利的专制做法。

由于我国尚不具备全面实施福利模式的历史条件,因而,在坚持刑事司法福利模式的同时,应防止其扩大化。具体建议是:

第一,树立零和博弈观念,平衡犯罪人与被害人之间的权利。在犯罪控制福利模式下,刑事司法过于强调犯罪人的权利。笔者认为,犯罪人与被害人不仅在刑事诉讼过程中的地位是对立的,而且他们的权利也是相互对抗的,是一种"零和博弈",任何对于犯罪人的同情,对其权利的争取及希望使刑罚更人道的努力,都很容易被视为对被害者及其家人的侮辱。正所谓"凡是犯罪人有所得,即意味着被害人有所失;支持被害人即意味着主张严惩犯罪人"②。因此,在强调正当程序、无罪推定等保障犯罪嫌疑人、被告人权利原则的同时,更应该考虑被害人、社会权益保护的需要。

第二,非法证据排除应有例外。非法证据排除规则是福利模式下保障犯罪人权利的最为重要的手段之一。美国联邦最高法院在1914年首次确立了在联邦司法系统中适用非法证据排除规则。然而,自20世纪70年代起,随着福利模式在美国的退让,非法证据排除规则也开始受到诸多限缩。"排除规则的宪法根基已经动摇,适用范围也被压缩了。"③一些政治人物和联邦法官开始质疑非法证据排除规则④:时任总统候选

---

① See David Garland, The Culture of Control: Crime and Social Order in Contemporary Society, University of Chicago Press, 2001, pp. 8-14.

② David Garland, The Culture of Control: Crime and Social Order in Contemporary Society, University of Chicago Press, 2001, p. 11.

③ Mark E. Cammack, The Rise and Fall of the Constitutional Exclusionary Rule in the United States, American Journal of Comparative Law, Vol. 58, No. 4, 2010, p. 631.

④ 参见吴宏耀:《美国非法证据排除规则的当代命运》,载《比较法研究》2015年第1期。

人尼克松公开指责联邦最高法院"严重削弱了我们社会中的和平力量,增加了犯罪的力量";大法官怀特在 United States v. Leon 案中指出,对排除规则不加区别地适用,反而是对"法律及刑事制度的不尊重"。非法证据排除规则受到限缩具体体现在诸多例外规定方面。例如,在 1983 年的 Illinois v. Gates 案中[1],联邦最高法院降低了对获取搜查证所需要的符合合理根据的判定标准,使得警察根据匿名线报也可获得搜查证。在 1984 年的 United States v. Leon 案中[2],联邦最高法院创立了非法证据排除规则的"善意例外",即当警察在搜查时"客观地合理信赖"治安法官的令状,但该令状随后被认定为无效,则不应排除搜查获得的证据。在 1984 年的 NewYork v. Quarles 案中[3],联邦最高法院认为,在紧急情况下,警察为了保护公共安全,违反"米兰达规则"获得的陈述,也可在法庭上使用。在 1984 年的 Nix v. Williams 案中[4],联邦最高法院认为,如果公诉方可以证明证据通过其他合法渠道必然能够发现的话,非法搜集的证据仍可以使用。美国非法证据排除规则的历史演变经验值得借鉴,在当前我国全面推行严格适用非法证据排除规则的时候,不应该极端化。一方面,要清醒地意识到非法证据排除规则可能带来的负面影响;另一方面,应通过司法解释或指导性案例的方式,明确若干非法证据排除规则例外情形,例如善意的例外、不可避免发现的例外等。

第三,预防性羁押相关规定应严格落实。现行《刑事诉讼法》第 79 条对预防性羁押作了明确规定,体现在第 1 款第(一)项、第(二)项、第(四)项,即"可能实施新的犯罪的""有危害国家安全、公共安全或者社会秩序的现实危险的""可能对被害人、举报人、控告人实施打击报复的"。预防性羁押相关规定更多地反映了防卫社会、保护无辜者的需要。学界有观点认为,预防性羁押构成对公民个人自由、平等、公平审判等基本权利的侵犯,违背了强制措施的本质属性,有违无罪推定的基本原则以及预防性羁押的预测根据不确定、不科学等。[5] 笔者认为,此种观点过于强调对犯罪人权利的保障,未能充分考虑防卫社会、保护无辜者权利的需要,应该予以修正。从比较的视角看,自从美国进入刑罚模式时期以后,预防性羁押日益受到重视,其经验值得我们借鉴。在《1984 年联邦保释改革法》(Bail Reform Act of 1984)中就包含了和预防性羁押相关的条款,其中"审前羁押"相关条款规定:"如果法官发现没有条件或相关条件可以合理地确保该嫌疑人按时出庭及确保他人和社区安全,该法官应当下令对该嫌疑人适用审前羁押。"[6]截至 1985

---

[1] See Illinois v. Gates, 462 U.S. 213 (1983).
[2] See United States v. Leon, 468 U.S. 897 (1984).
[3] See NewYork v. Quarles 467 U.S. 649(1984).
[4] See Nix v. Williams 467 U.S. 431(1984).
[5] 参见罗海敏:《预防性羁押的争议与适用》,载《国家检察官学院学报》2012 年第 4 期。
[6] See The Bail Reform Act of 1984 Second Edition, accessed July 11, 2017, http://www.docin.com/p-306827241.html.

年,有 35 个州和哥伦比亚特区颁布了在作出审前释放决定过程中允许考虑潜在危险的保释或预防羁押制定法。① 在 1987 年的 United States v. Salerno 案中②,联邦最高法院明确肯定了《1984 年联邦保释改革法》预防羁押条款的合宪性。"9·11"事件以后,预防性羁押在美国的适用更加广泛。在 2004 年的 Hamdi v. Rumsfeld 案中③,联邦最高法院同意授权美国总统享有对"敌方战斗人员"(包括美国公民)不经控诉就进行羁押的权力。

第四,刑事和解、认罪认罚从宽应有所限制。近些年来,随着刑事司法福利模式的进一步推进,有利于犯罪人权利保障的刑事和解和认罪认罚从宽制度受到了实践部门的青睐。虽然刑事和解、认罪认罚从宽提高了司法效率,也给犯罪人带来了实实在在的福利,即达成刑事和解的案件、认罪认罚的案件,犯罪人大多收获了较轻的刑罚。但同时也应该认识到,刑事和解和认罪认罚从宽制度的适用在有些地方已经出现泛化趋势,甚至在故意杀人案件审理过程中,出现"花钱买命"④、只要认罪认罚就从轻处理⑤的案件。此种趋势对被害人是不公平的,容易造成对被害人权利的漠视。鉴于此,笔者认为,刑事和解和认罪认罚从宽所适用的案件范围应该有所限制,即对于恶性故意杀人案件,不能"花钱买命"、认罪认罚从宽应有限度。

第五,确保犯罪被害人的诉讼权利。刑事司法福利模式下的现代刑事司法制度以犯罪人为中心,过于强调犯罪人的权利,忽视了犯罪被害人的权利。20 世纪后期美英等国犯罪控制模式由福利模式向刑罚模式转向的另一个面向是:一改犯罪控制福利模式时期的以犯罪人为中心的刑事司法制度设计,越来越强调刑事司法过程中犯罪被害人权利的保护。以美国为例,其具体做法是,在联邦层面通过各种犯罪被害人权利保护法案⑥,在州层面通过宪法修正案。⑦ 这些法案和修正案把犯罪被害人的权利大致

---

① 参见〔美〕爱伦·豪切斯泰勒·斯黛丽、南希·弗兰克:《美国刑事法院诉讼程序》,陈卫东、徐美君译,中国人民大学出版社 2002 年版,第 365 页。
② See United States v. Salerno, 481 U. S. 739 (1987).
③ See Hamdi v. Rumsfeld, 542 U. S. 507 (2004).
④ 参见《河南首项刑事和解政策出台 杀人犯被指花钱买命》,载新浪网(http://news.sina.com.cn/c/sd/2009-12-15/173719266055.shtml),访问日期:2017 年 10 月 20 日。
⑤ 例如,前文提及的被告人李晨掐死妻子案。参见《广州首宗适用认罪认罚从宽制度的重大刑事案件开庭审理》,载正义网(http://www.jcrb.com/procuratorate/jcpd/201705/t20170518_1754570.html),访问日期:2017 年 10 月 20 日。
⑥ 这些法案主要有:1982 年通过的《被害人和证人保护法案》(Victim and Witness Protection Act);1984 年通过的《犯罪被害人法案》(Victims of Crime Act);1990 年通过的《被害人权利及赔偿法案》(Victims' Rights and Restitution Act);1994 年通过的《遏制暴力侵害妇女法案》(Violence Against Women Act);2004 年通过的《犯罪被害人权利法案》(Crime Victims' Rights Act)。
⑦ 截至 1994 年年底,美国已有 35 个州通过了被害人权利的修正案(State VRAs)。其中,对犯罪被害人权利规定最全面的是加利福尼亚州在 2008 年通过的以《玛茜法案》(Marsy's law)为名的宪法修正案。See NVCAP, State Victim Rights Amendments, accessed Februaryz, 2018, http://nvcap.org/states/stvras.html.

规定为六大类:即受保护权、知情权、诉讼参与权(陈述权)、求偿权、快速结案权以及人格与隐私权。为了防止刑事司法福利模式扩大化,平衡犯罪人与被害人之间的权利,应该借鉴美国的立法经验,完善刑事诉讼立法或出台特别法案,明确犯罪被害人在刑事诉讼中的各类权利。①

---

① 这些权利至少包括:①受保护权:确定被告人的保释金额和释放条件的时候,应该考虑犯罪被害人及其家人的安全因素;②知情权:合理、准确、及时得到任何与犯罪、被告人释放或者逃跑相关的公开审判程序、假释程序的通知;③诉讼参与权(陈述权):在任何涉及逮捕后释放决定、答辩、量刑、定罪后释放决定的程序,以及任何在被害人权利方面存在争议的程序方面,其都享有陈述的权利;④求偿权:充分、及时获得法律规定的赔偿;⑤快速结案权:避免诉讼程序无故拖延;⑥人格与隐私权:受到公平对待,以及人格尊严和隐私受到尊重。

刑事一体化思想与企业合规制度构建

叶良芳*

引 言

近年来,伴随着大数据、人工智能等新兴科技在经济领域的广泛应用,各种经济新业态像雨后春笋般不断涌现。与此同时,涉企业犯罪数量也同步增长,并呈现出日益严峻的态势。据统计,2014年1月1日至2019年1月1日期间的单位犯罪一审刑事判决书中,涉企业单位犯罪共计16861件,其中2014年2634件,2015年2563件,2016年2764件,2017年4469件,2018年4431件。五年来涉企业单位犯罪数量呈明显上升趋势,特别是2017年以来成倍增长。[①] 造成上述现象的主要原因在于,经济活动的专业化、企业内部分工的精细化、企业结构的复杂化以及企业犯罪的累积性和隐蔽性特征,导致在企业犯罪的预防治理、侦查取证以及定性处理方面均存在诸多困境。虽然司法机关投入了巨大的人力和物力,却未能取得理想的治理成效。鉴于此,最高人民检察院、司法部、财政部等部门从服务保障经济社会高质量发展、营造法治化营商环境、促进民营企业依法依规经营的政治高度,开始大力主导并推进企业合规化改革,包括从实践层面开展企业合规试点以及从规范层面牵头制定企业合规文件,并接连发布了涉案企业合规的典型案例,以期从源头最优化地预防和治理企业犯罪。

企业合规制度的本质,是检察机关积极发挥刑事司法和社会治理职能,推动企业建立合规管理体系的一种激励性改革。它主要是针对涉罪或者存在涉罪风险的企业设立的司法激励机制,包括合规不批捕、合规不起诉、合规宽缓量刑建议等多种激励方式。这一制度的建构目的,是通过非犯罪化和非刑罚化的激励机制,鼓励涉案企业积极主动地进行合规化改造。

企业合规这一重大创新制度,目前正在如火如荼地推进之中,当然其中也存在不少障碍。有学者指出,"中国企业建立有效合规机制的最大障碍之一在于合规激励机制没有在法律上建立起来"[②]。确实,无论是刑事实体法,还是刑事程序法,目前的企业

---

* 浙江大学光华法学院教授。
① 参见李勇:《企业附条件不起诉的立法建议》,载《中国刑事法杂志》2021年第2期。
② 陈瑞华:《论企业合规的中国化问题》,载《法律科学(西北政法大学学报)》2020年第3期。

合规制度主要还是通过准司法解释文件作出规定,因而可能存在规范效力不高的问题。但是,在笔者看来,这一制度推行的最大障碍,并不在于制度的规范渊源是法律还是司法解释、准司法解释,而在于制度本身的正当性是否得到公众认同。企业合规制度,本质上是对涉案企业给予不批捕、不起诉、轻缓刑罚等"优待"。这种刑事处理上的优待,何以不违反罪刑法定、罪刑均衡等刑法基本原则,仅以认罪认罚从宽制度,尚难以充分地证成其正当性,有必要从更深层的地方去挖掘理论根据。笔者拟重新解读刑事一体化思想,从中找到企业合规制度的正当根据,并结合实践状况,探索企业合规制度的本土化建构路径,以推动企业合规制度的良好运行,实现预防和治理企业犯罪的目标成效。

一、刑事一体化思想的学术观点探略

刑事一体化思想是我国刑法学发展中极其重要的理论成果,不仅为刑法学研究提供了全新的思维方式,更推动了刑法学与刑事诉讼法学、犯罪学、监狱学等学科的融合发展,具有无与伦比的学术贡献。

储槐植教授是刑事一体化思想的奠基者和倡导者。1989 年他发表了《建立刑事一体化思想》一文,首次提出了刑事一体化的构想,具体内容包括更新观念、调整结构(重筑刑法堤坝、协调罪行关系、调整刑罚体系)、完善机制三个方面。1997 年他所著的《刑事一体化与关系刑法论》一书出版,更加全面地建构了刑事一体化思想的基本内容。自此,刑事一体化思想在刑法学、犯罪学以及刑事诉讼法学等学科领域掀起了一股研究热潮,包括但不限于对刑事实体法(犯罪概念、基本原则、基础理论、立法结构、刑事政策等内容)、刑事诉讼法(诉讼程序、诉讼原则、证据机制、执行制度等内容)、犯罪学(基本原理、犯罪心理、犯罪预防等内容)的深入研究。直至今日,刑事一体化思想已经成为一种指导理念、一种研究方法,广泛应用于刑法学、犯罪学、刑事诉讼法学等多个学科中,也为刑事科学研究提供了更加广阔的交叉学科视野、更加明确的未来发展导向以及更加纵深的科研维度。总体而言,刑事一体化思想在刑事法领域主要聚焦于刑法学科的整体思考与学科关系以及学科理论的具体应用等三个方面,是对刑法学科系统的、整体的、动态的本质和发展规律的思考。[1]

刑事一体化思想的萌芽、发展及其成熟,有一个逐渐演进的过程。在萌芽阶段,储槐植教授依据"犯罪源于社会矛盾是基本犯罪规律"的命题得出:犯罪与社会同在,故应树立同犯罪作长期、艰巨斗争的思想;社会矛盾的深度和广度与犯罪数量成正比,故

---

[1] 参见贾凌:《刑事一体化问题研究述评》,载赵秉志主编:《刑法论丛》(第20卷),法律出版社2009年版,第89页。

应将刑事政策纳入社会发展战略;犯罪率变动不是刑法效用的唯一标志,刑法在控制犯罪中只能起到一定的作用,故国家的刑罚目的和刑罚权应有所限制。由此,提出了刑事一体化思想的论纲,即"刑事一体化的基本点在于,刑法和刑法运行处于内外协调状态才能实现最佳社会效益,实现刑法最佳效益是刑事一体化的目的,刑事一体化的内涵是刑法和刑法运行内外协调,包括刑法内部结构合理(横向协调)与刑法运行前后制约(纵向协调)"①。在这一阶段,刑事一体化思想是一种源于宏观犯罪治理观察的开放性概念,其内部尚未填充具体的内容。

在发展阶段,储槐植教授将刑事一体化思想分成了两大纬度的内容,即作为刑法运作观念的刑事一体化和作为研究方法的刑事一体化。刑事一体化作为一种观念,旨在论述建造一种结构合理和机制顺畅的实践刑法形态。这本质上和刑事政策关系非常密切,因为它要求良性的刑事政策与之相配,同时在内涵上又与刑事政策兼容并蓄,毕竟刑事政策的基本载体是刑法结构和刑法机制。刑事一体化作为刑法学研究方法,强调"化"(即深度融合),刑法学研究应当与有关刑事学科知识相结合,疏通学科隔阂,彼此相互促进。同时,刑法学应当在关系中发展,此处的"关系"包括内部关系和外部关系。内部关系,主要指罪刑关系,以及刑法与刑事诉讼的关系;外部关系,主要是指前后关系(刑法之前的犯罪状况和刑法之后的刑罚执行情况的关系)和上下关系(刑法之上的社会意识形态、政治体制、法文化、精神文明等和刑法之下的经济体制、生产力水平、物质文明等的关系)。

在成熟阶段,储槐植教授提出刑事一体化思想的内核是"严而不厉"的刑事政策。早在1989年,他就提出了刑事政策应当"严而不厉",即法网严密而刑罚不严厉。② 但当时仅停留在概念层面的理论立基,并未对"严而不厉"的思想内涵作出解读。2004年在《再说刑事一体化》一文中,他对"严而不厉"的刑事一体化思想作出了细致的论证和完整的诠释。他指出,刑法结构的基本内涵是犯罪圈大小与刑罚量轻重的不同比例搭配和组合。犯罪圈大小基本体现为刑事法网严密程度,刑罚量轻重即为法定刑苛厉程度。从"罪与刑"相对应"严与厉"的关系上,罪刑配置不外有四种组合,即四种刑法结构:不严不厉,又严又厉,严而不厉,厉而不严。"严",是指法网严密,包括整体法网和刑事法网的严密。前者泛指国家对社会事务的管理法规,从总体效用观察,严管胜于严打;后者包括刑事实体法和程序法以及行政执法,刑事法网的调整主要取决于犯罪态势和刑事政策的变动。"不厉",是指刑罚轻缓,包括立法层面的个罪法定刑设置应当符合罪刑均衡原则,以及司法实践层面的减轻从轻处罚以及免除刑事处罚的合理适

---

① 储槐植:《建立刑事一体化思想》,载《中外法学》1989年第1期。
② 参见储槐植:《严而不厉:为刑法修订设计政策思想》,载《北京大学学报(哲学社会科学版)》1989年第6期。

用。严而不厉与厉而不严两种刑法结构价值相比较,前者更有利于刑法两大功能的实现,即更有利于犯罪控制,也更有利于人权保护。① 至此,刑事一体化思想已经塑造成型。

理论的生命力在于能够不断自我创新发展。自刑事一体化思想成熟定型之后,储槐植教授又持续进行相关研究,不断丰富其内涵。2009 年他提出了刑法契约化这一概念,认为刑法契约化是现代刑法的本性,其核心内涵是罪刑法定原则契约化。罪刑法定原则与其载体刑法的运作相同,具有双重功能价值:惩罚犯罪和保障自由。在国家处置罪刑关系上,依据契约精神,国民可以接受的是:罪刑相当、重罪轻罚、有罪不罚;国民不能接受的是:处罚无辜、重罚轻罪。这也是罪刑法定原则不能突破的底线以及法官行使自由裁量权的边界。②

学界通常将刑事一体化思想概括为"实体程序不分",笔者认为,这一提炼没有充分理解这一思想的深刻内涵,淡化了其对刑事法治建构的重要价值。从上述简单的勾勒来看,刑事一体化思想至少包括以下创新性洞见:一是犯罪化。"严密刑事法网",就是要将具有社会危害性的行为尽可能规定为犯罪,以明确主流的社会价值观,向公众传递是非对错的规则,塑造刑法规范的公众认同。犯罪是社会失序、规范失效的结果,社会管理疏漏、社会规则缺位,则是犯罪产生的导火线。将一些具有严重社会危害性的行为犯罪化,可以向社会最强烈地宣告行为的非价,从而使公众行有规矩。二是轻刑化。重刑威慑虽然能够取得一时的寒蝉效应,却难获犯罪治理的长效之果。犯罪的生成原因是多元的,因而对其抗制就不能仅依靠刑罚,更不能仅依靠极刑或重刑。盲信重刑极易造成刑罚攀比现象,导致整个国家的刑罚结构失衡,制造更多的社会对立面。刑罚的种类应当是多样的,绝不能认为只有生命刑、自由刑才是刑罚,而财产刑、资格刑、声誉刑不是刑罚。三是非监禁刑。刑罚的种类多元,刑罚的适用和执行亦应多元。即使对于自由刑这一"核心刑罚"而言,除监禁、实刑以外,应有缓刑、减刑、假释等方式的应用。并且,在观念上应当认为,这些适用方式本身就是一种"刑罚"。四是非刑罚化。刑罚是犯罪的主要惩罚措施,但不应是唯一的惩罚措施。除刑罚之外,还可以适用经济性处罚措施(赔偿损失)、教育性处罚措施(训诫、具结悔过、赔礼道歉)、行政性处罚措施(行政处罚、行政处分)。五是动态性。犯罪治理不应仅是静态的实体刑法的条文拟定,而应包括动态的刑事诉讼法、监狱法等程序刑法、执行刑法的体系化运用。因此,不应静止地、孤立地局限于实体刑法之内设定罪刑规范,而应发展地、整体地跳出实体刑法之外设定罪刑规范。六是开放性。刑事一体化思想本身是一个非常开放的理论,绝不能故步自封、抱残守缺,而是要紧密贴近现实生活的发

---

① 参见储槐植:《再说刑事一体化》,载《法学》2004 年第 3 期。
② 参见储槐植:《刑法契约化》,载《中外法学》2009 年第 6 期。

展,拥抱一切有利于犯罪治理、有利于社会正义实现的理论和主张,反对一切人为的专业设栅、学科设槛、制度设禁。

二、刑事一体化思想下企业合规制度的理论溯源

企业合规制度的要义,是通过外部第三方的力量,督促涉案企业进行合规化改造,使其步入现代企业制度的正轨,杜绝违法犯罪行为的发生。简言之,即以非刑罚化、轻刑化的措施实现对涉案企业的最佳治理效果。对这一制度创新,仅从认罪认罚从宽制度难以充分地说明其理论根据,而应从刑事一体化思想中寻找更深厚的理论渊源。

(一) 单位犯罪治理的现实困境,需要创新的制度予以纾解

现行《刑法》开启了单位不法行为全面犯罪化的新模式,但在司法层面,对单位犯罪的刑事归责却陷入了有法难依的困境。现行《刑法》中的单位犯罪罪名多达 160 多个,占《刑法》分则所规定的全部罪名的 1/3,但在司法实践中法院所判处的单位犯罪刑事案件的数量却少之又少。通过检索北大法宝的司法案例数据库发现,判处的单位犯罪案件所占比例极低。其中,2018 年 46875 件刑事案件裁判中,裁判结果以单位犯罪论处的为 49 件,占比 0.1045%;2019 年 58551 件刑事案件裁判中,裁判结果以单位犯罪论处的有 44 件,占比 0.0751%;2020 年 59506 件刑事案件裁判中,裁判结果以单位犯罪论处的有 45 件,占比 0.0756%;2021 年 28061 件刑事案件裁判中,裁判结果以单位犯罪论处的有 11 件,占比 0.0392%。如此低的判决率,在一定程度上表明了单位犯罪的刑事治理效果不佳。因为"起诉一个企业,等于宣告其死刑",毕竟刑事处理所引发的刑罚"水波效应"是企业难以承受之重,即起诉和惩罚单位不仅可能造成企业的上市资格被取消、商业伙伴丧失、许可证或营业执照被吊销、企业声誉贬损、股票价值暴跌、生产经营停工停业甚至破产等严重的附随后果,也会严重损害公司的投资者、工作人员、关联客户等第三方人员的合法利益,还可能引发国家税收减少、相关企业发展受损等一系列问题。因此,在司法实践中,司法机关往往对单位犯罪睁一只眼闭一只眼,怠于起诉,或者在单位明显构成犯罪的前提下,仅起诉单位负责的主管人员或直接责任人员,而不起诉单位。

然而,上述对单位犯罪"无视化"或"自然人犯罪化"的处理模式,虽然使涉案企业避免了刑事归责的不利后果,但却导致了更为严重的负面后果。一方面,无法打造公平的营商环境。对明显构罪的企业不予刑事追责,而是网开一面,放任自流,使其免受任何刑事制裁,这种做法不仅使涉案企业产生"法不及身"的优越感,而且必将使一些遵规守则的企业产生严重的受挫感。长此以往,在商业领域,必将使"劣币驱逐良币"

的不良商业文化横行成为常态。另一方面,害及罪刑法定、刑法适用平等原则。有罪必究、有罪必罚,这是刑法适用的基本原则。对于涉案企业,明知其犯罪却不予追究,对其法益危害行为不予处理,必将导致刑罚规范目的的落空,进而严重损害刑法规范的权威和效力。

面对企业犯罪的治理困境,寻求制度创新是一个必然的选择。由此,企业合规计划应运而生。这一被视为"卓有成效的解决方案",在域外已经获得广泛认可。以美国为例,美国《反海外腐败法》(Foreign Corrupt Practices Act, FCPA)是推动企业开展合规建设的一部重要法律,司法机关据此取得了非常显著的治理效果。许多知名的跨国公司因违反该法而受到处罚后,不得不在集团内部制定并执行有效的合规计划。如果涉案企业主动自我检举、积极配合调查并积极补救,则会得到相应的奖励。这些奖励包括:达成和解、延迟起诉协议、不起诉协议、认罪协议、甚至不起诉;在罚金减免、违法所得计算、追诉时效的认定、是否要求聘用合规监督员、和解协议的期限、追究哪些高管的责任等问题上,执法机关也会给予一定"政策倾斜"。① 由此,刑事合规以企业不合规犯罪后的严厉惩罚、合规后的从宽处理,促使精明的企业家运用成本收益的计算模型快速得出结论:只有合规,企业才能损失最小,才能长久地发展,走向世界。② 这样,建立企业合规制度,便成为当前世界各国预防和治理企业犯罪的一个常态模式。

在我国市场环境下,企业犯罪治理同样需要企业合规制度予以纾解。特别是,我国企业犯罪的主体更多的是小微企业、民营企业。改革开放四十多年来,我国民营企业蓬勃发展,占企业总数的90%以上。民营经济作为国民经济的重要组成部分,在稳定增长、促进创新、增加就业、改善民生等方面发挥了重要作用。但是,民营企业因为缺乏有效的风险防控机制,极易触犯刑事法网。据统计,2017年12月1日至2018年11月30日期间,共有企业家犯罪案例2222件,企业家犯罪2889次。其中,国有企业家犯罪数为330次,约占企业家犯罪总数的11.42%,民营企业家犯罪数为2559次,约占企业家犯罪总数的88.58%。③ 民营企业的发展与民营企业家密切相关,一旦民营企业家身陷囹圄,民营企业往往走向倒闭或破产。即使民营企业未被定罪,仅进入刑事诉讼程序,所遭受的负面后果也是难以衡量的。所以,最高司法机关三令五申,必须保护民营经济的持续健康发展,对涉案企业应坚持"可捕可不捕的不捕,可诉可不诉的不诉"的原则,防止"办一个案子,垮掉一个企业"。合规计划将风险管理和风险控制转移到了公司内部管理层面,使预防和管控犯罪成为一种企业自主行为。企业通过制定和履行明确的合规计划,不仅能够减少违法犯罪的成本损耗,重获社会声誉,也能改善企

---

① 参见尹云霞、李晓霞:《中国企业合规的动力及实现路径》,载《中国法律评论》2020年第3期。
② 参见杨帆:《企业合规中附条件不起诉立法研究》,载《中国刑事法杂志》2020年第3期。
③ 参见张远煌:《企业家刑事风险分析报告(2014—2018)》,载《河南警察学院学报》2019年第4期。

业内部的管理结构,增强企业核心竞争力,对其他未涉罪企业也能起到连锁式的警示和激励作用,从而实现惩治企业犯罪的最终目的。

(二) 刑事一体化思想,可以为企业合规提供强大的理论支持

目前,我国企业合规制度主要是在检察机关的推动下,建立一种具有犯罪预防功能的现代合规管理体系机制,致力于营造合法合规经营的企业文化,以及实现企业违法违规行为的自我防范、自我监控、自我整改,由此促进国家治理体系和治理能力现代化。① 具体包括两个运行层面:一是针对存在刑事犯罪风险的企业,由检察机关建议并督促其制定并实施有效的合规计划,以预防企业犯罪;二是针对已经涉罪的企业,由检察机关综合考察涉罪企业的合规情况而决定是否对其不批捕、不起诉,或者在起诉时提出减免刑罚的量刑建议,以轻缓手段合理惩治企业犯罪。

从宏观层面来看,刑事一体化思想关于犯罪治理是社会治理的基本主张,是企业合规制度一体化预防和治理企业犯罪的最重要理论根据。基于刑事一体化思想,刑事政策在其制定和实施过程中,始终关注的是如何以最少的社会资源耗费,达成最大的预防和控制犯罪的预定效用。② 在此目标引导下,传统刑法中的法益保护理念从个体自由保障变为社会安全预防,不法和罪责的判断基础由实害转为危险,不法由结果无价值转为行为无价值,罪责重心由主观自由意志转向预防性惩处必要性,结果归责由因果关系变为以规范目的为基础的客观归责,刑罚目的重心也从报应转为预防,这使得刑法的结构和机能发生了"报应型→预防型"的根本性模式转变。由此,对我国企业犯罪的刑法规制继续采取"事后惩罚,消极预防"的传统治理形式,已经无法全面、有效地防控企业犯罪及其风险。毕竟"如果抑制制裁的发动能够更加有效地引导人们遵守法律,就没有必要科处制裁;如果科处较轻的制裁就能够达至效果,就不必硬要施加重的制裁。因为发动制裁会花费各种各样的成本,而尽量引导经营者等自主守法才是最有效率的"③。而建立企业合规机制则是引导企业遵纪守法以及预防企业犯罪风险的最有效措施。这一机制督促企业主在面临来自政府处罚威胁时,能够更认真地监督员工,从而实际上将处罚预期传递给员工。这种令企业主面临较低的承受严厉处罚的可能性的执法策略,可以调动公司的内部治理资源以限制员工对公司犯罪活动的参与。④ 事前预防是企业犯罪治理的最优策略,企业合规机制将企业犯罪的规制由事后规制转为事前预防,同时通过激励而非威慑的规制方式引导企业展开自我管理和犯罪预防,实现守法合规的自我内化。

① 参见万方:《合规计划作为预防性法律规则的规制逻辑与实践进路》,载《政法论坛》2021 年第 6 期。
② 参见梁根林:《刑事政策:立场与范畴》,法律出版社 2005 年版,第 21—22 页。
③ 参见[日]佐伯仁志:《制裁论》,丁胜明译,北京大学出版社 2018 年版,第 46 页。
④ 参见[瑞典]汉斯·舍格伦、约兰·斯科格编:《经济犯罪的新视角》,陈晓芳、廖志敏译,北京大学出版社 2006 年版,第 27—28 页。

其实,美国最早创设企业合规制度也是由于预防性刑事政策的大力推动。美国企业合规制度来源于美国的审前转处协议,20世纪90年代初,联邦检察官将仅限于处理少年微罪案件的审前转处协议扩张适用于法人犯罪案件,"后安然"时代,审前转处协议成为处理上市公司、跨国公司犯罪案件的常规模式。① 这种刑事政策的转向,隐含着法人犯罪惩治理念从威慑向治理的转变,即实行一种"机制变革起诉"。这种起诉的特点,是利用检察官的起诉威慑功能换取涉罪法人内部的公司治理。② 传统上,检察官的起诉目标,是将涉罪法人绳之以法,定罪判刑。机制变革起诉的目标,并不是追求对涉罪法人的有罪判决和惩罚,而是要改革其内部的规章制度,预防其再次实施犯罪。惩罚犯罪(报应)并非最重要的,治理法人(矫正)才是首要的诉讼目标。目前美国促使企业建立合规计划的激励举措主要有两个:一是通过美国《联邦组织量刑指南》将合规计划作为量刑从宽的因素;二是将合规计划作为暂缓起诉、不起诉的考量因素。比如,美国《联邦组织量刑指南》中规定,企业合规计划是指"用于预防、发现和制止企业违法犯罪行为的内控机制",应当结合"企业社会危险性"来制定着眼于未来的计划。③ 所以,刑事一体化思想中"不以报应而以矫正为目标,不以事后惩罚而以事前预防为手段"的主张,是企业合规制度构建的基本政策根据。

从微观层面来看,刑事一体化思想中之犯罪化、轻刑化、非监禁刑、动态性、开放性等主张,可以为企业合规制度构建提供具体的规则根据。其一,对涉案企业合规化改造,体现了刑事法网的严密性。实施企业合规计划,是在涉案企业触犯刑事法网的前提下进行的。因此,事实上是对企业犯罪的一种处理,这也就意味着企业犯罪与自然人犯罪一样,践行罪刑法定原则、适用刑法平等原则,而非有罪不究、有罪不罚、随意选择性执法,从而体现了刑事法网的严密性、刑法规范的强约束性。其二,对涉案企业优先适用罚金、没收等处罚,体现了轻刑化的主张。企业犯罪主要是经济犯罪,因此,原则上采取经济性惩罚措施,即可实现预期的治理效果,没有必要采取吊销营业执照、强制解散、强制歇业等更严厉的惩罚措施,以免造成过度威慑。惩罚的量宁有不足,而不能过度。惩罚的量不足的话,可以适量增加;惩罚的量过度的话,造成的损害则无法消除。国家惩罚犯罪企业,不是要在人格上消灭这个企业,而是要在治理上改造这个企业,使其步入合规化轨道,继续为社会提供就业岗位,创造财富价值。其三,对涉案企业适用缓刑、减刑、假释等措施,体现了非监禁刑的主张。传统刑罚是以监禁为基本执行模式,这源自刑罚报应的目标定位。刑事一体化思想倡导刑罚的目标是矫正、治

---

① 参见叶良芳:《美国法人审前转处协议制度的发展》,载《中国刑事法杂志》2014年第3期。
② See Brandon L. Garrett, Structural Reform Prosecution, Virginia Law Review, Vol. 93, No. 4, 2007, p. 854.
③ See Gustavo A. Jimenez, Corporate Criminal Liability: Toward a Compliance-Orientated Approach, Indiana Journal of Global Legal Studies, Vol. 26, No. 1, 2019, p. 358.

理,因而允许以非监禁刑、社会刑、缓刑考察、社会监督等方式来执行刑罚。在对涉案企业进行惩罚时,如果开放刑、缓刑等能够收到同样的治理效果,则完全没有必要实施监禁刑、实刑。其四,对涉案企业适用不批准逮捕、不起诉、变更强制措施等决定,体现了非刑罚化措施。涉案企业虽然涉嫌犯罪,但如果不适用刑罚,而是适用非刑罚措施,如行政处罚、行政处分或者没收其违法所得,同时企业又自愿进行合规化改造,则完全没有必要继续追诉而对其定罪处罚或者定罪免刑。这也是刑事一体化思想始终坚持的理念,即能够以非刑罚措施达到与刑罚措施相同的治理效果的,则应优先适用非刑罚措施,摒弃刑罚措施的适用。其五,检察机关对涉案企业作出司法决定、提出量刑建议或检察建议、检察意见时,将其合规计划执行情况作为最主要的判断依据,体现了司法运作的动态性。刑事一体化思想认为,刑事法治从来不仅是制定抽象的、静态的刑法条文,更重要的是将刑法规范应用在动态的司法活动中。对于涉案企业,虽然犯罪事实已然存在,社会危害已经造成,但司法机关并非只有诉诸刑事审判这个唯一选择。相反,聘请第三方评估机构,由其督促涉案企业进行合规化改造,保证合规计划的可行性、有效性和全面性,并确保得到充分的履行,给予涉案企业"改过自新"的机会,则能更好地实现理想的治理效果。这一做法,与刑事一体化思想之"刑期无刑",是一脉相承的。

三、刑事一体化视野下企业合规的制度构建

(一) 企业合规制度在刑法体系中的定位

企业合规制度在我国刑法中并未有明确的体系地位。根据罪刑法定原则,无论是企业犯罪还是自然人犯罪,出罪或者减免刑罚都必须有刑事实体法的明确规定。然而,现行《刑法》并未将企业合规作为一种刑法义务或者犯罪阻却事由,也未将其规定为法定的量刑情节。即使根据《刑法》第13条但书规定、刑事政策和酌定量刑情节对涉案企业进行裁判,也不足以获得出罪或者免除刑罚程度的处理结果,否则便会偏离刑法公平正义的追求目标,这在较为严重的单位犯罪中表现得更加明显。因此,明确企业合规制度在我国刑法体系中的地位,便成为当前学界和实务界亟待解决的一个问题。事实上,明确企业合规制度的刑法定位也是刑事一体化思想的内在要求。因为经由刑事一体化思想纵深发展而来的刑法契约化理念,其核心内涵是罪刑法定原则契约化,而企业合规之所以能够影响企业的定罪量刑,本质是与刑法规范目的具有价值契合性,且其刑法定位的确定,实质是探求国家对企业自愿建立合规计划给予适当刑事激励的正当性与合理性依据。这必然是在刑法规范目的指引下,从刑法明文规定出发,才能推导出合理的结论。这一求索的过程既是贯彻落实罪刑法定原则的体现,更

是刑事一体化思想内涵的凸显。

关于企业合规制度的刑法定位,学界主要有立法论和修正论两种主张。立法论又有实体论和程序论两种不同的观点。前者认为,刑事合规与传统刑法教义体系有所抵牾,应当修改单位犯罪立法,改变对单位犯罪的惩治方式,以构建中国刑事合规制度。① 后者认为,企业合规制度的法律基础是刑事诉讼法上的认罪认罚从宽制度,现有相对不起诉制度难以起到激励作用,需要立法增设企业附条件不起诉制度。② 这两种观点均有一定的道理,但又有值得商榷之处。诚然,"刑事合规如果不能融入刑法教义的分析中,就只能游离于刑法理论体系外而无法成为真正的刑法学术"③。但是,在企业合规制度已经广泛适用于司法实践中的当下,一味批判立法的不足,再好的制度也难以被现实运用。事实上,"单位"作为"企业"的上位概念,已经足以应对企业是否构成犯罪、应当如何处罚的问题,不需要刑法立法进一步明确,也不需要在条文中增加"职权范围的要素"引入替代责任原则以强化单位对其成员监管的注意义务。④ 并且,依据罪刑法定原则的基本精神,入罪上需要有刑法的明文规定,但在出罪层面只要具有理论合理性即可。因此,企业合规制度完全可以在现行刑法体系中获得正当合法的地位。另外,刑事诉讼法上的认罪认罚从宽制度虽然能够为企业合规制度提供一定的理论基础,却难以明确企业合规制度在刑事实体法上的地位。依据认罪认罚从宽制度的有关规定,针对犯罪嫌疑人、被告人自愿认罪认罚的情况,可以给予从宽处罚待遇,这一制度的基本特征为"程序从简"和"实体从宽"。根据2019年最高人民法院、最高人民检察院、公安部等部门联合颁布的《关于适用认罪认罚从宽制度的指导意见》的有关规定,认罪认罚从宽制度可以贯穿刑事诉讼的全过程,适用于所有类型的犯罪,包含企业犯罪;认罪认罚从宽制度中的"认罪",既可以是自然人的认错悔罪,也包括企业的承诺合规;"从宽"也可以合理解释包括从轻、减轻、免除处罚以及不起诉等惩罚处遇。但是,认罪认罚从宽制度始终是对刑事诉讼程序的要求,企业合规计划在符合特定犯罪构成要件情况下,得以出罪或减免刑罚,也需要在刑法体系中获得制度正当性与合理性的证立,才能充足其理论根基,进而获得持续性发展的不竭动力。

修正论主张,企业合规制度是一种预防型的刑事政策,包括少捕、慎诉、慎押政策和宽严相济的政策。⑤ 不可否认,企业合规制度的确属于一种预防性刑事政策,正是作

---

① 参见孙国祥:《刑事合规的理念、机能和中国的构建》,载《中国刑事法杂志》2019年第2期。
② 参见李勇:《企业附条件不起诉的立法建议》,载《中国刑事法杂志》2021年第2期。
③ 孙国祥:《刑事合规的刑法教义学思考》,载《东方法学》2020年第5期。
④ 参见李翔:《企业刑事合规的反思与合理路径的构建——基于我国单位犯罪原理的分析》,载《犯罪研究》2021年第5期。
⑤ 参见朱孝清:《企业合规中的若干疑难问题》,载《法治研究》2021年第5期。

为一种政策工具与刑法发生关联的这种意义上,合规才被称为"打击经济犯罪的替代模式"①。但是,这种政策依据并不足以为企业合规制度提供明确的刑法体系定位,因为政策内容是宏观抽象且变化不定的,刑事政策虽然可以经由规范目的输入刑法体系中,但"只有法律系统能够识别的刑事政策上的价值诉求,才可能对刑法的适用产生实在的影响"②。换言之,只有内含于刑法规范中或者具备坚实刑法理论基础的刑事政策,才能借由目的解释进入刑法体系。故而,企业合规制度的刑法定位还需在预防性刑事政策的基础上进一步明确。笔者认为,依据企业合规制度在不同刑法评价阶段所发挥的功能特点,可以分阶段地确定其体系地位。在侦查起诉阶段,企业合规计划是一种超法规的预防性出罪事由,可以获得不批捕、不起诉的出罪对待;在量刑阶段,企业合规既是一种量刑减免刑罚事由,也是一种非刑法处罚措施。

(二) 企业合规制度的出罪标准建构

目前企业合规制度尚处于摸索阶段,相关的规定也较为分散,无法发挥普适性的指导作用,亦无法作为评估企业合规计划功效的合理标准。因此,亟须建构企业合规下的具体出罪标准。而这一标准的构造,必须在"严而不厉"的刑事一体化思想指导下才能获得正确的发展方向,相应的,具体的标准内容,尤其是合规附条件不起诉制度的确立,也是对刑事一体化思想内涵在企业犯罪规制领域的完美彰显。

1. 关于单位犯罪的责任归属标准

依据最高人民检察院、司法部、财政部等联合颁布的《关于建立涉案企业合规第三方监督机制的指导意见(试行)》第 4 条第 1 款的规定,企业合规制度的适用条件之一是"涉案企业、个人认罪认罚",在此情形之下涉案企业才能按照要求建立或完善合规计划。因此,必须先行明确单位犯罪的责任归属标准,才能对企业合规制度具体影响定罪与否进行判断。

根据我国《刑法》第 31 条规定,单位犯罪是以对单位和单位自然人成员的双罚制为主,单独处罚单位自然人成员的单罚制为辅的混合处罚制。但是,一方面,"双罚制"处罚模式使单位成员责任受到单位责任的牵连,单位犯罪一经成立,单位负责人、直接负责人员、直接实施犯罪的雇员等大量单位成员都可能被作为责任人予以刑事追究。并且,双罚制还可能人为制造企业犯罪。因为单位犯罪的法定刑低,立案标准高,实践中极易将自然人犯罪认定为单位犯罪,进而损害单位的合法利益。另一方面,"单罚制"处罚规定也可能出现放纵企业犯罪的情况。因为既然企业是犯罪主体,就应该追究企业的刑事责任,而不是让单位中的自然人承担单位责任。否则,一旦对企业适用

---

① 〔德〕乌尔里希·齐白:《全球风险社会与信息社会中的刑法:二十一世纪刑法模式的转换》,周遵友、江溯等译,中国法制出版社 2012 年版,第 236 页。
② 劳东燕:《刑事政策刑法化的宪法意涵》,载《中国法律评论》2019 年第 1 期。

合规不起诉,就表明单位犯罪刑事责任的消灭,单位不构成犯罪,也就无法追究责任人单位犯罪的刑事责任,而以自然人犯罪定罪处罚显然不符合罪刑法定原则和罪刑均衡原则的基本要求,毕竟不是所有单位犯罪都可以转为自然人犯罪,且单位犯罪中责任人员的处罚相较于自然人犯罪往往轻缓得多。由此可见,在企业组织形态不断复杂化,企业规模和结构多元化的当下,传统单位犯罪归责模式不仅难以公正地对企业及其成员进行归责,还会造成组织无责、惩罚效果不理想等一系列不利后果。① 实质上,责任人之所以受到处罚,并非因为其具有法定代表人或者企业高管的身份而应接受单位责任的转嫁,而是在单位犯罪中起到决定、批准、授意、纵容、指挥等作用,或者直接实施了具体犯罪行为,承担的是行为责任。而单位成员的行为被视为单位的行为,必须满足单位成员是基于为单位谋利的目的这一根本条件。② 故而,应当将单位责任和单位成员责任彻底分离,将单位犯罪视作两个行为、两个犯罪主体、两个处罚主体的聚合犯。既然单位犯罪是两个犯罪行为,那么单位与单位成员就是并列、独立的两个犯罪主体,其各自的刑事责任应相互分离。对单位行为的认定,虽然以单位成员的行为为基础,但并不以单位成员的行为构成犯罪为前提。单位和单位成员均是对各自的犯罪行为负责,不存在责任分担的问题,分离追诉也就具有了法理依据。③

2. 关于企业合规不起诉的具体判断标准

合规不起诉最早源于美国的暂缓起诉协议,协议的内容主要是要求涉罪法人承认不法行为、支付刑事罚款、履行赔偿责任、配合相关调查、配合内部治理、聘请独立监事等。其特点在于,检察官制作了起诉书并提交给法院,但又不启动起诉程序,而是视涉罪法人在协议规定期间内的表现而定;如果涉罪法人在规定期限内履行协议约定的义务,不再实施违法犯罪行为,则撤销指控,诉讼终结;反之,如果违反协议,则恢复指控,诉讼继续。笔者以前基于我国企业犯罪的立法情况和司法现状,认为来源于美国的审前转处制度的暂缓起诉协议制度不符合我国的司法理念,不能直接引入。但当前我国新时代社会主要矛盾发生了变化,刑法的预防性转型、单位犯罪治理模式的转变以及协商性司法理念的发展,共同推动了企业合规制度的建立,合规不起诉也成为当前企业犯罪治理中的重点内容。

根据《刑事诉讼法》第 177 条、第 182 条第 1 款以及第 282 条第 1 款的规定,不起诉制度主要包括五类,即绝对不起诉、相对不起诉、存疑不起诉、附条件不起诉和特殊不起诉。目前,检察机关针对涉案企业合规问题,主要是通过绝对不起诉、相对不起诉、特殊不起诉来进行出罪,其中相对不起诉是企业合规中适用最多的不起诉类型。但根

---

① 参见蔡仙:《组织进化视野下对企业刑事归责模式的反思》,载《政治与法律》2020 年第 3 期。
② 参见叶良芳:《论单位犯罪的形态结构——兼论单位与单位成员责任分离论》,载《中国法学》2008 年第 6 期。
③ 参见叶良芳:《单位犯罪责任构造的反思与检讨》,载《现代法学》2008 年第 1 期。

据当前的相对不起诉规定,相对不起诉的适用范围限于犯罪情节轻微,依照刑法规定不需要判处刑罚或者免除刑罚的企业犯罪,对性质严重的企业犯罪原则上就无法适用相对不起诉。但实践中,急需适用合规不起诉的犯罪企业往往不是"情节轻微"的类型,一旦合规不起诉的适用范围扩展到重大单位犯罪案件,企业合规出罪的正当性便不复存在。不过,根据《关于建立涉案企业合规第三方监督评估机制的指导意见(试行)》第3条的规定,无论企业所触犯的是重罪还是轻罪,都有适用这一机制的可能。笔者认为,这一规定是合理的。因为企业合规并非仅针对是否不起诉的情况,还包括是否依法作出批准逮捕、变更强制措施以及如何具体量刑等情况,且在单位犯罪属于重罪的情况下(重罪案件一般是指犯罪单位、责任人员可能被判处3年以上有期徒刑的案件),也不是绝对无法适用合规不起诉。但存在的问题是,重罪适用相对不起诉显然与刑事诉讼法的明文规定相矛盾。并且,相对不起诉在实践中通常被认为是针对轻型犯罪的一次性刑事激励,一般并不会附加其他惩罚措施,这极易使企业滋生侥幸心理,无法对企业实施合规计划产生强大的动力,不利于预防企业犯罪。

而造成这一矛盾的根源在于,附条件不起诉制度只适用于未成年人犯罪,无法适用于企业犯罪,导致企业合规附条件不起诉找不到立法上的合理依据,只能不得已借助相对不起诉这项已有的法律规定。事实上,目前企业合规相对不起诉的适用也是附条件的,因为作出相对不起诉决定之前,检察机关必须对涉案企业进行合规监督考察,不仅对企业合规设定了一定的考察期限,还规定了一系列具体的考验条件。并且,实践中的相关试点单位也在积极探索企业合规附条件不起诉的具体适用条件。因此,在企业组织体责任论指导下,应当尽快建立企业合规附条件不起诉制度。

当前最迫切的是明确企业合规附条件不起诉制度的具体适用标准。在实体层面,一是企业合规附条件不起诉制度应当以不起诉协议的形式予以明确,并且适用于所有企业犯罪。二是附条件不起诉协议的内容,可以参考美国暂缓起诉协议的标准,虽然美国未对暂缓起诉协议设定立法范本,但一般包括以下内容:承认违法事实;放弃时效权利;协议终止日期;声明自愿达成协议;承诺遵规守法;承诺与检察官合作;保证法人雇员不作与协议相抵触的陈述;同意违约的被诉后果;违约的认定;法人合并或解散时有关事项的处理;违反税法的特别规定;罚款和赔偿;放弃律师—当事人特权;聘请独立监事;社区服务等。① 对此,我国未来立法可资借鉴,并应当以立法或者司法解释的形式规定附条件不起诉协议的主要内容,形成一般性的适用范本。三是检察院适用企业合规附条件不起诉时,应当重点考虑企业犯罪的性质和严重程度,企业以前是否有过违法犯罪记录,是否存在自首、立功、坦白、认罪认罚等量刑情节,起诉的附随后果,企业的管理制度与合规计划等情况。另外,企业合规的内容主要是合规风险

---

① 参见叶良芳:《美国法人审前转处协议制度的发展》,载《中国刑事法杂志》2014年第3期。

管理,必须重视评估手段的科学性和合理性。合规风险管理本质是对合规风险进行识别、评估、处置、应对、监测、预警、监督、检查、沟通、协调并持续改进的过程。其中合规风险评估是考察合规计划本身合理与否的关键指标,具体是在合规风险识别基础上,应用一定的方法估计和测定合规风险可能导致法律制裁、监管处罚、重大财务损失和声誉损失等相关风险损失的概率和损失大小,以及对企业整体运营产生影响的程度。

(三) 合规企业的量刑减免标准建构

1. 应当制定企业合规的量刑指导标准

针对具体量刑问题,最高人民法院从 2010 年就开始进行量刑机制的探索,并于 2013 年颁布了《关于常见犯罪的量刑指导意见》,在全国法院范围内全面试行。2021 年最高人民法院、最高人民检察院制定发布的《关于常见犯罪的量刑指导意见(试行)》(以下简称《量刑指导意见》),对量刑起点、量刑基准和量刑步骤与方法等内容进行了较为全面的规定。这些量刑规范性文件,不仅体现了司法恪守罪刑法定原则的态度,又在司法自由裁量权范围内尽可能地实现了合理、妥当的刑罚裁量,符合罪刑均衡原则的基本精神。但是,这些文件主要是针对自然人犯罪所设,虽然原则上可以平等适用于单位犯罪,但其中却没有针对单位犯罪的特点展开具体、合理的规定,也没有针对企业合规制度的量刑轻缓规定,不仅无法为司法人员提供明确的单位犯罪量刑指导,也难以与企业合规制度在量刑层面实现顺畅衔接。

笔者认为,应当充分考虑单位犯罪及企业合规计划,尽快制定单独的单位犯罪量刑指导意见,并将企业合规计划作为重要的量刑判定因素。这不仅是促进我国量刑机制更加完整、科学的重要一环,也是我国企业合规制度展开本土化建构的必然要求,更是刑事一体化思想之"轻缓刑罚"这一内涵在企业犯罪后量刑阶段的深度体现。根据《关于建立涉案企业合规第三方监督评估机制的指导意见(试行)》第 18 条第 2 款的规定,涉案企业及其人员应当按照时限要求认真履行合规计划,不得拒绝履行或者变相不履行合规计划、拒不配合第三方组织合规考察或者实施其他严重违反合规计划的行为。这表明,尽管是否建立企业合规计划是基于企业自由意愿,但是一旦接受企业合规整改,按照时限要求履行合规计划便成为企业必须承担的一项义务。所以,企业对这种义务的履行和完成情况也就成为影响企业定罪后量刑的重要因素。

针对企业合规量刑因素,《量刑指导意见》应当针对不同类型的犯罪,依据合规计划的具体执行情况,在具体量刑规定中体现出不同幅度的量刑减免力度。其中,在企业组织体责任模式下,合规计划在量刑方面对企业的优惠幅度应当远大于没有建立、不愿意建构以及建立不完善的合规计划的犯罪企业。这也是罪刑均衡原则的基本要求体现。根据《刑法》第 5 条、第 61 条的规定,犯罪主体所受刑罚的轻重,应当与其所犯罪行和承担的刑事责任相适应。即便在刑罚理论走向并合主义,并呈现出综合刑的当下,实现刑罚的应罚性与需罚性的基本均衡,也是具体刑罚裁量中必须具备的品格。只是应罚性是一种逻辑上的应然关系,需罚性是从刑事政策的角度对刑罚裁量的具体指引。这就产生一个问题:企业合规计划在量刑上的影响,除能够获得减轻、从轻的刑事处罚之外,能否获得免除处罚(定罪不处罚)这种更大力度的惩罚处遇?必须承认,并合刑论吸收了报应刑和目的刑的优点,具有方向正确性。但如何有效确定罪责和预防的关系,理论界探索出了幅的理论、点的理论与阶段理论等不同判断标准,主要区别在于报应责任到底是划定量刑的范围"幅"度,还是确定量刑的上限"点",抑或是依据罪名区分量刑"阶段"。笔者赞同点的理论,因为责任是限定犯罪成立的原则,无责任即无刑罚,但是不要求"有责任就一定有刑罚"①。责任对于量刑来说,仅具有限制机能,量刑的目的在于促使行为人复归社会。具体表现在两个方面:一是责任为刑罚的前提,刑罚的轻重不得逾越责任的范围;二是基于预防考虑,有责的行为并非一律应当科以刑罚。② 换言之,点的量刑理论主要是防止过度考虑预防因素而不当加重刑罚,仅确定了"责任是刑罚的上限"这一严格标准,并不限制基于预防因素而减轻从轻刑罚,甚至免除刑罚。所以,当企业按照具体要求建立并妥当执行了合规计划,即便无法获得出罪这一更大奖励力度的惩罚处遇,也可以在量刑方面尽可能地获得最优对待,即免除刑罚。毕竟仅是定罪宣告本身也是一种具有刑事处罚意义的形式,并不违反罪刑均衡原则。

2. 应当建立企业缓刑制度

缓刑是一种集社会化、个别化、节约化和人道化于一身的刑罚,符合现代刑罚发展的基本趋势和人类文明的进步潮流,因而适用非常普遍。不过,缓刑虽然是作为一种刑罚执行制度被刑事立法所规定,但是,缓刑制度的产生是为了避免短期监禁刑的弊端,其是以教育、更生保护犯罪人为最终依归,并具有远低于刑罚严厉程度的惩罚特点,本质上是对犯罪人的一种宽宥,故将缓刑视为刑罚的一种替代措施是比较可取的。然而,根据《刑法》第72条的规定,缓刑只适用于自然人犯罪,单位犯罪不能适用。司法实践中,只有通过对单位中的主管人员或直接责任人员个人判处缓刑,才有可能"对企业适用缓刑"。但是,这种情况只适用于小型企业,因为此时对单位中的个人判处缓刑便相当于宽恕了整个企业,而对于大型企业而言,公司部门结构多元,各个部门中都有主管人员或直接责任人员,单独对个人判处缓刑,因对企业定罪而产生的严重负面影响并不会得到有效减轻,也就不能称之为"对企业适用缓刑"。在企业合规改革的热潮之下,立法应当考虑建立企业缓刑制度,这不仅可以为企业实施内部改革与整顿提

---

① 张明楷:《责任论的基本问题》,载《比较法研究》2018年第3期。
② 参见张苏:《量刑根据与责任主义》,中国政法大学出版社2012年版,第60页。

供机会,也为司法机关在追诉犯罪过程中充分关照企业社会责任提供合理论证,更是对犯罪企业给予轻缓化刑罚的一种激励,非常契合刑事一体化思想对刑罚适用的基本要求。

事实上,缓刑规定中的实质条件在于犯罪人无再犯可能性,即没有反社会的危险性。在量刑层面,责任刑可以对缓刑适用制约,不仅制约宣告刑,而且制约缓刑宣告。比如,对于基准刑较高,经减轻处罚后宣告刑降至3年以下有期徒刑的罪犯不得再宣告缓刑。这在企业缓刑中亦应同样适用,也即企业缓刑的适用条件是针对宣告刑在3年有期徒刑以下的单位犯罪中,如果企业在获得减轻处罚之后,宣告刑在3年有期徒刑以下,也不应当适用缓刑。因为企业犯罪的法定基准刑较高本就表明了其犯罪行为的严重性,不符合缓刑的宽宥本质,同时,在对企业适用减轻处罚之时,已经考虑到影响量刑的个别化因素,其中也包括企业合规计划,为避免重复评价同一量刑情节,不宜对涉案企业适用缓刑。这并不会背离"轻缓刑罚"的刑事一体化思想内涵,因为企业缓刑制度标准的设定,本身就是在减少司法实践中适用的刑罚总量,而从综合刑事立法和司法的顶层视角出发,刑罚总量整体上更会因此制度的建立而呈现出大幅度减少之趋势。

论低龄未成年人犯罪的刑事一体化处遇

徐 岱[*]

关于未成年人犯罪的刑法处遇这一论题,笔者多年前曾从刑事政策视域视角,结合《刑法》第17条第2款规定的内容进行了学理解释的论证,目的在于探讨如何在"教育为主、惩罚为辅"的刑事政策理念下,有限度地限缩其适用范围。随着社会的发展,未成年人接触社会和进入社会的方式日趋多元,未成年人的违法行为反应亦呈现多样化。从未成年人违法行为的类型上看,可以分为越轨行为、违法行为、严重不良行为和严重暴力性犯罪行为。从国家层面上看,《未成年人保护法》《预防未成年人犯罪法》《治安管理处罚法》和《刑法》的相关条款对未成年人的违法犯罪行为作出了兼具预防和惩治的规定,但低龄未成年人实施严重暴力性犯罪日趋成为一种社会问题,出现司法认定困境。关于实施了严重暴力性行为的未成年人归责年龄即刑事责任年龄的规定标准过高,应当进行下调式调整的呼声越来越高,《刑法修正案(十一)》对此作出了回应,下调了未成年人实施严重暴力行为的刑事责任年龄。静态的法律规定已调整完成,但学界仍存在争议。如何在刑事一体化理念指引下合法合理地处理低龄未成年人实施严重暴力性犯罪问题成为处理未成年人犯罪问题的重中之重,这既要厘清我国未成年人犯罪刑事政策的演变对立法的影响,又要谨慎地采用严格解释方法把控低龄未成年人承担刑事责任的标准和范围。由此,明确刑事一体化的防控措施才是对实施严重暴力性犯罪的低龄未成年人最适宜的处遇。

一、未成年人犯罪的刑事政策发展及对预防性立法的影响

与成年人犯罪相比,在处理未成年人犯罪问题时,刑事政策对规范适用的指引功能更加凸显,特别是对实施严重暴力性犯罪的未成年人,如何在刑事政策的指引下适用刑法的相关规定显得更为重要,而对未成年人的保护则是刑事政策最为主要的内容。从1997年《刑法》和之后发布的有关刑法的解释,再到2020年《刑法修正案(十

---

[*] 吉林大学法学院教授。

一)》的实施,都体现了对未成年人保护的刑事政策导向。而司法适用中对未成年人犯罪的保护性处理也是主旋律之一。2021年6月最高人民检察院发布的《未成年人检察工作白皮书(2020)》表明,2020年未成年人犯罪数量大幅下降,升降态势与疫情防控形势关联较大。2020年,全国检察机关共受理审查逮捕未成年犯罪嫌疑人37681人,受理审查起诉54954人,批准逮捕22902人,不批准逮捕14709人,提起公诉33219人,不起诉16062人(含附条件不起诉考验期满后不起诉人数),不捕率、不诉率分别为39.1%和32.59%。继2019年受理审查逮捕、审查起诉未成年犯罪嫌疑人同比上升7.51%、5.12%之后,2020年同比分别下降21.95%、10.35%,为5年来最低。这些成效在一定程度上是未成年人犯罪的刑事政策在法律限度内调控的结果。

(一) 未成年人犯罪刑事政策的稳定发展

"刑法在关系中存在和变化,刑法学当然也在关系中发展,刑法学研究如果只局限在刑法自身,要取得重大进展实在困难……刑事实证学派(新派)则奠基于犯罪学研究成果,犯罪对策在刑法(刑罚)视域则形成刑事政策,从而出现刑法的刑事政策化潮流。"①所以,关于刑法与刑事政策的关系,通说主张刑事政策是刑法的灵魂,刑法是刑事政策的法律表现,虽然随着环境政策、经济政策和社会安全政策的调整,刑事政策对刑法的影响越来越彰显,有的学者认为刑法日益成为刑事政策的工具,刑法功能化的色彩越来越浓烈,或者说刑法去形式化趋势更加明显,由此消除或削弱传统法治国家刑法所设置、用来阻碍政策目标实现的各种障碍。② 这一观点虽表明了刑事政策在现代法治社会的影响力,但过于极端。我国未成年人犯罪的刑事政策始终立足于传统法治国家所秉持的对被害人和法益保护的立场,在宽严相济刑事政策引导下,未成年人犯罪的刑事政策具象化为以"预防、教育为主,惩罚为辅"。

宽严相济刑事政策既是刑事司法政策也是刑事立法政策,在未成年人犯罪问题上其首先体现为刑事司法政策,其中对未成年人犯罪严格贯彻了宽严相济刑事司法政策,宽中有严,严中有宽,并转化为相关司法解释所倡导的"教育为主、惩罚为辅"。2010年最高人民法院《关于贯彻宽严相济刑事政策的若干意见》第20条规定:"对于未成年人犯罪,在具体考虑其实施犯罪的动机和目的、犯罪性质、情节和社会危害程度的同时,还要充分考虑其是否属于初犯,归案后是否悔罪,以及个人成长经历和一贯表现等因素,坚持'教育为主、惩罚为辅'的原则和'教育、感化、挽救'的方针进行处理……对于犯罪情节严重的未成年人,也应当依照刑法第十七条第三款的规定予以从轻或者减轻处罚……"《未成年人保护法》第113条第1款明确体现了该刑事政策,"对违法犯

---

① 储槐植:《再说刑事一体化》,载《法学》2004年第3期。
② 参见〔德〕埃里克·希尔根多夫:《德国刑法学:从传统到现代》,江溯、黄笑岩等译,北京大学出版社2015年版,第249页。

罪的未成年人,实行教育、感化、挽救的方针,坚持教育为主、惩罚为辅的原则",进而将宽严相济刑事司法政策具体化为以保护未成年人合法权益为宗旨的"教育、感化、挽救"和"最有利于未成年人"的刑事司法政策。① 同时,针对不同类型的涉罪未成年人,细化了宽严相济刑事司法政策的内容,对已构成犯罪的未成年人,实行教育和矫正的刑事政策②;对犯罪时未达到刑事责任年龄的未成年人(即实施了严重不良行为的未成年人),实行社会观护式的预防犯罪的刑事政策。如 2017 年最高人民检察院《未成年人刑事检察工作指引(试行)》第 6 条规定,"人民检察院对于犯罪时未达到刑事责任年龄的未成年人,应当加强与公安机关、学校、社会保护组织等单位及未成年人家庭的协调、配合,通过责令加以管教、政府收容教养、实施社会观护等措施,预防其再犯罪"。以预防、教育为主的刑事司法政策最有利于实施严重不良行为的未成年人回归社会,同时也推动了刑法立法对未成年人刑事责任年龄的调整。

(二) 低龄未成年人有限度的预防性立法

根据罪刑法定原则的要求,刑事政策在法律规范范围内发挥着指引功能,但若法无明文规定,刑事政策无法也不能发挥指引功能,而低龄未成年人采用特别残忍手段实施严重暴力性犯罪的案件又时有发生,法益侵害严重,导致地域性的社会安全恐慌。如 2020 年 4 月安徽郎溪 12 岁男孩杀害 10 岁堂妹并弃尸野外③、2019 年 10 月大连 13 岁男孩杀死同小区女童仅仅被收容教养 3 年等触目惊心的案例④。实践中,未成年人特别是低龄未成年人实施了严重暴力性犯罪如何处置则成为司法困境和难题,司法机关期待立法作出积极回应。如何将"教育、感化和挽救"和"最有利于未成年人"的刑事司法政策上升为刑法立法规定,不同的刑罚观开出的"药方"差异性很大。经验现实主义刑罚观认为,人性本恶无年龄之分,刑罚无力对其加以改造而只有重在惩罚,因而对刑事责任能力或无年龄限制,或低龄化趋势明显。可以看出,经验现实主义刑罚观有过度刑法化之嫌,"要想有效地批评这种'刑法过度'的趋势,最好的方法就是证明刑事法律激增不一定能够保证带来更多的安全,有时候甚至对所追求的目的有害,如未成年人刑法……"⑤积极主义刑

---

① 1989 年《联合国儿童权利公约》被国际社会普遍认同为未成年人权利保护的最高指导性纲领,其第 3 条第 1 款规定:"关于儿童的一切行动,不论是由公私社会福利机构、法院、行政当局或立法机构执行,均应以儿童的最大利益为一种首要考虑。"我国 1992 年加入该公约。
② 2006 年最高人民法院《关于审理未成年人刑事案件具体应用法律若干问题的解释》第 11 条第 1 款规定:"对未成年犯罪适用刑罚,应当充分考虑是否有利于未成年罪犯的教育和矫正。"
③ 参见《安徽郎溪 10 岁女孩被 12 岁男孩杀害,村民:两人系堂兄妹》,载澎湃新闻(https://xw.qq.com/cmsid/20200418A0R4DS00),访问日期:2022 年 4 月 15 日。
④ 参见《判了! 大连 13 岁男孩杀害 10 岁女童,更多细节揭露》,载腾讯网(https://new.qq.com/omn/20200811/20200811A08IGQ00.html? pc),访问日期:2022 年 4 月 15 日。
⑤ 〔德〕埃里克·希尔根多夫:《德国刑法学:从传统到现代》,江溯、黄笑岩译,北京大学出版社 2015 年版,第 73 页。

罚观提倡以矫正为主的刑事政策,主张确定可操作的、适当的刑事责任年龄实有必要,而不能刺激刑法过度地去扩张未成年人承担刑事责任的范围,以防止对社会安全的侵蚀。所以,在立法上对实施严重暴力性行为的低龄未成年人进行有限度的扩张实有必要,以实现积极的一般预防目的,即"通过确认、强化威吓乃至规范意识,防止一般国民实施犯罪,强化一般国民对法秩序的依赖和遵守规范意识的'积极的一般预防论'(社会教育说)"①。刑事责任能力是指正确认识社会要求并以该要求而行为的一般能力,其归根到底可以理解为辨别是非而行动的能力,对其如何衡量生理年龄是一个重要的指标。我国采积极主义刑罚观,通过有限度地扩张预防性立法,对实施严重暴力性犯罪的低龄未成年人进行确认、规范和处置,《刑法修正案(十一)》对《刑法》第17条相对刑事责任年龄进行微调,增加了第3款内容即低龄未成年人负刑事责任的刑事责任年龄规定,"已满十二周岁不满十四周岁的人,犯故意杀人、故意伤害罪,致人死亡或者以特别残忍手段致人重伤造成严重残疾,情节恶劣,经最高人民检察院核准追诉的,应当负刑事责任"。对低龄未成年人刑事责任年龄有限度扩张的立法目的在于:一方面保护社会安全法益,"刑法过度的趋势是客观存在的,如何对其加以评价,刑法的目的在于保护市民的安全需求,尤其是随着城市化的发展,国民生活的向上与安定,地域社会的控制力量也在逐渐弱化,导致国民的被害感和安全保护的需求越来越强"②;另一方面,充分展示了"预防、教育为主,惩罚为辅"的未成年人犯罪的刑事政策对立法规定的引导,以保障在法定范围内实现对低龄未成年人实施严重暴力性行为的合法合理的归责评价。

二、对低龄未成年人刑事责任年龄的规定应采严格解释方法

提高刑法预防功能最为有效的途径就是扩大犯罪圈,"随着各种新的危险的产生,该法不能不在不断扩张其保护范围或者进行保护的前置"③增加构成犯罪的行为类型如法定犯增多就是明证,或者提高法定刑,这不仅实现了刑法的惩罚和教育的功能,而且加强了刑法的预防功能,这是现代刑事法治一个突出的特质。结合《刑法》对低龄未成年人刑事责任年龄的规定,可以判定立法的目的不在于惩罚,而在于一般预防,且重在对有问题情境趋向的未成年人的事前预防,而不是将刑法置换为集权社会国家灵活的控制工具。所以,发挥低龄未成年人刑事责任年龄的法定构成要件的界分

---

① 〔日〕曾根威彦:《刑法学基础》,黎宏译,法律出版社 2005 年版,第 53 页。
② 〔日〕平野龙一:《刑法的基础》,黎宏译,中国政法大学出版社 2016 年版,第 93—94 页。
③ 〔德〕埃里克·希尔根多夫:《德国刑法学:从传统到现代》,江溯、黄笑岩等译,北京大学出版社 2015 年版,第 248 页。

和限缩功能是刑法适用的第一要务,"刑法的罪刑法定原则机能,虽说首先是法条必须明确的机能,但是,构成要件也必须发挥将应受处罚的行为和不受处罚的行为的界限明确区分开来的机能"①。由此,采用严格解释方法来解释《刑法》第17条第3款关于低龄未成年人刑事责任年龄的规定,则是关键所在。

(一) 严格解释低龄未成年人刑事责任年龄的正当性

严格解释在一定意义上力主采用限缩解释方法而排斥扩张解释方法,之所以对未成年人,特别是低龄未成年人犯罪的刑法规定强调采取严格解释方法,其原因在于:一是罪刑法定原则的要求。需要指明的是,"罪刑法定原则的声望和重要性丝毫没有降低,因为它是限制国家权力的工具行动和方式,早已被引进到启蒙运动的刑法哲学之中"②。时至今日,罪刑法定原则已上升为成文法国家的宪法原则或刑法中的黄金原则,其形式合理性所强调的法规范确证是第一位,但"大多数法律规范都有一定的解释空间,这使得法律适用者在判决具体的法律案件时,不得不作出自己的评价;否则,就不可能在规范认可的宽泛空间内作出具体的选择"③。二是现代刑法立法的科学性、逻辑性及可操作性的立法特质越来越明显,一部良性的正当的刑法立法要充分体现或表达刑法的最后手段原则,刑法的最后手段原则要求刑法作为最为严厉的法律制裁,是在其他所有手段都无效时才能动用,而排斥将其作为优先的或者唯一的制裁手段。就未成年人而言,《联合国少年司法最低限度标准规则》中规定,"在承认少年负刑事责任的年龄这一概念的法律制度中,该年龄的起点不应规定得太低,应考虑到情绪和心智成熟的实际情况"。应尽量减少少年司法制度进行干预的必要,减少任何干预可能带来的害处。所以我国对实施严重暴力性犯罪的低龄未成年人通过刑事责任年龄入罪,且规定了严格的适用条件,这充分体现了刑法的最后手段性。

《刑法》第17条第3款低龄未成年人承担刑事责任的成立条件从总体上看包括实体条件和程序条件,程序条件即"经最高人民检察院核准追诉的"规定明确无争议,而实体成立条件包括三个:一是犯故意杀人、故意伤害罪,二是致人死亡或者以特别残忍手段致人重伤造成严重残疾,三是情节恶劣。如何解释这三个成立条件,且这三个条件之间是什么关系,则需要进一步明确。依据上述原则,可以得出的结论是:低龄未成年人犯罪承担刑事责任的三个实体条件必须同时成立,缺一不可,且三个实体条件是层层递进、逐级限制的关系,通过后一个条件对前一条件的限制,形成对低龄未成年人承担刑事责任的限缩性解释结论。

---

① 〔日〕曾根威彦:《刑法学基础》,黎宏译,法律出版社2005版,第28页。
② 〔德〕埃里克·希尔根多夫:《德国刑法学:从传统到现代》,江溯、黄笑岩等译,北京大学出版社2015年版,第217页。
③ 〔德〕埃里克·希尔根多夫:《德国刑法学:从传统到现代》,江溯、黄笑岩等译,北京大学出版社2015年版,第73页。

(二)《刑法》第 17 条第 3 款实体成立条件的严格解释

《刑法修正案(十一)》对《刑法》第 17 条修改体现为:一是将第 2 款中"投毒罪"修改为"投放危险物质罪";二是增加第 3 款内容,即增设已满 12 周岁不满 14 周岁的人应负刑事责任的情形,"已满十二周岁不满十四周岁的人,犯故意杀人、故意伤害罪,致人死亡或者以特别残忍手段致人重伤造成严重残疾,情节恶劣,经最高人民检察院核准追诉的,应当负刑事责任";三是将原第 3 款、第 4 款改为第 4 款、第 5 款,并将原第 4 款的"也由政府收容教养"修改为现第 5 款的"依法进行专门矫治教育"。由此,法定的刑事责任年龄阶段可以作如下划分:完全刑事责任年龄(已满 16 周岁),相对刑事责任年龄(已满 14 周岁不满 16 周岁),限缩性相对刑事责任年龄(已满 12 周岁不满 14 周岁),完全无刑事责任年龄(不满 12 周岁),减轻刑事责任年龄(已满 12 周岁不满 18 周岁)。

关于前述第一项、第三项的修改争议不大,而关于如何正确适用年满 12 周岁不满 14 周岁未成年人实施严重暴力性行为承担刑事责任的规定,从刑法教义学的角度来看,则存在很大争议。在此,以未成年人犯罪预防、教育为主的刑事政策与刑法的最后手段原则为基本依据,以最有利于未成年人为目的,采取目的性限缩解释方法,尊重立法,从严把握适用条件,对《刑法》第 17 条第 3 款的构成要素及程度性要素作如下解释。

1. 关于低龄未成年人"犯故意杀人、故意伤害罪"的适用范围

关于低龄未成年人"犯故意杀人、故意伤害罪"的适用范围其实涉及是行为还是罪名问题。《刑法》第 17 条第 3 款所采用的立法语言与第 2 款是一样的,"犯……罪的",其适用范围与《刑法》第 17 条第 2 款所出现的争议如出一辙,即"犯……罪的"的立法规定是指特定罪名还是类型化的行为,当时引发了关于这一立法规定的刑法教义学的大讨论。2002 年 7 月全国人民代表大会常务委员会法制工作委员会出台了《关于已满十四周岁不满十六周岁的人承担刑事责任范围问题的答复意见》,针对学界与司法实务界的争议给出了明确的结论,"刑法第十七条第二款规定的八种犯罪,是指具体犯罪行为而不是具体罪名",同时明确规定"刑法第十七条中规定的'犯故意杀人、故意伤害致人重伤或者死亡',是指只要故意实施了杀人、伤害行为并且造成了致人重伤、死亡后果的,都应负刑事责任。而不是指只有犯故意杀人罪、故意伤害罪的,才负刑事责任"。该立法解释既践行了"教育为主、惩罚为辅"的刑事政策理念,又充分保障了罪刑法定原则的实现,特别是以八种行为而不是八个罪名的立法解释结论为司法实践统一了相对刑事责任年龄的未成年人承担刑事责任的适用范围。需要明确的是,八种行为既包括未成年人实施了故意杀人罪和故意伤害罪的实行行为,也包括未成年人实施了作为手段行为的故意杀人行为和故意伤害行为。八种行为中未成年人若实施了故意杀人罪和故意伤害罪的实行行为,直接按照故意杀人罪和故意伤害罪确定罪名即

可,但若未成年人实施了作为手段行为的杀人行为和伤害行为,是按照手段行为确定罪名还是按照目的行为确定罪名则存在争议。为解决此争议问题,2006年最高人民法院《关于审理未成年人刑事案件具体应用法律若干问题的解释》第5条规定:"已满十四周岁不满十六周岁的人实施刑法第十七条第二款规定以外行为,如果同时触犯了刑法第十七条第二款规定的,应当依照刑法第十七条第二款的规定确定罪名,定罪处罚。"明确了按照手段行为所触犯的罪名进行定罪处罚。由此,采用目的性限缩解释方法确定相对刑事责任年龄的未成年人犯罪承担刑事责任方式,形成了从规范上的罪名设定到立法解释的行为定位,再回归到司法解释的限制性罪名的认定路径,充分体现了对相对刑事责任年龄人的以教育为主、惩罚为辅的刑事政策理念。

以此为参照,来审视《刑法》第17条第3款低龄未成年人"犯故意杀人、故意伤害罪的"的适用标准和范围,自然可以得出的结论是,"犯故意杀人、故意伤害罪的"是指低龄未成年人实施的具体犯罪行为即故意杀人行为和故意伤害行为,而不是具体罪名,即低龄未成年人只要故意实施了杀人、伤害行为且产生严重后果的,都应负刑事责任。这里具体的杀人和伤害行为,既可能是故意杀人罪和故意伤害罪中的实行行为,也可能是作为手段行为的杀人和伤害行为,如年满12周岁的未成年人绑架人质后杀害被绑架者,刑法无法对低龄未成年人实施的绑架行为(目的行为)进行评价,但可以对其杀人行为(手段行为)具有严重后果且情节恶劣的,依据17条第3款的规定,追究其刑事责任。同样,依据什么罪名对实施严重暴力性犯罪的低龄未成年人进行定罪处罚则是关键,比照上述司法解释关于相对刑事责任年龄的人确定罪名的规定,遵循对未成年人的预防和教育为主的刑事政策,采用目的性限缩解释方法,可以合法合理地得出结论:低龄未成年人若实施了故意杀人或故意伤害行为,并符合《刑法》第17条第3款及其他相关规定,直接依据《刑法》第232条故意杀人罪或第234条的故意伤害罪进行定罪处罚;若实施了《刑法》第17条第3款规定以外的行为,同时触犯了《刑法》第17条第3款规定的,应当依照《刑法》第17条第3款的规定确定罪名,定罪处罚,即若低龄未成年人实施了包含故意杀人和故意伤害在内的两种以上侵害行为,因刑法无法对故意杀人和故意伤害行为以外的行为进行评价,只能对故意杀人行为和故意伤害行为进行评价,所以低龄未成年人只能构成故意杀人罪和故意伤害罪。如此,通过罪名的限制性认定实现了对低龄未成年人构成犯罪的限缩性适用。

2. "致人死亡或者以特别残忍手段致人重伤造成严重残疾"的认定

低龄未成年人实施了故意杀人、故意伤害行为是其承担刑事责任的第一条件,虽必要但不充足,同时要求必须产生实害结果或加重结果,即"致人死亡或者以特别残忍手段致人重伤造成严重残疾"。于此,需要解决如下三个问题:

第一,"致人死亡或者以特别残忍手段致人重伤造成严重残疾"是限定"犯故意杀人、故意伤害罪"还是只限定"故意伤害"行为。立法表述是"犯故意杀人、故意伤害罪",本文采是对前文的整体限定的观点,但仍需采用系统解释方法进行理解。《刑法》第 17 条第 3 款"犯故意杀人、故意伤害罪"虽使用的是顿号,但后面的"致人死亡或者以特别残忍手段致人重伤造成严重残疾"是对"犯故意杀人、故意伤害罪"的分别限定。就低龄未成年人实施故意伤害行为而言,"致人死亡或者以特别残忍手段致人重伤造成严重残疾"的立法表述和《刑法》第 234 条第 2 款故意伤害罪关于结果加重犯的规定完全相同,也可以说是立法对故意伤害行为的规范化表述。可知,其是对低龄未成年人实施故意伤害行为承担刑事责任的限定,即只有产生致人死亡或者重伤造成严重残疾的加重结果时,才可能追究低龄未成年人的刑事责任,限缩了低龄未成年人实施故意伤害行为承担刑事责任的范围。由此可以推出,低龄未成年人实施故意杀人行为承担刑事责任的范围,也应以产生被害人死亡的结果为限,即应以"致人死亡"为成立要素来限定低龄未成年人因故意杀人承担刑事责任的范围。同时需要注意的是,"以特别残忍手段致人重伤造成严重残疾"是对故意伤害行为及其法定结果的表述,而不是对"故意杀人"行为的表述,若低龄未成年人故意杀人未遂,则不应追究其刑事责任。

第二,如何理解"造成严重残疾"。1997 年《刑法》实施后,关于故意伤害罪的相关司法解释共出台了 6 个,其中 2009 年最高人民法院《关于审理故意杀人、故意伤害案件正确适用死刑问题的指导意见》规定,"严重残疾"的标准是指下列情形之一:被害人身体器官大部缺损、器官明显畸形、身体器官中有中等功能障碍、造成严重并发症等",2016 年最高人民法院、最高人民检察院、公安部、国家安全部、司法部联合出台了《人体损伤致残程度分级》(2017 年 1 月 1 日起实施),其第 4.4 条关于致残等级划分规定"本标准将人体操作致残程度划分为 10 个等级,从一级(人体致残率 100%)到十级(人体致残率 10%),每级致残率相差 10%",但没有明确特别严重残疾、严重残疾的等级划分,有待相关司法解释的出台。低龄未成年人实施故意伤害行为造成被害人严重残疾,同时要满足使用"特别残忍手段"这一限定条件,即低龄未成年人使用"特别残忍手段"且造成被害人"严重残疾"的,才存在追究刑事责任的可能性。

第三,如何理解"特别残忍手段"。既然"以特别残忍手段致人重伤造成严重残疾"的立法表述源于故意伤害罪,按照系统解释方法,《刑法》第 17 条第 3 款的"特别残忍手段"的合理解释也应依赖或回归到故意伤害罪的相关司法解释上。1997 年《刑法》实施后,故意伤害罪的 6 个相关司法解释都没有明确列举"特别残忍手段"的类型,有待出台相关司法解释。现阶段司法人员根据社会平均观念进行规范判断和价值判断,如使用硫酸等化学物质或采取砍手脚等方式应属于手段"特别残忍"。若低龄未成年人实施了普通的伤害行为,因被害人自身原因或第三方介入等因素产生了"严重残疾"后果,不能追究低龄未成年人的刑事责任,于此强调的是,"特别残忍手段"是产生"严重残疾"后果的直接原因力,若两者间存在间接的因果关系,则不能归责于低龄未成年人。

3. 情节恶劣的认定

情节恶劣是低龄未成年人实施严重暴力性行为承担刑事责任的实体上的最后一个限定条件。前述两个实体条件既包括客观要素也包括主观要素,呈现出基于故意心态所实施的严重侵害生命法益和健康法益行为,但侵害生命法益和健康法益需要达到一定程度时才能够追究低龄未成年人的刑事责任。在司法解释或指导性案例未出台之前,如何设定情节恶劣的判定标准则成为问题。整体上而言,《刑法》中以"情节"的严重程度如"严重""恶劣"作为构成的必备条件的罪名数很多,既有共同的标准,也有具体个罪构成要件中不同构成要素的程度要求;既有客观方面的量化要求,也有主观方面的量化要求。就低龄未成年人实施严重暴力性行为而言,评价或衡量其"情节恶劣",共同的标准如犯罪的时间地点、犯罪次数、犯罪后的态度、犯罪主观方面情况如犯罪动机等,个别化的标准如预谋、使用管制的犯罪工具、犯罪后具有残忍处置情节等。

对低龄未成年人刑事责任年龄的立法规定进行严格解释既回应了预防性立法的立法目的,也充分体现了"教育为主、惩罚为辅"的刑事政策理念,但立足点仍是对实然犯罪的事后惩罚,而若减少未成年人特别是低龄未成年人的涉罪问题,关键在于事前预防和有效的司法保护。

三、涉罪低龄未成年人的刑事一体化预防路径

法律乃公平善良之艺术,对于实施严重暴力性行为的低龄未成年人依据相关刑事政策进行事后的惩罚只是最后手段,公平善良之艺术重在通过预防、教育、感化、惩治、回归等多种途径达到预防未成年人,特别是低龄未成年人犯罪的目的。对低龄未成年人多途径的预防、教育和惩治只依靠具有事后特质的刑法是无法实现的,应建立刑事一体化的保护思路与实践方法,"刑事一体化观念倚重动态关系中的刑法实践。刑事一体化作为方法,强调'化'(即深度融合),刑法学研究应当与有关刑事学科知识相结合,疏通学科隔阂,彼此促进"[①]。由此,对低龄未成年人犯罪应实行分层式的划分,在此基础上以刑事一体化理念为指引,采取区分式的刑事政策、教育矫正机制及司法保护措施,真正实现预防低龄未成年人犯罪或实施严重不良行为的社会治理目标。

(一)建立以福利性为主的惩罚性、强制性的专门矫治机制

依据刑事政策和刑法所规定的实体条件、程序条件对实施了严重暴力性犯罪的低龄

---

① 储槐植:《再说刑事一体化》,载《法学》2004 第 3 期。

未成年人进行规范性惩治自不待言,但案结事不能了,如何对其进行教育性的惩罚及社会再改造则更为重要。同时对实施了严重不良行为的未成年人包括低龄未成年人①,如何进行合理有效的矫治则为更突出的社会问题,其中专门矫治机制作为刑事一体化的预防路径能够生成可期待的法律效果和社会效果。

《刑法》第 17 条第 5 款规定:"因不满十六周岁不予刑事处罚的,责令其父母或者其他监护人加以管教;在必要的时候,依法进行专门矫治教育。"该款规定了两项矫治教育制度,一是责令其父母或者其他监护人加以管教,二是必要时依法进行专门矫治教育。《预防未成年人犯罪法》对这两项制度予以了拓展性的有效衔接,针对第一项制度,延展性规定了未成年人监护人或学校无力监管或监管无效时,可由教育行政部门经专门教育委员会评估同意,送到专门学校接受专门教育;针对第二项制度,建立了以公安机关为主导的矫治教育制度,公安机关除可对实施严重不良行为的未成年人采取《预防未成年人犯罪法》第 41 条所规定的矫治教育措施外,可会同教育行政部门经专门教育委员会评估同意后将实施严重不良行为的未成年人送到专门学校接受专门教育。特别是我国劳动教养制度被取消后,为有针对性地解决不予刑事处罚的未成年人脱管的问题,建立了专门矫治教育制度。《预防未成年人犯罪法》第 45 条第 1 款明确规定:"未成年人实施刑法规定的行为、因不满法定刑事责任年龄不予刑事处罚的,经专门教育指导委员会评估同意,教育行政部门会同公安机关可以决定对其进行专门矫治教育。"矫治教育制度在一定意义上具有强制性,只要经过专门委员会的评估和同意,应当执行。《预防未成年人犯罪法》第 42 条第 2 款规定,"未成年人的父母或者其他监护人应当积极配合矫治教育措施的实施,不得妨碍阻挠或者放任不管",确保专门矫治教育的落实。

可以看出,《刑法》第 17 条第 5 款和《预防未成年人犯罪法》所规定的专门矫治机制具有三个特点:惩罚性、强制性和专门性。惩罚性体现在被惩罚的对象是实施了严重不良行为和严重暴力性犯罪的未成年人;强制性体现在被强制的对象既包括实施了严重不良行为的未成年人,也包括其监护人;专门性体现在通过专门的、专业性的委员会决定是否对有罪错的未成年人给予具有惩罚性和强制性的矫治措施。惩罚性、强制性和专门性的特点恰恰是福利司法的主要特质,大量运用观护,在国家亲权学说而不是正当法律程序下运作,探寻、关注协商而不是控诉……将罪错少年非犯罪化,并且采用"父母般"的方式去对待那些被看作社会受害者的人,而不是看成罪犯或者甚至也不看成潜在的犯罪分子。② 福利性是指国家所给予国民的法律家长主义所呈现出的生活

---

① 严重不良行为是《预防未成年人犯罪法》第 38 条明文规定的,是指"未成年人实施的有刑法规定、因不满法定刑事责任年龄不予刑事处罚的行为"。

② 参见 Amold Binder, Gibert Geis, Dickson Bruce, Juvenile Delinquency: Historical, Cultural, Legal Perspectives, Macmillan Publishing Company, 1988, p. 235;转引自姚建龙:《福利、惩罚与少年控制——美国少年司法的起源与变迁》,华东政法学院 2006 年博士论文,第 70 页。

最好状态,其以法律家长理论为支撑,以最有利于未成年人矫治教育为根本。法律家长主义是"现代国家构建和治理模式转型而产生的一种立法指导思想,反映了国家与公民之间关系的嬗变"①,法律以保护行为人的利益为干预的目的,以限制行为人的自由为干预的方式,可分为积极家长主义和消极家长主义,强烈的家长主义和缓和的家长主义。现代法治的内核在于倡导国家权力对国民生活的有限度干预,所以积极家长主义和强烈的家长主义不能被承认;而消极家长主义和缓和家长主义则得到一定程度的确认,前者认为"在如果放任不管的话,连社会生活所必不可少的平均生活利益都难以确保的场合,例外地允许国家进行介入",后者认为"只能对判断能力不充分的人的不完全自由的选择和行为进行干涉"②。由此,对低龄未成年人的具有福利性的专门矫治教育也是最好的预防措施。而最有利于未成年人原则强调,虽然是因低龄未成年人实施了严重暴力性行为而对其进行惩罚或矫治教育,但对低龄未成年人的矫治教育不单单呈现出强制进入专门学校接受专门教育和惩治措施的落实,而更侧重于未成年人的人格养成和社会化的需求上,最大限度地为其谋福利,使其从心理和社会层面上尽快康复。司法实践中明确贯彻"坚持教育和保护优先,为涉罪未成年人重返社会创造机会,最大限度地减少羁押措施、刑罚尤其监禁刑的适用"③,最大限度地践行了最有利于未成年人原则。

(二) 预防重新犯罪的刑事一体化路径

预防永远重于惩罚,特别是对低龄未成年人重新犯罪的预防更要依据刑事一体化理念进行设计。实践中,未成年人涉财产类犯罪减少,但涉网络犯罪或模仿网络游戏中的暴力行为而诱发的严重暴力性案件增多,而互联网在生活中日益常态化,如何预防低龄未成年人再犯或多次实施涉网络犯罪是一个现实的问题。单纯依靠刑事惩罚心余力绌,依靠刑事一体化的预防体系才能达到最佳的法律效果和社会效果。首先,增设相关网络服务提供者的监管义务。《未成年人保护法》单设网络保护一章,规定网站、网络游戏服务提供者、网络直播服务提供者的行为规范并设定相应的监管义务,如规定保护未成年人的个人信息,如限定网络游戏产品类型。《未成年人保护法》第75条第3款规定,"网络游戏服务提供者应当按照国家有关规定和标准,对游戏产品进行分类,作出适龄提示,并采取技术措施,不得让未成年人接触不适宜的游戏或者游戏功能",以此规范、限定和保护未成年人的相关权益。其次,加大社会、学校和家庭对未成年人使用网络行为的引导和保护作用,相关机构要隔断网络对低龄未成年人的侵害或变相侵害;学校要履行监管和监护职责,发现低龄未成年人沉溺网络时要及时

---

① 张帆:《法律家长主义的两个谬误》,载《法律科学(西北政法大学学报)》2017年第4期。
② 参见[日]曾根威彦:《刑法学基础》,黎宏译,法律出版社2005版,第33页。
③ 最高人民检察院《未成年人刑事检察工作指引(试行)》(高检发未检字〔2017〕1号)第15条规定。

阻止并联合家庭监护人共同进行教育和引导;家长要规范自身使用网络的行为,以此对低龄未成年人产生良性影响。再次,在刑事诉讼各环节加强对涉罪低龄未成年人的合理保护,如对被采取强制措施的低龄未成年人或者在未成年犯管教所执行刑罚的低龄未成年人,应当与成年人分别关押、管理和教育,避免"交叉感染";在刑罚执行阶段,对低龄未成年人实行社区矫正,采取与成年人不同的矫正方法和措施,如社会服务、下达禁止令禁止其进入网吧等社会化场合,等等。最后,采取措施使低龄未成年人完成义务教育。对被采取强制措施的低龄未成年人或在未成年犯管教所执行刑罚的低龄未成年人,《预防未成年人犯罪法》第53条规定,"公安机关、人民检察院、人民法院、司法行政部门应当与教育行政部门相互配合,保证其继续接受义务教育",有利于其塑造完整的社会人格,重新回归社会,避免重新犯罪。

　　随着《刑法修正案(十一)》关于低龄未成年人承担刑事责任规定的适用及深入,有些问题如低龄未成年人承担刑事责任的条件和范围、承担刑事责任的方式等会产生争议,这是规范范围的价值判断和价值选择问题,逐步会达成较为统一的适用标准;但对涉罪的低龄未成年人来说,事后的惩罚只是法律对其行为的否定性评价,更为重要的是其能够形成完整的社会人格并顺利回归社会,这需要以"教育为主、惩罚为辅"的刑事政策为指导,以《刑法》《预防未成年人犯罪法》和《未成年人保护法》等相关法律为依据,采取适当的司法保护、社会观护措施和犯罪对策,最大限度地保护低龄未成年人利益。所以,建立以预防为主的低龄未成年人刑事一体化防控体系仍任重道远。

刑事一体化视野下涉罪未成年人治理体系构建

——以智慧未检发展为视角

季美君[*] 刘生荣[**]

引 言

未成年人犯罪是一个全球性的社会问题。在全球化网络时代,未成年人犯罪问题日益严重,与毒品传播、环境污染并列成为世界三大"公害"。世界各国都在积极采取相应措施来解决这一棘手问题,我国也不例外。2020年因新冠肺炎疫情的暴发,不但是人类发展历史上让人刻骨铭心的一年,也是我国未成年人保护发展史上浓墨重彩的一年,《未成年人保护法》和《预防未成年人犯罪法》的修订,进一步完善了中国特色社会主义未成年人法治体系。2020年5月通过的《民法典》,既是一部涵盖社会生活方方面面的百科全书,也是一部明确未成年人权利义务的护身宝典,可以说是凝聚保护未成年人力量的共同约定。而《刑法修正案(十一)》的通过,更加突出了"双向保护"的观念。这一系列法律的修订与实施,为有效打击惩治未成年人犯罪提供了更多的法律依据,同时也为建立未成年人保护工作协调机制,构建"家庭、学校、社会、网络、政府、司法"六大保护体系创造了有利条件。因此,如何更好地实施相关规定,为未成年人的健康成长营造更为有利的环境,以刑事一体化思想为指导,深入研究未成年人犯罪社会治理体系问题,构建智慧未检治理模式,无疑具有重要的理论价值与实践意义。

一、我国未成年人犯罪现状及特点

未成年人对一个国家未来发展的重要性是不言而喻的。未成年人犯罪,不管个体的具体原因是什么,都与家庭和社会环境密切相关,也都直接牵涉一个家庭的幸福指数,会让一个家庭甚至是整个家族一下子跌入痛苦无望的深渊,进而影响到整个社会的安宁和谐与稳定。

---

[*] 最高人民检察院检察理论研究所研究员。
[**] 最高人民检察院检察理论研究所原副所长、研究员。

（一）未成年人犯罪现状

据最高人民检察院发布的《未成年人检察工作白皮书(2014—2019)》(以下简称《白皮书》)介绍,从 2014 年至 2019 年,全国各级检察机关共受理审查逮捕未成年犯罪嫌疑人 284569 人,经审查,不批准逮捕 88953 人,受理移送审查起诉 383414 人,其中不起诉 58739 人(含附条件不起诉考验期满后不起诉人数),不捕率、不诉率分别为 31.43% 和 16.70%,均高于普通刑事犯罪。此外,附条件不起诉共 32023 人,自 2015 年以来人数逐年增加,整体附条件不起诉率为 8.78%,被重新提起公诉人数保持在 3% 左右。①

这些统计数据表明,检察机关在挽救帮助涉罪未成年人和保护未成年人利益方面加大了工作力度,但与此同时,我国当前的未成年人犯罪状况依然不容乐观。《白皮书》的分析结论为:"当前未成年人犯罪总体形势趋稳向好,未成年人涉嫌严重暴力犯罪和毒品犯罪、校园欺凌和暴力犯罪、14 至 16 周岁未成年人犯罪数量逐步减少,未成年人重新犯罪率整体平稳。然而,稳中有变,好中有忧,未成年人犯罪数量有所回升,流动未成人犯罪有所反弹,未成年人聚众斗殴、寻衅滋事、强奸犯罪人数上升。同时,侵害未成年人犯罪数量上升,性侵害、暴力伤害未成年人,成年人拉拢、诱迫未成年人参与黑恶犯罪问题突出,未成年人监护情况不容乐观。"②这一结论,也可以从 2021 年 6 月 1 日最高人民检察院发布的《未成年人检察工作白皮书(2020)》(以下简称 2020 年《白皮书》)中所披露的一组统计数据得到佐证。2020 年,全国检察机关共受理审查逮捕未成年犯罪嫌疑人 37681 人,受理审查起诉 54954 人,批准逮捕 22902 人,不批准逮捕 14709 人,提起公诉 33219 人,不起诉 16062 人(含附条件不起诉考验期满后不起诉人数),不捕率、不诉率分别为 39.1% 和 32.59%。同时,共批准逮捕侵害未成年人犯罪 38854 人,提起公诉 57295 人。继 2019 年受理审查逮捕、审查起诉未成年犯罪嫌疑人同比上升 7.51%、5.12% 之后,2020 年同比分别下降 21.95%、10.35%,为五年来最低。2020 年《白皮书》认为,未成年人犯罪数量下降幅度较大,升降态势与疫情防控形势关联较大。而 2021 年,全国检察机关为最大限度教育感化挽救涉罪未成年人,依法决定附条件不起诉 2 万人,占结案未成年人总数的 29.7%;但起诉较严重犯罪未成年人 3.5 万人,同比上升 6%。③

---

① 参见最高人民检察院 2020 年 6 月 1 日发布的《未成年人检察工作白皮书(2014—2019)》。涉未成年人犯罪,包括未成年人犯罪和针对未成年人犯罪。限于讨论的主题和篇幅,本文主要探讨未成年犯罪治理问题,但在构建智慧未检治理体系时,当然应包括针对未成年人犯罪问题,如性侵未成年人犯罪、拐卖儿童犯罪等。
② 最高人民检察院 2020 年 6 月 1 日发布的《未成年人检察工作白皮书(2014—2019)》。
③ 参见张军:《最高人民检察院工作报告》(2022 年 3 月 8 日第十三届全国人民代表大会第五次会议),第 9 页。

从这些统计数据来看,我国涉未成年人犯罪的总体情况为:未成年人犯罪数量在连续多年下降、趋于平稳后有所回升,而侵害未成年人犯罪的数量仍呈上升态势。虽然未成年人犯罪的总体态势趋好,但绝对数仍然很大,如 2021 年,检察机关提起公诉的较严重犯罪的未成年人就有 3.5 万,而且还呈上升趋势。这些涉罪未成年人背后的家庭就会因此支离破碎,因未成年人犯罪所带来的种种负能量,会让整个家庭的日常生活蒙上阴影。因此,深入分析这些数据背后所隐藏的未成年人犯罪的特点,可以为构建涉罪未成年人社会治理工作机制提供可靠而坚实的基础。

(二) 未成年人犯罪的特点

根据最高人民检察院 2020 年《白皮书》数据分析,2020 年各季度,受理审查逮捕未成年犯罪嫌疑人数分别为 5695 人、7941 人、12996 人和 11049 人,前三季度同比分别下降 42.09%、42.08%、7.16%,第四季度有所反弹,同比上升 2.95%。其原因为:2020 年年初新冠肺炎疫情暴发,我国采取非常严格的疫情防控措施,缩小了社会交往时间和活动空间,犯罪活动也相应受到了限制。从图 1 和图 2 中我们可以清晰地看出,从 2016 年至 2019 年,全国检察机关受理审查逮捕和受理审查起诉的未成年人犯罪人数比较平稳,但 2020 年突然下降。①

图 1 2016—2020 年未成年人犯罪情况(人)

---

① 本文中有关 2020 年未成年人犯罪的统计数据及相关图表,均来自最高人民检察院 2021 年 6 月 1 日发布的《未成年人检察工作白皮书(2020)》。

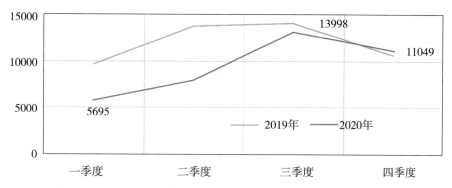

图 2　2019 年、2020 年各季度受理审查逮捕未成年人犯罪情况(人)

从全国检察机关受理的涉未成年人犯罪刑事案件来分析,当前我国未成年人犯罪呈现以下几个方面的新特点:

1. 涉嫌罪名相对集中,严重暴力犯罪持续好转

从 2020 年全国各级检察机关受理审查起诉未成年人犯罪的情况来看,涉及的主要罪名为盗窃、聚众斗殴、寻衅滋事、强奸、抢劫、故意伤害、诈骗,相关统计数据为:盗窃 14405 人、聚众斗殴 7406 人、寻衅滋事 5728 人、强奸 5160 人、抢劫 4968 人、故意伤害 4167 人、诈骗 4042 人。这七类犯罪嫌疑人数量占总数的 84.03%,与 2019 年基本持平(如图 3)。这些犯罪种类显然与未成年人心智不够成熟、感情容易冲动、喜欢聚众闹事的年龄特点密切相关。

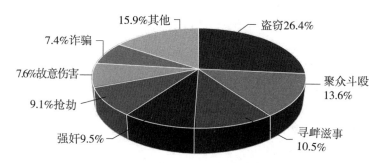

图 3　2020 年未成年人涉嫌罪名分布图

但是,涉嫌严重暴力犯罪占比继续下降。2016 年至 2020 年,受理审查起诉未成年人涉嫌故意杀人、故意伤害致人重伤或死亡、强奸、抢劫、贩卖毒品、放火、爆炸、投毒等八种严重暴力犯罪(因统计口径关系,将全部故意伤害、走私贩卖运输制造毒品犯罪均统计在内)分别为 22028 人、19954 人、17936 人、18172 人、15736 人,占全部犯罪人数的比例分别为 37.29%、33.48%、30.76%、29.65% 和 28.63%,年均下降 2.16%(如图 4)。

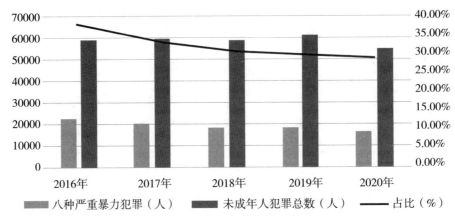

图 4 2016—2020 年受理审查起诉未成年人涉嫌严重暴力犯罪态势及占比

在涉嫌严重暴力犯罪数量继续下降,校园欺凌和暴力犯罪数量也明显下降的同时,低龄未成年人犯罪占比却有所回升。如 2016 年至 2020 年,全国检察机关共受理审查起诉 14 周岁至 16 周岁未成年人犯罪分别为 5890 人、5189 人、4695 人、5445 人、5259 人,占受理审查起诉全部未成年人的比例分别为 9.97%、8.71%、8.05%、8.88% 和 9.57%,近两年呈上升态势。

2. 流动未成年人犯罪占比超半,社会治理问题严峻

2020 年,各地检察机关受理审查起诉未成年人犯罪案件中,非本县 13923 人、非本市 8729 人、非本省 5213 人,占全部受理审查起诉人数的 50.71%,这一统计数据反映出当前我国社会加强流动未成年人管理、教育工作迫在眉睫,必须引起全社会的高度重视。

3. 未成年人重新犯罪率整体平稳,帮扶工作初显成效

据统计,2016 年至 2020 年,全国检察机关受理审查起诉未成年人中曾受过刑事处罚的分别为 2246 人、1938 人、2054 人、2349 人、2092 人,分别占同期受理审查起诉未成年人总数的 3.80%、3.25%、3.52%、3.83%、3.83%,保持在 3% 至 4% 之间,平均重新犯罪率为 3.65% 左右(如图 5)。①

---

① 但重新犯罪率的统计是一个很复杂的问题。目前,我国的未成年人重新犯罪统计仍存在数据获取渠道不够通畅、研究动力不足、资源匮乏等问题,这些问题的有效解决都需要大数据的辅助(如图 5)。

图 5　2016—2020 年未成年人重新犯罪率(%)

二、未成年人犯罪的治理难点与困境

从上述统计数据和未成年人犯罪特点可以看出,当前我国治理未成年人年犯罪工作任务依然艰巨。为综合保护未成年人更好地成长,全国检察机关落实未成年人保护法,以司法保护融入促进家庭、学校、社会、网络和政府保护,形成合力。如持续落实2018 年针对校园安全发出的"一号检察建议";推动密切接触未成年人行业入职查询749 万人次、解聘 2900 名有前科劣迹人员;从严追诉性侵、虐待等侵害未成年人犯罪6.1 万人,同比上升 5.7%;3.9 万名检察官在 7.7 万所中小学校担任法治副校长,携手各方为孩子们撑起一片法治艳阳天①;等等。习近平总书记特别强调:"少年强则国强。当代中国少年儿童既是实现第一个百年奋斗目标的经历者、见证者,更是实现第二个百年奋斗目标、建设社会主义现代化强国的生力军。"保护国家的未来——未成年人的健康成长是全社会的共同责任。但是,笔者经实证调研了解到,当前检察机关在办理未成年人犯罪案件时,还存在以下几个方面的难点与困境,这也是治理帮教涉罪未成年人过程中的普遍性难题。

(一) 理念没有与时俱进,办理案件机械化

理念是行动的先导,是指引办案的思想和灵魂。但是,从检察实践来看,有些检察官在办理未成年人犯罪案件时,在理念上并没有与时俱进,既没有考虑到此类案件的特殊性,也没有落实"少捕慎诉慎押"这一刑事政策,更没有贯彻"在办案中监督、在监督中办案"这一新的检察理念,而是以办理成年人犯罪案件的思维来处遇未成年犯罪

---

① 参见张军:《最高人民检察院工作报告》(2022 年 3 月 8 日第十三届全国人民代表大会第五次会议),第 8—9 页。

嫌疑人。如某基层检察院办理的一起共同犯罪案件中,一位不满14周岁的未成年人周某,既没有亲自到场打架,也没有组织、策划打架事件,但有两拨儿人为帮他报仇先后暴打被害人结果致被害人死亡。在这起案件中,打架事件确实因为他报复而起,那周某应不应被定为此案的主犯?在不同办案理念指导下,答案自然就会完全不同。

在这一共同犯罪案件中,周某到底应被认定为主犯还是从犯?定罪问题应以我国《刑法》相关的规定和现实中周某的行为性质及作用为依据。我国《刑法》第26条第1款规定:"组织、领导犯罪集团进行犯罪活动的或者在共同犯罪中起主要作用的,是主犯。"而共同犯罪是指两人以上共同故意犯罪,三人以上为共同实施犯罪而组成的较为固定的犯罪组织,是犯罪集团。从刑法的相关规定来看,一个普通的未成年人,心智尚未成熟,事实上也不具备组织、领导犯罪集团的能力,而且他又没有到场一起参与打架,他又如何在共同犯罪中起主要作用,即由他作为主力将被害人打死?这么一分析,将他定为主犯就显然不太恰当。①当然具体案情细节会更加复杂一些。一位多年办理未成年人犯罪案件的资深检察官认为:在办理未成年人犯罪案件中,若以成年人的眼光去看待,往往就会把案子办偏而出现差错。这就涉及办案检察官的理念问题,要是他脑子里存有未成年人犯罪具有特殊性这一理念,如前面分析的未成年人犯罪特点中,涉及的主要罪名中排前三的为盗窃、聚众斗殴、寻衅滋事,这些犯罪就与未成年人好奇心强、容易冲动、喜欢聚众闹事的年龄特点息息相关,在调查核实案件时,就会多问几句,多了解一些案件细节,那犯罪的原因就会更加清楚,从而作出对未成年人有利也更加贴近现实的判断。因未成年人的心智发展尚未成熟,尤其是处于青春期的未成年人,考虑问题、做事情往往直来直去,没有那么多弯弯绕绕,与成年人犯罪案件相比,其犯罪事实比较简单,在证据搜集上也没有太多困难之处。但此类案件,最大的难点是帮教问题,如何让涉罪的未成年人顺利回归社会,走回正道,这就涉及我国相关制度的配套设计问题。

(二) 相关制度配套不健全,改造效果虚空化

根据2020年10月新修订的《未成年人保护法》第4条的规定,保护未成年人,应当坚持最有利于未成年人的原则。在处理涉未成年人事项时,特别强调要适应未成年人身心健康发展的规律和特点,保护与教育相结合等。但由于我国当前仍处于社会主义发展的初级阶段,在涉及未成年人犯罪问题时,相关制度不够完善,配套制度也不够健全。如前所述,在进入大数据网络时代后,我国的未成年人犯罪数量增加,呈现诸多新特点,但我国并没有针对这些新特点及时完善相关配套制度与应对措施,结果自然是导致对涉罪未成年人的改造效果虚空化。"短期监禁的矫正效果日益降低这种趋势是

---

① 本文所引用的未成年人犯罪案例都是在调研中,由办案的检察官书面或口头提供,因涉及未成年人犯罪问题,其案卷需要封存保密,故没有特意说明具体来源。谢谢这些有情怀、有担当的检察官们!

由社会开放程度日益提高所决定的。改造效果不佳,从根本上说是社会问题。"①

这种制度配套的不健全表现在方方面面:一是在日常工作生活中,大家都知道未成年人是祖国的花朵,但又没有为花朵的茁壮成长提供相应的阳光雨露、肥沃的土壤、悉心的看护等,恰恰相反,陷阱却是无处不在的。如2022年3月7日,最高人民检察院发布的第145号指导性案例中所揭示的网吧经营者多次违规接纳未成年人进入,行政监督又不到位,不少未成年人沉迷网络游戏而荒废学业,这不但损害未成年人身心健康,也易滋生违法犯罪。此种现象不仅仅在指导性案例中提到的江苏省溧阳市存在,在全国也具有普遍性,这也是此案被列为最高人民检察院指导性案例的关键原因。二是在办案层面,尽管有些地方已建立少年警务,但是我国不少地方还没有设立专门负责侦查未成年人犯罪案件的警察;在检察机关内虽设有未检办公室(最高人民检察院设有未成年人检察厅),但办理未成年人犯罪案件的检察官也是因工作需要才干这一行的,并没有接受过专门的儿童心理学教育,只是在工作中不断积累经验而已;从事少年法庭审判工作的法官,情况也相类似,只是笼统地要求熟悉少年生理、心理特点,2019年4月新修订的《法官法》中并没有作出明确规定。另外,在员额制改革后,不少基层检察院只有一名员额检察官,没有助理,案多人少矛盾突出,办案压力大,未成年人犯罪的案件又涉"四大检察十大业务",要对每起案件中的涉罪未成年人都予以足够的温暖关怀也不太现实。三是在教育改造方面没有注重未成年人犯罪特点。据调研了解,目前我国的少管所、未管所,其管理方式跟成年人的监狱没有本质性差别,虽然法律上规定教育与劳动相结合,即半天学习,半天劳动,但在实际执行中,教育的形式和内容都严重缩水,如内容陈旧、方式单一,改造经费不足,教育矫治评估标准不够科学,未管所职能错位、管教民警素质有待提升等。鉴于目前对涉罪未成年人的帮教效果不尽如人意(如在2016年至2020年间,平均重新犯罪率为3.65%左右)②,有些基层检察院开始探索建立新的帮教工作机制,以帮助涉罪未成年人顺利回归社会③。四是相关配套制度缺乏。如我国尚未建立未成年人网络内容分级制度、网吧准入制度,没有建立未成年人前科消灭制度,等等。这些相关制度的建立,事实上是整个社会支持系统的一部分,如在未成年人犯罪记录封存制度的基础上,进一步建立未成年人前科消灭制度,及时摘除某些涉罪未成年人的犯罪标签,让他们可以不受歧视、无障碍

---

① 储槐植:《建立刑事一体化思想》,载《中外法学》1989年第1期。
② 这一统计数字来自最高人民检察院2021年6月1日发布的《未成年犯罪白皮书(2020)》,虽然实际数字不高,但事实上,一个重罪未成年犯,即便被关押20年,释放时仍是正当30多岁的壮年,要是没有被教育改造好,就会成为社会的一颗定时炸弹。这是在采访会议上,好几位检察官和社工人员多次提起,也是最为担忧的一点。
③ 这些措施是笔者在2022年3月17日举行的检察题材电视剧《守护者》昆明站采访会议上了解到的,具体措施会在本文的实现路径部分加以阐述。

地回归社会,才能更好地实现对未成年人的教育感化和挽救。

(三) 缺乏专业团队,相关工作表面化

未成年人犯罪,其个体原因是五花八门的,但从检察官办理的众多案件中可以深切地感受到,家庭温暖的缺乏是其中一大关键原因。从未成年人相关的各项工作来看,笔者在这里所强调的专业团队的缺乏,主要指以下几个方面:一是专业的研究团队。理论研究虽不能直接转化为实践中的具体行为,但理论可以指导实践,这是毋庸置疑的。有了强大的理论研究团队,其研究成果就会影响立法,进而提升司法工作质效,同时也会慢慢改变人们的思维观念和办案人员的执法理念。但纵观整个学术界,从事未成年人犯罪研究的学者寥寥无几,研究成果也不多见,如未成年人毒品犯罪问题、性侵未成年人犯罪问题、未成年人沉迷网络问题、流动未成年人教育管理问题、未成年人涉嫌严重暴力犯罪占比持续下降的原因、未成年人犯罪低龄化以及低龄未成年人犯罪占比回升问题等,都没有得到全面而深入的研究。相比其他热门话题,如企业合规问题、大数据智能化应用问题、公益诉讼问题等,涉未成年人犯罪问题多年来都没有成为热点,即便是《未成年人保护法》和《预防未成年人犯罪法》修订前后,其研究热度也没有超过其他热点。事实上,事关未成年人犯罪,无论是趋好还是变坏,研究清楚其真正的原因,对于完善相关制度、调整预防对策、改善帮教措施等都是至关重要的。可以说,这种惨淡的研究现状极大制约了司法实践中相关工作质效的提升,同时也阻碍了整个社会治理支持体系的形成与完善。二是专业的工作团队。如前所述,在惩治教育挽救未成年人犯罪过程中,至今为止,我国还没有普遍建立起专业的调查评估团队,专业的侦查警察、检察官、法官和管教民警以及专业化的帮教团队。这些专业团队的缺乏,直接影响涉罪未成年人的判决、矫正、教育、感化和挽救。特别是帮教工作专业化的缺乏,严重阻碍了部分涉罪未成年人改邪归正、回归社会。涉罪未成年人的帮教工作是未成年人犯罪社会治理中的重要一环。在司法实践中,虽然确立了司法机关的帮教主体地位,各级检察院也设立了专门的未检部门,但缺乏有关帮教问题的规范性文件,不少时候做这项工作的检察官主要依靠自身的工作经验,缺少对帮教对象的明确划分、帮教内容的具体确定和相关的评价监督标准。帮教涉罪未成年人是一项专业化程度很高的工作,帮教人员需要具备心理学、教育学和法学等多学科交叉的知识储备,仅仅依靠从事未检工作的检察官的个人素养和职业操守,很多时候是很难真正起到帮教作用的,尤其是面对感化难度较大的涉罪未成年人时。如在电视剧《守护者》的采访会议上,一位社工介绍的"未成年人侵害未成年人生命权"一案中,少年A生于一贫困家庭,妈妈患有精神疾病,父母没有领结婚证,他出生后不久,父亲就离开了。妈妈带着少年A到处要饭,在他三岁时,被村里人发现,才由外公外婆带回村子。少年A成长于无资源性的环境,从小没有得到关爱和温暖,经常被人欺辱,也没有

受过正规教育,六七岁时便会杀死小动物取乐。16 岁时,他杀死一名 6 岁的小女孩,并伴有奸尸行为,最终被判无期徒刑。这一案例,就是典型的家庭教育缺位的表现,同时也说明未成年人犯罪与其个人成长经历密切相关。要将这么一名身上没有任何人的温度的涉罪未成年人教育改造成为一名品行端正的良好公民,其难度可想而知。记得社工在介绍完这个案子时,曾忧心忡忡地说:只有重养一遍才有可能改造好。针对这么一名特殊的涉罪未成年人,就迫切需要一个专业的矫正帮教团队制定出一整套的教育帮教方案,才有可能消除这一社会隐患,让这一颗定时炸弹不会再次爆炸。可以说,每一名涉罪未成年人都具有特殊性,为更好地予以教育挽救,在检察工作中,应当探索以人格甄别工作为核心的个性化帮教模式。

三、智慧未检治理体系的构建

在互联网大数据时代,充分运用信息网络技术,提升检察工作现代化水平,是各级检察机关在新时代面临的重大挑战,同时也是一次千载难逢的历史机遇。智慧检务这一提法早已深入人心,是指在检察工作中运用现代信息技术,构建"感、传、知、用、管"五位一体的检察信息化应用体系。可以说,在"互联网+"时代,智慧检务是一种顺势而为的检察工作新模式,其目的是借助信息化高科技让检察工作模式实现质的飞跃。作为检察工作的重要组成部分,智慧未检无疑是智慧检务的一个重要分支,为了实现这一飞跃,融审查逮捕、审查起诉、出庭支持公诉、抗诉、补充侦查、帮教、预防、申诉和法律监督等为一体的未检工作,必须以刑事一体化思想为指导,才能合情合理、公平公正地办理好涉及"四大检察十大业务"的未成年人犯罪案件,从而有效地帮助涉罪未成年人顺利回归社会。

(一) 刑事一体化思想的实践价值

为促进刑法在犯罪治理过程中实现最佳社会效益,储槐植教授早在 1989 年就提出了"刑事一体化"的构想,其基本观点为:"刑法与刑法运行处于内外协调状态才能实现最佳社会效果。"[1]刑事一体化的目的是实现刑法最佳效益,即"追求刑法内部结构合理,达到刑法的横向协调;同时,必须考虑刑法运行的前后制约,达到刑法的纵向协调"[2]。三十多年来,刑事一体化思想无论是对理论界还是司法实践都产生了巨大影响。不少学者在研究相关理论问题时,以刑事一体化思想为指导,打破了刑法与其他刑事法学科的隔阂,对刑法及相关刑事法律、刑事科学进行一体化系统研究,在理论创

---

[1] 储槐植:《建立刑事一体化思想》,载《中外法学》1989 年第 1 期。
[2] 储槐植:《刑事一体化的思考与探索——评马聪博士〈刑罚一般预防目的的信条学意义研究〉》,载《人民检察》2017 年第 19 期。

新方面取得了丰硕成果。与此同时,刑事一体化思想对司法实践也具有重要指导意义,尤其是在办理未成年人犯罪案件时,更新观念是改变现实、走出上述各种困境的先导。

自2018年年底最高人民检察院实行内设机构改革后,目前已形成了"四大检察十大业务"的机构设置格局,新设立了第九检察厅,也称未成年人检察厅,其主要职能为:负责对法律规定由最高人民检察院办理的未成年人犯罪和侵害未成年人犯罪案件的审查逮捕、审查起诉、出庭支持公诉、抗诉,开展相关立案监督、侦查监督、审判监督以及相关案件的补充侦查;开展未成年人司法保护和预防未成年人犯罪工作;办理最高人民检察院管辖的相关申诉案件;指导地方各级人民检察院开展相关工作。全国各级检察机关也相应设立了未成年人检察部。经过三年多的实践工作,不少基层检察院已开始探索智慧未检体系的构建。

(二) 以智慧未检为核心,构建社会综合治理体系的必要性

由于涉未成年人犯罪具有其自身的独特性,早在1986年,检察机关就设立了一个专门的少年检察机构,但因各种因素的影响,检察内设机构几经裁撤合并,这一机构并没有得到应有的重视。直到2015年最高人民检察院才成立未成年人检察工作办公室,2018年年底在新一轮规模宏大的内设机构改革中设立了未成年人检察厅。至此,未成年人检察工作才开始步入迅速发展壮大的轨道。借着最高人民检察院"一号检察建议"的东风,未成年人检察工作渐渐进入社会大众的视野。因此,在"互联网+"时代,针对未成年人犯罪的新趋势、新特点,借助高科技信息化的翅膀,为提升涉未成年人犯罪的综合治理水平,持续深化未成年人检察专业化、规范化、社会化建设,构建智慧未检治理体系是新时代发展未成年人检察工作的必然选择。以智慧未检体系为核心,构建一个综合性的未成年人犯罪社会治理体系是未来发展的必经之路,其理由为:

1. 智慧未检的重要性

在大数据时代,大数据正在迅速而广泛地改变着人们的日常生活、工作方式和思维模式,为社会发展带来前所未有的挑战与机遇。同时,也深刻地改变着司法环境。大数据是指种类多、流量大、容量大、价值高、处理和分析速度快的真实数据汇聚的产物。伴随着互联网大数据时代的到来,网络正迅速改变着社会的各行各业,尤其是新冠肺炎疫情期间,人们居家办公、网上开视频会议、网上论文答辩等,让人们进一步体会到网络在人们生活中的重要性。与此同时,各种网络犯罪也日益猖獗,不仅对公民的人身、财产造成损害,而且对公共安全造成了严重威胁,网络犯罪与网络安全问题已成为我国面临的突出社会问题。这种变化不仅体现在数据本身,也体现在人们的思维模式的改变,进而酝酿并带动着社会各个领域的整体变革。

其主要表现为:从注重定性分析向注重量化分析转变、从注重因果关系向注重相关关系转变以及从注重精确推理向注重概率思维转变,等等。"大数据时代,因数据本身所具有的既大又全且复杂的特性,从而引发了人们在分析问题、判断问题和解决问题方面思维模式的根本性转变,人们在思维方式上的这种转变无疑会对传统司法模式带来很大的冲击与挑战。"①就检察工作而言,如何抓住历史发展机遇,有效运用互联网、大数据等现代技术,如何加强信息化建设,从而提升检察公信力、提高工作效率,让人民群众在每一个司法案件中感受到公平正义,是当前检察工作必须要重点思考的话题之一。作为十大检察业务之一的未成年人检察工作,如何加快实现智慧未检的步伐无疑是工作中的重中之重,如通过大数据分析当前未成年人犯罪的发展趋势,运用大数据深度把握未成年人网络犯罪的特点及规律,以及通过大数据研判提升综合保护未成年人的水平和能力等。

2. 检察机关职能具有承上启下作用

保护未成年人合法权益是一个社会的系统工程,需要动员全社会各行各业的力量,方能形成一个有益于未成年人健康成长的良好社会环境。在刑事司法系统,检察机关上接公安机关的侦查,下启法院的刑事审判,处于承上启下环节,也发挥着承前启后的联动作用。加上检察机关是国家专门的法律监督机关,对刑罚执行又负有监督职责,同时也对公权力的行使享有监督职能。因此,由检察机关作为核心来构建未成年人犯罪社会综合治理体系是最为合适的,也是最为节约社会资源的。在检察机关内,其具体工作就由未成年人检察部门来承担。

由于未成年人在生理、心理等各方面所具有的特殊性,未成年人容易受到周围环境、同龄人行为的影响。因此,出于保护未成年人的需要,我国 2018 年 10 月新修订的《刑事诉讼法》在第五编特别程序中,专门规定了办理未成年人刑事案件的特别程序,第 277 条第 1 款明确规定办理的原则为:"对犯罪的未成年人实行教育、感化、挽救的方针,坚持教育为主、惩罚为辅的原则。"这也是未检检察工作在办案时应遵循的原则。同时,还规定了办案人员必须熟悉未成年人的身心特点以及指派律师、听取辩护律师的意见、讯问时法定代理人或其他合适成年人到场、调查相关成长经历、犯罪原因、监护教育情况、心理测评疏导、与成年人分别关押、附条件不起诉考察帮教、犯罪记录封存等。这些法律规定的落地开花,都少不了检察机关的积极参与和执法履职。另外,《刑事诉讼法》在第 223 条还进一步规定了被告人是未成年人的案件不适用速裁程序。

这些规定表明我国在立法上已对未成年人犯罪案件作出了区别对待,以满足办理此类案件的特殊需要。"在办理未成年人刑事案件过程中,不仅要帮助那些受到犯罪

---

① 季美君等:《大数据时代检察机关遇到的挑战与应对》,载《人民检察》2017 年第 15 期。

侵害的未成年人走出困境,同时也要对涉罪未成年人进行教育和挽救,督促其认罪悔罪、痛改前非、走上正途、回归社会"①,这才是立法的初衷。同时也表明需要社会各方力量的协助才能实现这一惩治与帮教的双重目的。可以说,在检察起诉环节,对涉罪未成年人的考察帮教是未成年人检察工作的重点,同时也是当前检察工作的难点,这也是当前亟须构建一个以检察机关为核心的专门针对涉未成年人犯罪的社会治理体系的关键原因所在。因传统的帮教模式存在手段单一、无法进行实时监督考核等困境,而在互联网大数据时代,可以借助信息化高科技,动员相关的社会力量,实现信息共享、在线实时沟通,以网格化管理模式提升综合管理水平,促进涉罪未成年人早日走上正道、回归社会。

(三) 具体如何构建?

由于未成年人犯罪涉及方方面面,同时又具有自身的诸多特点,尤其是在"互联网+"时代,喜欢网络的未成年人,迅速成为网络犯罪的主要群体,如新型网络赌博犯罪增速快、占比高,具有复杂性、隐蔽性和扩张性等特点,其中未成年人染指网络赌博犯罪的比例越来越高。如何让惩罚最为严厉的刑法发挥出最大作用,同时又能把握好惩治涉罪的未成年人和保护未成年之间的恰当平衡,运用互联网快速发展的技术和智慧,采用信息化手段增强治理能力、提升治理效果,让整个社会在帮教涉罪未成年人方面形成合力,从而实现社会的安宁与和谐。

1. 与时俱进,转变办案理念

理念是思想层面的,思想是指导行为的。先进的理念可以指导办案人员能动履职而不是机械地执行法条的规定。尤其是未成年人犯罪案件,个体原因不同,出于教育和挽救的目的,其处理结果也有可能会大不相同,就像一位检察官所说的:"你办的其实不是案子,而是别人的人生。""机械执法虽然表面上提高了司法效率,但由于功利主义的导向必然埋下长久的隐患,增加社会的对立面,减损对司法的信任度,甚至滋生报复社会的情绪,社会治理成本大幅度增加。"②因此,与时俱进,紧跟时代步伐,改变办案理念,是每一位办案人员必须具备的素质。

(1) 以刑事一体化思想为指导,融合办案各环节

储槐植教授提出的刑事一体化思想的主要观点为:"刑事一体化包括观念的和方法的一体化两部分内容,核心要义在于解决刑法实践的具体问题,融通刑事学科之间的联系。"③从观念的刑事一体化出发研究刑法,就涉及刑事政策与刑法的关系问题,即

---

① 李璟儒、沈勐儿:《智慧未检体系构建的理论基础与实践展开——以南浔区人民检察院智慧未检工作探索为例》,载《青少年犯罪问题》2019年第5期。
② 刘哲:《你办的其实不是案子,而是别人的人生》,载"检察日报"微信公众号2018年12月20日。
③ 储槐植:《刑事一体化的思考与探索——评马聪博士〈刑罚一般预防目的的信条学意义研究〉》,载《人民检察》2017年第19期。

刑事政策在刑法体系中的落实。而方法的一体化,通俗的说法就是:出罪要讲合理性,入罪要讲合法性。换句话说,就是罪刑法定的实质化问题,也就是对罪刑法定要作实质性理解,而不是机械地理解法律条文的规定,在办理案件时,要将天理、国法、人情融为一体,同时要达到法律效果与社会效果的统一,这一点在办理涉未成年人犯罪案件中尤为重要。办理未成年人犯罪案件,特别需要人情上的关怀,需要考虑惩罚的必要性问题以及特殊预防的需要,出罪时只要具有合理性,就不一定非要将涉罪的未成年人定罪判刑送进监狱不可。如一名高中生,在学校的储藏柜里意外发现一台笔记本电脑,就顺手拿走了。后经调查被发现,就退回这一笔记本。像这样的案例,若按通常的盗窃罪来定罪量刑也无可厚非,但若考虑到一个未成年人拿走笔记本电脑时的特殊场景和未成年人的心理特点与个人前程,作不起诉处理,辅之以批评教育,给未成年人一条出路,反而融天理、国法、人情于一体,也更能体现刑法的温度。因此,在强调社会综合治理时,如何有效预防未成年人犯罪也是社会治理中的重大问题。虽然从各种统计数据来看,近几年来,我国的未成年人犯罪总数呈下降趋势,体现了我国综合治理未成年人犯罪的成效;但因基数大,总体情况仍不容乐观。办案人员,无论是侦查人员、检察官、还是法官,在办理涉未成年人犯罪案件时,若能以刑事一体化思想为指导,就能挽救不少偶然失足的青少年,让他们的人生重新绽放。

2022年是检察工作"质量建设年"。身为国家专门的法律监督机关,人民检察院要提升法律监督能力,以检察工作高质量发展服务保障经济社会高质量发展。要实施检察大数据战略,赋能新时代法律监督。[①]作为十大检察业务之一的未检工作,必须更新理念,以刑事一体化思想为指导,聚焦"高质量发展"这个关键,加强对"案"和"人"的管理,向科学管理要检察生产力。在工作机制上对涉罪未成年人予以统一协调把控,理顺各种关系,扎扎实实提升未检工作质效。

(2)以大数据理念为引领,提升未检监督能力

在大数据智能化时代,数据就是资源,数据增长智能。但是,若想挖掘数据背后的相关性和大数据的预测功能,就要充分开发利用大数据所具有的种种优势。如预测未成年人犯罪发展规律和趋势、总结某一类未成年人犯罪的特点、根据绩效考评结果统计检察官办理哪类案件更擅长等,其首要前提就是要树立大数据理念。虽然经过数年的迅猛发展,大数据已在医疗、电子商务、金融以及商品消费等诸多领域带来了颠覆性革命,尤其是疫情期间,疫情二维码对个人行踪的跟踪,为全国防疫工作带来极大便利。

对检察机关来说,这些年,全国各级检察机关对大数据和人工智能开发应用都非

---

① 参见张军:《最高人民检察院工作报告》(2022年3月8日第十三届全国人民代表大会第五次会议),第21页。

常重视。如 2017 年,最高人民检察院检察技术信息研究中心专门建立了智慧检务创新研究院,中国检察出版社 2018 年着手检察知识服务智能化平台建设,全国检察机关要成立十大联合实验室,可以说各地工作力度很大、热情很高。但是,在智慧检务建设研究过程中,目前仍存在两大问题:一是理念问题。从检察官员额制实行之后,员额检察官多为资深检察官,他们办案经验丰富,不少人喜欢固守传统的办案模式,认为大数据与检察工作关系不大,没有树立起大数据理念,对看不见、摸不着的大数据怀有恐惧心理,加上目前开发的一些软件应用起来费时费力,他们就更缺乏主动运用的积极性。特别是中西部相对落后地区,由于受经济发展和财力、技术、人才方面的影响,在大数据智能化研发应用方面明显滞后。与之相反,部分年轻检察官特别青睐新技术,认为大数据是无所不能的。但从客观情况来看,大数据预测的只是一个高概率而已,并不是百分之百准确。智慧检务的核心是开发人的智慧,机器是服务于人的,我们可以借助机器但不能过度依赖机器。其实,"僵化思维"和"唯大数据论"这两种观点都需要纠偏。二是数据壁垒问题。拥有海量数据是开展大数据应用的基础。首先,是检察系统内部的数据壁垒问题,目前检察系统自身的大数据资源远没有得到充分利用开发,数据沉睡问题严重。涉及未成年人犯罪方面的智慧未检研发,做得比较好的有四川省成都市武侯区人民检察院、河南省郑州市管城区人民检察院、浙江省湖州市南浔区人民检察院,它们的智慧未检工作已初显成效。但这些有益经验并没有惠及全国各地基层检察院,当然其原因也是多方面的。其次,是公、检、法、司之间的数据共享问题,目前也没有实现不同系统之间的数据联通与分享,其各自聘用相关的技术公司在研制开发运用,相比之下,从总体上看,最为成熟的是公安机关,而检察机关的进程要相对缓慢一些。最后,是司法系统与政府管理系统之间的数据断裂,这一问题在涉未成年人犯罪需要综合治理方面所产生的后果尤为严重,因涉罪未成年人治理帮教是需要动用全社会各方力量才能有效遏制的一个领域。

但是,智慧检务是一项全局性、战略性、基础性工程,智慧检务的建设离不开人工智能的深入应用。随着大数据智能化的各种优势渐渐被人们所认识了解,各地检察机关正在加快研发大数据在办案监督工作中的应用,如"通过统筹运用数字化技术、数字化思维、数字化认知,以数字化改革助推法律监督,以数字化塑造新时代检察监督工作体制机制、组织架构、业务流程样态,从而引领法律监督能力的飞跃式发展"①。

(3)以双赢多赢共赢检察理念为指导,开展未检工作法律监督

"新时代,人民群众在民主、法治、公平、正义、安全、环境等方面有更丰富的内涵和更高水平的新需求。面对国家监察体制改革和司法体制改革的推动与促进,面对全面依法治国的更高要求,面对新时代人民群众的殷切期待,检察监督办案怎样把习近平

---

① 季美君:《新时代法律监督工作高质量发展的思考》,载《检察日报》2021 年 11 月 16 日,第 3 版。

法治思想落到实处,让人民群众切实感受到公平正义就在身边?"①这是全体检察人员必须面对和解决的"时代之问"。在各项司法改革叠加、检察机关职权运行作重塑性调整的大背景下,如何实现司法为民、司法公正这一宗旨?要回答好这一问题,检察机关就应从转变检察理念着手。而转变理念,关键一点是要加强对理念的研究。有关理念研究的重要性,张军检察长在第十九届全国检察理论研究年会的讲话中曾强调:"基础理论研究,很重要的一点就是要加强检察工作理念研究。把理念论清楚、搞端正,具体检察监督工作才有灵魂。"②为依法能动推进新时代"四大检察"全面协调充分发展,以检察履职更好地维护国家安全、社会安定、人民安宁,使检察工作的强项更优、弱项补强,数年来,最高人民检察院提出了一系列检察工作新理念,如"在办案中监督,在监督中办案"理念,精准监督理念等,其中对法律监督工作发展至关重要的就是"双赢多赢共赢"办案理念。在社会主义现代化视域下,法律监督新理念的价值基础是法律共同体更真实的社会正义追求,要以"政治高度、全局视野、科学方法"总要求来引领检察工作高质量发展。③在中国特色社会主义司法制度中,检察院作为专门的法律监督机关,不仅仅是司法制度层面的,更重要的是国家制度层面的,但这一法律监督,不论是监督者还是被监督者,都是为了公正执法,其最终目的就是让人民群众在每一个司法案件中感受到公平正义。因此这种监督不是你输我赢的监督,而是"监督和被监督只是法律上、工作中分工不同、职能不同,但目标是共同的,赢则共赢、败则同损"④。法律监督各方,无论是法院、检察院、公安机关,还是司法行政机关,抑或是三大诉讼中所涉案件的当事人、证人、律师,都是社会主义法治国家的建设者,尤其是政法各机关具有共同的职责使命⑤,可以说以马克思主义为指导、植根中国大地、具有深厚中华文化根基、深得人民拥护的中国特色社会主义所具有的巨大优越性,是检察机关法律监督工作能够实现双赢多赢共赢的政治保障和制度保证。⑥ 数年来的检察实践也充分证明了在我国践行这一理念是切实可行的。因此,在构建涉未成年人犯罪治理机制时,检察机关要充分运用政治智慧和法律智慧,以"双赢多赢共赢"这一理念为指导,在监督和被监督者之间形成一种良性的、积极的关系,从而在全社会营造出适合涉案未成年人有效改造、改过自新的良好环境,促进未成年人健康成长为祖国的栋梁之才。

---

① 邱春艳:《让人民群众切实感受到公平正义就在身边》,载《检察日报》2022年3月11日,第3版。
② 姜洪:《坚定"四个自信"抓好"五个结合" 为新时代检察工作提供强有力理论支撑》,载《检察日报》2018年4月25日,第1版。
③ 参见曹晓静、赵美娜:《红色基因传承与检察理念创新》,载《检察日报》2021年8月2日,第3版。
④ 张军:《强化新时代法律监督 维护宪法法律权威》,载《学习时报》2019年1月2日,第1版。
⑤ 如我国现行《宪法》第140条规定:"人民法院、人民检察院和公安机关办理刑事案件,应当分工负责,互相配合,互相制约,以保证准确有效地执行法律。"根据《宪法》这一规定,保证准确有效地执行法律,就是公、检、法三机关在办理刑事案件时的共同职责。
⑥ 参见李文峰:《论双赢多赢共赢的法律监督理念》,载《人民检察》2020年第17期。

2. 研发推广未检APP

在大数据智能化时代,形形色色的APP可谓层出不穷,让人眼花缭乱。日常生活中,但凡办点什么事儿,就会要求你下载这个APP,安装那个APP,如最为常见的有国航APP,个人所得税APP,交通罚款处理APP等。虽然五花八门的APP让人应接不暇,但有了这些APP办理相关事情时,还真是非常方便,如值机可以自己办理,个人一年的收入可以在手机上随时查询,罚款也不必跑到营业厅去交。由此,可以得到启发,日常工作中也可以开发某个领域的APP,从而使相关的业务处理变得快捷、方便、高质量。如浙江省绍兴市人民检察院自主研发了一套民事裁判文书智慧监督系统,"突出需求导向,建立了场景式民事类案监督线索发现机制,特别是虚假诉讼类监督线索,构建监督线索分类模型,以'智能排查—人工审查—深入调查—移送侦查—判决监督'五步审查法实现民事检察监督的转型升级"①。由此及彼,未检工作也可予以借鉴,邀请专业人员研究开发未检APP,充分利用大数据的预测和跟踪功能,提升未检工作质效。事实上,在这方面,目前已有一些基层检察院正在开展这项工作并提供了一些经验,如四川省成都市武侯区检察院设立了青少年违法犯罪数据分析平台,运用大数据收集相关信息并进行分类统计、制作图表,让办案人员可以直观、准确、完整地了解未成年人的犯罪行为模式和心理误区,从而有针对性地进行观察、帮扶、教育与预防,既节约了人力资源,又提高了办案效率。与此同时,他们还建立了一个名叫"武侯星火法治空间"的智慧未检虚拟工作平台,包括"法治教育预约、帮教考察、心理咨询、亲职教育、我的任务"等模块,成为检察院与未成年人及其家长、未成年人教育相关工作者、心理咨询师之间的沟通桥梁,促成检、社、家一体共同帮教挽救涉罪未成年人,并利用网络空间拓展法治宣传教育工作。② 又如浙江省湖州市南浔区人民检察院的"春燕工作室",就是考虑到未检工作的特殊性,抽调业务能力强、有亲和力的女检察官组成该工作室,并借助专业机构,成立未检心理支持中心,加强"三种监督",即涉未成年人刑事诉讼监督、涉未成年人羁押必要性审查工作和涉未成年人民事行政检察监督,拓展未成年人法治保障新领域。其主导开发的智慧未检APP分为两大系统板块:办案系统和面向公众的模块。前者的目的是改变传统办案模式,实现智慧化办案;后者设置了"心语热线""普法预约"和"网上课程"三个端口。这一智慧未检APP的投入使用,极大地简化了以往烦琐的办案程序,便利了各方面的沟通协调,调动了相关的社会资源,使社会支持体系构建、精准观护帮教、案件办理质效等得到了极大提升。③

可以预见,在智慧检务建设中,各基层检察院都会根据本地涉未成年人犯罪情况

---

① 季美君:《新时代法律监督工作高质量发展的思考》,载《检察日报》2021年11月16日,第3版。
② 在调研中,相关资料由成都市人民检察院从事未检工作的检察官提供。
③ 参见李璟儒、沈勍儿:《智慧未检体系构建的理论基础与实践展开——以南浔区人民检察院智慧未检工作探索为例》,载《青少年犯罪问题》2019年第5期。

以及自身各方面的条件,切合实际陆陆续续研发未检工作APP,以打造多功能的智慧未检平台。但是,从节约研发成本、打破数据壁垒、共享信息资源的角度来看,可以考虑由最高人民检察院的第九检察厅统一协调,深度挖掘和培育跨层级、跨地域、跨系统、跨部门、跨业务的数字化改革和多种应用场景,总结推广各地的成功经验,从而让全国检察机关的未成年人检察工作借助大数据的翅膀,抓住难得的历史机遇,形成数字检察的多角度融合,实现案件办理、帮教工作的质的飞跃。

3. 完善相关配套工作机制

(1) 罪错未成年人分级干预机制

涉未成年人违法犯罪治理,是一个世界性难题,而如何处置未成年人罪错行为,又是这一难题中的焦点问题。未成年人的健康成长,关系到千家万户的幸福安宁、社会的和谐稳定和国家的前途未来。因此,多年来,涉未成年人犯罪研究是一个重要话题,尤其是在《未成年人保护法》《预防未成年人犯罪法》修订前后这几年,未成年人校园霸凌、暴力恶性事件频发再次引起全社会的高度关注,我国未成年人罪错行为已经呈现出一定程度的恶化趋势。可以说,对未成年人罪错行为实行分级处遇是一个迫在眉睫的问题,同时也是实现社会管理能力和治理能力现代化的一个重要方面。

根据我国相关法律规定,未成年人的罪错行为主要分为不良行为、严重不良行为、犯罪行为三大类。针对不同罪错程度的不良行为,采取相应的惩治措施,本就是广义的罪刑相适应原则的应有之义。当前,我国涉未成年人犯罪具有罪错行为主体低龄化、犯罪类型多样化恶性化、团伙作案明显、再犯可能性相对较高等特点,与此同时,最让人担忧的是犯错的未成年人得不到及时有效的管教。据相关研究统计,在未成年人罪错案件发生后,"不作为形式处罚占总人数的47.6%,即经民警口头教育后,让监护人严加看管的;直接处以行政、刑事处罚的占29.6%,未知处遇方式的占17.5%,而处以收容教养与社区矫正之和所占仅为4.3%"①。虽然该统计的样本数量有限,但从中也可以看出,我国处理未成年人罪错方面的应对措施比较单一,同时也缺乏针对性,民警的口头教育和监护人严加看管占了47.8%,也就是说将近一半的未成年人在实施罪错行为后并没有受到应有的处分与有效管教,而具有强制性质的、相对比较有效的收容教养和社区矫正措施适用比例却很低。不少未成年人之所以会犯错,主要原因就是家庭教育出了问题,其从小没有得到应有的关心、没有同理心、没有共情心。因此,这种做法既不能对罪错未成年人起到矫正教育作用,同时也不能对其他未成年人起到警示威慑效果,这无疑是近几年来我国未成年人恶性犯罪案件频发的重要原因之一。当然,这并不是说要对未成年的罪错行为予以从严处罚,而是要清醒地认识到针对不同

---

① 张垚、严露婕:《未成年人罪错行为的处遇困境及应对出路——以我国近5年90件未成年人涉罪新闻报道为研究样本》,载《四川警察学院学报》2019年第4期。

的涉罪未成年人所犯的不同罪错行为要予以分级处理的重要性。

因此,建立罪错未成年人分级干预机制的目的是针对其不同的年龄段、不同的罪错程度,有针对性地个性化地予以教育、矫正、帮扶、挽救,如违反《治安管理处罚法》的,要予以心理干预和行为矫治,及时刹车以阻断其进一步走向犯罪之路;严重危害社会,尚不够刑事处罚的严重不良行为,就有必要予以强制性的适当强度的矫正教育和约束管理;若构成犯罪的,就按《刑法》的相关规定来处理,同时也要根据未成年人的心理特点,从一开始就加以干预,尤其是在起诉环节,对未成年人进行个人危险性等级评估、心理干预平复直至未管所的持续跟踪教育、帮扶。

(2)加强未管所检察监督,提升改造效果

当前,我国针对性质严重的未成年人犯罪,已达刑事责任年龄、被人民法院依法判处有期徒刑或无期徒刑但未满18周岁的,由各省的未管所来负责执行,让他们接受教育改造;而已满14周岁未满18周岁的少年犯就由少年犯管教所来负责执行刑罚。无论是少管所还未管所,其关押的对象都是未成年人罪犯。由于未成年人在生理、心理及行为特征等方面都具有特殊性,其管教方式与关押成年人罪犯的监狱应有较大的不同,按规定他们每天都要学习半天。但目前,因管教未成年人的工作人员并没有接受专门的学习培训,从事这一工作也没有特殊的资质要求。经实证调研了解到,未管所的管教方式与成年人的监狱并没有什么本质区别。但也有一些检察院正在探索有效的管教方式,如昆明市人民检察院从2018年开始,建立重罪未成年人重返社会体系项目,设立犯罪风险等级评估表,选取重罪案件进行跟踪,为表现好的未成年犯提供就业岗位,帮助他们回归社会。同时,还采取五年回访机制加心理危机的干预,从2016年开始就设立"向日葵青春课堂",每月一次对涉罪未成年人进行引导,包括情绪控制管理,引进国学理念等。这些做法就像一缕阳光,照进了少管所和未管所。

另外,未管所的减刑、假释,事关未成年人的切身利益,为强化人权保障,检察官必须有针对性地加强重点监督、同步监督,切实维护未管所内未成年人的合法权益。如郑州市金水区人民检察院立足检察工作实际,对河南省郑州市未管所采取三大举措,实现未管所检察监督规范化:一是实行阳光减刑,保障未成年罪犯获得公平的减刑权,如采取"月均计分"制度、设置减刑计算公式、建立重点罪犯减刑监督档案以及家属旁听减刑庭审等;二是督查衣食住行,保障未成年罪犯应有的生命健康权,如监督落实伙食公开、监舍面积安全洁净达标、监督生活卫生落实情况等;三是强化教育监督,保障未成年罪犯应有的受教育权,如成立"郑州少年育才学校",将涉罪未成年人教育纳入国民义务教育序列,设置不同班次满足不同需求以及督促未管所改善教育条件。[①]

事实上,未成年人犯罪,不少是因其在成长过程中没有得到妥善的抚养、教育、关

---

① 参见张孟剑:《三大举措实现未管所检察监督规范化》,载《检察日报》2012年12月14日,第3版。

爱,没有体会到被关心、被爱的温暖,而这一现象在短期内不可能消失。相关数据显示,2019 年我国离婚率为 3.36‰,同比增长 0.2 个千分点,超过日本和韩国,与美国持平,成为世界上离婚率上升最快的国家之一。① 离婚虽然是成年人之间的选择,但带来了家庭的不稳定性,而且可能引发更大范围的负面效应,尤其是对未成年人健康成长带来的伤害是不可低估的。因此,在教育改造涉罪未成年人时,必须采取相应的个性化措施,通过温情的接触而不是冷冰冰的改造,来治愈那些心灵受到过严重创伤、严重厌世或者以暴力来报复这个社会,甚至具有反社会性人格的未成年人。因为从本质上来看,他们自身也是"受害者"。要挽救问题严重的涉罪未成年人,需要专业团队的力量,如精通未成年人心理的专业警察、检察官、法官和管教人员,充满爱心热情的社工帮教人员等,通过一系列的专业措施,尽可能提升未管所的改造效果,从而最大限度地降低刑满释放后才 30 多岁、正当壮年的这一部分人的社会危险性,让他们从社会的"定时炸弹"变成遵纪守法的社会公民。

(3) 提升绩效考核功效,促进未检工作长足发展

检察机关绩效考评机制是确保检察机关良性运转不可或缺的一部分。科学合理的绩效考核机制无疑具有"指挥棒"的功能,既有利于激发检察人员的工作积极性和主观能动性,也有助于推动检察事业可持续发展。作为检察事业重要组成部分的未检工作自然也不例外。在大数据智能化时代,充分利用大数据、人工智能的种种优势,无疑有利于构建一套公平合理的检察官绩效考评机制。② 一套科学合理公平的检察官绩效考评机制,可以让检察队伍良性流动起来,盘活检察人才,同时可以将考评结果作为奖勤罚懒的依据,让司法责任制落地。其最终目的是让检察官能够忠于宪法和法律,能够依法独立地运用自己的知识、经验和能力,融天理国法人情于一体办理每一起案件,让人民群众真正感受到公平正义就在身边。

以大数据赋能未检检察人员考核,把科学合理作为考核指标的"生命线",可以最大限度发挥考核的管理功能。③ 当前,全国检察机关已全面实行绩效考核制度一年多,在总体情况良好的前提下,仍要进一步完善考核指标的合理设计,要在考核职能化方面多下功夫,尤其是要防止考核要求机械落实,避免考核工作异化。同时,就未检工作考核而言,要加强对考核指标运用及加减分情况的深度挖掘,真正让考核结果起到准确区分"干与不干""干好干差""干多干少"的作用,同时通过对哪些指标加分多、哪

---

① 参见杨菊华、孙超:《我国离婚率变动趋势及离婚态人群特征分析》,载《北京行政学院学报》2021 年第 2 期。
② 参见季美君、赖敏娓:《检察官绩效考评机制的完善与发展——兼论大数据在其中的运用》,载《中国法律评论》2018 年第 3 期。
③ 大数据在检察官绩效考评中该如何具体运用,可参见季美君、赖敏娓:《检察官绩效考评机制的完善与发展——兼论大数据在其中的运用》,载《中国法律评论》2018 年第 3 期。

些指标减分多、有没有未发挥作用的"僵尸指标"、检察官哪类案件得分多、擅长办理哪类案件、做哪些工作等数据予以比对分析,进一步有针对性地完善考核规则,调整考核指标及分值,助推新时代未检管理水平进一步稳步提升,促进未检工作长足发展。

(4)充分发挥未检公益诉讼职能,践行刑事一体化理念

在我国,由检察机关提起公益诉讼,可以说是中国特色社会主义检察制度的一大重要体现。2014年10月20日,贵州省金沙县人民检察院以"急于处罚逾期不缴纳排污费的企业"为由将金沙县环保局告上法庭,这是首例由检察机关提起、以行政机关为被告的公益诉讼案,受到了社会各界的普遍关注,也引发了学术界的广泛争议并成为研究热点,其争议焦点是检察机关有没有资格成为行政公益诉讼的主体。"从本质上来说,在行政公益诉讼中,检察机关在性质和地位上仍是国家的法律监督机关,只是出于履行检察职能的目的而对危害了国家和社会公益利益的行政行为进行监督。"[①]与此同时,民事公益诉讼也遭遇类似的质疑。但鉴于我国检察机关的法律监督地位,由检察机关提起公益诉讼具有诸多优势,此后两年多的试点工作以及五年来的检察实践也证明了这一点,由检察机关提起民事或行政公益诉讼案件越来越多、范围越来越广,老百姓的满意度也越来越高。据统计,2021年,全国检察机关办理新类型未成年人保护公益诉讼案件4676件,占比为70.5%,涉及向未成年人销售烟酒、网络游戏、未成年人活动场所和设施安全、校园周边安全以及点播影院、电竞酒店、密室剧本杀等新兴业态治理。可见,检察机关针对一类案件提起民事或行政公益诉讼,是当前未检工作的一大亮点。

值得一提的是,2022年3月7日,最高人民检察院举行"积极履行公益诉讼检察职责依法保护未成年人合法权益"新闻发布会,发布最高人民检察院第三十五批指导性案例。这批指导性案例的指导意义在于:为保护未成年人合法权益,促推未成年人保护社会治理,无论是幼儿园的合法经营问题、还是未成年人进入网吧问题、文身问题,抑或儿童个人信息保护问题、校园周边流动车辆兜售食品问题,相关行政机关监管不到位,或网络运营者未依法履行网络保护义务,侵犯儿童或未成年人切身利益的,检察机关可以依法综合开展行政公益诉讼和民事公益诉讼,在刑事一体化理念指导下,统筹运用四大检察职能,充分发挥未成年人检察工作优势,为未成年人提供全面综合司法保护。如在杭州市余杭区人民检察院对北京某公司侵犯儿童个人信息权益提起民事公益诉讼一案中,该公司运营的短视频APP在收集、存储、使用儿童个人信息过程中,未遵循正当、必要、知情同意、目的明确、安全保障、依法利用原则,违反了相关法律规定,且该公司提供的数据显示,2020年平台实名注册用户数量中,14岁以下的约7.8万人,14岁至18岁的约62万人,18岁以下未实名注册未成年人用户数量以头像、简介、背景等基础维度模型测算约为1000余万

[①] 季美君:《检察机关提起行政公益诉讼的路径》,载《中国法律评论》2015年第3期。

人。该 APP 的行为导致众多未成年人个人信息权益被侵犯,使相关信息面临被泄露、违法使用的风险,给未成年人的人身和财产安全造成威胁,严重损害了社会公共利益。因此,杭州市余杭区人民检察院在公告期满,无其他适格主体提起民事公益诉讼后,于 2020 年 12 月 2 日,向杭州互联网法院提起民事公益诉讼,请求判令:北京某公司立即停止利用 APP 实施侵犯未成年人个人信息权益的行为,赔礼道歉、消除影响、赔偿损失。杭州互联网法院于 2021 年 3 月 11 日出具调解书结案。

此案同时反映出行政主管机关对北京某公司监管不到位,经浙江省检察机关请示,2020 年 10 月,最高人民检察院将该行政公益诉讼案件的线索移交给北京市人民检察院办理。北京市人民检察院立案后经调查,向北京市互联网信息办公室提出相关检察建议。根据检察建议,北京市互联网信息办公室制定了《关于开展未成年人信息安全保护专项整治的工作方案》,对属地重点直播和短视频平台进行逐一梳理,压实网站主体责任,并将此次专项整治工作与未成年人网络环境治理等专项工作有效衔接,形成保障未成年人用网安全管理合力。

2021 年 4 月 16 日,最高人民检察院向国家互联网信息办公室通报该案有关情况,提出开展专项治理,推动行业源头治理,建立健全风险防范长效机制,强化对网络空间侵犯未成年人权益行为的监管整治等相关检察建议。2021 年 12 月 31 日,国家互联网信息办公室、工业和信息化部、公安部、市场监管总局联合发布《互联网信息服务算法推荐管理规定》,对应用算法推荐技术提供互联网信息服务的治理和相关监督管理工作进一步作出了规范。这一案件的办理,起到了"办理一案,治理一片"的社会效果,同时也向全国各级检察机关和全社会昭示:"不特定人群的个人信息权益具有公益属性。对未成年人个人信息权益应予以特殊、优先保护。针对网络侵犯未成年人个人信息权益的情形,检察机关可以综合开展民事公益诉讼和行政公益诉讼,并注重加强两种诉讼类型的衔接和协同。通过对网络运营者提起民事公益诉讼,使其承担违法行为的民事责任,实现对公共利益的有效救济。通过行政公益诉讼督促行政主管部门依法充分履行监管职责,实现最大限度保护未成年人合法权益的目的。"[①]

四、结语

未成年人是一个国家的未来,对涉罪未成年人给予足够的帮扶、关爱与挽救,是一个国家应尽的职责,也是其社会治理能力现代化的重要标志。作为国家专门的法律

---

① 最高人民检察院第三十五批指导性案例,2022 年 3 月 7 日发布。有关此案的基本案情、检察机关履职过程的详细信息,参见最高人民检察院(https://www.spp.gov.cn/spp/xwfbh/wsfbh/202203/t20220307_547722.shtml),访问日期:2022 年 4 月 15 日。

监督机关,检察机关参与社会治理是其履行专业职责、发挥专业职能的重要领域,同时也是其应承担的社会责任。检察机关在行使职权时,应以司法保护促进家庭、学校、社会和政府保护形成合力,在全社会树立关心、爱护未成年人的良好风尚,为未成年人的健康成长营造一个良好的社会环境。与此同时,应以刑事一体化思想为指导,为充分保障未成年人的合法利益,在办理涉罪未成年人案件时,及时发现公益诉讼案件线索,综合发挥智慧未检作用,以生动鲜活的检察探索为完善未成年人法律制度提供丰富的实践经验,促推未成年人保护通过公益诉讼这一职能,为培养有理想、有道德、有文化、有纪律的社会主义建设者和接班人,培养担当民族复兴大任的时代新人,奉献检察智慧、承担检察担当!

重大突发事件中"仇恨犯罪"的刑事规制

——以"刑事一体化"为视角*

王文华** 陈丹彤***

仇恨是人的本能情感之一,非常复杂,爱恨情仇,纠缠人的一生,也滋生出多少群体与群体、国与国的流血冲突。也正因其复杂,便有了对"仇恨美学""仇恨哲学"的研究。本文并不打算建构起一个"仇恨法学"的蓝图,只是呼吁人们关注:当前小到人与人之间、大到国与国之间的极端冲突,从心理层面看,须设法通过文化浸淫减少仇恨。同时,为减少仇恨,制度并非无所作为,完全可以通过法治途径努力减少"仇恨犯罪",亦即制度与文化共同起作用。从终极意义上讲,这需要包括刑法学在内的不同法学学科和心理学、社会学、经济学、外交学、新闻传播学等多视角的考察。从刑法学研究看,在犯罪主观方面一直比较重视对故意、过失的研究,对犯罪动机方面的研究较少,认为动机主要影响量刑,不影响定罪。然而,很多国家与地区的仇恨犯罪事实、相关立法恰恰说明仇恨这种心理的摧毁力及带来的法益侵害性极大,应予认真对待。

当今世界正经历百年未有之大变局,因新冠肺炎疫情(COVID-19),对中国进行污名化的声音不绝于耳,中国海外公民、华裔遭受的"仇恨犯罪"数量也激增,严重危害我国海外公民的人身财产安全、国家形象和正当利益。例如,在美国,2020年年初发生的新冠肺炎疫情在全球范围内的传播,加上一些政客的种族主义言论和将病毒作为"标签",导致了针对亚裔美国人的仇恨犯罪激增。这种与流行病相关的污名化和针对亚裔美国人的仇恨犯罪事件的激增有着紧密的关系。这种激增主要是由大众媒体报道的"仇恨事件"和当前的社会和政治环境所影响,COVID-19被戏称为"功夫病毒"或"中国病毒"。① 另一个值得关注的事实是,关于"仇恨犯罪"的数据,只包括通过

---

* 本文系北京外国语大学新冠肺炎疫情专项项目"增强重大突发事件中仇恨言论及仇恨犯罪依法治理能力研究"(项目批准号:SYL2020ZX020)的结项成果。感谢北京外国语大学法学院硕士研究生蒋德伟在资料收集整理方面给予的协助。
** 北京外国语大学法学院教授。
*** 北京外国语大学法学院硕士研究生。
① 参见《美国华人杂谈:攻击亚裔的大多数是黑人吗?7个关于仇恨亚裔犯罪的苦涩事实》,载观察者网(https://www.guancha.cn/meiguohuarenzatan/2021_04_16_587679.shtml),访问日期:2021年4月16日。

美国国家情报局向执法机构报告的"仇恨犯罪",而且亚裔美国人和拉美裔美国人的犯罪报告率最低,且分析中数据没有受害者的原籍或国籍的详细信息,伴随部分变量缺失。①

新冠肺炎疫情具有前所未有的未知性、突发性、高风险和快速蔓延等突出特点,其防控难度已远超此前历次重大突发公共卫生事件。从武汉宣布暂时"封城"到全国31个省份先后宣布启动重大突发公共卫生事件一级响应,各地都采取了史无前例的最高等级应对举措。与真正的病毒相伴生的,还有"仇恨"病毒,这种来自人的内心的偏见、歧视、敌视所带来的危害和次生灾害,并不亚于真正的新冠肺炎病毒。习近平主席在2022年世界经济论坛的讲话中指出:"当今世界并不太平,煽动仇恨、偏见的言论不绝于耳,由此产生的种种围堵、打压甚至对抗对世界和平安全有百害而无一利。""任何煽动意识形态对立、把经济科技问题政治化、武器化的行径,都严重削弱国际社会应对共同挑战的努力。"②面对与新冠肺炎病毒一同蔓延、肆虐的"仇恨犯罪"病毒,我们应当高度正视、重视,并运用"刑事一体化"思想③,用刑法学、犯罪学、刑事政策学、刑事诉讼法学、犯罪心理学等多学科有机联系与发展的视角解决"仇恨犯罪"的预防与处罚问题,通过刑法之内运作机制的完善与刑法之外各部门法的协调,让刑法这一社会治理的最后手段与适当的刑事政策及其他社会政策共同发力,从政治、经济、文化等多方面清除滋生"仇恨犯罪"的土壤。

一、重大突发事件中的"仇恨犯罪"概念界定

"仇恨犯罪"(hate crime)的历史最早可以追溯到第一次世界大战。④ 长期以来,"仇恨犯罪"一直是美国、英国等国家的高发犯罪。1990年《美国仇恨犯罪统计法》规定,"仇恨犯罪"是基于种族、性别和性别认同、宗教、残疾、性取向或族裔的偏见而产生的犯罪,包括人身攻击和财产破坏。⑤ 在英国,"仇恨犯罪"被定义为受害者或任何其他人认为的是基于种族、宗教、性取向、残疾、跨性别者的敌意或偏见的任何刑事犯罪,

---

① See Yan Zhang, Lening Zhang, Francis Benton, Hate Crimes against Asian Americans, American Journal of Criminal Justice, accessed January 7, 2021, https://www.ncbi.nlm.nih.gov/pmc/articles/PMC7790522/pdf/12103_2020_Article_9602.pdf.

② 《习近平在2022年世界经济论坛视频会议的演讲(全文)》,载中华人民共和国中央人民政府(http://www.gov.cn/xinwen/2022-01/17/content_5668944.htm),访问日期:2022年1月17日。

③ 参见储槐植、闫雨:《刑事一体化践行》,载《中国法学》2013年第2期。

④ See The History of Hate Crimes, FBI.gov, accessed February 17, 2022, https://www.fbi.gov/investigate/civil-rights/hate-crimes.

⑤ See Hate Crime Statistics Act of 1990, Congress of the United States, accessed February 17, 2022, https://www.congress.gov/bill/101st-congress/house-bill/1048.

"敌意"包括恶意、蔑视、偏见、不友好、怨恨和厌恶等。① 目前我国尚未有对"仇恨犯罪"的明确统一定义。

本文中的"仇恨犯罪"是指行为人基于对种族、国籍、宗教、性别、性取向等方面的仇恨、偏见、歧视而针对相关对象实施的危害人身安全、财产安全、公共安全或国家安全的犯罪。此类犯罪既有来自于行为人自身的原因,也可能来自于家庭、社会等各种因素,导致行为人对他人、国家机关、特定群体或社会产生仇恨而引发犯罪。"仇恨犯罪"既可以是暴力犯罪,如攻击身体、故意毁坏财物,也可以是非暴力犯罪,如煽动仇恨、侮辱诽谤等。

我国的"仇恨犯罪"概念之所以与英美法系国家的概念有区别,主要是由于各自的社会背景不同。英美法系国家的种族歧视、宗教歧视等较为严重,因此引发大量的"仇恨犯罪",并进行了相应的反仇恨犯罪立法;而我国的"仇恨犯罪"并不只是由于种族歧视、宗教歧视原因,与别国不同,我国的仇恨犯罪既有长期的历史文化渊源,又是当代特定社会历史条件作用的结果,它是一种成因多样、犯罪动机相同、犯罪外在表征不尽一致的特定犯罪现象。②

对于"重大突发事件"的概念,我国《突发事件应对法》第 3 条将"突发事件"的范围确定为自然灾害、事故灾难、公共卫生事件和社会安全事件,同时确定了特别重大、重大、较大和一般四个等级。2005 年《国家特别重大、重大突发公共事件分级标准(试行)》对"特别重大""重大"的标准进行量化,通过伤亡人数和财产损失数额等标准进行划分界定。本文在更为广义的语境下进行探讨,凡是突然发生,(可能)造成重大人员伤亡、财产损失、生态环境破坏等严重危害,危及公共利益和(或)国家安全的紧急事件都属于"重大突发事件",范围可涵盖政治、经济、外交、文化、自然、卫生等多个领域。

始于 2019 年年末的新冠肺炎疫情,对于世界任何角落的人们而言,都是一场灾难。2020 年新冠肺炎疫情开始蔓延后,世界卫生组织宣布其构成"国际关注的突发公共卫生事件"③,我国内地 30 个省、市和自治区全部启动重大突发公共卫生事件一级响应。④ 我国自始高度重视,全力抗疫防疫,取得了举世瞩目的成就。然而,有些国家和地区出于对病毒来源的误解,恶意抹黑中国和中国人,引发人们对中国人乃至亚裔的仇恨、偏见加深,导致"仇恨犯罪"的数量激增。面对新冠肺炎疫情这样的重大突发公共卫生事件,加强对"仇恨犯罪"的依法治理更具有现实紧迫性。

---

① See Hate crime, The Crown Prosecution Service, accessed February 17, 2022, https://www.cps.gov.uk/crime-info/hate-crime?msclkid=268db246d10c11ecb3f0121801105264.
② 参见王文华:《"仇恨犯罪"若干问题研究》,载《河北法学》2011 年第 4 期。
③ 《世卫:新冠肺炎疫情仍是"国际关注的突发公共卫生事件"》,载新华社百家号(https://baijiahao.baidu.com/s?id=1705414325182367554&wfr=spider&for=pc),访问日期:2021 年 7 月 16 日。
④ 参见《30 省市自治区启动重大突发公共卫生事件一级响应》,载环球网百家号(https://baijiahao.baidu.com/s?id=1656696048015939580&wfr=spider&for=pc),访问日期:2021 年 7 月 16 日。

第一,当前海外的"仇恨犯罪"已侵犯到我国公民的人身和财产安全,保护公民的合法利益是党和政府的根本立场,加强依法治理既有利于维护公民、企业、组织和国家的合法权益,稳定民心和社会秩序,也有利于对外彰显我国严正的国家形象和不容侵犯的态度。

第二,重大突发事件往往波及范围大、影响公众利益,故凡是因该事件自身利益受到损害的个人和组织均有可能产生仇恨心理,相比于以往因种族、宗教仇恨等原因而实施的"仇恨犯罪",重大突发事件引发的仇恨心理可能会产生更多的"仇恨犯罪"煽动者和实施者。

第三,重大突发事件由于事发突然,可能会出现相关谣言和误传内容,易引发"仇恨言论",而"仇恨言论"具有极大的煽动性,"仇恨犯罪"具有极端性、冲动性、暴力性特征,及时制止"仇恨言论"和"仇恨犯罪"有助于减少重大突发事件带来的消极影响。

第四,我国加强关于"仇恨犯罪"的立法、执法、司法活动,有利于与外国达成打击"仇恨犯罪"的共识(如美国已制定《反新冠仇恨犯罪法》),与国际平权理念接轨,促进开展联合打击"仇恨犯罪"的国际合作。

第五,重大突发事件的发生难以预料,面对其中可能包含新情况、新问题,处理和应对过程中更需要强调依法治理,以避免产生额外负面影响,对于重大突发事件所诱发的"仇恨犯罪"也是如此。

重大突发事件可成为"仇恨言论"和"仇恨犯罪"的诱因,而"仇恨言论"和"仇恨犯罪"又将加重重大突发事件所带来的不良影响。在全球一体化进程日益加快的今天,无论是重大突发事件,还是"仇恨犯罪"和"仇恨言论",都会比以往任何时候波及更大的地域范围。依法治理"仇恨犯罪",是正确应对和解决重大突发事件的应有之义。

目前,我国政府对于我国公民遭受的海外"仇恨言论"或"仇恨犯罪"多通过外交层面敦促解决,且我国学界和实务界也对重大突发事件中的"仇恨犯罪"治理关注较少,研究该问题具有一定的实践价值和学术价值。

二、重大突发事件中"仇恨犯罪"现象的实然检视

近年来,我国面临的重大突发事件主要包括新冠肺炎疫情暴发、中美政治外交关系紧张、我国香港特别行政区非法集会和游行等。在这些重大突发事件背景下,我国所面对的"仇恨犯罪"主要呈现出以下三个特点:

(一)新冠肺炎疫情后中国公民和其他亚裔遭受的"仇恨犯罪"数量增加

新冠肺炎疫情在全球暴发后,海外出现了大量攻击中国公民、华人华侨和亚裔的现象,其中不乏"仇恨犯罪"。

第一,实施袭击、殴打等危害人身和生命安全的攻击,如英国南安普敦大学的中国留学生因外出购餐时佩戴口罩而遭遇当地青少年挑衅、辱骂和殴打。①

第二,发表与中国相关的侮辱性、歧视性言论,特别是在网络平台上,大量外国公民甚至政要将"新冠肺炎病毒"(COVID-19)称为"中国病毒"(Chinese Virus)。一项载于《美国公共卫生杂志》的研究结果显示,推特上带有"COVID-19"标签的帖子中有高达五分之一比例的帖子都表现出了反亚裔情绪②,在推特标签已被证明可以预测仇恨团体形成和"仇恨犯罪"发生的情况下③,新冠肺炎疫情的"污名化"使我国公民和亚裔遭遇"仇恨犯罪"的风险增高。

第三,拒绝中国公民入境或向其提供服务。例如,巴布亚新几内亚当局因担忧我国新冠肺炎预防疫苗的安全性而拒绝一架载有48名接种了疫苗的中国公民的航班入境④,一些中国公民在莫斯科也遭遇未经明确解释的强制隔离、出租车拒载、地铁站查验护照、警察突然造访学校要求中国留学生录入信息并对其进行跟踪监测等窘境,不免让人联想到歧视性行为。⑤

虽然并不是所有对中国公民和亚裔的犯罪都属于"仇恨犯罪",如不法分子也曾冒充中国驻外使领馆工作人员或当地政府官员,以疫情防控为由对海外中国公民实施电信诈骗⑥,也不是所有的"仇恨言论"等行为都达到违反当地刑法规定的入罪程度,但许多国家的研究统计都显示,新冠肺炎疫情暴发后的"仇恨事件""仇恨犯罪"数量增多。如美国纽约市警察局"仇恨犯罪"审查小组报告称,自新冠肺炎疫情暴发以来,纽约针对亚洲人的"仇恨犯罪"数量明显上升,从2020年的28起跃升到截至2021年12月5日的129起,增加了360%以上⑦;英国内政部副部长接受议会质询时坦露,2020年第一季度所有"仇恨犯罪"案件中,与新冠肺炎疫情相关的涉华仇恨案件增

---

① 参见吴淋姝:《中国留英学生外出戴口罩被挑衅,两名肇事者被警方逮捕》,载新京报(https://www.bjnews.com.cn/detail/158514417215671.html),访问日期:2021年7月16日。
② See Yulin Hswen, Xiang Xu, Anna Hing, Jared B. Hawkins, John S. Brownstein, Gilbert C. Gee, Association of "#covid19" Versus "#chinesevirus" With Anti-Asian Sentiments on Twitter: March 9-23, 2020, American Journal of Public Health, accessed May 16, 2021, https://ajph.aphapublications.org/doi/10.2105/AJPH.2021.306154.
③ See Karsten Müller, Carlo Schwarz, From Hashtag to Hate Crime: Twitter and Anti-Minority Sentiment, SSRN, accessed May 16, 2021, https://papers.ssrn.com/sol3/Papers.cfm?abstract_id=3149103.
④ 参见《巴新拒绝48名接种新冠疫苗中国工人入境?中方回应》,载澎湃网(https://www.thepaper.cn/newsDetail_forward_8841342),访问日期:2021年7月16日。
⑤ 参见《"80中国人在俄被隔离"始末:同意书、视频宣判与歧视嫌疑》,载凤凰网(https://ishare.ifeng.com/c/s/7uY3Hqa0vml),访问日期:2021年7月16日;齐舒扬:《一位在俄中国留学生的亲历、观察和呼吁》,载澎湃网(https://www.thepaper.cn/newsDetail_forward_6236097),访问日期:2021年7月16日。
⑥ 参见夏莉萍、许志渝:《新冠疫情下的海外中国公民合法权益保护》,载《国际论坛》2021年第1期。
⑦ See Kimmy Yam, NYPD Reports 361 Percent Increase in Anti-Asian Hate Crimes Since Last Year, NBC News, accessed April 1, 2022, https://www.nbcnews.com/news/asian-america/nypd-reports-361-percent-increase-anti-asian-hate-crimes-last-year-rcna8427?utm_source=ground.news&utm_medium=referral.

幅最大①；澳大利亚国立大学的研究发现，2020 年有 84.5%的在澳亚裔遭受了与新冠肺炎疫情相关的歧视，包括被辱骂"携带新冠病毒"、恶意言语羞辱、人身攻击等②；加拿大 2020 年的犯罪案件减少 8%，但"仇恨犯罪"案件却比 2019 年增加 37%，针对东亚裔居民的"仇恨犯罪"更是飙升了 301%。③

同时，美国纽约市警察局的数据显示，亚裔是纽约市 2008 年至 2019 年期间所有犯罪类型中唯一受害人数增加的种族群体。④ 英国一研究所的调查报告也表明，中国人比非洲人、印度人等种族都更容易受到种族骚扰。⑤ 在原本中国公民和亚裔就易受到"仇恨犯罪"的伤害的基础上，不少海外公民基于"中国是新冠肺炎疫情发源地"的不实宣传，对中国公民和亚裔产生敌对、歧视态度，因此"仇恨犯罪"数量大量增加。新冠肺炎疫情成为继种族主义、反移民情绪等传统"仇恨犯罪"诱因之外，海外公民对我国公民和亚裔实施"仇恨犯罪"的一大新动因。

（二）互联网成为"仇恨言论"的主要传播途径

我国对网络言论发表和信息传播的审查、监管机制比较严格，经过"净网行动""清朗行动"等连续多年的专项打击和常态化努力，目前大体上形成了风清气正的网络环境。如果有通过网络发表煽动仇恨的言论，网络平台、网络监管和安全部门会及时发现并予以制止、删除和追查。在强监管的状态下，我国通过网络平台进行煽动种族仇恨、宗教歧视并进行人身攻击的犯罪案件比较少，但民族偏见、地域歧视、性别歧视以及煽动性别对立的"仇恨言论"则时有发生。但总体而言，我国网络平台上"仇恨言论"的数量、现实生活中因仇恨心理引发的"仇恨犯罪"与外国相比都少一些，尽管目前这方面尚无准确的统计数据。外国多提倡公民享有极大的言论自由，虽然各个社交媒体平台多通过《用户准则》等规范对不良言论内容进行限制和删除，但无法应对每天的海量内容，且整体上网络言论的审查管控标准与我国相比很低，因此长期以来充斥着大量不良言论，其中包括"仇恨言论"。

早在第二次世界大战时期，媒体在"仇恨犯罪"中可发挥的强大作用就已显现。反

---

① 参见郑言：《新冠肺炎疫情下英国"仇恨犯罪"激增 21%，中国人和亚裔为主要受害者》，载央视网（http://m.news.cctv.com/2020/05/14/ARTIztcRI5QEqWLHeXamE3mL200514.shtml），访问日期：2021 年 7 月 16 日。

② 参见《研究：澳大利亚五分之四亚裔曾遭受种族歧视》，载海外网（http://news.haiwainet.cn/n/2021/0406/c3541093-32045826.html），访问日期：2021 年 4 月 16 日。

③ 参见《加拿大针对种族"仇恨犯罪"增多　种族主义言论在网上散播》，载中国侨网（http://www.chinaqw.com/hqhr/2021/07-28/303091.shtml），访问日期：2021 年 7 月 28 日。

④ 参见张焰、张乐宁、〔美〕弗朗西斯·本顿：《针对亚裔美国人的"仇恨犯罪"研究》，朱若菡译，载《犯罪研究》2021 年第 3 期。

⑤ See Alita Nandi and Renee Luthra, Who Experiences Ethnic and Racial Harassment, University of Essex, Institute for Social and Economic Research, accessed April 1, 2022, https://www.iser.essex.ac.uk/files/projects/health-and-harassment/Health%20and%20Harassment%20Briefing%20Note%20Oct2016.pdf.

犹刊物《先锋报》发表了煽动种族仇恨的内容,导致大量犹太人被屠杀,主编尤利乌斯·施特莱歇尔也因此被判处绞刑。后来,卢旺达国际刑事法庭于2003年审理了震惊世人的"仇恨媒体案",对三名散播"仇恨言论"的前媒体负责人分别判处了两人终身监禁、一人35年监禁的刑罚。他们分别是电台和报纸的负责人,但却在新闻报道中恶意煽动民族仇恨,导致80万图西族人遭到无辜迫害的卢旺达大屠杀。媒体在犯罪策划、煽动和实施中可发挥的强大作用可见一斑。

当前,世界早已进入网络3.0时代,人们获取信息的主要渠道已由原本的报刊书籍、电视电台转向了互联网,网民也成为互联网的构建者和内容创作者,互联网的影响力已渗透全球各大洲和人类生活的方方面面。相比于报刊和电台,互联网无疑具有更广泛的传播范围和更快的传播速度,一个人的观点不会再受到地域局限,而是可以通过网络平台进行快速传播,如果互联网被不法分子应用于"仇恨犯罪"的开展,将产生不可估量的严重后果。一方面,网络平台作为传播媒介,可产生散布仇恨观点、传播犯罪信息等煽动"仇恨犯罪"的负面作用;另一方面,除暴力外,言语侮辱、诽谤也是"仇恨犯罪"的形式,互联网的出现使侮辱、诽谤等"仇恨犯罪"网络形态化,从传统的口头和书面形式延伸到网络平台上,网络平台自然也变成了"仇恨犯罪"的工具之一。

实际上,近年来网络空间的巨量仇恨内容已成为不少全球恶性事件的源头,网络仇恨正成为一种新型病毒在网络空间肆意蔓延。2021年,Facebook删除下架了其平台上大约9640万条"仇恨言论"。① 美国旧金山州立大学发起的"停止仇恨亚太裔联盟"(Stop AAPI Hate)的年度研究报告显示,在其收集的包含身体袭击、言语辱骂等所有类型的9081起歧视事件中,网络仇恨事件的占比由2020年的6.1%上涨到2021年的10.6%,是除身体袭击之外上涨幅度最大的歧视事件类型。② 同时,英国卡迪夫大学的研究表明,社交媒体上"仇恨言论"的增加已导致对现实世界中少数群体的犯罪的增加。③

网络上的仇恨内容除了数量大,还具有根深蒂固、"死而复生"的特点,难以从根本上全部清除。美国华盛顿大学的一项研究显示,网络仇恨群组在遭到社交媒体平台管理员删除后,会快速地重新连接和修复自己,甚至会几个小群组重新集合成为大群组,群组之间拥有共同用户所形成的强大连接。④ 网络平台作为"仇恨犯罪"的煽动和

---

① See Transparency Center of Meta, Community Standards Enforcement Report (Hate Speech), Meta, accessed April 1, 2022, https://transparency.fb.com/data/community-standards-enforcement/hate-speech/facebook/.
② See Aggie J. Yellow Horse et al., Stop AAPI Hate National Report, Stop AAPI Hate, accessed April 1, 2022, https://stopaapihate.org/wp-content/uploads/2021/08/Stop-AAPI-Hate-National-Report-Final.pdf.
③ See Cardiff University, Increase in Online Hate Speech Leads to More Crimes against Minorities, PHYS, accessed April, 2022, https://phys.org/news/2019-10-online-speech-crimes-minorities.html?msclkid=65f493d9d14b11ec8cb63dd9673167d9.
④ 参见《为什么我们在网络上越来越仇恨彼此?》,载腾讯云社区(https://cloud.tencent.com/developer/news/551360),访问日期:2021年7月16日。

实施媒介,亟待有效治理,以遏制大规模的群体性"仇恨犯罪"的发生。

(三)"仇恨犯罪"无所不在,应予以积极面对与回应

尽管我国对谣言等不良言论进行严厉监管和打击、大力宣传正能量和社会主义核心价值观,但是发表仇恨言论乃至实施"仇恨犯罪"的现象目前仍时常发生,如张扣扣为母复仇案、为报复社会的安庆特大杀人案、黑龙江15岁女生弑母案等;郑州暴雨水灾、台州台风灾害后都有好事者在网络上对受灾地区进行攻击和辱骂,公开发表"仇恨言论",造成恶劣的社会影响①;新冠肺炎疫情下歧视和谩骂武汉、上海的"仇恨言论"也屡禁不绝。

一方面,出于个人的复仇心理、反社会的病态心理、因经济发展带来的贫富分化和社会阶层分化引发的心理不平衡、文化冲突等因素,对他人(不限于个人、包括特定群体)的仇恨、歧视、偏见等心理并不可能完全被消除,若遇上公共卫生、恐怖袭击等重大突发事件,更易加剧"仇恨犯罪"。例如,新冠肺炎疫情带来的破坏力会影响民众的正常生活,易使人产生烦躁心理、抵触情绪,若其在心理上得不到理解、在客观上造成诸多不便,易引发仇恨情绪。另一方面,不排除居心叵测者或境外不法势力在我国社交媒体等网络平台上恶意带节奏、传谣和煽动,引发民众的仇恨情绪。

三、我国"仇恨犯罪"治理中的主要问题

作为一种犯罪现象,"仇恨犯罪"并非新生事物,它纵可溯至我国古代的复仇文化、横可涉及英美法系国家的"仇恨犯罪",只是一直未能引起我国刑法学、犯罪学理论与实务界应有的关注。从广义角度看,一些立法、司法制度改革本身就是为了化解和减少仇恨及其引发的"仇恨犯罪"所做的努力。例如,与解决刑事冲突的传统司法程序相比,恢复性司法(restorative justice)制度旨在消除犯罪人、被害人之间的仇恨,鼓励犯罪人为其行为之后果承担责任、向受害人悔罪并修复"加害—被害"双方的关系,有利于犯罪人复归社会;又如,认罪认罚从宽制度,提高审判效率、节约司法资源是其次,其更核心的功能是有效缓解犯罪人与被害人之间的对抗情绪、缓解犯罪人对社会的对抗情绪,以免其走向"仇恨社会"、走向对立面。此外,我国在犯罪的原因、分类、预防和惩治的对策等方面的成果较多,然而,问题是几乎没有对"仇恨犯罪"的系统研究,亦无有针对性的专门立法。②

综合来看,我国"仇恨犯罪"治理主要存在以下五方面的问题。

---

① 参见《"网警提醒"—网民侮辱谩骂台风受灾群众被刑事拘留!》,载梅州网警巡查执法百家号(https://baijiahao.baidu.com/s?id=1641742146889259675&wfr=spider&for=pc),访问日期:2021年7月16日。
② 参见王文华:《"仇恨犯罪"若干问题研究》,载《河北法学》2011年第4期。

（一）对"仇恨犯罪"作为一种独立犯罪现象的关注较少

我国各界对于"仇恨言论""仇恨犯罪"的关注不够，法律法规中从未出现过"仇恨犯罪"的概念。原因可能在于我国不是移民国家，随着1978年改革开放的进程，其他国家来华学习、工作与生活的人日渐增多，但四十余年来我国没有发生像其他国家那样较为普遍的"仇外""排外"、种族歧视、宗教歧视现象。

然而，这并不等于我国不存在"仇恨言论""仇恨犯罪"。仇恨是一种动机，也是人性使然。观念和认知差异、利益纷争，因贫富分化、分配不均带来的被剥夺感，加之一个社会的精神文明很难与物质文明同步飞速发展带来的心理落差，这些都会导致不满、怨恨情绪的产生、累积和传染。事实上，因仇恨动机而袭击警察、法官、医生，打砸抢烧、随意砍人等极端行为都属于"仇恨犯罪"，目前网络上歧视武汉、上海或辱骂政府的极端不良言论也属于"仇恨言论"。

同时，随着我国综合国力的增强，出国留学、工作、旅行、探亲的中国公民越来越多，海外公民的安全需要得到更多关注。特别是新冠肺炎疫情暴发后，海外对中国和华人的"仇恨言论"甚嚣尘上。目前我国对于海外的"仇恨言论""仇恨犯罪"，仅是由驻外使领馆时常发布公告和通知，提醒我国海外公民警惕"仇恨犯罪"、注意人身和财产安全。① 在法律层面，我国实务界和学界的关注程度远远不够，在"加强涉外法治体系建设"的大背景下②，当前海外频发的针对我国的"仇恨言论"和"仇恨犯罪"值得更多关注。

（二）"仇恨犯罪"治理的法律依据不足

第一，"仇恨犯罪"概念阙如。我国在法律层面没有统一的"仇恨犯罪"概念，无法与国际社会良好对接。唯一可以参考的是2000年国务院发布的《互联网信息服务管理办法》第15条规定，如果包含破坏民族团结、煽动民族仇恨和民族歧视，破坏国家宗教自由、信仰自由政策，侮辱或者诽谤他人、侵害他人合法权益，散布暴力、凶杀、恐怖或者教唆犯罪，危害国家安全、颠覆国家政权、破坏国家统一等内容，可能会被认定为网络"仇恨言论"。

第二，《刑法》中现有罪名并不能全面覆盖"仇恨犯罪"治理需求。"仇恨犯罪"属于基于仇恨动机的故意犯罪，我国《刑法》有不同的故意犯罪罪名可以予以相应处罚，除了常见的故意杀人罪等暴力犯罪，第246条"侮辱罪""诽谤罪"、第249条"煽动

---

① 参见《再次提醒领区中国公民妥善应对针对亚裔的歧视和暴力》，载神州学人网（http://www.chisa.edu.cn/rmtserve/syxx/202204/t20220413_2110789090.html），访问日期：2022年6月17日；《驻英国大使馆发布预防仇恨犯罪提醒及应对措施》，载中国新闻网百家号（https://baijiahao.baidu.com/s?id=1700692194248775454&wfr=spider&for=pc），访问日期：2022年6月17日。

② 参见《国民经济和社会发展第十四个五年规划和2035年远景目标纲要》第59章。

民族仇恨、民族歧视罪"、第 250 条"出版歧视、侮辱少数民族作品罪"、第 251 条"非法剥夺公民宗教信仰自由罪""侵犯少数民族风俗习惯罪"以及第 103 条第 2 款"煽动分裂国家罪"、第 105 条第 2 款"煽动颠覆国家政权罪"等危害国家安全犯罪以及一些惩处暴力犯罪的罪名都可以规制"仇恨犯罪"。

然而,对于针对性别、职业、地域、种族等一个或多个特定群体发表的仇恨、歧视和偏见言论或煽动暴力等行为,我国《刑法》中并无性别歧视罪、地域歧视罪、种族歧视罪等特定罪名对其予以规制,《刑法》中现有的罪名也无法涵盖这些内容。我国刑法的规定之所以与世界上很多国家的刑法规定不同,与不同国家和地区的历史文化、特定国情相关,囿于篇幅,不予赘述。①

在我国,对于针对某一群体的"仇恨言论",由于侮辱罪、诽谤罪是针对特定个体的罪名而无法适用,因此通常以寻衅滋事罪处理,而寻衅滋事罪由于其立法上的包容和模糊性已被批评为"口袋罪中的口袋"。"概然性条款、兜底式罪名,都存在价值填充的必要性。"②对于当前发生频率较高的"仇恨犯罪"类型,有必要新增专门罪名,以脱离司法适用定罪时的笼统归纳,便于将来的类案类判,实现司法公正。

第三,其他部门法中"仇恨犯罪"治理的相关依据不足。除《刑法》之外,法律层面对于仇恨的规制还体现在《网络安全法》第 12 条第 2 款③、《治安管理处罚法》第 47 条④、《反恐怖主义法》第 4 条第 2 款⑤、《广告法》第 9 条⑥、《电影产业促进法》第 16 条⑦、《邮

---

① 例如,《德国刑法典》第 130 条规定,"以扰乱公共安宁的方法","激起对部分居民的仇恨,煽动对其实施暴力或专制"或"辱骂、恶意蔑视或诽谤部分居民,侵害其人格尊严","处 3 个月以上 5 年以下自由刑";《加拿大刑法典》第 318 条规定,"主张或鼓动灭绝人群者构成可诉罪,处 5 年以下监禁";第 319 条规定,"于公共场所表达言论以煽动对可识别群体的仇恨,足以破坏和平者,构成可诉罪,处 2 年以下监禁";《法国刑法典》第 225 条规定,"歧视罪",如果基于"出生、性别、家庭状况、性取向、年龄、政治观点"等因素,实施"拒绝提供某种物品、服务"或"拒绝招聘为员工"等行为的,"处 2 年监禁并科 30000 欧元罚金"。
② 陈兴良:《刑法教义学与刑事政策的关系:从李斯特鸿沟到罗克辛贯通——中国语境下的展开》,载《中外法学》2013 年第 5 期。
③ 《网络安全法》第 12 条第 2 款:"任何个人和组织使用网络应当遵守宪法法律,遵守公共秩序,尊重社会公德,不得危害网络安全,不得利用网络从事危害国家安全、荣誉和利益,煽动颠覆国家政权、推翻社会主义制度,煽动分裂国家、破坏国家统一,宣扬恐怖主义、极端主义,宣扬民族仇恨、民族歧视,传播暴力、淫秽色情信息,编造、传播虚假信息扰乱经济秩序和社会秩序,以及侵害他人名誉、隐私、知识产权和其他合法权益等活动。"
④ 《治安管理处罚法》第 47 条:"煽动民族仇恨、民族歧视,或者在出版物、计算机信息网络中刊载民族歧视、侮辱内容的,处十日以上十五日以下拘留,可以并处一千元以下罚款。"
⑤ 《反恐怖主义法》第 4 条第 2 款:"国家反对一切形式的以歪曲宗教教义或者其他方法煽动仇恨、煽动歧视、鼓吹暴力等极端主义,消除恐怖主义的思想基础。"
⑥ 《广告法》第 9 条:"广告不得有下列情形:……(九)含有民族、种族、宗教、性别歧视的内容……"
⑦ 《电影产业促进法》第 16 条:"电影不得含有下列内容:……(三)诋毁民族优秀文化传统,煽动民族仇恨、民族歧视,侵害民族风俗习惯,歪曲民族历史或者民族历史人物,伤害民族感情,破坏民族团结……"

政法》第 37 条①、全国人大常委会《关于维护互联网安全的决定》第 2 条②中。虽然这七部法律都包含了禁止宣扬仇恨的内容,但仇恨的对象仅限于民族和宗教,五部法律使用的是"民族仇恨"一词,两部法律使用的是"宗教仇恨"一词。然而,纵观我国近几十年来的发展史,仇恨特定民族、宗教的事件发生数量较少,且主要集中在新疆地区,因为性别、地域特征引发的仇恨现象反而较多,各个省市都有发生。根据世界各国的普遍理解,仇恨不仅包括厌恶,还包括歧视和偏见,对于性别、地域等其他方面的歧视和偏见的规制,我国法律没有规定。

第四,无专门的反仇恨犯罪法。我国对于类似其他国家"仇恨犯罪"的规定较为零散,同时没有形成确定的消除"仇恨犯罪"理念,特别是缺少一部专门的"反仇恨犯罪法",目前难以形成完整全面的"仇恨犯罪"治理体系。世界上已有多个国家通过专门立法的方式打击"仇恨犯罪"或"仇恨言论",如美国《反新冠仇恨犯罪法》、德国《反仇恨言论法》、日本《仇恨言论对策法》、法国《仇恨言论法》和《反网络仇恨法》、哥斯达黎加《22.171 号反仇恨犯罪法案》、委内瑞拉《反仇恨犯罪法》、英国《种族与宗教仇恨法》等。仇恨不只是引发犯罪之后才需要重视和打击,犯罪发生之前的预防、监测和消除才是将仇恨心理的社会影响减轻到最低的方式。如果没有一部专门的"反仇恨犯罪法",难以将教育、宣传、化解、打击、预防等多个环节串联起来,消除滋生仇恨的土壤,营造和谐稳定的社会环境。

(三) 缺乏"仇恨言论"治理的系统、长效治理机制

2020 年 3 月起施行的国家互联网信息办公室《网络信息内容生态治理规定》规定了网络平台须落实主体责任,平台禁止出现民族仇恨和歧视、人群歧视、地域歧视等不良内容,并且规定了不履行监管义务的罚则。但网络平台信息海量、场景复杂,行政监管部门的执法监管难度较大。近五年来,公安部、国家互联网信息办公室、工业和信息化部、市场监督管理总局等多部门开展了多项网络空间治理专项行动,如"清朗行动""净网行动""剑网行动""断卡行动""云剑行动""网剑行动"等,但主要以打击色情暴力、电信诈骗、知识产权侵权、侵犯公民个人信息为主,对于网络上频发的谩骂、侮辱、仇恨、偏见、歧视言论的专项整治长期未进行。可喜的是,国家互联网信息办公室近期开始部署开展"清朗·网络暴力专项治理行动",聚焦网络暴力易发多发、社会影响力大的 18 家网站平台,包括新浪微博、抖音、百度贴吧、知乎等,通过建立完善监测识别、

---

① 《邮政法》第 37 条:"任何单位和个人不得利用邮件寄递含有下列内容的物品:……(四)煽动民族仇恨、民族歧视,破坏民族团结的……"
② 全国人民代表大会常务委员会《关于维护互联网安全的决定》:"二、为了维护国家安全和社会稳定,对有下列行为之一,构成犯罪的,依照刑法有关规定追究刑事责任:……(三)利用互联网煽动民族仇恨、民族歧视,破坏民族团结……"

实时保护、干预处置、溯源追责、宣传曝光等措施,进行全链条治理。① 此次网络暴力治理行动将涵盖对网络"仇恨言论"的打击。但专项治理行动往往集中于一时,制定明确的规则,进行长效机制性的约束,提升行政监管部门对网络平台的监督能力,才能避免出现"仇恨言论"的网络治理"忽紧忽松"的状况。

(四) 对网络空间的"仇恨言论"难以及时、有效地识别

网络是"仇恨言论"传播的主要平台,但面对不断更新的海量内容,人工无法做到完全审核,需要借助算法予以识别。目前,Facebook、INS、Twitter、TikTok 等海外社交媒体平台已通过监测自动过滤和删除了大量有关新冠肺炎疫情、阴谋论的虚假错误信息和仇恨、偏见言论,但"仇恨言论"仍不断出现、屡禁不绝。② 英国牛津大学和艾伦·图灵研究所的科学研究显示,即便是四个顶级人工智能系统,对"仇恨言论"的审核能力依然表现不佳,在恶意和无害言论的识别上都存在不同程度的问题。③ 目前,网络平台多通过在后台事先设置好关键词库和图库,阻拦"仇恨言论"的发出,但语言的表现形式多种多样,词库无法全部涵盖以屏蔽所有的仇恨内容;同时,"仇恨言论"和言论表达自由的界限在我国还较为模糊,美国等国家的"仇恨言论"认定标准也不同,这给各个跨国社交媒体平台设定标准工作带来很大的难度。因此,目前"仇恨言论"无法在网络平台上杜绝。

(五) 鲜有惩处"仇恨犯罪"的刑事司法与执法合作

国际社会在打击"仇恨犯罪"方面达成的共识主要为联合国的会议决议和宣言,如 1993 年《维也纳宣言和行动纲领》、2001 年《德班宣言和行动纲领》等,呼吁世界各国全面消除一切形式的种族主义、种族歧视、仇外心理和相关的不容忍现象。2004 年 6 月,由欧洲安全与合作组织牵头的打击网络"仇恨犯罪"国际合作会议在巴黎召开,60 多个国家的代表出席,代表们表示,打击网络"仇恨犯罪"需要政府、互联网公司和人权组织的密切合作,但未就如何打击网络"仇恨犯罪"达成协议。④ 联合国于 2019 年启动"消除仇恨言论战略和行动计划",秘书长古特雷斯也于 2020 年表示正努力发起"反对偏执全球联盟"⑤,但未见后续具体计划。直至 2022 年 4 月,欧洲多国警方联合开展了

---

① 参见《中央网信办部署开展"清朗·网络暴力专项治理行动"》,载中华人民共和国国家互联网信息办公室(http://www.cac.gov.cn/2022-04/24/c_1652422681278782.htm),访问日期:2022 年 6 月 17 日。
② 参见韩晓龙:《上亿网民深受"疫苗谣言"之苦,Facebook、Twitter 开始围剿虚假信息》,载澎湃网(https://m.thepaper.cn/newsDetail_forward_10335776),访问日期:2022 年 6 月 17 日。
③ See Karen Hao, AI still sucks moderating hate speech, MIT Technology Review, accessed July 6, 2021, https://www.technologyreview.com/2021/06/04/1025742/ai-hate-speech-moderation/.
④ 参见丹:《打击网络仇恨犯罪国际会议在巴黎召开》,载《国外社会科学》2004 年第 5 期。
⑤ 参见《联合国秘书长呼吁反对一切形式的仇恨》,载联合国(https://news.un.org/zh/story/2020/11/1071412),访问日期:2021 年 6 月 17 日。

一次突击行动,对涉嫌煽动他人在网络上或现实生活中实施暴力、传播种族主义和仇外信息的 11 个国家的 176 名嫌疑人进行检查①,成为迄今为止跨国联合打击"仇恨犯罪"的最好范例。

目前,国家对我国海外公民为受害者的"仇恨犯罪"的打击,往往仅停留在外交层面,敦促所在国司法机关等有关部门重视、维护受害者的合法权益。我国司法机关适用《刑法》第 8 条规定的保护原则行使管辖权,对外国犯罪者进行审判和定罪的案件极少,"糯康案"是我国行使保护管辖权的成功案例代表。保护性管辖权的行使因引渡活动开展困难,还存在一定的障碍。但网络使得"仇恨言论"和"仇恨犯罪"具有了跨国化、全球化特征,这需要各国的联合执法行动予以打击。对我国的仇恨攻击言论和犯罪多出现在海外,就目前形势来看,我国与外国联合开展打击"仇恨犯罪"行动较为困难。我国没有"仇恨犯罪"概念,在与外国对接时缺乏相应的法律和理论支撑,不同的司法和执法体系对接过程中将面临一系列的实际问题,并带来较高的执法成本。

四、重大突发事件中"仇恨犯罪"规制的应然路径——以"刑事一体化"为视角

《国民经济和社会发展第十四个五年规划和 2035 年远景目标纲要》将"显著增强突发公共事件的应急管理能力"作为"十四五"时期经济社会主要发展目标。② 应急管理能力的提升除了需要在应急救援、医疗救治、保障物资供应等方面获得进步外,提升应对因重大突发事件产生的"仇恨言论"和"仇恨犯罪"的能力也是一大重点。对此,应运用"刑事一体化"理论,增强对"仇恨犯罪"的重视程度,通过严密法网、依法执法、规范司法、社会共治、国际合作等多路径增强对重大突发事件中"仇恨犯罪"的依法治理能力。

(一)犯罪学视角的检视:重视"仇恨犯罪"现象,加强对其特征、成因等数据统计分析与犯罪预防研究

理念是行动的先导,解决问题的第一步永远是面对问题。对于过去和未来、国内和国外都存在的针对我国或我国公民的"仇恨犯罪",我国应首先树立重视此种现象的态度、勇于面对、理性分析,并通过依法治理清除仇恨现象滋生的土壤。刑法作为可以剥夺人的生命和自由的最严厉的法律,是社会治理的最后一道防线。而要想完全杜绝某一个犯罪现象,仅靠刑法的威慑力是远远不够的,最重要的是从源头进行消除、通过

---

① 参见《德媒:欧洲打击网络"仇恨犯罪"》,载参考消息百家号(https://baijiahao.baidu.com/s?id=1729693919697482950&wfr=spider&for=pc),访问日期:2022 年 6 月 1 日。

② 参见《国民经济和社会发展第十四个五年规划和 2035 年远景目标纲要》第 3 章第 2 节。

社会治理的各个环节进行预防。正如2021年2月中央全面深化改革委员会审议通过的《关于加强诉源治理推动矛盾纠纷源头化解的意见》指出,要加强矛盾纠纷源头预防、前端化解、关口把控,完善预防性法律制度,从源头上减少诉讼增量。对待"仇恨犯罪",我们首先应当在理念上提升重视程度,借鉴"刑事一体化"思想,推动法律的协同治理。

　　仇恨作为一种病态心理,威力不可小觑。正如联合国秘书长古特雷斯所强调的:"仇恨言论本身就是对宽容、包容、多样性以及人权准则和原则本质的攻击。""在过去的75年里,仇恨言论是卢旺达、波斯尼亚和柬埔寨等地发生的包括种族灭绝的暴行罪的前兆。"①仇恨往往会成为暴力犯罪的种子,不仅伤害人的生命和安全,还会破坏社会和睦一致的价值观,阻碍民族的团结稳定和国家的可持续发展。目前,世界上多个国际组织和区域组织早已注意到了"仇恨言论"和"仇恨犯罪"的危害性,并制定了专门规范文件、启动打击计划,如联合国《德班宣言和行动纲领》和"消除仇恨言论战略和行动计划"、欧盟《打击非法网络仇恨言论行为准则》和"打击仇恨犯罪联合行动"等。世界两大法系国家也逐渐重视依法打击国内的仇恨现象,美国、德国、英国、日本等多个国家的刑法典或反仇恨专门立法中都有基于偏见等仇恨动机的罪名和罚则,如《哥斯达黎加刑法典》规定"仇恨犯罪"最高可判35年监禁,《葡萄牙刑法典》设置了种族、宗教、性别歧视罪,《匈牙利刑法典》设置了针对某一民族、种族、人种、宗教群体成员的暴行罪,《俄罗斯联邦刑法典》设置了煽动仇恨或仇怨或者诋毁人格尊严罪。未来全球领域形成统一的打击"仇恨犯罪"理念是大势所趋。面对国内、国际大局和当前"仇恨犯罪"的高发态势,我国应学习国外的专门立法模式,将仇恨现象的法律协同治理提上日程。

　　当重大突发事件发生时,更要高度重视对"仇恨犯罪"的防控。重大突发事件往往会在发生后的较短时间内便获得极高的关注度,事件调查和官方出具声明需要一定时间,此段时间内极易出现公众恐慌和以讹传讹。遇有重大突发事件,发声越及时,就越有利于抑制谣言和"仇恨言论"的传播。《北京市突发事件总体应急预案(2021年修订)》规定,遇有重大突发事件时,主责部门要加强网络舆情的监测与响应,第一时间通过权威媒体向社会发布信息,最迟应在5小时内发布。对于"仇恨言论"的打击也是如此,越晚对"仇恨言论"进行删除,"仇恨言论"传播的范围就越大。唯有事先将仇恨、谣言等不良言论的控制写进应急预案并在事件发生之后快速通过官方渠道发声,才能将重大突发事件的不良舆论影响降到最低。

　　要正视我国国内的"仇恨犯罪",加强对仇恨的研究和预防。当前,世界正经历百年未有之大变局,面对新冠肺炎疫情、俄乌冲突以及逆全球化趋势的抬头,习近平总书

---

① 《联合国发起"消除仇恨言论战略和行动计划" 秘书长古特雷斯强调不能与压制言论自由相混淆》,载联合国(https://news.un.org/zh/story/2019/06/1036491),访问日期:2021年3月12日。

记强调:"大变局带来大挑战,也带来大机遇,我们必须因势而谋、应势而动、顺势而为。"①中国是一个幅员辽阔、拥有14亿人口的大国,在快速发展的过程中难免遇到各种各样的困难,社会分配不公引发矛盾、地域文化之间的冲突、少部分人的道德责任感缺失都可能激发"仇恨言论"和"仇恨犯罪"。这并不是值得掩盖、隐瞒的事件,在我国公民思想文化素质普遍提升的过程中,对仇恨现象展开探讨,反而有利于传播正确的价值观、弘扬正能量,也有利于从源头上打击"仇恨言论"和"仇恨犯罪"。

要加强案件数据的整理分析,探究"仇恨犯罪"成因。世界上许多国家都有专门的研究机构以探析"仇恨犯罪"案件的发生规律和原因,如美国纽约市警察局仇恨犯罪工作组、澳大利亚反种族主义特别工作组、美国加州州立大学圣贝纳迪诺分校仇恨与极端主义研究中心等。目前,我国对"仇恨犯罪"还缺少以大量案件为基础的系统性统计和实证研究,不利于对"仇恨犯罪"的打击和预防。接下来,可推动司法部、公安部、最高人民检察院和高校设立"仇恨犯罪"研究中心或课题研究项目,对"仇恨犯罪"的仇恨起因、犯罪方式、行为类型、危害结果、主体身份特征、社会影响力等方面进行统计分析,将实证研究的结果运用到后续的立法、执法、司法活动和群众的自我保护中去。如一项基于全美犯罪案件报告系统中1992年至2014年数据的研究得出,亚裔美国人在居所遭受"仇恨犯罪"的可能性相对较低,其更有可能在学校被攻击,同时"仇恨犯罪"较少发生在早上,而发生在晚上的居多②,因此有关部门可提醒在美亚裔在学校、夜晚注意自我保护,谨防"仇恨犯罪"。

(二) 刑法视角的检视:严密法网,完善《刑法》和其他相关法律中有关煽动仇恨的规定

我国《法治政府建设实施纲要(2021—2025年)》中提出应对突发事件要"坚持运用法治思维和法治方式"。无论是依法应对突发事件,还是打击"仇恨犯罪",都需要有法可依、严密法网。正如储槐植老师所说:"严密法网的主要价值在于使罪犯难逃法网,利于控制犯罪。法网有两层,整体法网和刑事法网。"③在完善《刑法》有关"仇恨犯罪"的规定的同时,还需要配套完善《治安管理处罚法》《突发事件应对法》,方可消弭重大突发事件中的仇恨现象。

1. 可考虑增设"煽动仇恨罪"

世界上多个国家和地区有预防和处罚"仇恨犯罪"的规定,有些规定在刑法中,有

---

① 《人间正道开新篇——关于新时代坚持和发展中国特色社会主义》,载《人民日报》2021年7月22日,第5版。
② 参见张焰、张乐宁、〔美〕弗朗西斯·本顿:《针对亚裔美国人的"仇恨犯罪"研究》,朱若菡译,载《犯罪研究》2021年第3期。
③ 储槐植:《再说刑事一体化》,载《法学》2004年第3期。

些规定在刑法之外,对"仇恨犯罪"的立法有四种类型:

其一,规定出于仇恨动机所犯下的具体罪行的法律;

其二,将"仇恨犯罪"作为从重情节或加重情节的刑事处罚加重法;

其三,为"仇恨犯罪"提供民事诉讼理由的法律;

其四,要求/授权行政机构收集"仇恨犯罪"统计数据的法律。①

然而,对于"仇恨犯罪"要不要专门作出规定,即使是"仇恨犯罪"立法经历了很长时间的国家,也仍有反对声音。例如,美国伊利诺伊大学法学院教授海蒂·赫德(Heidi M. Hurd)认为,"仇恨犯罪"立法代表着国家机器努力为鼓励公民的某种道德品质所作的努力,代表着国家有权向公民灌输美德并消除公民道德上的"丑恶",这无疑与自由主义的原则相矛盾。此外,与其他动机相比,如果因为犯罪者是出于仇恨而加重对其犯罪的惩罚,意味着司法系统对同一罪行的处理是不同的,这可能会导致同案不同判,触犯刑事司法裁判的基石。② 詹姆斯·雅科布斯(James B. Jacobs)和金伯利·波特(Kimberly Potter)在《仇恨犯罪:刑法与身份政治》(Hate Crimes: Criminal Law & Identity Politics)一书中批评"仇恨犯罪"立法加剧了群体之间的冲突③;还有人认为,受害者对"仇恨犯罪"有不同的反应,因此认为"仇恨犯罪"比其他犯罪更有害并不一定正确④。

"仇恨犯罪"概念与报复性犯罪、恐怖犯罪、群体性暴力事件(社会敌意事件)等概念有联系也有一定差异。⑤ 本文之所以要提出"仇恨犯罪"的概念,不是为了给刑法学、犯罪学创造新名词,而是为了引起犯罪学界、刑法理论与实务界对"仇恨犯罪"现象的足够重视,在刑事法内外采取有效的抗制措施,最大限度地预防和减少"仇恨犯罪"的

---

① 例如,《德国刑法典》第7章危害公共秩序罪第130条规定了"煽动仇恨罪",其保护法益侧重公共秩序,而不是对受损害群体的法益(如名誉、感情)等进行保护。而《俄罗斯联邦刑法典》第282条规定的"煽动民族、种族仇恨罪"是指旨在煽动民族或种族仇恨的行为;《俄罗斯联邦宪法》第29条规定:"禁止进行激起社会、种族、民族或宗教仇视与敌意的宣传或鼓动,禁止宣传社会、种族、民族、宗教或语言的优越论。"

② See Heidi M. Hurd, Why Liberals Should Hate Hate Crime Legislation, Law and Philosophy, Vol. 20, No. 2, 2001, pp. 215-232.

③ See J. B. Jacobs, K. Potter, Hate Crimes: Criminal Law & Identity Politics, Oxford University Press, 1998, pp. 144-147.

④ See Dan M. Kahan, Two Liberal Fallacies in the Hate Crimes Debate, Law and Philosophy, Vol. 20, No. 2, 2001, pp. 175-193.

⑤ 英美法系国家刑法中也有"仇恨犯罪"(hate crime)这一概念,这些国家一般都有保障不同种族、不同宗教信仰人群的反仇恨犯罪立法,在其犯罪学、刑法学、社会学领域,"仇恨犯罪"也是重要的研究对象。例如1990年《美国联邦仇恨犯罪统计法》(Hate Crime Statistics Act of 1990, HCSA)将仇恨犯罪定义为"全部或部分由于行为人在种族、宗教、种族/国籍、性取向等方面的偏见引起的对人身或财产的犯罪"。而一些州的《反仇恨犯罪法》与联邦的规定在仇恨犯罪的具体含义、范围上不完全相同。美国有些学者将仇恨犯罪定义为全部或部分由于行为人对种族、移民身份、宗教、残疾(包括艾滋病等疾病)、性别、性取向的偏见而导致的针对他人(包括企业、机关、社会组织、特定群体)的人身或财产的犯罪,有时也被称为"歧视与敌意犯罪"(discrimination & hostility)、"偏见犯罪"(bias crime)、"因偏见引起的暴力犯罪"(bias motivated violence)。参见王文华:《"仇恨犯罪"若干问题研究》,载《河北法学》2011年第4期。

发生。事实上,"仇恨犯罪"是各国和国际社会普遍面临的问题,在复杂的社会关系中,在生产、生活的过程中,从不满到仇恨常常只有一步之遥,而从仇恨心理到将其外化为"仇恨犯罪"也不过是一念之差,只是各国"仇恨犯罪"产生的原因和预防、处罚措施不尽相同而已。

笔者认为,总体而言,我国《刑法》若增设"煽动仇恨罪",可以更为有针对性地处罚煽动宗教仇恨、种族仇恨等行为,同时可以适当减轻寻衅滋事罪的"口袋罪"适用,进一步贯彻罪刑法定原则。我国刑事立法上采取"定性"加"定量"的犯罪成立标准,故许多人抱有"轻微的违法不构成犯罪"的思想,在网络上肆意辱骂女性(辱骂男性的现象也逐渐增多)、辱骂某个省份的人、外国人或黑人,传播"仇恨言论"。储槐植教授指出:"由于刑事法网不严密,犯罪概念、犯罪构成有一个定量限制,达不到规定的量,那么就不构成罪,导致道德底线失守,这是个重大的问题。"①当前,我国对于"仇恨言论"的法网还不够严密,不能抱有"树大自直"、认为我国国民思想素质不断提高后仇恨、歧视和偏见就将不再出现的想法而放任自流,而是需要增设"煽动仇恨罪",通过《刑法》加以管控,否则将不利于我国道德体系的建设。同时,增设"煽动仇恨罪"具有"治小罪而防大害"的作用②,可使公众认识到宣扬仇恨的违法性,以避免由仇恨心理引发更严重的暴力性犯罪。

增设"煽动仇恨罪",首先应当明确"煽动仇恨罪"的性质和其在《刑法》中的位置。"煽动仇恨罪"与"侮辱罪""诽谤罪"不同,"煽动仇恨罪"针对的犯罪对象是一类人,公然发表对一类人的"仇恨言论"属于精神上的暴力并且会在社会公众间产生不良影响。"煽动仇恨罪"与《刑法》第289条聚众"打砸抢"情况下的"故意伤害罪"、第291条之一"编造、故意传播虚假恐怖信息罪""编造、故意传播虚假信息罪"侵犯的法益相同——公共秩序,应当属于《刑法》第六章"妨害社会管理秩序罪"的第一节"扰乱公共秩序罪"。笔者认为,第四章"侵犯公民人身权利、民主权利罪"下的第249条"煽动民族仇恨、民族歧视罪"和第250条"出版歧视、侮辱少数民族作品罪"也应当放置在第六章第一节中。

其次,增设"煽动仇恨罪"需要明确"煽动仇恨"的入罪标准:公然在信息网络或者其他媒体上发表对性别、地域、种族、性取向等具有同种特征的人群进行谩骂、侮辱、诽谤、煽动对其实施暴力的言论。在罚则上,可借鉴"煽动民族仇恨、民族歧视罪"的规定,情节严重的,处3年以下有期徒刑、拘役、管制或者剥夺政治权利;造成严重后果的,处3年以上10年以下有期徒刑。对于"情节严重"和"造成严重后果"的标准,可借

---

① 储槐植:《走向刑法的现代化》,载《井冈山大学学报(社会科学版)》2014年第4期。
② 参见储槐植、李梦:《刑事一体化视域下的微罪研究》,载江溯主编:《刑事法评论》(第43卷),北京大学出版社2020年版,第177页。

鉴2013年最高人民法院、最高人民检察院《关于办理利用信息网络实施诽谤等刑事案件适用法律若干问题的解释》予以规定,但基于近年来互联网的普及,需要对点击浏览量、转发量等数量标准予以调整。

当然,增设"煽动仇恨罪"将带来此罪与彼罪的问题,对此可以通过罪数理论,特别是法条竞合理论等予以解决,不必因可能发生此罪与彼罪的关系问题而止步不前。限于篇幅,不予赘述。

无论国内、国外,"仇恨犯罪"的案件数量都在不断增长,"仇恨犯罪"在我国也已成为一种不可忽视的现象。一些可能与民族仇恨有关、但《治安管理处罚法》等行政法规未规定罚则的行为直接予以了犯罪化处理,比如《刑法修正案(九)》中的宣扬恐怖主义或极端主义、煽动实施恐怖活动、拒不履行网络安全管理义务等。这虽然受到学界部分学者的批评,认为违背了刑法的谦抑性原则,属于社会治理的"过度刑法化",但刑法的谦抑性原则既包括入罪谦抑,也包括处刑谦抑,基于我国的重刑传统和当前国情,《刑法》的立法和适用过程中应更多地强调处刑谦抑,而在入罪方面进一步严密刑事法网,即体现储槐植老师提出的"严而不厉"的刑法思想。其实,世界各国刑法近百年来改革的方向也是"刑事法网严密化、刑罚总量减轻"①。在《刑法》中增设有关"仇恨犯罪"的规定是打击犯罪的现实需求,并不违背谦抑性原则。

2. 修改《治安管理处罚法》,加强"仇恨言论"法律责任的行刑衔接

在《刑法》补充"煽动仇恨罪"的同时,《治安管理处罚法》也应当完善对"仇恨言论"的规制。目前,对于尚未达到入罪标准但造成一定不良影响的"仇恨言论",如果与民族相关,则违反《治安管理处罚法》第47条禁止"煽动民族仇恨、民族歧视"的规定;如果属于地域歧视等其他类型,则往往会被认定为《治安管理处罚法》第26条第(四)项的"其他寻衅滋事行为"而受到行政处罚。② 可见,目前《治安管理处罚法》仅规定了"民族仇恨"一种类型,不够全面,可在第26条中增加一项"公开发表性别、地域、种族等某一群体的歧视、仇恨言论的",以涵盖更多的"仇恨言论"类型。

3. 完善《突发事件应对法》,将打击"仇恨言论"纳入规制范围

《突发事件应对法》第61条规定,对参加应急救援工作或者协助维护社会秩序期间"表现突出、成绩显著"的公民,应当给予表彰或者奖励;第65条规定,对"编造并传播有关突发事件事态发展或者应急处置工作的虚假信息"的行为,视情节轻重给予责令改正、警告、暂停业务活动或者吊销其执业许可证的处罚,构成违反治安管理行为的,由公安机关依法给予处罚。

---

① 储槐植:《走向刑法的现代化》,载《井冈山大学学报(社会科学版)》2014年第4期。
② 参见余寒:《一网民辱骂受灾河南人民被拘,媒体:网络发言岂能歹毒无底线》,载澎湃网(https://m.thepaper.cn/baijiahao_13694331),访问日期:2021年7月22日。

自然灾害、事故灾难、公共卫生事件和社会安全事件的受害者及家属、朋友本就会因突发灾情或事件受到身体、财产或心灵上的伤害,如果再放任"仇恨言论"的肆意传播,无疑会进一步伤害灾区人民及相关群众的感情。在积极参加应急救援、协助维护社会秩序的优秀公民可以获得奖励的情况下,对肆意发表"仇恨言论"、严重扰乱社会秩序的人也可予以责令改正、警告等处罚,以减少突发事件中舆论方面的不良影响。

(三) 前置法视角的检视:制定专门的反仇恨犯罪法,一体化提供综合治理方略

为消除仇恨现象,我国亟须一部专门的反仇恨犯罪法将预防和打击仇恨犯罪的各个方面和环节予以串联和整合,为依法治理提供政策性、全局性、专门化依据。

1. 反仇恨犯罪法立法的必要性

第一,制定反仇恨犯罪法有助于严密法网。《国民经济和社会发展第十四个五年规划和2035年远景目标纲要》明确提出,将"完善立法体制机制,加强重点领域、新兴领域、涉外领域立法"①作为现阶段全面推进依法治国的要求之一。我国长期以来对"仇恨犯罪"的重视程度不够,但在当前紧张的国际政治局势和海外"仇恨犯罪"高发的状况下亟待弥补,通过专门立法构建完整的打击和预防仇恨现象体系是最佳选择。虽然我国国内"仇恨犯罪"多为个体性事件,但也要坚持立法前瞻性、谨防国内出现海外某些国家仇恨现象大范围蔓延的情况。

第二,制定反仇恨犯罪法是营造和谐社会氛围、倡导反仇恨文化的需要。社会的稳定发展不仅需要经济科技的进步,还需要价值观和社会文化的和谐。我国是一个拥有14亿人口的统一的多民族国家,外来文化进入我国后产生多元碰撞,使我国目前存在大量文化和理念冲突的现象。制定反仇恨犯罪法有利于增强我国公民的平权思维和法律意识,促进尊重、接受和包容与己不同的个体、族群和文化,推动巩固和谐自由、积极向上的社会氛围和文化环境。同时,海外对于我国新疆维吾尔自治区、西藏自治区人权还存在许多恶意批判和错误解读,制定反仇恨犯罪法并将禁止民族仇恨和民族歧视写入法条中,有利于为我国人权问题正名,与《民族区域自治法》《宗教事务条例》一同体现我国维护民族团结和宗教和睦、尊重和保障人权的态度。

第三,制定反仇恨犯罪法有利于打击海外"仇恨犯罪"、保护我国海外公民。当前,海外针对我国公民的"仇恨犯罪"频发,制定反仇恨犯罪法不仅彰显了我国保护海外公民的态度,还有效补充我国《刑法》的域外适用。如若将引渡、起诉、追诉等举措写入法条中,一方面为我国打击海外"仇恨犯罪"提供了法律依据,另一方面有利于推动对华裔"仇恨犯罪"频发的国家制定相关规定或打击政策,保护我国海外公民的人身和财产安全。

---

① 《国民经济和社会发展第十四个五年规划和2035年远景目标纲要》第59章。

第四,制定反仇恨犯罪法有利于与国际接轨,开展打击"仇恨犯罪"的国际合作。我国已加入多个打击"仇恨犯罪"的国际公约或区域性公约,如《公民权利和政治权利国际公约》《上海合作组织反极端主义公约》等。根据国际法上的"条约必须履行"原则,国内法必须要与相关国际规定保持协调,但我国长期以来打击仇恨犯罪的规定较为零散、缺少专门法律,制定反仇恨犯罪法有利于弥补这一缺陷。同时,世界上多个国家或国际组织已明确打击"仇恨犯罪"的刑事理念,制定反仇恨犯罪法有助于与其他国家达成一致的刑事法治观念,促进携手打击"仇恨犯罪"的国际刑事司法与执法合作。

2. 反仇恨犯罪法立法的可行性——"刑事一体化"思想的实践展开

反仇恨犯罪法应是一部针对"仇恨犯罪"问题并涵盖行政执法、刑法、公民自觉、行业自律、国际合作等多方面举措的综合法。这种"领域法"的立法模式在我国已比较成熟。① 它们不仅基于问题导向、服务于社会现实需求,还关注刑、民、行法律责任的协调适用、落实各环节主体责任、注重实体与程序相结合,充分体现了刑事一体化、法秩序统一性和法治一体化的治理方略。法律体系是由各部门法构成的"骨架",一方面须对既成之法规范加以整合、融通,另一方面还要因应客观情势发展制定新规。②

虽然我国现行法律中尚不存在"仇恨犯罪"的概念,但并不妨碍制定反仇恨犯罪法,正如我国《刑法》中也不存在"有组织犯罪"的概念,但我国依旧出台了《反有组织犯罪法》,在反仇恨犯罪法中明确"仇恨言论""仇恨犯罪"等相关概念即可。在反仇恨犯罪法的立法过程中,可以借鉴《反恐怖主义法》《反有组织犯罪法》等领域法的章节设置和全面思考方式,对"仇恨言论""仇恨犯罪"的概念、性质,治理原则,各方主体责任,违法罚则,予以体系化梳理。

在各方主体的义务设置上,具体包括政府、基层群众自治组织和学校应承担矛盾化解、宣传教育、仇恨现象及时发现、制止和报送以及受害者抚慰的责任;司法机关承担犯罪处理、犯罪者再教育、犯罪大数据研究工作;新闻、传媒、网络平台承担宣传教育、"仇恨言论"过滤删除和记录报告的责任。

在具体法律责任设置上,如若构成刑事犯罪,则依据《刑法》追究刑事责任;若属尚未达到犯罪追诉标准的违法行为,则根据情节类型和轻重的不同处以警告、罚款、行政拘留等不同的行政处罚;若系未履行"仇恨言论"监管和删除义务的企业,可以吊销许可证或营业执照。对于外国人违法,可以附加适用限期出境或者驱逐出境。同时,反

---

① 近年来,我国加强领域立法,至今已颁布的《反电信网络诈骗法》《反有组织犯罪法》《反恐怖主义法》,无一不体现了"刑事一体化"的思想,综合运用了刑法学、犯罪学、刑事政策学、刑事诉讼法学、社会学等多种学科的方法进行综合治理。有些非刑事立法,其实也越来越超越原有法学学科门类的界限,更多地体现出"领域法"的特点,更多地采用法学多个学科的治理方式,包括但不限于《个人信息保护法》《电子商务法》《反洗钱法》《反垄断法》《反不正当竞争法》等多部专门法律。

② 参见侯卓:《领域法思维与国家治理的路径拓补》,载《法学论坛》2018 年第 4 期。

仇恨犯罪法的法律责任设置要考虑与《治安管理处罚法》《刑法》等法律的衔接。在这方面,囿于我国长期以来对"仇恨犯罪"关注与研究不够的状况,反仇恨犯罪法更多的是预防法、综合法,可以少设置一些具体的行政处罚条款,具体可以借鉴日本在这方面的立法经验。限于篇幅,不予赘述。

(四) 刑事政策视角的检视:对"仇恨犯罪"宽严相济处理的具体化

对"仇恨犯罪",不同国家和地区在刑事政策取向上也有差异,这与不同国家的历史文化背景不同有关。例如,德国、日本、法国、匈牙利、波兰等国的历史与纳粹主义有关,即更加重视对"仇恨犯罪"的惩处与预防,在第二次世界大战时被纳粹德国侵略过的国家更加重视为了保障国民的历史情感与防范极端右翼的重演,法国的《盖索法案》禁止为危害人类罪辩护或否认的言论,其规定,如果公开表达质疑纳粹德国在第二次世界大战期间犯下的危害人类罪(如1945年8月8日《伦敦协定》附录中所界定的危害人类罪)的存在,可处以5年监禁和45000欧元罚款;《波兰刑法典》第256条规定,任何人被判犯有宣扬法西斯主义或其他极权主义国家制度或煽动基于民族、族裔、种族或宗教差异的仇恨,或因缺乏任何宗教派别而被定罪,可处以罚款、限制自由或最多两年监禁。德国的经历与上述国家不同,然而该国对"仇恨犯罪"的规定内容也很丰富,仅《德国刑法典》第7章第130条"煽动民众"就区分不同情形作了非常具体的规定。

在我国,"仇恨犯罪"除了涉及民族,也涉及其他类型,尽管暂无具体的统计数字。另外,由于一些国家因新冠肺炎病毒起源问题引发的对华人以及其他亚裔的仇恨而引发的犯罪增多,我国也要考虑涉及外国人犯罪的问题。在案件具体审理过程中,应当坚持罪责刑相适应、主客观相统一的原则,综合所有情节综合分析、判断,依法作出定罪和量刑,实现"良法善治、具体法治、个案正义的罪刑法定"①。贯彻宽严相济的刑事政策,在严打暴力性、群体性"仇恨犯罪"的同时,发挥刑罚的教育和改造作用,最大限度地减少社会对立面。同时做好犯罪数据的分析整理,以更好地预防"仇恨犯罪",实现刑事一体化。

1. 践行宽严相济的刑事政策,实现"仇恨犯罪"相关罪名适用的罪责刑相适应

宽严相济的刑事政策是我国根据罪刑法定、罪责刑相适应和适用法律面前人人平等原则确立的准确惩罚犯罪的刑事政策。刑事政策是否合理,直接制约惩罚和预防犯罪的效果。② 一方面,对仇恨引发的犯罪特别是暴力性犯罪,应体现依法从严处理的精神,当然,如果案件中具有法定从轻、减轻情节的,依法从宽处理;如果行为人认罪、悔

---

① 梁根林:《刑事一体化与罪刑法定、刑事政策与刑法体系的深度融通》,载《中国检察官》2018年第1期。
② 参见储槐植:《刑事政策:犯罪学的重点研究对象和司法实践的基本指导思想》,载《福建公安高等专科学校学报(社会公共安全研究)》1999年第5期。

罪,积极赔偿被害人损失或者取得被害人谅解的,可以从轻处罚;犯罪情节轻微的,可以不起诉或者免予刑事处罚。

刑事政策所具有的实质判断、价值判断和目的判断都受到罪刑法定原则的约束。① 在"仇恨犯罪"案件的审理中,应注意行为人具有仇恨心理并不等于必须从重处罚。责任的程度判断应该考虑人格因素,司法实务界常称为"主观恶性",但这不等于刑法中的"罪过"概念。② 2010 年最高人民法院印发的《关于贯彻宽严相济刑事政策的若干意见》指出,在作出总体从严或总体从宽的量刑决定时,不仅要看被告人的主观恶性,还要结合被告人的人身危险性、社会治安状况等因素,在全面考察犯罪事实、性质、情节和对社会危害程度的基础上作出综合分析判断。衡量犯罪分子"主观恶性"大小的时候应当考虑犯罪分子罪前、罪中、罪后情况,作出综合判断。③ 在执行过程中,具体是宽还是严,要看在依法依规前提下,究竟如何处理更加有利于犯罪者的改造、消除仇恨心理,并借此为后续的司法判案提供借鉴、为反"仇恨犯罪"刑事立法提供评估样本,进行刑事一体化的考量。

2. 严格把握"仇恨言论"的认定标准,防止不当扩大处罚范围

我国的言论自由状况是国内外都高度关注的话题,因此在处理"仇恨言论"案件时应坚持审慎的态度。我国曾经出现过把微信群里发牢骚、邻里争吵当作寻衅滋事的错误行政处罚决定④,不仅伤害了被处罚人的合法权益和感情,还产生使行政机关形象受损的不良社会影响。因此,我国公安、司法机关在处理"仇恨言论"案件时,一定要严格依法处理,把握入罪标准,防止主观归罪,避免不当扩大处罚范围和机械理解适用。

是否属于"仇恨言论",对于是否构成行政违法、刑事犯罪非常重要。我国宪法赋予并保障公民享有言论自由的权利,但同时规定公民在行使自由和权利的时候,不得损害国家的、社会的、集体的利益或其他公民的自由和权利。如果只是对社会消极现象发牢骚,行使自己的批评、建议权,即使语气激烈、言论刺耳,也不应当被认定为"仇恨言论",因为这既没有表明实施暴力意图、煽动暴力,也没有虚假陈述、起哄闹事或扰乱公共秩序。如果行为人的用语粗俗、恶意明显,具有辱骂、中伤、攻击、歧视和贬低某一类人的特点,且已经超出了讽刺、揶揄、调侃的范畴,应当认定为"仇恨言论"。

(五)"刑法之外"公共政策的检视:加强社会共治,减少仇恨

"仇恨犯罪"的消除不仅要靠政府的强监管,还需要社会各界的共同努力。犯罪源于

---

① 参见陈兴良:《刑法的刑事政策化及其限度》,载《华东政法大学学报》2013 年第 4 期。
② 参见储槐植、闫雨:《刑事一体化践行》,载《中国法学》2013 年第 2 期。
③ 参见储槐植、闫雨:《刑事一体化践行》,载《中国法学》2013 年第 2 期。
④ 参见(2020)粤 20 行终 281 号行政判决书,(2016)陕 0831 行初 5 号行政判决书。

社会矛盾是基本的犯罪规律①,预防犯罪的根本措施在于社会改良②,真正消除"仇恨犯罪"需要在源头上进行社会综合治理、社会共治,从而消除引发仇恨的矛盾和原因。

1. 构建针对"仇恨言论"的长效监管机制

当前我国中央网信办正在开展"清朗·网络暴力专项治理行动",剑指仇恨、歧视、侮辱性言论。这是近五年来我国监管部门首次突出整治网络暴力的行动,行政监管部门应持续开展此类专项打击行动。对于重大突发事件下的"仇恨言论",依法从严对发布者、传播者、不履行监管义务的媒体和网络平台进行处罚。监管部门应在后续工作中坚持落实我国已出台的《网络信息内容生态治理规定》《互联网信息服务管理办法》等网络治理规定,提升对平台的监督能力和水平,形成长效监管机制。

2. 不同主体多元共治,形成"仇恨犯罪"治理合力

对于我国国内存在的仇恨现象,社区、学校、单位等组织应健全和完善心理咨询机构的建设,定期认真组织心理测试,发挥心理咨询室的作用,加强社会成员的心理健康教育和不良情绪疏导,提升个人的情绪自控能力。新闻媒体应增强进行正能量宣传,消除公众的消极从众心理。科研机构应加强对危险人格评估机制的研究,以及时发现具有仇恨、暴力趋向等极端心理状态的危险人群,有针对性地预防"仇恨犯罪"的发生。互联网平台需严格依法落实主体责任,加强行业自律,提升对"仇恨言论"的过滤能力,对频繁发表"仇恨言论"的账号予以封禁、记录并报送有关部门。

对于海外对我国的仇恨现象,我国政府应重视外网的污名化治理,通过入驻海外社交媒体平台,宣传展示真实的中国。据统计,2020年美国普通人每天花费7小时50分钟使用数字媒体,且2011年至今均呈现逐年增加的趋势。③ 可见数字媒体对于外国公民的影响力是巨大的,通过数字媒体进行海外宣传也是成本最低、收效极高的途径。同时,应鼓励华人工会、商会、校友会等海外组织积极发挥作用,如纽约华人工商促进会对当地治安提出建议,得到了纽约警察署的重视和警察署加强"仇恨犯罪"打击力度的承诺。④

3. 优化社会治理与矛盾化解环境,减少"仇恨犯罪"发生的诱因

"仇恨犯罪"与底层抗拒关联密切,遏制"仇恨犯罪"必须重视该群体的生存状况。⑤ 社

---

① 参见储槐植:《刑事"三化"述要》,载《中国检察官》2018年第1期。
② 参见〔意〕恩里科·菲利:《犯罪社会学》,中国人民公安大学出版社1990年版,第142页,转引自梁根林:《刑事一体化视野中的刑事政策学》,载《法学》2004年第2期。
③ Statista, Time Spent Per Day with Digital Versus Traditional Media in the United States from 2011 to 2023, Statista, accessed May 2, 2022, https://www.statista.com/statistics/565628/time-spent-digital-traditional-media-usa/#:~:text=Time%20spent%20with%20digital%20vs.%20traditional%20media%20in,2020%20to%20just%20under%20eight%20hours%20in%202022.
④ 参见《纽约市警方倾听华社对治安建议 承诺打击仇恨犯罪》,载中国侨网(http://www.chinaqw.com/hqhr/2022/03-04/323712.shtml),访问日期:2022年4月1日。
⑤ 参见张旭、施鑫:《我国当前仇恨犯罪的原因解析——以2010年以后仇恨犯罪典型案例为研究样本》,载《吉林大学社会科学学报》2017年第3期。

会分配不公引发仇恨心理是我国"仇恨犯罪"的一大诱因,如对于"仇富"案件,需要在宏观层面完善各项制度,深化收入分配制度改革,推进共同富裕,完善社会保障体系,推进教育平等和知识普及。对于"仇医""仇警""仇法官"等案件,应提升医疗水平和政府依法行政能力,做好司法案件的法律释明和安抚工作。对于地域歧视、性别歧视现象,工会、妇联等部门发挥保障无歧视就业、批评教育、受害者抚慰作用,加强平等观念的社会宣传和教育,推动人们形成尊重差异的理念。在仇恨发展为犯罪前及时发现问题,提供有效的维权渠道。①

4. 加强刑法等法律的域外适用,促进"仇恨犯罪"刑事司法与执法的国际合作

当前,我国在世界上受害最深的"仇恨犯罪"便是因为新冠肺炎疫情的全球流行。世界卫生组织早在2020年2月就发表了《与COVID-19相关社会污名的预防和解决指南》,其中指出与疾病相关的社会污名会带来刻板印象,可能使没有患病但与这个群体有其他共同特征的人也遭受羞辱,因此不应使用"中国病毒"(Chinese Virus)、"武汉病毒"(Wuhan Virus)之类的称呼,而应统一使用"COVID-19"。② 我国应积极响应并借助此类型的国际组织、区域组织的规定和倡议,推动和敦促其他国家停止使用"污名化"称谓。

仇恨心理就如同病毒,会传染、会变异、会强化。在全球化逐渐加深的今天,国际社会必须通力合作、取得共识、共同付诸行动,才能在抗击"仇恨病毒"的战役中获胜。我国应当呼吁各国将人民的生命和健康放在首位,共同反对将公共卫生问题政治化,摒弃煽动种族歧视和仇外情绪,携手打击危害人类共同价值观的"仇恨犯罪"。

我国的快速崛起势必带来国家之间资源的争夺和文化制度的冲突,难免会引发外国与我国在某些方面的对立。目前我国展现的强硬的防卫姿态,不仅可能会成为"中国威胁论"的佐证,也不利于从源头上真正消除外国对我国的仇恨。"差异并不可怕,可怕的是傲慢、偏见、仇视。"③面对批评和质疑,我们应当勇于面对和说明并改进不足之处,面对诋毁、敌视和偏见,我们更应当保持理性的态度并有理有据地回应、澄清误解,向世界展示一个尊重和保障人权、负责任的中国形象。同时,若想更好地保护海外公民人身和财产安全,仅通过外交部督促等方式是远远不够的,完善立法、加强法的域外适用才是长久之计。

---

① 参见王文华:《流动人口仇恨犯罪与刑事政策的发展》,载张凌、郭立新、黄武主编:《犯罪防控与平安中国建设——中国犯罪学学会年会论文集(2013年)》,中国检察出版社2013年版,第491页。
② See WHO, IFRC, UNICEF, Social Stigma associated with COVID-19, accessed February 24, 2020, https://www.who.int/docs/default-source/coronaviruse/covid19-stigma-guide.pdf.
③ 《习近平在世界经济论坛"达沃斯议程"对话会上的特别致辞》,载中华人民共和国商务部(http://www.mofcom.gov.cn/article/i/jyjl/l/202101/20210103034763.shtml),访问日期:2021年1月28日。

五、结语

"仇恨犯罪"的产生是政治、文化、经济等多方面因素共同作用的结果,因此,对"仇恨犯罪"的治理应当坚持"刑事一体化"理论视野和思维格局,在刑法之内和刑法之外思考问题:刑法之内,应严密刑事法网、设立"煽动仇恨罪",发挥刑事政策的调节作用、及时反馈行刑效果,使刑法能够有效应对犯罪现象的演变;在刑法之外,应融通犯罪学、社会学等相关各学科界限,制定专门的反仇恨犯罪法,完善相关前置法规定和配套机制,从各方面消除引起仇恨心理的社会矛盾诱因,从而达到良好的社会治理效果。

可以预见的是,我国在对"仇恨犯罪"从《刑法》有关规定和制定反仇恨犯罪法等方面进行制度完善以后,很可能面临"仇恨犯罪"的数据难以在短时间内准确、全面地收集[①],《刑法》中的"煽动仇恨罪"与其他犯罪规定的此罪与彼罪的关系、入罪门槛的准确把握等问题。然而,任何立法皆非绝对的完美,刑事立法也常常面临这样那样的问题,若从事实层面、价值层面、规范层面看,结合联合国以及多国和地区的经验,我国有必要也能够对"仇恨犯罪"的规制及时提上议事日程,进行相应的规制。仇恨心理往往是长时间的矛盾积累形成并且影响深远,在"仇恨犯罪"的治理上不能图快及单纯要求犯罪率的下降,而是应当在深入分析我国"仇恨犯罪"成因的基础上,在打击"仇恨犯罪"的同时,通过完善法律体系、加强宣传教育、推进分配公平等多方面路径推动仇恨原因的消除,提升人民的幸福感和思想素质,营造公平、公正、健康、宽容的社会环境。

同时,我国在对外交往过程中要勇于面对外国对我国的仇恨、歧视、偏见和误解,既应当有理有据地解释澄清,也要通过法律手段打击侵害我国主权和公民合法权益的行为,以推动全球人类命运共同体建设,向世界展示一个真实、负责任、不容侵犯的中国形象。要提升对重大突发事件中"仇恨犯罪"的治理能力,需要从根本上形成打击"仇恨犯罪"的常态化长效机制,而严密法网、有法可依是依法治理"仇恨犯罪"的基础。面对海内外频发的"仇恨犯罪"案件、屡禁不绝的"仇恨言论"以及仇恨心理带来的巨大潜在危害,制定反仇恨犯罪法需要被提上立法日程。

---

① 这也与我国长期以来犯罪学、社会学领域的实证研究难以取得相关数据的状况有关。

原则与例外：刑事处遇双轨制的观察与省思

冯卫国* 张立宇**

所谓刑事处遇双轨制，是指为了更有效地维护社会安全，对于某些社会危害性十分严重的犯罪或者人身危险性极大的犯罪人，立法上设置一些不同于普通犯罪的特别处遇措施，这些措施对刑事法律中的某些原则、制度或程序有所突破，对犯罪人的处置更为严格，对其权利施加更多的限制。① 换言之，刑事立法在其一般性规则之外，出于刑事政策与价值考量的因素，确立了针对特定犯罪的一些例外规则，从而形成了普遍规则与例外规则并行的格局。② 刑事处遇双轨制是我国当前刑事立法值得关注的发展动向，如何保证双轨制模式在法治框架内良性运行，实现秩序、公正、效益等诸价值目标的动态平衡，这是一个需要认真思考的问题。

一、刑事处遇双轨制的回顾与观察

在我国，刑事处遇双轨制的源头可以追溯至20世纪80年代初期。1979年我国首部《刑法》和首部《刑事诉讼法》同时出台后，正赶上改革开放的起步阶段，社会各方面发生了急剧变化，由此造成了治安形势恶化、新型犯罪层出不穷的局面。为了应对汹涌而至的犯罪浪潮，国家一方面对某些性质与危害极为严重的犯罪行为实施"严打"；另一方面通过立法方式颁布了一系列特别刑法，在1981年到1995年的近十四年间，全国人大常委会陆续通过了 25 部单行刑事法律。在这些特别刑法之中，就有一些特别规定在内容上突破了《刑法》和《刑事诉讼法》的相关规定。例如：

---

* 西北政法大学刑事法学院教授。
** 台湾中山大学、高雄医学大学副教授。
① 储槐植教授在二十年前就关注到刑事立法中的这一现象，并将其称为刑事法律中的"一法两制"现象。本文的写作思路得益于攻读博士学位期间储老师的指导和启发。
② 需要注意，我国《刑法》分则有多处条文出现"本法另有规定的，依照规定"这样的表述，如第 233 条过失致人死亡罪、第 234 条故意伤害罪、第 235 条过失致人重伤罪、第 266 条诈骗罪等。一般认为，这种情形属于法条竞合，即存在普通法条和特别法条时，优先适用特别法条。法条竞合主要是由于立法技术原因而造成的立法现象，普通法条和特别法条存在逻辑上的相容关系，特别法条在立法的价值理念层面并没有形成突破，故不在本文所指的例外规则之列。

①在刑法溯及力方面,突破了刑法规定的"从旧兼从轻"原则,确立了一定范围的"有条件的从新原则"及"从新原则"。1982年全国人大常委会通过的《关于严惩严重破坏经济的罪犯的决定》在溯及力问题上采取"有条件的从新原则",即以1982年5月1日前是否投案自首或者坦白承认并如实检举作为适用该决定的条件。1983年全国人大常委会通过的《关于严惩严重危害社会治安的犯罪分子的决定》则明确规定"本决定公布后审判上述犯罪案件,适用本决定"。

②在犯罪主体方面,确立了单位犯罪主体。在1997年《刑法》全面修订之前,我国刑法只有关于自然人犯罪主体的规定,并不承认单位犯罪。1988年全国人大常委会通过的《关于惩治走私罪的补充规定》最先规定单位可以构成走私罪。随后陆续出台的其他一些单行刑法,也不断扩大单位主体涉及的罪名。由具体罪名入手,以特别刑法为路径,最终推动1997年全面修订后的《刑法》在总则中明确承认了单位犯罪主体。

③在犯罪行为方式方面,增设了一系列持有型犯罪。我国刑法规定的犯罪行为的基本方式,理论上概括为作为和不作为两类,而特别刑法设置了若干表现为持有方式的罪名,如1988年全国人大常委会通过的《关于惩治贪污罪贿赂罪的补充规定》设立的巨额财产来源不明罪、1990年全国人大常委会通过的《关于禁毒的决定》设立的非法持有毒品罪、1995年全国人大常委会通过的《关于惩治破坏金融秩序犯罪的决定》设立的持有、使用假币罪等。持有行为既不是典型的作为,也不是典型的不作为,而是介于二者之间,可谓一种特殊的犯罪行为方式。

④在共同犯罪问题上,一些单行刑法将共同犯罪中的帮助行为设置为独立的罪名,如1991年全国人大常委会通过的《关于严禁卖淫嫖娼的决定》规定的协助组织卖淫罪。这样,本属于共同犯罪的行为,由于立法的特别规定而作为单独犯罪认定,从而突破了刑法中共同犯罪的有关规定。

⑤在量刑制度方面,规定了加重处罚制度。1981年全国人大常委会通过的《关于处理逃跑或者重新犯罪的劳改犯和劳教人员的决定》和1983年全国人大常委会通过的《关于严惩严重危害社会治安的犯罪分子的决定》,都有关于加重处罚的规定,即审判机关"可以在刑法规定的最高刑以上处刑,直至判处死刑"。

⑥在证明标准与诉讼程序方面,1983年全国人大常委会通过的《关于迅速审判严重危害社会治安的犯罪分子的程序的决定》针对某些犯罪作了特殊规定,即对于"杀人、强奸、抢劫、爆炸和其他严重危害公共安全应当判处死刑的犯罪分子",降低了证据要求和证明标准,只要"主要犯罪事实清楚"就可以定罪;同时简化了办案程序,对此类犯罪可以不受刑事诉讼法关于起诉书副本送达被告人期限以及各项传票、通知书送达期限的限制,上诉及抗诉期限由10日改为3日。

⑦规定了对某些罪犯的强制留场就业制度。1981年《关于处理逃跑或者重新犯罪

的劳改犯和劳教人员的决定》规定,罪犯刑满释放后又犯罪的,刑满后一律留场就业,不得回原大中城市;没有改造好的罪犯,刑满后留场就业。强制留场就业制度针对的是刑期届满的罪犯,具有保安处分的性质。

上述特别规定的出台,可以说是刑事处遇双轨制在我国初露端倪。然而,受时代背景的限制,改革开放初期的刑事处遇双轨制存在先天不足。上述特别规定中,除了有关单位犯罪、持有型犯罪等,大多在20世纪90年代末期刑事诉讼法、刑法修订后被废除。不能否认,在法治建设刚刚起步、犯罪压力陡然增大的改革开放初期,曾经的某些特别规定对于配合当时"严打"斗争的需要,及时有力地惩治刑事犯罪、维护社会秩序,起到了一定作用。但是,某些特别规定过度强调打击犯罪和维护秩序的价值目标,忽略了对司法公正和人权保障的考虑,同现代刑事法治精神有着难以调和的冲突,并且随着我国法治进程的不断推进,这种冲突与裂痕不断加剧。终于,伴随1996年《刑事诉讼法》和1997年《刑法》的相继全面修订,这些不符合时代精神的特别规定得以废除,与此同时,无罪推定、程序公正、罪刑法定、罪刑均衡等理念和原则在刑事立法与刑事司法中生根发芽,日渐深入人心。那么,这是否意味着刑事处遇双轨制走向枯萎与终结?现实的回答是否定的。

回顾1997年以来我国刑事立法的变迁,可以发现,刑事处遇双轨制并未消失,而是以另一种面貌展现,而且其逻辑更为清晰,内容更为丰富,可谓实现了扬弃式发展。之所以说"另一种面貌",是因为较之过往,现在的刑事处遇双轨制更多地受到法治的约束,更多地兼顾司法公正与人权保障的要求,而不是单纯追求打击犯罪与秩序维护。通过观察和分析相关立法可以发现,现阶段的刑事处遇双轨制呈现以下特点:

一是例外规则适用的对象范围在扩大。从犯罪性质看,除传统的危害国家安全犯罪、严重暴力犯罪、毒品犯罪等外,还涉及有组织犯罪、恐怖活动犯罪、腐败犯罪等。这些犯罪都侵犯了重大法益,危害性质相对更为严重,是刑事法律惩治的重点。另外,从犯罪人角度看,主要涉及累犯、犯罪集团的首要分子、黑社会性质组织的组织及领导者、恶势力组织的首要分子等。

二是例外规则的设立主要采取出台立法修正案的方式,不再依靠1997年以前制定单行刑法的立法模式。除了刑事诉讼法和刑法修正案,近年来新出台的某些非刑事法律,如《反恐怖主义法》《监察法》《反有组织犯罪法》等[①],也涉及一些相关内容。

三是例外规则的法条数量在增多,内容更加广泛,涉及定罪、量刑、执行等实体问题以及侦查、会见、强制措施、审判等程序问题。1997年《刑法》及后来的若干刑法修正

---

① 关于《反恐怖主义法》《反有组织犯罪法》以及《反电信网络诈骗法》的部门法归属,目前在理论上存在不同认识。笔者认为,这类法律虽然聚焦于犯罪问题,涉及刑事责任的内容,但强调犯罪的预防和治理,兼有刑事法和行政法的内容,融实体和程序于一体,具有综合性的特点,很难用传统的部门法划分标准进行归类,不宜归属于刑事法律,当然,这些法律中具有附属刑法的内容。

案,以及 1996 年、2012 年、2018 年三次《刑事诉讼法》的修订,都涉及例外规则的设置,使得刑事处遇双轨制的立法基础不断得以充实。

下面,笔者将现行法律中体现刑事处遇双轨制的例外规定作一大致梳理。

①涉及刑事管辖权的内容。2021 年通过的《反有组织犯罪法》第 2 条第 2 款规定:"境外的黑社会组织到中华人民共和国境内发展组织成员、实施犯罪,以及在境外对中华人民共和国国家或者公民犯罪的,适用本法。"该法第 66 条第 2 款进一步规定:"境外的黑社会组织的人员到中华人民共和国境内发展组织成员、实施犯罪,以及在境外对中华人民共和国国家或者公民犯罪的,依法追究刑事责任。"上述规定可以理解为对《刑法》第 8 条保护管辖原则的有条件突破。根据《刑法》第 8 条的规定,保护管辖原则的适用,除要具备外国人在中国领域外对中国国家或者公民犯罪这一前提外,还要具备"按本法规定的最低刑为三年以上有期徒刑"以及"按照犯罪地的法律也应受处罚"两个条件,此外,即使满足这些条件,立法也只是规定"可以适用本法",这意味着是否实际进行刑事追诉,刑事司法机关有一定的酌处权。而《反有组织犯罪法》中对境外黑社会组织人员在境外对中华人民共和国国家或者公民犯罪进行追诉的规定,没有设置刑罚轻重、双重犯罪等方面的限制,也没有酌处权的规定,可以视为刑事管辖权方面的一个例外规定。

②涉及犯罪认定方面的内容。一个明显的趋向是持有型犯罪的立法在扩张,除前述的非法持有毒品罪等之外,还有《刑法修正案(八)》增设的持有伪造的发票罪、《刑法修正案(九)》增设的非法持有宣扬恐怖主义、极端主义物品罪等。另外,预备行为、帮助行为独立成罪也是近年来明显的立法动向。如《刑法修正案(九)》增设的准备实施恐怖活动罪、帮助网络犯罪活动罪等。这一立法动向被一些刑法学者称为"预防性立法"。

在定罪问题上,巨额财产来源不明罪是刑法中值得特别关注的一个特殊罪名,该罪名在 1988 年即在单行刑法中规定,后在 1997 年被纳入《刑法》。该罪名的特殊性,不仅是因为其行为方式表现为持有状态,而且作为行为对象的"非法所得"是立法推定的结果,立法实际上还赋予被追诉人一定的举证义务,这同控方举证、疑罪从无等刑事诉讼法基本原则显然存在一定矛盾,从而引发了理论界诸多争议,至今尚未平息。

③涉及刑罚适用方面的内容。在累犯制度上,根据刑法规定,特别累犯的构成条件没有刑罚轻重、前后罪间隔期限的限制,实际上处置更为严格。另外,《刑法修正案(八)》扩大了特别累犯的罪行范围,在原来的危害国家安全罪之外,增加了黑社会性质犯罪与恐怖活动犯罪。在缓刑制度上,将累犯及犯罪集团的首要分子排除在缓刑适用范围之外。《刑法修正案(八)》规定了对被判死缓的累犯及严重暴力犯罪行为人可以决定限制减刑。《刑法修正案(九)》还规定了针对被判处死缓的贪污受贿行为人适用

终身监禁的规定。

④涉及刑罚执行的内容。1997年修订后的《刑法》规定了对累犯及暴力性犯罪的重罪犯不得假释的条款。《反有组织犯罪法》设立了涉有组织犯罪减刑假释建议的提级复核制度。根据该法第36条的规定,黑社会性质组织的组织者、领导者或者恶势力组织的首要分子被判处10年以上有期徒刑、无期徒刑、死缓的,执行机关的减刑建议必须报经省级监狱管理机关复核,然后方可提请人民法院裁定;对于上述人员的假释提请,则一律适用提级复核程序,且没有刑罚轻重的限定。这一规定有助于完善监狱行刑的内控机制,杜绝"黑老大"利用人脉关系和非法影响力,违规办理减刑、假释,实现"合法越狱"。《反有组织犯罪法》还首次以立法形式,确立了涉黑涉恶罪犯的跨省异地执行刑罚制度。这一做法旨在将黑恶势力团伙拆分打散,避免其成员继续在监狱里非法勾连,对抗改造。《反有组织犯罪法》第35条第2款规定:"黑社会性质组织的组织者、领导者或者恶势力组织的首要分子被判处十年以上有期徒刑、无期徒刑、死刑缓期二年执行的,应当跨省、自治区、直辖市异地执行刑罚。"

⑤涉及诉讼程序、证明标准方面的内容。在侦查阶段的律师会见方面,对危害国家安全犯罪、恐怖活动犯罪案件有所限制,根据刑事诉讼法的规定,这两类案件中律师会见在押嫌疑人,应当经侦查机关许可,其他案件中的律师会见则无此限制。在拘留制度上,对一般案件要求办案机关在拘留后24小时内通知被拘留人的家属,但对涉嫌危害国家安全犯罪、恐怖活动犯罪,如认为通知可能有碍侦查的,可以暂不通知。在监视居住问题上,指定居所监视居住的适用前提是被追诉人在当地无固定住处,但若涉嫌危害国家安全犯罪、恐怖活动犯罪,办案机关认为其在住处执行可能有碍侦查的,可以指定居所执行。在侦查措施上,对于危害国家安全犯罪、恐怖活动犯罪、黑社会性质的组织犯罪、重大毒品犯罪等,可以采取技术侦查措施;对毒品犯罪等可以实施控制下交付措施。在审判程序方面,2012年修订后的《刑事诉讼法》增设了被追诉人逃匿、死亡案件的违法所得没收程序,改变了以往只能在认定有罪的前提下方可没收涉案人员违法所得的做法;2018年修订后的《刑事诉讼法》则增设了刑事缺席审判程序,针对潜逃境外的贪污贿赂犯罪案件以及严重危害国家安全犯罪、恐怖活动犯罪案件,可以进行缺席审判,从而突破了长期以来我国刑事诉讼法坚持的刑事公诉案件只能在席审判的原则。

2018年以来,随着《监察法》的出台和国家监察制度的建立,贪污贿赂等腐败犯罪的调查取证工作转由监察机关办理,调查阶段适用《监察法》的规定,对被调查人可以适用留置措施。这是我国关于犯罪追诉方面的重大制度创新,也体现了更为严格的惩治腐败犯罪的立法宗旨。

此外,《反有组织犯罪法》第45条第3款对涉案财产处置的证明标准作了特别规定,即被告人实施黑社会性质组织犯罪的定罪量刑事实已经查清,有证据证明其在犯罪期间获得的财产高度可能属于黑社会性质组织犯罪的违法所得及其孳息、收益,被告人不能说明财产合法来源的,应当依法予以追缴、没收。这一对涉案财产采取的"高度可能"的证明标准,不同于《刑事诉讼法》第 55 条确立的证据确实、充分这一定罪量刑的一般标准。这有利于方便司法实务操作,最大可能地实现对有组织犯罪所得及其收益的充分没收,摧毁犯罪组织及其成员赖以生存发展的经济基础。

⑥涉及保安处分方面的内容。2015 年颁布的《反恐怖主义法》设置了安置教育制度,即对于判处徒刑以上刑罚的恐怖活动罪犯和极端主义罪犯,在其刑满释放前经评估仍具有社会危险性的,法院可以决定在其出狱后进行安置教育。安置教育是带有强制性的处遇措施,涉及对刑满释放人员自由的限制,可以说是典型的保安处分措施,其适用的目的不是惩罚与威慑,而是促进对相关人员的教育矫正,并有效维护社会安全。此外,《反恐怖主义法》第 53 条规定的公安机关对恐怖嫌疑人员的临时性约束措施,也涉及对相关人员人身自由的限制,但采取该措施时尚未立案,属于为了反恐需要而设立的一种具有紧急性的强制措施,也具有保安处分的性质。《反恐怖主义法》本身虽然不属于刑事法律范畴,但是其中一些同犯罪控制直接相关且具有刑事义务性质的条款,应属于广义的刑事法律的内容,亦即非刑事法律中的刑事规范。《反恐怖主义法》设立的上述两种制度,都是对传统刑事立法理念和模式的突破,体现了国家在反恐立法设计上的"特事特办",是刑事处遇双轨制的典型体现。2021 年新出台的《反有组织犯罪法》设立了涉黑涉恶罪犯刑满后的个人情况报告制度。根据该法第 19 条、第 70 条之规定,对因组织、领导黑社会性质组织被判处刑罚的人员,设区的市级以上公安机关可以决定其自刑罚执行完毕之日起,向公安机关报告个人财产及日常活动,报告期限不超过 5 年。对违反上述规定的,公安机关可给予警告、拘留及罚款等治安行政处罚措施。这一制度作为一种刑满后的管束措施,其目的在于防范重点人员再次"染黑",有效保卫社会安全,具有保安处分的色彩。不过,由于不涉及对人身自由的过多限制,仅是一种轻微的管束措施,立法将这一制度设计为行政措施而非司法措施,而且在决定适用与否以及适用期限方面,立法赋予公安机关较大的自由裁量权。

二、刑事处遇双轨制的动因与论争

通过以上论述,可以看出,刑事处遇的双轨制模式经过多年的悄然生长,在我国刑事立法中已具雏形。如果从一个更广的视角和范围来观察,这也是世界范围内刑事立法的一个显著动向。20 世纪下半叶以来,伴随着科技的突飞猛进和经济全球化的风起云涌,人类社会进入一个风险无处不在的"风险社会",而来自犯罪的风险是其中最大的风险源之一,尤其是有组织犯罪、毒品犯罪、恐怖主义犯罪、严重暴力犯罪、跨国犯罪等的威胁日益加剧。这些犯罪不仅严重危害公共安全与社会秩序,而且表现形式日益复杂,查处和防范的难度更大。在此背景下,各国刑事政策普遍向两极化方向发展。储槐植教授将"两极化"趋向概括为"轻轻重重",所谓"轻轻",是指对轻微犯罪及人身危险性小的犯罪人,处理更加宽松,处罚更为轻缓;"重重"则指对严重犯罪、人身危险性大的犯罪人,处理更为严格,处罚相对更重。刑事处遇双轨制正是"两极化"刑事政策在立法上的反映,具体而言,就是为了实现"重重"的目标,刑事立法对某些严重犯罪或危险较大的犯罪人,允许采取一些非常规的手段、措施,从而同普通犯罪的处理模式有所区分。

在国外,刑事处遇双轨制通常体现为:在实体上,限制甚至排除假释等措施的适用,更多、更长地判决和执行监禁刑,扩大使用保安处分措施等;在程序上,一定程度上放松正当程序原则的要求,加大对被追诉人的权利限制,如可以适用监听、监视、电子拦截、卧底等特殊侦查手段。这些同我国采取的相关措施相似,但也有不同之处。例如,2011年,美国奥巴马政府为嫌疑人的保持沉默权设置了紧急情况下的例外规定,在公共安全受到威胁时,有关部门有权停止嫌疑人保持沉默权利的规定,以获得关于其他嫌疑人活动的情报。此外,美国、韩国等国都出台了相关法律,对性暴力犯罪者出狱后的权利进行了一定限制,如实行登记制、一定范围内信息公开和居住限制等制度,以维护公共安全,甚至还有的国家如德国、韩国等对性暴力犯罪者采取药物注射的矫治方法(即所谓"化学阉割")。在我国,立法上没有沉默权规定,对性暴力犯罪者也未规定类似的处遇方式。

在许多国家,刑事处遇双轨制表现为以特别刑法设置例外规则的路径,这接近于我国在1997年以前采取的立法模式。例如,在打击和防范有组织犯罪方面,不少国家制定了专门的刑事法案。在美国,1970年出台的《有组织犯罪控制法》中,允许有条件地从重溯及既往,增加没收财产刑的规定,对共犯刑事责任的归责采用"鬼影原则",即共犯对实行犯在实施共同计划过程中发生的一切当然的可能后果承担责任[1];同年通过的《反勒索及受贿组织法》中,确立了电子监控、卧底行动、豁免权和证人保护计划等打击有组织犯罪的特别程序与制度;1994年通过的《暴力犯罪控制及执法法案》中,加重了对暴力犯罪的处罚,增加了死刑规定,规定对累犯、再犯采取"三振出局法"[2]。在德国,1992年通过了《打击违法毒品交易和其他有组织犯罪表现形式法》,1993年通过

---

[1] 参见孙力、刘中发:《"轻轻重重"刑事政策与我国刑事检察工作》,载《中国司法》2004年第4期。

[2] 即对于之前已犯二次重大犯罪的重犯,或者曾犯一次以上重大暴力犯罪的重罪犯,或者一次以上重大犯罪的毒品犯,当其再犯时,将被判处终身监禁,不得假释。参见李春雷、靳高风主编:《犯罪预防学》,中国人民大学出版社2016年版,第52页。

了《严重犯罪所得利润追查法》,1998年通过了《完善打击有组织犯罪法》。① 在日本,1991年出台了《暴力团对策法》(2012年进行了修订),1999年通过了《电话窃听法》《打击有组织犯罪及控制犯罪所得法》,2007年颁布了《预防犯罪活动获利转移法》。② 这些法案中都规定了一些较之普通犯罪更为严格的处置措施。

再如,在打击恐怖主义犯罪方面,"9·11"事件后,美国通过《为团结和强化美国而提供有效措施抗击恐怖主义法案》(简称《爱国者法案》),在立法与司法方面出现许多重大转变,极大地扩张了反恐调查机构的权力,尤其是扩大了通讯监听和互联网监控的范围,一些措施甚至突破了无罪推定原则。2001年,英国也通过了《反恐怖主义、犯罪和保安法》紧急法案,允许执法部门不经审判即可无限期地拘留居住在英国但在外国出生的恐怖活动嫌疑人。③ 2014年,英国出台新的反恐法案,内容包括实施临时驱逐令,禁止涉嫌参加恐怖活动的英国公民回国,赋予警方在英国边境临时没收涉恐人员护照最多30天的权力等。④ 2020年2月12日,英国下议院又批准一项新的反恐法案,对正在服刑的具有恐怖袭击嫌疑的重刑犯的假释作了更为严格的限制。⑤ 在法国,继1986年、2006年、2014年后,在2017年10月公布了新的反恐法案——《加强国内安全和反恐法》,进一步加强了对恐怖活动的防范和打击力度。在澳大利亚,2016年出台一项全国性的反恐法案,根据该法,高风险恐怖分子将与特定案件中的恋童癖者和极端暴力罪犯一样,在服刑完毕后,继续以纯粹的预防措施接受关押,而延长的关押时间将受到法庭的监督。⑥

对于刑事处遇双轨制的正当性,学者中一直都存在质疑的声音,一些国家的相关立法引起社会各界的广泛争议和激烈批评,甚至招致民权组织的抗议行动。反对者认为,在立法上设置突破法律一般原则的例外规则,导致国家权力的过度扩张,使得人权保障水平受到削弱,这不仅对被追诉人的权利造成不当的限制,而且对所有公民的自由构成威胁,与现代法治精神背道而驰。而支持者则认为,面对现代社会中某些犯罪对公共安全与秩序的巨大威胁,刑事处遇双轨制是必要的,也是正当的,因为常规的处理模式不足以有效应对某些严重罪行,虽然采取非常规的处理模

---

① 参见郑冲:《德国打击有组织犯罪相关立法情况》,载《中国人大》2010年第14期。
② 参见〔日〕白取祐司:《日本近期预防有组织犯罪立法及其问题》,王鲲译,载《国家检察官学院学报》2009年第6期。
③ 参见钱叶六、郭健:《西方两极化刑事政策之趋向及我国刑事政策模式之理性抉择》,载谢望原、张小虎主编:《中国刑事政策报告》(第1辑),中国法制出版社2007年版,第47页。
④ 参见《英国出台新反恐法案,将禁止涉恐英国公民回国》,载人民网(http://world.people.com.cn/n/2014/1127/c157278-26102877.html?rdmx=1956603037),访问日期:2022年5月8日。
⑤ 参见《英国下院批准紧急反恐法,阻提前释放恐袭嫌疑重犯》,载中国新闻网(http://www.chinanews.com.cn/gj/2020/02-13/9089971.shtml),访问日期:2020年2月13日。
⑥ 参见《澳将引入新法 允许无限期监禁高风险恐怖分子》,载中国新闻网(http://www.chinanews.com/gj/2016/07-25/7951105.shtml),访问日期:2016年7月25日。

式可能会损及某些个人的权益,但为了有效维护社会的重大利益,这是一种迫不得已的选择。另外,针对某些犯罪如恐怖主义犯罪设置特别规则,对涉案人员乃至普通公民的权利进行更多的限制,可以国际法上的"权利克减"理论进行解释,即国家在遇到公共紧急状态、自然灾害或战争的条件下,不履行某些国际人权法的义务被认为是合理的。

论争的背后实际上是如何把握价值衡量的问题。现代社会中,犯罪治理活动需要顾及多元价值目标,如公正、秩序、安全、自由、人道、效益等,而不同价值目标之间难免会发生一定冲突,尤其是秩序与权利、安全与自由、公正与效益的冲突时有发生,如何实现多元价值之间的调适与平衡,一直是犯罪治理中的困惑和难题。另外,刑事立法中的价值衡量,不是一个抽象的逻辑思辨过程,而是回应犯罪情势与社会需求的公共政策抉择,应当以多数人的最大利益为决策的出发点和归宿。在某些类型的犯罪危害日盛、严重冲击社会安全的情势下,社会整体对安全价值的需求更为迫切,加大对这些犯罪的惩治力度,增加对犯罪人的权利限制,在刑事立法中设置一些例外条款,这是符合公共利益需要的。公共利益并不是个人利益的对立面,公共利益是个人利益的集合体,代表着最大多数社会成员的根本性、长远性利益。根据美国心理学家马斯洛的需要层次理论,安全是仅次于生理需要的人类最基本的需要,当安全与自由发生冲突时,自由让位于安全是正常现象,没有安全就没有自由。通过例外条款对个体自由附加必要限制的刑事处遇双轨制,总体上是能够为社会所容忍和接受的。

事实上,现代社会为应对犯罪而采取的一些侦查手段与防控措施,不仅对犯罪人,而且对普通公民的权利也会带来一定影响,如通讯监听、网络拦截、遍布街头的视频监控设备以及机场、地铁等场所日益严格的安检措施等,实际上对公民的隐私权乃至人身自由构成一定的威胁或限制,但为了反恐与公共安全的需要,社会不得不承受这样的代价,可以将其视为"可以容忍的风险"。当然,质疑者的担忧也是需要认真对待的。在追求有效控制犯罪的功利价值同时,必须清醒认识这些例外规则与特别措施所潜藏的弊端和危险,严格规制其适用范围与条件,努力防止滥用或不当使用的后果,将其副作用降至最低。否则,不加约束的犯罪控制手段对社会的危害可能不亚于犯罪本身。正如有学者所言:"以保障权利为名过分弱化国家的社会控制和以维护安全为名过度压缩公民自由的空间都会产生不同程度的社会问题,二者之间需要保持一种动态的平衡……安全和自由都是人类延续的基本需求,两者不可偏废。但安全的强度和自由的限度在不同情势下却需要具体把握,这是一种微妙的技巧,需要倾注人类智慧。"[1]

---

[1] 倪春乐:《恐怖主义犯罪特别诉讼程序比较研究》,群众出版社2013年版,第43—44页。

三、刑事处遇双轨制的省思与展望

在我国,刑事处遇双轨制的确立同当前刑事立法发展的国际趋向是吻合的,也符合"宽严相济"基本刑事政策中重罪从严的内在精神,这是应对犯罪形势变化、提升刑事治理效能的理性选择。在肯定其合理性和必要性的同时,有必要吸取域外以及我国以往实践中的经验教训,将刑事处遇双轨制的运行严格限定在法治框架之内,在兼顾多元价值的前提下实现犯罪治理的最优效果。

(一)坚守底线正义

底线正义体现了刑事领域的底线思维,即作为现代刑事法治基石的一些核心理念和原则,如罪刑法定、无罪推定等原则,在任何时候都不能放弃和背离;对于被追诉人的某些最基本的权利,在任何时候都不可加以剥夺。为此,刑事立法和司法实践中一定要把握好原则与例外的关系。为了增强刑事法律的适应性和实效性,虽然立法中可以设立一些例外规则,但其设立和执行必须有严格的限制。首先,例外规则只能由立法者通过立法方式设立,绝不能放任司法者自行突破现行法律规定,设置游离于法律体系之外的例外规则。其次,立法者不能为了打击犯罪而随意设立例外规则,例外规则在法律中一定是极少数的,太多就不是正常现象,而且可能引发不良后果。即使有必要设立例外规则,也需要秉持特别审慎的立场,反复权衡而定,设立的例外规则不能超出现代法治与社会伦理所能容忍的底线。例如,即使嫌疑人涉嫌的罪行极其严重,也不能纵容警察的刑讯逼供行为;法院对被告人的量刑,从重处罚绝不能超出法律规定的上限;等等。申言之,例外规则的设立意味着面对某些犯罪的巨大威胁,秩序与安全价值应优先考虑,但不意味着对其他价值的彻底放弃。我国 20 世纪 80 年代"严打"期间出台的一些单行刑法,出现了重法溯及既往、加重处罚、降低证明标准、限制被告人上诉权等规定,现在来看,这些规定过分强调了刑事法律的社会保护机能,而忽视了人权保障机能,由此给经历"文化大革命"后刚刚恢复的法治建设带来相当的负面影响,甚至导致一些刑事错案的发生。法治初创时期走过的这些弯路应当引以为戒,今后不能重蹈历史覆辙。

需要注意,刑事法律所确立的例外规则,大多数有严格的适用范围和条件,司法适用中应当从严把握。例如,在刑事拘留及指定居所监视居住所涉及的例外规则中,"有碍侦查"都是适用的前提,应当根据具体情况酌情判定,而不能不问情况一刀切地适用这些例外规则。还有一些例外规则在限制被追诉人权利的同时,也赋予其一定的权利救济路径,应当予以充分保障。如在刑事缺席审判程序中,对被告人的辩护权、上诉权等都有特别保护的规定,甚至赋予被告人近亲属的独立上诉权,以弥补因被告人缺席庭审而无法充分行使权利的问题。此外,对于立法上设置的一些不利于被追诉人的刑事推定条款,如果被追诉人能提出充分的、相反的证据推翻推定结论,则不能适用该刑事推定而导致对被追诉人的不利结果。例如,如果被告人能够说明涉案财产合法来源的,则不能适用《反有组织犯罪法》第45条第3款的推定条款,认定涉案财产属于非法所得从而予以追缴、没收。

对于国际刑事司法准则所确立的被追诉人的某些基本权利,如获得法律帮助的权利,应当不折不扣地加以落实。如《监察法》虽然对监察调查阶段的律师介入未作明确规定,但辩护权和法律帮助权作为与底线正义相关的基本权利,在实践中应当予以保障,不应以法律未作明确规定而否认被追诉人享有这些权利。

即便是紧急状态下,例外规则制定与实施也不能危及底线正义。在进入紧急状态下,国家为应对非常情势之需而颁行某些特别法令,较之平时对公民权利进行更为严格的限制,这是"权利克减"理论的体现。但即便是紧急状态下的权利克减也不是无限度的,一是其适用的时间效力仅限于紧急状态期间,二是权利克减也有范围限制。根据《公民权利和政治权利国际公约》的要求,公民的某些基本人权是不得克减的,如不受酷刑和不人道待遇的权利、不受奴役的权利、不受刑事溯及处罚的权利、法律人格权等。① 如在反恐问题上,一些国家在发生大规模恐怖袭击事件后,宣布国家进入紧急状态,并颁布一些具有实施期限的特别法案,赋予执法机构更大的权利,加强对相关人员的管控,这些做法并无不当,也可以得到本国国民和国际社会的理解。但个别国家以反恐名义过分扩张执法机构的权力,一些做法背离了国际刑事司法准则的底线要求,威胁到公民的基本人权。如美国政府曾施行的《爱国者法案》,允许政府拥有不受限制的监听权力,美国反恐实践中还存在纵容执法机构对涉恐人员进行虐待、秘密审判等做法,引发了广泛的批评,以致国家声誉受损。这也是法治领域值得镜鉴的负面典型。

新冠肺炎疫情暴发以来,监狱工作面临前所未有的巨大压力,管理上遇到一些棘手难题。例如,疫情期间,我国监狱系统普遍暂停了亲属会见,罪犯离监外出就医受到严格限制,这些权利克减措施,虽然会对罪犯带来一些不利影响,但这是综合考虑社会安全、监狱安全以及罪犯本人安全后权衡的结果,是合理的也是必要的,并不违背法治精神。不过,有必要在未来《监狱法》的再修改中,对监狱面临突发事件时的特别处遇措施进行立法规制。另外,在疫情期间,可否对刑期届满的罪犯采取限制离监措施?这一问题引发一定争议。有学者建议,为有效应对紧急突发事件,法律可授权政府行使紧急行政权,其中包括延长被拘留和服刑人员的监禁期限。笔者认为,服刑人员刑

---

① 参见袁登明:《反恐立法中的人权保障》,载赵秉志主编:《中国反恐立法专论》,中国人民公安大学出版社2007年版,第363页。

期届满,罪犯身份就不复存在,继续执行刑罚不具有任何正当性根据,无论基于何种理由和方式,延长其监禁期限都是不妥当的,否则便背离了罪刑法定、罪责刑相适应等刑事法治的基石性原则。我国《监狱法》第35条规定:"罪犯服刑期满,监狱应当按期释放并发给释放证明书。"根据法律要求,对于刑满人员,监狱应当依法及时办理释放手续。当然,如果面临严重和急迫的危险,包括发生严重的疫情,让刑满人员暂时留在监狱,待危险消除再出监返家,这既是维护公共安全的需要,也是为了保障刑满人员的生命健康安全,是各方面都可以理解和接受的。在此情形下,监狱应当告知刑释人员相关情况,尽可能得到其理解和配合;同时,应当明确这种状况不属于服刑,性质类似于疫情期间针对普通公民的居家隔离措施,应给予相关人员不同于在押罪犯的更多自由空间和宽松待遇,最好在狱内单独安排食宿。

(二) 遵循比例原则

比例原则最初是行政法理论上的一个原则,被称为行政法领域的"帝王条款",其基本含义是行政行为如果会对相对人的权益造成不利影响,则这种不利影响应被限制在尽可能小的范围和限度之内,二者应有适当的比例。从刑事法角度看,比例原则就是对犯罪行为的追诉和惩治,应当将对行为人权利的限制和剥夺控制在合理必要的范围内,采取的处理措施应当同行为的危害程度与行为人的危险程度相适应。刑法上的罪责刑相适应原则,实际上就体现了比例原则的精神。在刑事诉讼法意义上,比例原则最明显的体现在强制措施的运用上,即对被追诉人的人身自由限制的程度,要同其罪责大小、危险程度相匹配,如对轻微罪行、人身危险性小的被追诉人,尽可能采取取保候审等非羁押性措施,只有对罪行较重、人身危险性较大的人,方可使用逮捕措施。

刑事处遇双轨制所确立的例外规则意味着对被追诉人权利更多的限制,其适用的后果就是惩治力度的增加或正当程序标准的降低,因而必须考虑所涉及的罪行轻重和危险性大小,虽然在多数情况下立法上已经明确了例外规则的适用对象与范围,但仍有一些情况需要办案人员结合立法规定进行具体判定,此时,应当遵循比例原则的要求。例如,根据刑事诉讼法规定,对重大毒品犯罪以及其他严重危害社会的犯罪案件,根据侦查犯罪的需要,可以采取技术侦查措施;对严重危害国家安全犯罪、恐怖活动犯罪案件可以进行缺席审判,这就赋予了办案人员一定的裁量权,所涉罪行是否属于"重大""严重",是否有必要适用例外规则,需要根据个案具体情况慎重考虑,罪行尚未到严重程度的,或者没有必要的,就不能轻易适用。

(三) 改进立法模式

从国外多数国家的情况看,刑事立法的例外规则主要通过特别刑法的立法模式加以设置。在我国,1979年《刑法》初次颁布后直到1997年全面修订前,特别刑法曾是一度盛行的立法模式,但由于立法技术上的原因,导致刑法体系的协调性受损,出现了所谓"特别刑法肥大症"现象,法条冲突问题严重,特别刑法在很大程度上架空了《刑法》,《刑法》的权威性受到影响。1997年之后,仅仅在1998年出台过一部特别刑法,即1998年12月29日通过的全国人大常委会《关于惩治骗购外汇、逃汇和非法买卖外汇犯罪的决定》,此后,立法机关几乎放弃了特别刑法的立法模式,迄今未出台过新的特别刑法。但不能因此而完全否定特别刑法立法模式的价值。比较而言,特别刑法的立法模式在一定范围内还是具有优势的,对于某些方面具有特殊性的犯罪单独加以规定,可能比放在《刑法》中更为合适。例如,从主体和犯罪性质的特点考虑,军人违反职责罪就适宜采取单独立法的模式。另外,考虑到有效打击某类犯罪的现实需要,尤其是需要设置某些不同于《刑法》一般规定的例外规则时,特别刑法不失为一种更优的选择。虽然我们不能简单照搬国外立法经验,立法模式的选择应着眼于我国实际情况,但国外广泛采用的有益立法经验还是值得我们吸收借鉴的。为了促进刑事立法模式更趋科学,建议恢复特别刑法的立法模式,当然,其范围要严格把握,仅限于某些方面具有特殊性的犯罪,且需要设置一定的例外规则,要避免1997年以前那种特别刑法数量庞大的局面再现。

(四)提升司法质效

刑事处遇双轨制首先是一种立法现象,但其运行效果很大程度上取决于司法适用的状况。办案人员应当准确把握立法精神,严格按照立法规定的条件和要求适用相关的例外规则,努力避免因不当使用而损害法律公正和司法权威。在当前司法实践中,需要警惕以下几个方面的不良倾向:

一是泛刑化和重刑化倾向,即不合理地扩大刑法打击面、强化刑法惩处力度。例如,近年来的刑法修订对于恐怖活动犯罪等采取了预防性立法的思路,刑法惩治的触角向前延伸,对一些犯罪的预备行为、帮助行为规定了独立的犯罪,从而使刑事法网更趋严密,但司法认定中仍要从严把握罪与非罪的界限,避免过度犯罪化。即使属于危害国家安全犯罪、恐怖活动犯罪、毒品犯罪等性质比较严重的犯罪,但不同的具体罪名或者同一罪名的具体个案,其危害程度都存在差异,不可一概而论。对于总体危害程度十分轻微的行为,可以考虑适用《刑法》第13条但书规定、第37条免予刑事处罚规定以及《刑事诉讼法》第177条酌定不起诉规定等,实现非犯罪化或非刑罚化处理。即使对于危害程度较重的犯罪行为,如果符合法定条件,也可以适用《刑事诉讼法》第182条规定的特别撤案或者特别不起诉制度而不予追诉。这也是"宽严相济"刑事政策中"当宽则宽、严中有宽"精神的体现。

二是机械化、保守化倾向。机械化即片面地理解和执行刑事政策与刑事立法,采取简单的一刀切的做法,不能考虑个案的实际情况而灵活适用法律。保守化主要体现在涉及犯罪人的某些开放性处遇措施的运用上,怕承担风险而一味排斥适用。近年来,鉴于假释、监外执行等行刑制度运行中,一定范围内出现了比较突出的司法不公现象,国家通过出台若干司法文件及司法解释,强调对某些类型的罪犯适用这些制度要从严把握,但带来的问题是,实践中相当多的基层政法机关机械理解有关司法文件的精神,趋向更加保守的立场,致使许多符合条件的罪犯得不到适用的机会,尤其是本来不高的假释适用率逐年下降,极大地抑制了这一行刑制度发挥应有的功效。

三是运动化倾向。"严打"是我国应对某些严重犯罪的刑事司法举措。我国曾在1983年、1996年、2001年开展过三次全国规模的"严打"行动。21世纪以来,我国逐步转向"宽严相济"的基本刑事政策,但"严打"模式并没有放弃。近年来,我国相继开展了反腐、反恐、扫黑等"严打"专项行动。在国外也存在类似的刑事司法实践,如"9·11"事件之后的美国以及近年来的欧洲,在反恐方面的举措实际上也可称为"严打"。"严打"可以说是刑事处遇双轨制在刑事司法中的展开。"严打"在新时代仍有其存在的必要性,但在全面推进依法治国的背景下,必须依法推行,要认真反思以往"严打"行动中的偏差与误区,力戒背离法治精神、违背司法规律的运动化倾向,提高犯罪治理的能力和水平。

"限制减刑、扩大假释"的理论根据与立法应对

王 平[*]

当前我国的刑法学研究,应当以储槐植老师刑事一体化思想为指导,在实务上倡导同一个屋檐下的定罪与量刑研究,同一个屋檐下的量刑与行刑研究;在学科领域倡导同一个屋檐下的犯罪论与刑罚论研究,同一个屋檐下的犯罪学与刑法学研究,乃至同一个屋檐下的刑法学与刑事诉讼法学研究;在研究方法上倡导同一个屋檐下的论证与实证研究。只有这样,我国的刑法学研究才能在现有基础上,再上一个新台阶。

我国的减刑、假释制度虽有自己的特点和优势,但也存在诸多弊端,其主要表现之一是,减刑备受监狱和法院的青睐而适用过多,与之并列的假释却甚少发挥作用,两者适用比例严重失衡。[①] 有学者将其称为罪犯刑事奖励上的"金、银牌比例倒挂",即减刑(金牌)和假释(银牌)比例倒挂。[②] 统计数据表明,我国几乎所有罪犯在释放前都减过刑,罪犯减刑的年适用率高达 30%以上,而假释的年适用率只有象征性的 1%～3%。也就是说,得"金牌"奖励的人数大大高于得"银牌"奖励的人数[③],不符合奖励分配的一般规律。这种状况一方面造成减刑适用过多,有滥用的危险;另一方面假释制度的优越性没有得到充分发挥。[④] 目前,学术界、实务界对减刑的弊端进行了较为充分的反思,基本上就限制减刑、扩大假释达成共识,但缺乏从理论根基上对减刑、假释适用比例失衡成因的深入探讨:减刑、假释的理论根基是否存在区别?两者是否存在不同的价值、结构与功能?两者现行制度设计是否存在矛盾?等等。只有科学地回答了这些基本的理论问题,才能正确地认识和处理减刑和假释之间的关系,并就此设计出科学、合理、有效的减刑、假释改革方案。基于此,本文试图侧重从理论根基的角度,就减刑、假释适用比例失衡的成因进行探讨,并就如何应对提出自己的设想。

---

[*] 中国政法大学刑事司法学院教授。
[①] 参见廖斌、何显兵:《监禁刑总体趋重对监狱行刑的影响及对策》,载《法学杂志》2019年第5期。
[②] 参见李云峰、廖水波:《论累进假释制度的构建——对"限制减刑,扩大假释"制度设计的思考》,载《犯罪与改造研究》2012年第4期。
[③] 参见李云峰、廖水波:《论累进假释制度的构建——对"限制减刑,扩大假释"制度设计的思考》,载《犯罪与改造研究》2012年第4期。
[④] 参见张亚平:《我国减刑、假释关系之反思与重构》,载《法律科学(西北政法大学学报)》2016年第4期。

一、减刑、假释适用比例失衡的成因

对于我国监狱行刑实践中存在的减刑备受偏爱而假释备受冷落的现象,学术界较为一致的认识是,因为假释适用标准过高而导致监狱和法院不愿意承担预测失败带来的风险,同时减刑能够在短期内给予罪犯不断的激励从而有利于监管秩序的稳定。这些看法很有道理,但缺乏对其成因进行更为深入的理论探讨。笔者认为,导致上述现象最为根本的原因之一是,减刑、假释制度设计本身存在问题。具体包括如下方面。

(一) 减刑、假释适用标准部分重叠

我国《刑法》第78条规定:"被判处管制、拘役、有期徒刑、无期徒刑的犯罪分子,在执行期间,如果认真遵守监规,接受教育改造,确有悔改表现的,或者有立功表现的,可以减刑;有下列重大立功表现之一的,应当减刑……"《刑法》第81条第1款规定:"被判处有期徒刑的犯罪分子,执行原判刑期二分之一以上,被判处无期徒刑的犯罪分子,实际执行十三年以上,如果认真遵守监规,接受教育改造,确有悔改表现,没有再犯罪的危险的,可以假释。如果有特殊情况,经最高人民法院核准,可以不受上述执行刑期的限制。"从上述规定可以看出,我国监狱服刑罪犯减刑和假释适用标准有部分内容是交叉重叠的,即"认真遵守监规,接受教育改造,确有悔改表现"。减刑、假释适用标准存在差异的内容是:减刑适用标准多了"有立功表现",与前者是并列关系,即减刑适用有两个标准,一个是"认真遵守监规,接受教育改造,确有悔改表现",另一个是"有立功表现",两者各自独立存在。假释适用标准则在"认真遵守监规,接受教育改造,确有悔改表现"的基础上提出了更高的要求,即"没有再犯罪的危险",但与前者是递进关系,两者必须同时具备,才符合假释的条件,就是说假释适用只有一个标准,不是两个标准。

先不考虑服刑时间的限制,根据上述刑法规定,减刑和假释适用上的区别表现在:第一,如果犯人有立功表现,减刑的条件具备,可以适用减刑,但不能适用假释。第二,如果犯人"认真遵守监规,接受教育改造,确有悔改表现",减刑的条件也具备,也可以适用减刑,但不能适用假释,因为此时假释适用的全部条件还没有齐备。第三,再进一步,如果犯人不仅仅"认真遵守监规,接受教育改造,确有悔改表现",而且还"没有再犯罪的危险",这时假释适用的全部要件已经齐备,犯人可以假释。假释适用构成要件的部分内容与减刑适用的第一个标准的内容是相同的,即"认真遵守监规,接受教育改造,确有悔改表现",二者是包容关系。这使得从逻辑上讲,根据我国刑法的规定,犯人如果符合假释的条件,必然就同时符合减刑的条件。如果犯人可以假释,那这个犯人

也可以减刑。我国监狱行刑实际操作的结果是,符合假释条件的罪犯常常被以减刑的方式先行处理,而不是等到最后由假释一揽子全部解决。

(二)假释适用有更长的服刑时间限制,而减刑适用更为方便快捷

《刑法》第81条规定,"被判处有期徒刑的犯罪分子,执行原判刑期二分之一以上,被判处无期徒刑的犯罪分子,实际执行十三年以上",方可假释。减刑适用在时间限制上则灵活得多。虽然相关司法解释对减刑的起始时间有限制性规定,比如2016年11月14日发布的最高人民法院《关于办理减刑、假释案件具体应用法律的规定》,对不同刑期、不同类型服刑罪犯减刑的起始时间、幅度与限度作了非常具体的规定,但与假释相比,其起始时间要短得多,而且可以多次适用。在这种情况下,由于服刑时间长短要求的差异,犯人首先遇到的是符合减刑的全部条件,而不是符合假释的全部条件,服刑犯人的刑事奖励措施就被监狱和法院以减刑的方式先行解决了。监狱和法院不会让已经符合条件的减刑适用闲置,等到犯人服刑过半以后,假释的时间条件全部具备了,再以假释的方式一揽子解决犯人的刑罚变更执行问题,这样做不仅对犯人明显不利,而且违反法律规定。频繁的减刑能够为罪犯积极改造带来及时的激励,从而在一定程度上能够有效稳定监管秩序。

(三)减刑适用和假释适用给监狱和法院造成的压力不同

依照刑法规定,减刑的标准是"认真遵守监规,接受教育改造,确有悔改表现,或者有立功表现",这些标准均较为明确,且门槛较低,无论是监狱还是法院均容易把握,只要不存在违规操作,减刑一般不存在"法律风险"。而假释的核心标准是"没有再犯罪的危险"。从人身危险性的判断来说,由于并未培育出一套供监狱管理人员和法官预测人身危险性的客观可操作标准,实践中带有重大的主观经验色彩,不同的监狱管理人员和法官出于对标准本身的不同认识而可能作出不同的判断。同时,"没有再犯罪的危险"从字面上来看属于极高标准,现有的人身危险性预测技术尚难以避免预测失败的可能性,如果存在哪怕一点怀疑都可能被认为达不到假释标准,从而不能裁定假释。这就为监狱、法院适用假释带来较大的"法律风险"。

减刑可以多次适用,每次减去的刑期相对较少,减刑以后的犯人一般刑期未满,还在监狱服刑。而假释只能适用一次,其结果是犯人直接出狱。减刑适用和假释适用给监狱和法院造成的压力不同。如果假释犯在社会上重新违法犯罪,其造成的负面影响要比某一次具体的不当减刑造成的负面影响大得多。因此,如果不考虑多次减刑的叠加效应,就某一次具体的减刑而言,与一次性的假释相比,减刑适用给监狱和法院造成的压力要小得多。如果罪犯在假释期间再次犯罪特别是恶性犯罪,会给监狱和法院造成很大的压力,这甚至成为一种国际现象。例如,假释等有条件释放计划近年来在澳大利亚饱受质疑,就是因为个别假释犯犯下了一些备受关注的罪行。① 2018年3月,英国高等法院判决撤销假释委员会对"黑出租司机奸杀犯"约翰·博伊斯的假释裁定,引起英格兰和威尔士假释委员会的巨大震动,并由此对假释程序提出了一系列改革方案。近年来,围绕假释委员会的争论,大多是因为个别假释犯所犯恶性案件引发的争论,这被一些学者称为"假释民粹主义"。②

因此,在减刑和假释适用标准部分重叠的情况下,监狱和法院通常更倾向于给犯人适用减刑,对犯人适用假释则要小心谨慎得多。根据我国刑法规定,减刑和假释共同分享监禁刑罚执行刑期大约50%的最大奖励额度,而没有规定各自应占的比例,如果减刑适用量过大,必然会挤压假释适用的空间,使得后面剩下来可以适用假释的空间被大大压缩,甚至基本上被掏空。

二、正确理解我国刑法中减刑和假释各自不同的法律定性

要想从理论根基的角度,对减刑、假释适用比例失衡的成因进行探讨,并提出相应的对策,就必须正确理解我国刑法中减刑和假释各自不同的法律定性。这是弄清造成现实困境的深层次原因并提出有针对性的对策的前提。

我国刑法中的减刑、假释的适用标准存在部分重叠,导致学术界和实务界普遍认为减刑、假释本质相同的理论误区,有学者认为,"二者适用对象基本相同,适用条件实质上也相同,都能起到提前释放的效果"③。实际上,我国刑法中减刑和假释虽然都属于刑罚变更执行制度,但其实两者的法律性质差别甚大。假释属于典型的监禁刑替代措施,而减刑则具有赦免性质。

(一)假释的监禁刑替代措施性质

现代刑罚理论一般认为,基于一般预防的考虑,量刑时要做到罪刑相适应;基于特殊预防的考虑,又要努力实现刑罚适用的个别化,在量刑与行刑过程中要尽量去除多余的刑罚。理想的量刑与行刑应当是一般预防与特殊预防的有机结合,从而在总体上实现刑罚适用的公平、公正、有效与人道。我国现行刑事法律的相关规定体现了现代刑事法治的上述原则与精神,其中主要方法之一就是各种刑罚替代措施的运用。④

---

① See Robin Fitzgerald, Arie Freibery and Lorana Bartels, Redemption or Forfeiture? Understanding Diversity in Australians' Attitudes to Parole, Criminology & Criminal Justice, 2018, p. 2.
② See Monique Moffa, Greg Stratton and Michele Ruyters, Parole Populism: The Politicisation of Parole in Victoria, Current Issues in Criminal Justice 2019, Vol. 31, No. 1, pp. 75-90.
③ 张亚平:《我国减刑、假释关系之反思与重构》,载《法律科学(西北政法大学学报)》2016年第4期。
④ 参见王平:《社区矫正对象的身份定性与汉语表达》,载《中国司法》2020年第2期。

1. 死缓作为死刑立即执行的替代措施

保留死刑但严格控制死刑的适用,在量刑时适用死缓作为死刑立即执行的替代措施。我国《刑法》第 48 条规定,死刑只适用于罪行极其严重的犯罪分子。对于应当判处死刑的犯罪分子,如果不是必须立即执行的,可以在判处死刑同时宣告缓期二年执行。在我国,被判处死刑缓期二年执行的罪犯,在死缓期满后绝大多数都被减为无期徒刑甚至是有期徒刑,从而起到了严格控制死刑适用的目的。①

2. 假释作为有期徒刑和无期徒刑的替代措施

对于被判处有期徒刑和无期徒刑的犯罪分子,在刑罚执行过程中适用假释作为其替代措施。我国《刑法》第 81 条第 1 款规定:"被判处有期徒刑的犯罪分子,执行原判刑期二分之一以上,被判处无期徒刑的犯罪分子,实际执行十三年以上,如果认真遵守监规,接受教育改造,确有悔改表现,没有再犯罪的危险的,可以假释。如果有特殊情况,经最高人民法院核准,可以不受上述执行刑期的限制。"

3. 缓刑作为短期自由刑的替代措施

基于短期自由刑弊端甚多,在刑罚执行过程中除有部分有期徒刑(3 年以下有期徒刑)适用假释作为其替代措施外(但假释不适用于拘役),还在量刑时直接适用缓刑作为其替代措施。我国《刑法》第 72 条第 1 款规定,对于被判处拘役、3 年以下有期徒刑的犯罪分子,符合刑法规定条件的,可以宣告缓刑。②

可见,我国刑法中的死缓制度、假释制度和缓刑制度,分别是作为死刑、长期监禁刑和短期监禁刑的替代措施而规定的,它们与死刑、无期徒刑、有期徒刑、拘役的区别在于:死刑、无期徒刑、有期徒刑、拘役分别作为独立的刑罚种类予以规定,而死缓制度、假释制度和缓刑制度是作为其相应的替代措施规定在刑法中。它们与刑罚种类一样都是我国刑罚制度的有机组成部分,针对特殊情形的犯罪分子予以适用,或者在刑事诉讼的不同阶段予以适用。假释作为死刑和监禁刑的替代措施,其适用要比直接适用缓刑更为轻缓、人道和有效,原判刑罚和刑罚的替代措施两者相互配合,共同为实现刑罚的目的服务。③ 可以看出,不论是根据刑法规定,还是基于一般的理论解释,我国的假释制度都是作为典型的监禁刑替代措施出现的,也就是作为有期徒刑和无期徒刑的替代措施出现的。

---

① 我国刑法理论一般认为,死缓是死刑立即执行的替代措施,这只是比较笼统的说法,实际上根据我国刑法的规定,死缓本身处于一种悬而未决的状态,不是最终结果,死缓期满后要么实际执行死刑,要么减为无期徒刑甚至有期徒刑。死刑最终的替代措施是无期徒刑或者长期的有期徒刑,就是说,死缓只是死刑的临时替代措施,长期自由刑才是死刑的最终替代措施。
② 参见王平:《社区矫正对象的身份定性与汉语表达》,载《中国司法》2020 年第 2 期。
③ 参见王平:《社区矫正对象的身份定性与汉语表达》,载《中国司法》2020 年第 2 期。

(二) 减刑的赦免性质

赦免是国家对犯罪人免除罪或刑的一种法律制度,包括罪之赦免与刑之赦免两项内容。赦免是国家对刑罚权的放弃,因而导致刑罚的直接消灭。赦免包括大赦和特赦两种。大赦是国家对不特定多数的犯罪人的普遍赦免,大赦的对象可以是整个国家某一时期的各种罪犯,也可以是某一地区的全部罪犯,还可以是某一事件的全部罪犯。这种赦免及于罪与刑两个方面,即既赦其罪,又赦其刑。被大赦的人,或者不再认为是犯罪,或者不再追究其刑事责任。特赦,是对特定的犯罪人免除其刑罚的全部或一部的执行。大赦与特赦的区别在于:①大赦的对象一般是不特定的;特赦的对象一般是特定的。②大赦既赦免罪又赦免刑;特赦通常仅赦免刑而不赦免罪,但特赦也有规定既赦其罪又赦其刑的。我国《刑事诉讼法》的相关规定即属于后一种情形。我国《刑事诉讼法》第16条第(三)项规定,经特赦令免除刑罚的,不追究刑事责任,已经追究的,应当撤销案件,或者不起诉,或者终止审理,或者宣告无罪。这说明根据我国法律的规定,我国的特赦既可以是既赦免罪又赦免刑,也可以是仅赦免刑而不赦免罪。③大赦后犯罪人再次犯罪不构成累犯;特赦后再次犯罪有可能构成累犯。根据我国《刑法》第65条的规定,被特赦的罪犯再次犯罪的有可能构成累犯。[①] 我国1954年制定的《宪法》有大赦和特赦的规定,但在实践中并没有实行过大赦,而只实行过特赦。我国现行《宪法》只规定了特赦而没有规定大赦。所以,我国《刑法》第65条、第66条提及的赦免,均指我国《宪法》所规定的特赦。

赦免与刑罚替代措施的区别在于,赦免是对犯罪人罪或刑的免除,即被赦免的罪或刑在法律上被免除了,或者说原来在法律上存在的罪或刑现在不存在了,因而属于一种刑罚消灭制度。刑罚替代措施,顾名思义,是该措施替代了原来的刑罚,因此不能简单地说原来的刑罚不存在了,它只是以某种变化了的形式出现,通常是死刑以监禁刑的形式出现,监禁刑以非监禁刑的形式出现,依次递减。而且在替代措施实施过程中,如果出现法定事由,会导致替代措施被撤销而执行原判刑罚。

可以看出,如果不考虑时间的长短,单就其性质而言,由于赦免内容的彻底性和不可恢复性,其奖励的力度比刑罚替代措施奖励的力度要大得多。也正因为如此,对于赦免而言,如果适用过多,或者适用不当,都会对法律的稳定性和严肃性造成负面影响,其公正性会被人们的质疑。因此,与一般的刑罚替代措施相比,赦免的适用范围要小得多,常常是为应对某一特殊情形而临时适用,不是监狱行刑过程中出现的常态,其适用程序通常也更为严格。而包括假释在内的各种刑罚替代措施现在不仅在理论上得到充分的肯定,而且在世界各国的刑事立法与司法实践中也得到广泛运用。

[①] 参见曲新久主编:《刑法学》(第5版),中国政法大学出版社2016年版,第274—275页。

通过以上分析可以看出,我国刑法中的减刑具有典型的赦免性质,因为:第一,减去的刑期就是彻底地减去了,并没有其他措施加以替代;第二,也不会由于出现法定的事由导致减去的刑期重新恢复而执行原判刑罚。假释不具有这些特征,假释不是赦免,而是典型的监禁刑替代措施。只有从这样的理论高度来看待减刑制度和假释制度各自的价值、结构、功能及其两者之间的相互关系,才能深刻认识造成两者适用比例失衡的真正原因,并设计出切实有效的应对措施。

三、我国刑法中减刑适用范围的错位与纠偏

近年来不时有来自学术界对减刑弊端的批评。有学者将我国减刑制度的缺点概括为以下五点:①减刑裁定减少原判刑罚,不利于维护法院生效裁判的稳定性和法律的尊严。②实行"确有悔改表现或者有立功表现、重大立功表现"的奖励制减刑标准,是依据一时性表现获得奖励的低水平减刑标准,因此减刑的整体矫正质量低于不断努力最后才获得的假释。③一旦获得减刑,所减的刑期成为丧失法律威慑力的"过去完成时态",心理上对已获得的减刑不珍惜。减刑后重新违法犯罪不会导致撤销减刑,没有假释特有的对后续行为持久的法律威慑力。④减刑人员刑满释放后,社区矫正组织无权矫正、管理和帮助,突然成为无管束的危险自由人。⑤减刑刑满释放人员没有社区矫正的过渡适应期,刑满释放后顺利融入社会重新做人的难度大,适应社会的过渡时间长而曲折。减刑制度的五个缺点决定了减刑刑满释放人员的整体矫正质量低,重新违法、犯罪率高,减刑缺少预防特殊犯罪的功能。①

更有学者将我国的减刑制度的缺陷和弊端概括为以下十个方面:①减刑违背罪刑相适应原则和基本的公平正义。减刑是"打了折"的法院宣告刑,这种"打了折"的刑罚无法和犯罪的社会危害性相适应,无法体现刑罚的公平正义精神。②由于减刑不可撤销,罪犯一旦获得减刑出狱后,就不用担心自己重新违法犯罪会导致已经被减去的刑期被撤销,就可能放松对自己的约束,从而导致重新犯罪。因此,减刑也会妨碍刑罚特殊预防功能的实现。③减刑有损法院裁判的稳定性和权威性。④目前我国的减刑实践导致"死刑过重,生刑过轻"的不合理现象更加严重。减刑使死缓和无期徒刑都变成有期徒刑,减刑使无期徒刑名存实亡。在不少案件中,被判处无期徒刑的罪犯实际执行的刑期可能比被判处20年有期徒刑的罪犯还要短。⑤减刑不可撤销,容易造成罪犯功利化服刑的"短期行为"现象。⑥减刑制度容易成为监狱、法院及其工作人员规避责任的"避风港",以至于减刑泛滥,假释制度反而被束之高阁。⑦减刑制度的实际运行容易产生刑罚结果的不公正。⑧减刑容易滋生司法腐败。⑨减刑不利于罪犯的人

---

① 参见刘京华:《减刑假释制度的发展趋势和利弊》,载《北京政法职业学院学报》2005年第2期。

权保障。⑩大量、频繁地减刑徒增司法成本。上述缺点决定了减刑刑满释放人员的整体矫正质量低,重新违法、犯罪率高,减刑缺少预防特殊犯罪的功能。①

针对减刑制度存在的上述弊端,学界提出了多种改革方案。有学者提出,减刑制度应当全部废除,理由是减刑制度存在无法克服的弊端,应当彻底废除而代之以假释制度。② 有学者提出,管制、拘役保留减刑制度,有期徒刑、无期徒刑则保留假释制度。③ 还有学者提出融合现有减刑、假释制度,建立预定假释制。④ 这种观点的实质仍然是废除减刑制度。

我国学界对我国减刑制度存在的缺陷和弊端的提炼和概括很全面,批评也十分中肯,在此基础上提出的各种改革方案也都具有一定的合理性乃至可行性。但由于对减刑和假释两者的理论定位、法律定性以及减刑和假释两者之间的相互关系缺乏科学理性的认识,上述对实然的现实状况的批评和应然的改革措施的建议,其局限性就难以避免。我国刑法中的减刑具有典型的赦免性质,而假释是典型的监禁刑替代措施,两者共同分享监禁刑刑罚执行刑期50%的最大奖励额度。只有从这样的理论视角和现实情况出发,才能准确认识我国减刑制度存在上述问题的真正原因,并提出相应的科学理性的对策建议。基于此立场和观点,本文就我国减刑、假释制度提出的立法改革建议是,将我国现行减刑制度中不适合作为赦免方式处理的内容排除出去,纳入假释调整的范围,减刑仅适用于"犯人有立功表现",使减刑适用范围大为压缩。

(一)将我国现行减刑制度中不适合作为赦免方式处理的内容排除出去,纳入假释调整的范围

由于我国减刑制度具有赦免性质,而赦免制度有其自身的规律性和局限性,这就决定了我国减刑制度规定的范围应当与其赦免性质相匹配、相适应。如果将不适合以赦免方式处理的内容纳入减刑的范围,就会造成减刑自身性质与相应的规制范围的错位。也就是说,如果立法者将不应当以减刑方式处理的情形以减刑方式处理,就会产生包括其公正性和有效性在内的一系列问题。如前文所述,与一般的刑罚替代性措施相比,赦免的效果具有彻底性,即赦免的刑期就是彻底地减去了,没有其他措施替代,也不会由于出现法定事由,导致减去的刑期重新恢复而执行原判刑罚。赦免措施这种高度的彻底性效果,使得赦免通常是作为临时性、例外性、补充性措施予以适用,不能作为刑罚执行制度的常态而普遍性地适用。而我国具有赦免性质的减刑在监狱中却被大量而经常性地适用,这与赦免制度适用的一般规律和特点相违背。其实际

---

① 参见尚爱国:《我国普通减刑制度存在的弊端及其改革》,载《人民检察》2011年第16期。
② 参见侯国云:《论废除减刑完善假释》,载《犯罪与改造研究》2005年第1期。
③ 参见王志祥:《我国减刑、假释制度改革路径前瞻》,载《法商研究》2009年第6期。
④ 参见朱伟临:《论我国罪犯减刑假释制度的变革——关于建立"预定假释制"的思考》,载《中国监狱学刊》1999年第3期。

效果必然使得人们对减刑制度的公正性和有效性产生怀疑。上述学界对减刑制度的缺陷和弊端的批评,很大程度上就是由于减刑制度的赦免性质造成的。

根据刑法规定,我国减刑适用的标准有两个,一个是"认真遵守监规,接受教育改造,确有悔改表现",另一个是"有立功表现"。笔者认为,犯人"认真遵守监规,接受教育改造,确有悔改表现",是不宜作为赦免内容处理的,也就是说,不宜作为减刑方式处理,应当将其从我国现行减刑制度中排除出去,纳入假释调整的范围。理由如下:

1. 犯人服刑期间"有良好表现"一般不宜以赦免方式处理

现代刑罚理论普遍认可,如果犯人服刑期间表现良好,提前出狱不再重新犯罪,那么基于特殊预防和行刑人道的考虑,犯人在服刑一段时间后,可以提前假释出狱。犯人"服刑期间表现良好",主要体现为"认真遵守监规,接受教育改造,确有悔改表现",这是犯人服刑期间表现良好的常态,一般不宜以减刑这种非常态的赦免方式进行奖励。如果犯人常态的良好表现以非常态的赦免方式予以奖励,奖励的力度过大,与犯人应得的奖励不相适应,姑且不论有效性如何,其公正性首先受到质疑。当今世界各国普遍的监狱行刑实践,是将犯人在狱中的良好表现作为其提前假释出狱的前提。犯人在服刑期间有良好表现,可能会导致假释。但如果犯人在服刑期间表现不好,则肯定不能假释。犯人在服刑期间的良好表现是犯人假释的条件之一。这样来理解和处理犯人在服刑期间的良好表现,其公正性可以得到保障,其有效性也会有所提升。

我国现行刑法将犯人在服刑期间"认真遵守监规,接受教育改造,确有悔改表现",作为减刑适用的条件,也就是说以赦免方式处理,不仅在理论上难以合理解释,也与当今世界各国普遍的监狱行刑实践相悖。我国 1979 年《刑法》规定的减刑标准,就是罪犯确有悔改表现或者立功表现。1996 年 10 月《刑法(修订草案)(征求意见稿)》曾删去确有悔改表现可以减刑的规定,但一些学者提出,实践中因立功表现而被减刑的人毕竟是少数,将减刑的条件局限于立功表现过于苛刻,不利于鼓励罪犯认真改造和服刑,因此不赞成在刑法修改中删去确有悔改表现可以减刑的规定,结果错失了一次调整减刑适用范围的良机。① 期待下一次对刑法总则的修改能将"认真遵守监规,接受教育改造,确有悔改表现"的内容从减刑范围中排除出去,只将其作为犯人假释的前提,或者说作为犯人假释条件的一部分。

2. 将犯人服刑期间"有良好表现"的以赦免方式处理,会导致减刑适用量过大

如前所述,我国减刑适用的标准有两个,一个是"认真遵守监规,接受教育改造,确有悔改表现",另一个是"有立功表现"。其中,由于犯人"认真遵守监规,接受教育改

---

① 参见高铭暄:《中华人民共和国刑法的孕育诞生和发展完善》,北京大学出版社 2012 年版,第 271—272 页。

造,确有悔改表现"而被减刑的占到减刑总数的90%以上;犯人"有立功表现"而被减刑的不到减刑总数的10%。也就是说,我国监狱中的减刑数量大,主要是由于犯人"认真遵守监规,接受教育改造,确有悔改表现"而被减刑。将这一部分占到减刑总数90%以上的内容从减刑制度中排除出去,我国监狱中犯人减刑适用的空间将大为缩减,这就为调整减刑、假释的适用比例创造了有利条件。

3. 将犯人服刑期间"有良好表现"作为假释条件的一部分由假释全部接管,在立法技术上更方便

根据刑法规定,犯人"认真遵守监规,接受教育改造,确有悔改表现",既是减刑适用的条件,也是假释条件的一部分,在这一点上两者内容完全是一样的。将犯人"认真遵守监规,接受教育改造,确有悔改表现"从减刑适用标准中移除出去,作为假释条件的一部分由假释全部接管,不仅不会造成对这一部分评价的遗漏,反而避免了对同一对象的重复评价,使评价更为科学、理性、恰当。由于假释的相关规定是现成的,从立法技术角度来说,修改也更方便。

(二) 犯人"有立功表现"适合以赦免的方式处理,可以在减刑制度中继续保留

犯人"有立功表现",特别是"有重大立功表现",适合以赦免的方式处理,可以在减刑制度中继续保留,理由如下:

1. 立功应当受奖

与犯人"认真遵守监规,接受教育改造,确有悔改表现"(即"有良好表现")不同,犯人在服刑期间"有立功表现",并不一定表明其真诚悔罪并降低了人身危险性,从而与提前出狱的假释挂钩。但犯人在服刑期间"有立功表现",特别是"有重大立功表现",也应当予以刑事奖励。犯罪的本质是社会危害性,罪犯在服刑期间具有立功表现,作出有利于社会的贡献,原有犯罪的社会危害性造成的紧张关系在一定程度上得以缓解,客观上也能起到促进罪犯自新的作用。因此,犯人立功受奖,不论是在理论上还是在实践中,都得到普遍认可。

2. 立功应当以赦免的方式奖励,也就是应当以减刑的方式奖励

犯人在服刑期间"有立功表现",特别是"有重大立功表现",取决于各种主客观条件,包括一些偶然因素,非犯人主观上努力就能做到,对其应当进行奖励,但方式要恰当,否则其合理性会受到质疑。赦免这种非常态的奖励常常用于应对偶然的非常态事件,犯人在服刑期间"有立功表现",特别是"有重大立功表现",基本上属于偶然事件,将其纳入可以赦免的范围,正好与赦免制度设立的初衷和通常做法十分契合。赦免是一种古老的传统,与现代教育刑理论没有必然联系,但只要处理得当,将其纳入现代刑事法治轨道,仍然能够发挥其积极正面的作用。一些学者认为,立功减刑体现了

对正义的褒奖,符合正义价值。① 还有一些学者认为,立功减刑的本质是功利主义,对正义的损害过大,应当彻底纠正立功减刑这种过于浓厚的功利主义色彩。② 确实,立功受奖主要是基于功利考虑,因此要有理、有利、有节,立功减刑的力度要有限制,否则违背罪刑相当原则,有损于刑罚的公正性。2016年11月14日发布的最高人民法院《关于办理减刑、假释案件具体应用法律的规定》对减刑的起始时间、幅度与限度作了非常具体的规定,值得肯定。

3. 立功减刑符合立功与受奖关系的一般规律

从激励机制上考虑,立功以后受奖的激励应当及时跟进,如果时间过长,其激励效果就会减弱。就像一名运动员在比赛中获得了冠军,应当立刻颁奖,如果一年以后再颁奖,其激励机制将大为减弱。还有,第一次立功受奖以后又立功的,应当再次受奖,多次立功的可以多次受奖。我国现行刑法中的减刑制度设计符合立功与受奖关系的一般规律,即及时兑现并可以多次进行,减刑制度适用于"有立功表现",特别是"有重大立功表现"的服刑人员。

四、对假释的相关禁止性规定予以松绑

要真正做到"限制减刑,扩大假释",还应当对假释的相关禁止性规定予以松绑,这样在立法上限制减刑后留下的空间,才能由假释充分地填补。③

(一) 取消"累犯不得假释"的禁止性规定

《刑法》第81条规定:"被判处有期徒刑的犯罪分子,执行原判刑期二分之一以上、被判处无期徒刑的犯罪分子,实际执行十三年以上,如果认真遵守监规,接受教育改造,确有悔改表现,没有再犯罪的危险的,可以假释。如果有特殊情况,经最高人民法院核准,可以不受上述执行刑期的限制。对累犯以及因故意杀人、强奸、抢劫、绑架、放火、爆炸、投放危险物质或者有组织的暴力性犯罪被判处十年以上有期徒刑、无期徒刑的犯罪分子,不得假释。对犯罪分子决定假释时,应当考虑其假释后对所居住社区的影响。"

我国立法之所以规定累犯不得适用假释,主要是因为"累犯属于屡教不改的犯罪分子,已经因为犯罪被判过刑,表明累犯的主观恶性和再犯可能性比较大,因而不适用

---

① 参见徐丹彤:《立功制度价值论》,载《湖南公安高等专科学校学报》2000年第6期。
② 参见郝守才:《关于完善我国刑法中立功制度的构想》,载《法商研究》2003年第1期。
③ 本部分内容参见王平、何显兵:《我国假释制度之反思与再完善》,载《犯罪与改造研究》2014年第11期;王平、何显兵:《我国假释制度之改革与完善》,载中国监狱学会、中国法学会监狱法学研究会编:《回眸十年读华章——纪念监狱法施行十周年文集》,法律出版社2005年版。

假释"①。刑法规定累犯不得适用假释,表明立法者严厉打击犯罪的决心,但是实际上这一规定存在严重的缺陷,应当取消。

累犯是否不能适用假释,关键是看两者的本质是否相冲突。有学者指出,规定累犯不得适用假释是不科学的,原因在于:①违背假释制度设置的初衷。只要罪犯在刑罚执行过程中确有悔改表现、适用假释不致再危害社会的,就应当适用假释。②规定累犯不得适用假释,剥夺了累犯提前释放的希望,不利于累犯的教育改造。③规定累犯不适用假释,不适当地增加了监狱的负担,不利于提高改造质量。②

笔者认为,规定累犯不得适用假释的不合理性还在于:①累犯仅仅可能表明过去矫正的失败,而不代表第二次矫正就不可能成功。如果认为累犯第二次矫正难以成功,会使监狱行刑机关采取放弃对累犯的矫正而转为"抛弃"的策略,显然不符合行刑目的。②累犯并不一定表明过去矫正的失败,累犯出狱时可能矫正比较成功,但是出狱后也可能遇到许多不能预料的事件,使得犯罪人再次犯罪,因此累犯并不能说明过去的矫正绝对失败,也不能说明第二次矫正只有服完所有刑期才能成功。③累犯并不绝对表明犯罪人的主观恶性和人身危险性更大,犯罪的原因异常复杂,某些被害人具有严重过错的犯罪,就不能说明犯罪人的主观恶性和人身危险性必然很大;某些基于犯罪人认识错误的犯罪,也并不一定说明其主观恶性和人身危险性大。④累犯不得适用假释,使已经矫正成功的犯罪人仍然在监狱中服刑,这种服刑已经成为"多余的刑罚"和"不必要的刑罚"。实际上,犯罪的原因纷繁复杂,累犯之所以再犯罪,也不能一概指责是累犯自身的原因,指望通过加重刑罚来消除累犯也是不切实际的。

但是,从一定程度上讲,累犯确实可能比初犯具有更大的人身危险性,具有更重的可谴责性,其再犯罪也使人们对其能否自新产生了怀疑。因此笔者建议,应当将绝对禁止累犯适用假释修改为限制累犯适用假释,为累犯假释规定更加严格的限制条件,这样,既可以给累犯以自新的动力,又可以避免给累犯适用假释带来的风险,还可以适当满足报应公正和一般预防的需要。③

(二) 取消"重刑犯不得假释"的禁止性规定

为表述方便,这里使用"重刑犯"一词特指因故意杀人、强奸、抢劫、绑架、放火、爆炸、投放危险物质或者有组织的暴力性犯罪被判处10年以上有期徒刑、无期徒刑的犯罪分子。刑法规定"重刑犯"不得适用假释同样存在可以质疑的理由。

---

① 陈兴良:《刑法适用总论(下卷)》(第3版),中国人民大学出版社2017年版,第616页。
② 参见苏彩霞:《累犯制度比较研究》,中国人民公安大学出版社2002年版,第209—211页。
③ 我国刑法规定累犯和"重罪犯"不得适用假释的缺陷原来在一定程度上被减刑制度所消解,因为累犯和"重罪犯"可以通过减刑提前出狱,但减刑在立法上被大幅限制适用后,累犯和"重罪犯"不得假释的缺陷就愈加明显,必须加以解决,不能顾此失彼。

我国 1979 年《刑法》并没有规定"重刑犯"不得假释，但是 1991 年 12 月 8 日最高人民法院《关于办理减刑、假释案件具体应用法律若干问题的规定》指出，"对罪行严重的反革命犯、犯罪集团的首要分子、主犯、累犯、惯犯的减刑、假释，主要是根据他们的改造表现，同时也要考虑原判的情况，应当特别慎重，严格掌握"。这个解释应当说是非常合理的，既对某些罪行严重的犯罪分子适用假释持谨慎态度，又不完全禁止，而且规定是否适用假释"主要是根据他们的改造表现"，不仅满足了行刑个别化的要求，而且对报应公正和一般预防的目的都有所兼顾。但是 1997 年《刑法》修订却走得太远，1997 年《刑法》第 81 条第 2 款规定："对累犯以及因杀人、爆炸、抢劫、强奸、绑架等暴力性犯罪被判处十年以上有期徒刑、无期徒刑的犯罪分子，不得适用假释。"之所以如此规定，是因为"对于维持原判刑罚的严肃性，体现刑法对社会治安及稳定的社会环境所做的特殊保护，对于加强刑罚的威慑功能，强化其预防作用都具有重要意义"①。看来，立法者之所以作出这样的规定，可能是指望通过严厉的刑罚提高刑罚的威慑效果，以加强一般预防。2011 年 2 月《刑法修正案（八）》虽然有细微的调整，但基本的立法思路没有改变。

"重刑犯"的犯罪行为一般社会危害性较大，为了平息公众对犯罪的愤怒和维护罪刑均衡原则，对"重刑犯"适当加大打击力度是合理的。但是如果刑法一律规定"重罪犯"不得适用假释也不符合刑罚理性，理由如下：①适用假释的本质条件是"确有悔改表现，没有再犯罪的危险"，而"重刑犯"只说明其原来犯罪性质严重，并不说明其在监狱改造中就不能成功实现矫正的目的。②假释的重要功能之一就是鼓励犯罪分子积极改造，而规定不得假释无疑断绝了犯罪分子早日回归社会的希望，显然不利于这部分犯罪分子的改造，甚至可能使其产生逆反心理，对整个监狱的改造秩序产生不良影响，削弱监狱的矫正功能。③规定"重刑犯"不得适用假释，还违背了行刑经济性原则，不仅加重了政府的财政负担，而且造成对犯罪分子"刑罚的过剩"现象。④"重刑犯"不得适用假释，在刑罚论上是过分追求刑罚的威慑效果和报应公正，忽视刑罚矫正功能的结果，这种偏离违背了刑罚的基本理性，不符合现代行刑人道化和重视矫正的教育刑主义思潮。

为了兼顾刑罚的报应、威慑、矫正目的，正确的做法应当是限制"重刑犯"的假释，对"重刑犯"的假释规定更加严格的限制性条件，但是不能绝对禁止"重刑犯"的假释。

（三）建议对不同类型的假释犯规定不同的最低监狱服刑期限

各国刑法普遍规定假释犯必须服完一定刑期后方能考虑适用假释，这一方面是因

---

① 陈兴良：《刑法适用总论（下卷）》（第 3 版），中国人民大学出版社 2017 年版，第 615 页。

为服刑人员的真诚悔改和人身危险性的消失需要一个矫正的过程,另一方面也是因为假释必须顾及刑罚的报应与威慑功能。如果仅仅以悔改表现和人身危险性来判定是否需要服刑,则原来法官之量刑已失去相当意义。

《刑法修正案(八)》之后的《刑法》第 81 条规定,被判处有期徒刑的犯罪人只有在执行原判刑期 1/2 以上、被判处无期徒刑的犯罪人只有在实际执行刑期 13 年以上的,方可考虑是否适用假释。我国刑法对假释犯实际服刑期限的限制是比较合理的,但是仍然存在一个重大问题:没有形成限制等级,从而削弱了假释的刑事政策功能。我国刑法规定的有期徒刑的刑期是 6 个月以上 15 年以下;数罪并罚的情况下,有期徒刑最高不超过 25 年。有期徒刑的期限从 6 个月到 25 年,按照罪刑均衡原则,罪重刑重、罪轻刑轻,因此有期徒刑包罗了重罪犯和轻罪犯。对所有的重罪犯和轻罪犯的要求都相同,无疑没有体现区别对待的刑事政策原则,削弱了假释的刑事政策功能。为此笔者提出如下建议:

1. 关于"累犯"和"重刑犯"的最低监狱服刑期限

《刑法》第 81 条第 2 款关于"对累犯以及因故意杀人、强奸、抢劫、绑架、放火、爆炸、投放危险物质或者有组织的暴力性犯罪被判处十年以上有期徒刑、无期徒刑的犯罪分子,不得适用假释"的规定应予废除,修改为:"对累犯以及因故意杀人、强奸、抢劫、绑架、放火、爆炸、投放危险物质或者有组织的暴力性犯罪被判处十年以上有期徒刑、无期徒刑的犯罪分子,执行原判刑期三分之二以上,方可适用假释。"

2. 关于未成年犯及老年犯的最低监狱服刑期限

由于未成年犯身心发育尚未成熟,易受外界不良因素诱惑;同时,其反社会心理结构相对容易经过矫正机关的矫正工作而消解;此外,未成年犯年纪尚轻,如果长期在监狱服刑,受到罪犯标签效应和监狱化弊端的负面影响,更容易走向堕落。因此,笔者建议,被判处 10 年以下有期徒刑的未成年犯,在执行原判刑期 1/3 以上时,可以假释。

《刑法修正案(八)》规定了年满 75 周岁以上的老年犯原则上不适用死刑,适用缓刑条件更宽松等,其实质除了考虑"矜老恤幼"的传统中华道德观,还因为老年犯由于身体和心理的原因,人身危险性相对更低。因此,笔者建议,年满 75 周岁以上的老年犯在执行原判刑期 1/3 以上时,可以假释。

编辑后记

2022年12月25日是中国资深法学家、著名刑法学家、北京大学荣休教授、北京师范大学特聘教授、恩师储槐植先生九秩华诞的特别日子。为了祝贺储师九秩华诞，弘扬储师的学术思想，感恩储师教书育人、提携后进的师道美德，北京大学法学院刑法学科与北京大学出版社合作，策划、编辑、出版了本文集。

为祝贺储师七秩、八秩华诞，北京大学法学院刑法学科曾先后举行两次刑事一体化思想专题学术研讨会，并出版《刑事一体化的本体展开》（法律出版社2003年版，梁根林、张立宇主编）、《润物无声》（法律出版社2005年版，陈兴良、梁根林主编）与《刑法体系与刑事政策》（北京大学出版社2013年版，北京大学法学院刑事法学科群编）三部祝寿文集，学界同仁因对储师人格魅力的敬仰、为师之道的感恩与学术思想的认同，而热情参与，共襄盛举，其情其景，至今仍然历历在目。在储师九秩华诞到来之际，如何继续出版祝贺储师九秩华诞祝贺文集，既充分表达学界同仁对储师九秩华诞的真诚祝贺，又力戒形式主义、避免简单重复，达成储师一贯主张的"实质重于形式"的效果，则成为一个需要好好琢磨的问题。在我为此征求陈兴良教授、白建军教授以及北京大学出版社蒋浩副总编辑的意见时，他们均明确支持再次出版祝寿文集，并就如何策划、编辑与出版祝寿文集提出了具体建议。陈兴良教授提议借祝贺储师九秩华诞之际，将储师多年来不间断地惠赐学界同行与晚辈的"老储手谕"结集影印出版；白建军教授主张祝寿文集的作者应当尽可能具有代表性，保证学术质量，或可进行公开征文；蒋浩副总编辑则强调应当约请学界同行提交全新创作或至少达到再版要求的原创学术论文，借此开创中国法学祝寿文集出版的新范式，实现与国外学界祝寿文集的完全对标。

几位老师的建议既拓宽了我的思路，也增加了我的顾虑。毕竟，当下中外学术评价体系存在重大差异。在域外主要国家，能够被邀请为学界前辈撰写祝寿论文，对于一个学界同行特别是学界后辈来说，不仅是其与寿星的学术情谊的象征，更是被约请者莫大的学术荣誉和学术承认。但在中国，学界同行普遍面临核心期刊论文主导的学术评价与科研考核绩效的沉重压力，如果请求学界同行撰写并提交原创学术论文，不被计入学术成果，就会增加大家的学术负担，影响科研绩效考核。加之一向淡泊名利、心静如水的储师亦不希望一再打扰大家，因此，去年以来，我曾一度放弃了策划储师九秩华诞祝寿文集的想法，转而收集、整理储师在不同时期发表的学术论文，结集出版

《储槐植文选》，以此作为祝贺储师九秩华诞的献礼。

但是，今年年初，蒋浩副总编辑邀我与几位学界挚友私下聚会，当我谈及策划、编辑、出版储师九秩华诞祝寿文集的疑虑时，在场的学界挚友都毫不犹豫地表示要在第一时间提交原创学术论文，蒋浩副总编辑更是敦促我尽快向学界师友约稿，他甚至对我承诺，如果约稿确有困难，他愿意出面进行协调。大家的表态与支持，不仅彻底打消了我的疑虑，而且使我如同打了鸡血般的兴奋，随后我即通过短信向学界同行逐一发出邀约。更出乎意料的是，几乎所有同行都在收到短信邀请后的第一时间给予了积极回应，有的青年才俊，原本我因顾虑影响其学术发表与科研考核而未予约请，在知悉出版计划后亦纷纷主动请战，加入作者队伍。随后，我把编辑祝寿文集计划向与储师共事数十载、亦师亦友的张文老师做了汇报，并约请张老师为文集作序，张老师同样给予了积极支持，欣然允诺作序。

刑事一体化思想是储师最具学术标签意义与独特学术魅力的学术思想。三十多年来，刑事一体化思想作为刑法方法论和刑法运作观念，对中国刑法理论研究和刑事法治实践产生了广泛而深远的影响，有必要继续予以传承与践行。与此同时，随着中国刑法知识转型、刑法体系建构、犯罪态势变迁、法治进程推进，刑事一体化思想也需要不断发展与完善。因此，我们最终商定以"刑事一体化思想的源流、传承与发展"为主线进行组稿，约请来自我国刑法学界与实务部门的老中青三代学者，结合各自专业领域、研究兴趣与学术专长，撰写并惠赐六十篇主题探讨学术论文。本文集下设"刑事一体化与刑法方法论""刑事一体化与刑法运作观念""刑事一体化与刑法解释论""刑事一体化与控制犯罪控制"四编，分别就作为刑法方法论的刑事一体化与作为刑法运作观念的刑事一体化的要义、功能、源流，刑事一体化思想指引下的中国刑法体系建构、刑事法治运作、刑法教义分析以及控制犯罪控制实践，进行专题性学术讨论，展示了作为中国刑法学共同精神财富的刑事一体化思想的博大精深和独特魅力，体现了中国刑法理论与实务界同行传承、践行和发展、完善刑事一体化思想的集体共识和独特智慧。

储师的精思妙想，灵透深邃；储师的仁风德泽，山高水长。储师于我则既是授业恩师，更是再生父母。储师将我纳入门下，悉心教诲，并邀我留校任教，本寄望于我传承和弘扬储师思想。我却囿于悟性不足但惰性十足，未能如储师所望，为全面践行和弘扬刑事一体化思想助一臂之力，以致储师每每疑惑于刑事一体化思想是否"只开花不结果"。今借祝贺储师九秩华诞之际，再次以专题学术研讨的形式，集中国刑法同仁之集体智慧，共同推进刑事一体化思想根深蒂固、枝繁叶茂、花团锦簇、果满枝头，或可化解储师心头之惑，使储师真切地感受到吾道不孤、后继有人，并弥补储门弟子传承、发展储师思想力有不逮之憾，使我等知不足而有所进。因此，对于各位同仁不吝赐稿的义举与善举，我当致以由衷的敬意与谢意。

当然，本文集以及与之配套的完整收录了储师代表性学术论文、系统展现储师以刑事一体化为核心的思想精髓的《储槐植文选》得以出版，要真诚地感谢北京大学出版社特别是蒋浩副总编辑的鼎力支持。本文集责任编辑焦春玲女士及编辑部各位同事在短时间内精心编辑了这部由行文风格殊异的六十篇学术论文组成的大部头祝寿文集，其中的工作强度和难度可想而知。此外，还要特别感谢深圳市北大创新发展基金会为出版本文集提供的慷慨资助以及上海财经大学麻国安教授给予的特别支持。

最后，在储师年届九秩之际，还是套用我在祝贺储师八秩华诞文集"代序"中的祝词，以表达对储师不变的心愿和真诚的祝福："恭祝德高望重、学贯中西的储槐植先生生命之花常开，生活之水长流，学术之树常青！"

梁根林

2022 年 9 月 1 日于南海之滨